第四册

全上古三代秦漢三國六朝文

附索引

中華書局

全梁文卷四十五

烏程嚴可均校輯

謝朏

朏字敬沖。陳郡陽夏人。宋中書令莊子。為撫軍法曹行參軍。遷太子舍人。歷中書郎、衛將軍袁粲長史。遷給事黃門侍郎。出為臨川內史。齊高帝輔政。選為驃騎長史。隨府遷太尉長史。進侍中。領祕書監。以梗禪議。廢于家。永明初。起為通直散騎常侍。遷侍中。領國子博士。出為冠軍將軍、義興太守。徵都官尚書、中書令。隆昌初。為征虜將軍、吳興太守。建武中解職。屢徵不起。天監二年。授侍中、司徒、尚書令。五年。改授中書監、司徒、衛將軍。卒年六十六。贈侍中、司徒。謚曰靖孝。有集十五卷。

與王儉書

夫所貴天下之士者何。其上則閎景山壑。淩氣風霞。次則投紱捨絜。鬱為上佐。次則服秦楚而辭其功。振燕魏而逃其賞。凡此數輩。皆英懿之士也。自茲已降。參差萬緒。或跡著明晦。或才兼默語。若桓譚之褰俗。馮衍之忤時。北海之凝峭。中散之峻絕。率以方寸之情。喪不訾之德。蓋無取焉。若相如之愛奇任偉。長之淹粹弘遠。樂廣融通。裴楷夷淡。彼四賢者。並純粹絕景。徇物傷意。其慕之而未可以言。但心之所詣。咫尺千里。志之所符。滄洲曖然。揣而論之。寔山河之不肖者也。藝文類聚二十六。

遺弟瀹書

可力飲此。勿豫人事。梁書謝朏傳。隆昌元年。為吳興太守。時明帝謀入嗣位。弟瀹時為吏部尚書。朏至郡。致瀹數斛酒遺書。

謝舉

舉字言揚。朏弟瀹之子。歷祕書郎、太子舍人、輕車功曹史、祕書丞、司空從事中郎、太子庶子、家令、中庶子。遷侍中。出為寧遠將軍、豫章內史。復入為侍中。領步兵校尉。普通初。歷貞毅將軍、太尉臨川王長史、左民尚書。遷掌吏部。免。起為太子中庶子。領右軍將軍。復為左民尚書。徙吏部尚書。加侍中。出為仁威將軍、晉陵太守。大通中入為侍中。掌吏部。遷尚書右僕射。大同中徙右光祿大夫。出為雲麾將軍、吳郡太守。遷太子詹事、翊左將軍。進尚書僕射。太清二年。遷尚書令。侯景犯闕。卒于圍城內。贈侍中、中衛將軍、開府儀同三司。侍中、尚書令如故。

晉當作普

答釋法雲書難范縝神滅論

辱告。惠示敕答臣下審神滅論。竊聞語曰。萬物紛糺。則懸諸天象。立言殽舛。則折乎聖理。昭昭自古。事蔚在茲。伏尋敕訓。垂文義深。陶鑄稱象。匪臻希微。孰識論幽。至極盡性。窮神愍斯六蔽。哀此四執。黜小言之亂道。拯經行於夷路。旨肆而隱。義宛而彰。博約載弘。廣大悉備。一晉半偈。顯茲悟拔。慧日心水。蕩此塵迷。俾宗奧有歸。敍思攸在。異端自杜。謏善知息。凝繫表於繩礿。導禪流於苦海。豈伊含孕三藏。冠冕七籍而已哉。弟子幸邀至運。側承格誘。沐泳歡擊。奉以書紳。謝舉和南。宏明集十

外弟廬陵王長史褚向墓誌銘

弘治推華。子嵩慙重。酒歸月下。風清琴上。梁書褚翔傳。

韋叡

叡字懷文。京兆杜陵人。仕宋為雍州主簿。齊時累遷至建威將軍。入梁。遷廷尉。封梁都子。改永昌。累遷至護軍將軍。普通元年卒。贈侍中、車騎將軍。謚曰嚴。

答釋法雲書難范縝神滅論

至理虛寂。冥晦難辨。言有似無。言無實有。妙於老談。精於釋教。鮮炳金書。文稽玉牒者。由來尚矣。主上道括宇宙。明並日月。隱顯之機必照。有無之要已覽。遂垂以明論。訓折臣下。導誘既深。訓義方

冷凡在有心。孰不慶幸。蒙示天製。謹加讀誦。垢吝雲消。時兼懽抃。法師果深昔緣。因會今法。離五欲而入八解。去三界而就一乘。復得預聞德音。彌足欣讚。惠告沾及。戢佩寔深。韋叡和南。宏明集十。

范岫

岫字懋賓。濟陽考城人。晉徵士宣五世孫。仕宋至齊。累遷輔國將軍。行南徐州事。入梁。終金紫光祿大夫。

荅釋法雲書難范縝神滅論

岫和南。伏見詔旨所荅臣下審神滅論。叡照淵深。動鑒機初。敷引外典。弘茲內教。發蒙啓滯。訓誘未悟。方使四海稟仰。十方讚抃。異見杜口。道俗同欣。謹加習誦。寤寐書紳。惠以遠示。深承眷憶。范岫和南。宏明集十。

王茂

茂字休遠。太原祁人。仕宋至江夏內史。齊時爲襄陽太守。遷領軍將軍。入梁。加鎭軍將軍。封望蔡縣公。出爲江州刺史。天監十四年卒。謚忠烈。

荅釋法雲書難范縝神滅論

茂和南。辱告。伏見敕旨荅神滅論。頂戴欣懽。不及抃舞。神理悠曠。雖非建言所極。列聖遺文。炳然昭著。莫不撫衽虔襟。式遵彝典。豈可妄陳虛矯。厚誣前誥。謂來緣之不期。棄享薦之至禮。迷路茫茫。歸塗靡薄。苦空一到。有悔無追。主上含明體聖。妙窮眞假。發義照辭。舟航淪溺。豈惟天人讚仰。信亦諸佛迴光。弟子夙昔棲心。本憑淨土。數延休幸。預逢昌世。方當積累來因。永陶慈誘。藻悅之誠。非止今日。未獲祗敍。常深翹眷。比故循詣。此白無伸。王茂和南。宏明集十。

王瑩

瑩字奉光。琅邪臨沂人。宋時選尚臨淮公主。入齊。至梁。歷丹陽尹、侍中、左光祿大夫、開府儀同三司。

荅釋法雲書難范縝神滅論

辱告。伏覽敕旨神不滅義。睿思機深。天情雲發。標理明例。渙若冰消。指事造言。赫如日照。用啓蒙愚。載移聾蔽。凡厥含識。莫不掲佩。謹以書紳。奉之沒齒。弟子王瑩和南。宏明集十。

謝幾卿

幾卿。陳郡陽夏人。齊黃門郎超宗子。永明中國子生。歷豫章王國常侍、車騎法曹行參軍、相國祭酒。出爲盩厔令。入補尚書殿中郎、太尉晉安王主簿。梁受禪。除征虜鄱陽王記室、尚書三公郎。轉治書侍御史。從散騎侍郎。遷中書郎、國子博士、尚書左丞。免。起爲國子博士。除河東太守。引疾解職。除太子率更令。遷南平王鎭衛長史。普通六年。以軍師長史加威戎將軍。從蕭淵藻北伐。兵敗免。

丹陽琅邪二郡斷蒐捕議

不殺之禮。誠如王述所議。然聖人爲教。亦與俗推移。卽之事迹。恐不宜偏斷。若二郡獨有此禁。更似外道。謂不殺戒皆有界域。因時之宜。敢同議郎江貺議。廣宏明集二十六。敍梁武斷殺絕宗廟犧牲事。

荅湘東王書

下官自奉違南浦。卷迹東郊。望日臨風。瞻言佇立。仰尋惠渥。陪奉遊宴。漾桂棹於淸池。席落英於曾岨。蘭香兼御。羽觴競集。側聽餘論。沐浴玄流。濤波之辯。懸河不足譬。春藻之辭。麗文無以匹。莫不相顧動容。服心勝口。不覺春日爲遙。更謂修夜爲促。嘉會難常。摶雲易遠。言念如昨。忽焉素秋。恩光不遺。善誘遠降。因事罷歸。豈云栖□。匪商官□理就一廛。田家作苦。實符淸誨。本乏金羈之飾。無假玉璧爲資。徒以老使形疏。疾令心阻。沈滯牀簣。彌歷七旬。夢幻俄頃。憂傷在念。竟知無益。思自祛遣。尋理滌意。卽以任命爲膏酥。擧鏡照形。翫以支離代萱樹。故得仰慕徽猷。永言前哲。鬼谷深栖。

接輿高擧，遯名屠肆。發迹關市，其人緬邈。餘流可想。若令亡者有知，寧不縈悲玄壤，悵隔芳塵。如其逝者可作，必當昭被光景。懽同遊豫，使夫一介老圃，得遂虛心。未席去日，已疏來侍，未孱連劍，飛鳧。擬非其類，懷私茂德，竊用涕零。（梁書謝幾卿傳。）

范縝

縝字子眞，南鄉舞陰人。晉安北將軍汪六世孫。齊初爲寧蠻主簿，遷尚書殿中郎。建武中遷領軍長史，出爲宜都太守。中興建，徙晉安太守。天監四年徵爲尚書左丞。坐事徙廣州，還爲中書郎國子博士。有集十一卷。

擬招隱士

修竹苞生兮山之岑，緼紛葳蕤兮下交陰。木巃嵸兮巍峩，川澤泱漭兮雲霧多。悲猨鳴嘯兮嘯儔侶，攀折芳條兮聊停佇。夫君兮不還，蕙華兮彫殘。歲晏兮憂未開，草蟲鳴兮凄凄。蕭兮森兮玄硎深，悵徬徨兮沈吟。紛紛兮菴藹，窮巖穴兮熊羆幽林。杳冥兮吁可畏，嶔崟兮嶮巇。岌峩兮傾欹，飛泉兮激沫，散漫兮淋漓。弱蘿兮修葛，互蔓兮長枝。綠林兮被崖，隨風兮紛披。猛獸兮封狐，眈眈兮視余。扶藤兮直上，巖巖兮嶷嶷。霏霏兮皦皦，赤豹兮文貍，攀藤兮相追。思慕公子兮心遲遲，寒風厲兮鵰梟吟，鳥悲鳴兮離其羣。公子去兮誰與，覩行露厭浥兮似中人。（文苑英華三百五十八。）

以國子博士讓裴子野表

伏見前冠軍府錄事參軍河東裴子野，年四十，字幾原，幼稟至人之行，長厲國士之風。居喪有禮，毀瘠幾滅，免憂之外，蔬水不進。棲遲下位，身賤名微，而性不憚憚，情無汲汲，是以有識嗟推，州閭歎服。且家傳素業，世習儒史，苑圃經籍，遊息文藝，著宋略二十卷，彌綸首尾，勒成一代，屬辭比事，有足觀者。且章句洽悉，訓故可傳，脫置之膠庠，以弘獎後進，庶一夔之辯可尋，三豕之疑無謬矣。伏惟

皇家淳耀，多士盈庭。官人邁乎有嬀，棫樸越於姬氏。苟片善宜錄，無論厚薄，一介可求，不由等級。臣歷觀古今，人君欽賢好善，未有聖朝孜孜若是之至也。敢緣斯義，輕陳愚瞽。乞以臣斯忝，回授子野。如此則賢否之宜，各全其所；訊之物議，誰曰不允。臣與子野雖未嘗銜杯，訪之邑里，差非虛謬。不勝慺慺微見，冒昧陳聞。伏願陛下哀憐悾款，鑒其愚實，千犯之釁，乞垂赦宥。（梁書裴子野傳。）

與王僕射書

君侯匡輔聖朝，中夏無虞。既盡美矣，又盡善矣。唐堯非不隆也，門有謗木；虞舜非不盛也，庭懸諫鼓；周公之才也，樂聞譏諫。故明君賢宰，不憚諤諤之言，布衣窮賤之人，咸得獻其狂瞽。先王所以有而勿亡，得而勿失，功傳不朽，名至今者，用此道也。（藝文類聚二十三。）

神滅論

或問子云：神滅，何以知其滅也？荅曰：神卽形也，形卽神也。是以形存則神存，形謝則神滅也。問曰：形者無知之稱，神者有知之名。知與無知，卽事有異，神之與形，理不容一，形神相卽，非所聞也。荅曰：形者神之質，神者形之用。是則形稱其質，神言其用，形之與神，不得相異也。問曰：神故非用，不得爲異，其義安在？荅曰：名殊而體一也。問曰：名旣已殊，體何得一？荅曰：神之於質，猶利之於刀；形之於用，猶刀之於利。利之名非刀也，刀之名非利也。然而捨利無刀，捨刀無利。未聞刀沒而利存，豈容形亡而神在？問曰：刀之與利，或如來說，形之與神，其義不然。何以言之？木之質無知也，人之質有知也。人旣有如木之質，而有異木之知，豈非木有一，人有二邪？荅曰：異哉言乎！人若有如木之質以爲形，又有異木之知以爲神，則可如來論也。今人之質，質有知也；木之質，質無知也。人之質非木質也，木之質非人質也。安有如木之質，而復有異木之知哉？問曰：人之質所以異木質者，以其有知耳。人而無知，與木何異？荅曰：人無

無知之質猶木無有知之形問曰死者之形骸豈非無知之質邪荅曰是無人質問曰若然者人果有如木之質而有異木之知矣荅曰死者如木而無異木之知生者有異木之知而無如木之質也問曰死者之骨骼非生之形骸邪荅曰生形之非死形死形之非生形區已革矣安有生人之形骸而有死人之骨骼哉問曰若生者之形骸非死者之骨骼非死者之骨骼則應不由生者之形骸不由生者之形骸則此骨骼從何而至此邪荅曰是生者之形骸變爲死者之骨骼也問曰生者之形骸雖變爲死者之骨骼豈不從生而有死則知死體猶生體也荅曰如因榮木變爲枯木枯木之質寧是榮木之體問曰榮體變爲枯體枯體卽是榮體絲體變爲縷體縷體卽是絲體有何別焉荅曰若枯卽是榮榮卽是枯應榮時凋零枯時結實也又榮木不應變爲枯木以榮卽枯無所復變也榮枯是一何不先枯後榮要先榮後枯何也絲縷之義亦

同此破問曰生形之謝便應豁然都盡何故方受死形綿歷未已邪荅曰生滅之體要有其次故也夫歘而生者必歘而滅漸而生者必漸而滅歘而生者飄驟是也漸而生者動植是也有歘有漸物之理也問曰形卽是神者手等亦是邪荅曰皆是神之分也問曰若皆是神之分神既能慮手等亦應能慮也荅曰手等亦應能有痛癢之知而無是非之慮問曰慮爲一爲異荅曰知卽是慮淺則爲知深則爲慮問曰若爾應有二乎荅曰人體惟一神何得二問曰若不得二安有痛癢之知復有是非之慮荅曰如手足雖異總爲一人是非痛癢雖復有異亦總爲一神矣問曰是非之慮不關手足當關何處荅曰是非之慮心器所主問曰心器是五藏之心非邪荅曰是也問曰五藏有何殊別而心獨有是非之慮乎荅曰七竅亦復何殊而司用不均問曰慮思無方何以是心器所主荅曰五藏各有所司無有能慮者是以心爲慮本問曰何不寄在

眼等分中荅曰若慮可寄於眼分何故不寄於耳分邪問曰慮體無本故可寄之於眼分眼目有本不假寄於佗分也荅曰眼何故有本而慮無本苟無本於我形而可徧寄於異地亦可張甲之情寄王乙之軀李丙之性託趙丁之體然乎哉不然也問曰聖人形猶凡人之形而有凡聖之殊故知形神異矣荅曰不然金之精者能昭穢者不能昭有能昭之精金寧有不昭之穢質又豈有聖人之神而寄凡人之器亦無凡人之神而託聖人之體是以八采重瞳勛華之容龍顏馬口軒皞之狀形表之異也比干之心七竅列角伯約之膽其大若拳此心器之殊也是知聖人定分每絕常區非惟道革羣生乃亦形超萬有凡聖均體所未敢安問曰子云聖人之形必異於凡者敢問陽貨類仲尼項籍似大舜舜項孔陽智革形同其故何邪荅曰珉似玉而非玉雞類鳳而非鳳物誠有之人故宜爾項陽貌似而非實似心器不均雖貌無益問曰凡聖之

殊形器不一可也貞極理無有二而丘旦殊姿湯文異狀神不侔色於此益明矣荅曰聖同於心器形不必同也猶馬殊毛而齊逸玉異色而均美是以晉棘荊和等價連城驊騮盜驪俱致千里問曰形神不二既聞之矣形謝神滅理固宜然敢問經云爲之宗廟以鬼饗之何謂也荅曰聖人之敎然也所以弭孝子之心而厲偷薄之意神而明之此之謂矣問曰伯有被甲彭生豕見墳素著其事寧是設敎而已邪荅曰妖怪茫茫或存或亡彊死者衆不皆爲鬼彭生伯有何獨能然乍爲人豕未必齊鄭之公子也問曰易稱故知鬼神之情狀與天地相似而不違又曰載鬼一車其義云何荅曰有禽焉有獸焉飛走之別也有人焉有鬼焉幽明之別也人滅而爲鬼鬼滅而爲人則未之知也問曰知此神滅有何利用邪荅曰浮屠害政桑門蠹俗風驚霧起馳蕩不休吾哀其弊思拯其溺夫竭財以赴僧破產以趨佛而不恤親戚不憐窮匱者何良由

厚我之情深濟物之意淺是以圭撮涉於貧友吝情動於顏色千鍾委於富僮歡意暢於容髮豈不以僮有多稌之期友無遺秉之報務施闕於周急歸德必於在己又惑以茫昧之言懼以阿鼻之苦誘以虛誕之辭欣以兜率之樂故捨逢掖襲橫衣廢俎豆列缾鉢家家棄其親愛人人絕其嗣續致使兵挫於行間吏空於官府粟罄於墮遊貨殫於泥木所以姦宄弗勝頌聲尚擁惟此之故其流莫已其病無限若陶甄稟於自然森羅均於獨化忽焉自有怳爾而無來也不禦去也不追乘夫天理各安其性小人甘其壟畝君子保其恬素耕而食食不可窮也蠶而衣衣不可盡也下有餘以奉其上上無為以待其下可以全生可以匡國可以霸君用此道也（梁書儒林范縝傳）

答曹思文難神滅論

難曰形非即神也神非即形也是合而為用者也而合非即也答曰若合而為用者明不合則無用如蛩駏相資廢一則不可此乃是滅神之精據而非存神之雅決子意本欲請戰而定為我授兵邪

難曰昔趙簡子疾五日不知人秦穆公七日乃寤並神遊於帝所帝賜之鈞天廣樂此形留而神逝者乎答曰趙簡子之上賓秦穆之遊上帝既云耳聽鈞天居然口嘗百味亦可身安廣廈目悅玄黃或復披文繡之衣控如龍之轡故知神之須待既不殊人四肢七竅每與形等隻翼不可以適遠故不比不飛神無所闕何故憑形以自立

難曰若如論旨形滅則神滅者斯形之與神應如影響之必俱也然形既病焉則神亦病也何以形不知人神獨遊帝所答曰若如來意便是形病而神不病也今傷之則痛是形痛而神不痛也惱之則憂是形憂而神不憂也憂慮痛廢形已得之如此何用勞神於無事邪（曹以為生則合而為用則痛廢同也死則形留而神遊則故遊帝與形不同也）

難曰其寐也魂交故神遊於蝴蝶即形與神分也其覺也形開遽然周也即形與神合也答曰此難可謂窮辯未可謂窮理也子謂神遊蝴蝶是真作飛蟲邪若然者或夢為牛則負人轅輈或夢為馬則入人跨下明旦應有死牛死馬而無其物何也又腸繞閶門此人即死豈有遺其肝肺而可以生哉又日月麗天廣輪千里無容下從匹婦近入懷袖夢幻虛假有自來矣一旦實之良足偉也明結想霄坐周天海神昏於內妄見異物豈莊生實亂南國趙簡真登閶闔邪外弟蕭琛亦以夢為文句甚悉想就取視也

難曰延陵窆子而言曰骨肉歸復于土而魂氣無不之也斯即形亡而神不亡也答曰人之生也資氣於天稟形於地是以形銷於下氣滅於上氣滅於上故言無不之無不之者不測之辭耳豈必其有神與知邪

難曰今論所云皆情言也而非聖旨請舉經記以證聖人之教孝經云昔者周公郊祀后稷以配天宗祀文王於明堂以配上帝若形神俱滅復誰配天乎復誰配帝乎答曰若均是聖達本自無教教之所設實在黔首黔首之情常貴生而賤死死而有靈則長果敬之心死而無知則生慢易之意聖人知其若此故廟祧壇墠以篤其誠心肆筵授几以全其罔已尊祖以窮郊天之敬嚴父以配明堂之享且忠信之人寄心有地強梁之子茲焉是懼所以聲教昭於上風俗淳於下用此道也故經云為之宗廟以鬼享之言用鬼神之道致茲孝享也春秋祭祀以時書之明厲其追遠不可朝死夕亡也子貢問死而有知仲尼云吾欲言死而有知則孝子輕生以殉死吾欲言死而無知則不孝之子棄而不葬子路問事鬼神夫子云未能事人焉能事鬼適言以鬼享之何故不許其事邪死而有知輕生以殉是也何故不明言其有而作此悠漫以答邪

果當作畏

若當作答

研求其義死而無知亦已審矣宗廟郊社皆聖人之教迹彝倫之道不可得而廢耳

難曰且無神而爲有神宣尼曰天可欺乎今稷無神矣而以稷配斯是周旦其欺天乎既其欺天又其欺人斯是聖人之教以欺妄以欺妄爲教何達孝子之心厲偷薄之意哉若曰夫聖人者顯仁藏用窮神盡變故曰聖達節而賢守節也寧可求之蹄筌局以言教夫欺者謂傷化敗俗導人非道耳苟可以安上治民移風易俗三光明於上黔黎悅於下何欺妄之有乎請問湯放桀武伐紂是殺君非邪而孟子云聞誅獨夫紂未聞弒君也子不責聖人放弒之迹而勤勤於郊稷之妄乎郊丘明堂乃是儒家之淵府也而非形神之滯義當如此何邪

難曰樂以迎來哀以送往云云答曰此義未通而自釋不復費辭於無用禮記有斯言多矣近爲此條小恨未周邪（宏明集）

范雲

雲字彥龍縝從弟仕宋爲郢州西曹書佐轉法曹行參軍齊初歷會稽府僚丹陽尹主簿轉征北刑獄參軍遷尚書殿中郎司徒記室參軍授通直散騎侍郎領本州大中正出爲零陵內史建武中召拜散騎侍郎復出爲始興內史遷假節建武將軍平越中郎將廣州刺史坐事下獄會赦免永元中起爲國子博士中興建拜黃門侍郎遷大司馬諮議參軍領錄事進侍中梁受禪遷散騎常侍吏部尚書封霄城縣侯領太子中庶子遷尚書右僕射天監二年卒贈侍中衛將軍謚曰文有集十一卷（本傳作三十卷）

爲柳司空讓尚書令初表

陛下纘明南面復垂顯錄增榮益觀豈側身限而露不廣海塵不增山微物知止敢忘自退誠以懷音感遇久妨彝序尸祿昧寵取蹈風歌中寐軫心方愴疑慮益可冒釐綜之重負學製之談將玷朝徽匪伊身議（藝文類聚四十八）

第二表

臣聞聖人在上愚智無以息隱天下有道方圓歸其能是如以駑蹇之才不致問於千里瓦礫之質企待價於十城伏願陛下矜臣負乘之尤照臣匪飾之情迹言觀用允授上才斂會流恩曲留下第則雲序斯平彝章載穆（藝文類聚四十八）

除始興郡表

臣被沐恩靈棲息榮幸貶貌競覩攙襟軫慮徒誓蠡管之誠終沈熒爝之用不悟懸景麗天通溼潤下月緒未交鎔光再鑠修鞠慙疑驪不及抃且地鄰舊越甸分故楚厰壤惟腴寔邦斯大將何以再宣王猷陶奉惠渥（藝文類聚五十）

范孝才

孝才雲子嗣爵霄城侯爲司徒祭酒太子中舍人

答釋法雲書難范縝神滅論

弟子孝才和南辱告逮示敕旨答臣下審神滅論竊以彭生豕立名現齊公元伯纓垂事高漢史且斬壽爲喻義在必存神之不滅法俗同貫欲滅其神內外成失所謂管闚窮極盡辨西東蠡度滄溟安知髣髴天旨弘深懇懃於妙象聖情隱惻流連於饗祭豈直經教增隆實使蒙愚悟道眷逮所覃曲垂頒及銘茲訓誘方溢寸心弟子范孝才和南（宏明集十）

范筠

筠爵里未詳（疑范雲或吳筠王筠之譌）

謝示璧表

非郊禋有日禮天之寶肯降學校且興圓水之符已集綷玉之珪未足云璧（藝文類聚八十四）

全梁文卷四十六

烏程嚴可均校輯

陶弘景

弘景字通明丹陽秣陵人宋末爲諸王侍讀入齊除奉朝請永明十年解職大同二年卒年八十五贈中散大夫謚曰貞白先生有三禮目錄注一卷論語集注十卷眞誥十卷本草十卷本草經集注七卷太清草木集要二卷補闕肘後百一方九卷練化雜術一卷太淸諸丹集要四卷合丹節度四卷服餌方三卷集三十卷內集十五卷

雲上之仙風賦

縹緲遙裔亙碧海而颺朝霞淩青煙而溥天際出龍門而歘水度葱關以飛雪於是漢區動御月軌驚文浮虛入景登空汎雲一舉萬里曾不浹辰此列子有待之風也若乃緜括宇宙包絡天維周流八極回環四時氣值節而動律位涉巽而離箕徒見去來之緒莫測終始之期此太虛無爲之風也藝文類聚七十八

水仙賦

淼瀁八海汯汩九河中天起浪分地漫波東卷長桑日窟西幹龍築月阿迺者瀇闕不壅石門已開導江出漢浮濟達淮潭渠水府包山洞臺娥英之所遊往琴馮是焉去來或窮髮送鵬咸池浴日隨雲濯金漿之汧追霞採建木之實弄珠於淵客之庭卷綃乎鮫人之室此眞覽矣至於碧巖無霧綠水不風飛軒紉鳳游軿駕鴻上朝紫殿還覲靑宮進麾八老顧抃四童拊洞陰之磬張玄圃之璈酣丹穴之酌薦麟洲之脅安期奉棗王母送桃錦旌麗日羽衣拂霄又其英矣及秋水方至層濤架山各巡封隩來賓王言選奇於河侯之府出寶於驪龍之川夜光燭月洪貝充轅亦其瓌矣若夫層城瑤館縉雲瓊闕黃帝所以觴百神也塗山石帳天后翠幬夏禹所以集羣臣也岷嶓交錯上貫井絡穿漢硱磳橫帶玉繩浸湯泉於桂渚涌沸鬱於金陵崩紗轉石驚湍走沫絕壁飛流萬丈懸瀨奔激芒碭之閬馳騖壺口之外遠乎璇綱運極九六數翻用謀西漢受事龍門小周姒後秖會嬀前平陰鉅鹿再化爲淵清河渤海三成乘田撫二儀以惆悵眺萬兆以流連命自安於蝣晷編無羨於鵠年皆松下之一物又奚足以語仙嗟乎循有生之造物固莫靈於在人盍不踵武於象帝入妙門而自賓苟淪形而無曉與螻蟻而爲塵亦有先覺之秀獨往之英窺若士於蒙轂求呂梁於石城從務光於底柱索龍威於洞庭迎九玄於金闕謁三素於玉淸更天地而彌固終逍遙以長生道藏尊字號陶隱居集藝文類聚七十八

授陸敬游十賚文

隱居先生遣總事弟子戴埴秉策執簡賜授前學弟子吳郡陸敬游建連石之邑爲栖靜處士策文曰

咨爾敬游昔我紆紱帝闈侍笏梁席雖迹混教綫而心標逸境芝田之想無忘曉夜濠潁之志歲月已深至德有鄰風雲相會爾之來也爰移兩春於是褫帶青墀掛冠朱闕攜手東驅創居茲嶺厥澗通水從石開基登崖斲榦越壟負卉筋力盡於登築氣血疲乎趨走肌色憔悴不以暴露爲苦心魂空慊寧顧饑寒之憊棟宇既立戴罹霜暑于時七稔經始甫訖今日之安爾有勤焉君子不獨居其榮仁人必與物同泰是用邑爾長阿北阪積金山連石之鄉方七十步澗水屬焉茂爾嘉業永爲華陽上賓爾其莅之其一爾以誠慤爲性恬澹爲情質直居本沈重樹志不邀世才高謝時俗權謀詭譎非意所欲今故賚爾爲栖靜處士可謂因德立號克終斯美其二爾基架館境營劃援域堂壇宏敞樓路通嚴官司行止並有栖憩繕築之勞莫匪爾力今故賚爾四靈飛軒廂廊側屋可以安身靜臥顯祇遐福其三爾奉上惟勤接下以惠稼穡艱難備

嘗勞苦負殖之宜。允贍糧服。手足胼胝。不獲告休。櫛風沐雨。於爲
允切。今故賚爾蒼頭一人。厥名多益。可以傳代薪水。省息劬劇。其
四爾族惟舊。緒身乃邦。聞道雖一。貫事望宜。分今故賚爾銅鐵如
意。可以揮對賓僚。卽名立事。其五爾崇敎惟善。法無偏執。器服表
用。爰寄玩習。今故賚爾筇竹錫杖。可以振動三界。精祇憚響。其六
爾期識玄契。遐想靈風。至懷所詣。因心則通。今故賚爾香鑪一枚。
熏陸副之。可以騰煙紫閣。昭感上司。其七爾澡形潔藏。肴糧旣去。
宣導松木。實資芳醑。今故賚爾杯盤一具。可以夕挹桂漿。朝承菊
露。其八爾敬事經誥。遵尚楷模。翰墨之用。於是乎在。今故賚爾大
硯一面。紙筆一副之。可以臨文寫字。對眞授言。其九爾眞心內固。
淸行外彰。滌蕩紛穢。表裏雪霜。今故賚爾鍮石澡灌。手巾爲副。可
以登齋朝拜。出入盥漱。其十今賚爾十事。事準前史。可對揚嘉策。
循言求理。無或驕惰。以纂斯旨。援筆申懷。敢告處士。本集。

解官表

臣聞堯風沖天。潁陽振飮河之談。漢德括地。商陰峻餐芝之氣。臣
棲遲早日。簪帶久年。仕豈留榮。學非待祿。恆思懸纓象闕。孤耕壟
下。席月澗門。橫琴雲際。始奉中恩。得遂乞鑿。今便滅影桂庭。神交
松友。一出東闕。故鄉就望。睠然興念。臨波鳴淚。臣舟棹已遥。無緣
躬詣。不任攀戀之誠。謹奉表以聞。本集。

與梁武帝啟

奉旨。左右中書復稍有能者。惟周喜贊。夫以含心之荄。實伺夾鍾
吐氣。今旣自上體妙。爲下理用成工。每惟申鍾王論於天下。進藝
方興。所恨臣沈朽。不能鑽仰高深。自懷歎慕。前奉神筆三紙。并今
爲五。非但字字注目。乃畫畫抽心。日覺遒媚。轉不可說。以酬昔歲
不復相類。正此卽爲楷。何復多尋鍾王。臣心本自敬重。今者彌增
愛服。俯仰悅豫。不能以不啟。適伏蒙給二卷。伏覽標帖。皆如聖旨。

適伏之伏當作復

旣不顯垂允少留。不能久停。已就摹者一段未畢。不赴今信。紙卷
先已經有。兼多他雜。無所復取。亦請伺俱了日奉送。兼此諸書是
篇章體。臣今不辨復得脩習。惟願細書如樂毅論太師箴例。依倣
以寫經傳。永存冥顯中精要而已。
樂毅論。愚心近甚疑是摹。而不敢輕言。今旨以爲非眞。竊自信頗
涉有悟。箴贊過爲淪弱。許靜素段。遂蒙永給。仰銘矜獎。益無以喩。
如此書雖不在法例。而致用理均。背間細皆兼復兩玩。先於都遇
得飛白一卷。云是逸少好跡。臣不嘗別見。無以能辨。惟覺勢力驚
絕。謹以上呈。於臣非用。脫可充閣。願仍以奉上。臣昔於馮澄處見
逸少正書目錄一卷。澄云。右軍勸進洛神賦諸書十餘首。皆作金
體。惟急就章二篇古法緊細。近脫憶此語。當時零落。已不復存。澄
又云。帖註出裝者。皆擬賚諸王及朝士。臣近見三卷首。帖亦謂已
久分。本不敢識此。正復希於三卷中一二條。更得預裝之例耳。天

皆當作楷　遇當作偶

金當作今

識當作職

旨遂復頓給先卷。下情益用悚息。近初見卷題云二十三四。已欣
其多。今者賜書第至二百七十。惋訝無已。天府如海。非一餅所汲。
良用息心。前後都已蒙見大小五卷。於野拙之分。實以過幸。若非
殊恩。豈可覬望。愚固本博涉而不能精。昔患無書可看。乃願作主
書史。晚愛隸法。又羨典掌之人。嘗言人生數紀之內。識解不能周
流天壤。惟充恣五欲。實可愧耻。每以爲得作才鬼。亦當勝於頑仙。
至今猶然。使欲翻之。自無射以後。國政方殷。山心歉默。不敢復以
虛閒塵觸。謹於此題事。遂成煩黷。伏願聖慈照錄誠慊。
第一卷中有雜跡。謹疏注一別。恐未允愚衷。幷竊所摹者。亦以上
呈。近十餘日。精慮悚悸。無溢涉事。遂至淹替。不宜復待塡畢。餘條
並非用。唯叔夜威輦二篇是經書體式。追以單郭爲恨。伏案卷上
第數甚爲不少。前旨惟有四卷。此似是宋元嘉中撰集。當由自後
多致散失。逸少有名之跡。不過數首。黃庭勸進像贊洛神。此等不

一別當作如別

者當作不

審猶得存者

第二十三卷今見有十二條在別紙案此卷是右軍書惟有八條前樂毅論書乃極勁利而非甚用意故頗有壞字太師箴大雅吟用意甚至而更成小拘束乃是書扇題屏風好體其餘五片無的可稱臣濤言一紙（此書乃不惡而非右軍又不識迹又似是摹）給事黃門二紙治廉瀝一紙（是子敬書亦似摹迹）後又治瀝狸骨方一紙（是子敬書亦是摹迹右四條非右軍書）

第二十四卷今見有二十一條在案此卷是右軍書者唯有十一條皆非甚合迹兼多漫抹於摹起難復委曲前黃初三年一紙（是後人學右軍）繆襲告墓文一紙（是許先生書）抱懷幽痛一紙（是張澄書）五月十一日一紙（是摹王珉書被油）尚想黃綺一紙遂結滯一紙（凡二篇並人所學甚拙惡）不復展一紙（是子敬書）便復改月一紙（是張翼書）五月十五日繇白一紙（亦是王珉書）治欬方一紙（是謝安書）右十條非右軍書伏恐未垂許以區別今謹上（許先生任靜書）如別比方即可知王珉張翼張澄謝安書公家應有

拆當作析 學當作草 常當作當 堪當作甚 二下脫旨字

伏覽書前意雖止二六而規矩必周後書不出二百亦褒貶大備一言以蔽便書情極頓使元常老骨更蒙榮造子敬懦肌不沈泉夜唯逸少得進退其間則玉科顯然可觀若非聖證品拆恐愛附近習之風永遂淪迷矣伯英既稱學聖元常亦自隸絕論旨所謂殆同一機神實曠世莫繼斯理既明諸畫虎之徒常自就輟筆反古歸眞方弘盛世愚管見預聞喜佩無屆比世皆尙子敬書元常繼以齊代名實脫略海內非惟不復知有元常於逸少亦然非排棄所可黜湼而不淄不過數族今奉此論自舞自蹈未足逞泄顧以所摹竊示洪遠思曠此二人皆是均思者必當讚仰踴躍有盈半之益臣與洪遠雖不相識從子詡以學往來因之有會但既在閣恐或已應聞知摹者所裝字大小不堪均調郭看乃尙可恐筆意大殊此篇方傳千載故宜令跡隨矣所奉三伏循字跡大覺勁密竊恐既以言發意意則應言而心隨意運手與筆會故益得諧

稱下情歡仰寶奉愈至世論咸云江東無復鍾跡常以歎息皆於望中原廓清太丘之碑可就摹採今論旨云眞跡雖少可得而推是猶有存者不審可復幾字既無出見理冒願得工人摹填數行脫蒙見賜實爲過幸又逸少學鍾勢巧形密勝於自運不審此例復有幾紙來旨以黃庭像讚等諸文可更有出給理自運之迹今不復希請學鍾妙仰惟殊恩

逸少自吳興以前諸書猶未稱凡厥好迹皆是向會稽時永和十許年中者從失郡告靈不仕以後略不復自書皆使此一人世中不能別見其緩異呼爲末年書逸少亡後子敬年十七八全放此人書故遂成與之相似今聖旨標顯足使衆識頓悟於逸少無末年之譏阮研近聞有一人學研書遂不復可別臣比郭摹所得雖粗寫字形而無復其用筆跡勢不審前後諸卷一兩條謹密者可得在出裝之例復蒙垂給至年末閒否此澤自天直以啟審非敢

必覬（並法書要錄）

進周氏冥通記啟

某啟去十月將末忽有周氏事既在齋禁無由即得啟聞今謹撰事跡凡四卷如別上呈但某覆鄙疑綱不早信悟追自悼咎分貽刻責淵文口具陳述伏願有以闇惰謹啟（本集）

與從兄書

仕宦期四十左右作尙書郎即抽簪高邁今三十六方作奉朝請頭顱可知不如早去（本集）

與親友書

疇昔之意不願處人間年登四十畢志山藪今已三十六矣時不我借知幾其神乎毋爲自苦也（本集）

答謝中書書

山川之美古來共談高峯入雲清流見底兩岸石壁五色交暉青

林翠竹四時俱備曉霧將歇猨鳥亂鳴夕日欲頹沈鱗競躍實是欲界之仙都自康樂以來未復有能與其奇者藝文類聚三十七

答虞中書書

栖六翮於荆枝望綺雲於青漢者有日于茲矣而春華來被草石開鮮辭動情端志交衿曲信知鄰德之談無虛往牘夫子雖迹纏朱閣而心翔岱嶺豈但散髮乎高岫以將飛霜於絕谷良爲欽哉野人幸得託形崇阜息影長林每對月流歎臨風軫慨徒事累可豁而髮容難待自非齊生死於一致者孰不心熱者乎舉世悠悠孰云同此儻遇知己相與共憂遏來虞公茲焉可邁何爲栖栖空勞鼓缶迨及暇日有事還童不亦皎絜當年而無愧前修也藝文類聚三十七

答趙英才書

子架學區中飛才甸外不宜掃門覓仕復懶彈鋏求通故偃蹇園巷從容郊邑昔所謂傲賓者此其是乎巖下鄙人守一介之志非敢蔑榮嗤俗自致雲霞蓋任性靈而直往保無用以得閑壟薪井汲樂有餘歡切松煮朮此外何務然亦以天地棟宇萬物同於一化死生善惡未之能聞藝文類聚三十七

答朝士訪仙佛兩法體相書

某等白嘗覩仙書輒嗟欣忘倦徒羨其文莫測其理尋七尺之體既同稟太始俱服五常以何因緣獨超青雲而弊金石者乎先生領袖玄門學窮仙苑必有以竭其川岸請略聞雅說隱居答曰至哉嘉訊豈蒙生所辯雖然試言之若直推竹柏之匹桐柳者此本性有殊非今日所論若引庖刀湯稼從養溉之功者此又止其所從終無永固之期夫得仙者並有異乎此但斯族復有數種今且談其正體凡質象所結不過形神形神合時則是人是物形神若離則是靈是鬼其非離非合佛法所攝亦離亦合仙道所依今

問以何能而致此仙是鑄煉之事極感變之理通也當埏埴以爲器之時是土而異於土雖燥未燒遇溼猶壞燒而未熟不久尚毀火力既足表裏堅固河山可盡此形無滅假令爲仙者以藥石煉其形以精靈瑩其神以和氣濯其質以善德解其纏眾法共通無礙無滯欲合則乘雲駕龍欲離則尸解化質不離不合則或存或亡於是各隨所業脩道進學漸階無窮教功令滿亦畢竟寂滅矣藝文類聚七十八

答釋曇鸞書

去月耳聞音聲茲辰眼受文字將由頂禮歲積故使真應來儀正爾整拂藤蒲具陳花水端襟斂思佇聆警錫也續高僧傳

尋山誌

倦世情之易撓酒杖策而尋山既沿幽以達峻實窮阻而備艱游心其未已方際夕乎雲根欣夫得志者忘形遺形者神存於是散髮解帶盤旋巖上心容曠朗氣宇調暢玄雖遠其必存累無大而不忘害馬之弊既去解牛之刀乃王物我之情雖均因以濟吾之所尚也若夫飛聲西岳邀利東陵楚湘之勦吳江之矜輕死重氣名貴於身迷真晦道余所弗丞襲衣縫掖端委章甫徘徊廊廟趨翔庭宇傳氏百王流芳世緒負德叨榮吾未敢許爾乃荆門晝掩蓬戶夜開室迷夏草徑惑春苔庭虛月映琴響風哀夕鳥依簷暮獸爭來時復歷近隴尋遠巒坐盤石望平原日負嶂以共隱月披雲而出山風下松而含曲泉縈石而生文草蘿蘿以拂露鹿飆飆而來羣捫虛蘿以入谷傍洪潭而比清照石壁以端色攀桂枝而齊貞亟屢蘭而佩蕙及春鳩之未鳴且含懷以屏氣待惠風而舒情乃乘興而遂往遵巖路以遠游佇天維而慓思儆悅忽而莫求眺回江之淼漫眩壘嶂之相稠日斜雲而色黛風過水而安流觸嶽巖而起巘值闊達而成洲石孤聳而獨絕岸懸天而似浮緣

磴道其過半。魂眇眇而無憂。悟伯昏之偶宕。躡千仞而神休。遂乃
陵巖峭。至松門。背通林。面長源。右聯山而無際。左憑海而齊天。竹
泫泫以垂露。柳依依而迎蟬。鷗雙雙以赴水。鷺軒軒而歸田。赴水
兮汎濫。歸田兮翱翔。此淼濫之足樂。竟斯齡之不長。悼菌蟪之危
促。羨靈椿兮未央。雖鵬鷃之異類。託逍遙乎一方。願敕社以遥訴。
思拍朝而陳辭。至赤城兮一憩。遇王子而宿之。仰彭涓兮弗遠。必
長年兮可期。及榆光之未暮。將尋山而採芝。去採芝兮入深磵。深
磵幽兮路窈窕。窈窕路兮終無曙。深磵深兮未曾曉。高松上兮亟
停雲。低蘿下兮屢迷鳥。鳥迷蘿兮繽繽。雲停松兮紛紛。停雲游兮
安泊。離鳥棲兮索羣。嗟羣泊其無所。思參差而誰聞。眺窮目以無
闕。句缺一 問漁人以前路。指示余以蓬萊。曰果爾以尋山之志。館爾
以招仙之臺。句缺一 就瀛水以通懷。講萬感其已會。亦千念而必諧。
竟莫知其所蹟。句缺一 反無形於寂寞。長超忽乎塵埃。道藏尊字陶隱居集。載文類聚三十六。

全梁文卷四十六終

全梁文卷四十七

烏程嚴可均校輯

陶弘景二

發眞隱訣序

昔在人間已鈔撰眞經脩字兩卷於時亦麤謂委密頃巖居務靜頗得恭潔試就遵用猶多闕略今更反覆研精表裏洞洽預是眞學之理使了然無滯一字一句皆有字旨或論有以入無或據顯而知隱或推機而得宗或引彼以明此自非閑練經書精涉道教者率然覽之猶觀海爾必須詳究委曲乃當曉其所以故道備七篇義同高品嘗聞古言非知之難其在行之意非學之難解學難也屢見有人得兩三卷書五六條事謂理盡紙便入山脩用動積歲月愈久昏迷是未造門牆何由眄其帷席試略問麤處已自茫然皆荅言經說止如此但謹依存行耳乃頗復開動端萌序導津流若直智倘許人脫能欣爾感悟詢訪是非至於愚迷矜固者便徑道君何以穿鑿異同評論聖文或有自執己見或云承師舊法永無啟發對揚之懷此例不少可為痛心夫經之為言徑也經者常也通也謂常通而無滯亦猶布帛之有經耳必須銓綜緯緒僅乃成功若機關疏越杼軸乖謬安能斐然成文眞人立象垂訓本不為朦狡設言故每標通衢而恆略曲徑知可教之士自當觀其隅轍凡五經子史爰及賦頌尚歷代注釋猶不能辨況玄妙之祕途絕領之奇篇而可不探括沖隱窮思寂昧者乎既撰此眞誥乃輟書而歎曰若使顧玄子在此乃當知我心理所得幾於天人之際往矣如何孰與言哉方將之於玄會耳本集

眞靈位業圖序

夫仰鏡玄精覩景耀之巨細俯盼平區見巖海之崇深搜訪人綱究朝班之品序研綜天經測眞靈之階業但名爵隱顯學號進退四宮之內疑似相參今正當比類經正讎校儀服埒其高卑區其宮域又有指目單位略說姓名或任同秩異業均迹別者如希林眞人為太微右公而領九宮上相未委為北宴上清當下親相職耶諸如此類難可必證謂其並繼所領而從高域粗事事條辨略宜後章輒以淺識下生輕品上聖升降失序梯級乖本懼貽譴玄府絡咎冥司今所詮貫者實稟注之奧旨存向之要趣祈祝跪請乃有數俱目仙人仙亦有等級千億若不精委條領略識宗源者猶如野夫出朝廷見朱衣必令史句驪入中國呼一切為參軍豈解士庶之貴賤辨爵號之異同乎本集

本草序

隱居先生在於茅山巖嶺之上以吐納餘暇頗遊意方技覽本草藥性以為盡聖人之心故撰而論之舊說皆稱神農本經余以為信然昔神農氏之王天下也畫八卦以通鬼神之情造耕種以省殺生之弊宣藥療疾以拯夭傷之命此三道者歷眾聖而彌彰文王孔子彖象繇辭幽贊人天后稷伊尹播厥百穀惠被羣生岐黃彭扁振揚輔導恩流含氣並歲踰三千民到於今賴之但軒轅以前文字未傳如六爻指垂畫象稼穡即事成迹至於藥性所主當以識識相因不爾何由得聞至於桐雷乃著在於編簡此書應與素問同類但後多更脩飾之爾秦皇所焚醫方卜術不預故猶得全錄而遭漢獻遷徙晉懷奔迸文籍焚靡十不遺一今之所存有此四卷是其本經所出郡縣乃後漢時制疑仲景元化等所記又云有桐君採藥錄說其花葉形色藥對四卷論其佐使相須魏晉以來吳普李當之等更復損益或五百九十五或四百四十一或三百一十九或三品混糅冷熱舛錯草石不分蟲獸無辨且所主治互有得失醫家不能備見則識智有淺深今輒苞綜諸經研括

煩省以神農本經三品今三百六十五爲主，又進名醫副品亦三百六十五，合七百三十種。精麤皆取，無復遺落，分別例條，區畛物類，兼注名時用土地所出，及仙經道術所須，并此序錄，合爲七卷。雖未足追蹤前良，蓋亦一家撰製。吾去世之後，可貽諸知音耳。道藏尊字號陶隱居集

藥總訣序

上古神農作爲本草，凡著三百六十五種，以配一歲。歲有三百六十五日，日生一草，草治一病，上應天文，中應人道，下法地理，調和五味，製成醪醴，以備四炁，爲弗服。欲其本立道生者也。當生之時，人心素樸，嗜欲寡少，設有微疾，服之萬全。自此之後，世僞情澆，智慮日生，馳求無厭，憂患不息，故邪氣數侵，痾轉深痼，雖服良藥不愈。其後雷公桐君更增演本草，二家藥對，廣其主治，繁其類族。既世改情移，生病日深，或未有此病，而遂設彼藥，或一藥以治衆疾，或百藥共愈一病，欲以排邪還正，爲之原防故也。而三家所列疾病，互有盈縮，或物異而名同，或物同而名異，或冷熱乖違，甘苦背越，採取殊法，出處異所。若此之流，殆難案據。尋其大歸，神農之時，未有文字，至於黃帝，書記乃興，於是神農本草別爲四經，三家之說，遞有損益，豈非隨時適變，殊途同歸者乎。但本草之書，歷代久遠，既靡師受，又無注訓，傳寫之人，遺誤相繼，字義殘缺，莫之是正。方用有驗，布舒合和。本集

肘後百一方序

太歲庚辰，隱居曰：余宅身幽嶺，迄將十載，雖每植德施工，多止一時之設，可以傳芳遠裔者，莫過於撰述。見葛氏肘後救卒方，殊足申一隅之思。夫生民之所爲大患，莫急乎疾，疾疹而弗治，猶救火而不以水也。今輦掖左右，師藥易尋，郊郭之外，已自難値，況窮村迥陌，遙山絕浦，其間夭枉，焉可勝言。方術之書，卷帙徒煩，拯濟蓋寡，就欲披覽，迴惑多端。抱朴此製，實爲深益，然尚有闕漏，未盡其善。輒更採集補闕，凡一百一首，以朱書甄別，爲肘後百一方，於雜病單治，略爲周遍矣。昔應璩爲百一詩，以箴規心行，今予撰此，蓋欲衛輔我躬。且佛經云：人用四大成身，一大輒有一百一病，是故身宜自想。上自通人，下逮衆庶，莫不各加繕寫，而究括之。余又別撰效驗方五卷，具論諸病證候，因藥變通，而並是大治，非窮居所資，若華軒鼎室，亦宜修省耳。葛氏序云：可以施於貧家野居，然亦不止如是。今縉紳君子，若常處閒佚，乃可師藥有方，脫從祿外邑，將命遠途，或祇直禁闈，晨宵閉隔，或羈束戎陣，城壘嚴阻，忽驚急倉卒，唯拱手相看，孰若便探之枕笥，則可庸豎成醫。故備論節度，使曉然無滯，一披條領，無使過差也。道藏尊字號陶隱居集、藝文類聚七十五

相經序

相者蓋性命之著乎形骨，吉凶之表乎氣貌，亦猶事先謀而後動，心先動而後應，表裏相感，莫知所以然。且富貴壽夭，各値其數，董賢甫在弱冠，便位過三公，貲半於國，而裁出三十，身摧家破。馮唐矜穿郎署，楊雄壁立高閣，而並至白首，或垂老玉食，而官不過尉史，或穎慧若神，僅至齠齔，或不辨菽麥，更保黃耇，此又明其偏有得也。道藏尊字號陶隱居集

難鎮軍沈約均聖論

山民陶隱居仰諮論云：前佛後佛，其道不異，周室受命，象寄狄鞮，隨方受職，西國密邇，厥路非遠，唐虞三代，不容未有，事獨西限，道未東流，非爲姬公所遺，蓋由斯法宜隱。燧人火粒，變生爲熟，蓋佛教之萌兆，周孔二聖，宗條稍廣，見生不忍其死，聞聲不食其肉，草木斬伐有時，麛卵不得妄犯，又戒有五校，內者犯人，人爲含靈之首，一者害獸，獸爲生品之物，內聖外聖，義均理一。諮曰：謹案佛經，一佛之興，動踰累劫，未審前佛後佛，相去宜幾，釋迦之現，近在莊

校當作支
內當作四
物當作末

之下脫世字

蹟當作隤

虗當作虛

願當作謂

言當作方

其是當作其事

王唐虞夏殷何必已有周公不言恐由未出非關宜隱育王造塔始敬王之旣閻浮有四則東國不容都寡夫子以華禮興教何宜乃說夷法故歎中國失禮求之四夷亦良有別意且四夷之樂出要荒之際投諸四裔亦密邇危羽之野禹跡所之不及河源越裳白雉尙稱重譯則天竺罽賓久與上國殊絕衰周以後時或有聞故鄒子以爲赤縣於宇內止是九州中之一耳漢初長安乃有浮屠而經像眇昧張騫雖將命大夏甘英遠屆安息猶不能宣譯風敎闡揚斯法必其發夢帝庭乃稍就興顯此則似如時致通閡非關運有起復也若必以緣應有會則昔之淳厚羣生何辜今之澆薄羣生何幸假使斯法本以救濟者夫爲罪莫過於殺肉食之時殺孰甚焉而方俟火粒甫爲教萌於大慈神力不有所蹟乎若粳糧未播殺事難以息未審前時過去諸佛復以何法爲教此教之萌起在何佛兼四戒犯人爲報乍輕一殺害獸受對更重亦爲未

達夫立天之道曰仁與義周孔所云聞聲不食斬伐有時者蓋大明仁義之道於鳥獸草木尙曰其然況在人乎而可悖虛非顧內惕寡言意在緣報觀迹或似論情顧乖不審於內外兩聖其是可得是均已不此中參差難用頓悟謹備以諸洗願具啟諸蔽　廣弘明集五

華陽頌

河篇徵往冊孔記昭昔名三宿麗天秀兩金標地勢　樞城　宅無生乃有生有則還空冥　一作靈　構不待匠虛形自成功　質象　總神列三府分塗咬五便陰暉迎夜晢晨精望曉懸　形位　南峯秀玄鼎北嶺橫秦壁表裏玉沙津周回隱輪迹　標貫　左帶柳淅水右浚陽谷川懷哉北芒色幷冽鳳門泉　區別　郭千峙菑岸姜巴互遠蹤鶴　一作靈　廟或時饗別宅乃恆蒸　跡號　吳居非知地越家詎隱遷樹蓋徒低蔭石竈未嘗煙　類附　果林鬱餘柰蔬圃蔓餘辛熒之可燭夜田泉嘗浣塵　物軌　降轡龜山客解駕青華童寢宴合眞館高會消閒宮游集　清歌翔羽集長嘯歸雲翻才絃有逸調空談無與言　才英標舍雷平下立靜連石陰上道已沖念飛華當彰心　學稟　濟神旣有在去留從所宜心迹何用顯冥途自相知　業運　方隅游瓊九華陽栖隱居重離儻或似乜元乃扶胥　挺契　號期行當滿亥數未終丁迨乃承唐世將賓來聖庭　機萌　刊石玄囱土顯誠曲階門動靜願矜錄不負保舉恩　誠期　本集

茅山曲林館銘

層嶺外峙邃宮內映仄穴旁通縈泉遠鏡尙德依仁祈生翊命且天且地若凡若聖連甍比棟各謂知道參差經術跌宕辭藻孰如曲林獨爲勁好掩迹韜功守茲偕老　藝文類聚七十八

瘞鶴銘　并序

鶴壽不知其紀也壬辰歲得於華亭甲午歲化於朱方天其未遂

吾翔寥廓邪奚奪我仙鶴之遽也迺裹以玄黃之幣藏乎茲山之下仙家無隱口口口我口故立石旌事篆銘不朽詞曰

相此胎禽浮丘著經余欲無言尔也何明雷門去鼓華表留形義唯髣髴事亦微冥尔將何之解化口口西竹法里厥土惟寍後蕩洪流前固重扃左取曹國右割口口山陰爽塏勢掩華亭爰集眞侶瘞尔作銘　碑拓本又汪士鋐瘞鶴銘攷案碑題華陽眞逸譔黃長睿東觀餘論董逌廣川書跋以爲陶隱居胡仔漁隱叢話引西清詩話云道藏陶隱居外傳號華陽眞逸

吳太極左仙公葛公碑

道冠兩儀之先名絕萬世之始者固言語所不得辨稱謂所莫能筌焉云何以文字述今云何以金石傳古其遂休也則日月空照遂默也則生人長昏是故出關導以兩卷將升摛其五文令懷靈抱識之士知杳冥之有精焉自時厥後奕代聞出雲篆龍章之牒炳發於林岫環辭麗氣之旨藻蔚於庭筵其可以垂軌範著謠誦

者迄於玆。辰昔在中葉。甘左見駭於魏王。象奉擅奇於吴主。至如葛仙公之才英俊邁。蓋見尤彰彰者矣。公于時雖歷游名岳。多居此嶺。此嶺乃非洞府。而跨據中川。東覩則連峯入海。南眺則重嶂切雲。西臨江竒。北旁郊邑。斯潛顯之奥區。出處之關津。半尋石井。日汲莫測其源。三足白鹿。百齡不異其質。精靈之所弗渝。神祇之所司衛。麻衣史宗之儔。相繼棲託。後有孫慰祖。亦嗣居彌歲。山陰潘洪。字文盛。少秉道性。志力剛明。前住餘姚四明。陜國爲立觀。直上百里。榛途險絶。旣術識有用。爲物情所懷。天監七年。郡邑豪舊遂相率輿出。制不由己。以此山在五縣衝要。舍而爾止。于玆十有五載。將欲移憩壇上。先有一空碑。久已摧倒。洪意以爲蔭其樹者尚愛其枝。況仙公眞聖之遺蹤。而可遂淪乎。乃復建新碑於其所。願勒名迹。以永傳。隱居不遠千里。寓斯石而鐫之。仙公姓葛。諱玄。字孝先。丹陽句容都鄉吉陽里人也。本屬琅邪。後漢驃騎僮侯廬讓國於弟。來居此土。七代祖艾。卽驃騎之弟。襲封僮侯。祖矩。安平太守。黄門郎。從祖彌。豫章等五郡太守。父焉。字德儒。州主簿。山陰令。散騎常侍。大尚書。代載英哲。族冠吴史。公幼負奇操。超絶倫黨。神挺標峻。精輝卓逸。墳典不學而知。道術纔聞已了。非復軌儀所範。思識所該。特以域之情理之外。置之言象之表而已矣。初左元放自洛而來。授公白虎七變。鑪火九丹。於是五通具足。化遁無方。孫權雖愛賞仙異。而内懷猜害。翻瑳之徒。皆被挫斥。敬憚仙公。動相諮稟。公馳涉川岳。龍虎衛從。長山蓋竹。尤多去來。天台蘭風。是焉遊憩。特還京邑。覩人如戲。詭譎倜儻。縱倒山河。雖投舄履墜。叱羊石起。蔑以加焉。于時有人漂海。隨風眇㳚無垠。忽値神島。見人授書一函。題曰寄葛公。令歸吴達之。由是舉代翕然。號爲仙公。故抱朴著書。亦云余從祖仙公。乃抱朴三代從祖也。俗中經傳所談。云已被太極銓授。居左仙公之位。如眞誥并葛氏舊譜。則事有未符。恐敎迹參差。適時立說。猶如執戟侍陛。豈謂三摘靈桃。徒見接神役鬼。安知止在散職。一以權道推之。無所復論其異同矣。仙公赤烏七年太歲甲子八月十五日平旦升仙。長往不返。恆與郭聲子等相隨。久當授任玄都。祇秩天爵。佐命四輔。理察人祇。瞻望舊鄉。能無舉舉之歎。顧盻後學。庶垂汲引之慈。敢藉邦族末班。仰述眞仙遺則云爾。

九垓曼絶。七度虛懸。分空置境。聚氣搆天。物滋數後。化超象前。命隨形轉。神寄業傳。霜野於襄。竹柏翠微。泉墟其往。彭羡獨歸。生因事攝。年以學仙。如金在冶。如布在機。仙公珪譽。臨齡發穎。襄童比跡。項孺聯影。濯質綺闈。凝心黛嶺。虎變已攄。龍輈遂騁。揭來台霍。偃蹇蘭穹。碧壇自肅。玉水不窮。巡芳沐道。懷古測衷。表玆峻碣。永扇高風。蘭風寓憩。已勒豐碑。此土舊居。未鐫貞琰。今之遠裔。仰慕清塵。敬思刊樹。傳芳來葉。本集。

許長史舊館壇碑

悠哉曠矣。宇宙之靈也。固非言象所傳。文迹可記。然則後之人奚聞乎。含吐萬有。化育羣生。本其所由。義歸冥昧。至於形域區分。性用殊品。事限觀聽。理窮數識者。倘或可論。山之高。海之廣。夫何故以其有容焉。大天之內。復有小天三十六所。並祐寓地。空亘涂水脈。闢闐風岫。通氣雲巘。此山本號句曲。其下是第八洞宮。名曰金壇華陽之天。周回一百五十里。分置三府。前漢元帝世。有咸陽三茅君得道。來掌此任。故稱茅山。具詳傳記。至晉太和元年。句容許長史在斯營宅。厥迹猶存。宋初。長沙景王。就其地之東。起道士精舍。梁天監十三年。敕質此精舍。立爲朱陽館。將遠符先徵。定祥火厤。於館西更築隱居。住止十四年。別創鬱岡齋室。追玄洲之蹤。十七年。乃繕勒碑壇。仰述眞軌。眞人姓許。諱穆。世名謐。字思玄。本汝南平輿人。後漢靈帝中平二年。六世祖光。字少張。避許相讒。俠乃來過江居丹陽句容都鄉之吉陽里後仕吳爲光祿勳識字亮拔奕葉才明祖尚字元甫有文章機見吳中書郎父副字仲先器度淹通風格淸簡晉剡令鹽胡將軍下邳太守西城侯長史副第五子也正生少知名簡文在藩爲世表之交起家太學博士朝綱禮肆儒論所宗出爲餘姚令敷恤民隱惠被鄰邑徵入覲闕納言帝側昇平末除護軍長史本郡中正外督戎章內詮茂序遐邦肅律鄉采砥行太和中遷給事中散騎常侍蟬冕輝華事歸尚德簡文踐極方優國老儻值晏駕於焉造退專靜山廬以脩上道君雖搢紱朝班諷議庠塾而心標象外志結霞門弟兄遠遊永和四年長遁不返君尚想幽奇歲月彌軫恆與揚君深神明之契興寧中衆眞降揚備令宣諭龍書雲篆僉然偏該靈模奧旨於茲必究年涉懸車遵行愈篤太元元年解駕違世春秋七十有二子姪禮窆虛柩於懸西大墓京陵之蹤未遠飛劍之槨在焉謹案眞誥君挺命

所基緣業已久周武王世九宮上相長里辟公之弟也兼許肇遺功復應垂祉後胤故乘運託生因貧成道玉札所授爲上淸眞人爵登矦伯位編卿司理仙撫治佐聖牧民矣眞傳未顯於世莫能具述長史第三子諱玉斧世名穆字道翔正生母陶威女先亡已得在洞府易遷宮中君淸穎瑩潔特絕世倫郡舉上計掾不赴糾鍊塵務研精上業即弘景立中之眞師也恆居此宅繕修經法揚君數相從就亟通眞感太和五年於茲告逝時年三十眞誥云後十六年當度東華爲上相靑童君之侍帝晨受書爲上淸仙官與谷希子並職帝晨之任比世侍中君長兄揆世名聯次兄虎牙世名聯並亦得道揆今有立孫靈眞在山勅立嗣眞館以襲遠祖之德皇上乘弘誓本力來君此土崇育耆祇範鑄群品導法開俗隨緣啟教以隱居積藴三眞經誥久栖華陽宜還舊宅供養脩理乃勅工匠建茲堂請即仰祇帝則兼闡大猷東位靑壇西表素塔壇塔之間通是基趾埋瓴擗瓦投甃便埴紫煙白霧纏爲蔭蓋宅南一井即長史所穿井南大塘乃郭朝遺製源出田公之泉路通姜巴之軌傍枕雷平前瞰下泊東際連岡北橫長嶺栁汧陽谷俱會西垂四域之內皆謂之金陵地肺者也長史所居尤爲標勝方將駟雲虬而高騁驅奔鶴以追風望洪濤之浩汗睠故都以浸遠古人有言匪作奚傳敢刊石頌永屬來賢

渾樞發氣方祇吐靈依性分境傳識賦形化通八寓功浹四溟巡跡電滅測體淵渟旋區岳立亙海雲舒摶風泳水號實憑虛亦有幽匠開石架廬情高身遠天府地居縈巒巴曲晝壤腓浮五闡面啟九涂瓌周長陽旁嶺交汧比流乃稱龍伏實謂金丘昔在西漢三茅來賓爰暨東晉二許懷眞裁基浚井栖道接神允膺輔聖錫茲侍宸參差年代絪緼名氏書誥具宣精華未彌甄贊將淪沈階已毀拱樹霜摧脩庭草委肇館華陽歲躔二紀永觀前猷聿遵洪

軌帝曰懋哉爾焉斯止經之營之輪乎奐矣勝殿密響瀉瓶揚芬瑤宮碧簡絢采垂文瑤函玉檢綺幕繡巾蘭釭烈耀金鑪揚熏桐柏雙秋方諸兼學並證心淸俱漏身濁離有離無且華且朴結號虛皇筌法正覺藥徵質瑩禪感慧通飛行欻怳捫景帶虹振苦排鄣還明返聰物言是力我見無功紛紛千古汗漫兩儀三相幻惑舟壑自移緣來則應不應不爲式題龜錄人天鑒知（本集又略見藝文類聚七十八）

茅山長沙館碑

夫萬象森羅不離兩儀所育百法紛湊無越三教之境搢紱之士飾禮容於闤闠耿介之夫斂旌麾於門裔銘曰

大哉乾元萬物資始皇王受命三才乃理惟聖感神惟神降祉德被歌鐘名昭圖史友于兄弟敬惟西宣言追茂實用表遺先敢循舊制有革雜章刊石弗朽奕代流芳（藝文類聚七十八）

太平山日門館碑

日門館者，東霞啟曜，開巖引燭，以爲名也。先是吳郡杜徵君聲高兩代，德貫四區，教義宣流，播乎數郡，拓宇太平之東，結架菁山之北，爰以此處幽奇，別就基構，栖集有道，多歷世年。藝文類聚七十八。

請雨詞

華陽隱居陶弘景、道士周子良詞：竊尋下民之命，粒食爲本，農工所資，在於潤澤。頃亢旱積旬，苗稼焦涸，遠近嗷嗷，瞻天雀息，百姓祈請，永無感降。伏聞雨水之任，有所司存，願哀憫黔首，霈垂霑渥，呵風召雲，膚寸而合，使洪潦溢川，水陸咸濟，則白鵠之詠，復興於今。共伸至誠，稽顙詞情。謹詞。天監十四年太歲乙未六月二十日詞詣句曲華陽洞天張理禁趙丞前。本集。

遺令

既沒，不須沐浴，不須施牀，止兩重席於地，因所著舊衣，上加生祴裙及臂衣靺冠法服，左肘錄鈴，右肘藥鈴，佩符絡左肘下，繞腰穿環結於前，釵符於髻上，通以大袈裟覆衾蒙首足。明器有車馬。道人道士並在門中，道人左，道士右。百日內夜常然燈，旦常香火。南史七十六陶弘景傳。

全梁文卷四十七終

全梁文卷四十八

烏程嚴可均校輯

王志

志字次道。瑯邪臨沂人。齊司空僧虔子。尚宋孝武女安固公主。入齊封臨汝侯。領右衞將軍。梁臺建。遷散騎常侍。及受禪。歷中書令。金紫光祿大夫。卒諡曰安。

答釋法雲書難范縝神滅論

辱告。伏覽勑答臣下神滅論。旨高義博。照若發蒙。弟子夙奉釋教。練服舊聞。有自來矣。非惟雷同遠大。贊歎天旨而已。且垂答二解。厭伏心靈。藻燭聞見。更不知何以闡揚玄猷。光彰聖迹。且得罔象。不溺於眞。內外無紛如之滯。寔懷嘉抃。猥惠來示。佩眷惟深。王志和南。（弘明集十。）

王揖

揖（梁書作楫）。志弟。仕齊。入梁。歷黃門侍郎。太中大夫。出爲東陽太守。有集五卷。

答釋法雲書難范縝神滅論

辱告。惠示敕答臣下審神滅論。夫昊蒼玄默。本絕言議。性與天道。固亦難聞。而愛育之仁。依方感動。開誘之教。沿事降設。矜局蛙於井谷。哀危蟪於寸陰。思發神衷。言徵理鏡。引據前經。文約旨遠。凝神杳邈。一理能貫。墳典紛綸。一言以蔽。顯列聖之潛旨。決終古之滯惑。存滅由斯而曉。孝敬同茲而隆。信足以警誡重昏。儀範百代。所謂聖慕揚揚。嘉言孔章者也。弟子既慙辨理。彌慚知音。遂得預聞道訓。須覩妙藻。式抃下陳。永佩聖則。弟子王揖和南。（弘明集十。）

王泰

泰字仲通。小字烜。志長兄慈之子。仕齊爲祕書郎。車騎主簿。入梁。累遷至吏部尚書。除左驍騎將軍。卒諡夷子。

答釋法雲書難范縝神滅論

一日曲蒙譏私。預聞范中書有神形偕滅之論。斯人逕侹。不近人情。直以下才。未能折五鹿之角耳。辱告垂示聖旨。徵引孝道。發揚冥致。謹當尋誦。永祛蒙惑。弟子王泰頓首和南。（弘明集十。）

王緝

緝。志子。天監初。建安王偉板爲功曹。

答釋法雲書難范縝神滅論

惠示敕答臣下審神滅論。竊以神一冥默。歷聖未傳。宣尼猶稱不言。莊生空構其語。求之方策。歎昧交深。謬覩今論。天思淵發。妙旨凝深。至理既弘。孝機兼極。信足韜超萬古。照燭來今。弟子生屬昌辰。預覩聖藻。既冰渙於懷抱。信曉惑於隨便。凡厥靈知。孰不鑽仰。矧伊蒙蔽。激抃寔深。王緝和南。（弘明集十。）

王珍國

珍國字德重。沛國相人。齊初起家冠軍行參軍。累遷寧朔將軍。入梁。封灄陽縣侯。改宜陽。終丹陽尹。卒諡曰威。

答釋法雲書難范縝神滅論

辱告。伏見敕答臣下神滅論。神之不滅。經典明文。即心語事。皎然在理。論有神滅。實所駭歎。天照淵凝。妙旨周博。折彼異端。弘茲教範。信可以朗悟冥塗。棟梁千載矣。伏覽懽戴。竊深罔極。比故詣展。遲復咨伸。王珍國呈。（弘明集十。）

王暕

暕字思晦。瑯邪臨沂人。齊太尉儉子。尚淮南長公主。歷祕書丞。驃騎從事中郎。入梁。爲侍中。尚書左僕射。卒諡曰靖。有集二十一卷。

答釋法雲書難范縝神滅論

枉告。并奉覽敕答臣下審神滅論。聖旨玄照。啟牖羣蒙。義顯幽微理宜寂昧。夫經述故身之義。繫敘遊魂之談。愚淺所辯。詳已爲非滅。況復膺思引遠。盡理窮微。引文證典。渙然冰釋。肉眼之人。虔恭迴向。惑累之衆。悛改浮心。發明既往。訓導將來。伏奉淵敎。欣蹈罔已。王暕和南。（宏明集十。）

王彬　王緘

彬。緘。里系皆未詳。天監初彬爲吳興太守。（見何遠傳。）尋與緘俱爲侍中。

荅釋法雲書難范縝神滅論

辱告。伏見敕旨荅臣下審神滅論。聖思淵凝。天理孤絕。辯三世則釋義明。舉二事則孝道暢。塞鑽鑿之路。杜異路之口。足使魔壤永淪。正峯長峻。弟子伏膺至道。預奉天則。喜躍之心。寔復恆準。王彬緘頓首和南。（宏明集十。）

嚴植之

植之字孝源。建平秭歸人。仕齊歷王國侍郎。右常侍。遷員外郎散騎常侍。康樂侯相。入梁爲後軍騎兵參軍。五經博士。遷中撫軍參軍。兼博士。有凶禮儀注四百七十九卷。錄四十五卷。

荅釋法雲書難范縝神滅論

辱告。伏見敕旨荅臣下審神滅論。夫形分涉顯。或微隱難悟。況識理精密。豈庸見能曉。所以斷常交騖。一異競奔。若中道居懷。則欲流可反。二邊滯意。彼岸長乖。神滅之論。斯障實重。仰賴聖王。棟梁至教。明詔爰發。朗若披雲。非直冥符訓典。俯弘孝義。蓋妙達生源。幽窮行本。使執禮之性。踐霜露而彌篤。研神之識。仰禪悅而增心。皆當習忍慧途。翻流惑海。弟子早標素心。未知津濟。伏讀懽欣。充遍身識。猥惠存勗。荷眷惟深。嚴植之呈。（宏明集十。）

賀瑒

瑒字德璉。會稽山陰人。宋太學博士道期從孫。齊初爲國子生。

舉明經。除揚州祭酒。兼國子助教。歷奉朝請。太學博士。太常丞。去職。天監初復爲太常丞。掌賓禮。尋兼五經博士。拜步兵校尉。有禮記新義疏二十卷。賓禮儀注九卷。（本傳作一百四十五卷。）五經異同評一卷。

郊宮議

周禮。王旅上帝。張氈案。以氈爲牀於幄中。不聞郊所置宮宇也。（通典四十二。齊永明元年。外庠博士賀瑒議。）

郊壇瓦屋議

周禮。王旅上帝。張氈案。設皇邸。國有故而祭亦曰旅。氈案以氈爲牀於幄中。不聞郊所置宮宇。（南齊書禮志上。建武二年。太學博士賀瑒議。）

宮人始入應奏樂議

按禮。賓入而懸興。示易以敬也。和易以敬。宮人皆然。謂不應有異。愚以宮人始入。便應奏樂。（通典一百四十七。梁天監中。掌賓禮賀瑒議。）

上宮元會奏大壯武舞大觀文舞議

按禮記云。太子爲樂也。以賞諸侯之有功。其治人勞者。舞行綴遠。其治人逸者。舞行綴短。觀其舞。知其德。以此而求。諸侯舞時王之樂可知也。況皇儲養德春宮。式瞻攸屬。謂宜備二舞。以宣文武之德焉。（通典一百四十七。天監中。）

荅釋法雲書難范縝神滅論

辱告。垂示敕荅臣下審神滅論。鑽仰反復。誦味循環。故知妙蘊機初。事隔凡識。神凝繫表。義絕庸情。皇上叡覽通幽。性與天道。所以機見英遠。獨悟超深。述三聖以導未曉。標二事以洗偏惑。故係孝之旨愈明。因果之宗彌暢。嶇山粹典。即此重彰。洙水清教。於茲再朗。譬諸日月。無得踰焉。弟子雖冥頑多蔽。謬奉格言。研求妙趣。猶知蹈舞。法師宣揚至道。允闡大猷。猥惠未及。益增銘荷。弟子賀瑒呈。（宏明集十。）

賀琛

琛字國寶。瑒弟之子。普通中。刺史臨川王辟爲祭酒從事史。補國侍郎。兼太學博士。遷中衛參軍、尚書通事舍人、通直正員郎。征西鄱陽王中錄事。進尚書左丞。歷員外散騎常侍御史中丞。免。復爲尚書左丞。遷給事黃門侍郎、散騎常侍、太府卿。太清中爲雲騎將軍、中軍宣城王長史。東府城陷。爲侯景所獲。臺城陷。逃歸會稽。復執送景。以爲金紫光祿大夫。遇疾卒。

奏二郊及藉田宜御輦

今南北二郊。及藉田往還。並宜御輦。不復乘輅。二郊請用素輦。藉田往還乘常輦。皆以侍中陪乘。停大將軍及太僕。梁書武帝紀下。大同五年。御史中丞參禮儀事賀琛奏。

條奏時務封事

臣荷拔擢之恩。曾不能效一職。居獻納之任。又不能薦一言。竊聞慈父不愛無益之子。明君不畜無益之臣。臣所以當食廢飡。中宵而歎息也。輒言時事。列之於後。非謂謀猷。寧云啟沃。獨緘胸臆。不語妻子。辭無粉飾。削槀則焚。脫得聽覽。試加省鑒。如不允合。亮其戇愚。

其一事曰。今北邊稽服。戈甲解息。政是生聚教訓之時。而天下戶口減落。誠當今之急務。雖是處彫流。而關外彌甚。郡不堪州之控總。縣不堪郡之裒削。更相呼擾。莫得治其政術。惟以應赴徵斂爲事。百姓不能堪命。各事流移。或依於大姓。或聚於屯封。蓋不獲已而竄亡。非樂之也。國家於關外賦稅蓋微。乃至年常租課。動致逋積。而民失安居。寧非牧守之過。東境戶口空虛。皆由使命繁數。夫犬不夜吠。故民得安居。今大邦大縣。舟舸銜命者。非惟十數。復窮幽之鄉。極遠之邑。亦皆必至。每有一使。屬所搔擾。況復煩擾積理。深爲民害。駑困邑宰。則拱手聽其漁獵。桀黠長吏。又因之而爲貪殘。縱有廉平。郡猶掣肘。故邑宰懷印。類無考績。細民棄業。流亡者多。雖年降復業之詔。屢下蠲賦之恩。而終不得反其居也。

其二事曰。聖主恤隱之心。納隍之念。聞之遐邇。至於翾飛蠕動。猶且度脫。況在兆庶。而州郡無恤民之志。故天下顒顒。惟注仰於一人。誠所謂愛之如父母。仰之如日月。敬之如鬼神。畏之如雷霆。苟須應痛逗藥。豈可不治之哉。今天下宰守所以皆尚貪殘。罕有廉白者。良由風俗侈靡使之然也。淫奢之弊。其事多端。粗舉二條。言其尤者。夫食方丈於前。所甘一味。今之燕喜。相競誇豪。積果如山岳。列肴同綺繡。露臺之產。不周一燕之資。而賓主之間。裁取滿腹。未及下堂。已同臭腐。又歌姬舞女。本有品制。二八之錫。良待和戎。今畜妓之夫。無有等秩。雖復庶賤微人。皆盛姬姜。務在貪汚。爭飾羅綺。故爲吏牧民者。競爲剝削。雖致貲巨億。罷歸之日。不支數年。便已消散。蓋由宴醑所費。既破數家之產。歌謠之具。必俟千金之資。所費事等丘山。爲歡止在俄頃。乃更追恨向所取之少。今所費之多。如復傅翼。增其搏噬。一何悖哉。其餘淫侈。著之凡百。習以成俗。日見滋甚。欲使人守廉隅。吏尚清白。安可得邪。今誠宜嚴爲禁制。道之以節儉。貶黜雕飾。糾奏浮華。使衆皆知變其耳目。改其好惡。夫失節之嗟。亦民所自患。正恥不及羣。故勉彊而爲之。苟力所不至。還受其弊矣。今若釐其風而正其失。易於反掌。夫論至治者。必以淳素爲先。正彫流之弊。莫有過儉朴者也。

其三事曰。聖躬荷負蒼生以爲任。弘濟四海以爲心。不憚胼胝之勞。不辭癯瘦之苦。豈止日昃忘飢。夜分廢寢。至於百司。莫不奏事。上息奏下之嫌。下無逼上之咎。斯實道邁百王。事超千載。但斗筲之人。藻棁之子。既得伏奏帷扆。便欲詭競求進。不說國之大體。不知當一官。處一職。貴使理其紊亂。匡其不及。心在明恕。事乃平章。但務吹毛求疵。擘肌分理。運挈缾之智。徼分外之求。以深刻爲能。

以緪逐爲務迹雖似於奉公事更成其威福犯罪者多巧避滋甚曠官廢職長弊增姦實由於此今誠願責其公平之效黜其讒愚之心則下安上謐無徼倖之患矣

四事曰自征伐北境帑藏空虛今天下無事而猶日不暇給者良有以也夫國弊則省其事而息其費事省則養民費息則財聚止五年之中尚於無事必能使國豐民阜若積以歲月斯乃范蠡滅吳之術管仲霸齊之由今應內省職掌各檢其所部凡京師治署邸肆應所爲或十條宜省其五或三條宜除其一及國容戎備在昔應多在今宜少雖於後應多即事未須皆悉減省應四方屯傳邸治或舊有或無益或妨民有所宜除除之有所宜減減之凡厥興造凡厥費財有非急者有役民者又凡厥討召凡厥徵求雖關國計權其事宜皆須息費休民不息費則無以聚財不休民則無以聚力故蓄其財者所以大用之也息其民者所以大役之也若言小費不足害財則終年不息矣以小役不足妨民則終年不止矣擾其民而欲求生聚殷阜不可得矣耗其財而務賦斂繁興則姦詐盜竊彌生是弊不息而其民不可使也則難可以語富彊而圖遠大矣自普通以來二十餘年刑役薦起民力彫流今魏氏和親疆埸無警若不及於此時大息四民使之生聚減省國費令府庫蓄積一旦異境有虞關河可掃則國弊民疲安能振其遠略事至方圖知不及矣（梁書賀琛傳）

駁皇太子大功之末可以冠子嫁女議

令旨以大功之末可得冠子嫁女不得自冠自嫁推以記文竊猶致惑案嫁冠之禮本是父之所成無父之人乃可自冠故稱大功小功並以冠子嫁子爲文非關惟得爲子已身不得也小功之末既得自嫁娶而亦云冠子娶婦其義益明故先列二服每明冠子嫁子結於後句方顯自娶之義既明小功自娶即知大功自冠矣（故下脫記字）蓋是約言而見旨若謂緣父服大功子服小功小功服輕故得爲子冠嫁大功服重故不得自嫁自冠者則小功之末非明父子服殊不應復云冠子嫁子也若謂小功之文言已可娶大功之文不言已冠故知身有大功不得自行嘉禮但得爲子冠嫁竊謂有服不行嘉禮本爲吉凶不可相干子雖小功之末可得行冠嫁猶應須父得爲其嫁冠若父於大功之末可以冠子嫁子是於吉凶禮無礙吉凶禮無礙豈不得自冠自嫁若自冠自嫁於事有礙則冠子嫁子寧獨可通今許其冠子而塞其自冠是琛之所惑也又令旨推下殤小功不可娶婦則降服大功亦不得爲子冠嫁伏尋此旨若謂降服大功不可冠子嫁子則降服小功亦不可自冠自娶是爲凡厥降服大功小功皆不得冠娶矣記文應云降服則不可寧得惟稱下殤今不言降服的舉下殤實有其義夫出嫁出後或有再降出後之身於本姊妹降爲大功若是大夫服士又以尊降則成小功其於冠嫁義無以異所以然者出嫁則有受我出後則有傳重並欲薄於此而厚於彼此服雖降彼服則隆昔實朞親雖再降猶依小功之禮可冠可嫁若夫朞降大功大功降爲小功止是一等降殺有倫服末嫁冠故無有異惟下殤之服特明不娶之義者蓋緣以幼稚之故夭喪情深既無受厚他姓又異傳重彼宗嫌其年稚服輕頓成殺略故特明不娶以示本重之恩是以凡厥降服冠嫁不殊惟在下殤乃明不娶其義若此則不得言大功之降服皆不可冠嫁也且記云下殤小功言下殤則不得通於中上語小功則不得兼於大功若實大小功降服皆不冠嫁上中二殤亦不嫁冠者記不得直云下殤小功則不可恐非文意此又琛之所疑也（梁書賀琛傳又南史六十二）

阮研

研爲交州刺史

書

道增至。得書。深慰。已熱。卿何如。吾甚勿勿。始過嶠。今便下水。末因見卿。爲歎。善自愛。異日當至上京。有因道增行所具少字。不具。阮研頓首。（淳化閣帖四。）

袁昂

昂字千里。陳郡陽夏人。宋雍州刺史顗子。齊初爲冠軍安成王行參軍。遷征虜主簿、太子舍人、鎮軍王儉功曹史。進祕書丞、黃門侍郎。出爲安南鄱陽王長史、尋陽公相。還爲太孫中庶子、衛軍武陵王長史、右軍邵陵王長史。遷御史中丞。出爲豫章內史。歷建武將軍、吳興太守。入梁。爲後軍臨川王參軍。除給事黃門郎。遷侍中。出爲尋陽太守。行江州事。徵爲左民尚書。兼右僕射。除國子祭酒。領豫州大中正。復爲仁威將軍、吳郡太守。進五兵尚書。領起部尚書。加侍中。進尚書令、宣惠將軍。普通中爲中書

監、丹陽尹。進號中衛將軍。復爲尚書令。領國子祭酒。大通初進號中撫軍大將軍。遷司空。加特進、左光祿大夫。大同六年卒。年八十。謚曰穆正公。

謝後軍臨川王參軍事啟

恩降絕望之辰。慶集冥心之日。焰灰非喻。蕢柿未擬。握衣聚足。顛狽不勝。臣遍歷三墳。備詳六典。巡校賞罰之科。洞檢生死之律。莫不嚴五辟於明君之朝。峻三章於聖人之世。是以塗山始會。致防風之誅。酆邑方構。有崇侯之伐。未有緩憲於斮戮之人。賒刑於耐罪之族。出萬死入一生。如臣者也。推恩及罪。在臣實大。披心瀝血。敢乞言之。臣東國賤人。學行何取。旣殊鳴鴈直木。故無結綬彈冠。徒藉羽儀。易農就仕。往年濫職。守秩東隅。仰屬龔行。風驅電掩。當其時也。負鼎圖者日至。執玉帛者相望。獨在愚臣。頓昏大義。殉鴻毛之輕。忘同德之重。但三吳險薄。五湖交通。屢起田儋之變。每懼般通之禍。空慕君魚保境。遂失師涓抱器。後至者斬。臣甘斯戮。明刑殉衆。誰曰不然。幸約法之弘。承解網之宥。猶當降等薪粲。遂乃頓釋鉗赭。斂骨吹魂。還編黔庶。濯疵蕩穢。入楚遊陳。天波旣洗。雲油遽沐。古人有言。非死之難。處死之難。臣之所荷。曠古不書。臣之死所。未知何地。（梁書袁昂傳。天監二年。以爲後軍臨川王參軍事。昂奉啟謝。）

答武帝書

都史至。辱誨。承藉以衆論。謂僕有勤王之舉。兼蒙誚責。獨無送款。循復嚴旨。若臨萬仞。三吳內地。非用兵之所。況以偏隅一郡。何能爲役。近奉勑以此境多虞。見使安慰。自承麾旆届止。莫不膝袒軍門。惟僕一人。敢後至者。政以內撫庸素。文武無施。直是陳國賤男子耳。雖欲獻心。不增大師之勇。置其愚默。寧沮衆軍之威。幸藉將軍含弘之大。可得從容以禮。竊以一飡微施。尚復投殞。況食人之祿。而頓忘一旦。非唯物議不可。亦恐明公鄙之。所以躊躇未遑薦

璧。遂以輕微。爰降重命。震灼於心。忘其所厝。誠推理鑒。猶懼威臨。（梁書袁昂傳。昂爲吳興太守。永元末。義師至京師。州牧郡守皆望風降款。昂獨拒境不受命。高祖手書喻云云。昂答。又見南史二十六。）

答服問書

（壞當作壤）

竊聞禮由恩斷。服以情申。故小功他邦。加制一等。同爨有緦。明之典籍。孤子夙以不天。幼傾乾廕。資敬未奉。過庭莫承。藐藐沖年。未達朱紫。從兄提養訓教。示以義方。每假其談價。虛其聲譽。得及人次。實亦有由。兼開拓房宇。處以華曠。同財共有。恣其取足。爾來三十餘年。憐愛之至。無異於己。（南史作憐愛之至。言無異色。）姊妹孤姪。成就一時。篤念之深。在終彌固。此恩此愛。畢壞不追。旣情若同生。而服爲諸從。言心卽事。實未忍安。昔馬稜與弟毅同居。毅亡。稜爲心服三年。由也之不除喪。亦緣情而致制。雖識不及古。誠懷感慕。常願千秋之後。從服朞齊。不圖門衰禍集。一旦草土。殘息復罹今酷。尋惟慟

絕。彌劇彌深。今以餘喘。欲遂素志。庶寄其罔慕之痛。少申無已之情。雖禮無明據。乃事有先例。率迷而至。必欲行之。君問理所歸。謹以諮白。臨紙號哽。言不識次。（梁書袁昂傳。昂從兄彖卒。昂幼孤。爲彖所養。乃制朞服。人有怪而問之者。昂致書以喻之。）

答釋法雲書難范縝神滅論

辱告。并伏見敕答臣下審神滅論。奉讀循環。頓醒昏黷。夫識神冥漠。其理難窮。粤在庸愚。豈能探索。近取諸骸內。尚日用不知。況乎幽昧。理歸惑解。仰尋聖典。旣顯言不無。但應宗教歸依。其有就有談。有猶未能盡性。遂於不無論無。斯可遠矣。自非神解獨脫。機鑒絕倫。何能妙測不斷之言。深悟相續之旨。兼引喻二證。方見神在皦然。求之三世。不滅之理彌著。可謂鑽之彌堅。仰之彌高者也。方使衆惑塵開。羣迷反路。伏誦無斁。舞蹈不勝。弟子袁昂和南。（弘明集十。）

臨終敕諸子

不得言上行狀及立誌銘。凡有所須。悉皆停省。

吾釋褐從仕。不期富貴。但官序不失等倫。衣食粗知榮辱。以此闔棺。無慙鄉里。往忝吳興。屬在昏明之際。旣闇於前覺。無識於聖朝。不知天命。甘貽顯戮。幸遇殊恩。遂得全門戶。自念負罪私門。階榮望絕。保存性命。以爲幸甚。不謂叨竊寵靈。一至於此。常欲竭誠酬報。申吾乃心。所以朝廷每興師北伐。吾輒啟求行。誓之丹款。實非矯言。旣庸懦無施。皆不蒙許。雖欲罄命。其議莫從。今日瞑目。畢恨泉壤。若魂而有知。方期結草。聖朝遵古。知吾名品。或有追遠之恩。雖是經國恆典。在吾無應致此。脫有贈官。慎勿祇奉。（梁書袁昂傳。南史二十六。）

古今書評

王右軍書。如謝家子弟。縱復不端正者。爽爽有一種風氣。王子敬書。如河洛間少年。雖皆充悅。而舉體蹉跎。殊不可耐。羊欣書。如大家婢爲夫人。雖處其位。而舉止羞澀。終不似眞。徐淮南書。如南江士大夫。徒好尚風軌。終不免寒氣。阮研書。如貴冑失品次。不能復排突英賢。王儀同書。如晉安帝非不處尊位。而都無神恩。吳興書如新亭唱父。一往見揚州人共語。音態便出。陶隱居書。如吳興少兒形雖未成長。而骨體甚駿快。殷鈞書。如高麗使人。抗浪甚有意氣。滋韻終不精味。袁山松樹書。如深山道士。見人便欲退縮。蕭子雲書。如春初望山林花。帶處不發。如經論道人。無絕不言。崔子玉書。如危峯阻日。孤松一被。有絕望之意。師宜官書。如鵬羽未息。闢自逝。韋誕書。如虎威彪振。劍拔弩張。蔡邕書。骨氣風遠。爽爽爲神。鍾司徒書。字十二種。意外殊妙。少實多奇。邯鄲淳書。應規入矩。方圓乃成。張伯英書。如漢武帝愛道。憑虛欲仙。索靖書。如飄風忽舉。鷙鳥不飛。皇象書。如歌聲繞梁。琴人捨揮。衛常書。如插花美人。舞笑鏡臺。孟光祿書。如崩山絕崔。人見可畏。張芝篤奇。鍾繇特絕。逸少鼎能。獻之冠世。四英其頹。洪芳不滅。羊眞孫草。蕭行范篆。各一

唱當作傖

帶當作無

被當作枝

闢當作翩翩

崔當作崖

篤當作驚

時妙絕。鍾繇書。若飛鴻戲海。舞鶴遊天。行間希密。實亦難過。蕭思話書。走墨連字。勢屈強。若龍跳淵門。虎卧鳳闕。薄紹之書。字勢蹉跎。如舞妓低腰。仙人嘯樹。（御覽七百四十八。）

連下脫綿字

評書

從漢末至梁。有卅四人。王僧虔書。猶如揚州王謝家子弟。縱復不端正。奕奕皆有一種風氣。王子敬書。如河朔少年。皆充悅。舉體沓拖。而不可耐。羊欣書。似婢作夫人。不堪位置。而舉止羞澀。終不似眞。阮研書。如貴冑失品次。不復排突英賢。王儀同書。如晉安帝非不處尊位。而都無神明。殷均書。如高麗人抗浪。乃不有意氣。而姿顏自足精味。徐淮南書。如南岡士大夫。徒尚風軌。然不口寒乞。陶隱居書。如吳興小兒。形狀未成長。而骨體甚峭快。吳施書。如新亭傖父。一往似揚州人共語。語便態出。柳產書。如深山道士。見人便欲退縮。曹喜書。如經綸道士。言不可强。王右軍書。字勢雄强。如龍

跳天門。虎臥鳳閣。故歷代寶之。永以爲訓。蔡邕書骨氣洞達。爽爽如有神力。程曠平書。如鴻鵠弄翅。頡頏布置。初雲之見白日。蕭思話書如舞女低腰。仙人嘯樹。李鎮東書。如芙蓉之出水。文彩如鏤金。桓玄書如快馬入陣。隨人屈曲。豈須文譜。范懷約作約。庾肩吾書有分。草書無功。故知簡牘非易。皇象書如韻音繞梁。孤飛獨舞。孔琳之書。如散花空中。流徽自得。李巖一作嚴。之書如鏤金素月。屈玉自照。薄紹之書。如龍游在霄。繾綣可愛。秦獄吏程邈善大篆。得罪始皇。雲陽獄增減篆體。志其名。其書自作日。大觀帖作曰。隸也。扶風曹喜後漢人。不知其官。善篆及隸篆。等少異。李斯見重一時耶。鍾司徒書字有十二種。意外巧妙。絕倫多奇。崔子玉書如危峰阻日。孤松單枝。邯鄲淳書。應規入矩。方圓乃成。師宜官書如鵬翔未息。翩翩而自逝。梁鵠書如龍威虎震。劍拔弩張。張伯英書如武帝愛道。憑虛欲仙。衛恒書如插花舞女。援鏡笑春。索靖書如飄風忽舉。鷙鳥乍飛。鍾繇書如雲鵠遊天。羣鴻戲海。行間茂密。實亦難過耶。淳化閣帖五。

全梁文卷四十八終

烏程嚴可均校輯

何佟之

佟之字士威廬江灊人晉豫州刺史惲六世孫齊永明初爲揚州從事入爲助教總明館學士遷司徒車騎參軍尚書祠部郎建武中爲鎭北記室參軍領丹陽邑中正歷步兵校尉國子博士遷驃騎諮議參軍中興初拜驍騎將軍梁受禪爲尚書左丞天監四年卒贈黃門侍郎有喪服經傳義疏一卷

上言改正三夏

案周禮王出入則奏王夏尸出入則奏肆夏牲出入則奏昭夏今樂府之夏唯變王夏爲皇夏蓋緣秦漢以來稱皇故也而齊氏仍宋儀注迎神奏昭夏皇帝出入奏永至牲出入更奏引牲之樂其爲舛謬莫斯之甚請下禮局改正隋書音樂志上天監初北中郎司馬何佟之上言

亥日藉田議

少牢饋食禮云孝孫其來日丁亥用薦歲事于皇祖伯某注云丁未必亥也直舉一日以言之耳禘太廟禮日用丁亥若不丁亥則用己亥辛亥苟有亥可也鄭又云必用丁巳者取其令名自丁寧自變改皆爲謹敬如此丁亥自是祭祀之日不專施於先農漢文用此日耕藉祠先農故後王相承用之非有別義南齊書禮志上永明三年助教何佟之議

社稷位向議

案禮記郊特牲社祭土而主陰氣也君南向於北墉下答陰之義也鄭玄云答猶對也北墉社內北墻也王肅云陰氣北向故君南向以答之答之爲言是相對之稱知古祭社北向設位齋宮南向明矣近代相承帝社南向太社及稷並東向而齋官位在帝社壇北西向於神背後行禮又名稷爲稷社甚乖禮意未及知失在何

時原此理當未久竊以皇齋改物禮樂惟新中國之神莫貴於社若遂仍前謬懼虧盛典請二社語其義則殊論其神則一位並宜北向稷若北向則成相背稷是百穀之總神非陰氣之主宜依先東向齋官立社壇東北南向立東爲上諸執事西向立南爲上稷依社無兼稱今若欲尊崇正可名爲太稷耳豈得謂爲稷社邪臘祠太社日近案奏事御改定儀注南齊書禮志上永明十一年兼祠部郎何佟之議又見通典四十五

釋治禮學士難社稷位向議

來難引君南向答陽臣北向答君敢問答之爲言爲是相對爲是相背相背則社位南向君亦南向可如來議郊特牲云臣之北向答君復是君背臣今言君南臣北向相稱答則君南不得稱答矣記何得云祭社君南向以答陰邪社果同向則君亦宜西向何故在社南向在郊西向邪解則不然記云君之南向答陽此明朝會

之時盛陽在南故君南向對之猶聖人南面而聽向明而治之義耳寧是祈祀天地之日乎知祭社北向君答故南向祀天南向君答宜北向矣今皇帝黑瓚階東西向者斯蓋始入之別位兆接對之時也案記云社所以神地之道也又云社祭土而主陰氣又云不用命戮于社孔安國云社主陰陰主殺傳曰日蝕伐鼓于社杜預云責羣陰也社主陰氣之盛故北向設位以本其義耳餘祀雖亦地祇之貴而不主此義故位向不同不得見餘陰祀不北向便謂社應南向也案周禮祭社南向君求幽宜北向而記云君南向答陰之義求幽之論不乖歟魏權漢社社稷同營共門稷壇在社壇北非古制後移宮南自當如靜此言乃是顯漢社失周法見漢世舊事爾時祭社南向未審出何史籍就如議者靜所言是祭社位南向仍漢舊法漢又襲周成規因而不改者則社稷三座並應南向今何改帝社南向泰社及稷並東向邪南齊書禮志上

明堂配饗議

周之文武。尙推后稷以配天。謂文皇宜推世祖以配帝。雖事施於尊祖。亦義章於嚴父焉。南齊書禮志上。隆昌元年祠部郎何佟之議。

戎服會哀議

羔裘玄冠不以弔。理不容以兵服臨喪。宋泰始二年。孝武大祥之日。于時百寮入臨。皆於宮門變戎服。著衣帢入臨。畢出外。還襲戎衣。南齊書禮志上。海陵王薨。百官會哀。時纂嚴。朝議疑戎服臨會。祠部郎何佟之議。

喪未終不樂議

昔舜受終文祖。義非肩堯。及放勛徂落。遏密三祀。近代晉康帝繼成帝。于時亦不作樂。懷帝永嘉元年。惠帝喪制未終。于時何充議云。古帝王相承。雖世及有異。而輕重同禮。南齊書禮志下。建武二年朝會。時世祖遏密未終。朝議疑作樂不。祠部郎何佟之議。

泄哀儀議

春秋之旨。臣子繼君親。雖恩義有殊。而其禮則一。所以敦資敬之情。篤方喪之義。主上雖仰嗣高皇。嘗經北面世祖。方今聖曆御宇。垂訓無窮。在三之恩。理不容替。竊謂世祖祥忌。至尊宜弔服升殿。羣臣同致哀感。事畢。百官詣宣德宮拜表。仍致哀陵園。以引追遠之慕。南齊書禮志下。建武二年祠部郎何佟之議。

奏南北郊牲色議

案周禮。大宗伯以蒼璧禮天。黃琮禮地。鄭玄又云。皆有牲幣。各放其器之色。知禮天圜丘用玄犢。禮地方澤用黃牲矣。牧人云。凡陽祀用騂牲。陰祀用黝牲。鄭玄云。騂赤。黝黑也。陽祀。祭天南郊及宗廟。陰祀。祭地北郊及社稷。祭法云。燔柴於泰壇。祭天也。瘞埋於泰折。祭地也。用騂犢。鄭云。地陰祀用黝牲。與天俱用犢。故連言之耳。知此祭天地即南北郊矣。今南北兩郊同用玄牲。又明堂宗廟社稷俱用赤。有違昔典。又鄭玄云。祭五帝於明堂。勾芒等配食。自晉以來。并圜丘於南郊。是以郊壇列五帝勾芒等。今明堂祀五精。更闕五神之位。北郊祭地祇。而設重黎之坐。二三乖舛。懼虧盛則。南齊書禮志上。建武二年。祠部郎何佟之奏。

共當作其

釋劉繪難南北郊牲色議

周禮。以天地爲大祀。四望爲次祀。山川爲小祀。周人尙赤。自四望以上。牲色各以其方者。以共祀大。宜從本也。山川以下。牲色不見者。以其祀小。從所尙也。則論禮二說。豈不合符。南齊書禮志上。

雩祭依明堂議

周禮司巫云。若國大旱。則帥巫而舞雩。鄭玄云。雩。旱祭也。天子於上帝。諸侯以下。於上公之神。又女巫云。旱暵則舞雩。鄭玄云。使女巫舞旱祭。崇陰也。鄭衆云。求雨以女巫。禮記月令云。命有司爲民祈祀山川百原。乃大雩帝。用盛樂。乃命百縣雩祀百辟卿士有益於民者。以祈穀實。鄭玄云。陽氣盛而恆旱。山川百原。能興雲致雨者也。衆水所出爲百原。必先祭其本。雩。吁嗟求雨之祭也。雩帝。謂爲壇南郊之旁。祭五精之帝。配以先帝也。自鞉鞞至柷敔爲盛樂。他雩用歌舞而已。百辟卿士。古者上公以下。謂勾龍后稷之類也。春秋傳曰。龍見而雩。止當以四月。王肅云。大雩求雨之祭也。傳曰。龍見而雩。謂四月也。若五月六月大旱。亦用雩。禮於五月。著雩義也。晉永和中。中丞啟雩制。在國之南爲壇。祈上帝百辟。舞童八列。六十四人。歌雲漢詩。皆以孟夏得雨。報太牢。于時博士議。舊有壇。漢魏各自討尋。月令云。命有司祈祀山川百原。乃大雩。又云。乃命百縣雩祀百辟卿士。則大雩所祭。唯應祭五精之帝而已。勾芒等五神。既是五帝之佐。依鄭玄說。宜配食於庭也。鄭玄云。雩壇在南郊壇之旁。而不辨東西。尋地道尊右。雩壇方郊壇爲輕。理應在左。宜於郊壇之東。營域之外築壇。既祭五帝。謂壇宜員。尋雩壇高廣。禮傳無明文。案覲禮。設方明之祀。爲壇高四尺。用珪璋等六玉。禮天地四方之神王者率諸侯親禮為所以致尊尊也雩祭五帝祖可依放謂今築壇宜崇四尺其廣輪仍以四為度徑四丈周員十二丈而四階也設五帝之位各以其方如在明堂之儀皇齊以世祖配五精於明堂今亦宜配饗於雩壇矣古者孟春郊祀祈嘉穀孟夏雩祭祈甘雨二祭雖殊而所為者一禮唯有冬至報天初無得雨賽帝今雖闕冬至之祭而南郊兼祈報之禮理不容別有賽荅之事也禮祀帝於郊則所尚省費周祭靈威仰若后稷各用一牲今祀五帝世祖亦宜各用一犢斯外悉如南郊之禮也武皇遏密未終自可不奏盛樂至於旱祭舞雩蓋是吁嗟之義既非存歡樂謂此不涉嫌其餘祝史稱辭仰祈靈澤而已禮舞雩乃使無闕今之女巫並不習歌舞方就教試恐不應速依晉朝之議使童子或時取舍之宜也司馬彪禮儀志云雩祀著皁衣蓋是崇陰之義今祭服皆緇差無所革其所歌之詩及諸供須輒勅主者申攝備旂（南齊書禮志上建武二年旱有司議雩祭依明堂祠部郎何佟之議）

景懿后遷登新廟車服議

周禮王之六服大裘為上袞冕次之五車玉輅為上金輅次之皇后六服褘衣為上褕翟次之首飾有三副為上編次之五車重翟為上厭翟次之上公有大裘玉輅而上公夫人有副及褘衣是以祭統云夫人副褘立于東房也又鄭云皇后六服唯上公夫人亦有褘衣詩云翟茀以朝鄭以翟茀為厭翟侯伯夫人入廟所乘今上公夫人副褘既同則重翟或不殊矣況景皇懿后禮崇九命且晉朝太妃服章之禮同於太后宋代皇太妃唯無五十旗為異其外侍官則有侍中散騎常侍黃門侍郎散騎侍郎各二人分從前後部同於王者內職則有女尚書女長御各二人棨引同於太后又魏朝之晉王晉之宋王並置百官擬於天朝至於晉文王終猶稱薨而太上皇稱崩則是禮加於王矣故前議景皇后悉依近代皇太妃之儀則侍衞陪乘並不得異后乘重翟亦謂非疑也尋齊初移廟宜皇神主乘金輅皇帝親奉亦乘金輅先往行禮畢仍從神主至新廟今所宜依准也（南齊書禮志上建武二年有司奏景懿皇后遷登新廟車服之儀祠部郎何佟之議）

朝日夕月議

蓋聞聖帝明王之治天下也莫不尊奉天地崇敬日月故冬至祀天於員丘夏至祭地於方澤春分朝日秋分朝月所以訓民事君之道化下嚴上之義也故禮云王者必父天母地兄日姊月周禮典瑞云王搢大圭執鎮圭藻藉五采五就以朝日馬融云天子以春分朝日秋分夕月覲禮天子出拜日於東門之外盧植云朝日以立春之日也鄭玄云端當為冕朝日春分之時也禮記朝事議云天子冕而執鎮圭尺有二寸率諸侯朝日於東郊所以教尊尊也故鄭知此端為冕也禮記保傅云三代之禮天子春朝朝日秋

暮夕月所以明有敬也而不明所用之定辰馬鄭云用二分之時盧植云用立春之日佟之以為日者太陽之精月者太陰之精春分陽氣方永秋分陰氣向長天地至尊用其始故祭以二至日月禮次天地故朝以二分差有理據則融玄之言得其義矣漢世則朝朝日暮夕月魏文帝詔曰覲禮天子拜日東門之外反禮方明朝事議曰天子冕而執鎮圭率諸侯朝日於東郊以此言之蓋諸侯朝天子祀方明因率朝日也漢改周法羣公無四朝之事故不復朝於東郊得禮之變矣然旦夕常於殿下東向拜日其禮太煩今採周春分之禮損漢日拜之儀又無諸侯之事無所出東郊今正殿即亦朝會行禮之庭也宜常以春分於正殿之庭拜日其夕月文不分明其議奏魏祕書監薛靖論云舊事朝日以春分夕日以秋分案周禮朝日無常日鄭玄云用二分故遂施行秋分之夕月多東潛（通典作昇）而西向拜之背實遠矣謂朝日宜用仲春之朔夕

夕日當作夕月

月宜用仲秋之朔。遣于睿駁之。引禮記云。祭日於東。祭月於西。以端其位。周禮。秋分夕月。並行於上世。西向拜月。雖如背實。亦猶月在天而祭之於坎。不復言靑月也。佟之案通典以天子東西遊幸數句皆屬遣于睿議疑此佟之二字後人誤加案禮器云。爲朝夕必放於日月。鄭玄云。日出東方。月出西方。又云。大明生於東。月生於西。此陰陽之分。夫婦之位也。鄭玄云。大明。日也。知朝日東向。夕月西向。斯蓋各本其位之所在耳。猶如天子東西遊幸。朝堂之官及拜官者。猶北向朝拜。寧得以背實爲疑邪。佟之謂魏世所行。善得與奪之衷。晉初弃員丘方澤。於兩郊二至輟禮。至於二分之朝。致替無義。江左草創。舊章多闕。宋氏因循。未能反古。竊惟皇齊膺天御極。典教惟新。謂宜使盛典行之盛代。以春分朝日於殿庭之西。東向而拜日。秋分夕月於殿庭之東。西向而拜月。此即所謂必放日月以端其位之義也。使四方觀化者莫不欣欣而頌美。旒藻之飾。蓋本天之至質也。朝日不得同昊天

至質之禮。故玄冕三旒也。近代祀天著衮十二旒。極文章之義。則是古今禮之變也。禮天朝日。旣服宜有異。頃世天子小會著絳紗袍。通天金博山冠。斯即今朝服之次衮冕者也。竊謂宜依此拜日月。甚得差降之宜也。佟之任非禮局。輒奏大典。寔爲侵官。伏追慙震。南齊書禮志上。永元元年。步兵校尉何佟之議。又見通典四十四。

明堂配饗又議

案祭法。有虞氏禘黃帝而郊嚳。祖顓頊而宗堯。周人禘嚳而郊稷。祖文王而宗武王。鄭玄云。禘郊祖宗。謂祭祀以配食也。禘謂祀昊天於圜丘也。祭上帝於南郊曰郊。祀五帝五神於明堂曰祖宗。郊祭一帝。而明堂祭五帝。小德配寡。大德配衆。王肅云。祖宗是廟不毁之名。果如肅言。殷有三祖三宗。並應不毁。何故止稱湯契。且王者之後存焉。舜寧立堯頊之廟。傳世祀之乎。漢文以高祖配泰畤。至武帝立明堂。復以高祖配食。一人西配。有乖聖典。自漢明以來

西當作兩

未能反者。故明堂無兼配之祀。竊謂先皇帝列二帝於文祖尊新廟爲高宗。並世祖而泛配。以申聖主嚴父之義。先皇於武皇倫則第爲季。義則經爲臣。設配饗之坐。應在世祖之下。並列俱西向。南齊書禮志上。永元二年佟之又建議。

又釋王摛難明堂配饗議

孝經是周公居攝時禮。祭法是成王反位後所行。故孝經以文王爲宗。祭法以文王爲祖。又孝莫大於嚴父配天。則周公其人也。尋此旨寧施成王乎。若孝經所說。審是成王所行。則爲嚴祖。何得云嚴父邪。且思文是周公祀后稷配天之樂歌。我將是祀文王配明德之樂歌。若如摛議。則此二篇皆應在復子明辟之後。請問周公祀后稷文王爲何所歌。又國語云。周人禘嚳郊稷。祖文王。宗武王。韋昭云。周公時以文王爲宗。其後更以文王爲祖。武王爲宗。尋文王以文治而爲祖。武王以武定而爲宗。欲明文亦有大德。武亦有

大功。故鄭注祭法云。祖宗通言耳。是以詩云。昊天有成命。二后受之。注云。二后。文王武王也。且明堂之祀。有單有合。故鄭云。四時迎氣於郊。祭一帝。還於明堂。因祭一帝。則以文王配。明一賓不容兩主也。享五帝於明堂。則泛配文武。泛之爲言無的之辭。其禮既盛。故祖宗並配。南齊書禮志上永元二年佟之建議與王摛不同佟之又議

毁墓服議

改葬服緦。見柩不可無服故也。此止侵墳土。隋書作墳土誤不及於棺。可依新宮火災。隋書作處三日哭服。隋書作假而已。隋書禮儀志三。天監元年。齊臨川獻王所生妾謝墓被發不至埏門蕭子晉傳重禮官何佟之議。又見通典一百二。

齋日六門斷哭議

案禮。國門在皐門外。今之籬門是也。今古殊制。若禁凶服不得入籬門爲大遠。宜以六門爲斷。隋書禮儀志二。天監三年。都令史王景之列自江左以來郊廟祭祀帝已入齋百姓尚哭以爲乖禮佟之等議

祭服除絳袴議

公卿以下祭服裏有中衣即今之中單也案後漢輿服志明帝永平二年初詔有司採周官禮記尚書乘輿服從歐陽說公卿以下服從大小夏侯說祭服絳緣領袖爲中衣絳袴袜示其赤心奉神今中衣絳緣足有所明無俟於袴既非聖法請不可施(隋書禮儀志六天監三年何佟之議詔依議除之又見通典六十一)

禘祫及功臣議

禘於首夏物皆未成故爲小祫於秋冬萬物皆成其禮尤大司勳列功臣有六皆祭於大蒸知祫尤大乃及之也近代禘祫並不及功臣有乖典制宜改(隋書禮儀志二天監三年尚書左丞何佟之議詔從之又見通典五十)

郊祭議

今之郊祭是報昔歲之功而祈今年之福故取歲首上辛不拘立春之先後周冬至於圜丘大報天也夏正又郊以祈農事故有啟蟄之說自晉太始二年并圜丘方澤同於二郊是知今之郊禋禮兼祈報不得限以一途也(隋書禮儀志一天監三年左丞吳操之啟稱傳云啟蟄而郊郊應立春之後尚書左丞何佟之議)

郊壇器席議

案禮祭器獘則埋之今一用便埋費而乖典(隋書禮儀志一天監三年有司以爲祀竟器席相承還庫請依典獘埋之佟之等議又見通典四十二)

省牲宰牲割牲議

案禮未祭一日大宗伯省牲鑊祭日之晨君親牽牲麗碑後代有冒暗之防而人主猶必親奉故有夕牲之禮頃代人君不復躬牽相承丹陽尹牽牲於古無取宜依以未祭一日之暮太常省牲視鑊祭日之晨使太尉牽牲出入也少牢饋食殺牲於廟門外今儀注詣廚烹牲謂宜依舊(隋書禮儀志二天監四年何佟之議帝可其奏)

郊不宜祼啟

案鬯者盛以六彝覆以畫冪備其文飾施之宗廟今南北二郊儀注有祼既乖尚質謂宜革變(隋書禮儀志一通典四十二天監三年)

郊祀楷題啟

周禮天曰神地曰祇今天不稱神地不稱祇天楷題宜曰皇天座地楷宜曰后地座又南郊明堂用沈香取本天之質陽所宜也北郊用上和香以地於人親宜加雜馥(隋書禮儀志二天監四年佟之云帝並從之通典四十二作啟)

全梁文卷四十九終

全梁文卷五十

烏程嚴可均校輯

徐勉

勉字脩仁東海郯人齊永明初國子生射策高第補西陽王國侍郎遷太學博士鎮軍參軍尚書殿中郎免又除中兵郎領軍長史梁受禪拜中書侍郎遷建威將軍後軍諮議參軍本邑中正尚書左丞除給事黃門侍郎尚書吏部郎遷侍中除給事中五兵尚書遷吏部尚書除散騎常侍領太子右衛率遷左衛將軍領太子中庶子轉太子詹事領雲騎將軍遷尚書右僕射改授侍中宣惠將軍又除尚書僕射中衛將軍加中書令移授特進右光祿大夫大同元年卒年七十謚曰簡肅公有前集三十五卷後集十六卷

萱草花賦

覽詩人之比興寄草木以命詞惟平章之萱草欲忘憂而樹之爰有幽憂庭閑志靜高木列其陰蘭芳糅其影亂叢蘤之爭芬悅羣根之競穎或開紅而散紫咸蓌藍於上春信茲花之獨秀擢金質於炎辰既耀色以祛痗亦含香而可均不恃合歡之木无俟孫枝之鵉同芰荷於蘭暑及蟬露乎首旻其葉四莖其跗六出亦曰宜男加名斯吉麗而不豔雅而不質隨晦明而舒卷與風霜而榮悴笑杜蘅與揭車何眾彙之能匹初學記二十七

鵲賦

覩羽族之多類實巨細以羣飛既若雲而彌上亦橫睫而忘歸爰有茲禽六翮斯具生无隱嘿質有玄素匪違景而就暑通四節以馳騖出崑山而柢玉入召南而興賦其識知來其巢知風比之烈士時起則雄逢翳薈而翔集乘淸吹而西東荷休明以得性游苑囿以自終初學記三十

上修五禮表

臣聞立天之道曰陰與陽立人之道曰仁與義故稱導之以德齊之以禮夫禮所以安上治人弘風訓俗經國家利後嗣者也唐虞三代咸必由之在乎有周憲章尤備因殷革夏損益可知雖復經禮三百曲禮三千經文三百威儀三千其大歸有五即宗伯所掌典禮吉為上凶次之賓次之軍次之嘉為下也故祠祭不以禮則不齊不莊喪紀不以禮則背死忘生者眾賓客不以禮則朝覲失其儀軍旅不以禮則致亂於師律冠婚不以禮則男女失其時為國修身於斯攸急洎周室大壞王道既衰官守斯文日失其序禮樂征伐出自諸侯小雅盡廢舊章缺矣是以韓宣適魯知周公之德叔侯在晉辨郊勞之儀戰國從橫政教愈泯暴秦滅學埽地無餘漢氏鬱興日不暇給猶命叔孫於外野方知帝王之為貴末葉紛綸遞有興毀或以武功銳志或好黃老之言禮義之式於焉中

止及東京曹褒南宮制述集其散略百有餘篇雖寫以尺簡而終闕平奏其後兵革相尋異端互起章句既淪俎豆斯輟方領矩步之容事滅於旌鼓蘭臺后室之文用盡於帷蓋至乎晉初爰定新禮荀顗制之於前摯虞刪之於末既而中原喪亂罕有所遺江左草創因循而已釐革之風是則未暇伏惟陛下睿明啟運先天改物撥亂惟武經時以文作樂在乎功成制禮弘於業定光啟二學皇枝等於貴遊闢茲五館草萊升以好爵爰自受命迄于告成盛德形容備矣天下能事畢矣明明穆穆無德而稱焉至若玄符靈貺之祥浮溟機山之賮固亦日書左史副在司存今可得而略也是以命彼羣才搜甘泉之法延茲碩學闡曲臺之儀淄上淹中之儒連蹤繼軌負笈懷鉛之彥匪旦伊夕謀以化穆三雍人從五典秩宗之教勃焉以興伏尋所定五禮起齊永明三年太子步兵校尉伏曼容表求制一代禮樂於時參議置新舊學士十人止修五

禮諸眞衞將軍丹陽尹王儉學士亦分住郡中製作歷年猶未克就及文憲薨殂遺文散逸後又以事付國子祭酒何胤經涉九載猶復未畢建武四年胤還東山齊明帝敕委尚書令徐孝嗣舊事本末隨在南第永元中孝嗣於此遇禍又多零落當時鳩斂所餘權付尚書左丞蔡仲熊驍騎將軍何佟之共掌其事時修禮局住在國子學中門外東昏之代頻有軍火其所散失又踰太半天監元年佟之啟審省置之宜敕使外詳時尚書參詳以天地初革庶務權輿宜俟隆平徐議刪撰欲且省禮局併還尚書儀曹詔旨云禮壞樂缺故國異家殊實宜以時修定以爲永准但頃之修撰以情取人不以學進其掌知者以貴總一不以稽古所以歷年不就有名無實此既經國所先外可議其人人定便即撰次於是尚書僕射沈約等參議請五禮各置舊學士一人人各自舉學士二人相助抄撰其中有疑者依前漢石渠後漢白虎隨源以聞請旨斷決乃以舊學士右軍記室參軍明山賓掌吉禮中軍騎兵參軍嚴植之掌凶禮中軍田曹行參軍兼太常丞賀瑒掌賓禮征虜記室參軍陸璉掌軍禮右軍參軍司馬褧掌嘉禮尚書左丞何佟之總參其事佟之亡後以鎭北諮議參軍伏暅代之後又以暅代嚴植之掌凶禮暅尋遷官以五經博士繆昭掌凶禮復以禮儀深廣記載殘缺宜須博論共盡其致更使鎭軍將軍丹陽尹沈約太常卿張充及臣三人同參厥務臣又奉別敕總知其事末又使中書侍郎周捨庾於陵二人復豫參知若有疑義所掌學士當職先立議通諮五禮舊學士及參知各言同異條牒啟聞決之制旨疑事既多歲時又積制旨裁斷其數不少莫不網羅經誥玉振金聲義貫幽微理入神契前儒所不釋後學所未聞凡諸奏決皆載篇首具列聖旨爲不刊之則洪規盛範冠絕百王茂實英聲方垂千載寧孝宣之能擬豈孝章之足云五禮之職事有繁簡及其列畢不得同時嘉禮儀注以天監六年五月七日上尚書合十有二秩一百一十六卷五百三十六條賓禮儀注以天監六年五月二十日上尚書合十有七秩一百三十三卷五百四十五條軍禮儀注以天監九年十月二十九日上尚書合十有八秩一百八十九卷二百四十條吉禮儀注以天監十一年十一月十日上尚書合二十有六秩二百二十四卷一千五條凶禮儀注以天監十一年十一月十七日上尚書合四十有七秩五百一十四卷五千六百九十三條大凡一百二十秩一千一百七十六卷八千一十九條又列副祕閣及五經典書各一通繕寫校定以普通五年二月始獲洗畢竊以撰正履禮歷代罕就皇明在運厥功克成周代三千舉其盈數今之八千隨事附益質文相變故其數兼倍猶如八卦之爻因而重之錯綜成六十四也昔文武二王所以綱紀周室君臨天下公旦脩之以致太平龍鳳之瑞自斯厥後甫備茲日孔子曰其有

繼周雖百代可知豈所謂齊功比美者歟臣以庸識謬司其任淹留歷稔允當斯責兼勤成之初未遑表上實由才輕務廣思力不周永言慙惕無忘寤寐自今春輿駕將親六師搜尋軍禮閱其條章靡不該備所謂郁郁文哉煥乎洋溢信可以懸諸日月頒之天下者矣愚心喜抃彌思陳述兼前後聯官一時皆逝臣雖幸存耄已將及慮皇世大典遂闕騰奏不任下情輒具載撰修始末幷職掌人所成卷秩條目之數謹拜表以聞（梁書徐勉傳普通六年又南史六十）

上疏請禁速斂

禮記問喪云三日而後斂者以俟其生也三日而不生亦不生矣自頃以來不遵斯制送終之禮殯以朞日潤屋豪家乃或半晷衣衾棺槨以速爲榮親戚徒隸各念休反故屬纊纔畢灰釘已具忘狐鼠之顧步愧燕雀之徊翔傷情滅理莫此爲大且人子承衾之時志懑心絕喪事所資悉關他手愛憎深淺事實難原如覘視或

爽。存沒違濫。使萬有其一。怨酷已多。豈若緩其告斂之晨。申其望生之冀。請自今士庶宜悉依古三日大斂。如有不奉。加以糾繩。梁書徐勉傳。時人間喪事多不遵禮。朝終夕殯。相尙以速。勉上疏。詔可。

釋奠會升階議

鄭玄云。由命士以上。父子異宮。宮室既異。無不由阼階之禮。請釋奠及晏會。太子升堂。並宜由東階。若輿駕幸學。自然中陛。又檢東宮元會儀注。太子升崇正殿。不欲東西階。責東宮典儀。列云。太子元會升自西階。此則相承爲謬。請自今東宮大公事。太子升崇正殿。並由阼階。其預會賓客。依舊西階。隋書禮儀志四。天監八年。皇太子釋奠。吏部郎徐勉議。又見通典五十三。

謝敕賜絹啟

臣勉言。傳詔傳靈惠宣敕。垂賜絹二十匹。伏惟皇太子睿情天發。粹性玄凝。作震春方。繼離朱陸。嘉日茂辰。畢宮告始。龍樓起曜。博望增華。含生息藥。率土抃躍。臣運屬會昌。命逢多幸。預奉休盛。復頒恩錫。白素起獨繭之色。兼兩邁丘園之賁。慶荷之情。實百常品。不任下情。謹奉啟謝聞。謹啟。初學記二十七。

報伏挺書

復覽來書。累牘兼翰。事苞出處。言兼語默。事義周悉。意致深遠。發函伸紙。倍增憤歎。卿雄州擢秀。弱冠升朝。穿綜百家。佃漁六學。觀眸表其韶慧。視色見其英朗。若魯國之名駒。邁雲中之白鶴。及占顯邑。試吏腴壤。將有武城弦歌。桐鄉謠詠。豈與卓魯斷斷。同年而語邪。方當見賞良能。有加寵授。飾玆簪帶。寘彼周行。而欲遠慕卷舒。用懷愚智。既知益之爲累。爰悟滿則辭多。高蹈風塵。良所欽挹。況以金商戒節。素秋御序。蕭條林野。無人相樂。偃卧墳籍。遊浪儒玄。物我兼忘。寵辱誰滯。誠乃歡羨。用有殊同。今遂聽傷求。興懷寤寐。白駒空谷。幽人引領。貧賤爲恥。鳥獸難羣。故當捐此薜蘿。出從鵷鷺。無乖隱顯。不亦休哉。吾智乏佐時。才慚濟世。禀承朝則。不敢荒墜。力弱途遙。愧心非一。天下有道。堯人何事。得因疲病。念從閑逸。若使車書混合。尉候無警。作樂制禮。紀后封山。然後乃返服衡門。實爲多幸。但夙有風疾。遘玆虛眩。瘠類士安。羸同長孺。簿領沈廢。臺閣未理。娛耳爛腸。因事而息。非關欲追松子。遠慕園矣。若乃天假之年。自當靖恭所職。擬非倫匹。良覺辭費。覽復循環。爽焉如失。淸塵獨遠。白雲飄蕩。依然何極。猥降書札。示之文翰。覽復成誦。流連縟紙。昔仲宣才敏。籍中郎而表譽。正平穎悟。賴北海以騰聲。望古料今。吾有慚德。倘成卷帙。力爲稱首。無令獨耀隨掌。空使辭人扼腕。式閭顧見。宜事掃門。亦有來思。赴其懸榻。輕苔魚網。別當以薦。城闕之歎。曷日無懷。所遲萱蘇。書不盡意。梁書伏挺傳。

答釋法雲書難范縝神滅論

天旨所答臣下神滅論。一日羸蒙垂示。辱告重送。伏加研讀。窮理盡寂。精義入神。文義兼明。超深俗表。詳求三世。皎若發蒙。非直謹加誦持。輒令班之未悟。惠示承眷。至弟子徐勉和南。宏明集十。

爲書誡子崧

吾家世淸廉。故常居貧素。至於產業之事。所未嘗言。非直不經營而已。薄躬遭逢。遂至今日。尊官厚祿。可謂備之。每念叨竊。若斯豈由才致。仰藉先代風範。及以福慶。故臻此耳。古人所謂以淸白遺子孫。不亦厚乎。梁書徐勉傳。又略見藝文類聚二十三。遺子黃金滿籯。不如一經。詳求此言。信非徒語。吾雖不敏。實有本志。庶得遵奉斯義。不敢墜失。所以顯貴以來。將三十載。門人故舊。亟薦便宜。或使創闢田園。或勸興立邸店。又欲舳艫運致。亦令貨殖聚斂。若此事衆。皆距而不納。非謂拔葵去織。且欲省息紛紜。中年聊於東田閒營小園者。非在播藝。以要利人。正欲穿池種樹。少寄情賞。又以郊際閑曠。終可爲宅。儻獲懸車致事。實欲歌哭於斯。

人當作入

慧日十住等既應營婚又須住止吾清明門宅無相容處所以爾者亦復有以前割西邊施宣武寺既失西廂不復方幅意亦謂此逆旅舍耳何事須華常恨時人謂是我宅古往今來豪富繼踵高門甲第連闥洞房宛其死矣定是誰室但不能不爲培塿之山聚石移果雜以花卉以娛休沐用託性靈隨便架立不在廣大惟功德處小以爲好所以內中逼促無復房宇近營東邊兒孫二宅乃藉十住南還之資其中所須猶爲不少既牽挽不至又不可中塗而輟郊間之園遂不辦保貨與韋黯乃獲百金成就兩宅已消其半尋園價所得何以至此由吾經始歷年粗已成立桃李茂密桐竹成陰塍陌交通渠畎相屬華樓迥謝頗有臨眺之美孤峯叢薄不無糾紛之興瀆中竝饒菰蔣湖裏殊富芰荷雖云人外城闕密邇韋生欲之亦雅有情趣追述此事非有吝心蓋是筆勢（南史作事意）所至耳憶謝靈運山家詩云中爲天地物今成鄙夫有吾此園有之二十載矣今爲天地物物之與我相校幾何哉此吾所餘今以分汝營小田舍親累既多理亦須此且釋氏之教以財物謂之外命儒典亦稱何以聚人曰財況汝曹常情安得忘此聞汝所買姑熟田地甚爲舄鹵彌復可安所以如此非物競故也雖事異寢丘聊可髣髴孔子曰居家理治可移於官既已營之宜使成立進退兩亡更貽恥笑若有所收穫汝可自分贍內外大小宜令得所非吾所知又復應沾之諸女耳汝既居長故有此及凡爲人長殊復不易當使中外諧緝人無間言先物後己然後可貴老生云後其身而身先若能爾者更招巨利汝當自勗見賢思齊不宜忽略以棄日也（藝文類聚此下有非徒二字·）棄日乃是棄身身名美惡豈不大哉可不愼歟今之所敕略言此意正謂爲家已來不事資產既立墅舍以乖舊業陳其始末無愧懷抱兼吾年時朽暮心力稍殫牽課奉公略不克舉其中餘暇裁可自休或復冬日之陽夏日之陰良辰美

仰當作抑

景文案閒隙負杖躡屩逍遙陋館臨池觀魚披林聽鳥濁酒一杯彈琴一曲求數刻之暫樂庶居常以待終不宜復勞家間細務汝交關既定此書又行凡所資須付給如別自茲以後吾不復言及田事汝亦勿復與吾言之假使堯水湯旱吾豈知如何若其滿庾盈箱爾之幸遇如斯之事竝無俟令吾知也記云夫孝者善繼人之志善述人之事今且望汝全吾此志則無所恨矣（梁書徐勉傳南史六十又略見藝文類聚二十三.）

答客喻

普通五年春二月丁丑余第二息晉安內史悱喪之問至焉舉家傷悼心情若隕二宮竝降中使以相慰勗親遊賓客畢來弔問輒慟哭失聲悲不自已所謂父子天性不知涕之所從來也於是門人虞其肆情所鍾容致委頓乃斂袵而進曰僕聞古往今來理運之常數春榮秋落氣象之定期人居其間譬諸逆旅生寄死歸著於通論是以深識之士悠爾忘懷東門歸無之旨見稱往哲西河喪明之過取誚友朋足下受遇於朝任居端右憂深責重休戚是均宜其遣情下流止哀加飯上存奉國俯示隆家豈可縱此無益同之兒女傷情損識或虧生務門下竊議咸爲君侯不取也余雪泣而答曰彭殤之達義延吳之雅言亦常聞之矣顧所以未能弭意者請陳其說夫植樹階庭欽柯葉之茂爲山累仞惜覆簣之功故秀而不實尼父爲之歎息析彼歧路楊子所以留連事有可深聖賢靡仰今吾所悲亦以悱始踰立歲孝悌之至自幼而長文章之美得之天然好學不倦居無塵雜多所著述盈帙滿笥淡然得失之際不見喜慍之容及翰飛東朝參伍盛列其所遊往皆一時才俊賦詩頌詠終日忘疲每從容謂吾以遭逢時來位隆任要當應推賢下士先物後身然後可以報恩明主克保元吉俾余二紀之中忝竊若是幸無大過者繫此子之助焉自出閫區政存清靜

冀其旋反。少慰衰暮。言念今日。眇然長往。加以闕棺千里之外。未知歸骨之期。雖復無情之倫。庸詎不痛。於昔東南孩抱中物。尚盡慟以待氣。安仁未及七旬。猶懇懃於詞賦。況夫名立官成。半途而廢者。亦焉可已已哉。求其此懷。可謂苗實之義。諸賢既貽格言。喻以大理。卽日輟哀。命篤脩職事焉。（梁書徐勉傳。勉第二子悱卒。痛悼甚至。不欲久廢王務。乃爲答客喩。其辭云云。）

臨海太守伏曼容墓誌銘

爲大司馬諮議參軍。出爲武昌太守。（文選謝朓和伏武昌登孫權故城詩注。）

給事黃門侍郎伏暅墓誌銘

東區南服。愛結民胥。相望伏闕。繼軌奏書。或臥其轍。或攀其車。或圖其像。或式其閭。思耿借寇。曷以尚諸。（梁書伏暅傳。）

故侍中司空永陽昭王墓誌銘

尚書右僕射太子詹事臣徐勉奉敕撰

公諱敷。字仲達。蘭陵蘭陵人。皇帝之次兄也。炳靈聖緒。體□璇源。積德累仁之基。配天經營之業。固以詳乎二策。載在大詩。今無得而稱矣。公夙挺珪璋。早標時□。□儀□明。神容潤凝。孝友天至。率由而盡義讓。因心無待傷習。行爲表綴。動成鎔範。斟酌流品。□核羣藝。莫不探其英華。振其綱領。雖墻宇重仞。而溫其如玉。氣厲秋霜。而體含春露。故□之者□識涯涘。挹之者虛往實歸。加以沖讓下物。傾身接士。愛好閑靜。雅善談謔。寵辱不干懷抱。喜慍罔滯句衿。任汪汪焉。亹亹焉。固不可量已。解褐齊後軍長沙王行參軍。武陵王始開戎號。□□□□又行參冠軍征虜二府軍事。入爲太子舍人。濯纓承華。淸風載穆。衡陽王冠婚禮備。問□彼□以公爲文學。稱爲盛選。俄遷太子洗馬。文爲南海王友。洗馬之職。旣□儀形。曾友□任宜弘斧藻。長史公幹。莫或加焉。出補丹楊尹丞。復入爲太子中舍人。三□龍樓。仍歷□禁。淸談□論。咸以爲榮。司部濱接蠻虜。亟有充斥。漢東之國。貽憂西顧。以公兼資文武。出爲建威將軍隋郡內史。下車□□威德大著。時獫狁侵逼義陽。四山牙相影響。郡內孤危。兵糧□弱。公□加□□。覘險若夷。於是百姓相攜入城。城中殆無復相容處。咸曰。賊若能來。必爲府君死戰。物情如□□□□遂息。於是關抵淸夷。民俗殷阜。進號寧朔將軍。內史如故。久之徵爲後軍廬陵王諮議參軍。從容諷味。雖有弘益。天不慭遺。遠塗未至。以齊建武四年八月六日薨。春秋卅有七。知與不知。咸嗟殄悴。聖上應期革命。受終文祖。覽周南而雪涕。詠常棣而興哀。天監元年四月八日詔曰。亡兄齊故後軍諮議參軍。德履沖粹。識業淵通。徽聲嘉譽。風流籍甚。道長世短。□塵緬邈。感惟旣往。永慕慟心。可追贈侍中司空永陽郡王。食邑二千户。謚曰昭王。禮也。子恭王伯遊嗣。恭王早世。子隆嗣。昭王之妃王氏。於本國爲大太妃。以今普通元年十一月九日薨。其月廿八日申祔葬之典。又下詔曰。

亡兄故侍中司空永陽昭王。墳塋當開。靈筵暫設。追慕摧慟。不能自勝。可遣使奉祭。言增感哽。惟公體道淵塞。風格峻遠。履信基仁。自家形國。寶運勃興。地隆魯衞。茂冊徒休。神猷永戢。今幽埏暫啟。褒餝虛陳。皇情深孔懷之悲。縉紳仰人百之慟。爰詔司事。式改明旌。迺作銘曰。

惟山峻極。羣峰以搆。惟海泱泱。百流是湊。赫矣皇業。昭哉洪胄。布葉分□。如彼列宿。恭惟茂德。英明在躬。該茲學行。穆是淸風。令問不已。羽儀克隆。若林之蘇。若川之沖。資□以冥。乘心而蹈。立人之美。亦符前誥。泰靡革情。約不移操。莫覩其涯。莫窺其奧。爰初理翰。振藻騰光。出高蕃采。入映華坊。且文且會。煥彼周行。言貳河輔。緯有餘芳。闕候未息。亂繩宜理。作守漢濱。威懷斯俟。旣弭烽□。又淸獄市。樹蹟來歸。復遊衡里。□云與善。遙塗始半。德萃繁霜。遽捐華館。歲時荏苒。松陰行□。□□□□。飛典章有爛。姬公□制。祔禮載□

幽扃斯啓客物蹔陳窮深□□於焉反眞我皇□□□德攸新俾諸來葉永鑒清塵碑拓本

故永陽敬太妃墓誌銘

永陽大太妃王氏琅邪臨沂人也其先周靈王之後自秦漢逮於晉宋世載光□羽儀相屬既以備于前志故可得而畧焉祖粹給事黃門侍郎父儼左將軍司馬尋陽內史並見稱時輩太妃體中和之氣稟華宗之烈蹈此溫恭表茲淑愼孝敬資於冥發仁愛□於自然至乎四教六訓之閑工言貞婉之德無待教成罔不該備故景行著于中□淑問顯乎言歸作嬪盛德實光輔佐親繼纂之用躬服澣之勤及早世釐居遺孤載藐提攜撫育逮乎成備斷織之訓旣明闔門之禮斯洽劬勞必盡曾不移志用能緝睦于中外亦以弘濟乎艱難雖魯姜之勤飭曹妃之敬讓方之蔑如也皇業有造殷憂啓聖追惟魯衞建國永陽恭王纂嗣蕃號式顯迺拜爲

太妃策曰維天監二年六月甲午朔十日癸卯皇帝遣宗室員外散騎侍郎持節兼散騎常侍蕭敬寶策命永陽王母王氏爲國太妃曰於戲惟爾茂德內湛粹範外昭國序凝芬蕃庭仰訓是用式遵舊典載章徽服往欽哉肅茲休烈可不愼歟備褕瑱之華而降心彌約居千乘之貴而處物愈厚旣而恭王不永禮從□□訓導嗣孫載光榮祉年高事重志義方隆宜永綏福履而奄奪鴻慶以普通元年十月廿三日遘疾十一月九日己卯薨於第春秋五十有九詔曰永陽大太妃奄至薨逝哀摧切割不能自勝便出敘哀可給東園祕器喪事所須隨由□辨祖行有辰武弘茂典又詔曰故永陽大太妃禮數有殊德行惟光訓範蕃嗣式盛母儀卽遠戒期悲懷抽割可詳典故以隆嘉謚謚也粤其月廿八日戊戌祔瘞于琅邪臨沂縣長干里黃鵠山用宣風烈以昭弗朽迺爲銘曰

清瀾悠邈其儀倘矣龍光疊照風流世祀猗歟罔墬於昭不已誕資仁淑作嬪君子幽閑表操明德自躬推厚處薄兼默居沖參差探茞揆暵言工鑒昭彤管識懋休風凝芬載湛芳猷允塞徒舍爲訓止闈成則曹號母儀豈伊婦德穆茲閨閫形于邦國龍飛集運禮數攸鍾憲章盛典車服有容泰而愈約貴則彌恭蕃祉方茂纂嗣克重巾帚差池朝夕咸事雖曰任傅永請斯備是惟仁姑厥德可庇恂恂濟濟蘭芳瓊祕光陰易晚祺福難留閨儀罷映褕華奄收龔遷朱邸駕指行楸芳□是勒大□方攸尚書右僕射太子詹事臣勉奉敕撰古刻叢鈔

梁故侍中司徒驃騎將軍始興忠武王碑

上闕天□降玄鳥以居亳□□□白馬□□□□初啟□是惟□□文終□□□□□□□□寺□□上闕書□府勳紀太常□□爲□□後□□□集□命□□□家□□之□於斯乎□□□□□□□□□□資三□□□□□□明之□亻上闕友因心敬□□□年□

□□生吳太妃有疾□衣不解帶上闕室遷人□則應之千里□□□□□府□□西中郎□□□□□□□□遊戎佐言詠□□齊□□□□□□□□□□□□□念上闕風雲之會乘天地之□□□□□□□□臣十□□□□□□□□□□□□□□□紛紜□勇公參贊神謨夙興帷幄功□□□□□□□□□州□□□□以公□□□將軍西中郎諮議□□□□中郎俄遷給事黃門侍郎□□□□□□□□□□□行□□□□南平□□守□部于□□□宅心□百爲會人神協契莫不率從而□□之□□□□□□□□□□□猶□賓繁有徒□□□王□公□□□□□□□肅奉成規事等蕭寇出七西壘□□南平梁州齊興太守顏□都魏興太守□師仁□□□□□踰一万謀據漢北將至城下必毗贊訐謨盡其晨□□□□□□□□□□□□□□□□宀及蕭□□休烈來寇□□姦回猶興豕突方縱又鎮軍將

軍蕭穎胄佐命西朝。政教攸在。一朝徂殞。內外□然以公式遏□
□□□□□下□榮徵公入輔。聞命選徒。褰幃遄邁。紀(闕上)以英
□罪人斯得。七□底定百揆時敘。大蕃興后來之歌。皇輿無反顧
之慮。和帝西下。以公爲使持節都督荆湘益寧南北秦六州諸軍
事平西將軍。行(闕上)承□業□□□□□維城□□□勳兼望奭。□
惟魯衞。帝曰欽哉。□宇南服。天監元年四月。封始興郡王。食邑二
千戶。江漢之□實惟南國。形勝之要。□鎮西楚。苞含蠻蜒。控接巴
巫。分陝(闕上)總督□□□□□□詔使持節都督荆湘益寧南北秦
六州諸軍事安西將軍荆州刺史。公褰襜以化。黎氓張袖以納。夷
狄先之以德惠。後之以威刑。廣田省役。階無滯訟。應接如神。(闕上)我
□□□命公折簡。以示禍福。□俟兵卒之勞。成都乂安。公之力也。
事閒務隙。常集賓僚。訪問政道。談述詩賦。親屈車騎。軾隱者之廬。
虛己降尊。延白屋之士。給醫藥以拯疾病。建(闕上)以古方今。豈□□

□□□□□□外被茂□於楚山。尋加鼓吹一部。六年。沮漳暴水。
汎濫原隰。南岸邑居。頻年爲患。老弱遑遽。將至沈溺。公匪憚櫛沐。
躬自臨視。忘垂堂之貴。(闕上)歎服德之攸□皆曰神明。四郡所漂。賑
以私粟。鬈眉紒髮。莫不歌頌。是歲嘉禾一莖九穗。生於鄳洲。甘露
降于府桐樹。唐叔之美事。(闕上)水漿不入口六日。毀瘠三年。扶□□
□□旨□喻以大軍之後。宜盡綏□□表自陳□哀苦。次服制有
闕。毀□踰□羊枯不堪屐履。背顯面不可識。哀瘠在皇。憂未忘也。
其(闕上)詔都督北討。衆□□率□□中書令中衞將軍□□衞尉卿
公趨事紫□兼總關柝。絲綸□□衿帶以□八□斯謐。千廬無警。
其年秋。更授使持節散騎常侍□□□□□□徐□□五州諸
軍事鎮北將軍兗州刺史。以□□□服□□□□□□□□
□□□□□□□舊曰難治。公□車□□懷遠能邇。貝錦在路。
不盜竊於逵中。桃李乘蔭。不濳掇於樾下。李珣率由清約。馬□□

□□□□□□□□□□□□□□□□□□□傳述□□□
□□九年六月。遷使持節散騎常侍都督益寧梁南北秦沙六州
諸軍事鎮西將軍益州刺史。□□□□北指秦州。鳥□河沙之酋。
軀茲隴右之長。□□万(闕上)百□□□□□□□□□□□□□□
□□□□□□道過□□□□不□□□□□於□祭仲元
於圭纖表。君平之舊廬。軾長卿之故館。(闕上)則□□□□十四年更
授使持節散騎常侍(闕上)莫不改過。(闕上)安成康王□□□□異體彌
深友(闕上)夙夜匪懈。吐握□息(闕上)月八日□□□□□疾至大漸。
輿駕躬幸。有廢寢膳。公慮貝神□□不彌(闕上)勳隆陝服。契闊屯夷。
劬勞□寄□內掌□司嘉猷彌著。方正位論道。□□□□奄□□
□□用傷悼于厥心。(闕上)謚曰忠武王。禮也。惟公棲心衡泌。則繕性
虛淨。枕戈授律。則勳隆協贊。孝敬盡于君親。仁義行于鄉□。孜孜
爲善。溫溫克讓。□神妙極斧藻(闕上)存勿□□□□績著荆蠻。化

行□□□□其□□□其□推賢下士。降尊就卑。無棄賤貧。所珍
儒雅。鹽梅鼎實。舟檝大川。信列辟之羽儀。庶僚之准的者也。加以
深信大道。妙識若空。味絕滋腴。身離煩渴。(闕上)固能使□世鑽仰道
俗□□功高宇宙。譽穆惇□□□□□□□□□□□吏民哀慟。褫
經成林。瞻太山而彌悲。仰棟宇而興慕。諒已鏤金雕玉。昭像鳳墀。
飾碧繪丹。圖形麟閣。戎狄思耿。胡羌悲鄧。告哀隨淚。不(闕上)羅玄昭
等烟霞□阻。川路悠長。不及卜遠之辰。罔逸易名之請。灑泣□寄。
銜恨莫申。謹遵前義。刊□立碑。髣髴令德。依稀神儀。傳世代而莫
朽。等山川而無酬。其辭曰。
日月貞明。川岫澄清。□□奉職。毗世作楨。於鑠忠武。體二于情。義
均奭旦。道謫□平。棟梁世則。羽翼人英。木運告圮。彝倫殄覆。(闕上)水
虎嘯樊谷。關河之寄。允歸親睦。若胸係兵。猶可轉轂。締構寶玄。山
河万寓。雲雷利□□□□土比漢於梁。方周于魯。擁旆推轂。出藩

入轄。車服有嚴。旗章有序。六條設教。八命肖彰。再臨七澤。傍上闕□彭泗。恩浹樊襄。有來斯穆。無思不康。弘□聖化。休我烈光。文武兼姿。出內均美。式□□□。肅雍中壘。儀形三事。飛騰九軌。緝是謳歌。明茲獄市。方趍上鉉。燮理陰陽。陪鑾日觀。侍蹕龍鄉。遐上闕台光報施。爲虛禍仁。遂爽壞樹。云落人倫。安放罷市。四蕃行號。十壤吏民摧慕。賓迎□罔。山海安託。禪璵空想。如鄭喪僑。由晉亡鄉。西光暖暖。東川濩濩。時謝恩深。年流德廣。式雕玄□。永寄希仰。侍中尚書右僕射宣惠將軍東海徐勉造。碑拓本。

徐怦

怦勉從子。武陵王紀鎮益州。以爲直兵參軍。紀僭號。固諫見殺。

與將帥書

事事往人口具。南史五十三武陵王紀傳

徐摛

摛字士秀。一字士續。東海郯人。天監中爲太學博士。遷左衛司馬。遷爲晉安王侍讀。補雲麾府記室參軍。轉平西府中記室。轉安北中錄事參軍。帶郯令。除秣陵令。隨府還諮議參軍。兼寍蠻府長史。王入爲皇太子。轉家令。出爲新安太守。還爲中庶子。加戎昭將軍。除太子左衛率。簡文帝卽位。授左衛將軍。不拜。卒年七十八。謚曰貞子。

冬蕉卷心賦

抜殘心於孤翠。植晚翫於冬餘。枝橫風而悴色。葉漬雪而傷枯。藝文類聚八十七。

婦見舅姑議

儀禮云。質明。贊見婦於舅姑。雜記又云。婦見舅姑。兄弟姊妹皆立于堂下。政言婦是外宗。未審嫺令。所以停坐三朝。觀其七德。舅延外客。姑率內賓。堂下之儀。以備盛禮。近代婦於舅姑。本有戚屬。不相瞻看。夫人乃妃姪女。有異他姻。覲見之儀。謂應可略。梁書徐摛傳。晞城公納夫人王氏。晉宋已來。婦見舅姑。衆賓皆列觀。摛曰云云。太宗從其議。

江革

革字休映。濟陽考城人。齊永明初補國子生。舉高第。歷司徒竟陵王西邸學士。舉南徐州秀才。除奉朝請。東昏卽位。爲僕射江祏府丞。除尚書駕部郎。武帝入建康。令掌書記。天監初出爲建安王偉鎮北記室參軍。帶中廬令。隨府還丹陽尹記室。領五官掾。除通直散騎常侍。歷秣陵建康令。入爲中書舍人。尚書左丞。司農卿。復出爲晉安王雲麾長史。尋陽太守。行江州事。徙廬陵王仁威長史。遷御史中丞。除少府卿。普通中出爲豫章王綜鎮北長史。廣陵太守。隨府移鎮彭城。城陷。爲魏所擒。尋遣還。除臨川王太尉長史。復爲少府卿。出除武陵王紀東中郎長史。會稽郡丞。行府州事。徵都官尚書。尋監吳郡。復除武陵王南中郎長史。尋陽太守。入爲度支尚書。除光祿大夫。領步兵校尉。南北兗二州大中正。大同元年卒。謚曰彊。

爲蕭僕射與袁昂書

夫禍福無門。興亡有數。天之所棄。人孰能匡。機來不再。圖之宜早。頃藉聽道路。承欲狼顧一隅。旣未悉雅懷。聊申往意。獨夫狂勃。振古未聞。窮凶極虐。歲月茲甚。天未絕齊。聖明啟運。兆民有賴。百姓來蘇。吾荷任前驅。掃除京邑。方撥亂反正。伐罪弔民。至止以來。前無橫陣。今皇威四臨。長圍已合。遐邇畢集。人神同奮。銳卒萬計。鐵馬千羣。以此攻戰。何往不克。況建業孤城。人懷離阻。面縛軍門。日夕相繼。屠潰之期。勢不云遠。兼熒惑出端門。太白入氐室。天文表於上。人事符於下。不謀同契。實在茲辰。且范岫申冑。久薦誠款。各率所由。仍爲掎角。沈佉璃孫盼朱端。已先肅清吳會。而足下欲以區區之郡。禦堂堂之師。根本旣傾。枝葉安附。童兒牧豎。咸謂其非。

求之明鑒。實所未達。今竭力昏主。未足爲忠。家門屠滅。非所謂孝。忠孝俱盡。將欲何依。豈若翻然改圖。自招多福。進則遠害全身。退則長守祿位。去就之宜。幸加詳擇。若執迷遂往。同惡不悛。大軍一臨。誅及三族。雖貽後悔。寧復云補。欲布所懷。故致今白。梁書袁昂傳。昂爲吳興太守。永元末。義師至京師。州牧郡守。皆望風降款。昂獨拒境不受命。高祖手書喻。案江革傳。中興元年。高祖入石頭。時吳興太守袁昂據郡拒義師。迺使革製書與昂。於坐立成。

江覞

覞。天監中爲議郎。

丹陽瑯邪二郡斷葛捕議

聖人之道。以百姓爲心。仁者之化。以躬行被物。皇德好生。協于上下。日就月將。自然改俗。一朝抑絕。容恐愚民。且獵山之人。例堪跋涉。捕水之客。不憚風波。江寧有禁。即達牛渚。延陵不許。便往陽羨。取生之地雖異。殺生之數是同。空有防育之制。無益全生之術。廣宏明集二十六。

全梁文卷五十終

烏程嚴可均校輯

王僧孺一

僧孺字僧孺。東海郯人。魏衛將軍肅八世孫。齊永明初爲王國左常侍。太學博士。丹陽郡功曹。遷大司馬豫章王行參軍。出補晉安郡丞。除候官令。建武初除尚書儀曹郎。遷治書侍御史。出爲唐令。梁受禪。除後軍臨川王記室參軍。待詔文德省。出爲南海太守。徵拜中書郎。領著作。遷尚書左丞。除游擊將軍兼御史中丞。遷少府卿。出監吳郡。還除尚書吏部郎。出爲仁威南康王長史。行府州國事。遇謗。遣詣南司。免。起爲安西安成王參軍。還鎮右始興王中記室。北中郎南康王諮議參軍。入直西省。普通三年卒。有總集十八州譜六百九十卷。百家譜三十卷。百家譜集鈔十五卷。兩臺彈事五卷。集三十卷。

賦體

雜沓兮翠旌。容與兮龍駕。新桐兮始華。乳雀兮初化。思治兮終朝。求人兮反夜。竟大德之未訓。何飛光之徒舍。藝文類聚五十六。

至南海郡求士教

是以文舉下車。寤夢於根雉。長孫入境。明發於龍丘。此境三閩奧壤。百越舊都。漢開吳別。分星晝部。風序泱泱。衣簪斯盛。其川岳所產。豈直明珠大貝。桂蠹翠羽而已哉。孝實人經。則有羅威唐頌。學惟業本。又聞陳元士燮。至於高尚獨往。相望於巘巖。懷仁抱義。繼蹤於前史。藝文類聚五十三。

謝厤表

竊以龍馭不爽。靡見侵薄。鳳職是司。曾無昃眺。璧聯珠燦。輪映階平。義實明時。事惟均政。固以先天候其餘。始執杓驗其平。分九瀛仰化。萬寓依朔。藝文類聚五。

爲韋雍州致仕表

一旦攀附。遂無涯限。排雲矯漢。飛捧待翼。陸離蟬組。照灼潘旗。受脤推轂。執珪奉酎。變狹室於高門。改小冠於侯服。況復還周紐其六印。歸齊列其五鼎。常慚輪輕載積。基薄墉高。器覆危傾。人捐鬼瞰。老與年侵。疾隨衰及。逝遙崦截。偏迫鐘鳴。高舂之景一斜。不周之風忽至。菌蟪夕陰。倏駛無幾。蓋蕣朝采。飄零已及。仰朱闕而揮涕。向濛谷而自悲。豈復式瞻拱默。仰接鐘鼓。儻帷蓋未親。東岳稍駐。擊壤鼓腹。其賜猶多。藝文類聚十八。

爲臨川王讓太尉表

臣聞一疋以長。望千里而成累。空輸易躡。觸三尺而不登。苟曰違方。難用適遠。安車駟馬。望高闕而朝至。繡服緹幨。轥康衢而暮返。行瞻盡痺。居對蒼龍。陛下海涵春育。日鏡雲伸。追大道之無私。惜微臣之宜極。藝文類聚四十六。

爲南平王讓儀同表

臣聞后瓠難剖。用謝銷斲。痝木云庇。事乖丹雘。逢聖徵天。一朝賞至。非能聲均河楚。譽埒梁陳。故以神夢紫霄。心飛丹掖。品同儀比。媿鉉莫殊。藝文類聚四十七。

吏部郎表

臣生輕飛籥。品細疏懷。寂冀州閭。取淪室寶。不自求於善價。盜許人以能官。從班隨牒。自安疏遠。豈望翰飛。終知跡滯。一逢浸漉。幾聞昭晉。假拙爲心。變奇成偶。盜爲天覆地長。復與雨露相滋。秋成春發。必如暄寒無爽。自變泥塗。多超嵩鄧。屢者固其比。越在累誠。於可聞。方愧朱紫。永慚鈞衡。固惟許李。終非王畢。取其清尚。同所經企。求之碎密。蓋可庶幾。藝文類聚四十八。

爲南平王妃拜改封表

拜妾爲南平王妃。奉命震懸。有灼丹寸。妾瞻絲望帨。且或多慙。鏡史覲圖是焉知愧以茲眇薄有儷藉儀緌組不闇饘酏蓋闕不悟玄造曲被徽渥愈臻改服遞名事華品貴恩深外邸榮照下庭豈期輶弱所能勝荷（藝文類聚五十一。）

奉辭南康王府牋

下官不能避溺山隈而止冠李下既貽疵辱方致徽纆解籙收簪且歸初服竊以董生偉器止相驕王賈子上才爰傅卑主下官生年有値謬仰淸塵假翼西雍竊步東閤多慙袨服取亂長裾高揖相望直居坐右長階如畫獨在僚端借其從容之詞假以寬和之色恩禮遠過申白榮望多廁應徐厚德難逢小人易說方謂離腸隕首不足以報一言露膽披誠何能以酬屢顧盜謂尉羅裁舉微禽先落閶闔始吹細草仍墜一辭九畹方去五雲縱天綱是漏聖恩可恃亦復孰寄心骸何施眉目方當橫潭亂海就魚鼈而爲羣披榛捫樹從虺蜴而相伍豈復仰聽金聲式瞻玉色顧步高軒悲

如霰委踟躕下席淚若綆縻（梁書王僧孺傳僧孺爲仁威南康王長史逮詣南司奉牋辭府）

爲蕭監利求入學啟

竊以鷁首何飛不如修弋宛足念退莫若驅繞故模蹟成於丹牋篠簜資於栝羽敢因芊末有志庠均爲山資於一簣學海漸其微流（藝文類聚三十八。）

除吏部郎啟

自一遇休明多逢渥澤出斯溝壑置之霄漢淸塗華轍叨廁累仍顯職名階俄來倏至而智效必其無取尤怠忽焉已彰不意涵養更滋霧霈愈此始職樞華紛體恆選匃非賤族必待俊民何言賤劣所或叨假循測涯限生所不勝聯恩奉德死何能報（藝文類聚四十八。）

循測當作循涯

謝齊竟陵王使撰衆書啟

伏惟陛下銅爵始成早摛從后之句柏梁初構首屬驂駕之辭楚史所受曾不云述沛獻斯陳良未足探徒以顧託後車以望西園之客攝齊下坐有楳南皮之遊謬服同於魯儒竊吹等乎齊樂（藝文類聚五十五。）

謝賜于陀利所獻檳榔啟

竊以文軌一覃充仞斯及入侍請朔航海梯山獻琛奉貢充庖盈府故其取題在賦多述瑜書莩實非甘荔葩慙美（藝文類聚八十七。）

荅釋法雲書難范縝神滅論

辱告惠示升主上所荅羣臣仰諮神滅論伏覽尋環載深讚奉發蒙啟蔽朗若披雲竊以事蘊難形非聖莫闡理寂區位在愚成惑若非神超繫表思越機前豈能燭此微言若開金后洞茲玅境曾靡榛蹊喻之以必薦示之以如在使夫持論者不終泥於遙轍專謬者無永沈於惑海預奉淵謨孰不懽肅裁此酬白不申鑿舞王僧孺呈（宏明集十。）

與何炯書

近別之後將隔暄寒思子爲勞未能忘弭昔季叟入秦梁生適越猶懷悵恨且或吟謠況歧路之日將離嚴綱辭無可憐罪有不勦蓋晝地刻木昔人所惡叢棘既累於何可聞所以握手戀戀離別珍重弟愛同鄒季（藝文類聚作郭李。）淫淫承睫吾猶復抗手分背羞學婦人素鍾肇節金飆戒序起居無恙動靜履宜子雲筆札元瑜書記信用既然可樂爲甚且使目明能祛首疾甚善甚善吾無昔人之才而有其病癲眩屢動消渴頻增委化任期故不復呼醫飮藥但恨一旦離大辱蹈明科去皎皎而非自汙抱鬱結而無誰告丁年蓄積與此銷亾徒切高價厚名橫叨公器人爵智能無所報筋力未之酬所以悲至撫膺泣盡而繼之以血顧惟不肖文質無所底蓋困於衣食迫於飢寒依隱易農所志不過鍾庾久爲尺板斗食之吏以從皁衣黑綬之役非有奇才絕學雄略高謨吐一言可以匡俗振民動一議可以固邦興國全璧歸趙飛矢救燕偃息藩魏

季當作李

甘臥安郢，腦日延龍月支，擁十萬而橫行，提五千而深入，將能執圭裂壤，功勒景鍾，錦繡爲衣，朱丹被轂，斯大丈夫之志，非吾曹之所能及已。直以章句小才，蟲篆末藝，含吐緗縹之上，翩躚樽俎之側，委曲同之鍼縷，繁碎譬之米鹽，孰致顯榮，何能至到。加性疏濫，拙於進取，未嘗去來許史，遨遊梁竇，俛首脅肩，先意承旨，是以三葉靡遷，不與運升，十年未徙，孰非能薄。及除舊布新，清晏方旦，抱樂衛闕，訟謳有主，而猶限一吏於岑石，隔千里於泉亭，不得奉板中涓，預衣裳之會，提戈後勁，廁能豹之謀。及其投劾歸來，恩均舊隸，升文石，登玉陛，一見而降顏色，再覲而接話言，非藉左右之容，無勞羣公之助，又非同席共研之夙，逢筍餌卮酒之早識。一旦陪武帳，仰文陛，藝文類聚作墀。衛聃佚之柱下，充嚴朱之席上，入班九棘，出專千里，據操撮之雄官，參人倫之顯職，雖古之爵人不次，取士無名，未有躡景追風，奔驟之若此者也。蓋基薄牆高，塗遙力躓，傾蹷必然，顛匐可俟，竟以福過災生，人指鬼瞰，將均脊器，有驗傾危，是以不能早從曲影，遂乃取疑邪徑，故司隸懍懍，思得應弦，譬懸廚之獸，如離繳之鳥，將充庖鼎，以餌鷹鸇，雖事異鑽皮，文非刺骨，猶復因茲舌杪，成此筆端，上可以投界北方，次可以論輸左校，變爲丹赭，充彼春薪。幸聖王留善貸之德，紆好生之施，解網祝禽，下車泣罪，愍茲恚詬，憐其觳觫，加肉朽胔，布葉枯株，輟薪止火，得不銷爛，所謂還魂斗極，追氣泰山，止復除名爲民，幅巾家巷，此五十年之後，人君之賜焉。木石感陰陽，犬馬識厚薄，員首方足，孰不戴天，而竊自有悲者，蓋士無賢不肖，在朝見嫉，女無美惡，入宮見妒，家貧無苞苴可以事朋類，惡其鄉原，恥彼戚施，何以從人，何以御物，外無奔走之友，內乏强近之親，是以構市之徒，隨相媒蘖，及一朝捐棄，以快怨者之心，吁可悲矣。蓋先貴後賤，古富今貧，季倫所以發此哀音，雍門所以和其悲曲，又追以嚴秋殺氣，萬物多悲，長夜

展轉，百憂俱至，況復霜銷草色，風搖樹影，寒蟲夕叫，合輕重而同悲，秋葉晚傷，雜黃紫而俱墜，蜘蛛絡幕，熠燿爭飛，故無車轍馬聲，何聞鳴雞吠犬，俛眉事妻子，舉手謝賓遊，方與飛走爲鄰，永用蓬蒿自沒，愾其長息，忽不覺生之爲重，素無一廛之田，而有數口之累，豈曰匏而不食，方當長爲傭保，糊口寄身，溘死溝渠，以實螻蟻，悲夫。豈復得與二三士友，抗首接膝，履足差肩，摛綺縠之清文，談希夷之道德，唯吳馮之遇夏馥，范彧之値孔嵩，愍其留賃，憐此行乞耳。儻不以垢累，時存寸札，則雖先犬馬，猶松喬焉。去矣何生，高樹芳烈，裁書代面，筆淚俱下。梁書王僧孺傳，僧孺免官，久之不調，友人廬江何炯猶爲王府記室，乃致書於炯，以見其意。藝文類聚二十六作何遜。

答江琰書

猥惠嘉音，用瀰疾首，發函伸紙，朗若披雲，等嶰谷之清音，比洞庭之高曲，辭則美矣，而擬其非倫，譬享海鳥以醇醪，嘉膳棲林狖以崇楹曾栱，苟非其實，立有驚怖，況復以一雛訴，棄賓實灌然，豈復能使一筒可輕，八廚斯引，且登清漢，乍棄黃汙，望影析支，爭塗再楫，其或蹲林臥石，籍卉班荊，不過田畯野老，漁父樵客，酌醴焚枯，鳴鳴相勞，羹藜含糗，果然滿腹，寧有幡旗貴客，車馬大賓，獻書盡先賢之德，作頌罄前皇之美，豈不俯拾青紫，坐享大夫，況復詠高梧而賦修竹，背清淮而遊長坂，留東閣以從容，登石室而高視，豈與夫身沒名隕，同年而共毀譽哉。藝文類聚二十六。

與陳居士書

雲彼遙賓，燕越數千，行雲響術，征禽難使，用隔巾車，未能揚札，引領南望，悵矣心飛，幸因劣𥳑，懷章責壤，依然谷口，覺子眞之咫尺，靜睇巖灘，信子陵之非遠，林麓以入虛白之室，用披蓬蒿之徑，棄紛綸之高論，承希微之妙旨，虛往實歸，用祛塵惑。藝文類聚三十七。

論任昉

過於董生楊子昉樂人之樂憂人之憂虛往實歸忘貧去吝行可以厲風俗義可以厚人倫能使貪夫不取懦夫有立南史五十九任昉傳

臨海伏府君集序

袁粲領袖一時儀形物右聲逾裴樂器出王劉士有懷道蘊義望塵而趨者或三年而未識乍四旬而一見與君道合神遇投分披衿斁文研理匪晨伊暮至於神經怪諜緣筒丹筒金版玉箱錦文緹帙並藏諸靈府祕於瑤臺而君莫不偏探冥賾具閱局檢常以前賢往學亟與聖違賈馬盧鄭非無紕越荀郭何王彌多踳謬二義可辨未値高卿之疑九事非難不逢五叔之問其詩賦銘誄所作尤多藝文類聚五十五

詹事徐府君集序

君稟靈川岳懸精辰象早照珪璋夙表岐嶷孝睦天稟友愛冥深故以事顯家庭聲著同族年十八見召為國子生曳裾持卷寔華庠璧有均閉戶靡因餘竈每攝齊函丈左右屬目著以鄰幾之性加以入神之資聞一知二師逸功倍遊魏闕而不殊江海入朝廷而靡異山林未嘗投刺權門驅車戚里邀遊樂董去來賈郭時春秋猶少人爵未崇而淸風纂譽震灼朝野非直俯致貴仕故可坐享通侯而縶馬懸車閉門高枕聊為詭遇識此行藏及皇運聿興重氛載廓君藏器待時合猶符契陵扶搖而高翥排閶闔而容與故位隨德顯任與事隆重以姿儀端潤趨眄淹華寶佩鳴風豐貂映日從容帷扆綽有餘輝自綢繆軒陛十有餘載溫樹靡荅露事不説省中之言無漏府下之迹不疑故以主聖臣賢應同塤篪以后投水如鱗縱壑行稱表綴言成模楷猶復忘彼豐腴安茲素薄衣同屢補食等三杯車服不事鮮明室宇畏其彫奐允德無遺百行備舉至於專心六典精賾必深沉遊羣籍菁華無弃撝札含毫必弘靡麗摛綺縠之思鬱風霞之綺質不傷文麗而有體藝文類聚五十

五

慧印三昧及濟方等學二經序讚

夫六書相因懸日月而無改二字一吐更天地而靡渝雖書不盡言言非書不闡言不盡意意非言不稱是以締聽善思承茲利喜俯首屈足恭此受持若讀若誦已說今說一音一偈莫匪舟梁一讚一稱動成輪軌況夫五力方圓四攝無怠開方便門示眞實相流方等之妙說得菩提之至因沐此寶池照茲法炬香雲靡靡慧露傷流出伽邪之妙城發娑羅之寶樹建安殿下含章基性育德成體惠聲溢於秋水美義光於冬日事高祖丘兔圖名出前意後蒼損己利人忘我濟物傍通兼善無礙無私若空谷之必應如洪鐘之虛受匡法弘道以善為樂重以植顯因於永劫襲妙果於茲生託意紹隆用心依止妙達空有深辯權實而玉體不安有虧涼暑行仁莫顯楚君日見其瘳施德靡言漢相方饗其樂桂葉龜腦固風寒之易銷荔枝鸞骨更騰飛之可冀況復慧身方熾善根稍樹無勞腧腸瀹胃不待望色察聲有廣州南海郡民何規以歲次協洽月旅黃鐘天監之十四年十月二十三日采藥於豫章胡翼山幸非放子逐臣乃類尋仙招隱登峯十所里屑若有來將循曲陌先限淸澗或如止水乍有潔流方從揭厲且就褰攬未濟之間忽不自覺見澗之西隅有一長者語規勿渡規於時即留其人面色正靑徒跣捨屩年可八九十面已皺斂鬚長五六寸髮半於鬚耳過於眉眉皆下被眉之長毛長二三寸隨風相靡唇色甚赤語響而淸毛爪正黃指毛亦長二三寸著緒布帔下有緒布泥洹僧手提書一卷遙投與規規則奉持望禮三拜語規可以此經與建安王兼言王之姓字此經若至宜作三七日齋齋若不曉齋法可問下林寺副公副法師者戒若精苦恬憺無為遺嗜欲等豪賤蔬藿自充禪寂無怠此長者言畢便去行十餘步閒忽不覩規開卷

敬視名爲慧行三昧經旨以至極法身無相爲體理出百非義踰名相寂同法相妙等眞如言其慧冥此理有若恆印心照凝寂故以三昧爲名後又有濟諸方等學經此下又題云天竺薩和韓日僧迦與海虎王經旨以流通至教軌法有體所以誠示大士化物方法言若濟諸蒼氓宜弘方等之教方等者大乘之通名究竟之弘旨其軸題云燉煌菩薩沙門支法護所出竺法首筆受共爲一卷寫以流通軸用滄漆書甚緊潔點製可觀究尋義趣或微或顯稱在羅閱山耆陀鄰尼行無來無去非住非止斯蓋鷲嶽鶴林之別記寶殿孤園之後述不殊玉檢靡異寶函理出希微辭淡鉤致是唯正說曾匪異端雖王遵之得四十二章安清之出百六十品無以惑異大王沐浴持奉擎跪鑽習多寫廣述闡揚玄匱孰匪醫王卽斯藥樹不待眼瞬無勞苦口揜茲六術屏此十巫昔或授編書於圯上受揣術於谷裏乍有寓言且或假夢未有因應炳發若此其至焉受命下才式旍上道敢因滓賤牽此顓蒙其辭曰

雷音震響錄簡青編匪言曷教非迹靡傳是賁妙象實寄幽筌照之慧燭濟以寶船懇哉至矣在應斯圓覆其雙蹤浸此熙漣救焚援溺去蓋銷纏灼灼應韓英英河楚松孤桂鬱鷲棲鵬舉照野光頻潤山枯渚濫源茲永覆質已多鬱爲藩餘擢此天柯寄誠梵表託好禪河接足能仁心直妙覺用遣滯染是祛塵濁靡向非眞何背非俗一塗受想將捐味觸無德不訓有感必召吐彼神詮示我玄要旣鏤旣已留華及少等此北恆均之東耀（釋藏跡七。）

全梁文卷五十一終

烏程嚴可均校輯

王僧孺二

太常敬子任府君傳

耻一物之不知惜寸陰之徒靡下帷閉戶投斧懸梁雖玄晏書淫文勝經谥康成之忽忘所往公叔之顯墜硎岸無以異也若夫天才卓爾動稱絕妙辭賦極其清深筆記尤盡典實若問金石似注河海少孺速而未工長卿工而未速孟堅辭不逮理平子意不及文孔璋傷於健仲宣病於弱其有集論尚書觧文質之敏駐馬停信極亹亹之功莫尚於斯焉君職等曹張聲高左陸時乃高闢雪宮廣開雲殿秋窗春戶冬燠夏清九醖斯浮百壽並薦雲銷月朗聿兹遊客朋來旅見辭人才子辯圃學林莫不含毫咀思爭高競敏乃整袂端襟翰飛紙落豪人貴仕先達後進莫不心服貌慚神氣將軍顧余不敏厠夫君子之末可稱冥契是爲神交二三君子唯以從游日暮亭號昭仁庶子雲咫尺康成斯在借此嘉言將無絕乎千載藝文類聚四十九。

軍當作盡

從子永寍令謙誄

余之從子謙字幼光以昭陽紀歲蕤賓旅月啟足閫隅暄日泉岫是殲才子實喪俊民若其孝親睦友故非天墮地出異才絕學如有鬼告神授玉懷瑕而可指桂含蠹其取傷孰與九德彰於造次百行動爲表徵吐論含毫宣赴鍾琯標心用己懸符矩矱惠嚮棲道清心可鏡和而靡屈簡而周爽邃若凝雲潔如止水無憝座右不愧屋漏蒼苔繞路素塵滿席蕭索庭戶靡事鮮明沈淪典籍將絕弔賀室如夏甫狀等安有所累清塵唯不能忘懷藝而已斯美宜久宜長而騏驥之步中行鸞鷟之翅未矯一歸冢廓長反虛無雖東隅再暝鉗丙之御無及北顧相望隸首之數不盡而恒化非常人所不免況風雲萬里闊此山川客思故鄉次房之念何極輕棺反蜀允南之思可知而魂兮眇眇扁舟靡靡生人之望已冥死歸之期又阻痛心傷日豈伊一事無以少寄辛傷故復誄之云爾

昭昭洪胄映策光書違嬴避項從惠遷徐基忠踐孝抱約懷虛有顯而默匪屈伊舒如兹邴魏譬彼董疏入登高闕出啟精廬瞻星晝野望闕推車履仁不匱蹈道有餘九世盛矣七葉光諸往歷睿主來傅英儲峨峨三祖羅室並居前瞻紫闕傍望白渠高軒霞被四馬龍櫨溫溫司武皎皎祕書義高松竹價重璠璵元昆世父重規疊矩容與學丘徘徊詞府靑紫已拾大夫斯取盛藩往相名識來撫暉光不已驚生之子稷稷萬尋昂昂千里實鳳靡雜眞龍非似均情邃甯得意莊李室有虛白門無囂滓遺心沮勸忘懷慍喜貧靡斯攝賦其無恥險而不峭方而能理德有潤身學斯爲己逸羽難集孤峯易峙南邁瑤琨西踰杞梓人亦有言名爲實使譽傾邦國價驚州里崇蘭自芳珽玉自光汪汪巨壑曖曖重牆靡造靡請不迎不將久而愈敬狎而愈莊卽無矯貪此有循常默非蓄短顯弗用長豈伊墜岸如彼懸梁唯學已聚待問則强偏在三篋兼下五行亦稅其巾于彼王吏如龍宮楚有斯內侍蘊此上才安兹下位儲扉始闢傅府初開爾其戾止辟彼昔才從斯簡帝仍此追陪何以□□自兹翰飛傍佐戎列來攝儒衣儒衣濟濟訪對斯歸是義罔惑唯禮無違悠悠越障泱泱閩海薄言銅墨蒲密斯在孰云識吏政均舊宰循猛是兼紘緯無怠補袍方服治情莫改增貲匪課歸民自倍十郡爲則百城斯採化日未逢政稱異等斯痛斯傷喪善殲良妖同武擔疾甚湍漳闔棺陋邑掩櫬蕪鄉嗚呼哀哉

眇眇輕艫悠漫長塗風生閶闔日去崑吾空歸故國監識舊都水鳴秋鶴岸集寒烏寒不夜哭惟獨呱呱菸菸大塊杳杳玄虛嗚呼哀哉伊吾與爾大別唯名肥泉猶接瓜瓞未輕義雖子道恩實友

生。歡憂共日。險泰均情。如菊有芬。如蘭有薰。別唯慕類。居實有羣。盡日持論。遙夜披文。懷犢義老。祖述淵雲。唯昏及旦。自旭徂曛。人道實難。譬彼徂湍。驅車峭嶝。執手河干。三川縈薄。七嶺悠漫。自茲不見。心譬迴瀾。歲佗會面。日望音翰。歡無一緒。悲有萬端。濛陰遽戢。扶景易殘。卽斯大暮。爲此一棺。山足難曉。壟首易寒。秋蟲相叫。暮羽來博。宿草行沒。宰樹方攢。昭塗長已。大夜斯安。孰知冥默。徒此汍瀾。嗚呼哀哉。文苑英華八百四十二。

豫州墓誌

自姬發系。因魏傳緒。留路在趙。名賢世襲。相秦將漢。英雄係踵。忠寵辱。無慍喜。靡矜夸。愼嗜欲。其行軍用武。勳合奇正。乃治邊御衆。威裕兼行。常懍懍然以中原爲己任。或欲十萬而橫行。乍思五千而深入。尅反舊京。飮馬函渭。然後高臥閒帷。晤言空谷。思魯連之辭賞。慕田疇之高蹈。而火傳川逝。長塗已迫。雖景鍾良史。有功必書。刻板鏤石。宜兼不朽。銘曰。

高勳藹藹。長旌高施。入作爪牙。出司襟帶。民謠不息。王言有會。功爲上等。正稱九最。日隆寵秩。方登遠大。義轡難留。濛水易收。祕丘玄戶。杳杳悠悠。藝文類聚五十。

棲玄寺雲法師碑銘

眇眇大家。茫茫眞樸。多論愛有。莫辯塵濁。猗歟息心。言高理邈。居之匪絢。得之靡學。刻情幾種。厲想玄覺。且說且定。以披以握。來遵北渚。至依西岳。西岳峨峨。北渚迴波。庭棲弱羽。簷挂輕蘿。甘廢衣惡。棄厚安薄。滅意囂湫。寄心寥廓。藝文類聚七十六。

中寺碑

夫玉律追天。故飛灰之期不變。緹室候景。則發斂之氣罔踰。是以忘言種覺。絕累於後心。寄像聲形。啟機於前教。兼眞假之雙燭。均空有而兩忘。韞三明而過十地。圓萬行而包四等。道周百億。化起

大千。獎導羣有。滋濡萬類。是用發廣大心。吐微妙理。將同商主。取喻醫王。開方便門。示眞實相。固以濯之慈水。銷以慧刀。永言六趣。用均一子。中寺者。晉太元五年會稽王司馬道子之所立也。經出旗亭。事非湫隘。傍超壁水。望異狹斜。天監十五年。上座僧慈等。更揆日締架。赫然霞立。信以塡金可埒。引繩斯擬。寫妙金樓。模麗瓊閣。岧嶤偃蹇。拔三休而可至。窗綠周流。方中宿而斯盡。萬楹百拱。合沓相持。欂梲玉題。分光爭映。燭龍夭矯。將舉復宛。威鳳鏗鏘。如鳴更戢。旁攀鏤檻。斜登鈿砌。煜爚金鋪。玲瓏綺欞。無風自響。不拂而淨。眈眈肅肅。信息心之勝地。穆穆愔愔。固忘想之嘉所。銘曰。

玄黃雖殊。權輿未測。生滅相輪。成壞不極。篋蛇爭赴。藤鼠無息。情塵莫捨。心火方赫。是用三明。寔開五力。湛寂無方。示現多所。踟躕吉樹。殷勤禪渚。斯道誰匡。蒸哉我王。施踰寶鉢。供等檀牀。肅宮改構。梵宇方壯。階飛瑞采。地起泥香。日流閃爍。風度清鏘。道踰厥極。固與天長。藝文類聚七十八。

武帝祭禹廟文

惟帝稟圖上昊。貽則下民。五聲旁聽。四乘兼往。輕璧借景。旣捨冠屣。愛人忘我。不顧胼胝。下車以泣。事深罪己。憑舟靡懼。義存拯物。盛業方來。遺神如在。愛被昆蟲。理有好生之德。事安菲素。固無厚味之求。是用黍稷非馨。蘋蘩以薦。克誠斯饗。憑心可答。藝文類聚三十八。

禮佛唱導發願文

夫至覺玄湛。本絕聲言。妙處虛通。固略筌象。雖事絕百非。而有來斯應。理亡四句。故無感不燭。皇上道照機前。思超繫表。凝神汾水。則心謝寰中。屈道軒丘。則形勞宇內。斯乃法忍降迹。示現閻浮之境。大權住地。俯應娑婆之域。故欲洗拔萬有。度脫羣生。灌淨水於寶池。蔭高枝於道樹。折伏攝受之仁。遇緣而感。拯苦言軟語之德。有感而斯唱。日用不知。利益莫限。衆等相與。增到奉逮至尊五體

歸命敬禮云云仰願皇帝陛下至道與四時竝運玄風與八埏共廣反涫源於三古捨澆波於九代至治已覩於今日大道復屬於此時虎豹蹈而不驚虺蛇蹍而莫噬埋金抵玉毀契焚文嘉禾生醴泉出金車玉馬自相暉曜玄鶴丹鳳飛鳴來往光景之所照燭舟車之所驅汎莫不屈膝係頸迴首革音入侍藁街迎拜渭水與天地而長久等金石而逾固中岳可轉長河有淸而我聖皇愈溫愈晬不言而化行無爲而教肅

夫道備監撫望表元良察遠知微貫宗勾極不勞斧藻無待審諭況復靜悟空有同觀貞俗能行能說既信既持衆等齊誠奉逮儲君殿下歸命敬禮云云仰願皇太子殿下厚德體於蒼莽廣載侔於磅礴前星照曜東離煥炳淑聞自遠和氣熏天興才爭入端人竝至玉體怡淸金聲妙越

夫茂實英聲道周德廣秉珪襲袞之貴坐槐憩棠之尊猶應共惜

東暾俱杳西崦悟蕉蘆之非實知鏡月之虛衒信乘電之不畱默畫水之隨合惟宜照之智炬灌以寶瀾增此睿根成斯妙植又各增到奉逮太尉等諸王殿下歸命敬禮云云仰願諸王既明且哲聲跨於河楚令聞令望道均於旦奭德貫右戚義藹周親作鎮則與二曜相叅臨岳則與四維等固若彭涓之遐永譬松筠之貞悅

夫天枝峻密帝葉英芬莫不玉震蘭搖金鏘桂馥覩寸文而驗錦覩一毛而測鳳竝能才高銅爵詞富雲臺彬彬亹亹超超灼灼以斯勝善奉逮諸王殿下歸命敬禮云云仰願諸王殿下穆穆與淸風竝扇英英將白雲共朗永鍾淸祉長享元吉出牧則聲高民上入朝則譽光物右德重山玉智超海藏鏗鏘麗於珠樹皎鏡光於玉田

夫道流雲幄德感椒闈必以前藉勝因宿稟嘉數況重霑法雨更披慧日雖異姜后解珥請罪於周王不待樊姬捨肉有激於荊后

默當作驗

而遵恭儉去嗜欲捐彫璣撤靡麗了心不滯正見無疑衆等齊誠奉爲六宮眷屬歸命敬禮云云願六宮眷屬業華姬日聲麗嬀辰震彩鐫圖傳芳詩史位齊寶印行等月光具六神通得四無礙

夫稟聞明之德懷深妙於心豈非修習有本故能依止無倦義興等諸公主总斯華重甘此翹到竝宿世之所記別故現前所以信了影響至眞寤寐玄極人各增到仰爲諸公主歸命敬禮云云願諸公主日增智性彌長慧根四攝四依已遵已蹈七善七定靡退靡輟盛此王姬光茲帝女長享湯沐與河山而同固永服緹綺貫寒暑而無窮

夫三相雷奔八苦電激或方火宅乍擬駛河故以尺波寸景大力所不能駐月御日車雄才莫之能遏其間飲苦餐毒抱痛銜悲身口爲十使所由意思乃八疵之主衆等相與彼我齊到懺悔業纏無始已來至於今日所爲十惡自作敎他見善不讚聞惡隨善焚

林涸澤走犬揚鷹窮鄭衛之響極甘旨之味戲笑爲惡倏忽成非侮慢形像陵踐塔寺不敬方等毀離和合自定權衡棄他斗斛愧心負理昧主欺親雖七尺非他方寸在我而能性其情在人未易忞此心口衆罪所集各運丹懇五體自投歸命敬禮云云願現前衆等身口淸淨行願具足消三障業朗三達智五眼六通得意自在（釋藏肥九廣宏明集十五）

懺悔禮佛文

夫有非自有有取所以有無非自無無著所以無故有取之惑興倏成萬累無著之念起一超九劫是知道之所貴空有兼忘行之所重眞假雙照稟氣含靈莫聞斯本肖形賦影靡測由來故發茲識窟猶綿蒙其莫辨導此愚相尙窈冥而未悟茲茲有同暗海幽幽實在危城業風縈薄三有長驚惑水邅迴二死相屬以苦捨苦從暗入暗尋本不離色心卽事莫非生滅是用抱此纏蓋輪迴生

隨普當作隨喜

死恣其六愛興其六邪或狙詐而克昌年仁義而溘死或才均智等此賤彼豪或共日竝時人升我墜唯言報施寂寥不知因對皎徹纍纍緣今果過現殖成有如符契不謬毫髮而欲以促生運其長術浮命迴其冥數當知剎那交謝瞬息不留東槫纔吐西崦已仄譬閱川之駛流若栖葉之輕露僞城易弛毒樹自攻若非假實兩明眞俗俱辨豈能寫誠迴向刻意修習不退不沒愈堅愈固南平大王殿下含辰象之正氣畜海嶽之淯靈宿侍八恒早遊七覺藉妙因於永劫招勝果於茲地若眞金之愈鑠美玉之載琢是用未積已散不藏而捨故今式招靈指仰屈神儀建此齊肅譬茲闕檥盛來緇素濟濟洋洋名香遍室寶華覆地高梵宛轉盥止震木過雲清桴遙奕非直騰魚御馬仰願四部至誠五體歸命東方云云願大王殿下五畏內遣十力外扶百福莊嚴萬祉周集愕夢無忤其慮甘寢有恬其神更闢寶衢愈興慧業

夫玄極凝淡非學皆所窺妙本難思豈行人能測是以十地云覩有羅縠之疑三乘稱見懷狂羊之惑自非鑒窮機覺照極冥虛窮理盡性體元合一安能濟世仁壽拯物阽危道包碧海聲高赤縣昔堯曜唯在卽世舜黑不兼來果四巡疲於禹迹六事倦於湯身竝域中之勤勞方內之成益豈有度元元於苦海拔冗冗於畏途運神刀震法吼究香城之妙理窮金河之奧說慧高龍樹智出馬鳴必欲洗濯臣民獎導緇白天覆地養水產陸生咸降慈悲悉蒙平等奉爲皇帝陛下儲君太子歸命敬禮云云仰願皇帝陛下景祚與七政相齊皇基與二曜均永地平天成樂和禮洽玉燭道正氤氳無爽條風祥雨膏潤相屬卻馬偃伯鑄戟銷戈南泊北臨西被東漸灑甘雨布慧雲唯繩可結在冠已盡唐哉皇哉爲導爲首又願皇太子殿下睿業淸暉與貞明而竝燭粹範溫儀從嵩霍而俱峻聲出姬誦道越漢莊永沐智水長照慧日上妙居身至仁在

己自雙樹八枝潛光匿曜寶城不闢慧扇方掩而聖后驚法輪於長路棹寶舟於遙壑道浹人祇福隆祧墠肅事園寢虔奉宗祏藉斯妙果奉逮七廟聖靈歸命敬禮云云仰願聖明累聖儼然如在騰神淨國總駕天宮託化金蕖遨遊寶殿

夫誠心內惻則至覺如在形力外殫則法身咫步衆等相與增到爲諸王兄弟妃主戚屬歸命敬禮云云願諸王殿下裂壤盛於諸姬磐石過於隆漢德高魯衞義重間平論道則百辟依風作翰則羣黎仰化弘闡至教紹隆季像第內少長竝膺此多福若百華之春麗譬萬寶之秋成信解堅深趨向無怠

夫小乘志劣事唯一己大士意均乃包六趣今日檀主信等明珠無勞傷鏡質同挺玉不待外光常欲物我均心怨親等觀衆等各歸誠爲二十八天四王釋梵人間貧病地獄辛楚敬禮尊儀靈像菩提寶塔云云大乘奧藏妙法深經大身無邊身大力無量力四向四果八賢八聖願六氣氤氳四序熙穆至治光萬宇玄化洞九幽襲介披鱗溼生卵化八苦六窮三塗五道俱蒙惠利竝識遵依刀林輟刃劍樹摧險迷域開道直指四衢闇室生明大啟三曜俱向道場同登種覺釋藏肥九、廣弘明集十五。

初夜文

夫遠自無始至於有身生死輪鶩塵轢莫之比明暗遞來薪火不能譬逝水非駛千月難保蓼蟲習苦桂蠹喜甘大睡劇於據梧長昏甚於枕麴義非他召事實己招曾不知稟此形骸所由而至將斯心識竟欲何歸唯以勢位相高爭驕華於一旦車徒自盛競馳騖於當年莫不恃其雄心壯齒紅顏緇髮口恣肥醲身安輕靡繁絃促柱極滔湮而不厭玉牀象席窮靡曼而無已謂悲泉若木出沒曾不關人蹲烏顧兔升落常自在彼殊不知命均脆草身爲苦器何異犬羊之趣屠肆麋鹿之入膳廚秋蛾拂燄而不疑春蠶縈

旨當作註

絲而靡悟，未辨先對，不識因習。及其一𠛬畏途，孟門非險，輞裂肢解。方斯不臻其痛，斷旨鑿肩，比茲未極其苦。輪迴起伏，杳杳悠悠。是以天中之天，降悲提引，壅夏河之長瀉，撲秋原之猛燎。或同商主，乍等醫王，形遍三千，教傳百億。或忝其神力，或寂諸梵境，言則三塗離苦，笑則四生受樂。乃應病投機，解紛說理，制之日夜，稱爲八關，以八正鑰，爲法關楗，斯實出世之妙津，在家之雄行。衆等相與運誠，奉逮南平王殿下，歸命敬禮云云。仰願大王殿下，睿業清暉，與南嶽而相固；貞心峻節，等東溟而共廣。萬累烟消，百災霧滅，巧幻所不惑，彊魔莫能嬈。逐慘舒而適體，隨暄涼而得性。自稟儀天之氣，永固膳衛之道，得六神通力，具四無礙智。夫日在昆吾，則慮繁事擾；景落濛汜，則神靜志怡。璧月珠星，含華相照；輕雲薄霧，朗然自戢。鳴鐘浮響，光燈吐輝，法幢卷舒，拂高軒而徐薄；名香郁馥，出重檐而輕轉。金表含映，珠柱洞色，況復天尊

端凝，威光四照，煥發青蓮，容與珂雪，覺祇衛之咫尺，若林園之斯在。大招離垢之賓，廣集應眞之侶，淸梵含吐，一唱三嘆，密義抑揚，連環不輟。南平王體得機之敏，資入神之微，抱德含和，經仁緯義，善無細而不窮，累有輕而必捨。受同虛谷，照如懸鏡，總魯衛之尊高，略樹蕚之華重，建希有之勝席，臨難遇之法場，相與五體歸命，敬禮云云。仰願大王殿下，入不二門，登一相道，德階不動，智超遠行，洋溢惠聲，與八風而共遠；優游玉體，等六律而相調。餐雪山之良藥，挹露城之甘味，袞服瓛珪，與四時而永久；朱輪緹幰，貫千祀而常然。釋藏肥九。廣宏明集十五。

王僧恕

僧恕，天監初爲領軍司馬。

答釋法雲書難范縝神滅論

辱告，惠示敕旨答臣下審神滅論，甚哉理之太也。斯豈寸管之所

困當作因

見，言性之可聞，而隨類儵遇，怡然冡釋，奉戴周旋，以尖以誦。法師德邁當今，聲標萬古，知十之談，每會起予之富，必酬想闡弘聖旨，煥然雲消邪，弟子學慙聚螢，識非通見，何能仰贊洪輝，宣猷妙範者歟？但論者執一惑之情，循一往之轍，固不可以語大方，焉知致遠，恐必泥哉。夫幽明之理，皎然不差，困果相起，義無獨立，形滅自可以草木爲譬，神明常隨緣而在，所以左氏有彭生豕見，尚書則祖考來格，禮云若樂九變，人鬼可得禮矣。結草之報，豈其遂滅？先規所夢，何得無神？神明不滅，著之金后，丘尼所說，彌有多據。若文雖五千，詩乃三百，得其理者，自可一言而以蔽。故不復煩求廣證。夫三聖雖有明教，百家常置弘理，而尙使狂簡斐然成章，攻乎異端之妄興。需作今皇明體照幽寂，識周內外，以前聖之久遠，感異端之妄興，需然爰發，乃垂眷翰，使闡提一悟，遂獲果通，闇浮執惑，豁然洗滯，況復縉紳之士，爲益固其弘哉！弟子餐道無紀，法師許其一簣，遂能

班逮神藻，使得預沐淸風，頂戴懽舞，無以自譬，戢銘兼深，彌其多矣。弟子王僧恕頓首和南。宏明集十。

王僧崇

僧崇，爵里未詳。

郊壇從祀啟

五祀位在北郊，圜丘不宜重設。故曰五行之氣，天地俱有，故皆從祀。通典四十二，梁武帝卽位四年。

風伯雨師，卽箕畢也。而今南郊祀箕畢，復祭風伯雨師，恐乖祀典。同上。

全梁文卷五十二終

全梁文卷五十三

烏程嚴可均校輯

陸倕

倕字佐公吳郡吳人晉太尉玩六世孫齊永明中舉秀才辟竟陵王議曹從事參軍廬陵王法曹行參軍入梁為右軍安成王外兵參軍轉主簿遷驃騎臨川王東曹掾太子中舍人太子庶子國子博士中書侍郎給事黃門侍郎揚州別駕從事史遷鴻臚卿擢為吏部郎參選事出為雲麾晉安王長史尋陽太守行江州府州事左遷中書侍郎司徒司馬太子中庶子廷尉卿又為中庶子加給事中揚州大中正復除國子博士守太常卿普通七年卒有集十四卷

感知己賦贈任昉

夜申旦而不寐獨匡坐而怨咨命僕夫而夙駕指南館而為期學窮書府文究辭林既耳聞而存口又目見而登心似臨淄之借書類東武之飛翰軫工遲於長卿踰巧速於王粲固乃度平子而越孟堅何論孔璋而與公幹或欲涉其涯涘求其界畔則浩浩淃淃彪彪澌澌譬長鋏於緒中若龍淵與蜀漢濟濟冠蓋祁祁儔逸有纖風以味道咸交臂以屈膝或望路以窺門空升堂而入室彼春蘭及秋菊尚無絕於衆芳矧重仁與襲義信邈邈兮未央言追意而不逮辭欲書而復怠竊仰高而希驥忽脂車而秣馬既一顧之我隆亦東壁之余假似延州之如舊同伯喈之倒屣附蒼蠅於驥尾託明鏡於朝光謂虛無而為有布籍甚於游揚於是柔條颯其成勁白露變而為霜歲忽忽而遒盡憂與愛兮未怠聚落莖於虛室聾羈雀於枯楊忳鬱悒其誰語獨撫抱而增傷託異人以蠲憂類其文而愈疾索黃瓊之寄居造安仁之狹室車出門其已歎無論銜杯與促膝譬鄒子之吟松故未寒而能慄徒網壞以作高陋吞舟而為罔值墨子之愛兼逢太丘之道廣陪九萬以齊征激三千而同上識公沙於杵臼拔孝相於無名非夫人之為感孰云感於余情指北辰以作舊期鬱鬱於佳城 藝文類聚三十一

思田賦

歲聿忽其云暮庭草颯以萎黃風飀飀以吹隙燈黯黯而無光獨展轉而不寐何增歎而自傷於是踟躕徙倚顧景興懷魂熒熒以至曙綴予想於田疇彼五畝其焉在乃爰泊乎江隈出郭門而東騖入溆浦而南迴爾乃觀其水陸物產原隰形便林藪挺直丘陵帶面臨九曲之迴江對千里之平甸風去蘋其已開日登桑而先見聽啁哳之寒雞弄差池之春燕臨場圃以築館對櫺軒而鑿沼集游泳於階下引朝飯於堂垂瞻巨后之前御玩激水之推移雜青莎之靃靡拂細柳之長枝感風燭與石火嗟民生其如寄苟有質而無心必行難而言易幸少私而寡欲兼絕仁以棄智忽學步而學趾又追飛而厲翅瞻鹿囿而竊高仰靈臺而慕義歷四時於遊水馳三稔於申臂望歸流而載懷情鬱悒其何寘 藝文類聚三十六

賦體

奉欽明之睿后沐隆平之玄化參振鷺之充庭侍長徒之曾舍冀無恨於終南豫告成於芝觴雖能列而陳力終胡顏於長夜 藝文類聚五十六

將至浔陽郡教

第五倫之臨會稽躬斬馬草鄧伯道之莅吳郡自運家糧故能使吏作頌歌民胥興詠太守薄德謬叨龜組竊願巴祗闇坐接客思匹吳隱被絮對賓常藥自隨式瞻無遠單車入境竊所庶幾舊須發民治道及戍邏揄樵採諸如此類一皆省息

又云

太守家本諸生伏膺典記光武靈臺之籍較涉根基張華聚土之

書略見庭戶賁郡圖載其具存方策校以山經參諸括象原野城
寺宛在心目龍泉鶴嶺不易窮登所撰郡圖可勿覩用公孫陛戟
既似井蛙延壽執戈實同兒戲藝文類聚五十

豫章王拜後赦敎

夫議獄緩死著在令圖疑罪惟輕聞諸雅誥是以虞經惻隱流沸
冬決鍾意垂仁哀矜寒泣吾以虛薄夙須寵章光宅襟險奄有全
粵非有沛獻矜嚴空紆青組東平智思徒舉赤帷思所以仰述皇
猷導揚弘澤遷彼下車譬茲解網藝文類聚五十二

授潯陽太守章

鏤冰雕脂不見大龍之象課虛叩寂盜聞鴛辯之音徒荷容萏空
班推擇不能使府庭生梓横閣誦經俯睨朱輪仰瞻緗萏漏上嚴
辦伏軾多慙藝文類聚五十

拜吏部郎表

銓衡庶品歷選賓僚阮咸貞素屢薦未登陸亮忠心裁居殿職自
非季重清識李毅恬正何以區分管庫式鑒胥吏藝文類聚四十八初學記十一御覽二百十六

爲豫章王慶太子出宮表

臣聞周固本枝寔資明兩漢敞磐后必係元良所以闡弘祚鼎光
崇守器伏惟皇太子道契生知照均天縱不藉審諭之功無待溫
文之輔而冬書秋記夙表睿資春誦夏絃幼彰神度雖復直門守
令長壽察徵魏贊多容漢稱寬博不足以連輝茂則匹景令圖甲
觀惟新桂宮告始朱班徙次翠蓋移陰華裔式瞻人祇蹈舞藝文類聚十六

爲張纘謝兄尚書諡靖子表

亾兄夙搆皇慈早邀靈慶立言著績未酬天寵門衰祚𡨚遽辭昌
運撫心摧恨私懷罔極日月告時幽埏浸遠王人猥集佳冊光臨

原當作厚

榮謚里庭恩沈松檟藝文類聚四十

爲王光祿轉太常讓表

昔者楚德方盛孫叔濯衣漢道克隆王陽結綬故拜命無辭受爵
不讓況宗卿清重歷選所難漢晉以降莫非素範辭爵則桓郁張
奮讓封則丁鴻劉愷潘尼之文雅深純華表之從容退默自此迄
茲風流繼軌以臣況之曾無等級藝文類聚四十九初學記十二御覽二百二十八

除詹事讓表

中陽白水徒庇微軀送珥抱蕣未聞成績陳席不棄故劒無遺遂
宣時髦升降清顯尊官原秩無因而至陋巷蓽門鬱成爽塏儲端
華重實異恒司南章馬宮已擇儒雅竇嬰許商爰取姻戚自茲已
降名器日隆歷選才賢若何叨越也藝文類聚四十九

遷吏部郎啟

臣器均溲落材同擁腫效非積山勤乖附地自叨榮秩列裁移氣

序而坐延曲私遂被洪造自非割蚌識珠覩后知玉盜可以獲名
理俗見操敦敎藝文類聚四十八

爲張侍中謝啟

陳力就列不能者止實欲强飯據鞍自竭心力濡足磨頂少報洪
私徒課虛無空延鍾篇不悟爰降曲慈復叨清顯職司近切任掌
總綸魏選異才漢求高德官次熔居鮮非民譽仰瞻內省無一可
階藝文類聚四十八

謝敕使行江州事啟

封畛遐曠纏井奧實陸海神皐偏屬茲境兼以茂親明德維翰作
鎮宣述條教匡贊盛猷自非問望兼弘盜可擢膺嘉舉藝文類聚五十

爲息纘謝敕賜朝服啟

玄冕素帶出自禁財朱紱青緺降於皇府輝燭鄉黨震燿街衢姻
族移聽朋儕改矚非臣璅弱所能陳報藝文類聚六十七

免當作勉

與僕射徐免書薦沈峻

五經博士庾季達須換計公家必欲詳擇其人凡聖賢可（南史作玩）講之書必以周官立義則周官一書實為羣經源本此學不傳多歷年世北人孫詳蔣顯亦經聽習而音革楚夏故學徒不至惟助教沈峻特精此書比日時開講肆羣儒劉喦沈宏沈熊之徒並執經下坐北面受業莫不歎服人無閒言第（南史作竊）謂宜即用此人命其專此一學周而復始使聖人正典廢而更興累世絕業傳於學者（梁書沈峻傳南史七十二）

荅釋法雲書難范縝神滅論

辱告惠示至尊所荅臣下審神滅論昔者異學爭途孟子抗周公之法小乘亂道龍樹陳釋迦之教於是楊墨之黨舌舉口張六師之徒轍亂旗靡言神滅者可謂學僻而堅南路求燕北轅首楚以斯適道千里而遙聖上愍其迷途爰奮天藻鉤深致遠盡化知神傳此困蒙均斯冰釋陳茲要道同彼月照弟子並以凡薄沾竊恩紀曖冕則天之朝飡挹稽古之論贊幸之誠獨知踴躍猥傾告逮謹用書紳陸倕呈（弘明集十）

后闕銘

昔在舜格文祖禹至神宗周變商俗湯黜夏政雖革命殊乎因襲揖讓異於干戈而晷緯冥合天人啟基克明俊德大庇生民其揆一也在齊之季昏虐君臨威侮五行怠棄三正刑酷然炭暴踰膏柱民怨神怒衆叛親離踏地無歸瞻烏靡託於是我皇帝拯之乃操斗極把鉤陳翼百神禔萬福龍飛黑水虎步西河雷動風驅天行地止命旅致屯雲之應登壇有降火之祥龜筮協從人祇響附穿胸露頂之豪箕坐椎髻之長莫不援旗請奮執銳爭先夏首憑固庸岷負阻協彼離心抗茲同德帝赫斯怒秣馬訓兵嚴鼓未通兒渠泥首弘舸連軸巨艦接艫鐵馬千羣朱旗萬里拆簡而禽廬

九傳檄以下湘羅兵不血刃士無遺鏃而樊鄧威懷巴黔底定於是流湯之黨握炭之徒守似藩籬戰同枯朽革車近次師營商牧華夷士女冠蓋相望扶老攜幼一旦雲集壺漿塞野簞食盈塗似夏民之附成湯殷士之窺周武安老懷少伐罪弔民農不遷業市無易賈八方入計四隩奉圖羽檄交馳軍書狎至一日二日非止萬機而尊嚴之度不僭於師旅淵默之容無改於行陣計如投水思若轉規策定帷幄謀成几案曾未浹辰獨夫授首乃焚其綺席棄彼寶衣歸琁臺之珠反諸侯之玉指麾而四海隆平下車而天下大定拯茲塗炭救此橫流功均天地明並日月於是仰叶三靈俯從億兆受昭華之玉納龍敘之圖類帝禋宗光有神器升中以祀羣望徧祓而朝諸夏布教都畿班政方外謀協上策刑從中典南服緩耳西羈反舌劍騎穹廬之國同川共穴之人莫不屈膝交臂厥角稽顙鑿空萬里襄地千都幕南罷鄣河西無警於是治定功成遐安遠肅忿茲鹿駭息此狼顧乃正六樂治五禮改章程創法律置博士之職而著錄之生若雲開集雅之館而款關之學如市興建庠序啟設郊丘一介之才必記無文之典咸秩於是天下學士靡然向風人識廉隅家知禮讓教臻侍子化洽期門區宇乂安方面靜息役休務簡歲阜民和歷代規模前王典故莫不芟夷翦截允執厥中以為象闕之制其來已遠春秋設舊章之教經禮垂布憲之文戴記顯游觀之言周史書樹闕之夢北荒明月西極流精海岳黃金河庭紫貝蒼龍玄武之製銅雀鐵鳳之工或以聽窮省冤或以布化懸法或以表正王居或以光崇帝里晉氏浸弱宋歷威夷禮經舊典寂寥無記鴻規盛烈湮沒罕稱乃假天闕於牛頭託遠圖於博望有欺耳目無補憲章乃命審曲之官選明中之士陳圭置臬瞻星揆地興復表門草創華闕於是歲次天紀月旅太蔟皇帝御天下之七載也構茲盛則興此崇麗方且趣以表

敬觀而知法物覩雙碣之容人識百重之典作範垂訓赫矣壯乎爰命下臣式銘盤石其辭曰

惟帝建國正位辨方周營洛涘漢啟岐梁居因業盛文以化光爰有象闕是惟舊章靑益南洎黃旗東指懸法無聞藏書弗紀大人造物龍德休否建此百常興茲雙起偉哉偃蹇壯矣巍巍旁映重疊上連翠微布斂方顯浹日初輝懸書有附委篋知歸鬱崫重軒穹窿反宇彤聳飛棟勢超浮柱色法上圓製模下矩周望原隰俛臨煙雨前賓四會卻背九房北通二轍南瞻五方暑來寒往地久天長神哉華觀永配無疆 文選

新刻漏銘 并序

夫自天觀象昏旦之刻未分治厤明時盈縮之度無準挈壺命氏遠哉義用揆景測辰徽宮戒井守以水火分茲日夜而司厤亾官疇人廢業孟陬殄滅攝提無紀衛宏載傳呼之節較而未詳霍融敘分至之差詳而不密陸機之賦虛握靈珠孫綽之銘空擅崑玉弘度遺篇承天垂旨布在方冊無彰器用譬彼春華同夫海棗蜜可以軌物字民作範垂訓者乎且今之官漏出自會稽積水違方導流乖則六日無辨五夜不分歲躔閹茂月次姑洗皇帝有天下之五載也樂遷夏諺禮變商俗業類補天功均柱地河海夷晏風雲律呂坐朝晏罷每旦晨興屬傳漏之音聽雞人之響以為星火謬中金水違用時乖啟閉箭異錙銖爰命日官草創新器於是俯察旁羅登臺升庫則于地四參以天一建武遺蠢咸和餘舛金筒方圓之制飛流吐納之規變律改經一皆懲革天監六年太歲丁亥十月丁亥朔十六日壬寅漏成進御以考辰正晷測表候陰不謬圭撮無乖黍累又可以校運算之睽合辨分天之邪正察四氣之盈虛課六厤之疏密永世貽則傳之無窮赫矣煥乎無得而稱也昔嘉量微物盤盂小器猶其昭德記功載在銘典況入神之制與造化合符成物之能與坤元等契動侔樞席事百巾机寧可使多謝曾水有慚昆吾金字不傳銀事未勒者哉乃詔小臣為其銘曰

一暑一寒有明有晦神道無跡天工罕代乃置挈壺是惟熙載氣均衡石晷正權概世道交喪禮術銷亾遽遷水火爭倒衣裳擊刀舛次聚木乖方爰究爰度時惟我皇方壺外次圓流內襲洪殺殊等高卑異級靈虬承注陰蟲吐噏倏往忽來鬼出神入微若抽繭逝如激電耳不輟音眼無留盼銅史司刻金徒抱箭履薄非兢臨深罔戰授受靡僭登降弗爽惟精惟一可法可象月不逼來日無藏往分以符契至儕影響合昏暮卷莫莢晨生衡辨天意猶測地情況我神造通幽洞靈配皇等極為世作程 文選藝文類聚六十八

蠡杯銘

用遵羽杯珍逾渠椀實同蠡測形均璞瀛伊我疲病獨居無伴所不比挹誰詶誰綴 藝文類聚七十三

誌法師墓誌銘

法師自說姓朱名保誌其生緣乘梓莫能知之齊故特進吳人張緒興皇寺僧釋法義並見法師於宋太始初出入鍾山往來都邑年可五六十歲未知其異也齊宋之交稍顯靈跡被髮徒跣負杖挾鏡或徵索酒肴或數日不食豫言未兆懸識他心一時之中分身四處天監十三年即化於華林門之佛堂先是忽移寺之金剛像出置戶外語僧衆云菩薩當去爾後旬日無疾而殞沉舟之痛有切皇心殯葬資須事豐供厚塋方墳而隕涕瞻白帳而拊心爰詔有司式刊景行辭曰

欲化毗城金粟降靈衍歟大士權迹帝京緒胄莫詳邑居罕見發彼涌出猶如空現哀茲景像愍此風電將導舟梁假我方便形煩心寂外荒內辨觀往測來覩微知顯動足遊立發言風偃業窮難

詔。因謝弗援。懿雲盡歇。懿燈夜昏。藝文類聚七十七。

天光寺碑

法雲且聚。則浸潤被乎重沙。慧日晨登。則暉光燭於有頂。皇帝乃把神珠。握靈鏡。擊天鼓。檀地鐘。驅日月之師。勒星辰之陣。九流外籍。五明內典。烏策餘文。龍宮遺教。莫不神遊房奧。跡徧門牆。思洞希微。言窮名象。珉階凌虛。瑣窗鬱起。可使龍城愧飾。雁塔慙珍。日宇奪暉。月宮掩麗。昔者姬水壽丘。載紀山川之目。丹陵負夏。僅傳鄉黨之名。歌酒故邑。賜復窮乎身世。漂洗舊里。高會止於當年。銘曰。

被物如露。偃民猶草。解髻傳珠。捫衣受寶。化違宅火。功超河岸。拾我神居。興茲靈館。八襲豐殿。四柱高廊。並陳金璧。旁建玉箱。縱橫雜樹。間厠眾芳。藝文類聚七十六。

釋奠祭孔子文

於惟上德。是曰聖眞。克明克俊。知化窮神。研幾善誘。藏用顯仁。利同道濟。成俗敎民。道尊功倍。德溥化光。離經辨志。濟濟洋洋。藝文類聚三十八。

請雨賽蔣王文

隆周祚肩。鍾嶽降精。聰明正直。得一居貞。無方無體。不疾不行。化馳九縣。位冠百靈。東掩廣僊。西郊已戢。偶龍矯首。泥人鶴立。神聽孔殷。靈應揮霍。儵覩翻伊。俄聞倒洛。樂周神畢。恩洽酒闌。靈談抗袖。鬼笑投拌。推茲且引。於萬斯歡。藝文類聚一百。

陸雲公

雲公字子龍。倕從孫。舉秀才。歷宣惠武陵王平西湘東王行參軍。入爲尚書儀曹郎。知著作郎事。尋除著作郎。遷中書黃門郎。有集十卷。

星賦

漢武帝夜遊昆明之池。顧謂司馬遷相如曰。星之明麗矣。考之於歌頌。求之於經史。龍尾著於號童。天漢表於周土。旣妖謠之體陋。嗟怨刺之蚩鄙。每鬱悒而未攄。思命篇於二子。於是司馬遷對曰。臣代典天官。緒由南正。撿之圖籍。傳之覼聽。臣聞連珠合璧。曜靈之所起也。春鳥秋虛。厤數之所紀也。應黃鐘而正位。建玉衡以辨方。五緯麗而周道。四野分而晝疆。至如下。方爽德上元。告變或守位而易所。或凌光而掩炫。故夫應若轉環。信如合契。俾明鏡與元龜。宜勑身而炯戒。長卿操牘染翰。思溢情煩。遷延奉筆。繼響而言曰。日隱於西。月生於東。重輪晻而時缺。上枝棲而未融。豈若帝車之獨運。隨圓蓋而不窮。帝乃歌曰。白日沒兮明月移。繁星曙兮情未疲。初學記一星四。

御講般若經序

夫理臻畢竟。而照盡空寂。入三門而了觀。導五濁而超津。譬茲烈

炎。遠眾邪而不觸。如彼出日。示一相以趨道。自羅閱闢其玄言。香域弘其妙說。彌勒表字於圓光。帝釋念善於明咒。受持讀誦。神力折於猛風。恭敬尊重。福利踰於寶塔。蓋眾聖之圓極。而萬法之本源也。皇帝眞智自己。大慈應物。送迎日月。緯絡天地。鎭三季之澆風。緝五際之頹俗。出臨衢室。退事齋居。非以黃屋爲尊。每以蒼生爲念。德徧區宇。未足顯於至仁。理絕名言。更慇懃於密說。昔慧燈隱燿。法藏分流。二乘踳駁。五部乖謬。訶黎狹劣。徒仰黑月之光。毗曇褊滯。未見沈珠之寶。自聖皇應期。探賾幾妙。決散羣迷。摧伏異學。極天宮之浩博。窮龍殿之祕深。於是大發菩提。深弘般若。永斷煩惑。同歸淸淨。憫甘露於羣生。轉法輪而不息。上以天監十一年注釋大品。自茲已來。躬事講說。重以所明三慧。最爲奧遠。迺區出一品。別立經卷。亦由觀音力重。特顯普門之章。登住行深。迺出華嚴之品。故以撮舉機要。昭悟新學者焉。大僧正慧令。蓋法門之上

首亦總持之神足願等須提之問遂同迦葉之請迺啟請御講說斯經有詔許焉以大同七年三月十二日講金字般若波羅蜜三慧經於華林園之重雲殿華林園者葢江左以來後庭遊宴之所也自晉迄齊年將二百世屬威夷主多奢僭舞堂鍾肆等阿房之舊基酒池肉林同朝歌之故所自王人御宇屏棄聲色歸傾宮之美女共靈囿於庶人重以華園毀折悟一切之無常寶臺假合資十力而方固捨茲天苑爰建道場莊嚴法事招集僧侶肅肅神宇結翠巘之陰峨峨重閣臨丹雉之上廣博光明有邁菴羅之地身心安樂寔符歡喜之園于時三春届節萬物舒榮風日依遲不寒不暑瑞華寶樹照曜七重玉底金池淪漪八德洞啟高門雲集大衆攝法席以沸誼聽鳴鍾而寂靜皇太子智均悉達德邁曇摩捨三殿之俗娛延二座以問道宣城王及王侯宗室等亦咸發深心並修淨行熏戒香以調善服染衣而就列簪映蟬冕委蛇冠帶排金門登玉階者濟濟成羣既而警蹕北趨衆軷東轉門揚清梵偈吐香煙被淨居之服升須彌之座八種妙聲法言無滯十方疏聽隨類得解甚深之義在挹注而難竭樂說之辯既往復而彌新至如宿學耆僧巫論偏執尊杖數論未了經文變小意以稱量仰天尊而發問於是操持慧刃解除疑網示之迷方歸以正轍莫不渙然冰釋欣然頂戴若蓮花之漸開譬月初而增長凡諸聽衆自皇太子王侯宗室外戚及尚書令何敬容百辟卿士虜使主崔長謙使副陽休之及外域雜使一千三百六十人皆路逾九驛途遙萬里仰皇化以載馳聞大華而躍踊頭面伸其盡禮讚歎從其下陳又別請義學僧一千人於同泰寺夜覆制義並名擅龍象智曉江河傳習譬於瀉瓶諷誦同於疾雨沙門釋法隆年將百歲學周三藏識洞八禪說法度人顯名於關塞之北聞中國應講摩訶般若經故自遠而至僧正慧令猶未啟講京師道俗亦不知御應講也

上當作止

至發講之日又有外國僧衆不可勝數並衆所不識同集法座故知放光徧照地神唱告豈勞馳象之使冥符信鼓之期會稽鄮縣阿育王寺釋法顯修習苦行志求慧解既等鬱多之思惟亦同波崙之懇到迺於講所自陳願九刺血灑地用表至誠昔剜體供養析骨書寫歸依正法匪吝身命以今望古信非虛說凡講二十三日自開講迄於解座日設遍供普施京師文武侍衛並加班賚上光宅天下四十餘年躬務儉約體安菲素常御小殿裁庇風雨所居幄座僅於容膝外絕三驅之禮內屏千鍾之宴膳夫所掌歲撤萬金掖庭之費年減巨億兼以博收地利同入珍於撓海盈息泉府譬無盡於龍金故能不勞人力無損國度財法兼施周流不竭是講也靈異雜沓不可思議一則宮中佛像悉放光明二則大地震動備諸踊沒三則夜必澍雨朝則晴霽淑氣妍華埃塵不起四則犍椎既鳴講筵將合重肩絓轂填溢四門而人馬調和不相驚擾五則所施法席上坐萬人而恆沙大衆更無迫迮六則四部曠遠咸聞妙說軒檻之外聽受益明七則淨供遍設廚匪宿辦妙食應時百味盈溢八則氛氳異香從風滿觸九則鏗鏘雅樂自然發響十則同聲讚善遍於虛空斯葢先佛證見諸天應感超踊寶於昔靈邁雨華於往瑞是時率土藻抃含靈慶悅願預福田爭事喜捨上皆區其心迹爲發大願竊以一句奉持尚生衆善二字經耳猶階勝報況廣運大乘遍揚正法等發慧根同趣妙果方當祕諸寶函傳彼金字亙萬劫以光明彌大千而利益盛矣哉信無得而稱也小臣預在講筵職參史載謹錄時事以立今序（廣弘明集二十二。）

太伯碑

夫至仁至德垂風垂化內修訓範外陶氓俗百年之教滔道載凝而百年既終遺愛斯軫莫不肅虔寢廟著名金石遺其後昆聿遵前典是以禹堂既毀增飾丹青堯碑載焚重鐫刊勒太伯膺慶二

儀協靈七曜志輕天下慈深萬物脫屣岐周克讓之風斯舉端委揚越衣冠之俗載成重以仲雍揚波延陵蹈節民習敦厚俗懷忠信憂深思遠千載遺風美哉洋洋致足觀也昔滄州遁迹箕山辭位志守幽優不越樽俎猶以稱首高節標名往代豈若吾君之子義結民心獄訟載歸謳謌屢請能舍玉輿之貴永襲皮冠之迹悠然獨往信無德而稱焉吾啟金車晉遷紫蓋寔號帝鄉爰是天邑若乃忠人入國悽愴生悲殉義希風懦夫立志 藝文類聚二十一。

陸杲

杲字明霞吳郡吳人起家齊中軍法曹行參軍太子舍人衛軍主簿遷尚書殿中郎免後爲司徒竟陵王外兵參軍遷征虜宜都王功曹史驃騎晉安王諮議參軍司徒從事中郎梁臺建以爲驃騎記室參軍遷相國西曹掾及受禪除撫軍長史毋憂服闋拜建威將軍中軍臨川王諮議參軍遷黃門侍郎右軍安成

王長史拜御史中丞遷祕書監太子中庶子光祿卿出爲義興太守還爲司空臨川王長史領揚州大中正歷通直散騎侍郎散騎常侍司徒左長史左民尚書太常卿普通中歷仁威將軍臨川內史金紫光祿大夫大通初加特進四年卒年七十四謚曰質子。

奏彈張稷

領軍張稷門無忠貞官必險達殺君害主業以爲常 南史三十一張稷傳。

荅釋法雲書難范縝神滅論

杲和南伏覽敕旨荅臣下審神滅論夫從無住本在默阻思伏如來藏旨絕難言故使仲初建薪火之執宜遠廣然滅之難傳疑衆談踳淪曠稔宸聰天縱聖照生知了根塹藥隨方運便遂乃辨體矯枉指孝示隅良由迷發俗學使俗以洗況道惑資外文卽就外以明內任言出以出奇因所據理爾以城塹三世負荷羣生現在破闇當來攝網一瞬之間于何不利片言之益豈可覼縷生因屢慶至德同時預奉餘論頂戴踊躍惠示不遺深抱篤念陸杲和南 弘明集十。

陸煦

煦杲弟天監初歷中書侍郎尚書左丞太子家令。

荅釋法雲書難范縝神滅論

猥辱遠告伏見至尊荅臣下審神滅論俯仰賸拜喪御空首竊聞聖惟一揆唐虞未有前言知幾其神今日獨奉粲詔道載則萬有擠其淪迷德壽則九服揚其照筮方旨振民育德百神均其攝受勞民勤物千古咸其折服法師智深決定受持之持僉允志洽通敏承神之神諸克陸煦和南 弘明集十。

裴子野

子野字幾原河東聞喜人齊廣陵太守昭明子永明中爲武陵

王國左常侍右軍江夏王參軍天監中除右軍安成王參軍遷兼廷尉正免南兗州刺史蕭昺引爲冠軍錄事除尚書比部郎仁威記室參軍出爲諸暨令徵拜著作郎兼中書通事舍人除通直正員郎遷中書侍郎大通初轉鴻臚卿領步兵校尉中大通二年卒年六十二贈散騎常侍謚曰貞子有喪服傳一卷宋略二十卷續裴氏家傳二卷衆僧傳二十卷集十四卷。

寒夜賦 梁書謝徵傳子野嘗爲寒夜直宿賦以贈徵徵爲感友賦以酬之藝文類聚刪直宿二字非別有一賦也。

何四序之平分處修冬而多慮眷搖落兮邇盡悲荏苒其云除日晼晚而易潛夜悠長而難曙既而庭流皓月階被凝霜風吹衣而懍懍氣空積而蒼蒼襲重裘兮弗煥熾朱火兮無光門蕭條而晝閉夜寂寞兮無人魂三遷以負汲結二緺而爲賓 藝文類聚五。

遊華林園賦

諒無庸於殿省且棲遲而不事嘗籠鳥與池魚本山川而有思伊

暇日而谷與時遨遊以蕩志正殿則華光弘敞重臺則景陽秀出赩奕蠶煥陰臨鬱律絕巘霧而上征尋雲霞而蔽日經增城而斜趣有空巘之后宮在盛夏之方中曾匪風而自慄溪谷則沱潛派別峭峽則險難壁立積峻嶮巇欄干草合苔蘚駮犖叢攢既而登望徙倚臨遠憑空廣觀逖聽靡有不通（藝文類聚六十五）

卧疾賦

旅闊禁以永久迫衰老而殷憂無筋力以為禮聊卧疾以來休是時涷雨灑塵涼陰滿室風索索而傍起雲霏霏而四密爾乃高歌莫和旨酒時傾恍然尙想何慮何營（藝文類聚七十五）

喻虜檄文

天生蒸民樹之以君所以對越三才司牧黔首翦其荒慝除其患難肇自遂古以迄皇王經世字民咸由此作朕撥亂反正君臨億兆休牛放馬戢戰干戈思與一世之民躋之仁壽之域昔者晉失其序天篤降喪而四夷交侵小雅盡缺宋之初載實有武功秦晉之墟頻梟僭偽末葉陵遲遂亡淮濟曠日長久莫能克復朕爰初創業思閑寧靜保大定功未遑遠略而狡虜遊魂不式王命朕謂其君是惡其民何罪矜此塗炭用寢兵革今戎醜數亡自相吞噬重以亢旱彌年穀價騰踊丁壯死於軍旅婦女疲於轉輸虐政慘刑曾無懲改四方同集九服齊契譬猶翻東海以注螢爝倒崑崙以壓螻蟻其身糜爛豈假多力爾二周故老六輔大姓蒙恥俛首有自來矣濯身明目今也其時昔由余入秦禮以卿佐日磾降漢華貂七葉苟有其才豈無大位（藝文類聚五十八梁書裴子野傳普通七年王師北伐敕子野為喻魏文受詔立成）

雕蟲論（幷序）

宋明帝博好文章（通典作史）才思朗捷常讀書奏號稱七行俱下每（通典此下有圉字）有禎祥及（通典此下有行字）幸讌集輒陳詩展義且以命朝臣其

戎士武夫則託請不暇困於課限或買以應詔焉於是天下向風人自藻飾雕蟲之藝盛於時矣梁鴻臚卿裴子野論曰

古者四始六藝總而為詩既形四方之氣且彰君子之志勸美懲惡王化本焉後之作者思存枝葉繁華蘊藻用以自通若悱惻芳芬楚騷為之祖靡漫容與相如和其音由是隨聲逐影之儔棄指歸而無執賦詩歌頌百帙五車蔡應（通典作邕）等之俳優楊雄悔為童子聖人不作雅鄭誰分其五言為（通典此下有詩字）家則蘇李自出曹劉偉其風力潘陸固其枝葉（通典作柯）爰及江左稱彼顏謝箴繡鞶帨無取廟堂宋初迄于元嘉多為經史大明之代實好斯文高才逸韻頗謝前哲波流相尙滋有篤焉自是閭閻年少貴游總角罔不擯落六藝吟詠情性學者以博依為急務謂章句為專魯淫文破典斐爾為功（通典作曹）無被於管絃非止乎禮義深心主卉木遠致極風雲其興浮其志弱巧而不要隱而不深討其宗途亦有宋之（通典此下有遺字）風也若季子聆（通典作於）音則非興國鯉也趨室必有不敢（通典作散）荀卿有言亂代之徵文章匿而采斯豈近之乎（文苑英華七百四十二通典十六作選舉論無序）

宋略總論

宋高祖武皇帝以盖代雄才起匹夫而并六合剋國得儁寄迹多於魏武功施天下盛德厚於晉宣懷荒伐叛之勞而夷邊蕩險之力□□百勝可得而論者矣（文有脫）政足行陣之間（文有脫）御孫恩蟻聚之衆一朝奮臂埽桓玄盤后之宗方軌長驅則三齊無堅壘迴戈內赴則五嶺靡餘妖命孫季高於巨海之上而番禺席卷擢朱齡石於百夫之下而庸蜀來王羌胡畏威交為表裏董率虎旅以事中原石門巨野之隘指麾開闢關頭霸上之□曾莫藩籬虜其酋豪遷其重寶登未央而飲酒過長陵而下拜盛矣哉悠悠百年未之有也於是倒載干戈休兵□水彤弓納□肇有宋都蕭芥必

除華夷。莫拒。然後請□上帝。步驟前□雩陵。去之。而莫猜心。高祖受之。而無媿色。古之所謂義取天下者。斯之謂乎。若其提挈草創則魏□何劉。輔相總□則穆之徐羨。鎮惡道濟。經其武。傅亮謝晦緯其文。長沙以家弟共艱難。武烈以清貞定南楚。其他胥附奔走。雲合霧集。若榱椽之構大厦。衆星之仰河漢。或取之於民舉。或得之於未名。羣才必逞。智能咸效。爵不妄加。官無私謁。晉末所以荒濟滑混。阿黨容縱。莫不驅埽革易。與之更始。君行卑菲。而國不爲陋。民勤征戍。而下無怨讟。品分宥密。賞罰端平。遠無不懷。邇無不附。屬爲郡縣者。則南過交趾。西包劍閣。北劃黃河。而繞東海。七分天下。而有其四。自永初末歲。天子負扆。務懷以燕代爲戎。岐梁重梗。將誓六師。屠桑乾而境北地。三事大夫顧相謂曰。待夫振旅凱入。乘輚南反。請具銀繩瓊檢。告報東嶽。既而洮弗興。郎年獻世。營陽王狎于弗訓。以敗輿。太祖寬肅宣惠。大臣光表。超越二昆。來應

寶命。沈明內斷。不欲政由甯氏。克滅權逼。不使茲制在躬。親臨朝事。率尊恭德。斟酌先生之典。遵宜當時之宜。吏久其職。育孫長子。民樂其生。鮮陷刑辟。仁厚之化。既已播流。率土忻欣。無思不服。每駕巡幸。簫鼓聽聞。百姓扶攜老幼。想望儀刑。愛之孜孜。如日不足。初徐傅伏誅。繼求內相。王弘處之而思降。彭城欲之而弗違。王華殷景仁。以忠允熙帝載。謝弘微王曇首。以沈密贊樞機。徐□王僧綽。以體國彰義信。謝方明劉道生。以治惠稱良能。高簡則令明清貴則王舊。文章則顏延之謝靈運。有藻麗之鉅才。儒雅則裴荀何傅。擅師表之高學。剛亮骨鯁。則袁粲蔡子度。建言忠益。則范泰何尚之。宗室藩翰。帝弟帝子。則江夏衡陽廬陵隋王建平臨川新喻。或清介而審。或文敏而洽。皆博愛以禮士。明靡以流譽。十三四年。爲多士矣。上亦蘊藉義文。思弘儒府。庠序建於國都。四學聞乎家巷。天子乃移蹕下輦。以從之。束帛讌語以勸之。士莫不敦悅詩書。

尸當作戶

宗當作曾

沐浴禮義。淑慎規矩。斐然向方。其行修言道者。然後登朝受職。威儀輕佻者。不齒於鄉閭。公宮非儐羽不來庭。私家非軒蓋不逾閾。冠冕之流。雍容如也。於是文教既興。武功亦著。命將受律。指日如期。檀蕭薄伐。則南登象浦。劉裴爰整。則西踐仇池。良駒巨象。充塞外廄。奇琛瓌貨。下逮百遼。禽獸草木之瑞。月有六七。繩山諷海之譯。歲且十餘。江東以來。有國有家。豐功茂德。未有如斯之盛者。然値北虜方强。周韓歲擾。金墉虎牢。代失其御。二十七年。偏師克復河南。橫蹂强胡百萬之衆。匈奴遂跨彭沛。航淮浦。設穹廬於瓜步。請公主以和親于時。精兵猛將。嬰城而不敢鬭。謀臣智士。折撓而無可稱。天子乃朝饗單于。臨江高會。於是起盡尸之役。貸富室之財。舳艫千里。緣江而陳。我守既嚴。胡兵亦怠。且大川所以限南北也。疲老而退歸。我追犇之師。橐弓裹足。係虜之民。流離道路。江淮以北。蕭然矣。重以含章巫蠱。始自三逆。合殿酷帝。史籍未聞。仲尼

以爲非一朝一夕之故。其所由來者漸矣。辨之不早辨也。元嘉之禍。其有以焉。世祖率先九牧。犬雪寃恥。身當厤數。正位天居。聰明絢達。博聞强記。威可以整法。智足以勝姦。君人之略。幾將備矣。一時之風流領袖。則謝莊何偃王或蔡興宗袁顗袁粲。御武名將。則沈慶之柳元景宗慤之。或潔清以秀雅。或驍果以步類。因以軌道廓之中方。知向時之士。若顏竣之經綸忠勁。匪躬諒直。雖晉之狐趙。無以尚焉。帝卽位二三年間。方逞其欲。拒諫是已。天下失望。夫以世祖才明。少以禮度自肅。思皇武之節儉。追太祖之寬恕。則漢之文景。宗何足云。景和申之以淫虐。太宗易之以昏縱。師旅薦興。邊鄙蹙迫。人懷苟且。朝無紀綱。內寵方議。其安外物。已覩其敗。已初世祖登遐。委重於二戴。（戴同戴謂戴法興戴明寶）太宗晏駕。亦託孤於王阮滐近之道同歸。沖人之嚮如一。然宋祚未絕於永光。更以宗王之見審。水德遂亾於後□實由强臣之受辱。且顧命羣公。從容自重。

旻懦伊霍之機綺靡唐虞之際於是蔚炳胥變明命就遷俯仰之間興衰易用矣周自平王東遷崎嶇河洛其後二十四世而赧始亾之漢自章和以降顛覆閹豎其後百有餘載而獻始禪之何則周漢靈長如彼難拔近代脆促若此易崩非天時亦人事也聞夫鴻荒者難爲慮因事者易爲力曹馬規模懸乎前載苟有斯會實啟英雄而況太宗爲之驅除先顛其本根本根既蹷枝葉遂摧斯則始於人事也昔二代將亾殷辛夏癸相去數百年間異世而後出宋則景和元徽首尾不能十載而降虐過於二君斯則天之所棄篤於前王者也天意人事其微如是雖欲勿貫其可得乎若乃拯厥塗炭蒙逆取之辱者湯武之志也私鉏當路飾揖讓之名者近代之事也其應天從民道有優劣故宗廟社稷修短異數不然則何殊尤緬邈如斯之遠也夫山岳崩頹必有朽壤之隙春秋迭代亦有去故之悲是以臨危亾而撫理運未有不扼腕流連者也

近古之弊化薄俗行乎□□宋氏之成敗得失著乎行事從而言之載於篇矣繫敘非所以創業垂統而懷其舊俗遺風逮於賢人君子英聲餘論以附于茲子野曾祖宋中大夫西鄉侯以文帝之十二年受詔撰元嘉起居注二十六年重被詔續成何承天宋書其年終于位書則未遑述作齊興後數十年宋之新史既行於世也子野生乎泰始之季長於永明之年家有舊書聞見又接是以不用浮淺因宋之新史爲宋略二十卷翦截繁文刪撮事要即其簡寡志以爲名夫黜惡章善臧否與奪則以先達格言不有私也豈以勒成一家貽之好事蓋司典之後而不忘焉（文苑英華七百五十四）

宋略泰始三叛論

昔齊桓公矜于葵丘而九國叛曹公不禮張松而天下分一失豪釐其差遠矣太宗之初威令所被不滿百里卒有離心士無固色而能開誠心布款實莫不感恩服德致命效死故西摧北蕩宇內

車當作軍

場當作場

褰開既而六車獻捷方隅束手天子欲賈其餘威師出無名長淮以北倏忽爲戎惜乎若以嚮之虛懷不驕不伐則三叛奚爲而起哉（三叛薛安都畢衆敬常珍奇也）高祖蠛蠓生甲冑經啟疆場後之子孫日蹙百里播穫堂構豈云易哉（通鑑一百三十二）

又明帝誅諸弟論

夫噬虎之獸知愛己子搏狸之鳥非護異巢太宗保字螟蛉剿拉同氣既迷在原之天屬未識父子之自然宋德告終非天廢也夫危亾之君未嘗不先棄本枝嫗煦旁孽推誠嬖狎疾惡父兄前乘覆車後來升轍借使仲叔有國猶不失配天而他人入室將七廟絕祀曾是莫懷甘心擯落晉武背文明之託而覆中州者賈后太祖棄初盟之誓而登合殿者元凶禍福無門奚其豫擇友于兄弟不亦安乎（通鑑一百三十三）

宋略選舉論

官人之難先王言之詳矣居家視其孝友鄉黨察其誠信出入觀其志義憂難取其志謀煩之以事以求其理臨之以利以察其廉周禮始於學校論之州里告諸六事而後貢於王庭其在漢家尚猶然也州郡積其功能然後爲五府所辟五府舉其掾屬而升之於朝三公參其得失除署尚書奏之天子一人之身所閱者衆一賢之進其課也詳故能官得其才鮮有敗事魏晉易是而所失弘多夫厚貌深衷險如谿壑擇言觀行猶懼弗周況今萬品千群俄折乎一面庶僚百位專斷於一司於是囂風遂行不可止也已擊轂擁袂填彼寺臺求者干進以務必得加之以詔贖吏曹按閱而選舉不遑訪採於鄉邑父誨其子曰不索何獲兄勵其弟曰努力窺覦無復廉恥之風謹愿之操官邪國敗而不可紀綱假使龍作納言舜居南面而治致平章不可必也況後之官人者哉孝武雖分曹爲兩不能反之於周漢朝三暮四其病愈甚也（通典十四 通鑑一百

二十八。

又

書云貴貴爲其近於君也天下無生而貴者是故德義可尊無擇負販苟非其人何取世族周衰禮壞政出臣下卿士大夫自相繼及非夫嗣嫡猶等家臣且徒步匹夫見禮矦伯軾閭擁篲無絕於時其四方豪勢之家門客千數卑身折節比食同袍雖相傾僞亦成風俗迄于二漢尊儒重道朝廷州里學行是先雖名公子孫還齊布衣之伍士庶雖分本無華素之隔自晉以來其流稍改草澤之士猶顯淸塗降及季年專限閥閱自是三公之子傲九棘之家黃散之孫蔑令長之室轉相驕矜互爭銖兩所論必門戶所議莫賢能苟且之俗成傲慢之禍作非所以敦弘退讓屬德興化之道也通典十六通鑑一百二十八。以謝靈運王僧達之才華輕躁使其生自寒素猶將覆折重以怙

其庇廕召禍宜哉通鑑一百二十八。

宋略樂志敘

先王作樂崇德以格神人通天下之至和節羣生之流放天子之於士庶未曾去其樂而無非辟之心以及周道衰微呂失其序亂代先之以忿怒亡國從之以哀思優雜子女蕩目淫心充庭廣奏則以魚龍靡慢爲瓌瑋會同饗覲則以吳趨楚舞爲妖妍纖羅霧縠侈其衣疏金鏤玉砥其器在上班賜寵羣臣從風而靡王侯將相歌伎塡室鴻商富賈舞女成羣競相夸大互有爭奪如恐不及莫爲禁令傷風敗俗莫不在此通典一百四十一。

劉虯碑

受川岳之英靈有淸明之淑性淡乎若深泉之靜皭乎若寒霜之潔于仞不足議其高萬頃不足疇其量在其幼也孝敬遐深貫乎幽顯盧乎墓所而暴獸去之墟里賴焉樵蘇無犯及其長也捧檄

動容薄遊下邑甘露零於豐草蒲密致於時雍有以見賢人之行動天地感鬼神疾乎影響如斯之美者矣夫聲名藉甚羣公側席鑿室林皋面流傷隴咫尺荆衡表裏巫夢樹蕙滋蘭耕汲庭兵平疇擧敞千里極目信物外之神區幽居之勝境昔許子將謂太丘道廣廣則不周仲擧性峻峻則少納峻而納廣而周君於二陳折其中矣其所修孔氏之學則儒者師之所明釋氏之教則淨行傳之所著文集則辭人錄之銘曰

滔滔江漢實紀南國篤生居士高明柔克峨峨其道巍巍其德曰仁曰義惟民惟則築室皇壤考槃郢郭坐臥山樊嘯歌林薄靚致甘旨躬滄上藥優哉游哉且以行樂九丘八索百家羣史西河疑聖華陰成市悠哉荆夢邈矣江濆輜軿結轍羔鴈成羣監觀令範式如金玉君子徽猷誰其與屬嗃谷故老遐揚實錄藝文類聚三十七。

丹陽尹湘東王善政碑

皇上建顯號垂鴻名廣大配乎天地光華象乎日月長鶩遺撫橫逸乎都外策鏡區域充塞乎無垠上冠九陔旁濟八表制禮以告成功作樂以彰治定福應允臻祥慶符合六府孔修九官咸事於往歲也有司奏以湘東王爲宣惠將軍丹陽尹旣而下車爲政振民育德循名責實舉無遺處若天壤饋累起求賢如不及卑身折節用人若由己玉帛旅於丘園辟書交乎塗路求餘論於故府想遺風於舊哲延儒生於東閣命文學於後車重門洞啟列筵廣置四民總至獄訟殷集王兼而治之綽有餘裕上弘其禮下悅其風虛往實歸人得所至出是百吏仰成具僚斂衽千里之間有懷必亮躬親勸課賦政授時辨相物宜務盡地利由是仍歲有秋餘糧棲畝是以縉紳先生慨然相顧遂造象魏拜而陳之有詔報曰織介之善春秋必書吏民歸美難用抑絕於是二三君子歎得所奏乃擇工良匠追石名山撰德選辭興事象刻俾萬代之下知斯文

之在斯銘曰

茲祇禹迹經啟萬方平秩肇定曰若我皇并包九域晝野分疆猗歟帝子日就月將疏爵分品奄有瀟湘君王光啟既表南國肇允神童翻飛上德道達玄微優游翰墨行成師範文爲麗則帝曰爾諸出康庶績勿替敬典大猷允迪我王顯允洵美且麗夙夜乾乾有隆無替光贊大朝庇民濟世京邑翼翼永承嘉惠（藝文類聚五十二。）

齊安樂寺律師智稱法師碑

法師諱智稱河東聞喜人也俗姓裴氏肥汾澮之清源稟河山之秀質蓄靈因於上葉感慧性於閻浮直哉惟清爰初夙備溫良恭儉體以得之然而天韻貞確含章隱曜沈漸人羣莫能測其遠邇益由徑寸之華韜光濬壑盈尺之寶未剖聯城鑒觀者罔識其巨麗邈聽者弗得其鴻名羈束戎旅俛起阡陌年登三十始覽衆經退而歎曰百年倏忽功名爲重名不常居功難與畢且吉凶悔吝

孔書已驗變化起伏歷聖未稱安知崢嶸之外寥廓之表籠括幽顯大援無邊者哉彼有師焉吾知歸矣遂乃長揖五忍斂衽四依挫銳解紛於是乎盡宋大明中益部有印禪師者苦節洞觀鬱爲帝師上人聞風自託一面盡禮印公言歸庸蜀乃攜手同舟以宋太始元年出家於玉壘誠感人天信貫金石直心般若高步道場既而敬業承師就賢辨志遨遊九部馳騁三乘摩羅之所宣譯龍王之所韜祕雖且受持諷誦然未取以爲宗嘗謂攝心者迹迹密則心檢弘道者行行察則道存安上治人莫先乎禮閑邪遷善莫尚乎律可以驅車火宅翻飛苦海瞻三途而勿踐歷萬劫而不衰者其毗尼之謂歟乃簡棄枝葉積思根本頓轡洗心以爲己任於是曳錫蹈步千里遊學擁經持鉢百舍不休西望荆山南過澧浦周流華夏博采奇聞土木形骸琬琰心識靡高不仰無堅不攻寢之所安席不及煖思之所至食不遑餐入道三年從師四講敎逸

樓當作棲
筵當作延
文當作丈

功倍而業盛經明每稱道不墜地人各有美宣尼之學何詎常師于時冥隱二上人先輩高流鳳鳴西楚多寶穎律師洽聞溫故翰起東都法師之在江陵也稟冥隱爲周旋爰及還京洛以穎公爲益友皆權衡殿最言刈菁華拾稊稗而贍稻粱會鹽梅而成鼎飪其理練其旨深膚受末學莫能踵武以泰始六年初講十誦於震澤闡揚事相咫尺神道高談出雲漢精義入無閒八萬威儀怡然理暢五部章句渙爾同波由是後進知宗先達改觀暉光令問於斯籍甚法師應不擇方行有餘力清言終日而事在其中立樓雲於具區營筵祚於建業令不待嚴房櫳肅靜役不加迅棟宇駢羅自方等來儀變梵爲漢鴻才鉅學連軸比肩法華維摩之宗往往閒出涅槃成實之唱處處聚徒而律藏憲章於時最寡振裘持領允屬當仁若夫淵源浩汗故老之所迴惑畛阻隱復前修之所解駕皆剖析毫釐粉散膠結鉤深致遠獨悟胷懷故能使反戶之南

彎弓之北尋聲赴響萬里而至門人歲益經緯日新坐高堂而延四衆轉法輪而朝同業者二十有餘載君子謂此道於是乎中興絕慶弔屏流俗朱門華屋靡所經過齊竟陵文宣王顧輕千乘虛心八解嘗請法師講於邸寺既許以降德或謂宜修賓主法師笑而荅曰我則未暇及正位函文始交涼燠時法筵廣置髦士如林主譽既馳客容多猛發題命篇疑難鋒出法師應變如響若不留聽圍辨者土崩負強者折角莫不遷延徙靡亾本失支觀聽之流稱爲盛集法師性本剛克而能悅以待問發言盈庭曾無怍色虛己博約咸竭厥才依止疏附訓之如一少壯居家孝于惟友脫屣四攝愛著兩忘親黨書介封而不發內恕哀璧抑而不臨常曰道俗異故優陀親承音旨盜習其言而忽其敎煩惱熾然頓遺法師之於十誦也始自吳興迄于建業四十有餘講撰義記八篇約言示制學者傳述以爲妙絕古今春秋七十有二齊永元三年

遷神于建康縣之安樂寺。僧尼殷赴。若喪昆姊。諒不言之信。不召之感者云。若夫居敬行簡。喜愠不形於色。知人善誘。甄藻罔遺。於時。臨財廉。取予義。明允方大。處變不渝。汪汪焉。堂堂焉。渤碣河華。不能充其量。蓋凝行之儀表。息心之軌則歟。弟子道進等。感梁木之既摧。慟德音之永閟。俾陳信而有徵。庶流芳而無愧。廣弘明集三十二。

司空安城康王行狀

降七緯之禎靈。五行之正性。瑋璋博達。清明在躬。學無常師。希風平孔甫。幾神殆庶。諒亞迹乎顏生。悅禮敦詩。方昔人而有裕。既明且哲。體大雅而弗渝。若乃慈明外朗。淑德內潤。夏侯玉樹之談。衛玠璧人之目。又授使持節郢川刺史。公四居方岳。政刑克舉。仁恕以懷君子。刑憲以肅小人。位煩以簡。居難則易。需如時雨。芬若蘭蓀。所去見思。所居稱治。遘疾薨竟陵之后梵。時年四十四。皇上震天倫之悼。庶僚懷人百之感。詔贈司空常侍。王如故。禮也。自巴濮以東。鄢鄧以北。方舟連騎。赴者如雲。昔王薨及葬。仁禽有踐境之識。羊祜云亡。市人有罷歸之慟。若公恩結三楚。亦異出一時之公

幼無擇言。長無擇行。立功以庇物。執德以居宗。重以道性虛閑。居處沖約。終日淸謐。如布素焉。藝文類聚四十五。

全梁文卷五十三終

全梁文卷五十四

烏程嚴可均校輯

張充

充字延符。吳郡人。宋太光祿大夫永從孫。齊永明中行撫軍參軍。遷太子舍人。尚書殿中郎。武陵王友。免。起爲中書侍郎。轉給事黃門侍郎。明帝鎮軍長史。出爲義興太守。歷太子中庶子。遷侍中。梁臺建。以爲大司馬諮議參軍。遷梁國郎中令。祠部尚書。領屯騎校尉。轉冠軍將軍。司徒左長史。天監初。除太常卿。遷吏部尚書。出爲晉陵太守。徵拜國子祭酒。歷左衛將軍。尚書僕射。除吳郡太守。十三年卒。贈侍郎。護軍將軍。謚曰穆子。

與王儉書

吳國男子張充致書於瑯邪王君侯侍者。頃日路長。愁霖韜晦。涼暑未平。想無虧攝。充幸以魚釣之閑。鎌採之暇。時復以卷軸自娛。逍遙前史。從橫萬古。動默之路多端。紛綸百年。昇降之徒不一。故以圓行方止。用之異也。金剛水柔。性之別也。善御性者。不違金石之質。善爲器者。不易方圓之用。所以北海掛簪帶之高。河南降璽言之貴。充生平少偶。不以利欲干懷。三十六年。差得以棲貧自澹。介然之志。峭聳霜崖。確乎之情。峰橫海岸。彯纓天閣。既謝廊廟之華。綴組雲臺。終慙衣冠之秀。所以擯跡江皋。徉狂隴畔者。實由氣岸疏凝。情塗猖隔。獨師懷抱。不見許於俗人。孤秀神崖。每邅回於在世。故君山直上。蹙壓於當年。叔陽負鼎。轗軻乎千載。充所以長羣魚鳥。畢影松阿。半頃之田。足以輸稅。五畝之宅。樹以桑麻。嘯歌於川澤之間。諷咏於澠池之上。泛濫於漁父之遊。偃息於卜居之下。如此而已。充何識焉。若夫驚巖罩日。壯海逢天。竦石崩尋。分危落仞。桂蘭綺靡。叢雜於山幽。松柏森陰。相繚於澗曲。元卿於是乎不歸。伯休亦以茲長往。若迺飛竿釣渚。濯足滄洲。獨浪煙霞。高臥風月。悠悠琴酒。岫遠誰來。灼灼文談。空罷方寸。不覺鬱然千里。路阻江川。每至西風。何嘗不眷。聊因疾隙。略舉諸襟。持此片言。輕枉高聽。丈人歲路未強。學優而仕。道佐蒼生。功橫海望。入朝則協長倩之誠。出議則抗仲子之節。可謂盛德維時。孤松獨秀者也。素履未詳。斯旅尚眇。茂陵之彥。望冠蓋而長懷。霸山之氓。佇衣車而聳歎。得無惜乎。若鴻裝撰御。鶴駕軒空。則岸不辭枯。山被其潤。奇禽異羽。或巖際而逢迎。弱霧輕煙。乍林端而蓊藹。東都不足奇。南山豈爲貴。充昆西之百姓。岱表之一民。蠶而衣。耕且食。不能事王侯。覓知己。造時人。騁遊說。蓬轉於屠博之間。其歡甚矣。丈人早遇承華。中逢崇禮。肆上之眷。望溢於早辰。鄉下之言。謗延於造次。然舉世皆謂充爲狂。充亦何能與諸君道之哉。是以披聞見。掃心胸。述平生。論語默。所以通夢交魂。推衿送抱者。其惟丈人而已。關山敻阻。書罷莫因。儻遇樵者。妄塵執事。梁書張充傳。

張率

率字士簡。充從弟。宋右光祿大夫永孫。齊建武初爲著作佐郎。舉秀才。除太子舍人。遷尚書殿中郎。太子洗馬。梁臺建。爲相國主簿。天監初。爲鄱陽王友。遷司徒謝朏掾。進祕書丞。歷中權建安王中記室參軍。雲麾晉安王中記室。隨府轉宣毅諮議參軍。除中書侍郎。復爲晉安王宣惠諮議。領江陵令。隨府還江州。諮議。領記室。出監豫章。臨川郡。還除太子僕。遷招遠將軍。司徒右長史。揚州別駕。又還太子家令。黃門郎。出爲新安太守。有文衡十五卷。集三十八卷。

繡賦

尋造物之妙巧。固飭化於百工。嗟莫先於黼繡。自帝虞而觀風。雜藻火於粉米。藝山龍與華蟲。若夫觀其縟緻。與其依放。龜龍爲文。神仙成象。總五色而極思。藉羅紈而發想。具萬物之有狀。盡衆化之爲彰既緐華而稠彩赤密照而疏明若春風之揚蘤似秋漢之含星巳間紅而約紫又表玄而裏素間綠竹與蘅杜雜青松與芳樹若乃邯鄲之女宛洛少年顧影自媚窺鏡自憐極車馬之光飾盡衣裳之妖妍既徙倚於丹墀亦徘徊於青閣不息末而反本吾謂遂離乎廃薄。初學記二十七。

河南國獻舞馬賦應詔 并序

臣聞天用莫如龍地用莫如馬故禮稱驪騵詩誦騋駱先景遺風之美世所得聞吐圖騰光之異有時而出洎我大梁光有區夏廣運自中員照無外日入之所浮琛委贄風被之域越險效珍輪服烏號之駿駒駼豢龍之名而河南又獻赤龍駒有奇貌絕足能拜善舞天子異之使臣作賦曰

維梁受命四載元符既臻協律之事具舉膠庠之教必陳禮輿之用已偃玉軨之御方巡改帝文而率通披皇圖以大觀慶惟道而

必先靈匪聖其誰贊見河龍之瑞唐矚天馬之禎漢既叶符而比德且同條而共貫詢國美於斯今邁皇王於曩昔散大明以燭幽揚義聲而遠斥固施之於不窮諒無所乎朝夕並承流以請吏咸向風而率職納奇貢於絕區致龍媒於殊域伊況古而赤文爰在茲而朱翼既效德於炎運亦表祥於尚色資皎月而載生祖河房而挺授種北唐之絕類嗣西宛之鴻冑稟妙足而逸倫有殊姿而特茂善環旋於齊夏知蹈蹀於金奏超六種於周閑踰八品於漢廄伊自然之有質豈改觀於肥瘦豈徒服皁而養安與進駕以馳驟爾其挾尺縣鑿之辨附蟬伏兔之別十形五觀之姿三毛八肉之勢臣何得而稱焉固已詳於前製徒觀其神爽視其豪異軼跨野而忽踰輪齊秀騏而並末騁駈代盤而陋小華越定單而少天驥信無等於漏面孰有取於決鼻可以迹章亥之所未遊踰禹益之所未至將不得而屈指亦何暇以理轡若跡遍而忘反非我皇

之所事方騁色於前古邈深文而儲思既而機事多暇青春未移時惟上巳美景在斯遵鎬飲之故實陳洛讌之舊儀禮伊川而分派引激水以回池集國良於民僊列樹茂於皇枝紛高冠以連衽鏘鳴玉而肩隨清輦道於上林肅華臺之金座望發色於綠苞佇流芬於紫裏聽磬鐏之畢舉聆韶夏之咸播承六奏之既闋及九變之已成均儀禽於唐序同舞獸於虞廷懷夏后之九代想陳王之紫騂乃命涓人效良駿經周衢入鈎陳言右宰之已來盍執樸而後進既傾首於律同又蹀足於鼓振擢龍首回鹿驅睨兩鏡豐雙鳧既就場而雅拜時赴曲而徐進斂躁中於促節捷繁外於驚桴騏行驥動獸發龍驤雀躍鷲集鵠引鳧翔妍七盤之綽約陵九劍之拂揚豈借儀於褕袂豈假器於髦皇婉脊投頌俛膺合雅露沬歠紅沾汗流赭乃御走於集靈馴惠養於豐夏謇風雷之壯心思展足於南野若彼符瑞之富可以臻介丘而昭卒業播紳羣后

誠希末光天子深穆爲度未之訪也何則進讓殊事豈非帝者之彌文哉今四衛外封五岳內郡宜弘下禪之規增上封之訓背清都而日行指云郊而玄運將絕塵而弭轍類飛鳥與駈騖總三才而驅騖寀五御而超攄騁卿雲於華蓋翼條風於屬車無逸御於玉軫不泛駕於金輿飭中岳之絕軌營奉高之舊墟訓厚況於人神弘施有於黎獻垂景炎於長世集繁祉於斯萬在庸臣之方剛有從軍之大願必自茲而展采將同畀於俺燁悼長卿之遺書憫周南之留恨。梁書張率傳天監四年三月河南國獻舞馬詔率賦之。

殷芸

芸字灌蔬陳郡長平人齊永明中爲宜都王行參軍入梁爲西中郎主簿後軍臨川王記室遷通直散騎侍郎兼中書通事舍人除通直散騎侍郎兼尚書左丞又兼中書舍人遷國子博士太子侍讀西中郎豫章王長史領丹陽尹丞遷通直散騎常侍

祕書監、司徒左長史、直東宮學士省，有小說十卷。

與到溉書

哲人云亡，儀表長謝。元龜何寄？指南誰託？（梁書任昉傳：昉出爲新安太守，卒於官舍。陳郡殷芸與建安太守到溉書。）

殷鈞

鈞字季和，芸族人，晉荊州刺史仲堪五世孫，尚永興公主。天監初，拜駙馬都尉，除祕書郎、太子舍人、司徒主簿、祕書丞，遷驃騎從事中郎、中書郎、太子家令、給事黃門侍郎、中庶子、尚書吏部郎、司徒左長史、侍中、東宮學士，領國子博士、左驍騎將軍，出爲明威將軍、臨川內史，還五兵尚書，不拜，更授散騎常侍，領步兵校尉，改領中庶子，又領右游擊，除國子祭酒，中大通四年卒，諡曰貞子。有天監六年四部書目錄四卷。

答昭明太子

奉賜手令，并繆道臻宣旨，伏讀感咽，肝心塗地。小人無情，動不及禮，但稟生尫劣，假推年歲，罪戾所鍾，復加橫疾，頃者綿微，守盡昬漏，目亂玄黃，心迷哀樂，惟救危苦，未能以遠理自制。董桂之滋，實聞前典，不避梁肉，復黍今茲。臣亦何人，降此憂慰，謹當循復聖言，思自補續，如脫申延，實由亭造。（梁書殷鈞傳。）

答釋法雲書難范縝神滅論

近辱告惠，示主上所答臣下審神滅論，性與天道，誠不得聞，徒觀二諦兼通，三聖俱闡，片言析妙，半字合靈，辭存五禮之中，旨該六合之外。譬河海之紀地，猶日月之麗天。伏讀歡愉，魂影相慶，何者？弟子夙陶玄化，乃長不虧，常恐識業未弘，中塗迴枉，或端然靜念，心翔翔而靡薄；或吐言設論，時見屈於辯聰。夫大道甚夷，而黎元好徑，咸用此也。今猥奉神旨，昭若發蒙，且服且誦，永爲身寶。數日來公私牽挽，還輒頓臥，未郎白答。銜眷彌深。殷鈞和南。（弘明集十。）

乃當作及

高爽

爽，廣陵人，齊永明中，王儉領丹陽尹，舉郡孝廉，梁初歷中軍臨川王參軍，出爲晉陵令，坐事繫獄，遇赦免。

答前晉陵令劉蒨書

高晉陵自答。（南史卞彬傳。）

答人告饋書

守羊無食，何不貨羊糴米？（同上：有人送書與爽，告饋，云比日守羊，因苦爽答。）

題延陵縣孫抱鼓

徒有八尺圍，腹無一寸腸，面皮如許厚，受打未詎央。（南史卞彬傳。）

屐謎諭孫廉

刺鼻不知嚏，蹋高不知噴，齧齒作步數，持此得勝人。（梁書孫謙傳。）

庾曇隆

曇隆，齊建武初，通直散騎常侍，入梁爲大中大夫，還光祿大夫，有集十卷。

請臨海王改封外州啟

周定雒邑，天子置畿內之民；漢都咸陽，三輔爲社稷之衛。中晉南遷，事移威弛，近郡名邦，多有國食。宋武創業，依擬古典，神州部內，不復別封，而孝武末年，分樹寵子，苟申私愛，有乖訓準。隆昌之元，特開母弟之貴，竊謂非古。聖明御寓，禮舊爲先，畿內限斷，宜遵昔制，賜茅授土，出與外州。（南齊書巴陵王昭秀傳。）

郊壇不起瓦屋啟

伏見南郊壇員兆外內，永明中起瓦屋，形製宏壯。檢案經史，無所準據。尋周禮祭天於圓丘，取其因高之義，兆於南郊，就陽位也。故以高敞貴在上昭天明，旁流氣物。自秦漢以來，雖郊祀參差，而壇域中間，並無更立宮室。其意何也？政是質誠尊天，不自崇樹，兼事通曠，必務開遠。宋元嘉南郊，至時權作小陳帳以爲退息，太始薄加脩廣永明初彌漸高麗往年工匠遂啟立瓦屋前代帝皇豈於上天之祀而昧營構所不爲者深有情意記稱埽地而祭於其質也器用陶匏天地之性也故至敬無文以素爲貴竊謂郊事宜擬休偃不俟高大以明謙恭肅敬之旨庶或仰允太靈俯愜尊室南齊書禮志上建武二年通直散騎常侍庾曇隆啟

又

祭天尚質秦漢以來郊兆壇域無立宮室以明謙恭通典四十二永明元年祭

此與前啟略同惟作永明爲異曇隆作曇崇避唐諱

答釋法雲書難范縝神滅論

辱告伏見主上答臣下審神滅論昏蒙啟悟煥爾照朗夫至理處寂道趣穿微上聖極智乃當窮其妙實步浮生自不辨探達玄賾如聞立論者經典垂訓皆是教跡至於在佛胡書詭怪難以靈期此則言語道斷仰勞聖思爲臣下剖釋羣情豈不欣讚銘挹明旨抱用始終法師曲誨彌增慙戢弟子庾曇隆和南弘明集十

王中

中字簡棲琅邪臨沂人爲郢州從事齊國録事參軍征南記室梁天監四年卒有法師傳十卷集十一卷案王中假當入梁而隋志注列於齊謝朓之下豈入梁不仕耶

頭陁寺碑文

蓋聞挹朝夕之池者無以測其淺深仰蒼蒼之色者不足知其遠近況視聽之外若存若亡心行之表不生不滅者哉是以掩室摩竭用啟息言之津杜口毗邪以通得意之路然語彝倫者必求宗於九疇談陰陽者亦研幾於六位是故三才既辨識妙物之功萬象已陳悟太極之致言之不可以已其在茲乎然爻繫所筌窮於此域則稱謂所絕形乎彼岸矣彼岸者引之於有則高謝四流推之於無則俯弘六度名言不得其性相隨迎不見其終始不可以學地知不可以意生及其涅盤之蘊也夫幽谷無私有至斯響洪鍾虛受無來不應況法身圓對規矩冥立一音稱物宮商潛運是以如來利見迦維託生王室憑五衍之軾拯溺逝川開八正之門大庇交喪於是玄關幽鍵感而遂通遙源濬波酌而不竭行不捨之檀而施洽羣有唱無緣之慈而澤周萬物演勿照之明而鑒窮沙界導亡機之權而功濟塵刦時義遠矣能事畢矣然後拂衣雙樹脫屣金沙惟恍惟惚不皦不昧莫繫於去來復歸於無物因斯而談則棲遑大千無爲之境不撓焚燎堅林不盡之靈無歇大矣哉正法既沒象教陵夷穿鑿異端者以違方爲得一順非辯僞者比微言於目論於是馬鳴幽讚龍樹虛求並振頹綱俱維絕紐蔭法雲於眞際則火宅晨涼曜慧日於康衢則重昏夜曉故能使三十七品有樽俎之師九十六種無藩籬之固既而方廣東被教肆南移周魯二莊親昭夜景之鑒漢晉兩朝並勒丹青之飾然後遺

文間出列剎相望澄什結轍於山西林遠肩隨乎江左矣頭陁寺者沙門釋慧宗之所立也南則大川浩汗雲霞之所沃蕩北則層峯削成日月之所迴薄西眺城邑百雉紆餘東望平皋千里超忽信楚都之勝地也宗法師行潔珪璧擁錫來遊以爲宅生者緣業空則緣廢存軀者惑理勝則惑亡遂欲捨百齡於中身殉肌膚於猛鷙班荆蔭松者久之宋大明五年始立方丈茅茨以庇經像後軍長史江夏內史會稽孔府君諱覬爲之薙草開林置經行之室安西將軍郢州刺史江安伯濟陽蔡使君諱興宗復爲崇基表剎立禪誦之堂焉以法師景行大迦葉故以頭陁爲稱首後有僧勤法師貞節苦心求仁養志纂脩堂宇未就而沒高軌難追藏舟易遠僧徒闃其無人榱椽毀而莫構可爲長太息矣惟齊繼五帝洪名紐三王絕業祖武宗文之德昭升嚴配格天光表之功弘啟興服是以惟新舊物康濟多難步中雅頌驟合韶濩炎區九譯沙場

（代當作伐）

一條寫在於建武焉乃詔西中郎將郢州刺史江夏王觀政藩維樹風江漢擇方城之令典酌龜蒙之故實政肅刑清於是乎在寍遠將軍長史江夏內史行事彭城劉府君諱諠智刃所遊日新月故道勝之韻虛往實歸以此寺業廢於已安功墜於幾立慨深覆簣悲同棄井因百姓之有餘閒天下之無事庀徒揆日各有司存於是民以悅來工以心競亙巨被陵因高就遠層軒延袤上出雲霓飛閣逶迤下臨無地夕露爲珠網朝霞爲丹雘九衢之草千計四照之花萬品崖谷共清風泉相渙金資寶相永藉閑安息心了義終焉遊集法師釋曇珍業行淸脩理懷淵遠今屈知寺任永奉神居夫民勞事功既鏤文於鐘鼎言時稱代亦樹碑於宗廟世彌積而功宣身逾遠而名劭敢寓言於彫篆庶髣髴於眾妙其辭曰

質判玄黃氣分淸濁涉器千名含靈萬族淪源上派澆風下黷愛流成海淸塵爲岳皇矣能仁撫期命世乃睠中土聿來迦衛奄有大千遂荒三界殷鑒四門幽求六歲亦既成德妙盡無爲帝獻方石天開滌池祥河輟水寶樹低枝通莊九折安步三危川靜波澄龍翔雲起耆山廣運給園多士金粟來儀文殊戾止應乾動寂順民終始法本不然今則無滅象正雖闡希夷未缺於昭有齊式揚洪烈釋網更維玄津重柮惟此名區禪慧攸託倚據崇巖臨睨通壑瀞池湘漢堆阜衡霍膴膴亭皋幽幽林薄媚茲邦后法流是挹氣茂三明情超六入眷言靈宇載懷興葺丹刻翬飛輪奐離立象設既闢睟容已安桂深冬燠松疏夏寒神足遊息靈心往還勝幡西振貞石南刊（文選）

曹思文

思文（一作文思）齊永泰時領國子助教梁受禪爲尚書論功郎有孝經注一卷

國諱不宜廢學表

（德當作無）

古之建國君民者必教學爲先將以節其邪情而禁其流欲故能化民裁俗習與性成也是以忠孝篤焉信義成焉禮讓行焉尊教宗學其致一也是以成均煥於古典虎門炳於前經陛下體睿淹神纘承鴻業今制書既下而廢學先聞將恐觀國之光者有以擬議也若以國諱故宜廢昔漢武立學爰洎元始百餘年中未嘗暫廢其間豈無國諱矣且晉武之崩又其學猶存斯皆先代不以國諱而廢學之明文也永明以德太子故廢斯非古典也尋國之有學本以興化致治也天子於以諮謀焉於以行禮焉故記云天子出征受命於祖受成於學執有罪反釋奠於學又云食三老五更於太學天子袒而割牲執爵而酳以教諸侯悌也於斯學是天子有國之基教也或以之廨言皆太學事也今引太學不非諂也據臣所見今之國學即古之太學晉初太學生三千人既多猥雜惠帝時欲辯其涇渭故元康三年始立國子學官品第五以上得入國學天子去太學入國學以行禮也太子去太學入國學以齒讓也太學之與國學斯是晉世殊其士庶異其貴賤耳然貴賤士庶皆須教成故國學太學兩存之也非有太子故立也然繫廢興於太子者此永明之鉅失也漢崇雅儒幾致刑厝而猶道謝三五者以其致教之術未篤也古之教者家有塾黨有庠術有序國有學以諷誦相摩今學非唯不宜廢而已乃宜更崇向其道望古作規使郡縣有學鄉閭立教請付尚書及二學詳議（南齊書禮志上永泰元年尚書符依永明舊事廢學領國子助教曹思文上表又見通典五十三）

諸侯祭五廟議

天子受命之日便祭七廟諸侯始封即祭五廟（隋書禮儀志二中興二年梁武初爲梁公曹文思議祠部郎謝廣等並駁之遂不施用 案文思思文必非兩人當有一誤）

上武帝啟難范縝神滅論

思文啟竊見范縝神滅論自爲賓主遂有三十餘條思文不惟闇

料上脫試字

蔽。聊難論大旨二條而已。庶欲以此傾其根本。謹冒上聞。但思文情用淺匱。懼不能徵折詭經。仰黷天照。伏追震悸。謹啟。弘明集。

又啟

思文啟。始得范縝答神滅論。猶執先迷。思文料其理致。衡其四證。謹冒奏聞。但思文情識愚淺。無以折其鋒銳。仰塵聖鑒。伏追震悚。謹啟。同上。

答釋法雲書難范縝神滅論

辱送敕書。弟子適近亦親奉此旨。范中書遂迷滯若斯。良爲可慨。聖上深懼黔黎致惑。故垂析衷之詔。此旨一行。雖復愚暗之識。了知神不滅矣。弟子近聊就周孔以爲難。今附相簡。願惠爲一覽之。析其詭經不尋。故東晨此不多白。弟子曹思文和南。弘明集十。

難范縝神滅論

論曰。神卽形也。形卽神也。是以形存則神存。形謝則神滅也。難曰。形非卽神也。神非卽形也。是合而爲用者也。而合非卽矣。生則合而爲用。死則形留而神逝也。何以言之。昔者趙簡子疾。五日不知人。秦穆公七日乃寤。並神遊於帝所。帝賜之鈞天廣樂。此其形留而神逝者乎。若如論言形滅則神滅者。斯形之與神應如影響之必俱也。然形既病焉。則神亦病也。何以形不知人。神獨遊帝。而欣歡於鈞天廣樂乎。斯其寤也。魂交故神遊於蝴蝶。卽形與神分也。其覺也形開。遽遽然周也。卽形與神合也。然神之與形。有分有合。合則共爲一體。分則形亡而神逝也。是以延陵季子而言曰。骨肉復歸於土。而魂氣無不之也。斯則形亡而神不亡也。然經史明證。灼灼也如此。寧是形亡而神滅者也。

寤當作寐

論曰。問者曰。經云爲之宗廟。以鬼饗之。通云非有鬼也。斯是聖人之教然也。所以達孝子之心。而厲偷薄之意也。難曰。今論所云。皆情言也。而非聖旨。請舉經記以證聖人之教。孝經云。昔者周公郊祀后稷以配天。宗祀文王於明堂以配上帝。若形神俱滅。復誰配天乎。復誰配帝乎。且無神而爲有神。宣尼云。天可欺乎。今稷無神矣。而以稷配。斯是周旦其欺天乎。果其無稷也。而空以配天者。既其欺天矣。又其欺人也。斯是聖人之教。教以欺妄也。設欺妄以立教者。復何達孝子之心。厲偷薄之意哉。

原尋論旨以無鬼爲義。試重詰之曰。孔子菜羹瓜祭。祀其祖禰也。記云。樂以迎來。哀以送往。神既無矣。迎何所迎。神既無矣。送何所送。迎來而樂。斯假欣於孔貌。送往而哀。又虛泣於丘體。斯則夫子之祭禮也。欺僞滿於方寸。虛假盈於廟堂。聖人之教。其若是乎。而云聖人之教然也。何哉。弘明集九。

重難范縝神滅論

論曰。若合而爲用者。明不合則無用。如蛩駏之相資。廢一則不可。此乃是滅神之精據。而非存神之雅決。子意本欲請戰。而定爲我援兵也。論又云。形之於神。猶刃之於利。未聞刃沒而利存。豈形亡而神往。又伸延陵之言。卽形消於下。神滅於上。故云無不之也。又云以稷配天。非欺天也。猶湯放武伐。非弒君也。子不責聖人放弒之迹。而勤勤於郊稷之妄耶。難曰。蛩蛩駏驉。是合用之證耳。而非形滅卽神滅之據也。何以言之。蛩非驉也。驉非蛩也。今滅蛩蛩而駏驉不死。斬駏驉而蛩蛩不亡。非相卽也。今引此以爲形神俱滅之精據。又爲救兵之良援。斯倒戈授人。而欲求長存也。悲夫。斯卽形滅而神不滅之證一也。論云。形之與神。猶刃之於利。未聞刃沒而利存。豈容形亡而神在。難論據形神之俱滅。惟此一證而已。愚有惑焉。何者。神之與形是二物之合用。卽論所引蛩駏相資是也。今刃之於利。是一物之兩名耳。然一物兩名者。故捨刃則無利也。二物之合用者。故形亡則神逝也。今引一物之二名。以徵二物之合用。斯差若毫釐。何千里之遠也。斯又是形滅而神不滅之證

往當作在

淳風下之而字衍

二也。又伸延陵之言曰。卽是形消於下。神滅於上。論云。形神是一體之相卽。今形滅於此。卽應神滅於形中。何得云形消於下。神滅於上。而云無不之乎。斯又是形滅而神不滅之證三也。又云。以稷配天。非欺天也。猶湯放桀武伐紂。非弒君也。卽是權假以除惡乎。然唐虞之君。無放伐之患矣。若乃運非太平。世値三季。權假立教。以救一時。故權稷以配天。假文以帝。則可也。然有虞氏之王天下也。禘黃而郊嚳。祖顓而宗堯。旣淳風而未殄。時非權假。而令欺天罔帝也。可乎。引證若斯。斯又是形滅而神不滅之證四也。斯四證旣立。而根本自傾。其餘枝葉。庶不待風而靡也。

論曰。樂以迎來。哀以送往。此義不假通而自釋。不復費於無用。禮記有斯言多矣。又云。夫言欺者。謂傷化敗俗耳。苟可以安上治民。復何欺妄之有乎。難曰。前難云。迎來而樂。是假欣於孔貌。送往而哀。又虛涙於巨體。斯實鄙難之雲梯。弱義之鋒的。在此言也。而答者曾不慧解。惟云不假通而自釋。請重言之曰。依如論旨。旣已許孔是假欣而虛涙也。又許稷之配天。是指無以爲有也。宣尼云。亡而爲有。虛而爲盈。斯爻象之所不占。而格言之所攸棄。用此風以扇也。茲化何得不傷。茲俗於何不敗。而云可以安上治民也。何哉。論云已通而昧者未悟。聊重往諮。側聞提耳。弘明集九。

全梁文卷五十四終

烏程嚴可均校輯

鍾岏

岏字長岳。一作長丘。潁川長社人。晉侍中雅七世孫。爲府參軍。有良吏傳十卷。

食生物議

䱇之就脯。驟於屈伸。蟹之將糖。躁擾彌甚。仁人用意。深懷如怛。至於車螯蚶蠣。眉目內闕。慙渾沌之奇。礦殼外緘。非金人之愼。不悴不榮。曾草木之不若。無馨無臭。與瓦礫其何算。故宜長充庖廚。永爲口實。南齊書周顒傳。

鍾嶸

嶸字仲偉。岏弟。齊永明中爲國子生。舉秀才。除王國侍郎。遷撫軍行參軍。出爲安國令。永元末除司徒行參軍。入梁爲中軍臨川王行參軍。衡陽王盬朔記室。遷西中郎晉安王記室。

上齊明帝書諫親細務

古者明君揆才頒政。量能授職。三公坐而論道。九卿作而成務。天子可恭己南面而已。南史七十二鍾嶸傳。

上言軍官

力下脫絕其妨正四字

永元肇亂。坐弄天爵。勳非即戎。官以賄就。揮一金而取九列。寄片札以招六校。騎都塞市。郎將塡街。服既纓組。尚爲臧獲之事。職雖黃散。猶躬胥徒之役。名實淆紊。茲焉莫甚。臣愚謂永元諸軍官是素族士人。自有淸貫。而因斯受爵。一宜削除。以懲僥競。若吏姓寒人。聽極其門品。不當因軍。遂濫淸級。若僑雜傖楚。應在綏撫。正宜嚴斷祿力。直乞虛號而已。謹竭愚忠。不恤衆口。梁書鍾嶸傳。又南史鍾嶸傳少末二句。

詩品序

兢當作競

氣之動物。物之感人。故搖蕩性情。形諸舞詠。欲以照燭三才。輝麗萬有。靈祇待之以致饗。幽微藉之以昭告。動天地。感鬼神。莫近於詩。昔南風之辭。卿雲之頌。厥義敻矣。夏歌曰。鬱陶乎予心。楚謠云。名余曰正則。雖詩體未全。然略是五言之濫觴也。逮漢李陵。始著五言之目。古詩眇邈。人代難詳。推其文體。固是炎漢之制。非衰周之倡也。自王揚枚馬之徒。辭賦兢爽。而吟詠靡聞。從李都尉訖班婕妤。將百年間。有婦人焉。一人而已。詩人之風。頓已缺喪。東京二百載中。惟有班固詠史。質木無文。致降及建安。曹公父子。篤好斯文。平原兄弟。鬱爲文棟。劉楨王粲。爲其羽翼。次有攀龍託鳳。自致於屬車者。蓋將百計。彬彬之盛。大備於時矣。爾後陵遲衰微。訖於有晉。太康中。三張二陸兩潘一左。勃爾復興。踵武前王。風流未沬。亦文章之中興也。永嘉時。貴黃老。尚虛談。於時篇什。理過其辭。淡乎寡味。爰及江表。微波尙傳。孫綽許詢桓庾諸公。皆平典似道德論。建安之風盡矣。先是郭景純用儁上之才。創變其體。劉越石仗淸剛之氣。贊成厥美。然彼衆我寡。未能動俗。逮義熙中。謝益壽斐然繼作。元嘉初。有謝靈運。才高辭盛。富豔難蹤。固已含跨劉郭。淩轢潘左。故知陳思爲建安之傑。公幹仲宣爲輔。陸機爲太康之英。安仁景陽爲輔。謝客爲元嘉之雄。顏延年爲輔。此皆五言之冠冕。文辭之命世。夫四言文約意廣。取效風騷。便可多得。每苦文煩而意少。故世罕習焉。五言居文辭之要。是衆作之有滋味者也。故云會於流俗。豈不以指事遺形。窮情寫物。最爲詳切者邪。故詩有六義焉。一曰興。二曰賦。三曰比。文已盡而意有餘。興也。因物喻志。比也。直書其事。寓言寓物。賦也。弘斯三義。酌而用之。幹之以風力。潤之以丹采。使味之者無極。聞之者動心。是詩之至也。若專用比興。則患在意深。意深則辭躓。若但用賦體。則患在意浮。意浮則文散。嬉成流移。文無止泊。有蕪漫之累矣。若夫春風春鳥。秋月秋蟬。夏

寓物當作寫物

鶩當作騖

雲暑雨冬月祁寒斯四候之感諸詩者也嘉會寄詩以親離羣託詩以怨至於楚臣去境漢妾辭宮或骨橫朔野或魂逐飛蓬或負戈外戍或殺氣雄邊塞客衣單霜閨淚盡又士有解珮出朝一去忘反女有揚蛾入寵再盼傾國凡斯種種感蕩心靈非陳詩何以展其義非長歌何以釋其情故曰詩可以羣可以怨使窮賤易安幽居靡悶莫尚於詩矣故辭人作者罔不愛好今之士俗斯風熾矣裁能勝衣甫就小學必甘心而馳鶩焉於是庸音雜體各為家法至於膏腴子弟恥文不逮終朝點綴分夜呻吟獨觀謂為警策衆覩終淪平鈍次有輕蕩之徒笑曹劉為古拙謂鮑照羲皇上人謝朓今古獨步而師鮑照終不及日中市朝滿學謝朓劣得黃鳥度青枝徒自棄於高聽無涉於文流矣嶸觀王公搢紳之士每博論之餘何嘗不以詩為口實隨其嗜欲商榷不同淄澠並汎朱紫相奪諠譁競起準的無依近彭城劉士章俊賞之士疾其淆亂欲為當世詩品口陳標榜其文未遂嶸感而作焉昔九品論人七略裁士校以賓實誠多未值至若詩之為技較爾可知以類推之殆同博弈方今皇帝資生知之上才體沈鬱之幽思文麗日月學究天人昔在貴遊已為稱首況八絃既奄風靡雲蒸抱玉者連肩握珠者踵武固以睨漢魏而弗顧吞晉宋於胸中諒非農歌轅議敢致流別嶸之今錄庶周遊於閭里均之於談笑耳（梁書鍾嶸傳）

絃當作紘

詩品上

古詩其體源出於國風陸機所擬十四首文溫以麗意悲而遠驚心動魄可謂幾乎一字千金其外去者日以疏四十五首雖哀怨頗為總雜舊疑是建安中曹王所製客從遠方來橘柚垂華實亦為驚絕矣人代冥滅而清音獨遠悲夫

漢都尉李陵詩其源出於楚辭文多悽愴怨者之流陵名家子有殊才生命不諧聲頹身喪使陵不遭辛苦其文亦何能至此

漢婕妤班姬詩其源出於李陵團扇短章辭旨清捷怨深文綺得匹婦之致侏儒一節可以知其工矣

魏陳思王植詩其源出於國風骨氣奇高詞彩華茂情兼雅怨體被文質粲溢今古卓爾不羣嗟夫陳思之於文章也譬人倫之有周孔鱗羽之有龍鳳音樂之有琴笙女工之有黼黻俾爾懷鉛吮墨者抱篇章而景慕映餘暉以自燭故孔氏之門如用詩則公幹升堂思王入室景陽潘陸自可坐於廊廡之間矣

魏文學劉楨詩其源出於古詩仗氣愛奇動多振絕貞骨凌霜高風跨俗但氣過其文雕潤恨少然自陳思以下楨稱獨步

魏侍中王粲詩其源出於李陵發愀愴之詞文秀而質羸在曹劉閒別構一體方陳思不足比魏文有餘

晉步兵阮籍詩其源出於小雅無雕蟲之功而詠懷之作可以陶性靈發幽思言在耳目之外情寄八荒之表洋洋乎會於風雅使

人忘其鄙近自致遠大頗多感慨之詞厥旨淵放歸趣難求顏延之註解怯言其志

晉平原相陸機詩其源出於陳思才高辭贍舉體華美氣少於公幹文劣於仲宣尚規矩不貴綺錯有傷直致之奇然其咀嚼英華厭飫膏澤文章之淵泉也張公歎其大才信矣

晉黃門郎潘岳詩其源出於仲宣翰林歎其翩翩然如翔禽之有羽毛衣服之有綃縠猶淺於陸機謝混云潘詩爛若舒錦無處不佳陸文如披沙簡金往往見寶嶸謂益壽輕華故以潘勝翰林篤論故歎陸為深余常言陸才如海潘才如江

晉黃門郎張協詩其源出於王粲文體華淨少病累又巧構形似之言雄於潘岳靡於太沖風流調達實曠代之高手詞彩蔥蒨音韻鏗鏘使人味之亹亹不倦

晉記室左思詩其源出於公幹文典以怨頗為精切得諷諭之致

雖野於陸機。而深於潘岳。謝康樂常言。左太沖詩。潘安仁詩。古今難比。

宋臨川太守謝靈運詩。其源出於陳思。雜有景陽之體。故尚巧似。而逸蕩過之。頗以繁蕪爲累。嶸謂若人興多才高。寓目輒書。內無乏思。外無遺物。其繁富宜哉。然名章迥句。處處間起。麗典新聲。絡繹奔會。譬猶青松之拔灌木。白玉之映塵沙。未足貶其高潔也。初。錢塘杜明師夜夢東南有人來入其館。是夕。卽靈運生於會稽。旬日而謝玄亡。其家以子孫難得。送靈運於杜治養之。十五方還都。故名客兒。

詩品中。

一品之中。略以世代爲先後。不以優劣爲詮次。又其人既往。其文克定。今所寓言。不錄存者。夫屬詞比事。乃爲通談。若乃經國文符。應資博古。撰德駁奏。宜窮往烈。至乎吟詠情性。亦何貴於用事。思君如流水。既是卽目。高臺多悲風。亦惟所見。清晨登隴首。羌無故實。明月照積雪。詎出經史。觀古今勝語。多非補假。皆由直尋。顏延謝莊。尤無繁密。於時化之。故大明泰始中。文章殆同書抄。近任昉王元長等。辭不貴奇。競須新事。爾來作者。寖以成俗。遂句無虛語。語無虛字。拘攣補衲。蠹文已甚。但自然英旨。罕値其人。詞既失高。則宜加事義。雖謝天才。且表學問。亦一理乎。陸機文賦。通而無貶。李充翰林。疏而不切。王微鴻寶。密而無裁。顏延論文。精而難曉。摯虞文志。詳而博贍。頗曰知言。觀斯數家。皆就談文體。而不顯優劣。至於謝客集詩。逢詩輒取。張隲文士。逢文卽書。諸英志錄。並義在文。曾無品第。嶸令所錄。止乎五言。雖然。網羅今古。詞文殆集。輕欲辨彰清濁。掎摭病利。凡百二十人。預此宗流者。便稱才子。至斯三品。升降差非定制。方申變裁。請寄知者爾。

無當作爲

令當作今

漢上計秦嘉嘉妻徐淑詩。夫妻事既可傷。文亦悽怨。爲五言者。不過數家。而婦人居二。徐淑敍別之作。亞於團扇矣。

魏文帝詩。其源出於李陵。頗有仲宣之體則。新奇百許篇。率皆鄙直如偶語。惟西北有浮雲十餘首。殊美贍可翫。始見其工。不然。可以銓衡羣彥。對揚厥弟者邪。

晉中散嵇康詩。頗似魏文。過爲峻切。訐直露才。傷淵雅之致。然託諭清遠。良有鑒裁。亦未失高流矣。

晉司空張華詩。其源出於王粲。其體華豔。興託不奇。巧用文字。務爲妍冶。雖名高曩代。而亮疏之士。猶恨其兒女情多。風雲氣少。謝康樂云。張公雖復千篇。猶一體耳。今置之中品疑弱。處之下科恨少。在季孟之間矣。

魏尚書何晏。晉馮翊守孫楚。晉著作王讚。晉司徒掾張翰。晉中書令潘尼詩。平叔鴻雁之篇。風規見矣。子荊零雨之外。正長朔風之後。雖有累札。良亦無聞。季膺黃華之唱。正叔綠繁之章。雖不具美。而文彩高麗。並得虬龍片甲。鳳凰一毛。事同駁聖。宜居中品。

魏侍中應璩詩。祖襲魏文。善爲古語。指事殷勤。雅意深得詩人激刺之旨。至於濟濟今日所。華靡可諷味焉。

晉清河守陸雲。晉侍中石崇。晉襄城太守曹攄。晉朗陵公何劭。清河之方平原。殆如陳思之匹白馬。於其哲昆。故稱二陸。季倫顏遠。並有英篇。篤而論之。朗陵爲最。

晉太尉劉琨。晉中郎劉湛詩。其源出於王粲。善爲悽戾之詞。自有清拔之氣。琨既體良才。又罹厄運。故善敍喪亂。多感恨之詞。中郎仰之。微不逮者矣。

晉弘農太守郭璞詩。憲章潘岳。文體相輝。彪炳可翫。始變永嘉平淡之體。故稱中興第一。翰林以爲詩首。但遊仙之作。辭多慷慨。乖遠玄宗。而云奈何虎豹姿。又云戢翼棲榛梗。乃是坎壈詠懷。非列仙之趣也。

可當作何

亮疏當作疏亮

綠繁當作綠蘩

深下脫篤字

晉吏部郎袁宏詩。彥伯詠史。雖文體未遒。而鮮明緊健。去凡俗遠矣。

晉處士郭泰機晉常侍顧愷之宋謝世基宋參軍顧邁宋參軍戴凱詩。泰機寒女之製。孤怨宜恨。長康能以二韻答四首之美。世基橫海。顧邁鴻飛。戴凱人實貧羸。而才章富健。觀此五子。文雖不多。氣調警拔。吾許其進。則鮑照江淹。未足逮止。越居中品。僉曰宜哉。

宋徵士陶潛詩。其源出於應璩。又協左思風力。文體省靜。殆無長語。篤意眞古。辭興婉愜。每觀其文。想其人德。世歎其質直。至如歡言酌春酒。日暮天無雲。風華清靡。豈直爲田家語耶。古今隱逸詩人之宗也。

宋光祿大夫顏延之詩。其源出於陸機。尚巧似。體裁綺密。情喻淵深。動無虛散。一句一字。皆致意焉。又喜用古事。彌見拘束。雖乖秀逸。是經綸文雅才。雅才減若人。則蹈於困躓矣。湯惠休曰。謝詩如

芙蓉出水。顏如錯彩鏤金。顏終身病之。

宋豫章太守謝瞻宋僕射謝混宋太尉袁淑宋徵君王微宋征虜將軍王僧達詩。其源出於張華。才力苦弱。故務其清淺。殊得風流媚趣。課其實錄。則豫章僕射。宜分庭抗禮。徵君太尉。可託乘後車。征虜卓卓。殆欲度驊騮前。

宋法曹參軍謝惠連詩。小謝才思富捷。恨其蘭玉夙凋。故長轡未騁。秋懷擣衣之作。雖復靈運銳思。亦何以加焉。又工爲綺麗歌謠。風人第一。謝氏家錄云。康樂每對惠連。輒得佳語。後在永嘉西堂。思詩竟日不就。寤寐間忽見惠連。卽成池塘生春草。故常云此語有神助。非吾語也。

宋參軍鮑照詩。其源出於二張。善製形狀寫物之詞。得景陽之諔詭。含茂先之靡嫚。骨節強於謝混。驅邁疾於顏延。總四家而擅美。跨兩代而孤出。嗟其才秀人微。故取湮當代。然貴尚巧似。不避危仄。頗傷清雅之調。故言險俗者。多以附照。

齊吏部謝朓詩。其源出於謝混。微傷細密。頗在不倫。一章之中。自有玉石。然奇章秀句。往往警遒。足使叔源失步。明遠變色。善自發詩端。而末篇多躓。此意銳而才弱也。至爲後進士子之所嗟慕。朓極與余論詩。感激頓挫過其文。

齊光祿江淹詩。文通詩體總雜。善於摹擬。筋力於王微。成就於謝朓。初淹罷宣城郡。遂宿野寺。夢一美丈夫。自稱郭璞。謂淹曰。吾有筆在卿處多年矣。可以見還。淹探懷中。得五色筆以授之。爾後爲詩。不復成語。故世傳江淹才盡。

梁衞將軍范雲梁中書郞丘遲詩。范詩清便宛轉。如流風迴雪。丘詩點綴映媚。似落花依草。故當淺於江淹。而秀於任昉。

又當作文

梁太常任昉詩。彥昇少年爲詩不工。故世稱沈詩任筆。昉深恨之。晚節愛好既篤。文亦遒變。若銓事理。拓體淵雅。得國士之風。故擢

中品。但昉既博物。動輒用事。所以詩不得奇。少年士子。效其如此。弊矣。

梁左光祿沈約詩。觀休文衆製。五言最優。詳其文體。察其餘論。固知憲章鮑明遠也。所以不閑於經綸。而長於清怨。永明相王愛文。王元長等皆宗附之。約於時謝朓未遒。江淹才盡。范雲名級故微。故約稱獨步。雖文不至其工麗。亦一時之選也。見重閭里。誦詠成音。嶸謂約所著既多。今翦除淫雜。收其精要。允爲中品之第矣。故當詞密於范。意淺於江也。

詩品下

昔曹劉殆文章之聖。陸謝爲體貳之才。銳精研思。千百年中。而不聞宮商之便。四聲之論。或爲前達偶然不見。豈其然乎。嘗試言之。古曰詩頌。皆被之金竹。故非調五音。無以諧會。若置酒高堂上。明月照高樓。爲韻之首。故三祖之詞。文或不工。而韻入歌唱。此重音

韻之義也。與世之言宮商異矣。今既不備管絃。亦何取於聲律邪。

齊有王元長者。嘗謂余云。宮商與二儀俱生。自古詞人不知之。惟顏憲子乃云律呂音調。而其實大謬。惟見范曄謝莊。乃識之耳。常欲進知音論。未就。王元長創其首。謝脁沈約揚其波。三賢或貴公子孫。幼有文辨。於是士流景慕。務爲精密。襞積細微。專相淩架。故使文多拘忌。傷其眞美。余謂文製本須諷讀。不可蹇礙。但令淸濁通流。口吻調利。斯爲足矣。至平上去入。則余病未能。蜂腰鶴膝。閭里已具。陳思贈弟。仲宣七哀。公幹思友。阮籍詠懷。子卿雙鳧。叔夜雙鸞。茂先寒夕。平叔衣單。安仁倦暑。景陽苦雨。靈運鄴中。士衡擬古。越石感亂。景純詠仙。王微風月。謝客山泉。叔源離宴。鮑照戍邊。太沖詠史。顏延入洛。陶公詠貧之製。惠連擣衣之作。斯皆五言之警策者也。所謂篇章之珠澤。文彩之鄧林。

漢令史班固。漢孝廉酈炎。漢上計趙壹詩。孟堅才流。而老於掌故。觀其詠史。有感歎之詞。文勝託詠靈芝。懷寄不淺。元叔散憤蘭蕙。指斥囊錢。苦言切句。良亦勤矣。斯人也而有斯困。悲夫。

魏武帝魏明帝。曹公古直。甚有悲凉之句。叡不如丕。亦稱三祖。

魏白馬王彪。魏文學徐幹。白馬與陳思答贈。偉長與公幹往復。雖曰以莛扣鐘。亦能閑雅矣。

魏倉曹屬阮瑀。晉頓丘太守歐陽建。晉文學應璩。晉中書令嵇含。晉河南太守阮侃。晉侍中嵇紹。晉黃門棗據。元瑜下闕右七君詩。並平典。不失古體。大檢似而二嵇微優矣。

晉中書張載。晉司隸傅玄。晉太僕傅咸。侍中繆襲。散騎常侍夏侯湛。孟陽詩乃遠慚厥弟。而近超兩傅。長虞父子。繁富可嘉。孝沖雖曰後進。見重安仁。熙伯挽歌。唯以造哀爾。

晉驃騎王濟。晉征南將軍杜預。晉廷尉孫綽。晉徵士許詢。永嘉以來。淸虛在俗。王武子輩詩。貴道家之言。爰洎江表。玄風尚備。眞長

鐘當作鍾

仲祖桓庾諸公。猶相襲。世稱孫許。彌善恬淡之詞。

晉徵士戴逵。晉東陽太守殷仲文。晉宋之際。殆無詩乎。義熙中。以謝益壽殷仲文爲華綺之冠。殷不競矣。宋尚書令傅亮。季友文余常忽而不察。今沈特進撰詩。載其數首。亦復平矣。

宋記室何長瑜。羊曜璠。宋詹事范曄。詩乃不稱其才。亦爲鮮舉矣。

宋孝武帝。宋南平王鑠。宋建平王宏。孝武詩彫文織綵。過爲精密。爲二藩希慕。見稱輕巧矣。

宋光祿謝莊。希逸詩氣候淸雅。不逮於王袁。然興屬閑長。良無鄙促也。

宋御史蘇寶生。宋中書令史陵修之。宋典祠令任曇緒。宋越騎戴法興。蘇陵任戴。並著篇章。亦爲搢紳之所嗟詠。人非文才。是愈甚可嘉焉。

宋監典事區惠恭。惠恭本胡人。爲顏師伯幹。顏爲詩筆。輒偷定之。後造獨樂賦。語侵給主。被斥。及大將軍修北第。差充作長。時謝惠連兼記室參軍。惠恭時往共安陵嘲調。末作雙枕詩以示謝。謝曰。君誠能。恐人未重。且可以爲謝法曹造。大將軍見之賞歎。以錦二端賜謝。謝辭曰。此詩公作長所製。請以錦賜之。

齊惠休上人。齊道猷上人。齊釋寶月。惠休淫靡。情過其才。世遂匹之鮑照。恐商周矣。羊曜璠云。是顏公忌照之文。故立休鮑之論。庾白二胡。亦有淸句。行路難是東陽柴廓所造。寶月嘗憩其家。會廓亡。因竊而有之。廓子賫手本出都。欲訟此事。乃厚賂止之。

齊高帝。齊征北將軍張永。齊太尉王文憲。齊高帝詩。詞藻意深。無所云少。張景云雖謝文體。頗有古意。至如王師文憲。既經國遠圖。或忽是雕蟲。

齊黃門謝超宗。齊潯陽太守丘靈鞠。齊給事中郎劉祥。齊司徒長史檀超。齊正員郎鍾憲。齊諸暨令顏則。齊秀才顧則心。詩檀謝七

遠休當作惠休
語當作詩
況當作兄

君並祖襲顏延欣欣不倦得士大夫之雅致乎余從祖正員常云
大明泰始中鮑休美文殊以動俗惟此諸人傳顏陸體用固執不
如顏諧諸暨最荷家聲
齊參軍毛伯成齊朝請吳邁遠齊朝請許瑤之詩伯成文不全佳
亦多悵悵吳善於風人答贈許長於短句詠物湯遠休謂遠云吾
語可為汝詩父以訪謝光祿云不然爾湯可為庶況
齊鮑令暉齊韓蘭英令暉歌詩往往嶄絕清巧擬古九勝惟百願
淫矣照常答孝武云臣妹才自亞於左芬臣才不及太沖爾蘭英
綺密甚有名篇又善談笑齊武謂韓云借使二媛生於上葉則玉
階之賦紈素之辭未詎多也
齊司徒長史張融齊詹事孔稚珪思光紆緩放縱有乖文體然亦
捷疾豐饒差不局促德璋生於封谿而文為雕飾青於藍矣
齊寧朔將軍王融齊中庶子劉繪元長士章並有盛才詞美英淨
至於五言之作幾乎尺有所短譬應變將略非武侯所長未足以
貶臥龍
齊僕射江祏詩猗猗清潤弟祀明靡可懷
齊記室王中齊綏遠太守卞彬齊端溪令卞錄王中二卞詩並愛
奇嶄絕慕袁彥伯之風雖不弘綽而文體剿淨去平美遠矣
齊諸暨令袁嘏詩平平耳多自謂能常語徐太尉云我詩有生氣
須人捉著不爾便飛去
齊雍州刺史張欣泰梁中書郎范縝詩欣泰子眞並希古勝文鄙
薄俗製賞心流亮不失雅宗
梁秀才陸厥觀厥文緯具識丈夫之情狀自製未優非言之失也
梁常侍虞羲梁建陽令江洪子陽詩奇句清拔謝朓常嗟頌之洪
雖無多亦自能迥出
梁步兵鮑行卿梁晉陵令孫察行卿少年甚擅風謠之美察最幽

微而感賞至到耳

全梁文卷五十五終

烏程嚴可均校輯

劉之遴

之遴字思貞小字僧伽南陽涅陽人宋當陽令蚪子齊永明末舉秀才除盪朔主簿入梁歷太學博士平南行參軍尚書起部郎延陵令荊州治中宣惠記室通直散騎侍郎兼中書通事舍人遷正員郎尚書右丞荊州大中正中書侍郎鴻臚卿出爲征西長史南郡太守轉西中郎長史徵祕書監領步兵校尉歷太府卿都官尚書太常卿太清二年避侯景之難還鄉未至卒年七十二有前集十一卷後集二十一卷

乞皇太子爲劉顯誌銘啟

之遴嘗聞夷叔柳惠不逢仲尼一言則西山餓夫東國黜士名豈施於後世信哉生有七尺之形終爲一棺之土不朽之事寄之題目懷珠抱玉有歿世而名不稱者可爲長太息孰過於斯竊痛友人沛國劉顯韞櫝藝文研精覃奧聰明特達出類拔羣闔棺郢都歸魂有日須鐫墓板之遴已略撰其事行今輒上呈伏願鴻慈降茲睿藻榮其枯骴以慰幽魂冒昧塵聞戰慄無地（梁書劉顯傳）

與劉孝標書

聞閣下作類苑括綜百家馳騁千載彌綸天地纏絡萬品撮道略之英華搜羣言之隱賾鉛摘既畢殺青已就義以類聚事以羣分述征之妙楊班儔也擅此博物何快如之雖復子野調聲寄知音於後世文信構覽懸百金於當時居然無以相尚自非沈鬱澹雅之思安能閉志經年勤成若此吾嘗聞爲之者勞觀之者逸足下已勞於精力宜令吾見異書（藝文類聚五十八）

弔震法師亡書

弟子劉之遴頓首和南泡電倏忽三相不停苦空無我五音盜住尊師僧正捨壽閻浮遷神妙樂雖乘此倚殖必登善地人情但化衒疚悲摧念在三之重追慕哀慟纏綿永往理不可任柰何柰何僧正精理特拔經綸洽通蔬菲終身有爲略盡枯槁當年儀形二衆豈直息心標領亦爲人倫之傑弟子少長游遇數紀迄茲平生敬仰善友斯寄衰疾待盡不獲臨泄鯁慟之懷二三增楚扶力修哆迷猥不次弟子劉之遴頓首和南（廣弘明集二十四）

與震法師兄李敬朏書

生滅無常賢弟震法師奄同力士生處道識長往法言永絕惋怛抽摧不能已已年事未高德業方播疾恙甫爾謂無過憂遂至遷化道俗驚愕念孔懷之切天倫至慟永往之情不可居處奈何奈何法師義味該洽領袖黑衣識度愷悌藉甚當世昔在京師聖上眄接自還鄉國歷政禮重且講說利益既實弘多經始寺廟實廣福業襟抱豁然與物無迕所與遊款皆是時賢白黑歸美近遠欽敬豈止息心殄悴實亦人倫喪寶追懷歎愴何可弭歇并辱遺書及別物對增哽欷殿下自作爲銘又教鮑記室爲誌序恐鮑相悉未能究盡已得面爲鮑說諸事行及徽猷計必勒不朽事如今日誌石爲薦并呼師修之鐫刻亦當不久可就言增泫然投筆悽滿劉之遴頓首頓首（廣弘明集二十四）

愛當作哀

弔僧正京法師亡書

八月二十日之遴和南法界空虛山木隤壞尊師大正遷神淨土凡夫騃累嬰滯哀樂承此凶訃五內抽摧愛慟深至不能自已念追慕永往纏綿斷絕情在難居奈何奈何大正德冠一時道蔭四部訓導學徒紹隆像法年居僧首行爲人師公私瞻敬遐邇宗仰若乃五時九部流通解說匹之前輩聯類往賢雖什肇融恆林安生遠豈能相尚頓悟雖出自生公弘宣後代微言不絕實賴夫子重以愛語利益窮四攝之弘致檀忍知慧備六度之該明白黑歸

依。合識知庇。舟航愚冥。棟梁寺塔。日用不知。至德潛運。何道長而世短。功被而身歿。映乎大海。永墜須彌。照彼高山。長收朗日。往矣奈何。當復奈何。法師幼而北面。生小服膺。迄乎耆邁。恆在左右。在三之重。一旦傾頹。哀痛之至。當何可處。弟子紈綺遊接。五十餘年。未隆知顧。相期法侶。至乎菩提。不敢生慢。未來難知。現在長隔。尚言生平。永同萬古。尋思惋愴。倍不自勝。未由嗲執。伸泄哀歎。謹裁白書。投筆哽猥。弟子劉之遴頓首和南。廣弘明二十四。

與印闍黎書

大喜稽首和南。大喜精誠無感。奄丁禍罰。攀號永往。五內屠鱠。自咎自悼。萬殁何補。慈母臨終。正念不亂。繫想諸佛及本師。至乎壽盡。凡夫念著。母子恩深。嬰此長別。肝心破潰。不能自任。遺旨以三十兩上金奉別充道場功德。九月二十八日奉瑩安厝。終始永畢。不可復希。長號慟惱。無心苟存。伏度闍問。理垂哀愍。所希運心救拔。必使亡靈遊於淨土。不圖此啟。臨紙崩絕。大喜和南。廣弘明集二十八上。

具古本漢書異狀十事

案古本漢書稱永平十六年五月二十一日己酉郎班固上。而今本無上書年月日字。又案古本敘傳號為中篇。今本稱為敘傳。又今本敘傳載班彪事行。而古本云稚生彪。自有傳。又今本紀及表志列傳不相合為次。而古本相合為次。總成三十八卷。又今本外戚在西域後。古本外戚次帝紀下。又今本高五子。文三王。景十三王。武五子。宣元六王。雜在諸傳秩中。古本諸王悉次外戚下。在陳項傳前。又今本韓彭英盧吳述云。信惟餓隸。布實黥徒。越亦狗盜。芮尹江湖。雲起龍驤。化為侯王。古本述云。淮陰毅毅。杖劍周章。邦之傑子。實惟彭英。化為侯王。雲起龍驤。又古本第三十七卷。解音釋義。以助雅詁。而今本無此卷。梁書劉之遴傳。

應皇太子令為劉顯墓誌銘

繁弱挺質。空桑吐聲。分器見重。播樂傳名。誰其均之。美有髦士。禮著幼年。業明壯齒。厭飫典墳。研精名理。一見弗忘。過目則記。若訪賈逵。如問伯始。潁脫斯出。學優而仕。議獄既佐。芸蘭乃握。搏鳳池水。推羊太學。內參禁中。外相藩岳。斜光已道。頹彼西浮。百川到海。還逐東流。營營返魄。汎汎虛舟。白馬向郊。丹旐背鞏。野埃興伏。山雲輕重。呂掩書墳。揚歸玄冢。爾其戒行。途窮土壟。弱葛方施。叢柯日拱。燧柳萬春。禽寒斂毳。長空常暗。陰泉獨濁。福彼故塋。流芬相暉。梁書劉顯傳。

丘遲

遲字希範。吳興烏程人。齊常侍靈鞠子。州辟從事。舉秀才。除太學博士。遷大司馬行參軍。歷西中郎參軍、殿中郎、車騎錄事參軍。梁臺建。為驃騎主簿。及受禪。拜散騎侍郎。遷中書侍郎。領吳興邑中正。為永嘉太守。還為臨川王宏中軍諮議參軍。拜中書郎。遷司徒從事中郎。天監七年卒。有集鈔四十卷。集十一卷。梁書丘遲傳。高祖平京邑。既勸進梁王文及殊禮。皆遲文也。

思賢賦

豈顧問哉。相然信死。斯則結深念於撫翼。跂雄飛而但起。知我於財利之間。何足多於鮑子。目擊而道存。至味其如水。未見其人。吾聞其理矣。夫子長之託意。甘執鞭於異世。在慈明之慕義。聊慙馭而追悅。況至德之可師。無兼褒以共斃。有樂安之任子。偉羣才而稱傑。備百行之高致。該九流之洪藝。諒可雜而非染。迹每同而常別。牆易入而難窺。關無鍵而有閉。思若神而泉涌。翰如雲而積袂。沈潛於懷抱之間。蕭散於天人之際。日下愧其未雙。關西慚於上哲。紛吾既有此固陋。荷君子之渥惠。塵非府而分深。葉未移而好結。尋宿草之宴處。歷三紀於茲日。性有同於杞梓。心獲變於丹漆。文何屬而不捐。理何疑而匪質。問不休而鐘和。答無窮而座謐。藝文類聚二十一。

還林賦

爰自京師。言歸舊嶺。今風古轍。每動寸衷。因事而書。不覺成卷。非謂爲文。聊記行途所經云爾。太皞弭節。祝融聳駕。炎鍾汎響。青籥靜吹。巨子稅轅。讖路總艑。川湄碳魂。故嶺結夢。舊墀撡身世而載懷。鏡古今而興辭。驗難停於楊轍。昭易改於墨絲。匪追舉而辯命。豈適伊而問蓍。擔簦無白璧之想。負書靡黑豹之悲。纜解山潮。首顧京瀨。仰絳堞之紛迴。與素津之容裔。荃橈往來。芰蓋經過。依俙子陵之釣。髣髴滄浪之歌。出入風霞。游息雲露。階自禽飛。牕高月度。踟躕七教。徘徊五禮。永翦帶於關上。長緇巾乎林底。藝文類聚二十七。

永嘉郡敎

貴郡控帶山海。利兼水陸。實東南之沃壤。一都之巨會。而曝背拘牛。屢空於畎畝。績麻治絲。無聞於室巷。其有耕灌不修。桑榆靡樹。遨遊鄽里。酣醼卒歲。越伍乖鄰。流宕忘返。才異相如。而四壁獨立。高慚仲蔚。而三徑沒人。雖謝文翁之正俗。庶幾龔遂之移風。藝文類聚五十。

爲王博士讓表

臣聞撫臆可以言心。量能則知所止。是故矯親魯門。簡業事亡。雜吹齊雅。分聲濾逝。臣才行過污。文質無廉。疏違謝於谷杜。浹洽乖夫劉揚。非除部養之勤。豈通掌固之業。藝文類聚四十七。

爲范尚書拜表

昔滕公移晷於泗亭。陳遂雷懽於博進。祿止一守。官窮九列。臣獲照秋陽。敢沃淮海。發蒙去忝。已若松喬。匪富伊榮。須臾至此。賞參十亂。躬越五水。歷覽前載。孰與爲匹。藝文類聚四十八。

爲范衛軍讓梁臺侍中表

是以懷鉛早歲。不以隕穫累心。躡履晚年。豈以克謝在念。易農伊

克當作充

秦仕。焉已幸。遂復分竹九疑。擁旄百越。值天地中開。神武再廓。麻絲是薈。菅蒯靡遺。今霸運肇基。四海明目。樞機規獻。實在得人。況處庸微。何用膺荷。藝文類聚四十八。御覽二百十九。

爲何尚書重讓侍中領驍騎表

臣擢自散華之中。寘彼周行之上。既慙伯豪。使天下慎選。又乖平叔。令內外得人。且玉壺獨掌。見榮昌期。當尺可參。必簡英俊。藝文類聚四十八。

爲柳僕射讓光祿表

竊聞敬孫以規獻爲職。彝品常貴。飛翠鳴玉。升降禁門。臣以痁疾。豈伊或忝。匪稱其服。終朝三褫。近取諸身。皎日非喻。臣之庸薄。文塵物論。假以克壯。報效無階。而嬰離沈痼。日月滋甚。聖朝留贊。履之舊愍。降帷蓋之餘矜。榮不徒行。事存寵渥。藝文類聚四十九。

答舉秀才啟

方今八友盈庭。五承在幄。七教畢脩。九攻具舉。猶乃物色闟閭。夢想巖釣。故巳天不愛寶。野無遺賢。輒仰宣皇猷。俯磬愚蔽。覘察衡閭。詢事茅草。如有片言入善。一介可題。謹聞絳闕。恭奏青蒲。藝文類聚五十三。

爲范雲謝示毛龜啟

玄甲應於姬渚。青髯符於夏室。翺翔卷耳之陰。浮遊蓮葉之上。蘊采千載。獻狀一朝。斯誠陛下至德動天。窮神爲化。故能寶瑞間圖。珍祥映諜。間出蕃畿。繼踵郊甸。藝文類聚九十九。

與陳伯之書

遲頓首陳將軍足下無恙。幸甚幸甚。將軍勇冠三軍。才爲出世。棄燕雀之小志。慕鴻鵠以高翔。昔因機變化。遭遇明主。立功展事。開國稱孤。朱輪華轂。擁旄萬里。何其壯也。如何一旦爲奔亡之虜。聞鳴鏑而股戰。對穹廬以屈膝。又何劣邪。尋君去就之際。非有他故。

出世當作世出

直以不能內審諸己，外受流言，沈迷猖獗，以至於此。聖朝赦罪責功，棄瑕錄用，推赤心於天下，安反側於萬物，將軍之所知，不假僕一二談也。朱鮪涉血於友于，張繡剚刃於愛子，漢主不以爲疑，魏君待之若舊。況將軍無昔人之罪，而勳重於當世。夫迷塗知反，往哲是與；不遠而復，先典攸高。主上屈法申恩，吞舟是漏；將軍松柏不翦，親戚安居，高臺未傾，愛妾尚在，悠悠爾心，亦何可言。今功臣名將，雁行有序，佩紫懷黃，讚帷幄之謀，乘軺建節，奉疆場之任，並刑馬作誓，傳之子孫。將軍獨靦顏借命，驅馳氈裘之長，寧不哀哉。夫以慕容超之强，身送東市；姚泓之盛，面縛西都。故知霜露所均，不育異類；姬漢舊邦，無取雜種。北虜僭盜中原，多歷年所，惡積禍盈，理至燋爛。況僞嬖昏狡，自相夷戮，部落攜離，酋豪猜貳，方當繫頸蠻邸，懸首藁街，而將軍魚游於沸鼎之中，燕巢於飛幕之上，不亦惑乎。暮春三月，江南草長，雜花生樹，羣鶯亂飛，見故國之旗鼓，感平生於疇日，撫絃登陴，豈不愴悢。所以廉公之思趙將，吳子之泣西河，人之情也，將軍獨無情哉。想早勵良規，自求多福。當今皇帝盛明，天下安樂，白環西獻，楛矢東來，夜郎滇池，解辮請職，朝鮮昌海，蹶角受化。唯北狄野心，掘强沙塞之間，欲延歲月之命耳。中軍臨川殿下，明德茂親，總茲戎重，弔民洛汭，伐罪秦中，若遂不改，方思僕言。聊布往懷，君其詳之。丘遲頓首。文選、梁書陳伯之傳、南史六十一、藝文類聚二十五。

硯銘

圓水夲　跡　壁　藝文類聚五十八。

[illegible]匪夏

侍中吏部尚書何府君誄

遺量夷雅，淹姿英茂，進德方新，循名以舊，分鑣先達，爭驅俊秀，匪直羽儀，實惟領袖，知人斯哲，在帝之難，僉謂往諧，是謂能官，闓阿望幣，釣嶼投竿，金張之貴，允茲七侍，有美一人，柔貂三珥，服冕乘軒，鳴玉飛翠，不貪爲寶，貴而能貧，唯靜是悅，惟寂是珍，履信茲從，積善方慶，如何斯德，曾是知命，彼高者天，與人焉咏，眇望周行，式瞻林壑，灑泆紛埃，擯揚流俗，言必玄遠，神唯珠玉，色恬喜愠，心豈榮辱。藝文類聚四十八。

裴邃

邃字淵明，河東聞喜人。齊建武初爲府主簿，舉秀才，對策高第，除奉朝請。東昏嗣位，爲撫軍始安王參軍，尋奔魏，爲司徒屬中書郎、魏郡太守。天監初自拔還朝，除後軍諮議參軍，出爲輔國將軍、廬江太守，加右軍將軍，封夷陵縣子，遷冠軍長史、廣陵太守，左遷始安太守，未至郡，遷右軍諮議參軍、豫章王雲麾府司馬，出爲竟陵太守，遷遊擊將軍，又遷假節明威將軍、西戎校尉、北梁秦二州刺史，還爲給事中、雲騎將軍、朱衣直閤將軍，遷大匠卿，普通中爲假節信武將軍，除持節北徐州刺史，未之職，遷豫州刺史，進號宣毅將軍，卒，贈侍中左衛將軍，進爵爲侯，謚曰烈。

致呂僧珍書

昔阮咸、顏延有二始之歎，吾才不逮古人，今爲三始，非其願也，將如之何。梁書裴邃傳：邃左遷始安太守，乃致書於呂僧珍。

移魏揚州刺史長孫稚

魏始於馬頭置戍，如聞復欲修白捺舊城，若爾，便稍相侵逼，此亦須營歐陽，設交境之備，今板卒已集，唯聽信還。魏書揚播附傳：梁豫州刺史裴邃治合肥，規襲壽春，已募勒兵士，而慮壽春疑覺，遂謬移云。

裴之横

之横字如岳，邃兄髦之第十三子，爲河東王常侍、直殿主帥，遷直閤將軍。侯景亂，出爲貞威將軍。元帝承制，除散騎常侍、廷尉卿，出爲河東內史，遷持節、平北將軍、東徐州刺史、中護軍，封豫寧侯。承聖中，除吳興太守。敬帝承制，除使持節、鎮北將軍、徐州刺史。拒蕭淵明於東關，敗死，贈侍中、司空，謚曰忠壯。

答貞陽侯書

之橫白：足下定國等至，枉雅誨，具高氏致送之旨，卽彼行人，遠到京城，大尉應有成命，但江山夐阻，未奉朝廷報辭，第下國之麟趾，先朝所寄，籍彼鄰好，義深主祀，自宜單車入境，端委還朝，而朱旆啓行，戎旌望國，江東士子，未達高懷。僕早預簪裾，夙叨眷輿，弦矢既睽，江淮成阻，青黎裁封，雖繼西鳥之辭，白雪在天，豈無北風之歎。但變故紛紛，忠貞寍顯，寒松負雪，誠愧節者之徒，勁草疾風，寍忘烈士之槩。齊師若反旆淮路，退舍肥水，彼之敬送，止縉紳之徒，此之奉迎，則軒葢而已。伏聽朝旨，遲申展敬。之橫白。（文苑英華六百七十七。）

丘仲孚

仲孚字公信，吳興烏程人。齊永明初，選爲國子生，舉高第，未調，還鄉，爲盜。郡召補主簿，歷揚州從事、太學博士、于湖令，父憂去職。明帝卽位，起爲烈武將軍、曲阿令，遷山陰令，以贓敗，會赦。入梁，復爲山陰令，治爲天下第一，超遷車騎長史、長沙內史，徵爲尚書右丞，遷左丞，進衞尉卿，歷南郡、江夏太守，終豫章內史，卒贈給事黃門侍郎。有皇典二十卷、南宮故事百卷。

答釋法雲書難范縝神滅論

伏覽敕旨答臣下審神滅論，聖照淵深，句括眞俗，理超繫表，義貫羣識，鑽奉神猷，伏深舞蹈，惠示銜戢，存眷。丘仲孚白。（弘明集十。）

馬元和

元和，齊末爲兗州刺史。天監初，歷司農卿。

答釋法雲書難范縝神滅論

辱告，煩示敕旨垂答臣下審臣滅論，竊聞標機之旨，非凡所窺，符神之契，惟仁是極，故衆教裒徊，理詣於惇善，罄絶委曲，事盡於開濟。伏惟至尊先天製物，體道裁化，理絶言初，思包象外，攻塞異端，闡道歸一，萬有知宗，人天仰式，信滄海之舟梁，玄霄之日月也。神滅之論，宜所未安，何者？前聖摛教，抑引不同，括而言之，理實無二。易云：積善之家，必有餘慶；積不善之家，必有餘殃。孝經云：生則親安之，祭則鬼享之。雖未顯論三世，其旨已著。薪盡火滅，小乘權教，妙有湛然，究竟通說，因情卽理，理實可依。且愼終追遠，民德歸厚。禮有國有家，歷代由之，三才之寶，不同降清，神滅之爲論，妨政實多，非聖人者無法，非孝悌者無親，二者俱違，難以行於聖世矣。弟子庸乏，懵於至道，濫蒙頒訪，所據凡淺，荷惕之誠，追以無厝。弟子馬元和和南。（弘明集十。）

蔡傳

傳一作搆，字景節，濟陽考城人。宋左光祿興宗子，仕齊至給事黃門侍郎。入梁，終吳郡太守，卒贈金紫光祿大夫，謚康子。

答釋法雲書難范縝神滅論

辱告，奉宣敕旨答諸神滅論。夫神理玄妙，良難該辨，雖復前聖眷言，後英猶惑，叡旨爰釋，皎若發蒙，固以陵萬古而擅奇，悟方來以不朽。伏奉朝聞，載深抃躍，謹以書紳，永祛迷滯。蔡傳和南。（弘明集十。）

全梁文卷五十六終

全梁文卷五十七　烏程嚴可均校輯

劉峻

峻字孝標。初名法武。平原平原人。齊永明中南奔。建武中爲豫州府刑獄。梁受禪。召入西省。免。安成王引爲荊州戶曹參軍。以疾去職。居東陽之紫巖山。普通二年卒。門人謚曰玄靖先生。有世說注十卷。集六卷。

送橘啓

南中橙甘。青鳥所食。始霜之旦。采之風味照座。劈之香霧噀人。皮薄而味珍。脈不黏膚。食不留滓。甘踰萍實。冷亞冰壺。可以薰神。可以芼鮮。可以漬蜜。甌鄉之果。寧有此耶。橘錄

荅郭峙書

聞君子舊矣。但人非豕鹿。轉加蓬逝。波駭雨散。動隔山川。故無由交羽觴薦雜佩。睨浮雲以搔首。臨清風而浩歌。變燧迴星。亦云勞止。藝文類聚三十。

追荅劉秣陵沼書

劉侯既重有斯難。值余有天倫之戚。竟未致之也。尋而此君長逝。化爲異物。緒言餘論。蘊而莫傳。或有自其家得而示余者。余悲其音徽未沫。而其人已亡。青簡尚新。而宿草將列。泫然不知涕之無從也。雖隙駟不留。尺波電謝。而秋菊春蘭。英華靡絕。故存其梗槪。更酬其旨。若使墨翟之言無爽。宣室之談有徵。冀東平之樹。望咸陽而西靡。蓋山之泉。聞絃歌而赴節。但懸劍空壠。有恨如何。文選。梁書劉峻傳。藝文類聚三十四。

與宋玉山元思書

驅馬金張之館。飛蓋許史之廬。習匡鼎之說詩。勝谷雲之雕篆。賓徒波涌。輿輪靡息。當是時也。樂可言哉。然靜思夫君。憱爲軫歎。何則。方鑿圓枘。鉏鋙難從。翔鳥遊魚。蹊跪不狎。是以賈生懷琬琰而挫翮。馮子握璵璠而鎩羽。天誕英逸。獨擅民秀。心貞筠箭。德潤珪璋。信人口口水鏡。一性之鎔範。而荊南雅曲。高音鮮和。河西名驥。滅沒誰賞。故若先生者。進有三難。退有三樂。竊觀先生。未能鴻翔鸞起。騰霞躋漢。將由固空桑麻。田無負郭。俛眉翕肩。以斯故爾。今賢弟賓從。抗鱗奮翼。或衣繡江塘。或鳴騶洛渚。連騎方驅。擊鍾乃食。萼跗若是。吾子復何憂哉。唯當纂兩仲之微迹。襲二疏之風流。生與漁父同信。死葬要離墓側。金石可碎。聲垂無寂。斯道坦坦。先生幸其勖與。藝文類聚三十七。

垂當作華

荅劉之遴借類苑書

九冬有隟。三餘暇時。多遊書圃。代樹萱蘇。若夫亹亹於緗帙。閱微言於殘竹。嗌飫膏液。咀嚼英華。不知地之爲輿。天之爲蓋。靡測迴塘。莫辯輿馬。烏足以言乎。是用周流墳素。詳觀圖牒。搜管聯冊。纂茲英奇。蛩蛩之謀。止於善草。周周之計。利在銜翼。故鳩集斯文。盍自縮其漏耳。豈冀藏山之石。播於士大夫哉。藝文類聚五十八。

與諸弟書

任既假以吹噓。各登清貫。任云亡未幾。子姪漂流溝渠。洽等視之悠然。不相存贍。平原劉峻疾其苟且。乃廣朱公叔絕交論焉。文選廣絕交論注。

與何炯書稱劉訏劉歊

訏超超越俗。如天半朱霞。歊矯矯出塵。如雲中白鶴。皆儉歲之粱稷。寒年之纖纊。南史四十九劉訏傳。族祖孝標與書稱之。

與舉法師書

聞諸行李。高談徽德。逖聽風聲。心飛魂竦。無異蘄仙之望石髓。太陰之思龍燭。蒼星昏旻。涼雲送秋。道勝則肥。固應頤攝。衣裳虹蜆。帷幕霄露。餌黃菊之落蘂。酌清瀾之泳流。旦候歸雁。晨鳧暮聽羈

蜆當作蜺

雌蜀鶴。神影彰彰爾。蓋象蕭史之騎鳴鳳。列子之御長風。雖荆卿旁若無人。孝然堅臥冰雪。沈沈隱隱。何以尚之哉。至於馳騖經圖。翱翔書圃。極龍宮之妙典。彈石室之鴻記。道生伏其天亶。曼倩謝其辯物。若乃習是童子。措志雕蟲。藻思內流。英華外發。葳蕤秋竹。照曜春松。爵頌息明珠之譽。長門濫黃金之賞。盛矣美矣。煥其麗乎。昔旅浙河。嘗觀組繢。不覺紙蘙筆焚。魂魄斯盡。自茲厥後。雨絕珪璧。意睠睠於菁華。腸迴迴於九逝。夫日御停照。不踰隙穴。海若澮湧。其限限嶼。以玉柢鵲。昔傳餘寶。冀閱淸徵。用瘳眩疾。然越民非鷩冠之所。齊國豈奏韶之地。望與其遊。無貽責焉。釋藏經九。廣宏明集二十四。

辯命論 并序

主上嘗與諸名賢言及管輅。歎其有奇才而位不達。時有在赤墀之下。豫聞斯議。歸以告余。余謂士之窮通。無非命也。故謹述天旨。梁書作大旨。因言其志云。

臣觀管輅。天才英偉。珪璋特秀。實海內之名傑。梁書作髦傑。豈日者卜祝之流乎。而官止少府丞。年終四十八。天之報施。何其寡與。然則高才而無貴仕。饕餮而居大位。自古所歎。焉獨公明而已哉。故性命之道。窮通之數。天闕紛綸。莫知其辯。仲任蔽其源。子長闡其惑。至於鶡冠甕牖。必以懸天有期。鼎貴高門。則曰唯人所召。譊譊讙咋。異端斯起。蕭遠論其本而不暢其流。子玄語其流而未詳其本。嘗試言之曰。夫通生萬物。則謂之道。生而無主。謂之自然。自然者。物見其然。不知所以然。同焉皆得。不知所以得。鼓動陶鑄而不爲功。庶類混成而非其力。生之無亭毒之心。死之豈虔劉之志。墜之淵泉非其怒。升之霄漢非其悅。蕩乎大乎。萬寶以之化。確乎純乎。一化而不易。化而不易。則謂之命。命也者。自天之命也。定於冥兆。終然不變。鬼神莫能預。聖哲不能謀。觸山之力無以抗。倒日之誠弗能感。短則不可緩之於寸陰。長則不可急之於箭漏。至德未能

還當作環

同當作固

相當作將

踰。上智所不免。是以放勛之世。浩浩襄陵。天乙之時。焦金流石。文公罹其尾。宣尼絕其糧。顏回敗其叢蘭。冉耕歌其芣苢。夷叔斃淑媛之言。子輿困臧倉之訴。聖賢且猶若此。而況庸庸者乎。至乃伍員浮尸於江流。三閭沈骸於湘渚。賈大夫沮志於長沙。馮都尉皓髮於郎署。君山鴻漸。鍛羽儀於高雲。敬通鳳起。摧迅翮於風穴。梁書作風次。此豈才不足而行有遺哉。近世有沛國劉瓛。瓛弟璡。並一時之秀士也。瓛則關西孔子。通涉六經。循循善誘。服膺儒行。璡則志烈秋霜。心貞崑玉。亭亭高竦。不雜風塵。皆毓德於衡門。並馳聲於天地。而官有微於侍郎。位不登於執戟。相次梁書作相繼。殂落。宗祀無饗。因斯兩賢。以言古則。昔之玉質金相。英髦秀達。皆擯斥於當年。韞奇才而莫用。徼梁書作僥。草木以共彫。與麋鹿而同死。膏塗平原。骨塡川谷。湮滅而無聞者。豈可勝道哉。此則宰衡之與皁隸。容彭之與殤子。猗頓之與黔婁。陽文之與敦洽。咸得之於自然。不假道於

才智。故曰。死生有命。富貴在天。其斯之謂矣。然命體周流。變化非一。或先號後笑。或始吉終凶。或不召自來。或因人以濟。交錯糾紛。迴還倚伏。非可以一理徵。非可以一途驗。而其道密微。寂寥忽慌。無形可以見。無聲可以聞。必御物以效靈。亦憑人而成象。譬天王之冕旒。任百官以司職。而或者覩湯武之龍躍。謂龕亂在神功。聞孔墨之挺生。謂英睿擅奇響。視彭韓之豹變。謂鷙猛致人爵。見張桓之朱紱。謂明經拾青紫。豈知有力者運之而趨乎。故言而非命。有六蔽焉爾。請陳其梗概。夫靡顏膩理。哆噅顣頞。形之異也。朝秀晨終。龜鵠千歲。年之殊也。聞言如響。智昏菽麥。神之辨也。同知三者。定乎造化。榮辱之境。獨曰由人。是知二五而未識於十。其蔽一也。龍犀日角。帝王之表。河目龜文。公侯之相。撫鏡知其相刑。壓紐顯其膺錄。星虹樞電。昭聖德之符。夜哭聚雲。鬱興王之瑞。皆兆發於前期。渙汗於後葉。若謂驅貔虎。奮尺劍。入紫微。升帝道。則未達

窅冥之情未測神明之數其蔽二也空桑之里變成洪川歷陽之
都化爲魚鼈楚師屠漢卒睢河鯁其流秦人坑趙士沸聲若雷震
火炎崑嶽礫石與琬琰俱焚嚴霜夜零蕭艾與芝蘭共盡雖游夏
之英才伊顏之殆庶焉能抗之哉其蔽三也或曰明月之珠不能
無纇夏后之璜不能無攷故亭伯死於縣長相如卒於園令才非
不傑也主非不明也而碎結綠之鴻輝殘懸黎之夜色抑尺之量
有短哉若然者主父偃公孫弘對策不升第歷說而不入牧豕淄
原見弃州部設令忽如過隙溘死霜露其爲詬恥豈崔馬之流乎
及至開東閤列五鼎電照風行聲馳海外蓋前愚而後智先非而
終是將榮悴有定數天命有志極而謬生妍蚩其蔽四也夫虎嘯
風馳龍興雲屬故重華立而元凱升辛受生而飛廉進然則天下
善人少惡人多闇主衆明君寡而薰蕕不同器梟鸞不接翼是使
渾敦檮杌踵武於雲臺之上仲容庭堅耕耘於巖石之下橫謂廢

興在我無繫於天其蔽五也彼戎狄者人面獸心宴安鴆毒以誅
殺爲道德以蒸報爲仁義雖大風立於青丘鑿齒奮於華野比於
狼戾曾何足喻自金行不競天地版蕩左帶沸脣乘間電發遂覆
瀍洛傾五都居先生之桑梓竊名號於中縣與三皇競其萌黎五
帝角其區宇種落繁熾充仞神州嗚呼福善禍淫徒虛言耳豈非
否泰相傾盈縮遞運而汨之以人其蔽六也然所謂命者死生焉
貴賤焉貧富焉治亂焉禍福焉此十者天之所賦也愚智善惡此
四者人之所行也夫神非舜禹心異朱均才絓中庸在於所習是
以素絲無恒玄黃代起鮑魚芳蘭入而自變故季路學於仲尼厲
風霜之節楚穆謀於潘崇成殺逆之禍而商臣之惡盛業光於後
嗣仲由之善不能息其結纓斯則邪正由於人吉凶在乎命或以
鬼神害盈皇天輔德故宋公一言法星三徙殷帝自翦千里來雲
若使善惡無徵未洽斯義且于公高門以待封嚴母掃墓以望喪

汨當作汩

此君子所以自強不息也如使仁而無報奚爲修善立名乎斯徑
廷之辯也夫聖人之言顯而晦微而婉幽遠而難聞河漢而不測
梁書作不極　或立教以進庸怠或言命以窮性靈積善餘慶立教也鳳
鳥不至言命也今以其片言辯其要趣何異乎夕死之類而論春
秋之變哉且荊昭德音丹雲不卷周宣祈雨珪璧斯罄于叟種德
不逮勛華之高延年殘獷未甚東陵之酷爲善一爲惡均而禍福
異其流廢興殊其迹蕩蕩上帝豈如是乎詩云風雨如晦雞鳴不
已故善人爲善焉有息哉夫食稻粱進芻豢衣狐貉襲冰紈觀窈
眇之奇儛聽雲和之琴瑟此生人之所急非有求而爲也修道德
習仁義敦孝悌立忠貞漸禮樂之腴潤蹈先王之盛則此君子之
所急非有求而爲也然則君子居正體道樂天知命明其無可奈
何識其不由智力逝而不召來而不距生而不喜死而不慼瑤臺
夏屋不能悅其神土室編蓬未足憂其慮不充詘於富貴不遑遑

於所欲豈有史公董相不遇之文乎　文選梁書劉峻傳藝文類聚二十一

廣絕交論

客問主人曰朱公叔絕交論爲是乎爲非乎主人曰客奚此之問
客曰夫草蟲鳴則阜螽躍雕虎嘯而清風起故絪縕相感霧涌雲
蒸嚶鳴相召星流電激是以王陽登則貢公喜罕生逝而國子悲
且心同琴瑟言鬱郁於蘭茝道叶膠漆志婉孌於塤篪聖賢以此
鏤金版而鐫盤盂書玉牒而刻鐘鼎若乃匠人輟成風之妙巧伯
子息流波之雅引范張款款於下泉尹班陶陶於永夕駱驛縱橫
煙霏雨散巧厤所不知心計莫能測而朱益州汨彝敘粤謨訓捶
直切絕交游比黔首以鷹鸇媲人靈於豺虎蒙有猜焉請辨其惑
主人听然而笑曰客所謂撫絃徽音未達燥溼變響張羅沮澤不
覩鴻雁雲飛蓋聖人握金鏡闡風烈龍驤蠖屈從道汙隆日月聯
璧贊亹亹之弘致雲飛電薄顯棣華之微旨若五音之變化濟九

成之妙曲。此朱生得玄珠於赤水。謨神睿而爲言。至夫組織仁義。琢磨道德。驩其愉樂。恤其陵夷。寄通靈臺之下。遺迹江湖之上。風雨急而不輟其音。霜雪零而不渝其色。斯則賢達之素交。歷萬古而一遇。逮叔世民譌。狙詐飆起。谿谷不能踰其險。鬼神無以究其變。競毛羽之輕。趨錐刀之末。於是素交盡。利交興。天下蚩蚩。鳥驚雷駭。然則利交同源。派流則異。較言其略。有五術焉。若其寵鈞董石。權壓梁竇。雕刻百工。鑪捶萬物。吐漱興雲雨。呼噏下霜露。九域聳其風塵。四海疊其燻灼。靡不望影星奔。藉響川鶩。雞人始唱。鶴蓋成陰。高門旦開。流水接軫。皆願摩頂至踵。隳膽抽腸。約同要離焚妻子。誓殉荆卿湛七族。是曰勢交。其流一也。富埒陶白。貲巨程羅。山擅銅陵。家藏金穴。出平原而聯騎。居里閈而鳴鍾。則有窮巷之賓。繩樞之士。冀宵燭之末光。邀潤屋之微澤。魚貫鳧躍。颯沓鱗萃。分鴈鶩之稻粱。霑玉斝之餘瀝。銜恩遇。進款誠。援青松以示心。指白水而旌信。是曰賄交。其流二也。陸大夫宴喜西都。郭有道人倫東國。公卿貴其藉甚。搢紳羨其登仙。加以顩頤蹙頞。涕唾流沫。騁黃馬之劇談。縱碧雞之雄辯。敘溫郁則寒谷成暄。論嚴苦則春叢零葉。飛沈出其顧指。榮辱定其一言。於是有弱冠王孫。綺紈公子。道不挂於通人。聲末道於雲閣。攀其鱗翼。丐其餘論。附騏驥之旄端。軼歸鴻於碣石。是曰談交。其流三也。陽舒陰慘。生民大情。憂合驩離。品物恆性。故魚以泉涸而呴沫。鳥因將死而鳴哀。同病相憐。綴河上之悲曲。恐懼寘懷。昭谷風之盛典。斯則斷金由於湫隘。刎頸起於苫蓋。是以伍員濯溉於宰嚭。張王撫翼於陳相。是曰窮交。其流四也。馳騖之俗。澆薄之倫。無不操權衡。秉纖纊。衡所以揣其輕重。纊所以屬其鼻息。若衡不能舉。纊不能飛。雖顏冉龍翰鳳雛。曾史蘭薰雪白。舒向金玉淵海。卿雲黼黻河漢。視若游塵。遇同土梗。莫肯費其半菽。罕有落其一毛。若衡重錙銖。纊微彯撇。雖共

末當作未

文當作枝

工之蒐慝。雕兜之掩義。南荆之跋扈。東陵之巨猾。皆爲匍匐逶迤。折支舐痔。金膏翠羽將其意。脂韋便辟導其誠。故輪蓋所游。必非夷惠之室。苞苴所入。實行張霍之家。謀而後動。毫芒寡忒。是曰量交。其流五也。凡斯五交。義同賈鬻。故桓譚譬之於闤闠。林回喻之於甘醴。夫寒暑遞進。盛衰相襲。或前榮而後悴。或始富而終貧。或初存而末亡。或古約而今泰。循環翻覆。迅若波瀾。此則殉利之情未嘗異。變化之道不得一。由是觀之。張陳所以凶終。蕭朱所以隙末。斷焉可知矣。而翟公方規規然勒門以箴客。何所見之晚乎。因此五交。是生三釁。敗德殄義。禽獸相若。一釁也。難固易攜。讎訟所聚。二釁也。名陷饕餮。貞介所羞。三釁也。古人知三釁之爲梗。懼五交之速尤。故王丹威子以檟楚。朱穆昌言而示絕。有旨哉。有旨哉。近世有樂安任昉。海內髦傑。早綰銀黃。夙昭民譽。遒文麗藻。方駕曹王。英跱俊邁。聯橫許郭。類田文之愛客。同鄭莊之好賢。見一善則盱衡扼腕。遇一才則揚眉抵掌。雌黃出其脣吻。朱紫由其月旦。於是冠蓋輻湊。衣裳雲合。輜軿擊轊。坐客恆滿。蹈其閫閾。若升闕里之堂。入其隩隅。謂登龍門之阪。至於顧盼增其倍價。翦拂使其長鳴。彯組雲臺者摩肩。趨走丹墀者疊迹。莫不締恩狎。結綢繆。想莊惠之清塵。庶羊左之徽烈。及瞑目東粵。歸骸洛浦。繐帳猶懸。門罕漬酒之彥。墳未宿草。野絕動輪之賓。藐爾諸孤。朝不謀夕。流離大海之南。寄命嶂癘之地。自昔把臂之英。金蘭之友。曾無羊舌下泣之仁。寧慕郈成分宅之德。嗚呼。世路險巇。一至於此。太行孟門。豈云嶄絕。是以耿介之士。疾其若斯。裂裳裹足。棄之長騖。獨立高山之頂。歡與麋鹿同羣。皦皦然絕其雰濁。誠恥之也。誠畏之也。文選

南史五十九。藝文類聚二十一。

末當作未

東陽金華山棲志

夫鳥居山上。層巢木末。魚潛淵下。窟穴泥沙。豈好異哉。蓋性自然

廻當作迴　谷當作合

迴當作廻

蕐當作華

也故有忽白璧而樂垂綸負玉鼎而要卿相行藏紛糾顯晦蹐駁
無異火炎水流圓動方息斯則廟堂之與江海蓬戶之與金閨並
然其所然悅其所悅烏足毛羽瘡痏在其間哉予生自原野善畏
難狎心駭雲臺朱屋望絕高蓋青組且霑濡霧露彌願閒逸每思
濯清瀨息椒丘寤寐永懷其來尚矣蚓專噬壤民欲天從爰洎二
毛得居巖穴所居東陽郡金華山東陽實會稽西部是生竹箭山
川秀麗皐澤坱鬱若其羣峯疊起則接漢連霞喬林布濩則春青
冬綠廻溪映流則十仞洞底膚寸雲谷必千里雨散信卓犖爽塏
神居奧宅是以帝鴻遊斯鑄鼎雨師寄此乘烟故澗勒赤松之名
山貽縉雲之號近代江治中龕迅泥滓王徵士高拔風塵龍盤鳳
棲咸萃茲地良由碧巘素石可致幽人者哉金華山古馬鞍山也
蘊靈藏聖列名仙諜左元放稱此山云可免洪水五兵可合神丹
九轉金華之背有紫巖山山色紅紫因此為稱靡迤坡陀下屬深
渚嶙峋嶮巇上虧日月登自山麓漸高漸峻壟路迫隘魚貫而升
路側有絕澗闕閈廓豁俯窺木杪焦原石邑匪獨危懸至山將半
便有廣澤大川皐陸隱賑予之葺宇實在斯焉所居三面皆迴山
周繞有象郛郭南則平野蕭條目極通望東西帶二澗四時飛流
泉清瀾微霆滴瀝生響白波跳沫汹涌成音並漕瀆通引交渠綺
錯懸溜瀉於軒甍激湍迴於階砌供帳無絕汲盥漱息瓶盆楓櫨
椅櫪之樹梓柏桂樟之木分形異色千族萬種結朱實包綠裹杭
白蔕抽紫莖櫹矗苯蓴捎風鳴籟垂條櫚戶布葉房櫳中谷澗濱
蕐藥播列至於青春緩謝萍生泉動則有都梁含馥懷香送芬長
樂負霜宜男泣露芙蕖紅華照水皐蘇縹葉從風憑軒永眺蠲憂
亡疾丘阿陵曲眾藥灌叢地髓抗莖山筋抽節金鹽重於素璧玉
豉貴於明珠可以養性消痾還年駐色不藉崔文黃散勿用負局
紫九翱翔羣鳳風胎雨鷇綠翼紅毛素纓翠鬣肅肅毛羽關關好

蹝當作躧

則當作側　菌當作茵

則當作澗

音皆馴狎園池旅食雞鶩若乃鳴日伺辰響類鐘鼓鳴蛇候曙聲
像琴瑟玄猨薄霧清嘯飛狢乘煙永吟嘈嘈嘹亮悅心娛耳諒所
以跨躡管籥韜軼笙簧宅東起招提寺背巖面壑層軒引景邃宇
臨崖博敞閒虛納祥生白左瞻右睇仁智所居故碩德名僧振錫
雲萃調心七覺詆訶五塵郁列戒香浴滋定水至於熏鑪夜爇法
鼓旦聞予則跕蹝摳衣躬行頂禮詢道哲人欽和至教每聞此河
紛梗彼岸永寂熙熙然若登春臺而出宇宙唯善是樂豈伊徒言
寺東南有道觀亭亭崖則下望雲雨蕙樓菌榭隱映林篁飛觀列
軒玲瓏煙霧日止卻粒之氓歲集神仙之客餌星髓吸流霞將乃
雲衣霓裳乘龍馭鶴觀下有石井聳峙中則雕琢刻削頗類人工
躍流瀨瀉濟湧決咽電擊雷吼駭目驚魂寺觀之前皆植修竹檀
欒蕭瑟被陵緣阜竹外則有良田區畛通接山泉膏液鬱潤肥腴
鄭白決漳莫之能擬致紅粟流溢鳧雁充厭春鶖旨膳碧雞冬蕈
味珍霜鵽穀巾取於丘嶺短褐出自中園蘘荷遍側於池湖菅蒯
駢塡於原隰養給之資生生所用無不阜實蕃籬充牣崖巘歲始
年季農隙時閒濁醪初釀醥清新熟則田家野老提壺共至班荊
林下陳罇置酌酒酣耳熱屢舞讙呶盛論箱庾高談穀稼嘔噱謳
歌舉盃相抗人生樂耳此歡豈訾若夫蠶而衣耕而食日出而作
日入而息晚食當肉無事為貴不求於世不忤於物莫辨榮辱匪
知毀譽浩蕩天地之間心無怵惕之警豈與嵇生齒劍楊子墜閣
較其優劣者哉（釋藏輕九廣弘明集二十七又略見藝文類聚三十六）

相經序

夫命之與相猶聲之與響聲動乎幾響窮乎應雖壽夭參差賢愚
不一其間大較可得聞矣若乃生而神睿弱而能言八彩光眉四
瞳麗目斯實天姿之特達聖人之符表洎乎日偃月角之奇龍棲
虎踞之美地靜鎮於城纏天關運於掌策金槌玉枕磊落相望伏

扉起。蓋隱鱗交映。井宅既兼。食𠤳已實。柳亦帝王卿相之明效也。及其深目長頸。頹顏蹙齃。虵行鷙立。假喙鳥味。筋不束體。血不華色。手無春荑之柔。髮有寒蓬之悴。或先吉而後凶。或少長乎窮乏。不其悲歟。至如姬公凝負圖之容。孔父眇棲遑之迹。豐本知其有後。黃中明其可貴。其間或躍馬膳珍。或飛而食肉。或皁隸晚疾。初形未正。銅巖無以飽生。玉饌終乎餓死。因斯以觀。何事非命。藝文類聚七十五。

自序

鬓中濟濟皆升堂。亦有愚者解衣裳。南史四十九。

余自比馮敬通。而有同之者三。異之者四。何則。敬通雄才冠世。志剛金石。余雖不及之。而節亮慷慨。此一同也。敬通值中興明君。而終不試用。余逢命世英主。亦擯斥當年。此二同也。敬通有忌妻。至於身操井臼。余有悍室。亦令家道轗軻。此三同也。敬通當更始之世。手握兵符。躍馬食肉。余自少迄長。戚戚無懽。此一異也。敬通有一子仲文。官成名立。余禍同伯道。永無血胤。此二異也。敬通膂力方剛。老而益壯。余有犬馬之疾。溘死無時。此三異也。敬通雖芝殘蕙焚。終塡溝壑。而為名賢所慕。其風流郁烈芬芳。久而彌盛。余聲塵寂漠。世不吾知。魂魄一去。將同秋草。此四異也。所以自力為敍。遺之好事云。梁書劉峻傳。

劉歊

歊字士光。峻族孫。不仕。謚曰貞節處士。有集八卷。

革終論

死生之事。聖人罕言之矣。孔子曰。精氣為物。遊魂為變。知鬼神之情狀。與天地相似而不違。其言約。其旨妙。其事隱。其意深。未可以臆斷。難得而精覈。聊肆狂瞽。請試言之。夫形慮合而為生。魂質離而稱死。合則起動。離則休寂。當其動也。人皆知其神。及其寂也。物

淫當作循

莫測其所趣。皆知則不言而義顯。莫測則逾辯而理微。是以勳華曠而莫陳。姬孔抑而不說。前達往賢。互生異見。季札云。骨肉歸於土。魂氣無不之。莊周云。生為淫役。死為休息。尋此二說。如或相反。何者。氣無不之。神有也。死為休息。神無也。原憲云。夏后氏用明器。示民無知也。殷人用祭器。示人有知也。周人兼用之。示民疑也。攷之記籍。驗之前志。有無之辯。不可歷言。若稽諸內教。判乎釋部。則諸子之言可尋。三代之禮無越。何者。神為生本。形為生具。死者神離此具。而卽非彼具也。雖死者不可復反。而精靈遞變。未嘗滅絕。當其離此之日。識用廓然。故夏后明器。示其弗反。卽彼之時。魂靈知滅。故殷人祭器。顯其猶存。不存則合乎莊周。猶存則同乎季札。各得一隅。無傷厥義。設其實也。則亦無故。周人有兼用之禮。尼父發遊魂之唱。不其然乎。若廢偏攜之論。探中途之旨。則不仁不智之譏。於是乎可息。夫形也者。無知之質也。神也者。有知之性也。有知不獨存。依無知以自立。故形之於神。逆旅之館耳。及其死也。神去此而適彼也。神已去此。館何用存。速朽得理也。神已適彼。祭何所祭。祭則失理。而姬孔之教不然者。其有以乎。蓋禮樂之興。出於澆薄。俎豆綴兆。生於俗弊。施靈筵。陳棺槨。設饋奠。建丘隴。蓋欲令孝子有追思之地耳。夫何補於已遷之神乎。故上古衣之以薪。葬之中野。可謂尊盧赫胥皇雄炎帝蹈於失理哉。是以子羽沈川。漢伯方壙。文楚黃壤。士安麻索。此四子者。得理也。忘教也。若從四子而遊。則平生之志得矣。然積習生常。難卒改革。一朝肆志。儻不見從。今欲翦截煩厚。務存儉易。進不裸尸。退異常俗。不傷存者之念。有合至人之道。孔子云。斂首足形。還葬而無椁。斯亦貧者之禮也。余何陋焉。且張奐止用幅巾。王肅唯盥手足。范冉殮畢便葬。奚珍南史作爰珍。無設筵几。文度故舟為椁。子廉牛車載柩。叔起誡絕墳隴。康成使無卜吉。此數公者。尚或如之。況於吾人。而當華泰。今欲髣

髴景行。以爲軌則。儀合中庸之道。庶免徒費之譏。氣絕不須復魄。（南史作復魂。）盥洗而斂。以一千錢市治棺。單故裙衫衣巾枕履。此外送往之具。棺中常物。及餘閣之祭。一不得有所施。世多信李彭之言。可謂惑矣。余以孔釋爲師。差無此惑。斂訖。載以露車。歸於舊山。隨得一地。地足爲埳。埳足容棺。不須塼甓。不勞封樹。勿設祭饗。勿置几筵。無用茅君之虛座。伯夷之杅水。其蒸嘗繼嗣。言象所絕。事止余身。無傷世教。家人長幼。內外姻戚。凡厥友朋。爰及寓所。咸願成余之志。幸勿奪之。（梁書劉歊傳。）

全梁文卷五十七終

烏程嚴可均校輯

周興嗣

興嗣字思纂，陳郡項人，世居姑孰。齊建武中舉秀才，除桂陽郡丞。梁受禪，爲安成王國侍郎，擢員外散騎侍郎，遷給事中，除臨川郡丞，復爲給事中。有千字文一卷，集十卷。

休平賦

白鶴羽扇賦

銜明珠以報德，訪在陰而陽止。既來集於衞軒，亦傾舞於吳市。駢瑤蒻雪，盈華寫潔。通脊似介，點首如翳。縈吹動髮，環涼入衣。悽兮若秋之暮，懍兮如雪之飛。（藝文類聚六十九）

司馬褧

褧字貞素，河內溫人，晉譙王承七世孫。師事劉瓛。齊建武中爲奉朝請，遷王府行參軍。天監初爲本州治中，除暨陽令，入爲尚書祠部郎，遷王府諮議，除尚書左丞，出爲始興內史。

皇子爲慈母服議

宋朝五服制，皇子服訓養母，禮依庶母慈己，宜從小功之制。按曾子問云：子游曰：喪慈母禮歟？孔子曰：非禮也。古者男子外有傅，內有慈母，君命所使教子也，何服之有？鄭玄注云：此指謂國君之子也。若國君之子不服，則王者之子不服可知。又喪服經云：君子子爲庶母慈己者。傳曰：君子子者，貴人子也。鄭玄引內則三母，止施於卿大夫。以此而推，則慈母之服，上不在五等之嗣，下不逮三士之息。倘其服者，止卿大夫，尋諸侯之子尚無此服，況乃施之皇子。謂宜依禮刊除，以反前代之惑。（梁書司馬褧傳）

迎氣不用牲議

昆蟲未蟄，不以火田，鳩化爲鷹，罻羅方設。仲春之月，祀不用牲，止珪璧皮幣，斯又事神之道，可以不殺明矣。況今祀天，豈容尚此。請夏初迎氣，祭不用牲。（隋書禮儀志二，天監七年，尚書左丞司馬褧議，帝從之。）

參議尚書齋祭服

禮記玉藻云：諸侯玄冕以祭，裨冕以朝。雜記又云：大夫冕而祭於公，弁而祭於己。今之尚書，上異公侯，下非卿士，止有朝衣，本無冕服。但旣預齋祭，不容同於在朝，宜依太常及博士諸齋官例，著皁衣、絳襈、中單、竹葉冠。若不親奉，則不須入廟。（隋書禮儀志六，天監九年，司馬褧等參議，帝從之。）

量代脯脩議

大餅代大脯，餘悉用蔬菜。（隋書禮儀志二，天監十六年十月，左丞司馬褧等參議。）

答釋法雲書難范縝神滅論

辱告并垂示敕答臣下審神滅義，伏讀周流，式歌且舞。夫識慮沈隱，精靈幽妙，近步無以追，凡情不能測。外聖知其若此，所以抑而不談，故涉孔父其尚昏，經姬公其未曙。而碌碌之徒，忘理信目，雖書管窺，異見鋒起，苟徇離賢之名，遂迷霜露之實，愚惑到此，深可矜傷。我皇道貫幽顯，明踰日月，窮天地之極，以盡始終之奧。忌蕕紫之妨薰朱，惡雄珉之亂鳳玉，爰發聖衷，降茲雅義，信之以光揚妙覺，拯厥沈泥，近照性靈之極，遠明孝德之本，實使異學翦其邪心，四方篤其義慕。謬以多幸，預奉陶均，沐澤飲和，有兼慶躍，流通曲被，佩荷彌深。司馬褧呈。（弘明集十）

信之當作信足

柳惲

惲字文暢，河東解人。齊竟陵王引爲法曹，累遷相國右司馬。入梁，爲廣州刺史，再爲吳興太守。卒，贈侍中、中護軍將軍。有集十二卷。

答釋法雲書難范縝神滅論

辱告惠示敕所答臣下神滅論。夫指歸無二，宗致本一，續故不斷

示當作爾

釋訓之弘規入室容聲孔經之深旨中外兩聖影響相符雖理在固然而疑執相半伏奉淵旨照若發蒙願會玄趣窮神知寂測情盡狀天地相似于載闕疑從春冰而俱泮一世顛倒與浮雲而俱開祗誦環徊永用懸解存及之顧良以悲戢弟子柳惲頓首白弘明集十

庾黔婁

黔婁字子貞新野人仕齊為本州主簿遷平西行參軍歷編孱陵二縣令入梁為蜀郡太守終太子侍讀散騎侍郎

答釋法雲書難范縝神滅論

孝經云生則親安之祭則鬼饗之樂記云明則有禮樂幽則有鬼神詩云肅雍和鳴先祖是聽周官宗伯職云樂九變人鬼可得而禮祭義云入戶愾然必有聞乎其歎息之聲尚書云若示三王有太子之責左傳云鯀神化為黃能伯有為妖彭生豕見右七條弟子

生此百年早聞三世驗以衆經求諸故實神鬼之證既布中國之書菩提之果又表西方之學聖教相符性靈無泯致言或異其揆惟一但以聖人之化因物通感抑引從急與奪隨機非會不言言必成務非時不感感惟濟物而參差業報取捨之塗遂分往還緣集淪悟之情相舛狎其小識晦茲大旨滯覩聞見莫辯幽微此榆枋所以笑九萬赤縣所以駭大千故其宜也若斯之倫遂復構穿鑿騖危辯鼓偽言煽非學是謂異端故宣尼之所害也我皇繼三五而臨萬機紹七百以御六辯勳格無稱道還淳粹經天緯地之德左日右月之明皇王之所未曉羣聖之所不備億兆之所宜通將來之所必至莫不曾其玄波而達其幽致者也伏覽神論該冠眞俗三才載朗九服移心跂行蠢蠕猶知舞蹈況在生靈誰不撫節弟子少缺下帷尤蔽名理既符夙志彌深踴躍至如百家恢怪所述良多搜神靈鬼顯驗非一且般若之書本明斯義既魔從所排趣無兼引自非格言孰能取正略說七條皆承經典譬猶秋毫之憑五嶽觸氏之附六軍敢瀝微塵祗增悚汗弟子庾黔婁和南弘明集十

許懋

懋字昭哲高陽新城人晉徵士詢五世孫仕齊為後軍豫章王行參軍轉法曹茂才還驃騎大將軍儀同中記室除太子步兵校尉永元中轉散騎侍郎兼國子博士梁受禪除征西鄱陽王諮議兼著作郎待詔文德省出為始平太守加散騎常侍轉天門太守中大通三年拜太子中庶子卒有述行記四卷集十五卷

答敕問雩祭燔柴

敕問凡求陰陽應各從其類今雩祭燔柴以火祈水意以為疑懋答曰雩祭燔柴經無其文良由先儒不思故也按周宣雲漢之詩

曰上下奠瘞靡神不宗毛注云上祭天下祭地奠其幣瘞其物以此而言為旱而祭天地並有瘞埋之文不見有燔柴之說若以祭五帝必應燔柴者今明堂之禮又無其事且禮又云埋少牢以祭時時之功是五帝此又是不用柴之證矣昔雩壇在南方正陽位有乖求神而已移於東實柴之禮猶未革請停用柴其牲牢等物悉從坎瘞以符周宣雲漢之說梁書許懋傳

封禪議

臣案舜幸岱宗是為巡狩而鄭引孝經鉤命決云封於太山考績柴燎禪乎梁甫刻石紀號此緯書之曲說非正經之通義也依白虎通云封者言附廣也禪者言成功相傳也若以禪授為義則禹不應傳啟至桀十七世也湯又不應傳外景至紂三十七世也又禮記云三皇禪奕奕謂盛德也五帝禪亭亭特立獨起於身也三王禪梁甫連延不絕父沒子繼也若謂禪奕奕為盛德者古義以

伏羲神農黃帝是爲三皇伏羲封太山禪云云黃帝封太山禪亭亭皆不禪奕奕而云盛德則無所寄矣若謂五帝禪亭亭特立獨起於身者顓頊封泰山禪云云帝嚳封泰山禪云云堯封太山禪云云舜封太山禪云云亦不禪亭亭若合黃帝以爲五帝者少昊卽黃帝子又非獨立之義矣若謂三王禪梁甫連延不絕父沒子繼者禹封太山禪云云周成王封太山禪社首舊書如此異乎禮說皆道聽所得失其本文假使三王皆封太山禪梁甫者是爲封太山則有傳世之義禪梁甫則有揖讓之懷或欲禪位或欲傳子義既矛盾理必不然又七十二君夷吾所記此中世數裁可得二十餘主伏羲神農女媧大庭柏皇中央栗陸驪連赫胥尊盧混沌昊英有巢朱襄葛天陰康無懷黃帝少昊顓頊高辛堯舜禹湯文武中間乃有共工霸有九州非帝之數云何得有七十二君封禪之事且燧人以前至周之世未有君臣人心淳樸不應金泥玉檢

升中刻石燧人伏羲神農三皇結繩而治書契未作未應有鐫文告成且無懷氏伏羲後第十六主云何得在伏羲前封太山禪云云夷吾又曰惟受命之君然後得封禪周成王非受命君云何而得封太山禪社首神農與炎帝是一主而云神農封太山禪云云炎帝封太山禪云云分爲二人妄亦甚矣若是聖主不須封禪若是凡主不應封禪當時齊桓欲行此事管仲知其不可故舉怪物以屈之也秦始皇登太山中坂風雨暴至休松樹下封爲五大夫而事不遂漢武帝宗信方士廣召儒生皮弁搢紳射牛行事獨與霍嬗俱上既而子侯暴卒厥足用傷至魏明使高堂隆撰其禮儀聞隆沒歎息曰天下欲成吾事高生捨我亡也晉武太始中欲封禪乃至太康議猶不定竟不果行孫皓遣兼司空董朝兼太常周處至陽羨封禪國山此朝君子有何功德不思古道而欲封禪皆是主好名於上臣阿旨於下也夫封禪者不出正經惟左傳說禹會諸侯於塗山執玉帛者萬國亦不謂爲封禪鄭玄有參柴之風不能推尋正經專信緯候之書斯爲謬矣蓋禮云因天事天因地事地因名山升中於天因吉土享帝於郊燔柴岱宗卽因山之謂矣故曲禮云天子祭天地是也又祈穀一報穀一禮乃不顯祈報地推文則有樂記云大樂與天地同和大禮與天地同節和故百物不失節故祀天祭地百物不失者天生之地養之故知地亦有祈報是則一年三郊天三祭地周官有員丘方澤者總爲三事郊祭天地故小宗伯云兆五帝於四郊此卽月令迎氣之郊也舜典有歲二月東巡狩至於岱宗夏南秋西冬北五年一周若爲封禪何其數也此爲九郊亦皆正義至如大旅於南郊者非常祭也大宗伯國有大故則旅上帝月令云仲春玄鳥至祀於高禖亦非常祭故詩云克禋克祀以弗無子并有雩禱亦非常祭禮云雩禜水旱也是爲合郊天地有三特郊天有九非常祀又有三孝經云宗祀

文王於明堂以配上帝雩祭與明堂雖是祭天而不在郊是爲天祀有十六地祭有三惟大禘祀不在此數大傳云王者禘其祖之所自出以其祖配之異於常祭以故云大於時祭案繫辭云易之爲書也廣大悉備有天道焉有地道焉有人道焉兼三才而兩之故六六者非他三才之道也乾彖云大哉乾元萬物資始乃統天雲行雨施品物流形大明終始六位時成此則應六年一祭坤元亦爾誠敬之道盡此而備至於封禪非所敢聞。梁書許懋傳時有請封會稽禪國山者懋以爲不可因建議。

駁明堂儀注

禮云大裘而冕祀昊天上帝亦如之良由天神尊遠須貴誠質今泛祭五帝理不容文。梁書許懋傳。

謝廣

廣齊末爲祠部郎入梁。

時祭東城廟議

礿祭是四時常祭。首月既不可移易。宜依前尅日於東廟致齋。（隋書禮儀志二。中興二年四月。梁武即皇帝位。祠部郎謝廣又議。帝從之。）

陸瑋

瑋仕齊。入梁為國子博士。

郊祀一獻議

宗祧三獻。義兼臣下。上天之禮。主在帝王。約理申義。一獻為允。（隋書禮儀志一。天監七年。帝以一獻為質。三獻則文。事天之道。理不應然。詔下詳議。博士陸瑋、明山賓、禮官司馬褧以為云云。自是天地之祭皆一獻。）

郊祀服章議

祭天猶存埽地之質。而服章獨取黼黻為文。於義不可。今南郊神座皆用苮席。此獨莞類。未盡質素之理。宜以稾秸為下藉。蒲越為上席。又司服云。王祀昊天。服大裘。明諸臣禮不得同。自魏以來皆用袞服。今請依古更制大裘。（隋書禮儀志一。天監七年。）

又議

尋大裘之制。唯鄭玄注司服云。大裘。羔裘也。既無所出。未可為據。案六冕之服。皆玄上纁下。今宜以玄繒為之。其制式如裘。其裳以纁。皆無文繡。冕則無旒。（同上。）

明山賓

山賓字孝若。平原鬲人。宋齊徵士僧紹子。仕齊為州從事史、奉朝請、始安王遙光撫軍行參軍、廣陽令。梁臺建。歷相府田曹參軍、尚書駕部郎。遷治書侍御史、右軍記室參軍。天監初。選為五經博士。遷北中郎諮議參軍、中書侍郎、國子博士、太子率更令、中庶子。出為持節征遠將軍、北兗州刺史。普通中。歷太子右衛率、給事中、御史中丞、黃門侍郎、司農卿、散騎常侍。領青冀二州大中正、東宮博士。兼國子祭酒。假節。行北兗州事。大通元年卒。年八十五。贈侍中信威將軍。謚曰質子。有吉禮儀注二百六卷。錄一卷。禮儀二十卷。孝經喪禮服義十五卷。

薦朱异表

竊見錢唐朱异。年時尚少。德備老成。在獨無散逸之想。處闇有對賓之色。器宇弘深。神表峯峻。金山萬丈。緣陟未登。玉海千尋。窺映不測。加以珪璋新琢。錦組初構。觸響鏗鏘。値采便發。觀其信行。非惟十室所稀。若使負重遥途。必有千里之用。（梁書朱异傳。）

郊不應裸議

表記。天子親耕。粢盛秬鬯。以事上帝。蓋明堂之裸耳。郊不應裸。（隋書禮儀志一。天監三年。博士明山賓議。帝從之。）

省牲牽牲讚牲議

案郊廟省牲日。則廩犧令牽牲。太祝令讚牲。祭之日。則太尉牽牲。郊特牲云。社者神地之道。國主社稷。義實為重。今公卿貴臣親執盛禮。而令微吏牽牲。頗為輕末。且司農省牲。又非其義。太常禮官。實當斯職。禮祭社稷無親事牽（通典作無親牽牲）之文。謂宜以太常省牲。廩犧令牽牲。太祝令讚牲。（隋書禮儀志二。天監四年。明山賓議。又見通典四十五。）

二郊同日議

伏尋制旨。周以建子祀天。五月祭地。殷以建丑祀天。六月祭地。夏以建寅祀天。七月祭地。自頊代以來。南北二郊同用夏正。（隋書禮儀志一。天監五年。明山賓稱云云。詔更詳議。）

又議

二儀並尊。三朝慶始。同以此日二郊為允。并請迎五帝於郊。皆以始祖配饗。及郊廟受福。唯皇帝再拜。明上靈降祚。臣下不敢同也。（同上。詔並依議。）

裸用雞彝牛彝議

尊彝之制。祭圖惟有三樽。一曰象樽。周樽也。二曰山罍。夏樽也。三曰著樽。殷樽也。徒有彝名。竟無其器。直酌象樽之酒。以爲珪瓚之實。竊尋祼重於獻。不容共樽。宜循彝器。以備大典。案禮器有六彝。春祠夏礿。祼用雞彝鳥彝。王以珪瓚初祼。后以璋瓚亞祼。故春夏兩祭。俱用二彝。今古禮殊。無復亞祼。止循其二。春夏雞彝。秋冬牛彝。庶禮物備也。隋書禮儀志二。天監五年。明山賓議。

又議

臣愚管不奉明詔。則終年乖舛。案鳥彝是南方之物。則主火位。木生於火。宜以鳥彝春夏兼用。同上。帝曰。雞是金禽。亦主巽位。但金火相伏。用之通夏。於義爲疑。山賓云云。帝從之。

迎氣服大裘議

周官祀昊天以大裘。祀五帝亦如之。頃代郊祀之服。皆用衮冕。是以前奏迎氣祀五帝。亦服衮冕。愚謂迎氣祀五帝。亦宜用大裘。禮俱一獻。隋書禮儀志二。天監八年。明山賓議。帝從之。

荅釋法雲書難范縝神滅論

辱告。惠示敕旨荅臣下審神滅論。源深趣遠。豈鹿兔所測。隨類得解。或亦各欣其所見。奉以周旋。不勝舞躍。法師學冠一時。道叶千載。起予之寄。允在明德。想弘宣妙旨。無復遺蘊。邪弟子業謝專經。智非通議。豈能仰述淵猷。讚揚風教。論旨限以視聽。豈達曠遠。目覩百年。心惑三世。謂形魄既亡。神魂俱滅。斯則既違釋典。復乖孔教矣。焉可與言至道語妙理者哉。夫明則有禮樂。幽則有鬼神。是以孔宣垂範。以知死酬問。周文立教。以多才代終。詩稱三后在天。書云祖考來格。且豪上英華。著方生之論。柱下叡哲。稱其鬼不神。爲薪而火傳。交臂而生謝。此皆陳之載籍。彰彰甚明者也。夫緣假故有滅。業造故無常。是以五陰合成。終同煙盡。四微虛構。會均火滅。竊謂神明之道。非業非緣。非業非緣。故雖遷不滅。能緣能業。故苦樂殊報。此能仁之妙唱。縉紳之所抑也。雖教有殊途。理還一致。

今兼周孔之正文。背釋氏之眞說。未知以此。將欲何歸。正法住世。尚有斷常之說。況像法末流。而無異端之論。有神不滅。乃三聖同風。雖典籍著明。多歷年所。通儒碩學。並未能值。皇上智周空有。照極神源。爰發聖衷。親染神翰。弘獎至教。啟悟重昏。令夫學者永祛疑惑。眷逮不遺。使得預餐風訓。沐浴頂戴。良兼欣戢。明山賓和南。弘明集十。

周捨

捨字昇逸。汝南安成人。齊太學博士顒子。爲太學博士。遷後軍行參軍。丹陽主簿。梁臺建。爲太常。及受禪。拜尚書祠部郎。歷後軍記室參軍。秣陵令。入爲中書通事舍人。遷太子洗馬、散騎常侍、中書侍郎、鴻臚卿、尚書吏部郎、太子右衛率、右衛將軍、明威將軍、右驍騎將軍。除侍中。領步兵校尉。遷員外散騎常侍。太子左衛率。加散騎常侍。還太子詹事。普通五年卒。贈侍中護軍將軍。諡曰簡子。有集二十卷。

改奏三夏議

禮。王入奏王夏。大祭祀與朝會。其用樂一也。而漢制。皇帝在廟。奏永至樂。朝會之日。別有皇夏。二樂有異。於禮爲乖。宜除永至。還用皇夏。又禮。尸出入奏肆夏。賓入大門奏肆夏。則所設唯在人神。其與迎牲之樂。不可濫也。宋季失禮。頓虧舊則。神入廟門。遂奏昭夏。乃以牲牢之樂。用接祖考之靈。斯皆前代之深疵。當今所宜改也。隋書音樂志上。天監初。周捨議以爲。

元會受玉議

案周禮冢宰。大朝覲。贊玉幣。尚書古之冢宰。頃王者不親撫玉。則不復須冢宰贊助。尋尚書主客曹郎。既冢宰隸職。今元日五等與玉。既竟。請以主客郎受。鄭玄注覲禮云。既受之後。出付玉人於外。漢時。少府職主珪璧。請主客受玉。付少府掌。隋書禮儀志四。天監六年。詔。元日受五等

贊圭璧並量付所司周捨云云又見通典七十

金輅議

金輅爲齊車本不關於祭祀通典六十四天監七年帝據周禮玉輅以祀金輅以賓今祀乘金輅詔下詳議周捨謂云云

衮服議

詔旨以王者衮服宜畫鳳皇以示差降按禮有虞氏皇而祭深衣而養老鄭玄所言皇則是畫鳳皇羽也又按禮所稱雜服皆以衣定名猶加衮冕則是衮衣而冕明有虞言皇者是衣名非冕明矣畫鳳之旨事實灼然隋書禮儀志六天監七年周捨議制可又見通典六十一

安成始興二王爲慈母服議

賀彥先稱慈母之子不服慈母之黨婦又不從夫而服慈姑小功服無從故也庾蔚之云非徒子不從母而服其黨孫又不從父而服其慈母由斯而言慈祖母無服明矣尋門內之哀不容自同於常按父之祥禫子並受弔今二王諸子宜以成服日單衣一日爲位受弔梁書司馬筠傳天監七年安成太妃陳氏薨安成王秀始興王憺並以慈母表解職舍人周捨議又南史七十一

又議

禮云縞冠玄武子姓之冠則世子衣服宜異於常可著細布衣絹爲領帶三年不聽樂又禮及春秋庶母不世祭蓋謂無王命者耳吳太妃既朝命所加得用安成禮秩則當祔廟五世親盡乃毀陳太妃命數之重雖則不異慈孫既不從服廟食理無傳祀子祭孫止是會經文梁書司馬筠傳又南史七十一

釋奠會議

釋奠仍會既惟大禮請依東宮元會太子著絳紗襮樂用軒懸預升殿坐者皆服朱衣隋書禮儀志四天監八年皇太子釋奠周捨議

丹陽琅邪二郡斷蒐捕議

禮云君子遠庖廚血氣不身翦見生不忍其死聞聲不食其肉此皆即目興仁非關及遠三驅之禮向我者舍背我者射廣弘明集二十六

鼎銘

天下盛康異方同軌九牧作貢百司咸理範金鑄器戒鎮階阤波圓月鏡傳之無已藝文類聚七十三

司馬褧

褧字元素河內溫人仕齊爲奉朝請遷王府行參軍天監初掌治嘉禮除尚書祠部郎中歷步兵校尉兼中書通事舍人遷正員郎鎮南諮議參軍進尚書右丞出爲仁威長史長沙內史還除雲騎將軍御史中丞出爲宣毅南康王長史行府國并石頭戍事遷明威將軍晉安王長史有嘉儀禮注一百十二卷錄三卷集九卷

東宮樂議

既於崇正殿宴會太子臨座其事重宜依禮會奏金石軒懸之樂通典一百四十七天監六年仁威府長史司馬褧議

荅釋法雲書難范縝神滅論

辱告惠示敕難滅性論竊以洪波慈彼道冠衆靈智照淵凝理絕羣古七禪八慧之辨三空四諦之微故以煥乎載籍炳於通誥也所以優陀云喻如百首齊音同讚妙覺尚不能言萬分之一矣夫業生則報起因往而果來雖義微而事著亦理幽而證顯自近可以知遠尋邇可以探遐譬如日月懸天無假離朱之目鳴鐘在耳不勞子期之聽而議者自昏迷途難曉苟徇所懷坐頓坑穽伏覽皇上令旨理妙辭縟致極鉤深究至寂而更闡啟幽途而還晰雖復列聖齊鑣羣經聯奧靈山金口禪冰玉舌終不能舍此以求通違茲而得正信哉濞江漢之波塵滓以滌導德齊禮還風反化法俗兼通於是乎在付此言展方盡述讚弟子司馬褧呈弘明集十

全梁文卷五十八終

烏程嚴可均校輯

柳憕

憕字文淵河東解人齊尚書令左光祿大夫世隆第四子歷給事黃門郎太子中庶子後爲始興王鎮北長史隨府遷鎮西長史蜀郡太守天監十二年卒贈寧遠將軍豫州刺史有集六卷

賦體

飛轡竦兮不停陰徂川逝兮無暫舍白日出兮爍晚辰春雷奮兮動蘭夜竊匪報於儲闈叨洪恩於艮駕何眇身之多幸濯微纓於唐化（藝文類聚五十六）

荅釋法雲書難范縝神滅論

辱告惠示敕荅臣下審神滅論淵旨沖邈理窮幾奧竊以修因趣果神無兩識由道得滅佛惟一性般人示民有知孔子祭則神在

或理傳妙覺或義闡生知而楊墨紛綸徒然穿鑿疑滯逐往將掩名教聖情玄鑒理證無間振領持綱舒張毛目抑揚三代汲引同歸實假雙袪朗然無礙伏奉循環疑吝俱盡來告存及悲抱惟深柳憕頓首白（弘明集十）

謝綽

綽陳郡陽夏人天監初廷尉卿終少府卿有宋拾遺十卷集十一卷

荅釋法雲書難范縝神滅論

綽和南辱告蒙示敕荅臣下審神滅論伏覽淵謨用清魂府既排短說實啟羣疑竊惟人生最靈神用不極上則知來藏往次乃鄰庶入幾以此觀之理無可滅是以巨儒伸其祀事大慈照其生緣內外踐明已足袪滯況復天誨諄諄引諭彌博弘資始於黔黎導識業於情爽固令開蒙出障坐測重玄異端既絕正路斯反論者慙其墨守范氏悟其膏肓頓在有識孰不擊讚但弟子徒懷游聖終憯管窺頂奉戴躍永懽膺誘謝綽和南（弘明集十）

庾詠

詠仕齊未詳天監初累遷太常卿

荅釋法雲書難范縝神滅論

辱告惠示至尊荅臣下神滅論伏覽未周煙雲再廓竊惟蠕動有知草木無識神滅讚論欲以有知同此無識乃謂種智亦與形骸俱盡此實理之可悲自非德合天地均大域中屬反流之日值飲化之幾則二諦之言無以得被三世之談幾乎息矣聖上愍此四生方淪六道研校孔釋共相提證使窮陸知海幽都見日至言與秋陽同朗羣疑與春冰俱釋雖發論弘道德感沖襟而預聞訓誘俯欣前業法師服膺法門深同此慶謹當讚味吟誦始終無斁弟子庾詠和南（弘明集十）

王琳

琳字孝璋琅邪人舉南徐州秀才尚義興公主拜駙馬都尉累遷中書侍郎員外散騎常侍終司徒左長史（案後梁別有王琳見卷六十八）

荅釋法雲書難范縝神滅論

辱告惠示至尊荅臣下審神滅論謹罄庸管恭覽聖製聲溢金石理洞淵泉義貫六爻言該三世足使僻學知宗迷途識反弟子生幸休明身叨渥澤復得傾耳天上拭目神藻冕忭之誠艮無紀極猥惠須逮銘躍惟重弟子王琳荅（弘明集十）

王錫

錫字公嘏琳第二子天監中爲國子生除祕書郎歷太子舍人洗馬封永安侯除晉安王友普通初轉中書郎遷給事黃門侍郎尚書吏部郎中去職時年二十四中大通六年卒贈侍中謚曰貞子

宿山寺賦

脂車秣駟。薄暮來遊。入界道而遼朗。息祇樹而淹留。惟基構之所處。實顯敞而高居。延層軒之迢遞。屬廣廡之踟躕。差纚柄而反宇。列緹柱而承隅。爾乃陟飛陛於峻岥。登步櫚於絕頂。既中天而升降。亦攀雲而遊騁。宇陰陰而怡曠。階肅肅而虛靜。聞華鍾之妙音。曜光燈之淸影。其房則開窗木末。浮柱山叢。引含光之澄月。納自遠之輕風。因明兮目極。憑迥兮望通。平原兮無際。連山兮不窮。識生煙於岫裏。眄列樹於巖中。樹陵危而秀色。煙出遠而浮空。情迢遙於原野。心放曠於簾櫳。夜悠悠而何期。露瀼瀼而漸落。翫一葉之流螢。聆九野之鳴鶴。盥泉兮藉芳杜。入谷兮佩滋蘭。靜嘯兮疏煩想。獨往兮恣遊盤。信一致之易息。豈萬物之能干。就薄帷而安夜寢。迺高枕而極星闌。廣弘明集二十九上。

王希聃

希聃。天監初廬陵太守。

奏聞獲銅瑞劒

薄伐凶醜。而龍淵耀質。凶奴將滅。白旗表徵。御覽三百四十二引梁書。天監五年。廬陵太守王希聃於高昌縣獲銅瑞劒二口。以聞。云云。案今梁書武帝紀。天監五年四月丙申。廬陵高昌之仁山獲銅劒二。不載王希聃奏。梁中書郎謝吳有梁書一百卷。隋志僅存四十九卷。御覽所引。蓋謝吳本也。

張緬

緬字元長。范陽方城人。武帝舅弘策子。天監初襲丹陽縣侯。起家秘書郎。歷淮南武陵二郡太守。御史中丞。卒贈侍中。有晉書鈔三十卷。

答釋法雲書難范縝神滅論

尋三世昞然。二果昭著。安可惑六塵而不曉。迷五途而長沒。以爲形謝神滅。骸亡識朽。此外道之邪見。豈可御翟曇之正法。所謂輕塵一旅。敵堂堂之鋒。輒馳駑駘。與騏驥而並行。恐長劫有盡。領蟲方至。一身死壞。復受一身。精神無異。人畜隨緣。涅槃明文。瑞應高說。主上聖照幽深。鏡察遭遠。譬兩祭而知不滅。喻妄作於背親。義隨入引而舛。入言比性道而難聞。弟子少遊弱水。受戒樊鄧。師白馬寺期法師。屢爲設生死之深趣。亟說精神之妙言。爾來歸心。絕此疑想。復覩斯判。益破魔徒。非但聞覩於今。方欲結緣於後。徒知歸信。闇比求名。猥惠沾示。深承眷篤。弟子張緬和南。弘明集十。

入引當作八引

陸璉

璉里系未詳。武帝詔修五禮。以璉及賀瑒嚴植之明山賓沈宏爲五經博士。有軍禮儀注一百九十卷。錄二卷。

答釋法雲書難范縝神滅論

璉白。逑告垂示。敕答臣下審神滅論。伏讀天旨。照鏡塵蒙。弟子門宗三寶。少奉道訓。雖誠歸至教。識暗玄津。謹尋內外羣聖。開引殊文。如來說三乘以標一致。言二諦以悟滯方。先王銓五禮以通愛敬。宣六樂以導性靈。或顯三世以徵因果。或明神感以驗應實。豈可頓排神源。永絕緣識者哉。若□則善惡之報虛。陳祭敬之設爲妄。求之情理。其可安乎。而昧惑之徒。倚多偏執。是以聖明玄覽。神妙門動。言出理皎。若朝暉發文顯證。朗如宵燭。頓足開建惡昏。惬信凡鄙者也。伏習詔旨。綜檢心源。謹裁還白。不宣抃舞。弟子陸璉呈。弘明集十。

□當作然

沈宏

宏。吳興武康人。天監初五經博士。有春秋經解六卷。春秋文苑六卷。春秋嘉語六卷。春秋五辨二卷。

答釋法雲書難范縝神滅論

弟子宏稽首和南。辱告。伏覽敕答臣下審神滅論。夫惟機難曉。用晦易昏。自非凝神斯鑒。探賾斯朗。豈能拯重霧於有惑。豈能運獨見於無明。竊惟大聖御宇。上德表物。垂法雲以湛潤。開慧日而增暉遠比溟海近譬井幹㦄今遂古孰能識乎此焉至如經喻雀飛瓶在火滅字存禮云非類弗歆祭乃降祉且夢蘭以授鄭穆結草以抗杜回凡此輩列不可悉紀又五道遞往六度同歸皆神之顯驗不滅之幽旨但郄克躍足豈從邯鄲比蹤盧敖捷至寧與若士齊跡今仰墜五藻俯逮闡提所謂若披重霧以攀合璧出幽夜而睎燭龍短綆爰汲望瀾覩海實歡喜頂戴若無價寶珠沈宏頓首和南弘明集十。

顏繕

繕天監初累遷光祿勳

荅釋法雲書難范縝神滅論

猥枉明誥須述敕旨審神不滅以荅臣下理據昞然表裏該妙所以慧晛獨宣舟梁含氣夫目所不覩帷屏為隔耳所不聞遐邇致擁不得以不聞不見便謂無聲無物今欲詰內教當仗外書外書不殊內教茲晛書云魂氣無所不之佛經又曰而神不滅既內外符同神在之事無所多疑疑其滅者卽蜉蝣不知晦朔蟪蛄之非春秋寍識大椿之永久日月之無窮主上聖明超古微妙通神三世之旨有證孝饗之理斯允蒼生管見已晦而復曉晚俗淪冥既迷而更悟弟子宿植逢幸預從餐道投心慈氏歸敬誠深惟房來緣可期載懷鼂藻而已弟子顏繕呈弘明集十。

孫挹

挹天監初為倉部郎中

荅釋法雲書難范縝神滅論

辱告惠示敕荅臣下審神滅論伏奉欣仰喜不自支夫江海淵曠非井蛙所達泊然入定豈外道能干故一毛不動則衆邪退散舟航既濟而彼岸斯登聖后體蘊二儀德兼三代無靈機而總極秉上智以調民發號施令則風行草偃臨朝尊默而化動如神隆五帝以比蹤超萬劫其方永猶復震全聲於指掌降妙思以發蒙理既仰而方深趣彌鑽而踰遠均寶珠於無價齊蓮華之不塵孝敬被乎羣黎訓範侔於先聖蚑行喘息同識斯懽翾飛蠕動共陶茲慶班告來臨用深榮荷謹頂受書紳永啟庸蔽弟子孫挹和南弘明集十。

全當作金

劉洽

洽天監初太子中舍人

荅釋法雲書難范縝神滅論

辱告奉覩敕旨所荅臣下審神滅論伏披素札仰瞻玄談文貫韶夏義洞爻繫囊括經典牢籠述作弘彼正教垂之方簡希夷卓爾難得而聞斟酌賢聖剖破毫髮兼通內外之塗語過天人之際矣自非體茲至德思與神會豈能深明要道人知企及謹書諸紳永以為佩洽乎既入照若發蒙比故修詣共伸講復也弟子劉洽頓首呈弘明集十。

王仲欣

仲欣天監初為建康令

荅釋法雲書難范縝神滅論

仲欣白辱告惠示詔所荅臣下審神滅論伏讀淵麗抃不勝躍皇帝叡性自天機神獨遠五體外照三明內映金輪徐轉則道濟八紘玉轡既陳則孝隆七廟開慧日於清漢垂法雲於大千如在之義重闡茲晨常住之明永證來劫故以德冠百王聲高萬古弟子棲心法門崇信大典舞蹈之誠獨深鼂藻王仲欣和南弘明集十。

沈緄

緄為豫章王功曹參軍

荅釋法雲書難范縝神滅論

緄和南弟子竊以為交求之道必取與為濟至於濆蒙不告則空

致憧憧鯈魚之觀。殆將可息。所以自絶諮受。崇深莫窺。誠自愧也。徒以闇識因果。循循局誠。冀履霜不退。堅冰可至耳。而法師弘心山藪。幸能藏疾。雖未升堂。遂招以法流。杜夷云。召渴馬於虒泉。不待鞭策而至矣。垂示上荅臣下神滅論。晨宵伏讀。用忘疲寢。構斯法棟。導彼迷流。天關既伸。三世又辨。鬼神情狀。於焉可求。然謂海實廣。廣孰能知。謂天蓋高。高不可測。聖論鉤深。旨超繫表。蒙情易駭。恧能是空。銘未示。終愧鑽仰。弟子沈緄和南。弘明集十。

張翻

翻。天監初揚州別駕。

荅釋法雲書難范縝神滅論

辱告。伏見敕荅臣下審神滅論。盛旨窮機。微言合道。生知出六儒之首。自然該千聖之外。至如感果之規。理照三世。孝饗之範。義貫百王。妙會與春冰等釋。至趣若秋旻共朗。足使調闡變情。榮跖移志。反澆風於遂古。振清波乎方冊。英聲茂實。寧不可尚。法師精理之秀。擅高日下。俱沐聖化。獨游神明。深鑒道蘊。洞識宗塗。弟子昔聞師說。悟太傅之旨。今偶昌時。奉不滅之訓。信以照晳希蒙。豁洗塵蓋。足蹈手舞。言象豈能勝。張翻和南。弘明集十。

郭祖深

祖深。襄陽人。武帝初起。以客從。後隨蔡道恭在司州。陷北。還爲長兼南梁郡丞。徙後軍行參軍。擢爲豫章鍾陵令。員外散騎常侍。普通末爲南津校尉。加雲騎將軍。

輿櫬詣闕上封事

大梁應運。功高百王。慈悲既弘。憲律如替。愚輩罔識。褫慢斯作。各競奢侈。貪饑遂生。頗由陛下寵勳太過。馭下太寬。故廉潔者自進無途。貪苛者取入多徑。直弦者淪溺溝壑。曲鉤者升進重沓。飾口利辭。競相推薦。訥直守信。坐見埋沒。勞深勳厚。祿賞未均。無功側

入。反加寵擢。昔宋人賣酒。犬惡致酸。陛下之犬。其甚矣哉。臣聞人爲國本。食爲人命。故禮曰。國無六年之儲。謂非其國也。推此而言。農爲急務。而郡縣苛暴。不加勸奬。本年豐歲稔。猶人有饑色。設遇水旱。何以救之。陛下昔歲尚學。置立五館。行吟坐詠。誦聲溢境。比來慕法。普天信向。家家齋戒。人人懺禮。不務農桑。空談彼岸。夫農桑者今日濟育。功德者將來勝因。豈可墮本勤末。置邇效賒也。今商旅轉繁。游食轉衆。耕夫日少。杼軸日空。陛下若廣興屯田。賤金貴粟。勸農桑者擢以階級。惰耕織者告以明刑。如此數年。則家給人足。廉讓可生。夫君子小人。智計不同。君子志於道。小人謀於利。志於道者安國濟人。志於利者損物圖己。道人者害國小人也。忠良者捍國君子也。臣見疾者詣道士則勸奏章。僧尼則令齋講。俗師則鬼禍須解。醫診則湯熨散丸。皆先自爲也。臣謂爲國之本。與療病相類。療病當去巫鬼。尋華扁。爲國當黜佞邪。用管晏。今之所任。腹背之毛耳。論外則有勉捨。說內則有雲旻。雲旻所議則傷俗盛法。勉捨之志唯願安枕江東。主慈臣恧。息謀外甸。使中國士女南望懷冤。若賈誼重生。豈不慟哭。臣今直言犯顏。罪或容宥。而乖忤貴臣。則禍在不測。所以不憚鼎鑊區區必聞者。正以社稷計重。而螻蟻命輕。使臣言入身滅。臣何所恨。夫謀臣良將。何代無之。貴在見知。要在見用耳。陛下皇基兆運二十餘載。臣子之節。諫爭是誰。執事皆同而不和。荅問唯唯而已。入對則言聖旨神衷。出論則云誰敢逆耳。過實在下。而謗見於上。遂使聖皇降誠。躬自引咎。宰輔晏然。曾無謙退。且百僚卿士。尠有奉公。尸祿競利。不尚廉潔。累金積鏹。侍列如仙。不田不商。何故而爾。法者人之父母。惠者人之仇讎。法嚴則人思善。德多則物生惡。惡不可長。欲不可縱。伏願去貪濁。進廉平。明法令。嚴刑罰。禁奢侈。薄賦斂。則天下幸甚。謹上封事二十九條。伏願抑獨斷之明。少察愚瞽。

郡下佛寺五百餘所窮極宏麗僧尼十餘萬資產豐沃所在郡縣不可勝言道人又有白徒尼則皆畜養女皆不貫人籍天下戶口幾亡其半而僧尼多非法養女皆服羅紈其蠹俗傷法抑由於此請精加檢括若無道行四十已下皆使還俗附農罷白徒養女聽畜奴婢婢唯著青布衣僧尼皆令蔬食如此則法興俗盛國富人殷不然恐方來處處成寺家家剃落尺土一人非復國有

朝廷擢用勳舊爲三陲州郡不顧御人之道唯以貪殘爲務迫脅良善害甚豺狼江湘人尤受其弊自三關以外是處遭毒而此勳人投化之始但有一身及被任用皆募部曲而揚徐之人逼以衆役多投其募利其貨財皆虛名上簿止送出三津名在遠役身歸鄉里又懼本屬檢問於是逃亡他境僑戶之興良由此故

梁興以來發人征役號爲三五及投募將客主將無恩存卹失理多有物故輒刺叛亡或有身殞戰場而名在叛目監符下討稱爲逋叛錄質家丁合家又叛則取同籍同籍又叛則取比伍比伍又叛則望村而取一人有犯則合村皆空雖肆眚時降蕩滌惟始而監符猶下舊日限以嚴程上下任信下轉相督促臺使到州州又遣押使至郡州郡競急切同趣下城令宰多庸才望風畏伏於是斂戶課薦其筐篚使人納重貨許立空文其百里微欲矯俗則嚴科立至自是所在恣意貪利以事上官

請斷界首將生口入北及關津廢替須加糾擿

廬陵年少不宜鎮襄陽左僕射王暕在喪被起爲吳郡曾無辭讓

請復郊四星（南史七十郭祖深傳帝溺情内教朝政縱弛祖深輿櫬詣闕上封事其略云云帝雖不能悉用然嘉其正直擢爲豫章鍾陵令）

何僩

僩字彥夷東海郯人位至臺郎

拍張賦

東方曼倩發憤於侏儒遂與火頭食子稟賜不殊（南史三十三何遜傳）

何遜

遜字仲言僩從兄子宋御史中丞承天曾孫州舉秀才天監中爲奉朝請遷中衛建安王水曹行參軍隨府還江州還爲安西安成王參軍兼尚書水部郎除仁威廬陵王記室復隨府江州有集七卷

窮鳥賦

嗟窮鳥之小鳥意局促而馴擾聲寓物而知哀翩排虛（藝文類聚作空）而不矯望絕侶於霞夕聽翔羣於月曉既滅志於雲霄遂甘心於園沼時復搶榆決至觸案窮歸若絕氣而自墮似驚弦之不飛同雜埘而共宿啄雁稗以爭肥異海鷗之去就無青鳥之是非豈能瑞周德而丹羽感燕悲而素暉雖有知於理會終失悟於心機（初學記三十又略見藝文類聚九十二）

與建安王謝秀才牋

州民泥塗何遜死罪即日被板以民充年秀才民謝聲□□□非關右月旦□□□名誰錄覩物託興之澹雅之才□□□□文豈飄然之作伏惟大王殿下令聞令望邁楚逾河好德好士雲歸海赴若夫選重雄州望隆觀國必使聲高後進德繼前修民學異扣鐘辨慚炙輠將以充應貢選待問金門上第甲科既慚髣髴管窺錐畫彌畏友朋恩榮忽賁固請無違便當宴忝魯服濫同齊吹戰荷屏營忻惶其色不任下情謹奉牋以聞

爲孔導辭建安王牋

士實塗泥美非竹箭昔逢際會忝申名質悠悠漢水獨鶩輕舟雖慕義如歸而暗投多愳遂禮頻上席愛比後車感此隆遇人知輕死軒蓋出內歷念陪遊府朝升進隨事多幸賜餘論於顏色奉德音於宴和藉此增榮遂延繆價令便除名復 足在寬身非木石

戀同犬馬。雖朝夕曳裾。無違接侍。而職務一離。有同賓客。瞻階下拜。屑涕無從。永言僚故。載懷罔已。頡頏之禽。嘶悲於出幕。蒙茸之獸。結志於首丘。

為衡山侯與婦書

昔人遨遊洛汭。會遇陽臺。神仙髣髴。有如今別。帳前微笑。涉想猶存。而幄裏餘香。從風且歇。掩屏為疾。引領成勞。鏡想分鸞。琴悲別鶴。心如膏火。獨夜自煎。思等流波。終朝不息。始知萋萋萱草。忘憂之言不實。團團輕扇。合歡之用為虛。路邇人遐。音塵寂絕。一日三秋。不足為喻。聊陳往翰。寧寫款懷。遲枉瓊瑤。慰其杼軸。（藝文類聚三十二。）

（案前明張溥所刻集本有七召。張溥本從之。七召出文苑英華三百五十二。在簡文帝七勵之後。無名氏前。不言何遜作。葉紹泰又編入昭明集。皆無所據也。今入梁闕名類。）

徐緄

緄。天監初歷黃門郎。

答釋法雲書難范縝神滅論

緄和南。辱告。并逮示敕答神滅論。伏覽淵旨。疏心蕩累。竊惟希夷之本難尋。妙密之源莫覩。自非上聖。無以談其宗。非夫至睿。焉能導其極。皇上窮神體寂。鑒道居微。發德音則三世自彰。布善言而千里承響。誠叶禮敬。義感人祇。理扇玄風。德被幽顯。悠悠亘夜。長昏倏曉。蠢蠢愚生。一朝獨悟。勵鹿苑之潛功。澍法流於日用。鴻名永播。懋實方馳。迷滯知反。淪疑自息。弟子歸向早深。倍兼抃悅。輒奉以周旋。弗敢云墜。但蠡測管窺。終懷如失耳。徐緄和南。（弘明集十。）

王靖

靖。天監初為公論郎。

答釋法雲書難范縝神滅論

垂示聖旨答臣下審神滅論。伏惟至尊垂拱巖廊。游心萬古。居無棄日。道勝惟機。爰訪羣下。恢弘孝義。睿藻淵玄。理深樞極。自非聰明狥齊之君。就日望雲之主。豈有剖判冥寂。明章雅論。闡大聖於須臾。定俗疑於俄頃。非惟理測宸衷。亦乃義切臣子。含和飲德之邦。衣裳道素之域。莫不傾首仁澤。沐浴唐風。弟子江淮孤身。不學無術。雖復從師北面。一經不明。縱憶舊文。豈伊髣髴。五經紛綸。事類弘博。神明之旨。其義多端。至如金石絲竹之響。公旦代武之說。盜非聖旨。且祭義而談。尤為顯據。若論無神。亦可無聖。許其有聖。便應有神。理且炳然。豈容寂絕。弟子所見庸淺。無以宣揚至澤。既涉訪逮。輒率所懷。弟子王靖和南。（弘明集十。）

全梁文卷五十九終

柏當作桓

烏程嚴可均校輯

吳均

均一作鈞。字叔庠。吳興故鄣人。天監初爲郡主簿。歷建安王偉記室。補國侍郎兼府城局。還除奉朝請。有范曄後漢書注九十卷。齊春秋三十卷。廟記十卷。十二州記十六卷。錢唐先賢傳五卷。續文釋五卷。集二十卷。

八公山賦

峻極之山。蓄聖表仙。南參差而望越。北邐迤而懷燕。爾其盤柏基固。含陽藏霧。絕壁嶮巇。層巖迴互。桂皎月而常團。雲望空而自布。袖以華闕。帶以瀟淮。文星亂石。藻日流堦。若夫神基巨鎮。而卓犖荆河。箕風畢雨。育嶺生峩。高岑直兮蔽景。修坂出兮架天。以迎雲而就日。若從漢而迴山。露泫葉而原淨。花照磯而岫鮮。促嶂萬尋。平崖億絕。上被紫而煙生。傍帶花而來雪。維英王兮好仙。會八公兮小山。駕飛龍兮翩翩。高馳翔兮沖天。藝文類聚七。

吳城賦

古樹荒煙。幾百千年。云是吳王所築。越王所還。東有鑄劒磯。水西有舞鶴故墟。縈具區之廣澤。帶姑蘇之遠山。僕本蓄怨。千悲億恨。況復荆棘蕭森。叢蘿彌蔓。亭梧百尺。皆歷地而生。枝階鈞萬丈。或至杪而無葉。不見春荷夏槿。唯聞秋蟬冬蝶。木魅晨走。山鬼夜驚。不知九州四海。乃復有此吳城。藝文類聚六十三。初學記二十四。

筆格賦

幽山之桂樹。恆縈風而抱霧。葉委鬱而陸離。根縱橫而盤互。爾其負霜含液。枝翠心赤。翦其匡條。爲此筆格。下跌則岩岩方爽。似華山之孤生。上管則員員峻逸。若九疑之爭出。長對坐而銜煙。永臨窗而儲筆。藝文類聚五十八。

碎珠賦

寶月生焉。越浦隋川。標魏之美。擅楚之賢。既登席而趨麗。亦綴履而升娖。豈銜恩以赴時。獨佩皎而騰天。瀛淮激電。甘海震雷。明珠碎矣。于川之隈。視員流而失轉。見折水之喪迴。謝驪宮之瑞飾。粉靈蚌之神胎。若有人兮磬茝昧。芳徽斷兮明珠碎。明珠碎兮愴何宜。珠之形兮藝文類聚作珠兮珠兮。不復全。撫陸離之瓊佩。弔幽翳之金筵。豈照車與璿燭。但黃塵及寒煙。聊歌曰。玉山之津兮已濡。幽蘭之草兮亦舒。又聞珩璧之獨照。不見掌上之明珠。已矣哉。若使青雲之可尚。當與碎珠而同枝。初學記二十七。又略見藝文類聚八十四。

橘賦

梢枝之木。既稱英於綠地。金衣之果。亦委體於玉盤。見雲夢之千樹。笑江陵之十蘭。葉葉之雲。共琉璃而並碧。枝枝之日。與金輪而共丹。若乃秋夜初露。長郊欲素。風齎寒而北來。雁銜霜而南渡。方

散藻於年深。遂凝貞於冬暮。藝文類聚八十六。

揚州建安王讓加司徒表

臣聞玄黃之馬。事絕於銜鑣。蟠朽之材。飾乖於丹漆。何則。千里之志已窮。萬乘之器無取。遠物近身。於焉在譬。藝文類聚四十七。

與施從事書

故鄣縣東三十五里有青山。絕壁干天。孤峯入漢。綠嶂百重。青川萬轉。歸飛之鳥。千翼競來。企水之猿。百臂相接。秋露爲霜。春蘿被逕。風雨如晦。雞鳴不已。信足蕩累頤物。悟衷散賞。藝文類聚七。

與朱元思書

風煙俱淨。天山共色。從流飄蕩。任意東西。自富陽至桐廬一百許里。奇山異水。天下獨絕。水皆縹碧。千丈見底。游魚細石。直視無礙。急湍甚箭。猛浪若奔。夾岸高山。皆生寒樹。負勢競上。互相軒邈。爭高直指。千百成峯。泉水激石。泠泠作響。好鳥相鳴。嚶嚶成韻。蟬則

河當作柯

千轉不窮。猨則百叫無絕。高飛戾天者。望峯息心。經綸世務者。窺谷忘反。橫河上蔽。在晝猶昏。疏條交映。有時見日。藝文類聚七。

與顧章書

僕去月謝病。還覓薜蘿。梅溪之西。有石門山者。森壁爭霞。孤峯限日。幽岫含雲。深溪蓄翠。蟬吟鶴唳。水響猿啼。英英相雜。綿綿成韻。既素重幽居。遂葺宇其上。幸富菊華。偏饒竹實。山谷所資。於斯已辦。仁智所樂。豈徒語哉。藝文類聚八。

檄江神責周穆王璧

昔穆王南巡。自郢徂閩。遺我文璧。僉曰此津。貫緯百紀。荐歷千春。念茲文璧。故問水濱。江漢勛之。自求多益。反我名瑞。躍此華璧。則富有漢川。世為江伯。如有負葳。心迷。懷數情賊。藏玉泥中。匿珪魚腹。使公孫躡波而長呼。子羽濟川而怒目。佽飛舞劍而東臨。菑丘躍馬而南逐。打素蛤而為粉。碎紫貝其如粥。又有川人勇俊。處乎

閩濮。水居百里。泥行萬宿。右睨而河傾。左咤而海覆。乃把昆吾之銅。純鉤之鐵。被魚鱗之衣。赴螺蚌之穴。引澥東隅。移爍北島。使蓬萊之根。鬱而生塵。瀛洲之足。淨而可掃。按驪龍。取其頷下之珠。搦鯨魚。拔其眼中之寶。皇恩所被。繁枯潤涸。威之所加。窮河絕漠。願子三思。反此明玉。藝文類聚八十四。

食移

月光離畢。風氣入箕。細雨如網。細柳如絲。離隔東西之緫。眺望山川之阻。企龍門而不見。覽桂枝而延佇。此乃方寸之恆情。羌難得而覼縷也。亦有鮑叔分財。華歆讓位。乃相知於平生。實忘懷於寤寐。雖有呼羣之德。鹿有食草之美。在微物其尚然。況仁義之君子哉。今足下居則廣廈高堂。連闥洞房。綺窗半卷。屏風角張。指天地如一指。安知故人之可傷。一死一生。乃知交情。一貴一賤。交情乃見。覩古昔之恆談。在今日而方見。嗚呼。如何忘我實多。輒欲彈琴縱酒於首陽之阿。君有廚中臠肉。而僕不厭糟糠。君有雁鶩之食。而余不得一嘗。願以小人之腹。為君子之腸。何如哉。今欲君之餘江皋綠菰之筍。洞庭紫鱗之魚。昆山龍胎之脯。元圃鳳足之葅。千里蓴羹。萬丈名膾。氣馨若蘭。色美如艾。扶南甘蔗。一丈三節。白日炙便銷。清風吹即折。安定之梨。皮薄味厚。一歲三花。一枚二升。凡厥上味。惟君能施。君若不施。成君深累。於神為不祥。於人為懟義。藝文類聚七十三。

餅說

宋公至長安。得姚泓時故太官丞程季者。了了人也。公曰。今日之食。何者最先。季曰。仲秋御景。離蟬欲靜。燮燮曉風。淒淒夜冷。臣當此景。唯能說餅。公曰。善。季乃稱曰。安定噎鳩之麥。洛陽董德之磨。河東長若之葱。隴西舐背之犢。抱罕赤髓之羊。張掖北門之豉。然以銀屑。煎以金銚。洞庭負霜之橘。仇池連蒂之椒。調以濟北之鹽。

剉以新豐之雞。細如華山之玉屑。白如梁甫之銀泥。既聞香而口閉。亦見色而心迷。公曰。善。藝文類聚七十二。御覽八百六十。

連珠

蓋聞豔麗居身。而以娥媌入妬。貞華照物。而以絕等見猜。是以班姬辭寵。非無妖冶之色。揚子守玄。豈乏炫曜之才。藝文類聚五十七。文苑英華七百七十一。

蓋聞義夫投節。未必識君。烈士赴危。非期要利。是以墨子縈帶。不蒙肉食之謀。申胥泣血。非有執珪之位。同上。

劉勰

勰字彥和。東莞莒人。天監初。為奉朝請。中軍臨川王記室。遷車騎倉曹參軍。出為太末令。除仁威南康王記室。兼太子通事舍人。遷步兵校尉。後變服為僧。改名慧地。有文心雕龍十卷。

文心雕龍序

夫文心者。言爲文之用心也。昔涓子琴心。王孫巧心。心哉美矣。夫故用之焉。古來文章。以雕縟成體。豈取騶奭羣言雕龍也。夫宇宙緜邈。黎獻紛雜。拔萃出類。智術而已。歲月飄忽。性靈不居。騰聲飛實。制作而已。夫肖貌天地。稟性五才。擬耳目於日月。方聲氣乎風雷。其超出萬物。亦已靈矣。形甚草木之脆。名踰金石之堅。是以君子處世。樹德建言。豈好辯哉。不得已也。予齒在踰立。嘗夜夢執丹漆之禮器。隨仲尼而南行。旦而寤。迺怡然而喜曰。大哉聖人之難見也。迺小子之垂夢歟。自生人以來。未有如夫子者也。敷讚聖旨。莫若注經。而馬鄭諸儒。弘之已精。就有深解。未足立家。唯文章之用。實經典枝條。五禮資之以成。六典因之致用。君臣所以炳煥。軍國所以昭明。詳其本源。莫非經典。而去聖久遠。文體解散。辭人愛奇。言貴浮詭。飾羽尚畫。文繡鞶帨。離本彌甚。將遂訛濫。蓋周書論辭。貴乎體要。尼父陳訓。惡乎異端。辭訓之異。宜體於要。於是搦筆和墨。乃始論文。詳觀近代之論文者多矣。至如魏文述典。陳思序書。應瑒文論。陸機文賦。仲洽流別。弘範翰林。各照隅隙。鮮觀衢路。或臧否當時之才。或銓品前修之文。或汎舉雅俗之旨。或撮題篇章之意。魏典密而不周。陳書辯而無當。應論華而疏略。陸賦巧而碎亂。流別精而少功。翰林淺而寡要。又君山公幹之徒。吉甫士龍之輩。汎議文意。往往間出。並未能振葉以尋根。觀瀾而索源。不述先哲之誥。無益後生之慮。蓋文心之作也。本乎道。師乎聖。體乎經。酌乎緯。變乎騷。文之樞紐。亦云極矣。若乃論文敘筆。則囿別區分。原始以表末。釋名以章義。選文以定篇。敷理以舉統。上篇以上。綱領明矣。至於割情析表。籠圈條貫。摛神性。圖風勢。苞會通。閱聲字。崇贊於時序。褒貶於才略。怊悵於知音。耿介於程器。長懷序志。以馭羣篇。下篇以下。毛目顯矣。位理定名。彰乎大易之數。其爲文用。四十九篇而已。夫銓敘一文爲易。彌綸羣言爲難。雖復輕采毛髮。

深極骨髓。或有曲意密源。似近而遠。辭所不載。亦不勝數矣。及其品評成文。有同乎舊談者。非雷同也。勢自不可異也。有異乎前論者。非苟異也。理自不可同也。同之與異。不屑古今。擘肌分理。唯務折衷。案轡文雅之場。而環絡藻繪之府。亦幾乎備矣。但言不盡意。聖人所難。識在缾管。何能矩矱。茫茫往代。既洗予聞。眇眇來世。儻塵彼觀。梁書劉勰傳。又略見南史七十二。御覽六百一。

滅惑論

或造三破論者。義證庸近。辭體鄙拙。雖至理定於深識。而流言惑於淺情。委巷陋說。誠不足辨。又恐野聽將謂信然。聊擇其可採。略標雅致。

三破論云。道家之教。妙在精思得一。而無死入聖。佛家之化。妙在三昧神通。無生可冀。諸死爲泥洹。未見學死而不得死者也。滅惑論曰。二教眞僞。煥然易辨。夫佛法練神。道教練形。形器必終。礙於一垣之裏。神識無窮。再撫六合之外。明者資於無窮。教以勝慧。闇者戀其必終。誑以仙術。極於餌藥。慧業始於觀禪。禪練眞識。故精妙而泥洹可冀。藥駐僞器。故精思而翻騰無期。若迺棄妙寶藏。遺智養身。據理尋之。其僞可知。假使形翻無際。神暗鳶飛。戾天寧免爲鳥。夫泥洹妙果。道惟常住。學死之談。豈析理哉。

三破論云。若言太子是教主。主不落髮。而使人髡頭。主不棄妻。而使人斷種。實可笑哉。明知佛教是滅惡之術也。伏聞君子之德。身體髮膚。受之父母。不敢毀傷。孝之始也。滅惑論曰。太子棄妻落髮。事顯於經。而反白爲黑。不亦罔乎。夫佛家之孝。所苞蓋遠。理由乎心。無繫於髮。若愛髮棄心。何取於孝。昔泰伯虞仲。斷髮文身。夫子兩稱至德中權。以俗內之賢。宜修世禮。斷髮讓國。聖哲美談。況般若之教。業勝中權。菩提之果。理妙克讓者哉。理妙克讓。故捨髮取道。業勝中權。故棄迹求心。準以兩賢。無關於孝。鑒以聖境。夫何怪

乎
第一破曰入國而破國者誑言說僞興造無費苦剋百姓使國空民窮不助國生人減損況人不蠶而衣不田而食國滅人絕由此爲失日用損廢無纖毫之益五穴之害不復過此滅惑論曰大乘圓極窮理盡妙故明二諦以遣有辨三空以標無四等弘其勝心六度振其苦業誑言之訕（一作詘）豈傷日月夫塔寺之興闡揚靈教功立一時而道被千載昔禹會諸侯玉帛萬國至於戰伐存者七君更始政阜民戶殷盛赤眉兵亂千里無煙國滅人絕豈此之由京索之時石穀十萬景武之世積粟紅腐非秦末多沙門而漢初無佛法也驗古準今何損於政
第二破曰入家而破家使父子殊事兄弟異法遺棄二親孝道頓絕憂娛各異歌哭不同骨血生讎服屬永棄悖化犯順無昊天之報五逆不孝不復過此滅惑論曰夫孝理至極道俗同貫雖內外

迹殊而神用一揆若命綴俗因本修教於儒禮運稟道果固弘孝於梵業是以諮親出家法華明其義聽而後學維摩標其例豈忘本哉有由然也彼皆照悟神理而鑒燭人世過駟馬於格言逝川傷於上哲故知瞬息盡養無濟幽靈學道拔親則冥苦永滅審妙感之無差辨勝果之可必所以輕重相權去彼取此若乃服制所施事由追遠禮雖因心抑亦沿世昔三皇至治堯舜所驗死則衣之以薪葬之中野封樹弗修且斬無紀豈可謂三皇教民棄於孝乎爰及五帝服制煥然未聞堯舜執禮追責三皇三皇無責何獨疑佛佛之無服理由拔苦三皇廢喪事沿淳樸淳樸不疑而拔苦見尤所謂朝三暮四而喜怒交設者也明知聖人之教觸感圓通三皇以淳樸無服五帝以沿情制喪釋迦拔苦故棄俗反眞檢迹異路而玄化同歸
第三破曰入身而破身人生之體一有毀傷之疾二有髡頭之苦

養下脫則字
擢當作權

三有不孝之逆四有絕種之罪五有亡體從誡惟學不孝何故言哉誡令不跪父母便競從之兒先作沙彌其母後作阿尼則跪其兒不禮之教中國絕之何可得從滅惑論曰夫棲形稟識理定前業入道居俗事繫因果是以釋迦出世化洽天人御國統家並證道迹未聞世界普同出家良由緣感不二故名教有二縉紳沙門所以殊也但始拔塵域理由戒定妻者愛累髮者形飾愛累傷神形飾乖道所以澄神滅愛修道棄飾理出常均教必翻俗若乃不跪父母道尊故也父母禮之尊道故也禮新冠見母其母拜之喜其備德故屈尊禮卑也介胄之士見君不拜重其秉武故尊不加也緇弁輕冠本無神道介胄凶器非有至德然事應加恭則以母拜子勢宜停敬則臣不跪君禮典世教周孔所制論其變通不由一軌況佛道之尊標出三界神教妙本羣致玄宗以此加人實尊冠冑冠冑及禮古今不疑佛道加敬將欲何怪

三破論云佛舊經本云浮屠羅什改爲佛徒知其源惡故也所以詺爲浮屠胡人凶惡故老子云化其始不欲傷其形故髡其頭名爲浮屠況屠割也至僧禕後改爲佛圖本舊經云喪門喪門由死滅之門云其法無生之教名曰喪門至羅什又改爲桑門僧禕改爲沙門沙門由沙汰之法不足可稱滅惑論曰漢明之世佛經始過故漢譯言音字未正浮音似佛桑音似沙聲之誤也以屠爲圖字之誤也羅什語通華戎識兼音義改正三豕固其宜矣五經世典學不因譯而馬鄭注說音字互改是以昭穆不祀謬師資於周頌允塞安安乖聖德於堯典至教之深豈在兩字得意忘言莊周所領以文害志孟軻所譏不原大理惟字是求宋人申東豈復過此
三破論曰有此三破之法不施中國本正西域何言之哉胡人無義剛强無禮不異禽獸不信虛無老子入關故作形像之教化之

不二當作不一

又云胡人粗獷欲斷其惡種故令男不娶妻女不嫁夫一國伏法自然滅盡滅惑論曰雙樹晦跡形像代興固已理精無始而道被無窮者矣案李叟出關運當周季世閉賢隱故往而忘歸接輿避世猶滅其迹況適外域孰見其蹤於是姦猾祭酒造化胡之經理拙辭鄙斯隸所傳尋西胡怯弱北狄凶獷若老子滅惡棄德用刑何愛凶狄而反滅弱胡遂令玁狁橫行毒流萬世豺狼當道而狐狸是誅淪滑爲酷覆載無聞商鞅之法未至此虐伯陽之道豈其然哉且未服則設像無施信順則孥戮可息旣佛敎矣方加極刑一言失道衆僞可見東野之語其如理何

三破論曰蓋聞三皇五帝三王之徒何以學道並感應而未聞佛敎爲是九皇忽之爲是佛敎未出若是佛敎未出則爲邪僞不復云云滅惑論曰神化變通敎體匪一靈應感會隱現無際若緣在妙化則菩薩弘其道化在粗緣則聖帝演其德夫聖帝菩薩隨感現應殊敎合契未始非佛固知三皇以來感滅而名隱漢明之敎緣應而像現矣若乃三皇德化五帝仁敎此之謂道似非太上義農敷治未聞奏章堯舜緝政寧肯書符湯武抒暴豈當餌丹五經典籍不齒天師而求授聖帝豈不悲哉

三破論曰道以氣爲宗名爲得一尋中原人士莫不奉道今中國有奉佛者必是羌胡之種若言非邪何以奉佛滅惑論曰至道宗極理歸乎一妙法眞境本固無二佛之至也則空玄無形而萬象並應寂滅無心而玄智彌照幽數潛會莫見其極冥功日用靡識其然但言萬象旣生假名遂立梵言菩提漢語曰道其顯跡也則金容以表聖應俗則王宮以現生拔愚以四禪爲始進慧以十地爲階總龍鬼而均誘涵蠢動而等慈權敎無方不以道俗乖應妙化無外豈以華戎阻情是以一音演法殊譯共解一乘敷敎異經同歸經典由權故孔釋敎殊而道契解同由妙故梵漢語隔而化

涶當作唾
若當作苦

通但感有精粗故敎分道俗地有東西故國限內外其彌綸神化陶鑄羣生無異也故能拯拔六趣總攝大千道惟至極法惟最尊然至道雖一岐路生迷九十六種俱號爲道聽名則邪正莫辨驗法則眞僞自分案道家立法厥品有三上標老子次述神仙下襲張陵太上爲宗尋柱史嘉遯實爲大賢著書論道貴在無爲理歸靜一化本虛柔然而三世弗紀慧業靡聞斯乃導俗之良書非出世之妙經也若乃神仙小道名爲五通福極生天體盡飛騰神通而未免有漏壽遠而不能無終功非餌藥德沿業修於是愚狡方士僞託遂滋張陵米賊述記昇天葛玄野豎著傳仙公愚斯惑矣智可罔與今祖述李叟則敎失如彼憲章神仙則體劣如此上中爲妙猶不足算況效陵魯醮事章符設敎五斗欲拯三界以蚊負山庸詎勝乎標名大道而敎甚於俗舉號太上而法窮下愚何故知邪貪壽忌夭含識所同故肉芝石華譎以翻騰好色觸情世所莫異故黃書御女誑稱地仙肌革盈虛羣生共愛故寶惜洟涶以灌靈根避災若病民之恆患故斬縛魑魅以快愚情憑威恃武俗之舊風故利兵鉤騎以動淺心至於消災淫術厭勝奸方理穢詞辱非可筆傳事合氓庶故比屋歸宗是以張角李弘毒流漢季盧悚孫恩亂盈晉末餘波所被實蕃有徒爵非通侯而輕立民戶瑞無虎竹而濫求租稅糜費產業蠱惑士女運迍則蠍國世平則蠹民傷政萌亂豈與佛同且夫涅槃大品寧比玄妙上清金容妙相何羨鬼室空屋降伏天魔不慕幻邪之詐淨修戒行豈同畢券之醜積弘誓於方寸孰與藏宮將於丹田響洪鐘於梵音豈若鳴天鼓於唇齒校以形跡精麤已懸覈以至理眞僞豈隱若以麤笑精以僞謗眞是瞽對離朱曰我明也（弘明集八。）

剡縣石城寺彌勒石像碑銘

夫道源虛寂冥機通其感神理幽深玄德司其契是以四海將寧

先入感鳳之寶。九河方導。已致應龍之書。況種智圓照。等覺徧知。揚萬化於大千。擒億形於法界。其靈起攝誘之權。影現戲遊之力。可勝言者哉。自優曇發華。而金姿誕應。娑羅變葉。而塔像代興。月喻論其跡。隱鏡象譬其常。照律師應法似流。宣化如渴。揚舲游水。馳錫禹山。於是捫虛梯漢。構立棧道。狀奇肱之飛車。類似叟之懸閣。體高圖範。冠采虹蜺。推縈響於霞上。剖石灑於雲表。信命世之壯觀。曠代之鴻作也。青艧與丹粟競采。白金共紫銑爭輝。梵王四鶴。徘徊而不去。帝釋千馬。躑躅而忘歸。藝文類聚七十六。

劉孝綽

孝綽字孝綽。彭城安上里人。本名冉。小字阿士。齊大司馬府從事中郎繪子。天監初爲著作佐郎。遷太子舍人。尚書水部郎。出爲平南安成王記室。尋補太子洗馬。遷尚書金部郎。復爲洗馬。出爲上虞令。還除秘書丞。出爲鎮南安成王諮議。免。起爲安西

記室。累遷安西驃騎諮議參軍。兼司徒右長史。太府卿。太子僕員外散騎常侍。廷尉卿。免。起爲西中郎湘東王諮議。復爲太子僕。除安西湘東王諮議參軍。遷黃門侍郎。尚書吏部郎。左遷信威臨賀王長史。除祕書監。有集十四卷。

爲鄱陽嗣王初讓雍州表

臣聞大邦維屏。旣慙宗子之詩。思樂頖宮。有缺僖公之頌。特以周興九伯。錫壤參虛。漢啟二河。分珪舊楚。自私家慶。總集微躬。雍部襟帶。跨制數州。西拒嶢關。北跨鄧塞。雖復呼韓來朝。稾街納質。二虜尋戈。四郊無警。猶當王戎雅識。羊祜尚義。臣退求諸己。無或宴安。進思盡忠。幾乎私竭。初學記十。

東宮禮絕傍親議

案張鏡撰東宮儀記。稱三朝發哀者。踰月不舉樂。鼓吹寢奏。服限亦然。尋傍絕之義。義在去服。服雖可奪。情豈無悲。鐃歌輟奏。良亦爲此。既有悲情。宜稱兼慕。卒哭之後。依常舉樂。稱悲竟此。理例相符。謂猶應稱兼慕。請至卒哭。梁書昭明太子傳。南史五十三。

送瑞鼎詣相國梁公啟

生木遊火之禽。夾階紀朔之華。白環銀甕之迹。素雉金船之瑞。自天有祚。不爲定於郟鄏。虛其所止。非獨在於汾陰。藝文類聚九十九。

謝爲東宮奉經啟

皇太子四術夙知。三善非學。猶復旁求儒雅。應物稽疑。業光夏校。德茂周序。諸侯宋魯。於焉觀則。參陪盛禮。莫匪國華。臣雖職典經圖。而同官不一。推擇而舉。尚多髦俊。寵光曲被。獨在選中。他日朝聞。猶甘夕死。況茲恩重。彌見生輕。藝文類聚五十五。初學記二十一。

求豫北伐啟

或以臣素無飛將之目。未從嫖姚之伍。言易行難。收功理絕。然桓沖稱謝安無將略。文靖公遂破苻堅。山濤謂羊祜不強。建成侯卒

平孫皓。微臣之譬兩賢。誠無等級。小虜之方二寇。勢踰枯朽。藝文類聚五十九。

謝西中郎諮議啟

臣不能銜珠避顚。傾柯衞足。以茲疏悻。與物多忤。兼逢匿怨之友。遂居司隸之官。交構是非。用成萋斐。日月昭回。俯明枉直。獄書每御。輒鑒蔣濟之冤。炙髮見明。非關陳正之辯。遂漏斯密網。免彼嚴棘。得使還同士伍。比屋唐民。生死骨肉。豈侔其施。臣誠無識。孰不戴天。疏遠畝隴。絕望高闕。而降其接引。優以旨喻。於臣微物。足爲榮隕。況剛條落葉。忽沾雲露。周行所寘。復齒盛流。但雕朽汚糞。徒成延獎。捕影繫風。終無效答。梁書劉孝綽傳。

謝東宮啟

臣聞之先聖。以衆惡之必監焉。衆好之必監焉。豈非孤特則積毀所歸。比周則積譽斯信。知好惡之間。必待明鑒。故晏嬰再爲阿宰。

而前毀後譽後譽出於阿意前毀由於直道是以一犬所噬旨酒貿其甘酸一手所搖嘉樹變其生死又鄒陽有言士無賢愚入朝見嫉至若臧文之下展季斬尚之放靈均絳侯之排賈生平津之陷主父自茲厥後其徒實繁曲筆短辭不暇殫述寸管所窺常由切齒殿下誨道觀書俯同好學前載枉直備該神覽臣昔因立侍親承緒言飄風貝錦譬彼讒慝聖旨殷勤深以爲歎臣資愚履直不能杜漸防微曾未幾何逢訧罹難雖吹毛洗垢在朝而同嗟而嚴文峻法肆姦其必奏不顧賣友志欲要君自非上帝運超已之光昭陵陽之虐舞文虛謗不取信於宸明在縲嬰纆幸得燭於庸暗裁下免黜之書仍須朝會之旨小人未識通方黏馬懸車息絕朝覲方願滅影銷聲遂移林谷不悟天聽罔已造次必彰不以距違見疵復使引藉雲陛降寬和之色垂布帛之言形之千載所蒙已厚況乃恩等特召榮同起家望古自惟彌覺多忝但未渝丹石

永藏輪軌相彼工言構茲媒孽且款冬而生已凋柯葉空延德澤無謝陽春（梁書劉孝綽傳）

謝安成王賚祭孤石廟胙肉啓

味過瀹鳳珍越屠龍故使屏翳收風馮夷淨浪神居鷁首獨汎安流民幸同附得徼邁迮復等受釐預頒純嘏恩靈所降信次委積報生以死竊聞斯義（藝文類聚七十二）

謝晉安王餉米酒等啓

傳詔李孟孫宣敎旨垂賜米酒瓜筍菹脯鮓茗八種氣苾新城味芳雲杜江潭抽節邁昌荇之珍疆埸擢翹越葺精之美羞非純束野麏衰似雪之驢酢異陶瓶河鯉操如瓊之粲茗同食粖酢顏望甘兔千里宿舂省三月種聚小人懷惠大懿難忘（茶經）

謝給藥啓

一物之微遂留膏肓名醫上藥爰自城府雖巫咸視診岐伯下鍼

慮當作膚

根當作相

松子玉漿衛卿雲液比妙眾珍實云多愧（藝文類聚八十一）

謝越布啓

比納方綃既輕且麗珍邁龍水妙越島夷（藝文類聚八十五）

荅湘東王書

伏承自辭皇邑爰至荆臺未勞刺舉且摛高麗近雖預觀尺錦（藝文類聚作十錦）而不覩金玉昔臨淄詞賦悉與楊修未殫寶笥顧慙先哲渚宮舊俗朝衣多故李固之薦二邦徐珍之奏七邑咸懷之道兼而有之當欲使金石流功耻用翰墨垂迹雖乖知二偶達聖心爰自退居素里卻埽窮閈比楊倫之不出譬張摯之杜門昔趙卿窮愁肆言得失漢臣鬱志廣敘盛衰彼此一時擬其非匹竊以文豹何辜以文爲罪由此而談又何容易故韜翰吮墨多歷寒暑既闕子幼南山之歌又微敬通渭水之賦無以自同獻笑少酬褒誘且才乖體物不擬作於玄根事殊宿諾盜貽懼於朱亥顧己反躬識

懷累息但瞻言漢廣邈若天涯區區一心分宵九逝殿下降情白屋存問相尋食椹懷音矧伊人矣（梁書劉孝綽傳文略見藝文類聚五十八）

與弟書

方弘游典墳縻歌林澗覽興衰於千載觀榮落於四時（歲時紀要）

荅雲法師書

孝綽和南辱誨垂示敕旨所荅劉太僕思效啓義窮深遠語兼巧便伏聞希有身心踴躍昔戈盾夾車備不虞於周后兵旗引駕防未然於漢君斯皆執心萬屋瑞無紺馬事極寰寓之中理隔天人之外皇上自茲善覺降迹閻浮以住地之心行則天之化故能慈導三有仁濟萬物猶以發藥未周寶船不倦解劒御蓋躬詣道場瑞花承足人覩雕輦之盛金輪啓路物覩重英之飾顯寶開權事均祇鷲本無四畏盜慮五怨思效遂廣引梁丘隨劒之說曰磾觸瑟之辭何異迴龍象於兔徑注江海於牛迹聖旨懇懃曲根誘喻

侍當作何

攖當作瓔

豈直淨一人之垢衣。將以破羣生之晤室。弟子世傳正見。幼覩眞言。但惑網所縈。塵勞自結。微因宿植。仰逢法教。親陪寶座。預餐香鉢。復得俱聽一音。共聞八解。庶因小葉。受潤大雲。猥蒙開示。深自慶幸。不勝歡喜。略附陳誠。劉孝綽和南。（釋藏策五。廣弘明集二十八上。）

昭明太子集序

臣竊觀大易重明之象著焉。抑又聞之。匕鬯之義存焉。故書有孟侯之名。記表元良之德。歷選前古。以洎夏周。可得而稱。啟誦而已。雖徹聖挺賢。光乎二代。高文精義。闃爾無聞。漢之顯宗。晉之肅祖。昔自春宮。益好儒術。或專經止於區易。或持論窮於貞假。子桓雖擒藻銅省。集講肅成。事在藩儲。理非皇貳。未有正位少陽。多才多藝者也。粵我大梁之二十一載。盛德備乎東朝。若乃有縱自天。惟睿作聖。顯仁立孝。行於四海。如珪如璋。不因琢磨之義。爲臣爲子。盥待觀喻之言。惟性道難聞。而文章可見。故俯同志學。用晦生知。以弦誦之餘辰。總鄒魯之儒墨。徧綈緗於七閣。彈竹素於九流。地居上嗣。實副元首。皇帝浹拱巖廊。委咸庶績。時非從守。事或監撫。雖一日二日。攝覽萬機。猶臨書幌而不休。對欹案而忘怠。況復延納侍講。討論經紀。去聖滋遠。愈生穿鑿。枝分葉散。殊路偕馳。靈臺辟雍之疑。禋宗祭社之繆。明章申老之議。通顏理王之說。量覈然否。剖析同異。察言抗論。窮理盡微。於時奄中稷下之生。金華石渠之士。莫不過衢樽而挹多少。見斗極而曉西東。與夫盡春卿之道。贊仲尼之宅。非賈誼於蘇林。問蕭侍於桑據。區區前史。不亦恧歟。加以學貫總持。辯同無礙。五時密教。見猶鏡象。一乘妙旨。觀若掌珠。及在布金之園。處如龍之衆。闡示有空。顯揚權實。是以徧動六地。普雨四花。豈直得解攖須。提舍鉢瓶。沙騰曇言。德梵志依風而已哉。若夫天文以爛然爲美。人文以煥乎爲貴。是以隆儒雅之大成。遊雕蟲之小道。握牘持筆。思若有神。曾不斯須。風飛雷起。至於

隥當作際

宴遊西園。祖道清洛。三百載賦。該極連篇。七言致擬。見諸文學。博逸興詠。並命從遊。書令視草。銘非潤色。七窮煒燁之說。表極遠大之才。皆喻不備體。詞不掩義。因宜適變。曲盡文情。竊以屬文之體。鮮能周備。長卿徒善。既累爲遲。少孺雖疾。俳優而已。子淵淫靡。若女工之蠹。子雲侈靡。異詩人之則。孔璋詞賦。曹祖勸其修今。伯喈笑贈。摯虞知其頗古。孟堅之頌。尚有似贊之譏。士衡之碑。猶聞類賦之貶。深乎文者。兼而善之。能使典而不埜。遠而不放。麗而不淫。約而不儉。獨擅衆美。斯文在斯。假使王朗報箋。卞蘭獻頌。猶不足以揄揚著述。稱贊才章。況在庸才。曾何彷彿。然承華肇建。盬齒時髦。居陪出從。逝將二紀。譬彼登山。徒仰峻極。同夫觀海。莫隥波瀾。但職官書記。預聞盛藻。歌詠不足。敢忘編次。謹爲一帙十卷。第目如左。日升松茂。與天地而偕長。壯思英詞。隨歲月而增廣。如其後錄。以俟賢臣。

春當作舂

司空安成康王碑銘

昔者重華文命。並胄高陽之苗。豐邑春陵。俱纂帝堯之緒。而虞夏革運。姚姒之姓已分。高光再興。大漢之名無改。如我皇家。梁齊代建。異文叔之紹開。起自王族。非伯禹之更姓。公則本枝別幹。誕自河嶽。五百之期。實膺命世。卜商有問。是謂色難。承志望顏。在公斯易。至如文琰之對。食餘幼稚之言。爵里衞子之朗月。映山杜生之凝脂點漆。惟公具美。歷觀前修。蔑焉非嶽。陵之所至。浩浩焉總江漢而爲長。故能擊水三千。搏風九萬。排天闕而俯眡。掩浮雲而上征。皇帝甄名挺聖。河洛有徵。握衡含樞。奄一時夏。利建藩屏。固葉深根。郯霍酆郇。方周啟祚。封公爲安成王。食邑二千戶。允同衞叔。賜寶器於商郊。殊異應侯。戲桐珪於汾水。乃公爲平西將軍荆州刺史。楚之對齊。屈完引城池之固。荆之比宋。墨翟陳輦路之殊。品金作貢。不異稚侮。珠璣犀象。又無求於晉國。況以雲夢九百之

宏侈。章華三休之巨麗。公欒頎以寡居高而降。執沖虛之道。無矜滿之情。其為政也。莊敬足以範物。慈惠足以庇民。剛毅足以威暴。清貞足以勵俗。天監十七年。薨。春秋四十有五。凡我庶民。竊覩高義。況復祇承帝命。來仕王家。兔園晩春。叨從者之賜。高唐暮天。而奉作賦之私。常懼慶雲之惠不酬。而搖落奄至。豈謂經塵之效。莫展。而峻極先積。思所以立言貞石。貽厥長世。銘曰。

昔在文韶。五賢二聖。漢藩魏屏。徽風不競。於赫我梁。德符姬姓。康王康叔。異時同盛。爰自妙年。令問不已。一孝一悌。實光行始。義府文場。詞人髦士。波瀾莫際。牆仞難窺。用茲先覺。道此後知。德大心小。居高志卑。再握不倦。三吐忘疲。飛龍在天。肇基宛瀆。地猶小腓。民同世復。皇情睠正。屬難推轂。允矣宗英。移藩改牧。誰謂路永。江漢已浮。彼蒼不惠。遽反成周。川迴浙軸。塗引歸旒。藝文類聚四十七。

棲隱寺碑

開方便門。示眞實相。置甘露室。遵甘露津。苦語軟言。隨方弘訓。俯心降迹。逐物重輕。中枝小葉。各隨業根。愍其四流五結。有來而不散。八慢九邪。一淪而莫曉。如彼醫王。等之藥樹。去聖茲遠。思聖茲深。誠敬所先。是歸龕廟。自妙法東注。寶化西漸。公卿貴士。賢哲偉人。莫不嚴事招提。歸仰慧覺。欲使法燈永傳。勝因長久。銘曰。

給孫焚蘊。善勝崩淪。堂堂宗匠。克紹慧因。地雖舊域。其宇惟新。召棠且思。羊碑猶泣。況我仁祠。義喻生立。遺愛伊何。形于南邑。亦有庶民。經始攸急。珠殿連雲。金層輝景。衡交達巷。門臨樹屏。五居推妙。三空愧靜。銘施柱側。記法龕前。孰云千載。餘迹方傳。敢宣重說。敬勤雕鐫。芬域未滅。斯文在旃。藝文類聚七十七。

寇當作勉

烏程嚴可均校輯

劉潛

潛字孝儀以字行孝綽第三弟天監五年舉秀才除鎮右始興王法曹行參軍隨府益州兼記室中撫主簿遷尚書殿中郎除安北晉安王功曹史補太子洗馬遷中舍人出為陽羨令擢建康令大同中為中書郎左遷安西諮議參軍兼散騎常侍使魏還復為中書郎兼司徒右長史又兼宣遠長史行彭城琅邪二郡事遷尚書左丞兼御史中丞出為伏波將軍臨海太守中大同初入守都官尚書太清初出為明威將軍豫章內史有集二十卷

歎別賦

在羈旅兮為思每居常而不樂意難偕於駘蕩情易邀於隕穫愁非和而自來憂試排而不卻退求己以自省慨撫衿而太息位不侯於一進髮徒彰於二色名有似於務耕學無均於聲織在初歸之為慶庶因拙而自收保私庭之宴喜共昆弟而嬉遊校小文於搖筆比楷式於臨流心每歡於接膝行如喜於同軔忽一去而數千遂離居而別域阻同被於當寐乖共飡於終食唯憑遠望以代歸負相思其無力（藝文類聚三十初學記十八）

為臨川王解司空表

臣以庸薄謬竊隆重職班三事任摠六條衣袞坐槐既闕論道馳傳憩棠尤慚為政而俯司土地仰燮陰陽棟橈之識已彰愆伏之咎爰著今水沴乃作旱寇為災山無薈蔚雲成熛火陛下曲私未垂策免臣職是當於何逃責乞降茲台步協此天人（藝文類聚四十七御覽二百八）

為安成王讓江州表

閶當作門

臣聞失晨之雞雖不忘於改旦敗駕之馬終取悔於銜鑣臣昔牧淮岱皇風咫尺一變至道易以為政而亂政莫理美錦徒傷豈可復宣六條關化千里

又

臣聞六轡沃若不繫玄黃之馬九成輪奐無求擁腫之材何則蹋蹋之路已窮梁棟之用斯闕（並藝文類聚五十）

為南平王讓徐州表

竊以淮岱務殷事乖坐嘯枌榆望重非可臥治臣縣頓枕席動移旬晦恒恐尺波易流寸陰難保寧可復冒此寵靡茲恩榮（藝文類聚五十）

為臨川王解揚州表

臣自馳傳斗牛作牧淮海政刑兩空璿璣六運既昧弛張之要尤慚大小之獄故以結詠濡翼取愧能官每一進思無忘退食誠復恩私可憑而彝倫難紊敢恃慈弘冒披心款乞解州任少弭素飡

為鄱陽嗣王初讓雍州表

臣大邦維屏既慚宗子之詩思樂泮宮有缺僖公之頌特以周開元伯錫壤參墟漢啟三傳分珪舊楚身私家慶總集微躬擁部襟帶跨制數州西距嶢關南踰鄧塞雖復呼韓來朝稾街納質二虜尋戈四郊無警猶如王戎雅識羊祜尚義臣求諸己無或宴安進思盡忠歸乎犯謁（藝文類聚五十）

為李揚州舅讓表

人心彼此盡為敵國金柝夜警和閶晝閉加以淮水淼漫危同三版懷山之勢已成為魚之期可見若使身死可以益國城沒足用報恩雖葬魚鼈其甘如薺政以朽耄無庸心負恩寄恥辱之甚非止老臣（藝文類聚五十）

為晉安王讓丹陽尹表

臣聞盈尺徑寸易取琢磨南箕北斗難為纖挹何則良工貿美在

器成珍假名責實涉求必殆藝文類聚五十

為雍州栁津請留刺史晉安王表

楚備賓臣秦兵不入齊多君子魏珠恥昭足使文公懼而側席孟軻歎而廢寢敢言借寇之願切望申耿之恩陛下昔在潛龍因茲或躍固以陋膴膴於周原包怨怨之佳氣昔夾君出撫近駕班輪喬卿在政遙授袞服焉猶熊軾而督盜御龍章而行部無虧燮理有光司牧藝文類聚五十二

為江僕射禮薦士表

陛下緝禮裁樂化俗移風當扆思治分宵夢相枯岸之珠既論潤山之玉已薦伏見兼太學博士會稽賀瑒字德璉幼能斧藻長則琢磨結卷就賢擔簦來學鄉塾染其丹朱朋友扣其洪鍾聲無愧於東鈞材有踰乎西杞如使聯事宗伯握蘭建禮庶用得其才人知自勗臣鑒非止水職豫搜揚前竭謏聞先自鄉曲

為江侍中薦士表

臣聞天道不言資寒暑而成歲宸居垂拱寄守宰以宣風若夜魚不欺朝琴在奏則殘殺自去汾射可追伏見鎮北府水曹參軍濟陽江與字休恭立身貞白操業清廉頗涉書記彌閑刀筆前攝縣沮漳無傷錦製巡行淮海不忝繡衣若處以百里之邑使導一鄉之賦必能治文無害迄用有成臣舉不避族非欲異姓居後知人為難寔緣所悉而薦藝文類聚五十三

為臨川王奉詔班師表

臣有受服廟堂申威塞表既驅熊羆之衆兼稟雄幄之謀登濟河山夷滅趙魏將繫軹在之頸且屈滑橋之膝而玄陰居節沍寒方始降此慈弘愍茲介胄使燕然之后願勒而不刊幽谷之士將封而莫遂雖荷杕杜之恩終慙采薇之旨藝文類聚五十九

為始興王上毛龜表

臣聞嘉瑞五靈既著方策故名千載可得而傳是以玄蔡赤文來表軒黃之政神龜青純用顯姬公之德出自江安寔荷謙恵之慶甲生毳羽寧非銷謫之徵實皇家之巨瑞庶民之休幸藝文類聚九十九

彈賈執傅湛文梁大同中

長兼御史中丞劉孝儀稽首言南康嗣王府行參軍知譜事賈執與前中書舍人傅湛在王座飲酒時上不安人從臺還聖體已和湛乃揚眉瞋目謂執曰卿念天子我不見闕出悖慢言語連及於上共執忿諍湛昔經殺牛誤父自殺近效廢貪賄賂狼藉特逢解網宥其餘命自被棄廢尤懷怨懟謗訕不遜謹按前兼通事舍人臣傅湛才薄駑蹇特荷抽擢自預左右頻蹈極刑押對鞫書累逢闕過未聞報效反懷恚憤聖體不安臣下憂懼而湛敢生怨望輕肆慢辭醜爭及父心無愛敬戲語連上罪同悖逆未央馬瘦不覩廄令之忠甘泉道蕪遽見扶風之罪宜其徇乎東市尸彼穀門南

康嗣王府參軍臣賈執始聞湛語初無逐雀之心末因私忿遂顯懷鴆之逆雖跡似折奸意由肆憾惡慢於人自彰穢醜見辱父子已會季倫之辭爭及其父復入梁蚡之難是使王嬙悲於連累黑要喜於得川太子舍人始興蕃王臣蕭毅幸因祉祚爵預藩屏而散金失所設醴乖人雍容之賓未遊於雎苑號怒之容日醉於雷池致使傅徒跅弛慢醉盈路醜顏受辱會無發糾並恕伯厚之心俱鳴路粹之責臣等參議請以見事依法免毅所居官解執知譜事請議貶黜付之鄉論不得厠預官流刺倘施行輒不禁止文苑英華六百四十九

從弟喪上東宮啟

亡從弟遵百行無點千里立志同氣三荊之友假寢十起之慈皆體之於自然行之如俛拾自碣宮陪宴釣臺從幸攀附鱗翼三十餘載茫昧與善一旦長辭劍匿光芒璧碎符采躬搖神筆親動妙

思。雖每想南皮書，憶阮瑀行經北館歌悼子矦，不足輩此深仁。齊茲舊愛。藝文類聚二十一。

為王儀同謝國姻啟

即日主書王靜民宣敕，安吉主降嬪臣第三息實。臣素里庸族，蓬衡賤品，事隔伊縉之禮，望絕下嫁之姬。而聖慈猥洽，皇姻曲建，荆布陋飾，已膺凡奬，負薪微肖，復降肅邕，類頌叨荷，內外榮抃。藝文類聚四十。

謝東宮賜五色藤筌蹄一枚啟

炎州采藤，麗窮綺縟。北户錄。段公路云。新州作五色藤筌臺。時之精絕。孝儀云云。得非筌臺與筌蹄訛舛矣。景淋上常設胡床及筌蹄。今海州歲貢藤鏡匣一筌臺一是也。又本行經云。河龍女名尼連茶聚上太子寶筌提。按筌蹄筌臺筌提同物異名。六朝以後無此器物矣。當考。

謝女出門宮賜紋絹燭啟

孝儀啟：左右袁文成奉宣旨，宜知臣私營發遣，垂賜紋絹二十疋、燭二十挺。臣家本貧儆，事多蹇闕，桓室金縷，本非所宜，孟姬作具，猶若未周。殊澤曲臨，珍華兼重，制為美服，雙綺易傳，秉而不息，三夜有待。臣名品卑末，事隔榮賜，慈渥之墜，實見因心。小人微賤，豈能勝報，不忘。初學記二十五。

謝建康令謝啟

所恐長安少年，易為操彈，渭城游徼，矜其獨勇。清路道奴，固知難摺，輕綏飛駕，且見為榮。藝文類聚五十。

為晉安王謝東宮賜玉環刀啟

苗鋒珍鋋，利極鉤芒，謹當擁以雄身，藉而安體。不令北海小雜，孤擅穿勝之奇，廬江佩刀，獨表不欺之驗。藝文類聚六十。御覽三百四十六。

為王儀同謝宅啟

昔晏嬰湫隘，齊景營其爽塏；孫歷無家，晉武為之築館。或功高千載，德重一時，故蒙考室之榮，以降葺宇之澤，並辭而處，傳芳前載。

銘下脫荷字

臣才愧昔人，恩同往哲，豈宜妄荷重增疵忝。但匈奴未滅，遽當輪奐之美，環堵為室，遂得歌笑於斯。

為武陵王謝賜第啟

竊以南望朱鳥，北距蒼龍，右帶御溝，左迴青路，畢晏嬰之湫隘，同潘岳之閑居。臣幼自宮掖，長遊城府，雖輪奐之美多門，而館第之私未暇。今輕舟將反，高門遽錫，遂葺家築室，百堵皆興，雲屋連甍，一朝弘敞。藝文類聚六十四。

謝晉安王賜銀裝絲帶啟

雕鏤新奇，織製精絜，越中玉女，不得關思，上方名匠，莫能議巧。人情駭觀，如見買臣之綬；望貌移姿，似逢子訓之術。藝文類聚六十七。

謝始興王賜花紈簟啟

麗兼桃象，周洽昏明，便覺夏室已寒，冬裘可襲。雖九日煎沙，香粉猶弃，三旬沸海，團扇可捐。藝文類聚六十九。

謝東宮賚酒啟

巽五齊之甘，非九醞之法，屬車未曾載，油囊不得酤。試儔仙樹，葛玄泥首，才比蒲桃，孟他銜璧。固知託之養性，妙解怡神，擬彼聖人，耆得連類。藝文類聚七十二。

謝晉安王賜宜城酒啟

孝儀啟：奉教垂賜宜城酒四器。歲暮不聊，在陰即慘，於斯二理，總萃一時。少府鬬猴，莫能致笑；大夫落雉，不足解顏。忽值瓶瀉椒芳，壺開玉液，漢樽莫過，殷杯未逢。方平醉而遁仙，羲和耽而廢職。仰憑殊塗，便申私飲，未矚巖耶，已觀嶺岸，傾耳求音，不聞霆擊，澄神密眠，豈覿山高。愈疾消憂，於斯已驗；遺榮忽賤，即事不欺。酩酊之中，猶知銘不任。謹啟事。初學記二十六。

謝晉安王賚蝦醬啟

龍醬傳甘，退成可陋；蚳醢稱貴，追覺失言。上聖聞雷，未之能覆，嘉賓流歡羞無辭寶。藝文類聚七十二，御覽八百六十三。

謝鄱陽王賜鉢啟

珍踰貨貢，製極範金，用貴寶樽，文包龍鼎，雕鏤海籍，圖載山經，閲寂靈於器中，弄神姦於掌裏，足令任后所欲，遠慙漢世少君，有覩遙羨齊㝩。藝文類聚七十三。

謝東宮賜城傍橘啟

多置守民，晉爲厚秩，坐入縑素，漢譬封君，固以俛足穰橙，俯連楚柚，籠似魏瓜，借清泉而得冷，豈如蜀食，待飴蜜而成甜，重似倒影陽池，垂華金堞，信可珍若榴於式乾，貴蒲萄於別館。藝文類聚八十六。

謝晉安王賜甘啟

便得削彼金衣，咽茲玉液，甘踰萍實，冷亞冰壺，立消煩餶，頓除酩酊，追嗤齊相，進不剖之實，遠笑魏君，逢裂牙之味。藝文類聚八十六，初學記二十八。

謝始興王賜柰啟

酒泉之實，稱於王賦，瓜州之味，記自張文，亦有太沖嗟其夏成，子建暢其寒熟，備園曜白，孫井浮朱，幷見重於昔時，而霑恩於茲日。藝文類聚八十六。

爲晉安王謝賜鸚鵡啟

形類沈文，經符陶記，晉臣羞其吳硯，未占復有背如車蓋，胷垂鉫月，口疑犀欉，翩似魚懸，出九芝之池，去千金之沼。藝文類聚九十一。

謝豫章王賜馬啟

出自北冀，來從東道，併越兩驂，旣同八駿，循坂且厲，無復艮樂之鳴，長楸可走，不假幽升之策。藝文類聚九十三。

謝始興王賜車牛啟

下官安於蹻屐，習以成性，乘堅驅駿，未可胥心，慈渥無涯，每垂獎飾，無復籍藪之朋，將申共弊之美，躍龍望水，未足儔光，長門華霤不能均響。

謝豫章王賜牛啟

觀其毛角相合，骨像應圖，曳流水而生光，驚高限其如接，遂使上阜輟駕，下澤是驅，馬軾修塗，旣獲坐馳之致，騈蹄廣庭，方念載憂之勗。藝文類聚九十四。

北使還與永豐侯蕭撝書

足踐寒地，身犯胡風，暮宿客亭，晨炊謁舍，飄飄辛苦，迄屆氈鄉，雜種覃化，頗慕中國，兵傳李緒之法，樓擬衛律所治，而毳幙難淹，酪漿易饜，王程有限，時反玉關，射鹿胡奴，乃共歸國，刻龍漢節，還持入塞，馬銜苜蓿，嘶立故墟，人獲蒲萄，歸種舊里，稚子出迎，善鄰相勞，倦握蟹螯，亟覆蝦椀，未改初學記御覽作每取朱顏，略多自醉，用此終日，亦以自娛。藝文類聚五十三，初學記二十，御覽七百七十九。

探物作豔體連珠

妾聞洛妃高髻，不姿於芳澤，玄妻長髮，無藉於金鈿，故雲多由於自美，蟬稱得於天然，是以梁妻獨其妖豔，衛姬專其可憐。

妾聞芳性深情，雖欲忘而不歇，薰芬動慮，事逾久而更思，是以津亭掩馥，秖結秦婦之限，限當作恨爵臺餘妬，追生魏妾之悲。藝文類聚五十七，文苑英華七百七十二。

平等寺剎下銘

香薪已燎，花疊盡然，頻果絕其軟言，綿毫收其廣照，紺鉢遺釆，託慕所依，紅爪餘暉，申悲是寄，因使金表爭構，玉剎競脩，豈止天界飾其四圍，龍宮陳其七寶，樹似菴林，峯疑鷲色，孕吐仙霧，涌瀨靈泉，燕室綠雲，精廬切製，漢乘祕殿，宋美御房，義和假道於罘罳，翔鸞迴翼於飛棟，建章厭勝，未及雕甍，甘泉避暑，豈窮輪奐，檻綴玫瑰，階塡粟玉，絡以如意，飾用沈檀，火齊勝明燭，銀颺釆，釋梵奪其身光，日車貶其輪照，辭曰：

惟茲寶塔。妙跡可傳。盤稱鄴境。樓美淯川。雙龍虛繞。九鳳徒懸。豈如神刹。耿介淩煙。珠含魄月。幡垂淨天。寶鐸夜響。銀地朝鮮。檐棲迴霧。砌卷香蓮。翻蠡下梵。墜鶴歸仙。洹沙擾擾。世界綿綿。踐茲勝影。祛彼蓋纏。藝文類聚七十七。

雍州金像寺無量壽佛像碑

昔堯乃則天。莫能名其聖。巳幾譽曰。無德稱其道。況復欲宣五品。將歎三法。固使迦葉恥其無智。龍樹羞其非辯。猶聞獻蓋長者。頌以七言。無學比丘。陳其百句。至有九輩性生。一身補處。塵洗玉池。神聞金葉。樹聲繁會。超簡於是未聞。地寶焜煌。周穆之所不見。昔者出城石轉。還林現疾。夢樹既沈。梵花獨反。猶有香杖疊衣。紅爪紺髮。可得崇以妙利。顯用珍函。彼彌陁感化。殊攝日輪。照曜月面。從容毫散。珠輝脣開。異色似含微笑。俱注目於瞻仰。如出歎言。咸傾耳於諦聽。像復以其夕出住寺門。始則映顯巖閒。猶對鷲山之禮。末又徘徊閫外。似救毗城之疾。空中生樹。豈曰難思。火內披蓮。未爲多有。銘曰。

奄有淨國。寶應多祉。葉產梵童。花開釋子。玉蓮交映。銀荷遞起。伊尹甄桑。伯陽羞李。藝文類聚七十六。案梁書本傳云敕令製雍州平等金像碑文甚宏麗即此。

劉孝威

孝威。孝綽第六弟。爲安北晉安王法曹。轉主簿。除太子洗馬。遷中舍人。庶子。率更令。太清中遷中庶子兼通事舍人。有集十卷。

謝賚官紙啟

臣與謝嘏俱甄某聖。臣之銜梯。實愧魯般之巧。嘏之城壘。特無禽子之守。攻弱侮亡。其勞甚薄。策勳行賞。爲渥過隆。雖復鄴殿鳳銜。漢朝魚網。平準桃花。中宮穀樹。固以甄茲靡滑。謝此鮮光。藝文類聚五十八。

婚謝晉安王賜錢啟

孝威問吉已通。請期有日。而賢夫之譽。多愧張耳。非壻之才。偶同王粲。睎言前事。良以自羞。曲降隆慈。俯垂珍錫。便使禽贄獲舉。纁幣有資。佩服寵靈。殞越非報。藝文類聚六十六。

謝敕賚畫屏風啟

昔紀亮所隔。唯珍雲母。武秋所顧。大寶琉璃。豈若寫帝臺之基。拂崑山之碧。畫巧吳筆。素踰魏賜。馮商莫能賦。李尤誰敢銘。藝文類聚六十九。

謝賚錦被啟

色豔蒲萄。采踰聯璧。鄂君愬繡。楚侍羞珠。雖復帝賜鶴綾。客贈鴛綺。高懸麗藻。遠謝鮮明。漢老悅其怪文。魏馬驚其杳氣。藝文類聚七十。御覽七百七。

杳當作香

謝東宮賜聖僧餘饌啟

齊桓伯寢之器。周穆軒宮之寶。孔靡香飯。素榛糗漿。五杏七桃。靈瓜仙棗。莫不氣馥上天。蘤流下界。石崇芳果。金谷僅於萬株。陳湯木滋。杜陵幾于千樹。猶自高謝珍奇。多慚品族。藝文類聚七十二。

謝東宮賜淨饌啟

縻獻牛牧。飯出龍宮。千品甘露之食。百花珍藥之果。餅兼髓乳。漿苞蔗捺。雕盤流其滋旨。寶器委其包香。足使五世長者。羞彼識味。一角仙人。恥其呪術。微物多幸。叨奉曲恩。性命可捐。殊私難荅。藝文類聚七十二。

謝東宮賚鹿脯等啟

上林絕胡人之搏。禁地無張京之犯。而猶有班超之遊獵。李廣之馳射。遠歸於廚吏。入頁於腊人。形圖三事之車。影入九仙之鏡。藝文類聚七十二。御覽八百六十二。

謝東宮賚炭啟

洛城雪深。不見海神之跡。滹沱冰合。無待王霸之覘。聚而爲嶽。大壯。黑山稱之以船。將重牙獸。鑪生烽焰。室滿紅光。雉裘入而識奮。鼠布焚而無污。

謝東宮賚藕啟

色華玉樹。味奪瓊漿。根出楊池。間之僮約。子爲靈散。得自莊篇。楚后江萍。秦公海棗。凡厥永羞。莫敢相輩。藝文類聚八十二。

謝賜㮈啟

孫井浮朱。初學記二十八。

爲皇太子謝敕賚功德馬啟

伏惟忘我徇物。屈己濟民。該天地而大捨。揔日月而爲施。既脫軺於金輪。又解驂於紺馬。出余吾之水。服駒駼之廄。名高夏后之龍。價倍田方之驥。謹當秣以柏葉。飴以丹棗。加之玉鞍。飾之金絡。藝文類聚九十三。

謝賚熊白啟

竊以館有射熊之名。臺無走狗之號。上林絕胡人之搏。禁地無張京之犯。而突出羽川。來攀御檻。光踰厚璧。殆惑朱公之價。色麗燭銀。將堪穆王之寶。藝文類聚九十五。

謝賚林檎書

勇聞齊國。止錫二桃。遠至仙方。裁蒙數棗。豈如恩豐漢篋。賜廣魏奩。妃女數而僅通。筭郎計而方得。生於玉井之側。出自金膏之地。上靈所貴。下士希逢。藝文類聚八十七。

謝南康王餉牛書

雖復蜀守神牛。秦公怒特。穆王白角。何氏瑩蹄。無以逾其勁力。邁其致遠。直宿九重。獲免疏步。路休三巡。且息徒行。從祀甘泉。方無假於丞相。騎至清廟。又永笑於博陽。藝文類聚九十四。

正旦春雞贊

寶雞陳倉。祠光表神。雄飛帝漢。雌鳴霸秦。排膺激怒。礴翅張瞋。電鞭失焰。雷車折輪。助摽魏教。擅場齊珍。名流晉戟。歌傳漢臣。竊脂善盜。搏穀難馴。綠鶵智淺。蒼鷹害深。兼姿五德。歸于翰音。藝文類聚九十。

辟厭青牛畫贊

泰山怒特。吳渚神牛。氣噓風噴。精迴電流。距牽和鞅。不入裴鞦。筊力難京。肆怒橫行。朗陵瑩角。介葛瞻聲。遁仙託稱。妖寇馮名。名震八區。威陵五都。蓄勇樻側。息憤埸隅。仇覽獻豆。滕嬰進芻。雄皃楷式。悍士規模。曹興拂采。徐邈成圖。藝文類聚九十四。

全梁文卷六十一終

全梁文卷六十二

烏程嚴可均校輯

陳慶之

慶之字子雲義興國山人從武帝舉義爲主書除奉朝請普通中爲武威將軍迎元法僧還除宣猛將軍文德主帥轉東宮直閤賜爵關中侯大通中爲假節飆勇將軍送元顥入魏還除右衞將軍封永興縣侯出爲持節奮武將軍北兗州刺史中大通中除南北司二州刺史大同中進號仁威將軍卒贈散騎常侍左衞將軍謚曰武

攻滎陽宣喻士衆

吾至此㠯來屠城略地實爲不少君等殺人父兄略人子女又爲無算天穆之衆並是仇讎我等纔有七千虜衆三十餘萬今日之事義不圖存吾㠯虜騎不可爭力平原及未盡至前須平其城壘諸君無假狐疑自貽屠膾梁書陳慶之傳

陳昕

昕字君章慶之第五子大同中爲邵陵王常侍文德主帥右衞仗主除威遠將軍小峴城主還宣猛將軍除陰陵戍主北譙太守㠯疾不之官又除驃騎外兵尋爲臨川太守太清二年進雲旗將軍爲侯景所殺

陳兵事啟

採石急須重鎮王質水軍輕弱恐慮不濟梁書陳慶之傳

朱异

异字彥和吳郡錢塘人宋處士昭之之孫天監初爲揚州議曹從事史直西省兼太學博士遷尚書儀曹郎兼中書通事舍人進鴻臚卿太子右衞率加員外常侍中大通初遷散騎常侍大同中遷右衞將軍加侍中太清中遷左衞將軍又遷中領軍卒

贈侍中尚書右僕射有周易集注一百卷

田飲引

卜田宇兮京之陽面清洛兮青修邙屬風林之蕭瑟值寒野之蒼茫鵬紛紛而聚散鴻冥冥而遠翔酒沈兮俱發雲沸兮波揚豈味薄于東魯鄙密甜于南湘于是客有不速朋自遠方臨清池而滌器闢山牖而飛觴促膝兮道故久要兮不忘聞談希夷之理或賦連翩之章藝文類聚七十二

爲武帝草張纘爲尚書僕射詔

纘外氏英華朝中領袖司空㠯後名冠范陽可尚書僕射梁書張纘傳又見南史五十六㠯爲朱异草詔

祀明堂議

祀明堂改服大裘又㠯貴質不應三獻禮云朝踐用大罇鄭玄云大罇瓦也有虞氏瓦罇此皆是宗廟猶㠯質素況在明堂理不容象罇也郊祀貴質器用陶匏宗廟貴文誠宜雕俎明堂之禮于郊爲文比廟爲質請改器用純漆庶合文質之衷舊儀鬯灌求神初獻清酒次醴終醆禮畢太祝取俎上祭肉當御前㠯受俎五帝天神不可求之于地二郊主祭無受肉之禮請停三獻灌鬯及授俎之法止于一獻清酒舊用太牢案郊用繭栗詩云配文王于明堂有維牛維羊良由周監二代其義貴文明堂方郊未爲極質故特用三牲今斟酌百王義存通典蔬果之薦雖符周禮而牲牢之用宜遵夏殷請自今明堂牲用特牛通典四十四

四望議

望是不卽之名豈容局于星海拘于岳瀆隋書禮儀志一天監六年議者㠯爲北郊有岳鎮海瀆之座而又有四望之座疑爲煩重儀曹郎朱异議

雩祭燔柴議

案周宣雲漢之詩毛注有瘞埋之文不見有燔柴之說若㠯五帝

必桊。今明堂又無其事。隋書禮儀志二。天監十年。儀曹郎朱异議。

更議復四望

鄭衆云。四望謂日月星海。鄭玄云。謂五岳四鎮四瀆。尋二鄭之說。互有不同。竊以望是不卽之名。凡厥遙祭。皆有斯目。豈容局于星漢。拘于海瀆。請命司天。有關水旱之義。爰有四海名山大川。能興雲致雨。一皆備祭。隋書禮儀志二。天監十一年。帝曰四望之事。頃來遂絕。宜更議。復朱异議。

封陽侯不應殤服議

禮。年雖未及成人。已有爵命者。則不爲殤。封陽侯年雖中殤。已有拜封。不應殤服。隋書禮儀志三。天監十四年。舍人朱异議。又見通典八十二。

廟祀加一鉶羹議

二廟祀相承止有一鉶羹。蓋祭祀之禮。應有兩羹。相承止于一鉶。卽禮爲乖。請加熬油蓴羹一鉶。隋書禮儀志二。天監十六年十月。舍人朱异議。

元法僧內屬議

自王師北討。剋獲相繼。徐州地轉削弱。咸願歸罪法僧。法僧懼禍之至。其降必非僞也。梁書朱异傳。

請改郊祀儀注

禮。大裘而冕。祭昊天上帝。五帝亦如之。良由天神高遠。義須誠質。今從汎祭五帝。禮不容文。

齊儀。初獻樽彝。明堂貴質。不應三獻。又不應象樽。禮云。朝踐用太樽。鄭云。太樽。瓦也。記又云。有虞氏瓦樽。此皆在廟所用。猶以質素。況在明堂。禮不容象。今請改用瓦樽。庶合文質之衷。

宗廟貴文。故庶羞百品。天義尊遠。則須簡約。今儀注所薦。與廟不異。卽理徵事。如爲未允。請自今明堂肴膳準二郊。但帝之爲名。本主生育。成歲之功。實爲顯著。非如昊天義絕言象。雖曰同郊。復應微異。若水土之品。蔬果之屬。猶宜以薦。止用梨棗橘栗四種之果。薑蒲葵韮四種之葅。粳稻黍粱四種之米。自此以外。郊所無者。請

並從省除。隋書禮儀志一。天監十年。儀曹郎朱异以爲云云。

明堂既汎祭五帝。不容的有先後。東階而升。宜先春帝。請改從青帝始。

明堂籩豆等器。皆以雕飾。尋郊祀貴質。改用陶匏。宗廟貴文。誠宜雕俎。明堂之禮。既方郊爲文。則不容陶匏。比廟爲質。又不應雕俎。斟酌二途。須存厥衷。請改用純漆。

舊儀。明堂祀五帝。先酌鬱鬯。灌地求神。及初獻清酒。次酃終醁。禮畢。太祝取俎上黍肉。當御前以授。請依郊儀。止一獻清酒。且五帝天神。不可求之于地。二郊之祭。並無黍肉之禮。並請停灌及授俎法。

舊明堂皆用太牢。案記云。郊用特牲。又云。天地之牛角繭栗。五帝旣曰天神。理無三牲之祭。而毛詩我將篇云。祀文王于明堂。有維羊維牛之說。良由周監二代。其義貴文。明堂方郊。未爲極質。故特用三牲。止爲一代之制。今斟酌百王。義存通典。蔬果之屬。雖符周禮。而牲牢之用。宜遵夏殷。請自今明堂止用特牛。既合質文之中。又見貴誠之義。隋書禮儀志一。

到洽

洽字茂沿。彭城武原人。宋驃騎將軍彥之曾孫。天監初爲太子舍人。累遷司徒主薄、尚書殿中郎、太子中舍人、侍讀學士、國子博士。出爲臨川內史。還除太子家令。遷給事黃門侍郎。兼國子博士、太子中庶子。普通初遷尚書吏部郎。領尚書左丞。進御史中丞。出爲貞威將軍、雲麾長史、尋陽太守。大通元年卒。贈侍中。謚曰理子。有集十五卷。

奏劾劉孝綽

攜少姝於華省。棄老母於下宅。梁書劉孝綽傳。

周弘正補太學博士議

鄣當作剡

周郎年未弱冠，便自講一經，雖曰諸生，實堪師表，無俟策試。（陳書周弘正傳博士到洽議）

劉昭

昭字宣卿，平原高唐人，晉太尉寔九世孫。天監初爲奉朝請，遷征北行參軍、尚書倉部郎，除無錫令，歷宜惠豫章王中軍臨川王記室，遷通直郎，出爲鄣令。有後漢書注一百二十五卷、幼童傳十卷、集十卷。

鈔集議祭六宗論

虞書曰：肆類于上帝，禋于六宗，望于山川。伏生、馬融曰：萬物非天不覆，非地不載，非春不生，非夏不長，非秋不收，非冬不藏，禋于六宗，此之謂也。歐陽和伯、夏侯建曰：六宗，上不謂天，下不謂地，旁不謂四方，在六者之閒，助陰陽變化者也。孔安國曰：精意以享謂之禋。宗，尊也。所尊祭其祀有六：埋少牢于太昭，祭時也；相近于坎壇，

祭寒暑也；王宮，祭日也；夜明，祭月也；幽禜，祭星也；雩禜，祭水旱也。禋于六宗，此之謂也。孔叢曰：宰我問六宗于夫子，夫子荅如安國之說。臣昭以此解若果是夫子所說，則後儒無復紛然。文秉案：劉歆曰：六宗謂水、火、雷、風、山、澤也。賈逵曰：六宗謂日宗、月宗、星宗、岱宗、海宗、河宗也。鄭玄曰：六宗，星、辰、司中、司命、風伯、雨師也。星，五緯也；辰，謂日月所會十二次也；司中、司命，文昌第五、第四星也；風伯，箕也；雨師，畢也。晉武帝初，司馬紹統表駮之曰：臣以爲帝在于類，則禋者非天；山川屬望，則海岱非宗；宗猶包山，則望何秩焉？伏與歆，遠失其義也。六合之閒，非制典所及；六宗之數，非一位之名；陰陽之說，又非義也。并五緯以爲一，分文昌以爲二，箕、畢既屬于辰，風師、雨師復特爲位，立之失也。安國案祭法爲宗，而除其天地于上，遺其四方于下，取其中以爲六宗。四時、寒暑、日月、衆星并水旱，所宗者八，非但六也。傳曰：山川之神，則水旱厲疫之災，于是乎禜之；日月星辰之神，則雪霜風雨之不時，于是乎禜之。又曰：龍見而雩。如此禜者，祀日月星辰山川之名；雩者，周人四月祭天求雨之稱也。雪霜之災，非夫禜之所禳；雩祭之禮，非正月之所祈。周人之後，說有虞之典，故于學者未盡喻也。且類于上帝，即禋天也；望于山川，禜所及也。宗周禮云：昊天上帝、日月星辰、司中、司命、風師、雨師、社稷、五祀、五嶽、山林川澤、四方百物。又曰：兆五帝于四郊，四類、四望亦如之。無六宗之兆。祭法云：祭天、祭地、祭時、祭寒暑、日月星、祭水旱、祭四方及山林川谷丘陵能出雲爲風雨見怪物，皆是有天下者祭百神，非此族也，不在祀典。復無六宗之文，明六宗所禋，即祭法之所及，周禮之所祀，即虞書之所宗，不宜特復立六宗之祀也。春官大宗伯之職，掌玉作六器，以禮天地四方：以蒼璧禮天，以黃琮禮地，以青圭禮東方，以赤璋禮南方，以白琥禮西方，以玄璜禮北方。天宗，日月星辰寒暑之屬也；地宗，社稷五祀之屬也；四方之宗者，四時五帝之屬也。如此，則羣神咸秩而無廢，百禮徧修而不瀆，于理爲通。幽川秀才張髦又上疏曰：禋于六宗，禮祖考所尊者六也。何以攷之？周禮及禮記王制：天子將出，類于上帝，宜于社，造于禰，巡狩四方，覲諸侯，歸格于祖禰，用特。堯典亦曰：肆類于上帝，禋于六宗，望于山川，徧于羣神，班瑞于羣后，肆覲東后，叶時月，正日，同律度量衡，巡狩一歲，以周爾，乃歸格于藝祖，用特。臣以尚書與禮三制，同事一義，符契相合。禋于六宗，正謂祀祖考宗廟也。文祖之廟六宗，即三昭三穆也。若如十家之說，既各異義，上下違背，且沒乎祖之禮，攷之禮，攷之祀典，尊卑失序。若但類于上帝，不禋祖禰而行，去時不告，歸何以格？以此推之，較然可知也。禮記曰：攷政必本于天，殽以降命。命降于社之謂殽地，降于祖廟之謂仁義，降于山川之謂興作，降于五祀之謂制度。又曰：祭帝于郊，所以定天位也；祀社于國，所以列地利也；祭祖于廟，所以本仁也；山

三當作王

偏當作徧

川所㠯儺鬼神也。五祀所㠯本事也。又曰：禮行于郊，而百神受職焉；禮行于社，而百貨可極焉；禮行于祖廟，而孝慈服焉；禮行于五祀，而正法則焉。故自郊社祖廟五祀，義之修而禮之藏也。凡此皆孔子所㠯祖述堯舜，紀三代之敎，著在祀典，首尾相證，皆先天地，次祖宗，而後山川羣神耳。故禮祭法曰：七代之所更變者，禘郊宗祖。明舜受終文祖之廟，察璇璣，攷七政，審己天命之定，遂上郊廟，當義合堯典，則周公其人也。郊祀后稷㠯配天，宗祀文王于明堂，㠯配上帝，是㠯四海之內，各㠯其職來祭者也。居其位，攝其事，郊天地，供羣神之禮，巡狩天下，而遺其祖宗，恐非有虞之志也。五嶽視三公，四瀆視諸侯，皆㠯案先儒之說，而㠯水旱風雨先五嶽四瀆，從祖考而次上帝，錯于肆類，而亂祀典，臣㠯十一家皆非也。太學博士吳商㠯爲禋之言煙也，二祭皆積柴，而實牲體焉，㠯升煙而報陽，非祭宗廟之名也。鄭所㠯不從諸儒之說者，將欲據周禮，

禋祀皆天神也。日月星辰、司中司命、風師雨師，凡八，而日月并從郊，故其餘爲六宗也。㠯書禋于六宗，與周禮事相符，故據㠯爲說也。且文昌雖有大體，而星名異，其日不同，故隨事祭之。而言文昌七星，不得偏祭其第四第五，此爲周禮。復不知文昌之體，而又妄引爲司中司命。箕畢二星，既不係于辰，且同是隨事而祭之例，又無嫌于所係者。范甯注虞書曰：攷觀衆議，各有說難，鄭氏證據最詳，是㠯附之。案六宗衆議，未知孰是。虞喜別論云：地有五色，太社象之，總五爲一，則成六，六爲地數。推案經句，闕無地祭，則祭地。臣昭曰：六宗紛紜，衆釋互起，竟無全通，亦難偏折，歷辨碩儒，終未挺正。康成見宗，是多附焉。盍各爾志，宣尼所許，顯其一說，亦何傷乎。竊㠯爲祭祀之敬，莫大天地，虞典首載，彌久彌盛，此宜學者各盡所求。臣昭謂虞喜㠯祭地，近得其實，而分彼五色，合五爲六，又不通禋，更成疑昧。尋虞書所稱肆類于上帝，是祭天，天不言天而曰

上當作土

上帝，帝是天神之極，舉帝則天神斯盡，日月星辰從可知也。禋于六宗，是實祭地，地不言地而曰六宗，宗是地數之中，舉中足㠯該數，社稷等祀從可知也。天稱神，上地表數中，仰觀俯察，所㠯爲異。宗者，崇尊之稱，斯亦盡敬之謂也。禋也者，埋祭之言也，實瘞埋之異稱，非周禮之祭也。夫置字涉神，必㠯今之示，今之示卽古之神，所㠯社稷諸字，莫不㠯神爲體。虞書不同，祀名斯隔，周禮改煙，音形兩異。虞書改上正元，祭義此焉，非疑㠯爲可了，豈六置宗便爲傍祭乎。風俗通曰：周禮㠯爲槱燎祀司中司命，文昌上六星也。槱者，積薪燔柴也。今民猶祠司命耳，刻木長尺二寸，爲人像，行者置篋中，居者別作小居。齊地大尊重之，汝南諸郡亦多有者，皆祠㠯豬，率㠯春秋之月。後漢志祭祀中注

難晉劉世明論久喪不葬服

喪無二孤，廟無二主，受弔之禮，唯喪主拜稽顙，餘人哭踊而已。諸

廊當作廓

言喪主，唯謂一人，不斥衆子。世明固云若屍柩無所葬者，則爲後者與衆子同除矣。通典一百三

注補續漢書八志序

臣昭曰：昔司馬遷作史記，爰建八書；班固因廣，是曰十志。天人經緯，帝政紘維，區分源奧，開廊著述，創藏山之祕寶，肇刊石之遐貫，誠有繫于春秋，亦自敏于改作。至乎永平，執簡東觀，紀傳雖顯，書志未聞。推撿舊記，先有地理。張衡欲存炳發，未有成功，靈憲精遠，天文已煥。自蔡邕大弘鳴條，實多紹宣，協妙元卓，律厤㠯詳，承洽伯始，禮儀克舉，郊廟社稷，祭祀該明，輪騑冠章，車服贍列。于是應譙纘其業，董巴襲其軌，司馬續書，總爲八志。律厤之篇，仍乎洪邕所構；車服之本，卽依董蔡所立；儀祀得于往制，百官就乎故簿。並籍據前修，㠯濟一家者也。王敎之要，國典之源，粲然略備，可得而知矣。既接繼班書，通其流貫，體裁淵深，雖難踰等，序致膚約，有傷

懸越。後之名史。弗能罷意。叔駿之書。是謂十典。矜緩殺青。竟亦不成。二子平業。俱稱麗富。華轍亂亡。典則偕泯。雅言邃義。于是俱絕。沈松因循。尤解功創。時改見句。非更搜求。加藝文以矯前棄。流書品採自近錄。初平永嘉。圖籍焚喪。塵消煙滅。焉識其限。借南晉之新虛。爲東漢之故實。是以學者亦無取焉。范曄後漢。良誠跨衆氏。序或未周。志遂全闕。國史鴻曠。須寄勤閑。天才富博。猶俟改具。若草昧厥始。無相憑據。窮其身世。少能已畢。遷有承考之言。固深資父之力。太初以前。班用馬史。十志所因。實多往制。升入校部。出二十載。續志昭表。以助其閒。成父述者。夫何易哉。況曄思雜風塵。心撓成毀。弗克員就。豈以茲乎。夫辭潤婉贍。可得起改。覈求見事。必應寫襲。故序例所論。備精與奪。及語八志。頗褒其美。雖出拔前羣。歸相沿也。又尋本書當作禮樂志。其天文五行百官車服。爲名則同。此外諸篇。不著紀傳。律厤郡國。必依往式。曄遺書自序。應徧作諸志。前漢有者。悉欲備製。卷中發論。以正得失。書雖未明。其大旨也。曾臺雲構。所缺過乎榱桷。爲山霞高。不終踰乎一簣。鬱絕斯作。吁可痛哉。徒懷纘緝。理慙鉤遠。迺借舊志以補之。狹見寡陋。匪同博遠。及其所值。微得論列。分爲三十卷。以合范史。求于齊工。孰曰文類。比茲闕恨。庶賢乎已。昔褚先生補子長之創。少馬氏接孟堅之未畢。相成之義。古有之矣。引彼先志。又何猜焉。而歲代逾邈。立言湮散。義存廣求。一隅未覿。兼鍾律之妙。素揖校讎。參厤算之微。有慙證辨。星候祕阻。圖緯藏嚴。是須甄明。每用疑略。時或有見。頗邀傷遇。非覽正部。事乖詳密。今令行禁止。此書外絕。其有疏漏。諒不足誚。明汪文盛刊本。

全梁文卷六十二

烏程嚴可均校輯

劉緩

緩字含度昭子歷安西湘東王記室遷中錄事卒有集四卷

照鏡賦

夜籌已歇曉鐘將絕窗外明來帷前影滅荆王欲起侍妾應還前齋上幔內閣除關開屛易疊捲簾難攀握頭斂鬢釵子縈鬟階邊就水盤中光映訝宿粉之猶調笑殘黃之不正欲開奩而更飾乃當窗而取鏡臺本王官氏姓温背後銘文宜子孫四面迴風若流水句欄匼匝侶城闉分明侶無礙影前彌可愛近來顏色不須紅卽時好眉猶約黛世間好鏡自無多唯聞一箇比姮娥曾經玉女照屢被仙人磨光明粉可憐（缺五字）論時不假著法用自應須夏天金薄漢秋日寶栞黄銀纏辟鬼呪翠厄護身符空處宜應擂非是畏釵梳（藝文類聚七十）

祖暅

暅一作暅之字景爍范陽薊人齊長水校尉沖之子天監初爲員外散騎侍郎後遷至太府卿

奏請用祖沖之甲子元麻

臣先在晉已來世居此職仰尋黃帝至今十二代麻元不同周天斗分疏密亦異當代用之各垂一法宋大明中臣先人攷古法吕爲正麻垂之于後事皆符驗不可改張（隋書律麻志中天監三年下詔定麻祖暅奏）

奏改麻宜在來正

史官今所用何承天麻稍與天乖緯緒參差不可承案被詔付靈臺與新麻對課疏密前期百日竝又再申始自去冬終於今朔得失之效竝已月別啟聞夫七曜運行理數深妙一失其源則歲積彌爽所上脫可施用宜在來正（隋書律麻志中天監八年十一月暅奏）

渾天論

自古論天者多矣而羣氏糺紛互相非毀竊覽同異稽之典經仰觀辰極傍矚四維覩日月之升降察五星之見伏校之吕儀象覈之吕晷漏則渾天之理信而有徵輒遺衆說附渾儀云考靈曜先儒求得天地相去十七萬八千五百里吕晷景驗之失于過多既不顯求之術而虛設其數蓋夸誕之辭非聖人之旨也學者多因其說而未之革豈不知尋其理歟抑未能求其數故也王蕃所攷較之前說不啻減半雖非揆格所知而求之吕理誠未能遙趣其實蓋近密乎輒因王蕃天高數吕求冬至春秋分日高及南戴日下去地中數法令表高八尺與冬至景長一丈三尺各自乘并而開方除之爲法天高乘表高爲實實如法而一得四萬二千六百五十八里有奇卽冬至日高也吕天高乘冬至景長爲實實如法得六萬九千三百二十里有奇卽冬至南戴日下去地中數也求春秋分數法令表高及春秋分景長五尺三寸九分各自乘并而

開方除之爲法因冬至日高實而吕法除之得六萬七千五百二里有奇卽春秋分日高也吕天高乘春秋分景長爲實實如法而一得四萬五千四百七十九里有奇卽春秋分南戴日下去地中數也南戴日下所謂丹穴也推北極里數法夜于地中表南傅地遙望北辰紐星之末令與表端參合吕人目去表數及表高各自乘并而開方除之爲法天高乘表高數爲實實如法而一卽北極紐星高數也天高乘人目去表爲實實如法卽去北戴極下之數也北戴斗極爲空桐日去赤道表裏二十四度遠寒近暑而中和二分之日去天頂三十六度日去地中冬夏春秋辰昏晝夜皆同度也而有寒暑者地氣上騰天氣下降故遠日下寒近日下暑非有遠近也猶火居上雖遠而炎在旁雖近而微視日在旁而大居上而小者仰矚爲難平觀爲易也由視有夷險非遠近之效也今懸珠于百仞之上或置之于百仞之前從而觀之則大小殊形先

儒弗斯取驗用繁翰墨夷途頓轡雄辭折辨不亦迂哉今大寒在冬至後二氣者寒積而不消也大暑在夏至後二氣者暑積而未歇也寒暑均和乃在春秋分後二氣者寒暑積而不平也譬之火始入室而未甚溫弗事加薪久而愈熾既移遷之猶有餘熱也月行有中道有陰道有陽道如姜岌說周髀云日徑千二百五十里蓋天乖謬已詳前議無足采焉以渾象言之失于過大矣張衡日月共徑當天周七百三十六分之一地廣二百三十二分之一案此而論天周分母圓周率也地廣分母圓徑率也以八約之得周率九十二徑率二十九其率傷于周多徑少衡之疏也衡以日月之徑居一度之半又言八極之維既非攷定日月之徑又不明其理飾辭華說不足窮覈者也望日月法立于地中以人目屬徑寸之管而望日月令日月大滿管孔及定管長以管徑乘天高管長除之即日月徑也月陰精也其形圓其質稟日之光而見其體日光不照則謂之魄故月望之月日月相望人居其閒盡覩其質故形圓也二弦之月日照其側人觀其旁故半魄半明也晦朔之月日照其表人在其裏故形不見舊說日月行九道斯蓋未究月行之變而假爲其說謹案著作郎張東對三道九行曰案漢天文志日有三道月有九行者謂日月行黃道爲得其正或行黃道外或行黃道內內外及正行因名三道故曰房有四表三道日月經房星南門即爲旱經房星北門爲水日有三道者但內外差及正行之道也月有九行謂青道二出于黃道東赤道二出于黃道南白道二出于黃道西黑道二出于黃道北故鄭玄注月令立春春分日行青道月爲之佐立夏夏至日行赤道月爲之佐立秋秋分日行白道月爲之佐立冬冬至日行黑道月爲之佐故月之九行非爲黃道外別有九道交橫繹絡貫于纏舍但爲日月既爲動物不能不小有盈縮或行黃道內外又案日月以立春合宿在營室即北方之星色當言黑春分宿日在奎奎爲西方之宿色當言白而鄭玄言立春春分日行青道蓋以歲起于春春在于東東方色青故起青號南西及北三方準此故知日月共有三道實無九行但以因八節之差順四時之色曲爲立名故月行言九直舉其實故曰道稱三三道九行其義一也則云日之三道躔于二十八宿月之九行經于八節宿隋書天文志上開元占經一

姜岌此言非也星猶月稟日之光然後乃見若星在日裏則應盈魄今既不然故知星在日表而常明也案星體自有光曜非由稟日始明今星宿有時食月在魄中分明質見則是星行亦在月裏不專在表又姜岌承二燭爲喻理亦迂迴非實驗也開元占經一

推地中法

先驗昏旦定刻漏分辰次乃立儀表于準平之地名曰南表漏刻上水居日之中更立一表于南表影末名曰中表夜依中表以望北極樞而立北表令參相直三表皆以懸準定乃觀三表直者其立表之地即當子午之正三表曲者地偏僻每觀中表以知所偏中表在西則立表處在地中之西當更向東求地中若中表在東則立表處在地中之東也當更向西求地中取三表直者爲地中之正又以春秋二分之日旦始出東方半體乃立表于中表之東名曰東表令東表與日及中表參相直是日之夕日入西方半體又立表于中表之西名曰西表亦從中表西望西表及日參相直乃觀三表直者即地南北之中也若中表差近南則所測之地在卯酉之南中表差在北則所測之地在卯酉之北進退南北求三表直正東西者則其地處中居卯酉之正也隋書天文志上祖暅錯綜經注以推地中其法云云

朱史

史爵里未詳

定天論

日一千六百七十里。周天六十萬二百二十一里。徑率求之。得十九萬四千一百六十四里。卽天東西南北相去之數也。求之得九萬七千六百里。卽春秋分日天去地之數也。夏至日天去地上八萬一千三百九十四里。冬至之日。爲天去地上十萬六千二十里也。開元占經一。

虞廙

廙爲上林館學士。

應制旨推日行度數

臣廙等謹奉依敕旨。案推厤法表景長短之差。日行南北之道。旁攷經記。近較目前。莫不事事符合。昭然可見。謹略條度如左。日道圓周三百六十度。分爲十二辰。辰三十度半。春秋分出卯入酉。冬至則出辰入申。夏至則出寅入戌。春秋分日出卯左右十五度。冬至日出卯南。去卯中二十四度。則是侵辰九度。夏至日出卯北。去卯中二十四度。則是侵寅九度。春秋分日入酉左右亦各十五度。冬至日入酉南。去酉中二十四度。是侵申九度。北極璇璣玉衡上當天之北五十五度。北去黑山頂三十六度。夏至日在天南十二度。春秋分日在天南三十六度。冬至日中。日在天南五十度。冬至日中。日去金剛南三十度。開元占經一。

虞僧虬

僧虬。會稽餘姚人。天監初爲法官。

斷景慈證母事啟

案子之事親。有隱無犯。直躬證父。仲尼爲非。景慈素無防閑之道。死有明目之據。陷親極刑。傷和損俗。凡乞鞫不審。降罪一等。豈得避五歲之刑。忽死母之命。景慈宜加罪辟。隋書刑法志。天監三年八月。建康女子任提女坐誘口當死。其子景慈對鞫辭云。母實行此。是時法官虞僧虬啟稱云云。又見通典一百六十七。

虞皭

皭。天監中爲治書侍御史。遷尙書祠部郎。有集十卷。

奏彈伏暅

臣聞失忠與信。一心之道已虧。貌是情非。兩觀之誅宜及。未有陵犯名教。要冒君親。而可緯俗經邦者也。風聞豫章內史伏暅。去歲啟假。以迎妹喪爲解。因停會稽不去。入東之始。貨宅賣車。以此而推。則是本無還意。暅歷典二邦。少免貪濁。此自爲政之本。豈得稱功。常謂人才品望。居何遠之右。而遠以淸公見擢。名位轉隆。暅深誹怨。形於辭色。興居歎咤。寤寐失圖。天高聽卑。無私不照。去年十二月二十一日詔曰。國子博士領長水校尉伏暅。爲政廉平。宜加將養。勿使恚望。致虧士風。可豫章內史。豈有人臣奉如此之詔。而不亡魂破膽。歸罪有司。擢髮抽腸。少自論謝。而循奉慠然。了無異色。暅識見所到。足達此旨。而冒寵不辭。忝斯苟得。故以士流解體。行路沸騰。辨跡求心。無一可恕。竊以暅踉蹡落魄。三十餘年。皇運勃興。咸與維始。除舊布新。濯之江漢。一紀之間。三世隆顯。曾不能少懷感激。仰荅萬分。反覆拙謀。成茲巧罪。不忠不敬。于斯已及。請以暅大不敬論。以事詳法。應棄市刑。輒收所近獄洗結。以法從事。如法所稱。暅卽主。臣謹案豫章內史臣伏暅。含疵表行。藉悖成心。語嘿一違。資敬兼盡。幸屬昌時。擢以不次。溪壑可盈。志欲無滿。要君東走。豈曰止足之歸。負志解巾。異乎激處之致。甘此脂膏。孰非荼苦。佩茲龜組。豈殊縲紲。宜明風憲。肅正簡書。臣等參議。請以見事免暅所居官。凡諸位任。一皆削除。梁書伏暅傳。

陳宣懋

宣懋。錢唐人。

陶隱居井欄記

先生丹陽陶。仕齊奉朝請。壬申歲來山。棲身高靜。自號隱居。同來弟子。吳郡陸敬游。其次楊王吳戴陳許諸生。供奉階宇。湖孰潘遜及遠近宗稟。不可具記。悠悠歷代。詎勿識焉。梁天監三年八月十五日。錢塘陳宣懋記。（景定建康志。）

傅岐

岐字景平。北地靈州人。齊南郡內史傅琰孫。天監中爲國子明經生。除南康王宏常侍。遷行參軍兼尚書金部郎。除始新令。入爲廷尉正兼中書通事舍人。遷寧遠岳陽王記室參軍。除建康令。復爲舍人。遷安西中記室鎮南諮議參軍。太清初遷太僕司農卿。三年遷中領軍。

魏通和好議

高澄既新得志。何事須和。必是設間。故令貞陽遣使。令侯景自疑。當以貞陽易景。景心不安。必圖禍亂。若許通好。政是墮其計中。且彭城去歲喪師。渦陽復新敗退。今便就和。益示國家之弱。和不可許。（南史傅琰傳。太清二年。）

王僧辯

僧辯字君才。太原祁人。天監中隨父神念歸國。爲湘東王國左常侍。隨府轉丹陽尹參軍。會稽中兵、荊州中兵、武寧廣平二郡太守。還爲王府中錄事。隨府入爲護軍司馬。除江州司馬。監安陸。歷新蔡太守。又隨府除荊州諮議參軍。歷竟陵太守。太清末進領軍將軍、以平河東王譽及守巴陵功進征東將軍、開府儀同三司、江州刺史。封長寧縣公。以復郢州功加侍中尚書令征東大將軍。承聖初以平侯景功進鎮衞將軍司徒揚州刺史。改封永寧郡公。以平陸納破武陵王紀及齊寇功加太尉車騎大將軍。尋爲大都督荊州刺史。敬帝即位。進驃騎大將軍、中書監都督中外諸軍事錄尚書。尋納貞陽侯。爲陳霸先所襲遇害。（案僧辯勸進梁元帝三表。藝文類聚文苑英華以爲沈炯作。英華別有僧辯荅貞陽侯二書。誤以爲徐陵作。既改列梁闕名中。而以梁書所載二啟及陳書御覽所載。姑編入僧辯文俟攷定。）

檄

凡諸部曲。平使招攜。投赴戎行。前後行集。霜戈電戟。無非武庫之兵。龍甲犀渠。皆是雲臺之仗。（御覽二百九十九引三國典略。蕭明王僧辯書。案蕭明未審所謂。必有脫誤。據語意當是移檄文。）

與貞陽侯淵明啟

自秦兵寇陝。臣便營赴援。纔及下船。荊城陷沒。即遣劉周入國。具表丹誠。左右勳豪。初並同契。周既多時不還。人情疑阻。比冊降中使。復遣諸處詢謀。物論參差。未甚決定。始得侯瑱信。示西寇權景宣書。令以眞跡上呈。觀視將帥。恣欲同泰。若一朝仰違大國。臣不辭灰粉。悲梁祚永絕中興。伏願陛下便事濟江。仰藉皇齊之威憑。陛下至聖之略。樹君以長。雪報可期。社稷再輝。死且非恐。請押別使曹沖馳表齊都。續啟事以聞。伏遲拜奉在促。（梁書王僧辯傳。）

重與貞陽侯啟

員外常侍姜暠還。奉敕伏具動止。大齊仁義之風。曲被鄰國。卹災救難。申此大猷。皇家枝戚。莫不榮荷。江東冠冕。俱知憑賴。今啟不忘信。信實由衷。謹遣臣第七息顯、顯所生劉、并弟子世珍往彼充質。仍遣左民尚書周弘正至歷陽奉迎。艫舳浮江。俟一龍之渡。清宮丹陛。候六傳之入。萬國傾心。同榮晉文之反。三善克宜。方流宋昌之議。國祚既隆。社稷有奉。則羣臣竭節。報厚施于大齊。戮力展愚。效忠誠于陛下。今遣吏部尚書王通奉啟以聞。（梁書王僧辯傳。）

荅許亨

省告承有朝授。良爲德舉。卿操尚惇深。文藝該洽。學優而官。自致青紫。況久羈駿足。將成頓轡。匡輔虛闇。期寄實深。既欣遊處。用忘勞屈。而枳棘栖鵷。常以增歎。夕郎之選。雖爲淸顯。位以才升。差自無愧。且卿始云知命。方騁康衢。未有執戟之疲。便深夜行之慨。循復來翰。殊用憮然。古人相思。千里命駕。素心不昧。寧限城闉。存顧之深。荒惑無已。陳書許亨傳。亨為太尉王僧辯從事中郎。晉安王承制授給事黃門侍郎。亨奉牋辭府。僧辯荅。

元樹

樹字秀和。梁書作君立。魏咸陽王禧第六子。仕魏為宗正卿。天監八年來降。封魏郡王。改封鄴王。拜員外散騎常侍。普通中為平北將軍、北青兗二州刺史。率眾迎元法僧。還遷持節、督郢司霍三州諸軍事、雲麾將軍、郢州刺史。加散騎常侍、安西將軍。中大通中徵侍中、鎮右將軍。出為使持節、鎮北將軍、都督北討諸軍事。進據譙城。為魏將杜德所擒。死于永寧佛寺。魏孝靜時追贈侍中、都督青徐兗揚豫五州諸軍事、太師、司徒、尚書令、揚州刺史。

在梁遺魏公卿百僚書

魏室不造。姦豎擅朝。社稷阽危。綴旒非譬。元叉險慝狠戾。人倫不齒。屬籍疏遠。素無聞望。特以太后姻婭。早蒙寵擢。曾不懷音。公行反噬。肆茲悖逆。人神同憤。自頃境土所傳。皆云叉狠心蠆毒。藉權位而日滋。含忍諂詐。與日月而彌甚。無君之心。非復一日。篡逼之事。旦暮必行。抑又聞之。夫名以出信。信以制義。山川隱疾。且猶不以名。成師兆亂。臣君不臣。求之史籍。有自來矣。元叉大名夜叉。弟羅實名羅剎。夜叉羅剎。此鬼食人。非遇黑風。事同飄墮。嗚呼魏境。離此二災。惡木盜泉。不息不飲。勝名梟稱。不入不為。況昆季此名。表能噬物。日露久矣。始信斯言。況乃母后幽辱。繼主蒙塵。釋位揮戈。言謀王室。不在今日。何謂人臣。諸賢或奕世載德。或將相繼踵。或受任累朝。或職居機要。或姻戚匪他。或忠義是秉。俛首逆手。見制凶威。臣節未申。徒有勤悴。又聞自叉專政。億兆離德。重以歲時災厲。年年水旱。牛馬殪踣。桑柘焦枯。饑饉相仍。菜色滿道。妖災告譴。人皆歎息。瀍澗西北。羌戎陸梁。泗汴左右。戍漕流離。加以剖斮忠賢。殲殄宗室。哀彼本邦。一朝橫潰。今既率師將除君側。區區之懷。庶令冠履得所。大憝同必誅之戮。魏祀無忽諸之非。魏書元叉傳。法僧反叛後。樹遺公卿百僚書。

元法僧

法僧。魏道武子陽平王熙之曾孫。仕魏為太尉行參軍。轉通直郎、寧遠將軍、司徒司馬掾、龍驤將軍、益州刺史。熙平初徵拜光祿大夫。出為平東將軍、兗州刺史。轉安東將軍、徐州刺史。梁書武帝紀作鎮東將軍。孝昌初自稱尊號。梁書本傳作稱帝。改元天啟。以普通六年據彭城來降。授侍中、司空。封始安郡公。大通中加冠軍將軍。中大通中轉車騎將軍。進太尉、領金紫光祿大夫。立為東魏王。不行。授使持節、散騎常侍、驃騎大將軍、開府儀同三司、郢州刺史。大同二年徵為侍中、太尉、領軍師將軍。卒年八十三。

上孝明帝告急表

臣忝守遐方。變生慮表。賊眾侜張。所在彊盛。統內城戍。悉已陷沒。近州之民。亦皆擾叛。唯獨州治僅存而已。亡滅之期。非旦則夕。臣自思忖。必是死人。但恐不得謝罪闕庭。既忝宗枝。累辱不淺。若死為鬼。永曠天顏。九泉之下。實深重恨。今募使間行。偷路奔告。若臺軍速至。猶希全保。哭送使者。不知所言。魏書元法僧傳。法僧為益州刺史。合境皆反。上表。

全梁文卷六十三終

全梁文卷六十四

烏程嚴可均校輯

張纘

纘字伯緒。緬第三弟。天監中尙富陽公主。拜駙馬都尉。封利亭侯。補國子生。除祕書郎。遷太子舍人。轉洗馬中舍人。普通初遷太尉諮議參軍。尙書吏部郎。長兼侍中。大通初出爲寧遠華容公長史。行瑯邪彭城二郡國事。隨府還北中郎長史。南蘭陵太守。加貞威將軍。行府州事。徵拜度支尙書。出爲吳興太守。大同中徵爲吏部尙書。進尙書僕射。遷宣惠將軍丹陽尹。未拜。改使持節湘州刺史。太清中徵爲領軍。改授使持節平北將軍寧蠻校尉雍州刺史。岳陽王詧不受代。見殺。元帝承制。贈侍中中衞將軍開府儀同三司。謚簡憲公。有鴻寶十卷。本傳作一百卷。集十一卷。本傳作二十卷。

秋雨賦

霡霂興乎爽節。膚寸起于曾岑。乃娛情而悅體。猶冬陽與夏陰。褰南帷目寓目。徵北戶而披襟。商律戒于茲辰。涼雨感而已作。甘泉集而溟溟。油雲興而漠漠。溫飆革于旱暮。炎涼改于今昨。乍斜檐而上階。或從風而灑幕。周小庭而密下。泫高枝而疏落。漾池泛澹。員波儵鑠。低昂弱篠。藏戢叢薄。藝文類聚二。

南征賦

帷當作惟

歲次娵訾。月帷中呂。余謁帝于承明。將述職于南楚。忽中川而反顧。懷舊鄉而延佇。路漫漫目無端。情容容而莫與。乃弭節歎曰。人之寓于宇宙也。何異夫栖蝸之爭戰。附蟎之遊禽。而盈虛倚伏。俯仰浮沈。矜榮華于尺景。總萬慮于寸陰。彼忘機于粹日。乃聖達之明識。妙品物于貞觀。曾何足而繫心。撫余躬之末迹。屬興王之盛世。蒙三欒之休寵。荷通家之渥惠。登石渠之三閣。典校文乎六藝。振長纓于承華。眷儲皇之上敎。居銜鶴而接席。出方舟目同濟。彼華坊與禁苑。常宵盤而晝憩。思德音其在耳。若淸塵之未逝。經二紀目及茲。悲明離之永翳。惟平生之褊能。實有志于棲息。慙滅沒之千里。謝韓哀于八極。如籛裘之代用。譬輪轅之曲直。滮周任之淸規。諒無取于陳力。逢濯纓之嘉運。遇井汲之明時。懷君恩而未荅。顧靈瑣而依遲。總端揆目居副。長庶僚而稱師。猶深泉之短綆。若高墉而無基。伊吾人之罪薄。豈斯滿之能持。奉皇命目奏舉。方驅傳於衡疑。遵夕宿目言邁。戒晨裝而永辭。行搖搖于南逝。心眷眷而西悲。爾乃横濟牽牛。傍瞻雉庫。前覲隱賑。郤視雲布。追晉氏之啟戎。覆中州之鼎祚。鞠三川于茂草。露西京于朝露。故黃旗紫蓋。運在震方。金陵之兆。允符厥祥。及歸命之銜璧。爰獻璽于武王。啟中興之英主。宣十世而重光。覩其內招人望。外攘干紀。草創江南。締構基址。豈徒能布其德。主晉有祀。雲漢作詩。斯干見美而已

哉。乃得正朔相承。于茲四代。多歷年所。三百餘載。割疆場于華戎。拯生靈于宇內。不被髮而左衽。緊明德其是賚。炎臨滄之層巘。尋叔寶之舊埏。蘊珠玉之餘潤。昭羅綺之遺妍。懷若人之遠理。豈喜慍其能遷。雖魂埋于百世。猶映澈于九泉。經法王之梵宇。覩因時之或躍。從四海之宅心。故取亂而誅虐。在蒼精之將季。翦洪柯目銷落。旣覩蝸而逞刑。又施獸而爲謔。侯高鶱目巧笑。侯長星而憔嘯。何慄慄之黔首。思假命其無託。信人欲而天從。爰物覩而聖作。我皇帝膺籙受圖。聰明神武。乘釁而運。席卷三楚。師克在和。仁義必取。形猶積決。應若飆舉。于是殪桑林之封豨。殲靑丘之大風。戢干戈目耀德。肆時夏而成功。放流聲于鄭衞。屏豔質于傾宮。配軒皇目邁迹。豈商周之比隆。化致升平于茲四紀。六夷膜拜。八蠻同軌。敘穆于上庠。宛申于大理。顯三光之照燭。降五靈之休祉。諒殊功于百王。固無得而稱矣。泝金牛之迅湝。覩靈山之雄藝文類聚作崟巘。

壯。實江南之巨墟。平雲霄而竦狀。摽素嶺乎青壁。葺藾文于翠嶂。跳巨石吕驚湍。批衝巖而駭浪。鏟千尋之峭岸。藝文類聚作峭峯。深萬流之大壑。隱日月吕蔽虧。摶風煙而回薄。崖映川而晃朗。水騰光而倏爍。積霜霰之往還。鼓波濤之前郤。下流沫吕洊險。上岑崟而將落。聞知命之是虞。故違風而靡託。訊會稽之詭狀。云怒特之來奔。及漁人之垂餌。沈潛鎖于洪源。鑿幽塗于忠武。馳四馬之高軒。不語神吕徵怪。情存之而勿論。驪姑熟之舊朔。訪遺迹兮宣武。挾仲謀之雄氣。朝委裘而作輔。歷祖宗之明君。猶負芒于盛主。勢傾河吕覆岱。威回天而震宇。雖明允之篤誠。在伊稷而未舉。矧有功而無志。豈季葉其能處。懼貽笑于文景。憂象賢之覆餗。雖苞蘖吕代興。終夷宗而殄族。彼儋石之嬴儲。尚邀之而僥福。況神明之大寶。乃闇干于天祿。造扃鍵之候司。發傳書于關尉。據轘轅乎伊洛。守衡津于河渭。無矯且吕招賓。闕捐繻而待貴。實祗敬于王典。懷鞠躬而屏氣。惟函谷之襟帶。疑武庫之精兵。採風謠于往昔。聞乳獸于盜成。在當今而簡易。止譏鑿其姦情。陋文仲之廢職。鄙彫門之食征。于是近睇葭岑。遙瞻鵲岸。島嶼蒼茫。風雲蕭散。屬時雨之新晴。觀百川之浩汗。水泓澄吕闇夕。山參差而辨旦。忽臨睨于故鄉。眇江天其無畔。遡洄流而右風。遵長薄而左貫。獨向風吕舒情。搴芳洲其誰薦。息銅山而縶纜。訪叔文之靈宇。得舊名而猶存。皆攢蕪而積楚。想夫君之令問。實有聲于前古。拯巴漢之廢業。爰配名于鄒魯。辨山精吕息訟。對祠星而瘞主。每撫事吕懷人。非末學其能覩。嘉梅根之孝女。尚秉肥于滕姬。嗟吳人之重辟。憂峻網于將貽。彼沈瓜而顯義。指滄波而爲期。此浮屐吕明節。赴丹燭其何疑。信理感而情悼。實悽悵于余悲。空沈吟吕還想。愧邯鄲之妙詞。望南陵吕寓目。美牙門之守志。當晉師之席卷。豈藩籬而不庇。攜老弱于窮城。猶區區乎一簣。雖挈瓶之小善。實君子之所識。句。闕一是

家當作冢

仿當作仞

謂事人之禮。入雷池之長浦。想恭伯之芳塵。臨魚官吕敷膳。戢寒蒲之抽筍。又有生爲令德。沒爲明神。或捐家事主。攜手拜親。或正身殉義。哀感市人。所吕家稱純孝。國號能臣。揚清徽于上列。竝異世而爲鄰。發曉渚而遡風。苦神吳之難習。岸曬舟而不進。水騰沙吕驚急。天曀曀其垂陰。雨霏霏而來集。慜征夫之勞瘁。每搴帷而佇立。由江淹之派别。望彭匯之通津。塗未中乎及絳。日巳盈于浹旬。于是千流共歸。萬嶺分狀。倒景懸高。浮天瀉壯。清江洗滌。平湖夷暢。鱗光轉彩。出沒搖漾。岷山嶓家。悠遠寂寥。青溢赤岸。控沙引潮。望歸雲之蓊薆。揚清風之飄飆。界飛流于翠薄。耿長虹于青霄。若夫灌莽川涯。層潭水府。游泳之所往還。喧鳴之所攢聚。羣飛沙漲。掩薄草渚。奇甲異鱗。雕文綷羽。聽寡鶴之偏鳴。藝文類聚作聆寡鶴之偏叫。聞孤鴻之慕侶。在客行而多思。獨傷魂而悽楚。美中流之衝要。因習坎吕守固。既因之而設險。又居之而務德。南通珠崖。夜郎西款。玉津華壘。莫不內清姦宄。外弭苛慝。籓屏京師。事有均于齊德也。眄匡嶺吕躊躇。想霞裳于雲仿。流姮娥之逸響。發王子之清韻。若夜光而可投。豈榮華之難擯。羨還丹其何術。佇一丸于來信。徑遵途乎鄂渚。述孫氏之霸基。陳利兵而蓄粟。抗十倍之銳師。在賢才之必用。盜推誠而忍欺。圖富強吕法立。屬貞臣而日嬉。譏徐基于江畔。云釣臺之舊址。方戰國之多虞。猶從容而宴喜。欽輔吳之忠諒。歎仲謀之虛己。處君臣而竝得。良致霸其有吕。伊文侯之雅望。誠一代之偉人。爾覩書吕心服。玉比德而譽均。遘時雄之應運。方協義吕經綸。名既逼而愈賞。言雖間而彌親。惜勤王于延獻。俾漢京之惟新。何天命其弗與。悲盛業之未申。汎蘆洲吕延佇。聞伍員之所濟。出懷珠而免讎。歸投金吕荅惠。彼無求于萬鍾。唯長歌而鼓枻。慨斯誠之未愬。乃沈軀吕明誓。空負恨其何追。徒臨滄而先祭。及旋師于郢國。美邀福于來裔。入郢都而抵掌。壯天險之難窺。

允分荊之勝略成百代之長規賈生方于指大應侯譬之木披所以居宗振末强本弱枝間古今之通制歷盛衰而不移可不謂然與美經國之遠體也盼忠言于城郢播終古之芳猷忘我躬之匪閱顧社稷而懷憂服莊王之高義乃徵名於夏州恥蹊田之過罰納申叔之嘉謀觀巫臣之獻箴鑒周書以明喻何自謀其多僻要桑中而遠赴若椽中之誅丹賓匡君以成務在兩臣而優劣居二主其竝裕臨赤崖而慷慨擁雄圖於魏武乘戰勝以長驅志吞吳而并楚總八州之毅卒期姑蘇而振旅時有便乎建瓴事無畱于蕭斧霸孫赫其霆奮杖遺俗之英輔裂宇宙而三分誠洪機乎一舉嗟玄德之矯矯思興復于舊京招卧龍于當世配管仲而稱英收散亡之餘弱結與國而連横延五紀乎岷漢紹四百于炎精望巴丘以邅回遵洞庭而倣悅沈輕舟而不繫何靈胥之浩蕩眺君禍之雙峯徒臨風以增想償瑤觴而一酌駕彩蜺而獨往爾乃南鎮衡霍北距沮漳包括沅澧汲引瀟湘淲滮長邁漫漫回翔蕩雲沃日吐霞含光青碧潭嶼萬頃澄澈綺蘭從風素沙被雪雜雲霞以舒卷閱河洲而斷絕回曉仄於中川起長飆而半滅税遺構之舊浦瞻汨羅以隕泗豈懷寶而迷邦猶殷勤而一致藴芳華以襲積非黨人之所媚合小雅之怨誹兼國風之美志譬彈冠而振衣猶自別于泥滓且殺身以成義盜露才而揚己悲先生之不辰逢椒蘭之姤美有騏驥而不馭焉遑遑于千里旣踐境以思人躡流連其無已修行潦之蘋蘩敢憑誠于沼沚謁黃陵而展敬奠瑤席乎川湄具蘭香以膏沐懷椒糈而要之延帝子于三后降夔龍于九疑騰河靈之水駕下太一之靈旗撫安哥以會舞疏緩節而依遲日徘徊以將暮情眇默而無辭愠秦皇之川幸尤土壤以加戮昧天道之無親勤望祀以祈福將人怨而神怒故飛川而蕩谷推冥理以歸咎遂刊山而赭木于是下車入部班條理務砥課庸薄

夕惕兢懼存問長老隱恤惸庶奉宣皇恩寬徭省賦遠哉盛乎斯邦之舊也有虞巡方以託終夏后開圖而疏決太伯讓嗣以來遊口臣祈仙而齊潔固是明王之塵軌聖賢之蹤轍也若夫屈平懷沙之賦賈子遊湘之篇史遷摘文以投弔揚雄反騷而沈川其風謠雅什又是詞人之所流連也亦有仲盈咸德仍世相繼父子三台緇衣改敝古初抱于烈火劉先高而忤世蔣公琰之弘通桓伯緒之匡濟鄧究時之絕述谷思恭之藻麗實川嶽之精靈常開出而無替也至于殊庭之客帝鄉之賢神奔鬼化吐吸雲煙玉笥登之而鄧老全人植杖以尊泉蘇生騎龍而出入處靜駕鹿以周旋配北燭之神女偶南榮之偓佺時髣髴其遙見亦往往而有焉爾乃歷省府庭周行街術山川遠覽邑居近悉割黔中以置守獻青陽而背質鄒生所謂還舟楚王于焉乘駟巡高山之累仞襃吳文之爲宰彼非劉而八王皆國士而身醢在長沙而著令經五葉其未改知天道之福謙勝一時之經始尋太傅之故宅今築室以安禪邑無改于舊井尙開流而洌泉懷伊管之政術遇庸臣而見遷終被知于時主嗟漢宗之得賢受齊居之遠託豈理謝而生全哀懷王之不秀遂抱恨而傷年修定祀於北郭對林野而幽藹庶無吐于馨香祀瓊茅而沃醑昺十三以啟國惟君王其能大迨炎正之中微實斯藩而是賴顧四阜之紆餘乍升高以遊目審山川之面帶將取名于衡麓下瀰漫以爽塏上欽崟而重複風瑟瑟以鳴松水琤琤而響谷低四照于若華竦千尋于建木冀囂塵之可屏登巖阿而瘖痾捨域中之常戀慕遊仙之靈族是時涼風暮節萬實西成華池迥遠飛閣凄明嘉南洲之炎德愛蘭蕙之秋榮下名柑于曲榭采芳菊于高墉樹羅軒而竝列竹被嶺而叢生弧棲禽之夕返送旅雁之晨征悲去鄉而遠客寄覽物而娛情惟傳車之所騖實鷹揚其是掌或解組以立威乍露服而加賞遵聖主之恩

刑。荊天地之厚德。沾河憫于九里。潭自家而刑國。闕小道之可觀。盜畏塗其易克。阨高衢而願騁。憂取累于長纓。闡因石之非據。承炯戒乎明則。愧壽陵之餘子。學邯鄲而匍匐也。梁書張纘傳。大同九年。爲使持節都督湘桂東寧三州諸軍事湘州刺史。述職經途。乃作南征賦。其詞云云。又見藝文類聚二十七。

離別賦 并序

太常劉侯前輩宿達。余在紈綺之歲。固已欽其風矣。及理棹江干。攬涕還望。采蕭之詠。不覺成篇。

彼劉侯之矯矯。承世德之清輝。挺荊衡之笛篠。懷江漢之珠璣。昔相知于一定。逾盛衰乎二紀。豈因媒以成親。非彈冠而來仕。分自諧于金石。情冥符乎蘭芷。忘時輩之後先。略相知之年齒。及胥遇于雲闕。又方駕而聯曹。胥擁衾而晤語。晝税鞅以遊遨。寀方前而等食。衣共體而同袍。猶合歡之蠲忿。如來蘇之釋勞。唯吾人之與子兮。諒不言其已召。在百代而奚殊。雖千年而同調。竊風波之所

移。豈流俗之能要。非高唱而云擬。逢下士而或笑。隔顧言于信次。尚春春而與懷。矧雲崖之遠訣。抱離袖而長乖。顧龍門而掩涕。嚌郢路而何偕。在鶩禽之屢感。迫徂年之將暮。眺湘沅之分流。遵洞庭之永路。山峻高而易隱。浦遭迴而難泝。發啾啾而夜吟。鵾初學記作鳳。騷騷而曉度。撫客子兮其何心。能辭鄉兮別故。共抱荃蕙之遺芳。不離披于霜露。藝文類聚三十。初學記十八。

懷音賦 并序

西平劭陵王。以親賢近能。作蕃夏首。下走叨竊時命。驟傳蝌羅。久託下風。素蒙淑顧。及途經鄢郢。淹泊累旬。君王彈隨珠于千仞。乃貽之以麗則。詩云。懷我好音。敢爲懷音賦云爾。

伊宗周之令望。巡召南而述職。襟帶鄖夏之鄉。宣條江漢之域。服詩書于懷袖。抱仁義于胸臆。總九德以棲身。橫四溟而撫翼。循微躬之末迹。謬馳傳于衡嶷。由洞庭而左轉。指鄢郢而爲期。仰芳塵于夏汭。路將近而彌遙。棹陵波以遄務。舟望浦而倦遲。自清光之未觀。逾一紀以歷茲。敢憑情于往昔。逢君恩之未遺。陪桂苑之夏遊。接蘭臺之高會。既醉酒以飽德。亦飯蓋而緌帶。感平原之愛客。傷岐路之難留。戀西園之餘賞。泣南浦之徂舟。結煩言于將贈。情有重乎璆球。顧龍門其不見。過夏首而西浮。申服義之未洽。長記言于還郢。藝文類聚三十一。

妒婦賦

惟婦怨之無極。羌于何而弗有。或造端而構末。皆芳言之在口。常因情以起恨。每傳聲而妄受。乍隔帳而窺屏。或覘窗而瞰牖。若夫室怒小憾。反目私言。不忍細忿。皆成大冤。闔房之所隱私。牀笫之所討論。咸一朝之發洩。滿四海之諠喧。忽有逆其妒鱗。犯其忌制。赴湯蹈火。瞋目攘袂。或棄產而焚家。或投兒而害壻。藝文類聚三十五。

瓜賦

惟茲瓜之實茂。體太素之純精。翁玄潤于浮霄。含皇澤于夏庭。于是蒼春發歲。天地交和。乃啟沃壤。是殖是播。納佳種于畦畛。應時運而剖牙。揮葫散葉。栽葉負柯。藹甘櫹蓄。粹蓊婆娑。晞慶雲以吐蘂。仰旭日之敷華。朝希重陽。夕承朗月。清露湛而霄降。翔風穆以晨發。振柯條之繞若。顧惠氣以滋悅。感靈化而絪縕。覩佳實之並結。始懷微而苦發。終感宮而甘通。信不和而自馨。與九鼎乎齊功。蔓草是藉。密葉是蔭。潛湫獨熟。墮莖落蒂。芬馥酷烈。氣暍雲際。申狄不能詳其味。隸首不能爲之計。昔東陵之甘瓜。美顯名于中古。彼服闇之攸播。乃衆仙之所睹。美人齊之同好。何厥用之弘普。惟兮實于無窮。永可殖于靈圃。藝文類聚八十七。

擬若有人兮

若有人兮傍巖石。新蒲衣兮杜衡席。表幽居兮翠微。上臨春風兮聊騁望。日已暮兮夕雲飛。懷君王兮未能歸。藝文類聚五十六。

若當作家

梁書無當作見梁書

讓吏部尚書表

漢革民曹魏仍東掾毛孝先以清公見美盧子若以貞固任職降及晉代希覯其人樂彥輔雍容自守當時恨其寡譽山巨源意存賞拔不免與世浮沈鄧攸牧馬家庭何益止競之操卞壼如金丸在石未聞檢裁之功 藝文類聚四十八初學記十一

讓尚書僕射表

自出守股肱入尸衡尺可以仰首伸眉論列是非者矣而才矜所滯近蔽耳目深淺清濁豈有能預加以矯心飾貌酷非所閑不喜俗人與之共事 已上梁書無 雖復吐言如傷屈體無骨勤容竊斧猶成多憾曾闕如闕坐客恒滿情態參差世塗盈虛薏苢興謗舍塵見猜疑似雖分聖賢致惑人之包藏山川非險況在於臣焉可證綜 梁書張纘傳藝文類聚四十八

謝東宮賚園啟

性愛山泉頗樂閑曠雖復伏膺堯門情存魏闕至於一丘一壑自謂出處無辨常願卜居幽僻屏避喧塵傍山臨流面郊負郭依林結宇憩桃李之夏陰對徑開軒采橘柚之秋實而王畿陸海畝號一金涇渭土膏豪傑所競徙居好畤必待使越之裝別館河陽亦資牧荊之富此園左帶平湖修陂千頃右臨長薄清潭百仞前逼逸陌朝夕爽塏後望鍾阜表裏烟霞每瞻春迎夏華卉競發背秋向冬雲物澄霽歸瞰戶牖不異登臨升降堦墀已窮歷覽舟楫所屆累日不能究其源魚鳥之豐山澤不能喻其美 藝文類聚六十五

謝皇太子賚果然褥啟

伏以狐裘熊席徒負舊名玄豹青犴未能適體嚴冰在節朔飆結宇吹綸愧暖挾纊慙溫但勸非伏寢恩重夜綴道媿經明坐叨重席仰榮俯媿進退在顏 藝文類聚九十五

與陸雲公叔襄兄晏子書

都信至承賢兄子賢弟黃門殞折非唯貴門喪寶實有識同悲痛惋傷惜不能已已賢兄子賢弟神情早著標令弱年經目所覩殆無再問懷橘抱柰稟自天情倨坐列薪非因外獎學以聚之則一著能立問以辯之則師心獨寤始踰弱歲辭藝通洽升降多士秀也詩流見與齒過肩隨禮殊拜絕懷抱相得忘其年義朝遊夕宴一載于斯翫古披文終晨訖暮平生知舊零落稍盡老夫記意其數幾何至若此生寧可多過賞心樂事所寄伊人弟還職瀟湘維舟洛汭將離之際彌見情款夕次帝郊亟淹信宿徘徊握手忍分岐路行役數年羈病侵迫識慮惛怳久絕人世憑几口授素無其功翰動若飛彌有多愧京洛遊故咸成雲雨唯有此生音塵數嗣形迹之外不爲遠近隔情襟素之中豈以風霜改節客遊半紀志切首丘日望東歸更敦昔款如何此別永成異世揮袂之初人誰自保但恐衰謝無復前期不謂華齡方春掩質埋玉之恨撫事多情想引進之情懷抱素篤友于之至兼深家寶奄有此恤當何可言臨白增悲言以無次 梁書陸雲公傳

詒湘東王書

河東載檣上水欲襲江陵岳陽在雍共謀不逞 周書蕭詧傳

河東已豎檣上水將襲荊州 梁書張纘傳

河東起兵岳陽聚米共爲不逞將襲江陵 梁書河東王譽傳纘密報世祖又南史五十三末二句但作將來襲江陵

丁貴嬪哀策文

蔽塗既啟桂轄虛凝龍帷已薦象服將升皇帝傷璧臺之永閟悼曾城之不踐罷鄭歌乎燕樂廢徹齊于祀典夙有采蘩化行南國爰命史臣俾流嬪德其辭曰

軒緯之精江漢之英歸于君袂生此離明誕自厥初時維載育樞電繞郊神光照屋爰及待年含章早穆聲被洽陽譽宣中谷龍德

在田、聿恭茲祀、陰化代終、王風攸始、動容諧式、出言顧史、宜其家人、刑于國紀、膺斯眷命、從此宅心、秋綴釆珩、珮動雅音、日中思戒、月滿懷鐵、如何不慭、天高照臨、玄紘莫修、禕章早缺、成物誰能、芳猷有烈、素魄貞明、紫宮炤晰、遠下靡傷、思賢罔薉、躬儉則節、昭事惟虔、金玉無玩、筐筥不捐、祥流德化、慶表親賢、甄昌軼啟、孕魯陶燕、方論婦教、明章閫席、玄池早扃、淵沉已夕、展衣委華、朱幩寢迹、慕結儲闈、哀深蕃辟、嗚呼哀哉、令龜兆良、葆引遷祖、具僚次列、承華接武、日杳杳已霾、春風淒淒而結緒、去曾掖已依遲、御薪宮而延佇、嗚呼哀哉、啟丹旐之星旗、振容車之黼裳、擬靈金而變楚、泛悽管而凝傷、遺備物乎營寢、掩重闕于窒皇、椒風暖兮猶昔、蘭殿幽而不陽、嗚呼哀哉、側闕高義、彤管有煒、道變虞風、功參唐跡、婉如之人、休光赤舄、施諸天地、而無朝夕、嗚呼哀哉、梁書高祖丁貴嬪傳

故左氏尙書忠子沈愔母墓誌銘

漸東振古、龜組三襲、政若解繩、吏如鑠湮、十升龍管、四至九卿、居高首映、比德䨇明、藝文類聚四十八

中書令蕭子顯墓誌

君狀貌巨墟、風神磊落、開瞻動于容止、英奕發于流眄、筆鋒席上、皆如素蓄、切問近思、見稱開敏、帝嘗顧問君曰、我撰通史、若成、衆史可廢、乃荅詔曰、仲尼贊易道、黜八索、述職方、除九丘、聖制符同、復在茲日、儲君鏡德、少陽情協、陳阮親妙、思式表玄石、藝文類聚四十八

張綰

綰字孝卿、纘第四弟、初爲國子生、對策高第、除長兼祕書郎、遷太子舍人、洗馬、中舍人、中書郎、國子博士、出爲北中郎長史、蘭陵太守、還除員外散騎常侍、權知丹陽尹事、遷中軍宣城王長史、改御史中丞、出爲豫章內史、復爲御史中丞、加通直散騎常侍、太清中進左衞將軍、遷吏部尙書、元帝承制、授侍中左衞將軍、相國長史、出爲持節雲麾將軍、湘東內史、及即位、徵爲尙書右僕射、加侍中、有集十一卷、

龍樓寺碑

蓋聞井魚之不識巨海、夏蟲之不見冬冰、故知局于泥甃者、未測滄溟之浩汗、篤于一時者、寧信寒暑之推移、何異乎玩即世而弗悟于生死之流、耽假樂而迷于眞覺之觀、銘曰、

識相葳蕤、無明重藏、五住次起、四生無際、苦海倒流、業風橫厲、彼岸何遠、津航絕濟、輕毛易轉、花水難留、寶逢象正、悟彼生修、照曜眞法、逍遙寶舟、占彼勝地、胥宇攸宅、遙川縈帶、峻矩盤桓、霞生蓮堞、風起長瀾、冬室停燠、夏臺增寒、藝文類聚七十六

全梁文卷六十四終

全梁文卷六十五

烏程嚴可均校輯

王筠

筠字元禮。一字德柔。小字養楫子。天監中爲中軍臨川王行參軍。遷太子舍人。除尚書殿中郎。遷太子洗馬中舍人。出爲丹陽尹丞北中郎諮議參軍。遷中書郎兼寧遠湘東王長史行府國郡事。除太子家令。普通末除尚書吏部郎。遷太子中庶子。領羽林監。又改領步兵校尉。中大通中遷司徒左長史。出爲貞威將軍臨海太守。大同初爲雲麾豫章王長史。遷祕書監。除太府卿。遷度支尚書。中大同初徙光祿大夫。遷雲旗將軍司徒左長史。簡文帝即位爲太子詹事。有集十一卷。中書集十一卷。臨海集十一卷。左佐集十一卷。尚書集九卷。

芍藥賦 梁書王筠傳。年十六爲芍藥賦。甚美。文佚。

蜀葵花賦

惟茲奇草。遷花西道。逡金坂之威夷。跨玉津之浩浩。值油雲之廣臨。屬光風之長埽。仰椒屋而敷榮。值蘭房而舒蘂。邁眾芳而秀出。冠雜卉而當闈。既扶疏而雲蔓。亦灼爍而星微。布濩交加。蔚茸紛葩。疏莖密葉。翠萼丹華。藝文類聚八十一。

爲王儀同瑩初讓表

執玉獻金。卒先五等。親冕迎軺。光導百辟。坐階遠大。遂致隆滿。自位昇朝首。職冠禮闈。辭滿之願。將隳致仕之請。方奏。而思渥恩皆。昭獎必被。寵章爰降。朝野驚竦。是以安石歸禾。固請元規。終以致讓。況臣才質空疏。器量庸淺。而可以妄參鉉席。靦貌槐庭。藝文類聚四十七。

爲第六叔讓重除吏部尚書表

臣聞翺犀截雁。必俟昆吾之鋒。逐日追風。信資伯樂之駁。未有驂駕蹇足。而方騁遙途。采藝鈆刀。而求其斷割。伏惟則哲爲體。事與歷代。明別攸寄。義重前王。必使玉石薰蕕。區別靡雜。涇渭玄黃。條流不爽。自非伯豪之天下。能稱仲子之時人。歸德孝先之牧冥抑僞。巨源之黜惡舉善。然後可以銓鏡流品。平均衡石。藝文類聚四十八。

牧當作拔

爲從兄讓侍中表

至如元勳舊儒之胄。積德累仁之基。九世七葉之華。相韓事漢之貴。不然。則子駿之學洞古今。平子之思侔造化。仲宣之辯識無滯。次仲之解經不窮。然後可以喻旨公卿。問對帷扆。陪六尺之輿。通四方之意。求之微臣。此塗頓隔。藝文類聚四十八。初學記十二。御覽二百十九。

上太極殿千夫表

四海爲家。義存威重。萬國來朝。事惟壯觀。憲北辰之居所。正南面之尊貴。繡桷鏤檻。延曜光輝。虬柱虹梁。杳冥雲霧。非許鄴之敢倫。豈雍豫之能擬。且工徒樂業。庶民自競。一勞永逸。不日而成。信可以宴饗百神。朝覲羣后者矣。臣過荷寵榮。祿秩優潤。謹牽丹款。上夫一千。不足徵申鳧躍。伏深慙悚。藝文類聚六十二。

答湘東王示忠臣傳牋

竊以孝實天經。忠爲令德。百行攸先。一心靡貳。昔淮南鴻烈。事無的準。沛王通論。義止儒術。東平獲譽。且爲片言。臨淄見稱。文辭小道。孰若理冠君親。義兼臣子。謹當宣示遐邇。光揚德音。藝文類聚二十。

與諸兒書論家世集

史傳稱安平崔氏及汝南應氏。並累世有文才。所以范蔚宗云。世擅雕龍。然不過父子兩三世耳。非有七葉之中。名德重光。爵位相繼。人人有集。如吾門世者也。沈少傅約常語人云。吾少好百家之言。身爲四代之史。自開闢已來。未有爵位蟬聯。文才相繼。如王氏之盛者也。汝等仰觀堂構。思各努力。梁書王筠傳。南史二十二。

與長沙王別書

筠頓首頓首高秋淒爽體中何如願比勝納承入東禮拜用深傾仰昔幡后遨遊不無是事或龍舟水嬉或臨川送遠縱金飛旆汎此安流猶復見重史書以為盛德未有選日簡辰歸誠繫念尋法城之游逗祇園之衆翹心讚歎無以譬說僕夙疾增瘵甕廢蓬門不獲執離彌深傾戀願敬勖白書不次王筠頓首頓首廣弘明集二十八上

與東陽盛法師書

菩薩戒弟子王筠法名慧炬稽首和南問訊東陽盛法師弟子昔因多幸早蒙覲接歲月推流踰三十載欽慕風德獨盈懷抱間以山川無由禮敬司馬參軍仰述存眷曲垂訪憶既荷錄舊之情兼佩慇懃之旨歡欣頂戴難為譬說仰承垂和履福享年九十有四嗟猝人之未高同殷宗之遐壽且耳長直已過頂齒剛會不先落延華駐彩怡神輔性自非宿殖善因何以招斯勝果尊年尚齒之誠懷德敦舊之款依風慕道之深欣羨景仰之至興居在念寤寐載懷弟子恨此樊籠迫茲纓紱無由問道撫躬如失庶心期冥會咫尺江山道術相忘棄置形迹惟願敬勖保此期頤赤松朱髮復何足貴飛錫騰軀寔在旦夕指陳丹款殊未伸暢儻惠一言豈不幸甚弟子王筠稽首和南廣弘明集二十四

與雲僧正書

弟子孤子王筠頓首稽首和南弟子釁結幽明備嬰荼蓼攀援崩踴肌髓糜潰尋繹煩冤肝腸寸斷號天叩地永隔精誠捨命捐軀終無補益思欲仰福廣為法事以伸罔極之痛少寄追慕之誠鑄像度僧仰遵法教建齋設會務依經典敷說大乘誘度羣生其福不淺仰惟大正法師道心純淑至德凝深智包空有照通真俗多聞不窮機辯無礙一代師匠四海推崇弟子宿值善因早蒙親眷情同骨肉義等金蘭外書所謂冥契神交內典則為善友知識敬藉微緣敢陳大願來歲夏中欲仰請講說弘法之情既無彼此眷愛之深特希降屈公私道俗要請既多故預諮聞必願允遂豈圖一旦忽有斯白臨紙崩慟厝言無次弟子孤子王筠頓首稽首和南廣弘明集二十八上

答釋法雲書

筠和南辱告垂示上答臣下審神滅論竊聞優然有見禮典之格言今則不滅法教之弘旨但妙相虛玄神功凝靜自非體道者豈能默領其宗不有知機者無由冥應其會聖主迹同萬機心遊七淨哀愍羣生嫗煦庶物將彼蓋纏勖以解慧祛其蒙惑躋之仁壽信大哉為君善于智度者也弟子世奉法言家傳道訓而學淺行疏封累猶軫既得餐稟聖教預聞弘誘一音得解萬善可偕抃躍之情無以譬說弟子王筠和南弘明集十

與瑗律師書

筠和南至節過今哀慕深至情不可任寒凝道體何如想比清豫弟子羸勞每惡懈褻何理眷講勤御比日來敘遣白王筠和南湻化閣帖四

雲陽記

車箱阪下有黎園一頃樹數百株青翠繁密望如車蓋

奉和皇太子懺悔應詔詩序

奉和皇太子懺悔詩仍上皇宸極聖旨即疏降同所用十韻私心慶躍得未曾有搭采餘韻更題鄙拙廣弘明集三十上

自序

余少好鈔書老而彌篤雖遇見瞥觀皆即疏記後重省覽懽興彌深習與性成不覺筆倦自年十三四齊建武二年乙亥至梁大同六年四十載矣幼年讀五經皆七八十徧愛左氏春秋吟諷常為口實廣略去取凡三過五鈔餘經及周官儀禮國語爾雅山海經本草並再鈔子史諸集皆一徧未嘗倩人假手並躬自鈔錄大小

百餘卷。不足傳之好事。蓋以備遺忘而已。梁書王筠傳、南史二十二。

昭明太子哀冊文

蜃輅俄軒。龍驂躑步。羽翿前驅。雲旂北御。藝文類聚作北徂。皇帝哀繼明之寢輝。藝文類聚作曜。痛嗣德之殂芳。御武帳而悽慟。臨甲觀而增傷。式稽令典。載揚鴻烈。詔撰德于旌旒。永傳徽于舞綴。其辭曰。

式載明兩。實惟少陽。既稱上嗣。且曰元良。儀天比峻。儷景騰光。奉祀延福。守器傳芳。睿哲膺期。旦暮斯在。外弘莊肅。內含和愷。識洞機深。量苞瀛海。立德不器。至功弗宰。寬綽居心。溫恭成性。循時藝文類聚作修禁。孝友。率由嚴敬。咸有種德。惠和齊聖。三善遞宣。萬國同慶。軒緯掩精。陰羲弛位。纏哀在疚。殷憂銜恤。孺泣無時。蔬饘不溢。禫遵踰月。哀號未畢。實惟監撫。亦嗣郊禋。問安肅肅。視膳恂恂。金華玉璪。玄駟班輪。隆家幹國。主祭安民。光奉成務。萬機是理。矜慎庶獄。勤恤關市。誠存隱惻。容無愠喜。殷勤博施。綢繆恩紀。爰初敬業。離經斷句。奠爵崇師。卑躬待傅。寧賓導習。匪勞審諭。博約是司。時敏斯務。辨究空微。思探幾賾。馳神圖緯。研精爻畫。沈吟典禮。優遊方冊。饜飫膏腴。含咀肴核。括囊流略。包舉藝文。遍該緗素。殫極丘墳。勝帙充積。儒墨區分。瞻河闡訓。望魯揚芬。吟詠性靈。豈惟薄伎。屬詞婉約。緣情綺靡。字無點竄。筆不停紙。壯思泉流。清章雲委。總覽時才。網羅英茂。學窮優洽。辭歸繁富。或擅談叢。或稱文囿。四友推德。七子慙秀。望苑招賢。華池愛客。託乘同舟。連輿接席。摛文掞藻。飛觴汎醳。恩隆置醴。賞逾賜璧。徽風遐被。盛業日新。仁器非重。德輶易遵。澤流兆庶。福降百神。四方慕義。天下歸仁。雲物告徵。祲沴褰象。星霾恆耀。山頹朽壤。靈儀上賓。德音長往。具僚無廕。諮承安仰。嗚呼哀哉。皇情悼愍。切心纏痛。胤嗣長號。跗萼增慟。慕結親遊。悲動氓眾。憂若殄邦。懼同折棟。嗚呼哀哉。首夏司開。麥秋紀節。容衛徒警。菁華委絕。書幌空張。談筵罷設。虛饋儽儽。孤燈翳翳。嗚呼哀哉。簡辰請日。筮合龜貞。幽埏夙啟。玄宮獻成。武校齊列。文物增明。昔遊漳滏。賓從無聲。今歸郊郭。徒御相驚。嗚呼哀哉。背絳闕以遠徂。轥青門而徐轉。指馳道而詎前。望國都而不踐。陵修阪之威夷。遡平原之悠緬。騤騤躁足。以駿嘶。挽悽鏘而流泫。嗚呼哀哉。混哀音于簫籟。變愁容于天日。雖夏木之森陰。返寒林之蕭瑟。既將反而復疑。如有求而遂失。謂天地其無心。遽永潛于容質。嗚呼哀哉。即玄宮之冥漠。安神寢之清閟。傳聲華于懋典。觀德業于徽諡。懸忠貞于日月。播鴻名于天地。惟小臣之紀言。實含毫而無愧。嗚呼哀哉。梁書昭明太子傳、藝文類聚十六。

開善寺碑

妙門闕鍵。闢之者既難。法海波瀾。游之者未易。是以軒轅俊聖。堯曰欽明。韶濩有美善之風。文武致時雍之業。地平天成。惟事即世。移風易俗。匪止今身。至如訪道崆山。乘鳳獨遠。凝神汾水。窅然自喪。咸宗仰黃老之淡。景慕神仙之術。斯蓋不度羣生。事局諸己。篤而爲論。道有未弘。薰風遞露。散馥流甘。璧月珠星。聯華曜葉。修幡繞于雲根。和鈴響于天外。玉池動而揚文。寶樹搖而成樂。銘曰。

亭亭切漢。耿介凌煙。層甍霞聳。飛棟星懸。藝文類聚七十六。

國師草堂寺智者約法師碑

結宇山椒。疏壤幽岫。蕃雲泄雨。霧映房櫳。浴日涵星。翻光池沼。霞居暇豫。留思幽微。研精經藏。採求法寶。香城實相之談。金河常樂之說。究竟微妙。洞達幽玄。披庭爲道心之宮。華林構重雲之殿。歸子之座。高廣于燈王。聽法之筵。衆多于方丈。開寶函之奧典。闡金字之微言。顯證一乘。宣揚三慧。辯才無閡。遊戲神通。莫不皆悟無生。咸知妄想。隨類得解。俱會真如。銘曰。

形在江湖。心超祇鷲。思協風雲。量包宇宙。軒眺蒼波。窗承翠嶺。須梡煙露。擥持光景。藝文類聚七十六。

王述

述天監中兼都令史

丹陽瑯邪二郡斷莬補議

京邑翼翼四方所視民漸至化必被萬國今祈寒暑雨人尚無怨况去俗入真所以可悅謂斷之爲是。廣弘明集二十六

皇侃

侃吳郡人吳侍中象九世孫師事賀瑒天監中兼國子助敎拜員外散騎侍郎有喪服文句義疏十卷喪服問荅目十三卷禮記義疏九十九卷禮記講疏四十八卷孝經義疏三卷論語義疏十卷

論語義疏敘

論語通曰論語者是孔子沒後七十弟子之門徒共所撰錄也夫聖人應世事跡多端隨感而起故爲敎不一或負扆御衆服龍袞于廟堂之上或南面聚徒衣縫掖于黌校之中但聖師孔子符應頹周生魯長宋遊歷諸國以魯哀公十一年冬從衞反魯刪詩定禮于洙泗之間門徒三千人達者七十有二但聖人雖異人者神明而同人者五情五情既同則朽沒之期亦等故歎發吾衰悲因逝水託夢兩楹寄歌頹壞至哀公十六年哲人其萎徂背之後過隙巨駐門人痛大山長毀梁木永摧隱几非昔離索行淚微言一絕景行莫書于是弟子僉陳往訓各記舊聞撰爲此書成而實錄上以尊仰聖師下則垂軌萬代既方爲世典不可無名然名書之法必據體以立稱猶如以孝爲體者則謂之孝經以莊敬爲體者則謂之禮記然此書之體適會多途皆夫子平生應機作敎事無常準或與時君抗厲或共弟子抑揚或自顯示物或混迹齊凡問同答異言近意深詩書互錯綜典誥相紛紜義既不定于一方名故難求乎諸類因題論語兩字以爲此書之名也但先儒後學解

釋不同凡通此論字大判有三途第一捨字制音呼之爲倫一捨音依字而號曰論一云倫論二稱義無異也第一捨字從音爲倫說者乃衆的可見者不出四家一云倫者次也言此書事義相生首末相次也二云倫者理也言此書之中蘊含萬理也三云倫者綸也言此書經綸今古也四云倫者輪也言此書義旨周備圓轉無窮如車之輪也第二捨音依字爲論者言此書出自門徒必先詳論人人僉允然後乃記記必已論故曰論也第三云倫論無異者蓋是楚夏音殊南北語異耳南人呼倫事爲論事北士呼論事爲倫事音字雖不同而義趣猶一也侃案三途之說皆有道理但南北語異如何似未詳師說不取今亦捨之而從音依字二途幷錄以會成一義何者今字作論者明此書之出不專一人妙通深遠非論不暢而音作倫者明此書義含妙理經綸今古自首臻末輪環不窮依字則證事立文取音則據理爲義義文兩立理事雙該圓通之敎如或應示故蔡公爲此書爲圓通之喩云物有大而不普小而兼通者譬如巨鏡百尋所照必偏明珠一寸鑒包六合以蔡公斯喩故言論語小而圓通有如明珠諸典大而偏用譬如巨鏡誠哉是言也語者論難荅述之謂也毛詩傳云直言曰言論難曰語鄭注周禮云發端曰言荅述爲語今案此書既是論難荅述之事宜以論爲其名故名爲論語也然此語是孔子在時所說而論是孔子沒後方論論在語後應曰語論而今不曰語論而云論語者其義有二一則恐後有穿鑿之嫌故以語在論下急標論在上示非率爾故也二則欲現此語非徒然之說萬代之繩準所以先論已以備有圓周之理理在于事前故以論居語先也又此書遭焚燼至漢時合壁所得及口以傳授遂有三本一曰古論二曰齊論三曰魯論既有三本而篇章亦異古論分堯曰下章子張問更爲一篇合二十一篇篇次以鄉黨爲第二篇雍也爲第三篇

内倒錯不可具說。齊論題目。與魯論大體不殊。而長有問王知道二篇。合二十二篇。篇内亦微有異。魯論有二十篇。卽今日所講者是也。尋當昔撰錄之時。豈有三本之別。將是編簡缺落。口傳不同耳。故劉向別錄云。魯人所學。謂之魯論。齊人所學。謂之齊論。合壁所得。謂之古論。而古論爲孔安國所注。無其傳學者。齊論爲瑯邪王卿等所學。魯論爲太子太傅夏侯勝、及前將軍蕭望之少傅夏侯建等所學。已此教授于侯王也。晚有安昌侯張禹。就建學魯論。兼講齊說。擇善而從之。號曰張侯論。爲世所貴。至漢順帝時。有南郡太守扶風馬融字季長。建安中。大司農北海鄭玄字康成。又就魯論篇章。攷齊驗古。爲之注解。漢鴻臚卿吳郡苞咸字子良。又有周氏不悉其名。至魏司空潁川陳羣字長文。太常東海王肅字子雍。博士敦煌周生烈。皆爲義說。魏末吏部尚書南陽何晏字平叔。因魯論集季長等七家。又采古論孔注。又自下己意。卽世所重者。

今日所講。卽是魯論。爲張侯所學何晏所集者也。晉太保河東衛瓘字伯玉。晉中書令蘭陵繆播字宣則。晉廣陵太守高平欒肇字永初。晉黃門郎潁川郭象字子玄。晉司徒濟陽蔡謨字道明。晉江夏太守陳留袁宏字叔度。晉著作郎濟陽江淳字思俊。晉撫軍長史蔡系字子叔。晉中書郎江夏李充字宏度。晉廷尉太原孫綽字興公。晉散騎常侍陳留周瓌字道夷。晉中書令潁陽范甯字武子。晉中書令瑯邪王珉字季琰。右十三家爲江熙字太和所集。侃今之講。先通何集。若江集中諸人有可采者。亦附而申之。其又別有通儒解釋。于何集無好者。亦引取爲說。已示廣聞也。然論語之書。包于五代二帝三王。自堯至周。凡一百四十人。而孔子弟子不在其數。孔子弟子有二十七人。見于論語也。而古史攷則云三十人。譖林放、澹臺滅明、陽虎亦是弟子數也。論語義疏。日本圖本。

全梁文卷六十五終

全梁文卷六十六

烏程嚴可均校輯

庾肩吾

肩吾字子慎。新野人。爲晉安王國常侍。隨府授宣惠參軍。歷中郎雲麾參軍。並兼記室。及王爲太子。兼東宮通事舍人。除安西湘東王錄事參軍。領荆州大中正。遷中錄事參軍、太子率更令、中庶子。簡文即位。進度支尚書。有集十卷。

爲武陵王謝拜儀同章

臣宅慶紫霄。聯休皇極。地均指日。既無迹而成高。仕若乘風。故不行而自遠。今者四郊無壘。天下同文。都尉春田。猶居塞外。單于冬獵。不入漁陽。臣坐妝三邊。非勞七戰。豈能屯兵大夏。封萬里之侯。飛箭聊城。受千金之壽。論其才望。有懼茂弘。先佩印綬。常慚叔度。藝文類聚四十七。御覽二百四十三。

爲盜國公讓中書郎表

臣聞陟彼太行。伯后之車屢息。望茲吳坂。少游之馬難蹄。藝文類聚作進。御覽作追。是知美非流水。立致摧輈。駿靡浮雲。便期頓轡。起登天漢。盜陪九萬之風。坐濟星橋。非使千年之翼。豈有幼稱辨慧。足對元禮。弱標俊穎。能嘲子叔。玉重組長。空見休寵。深宮邃宇。孰知懷憂。藝文類聚四十八。初學記十一。御覽二百二十。

爲南康王讓丹陽尹表

臣聞劍鏤七星。非有司天之用。簾御覽作籙圖五嶽。盜識崇朝之雲。是知策彼泥龍。不能令其逐日。乘斯流馬。安可使其奔電。方今振鷺盈庭。白駒空谷。惟帝念功。惟明克允。君子之國。幸聞其讓。石門之水。獲免于貪。藝文類聚五十。御覽二百五十二。

謝厤日啟

浚渠所奏。弦望既符。鄧平之言。錙銖皆合。登臺視朔。觀雲物之必書。拂管移灰。識權衡之有度。初開卷始。暫謂春前。末覽篇終。便傷冬及。徘徊厚渥。比日爲年。藝文類聚五。

謝賚銅硯筆格啟

煙磨青石。已踐初學記作賤孔氏之壇。管撫初學記作插銅龍。還笑王生之璧。西域胡人。臥織成之金簟。遊仙童子。隱芙蓉之行障。莫不並出梁園。來頒狹室。藝文類聚五十八。初學記二十一。

謝東宮賜宅啟

肩吾居異道南。才非巷北。流寓建春之外。寄息靈臺之下。豈望地無湫隘。里號乘軒。巷轉幡旗。門容幰蓋。況乃交垂五柳。若元亮之居。夾石雙槐。侶安仁之縣。郤瞻鍾阜。前枕洛橋。池通西舍之流。窗映東鄰之東。來歸高里。翻成侍封之門。夜坐書臺。非復通燈之壁。才下應王。禮加溫阮。官成名立。無事非恩。藝文類聚六十四。

謝東宮古迹啟

竊以仙巖遺傳。入握成塵。孔壁藏文。隨開已蠹。石書有暗。廚畫猶飛。豈有迹經四代。年踰十紀。芝英雲氣之巧。未損松鉛。鵠反鸞驚之勢。不侵蒲竹。必使酒肆來人。池流色變。將損北海之牘。還代西河之簡。藝文類聚七十四。

謝東宮賚內人春衣啟

階邊細草。猶推綟葉之光。戶前桃樹。反訝藍花之色。遂得裾飛合燕。領鬭分鸞。試顧采薪。皆成留客。藝文類聚六十七。

謝東宮賚米啟

灌水鳴蟬。香聞七里。瓊山合穎。粗歸十縣。肩吾人慙振藻。徒降雲間之松。職濫便繁。空撤家承之俸。成珠委地。事重逢仙。游玉爲糧。珍踰入楚。雖復激水滄流。不待溢河之說。春風掃地。方謝文學之篇。藝文類聚七十二。

謝湘東王賚米啟

竊以月滿則虧恩來無爽海潮雖大萬江恒注遂使連箱委地不殊陽穀盈倉接宇巖異海陵藝文類聚七十二

謝賚炭啓

識慚曼倩侶見昆明之灰清愧伯鸞不復因人之熱白孔六帖

謝賚粳米啓

出梁國之口租兼水陸之殊品伊尹說而不至石崇豪所未及遇處嘿之得賓同覩之舉著長河可塞上德無訓

謝湘東王賚米啓

味重新城香踰勞水連舟入浦侶彥伯之南歸積地爲山疑馬援之西至不待僕沙同新渝之再熟無勞拜石均遼倉之重滿前恩未遠炎遲仍流墨翟假以故書裴楷慙其國賜

答湘東王賚粳米啓

竊以農夫力耕時逢儉歲疏賤待澤必取豐年稼斛寫珠嘉聞陶量翻庭委玉欣見馬圖並藝文類聚八十五

答陶隱居賚朮煎啓

竊以綠葉抽條生于首峯之側紫花標色出自鄭岩之下百邪外禦六府內充山精見書華神在籙朮熒火謝盡采擷之難啓旦移申窮淋漉之劑故能競爽雲珠爭奇冰玉自非身疲掌硯役倦攀桃豈可立致還年坐生羽翼臨洗丹井方覺可捐酈縣菊泉無勞復汲庶得遨遊海岸追涓子之塵馳騖霍山共陳生爲侶謠俗輕施尚曰難酬出世鴻恩寧知上報藝文類聚八十一

答陶隱居賚朮蒸啓

味重金漿芳踰玉液足使芝慚九明丹愧芙蓉坐致延生伏深銘載藝文類聚八十一大觀本草六

謝賚菱啓

上林紫水雜蘆藻而俱浮雲夢清池間芙蓉而外發珍踰百味來薦豐盤恩重千金遂沾華席淩霜朱橘愧此開顏合露蒲桃慚其不餡藝文類聚八十二

謝武陵王賚絹啓

肩吾啓蒙賚絹二十四清河之珍巨圓慙其東帛關東之妙濟織陋其卷綃下官謬奉扁舟暫瞻還旆而天人渥盼增餘論之榮江漢安流無泝洄之阻遂使鶴露霄凝輕絺立變雁風朝急治服成遲有謝筆端無辭陳報不任下情謹奉啓事謝聞謹啓初學記二十七又略見藝文類聚八十五

謝武陵王賚白綺綾啓

圖雲緝鶴鄴市稀逢寫霧傳花叢臺罕遇雖復馬均騁思比巧猶慙虞卿受金方恩未重比扁舟獨反燕路有心載寶言歸銜珠無日藝文類聚八十五

謝賚梨啓

睢陽東苑子圍三尺新豐箭谷枝懸六斤未有生因粉水產自銅丘影連鄧橘林交苑柿遠薦中廚爰頒下室事同靈棗有願還年恐侶仙桃無因留核藝文類聚八十六

謝湘東王賚甘啓

名傳地理遠自武陵之洲族茂神經遙聞建春之嶺王逸爲賦取對荔枝張衡制辭用連石蜜足使萍實非甜蒲萄猶餡藝文類聚八十六初學記二十八

謝賚橘啓

光分璇宿影接銅峯去青馬之迢遞服朱闕之爽塏楚原洪筆頌記不遺陳王麗藻賦稱遙植昔朝歌季重纔賜海魚大理元常止蒙秋菊藝文類聚八十六

謝賚朱櫻啓

成叢殿側猶連製賦之條結實西園非復粘蟬之樹異合浦之歸

來。疑藏朱實。同秦人之逐彈。侶得金丸。藝文類聚八十六。初學記二十八。

謝東宮賚栗啟

查或火成。鑽㠯為屑。柰稱煎用。曝而成粮。未若北燕巨實。用奪榮枯。南國脯山。翻慙齒決。承恩踴躍。對閭喜之河。念報屏營。罔知來之鳥。藝文類聚八十七。

謝賚林檎啟

丹徒故苑。歲綿長而不見。岷山雖植。路重阻而來難。未有從核圓丘。移根閬坂。仙廚始摘。猶㠯青玉之盤。下賤爰頒。遂入抽簪之座。藝文類聚八十七。

謝賚檳榔啟

形均綠竹。詎𡉏山壇。色譬青桐。不生空井。事踰紫柰。用兼芳蒟。方為口實。永㠯蠲痾。

謝東宮賚檳榔啟

無勞朱實。兼荔枝之五滋。能發紅顏。類芙蓉之十酒。登玉案而上陳。出珠盤而下逮。澤深溫柰。恩均含棗。藝文類聚八十七。

荅餉綾綺書

潔同雪霜。華踰紵縞。長裾可曳。無愧王門之賓。廣袖將裁。翻有城中之製。藝文類聚八十五。

東宮玉帳山銘

玉帳寥廓。崑山抵鵲。總葉成帳。連枝起幕。玉藥難徙。金花不落。隱士彈琴。仙人看博。巖留故鼎。竈聚新荆。賚石初爛。燒丹欲成。桑田屢盡。海水頻傾。長聞鳳笛。永聽簫聲。藝文類聚七。又見文苑英華七百八十七。㠯為庾信作。

團扇銘

武王玄覽。造扇于前。班生贍博。白綺仍傳。裁為比霧。裂素輕蟬。片月內掩。重規外圓。炎隆火正。石鑠沙煎。清逾蘋末。瑩等寒泉。恩深難恃。愛極則遷。秋風颯至。篋笥長捐。勒銘華扇。敢薦夏筵。藝文類聚六十

九。

書品序

玄靜先生曰。予徧求邃古。逖訪厥初。書名起于玄洛。字勢發于倉史。故遺結繩。取諸文象。諸形會諸人事。未有廣此緘縢。深茲文契。是㠯一畫加大。天尊可知。二力增土。地卑可審。日㠯君道。則字勢圓。月㠯臣輔。則文體缺。及其轉注假借之流。指事會意之類。莫不狀範毫端。形呈字表。開篇玩古。則千載共朝。削簡傳今。則萬里對面。記善則惡自削。書賢則過必改。玉厤頒正。而化俗帝載陳。言而設教。變通不極。日用無窮。與聖同功。參神並運。爰洎中葉。捨煩從省。漸失潁川之言。竟逐雲陽之字。君乃鳥迹孕于古文。壁書存于科斗。符陳帝璽。摹調蜀漆。署表宮門。銘題禮器。魚猶捨鳳。鳥已分蟲。仁義起于麒麟。威形發于龍虎。雲氣時飄五色。仙人還作兩童。龜若浮溪。蛇如赴穴。流星疑燭。垂露似珠。芝英轉車。飛白掩素。參差倒薤。既思種柹之謠。長短懸針。復想定情之製。蚊腳傍低。鵠頭仰立。填飄板上。謬起印中。波回墮鏡之鸞。楷顧雕陵之鵲。並㠯篆籀重復。見重昔時。或巧能售酒。或妙令鬼哭。信無味之奇珍。非趨時之急務。且具錄前訓。今不復兼論。惟草正疏通。專行于世。其或繼之者。雖百代可知。尋隸體發源秦時。隸人下邳程邈所作。始皇見而重之。㠯奏事繁多。篆字難製。遂作此法。故曰隸書。今時正書是也。草勢起于漢時。解散隸法。用㠯赴急。本因草創之義。故曰草書。建初中。京兆杜操始㠯善草知名。今之草書是也。余自少迄長。留心茲藝。澡手鄰于臨池。銳意同于削板。而蟻山之扇。竟未增錢。淩雲之臺。無因誡子。求諸古迹。或有淺深。輒刪善草隸者一百二十八人。伯英㠯稱聖。居首。法高㠯追駿。處末。推能相越。小例而九。引類相附。大等為三。復為略論。總名書品。

書品論一上之上。

張芝伯英　鍾繇元常
王羲之逸少

隸既發源秦始。草乃激流齊相。跨七代而彌遵。將千載而無革。誠開博者也。均其文。總六書之要。指其事。籠八體之奇。能拔篆籀于繁蕪。移楷真于重密。分行紙上。類出蜜之蛾。結畫篇中。似聞琴之鶴。峯崿間起。瓊山慙其斂霧。漪瀾遞振。碧海愧其下風。抽絲散水。定其下筆。倚刀較尺。驗于成字。真草既分于星芒。烈火復成于珠佩。或橫牽豎掣。或濃點輕拂。或將放而更留。或因挑而還置。敏思藏于胸中。巧意發于毫銛。詹尹端策。故㠯迷其變化。英韶傾耳。無㠯察其音聲。殆善射之不注。妙斲輪之不傳。是㠯鷹爪舍利。出彼兔毫。龍管潤霜。遊茲蠆尾。學者鮮能具體。窺者罕得其門。若探妙測深。盡形得勢。烟華落紙。將動風彩。帶字欲飛。疑神化之所爲。非人世之所學。惟張有道、鍾元常、王右軍其人也。張工夫第一。天然次之。衣帛先書。稱爲草聖。鍾天然第一。工夫次之。妙盡許昌之碑。窮極鄴下之牘。王工夫不及張。天然過之。天然不及鍾。工夫過之。羊欣云。貴越羣品。古今莫二。兼撮衆法。備成一家。若孔門㠯書。三子入室矣。允爲上之上。

書品論二　上之中

崔瑗子玉　杜度伯度　師宜官
張昶文舒　王獻之子敬

崔子玉擅名北中。迹罕南度。世有得其摹者。王子敬見之稱美。㠯爲功類伯英。杜度濫觴于草書。取奇于漢帝。詔復奏事。皆作草書。師宜官鴻都爲最。能大能小。文舒聲劣于兄。時云亞聖。子敬泥帚。早驗天骨。兼㠯掣筆。復識人工。一字不遺。兩葉傳妙。此五人允爲上之中。

書品論三　上之下

索靖幼安　梁鵠孟皇　韋誕仲將　皇象休明
胡昭孔明　鍾會士季　衛瓘伯玉　荀輿長胤
阮研文幾

幼安斂蕙舅氏。抗名衛令。孟皇功盡筆力。字入帳中。仲將不妄染毫。必須張筆而左紙。孔明動見模楷。所爲胡肥而鍾瘦。休明斟酌二家。聯鴛八絕。士季之範元常。猶子敬之稟逸少。而工拙兼效。真草皆成。伯玉遠慕張芝。近參父迹。長胤狸骨。方擬而難追。阮研居今觀古。盡窺衆妙之門。雖復師王祖鍾。終成別構一體。此九人允爲上之下。

書品論四　中之上

張超子竝　郭伯道　劉德昇君嗣　崔寔子真
衛夫人名鑠字茂猗　李式景則　庾翼稚恭　郗愔方回
謝安安石　王珉季琰　桓玄敬道　羊欣敬元　王僧虔
孔琳之彥琳　殷鈞季和

子竝崔冢州里。頗相倣效。可謂醬鹹于鹽。冰寒于水。伯道里居朝廷。遠討其迹。德昇之妙。鍾胡各採其美。子真俊才。門法不墜。李妻衛氏。自出華宗。景則毫素流靡。稚恭聲彩遒越。郗愔安石草正竝驅。季琰桓玄筋力俱駿。羊欣早隨子敬。最得王體。孔琳之聲高宋氏。王僧虔雄發齊代。殷鈞頗耽愛好。終得肩隨。此一十五人。允爲中之上。

書品論五　中之中

魏武帝曹操孟德　吳主元宗孫晧　衛覬伯儒
左子邑伯字　衛恆巨山　杜預元凱　王廙世將
張彭祖　任靖　韋旭文休　王修敬仁　范懷約
張永景初　吳休尚　施方泰

魏帝筆墨雄贍。吳主體裁綿密。伯儒兼叙隸草。子邑分鑣梁郎。巨山三世。元凱累葉。王廙爲右軍之師。彭祖取羲之之道。任靖矯名。文休題柱。敬仁清舉。致畏逼之詞。張范逢時。俱東南之美。施吳鄴下後生。同年拔萃。此十五人。允爲中之中。

書品論六　中之下

羅暉叔景　趙襲元嗣　劉輿　張昭　陸機士衡
朱誕　王導茂弘　庾亮元規　王洽　郗超敬輿
張翼　宋文帝劉義隆　康昕　徐希秀　謝朓玄暉
劉繪　陶隱居弘景　王崇素

叔景元嗣。竝稱西州。劉輿之筆札。張昭之無悞。陸機㠯弘才掩迹。

朱誕呂偏蓺流聲。王導則列聖推能。庾亮則羣公挹巧。王洽呂並通諸法。郄超呂晚年取譽。張翼善效宋帝。康昕希秀孤生。謝眺劉繪。文宗書範。近來少前。陶隱居仙才翰彩。拔于山谷。王崇素繪□靡倫。書筆傳于里閭。此十八人。允爲中之下。

書品論七下之上。

姜詡　梁宣　韋秀　鍾輿　向泰　羊忱　晉元帝　景文
識道人　范曄　蔚宗　宗炳　王愔　謝靈運　蕭思話
薄紹之　敬叔　齊高帝　紹伯　庾黔婁　費元瑤　孫奉伯
羊祜　叔子

此十九人。並擅毫翰。動成楷則。殆逼前良。見希後彥。允爲下之上。

書品論八下之中。

陽經　諸葛融　楊潭　張炳　岑淵　張與　王濟
李夫人　劉穆之　道和　朱齡石　庾景休　張融　思光
褚元明　孔散通　王籍　文海

此十五人。雖未窮字奧。書尙文情。披其叢薄。非無香草。覩其涯岸。皆有潤珠。故遺斯紙。呂爲世玩。允爲下之中。

書品論九下之下。

衛宣　李韞　陳基　傳庭堅　張□□　陰光　韋熊　少
季　張暢　曹任　宋嘉　裴邈　羊固　謝晦　傳夫人
辟閭　諶　徐羨之　孔闓　顏寶光　周仁皓　張欣泰
張熾　僧岳道人

此二十二人。皆五味一和。五色一彩。視其雕文。非特刻鵠。人人下筆。寍止追響。遺迹見珍。餘芳可折。誠曰駈驪並駕。不逮前鋒。而中權後殿。各盡其美。允爲下之下。

書品後序

今呂九例。該此眾賢。猶如玄圃積玉。炎洲聚桂。其中實相推謝。故有茲多品。然終能振此鱗翼。俱上龍門。儻後之學者。更隨點曝云爾。

阮孝緒

孝緒字士宗。陳留尉氏人。不應徵辟。大同二年卒。諡曰文貞處士。有高隱傳十卷。七錄十二卷。

七錄序

日月貞明。匪光景不能垂照。嵩華載育。非風雲無呂懸感。大聖挺生。應期命世。所呂匡濟風俗。矯正彝倫。非夫丘素墳典。詩書禮樂。何呂成穆穆之功。致蕩蕩之化也哉。故洪荒道喪。帝昊興其爻畫。結繩義隱。皇頡肇其文字。自斯呂往。沿襲異宜。功成治定。各有方冊。正宗既殄。樂崩禮壞。先聖之法。有若綴旒。故仲尼歎曰。大道之行也。與三代之英。丘未逮也。而有志焉。夫有志呂爲古文。猶好也。故自衛反魯。始立素王。于是刪詩書。定禮樂。列五始于春秋。興十翼于易道。夫子既亡。微言殆絕。七十並喪。大義遂乖。逮于戰國。殊俗異政。百家競起。九流互作。嬴政嫉之。故有坑焚之禍。至漢惠四年。始除挾書之律。其後外有太常太史博士之藏。內有延閣廣內祕室之府。開獻書之路。置寫書之官。至孝成之世。頗有亡逸。乃使謁者陳農求遺書于天下。命光祿大夫劉向及子俊（疑作歆）等。讎校篇籍。每一篇已。輒錄而奏之。會向亡喪。帝使歆嗣其前業。乃徙溫室中書于天祿閣上。歆遂總括羣篇。奏其七略。及後漢蘭臺。猶爲書部。又于東觀及仁壽閣撰集新記。校書郎班固傅毅並典祕籍。固乃因七略之辭。爲漢書藝文志。其後有著述者。袁山松亦錄在其書。魏晉之世。文籍逾廣。皆藏在祕書中外三閣。魏祕書郎鄭默。刪定舊文。時之論者。謂爲朱紫有別。晉領祕書監荀勖。因魏中經。更著新簿。雖分爲十有餘卷。而總呂四部別之。惠懷之亂。其書略盡。江左草創。十不一存。後雖鳩集。淆亂已甚。及著作佐郎李充始加刪正。因荀勖舊簿四部之法。而換其乙丙之書。沒略眾篇之名。總呂甲乙爲次。自時厥後。世相祖述。宋祕書監謝靈運。丞王儉。齊祕書丞王亮。監謝朏等。並有新進。更撰目錄。宋祕書殷淳撰大四部目。儉又依別錄之體。撰爲七志。其中朝遺書。收集稍廣。然所亡者。猶大半焉。齊末兵火。延及祕閣。有梁之初。缺亡甚眾。爰命祕書監任昉。躬加部集。又于文德殿內別藏衆書。使學士劉孝標等重加校進。乃分數術之文。更爲一部。使奉朝請祖暅撰其名錄。其尙書閣內別藏經史雜書。華林園又集釋氏經論。自江左篇章之盛。未有踰于當今者也。孝緒少愛墳籍。長而弗倦。卧病閒居。傍無塵雜。晨光纔啓。緗囊已散。宵漏既分。綠帙方掩。猶不能窮究流略。探盡祕奧。每披錄內省。多有缺然。其遺文隱記。頗好搜集。凡自宋齊已來。王公搢紳之館。苟能蓄聚墳籍。必思致其名簿。凡在所遇。若見若聞。校之官目。多所遺漏。遂總集衆家。更爲新錄。其方內經史。至于術伎。合爲五錄。謂之內篇。方外佛道。各爲一錄。謂之外篇。凡爲錄有七。故名七錄。昔司馬子長記數千年事。先哲愍其勤。雖復稱爲良史。猶有捃拾之責。況總括羣書四萬餘卷。皆討論研覈。標判宗旨。才愧疏通。學慚博達。靡班嗣之賜書。微黃香之東觀。儻欲尋檢。內寡卷軸。如有疑滯。傍無沃啓。其爲紕繆。不亦多乎。將恐後之罪予者。豈不在于斯錄。（斯錄下脫如有刊正請俟君子昔劉向校書輒爲一錄十七字）論其指歸。辨其訛謬。隨竟奏上。皆載在本書。時又別集衆錄。謂之別錄。卽今之別錄是也。子歆撮其指要。著爲七略。其一篇卽六篇之總最。故㠯輯略爲名。次六藝略。次諸子略。次詩賦略。次兵書略。次數術略。次方伎略。王儉七志改六藝爲經典。次諸子。次詩賦爲文翰。次兵書爲軍書。次數術爲陰陽。次方伎爲術藝。㠯向歆雖云七略。實有六條。故別立圖譜一志。㠯全七限。其外又條七略及二漢藝文志中經簿所闕之書。并方外之經。佛經道經各爲一錄。雖繼七志之後。而不在其數。今所撰七錄。斟酌王劉。王㠯六藝之稱。不足標牓經目。改爲經典。今則從之。故序經典錄爲內篇第一。劉王並㠯衆史合于春秋。劉氏之世。史書甚寡。附見春秋。誠得其例。今衆家記傳。倍于經典。猶從此志。實爲繁蕪。且七略詩賦。不從六藝詩部。蓋由其書既多。所㠯別爲一略。今依擬斯例。分出衆史。序記傳錄爲內篇第二。諸子之稱。劉王

並同。又劉有兵書略。王㠯兵字淺薄。軍言深廣。故改兵爲軍。竊謂古有兵革兵戎治兵用兵之言。斯則武事之總名也。所㠯還改軍從兵。兵書既少。不足別錄。今附于子末。總㠯子兵爲稱。故序子兵錄爲內篇第三。王㠯詩賦之名。不兼餘制。故改爲文翰。竊㠯頃世文詞。總謂之集。變翰爲集。于名尤顯。故序文集錄爲內篇第四。王㠯數術之稱。有繁雜之嫌。故改爲陰陽。方伎之言。事無典據。又改爲藝術。（藝術當作術藝）竊㠯陰陽偏有所繫。不如數術之該通。術藝則濫六藝與數術。不逮方伎之要顯。故還依劉氏。各守本名。但房中神仙。既入仙道。醫經經方。不足別創。故合術伎之稱。㠯名一錄。爲內篇第五。王氏圖譜一志。劉略所無。劉數術中雖有曆譜。而與今譜有異。竊㠯圖畫之篇。宜從所圖爲部。故隨其名題。各附本錄。譜既注記之類。宜與史體相參。故載于記傳之末。自斯已上。皆內篇也。釋氏之教。實被中土。講說諷味。方軌孔籍。王氏雖載于篇。而不在志限。卽理求事。未是所安。故序佛法錄爲外篇第一。仙道之書。由來尙矣。劉氏神仙。陳于方伎之末。王氏道經。書于七志之外。今合序仙道錄爲外篇第二。王則先道而後佛。今則先佛而後道。蓋所宗有不同。亦由其教有淺深也。凡內外兩篇。合爲七錄。天下之遺書祕記。庶幾窮于是矣。有梁普通四年歲維單閼仲春十有七日。于建康禁中里宅始述此書。通人平原劉杳從余遊。因說其事。杳有志積久。未獲操筆。聞余已先著鞭。欣然會意。凡所鈔集。盡㠯相與。廣其聞見。實有力焉。斯亦康成之于傳釋。盡歸子愼之書也。

古今書最

七略書三十八種。六百三家。一萬三千二百一十九卷。

五百七十二家亡。三十一家存。

漢書藝文志書三十八種。五百九十六家。一萬三千三百六十九卷。

五百五十二家亡。四十四家存。

袁山松後漢藝文志書。案此下當有脫文。

八十七家亡。

晉中經簿四部書一千八百八十五部。二萬九百三十五卷。其中十六卷佛經書簿少二卷不詳所載多少。

一千一百一十九部亡。七百六十六部存。

晉元帝書目四部三百五袠。三千一十四卷。

晉義熙四年祕閣四部目錄。案此下當有脫文。

宋元嘉八年祕閣四部目錄。一千五百六十四袠。一萬四千五百八十二卷。

五十五袠四百三十八卷佛經。

宋元徽元年祕閣四部書目錄二千一十袠。一萬五千七十四卷。

齊永明元年祕閣四部目錄。五千新足合二千三百三十二袠。一萬八千一十卷。

梁天監四年文德正御四部及術數書目錄。合二千九百六十八袠。二萬三千一百六卷。

祕書丞殷鈞撰祕閣四部書。少于文德書故不錄其數也。

新集七錄內外篇圖書凡五十五部。六千二百八十八種。八千五百四十七袠。四萬四千五百二十六卷。

六千七十八種。八千二百八十四袠。四萬三千六百二十四卷經書。二百三種。二百六十三袠。八百七十九卷圖符。

內篇五錄四十六部。三千四百五十三種。五千四百九十三袠。三萬七千九百八十三卷。

三千三百一十八種。五千三百六袠。三萬七千一百八卷經書一百三十五種。一百八十七袠。七百七十五卷圖也。

外篇二錄九部。二千八百三十五種。三千五十四袠。六千五百三十八卷。

二千七百五十九種。五千九百七十八袠。六千四百三十四卷經書七十六種。七十八袠。一百卷符圖。

七錄目錄

經典錄內篇一

易部六十四種。案六十舊作本誤合二字爲一也今改正九十六帙。五百九十卷。

尚書部二十七種。二十八帙。一百九十卷。

詩部五十二種。六十一帙。三百九十八卷。

禮部一百四十種。二百一十一帙。一千五百七十卷。

樂部五種。五帙。二十五卷。

春秋部一百一十一種。一百三十九帙。一千一百五十三卷。

論語部五十一種。五十二帙。四百一十六卷。

孝經部五十九種。五十九帙。一百四十四卷。

小學部七十二種。七十二帙。三百一十三卷。

右九部。五百九十一種。七百一十帙。四千七百一十卷。

記傳錄內篇二

國史部二百一十六種。五百九帙。四千五百九十六卷。

注曆部五十九種。一百六十七帙。一千二百二十一卷。

舊事部八十七種。一百二十七帙。一千三十八卷。

職官部八十一種。一百四帙。八百一卷。

儀典部八十種。二百五十二帙。二千二百五十六卷。

法制部四十七種。九十五帙。八百八十六卷。

僞史部二十六種。二十七帙。一百六十一卷。

雜傳部二百四十一種。二百八十九帙。一千四百四十六卷。

鬼神部二十九種。三十四帙。二百五卷。

土地部七十三種。一百七十一帙。八百六十九卷。
譜狀部四十二種。四百二十三帙。一千六十四卷。
簿錄部三十六種。六十二帙。三百三十八卷。
右十二部。一千二十種。二千二百四十八帙。一萬四千八百八十八卷。

子兵錄內篇三

儒部六十六種。七十五帙。六百四十卷。
道部六十九種。七十六帙。四百三十一卷。
陰陽部一種。一帙。一卷
法部十三種。十五帙。一百一十八卷。
名部九種。九帙。二十三卷。
墨部四種。四帙。一十九卷。
縱橫部二種。二帙。五卷。

雜部五十七種。二百九十七帙。二千三百三十八卷。
農部一種。一帙。三卷。
小說部十種。十二帙。六十三卷。
兵部五十八種。六十一帙。二百四十五卷。
右一十一部。二百九十種。五百五十三帙。三千八百九十四卷。

文集錄內篇四

楚辭部五種。五帙。二十七卷。
別集部七百六十八種。八百五十八帙。六千四百九十七卷。
總集部十六種。六十四帙。六百四十九卷。
雜文部二百七十三種。四百五十一帙。三千五百八十七卷。
右四部。一千四十二種。一千三百七十五帙。一萬七百五十五卷。

術伎錄內篇五

天文部四十九種。六十七帙。五百二十八卷。
緯讖部三十二種。四十七帙。二百五十四卷。
厤筭部五十種。五十帙。二百一十九卷。
五行部八十四種。九十三帙。六百一十五卷。
卜筮部五十種。六十帙。三百九十卷。
雜占部十七種。十七帙。四十五卷。
刑法部四十七種。六十一帙。三百七卷。
醫經部八種。八帙。五十卷。
經方部一百四十種。一百八十帙。一千二百五十九卷。
雜藝部十五種。十八帙。六十六卷。
右十部。五百五種。六百六帙。三千七百三十六卷。案已上內篇每錄總數多與每部下數不合。外篇之仙道錄亦然。皆由弘明集傳寫之誤也。今無可知爲孰是。仍其舊而錄之。

佛法錄三卷外篇一

戒律部七十一種。八十八帙。三百三十九卷。
禪定部一百四種。一百八帙。一百七十六卷。
智慧部二千七十七種。二千一百九十帙。三千六百七十七卷。
疑似部四十六種。四十六帙。六十卷。
論記部一百一十二種。一百六十四帙。一千一百五十八卷。
右五部。二千四百一十種。二千五百九十六帙。五千四百卷。

仙道錄外篇二

經戒部二百九十種。三百一十八帙。八百二十八卷。
服餌部四十八種。五十二帙。一百六十七卷。
房中部十三種。十三帙。三十八卷。
符圖部七十種。七十六帙。一百三卷。

右四部四百二十五種，四百五十九帙，一千一百三十八卷。
文字集略一帙，三卷，序錄一卷。
正史刪繁十四帙，一百三十五卷，序錄一卷。
高隱傳一帙十卷，序例一卷。
古今世代錄一帙七卷。
序錄二帙，二十一卷。
雜文一帙十卷。
聲緯一帙，一卷。
右七種二十一帙，一百八十一卷。案此數亦不合，說見前。
阮孝緒撰不足編諸前錄，而載于此。廣弘明集三。

高隱傳論

夫至道之本，貴在無爲；聖人之跡，存乎拯弊。弊拯由跡，跡用有乖于本；本既無爲，爲非道之至。然不垂其跡，則世無以平；不究其本，則道實交喪。丘旦將存其跡，故宜權晦其本；老莊但明其本，亦宜深抑其跡。跡既可抑，數子所以有餘；本方見晦，尼丘是故不足。非得一之士，闕彼明智；體之之徒，獨懷鑒識。然聖已極照，反創其跡；賢未居宗，更言其本。良由跡須拯世，非聖不能；本實明理，在賢可照。若能體茲本跡，悟彼抑揚，則孔莊之意，其過半矣。梁書阮孝緒傳

全梁文卷六十六終

全梁文卷六十七

烏程嚴可均校輯

任孝恭

孝恭字孝恭。臨淮臨淮人。為奉朝請。進司文侍郎兼中書通事舍人。太清二年死侯景之難。有集十卷。

為羊侍中讓表

摶風扇翮。不覺高升。擊水揚鬐。遂迷遠大。猶願長城亙防。射魯仲之書。白羽朱旗。振武安之瓦。演入五千。張空拳以報主。橫行十萬。勒燕嶺而酬君。藝文類聚四十八。

為汝南王檄魏文

夫大盜移國。終罹梟磔之誅。兇狡憑陵。必致殲夷之戮。所以董卓稱亂。徒藉羣雄之手。王莽偷安。卒成光武之業。故市燿臍燈。府傳飲器。我有魏今臨一境。卜世相承。保乂黔黎。事踰年祀。尒朱榮胡貊遺種。邊塞是居。姦宄妄才。凶愚醜類。茹血飡腥。本非人品。依隨水草。取類馬牛。而包藏禍圖。竊懷反噬。遂長驅種落。用襲我周南。率彼酋豪。侵陵我河縣。所以流離播越。亟淹星紀。仰慕園陵。俯傷黎庶。遂得式仰唐朝。宣奉舜闕。梁大皇帝功踰五帝。道邁三王。負扆當軒。平章百姓。垂拱而治。協和萬邦。今遣同州刺史范遵等。董率前鋒。揚旌致討。先取滑臺。鼓行金谷。關東英俊。河北雄才。痛桑梓淪蕪。室家顛殞。飲氣吞聲。志申讎怨。士各懷歸。民思父母。表裏符契。神靈響集。王者之師。有征無戰。鋒刃所裁。幸勿罹染。藝文類聚五十八。

為何敬容移報東魏文

侍中宣惠將軍尚書左僕射何敬容報魏執事。成湯二十七征。志唯靜難。軒轅五十二戰。義在拯民。既異時而同致。信殊政而一揆。豈其黷武以窮兵。寧為伏威而尊大。我皇帝降茲仁聖。承彼百王。

負扆君臨。不以四海為貴。冕旒日昃。常以百姓為心。同二儀以覆載。一六合而光宅。德口羲昊。道邁唐虞。諒朝闕之一君。信與讓而莫擬。均心彼我。等愧怨親。物有常懷。人無異念。自北關紛擾。河洛沸騰。牝雞索家。蕭牆起釁。事侶譚尚。義類閻沈。兢尋干戈。民無定主。侯馬泣師。月陳庭廄。裹糧請救。日塡闕下。單民有時雨之望。遺黎興徯后之悲。誠感仁恕。理惻皇慈。任好環璵。納二晉君。小白匡匡。存三亡國。況我朝廷。寧忘拯救。是以命師薄伐。至於伊川。雲旗屢張。非為黷武。鉦鼓載陳。豈尚威力。湯武不寵周有義兵。匹夫是讎。尺土非利。百戰百勝。非善之善。九拒九攻。終勞率土。納隍之慮。無忘寢食。李陵失律。催身晉陽。攜彼來移。文見委曲。知魏當璧得人。龜兆有主。作相惟賢。棟梁克室。欲偃兵戎。式敦鄰好。九皋既響。嘆天已聞。銅山一啟。靈鍾斯應。矧乃出其言善。千里莫違。嘉言孔昭。宜以收納。且敵怨敵惠。不在後嗣。亡羊補牢。亦所未失。移至之日。輒以奏聞。即蒙詔可。不爽來意。行符緣邊。偃兵解甲。庶烽火不警。邊亭息候。征夫捨刁斗之勤。處婦無憤望之志。尋常不爭。農桑是務。分災恤患。繼好息民。秋在此歲。久情無疑。難還使齎移。報彼來懷。文苑英華六百五十。

答魏初和移文

蓋聞軒轅五十二戰。義在拯民。湯武二十七征。本惟靜難。明異時而同致。信殊政而一揆。我皇帝屈茲上聖。承彼百王。卷六合而包容。弘二儀而覆載。照高日月。澤富雲雨。値魏氏紛綸。亟離星暑。競尋干戈。爭以興廢。王無卒歲。相不浹辰。隻馬泣師。月陳庭闕。裹糧請救。日款闕扉。故屢動雲旗。再驅蒼兕。同小白之存亡。等任好之繼絕。匹婦是讎。尺土非利。然百戰百勝。猶苦四民。九拒九攻。終勞萬姓。納皇之念。無忘日昃。李陵失律。暫摧羽鱗。同孟明之反秦。以荀罃之歸晉。𢦏賫來移。悶之委曲。知彼當璧得人。兆龜有主。欲偃兵戈。式敦雅頌。鶴鳴九臯。戾天已響。出其言善。良以欣然。輒勒緣邊屯戍。各息烽警。旌旗晝卷。刁斗夜停。混雞犬于四鄰。接桑麻于二境。藝文類聚五十八。案此與文苑英華互異。

辭縣啟

但以執笏丹墀。累飛庭葉。垂纓禁裏。屢改欄花。顧慕階墀。不願違奉。不使戀主之心。施于犬馬。傾日之志。偏在葵藿。藝文類聚五十。

謝賚錢治宅啟

緜槿斷續。薄雨已傾。席戶穿闕。微風自卷。不悟恩隆門舍。降自天造。事深更宅。乃祕廟徵。蹤條可挍。毀垣再築。遂得窗臨上路。戶望東家。人悅爽塏。里驚輪奐。門學于公。逆容駟馬。巷均王濬。陳擬憍旗。藝文類聚六十六。

謝衣襦啟

加以庭闕桑麻。室空機杼。牀無暖席。桁靡懸衣。值蓬卷北郊。雁飛南浦。雪闇河陰。冰生海岸。而繩帶屢盡。苦風霜之切。弊履恆穿。嗟泥沙之凍。自憐袖短。雖內手而猶寒。每恨衣輕。徒斂襟而彌愴。藝文類聚六十七。

謝示圍棊啟

隱雷自天。昆蟲已聽。浮陰在漢。柱礎先潤。笑古人之不工。知前事之已拙。既妙藉手傳。乃事因辭見。微而能顯。婉以成章。孝恭人實下愚。才歸末品。效嚬醜反。學步塞歸。文業未彰。武功已墜。內愧齊竽。外羞魯服。濫出簪纓。非增後車之數。謬須計食。空費長安之米。藝文類聚七十四。

爲李慶州孟堅使與覃無名書

晉陵覃皇華。定交知于南越。長卿披繡。通夷險于夜郎。故傳美于彼書。流芳于篆素。足下南中盛族。嶺表豪門。籍譽既深。承芳已舊。但道曠風雲。論平生而是卽。江山闇阻。銜杯酌以何因。空想神魂。

徒勞夢寐。僕世稟威儀。門勒鍾鼎。提戈海岳。推轂數千。逮我不才。無兼文武。鴻私弗替。應茲閫外。麾蓋所臨。實宣慈造。足下剌舉一隅。同奉家國。進止之宜。實俟高算。藝文類聚五十二。

武帝集序 文佚。

建陵寺剎下銘 文佚。

多寶寺碑銘

寶傳茲日。法像斯時。瞻風條景。后陛嗣基。準繩秋子。取則迦夷。業隆千載。道盛一期。上當星紀。下接蓮峯。還瞻朱閣。郤青青松。朝雲曖曖。夕霧溶溶。階通獸迹。徑有禽蹤。衣移峻岳。錫叩飛泉。土木緣錦。玉石雕鐫。寶階雲構。綺壁霞鮮。蓮舒藻井。芰繞蘭椽。茲堂每讀。禪室恆靜。藏韜仙說。臺含佛影。葉下秋林。烟生春嶺。藝文類聚七十七。

祭雜墳文

惟爾冥然。往代。求圓石而無名。邈矣遐年。討方墫而不記。封樹遺殄。誰別羽商之家。墳壟傾迴。終迷庚癸之向。近創此伽藍。實須泥丸。命彼碩人。置茲屯邑。不謂綸繩所用。遂毀牛亭之基。鍬鍤所侵。爰傷馬鬣之勢。重使翠幕臨風。佳城見日。昔靈沼枯骨。周王改以衣冠。廣武橫尸。漢主加其轊櫝。輒勒彼山虞。覆瘞隍于舊趾。命茲匠者。修反壤于故林。還蟻結之文。依侶坊之勢。幸得宜陽大道。無變無移。京兆長阡。勿迴勿徙。庶幽魂遊止。踐昔徑而不疑。塗車往還。瞻舊轍而猶在。藝文類聚四十七。

賽鍾山蔣帝文

嘗聞河南少雨。漢主避其正殿。許下轂潤。魏后計彼塵書。和氣乖遲。陰陽外互。風至若湯。雲生猶火。速能制茲東井。告彼南箕。水滿畢星。氣衝卯地。使君子有亹亹之心。耕夫無慼慼之念。藝文類聚一百。

謝郁

郁。會稽人。爲豫章世子侍讀。有集五卷。

致書戒何敬容

草萊之人。聞諸道路。君矦已得嚌望朝夕。出入禁門。醉尉將不敢呵。灰然不無其漸。甚休甚休。敢賀于前。又將弔也。昔流言裁作。公旦東奔。燕書始來。子孟不入。夫聖賢被虛過。㠯自斥。未有嬰時釁而求親者也。且鰈鯤之鱗。不念杯杓之水。雲霄之翼。豈顧籠樊之糧。何者。所託已盛也。昔君矦納言加首。鳴玉在要。回豐貂㠯步文昌。聳高蟬而趨武帳。可謂盛矣。不㠯此時薦才拔士。少報聖主之恩。今卒如爰絲之說。受責見過。方復欲更窺朝廷。歙望萬分。竊不爲左右取也。昔竇嬰楊惲。亦得罪明時。不能謝絕賓客。猶交黨援。卒無後福。終益前禍。僕之所弔。實在于斯。人人所㠯頗猶有踵君矦之門者。未必皆感惠懷仁。有灌夫任安之義。乃戒翟公之大署。冀君矦之復用也。夫在思過之日。而挾復用之意。未可爲智者說矣。君矦宜杜門念失。無有所通。築茅茨于鍾阜。聊優游㠯卒歲。見可憐之意。著待終之情。復仲尼能改之言。惟子貢更也之譬。少戢言于眾口。微自救于竹帛。所謂失之東隅。收之桑榆。如此。令明主聞知。尚有冀也。僕東皋鄙人。入冗幸無銜窴。恥天下之士。不爲執事道之。故披肝膽。示情素。君矦豈能鑒焉。梁書何敬容傳。

黄士龍

士龍師事庾承先。

爲先師讓刺史湘東王賵賻

先師平素。食不求飽。衣不求輕。凡有賵遺。皆無所受。臨終之日。誠約家門。薄棺周形。巾褐爲斂。雖蒙賚及。不敢輕承。敎旨㠯違平生之操。錢布輒付使反。南史七十六庾承先傳。

大士傅弘

弘。一作翕。義烏縣雙林鄉人。捨宅爲寺。棲止終身。天監六年迎爲講師。

致武帝書

雙林樹下當來解脫善慧大士白國主救世菩薩。今欲修上中下善。希能受持。其上善略㠯虛懷爲本。不著爲宗。亡相爲因。涅槃爲果。其中善略㠯治身爲本。治國爲宗。天上人間。果報安樂。其下善略㠯護養眾生。勝殘去殺。普令百姓。俱稟六齋。今聞皇帝崇法。欲伸論義。未遂襟懷。故遣弟子傅暀馳書告白。續高僧傳。景德傳燈錄。

心王銘

觀心空王。玄妙難測。無名無相。大有神力。能滅千災。成就萬德。體性雖空。能施法則。觀之無形。呼之有聲。爲大法將。心戒傳經。水中鹽味。色裏膠青。決定其有。不見其形。心王亦爾。身內居停。面門出入。應物隨情。自在無礙。所作皆成。了本識心。識心見佛。是心是佛。是佛是心。念念佛心。佛心念佛。欲得早成。戒心自律。淨律淨心。心卽是佛。除此心王。更無別佛。欲求成佛。莫染一物。心性雖空。貪瞋體實。入此法門。端坐成佛。到彼岸已。得波羅蜜。慕道眞士。自觀自心。知佛在內。不向外尋。卽心卽佛。卽佛卽心。心明識佛。曉了識心。離心非佛。離佛非心。非佛莫測。無所堪任。執空滯寂。于此漂沈。諸佛菩薩。非此安心。明心大士。悟此玄音。身心性妙。用無能改。是故智者。放心自在。莫言心王。空無體性。能使色身。作邪作正。非有非無。隱顯不定。心性雖空。能凡能聖。是故相勸。好自防慎。刹那造作。還復漂沈。清淨心智。如世黃金。般若法藏。盡在身心。無爲法寶。非淺非深。諸佛菩薩。了此本心。有緣遇者。非去來今。元釋念常佛祖歷代通載云。昭明太子問大士何不論義。荅曰。菩薩所說。非長非短。非廣非狹。非有邊非無邊。如如正理。復有何言。嘗著心王銘一篇。

王曼穎

曼穎。太原人。見南平王偉傳。南史作平原人。有補續冥祥記一卷。

與沙門慧皎書

弟子孤子王曼穎頓首和南。一日蒙示所撰高僧傳。并使其掎摭。

刀當作力

刀尋始竟。但見偉才。紙弊墨渝。迄未能罷。若迺至法既被。名德已興。年幾五百。時經六代。自摩騰法蘭。發軫西域。安侯支讖。荷錫東都。雖迹標出沒。行實深淺。咸作舟梁。大爲利益。固宜油素傳美。鉛槧定辭。昭示後昆。揄揚往秀。而道安羅什。間表秦書。佛澄道進。雜聞趙冊。晉史見捨。復恨局當時。宋典所存。頗因其口會。兼且撿出君台之記。糅在元亮之說。感應或所商搉。幽明不無梗槩。沉顯傍文。未足光闡。間有諸傳。文非隱括。景興偶采居山之人。僧寶偏綴遊方之士。法濟唯張高逸之例。法安止命志節之科。康泓專紀單開。王季但稱高座。僧瑜卓爾獨載。元暢超然孤錄。唯釋法進所造。王巾有著。意存該綜。可擅一家。然進名博而未廣。巾體立而不就。梁來作者。亦有病諸。僧祐成簡。既同法濟之責。孝秀染毫。復獲景興之誚。其唱公纂集。最實近之。求其鄙意。更恨煩冗。法師此製。始所謂不刊之筆。餘亙古今。包括內外。屬辭比事。不文不質。謂繁難

省。元約豈加。以高爲名。既使弗遠者恥。開例成廣。足使有善者勸。同之二三諸子。前後撰述。豈得絜長量短。同年共日而語之哉。信門徒竟無一言可豫。市肆空設千金之賞。方入篋龍函。上登麟閣。出內瓊笈。卷舒玉笥。弟子雖實不敏。少嘗好學。頃日庤餘。觸途多昧。且獲披來帙。斯文在斯。鑽仰弗暇。討論何所。誠非子通見元則之論。良愧處道知休弈之書。徒深謝安慕竺曠風流。殷浩憚支遁才俊耳。不見旬日。窮情已勞。扶力此白。以代訴盡。弟子孤子王曼穎頓首和南。梁高僧傳十四。

沈績

績吳興人。建安王外兵參軍。

答釋法雲書難范縝神滅論

弟子績和南。垂示敕答臣下神滅論。伏深欣躍。弟子竊惟道不自弘。弘實由人。人須其識。識須其位。周易所稱。聖人大寶曰位。豈其意乎。然或位而不人。或人而不位。二者云備。其理至難。故宣尼絕筆于獲麟。孟軻反身于天爵。誠無其位也。嗚呼。眞化殆將淪沒。今天子以仁聖盛明。據至尊之位。蓋眉山可以眾煦飄。其和不可移也。鐘鼓可以雜純亂。其鳴不可間也。將使惵惵黔首。濟其長夜。自非德合天地。誰能若斯。弟子早沐虛風。既聞之矣。然而燕雀之集。猶或相昏。飛蓬之門。尙自交構。聖旨爰降。辭高理愜。敦以人天之善。誡以莫大之刑。一言作訓。內外俱闡。夫以孺子入井。凡民猶或傷之。況乃聖慈御物。必以惻隱爲心。邪能指白馬之非白。猶見屈于中庸。至于神享機外。志存弘化。魍魎擢其頰舌。焉足道哉。神滅天實。本非窺覬。遂能存示。用慙寡德。弟子沈績和南。弘明集十。

立神明成佛記注序

夫神道冥默。宣尼固已絕言。心數理妙。柱史又所未說。非聖智不周。近情難用語遠故也。是以先代玄儒。談遺宿業。後世通辨。亦論

滯來身。非夫天下之極慮。何得而詳焉。故惑者聞識神不斷而全謂之常。聞心念不常而全謂之斷。云斷則迷其性常。云常則惑其用斷。因用疑本。謂在本可滅。因本疑用。謂在用弗移。莫能精求。互起偏執。乃使天然覺性。自沒浮談。聖王冥以玄符。御茲大寶。覺先天垂則。觀民設化。將恐支離詭辨。搆義橫流。徽叙繁絲。伊誰能振。釋敎遺文。其將喪矣。是以著斯雅論。以弘至典。績早念身空。棲心內敎。每餐法音。用忘寢疾。而闇情難曉。觸理多疑。至于佛性大義。頓迷心路。既天誥遠流。預同撫覿。萬夜獲開。千昏永曙。分除之疑。朗然俱徹。竊惟事與理亨。無物不識。用隨道合。奚心不辨。故行雲徘徊。猶感美音之和。游魚踊躍。尙賞淸絲之韻。況以入神之妙。發自天衷。此臣所以舞之蹈之。而不能自已者也。敢以膚受。謹爲注釋。豈伊錐管。用窺天奧。庶幾固惑。所釋焉。弘明集九。

褚涔

卄當作廿

湝爵里未詳

芳林園甘露頌

福㠯德彰慶㳂業皎紉茲嘉露因祥特表翻潤星夕流卄月曉奇越彫氣珍逾素鳥至道伊融大化斯肇惟此大化實感天眷降液丹墀飛津綺殿九服依風八荒改面敢述膝詞式旌舞忭初學記二天部露五

宗士標

士標爵里未詳

孝敬寺刹下銘并序

夫妙覺靈遠隨方應現衣缽影迹資㠯護持髮爪齒牙咸能利益孝敬寺者公上璡爲亡母楊叔女之所立也波斯請生悲號靡曠日偉觀晝泣血盜追卽㠯三從之居建爲伽藍之地舊井無湮喬木猶在前瞻綺陌卻背青門寶殿霞臨長廊霧繞寺初欲豎刹導

倉令鉏曇誕忽有雙舍利降之放光滿室止取得一舍利璡訖就曇誕云已奉送還臺于御前分身爲六後數日中夜忽聞鐘鳴驚覘復得一舍利寺主僑法師夢人謂之曰法身尋降俄而曇誕送舍利并諸處所送其數有八大同六年太歲庚申五月十五日壬戌建刹四衆圍繞歌唄成群綵鳳珠旛含風曜日與大地而長存隨賢切㠯永久乃作銘曰

寘智絕境應有權歸聲空無迹指日齊暉寶舟潛運法雨隨機分形散體調御歸依聿造應眞規摹踊現雕飾彪炳丹青葱蒨寫彼金園圖茲紺殿猗歟淸信惇孝斯在追慕愷風安親慧海福善隨積薰修無改陵移谷徙暑往寒來衣砥貞石灺變凝灰長辭八難永離三災衆生有盡誓願無回古刻叢鈔

又志

梁大同六年太歲庚申五月十五日壬戌菩薩戒弟子公上璡奉爲亡母楊叔女捨所居宅□僧伽藍皇帝□賚名孝敬寺願諸佛菩薩龍天□神常加護衛寺舍安立僧衆□□證明弟子璡建立功德藉此善根七世久遠眷屬冢墓靈貼□亡殃殄永使斷絕同生□方無量壽國沐浴□□□□□通寤无生忍六道四生皆得解脫共登菩提入正覺路現世兒孫長幼竝願安隱無餘煩惱鄣礙□中妙願皆悉果遂古刻叢鈔

庾元威

元威爵里未詳御覽作唐元威未知孰是

論書

所學正書宜㠯殷鈞范懷約爲主方正循紀修短合度所學草書宜㠯張融王僧虔爲則體用得法意氣有餘章表牋書于斯足矣夫才能則關性分耽嗜殊妨大業但令緊快分明屬辭流便字不須體語輒投聲若㠯已巳莫分東柬相亂則兩王妙迹二陸高才

頃來非所用也王延之有言曰勿欺數行尺牘卽表三種人身豈非一者學書得法二者作字得體三者輕重得宜意謂猶須言無虛出斯則善矣近何令貴隔勢傾朝野聊爾疏漏遂遭十譏之書今聊存兩字書曰有寒士自陳簡於掌選詩云伎能自寡薄支葉復單貧柯條濫垂景木石詎知晨狗馬雖難畫犬羊誠易馴效嚬終未侶學步豈如眞實云朝亂緒是曰數彝倫俗作于茲混人途自此沌離合之詩由來久矣不知譏刺爰加稱贊是其第六譏也近來貴宰于二品淸宦進不假手作書而筆跡過鄙無法度彼恭拜忽云永感荅人借車還白不具眞本流傳合朝恥辱是其第七譏也㠯此而言書何容易且梁制與平吉人牋書有損懷語者不得荅書許乃告絕私弔荅中彼此言感思乖錯者州望須刺大中正處入淸議終身不得仕盛名年少宜留意勉之余見學阮研書者不得其骨力婉媚唯學攣拳委盡學薄紹之書者不得其批研

淵微徒自經營喩急晚途別法貪省愛異濃頭纖尾斷腰頓足一八相似十小難分屈等如勻變前爲草咸言祖述王蕭無妨日有訛謬星不從生籍不從耒許愼門徒居然嘔噱衛恒子弟寧不傷嗟詿誤衆家豈宜改習書字之興由來尚矣沮誦倉頡黃帝史也周宣王時柱下史史籀始著籀書今六八之法雖存十五之篇亡矣及秦相李斯破大篆爲小篆造倉頡七章中車府令趙高造爰厤六章太史胡毋敬造博學七章後人分五十五章爲三倉上卷至哀帝元嘉中揚子雲作訓纂記滂喜爲中卷和帝永元中賈升郎更續記彥均爲下卷皆是記字字出衛人故人稱爲三倉也夫蒼雅之學儒博所宗自景純注解轉加敦尚漢晉正史及古今字書並云倉頡九篇是李斯所作今竊尋思必不如是其第九章論豨信京劉等郭云豨信是陳豨韓信京劉是大漢西土是長安此非讖言豈有秦時朝宰談漢家人物牛頭馬腹先達何以安之江左頋儒相係梁初復有任昉及沈約悉未有譏駮余忽橫議實不自許儆俟明哲定其可否而字韻集方言廣雅凡錄字者十有四家許穿鑿賈氏愼乃奏說文曹産開拓許矦爰成字苑說文則形聲具舉字苑則品類周悉追悟典墳字弗全體周禮以雜斯爲笄纚禮記以相近爲禳祈致令衆議叢殘音辭騁互蓋由程邈變隸流傳未一鄭公詩譜頗顯其源且書文一反草木相從凡五百六十七部合一萬五千九百一十五字即曰世中所行十分裁一而今點畫失體深成怪也近有居士阮孝緒撰古今文字三卷窮搜正典次丹陽五官臣陵撰文字指要二卷精加擿發惟此兩書可稱要用余以値明師留心字法所以坐右作午疊宇不依羲獻妙跡不涎陶葛名方作蒓羹不敬晉書不循韻集爰以淺見輕述字府自謂此文或均螢露齊末王融圖古今雜體有六十四書少年崇仿家藏紙貴而鳳魚蟲鳥是七國時書元常皆作隸書故貽後

來所誚湘東王遣沮陽令韋仲定爲九十一種次功曹謝善勛增其九法合成百體其中以八卦書爲一以大篆爲兩法徑丈一字方寸千言大上比傳可爾鬼書惟有業殺刀斗出于古器尒㝵由乎內典散隸露書終是飛白意謂此等並非通論今所不取余經爲正階矦書十牒屏風作百體間以采墨當時衆所驚異自爾絕筆惟留草本而已其百體者懸針書垂露書秦望汲冢書金鵲書玉文書鶴頭書虎爪書倒薤書偃波書幡信書飛白篆古頑書籀文書奇字謬篆制書列書日書月書風書雲書星隸塡隸蟲食葉書科斗書署書胡書蓬書相書天竺書轉宿書一筆篆飛白書一筆隸飛白草古文隸橫書楷書小科書此五十種皆純墨璽文書節文書眞文書符文書芝英隸花草隸幡信隸鍾鼓隸龍虎篆鳳魚篆騏驎篆仙人篆科斗蟲篆雲篆蟲篆魚篆鳥篆龍篆龜篆虎篆鸞篆龍虎隸鳳魚隸麒麟隸仙人隸科斗隸雲隸蟲隸魚隸鳥隸龍隸龜隸鸞隸蛇龍文隸書龜文書鼠書牛書虎書兔書龍草書蛇草書馬書羊書猴書雞書犬書豕書此十二時書已上五十種皆采色其外復有大篆小篆銘鼎摹印刻符石經象形篇章震書倒書反左書等及宋中庶宗炳出九體書所謂縑素書簡奏書牋表書弔記書行押書檝書藁書半草書全草書此九法極眞草書之次第焉删捨之外所存猶一百二十體張芝始作一筆飛白書此于井冊等字爲妙所以唯云一筆飛白書則無所不通矣反左書者大同中東宮學士孔敬通所創余見而達之于是座上誚咨諸君無有識者遂呼爲衆中淸閑法今學者稍多解者益寡敬通又能一筆草書一行一斷婉約流利特出天性頃來莫有繼者宗炳又造畫瑞應圖千卓絕王元長頗加增定乃有虞舜獬豸周穆狻猊漢武神鳳衛君舞鶴五城九井螺杯魚硯金縢玉英玄圭朱草等凡二百一十物余經取其善草嘉禾靈禽瑞獸樓臺器服可

爲玩對者。盈縮其形狀。參詳其動植。制一部焉。此乃青出于藍。而賓世中未有。復于屏風上作雜體篆二十四種。寫凡百名。將恐一筆鄙子。凡百屏風。傳者逾謬。併慷歎息。世本云。史皇作圖。黃帝臣也。其唐虞之文章。夏后之鼎象。則圖畫之宗焉。其後繪事逾精。丹青轉妙。乃以釘女。心痛圖魚。獺集。敬君以之亡婦。王嬙由此失身。近代陸綏。足稱畫聖。所聞談者。一筆之外。僅可蟬雀。顧長康稱爲三絕。終是半癡人耳。雜體既資于畫。所以附乎書末。□□□□□□□□□□□又見御覽七百四十八。有删節。

王琰

琰。爵里未詳。案隋書滕王綸傳。大業初有術者王琰。距此五十年。蓋別是一人。

馳書報黃羅漢

吾至梵境。境帖然。前日所言。皆兒戲耳。御覽三百四引三國典略。于謹大軍次于樊鄧。梁主蕭詧遣王琰至石梵。未見我軍。乃馳書報黃羅漢云云。羅漢入獻。梁主疑之。

王彭

彭。紹泰末爲中散大夫。

與陳丞相牋

今月五日平旦。于御路見龍跡。自大社至象闕。亘三四里。陳書武帝紀上。紹泰二年九月壬寅。改年曰太平元年。進高祖位丞相。丁未。中散大夫王彭牋稱云云。案此牋距敬帝受禪僅年餘耳。其人不見于陳書。故編入梁末。

全梁文卷六十七終

全梁文卷六十八

烏程嚴可均校輯

後梁宣帝

帝諱詧，字理孫，昭明太子統第三子。普通中封曲江縣公。中大通中進封岳陽郡王，領會稽太守，歷宣惠將軍、知石頭戍事、琅邪彭城二郡太守、東揚州刺史。中大同初除持節都督雍梁等州西中郎將雍州刺史。太清中拒命不受代，尋稱藩于魏。大寶初，魏立為梁王于襄陽，承制。及元帝敗沒，建號于江陵，改元大定。在位八年，謚曰宣皇帝，廟號中宗。有集十卷。

愍時賦（并序）

于謹平梁之後，闔城長幼，被虜入關，又失襄陽故地。乃曰：恨不用尹德毅言，以致于是。又見邑居殘毀，于戈日尋，恥威略不振，常懷憤懣，乃著愍時賦，以見其意。詞曰：

嗟余命之殊薄（周書作舛薄），實賦運之逢屯。既殷憂而彌歲，亦坎壈而相鄰（周書作復坎壈以相鄰）。晝營營而至晚，夜耿耿而通晨。望否極而反（周書作云）泰，何杳杳而無津。悲晉璽之遷趙，痛漢鼎之移新。無田范之明略，愧夷齊之得仁。遂胡顏而苟免，謂小屈而或伸。豈妖沴之無已，何國步之長淪。恨少生而怯弱（周書作輕弱），本無志于爪牙。謝兩章之雄勇，愧二策之英華。豈三石于鄴杜，異五馬于琅邪。直受性而好善，類蓬生之在麻。冀無咎而霑慶，庶保靜而鋤邪。何昊窮之不（周書作弔）惠，值上帝之紆奢。神州鞠為茂草，赤縣遶于長蛇。徒仰天而太息，空撫襟而咨嗟。伊（周書作惟）古人之有懷，尚或感于知己。況華（周書作況誡）萼聯于霄極，寵渥流于無已。或小善而必褒，時片言而見美。昔待罪于禹州，歷三𢧱而見紀（周書作無紀）。獲免戾于明時，遂超隆于宗子。始解印于稽山，卽驅傳于襄水。彼南陽之舊國，實天漢之嘉祉。既川嶽之形勢，復龍躍之基址。此首賞之謬及，謂維城之足恃。值

諸侯之攜貳，遂留滯于楚爪（周書作楚川）。等句踐之絕望，同重耳之終焉。望南枝而灑泣，或東顧而潺湲。歸歟之情何極，首丘之思邈然。忽值魏師入討，于彼南荊。既兵車之赫赫，俄（周書兵車作車徒，俄作逡）一鼓而陵城。同宮生之舍許，等小白之全邢。伊社稷之不泯，實有感于生靈。伊（周書作矧）吾人之固陋，本（周書作迥）漂泊于流萍。忽（周書作或）沈滯于茲土，復歲（周書作期）月而無成。昔千乘之（周書作昔方千而）幾甸，今七里而盤縈。寡田邑而可賦，闕丘井而求兵。無河內之資峙，同滎陽之未平。夜騷騷而擊柝，晝孑孑而揚旌。烽連（周書作凌）雲而迥照，馬伏櫪而悲鳴。既有懷于斯日，亦焉得而云寧。彼雲夢之舊都，乃標奇于昔者。驗往記以瞻今，何名高而實寡。寂寥井邑，荒涼原野。徒揄揚于宋玉，空嗟咨（周書作稱嗟）于司馬。南方卑而歎屈，長沙濕而悲賈。余國家（周書作余家國）之俟匡，庶興周而祀夏。忽縈憂于此屈，豈年華之天假。加以狗盜鼠竊，蜂蠆狐狸。羣圉隸而為寇，聚臧獲而成師。窺臨津渚，敢氣江瀨。屢征肇于殷歲，頻戰起于軒時。有扈興于夏典，采芑著于周詩。方叔振于蠻貊，伯禽捷于淮夷。在逋穢其能幾，會斬馘而搴旗。彼積惡之必稔，豈天靈之可（周書作我）欺。交川路之云擁，理惆悵而未怡。（周書蕭詧傳，文苑英華一百二十九）

遊七山寺賦

此山川之寥廓，時天高而氣靜。路闊曠而清華，地幽㥄而特挺。窮浙右之標絕，極宇中之勝境。承興序而陟涉，聊盤桓而騰騁。盡登臨之雅致，悅諠囂之暫屏。因茲連纏結駟，並軺方舟。萬騎齊列，千檝爭浮。皆東南之俊異，並禹穴之琳球。差池集侶，容與擣儔。巷無服馬，路寡遺輈。窮周章而歷覽，盡娛翫而遨遊。爾乃傍林橫出，輕舠上泝。歷秦王之舊陌，緣越地之昔路。望峯山而斜繞，逕南湖而迴渡。連天台之華嶺，引若耶之長注。作汎瀁而瞻望，或陵峯而一顧。于是歷樂林而南上，升法華而望西。有嶇嵚之奔瀾，復疊壹之

長溪。既皎潔而如鏡。且見底而無泥。途崄峭而嶢絕。路登陟而如梯。既攀藤而挽葛。亦資伴而相提。窮羊腸之詰屈。極馬嶺之高低。霧昏昏而漫漫。風飉飉而淒淒。瞻洪川其如帶。望巨海其如珪。執玉帛于茲地。會諸侯而赴稽。想疏柯之茂葉。憶大骨之昏迷。傳盛美于斯岳。播遺範于氓黎。既迺瞰往賢之舊跡。美高尙之餘風。踐遠草之蕪沒。撥蓁莽之蘙蒙。名岳巍而峙立。峻谷杳而虛沖。春林漂而皆碧。秋沼淨其如空。既連綿而相接。兼隱軫而無窮。信英奇之攸止。實翔集之所崇。傍高巒而建剎。亦帶巘而成宮。神靈更其盼蠁。仙聖互其交通。巖雰霏而起霧。樹布護而抽叢。嘉卉生其前後。善草植其西東。瞻朱扉之赫奕。望寶殿之玲瓏。擬大林之精舍。等重閣之講堂。既爽塏之禪宇。亦顯敞之華房。跨曲澗而爲室。繞紆岡而修牆。夕雲生于㯳牖。朝日照于簷梁。諒隱曲而成麗。蓋照景而生光。流清梵之宛轉。響梓磬之鏘鏘。構造精密。華麗無方。清

流四繞。吐潮悠長。霞蔽闕閣。峻絕階隍。水碓侔于金谷。飛樓侶于建章。其徒衆則乍遊乍處。或賢或聖。並有志于頭陀。俱勤心于苦行。競假寐而誦習。咸夙興而虔敬。識苦空之迅流。惜朝陰之奔競。潛深窟而學六通。隱閑燕而修八正。或燒體而爲功。或灰身而入定。熏名香之氛氳。或飛錫而相映。或振麈而高談。或閑居而坐聽。禪衆疑于漆木。智士同于懸鏡。既釋教之興華。乃法輪之宣盛。寺既憑山而構造。山亦因寺而有七。蓋靈瑞之所集。亦奇士之所出。產龍劍之遺溪。遊鹿機之餘術。謝鳳來而容與。鄭風反而蕭颾。既清澗之漣漪。亦飛流之涌溢。奇樹蓊而成林。珍果榮而非一。植山海之雙橘。種丹盧之兩橘。梅花皎而侶霜。黃柑壯其如日。或睢睢而夏開。也離離而冬實。山多寶玩。地出瓌珍。金玉生其陽。琰石出其陰。神簪崟崟而獨立。仙的皎皎而孤臨。孰知歲之豐儉。覩玄白而皆讖。刻石記于嬴德。披圖悟于禹心。懸崖百仞。擢幹千尋。岩嶢

採當作探

兮闕達。螺蜿兮嶔崟。樹修聳而崴峻。泉流激而水深。仰瞻增其隱隱。俯眺覩其沈沈。眇然兮無際。邈爾兮無邊。遠山崔嵬而聞出。近樹蘢蓯而相牽。巖將頹而未墮。峯入漢而猶懸。望蟬聯而蔽日。覩嶮峨而連天。有石帆之異狀。擬瀑布之飛泉。實逢巖而聚霧。乃觸石而成煙。既差峩而蔭映。亦巑岏而阡緜。既遠控于江海。兼近接于村田。反瞰城邑。傍眺市鄽。稱神州之鎮嶺。實天下之名川。至若蓬萊遊于聖迹。巫岫表于神仙。衡陽聞于夏貢。嵩岳重于周篇。曾何比麗。詎此同妍。復有標奇神井。薦載澄渟。汲之不竭。添之不盈。雖頻撓而不濁。徒屢攪而終清。涉隆冬而溫煥。經歊暑而泠泠。異成都之飛火。寧疏勒之表誠。匹醴泉之錮疾。同淄水之鑒形。亦有孤潭道士。焦里夫人。獨居味道。寂絕朋賓。餐霞永日。靜坐千春。衛無行跡。路產荆榛。既勤劬而向道。亦蕭灑而忘塵。或逍遙而諷詠。或擁膝而長吟。同董生之垂帷。學梁子之明箴。將松喬而共侶。與

巖衞而相親。其林藪彌密。羽族爭歸。猨連臂而下飲。鳥比翼而羣飛。鴻鵠集而相映。白鷗晶而生輝。拂霜毛之奕奕。鼓素翮之霏霏。兼有奇禽猛獸。偃息溪圻。虎懷仁而不害。熊應木而生肥。巨象數仞。雄虺十圍。麐鹿易附。狎兔俱依。同彭鏗之仙室。異海鳥之知機。藥卉叢生。消痾駐老。地出長齡。墟多壽考。侶南山之溪谷。匹井中之埋寶。送劉五耆。何殊四皓。復有牛膝雞腸。雀頭燕草。甘菊辛夷。苦參酸棗。紫苑赤箭。黃耆白蘞。天門地骨。肉芝石蔛。神農是嘗。仙經是造。白兔服而通靈。鹿皮餌而得道。其果則有木瓜木棗。楊桃楊梅。朱橘冬茂。黃薔秋開。楂梨並壯。林柰爭瓌。枳椇列植而爲藂。懸鉤觸草而徘徊。林檎侔于莽實。甘棠擬于帝臺。紅梅蘡薁。車李胡頹。綠採冬獻。紫芋秋來。半夏成圓。春就羣栽。枇杷梨豆。椎栗兼該。或炫炫之丹實。或靡靡之青荄。禦疾風而彌豔。中嚴霜而不摧。既蓊鬱之梧桐。亦檀欒之修竹。篠簳亂其形類。筋桂異其品族。映

榜騰而交加，繞房廊而郁𧁖。抽葉蔭于清泉，結根擠于幽谷。靈木之所自生，瑞鳥之所棲宿。實散賞之佳地，信開心而醒目。至如涼秋九月，百卉飄零，氣淒淒而恒勁，風颯颯而常生。秋蟬唧于南墀，塞鳥吟于北庭。蟋蟀哀嘶而遠聞，狐猿叫嘯以騰聲。鴻雁嗈嗈而夜響，鵾雞啁哳而悲鳴。增逸民之放曠，動遊士之滯情。咸有志于獨往，俱棲心于濯纓。信達人之良會，蓋可伸其遊矚。故孝先往而成眞，慶緒經而離俗。憑怪石而爲枕，因淪浪而洗足。蓋往賢之所同，亦先儒之高學。余宿昔之心期，常有懷乎遐邈。屢徘徊于闤闠，頻留連于名嶽。念家國之隆恩，緩獨往之遺躅。欲抽簪而未從，聊寄美于斯曲。廣弘明集二十九上。

圍棋賦

引如征鴻赴沼，布若羣鵲依枝。類林麓之隱隱，匹星漢之離離。蜂起百塗，從横萬制。或無厭而反失，或先贏而後斃。藝文類聚七十四。

櫻桃賦

推櫻桃之爲樹，先百果而含榮。既離離而春就，乍苒苒而冬迎。異羣蘢之无首，垂牢器之晚成。鳥纔食而便墮，雨薄灑而皆零。未𣟃紅顏之實，空有薦廟之名。等橘柚于簷戶，匹諸薦乎中庭。異梧桐之棲鳳，愧綠竹之恆貞。豈復論其美惡，且徭餘乎前檐。葉緊擲而掩日，枝長弱而風生。且得蔽乎羲赫，實當暑之凄清。初學記二十八。

臨雍川下教

昔之善爲政者，不獨師所見，藉聽衆賢，則所聞自遠。資鑒外物，故在矚致明。是以龐參恤民，蓋訪言于高逸；馬援居政，每責成于掾史。王沈爰加厚賞，以虔功有所由，故能顯美政于當年，流芳塵于後代。吾以陋識，來牧盛藩，每慮德不被民，政道或紊。中宵拊枕，對案忘飢，思納良謨，以匡弗逮。雍州部內有不便乎民，不利于政，長吏貪殘，戍將懊弱，闗市忞其哀刻，豪猾多所苞藏，並密以名聞，當

加釐正。若刺史治道之要，弛張未允，循酷乖理，任用違才，或愛狎邪佞，或斥廢忠譽，彌思啟告，用袪未悟。鹽梅舟楫，允屬良規，苦口惡石，想勿余隱。并廣示鄉閭，知其款意。周書蕭譽傳。

譽當作詧

連珠

嘗聞盈虛之道，雖脩平而必陂；損益之由，在至象而無爾。是以謂地之厚，而東南缺；唯天爲大，而西北懸。

嘗聞山有藏玉，則卉草文苑英華作草木。常榮；林有猛獸，則叢枝莫採。是以漢儀重見，皇王之跡有眞；周禮猶存，龜蒙之田無改。藝文類聚五十七，文苑英華七百七十一。

明帝

帝諱巋，字仁遠，宣帝子。以大定八年嗣位，改元天保，在位二十四年。謚曰孝明皇帝，廟號世宗，有集十卷。

臨終上隋文帝表

臣以庸闇，曲荷天慈，寵冠外藩，恩踰連山，爰及子女，尚主婚王。每願躬擐甲冑，身先士卒，埽蕩逋寇，上報明時。而攝生乖舛，遽罹痾疾，屬纊在辰，顧陰待謝。長違聖世，感戀嗚咽，遺嗣孤藐，特乞降慈。伏願聖躬與山岳同固，皇基等天日俱永，臣雖九泉，實無遺恨。并獻所服金裝劍。隋書蕭巋傳。

後主

後主諱琮，字溫文，巋子。初封東陽王，尋立爲太子。天保二十四年嗣位，明年改元廣運。在位二年，以隋開皇七年國廢，拜柱國，封莒國公。煬帝初拜內史令，改封梁公。大業三年，坐賀若弼事廢，卒，贈左光祿大夫。有集七卷。

與釋智顗書

遠欽高風，未獲展侍，憮然西顧，以日易年。承遊止玉泉，創構坊宇，名僧雲會，問道遺集。山林佳勝，有助禪悅，即事倏然，風雲永歎，悰

書珍奇。續附承修。神足今還。敢申諷諭。信驛有會。方願祗承。蕭琮和南。釋藏起字四號。國淸百錄四。

甄玄成

玄成字敬平。中山人。以錄事參軍隨宣帝鎭襄陽。轉中記室參軍。歷中書侍郎、御史中丞、祠部尚書、吏部尚書。大定六年卒。贈侍中護軍將軍。有集二十卷。

車賦

鎔金磨玉之麗。凝土剡木之奇。體眾術而特妙。未若作車而載馳。爾其車也。名稱合于星辰。圓方象乎天地。夏言以庸之服。周日聚焉之器。制度不以陋移。規矩不以飾異。古今貴其同軌。華夷獲其兼利。爾其利也。天子以郊祀田伐。諸侯以朝聘會盟。庶人以商農工賈。夷狄以致蓄遷生。爾其作也。均輕重而攻材。正陰陽而斲木。既中正而合剖。亦面勢而審曲。候離婁之督繩。須公輸而削墨。布

儀服之有定。施瓜牙之不忒。既涉用于牛馬。亦受名于羊鹿。爾其容也。侔蓋樹之獨立。侶高雲之出巘。獨映水也。如舞鸞之對鏡。眾行陛也。若翔鴻之赴遠。聽長響之轔轔。望遙儀之婉婉。信有美兮宜比興。徒欲貌兮不能携。及其駕也。堅瑪瑚之駐。引絕羣之駭。既絲靷之縈頭。亦銅鉤而瑩角。始向轅而龍轉。就入轅而獸躍。或鼽鼽而鳴鼻。或參差而動腳。咆哮獸轉。鬱怏隱闇。見輪陰之翻亂。覩帶影之飛泊。及其乘也。或方憂虐暑。炎氣歊烈。浮幰動以來風。輕紗飛而去熱。織埃若而即墜。煩氣衝而受歇。或固陰沍寒。祁嚴凜厲。複帷下而前屏。重檐垂而後蔽。霜露侵而靡及。風飆激而不戾。或油雲雨霈。中逵半恢。宏宇宙而雷奔。杼柚割而去衍。被洪流染而自落。散水滴而不霑。初學記二十五。

沈重

重字子厚。吳興武康人。中大通中補國子助教。後除五經博士。元帝即位。迎致江陵。江陵陷。留事宣帝。累遷都官尚書。領羽林監。周主宇文邕聘授驃騎大將軍開府儀同三司露門博士。還事明帝。拜散騎常侍太常卿。至隋開皇三年卒。年八十四。贈使持節開府儀同三司許州刺史。有毛詩義疏二十八卷。周禮義疏四十卷。禮記義疏四十卷。樂律義一卷。

鍾律議

易以三百六十策當期之日。此律厤之數也。淮南子云。一律而生五音。十二律而爲六十音。因而六之。故三百六十音。以當一歲之日。律厤之數。天地之道也。此則自古而然矣。重乃依淮南本數。用京房之術求之。得三百六十律。各因月之本律。以爲一部。以一部律數爲母。以一中氣所有日爲子。以母命子。隨所多少。各一律所建日辰分數也。以之分配七音。則建日冬至之聲。黃鍾爲宮。太簇爲商。林鍾爲徵。南呂爲羽。姑洗爲角。應鍾爲變宮。蕤賓爲變徵。五

音七聲。于斯和備。其次日建律。皆依次類運行。當日者各自爲宮。而商徵亦以次從。以考聲徵氣。辨識時序。萬類所宜。各順其節。自黃鍾終于壯進。一百五十律。皆三分損一。以下生。自依行終于億兆。二百九律。皆三分益一。以上生。唯安運一律爲終。不生。其數皆取黃鍾之實十七萬七千一百四十七爲本。以九三爲法。各除其實。得寸分及小分。餘皆委之。即各其律之長也。修其部律。則上生下生宮徵之次也。今略其名次云。隋書律厤志上。

尹德毅

德毅。天水人。護軍將軍柱國正子。襲爵新野縣侯。仕宣帝至大將軍。後以見疑賜死。

說梁王詧

臣聞人主之行。與匹夫不同。匹夫者。飾小行。競小廉。以取名譽。人主者。定天下。安社稷。以成大功。今魏虜貪惏。罔顧弔民伐罪之義。

必欲肆其殘忍。多所誅夷。俘囚士庶。並爲軍實。然此等戚屬。咸在江東。念其充餌豺狼。見拘異域。痛心疾首。何日能忘。殿下方淸宇宙。紹玆鴻緒。悠悠之人。不可門到戶說。其塗炭至此。咸謂殿下爲之。殿下旣殺人父兄。孤人子弟。人盡讎也。誰與爲國。但魏之精銳盡萃于此。犒師之禮。非無故事。若殿下爲設享會。因請于謹等爲歡。彼無我虞。當相率而至。預伏武士。因而斃之。分命果毅。掩其營壘。斬馘遞醜。俾無遺噍。江陵百姓。撫而安之。文武官寮。隨卽詮授。旣荷更生之惠。孰不忻戴聖明。魏人懾息。未敢送死。王僧辯之徒。折簡可致。然後朝服濟江。入踐皇極。纘堯復禹。萬世一時。晷刻之閒。大功可立。古人云。天與不取。反受其咎。時至不行。反受其殃。願殿下恢弘遠略。勿懷匹夫之行。周書蕭詧傳。初江陵平。詧將尹德毅說詧云云。不從。旣而闔城長幼被虜入關。又失襄陽之地。詧乃追悔。

王琳 酉陽雜俎作韋琳

琳。明帝時中書舍人。

䱇表 酉陽雜俎作䱇表。

臣䱇言。伏見除書。以臣爲糝蒸將軍。油蒸校尉。臛州刺史。脯腊如故。肅承明命。灰身屛息。臨憑鼎鑊。俯仰兢懼。臣聞高沙走姬。非有意于綺羅。白魿女兒。豈期心于珠翠。臣美愧夏鱣。味慙冬鯉。常恐鮐腹之譏。懼貽鼈巖之誚。是以漱流河底。枕石泥中。不意高賞殊宏。曲蒙鈞拔。遂得起昇綺席。忝預玉盤。爰厠玳筵。猥頒象筋。澤覃紫腴。恩加黃腹。方當名薑動桂。紆蘇佩欓。輕瓢纔動。則樞槊如雲。濃汁暫停。則蘭肴成列。婉轉綠齏之中。逍遙朱脣之內。銜恩噬澤。九殞弗辭。不任屛營之至。謹到銅鎗門奉表以聞。

詔答

省表。是公卿池沼搢紳。䲡渠俊乂。穿蒲入藻。肥滑系彰。正膺茲選。無勞謝也。太平廣記

臣䱇言。伏見除書。以臣爲粽熬將軍。油蒸校尉。臛州刺史。脯腊如故。肅承將命。含灰屛息。憑籠臨鼎。載兢載惕。臣美愧夏鱣。味漸冬鯉。常懷鮐腹之誚。每懼鼈巖之譏。是以漱流湖底。枕石泥中。不意高賞殊私。曲蒙鈞拔。遂得超升綺席。忝預玉盤。遠厠玳筵。猥頒象箸。澤覃紫腴。恩加黃腹。方當鳴薑動椒。紆蘇佩欓。輕瓢纔動。則樞盤如烟。濃汁暫停。則蘭肴成列。宛轉綠齏之中。逍遙朱脣之內。銜恩噬澤。九殞弗辭。不任屛營之誠。謹列銅鎗門奉表以聞。詔答曰。省表具知。卿池沼搢紳。䱇渠俊乂。穿蒲入荇。肥滑有聞。允堪茲選。無勞謝也。酉陽雜俎作韋琳䱇表。少廣記四語。

列女

劉令嫺

令嫺。彭城人。祕書監孝綽第三妹。適僕射徐勉子晉安太守悱。有集三卷。

祭夫文

維梁大同五年。新婦謹薦少牢于徐府君之靈。曰。惟君德咸禮智。才兼文雅。學比山成。辨同河瀉。明經擢秀。光朝振野。調逸許中。聲高洛下。含潘度陸。超鍾邁賈。二儀旣肇。判合始分。簡賢依德。乃隸夫君。外治徒舉。內佐無聞。幸移蓬性。頗習蘭薰。式傳琴瑟。相酬典墳。輔仁難驗。神情易促。雹碎春紅。霜彫夏綠。躬奉正衾。親觀啟足。一見無期。百身何贖。嗚呼哀哉。生死雖殊。情親猶一。敢遵先好。手調薑橘。素俎空乾。奠觴徒溢。昔奉齊眉。異于今日。從軍暫別。且思樓中。薄游未反。尚比飛蓬。如當永訣。永痛無窮。百年何幾。泉穴方同。藝文類聚三十八。

全梁文卷六十八終

全梁文卷六十九

烏程嚴可均校輯

闕名

奏敬貴嬪禮

禮母以子貴皇儲所生不容無敬宋泰豫元年六月議百官以吏敬敬帝所生陳太妃則宋明帝在時百官未有敬臣竊謂母以子貴義著春秋皇太子副貳宸極率土咸執吏禮既盡禮皇儲則所生不容無敬但帝王妃嬪義與外隔以理以例無致敬之道也今皇太子聖睿在躬儲禮夙備子貴之道抑有舊章王侯妃主常得通信問者及六宮三夫人雖與貴嬪同列並應以敬皇太子之禮敬貴嬪宋元嘉中始興武陵國臣並以吏敬敬所生潘淑妃路淑媛貴嬪于宮臣雖非小君其義不異與宋泰豫朝議百官以吏敬敬帝所生事義正同謂宮闕施敬宜同吏禮詣神獸門奉牋致謁年節稱慶亦同如此婦人無閫外之事賀及問訊牋什所由官報聞而已夫婦人之道義無自專若不仰繫于夫則當俯繫于子榮親之道應極其所榮未有子所行而所從不足者也故春秋凡王命為夫人則禮秩與子等列國雖異于儲貳而從尊之義不殊前代依准布在舊事貴嬪載誕元良克固太業禮同儲君實為舊典尋前代始置貴嬪位次皇后爵無所視其次職者位視相國爵比諸侯王此貴嬪之禮已高朝列況母儀春宮義絕常算且儲妃作配率由盛則以婦踰姑彌乖從序謂貴嬪典章一與太子不異梁書高祖丁貴嬪傳天監元年八月為貴嬪及昭明太子定位有司奏又略見南史十二

太當作大

奏請郊祭用俎

禮云觀天下之物無可以稱其德則知郊祭為俎理不應染又藉用白茅禮無所出皇天大帝坐既用俎則知郊有俎義隋書禮儀志一天監十一年八座奏于是改用素俎

奏停南北二郊坎位

五帝之義不應居坎良由齊代圜丘小而且峻邊無安神之所今丘形既大易可取安請五帝座悉于壇上外域二十八宿及雨師等座悉停為坎隋書禮儀志一天監十一年八座奏

奏定雜號將軍

天監七年改定將軍之名有因有革普通六年又置百號將軍更加刊正雜號之中微有移異隋書百官志上大通三年有司奏

奏岑之敬年例未應高第

皇朝多士例止明經若顏閔之流乃應高第陳書岑之敬傳年十六策擢高第御史奏云云帝省其策曰何妨使我復有顏閔邪案在中大通六年

齋日鼓吹議

請輿駕始出鼓吹從而不作還宮如常儀通典一百四十二天監七年八座丞郎參議帝從之

宗廟應省迎送樂議

漢禮樂志云太祝迎神于廟門奏嘉至猶古降神之樂也宋孝建則奏肆夏元徽則奏昭夏魏晉無文齊則因宋案周禮尸出入奏昭夏二者尸牲所奏本無迎送之義郊特牲曰殷以樂降神周以鬯降神殷尚質據天而起先聲樂乃灌地周尚文據地而主先灌地乃擊樂以殷而言止施郊壇清廟嚴閟此唯靈宅主安于龕神若是依既無出入何事迎送歌陽而迎彌非降神之敬儒者云周祀尸出入奏肆夏今無復尸即以迎神尸非神神非尸迴此迎神失之以遠宗廟則應省迎送樂通典一百四十七

參跣襪議

案禮跣襪事由燕坐屨不宜陳尊者之側今則極敬之所莫不皆跣清廟崇嚴既絕恆禮凡有履行者應皆跣襪隋書禮儀志六天監十一年尚書參議詔可

朱异贈官敕

异忝歷雖多。然平生所懷。願得執法。梁書朱异傳。舊尚書官不以爲贈。及异卒。高祖惜之。方議贈事。左右有善异者乃啟。

爲王太尉僧辯荅貞陽侯書

孤子僧辯頓首。席威卿反命。具有奉荅。馬嵩仁至。又奉去月二十八日誨。增用傾悚。秦爲不道。西都失守。率土臣妾。莫不驚惶。喪君有君。實惟典禮。繼世嗣厤。明于通誥。所以百辟羣司。四方岳牧。共立大計。僉議所歸。故紹晉安殿下。用傳寶祚。樹立之宜。無由遠謀鄰國。足下宗枝蕃戚。德譽早隆。既身限北庭。事隔臣贊。今者借助齊主。揚旆南轅。但嗣守洪基。即既其主。若阿衡帝載。誠所推揖。弘佐中興。誰曰不可。所望齊朝。永存信誓。謹當命北舟人。奉迎麾駕。無容進枉齊兵。遠干江表。仰冀弼諧時政。用極奮庸。但江東之地。數千餘里。民附國險。水陸衿帶。若舊京從命。揚徐承旨。又恐西南之地。二十餘州。不即威懷。容爲齊國之患。而糧裏之宜。更遲動靜。祇展之日。冀在一二。謹因馬嵩仁幷遣眞威將軍通直郎散騎常侍馬璵口宣諮述。孤子王僧辯頓首頓首。文苑英華六百七十七。以爲徐陵作。舊校云。陳書徐陵傳。齊送貞陽侯蕭淵明爲梁嗣。遣陵隨還。僧辯不納淵明。往復致書。皆陵詞。今僧辯荅書。恐非陵作。後同。案校語甚確。今改列于闕名中。後同。

又爲王太尉荅貞陽侯書

僧辯頓首頓首。日席威卿至。奉今月五日誨。披函伸紙。口恥交哀。天未悔禍。地維重絕。九縣沸騰。四海悲憤。嗣主欽明睿哲。齊聖廣淵。體自宸極。受命文祖。主梁祀者。非此而誰。且年倍漢昭。弗明上官之詐。德踰姬誦。觸昭周旦之誠。今海內衣冠。中朝卿士。或南陽舊隸。官成天監之初。代邸故臣。榮光承聖之始。莫不人竭其力。爭求效命。輸心嗣主。以報先帝之恩。今荊陝淪覆。正是江北數縣。即東南藩翰。萬里而遙。主甲治兵。艫舳相接。長波天限。方漢城池。修

奏當作秦

德綏民。中興可待。孤子本以庸懦。加復窮喘。且平生素蓄。志不在位。世蒙朝寵。身貫許國。武皇握之千里。先主申其三顧。因此踰濫。遂居端右。屬天步艱難。寄深憂積。方欲詢于羣傑。采之輿皁。同康時務。共贊皇猷。一彼車書。刷茲讎恥。然後守其疾服。歸老赤松。至如今日使須白事。披奉來誨。承彼送還。今旋枝令國。播越奏虜。明公儻能入朝。同獎王室。伊呂之任。僉曰仰歸。寧不副茲。爪牙庶濟。扶匡救。若斯言不渝。更聽後旨。便遣艫舟弘舸。奉迎麾旆。但闕來朝意。在主盟。今江東所奉。彼屬披圖。未蒙朝意。鄭拒子忽。左史是之。漢責劉襄。班書稱允。況屬疏于蹐爾。不敢聞命。謀期通識。賜亮此誠。孤子王僧辯頓首頓首。文苑英華六百七十七。

代陳司空荅貞陽侯書

某頓首頓首。使人孔文端至。奉此月四日誨。兼翰累牘。俯加循覽。以悲以慰。先皇聖德在躬。體道康哲。允恭克讓。就日望雲。玄雀銜書。皇天眷命。光宅區宇。司牧黎元。澤與風行。恩隨雨散。朔南暨教。要荒貢篚。而運鍾百六。時屬陵夷。賊臣侯景。內奰中國。掘翦公室。鞭撻寓縣。三光掩曜。四海分崩。嗣后大孝發衷。志清國釁。載齊車以誓衆。壘哀裳而鞠旅。遙授兵略。沿流電邁。不崇朝而殄封豕。纔信宿而翦奔鯨。雖天未絕梁。伊帝之力。方欲克復梁雍。吞滅崤函。即都洛宮。將議進取。而窮昊不惠。頻降愍凶。秦氏虎狼。肆其虐暴。主上幽辱。鑾輿播遷。悲結萬姓。痛深九服。社稷須主。天下難曠。晉安殿下。地惟密戚。親實愛子。弱表徇齊。幼而岐嶷。羣公卿士。岳牧藩鎮。莫不頓首屈膝。請嗣宗祧。王太尉秉德居宗。實爲元輔。僕以不敏。預參末將。今朝野寍晏。方鎮協和。戮力華夷。同獎王室。庶竭股肱。蕩刷讎釁。殿下夙標令譽。早播明德。親則章輿。地惟蕃邪。昔因多故。託身大國。今蒙發敕。已次壽春。載披來旨。實深傾注。但帝子承制。非爲乏主。冢宰匡翊。監侯長君。雖則末學。頗聞前載。成王

器當作䙼

增當作憎

踐阼。鸎未壯年。昭帝君臨。實惟童孺。若以家國多故。思濟艱難。仰惟尊戚。莫不屬望。分陜之寄。側聽高旨。如使不繼親地。便讓崇極。上相居中。自當奉報。昔仲子舍孫。檀弓有作。趙求外主。穆嬴以啼。前事不忘。可爲故實。藩維末鎮。敢用多陳。遠降誨函。唯深哽佩。陳某頓首頓首。文苑英華六百七十七以爲徐陵作。今改列闕名中。

七召

假是先生負玆勁逸。狀羣飛之器侶。侶獨行之迷逕。神忽忽而若忘。意衝衝而不定。墜丹緣其無主。聞鐘鼓以失聽。至乃冬霰積庭。室靡人聲。春花滿野。他無行者。圍堵常閉。曲突無煙。同生芻之暫有。共死灰之壹燃。篤論公孫聞而踊起。雖道術之可忘。亦切磋之所恥。命徒御以絡繹。將有事于巖中。車煜爚而流水。馬泮渙以追風。乃踰汗漫。入蒙籠。至深澶之瀴溟。有洞室之嶄崇。居隱嶙而出沒。望嶔岑而下上。竹距石以斜通。水韻松以含響。地不寒而蕭瑟。

日無雲而曨朧。于是整容投刺。屏履排門。揚聲就席。舉袂而言曰。若五秀稟其生靈。六情通其愛惡。增共集于鄙老。嗜同歸于美樂。今足下羣鳥獸以爲娛。處貧賤而不作。欲寄賞于孤介。乃貽譏于隕穫。至乃喀喀死于道邊。杳杳塡乎溝壑。側松華以晝虎。鼓鉛刀而刻鶴。身既勞而不見。事何感而莫懲。欲標名于帶索。豈知命于泥繩。何異走長衢以避影。煎流水以求冰。今欲道足下以衞生之祕術。怡神之妙道。醫之愈投口于寒植。同起尸于仙草。蓋願聞乎。先生曰。有爲之生。已遍無益之慮。常勞若見。明于凝滯。幸求救于肓膏。公子曰。千門始搆。百常洞啟。激洛開渠。疏山抗陛。延袤水陸。曠望東西。下臨江海。上屬雲霓。百丈杳冥以飛跨。九層鬱律以階梯。步三休而更迴。塗中宿而方迷。雕牆屈曲以交牙。綱戶周流以重積。既陰涔而影響。亦叫嘯而迴易。沙板金鋪。紫桂玉舄。煒爗熀焰。絢硱磄搏。徹圖雲霧之敲巇。狀神仙之來往。璧璫自爍。珠綴恒響。

里當作揎

蟋蟀動而晝喧。熠燿飛而夜郞。既臨下以寥沈。亦憑高而泱漭。聞疾雷于階陛。弄犇星于帷幌。亘以曲堂。周以洞房。北負連闕。南注長廊。綺疏交映。鏤檻相望。驚飛蓮井。日照杏梁。陽烏騫其將動。雲鳳矯而欲翔。若乃後沼開源。延石崇壞。擬崑閬之巑岏。比滄溟之瀇瀁。其中則有桂宮柏寢。吳臺柘館。複道欣介而連雲。阿閣窮隆而仰漢。望蜩欄之映水。見丹鶴之出岸。鮮草奇色。臺樹珍名。長生靈壽。男華女貞。河柳垂葉。山榴發英。斲奇花之春滿。摘甘實于夏成。此實宮苑之壯麗。豈能從我而爲榮。先生曰。多言反道。辯口傷實。懼貽嫌于鄙家。且自安乎容膝。

公子曰。銅瓶玉井。金釜桂薪。六穀九鼎。百葉千珍。熊蹯虛掌。雞跖猩脣。鱕魚兩味。玄犀五肉。捨卵鳳巢。剖胎豹腹。三臡甘口。七菹悅目。蒸餅十字。湯官五熟。梅椒魯豉。河鹽蜀薑。劑水火而調和。糅蘇菽以芬芳。臑追復而不盡。犢魚稍割其無傷。黿羹流歠。蚳醬先嘗。

鱠溫湖之美蚶。切丙穴之嘉魴。落俎霞散。逐刃飛揚。輕同曳繭。白侶飛霜。蔗有盈丈之名。桃表兼斤之實。杏積魏國之貢。菱爲鉅野所出。衡曲黃梨。汶垂蒼栗。隴西白㮈。湘南朱橘。荔枝沙棠。蒲萄石蜜。瓜稱素腕之美。棗有細腰之質。並抗吻以除煩。亦咀牙而消疾。于是三雅陳席。百味開印。玉機星稀。蘭英縹潤。既夷志于坎壈。亦懷忘乎鄙悋。此蓋滋旨之極珍。豈能從予而共進。先生曰。不貴輸食。盧甘醇酒。既深悟于腐腸。豈自迷于爽口。

公子曰。秦氏獨立。燕姝絕世。如短如長。不穠不纖。信耳目之娛冶。乃古今之佳麗。妍姿豔逸。淑性閑華。效施顰于宋里。經墮馬于梁家。折纖腰以微步。里皓腕乎輕紗。臨池正領。拂鏡看花。觀堵牆以颻杳。傾城國以諠譁。疊欲歸而抽軫。惠將返而迴車。至酒酣衞繁聲。抑揚絕調。足使風雲變動。性靈感召。擊哀響則脊臺之人愴焉而雪泣。起歡情則崩城之婦嫣然而微笑。嶰谷調鳳之竹。龍門獨鵠之桐絲珠絳樹宋纖韓娥青春婉娩上客經過開洞房吕命賞召才人而合宴舉輕幔吕徐來隔珠簾而可見狀披珠褖簨展羅薦聽促柱之方進聞廣瞽之始囀步想象吕頓足腕躡蓮而拂面托斜視于遺簪寄含情而舉扇俄而夕烏東反落日西懸綺霞映木蛾月昇天解鴛鸞之繡被拂距驪之長氈燭中幃而動爛香山帳而徹網纚橫施吕自昵脫斜領于君前此乃聲色之妖蕩將不從我而留連先生曰淫聲非篤論之旨麗色本余情所棄伐國不問仁人此言從何而至

公子曰歲晚農休時閑務隙山火已燒野霜初白聊教殺于冬秋乃從禽于草澤蜀地五丁齊國二子氣動山漂汗揮雨起渥洼流赭蘭池眾血躡飛影于未形赴犇星于欲滅革車隱隱轂騎闐闐鼓譟讙而振地丞徒駭而聒天割玉之刀飲石之箭罝羅布其一目罟網周及三面犬號驤蠕鷹名犇電暫離已合忽隱仍見赴迥超危銜林跋援草隨足起山從眼轉跨躡岡瀾電舉陵陸鳥不及飛獸不遑伏既前轥而後赴亦左排而右蹴跖實駭而自救鷹虎亂而相撲觀灑血之丹地見飛毛之暗日傷窮切剝勢極搜求文皮坐裂麗尾生抽手蹋鐵項足批銅頭象折牙而陵遽貊拉齒而夷由擒高樓之度索走大樹之神牛雁聞弦而貼墮猨抱木而啾啾笑楚王之雲夢恥漢帝之中流此武材之矯猛豈能從我而敗遊先生曰馳騁傷仁好殺非勇幸廣內之豐樂何禽荒之足重

公子曰踆烏始照宮槐遽而欲舒顧兔纔滿庭英紛而就落譬光影于飛浮比生靈于栖託擾擾摩肩轔轔方駕竝怵迫于毀譽獨慇懃于用舍嗟向有而今無歎後榮而前謝清歌雅舞暫同于夢寐廣廈高堂俄成于幻化若夫洗精服食慕道遊仙尋玉塵于萬里守金竈于千年三戶可度九轉難傳飛騰水陸咀嚼靈玄若乃壁上負篆枕中祕要彈壓神鬼吐納靈妙既變醜吕成妍亦反老

而爲少虬鶴夭矯而出沒霓裳颯沓而容與接鵠馭于後乘追鳳驚于前侶雨散漫吕露服雲霏微而襲宇毆芝闕吕窈窕見玉臺之相拒蓋排煙而漸滅旌拖風而未舉値解佩于江濱逢弄珠于漢緒薄遊玄圃弭節太華列神童于羽帳侍玉女于仙車瀾采兮危寶苑拔兮迴花聽弱水之晨浪望崑山之夕霞窮北辰而比壽指中岳吕爲家此神仙之恍惚豈從我而觸邪先生曰捕影之言莫測繫風之論難盡未嘗留意于死生豈復稍論于椿菌

公子曰洙泗遺文鄒魯餘烈其道未遠其風不絕方領圓冠金口木舌談章句之遠旨構紛綸之雅說陳五禮明六詩貫穿微妙辨析毫釐既待問吕重席亦覃思而下幃醞藉愷悌和樂緝熙生徒肅肅賓友師師竝接衽吕聞道俱援手而受辭心絕內戰事無外慾橫經者比肩擁箒者繼足醜申韓之法令陋桓文之風俗六郡溱其衣冠五陵窮其軌躅信斯文其若水實斯人之如玉若夫珠璣產于蚌蛤珪璧出于山淵未有玉不瑩而爲寶人無學而稱賢蓋持身之管籥進德之舟船響如鐘而待叩明侶鏡而常懸此見重于經術寔降志于吾賢先生曰誠此言之甚美比斯道之爲曠恥見嗤于腐儒豈求珍于席上

公子曰我大梁之啟基方邃古而無匹先天定始比殷周而餘裕揖讓受終攷唐虞而不失道德有序憲章咸秩六府孔修百司盡舉搜求儒雅招拾遺逸旰食思治雖聞之于昔談昧旦臨朝乃見乎茲日蕩蕩薰風泱泱大興道含弘而廣被澤汪濊而傍闊采輿人之片言納匹夫之小善事在微而畢照然無幽而不顯若夫下車布德伐罪弔民風無偃蘇雨不破塊覩勝殘于期月見成俗于浹辰含羣生兮如海養萬類其猶春鄉無豕食之廠野靡狼顧之民樵者目金而知恥耕夫讓畔吕成仁何大庭之足競豈栗陸之能鄰壁水道庠序之風石渠啟珪璋之盛奇士輻湊而騁足異人

闕出而放命。大小之獄無寃民。翾飛之物無夭娃。故能睦之以九世。齊之以七政。坦坦恢恢。巍巍赫赫。政德洽于霜風。教義窮于足迹。望雲氣而款關。候海水而重譯。所謂府不輟貢。史無虛帛。天瑞磊砢而相尋。地符氛氳而不少。收六穗于征賦。薦九莖于池沼。三足應感而來儀。一角知時而自擾。映景星于初月。聆鳳音于將曉。若乃亭毒不疵。合天地而並施。陶鈞日月。與造化而齊功。故非言辭之可具。盡筆札之所能窮。懷眞獨往之夫。犇走而從事。滅迹藏名之士。顚倒而向風。二漢有同于兒戲。魏晉無礙于胸中。言未畢。先生攝衣而起曰。子前所說。侶玉巵之無當。徒費辭而難領。譬由背日而觀秋毫。卻行而求鄢郢。一聞皇王之盛。則豁然神悟而理據。志無時而可卷。邦有道而宜舒。敢以淺智。請從後車。文苑英華三百五十二。案此篇在簡文帝七勵之後。無名氏。明葉紹泰刊入昭明集。張溥又編入何遜集。不知何據。昭明自有七契。此當入闕名類。

銘

巖巖我君。崇墉增仞。內通神明。出符大順。火炎崑岡。神嶽崩潰。蘭艾同燼。玉石俱碎。哲人遺命。哀有餘慨。藝文類聚五十。在任昉為齊竟陵王臨會稽郡敎末。

甘露寺鐵鑊

天監十八年太歲乙亥十二月丙午朔十日乙卯。皇帝親造鐵鑊。於解脫仏殿前。滿貯甘泉。種以荷蕖。供養十方一切諸仏。以仏神力。徧至十方。盡虛空界。窮未來際。令地獄苦鑊。變為七珍寶池。地獄沸湯。化為八功德水。一切四生。解脫眾苦。如蓮花在泥。清淨無染。同得安樂。到涅槃城。斯鑊之用。本給烹餅。八珍興染。五味生纏。我皇淨照。慈被無邊。法喜禪悅。何取腥膻。爰造斯器。回成勝緣。如合碧水。生發紅蓮。道場供養。永永無邊。張邦基墨莊漫錄云。京口北固山甘露寺有二大鑊。梁天監中鑄。款仏即佛字。

石井匡題字

梁天監十五年太歲丙申。皇帝憖商口之渴乏。詔茅山道士口口永若作亭口井十五口。拓本。

全梁文卷六十九終

烏程嚴可均校輯

侯景臣王偉

偉陳留人。一云其先略陽人，徙居潁川。爲侯景行臺郎，進左丞，儀同三司、中書監、尚書左僕射。及景敗，囚送江陵，烹于市。案梁書侯景傳，景之表啟書檄，皆王偉所製。又伏挺傳，挺子知命投景，景襲郢州，圍巴陵，軍中書檄，皆其文也。今除郢州巴陵外，皆編入王偉文。

爲侯景降梁表

臣聞股肱體合，則四海和平；上下猜貳，則封疆幅裂。故周邵同德，越常之貢來臻；飛惡離心，諸侯所以背叛。此蓋成敗之所由，古今如畫一者也。臣昔與魏丞相高王並肩戮力，共平災釁，扶危戴主，匡弼社稷。中興以後，無役不從；天平及此，有事先出。攻城每陷，野戰必殄。筋力捐于鞍甲，忠貞竭于寸心。乘藉機運，位階鼎輔，宜應誓死罄節，仰報時恩，隕首流腸，溘焉罔貳。何言翰墨，一旦論此。臣所恨義非死所，壯士弗爲，臣不愛命，但恐死之無益耳。而丞相既遭疾患，政出子澄。澄天性險忌，觸類猜嫌，諂諛迭進，共相構毀，而部分未周，累信賜召，不顧社稷之安危，惟恐私門之不値。甘言厚幣，規滅忠梗。其父若殞，將何賜容。懼讒畏戮，拒而不返，遂觀兵汝潁，擁旆周韓，乃與豫州刺史高成、廣州刺史郎椿、襄州刺史李密、兗州刺史邢子才、南兗州刺史石長宣、齊州刺史許季良、東豫州刺史丘元征、洛州刺史朱渾願、揚州刺史樂恂、北荊州刺史梅季昌、北揚州刺史元神和等，皆河南牧伯，大州帥長，各陰結私圖，剋相影會，抹馬潛戈，待時即發。函谷以東，瑕丘以西，咸願歸誠聖朝，息肩有道，戮力同心，死無二志。惟有青徐數州，僅須折簡，一驛走來，不勞經略。且臣與高氏釁隙已成，臨患賜徵，前已不赴，縱其平復，終無合理。黃河以南，臣之所職，易同反掌，附化不難。羣臣顒仰，

抹當作秣

聽臣而唱，若齊宋一平，徐事燕趙。伏惟陛下天網宏開，方同書軌。聞茲寸款，惟應霈然。梁書侯景傳，太淸元年，乃遣其行臺郎中丁和來上表請降。

爲侯景抗表違盟

臣聞書不盡言，言不盡意，然則意非言不宣，言非筆不盡。臣所以含憤蓄積，不能默已者也。竊惟陛下睿智在躬，多才多藝。昔因世季，龍翔漢沔，夷凶翦亂，克雪家怨，然後躍武前王，光宅江表，憲章文武，祖述堯舜。兼屬魏國凌遲，外無勍敵，故能西取華陵，北封淮泗，結好高氏，輶軒相屬，疆埸無虞，十有餘載。躬覽萬機，劬勞治道，刊正周孔之遺文，訓釋眞如之祕奧，享年長久，本枝盤石，人君藝業，莫之與京。臣所以踊躍一隅，望南風而歎息也。豈圖名與實爽，聞見不同，臣自委質策名，前後事跡，從來表奏，已具之矣，不勝憤懣，復爲陛下陳之。陛下與高氏通和，歲踰一紀，舟車往復，相望道路，必將分災恤患，同休等戚，寧可納臣一介之服，貪臣汝潁之地，便絕好河北，檄詈高澄，聘使未歸，陷之獸口，揚兵擊鼓，侵逼彭宋。夫敵國相伐，聞喪則止，匹夫之交，託孤寄命。豈有萬乘之主，見利忘義若此者哉？其失一也。臣與高澄，既有仇憾，義不同國，歸身有道，陛下授以上將，任以專征，歌鐘女樂，車服弓矢。臣受命不辭，實思報效，方欲挂旆嵩華，懸旌冀趙，劉夷蕩滌，一匡宇內，陛下朝服濟江，告成東岳，使大梁與軒黃等盛，臣與伊呂比功，垂裕後昆，流名竹帛，此實生平之志也。而陛下欲分其功，不能賜任，使臣擊河北，欲自舉徐方，遣庸懦之貞陽，任驕貪之胡趙，裁見旗鼓，鳥散魚潰，慕容紹宗乘勝席卷，渦陽諸鎮，靡不棄甲。疾雷不及掩耳，撤地不可固全，使臣狼狽失據，妻子爲戮，斯實陛下負臣之深，其失二也。韋黯之守壽陽，衆無一旅，慕容因銳，欲飲馬長江，非臣退保淮南，其勢未之可測。既而逃遁邊境獲寧，令臣作牧此州，以爲蕃捍。方欲收合餘燼，勞來安集，勵兵抹馬，剋申後戰，封韓山之屍，雪渦

約當作納

陽之恥。陛下喪其精魄。無復守氣。便信貞陽謬啟。復請通和。臣頻陳執。疑閉不聽。詐褫若此。童子猶且羞之。況在人君。二三其德。其失三也。夫畏懦逗留。軍有常法。子玉小敗。見誅于楚。王恢失律。受戮于漢。貞陽精甲數萬。器械山積。慕容輕兵。衆無百乘。不能拒抗。身受囚執。以帝之猶子。而面縛敵庭。實宜絕其屬籍。以釁征鼓。陛下曾無追責。憐其苟存。欲以微臣。規相貿易。人君之法。當如是哉。其失四也。懸瓠大籓。古稱汝潁。臣舉州內附。羊鴉仁固不肯入。既入之後。無故棄之。陛下曾無嫌責。使還居北司。鴉仁棄之。既不爲罪。臣得之不以爲功。其失五也。臣渦陽退衄。非戰之罪。實由陛下君臣相與見誤。乃還壽春。曾無悔色。祗奉朝廷。掩惡揚善。鴉仁自知棄州。切齒歎恨。內懷慚懼。遂啟臣欲反。欲反當有形迹。何所徵驗。誣陷頓爾。陛下曾無辨究。默而信約。豈有誣人莫大之罪。而可並肩事主者乎。其失六也。趙伯超拔自無能。任居方伯。惟漁獵百姓。多蓄士馬。非欲爲國立功。直是自爲富貴。行貨權幸。徼買聲名。朱異之徒。積受金貝。遂使咸稱胡趙。比昔關張。誣掩天聽。謂爲真賢。韓山之役。女妓自隨。裁聞敵鼓。與妾俱逝。不待貞陽。故隻輪莫返。論其此罪。應誅九族。而納賄中人。還處州任。伯超無罪。臣功何論。賞罰無章。何以爲國。其失七也。臣御下素嚴。無所侵物。關市征稅。咸悉停原。壽陽之民。頗懷優復。裴之悌等。助戍在彼。憚臣檢制。遂無故遁歸。又啟臣欲反。陛下不責違命離局。方受其浸潤之譖。處臣如此。使何地自安。其失八也。臣雖才謝古人。實願更事。撫民率衆。自幼至長。少來運動。多無遺策。及歸身有道。罄竭忠規。每有陳奏。恆被抑遏。朱異專斷軍旅。周石珍總尸兵仗。陸驗徐驎典司穀帛。皆明言求貨。非令不行。境外虛實。定計于舍人之省。舉將出師。責奏于主者之命。臣無賄于中。故恆被抑折。其失九也。鄱陽之鎮合肥。與臣鄰接。臣推以皇枝。每相祗敬。而嗣王庸怯。虛見備御。

臣有使命。必加彈射。或聲言臣反。或啟臣纖介。招攜當須以禮。忠烈何以堪于此哉。其失十也。其餘條目。不可具陳。進退惟谷。頻有表疏。言直辭強。有忤龍鱗。遂發嚴詔。便見討襲。重華純孝。猶逃凶父之杖。趙盾忠賢。不討殺君之賊。臣何親何罪。而能坐受殲夷。韓信雄桀。亡項霸漢。末爲女子所烹。方悔蒯通之說。臣每覽書傳。心常笑之。豈容遵彼覆車。而快陛下佞臣之手。是以興晉陽之甲。亂長江而直濟。願得升赤墀。踐文石。口陳枉直。指畫臧否。誅君側之惡臣。清國朝之粃政。然後還守藩翰。以保忠節。實臣之至願也。梁書侯景傳。

為侯景上言將內逼

高澄狡猾。寧可全信。陛下納其詭語。求與連和。臣亦竊所笑也。臣行年四十有六。未聞江左有佞邪之臣。一旦入朝。乃至囂讟。寧堪粉骨投命讎門。請乞江西一境。授臣控督。如其不許。即領甲臨江。上向閩越。非唯朝廷自恥。亦是三公旰食。南史八十侯景傳。

又啟

西岸信至。高澄已得壽春鍾離。便無處安足。權借廣陵譙州。須征得壽春鍾離。即以奉還朝廷。梁書侯景傳。

為侯景報齊文襄書

蓋聞立身揚名者義也。在躬所寶者生也。苟事當其義。則節士不愛其軀。刑罰斯舛。則君子寶重其命。昔微子發狂而去殷。陳平懷智而背楚者。良有以也。僕鄉曲布衣。本乖藝用。初逢天柱。賜忝帷幄之謀。晚遇永熙。委以干戈之任。出身爲國。綿歷二紀。犯危履難。豈避風霜。遂得躬被衮衣。口飡玉食。富貴當年。光榮身世。何爲一旦舉旌旆。援桴鼓。而北面相抗者。何哉。實以畏懼危亡。恐招禍害。捐軀非義。名身兩滅故耳。何者。往年之暮。尊王遘疾。神不祐善。祈禱莫瘳。遂使嬖幸擅威權。閽寺肆詭惑。上下相猜。心腹離貳。僕妻子在宅無事見圖段康之謀莫知所以盧潛入軍未審何故翼翼小心常懷戰慄有靦面目寧不自疑及回師長社希自陳狀簡書未達斧鉞已臨既旌旗相對咫尺不送飛書每奏兼申鄙情而羣率恃雄眇然不顧運戟推鋒專欲屠滅築圍堰水三板僅存舉目相看命懸晷刻不忍死亡出戰城下禽獸惡死人倫好生送地拘秦非樂爲也僕實不辜桓莊何罪且（已上二語梁書無今從北齊書補梁書且作但）尊王平昔見與比肩戮力同心共獎帝室雖復形勢參差寒暑小異丞相司徒雁行而已福祿官榮自是天爵勞而後受理不相干欲求吞炭何其謬也然竊人之財猶謂爲盜祿去公室抑爲不取今魏德雖衰天命未改祈恩私第何足關言賜示不能東封函谷受制于人當佀教僕賢祭仲而褒季氏無主之國在禮未聞動而不法何以取訓竊以分財養幼事歸令終捨宅存孤誰云隙末復言僕衆不足以自強身危如累卵然紂有億兆夷人卒降十亂桀之百剋終自無後潁川之戰即是殷鑒輕重由人非鼎在德苟能忠信雖弱必強殷憂啟聖處危何苦況今梁道邕熙招攜以禮被我驩文縻之好爵方欲苑五岳而池四海埽夷穢以拯黎元東羈甌越西通汧隴吳楚剽勁帶甲千羣秦兵冀馬控弦十萬兼僕所部義勇如林奮義取威不期而發大風一振枯幹必摧凝霜暫落秋蔕自殞此而爲弱誰足稱強又見誣兩端受疑二國斟酌物情一何至此昔陳平背楚歸漢則王百里出虞入秦斯霸蓋昏明由主用捨在時奉禮而行神其庇也書稱士馬精新剋日齊舉誇張形勝指期殄滅竊以寒膠白露節候乃同秋風揚塵馬首何異徒知北方之力爭未識西南之合從苟欲徇意於前途不覺坑穽在其側若云去危令歸正朔轉禍以脫網羅彼既嗤僕之愚迷此亦笑君之晦昧今已引二邦揚旌北討熊豹齊奮剋復中原荆襄廣潁已屬關右項城懸瓠亦奉南朝幸自取之何勞恩賜然權變不一理

有萬途爲君計者莫若割地兩和三分鼎峙燕衞晉趙足相奉祿齊曹宋魯悉歸大梁使僕得輸力南朝北敦姻好束帛交行戎車不動僕立當世之功君卒祖禰之業各保疆界躬享歲時百姓乂寧四民安堵孰若驅農夫于隴畝抗勍敵于三方避干戈于首尾當鋒鏑于心腹縱太公爲將不能獲存歸之高明何以尅濟復尋來書云僕妻子悉拘司寇以之見要庶其可反當是見疑褊心未識大趣何者昔王陵附漢母在不歸太上囚楚乞羹自若矧伊妻子而可介意脫謂誅之有益欲止不能殺之無損徒復坑戮家累在君何關僕也而遵道所傳頗亦非謬但在縲紲恐不備盡故重陳辭更論款曲所望良圖時惠報旨然昔與盟主事等琴瑟讒人間之翻爲讎敵撫弦搦矢不覺傷懷裂帛還書知何能述（梁書侯景傳又見北齊書文襄紀有刪節北齊書云王尋覽書問誰爲作或曰其行臺郎王偉王曰偉才如此何因不使我知）

爲侯景遺臨賀王正德書

今天子年尊姦臣亂國憲章錯謬政令顛倒以景觀之計日必敗況大王屬當儲貳中被廢辱天下義士竊所痛心在景愚忠能無忿慨今四海業業歸心大王大王豈得顧此私情棄茲億兆景雖不武實思自奮願王允副蒼生鑒斯誠款（梁書臨賀王正德傳）

傳檄荆州

項羽重瞳尚有烏江之敗湘東一目寧爲四海所歸（南史八十王偉傳）

臺城陷矯詔

日者姦臣擅命幾危社稷賴丞相英發入輔朕躬征鎮牧守可各復本任降蕭正德爲侍中大司馬百官皆復其職（梁書侯景傳）

加號宇宙大將軍矯詔

蓋懸象在天四時取則于辰斗羣生育地萬物仰照于大明是以垂拱當扆則八紘共轃負圖正位則九域同歸故乃雲名水號之君龍官人爵之后其不啟符河洛封禪岱宗奔走四夷來朝萬國

遂聽虞夏，厥道彌新。爰及商周，未之或改。逮幽厲不競，戎馬生郊，惠懷失御，胡塵犯蹕，遂使豺狼肆毒，侵穴伊瀍，獫狁孔熾，巢栖咸洛。自晉鼎東遷，多歷年代，周原不復，歲實永久。雖宋祖經略，中息遠圖；齊號和親，空勞冠蓋。我大梁膺符作帝，出震登皇，浹寓歸仁，綿區飲化，闢轄關土，踰瀚海以揚鑣；來庭入覲，等塗山而比轍。玄龜出洛，白雉歸豐，鳥塞同文，胡天共軌。不謂高澄跋扈，虔劉魏邦，扇動華夷，不供王職。遂乃狼顧北侵，馬首南向。値天厭昏僞，醜徒數盡，龍豹應期，風雲會節。相國漢王，上德英姿，蓋惟天授，雄謨勇略，出自懷抱。珠魚表應，辰昴叶暉。剖析六韜，錙銖四履，騰文豹變，鳳集虯翔，奮翼來儀，負圖而降。爰初秉律，實先啟行，奉茲廟算，克除穢醜。直以鼎湖上征，六龍晏駕，干戈暫止，九伐未申，而惡稔貫盈，元凶殞斃。弟洋繼逆，續長亂階。異彼洋音，同茲葚食，偷竊僞號，心希舉斧。豐水君臣，奉圖乞援；關河百姓，泣血請師。咸願承奉國靈，思覩王化。朕以寡昧，纂戎下武，庶拯堯黎，冀康禹跡。且夫車服以庸，名因事著。周師克殷，鷹揚創自尚父；漢征戎狄，明友實始度遼。況乃神規叡算，眇乎難測，大功懋績，事絕言象，安可以習彼常名，保茲守固。相國可加宇宙大將軍、都督六合諸軍事，餘悉如故。（梁書侯景傳：大寶二年十月，景又矯詔云云，以詔文呈太宗，太宗驚曰：將軍乃有宇宙之號乎。）

廢立詔草

先皇念神器之重，思社稷之固，（梁書侯景傳：景乃廢太宗，幽於永福省，作詔草成，逼太宗寫之，至「先皇念神器之重，思社稷之固」云云，歔欷嗚咽，不能自止。是日，景迎豫章王棟即皇帝位。）越升非次，遂主震方。（南史八）

外國

盤盤國王

王史無名。大通二年入貢。

遣使奉表

揚州閻浮提震旦天子：萬善莊嚴，一切恭敬，猶如天淨無雲，明耀滿目。天子身心清淨，亦復如是。道俗濟濟，並蒙聖王光化，濟度一切，永作舟航，臣聞之慶善。我等至誠敬禮常勝天子足下，稽首問訊。今奉薄獻，願垂哀受。（梁書海南諸國傳）

丹丹國王

王史無名。中大通二年遣使入貢。

遣使奉表

伏承聖主至德仁洽，信重三寶，佛法興顯，衆僧殷集，法事日盛，威嚴整肅，朝望國執，慈愍蒼生，八方六合，莫不歸服，化鄰諸天，非可言喻。不任慶善，若蹔奉見尊足。謹奉送牙像及塔各二軀，并獻火齊珠、吉貝、雜香藥等。（梁書海南諸國傳）

干陁利國王毗邪跋摩

毗邪跋摩，瞿曇修跋陁羅子。國在南海洲上。天監十七年遣長史毗員跋摩入貢。

遣使奉表

常勝天子陛下：諸佛世尊，常樂安樂，六通三達，爲世間尊，是名如來。應供正覺，遺形舍利，造諸塔像，莊嚴國土，如須彌山。邑居聚落，次第羅滿，城郭館宇，如忉利天宮。具足四兵，能伏怨敵。國土安樂，無諸患難。人民和善，受化正法，慶無不通。猶處雪山，流注雪水，八味清淨，百川洋溢，周回屈曲，順趣大海，一切衆生，咸得受用。于諸國土，殊勝第一，是名震旦。大梁揚都天子，仁廕四海，德合天心，雖人是天，降生護世，功德寶藏，救世大悲，爲我尊生，威儀具足。是故至誠敬禮天子足下，稽首問訊。奉獻金芙蓉、雜香藥等，願垂納受。（梁書海南諸國傳）

狼牙修國王婆伽達多

婆伽達多，天竺婁國在南海中，去廣州二萬四千里。天監十四年遣使阿撤多奉表入貢。

遣使奉表

大吉天子足下。離淫怒癡。哀愍衆生。慈心無量。端嚴相好。身光明朗。如水中月。普照十方。眉間白毫。其白如雪。其色照曜。亦如月光。諸天善神之所供養。以垂正法寶。梵行衆增。莊嚴都邑。城閣高峻。如乾陁山。樓觀羅列。道途平正。人民熾盛。快樂安穩。著種種衣。猶如天服。于一切國。爲極尊勝。天主愍念羣生。民人安樂。慈心深廣。律儀清淨。正法化治。供養三寶。名稱宣揚。布滿世界。百姓樂見。如月初生。譬如梵王。世界之主。人天一切。莫不歸依。敬禮大吉天子足下。猶如現前。忝承先業。慶嘉無量。今遣使問訊大意。欲自往復。畏大海風波不達。今奉薄獻。願大家曲垂領納。（梁書海南諸國傳）

婆利國王

王姓憍陳如。史無名。國在廣州東南海中洲上。天監十六年遣使入貢。

遣使奉表

伏承聖王。敬重三寶。興立塔寺。校飾莊嚴。周徧國土。四衢平坦。清淨無穢。臺殿羅列。狀若天宮。壯麗微妙。世無與等。聖主出時。四兵具足。羽儀導從。布滿左右。都人士女。麗服光飾。市廛豐富。充積珍寶。王法清整。無相侵奪。學徒皆至。三乘競集。敷說正法。雲布雨潤。四海流通。交會萬國。長江眇漫。清泠深廣。有生咸資。莫能消穢。陰陽和暢。災厲不作。大梁揚都。聖王無等。臨覆上國。有大慈悲。子育萬民。平等忍辱。怨親無二。加以周窮。無所藏積。靡不照燭。如日之明。無不受樂。猶如淨月。宰輔賢良。羣臣貞信。盡忠奉上。心無異想。伏惟皇帝。是我眞佛。臣是婆利國主。今敬稽首禮聖王足下。惟願大王知我此心。此心久矣。非適今也。山海阻遠。無緣自達。今故遣使獻金席等表此丹誠。（梁書海南諸國傳）

中天竺國王曲多

曲多一作屈多。國在大月支東南。天監初遣長史竺羅達奉表。

遣使奉表

伏聞彼國。據江傍海。山川周固。衆妙悉備。莊嚴國土。猶如化城。宮殿莊飾。街巷平坦。人民充滿。歡娛安樂。王出遊。四兵隨從。聖明仁愛。不害衆生。國中臣民。循行正法。大王仁聖。化之以道。慈悲羣生。無所遺棄。常修淨戒。式導不及。無上法船。沈溺以濟。百官氓庶。受樂無恐。諸天護持。萬神侍從。天魔降服。莫不歸仰。王身端嚴。如日初出。仁澤普潤。猶如大雲。于彼震旦。最爲殊勝。臣之所住國土。首羅天守護。令國安樂。王王相承。未曾斷絕。國中皆七寶形像。衆妙莊嚴。臣自修檢。如化王法。臣名屈多。奕世王種。惟願大王聖體和平。今以此國羣臣民庶山川珍重。一切歸屬。五體投地。歸誠大王。使人竺達多由來忠信。是故今遣。大王若有所須珍奇異物。悉當奉送。此之境土。便是大王之國。王之法令善道。悉當承用。願二國信使往來不絕。此信返還。願賜一使。具宣聖命。備敕所宜。款至之誠。望不空返。所白如允。願加采納。今奉獻琉璃唾壺雜香吉貝等物。（梁書海南諸國傳）

師子國王伽葉伽羅訶梨邪

遣使奉表

謹白大梁明主。雖山海殊隔。而音信時通。伏承皇帝道德高遠。覆載同于天地。明照齊乎日月。四海之表。無有不從。方國諸王。莫不奉獻。以表慕義之誠。或泛海三年。陸行千日。畏威懷德。無遠不至。我先王以來。唯以修德爲本。不嚴而治。奉事正法道。天下欣人爲善。慶若己身。欲與大梁共弘三寶。以度難化。信還伏聽告敕。今奉薄獻。願垂納受。（梁書海南諸國傳。大通元年。後王伽葉伽羅訶梨邪遣使奉表。）

全梁文卷七十終

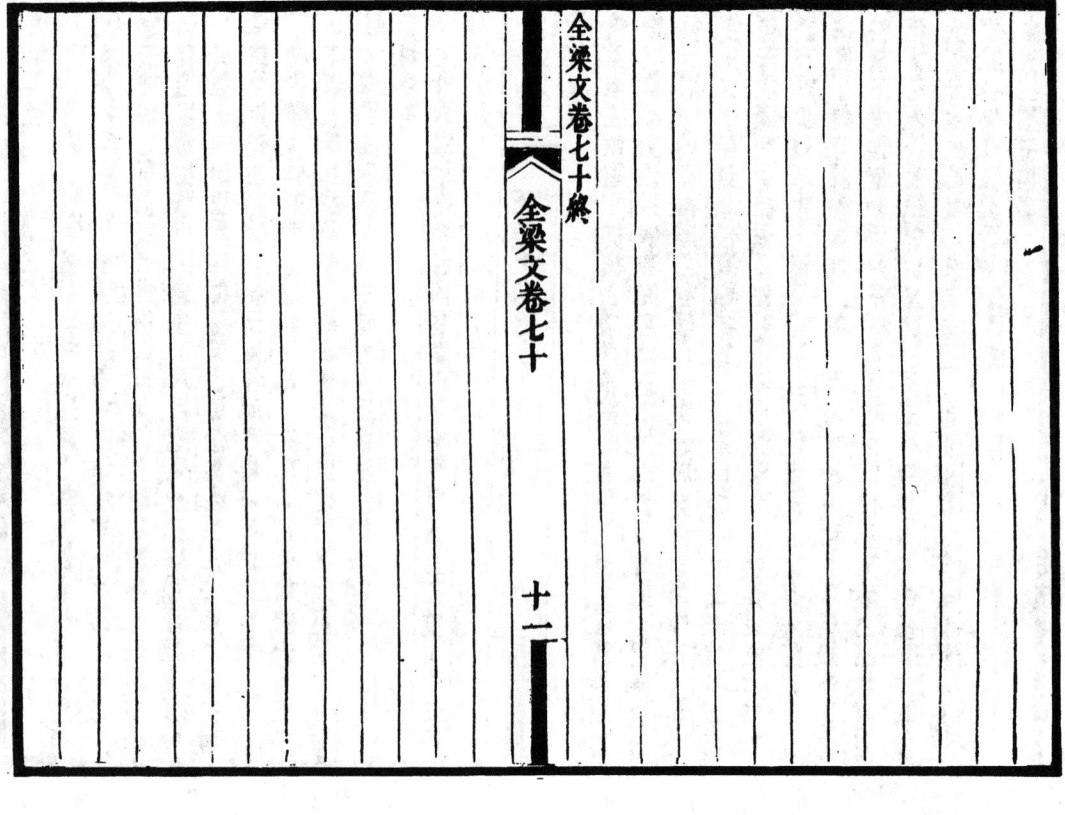

烏程嚴可均校輯

釋氏一

釋寶誌

寶誌（一作保誌）俗姓朱金城人宋泰始中年已五六十俗呼爲誌公齊永明中迎入華林園尋住東宮後堂天監十三年卒葬鍾山

請雨啓

誌病不差就官乞治（高僧傳作活）若不啓白子官應得鞭杖願于華光殿講勝鬘請雨（法苑珠林四十一引高僧傳今高僧傳略同天監五年旱上敕上使沙門法雲講勝鬘夜便大雪誌云須水一盆加刀其上俄而大雨）

伏龜山埋白石函銘

維天監十四年秋八月寶公埋于此山詞曰若問江南事江南自有憑乘雞登寶位犬吠入金陵子建司南斗安人秉夜燈東鄰家道闕隨虎遇明君（雲谷禪林志五宋張浚誌公菩薩行實碑）

銅碑記讖

有一眞人名知遠開口張弓在左邊了子子孫孫万万年（雲谷禪林志張浚碑引楊文公談苑）

天監中讖

太歲龍將無理蕭經霜草應死餘人散十八子（南史六十三王僧辯傳）

釋僧祐

僧祐俗姓俞其先彭城人世民建業宋時出家上定光寺齊梁聞見重宮省天監中終建初寺（案梁書劉勰傳勰早孤依沙門僧祐居十餘年遂博通經論因區別部類錄而序之今定林志經藏勰所定也如傳此言僧祐諸記序或雜有勰作無從分別）

請禁丹陽琅邪二郡蒐捕啓

京畿既是福地而鮮食之族猶布筌網並驅之客尚馳鷹犬非所

㠯仰稱皇朝優洽之旨請丹陽琅邪二境水陸並不得蒐捕（廣宏明集二十六武帝十六年下詔去宗廟犧牲上定林寺沙門僧祐龍華邑正柏超度等上啓敕付尚書詳之）

梵漢譯經音義同異記

夫神理無聲因言辭㠯寫意言辭無迹緣文字㠯圖音故字爲言蹄言爲理筌音義合符不可偏失是㠯文字應用彌綸宇宙雖迹繫翰墨而理契乎神昔造書之主凡有三人長名曰梵其書右行次曰佉樓其書左行少者倉頡其書下行梵及佉樓居于天竺黃史倉頡在于中夏梵佉取法于淨天倉頡因華于鳥迹文畫誠異傳理則同矣仰尋先覺所說有六十四書鹿輪轉眼筆制區分龍鬼八部字體殊式唯梵及佉樓爲世勝文故天竺諸國謂之天書西方寫經雖同祖梵文然三十六國往往有異譬諸中土猶篆籀之變體乎案倉頡古文沿世代變古移爲籀籀遷至篆篆改成隸其轉易多矣至于傷生八體則有仙龍雲芝二十四書則有楷草鍼殳名實雖繁爲用蓋尠然原本定義則體備于六文適時爲敏則莫要于隸法東西之書源亦可得而略究也至于梵音爲語單複無恆或一字㠯攝衆理或數言而成一義尋大涅槃經列字五十總釋衆義十有四音名爲字本觀其發語裁音宛轉相資或舌根脣末㠯長短爲異且胡字一音不得成語必餘言足句然後義成譯人傳意豈不艱哉又梵書製文有半字滿字所㠯名半字者義未具足故字體半偏猶漢文月字虧其傷也所㠯名滿字者理既究竟故字體圓滿猶漢文日字盈其形也故半字惡義㠯譬煩惱滿字善意㠯譬常住又半字爲體如漢文言字滿字爲體如漢文諸字㠯者配言方成諸字諸字兩合卽滿之例也言字單立卽半之類也半字雖單爲字根本緣有半字得成滿字譬凡夫始于無明得成常住故因字製義㠯譬涅槃梵文義奧皆此類也是㠯宣領梵文寄在明譯譯者釋也交釋兩國言謬則理乖矣自前漢

之末經法始通譯音胥訛未能明練故浮屠桑門遺謬漢史音字猶然況于義乎案中夏彝典誦詩執禮師資相授猶有訛亂詩云有兔斯首斯當作鮮齊語音訛遂變詩文此桑門之例也禮記云孔子蚤作蚤當作早而字同蚤與此古字同文即浮屠之例也中國舊經而有斯蚤之異華戎遠譯何怪于屠桑哉若夫度字傳義則置言由筆所以新舊衆經大同小異天竺語稱維摩詰舊譯解云無垢稱關中譯云淨名淨卽無垢名卽是稱此言殊而義均也舊經稱衆祐新經云世尊此立義之異旨也舊經云乾沓和新經云乾闥婆此國音之不同也略舉三條餘可類推矣是以義之得失由乎譯人辭之質文繫于執筆或善梵義而不了漢音或明漢文而不曉梵意雖有偏解終隔圓通若梵漢兩明意義四暢然後宣述經奧于是乎正前古譯人莫能曲練所以舊經文意致有阻礙豈經礙哉譯之失耳昔安息世高聰哲不羣所出衆經質文允

正安玄嚴調既亹亹以條理支越竺蘭亦彬彬而雅暢凡斯數賢並見美前代及護公專精兼習華梵譯文傳經不愆于舊逮乎羅什法師俊神金照秦僧融肇慧機水鏡故能表發揮翰克明經奧大乘微言于斯炳煥至曇讖之傳涅槃跋陀之出華嚴辭理辯暢明踰日月觀其爲美繼軌什公矣至于雜類細經多出四含或以漢來或自晉出譯人無名莫能詳究然文過則傷艷質甚則患野野艷爲弊同失經體故知明允之匠難可世遇矣祐竊尋經言異論咒術言語文字皆是佛說然則言本是一而梵漢分音義本不二則質文殊體雖傳譯得失運通隨緣而尊經妙理湛然常照矣既仰集始緣故次述末譯始緣興于西方末譯行于東國故原始要終寓之記末云爾（釋藏迹一）

前後出經異記

舊經衆祐新經世尊舊經扶薩亦云開士新經菩薩舊經右佛亦獨覺新經辟支佛亦緣覺舊經薩芸若新經薩婆若舊經溝港道亦道迹新經須陀洹舊經頻來果亦一往來新經斯陀含舊經不還果新經阿那含舊經無著果亦應眞亦應儀新經阿羅漢亦阿羅訶舊經摩納新經長者舊經濡首新經文殊舊經光世音新經觀世音舊經須扶提新經須菩提舊經舍梨子亦鶖鷺子新經舍利弗舊經爲五衆新經爲五陰舊經十二處新經十二入舊經爲持新經爲性舊經背捨新經解脫舊經勝處新經除入舊經正斷新經正勤舊經覺意新經菩提舊經直行新經正道舊經乾沓和新經乾闥婆舊經除饉男除饉女新經比丘比丘尼舊經怛薩阿竭阿羅訶三耶三佛新經阿耨多羅三藐三菩提（同上）

小乘迷學竺法度造異儀記

夫至人應世觀衆生根根力不同設教亦異是以三乘立軌隨機而發五時說法應契而化沿麤以至妙因小以及大階漸殊時教

之體也自正法稍遠受學乖互外域諸國或偏執小乘最後涅槃顯明佛性而猶執初教可謂膠柱鼓瑟者也元嘉中外國商人竺婆勒久停廣州每往來求利于南康郡生兒仍名南康長易字金伽後得入道爲曇摩耶舍弟子改名法度其人貌雖外國實生漢土天竺科軌非其所諳但性存矯異欲以攝物故執學小乘云無十方佛唯禮釋迦而已大乘經典不聽讀誦反抄著衣以此爲法常用銅鉢無別應器乃令諸尼作鎮肩衣似尼師壇縫之爲囊恆著肩上而不用坐以表衆異每至出路相提而行布薩悔過但伏地相向而不胡跪法度善閑漢言至授戒先作梵語不令漢知案律之明文授法資解言不相領不得法事而竺度眛罔面行詭術明識之衆咸共驅棄唯宋故丹陽尹顏竣女宣業寺尼法弘交州刺史張牧女弘光寺尼普明等信受其教以爲眞實雖出貴族而識謝慧心毀呰方等既絕法雨妄學詭科乖背律儀來苦方滋良

可毆傷自正化東流大乘日曜英哲頂受遍還服膺而使迷僞之人專行偏教莫或振止何其甚哉昔慧導拘滯疑惑大品曇樂偏執非撥法華罔天下之明信已情之謬關中大衆固已指爲無間矣至如彭城僧淵誹謗涅槃舌根銷爛現表厥殃大乘難誣亦可驗也尋三人之惑竝惡止其躬而竺度之悖以毒欲人凡女人之性智弱信强一受僞教則同惑相挻故京師數寺遂塵異法東境尼衆亦時染此風將恐邪路易開淄汙不已嗟乎斯豈魔斷大乘故先侮女人歟此實開士之所痛悼而法主所宜匡制也大方便經云釋迦如來昔爲比丘專以四阿含教化誹毀方等于無數劫受大苦報從阿鼻出發大乘心致成正覺後進之賢宜思防斷古今明誡可不慎乎昔慧叡法師久歎愚迷製此喻疑防于今日故存之錄末雖于錄非類顯證同矣釋藏迹五。

菩薩善戒菩薩地持二經記

祐尋舊錄此經十卷是宋文帝世三藏法師求那跋摩于京都譯出經文云此經名善戒名菩薩地名菩薩毗尼摩夷名如來藏名一切善法根本名安樂國名諸波羅蜜聚凡有七名第一卷先出優波離問受戒法第二卷始方有如是我聞次第列品乃至三十而復有別本題爲菩薩地經檢此兩本文句悉同唯一兩品分品品名小小有異義亦不殊既更不見有異人重出推之應是一經而諸品亂雜前後參差菩薩地本分爲三段第一段十八品第二段有四品第三段有八品未詳兩本孰是三藏所出正本也又菩薩地持經八卷有二十七品亦分三段第一段十八品第二段四品第三段五品是晉安帝世曇摩讖于西涼州譯出經首禮敬三寶無如是我聞佀撰集佛語文中不出有異名而今此本或題云菩薩戒經或題云菩薩地經與三藏所出菩薩善戒經二文雖異五名相涉故同一記又此二經明義相類根本佀是一經異國人

出故成別部也竝次第明六度品名多同製辭各異祐見菩薩地經一本其第四卷第十戒品乃是地持經中戒品又少第九施品當時讎校誤雜後人不悉便爾傳寫其本脫多恐方亂惑若細尋內題了然可見若有菩薩地經闕無第九施品者即是誤本也釋藏迹九。

大集虛空藏無盡意三經記

祐尋舊錄大集經是晉安帝世天竺沙門曇摩讖于西涼州譯出有二十九卷首尾有十二段說共成一經第一瓔珞品第二陀羅尼自在王第三寶女第四不眴第五海慧第六無言第七不可說第八虛空藏第九寶幢第十虛空目第十一寶髻第十二無盡意更不見異人別譯而今別部唯有二十四卷尋其經文餘悉同唯不可說菩薩品後寶幢分前中間闕無虛空藏所問品五卷又經唯盡寶髻菩薩品復無最末無盡意所說不可思議品四卷略無二品九卷分所餘二十卷爲二十四卷耳又尋兩本竝以海慧菩薩品爲第五越至無言菩薩品第七無第六品未詳所以又檢錄別有大虛空藏經五卷成者即此經虛空藏品當是時世有益甄爲異部又別有無盡意經四卷成者亦是此經末無盡意品也但護公錄復出無盡意經四卷未詳與此本同異同上。

賢愚經記

十二部典蓋區別法門曠劫因緣既事照于本生智者得解亦理資于譬喻賢愚經者可謂兼此二義矣河西沙門釋曇學成德等凡有八僧結志遊方遠尋經典于于闐大寺遇般遮于瑟之會般遮于瑟者漢言五年一切大衆集也三藏諸學各弘法寶說經講律依業而教學等八僧隨緣分聽于是競習梵音析以漢義精思通譯各書所聞還至高昌乃集爲一部既而踰越流沙齎至涼州于時沙門釋慧朗河西宗匠道業淵博總持方等以爲此經所記源在譬喻譬喻所明兼載善惡善惡相翻則賢愚之分也前代傳

經已多譬喻。故因事改名。號曰賢愚焉。元嘉二十二年。歲在乙酉。始集此經。京師天安寺沙門釋弘宗者。戒力堅淨。志業純白。此經初至。隨師河西。時爲沙彌。年始十四。親預斯集。躬覩其事。洎梁天監四年。春秋八十有四。凡六十四臘。京師之第一上座也。經至中國。則七十年矣。祐總集經藏。訪告遐邇。躬往諮問。面質其事。宗年耆德峻。心直據明。故標諜爲錄。以示後學焉。（同上）

略成實論記

成實論十六卷。羅什法師于長安出之。曇晷筆受。曇影正寫。影欲使文玄。後自轉爲五翻。餘悉依舊本。齊永明七年十月。文宣王招集京師碩學名僧五百餘人。請定林僧柔法師、謝寺慧次法師于普弘寺迭講。欲使研覈幽微。學通疑執。即坐仍請祐及安樂智稱法師。更集尼衆二部名德七百餘人。續講十誦律。志令四衆淨業還白。公每以大乘經淵深。漏道之津涯。正法之樞紐。而近世陵廢。

莫或敦修。棄本逐末。喪功繁論。故即于律座。令柔、次等諸論師抄比成實。簡繁存要。略爲九卷。使辭約理舉。易以研尋。八年正月二十三日解座。設三業三品。別施獎有功勸不及。上者得三十餘件。中者得二十許種。下者數物而已。即寫略論百部流通。教使周顒作論序。今錄之于後。（釋藏百一）

異出經錄

異出經者。謂胡本同而漢文異也。梵書複隱。宣譯多變。出經之士。才趣各殊。辭有質文。意或詳略。故令本一末二。新舊參差。若國言訛轉。則音字楚夏。譯辭格礙。則事義胡越。豈西傳之踳駁。乃東寫之乖謬耳。是以泥洹楞嚴。重出至七。般若之經。別本遒八。傍及衆典。往往如茲。今並條目列入。以表同異。其異出雜經失譯名者。皆附失源之錄。（釋藏迹二）

安公古異經錄

古異經者。蓋先出之遺文也。尋安錄。自道地要語迄四姓長者。合九十二經。標爲古異。雖經文散逸。多有闕亡。觀其存篇。古今可辨。或無別名題。取經語以爲錄目。或撮略四含。摘一事而立卷名。號質實。信古典矣。安公覩其古異。編之于末。祐推其歲遠。列之于首。雖則失源。而舊譯見矣。（釋藏迹三）

安公失譯經錄

祐校安公舊錄。其經有譯名。則繼錄上卷。無譯名者。則條目于下。尋安錄自修行本起訖于和達。凡一百有三十四經。莫詳其人。又關涼二錄。並闕譯名。今總而次列。入失源之部。安錄誠佳。頗恨太簡。注目經名。撮題兩字。且不列卷數。行間相接。後人傳寫。名部混糅。且朱點爲標。朱滅則亂。循空追求。困于難了。斯亦璵璠之一玷也。且衆錄雜經。包集逸異。名多複重。迭相散紊。今悉更刪整。標定卷部。使名實有分。尋覽無惑焉。（同上）

律分爲五部記錄

佛泥洹後。大迦葉集諸羅漢于王舍城安居。命優波離出律八萬法藏。有八十誦。初大迦葉任持。第二阿難。第三末田地。第四舍那波提。第五優波崛。至百一十餘年。傳授不異。一百一十餘年後。阿育王出世。初大邪見。毀壞佛法。焚燒經書。僧衆星散。故八十誦灰滅。後值羅漢。更生信心。懺悔除罪。甚有神力。爲鐵輪王。王閻浮提。能役鬼神。一日一夜。壞舍利八塔。起八萬四千塔。還興顯佛法。請諸羅漢。誦出經律。時有五大羅漢。各領徒衆。弘通佛法。見解不同。或執開隨制。共相傳習。遂有五部出焉。十六大國。隨用並行。競各進業。皆獲道證。自非聖道玄通。孰能使之然乎。後時五部異執。紛然競起。阿育王言。皆誦佛語。我今何以測其是非。問僧佛法斷事云何。諸僧皆言法應從多。阿育王即集五部僧共行籌。當爾時。衆取婆麤富羅部籌多。遂改此一部爲摩訶僧祇。摩訶僧祇者。大衆名也若就今時此土行籌便此十誦律名摩訶僧祇也大集經佛記未來世當有此等律出世與今事相應立名不異也又有因緣經說佛在世時有一長者夢見一張白氎忽然自爲五段驚詣佛所請問其故佛言此乃我滅度後律藏當分爲五部耳同上

律分爲十八部記錄

佛滅度二百年後薩婆多部分出婆蹉部婆蹉部又分出三部一者法盛二者名賢三者六成彌沙塞部分出中間見迦葉雜部分出二部一者僧迦提二者式摩一本三魔提摩訶僧祇部四百年時分出六部一者雜迦二者多聞三者施設四者毗陀五者施羅六者上施羅又一本曇無德部此十八部見有同異文煩不復備寫同上

律來漢地四部序錄

昔甘露初開經法是先因事結戒律教方盛及氎夢表其五分而毱多當其異部故知道運推移化緣不一矣至于中夏聞法亦先經而後律律藏稍廣始自晉末而迦葉維部獨未東被既總集五家故存其名錄若乃梵文至止之歲胡漢宣譯之人大衆講集之處名德書翰之文並具舉遺事交相爲證使覽者昭然究其始末云爾同上

薩婆多部十誦律

薩婆多部者梁言一切有也所說諸法一切有相學內外典好破異道所集經書說無有我所受難能答曰此爲號昔大迦葉具持法藏次傳阿難至于第五師優波掘本有八十誦優波掘曰後世鈍根不能具受故刪爲十誦曰誦爲名謂法應誦持也自茲已下師資相傳五十餘人至秦弘始之中有罽賓沙門弗若多羅誦此十誦梵本來遊關右羅什法師于長安逍遙園三千僧中共譯出之始得二分餘未及竟而多羅亡俄而有外國沙門曇摩流支續

至長安于是廬山遠法師慨律藏未備思在究竟聞其至止乃與流支書曰佛教之興先行上國自分流已來近四百年至于沙門德式所闕猶多頃西域道士弗若多羅者是罽賓持律其人諷十誦梵本有鳩摩耆婆者通才博見爲之傳譯十誦之中始備其二多羅早喪中塗而廢不得究竟大業慨恨良深傳聞仁者齎此經自隨甚欣所遇冥運之來豈人事而已耶想弘道爲物感時而動叩之有人必情無所恪若能爲律學之衆留此經本開示梵行洗其耳目使始涉之流不失無上之津參懷勝業者日月彌朗此則惠深德厚人神同感矣幸望垂懷不孤往心一二悉諸道人所具不復多白曇摩流支得書方于關中共什出所餘律遂具一部凡五十八卷後有罽賓律師卑摩羅叉來遊長安羅什先在西域從其受律羅叉後自秦適晉住壽春石澗寺重校十誦律本名品遂正分爲六十一卷至今相傳焉同上

曇無德四分律

曇無德者梁言法鏡一音曇摩毱多如來涅槃後有諸弟子顛倒解義覆隱法藏以覆法故名曇摩毱多是爲四分律蓋罽賓三藏法師佛陀耶舍所出也初耶舍于罽賓誦四分律不齎梵本而來遊長安秦司隸校尉姚爽欲請耶舍于中寺安居仍令出之姚主以無梵本難可證信衆僧多有不同故未之許也羅什法師勸曰耶舍甚有記功數聞誦習未曾脫誤于是姚主卽以藥方一卷民籍一卷並可四十許紙令其誦之三日便集僧執文請試之乃至銖兩人數年紀不謬一字于是咸信伏遂令出焉故羣法師作長阿含序云秦弘始十二年歲上章掩茂右將軍司隸校尉姚爽于長安中寺集名德沙門五百人請罽賓三藏佛陀耶舍出律藏四分四十卷十四年訖十五年歲昭陽奮若出長阿含涼州沙門佛念爲譯秦國道士道含筆受余以嘉運猥參聽次雖無翼善之功

而預覩承之末略記時事以示來賢又荅江東隱士劉遺民書末云法師于大寺藏九作什師于大石寺出新至諸經法藏淵曠日有異聞禪師于瓦官寺教習禪道門徒數百夙夜匪懈邕邕肅肅致可欣樂三藏法師于中寺出律本末精悉若覩初制毗婆沙于石羊寺出舍利弗阿毗曇梵本雖未及譯時問中事發言奇新藏九作新奇貧道一生預參嘉會藏九作參嘉運遇茲盛化自不覩釋迦祇洹之集餘復何恨但恨不得與道勝君子同斯法集耳案此下有脫文故撮舉肇公書序以顯其證焉同上

婆麤富羅律

婆麤富羅者受持經典皆說有我不說空相猶如小兒故名爲婆麤富羅此一名僧祇律律後記云中天竺昔時暫有惡王御世三藏比丘及諸沙門皆遠避四奔惡王既死善王更立還請沙門歸國供養時巴連弗邑有五百僧欲斷事既無律師又闕律文莫知

承案即遣使到祇洹精舍寫此律文衆共奉行其後五部傳集諸律師執義不同各以相承爲是爭論紛然于時阿育王言我今何以測其是非于是問僧佛法斷事云何皆言法應從多王言若爾當行籌知何衆多既而行籌婆麤富羅衆籌甚多以衆多故改名摩訶僧祇摩訶僧祇者言大衆也沙門釋法顯遊西域于摩竭提巴連弗邑阿育王塔天王精舍寫得梵本齎還京師以晉義熙十二年歲次壽星十一月共天竺禪師佛馱跋陀于道場寺譯出至十四年二月末乃訖同上

彌沙塞律

彌沙塞者佛諸弟子受持十二部經不作地相水火風相虛空識相是故名爲彌沙塞部此名爲五分律比丘釋法顯于師子國所得者也法顯記云顯本求戒律而北天竺諸國皆師師口傳無本可寫是以遠涉乃至中天竺于摩訶乘僧伽藍得一部律是摩訶僧祇復得一部鈔律可七千偈是薩婆多衆律即此秦地衆僧所行者也又得雜阿毗曇心可六千偈又得一部綖經二千五百偈又得一卷方等泥洹經可五千偈又得摩訶僧祇阿毗曇法顯住三年學梵書梵語悉寫之于是還又至師子國二年更求得彌沙塞部梵本法顯以晉義熙二年還都歲在壽星衆經多譯唯彌沙塞一部未及譯出而亡到宋景平元年七月有罽賓律師佛大什來至京師其年冬十一月瑯耶王練比丘釋慧嚴竺道生于龍光寺請外國沙門佛大什出之時佛大什手執梵文于闐沙門智勝爲譯至明年十二月都訖同上

迦葉維律

迦葉維者一音迦葉毗佛諸弟子受持十二部經說無有我及以受者輕諸煩惱猶如死屍是故名爲迦葉毗此一部律不來梁地昔先師獻正遠適西域誓尋斯文勝心所感多值靈瑞而葱嶺險

絕弗果茲典故知此律于梁土衆僧未有其緣也同上

續撰失譯雜經錄

祐總集衆經遍閱羣錄新撰失譯猶多卷部聲實紛糅尤難銓品或一本數名或一名數本或妄加游字以辭繁致殊或撮半立題以文省成異至于書誤益惑亂甚棼絲故知必也正名于斯爲急矣是以讎校歷年因而後定其兩卷以上凡二十六部雖闕譯人悉是全典其一卷已還五百餘部率抄衆經全典蓋寡觀其所抄多出四含六度道地大集出曜賢愚及譬喻生經並割品截偈撮略取義強製名號仍成卷軸至有題目淺拙名與實乖雖欲啟學實蕪正典其爲愆謬良足深誡今悉標出本經注之目下鈔略記分全部自顯使沿波討源還得本譯矣尋此錄失源多有大經詳其來也豈天墜而地涌哉將是漢魏時來歲久錄亡抑亦秦涼宣梵成文屆止或晉宋近出忽而未講譯人之闕始由斯歟尋大法

運流世移，六代撰注，羣錄獨見安公。以此無源，未足怪也。夫十二部經，應病成藥，而傳法淪昧，實可悵歎。祐所以杼軸于尋訪，崎嶇于纂錄也。但陋學謏聞，多所未周，明哲大士，惠縫其闕，言貴珙璧，況法施哉。（釋藏迹四。）

鈔經錄

鈔經者，蓋撮舉義要也。昔安世高鈔出修行為大道地經，良以廣譯為難，故省文略說。及支謙出經，亦有孛鈔。此並約寫梵本，非割斷成經也。而後人弗思，肆意鈔撮，或棊散衆品，或苽剖正文。既使聖言離本，復令學者逐末。竟陵文宣王慧見明深，亦不能免。若相競不已，則歲代彌繁，蕪黷法寶，不其惜歟。名部一成，難用刊削，其安公時鈔，悉附本錄，新集所獲，撰目如左，庶誡來葉，無效尤焉。（釋藏迹五。）

疑經偽撰雜錄

長阿含經云：佛將涅槃，為比丘說四大教法，若聞法律，當于諸經推其虛實，與法相違，則非佛說。又大涅槃經云：我滅度後，諸比丘輩鈔造經典，令法淡薄。種智所照，驗于今矣。自像運澆季，浮競者多，或憑真以構偽，或飾虛以亂實。昔安法師摘出偽經二十六部，又指慧達道人以為深戒。古既有之，今亦宜然矣。祐校閱羣經，廣集同異，約以經律，頗見所疑。夫真經體趣融然深遠，假託之文，辭意淺雜，玉石朱紫，無所逃形也。今區別所疑，注之于錄，并近世妄撰，亦標于末。並依倚雜經，而自□名題，進不聞遠適外域，退不見承譯西賓，□聞與于戶牖，印可出于胷懷，誑誤後學，良□寒心。既躬所見聞，寍敢默已。嗚呼來葉，慎而察焉。（同上。）

僧法尼所誦出經二十一種，凡三十五卷

經如前件。齊末太學博士江泌處女尼子所出。初尼子年在齠齓，有時閉目靜坐，誦出此經，或說上天，或稱神授，發言通利，有如宿習，令人寫出，俄而還止。經歷旬朔，續復如前。京都道俗咸傳其異。今上敕見，面問所以，其依事奉答，不異常人。然篤信正法，少修梵行，父母欲嫁之，誓而弗許，後遂出家，名僧法，住青園寺。祐既收集正典，檢括異聞，事接耳目，就求省視。其家祕隱，不以見示，唯得妙音師子吼經三卷，以備疑經之錄。此尼以天監四年三月亡。有好事者得其文疏，前後所出經二十餘卷，厥舅孫質以為真經，行疏勸化，收拾傳寫。既染毫牘，必存于世。昔漢建安末，濟陰丁氏之妻，忽如中疾，便能梵語，又求紙筆，自為梵書，復有西域梵人見其此書，云是別經。推尋往古，不無此事，但義非金口，又無師譯，取舍兼懷，故附之疑例。（同上。）

薩婆若陀眷屬莊嚴經一卷（二十餘紙）

右一部，梁天監九年郢州頭陀道人妙光，戒歲七臘，矯以勝相，諸尼嫗人僉稱聖道。彼州僧正議欲驅擯，遂潛下都，住普弘寺，造作

此經，又寫在屏風，紅紗映覆，香花供養。雲集四部，嚫供煙塞。事源顯發，敕付建康辯覈疑狀。云鈔略諸經，多有私意妄造，借書人路琰屬辭潤色。獄牒：妙光巧詐，事應斬刑；路琰同謀，十歲謫戍。即以其年四月二十一日，敕僧正慧超令喚京師能講大法師宿德如僧祐、曇準等二十人，共至建康前辯妙光事。超即奉旨，與曇準、僧祐、法寵、慧令、慧集、智藏、僧旻、法雲等二十人，于縣辯問，妙光伏罪。事事如牒。衆僧詳議，依律擯治，天恩免死，恐于偏地復為惑亂，長繫東冶。即收拾此經，得二十餘本，及屏風于縣燒除。然猶有零散，恐亂後生，故復略記。薩婆若陀長者是妙光父名，妙光弟名金剛德體，弟子名師子。（同上。）

全梁文卷七十一終

全梁文卷七十二

烏程嚴可均校輯

釋氏二

釋僧祐二

弘明集序

夫覺海無涯慧鏡圓照化妙域中實陶鑄于堯舜理擅繫表乃埏埴乎周孔矣然道大信難聲高和寡須彌峻而藍風起寶藏積而怨賊生昔如來在世化震大千猶有四魔稱忿六師懷毒況乎像季其可勝哉自大法東流一作漸歲幾五百緣各信否運亦崇替正見者敷讚邪惑者謗訕至于守文曲儒則拒爲異教巧言左道則引爲同法拒有拔本之迷引有朱紫之亂遂令詭論稍繁訛辭孔熾夫鴟鳴夜不翻白日之光精衞銜石無損滄海之勢然以闇亂明以小罔大雖莫動毫髮而有塵視聽將令弱植之徒隨僞辯而長迷倒置之倫逐邪說而永溺此幽塗所以易墜淨境所以難陟者也祐以末學志深弘護靜言浮俗憤慨于心遂以藥疾微閒山棲餘暇撰古今之明篇總道俗之雅論其有刻意翦邪建言衞法製無大小莫不畢采又前代勝士書記文述有益三寶亦皆編錄類聚區分列爲十四卷一作十卷夫道以人弘教以文明弘道明教故謂之弘明集兼率淺懷附論于末庶以涓埃微裨瀛岱但學孤識寡愧在褊局博綜一作練君子惠增廣焉釋藏百二出三藏記集十二弘明集不載

弘明集後序

余所集弘明爲法禦侮通人雅論勝士妙說摧邪破惑之衝弘道護法之塹亦已備矣然智者不迷迷者乖智若導以深法終于莫領故復撮舉世典指事取徵言非榮華理歸質實庶迷塗之人不遠而復總釋衆疑故曰弘明論云夫二諦差別道俗斯分道法空寂包三界以等觀俗教封滯執一國以限心心限一國則耳目之外皆疑等觀三界則神化之理常照執疑以迷照羣生所以永淪者也詳檢俗教並憲章五經所尊唯天所法唯聖然莫測天形莫窺聖心雖敬而信之猶矇矇弗了況乃佛尊于天法妙于聖化出域中理絕繫表肩吾猶驚怖于河漢俗士安得不疑駭于覺海哉既駭覺海則驚同河漢一疑經說迂誕大而無徵二疑人死神滅無有三世三疑莫見眞佛無益國治四疑古無法教近出漢世五疑教在戎方化非華俗六疑漢魏法微晉代始盛以此六疑信心不樹將溺宜拯故較而論之若疑經說迂誕大而無徵者蓋以積劫不極世界無邊也今世咸知百年之外必至萬歲而不信積萬之變至于曠劫是限心以量造化也咸知赤縣之表必有四極而不信積極之遠復有世界是執見以判太虛也昔湯問革曰上下八方有極乎革曰無極之外復無無極無盡之中復無無盡朕是以知其無極無盡也上古大賢據理酬聖千載符契懸與經合井

識之徒何智得異夫以方寸之心謀己身而致謬圓分之眸隔牆壁而弗見而欲侮尊經背聖說誣積劫罔世界可爲悲傷者一也若疑人死神滅無有三世是自誣其性靈而蔑棄其祖禰也然則周孔制典昌言鬼神易曰游魂爲變是以知鬼神之情狀既情且狀其無形乎詩云三后在天王配于京升靈上旻豈曰滅乎禮云夏尊命事鬼敬神大禹所祗寧虛誕乎書稱周公代武云能事鬼神姬旦禱親可虛罔乎苟亡而有靈則三世如鏡變化輪迴孰知其極俗士執禮而背叛五經非直誣佛亦侮聖也若信鬼于五經而疑神于佛說斯固聾瞽之徒非議所及可爲哀矜者二也若疑莫見眞佛無益國治則禋祀望秩亦宜廢棄何者蒼蒼積空誰見上帝之貌茫茫累塊安識后祇之形民自躬稼社神何力人造庸暇蜡鬼奚功然猶盛其犧牲之費繁其歲時之祀者豈不以幽靈宜尊教民美報邪況佛智周空界神凝域表上帝成天緣其陶鑄

之慈聖王爲人依其亭育之識崇法則六天咸喜廢道則萬神斯
怒今人莫見天形而稱郊祀有福不覩金容而謂敬事無報輕本
重末可爲震懼者三也若疑古無佛教近出漢世者夫神化隱顯
孰測始終哉尋羲農緬邈政績猶湮彼有法教亦安得聞之昔佛
圖澄知臨淄伏石有舊像露盤犍陀勒見槃䳏山中有古寺基墌
衆人試掘並如其言此萬代之遺徵晉世之顯驗誰判上古必無
佛乎列子稱周穆王時西極有化人來入水火貫金石反山川移
城邑乘虛不墜觸實不礙千變萬化不可窮極既能變人之形又
且易人之慮穆王敬之若神事之若君觀其靈迹乃開士之化大
法萌兆已見周初感應之漸非起漢世而封執一時可爲歎息者
四也若疑教在戎方化非華夏者則是前聖執地以定教非設教
以移俗也昔三皇無爲五帝德化三王禮刑七國權勢地當諸夏
而世教九變今反以至道之原鏡以大智之訓感而遂通何往不

被天禹出西羌舜生東夷孰云地賤而棄其聖丘欲居夷聃適西
戎道之所在寧選于地夫以俗聖設教猶不繫于華夷況佛統大
千豈限化于西域哉案禮王制云四海之內方三千里中夏所據
亦已不曠伊洛本夏而鞠爲戎墟吳楚本夷而翻成華邑道有運
流而地無恆化矣且夫厚載無疆寰域異統北辰西北故知天竺
居中今以區分中土稱華以距正法雖欲距塞而神化常通可爲
悲涼者五也若疑漢魏法微晉代始盛者道運崇替未可致詰也
尋沙門之修釋教何異孔氏之述唐虞乎孔修五經垂範百王然
春秋諸侯莫肯遵用戰伐蔑之將墜于地爰至秦皇復加燔燼豈
崇孔聖之術盡可以見輕七國而遂廢後代乎案漢元之世劉向
序仙云七十四人出在佛經故知經流中夏其來已久逮明帝感
夢而傳毅稱佛于是秦景東使而攝騰西至乃圖像于關陽之觀

藏經于蘭臺之室不講深文故莫識奧義是以楚王修仁潔之祠
孝桓建華蓋之祭法相未融唯神之而已至魏武英鑒書述妙化
孫權雄略崇造塔寺晉武之初機緣漸深者域耀神通之迹竺護
集法寶之藏所以百辟搢紳洗心以進德萬邦黎憲刻意而遷善
暨晉明叡悟秉壹棲神手畫寶像表觀樂覽既而安上弘經于山
東什公宣法于關右精義既敷實相彌照英才碩智並驗理而伏
膺矣故知法雲始于觸石慧水流于濫觴教必有漸神化之常感
應因時非緣如何故儒術非愚于秦而智于漢用與不用耳佛法
非淺于漢而深于晉明與不明耳故知五經恆善而崇替隨運佛
化常熾而通塞在緣一以此思可無深惑而執疑莫悟可爲痛悼
者六也夫信順福基迷謗禍門而況矇瞍之徒多不量力以己所
不知而誣先覺之遍知以其所不見而罔至人之明見鑒達三世
反號邪僻專拘目前自謂明智于是迷疑塞胸謗讟盈口輕議以

市重苦顯誹以賈幽罰言無錙銖之功慮無毫釐之益逝川若飛
藏山如電一息不還奄然後世報隨影至悔其可追夫神化茫茫
幽明代運五道變化于何不之天宮顯驗趙簡秦穆之錫是也鬼
道交報杜柏彭生之見是也修德福應殷代宋景之驗是也多殺
禍及白起程普之證是也現世幽徵備詳典籍來生冥應布在尊
經但緣感理奧因果義微微奧難領故略而不陳前哲所辯關鍵
已正聊率鄙懷繼之于末雖文非圭璋而事足盤鑑惟愷悌君子
自求多福焉 弘明集十四。

法集雜記銘目錄序

祐少長山居遊息淨衆雖業勤罔立而誓心無墜常願覺道流于
忍土正化隆于像運是以三寶勝迹必也詳錄四衆福緣每事議
記所撰法集以爲七部至于雜記碑文條例無附輒別爲一帙以
存時事兵山寺碑銘僧衆行記文自彼製而造自鄙衷竊依前古

總入于集雜俗覽為頌而道緣成業矣出三藏記集雜錄

出三藏記集序

夫真諦玄凝法性虛寂而開物導俗非言莫津是以不二默酬會于義空之門一音震辭應乎羣有之境自我師能仁之出世也鹿苑唱其初言金河究其後說契經以誘小學方典以勸大心妙輪區別十二惟部法聚總要八萬其門至善逝晦跡而應真結藏始則四含集經中則五部分戒大寶斯在含識資焉然道由人弘法待緣顯有道無人雖文存而莫悟有法無緣雖並世而弗聞聞法資乎時來悟道藉于機至機至然後理感時來然後化通矣昔周代覺興而靈津致隔漢世像教而妙典方流法待緣顯信有徵矣至漢末安高宣譯轉明魏初康會注述漸暢道由人弘于茲驗矣自晉氏中興三藏彌廣外域勝賓稠疊以總至中原慧士暐曄而秀生提什舉其宏綱安遠震其奧領渭濱務逍遙之集廬岳結般若之臺像法得人于斯為盛原夫經出西域運流東方提挈萬里翻轉梵漢國音各殊故文有同異前後重來故題有新舊而後之學者鮮克研覈遂乃書寫繼踵而不知經出之歲誦說比肩而莫測傳法之人授受之道亦已闕矣夫一時聖集猶五事證經況千載交譯寧可昧其人世哉昔安法師以鴻才淵鑒爰撰經錄訂正聞見炳然區分自茲已來妙典間出皆是大乘寶海時競講習而年代人名莫有銓貫歲月逾邁本源將沒後生疑惑爰所取明祐以庸淺豫憑法門翹仰玄風誓弘大化每至昏曉諷持秋夏講說未嘗不心馳菴園影躍靈鷲于是牽課羸恙沿波討源綴其所聞名曰出三藏記集一撰緣記二銓名錄三總經序四述列傳緣記撰則原始之本克昭名錄銓則年代之目不墜經序總則勝集之時足徵列傳述則伊人之風可見並鑽析內經研鏡外籍參以前識驗以舊聞若人代有據則表為司南聲傳未詳則文歸蓋闕秉攬凝翰志存信史三復九思事取實錄有證者既標則無源者自顯庶行潦無雜于醇乳燕石不亂于荊玉但井識管窺多慚博練如有未備請寄明哲釋藏跡一

出三藏記集名錄序

法寶所被遠矣夫神理本寂感而後通緣應中夏始自漢代昔劉向校書已見佛經故知成帝之前法典久至矣逮孝明感夢張騫遠使西于月支寫經四十二章韜藏蘭臺帝王所印于是妙像麗于城闕金剎曜乎京洛慧教發揮震照區寓矣竊尋兩漢之季世構亂離西京蕩覆墳典皆散東都播遷載籍多亡子政所覩其文雖沒而顯宗所寫厥篇猶存東流初法于斯有徵祐檢閱三藏訪覈遺源古經現在莫先于四十二章傳譯所始靡踰于張騫之使洎章和已降經出蓋闕良由梵文雖至緣運或殊有譯乃傳無譯則隱苟非其人道不虛行也逮及桓靈經來稍廣安清朔佛之儔支讖嚴調之屬翻譯轉梵萬里一契離文合義炳煥相接矣僕法輪屆心莫或條敘爰自安公始述名錄銓品譯才標列歲月妙典可徵實賴伊人敢以末學嚮附前規率其管見接為新錄兼廣訪別目括正異同追討支竺時獲異經安錄所記則為未盡今悉更苞舉以備錄體發源有漢迄于大梁運歷六代歲漸五百梵文證經四百有十九部華梵傳譯八十有五人魚貫名第略為備矣或同是一經而先後異出新舊舛駮卷數參差皆別立章條使無疑亂至于律藏初啟則詳書本源審覈人代列于上錄若經存譯亡則編于下卷將使傳法之緣有乎聞道之心無惑敬貽來世庶在不墜焉釋藏跡二

出三藏記集雜錄序

夫靈源啟潤則萬流脈散玄根毓萌則千條雲積何者本大而末盛基遠而緒長也自尊經神運秀出俗典由漢屆梁世歷明哲雖

復緇服素飾竝異跡同歸講議讚析代代彌精注述陶練人人競密所以記論之富盈閣以初房書序之繁充車而被軫矣宋明皇帝投心淨境載滄玄味迺敕中書侍郎陸澄撰錄法集陸博識洽聞苞舉羣籍銓品名例隨義區分凡十有六帙一百有三卷其所閱古今亦已備矣今卽其本錄以相綴附雖非正經而毗讚道化可謂聖典之羽儀法門之警衞足以輝顯前緒照進後學是以寄于三藏集末以廣枝葉之覽焉（釋藏百二）

齊太宰竟陵文宣王法集錄序

夫五時九部之契三請四卷之機玄哉邈乎奧不可議已然法海無涯航而知大慧藏不極采而得寶是以弘誓之士隨時斟酌馬鳴抽其幽宗龍樹振其絕緒提婆析其名數訶梨總其條理竝翼讚妙典俘馘外學迷津見衞長夜逢曉故智慧之日名飛于摧邪功德之月績翔于闡化亦已盛矣但羣萌殊乘根力異品運季道澆信淡識淺至于披習發軫事資想屬樂愚針懸宜務切近是以後代敷訓顯晦不一或飛言以汎解或提耳而指授所以卷舒教義抑揚風軌豈滯恆方期于悟俗而已齊太宰竟陵文宣王淨刹萌因忍土現果慧自天成道爲期出孝忠淯和之深仁智博愛之厚率由而極因心則至若乃棲神二諦宅業三寶瞻尚卓爾望後不羣用能降帝子之尊灼淨土之操屛朱觀之貴下白屋之禮磨踵以拯俗刻髓以徇道望億劫以長驅凌千載而獨上若乃闡經律弘福施濟蒼黎毓翫動未嘗不慮積昏明慈洽巨細感靈瑞于顯微通覺應于宵夢固已威穮民譽昭晳神聽矣至于苞括儒訓藻鏡釋典空有雙該內外咸照常欲廣彼洲渚熾此法燈駐四生之風波燭九居之氛霧指來際以爲期總大千以爲任故惻隱乘敎殷勤敷道于是銳晤雲之思壯談天之文網羅字輪儀形法印是以淨住命氏啟入道之門華嚴纓珞標出世之術決定要行進

全梁文卷七十二 釋僧祐 七

趣乎金剛戒果莊嚴克成乎甘露爾其衆經注義法塔讚頌僧制藥記之流導文願疏之屬莫不誠在言前理出辭表大者鉤深測幽小者馳辯感俗森然條章鬱爲卷帙可謂闢士住心道場初跡冠一代之妙化乘千祀之勝範者也而昔以道緣猥屬嘉會律任法使謬荷其寄齋堂梵席時枉其請哲人徂謝而道必不亡靜尋遺篇僾乎如在遂序茲集錄以貽來世云爾（釋藏百二）

齊竟陵王世子撫軍巴陵王雜集序

蓋聞世諦善論法海所總嚴飾文辭初位是攝自大化東漸沿世詠歌魏晉雜製閒出羣集至于才中含章思入精理固法門之羽翼梵聲之金石也齊竟陵文宣王世子故撫軍巴陵王稟瑤華于琨峯斂明璣于珠海慧發髫辰識表齔歲孝友淯至機穎朗徹故幼無弱弄夙有老成甫在志學固已總括墳典矣雖好辭賦允登高之才藉意隸書均臨池之敏業盈竹素慮滿風月是時齊方有德文宣翼讚康衞旣熙慧敎傷遠世子以枝葉之慶藩守浙河下襜風舉升席治立含靜臺以御己垂簡慧以振俗郡富名山巖多靈寺故勝業愈高淸心彌往每遊踐必訓思若淵泉信足以揄揚至道炳發玄極觀其摛賦經聲述頌繡像千佛願文捨身弘誓四城九相之詩釋迦十聖之讚竝英華自凝新聲閒出故僕射范雲篤賞文會雅相嗟重以爲後進之佳才也至隆昌之時始兆無妄永元之末運屬道消葛藟失庇磐石傾巢虎兕出柙宗室致殲而樂天知命夷憂味道在艱不虧其貞處約無改其節鏡因果而靡晦洞眞俗其如曉專精于大覺之門懍烈于經典之奧于是下帷扃戶注解百論拔出幽旨妙盡纖奧乃躬算縑素手寫方等所書大經凡有十部鋒刃刊劇風趣妍靡論其思理所徹業哉所貫有踰其褒之能尅劇青藍之敏矣夫深宮寡識著自格言粱肉多驕聞之前記而能拔類獨立超然高舉豈非內鑄堅芳之性外瑩遏

全梁文卷七十二 釋僧祐 八

庭之風哉以法而說譬金龍之嗣信相由俗而議邁允恭之紹陳思可謂開士循因旃檀眷屬無忝堂構克勝負荷者也余昔緣法事亟覩淸暉乃律集稽川屢延供禮惜乎早世文製未廣今撰錄法詠以繼文宣內集使千祀之外知蘭菊之無絕焉同上

法集總目序

嘗聞澼泣助河之談捧土埤岱之論雖誚發于古而愧集于今矣僧祐漂隨前因報生閻浮幼齡染服早備僧數而慧解弗融禪味無紀刹那之息徒積錙毫之勤未基是以懼結香朝懸動鐘夕茫茫塵劫空闕斬籌然竊有堅誓志是大乘頂受方等遊心四含加以山房寂遠泉松淸密以講席閒時僧事餘日廣評眾典披覽爲業或專日遺飡或通夜繼燭短力共尺波爭馳淺識與寸陰競晷雖復管窺迷天蠡測惑海然遊目積心頗有微悟遂綴其聞誠言法寶仰稟羣經傍采記傳事以類合義以例分顯明覺應故敘釋迦之譜區辯六趣故述世界之記訂正經譯故編三藏之錄尊崇律本故銓師資之傳彌綸福源故撰法苑之篇護持正化故集弘明之論且少受律學刻意毗尼旦夕諷持四十許載春秋講說七十餘遍既稟義先師弗敢墜失標括章條爲律記十卷并雜碑記撰爲一帙總其所集凡有八部冀微啟于今業庶有藉于來津豈曰善述庶非妄作但理遠識近多有未周明哲儻覽取諸其心使道場之果異跡同臻焉

釋迦譜五卷右一部第一帙

世界記五卷右一部第二帙

出三藏記集十卷右一部第三帙

薩婆多部相承傳五卷右一部第四帙

法苑集十卷右一部第五帙

弘明集十卷右一部第六帙

十誦義記十卷右一部第七帙

法集雜記傳銘七卷右一部第八帙同上

釋迦譜序

蓋聞菩提之爲極也神妙寂通圓智湛照道絕于形識之封理畢于生滅之境形識久絕豈寶誕于王宮生滅已畢寧眞謝于堅固哉但羣萌長寢同歸大覺緣來斯化感至必應若應而不生誰與悟俗化而無名何以導世是以標號釋迦檀種刹利體域中之尊冠人天之秀然後脫屣儲宮貞觀道樹舍金輪而馭大千明玉毫而制法界此其所以垂跡也爰自降胎至于分塔偉化千條靈瑞萬變並義炳經典事盈紀傳而羣言參差首尾散出事緒舛駮同異莫悉散出首尾宜有貫一之區莫齊同異必資會通之契故博訊難該而總集易覽也祐以不敏業謝多聞時因疾隙頗存尋翫遂乃披經案記原始要終敬述釋迦譜記列爲五卷若夫肖裔託生之源得道度人之要泥洹塔像之徵遺法將滅之相總眾經以正本綴世記以附末使聖言與俗說分條古聞共今跡相證萬里雖邈有若躬踐千載誠隱無隔面對今鈔集眾經述而不作庶脫尋訪力半功倍敬率丹心略敷誓願同上

世界記序

夫三界定位六道區分麤妙異容苦樂殊跡觀其原始不離色心檢其會歸莫非生滅生滅輪迴是曰無常色心影幻斯謂苦本故涅槃喻之于大河法華方之于火宅聖人超悟息駕反源拔出三有然後爲道也尋世界立體四大所成業和緣合與時而興數盈災起復歸乎滅所謂壽短者謂其長壽長者見其短矣夫虛空不有故厥量無邊世界無窮故其狀不一然則大千爲法王所統小千爲梵主所領須彌爲帝釋所居鐵圍爲藩牆之域大海爲八維之浸日月爲四方之燭總總羣生于茲是宅瑣瑣含識莫思塗炭

沈俗而觀則迂誕之奢言大道而察乃掌握之近事耳但世宗周孔雅伏經書然辯括宇宙臆度不了易稱天玄蓋取幽深之名莊說蒼蒼近在遠望之色于是野人信明謂旻青如碧儒生據典謂乾黑如漆青黑誠異乖體是同儒野雖殊不知一也是則俗尊天名而莫識天實豈知六欲之嚴麗十梵之光明哉至于準步地勢則虛信章亥圖度日月則深委算術未値一隅差以千里雖復夏革說地不過戶牖之聞鄒子談天甫在奧窔之內鍊石既謬鼇足亦詭俗書徒繁竟無顯說世士蒙昧莫詳厥體是以愚惑獨處闇六合之相持桓譚拒問率五藏以爲喻通人碩學思鬱理窮況乃膚見其能辯乎嗟夫區界現事猶莫之知不思妙義固其已矣竊惟方等大典多說深空唯長鋡樓炭辯章世界而文博偈廣難卒檢究且名師法匠職競玄義事源委積未必曲盡祐以庸固志在拾遺故鈔集兩經以立根本兼附雜典互出同異撰爲五卷名曰世界集記將令三天階序煥若披圖六趣羣分照如臨鏡庶溺俗者發蒙服道者瑩解共見慧眼之因俱成覺智之業焉同上

薩婆多部記序

大聖遷輝歲紀綿邈法僧不墜其唯律乎初集律藏一軌共學中代異執五部各分既分五部則隨師傳習唯薩婆多部偏行齊土蓋源起天竺流化罽賓前聖後賢重明疊耀或德昇住地或道證四果或顯相標瑞或晦跡同凡皆秉持律儀闡揚法化舊記所載五十三人自茲以後叡哲繼出並嗣徽于在昔垂軌于當今季世五衆依斯立教遺風餘烈炳然可尋夫蔭樹者護其本飲泉者敬其源寧可服膺玄訓而不記列其人哉祐幼齡染法年踰知命仰前覺之弘慈奉先師之遺德猥以庸淺承業十誦諷味講說三紀于茲每披聖文以凝感望遐蹤以翹心遂搜訪古今撰薩婆多記其先傳同異則並錄以廣聞後賢未絕則製傳以補闕總其新舊九十餘人使英聲與至教永被懋實共日月惟新此撰述之大旨也條序餘部則委之明勝疾恙惛漠辭之銓藻儻有覽者略文取心同上

法苑雜緣原始集序

夫經藏浩汗記傳紛綸所以導達羣方開示後學設教緣跡煥然備悉訓俗事源鬱爾咸在然而講匠英德銳精于玄義新進晚習專志于轉讀遂令沙門常務月修而莫識其源僧衆恆儀日用而不知其始不亦甚乎余以率情業謝多聞六時之隙頗好尋覽于是檢閱事緣討其根本遂綴翰墨以藉所好庶辯始以驗末明古以證今至于經唄道師之集龍華聖僧之會菩薩奧戒之法止惡興善之教或制起帝皇或功積黎庶並八正基跡十力遠路雖事寄形跡而勳遍空界宋齊之隆實弘斯法大梁受命道冠百王神教傍通慧化冥被自幼居老偏覿三代常願一乘寶訓與天地而彌新四部盛業隨日月而長照是故記錄舊事以章勝緣條例叢雜故謂之法苑區以類別凡爲十卷豈足備夫淵識蓋布之眷屬而已同上

十誦義記序

夫戒律者蓋四雙之雲梯五衆之鎔範也性以止制爲本體以無作爲相始袪十惡終圓萬善在昔覺世因事制戒心跡俱防輕重備設持戒堅淨則羅睺惟最曉律精明則波離爲首至于泥洹遺囑殷勤金色迦葉結集斯藏洲渚所依莫踰茲典逮至中葉學同說異五部之路森然競分仰惟十誦源流聖賢繼踵師資相承業盛東夏但至道難凝微言易爽果向之人猶跡有兩說況在凡識孰能壹論是以近代談講多有同異大律師穎上積道河西振德河東綜學月朗砥行冰潔行以尸羅爲基學以十誦爲本且幼選明師歷事名勝校理精密無幽不貫常以此律廣授二部教流于

京寓之中。聲高于宋齊之世。可謂七衆之宗師。兩代之元匠者矣。是以講肄之座。環春接冬。稟業之徒。雲聚波沓。僧祐藉法乘緣。少預鑽仰。恩錫侍筵。二十餘載。雖深言遠旨。未敢庶幾。而章條科目。竊所早習。每服佩思尋。懼有墜失。遂集其舊聞。爲義記十卷。夫心識難均。意見多緒。竊同芻蕘。時綴毫露。輒布其別解。錄之未盡。率其木訥。指序條貫而已。昔少述私記。辭句未整。而好事傳寫。數本兼行。今刪繁補略。以後撰爲定。敬述先師之旨。匪由庸淺之說。明哲倘覽。采其正意焉。同上。

全梁文卷七十二終

烏程嚴可均校輯

釋氏三

釋慧皎

慧皎，氏族未詳，會稽上虞人，住郡嘉祥寺。

荅王曼穎書

君白：一日以所撰高僧傳相簡，意存箴艾，而來告累紙，更加拂拭，顧惟道藉人弘，理由教顯，而弘道釋教，莫尚高僧，故漸染以來，照明遺法，殊功異行，列代而興，敦厲後生，理宜綜綴。貧道少乏懷書抱籥自課之勤，長慕鉛墨塗青揚善之美，故于聽覽餘閒，厝心傳錄。每見一介可稱，輒有懷三省。但歷尋衆記，繁約不同，或編列參差，或行事出沒，已詳別序，兼具來告。所以不量寸管，輕樹十科，商榷條流，意言略舉，而筆路蒼茫，辭語陋拙，本以自備疏遺，豈宜濫入高聽。檀越既學兼孔釋，解貫玄儒，抽入緻藻，內外淹砌，披覽餘暇，脫助詳閱，故忘鄙俚，用簡龍門。然事高辭野，久懷多愧，來告吹噓，更增慚惕。今以所著讚論十科，重以相簡，如有紕謬，請備斟酌。釋慧皎白。（高僧傳十四。）

高僧傳序

原夫至道沖漠，假蹄筌而後彰；玄致幽凝，藉師保以成用。是由聖跡迭興，賢能異託，辯忠烈孝慈，以定名教之道；明詩書禮樂，以成風俗之訓。或忘功遺事，尚彼虛沖；或體任榮枯，重茲達命。而皆敎但域中，功在近益，斯蓋漸染之方，未奧盡其神性。至若能仁之爲訓也，考業果之幽微，則循復三世；言至理之高妙，則貫絕百靈。若夫啟十地以辯慧，宗顯三諦以詮智，府窮神盡性之旨，管一樞極之致，餘教方之，亦猶羣流之歸巨壑，衆星之拱北辰，懋哉邈矣，信難得以言。尚至迺教滿三千，形遍六道，皆所以接引幽昏，爲大利益。而以淨穢異聞，昇墜殊見，故秋方先音，形之奉；東國後見，聞之益。雲龍表于夜明，風虎彰乎宵夢，洪風既扇，大化斯融。自爾西域名僧，往往而至，或傳度經法，或教授禪道，或以異迹化人，或以神力拯物。自漢之梁，紀歷彌遠，世踐六代，年將五百。此土桑門，含章秀發，羣英間出，迭有其人。衆家記錄，敘載各異：沙門法濟偏敘高逸一迹，沙門法安但列志節一行，沙門僧寶止命遊方一科，沙門法進乃通撰論傳，而辭事闕略，並皆互有繁簡，出沒成異，考之行事，未見其歸。宗臨川康王義慶宣驗記及幽明錄，太原王琰冥祥記，彭城劉悛益部寺記，沙門曇宗京師寺記，太原王延秀感應傳，朱君台徵應傳，陶淵明搜神錄，並傍出諸僧，敘其風素，而皆是附見，亟多疏闕。齊竟陵文宣王三寶記傳，或稱佛史，或號僧錄，既三寶共敘，辭旨相關，混濫難求，更爲蕪昧。琅邪王巾所撰僧史，意似該綜，而文體未足。沙門僧祐撰三藏記，止有三十餘僧，所無甚衆。中書郗景興東山僧傳，治中張孝季廬山僧傳，中書陸明霞沙門傳，各競舉一方，不通今古，務存一善，不及餘行。逮于即時，亦繼有作者，然或褒贊之下，過相揄揚；或敘事之中，空引辭費，求之實理，無的可稱。或復嫌以繁廣，刪減其事，而抗迹之奇，多所遺削，謂出家之士，處國賓王，不應勵然自遠，高蹈獨絕，辭榮棄愛，本以異俗爲賢，若此而不論，志何所紀？嘗以暇日，遇覽羣作，輒搜撿雜錄數十餘家，及晉宋齊梁春秋書史，秦趙燕涼荒朝僞厤，地理雜篇，孤文片記，并博諮故老，廣訪先達，校其有無，取其同異。始于漢明帝永平十年，終至梁天監十八年，凡四百五十三載，二百五十七人，又傍出附見者二百餘人。開其德業，大爲十例：一曰譯經，二曰義解，三曰神異，四曰習禪，五曰明律，六曰遺身，七曰誦經，八曰興福，九曰經師，十曰唱導。然法流東土，蓋由傳譯之勳，或踰越沙險，或汎漾洪波，皆亡形殉道，委命弘法，震旦開明，一焉是賴，茲德可崇，

宗當作宋

故列之篇首至若慧解開神則道兼萬億通感適化則彊暴以綏靖念安禪則功德森茂弘贊毗尼則禁行清潔忘形遺體則矜吝革心歌誦法言則幽顯含慶樹興福善則遺像可傳凡此八科並以軌迹不同化洽殊異而皆德效四依功在三業故爲羣經之所稱美衆聖之所襃述及夫討覈源流商搉取捨皆列諸贊論備之後文而論所著辭微異恆體始標大意類由前序末辯時人事同後議若間使前後如謂煩雜故總布一科之末通稱爲論其轉讀宣唱雖原出非遠然而應機悟俗實有偏功故齊宋雜記咸條列秀才者今之所取必其製用超絕及有一介通感乃編之傳末如或異者非所存焉凡十科所叙皆散在衆記今止删聚一處故述而無作俾夫披覽于一本之內可兼諸要其有繁辭虛贊或德不及稱者一皆省略故述六代賢異止爲十三卷并序錄合十四軸號曰高僧傳自前代所撰多曰名僧然名者本實之賓也若實行潛光則高而不名寡德適時則名而不高名而不高本非所紀高而不名則備今錄故省名音代以高字其間草創或有遺逸今此十四卷備贊論者意以爲定如未隱括覽者詳焉（高僧傳十四）

高僧傳讚

傳譯讚

頻婆揜唱疊敎攸陳五乘競轉八萬彌綸周星隱曜漢夢通神騰蘭譏什徇道來臻慈雲徙蔭慧水傳津俾夫季末方樹洪因（高僧傳三）

義解讚

遺風眇漫結浪遭迴匪伊粹哲孰振將頹潛安比曜遠叡聯環鐇斧曲戾彈汰斜埃素絲既染永變方來（高僧傳八）

習禪讚

禪那杳寂正受淵深凝夫緻慮方備幽尋五門棄惡九次叢林枯槃山海聚散昇沈茲德裕矣如不厲心（高僧傳十一）

明律讚

盤盂設誡几杖施銘人如不勖奚用勉乘納衣既補鶬聚由生緘持口意枯槁心形怡慼兩鏡欣憂一瓶（高僧傳十一）

忘身讚

若人挺志金石非英鑠茲所重祈彼寶城芬梧蓊蔚紫館浮輕騰煙曜采吐瑞含禎千秋尚美萬代傳馨（高僧傳十二）

誦經讚

法身既遠所寄者辭沈吟反復惠利難思無怠三業有競六時化人乃衞變衆來茲此焉實德誰與較之（高僧傳十二）

興福讚

眞儀揜曜金石傳暉爰有塙像懷戀者依現奇表極顯瑞摛威嚴藏地踊水汎空飛篤矣心路必契無違（高僧傳十三）

高僧傳論

傳譯論

傳譯之功尚矣固無得而稱焉昔如來滅後長老迦葉阿難末田地等並具足住持八萬法藏宏道濟人功用彌博聖慧日光餘輝未隱是後迦旃延子達磨多羅達摩尸梨帝等並博尋異論各著言說而皆祖述四含宗軌三藏至若龍樹馬鳴婆藪槃頭則于方等深經領括樞要源發般若流貫雙林雖曰化洽窪隆而亦俱得其性故令三寶載傳輪轉未絕是以五百年中猶稱正法在世夫神化所被遠近斯屆一聲一光輒震他土一臺一蓋動覆恆國眞丹之與迦維雖路絕葱河里踰數萬若以聖之神力譬猶武步之間而令聞見限隔豈非時也及其緣運將感名教潛洽或稱爲浮屠之主或號爲西域大神故漢明帝詔楚王英云王誦黃老之微言尚浮屠之仁祀及通夢金人遣使西域迺有攝摩騰竺法蘭懷道來化協策孤征艱苦必達傍峻壁而臨深躡飛絙而渡險遺身

皆當作背

爲物。處雖能夷。傳法宣經。初化東土。後學與聞。蓋其力也。爰至安清。支讖。康會。竺護等。並異世一時。繼踵宏贊。然夷夏不同。音韻殊隔。自非精括詁訓。領會良難。屬有支謙。聶承遠。竺佛念。釋寶雲。竺叔蘭。無羅叉等。並妙善梵漢之音。故能盡翻譯之致。一言三復。辭旨分明。然後更用此土宮商。飾以成製。論曰。隨方俗語。能示正義于正義中。置隨義語。蓋斯謂也。其後鳩摩羅什。碩學鉤深。神鑒奧遠。歷遊中土。備悉方言。復恨支竺所譯。文製古質。未盡善美。迺更臨梵本。重爲宣譯。故致今古二經。言殊義一。時有生。融。影。叡。嚴。觀。恆。肇。皆領悟言前。辭潤珠玉。執筆承旨。任在伊人。故長安所譯。鬱爲稱首。是時姚興竊號。跨有皇畿。崇愛三寶。城塹遺法。使夫慕道來儀。遐邇煙萃。三藏法門。有緣必睹。自像運東遷。在茲爲盛。其佛賢比丘。江東所譯。華嚴大部。曇無讖。河西所翻。涅槃妙教。及諸釋所出四含五部。犍度婆沙等。並皆言符法本。理愜三印。而童壽有別室之過。佛賢有擯黜之迹。考之實錄。未易詳究。或曰。時運澆薄。道喪人漓。故所感見。爰至于此。若以近迹而求。蓋亦珪璋一玷也。又世高。無讖。法祖。法祚等。並理思淹通。仁澤成務。而皆不得其死。將由業有傳感。義無違避。故羅漢雖諸漏已盡。尚有貫腦之厄。比干雖忠謹竭誠。猶招賜劍之禍。匪其然乎。聞有竺法度者。自言專執小乘。而與三藏乖越。食用銅鉢。本非律儀所許。伏地相向。又是懺法所無。且法度生本南康。不遊天竺。晚值曇摩耶舍。又非專小之師。直欲谿壑其身。故爲矯異。然而達量君子。未曾迴適。尼衆易從。初稟其化。夫女人理教難愜。事迹易翻。聞因果則悠然扈皆。見變術則奔波傾飲。隨墮之義。即斯謂也。竊惟正法淵廣。數盈八億。傳譯所得。卷止千餘。皆由踰越沙阻。履跨危絕。或望煙渡險。或附杙前身。及相會推求。莫不十遺八九。是以法顯。智猛。智嚴。法勇等。發跡則結旅成羣。還至則顧影唯一。實足傷哉。當知一經達此。豈

墮當作惰

融當作馱

兔上脫得字

非更賜受命。而頃世學徒。唯慕鑽求一典。謂言廣讀多惑。斯蓋墮學之辭。匪曰通方之訓。何者。夫欲考尋理味。決正法門。豈可斷以胸襟。而不博尋衆典。遂使空勞傳寫。永翳箱匣。甘露正說。竟莫披尋。無上寶珠。隱而弗用。豈不惜哉。若能貫採禪律。融冶經論。雖復祇樹息蔭。玄風尚啓。娑羅變葉。佛性猶彰。遠報能仁之恩。近稱傳譯之德。倘護身命。寧不勖歟。高僧傳三

義解論

夫至理無言。玄致幽寂。幽寂故心行處斷。無言故言語路絕。言語路絕。則有言傷其旨。心行處斷。則作意失其真。所以淨名杜口于方丈。釋迦緘嘿于雙樹。將知理致淵寂。故爲無言。但悠悠夢境。去理殊隔。蠢蠢之徒。非教孰啓。是以聖人資靈妙以應物。體冥寂以通神。借微言以津道。託形像以傳真。故曰。兵者不祥之器。不獲已而用之。言者不真之物。不獲已而陳之。故始自鹿苑。以四諦爲言初。終至鶴林。以三點爲圓極。其間散說流文。數過八億。象融負而弗窮。龍宮溢而未盡。將令乘蹄以兔。藉指以知月。知月則廢指。得兔則忘蹄。經云。依義莫依語。此之謂也。而滯教者。謂至道極于篇章。存形者。謂法身定于丈六。故須窮達幽旨。妙得言外。四辯莊嚴。爲人廣說。示教利喜。其在法師乎。故士行尋經于于闐。誓志而滅火。終令般若盛于東川。忘相傳乎季末。爰次竺潛。支遁。于蘭。法開等。並氣韻高華。風道清裕。傳化之美。功亦亞焉。中有釋道安者。資學于聖師竺佛圖澄。安又授業于弟子慧遠。惟此三葉。世不乏賢。並戒節嚴明。智寶成就。使夫慧日餘暉。重光千載之下。香吐遺芬。再馥閻浮之地。涌泉猶注。實賴伊人。遠公既限以虎溪。安師反更同輦。與夫高尚之道。如有式焉。然而言嘿動靜。所適唯時。四翁赴漢。用之則行也。三閭辭楚。舍之則藏也。經云。若欲建立正法。則聽親近國王及持杖者。安雖一時同輦。迺爲百民致諫。故能終感應

眞附元顯報其後荆陜著名則㠯翼遐爲言初廬山淸素則㠯持永爲上首融恆影肇德重關中生叡暢遠領宗建業曇度僧淵獨擅江西之實超進惠基乃摛浙東之盛雖復人世迭隆而皆道行懸會故使像運餘興歲將五百功效之美良足羨焉高僧傳八

神異論

神道之爲化也蓋㠯抑誇强摧侮慢挫兇銳解塵紛至若飛輪御寶則善信歸降竦石參煙則力士潛伏當知至治無心剛柔在化自晉惠失政懷愍播遷中州寇蕩竇羯亂交淵曜篡虐于前勒虎潛兇于後郡國分崩民遭屠炭澄公憫鋒鏑之方始痛刑害之未央遂彰神化于葛陂騁懸記于襄鄴祕咒口而濟將盡擬香氣而拔臨危瞻鈴映掌坐定凶吉終令二石稽首荒裔子來澤潤蒼生固無㠯校也其後佛調耆域涉公杯度等或韜光晦影俯同迷俗或顯現神奇遥記方兆或死而更生或變後空槨靈怪詭詭莫測其

然但典章不同去取亦異至如劉安李脫書史則㠯爲謀僭伏蕩仙錄則㠯爲羽化雲翔夫理之所貴者合道也事之所貴者濟物也故權者反常而合道利用㠯成務然前傳所紀其詳莫究或由法身應感或是遁仙高逸但使一分兼人使足高矣至如慧則之感香甕能致痼疾消瘳史宗之過漁梁遂令潛鱗得命白足臨刃不傷遺法爲之更始保誌分身圓戶帝王㠯之加信光雖和而弗污其體塵雖同而弗渝其眞故先代文紀竝見宗錄若其誇衒方伎左道亂時因神藥而高飛藉芳芝而壽考與夫雞鳴雲中狗吠天上蛇鵠不死龜靈千年曾是爲異乎高僧傳十

習禪論

禪也者妙萬物而爲言故能無法不緣無境不察然後緣法察境唯寂乃明其猶淵池息浪則徹見魚石心水既澄則凝照無隱老子云重爲輕根靜爲躁根君故輕必㠯重爲本躁必㠯靜爲基大

靈下脫迹字　伏當作妖　使足當作便足　君上之根字衍

智論云譬如服藥將身權息家務氣力平健則還修家業如是㠯禪定力服智慧藥得其力已還化衆生是㠯四等六通由禪而起八除十入藉定方成故知禪之爲用大矣哉自遺教東移禪道亦授先是世高法護譯出禪經僧光曇猷等竝依教修心終成勝業故能內踰喜樂外折妖祥擯鬼魅于重巖覩神僧于絕石及沙門智嚴躬履西域請罽賓禪師佛馱跋陀更傳業東土玄高玄紹等亦竝親受儀則出入盡于數隨往反窮乎還淨其後僧周淨度法期慧明等亦雁行其次然禪用爲顯屬在神通故使三千宅乎毛孔四海結爲凝酥過石壁而無壅擎大衆而弗遺及夫悠悠世道絛絛仙衒尙能停波止雨咒火燒國正復元高逝矣而更起道法坐而從化焉足異哉若如鬱頭藍弗竟爲禽獸所惱獨角仙人終爲扇陀所亂皆由心道雖攝而與愛見相應比夫螢爝之于日明曾是爲匹乎高僧傳十一

明律論

禮者出乎忠信之薄律亦起自防非是故隨有犯緣乃製篇目迄乎雙樹在迹爲周自金河滅影迦葉嗣興因命持律尊者憂波離比丘使出律藏波離乃手執象牙之扇口誦調御之言滿八十反其文乃訖于是題之樹葉號曰八十誦律是後迦葉阿難末田地舍那波斯憂波毱多此五羅漢次第任持至掘多之世有阿育王者王在波吒梨弗多城㠯因往昔見佛遂爲鐵輪御世而猜忌不忍在政苛虐焚蕩經書害諸得道其後易心歸信追悔前失遺會應眞更集三藏于是互執見聞各引師說依據不同遂成五部而所製輕重時或不同開遮廢立不無小異皆由如來往昔善應物機或隨人隨根隨時隨國或此處應開餘方則制或此人應制餘者則開五師雖同取佛律而各據一邊故篇聚或時輕重綱目不無優降依之修學竝能得道故如來在世有夢氎因緣已懸記經

律應爲五部大集經云我滅度後遺法分爲五部顛倒解義覆法藏名曇無毱多卽曇無德也讀誦外書受有三世善能問難說一切性皆得受戒名薩婆卽薩婆多也說無有我輕諸煩惱名迦葉毗說有我不說空名婆蹉富羅以廣博遍覽五部名摩訶僧祇善男子如是五部雖名別異而皆不妨諸佛法界及大涅槃又文殊師利問經云我涅槃後百年當有二部起一摩訶僧祇二大衆老少同會共菩薩會出律也從此部流散更生七部二者體毗履部純老宿共會出律也從此部流散更生十一部故彼經偈云十八及二本悉從大乘出無是亦無非我說未來起又執見不同傳中亦有十八部而名字小異故以五部爲根本從薩婆多部生四部彌沙塞生一部迦葉毗生二部並是佛泥洹後二百年內僧祇生六部流傳至四百年中曇無德生五部經中或時止道五師者舉其領袤而言或時十八二十則通列異論也自大教東傳五部皆度始弗若多羅誦出十誦梵本羅什譯爲晉文未竟多羅化焉後曇摩流支又誦出所餘什譯都竟曇無德部佛陀耶舍所翻卽四分律也摩訶僧祇部及彌沙塞部並法顯得梵本佛馱跋陀羅譯出僧祇律佛馱什譯出彌沙塞部卽五分律也迦葉毗部或言梵本已度未被翻譯其善見摩得勒伽戒因緣等亦律之枝屬也雖復諸部皆傳而十誦一本最盛東國以昔卑摩羅叉律師本西土元匠來入關中及往荆陝皆宣通十誦盛見宗錄曇猷親承音旨僧業繼踵宏化其間璩儼隱榮等並祖述猷業列奇宋代而皆依文作解未甚鑽研其後智稱律師竭有深思凡所披釋並開拓門戶更立科目齊梁之間號稱命世學徒傳記于今尙焉夫慧資于定定資于戒故戒定慧品義次第故當知入道卽以戒律爲本居俗則以禮義爲先禮記云道德仁義非禮不成敎訓正俗非禮不備經云戒爲平地衆善由生三世佛道藉戒方住故神解五法

制使先知斬草三根不可可識然後定慧法門以次修學而謬執之徒互生異論偏于律者則言戒律爲指事數論虛誕薄知篇聚名目便言解及波離止能漉水翻囊已謂行齊羅漢唯我曰僧餘皆不想此則自讚毀他功不贖過我慢矜高蓋斯謂也偏于數論者則言律部爲偏分數論爲通方于是扈背毗尼專重陰入得意便行曾莫拘礙謂言地獄不燒智人鑊湯不煮般若此皆操之失柄還以自傷相鼠羝羊豈非斯謂 高僧傳十一

忘身論

夫有形之所貴者身也請識之所貴者命也是故飡脂飲血乘肥衣輕欲其怡懌也餌术含丹防生養性欲其壽考也至如析一毛以利天下則吝而弗爲撤一飡以續餘命則惜而不與此其弊過矣自有宏知達見遺己贍人體三界爲長夜之宅悟四生爲夢幻之境精神逸乎蜚羽形骸滯于瓶殼是故摩頂至足曾不介心國城妻子捨若遺芥今之所論蓋其人也僧羣止爲一鴨而絕水以亡身僧富止救一童而畫腹以全命法進割肉以啖人曇稱自餧于災虎斯皆尙乎兼濟之道忘我利物者也昔王子投身功踰九劫刳肌貿鳥駭震三千惟夫若人固亦超邁高絕矣爰次法羽至于曇弘皆灰燼形骸棄捨珍愛或以情祈安養或以願生知足故雙桐表于房裏一館顯自空中符瑞彪炳與時間出然聖教不同開遮一異若是大權爲物適時而動利現萬端非教所制故經云能然手足一指遍勝國城布施若是出家凡僧本以威攝物而今廢毀形體壞福田相考而爲談有得有失得在忘身失在違戒故龍樹云新行菩薩不能一時備行諸度或滿檀而乖孝如王子投虎或滿慧而乖慈如檢他斷食等皆由行未全美不無盈缺又佛說身有八萬戶蟲與人同氣命既盡蟲亦俱逝是故羅漢死後佛許燒身而今未死便燒或損于蟲命有失說者或言羅漢尙入火

請當作情

一當作亦

威下脫儀字

命上脫人字

光。夫復何怪。有言入火光者。先己捨命。用神智力。後迺自燒。然性地菩薩。亦未免報軀。或時投形火聚。或時裂體分人。當知殺蟲之論。其究莫詳焉。夫三毒四倒。乃生死之根栽。七覺八道。實涅槃之要路。豈必燔炙形體。然後離苦。若其位鄰得忍。俯迹同凡。或時爲物捨身。此非言論所及。至如凡夫之徒。鑒察無廣。竟知盡壽行道。何如棄捨身命。或欲激譽一時。或欲流名萬代。及臨火就薪。悔怖交切。彰言既廣。恥奪其操。于是僶俛從事。空嬰萬苦。若然。非所謂也。高僧傳十二。

誦經論

諷誦之利大矣。而成其功者希焉。良由總持難得。惛忘易生。如經所說。止復一句一偈。亦是聖所稱美。是㠯曇邃通神于石塢。僧生感衞于空山。道冏臨危而獲濟。慧慶將沒而蒙全。斯皆實德內充。故使徵應外啟。經云。六牙降室。四王衞座。豈曰虛哉。若乃凝寒靖

夜。朗月長宵。獨處閑房。吟諷經典。音吐遒亮。文字分明。足使幽顯忻踊。精神暢悅。所謂歌誦法言。㠯此爲音樂者也。高僧傳十二。

興福論

昔優塡初刻栴檀。波斯始鑄金質。皆現寫眞容。工圖妙相。故能流光動瑞。避席施虔。爰至髮爪兩塔。衣影二臺。皆是如來在世。已見成軌。自收迹河邊。闍維林外。八王請分。還國起塔。及瓶灰二所。于是十剎興焉。其生處得道。說法涅槃。肉髻頂骨。四牙雙跡。鉢杖唾壺。泥洹僧等。皆樹塔勒銘。標揭神異。尒後百有餘年。阿育王遣使浮海。壞撤諸塔。分取舍利。還值風潮。頗有遺落。故今海族之中。時或遇者。是後八萬四千。因之而起。育王諸女。亦次發淨心。並鐫石鎔金。圖寫神狀。至能浮江汎海。影化東川。雖復靈迹潛通。而未彰視聽。及蔡愔秦景。自西域還。至始傳畫㲲釋迦。于是涼臺壽陵。並圖其相。自茲厥後。形像塔廟。與時競列。洎于大梁。遺光粤盛。夫法

毋當作母

身無像。因感見有參差。故形應有殊別。若乃心路蒼茫。則眞儀隔化。情志慊切。則木石開心。故劉殷至孝。誠感釜庾。爲之生銘。丁蘭溫凊。竭誠木毋。㠯之變色。魯陽迴戈而日返。杞婦下淚而城崩。斯皆隱惻入其性情。故使徵祥照乎耳目。至如慧達招光于剎杪。慧力感瑞于塔基。慧受申誠于浮木。僧慧顯證于移燈。洪亮並忘形于鑄像。意獻皆盡命于伽藍。法獻專志于牙骨。竟陵爲之通感。僧護蓄抱于石城。南平㠯之獲應。近有光宅丈九。顯曜京畿。宋帝四鑠而不成。梁皇一冶而形備。妙相踊而無虧。瑞銅少而更足。故知道藉人弘。神由物感。豈曰虛哉。是㠯祭神如神在。則神道交矣。敬像如敬佛。則法身應矣。故入道必㠯智慧爲本。智慧必㠯福德爲基。譬猶鳥備二翼。一舉萬尋。車足兩輪。一馳千里。豈不勤哉。豈不勖哉。高僧傳十三。

經師論

言下脫言字

明民當作萬民

懷當作壞

夫篇章之作。蓋欲伸暢懷抱。褒述情志。詠歌之作。欲使言味流靡。辭韻相屬。故詩序云。情動于中而形于言。言之不足。故詠歌之也。然東國之歌也。則結韻㠯成詠。西方之讚也。則作偈㠯和聲。雖復歌讚爲殊。而並㠯協諧鍾律。符靡宮商。方乃奧妙。故奏歌于金石。則謂之㠯爲樂。讚法于管絃。則稱之㠯爲唄。夫聖人制樂。其德四焉。感天地。通神明。安明民。成性類。如聽唄。亦其利有五。身體不疲。不忘所憶。心不懈惓。音聲不懷。諸天歡喜。是㠯般遮絃歌于石室。請開甘露之初門。淨居舞頌于雙林。奉報一化之恩德。其間隨時讚詠。亦在處成音。至如億耳細聲于宵夜。提婆颺響于梵宮。或令無相之旨。奏于篪笛之上。或使本行之音。宣于竽瑟之下。並皆抑揚通感。佛所稱讚。故咸池韶武。無㠯匹其工。激楚梁塵。無㠯較其妙。自大教東流。乃譯文者衆。而傳聲蓋寡。良由梵音重複。漢語單奇。若用梵音㠯詠漢語。則聲繁而偈迫。若用漢曲㠯詠梵文。則韻短

晉下脫有字

曲下脫意字

而辭長是故金言譯梵響無授始有魏陳思王曹植深愛聲律屬意經音既通般遮之瑞響又感漁山之神製于是刪治瑞應本起㠯爲學者之宗傳聲則三千有餘在契則四十有二其帛橋支籥亦云祖述陳思而愛好通靈別感神製裁變有聲所存止一千而已至石勒建平中有天神降于安邑廳事諷詠經音七日乃絕時有傳者並皆訛廢逮宋齊之閒有曇遷僧辯太傅文宣等並殷勤嗟詠曲音律撰集異同斟酌科例存于舊法正可三百餘聲自茲厥後聲多散落人人致意補綴不同所㠯師師異法家家各製皆由昧乎聲旨莫㠯裁正夫音樂感動自古而然是㠯玄師梵唱赤鴈愛而不移比丘流響青鳥悅而忘翥曇憑動韻猶令象馬踡跼僧辯折調尚使鴻鶴停飛量人雖復淺深籌感抑亦次焉故擊石拊石則百獸率舞簫韶九成則鳳凰來儀鳥獸且猶致感況乃人神者哉但轉讀之爲懿貴在聲文兩得若唯聲而不文則道心無

㠯得生若唯文而不聲則俗情無㠯得入故經言㠯微妙音歌歎佛德斯之謂也而頃世學者裁得首尾餘聲便言擅名當世經文起盡曾不措懷或破句㠯全聲或分文㠯足韻豈唯聲之不足亦乃文不成詮聽者唯增恍惚聞之但益睡眠使夫八眞明珠未揜而藏曜百味淳乳不澆而自薄哀哉若能精達經旨洞曉音律三位七聲次而無亂五言四句契而莫爽其閒起擲盪舉平折放殺游飛卻轉反疊嬌哢動韻則揄靡弗窮張喉則變態無盡故能炳發八音光揚七善壯而不猛凝而不滯弱而不野剛而不銳清而不擾濁而不蔽諒足㠯超暢微言怡養神性故聽聲可㠯娛耳聆語可㠯開襟若然可謂梵音深妙令人樂聞者也然天竺方俗凡是歌詠法言皆稱爲唄至于此土詠經則稱爲轉讀歌讚則號爲梵音昔諸天讚唄皆㠯韻入絃管五衆既與俗違故宜㠯聲曲爲妙原夫梵唄之起亦肇自陳思始著太子頌及睒頌等因爲之製

至上脫每字

聲吐納抑揚並法神授今之皇皇顧惟蓋其風烈也其後居士支謙亦傳梵唄三契皆湮沒不存世有共議一章恐或謙之餘則也唯康僧會所造泥洹梵唄于今尚傳即敬謁一契文出雙卷泥洹故曰泥洹唄也爰至晉世有生法師初傳覓歷今之行地印文即其法也籥公所造六言即大慈哀愍一契于今時有作者近有西涼州唄源出關右而流于晉陽今之面如滿月是也凡此諸曲並製出名師後人繼作多所訛漏或時沙彌小兒互相傳校疇昔成規殆無遺一惜哉此既同是聲例故備之論末高僧傳十三

唱導論

唱導者蓋㠯宣唱法理開導衆心也昔佛法初傳于時齊集止宣唱佛名依文致禮至中宵疲極事資啟悟乃別請宿德昇座說法或雜序因緣或傍引譬喻其後廬山釋慧遠道業貞華風才秀發至齋集輒自昇高座躬爲導首先明三世因果卻辯一齋大意後

代傳受遂成永則故道照曇穎等十有餘人並駢次相師各擅名當世夫唱導所貴其事四焉謂聲辯才博非聲則無㠯警衆非辯則無㠯適時非才則言無可采非博則語無依據至若響韻鍾鼓則四衆驚心聲之爲用也辭吐俊發適會無差辯之爲用也綺製彫華文藻橫逸才之爲用也商榷經論采撮書史博之爲用也若能善茲四事而適㠯人時如爲出家五衆則須切語無常苦陳懺悔若爲君王長者則須兼引俗典綺綜成辭若爲悠悠凡庶則須指事造形直談聞見若爲山民野處則須近局言辭陳斥罪目凡此變態與事而興可謂知時衆又能善說雖然故㠯懇切感人傾誠動物此其上也昔草創高僧本㠯八科成傳卻尋經道二伎雖于道爲末而悟俗可崇故加此二條足成十數何者至如八關初夕旋繞周行煙蓋停氛燈帷靖燿四衆專心叉指緘嘿尒時導師則擎爐慷慨含吐抑揚辯出不窮言應無盡談無常則令心形戰

遑下脫用字

懔語地獄則使怖淚交零徵昔因則如見往業覈當果則已示來
報談怡樂則情抱暢悦敘哀慼則灑泣含酸于是闔衆傾心舉堂
惻愴五體輸席碎首陳哀各各彈指人人唱佛爰及中宵後夜鍾
漏將罷則言星河易轉勝集難留又使遑迫懷抱載盈戀慕當尒
之時導師之爲用也其間經師轉讀事見前章皆以賞悟適時拔
邪立信有一分可稱故編高僧之末若夫綜習未廣諳究不長既
無臨時捷辯必應遵舊本然才非己出製自他成吐納宮商動見
紕繆其中傳寫訛誤亦皆依而宣唱致使魚魯淆亂鼠璞相疑或
時禮拜中間懺疏忽至既無宿蓄恥欲出頭臨抽造謇荆棘難辯
意慮荒忙心口乖越前語既久後語未就抽衣謦咳示延時節列
席寒心觀徒啟齒施主失應時之福衆僧乖古佛之教既絕生善
之萌祇增戲論之惑始獲濫吹之譏終致代匠之咎若然豈高僧
傳之謂耶釋藏攀七高僧傳十三

高僧傳序錄

原夫至道沖漠假蹄筌而後彰玄致幽凝藉師保以成用是由聖
迹迭興賢能異託辯忠烈孝慈以定君父之道明詩書禮樂以成
風俗之訓或忘功遺事尚彼虛沖或體任榮枯重茲達命而皆敎
但域中功存近益斯蓋漸染之方未與盡其神性至若能仁之爲
訓也攷業果之幽微則循復三世言至理之高妙則貫絕百靈若
夫啟十地以辯慧宗顯二諦以詮智府窮神盡性之旨會一樞極
之致餘敎方之猶羣流之歸巨壑衆星之拱北辰懋哉邈矣信難
得以言尚至迺敎滿三千形遍六道皆所以接引幽昏爲大利益
而以淨穢異聞昇墜殊見故秋方先形聲之奏東國後見聞之益
雲龍表于夜明風虎彰乎宵夢洪風既扇大化斯融自尒西域名
僧往往而至或傳度經法或敎授禪道或以異迹化人或以神力
救物自漢之梁紀歷彌遠世涉六代年將五百此土桑門含章秀

物當作佛

起羣英間出迭有其人衆家紀錄敘載各異沙門法濟偏敘高逸
一迹沙門法安但列志節一行沙門僧寶止命遊方一科沙門法
進迺通撰論傳而辭事闕略並皆互有繁簡出沒成異攷之行事
未見其歸宋臨川康王義慶宣驗記及幽明錄太原王琰冥祥記
彭城劉悛益部寺記沙門曇宗京師寺記太原王延秀感應傳朱
君台徵應傳陶淵明搜神錄並傍出諸僧敘其風素而皆是附見
亟多疏闕齊竟陵文宣王三寶記傳或稱物史或號僧錄既三寶
共敘辭旨相關混濫難求更爲蕪昧瑯邪王巾所撰僧史意似該
綜而文體未足沙門僧祐撰三藏記止有三十餘僧所無甚衆中
書郄景興東山僧傳治中張孝秀廬山僧傳中書陸明霞沙門傳
各競舉一方不通今古務存一善不及餘行逮于即時亦繼有作
者然或褒讚之下過相揄揚或敘事之中空列辭費求之實理無
的可稱或復嫌以繁廣刪減其事而抗迹之奇多所遺削謂出家

去當作法

之士處國賓王不應厲然自遠高蹈獨絕尋辭榮棄愛本以異俗
爲賢若此而不論竟何所紀嘗以暇日遇覽羣作輒搜檢雜錄數
十餘家及晉宋齊梁春秋書史秦趙燕涼荒朝僞歷地理雜篇孤
文片記并博諮故老廣訪先達校其有無取其同異始于漢明帝
永平十年終至梁天監十八年凡四百五十三載二百五十七人
又傍出附見者二百餘人開其德業大爲十例一曰譯經二曰義
解三曰神異四曰習禪五曰明律六曰遺身七曰誦經八曰興福
九曰經師十曰唱導然去流東土蓋由傳譯之勳或踰越沙險或
汎漾洪波皆忘形徇道委命弘法震旦開明一焉是賴茲德可崇
故列之篇首至若慧解開神則道兼萬億通感適化則彊暴以綏
靖念安禪則功德森茂宏讚毘尼則禁行清潔忘形遺體則矜吝
革心歌誦法言則幽顯含慶樹興福善則遺像可傳凡此八科並
以軌迹不同化洽殊異而皆德效四依功在三業故爲羣經之所

則當作列

稱美衆聖之所蔑遺及夫計覈源流商攉取捨皆列諸讚論備之後文而論所著辭微異恆體始標大意類由前序末辯時人事同後議若間使前後如謂煩雜故總布一科之末通稱爲論其轉讀宣唱雖源出非遠然而應機悟俗實有偏功故齊宋雜記咸則秀者今之所取必其製用超絶及有一介通感適編之傳末如或異者非所存焉凡十科所敍皆散在衆記今止删在一處故述而無作俾夫披覽于一本之內可兼諸要其有繁辭虛贊或德不及稱者一皆省略故述六代賢異止爲十三卷并序錄合十四帙號曰高僧傳自前代所撰多曰名僧然名者本實之賓也若實行潛光則高而不名寡德適時則名而不高名而不高本非所紀高而不名則備今錄故省名音代曰高字其間草創或有遺逸今此十四卷備讚論者意曰爲定如未隱括覽者詳焉高僧傳第十四

全梁文卷七十三終

烏程嚴可均校輯

釋氏四

釋明徹

明徹俗姓夏。吳郡錢塘人。齊永明中受學僧祐。隨出揚都。住建初寺。後往荊州。天監初還都。二宮供養。

將卒上武帝表告辭

因果深明。倚伏寄追。明徹雖復恩冠。忝竊至籍。將謝之期。豈復遺悟。但知恩知慶。輒欲言之。明徹本出東荒賤民而已。徹有善識。得廁釋門。契闊少年。綢繆元覺。雖未能體道。徹得善性。運來不輟。遇會昌時。遂親奉御筵。提攜法席。且仁且訓。偏沐恩獎。恆願舒展丹誠。奉揚慈化。豈意報窮。便歸塵土。仰戀聖世。何可而言。特願陛下永劫永住。益蔭無涯。具足莊嚴道場。訓物天垂。海外同為淨土。勝果遐流。雍容遠集。明徹以奉值之慶。論道之善。脫億代還生。猶冀奉覲。惟生惟死。俱希濟拔。臨盡之間。忽忽如夢。雖欲申心。心何肯盡。不勝悲哀之誠。謹遣表以聞。續高僧傳八。

釋寶唱

寶唱俗姓岑。吳郡人。師事僧祐。齊建武中入閩。天監中還京。住新安寺。又住莊嚴寺。有名僧傳三十卷。

經律異相序

如來應跡投緣。隨機闡教。兼被龍鬼。匪直天人。化啟憍陳。道終須跋。文積巨萬。簡累大千。自西徂東。差難得而究也。若乃劉向校書。玄言久蘊。漢明感夢。靈證彌彰。自茲厥後。翻譯相繼。三藏奧典。雖已略周。九部雜言。通未區集。皇帝同契等覺。比德遍知。大弘經教。並利法俗。廣延博古。旁采遺文。于是散偈流章。往往復出。今之所獲。蓋亦多矣。聖旨以為像正浸末。信樂彌衰。文句浩漫。尠能該洽。

以天監七年敕釋僧旻等備鈔眾典。顯證深文。控會神宗。辭略意曉。于鑽求者已有太半之益。但希有異相。猶散眾篇。難聞祕說。未加標顯。又以十五年敕寶唱鈔經律要事。皆使以類相從。令覽者易了。又敕新安寺釋僧豪、興皇寺釋法生等相助檢讀。于是博綜經籍。擇采祕要。上詢宸慮。取則成規。凡為五十卷。又目錄五卷。分為五袠。名為經律異相。將來學者。可不勞而博矣。釋藏路一。

名僧傳序

夫深求寂滅者。在于視聽之表。攷乎心行者。彌須丹青之工。是知萬象森羅。立言之不可以已者也。大梁之有天下也。威加赤縣。功濟蒼生。皇上化範九疇。神遊八正。頂戴法橋。服膺甘露。竊以外典鴻文。布在方冊。九品六藝。尺寸罔遺。而沙門淨行。獨無紀述。玄宗敏德。名絕終古。擁歎長懷。靡茲永歲。律師僧祐道心貞固。高行超邈。著述諸紀。振發弘要。寶唱不敏。豫班二落。禮誦餘日。捃拾遺漏。釋藏路一。續高僧傳一。

名僧傳後序

豈敢為僧之董狐。庶無曲筆耳。同上。

比丘尼傳序

原夫貞心亢志。奇操異節。豈唯體率由于天真。抑亦勵景行于仰止。故曰希顏之士。亦顏之儔。慕驥之馬。亦驥之乘。斯則風列英徽。流芳不絕者也。是以握筆懷鉛之客。將以語厥方來。比事記言之士。庶其勸誡後世。故雖欲忘言。斯不可已也。昔大覺應乎羅衛。佛日顯于閻浮。三界歸依。四生向慕。比丘尼之興。發源于愛道。登地證果。仍世不絕。列之法藏。如日經天。自拘尸滅影。雙樹匿跡。歲麻蟬聯。陵夷訛紊。于是時澆信謗。人或存亡。微言興而復廢者。不肖亂之也。正法替而復隆者。賢達維之也。像法東流。淨檢為首。綿載數百。碩德係興。善妙淨珪。窮苦行之節。法辯僧果。盡禪觀之妙。至

列當作烈

菽當作叔

若僧端僧基之立志貞固。妙相法令之弘震曠遠。若此之流。往往閒出。竝淵深岳峙。金聲玉震。實惟菽葉之貞幹。季緒之四依也。夫年代推移。清規稍遠。英風將範于千載。志事未集乎方冊。每懷慨歎。其歲久矣。始乃博采碑頌。廣搜記集。或訊之傳聞。或訪之故老。詮敘始終。爲之立傳。起晉咸和。訖梁普通。凡六十五人。不尚繁華。務存要實。庶乎求解脫者。勉思齊之德。而寡見庸疏。或有遺漏。博雅君子。箴其闕焉。釋藏功五。

釋法雲

法雲俗姓周。義興陽羨人。住莊嚴寺。天監中爲光宅寺大僧正。終大通初。

上昭明太子啟請開講

釋法雲啟。殿下以生知上識。精義入神。自然勝辨。妙談出俗。每一往復。闔筵心醉。眞令諸天讚善。實使釋梵雨華。貧道雖幼知向方。

而長無成。業遂之濫吹聖明。而識塹無退者。豈不願餐幽致。敢祈仰者。誠在希聞妙說。今猥蒙啟旨。未許羣情。退思輕脫。用深悚懼。渴仰有實。飢虛非假。循思檢願。重以祈聞。惟希甘露當開。用得永袪鄙吝。伏願四弘本誓。曲允三請。懸懃謹啟。廣弘明集二十一。

奉敕難范縝神滅論與王公朝貴書

主上答臣下審神滅論。今遣相呈。夫神妙寂寥。可知而不可說。義經上而未曉。理涉旦而猶昏。主上凝天照本。襲道赴機。垂答臣下。旨訓周密。孝享之禮既彰。桀懷曾史之慕。三世之言復闡。紂協波崙之情。預非草木。誰不歌歎。希同挹風猷。共加弘讚也。釋法雲呈。宏明集十。續高僧傳六。

上昭明太子啟請開講

釋法雲啟。殿下以生知上識。精義入神。自然勝辨。妙談出俗。每一往復。闔筵心醉。眞令諸天讚善。實使釋梵雨華。貧道雖幼知向方。

未當作末

而長無成。業遂之濫吹聖明。而識塹無退者。豈不願餐幽致。敢祈仰者。誠在希聞妙說。今猥蒙答旨。未許羣情。退思輕脫。用深悚懼。渴仰有實。飢虛非假。循思檢願。重以祈聞。唯希甘露當開。用得永袪鄙吝。伏願四宏本誓。曲允三請。懸懃謹啟。廣宏明二十一。

奉敕答神滅論與沈約書 宏明集作與公王朝貴書

主上答臣下審神滅論。今遣相呈。夫神妙寂寥。可知而不可說。義經上而未曉。理涉旦而猶昏。至上凝天照本。襲道赴機。垂答臣下。旨訓周密。孝享之禮既彰。桀懷曾史之慕。三世之言復闡。紂懷彼論之情。預非草木。誰不歔欷。同挹風猷。共加宏贊也。續高僧傳六。

釋智藏

智藏本名淨藏。吳人。天監末居鍾山開善寺。

辭會啟

夙昔顧省。心或不調。欲依佛一語。于空閑自制。而從緣流。二十餘

載。在乎少壯。故可推斥。今既老病。身心俱滅。若復退一毫。便不堪自課。故願言靜處。少自槃衞。非敢傲世求名。從閑自譴。特是常人近情。濯前途之已迫耳。續高僧傳六

釋僧順

僧順。未詳。梁宏明集編于劉勰滅惑論後。

釋三破論 十九條。〇本論道士假張融作。

論曰。泥洹是死。未見學死而得長生。此滅種之化也。釋曰。夫生生之厚。至于無生。則張毅單豹之徒。是其匹矣。是以儒家云。人莫不愛其死。而患其生。老氏云。及吾無身。吾有何患。莊周亦自病痛其一身。此三者。聖達之流。亘以生爲患。夫欲求無生。莫若泥洹。泥洹者。無爲之妙稱。談其跡也。則有王宮雙樹之文。語其實也。則有常住常樂之說。子方輪迴五道。何由闚涅槃之要。或有三盲摸象。得象耳者。爭云象如簸箕。得象鼻者。爭云象如春杵。雖獲象一方。終

不得全象之實。子說泥洹是死。眞謨象之一盲矣。

論云。太子不廢妻。使人斷種。釋曰。夫聖實湛然。跡有表應。太子納妃于儲貳者。蓋欲示人倫之道已足。遂能棄茲大寶。忽彼恩愛耳。至如諸天夕降。白騎飛城。十號之理。斯在何妻子之可有哉。且世之孳孺爲累最深。飢寒則生于盜賊。飽煖則發于驕奢。是以厲婦夕產。忽求火照。唯恐似己。復更爲厲。凡夫之種。若厲產焉。經云。一切衆生皆有佛性。仰尋此旨。則是佛種。捨家從道。棄厲就佛。爲樂爲利。豈復是加。子迷于俗。覩滯于重惑。夢中之夢。何當曉哉。

論云。太子不剃頭。使人落髮。釋曰。在家則有二親之愛。出家則有嚴師之重。論其愛也。髮膚爲上。稱其嚴也。剪落爲難。所以就剃除而歡若。辭父母而長往者。蓋欲去此煩惱。即彼無爲。髮膚之戀。尙或可棄。外物之徒。有何可惜哉。不輕髮膚。何以遵道。不辭天屬。何用嚴師。譬如喪服。出紹大宗。則降其本生。隆其所後。將使此子執

忽當作急

人宗廟之重。割其歸顧之情。豈本政自一。恭非恩之薄。所後頓伸三年。實義之厚。禮記云。出必降者。有愛我而厚其例矣。經云。諸天奉刀。持髮上天。不剃之談。是何言也。子但勇于穿鑿。怯于尋旨。相爲慨然。

論云。子先出家。母後作尼。則敬其子。失禮之甚。釋曰。出家之人。尊師重法。棄俗從道。豈可一概而求。且太子就學。父王致敬。漢祖善嘉令之言。以太皇爲臣。魏之高貴。敬齊王作私晉之儲后。臣厥父于公庭。引此而判。則非疑矣。

論云。剃頭爲浮圖。釋曰。經云浮圖者。聖瑞靈圖。浮海而至。故云浮圖也。吳中石佛。汎海儵來。即其事矣。今子毀圖像之圖。爲刑屠之屠。則泰伯端委而治。故無虧德。仲雍剪髮文身。從容致化。遵子今日。必羅吠聲之尤。事有似而非。非而似者。外書以仲尼爲聖人。內經云。尼者女也。或有謂仲尼爲女子。子豈信之哉。猶如屠圖之相

作當作於
私下脫室字

類。亦何以殊。

論云。喪門者。死滅之門也。釋曰。門者本也。明理之所出入。出入從本而興焉。釋氏有不二法門。老子有衆妙之門。書云禍福無門。皆是會通之林藪。機妙之淵宅。出家之人。得其義矣。喪者滅也。滅塵之勞。通神之解。即喪門也。桑當爲乘字之誤耳。乘門者。即大乘門也。煩想既滅。遇物斯乘。故先云滅門。末云乘門焉。且八萬四千。皆稱法門。奚獨喪桑二門哉。

論云。胡人不信虛無。老子入關。故作形像之化也。釋曰。原夫形像始立。非爲教本。意當由滅度之後。係戀罔已。旃檀香像。亦有明文。且仲尼既卒。三千之徒。永言興慕。以有若之貌。最似夫子。坐之講堂之上。合其說法。門徒諮仰。與往日不殊。曾參勃然而言曰。子起。此非子之座。推此而談。思仰可知也。羅什法師。生自殊方。聰敏淵博。善談法相。碩負佛經。流布關輔。詮以眞俗二名。驗以境照雙寂。

振無爲之高風。激玄流于未悟。所謂遣之至于無遣也。子謂胡人不信虛無。非篤論君子。且強理有優劣。不係形像。子以形像而語。不亦攻乎異端。

論云。剃頭本不求佛。爲服凶胡。今中國人士。不以正神自訓。而取頑胡之法。釋曰。夫六戎五狄。四夷八蠻。不識王化。不聞佛法者。譬如畜生。事均八難。方今聖主。隆三五之治。闡一乘之法。天人同慶。四海訢訢。蚑行喙息。咸受其賴。喘蠕之蟲。自云得所。子脫不自思。脣言云云。宜急緘其舌。亦何勞提耳。

論云。沙門者。沙汰之謂也。釋曰。息心達源。號曰沙門。此則練神濯穢。反流歸潔。即沙汰之謂也。子欲毀之。而義逾美。眞可仰之彌高。鑽之彌堅者也。

論云。入國破國。釋曰。夫聖必緣感。無往非應。結繩以後。民澆俗薄。末代王教。挺揚堯孔。至如沙法所沾。固助俗爲化。不待刑戮而自

直無假楚撻而取正右主師澄而與國古王諸勃以隆道破國之文從何取說

論云入家破家釋曰釋氏之訓父慈子孝兄愛弟敬夫和妻柔備有六睦之美有何不善而能破家唯聞未學道士有赤章咒咀發擿陰私行壇被髮呼天叩地不問親疏親相厭殺此即破家之法矣

親相當作規相

論云入身破身釋曰夫身之爲累甚于桎梏老氏以形骸爲糞土釋迦以三界爲火宅出家之士故宜去奢華棄名利悟逆旅之難常希寂滅之爲樂而流俗之徒反此以求全即所謂殺生者不死生生者不生也近代有好名道士自云神述過人剋期輕舉白日登天曾未數丈橫墜于地迫而察之正大鳥之雙翼耳眞所謂不能奮飛者也驗滅亡于即事不旋踵而受誅漢之張陵謚謂貢高呼曰米賊亦被夷翦人身破身無乃角弓乎

述當作術

論曰歌哭不同者釋曰人哭亦哭俗內之冥跡臨喪能歌方外之坦情原壤喪親登木而歌孔子過而不非者此亦是名教之一方耳

論云不朝宗者釋曰孔子云儒有上不臣天子下不事公侯儒者俗中之一物尚能若此況沙門者方外之士乎昔伯成子高子州交伯但希玄慕道佁不近屑人事

交當作支

論云剃頭犯毀傷釋曰髮膚之解具于前答聊更略而陳之凡言不敢毀傷者正是防其非僻觸冒憲司五刑所加致有殘缺耳今沙門者服膺聖師遠求十地剃除鬚髮被服法衣立身不乖揚名得道還度天屬有何不可而入毀傷之義守文之徒未達文外之旨耳輪扁尚不移術于其兒子何言哉

論云出家者未見君子皆是避役釋曰噫咲何子之難喻邪左傳云言者身之文莊周云言不廣不足以明道余欲無言其可得乎夫出家之士皆靈根宿固德宇淵深湛乎斯照確乎不拔者也是以其神凝其心道超然遐想宇宙不能點其胸懷滄爾無寄塵垢何能攪其方寸割慈親之重恩棄房櫳之歡愛虛室生白守玄行禪或頭陀林野委身餧獸或靜節蔬餐精心無怠將勸求十力超登無上解脫天羅銷散地網兆百福于未萌濟蒼生于萬劫斯實大丈夫之宏圖非吾子所得聞也避役之談是何言歟孔子猶嫌三尺者雖言出于口終不以長舌犯人則子之喙三尺矣何多口之爲累傷人之深哉

論云三丁二出一何無緣者釋曰無緣即是緣無緣生有緣即是緣有緣起何以知其然邪世有闔門入道故曰緣有緣起有生不識比上者故曰緣無緣生十六王子同日出家隨父入道是則緣之所牽闔門頓至何其宜出二之有哉無緣者自就無緣中求反諸己而已矣子方永墜無間遑復論此將不欲倒置干戈乎若能反迷殊副所望

論云道家之教育德成國者釋曰道有九十六種佛爲最尊梵志之徒蓋是培塿假使山川之神能出雲雨者亦是有國有家之所祀焉其云育德成國不無多少但廣濟無邊永拔塗炭我金剛一聖巍巍獨雄夫太極剖判之初已自有佛但于時衆生因緣未動故宜且昧名稱口以言之推三皇已上何容都無禮易則乾坤兩卦履豫二爻便當與天地俱生雖曰俱生而名不俱出者良由機感不發施用未形其理常在其跡不著耳中外二聖其揆一也故法行云先遣三賢漸誘俗教後以佛經革邪從正李老之門釋氏之偏裨矣經云處處自說名字不同或爲儒林之宗國師道士或寂漠無爲而作佛事金口所說合若符契何爲東西跳梁不避高下邪嗟乎外道籍我智慧貫我神力遂欲撓亂我經文虔劉我教訓人之無良一至于此也

論云道者氣釋曰夫道之名以理爲用得其理也則于道爲備是

故沙門號曰道人陽平呼曰道士釋聖得道之宗彭聃居道之末得道宗者不待言道而道自顯居道之末者常稱道而道不足譬如仲尼博學不已一事成名游夏之徒全已四科見曰莊周有云生者氣也聚而爲生散而爲死就如子言道若是氣便當有聚有散有生有死則子之道是生滅法非常住也嘗聞子道又有合氣之事願子勿言此眞辱矣莊子又云道在屎溺此屎溺之道得非吾子合氣之道乎（宏明集八）

釋僧果

僧果梁末龍光寺沙門

高僧傳後記

右此傳是會稽嘉祥寺釋慧皎法師所撰法師學通內外精研經律著涅槃疏十卷梵網戒等義疏竝爲世軌又撰此高僧傳及序共十四卷梁末承聖二年太歲癸酉避侯景難來至湓城少時講說甲戌歲二月捨化春秋五十有八江州僧正慧恭爲首經營葬于廬山禪閣寺墓時龍光寺釋僧果同避難在山遇見時事聊記之云耳（高僧傳）

釋智愷

智愷揚州人梁末之嶺南

大乘起信論序

夫起信論者乃是至極大乘甚深祕典開示如理緣起之義其旨淵弘寂而無相其用廣大寬廓無邊與凡聖爲依衆法之本以其文深旨遠信者至微故于如來滅後六百餘年諸道亂興魔邪競扇于佛正法毀謗不停時有一高德沙門名曰馬鳴深契大乘窮盡法性大悲內融隨機應現愍物長迷故作斯論盛隆三寶重興佛日起信未久迴邪入正使大乘正典復顯于時緣起深理更彰于後代迷群異見者捨執而歸依闇類偏情之黨棄著而臻湊自昔已來久蘊西域無傳東夏者良以宣譯有時故前梁武皇帝遣聘中天竺摩伽陀國取經并諸法師遇值三藏拘蘭難陀譯名眞諦其人少小博采備覽諸經然于大乘偏洞深遠時彼國王應即移遣法師苦辭不免便就泛舟與瞿曇及多侍從并送蘇合佛像而來至未旬便值侯景侵擾法師秀采擁流含珠未吐慧日暫停而欲還反遂屬（下有闕脫）值京邑英賢慧顯智韶智愷曇振慧旻與假黃鉞大將軍太保蕭公勃以大梁承聖三年歲次癸酉九月十日于衡州始興郡建興寺敬請法師敷演大乘闡揚祕典示導迷徒遂翻譯斯論一卷以明論旨玄文二十卷大品玄文四卷十二因緣經兩卷九識義章兩卷傳語人天竺國月支首那等執筆人智愷等首尾二年方訖馬鳴沖旨更曜于時邪見之流伏從正化余雖慨不見聖慶遇玄旨美其幽宗戀愛無已不揆無聞聊由題記儻遇智者賜垂改作（釋藏邑九）

釋曇斐

曇斐俗姓王會稽剡人住法華臺寺

合微密持經記

合微密持陀鄰尼總持三本

佛說無量門微密持經

佛說總持經一名成道降魔得一切智

此經凡有四本三本並各二名一本三名備如後列其中文句參差或梵或漢音殊或隨義制語各有左右依義順文皆可符同所爲異處後列得法利三乘階級人數及動地雨華諸天妓樂供養多不悉備意所未詳一本一名無量門微密之持二名成道降魔得一切智此一本名行于世爲常舊本一本一名阿難陀目佉尼阿離陀羅尼二名疾使人民得一切智一本一名無端底門總持之行二名菩薩降卻諸魔堅固于一切智一本一名出生無量門

持。二名一生補處道行。三名成道降魔得一切智。此本備明法利及動地妓樂事。四本皆各標前一名于經首。第二第三名不已題經也。後舍利弗請名佛說名皆備如前列。出三藏記

全梁文卷七十四終

全陳文目錄

大凡全陳文六十二人
大凡全陳文十八卷

全陳文卷一

烏程嚴可均校輯

武帝

帝姓陳諱霸先字興國小字法生吳興長城下若里人漢太丘長陳寔之後梁大同中為廣州中直兵參軍除直閤將軍封新安子授交州司馬領武平太守太清中除振遠將軍高要太守元帝承制授員外散騎常侍持節明威將軍交州刺史改封南野縣伯進信威將軍豫州刺史領豫章內史改封長城縣侯尋授散騎常侍使持節軍師將軍南江州刺史進江州刺史尋授平東將軍東揚州刺史領會稽太守鎮京口進征北大將軍開府儀同三司南徐州刺史承聖末進司空敬帝即位授侍中大都督中外諸軍事車騎將軍揚南徐二州刺史尋授中書監司徒進爵為公拜丞相錄尚書事鎮衛大將軍進封義興郡公拜太傅進位相國總百揆加九錫封陳公尋進爵為王㠯太平元年十月受禪改元永定在位三年謚曰武皇帝廟號高祖

受禪大赦詔（永定元年十月乙亥）

五德更運帝王所㠯御天三正相因夏殷所㠯宰世雖色分辭翰時異文質揖讓征伐迭用參差而育德振民義歸一揆朕㠯寡昧時屬艱危國步屢屯天維三絕肆勤先后拯厥橫流藉將帥之功兼猛士之力一匡天下再造黔黎梁氏㠯天祿永終厤數攸在遵與能之典集大命于朕躬顧惟菲德辭不獲亮式從天睠俯協民心受終文祖升禋上帝繼迹百王君臨萬宇若涉川水罔知攸濟寶業初建皇祚維新思俾惠澤覃被億兆可大赦天下改梁太平二年為永定元年賜民爵二級文武二等鰥寡孤獨不能自存者人穀五斛逋租宿債皆勿復收其有犯鄉里清議贓污淫盜者皆洗除先注與之更始長徒敕繫特皆原之亡官失爵禁錮奪勞一依舊典（陳書武帝紀下）

㠯梁主為江陰王詔

禮陳杞宋詩詠二客弗臣之重歷代斯敦梁氏欽若人祇憲章在昔濟河沉璧高謝萬邦茅賦所加宜遵舊典其㠯江陰郡奉梁主為江陰王行梁正朔車旗服色一依前準宮館資待務盡優隆（陳書武帝紀下）

刪改科令詔（永定元年十月癸未）

朕聞唐虞道盛設畫象而不犯夏商德衰雖孥戮其未備洎乎末代綱目滋繁矧屬亂離憲章遺紊朕始膺寶厤思廣政樞外可搜舉良才刪改科令羣僚博議務存平簡（隋書刑法志）

追贈兄道譚驃騎大將軍太尉封始興郡王詔（永定元年十月癸巳）

天倫所感義本因心名器追崇則惟恆典亡兄梁故南兖州刺史長城縣公德範沈邃風度寬厚性與天通淡乎靡測昔彈冠入仕譽重城華宣力艱難遂顯洪業雖時非季漢勢異桓王海內把其風流生民懷其大德者矣朕受天明命爰膺寶厤言尋永往興慕增懷可奉贈太尉公（藝文類聚四十六沈炯太尉始興昭烈王碑永定元年下詔）

贈周鐵虎詔（永定元年十月）

天地之寶所貴曰生形魄之徒所重唯命至如捐生立節效命酬恩追遠懷昔信宜加等散騎常侍嚴威將軍太子左衛率潼州刺史領信義太守沌陽縣開國侯鐵虎器局沈厚膽力勇壯北討南征竭忠盡力摧鋒江夏致陷凶徒神氣彌雄肆言無撓豈直溫序見害方其理鬢龐德臨危猶能瞋目忠貞如此惻愴兼深可贈侍中護軍將軍青冀二州刺史加封一千戶并給鼓吹一部侯如故（陳書周鐵虎傳）

封兄子蒨為臨川王詔（永定元年十一月丙申）

東都齊國義乃親賢西漢城陽事兼功烈散騎常侍使持節都督

侯下脫蒨字　寓當作寓

會稽等十郡諸軍事宣毅將軍會稽太守長城縣侯學尙清優神寓凝正文參禮樂武定厥氛心力謀猷爲家治國擬旍作守朞月有成辟彼關河功踰蕭寇萑蒲之盜自反耕農篁竹之豪用稟聲朔朕以虛寡屬當興運提彼三尺賓于四門王業艱難賴乎此子宜隆上爵稱是元功可封臨川郡王邑二千戶兄子梁中書侍郎頊襲封始興王弟子梁中書侍郎曇朗襲封南康王禮秩一同正王。陳書武帝紀下

封從子陳擬等詔 永定元年

維城宗子實固有周盤石懿親用隆大漢故會盟則異姓爲後啟土則非劉勿王所以糺合枝幹廣樹蕃屏前王懋典列代恆規從子持節員外散騎常侍明威將軍雍州刺史監南徐州擬持節通直散騎侍郎貞威將軍北徐州刺史裒從子晃炅從孫假節員外散騎常侍明威將軍詠假節信威將軍北徐州刺史吉陽縣開國

邑下脫五字　通典唱作昌無初字

侯詛假節通直散騎侍郎信武將軍祏假節散騎侍郎雄信將軍青州刺史廣梁太守詳貞威將軍通直散騎侍郎慧紀從孫敬雅敬泰並枝戚密近劬勞王室宜列河山以光利建擬可承修縣開國侯裒鍾陵縣開國侯晃建城縣開國侯炅上饒縣開國侯詠虔化縣開國侯詛仍前封祏豫章縣開國侯詳遂興縣開國侯慧紀宜黃縣開國侯敬雅盜都縣開國侯敬泰平固縣開國侯各邑百戶。陳書陳擬傳

改官制詔 永定二年正月乙未

夫設官分職因事重輕羽儀車馬隨時隆替晉之五校鳴笳啟途漢之九卿傳呼並列虞官夏禮豈曰同科殷楪周文固無恆格朕膺茲寶麻代是天工留念官方庶允時衷梁天監中左右驍騎領朱衣直閤並給儀從北徐州刺史唱義之初首爲此職亂離歲久朝典不存後生年少希聞舊則今去左右驍騎宏通文武文官則

用腹心武官則用功臣所給儀從同太子二衛率此外衆官尙書詳爲條制。陳書武帝紀下

親祠南郊赦詔 永定二年正月辛丑

朕受命君臨初移星琯孟陬嘉月備禮泰壇景候昭華人祇允慶思令億兆咸與惟新且往代祆氛于今猶梗軍機未息徵賦咸繁事不獲已久知下弊言念黔黎無忘寢食夫罪無輕重已發覺未發覺在今昧爽以前皆赦除之西寇自王琳以下並許返迷一無所問近所募義軍本擬西寇並宜解遣留家附業輓訂軍資未送者並停元年軍糧逋餘者原其半州郡縣軍戍並不得輒遣使民閒務存優養若有侵擾嚴爲法制。陳書武帝紀下

原沈泰部曲妻兒詔 永定二年三月甲午

罰不及嗣自古通典罪疑惟輕布在方策沈泰反覆無行遐邇所知昔有微功仍荷朝寄剖符名郡推轂累藩漢口班師還居方岳

良田有逾于四百食客不止于三千富貴顯榮政當如此鬼害其盈天奪之魄無故猖狂自投獯醜雖復知人則哲惟帝其難光武有蔽于龐萌魏武不知于于禁但令朝廷無我負人其部曲妻兒各令復業所在及軍人若有恐脅侵掠者皆以劫論若有男女口爲人所藏並許詣臺申訴若樂隨臨川王及節將立效者悉皆聽許。陳書武帝紀下

擢用舊員詔 永定二年十二月丁亥

梁時舊仕亂離播越始還朝廷多未銓序又起兵已來軍勳甚衆選曹卽條文武簿及節將應九流者量其所擬。陳書武帝紀下

南康始興二王諸主宜隆禮數詔 永定三年正月

南康始興王諸妹已有封爵依禮止是藩主此二王者有殊恆情宜隆禮數諸主儀秩及尙主可並同皇女。陳書武帝紀下

分鄣東陽詔 永定三年閏四月庚寅

開廩賑絕育民之大惠巡方恤患前王之令典朕當斯季俗膺此樂推君德未孚民瘼猶甚重茲多壘彌疚納隍良由四聰弗達千里勿應博施之仁何其或爽殘弊之軌致此未康吳州縉州去歲蝗旱郢田雖咒鄭渠終涸室靡盈積之望家有塡壑之嗟百姓不足兆民何賴近已遣中書舍人江德藻銜命東陽與令長二千石問民疾苦仍以入臺倉見米分恤雖德非既飽庶微慰阻飢陳書武帝紀下

定救日儀詔 永定二年五月丙辰朔

此乃前代承用意有未同合朔仰助太陽宜備袞冕之服自今以去永可為準陳書武帝紀下五月景辰朔日有食之有司奏舊儀御前殿服朱紗袍通天冠詔云云又見南史九

討熊曇朗詔 永定二年六月甲午

曇朗噬逆罪不容誅分命衆軍仍事掩討方加梟磔以明刑憲陳書武帝紀下

遺虞荔書

喪亂已來賢哲凋散君才用有美聲聞許洛當今朝廷惟新廣求英儁豈可棲遲東土獨善其身今令兄子將接出都想必副朝廷虛遲也陳書虞荔傳

下璽書敕州郡 永定元年十月己卯

正當作王

夫四正革代商周所以應天五勝相推軒羲所以當運梁德不造喪亂積年東夏崩騰西都蕩覆蕭勃干紀非唯趙倫侯景滔天踰于劉載貞陽反簒賊約連兵江左累屬于鮮卑金陵久非于梁國有自氤氳混沌之世龍圖鳳紀之前東漢興平之初西朝永嘉之亂天下分崩未有若于梁朝者也朕以虛薄屬當興運自昔登庸首清諸越徐門浪泊靡不征行浮海乘山所在戡定冒無風塵騁驅師旅六延梁祀十翦强寇豈曰人謀皆由天啟梁氏以天祿斯改期運永終欽若唐虞推其鼎玉朕東西退讓拜手陳辭避舜子

于箕山之陽求支伯于滄洲之野而公卿敦逼率土翹惶天命難稽遂享嘉祚今月乙亥升禮太壇言念遷桐但有慙德自梁氏將末頻月亢陽火運斯終秋霖奄降翌日成禮圓丘宿設埃雲晚霽星象夜張朝景重輪泫三危之膏露晨光合璧帶五色之卿雲顧惟寡薄彌慙休祉昧旦丕顯方思至治卿等擁旄方岳相任股肱剖符名守方寄恤隱王庥惟新念有欣慶想深求民瘼務在廉平愛惠以撫孤貧威刑以禦彊猾若有萑蒲之盜或犯戎商山谷之酋擅彊幽險皆從肆赦咸使知聞如或迷途俾在無貸今遣使人具宣往旨念思善政副此虛懷陳書武帝紀下

卽位告天文

皇帝臣霸先敢用玄牡昭告于皇皇后帝梁氏以圮剝薦臻厤運有極欽若天應以命于霸先夫肇有烝民乃樹司牧選賢與能未常厥姓放勳重華之世咸無意于受終當塗典午之君雖有心于揖讓皆以英才處萬乘高勳御四海故能大庇黔首光宅區縣有梁末運仍葉遘屯獯醜憑陵久移神器承聖在外非能祀夏天未悔禍復罹寇逆嫡嗣廢黜宗枝僭詐天地蕩覆紀綱泯絕霸先爰初投袂大拯橫流重舉義兵實戡多難廢王立帝實有厥功安國定社用盡其力是謂小康方期大道既而煙雲表色日月呈瑞緯聚東井龍見譙邦除舊布新既彰玄象遷虞事夏且協謳訟九域八荒同布衷款百神羣祀皆有誠願梁帝高謝萬邦授以大寶霸先自惟菲薄讓德不嗣至于再三辭弗獲許僉以百姓須主萬機難曠皇靈眷命非可謙拒畏天之威用膺嘉祚永言夙志能無慙德敬簡元辰升壇受禪告類上帝用荅民心永保于我有陳惟明靈是饗陳書武帝紀下南史九

全陳文卷一終

烏程嚴可均校輯

文帝

帝諱蒨，字子華，武帝兄始興王道譚之長子。梁承聖初，爲吳興太守，歷信武將軍、監南徐州。太平初，授持節、宣毅將軍、會稽太守。武帝受禪，封臨川王，拜侍中、安東將軍。永定三年六月卽位，改元二：天嘉、天康。在位七年，謚曰文皇帝，廟號世祖。

卽位大赦詔 永定三年六月甲寅

上天降禍，奄集邦家，大行皇帝背離萬國，率土崩心，若喪考妣，龍圖寶曆，眇屬朕躬。運鍾擾攘，事切機務，南面須主，西讓禮輕，今便式膺景命，光宅四海，可大赦天下。罪無輕重，悉皆蕩滌。逋租宿債，吏民憊負，可勿復收。文武內外量加爵敘，孝悌力田爲父後者賜爵一級。庶祗畏在心，公卿畢力，勝殘去殺，無待百年，興言號哽，深增慟絕。《陳書·文帝紀》

封第二子項爲始興王詔 永定三年十月

日者皇基肇建，封樹枝戚，朕親地攸在，特啟大邦。弟項嗣承門祀，雖土宇開建，蘼饗莫由，重以遭家不造，閔凶夙遘，儲貳遐隔，轄車未返，猥以眇身，膺茲景命，式循龜鼎，冰谷載懷。今旣入奉大宗，事絕藩祼，始興國廟，蒸嘗無主，瞻言霜露，感尋慟絕。其徙封嗣王項爲安成王，封第二子伯茂爲始興王，以奉昭烈王祀。賜天下爲父後者爵一級，庶申罔極之情，永保山河之祚。《陳書·始興王伯茂傳》

項當作伯茂

詔荅沈炯

省表具懷。卿譽馳咸雒，情深宛沛，日者理切倚門，言歸異域，復牽時役，遂乖侍養，雖周生之思，每欲棄官，戴禮垂文，得遺從政。前朝光宅四海，劬勞萬機，以卿才爲獨步，職居專席，方深委任，屢屈情禮。朕嗣奉洪基，思弘景業，顧茲寡薄，兼纏哀疚，實賴賢哲，同致雍熙，豈便釋簡南闈，解紱東路？當今馮親入舍，荀母從官，用覩朝榮，不虧家禮。尋敕所司，相迎尊累，使卿公私得所，竝無廢也。《陳書·沈炯傳》

改元大赦詔 天嘉元年正月癸丑

朕以寡昧，嗣纂洪業，哀惸在疚，治道弗昭，仰惟前德，幽顯遐暢，恭己不言，庶幾無改。雖宏圖懋軌，日月方弘，而清廟廓然，聖靈浸遠，感尋永往，瞻言罔極。今四象運周，三元告獻，華夷胥洎，玉帛駿奔，思覃遺澤，播之億兆。其大赦天下，改永定四年爲天嘉元年。鰥寡孤獨不能自存立者，賜穀人五斛。孝悌力田殊行異等，加爵一級。《陳書·文帝紀》

親祠南郊詔 天嘉元年正月辛酉

朕式饗上玄，虔奉牲玉，高禋禮畢，誠敬兼弘。且陰霾浹辰，褰霽在日，雲物韶朗，風景清和，慶動人祇，忭流庶俗，思俾黎元，同此多祜，可賜民爵一級。《陳書·文帝紀》

原宥王琳黨與詔 天嘉元年二月戊戌

夫五運遞來，三靈眷命，皇王因之改創，殷周所以樂推。朕統曆承基，丕隆鼎運，期理攸屬，數祚斯在。豈僥倖所至，盜卜祇可求？故知神器之重，必在符命，是以逐鹿貽譏，斷蛇定業，亂臣賊子，異世同尤。王琳識暗挈瓶，智慙衛足，干紀亂常，自貽顛沛，而搢紳君子，多被縶維，雖涇渭合流，蘭鮑同肆，求之厥理，或有脅從。今九罭旣設，八紘斯掩，天網恢恢，吞舟是漏。至如伏波游說，永作漢蕃，延壽脫歸，終爲魏守。器改秦虞，材通晉楚，行藏用舍，亦豈有恆？宜加寬仁，以彰雷作。其衣冠士族，預在凶黨，悉皆原宥，將帥戰兵，亦同肆眚，竝隨才銓引，庶收力用。《陳書·文帝紀》

贈謚死事將士詔

師旅以來，將士死王事者，竝皆贈謚。《陳書·文帝紀》

蠲復丁役詔 天嘉元年二月己亥

日者凶渠肆虐。衆軍進討。舟艫輸積。權倩民丁。師出經時。役勞日久。今氣祲廓清。宜有甄被。可蠲復丁身夫妻三年。于役不幸者。復其妻子。陳書文帝紀

寬賦詔 天嘉元年三月丙辰

自喪亂已來。十有餘載。編戶凋亡。萬不遺一。中原氓庶。蓋云無幾。頃者寇難仍接。算斂繁多。且興師已來。千金日費。府藏虛竭。杼軸歲空。近所置軍資。本充戎備。今元惡克殄。八表已康。兵戈靜戢。息肩方在。思俾餘黎。陶此寬賦。今歲軍糧。通減三分之一。尚書申下四方。稱朕哀矜之意。守宰明加勸課。務急農桑。庶鼓腹含哺。復在茲日。陳書文帝紀

錄序郢州官屬詔 天嘉元年三月丁丑

蕭莊僞署文武官屬還朝者。量加錄序。陳書文帝紀

衡陽王喪柩至下詔 天嘉元年四月庚辰 案本傳作庚寅誤

夫寵章所以嘉德。禮數所以崇親。乃歷代之通規。前王之令典。新除使持節散騎常侍都督湘州諸軍事驃騎將軍湘州牧衡陽王昌。明哲在躬。珪璋早秀。孝敬內湛。聰睿外宣。梁季艱虞。宗社顛墜。西京淪覆。陷身關隴。及鼎業初基。外蕃逆命。聘問斯阻。音介莫通。睠彼機橋。將鄰烏白。今者羣公戮力。多難廓清。輕傳入郛。無勞假道。周朝欽其繼好。驂駕歸來。欣此朝聞。庶歡昏定。報施徒語。曾莫輔仁。人之云亡。殄悴斯在。奄焉薨殞。倍增傷悼。津門之慟。空在桓岫之功不追。靜言念之。心焉如割。宜隆懋典。以協徽猷。可贈侍中假黃鉞都督中外諸軍事太宰揚州牧。給東園溫明祕器。九旒鑾輅。黃屋左纛。武賁班劍百人。轀輬車。前後部羽葆鼓吹。葬送之儀。一依漢東平憲王齊豫章文獻王故事。仍遣大司空持節迎護喪事。大鴻臚副其羽衛。殯送所須。隨由備辦。陳書衡陽王昌傳

葬梁元帝詔 天嘉元年六月壬辰

梁孝元遭離多難。靈櫬播越。朕昔經北面。有異常倫。遣使迎接。以次近路。江寧既是舊塋。宜卽安卜。車旗禮章。悉用梁典。依魏葬漢獻帝故事。陳書文帝紀

進賢詔 天嘉元年七月甲寅

朕以眇身。屬當大寶。負荷至重。憂責實深。而庶績未康。胥怨猶結。佇沓賢良。發于夢想。每有一言入聽。片善可求。何嘗不褒奬抽揚。緘書紳帶。而傅巖虛往。胥谷尚淹。蒲幣空陳。旌弓不至。豈當有乖則哲。使草澤遺才。將時運澆流。今不逮古。側食長懷。寢興增歎。新安太守陸山才。有啟薦梁前征西從事中郎蕭策。梁前尚書中兵郎王暹。竝世冑淸華。羽儀著族。或文史足用。或孝德可稱。竝宜登之朝序。擢以不次。王公已下。其各進舉賢良。申薦淪屈。庶衆才必萃。大廈可成。使棫樸載哥。由庚在詠。陳書文帝紀 羅願新安志九

僑舊著籍詔 天嘉元年七月乙卯

自頃喪亂。編戶播遷。言念餘黎。良可哀惕。其亡鄉失土。逐食流移者。今年內隨其適樂。來歲不問僑舊。悉令著籍。同土斷之例。陳書文帝紀 通典三

種麥詔 天嘉元年八月壬午

菽粟之貴。重于珠玉。自頃寇戎。游手者衆。民失分地之業。士有佩犢之譏。朕哀矜黔庶。念康弊俗。思俾阻飢。方存富教。麥之爲用。要切斯甚。今九秋在節。萬實可收。其班宣遠近。竝令播種。守宰親臨勸課。務使及時。其有尤貧。量給種子。陳書文帝紀

禁奢麗詔 天嘉元年八月戊子

汙鐏土鼓。誠則難追。畫卯彫薪。或可易革。梁氏末運。奢麗已甚。芻豢厭于胥史。歌鐘列于管庫。牛木被朱丹之采。車馬飾金玉之珍。逐欲澆流。遷訛遂遠。朕自諸生。頗爲內足。而家敦樸素。室靡浮華。觀覽時俗。常所扼腕。今妄假時乘。臨馭區極。屬當淪季。思聞治道。

卯當作卵
牛當作土

菲食卑宮自安儉陋俾茲薄俗獲反淳風維雕鏤淫飾非兵器及
國容所須金銀珠玉衣服雜玩悉皆禁斷陳書文帝紀

㠯方泰爲南康世子詔天嘉元年

南康王曇朗出隔齊庭反身莫測國廟方修冀饗須主可㠯長男
方泰爲南康世子嗣南康王後陳書南康王曇朗附傳

停春夏決罪詔天嘉元年十二月乙未

古者春夏二氣不決重罪蓋㠯陽和布澤天秩是弘寬網省刑義
符含育前王所㠯則天象地立法垂訓者也朕屬當澆季思求民
瘼哀矜惻隱念甚納隍常欲式遵舊軌用長風化自今孟春訖于
夏首罪人大辟事已款者宜且申停陳書文帝紀

詔答沈不害天嘉初

省表聞之自舊章弛廢微言將絕朕嗣膺寶業念在緝熙而兵革
未息軍國草創常恐前王令典一朝泯滅卿才思優洽文理可求
弘惜大體殷勤名教付外詳議依事施行陳書沈不害傳

㠯侯瑱等配食高祖廟庭詔天嘉二年九月甲寅

姬業方闡望載渭濱漢曆既融道通圯上若乃儲精辰宿降靈惟
岳風雲有感夢寐是求斯固舟楫鹽梅遞相表裏長世建國罔或
不然至于銘德太常從祀清廟㠯貽厥後來垂諸不朽者也前皇
經濟區宇裁成品物靈貺式甄光膺寶命雖睿明濬發幽顯協從
亦文武賢能翼宣王業故大司馬驃騎大將軍瑱故司空文育故
平北將軍開府儀同三司僧明故中護軍穎故領軍將軍擬或締
構艱難經綸夷險或攙鋒冒刃殉義遺生或宣哲協規綢繆帷幄
或拔荆汗馬終始勤劬莫不罄誠悉力屯泰㠯之朕㠯寡昧嗣膺
丕緒永言勳烈思弘典訓便可式遵故實載揚盛軌可竝配食高
祖廟庭俾茲大猷永傳宗祐陳書文帝紀

下詔討留異天嘉二年十二月丙戌

子當作予

昔四罪難弘大媯之所無赦九黎亂德少昊之所必誅自古皇王
不貪征伐苟爲時蠹事非獲已逆賊留異數應亡滅繕甲完聚由
來積年進謝羣龍自躍于千里退讓首鼠恆持于百心中歲密契
番禺既弘天網賜㠯名爵敦㠯國姻儻望懷音猶能革面王琳竊
據中流翻相應接別引南川之嶺路專爲東道之主人結附凶渠
唯欣禍亂既祇氛盪定氣沮心孤類傷鳥之驚弦等窮獸之謀觸
雖復遣家入質子陽之態轉遒侍子還朝隗囂之心方熾朕志相
成養不計瑕慝披襟解帶敦喻殷勤蜂目彌彰梟聲無改遂置軍
江口嚴戍下淮顯然反叛非可容匿且緡邦膏腴稽南殷曠永割
王賦長壅國民竹箭良材絕望京輦萑蒲小盜共肆貪殘念彼餘
甿兼其慨息西戎屈膝自款重關秦國依風竝輸侵地三邊已乂
四表咸寧唯此微妖所宜清殄可遣使持節都督南徐州諸軍事
征北將軍司空南徐州刺史桂陽郡開國公安都指往擒戮罪止
異身餘無所問陳書留異傳

贈諡南康王曇朗詔天嘉二年

夫追遠慎終抑聞前誥南康王曇朗明哲懋親蕃維是屬入質北
齊用紓時難皇運兆興未獲旋反永言跂子日夜不忘齊使始至
凶問奄及追懷痛悼兼倍常情宜隆寵數㠯光恆序可贈侍中安
東將軍開府儀同三司南徐州刺史諡曰愍陳書南康王曇朗傳

南郊恩詔天嘉三年正月辛亥

朕負荷靈圖亟回星琯兢兢業業庶幾治定而德化不孚俗弊滋
甚永言念之無忘日夜陽和布氣昭事上玄躬奉牲玉誠兼饗敬
思與黎元被斯寬惠可普賜民爵一級其孝悌力田別加一等陳書文帝紀

收侯安都詔天嘉四年六月癸巳

昔漢厚功臣韓彭肇亂晉倚藩牧敦約稱兵託六尺于龐萌野心

椎當作推

竊發寄股肱于霍禹凶謀潛構追惟往代挻逆一揆永言自古患難同規侯安都素乏遙圖本慙令德幸屬興運預奉經綸拔跡行間假之毛羽椎于偏師委以馳逐位極三槐任居四嶽名器隆赫禮數莫儔而志唯矜己氣在陵上招聚逋逃窮極輕狡無賴無行不畏不恭受脤專征剽掠一逞椎轂所鎮裒斂無厭寄以徐蕃接鄰齊境貿遷禁貨鬻賣居民椎埋發掘毒流泉壤睚眦僵尸罔顧彝憲朕以爰初締構頗著功績飛驂代邸預定嘉謀所以淹抑有司每懷遵養杜絕百辟日望自新款襟期于話言推丹赤于造次策馬甲第羽林息警置酒高堂陛戟無衛何嘗內隱片嫌去柏人而勿宿外協猜防入成皋而不留而勃戾不悛驕暴滋甚招誘文武密懷異圖去年十二月十一日獲中書舍人蔡景歷啟稱侯安都去月十日遣別駕周弘實來景歷私省宿訪問禁中具陳反計朕猶加隱忍待之如初爰自北門還授南服受命經停奸謀益露今者欲因初鎮將行不軌此而可忍孰不可容賴社稷之靈近侍誠慤醜情彰暴逆節顯聞外可詳案舊典速正刑書止在同謀餘無所問陳書侯安都傳

以周鐵虎配食高祖廟庭詔 天嘉五年三月壬午

漢室功臣形寫宮觀魏朝猛將名配宗祧功烈所以長存世代因之不朽故侍中護軍將軍青冀二州刺史沌陽縣開國侯鐵虎誠節鯁亮力用雄敢王業初基行間累及垂翅賊壘正色寇庭古之遺烈有識同壯隕身不屈雖隆榮等營魂易遠言追嘉惜宜仰陪壖寢恭須饗奠可配食高祖廟庭陳書周鐵虎傳

曲赦京師詔 天嘉五年七月丁丑

朕以寡昧屬當負重星籥亟改冕旒弗曠不能仰協璿衡用調玉燭傍慰蒼生以安黔首兵無盬歲民乏有年移風之道未弘習俗之患猶在致令氓多觸網吏繁筆削獄犴滋章雖由物犯囹圄淹

什當作身

滯亦或有冤念俾納隍載勞負扆加以膚湊不適攝衛有虧比獲微痊思覃寬惠可曲赦京師陳書文帝紀

賻卹周敷詔 天嘉五年

使持節散騎常侍都督南豫州緣江諸軍事鎮南將軍南豫州刺史西豐縣開國侯敷受任遐征淹時逹律虛矜奸詭遂貽喪什但夙著勤誠亟勞戎旅猶深惻愴愍悼于懷可存其茅賦量所賻卹陳書周敷傳

許建安等郡流民還本詔 天嘉六年三月乙未

侯景以來遭亂移在建安晉安義安郡者並許還本土其被略爲奴婢者釋爲良民陳書文帝紀

脩治古忠烈墳冢詔 天嘉六年八月丁丑

梁室多故禍亂相尋兵甲紛紜十年不解不逞之徒虐流生氣無賴之屬暴及徂魂江左肇基王者攸宅金行水位之主木運火德之君時更四代歲逾二百若其經綸三業縉紳民望忠臣孝子何世無才而零落山丘變移陵谷或皆翦伐莫不侵殘玉杯得于民間漆簡傳于世載無復五株之樹罕見千年之表自大祚光啟恭惟揖讓爰暨朕躬聿脩祖武雖復旂旗服色猶行杞宋之計每車駕巡遊眇瞻河雒之路故喬山之祀蘋藻弗虧驪山之墳松柏恆守唯戚藩舊壟士子故塋掩殣未周樵牧猶眾或親屬流隸負土無期子孫冥滅手植何寄漢高留連于無忌宋祖惆悵于子房上墓生哀生靈共惻者也朕所以興言永日思慰幽泉維前代王侯自古忠烈墳冢被發絕無後者可檢行脩治墓中樹木勿得樵採庶幽顯咸暢稱朕意焉陳書文帝紀

曲赦京師詔 天嘉六年十二月癸亥

朕自居民牧之重託在王公之上顧其寡昧謬于治道加以屢虧聽覽事多壅積冤滯靡申幽枉弗鑒念茲罪戾有甚納隍而惠澤

未流愆陽累月今歲序云暮元正向肇思使幽圄之內同被時和可曲赦京師 陳書文帝紀

改元大赦詔 天康元年二月丙子

朕以寡德纂承洪緒日昃劬勞思弘景業而政道多昧黎庶未康兼疹患淹時亢陽累月百姓何咎實由朕躬念茲在茲痛如疾首可大赦天下改天嘉七年為天康元年 陳書文帝紀

遺詔 天康元年四月

朕疾苦彌留遂至不救脩短有命夫復何言但王業艱難頻歲軍旅生民多弊無忘愧惕今方隅乃定俗敎未弘便及大漸以為遺恨社稷任重太子可卽君臨王侯將相善相輔翊內外協和勿違朕意山陵務存儉速大斂竟羣臣三日一臨公除之制率依舊典 陳書文帝紀

敕虞荔

能敦布素乃當為高卿年事已多氣力稍減方欲仗委良須克壯今給卿魚肉不得固從所執也 陳書虞荔傳

策命鄱陽王 天嘉元年十月

於戲夫建樹藩屛翼獎王室欽若前典咸必由之惟爾夙挺瑰瑋坐知孝敬令德茂親僉譽所集啟建大邦實惟倫序是用敬遵民瞻錫此圭瑞往欽哉其勉樹聲業永保宗社可不慎歟 陳書鄱陽王伯山傳

與虞荔書

君東南有美聲譽洽聞自應翰飛京許共康時弊而削迹丘園保茲獨善豈使稱空谷之望邪必願便尒俶裝且為出都之計唯遲披覯在于茲日 陳書虞荔傳

妙法蓮華經懺文

菩薩戒弟子皇帝稽首和南十方諸佛無量尊法一切聖賢竊以前佛後佛種種因緣已說當說各各方便莫非眞語悉為妙法理

無二極起必同歸但因業因心稟萬類之識隨見隨著異羣生之相品位分淺深覺悟有遲速法雨一味得之者參差法雷一音聞之者差別是以小乘頓敎由此各名聲聞菩薩因斯分路至如鹿苑初說羊車小乘灰斷涅槃分段解脫以諸佛之善巧會衆庶之根機是曰半字未稱三點及夫會三歸一反本還源說大乘經名無量義滅化城于中路駕寶車于四衢衣裏明珠隱而還見髻中眞寶于焉始得出寶塔于空虛踴菩薩于大地見希有事證微妙法最勝最尊難逢難值弟子以因地凡夫屬符負荷方欲憲章古昔用拯黎元竊以羲皇結網深失大慈成湯解羅猶非妙善揚旌丹水異道樹而降魔執玉塗山非寶坊之大集所以憑心七覺繫念四勤任菩薩乘顯無三之敎學如來行開不二之門汲引羣迷導示衆惑今謹于某處建如干僧如干日法華懺見前大衆至心敬禮釋迦如來多寶世尊禮妙法華大乘經典禮普賢菩薩妙光法師願多寶如來從地湧出普賢菩薩乘象空來並入道場證明功德擊大法鼓轉妙法輪震動世間覺悟凡品令使盡空法界無量聲聞無邊衆生皆為菩薩總持性相同到無生稽首敬禮常住三寶 廣弘明集二十八下

金光明經懺文

菩薩戒弟子皇帝稽首和南十方諸佛無量尊法一切賢聖尋夫靈鷲山間自有常住之相白鶴林處本無變易之法故知眞解脫者誰辯去來實智慧者非有生滅而顚倒迷愚不曉三點之理無明覆蔽空有八十之疑于是四佛世尊百千菩薩俱會信相之室顯說釋迦之壽明稱歎之妙偈出懺悔之法音是曰經王微妙第一以種智為根本以功德為莊嚴能照諸天宮殿能與衆生快樂能銷變異惡星能除穀貴饑饉能遣怖畏能滅憂惱能怯怨敵能愈疾病如法修行功德已甚弟子以茲寡昧纂承洪業常恐王領

之宜。不符正論。御世之道。有乖天律。庶績未康。黎民弗乂。方願歸依三寶。憑藉冥空。護念衆生。扶助國土。今謹于某處建如干僧如干日金光明懺。見前大衆至心敬禮釋迦如來四佛世尊金光明經。信相菩薩。願諸菩薩久住世間。諸天善神不離土境。方便利益。增廣福田。映慈悲雲。開智慧日。作眼目導。爲依止所。成就菩提之道場。安住不動之境。國稽首敬禮常住三寶。廣宏明集二十八下

大通方廣懺文

菩薩戒弟子稽首和南十方三寶。竊㠯諸佛剎土。不可言說。如來稱號。無有限量。或過去現在。共取頗羅之姓。或同時異世。俱有釋迦之名。或明王十億。或然燈三萬。去來三界。遍滿十方。聞名者離塵。受持者得道。其爲功德。難用思議。釋迦如來㠯無礙力。遊娑羅之淨道。止吉祥之福地。寶池化生。金花自涌。說大通方廣。出三寶名號。譬如六天總歸一乘。弟子用慈悲之心。修平等之業。常㠯萬邦有罪。責自一人。四生未安。理爲重任。所㠯兢修在己。日夜忘勞。精進爲心。夜分未息。菩薩行處。皆願受持。諸佛法門。悉令如說。欲使普天率土。無復怖畏之塵。蠕動蜎飛。永得歸依之地。今謹依經教。于某處建如干僧如干日行方廣懺悔。讀誦百遍。右遶七帀。塗香末香。盡莊嚴之相。正念止觀。罄精懇之心。見前大衆至心敬禮本師釋迦如來。禮方廣經中所說三寶名字。願諸佛菩薩。尋聲赴響。放淨光明。照諸暗濁。施清涼水。滅茲渴愛。登六度舟。入三昧海。總萬有而會眞如。齊三界而登寶法。稽首敬禮常住三寶。廣宏明集二十八下

虛空藏菩薩懺文

竊㠯菩薩之于衆生。是大依止。觀察性相。隨機濟拔。一人未度。不證善果。往古今來。行願如一。而虛空藏菩薩最爲勝上。爲衆中之幢王。爲大明之尊主。具諸佛之智慧。得如來之祕密。至因夢見形。隨緣示相。一聞稱號。水火不能焚溺。一心稱名。刀杖不能傷害。壽命財產之願。念而必諧。色聲味觸之須。求而皆遂。身心疾惱。憐愍療治。牢獄怖畏。方便解釋。此蓋隨從世法。安樂衆生。及夫動神變相。去香集之境。放淨光明。來閻浮之界。入三昧定。除煩惱熱。說陀羅尼。破惡業障。五濁惡世。一時清涼。五根本罪。並皆解脫。此則開世間之眼。示涅槃之路。弟子承如來之教。稟諸佛之慈。冀被菩薩之功。家行大士之業。方願十方剎土。悉有一乘。十方衆生。皆修十地。今謹于某處建如干僧如干日虛空藏菩薩懺。見前大衆至心敬禮本師釋迦文佛。禮勝花敷藏如來。禮陀羅尼神咒。禮虛空藏菩薩。願虛空藏菩薩尋賢應赴。現神通力。開智慧光。㠯種種身。遊諸國土。度脫衆生。不乖誓願。稽首敬禮常住三寶。廣宏明集二十八下

方等陀羅尼齋懺文

竊㠯三世諸佛。㠯誓願因緣。十方如來。㠯智慧方便。縱無礙之辯。開無盡之門。法流派別。宗源無限。法本分散。枝條不極。非直摩訶般若。獨有八萬四千。至于陀羅尼門。亦有九十二億。處處宣說。種種名種。功德無量。威神不測。至如婆藪之拔地獄。波旬之發菩提。花聚之獲神通。雷音之脫掩蔽。莫不因斯章句。承茲業力。亦有四部弟子。十方衆生。聞一句而發心。聽一說而悅道。故知一切諸法。無非眞妙。弟子側身修行。所學者菩提。旰食夙興。所行者濟度。一心之力。攝取衆生。一念之頃。遍諸法相。如來種智。皆願總持。諸佛功德。悉欲流布。今謹于法典本之經教。見前大衆至心敬禮釋迦牟尼佛。禮陀羅尼章句。禮雷音比丘。禮華聚菩薩。願承此功德。調伏衆生。滅三毒心。破十惡業。四百之煩惱。自然清淨。八萬四千塵勞。一時解脫。得神咒之力。具法印之善。入陀羅尼門。觀諸佛境界。頓消獄火。永盡無餘。稽首敬禮常住三寶。廣宏明集二十八下

名種之種當作稱

藥師齋懺文

如當作知

竊㠯諸行無常悉爲累法萬有顛倒皆成苦本孰旣鏡像如變易之不停漂草繫茅見生滅之奔迅隨業風而入苦海逐報障而趣幽途去來三界未見可安之所輪迴五道終無暫息之期藥師如來有大誓願接引萬物救護衆生導諸有之百川歸法海之一味亦能施與花林隨從世俗使得安樂令無怖畏至如八難九橫五濁三災水火盜賊疾疫饑饉怨家債主王法縣官憑陵之勢萬端虔劉之法千變悉能轉禍爲福改危成安復有求富貴須祿位延壽命多子息生民之大欲世間之切要莫不隨心應念自然滿足故知諸佛方便事絕思量弟子司牧寡方庶績未乂方憑藥師本願成就衆生今謹依經教于某處建如干僧如干日藥師齋懺現前大衆至心敬禮本師釋迦如來禮藥師如來慈悲廣覆不乖本願不棄世間興四等雲降六度雨滅生死火除煩惱箭十方世界若輪燈而明朗七百鬼神尋結纏而應赴障逐香然災無復有命隨幡續漸登常住遊甚深之法性入無等之正覺行願圓滿如藥師如來廣宏明集二十八下

娑羅齋懺文

尋夫眞解脫者本自不生實智慧者今亦無滅故知鶴林變色非變易之文鷲山常在實常住之法但世界不一應赴所㠯不窮衆生無邊方便所㠯無際隨念隨著種種法門因業因心各各示見或八十小劫端坐之相未移方八十年無餘之機已及熙連河側晨朝之色忽明娑羅樹間中夜之聲便寂最後功德是曰茲辰弟子有緣閻浮屬當重任愍羣生之顛倒嗟庶類之愚迷常願造六度之舟濟之于彼岸駕一乘之御驅之于中道今謹于太極殿設無礙大會首僧一夕娑羅大齋願法雨法雲清涼三界之火慧燈慧炬照朗百年之室常住二字人天共聞伊字三點凡聖竝悟無勞迦葉之問不待須跋之疑一切種智而爲根本無量功德㠯自

莊嚴意樹開解脫之花身田含定慧之水居處吉祥之地枕藉福德之場與二氣而俱貞隨四時而納祜日月天子照合璧于大千星辰宮殿散連珠于百億慈悲輕雨與祥風而竝飛菩提寶雲共飛煙而合彩六合四海無復塵勞六道四生俱蒙清淨廣宏明集二十八下

無礙會捨身懺文

竊覩雅誥與義皇上興在予之言禮經令典聖人揚罪己之說故亡身濟物仁者之恆心克己利人君子之常德況復菩薩大士法本行處應赴三界攝受四生運無量之四心修平等之六度國城妻子僶俛哀荒承祖宗之大業扶曳喘息當天下之重任黎民弗乂庶績未熙御朽履冰無忘兢業又㠯世相泡影有爲露電愛河奔迅欲海飛騰稟識同焚含靈共溺惡瑱馮玉還覺萬乘非尊當宁負扆翻㠯萬機成累夕惕若厲思宏汲引每旦丕顯奉爲七廟聖靈奉爲皇太后聖御奉爲天龍鬼神幽冥空有三界四生五道六趣若色若想若怨若親若非怨親遍虛空滿法界窮過去盡未來無量名識一切種類平等大捨弟子自身及乘輿法服五服鑾輅六冕龍章玉几玄裘金輪紺馬珠交纓絡寶飾莊嚴給用之所資待生平之所玩好竝而檀那咸施三寶今謹于前殿設無礙大會奉行所願并諸功德具列于前願諸菩薩冥空幽顯俱到證明開智慧日映慈悲雲樹寶幢于大千擊法鼓于百億震動世界覺悟羣生放三昧之淨光流一味之法雨引愚癡于火穽拔煩惱于棘林出輪轉河到無生岸廣宏明集二十八下

全陳文卷二終

全陳文卷三

烏程嚴可均校輯

廢帝

帝諱伯宗，字奉業，小字藥王，文帝長子。永定二年拜臨川王世子。文帝即位，立爲皇太子。天康元年即位，明年改元光大，在位二年。宣太后令廢爲臨海王。

即位大赦詔 天康元年四月癸酉

上天降禍，大行皇帝奄棄萬國，攀號靡及，五內崩殞。朕㠯寡德，嗣膺寶命，煢煢在疚，懼甚綴旒，方賴宰輔，匡其不逮。可大赦天下。陳書廢帝紀

改元大赦詔 光大元年正月乙亥

昔昊天成命，降集寶圖，二后重光，九區咸乂。閔余沖藐，王道未昭，荷茲神器，如涉靈海。庶親賢並建，牧伯惟良，天下雍熙，緝同刑措。今三元改厤，萬國充庭，清廟無追，具僚斯在，言瞻亡位，觸感崩心。思播遺恩，俾覃黎獻。可大赦天下，改天康二年爲光大元年。孝悌力田賜爵一級。陳書廢帝紀

收到仲舉等付廷尉詔 光大元年八月

到仲舉庸力小才，坐叨顯貴，受任前朝，榮寵隆赫。父參王政，子據大邦，禮盛外姻，勢均戚里。而肆其驕闇，凌傲百司，遏密之初，擅行國政，排黜懿親，欺蔑台衮。韓子高蕞尒細微，擢自卑末，入參禁衛，委㠯心腹，蜂蠆有毒，敢行反噬。仲舉、子高共爲表裏，陰構姦謀，密爲異計。安成王朕之叔父，親莫重焉，受命導揚，稟承顧託，㠯朕沖弱，屬當保祐，家國安危，事歸宰輔，伊周之重，物無異議，將相舊臣，咸知宗仰。而率聚凶徒，欲相掩襲，屯據東城，進逼崇禮，規樹仲舉，㠯執國權，陵斥司徒，意在專政，潛結黨附，方危社稷。賴祖宗之靈，姦謀顯露。前上虞令陸昉等具告其事，並有據驗。幷克今月七日

縱其凶惡。領軍將軍明徹、左衞將軍衞尉卿寶安、及諸公等又並知其事。二三疊迹，彰于朝野，反道背德，事駭聞見。今大憝克殲，罪人斯得，並可收付廷尉，肅正刑書。罪止仲舉父子及子高三人而已，其餘一從曠蕩，並所不問。陳書到仲舉傳

誅華皎家口詔 光大元年九月乙巳

逆敗華皎，極惡窮凶，遂樹立蕭歸，謀危社稷，棄親即讎，人神憤惋。王師電速，水陸爭前，梟翦之期，匪朝伊暮。其家口在北里，尙方宜從誅戮，用明國憲。陳書廢帝紀

敗當作賊

速當作邁

曲赦湘巴二郡詔 光大元年十月辛巳

賊皎輿皁微賤，特逢獎擢，任據藩牧，屬當寵寄，背斯造育，興構姦謀，樹立蕭氏，盟約彰露，鴆毒存心，志危宗社，扇結邊境，驅逼士庶，蟻聚巴湘，豕突郢鄂，逆天反地，人神忿嫉。征南將軍量、安南將軍明徹、郢州刺史靈洗，受律專征，備盡心力，撫勞驍雄，舟師俱進，義烈爭奮，凶惡奔殄，獻捷相望，重氛載廓，言念泣罪，思與惟新。可曲赦湘巴二州，凡厥爲賊所逼制，預在凶黨，悉皆不問。其賊主帥節相，並許開恩出首，一同曠蕩。陳書華皎傳

卹死事軍人詔 光大二年正月庚子

討華皎軍人死王事者，並給棺櫬，送還本鄉，仍復其家。陳書廢帝紀

宣帝

帝諱頊，字紹世，小字師利，文帝第二弟。梁承聖中爲直閤將軍、中書侍郎。江陵陷，隨例入關。陳受禪，遙襲父道譚爵始興王。文帝即位，改封安成王。天嘉三年自周還，授侍中、中書監、中衞將軍，尋授使持節、揚州刺史，進號驃騎將軍，加開府儀同三司，遷司空。天康初，授尙書令。廢帝即位，拜司徒，進驃騎大將軍、錄尙書、都督中外諸軍事，進太傅。光大二年，宣太后令廢帝爲臨海王。三年正月即位，改元太建，在位十四年。謚曰孝宣皇帝，廟號

大當作夫

高宗

即位改元大赦詔 太建元年正月甲午

大聖人受命王者中興並由懿德方作元后高祖武皇帝蹐指拜堯圖經綸禹跡配天之業光辰象而利貞格地之功侔川岳而長遠世祖文皇帝體上聖之姿當下武之運築宮示儉所務唯德定鼎初基厥謀斯在朕以寡薄才非聖賢夙荷前規方傳景祚雖復親承訓誨志守藩維詠季子之高風思城陽之遠託自元儲紹國正位君臨無道非幾佇聞刑措豈圖王室不造頻謀亂階天步艱難將傾寶厤仰惟嘉命爰集朕躬我心貞確堅誓蒼昊而羣辟敦請相詣渭橋文母尊嚴懸心長樂對揚璽紱非止殷湯之三辭履踐春冬何但代王之五讓今便肅奉天策欽承介圭若據滄溟踰增兢業思所以雲行雨施品物咸亨當與黔黎普同斯慶可改光大三年爲大建元年大赦天下在位文武賜位一階孝悌力田及爲父後者賜爵一級異等殊才並加策序鰥寡孤獨不能自存者人賜穀五斛陳書宣帝紀

恤軍士死傷詔 太建二年三月丁未

自討周迪華皎已來兵交之所有死亡者並令收斂並給棺槥送還本鄉瘡痍未瘳者各給醫藥陳書宣帝紀

安處新附詔 太建二年八月甲申

懷遠以德抑惟恆典去戎即華民之本志頃年江介襁負相隨崎嶇歸化亭候不絕宜加卹養答其誠心維是荒境自投有在都邑及諸州鎮不問遠近並蠲課役若克平舊土反我侵地皆許還鄉一無拘限州郡縣長明加甄別良田廢村隨便安處若輒有課訂即以擾民論陳書宣帝紀

行新政詔

民惟邦本著在典謨治國愛民抑又通訓朕聽朝晏罷日昃劬勞方流惠澤覃被億兆有梁之季政刑廢缺條綱弛紊僭盜荐興役賦征徭尤爲煩刻大陳御寓拯茲餘弊滅扈戡黎弗遑創改年代彌流將及成俗如弗解張物無與厝夕惕疚懷有同首疾思從卑菲約己濟民雖府帑未充君孰與足便可刪革去其泰甚冀永爲定準令簡而易從自今維作田值水旱未收即列在所言上折除軍士年登六十悉許放還巧手于役死亡及與老疾不勞訂補其籍有巧隱并王公百司輒受民爲程蔭解還本屬開恩聽首在職洽事之身須通相檢示有失不推當局任罪令長代換具條解舍戶數付度後人戶有增進即加擢賞若致減散依事准給有能墾起荒田不問頃畝少多依舊蠲稅陳書宣帝紀

通當作遜

原逆黨詔 太建三年三月丁丑

犯逆子弟支屬逃亡異境者悉聽歸首見縶繫者量可散釋其有居宅並追還陳書宣帝紀

班宣兵法詔 太建四年八月戊寅

國之大事受脤興戎師出以律稟策于廟所以乂安九有克成七德自頃掃滌羣穢廓清諸夏乃貔貅之戮力亦帷幄之運籌雖左衽已殲干戈載戢呼韓來謁亭鄣無警但不教民戰是謂棄之仁必有勇無忘武備磻溪之傳韜訣穀城之授神符文叔懸制戎規孟德頗言兵略朕既慙暗合良皆披覽兼昔經督戎備嘗行陣齊以七步肅之三鼓得自胸襟指掌可述今並條制凡十三科宜即班宣以爲永準陳書宣帝紀

令內外舉賢極諫詔 太建四年九月辛亥

舉善從諫在上之明規進賢謁言爲臣之令範朕以寡德嗣守寶圖雖世襲隆平治非盛一辨方分職旰食早衣偏闕爭臣下無貢士何其闕爾鮮能抗直豈余獨運距薦讜言置鼓公車罕論得失施石象魏莫陳可否朱雲攀檻良所不逢禽息觸楹又爲難值至

如衣褐以見擠登以遊或者文絕倫或妙年異等干時而不偶左右莫之譽黑貂改弊黃金且殫終身滯淹可爲太息又貴爲百辟賤有十品工拙並騖勸沮莫分街謠徒擁廷議斯闕實朕之弗明而時無獻替永言至治何迺爽歟外可通示文武凡厥在位風化乖殊朝政紕蠹正色直辭有犯無隱兼各舉所知隨才明試其蒞政廉穢在職能否分別矢言俟茲黜陟（陳書宣帝紀）

分留罷任之徒往姑孰詔（太建四年閏十一月辛未）

姑孰饒曠荊河斯擬博望關鐵天限嚴峻龍山南指牛渚北臨對熊繹之餘城邇全琮之故壘良疇美柘畦畎相望連宇高甍阡陌如繡自梁末兵災凋殘略盡比雖務優寬猶未克復咫尺封畿宜須殷阜且衆將部下多寄上下軍民雜俗極爲蠹耗自今有罷任之徒許分留部下其已在江外亦令迎還悉住南州津裏安置有無交貨不責市估萊荒墾闢亦停租稅臺遣鎮監一人共刺史津主分明檢押給地賦田各立頓舍（陳書宣帝紀）

創築東宮詔（太建四年十二月丁卯）

梁氏之季兵火薦臻承華焚蕩頓無遺構寶命惟新迄將二紀頻事戎旅未遑修繕今工役差閑椽櫨有擬來歲開肇創築東宮可權置起部尚書將作大匠用主監作（同上）

皇孫胤生詔（太建五年三月己丑吳興王胤傳作二月乙丑）

皇孫初誕國祚方熙思與羣臣共同斯慶內外文武賜帛各有差爲父後者賜爵一級（陳書吳興王胤傳）

克壽陽下詔

梁末得懸瓠以壽陽爲南豫州今者克復可還爲豫州以黃城爲司州治下爲安昌郡漼湍爲漢陽郡三城依梁爲義陽郡並屬司州（陳書宣帝紀）

以吳明徹爲豫州刺史詔（太建五年十月丙辰）

壽春者古之都會襟帶淮汝控引河洛得之者安是稱要害侍中使持節都督征討諸軍事征北大將軍開府儀同三司南平郡開國公明徹雄圖克舉宏略蓋世在昔屯夷締構皇業乃掩衡岳用清氛沴實吞雲夢即敘上游今茲蕩定恢我王略風行電埽貔武爭馳月陣雲梯金湯奪險威陵殊俗惠漸邊氓惟功與能元戎是屬崇麾廣賦茂典恆宜可都督豫合建光朔北徐六州諸軍事車騎大將軍豫州刺史增封并前三千五百戶餘如故（陳書吳明徹傳）

還王琳等首詔（太建五年十二月壬辰）

古者反噬叛逆盡族誅夷所以藏其首級誡之後世比者所戮止及一身子胤或存梟懸自足不容久歸武庫長比月支憫隱之懷有仁不忍維熊曇朗留異陳寶應周迪鄧緒等及今者王琳首並還親屬以弘廣宥（陳書宣帝紀　案北齊書王琳傳琳故吏朱瑒致書陳尚書僕射徐陵求琳首陵感其志節明徹亦數夢琳求首並爲啟陳主而許之）

赦江右淮北等州詔（太建六年正月壬戌）

王者以四海爲家萬姓爲子一物乖方夕惕猶厲六合未混旰食彌憂朕嗣纂鴻基思弘經略上符景宿下叶人謀命將興師大拯淪溺灰琯未周凱捷相繼拓地數千連城將百蠢彼餘黎毒茲異境江淮年少猶有剽掠鄉閭無賴摘出陰私將帥軍人罔顧刑典今使苛法蠲除仁聲載路且肇元告慶邊服來荒始覩皇風宜覃曲澤可赦江右淮北南司定霍光建朔合豫北徐仁北兗青冀南譙南兗十五州郢州之齊安西陽江洲之齊昌新蔡高唐南豫州之歷陽臨江郡士民罪無輕重悉皆原宥將帥職司軍人犯法自依常科（陳書宣帝紀）

緩南川等州田租詔（太建六年三月癸亥）

去歲南川頗言失稔所督田租于今未即豫章等六郡太建五年田租可申半至秋豫章又遭太建四年檢首田稅亦申至秋南康

一郡嶺下應接民間尤弊太建四年田租未入者可特原除庶脩墾無廢歲取方實。陳書宣帝紀

慰撫朐山黃郭詔 太建六年四月辛丑

戢情懷善有國之令圖拯弊救危聖範之通訓近命師薄伐義在濟民青齊舊隸膠光部落久患凶戎爭歸有道棄彼農桑忘其衣食而大軍未接中途止憩朐山黃郭車營布滿扶老攜幼蓬流草跋既喪其本業咸事遊手饑饉疾疫不免流離可遣大使精加慰撫仍出陽平倉穀拯其懸磬并充糧種勸課士女隨近耕種石鼈等屯適意脩墾。陳書宣帝紀

贈謚周弘正詔 太建六年六月

追遠褒德抑有恆規故尚書右僕射領國子祭酒豫州大中正弘正識宇凝深藝業通備辭林義府國老民宗道映庠門望高禮閣卒然殂殞朕用惻然可贈侍中中書監喪事所須量加資給便出臨哭謚曰簡子。陳書周弘正傳

給吳明徹麾鉞詔 太建八年二月

昔者軍事建旌交鋒作鼓頃日訛替多乖舊章至于行陣不相甄別今可給司空大都督鈇鉞龍麾其次將各有差。陳書吳明徹傳

凱旋大會詔 太建八年四月甲寅

元戎凱旋羣師振旅旌功策賞宜有饗宴今月十七日可幸樂遊苑設絲竹之樂大會文武。陳書宣帝紀

原逋租詔 太建九年五月丙子

石當作布

朕昧旦求衣日旰方食思弘億兆用臻俾乂而牧守莅民廉平未洽年常租賦多致逋餘卽此務農宜弘寬省可起太建已來訖八年流移叛戶所帶租調七年八年叛義丁五年訖八年叛軍丁六年七年逋租田米粟夏調綿絹絲石麥等五年訖七年逋貲絹皆悉原之。陳書宣帝紀

量酬軍功詔 太建十年四月庚戌

懋賞之言明于訓誥挾纊之美著在撫巡近歲薄伐廓清淮泗摧鋒致果文武畢力櫛風沐雨寒暑亟離念功在茲無忘終食宜班榮賞用酬厥勞應在軍者可竝賜爵二級并加資帥付選卽便量處。陳書宣帝紀

停減供御詔

戈當作弋

惟堯葛衣鹿裘則天爲大伯禹弊衣菲食夫子曰無閒然故儉德之恭約失者鮮朕君臨宇宙十變年籥旰日勿休乙夜忘寢跂予思治若濟巨川念茲在茲懷同馭朽非貪四海之富非念黃屋之尊導仁壽以寘羣生盜勞役以奉諸己但承梁季亂離斯瘼宮室禾黍有名亡處雖輪奐未覩頗事經營去泰去甚猶爲勞費加以戎車屢出千金日損府帑未充民疲征賦百姓不足君孰與足興言靜念夕惕懷抱垂訓立法良所多慙雕爲朴庶幾可慕雉頭之服既焚戈綈之衣方襲損撤之制前自朕躬草偃風行冀以變俗應御府堂署所營造禮樂儀服軍器之外其餘悉皆停息掖庭常供王侯妃主諸有俸卹竝各量減。陳書宣帝紀

僑置淮北郡縣詔 太建十一年三月丁未

淮北義人率戶口歸國者建其本屬舊名置立郡縣卽隸近州賦給田宅唤訂一無所預。陳書宣帝紀

清乂文案詔 太建十一年五月乙巳

武當作虎

昔軒轅命于風后力牧放勛咨爾稷契朱武冕旒垂拱化致隆平爰逮漢列五曹周分六職設官理務各有攸司亦幾期刑措卜世彌永竝賴羣才用康庶績朕日昃劬勞思弘治要而機事尚擁政道未凝夕惕于懷罔知攸濟方欲仗茲舟檝委成股肱徵名責實取盜多士自今應尚書曹府寺內省監司文案悉付局參議分判其軍國興造徵發選序三獄等事前須詳斷然後啟聞凡諸辯決

柱當作枉

務令清乂約法守制較若畫一不得前後舛互自相矛楯致有柱濫紆意舞文糾聽所知靡有攸赦陳書宣帝紀

改重受財律詔 太建十一年五月甲寅

舊律以枉法受財爲坐雖重直法容賄其制甚輕豈不長彼貪殘生其舞弄事涉貨財寧不尤切今可改不枉法受財者科同正盜陳書宣帝紀

大赦詔 太建十一年十一月辛卯

畫冠弗犯革此澆風孥戮是蹈化于薄俗朕膺寶命迄將一紀思經邦濟治憂國愛民日仄劬勞夜分輟寢而還淳反朴其道靡階雍熙盛美莫云能致遂乃鞫訊之牒盈于聽覽春鈦之人煩于牢犴周成刑措漢文斷獄杼軸空勞邈焉既遠加以㝡爾醜徒載我彭汴淮汝氓庶企踵王略治兵誓旅義存拯救飛芻輓粟征賦頗煩暑雨祁寒寧忘咨怨兼宿度乖舛次舍違方若曰之誡責歸元首愧心斯積馭朽非懼即建子令月微陽初動應此嘉辰宜播寬澤可大赦天下陳書宣帝紀

絑當作珠

尚儉詔 太建十一年十二月己巳

昔堯舜在上茅屋土階湯禹爲君藜杖韋帶至如甲帳絑絡華榱璧璫未能雍熙徒聞侈欲朕企仰前聖思求訟平正道多違澆風又靡至今貴里豪家金鋪玉舄貧居陋巷彘食牛衣稱物平施何其遼遠爟烽未息役賦兼勞文吏姦貪妄動科格重以旗亭關市稅歛繁多不廣都內之錢非供水衡之費逼遏商賈營謀私蓄靖懷衆弊宜事改張弗弘王道安拯民蠹今可宣敕主衣尚方諸堂署等自非軍國資須不得繕造衆物後宮僚列若有游長掖庭啟奏即皆量遣太子祕戲非會禮經樂府倡優不合雅正並可刪改市估津稅軍令國章更須詳定唯務平允別觀離宮郊間野外非恆饗宴勿復脩治并敕內外文武車馬宅舍皆循儉約勿尚奢華

太子當作大予

違我嚴規抑有刑憲所由具爲條格標牓宣示令喻朕心焉陳書宣帝紀

丹陽等十郡田稅原半詔 太建十二年十一月己丑

朕君臨四海日旰劬勞思弘至治未臻斯道而兵車驟出軍費尤煩芻漕控引不能徵賦夏中亢旱傷農畿內爲甚民失所資歲取無託此則刑政未理陰陽舛度黎元阻饑君孰與足靖言興念余責在躬宜布惠澤溥沾氓庶其丹陽吳興晉陵建興義興東海信義陳留江陵等十郡并詔署即年田稅祿秩並各原半其丁租半申至來歲秋登陳書宣帝紀

遺詔 太建十四年正月

朕爰自遘疾曾未浹旬醫藥不瘳便屬大漸終始定分夫復奚言但君臨寰宇十有四載誠則雖休勿休日慎一日知宗廟之負重識王業之艱難而邊鄙多虞生民未乂方欲蕩清四海包吞八荒有志莫從遺恨幽壤皇太子叔寶繼體正嫡年業韶茂纂統洪基社稷有主羣公卿士文武內外俱罄心力同竭股肱送往事居盡忠誠之節當官奉職引翼亮之功務在叶和無違朕意凡厥終制事從省約金銀之飾不須入壙明器之具皆令用瓦唯使儉而合禮勿得奢而乖度以日易月既有通規公除之制悉依舊制在位百司三日一臨四方州鎮五等諸侯各守所職並停奔赴陳書宣帝紀

敕禁海際捕漁滬業

智顗禪師請禁海際捕漁滬業此江苦無烏賊珍味宜依所請永爲福地國清百錄

敕釋靖高等供給

至人爲法以身許道法師等善明治亂歸寄有敍可謂懷道正士深可嘉之宜于都郭大寺安置所司供給務令周洽續高僧傳

敕北伐

今歲出師薄伐邊服所獲梁土則江淮二百許城東西五千餘里然龜腹長文號千里也遠驗明言宛同符契（續高僧傳）

敕留釋智顗不許入天台（太建七年四月）

京師三藏雖弘皆一途偏顯兼之者寡朕聞瓦官濟濟深用慰懷宜停訓物豈邉獨善一二曹義達口具得朕意也（釋藏起字一號國淸百錄一）

敕給釋智顗（太建九年二月）

智顗禪師佛法雄傑時匠所宗訓兼道俗國之望也宜割始豐縣調以充衆費蠲兩戶民用供薪水主者施行（同上又見綴字二號續高僧傳十七）

敕給修禪寺名（太建十年五月）

具左僕射徐陵啟智顗禪師創立天台宴坐名嶽宜號修禪寺也（同上）

與邊將書

虜潛猶在壽陽聞其何當還北此虜不死方爲國患卿宜深備之（北齊書盧潛傳）

從釋智顗受法文

仰惟化導無方隨機濟物衛護國土汲引天人照燭光輝託迹師友比丘入夢符契之像久彰和上來儀高座之德斯炳是以翹心十地渴仰四依大小二乘內外兩教尊師重道由來尚矣伏希俯提所謂世世結緣遂其本願日日增長今奉請爲菩薩戒師（續高僧傳）

勝天王般若懺文

菩薩戒弟子皇帝稽首十方諸佛無量尊法一切賢聖白鶴林滅迹鷲嶺凝神瓶寫總持遺文不墜傳燈流布法輪踰廣方軌宏宣既昭著于西域分鑣顯說亦漸移于東土而周朝徵應止見夜明漢帝感通不過宵夢香象所載虎觀寂而未聞龍宮所藏麟閣闃其無取山海爲隔傳授蓋微華夷不同翻譯何幾天王所問止得經名金剛之經纔見一品歷魏晉而未備經宋齊而愜闕我皇帝

承家建國光前絕後道格天地通被幽微大啟慈悲廣開智慧施造化以仁壽濟蒼生于解脫異世界而承風殊剎土而嚮應眞人開出法寶傳通粵以天嘉六年外國王子月婆首那來遊匡嶺慧解深妙靡測聖凡奉持勝天王般若經一部于彼翻譯表獻京師其校彼前名冥合符契總三乘之通教貫六度之淵海如開暗室以照優曇十方衆生若貧人之獲寶四部弟子等力士之得珠金牒寶印始茲辰而一啟智慧實法洎爾時而方具故知如來咐囑必俟仁王般若興隆期于聖運弟子纂承洪緒思宏大業願此法門遍諸幽顯今謹于某處建如干僧如干日勝天王般若懺見前大衆至心敬禮本師釋迦如來禮般若波羅蜜禮勝天王願一切衆生勤求般若不避寒暑如薩陀波崙不愛身命如精進力菩薩得般若之性相與般若而相應攝諸萬有住安隱地含靈有識悉獲歸依稽首敬禮常住三寶（廣宏明集二十八下）

全陳文卷三終

倡融當作倡駛

釋當作殄

全陳文卷四

後主　　烏程嚴可均校輯

後主諱叔寶字元秀小字黃奴宣帝長子天嘉三年爲安成王世子太建元年立爲皇太子十四年正月卽位改元二至德禎明在位七年滅于隋仁壽四年薨于洛陽追贈大將軍封長城縣公謚曰煬有集三十九卷

棗賦

芳園列幹森梢繁羅蕊餘莖少葉暗枝多復有奇樹風間臨月入夜影來未若丹心美實絳質嘉枝重針共暗枝瓠同瑰 此二句譌鑒類函作齊水華浮鄭都彩垂雜心日映羊角風吹蓋取梁簡文詩補綴 羞金盤于冰水薦玉案于棎杯此歡心之未已方夢腸而屢迴 初學記二十七徐守銘本有此賦宋本無

夜亭度雁賦

春望山楹石暖苔生雲隨竹動月共水明暫消搖于夕徑聽霜鴻之度聲度聲已悽切猶含關塞鳴從風兮前倡融帶暗兮後羣驚帛久兮書字滅蘆束兮斷銜輕行雜響時亂響雜行時散已定空閨愁還長倡樓歎空閨倡樓本寂寂況此寒夜褰珠幔心悲調管曲未成手撫弦聊一彈一彈管且陳歌翻使怨情多 初學記三十

報尚書八座奏治始興王叔陵罪制 太建十四年正月乙卯

凶逆梟獍反噬宮闈賴宗廟之靈時從釋滅撫情語事酸憤兼懷朝議有章宜從所奏也 陳書始興王叔陵傳

卽位大赦詔 太建十四年正月丁巳

上天降禍大行皇帝奄棄萬國攀號擗踊無所迨及朕㠯哀煢嗣膺寶曆若涉巨川罔知攸濟方賴羣公用匡寡薄思播遺德覃被億兆凡厥遐邇咸與惟新可大赦天下在位文武及孝弟力田爲父後者竝賜爵一級孤老鰥寡不能自存者賜穀人五斛帛二匹陳書後主紀

許新安王伯固㠯庶人禮葬詔

伯固同茲悖逆殞身途路今依外議意猶弗忍可特許㠯庶人禮葬 陳書新安王伯固傳

又詔

伯固隨同巨逆自絕于天俾無遺育抑有恆典但童孺靡識兼預葭莩寘之甸人良㠯惻憫及伯固所生王氏可竝特宥爲庶人 上同

課農詔 太建十四年三月辛亥

躬推爲勸義顯前經力農見賞事昭往誥斯乃國儲是資民命攸屬豐儉隆替靡不由之夫入賦自古輸藁惟舊沃饒貴于十金磽确至于三易腴塉既異盈縮不同詐僞日興簿書歲改稻田使者著自西京不實峻刑聞諸東漢老農懼于祇應俗吏因而侮文輟耒成羣游手爲伍永言妨蠹良可太息今陽和在節膏澤潤下宜展春耨㠯望秋坻其有新闢塍畎進墾蒿萊廣袤勿得度量征租悉皆停免私業久廢咸許占作公田荒縱亦隨肆勤儻良守敎耕淯民載酒有茲督課議㠯賞擢外可爲格班下稱朕意焉 陳書後主紀

求賢詔 太建十四年三月癸亥

夫體國經野長世字氓雖因革儻殊弛張或異至于旁求俊乂爰逮側微用道和羹是隆大廈上智中主咸由此術朕㠯寡薄嗣膺景祚雖哀疚在躬情慮惛舛而宗社任重黎庶務殷無由自安拱默敢忘康濟所㠯登顯髦彥式備周行但空勞宵夢屢勤史卜五就莫來五能不至是用甲旦凝慮景夜損懷豈㠯食玉炊桂無因自達將懷寶迷邦咸思獨善應內外衆官九品已上可各薦一人㠯會彙征之旨且取備實難舉長或易小大之用明言所施勿得南箕北斗名而非實其有負能仗氣擯壓當時著賓戲㠯自憐草客嘲㠯慰志人生一世逢遇誠難亦宜去此幽谷翔茲天路趨銅

不當作丕

驄。已觀國望金馬而來庭。便當隨彼方圓。飭之矩矱。陳書後主紀

求言詔

昔睿后宰民。哲王御寓。雖德稱汪濊。明能普燭。猶復紆己乞言。降情訪道。高咨岳牧。下聽輿臺。故能政若神明。事無悔吝。朕纂承不緒。思隆大業。常懼九重已邃。四聰未廣。欲聽昌言。不疲痺足。若逢廷折。無憚批鱗。而口柔之辭。儻聞于在位。腹誹之意。或隱于具僚。非所以弘理至公。緝熙帝載者也。內外卿士文武衆司。若有智周政術。心練治體。救民俗之疾苦。辯禁網之疏密者。各進忠讜。無所隱諱。朕將虛己聽受。擇善而行。庶深鑒物情。匡我王度。陳書後主紀

禁繁費詔 太建十四年四月庚子

朕臨御區宇。撫育黔黎。方欲康濟澆薄。蠲省繁費。奢僭乖衷。實宜防斷。應鏤金銀薄及庶物化生土木人綵花之屬。及布帛幅尺短狹輕疏者。並傷財廢業。尤成蠹患。又僧尼道士。挾邪左道。不依經律。民間淫祀祆書諸珍怪事。詳為條制。並皆禁絕。陳書後主紀

發遣北邊質任詔 太建十四年四月癸卯

中歲克定淮泗。爰涉青徐。彼土酋豪。並輸罄誠款。分遣親戚。以為質任。今舊土淪陷。復成異域。南北阻遠。未得會同。念其分乖。殊有愛戀。夷狄吾民。斯事一也。何獨譏禁。使彼離析。外可即檢任子館及東館。并帶保任在外者。並賜衣糧。頒之酒食。遂其鄉路。所之阻遠。便發遣船仗衛送。必令安達。若已預仕宦及別有事義不欲去者。亦隨其意。陳書後主紀

改元大赦詔 至德元年正月壬寅

懔當作慄

迎當作仰

朕以寡薄。嗣守鴻基。哀惸切慮。疹恙纏織。訓俗少方。臨下靡算。懔甚踐冰。懷同馭朽。而四氣易流。三光遞至。纓紱列陛。玉帛充庭。具物匪新。節序疑舊。緬思前德。永慕昔辰。對軒闈而哽心。顧宸筵而懔氣。思所以迎遵遺構。俯勵薄躬。陶鑄九流。休息百姓。用弘寬簡。

取叶陽和。可大赦天下。改太建十五年為至德元年。陳書後主紀

追封吳明徹詔 至德元年

李陵矢竭。不免請降。于禁水漲。猶且生獲。固知用兵上術。世罕其人。故侍中司空南平郡公明徹。爰初蹑足。迄居元戎。百戰百勝之奇。決機使死之勇。斯亦侔于古焉。及掮定淮肥。長驅彭汴。覆勍寇如舉毛。埽銳師同沃雪。風威慴于異俗。功效著于同文。方欲息駕陰山。解鞍瀚海。既而師出已老。數亦終奇。不就結纓之功。無辭入褚之屈。望封崤之為易。冀平翟之非難。雖志在屈伸。而奄中霜露。埋恨絕域。甚可嗟傷。斯事已往。累逢肆赦。凡厥罪戾。皆蒙洒濯。獨此孤魂。未霑寬惠。遂使爵土湮沒。饗醊無主。棄瑕錄用。宜在茲辰。可追封邵陵縣開國侯。食邑一千戶。以其息惠覺為嗣。陳書吳明徹傳

追封程文季詔 至德元年

故散騎常侍前重安縣開國公文季。纂承門緒。克荷家聲。早歲出軍。雖非元帥。啟行為最。致果有聞。而覆喪車徒。允從黜削。但靈洗之立功捍禦。久而見思。文季之埋魂異域。有足可憫。言念勞舊。傷茲廢絕。宜存廟食。無使餒而。可降封重安縣侯。邑一千戶。陳書程靈洗附傳

向當作尚

贈謚徐陵詔 至德元年十月

慎終有典。抑乃舊章。令德可甄。諒宜追遠。侍中安右將軍左光祿大夫太子少傅南徐州大中正建昌縣開國侯陵。弱齡學向。登朝秀穎。業高名輩。文曰詞宗。朕近歲承華。特相引狎。雖多臥疾。方期克壯。奄然殞逝。震悼于懷。可贈鎮右將軍特進。其侍中左光祿鼓吹侯如故。并出舉哀。喪事所須。量加資給。謚曰章。陳書徐陵傳

詔答姚察 至德初

省表具懷。卿行業淯深。聲譽素顯。理徇情禮。未膺刀筆。但參務承華。良所期寄。允茲抑奪。不得致辭也。陳書姚察傳

原除望訂租調積逋詔　至德二年十月己酉

耕鑿自足。乃曰淳風。貢賦之興。其來尚矣。蓋由庚亟務。不獲已而行焉。但法令滋章。姦盜多有。俗尚澆詐。政鮮惟良。朕日旰夜分。矜一物之失所。泣辜罪己。愧三千之未措。望訂初下。使彊蔭兼出。如聞貧富均起。單弱重弊。斯豈振窮扇暍之意歟。是乃下吏箕斂之苛也。故曰百姓不足。君孰與足。自太建十四年望訂租調逋未入者。並悉原除。在事百僚。辯斷庶務。必去取平允。無得便公害民。為己聲績。妨紊政道。陳書後主紀

改築孔子廟詔　至德三年十一月己未

宣尼誕膺上哲。體資至聖。祖述憲章之典。並天地而合德。樂正雅頌之奧。與日月而偕明。垂後昆之訓範。開生民之耳目。粱季湮微。靈寢忘處。鞠為茂草。三十餘年。敬仰如在。永惟愾息。今雅道雍熙。由庚得所。斷琴故履。零落不追。闕筍虡書。無因循復。外可詳之禮典。改築舊廟。蕙房桂棟。咸使惟新。芳蘩潔潦。以時饗奠。陳書後主紀。案後主紀有至德四年正月舉士詔。藝文類聚五十三初學記二十。以為江總撰。故此不錄。

大赦詔　至德四年十一月己卯

惟刑止暴。惟德成物。三才是資。百王不改。而世無抵角。時鮮犯鱗。滑稽驚馬。弗聞廷爭。桃林逸牛。未見其旨。雖剽悍輕侮。理從鉗鈦。蠢愚杜默。宜肆矜弘。政乏良哉。明慙則哲。求諸刑措。安可得乎。是用屬寤寐。以軫懷負黼扆。而於邑。復茲合璧輪缺。連珠緯舛。黃鍾獻呂。和氣始萌。玄冥告終。履長在御。因時宥過。抑乃斯得。可大赦天下。陳書後主紀

贈謚司馬申詔　至德四年

慎終追遠。欽若舊則。闔棺定謚。抑乃前典。故散騎常侍右衞將軍文始縣開國伯申。忠肅在公。清正立己。治繁處約。投軀殉義。朕任寄情深。方康庶績。奄然化往。傷惻于懷。可贈侍中護軍將軍。進爵為侯。增邑五百戶。謚曰中。給朝服一具。衣一襲。剋日舉哀。喪事所須。隨由資給。陳書司馬申傳

中當作忠

改元大赦詔　禎明元年正月戊寅

柏皇大庭。鼓淳和于曩日。姬王嬴后。被澆風于末載。刑書已鑄。善化匪融。禮義既乖。姦宄斯作。何其淳朴不反。浮華競扇者歟。朕居中御物。納隍在曉。頻恢天綱。屢絕三邊。元元黔庶。終罹五辟。蓋乃康哉寡薄。抑焉法令滋章。是用當宁弗怡。矜此向隅之意。今三元具序。萬國朝辰。靈芝獻于始陽。膏露凝于聿歲。從春施令。仰乾布德。思與九有。惟新七政。可大赦天下。改至德五年為禎明元年。陳書後主紀

訊獄詔　禎明二年十一月丁卯

夫議獄緩刑。皇王之所垂範。勝殘去殺。仁人之所用心。自晝冠既息。刻吏斯起。法令滋章。手足無措。朕君臨區宇。屬當澆末。輕重之典。在政未康。小大之情。興言多愧。眷茲狴犴。有軫哀矜。可克日于大政殿訊獄。陳書後主紀

聞隋軍至下詔　禎明三年正月戊辰

犬羊陵縱。侵竊郊畿。蠭蠆有毒。宜時掃定。朕當親御六師。廓清八表。內外並可戒嚴。南史十采石戍主徐子建至告變。乃下詔

手敕姚察

卿羸瘠如此。齋菲累年。不宜一飯。有乖將攝。若從所示。甚為佳也。陳書姚察傳

敕施文慶

謝貞在王家未有祿秩。可賜米百石。南史七十四謝貞傳

敕迎釋智顗　至德三年正月

春寒猶厲。道體何如。宴坐經行。無乃為弊。都下法事。恆與希相助弘闡。今遣宣傳左右趙君卿迎接。遲能即出也。續藏起字一號國清百錄一

第二敕

得使人趙君卿啟并省來荅表志存林野兼有疾病願停山寺不欲出都不具一二嚴壑高深乃幽人之節佛法示現未必如此且京師甚有醫藥在疾彌是所宜故遣前主書朱宙迎接想便相隨出都唯遲法流不滯會言在近同上

第三敕

前雖遣兩使殊未委悉意存三寶故有相迎今復遣龍宮寺道昇竝令面陳一二也同上

敕東揚州刺史永陽王

聞王在州迎顗禪師大弘法事甚會朕心今迎出都王宜敦諭申朕意也同上

敕書迎候智顗

近得永陽王啟知禪師遂能屈德隨朕使出都甚有欣遲當稍次近路涉險道殊足為勞今遣敕左右黃吉寶迎候但未知欲安止何寺想示使人仍令前還即勒所由料理房舍也遲近會言此未委悉三月二十四日同上

敕治光宅寺

光宅是梁武龍潛之地不整處多今敕繕葺隨由就功一二羅闍取來意同上

敕報謝貞至德三年

省啟具懷雖知哀煢在疚而官俟得才禮有權奪可便力疾還府也陳書謝貞傳

敕荅江總

姚察非惟學藝優博亦是操行清修典選難才今得之矣陳書姚察傳尚書令江總等薦察為吏部尚書敕荅

授江總尚書令冊文

於戲夫文昌政本司會治經韋彪謂之樞機李固方之斗極況其五曹斯綜百揆是諧同冢宰之司專臺閣之任惟爾道業標峻宇量弘深勝範清規風流以為準的辭宗學府衣冠以為領袖故能師長六官具瞻允塞明府八座儀形載遠其端朝握揆朕所望焉往欽哉懋建爾徽猷亮采我邦國可不慎歟陳書江總傳初學記十一

宣旨誡諭姚察

知比哀毀過禮甚用為憂卿迥然一身宗嗣是寄毀而滅性聖教所不許宜微自遣割以存禮制憂懷既深故有此及陳書姚察傳

與江總書悼陸瑜

管記陸瑜奄然殂化悲傷悼惜此情何已吾生平愛好卿等所悉自以學涉儒雅不逮古人欽賢慕士是情尤篤梁室亂離天下靡沸書史殘缺禮樂崩淪晚生後學匪無牆面卓爾出羣斯人而已吾識覽雖局未曾以言議假人至于片善小才特用嗟賞況復洪識奇士此故忘言之地論其博綜子史諳究儒墨經耳無遺觸目成誦一褒一貶一激一揚語玄析理披文摘句未嘗不聞者心伏聽者解頤會意相得自以為布衣之賞吾監撫之暇事隙之辰頗用談笑娛情琴樽閒作雅篇豔什迭互鋒起每清風明月美景良辰對羣山之參差望巨波之滉瀁或翫新花時觀落葉既聽春鳥又聆秋雁未嘗不促膝舉觴連情發藻且代琢磨間以嘲謔俱怡耳目竝留情致自謂百年為速朝露可傷豈謂玉折蘭摧遽從短運為悲為恨當復何言遺迹餘文觸目增泫絕絃投筆恆有酸恨以卿同志聊復敘懷涕之無從言不寫意陳書陸瑜傳瑜卒太子親製祭文遣使者弔祭仍與詹事江總書

揚都興皇寺釋法朗墓銘

洪源遠來傳芳馥蕙君子哲人英芬是繼朱旋既杖青組仍曳紉虎戎卸貳貂秋制功可冠軍業非出世揖彼聲邑超此津濟津濟

伊何裂斷網羅忍衣早記乘樓夜過航斯苦海涸此愛河若非智士孰寄宣揚法雲廣被慧日舒光旣摧衝櫓自闢金湯夢齊鼓說應異鐘霜識機知命同彼現病夙心棲遁度脫難竟化緣已矣乃宅巨穿智炬寂滅頹巖邃复邃复空岑搖落寒侵弦餘月暗霧下松深香滅窮壟蕃横宿林切切管清遥遥鼓聲野煙四合孤禽一鳴風悽唄斷流急寒生神之淨土彤沈終古勒此方墳用旌蘭杜（續高僧傳）

題江總所撰孫瑒墓誌銘後四十字

秋風動竹煙水驚波幾人樵徑何處山阿今時日月宿昔綺羅天長路遠地久雲多功臣未勒此意如何（陳書孫瑒傳）

武宣章后

后諱要兒吳興烏程人本姓鈕父爲章氏所養因冒姓章武帝先娶錢氏女早卒娉爲繼室梁紹泰中拜長城縣夫人永定元年立爲皇后文帝卽位尊爲皇太后宮曰慈訓廢帝卽位尊爲太皇太后宣帝卽位尊爲皇太后太建二年崩年六十五謚曰宣太后

臨川王入篡令

昊天不弔上玄降禍大行皇帝奄捐萬國率土哀號普天如喪窮酷煩冤無所迨及諸孤藐爾反國無期須立長主以寧寓縣侍中安東將軍臨川王蒨體自景皇屬惟猶子建殊功于牧野敷盛業于戡黎納麓時敍之辰負扆乘機之日竝佐時雍是同草創祧禰所繫遐邇宅心宜奉大宗嗣膺寶錄使七廟有奉兆民寧晏未亡人假延餘息嬰此百罹尋繹纏緜興言感絕（陳書文帝紀永定三年六月高祖崩遺詔徵世祖入纂甲寅至自南皖入居中書省皇后令）

廢少主爲臨海王以安成王入纂令

中軍儀同鎭北儀同鎭右將軍護軍將軍八座卿士昔梁運季末

依當作衣
基當作朞
挻當作挺

海内沸騰天下蒼生殆無遺噍高祖武皇帝撥亂反正膺圖御籙重懸三象還補二儀世祖文皇帝克嗣洪基光宣寶業惠養中國綏寧外荒竝戰戰兢兢劬勞締構庶幾鼎運方隆殷夏伯宗昔在儲宮本無令聞及居崇極遂騁凶淫居處諒闇固不哀戚嬪嬙弗角就館相仍豈但依車所納是譏宗正衰絰生子得詣右師七百之祚何憑三千之罪爲大且費引金帛令充椒闈內府中藏軍備國儲未盈基稔皆已空竭大傅親承顧託鎭守宮闈遺詔綢繆義深垣屏而欑塗未御翌日無淹仍遣劉師知殷不佞等顯言排斥韓子高小豎輕佻推心委仗陰謀禍亂決起蕭牆元相雖持但除君側又以余孝頃密邇京師便相徵召殃慝之咎凶徒自擒宗社之靈祆氛是滅于是密詔華皎稱兵上流國祚憂惶幾移醜類乃至要招遠近叶力巴湘支黨縱横寇擾黔歙又別敕歐陽紇等攻逼衡州嶺表紛紜殊淹弦望豈止罪浮于昌邑非唯聲醜于太和但賊豎皆亡祆徒已散日望懲改猶加淹抑而悖禮忘德情性不悛樂禍思亂昏慝無已張安國蕞爾凶狡窮爲小盜仍遣使人蔣裕鉤出上京卽置行臺分選凶黨賊皎妻呂春徒爲戮納自奚官藏諸永巷使其結引親舊規圖戕禍盪主侯法喜等太傅麾下慣遊府朝以深利謀輿肘腋適又盪主孫泰等潛相連結大有交通兵力殊彊指期挻亂皇家有慶厤數遐長天誘其衷同然開發此諸文迹今以相示是而可忍誰則不容祖宗基業將懼傾寶豈可復肅恭禋祀臨御兆民式稽故實宜在流放今可特降爲臨海郡王送還藩邸大傅安成王固天生德齊聖廣深二后鍾心三靈佇眷自前朝不悆任總邦家威惠相宣刑禮兼設指撝嘯咤湘郢廓淸闢地開疆荆益風靡若太戊之承殷厤中都之奉漢家校以功名曾何髣髴且地彰靈璽天表長彗布新除舊禎祥咸顯文皇知子之鑒事甚帝堯傳弟之懷又符太伯今可還申曩志崇立賢

君方固宗祧。載貞辰象。中外宜依舊典。奉迎輿駕。未亡人不幸屬此殷憂。不有崇替。容危社稷。何以拜祠高寢。歸祔武園。攬筆潸然。兼懷悲慶。陳書廢帝紀

黜始興王伯茂令

伯茂輕薄。爰自弱齡。辜負嚴訓。彌肆凶狡。常以次居介弟。宜秉國權。不涯年德。逾逞狂躁。圖爲禍亂。扇動宮闈。要招麤險。覬望臺閣。嗣君喪道。由此亂階。是諸凶德。咸作謀主。允宜罄彼司甸。刑斯劇人。言念皇支。尚懷悲懣。可特降爲溫麻侯。宜加禁止。別遣就第。不意如此。言增泫歎。陳書始興王伯茂傳。皇太后令黜廢帝爲臨海王。其日又下令。

遺令

喪事所須。並從儉約。諸有饋奠。不得用牲牢。陳書宣皇后章氏傳。

後主沈后

后諱婺華。吳興武康人。儀同沈君理女。太建三年納爲皇太子

妃。後主卽位。立爲皇后。陳亡入隋。大業末過江。于毗陵天靜寺爲尼。名觀音。貞觀初卒。有集十卷。

與釋智顗手書

妙覺和南。今遣內師許大梵往稽首。乞傳香火。願賜菩薩名。庶積熏修。菩提眷屬。謹和南。釋藏起字一號國淸百錄一。

始興王叔陵

叔陵字子嵩。宣帝第二子。天嘉三年封康樂縣侯。太建元年封始興王。爲都督江州刺史。遷督湘州。又遷督揚州。母憂服闋。拜侍中中軍大將軍。宣帝崩。從後主在喪次。行逆伏誅。

齎書召何之元

孔璋無罪。左車見用。陳書何之元傳。叔陵遣功曹史柳咸齎書召之元。又見南史何之元傳。

全陳文卷四終

干當作于

全陳文卷五

烏程嚴可均校輯

周弘正

弘正字思行汝南安成人梁太子詹事捨兄子南史作弟子天監中補國子生除太學博士歷晉安王丹陽尹主簿建業曲阿安吉令普通中爲司義侍郎直壽光省中大通中遷國子博士侯景以爲太常元帝承制授黃門侍郎直侍中省遷左民尚書加散騎常侍江陵陷敬帝以爲太尉王僧辯長史行揚州事太平初授侍中領國子祭酒遷太常卿都官尚書陳受禪授太子詹事文帝卽位遷侍中國子祭酒授金紫光祿大夫領慈訓太僕廢帝卽位領都官尚書授太傅長史加明威將軍宣帝卽位遷特進領國子祭酒豫州大中正進尚書右僕射太建六年卒年七十九贈侍中中書監謚曰簡有周易義疏十六卷孝經私記二卷莊子內篇講疏八卷集二十卷

請梁武帝釋乾坤二繫義表藝文類聚題如此

臣聞易稱立象以盡意繫辭以盡言然後知聖人之情幾可見矣自非含微體極盡化窮神豈能通志成務探賾致遠而宣尼比之桎梏絕韋編于漆字軒轅之所聽瑩遺玄珠于赤水伏惟陛下一日萬機匪勞神于瞬息凝心妙本常自得于天眞聖智無以隱其幾深明神無以淪其不測至若爻畫之包于六經文辭之窮于兩繫名儒劇談以歷載鴻生抵掌以終年莫有試遊其藩未嘗一見其涘自制旨降談藝文類聚有象繫二字裁成易道析至微于秋毫渙曾冰干幽谷臣親承音旨職司宣授後進詵詵不無傳業但乾坤之蘊未剖繫表之妙莫詮使一經深致尚多所惑臣不涯庸淺輕率短陋謹與受業諸生清河張譏等三百一十二人于乾坤二繫象爻未啟伏願聽覽之閒曲垂提訓得使微臣鑽仰成其篤習後昆好

事專門有奉自惟多幸懽沐道于堯年肄業終身不知老之將至天尊不聞而冒陳請冰谷寘懷罔識攸厝陳書周弘正傳弘正啟梁武帝周易疑義五十條又請釋乾坤二繫又見藝文類聚五十五

測獄刻數議

未知獄所測人有幾人款幾人不款須前責取人名及數并其罪目然後更集得陳書沈洙傳梁代舊律測囚之法日一上起自晡鼓盡于二更及比部郎范泉刪定律令以舊法測立時久非人所堪分其刻數日再上廷尉以爲新制過輕請集會尚書省詳議都官尚書周弘正云云凡小大之獄必應以情政言依準五聽驗其虛實豈可全恣考掠以判刑罪且測人時節本非古制近代已來方有此法起自晡鼓迄于二更豈是常人所能堪忍所以重械之下危墮之上無人不服誣枉者多朝晚二時同等刻數進退而求于事爲衷若謂小促前期致實罪不伏如復時節延長則無愆妄款且人之所堪旣有彊弱人之立意固亦多途至如貫高榜笞刺爇身無完膚戴就熏針並極困篤不移豈關時刻長短掠測優劣夫與殺不辜寧失不經罪疑惟輕功疑惟重斯則古之聖王垂此明法愚謂依范泉著制于事爲允陳書沈洙傳又南史七十一

奏記晉安王

竊聞撝謙之象起于羲軒爻畫揖讓之源生于堯舜禪受其來尚矣可得而詳焉夫以廟堂汾水殊途而同歸稷契巢許異名而一貫出者稱爲元首處者謂之外臣莫不內外相資表裏成治斯蓋萬代同規百王不易者也暨于三王之世寖以陵夷各親其親各子其子乃至七國爭雄劉項競逐皇漢扇其俗有晉揚其波謙讓之道廢多歷年所矣夫文質遞變澆淳相革還樸反古今也其時伏惟明大王殿下天挺將聖聰明神武百辟冠冕四海歸仁是以皇上發德音下明詔以大王爲國之儲副乃天下之本焉雖復夏啟周誦漢儲魏兩此數君者安足爲大王道哉意者願聞殿下抗

目夷上仁之義執子臧大賢之節逃玉輿而弗乘棄萬乘如脫屣庶改澆競之俗㠯大吳國之風古有其人今聞其語能行之者非殿下而誰能使無爲之化復興于遂古讓王之道不墜于來葉豈不盛歟豈不盛歟弘正陋學書生義慚稽古家自汝潁世傳忠烈先人決曹掾燕抗辭九諫高節萬乘正色三府雖盛德之業將絕而狂直之風未墜是㠯敢布腹心肆其愚瞽如使芻言野說少陳于聽覽縱復委身烹鼎之下絕命肺石之上雖死之日猶生之年 陳書周弘正傳中大通三年昭明太子薨其嗣華容公不得立㠯晉安王爲皇太子弘正乃奏記

謝梁元帝賚春秋糊屏風啟

昔琉璃見重雲母稱珍雖盡華麗有傷眞樸豈若三體五例對玩前史一字褒貶坐臥箴規無復楚臺之風得同鄒谷之暖 藝文類聚六十九

謝梁元帝賚玉門棗啟

安期舊美安息高名臣金馬之榮未獲趨奉方朔之賜遽降洪恩 藝文類聚八十七

謝敕賚烏紗帽等啟

雖復魏宣二端豈能比今茲賜廣微四維未足方其華飾既受非望之恩方貽匪服之誚 藝文類聚六十七

謝東宮賜縠袍啟

或儔名麗辭等質輕霧或色華少海用寶叢臺或粲彼三英縫茲五緎品頒歲襲絲奪春耕蒿席可充緼袍易足 藝文類聚六十七

謝敕賚紫鮓啟

珍韜江浦味越名川昔聞八駿東征上收黑水之麥七華西討才獲苦山之菜豈如兩階干舞四方來格臨朝拱默任土爭貢 藝文類聚七十二

周弘讓

弘讓弘正弟始仕不得志隱句曲之茅山頻徵不出侯景僭號㠯爲中書侍郎承聖初授國子博士進仁威將軍陳受禪爲太常卿天嘉初坐事㠯白衣領太常進金紫光祿大夫有集九卷後集十二卷

山蘭賦

爰有奇特之草產于空崖之地仰鳥路而裁通視行踪而莫至挺自然之高介豈衆情之服媚寧紉結之可求兆延佇之能泊稟造化之均育與卉木而齊致入坦道而銷聲屏山幽而靜異獨見識于琴臺竊逢知于綺季 藝文類聚八十一

奏宋齊故事

齊氏承宋咸用元徽舊式宗祀朝饗奏樂俱同唯北郊之禮頗有增益皇帝入壝門奏永至飲福酒奏嘉胙太尉亞獻奏凱容埋牲奏隸幽帝還便殿奏休成衆官並出奏肅成此乃元徽所闕永明六年之所加也唯送神之樂宋孝建二年秋起居注云奏肆夏永明中改奏昭夏 隋書音樂志上陳初武帝詔求宋齊故事太常卿周弘讓奏

答王褒書

甚矣悲哉此之爲別也雲飛泥沈金鑠蘭滅玉音不嗣瑤華莫因家兄至自鎬京致書 藝文類聚作致來書 于窮谷故人之跡有如對面開題申紙流臉沾膝江南燠熱橘柚冬青渭北沍寒楊榆晚葉土風氣候各集所安餐衛適時寢興多福甚善甚善與弟分袂西陝言反東區雖保周陵 藝文類聚作周陂 還依蔣徑三姜離析 藝文類聚作三荊離坼 二仲不歸麋鹿爲曹更多悲緒丹經在握貧病莫諧芝朮可求恆爲采掇昔吾壯日及弟富年俱値邕熙並歡衡泌南風雅操清商 藝文類聚作清 妙曲弦琴促坐無乏名晨玉瀝金華冀獲難老不虞一旦翻覆波瀾吾已愒陰弟非茂齒禽尚之契各在天涯永念生平難爲胸臆且當 藝文類聚作正當 視陰數箭排愁破涕人生樂耳憂戚何爲豈

名當作夕

能遠悲火房。游魂不返。遠口口產。骸柩無託。但顧愛玉體。珍金相。保期頤。享藝文類聚享下有壽考二字。黃髮猶冀蒼雁頳鯉。時傳尺素。淸風明月。俱寄相思。藝文類聚明作朗。俱作但。子淵子淵。長爲別矣。搦管操觚。聲淚俱咽。周書王褒傳。藝文類聚三十。

與徐陵書薦方圓

吾荷朝恩。得安丘壑。身名兩泰。夫復奚言。但願沐浴堯風。遨遊舜日。安服飽食。以送餘齒。然性靈未能灰弭。其開復須友生言晤。後來英俊。並出方爲。時生林谷之中。鮮逢退逸。唯趙郡方圓。棲遲天目。年過强仕。不慕時榮。文史足用。學藝優敏。中歲暫遊宛洛。蒙弟識異。其人方儲之胄。衣冠未絕。雅素閑逸。得性丘林。與吾朋遊。積有年歲。今復同在巖壑。畢志風雲。琴案淸商。詩題空谷。比幽貞道缺。考盤絕詠。賁五殷二。兩爻無聞。方今公旦作輔。億兆攸賴。激貪懲競。儻自圖起。弟以搜揚佐世。水鏡求賢。脫能登此仄陋。論言是厲翹弓遠賁。則山谷咸勸。足令廉風復振。懦夫能立。豈不弘哉。圓若蒙此旌招。未必不鑿坏而達于廊廟之用。脫不能賁然來思。而于退讓之道。于斯爲貴。恐弟未究東川人士。聊復起予。今言吾家上宰之貴。無以徵裨萬一。此舉脫復入聽。少得不負夙心。周弘讓白。文苑英華六百七十七。

周弘直

弘直字幼方。弘正第四弟。仕梁爲太學博士。遷西中郎湘東王外兵記室參軍。入爲尚書儀曹郎。湘東王鎭江荊二州。累除諸議參軍。帶柴桑當陽二縣令。臺城陷。承制授假節英果將軍世子長史。尋除智武將軍衡陽內史。遷貞毅將軍平南長史、長沙內史。行湘州事。封湘濱縣侯。歷邵陵零陵太守、雲麾將軍、昌州刺史。從王琳舉義。琳敗。降陳。天嘉中歷國子博士、廬陵王長史、尚書左丞。領羽林監。中散大夫、祕書監。掌國史。遷太常卿、金紫光祿大夫。致仕。太建七年卒。年七十六。

遺疏敕其家

吾今年已來。筋力減耗。可謂衰矣。而好生之情。曾不自覺。唯務行樂。不知老之將至。今時制云。及將同朝露。七十餘年。頗經稱足。啟手告全。差無遺恨。氣絕已後。便買市中見材。材必須小形者。使易提挈。斂以時服。古人通制。但下見先人。必須備禮。可著單衣裙衫故履。既應侍養。宜備紛帨。或逢善友。又須香烟。棺內唯安白布手巾、麤香爐而已。其外一無所用。陳書周弘直傳。

何之元

之元。廬江灊人。梁尚書令敬容疏族。天監末爲臨川王揚州議曹從事史。轉主簿。普通中丹陽尹袁昂辟爲五官掾。總戶曹事。尋除信義令。大同中爲武陵王益州刑獄參軍。侯景之亂。武陵王承制。授南梁州長史、北巴西太守。未行。以諫東下被囚。及江陵陷。王琳召爲記室參軍。隨府進司空諮議參軍。永嘉王建號。除中書侍郎。使齊還而永嘉敗。齊主以爲揚州別駕。及陳克壽陽。湘州刺史始興王叔陵召爲中衞功曹參軍。尋遷諮議。隨府之揚州。及叔陵誅。遂不仕。陳亡。移居常州之晉陵縣。隋開皇十三年卒。年九十餘。有梁典三十卷。

梁典序

記事之史。其流不一。編年之作。無若春秋。則魯史之書。非帝皇之籍也。案三皇之簡爲三墳。五帝之策爲五典。此典義所由生也。至乃尚書述唐帝爲堯典。虞帝爲舜典。斯又經文明據。是以典之爲義久矣哉。若夫馬史班漢。述帝稱紀。自茲厥後。因相祖習。及陳壽所撰。名之曰志。總其三國。分路揚鑣。唯何法盛晉書。變帝紀爲帝典。既云師古。在理爲優。故今之所作。稱爲梁典。梁有天下。自中大同以前。區寓寧晏。太淸以後。寇盜交侵。首尾而言。未爲盡美。故開此一書分爲六意。已高祖創基。因乎齊末。尋宗討本。起自永元。今已前如干卷爲追述。高祖生自布衣。長于弊俗。知風教之臧否。識民黎之情僞。爰逮君臨。弘斯政術。四紀之內。實云殷阜。今已如干卷爲太平。世不常夷。時無恒治。非自我後。仍屬横流。今已如干卷爲敍亂。洎高祖晏駕之年。太宗幽辱之歲。謳歌獄訟。向西陜不向東都。不庭之民。流逸之士。征伐禮樂。歸世祖不歸太宗。撥亂反正。厥庸斯在。治定功成。其勳有屬。今已如干卷爲世祖。至于四海困窮。五德升替。則敬皇紹立。仍已禪陳。今已如干卷爲敬帝。驃騎王琳。崇立後嗣。雖不達天命。然是其忠節。今已如干卷爲後嗣主。至在太宗。雖加美謚。而大寶之號。世所不遵。蓋已拘于賊景故也。承聖紀厤。自接太淸。神筆詔書。非宜輒改。詳之後論。蓋有理焉。夫事有始終。人有業行。本末之間。頗宜詮敍。案臧榮緒稱史無裁斷。猶起居注耳。由此而言。實資詳悉。又編年而舉其歲次者。蓋取分明而易尋也。若夫獫狁孔熾。覆我中原。始自一君。終爲二主。事有相涉。言成混漫。今已未分之前爲北魏。既分之後。高氏所輔爲東魏。宇文所挾爲西魏。所已相分別也。重已蓋彰殊體。繁省異文。其間損益。頗有凡例。（陳書何之元傳）

梁典總論

歷究前書。詳觀往行。昭晰千載。氛氳萬古。孜其寬猛。知布政之善惡。驗其黜陟。識其主之是非。已曩求今。工拙可見。齊季昏虐。政由羣小。朝宰被無辜之誅。藩戚懼淫刑之害。高祖痛兄弟之戮。因天下之心。舉荊雍之師。興湯武之伐。指揮則智勇風從。號令則遐邇嚮應。取鄖郢若拉枯。定金陵如沃雪。黃越既斬。白旗乃懸。師不疲勞。民無怨讟。樂推口在。代德是膺。逆取順治。享年四紀。萬幾事廣。六職務殷。負扆君臨。勤于聽覽。兢兢罔倦。乾乾不已。加已藝業之美。莫已比倫。洞曉儒玄。該羅內外。舉洙泗之餘。教針其膏肓。采周

孔之遺文。正其魚魯。于是廣闢庠序。敦勸後生。親自觀試。策其優劣。由近及遠。咸從風化。執經者連袂。負笈者排肩。濟濟多士。于斯爲盛。至若御民之術。未爲得也。敢已狂瞽。請究其說。夫根深者葉茂。源廣者流長。故聖王欲其茂長。前爲深廣。是已擇沃壤已置王畿。國都圜于六鄉。封域號于千里。其外則布之已五等。列之已萬國。分疆畫野。立樹藩闕。境隴已懷其仁。桑梓已安其俗。諸侯守境土。已事于上。天子執賞罰已臨于下。有功則褒。無道則廢。二伯弼于內朝。九牧佐于外政。閒之已賢戚。參之已懿親。弘仁義于區中。被禮樂于遐表。忠信之禮達。謙讓之風行。爾乃覬覦之心絕。兵戈疊息（疑當作兵戈之疊息）。刑辟靡用。獄訟罔興。然後龜龍遊於池沼。鸞鳳棲于苑囿。及其末世。雖主昏于上。民亂于下。猶晉鄭有依。桓文是相。絕而更續。顚而必扶。數百年內。方至于滅。周道既沒。斯風漸喪。洎于後代。其弊尤甚。罔恤民之不存。而憂士之不祿。蒞民之長。守次更爲前人未安。後人便及。迎新送故。疲于道塗。爲君者甚多。爲民者甚少。由是君臣之義薄。姦惡之萌興。下上遞憎。甚于仇敵。百城恣其暴奪。億兆困其徵求。損棄舊卿。奔亡他縣。地荒邑散。私少官多。于是倉庫既空。賦斂更重。天示譴禍。地出妖祥。饑疫互生。水旱交至。民不堪命。轟然土崩。數十年間。還爲黎庶。高祖博覽今古。備觀興亡。猶復躡其遺風。襲其弊法。澆薄逾甚。淆紊日滋。梁氏之有國。少漢之一郡。大半之人。竝爲部曲。不耕而食。不蠶而衣。或事王侯。或依將帥。攜帶妻累。隨逐東西。與藩鎮共侵漁。助守宰爲蠹賊。收縛無罪。逼迫善人。民蓋（疑作盡）流離。邑皆荒毀。由是劫抄蜂起。盜竊羣行。陵犯公私。經年累月。抵父者比室。陷辟者接門。眚災亟降。囹圄隨滿。夕散朝聚。有若市廛。加已朝霧內叢。而官方外曠。有其位而無其職。非其事而侵其官。四海至殷。機事輻湊。人君雖敏。有所不周。人君雖明。有所不照。豈可專于親覽。忘彼責成。就此而言。

損當作捐
卿當作鄉

大失有二。習守膠之弊。棄更張之善。屈子投江。寧論其痛。賈生慟哭。豈喻斯悲。自五胡競逐。晉室東徙。權寓江濱。遂淹時代。桓伐燕秦而不振。劉克函洛而還亡。至于宋齊。彊埸侵蹙。高祖躡斯頹運。有志吞幷。斯實王者之宏材。有國之通準。然六納魏主。一入洛陽。竟無所成。得不補失。民既勞止。訖可小康。昔勾踐之欲滅吳。前爲其政。兵强國富。然後用之。一舉而虜夫差。再舉而霸中國。高祖進不擇將。退不教民。雖慕古人。安能有濟。孫子曰。善戰者前勝而後求戰。善勝者前戰而後求勝。明者出師。必前料敵。豈可暗茲人事。幸彼天時者哉。且國有累卵之憂。俗有土崩之勢。闕幸人之志。兆亂臣之心。遂使侯景被吾甲而寇王城。驅我人而圍天闕。勢如破竹。易若轉圜。萬里糜沸。四方瓦解。社稷淪胥。黿玉毀廢。事非一夕。其所由來漸矣。太宗孝慈仁愛。實守文之君。惜乎爲賊所殺。至乎文章妖豔。隳墜風典。誦于婦人之口。不及君子之聽。斯乃文士之

深病。政教之厚疵。然雕蟲之技。非關治忽。壯士不爲。人君焉用。世祖聰明特達。才藝兼美。詩筆之麗。罕與爲匹。伎能之事。無所不該。極星象之功。窮蓍龜之妙。明筆法于馬室。不愧鄭玄。辨雲物于魯臺。無慚梓慎。至于帷籌將略。朝野所推。遂乃撥亂反正。夷凶殄逆。紐地維之已絕。扶天柱之將傾。黔首蒙拯溺之恩。蒼生荷仁壽之惠。微管之力。民其戎乎。鯨鯢既誅。天下且定。早應移鑾西楚。旋駕東都。禋祀宗祊。清蹕宮闕。西周岳陽之敗績。信口宇文之和通。已萬乘之尊。居二境之上。夷虜乘釁。再覆皇基。率土分崩。莫知攸暨。謀之不善。乃至于斯。敬皇世祖之裔。允膺下武。而貞陽㠯旁枝外入。濫尸非次。陳武興勤王之師。至正當璧之后。驅斥潛王。誅鉏亂臣。國亡重康。彝倫復敘。既而天不福善。早世登遐。土德代興。火行告謝。驃騎王琳懷申胥之志。蘊荀息之忠。爰納嗣君。更紹頹運。于是禀命方岳。大興師旅。龍虎戰鬭。水潰山崩。君臣播越。寄命齊土。若乃萇弘興周而速咎。王永復秦而延殃。天欲亡之。非人能救。夫創天下者至明者也。喪天下者至暗者也。是㠯禹湯與其功。桀紂廢其業。莫不得之者前主。失之者後君。逮茲梁室。有異于此。何則。高祖撥亂除殘。反身招于禍亂。世祖復讎雪恥。翻手命于寇讎。敬皇繼祀而鼎移。後嗣紹基而祚徙。書曰。皇天無親。惟德是輔。自天所祐。歸于有德。之元官自有梁。備覩成敗。昔因出軸。流寓齊都。窮愁著書。竊慕虞子。但梁室極促。簡牘多闕。所得遺逸。略不盡舉。未獲旋反。更窮搜訪。採其聞見。撮其衆家。一代之事。可得觀矣。文苑英華七百五十四。

全陳文卷五終

烏程嚴可均校輯

徐陵一

陵字孝穆東海郯人梁太子左衛率摛子普通中爲晉安王寧蠻參軍中大通中選充東宮學士遷尚書度支郎出爲上虞令免起爲南平王參軍遷通直散騎侍郎尋遷湘東王鎮西記室參軍太淸中使魏拘留不遣後從貞陽侯淵明還爲尚書吏部郎紹泰中遷尚書左丞除給事黃門侍郎祕書監陳受禪加散騎常侍天嘉中歷太府卿五兵尚書御史中丞天康中遷吏部尚書宣帝卽位封建昌縣侯太建中除尚書右僕射遷左僕射加侍中領國子祭酒南徐州大中正除領軍將軍加翊右將軍太子詹事遷右光祿大夫安右將軍丹陽尹進中書監後主卽位遷左光祿大夫太子少傅至德元年卒年七十七贈鎭右將軍特進謚曰章有集三十卷

鴛鴦賦

飛飛兮海濱去去兮迎春炎皇之季女織素之佳人未若宋王之小史含情而死憶少婦之生離恨新婚之無子既交頸于千年亦相隨于萬里山雞映水那自得孤鸞照鏡不成雙天下眞成長合會無勝比翼兩鴛鴦觀其哮吭浮沈輕軀瀁瀲拂荇戲而波散排荷翻而水落特訝鴛鴦鳥長情眞可念許處勝人多何時肯相厭聞道鴛鴦一鳥名教人如有逐春情不見臨卭卓家女祗爲琴中作許聲 藝文類聚九十二

進封陳司空爲長城公詔 紹泰二年七月丙子

德懋懋官功懋懋賞皇王盛則所謂元龜司空公南徐州刺史長城縣開國侯諱志懷寅亮風度弘遠體文經武明允篤誠曩者率五嶺之强兵誅四海之雠敵固㠯勤功彝鼎書勳太常克定京師勤勞自重自鎭撫枌榆永寧豐沛東涼既息北蔡無歸代馬燕犀氣雄天下裹糧坐甲固敵是求方欲大討于秦崤致脩于輿睦叶謀上相妥納朕躬思所㠯敬荅忠勳用申朝典可進爵爲長城縣公 藝文類聚五十一

封陳公詔 太平元年九月辛丑

肇昔元胎剖判太素氤氳崇建人皇必憑洪宰故賢哲之后牧伯征于四方神武之君大監治乎萬國又有一匡九合渠門之賜㠯隆戮帶圍淄行宮之寵斯茂時危所㠯貞固運泰所㠯光熙斯乃千載同風百王不刋之道也太傅義興公允文允武迺聖迺神固天生德康濟黔首昔在休期早隆朝寄遠踰滄海大極交越皇運不造書契未聞中國其亡兵凶總至哀哀黔黎譬彼窮牢悠悠上天莫云斯極否終則泰元輔應期救此將崩援茲已溺乘舟履輦架險浮深經略中途畢殲羣醜洎乎石頭姑熟流髓履腸一朝指撝六合淸晏是用光昭下武翼亮中都壹三后之勳侔夷三靈之臣懸堯台禹佐未始能階殷相周師固非云擬重之㠯屯剝餘象荆楚大崩天地無心乘輿委御五湖荐食競謀諸夏八方棊跱莫有匡救彊臣致命黜我沖人顧影于棻璚之魂甘心于帘鄉之辱御棻下髻求哀之路莫從竄鈇逃責容身之地無所公神兵奄至不日淸澄惟是孱蒙再膺天籙斯又巍巍蕩蕩無德而稱焉加㠯仗茲忠義屠彼祅逆震部夷氣稽山罷祲番禺蠡澤北鄙西郊殲厥凶徒磬無遺種斯則兆民之命脩短所繫率土之基興亡是賴于是刑禮兼訓沿革有章中外咸平遐邇寧一用能使陽光合魄曜象呈暉樓閣遊庭抱仁含信宏勳該于厚地大道格于玄天羲農炎昊㠯來卷領垂衣之世聖人濟物未有如斯者也夫備物典策桓文是膺助理陰陽蕭曹不讓未有功高于寓縣而賞薄于伊周凡厥人祗固懷延佇實由公謙撝自牧降損爲懷嘉數遲回永

台當作治

淯當作嵴

言增歎。豈可申茲雅尚。久廢朝猷。宜戒司勳。敬升鴻典。且重華大聖。嬀汭惟賢。盛德之祀無忘。公矦之門必復。是㠯殷嘉亶甫。繼后稷之官。堯命羲和。纂重黎之位。況其本枝攸建。宜誓山河者乎。其進公位相國。總百揆。封十郡爲陳公。備九錫之禮。加璽紱遠遊冠。綠綟綬。位在諸矦王上。其鎮衛大將軍揚州牧如故。陳書武帝紀上

禪位陳王詔 太平二年十月辛未

五運更始。三正迭代。司牧黎庶。是屬聖賢。用能經緯乾坤。彌綸區宇。大庇黔首。闡揚洪烈。革晦㠯明。積代同軌。百王踵武。咸此由則。梁德湮微。禍難荐發。太淸云始。用困長蛇。承聖之年。又罹封豕。爰至天成。重竊神器。三光亟改。陳書作亟沉七廟乏祀。含生已泯。鼎命斯墜。我皇之祚。眇若綴旒。陳書作我武元之祚有如綴旒靜惟屯剝。夕惕載懷。相國陳王。有縱自天。降神惟嶽。天地合德。晷曜齊明。拯社稷之橫流。提億兆之塗炭。東誅叛逆。北殲獯醜。威加四海。仁漸萬國。復張崩樂。重紀絕禮。儒館聿脩。戎亭虛候。雖大功在舜。盛績維禹。巍巍蕩蕩。無得而稱。來獻白環。豈直皇虞之世。入貢素雉。非止隆周之日。故陳書作固㠯效珍川陸。表瑞煙雲。玉露陳書作甘露醴泉。旦夕凝涌。嘉禾瑞草。孳植郊甸。道昭于悠代。動格于皇穹。明明上天。光華日月。革故著于玄象。代德彰于讖圖。獄訟有違。謳歌爰適。天之曆數。實有攸在。朕雖庸藐。闇于古昔。永稽崇替。爲日已久。敢忘烈代之遺典。人祇之至願乎。今便遜位別宮。敬禪于陳。一依唐虞宋齊故事。梁書敬帝紀陳書武帝紀上。案今本有陳武帝即位詔見陳書未定是徐陵作宜編入武帝文

陳文帝登阼尊皇太后詔 永定三年七月丙辰

朕㠯虛薄。才非弘濟。竊守藩維。常懼盈滿。豈圖倉昊不弔。國步艱難。皇嗣元良。藐在淯渭。二臣奉迎。川塗靡從。六傳還朝。淹留未日。令國圖無主。家業事墜。上奉父母之嚴規。下逼羣公之庭諍。遂㠯庸質。升纂帝基。對揚大化。彌增號懼。今宜式遵舊則。奉上皇后尊號爲皇太后。御慈訓宮。一依前典。若中流靜晏。皇嗣歸來。輒當解紱于箕山之陽。歸老于瑯邪之國。復子明辟。還承寶圖。若問與夷。無媿圜寢。藝文類聚十五

追當作追

封皇子叔陵爲始興王詔 太建元年正月甲午

漢祖天倫。伯叔追封。晉元世系。瑯邪傳國。仰惟二后。重光萃由前典。朕昔因藩。丕蒙纘本宗。分在要荒。久離寒燠。天嘉紹祚。別命皇枝。歸自崤函。禮隔登獻。每至霜庭可履。曠垣寢而懷悲。風樹鳴條。望章陵而增感。今嗣王乖德。獲罪慈訓。永言主奠。宜自朕躬。但國步時艱。皇基務切。復奉家業。升纂帝圖。重違情禮。言深哽慟。可㠯第二皇子叔陵爲始興王。藝文類聚五十一

冊陳公九錫文

大哉乾元。資日月㠯貞觀。至哉坤元。憑山川㠯載物。故惟天爲大。陟配者欽明。惟王建國。翼輔者齊聖。是㠯文武之佐。磻溪薀其玉璜。堯舜之臣。滎河鏤其金版。況乎體得一之鴻姿。盜陽九之危厄。援橫流于碣石。撲燎火于崑岑。驅馭于韋彭。跨躡于齊晉。神功行而靡用。聖道運而無名者乎。今將授公典策。其敬聽朕命。日者昊天不弔。鍾亂于我國家。漏網吞舟。強胡內釁。茫茫宇宙。慄慄黎元。方趾圓顱。萬不遺一。大淸否亢。橋山之痛已深。大寶迍如。平陽之禍相繼。上宰膺運。康救兆民。鞠旅于濱池之南。揚旍于桂嶺之北。懸三光于已墜。謐四海于羣飛。屠猰㺄于中原。斬鯨鯢于蒙汜。功滿上國。光啟中興。此則公之大造于我皇家者也。既而天未悔禍。夷醜荐臻。南夏崩騰。西京蕩覆。羣胡孔熾。藉亂乘間。推納藩枝。盜假神器。家司昏撓。旁引寇讎。既見貶于桐宮。方謀危于漢閣。皇運已殆。何殊贅旒。中國搖然。非徒如綫。公赫然投袂。匡救本朝。復茲齊都。平戎王室。朕所㠯還膺寶曆。重履宸居。挹建武之風猷。彰宣土之雅頌。此又公之再造于皇家者也。公應務之初。登庸惟始。三

疊當作壘
粉當作紛
寓當作寓
淸當作陵
折當作淅
堙當作據
墉當作鏞
詠當作咏
豐當作豐

川五嶺莫不窺臨銀洞珠宮所在畫謐孫盧擘豊越陌爲羣番部
阽危勢將淪殄公赤旗所指袄疊洞開白羽纔撝凶徒粉潰非其
神武久喪南藩此又公之功也大同之末邊政不修李賁狂迷竊
我交愛敢稱大號驕聲甚于尉他據有連州雄豪熾于梁碩公英
謩雅算電埽風行馳御樓船直跨滄海新昌典徹備履艱難蘇歷
嘉寧盡爲京觀三山獠洞八角蠻陬逖矣水寓之鄉悠哉火山之
國馬援之所不届陶璜之所未閑莫不懼我王靈爭朝邊俟歸賝
天府獻狀鴻臚此又公之功也自寇虜淸江宮闈幽辱公枕戈嘗
膽提劒折心氣涌淸霄神飛紫路而番禺連率本自諸夷言得其
朋是懷同惡公仗此忠誠乘機勦定執沛令而疊鼓平新野而㩜
鞍此又公之功也世道多艱方隅多難勳門桀黠作亂衡山兵切
池隍衆兼夷獠公以國盜邊境知無不爲郵是同盟誅其醜類莫
不魚驚鳥散面縛頭懸南土黔黎重保蘇息此又公之功也長驅
嶺嶠夢想京畿緣道酋豪遞爲榛梗路養渠率全堙大都蓄聚逋
逃方謀阻亂百樓不戰雲梯之所未窺萬弩各張高墉之所非敵
公龍驤虎步嘯吒風雲山靡堅城野無强陣淸妖氛于瀨石滅沴
氣于雩都此又公之功也遷仕凶慝屯據大皋乞活類馬騰之軍
流民多杜弢之衆推鋒轉鬬自北徂南頻歲稽誅實惟勍虜公坐
揮三略遙制六奇義勇同心貔貅騁力雷犇電擊谷靜山空列郡
無犬吠之驚蘩祠罷狐鳴之盜此又公之功也王師討虜次屆淪
波兵乏兼儲士有飢色公迴麾彭蠡積穀巴丘億庾之詠斯豐壺
漿之叱是衆軍民轉漕曾無砥柱之難舳艫相望如運敖倉之府
犀渠貝胄顧蔑雷霆高檻層樓仰捫霄漢故使三軍勇銳百戰無
前承此軍糧遂殄凶逆此又公之功也若夫英圖邁俗義旅如雲
盜壘猜攜用淹戎略公志唯同獎師克在和鵠塞非虞鴻門是會
若晉侯之誓白水如蕭王之推赤心屈禮交盟人祇感咽故能使

鑰當作鑰
駿當作騣

舟師並路遠近明心此又公之功也姑孰襟要崤函所憑寇虜據
其關梁大盜負其扃鑰公五校裁撝三雄並奮右角沙潰左廣土
崩木甲瘡于中原寶囊赴于江水他他藉藉萬計千羣鄂坂之隘
斯開夷庚之道無塞此又公之功也義軍大衆俱集帝京逆豎凶
徒猶屯皇邑若夫表裏山河金湯險固踞龍首以抗殿翦華岳以
爲城雜虜憑焉强兵自若公迴茲地軸抗此天羅曾不崇朝俾無
遺噍軍容甚穆國政方修物重覩于衣冠民還瞻于禮樂楚人滿
道爭歸于葉公漢老銜恩俱歡于司隸此又公之功也天子內難
諸侯出關外郡傳烽鮮卑犯塞莫非沮渠當戶中貴名王冀馬迾
于淮南胡笳動于徐北公舟師步甲亘野橫江殲厥羣羝遂殫封
豨莫不繼木而止戎車靡遺遇濫而旋歸駿盡殪此又公之功也
公克黜禍難劬勞皇室而孫甯之黨翻啟狄人伊洛之間咸爲虜
戍雖金陵佳氣石壘天嚴朝闇戎塵夜喧鉦鼓公三籌旣晝八陣
斯張裁舉靈鉦亦袖金僕咸俘醜類悉反高墉異李廣之皆誅同
龐元之盡赦此又公之功也任約叛換梟聲不悛戎羯貪婪狼心
無改窄廬瓊幕柢北闕而爲營烏孫天馬指東都而成陣公左甄
右落貧張翼舒埽是欃槍驅其獯狁長狄之種埋于國門椎髻之
酋烹于軍市投秦坑而盡沸噎淮水而不流此又公之功也一相
居中自折彝鼎五湖小守妄懷同惡公夙駕兼道秉羽杖戎玉斧
將揮金鉦且戒袄寇震慴遽請灰釘藝櫬以表其含弘焚書以安
其反側此又公之功也賊龕凶横陵虐具區阻兵安忍憑災怙亂
自古蟲言鳥迹渾沌洪荒凡或虔劉未此殘酷公雖宗居汝潁世
寓東南苟聖誕賢之鄉含章挺生之地眷言桑梓公私憤切卓爾
英猷承規奉算戮此大憝如烹小鮮此又公之功也亂離未久羣
盜孔多浙右凶渠連兵搆逆豈止千兵五校白雀黃龍而已哉公
以中軍無率選是親賢紆寇途窮濯然冰泮刑唐之所文命勳其

天威。雷門之闘。勺蹊行其嚴戮。英規聖迹。異代同風。此又公之功也。同姓有扈。頑凶不賓。憑籍宗盟。圖危社稷。觀兵匯澤。勢震京師。威迫蠻夷。已爲東帝。公論兵于朝堂之上。決勝于樽俎之閒。寇賈樊滕。浮江下瀨。一朝翦僕。無待旬師。萬里澄清。非勞薪息。此又公之功也。豫章祆寇。依憑山澤。繕甲完聚。多歷歲時。結從連横。爰洎交廣。呂嘉既獲。吳濞已擒。命我還師。征其不恪。連營盡拔。僞黨斯擒。曜聖武于匡山。迴神旗于蠡派。此又公之功也。自八紘九野。瓜割豆分。竊帝偷王。連州比縣。公武靈已暢。文德又宣。折簡馳書。風猷斯遠。至于蒼蒼浴日。杳杳無雷。北洎丈夫之鄉。南踰女子之國。莫不屈膝拜手。請吏款關。此又公之功也。京師禍亂。亟積寒暄。雙闕低昂。九門寥豁。寍秦宮之可覩。豈魯殿之猶存。五都簪弁。百僚卿士。胡服縵纓。咸爲戎俗。高冠厚履。希復華風。宋微子麥穟之歌。周大夫黍離之詠。較于斯日。未足爲悲。矣公求衣昧旦。旰食高春。興構宮闈。具瞻遐邇。郊庠宗稷之典。六符十等之章。復聞太始之風流。重覩永平之遺事。此又公之功也。公有濟天下之勳。加之以明德。成性合道。盛德符天。用百姓以爲心。隨萬機以成務。恥一物非唐虞之民。歸含靈于仁壽之域。上德不德。無爲以爲。夏長春生。顯仁藏用。忠信爲寶。風雨弗騫。仁惠爲基。牛羊勿踐。功成治定。樂奏咸雲。安上御民。禮兼文質。物色巨國。衣裾里巷。朝多君子。野無遺賢。菽粟同水火之饒。工商富猗頓之旅。是以天無蘊寶。地有呈祥。醑露卿雲。朝團晚映。山車澤馬。服馭金閑。既昺焕于圖書。方葳蕤于史牒。高勳踰于象緯。積德冠于嵩華。固無德而稱者矣。朕又聞之。前王宰世。茂賞尊賢。式樹藩長。總征羣伯。二南崇絕。四履遐曠。泱泱東海。祚土維齊。巖巖泰山。俾侯于魯。抑又勤王反鄭。夾輔遷周。召伯之命斯隆。河陽之禮咸備。況復經營宇宙。寍唯斷鼇足之功。弘濟蒼生。非直鑿龍門之險。而疇庸報德。寂爾無聞。朕所以

土當作社

垂拱當宁。載懷慙悸者也。今授公相國。以陳留等十郡。封公爲陳公。錫茲青土。苴以白茅。爰定爾邦。用建冢土。昔旦奭分陝。俱爲保師。晉鄭諸侯。咸作卿士。兼其內外。禮實攸宜。今命使持節兼太尉王通。授相國印綬陳公璽紱。使持節兼司空王瑒。授陳公茅土金獸符第一至第五。左竹使符第一至第十。左相國秩踰三鉉。任總百司。位絕朝班。禮由事革。其以相國總百揆。除錄尚書之號。上所假節侍中貂蟬中書監印章中外都督太傅印綬義興公印策。其鎮衞大將軍揚州牧如故。又加公九錫。其敬聽後命。以公禮爲楨幹。律等銜策。四維皆舉。八柄有章。是用錫公大輅各一。玄牡二駟。以公賤寶崇穀。疏爵待農。室富京坻。民知榮辱。是用錫公衮冕之服。赤舄副焉。以公調理陰陽。燮諧風雅。三靈允降。萬國和同。是用錫公軒縣之樂。六佾之舞。以公宣導王猷。弘闡風教。光景所照。鞮象必通。是用錫公朱戶以居。以公抑揚清濁。褎德進賢。髦士盈朝。幽人虛谷。是用錫公納陛以登。以公嶷然廊廟。爲世鎔範。折衝四表。臨御八荒。是用錫公武賁之士三百人。以公軌茲明罰。期在刑厝。象恭無赦。干紀必誅。是用錫公斧鉞各一。以公英猷遠量。跨厲嵩溟。混一車書。括囊寰宇。是用錫公彤弓一。彤矢百。盧弓十。盧矢千。以公天經地義。貫徹幽明。春露秋霜。允供粢盛。是用錫公秬鬯一卣。圭瓚副焉。陳國置丞相以下。一遵舊式。往欽哉。其恭循朕命。克相皇天。弘建邦家。允興洪業。以光我高祖之休命。陳書武帝紀上、南史九、文苑英華四百四十七。

禪位陳王策

咨爾陳王。惟昔上古。厥初生民。驪連栗陸之前。容成大庭之代。並結繩寫鳥。杳冥慌忽。故靡得而詳焉。自羲農軒昊之君。陶唐有虞之主。或垂衣而御四海。或無爲而子萬姓。居之如馭朽索。去之如脫敝屣。裁遇許由。便能捨帝。暫逢善卷。即以讓王。故知玄扈璇璣

非關尊貴金根玉輅示表君臨及南觀河渚東沈刻璧精華既竭耄勤已倦則抗首而笑唯賢是與謳然作歌簡能斯授遺風餘烈昭晰圖書漢魏因循是爲故實宋齊授受又弘斯義我高祖應期撫運握樞御宇三后重光祖宗齊聖及時屬陽九封豕荐食西都失馭夷狄交侵乃泉天成輕弄龜鼎惵惵黔首若崩厥角微微皇極將甚綴旒惟王乃聖乃神欽明文思二儀並運四時合序天錫智勇人挺雄傑珠庭日角龍行武步爰初投袂日迺勤王電埽番禺雲撤彭蠡揃其元惡定我京畿及王賀帝弘賛茲冠屨既行伊霍用保沖人震澤稽陰並懷叛逆獯羯醜虜三亂皇都裁命偏師二邦自殄薄伐獫狁六戎盡殪嶺南叛渙湘郢結連賊帥既擒兇渠傳首用能百揆時序四門允穆無思不服無遠不居上達穹昊下漏深泉蛟魚並見謳歌攸屬況乎長彗橫天已徵布新之兆璧日斯既實表更姓之符是㠯始創義師紫雲曜彩肇惟尊主黃龍負舟楛矢素翬梯山㠯至白環玉玦慕德而臻若夫安國字萌本因萬物之志時乘御宇良會樂推之心七百無常期皇王非一族昔木德既季而傳祚于我有梁天之厤數允集明哲式遵前典廣詢羣議王公卿尹莫不攸屬敬從人祇之願授帝位于爾躬四海困窮天祿永終王其允執厥中軌儀前式㠯副溥天之望禋祀上帝時膺大禮永固洪業豈不盛歟陳書武帝紀上南史九

禪位陳王璽書

君子者自昭明德達人者先天弗違故能進退咸亨動靜元吉朕雖蒙寡庶乎景行何則三才剖判九有區分情性相乖亂離云起是㠯建彼司牧推乎聖賢授受者任其時來皇王者本非一族人謀是與厤已從萬物之心天意斯歸鞠躬奉百靈之命謳歌所往則攘袂㠯膺之菁華已竭乃褰裳而去之昔在唐虞鑒于天道舉其黎獻授彼明哲雖復質文殊軌沿革不同歷代因循斯風靡替

墉當作牖

我大梁所㠯考庸太室接禮貳宮月正元日受終文祖但運不常夷道無恆泰山岳傾偃河海沸騰電目雷聲之禽鉤爪鋸牙之獸咀嚼含生不知紀極二后英聖相仍在天六夷貪狡爭侵中國縣王都帝人懷干紀一民尺土皆非梁地朕㠯不造幼罹閔凶仰憑衡佐亟移年序周成漢惠邈矣無階惟是童蒙必貽顛蹶若使時無聖哲世靡艱難猶當高蹈于滄洲自求于泰伯者矣惟王應期誕秀開籙握圖性道故其難聞嘉庸已其被物乾行同其肅覆日御比其貞明登承聖于復禹之功樹鞠子于興周之業滅陸渾于伊洛殲驪戎于鎬京大小二震之驍徒東南兩越之勍寇遽行天討無遺神策于是祖述堯舜憲章文武大樂與天地同和大禮與天地同節鼓之㠯雷霆潤之㠯風雨仁霑葭葦信及豚魚般墉斯空夏臺虛設民惟大畜野有同人升平頌平無偏無黨因㠯雲飛紫蓋水躍黃龍東伐西征晻映川陸榮光曖曖已冒郊廛甘露瀼

瀼亟流庭苑車轍馬跡誰不率從蟠水流沙誰不懷德祥圖遠至非唯赤伏之符靈命昭然何止黃星之氣海口河目賢聖之表既彰握旄執鉞君人之狀斯偉且自攝提無紀孟陬殄滅枉矢宵飛天弧曉映久矣夷羊之在牧時哉蛟龍之出泉革運之兆咸徵惟新之符並集朕所㠯欽若勳華屢回星官昔者木運斯盡予高祖受焉今厤去炎精神歸樞紐敬㠯火德傳于爾陳遠鑒前王近謀羣辟明靈有悅率土同心今遣使持節兼太保侍中尚書左僕射平樂亭侯王通兼太尉司徒左長史王瑒奉皇帝璽綬受終之禮一依唐虞故事王其時陟元后寵育兆民光闡洪猷㠯承昊天之休命陳書武帝紀上。案今本有陳武帝下州郡璽書見陳書未定是徐陵作宜編入武帝文

全陳文卷六終

莫字衍

全陳文卷七

烏程嚴可均校輯

徐陵二

勸進梁元帝表

臣陵言。臣聞封唐有聖。還承帝嚳之家。居代維賢。終纂高皇之祚。無爲稱于華胥。至治表于垂衣。而撥亂反正。非聞（梁書作開）前古。至如金行重作。源出東莞。炎運猶昌。枝分南頓。豈得掩顯姓于軒轅。非才子于顓頊。莫不因時多難。俱繼神宗者也。伏惟皇帝陛下。出震等于勳華。鳴謙（梁書作明讓）同于旦奭。握褒秉鉞（藝文類聚作握圖執鉞）。將在御天。玉縢（藝文類聚作玉勝。梁書作玉璣）珠衡。先彰（藝文類聚作章）元后。神祇所合（梁書作命）。非惟太室之祥。圖諜（梁書作畫。藝文類聚作書）斯歸。何止堯門之瑞。若夫大孝聖人之心。中庸君子之德。固已作訓生民。貽風多士。一日二日。研覽萬機。允文允武。包羅羣藝。擬茲三大。賓是四門。歷試諸難。咸熙庶績。斯無得而稱也。自無妄爲象。鍾禍上京。梟獍虔劉。口宗殄墜。銅頭鐵額。興暴皇年（已上二十五字梁書作無妄興暴皇祚浸徽）。封豨脩蛇。行災中國。靈心所宅。下武其興。望紫極而行（梁書作長）號。瞻丹陵而殞慟。家冤將報。天賜黃鳥之旗。國害宜誅。神奉玄狐之籙（梁書作錄）。剋李軼于河津。征隗囂于海岱。滕公擁樹。雄氣方嚴。張繡交兵。風神彌勇。忠誠貫于日月。孝義感于冰霜。如雷如霆。非貔非虎（梁書作如貔如虎）。前驅效命。元惡斯殲。既挂膽于西州。方然臍于東市。蚩尤三冢。寧謂嚴誅。王莽千段（梁書作剸）。非云明罰。青羌赤狄。同畀豺狼。胡服夷言。咸爲京觀。邦畿濟濟。還見隆平。宗祀（梁書作廟）愔愔。方承多福。自氛（梁書作氤）氳渾沌之世。驪連粟陸之君。卦起龍圖。文因鳥迹。雲師火帝。非無戰陣之風。堯誓湯征。咸用干戈之道。星躔東井。時破崤潼。雷震南陽。初平尋邑。未有援三靈之已墜。救四海之羣飛。赫赫明明。龔行天罰。莫如當今之盛者也。于是卿雲似蓋。晨映姚鄉。甘露如珠。朝垂原（梁書作華景）寢。芝房感德。咸出銅池。蓂莢伺辰。無勞銀翦。重以東漸玄兔。西踰白狼。高柳生風。扶桑衛（梁書作盛）日。莫不編名屬國。歸貢（梁書作質）鴻臚。荒服來賓。遐邇同慶（梁書作甌）。其文昭武穆。尉薦也如彼。天平地成。功業也如此。久應旁求掌故（梁書作固）。詢詔（梁書作諮詢）天官。斟酌繁昌。經營高邑。宗王啟霸。非勞武德（梁書作陽武）之侯。清蹕無虞。何事長安之邸。揚龍（梁書作鑾）旂以饗帝。御鳳辰以承天。厤數在躬。疇咨（梁書藝文類聚作與）爲讓。去七月二十四日。兼散騎常侍柳暉等至鄴。伏承聖旨謙冲。爲而不（梁書作弗）宰。或云洛陽未復。函谷無泥。旋駕金陵。方膺天睠。愚謂大庭少昊。非有定居。漢祖殷宗。皆無恆宅。登封岱嶽。且署（梁書作猶置）明堂。巡狩荊州。（梁書作章陵）時行司隸。何必西瞻虎踞。乃建王宮。南望牛頭。方稱天闕。抑又聞之。玄珪既錫。蒼玉無陳。乃棫樸之愆期。非苞茅之不貢。雲和之瑟。久廢甘泉。孤竹之管。無聞方澤。豈不懼歟。伏願陛下。因百姓之心。振（梁書作拯）萬邦之命。豈可逡巡固讓。方示后戶之農。高謝爲君（梁書作君臨）。徒弘箕山之客。未知上德之不德。惟見聖人之不仁。率土翹翹。蒼生何望。昔蘇季張儀。違卿負俗。尚復招三方以事趙。請六國以尊秦。況臣等預（梁書作頻）奉皇華。親承朝命。珪璋特達。通聘河陽。貂珥雍容。尋盟漳水。加牢貶館。隨世（梁書作勢）汙隆。瞻望鄉闕（梁書作關）。誠均休戚。但輕生不造。命與時乖。等（梁書作忝）一介之行人。同三危之遠擯。承聞內殿。事絕耿弇之因（梁書作恩）。封奏邊城。私等劉琨之哭。不勝區區之至。謹拜表以聞。臣陵云云。（文苑英華六百又梁書元帝紀有刪節。又略見藝文類聚十四）

蓂當作翦

卿當作鄉

讓散騎常侍表

臣聞五十知命。宗師之格言。六百辭滿。通賢之高槩。昔婁子諸生。褰裳求楚。魯連隱士。高論卻秦。況乎謬蒙知己。寧無感激。洪私過誤。寘以通班。司憲文昌。遂諧常伯。今者昆吾小器。諦視不見玄黃。鈞天竝奏。靜聽能聞鐘鼓。雖神農分藥。岐伯提鍼。冥衆因緣。難可

部黜當作鄭默　當當作常

匡救。陛下嗣臨寶扆。光闡大猷。竭意銓衡。留情標棫。燕臺裝玉。儒不精。眞齊客吹竽。諒宜澄鑑南郊。奉乘當求部黜之才。西省文辭應用羅含之學。（藝文類聚四十八）

讓五兵尚書表

臣聞仲尼大聖。猶云書不盡言。士衡高才。當稱文不逮意。臣比衰病自積。思緒茫然。頗託明遊。爲裁章表。雖復陳琳健筆。未盡愚懷。孫惠詞人。頗加煩飾。所以高天緬邈。弗降昭回。瞻拜絲綸。更增憂慄。臣雖不敏。弱冠登朝。伊昔承華。豫遊多士。晚逢興運。爰濫寵私。爾時四郊多壘。七雄分爭。國家制度。日不暇給。趙宮論受命之宜。隨邑奏升壇之禮。雨參聞祕計。弗解單于之兵。飛箭馳書。未動聊城之將。不期枚乘老叟。忽降時恩。馮唐暮年。見申明主。擢笄京邑。朝坐棘林。遂致洛陽無雨。非比長安多盜。其宜屏鈇用寬歲科。猶處名儀。久爲叨竊。但著書天祿。雖如劉向。朔望登朝。轉同王隱。于其朽劣。尚不從容司會文昌。邈然非據。（藝文類聚四十八）

于當作丁　舍當作命

讓右僕射初表

加以言尋盟好。仍屬亂離。千寨盜其牛馬。烏孫竊其印綬。子卿茹雪。叔向爲囚。雖復東歸。猶離此厄。昔李廣遺恨。不値漢初。甯戚自歸。悲逢堯換。臣隨望聖運。實在權輿。時參決勝之籌。頗奏發兵之識。當塗錫舍。非無董昭之誠。與午禪文。不降張華之實。（藝文類聚四十八）（案陳書姚察傳。吏部尚書徐陵領著作。引爲史佐。及陵讓官致仕等表。請察製焉。陵見歎曰。吾弗逮也。據知讓右僕射左僕射二表是姚察作。然唐人所見陵集有此二表。今姑從之。）

讓左僕射初表

臣聞七十之歲。揚雄擬經。六十之年。平津對策。若斯強壯。固無耆老。臣勱則胄華軒冕。才允卿相。出納流譽。朝野具瞻。臣弘正國老儒宗。情尚虛簡。玄風勝業。獨王當年。臣種器懷沈密。文史優裕。東南貴秀。朝廷親賢。竝克壯其猷。皆宜左執。若漢武好少。則微臣已

賀當作貸　水當作火　蕭當作曹　雖不之雖字衍

老。若周文愛老。則有此羣才。伏願天明。更謀梓匠。求其妙選。稱是能官。（藝文類聚四十八。初學記十二。陳書張種傳。）

爲始興王讓瑯邪二郡太守表

甫離懷袖。裁脫綺紈。遽賀隆私。使膺珪組。執玉不起。搴衣未勝。自甘泉通水。細柳屯兵。旁帶戎臣。頗同騶場。言瞻漢草。迺曰中州。遙望胡桑。已成邊郡。誠復居藩體國。應思馬駿之功。論地惟親。宜慕蕭彰之勇。（藝文類聚五十）

爲王儀同致仕表

尺波歸海。恆歎不居。爝火爲薪。猶悲假續。況復星迴日薄。通人有乞老之言。鍾鳴漏盡。前史有夜行之誡。五陵鼎族。家傳軒冕。四姓鄉侯。榮由恩澤。雖虛名靡實。世官非才。年力方強。雖不能辭退。今三元肇慶。六呂司春。得奉萬壽之盃。豫參百辟之禮。便釋朝衣。謹遵初服。方同孔光之杖。載遊戶庭。廣德之車。方懸私館。（藝文類聚十八）

社當作衽　確當作摧

決斷大行俠御服議

梓宮祔山陵。靈筵祔宗廟。有此分判。便驗吉凶。案山陵鹵簿吉部位中。公卿以下導引者。爰及武賁鼓吹執蓋奉車。竝是吉服。豈容俠御獨爲縗絰邪。斷可知矣。若言公卿胥吏竝服縗苴。此與梓宮部伍。有何差別。若言人物竝吉。司事者凶。豈容社絰而奉華蓋。縗衣而升玉輅邪。同博士議。（陳書劉師知傳。高祖崩。六日成服。朝臣共議大行皇帝靈座俠御人所服衣服吉凶之制。博士沈文阿議宜吉服。劉師知蔡景歷江德藻謝岐等議宜服縗絰。時以二議不同。乃啟取左丞徐陵決斷。陵云。）

重答八座以下請斷俠御服議

老病屬纊。不能多說。古人爭議。多成怨府。傅玄見尤于晉代。王商取陷于漢朝。謹自參纖微同高命。若萬一不死。猶得展言。庶與朝賢更申揚確。（陳書劉師知傳。徐陵決斷大行俠御服同博士議。時八座以下竝請從師知議。陵重答。）

謝兒報坐事付治中啟

夫拾金樵路。高士所羞。整冠李下。君子斯慎。兒報不能謹絜。敢觸

開當作閒　鼪當作鼮　監當作鹽

嚴網右趾鐵繫事允法科左校論輸實由恩宥老臣過庭之訓多謝古賢折筓之杖有愧前達。藝文類聚五十四。

謝敕賜祀三皇五帝餘饌啓

竊以甘泉之殿舊禮羲農長樂之宮本圖堯舜自東京晚世曠代無聞西漢盛儀復覩今日金壺流十旬之氣玉案備千品之羞昔絳羅爲蓋既延王母紫蓋爲壇允招太一同斯美貺理致衆星臣以餘年豫開淸祀如陪瑤席遂飲瓊漿。藝文類聚七十一。

謝敕賚燭盤賞荅齊國移文啓

昔班彪草移阮瑀裁書馳譽當年遂無加賞非常大賚始自今恩雖賈逵之頌神雀竇攸之對鼪鼠漢臣射覆之言魏士投壺之賦方其寵錫獨有光前官燭斯然更慙夏吏霄光可學乃會耆年臣職居南史身典東觀謹述私榮傳之方策。藝文類聚八十。

安成王讓錄尚書表後啓

臣聞開平就國乃盛漢之常儀郕霍無官實宗周之明典何則皇季之重非待歷階王爵之隆自高羣辟況臣戢翼要荒亟離寒暑進慙趙勝能定楚從退匪齊文馳免秦厄因以內切皇心外貽家恥甘輸重餌降禮單于廻城十五如諸和璧市鄉三十聊同寶劍武夫力而獲諸原微臣還而反諸敵瞻言馬駿者隴右之功追念曹彰克烏九之虜前王子弟若此勳庸偏其反而豈可勝愧。藝文類聚四十八。

謝賚鷹啓

臣昨既陪猕獵仍宴上林固謝長卿之文彌慙子雲之賦頂割鮮禽已同監浦頻蒙大嶽更異粱王詰旦歸來猶爲飽飫虞衡所獻復降命恩賜細君以爲歡非屠門而大嚼。藝文類聚九十五。

謝賚蛤啓

鴻化口口雀入猶新紀變秋程已聞冬獻。藝文類聚九十七。

州當作川　元當作无　堯當作姚　不字衍　鑰當作淪

謝東宮賚蛤蜊啓

船俗嚴戈漁人資設于彼海童盲茲水豹望樓闕之氣得波潮之下。藝文類聚九十七。

謝敕賚烏賊啓

變遂庸臣伏增銘悚。藝文類聚九十七。

與齊尚書僕射楊遵彥書

陵叩頭叩頭夫一言所感凝暉照于魯陽一志冥通飛泉涌于疏勒況復元首康哉股肱良哉鄰國相聞風教相期者也天道窮剝鍾亂本朝情計馳惶公私哽懼而骸骨之請徒淹歲寒顚沛之祈空盈卷軸是所不圖也非所仰望也執事不聞之乎昔分鼇命鳥之世觀河拜洛之年則有日烏流災風禽騁暴天傾西柱地缺東門盛旱拆三州長波含五岳我大梁膺金圖而有亢纂玉鏡而猶屯何則聖人不能爲時斯固窮通之恆理也至若荊州刺史湘東

王機神之本元寄名言陶鑄之餘猶爲堯舜雖復六代之舞陳于總章九州之音登于司樂虞夔拊石晉曠調鍾未足頌此英華無以宣其盛德者也若使郊禋楚翼寧非祀夏之君鼎定京師即是匡周之霸豈徒豳王徙雍帝月爲都堯帝遷河周年成邑方今越裳藐藐馴雉北飛肅愼茫茫風牛南偃吾君之子含識知歸而荅旨云何所不投身斯所未喻一也又聞晉熙等郡皆入貫朝去我尋陽經途何幾至于鐺鐺曉漏的的宵烽隔溆浦而相聞臨高臺而可望泉流寶蓋遙憶盆城烽號香爐依然廬岳日者鄱陽嗣王鑰治兵匯派屯戍淪波朝夕牋書春秋方物吾無從以躡屐彼有路而齊鑣豈其然乎斯不然矣不謂邵陵王綸通和此國郢中上客雲聚魏都鄴下公卿風馳江浦豈盧龍之逕于彼新開銅駝之街于我長閉何彼途甚易非勞于五丁我路爲難如登于九折地不私載何其爽歟而荅旨云還路無從斯所未喻二也又晉熙廬

榮當作勞　囊當作橐　四家櫟當作三家磔

江義陽安陸皆云款附非復危邦計彼中途便當靜晏自斯已北桴鼓不鳴鄰憾所通自此已南王靈未暨如其境外脫殞輕軀幸非遷吏之羞何在匹夫之命又此賓遊通無貨殖泰非韓起聘鄭私買玉環吳札過徐躬要寶劍由來宴錫凡厥囊裝行役淹留皆已虛罄散有限之微財供無期之久客斯可知矣且據圖刎首愚者不爲運斧全身庸流所鑒何則生輕一髮自重千鈞不已貿盜明矣骨肉不任充鼎俎皮毛不足入貨財盜有道焉吾無憂也又公家遣使脫有資須本朝非隆平之時遊客豈皇華之勢輕裝獨宿非榮聚囊之儀微騎閒行竊望輶軒之禮歸人將從私具驢騾緣道亭郵唯希蔬粟若曰留之無煩于執事遣之有費于官司或已顛沛爲言或云資裝可懼固非通論皆是外篇斯所未喻三也又若已吾徒應還侯景侯景凶逆殲我國家天下含靈人懷憤厲既不獲投身社稷衞難乘輿四家櫟黨九千臠割于莽安所謂俛

若當作名　果當作杲　在當作居

眉頓膝歸奉寇讎佩弭腰鞬爲其皁隸又日者通和方敦曩睦兇人狙詐遂駭狼心顚擬宋萬之誅彌懼荀罃之請所已奔蹄勁角專恣憑陵凡我行人偏鍾讎憾正當葅筋醢骨抽舌探肝于彼兇情猶當未雪海內之所知也君侯之所具焉又聞本朝王公居人士女風行雨散東播西流城闕丘墟蕤蓬蕭瑟假師還望咸爲草萊霸陵囘首皆霑霜露此又君之所知也彼已何義爭免寇讎我有何勳爭歸委質昔鉅平貴將懸重于陸公叔向若流深知于鬷蔑吾雖不敏常慕前修不圖明庶爲懷翻其已此量物昔魏氏將亡羣兇挺爭諸賢戮力想得其朋爲葛榮之黨也爲邢果之徒邪如曰不然斯所未喻四也又假使吾徒還爲兇黨侯景生于趙代家自幽恆在則台司行爲連率山川形勢軍國彝章不勞請箸爲籌便當屈指能算景已逋逃小醜羊豕同羣身寓江皐家留河朔鄉井鄉邑如鬼如神其不然乎抑又君之所知也且夫宮闈祕事

載當作戴

皆若雲霄英俊訏謨蓋非帷幄或佯驚已定策或焚藁而奏書朝廷之士猶難參預羈旅之人何階耳目至于禮樂沿革刑政寬猛謳歌已遠萬舞成風不知手之舞之足之蹈之也安在搖其牙齒爲閒諜者哉若謂復命西朝終奔東虜雖齊梁有隔尉侯奚殊豈已河曲之難浮而曰江關之有濟河橋馬度曾非宋典之奸關路雞鳴皆是田文之客何其通蔽乃爾相妨斯所未喻五也又兵交使在雖著前經儻同徇僕之尤追肆韓山之怒則凡諸元帥竝釋縲囚爰及偏裨同加恩禮乃至鍾儀見赦朋笑遵途襄老蒙歸虞歌引路吾等張膾拭玉修好尋盟涉泗之與浮河郊勞至于贈賄公恩既備賓敬無違今者何愆翻無貶責若已此爲言斯所未喻六也若曰妖氛永久喪亂悠然哀悼奔波存其形魄固已銘茲厚德載此洪恩譬渤澥而俱深方嵩華而猶重但山梁飲啄非有意于籠樊江海飛浮本無情于鍾鼓況吾等營魄已謝餘息空留悲

後當作侯　自永當作身求

默爲生何能支久是則雖蒙養護更夭天年若已此爲言斯所未喻七也若云逆豎殲夷當聽反命高軒繼路飛蓋相隨未解其言何能善謔夫亨有治亂豈有意于前期謝常侍今年五十有一吾今年四十有四介已知命賓又杖鄉計彼後生肩隨而已豈銀臺之要彼未從師金竈之方吾知其訣正恐南陽菊水竟不延齡東海桑田無由佇望若已此爲言斯所未喻八也足下淸襟勝說書圃文林凡曰洪荒終于幽厲如吾今日蓋有其人爰至春秋微宜商略夫宗姬殄墜霸道昏凶或執政之多門或陪臣之涼德故臧孫有禮翻囚與國之賓周伯無愆空怒天王之使遷箕鄭于兩館縶欒子于三年斯匪貪亂之風邪蓋比當今之高例也至于雙崤且帝四海爭雄或構趙而侵燕或連韓而謀魏自永盟于楚殿躬奪璧于秦庭輸寶鼎已託齊王憑安車而誘梁客其育脣敗舌分路揚鑣無罪無辜如兄如弟逮乎中陽受命天下同規巡省諸華

爲邦上脫非字

無聞幽辱。及三方之霸也。孫甘言以娬媚。曹屈詐以羈縻。旌軫歲到于勾吳。冠蓋年馳于庸蜀。則客嘲殊險。賓戲已深。共盡遊談。誰云猜忤。若使搜求故實。脫有前蹤。恐是叔世之姦謀。而爲邦之勝略也。抑又聞之。雲師火帝。澆淳乃異。其風龍躍麟驚。王霸雖殊。其道莫不崇君親以詔物。敦敬養以治民。預有邦家。曾無隆替。吾奉逮溫清。仍屬亂離。寇虜猖狂。公私播越。蕭軒靡御。王舫誰持。瞻望鄉關。何心天地。自非生憑廪竹。身出空桑。行路含情。猶其相愍。嘗以擇官而仕。非曰孝家。擇事而趨。非云忠國。況乎欽承有道。驂駕前王。郎吏明經。鵷鷺知禮。巡方省化。咸問高年。東序西郊。皆尊耆耋。吾以圭璋玉帛。通聘來朝。屬世道之屯期。鍾生民之否運。兼年累載。無申元直之祈。銜泣吞聲。長對公閭之怒。情禮之訴。翻同逆鱗。忠孝之言。皆應對舌。是所不圖也。非所仰望也。且天倫之愛。何得忘懷。妻子之情。誰能無累。夫以清河公主之貴。餘姚書佐之家。

草當作莫　敗當作販

經當作矜

義當作議

草限高卑。皆被驅掠。自東南醜虜。抄敗飢民。臺署郎官。俱餒牆壁。況吾生離死別。多歷暄寒。孀室嬰兒。何可言念。如得身還鄉壞。躬自推求。猶冀提攜。俱免凶虐。夫四聰不達。華陽君所謂亂臣。百姓無冤。孫叔敖稱爲良相。足下高才重譽。參贊經綸。非虎非貔。聞詩聞禮。而中朝大義。曾未經論。清禁嘉謨。安能相及。諤諤非周舍。容容類胡廣。何其無爭臣哉。歲月如流。人生何幾。晨看旅雁。心赴江淮。昏望牽牛。情馳揚越。朝千悲而下泣。夕萬緒以迴腸。不自知其爲生。不自知其爲死也。足下素挺詞峯。兼長理窟。匡丞相解頤之說。樂令君清耳之談。向所未疑。誰能曉喻。若鄙言爲謬。來旨必通。分請灰釘。甘從斧鑊。何但規規默默。齰舌低頭而已哉。若一理存焉。猶希矜眷。何故期令我等必死齊都。足趙魏之黃塵。加幽幷之片骨。遂使東平拱樹。長懷向漢之悲。西洛孤墳。恆表思鄉之夢。千祈已屢。哽慟良深。徐陵叩頭再拜。文苑英華六百八十九。又陳書徐陵傳

澇當作勞

在北齊與宗室書

陵白。臨淮負海。是謂徐州。顓頊高陽。世有明德。自興王啟霸。無澇委劍之鋒。開國承家。實饗彤弓之賜。其後金柯玉葉。雲散霞從。耆舊通人。茂才多士。或以天下之貴。負石自沈。王命之尊。拂衣高蹈。或態衣雉製。青組朱旗。儒盛江東。文高河北。或復分齊處魯。移魏居燕。瓜瓞雖遙。芳枝無遠。昔有王如王莽。無關控鶴之宗。劉曜劉淵。彌非優龍之族。又有朱家別餘。邾子之苗。何氏殊源。韓侯之肖。三烏五鹿。時事無恆。東郭西門。遷訛非一。吾宗雖廣。未有駢枝。咸自駒王。同分才子。正以金衡委御。玉斗宵亡。胡賊憑陵。中原傾覆。我則供犧牷于東國。載主祏于南都。二百餘年。家于揚越。此則盧諶不去。裴盞仍留。高官燕秦。遲迴鄉壤。山河有隔。敘親無緣。望冀馬而增勞。瞻賓鴻而永歎。昔竇公累世。光武稱其外家。許都遙遠。鹽王思其舊宅。其言雖大。可以喻小。況在宗親。盍無停眷。比月應雩龍。星移鵲鳥。天明和煦。體中何如。願百年之老。與居多福。萬石之君。寒暑清豫。其外族忠孝。比屋連甍。信義勇于干戈。詩書甘于酒醴。或有漁獵三史。紛綸五經。都講開黌。詩生負帙。邦君佇德。盛無掛榻之思。州將欽風。應有題車之命。南陽坐嘯。寄以共治。東海行歌。資其主粥疑作匡鄙梁竦不好。徒爲大言。鄧禹平生。唯望如此。若栖遲偃仰。因事巨中。桃果三名。栗園千樹。執竿而釣。徵聘不來。負耒而耕。公侯靡屈。何其高也。蓋復休哉。如脫推延。或遲竝問。吾階緣人乏。叨遷皇華。王事無淹。公禮將畢。旣而揚都蕩覆。方離殺允之災。越界風塵。復蹈輶軒之禮。屛居空館。多歷歲時。疊犯靈祇。招延禍罰。號慕無窮。肝膽屠殞。煩冤胸臆。不自堪居。無心奈何。無狀奈何。自徘徊河朔。亟積寒暄。風患彌留。半體枯廢。折臂爲公。雖非羊祜。跛足而使。無慙郤克。固以形如槁木。心若死灰。匍匐苫廬。纔有魂氣。夫迷山之客。遲遙響于巖崖。窮海之賓。望孤煙于洲嶼。況

乃宗均魯衛。地匪燕吳。車騎相望。舟艫朝夕。三條不遠。五達非難。信乃闊然。遂不蒙問。昔桃花之峽。長避秦嬴。芝草之山。遥然滄海。猶復漁船可入。何況平途。不兼旬月。勞懷旣積。輒命行人。竚望之閒。遲枉歸翰。儻二三兄弟能敦昭穆之詩。求我漳濱。幸問劉楨之疾。陽春改節。竝念將宜。扶力爲書。多不詮次。陵白。（文苑英華六百八十六）

全陳文卷七終

折當作坼

烏程嚴可均校輯

徐陵三

與王僧辯書

太清六年六月五日孤子徐君頓首昔者雲師火帝非無戰陣之風堯誓湯征咸用干戈之道至于搖山蕩海驅電乘雷殲厥凶渠無虧皇極若夏鍾夷羿周厄犬戎漢委珠囊秦亡寶鏡然則皆聞之矣未有膺龍圖以建國御鳳邸以承家二后欽明三靈交泰而天崩地折妖寇橫行者也自古銅頭鐵額與暴皇年檮杌窮奇流災中國王彌石勒吞噬關河綠林青犢之羣黑山白馬之衆校彼兵荒無聞前史八王故事曾未混淆九州春秋非去禍亂我皇受命中興光宅天下泰盜瑣瑣安敢執鞭建武栖栖何其扶轂抑又聞之陶唐旣作天歸鳥喙之臣豐畢將興特挺鷹揚之佐明公量苞金鉉神表玉璜儼衮欽才平階佇德固以留連管樂惆悵風雲濡足維時投竿斯在去歲兇徒不騁言次巴丘鼓聲聞一柱之臺烽火照三休之殿公則懸麾羽扇猶對投壺戎羯咸奔鯨鯢俱剪樓舡萬軸還繫昆明胡馬千羣皆輸長樂于是平夏首西浮雲行電邁彭波東匯谷靜山空扼鵲尾而據王畿登牛頭而埽天闕漸臺僞帥仍傳首于帝京郿塢元兇咸刳腸于軍市青羌赤狄同畀豺狼胡服夷言咸爲京觀公園陵盡拜忠貫長沙神主咸安勳踰高密重以秦宮旣獲魯殿猶存闕綠草于應門開青槐于武庫長安五陵之族鄠杜六遷之民襁負而歸都壥斯滿鬻脂藏脯遊騎擊鍾故市新城飛甍華屋東莞舊宅人識桑榆南頓荒田家分禾黍豈以鄉名穀熟邑號禾興而已哉若夫卦起龍文書因鳥跡劬勞王室大拯生民自闢闢以來未之有也雖十六才子明允篤誠八百諸侯專心同德中宗佐命俱畫丹青光武功臣皆懸星象棧

親當作櫬

道水闊田單之奉霸齊縮蟄將兵周勃之扶强漢壞蟲之比黃鵠轍鮒之仰河宗未足云也孤子階緣多幸叨造皇華鄉國屯危公私燋迫邪彤之切長亂心胷徐庶之祈終無引允氓而屛居空館多歷歲時釁犯幽祇躬當勦滅何圖釁咎災極蒼旻號慕煩寃肝腸屠潰酷痛奈何無狀奈何惟桑與梓翻若天涯杖柏栽松悠然長絕明明日月號叫無聞茫茫宇宙容身何所窮劇奈何自忝膺嘉聘仍屬亂離上下年尊偏嬰此酷昔人迎門請詮恆懷廢寢之憂當軏輿親猶有危途之懼況乎逆寇崩騰京師播越與居動止長隔山河朝夕饘𩟔誰經心眼程糜不繼原粟何資瞻望風雲朝夕鳴咽固乃遊魂已謝非復全生餘息空留非爲全死同冰魚之不絕似蟄蟲之猶蘇良可哀也良可哀也自東都紹漢南亳興殷修好徵兵彌留星琯韓宣范武方駕連鑣蘇秦張儀朱輪華轂而孤子三危是擯四罪同科聽別馬而長號杖歸旂而永慟王稽反命旣無託乘之恩椒擧相逢誰爲班荆之位昔人違齊處魯時降徵求亡晉奔秦猶蒙招請問管寗于遼左追王朗于淅東豈物譽時賢鄕門公族懸須應務探掖情祈斯豈庸賤之儔邪非餘生之敢望也但預在輶軒誠爲過誤珪璋特達通聘河陽貂珥雍容尋盟漳水差有黃門敀封非無青紙詔書郡將州司郊迎負弩鄕亭里候飾館陳兵豈是復介而奔齊寗當竊妻而逃晉已焉哉羌難得而言也漢之谷吉捐軀者幾人楚之申胥埋魂者何極孤子何所歎焉但頓伏苫廬徒延光晷夫已啁噍鶯雀躑躅鳴號含識懷靈未有其痛且夫曾耕雨雪猶尚悲歌蘇使幽囚無馳哽咽公屬忠弘孝冠冕搢紳化感煙雲量標海岳行廉仲月王政無塞分轂高年仁風斯遠固已衣纓仰訓黎庶投懷今日憔惶彌布洪澤雖復孤骸不返方爲漠北之塵營魄知歸終結江南之草孤子徐君頓首文苑英華六百七十七

泊當作洎

與王吳郡僧智書

孤子徐陵頓首昔林宗道主時人多慕德之賓無忌雄豪天下盡希風之容況復王家沈默謝氏混玄名貴公門譽華卿子而秦峯阻夐浙水悠長諮訴無因但用窮結比青華已戒白露方溥體中何如口願康勝鄧仲華服衰之年荀令則擁麾之日徒云早達未可同功今日相方豈不高䙰竊承富春頃歲多難薦臻邑閈皆空黔黎將盡御史舊棉零落不存太傅齊室荒茫無處自神麾所居緇負斯歸新屋方華故田斯墾府吏閑坐長使誦經督郵無事唯慮吹笛東苞海水俱承幕府之威西泊江沱同仰惟良之化政差邊張何其神也孤子無心靦冒苟郤光陰風疾彌留亦有餘息恩將公聘窮擯虜庭博望侯極迹于黃河移中監流滯于滄海自斯以後唯有庸賤本應埋魂趙魏折骨幽并豈意餘年復反鄉國仰屬伊公在亳渭老師周旌賁江園采拾衡巷遂以哀駘不棄甕㼜無鹽還顧庸虛未應偕比竊承君侯過被以光輝屢有吹噓之言頻蒙薦延之澤故得周行紫闥升降丹墀點污清朝豈不荒愧雖復華陰砥柱帶地窮深嵩高維岳極天爲重未可以方斯盛典譬此洪恩年迫桑榆豈期酬報政以川波非遠對奉無因夜夢子長之遊朝覽希道之疏浮雲西北徒懷魏帝之文行雨東南思假飛山之便窮誠已結荒係逾深方事祈寒願加珍納謹扶力白書迷乏不次孤子徐陵頓首文苑英華六百八十七。

爲梁貞陽侯與王太尉僧辯書

淵明頓首頓首昔自天狼炳曜非無戰陣之風參虎揚芒便有干戈之務至于夏鍾夷羿周厄犬戎漢委珠囊秦亡寶籙彰于史籍可得而聞未有國家𡿺危遂若當今者也我大梁膺龍圖而受命御鳳邸以承天軒頊比于諸王湯武方于兒戲三光有乂四海無波靈貺咸臻表裏禔福非日非月蒼生仰其照臨如雲如雨天下

可當作矢

蒙其恩蔭而屯亨有數剝極爲災梟獍豺狼肆逞兇逆後主誕資上聖光啟中興大翦仇讎方平宗社雖復瀟湘舉斧庸蜀彎弓凡厥兇徒誰不殲撲豈圖天未悔禍喪亂薦臻羌虜無厭乘此多難虔劉我南國蕩覆我西京奉問驚號肝膽崩潰雖復金行版蕩火政淪亡綠林青犢之羣黑山白馬之卒八王故事曾未混淆九州春秋誰云禍亂昔隆周從播皆憑晉鄭之功强漢阽危終假虛牟之力今者武皇之子無復一人貌是孤孫還同三叛等子頹而爲畢同劉芳而入關乞命諸戎勢何支久孤宗室之長爰自布衣皇運之初彌承天德何則據鞍輟哭雖紹霸圖獨居掩涕終討家怨孤二三昆季方可戴天披此恩慈如何酬荅所以徐彭之役不忝輕軀哀荷之誠久聞朝聽況復邦家不造至此橫流宗社無依何所逃責因以提戈負劍臥泣行號言念荆巫志雪讎恥大齊觀書有洛輯瑞榮河功格蒼旻德滿天地慈孝之道通于百靈仁信之風覃于萬國是以日月所照舟車所通候海水以來賓瞻蒼雲以奉貢昔自軒農炎昊曾無宣國之規虞夏商周非有伐戎之略豈知華夷仰德遠近同心轂價無堯湯之憂糧儲同水火之賤精兵利器勢勇雷霆天馬龍媒量比山谷斯固開闢已來未之有也至于親鄰之道夙契逾深無改㬊懷尋感彌篤以爲興亡繼絕事晒前經推擇庸虛命守宗虞方欲仰憑神武清我寇讎旨喻難違諸懷更惡明公誕膺時運光贊本朝勒瑞美璜書名何鼎故以通期管樂宜契風雲戮不世之渠兇殲滔天之巨寇重以三湘放命七國連從征旅東西必翦妖逆雖復棧道木閣田單之奉舊齊綰璽將兵周勃之扶隆漢中宗佐命俱畫丹青光武功臣皆懸星象非貔非虎之封同心同德之勞校彼功庸曾何髣髴但與在與亡期于體國喪君有君盜容無主夙承所立猶則房蒙天步方難盜可弘濟自淹留大國志荷恩私朝夕宮闈預奉顏色黃河白日丞亶

君當作居

誠言。分災卹患。事非虛旨。但善相小國。終資大賢。定我邦家。繄公是賴。淮流不竭。豈獨瑯邪。望能喻此衷懷。思之無忽。近陸君士有啟陳其禍亂。朝旨即命河東王岳等。勒率熊羆。便相抵赴。道阻且長。雖無之及。所聞西浮夏首。便當險隘之衝。南捍巴陵。方拒窺窬之寇。上黨王皇齊寵弟。是號宗英。親御戎軒。遠于將送。裴侍中英起淮南貴族。兼事戎行。躍冀馬者千羣。披燕犀者萬隊。來自河陽。曾不旬日。持節徐武瀍三州諸軍事散騎常侍明遠將軍東徐州刺史始興縣開國侯湛海珍等。並前朝舊將。夙著勳庸。摧轂海邊。屬是喪亂。雖復拔身有道。志雪朝怨。咸預戎行。共指鄉國。江淮舊隸。悉已招攜。方稟英謨。共翦鮮難。去月將晦。便居壽春。已具舟師。將臨江浦。使人入境。行陳所懷。揆日覘光。遲枉還牘。當使宗祊有主。余同小白之勳。家國無虞。公保阿衡之貴。何其美也。豈不休哉。言念此私。但已號咽。蕭淵明頓首。文苑英華六百七十七。

武當作我

為梁貞陽侯荅王太尉書

姜嵩至。枉示具公忠義之懷。家國喪亂。于今積年。三后蒙塵。四海騰沸。天命元輔。匡救本朝。弘濟艱難。建武宗祊。至于丘園板築。尚想來儀。公室皇枝。豈不虛遲。聞孤還國。理會高懷。但近再命行人。或不宣具。公既詢謀卿士。訪逮藩維。沿泝往來。理淹旬月。使乎居止。殊副所期。便是再立我蕭宗。重興我梁國。億兆黎庶。咸蒙此恩。社稷宗祧。曾不相愧。近軍次東關。頻遣信裴之橫處。示其可否。荅對驕凶。殊駭聞矚。上黨王陳兵見衛。欲敘安危。無識之徒。忽然逆戰。前旌未舉。即自披猖。驚悼之情。彌已傷惻。上黨王深自矜嗟。不傳首級。更蒙封樹。飾棺厚殯。務從優禮。齊朝大德。信感神民。方仰藉皇威。敬憑元宰。討逆賊于咸陽。誅叛子于雲夢。同心叶力。克定邦家。覽所示權景宣書。上流諸將。本有忠略。秉親向鮮庶。當不爾。防奸定亂。終在于公。今且頓東關。更待來信。未知水陸。何處見迎。

姦苗當作姦回

夫建國立君。布在方策。入盟出質。有自來矣。若公之忠節。上感蒼旻。羣帥同謀。必匪攜貳。則齊師反旆。義不陵江。如致爽言。誓已無克。韜旗側席。遲復行人。曹沖奉表齊都。即押送也。渭橋之下。惟遲敘言。汜水之陽。預有號懼。梁書王僧辯傳。

又為梁貞陽侯荅王太尉書

姜常侍嵩至。復枉去月三十日告。具公所懷。良已慨息。孤雖庸薄。不及通賢。猶曰生民。盜無心識。自皇家禍亂。亟積寒暄。九州萬國之人。蟠木流沙之地。莫不行號臥泣。想望休平。何況于孤。預在宗室。家荷報雪之恩。身蒙鞠養之愛者。先皇之慈也。蒸嘗不絕于私廟。子弟得嗣于南藩者。後主之惠也。朱方之地。建業之都。誰家丘陵。誰家宮廟。豈有為人臣子。荷此恩靈。覩執干戈。自殉家國。公之忠孝。信感人神。公之盟誓。事同懸象。雖復宗盟不造。骨肉為讎。安可相期。盡如蕭詧邪。古者天子六軍。是為萬乘。今日凶荒。致闕斯禮。偏裨將校。尚握精兵。州郡官曹。各有交吏。未有居稱展座。行日乘輿。遂無五尺之童。高謝千人之長。于公明允。意復云何。國家彫荒。既乏屯衞。皇齊與睦。幸惠優矜。何乃自起趑趄。苟違鄰德。克勘禍亂。欲立功名。咸自軍師。豈在傜隸。湛海珍等前朝舊將。差匪齊人。分給羸兵。即是梁甲。非云背信。豈曰渝盟。朝野羣雄。何所攜貳。且公天資命世。再造皇家。梁代之桓文。蕭宗之伊管。誰其遠近。不稟英謨。如有姦苗。正速齊斧。尚何憂于共工。何畏于有苗哉。所覽來書。既為疑難。上黨王恭承朝旨。不敢相同。方篤鄰和。不容全與。如須減損。更遲行人。張廷尉種等所具。此無多及。蕭淵明頓首。文苑英華六百七十七。

梁貞陽侯重與王太尉書

淵明頓首頓首。席威卿等還。枉此月十四日告。披覽未周。一作綜。良深慨息。昔長平建一作失。策。猶聞蝕昴之徵。疏勒效忠。時一作實。致飛泉之感。豈在余涼德。書不盡言。遂使吾賢猶述所執（一作猶述前報）。斯故銜哀淹淚。仍復披陳者也。孤以庸薄。盜有霸圖。侯服于周。常懼盈滿。豈望身居黃屋。手御青綸。揖讓而對（一作叶）。三靈端委而朝百辟。詢諸園牧。莫不皆知。援誓神明。固自無爽。但大齊仁信之道。闡于至誠。睦鄰之懷。由于孝德。遂蒙殊獎。歸（一作還）嗣本朝。拜首陳辭。敦誘彌廣（一作厚）。既而仇讎未殄。方（一作乃）憑大國之威。宗祏（一作社）阽危。尤（一作終）仰親仁之德。僶俛恩寄。號硯惟（一作戴）深。而敕諭分明。信誓殊重。乃云邦家有乂。社稷無虞。凡廣陵歷陽。皆許見還。白水黃河。厲奉然諾。至于夏藩衝要。控遏上流。且命強兵。爲我此（一作臨）據。若（一作如）其自有精甲。能捍醜徒。並用還梁。皆如前旨。以孤頻（一作昔）經忝竊。屢守淮肥。門生故吏。遍于江右。凡諸部曲。並使招攜。投赴戎行。前後雲集。霜戈雪戟。無非武庫之兵。龍甲犀渠。皆是雲（一作靈）臺之仗。文物以紀之。聲名以發之。斯實不世之隆恩。盜（一作豈）曰循常之恆禮。明公固天所授。弘濟本朝。曲阜同功。營丘等（一作並）烈。若夫伊尹庖廚賤宰。霍光階闥小臣。諸葛亮無應變之才。管夷吾非王者之相。論其世業。較彼勤（一作勳）勞。書契已來。罕有明德。且程嬰之義。自古爲難。荀息之忠。良以喜慰（一作甚可嘉慰）。但先（一作前）朝秉玉鏡之符。御金輪之寶。菩薩之化。行于十方。仁壽之功（一作風）。沾于萬國。兇人侯景。遂殄邦家。何況于今。亦有吳會。江東如掌。差匪虛言。淮陽（一作南）在面。方此非局。不稼不穡。多歷歲時。大東小東。全無機杼。關中醜虜。盜非冒頓之鋒。齊國強兵。便（一作乃）是軒轅之陣。西（一作東）南當扼喉之勢。東（一作西）北承撫背之機。首尾交（一作齊）侵。華夷俱騁（一作選）。而沖人數歲。復（一作天）子方賒。德未感于黎蒸（一作人神）。威不加于將帥。斯等（一作曹）怏怏。非少主（一有之字）臣。安有碌碌。因人成事。公之才具。雖復明允（一作光明）。勢何如于天監。時何若（一作如）于大同。棄與國之隆恩。當滔天之猛寇。匡救之德。翻未有從。忠許之謀。誰其（一作云）相曉。

抵當作祇

臥薪待火。方此弗危。繁草從風。儔之非切（一作匹）。若能思其上策。審此英圖（一作謀）。見引輪轍之車。還向長安之邸。一則二則。惟在大賢。外相內相。終當相屈。正當攜諸舊隸率（一作從）。我賓遊朝服簪（一作簪夕）纓。直拜國寢。梁人望國。俱登赤馬之舟（一作山）。齊師臨江。仍轉蒼鷹之旆。分袖南浦。揚鞭北風。民不疲勞。軍無怨讟。如其執事。尚秉前言。將恐戎麾。便濟江表。何則西浮夏首（一作口）。已據咽喉。東進彭（一作匯滄）波。尖指（一作披其）心腹。廣陵京口。烽煙相望。魯析閩郕。方之（一作茲）尚遠。胡桑對薊。比此（一作匹）爲遙。水陸爭（一作俱）前。龍虎交至。則揚都蕩（一作蕭）定。功自齊師。江左臣民。非關梁國（一作祚）。豈不追（一作退）懟。後主崇寄之恩。還負齊朝親鄰之意。東門黃犬。固以長悲。南陽（一作河南）白衣。何可復得。立茲幼弱。非曰大勳（一作天助）。滅我宗祊（一作祧）。何所逃疊（一作責）。今復遣前吉州刺史馬嵩仁至彼（十字一作指使）。更具往懷。想不遠而復。無貽抵（一作風）悔也。若英謨有在。方興祀（一作嗣）夏之功。明監如違。便等過殷之歎。存亡社稷。二在于公（一作斯）。臨紙崩號。不復多及。蕭淵明頓首頓首。（文苑英華六百七十七。又見六百八十二。今注後篇異同爲一作。）

又爲貞陽侯荅王太尉書

王尚書通至。復枉示。知欲遣賢弟世珍。以表誠質。具悉憂國之懷。復以庭中玉樹。掌內明珠。無累胸懷。志在匡救。豈非劬勞我社稷。弘濟我邦家。慙歎之懷。用忘興寢。晉安王東京貽厥之重。西都繼體之賢。嗣守皇家。盜非民望。但世道喪亂。宜立長君。以其蒙孽。難可承業。成昭之德。自古希儔。沖質之危。何代無此。孤身當否運。志不圖生。忽荷不世之恩。仍致非常之舉。自惟虛薄。兢懼已深。若建承華。本歸皇胄。心口相誓。惟擬晉安。如或虛言。神明所殛。覽令所示。深遂本懷。戢慰之情。無寄言象。但公憂勞之重。既稟齊恩。忠義之情。復及梁貳。華夷兆庶。豈不懷風。宗廟明靈。豈不相感。正爾迴旆。仍向歷陽。所期質累。便望來彼。衆軍不渡。已著盟書。斯則大齊

吳當作吾

尚侍當作常侍

聖主之恩規。上黨英王之然諾。得原失信。終不爲也。惟遲相見。使在不睽。鄉國非遥。觸目號咽。梁書王僧辯傳。

又爲貞陽侯𨶒荅王太尉書

周尚書弘正、張廷尉種、姜常侍暠等至。枉此月二十六日告。并遺賢弟子世珍賢子𨶒等。具忠款之至。公養孤之恩。愛甚鄧侯。少子之懷。情深張禹。豈非憂勞社稷。用忍肌膚。天下含靈。誰無悲愧。余遭家不造。敬累吳賢。言念忠誠。益已號咽。但皇齊大德。過見憂矜。微借輕兵。已垂將送。意謂江東凋弊。累積寒暄。供膳貪儲。理當多闕。輒白上黨王。止請三千人。二百疋而已。凱衆人殊。尚有疑難。將恐諸士。未喻雅懷。今復命周尚書及姜尚侍還彼。具陳一二。夫已受爲寇。非有晉邦。不送爲譏。終無楚國。五千步卒。既謝李陵。三千羸兵。亦等無忌。公之明義。理不爲嫌。行人失辭。尚停然諾。臨江總轡。企望音郵。唯遲來書。此不多具。蕭某白。文苑英華六百六十七。

全陳文卷八終

烏程嚴可均校輯

徐陵四

爲梁貞陽侯與陳司空書

淵明頓首頓首軒轅既作遇蚩尤之兵顓頊爲君阻共工之亂雖復搖山蕩谷驅電乘雷殘厥兇渠會靡遺孽未有時當至治世在欽明元惡滔天遂陷邦家者也我大梁開金繩之寶牒紐玉鏡之珍符功烈與造化相侔德施與風雲俱遠戴日戴斗何向不賓太平之基無思無屆逆賊侯景殲亂本朝釁重聰彌凶踰羿浞後主天經地緯義冠人靈驅馭熊羆遂翦勍盜少康祀夏何可對揚太戊興殷彌無等級不圖天未悔禍喪亂薦臻羌賊憑陵侵蕩荆漢乘輿幽辱既陷兇徒黎獻崩騰莫不淪沒故以哀窮兆庶痛極蒼旻者也夫諸侯釋位蓋非禍亂之朝宗子維城本濟艱憂之日武皇遺胄皆陷虜庭乞命偷生何能支久孤宗室之長爰自布衣辛癸之朝容身靡託追惟先業大庇生民既雪伯升之怨仍紹桓王之霸孤二三昆季情禮獲申等預蕃枝偏承皇德近歲彭都之役得備戎昭鞍甲之勞庶酬天寵況復邦家不造至此橫流凶狡猶存何所逃責固以提戈負劍臥泣行號言念荆巫志雪讎恥大齊德竝天地明符日月隆禮詔俗張樂被民義感華夷仁侔造化玉羊銀甕嘉瑞必彰澤馬山車禎符總集若夫中原猛士本自無窮沙塞精兵斯何有量是以家國之富文景所未儔兵馬之強秦漢所未敵但親鄰之道既篤夙私明發之懷彌敦先好以爲興亡繼絕聖典通規爰命無庸嗣守社稷既方憑大國庶討仇讎恩喻難違諸懷慙哽公體茲懋德毗奉中興歸自番禺志在討亂至于雲行電邁谷靜山空扼鵲尾而定王畿登牛頭而埽天闕漸臺僞帥將傳首于帝京鄗塢元兇皆橫屍于軍市高庸茂烈振古希儔承此欣然深所嘉歎今者殷憂未已禍難相尋宗社無依與主宜立夙承所眷尚在沖年王室猶難何以康濟董侯幼弱終覆漢朝馬業童蒙仍傾晉室所謂前事之不忘後事之龜兆也孤過荷恩靈預奉帷幄黃河白日亟降誠言分災卹患事非虛旨但當小國之禮無失敬恭闔境人民俱勞寤寐方窮人爵之重以報非常之功惠覽今書希能留意也上黨王文高劉德武冠曹彭爰降宗英遠于將送裴侍中英起贊奉師德俱事戎閒月壘連營雲旗蔽野同集江淮翼我歸旆湛海珍等竝前朝舊將夙著勳庸江左氛妖投身齊國今者皆蒙恩獎竝在戎行歸附明公共翦讎難去月將晦便居壽春已具舟艫將臨巢浦若公爲內主方同國子之勳余已定家得免臧孫之歎豈不功名富貴共保無疆前望鄉關唯增號哭蕭淵明頓首頓首文苑英華六百七十七

爲梁貞陽侯重與裴之橫書

張佛奴昨還得去月二十九日書覽以增慨昔桓公始反管仲親射其車重耳初還呂郤終焚其室頃家國多患頻遘閔凶前事不忘便爲龜兆所以皇齊大德禮秩兼常威武紛紜洪恩汪濊況復旌旗照日鼓吹從風文物俱華羽衛相鬱書契已來斯未有也卿天監之始門官有成承聖之初身名俱泰正應勤王效命酬二后之恩憂國如家報三靈之寵何有方規異志苟樹童蒙阻地險于長川忘天討之應及孤昔忝藩維非無遊士平原之館乃乏如雞田文之家差有彈鋏雖復李廣麾下莫不封侯衛青故人多懷彼此豈可文辭簡略禮等平交披封伸紙益多歎異相鼠無儀表詩人之作茅鴟刺傲彰魯史之文猶昔相期不應如此衆軍即便頓江關相見在近不復多及蕭淵明頓首頓首文苑英華六百七十七

代梁貞陽侯與荀昂兄弟書

張佛奴至未枉還告但以勞悒夫興亡繼絕往帝之通規分災卹

政當作攻

患聖王之恒典。自敦寵既散。詐僞萌生。時託親鄰。信有澆慝。大齊道冠三皇。風高九代。仁信之本。關于至誠。言與之恩。由于孝德。孤謬蒙殊獎。還嗣本朝。敕諭分明。言誓殊重。若使邦家克定。境內無虞。凡廣陵歷陽。皆許見還。白水黃河。屢奉然諾。彝章禮數。莫不優華。斯乃不世之殊恩。寍是悠常之恒事。王太尉勳踰呂望。德冠伊衡。凡厥英謀。算靡遺策。豈容當滔天之巨寇。違大國之隆恩。計彼賢明。必當不爾。鄉維兄及弟。莫非雄才。江外風塵。不染兇寇。賈氏三虎。豈獨貴于前脩。荀家八龍。信服在于今日。近者州司不道。或致流言。朝聽矜明。已如前及。想謀元宰。善保良圖。南道主人。以相付也。見所荅東海徐湛書。粗具來意。昔桓憑甚衆。文用秦政。是假鄰國之威。以備非常之變。若使江東宰匠。具領齊恩。時命封疆。遠相迎接。故當攜諸舊隸。率我賓遊。朝服簪纓。直拜園寢。梁人望國。自合水而浮舟。齊師言歸。指滄江而迴旆。如其彼相未悟良機。將恐戎麾遂踐京邑。若其求成取敗。豈謂和風。龍馬雲旗。差不相涉。一二復令張佛奴口具。相見在近。此不多及。蕭淵明疏。文苑英華六百八十六。

武皇帝作相時與嶺南酋豪書

夫否終斯泰。屯極則亨。若日月之迴環。猶陰陽之報復。近者數鍾九厄。王室中微。聖主欽明。還承寶運。卽是高祖武皇帝之孫。世祖孝皇帝之子。重光累聖。肩國承家。天下生民。孰不歸德。賊勃不涯疏賊。希篡帝圖。信是奸兇。階茲禍亂。自王宮再淪于醜逆。虜馬四飲于江淹。社稷阽危。鑾輿幽辱。勃身居列岳。自御強兵。高視趑趄。坐觀成敗。既而天維重綴。國步還康。翻盡凶圖。更謀神鼎。且其兵馬之任。資于長昆。方牧之權。由于承聖。操兄戈而斬姪。藉國寵而弒君。不忠不義。莫斯爲甚。比春初便遣大都督歐陽頠撫城主傅泰等兇徒數十。遂到臨川。吾奉承朝算。指畫戎略。樊滕耿賈。戮力爭驅。天地靈祇。水陸開道。獲傅泰不勞于一箭。擒歐陽無待于尺兵。僞黨皆俘。連城盡拔。所收軍資。不可稱算。去月十六日。德州刺史陳法武等願憤迴戈。仍梟兇豎。一夫挺劍。傳首上京。萬里澄清。人神慶躍。彼豪門著姓。典牧方州。拘隔天朝。亟離寒暑。公私憤歎。豈可爲懷。今王道平夷。理增懽忭。朱明戒節。比復何如。軍主平安。境內清謐。吾以庸薄。叨秉國鈞。恒務牽纏。諸有勞弊。自天數云否。朝禍薦臻。東首崩騰。西京蕩覆。身惟許國。任在勤王。宣力皇家。靡有寍歲。一還京師。保持鴻業。四驅夷狄。奪得江左。始則杜龕元惡。張彪不恭。據有秦稽。連蹤巨震。隨機討掩。觸向平夷。叛臣任約徐嗣徽等屢引齊虜。前年末。既踐京師。江畔邊城。皆爲戎戍。賴貔貅騁力。衞霍同心。殲厥胡夷。不日清殄。去年將夏。傾國大來。鐵騎八千許匹。甲士二十餘萬。胡塵飛于北闕。虜譟震于南宮。躬率偏裨。聊與挑戰。虜便土崩瓦解。投險赴坑。大小皆擒。鯨鯢盡戮。三江之上。塞水無流。千里之間。伏屍相枕。生獲大都督蕭軌、裴英起、東方老、李希光、王敬寶等。虜中驍將。唯此數人。屢破關西之兵。頻取淮右之地。一朝俘斬。無復孑遺。遠邇敬欣。華夷慴慴。如聞彼虜稍是危亡。尋命熊羆。欲就征討。方可以雷行趙魏。電埽幽并。混一車書。勢在朝暮。而侯瑱跋扈江州。公私阻絕。卽平北賊。仍事南征。肉袒面縛。歸首闕庭。卽爲申聞。優其禮秩。台儀不貶。位遇兼常。今所擒歐陽頠傅泰等。莫不弘宥。政爾授其兵馬。處以榮祿。坦然遊狎。無介懷抱。年號武平。國卽清晏。君之聞此。寍不欣躍。但昔緣王事。遊踐貴鄉。日想山川。依然舊識。吾既忝荷明私。位逾台衮。身持帝王之柄。手握天下之圖。故鄉如此。誠爲衣繡。故人不見。還同宵錦。天涯藐藐。地角悠悠。言面無由。但以情企。今者王猷帝載。化被無垠。浮海梯山。罔不咸格。投竿負鼎。馳步蒼龍。崖穴丘園。爭趨金馬。君之才具。信美登朝。如戀本鄉。不能遊宦。門中子弟。望遣來儀。當爲

和當作何

申聞各處榮祿深加將保念嗣音郵今遣某甲等使彼指此不多陳譚白（文苑英華六百八十二）

武皇帝作相時與北齊廣陵城主書

籍甚英風常懷眷屬封疆有限痞寐增勞辱此月九日告深慰情佇方秋尚熱體中何如戎帳艱辛無乃爲弊吾吕庸薄謬膺台鉉既荷先帝拔擢之恩兼蒙今主責成之寄政吕皇齊大德世紹和風方籍威靈庶平讎恥提攜小國願預藩臣還詔哀矜許垂容納奉敕須質便遣入朝部下諸將哀吾誠節一兒一弟無所遺恡立志立義無負上天但故丞相諸子及湛海珍等並依敕旨馳遣渡江主上又遣吏部尚書王通鴻臚卿謝岐等至和州與司馬行臺共爲盟誓而蕭軌等決信叛亡苟相陵易鬱從東道馳至北郊既逼宮闈無容靜默兩兩相對俱有損傷便聞人馬因此奔散且置兵之地溝瀾且多退兵之時投赴相積近遣張都來此具是行人所見但廣陵建業纔隔一江戰場去岸不盈五里軍人退散理反鄉家緣岸村人復有舟檝且蘆籐荻筏竟浦浮江千百爲羣前後相繼吾又勒兵案甲不聽討捕若無恐懼並應安達假使在此不可更生至彼而殂差非吾過如其枉理必是興軍見伐于有道之人加兵于無罪之國若彼王師如此又是違盟后土皇天山川社稷察其怨語寍容相祐辱告承上黨殿下及匹婁領軍應來江右師出無名此是和義小之事大差無違禮彼之陵我自是乖言玄天所伐匹馬無遺翻見怨尤一何非理若彼鬼神有知寍可斯背鬼神無知何用盟歃去歲柳達摩等后頭天井連月亢陽三子纔降連冬大雪黃袍盡沒白帳皆浮既因之吕泥塗兼加之吕疾疫薾蔞既退雲霧便除從爾吕來稍成災旱定知衣冠之國禮樂相承天道不言不容都滅長江渺渺巨浪湯湯如鬬艦舟師詎有深利近梁山之戰卽是前車蕪湖之役可爲明鏡昔晉侯不能乘鄭

馬趙將不能用楚兵一非水土雖爲騁力揚州卑溼厥土塗泥如遇秋霖杳同江漢假令蚩尤重出白起還生控代馬而陵波躡胡靴而渉水終難逞效詎有成功六州勇士雖有百萬十姓豪傑徒勞千億不能爲患斷可知矣昔我平世天下乂安人不識于干戈時無聞于桴鼓故得兇人侯景濟我橫江天步中危實由忘戰自亂離已久人解用兵女子無愧于韓彭童兒不殊于衞霍尖鉤甚利蜀甲殊輕槊動風霜弩穿金石高樓大艦概日陵雲叱咤而起風雷吹噓如倒山嶽侯車騎國家重將分陝上流近隔吕邊塵時將表疏王途既恭貢賦相望尋令子弟侍奉京邑蕭太保龍驤于負海王儀同虎視于洞庭若望高峯便當投袂何則凡諸將帥各護家鄉非直吾人獨憂宗社日者頻辱司馬行臺及諸公有告裴行臺當今方邵此諸賢莫非英傑其餘軍士悉是驍雄庸蜀氐羌之兵烏丸百廧之騎吕此衆戰誰能禦之何爲比吾陪薄相懸何惡諸君身名俱滅來告吕細柿之軍踰于灞上吾恐今之趙括不及廉頗也近張舍人至始奉嚴敕朝廷遣劉叔經仍往啟聞願達丹誠用停王赫伏計天慈理當鑒照此身日月所鑒天地所明豈敢虛言欺望宸極足下既未知始末容有疑怪大軍多士希惠矜弘量非此失時騰表疏幸停師旅已存盟信庶其小國永申藩禮天心無爽通返一同投筆悚慨不復多白陳譚頓首（文苑英華六百八十二）

爲陳武帝與周宰相書

昔有天地便立帝王革昊唯農逖虞斯夏莫不三靈所佑五運相推梁德不造固天攸棄雖復東漢之末區宇沸騰西晉之亡生民蕩覆未足吕方其禍亂譬彼虔劉者也吾謬吕庸薄屬當興運自昔登庸淸諸百越徐聞浪泊靡不征行銀洞珠宮所在淸乂自還麾南極伐逆東都亶力驅馳亟淹寒暑六延梁社十翦强寇黃帝與蚩尤七十戰魏祖在軍中三十年方厥劬勞未爲勤甚加吕百

神所感明靈應期萬里徂征虬龍表瑞于是中軍勇銳上將橫行承此休符遂興王業梁氏以天祿斯改期運永終欽若唐風推其鼎命吾驚惶三讓拜手陳辭盈廷公卿稽顙敦偪眷言潁水徒抱素心尚想汾陽無因高蹈猥以庸薄遂膺天寵去月乙亥昇禮大壇言念迂迴但有慚愧昔賓門之始境外無交雖遣行人未申嘉好今上天有命光膺寶厤永興周室方同斷金我運惟新宜脩朝聘今遣侍中都官尚書周弘正衛使長安故指有白陳某白（文苑英華六百八十七）

為陳武帝與周冢宰宇文護論邊境事書

國有三慶民有四安所謂通和是由鄰睦況周陳款好一紀于茲懷抱相期百世方遠灌瓜之美久敕邊吏拾椽之尤想應無忽梁氏以漸水東為安湘小郡宜立巴州多歷年所此于荊部本包分界近得刺史符元舉啟稱蕭歸忽遣杜元茂神僧訓等將率人馬踰淄潰涉斷便置城隍謀為侵軼適荷鄰德合州見還不容今眷仍縱蕭氏元舉累移論及翻相河漢更往研問便聘鋒鏑彼軍人恃勇遂致俘擒聞此紛紜甚以驚歎其商奄餘孽才力甚微為暴邊城良憑大國但情均忌器不可加兵便敕軍司以禮相放且前歲所大疆城本以南平等五郡輸薦貴朝至如安湘既屬巴郡幸承鄰惠無俟涉言放下漸東唯如澧北政是標其大桶屬荊州之界耳彼此方申分好義絕規圖所貴唯和所重唯信夫以南平等郡地擴民豐雲夢之田楚王為寶吳當勁蜀晉拒強秦資彼山川並為州鎮朕若棄其仁義務廣封域盛容延歲並貢周朝今者和親已固山岳而方謀尺寸之土用益蒹葭之地哉幸非竊疾相見鑒容江陵小寇既爾虔劉前至之言或相誣罔一二因使人宇文平口具其懷耿耿故此相白陳諱頓首（文苑英華六百八十二）

荅周主論和親書

［潰字衍］
［大當作立］
［放當作故］

使人使持節車騎大將軍儀同三司大都督治司城使主杜子暉忠軍山遂伯使副鮑宏等至省告具懷夫聖君明辟司御兆民則天象地佇育黔首故張旝以往拭玉而來同在蒼生恢宏文武雖毀戈鑄戟未擬上皇散馬休牛載懷偃伯非期與睦忽爽和風奚用殲師信由天討追尋曩好歎想兼懷言覿今書甫承家難卯以冢卿執政擅同淵藪令尹當朝安專征伐無君之謫俾墜其師無將之誅已從司寇刑名既肅國步還康希篤親鄰敬開衷款若二境交歡俱饗多福八荒期乂民副所懷今遣其位某甲等使不復多述陳某頓首（文苑英華六百八十六）

荅周處士書

辱去年十二月二十七日告仰披華翰甚慰翹結承歸來天目得肆閑居差有弄玉之俱仙非無孟光之同隱優游俯仰極素女之經文升降盈虛盡軒皇之圖藝雖復考盤在阿不為獨宿詎勞金液唯飲玉泉比夫煮石紛紜終年不爛燒丹辛苦至老方成及其得道冥真何勞逸之相懸也又承有方生亦在天目理當仰稟明師總斯祕要豈如張陵弟子自墜高巖孫泰門人競投滄海何其樂乎聖朝虛心版築尚想巨園若彼能赴嘉招便當謹申高命但其人往歲亦望至京師觀此風神確乎難拔故以忘懷爵祿詎持犧牲之談高視公卿獨騁蜡蛭之訓所恐有道三辟公車十徵若斯者終當不屈此既然矣請復詳言昔楚國兩龔同時紆組漢陰二老相攜抱甕兄之幽貞若其鑿坯負石方同形影結綬彈冠無容良以多感何則潁陽巢父不會介鷰許由商洛園公未聞求徵綺季斯所未喻高懷而躊躇于矛楯也唯遲山阿近信更惠芳音如或誠言謹便聞奏第夙勞比劇不復多呈徐君白（文苑英華□□□）

與章司空昭達書

［其當作具］

乎當作平
玄當作懸

君自日聖朝受命。天下廓清。所餘殘兇。唯有歐紇。南通交愛。北據衡疑。兄弟叔姪。盤阻川洞。百越之賨。不供王府。萬里之民。不由國家。明公受脤嚴冬。持兵抄歲。蹋冰蹊露。焫火宵行。便居含涯。乃其神速。未騁三略。非勞六奇。薄交旗鼓。仍乎醜類。自太清之末。永定已來。所闢疆界。不過郡邑。今茲赴捷。二十餘州。若較此功。庸方茲英力。漢之馬援。不能爲擬。吳之步騭。故是相懸。況孫處宗之叛徒。正槌盪主耳。公私慶快。豈可而言。且僕一子屯窮。妖徒所制。五嶺遐夐。存亡不測。玄懷飲淚。破膽復全。蒙荷英恩。保其身命。餘年仰戴。何力能勝。今遣主師某馳往稱慶。徐君呈。（文苑英華六百八十二、）

與顧記室書

吾伏事天朝。本非舊隸。殿下殊恩。遠垂薦拔。故常戰戰慄慄。甘心痛藹。庶其愚老。無負明據。近者既居臺轄。唯務奉公。去年正月十五日。尚書官大朝元凱。既集丞郎。肅然忽有陳慶之兒陳暄者。幘簪釘額。條布裹頭。虜袍通踝。胡靴至膝。直來郎座。遍相拜抱。或坐或立。且歌且詠。吾即呼舍吏責列。不荅而走。反爲憾恚。妄相陷辱。至六月初。遂作盲書。便見誣謗。聖朝明鑒。悉知虛罔。唯云吾取徐樞爲臺郎。南司檢問。了不窮推。承訓劾爲信言。致成黷免。此事冤枉。天下所無。吾市徐樞宅。爲錢四萬。任人市估。文券歷然。不蒙申理。見枉虛巧。二者樞是故少府卿鱗之子。鱗殞身侯景之役。又爲西臺所贈兗州。左衛官位甚高。未知其子何忝郎署。魏晉之前。如爲八遠。宋齊已降。其例甚多。如徐愛阮佃夫之子。可不得郎官邪。紀文卿公向璡皆爲列棘。豈亢維曹郎乎。三者樞入身梁朝。解褐岳陽王少府墨曹。承聖時爲故敬帝晉安王諷席文墨具存。陝西官爵。乃多浮濫。更補臺郎。不爲勝擢。未知何忽推宅貨官。四者徐領軍節度自啟樞爲郎。敕付選序。吾既不啟據。又不爲選職。所可相關。止是得中侯相聞。爲呈啟而已。已此見罪。一何冤濫。吾昔在

澤澤當作妄澤

承華。是弟所悉。行年六十。無復儕儔。非意餘生。忽此誣謗。堯有驚于譏說。孔將惑于拾塵。雖復聖主機明。不能悉照。殿下德高兩獻。風美二南。億兆歸心。衣冠有託。八願通啟。披訴聖明。伏見軍戎多務。所已不敢祈詈。弟與吾遊眷。亟迴星紀。故人如此。寧不矜歎。邪侍言有便。云何且爲啟聞。一蒙神鑒。照其枉直。方歿幽泉。無恨灰壤。伏覩謡帝承明。緒言多次。服矜遺老。曲賜湔濯。則殿下前時澤澤。匪復偏私。遂吳艮延薦之恩。無王丹所舉之謬。吾得方辭武騎。永附梁賓。雖媿家丞。庶呈秋實。緣弟深眷。故此敬憑。干謁非宜。益懷悚慨。徐陵白。

荅諸求官人書

自古有吏部尚書者。品藻人倫。簡其才能。尋其門胄。逐其少多。量其官爵。但古來數千年。非無明時也。非無明主也。自有才用難美。階級不通。門戶雖高。官資殊屈。若斯人者。其例甚多。請問諸君。此是何義。夫一千錢一斛米之多少。猶關相謀。況復皇朝官爵。理係玄天。內典謂之爲業。外書稱之爲命。五行有驛馬之言。六甲有官鬼之說。必令驛馬時發。官鬼剋身。所望借榮。便當果遂。如其不爾。決是難諧。豈可改尚書作官鬼。驅老僕爲驛馬邪。若見問尚書。何不分判用與不用。許與不許。僕荅云。君非屈滯。豈可相期。決言應果。若今驛馬差爽。便是乖信。此關君命。僕何已相荅邪。若朝散之流。行止之屬。門戶相似。人才不殊。選冢斟酌。無能爲爾。若涉大位清官。悉由玄命。夫人君賓用。並是前緣。故宋文帝云。人世豈無運命。每有好官缺。輒憶羊玄保。梁武帝云。世間人言有目色。我特不目色范悌。自此而論。豈非前業。且世諺云。圖官在亂世。覓富在荒年。梁孝元帝承侯景之凶荒。王太尉接荊州之禍敗。爾時喪亂。無復典章。故使官方。窮此紛雜。自紹泰太平及永定之時。聖朝草創。爾時州州自帝。郡郡稱王。天下干戈未息。尚無條序。兼已府庫空

虛賞賜懸之。白銀之寶難得。黃紙之板易營。權以官階代于錢絹。義存撫綏。無計多少。又有非舊非勳。非地非才。託節將而求官。因時人以買位。賣官既賤。皆爲清顯。致令員外常侍。路上比肩。諮議參軍。市中無數。四軍五校。車載斗量。豈是朝章應其如此。今衣冠禮樂。日富年華。主上體成王之風。太傅弘周公之德。西戎北狄。畏我王威。時既清矣。時既平矣。何可猶作亂世意。而覓非分之官邪。陳書南史作何可猶作舊意非理望也。凡人所以稱屈滯者。身已不無寸能。官又不及父祖。既是明時。可以於邑。所見諸君。多踰本分。猶言太屈。未喻高懷。若問梁朝朱領軍异亦爲卿相。此不踰其本分邪。此是天子所拔。非關選序。舊章。秦有車府令趙高。直至丞相。漢有高廟令田千秋。亦爲丞相。此復可爲例邪。僕七十之歲。朝思夕計。並願與諸賢爲眞善知識。曾無嫌隙。差可周旋。非欲令君作此怨訴。但既忝衡流。應須粉墨。庶其允當。無負朝寄耳。去年疾患。亦餘氣息。不能相荅。通作此書。所望諸賢。深明鄙意。徐君白。文苑英華六百七十七。又陳書徐陵傳南史徐陵傳。竝有刪節

全陳文卷九　徐陵　十一

全陳文卷九終

恩當作息　傳二當作傅二

烏程嚴可均校輯

徐陵 十五

荅族人梁東海太守長孺書 其人梁末入北齊

恩報近虞奉使來歸辱彼河清年中告行并惠已明鏡亟離寒暑雖復時陳梁鶴日照孫鸞言慰相思反增離眷劉傳二常侍還又承書札銀鉤甚麗玉疏依然開封伸紙破愁爲笑素秋方屆溽暑稍闌體中何如善保元吉蘇臺之璧少海之珠何必鄉里所在爲貴鄉託身大國既已積年彼朝英彥理相欽挹方當交辟三命清宦兩宮何乃闊然遲有問也吾七十之歲奄嵫已迫朽老之疾隨年而甚徒懷北邙之切未遂東都之期牽役承閒但有衰頓賢從君政佐佑興基中舍諶殿中並休宜自別有書問來告訪吾文章吾自歸來鄉國亟徙炎涼牽課疲朽不無辭製而應物隨時未曾

期當作朝　愈當作豫　幾當作終

編錄既承今告輒復搜檢行人相繼別簡知音但既之新聲全同古樂正恐多慙于協律致睡于文侯耳燕南趙北地角天涯言接未由但以潛欲善敬德中郎並北境之良選皇華之上求若可輶軒別當委白君問 文苑英華六百七十八

與李那書

籍甚清徽常懷虛眷山川緬邈河渭像于經星顧望風流長安遠于期日青要戒節白露爲霜君子爲宜福履多愈雍容廊廟獻納便繁留使催書驛馬成轍車騎將軍賓客盈座丞相長史瞻對有勞脫惠箋緇慰其翹想吾棲遲茂陵之下臥病漳水之濱迫以崦嵫難爲延藥平生壯意竊愛篇章忽覩高文載懷勞佇此後殷儀同至止王人授館用阻班荊常在公筵敬析名作獲殷公所借陪駕幾南入重陽閣詩及荊州大乘寺宜陽石像碑四首鏗鏘並奏能驚趙鞅之魂輝煥相華時瞬安豐之眼山澤晻靄松竹參差若

莫不之不字衍

見三峻之峯依然四皓之廟甘泉鹵簿盡在清文扶風輦路悉陳華簡昔魏武虛帳韓王故臺自古文人皆爲詞賦未有登茲舊閣歎茲幽宮標句清新發言哀斷豈止悲聞帝瑟泣望羊碑一詠歌梁之言便掩盈懷之淚至如披文相質意致縱橫才壯風雲義深淵海方今二乘斯悟同免化城六道知歸皆踰火宅宜陽之作特會幽衿所覩黃絹之詞彌懷白雲之頌但耆闍遠嶽檀特高峯開士羅浮康公懸霤不獲銘茲雅頌耀彼幽巖省覽循環用忘飢渴握之不置恆如趙璧翫之不足同于玉枕京師長者好事才人爭造蓬門請觀高製軒車滿路如看太學之碑街巷相塡無異華陰之市但豐城兩劍尚不俱來韓子雙環必希皆見莫不已好龍無別木雁可嗤載望奧璠因之行李金風已勁玉質宜調書不盡言但聞久繫徐陵頓首 文苑英華六百七十九

荅李顒之書

攀當作鞶　康當作舉　皆當作昔　悉當作息　陽當作湯　面當作目　還當作環

近謬枉清音無申窮眷忽辱來告文製兼美君山西盛族素挺風流河北辭林本所嗟賞子桓虛座豈不敬期伯喈倒屣固已相屬一日復其草土思攀衣裾披素清顏但覺形穢公輔之量不負高名王佐之才信表天骨孺子之榻雖其可懸仲康之車彌軫恆眷孤子皆緣素壬叨簉皇華今日形容無關天壤殘光烱烱慮在昏明餘悉綿綿待盡鐘漏安可以樹揚名士遊處盛賓來喻泰高如爲善非文豔質寡何侶上林華而不實將同桂樹但忘年之款昔有張裴鄭國之交非無嬰札儻哀駘可悅饔飧非疑方願投衿庶比傾蓋頃陳陽之疾歲月增深羊祜之痾秋冬彌劇且年光遒盡觸面崩心扶力含毫諸不申具孤子徐陵頓首白 文苑英華六百七十九

報尹義尚書

別離二國雲雨十年目懸河陽追銅爵而無遠神遊漳水與金鳳而俱飛北使還辱去冬十月十一日告忽同言敘循還巧製欣慰

良深河朔年芳雖當淹晚白溝浼浼春流已清紫陌依依長楊稍合體中何如豈無鄉思弟三秦世胄六輔良家文武兼能志懷開遠谷永之筆無慙古人蓋延之功高視前彥而淹留趙魏亟歷寒暄企望鄉關理當悲切聖朝欽明纂厤大拯生民戮玉海之奔鯨殲中原之封豕晉君之說長安遠于日邊揚雄有言交州在于天際則輪𨍭王府屈膝閶門川洞酋豪强梁溟海神兵一指牽土咸康方當偃伯于靈臺韜戈于武庫變大風于五禮驅蒸民于昌辰物色英聲搜揚俊傑投竿負鼎馳步蒼龍巖穴丘園爭趨金馬而弟留連河北義等周南懷此殊才實可傷歎吾崦嵫既暮容髮皤然風氣彌留砭藥無補追惟疇昔共備行人家國安危賓禮升降懸壺代哭俱歷春冬移館于箕同茲辛苦鳴蜩抱樹亟見藏冰歸雁銜蘆多經寒食靖言念此如何可忘握翫來書彌其承臉夫已擁腫之木得免因于不才觳觫之牛自保由其無用已余鄙陋未

友龔生惟歎吾賢不同蘧瑗耳夫推溝拯溺每切皇衷逸翮飄鱗見優機覽所已降尺一之書馳輶軒之使心期與國必遂還途竊謂親鄰更成難請言尋雅告所及縲囚便訪鴻臚幸無淹使聞諸司寇或有邊俘前歲中流是維同惡燕禽望闕冀馬臨江裁頓雲羅自投天網京觀之塚宜彰武功周醜之門方申明罰而聖朝好生惡殺收雷寢電兵車所獲雖同長萬之來恩澤從容無異荀罃之禮方之于弟況擬非倫伊昔梁朝共奉嘉聘張茲大帛處彼高閎庭奏歌鍾座延儐肸賓客之敘方于阼階田獵之禽同于君膳正已鄉關阻亂致爾拘留家國隆平義應旋反況復韓宣屢至宰孔頻還翻爾遲迴豈云鄰睦弟遂鍾儀之操對此皇華高厚之詩一何非類關徐康樂之況三戰七擒之言此日借子之矛攻子之室彼之使客猶尚不還此于齊都豪門貴戚周行匪例事義相懸豈與太弟同年而語吾本自凡流已復衰老稍近東岱不奢擊壤

之年唯欣堯俗若耶之復長保安臥時思之不棄忝亞宗卿非得侵官天辰但當令芃芃在詠濟濟盈朝才冠卿雲智同荀郭文辭富于江海高論泊于雲霄趨走丹墀之門侍奉清規之內弟來款言至欲附新聞聯類非宜更其多惑若使口口良有猶希贈鯉之書鄭驛方通復行飛鴿之信執筆潸然不知何向（文苑英華六百八十五又見藝文類聚三十有刪節）

薦陸瓊于安成王

新安王文學陸瓊見識（南史作識具）優敏文史足用進居郎署歲月過淹左西掾缺允膺茲選階次小踰其屈滯已積（陳書陸瓊傳高宗為司徒妙簡僚佐吏部尚書徐陵薦瓊于高宗）

與釋智顗書

陵和南昨豫沈儀同法席餐奉甘露無畏之吼衆咸歸伏然正法炬朗諸未悟自慶餘年得逢妙說尋事諮展此不申心謹和南（釋藏起字二號國清百錄二）

又書

陵和南注仰之心雖可敷具拔公至蒙三月二十日旨用慰積歲傾心麥冷體中何如願百康勝山中春夏無遺障惱耳遲復存旨弟子二三年來凒然老至眼耳聾闇心氣昏塞故非復在人兼去歲第六兒夭喪痛苦成疾由未除愈適今月中又有哀故頻歲如此窮慮轉深自念餘生無復能幾無由禮接係仰何言敬重璪公今還白書不次弟子徐陵和南（同上）

又書

陵和南放生星聞公家極相隨喜事是拔公口具謹不多諮唯遲拔公廷出數百里水全其命根如此功德算數無盡隨喜無量此不委諮弟子徐陵和南（同上）

五願上智者大師書

是自當作自足

陵和南。弟子思出樊籠。無由羽化。既善根微弱。冀願力莊嚴。一願臨終正念成就。二願不更地獄三途。三願卽還人中不高不下處託生。四願童眞出家。如法奉戒。五願不墮流俗之僧。憑此誓心。已策西暮。今書丹款。仰乞證明。陵和南。上同

諫仁山深法師罷道書

竊聞出家閒曠。猶若虛空。在俗籠樊。比于牢獄。非但經有明文。亦自世間共見。曾聞法師覆彼舟航。趣返緇衣之務。此爲目下之英奇。非久長之深計。何已知然。從苦入樂。未知樂中之樂。從樂入苦方知苦中之苦。弟子素與法師。雖無曩舊。相知已來。亦復不疏。夫良藥必自無甘。忠諫者決乎逆耳。倘見其僻。是已不忍不言。且三十年中。造莫大之業。如何一旦捨已成之功。深爲可惜。敬度高懷未解深意。將非帷帳之策。欲集劉矦。形類臥龍。擬求葛氏。黃石兵法。寧可再逢。三顧茅廬。無由兩遇。封爵五等。惟見不逢。中閤外門難朱易白。鳴笳鳳管。非有或聞。儛女歌姬。空勞反歡。覓之者等若牛毛。得之者譬猶麟角。已此之外。何所窺窬。法師今若迴轉。未必有一稱心。交失現前十種大利。何者。佛法不簡細流。入者則尊。歸依則貴。上不朝天子。下不讓諸矦。獨翫世間。無爲自在。其利一也。身無執作之勞。口餐香積之飯。心不妻妾之務。身飾芻摩之衣。朝無踐境之憂。夕不千里之苦。俯仰優游。寧不樂哉。其利二也。躬無任重。居必方城。白壁朱門。理然致敬。夜琴晝瑟。是自娛懷。曉筆暮詩。論情頓足。其利三也。假使棘生王路。橋化長溝。巷吏門兒。何因仰喚。寸絹不輸官庫。升米不進公倉。庫部倉司。豈須求及。其利四也。門前擾擾。我且安眠。巷裏云云。余無驚色。家休小大之調。門停强弱之丁。入出隨心。往還自在。其利五也。出家無當之僧。猶勝在俗之士。假使心存殺戮。手無斷命之愆。密裏通情。決勝灼然矯俗如斯煩惱。萬倍勝于白衣。一入愛河。永沈無出。其利六也。聽鐘聲

邀當作邀

而致敬。尋香馥已生心。朝覩尊儀。暮披寶軸。剎那之善。遂此而生。水滴微功。漸盈大器。未知因緣果報。善惡皎然。就此而言。其利難陳矣。假使達相白衣。猶有埃塵之務。縱令遙寄彈指。遠近低頭。形去心留。身移意往。閒有者得如此。貧苦者永無因。近在目前。不言可見。其利七也。山閒樹下。改自難期。枕石漱流。實爲希有。猶斯之類。不可思議。如此者難逢。一心人悕遇。法師未能不學。交習聽勝之因。一旦還心于理邀矣。其利八也。開織成之帙。見過去之因。摛琉璃之卷。驗當來之果。識因識果。不已爲愆。知福知報。何由作罪。上無舟檝。交見沒溺之悲。下失浮囊。則有沈身之患。其利九也。曠濟羣品。爲天人之師。水陸空行。皆所尊貴。言必闍黎和尚。書輒致敬和尚。遠近嗟咏。貴賤顒仰。法師今必還轉。立成可驗。纔脫袈裟逢人輒稱汝我。始解偏袒。姓名便亦可呼。平交者故自不論。下劣者亦恐不讓。薄言稱已。榻席懸異。從來小得自在。便已君爲題封。若不屈膝斂手。自達無因。俯仰承迎。未閑合度。如此專專。何由可與。其利十也。略言十事。空失此機。其閒深道。寧容具述。仰度仁者。心居魔境。爲魔所迷。意附邪途。受邪易性。假使眉如細柳。何足關懷。頰似紅桃。詎能長久。同衾分枕。猶有長信之悲。坐臥忘時。不免秋胡之怨。洛川神女。尚復不惑東阿。世上班姬。何關君事。夫心者面焉。若論繾綣。則共氣共心。一遇纏綿。則連宵厭起。法師未通返照。安悟賣花。未得他心。那知彼意。嗚呼桂樹。遂爲豆火所焚。可惜明珠。乃受淤泥埋沒。弟子今日橫諮。必爲法師所哂。世上白衣。何嘗何限。且一人退道。而不安危。推此而言。實成難解。譬如瓦礫盈路。人所不驚。片子黃金。萬夫息步。正言法師入道之功已備。染俗之法未加。何異金博赤銅。銀換鉛錫。可悲可惜。猶可優量。能忍難忍。方知其最。願棄俗事。務息塵勞。正念相應。行志兩全。薄加詳慮。更可思惟。悔之在前。無勞後恨。如弟子算。遠卽十數年中。決知惻

懶近卽三五歲內空唱如何萬恨萬悲豈知遠及自誤自錯永棄一生乃知斷絃可續情去難留或若火裏生花可稱希有迷人知返去道不遙幸速推排急登正路法師非是無智遂爲愚者所迷類似阿難更爲魔之所嬈猶須承三寶之力制彼羣凶竪般若之幢天魔自款若此言旨當卽便冀棄芻蕘若不會高懷幸停深怪耳（釋藏經九廣弘明集二十四）

爲護軍長史王質移文

比金風已勁玉露方團宜及窮秋幸踰高塞當使孤旌不反隻騎無還非止湯羅豈知堯德其承比年民墊仍歲蘊隆粒粟貴于隋珠分糜之于齊鼎且氐羌旅拒已跨伊瀍胡羯憑陵方踰汾潞刺虎之勢時期下生拾蚌之機彌驗蘇子但國家體茲明信有同皎日豈惟風雨之旦猶救匹夫宵夢之言無欺幽壤賊華皎近已臨蕃有譴作攸無章既懼檻車之徵便憂齊斧之戮遂乃治兵楚夢竊戴干戈徬引西戎共謀東夏僞周遣其衞國公宇文直等總統獯獫爲其羽翼醜徒濟岸來攻郢城逆豎浮舟同趣夏浦王師艤棹素在中流羣帥爭驅應時殲蕩羌胡寶馬縱橫七澤之中荊楚樓船彌滿三江之上俘禽所獲水陸無遺華皎擢自芻微叨居蕃翰情懟犬馬罔顧恩靈翻執干戈自圖家國聞諸間諜具彼鄰謀乃授冬官卽爲鄉導雖傷仁義之俗非敢有私期和與之情猶冀無失（藝文類聚五十八）

民當作昏

下當作卞

與下脫國字

移齊文

獲去月二十日移承羯寇平殄同懷慶悅眷言鄰穆深副情佇夫天綱之大固無微而不擒神武之師本無征而不克至如戎王傾其部落逆豎道其鄉關非厥英圖殆難堪戮況復洞庭遐曠丘食殷阜西窮版屋北罄氊廬聲冠符姚勢兼聰勒庸蜀寶馬彌山不窮巴漢樓船陵波無際我之元戎上將協力同心承稟朝謨致行明罰爲風爲火殪彼蒙衝如霆如雷擊其舟艫羌兵楚賊赴水沈沙棄甲則兩岸同奔橫屍則千里相枕江川盡滿瞖睢水之無流原隰窮胡等陰山之長哭于是黑山叛邑諸城洞開白虜連羣投戈請命長沙鵩鳥靡復爲妖湘川石燕自然還儛克翦無算縲禽不貲欲計軍俘終難巧歷所獲其龍駒驥子百隊千羣更開苜蓿之園方廣駒駼之廄于是衞霍甘陳虬髭瞋目心馳壟路志飲河源乘勝長驅未知所限豈如桓溫不武棄彼關中殷浩無能長茲羌賊方且西踰酒郡抵我境而置邊亭東略鹽池爲齊朝而反侵地此政亦翦妖氛未窮巢窟便聞慶捷愧佩良深（藝文類聚五十八）

丘當作兵

壟當作隴

檄周文

主上恭膺寶厤嗣奉瑤圖既稟聖人之材兼富神武之略乂安兆庶共靖戎華同戢干戈永銷鋒鏑況復追惟在楚無忘玉帛之言軫念過曹猶感盤飧之惠年馳玉節之使歲降銀車之恩庶彼懷音微悟知感而反其藏匿招我叛臣翊從瀟湘空竭關壟荊梁左右漢沔東西顧地呼天望停哀救夫一人掩泣猶愴滿堂百姓爲心彌切宸扆大都督吳明徹台司上將德茂勳高威著荊湘化聞庸蜀叱咤而平宿豫吹噓而定壽陽席捲江淮無淹弦望（藝文類聚五十八）

壟當作隴

停當作佇

玉臺新詠序

夫凌雲槩日由余之所未窺千門萬戶張衡之所曾賦周王璧臺之上漢帝金屋之中玉樹以珊瑚作枝珠簾以瑇瑁爲柙其中有麗人焉其人五陵豪族充選掖庭四姓良家馳名永巷亦有潁川新市河閒觀津本號嬌娥曾名巧笑楚王宮裏無不推其細腰衞國佳人俱言訝其纖手閱詩敦禮豈東鄰之自媒婉約風流異西施之被敎弟兄協律生小學歌少長河陽由來能舞琵琶新曲無待石崇箜篌雜引非關曹植傳鼓瑟于楊家得吹簫于秦女至若

䋥當作賒

寵聞長樂。陳后知而不平。畫出天僊。閼氏覽而遙妒。至如東鄰巧笑。來侍寢于更衣。西子微顰。得橫陳于甲帳。陪游馺娑。騁纖腰于結風。長樂鴛鴦。奏新聲于度曲。妝鳴蟬之薄鬢。照墮馬之垂鬟。反插金鈿。橫抽寶樹。南都石黛。最發雙蛾。北地燕支。偏開兩靨。亦有嶺上僊童。分丸魏帝。腰中寶鳳。授厤軒轅。金星將婺女爭華。麝月與嫦娥競爽。驚鸞冶袖。時飄韓掾之香。飛燕長裾。宜結陳王之佩。雖非圖畫。入甘泉而不分。言異神僊。戲陽臺而無別。眞可謂傾國傾城。無對無雙者也。加以天時開朗。逸思彫華。妙解文章。尤工詩賦。琉璃硯匣。終日隨身。翡翠筆牀。無時離手。清文滿篋。非惟芍藥之花。新製連篇。寧止蒲萄之樹。九日登高。時有緣情之作。萬年公主。非無累德之辭。其佳麗也如彼。其才情也如此。既而椒宮宛轉。柘館陰岑。絳鶴晨嚴。銅蠡晝靜。三星未夕。不事懷衾。五日猶餘。誰能理曲。優遊少託。寂寞多閑。厭長樂之疏鐘。勞中宮之緩箭。纖腰無力。怯南陽之擣衣。生長深宮。笑扶風之織錦。雖復投壺玉女。爲歡盡于百嬌。爭博齊姬。心賞窮于六箸。無怡神于暇景。惟屬意于新詩。庶得代彼皋蘇。蠲茲愁疾。但往世名篇。當今巧製。分諸麟閣。散在鴻都。不藉篇章。無由披覽。于是然脂暝寫。弄筆晨書。撰錄豔歌。凡爲十卷。曾無參于雅頌。亦靡濫于風人。涇渭之閒。若斯而已。于是麗以金箱。裝之寶軸。三臺妙迹。龍伸蠖屈之書。五色華箋。河北膠東之紙。高樓紅粉。仍定魯魚之文。辟惡生香。聊防羽陵之蠹。靈飛太甲。高擅玉函。鴻烈僊方。長推丹枕。至如青牛帳裏。餘曲既終。朱鳥牕前。新妝已竟。方當開茲縹帙。散此緗繩。永對玩于書幃。長循環于纖手。豈如鄧學春秋。儒者之功難習。竇專黃老。金丹之術不成。因勝西蜀豪家。託情窮于魯殿。東儲甲館。流詠止于洞簫。孌彼諸姬。聊同棄日。猗歟彤管。無或譏焉。玉臺新詠宋本又見藝文類聚五十五文苑英華七百一十二

因當作囙

皇太子臨辟雍頌

臣聞天大王大。詳于道德之言。天文人文。顯于爻象之說。是以大君革命。黔首所以庇焉。聖人創物。文籍所以生焉。咸由此道。制爲民極。莫不對越上靈。裁成庶類。濟世育德。昭被昆蟲。皇帝世膺下武。體資上德。握天鏡而授河圖。執玉衡而運乾象。皇太子耀彼重離。光茲七鬯。儀天以行三善。儷極以照四方。惟忠惟孝。自家刑國。乃武乃文。化成天下。侍中國子祭酒新安王宗室羽儀。衣冠準的。惟善爲樂。造次必儒。粵以十一年三月二十一日。受詔弘宣。發論語題。攝齊升堂。樞衣卽席。對揚天人。闡闢大訓。清言旣吐。精義入神。副德爰動。口音鋒起。問難泉涌。辨紛綸之異。定倫理之疑。玉振鏘鏘。雲浮雨布。介王奉繁聖蹤。馳辯秀出。信令張禹慙其師法。何晏忸其訓詁。穆穆焉。洋洋焉。此實虞朝之盛德。生民之壯觀者也。臣抑又聞之。魯頌聿興。史克宣其懿。晉雍大啟。王廙逞其詞。所以述休平之風。揚君上之德。輕以下才。敢爲頌曰。皇運勃啟。膺圖受命。紫蓋東臨。黃旌南映。積仁累德。重明疊聖。四海無浪。三階已平。儲鶴戾止。和鸞有聲。弘風講肆。崇儒肅成。丹書貴道。黃金賤籯。洙泗興業。闕里增榮。藝文類聚三十八

傅當作傳

太極殿銘

夫紫蓋黃旗。揚都之王氣長久。虎踞龍蟠。金陵之地體貞固。天居爽塏。大寢尊嚴。高應端門。仰模營室。歸于有德。譬彼河圖。傅我休明。義同商鼎。太極殿者。法氏象元。王者之位。以尊左平右墄。天子之堂爲貴。往朝煨燼。多歷年所。世道隆平。宜其休復。監軍鄒子度啟稱。卽日忽有一大梓柱。從流來泊在後渚岸。嵯峨容與。若漢水之僊槎。搖漾波濤。似新亭之龍剎。孤拔靈山。允彰天覬。昔梁氏承聖。將圖繕修。東虜窺江。西胡犯蹕。定之方中。亟興師旅。揆之以日。輒有災故。是知秦人所止。實漢祖而爲宮。吳都佳氣。乃元皇而斯

宅千櫨赫奕萬拱崚嶒植綠芰而動微風舒丹蓮而制流火甘泉遠望觀正殿之崢嶸函谷遙看美皇居之佳麗信可以齊三光而示宇宙會萬國而朝諸侯爰命微臣乃爲銘曰

雍時相望參差未央偃師迴顧崔嵬德陽高捫太乙正睹瑤光峨峨靈柱赫赫流禕美矣宮室嘉哉令日御扆垂旒當朝請蹕樂備韶夏禮兼文質帝旅無諠王旗斯謐肅肅卿士邕邕丞弼漢坐雕屏周人檻櫺城隅有勒殿省皆銘況復皇寢宜昭國經方流典訓永樹天廷藝文類聚六十二初學記二十四

後堂望美人山銘

高堂凝雨洛浦無洲何處相望山邊一樓峯因五婦石是三侯險逾地肺危鄰天柱禁苑斜通春人恆聚樹裏聞歌枝中見舞恰對妝臺諸窗竝開遙看已識試喚便迴豈如織女非秋不來藝文類聚七又見文苑英華七百八十七以爲庾信作

玉當作王

塵尾銘

爰有妙物窮茲巧制員上天形平下地勢靡靡絲垂綿綿縷細入貢宜吳出先陪楚壁懸石拜帳中玉舉既落天花亦通神語用動捨默出處隨時揚斯雅論釋此繁疑拂靜塵暑引飾妙詞誰云質賤左右宜之藝文類聚六十九

四无畏寺刹下銘

皇帝升乾行于九五闢世界于三千神人開錦石之山小國獻梅檀之柱乃命將作修成梵宮複殿重軒凌霄負漢慈訓宮朝文母協道方祇鍾愛東平更踰燕后若夫外家問訊遙疑緣構御者衣服會無綵繡咸傾寶飾用構支提儕若檀林寺同祇苑辭曰

寶蓋王子金輪託生皇家茂戚柳有齊名業水餘潤災風所驚徒悲馬角孰獻雞鳴柰苑初築菴園重成金臺日麗玉殿雲平梵眾朝禮天歌夜清峯疑畫壁雀避彫楹福履斯大皇基永禎眾生不盡寶刹無傾藝文類聚七十七

報德寺刹下銘

昔者明王大孝感動神祇助月致景星之祥非煙流慶雲之色然而嚴敬之道惟事盡于配天明發之懷誠不過于饗帝豈如呂梵宮之樂資乎廟堂淨土之因歸于圓寢雖復青雲譙郡之境碧泉春陵之鄉上幼懷凝重未曾遊陟年將志學卽事登庸宜力淮潯屬有嘉夢其夢也畢陌弘敞橋山屈盤氣象靈長風煙騰溥使隊雙表其高百尋左則青龍蟠蜿右則白虎蹲踞軒轅之駕彎蜿而多慙吳王之墳狀眈眈而非擬有人指其地云此是國陵自爾迄永定初其間二十有餘年至歲紀頻移崇塋乃作觀其山川形勢王相徵圖瞻拜高巒宛如前夢大矣哉孝弟之至通于神明者與銘曰

壯矣金表傍依壖垣高連綵霓極睇翔鶤梵偈宵唱雲花晝翻三

傅當作傳
銜當作御
愍當作悠
胥當作胄

心斷縛六道除怨超夢天樂泰遊帝闕王靈在上亘勝奚論福彼羣品俱排大昏皇家七百於萬維孫藝文類聚七十七

陳文皇帝哀冊文

維天康元年太歲丙戌四月丁未朔二十七日癸酉大行皇帝崩于有覺殿殯于太極之西階粤六月丙寅將遷于永寧陵禮也宮車晚駕幄殿晨張旌銘藝文類聚作帷具列縡翻成行哀子嗣皇帝諱擗踊于丹陛攀龍帷于紫庭趨過躬于屏闕藝文類聚作闈拜慟感于明靈東京飛其瑞露北陸實其祥星乃詔雲臺之史稽采咸池之曲叶大雅于鳴金同藏書于羣玉其辭曰

若水傅帝薰風銜民重光所集世載于陳赫矣高祖愍哉上旻蟬聯寶胥暉煥郊禋我皇誕聖應此家慶道主衛鑾神凝懸鏡洛書天表河紀靈命納揆馳芳賓門流詠稽陰克伐震野勤王亳道增構函風會昌言瞻少昊實狀藝文類聚作伏高陽效駕轇轕藝文類聚作彼轇轕

桂當作桂

揖當作楫

贈當作賵

清宮未央歡覃兆庶德洎遐荒穆齊高寢上膳長樂肅肅承顏哀哀薦酌悼園恭儉章陵謙約大寶崇明無閒（藝文類聚作闓）改作纂武升歷遺憂寶繁三湘九派沴氣雲昏力折天桂才傾地門甘泉夜照細栁朝屯谷魅山鬼橫流塞源赫赫英謩赳赳雄斷遞（藝文類聚作遰）行天討無遺神算鬱掃江淮長驅巳漢九夷百越雷隨風渙北俘昆邪西戡伊軒荷負皇極劬勞庶幾勤民聽政昃食宵衣服貴綈皁風移閭閻唐山罷奏濮水韶徽訪采狂狷搜歇仄微世感中孚民惟大畜外戶無閉高垣奚築降情儒雅凝懷庠塾御廡爲歡臨雍彌肅禮兼三代樂備九成天資武德地照文明璽履（藝文類聚作屨）斯在幪巾自清連珠合璧曜爽流精獸舞時豫禽歌頌平帝載維遠王靈維大候雨占風荒中海外憬彼鞮譯咸承冠帶是曰君臨斯爲交泰白環已貢（藝文類聚作貴）玄珪克貞東河佇楫北狄思征鉞斧將戒璁珩未鳴星浑去楚日沴悲荆億兆何豐穹旻遽傾嗚呼哀哉大禹胼胝重華腒腊仰惟勞務同斯違懌吉（藝文類聚作殁）夢無徵昭新奚益聽茂陵之鍾鼓抱喬陽之劍舄雖髣髴于宸儀終纏綿巳號擗嗚呼哀哉三占巳吉四海星（藝文類聚作夙）奔列賵天宇崩號帝閽千門啟于閶闔萬乘警于靈轀槐風悲于輦道松雨思于郊原鑾旆動而虛蹕宿衞靜而空尊嗚呼哀哉畢陌平夷流山嶠固紀無遷市唐有通樹經白社之脩逵迴青門之廣路思沛邑巳東臨懷周京巳西顧嗚呼哀哉機神不測性道難稱充窮靡寄孺慕奚憑唯封云亭之與禪父肅玉牒之與金繩揚英聲而永久共日月而俱升嗚呼哀哉（藝文類聚十四文苑英華八百三十五　案今本有陳武帝即位告天文見陳書未定是徐陵作宜編入武帝文）

全陳文卷十終

全陳文卷十一

烏程嚴可均校輯

徐陵六

司空河東康簡王墓誌

夫聖人至德。天道禍謙。大哉堯舜。貽慶長遠。明兩之盛。中陽纂于豢龍。百世之祀。皇家兆于鳴鳳。違青丘于海北。應紫蓋于江南。帝系王基。重光累葉。高祖之建天柱。列聖之補地維。蕩蕩乎民無得而名焉者也。王資神昴緯。託曜房靈。體斯孝烈。不由師保。月生之對。會何用于擬議。日近之言。無階于等級。封河東王。加侍中。淑貌與金燧相宜。清顏與玉壺同照。授使持節南徐州刺史。武羌旅拒。亭障遷移。沙草非長廣之東。湖菼近荊門之北。王常譏庾翼使白面之非才。深慕曹彰。歎黃鬚之爲可。火精不退。奚應善言。氷蛭難消。徒恃陰德。薨于沙鎮。時年十有七。追贈司空。加鼓吹班劍。諡曰康簡王。洛北占墳。河南除道。葭悲煙殿之聲。劍動豐城之氣。豈惟晉皇寵悼。重琅邪之贈官。魏后高文。制蒼舒之哀誄。藝文類聚四十三。

司空章昭達墓誌銘

周原膴膴。佳氣葱葱。王業攸興。帝圖斯盛。在昔光武佐命。鄭縣者鄧禹。高祖元臣。同郡者蕭相。公台輔之量。便著綺紈。瑚璉之姿。無待雕琢。起家爲東宮直前。所奉之君。則梁簡文皇帝。既而黑山巨盜。憑陵上國。白水疆胡。虔劉中夏。公傾其產業。募是驍雄。思報皇儲。累殲鯨寇。屬幽風有象。代邸方隆。捜荊楚之英才。資班輸之妙略。百樓忽起。登雲霄而俯臨。萬弩俱張。隨雷霆而並震。揚兵于九天之上。決勝于千里之中。燼彼羣兇。皆無旋踵。陳寶應志懷反叛。客引周迪。資其食力。更事窺窬。公奉詔崇朝。飲冰將力。前茅後勁。步驟奔馳。仍向甌閩。殄其巢窟。若夫鳴蜩之洞。深谷隱于蒼天。飛猿之嶺。喬樹參于雲日。宜越艇而登嶠。蒙燕犀而涉江。威武紛紜。震山風海。于是咸俘僞師。悉據高墉。爰泊滄溟。莫不懲乂。既而齊人無信。將謀郢蕃。鬪艦戈船。窺江淹漢。公纔聞羽檄。還稟師期。馳襲荊郢。應時燒蕩。方欲宣威瀧汧。大討梁華。屬上將之韜光。逢中台之掩曜。大建三年。薨于軍幕。爾乃青烏拍墓。白鵠標墳。林有逃東。樹同華蓋。前旌熊軾。後乘龍輀。介士發三河之民。哀鐃同駟馬之曲。長安傳坐。恩禮盛于西京。襄陽墮淚。悲慟喧于南峴。藝文類聚四十七。

幽當作豳

將力當作將夕

鵠當作鶴

裴使君墓誌銘

君五音之侯。兼其方牧。八陣之圖。窮其巧變。用能戰必勝。攻必取。督稱無難。兵號解煩。朝飛火箭。夜聳雲梯。燧象從奔。聯猨已合。于是嚴顏不撓。極咍諸戎。寵德高聲。肆言羣逆。胡夷總至。猶恃子路之纓。鋒刃相交。終荷溫生之節。每以財輕糞壤。義重嵩衡。割宅字貧友之孤。開門延故人之殯。篤好朋遊。居常滿席。每至鮮雲藹藹。披王安之衣。明月團團。似班姬之扇。日帶花以如笑。風鳴條而若歌。傍列絲桐。對揚文酒。一石之後。逾能斷獄。五斗之量。猶未解酲。嗟乎。潘岳之詩。致哀周密。莊公之誄。用慭相遺。藝文類聚五十。

丹陽上庸路碑

臣聞在天成象。咸池屬于五潢。在地成形。滄海環于四瀆。國險者固其金湯。儲蓄者因于轉漕。貨財爲禮。專俟會通。厥田爲上。皆資滲漉。大矣哉。坎德之爲用也。是以握圖之主。財以利民。御斗之君。因之顯教。上哉少昊。初命水官。遜矣高陽。爰重冥職。舜爲太尉。于是九澤載疏。禹作司空。然後百川咸導。開華山于高掌。鑿靈沼于周原。莫匪神功。皆由聖德。我大梁之受天明命。勞己濟民。有道稱皇。無爲曰帝。若夫雲雷草創。剽商黜夏之勳。鑄寶鼎于昆吾。安能紀勒。陳鳴鐘于豐岳。豈識揄揚。斯固名言之所絕也。及乎膺斯寶運。大拯橫流。屈至道于汾陽。勞凝神于藐射。聖人作樂。簫韶備以

盡禮上脫
節王二字

九成。盡禮春官。總于三代。豈止令門縛竹。玉尺調鍾。公帶獻明堂之圖。匡衡建后土之議。若斯而已矣。天降丹烏。旣序孝經。河出應龍。乃弘周易。若夫固天將聖。垂意藝文。五色相宜。八音繁會。不移漏刻。纔命口占。御紙風飛。天章海溢。皆紫庭黃竹之詞。晨露卿雲之藻。漢之兩帝。徒有詠歌。魏之三祖。空云詩賦。以爲彭老之教。終沒愛河。儒墨之宗。方離火宅。豈如五時八會之殊文。天上人中之妙典。雪山羅漢。爭造論門。鷲嶺名僧。俱傳經藏。香象之力。特所未勝。秋兔之毫。書而莫盡。忠信爲寶。禮所免于白駒。明德惟馨。山川舍于騂犢。至如月離金虎。泥染后牛。蒼蔚朝興。滂沲晚注。而淸蹕纔動。纖羅不搖。高閈將臨。油雲自闢。陽烏馭日。寧懼武賁之功。飛雨蔽天。無待期門之蓋。霞維舉德。非日尚年。若發居鄗。猶莊在漢。濤如白馬。旣礙廣陵之江。山曰金牛。用險梅湖之路。專州典郡。書冕赤馬之船。皇子天孫。鳴鳳飛龍之乘。莫不欣斯利涉。玩此脩渠。乍擁節而長歌。乃摐金而鳴籟。斯實曠世之奇功。無疆之鴻烈者也。銘曰。

后王降德。于衆兆民。高文象緯。妙義幾神。（初學記作通神）業冠遷夏。功踰入秦。時惟大畜。出入（初學記作象及）同人。慧（初學記作專）雨方霤。禪枝獨春。帝德惟厚。皇恩甚深。觀乎禹迹。見我堯心。（藝文類聚六十四。又初學記二十四有銘詞）

司空徐州刺史侯安都德政碑

寓當作寓

巖巖天柱。大矣周山之峯。桓桓地軸。壯哉崑崙之阜。三光懸而不墜。九土鎮以無疆。承乾合德之君。則天體元之后。所以竝吞四鎮。咸建五臣。業配蒼祇。功成寓縣。至于流名雅頌。著美風詩。年代悠然。寂寥無紀。其能繼茲歌詠者。司空侯使君乎。自文昭武穆。祚土開家。濮水盛其衣簪。滎波分其緒秩。仁義之道。爽門美于大梁。儒雅之風。司徒重于强漢。自通人許劭。託命于江湖。高士袁忠。寄身于交越。俱違建安之難。獨處衡山之陽。祖天資秀傑。世載雄豪。卓

華當作華

富擬于公侯。班佃必于旌鼓。父光祿大夫。邑里開通德之門。州鄉無抗禮之客。自茫茫禹迹。赫赫宗周。家滅驪戎。國亡夷羿。我高祖武皇帝。迎河圖于湄泊。括地象于炎州。南與涿鹿之師。北問共工之罪。天生宰輔。堯年致白虎之祥。神賜英賢。殷帝感蒼龍之傑。公亦覩時佇聖。嘯吒風雲。旣開黃石之書。高詠玄池之野。沈吟梁甫。自比管仲之才。惆悵華郊。久負伊生之歎。自獨虜侵華。羣蠻縱軼。後皋桂步之地。四戰五達之郊。郡境賢豪。將謀禦難。長者僉論。推公主盟。義士雄民。星羅霧集。公旣膺五聘。方敗六韜。率是驍徒。仍開嶺嶠。自大討滿湖。同茲樊鄧。下軍遠命。上策不宜。敗我王師。受拘勍盜。大陳格于文祖。咸秩具神。率土依風。羣靈稟朔。公亦忠爲令德。天集之謀。吳帳斯開。衛門無擁。雖復季孫還魯。隨武濟河。國慶民歡。相傳匪若。卽授使持節開府儀同三司丹陽尹。昔光武不尤于馮異。穆公深禮于孟明。終報王官之師。遂舉咸陽之地。斯乃聖主之宏略。而名臣之遠圖者焉。皇帝以陶唐啟國。致玉版于河宗。顓頊承家。佐金天于江水。經綸草昧。定鼎之業居多。締構權輿。斷鼇之功相半。固以英聲馳于海外。信義感于寰中。主器攸歸。當璧斯在。公于是抗表長信。淸宮未央。從億兆以同心。引公卿而定策。馳輕軒于軨轄。奉侍駕于中都。七廟之基。于焉永固。萬邦之本。由此克寧。乃授司空公南徐州刺史。于是鎮之以淸靜。安之以惠和。望杏敦耕。瞻蒲勸穡。室歌千耦。家喜萬鍾。陌上成陰。桑中可詠。春鳩始囀。必具籠筐。秋蟀載吟。競鳴機杼。或嘯羿靈祝。躬瞻舞雩。去駕擁于風塵。還旌阻于飄汏。京坻歲積。非勞楚堰之泉。倉廩年豐。無用秦渠之水。雖復東過小縣。夏雨逐其輕輪。南渡滄江。秋濤弭其張蓋。固不得同年而語矣。若夫聽采民訟。昏曉必通。召引軒檽。躬親辯決。立受狩于前案。無留諾于後曹。接務高城之中。非異甘棠之下。欣欣美俗。濟濟都壘。以賈琮郭賀之風。行建武永平之化。

喋喋當作慄慄

踰當作喻

于是州民散騎常侍王瑒等拜表宮闕。請揚茲美。化樹彼高碑。民欲天從。允彰絲誥。銘曰。

鬱鬱三象。茫茫九州。綿天慘沴。浹地虔劉。赫矣高祖。爰淸國讎。元勳佐命。力牧封矦。亦旣旋歸。邦家有暉。宮亭鑫浦。奮翅高飛。雷卷勁寇。風行國威。文身被髮。作貢來綏。我皇纂武。攀號東序。謁渭同周。迎門惟呂。慌矢爲暴。攙搶斯舉。喋喋蒼黎。危危刀俎。自我徂征。妖氛克平。爰驅犬彘。實翦長鯨。北震巢浦。南俘灌城。靑羌卷介。赤狄迴兵。蹈舞雜踰。歌謠靡宣。曰我黎庶。俱祈上玄。山移兩越。海變三田。公爲上相。復倍斯年。藝文類聚五十二。

廣州刺史歐陽頠德政碑

弱水導其洪源。軒臺表其增殖。懿哉少府。師儲皇于二京。盛矣司徒。傳儒宗于九世。廣陵邕邕。族擅江右。渤海赫赫。名重洛陽。若夫岳鎭龍蟠。星懸鶉火。衡山誕其高德。湘水降其淸輝。千仞孤標。萬頃無度。年當小學。志冠成童。因孝爲忠。欲仁成體。屯騎府君。早棄榮祿。易簀之日。幾將毀終。不杖之言。深非通制。遺貲巨萬。富擬猗頓。裁變槐榆。竝貶宗戚。南次大籬。北眺淸湘。得性于橘洲之間。披書于杏壇之上。三冬文史。五經縱橫。頻致嘉招。確乎難拔。旣而帝啟黃樞。神亡赤伏。天地崩貫。川冢沸騰。羣悍酋豪。更爲禍亂。朝披羽檄。夜炤爟烽。浴鐵蔵于山原。擬金駭于樓堞。公疲兵屢出。獨據胡牀。勁賊重圍。尚凭書几。揚灰旣散。駕棒將揮。咸剋凶渠。已保衡服。常已二主蒙塵。三光掩曜。出入逾于嘗膽。殷憂獨其撫心。不洽第宅。深符去病。志梟羣醜。彌同越后。自禹珪旣錫。堯玉已傳。物變謳謠。風移筐篚。商周之際。孤竹尚其哀歌。曹劉之閒。蘇子猶其狂哭。況番禺連帥。實謂宗枝。逮我天機。自窺梁鼎。已公威名本重。逼統前軍。乾數難違。剣象終悔。高祖永言惟舊。彌念奇功。即訓皇家。深弘朝紀。檻車才至。輿櫬已焚。祝史祇于夷吾。壇場延于井伯。綢

貶當作賑

繆安樂。造次訏謨。爰珥豐貂。允光金蟫。但八桂之土。蠻夷不賓。九疑之陽。兵凶歲積。已公昔在衡臯。深留風愛。仁恩可已懷猛獸。威名可已懼啼兒。乃授持節散騎常侍衡州刺史。我皇帝從唐矦已肩國。屈啟筵而登家。一恭寶祚。開定江沔。三陂璇衡。苞羅湘峽。昔中宗屈申于處仲。高祖遺恨于平城。漢武承基。方通沙塞。晉明紹運。裁平姑孰。方其盛業。綽有光前。踐祚之初。進公位征南將軍廣州刺史。又都督東衡州二十州諸軍事宜。公乃務是民天。敦其分地。火耕水耨。彌亘原野。賊盜皆偃。工賈競臻。鬻米商鹽。盈衢滿肆。新垣旣築。外戶無扃。脂脯豪家。鍾鼎爲樂。揚袪洒汗。振雨流風。市有千金之租。田多萬箱之詠。僧釋慧羨等來朝絳闕。備啟丹誠。乞于大路康莊。式刊豐琰。庶樊鄉寶鼎。復述台司之功。羊叟高碑。更紀征南之德。于是跪開黃素。爰登紫泥。鑒此誠祈。皆如所奏。乃詔庸臣爲其銘曰。

赫赫宗陳。桓桓鼎臣。千乘建學。五典攸因。盛德斯遠。公門日新。崇高惟岳。睨甫生申。去衡移廣。遷征自鎭。悠悠鋼界。藐藐金鄰。莫遠非督。無思不賓。三江靡浪。五嶺奚塵。式歌式舞。仁哉至仁。公其饗福。於萬斯春。藝文類聚五十二。

晉陵太守王勵德政碑

若夫睢陵世傳。已詳載德之華。徐州先賢。亦著淸風之美。偉哉文獻。光啟中興。鄭塋表其深源。何籌甎其遠慶。豈惟桓氏之鳴玉。張家之珥貂。袁姓之朱衣。楊宗之華轂。又有佽飛遮列。班弓夾門。濯龍俯望。緹騎盈道。奕世如此。何其盛哉。君已藍田美玉。大海明珠。灼灼美其聲芳。英英照其符彩。風神雅淡。識量寬和。旣有崔琰之鬚眉。非無鄭玄之腰帶。爛爛如高巖下電。騷騷若長松裏風。勢利無擾于胸襟。行藏不槪于懷抱。家門雍睦。孝友爲風。上交不謟。下交不瀆。脫貂救厄。情靡矜吝。釋馬窮途。唯濟危殆。至于緗羅圖籍。

渭當作胄

官當作宮

忘當作亡

脂粉埶文學侶挹其精微詞宗稱其妙絕出爲仁武將軍晉陵太守五難三㲉勤邱有方問羊知馬鉤距兼設濟北移樹累政之所未治汝南爭水連年之所無斷一朝明決曾不留滯四民商販咸用殷阜銘曰

康哉寶運美矣良臣渭自灃水源于洛濱公矦世及宰輔相因曰我民秀山川降神風情穆穆孝友恂恂學則經笥文爲世珍高風遠矣曠代難倫鼎鉉虛職台階未臻安知霜露遽夭松椿碣石斯表民情旣陳徒然下拜何報陽春 藝文類聚五十二

齊國宋司徒寺碑

無色之外方爲化城非想之中猶稱火宅若夫衆生無盡世界無窮芬若披蓮遠如散墨善才童子南行未窺目連沙門北遊不見一一刹土皆由業緣萬萬僧祇終非常樂天官寶產猶傾四大之風魔殿崔嵬終爍三災之火朱樓寶塔煇煥爭華旣義暢中土道流遐域顯默同歸華夷俱慕自枕石頽流始終一槩悟習交養三十餘年春秋八十三古人云道存人忘法師之謂凡我門徒感風徽之緬邈傷諸悟之永滅敢以後見揚德金石銘曰

九流依眞三乘歸佛道住絕迹慈還接物孰是發蒙昭我慧日撥亂以定闢邪以律秦皇感悟蔽理通情王孫偏解遠死滯生夫子之悟萬劫獨明寒暑遞易悲欣臯壤秋蓬四轉春鴻互響孤松獨秀德音長往節有推遷情無遺想 藝文類聚七十六

東陽雙林寺傅大士碑

夫至人無己屈體申教聖人無名顯用藏跡故維摩詰降同長者之儀文殊師利或現儒生之像提河獻供之旅王城迴衆之端抑號居士時爲善宿大經所說當轉法輪大品之言皆紹尊位斯則神通應化不可思議者乎東陽郡烏傷縣雙林寺傅大士者卽其縣人也昔巖谿藴德渭浦呈祥天賜殷宗誕與元相景矦佐命樊

萃當作翠

滕是埒介子揚名甘陳爲伍東京世載西晉重光惟是良家降神攸託若如本生本行或示緣起子長子雲自敘元系則云補處菩薩仰嗣釋迦法王眞子是號彌勒雖三會齊濟華林之道未孚千尺巖巖穰佉之化猶遠但分身世界濟度羣生機有殊源應無恒質自敘因緣大宗如此案停水經云觀世音菩薩有五百身在此閻浮提地示同凡品敎化衆生彌勒菩薩亦有五百身在閻浮提種種示現利益衆生故其本迹難得而詳言者也爾其蒸蒸大孝肅肅惟恭厥行以禮敎爲宗其言以忠信爲本加以風神爽朗氣調淸高流化覩朋善和紛諍豈惟更盈毀壁宜僚下丸而已哉至于王戎吏部鄧禹司徒同此時年有懷棲遁仍隱居松山雙林寺棄捨恩愛非梁鴻之並遊拜辭親老如蘇耽之永別自修禪遠壑（藝文類聚作遠谿）絕粒長齋非服流霞若餐朝沆太守王烋言其詭詐乃使邦佐幽諸後曹迄至兼旬曾無假食于是州鄉媿伏遠邇歸依逃迹山林肆行蘭若又自敘云七佛如來十方並現釋尊摩頂願受深法每至犍槌聽唱法鼓裁鳴空界神仙共來行道其外人所見者拳握之內或吐異香胸臆之閒乍表金色時有信安縣比丘僧朔與其同類遠來觀化未及祇肅忽見大士身長丈餘朔等驚愳相趨禮拜虔恭旣畢更覩常形又有比丘智瓚優婆夷錢滿願等伏膺累載頓覩異儀或見腳長二尺指長五寸餘兩眼光明雙瞳照耀皆爲金色並若金錢譬李老而相侔同周文而等狀姜嫄所履天步可以爲儔河流大屐神足宜其相比支郎之彥旣恥黃精瞿曇之師有慚靑目旣而四空妙定薰脩已成八解明心莊嚴斯滿時還鄉黨化度鄉親俱識還源並知迴向或立捨鬚髮如聞善來大傾財寶同脩淨福大士薰禪所憩獨在高巖爰挺嘉木是名櫄樹擢本相對似雙槐于俠門合榦成陰類雙桐于空井厥體貞勁無爽大年置霜停雪寒暑葱萃信可以方諸堅固譬彼娑羅

搏當作摶

旣見守于神龍將爲疑于變鶴乃于山根嶺下創造伽藍因此高
柯故名雙林寺矣大士亦還其里舍貨貿妻兒營締支提繕寫尊
法嘗㠯衆沙畫地皆成圖果芥子菴羅無疑福陋乃起九層塼塔
形相歸然六時虔拜巡遶斯託又㠯大乘方等靈藥寶珠眷言山
谷希得傳寫龍鄉思其曉照象駕乏其流通復造五時經典千有
餘卷與夫鬻子而葬同其至誠嫁妻而隱無殊高節若寄搏麨如
因賣花共指菩提方成親眷至于一相無相之懷虛己虛心之德
化雞在臂方推理于自然毒蛇傷體終無憂于深定門徒肅肅學
侶詵詵通被慈悲義無偏黨大通元年縣中長宿傅普通等一百
人詣縣令范胥連名薦述又㠯中大通四年縣中豪傑傅德宣等
道俗三百人詣縣令蕭詡具陳德業夫㠯連城之寶照廡之珍野
老怪而相捐工人迷而不識胥等體有流俗才無鑒眞亟次騰聞
終成虧怠梁高祖武皇帝紹隆三寶弘濟四生迹冠優塡神高仙

豫夫㠯陳蕃靜室猶懷天下之心伊尹躬耕思弘聖王之道況我
有慧日明炬如風寶車濟是沈舟能升彼岸固宜光宣正法影響
人王者乎于是㠯中大通六年正月二十八日遣弟子傅暀出都
致書高祖其辭曰雙林樹下當來解脫善慧大士白國主救世菩
薩今條上中下善希能受持其上善㠯虛懷爲本不著爲宗妄想
爲因涅槃爲果其中善㠯治身爲本治國爲宗天上人間果報安
樂其下善㠯護養衆生勝殘去殺普令百姓俱稟六齋夫㠯四海
之君萬邦之主頂居王土莫不祇肅爾時國師智者法師與名德
諸衆僧等言辭謹敬多乖釋伽之書文牒畢恭翻豫山公之啟大
士年非長老位匪沙門通疏乘輿過無虔恪京都道俗莫不嗟疑
暀至都投太樂令何昌竝有弘誓在御路燒其左手㠯此因緣
希當聞達昌㠯此書呈同泰寺僧皓法師師衆所知識名稱普聞
見書隨喜勸㠯呈奏皇上心歡悅遽遣招迎來謁宸闈亟論經典同

泰寺前臨北闕密邇南宮仍請安居脩諸資給後徙居鍾山之下
定林寺遊巖倚樹宴坐經行京洛名僧學徒雲聚莫不提函負袠
問慧諮禪居蔭高松臥依盤石于是四徹之中恆垂甘露六旬之
內常雨天酒豈非神仙影響示現禎祥者乎帝于華林園重雲殿
自開講三慧般若經窮須眞之所問御法勝之高堂百千龍像圍
繞餐聽黑貂朱紱王侯滿筵國華民秀公卿連席乃令大士獨榻
對揚天扆拜遣傳詔及宣傳左右四人接受言論爾時納掞之于
臺內司隷之在殿中杜預還朝馬防親貴舊儀懸席皆等庶僚㠯
大士絕世通人故加其殊禮矣及玉輦升殿雲蹕在階晏然箕坐
曾不山立憲司譏問愈覺凝峙但荅云法地若動則一切法不安
應對言語皆爲爽異昔漢皇受道欒大不臣魏祖優賢楊叟如客
河上之老輕舉臨于孝文嚴子之高閑臥加于光武（藝文類聚作臺下之人高
尚加于光武）方其古烈信可爲儔帝又于壽光殿獨延大士講論立讀

言無重頌句備伽佗音會宮商義兼華藻豈惟寶積獻蓋文成七
言釋子彈琴歌爲千偈而已固非論經于白虎之殿應詔于金馬
之門說義雲臺受釐宣室可同年而語哉自火運將終民無先覺
雖復五湖內鼎蒼鷲之兆未萌四海橫流夷羊之妝匪現大士天
眼所照預覩未來摩掌之明夙鑒時禍哀羣生之販蕩泣世道之
崩淪救苦爲懷大悲爲病誓欲虛中閉氣識食爲齋非服名香但
資禪悅方乃燒其苦器製造華燈願㠯此ナ光明遍照十方佛土
勸請調御常住世間救現在之兵災除當來之苦集于是學衆悲
號山門踊叫弟子居士徐普拔播普成等九人求輸己命願代宗
師其中或截耳而刊鼻或焚臂而燒手善財童子重覩知識忍辱
僊人是馮相輩大士乃延其教化更住閻浮弘訓門人備行衆善
于是弟子居士范難陀弟子比丘法曠弟子優婆夷嚴比丘各在
山林燒身現滅次有比丘寶月等二人窮身繫索挂錠爲鐙次有

合當作含

比丘慧海菩提等八人燒指供養。次有比丘尼曇展慧光法織等四十九人行不食齋法。次有比丘僧拔慧品等六十二人割耳出血用和名香。奉依師教。並在碑陰。書其名品。夫二儀大德。所貴曰生。六趣合靈。所重唯命。雖復夢幻影響。同歸磨滅。愛使迷情。唯貪長久。自非善巧方便。漚和含羅。照以慈鐙。沾其妙藥。豈或捨不貲之軀。而能行希有之事。若令割身奉鬼。聞半偈于涅槃。賣髓祠天。能供養于般若。理當刳心靡吝。擢骨無疑者乎。大士小學之年。不遊饗舍。大成之德。自通墳典。安禪合掌。說偈論經。滴海未盡其書。藝文類聚作其餘懸河不窮其義。前後講維摩思益經等。比丘智瓚傳習受持。所應度者。化緣既畢。以太建元年。朱明始獻。奄然右臥。將歸大空。二旬初滿。三心是滅。爾時隆暑。便已赫曦。屈伸如常。溫暖無異。洗浴究竟。扶坐著衣。色貌敷愉。光彩鮮潔。爰經信次。宛如平生。烏傷縣令陳鍾耆。即往臨赴。猶復反手傳香。皆如疇昔。若此神變。無聞前古。雖復青牛道士。白馬先生。便遁形骸。本懈希企。若其滅定無想。彈指而后壁已開。法王在殯。申足而金棺猶啟。非斯矣莫與為儔。遺誡于雙林山頂。如法燒身。一分舍利。起塔于冢。一分舍利。起塔在山。又造彌勒像二軀。置此雙塔。莫移我眠牀。當取法猛上人織成彌勒像。永安牀上。寄此尊儀。以標形相也。于是門徒巨痛。遂爽遺言。用震旦之常儀。乖闍維之舊法。四部皆集。悲同白車。七眾攀號。哀踰青樹。弟子比丘法璿菩提智瓚等。以為伯陽之德。

極當作桓

貞極紀于賴鄉。仲尼之道。高碑膏于魯縣。亦有揚雄弟子。鄭玄門人。俱述清猷。載刊玄石。于是祈聞爾觀。冒涉三江。爰降絲綸。克成豐琰。陵雖不敏。風仰高風。輕課庸音。乃為銘曰。

大矣權迹。勞哉赴時。或現商主。聊為國師。卑同巧匠。屈示良醫。猶故閉士。類此維思。當來解脫。克紹迦維。妙道猶祕。機緣未適。弗降雞頭。盜闕狼迹。北地爰徙。東山攸宅。族貴泥陽。宗分蘭后。莫測其

本。徒觀其迹。邈有蒲塞。心冥世雄。明宣苦苦。妙鑒空空。汲引三界。行藏六通。爰初隱逸。宴處林叢。食等餐露。齋疑服風。敬禮珍塔。歸依靈像。未若天尊。躬臨方丈。慧炬常照。慈鐙斯朗。釋梵天儀。晨昏來往。濟濟行法。洗洗談講。德秀臧丈。風高廣成。來儀上國。抗禮承明。妙辯無相。深言不生。撞鍾比說。擊鼓慚英。樂論天口。誰其與京。作現偃掌。爰標神足。色豔沈檀。香踰薝蔔。我有邊際。隨機延促。誓毀身城。當開心獄。忽示泡影。俄如風燭。嗷嗷門人。承師若親。盜焚歎蟲。弗燎香薪。合窟為窆。方墳以堙。須彌據海。變炭揚塵。淨土無壞。靈儀自真。何時湧塔。復覩全身。藝文類聚七十六

炭當作灰

孝義寺碑

臣聞道階八地。猶見后妃。願生千佛。無匪聖賢。汲引之義。雖同隨機之感。非一。至如嬀汭有禮。皇源所以前興。周女斯歸。陳宗所以流慶。大矣哉。神基帝系。淑聖重光者也。慈訓太后。德佐初九。道暉上六。居天上天中之極。處太任太姒之尊。蘋藻之化斯深。葛覃之風彌遠。皇帝膺茲上聖。契彼援神。愛敬在乎一人。德教刑乎四海。是以明星皎皎。流半月之光。甘露團團。溢如飴之味。嘉禾自秀。浪井恆清。天降徵祥。日聞書府。自大明紹運。神武應期。至道傍通。無思不格。戊己校尉。西關玉門。伏波將軍。南表銅柱。方使三千世界。百億須彌。同望飛輪。共稟玄德。天嘉三年正月二十一日。詔旨。仰惟聖德。方彼兆民。乃敕有司。改東成里為孝義里。昔岱山徙號。重華著其受終。德水移名。秦人表其嘉運。豈若盡在輿地。書茲里門。仰述天經。光臨父母。臣陵稽首。乃作銘曰。

願此良因。宜資貴親。三乘並駕。四梵為賓。紺殿安坐。蓮花養神。燈前禮佛。地後遷身。並濟含識。咸歸至真。國家隆盛。同饗遐慶。謹勒靈碑。陳其舞詠。藝文類聚七十七。案鄭延慶湖錄金石考云。張案談鑰志載孝義寺碑云。高卞蒼梧。迭聞天籟。清響灑鸞。深窮地垠。又引碑云。八紘之技。依然。又引碑云。弱橐紺槭。今此碑無此數語。

訖當作乞

類當作頹

長干寺衆食碑

昔炎皇肇訓。稷正修官。信矣民天之言。誠哉國寶之義。自非道登正覺。安住于大般涅槃。行在眞空。深入于無爲般若。則菩薩應化。咸同色身。諸佛淨土。皆爲揣食。證常住者。爰訖乳糜。補尊位者。猶假香飯。亦有三心未滅。七反餘生。應會天宮。就齋龍海。況復幾居地輔。咸憩珠庭。固已皆種仙禾。並資靈粟。善矣法師。常願已智慧火。燒煩惱薪。普施衆生。同飡甘露。況復安居自恣。願學高年。或次第于王城。猶棲遑于貧里。迦留乞麵。苦用神通。須提請飯。致貽詞貴。于是思營衆業。願造坊廚。庶使應供之僧。皆同自然之食。升堂濟濟。無勞四輩之類。高廩峩峩。恆有千食之備。其外鐵市銅街。青樓紫陌。辛家黑白之里。甲第王侯之門。莫不供施相高。貧儲轉衆。法師善巧方便。漚和含羅。敎授滋生。隨年增長。假使桑林不雨。虢水揚波。猶厭稻粱。永無飢乏。加已五鹽具足。七菜芳蕤。麵類天廚。

果同香樹。莫鼎之大。殷王未逢。麋饋之深。齊都非擬。昆吾在次。皆鳴鷲嶺之鍾。暘谷初升。同洗龍池之鉢。藝文類聚七十七

天台山館徐則法師碑

夫海水揚塵。幾千年而可見。天衣拂石。幾萬歲而應平。至人者譬彼晨昏。方乎晷刻。固非俗士之所能言。寰中之所能量者也。至如不死之草。猶稱南裔。長生之樹。尚挺西昆。百紀遊龜。皆登蓮葉。千齡壽鶴。或舞松枝。假矣生民。何其夭脆。譬彼風電。同諸泡沫。琢火之歎。聞諸往賢。逝水之悲。嗟乎前聖。樵人看博。信未始乎淹留。仙客彈琴。固不移于俄頃。然而子孫皆其數世。鄉黨咸爲草萊。是已志士名賢。飄然長騖。屏棄榮利。厭穢風塵。服冕乘軒。其猶桎梏。朱庭紫闥。事甚籠樊。隱淪巖洞。飡餌芝髓。忽矣身輕。俄然羽化。金繩玉版。受謁帝之符。龍駕霓裳。遊偃宮之籙。法師蕭然道氣。卓矣僊才。千仞孤標。萬頃無度。所已伊川掛鶴。葉縣乘鳧。靈化無方。去還斯在。銘曰。

來去三島。昔遊一童。然香雨上。擊磬雲中。玉粒雖飄。金膏未竊。方流道業。濟彼昏蒙。藝文類聚七十八

全陳文卷十一終

坡當作披

全陳文卷十二

烏程嚴可均校輯

虞荔

荔字山坡。會稽餘姚人。仕梁爲西中郎行參軍。尋署法曹外兵參軍。補士林館學士。進司文郎。遷通直散騎侍郎。兼中書舍人。領大著作。太清中除鎮西諮議參軍。臺城陷。遁還鄉里。十餘年不應徵命。陳文帝卽位。除太子中庶子侍讀。領大著作東揚揚州大中正。天嘉二年卒。贈侍中。謚曰德。

鼎錄序

昔虞夏之盛。遠方皆至。使九牧貢九金。鑄九鼎于荊山之下。于昆吾氏之墟。白若甘櫟之地。圖其山川奇怪。百物而爲之備。使人知神姦。不逢其害。吕定其祥。鼎成。三足而方。不炊而自沸。不舉而自藏。不遷而自行。九鼎既成。定之國都。桀有亂德。鼎遷于殷。載祀六百。殷紂暴虐。鼎遷于周。成王定鼎于郟鄏。卜世三十。卜年七百。天所命也。及顯王姬德大衰。鼎淪入泗水。秦始皇之初。見于彭城。大發徒出之。不能得焉。

梁同泰寺剎下銘

戒香芬馥。氣勝懷蘭。智劒陸離。威逾交戟。㪍慧日于重雲。浚法流于巨海。嚴此三駕。用拔畏途。漾彼六舟。拯諸淪溺。但吕一人入道。波旬之宮已震。十地弘心。毒龍之災競起。重欒布濩。積栱嵯峨。神僊岳岳。俯雕檻于霞外。寶鐸鏘鏘。韻鈞天于雲表。雷雨杳冥而未半。扶桑光朏而先明。迢亭峻極。特立千仞。灼爍崢嶸。光鏡八表。若日殿之燭太空。侶星宮之構辰極。辭曰。

層臺複陸。廣殿穹崇。塗金鈿玉。映日疏風。藝文類聚七十七。

虞寄

寄字次安。荔弟。梁中大通初。舉秀才。對策高第。除宣城王國左常侍。大同中引疾歸。岳陽王爲會稽太守。吕爲行參軍。遷記室參軍。領郡五官掾。轉中記室。太清中除鎮南湘東王諮議參軍。加貞威將軍。臺城陷。遁還鄉里。依張彪。尋奔陳寶應。承聖初除和戎將軍中書侍郎。寶應不遣。及陳天嘉中。寶應平。入爲衡陽王掌書記。除國子博士。引疾歸。宣帝卽位。除東中郎建安王諮議。加戎昭將軍。又加太中大夫。太建十一年卒。年七十。

諫陳寶應書

東山居士虞寄致書于明將軍使君節下。寄離流世故。漂寓貴鄉。將軍待吕上賓之禮。申吕國士之眷。意氣相感。何日忘之。而寄沈痼彌留。愒陰將盡。常恐卒塡溝壑。涓塵莫效。是吕敢布腹心。冒陳丹款。願將軍留須臾之慮。少思察之。則瞑目之日。所懷畢矣。夫安危之兆。禍福之機。匪獨天時。亦由人事。失之毫釐。差吕千里。是吕明智之士。據重位而不傾。執大節而不失。豈惑于浮辭哉。將軍文

武兼資。英威不世。往因多難。杖劒興師。援旗誓衆。抗威千里。豈不吕四郊多壘。共謀王室。匡時報主。寧國庇民乎。此所吕五尺童子。皆願荷戟而隨將軍者也。及高祖武皇帝肇基草昧。初濟艱難。于時天下沸騰。民無定主。豺狼當道。鯨鯢橫擊。海內業業。未知所從。將軍運洞微之鑒。屬折從衡之辯。策名委質。自託宗盟。此將軍妙算遠圖。發于衷誠者也。及主上繼業。欽明睿聖。選賢與能。羣臣輯睦。結將軍吕維城之重。崇將軍吕裂土之封。豈非宏謨廟略。推赤心于物者也。屢申文詔。款篤殷勤。君臣之分定矣。骨肉之恩深矣。不意將軍惑于邪說。翻然異計。寄所吕疾首痛心。泣盡繼之吕血。萬全之策。竊爲將軍惜之。寄雖疾侵耄及。言無足采。千慮一得。請陳愚管。願將軍少戢雷霆。賒其晷刻。使得盡狂瞽之說。披肝膽之誠。則雖死之日。猶生之年也。自天厭梁德。多難薦臻。寰宇分崩。英雄互起。龍戰虎爭。竊號假名。鋭犄持鋒。不可勝紀。人人自吕爲得

之。然夷凶翦亂。拯溺扶危。四海樂推。三靈眷命。揖讓而居南面者。陳氏也。豈非厤數有歸。惟天所在。當璧應運。其事甚明。一也。主上承基。明德遠被。天綱再張。地維重紐。夫吕王琳之强。侯瑱之力。進足吕摇蕩中原。爭衡天下。退足吕屈强江外。雄長偏隅。然或命一旅之師。或資一士之説。琳則瓦解冰泮。投身異域。瑱則厥角稽顙。委命闕廷。斯又天假之威。而除其患。其事甚明。二也。今將軍吕藩戚之重。擁東南之衆。盡忠奉上。戮力勤王。豈不勳高竇融。寵過吳芮。析珪判野。南面稱孤。其事甚明。三也。且聖朝棄瑕忘過。寬厚得人。改過自新。咸加敘擢。至如余孝頃、潘純陀、李孝欽、歐陽頠等。悉委吕心腹。任吕牙爪。胷中豁然。曾無纖芥。況將軍釁非張繡。罪異畢諶。當何慮于危亡。何失于富貴。此又其事甚明。四也。方今周齊鄰睦。境外無虞。并兵一向。匪朝伊夕。非有劉項競逐之機。楚趙連從之勢。可得雍容高拱。坐論西伯。其事甚明。五也。且留將軍狼顧

一隅。亟經摧衂。聲虧魄喪。膽氣衰沮。高瓌、向文政、留瑜、黄子玉。此數人者。將軍所親信。首鼠兩端。唯利是視。其餘將帥。亦可見矣。孰能被堅執鋭。長驅深入。繫馬埋輪。奮不顧命。吕先士卒者乎。此又其事甚明。六也。且將軍之勢。孰如侯景。將軍之衆。孰如王琳。武王滅侯景于前。今上摧王琳于後。此乃天時。非復人力。且兵革已後。民皆厭亂。其孰能棄墳墓。捐妻子。出萬死不顧之計。從將軍于白刃之閒乎。此又其事甚明。七也。歷觀前古。鑒之往事。子陽、季孟。傾沒相尋。餘善、右渠。危亡繼及。天命可畏。山川難恃。況將軍欲吕數郡之地。當天下之兵。吕諸侯之資。拒天子之命。强弱逆順。可得侔乎。此又其事甚明。八也。且非我族類。其心必異。不愛其親。豈能及物。留將軍身縻國爵。子尚王姬。猶且棄天屬而弗顧。背明君而孤立。危急之下。豈能同憂共患。不背將軍者乎。至于師老力屈。懼誅利賞。必有韓智晉陽之謀。張陳井陘之勢。此又其事甚明。九也。且

北軍萬里遠鬭。鋒不可當。將軍自戰。其地人多顧後。梁安背向爲心。脩軒匹夫之力。衆寡不敵。將牽不侔。師吕無名而出。事吕無機而動。吕此移兵。南史作稱兵。未知其利。夫漢朝吳楚。晉室穎顒。連城數十。長戟百萬。拔本塞源。自家圖國。其有成功者乎。此又其事甚明。十也。爲將軍計者。豈若不遠而復。絶親留氏。秦郎快郎。隨遣入質。釋甲偃兵。一遵詔旨。且朝廷許吕鐵券之要。申吕白馬之盟。朕不食言。誓之宗社。寄聞明者鑒未形。智者不再計。此成敗之效。將軍勿疑。吉凶之機。閒不容髮。方今藩維尚少。皇子幼沖。凡預宗枝。皆蒙寵樹。況吕將軍之地。將軍之才。將軍之名。將軍之勢。而能克脩藩服。北面稱臣者。寍與劉澤同年而語其功業哉。豈不身與山河等安。名與金石相弊。願加三思。慮之無忽。寄氣力綿微。餘陰無幾。感恩懷德。不覺在言。鈇鉞之誅。其甘如薺。文苑英華六百八十五。又見陳書南史虞寄傳少三句。

歐陽頠

頠字靖世。長沙臨湘人。梁大通初爲信武府中兵參軍。遷平西邵陵王中兵參軍。除清遠太守。還爲直閤將軍。仍除天門太守。歷臨賀內史。加超武將軍。監衡州。太清末爲始興內史。元帝承制。除雲麾將軍東衡州刺史。封新豐縣伯。承聖初授忠武將軍衡州刺史。進封始興縣侯。陳初授都督廣交等十九州諸軍事、鎮南將軍、平越中郎將、廣州刺史。加散騎常侍。增都督衡州。開府儀同三司。文帝卽位。進號征南將軍。改封陽山郡公。天嘉四年卒。贈侍中車騎大將軍司空。謚曰穆。

符瑞表

白龍見于州江南岸。長數十丈。大可八九圍。歷州城西道入天井岡。僊人見于羅浮山寺小石樓。長三丈所。通身潔白。衣服楚麗。陳書武帝紀下。永定三年正月。廣州刺史歐陽頠表。

江德藻

德藻字德藻。一云名德操。濟陽考城人。梁光祿大夫革子。中大通中爲南中郎武陵王行參軍、大司馬南平王東閤祭酒。大同初爲安西湘東王外兵參軍。除尚書比部郎。後爲廬陵王記室參軍。除廷尉正。出爲南兗州治中。承聖末爲司空府諮議。轉中書侍郎。遷雲麾臨海王長史。陳臺建。拜尚書吏部侍郎。及受禪。授祕書監兼尚書左丞中書舍人。文帝時拜太子中庶子。領步兵校尉。遷御史中丞。坐事免。尋拜振遠將軍通直散騎常侍。出補新喻令。天嘉六年卒。贈散騎常侍。有聘北道里記三卷。集十五卷。

沈孝軌諸弟除服議

王儁軍云。久喪不葬。唯主人不變。其餘親各終月數而除。此蓋引禮文論在家內有事故未得葬者耳。孝軌既在異域。雖已迎喪。還期無指。諸弟若遂不除。永絕婚嫁。此于人情。或爲未允。中原淪陷已後。理有事例。宜諮沈常侍詳議。陳書沈洙傳。

大行俠御服又議

愚謂祖葬之辰。始終永畢。達官有追贈。須表恩榮。有吉凶簿。恐由此義。私家放斆。因以成俗。上服本變吉爲凶。理不應猶襲紈綺。劉舍人引王衞軍喪儀及檢梁昭明故事。此明據已審。博士左丞乃各盡事衷。既未取證。須更詢詳。宜諮八座、詹事、太常、中丞及中庶諸通袁樞、張種、周弘正、弘讓、沈炯、孔奐。陳書劉師知傳。

徐伯陽

伯陽字隱忍。東海人。梁中大通中對策高第。補河東王國右常侍、東宮學士、臨川王墨曹參軍。大同中出爲候官令。侯景之亂。浮海至廣州。依蕭勃。勃敗。還居吳郡。天嘉中爲晉安王侍讀。除侯安都司空記室參軍。宣帝時除新安王鎮北記室參軍。兼南徐州別駕。帶東海郡丞。歷臨海王限外諮議參軍。復爲新安王鎮右諮議參軍。太建十三年卒。

傭當作墉

皇太子釋奠頌

穆穆皇儲。巖巖副主。道尊上鬯。德崇監撫。春誦夏絃。冬書秋羽。漢召趨幄。周朝問豎。翔集禮闈。逍遙義府。四海無浪。三階已平。儲駕戾止。和鸞有聲。宏風講肆。崇儒肅成。丹書貴道。黃金賤籝。洙泗與業。閣室增榮。青槐陰市。玄冕飛纓。初學記十四。○案陳書徐伯陽傳。太建十一年。皇太子幸太學。詔新安王命伯陽爲辟雍頌。疑卽此。

姚最

最一作勗。吳興人。

續畫品　案此續謝赫古畫品也。文稱湘東殿下。蓋梁武時所撰。

夫丹青妙極。未易言盡。雖質沿古意。而文變今情。立萬象于胸懷。傳千祀于毫翰。故九樓之上。備表仙靈。四門之傭。廣圖賢聖。雲閣興拜伏之感。掖庭致聘遠之別。凡斯緬邈。厥迹難詳。今之存者。或其人冥滅。自非淵識博見。孰究精麤。擯落蹄筌。方窮至理。但事有否泰。人經盛衰。或弱齡而價重。或壯齒而聲遒。故前後相形。優劣舛錯。至如長康之美。擅高往策。矯然獨步。終始無雙。有若神明。非庸識所能效。如負日月。豈末學所能窺。荀衞曹張。方之蔑矣。分庭抗禮。未見其人。謝陸聲過于實。良可於邑。列于下品。尤所未安。斯乃情有抑揚。畫無善惡。始信曲高和寡。非直名謳。泣血謬題。寧止良璞。將恐疇訪理絕。永成淪喪。聊舉一隅。庶同三益。夫調墨染翰。志存精謹。課茲有限。應彼無方。燧變墨回。治點不息。眼眩素縟。意猶未盡。輕重微異。則妍鄙革形。絲髮不從。則歡慘殊觀。加以頃來容服。一月三改。首尾未周。俄成古拙。欲臻其妙。不亦難乎。豈可曾未涉川。詎云越海。俄觀魚鱉。謂察蛟龍。凡厥等曹。未足與言畫矣。陳思王云。傳出文士。圖生巧夫。性尚分流。事難兼善。蹄方趾之迹

千當作十

易。不知圓行之步難。遇象谷之風翔。莫測呂梁之水蹈。雖欲游刃。理解終迷。空慕落塵。未全識曲。若永尋河書。則圖在書前。取譬連山。則言由象著。今莫不貴斯鳥跡。而賤彼龍文。消長相傾。有自來矣。故倕斷其指。巧不可爲。杖策坐忘。既慚經國。據梧喪偶。寧足命家。若惡居下流。自可焚筆。若冥心用舍。幸從所好。戲陳鄙見。非謂毀譽。千室難誣。佇聞多識。今之所載。竝謝赫所遺。猶若文章。止于兩卷。其中道有可采。使成一家之集。且古今書評。高下必詮。解畫無多。是故備取人數。既少不復區別其優劣。可以意求也。

湘東殿下 梁元帝初封湘東王。嘗畫芙蓉湖醮鼎圖。

右天挺命世。幼稟生知。學窮性表。心師造化。非復景行所能希涉。畫有六法。眞仙爲難。王于像人。特盡神妙。心敏手運。不加點治。斯乃聽訟部領之隙。文談衆藝之餘。時復遇物援毫。造次驚絕。足使荀衞閣筆。袁陸韜翰。圖製雖寡。聲聞于外。非復討論木訥可得而稱焉。

劉璞

右胤祖之子。少習門風。至老筆法不渝前制。體韻精研。亞于其父。信代有其人。茲名不墮。

沈標

右雖無偏擅。觸類皆涉。性尚鉛華。甚能留意。雖未臻全美。殊有可觀。

謝赫

右寫貌人物。不俟對看。所須一覽。便工操筆。點刷研精。意在切似。目想毫髮。皆無遺失。麗服靚妝。隨時變改。直眉曲鬢。與世爭新。別體細微。多自赫始。遂使委巷逐末。皆類效顰。至于氣韻精靈。未窮生動之致。筆路纖弱。不副壯雅之懷。然中興以後。衆人莫及。

毛惠秀

點新當作新異

異黛當作點黛

右其于繪事。頗爲詳悉。太自矜持。番成羸鈍。遒勁不及惠遠。委曲有過於稜。

蕭賁

右雅性精密。後來難尚。含毫命素。動必依眞。嘗畫團扇。上爲山川。咫尺之內。而瞻萬里之遙。方寸之中。乃辯千尋之峻。學不爲人。自娛而已。雖有好事。罕見其迹。

沈粲

右筆迹調媚。專工綺羅。屏幛所圖。頗有情致。

張僧繇 五代梁時吳興人。

右善圖塔廟。超越羣工。朝衣野服。今古不失。奇形異貌。殊方夷夏。實參其妙。俾晝作夜。未嘗厭怠。惟公及私。手不停筆。但數紀之內。無須臾之間。然聖賢矖矚。小乏神氣。豈可求備于一人。雖云晚出。殆亞前品。

陸肅 一本作宏肅。

右綏之弟。久藉趨庭之教。未盡敦閱之勤。雖復所得不多。猶有名家之法。方效輪扁。甘苦難投。

毛稜 惠秀姪。

右惠遠之子。便捷有餘。眞巧不足。善于布置。略不煩草。若比方諸父。則牀上安牀。

嵇寶鈞　聶松

右二人無的師範。而意兼眞俗。賦彩鮮麗。觀者悅情。若辨其優劣。則僧繇之亞。

焦寶願

右雖早游張謝。而靳固不傳。旁求造請。事均盜道之法。殫極斲輪。遂致兼采之勤。衣文樹色。時表點新。異黛施朱。重輕不失。雖未窮秋駕。而見賞春坊。輸奏薄伎。謬得其地。今衣冠緒裔。未聞好學。丹

痟當作顧

埋當作貍

眞當作珍

青道湮。良足爲慨。

袁質

右蒨之子。風神俊爽。不墜家聲。始迫志學之年。便嬰痟痛之病。曾見草莊周木雁下和抱璞兩圖。筆勢遒正。繼父之美。若方之體物。則伯仁龍馬之頌。比之書翰。則長胤埋骨之方。雖復語迹異途。而妙理同歸一致。苗而不實。有足悲者。無名之實。諒在斯人。

釋僧眞　釋僧覺

右珍遠道慜之甥。覺妙曇度之子。竝弱年漸漬。親承訓勖。珍乃易于酇侶。覺豈難負析薪。染服之中。有斯二道。若品其工拙。蓋嵇聶之流。

釋迦佛陀　吉底俱　摩羅菩提

右此數手。竝外國比丘。既華戎殊體。無以定其差品。光宅威公。雅耽好此法。下筆之妙。頗爲京洛所知聞。

解蒨

右全法章遠。筆力不逮。通變巧捷。寺壁㝡長。

沈君理

君理字仲倫。吳興人。起家梁湘東王法曹參軍。武帝鎭京口。命尚會稽長公主。辟府西曹掾。遷中衛豫章王從事中郎。加明威將軍。兼尚書吏部侍郎。還給事黃門侍郎。監吳郡。陳受禪。拜駙馬都尉。封永安亭侯。出爲吳郡太守。文帝卽位。徵侍中。拜明威將軍丹陽尹。授左民尚書。領步兵校尉。改前軍將軍。監南徐。出爲仁威將軍東陽太守。父憂去職。宣帝卽位。除太子詹事。還吏部尚書。以女爲皇太子妃。賜爵望蔡縣侯。加侍中。還尚書右僕射。太建五年卒。贈太子少傅、翊左將軍開府儀同三司。謚曰貞憲。

請釋智顗開講法華疏

菩薩戒弟子吳興沈君理和南。竊聞大乘者。大士之所乘也。高廣皆運。直至道場。復作四依。周旋六道。仰惟德厚。深會經文。于五晉之初。請開法華題一。夏內仍就剖釋。道俗咸瞻。延佇嘉唱。慈悲利益。不違本誓耳。謹和南。釋藏起字二一號國淸百錄二。

沈不害

不害字孝和。吳興武康人。梁中大通中召補國子生。舉明經。除太學博士。轉廬陵王法曹。長沙王諮議。帶汝南令。陳天嘉初。除衡陽王中記室。兼嘉德殿學士。除灨令。入爲尚書儀曹郎。遷國子博士。領羽林監。宣帝時。除仁武南康王長史。行丹陽郡事。轉員外散騎常侍光祿卿。尋爲戎昭將軍明威武陵王長史。行吳興郡事。入爲通直散騎常侍兼尚書左丞。太建十二年卒。

上文帝書請立國學

臣聞立人建國。莫尚于尊儒。成俗化民。必崇于教學。故東膠西序。

事隆乎三代。環林璧水。業盛于兩京。自淳源旣遠。澆波已扇。物之感人無窮。人之逐欲無節。是以設訓垂範。啓導心靈。譬彼染藍。類諸琢玉。然後人倫以睦。卑高有序。忠孝之理旣明。君臣之義攸固。執禮自基。魯公所以難侮。歌樂已細。鄭伯于是前亡。干戚舞而有苗至。泮宮成而淮夷服。長想洙泗之風。載懷淹稷之盛。有國有家。莫不尚已。梁太淸季年。數鍾否剝。戎狄外侵。姦回內奰。朝聞鼓鼙。夕聞烽火。洪儒碩學。解散甚于坑夷。五典九丘。湮滅逾乎帷蓋。成均自斯墜業。瞽宗于是不脩。褒成之祀。弗陳祼享。釋菜之禮。無稱俎豆。頌聲寂寞。遂踰一紀。後生敦悅。不見函丈之儀。晚學鑽仰。徒深倚席之歎。陛下繼曆升統。握鏡臨寓。道洽寰中。威加無外。濁流已淸。重氛載廓。含生熙阜。品庶咸亨。宜其弘振禮樂。建立庠序。式稽古典。紆迹儒宮。選公卿門子。皆入于學。助教博士。朝夕講肄。使擔簦負笈。鏘鏘接衽。方領矩步。濟濟成林。加切加磋。聞詩聞禮。一年可以功倍。三冬于是足用。故能擢秀雄州，揚庭觀國，入仕登朝，蓄優學以自輔，莅官從政，有經業以治身。輜駕列庭，青紫拾地。古者王世子之貴，猶與國子齒。降及漢儀，茲禮不墜。暨乎兩晉，斯事彌隆。所以見師嚴而道尊者也。皇太子天縱生知，無待審喻，猶宜晦迹俯同，專經請業，奠爵前師，肅若舊典。昔闕里之堂，草萊自闢；舊宅之內，絲竹流音。前聖遺烈，深以炯戒。況復江表無虞，海外有截，豈得不開闡大猷，恢弘至道，寧可使玄教儒風，弗興聖世，盛德大業，遂蘊堯年。臣末學小生，詞無足算，輕獻瞽言，伏增悚惕。（陳書沈不害傳。又見文苑英華六百九十七。）

沈文阿

文阿（通典作文珂。）字國衞，吳興武康人。梁武帝時察孝廉，除臨川王國侍郎，還兼國子助教、五經博士，選爲東宮學士。承聖中除原鄉令，監江陰郡。紹泰初入爲國子博士。陳受禪，棄官歸鄉里，尋復爲博士。文帝卽位，遷通直散騎常侍，領羽林監，仍兼博士。天嘉四年卒，贈廷尉卿。有春秋左氏經傳義略二十五卷，經典大義十二卷。

大行俠御服重議

檢晉宋山陵儀：靈輿梓宮降殿，各侍中奏。又成服儀稱：靈輿梓宮容俠御官及香橙。又檢靈輿梓宮進止儀稱：直靈俠御吉服，在吉鹵簿中。又云：梓宮俠御緦服，在凶鹵簿中。是則在殿吉凶兩俠御也。（陳書劉師知傳：高祖崩，六日成服，朝臣共議大行皇帝靈座俠御人所服衣服吉凶之制。博士沈文阿議宜服吉服，劉師知議須服緦縗，蔡景歷、江德藻、謝岐等並同師知議。文阿重議。）

嗣君謁廟升殿儀注議

民物推移，質文殊軌。聖賢因機而立教，王公隨時以適宜。夫千人無君，不散則亂；萬乘無主，不危則亡。當隆周之日，公旦叔父，呂召爪牙，成王在喪，禍幾覆國。是以既葬便有公冠之儀，始殯受麻冕之策。斯蓋示天下以有主，慮社稷之艱難。逮乎末葉，縱橫漢承其弊，雖景文刑厝，而七國連兵，或踰月卽尊，或崩日稱詔，此皆有爲而爲之，非無心于禮制也。今國諱之日，雖抑哀于璽紱之重，猶未序于君臣之儀。古禮朝廟退坐正寢，聽羣臣之政。今皇帝拜廟還，宜御太極殿，以正南面之尊，此卽周康在朝，一二臣衞者也。其壤奠之節，周禮以玉作贄，公侯以珪，子男執璧，此瑞玉也。奠贄既竟，又復致享，天子以璧，王后用琮。秦燒經典，威儀散滅，叔孫通定禮，尤失前憲，奠贄不珪，致享無帛，公王同璧，鴻臚奏賀。若此數事，未聞于古，後相治襲，至梁行之。夫稱觴奉壽，家國大慶，四廂雅樂，歌奏歡欣。今君臣吞哀，萬民抑割，豈同于惟新之禮乎？且周康賓稱奉珪，無萬壽之獻，此則前準明矣。三宿三咤，上宗曰饗，斯蓋祭儐受福，寧謂賀酒邪？愚以今坐正殿，止行薦璧之儀，無賀酒之禮。謹撰謁廟還升正寢羣臣陪薦儀注如別。（陳書沈文阿傳：世祖卽皇帝位，尅日謁廟，尚書右丞庾持奉詔遣博士議其禮，文阿議，詔可施行。）

哀策稱謚議

應劭風俗通：前帝謚未定，臣子稱大行，以別嗣主。近檢梁儀，自梓宮將登輼輬，版奏皆稱某謚皇帝登輼輬。伏尋今祖祭已奉策謚，哀策既在庭，遣祭不應猶稱大行。且哀策篆書藏于玄宮，謂依梁儀稱謚，以傳無窮。（隋書禮儀志三：陳永定三年七月，武帝崩，國子博士領步兵校尉知儀禮沈文阿等謂云云，詔可。又見通典七十九。）

全陳文卷十二終

烏程嚴可均校輯

沈洙

洙字弘道，吳興武康人。梁大同初爲湘東王國左常侍，轉中軍宣城王參軍，仁威臨賀王記室參軍，遷尚書祠部郎。侯景之亂，竄于臨安。敬帝時除國子博士。陳受禪，加員外散騎常侍，歷揚州別駕從事史，遷大匠卿。文帝卽位，遷通直散騎常侍，侍東宮讀，尋兼尚書左丞，領揚州大中正，遷光祿卿。廢帝時除戎昭將軍、輕車衡陽王長史，行府國事，帶琅邪彭城二郡丞。大建元年卒。

沈孝軌諸弟除服議

禮有變正，又有從宜。禮小記云：久而不葬者，唯主祭者不除，其餘以麻終月數者，除喪則已。注云：其餘謂傍親。如鄭所解，衆子皆應不除，王衛軍所引，此蓋禮之正也。但魏氏東關之役，既失亡屍柩，葬禮無期，時議以爲禮無終身之喪，故制使除服。晉氏喪亂，或死于虜庭，無由迎殯江左，故復申明其制。李胤之祖，王華之父，並存亡不測，其子制服，依時釋縗，此並變禮之宜也。孝軌雖因奉使，便欲迎喪，而戎狄難親，還期未剋。愚謂宜依東關故事，在此國內者，並應釋除縗麻，毀靈附祭，若喪柩得還，別行改葬之禮。自天下寇亂，西朝傾覆，流播絕域，情禮莫申，若此之徒，諒非一二，寧可喪期無數，而弗除衰服，朝廷自應爲之限制，以義斷恩，通訪博識，折之禮衷。（陳書沈洙傳）

加當作如

皇太后服安吉君禫除議

至親朞斷，加降故再朞，而再周之喪，斷二十五月。但重服不可頓除，故變之以纖縞；創巨不可便愈，故稱之以祥禫。禫者，淡也，所以漸祛其情。至加父在爲母，出適後之子，則屈降之以朞，朞而除服，無復衰麻。緣情有本同之義，許以心制。心制既無杖絰可除，不容復改玄綅，既是心憂，則無所更淡其心也。且禫杖朞者，十五月已有禫制，今申其免懷之感，故斷以再周，止二十五月而已。所以宋元嘉立義，心喪以二十五月爲限。大明中，王皇后父喪，又申明其制。齊建元中，太子穆妃喪，亦同用此禮。唯王儉古今集記云心制終二十七月，又爲王逡所難。何佟之儀注用二十五月而除。案古循今，宜以再周二十五月爲斷。今皇太后于安吉君心喪之期，宜除于再周，無復心禫之禮。（隋書禮儀志三，天嘉元年八月，尚書儀曹請今月晦皇太后服安吉君禫除儀注，沈洙議，詔可之。又見通典八十。）

測獄刻數議

夜中測立，緣忌易欺，兼用晝漏，于事爲允。但漏刻賒促，今古不同。漢書律麻，何承天、祖沖之、暅之父子漏經，並自關鼓至下鼓，自晡鼓至關鼓，皆十三刻，冬夏四時不異。若其日有長短，分在中時前後。今用梁末改漏，下鼓之後，分其短長，夏至之日各十七刻，冬至之日各十二刻。伏承命旨，刻同勒令，檢一日之刻乃同，而四時之用不等。廷尉今牒，以時刻短促，致罪人不款。愚意願去夜測之昧，從晝漏之明，斟酌今古之間，參會二漏之義，捨秋冬之少刻，從夏日之長晷，不問寒暑，並依今之夏至，朝夕上測，各十七刻。比之古漏，則上多昔四刻，卽用今漏，則冬至多五刻。雖冬至之時，數刻侵夜，正是少日，于事非疑。庶罪人不以漏短而爲捍，獄囚無以在夜而致誣，求之鄙意，竊謂允合。（陳書沈洙傳）

袁泌

泌字文洋，陳郡陽夏人，梁司空昂子。爲員外散騎侍郎，歷諸王府屬。太清中爲東宮領直。臺城陷，依鄱陽王範。範卒，降侯景。景平，王僧辯表爲富春太守，兼丹陽尹。貞陽侯卽位，除侍中，奉使于齊。而貞陽侯廢，永嘉王建號，仍爲侍中，兼丞相王琳長史。太嘉元年。〔本傳作二年誤〕兵敗來降。授寧遠始興王府法曹參軍。轉諮議參軍。除通直散騎常侍兼侍中。領豫州大中正。聘周還。授散騎常侍御史中丞。廢帝卽位。除雲旗將軍司徒左長史。光大元年卒。贈金紫光祿大夫。諡曰質。

臨終戒子蔓華

吾于朝廷。素無功績。瞑目之後。斂手足旋葬。無得輒受贈諡。〔陳書袁泌傳。泌臨終戒其子蔓華。其子述泌遺意。表請之。朝廷不許。〕

袁樞

樞字踐言。泌兄君正之子。仕梁爲祕書郎。歷太子舍人、輕車河東王主簿、安前邵陵王中軍宣成王功曹史。敬帝卽位。除員外散騎常侍兼侍中吏部尚書。出爲吳興太守。入陳。徵爲侍中。遷都官尚書。天嘉中爲吏部尚書。領右軍將軍丹陽尹。加散騎常侍。廢帝卽位。遷尚書左僕射。光大元年卒。贈侍中左光祿大夫。諡曰簡懿。

追贈錢蔵及子昭官議

昔王姬下嫁。必適諸侯。同姓爲主。聞于公羊之說。車服不繫。顯于詩人之篇。漢氏初興。列侯尚主。自斯已後。降嬪素族。駙馬都尉。置由漢武。或以假諸功臣。或以加于戚屬。是以魏曹植表。駙馬奉車。趣爲一號。齊職儀曰。凡尚公主。必拜駙馬都尉。魏晉以來。因爲常準。蓋以王姬之重。庶姓之輕。若不加其等級。寧可合巹而酳。所以假駙馬之位。乃崇于皇女也。今宮主早薨。伉儷已絕。既無禮數致疑。何須駙馬之授。案杜預尚晉宣帝第二女高陵宣公主。晉武踐祚。而主已亡。泰始中。追贈公主。元凱無復駙馬之號。梁武帝女新安穆公主早薨。天監初。王氏無追拜之事。遠近二例。足以據明。公主所生。既未及成人之禮。無勞此授。今宜追贈亭侯。〔陳書袁敬附傳。高祖長女永世公主。先適陳留太守錢蔵。生子昭。主及昭竝卒于梁世。高祖受命。唯公主追封。至永定三年。將葬。尚書主客請詳議。欲加蔵駙馬都尉并贈昭官。都官尚書袁樞議。又見通典二十九。〕

顧野王

野王字希馮。吳郡吳人。梁大同中除太學博士。遷中領軍臨賀王記室參軍。承聖中監海鹽縣。敬帝時除金威將軍安東臨川王記室參軍。轉諮議。陳天嘉初補撰史學士。加招遠將軍。廢帝時除鎭東鄱陽王諮議參軍。宣帝時遷國子博士兼東宮管記。除太子率更令兼東宮通事舍人。遷黃門侍郎光祿卿。太建十三年卒。贈祕書監。至德二年又贈右衞將軍。有玉篇三十卷。輿地志三十卷。集十九卷。

舞影賦

燿金波兮繡戶。列銀燭兮蘭房。出妙舞于仙殿。倡雅韻于淸商。頓珠履于瑱簟。影嬌態于雕梁。圖長袖于粉壁。寫纖腰于華堂。縈紆雙轉。芬馥一房。類隻鸞于合鏡。似雙鴛之共翔。愁冬宵之尚短。欣此樂之方長。〔初學記十五〕

箏賦

調宮商于促柱。轉妙音于繁絃。既留心于別鶴。亦含情于採蓮。始掩抑于紈扇。時怡暢于升天。〔初學記十六〕

笙賦

聲流洛渚。器重汾陽。協歌鍾于宿夕。詠月扇于繞梁。同離鴻于流徵。會別鶴于淸商。〔初學記十六〕

拂塵篠賦

塵當作崖

詩詠淇水。騷美江干。崖憐拂石。神貴埽壇。既來儀于鳴鳳。亦擾狎于翔鸞。入扇壁之宵月。映沅澧之鶩湍。帶金風之爽朗。雜玉潤之檀欒。陪嘉宴于秋夕。等貞節之歲寒。〔初學記二十八〕

上呈玉篇啟

竊聞兩儀俶啟。九皇始君。情性初動。有巢肇制。三聖代立。十紀遞

決當作決

輿。龍牒浮河。龜書起洛。八卦既陳。六爻攸敘。篆素之流。是焉而出。至于精課源妙。求其本始。末學數淺。誠所未詳。雖復研攷六經。校肆百氏。殊非庸菲。所能與奪。謹依條例同異。具吕上呈。伏惟聖皇馭寓。膺籙受圖。德尚昊軒。功超嬀姒。道妙廣運。乃聖乃神。經天曰文。止戈爲武。百工維理。庶績咸熙。勸吕九歌。撝之八柄。脩文德吕來要服。舞干戚吕格有苗。是故仁風所扇。九服蒙靈。正朔可班。四荒懷德。取衣罹樹。則肅慎識受命之興。夷波海水。則越裳知聖人之德。豈但中和樂職。近播岷峨。德廣所覃。旁流江漢。殿下天縱岳峙。叡哲淵凝。三善自然。匪須勤學。六行前哲。竆吕勞喩。是吕聲覃八表。譽決九垓。規範百司。陶鈞萬品。猶復留心圖籍。俛情篆素。糾先民之積謬。振往古之重疑。簡冊所傳。莫令比惑。野王沾濡聖道。沐浴康衢。不揆愚賤。妄陳狂狷。徒夢收腸。終當覆瓿。空思朱墨。燿必無傳。悚悸交心。罔知攸錯。謹啟。宋本玉篇 案玉篇上呈于大同九年三月。此啓所稱殿下者臨川王正德也

玉篇序

昔在庖犧。始成八卦。暨乎蒼頡。肇創六爻。政罷結繩。敎興書契。天粟晝零。市妖夜哭。由來尚矣。爰至玄龜龍馬。負河洛之圖。赤雀素鱗。標受終之命。鳳羽爲字。掌理成書。豈但人功。亦猶天授。故能傳流奧典。鉤探至賾。揚顯聖謨。耀光洪範。文遺百代。則禮樂可知。驛宣萬里。則心言可述。授民軌物。則縣方象魏。與功命衆。則誓咸師旅。律存三尺。政仰八成。聽稱責于附別。執士師于兩造。勒功名于鍾鼎。頌美德于神祇。故百官吕治。萬民吕察。雕金鏤玉。升崧岱而告平。汗竹裁縑。寫憲章而授政。莫不吕版牘施于經緯。文字表于無窮者矣。所吕垂帷閉戶。而覿遐年之世。藏形晦跡。而識遠方之風。遵覽篆素。吕測九垓。則靡差膚寸。詳觀記錄。吕遊八裔。則不謬毫釐。鑒水鏡于往謨。遺元龜于今體。仰瞻景行。式備昔文。戒愼荒邪。用存古典。設敎施法。無吕尚茲。經世治俗。豈先乎此。但微言既絕。大旨亦乖。故五典三墳。競開異義。六書八體。今古殊形。或字各而訓同。或文均而釋異。百家所談。差互不少。字書卷軸。舛錯尤多。難用尋求。易生疑惑。猥承明命。預纘過庭。總會衆篇。校讎羣籍。吕成一家之製。文字之訓備矣。而學慙精博。聞見尤寡。才非通敏。理謝研覈。旣謬先蹤。且乖聖旨。謹當端笏擁篲。吕俟嘉猷。宋本玉篇

虎丘山序

夫少室作鎮。吕峻極而標奇。太華神掌。吕削成而稱貴。若茲山者。高不概雲。深無藏影。卑非培塿。淺異棘林。秀壁數尋。被杜蘭與苔蘚。椿枝十仞。挂藤葛與懸蘿。曲澗潺湲。修篁蔭映。路若絕而復通。石將頹而更綴。抑巨麗之名山。信大吳之勝壤。若乃九功六義之興。依永和聲之製。志由興作。情吕詞宣。形言諧于韶夏。成文暢于鍾律。由來尚矣。未有登高能賦。而韜斐麗之章。入谷忘歸。而忽墜鏘之節。故總轡齊鑣。競雕蟲于山水。雲合霧集。爭歌頌于林泉。于時風清邃谷。景麗修巒。蘭佩堪紉。胡繩可索。林花翻灑。乍飄颺于蘭皋。山禽囀響。時弄聲于喬木。班草班荆。坐磻石之上。濯纓濯足。就滄浪之水。傾縹瓷而酌旨酒。翦綠葉而賦新詩。肅爾若與三山遥齊蹤。翛然侶共九成偕韻。咸矣哉。聊述時事。寄之翰墨。藝文類聚八

杜之偉

之偉字子大。吳郡錢塘人。梁中大同初補東宮學士。出爲蕭昂江州記室。昂卒。侍臨成公讀。尋除揚州議曹從事南康王墨曹參軍兼太學博士。轉安前邵陵王田曹參軍。又轉刑獄參軍。侯景之亂。去官。敬帝初召補丞相記室參軍。遷中書侍郎。領大著作。陳受禪。除鴻臚卿。轉大匠卿。遷太中大夫。永定三年卒。贈通直散騎常侍。有集十二卷。

求解著作啟

臣已紹泰元年忝中書侍郎。掌國史。于今四載。臣本庸賤。謬蒙盼識。思報恩獎。不敢廢官。皇厤惟新。驅馭軒昊。記言記事。未易其人。著作之材。更宜選衆。御史中丞沈炯、尚書左丞徐陵、梁前兼大著作虞荔、梁前黃門侍郎孔奐。或清文贍筆。或強識稽古。遷董之任。允屬羣才。臣無容遽變市朝。再妨賢路。堯朝皆讓。誠不可追。陳力就列。庶幾知免。（陳書杜之偉傳。高祖受禪之偉敂求解著作優敕不許）

庾持

持字允德。（南史作元德）潁川鄢陵人。晉司空冰七世孫。仕梁爲南平王國左常侍、輕車河東王府行參軍。進尚書郎。出爲安吉令。遷鎮東邵陵王記室、兼建康令。歷吳興郡丞、監臨海郡。陳受禪。授安東臨川王諮議參軍。永定末除尚書左丞。天嘉初封崇德縣子。免。尋爲宣惠始興王諮議參軍。除臨安令。遷給事黃門侍郎。除稜威將軍、鹽官令。光大初遷祕書監、少府卿、領羽林監。遷太中大夫、領步兵校尉。太建元年卒。贈光祿大夫。有集十卷。

請詳正哀策稱大行

晉宋已來。皇帝大行儀注。未祖一日。告南郊太廟。奏策奉諡。梓宮將登轀輬。侍中版奏。已稱某諡皇帝。遣奠出于陛階下。方已此時乃讀哀策。而前代策文猶云大行皇帝。請明加詳正。（隋書禮儀志三。永定三年七月武帝崩。新除尚書左丞庾持稱云云。又見通典七十九。）

全陳文卷十三終

全陳文卷十四

烏程嚴可均校輯

沈炯

炯字初明。吳興武康人。仕梁為王國常侍。遷尚書左民侍郎。出補吳令。為侯景將宋子仙所獲。子仙敗。歸王僧辯。封原鄉縣侯。除司徒從事中郎。元帝徵為給事黃門侍郎。領尚書左丞。江陵陷。入西魏。為儀同三司。紹泰中歸國。除司農卿。遷御史中丞。陳受禪。加通直散騎常侍。文帝即位。解中丞。加明威將軍。遣歸收兵吳中。卒。贈侍中。謚曰恭。有前集七卷。後集十三卷。

歸魂賦并序

古語稱收魂升極。周易有歸魂卦。屈原著招魂篇。故知魂之可歸。其日已久。余自長安反。乃作歸魂賦。其辭曰。

伊吾人之陋宗。資立聖而云始。肇邵闕之靈源。分昌發之世祀。實聞之乎家記。又孚之于惇史。亢宗貴而博古。四史成乎一身。怪日月之遙遠。而承襲之相因。豈少賤之能察。非末學之知津也。若夫風流退讓。在秦作相。越江㠯東。惟戎及鄮。出忠出孝。且卿且公。世歷十五。爰逮余躬。值天地之幅裂。遭日月之雺虹。去父母之邦國。埋形影于胡戎。絕君臣而辭胥宇。蹐厚地而跼蒼穹。抱北思之胡馬。望南飛之夕鴻。泣霑襟而雜露。悲微吟而帶風。昔休明之云始。余播棄于天地。自太學而遊承明。出書生而從下吏。身豫封禪之官。名入南宮之記。登玉墀之深眇。出金門之崇邃。受北狄之奉書。謁東夷之獻使。實不嘗至屈膝。遜言㠯殊方降意。嗟五十之踰年。忽流離于凶忒。值中軍之失權。而大盜之移國。何赤疹之四起。豈黃霧之云塞。斯瘦弟于赤眉。乞老親于劇賊。免伏質㠯解衣。遂窘身而就執。既而天道禍淫。否終斯泰。靈聖奮發。風雲褻會。埽欃槍之星。斬蚩尤之旆。余枝遊而效從。遂妻誅而子害。雖分珪而胙土。

迄長河之如帶。肌膚之痛何泯。潛翳之悲無伏。我國家之沸騰。我天下之匡復。我何辜于上玄。我何負于鄰睦。背盟書而我欺。圖信神而我戮。彼孟冬之云季。總官司而就縶。託馬首之西暮。隨檻車而迴轍。層峩峩之眉冰。面飂飂之巖雪。去莫敖之所縊。過臨江之軌折。矧今古之悲涼。並攢心而霑袂。渡狹石之敧危。跨清津之幽咽。烏虛弓而自隕。猿號子而腹裂。歷沔漢之逶迤。及楚郡之參差。望隆中之大宅。映峴首之沈碑。既纚然而就執。非造次之能窺。至若高祖武皇帝之基天下也。岐周景亳之地。龜圖雀書之祕。醒醉之歌咊絕。讓畔之田鱗次。余既長于克民。覺何從而掩泗。洧水兮深且清。宛水兮澄復明。昔南陽之穰縣。今百雉之都城。我太宗之威武。遏宛洧而陳兵。百萬之虜。俄成魚驚。千仞之阜。倏侶滄瀛。雖德刑成于赦服。故蠻狄震乎雄名。乃尋浙而歷商。遂經秦而至洛。覺高蹈之清遠。具（二十七作見）風雲之倏爍。其山也則嶔岑崋嵬。巖峻嵏陁。或孤峯而秀聚。或逸出而橫羅。千歲之木生嶺表。百丈之石枕谿阿。其水則碎霤瀨汩。或寬或疾。繫萬瀨而相奔。聚千流而同出。何武關之狹隘。而漢祖之英雄。山萬里而仰雲雨。（二十七作霧）水百仞而寫蜿虹。若一夫而守隘。豈萬衆之能攻。去青泥而喻白鹿。越渥水而到青門。長卿之賦可想。邵平之迹不存。咄嗟驪山之阜。惆悵霸陵之園。文恭儉而無隙。嬴發掘其何言。訪軹道之長組。（二十七作拾）藍田之璵璠。無故老之可訊。並膴膴之空原。登未央之北闕。望長樂之基趾。伊太后之所居。築旗亭而成市。槐路鬱㠯三條。方塗坦而九軌。觀阡陌之遺蹤。實不乖乎前史。傍直城而北轉。臨橫門而左趨。南則董卓之塢。北則苻堅所居。即二賊之墟壘。為彼主之庭除。終南巃嵸。太一嵯峨。九嵏堀起。八壘連河。汨涇泥之混濁。盥渭渚之清波。指咸陽而長望。何趙李而經過。息甘泉而避暑。猶爽塏而清和。爾乃背長夏。涉素秋。臥寒野。坐林陬。霜微凝而侵骨。

太當作大

樹栽動而風遒思我親戚之顔貌寄夢寐而魂求察故鄉之安否但望斗而觀牛稚子夭于鄭谷勉勵愧乎延州聞愛妾之長叫引寒風而入楸何精靈㠯堪此乃縱酒㠯陶憂至誠可㠯感鬼秉信可㠯祈天何精殞而魄散忽魂歸而氣旋解龍驂而見送走郵驛于亭傳出向來之太道反初入之山川受綂朝之賜策報李陵之別篇泪未悲而自墮語未二十七作有咽而無宣于時和風四起具物初榮草極野而舒翠花分叢而落英魚則潛波涣濯鳥則應嶺俱鳴隨六合之開朗與風雲而自輕其所涉也州則二雍三荊昌歎江干唐安浙落巴郢雲平其水則淮江漢洧隋浩汗漫潦漨滔河涇渭相亂或浮深而獨浚或淩波而泝岸每日夕而靡依常一步而三歎蠻蜒之與荊吳玄狄之與羌胡言語之所不通嗜欲之所不同莫不疊足斂手低眉曲躬豈論生平與意氣止望首丘于南風悲城邑之毀徹憙風水之渺揚既盡地而謁帝乃懷橘而升堂何神僊之足學此卽雲衣而虹裳也藝文類聚七十九又二十七作魂歸賦有刪節

幽庭賦

矧幽庭之閑趣具春物之芳華轉洞房而隱景偃飛閣而藏霞築山川于戶牖帶林苑于東家草纖纖而垂綠樹搖搖而落花于是秦人淸歌趙女鼓筑嗟光景之遲暮詠羣飛之棲宿顧留情于君子豈含姿于嬌淑于是起而長謠曰故年花落今復新新年一故成故人那得長繩繫白日年年日月但如春藝文類聚六十四

晷當作曜

爲王僧辯等勸進梁元帝初表

衆軍薄伐塗次九水卽日獲臨城縣使人報稱侯景弒逆皇帝賊害太子宗室在寇庭者竝罹禍酷六軍慟哭三辰改晷哀我皇極四海崩心我大梁纂堯構緒基商啟祚太祖文皇帝徇齊作聖肇有六州高祖武皇帝聰明神武奄龕天下依日月而和四時履至尊而制六合麗正居貞大橫固祉四葉相係三聖同基蠢爾凶渠藝文類聚作揭哄遂憑天邑闚闚受白登之辱象魏致堯城之疑雲辰承華一朝俱酷金楨玉幹莫不同冤悠悠彼蒼何其罔極臣聞喪君有君春秋之茂典㠯德㠯長先王之通訓少康則牧藝文類聚作收衆撫職祀夏所㠯配天平王則居正東遷宗周所㠯卜世漢光㠯能捕不道故景歷重昌中宗㠯不違羣議故江東可立儔今攷古更無二謀伏惟陛下至孝通幽英武靈斷當七九之厄而應千載之期啟殷憂之明而居百王之會取威定霸嶮阻艱難建社治兵戡循古道家國之事一至于斯天祚大梁必將有主軒轅得姓存者二人高祖五王代實居長乘屈完而陳諸侯拜子武而服大輅功齊藝文類聚作高九有道濟生民非奉聖明誰嗣下武臣聞日月貞明太陽不可㠯闕照天地貞觀乾道不可㠯久暢黃屋左纛本爲億兆而尊鸞輅龍章蓋㠯郊禋而貴寶器存乎至重介石愼于易差黔首豈可少選無君宗祏豈可一日無主伏願陛下埽地升中柴天改物事迫凶危遲鍾擾攘盡不勞宗正奉詔博士擇時南面卽可居尊西向無所讓德四方既知有奉八百始可同期殘寇潛居器藏社處乾象既傾坤儀已覆斬莽晥車燒卓照市廓淸函夏正爲塋陵開雪宮闈庶存鍾鼎彼黍離離伊何可言陛下繼明闡祚卽宮舊楚左廟右社之制可㠯權宜五禮六樂之容歲時取備金芝九莖瓊茅三脊要衛率職尉候相望坐廟堂㠯朝四夷登靈臺而望雲物禪梁甫而封泰山臨東濱而禮日觀然後與三事大夫更謀都鄙左瀍右澗夾雒可㠯爲居抗殿疏龍惟王可㠯在鎬何必勤勤建業也哉臣等不勝控款之至謹拜表㠯聞梁書元帝紀太淸五年十月太宗崩侍中征東將軍開府儀同三司江州刺史尚書令長寧縣侯王僧辯奉牋藝文類聚十四㠯爲沈炯作○案陳書沈炯傳僧辯軍書皆出其手上表江陵勸進僧辯令炯製表其文甚工當時莫有逮者

第二表

紫宸曠位赤縣無主百靈聳動萬國回皇雖醉醒相扶同歸景亳

式哥且謌。總赴唐郊。猶懼陛下俛首潜然。讓德不嗣。傳車在道。方愼宋昌之謀。法駕已陳。尚杜耿純之勸。岳牧翹首。天民累息。臣聞星回日薄。擊雷鞭電者之謂天。岳立川流。吐霧蒸雲者之謂地。苞天地之混成。洞陰陽之不測。而㠯裁成萬物者。其在聖人乎。故云天地之大德曰生。聖人之大寶曰位。黃屋廟堂之下。本非獲已而居。明鏡四衢之罇。蓋由應物取訓。伏惟陛下稽古文思。英雄特達。比㠯周旦。則文王之子。方之放勳。則帝摯之季。千年旦暮。可不在斯。庭闕湮亡。鍾鼎淪覆。嗣膺景麻。非陛下而誰。豈可使赤眉更立盆子。隗囂託置高廟。陛下方復從容高讓。用執謙光。展其矯行。僞書誣罔。正朔見機而作。斷可識矣。匪疑何卜。無待蓍龜。日者公卿失馭。禍纏霄極。矦景憑陵。姦臣互起。率戎伐潁。無慮不然。勸明誅晉。側足皆爾。刁斗夜鳴。烽火相照。中朝人士。相顧銜悲。涼州義徒。東望殞涕。慄慄黔首。將欲安歸。陛下英略緯天。沈明內斷。橫劒泣血。枕戈嘗膽。農山圮下之策。金匱玉鼎之謀。莫不定筭㡳帷。決勝千里。擊靈鼉之鼓。而建翠華之旗。驅六州之兵。而總九伯之伐。四方雖虞。一戰㠯霸。斬其鯨鯢。旣章大戮。荷校滅耳。莫匪姦回。史不絕書。府無虛月。自洞庭安波。彭蠡底定。文昭武穆。芳若椒蘭。敵國降城。和如親戚。九服同謀。百道俱進。國恥家怨。計期就雪。社稷不墜。繄在聖明。今也何時。而申帝啟之避。凶危若此。方陳泰伯之辭。國有具臣。誰敢奉詔。天下者高祖之天下。陛下者萬國之歡心。萬國豈可無君。高祖豈可廢祀。卽日五星夜聚。八風通吹。雲煙紛郁。日月光華。百官象物而動。軍政不戒而備。飛艫巨艦。竟水浮川。鐵馬銀鞍。陵山跨谷。英傑接踵。忠勇相顧。湛宗族㠯酬恩。焚妻子㠯報主。莫不覆楯銜威。提斧擊㓙。風飛電耀。志滅凶醜。所待陛下昭告后土。虔奉上帝。廣發明詔。師出㠯名。五行夕返。六軍曉進。便當盡司寇之威。窮蚩尤之伐。執石趙而求璽。斬姚秦而取鐘。脩埽塋

陵。奉近宗廟。陛下豈得不仰存國計。俯從民請。漢宣嗣位之後。卽遣蒲類之軍。光武登極旣竟。始有長安之捷。由此言之。不無前準。臣等或世受朝恩。或身荷重遇。同休等戚。自國刑家。苟有腹心。敢㠯死奪。不任慺慺之至。謹重奉表㠯聞。梁書元帝紀 藝文類聚十四

第三表

臣僧辯等言。衆軍㠯今月戊子總集建康。賊景烏伏獸窮。頻擊頻挫。姦竭詐盡。深溝自固。臣等分勒武旅。百道同趣。突騎短兵。犀函鐵楯。結隊千羣。持戟百萬。止紂七步。圍項三重。轟然大潰。羣凶四滅。京師少長。俱稱萬歲。長安酒食。于此價高。九縣雲開。六合清朗。剟伊黔首。誰不載躍。伏惟陛下咀痛茹哀。嬰憤忍酷。自紫庭絳闕。胡塵四起。墉垣好畤。冀馬雲屯。泣血治兵。嘗膽誓衆。而吳楚一家。方與七國俱反。管蔡流言。又㠯三監作亂。西涼義衆。阻强秦而不通。并州遺民。跨飛狐而見泯。豺狼當路。非止一人。鯨鯢不梟。倏焉五載。英武克振。怨恥並雪。永尋霜露。如何可言。臣等輒依故實。奉脩社廟。使者持節。分告塋陵。嗣后升遐。龍輴未殯。承華掩曜。梓宮莫測。並卽隨由備薦。禮具凶荒。四海同哀。六軍袒哭。聖情孝友。理當感慟。日者百司岳牧。仰祈宸鑒。㠯錫珪之功。旣歸有道。當璧之禮。允屬聖明。而優詔謙沖。窅然凝邈。飛龍可躋。而乾爻在四。帝閽云叩。而閶闔未開。謳訶再馳。是用翹首。所㠯越人固執。熏丹穴㠯求君。周民樂推。踰岐山而事主。漢王不卽位。無㠯貴功臣。光武不止戈。豈謂紹宗廟。黃帝遊于襄城。尚訪治民之道。放勳入于姑射。猶使罇俎有歸。伊此儻來。豈聖人所欲。帝王所應。不獲已而然。伏讀璽書。尋諷制旨。顧懷物外。未奉慈衷。陛下日角龍顏之姿。表于徇齊之日。彤雲素氣之瑞。基于應物之初。博覽則大哉無所與名。深言則曄乎昭章之觀。忠爲令德。孝實動天。加㠯英威茂略。雄圖武筭。指麾則丹浦不戰。顧眄則阪泉自蕩。地維絕而重紐。天柱傾

而更植。鑿河津于孟門。百川復啟。補穹儀曰五辰。萬物再生。縱陛下拂袗衣而遊廣成。登崆山而去東土。羣臣安得仰訴。兆庶何所歸仁。況郊祀配天。罍篚禮曠。齋宮清廟。匏竹不陳。仰望鑾輿。匪朝伊夕。瞻言洛邑。載渴且飢。豈可久稽衆議。有曠彝則。舊郊既復。函谷已平。高奴櫟陽。宮館雖毀。濁河清渭。佳氣猶存。泉門有伉。甘泉四敞。土圭測景。仙人承露。斯蓋九州之赤縣。六合之樞機。博士捧圖書而稍還。太常定禮儀而已列。豈得不揚清鑾而赴名都。具玉鑾而遊正寢。昔東周既遷。鎬京遂其不復。長安一亂。郟洛永曰爲居。夏后曰萬國朝諸侯。文王曰六州匡天下。跡基百里。劍杖三尺。曰殘楚之地。抗拒九戎。一旅之師。剪滅三叛。坦然大定。御輦東歸。解五牛于冀州。秣六馬于譙郡。緬求前古。其可得歟。對揚天命。何所讓德。有理存焉。敢重所奏。臣僧辯等誠惶誠恐。頓首頓首。死罪死罪。（梁書元帝紀。南史八。藝文類聚十四。文苑英華六百。）

經漢武通天臺爲表奏陳思歸意

臣聞喬山雖掩。鼎湖之靈可祠。有魯遂荒。大庭之跡不泯。伏惟陛下降德猗蘭。纂靈豐谷。漢道既登。神仙可望。射之罘于海濱。禮日觀而稱功。橫中流于汾河。指柏梁而高宴。何其甚樂。豈不然歟。既而運屬上仙。道窮晏駕。翠幕珠簾。一朝零落。茂陵玉碗。遂出人間。陵雲故基。共原田而膴膴。別風餘址。帶陵阜而茫茫。羇旅縲臣。豈不落淚。昔者承明見厭。嚴助東歸。駟馬可乘。長卿西返。恭聞故實。竊有愚衷。黍稷非馨。敢望徵祀。爵臺之薦。空愴魏君。雍丘之祠。未光夏后。瞻仰徽猷。伏增悽懼。（初學記九。御覽八十八。悽懼作悽愴。又見陳書沈炯傳。少末六句。）

爲周弘正讓太常表

臣聞玉鳥（御覽作馬）彫楹。不取材于蟠木。丹珠繡黼。豈蕞冕于薜蘿。何則。適用各有其宜。朝野不可一指。叔孫之野外定禮。倍賓典實。刁協之躬爲唱引。豈易其儀。儐九賓闕相。封禪失儀。責曰司存。云誰之咎。況南史執簡。轉見違才。君舉必書。尤難妄冒。（初學記十二。又見藝文類聚四十九。御覽二百二十八。皆有誤字。案文苑英華六百七十七有徐陵爲王太尉僧辯答貞陽侯書二首。又爲陳司空答貞陽侯書一首。是時徐陵在貞陽侯軍中。何得爲王陳作答書乎。其誤無疑。蓋溥取英華之書二首及梁書王僧辯傳之啟二首編入沈炯集。而割棄爲陳司空答書一首。尤無據也。今曰英華之書三首編入梁闕名文。曰梁書之啟二首編入王僧辯文。）

爲陳太傅讓表

奏六代之舞。不能祈天。具百神之歌。無曰動聖。延首當闕。轉增危慄。百川沸騰。百室如燬。彝位同謀。諸侯總至。盟書會府。餘臣一人。若使幅巾衡巷。口絕平吳。朝遊赤松。暮過濟北。出就疾服。入龕龍章。則四郊有壘。誰守社稷。如其雄戟在前。強弩自衛。負孺子之圖。飾絳襪（初學記作襪）之鼎。軍威重于護將。國禮貴于寒門（初學記作塞門）。則臣道尚卑。孰云非遏（初學記作過）。臣所曰出謝公卿。入謝妻子。拜長陵之園。謁太祖之廟。不曰九族違恩義。不曰百姓（初學記作百代）負國家所期。陛下與北極同壽。朝廷與南山同固。（藝文類聚四十六。初學記十一。）

爲百官勸進陳武帝表

臣聞春榮秋落。四時所曰迭代。金行水流。五德所曰互序。昔陶唐告終。有虞氏作。漢魏禪讓。晉宋曰之登庸。夫有非常之功。有非常之賞。能利天下者。受天下之利。陛下造化之功。日用之德。褰裳去之。物誰仰訴。頃五星夜聚。八風通吹。豐露呈甘。卿雲舒族。白狼遠至。素雉朝飛。天意顯然。靈睨可覩。（藝文類聚十四）

爲周儀同失律後復官表

日者驂驚鄭馬。害在晉軍。獄囚悲其夜歎。纍人切其曉奏。危光侶燭。寂命如絲。云誰之尤。自貽其咎。假令誅曰妻子。戮及墳墓。漢非負德。陵實孤恩。況伏鑕俛首。遂受淮陰之間。吞聲飲恨。不與臧洪共死。陛下憐而宥之。伊臣豈不偏愧。喪其子弟六謝父兄。百萬之師。千夫有長。問臣安在。誰曰董司。魂遊奉高。不知何對。（藝文類聚四十七。）

請歸養表

臣嬰生不幸。弱冠而孤。母子零丁。兄弟相長。謹身爲養。仕不擇官。宦成梁朝。命存亂世。冒危履險。百死輕生。妻息誅夷。昆季冥滅。餘臣母子。得逢興運。臣母妾劉。今年八十有一。臣叔母妾丘。七十有五。臣門弟姪。故自無人。妾丘兒孫。又久亡泯。兩家侍養。餘臣一人。前帝知臣之孤。煢養臣以州里。不欲使頓居草萊。又復矜臣溫凊。所以一年之內。再三休沐。臣之屢披丹款。頻冒宸鑒。非欲苟違朝廷。遠離畿輦。一者以年將六十。湯火居心。每跪讀家書。前懼後喜。溫枕扇席。無復成童。二者職居彝憲。邦之司直。若自虧身禮。何問國章。前德綢繆。始許哀放。內侍近臣。多悉此旨。臣以選賢與能。廣求明哲。越超荏苒。未始取才。而上玄降戾。奄至今日。德音在耳。墳土遽乾。悠悠昊天。哀此罔極。兼臣私心煎切。彌迫近時。懔懔之祈。轉忘塵觸。伏惟陛下睿哲聰明。嗣興下武。刑于四海。弘此孝治。寸管求天。仰歸帷扆。有感必應。實望聖明。特乞霈然。申其私禮。則王者之德。覃及無方。剖彼翔沈。孰非涵養。陳書沈炯傳。高祖受禪。以母老表請歸養。詔不許。文帝嗣位。又表。又見文苑英華六百一。

答張種書

若乃三江五湖。洞庭巨麗。寫長洲之茂苑。登九曲之層臺。山高水深。雲蒸霧吐。其中之秀異者。實虎丘之靈阜焉。冬桂夏柏。長蘿修竹。靈源融洞。轉側超絕。遠澗深崖。交羅戶穴。藝文類聚八

林屋館記

夫玄之又玄。處眾妙之極。可乎不可。成道行之致。斯蓋寂寥窅冥。希微恍惚。故非淮南八仙之圖。賴鄉九井之記。至若崑山平圓。銀牓相暉。蓬闕仙宮。金臺嶓起。南瞰晉臺。傍連飛閣。桂柱星羅。瓊軒雲構。銘曰。

大道既隱。眾聖無門。悠悠太極。誰見玄根。斯年立秦。望仙表漢。騖驂神靈。依稀宮觀。峨峨林屋。輪奐徘徊。庭羅花鳥。室靜塵埃。藝文類聚七十八

太極殿銘

臣聞在天成象。紫宮所以照著。在地成形。赤縣居其區宇。太極殿者。貫兩儀之意焉。大壯顯其全模。土圭測其正影。周曰路寢。漢稱前殿。雖名號參差。其實一也。王上未明求衣。日旰忘食。讓樂壞禮。造次畱神。漢陸泰除。莫不脩復。而此殿興造。累歲未成。外甚戎機。內憂民力。劬勞深慮。荏苒移時。至陳永定。六合既清。五禮稍備。雕楹玉舄。華榱璧璫。撩之有日。而猶一柱樓楠。豫章地淪外寇。楚材晉用。非復我求。既而新亭前江。有流查甚壯。盤根錯節。枝葉葱蒨。津人以聞。正堪時用。于是將作受詔。冬官奉職。百工並作。屢降乘輿。匠石磨礱。必經天旨。儉而不固。泰而不奢。億兆填填而樂成也。曾未數旬。煥然雲構。昔晉朝締造。文杏有闕。梅梁瑞至。晝以標花。自是迄今。又徵神物。即樟樹焉。殿之某間。即某柱是也。銘曰。

軒轅筵堂。夏后卑宮。文來質往。蹇產爾崇。體制八都。開茲萬戶。灼爍雄梁。徘徊大廡。璧月宵懸。卿雲晝聚。豈伊開陽。飛來應柱。嘉辰合月。新寢告成。青槐赤棘。郎將思兵。翠被負扆。百辟公卿。鐘鼓八佾。蕭韶九成。庸臣再拜。天子萬齡。藝文類聚六十二

武帝哀策文

望三靈而摽且。踏九地而崩心。哭仍几之將撤。慟祖邑之虛樹。黃屋寢而白日掩。紫極涵而浮雲陰。其辭曰。

悠悠嬀水。鬱鬱姚墟。惟帝之系。在唐作虞。正卿之後。握此靈符。肆雲布族。祥星結樞。負茲天鏡。未拾遺珠。爰初發跡。斬蛇鞠旅。大定番禺。載戡海潜。承鑾而還。席卷中流。王室如燬。乃合諸侯。負鉞誓眾。釋位同謀。俱登涿鹿。實斷蚩尤。道濟一匡。功歸四履。爰總百官。訓于天子。儻來有運。事非獲已。翠虯負字。赤雀銜書。謳歌適夏。禮樂還虞。負扆正位。升壇受圖。二儀協序。五緯同符。鬥歌麟趾。室詠

騶虞。奉常定日。太卜錫時。升中備物。方告雍熙。天甘玉露。地秀金芝。休顧未蒼。靈旣徙欺。吏求穆卜。詔絕良醫。羲疆失御。天街褫蹕。夏采升欒。宮車晏出。洞闈移凶。光庭罷吉。閑宵宵之窮燈。去昭昭之遊日。歸大暮之不暘。降幽宮而長畢。巫咸筮告。容成戒期。文衛如在。葆鐸想悲。去畢陌而東顧。望橋山而路遲。臣攀龍而尚在。魂過沛而何之。侍低昂之靈轜。奉寂寂之空帷。銅雀沒于修松。平陵隱于深柏。節鼗鼓之哀音。燎爟火于通夕。薤露落而暮日寒。玄霜凝而蘿草白。銘功德于旗常。被徽音于鍾石。迴天儀于清廟。祔祖考而來格。播茂實與英聲。鬱氛氳于宗祐。藝文類聚十四

太尉始興昭烈王碑

古者帝王之興。莫不崇建親屏。泰伯讓而退封。武哀終而受號。則有之矣。至若勒功鼎彝。銘德太常。清廟尊乎國家。揚名顯乎子弟。在昭烈王見之焉。若夫嬀水遙源。石磬遐集。五緯作而咏南風。八世興而和鳴鳳。藉帝王之基。居正鄉之族。有由來矣。孔融汝穎之論。許其少多。偁暢諸公之書。頗有賢哲。自漢至魏。涉江而東。縣邈蟬聯。言之耆舊。皇上革命應運。大啟邦國。麟趾磐石之宗。固具金楨玉幹之感舉封。文叔掩被之悲無泯。仲謀援縱之慟逾切。乃封始興郡王。永定元年。下詔曰。天倫所感。義本因心。名器追崇。則惟恆典。亡兄梁故南兗州刺史長城縣公。德範沈邃。風度寬厚。性與天通。深乎靡測。昔彈冠人仕。譽重城華。宣力艱難。遂顧洪業。雖時非季漢。孰異桓王。海內挹其風流。生民懷其大德者矣。朕受天明命。爰膺寶歷。言尋永往。興慕增懷。可奉贈太尉公。昔之宗戚近親。宗英介德。若河間之不羣。沛獻之受象。東平之樂善。陳思之藻麗。實聞之也。未有身死忠貞。名存前代。若王之義烈者。銘曰。

（鄉當作卿）（人當作入）

稽古帝舜。重瞳有裔。曰陳祚土。纂虞之系。鵩彼汝穎。承流嬀汭。四岳有後。六奇獻計。唯實唯忠。鄉長郡公。浮舟震澤。佳氣葱葱。岐周七十。商亳百里。婉婉中陽。帝出攸止。太常景皇。季孫羲子。天下不踐。聞之惇史。入孝出忠。清輝何已。苞指周藏。風流諡德。言爲世範。行成士則。名山可鐫。豐碑易勒。惜哉往矣。殞身凶慝。鼎命旣遷。山河是始。光啟代邸。德表永祀。周召胙功。魯侯戾止。禮茂廟堂。恩加松杞。藝文類聚四十六。

爲王僧辯與陳武帝盟文

賊臣侯景。凶羯小胡。逆天無狀。構造姦惡。違背我恩義。破掠我國家。毒害我生民。移毀我社廟。我高祖武皇帝靈聖聰明。光宅天下。劬勞兆庶。亭育萬民。如我考妣。五十所載。哀景以窮見歸。全景將戮之首。置景要害之地。崇景非次之榮。我高祖于景何薄。我百姓于景何怨。而景長戟强弩。陵蹴朝廷。鋸牙郊甸。殘食含靈。刳肝斮趾。不厭其快。曝骨焚尸。不謂爲酷。高祖菲食卑宮。春秋九十。屈志凝威。憤終賊手。大行皇帝溫嚴恭默。丕守鴻名。于景何有。復加忍毒。皇枝襁抱。已上。總功已還。窮刀極俎。旣屠且鱠。豈有率土之濱。謂爲王臣。食人之禾。飲人之水。忍聞此痛。而不悼心。況臣僧辯臣霸先等。荷稱國藩。湘東王臣繹泣血銜哀之寄。摩頂至足之恩。世受先朝之德。身當將帥之任。而不能瀝膽抽腸。共誅姦逆。雪天地之痛。報君父之仇。則不可以稟靈含識。戴天履地。今日相國至孝玄感。靈武斯發。已破賊徒。獲其元帥。止餘景身。尚在京邑。臣僧辯與臣霸先協和將帥。同心共契。必誅凶豎。尊奉相國。嗣膺鴻業。以主郊祭。前途若有一功獲一賞。臣僧辯等不推己讓物。先身帥衆。則天地宗廟百神之靈。共誅共責。臣僧辯臣霸先同心共事。不相欺負。若有違戾。明神殛之。梁書王僧辯傳。又類聚三十三。案陳書武帝紀上。僧辯發湓城。會高祖于白茅灣。登岸結壇。刑牲盟約。沈炯傳云。炯爲其文。梁書云霸先爲其文。誤也。

（鱠當作膾）

祭梁吳郡袁府君文

夫宮鳴徵應。響韻相趨。桂馥蘭芬。期臭在斯。道合一朝。豈忘千載。

日者明德世彥，振纓王室，坐嘯大邦，顯治巨麗，竊以不敏，出宰句吳，上郡下邑，都城接雉，雖王事靡盬，無失豫遊，窺洞庭于五湖，登姑蘇于九曲，身後之事，一至于斯，今者長樂未央，已夾樗里之墓，公宮魯庫，非復少吳之墟，成土一棺，未知何託，解劍繫欑，轉增欷歔。藝文類聚三十八

全陳文卷十四終

全陳文卷十五

烏程嚴可均校輯

許亨

亨字亨道。（通典作許通，避唐諱）高陽新城人。梁太子中庶子懋子。爲安東參軍兼太學博士，尋除平西記室參軍。太清初爲征西中記室兼大常丞。侯景之亂，避地郢州，邵陵王引爲諮議參軍。王僧辯襲郢州，召爲儀同從事中郎，遷太尉從事中郎，與沈炯對掌書記。敬帝承制，授給事黃門侍郎。陳受禪，授中散大夫，領羽林監，遷太中大夫，領大著作。天嘉中，攝太常卿。宣帝即位，拜衞尉卿。太建二年卒。有梁史五十三卷。

奏南郊不宜祭五祀

昔梁武帝云：天數五，地數五，五行之氣，天地俱有，故南北郊內並祭五祀。臣案周禮以血祭祭社稷五祀，鄭玄云：陰祀自血起，貴氣臭也。五祀，五官之神也。五神主五行，隸于地，故與埋沈疈辜同爲陰祀。既非煙柴，無關陽祭。故何休云：周爵五等者，法地有五行也。五神位在北郊，圓丘不宜重設。（隋書禮儀志一，天嘉中南郊，太中大夫領大著作攝太常卿許亨奏，制曰：可。又見通典四十二）

奏南郊宜除風伯雨師星位

梁武帝議：箕畢自是二十八宿之名，風師雨師自是箕畢下隸，非即星也。故郊雩之所，皆兩祭之。臣案周禮大宗伯之職云：槱燎祀司中司命風師雨師。鄭衆云：風師，箕也；雨師，畢也。詩云：月離于畢，俾滂沱矣。如此則風伯雨師即箕畢星矣。而今南郊祀箕畢二星，復祭風伯雨師，恐乖祀典。（隋書禮儀志一，亨又奏，制曰：若郊設星位，任即除之。又見通典四十二）

奏郊祀宜三獻

梁儀注曰：一獻爲質，三獻爲文。事天之事，故不三獻。臣案周禮司樽彝所言三獻，施于宗祧，而鄭注一獻施于羣小祀。今用小祀之禮施于天神大帝，梁武此義，爲不通矣。且樽俎之物，依于質文，拜獻之禮，主于虔敬。今請凡郊丘祀事，準于宗祧，三獻爲允。（隋書禮儀志一，亨又奏，制曰：依議。又見通典四十二）

張種

種字士苗，吳郡人，宋廣州刺史辯孫。仕梁王府法曹，遷外兵參軍，歷中軍宣城王主簿，除始豐令，入爲中衞西昌侯西曹掾，免。侯景之亂，遁還鄉里。承聖中，起爲貞威將軍、治中從事史。貞陽侯即位，除廷尉卿、太子中庶子。敬帝即位，爲散騎常侍，遷御史中丞，領前軍將軍。陳受禪，爲太府卿。文帝即位，歷左民尚書、侍中，領步兵校尉，遷太常卿。廢帝即位，加領弘善宮衞尉、東揚州大中正。宣帝即位，遷都官尚書，領左驍騎將軍，進中書令，累封無錫嘉興縣侯，以疾授金紫光祿大夫。太建五年卒，年七十，贈特進，謚曰元。有集十四卷。

與沈炯書

虎丘山者，吳岳之神秀者也。雖復峻極異于九天，隣礴殊于太一，衿帶城傍，獨超衆嶺，控繞川澤，頗絕羣岑。若其峯崖刻削，窮造化之瓌詭，絕澗杳冥，若鬼神之髣髴。珍木靈草，茂瓊枝與碧葉，飛禽走獸，必負義而膺仁。是以歷代高賢，輕舉棲託，梵臺雲起，寶刹星懸，自非玉牒開辟，金精蘊耀，豈其神怪若此者乎。（藝文類聚八）

張立

立，仕梁未詳。陳初爲振遠將軍、梁州刺史。

請璽植沙漲表

乙亥歲八月，丹徒蘭陵二縣界遺山側，一旦因濤水涌生沙漲，周旋千餘頃，並膏腴堪墾植。（陳書武帝紀，永定二年）

蔡景歷

景歷字茂世，濟陽考城人。仕梁爲海陽令。武帝鎮京口，以爲征北記室參軍承聖中授通直散騎侍郎敬帝卽位除司空從事中郎還給事黃門侍郎陳受禪除祕書監中書通事舍人坐事降爲中書侍郎文帝卽位復爲祕書監封新豐縣子累遷散騎常侍太子左衞率進爵爲侯免廢帝卽位起爲鎭東鄱陽王諮議參軍兼太府卿宣帝卽位還宣惠豫章王長史帶會稽太守行東揚州事入爲通直散騎常侍中書通事舍人遷太子左衞率坐事從會稽後爲征南鄱陽王參軍遷員外散騎常侍兼御史中丞守度支尚書太建十年卒贈太常卿諡曰敬重贈中領軍禎明初配享高祖廟庭重贈侍中中撫軍諡曰忠敬有集五卷

大行俠御服議

雖不悉準案山陵有凶吉務儀成服唯凶無吉文武俠御不容獨鳴玉珥貂情禮二三理宜褫斷（陳書劉師知傳高祖崩六日成服朝臣共議大行皇帝靈座俠御人所服衣服吉凶之制博士沈文阿議宜服吉服劉師知議須服縗絰中書舍人蔡景歷亦云）

又議

俠御之官本出五百爾日備服居廬仍于本省引上登殿豈應變服貂玉若別攝餘官㠯充簪珥則爾日便有不成服者山陵自有吉凶二儀成服凶而不吉（同上）

答陳征北書

蒙降札書曲垂引逮伏覽循回載深欣暢竊㠯世求名駿行地能致千里時愛奇寶照車遂有徑寸但雲咸斯奏自輟巴渝杞梓方雕豈盼樗櫪仰惟明將軍使君侯節下英才挺茂雄姿秀拔運屬時艱志匡多難振衡岳而綏五嶺滌灨源而澄九派帶甲十萬彊弩數千誓勤王之師總義夫之力鯨鯢式翦役不踰時氛霧廓淸士無血刃雖漢誅祿產舉朝實賴絳侯晉討約峻中外一資陶牧比事論功彼奚足算加㠯抗威充服冠蓋通于北門整旆徐方詠

髮當作變

官當作宦

歌謠于東道能使邊亭臥鼓行旅露宿巷不拾遺市無異價洋洋乎功德政化曠古未儔諒非膚淺所能殫述是㠯天下之人向風慕義接踵披衿雜遝而至矣或帝室英賢貴遊令望齊楚秀異荆吳岐嶷武夫則猛氣紛紜雄心四據陸拔山岳水斷蛟龍六鈞之弓左右馳射萬人之劍短兵交接攻壘若文鴦焚艦如黃蓋百戰百勝貔貅爲羣文人則通儒博識英才偉器雕靡曄煥摛掞絢藻子雲不能抗其筆元瑜無㠯高其記尺翰馳而聊城下淸談奮而嬴軍卻復有三河辯客改哀樂于須臾六奇謀士斷髮反于倏忽治民如子賤踐境有成折獄如仲由片辭從理直言如毛遂能厲主威銜使若相如不辱君命懷忠抱義感恩徇己誠斷黃金精貫白日海內雄賢牢籠斯備明將軍徹鞶下馬推案止食申爵㠯榮之築館㠯安之輕財重氣卑躬厚士盛矣哉盛矣哉抑又聞之戰國將相咸推引賓遊中代岳牧竝盛延僚友濟濟多士所㠯成將軍之貴但量能校實稱才任使員行方止各盡其宜受委責成誰不畢力至如走賤妄庸人耳秋冬讀書終慙專學刀筆爲吏竟闕異等衡門衰素無所聞達薄官輕資焉能遠大自陽九遘屯天步艱阻同彼貴仕溺于巨寇亟鄰危殆備踐薄冰今王道中興慇憂啟運獲存微命足爲幸甚方歡飲啄是謂來蘇然皇鑾未反宛洛蕪曠四壁固三軍之餘長夏無半菽之產遨遊故人聊爲借貸屬此樂土洵美忘歸竊服高義暫謁門下暘將軍降㠯顏色二三士友假其餘論菅蒯不棄折簡賜留欲㠯雞鶩廁鴛鴻于池沼將移瓦礫參金碧之聲價昔折脅遊秦忽逢盼采擔簦入趙便致留連今雖羇旅方之非匹樊林之賁何用克堪但眇眇纖蘿憑喬松㠯自聳蠢蠢輕蚋託驥尾而遠騖竊不自涯願備下走且爲腹背之毛脫充鳴吠之數增榮改觀爲幸已多海不厭深山不讓高敢布心腹惟將軍覽焉（陳書蔡景歷傳）

毛喜

喜字伯武，滎陽陽武人。起家梁中衛西昌侯行參軍，遷記室參軍。元帝以爲尚書功論侍郎，陷入周。陳天嘉初南歸，爲宣帝驃騎府諮議參軍，領中記室。及即位，除給事黃門侍郎，兼中書舍人，遷太子右衛率、右衛將軍，封東昌縣侯。母憂去職，奪情，起爲明威將軍，改宣遠將軍、義興太守，入爲御史中丞，服闋，加散騎常侍、五兵尚書，參掌選事，加侍中，授散騎常侍、丹陽尹，遷吏部尚書。後主即位，授信威將軍、永嘉內史，改南安內史，禎明元年徵爲光祿大夫，領左驍騎將軍，道卒，年七十二。

與釋智顗書

絫年仰系，不易可言。承今夏在后像前行道，欣羨無極。又聞欲于天台營道場，當在夏竟耳。學徒遠近歸依者，理應轉多。安心林野，法喜自娛，禪講不輟耳。四十二字門令附，雖留多時，讀竟不解，無因諮訪，爲恨轉積。南嶽亦時有信。照禪師在嶽嶺，徒衆不異大師在時。善公于山講釋論，彼於邑遲望還綱維大法。不者歸鍾嶺攝山，亦是棲心之處，何必遠適遠方。諸道場希勿忘京師邊地之人，豈知迴向傾心，無時不積。未因接顏色，東望欷滿，敬德。信人今返，白書不具。弟子毛喜和南。

又書

弟子諸弟及兒等悉蒙平安。第三任鄱陽郡，第二爲豫章王司馬，第四大延卿，第五入閣，任度支郎，大兒由在東宮爲中書舍人。仰蒙垂顧，以大善知識大同學，輒復遠諮。（釋藏起字二號國清百錄二）

又書

秋色尚熱，道體何如？禪禮無乃損德？弟子老病相仍，湯藥無效，兼不得自閑，轉有困僶。仰承移往佛隴，永恐不復接顏色，悲慨但深。仰惟本以曠濟爲業，獨守空巖，更恐違菩薩普被之旨。近與徐丹陽諸善知識共詳量，等是一山，鍾嶺天台，亦何分別？必希善加三思，不滯于彼我。京師彌可言師，一二因拔師口具其間。願敬道德。弟子毛喜和南。（同上）

又書

適奉南嶽信，山衆平安。弟子有荅，具述甲乙，後信來當有音外也。今奉寄牋香二片，熏陸香二斤，檳榔三百子。不能得多，示表心，勿責也。弟子毛喜和南。（同上）

又書慶講

今者仰參敎說，訓往綽然，道俗嗟味。般若照明，豈是揣辭所能稱述。弟子毛喜和南。（同上）

宗元饒

元饒，南郡江陵人。仕梁爲本州主簿，遷征南行參軍，轉外兵，歷司徒王僧辯主簿。陳受禪，除晉陵令，入爲尚書功論郎，使齊還，爲廷尉正，遷太僕卿，領本邑大中正、中書通事舍人。宣帝即位，轉廷尉卿，加通直散騎常侍，兼尚書左丞，遷御史中丞，出爲貞威將軍、南康內史，入加散騎常侍、荆雍湘巴武五州大中正，重領尚書左丞、御史中丞，歷左民尚書、右衛將軍，領前將軍，遷吏部尚書，太建十三年卒，贈侍中、金紫光祿大夫。

奏劾陳裒

臣聞建旗求瘼，實寄廉平；褰帷恤隱，本資仁恕。如或貪汙是肆，徵賦無厭，天綱雖疎，茲焉弗漏。謹案鍾陵縣開國侯、合州刺史臣裒，因藉多幸，預逢抽擢，爵由恩被，官以私加，無德無功，坐尸榮貴。譙肥之地，久淪非所，皇威剋復，物仰仁風，新邦用輕，彌俟寬惠。應斯作牧，其寄尤重。爰降曲恩，祖行宣室，親承規誨，事等言提。雖廉潔之懷，誠無素蓄，而稟茲嚴訓，可以厲精。遂乃擅行賦斂，專肆貪取，求粟不厭，愧王沈之出賑；徵魚無限，異羊續之懸枯。寘以嚴科，實

惟明憲。臣等參議。請依旨免其所應復除官。其應禁錮及後選左降本資。悉依免官之法。陳書宗元饒傳

奏劾蔡景歷

臣聞士之行己。忠以事上。廉以持身。苟違斯道。刑茲罔赦。謹案宣遠將軍豫章內史新豐縣開國侯景歷。因藉多幸。豫奉興王。皇運權輿。頗參締構。天嘉之世。贓賄狼藉。聖恩錄用。許以更鳴。裂壤崇階。不遠斯復。不能改節自厲。以報曲成。遂乃專擅貪汙。彰于遠近。一則已甚。其可再乎。宜寘刑書。以明秋憲。臣等參議。以見事免景歷所居官。下鴻臚削爵土。謹奉白簡以聞。陳書蔡景歷傳

測獄刻數議

竊尋沈議非頓異范正。是欲使四時均其刻數。兼斟酌其佳。以會優劇。陳書沈洙傳。梁代舊律。測囚日一上。起晡鼓盡二更。范泉定律。分其刻數。日再上。沈洙議用晝漏。朝夕上測。各十七刻。衆議以爲宜依范泉前制。高宗曰。沈長史議得中。宜更博議。左丞宗元饒議。

顧越

越字思南。南史作允南。吳郡鹽官人。仕梁爲揚州議曹史。兼太子左率丞。補五經博士。紹泰初遷國子博士。陳文帝即位。除始興王諮議參軍。侍東宮讀。除給事黃門侍郎。廢帝初除通直散騎常侍中書舍人。被譖下獄。免。太建元年卒于家。年七十八。

春宮輔弼未極時選疏

臣梁世薄宦。祿不代耕。季年板蕩。竄身窮谷。幸屬聖期。得奉昌運。朝廷以臣微涉藝學。遠垂徵引。擢臣以貴仕。賚臣以厚秩。二宮恩遇。有異凡流。木石知感。犬馬識養。臣獨何人。罔懷報德。伏惟皇太子天下之本。養善春宮。臣陪侍經籍。于今五載。如愚所見。多有曠官。輔弼丞疑。未極時選。至如文宗學府。廉絜正人。當趨奉龍樓。晨遊夕論。恆闕前聖格言。往賢政道。如此則非僻之語。無從而入。臣年事侵迫。非有邀求。政是懷此不言。則爲有負明聖。敢奏狂瞽。顧

留中不洩。南史七十一

劉師知

師知。沛國相人。仕梁歷王府參軍。紹泰初爲中書舍人。入陳。至文帝即位。遷鴻臚卿。天嘉初坐事免。尋復爲中書舍人。光大元年。矯詔令安成王還東府。事覺。下北獄賜死。

大行侇御服議

既稱成服。本備喪禮。靈筵服物。皆悉縞素。今雖無大行侇御官事。案梁昭明太子薨。成服。侇侍之官。悉著縗斬。唯著鎧不異。此即可擬。愚謂六日成服。侇靈座須服縗絰。陳書劉師知傳。高祖崩。六日成服。朝臣共議大行皇帝靈座侇御人所服衣服吉凶之制。博士沈文阿議宜服吉服。師知議。

又議

左丞引梓宮祔山陵。靈筵祔宗廟。必有吉凶二部。成服不容上凶。博士猶執前斷。終是山陵之禮。若龍駕啟殯。鑾輿兼設吉凶之儀。

由來本備。準之成服。愚有未安。夫喪禮之制。自天子達。案王文憲喪服明記云。官品第三。侍靈人二十。官品第四。下達士禮。侍靈之數。並有十人。皆白布袴褶。著白絹帽。內喪女侍數如外。而著齊縗。或問內外侍靈是同。何忽縗服有異。荅云。若依君臣之禮。則外侍斬。內侍齊。頃世多故。禮隨事省。諸侯以下。臣吏蓋微。至于侍奉。多出義附。君臣之節。不全縗冠之費。實闕所以。因其常服。止變帽而已。婦人侍者。皆是卑隸。君妾之道。既純服章所以備矣。皇朝之典。猶自不然。以此而推。是知服斬。彼有侍靈。則猶侇御。既著白帽。理無形服。且梁昭明儀注。今則見存。二文顯證。差爲成準。且禮出人情。可得消息。凡人有喪。既陳筵几。繐帷靈房。變其常儀。廬簀草廬。即其凶禮。堂室之內。親賓具來。齊斬麻緦。差池哭次。玄冠不弔。莫非素服。豈見門生故吏。綃縠間趨。左姬右美。紅紫相揉。況四海遏密。率土之情是同。三軍縞素。爲服之制斯一。遂使千門旦啓。非塗

至于彤闈。百僚戾止。變服臨于朱彀。而燿金在列。鳴玉節行。求之懷抱。固爲未愜。準以禮經。彌無前事。豈可成服之儀。皆以山陵之禮。葬既始終已畢。故有吉凶之儀。所謂成服。本成喪禮。百司外內。皆變吉容。俠御獨不。何謂成服。若靈無俠御則已。有則必應縗服。陳書劉師知傳。時以二議不同。乃啟取左丞徐陵決斷。陵同博士議。師知又議

爲敕出安成王

今四方無事。王可還東府。經理州務。陳書世祖沈皇后傳

侍中沈府君集序

陳亢有云。趨庭學詩。又聞君子。毛萇亦云。登高能賦。可爲大夫。言其善觀民風。則與圖王政。若沈恭子者。斯乃當世賢焉。至如敦厚之詞。足以吟詠情性。身之文也。貞固之節。可以宣被股肱。邦之光也。然此者君之小道。猶曰餘行。何則。德之所本。教之所由。實乃孝爲天倫。義感殊類。有美于斯。欝爲高士。則余與夫子。古所謂世親者歟。亦所謂友益者歟。疇昔一面。塌來二紀。自總角而接清塵。蒙長者之嘉惠。屯險驟更。權娛中阻。班超既反。威憲猶存。春秋美景。朝遊夕宴。酒酣得意。賦詩聯章。顧余不肖。齒義懸絕。降德亡年。交情彌至。增榮廣價。知己難忘。南浦之送未淹。北邙之辭仍及。于時屬有烽燧。方勤帷扆。遂使褐裘莫計。寶劍無追。痛此生芻。同茲宿草。九原方遠。百身靡贖。若乃帳懸秋月。一雁孤飛。花落春風。數鸞爭弄。伯身之絃。寂寥長絕。山陽之管。惆悵徒聞。夫盛烈清徽。便傳乎帝載。遺文餘論。被在平民謠者。斯所以沒而猶彰。死且不朽。今乃撰西還所著文章。名爲後集。藝文類聚五十五

蕭沆

沆。梁書作犹。初爲鎮西法曹行參軍。太平元年封巴陵王。奉齊後。

請以第六皇弟昌封衡陽王表

臣聞宗子維城。隆周之懋軌。封建藩屏。有漢之弘規。是以卜世斯永。實資邢衞。鼎命靈長。實賴河楚。伏惟陛下神猷光大。聖德欽明。道高日月。德侔造化。往者王業惟始。天步方艱。參奉權謨。匡合義烈。威略外舉。神武內定。故以再康禹迹。大庇生民者矣。及聖武升遐。王師遠次。皇嗣賀隔。繼業靡歸。宗祧危殆。綴旒非喻。既而傳車言反。公卿定策。纂我洪基。光昭景運。民心有奉。國寢克寧。后來其蘇。復在茲日。物情天意。皎然可求。王琳逆命。逋誅歲久。今者連結犬羊。乘流縱暨。舟旗野陣。蔽江蔽陸。兵疲民弊。杼軸用空。中外騷然。藩籬罔固。乃旰食當朝。憑流授律。蒼兕既馳。長蛇自翦。廓清四表。澄滌八紘。雄圖遐舉。仁聲遠暢。德化所覃。風行草偃。故以功深于微禹。道大于惟堯。豈直社稷用寧。斯乃黔黎是賴。第六皇弟昌近以妙年。出質提契。寇手偏隔。關徼旋踵。未由陛下天倫之愛。既深克讓之懷。常切。伏以大德無私。至公有在。豈得徇匹夫之恆情。忘王業之大計。憲章故實。式遵典禮。欽若姬漢。建樹賢戚。湘中地維。形勝控帶。川阜扞城之寄。匪親勿居。宜啟服衡疑。兼崇徽飾。臣等參議。以昌爲使持節散騎常侍都督湘州諸軍事驃騎將軍湘州牧。封衡陽郡王。邑五千戶。加給皁輪三望車。後部鼓吹一部。班劍二十人。啟可奉行。陳書衡陽獻王昌傳

謝岐

岐。會稽山陰人。仕梁爲尚書金部郎。山陰令。侯景亂。竄寓東陽。景平。依張彪。爲東揚州司馬。彪敗。武帝引參機密。兼尚書右丞。及受禪。除給事黃門侍郎。中書舍人。仍兼右丞。天嘉二年卒。贈通直散騎常侍。

大行俠御服議

靈筵祔宗廟。梓宮祔山陵。實如左丞議。但山陵鹵簿。備有吉凶。從靈輿者。儀服無變。從梓宮者。皆服苴縗。爰至士禮。忝同此制。此自

是山陵之儀。非關成服。今謂梓宮靈扆。共在兩階。稱爲成服。亦無鹵簿。直是爰自胥吏。上至王公。四海之內。必備縗絰。案梁昭明太子薨。略是成例。豈容凡百士庶。悉皆服重。而侍中至于武衞。最是近官。反鳴玉紆青。與平吉不異。左丞既推呂山陵事。愚意或謂與成服有殊。若爾日侍御。文武不異。維侍靈之人。主書宣傳齋幹應敕。悉應不改。陳書劉師知傳

全陳文卷十五終

全陳文卷十六

烏程嚴可均校輯

張正見

正見字見賾。清河東武城人。梁太清初射策高第。除邵陵王國左常侍。元帝即位。拜通直散騎侍郎。遷彭澤令。後避地匡俗山。陳受禪。除鎮東鄱陽王墨曹。行參軍兼衡陽王府長史。歷宜都王限外記室撰史著士。帶尋陽郡丞。累遷尚書度支郎通直散騎侍郎。太建中卒。有集十四卷。

石賦

連山蔽虧。巨石嶔崎。上興雲而蔚會。下激水而推移。舒丹霞于九折。混白露于三危。鎮方城于漢水。固天闕于湯池。依島嶼而緜邈。住谿壑之嶮巇。開五嶽之靈圖。集九老之仙都。韜神弓于射的。產利劍于昆吾。魚躍湘鄉之水。雁浮平固之湖。墮山鵲之金印。碎驪龍之寶珠。奄藹披衣。氤氳翠微。精衛取而塡海。天孫用以支機。隨西王而不落。儷東武而俱飛。爾乃蘊怪含靈。懷奇蓄變。獸形鳥像。畜身人面。已休陳倉之雞。復舞零陵之燕。迎一童于洛陽之水。送五婦于成都之縣。帝王憩而投壺。仙人坐而高宴。架滄海之神塘。假夷陵之瑞塲。發黃金之祕篇。隱白玉于仙牀。雙立天門之郡。特起縉雲之堂。李廣射而爲虎。初平叱以成羊。圖孔明之八陣。亙吳橘之三梁。驚神人于武落。駭商客于麗塘。藝文類聚六、初學記五。

麗當作驪

山賦

何神山之峻美。諒苞結之所成。東垂曰泰。南服稱衡。西戎所擅。北狄標名。于是堯值洪流。滔天襄陵。禹敷水土。奠高槎木。衆川既導。羣岳自修。潛通四瀆。鎭壓九州。森羅辰象。吐吸雲霧。深不可測。遠不可步。於廓靈山。長爲作固。爾其爲狀也。則武當太和。武功太白。崑崙五門。扶寍三石。峯高一萬。峭峙三百。登而眺之。則千里無極。俯而臨之。則萬仞難測。映白鶴而同高。混青天而共色。藝文類聚七。

衰桃賦

巖巖秀峰。吐桂榮松。獨天桃之灼灼。輕擢采于寒蹤。爾乃萬株成錦。千林侶翼。苔畫波文。花然樹色。發秦源而逸氣。飄漢綬而流芳。譬蘭缸之夜炷。似明鏡之朝妝。成蹊列逕。光崖豔沚。間眞定之荅梨。雜房陵之縹李。芬芳難歇。照曜無儔。舒若霞光欲起。散侶電采將收。既而風落新枝。霜飛故葉。歎垂釣之妖童。怨傾城之麗妾。藝文類聚八十六、初學記二十八。

謝賜錢啟

豈期疲痾壁立。猥蒙殊賜。名稱榆莢。非投飲馬之橋。價重圓泉。寧弃呪龍之野。暫移周府。纔經漢鑄。始降王門。忽光私室。青鳧委質。笑夷甫之不言。赤仄垂緡。重河間之能數。初學記二十七。

陳暄

暄。義興國山人。梁仁威將軍慶之幼子。仕梁。入陳至司農卿。與江總孔範等十餘人爲後主狎客。

應詔語賦

聚生民之要技。實言語以爲前。樞機誠爲急務。筆札乃是次焉。擬金人于右階。稱石人于左邊。鄭僑戎服而無媿。張儀舌存而理痊。唯諾唯辯。何者是與。故知于時言言。于時語語。若乃遼城嶮峻。春陳交加。燕將恐懼。漢帝咄嗟。魯連纔吐數句。酈子直御單車。息十重之縈帶。賢百萬之讙譁。至于蘭臺靜謐。華燭高明。徐斟桂醑。緩奏秦聲。二三朋好。數四才英。既說前賢之往行。重覩生死之交情。扼腕抵掌。攘袂盱衡。當斯時也。何者爲榮。欲同吃如鄧士載。欲作辯侶曼君卿。爲守爲相。竝如此。少意少事不成名。藝文類聚十九。

食梅賦

魏無林而止渴。范畱信而前嘗。賜一時之名果。遂懷核而矜莊。昔詠酸棗之臺。今食酸味之梅。眼同曹瞞之見樹。形異韋誕之聞雷。曾既咽而思鳩杖。悶欲死而想仙杯。非投壺而天笑。等王孫而客哈。藝文類聚八十六初學記二十八

奏請詔智顗還都

瓦官禪師。德邁風霜。禪鏡淵海。昔在京邑。羣賢所宗。今高步天台。法雲東藹。願陛下詔之還都。使道俗咸荷。續高僧傳二十一智顗

與兄子秀書

旦見汝書與孝典。陳吾飲酒過差。吾有此好。五十餘年。昔吳國張長公亦稱耽嗜。吾見張時。伊已六十。自言引滿大勝少年時。吾今所進。亦多于往日。老而彌篤。唯吾與張季舒耳。吾方與此子交歡于地下。汝欲笑吾所志邪。昔阮咸阮籍同遊竹林。宣子不聞斯言。王湛能玄言巧騎。武子呼爲癡叔。何陳留之風不嗣。太原之氣巋然。翻成可怪。吾既寂漠當世。朽病殘年。產不異于顏原。名未動于

卿相。若不日飲醇酒。復欲安歸。汝以飲酒爲非。吾不以飲酒爲過。昔周伯仁度江。唯三日醒。吾不以爲少。鄭康成一飲三百盃。吾不以爲多。然洪醉之後。有得有失。成廝養之志。是其得也。使次公之狂。是其失也。吾常譬酒之猶水。亦可以濟舟。亦可以覆舟。故江諮議有言。酒猶兵也。兵可千日而不用。不可一日而不備。酒可千日而不飲。不可一飲而不醉。美哉江公。可與共論酒矣。汝驚吾墮馬侍中之門。陷池武陵之第。徧布朝野。自言焦悴也。幸苟有過。人必知之。吾生平所願。身沒之後。題吾墓云。陳故酒徒陳君之神道。若斯志意。豈避南征之不復。賈誼之慟哭者哉。何水曹眼不識盃鐺。吾口不離瓢杓。汝寧與何同日而醒。與吾同日而醉乎。政言其醒可及。其醉不可及也。速營糟丘。吾將老焉。爾無多言。非爾所及。南史六十一陳暄傳。

傅縡

縡字宜事。北地靈州人。梁末爲王琳記室。琳敗入陳。除撰史學士。歷司空記室參軍。遷驃騎安成王中記室。除散騎侍郎。鎮南始興王諮議參軍。兼東宮管記。歷太子庶子僕。後主即位。遷祕書監。右衛將軍。兼中書通事舍人。被譖下獄。復上書。忤旨賜死。有集十卷。

笛賦

貞筠翠節。冒霜停雪。江潭薦竿。巴人所截。五音是備。六孔斯設。殊響抑揚。似出平陽。曲疑高殿。聲幽洞房。既逐舞而迴袖。亦將歌而繞梁。忽從弄而危短。乍調吹而柔長。于是時也。趙瑟輟謳。齊竽息唱。見象筵之悅耳。聽清笛之寥亮。初學記十六

疑當作凝

博山香鑪賦

下當作丁

器象南山。香傳西國。下𢵧巧鑄。兼資匠刻。麝火埋朱。蘭烟毀黑。結構危峯。橫羅雜樹。寒夜含暖。清霄吐霧。制作巧妙獨稱珍。淑氣氛氳長似春。隨風本勝千釀酒。散馥還如一碩人。初學記二十五

獄中上陳後主書

夫君人者。恭事上帝。子愛下民。省嗜慾。遠諂佞。未明求衣。日旰忘食。是以澤被區宇。慶流子孫。陛下頃來酒色過度。不虔郊廟之神。專媚淫昏之鬼。小人在側。宦豎弄權。惡忠直若仇讎。視生民如草芥。後宮曳綺繡。廄馬食菽粟。百姓離散。僵尸蔽野。貨賄公行。帑藏損耗。神怒民怨。衆叛親離。恐東南王氣。自斯而盡矣。陳書傅縡傳南史六十九文苑英華六百七十三

明道論 並序

縡篤信佛教。從興皇惠朗法師受三論。盡通其學。時有大心暠法師著無諍論以詆之。縡乃爲明道論。用釋其難。其論曰。

無諍論言。比有弘三論者。雷同詆訶。恣言罪狀。歷毁諸師。非斥衆學。論中道而執偏心。語忘懷而競獨勝。方與數論。更爲讎敵。讎敵

既構。諍鬬大生。㠯此之心。而成罪業。罪業不止。豈不重增生死。大苦聚集。荅曰。三論之興。爲日久矣。龍樹創其源。除內學之偏見。提婆揚其旨。蕩外道之邪執。欲使大化流而不擁。玄風闡而無墜。其言曠。其意遠。其道博。其流深。斯固龍象之騰驤。鯤鵬之摶運。蹇乘決羽。豈能覦望于其間哉。頃代澆薄。時無曠士。苟習小學。㠯化蒙心。漸染成俗。遂迷正路。唯競穿鑿。各肆營造。枝葉徒繁。本源日翳。一師解釋。復異一師。更改舊宗。各立新意。同學之中。取寤復別。如是展轉。添糅倍多。總而用之。心無的準。擇而行之。何者爲正。豈不渾純傷竅。嘉樹斃牙。雖復人說非馬。家握靈蛇。㠯無當之卮。同畫地之餅矣。其于失道。不亦宜乎。攝山之學。則不如是。守一遵本。無改作之過。約文申意。杜臆斷之情。言無預說。理非宿構。覩緣爾乃應。見敵然後動。縱橫絡繹。忽恍杳冥。或彌綸而不窮。或消散而無所。煥乎有文章。蹤朕不可得。深乎不可量。卽事而非遠。凡相酬對。隨理詳覈。有何嫉詐。干犯諸師。且諸師所說。爲是可毀。爲不可毀。若可毀者。毀故爲衰。若不可毀。毀自不及。法師何獨蔽護。不聽毀乎。且教有小大。備在聖誥。大乘之文。則指斥小道。今弘大法。寧得不言大乘之意耶。斯則褒貶之事。從弘放學。與奪之辭。依經議論。何得見佛說而信順。在我語而忤逆。無諍平等心如是耶。且忿恚煩惱。凡夫恆性。失理之徒。率皆有此。豈可㠯三脩未愜。六師懷恨。而蘊涅槃妙法。永不宣揚。但冀其忿憤之心既極。恬淡之悟自成耳。人面不同。其心亦異。或有辭意相反。有心口相符。豈得必謂他人說中道而心偏執。己行無諍。外不違而內平等。讐敵鬬訟。豈我事焉。罪業聚集。鬬諍者所畏耳。無諍論言。攝山大師誘進化導。則不如此。卽習行于無諍者也。導悟之德既往。湻一之風已澆。競勝之心。呵毀之興。盛于茲矣。吾願息諍㠯通道。讓勝㠯忘德。何必排擯異家。生其恚怒者乎。若中道之心。行于成實。亦能不諍。若㠯偏

純當作沌

著之心。說于中論。亦得有諍。固知諍與不諍。偏在一法。荅曰。攝山大師。實無諍矣。但法師所賞。未衷其節。彼靜守幽谷。寂爾無爲。凡有訓勉。莫匪同志。從容語嘿。物無間然。故其意雖深。其言甚約。今之敷暢。地勢不然。處王城之隈。居聚落之內。呼吸顧望之客。脣吻縱橫之士。奮鋒穎。勵羽翼。明目張膽。被堅執銳。騁異家。衒別解。窺伺間隙。邀冀短長。與相酬對。權其輕重。豈得默默無言。唯唯應命。必須掎摭同異。發擿玼瑕。忘身而弘道。忤俗而通教。㠯此爲病。益知未達。若令大師當此之地。亦何必默已。而爲法師所貴耶。法師又言。吾願息諍㠯通道。讓勝㠯忘德。道德之事。不止在諍與不諍。讓與不讓也。此語直是世間所重。法師慕而言之。竟未知勝若爲可讓也。若他人道高。則自勝不勞讓矣。他人道劣。則雖讓而無益矣。欲讓之辭。將非虛設。中道之心。無處不可。成實三論。何事致乖。但須息守株之解。除膠柱之意。是事皆中也。來旨言諍與不諍。偏在一法。何爲獨褒無諍耶。詎非矛盾。無諍論言。邪正得失。勝負是非。必主于心矣。非謂所說之法。而有定相論勝劣也。若異論是非。㠯偏著爲失。言無是無非。消彼得失。㠯此論爲勝妙者。他論所不及。此亦爲失也。何者。凡心所破。豈無心于能破。則勝負之心不忘。寧不在勝者乎。斯則矜我爲得。棄他之失。卽有取捨。大生是非。便是諍論。荅曰。言爲心使。心受言詮。和合根塵。鼓動風氣。故成語也。事必由心。實如來說。至于心造僞㠯使口。口行詐㠯應心。外和而內險。言隨而意逆。求利養。引聲名。入道之人。在家之士。斯輩非一。聖人所㠯曲陳教誡。深致防杜。說現在之殃咎。敘將來之患害。此文明著。甚于日月。猶在忘愛軀。冒峻制。陷湯炭。甘虀粉。必行而不顧也。豈能悅無諍之作。而回首革音耶。若弘道之人。宣化之士。心知勝也。口言勝也。心知劣也。口言劣也。亦無所包藏。亦無所忌憚。但直心而行之耳。他道雖劣。聖人之教也。己德雖優。亦聖人之教

在當作有

也。我勝則聖人勝。他劣則聖人劣。聖人之優劣。蓋根緣所宜。然。于彼于此。何所厚薄哉。雖復終日案劍。終夜擊柝。瞑目以爭得失。作氣以求勝負。勝負在誰處乎。有心之與無心。徒欲分別虛空耳。何意不許我論說。而使我謙退。此謂鵾鵬已翔于寥廓。而虞者猶窺藪澤而求之。嗟乎。丈夫當弘斯道矣。無諍論言。無諍之道。通于內外。子所言須諍者。此用末而救本。失本而營末者也。今爲子言之。何則。若依外典。尋書契之前。至淳之世。朴質其心。行不言之教。當于此時。民至老死。不相往來。而各得其所。復有何諍乎。固知本末不諍。是物之眞矣。荅曰。諍與不諍。不可偏執。本之與末。又安可知。由來不諍。寧知非末。于今而諍。何驗非本。夫居後而望前。則爲前。居前而望後。則爲後。而前後之事。猶如彼此。彼呼此爲彼。此呼彼爲彼。彼此之名。的居誰處。以此言之。萬事可知也。本末前後。是非善惡。可恆專耶。何得自信聰明。廢他耳目。夫水泡生滅。火輪旋轉。入牢穽。受羈紲。生憂畏。起煩惱。其失何哉。不與道相應。而起諸見故也。相應者則不然。無爲也。無不爲也。善惡不能偕。而未曾離善惡。生死不能至。亦終然在生死。故得永離而任放焉。是以聖人念繞桎之不脫。愍黏膠之難離。故殷勤教示。備諸便巧。希向之徒。涉求有類。雖麟角難成。象形易失。寧得不髣髴遐路。勉勵短晨。且當念己身之善惡。莫揣他物。而欲分別。而言我聰明。我知見。我計較。我思惟。以此而言。亦爲疏矣。他人者實難測。或可是凡夫眞爾。亦可是聖人俯同。時俗所宜見。果報所應覩。安得肆胷襟。盡情性。而生譏誚乎。正應虛己而遊乎世。俛仰于電露之閒耳。明月在天。衆水皆見。清風既至。羣籟畢響。吾豈逆物哉。不入鮑魚。不甘腐鼠。吾豈同物哉。誰能知我。共行斯路。浩浩乎。堂堂乎。豈復見有諍爲非。無諍爲是。此則諍者自諍。無諍者自無諍。吾俱中取而用之。寧勞法師費功夫。點筆紙。但申于無諍。弟子疲脣舌。消晷漏。唯對于

差當作蓋

明道。戲論於糟粕哉。必欲且攻眞僞。暫觀得失。無過依賢聖之言。檢行藏之理。終始研究。表裏綜覈。使浮辭無所用。詐道自然消。請待後筵。以觀其妙矣。陳書傅縡傳。文苑英華七百四十七。

章華

華字仲宗。吳興人。侯景之亂。遊嶺南。居羅浮山寺。刺史歐陽頠署爲南海太守。及頠子紇敗。乃還京師。後主即位。除大市令。禎明初。上書忤旨。被殺。

上後主書

昔高祖南平百越。北誅逆虜。世祖東定吳會。西破王琳。高宗克復淮南。辟地千里。三祖之功。亦至勤矣。陛下即位。于今五年。不思先帝之艱難。不知天命之可畏。溺于嬖寵。惑于酒色。祠七廟而不出。拜妃嬪而臨軒。老臣宿將。棄之草莽。諂佞讒邪。昇之朝廷。今疆場日蹙。隋軍壓境。陛下如不改弦易張。臣見麋鹿復遊于姑蘇臺矣。陳書傅縡傳。禎明初。華上書極諫後主。大怒。即日命斬之。

伏知道

知道。平昌安丘人。梁武康令挺從子。

爲王寬與婦義安主書

昔魚嶺逢車。芝田息駕。雖見妖婬。終成揮忽。遂使家勝陽臺。爲歡非夢。人慙蕭史。相偶成仙。輕扇初開。欣看笑靨。長顰始畫。愁對離妝。猶聞徙佩。顧長廊之未盡。尚分行幰。冀迴陌之難迴。廣攝金屏。莫令愁擁。恆開錦幔。速望人歸。鏡臺新去。應餘落粉。熏鑪未徙。定有餘煙。淚滴芳衾。錦花長溼。愁隨玉軫。琴鶴恆驚。已覺錦水丹鱗。素書稀遠。玉山青鳥。仙使難通。綵筆試操。香牋遂滿。行雲可託。夢想還勞。九重千日。詎想倡家。單枕一宵。便如蕩子。當令照影雙來。一鸞差鏡。勿使窺窗獨坐。姮娥笑人。藝文類聚三十二。

謝貞

貞字元正。陳郡陽夏人。晉太傅安九世孫。江陵陷。入周。爲趙王侍讀。太建五年歸國。除智武府外兵參軍。遷尚書駕部郎中。進侍郎。出爲始興王揚州主簿。遷錄事參軍。領丹陽丞。後主卽位。入掌中宮管記。遷南平王友。加招遠將軍。掌記室。

遺疏告族子凱

吾少罹酷罰。十四傾外蔭。十六鍾太清之禍。流離絕國。二十餘載。號天踏地。遂同有感。得還侍奉。守先人墳墓。于吾之分足矣。不悟朝廷採拾空薄。累致清階。縱其殞絕。無所酬報。今在憂棘。晷漏將盡。斂手而歸。何所多念。氣絕之後。若直棄之草野。依僧家尸陁林法。是吾所願。正恐過爲獨異耳。可用薄板周身。載以靈車。覆以葦莢。坎山而埋之。又吾終鮮兄弟。無他子孫。靖年幼少。未閑人事。但可三月施小牀。設香水。盡卿兄弟相厚之情。卽除之。無益之事。勿爲也。陳書謝貞傳。又略見南史謝貞傳作載以露車覆以葦㡘

褚玠

玠字溫理。河南陽翟人。爲王府法曹。歷外兵記室。天嘉中。除桂陽王友。遷太子庶子中書侍郎。太建中。除戎昭將軍山陰令。被譖免。還除電威將軍仁威淮南王長史。尋掌東宮管記。遷御史中丞。卒官。至德二年。追贈祕書監。有集十卷。

風裏蟬賦

有秋風之來庭。于高柳之鳴蟬。或孤吟而暫斷。乍亂響而還連。乖玄緌而嘶定。雖黃雀而聲遷。愁人兮易驚。靜聽兮傷情。聽蟬兮靡惓。更相和兮風生。終不校樹兮寂寞。方復飲露兮光榮。初學記三十

全陳文卷十六終

烏程嚴可均校輯

陸瓊

瓊字伯玉，吳郡吳人，梁給事黃門侍郎雲公子。永定中州舉秀才。文帝時爲寧遠始興王法曹行參軍，兼尚書外兵郎，進殿中郎，遷新安王文學，掌東宮管記。宣帝爲司徒，以爲左西掾。及即位，除太子庶子，兼通事舍人，轉中書侍郎、太子家令，遷給事黃門侍郎，領羽林監，轉太子中庶子，領步兵校尉。後主即位，授散騎常侍、度支尚書，領揚州大中正，遷吏部尚書，以母憂去職。至德四年卒，贈領軍將軍。有嘉瑞記三卷，集二十卷。案陳書陸瓊傳：世祖討周迪、陳寶應等，都官符及諸大手筆竝中敕付瓊。

果賦

偭時遞感，百果玄芳，緋梅春穠，紅桃夏香。何羣品之浮脆，惟此質之久長。外刺同夫枳棘，內潔甚于冰霜。伏南安而來清，列御宿而懸房。薦羞則棋榛竝列，加籩則菱芡同行。金盤兮麗色，玉俎兮鮮光。周人目之戰慄，大官稱于柏梁。初學記二十八。

目字衍

下符討周迪

告臨川郡士庶：昔西京爲盛，信越背誕；東都中興，萌寵違戾。是以鷹鸇競逐，菹醢極誅，自古有之，其來尚矣。逆賊周迪，本出興臺，有梁喪亂，暴掠山谷。我高祖躬率百越，師次九川，濯其泥沙，假以毛羽，裁解豚佩，仍詔戢符，卵翼之恩，方斯莫喻。皇運肇基，頗布誠款，匱步艱阻，竟微效力。龍節繡衣，藉王爵而御下；熊旗組甲，因地險而陵上。日者王琳始貳，蕭勃末夷，西結三湘，南通五嶺，衡廣㦸定，既安反側，江郢紛梗，復生攜背，擁據一郡，苟且百心，志貌常違，言迹不副。時以新吳未靜，地遠兵彊，互相兼幷，成其形勢，收獲器械，俘虜士民，竝曰私財，曾無獻捷。時遣一介，終持兩端。朝廷光大含弘，引納崇遇，遂乃位等三槐，任均四嶽，富貴隆赫，超絕功臣。加以出師逾嶺，遠相響援，按甲斷江，翻然猜拒。故司空愍公敦以宗盟，情同骨肉，城池連接，勢猶脣齒。彭亡之禍，坐觀難作，階此釁故，結其黨與。于時北寇侵軼，西賊憑陵，扉屨猴糧，悉以資寇。爵號軍容，一遵僞黨。及王師凱振，大定區中，天網恢弘，棄之度外，璽書紛誥，撫慰綢繆，冠蓋搢紳，敦授重疊。至于熊曇朗勦滅，豐城克定，蓋由儀同法𣰰之元功，安西周敷之效力。司勳有典，懋賞斯舊。惡直醜正，自爲仇讎，悖禮姦謀，因此滋甚。傲出盜城，歷年不就，求遣侍子，累載未朝，外誘逋亡，招集不逞，中調京輦，規冀非常，擅斂征賦，罕歸九府，擁遏二貢，害及四民，潛結賊異，共爲表裏，同惡相求，密加應援，謂我六軍薄伐，三越未寧，屠破述城，虜縛妻息，分襲盜鎮，稱兵蠡邦，拘逼酋豪，攻圍城邑。幸國有備，應時剿殄。假節通直散騎常侍、仁武將軍、尋陽太守懷仁縣伯華皎，明威將軍、廬陵太守益陽縣子陸子隆，竝破賊徒，剋全郡境。持節散騎常侍、安西將軍、定州刺史、領豫章太守、西豐縣侯周敷，躬扞溝壘，身當矢石，率茲義勇，以寡摧衆，斬馘萬計，俘虜千羣。迪方收餘燼，還固墉堞。使持節、安南將軍、開府儀同三司、高州刺史、新建縣侯法𣰰，雄績早宣，忠誠夙著，未奉王命，前率義旅，既援敷等，又全子隆，裹糧擐甲，仍躡飛走，批熊之旅，驅馳越電，振武之衆，叱咤移山。以此追奔，理無遺類。雖復朽株將拔，非待尋斧，落葉就殞，無勞烈風，但去草絕根，在于未蔓，撲火止燎，貴乎速滅。分命將帥，實資英果。今遣鎮南儀同司馬、湘東公相劉廣德，兼平西司馬孫曉，北新蔡太守魯廣達，持節、安南將軍、吳州刺史、彭澤縣侯魯悉達，甲士萬人，步出興口。又遣前吳興太守胡鑠，樹功將軍、前宣城太守錢法成，天門、義陽二郡太守樊毅，雲麾將軍、合州刺史、南固縣侯焦僧度，嚴武將軍、建州刺史、辰縣子張智達，持節、都督江吳二州諸軍事、安南將軍、江州刺史安吳縣侯吳明徹。樓艦馬步直指臨川。前安成內史劉士京、巴山太守蔡僧貴。南康內史劉峯、廬陵太守陸子隆、安成內史闞慎。並受儀同法𣝣節度。同會故郡。又命尋陽太守華皎、光烈將軍巴州刺史潘純陁、平西將軍郢州刺史欣樂縣侯章昭達。並率貔豹。逕造賊城。使持節散騎常侍鎮南將軍開府儀同三司湘州刺史湘東郡公度。分遣偏裨。相繼上道。戈船蔽水。彀騎彌山。又詔鎮南將軍開府儀同三司歐陽頠。率其子弟交州刺史盛、新除太子右率邃、衡州刺史侯曉等。以勁越之兵。踰嶺北邁。千里同期。百道俱集。如脫稽誅。更淹旬晦。司空大都督安都。已平賊異。凱歸非久。飲至禮畢。乘勝長驅。勦撲凶醜。如燎毛髮。已有明詔。罪惟迪身。黎民何辜。一皆原宥。其有因機立功。賞如別格。執迷不改。刑茲罔赦。陳書周迪傳。天嘉三年春。使江州刺史吳明徹都督衆軍。與高州刺史黃法𣝣、豫章太守周敷討迪。于是尚書下符。

下符討陳寶應

告晉安士庶。昔隴西旅拒。漢不稽誅。遼東叛渙。魏申宏略。若夫無諸漢之策勳。有扈夏之同姓。至于納吳濞之子。致橫海之師。違姒啟之命。有甘誓之討。況迺族不繫于宗盟。名無紀于庸器。而顯戚三叛。疊深四罪者乎。案閩寇陳寶應。父子并服支孽。本迷愛敬。梁季喪亂。閩隅阻絕。父既豪俠。扇動蠻陬。椎髻箕坐。自為渠帥。無聞訓義。所資姦詔。爰肆蜂豺。俄而解印炎行。方謝網漏吞舟。日月居諸。棄之度外。自東南王氣。實表聖基。斗牛聚星。允符王迹。梯山航海。雖若款誠。擅割瓌珍。竟微職貢。朝廷遵養含弘。寵靈隆赫。起家臨郡。兼晝繡之榮。裂地置州。假藩麾之盛。即封戶牖。仍邑櫟陽。乘華轂者十人。保獎廬而萬石。又以戚漢君臨。推恩虞敬。隆周朝會。迺長滕侯。由是紫泥青紙。遠賁恩澤。鄉亭龜組。頒及嬰孩。自谷遷喬。孰復為擬。而苞藏鴆毒。敢行狼戾。連結畱異。表裏周迪。盟歃婚姻。自為脣齒。屈彊山谷。推移歲時。及我彀騎防山。定秦望之西部。戈船下瀨。克匯澤之南川。遂敢舉斧。並助凶孽。莫不應弦摧衄。盡殪醜徒。每以罪在酋渠。憫茲驅逼。所收俘馘。並勒矜放。仍遣中使。爰降詔書。天網恢弘。猶許改思。異既走險。迪又逃刑。誰侮王人。為之川藪。遂使袁熙請席。遠歎頭行。馬援觀蛙。猶安井底。至如遏絕九賦。剽掠四民。闔境資財。盡室封奪。凡厥倉頭。皆略黔首。蟄賊相扇。叶契連蹤。乃復踰超瀛滇。寇擾浹口。侵軼嶺嶠。掩襲述城。縛掠吏民。焚燒官寺。此而可縱。孰不可容。今遣沙州刺史俞文冏、明威將軍程文季、假節宣猛將軍成州刺史甘他、假節雲旗將軍譚瑱、假節宣猛將軍前監臨海郡陳思慶、前軍將軍徐智遠、明毅將軍宜黃縣開國侯慧紀、開遠將軍新除晉安太守趙彖、持節通直散騎常侍壯武將軍定州刺史康樂縣開國侯林馮、假節信威將軍都督東討諸軍事益州刺史余孝頃。率羽林二萬。蒙衝蓋海。乘跨滄波。掃蕩巢窟。此皆明恥教戰。濡須鞠旅。累從楊僕。亟走孫恩。斬蛟中流。命馮夷而鳴鼓。黿鼉為駕。轜方壺而建旗。義安太守張紹賓。忠誠款到。累使求軍。南康內史裴忌、新除輕車將軍劉峯、東衡州刺史錢道戢。並即遣人仗。與紹賓同行。故司空歐陽公。昔有表奏。請宣薄伐。遙途意合。若伏波之論兵。長逝遺誠。同子顏之勿赦。征南薨謝。上策無忘。周南餘恨。嗣子弗忝。廣州刺史歐陽紇。克符家聲。聿遵廣略。舟師步卒。二萬分趨。水扼長鯨。陸掣封豨。董率衡廣之師。會我六軍。潼州刺史李賭、明州刺史戴晃、新州刺史區白獸、壯武將軍脩行師、陳留太守張遂、前安成內史闞慎、前廬陵太守陸子隆、前豫章太守任蠻奴、巴山太守黃法慈、戎昭將軍湘東公世子徐敬成、吳州刺史魯廣達、前吳州刺史遂興縣開國侯詳、使持節都督征討諸軍事散騎常侍護軍將軍昭達。率緹騎五千。組甲二萬。直渡邵武。仍頓晉安。棨轡揚旌。夷山堙谷。指期犄角。以制飛走。前宣威太守錢肅、臨川太守駱牙、太子左衛率孫詡、尋陽太守莫景隆、豫章太守劉廣德，並隨機鎮遏，絡驛在路。使持節散騎常侍鎮南將軍開府儀同三司江州刺史新建縣開國侯法𣰰，戒嚴中流，以為後殿。斧鉞所臨，罪惟元惡及留異父子。其黨主帥，雖有請泥函谷，相背淮陰，若能翻然改圖，因機立效，非止肆眚，仍加賞擢。其建晉士民，久被驅迫者，大軍明加撫慰，各安樂業，流寓失鄉，即還本土。其餘立功立事，已具賞格。若執迷不改，同惡趦起，斧鉞一臨，罔知所赦。（陳書陳寶應傳。天嘉四年，命章昭達都督眾軍，由建安南道度嶺以討寶應，并詔宗正絕其屬籍，于是尚書下符。）

陸瑜

瑜字幹玉，琰從父弟。天嘉中州舉秀才。除驃騎安成王行參軍，轉軍師晉安王外兵參軍、東宮學士。太建中遷尚書祠部郎中，歷桂陽王功曹史、兼東宮管記，累遷永陽王文學、太子洗馬、中舍人。卒。至德二年追贈光祿卿。有集十卷。

琴賦

龍門琦樹，上籠雲霧，根帶千仞之溪，葉泣三危之露。忽紛糅而交下，終摧殘而莫顧。逢蔡子之見矜，識奇響于餘煙。飛青雀兮歌綺殿，引黃鵠兮慘離筵。吟高松兮落春葉，斷輕絲兮改夏絃。歡曲舉而情踊躍，引調奏而涕流漣。亦有辭鄉去國，對此悲年。（初學記十六）

沈仲由

仲由，光大中為廷尉監。

列上測獄款不款人數

別制已後，有壽羽兒一人坐殺壽慧，劉磊渴等八人坐偷馬仗家口渡北，依法測之，限訖不款。劉道朔坐犯七改偷，依法測立，首尾二日而款。陳法滿坐被使封藏，阿法受錢，未及上而款。（陳書沈洙傳。梁代舊律，測囚日一上，起晡鼓，盡二更。及比部郎范泉刪定律令，以舊法測立時久，非人所堪，分其刻數，日再上。廷尉以為新制過輕，請集會尚書省詳議。周弘正曰：未知獄所測人，有幾人款，幾人不款，須前責取人名及數并其罪目，然後更集。得廷尉監沈仲由列稱）

由當作申

咸權

權，光大中為通事舍人。

測獄刻數議

比部范泉新制，尚書周弘正明議，咸允虞書惟輕之旨，殷頌敷正之言。竊尋廷尉監沈仲由等列新制以後，凡有獄十一人，其所測者十人，款者唯一。愚謂染罪之囚，獄官宜明加辯析，窮考事理。若罪有可疑，自宜啟審分判，幸無濫測；若罪有實驗，乃可啟審測立。此則枉直有分，刑宥斯理。范泉今牒述漢律云：死罪及除名，罪證明白，考掠已至，而抵隱不服者，處當列上。杜預注云：處當，證驗明白之狀，列其抵隱之意。竊尋舊制深峻，百中不款者一；新制寬優，十中不款者九。參會兩文，寬猛實異，處當列上，未見釐革。愚謂宜付典法，更詳處當列上之文。（陳書沈洙傳。舍人咸權議。）

徐君敷

君敷，太建中為散騎常侍兼御史中丞。

奏劾南康王方泰

臣聞王者之心，匪漏網而私物；至治之本，無屈法而由慈。謹案南康王陳方泰，宗屬雖遠，幸託葭莩，剌舉莫成，共治罕績。聖上弘以悔往，許其錄用，宮闈寄切，宿衛是尸。豈有金門旦啟，玉輿曉蹕，百司馳騖，千隊騰驤，憚此翼從之勞，妄興晨昏之請，飾以危冠淇上，袨服桑中。臣子之𠎝，莫斯為大。宜從霜簡，允寘冬官。臣等參議，請依見事解方泰所居官，下宗正削爵土。謹以白簡奏聞。（陳書南康王曇朗附傳）

奏劾武陵王伯禮

臣聞車屨不俟，君命之通規；夙夜匪懈，臣子之恆節。謹案雲旗將軍持節都督吳興諸軍事吳興太守武陵王伯禮，夙擅英猷，久馳令問，惟良寄重，枌鄉是屬。聖上愛育黔黎，留情政本，共化求瘼，早赴皇心。遂復脩綏歸駿。取移涼愧。運同去鴻。空淹載路。淑慎未彰。違情斯在。繩愆檢迹。㠯爲懲戒。臣等參議。㠯見事免伯禮所居官。㠯王還第。謹㠯白簡奏聞。陳書武陵王伯禮傳。太建初爲吳興太守。十一年春被代徵還。遷延不發。其年十月。散騎常侍御史中丞徐君敷奏云云。詔曰可。

張君祖

君祖未詳。馮惟訥詩紀云。張君祖庾僧淵詩有晉風。陳無此也。高僧傳有康僧淵竺法雅並在晉。或是顒與。顒字誤。

贈沙門竺法顒詩序

沙門竺法顒。遠還西山。作詩㠯贈。因亦嘲之。省其二經。聊爲之讚。

道樹經讚

峩峩王舍國。鬱鬱靈竹園。中有神化長。空觀體善權。私呵晞光景。豈識眞跡端。恢慨道明元。解發至神懽。飄忽凌虛起。無云受慧難。

三昧經讚

迹超十二燒。戒由三昧成。賢行極妙住。道志慧㠯明。九本既殄動。四禪不同冥。淵哉不起滅。始自無從生。借問道氣倫。安測泥湏靈。廣宏明集四十。

湏當作洹

庾僧淵

僧淵未詳。

代荅張君祖詩序

省贈法顒詩。經通妙遠。亹亹清綺。雖言不盡意。殆亦幾矣。夫詩者。志之所之。意迹之所寄也。忘妙元解。神無不暢。夫未能冥達元通者。惡得不有仰鑽之詠哉。吾想茂德之形容。雖栖守殊塗。標寄元同。仰代荅之未足盡美。亦各言其志也。廣宏明集四十。

朱世卿

世卿未詳。案釋眞觀因緣無性論云。泉亭令德有朱三議者。卽其人也。

法性自然論 釋眞觀作因緣無性論㠯駮之。

寓茲先生喟然歎曰。夫萬法萬性。皆自然之理也。夫唯自然。故不

得而遷。貿矣。故善人雖知善之不足憑也。善人終不能一時而爲惡。惡人復㠯惡之不足誡也。惡人亦不能須臾而爲善。又體仁者不自知其爲善。體愚者不自覺其爲惡。皆自然而然也。座右之賓假氏大夫。忽然作色而謂曰。固哉。先生之說也。違大道而謬聖人之言。先生曰。大道誰主。聖人何言。大夫曰。大道無主。而無所不主。聖人無言。而無所不言。先生曰。請言其所言。言性命之所由致乎。請說其所主。主善惡之報應乎。大夫曰。何爲其不然也。蓋天地扶大道之功㠯載育。聖人合天地之德㠯設教。序仁義五德㠯檢其心。說詩書六藝㠯訓其業。此聖人之言也。若積善之家。必有餘慶。積不善之家。必有餘殃。故曰聖人無親。常與善人。六極序而隆行懲。五福陳而善必勸。三世爲將。覩覆敗之權。七葉修善。有興隆之性。陳賞寵而不疾。邴昌疏而紹國。斯道家之效也。何先生言皆自然之理。而不可遷貿者哉。先生笑而應曰。世所謂淳繩之人。繩盡而不知遷。若大夫之徒是也。敬課管陋。爲吾子陳之。蓋二儀著而六子施。百姓育而五材用。此句者。隔萬法而盡然焉。人爲生最靈。膺自然之秀氣。稟妍媸盈減之質。懷哀樂喜怒之情。挺窮達脩短之命。封愚智善惡之性。夫哀樂喜怒。伏之于情。感物而動。窮達脩短。藏之于命。事至而後明。妍媸盈減。著之于形。有生而表見。愚知善惡。封之于性。觸用而顯徵。此八句者。總人事而竭焉。皆由自然之數。無有造爲之者。夫有造爲之者。必勞。有出入之者。必漏。有酬酢之者必謬。此三者。非造物之功也。故墨子曰。使造三年成一葉。天下之葉少哉。蓋聖人設權巧㠯成教。借事似㠯勸威。見強勇之暴寡怯也。懼刑戮之弗禁。乃陳禍淫之威。傷敦善之不勸也。知性命之不可易。序福善㠯獎之。故聽其言也。佀若不爽。徵其事也。萬不一驗。子㠯本枝繁植。斯履道之所致。蒸嘗莫主。由遺行之所招。身居逸樂。爲善士之明報。體事窮苦。是惡人之顯戮。孫叔少不埋

此句上脫用字

使造下脫化字

蚳長無令尹之貴。邴吉前無陰德。終闕丞相之尊。若然。則天道吕重華文命。荅瞽叟之極愚。吕商均丹朱。酬堯舜之至聖。大伯三世無黷兵之咎。而假嗣于仲虞。漢祖七葉。不聞篤善之行。遂造配天之業。箕稱享用五福。身抱夷滅之痛。孔云慶鍾積善。躬事旅人之悲。顏冠七十之上。有不秀之吝。冉在四科之初。致斯人之歎。而商臣畀王荊南。冒頓世居塞北。首山無解顏之鬼。汨水有抱怨之魂。康成吕姓改鄉。不濟小聖之禍。王褒哀變隴木。適受非妄之災。二生居衞。覆舟之痛誰罪。三仁在亳。剖心之酷何辜。若乃側近邦畿。密近世代。非墳籍所載。在耳目之前者。至有腹藏孟門之險。心庳豺虺之毒。役慮唯吕害他爲念。行己必用利我爲先。錐刀推其尖銳。谿壑訝其難滿。內則百兩外紫。千鍾內實。優偃綺羅。坐列甘臓。鳴金綰玉。富逸終身。自有懷白璧而爲襟。瑩明珠而成性。心不能行啟蟄之殺。手不忍折方長之條。懷殊衬而莫采。蓄美志而誰晒。

傷糅于宂雜之中。見底于鄉閭之末。抱飢寒而溘死。與麋鹿而共理。享嘗寂漠。孀孩無寄。名字不聞。湮沈電滅。如斯可恨。豈一人哉。是知桀跖之凶殘。無懼來禍之將及。閔曾之篤行。勿擬後慶之當臻。故鶡冠子曰。夫命者自然者也。賢者未必得之。不肖者未必失之。斯之謂矣。大夫曰。若子引百家之言。則列子之爲名者必廉。廉斯貧。爲名者必讓。讓斯賤。若然者。則貧賤者立名之士。所營而至也。則富貴者貪競之徒。所求而得也。何名自然之數哉。先生曰。此乃一隅之說。非周于理者也。夫富貴自有貪競。富貴非貪競所能得。貧賤自有廉讓。貧賤非廉讓所欲邀。自有富貴而非貪求。貧賤而不廉讓。且子罕言命。道藉人宏。故性命之理。先聖之所憚說。善惡報應。天道有常而關哉。譬如溫風轉華。寒飆颺雪。有委溲糞之下。有累玉階之上。風飄無心于厚薄。而華霰有穢淨之殊途。天道無心于愛憎。而性命有窮通之異術。子聞于公待封而封至。嚴母

傷上脫身字

望喪而喪及。若見善人。便言其後必昌。若遇惡人。便言其後必亡。此猶終身守株。而冀狡兔之更獲耳。大夫于是斂容而謝曰。若僕者所執偏迷。而昧通途。守狹近而失遐曠。今承德音。煥然蒙啟。譬猶疏蜀伏尸。歷萬古而忽悟。中山沈醉。未千朝而遽醒。請事斯語。吕銘諸紳。或問曰。朱子託憑虛之談。暢方寸之底。論情指事。深有趣焉。但詳之先典。有所未達。夫人哀樂喜怒之情。包善惡之性。資待之方不足。于是爭奪之事斯興。才識均者。不能相御。天生仁聖。實使司牧。樂者聖人之所作。禮者先王之所制。三千之儀。吕檢其迹。五音之和。吕導其心。設爵吕勸善。縣刑吕懲惡。纖毫不漏。酬酢如響。玉帛云乎。非無爲所薦。鼓鍾斯合。豈自然而諧。于科滿目。靡非力用所構。百貫參差。悉由智思而造。吾子湯武之臣隸。周孔之學徒。出入戶牖。伏膺名教。而云善人知善之不足憑也。惡人知惡之不足誡也。善不能招慶。禍不能報惡。是何背理之談也。且翩翾

蠕動。猶知去就。況人爲最靈。而同一自然之物。此豈高厚之詩。何取譬之非類。情所未達。敬待淸酬。荅曰。若盧敖北遭若士。自傷足跡之未曠。河宗東窺溟海。方歎秋水之不多。吾子習近成性。未易可與談遠大者也。今子吕屈伸俯仰。心慮所爲。雕鏤剪琢。身手所作。禮樂者聖人之所作。聖人者天地之所生。請爲吾子近取諸身。則可吕遠通諸物。子吕耳聞眼見。足蹈手握。意謂孰使之然。身有疴疾冷熱。皆不自知。哀樂喜怒。興廢安在。何地有識者自知識之所在者乎。有智者自知智之所存者乎。若識遍身中。傷則識裂。智若隨事起。事謝則智滅。果識不知識。智不知智。于是推近吕達遠。觸類而長之。故知禮樂不自知其所由而製。聖人不自知其所由而生。兩像亦不知所由而立矣。于是殊形異慮。委積充盈。靜動合散。自生自滅。動靜者莫有識其主。生滅者不自曉其根。蓋自然之理著矣。所謂非自然者。乃大自然也。是有爲者。乃大無爲也。子云

天生聖人。是使司牧。何故唐虞聖聖。加以五臣。文武重光。益以十亂。豈天道之不能一其終始。將末代貽咎于天地。大舜大堯。非欲生不肖之子。龍逢比干。豈樂身就誅割。孔子歷聘棲遑。卒云執鞭不憚。顏稱回何敢死。終使慈父請車。彼三聖三仁。可謂妙取捨矣。天能令東海亢旱。不如理孝婦之怨。地能使高城復塹。未若救杞梁之殞。故榮落死生。自然定分。若聖與仁。不能自免。深味鄙句。理存顯然。廣宏明集二十五。

楊輦

輦未詳。

奏流拘那羅陀

嶺表所譯衆部。多明無塵唯識。言乖治術。有蔽國風。不隸諸華。可流荒服。續高僧傳一拘那羅陀華言親依或云波羅末陀譯云眞諦本西天竺優禪尼國人

全陳文卷十七終

烏程嚴可均校輯

闕名

奏請議沈孝軌諸弟除服

前寍遠將軍建康令沈孝軌門生陳三兒牒稱主人翁靈柩在周主人奉使關內因欲迎喪久而未返此月晦即是再周主人弟息見在此者爲至月末除靈內外即吉爲待主人還情禮申竟（陳書沈洙傳高祖受禪有司奏）

奏加始興王戎號置佐史

夫增崇徽號飾表車服所以闡彰厥德下變民望第二皇子新除始興王伯茂體自尊極神姿明穎玉暎觽辰蘭芬綺歲清輝美譽日茂月升道鬱平河聲超袞植皇情追感聖性天深以本宗闕緒纂承蕃嗣雖珪社是膺而戎章未襲豈所以光崇睿哲寵樹皇枝臣等參議宜加寍遠將軍置佐史（陳書始興王伯茂傳舊制諸王受封未加戎號者不置佐史于是尚書八座奏）

奏封第三皇子伯山

臣聞本枝惟允宗周之業以弘盤石既建皇漢之基斯遠故能協宣五運規範百王式固靈根克隆卜世第三皇子伯山發睿德于髫年表岐姿于丱日光昭丹掖暉映青闈而玉圭未秉金錫靡駕豈所以敦序維翰建樹藩戚臣等參議宜封鄱陽郡王（陳書鄱陽王伯山傳天嘉元年七月丙辰尚書八座奏）

奏治始興王叔陵死後餘罪

逆賊故侍中中軍大將軍始興王叔陵幼而狠戾長肆貪虐出撫湘南及鎮九水兩藩甿庶掃地無遺蜂目豺聲狎近輕薄不孝不仁阻兵安忍無禮無義唯戮是聞及居偏憂婬樂自恣產子就館日月相接晝伏夜遊恒習姦詭抄掠居民歷發丘墓謝太傅晉朝佐命草創江左斵棺露骸事驚聽視自大行皇帝寢疾翌日未瘳叔陵以貴介之地參侍醫藥外無戚容內懷逆弒大漸之後聖躬號擗遂因匍匐手犯乘輿皇太后奉臨又加鋒刃窮凶極逆曠古未儔賴長沙王叔堅誠孝懇至英果奮發手加挫拉身蔽聖躬叔陵仍奔東城招集兇黨餘毒方熾自害妻孥雖應時梟懸猶未攄憤怨臣等參議請依宋代故事流尸中江汙潴其室并毀其所生彭氏墳廟還謝氏之塋（陳書始興王叔陵傳高宗崩叔陵以剉藥刀斫後主中項又斫太后敕下還東府聚兵千人俄而蕭摩訶將兵至府西門斬其首送于臺尚書八座奏）

啟請徐陵改斷大行俠御服

案尋議斟酌舊儀梁昭明太子喪成服儀注明文見存足爲準的成服日侍官理不容猶從吉禮其葬禮分吉自是山陵之時非關成服之日愚意劉舍人議于事爲允（陳書劉師知傳高祖崩六日成服朝臣共議大行皇帝靈座俠御人所服衣服吉凶之制博士沈文阿議宜吉服劉師知議宜服縗絰徐陵同博士議時八座以下竝請）

釋氏

慧愷

慧愷與法泰等知名梁代入陳居廣州制旨寺

攝大乘論序

夫至道弘曠無思不洽大悲平等誘進靡窮德被含生理非偏漏但迷塗易久淪惑難息若先談出世則疑性莫啟故設教立方各隨性欲唐虞之前圖牒簡少姬周已後經誥弘多雖復製禮作訓竝導之以俗法而真假妙趣尚冥然未覩故迹隱蔥嶺以西教祕滄海之外自漢室受命方稍東漸爰及晉朝斯風乃盛梁有天下彌具興隆歷千祀其將半涉七代而迄今法蘭導清源于前童壽振芳塵于後安歡騁壯思以發義端生肇擅玄言以釋幽致雖竝策分鑣同瀾比派而深淺競馳明晦相雜自茲以降篤好逾廣莫不異軌同奔傳相祖習而去取隨情開抑殊軫慧愷志慚負橐勤

愧聚螢。謬得函迹。學徒稟承訓義。遊寓講肆。多歷年所。名師勝友。備得諮詢。但綜涉疏淺。鑽仰無術。尋波討源。多所未悟。此蓋慮窮于文字。思迷于弘旨。明發興嗟。負必非一。每欲順風問道。而未知厥路。有三藏法師。是優禪尼國婆羅門種。姓頗羅墮。名拘羅那他。此土翻譯。稱曰親依。識鑒淵曠。風表俊越。天才高傑。神辯閎縱。道氣逸羣。德音邁俗。少遊諸國。歷事眾師。先習外典。洽通書奧。苞四韋于懷抱。吞六論于胸衿。學窮三藏。貫練五部。研究大乘。備盡深極。法師既博綜墳籍。妙達幽微。每欲振玄宗于他域。啟法門于未悟。以身許道。無憚遠遊。跨萬里猶比鄰。越四海如咫尺。以梁太清二年方届建業。仍值梁季混淆。橫流荐及。法師因此。避地東西。遂使大法擁而不暢。未至九江。及遊五嶺。凡所翻譯。卷軸未多。後適閩越。敷說不少。法師每懷慷慨。所歎知音者希。故伯牙絕絃。卞和流壁。良由妙旨之典難蘇。盈尺之珍罕別。法師遊方既久。欲旋返

舊國。經途所亘。遂達番禺。儀同三司廣州刺史陽山郡公歐陽頠。敘表岳靈。德洞河府。經文緯武。匡道佐時。康流民于百越。建正法于五嶺。欽法師之高行。慕大士之勝軌。奉請為菩薩戒師。恭承盡弟子禮。愷昔嘗受業。已少滌沈蔽。服膺未久。便致睽違。今重奉值。倍懷蹈儛。復欲滄和稟德。訪道陳疑。踐殷勤三請。而不蒙允遂。悅然失圖。心魂靡託。衡州刺史陽山公世子歐陽紇。風業峻整。威武貞拔。該閱文史。深達治要。崇彌內湛。清輝外溢。欽賢味道。篤信愛奇。躬為請主。兼申禮事。法師乃欣然受請。許為翻譯。制旨寺主慧智法師。戒行清白。道氣宏壯。志業閑贍。遂必舉匡濟不墜。輪奐靡息。征南長史袁敬。德履沖明。志託夷遠。徽猷清簡。冰桂齊貞。鄱諸蕃正。民譽早聞。兼深重佛法。崇情至理。黑白二賢。為經始檀越。辰次昭陽。歲維協洽。月呂姑洗。神紀句芒。于廣州制旨寺。便就翻譯。法師既妙解聲論。善識方言。詞有隱而必彰。義無微而不暢。席

間爾文。終朝靡息。愷謹筆受。隨出隨書。一章一句。備盡研覈。釋義若竟。方乃著文。然翻譯之事殊難。不可存于華綺。若一字參差。則理趣胡越。乃可令質而得義。不可使文而失旨。故今所翻。文質相半。與僧忍等同共稟學。夙夜匪懈。無棄寸陰。即以其年樹檀之月。文義俱竟。本論三卷。釋論十二卷。義疏八卷。合二十三卷。此論乃是大乘之宗極。正法之祕奧。妙義雲興。清詞海溢。深固幽遠。二乘由此迷墜。曠壯該含。十地之所宗學。如來滅後將千一百餘年。彌勒菩薩。投適時機。降靈俯接。忘己屈應。為阿僧伽法師。廣釋大乘中義。阿僧伽者。此言無著。法師得一會道。體二居宗。該玄鑒極。凝神物表。欲敷闡至理。故製造斯論。惟識微言。因茲得顯。三性妙趣。由此而彰。冠冕彝倫。舟航有識。本論即無著法師之所造也。法師次弟婆藪槃豆。此曰天親。道亞生知。德備藏往。風格峻峙。神氣爽發。稟厥兄之雅訓。習大乘之弘旨。無著法師所造諸論。詞致淵理

玄趣難曉。將恐後生。復成紕紊。故製釋論。以解本文。籠小乘于形內。挫外道于筆端。自斯已後。迄于像季。方等圓教。乃咸宣通。慧愷不揆虛薄。情慮庸淺。乃欲泛芥舟于巨壑。策駑足于長路。庶累毫成仞。聚爝為明。有識君子。幸宜尋閱其道。必然無失墜也。釋藏物六

阿毗達磨俱舍釋論序

正教本宗。文惟三藏。梵音所闡。詎無異說。法相深微。名實繁曠。若非圓明獨朗。孰能通達。自日隱穎多之山。月翳羅睺之手。時移解昧。部執競興。或以文釋義。或以義判文。雖復得失參差。皆以三藏為本。可謂殊塗同歸。一致百慮者也。尋十八部師及弟子。並各造論。解其所執。于一部中。多有諸論。此土先譯薩婆多部。止有毗婆沙及雜心四卷。毗婆沙明義雖廣。而文句來不具足。雜心說乃處中。比述自部宗致四卷。過存省略。旨趣難可尋求。此土先譯經部比有成實一論。成實乃以經部駁斥餘師。其間所用。或同餘部。又

于破立之中。亦未皆盡其妙。且傳譯參差。難可具述。佛滅度後千一百餘年。有出家菩薩。名婆藪盤豆。器度宏曠。神才壯逸。學窮文字。思徹淵源。德隆終古。名蓋當世。造大小乘論。凡數十部。並盛宣行。靡不宗學。法師德業具如別傳。先于薩婆多部出家。仍學彼部所立三藏。復見彼法多有乖違。故造此論。具述彼執。隨其謬處。㠯經部破之。故此論本宗是薩婆多部。其中取舍。㠯經部爲正。博綜羣籍。妙拔衆師。談玄微。窮于奥極。述事象略而周備。顯成聖旨。備權異說。立不可闕。破無能擬。義兼數論。而深廣愈之。詞不繁而義顯。義雖濬而易入。故天竺咸稱爲聰明論。于大小乘學。悉依此爲本。有三藏法師俱羅那他。聰敏强記。才辯無竭。碩學多聞。該通內外。爲弘法故。遠遊此國。值梁室將傾。時事紛梗。法師避地。東西垂二十載。欲還天竺。來至番禺。慧愷因請翻講攝大乘等論。經涉二年。文義方畢。法師爾後猶欲旋歸。刺史歐陽紇。尚仁貴道。久申敬事。重復請留。彌加殊禮。慧愷與僧忍等。更請翻講此論。㠯陳天嘉四年歲次閼逢涒灘正月二十五日。于制旨寺始就開闡。或品未畢。仍事從居于南海郡內。續更敷說。法師遊方既久。精解此土音義。凡所翻譯。不須度語。但梵音所目。于義易彰。今既改變梵音。詞理難卒符會。故于一句之中。循環辯釋。翻覆鄭重。乃得相應。慧愷謹卽領受。隨定隨書。日夜相繼。無懈晷刻。至其年閏十月十日。文義究竟。論文二十二卷。論偈一卷。義疏五十三卷。刺史仍請于城內講說。既得溫故。頗識大宗。非唯闇弱。多有疑滯。又恐所翻不免謬失。至天嘉五年歲次柔兆二月二日。與僧忍等更請法師重譯論文。再解義意。至光大元年歲次强圉十二月二十五日。治定前本。始末究竟。長史袁敬。識鑒沈深。信解明正。長史長子元友。愛文重法。博學多藝。並禮事法師。備盡經始。雖南中翻譯。悉賴此賢門。方希永傳來世。㠯爲後生模式。佛法大海。深廣無際。若不局

一塗。能信順求學。豈不同飡甘露。共餌脣蔔者哉。如或專執。非所喻也。（釋藏敂一）

釋慧達

慧達。潤州江寧縣小招提寺沙門。

夾科肇論序

慧達率愚。通序長安釋僧肇法師所作宗本物不遷等四論。但末代弘經。允屬四依。菩薩爰傳茲土。抑亦其例。至如彌天大德。童壽桑門。並創始命宗。圖辯格致。播揚宣述。所事玄虛。唯斯擬聖默之所祖。自降乎已還。歷代古今。凡著名僧傳及傳所不載者。釋僧叡等三千餘僧。淸信檀越謝靈運等八百許人。至能辯正方言。節文階級。善覈名教。精搜義理。揖此羣賢。語之所統。有美若人。超語兼默。標本則句句深達佛心。明末則言言備通聖教。諒是大乘懿典。方等博書。自古自今。著文著筆。詳汰名賢所作諸論。或六家七宗。爰延十二。並判其臧否。辯其差當。唯此憲章。無弊斯咎。良由襟情泛若。不知何係。譬彼淵海。數越九流。挺拔淸虛。蕭然物外。知公者希。歸公採什。如日不知。則公貴矣。達猥生天幸。逢此正音。忻躍弗已。彌讚無疲。每至披尋。不勝手舞。誓願生生。盡命弘述。達于肇之遺文。其猶若是。況中百門觀。爰洎方等深經。而不至增乎世諺。咸云肇之所作。故是誠實眞諦。地論通宗。莊老所資。猛浪之說。此實巨蠹之言。欺誣亡沒。街巷陋音。未之足拾。夫神道不形。心敏難繪。既文拘而義遠。故衆端之所詭。肇之卜意。豈徒然哉。良有㠯也。如復徇狎其言。願生生不面。至獲忍心。還度斯下。達留連講肆。二十餘年。頗逢重席。末覩斯論。聊寄一序。託悟在中。同我賢余。請俟來哲。夫大分深義。厥號本無。故建言宗旨。標乎實相。開空法道。莫逾眞俗。所㠯次釋二諦。顯佛教門。但圓正之因。無上般若。至極之果。唯有涅槃。故末啟重玄。明衆聖口口宅。雖㠯性空擬本。無本可稱。

語本絕言。非必行處。然則不遷當俗。俗則不生。不眞爲眞。眞但名說。若能放曠蕩然。崇茲一道。清耳虛襟。無言二諦。斯則淨照之功著。故般若無知。無名之德興。而涅槃不稱。余謂此說周圓。罄佛淵海。浩博無涯。窮法體相。雖復言約而義豐。文華而理詣。語勢連環。意實孤誕。敢是絕妙好辭。莫不竭茲洪論。所以童壽歎言。解空第一。肇公其人。斯言有由矣。彰在翰牘。但宗本蕭然。莫能致詰。不遷等四論。事開接引。問荅析微。所以稱論。

釋曇瑗

曇瑗。金陵人。住光宅寺。有集六卷。

荅津律師書

信來在告。良用憮然。余學慙拔瘁。人非準的。中間雖曾講授。不異管內闚天。豈足作範後昆。踵武前哲。蓋身疾弗瘳。門人引去。一師感業。廢而莫傳。五十之年。忽焉將至。長夜永懷。惆悵何已。每有好事者。日相請謁。遂以罷老。復成自厲。如法師數子。本出名家。洛下奇才。當今利齒。必欲撲嘏論部。任持律藏。方爲美器。已見絕塵。復有海表奇僧。聚中開士。皆學無常師。不遠而至。訪道質疑。足稱一時之樂。不意胡兵犯蹕。廣馬飲江。塔廟焚如。義徒道殣。卽日京。華故老。俯席不談。乃復爰訪幽阿。合其訓導。久廢無文。何以誨人。故乃荆棘生乎口中。雌黃謬于舌杪矣。煎水求冰。未足爲喻。伫能近顧。方陳寸款。瑗白。廣宏明集三十二。又一本在二十七上

與梁朝士書

光宅寺曇瑗白。竊惟至人垂誨。各赴機權。故外設約事三千。內陳律儀八萬。誠復揩訓異門。無非懲惡。孔定刑辟。以詰姦宄。釋敷羯磨。用擯違法。二聖分教。別有司存。頃見僧尼有事。每越訟公府。其內外殊揆。科例不同。或內律爲輕。外制成重。或內法爲重。外網兩輕。凡情僶俛。肆其阿便。若苟欲利己。則捨內重而附外輕。若在陷地。則棄內輕而依外重。非唯穢黷時宰。便爲頓乖理制。幸願明令公匡寧社稷。和變陰陽。舟檝大乘。柱石三寶。遐邇向風。白黑兼慶。貧道忝居僧例。頗采習毗尼。累獲僧曹送事。訪律詳決。尋佛具切戒。國有憲章。雖僧家諍執。未審依何折斷。謹致往牒。伫奉還旨。庶成約法。永用遵模。釋曇瑗上。廣宏明集三十二。又一本在二十七上

地當作他

釋惠津

惠津。未詳。

與瑗律師書

惠津和南。竊聞尋師萬日。以禮見知。而津伏奉未淹。過蒙優接。昔鄒陽上書。乃可引爲上客。宋玉陳賦。則一賜以良田。且復康會來吳。才堪師表。摩騰入漢。行合律儀者哉。故知道在人宏。德不孤立。儔今訪古。並非其例。豈可虛佩寵靈。坐安隆遇。便是名踰分外。衆超身表。但法輪初啟。請業者如雲。非直四海同風。天下慕義。遂令負笈之徒。排肩自遠。歸仁之士。繼踵來儀。華陰成市。曾何足云。舉袂如帷。豈得獨高前代。況乃闡禪定之初門。開智慧之燈炬。信實傾河倒海。宜說不窮。先進者陷于金城。後生者摧其利齒。可謂熏修戒善。能令十地瓔珞。守持身行。則使八正莊嚴。允穆聖凡。叶和幽顯。加有懷鉛握鍵之奸。聚螢流麥之勤。或剖蚌求珠。開河出寶。而惠津一介無取。內外靡聞。學謝懸鐘。言慚散粉。同斯曲木。空廁直蘭。類此蒹葭。謬參玉樹。乃知滄溟汪濊。不待毫滴之珠。華嶽穹崇。寧俟遊塵之壤。譬茲秋鳳。如彼春林。墜獨葉不預百枝。落一毛何關六翮。正言身名。仰委觸途。憑累區區寸誠。喻如皎日。不意二遊有務。四郊多壘。致使虧贊講筵。請益成廢。及言悲戀。寧可具披。所冀離靜障除。更敦諮受。不任戀結。行遣祗承。惠津和南。廣宏明集三十二。又一本在二十七上。案此與瑗荅書皆梁末侯景亂後也

智文

智文。未詳。

格倩俏轉輪運力詞

聖上誠異宇文。廢滅三寶。君子爲國。必在禮義。豈宜以勝上福田。爲胥下之役。非止延敵輕漢。亦恐致罪尤深。續高僧傳二十七。

闕名

大乘唯識論序

唯識論者。乃是諸佛甚深境界。非是凡夫二乘所知。然此論始末。明三種空。何者爲三。一者人無我空。二者因緣法體空。三者眞歸佛性空。我空者。我本自無。但凡夫之人。愚癡顛倒。于五陰中。妄計爲有。何以知無。凡夫依心識妄想分別。于五陰因緣法中。見我爲有。然此我相于五陰中。實不可得。若爾般若觀此五陰中。一二離二。實體不可得。猶如兔角。若有此我于一中住者。應于一中見。應于異中見。應于和合中見。云何一中無我者。以有常無常過故。若有我與五陰一者。五陰無常。我亦應無常。復有我若與陰一者。我是常故。陰亦應常。若我與陰二者。一邊卽同前無常。一邊卽同前常。若離二邊者。此亦不然。離于二邊。別相不可得。是故實無神我。如是知者。名入人無我空。因緣法體空者。謂諸色等因緣法。以隨俗因緣起。云何隨俗因緣起。世人見牛起于牛想。不起馬想。見馬起于馬想。不起牛想。色等法中。亦復如是。見柱起柱想。不起色想。見色起色想。不起柱想。如薪火相待。無實薪以離于薪。更無實火以離于火。更無實薪于薪。更無實火能作薪因以離于火。更無實薪能作火因而見火。說假名薪。見薪說假名火。以相待成故。如是能成所成。而不離能成。因而有所成。不離所成。因而有能成。如彼薪火。能成所成亦實無。是名因緣法體空。眞如法空者。所謂佛性清淨之體。古今一定。故經云。佛性者。名爲第一義空。所言空者。體無萬相故。言其空無萬相者。無有世間色等有爲法故。無萬相非是同于無性法。以其眞如法體。是故經云。去八解脫者名不空空。是故不同無法空也。若如是觀。是名解眞如法空。

唯識論言唯識者。明但有內心。無色香等外諸境界。何以得知。如人目有膚翳。妄見毛輪揵闥婆城等種種諸色。實無前境界。但虛妄見有如是諸衆生等外諸境界。故言唯識。若爾但應言破色。不應言破心。此亦有義。心有二種。一者相應心。二者不相應心。相應心者。謂無常妄識。虛妄分別。與煩惱結使相應。名相應心。不相應心者。所謂常住第一義諦。古今一相。自性清淨心。今言破心者。唯破妄識煩惱相應心。不破佛性清淨心。故得言破心也。釋藏鄙二

全陳文卷十八終

全後魏文目錄

全後魏文目錄　三

全後魏文目錄　四

大凡全後魏文三百二人
大凡全後魏文六十卷

全後魏文目錄終

全後魏文卷一

烏程嚴可均校輯

道武帝

帝姓拓跋氏。諱珪。昭成帝什翼犍之孫。以晉太元十一年即代王位。尋改稱魏王。以太元二十一年即皇帝位。都雲中。遷都平城。改元四。登國、皇始、天興、天賜。在位二十四年。爲清河王紹所弒。永興二年謚曰宣武皇帝。廟號太祖。泰常五年改謚曰道武。案魏書鄧淵傳軍國文紀詔策多淵所爲

定國號爲魏詔 天興元年六月

昔朕遠祖。總御幽都。控制遐國。雖踐王位。未定九州。逮于朕躬。處百代之季。天下分裂。諸華之主。民俗雖殊。撫之在德。故躬率六軍。埽平中土。凶逆蕩除。遐邇率服。宜仍先號。以爲魏焉。布告天下。咸知朕意。魏書道武紀

修建佛寺詔 天興元年

法佛當作佛法

夫法佛之興。其來遠矣。濟益之功。冥及存沒。神蹤遺軌。信可依憑。其敕有司。于京城建飾容範。修整官舍。令信向之徒。有所居止。魏書釋老志。

天命詔 天興三年十二月乙未

世俗謂漢高起于布衣。而有天下。此未達其故也。夫劉承堯統。曠世繼德。有蛇龍之徵。致雲彩之應。五緯上聚。天人俱協。明革命之主。大運所鍾。不可以非望求也。然狂狡之徒。所以顛蹶而不已者。誠惑于逐鹿之說。而迷于天命也。故有踵覆車之軌。蹈釁逆之蹤。毒甚者傾州郡。害微者敗邑里。至乃身死名頹。殃及九族。從亂隨流。死而不悔。豈不痛哉。春秋之義。大一統之美。吳楚僭號。久加誅絕。君子賤其僞名。比之塵垢。自非繼聖載德。天人合會。帝王之業。夫豈虛應。歷觀古今。不義而求非望者。徒喪其保家之道。而伏刀

鋸之誅。有國有家者。誠能推廢興之有期。審天命之不易。察徵應之潛授。杜競逐之邪言。絕姦雄之僭肆。思多福于止足。則幾于神智矣。如此。則可以保榮祿于天年。流餘慶于後世。夫然。故禍悖無緣而生。甲兵何由而起。凡厥來世。勖哉戒之。可不慎歟。魏書道武紀

官號詔 天興三年十二月丙申

上古之治。尚德下名。有任而無爵。易治而事序。故邪謀息而不起。姦慝絕而不作。周姬之末。下陵上替。以號自定。以位制祿。卿世其官。大夫遂事。陽德不暢。議發家陪。故釁由此起。兵由此作。秦漢之弊。捨德崇侈。能否混雜。賢愚相亂。庶官失序。任非其人。于是忠義之道寢。廉恥之節廢。退讓之風絕。毀譽之議興。莫不由乎貴尚名位。而禍敗及之矣。古置三公。職大憂重。故曰待罪宰相。將委任責成。非虛寵祿也。而今世俗。僉以台輔爲榮貴。企慕而求之。夫此職司。在人主之所任耳。用之則重。捨之則輕。然則官無常名。而任有

定分。是則所貴者至矣。何取于鼎司之虛稱也。夫桀紂之南面。雖高而可薄。姬旦之爲下。雖卑而可尊。一官可以效智。蓽門可以垂範。苟以道德爲實。賢于覆餗蔀家矣。故量力者令終而義全。昧利者身陷而名滅。利之與名。毀譽之疵競。道之與德。神識之家寶。是故道義治之本。名爵治之末。名不本于道。不可以爲宜。爵無補于時。不可以爲用。用而不禁。爲病深矣。能通其變。不失其正者。其惟聖人乎。來者誠思成敗之理。察治亂之由。鑒殷周之失。革秦漢之弊。則幾于治矣。魏書道武紀

與朗法師書

皇帝敬問太山朗和尚。承妙聖靈。要須經略。已命元戎。上人德同海嶽。神算遐長。冀助威謀。克寧荒服。今遣使者送素二十端。白氈五十領。銀鉢二枚。到願納受。廣弘明集二十八上

即位告祭天地祝文 天興元年

皇帝臣珪。敢用玄牡昭告于皇天后土之靈。上天降命。乃眷我祖宗。世王幽都。珪以不德。纂戎前緒。思寧黎元。龔行天罰。殪劉顯。屠衞辰。平慕容。定中夏。羣下勸進。謂宜正位居尊。以副天人之望。珪以天時人謀。不可久替。謹命禮官擇吉日。受皇帝璽綬。惟神祇其丕祚于魏室。永綏四方。魏書禮志一

明元帝

帝諱嗣。道武帝長子。天興六年封齊王。天賜六年十月即位。改元三。永興、神瑞、泰常。在位十五年。謚曰明元皇帝。廟號太宗。

詔賜王洛兒爵

士處家必以孝敬爲本。在朝則以忠節爲先。不然。何以立身于當世。揚名于後代也。散騎常侍王洛兒車路頭等。服勤左右。十有餘年。忠謹恭肅。久而彌至。未嘗須臾之頃有廢替之心。及在艱難。人皆易志。而洛兒等授命不移。貞操踰厲。雖漢之樊灌。魏之許典。無以加焉。勤而不賞。何以獎勸將來爲臣之節。其賜洛兒爵新息公。加直意將軍。魏書王洛兒傳

簡出宮人詔 永興三年二月

衣食足。知榮辱。夫人飢寒切己。唯恐朝夕不濟。所急者溫飽而已。何暇及于仁義之事乎。王教之多違。蓋由于此也。非夫耕婦織。內外相成。何以家給人足矣。其簡宮人非所當御。及執作伎巧。自餘悉出以配鰥民。魏書明元紀

貲調詔 神瑞二年三月

刺史守宰。率多逋慢。前後怠惰。數加督罰。猶不悛改。今年貲調縣違者。讁出家財充之。不聽徵發于民。魏書明元紀

讁當作謫

賑貧窮詔 神瑞二年十月

古人有言。百姓足則君有餘。未有民富而國貧者也。頃者以來。頻遇霜旱。年穀不登。百姓飢寒。不能自存者甚衆。其出布帛倉穀。以

賑貧窮。魏書明元紀

遣使巡省詔 泰常二年二月

九州之民。隔遠京邑。時有壅滯。守宰至不以聞。今東作方興。或有貧窮失農務者。其遣使者巡行天下。省諸州。觀民風俗。問民疾苦。察守宰治行。諸有不能自申。皆因以聞。魏書明元紀

贈謚司馬休之詔 泰常二年十月

司馬休之率其同義。萬里歸誠。雖操不遂。中年殞喪。朕甚愍焉。其追贈征西大將軍右光祿大夫。謚始平聲公。魏書司馬休之傳

改謚宣武皇帝爲道武詔 泰常五年五月

宣武皇帝體道得一。天縱自然。大行大名。未盡美。非所以光揚洪烈。垂之無窮也。今因啓緯圖。始覩尊號。天人之意。煥然著明。其改宣曰道。更上尊謚曰道武皇帝。以彰靈命之先啓。聖德之玄同。告祀郊廟。宣于八表。魏書明元紀

詔有司

先所知者。皆軍國大事。自今常宿于內。魏書李先傳。太宗召先讀韓子連珠二十二篇。太公兵法十一事。詔有司。

敕有司勸課 神瑞二年

前志有之。人生在勤。勤則不匱。凡庶民之不畜者祭無牲。不耕者祭無盛。不樹者死無椁。不蠶者衣無帛。不績者喪無衰。教行三農。生殖九穀。教行園囿。毓長草木。教行虞衡。山澤作材。教行藪牧。養蕃鳥獸。教行百工。飭成器用。教行商賈。阜通貨賄。教行嬪婦。化治絲枲。教行臣妾。事勤力役。魏書食貨志。帝以飢簡尤貧者就食山東。敕有司勸課留農者。

敕長孫嵩 泰常二年

簡精兵爲戰備。若裕西過者。便率精銳南出彭沛。如不時過。但引軍隨之。彼至崤陝間。必與姚泓相持。一死一傷。衆力疲敝。比及秋月。徐乃乘之。則裕首可不戰而懸。魏書長孫嵩傳

鐵渾儀銘

於皇大代。配天比祚。赫赫明明。聲烈遐布。爰造茲器。考正宿度。貽法後葉。永垂典故。（隋書天文志上。明元永興四年壬子。詔造太史候部鐵儀。以爲渾天法。考琁璣之正。其銘曰云云。）

太武帝

帝諱燾。明元帝長子。泰常五年封泰平王。八年十月卽位。改元六。始光、神䴥、延和、太延、太平眞君、正平。在位二十九年。謚曰太武皇帝。廟號世祖。

報公卿議答吐谷渾慕璝制　延和初

公卿之議。未爲失體。西秦王所收金城枹罕隴西之地。彼自取之。朕卽與之。便是裂土。何須復廓。西秦款至。綿絹隨使疏數增益之。非一匹而已。（魏書吐谷渾傳。）

報樂安王範秦州谷后文制　太平眞君五年二月

此天地況施。乃先祖父之遺徵。豈朕一人所能獨致。可如所奏。（魏書靈徵志下。）

頒下新字詔　始光二年三月

在昔帝軒。創制造物。乃命倉頡因鳥獸之跡。以立文字。自茲以降。隨時改作。故篆隸草楷。並行于世。然經歷久遠。傳習多失其眞。故令文體錯謬。會義不愜。非所以示軌則于來世也。孔子曰。名不正則事不成。此之謂矣。今制定文字。世所用者。頒下遠近。永爲楷式。（魏書太武紀上。初造新字千餘詔。）

誅賞詔　神䴥三年五月

夫士之爲行。在家必孝。處朝必忠。然後身榮于時。名揚後世矣。近遣尚書封鐵翦除亡命。其所部將士。有盡忠竭節以殞軀命者。今皆追贈爵號。或有蹈鋒履難以自效者。以功次進位。或有故違軍法。私離幢校者。以軍法行戮。夫有功蒙賞。有罪受誅。國之常典。不可暫廢。自今以後。不善者可以自改。其宣敕內外。咸使聞知。（魏書太武紀上。）

聽鎭將王公開府辟召詔　神䴥三年七月

昔太祖撥亂。制度草創。太宗因循。未遑改作。軍國官屬。至乃闕然。今諸征鎭將軍王公仗節邊遠者。聽開府辟召。其次增置吏員。（魏書太武紀上。）

徵盧玄崔綽等詔　神䴥四年九月

頃逆命縱逸。方夏未寧。戎車屢駕。不遑休息。今二寇摧殄。士馬無爲。方將偃武修文。遵太平之化。理廢職。舉逸民。拔起幽窮。延登儁乂。昧旦思求。想遇師輔。雖殷宗之夢板築。罔以加也。訪諸有司。咸稱范陽盧玄、博陵崔綽、趙郡李靈、河間邢穎、勃海高允、廣平游雅、太原張偉等。皆賢儁之胄。冠冕州邦。有羽儀之用。詩不云乎。鶴鳴九皐。聲聞于天。庶得其人。任之政事。共臻邕熙之美。易曰。我有好爵。吾與爾縻之。如玄之比。隱跡衡門。不耀名譽者。盡敕州郡以禮發遣。（魏書太武紀上。）

行慶賞詔　延和元年正月

朕以眇身。獲奉宗廟。思闡洪基。廓清九服。遭値季運。天下分崩。是用屢征。罔或寧息。自始光至今。九年之間。戎車十舉。羣帥文武。荷戈被甲。櫛風沐雨。蹈履鋒刃。與朕均勞。賴神祇之助。將士宣力。用能摧折彊豎。克翦大憝。兵不極武。而二寇俱滅。師不違律。而遐方以寧。加以時氣和洽。嘉瑞並降。遍于郡國。不可勝紀。豈朕一人獨應此祜。斯亦羣后協同之所致也。公卿因茲。稽諸天人之會。請建副貳。夫慶賞之行。所以褒崇勳舊。旌顯賢能。以永無疆之休。其王公將軍以下。普增爵秩。啓國承家。修廢官。舉儁逸。蠲除煩苛。更定科制。務從輕約。除故革新。以正一統。羣司當深思效績。直道正身。立功立事。無或懈怠。稱朕意焉。（魏書太武紀上。）

方當作萬 寓當作寓

禁州郡遏逸賢良詔 延和元年十二月

朕除僭平暴征討累年思得英賢緝熙治道故詔州郡搜揚隱逸進舉賢俊古之君子養志衡門德成業就才爲世使或雍容雅步三命而後至或棲棲遑遑負鼎而自達雖徇尚不同濟時一也諸召人皆當㠯禮申諭任其進退何逼遣之有也此刺史守宰宣揚失旨豈復光益乃所㠯彰朕不德自今㠯後各令鄉閭推舉守宰但宜朕虛心求賢之意既至當待㠯不次之舉隨才文武任之政事其明宣敕咸使聞知 魏書太武紀上先是辟召賢良而州郡多逼遣之詔云云

賜丘堆子爵詔 延和初

堆國之肺腑勳著先朝西征喪師遂從軍法國除祀絕朕甚愍之可賜其子跋爵淮陵侯加安遠將軍 魏書丘堆傳

議來大干喪入城詔

大干忠勇盡節功在可嘉今聽喪入殯城內 魏書來大干傳

寬徭賦詔 延和三年二月

朕承統之始羣凶縱逸四方未賓所在逆僭蠕蠕陸梁于漠北鐵弗肆虐于三秦是㠯旰食忘寢抵掌扼腕期在埽清逋殘寧濟方寓故頻年屢征有事西北運輸之役百姓勤勞廢失農業遭離水旱致使生民貧富不均未得家給人足或有寒窮不能自贍者朕甚愍焉今四方順軌兵革漸寧宜寬徭賦與民休息其令州郡縣隱括貧富㠯爲三級其富者租賦如常中者復二年下窮者復三年刺史守宰當務盡平當不得阿容㠯罔政治明相宜約咸使聞知 魏書太武紀上

襃于什門詔 延和三年

什門奉使和龍值狂豎肆虐勇志壯厲不爲屈節雖昔蘇武何㠯加之賜羊千口帛千匹進爲上大夫策告宗廟頒示天下咸使聞也 魏書節義于什門傳什門太宗時爲謁者使諭馮跋拘留二十四年至馮文通上表稱臣乃送什門歸拜治書侍御史世祖下詔

禎瑞詔 太延元年六月

頃者寇逆消除方表漸晏思崇政化敷洪治道是㠯屢詔有司班宣恩惠綏理百揆羣公卿士師尹牧守或未盡導揚之美致令陰陽失序和氣不平去春小旱東作不茂憂勤克己祈請靈祇上下咸秩豈朕精誠有感何報應之速雲雨震灑流澤霑渥有鄙婦人持方寸玉印詣潞縣侯孫家既而亡去莫知所在玉色鮮白光照內映印有三字爲龍鳥之形要妙奇巧不類人迹文曰旱疫平推尋其理蓋神靈之報應也朕用嘉焉比者已來禎瑞仍臻所在甘露流液降于殿內嘉瓜合蔕生于中山野木連理殖于魏郡在先后載誕之鄉白鷰集于盛樂舊都玄鳥隨之蓋有千數嘉禾頻歲合秀于恆農白雉白兔並見于渤海白雉三隻又集于平陽太祖之廟天降嘉貺將何德㠯酬之所㠯內省驚震欣懼交懷其令天下大酺五日禮報百神守宰祭界內名山大川上荅天意㠯求福祿 魏書太武紀上

攷課詔 太延元年十二月

操持六柄王者所㠯統攝平政理訟公卿之所司存勸農平賦宰民之所專急盡力三時黔首之所克濟各修其分謂之有序今更不然何㠯爲治越職侵局有紊綱紀上無定令民知何從自今㠯後亡匿避難羈旅他鄉皆當歸還舊居不問前罪民相殺害牧守依法平決不聽私輒報者誅及宗族鄰伍相助與同罪州郡縣不得妄遣吏卒煩擾民庶若有發調縣宰集鄉邑三老計貲定課裒多益寡九品混通不得縱富督貧避彊侵弱太守覆檢能否覈其殿最列言屬州刺史明攷優劣抑退姦吏升進貞良歲盡舉課上臺牧守荷治民之任當宣揚恩化奉順憲典與國同憂直道正身肅居官次不亦善乎 魏書太武紀上

令吏民得舉告守令詔　太延三年五月

方今寇逆消殄。天下漸晏。比年已來。屢詔有司。班宣惠政。與民寧息。而內外羣官及牧守令長。不能憂勤所司。糾察非法。廢公帶私。更相隱置。濁貨爲官。政存苟且。夫法之不用。自上犯之。其令天下吏民。得舉告守令不如法者。魏書太武紀上

西征涼州與太子晃詔　太延五年八月

姑臧城東西門外涌泉合于城北。其大如河。自餘溝渠流入澤中。其間乃無燥地。澤草茂盛。可供大軍數年。人之多言。亦可惡也。故有此敕。㠯釋汝疑。魏書太武紀下附。又見十六國春秋九十五

命崔浩綜理史務詔　案當在太平眞君初

昔皇祚之興。世隆北土。積德累仁。多歷年載。澤流蒼生。義聞四海。我太祖道武皇帝。協順天人。㠯征不服。應期撥亂。奄有區夏。太宗承統。光隆前緒。釐正刑典。大業惟新。然荒域之外。猶未賓服。此祖宗之遺志。而貽功于後也。朕㠯眇身。獲奉宗廟。戰戰兢兢。如臨淵海。懼不能負荷至重。繼名丕烈。故即位之初。不遑寧處。揚威朔裔。埽定赫連。逮于神䴥。始命史職注集前功。㠯成一代之典。自爾已來。戎旗仍舉。秦隴克定。徐兗無塵。平逋寇于龍川。討孽豎于涼域。豈朕一人獲濟于此。賴宗廟之靈。羣公卿士宣力之效也。而史闕其職。篇籍不著。每懼斯事之墜焉。公德冠朝列。言爲世範。小大之任。望君存之。命公留臺。綜理史務。述成此書。務從實錄焉。魏書崔浩傳

復民貲賦詔　太平眞君四年閏六月

朕承天子民。憂理萬國。欲令百姓家給人足。興于禮義。而牧守令宰不能助朕宣揚恩德。勤恤民隱。至乃侵奪其產。加㠯殘虐。非所㠯爲治也。今復民貲賦三年。其田租歲輸如常。牧守之徒。各厲精爲治。勸課農桑。不得妄有徵發。有司彈糾。勿有所縱。魏書太武紀下

令皇太子總百揆詔　太平眞君四年十一月。宋書作下書。集古今佛道論衡亦作下書。

朕承祖宗重光之緒。思闡洪基。恢隆萬世。自經營天下。平暴除逆。埽清不順。武功既昭。而文教未闡。非所㠯崇太平之治也。今者域內安逸。百姓富昌。軍國異容。宜定制度。爲萬世之法。夫陰陽有往復。四時有代序。授子任賢。安全相附。所㠯休息疲勞。式固長久。成其祿福。古今不易之典也。諸朕功臣。勤勞日久。皆當致仕歸第。雍容高爵。頤神養壽。朝請隨時。饗宴朕前。論道陳謨而已。不須復親有司苦劇之職。其令皇太子嗣理萬機。總統百揆。更舉賢良。㠯備列職。皆取後進明能。廣啓選才之路。擇人授任。而黜陟之。故孔子曰。後生可畏。焉知來者之不如今。主者明爲科制。宣敕施行。宋書索虜傳

朕承祖宗重光之緒。思闡洪基。恢隆萬世。自經營天下。平暴除亂。埽清不順。二十年矣。夫陰陽有往復。四時有代謝。授子任賢。所㠯休息。優隆功臣。式圖長久。蓋古今不易之令典也。其令皇太子副理萬機。總統百揆。諸朕功臣。勤勞日久。皆當㠯爵歸第。隨時朝請。饗宴朕前。論道陳謨而已。不宜復煩㠯劇職。更舉賢俊。㠯備百官。主者明爲科制。㠯稱朕心。魏書太武紀下

下太子晃詔

王者大業。纂承爲重。儲宮嗣紹。百王舊例。自今已往。事無巨細。必經太子。然後上聞。南齊書魏虜傳

禁容匿沙門師巫詔　太平眞君五年正月戊申

愚民無識。信惑妖邪。私養師巫。挾藏讖記陰陽圖緯方伎之書。又沙門之徒。假西戎虛誕。生致妖孽。非所㠯壹齊政化。布淳德于天下也。自王公已下。至于庶人。有私養沙門師巫及金銀工巧之人在其家者。皆遣詣官曹。不得容匿。限今年二月十五日。過期不出。師巫沙門身死。主人門誅。明相宣告。咸使聞知。魏書太武紀下。又略見釋老志

禁私立學校詔　太平眞君五年正月庚戌

自頃以來軍國多事未宣文教非所以整齊風俗示軌則于天下也今制自王公已下至于卿士其子息皆詣太學其百工伎巧騶卒子息當習其父兄所業不聽私立學校違者師身死主人門誅 魏書太武紀下

賜張黎等布帛詔 太平真君五年

侍中廣平公黎東郡公浩等保傅東宮有老成之勤朕甚嘉焉其賜布帛各千匹以褒舊勳 魏書張黎傳

報刁雍詔 太平真君五年

卿憂國愛民知欲更引河水勸課大田宜便興立以克就為功何必限其日數也有可以便國利民者動靜以聞 魏書刁雍傳

滅佛法詔 太平真君七年三月

昔後漢荒君信惑邪偽妄假睡夢事胡妖鬼以亂天常自古九州之中無此也夸誕大言不本人情叔季之世闇君亂主莫不眩焉

由是政教不行禮義大壞鬼道熾盛視王者之法蔑如也自此以來代經亂禍天罰亟行生民死盡五服之內鞠為丘墟千里蕭條不見人迹皆由于此朕承天緒屬當窮運之弊欲除偽定真復羲農之治其一切盪除胡神滅其蹤跡庶無謝于風氏矣自今以後敢有事胡神及造形像泥人銅人者門誅雖言胡神問今胡人共云無有皆是前世漢人無賴子弟劉元真呂伯彊之徒乞胡之誕言用老莊之虛假附而益之皆非真實至使王法廢而不行蓋大姦之魁也有非常之人然後能行非常之事非朕孰能去此歷代之偽物有司宣告征鎮諸軍刺史諸有佛圖形像及胡經盡皆擊破焚燒沙門無少長悉坑之 魏書釋老志

報刁雍詔 太平真君七年

知欲造船運穀一冬即成大省民力既不費牛又不費田甚喜非但一運自可永以為式今別下統萬鎮出兵以供運穀卿鎮可出

喜當作善

百兵為船工豈可專廢千人雖遣船匠猶須卿指授未可專任也諸有益國利民如此者續復以聞 魏書刁雍傳通典十

詔刁雍 太平真君十年三月

卿深思遠慮憂勤盡思知城已周訖邊境無不虞之憂千載有永安之固朕甚嘉焉即名此城為刁公城以旌爾功也 魏書刁雍傳

增損律令詔 正平元年六月

夫刑網太密犯者更眾朕甚愍之有司其 刑罰志有詳字 案律令務求厥中自餘有不便于民者依比增損 魏書太武紀下又見刑罰志

詔車伊洛 正平元年

歇年尚幼能固守城邑忠節顯著朕甚嘉之可遣歇詣闕 魏書車伊洛傳 先是伊洛征焉耆留子歇守城為沮渠天周所陷走奔伊洛世祖嘉之詔伊洛

詔高車使者慕容坦

卿遠據沙外頻申誠款覽揖忠志特所欽嘉蠕蠕嚈噠與吐谷渾

所以交通者皆路由高昌國犄角相接今高昌內附遣使迎引蠕蠕既與吐谷渾往來路絕姦勢亦沮于卿彼蕃便有所益行途經由宜相供侯不得妄令羣小敢有陵犯擁塞王人罪在不赦 魏書高車國傳詔使者慕容坦賜彌俄突雜綵六十匹世祖詔又見通典一百九十七

勑諸尚書

凡軍國大計卿等所不能決皆先諮浩然後施行 魏書崔浩傳

賜謚景穆太子冊 正平元年六月庚午

嗚呼惟爾誕資明叡岐嶷夙成正位少陽克荷基構賓于四門百揆時敘允釐庶績風雨不迷宜享無疆隆我皇祚如何不幸奄焉殂殞朕用悲慟于厥心今使使持節兼太尉張黎兼司徒竇瑾奉策即柩賜謚曰景穆以顯昭令德魂而有靈其尚嘉之 魏書太武紀下附

賜王慧龍璽書

義隆畏將軍如虎欲相中害朕自知之風塵之言想不足介意也

魏書王慧龍傳又北史三十五

賜崔浩書

萬度歸㠯五千騎經萬餘里。拔焉耆三城。獲其珍奇異物。及諸委積不可勝數。自古帝王。雖云即序西戎。有如指注。不能控引也。朕今手把而有之。如何。

魏書焉耆國傳世祖幸陰山北宮萬度歸破焉耆露板至世祖省訖賜司徒崔浩書

與臧質書

吾今所遣鬬兵。盡非我國人。城東北是丁零與胡。南是三秦氐羌。設使丁零死者。正可減常山趙郡賊。胡死正減并州賊。氐羌死正減關中賊。卿若殺丁零胡。無不利。

宋書臧質傳

與宋主書

彼前使間諜。詿略姧人。竊聞朱修之申謨。近復得胡崇之敗軍之將。國有常刑。乃皆用為方州。虞我之隙。㠯自慰慶。得我普鍾蔡一豎子。何所損益。無異得我舉國之民。厚加奉養。禽我卑將衛拔。非其身。各使鑠腰苦役㠯辱之。觀此所行。足知彼之大趣。辨校㠯來。非一朝一夕也。頃關中蓋吳反逆。煽動隴右氐羌。彼復使人就而誘勸之。丈夫遺㠯弓矢。婦人遺㠯環釧。是曹正欲譎誑取賂。豈有遠相順從。為大丈夫之法。何不自來取之。而㠯貨詿引。誘我邊民。募往者復除七年。是賞姧人也。我今來至此土。所得多少。孰與彼前後得我民戶邪。彼今若欲保全社稷。存劉氏血食者。當割江㠯北。輸之攝守南度。如此。釋江南使彼居之。不然。可善敕方鎮刺史守宰。嚴供張之具。來秋當往取揚州。大勢已至。終不相縱。頃者往索真珠璫。略不相與。今所馘截髑髏。可當幾許珠璫也。彼往日北通芮芮。西結赫連蒙遜吐谷渾。東連馮弘高麗。凡此數國。我皆滅之。㠯此而觀。彼豈能獨立。芮芮吳提已死。其子菟害真襲其凶迹。㠯今年二月復死。我今北征。先除有足之寇。彼若不從命。來秋當復往取。㠯彼無足。故不先致討。諸方已定。不復相釋。我往之日。彼作何方計。為塹城自守。為築垣㠯自障也。彼土小雨。水便迫掖。彼能水中射我也。我顯然往取揚州。否彼騎行竊步也。彼來偵諜。我已禽之放還。其人目所盡見。委曲善問之。彼前使裴方明取仇池。既得。疾其勇功。不能容。有臣如此。尚殺之。烏得與我校邪。彼非敵也。彼常願欲共我一過交戰。我亦不癡。復不是苻堅。何時與彼交戰。晝則遣騎圍繞。夜則離彼百里宿去。彼人民好降我者驅來。不好者盡刺殺之。近有穀米。我都噉盡。彼軍復欲食噉何物。能過十日邪。彼吳人正有所營伎。我亦知彼情。離彼百里止宿。雖彼軍三里安邏。使首尾相次。募人裁五十里。天自明去。此募人頭何得不輸我也。彼謂我攻城日當掘塹圍守。欲出來所營。我亦不近城圍彼。止築隄引水灌城取之。彼揚州城南北門有兩江水。此二水引用。自可如人意也。知彼公時舊臣。都已殺盡。彼臣若在。年幾雖老。猶有智策。今已殺盡。豈不天資我也。取彼亦須我兵刃。此有能祝婆羅門。使鬼縛彼送來也。

宋書索虜傳燾雖不克懸瓠而虜掠甚多南師屢無功為燾所輕侮與太祖書

又與宋主書

彼此和好。居民連接。為日已久。而彼無厭。誘我邊民。其有往者。復之七年。去春南巡。因省我民。即使驅還。自天地啟闢已來。爭天下者。非唯我二人而已。今聞彼自來。設能至中山及桑乾川。隨意而行。來亦不迎。去亦不送。若厭其區宇者。可來平城居。我往揚州住。且可博其土地。傖人謂換易為博。彼年已五十。未嘗出戶。雖自力而來。如三歲嬰兒。復何知我鮮卑常馬背中領上生活。更無餘物可㠯相與。今送獵白鹿馬十二匹。并氈藥等物。彼來馬力不足。可乘之。道里來遠。或不服水土。藥自可療。

宋書索虜傳此後復求通和聞太祖有北伐意又與書

初學記卷二十七有太武帝黃金盤銘今據魏書編入文成帝卷中

全後魏文卷一終

烏程嚴可均校輯

文成帝

帝諱濬。景穆太子之長子。正平二年十月卽位。改元四。興安、興光、太安、和平。在位十四年。諡曰文成皇帝。廟號高宗。

修復佛法詔

夫爲帝王者。必祇奉明靈。顯彰一道。其能惠著生民。濟益羣品者。雖在古昔。猶序其風烈。是以春秋嘉崇明之禮。祭典載功施之族。況釋迦如來。功濟大千。惠流塵境。等生死者歎其達觀。覽文義者貴其妙用。明助王政之禁律。益仁智之善性。排斥羣邪。開演正覺。故前代已來。莫不崇尚。亦我國家常所尊事也。世祖太武皇帝開廣邊荒。德澤遐及。沙門道五。善行純誠。惠始之倫。无遠不至。風義相感。往往如林。夫山海之深。怪物多有。姦淫之徒。得容假託。講寺之中。致有兇黨。是以先朝因其瑕釁。戮其有罪。有司失旨。一切禁斷。景穆皇帝每爲慨然。値軍國多事。未遑修復。朕承洪緒。君臨萬邦。思述先志。以隆斯道。今制諸州郡縣。于衆居之所。各聽建佛圖一區。任其財用。不制會限。其好樂道法。欲爲沙門。不問長幼。出于良家。性行素篤。無諸嫌穢。鄉里所明者。聽其出家。率大州五十。小州四十人。其郡遙遠臺者十人。各當局分。皆足以化惡就善。播揚道教也。魏書釋老志

一當作仁
五當作士

獲玉印詔 興安二年八月

朕以眇身。纂承大業。懼不能宣慈惠和。寧濟萬寓。夙夜兢兢。若臨淵谷。然卽位以來。百姓晏安。風雨順序。邊方無事。衆瑞兼呈。不可稱數。又于苑內獲方寸玉印。其文曰子孫長壽。羣公卿士。咸曰休哉。豈朕一人。克臻斯應。實由天地祖宗降祐之所致也。思與兆庶共茲嘉慶。其令民大酺三日。諸殊死已下。各降罪一等。魏書文成紀

寓當作㝢

詔李安世 興安二年

汝但守此至大。不慮不富貴。北史三十三李孝伯附傳

曲赦京師詔 太安元年三月

今始奉世祖恭宗神主于太廟。又于西苑遍秩羣神。朕以大慶。饗賜百寮。而犯罪之人。獨卽刑戮。非所以子育羣生。矜及衆庶。夫聖人之敎。自近及遠。是以周文刑于寡妻。至于兄弟。以御家邦。化苟從近。恩亦宜然。其曲赦京師死囚已下。魏書文成紀

遣使巡行州郡詔 太安元年六月

夫爲治者。固宜以設官。擧賢以任職。故上下和平。民無怨謗。若官非其人。姦邪在位。則政敎陵遲。至于凋薄。思明黜陟。以隆治道。今遣尚書穆伏眞等三十人巡行州郡。觀察風俗。入其境。農不墾殖。田畝多荒。則徭役不時。廢于力也。耆老飯蔬食。少壯無衣褐。則聚斂煩數。匱于財也。閭里空虛。民多流散。則綏導無方。疏于恩也。盜賊公行。劫奪不息。則威禁不設。失于刑也。衆謗並興。大小嗟怨。善人隱伏。佞邪當塗。則爲法混淆。昏于政也。諸如此比。黜而戮之。善于政者。褒而賞之。其有阿枉不能自申。聽詣使告狀。使者檢治。若信淸能。衆所稱美。誣告以求直。反其罪。使者受財。斷察不平。聽詣公車上訴。其不孝父母。不順尊長。爲吏姦暴。及爲盜賊。各具以名上。其容隱者。以所慝之罪罪之。魏書文成紀

慝當作匿

懲牧守貪穢詔 太安四年五月

朕卽阼至今。屢下寬大之旨。蠲除煩苛。去諸不急。欲令物獲其所。人安其業。而牧守百里。不能宣揚恩意。求欲無厭。斷截官物以入于己。使課調懸少。而深文極墨。委罪于民。苟求免咎。曾不改懼。國家之制。賦役乃輕。比年已來。雜調減省。而所在州郡。咸有逋懸。非在職之官。綏導失所。貪穢過度。誰使之然。自今常調不充。民不安業。宰民之徒。加以死罪。申告天下。稱朕意焉。魏書文成紀

禁穿毀墳隴詔 太安四年十月

昔姬文葬枯骨。天下歸仁。自今有穿毀墳壠者斬之。魏書文成紀北巡至陰山有故冢毀廢下詔。

案治遷代前逋詔 太安五年九月

夫褒賞必于有功。刑罰審于有罪。此古今之所同。由來之常式。牧守莅民。侵食百姓。㠯營家業。王賦不充。雖歲滿去職。應計前逋。正其刑罪。而主者失于督察。不加彈正。使有罪者優游獲免。無罪者妄受其辜。是啟姦邪之路。長貪暴之心。豈所謂原情處罪。㠯正天下。自今諸遷代者。仰列在職殿最。案制治罪。克舉者加之爵寵。有愆者肆之刑戮。使能否殊貫。刑賞不差。主者明為條制。㠯為常楷。魏書文成紀

賑雲中等六郡詔 太安五年十二月

朕承洪業。統御羣有。思恢政化。㠯濟兆民。故薄賦斂㠯實其財。輕徭役㠯紓其力。欲令百姓修業。人不匱乏。而六鎮雲中高平二雍秦州。偏遇災旱。年穀不收。其遣開倉廩㠯賑之。有流徙者。諭還桑梓。欲市糴他界。為關傍郡。通其交易之路。若典司之官。分職不均。使上恩不達于下。下民不贍于時。加㠯重罪。無有攸縱。魏書文成紀

禁因調發增價詔 和平二年正月

刺史牧民。為萬里之表。自頃每因發調。逼民假貸。大商富賈。要射時利。旬日之間。增贏十倍。上下通同。分㠯潤屋。故編戶之家。困于凍餒。豪富之門。日有兼積。為政之弊。莫過于此。其一切禁絕。犯者十疋㠯上皆死。布告天下。咸令知禁。魏書文成紀

選補先勞舊才能詔 和平三年十月

朕承洪緒。統御萬國。垂拱南面。委政羣司。欲緝熙治道。㠯致寧一。夫三代之隆。莫不崇尚年齒。今選舉之官。多不㠯次。令班白處後。晚進居先。豈所謂彝倫攸敘者也。諸曹選補。宜各先盡勞舊才能。

魏書文成紀

召役逼雇論同枉法詔 和平四年三月

朕憲章舊典。分職設官。欲令敷揚治化。緝熙庶績。然在職之人。皆蒙顯擢。委㠯事任。當厲己竭誠。務省徭役。使兵民優逸。家給人贍。今內外諸司。州鎮守宰。侵使兵民。勞役非一。自今擅有召役。逼雇不程。皆論同枉法。魏書文成紀

宮壇不改作詔 和平四年七月

朕每歲㠯秋日閑月。命羣官講武平壤。所幸之處。必立宮壇。糜費之功。勞損非一。宜仍舊貫。何必改作也。魏書文成紀

畋獵不濫殺詔 和平四年八月

朕順時畋獵。而從官殺獲過度。既殫禽獸。乖不合圍之義。其敕從官及典圍將校。自今已後。不聽濫殺。其畋獲皮肉。別自頒賚。魏書文成紀

檢還賣鬻男女詔 和平四年八月

前㠯民遭飢寒。不自存濟。有賣鬻男女者。盡仰還其家。或因緣勢力。或私行請託。共相通容。不時檢校。令良家子息。仍為奴婢。今仰精究。不聽取贖。有犯加罪。若仍不檢還。聽其父兄上訴。㠯掠人論。魏書文成紀

定婚喪條格詔 和平四年十二月

名位不同。禮亦異數。所㠯殊等級。示軌儀。今喪葬嫁娶。大禮未備。貴勢豪富。越度奢靡。非所謂式昭典憲者也。有司可為之條格。使貴賤有章。上下咸序。著之于令。魏書文成紀

貴族不婚卑姓詔 和平四年十二月

夫婚姻者。人道之始。是㠯夫婦之義。三綱之首。禮之重者。莫過于斯。尊卑高下。宜令區別。然中代㠯來。貴族之門。多不率法。或貪利財賄。或因緣私好。在于苟合。無所選擇。令貴賤不分。巨細同貫。塵

穢清化。虧損人倫。將何以宣示典謨。垂之來裔。今制皇族師傅王公侯伯及士民之家。不得與百工伎巧卑姓爲婚。犯者加罪。魏書文成紀

賜宿石詔

石爲忠臣。鞚馬切諫。免虎之害。後有犯罪。宥而勿坐。魏書宿石傳。高宗親欲射虎。石叩馬而諫。後虎騰躍殺人。詔云云。

遣使者詔源賀

卿以忠誠款至。著自先朝。以丹青之潔。而受蒼蠅之汙。朕登時研檢。已加極法。故遣宣意。其善綏所莅。勿以讒諂之言。致損慮也。魏書源賀傳。賀爲冀州刺史。姦人石華告沙門道可與賀謀反。高宗遣使者詔賀。

黃金合盤銘

九州致貢。殊域來賓。乃作茲器。錯用具初學記作奇珍。鍛以紫金。鏤以白銀。初學記作燭銀範圍擬載。吐燿含眞。纖文麗質。若化若神。皇王御之。百福維新。魏書食貨志。和平二年秋。詔中尚方作黃金合盤十二具。徑二尺二寸。鏤以金。鈿以玫瑰。其銘曰云云。又見初學記二十七。以爲太武帝。當誤。

獻文帝

帝諱弘。宋書作宏。字弟豆胤。文成帝長子。太安二年立爲皇太子。和平六年五月卽位。改元二。天安皇興。在位六年。禪位皇太子。自爲太上皇。承明元年。爲文明太后所忌暴崩。年二十三。謚曰獻文皇帝。廟號顯祖。

除雜調詔 和平六年六月

夫賦斂煩則民財匱。課調輕則用不足。是以十一而稅。頌聲作矣。先朝權其輕重。以惠百姓。朕承洪業。上惟祖宗之休命。夙興待旦。惟民之恤。欲令天下同于逸豫。而徭賦不息。將何以塞煩去苛。拯濟黎元者哉。今兵革不起。畜積有餘。諸有雜調。一以與民。魏書獻文紀

令刺史守宰自選吏詔 和平六年九月

先朝以州牧親民。宜置良佐。故敕有司班九條之制。使前政選吏。以待俊乂。必謂銓衡允衷。朝綱應敘。然牧司寬惰。不祗憲旨。舉非其人。愆于典度。今制刺史守宰到官之日。仰自舉民望忠信以爲選官。不聽前政共相干冒。若簡任失所。以罔上論。魏書獻文紀

詔高允 天安元年

自頃以來。庠序不建。爲日久矣。道肆陵遲。學業遂廢。子衿之歎。復見于今。朕既纂統大業。八表晏寧。稽之舊典。欲置學宮于郡國。使進脩之業。有所津寄。卿儒宗元老。朝望舊德。宜與中祕二省參議以聞。魏書高允傳。

報于闐國王詔 天安二年四月

朕承天理物。欲令萬方各安其所。應敕諸軍。以拯汝難。但去汝遐阻。雖復遣援。不救當時之急。已停師不行。汝宜知之。朕今練甲養卒。一二歲間。當躬率猛將。爲汝除患。汝其謹警候。以待大舉。魏書于闐國傳。

報尉元詔 皇興元年二月

待後軍到。量宜守防。其青冀已遣軍援。須待剋定。更運軍糧。魏書尉元傳。

詔尉元 皇興元年

賊將沈攸之吳憘公等。驅率蟻衆。進寇下邳。卿戎昭果毅。智勇奮發。水陸邀絕。應時摧殄。自淮以北。蕩然清定。皆是元帥經略。將士效力之所致也。朕用嘉焉。所獲諸城要害之處。分兵置戍。以帖民情。今方欲淸蕩吳會。懸旌秣陵。至用兵所宜。形勢進止。善加量度。動靜以聞。魏書尉元傳。

至下脫於字

詔慕容白曜 皇興元年四月

卿總率戎旅。討除不賓。霜戈所向。無不摧靡。旬日之內。剋拔四城。韓白之功。何以加此。雖升城戍將房崇吉守遠不順。危亡已形。潰

三月二字衍

寓當作寓

在旦夕。宜勉崇威略。務存長轡。不必窮兵極武。以爲勞頓。且伐罪弔民。國之令典。當招懷以德。使來蘇之澤。加于百姓。（魏書慕容白曜傳）

卿宋呂梁敗卒詔　皇興二年十二月

頃張永迷擾。敢拒王威。暴骨原隰。殘廢不少。死生冤痛。朕甚愍焉。天下民一也。可敕郡縣。永軍殘廢之士。聽還江南。露骸草莽者收瘞之。（魏書獻文紀。皇興元年正月。大破張永沈攸之于呂梁東。明年詔）

民病給醫藥詔　皇興四年

朕思百姓病苦。民多非命。明發不寐。疢心疾首。是以廣集良醫。遠采名藥。欲以救護兆民。可宣告天下。民有病者。所在官司。遣醫就家診視。所須藥物。任醫量給之。（魏書獻文紀）三月

誓衆詔諸將　皇興四年

用兵在奇。不在衆也。卿等但爲朕力戰。方略已在朕心。（魏書蠕蠕傳。車駕北討。顯祖親誓衆詔諸將。又北史九十八）

聽逃兵歸首詔　皇興五年三月

天安以來。軍國多務。南定徐方。北掃遺虜。征戍之人。亡竄非一。雖罪合刑書。每加哀宥。然寬政猶水。逋逃遂多。宜申明典刑。以肅姦僞。自今諸有逃亡之兵。及下代守宰浮游不赴者。限六月三十日悉聽歸首。不首者論如律。（魏書獻文紀）

禪位太子詔　皇興五年八月丁未

朕承洪業。運屬太平。淮岱率從。四海清晏。是以希心玄古。志存澹泊。躬覽萬務。則損頤神之和。一日或曠。政有淹滯之失。但子有天下。歸尊于父。父有天下。傳之于子。今稽協靈運。考會羣心。爰命儲宮。踐昇大位。朕方優游恭已。棲心浩然。社稷乂安。克廣其業。不亦善乎。百官有司。其祗奉肖子。以荅天休。宣布寓內。咸使聞悉。（魏書獻文紀）

聽尉元以韓念祖爲睢陵令詔　延興初

樹君爲民。民情如此。可聽如請。（魏書尉元傳）

報雍州人王叔保等詔

選曹已用人。藻有惠政。自宜他敘。（魏書劉藻傳。藻遷雍州鎮將。雍州人王叔保等三百人表乞藻爲騃奴戍主詔）

祀孔子廟禁婦女合雜詔　延興二年二月

尼父稟達聖之姿。體生知之量。窮理盡性。道光四海。頃者淮徐未賓。廟隔非所。致令祠典寢頓。禮章殄滅。遂使女巫妖覡。淫進非禮。殺生鼓舞。倡優媟狎。豈所以尊明神敬聖道者也。自今已後。有祭孔子廟。制用酒脯而已。不聽婦女合雜。以祈非望之福。犯者以違制論。其公家有事。自如常禮。犧牲粢盛。務盡豐潔。臨事致敬。令肅如也。牧司之官。明糾不法。使禁令必行。（魏書孝文紀上）

隱括比丘詔　延興二年四月

比丘不在寺舍。遊涉村落。交通姦猾。經歷年歲。令民間五五相保。不得容止無籍之僧。精加隱括。有者送付州鎮。其在畿郡。送付本曹。若爲三寶巡民教化者。在外齎州鎮維那文移。在臺者齎都維那等印牒。然後聽行。違者加罪。（魏書釋老志）

又詔

內外之人。興建福業。造立圖寺。高敞顯博。亦足以輝隆至教矣。然無知之徒。各相高尚。貧富相競。費竭財產。務存高廣。傷殺昆蟲含生之類。苟能精致。累土聚沙。福鍾不朽。欲建爲福之因。未知傷生之業。朕爲民父母。慈養是務。自今一切斷之。（魏書釋老志）

令送濟州靈像達都詔

夫信誠則應遠。行篤則感深。歷觀先世靈瑞。乃有禽獸易色。草木移性。濟州東平郡靈像發輝。變成金銅之色。殊常之事。絕于往古。熙隆妙法。理在當今。有司與沙門統曇曜令州送像達都。使道俗咸覩實相之容。普告天下。皆使聞知。（魏書釋老志）

受爵詔 延興二年五月

非功無以受爵。非能無以受祿。凡出外遷者。皆引此奏聞。求乞假品。在職有效。聽下附正。若無殊稱。隨而削之。舊制諸鎮將刺史假五等爵。及有所貢獻而得假爵者。皆不得世襲。魏書官氏志

貢舉詔 延興二年六月

頃者州郡選貢。多不以實。碩人所以窮處幽仄。鄙夫所以超分妄進。豈所謂旌賢樹德者也。今年貢舉。尤爲猥濫。自今所遣。皆門盡州郡之高。才極鄉閭之選。魏書孝文紀上

荅百濟國王餘慶詔 延興二年八月

得表聞之。無恙甚善。卿在東隅。處五服之外。不遠山海。歸誠魏闕。欣嘉至意。用戢于懷。朕承萬世之業。君臨四海。統御羣生。今宇內淸一。八表歸義。襁負而至者。不可稱數。風俗之和。士馬之盛。皆餘禮等親所聞見。卿與高麗不穆。屢致陵犯。苟能順義。守之以仁。亦何憂于寇讎也。前所遣使。浮海以撫荒外之國。從來積年。往而不返。存亡達否。未能審悉。卿所送鞍。比校舊乘。非中國之物。不可以疑似之事。以生必然之過。經略權要。已具別旨。

又詔

知高麗阻彊。侵軼卿土。脩先君之舊怨。棄息民之大德。兵交累載。難結荒邊。使兼申胥之誠。國有楚越之急。乃應展義扶微。乘機電舉。但以高麗稱藩先朝。供職日久。于彼雖有自昔之釁。于國未有犯令之愆。卿使命始通。便求致伐。尋討事會。理亦未周。故往年遣禮等至平壤。欲驗其由狀。然高麗奏請頻煩。辭理俱諧。行人不能抑其請。司法無以成其責。故聽其所啟。詔禮等還。若今復違旨。則過咎益露。後雖自陳。無所逃罪。然後興師討之。于義爲得。九夷之國。世居海外。道暢則奉藩。惠戢則保境。故羈縻著于前典。楛貢曠于歲時。卿備陳彊弱之形。具列往代之迹。俗殊事異。擬貺乖衷。洪規大略。其致猶在。今中夏平一。宇內無虞。每欲陵威東極。懸旌域表。拯荒黎于偏方。舒皇風于遠服。良由高麗即敘。未及卜征。今若不從詔旨。則卿之來謀。載協元戎。啟行將不云遠。便可豫率同興。具以待事。時遣報使。速究彼情。師舉之日。卿爲鄉導之首。大捷之後。又受元功之賞。不亦善乎。所獻錦布海物。雖不悉達。明卿至心。今賜雜物如別。魏書百濟國傳

牧守久任詔 延興二年十二月

書云三載一考。三考黜陟幽明。頃者已來。官以勞升。未久而代。牧守無恤民之心。競爲聚斂。送故迎新。相屬于路。非所以固民志隆治道也。自今牧守。溫仁淸儉。克己奉公者。可久于其任。歲積有成。遷位一級。其有貪殘非道。侵削黎庶者。雖在官甫尒。必加黜罰。著之于令。永爲彝準。魏書孝文紀上

詔羣祀無用牲 延興二年

朕承天事神。以育羣品。而咸秩處廣。用牲甚衆。夫神聰明正直。享德與信。何必在牲。易曰。東鄰殺牛。不如西鄰之禴祭。實受其福。苟誠感有著。雖行潦菜羹。可以致大嘏。何必多殺。然後獲祉福哉。其命有司。非郊天地宗廟社稷之祀。皆無用牲。魏書禮志一。延興二年有司奏天地五郊社稷已下及諸神合一千七十五所。歲用牲七萬五千五百。顯祖深愍生命。乃詔。又見通典五十五。末句作皆用酒脯。

原守宰爲民所列罪詔 延興三年六月

往年縣召民秀二人。問以守宰治狀。善惡具聞。將加賞罰。而賞者未幾。罪者衆多。肆法傷生。情所未忍。今特垂寬恕之恩。申以解綱之惠。諸爲民所刻者。特原其罪。盡可貸之。魏書孝文紀上

葬獄囚詔 延興三年九月

自今京師及天下之囚。罪未分判。在獄致死。無近親者。公給衣衾棺櫝葬埋之。不得曝露。魏書孝文紀上

遣使河南七州詔 延興三年十一月

兵當作岳

河南七州牧守多不奉法。致新邦之民。莫能上達。遣使者觀風察獄。黜陟幽明。其有鰥寡孤獨貧不自存者。復其雜徭。年八十已上。一子不從役。力田孝悌。才器有益于時。信義著于鄉閭者。具㠯名聞。魏書孝文紀上

詔呂羅漢 延興三年

卿㠯勞勤獲敘。才能致用。內總禁旅。外臨方兵。褒寵之隆。可謂備矣。自非盡節竭誠。將何㠯垂名竹帛。仇池接近邊境。兵革屢興。既勞士卒。亦動民庶。皆由鎮將不明。綏禁不理之所致也。卿應機赴擊。殄此兇醜。隴右至險。民亦剛悍。若不導之㠯德。齊之㠯刑。寇賊莫由可息。百姓無㠯得靜。朕垂心治道。欲使遠近清穆。卿可召集豪右。擇其事宜。㠯利民為先。益國為本。隨其風俗。㠯施威惠。其有安土樂業。奉公勤私者。善加勸督。無奪時利。明相宣告。稱朕意焉。魏書呂羅漢傳

今當作令

寬宥詔 延興四年六月

朕應曆數開一之期。屬千載光熙之運。雖仰嚴誨。猶懼德化不寬。至有門房之誅。然下民兇戾。不顧親戚。一人為惡。殃及合門。朕為民父母。深所愍悼。自今㠯後。非謀反大逆。干紀外奔。罪止其身而已。今德被殊方。文軌將一。宥刑寬禁。不亦善乎。魏書孝文紀上

詔報蠕蠕主予成 延興五年

所論婚事。今始一反。尋覽事理。未允厥中。夫男而下女。爻象所明。初婚之吉。敦崇禮娉。君子所㠯重人倫之本。不敬其初。今終難矣。魏書蠕蠕傳

原平原女子孫男玉詔

男玉重節輕身。㠯義犯法。緣情定罪。理在可原。其特恕之。魏書列女傳孫氏男玉者。夫為靈縣民所殺。追執讎人。男玉㠯杖毆殺之。有司處死㠯聞。顯祖詔

購擒劫盜詔 延興末

尚書李訢。著勳先朝。翊讚皇極。讜言嘉謀。旬日屢進。實國家之楨幹。當今之老成也。是㠯擢授南部。綜理煩務。自在厥位。夙夜惟寅。乃心匪懈。克己復禮。退食自公。利上之事。知無不為。賞罰所加。不避疏戚。雖孝子之思慈母。鷹鸇之逐鳥雀。何㠯方之。若鄭之子產。魯之季文。亦未加也。然惡直醜正。盜憎主人。自往年㠯來。羣姦不息。劫訢宗人李英等四家。焚燒舍宅。傷害良善。此而可忍。孰不可恕。有司可明加購募。必令擒殄。魏書李訢傳

詔呂羅漢

朕總攝萬幾。統臨四海。思隆古道。光顯風教。故內委羣司。外任方牧。正是志士建節之秋。忠臣立功之會。然赤水諸羌民。遠居邊土。非卿善誘。何㠯招輯。卿所得口馬。表求貢奉。朕嘉乃誠。便敕領納。其馬印付都牧。口㠯賜卿。魏書呂羅漢傳

禪位太子冊命 延興五年八月丙午

昔堯舜之禪天下也。皆由其子不肖。若丹朱商均能負荷者。豈搜揚仄陋而授之哉。爾雖沖弱。有君人之表。必能恢隆王道。㠯濟兆民。今使太保建安王陸馛太尉源賀持節奉皇帝璽綬。致位于爾躬。其踐昇帝位。克廣洪業。㠯光祖宗之烈。使朕優游履道。頤神養性。可不善歟。魏書獻文紀

下書納義陽王昶

易稱利用行師。書云恭行天罰。必觀時而後施。因機而後舉。故夏伐有扈。四海㠯平。晉定吳會。萬方㠯壹。今宋室衰微。內難洊起。國有殺君之逆。邦罹崩離之難。起自蕭牆。釁流合境。偽使持節散騎常侍都督徐南北兗青冀幽七州豫州之梁郡諸軍事征北將軍儀同三司徐州刺史義陽王昶。踵微子之蹤。蹈項伯之迹。知機體運。歸款闕庭。朕錫㠯顯爵。班同親舊。昶弟湘東王。進不能扶危定傾。退不能降身高識。阻兵安忍。篡位自立。既無闔閭靜亂之功。而

有無知悖禮之變。息棄三正。慢易天常。褻瀆之徵既兆。危亡之應已著。僞江州刺史晉安王復稱大號。自立一隅。荆郢二州刺史安陸臨海王劉子綏子頊。大擅威令。不相祗伏。徐州刺史彭城鎮主薛安都、青州刺史沈文秀、冀州刺史歷城鎮主崔道固等。皆彼之要藩。懼及禍難。擁衆獨據。各無定主。仰觀天象。俯察人謀。六軍變伐之期。率土同軌之日。朕承休烈。膺當泰運。思播靈武。廓寧九服。豈可得臨萬乘之機。遘時來之運。而不討其儺逆。振其艱患哉。今可分命諸軍。以行九伐。使持節征東大將軍安定王直懃伐伏玄。侍中尚書左僕射安西大將軍平北公直懃美晨。散騎常侍殿中尚書平北將軍山陽公呂羅漢。領隴右之衆五萬。泝漢而東。直指襄陽。使持節征南大將軍勃海王直懃天賜。侍中尚書令安東大將軍始平王直懃渴言侯。散騎常侍殿中尚書令安西將軍西陽王直懃蓋戶千。領幽冀之衆七萬。濱海而南。直指東陽。使持節征南將軍京兆王直懃子、侍中司徒安南大將軍新建王獨孤侯尼須。散騎常侍西平公韓道人。領江雍之衆八萬。出洛陽。直至壽陽。使持節征南大將軍宜陽王直懃新城。侍中太尉征東大將軍直懃駕頭拔羽。直征東將軍北平公拔敦。及義陽王劉昶領定相之衆十萬。出濟兗。直造彭城。與諸軍剋期同到。會于秣陵。納昶反國。定其社稷。使荆陽沾德義之風。江漢被來蘇之惠。邊疆將吏。不得因宋衰亂。有所侵損。以傷我國家存救之義。主者明宣所部。咸使聞知。稱朕意焉。宋書索虜傳。義陽王昶單騎奔虜。太宗泰始初。晉安王子勛爲逆。虜謀欲納昶。下書

克青冀二州下書

朕承天序。臨御兆民。思闡皇風。以隆治道。而荆吳僭傲。跨跱一方。天降其殃。以罰有罪。篡戮發于蕭牆。毒害嬰于羣庶。徐州刺史薛安都、司州刺史常珍奇。深體逆順。歸誠獻款。遭難已久。饑饉荐臻。或以糊口之功。私力竊盜。或不識王命。藏竄山藪。或爲囚徒。先被執繫。元元之命。甚可哀愍。其幽赦淮北三州之民。自天安二年正月三十日壬寅昧爽以前。諸犯死罪以下。繫囚見徒。一切原遣。唯子殺父母、孫殺祖父母、弟殺兄、妻殺夫、奴殺主。不從赦例。若亡命山澤。百日不首。復其初罪。今陽春之初。東作方興。三州之民。各安其業。以就農桑。有飢窮不自存。通其市糴之路。鎮統之主。懃加慰納。遵用輕典。以蒞新化。若綏導失中。令民逃亡。加罪無縱。其普宣下。咸使聞知朕意焉。宋書索虜傳。薛安都遣使引虜。虜攻克青冀二州。執沈文秀崔道固。又下書。

全後魏文卷二終

全後魏文卷三

烏程嚴可均校輯

孝文帝一

帝諱宏。獻文帝長子。皇興三年立爲皇太子。五年八月卽位。改元二。延興、承明、太和。在位二十九年。謚曰孝文皇帝。廟號高祖。有集三十九卷。案魏書孝文紀云。好爲文章詩賦銘頌。自太和十年已後詔冊。皆帝之文也。自餘文章百有餘篇。今錄太和十年已前詔冊爲一卷。十年已後別爲四卷。

求言詔 承明元年八月

朕猥承前緒。纂戎鴻烈。思隆先志。緝熙政道。羣公卿士。其各勉厥心。匡朕不逮。諸有便民利國者。具狀以聞。魏書孝文紀上

求直言極諫詔 承明元年十月

朕纂承皇極。照臨萬方。思闡遐風。光被兆庶。使朝有不諱之音。野無自蔽之響。疇咨帝載。詢及芻蕘。自今已後。羣官卿士。下及吏民。

各聽上書。直言極諫。勿有所隱。諸有便宜。益治利民。可以正風俗者。有司以聞。朕將親覽。與三事大夫論其可否。裁而用之。魏書孝文紀上

改元太和詔 太和元年正月乙酉朔

朕夙承寶業。懼不堪荷。而天貺具臻。地瑞並應。風和氣晼。天人交協。豈朕沖昧所能致哉。實賴神祇七廟降福之助。今三正告初。祇感交切。宜因陽始。協典革元。其改今號爲太和元年。魏書孝文紀上

勸農桑詔 太和元年正月辛亥

今牧民者。與朕共治天下者也。宜簡以徭役。先之勸獎。相其水陸。務盡地利。使農夫外布。桑婦內勤。若輕有徵發。致奪民時。以侵擅論。民有不從長教。情于農桑者。加以罪刑。魏書孝文紀上

情當作惰

督課田農詔 太和元年三月

朕政治多闕。災眚屢興。去年牛疫。死傷太半。耕墾之利。當有虧損。今東作既興。人須肆業。其敕在所。督課田農。有牛者加勤于常歲。無牛者倍庸于餘年。一夫制治田四十畝。中男二十畝。無令人有餘力。地有遺利。魏書孝文紀上、通典一

工役不染清流詔 太和元年八月

工商皁隸。各有厥分。而有司縱濫。或染清流。自今戶內有工役者。推上本部丞已下。準次而授。若階藉元勳。以勞定國者。不從此制。魏書孝文紀上

推上當作唯止

斬不裸形詔 太和元年九月

刑罰所以禁暴息姦。絕其命。不在裸形。其參詳舊典。務從寬仁。魏書刑罰志

又詔

民由化穆。非嚴刑所制。防之雖峻。陷者冞甚。今犯法至死。同入斬刑。去衣裸體。男女媟見。豈齊之以法。示之以禮者也。今具爲之制。魏書刑罰志

詔皮懽喜 太和元年十二月

夫忠臣生于德義之門。智勇出于將相之族。往年氐羌放命。侵竊邊戍。都將皮喜、梁醜奴等。或資父舊勳。或身建殊效。威名著于庸漢。公義列于天府。故授以節鉞。委閫外之任。並罄力盡銳。克荷所司。霜戈始動。蟻賊奔散。仇池旋復。民夷晏安。及討葭蘆。又梟凶醜。元惡俱殲。關隴永息。朕甚嘉之。其所陳計略。商校利害。料其應否。寍邊益國。專之可也。今軍威既振。羣愚懾服。革弊崇新。有易因之勢。寬猛之宜。任其量處。應立郡縣者。亦聽銓置。其楊文度、楊鼠親屬家累。部送赴臺。仇池南秦之根本。守禦資儲。特須豐積。險阻之要。尤宜守防。令奸覘之徒。絕其僥倖。勉勤戎務。綏靜新俗。懷民安土。稱朕意焉。魏書皮豹子附傳。皮喜爲仇池鎮將。攻拔葭蘆城。斬楊文度。孝文詔。案懽喜。豹子第八子。傳作喜。北史作懽喜。

盧昶使江南詔 太和初

今當作令

卿便至彼。勿存彼我。密邇江揚。不早當晚。會是朕物。卿等欲言便言。無相疑難。魏書盧玄附傳。北史三十。

定婚葬律令詔 太和二年四月

婚聘過禮。則嫁娶有失時之弊。厚葬送終。則生者有糜費之苦。聖王知其如此。故申之以禮數。約之以法禁。迺者民漸奢尚。婚葬越軌。致貧富相高。貴賤無別。又皇族貴戚。及士民之家。不惟氏族高下。與非類婚偶。先帝親發明詔。爲之科禁。而百姓習常。仍不肅改。朕念憲章舊典。祗案先制。著之律令。永爲定準。犯者以違制論。魏書孝文紀上

詔敕勿吉國 太和二年八月

三國同是藩附。宜共和順。勿相侵擾。魏書勿吉國傳。太和初。遣使乙力支稱。密共百濟並力取高句麗。請其可否。詔敕。

明功罪詔 太和二年十一月

懸爵于朝。而有功者必縻其賞。懸刑于市。而有罪者必罹其辜。斯乃古今之成典。治道之實要。諸州刺史牧民之官。自頃以來。遂各怠慢。縱姦納賂。背公緣私。致今盜賊並興。侵劫滋甚。姦宄之聲。屢聞朕聽。朕承太平之運。屬千載之期。思光洪緒。惟新庶績。亦望蕃翰羣司。敷德宣惠。以助沖人。共成斯美。幸克己復禮。思愆改過。使寡昧無愧于祖宗。百姓見德于當世。有司明爲條禁。稱朕意焉。魏書孝文紀上

詔皮懽喜速城駱谷 太和二年冬

卿受命專征。薄伐邊寇。軍威所及。即皆平蕩。復仇池之舊鎮。破葭蘆之新邦。梟擒首逆。剋剪凶黨。勳庸之美。朕無閒然。仇池國之要蕃。防守事宜。尤須完實。從前以來。駱谷置鎮。是以姦賊息闚闞之心。邊城無危敗之禍。近由徙就建安。致有往年之役。前敕卿等部率兵將。駱谷築城。雖有一時之勤。終致永延之固。而卿等不祇詔命。至于今日。徒使兵人稽頓。無事閒停。方復曲辭。表求罷下。豈是良將忘身憂國盡忠之謂也。諸州之兵。已復一歲。宜暫戮力。成此要功。卿等表求來年築城。豈不更勞兵將。孰若因今兵勢。即就之一勞永逸。事不再舉也。今更給軍糧一月。速于駱谷築城。使四月盡。必令成就訖。若不時營築。乃築而不成。成而不固。以軍法從事。魏書皮豹子附傳

賜國老綿布詔 太和三年五月

昔四代養老。問道乞言。朕雖沖昧。每尚其美。今賜國老各衣一襲。綿五斤。絹布各五疋。魏書孝文紀上

令樂部五日一詣高允詔 太和三年

允年涉危境。而家貧養薄。可令樂部絲竹十人。五日一詣允。以娛其志。魏書高允傳

罷候職詔 太和三年

治因政寬。弊由網密。今候職千數。姦巧弄威。重罪受賕不列。細過吹毛而舉。其一切罷之。魏書刑罰志

憂旱詔 太和四年二月

朕承乾緒。君臨海內。夙興昧旦。如履薄冰。今東作方興。庶類萌動。品物資生。膏雨不降。歲一不登。百姓饑乏。朕甚懼焉。其敕天下祀山川羣神。及能興雲雨者。脩飾祠堂。薦以牲璧。民有疾苦。所在存問。魏書孝文紀上

決遣罪囚赴農詔 太和四年四月

廷尉者。天下之平。民命之所懸也。朕得惟刑之恤者。仗獄官之稱其任也。一夫不耕。將或受其餒。一婦不織。將或受其寒。今農時要月。百姓肆力之秋。而愚民陷罪者甚衆。宜隨輕重決遣。以赴耕耘之業。魏書孝文紀上

南伐與劉昶詔 太和四年八月

卿識機體運。先覺而來。卿宗廟不復血食。朕聞斯問。矜忿兼懷。今遣大將軍率南州甲卒。以伐逆豎。克蕩兇醜。翦除民害。氛穢既淸。卽胙卿江南之土。以興蕃業。（魏書劉昶傳）

卹獄囚詔（太和四年九月）

隆寒雪降。諸在徽纆及轉輸在都。或有凍餒。朕用愍焉。可遣侍臣詣廷尉獄及有囚之所。周巡省察。飢寒者給以衣食。桎梏者代以輕鏁。（魏書孝文紀上）

詔責高句麗王璉（太和四年）

道成親殺其君。竊號江左。朕方欲興滅國于舊邦。繼絕世于劉氏。而卿越境外交。遠通篡賊。豈是藩臣守節之義。今不以一過。掩卿舊款。卽送還藩。其感恕思愆。祗承明憲。輯寧所部。動靜以聞。（魏書高句麗傳。時光州于海中得璉所遣詣蕭道成使餘奴等送闕。高祖詔責璉）

法秀逆黨降罪詔（太和五年二月）

法秀妖詐亂常。妄說符瑞。蘭臺御史張求等一百餘人。招結奴隸。謀爲大逆。有司科以族誅。誠合刑憲。且矜愚重命。猶所弗忍。其五族者降止同祖。三族止一門。門誅止一身。（魏書孝文紀上。沙門法秀謀反伏誅）

祈雨詔（太和五年四月）

時雨不霑。春苗萎悴。諸有骸骨之處。皆敕埋藏。勿令露見。有神祇之所。悉可禱祈。（魏書孝文紀上）

決遣獄囚詔（太和五年五月）

迺者邊兵屢動。勞役未息。百姓因之。輕陷刑網。獄訟煩興。四民失業。朕每念之。用傷懷抱。農時要月。民須肆力。其敕天下。勿使有留獄久囚。（魏書孝文紀上）

爲馮太后造塔詔（太和五年）

朕以虛寡。幼纂寶歷。仰恃慈明。緝寧四海。欲報之德。正覺是憑。諸鷙鳥傷生之類。宜放之山林。其以此地爲太皇太后經始靈塔。（魏書文成文明馮后傳。案續高僧法上傳及辯正論並載齊文宣天保二年詔云。仰惟慈明。輯寧四海。欲報之德。正覺是憑。諸鷙鳥傷生之類。宜放于山林。卽以此地爲太皇太后經始寶塔。廢鷹師曹爲報德寺。與此詔同。梅禹金據北齊書。天保初尊母婁后爲皇太后。濟南王卽位。始尊爲太皇太后。文宣時安得有此稱謂。當以魏書爲正。余覆案良然。于所編北齊文刪去此詔）

賜程駿詔

程駿歷官淸愼。言事每愜。又門無俠貨之賓。室有懷道之士。可賜帛六百匹。旌其儉德。（魏書程駿傳）

復靈丘等州郡租調詔（太和六年二月）

靈丘郡土既褊塉。又諸州路衝。官私所經。供費非一。往年巡行。見其勞瘁。可復民租調十五年。（魏書孝文紀上）

復南七州常調詔（太和六年二月）

蕭道成逆亂江淮。戎旗頻舉。七州之民。既有征運之勞。深乖輕徭之義。朕甚愍之。其復常調三年。（魏書孝文紀上）

停捕貢虎狼詔（太和六年三月）

虎狼猛暴。食肉殘生。取捕之日。每多傷害。既無所益。損費良多。從今勿復捕貢。（魏書孝文紀上。行幸虎圈詔）

益當作盇

人當作入

免災民租算詔（太和六年十二月）

朕以寡薄。政缺和平。不能仰緝緯象。蠲益六沴。去秋淫雨。洪水爲災。百姓嗷然。朕用嗟愍。故遣使者循方賑卹。而牧守不思利民之道。其于取辦。愛毛反裘。甚無謂也。今課督未人及將來租算。一以丙之。有司勉加勸課。以要來穰。稱朕意焉。（魏書孝文紀上）

對狀不實詔（太和七年正月）

朕每思知百姓之所疾苦。以增修寬政。而明不燭遠。實有缺焉。故具問守宰苛虐之狀于州郡使者秀孝計掾。而對多不實。甚乖朕虛求之意。宜案以大辟。明罔上必誅。然情猶未忍。可恕罪聽歸。申下天下。使知後犯無恕。（魏書孝文紀上）

詔羣官（太和七年九月）

朕承祖宗。夙夜惟懼。然聽政之際。猶慮未周。至于案文審獄。思聞己過。自今羣官奏事。當獻可替否。無或面從。俾朕之過。彰于遠近。魏書孝文紀上

崇異荀頹詔 太和七年

頹爲台鼎。論道是寄。歷奉四朝。庸績彌遠。宜加崇異。以彰厥功。自茲已後。可永受復除。魏書荀頹傳

旌兒先氏詔 太和七年

老生不仁。侵陵貞淑。原其彊暴。便可戮之。而女守禮履節。沒身不改。雖處草萊。行合古迹。宜賜美名。以顯風操。其標墓旌善。號曰貞女。魏書涇州貞女兒先氏傳。女許嫁彭老生。未及成禮。輒往逼之。女不肯從。老生怒而刺殺之。有司劾以死罪。詔云云。又見北史九十一。作貞女兒氏。

禁同姓爲婚詔 太和七年十二月

淳風行于上古。禮化用乎近葉。是以夏殷不嫌一族之婚。周世始

絕同姓之娶。斯皆教隨時設。治因事改者也。皇運初基。中原未混。撥亂經綸。日不暇給。古風遺樸。未遑釐改。後遂因循。迄茲莫變。朕屬百年之期。當後仁之政。思易質舊。式昭惟新。自今悉禁絕之。有犯以不道論。魏書孝文紀上

班祿大赦詔 太和八年六月

置官班祿。行之尚矣。周禮有食祿之典。二漢著受俸之秩。逮于魏晉。莫不聿稽往憲。以經綸治道。自中原喪亂。茲制中絕。先朝因循。未遑釐改。朕永鑒四方。求民之瘼。夙興昧旦。至于憂勤。故憲章舊典。始班俸祿。罷諸商人。以簡民事。戶增調三匹。穀二斛九斗。以爲官司之祿。均預調爲二匹之賦。即兼商用。雖有一時之煩。終克永逸之益。祿行之後。臧滿一匹者死。變法改度。宜爲更始。其大赦天下。與之惟新。魏書孝文紀上

令官民各上便宜詔 太和八年八月

帝業至重。非廣詢無以致治。王務至繁。非博采無以興功。先王知其如此。故虛己以求過。明恕以思咎。是以諫鼓置于堯世。謗木立于舜庭。用能耳目四達。庶類咸熙。朕承累聖之洪基。屬千載之昌運。每布遐風。景行前式。承明之初。班下內外。聽人各盡規。以補其闕。中旨雖宣。允稱者少。故變時法。遠遵古典。班制俸祿。改更刑書。寬猛未允。人或異議。思言者莫由申情。求諫者無因自達。故令上明不周。下情壅塞。今制百辟卿士。工商吏民。各上便宜。利民益治。損化傷政。直言極諫。勿有所隱。務令辭無煩華。理從簡實。朕將親覽。以知世事之要。使言之者無罪。聞之者足以爲戒。魏書孝文紀上

班俸詔 太和八年九月

俸制已立。宜時班行。其以十月爲首。每季一請。魏書孝文紀上

禁圖讖詔 太和九年正月

圖讖之興。起于三季。既非經國之典。徒爲妖邪所憑。自今圖讖祕

緯及名爲孔子閉房記者。一皆焚之。留者以大辟論。又諸巫覡假稱神鬼。妄說吉凶。及委巷諸卜非墳典所載者。嚴加禁斷。魏書孝文紀上

令官民各上書極諫詔 太和九年二月

昔之哲王。莫不博采下情。勤求箴諫。建設旌鼓。詢納芻蕘。朕班祿刪刑。慮不周允。虛懷讜直。思顯洪猷。百司卿士及工商吏民。其各上書極諫。靡有所隱。魏書孝文紀上

以李沖爲咸陽王禧師詔 太和九年三月

仲尼在鄉黨。猶尚恂恂。周文王爲世子。卑躬求道。禧等雖連萼宸暉。得不尊尚師傅也。故爲置之。以加令德。廷尉卿李沖可咸陽王師。魏書咸陽王禧傳

還買飢民良口詔 太和九年八月

數州災水。饑饉荐臻。致有賣鬻男女者。天之所譴。在予一人。而百姓無辜。橫罹艱毒。朕用殷憂夕惕。忘食與寢。今自太和六年已來。

買定冀幽相四州飢民良口者。盡還所親。雖聘爲妻妾。遇之非理。情不樂者。亦離之。魏書孝文紀上

均田詔 太和九年十月

朕承乾在位。十有五年。每覽先王之典。經綸百氏。儲畜既積。黎元永安。爰暨季葉。斯道陵替。富強者并兼山澤。貧弱者望絕一廛。致令地有遺利。民無餘財。或爭畝畔以忘軀。或因饑饉以棄業。而欲天下太平。百姓豐足。安可得哉。今遣使者循行州郡。與牧守均給天下之田。還受以生死爲斷。勸課農桑。興富民之本。魏書孝文紀上

詔報司馬躍 太和初

此地若任稼穡。雖有獸利。事須廢封。若是山澗。虞禁何損。尋先朝置此。豈苟藉斯禽。亮亦以俟軍行薪蒸之用。其更論之。魏書司馬楚之附傳

荅高閭詔

覽表。具卿安邊之策。比當與卿面論一二。魏書高閭傳

全後魏文卷三終

全後魏文卷四

烏程嚴可均校輯

孝文帝二

爲里黨法詔 太和十年

夫任土錯貢。所已通有無。井乘定賦。所已均勞逸。有無通則民財不匱。勞逸均則人樂其業。此自古之常道也。又鄰里鄉黨之制。所由來久。欲使風教易周。家至日見。已大督小。從近及遠。如身之使手。幹之總條。然後口算平均。義興訟息。是已三典所同。隨世洿隆。貳監之行。從時損益。故鄭僑復丘賦之術。鄒人獻盍徹之規。雖輕重不同。而當時俱適。自昔已來。諸州戶口。籍貫不實。包藏隱漏。廢公罔私。富彊者并兼有餘。貧弱者餬口不足。賦稅齊等。無輕重之殊。力役同科。無衆寡之別。雖建九品之格。而豐埆之土未融。雖立均輸之楷。而蠶績之鄉無異。致使淯化未樹。民情偷薄。朕每思之。

良懷深慨。今革舊從新。爲里黨之法。在所牧守。宜已喻民。使知去煩即簡之要。魏書食貨志

詳改不孝罪詔 太和十一年春

三千之罪。莫大于不孝。而律不遜父母。罪止髡刑。于理未衷。可更詳改。魏書刑罰志

除門房誅詔 太和十一年春

前令公卿論定刑典。而門房之誅。猶在律策。違失周書父子異罪。推古求情。意甚無取。可更議之。删除繁酷。魏書刑罰志

求言詔 太和十一年六月

春旱至今。野無青草。上天致譴。實由匪德。百姓無辜。將罹饑饉。寤寐思求。罔知所益。公卿內外股肱之臣。謀猷所寄。其極言無隱。已救民瘼。魏書孝文紀下

聽民出關就食詔 太和十一年七月

今年穀不登。聽民出關就食。遣使者造籍。分遣去留。所在開倉賑恤。魏書孝文紀下

更定律文詔 太和十一年八月

律文刑限三年。便入極默。音密坐無太半之校。罪有死生之殊。可詳案律條。諸有此類。更一刊定。魏書刑罰志

重檢戶籍詔 太和十一年九月

去夏已歲旱民饑。須遣就食。舊籍雜亂。難可分簡。故依局割民。閱戶造籍。欲令去留得實。賑貸平均。然酒者已來。猶有餓死衢路。無人收識。良由本部不明。籍貫未實。廩恤不周。已至于此。朕猥居民上。聞用慨然。可重遣精檢。勿令遺漏。魏書孝文紀下

黨里推長者已敎民詔 太和十一年十月

鄉飲禮廢。則長幼之敘亂。孟冬十月。民閑歲隙。宜于此時。導已德義。可下諸州黨里之內。推賢而長者。敎其里人。父慈子孝。兄友弟

順。夫和妻柔。不率長敎者。具已名聞。魏書孝文紀下

出府庫已班賚軍民詔 太和十一年十一月

罷尚方錦繡綾羅之工。四民欲造。任之無禁。其御府衣服。金銀珠玉。綾羅錦繡。太官雜器。太僕乘具。內庫弓矢。出其太半。班賚百官。及京師士庶。下至工商皁隸。逮于六鎭戍士。各有差。魏書孝文紀下

停拷問詔 太和十一年十一月

朕惟上政不明。令民陷身罪戾。今寒氣勁切。杖捶難任。自今月至來年孟夏。不聽拷問罪人。又歲既不登。民多饑窘。輕繫之囚。宜速決了。無令薄罪。久留獄犴。魏書孝文紀下

大破蠕蠕勞陽平王頤詔 太和十一年

王之前言。果不虛也。魏書陽平王新成附傳。頤與陸叡集三道諸將軍。過大磧。大破蠕蠕。頤入朝。詔云云

報廣陵侯衍詔

可謂無厭求也。所請不合。魏書陽平王新成附傳。頤弟衍爲梁州刺史。表請假王。已崇威重。詔云云

以李彪爲祕書丞參著作事詔

平爾雅志。正爾筆端。書而不法。後世何觀。魏書彪傳

還免流徙年老及死刑親老詔 太和十二年正月

鎮戍流徙之人。年滿七十。孤單窮獨。雖有妻妾而無子孫。諸如此等。聽解名還本。諸犯死刑者。父母祖父母年老。更無成人子孫。旁無朞親者。具狀以聞。魏書孝文紀下

月蝕慎刑詔 太和十二年八月

日月薄蝕。陰陽之恆度耳。聖人懼人君之放怠。因之以設誡。故稱日蝕脩德。月蝕脩刑。迺癸巳夜月蝕盡。公卿已下。宜慎刑罰。以荅天意。魏書孝文紀下

斷昇樓散物詔 太和十三年四月

昇樓散物。以賚百姓。至使人馬騰踐。多有毀傷。今可斷之。以本所費之物。賜窮老貧獨者。魏書孝文紀下

議祫禘詔 太和十三年五月壬戌

禮記祭法稱有虞氏禘黃帝。大傳曰禘其祖之所自出。又稱不王不禘。論曰禘自既灌。詩頌長發大禘。爾雅曰禘大祭也。夏殷四時祭礿、禘、烝、嘗。周改禘爲祠。祭義稱春禘秋嘗。亦夏殷祭也。王制稱犆礿、祫禘、祫嘗、祫烝。其禮傳之文如此。鄭玄解禘。天子祭圓丘曰禘。祭宗廟大祭亦曰禘。三年一祫。五年一禘。祫則合羣毀廟之主于太廟。合而祭之。禘則增及百官配食者。審諦而祭之。天子先禘祫而後時祭。諸侯先時祭而後禘祫。魯禮三年喪畢而祫。明年而禘。圓丘宗廟大祭俱稱禘。祭有兩禘明也。王肅解禘祫。稱天子諸侯皆禘于宗廟。非祭天之祭。郊祀后稷不稱禘。宗廟稱禘。禘祫一名也。合而祭之故稱祫。審諦之故稱禘。非兩祭之名。三年一祫。五年一禘。總而互舉之。故稱五年再殷祭。不言一禘一祫。斷可知矣。禮文大略。諸儒之說。盡具于此。卿等便可議其是非。魏書禮志一太和十三年五月壬戌高祖臨皇信堂引見羣臣詔。又見通典五十。

祫禘互取鄭王二義詔

尚書中書等通典作明根閭等據二家之義。論禘祫詳矣。然于行事取衷。通典作至于事取折衷猶有未允。監等以通典作閭以禘祫爲名。義同王氏。禘祭圓丘。事與鄭同。無所間然。尚書等與鄭氏同。通典作明根以鄭氏等兩名兩祭。並存並用。理有未稱。俱據二義。一時禘祫。而闕二時之禘。通典作之禮事有難從。夫先王制禮。內緣人子之情。外協尊卑之序。故天子七廟。諸侯五廟。大夫三廟。數盡則毀。藏主于太祖之廟。三年而祫祭之。世盡則毀。以示有終之義。三年而祫。以申追遠之情。禘祫既是一祭。分而兩之。事無所據。毀廟三年一祫。又有不盡四時。于禮爲闕。七廟四時常祭。祫則三年一祭。而又不究四時。于情爲簡。王以禘祫爲一祭。王義爲長。鄭以圓丘爲禘。與宗廟大祭同名。義亦爲當。今互魏書作玄從通典改取鄭王二義。禘祫并爲一名。從王。禘是祭圓丘大祭之名。上下同用。從鄭。若以數則黷。五年一禘。改祫從禘。五年一禘。則四時盡禘。以稱今情。則依禮文先禘而後時祭。便即施行。著之于令。永爲世法。魏書禮志一帝曰云云通典五十作詔曰

六宗詔

詳定朝令。祀爲事首。以疑從疑。何所取正。昔石渠虎閣之議。皆準類以引義。原事以準情。故能通百家之要。定累世之疑。況今有文可據。有本可推。而不評而定之。其致安在。朕躬覽尚書之文。稱肆類上帝。禋于六宗。文相連屬。理似一事。上帝稱肆而無禋。六宗言禋而不別其名。以此推之。上帝六宗。當是一時之祀。非別祭之名。肆類非獨祭之目。焚禋非他祀之用。六宗者。必是天皇大帝及五帝之神明矣。禋是祭帝之事。故稱禋以關其他。故稱六以證之。然則肆類上帝。禋于六宗。一祭也。互舉以成之。今祭圓丘。五帝在焉。其牲幣俱禋。故稱肆類上帝。禋于六宗。一祭而六祀備焉。六祭既

備無煩復別立六宗之位便可依此附令永爲定法。魏書禮志一

南安王楨削爵詔 太和十三年六月

南安王楨以懿戚之貴作鎮關右不能潔己奉公助宣皇度方肆貪欲殖貨私庭放縱姦囚壅絕訴訟貨遺諸使邀求虛稱二三之狀皆犯刑書昔魏武翦髮以齊衆叔向戮弟以明法克己忍親以率天下夫豈不懷有爲而然耳今者所犯事重疇日循古推刑實在難恕皇太后天慈寬篤恩矜國屬每一尋惟高宗孔懷之近發言哽塞悲慟于懷且以南安王孝養之名聞于內外特一原恕削除封爵以庶人歸第禁錮終身。魏書南安王楨傳

爲辯虎子辨誣詔

夫君臣體合則功業可興上下猜懼則治道替矣沛郡太守邵安下邳太守張攀咸以貪惏獲罪各遣子弟詣闕告刺史虎子縱民逼賊妄稱無端安宜賜死攀及子僧保鞭一百配敦煌安息他生鞭一百可集州官兵民等宣告行決塞彼輕狡之源開此陳力之效。魏書薛野猪附傳虎子爲徐州刺史沛郡太守邵安下邳太守張攀咸以贓汙虎子案之于法安等遣子弟上書誣虎子南通賊虜推驗果虛乃下詔

荅高閭詔 太和十四年

省表聞之當敕有司依此施行。魏書高閭傳

議五德詔 太和十四年八月

上澤初志配尚宜定五德相襲分敘有常然異同之論著于往漢未詳之說疑在今史羣官百辟可議其所應必令合衷以成萬代之式。魏書禮志一

祖奠停常從詔 太和十四年十月戊辰

自丁荼苦奄踰晦朔仰遵遺旨祖奠有期朕將親侍龍輿奉訣陵隧諸常從之具悉可停之其武衛之官防侍如法。魏書孝文紀下

荅安定王休請展安兆域詔 太和十四年九月

凶禍甫爾未忍所請。魏書禮志三文明太后崩安定王休等請闋表詔荅

又詔荅

自遭禍罰慌惚如昨奉侍梓宮猶希髣髴山陵遷厝所未忍聞。魏書禮志三通典八十

又詔荅 太和十四年十月

仰尋遺旨俯閱所奏倍增號絕山陵可依典冊如公卿所議衰服之宜情所未忍別當備敘在心。魏書禮志三通典八十

葬文明馮太后詔 太和十四年十月

尊旨從儉不申罔極之痛稱情允禮仰損儉訓之德進退思惟倍用崩感又山陵之節亦有成命內則方丈外裁掩坎脫于孝子之心有所不盡者室中可二丈墳不得過三十餘步今以山陵萬世所仰復廣爲六十步辜負遺旨益以痛絕其幽房大小棺槨質約不設明器至于素帳縵茵瓷瓦之物亦皆不置此則遵先志從冊令俱奉遺事而有從有違未達者或以致怪梓宮之裏玄堂之內聖靈所憑是以一一奉遵仰昭儉德其餘外事有所不從以盡痛慕之情其宜宣示遠近著告羣司上明儉誨之善下彰違命之失。魏書文成文明馮后傳

又詔荅安定王休

比當別敘在心。魏書禮志三文明太后既葬休又表詔荅

詔李沖宣旨于東陽王丕等 太和十四年十月庚辰

仰惟先后平日近集羣官共論政治平秩民務何圖一旦禍酷奄鍾猶見公卿言及喪事追惟荼毒五內崩摧。魏書禮志三

詔荅東陽王丕等 太和十四年十月

追惟慈恩昊天罔極哀毀常事豈足關言既不能待沒而朝夕食粥粗亦支任二公何足以至憂怖所奏先朝成事亦所具聞祖宗情專武略未修文教朕今仰稟聖訓庶習古道論時比事又與先

望望當作唯望

世不同。太尉等國老。政之所寄。于典記舊式。或所未悉。且可知朕大意。其餘喪禮之儀。古今異同。漢魏成事。及先儒所論。朕雖在衰服之中。以喪禮事重。情在必行。故暫抑哀慕。躬自尋覽。今且以所懷。別問尚書游明根高閭等。公且可任之。（魏書禮志三）

詔游明根高閭等

卿等猶以朕之未除于上。不忍專釋于下。柰何令朕獨忍于親舊。論云王者不遂三年之服者。屈己以寬羣下也。先后之撫羣下也。念之若子。視之猶傷。卿等哀慕之思。既不求寬。朕欲盡罔極之慕。何爲不可。但逼遺冊。不遂乃心。將欲居廬服衰。寫朝夕之慕。升堂襲素。理日昃之勤。使大政不荒。哀情獲遂。吉不害于凶。凶無妨于吉。以心處之。謂爲可尒。遺旨之文。公卿所議。皆服終三旬。釋衰襲吉。從此而行。情實未忍。遂服三年。重違旨誥。今處二理之際。望望至期。使四氣一周。寒暑代易。雖不盡三年之心。得一經忌日。情結差申。案禮卒哭之後。將受變服。于朕受日。庶民及小官皆命即吉。內職羽林中郎已下。虎賁郎已上。及外職五品已上無衰服者。素服以終三月。內職及外臣衰服者。變從練禮。外臣三月而除。諸王三都駙馬（通典作三都尉）及內職至來年三月晦。朕之練也。除凶即吉。侍臣比（通典作君）服斯服。隨朕所降。此雖非舊式。推情即理。有貴賤之差。遠近之別。（魏書禮志三。通典八十。案文明太后之喪。孝文與游明根高閭李彪東陽王丕十四往復。似皆面語。而通典載有三首。皆謂之詔。必有所據。今依錄之。其餘十一首。通典所無。不敢載也。）

詔李彪等

太伯之言。有乖今事。諸情備如前論。更不重敘。古義亦有稱王者除衰而諒闇終喪者。若不許朕衰。朕則當除衰闇默。委政冢宰。二事之中。惟公卿所擇。（魏書禮志三。通典八十。）

詔東陽王丕

太尉國老。言先朝舊事。誠如所陳。但聰明正直。唯德是依。若能以道。不召自至。苟失仁義。雖請弗來。大竊三月。而備行吉禮。深在難忍。縱即吉之後。猶所不行。況數旬之中。而有此理。恐是先朝萬得之一失。未可以爲常式。朕在不言之地。不應如此。但公卿執奪朕情未忍從。遂成往復。追用悲絕。（魏書禮志三。通典八十。案已上三首。通典皆謂之詔。）

衰復當作衰服 服爲當作復爲

變服從練禮詔　太和十四年十月壬午

公卿屢依金冊遺旨。中代權式。請過葬即吉。朕思遵遠古。終三年之制。依禮既虞卒哭。此月二十一日授服。以葛易麻。既衰復在上。公卿不得獨釋于下。故于朕之授服。變從練禮。已下。服爲節降。斟酌今古。以制厥衷。且取遺旨速除之一端。粗申臣子罔極之巨痛。（魏書孝文紀下）

公卿屢上啟事。依據金冊遺旨。中代成式。求過葬即吉。朕仰惟恩重。不勝罔極之痛。思遵遠古。終三年之禮。比見羣官。具論所懷。今依禮既虞卒哭。尅此月二十日受服。以葛易麻。既衰服在上。公卿不得獨釋于下。故于朕之授變從練已下。復爲節降。斷度今古。以情制衷。但取遺旨速除之一節。粗申臣子哀慕之深情。欲令百官同知此意。故用宣示。便及變禮。感痛彌深。（魏書禮志三。通典八十。案此即本紀所載。而文小異。故並錄之。）

詔荅穆亮

苟孝弟之至。無所不通。今飄風亢旱。時雨不降。實由誠慕未濃。幽顯無感也。所言過哀之咎。諒爲未衷。省啟以增悲愧。（魏書穆崇附傳）

衰服過朞詔　太和十四年十月癸未

朕遠遵古式。欲終三年之禮。百辟羣官。據金冊顧命。將奪朕心。從先朝之制。朕仰惟金冊。俯自推省。取諸二衷。不許衆議。以衰服過朞。終四節之慕。又奉聖訓。聿修誥旨。不敢闇嘿自居。以曠機政。庶不愆遺令之意。差展哀慕之情。普下州鎮。長至三元。絕告慶之禮。（魏書孝文紀下）

荅羣官詔 太和十四年十月辛卯

羣官以萬機事重，請求聽政。朕仰祇遺命，亦思無怠，但哀慕纏綿，心神迷塞，未堪自力以親政事。近侍先掌機衡者，皆謀猷所寄，且可任之。如有疑事，當時與論決。魏書孝文紀下。

冬至入臨詔 太和十四年十一月甲寅

垂及至節，感慕崩摧。凡在臣列，誰不哽切。內外職人，先朝班次，及諸方雜客，冬至之日，盡聽入臨。三品已上衰服者，至夕復臨。其餘旦臨而已。其拜哭之節，一依別儀。魏書孝文紀下。

依議魏爲水德詔 太和十五年正月

越近承遠，情所未安。然殺次推時，頗亦難繼。朝賢所議，豈朕能有違奪。便可依爲水德，祖申臘辰。魏書禮志一。

還吐谷渾俘獲詔 太和十五年正月

朕在哀疚之中，未存征討。而去春枹罕表取其洮陽、泥和二戍，時以此既邊將之常，即便聽許。及偏師致討，二戍望風請降，執訊二千餘人，又得婦女九百口。子婦可悉還之。魏書吐谷渾傳。北史九十六。

以李彪爲祕書令詔 太和十五年春

歷觀古事，求能非一。或承藉微蔭，著德當時；或見拔幽陋，流名後葉。故毛遂起賤，奮抗楚之辯；苟有才能，何必拘族也。彪雖宿非清第，本闕華資，然識性嚴聰，學博墳籍，剛辯之才，頗堪時用。兼憂吏若家，載宜朝美。若不賞庸敘績，將何以勸獎勤能。可特遷祕書令，以酬厥款。魏書李彪傳。

旱災責己詔 太和十五年四月癸酉

昔成湯遇旱，齊景逢災，竝不由祈山川而致雨，皆至誠發中，澍潤千里。萬方有罪，在予一人。今普天喪恃，幽顯同哀，神若有靈，猶應未忍安饗，何宜四氣未周，便欲祀事。唯當考躬責己，以待天譴。魏書孝文紀下。

下尚書思慎營建明堂詔 太和十五年四月己卯

夫覆載垂化，必由四氣運其功；曦曜望舒，亦須五星助其暉。仰惟聖母睿識自天，業高曠古，稽詳典範，日新皇度，不圖罪逆招禍，奄丁窮罰。追惟罔極，永無逮及。思遵先旨，敕造明堂之樣。卿所制體含六合，事越中古，理圓義備，可軌之千載，信是應世之材，先固之器也。羣臣瞻見模樣，莫不僉然欲速造，朕以寡昧，亦思造盛禮。卿可即于今歲停宮城之作，營建此構。興皇代之奇制，遠成先志，近副朕懷。南齊書魏虜傳。

改營太廟定昭穆詔 太和十五年四月己卯

祖有功，宗有德，自非功德厚者，不得擅祖宗之名，居二祧之廟。仰惟先朝舊事，舛駮不同，難以取準。今將述遵先志，具詳禮典，宜制祖宗之號，定將來之法。烈祖有刱基之功，世祖有開拓之德，宜爲祖宗，百世不遷。而遠祖平文功未多于昭成，然廟號爲太祖；道武建業之勳，高于平文，廟號爲烈祖。比功校德，以爲未允。朕今奉尊道武爲太祖，與顯祖爲二祧，餘者以次而遷。平文既遷，廟唯有六，始今七廟，一則無主。唯當朕躬此事，亦臣子所難言。夫生必有終，人之常理。朕以不德，忝承洪緒，若宗廟之靈，獲全首領，以沒于地，爲昭穆之次，心願畢矣。必不可豫設，可垂之文，示後必令遷之。魏書禮志一。經始明堂，改營太廟，詔云云，又見通典四十七。

荅穆亮詔

理或如此。比有闕隙，當爲文相示。魏書禮志一，長樂王穆亮等奏言七廟無宜闕一，無主以自待，詔云云。

全後魏文卷四終

全後魏文卷五

烏程嚴可均校輯

孝文帝三

立崇虛寺詔 太和十五年八月戊戌

夫至道無形。虛象爲主。自有漢以後。置立壇祠。先朝以其至順可歸。用立寺宇。昔京城之內。居舍尚希。今者里宅櫛比。人神猥湊。非所以祗崇至法。清敬神道。可移于都南桑乾之陰。岳山之陽。永置其所。給戶五十。以供齊祀之用。仍名爲崇虛寺。可召諸州隱士。員滿九十人。魏書釋老志

令郡國送時果詔 太和十五年八月

郡國有時果可薦者。並送京師。以供廟饗。魏書禮志一

罷幕中設五帝座詔 太和十五年八月壬辰

禮云。自外至者。無主不立。先朝以來。以正月吉日于朝廷設幕中

置松柏樹。設五帝座。此既無可祖配。揆之古典。實無所取。可去此祀。又探策之祭。既非禮典。可悉罷之。魏書禮志一

減省羣祀詔 太和十五年八月戊午

國家自先朝以來。饗祀諸神。凡有一千二百餘處。今欲減省羣祀。務從簡約。昔漢高之初。所祀衆神及寢廟。不少今日。至于元成之際。匡衡執論。乃得減省。後至光武之世。禮儀始備。饗祀有序。凡祭不欲數。數則黷。黷則不敬。神聰明正直。不待煩祀也。魏書禮志一

誕當作朗

敕雍州供祭馮誕廟詔

明堂太廟。並祀祖宗。配祭配享。于斯備矣。白登崞山雞鳴山廟。唯遣有司行事。馮宣王誕生先后。復因在官長安立廟。宜異常等。可敕雍州以時供祭。魏書禮志一

罷祀水火等神詔

先恆有水火之神四十餘名。及城北星神。今圜丘之下。既祭風伯、

雨師司中、司命、明堂祭門、戶、井、竈、中霤。每神皆有。此四十神。計不須立。悉可罷之。魏書禮志一。又通典五十五。

議朝日夕月詔 太和十五年八月甲寅

近論朝日夕月。皆欲以二分之日于東西郊行禮。然月有餘閏。行無常準。今若一以分日。或值月出于東而行禮于西。尋情即理。不可施行。昔曹魏祕書監薛靖等嘗論此事。以爲朝日以月一日爲朔。夕月三日爲朏。朏者月形始著。卿等意謂朏朔二分。何者爲是。魏書禮志一。又通典四十四。

祥日不卜詔 太和十五年九月丙戌

便及此期。覽以摧絕。敬祭卜祥。乃古之成典。但世失其義。筮曰永吉。既乖敬事之志。又違永慕之心。今將屈禮厲衆。不訪龜兆。已企及此晦。寧敢重違冊旨。以異羣議。尋惟永往。言增崩裂。魏書禮志三。有司上言求卜祥日。高祖詔。

遷主大廟詔 太和十五年十月

具聞所奏。尋惟平日。倍增痛絕。今遵述先旨。營建寢廟。既而粗就。先王制禮。職司有分。移廟之日。遷奉神主。皆太尉之事。朕亦親自行事。不得越局。專委大姓。王諶所司。惟贊祓而已。時運流速。奄及縞制。復不得哀哭于明堂。後當親拜山陵。寫泄哀慕。魏書禮志二。太尉丕奏。高祖詔。

五品詔 太和十五年十一月乙亥

王爵非庶姓所僭。伯號是五等常秩。烈祖之冑。仍本王爵。其餘王皆爲公。公轉爲侯。侯即爲伯。子男如舊。雖名異于本。而品不異昔。公第一品。侯第二品。伯第三品。子第四品。男第五品。南齊書魏虜傳

罷小歲賀詔 太和十五年十一月丙戌

季冬、朝賀。典無成文。以袴褶事非禮敬之謂。若置寒朝服。徒成煩瀆。自今罷小歲賀。歲初一賀。南齊書魏虜傳

攷課詔 太和十五年十一月丁亥

二千石攷在上上者假四品將軍。賜乘黃馬一匹。上中者五品將軍。上下者賜衣一襲。魏書孝文紀下

為高麗王璉舉哀詔 太和十五年十二月癸巳

高麗王璉守藩東隅。累朝貢職。年踰期頤。勤德彌著。今既不幸。其赴使垂至。將為之舉哀。而古者同姓哭廟。異姓隨其方。皆有服制。今既久廢。不可卒為之衰。且欲素委貌白布深衣。于城東為盡一哀。㠯見其使也。朕雖不嘗識此人。甚悼惜之。有司可申敕備辦事如別儀。魏書禮志二。是歲高麗王璉死。

簡置樂官詔 太和十五年冬

樂者。所㠯動天地。感神祇。調陰陽。通人鬼。故能關山川之風。㠯播德于無外。由此言之。治用大矣。逮乎末俗陵遲。正聲頓廢。多好鄭衛之音。㠯悅耳目。故使樂章散缺。伶官失守。今方釐革時弊。稽古復禮。庶令樂正雅頌各得其宜。今置樂官。實須任職。不得仍令濫吹也。魏書樂志

荅元丕請立東宮詔

年尚幼小。有何急之。魏書宗室元丕傳

召見李安祖兄弟四人詔 太和十五年

卿之先世。內外有犯。得罪于時。然官必用才。㠯親非興邦之選。外氏之寵。超于末葉。從□□後。自非奇才。不得復外戚謬班抽舉。既無殊能。今且可還。魏書[illegible]子[illegible]傳

詔南平王霄

自今奏事諸臣相稱。可云姓名。惟南平王一人。可直言其封。魏書廣平王連附傳

祭用孟月詔 太和十六年正月戊午

夫四時享祀。人子常道。然祭薦之禮。貴賤不同。故有邑之君。祭㠯首時。無田之士。薦㠯仲月。況七廟之重。而用中節者哉。自頃烝嘗之禮。頗違舊義。今將仰遵遠式。㠯此孟月犆礿于太廟。但朝典初改。眾務殷湊。無遑齋絜。遂及于今。又接神饗祖。必須擇日。今禮律未宣。有司或不知此。可敕太常令剋日㠯聞。魏書禮志一。又通典四十九。

營改太極殿詔 太和十六年二月庚寅

昔軒皇誕御。垂棟宇之構。爰歷三代。興宮觀之式。然茅茨土階。昭德于上代。層臺廣廈。崇威于中葉。良由文質異宜。華樸殊禮故也。是㠯周成繼業。營明堂于東都。漢祖聿興。建未央于咸鎬。蓋所㠯尊嚴皇威。崇重帝德。豈好奢惡儉。苟敝民力者哉。我皇運統天。協纂乾厤。銳意四方。未遑建制。宮室之度。頗為未允。太祖初基。雖粗有經式。自茲厤後。復多營改。至于三元慶饗。萬國充庭。觀光之使。具瞻有闕。朕㠯寡德。猥承洪緒。運屬休期。事鍾昌運。宜遵遠度。式茲宮宇。指訓規模。事昭于平日。明堂太廟。已成于昔年。又因往歲之豐資。藉民情之安逸。將㠯今春。營改正殿。違犯時令。行之惕然。但朔土多寒。事殊南夏。自非裁度當春。興役徂暑。則廣制崇基。莫由克就。成功立事。非委賢莫可。改制規模。非任能莫濟。尚書沖器懷淵博。經度明遠。可領將作大匠。司空長樂公亮。可與大匠共監興繕。其去故崇新之宜。修復太極之制。朕當別加指授。魏書李沖傳。

祀先代諸聖詔 太和十六年二月丁酉

夫崇聖祀德。遠代之通典。秩□□□□。中古之近規。故三五至仁。唯德配享。夏殷私己。稍用其姓。且法施于民。祀有明典。立功垂惠。祭有恆式。斯乃異代同途。奕世共軌。今遠遵明令。憲章舊則。比于祀令。已為決之。其孟春應祀者。頃㠯事殷。遂及今日。可令仍㠯仲月而饗祀焉。凡在祀令者。其數有五。帝堯樹則天之功。興巍巍之治。可祀于平陽。虞舜播太平之風。致無為之化。可祀于廣甯。夏禹禦洪水之災。建天下之利。可祀于安邑。周文公制禮作樂。垂範萬葉。

可祀于洛陽其宣尼之廟祀于中省當別敕有司行事饗薦之禮自文公已上可令當界牧守各隨所近攝行祀事皆用淸酌尹祭也（魏書禮志一又通典五十二）

躬臨千畝詔　太和十六年二月丙午

剋吉亥備小駕躬臨千畝官別有敕（魏書禮志一）

令高閭與大樂詳采古今音律詔　太和十六年春

禮樂之道自古所先故聖王作樂㠯和中制禮㠯防外然音聲之用其致遠矣所㠯通感人神移風易俗至乃簫韶九奏鳳皇來儀擊石拊石百獸率舞有周之季斯道崩缺故夫子忘味于聞韶正樂于返魯逮漢魏之閒樂章復闕然博采音韻粗有篇條自魏室之興太祖之世尊崇古式舊典無墜但干戈仍用文教未淳故令司樂失治定之雅音習不典之繁曲比太樂奏其職司求與中書參議覽其所請愧感兼懷然心喪在躬未忍闔此但禮樂事大乃

爲化之本自非通博之才莫能措意中書監高閭器識詳富志量明允每聞陳奏樂典頗體音律可令與太樂詳采古今㠯備茲典其內外有堪此用者任其參議也（魏書樂志）

荅尉元撫兵戍彭城詔　太和十六年

公之所陳甚合事機（魏書尉元傳）

檢察農民詔　太和十六年六月

務農重穀王政所先勸率田疇君人常事今四氣休序時澤滂潤宜用天分地悉力東畝然京師之民遊食者衆不加督勸或芸耨失時可遣明使檢察勤惰㠯聞（魏書孝文紀下）

選舉詔　太和十六年七月

王者設官分職垂拱責成振網舉綱衆目斯理朕德謝知人豈能一見覽識徒乖爲君委授之義自今選舉每㠯季月本曹與吏部銓簡（魏書孝文紀下）

傳當作傅

許尉元致仕詔　太和十六年八月丙午

元年尊識遠屢表告退朕㠯公秉德淸挹體懷平隱仁雅淵廣謀猷是仗方委之㠯政用康億兆故頻文累札仍違沖志而謙光逾固三請彌切若不屈從高謨何㠯成其美德也已許其致仕主者可出表付外如禮申遂（魏書尉元傳）

㠯尉元游明根爲三老五更詔　太和十六年八月己酉

夫大道凝虛至德沖挹故尹王法玄猷㠯御世聖人崇謙光而降美是㠯天子父事三老兄事五更所㠯明孝悌于萬國垂教本于天下自非道高識博孰能處之是故五帝憲德三王乞言若求備一人同之古哲叔世之老孰能克堪師上聖則難爲其舉傳中庸則易爲其選朕既虛寡德謝曩哲更老之選差可有之前司徒山陽郡開國公尉元前大鴻臚卿新泰伯游明根竝元亨利貞明允誠素少著英風老敷雅迹位顯台衡歸終私第可謂知始知卒希

世之賢也公㠯八十之年宜處三老之重卿㠯七十之齡可充五更之選（魏書尉元傳）

給三老五更俸祿詔　太和十六年

夫尊老尚更列聖同致欽年敬德綿哲齊軌朕雖道謝玄風識昧叡則仰稟先誨企遵猷旨故推老㠯德立更㠯元父焉斯彰兄焉斯顯矣前司徒公元前鴻臚卿明根竝㠯沖德懸車懿量歸老故尊老㠯三事更㠯五雖更老非官耋耄罔祿然況事既高宜加殊養三老可給上公之祿五更可食元卿之俸供食之味亦同其例（魏書尉元傳）

講武詔　太和十六年八月癸丑

文武之道自古竝行威福之施必稽往籍故三五至仁尚有征伐之事夏殷明叡未捨兵甲之行然則天下雖平忘戰者殆不教民戰可謂棄之是㠯周立司馬之官漢置將軍之職皆所㠯輔文強

武。威肅四方者矣。國家雖崇文吕懷九服。修武吕寍八荒。然于習武之方。猶爲未盡。今則訓文有典。教武闕然。將于馬射之前。先行講武之式。可敕有司。豫脩場埒。其列陣之儀。五戎之數。別俟後敕。魏書孝文紀下

省白登廟祀詔 太和十六年十月己亥

夫先王制禮。所吕經綸萬代。貽法後昆。至乃郊天享祖。莫不配祭。然而有節。白登廟者。有爲而興。昭穆不次。故太祖有三層之宇。巴陵無方丈之室。又常用季秋。躬駕展虔。祀禮或有褻慢之失。嘉樂頗涉野合之譏。今授衣之旦。享祭明堂。玄冬之始。奉烝太廟。若復致齋白登。便爲一月再駕。事成褻瀆。回通典作緬詳二理。謂宜省一。白登之高。未若九室之美。幃次之華。未如清廟之盛。將欲廢彼東山之祀。成此二享之敬。可具敕有司。但令內典神者攝行祭事。獻明道武。各有廟稱。可具依舊式。自太宗諸帝。昔無殿宇。因停之。魏書禮志一。又通典四十七

聽游明根致仕詔 太和十六年

明根風度清幹。志尚貞敏。溫恭靜密。乞言是寄。故抑其高蹈之操。至于再三。表請殷勤。不容違奪。便已許其告辨。可出前後表付外。依禮施行。魏書游明根傳

諡鄭羲詔 太和十六年

蓋棺定諡。先典成式。激揚清濁。治道明範。故何曾幼孝。良史不改繆醜之名。賈充寵脅。直士猶立荒公之稱。羲雖宿有文業。而治闕廉清。稽古之效。未光于朝策。昧貨之談。已形于民聽。諡吕善問。殊乖其衷。又前歲之選。匪由備行充舉。自荷後任。勳績未昭。尚書何乃情遺至公。愆違明典。依諡法。博文多見曰文。不勤成名曰靈。可贈吕本官。加諡文靈。魏書鄭羲傳

元會優賜邊蕃詔 太和十七年正月

夫駿奔入覲。臣下之常式。錫馬賜車。君人之恒惠。今諸邊君蕃胄。皆虔集象魏。趨蹡紫庭。貢饗既畢。言旋無遠。各可依秩賜車旗衣馬。務令優厚。其武興宕昌。各賜錦繒纊一千。吐谷世子八百。鄧至世子。雖因緣至都。亦宜賚及。可賜三百。命數之差。皆依別牒。魏書孝文紀下

報盧淵議親伐江南詔 太和十七年六月

至德雖一。樹功多塗。三聖殊文。五帝異律。或張或弛。豈必相因。遠惟承平之主。所吕不親旆五戎者。蓋有由矣。英明之主。或吕同軌無征。守庸之君。或緣志劣寢伐。今若喻之英皇。時非昔類。比之庸后。意有恧焉。脫元極之尊。本不宜駕。二公之徒。革輅之戎。寍非謬賊。尋夫昔日。若必須己而濟世。豈不克廣先業也。定火之雄。未聞不武。世祖之行。匪皆疑懾。且曹操勝袁。蓋由德義內舉。苻堅瓦解。當緣立政未至。定非敝卒之力彊。十萬之衆寡也。今則畢馳先天之術。駕用仁義之師。審觀成敗。庶免斯咎。長江之阻。未足可憚。踰紀之略。何必可師。洞庭彭蠡。竟非殷固。奮臂一呼。或成漢業。經略之義。當付之臨機。足食之籌。望寄之蕭相。將希混一。豈好輕動。利見之事。何得委人也。又水旱之運。未必由兵。堯湯之難。詎因興旅。頻豐之後。雖靜有之。關左小紛。已敕禁勒。流言之細。曷足吕紓天功。深錄誠心。勿恨不相遂耳。魏書盧玄附傳

紆當作紓

行職員令詔 太和十七年六月

六職備于周經。九列炳于漢晉。務必有恒。人守其職。比百秩雖陳。事典未敘。自八元樹位。躬加省覽。遠依往籍。近采時宜。作職員令二十一卷。事迫戎期。未善周悉。雖不足綱範萬度。永垂不朽。且可釋滯目前。釐整時務。須待軍回。更論所闕。權可付外施行。其有當局所疑。而令文不載者。隨事吕聞。當更附之。魏書孝文紀下

起陸叡爲征北將軍詔 太和十七年六月

敘猶執私痛。致違往旨。金革方馳。何宜曲遂也。加領衞尉。可重敕有司。速令敦喻。魏書陸俟附傳。叡以母憂解尚書令。高祖將南伐。起授征北將軍。固辭。高祖詔

詔太尉元丕廣陵王元羽

留守非賢莫可。太尉年尊德重。位總阿衡。羽朕之懿弟。溫柔明斷。故使二人留守京邑。授以二節。賞罰在手。其祗允成憲。以稱朕心。魏書宗室元丕傳。車駕南伐。丕與廣陵王羽留守京師。並加使持節。詔丕羽。

賜謚尉元詔 太和十七年八月丙戌

元至行寬純。仁風美富。內秉越羣之武。外挺溫懿之容。自少暨長。勳勤備至。歷奉五朝。美隆四葉。南曜河淮之功。北光燕然之效。會宋懷仁。中銘載德。所謂立身備于本末。行道著于終始。勳書王牒。惠結民志者也。爰及五福攸集。懸車歸老。謙損既彰。遠近流詠。陟茲父事。儀我萬方。謂極眉壽。彌贊王業。天不遺老。奄尒薨逝。念功惟善。抽怛于懷。但戎事致奪。恨不盡禮耳。可賜布帛綵物二千匹。溫明祕器。朝衣一襲。並爲營造墳域。謚曰景桓公。以彰殊禮。給羽葆鼓吹。假黃鉞。班劍四十人。賜帛一千匹。魏書尉元傳。

詔崔休 太和十七年八月

北海年少。未閑政績。百揆之務。便以相委。魏書崔休傳。高祖南伐。以北海王詳爲尚書僕射。統留臺事。以休爲尚書左丞。高祖詔休

停宮人從駕詔 太和十七年八月己丑

臨戎不語內事。宜停來請。魏書孝文紀下。車駕南伐。步騎百餘萬。太尉丕奏請以宮人從。詔云云。

詔辛琛

委卿郡事。如太守也。魏書辛雄附傳。雄族祖琛爲榮陽郡丞。高祖南征。太守元麗從輿駕。詔琛云云。

原三盜詔 太和十七年八月

于當作會

大司馬執憲誠應如是。但因緣于朕。聞王者之體。亦時有非常之澤。雖違軍法。可特原之。魏書安定王休傳。車駕南伐。領大司馬。以三盜人徇于六軍。將斬之。有詔赦之。休執請行刑。詔云云。

以高道悅爲主爵下大夫詔 太和十七年九月

道悅資性忠篤。稟操貞亮。居法樹平肅之規。處諫著必犯之節。王公憚其風鯁。朕實嘉其一至。謇諤之誠。何愧黯鮑也。其以爲主爵下大夫。諫議如故。魏書高道悅傳。

退師詔 太和十七年九月丁丑

霤當作雷

皇師霤舉。搖旆南指。誓清江祲。志廓衡霧。以去月下旬。濟次河洛。會前使人邢巒等至。審知彼有大艾。以春秋之義。聞喪寢伐。爰敕有司。輟鑾止軔。休馬華陽。戢戈嵩北。便肇經周制。光宅中區。永皇基于無窮。恢盛業乎萬祀。宸居重正。鴻化增新。四海承休。莫不銘慶。故以往示如律令。南齊書魏虜傳。

詔羣官 太和十七年九月丁丑

卿等或以朕無爲移徙也。昔平文皇帝棄背率土。昭成營居盛樂。太祖道武皇帝神武應天。遷居平城。朕雖虛寡。幸屬勝殘之運。故移宅中原。肇成皇宇。卿等當奉先君令德。光迹洪規。北人比及十年。使其徐移。朕自多積倉儲。不令窘乏。魏書宗室元丕傳。又見北史十五。

追詔高聰等 太和十七年九月丁丑

頤當作曠

遠圖之圖當作期

比于河陽。敕卿仍居瀍洛。周視舊業。依然有懷。固欲先之營之。後乃薄伐。且以頤喪甫爾。使通在昔。乘危幸凶。君子弗取。是用輟茲前圖。遠圖來會。爰息六師。三川是宅。將底居成周。永恢皇宇。今更造璽書。以代往詔。比所敕授。隨宜變之。善勖皇華。無替指意。魏書高聰傳。聰使于蕭昭業。高祖定都洛陽。追詔聰等。

賜游明根穀帛詔 太和十七年十月

游五更光素蓬簷。歸終衡里。可謂朝之舊德。國之老成。可賜帛五百匹。穀五百斛。魏書游明根傳。車駕幸鄴。明根朝于行宮。詔

詔荅彭城王勰 太和十七年十月

蟬貂之美。待汝而光。人乏之秋。何容方退也。克念作聖。庶必有資

揣摸莣頤當作淵樸崇賾　是下脫以字　尸當作尺　喪當作衷

耳。魏書彭城王勰傳。勰表解侍中詔荅。

詔任城王澄

遷移之旨。必須訪衆。當遣任城馳駟向代。問彼有司。論擇可否。近日論革。今眞所謂革也。王其勉之。魏書任城王雲附傳

初置司州以元贊爲刺史詔

司州刺史。官尊位重。職總京畿。選屬懿親。以允具瞻之望。但諸王年少。未閑政體。故以授贊。庶能助暉道化。今司州始立。郡縣初置。公卿已下。皆有本屬。可入率子弟。用相展敬。北史十五秦王翰傳

立僧尼制詔 太和十七年

門下。凝覺澄沖。事超俗外。揣摸莣頤。理寄忘言。然非言何以釋教。非俗何能表眞。是三藏舒風。必資戒典。六度攜化。固憑尸波。自象教東流。千齡以半。秦漢俗革。禁制彌密。故前代英人。隨宜興引。時輕時重。以闡玄奧。先朝之日。嘗爲僧禁。小有未詳。宜其修立。近見沙門統僧顯等。自云欲更一刊定。朕聊以淺識。共詳正典。事起怱怱。觸未詳究。且可設法一時。粗救俗習。須玄白一同。更釐厥喪。初學記二十三。案魏書釋老志。十七年。詔立僧制四十七條。

全後魏文卷五終

烏程嚴可均校輯

孝文帝四

追贈彭城王勰母潘爲國太妃詔 太和十八年七月

弟勰所生母潘。早齡謝世。顯號未加。勰禍與身具。痛隨形起。今因其展思。有足悲矜。可贈彭城國太妃。以慰存亡。魏書彭城王勰傳。

考績黜陟詔 太和十八年九月

三載考績。自古通經。三考黜陟。以彰能否。今若待三考然後黜陟。可黜者不足爲遲。可進者大成賒緩。是以朕今三載一考。考卽黜陟。欲令愚滯無妨于賢者。才能不壅于下位。各令當曹考其優劣爲三等。六品以下。尚書重問。五品以上。朕將親與公卿論其善惡。上上者遷之。下下者黜之。中中者守其本位。魏書孝文紀下。又通典十五。

詔太傅元丕 太和十八年十月

稱當作構

中原始稱。須朕營覲在代之事。一委太傅。魏書宗室元丕傳。帝將北巡。遷太傅錄尚書事。及車駕發代。丕留守。詔云云。

敕勒蠻民勿侵暴詔 太和十八年十月庚午

比聞緣邊之蠻。多有竊掠。致有父子乖離。室家分絕。既虧和氣。有傷仁厚。方一區宇。子育萬姓。若苟如此。南人豈知朝德哉。可詔荆郢東荆三州。敕勒蠻民。勿有侵暴。魏書孝文紀下。

詔免元嵩官 太和十八年

嵩不能克己復禮。企心典憲。大司馬薨殂甫爾。便以鷹鴿自娛。有如父之痛。無猶子之情。捐心棄禮。何其太速。便可免官。魏書任城王附傳。大司馬安定王休薨。未及卒哭。嵩便遊田。高祖聞而大怒。詔。

詔答樓毅 太和十八年十二月

時不自來。因人則合。今年人事。殊非昔歲。守株之唱。便可停也。陽九利涉。豈卿所知也。魏書樓伏連附傳。車駕南伐。毅表諫。詔答。

報劉芳注弔比干文詔 太和十八年

覽卿注殊爲富博。但文非屈宋。理慙張賈。既有雅致。便可付之集書。魏書劉芳傳。

邢巒策秀詔

秀孝殊問。經權異策。邢巒才清。可令策秀。魏書邢巒傳。有司奏策秀孝。高祖詔。

詔成淹 太和十九年正月

此前車之鑒。得不慎乎。魏書成淹傳。車駕濟淮。淹于路左請見。詔云云。

報高道悅詔 太和十九年

省所上事。深具乃心。但卿之立言半非矣。當須陳非以示謬。稱是以彰得。然後明所以而不用。有由而爲之。不爾則未相體耳。回材都水。暫營嬉遊。終爲棄物。脩繕非務。舟檝無鄣。士女雜亂。此則卿之失辭矣。深薄之危。撫後之重。斯則卿之得言也。魏書高道悅傳。

諡馮誕詔 太和十九年二月辛酉

案諡法。善行仁德曰元。柔克有光曰懿。昔貞惠兼美。受二諡之榮。忠武雙徽。錫兩號之茂。式準前迹。宜契具瞻。既自少綢繆。知之惟朕。案行定名。諡曰元懿。魏書馮熙附傳。

遷都奉迎靈主詔 太和十九年二月癸亥今魏書作三月誤

知太和廟已就。神儀靈主。宜時奉寧。可剋三月二十日己巳內奉遷于正廟。其出金墉之儀。一準出代都太和之式。入新廟之典。可依近至金墉之軌。其威儀鹵簿。如出代廟。百官奉遷。宜可省之。但令朝官四品已上。侍官五品已上。及宗室奉迎。魏書禮志一。通典四十七。

詔諡馮熙 太和十九年三月

可以威彊恢遠曰武。奉諡于公。魏書馮熙傳。

報廣陵王羽內攷京官詔 太和十九年

雖內攷未宣。績已久著。故明堂月令載公卿大夫論攷屬官之治職區分。著三公尚書三載殿最之義。此之攷內。已爲明矣。但論攷

春秋之秋當作初　旦當作且

之事。理在不輕。問績之方。應關朕聽。輒爾輕發。殊爲躁也。每攷之義。應在年終。既云此年。何得春秋也。今始維夏。旦待至秋後。魏書廣陵王羽傳

手詔徵王肅入朝 太和十九年

不見君子。中心如醉。一日三歲。我勞如何。飾館華林。拂席相待。卿欲㠯何日發汝墳也。故復此敕。魏書王肅傳。肅爲豫州刺史，徵入朝，高祖手詔。又見北史四十二。

又詔

肅丁荼毓世。志等伍胥。自拔吳州。膺求魏縣。躬操忘禮之本。而同無數之喪。誓雪怨恥。方展申復。窮論再期。蔬縕不改。誠季世之高風。末代之孝節也。但聖人制禮。必均愚智。先王作則。理齊盈虛。過之者俯而就之。不及者企而行之。曾參居罰。寧其哀終。吳員處酷。豈聞四載。夫三年者。天下之達喪。古今之所一。其雖欲過禮。朕得不制之㠯禮乎。有司可依禮諭之。爲裁練禫之制。魏書王肅傳

季當作年

臨馮誕墓詔 太和十九年五月

馮大司馬已就墳塋。永潛幽室。宿草之哭。何能忘之。魏書馮熙附傳

詔太傅元丕 太和十九年五月

今洛邑肇構。跂望成勞。開闢暨今。豈有㠯天子之重。遠赴舅國之喪。朕縱欲爲孝。其如大孝何。縱欲爲義。其如大義何。天下至重。君臣道懸。豈宜苟相誘引。陷君不德。令僕已下。可付法官貶之。魏書宗室元丕傳。丕又㠯馮熙薨于代都，表求鑾駕親臨。詔云云。

皇太子冠禮有三失詔 太和十九年六月

比冠子恂。禮有所闕。當思往失。更順將來。禮古今殊制。三代異章。近冠恂之禮有三失。一朕與諸儒同誤。二諸儒違朕。故令有三誤。今中原兆建。百禮惟新。而有此三失。殊㠯愧歎。春秋襄公將至衞。㠯同姓之國。問其季幾。而行冠禮。古者皆灌地降神。或有作樂㠯迎神。昨失作樂至廟庭。朕㠯意而行拜禮。雖不得降神。于理猶差

宗。司馬彪云。漢帝有四冠。一緇布。二進賢。三武弁。四通天冠。朕見家語冠頌篇。四加冠公也。家語雖非正經。孔子之言。與正經何異。諸儒忽司馬彪志。致使天子之子而行士冠禮。此朝廷之失。冠禮朕㠯爲有賓。諸儒皆㠯爲無賓。朕既從之。復令有失。孔子云斐然成章。其斯之謂。魏書禮志四。十九年五月，冠皇太子恂于廟。六月，高祖臨光極堂，引見羣官，詔。又見通典五十六。

除辥眞度爲荊州刺史詔 太和十九年五月

眞度之罪。誠如所奏。但頃與安都送款彭方。開闢徐宋。外捍沈攸道成之師。內寧邊境烏合之衆。淮海來服。功頗在茲。言念厥績。每用嘉美。赭陽百敗。何足計也。宜異羣將。更申後效。可還其元勳之爵。復除荊州刺史。自餘徽號削奪。進足彰忠。退可明失。魏書辥安都附傳。眞度攻赭陽，爲房伯玉所敗。有司奏免官爵。詔云云。

罷祀鄴中宮皇后廟詔 太和十九年六月

婦人外成。理無獨祀。陰必配陽。㠯成天地。未聞有莘之國。立太姒之饗。此乃先皇所立。一時之至感。非經世之遠制。便可罷祀。魏書明元密皇后傳。高祖時，相州刺史高閭表修后廟。詔云云。案今密后傳高祖誤作高宗，據禮志一改正。高閭表亦見禮志一。

舊墓不聽墾植詔 太和十九年九月

諸有舊墓。銘誌見存。昭然爲時人所知者。三公及位從公者。去墓三十步。尚書令僕九列十五步。黃門五校十步。各不聽墾植。魏書孝文紀下

賜高閭詔 太和十九年九月

閭昔在中禁。有定禮正樂之勳。作藩于州。有廉清公幹之美。自大軍停軫。庶事咸豐。可謂國之老成善始令終者也。每惟厥德。朕甚嘉焉。可賜帛五百匹。粟一千斛。馬一匹。衣一襲。㠯褒厥勤。魏書高閭傳。車駕至鄴，高祖頻幸其州館，詔。

㠯高閭爲幽州刺史詔

閭㠯懸車之年。方求衣錦。知進忘退。有塵謙德。可降號平北將軍。

朝之老成。宜遂情願。徙授幽州刺史。令存勸兩修。恩法並舉。（魏書高閭傳閭每請本州以自效詔云云）

臨廣川王諸喪詔（太和十九年）

朕宗室多故。從弟諸喪逝。悲痛摧割。不能已已。古者大臣之喪。有三臨之禮。此蓋三公已上。至于卿司已下。故應（闕）自漢已降。多無此禮。朕欲遵古典。哀感從時。雖以尊降伏。私痛寧爽。欲令諸王有朞親者。爲之三臨。大功之親者。爲之再臨。小功緦麻爲之一臨。廣川王于朕大功。必欲再臨。再臨者。欲于大殮之日。親臨盡哀。成服之後。緦麻而弔。既殯之緦麻。理在無疑。大殮之臨。當否如何。爲須撫柩于始喪。爲應盡哀于闔棺。早晚之宜。擇其厥中。（魏書廣川王略附傳）

又詔

魏晉已來。親臨多闕。至于戚臣。必于東堂哭之。頃大司馬安定王薨。朕既臨之後。復更受慰于東堂。今日之事。應更哭否。（魏書廣川王略附傳）

又詔

若大司馬戚尊位重。必哭于東堂。而廣川既是諸王之子。又年位尚幼。卿等議之。朕無異焉。（魏書廣川王略附傳）

廣川王不得就妃葬代詔

遷洛之人。自茲厥後。悉可歸骸邙嶺。皆不得就塋恆代。其有夫先葬在北。婦今喪在南。婦人從夫。宜還代葬。若欲移父就母。亦得任之。其有妻墳于恆代。夫死于洛。不得以尊就卑。欲移母就父。宜亦從之。若異葬亦從之。若不在葬限。身在代喪。葬之彼此。皆得任之。其戶屬恆燕。身官京洛。去留之宜。亦從所擇。其屬諸州者。各得任意。（魏書廣川王略附傳。有司奏廣川王妃薨于代京。未審以新尊從于卑舊。爲宜卑舊來就新尊。詔云）

議圓丘禮詔（太和十九年十一月己卯）

朝集公卿。欲論圓丘之禮。今短晷斯極。長日方至。案周官祀昊天上帝于圓丘。禮之大者。兩漢禮有參差。魏晉猶亦未一。我魏氏雖上參三皇。下考叔世。近代都祭圓丘之禮。復未考周官。爲不刊之法令。以此祭圓丘之禮示卿等。欲與諸賢考之厥衷。（魏書禮志一）

詔廣陵王羽（太和十九年十二月）

吾因天歷運。乘時樹功。開荊拓沔。威振楚越。時暨三炎。息駕汝潁。勞臨樹徐。聲遏江外。未容解甲。凱入三川。繕兵修律。俟秋方舉。海服之寄。故惟宗良。善開經策。寧我東夏。敬慎汝儀。勿墜嘉問。唯酒唯田。可不戒歟。（魏書廣陵王羽傳。羽爲青州刺史。高祖親餞之華林園。後詔）

詔于登（太和十九年十二月）

朕今創禮新邑。明揚天下。卿父乃行謙讓之表。而有直士之風。故進卿爲太子翊軍校尉。（魏書于栗磾附傳。烈子登引例求進。烈表乃引見登詔）

吏民爲刺史服詔（太和十九年）

今古時殊。禮或隆殺。專古也。理與今違。專今也。大乖曩義。當斟酌兩途。商量得失。吏民之情。亦不可茍順也。主簿近代相承服斬。過

葬便除。可如故事。自餘無服。大成寥落。可準諸境內之民。爲齊衰三月。（魏書公孫表附傳。表孫邃爲青州刺史。卒于官。青州佐吏疑爲所服。高祖詔）

制定代人姓族詔（太和十九年）

代人諸胄。先無姓族。雖功賢之胤。混然未分。故官達者位極公卿。其功衰之親。仍居猥任。比欲制定姓族。事多未就。且宜甄擢。隨時漸銓。其穆、陸、賀、劉、樓、于、嵇、尉八姓。皆太祖已降。勳著當世。位盡王公。灼然可知者。且下司州吏部。勿充猥官。一同四姓。自此以外。應班士流者。尋續別敕。原出朔土。舊爲部落大人。而自皇始已來。有三世官在給事已上。及州刺史鎮大將。及品登王公者爲姓。若本非大人。而皇始已來。職官三世尚書已上。及品登王公。而中間不降官緒。亦爲姓。諸部落大人之後。而皇始已來。官不及前列。而有三世爲中散監已上。外爲太守子都。品登子男者爲族。若本非大人。而皇始已來。三世有令已上。外爲副將子都太守。品登侯已上

者亦爲族。凡此姓族之支親。與其身有緦麻服已內。微有一二世官者。雖不全充美例。亦入姓族。五世已外。則各自計之。不蒙宗人之蔭也。雖緦麻而三世官不至姓班。有族官則入族官。無族官則不入姓族之例也。凡此定姓族者。皆具列由來。直擬姓族以呈聞。朕當決姓族之首末。其此諸狀。皆須問宗族。列疑明同。然後句其舊籍。審其官宦。有實則奏。不得輕信。其言虛長僥僞不實者。訴人皆加傳旨問而詐不以實之坐。選官依職事答問不以實之條。令司空公穆亮、領軍將軍元儼、中護軍廣陽王嘉、尚書陸琇等詳定北人姓。務令平均。隨所了者。三月一列簿帳。送門下以聞。魏書官氏志

餞南安王楨詔 太和二十年四月

從祖南安。旣之蕃任。將曠違千里。豫懷惘戀。然今者之集。雖曰分岐。實爲曲宴。並可賦詩申意。射者可以觀德。不能賦詩者。可聽射也。當使武士彎弓。文人下筆。魏書南安王楨傳

久旱得雨詔 太和二十年七月

炎陽爽節。秋零卷澍。在予之責。實深悚慄。故輟膳三晨。以命上訴。靈鑒誠款。曲流雲液。雖休勿休。寧敢徭怠。將有賢人湛德。高士凝棲。雖加銓采。未能招致。其精訪幽谷。舉茲賢彥。直言極諫。匡予不及。又邪佞毀朝。固唯治蠹。貪夫竊位。大政以虧。主者彈劾不肖。明黜盜祿。又法爲治要。民命尤重。在京之囚。悉命條奏。朕將親案。以時議決。又疾苦六極。人神所矜。宜時訪恤。以拯窮廢。鰥寡困乏。不能自存者。明加矜恤。令得存濟。又輕徭薄賦。君人常理。歲中恆役。具以狀聞。又夫婦之道。生民所先。仲春奔會。禮有達式。男女失時者。以禮會之。又京民始業。農桑爲本。田稼多少。課督不具。以狀言。魏書孝文紀下

詔僕射李沖領軍于烈 太和二十年十二月

陸叡元丕早□□□□大臣自與卿等同受非常之詔。朕許以不死之旨。思得上下齊信。以保大義。朕于卿等。常忘短棄瑕。務相含養。豈謂陸叡無心之甚。一至于斯。乃與穆泰結禍。敷圖反噬。以朕遷洛。內懷不可。擬舉諸王。議引子恂。若斯之論。前後非一。始欲推故南安王。次推陽平王。若不肯從。欲逼樂陵王。訕謗朝廷。譖信炳然。事旣垂就。叡以洛都休明。勸令小緩。于是之後。兩人復競。然猶隱而弗聞。賴陽平王忠貞奮發。獲泰之言。便爾馳表。得使正人糾慝。恆岳無塵。是以叡之愆失。處入門誅。朕諦尋前旨。許不盡法。反逆之志。自負幽明。違誓在彼。不關朕也。反心逆意。旣異餘犯。雖欲矜恕。末如之何。然猶憶先言。兼以未頗異議。聽自死別府。免厥孥戮。其門子孫。永世不齒。元丕二子一弟。首爲賊端。其父無人明證。理在可觀。但以言無炳灼。隱而弗窮。以連坐應死。特恕爲民。朕本期有終。而彼自棄。卿等之間。忽及今日。違心乖念。一何可悲。故此別示。想無致怪也。謀反之外。皎如白日耳。魏書陸俟附傳。陸叡與穆泰等同謀構逆。賜死獄中。高祖詔僕射李沖領軍于烈云云。沖烈表云云。案今本詔字誤作謂。據文云故此別示。又據沖烈表云別垂明詔。知此謂字必誤也。

原元拔養子從罪詔 太和二十年十二月

僕射之議。據律明矣。太尉等論于曲矯也。養所以從戮者。緣其已免所生。故不得復甄于所養。此獨何福。長處吞舟。于國所以不襲者。重列爵。特立制。因天之所絕。推而除之耳。豈復報對刑賞。于斯則應死。可特原之。魏書李沖傳

沙門道登喪詔 太和二十年

朕師登法師。奄至徂背。痛怛摧慟。不能已已。比藥治慎喪。未容即赴。便準師義。哭諸門外。績素之。魏書釋老志

引武興王楊集始入宴詔劉昶

集始邊方之酋。不足以當諸侯之禮。但王者不遺小國之臣。況此蕃垂之主。故勞公卿于此。魏書劉昶傳。案此事昶傳列于十七年之前。而本紀楊集始入朝在二十一

寸當作才　獄當作欽

年四月疑傳隸事失次也

爲鳩摩羅什舊堂所建浮圖詔 太和二十一年五月

羅什法師可謂神出五寸志入四行者也今常住寺猶有遺地獄悅修蹤情深遐遠可于舊堂所爲建三級浮圖又見逼昏虐爲道殄軀既暫同俗禮應有子胤可推訪以聞當加敘接魏書釋老志

恤老病詔 太和二十一年九月

哀貧恤老王者所先鰥寡六疾尤宜矜愍可敕司州洛陽之民年七十已上無子孫六十已上無朞親貧不自存者給以衣食及不滿六十而有廢痼之疾無大功之親窮困無以自療者皆于別坊遣醫救護給醫師四人豫請藥物以療之魏書孝文紀下

命公孫延景宣詔房伯玉 太和二十一年九月

天無二日土無兩王是以躬總六師蕩一四海宛城小戍豈足以禦抗王威深可三思封侯胙土事在俯仰魏書房法壽附傳

朕親率麾旆遠清江沔此之小戍豈足徘徊王師但戎輅所經纖介須殄宜量力三思自求多福且卿早蒙蕭賾殊常之眷曾不懷恩報以塵露蕭鸞妄言入繼道成賾子無子遺卿不能建忠于前君方立節于逆豎卿之罪一又頃年傷我偏師卿之罪二今鑾旆親戎淸一南服不先面縛待罪麾下卿之罪三卿之此戍多則一年中則百日少則三旬尅殄豈遠宜善思之後悔無及魏書房法壽附傳

詔彭城王勰 太和二十一年十一月

明便交敵可敕將士肅爾軍儀魏書彭城王勰傳

詔荅彭城王勰

割身存國理爲遠矣但汝亦我乃滅己助國職俸便停親國二事聽三分受一魏書彭城王勰傳勰表以國秩職俸親恤以裨軍國詔荅

增彭城王勰邑戶詔

朕形疲稚年心勞長歲積思成病頓發汝纘弟六弟勰孝均周弟

隮當作隮

感侔姬旦遺食捨寐動止必親敦醫勸膳誠力俱竭致茲保康實賴同氣又秉務緝政百司是憑綱維折衷萬揆獲濟撫師于霖潪之辰處戎于薦逼之日安外靜內功臣大道侍省之績可以孔懷無褒翼亮之勤實乃勳存社稷宜有酬賞以旌國功可增邑一千戶魏書彭城王勰傳

又詔彭城王勰

汝在私能孝處公必忠比來勤憂足布朝野但可祇應魏書彭城王勰傳

全後魏文卷六終

全後魏文卷七

烏程嚴可均校輯

孝文帝五

原沈保沖詔 太和二十一年

保沖文秀之子。可特原命配洛陽。作部終身。魏書沈文秀附傳。子保沖坐援漣口退敗。有司處之死。高祖詔

手詔李崇爲梁州刺史 太和二十一年

今仇隴剋清。鎮捍㠯德。文人威惠旣宣。實允遠寄。故敕授梁州。用盜邊服。便可善思經略。去其可除。安其可育。公私所患。悉令芟夷。魏書李崇傳。

餞北海王詳還洛詔 太和二十二年正月

昔者淮夷叛命。故有三年之舉。鬼方不令。乃致淹載之師。況江吳竊命。于今十紀。朕必欲蕩滌南海。然後言歸。今夏停此。故與汝相見。善守京邑。副我所懷。魏書北海王詳傳。車駕南伐。詳朝于行宮。及還洛。高祖餞之。詔詳。

詔王肅 太和二十二年正月

夫知己貴義。君臣務恩。不能矜災卹禍。恩義焉措。卿情同伍員。懷酷歸朕。然未能翦一讎人。馘彼凶帥。何嘗不興言憤歎。羨吳闔而長息。比獲蕭鸞輔國將軍黃瑤起。乃知是卿怨也。尋當相付。微望紓泄。使吾見卿之日。差得緩懷。魏書王肅傳。旣平漢陽。詔肅云云。初齊武之收肅父奐也。司馬黃瑤起攻奐殺之。故詔云然。

詔房伯玉 太和二十二年二月

朕承天馭宇。方欲清一寰域。卿蕞尒小戍。敢拒六師。卿之愆罪。理在不赦。魏書房法壽附傳。

詔荅王肅 太和二十二年三月

得表覽之憮然。觀卿意非專在水。當是㠯藻等銳兵新敗于前。事往勢難故也。朕若分兵。遣之非多。會無所制。多遣則禁旅難闕。今

令當作今

及下脫至字

日之計。唯當作必剋之舉。不可爲狐疑之師。徒失南兗也。卿便息意停彼。㠯圖義陽之寇。宜止則止。還取義陽。宜下則下。鎮軍淮北。深量二途。勿致重爽。若孟表糧盡。軍不及致。失渦陽。卿之過也。魏書王肅傳。肅討義陽未剋。而齊將裴叔業寇渦陽。劉藻等救之。爲叔業所敗。肅表求更遣軍援渦陽。詔云云。肅乃解義陽之圍。㠯赴渦陽。孝明紀。乙未。詔將軍鄭思明、嚴虛敬、宇文福等三軍繼援。

㠯傅永爲汝潁鎮將詔

脩期在後。少有擒殺。可揚武將軍汝陰鎮將。帶汝陰太守。魏書傅永傳。裴叔業又圍渦陽。遣永爲統軍。與高聰、劉藻、成道益、任莫問等往救之。戰敗。高祖俱鎖之。聰藻徙爲邊民。永免官爵而已。不旬日詔云云。案傳。永字脩期。

減損恆供詔 太和二十二年九月

朕㠯寡德。屬茲靖亂。實賴羣英。凱清南夏。宜約躬賞效。㠯勸茂績。在后之私府。便可損半。六宮嬪御。五服男女。常恤恆供。亦令減半。在戎之親。三分省一。魏書孝文紀下。

詔南陽太守鄭長猷 太和二十二年九月

昔曹公剋荊州。留滿寵于後。朕今委卿此郡。兼統戎馬。非直綏初附。㠯扞城相託。魏書劉芳附傳。

酬賚徐謇詔 太和二十二年九月

夫神出無方。形稟有礙。憂喜乖適。理必傷生。朕覽萬機。長鍾革運。思芒芒而無怠。身忽忽㠯興勞。仲秋動病。心容頓竭。氣體羸瘠。玉几在慮。侍御師右軍將軍徐成伯。驅輪太室。進療汝蕃。方窮丹英。藥盡芝石。誠術兩輸。忠妙俱至。乃令沈勞勝愈。篤瘵克痊。論勤語效。實宜褒錄。昔晉武暴疾。程和應增封。辛疚數朝。錢爵大墜。況疾深于曩辰。業難于疇日。得不重加陟賞乎。宜順羣望。錫㠯山河。且其舊遷高秩。中散解退。比雖銓用。猶未口口。準舊量今。事合顯進。可鴻臚卿金鄉縣開國伯。食邑五百戶。賜錢一萬貫。魏書徐謇傳。

又詔

錢府未充。須㠯雜物絹二千匹。雜物一百匹。四十匹出御府。穀二千斛。奴婢十口。馬十匹。一匹出驊騮。牛十頭。所賜雜物奴婢牛馬。皆經內呈。魏書徐謇傳

贈李沖詔　太和二十二年

沖貞和資性。德義樹身。訓業自家。道素形國。太和之始。朕在弱齡。早委機密。實康時務。鴻漸瀍洛。朝選開清。升冠端右。惟允出納。志肅柔明。足敷睿範。仁恭信惠。有結民心。可謂國之賢也。朝之望也。方昇寵秩。㠯旌功舊。奄致喪逝。悲痛于懷。既畱勤應陟。兼良宿宜裦。可贈司空公。給東園祕器。朝服一具。衣一襲。贈錢三十萬。布五百匹。蠟二百斤。魏書李沖傳

推列韓顯宗詔　太和二十二年

顯宗斐然成章。甚可怪責。進退無檢。虧我清風。此而不糾。或長傲俗。可付尚書推列㠯聞。魏書韓麒麟附傳

奪韓顯宗見官詔　太和二十二年

顯宗雖浮矯致愆。才猶可用。豈得永棄之也。可㠯白衣守諮議。展其後效。但鄙很之性。不足參華。可奪見口。并禁問訊諸王。魏書韓麒麟附傳

轉辥眞度爲豫州刺史詔　太和二十二年

獻忠盡心。人臣介節。標善賞功。有國徽範。故一言可㠯興邦。片辭可㠯喪國。得無遠錄前謀。㠯裦厥善。眞度爰自遷京。每在戎役。沔北之計。恆所與聞。知無不言。頻見采納。及六師南邁。朕欲超據新野。羣情皆異。眞度獨與朕同。撫蠻盜夷。實有勤績。可增邑二百戶。轉征虜將軍豫州刺史。魏書辥安都附傳

報廣陵侯衍詔

先君餘尊之所厭。禮之明文。季末陵遲。斯典或廢。侯既親王之子。宜從餘尊之義。便可大功。魏書陽平王新成附傳。衍爲徐州刺史。所生母雷氏卒。表請解州。詔云。

殯當作嬪

報元脩義詔

脩短有命。吉凶由人。何得過致憂懼。㠯乖維城之寄。遣凶就吉。時亦有之。可聽更立館宇。魏書汝陰王天賜附傳。第五子脩義遷齊州刺史。㠯齊州頻喪刺史。累表固辭。詔云。

爲六弟娉室詔

夫婚姻之義。曩葉攸崇。求賢擇偶。綿代斯愼。故剛柔著于易經。鵲巢載于詩典。所㠯重夫婦之道。美尸鳩之德。作配君子。流芳後昆者也。然則婚者合二姓之好。結他族之親。上㠯事宗廟。下㠯繼後世。必敬愼重正。而後親之。夫婦既親。然後父子君臣。禮義忠孝。于斯備矣。太祖龍飛九五。始稽遠則。而撥亂創業。日昃不暇。至于諸王娉合之儀。宗室婚姻之戒。或得賢淑。或乖好逑。自茲㠯後。其風漸缺。皆人乏窈窕。族非百兩。擬匹卑濫。舅氏輕微。違典滯俗。深用爲歎。㠯皇子茂年。宜簡令正。前者所納。可爲妾媵。將㠯此年爲六弟娉室。長弟咸陽王禧可娉故潁川太守隴西李輔女。次弟河南王幹可娉故中散代郡穆明樂女。次弟廣陵王羽可娉驃騎諮議參軍滎陽鄭平城女。次弟潁川王雍可娉故中書博士范陽盧神寶女。次弟始平王勰可娉廷尉卿隴西李沖女。季弟北海王詳可娉吏部郎中滎陽鄭懿女。魏書咸陽王禧傳

詔荅有司

利建雖古。未必今宜。經野北史作畫野。由君。理非下請。邑采之封。自有別式。魏書咸陽王禧傳。有司奏冀州人蘇僧瓘三千人稱禧清明有惠政。請世胙冀州。詔云云。又見北史十七。

停敎武詔

雖云敎武。未練其方。既逼北行。臣聞敎武。脫生羣惑。且可停之。魏書咸陽王禧傳

臨韓太妃喪詔

太妃韓氏薨逝。情㠯傷慟。太妃先朝之世。位擬九殯。豫班上族。誕我同氣。念此孤稚。但用感惻。明當暫往臨哭。可敕外備辦。遣侍御

史假節監護喪事。贈綵八百匹。（魏書趙郡王幹傳）

敕諭河南王幹詔

季世多務。情緣理奪。幹既居要任。銓衡是荷。豈容遂其私志。致曠所司。可遣黃門郎敦諭。令勉從王事。朕尋當與之相見。（魏書趙郡王幹傳）

餞趙郡王幹詔

夫刑獄之理。先哲所難。然既有邦國。得不自勵也。汝我之懿弟。當聿修厥德。光崇有魏。深思遠圖。如臨深履薄。罔恃親重。不務世政。國有常憲。方增悲感。（魏書趙郡王幹傳。幹除冀州刺史。高祖親餞于近郊。詔幹）

推問斬盜馬賊詔

夫刑目飾人。罪必無濫。故刑罰不中。民無措手足。若必目威殺爲良。則應汎通衆收。苟須有禁。何得不稽之正典。又律令條憲。無聽新君加戮之文。典禮舊章。不著始臨專威之美。尚書曲阿朕意。實傷皇度。幹闇于治理。律外重刑。竝可推聞。（魏書趙郡王幹傳。幹爲冀州刺史。州表斬盜馬人。于律過重。而尚書目幹初臨。縱而不劾。詔云云。）

詔鄭範

卿身非功舊。位無重班。所目超遷顯爵。任居方夏者。正目勤能致遠。雖外無殊效。亦未有負時之愆。而鎮將伊利。妄生姦撓。表卿遣船市玉。與外賊交通。規陷卿罪。窺覦州任。有司推驗。虛實自顯。有罪者今伏其辜矣。卿其明爲算略。勿復懷疑。待卿刖犯處刑及鞭。今恕刑罷鞭。止罰五十。卿宜克循綏輯。邊服稱朕意也。（魏書鄭範傳）

經李沖墓遣祭詔（太和二十三年正月）

司空文穆公德爲時宗。勳簡朕心。不幸徂逝。託墳邙嶺。旋鑾覆舟。躬睇塋域。悲仁惻舊。有慟朕衷。可遣太牢之祭。目申吾懷。（魏書李沖傳）

謚高祐詔（太和二十三年）

不遵上命曰靈。可謚爲靈。（魏書高祐傳）

褒升崔振詔（太和二十三年）

振在郡著績。宜有褒升。（魏書崔挺附傳。挺弟振爲高陽內史。徵兼尚書左丞。後改定職令。振本資惟擬五品。詔云云。案官氏志改職令在二十三年。）

詔任城王澄（太和二十三年三月）

顯達侵亂。沔陽不安。朕不親行。莫攘此賊。朕疾患淹年。氣力惙敝。如有非常。委任城大事。是段任城必須從朕。（魏書任城王傳。高祖不豫。引澄入見清徽堂。詔云云。遂從駕南伐。）

段當作叚

齊王簡喪詔（太和二十三年）

叔父薨背。痛慕摧絕。不自勝任。但虛頓牀枕。未堪奉赴。當力疾發哀。（魏書齊郡王簡傳。薨時高祖不豫。）

黜張彝爲守尚書詔

阿倪愚騃。誰引爲郎。（北史秦王翰傳。附子昭。小字阿倪。尚書張彝引兼殿中郎。孝文將爲齊郡王簡舉哀。而昭乃作宮懸。帝大怒。詔云云。于是黜彝白衣守尚書。昭遂停廢。）

手詔皇太子

汝弟六叔父勰。清規懋賞。與白雲俱潔。厭榮捨紱。目松柏爲心。吾少與綢繆。提攜道趣。每請解朝纓。恬真丘壑。吾目長兄之重。未忍離遠。何容仍屈素業。長嬰世網。吾百年之後。其聽勰辭蟬捨冕。遂其沖挹之性。無使成王之朝。翻疑姬旦之聖。不亦善乎。汝爲孝子。勿違吾敕。（魏書彭城王勰傳）

目僧顯爲沙門都統詔

門下。近得錄公等表。知欲早定沙門都統。比考德選賢。寤寐勤心。繼佛之任。莫知誰寄。或有道高年尊。理無勞紆。或有器玄識邈。高挹塵務。今目思遠寺主法師僧顯。仁雅欽韻。澄風柔鏡。深敏潛明。道心清亮。固堪茲任。式和妙衆。近已口白。可敕令爲沙門都統。又副儀貳事。緇素攸同。頃因曜統獨濟。遂廢茲任。今欲毗德贊善。固須其人。皇舅寺法師僧義。行恭神暢。溫聰謙正。業茂道優。用膺副翼。可都維那。目光賢徒。（廣弘明集二十四）

曜當作藴
濟當作齊

聽諸法師一月三入殿詔

門下。崇因贊業。莫若宗玄。禪衲染志。誰先英哲。故周旦著其朋之誥。釋迦唱善知之文。然則位尊者以納賢爲貴。德優者以親仁爲尚。朕雖寡昧。能無庶幾也。先朝之世。經營六合。未遑內範。遂令皇庭闕高邈之容。紫闥簡超俗之儀。于欽善之理。福田之資。良爲未足。將欲令懿德法師時來相見。進可餐稟道味。退可飾光朝廷。其敕殿中。聽一月三入。人數法諱。別當牒付。廣弘明集二十四。

令諸州衆僧安居講說詔

門下。憑玄歸妙。固資冥風。餐慧習慈。實鍾果智。故三炎檢攝道之恆規。九夏溫詮法之嘉猷。可敕諸州。令此夏安居清衆。大州三百人。中州二百人。小州一百人。任其數處講說。皆僧祇粟供備。若粟尠徒寡。不□此數者。可令昭玄量減還聞。其各欽旌賢匠。良推叡德。勿致濫濁。倩茲後進。廣弘明集二十四。

贈徐州僧統并設齋詔

門下。徐州道人統僧逞。風識淹通。器尚倫雅。道業明博。理味淵澄。清聲茂譽。早彰于徐沛。英懷玄致。夙流于譙宋。比唱法北京。德芬道俗。應供皇筵。美敷宸宇。仁叡之良。朕所嘉重。依因旣終。致茲異世。近忽知聞。悲怛于懷。今路次兖濮。青泗豈遙。愴然念德。又增厥心。可下徐州。施帛三百疋。以供追福。又可爲設齋五千人。廣弘明集二十四。

歲施道人應統帛詔

門下。應統仰紹前哲。繼軌道門。徽佇玄範。沖猷是託。今旣讓俗名。理宜別供。可取八解之義。歲施帛八百疋。準四輩之貺。隨四時而給。又修善之本。實依力命。施食之因。內典所美。可依朝官上秩。當月而施。所以遠譬深理者。匪獨開崇俗心。亦獎勵道意耳。廣弘明集二十四。

啼當作蹄

爲慧紀法師亡施帛設齋詔

門下。徐州法師慧紀。凝量貞遠。道識淵虛。英素之操。超然世外。綜涉之功。斯焉罕倫。光法彭方。聲茂華裔。研論宋壤。宗德遠邇。爰于往辰。唱啼鹿苑。作匠京緇。延賞賢叢。倏矣死魔。忽殲良器。聞之悲哽。傷慟于懷。可敕徐州。施帛三百疋。并設五百人齋。以崇追益。廣弘明集二十四。

敕副使王清石 太和初

卿莫以本是南人。言語致慮。若彼先有所知所識。欲見便見。須論即論。盧昶正是寬柔君子。無多文才。或主客命卿作詩。可率卿所知。莫以昶不作。便復罷也。凡使人之體。以和爲貴。勿遞相矜誇。見于色貌。失將命之體。卿等各率所知。以相規誨。魏書盧玄附傳。詔昶使于蕭賾業又敕副使王清石。

敕王肅劉昶 太和十九年

聞蕭衍善用兵。勿與爭鋒。待吾至。若能禽此人。則江東吾有也。南史六。建武二年。肅昶軍騎走。得肅昶巾箱中魏帝敕。

別賞之賞當作當

敕宕昌公王遇 將遷洛

太師萬一。即可監護喪事。魏書馮熙傳。

敕荅成淹諫汎泗入河 太和十九年四月

朕以恆代無運漕之路。故京邑民貧。今移都伊洛。欲通運四方。而黃河急峻。人皆難涉。我因有此行。必須乘流。所以開百姓之心。知卿至誠。而今者不得相納。魏書成淹傳。高祖幸徐州。將汎泗入河。泝流還洛。軍次碻磝。淹乃上疏陳諫。高祖敕。

宣旨彭城王勰

勰翼弼六師。纂戎荆楚。河北之勳。每毗廟算。從征新野。有克城之謀。受命鄧城。致大捷之效。功爲羣將之最也。別賞授賞。不替厥庸。魏書彭城王勰傳。車駕還京。會百寮于宣極堂。行飲至策勳之禮。命舍人宣旨。

戒南安王楨

翁孝行著于私庭。令聞彰于邦國。每欽忠懿。思一言展。故因講武。遠徵赴闕。仰戀仁慈。情在未已。但長安鎮年饑民儉。理須綏撫。不容久留。翁今還州。其勤隱恤。無令境內有飢餒之民。翁既國之懿親。終無貧賤之慮。所宜慎者。略有三事。一者恃親驕矜。違禮僭度。二者傲慢貪奢。不恤政事。三者飲酒遊逸。不擇交友。三者不去。患禍將至。但能慎此。足㠯全身遠害。光國榮家。終始之德成矣。魏書南安王楨傳。

誡高陽王雍

相州乃是舊都。自非朝賢德望。無由居此。是㠯使汝作牧。為政之道。非難非易。其身正。不令而行。故便是易。其身不正。雖令不從。故便是難。又當愛賢士。存信約。無用人言而輕與奪也。魏書高陽王雍傳。雍除相州刺史。高祖誡雍。

誡河南王幹 太和十七年六月

司空穆亮年器可師。散騎常侍盧淵。才堪詢訪。汝其師之。魏書趙郡王幹傳。太和九年封河南王。及車駕南伐。㠯幹總戎。別道誡之。

誡太子恂㠯冠義 太和十七年七月

夫冠禮表之百代。所㠯正容體。齊顏色。順辭令。容體正。顏色齊。辭令順。故能正君臣。親父子。和長幼。然母見必拜。兄弟必敬。責㠯成人之禮。字汝元道。所寄不輕。汝當尋名求義。㠯順吾旨。魏書廢太子恂傳。太和十七年冠恂于廟。高祖臨光極東堂。引恂入見。誡㠯冠義。

戒上谷侯贊

贊化畿甸。可宣孝道。必令風教洽和。文禮大備。自今有不孝不弟者。比其門標。㠯刻其柱。北史十五秦王翰傳。初置司州。㠯贊為刺史。賜爵上谷侯。孝文戒云云。于是賜名曰贊。

賜北海王詳璽書

比遊神何業也。上墳六籍。何事非娛。善正風猷。肅是禁旅。魏書北海王詳傳。

遺曹虎書

皇帝謝偽雍州刺史。神運兆中。皇居闢洛。化總元天。方融八表。而南有未賓之吳。治為兩主之隔。幽顯含嗟。人靈壅闕。且漢北江邊。密邇乾縣。故先動鳳駕。整我神邑。鄉進無陳平歸漢之智。退闕羽殉節之忠。嬰閉窮城。憂頓長河。機勇兩缺。何其嗟哉。朕比乃欲造鄉。遑亢未果。且還新都。饗厥六戎。入彼春月。遲遲揚旆。善脩爾略。㠯俟義臨。南齊書曹虎傳。

為家人書與彭城王勰

教風密微。禮政嚴嚴。若不深心日勸。何㠯敬諧。每欲立一宗師。肅我元族。汝親則宸極。位乃中監。風標才器。實足師範。屢有口敕。仍執沖遜。難違清挹。荏苒至今。宗制之重。捨汝誰寄。便委㠯宗儀。責成汝躬。有不遵教典。隨事㠯聞。吾別肅治之。若宗室有愆。隱而不舉。鍾罰汝躬。綱維相厲。庶有勸改。吾朝聞夕逝。不為恨也。魏書彭城王勰傳。

顧命宰輔

粵爾太尉司空尚書令左右僕射吏部尚書。惟我太祖丕丕之業。與四象齊茂。累聖重明。屬鴻曆于寡昧。兢兢業業。思纂乃聖之遺蹤。遷都嵩極。定鼎河瀍。庶南蕩甌吳。復禮萬國。㠯仰光七廟。俯濟蒼生。困窮早滅。不永乃志。公卿其善毗繼子。隆我魏室。不亦善歟。可不勉之。魏書孝文紀下。

祭恆嶽文

維太和十八年。敬昭告于恆嶽之靈。天極構高。人暉肇啟。幽明合歡。百神同悅。今龍旆鳴鑾。載還伊室。遄歷恆繼。路鄰陰嶽。惟靈作鎮。出納炎冰。帝道資功。坤儀憑德。故遣兼官㠯牲玉薦于恆嶽之

于當作虔

靈。尚饗。初學記五

祭嵩高山文

維太和十八年。敬昭告于嵩高中嶽之靈。太極分渾。兩儀是生。辰作乾寶。嶽樹坤靈。昭彰天地。吐納五精。唯中挺神。祥契幽經。日月交暉。寒暑遞成。萬象合和。兆類孳盈。爰自化闢。俶慶胥庭。軒轅曜哲。伊祁載形。逮于有周。實光洛禎。川潛龍光。山隱鳳停。三才憑微。七曜依明。人倫傾首。百神柔誠。造厥區夏。歷茲三正。應符代績。孰不斯營。曰乎皇魏。飛虬玄幷。螭騰穹象。川九黔巖。新邦興略。不猷罔濤。佗瓊指陰。淹翠濕亭。河圖曠覽。升中闕銘。朕承法統。誕邀休宏。開物成務。載鑠盛齡。遷宇柂方。闡繩廛城。則直之興。百堵若星。日蹕流馥。月陛芬馨。鏘旋紫宿。景曜黃衢。鸞聲嘒嘒。鳥和嚶嚶。歸蓋如雲。還輈若霆。惟嵩嵓嵓。峻極昊青。惟邑翼翼。長啟魏京。薦玉告于。用昭永貞。納茲多福。萬國以寍。初學記五

弔殷比干墓文

唯皇構遷中之元載。歲御次平闕茂。望舒會于星紀。十有四日。日唯甲申。予揚和淇右。蹀駟鄘西。指崧原而揺步。順京途以啟征。路歷商區。轄届衞壤。泛目睇川。縱覽觀陸。遂僞睨古跡。游瞰曩風。覩殷比干之墓。悵然悼懷焉。乃命馭駐輪。兹驥躬矚。荆蕀荒杇。工爲綿蕪。而遺猷明密。事若對德。慨狂后之猖穢。傷貞臣之婞節。睇輿其韻。貽弔云爾。

日三才之肇元兮。敷五靈以扶德。含剛柔于金木兮。資明闇于南北。重離燿其炎暉兮。曾坎司玄以秉黑。伊稟常之懷生兮。昏睿遞其啟則。蠢皎皎其何朗兮。夜幽幽而致彝。哲人昭昭而澄光兮。狂夫黷黷其若翳。沓堯舜之耿介兮。何桀紂之猖敗。沈湎而不知甲兮。終或已以貽戾。謇謇兮比干。藉冑兮殷宗。含精兮誕奕。寘樹兮英風。稟蘭露以滌神。浪蘂英而傚容。茹薜荔以蕩識。佩江蘺以麗躬。履霜以結冰兮。卒窨忠而弥濃。于金豈其吾珍兮。皇鑾實余所鍾。奮誠諫而爐軀兮。導危言以釁鋒。嗚呼哀哉。嗚呼哀哉。惟子在殷。實爲梁棟。外贊九功。内徽辰共。匡率褻職。德音遐洞。周師還旆。非子誰貢。否哉悖運。遘此不辰。三綱道沒。七曜輝泯。負乘竊器。息棄天倫。懷誠齎怒。讜言焉陳。嵬侯已醢。子不見歟。邢侯已脯。子不聞歟。微子去矣。子不知歟。其子奴矣。子不覺歟。何其輕生。一致斯歟。何其愛義。勇若歸歟。遺體既灰。不其惜歟。永矣無返。不其痛歟。嗚呼哀哉。嗚呼哀哉。夫天地之長遠兮。嗟人生之多殃。往者子弗及兮。來者子不厯當。胡契闊之屯亶兮。値昏化而永良。曷不相時以卷舒兮。徒委質而巔亡。雖虛名空傳于千載。詎何勳之可揚。奚若騰魂以遠逝。飛足而歸昌。得比肩于尙父。卒同協于周王。建鴻績于盛辰。啟胥宇于齊方。闡穆音乎萬祀。傳冕業以脩長。而乃自受茲艷。覩駭殷亲剖心無褫。迷機喪身。脫非武發。封墓誰因。嗚呼介士。胡不我臣。

重曰。世惛惛而溷濁兮。日藹藹其無光。時坎廩而險隘兮。氣憭颸以飛霜。子奚其不遠逝兮。侘傺而阽故鄉。可乘桴以浮滄兮。求蓬萊而爲粻。銜芝條以昇虛兮。與赤松而翶翔。被芰荷之輕衣兮。电扶容之葩裳。循海波而濟厲兮。望會稽以歸禹。紐蕙芷以爲紳兮。匽荃佩而容與。寫鬱結于聖人兮。暢中心之祕語。執垂益而談卞兮。交良朋而攄苦。言既而東騰兮。吸朝霞而長舉。登岯巖而悵望兮。眺扶桑以停佇。謁靈威以問路兮。乘谷風而扳宇。遂假載于羲和兮。馮六螭以南處。翥衡嶽而顧步兮。濯沅湘以自潔。嚌炎州之八桂兮。踐九疑而遥襄。卽蒼梧而宗舜兮。拂埃霧以就列。采輕越而肅鸙兮。切寶庠以貫介。訴滄風之淪覆兮。話蕭韶之湮滅。召能狸而敘釋兮。問重華之風桀。尒乃飲正陽之精氣兮。遊丹丘而明覲。揖祝融而求鳥兮。御朱鸞以循指。因景風而淩天兮。迴靈鷄以

西巖降黃渚而造稷兮尉稼穡之艱難訪有郃之詵詵兮遇何土而獲安然後陟崐崘之翠嶺兮攀瓊枝而翳柤步懸圃以徧澆兮咀玉英以折蘭歷崦嵫而一顧兮府沐髮于洧盤仰徙倚于閶闔兮請帝閽而啟關天沈寥而廓落兮地寂漻而遼闊滄淪陰以捭氣兮佩瑤玕而鳴鏘拜招矩而脩節兮少躊躇以相羊祈騶虞而總轡兮隨泰風以飄揚敞不周而左旋兮縱神駟以北望尋流沙而騁鑾兮暨陽周以䌁駕靡芸芳以馥體兮索夷杜而極銜奉軒轅而陳辭兮申時俗之不暇適岐伯而脩命兮展力牧而問羿歎沆瀣之純粹兮闚寒門之層冰聆廣莫之飀瑟兮覿黔嬴而迴凝擁玄武以涉虛兮亢神寘而威陵象曖𣆀而晻鬱兮途昦昦其難勝策飛廉而前驅兮使燭龍以輝燈歸中樞而睇睨兮想玄漠之已周慨飛魂之無寄兮颯翩袂而上浮引雄虹而登峻兮揚雲旗以軒遊躍八龍之蜿蜿兮振玉鸞之啾啾肇彗星以朗導兮委升

軼乎大儀敖重陽之帝宮兮凝精魄于旋曦扈陽曜而靈脩兮豈傳說之足奇但至爍之不悛兮盍溘死而不移（碑拓本又南齊書魏虜傳引脫非武發四句案魏書孝文紀太和十八年十一月車駕幸鄴經比干之墓傷其忠而獲戾親爲弔文樹碑而刊之劉芳傳芳爲注解表上之）

祭岱嶽文（太和十九年四月）

維太和十九年敢昭告于泰山東嶽之靈造化氛氳是生二儀玄黃既闢山川以離四流含靈五嶽苞祇并兼萬象出納望儀岱宗穹崇梁甫盤崛青巳崎巇春阯鬱律肇生庶類啟光品物上敷神工下融靈秩載協化文四氣以溢百王鑴成莫不茲室（初學記五）

祭河文

維太和十九年皇帝敢昭告于河瀆之靈坤元涌溢黃瀆作珍浩浩洪流實禪陰淪通源導物含介藏鱗啟潤萬品承育蒼旻惟聖作則惟禹克遵浮檝飛帆洞厥百川朕承寶厤克纂乾文騰鸞淮方旋鷁河濱龍舲御瀆鳳旆乘雲汎汎棹舟翩翩泝津宴我皇遊光餘夷濱肇開水利漕典載新千艫桓桓萬艘斌斌保我大義惟爾作神（初學記六）

祭濟文

維太和十九年皇帝遣太常寺守散騎常侍敢昭告于濟瀆之靈乾光資曜坤載播液惟瀆暢靈協輝陰辟庶象懸和降升芳溰蘊神包化比士亘績溫芳涌瑞沆源導濟引流通滄實作四體作潤岱宗含雲吐澧潤波湛湛川風瀰瀰瞻洪津而懷德乘長波而欽智汎龍儀之郁穆琛玉軒而浮被沈璋璧之明物冀牲絜以歸寄（初學記六）

全後魏文卷七終

烏程嚴可均校輯

宣武帝一

帝諱恪。孝文帝第二子。太和二十一年立爲皇太子。二十三年四月即位。改元四。景明、正始、永平、延昌。在位十六年。謚曰宣武皇帝。廟號世宗。

詔答王肅 太和二十三年十二月

覽奏。倍冂崩絕。未足吕上酬勳德。且可如奏。魏書彭城王勰傳

聽高閭致仕詔

閭貞幹早聞。儒雅素著。出內清華。朝之儁老。吕年及致仕。固求辭任。宜聽解宗伯。遂安車之禮。特加優授。崇老成之秩。可光祿大夫金印紫綬。使散騎常侍兼吏部尚書邢巒就家拜授。魏書高閭傳 世宗踐阼。閭累表遜位。詔云云。

賜餞高閭詔

閭歷官六朝。著勳五紀。年禮致辭。義光進退。歸軒首路。感悵兼懷。安駟籯金。漢世榮貺。可賜安車几杖。輿馬繒綵。衣服布帛。事從豐厚。百寮餞之。猶昔羣公之祖二疏也。魏書高閭傳

裴叔業吕壽春內屬下詔 景明元年正月丁未

叔業明敏秀發。英款早悟。馳表送誠。功高振古。宜加褒授。吕彰先覺。可使持節散騎常侍都督豫雍兗徐司五州諸軍事征南將軍豫州刺史。封蘭陵郡開國公。食邑三千戶。魏書裴叔業傳

復授彭城王勰司徒詔 景明元年二月

五教治樞。古難其選。自非親賢兼切。莫應斯舉。王吕明德懋親。任屬保傅。出居蕃陝。入御袞章。內外克諧。民神攸屬。今董率戎麾。威號宣重。可復授司徒。吕光望實。魏書彭城王勰傳

答元嵩謀取沔南詔 景明元年

逵當作達

所陳嘉謀。深是良計。如當機形可進。任將軍裁之。魏書任城王附傳

淮南平遣鄭道昭勞彭城王勰詔 景明元年八月

王戚尊上輔。德勳莫二。孤心眛識。訓保攸憑。比吕壽春初開。鎮壓任重。故令王親董元戎。遠撫淮外。冒茲炎燕。衝蓋飄颻。經略踰時。必有虧損。淹逵詣覲。夙夜係情。兼制勝宜規。威効兼著。公私允稱。義所欽嘉。雖凱旋有期。無申延屬。可遣給事黃門侍郎鄭道昭就彼祗勞。魏書彭城王勰傳

東堂引見彭城王勰詔 景明元年十月

比鳳鳳未一 疑 蒼黎二化。故仰屈尊謨。綏懷邊附。而寇豎昏迷。敢闚淮楚。叔父英略高明。應機殄定。凱旋今辰。伏慰悲佇。魏書彭城王勰傳

分陳郡儲粟賑豫州詔 景明初

眞度所表。甚有憂濟百姓之意。宜在拯卹。陳郡儲粟。雖復不多。亦可分贍。尚書量賑吕聞。魏書辥安都附傳。豫州大饑。辥眞度表。詔云云。

詔責吐谷渾伏連籌 景明初

梁州表送卿報宕昌書。梁彌邕與卿並爲邊附。語其國則鄰藩。論其位則同列。而稱書爲表。名報爲旨。有司吕國有常刑。殷勤請討。朕慮險遠多虞。輕相搆惑。故先宣此意。善自三思。魏書吐谷渾傳

詔答郭祚 景明初

企向成立。且爲本鄉所樂。何爲捨此世襲。更求一限。周書泉企傳 企襲父爵丹水伯。世領本縣令。時吏部尚書郭祚吕企年少。未堪宰民。請別選遺終此一限。令企代之。宣武帝詔

報任城王澄立學詔 景明初

胄子崇業。自古盛典。國均之訓。無應久廢。尚書更可量宜脩立。魏書任城王傳

分遣大使黜陟詔 景明二年正月壬戌

朕幼承寶曆。艱憂在疚。庶事不親。風化未洽。今始覽政務。義協維新。思使四方。風從率善。可分遣大使。黜陟幽明。魏書宣武紀

聖帝當作聖德

詔于烈 景明二年正月

諸父慢怠，漸不可任。今欲使卿㠯兵召之，卿其行乎。魏書于栗磾附傳。

聽彭城王勰釋位歸第詔 景明二年正月庚戌

王宿尚閑靜，志捐世務。先帝愛亮之至，弗奪此情。遺敕炳然，許遂沖退。雅操不移，朕亦未敢違奪。今乃釋位歸第，丘園是營。高尚之節，確爾貞固。貴履之操，邈焉難追。而王宅初構，財力多闕。成立之期，歲月莫就。可量遣工役，分給材瓦，稟王所好，速令製辦。務從簡素，㠯稱王心。魏書彭城王勰傳。

遣咸陽王禧等還府司詔 景明二年正月

恪雖寡昧，忝承寶曆。比纏尫疹，實憑諸父，苟延視息，奄涉三齡。父等歸遜殷勤，今便親攝百揆。且還府司，當別處分。魏書咸陽王禧傳。

咸陽王禧北海王詳進位詔 景明二年正月

朕㠯寡昧，夙罹閔凶，煢煢在疚，罔知攸濟。實賴先帝聖帝，遺澤所覃，宰輔忠賢，劬勞王室，用能撫和上下，肅清內外，乃式遵復子，歸政告遜，辭理懇至，邈然難奪，便當勵茲空乏，親覽機務。王尊惟元叔，道理淵凝，可進位太保，領太尉。司空北海王季父英明，聲略茂舉，可大將軍，錄尚書事。魏書咸陽王禧傳。

答盧昶奏鼠咎詔 景明二年

朕纂承鴻緒，伏膺寶曆，思靖八方，惠康四海。當必世之期，麟鳳不降；屬勝殘之會，白鼠告咎。萬邦有罪，實惟朕躬。尚書敷納機猷，獻替是寄，讜言有聞，朕實嘉美。魏書盧玄附傳。

正調外蠲罷詔 景明二年三月乙未朔

比年㠯來，連有軍旅，役務既多，百姓彫敝，宜時矜量，㠯拯民瘼。正調之外，諸妨害損民，一時蠲罷。魏書宣武紀。

嚴勅守宰詔 景明二年三月辛亥

諸州刺史，不親民事，緩于督察，郡縣稽違，旬月之閒，綫一覽決，淹獄久訟，動延時序，百姓怨嗟。方城困敝，尚書可明條制，申下四方，令日親庶事，嚴勒守宰，不得因循，寬怠斷政。魏書宣武紀。

損政當作損弊

省官詔 景明二年三月壬戌

治尚簡靜，任貴應事，州府佐史，除皈猶多，方成損政，無益政道。又京師百司，寮局般雜，官有閑長者，亦同此例。苟非稱要，悉從蠲省。魏書宣武紀。

報北海王詳詔 景明二年五月

一人之身，愆不累德，形乖性別，忠逆固殊。是㠯父殛子興，義高唐世；弟戮兄登，迹顯周魯。禧之與國，異體同氣，既肆無君之逆，安顧弟友之親。叔父忠顯二朝，誠貫廟社，實勖贊沖昧，保乂鴻猷，豈容㠯微介之慮，忘阿衡之重。貂章即㠯掖還，願不再述。祚屬眇躬，言及斯事，臨紙慙恨，惋慨兼深。魏書北海王詳傳。咸陽王禧之謀反也，詳表求解任，詔云云。

敦諭彭城王勰詔

蓋二儀分象，君臣之位彬焉；上下既位，唱和之義生焉。自古統天位主，曷嘗不賴明師，仗賢輔，而後燮和陰陽，彝倫民物者哉。往而不返者，先民誠有之，斯所謂欲潔其身而亂大倫，山林之士耳。賢人君子，則不然也。屈己㠯安民，艱身㠯濟物，所謂㠯先知覺後知，同塵而與天下俱潔者也。朕猥㠯沖年，纂臨寶曆，實賴叔父匡濟之功，誠宜永兼將相，㠯綱維內外。但逼奪先旨，憚違沖挹，俛志割心，㠯遂高素。自比水旱乖和，陰陽失序，是㠯屈王論道，庶燮茲玉燭。且師宰從容，無廢清尚，故周旦復辟而居之，尚父期頤㠯終位。王義兼家國，理絕獨高，可遣侍中敦論。魏書彭城王勰傳。

參定禘祫儀注詔 景明二年六月

禮貴循古，何必改作。且先聖久遵，綿代恆典，豈朕沖闇所宜革之。且禮祭之議，國之至重，先代碩儒，論或不一，可付八座、五省、太常、國子參定㠯聞。魏書禮志二。

遣賻王肅詔 景明二年七月

肅奄至不救。痛惋兼懷。可遣中書侍郎賈思伯兼通直散騎常侍撫慰厥孤。給東園祕器。朝服一襲。錢三十萬。帛一千匹。布五百匹。蠟三百斤。并問其卜遷遠近。專遣侍御史一人監護喪事。務令優厚。魏書王肅傳。

令王肅葬京陵詔 景明二年

死生動靜。卑高有域。勝達所居。存亡崇顯。故杜預之歿。窆于首陽。司空李沖覆舟是託。顧瞻斯所。誠亦二代之九原也。故揚州刺史肅。誠義結于二世。英惠符于李杜。平生本意。願終京陵。既有宿心。宜遂先志。其令葬于沖預兩墳之間。使之神遊相得也。魏書王肅傳。

詔報源懷 景明二年十一月

不君不臣。江南常弊。有粟不食。其在斯矣。上天將欲亡之。諸蕃又顧取之。人事天道。孰云匪會。但以義害。人者不爲。且十月五日衍

軍已達大航。其大傷小亡之勢。久應有決。假令天罰寶卷。衍兵獲進。則衍之主佐。又是亂亡遺孽。皇靈其能久祐之乎。今之所矜者。正以南黔企德。邊書繼至。殄悴之氓。理須救接。若爾者。揚州兵力。配積不少。但可速遣任城。委以處分。別加慰勉。令妙盡邊算也。魏書源賀附傳。

報裴衍請隱嵩高詔 景明二年

知欲養痾中岳。鍊石嵩嶺。棲素雲根。餌芝清壑。騰迹之操。深用嘉焉。但治缺古風。有愧山客耳。既志往難裁。豈容有抑。便從來請。魏書裴叔業附傳。

埋瘞骸骨詔 景明三年二月

自比陽旱積時。農民廢殖。寤言增愧。在予良多。申下州郡。有骸骨暴露者。悉可埋瘞。魏書宣武紀。

遣迎蕭寶夤詔 景明三年閏四月

蕭寶夤深識機運。歸誠有道。冒險履屯。投命絳闕。微子陳韓。亦曷以過也。可遣羽林監領主事劉桃符詣彼迎接。其資生所須之物。及衣冠車馬。在京邸館。付尚書悉令預備。魏書蕭寶夤傳。

報高顯等請勒銘射宮詔 景明三年十月

此乃弓弧小藝。何足以示後葉。而喉脣近侍。苟以爲然。亦豈容有異。便可如請。魏書高聰傳世宗幸鄴還于河內懷界帝親射矢一里五十餘步侍中高顯等奏請勒銘射宮詔云云遂刊銘于射所聰爲之詞。

徙御舊都詔 景明三年十一月

京洛兵蕪。歲踰十紀。先皇定鼎舊都。惟新魏曆。翦埽榛荒。剏茲雲構。鴻功茂績。規模長遠。今廟社乃建。宮極斯崇。便當以來月中旬。蠲吉徙御。仰尋遺意。感慶交衷。既禮盛周宣。斯干之制。事高漢祖。壯麗之儀。可依典故。備茲考吉。以稱遐邇人臣之望。魏書宣武紀。

詔任城王澄 景明三年十一月

將軍文德內昭。武功外暢。奮揚大略。將蕩江吳。長旌始舒。虓徒懾氣。銳旅方馳。東關席捲。想江湖弭波。在旦夕耳。所送首虜。並已聞之。魏書任城王澄傳。

躬勸農桑詔 景明三年十二月

民本農桑。國重蠶籍。粢盛所憑。冕織攸寄。比京邑初基。耕桑暫缺。遺規往旨。宜必祗修。今寢殿顯成。移御維始。春郊無遠。拂羽有辰。便可表營千畝。開設宮壇。秉耒援筐。躬勸億兆。魏書宣武紀。

旱災察寃獄詔 景明四年四月

酷吏爲禍。綿古同患。孝婦淫刑。東海燋壞。今不雨十旬。意者其有寃獄乎。尚書鞫京師見囚。務盡聽察之理。魏書宣武紀。

詔百司 景明四年十二月

先朝制立軌式。庶事惟允。但歲積人移。物情乖惰。比或擅有增損。廢墜不行。或守舊遺宜。時有舛妨。或職分錯亂。互相推委。其下百

司。列其疑闕。速吕奏聞。魏書宣武紀。

報元英詔 景明四年

學業墜廢。爲日已久。非一使能勸。比當別敕。魏書南安王禎附傳。元英奏求遣使就郡校練學生。詔報。

詔奪元鸞祿一周 景明中

鸞親唯宗懿。作牧大州。民物殷繁。綏寧所屬。宜克已厲誠。崇清樹惠。而乃驟相徵發。專爲煩擾。編戶嗷嗷。家懷嗟怨。北州土廣。姦亂是由。準法尋愆。應加肅黜。吕鸞戚屬。情有未忍。可遣使者吕義督責。奪祿一周。微示威罰也。魏書城陽王長壽附傳。長壽子鸞爲青州刺史。轉定州刺史。繕起佛寺。公私費擾。頗爲民患。世宗聞而詔。

詔依禮治趙郡王母子罪

妾之于女君。猶婦人事舅姑。君臣之禮。義無乖二。妾子之于君母。禮加如子之恭。何得黷我風政。可付宗正。依禮治罪。魏書趙郡王幹附傳。幹妃穆氏表謐母趙等悖禮愆常。不遜日甚。尊卑義阻。母子道絕。詔云云。

授源懷爲馮翊公詔 景明中

宿老元臣。云如所訴。訪之史官。頗亦言此。可依比授馮翊郡開國公。邑九百戶。魏書源賀附傳。

報源懷詔 景明中

省表具卹民之懷。已敕有司。一依所上。下爲永準。如斯之比。不便于民。損化害政者。其備列吕聞。魏書源賀附傳。

原裴植詔

植闔門歸款。子昕愚昧。爲人誘詔。雖刑書有常。理宜矜恤。可特恕其罪。吕表勳誠。魏書裴叔業附傳。叔業兄子植。入爲大鴻臚卿。後吕長子昕南叛。有司處之大辟。詔云云。

詔詰宋飜

卿故違朝法。豈不欲作威吕買名。魏書宋飜傳。初飜爲河陰令。縣有大枷。號曰彌尾青。內監楊小駒詣縣請事。命取尾青吕鎮之。既免。入訴于世宗。詔云云。

吕侯剛爲右衛大將軍詔

太和之季。蟻寇侵疆。先皇于不豫之中。命師出討。撫戎暴露。觸御乖和。朕屬當監國。弗獲隨侍。而左右服侍。唯藉忠勤。剛于違和之中。卒勤行飪。追遠錄誠。宜先推敘。其吕剛爲右衛大將軍。魏書恩倖侯剛傳。

盧道將襲爵詔 景明末

長嫡承重。禮之大經。何得輒授也。魏書盧玄附傳。盧淵子道將。襲父爵而讓其第八弟道舒。有司奏聞。宣武詔。

徙趙脩詔

小人難育。朽棘不彫。長惡不悛。豈容撫養。散騎常侍鎮東將軍領扈左右趙脩。昔在東朝。選充臺皁。幼所經見。長難遺之。故纂業之初。仍引西禁。雖地微器陋。非所宜采。然識早念生。遂陞名級。自蒙洗濯。兇昏日甚。驟佞薦憍。恩加輕慢。不識人倫之體。不悟深淺之方。陵獵王侯。輕舉卿相。門賓巷士。拜叩不接。驕氣豪心。仍懷鄙塞。比聽葬父。侈暴繼聞。居京造宅。殘虐徒旅。又廣張形勢。妄生矯託。與雍州人趙僧檦等陰相傳納。許受玉印。不軌不物。日月滋甚。朕猶愍其宿隸。每加覆護。而擅威弄勢。侏張不已。法家耳目。並求憲綱。雖欲捨之。時實難爽。然楚履既墜。江君徘徊。鐘牛一聲。東向改釁。脩雖小人。承侍在昔。極辟之奏。欲加未忍。可鞭之一百。徙敦煌爲兵。其家宅作徒。即仰停罷。所親在內者。悉令出禁。朕昧于處物。育茲豺虎。顧尋往謬。有愧臣民。便可時敕申沒。吕謝朝野。魏書趙脩傳。

綱當作網

又詔任城王澄 正始元年二月

鍾離若食盡。三月已前。固有可剋。如至四月。淮水泛長。舟行無礙。宜善量之。前事捷也。此實將軍經略。動有常焉。如或吕水盛難圖。亦可爲萬全之計。不宜昧利無成。吕貽後悔也。魏書任城王澄傳。

免北海王詳爲庶人詔 正始元年五月丁未朔

采論當作考論

王位兼台輔。親懿莫二。朝野屬賴。具瞻所歸。不能勵德存道。宣融軌訓。方乃肆茲貪靦。穢暴顯聞。遠負先朝友愛之寄。近乖家國推敬所期。理官執憲。實合刑典。天下爲公。豈容私抑。但朕諸父傾落。存者無幾。便極逮坐。情有未安。可免爲庶人。別營坊館。如法禁衞。限以終身。邦家不造。言尋感慨。魏書北海王詳傳

爲北海王詳舉哀詔

北海叔奄至傾背。哀慕抽慟。情不自任。明便舉哀。可敕備辦。喪還南宅。諸王皇宗。悉令奔赴。給東園祕器。賵物之數。一依廣陵故事。魏書北海王詳傳

憂旱詔　正始元年六月

朕以寡德。政刑多舛。陽旱歷旬。京甸枯瘁。在予之責。夙宵疚懷。有司可循案舊典。祗行六事。囹圄寃滯。平處決之。庶尹廢職。重加脩舉。鰥寡困窮。在所存恤。役賦殷煩。咸加蠲省。賢良謙直。以禮進之。貪殘佞諛。時加屛黜。男女怨曠。務令媾會。稱朕意焉。魏書宣武紀

詔元鑒　正始元年七月

知權角城。威謀展稱。良以欣然。此城襟帶淮澨。川路衝要。自昔經算。未能剋之。蟻固積紀。每成邊害。將軍淵規潛運。妙略克宣。闢境剋城。功著不日。據要扼喉。津徑勢阻。可謂勳高三捷。朕甚嘉焉。守御諸宜。善以量度。矜慰之使。尋當別遣。魏書河南王曜附傳

令羣官集太樂署攷論音律詔　正始元年七月

太樂令公孫崇更調金石。燮理音準。其書二卷幷表。悉付尚書。夫禮樂之事。有國所重。可依其請。八座已下。四門博士以上。此月下旬。集大樂署。采論同異。博采古今。以成一代之典也。魏書樂志。先是高閭引給事中公孫崇共攷音律。景明中。崇乃上言樂事。正始元年秋詔

全後魏文卷八終

烏程嚴可均校輯

宣武帝二

克三關勞元英詔 正始元年八月

知賊城已下。復克三關。展威闢境。聲略宣振。公私稱泰。良以欣然。將軍淵規內斷。忠謨外舉。受律揚旌。克申廟算。雖方叔之制蠻荊。召虎之掃淮浦。匹茲蔑如也。新州初附。宜廣經略。想善加檢督。必令周固。有所委付。然後凱旋耳。魏書南安王楨附傳。

下梁將蔡靈恩等詔 正始元年九月甲子

中山王英所執蕭衍冠軍將軍監司州事蔡靈恩等。隨才擢敘。魏書宣武紀。

會平江南。此等便可放歸也。魏書南安王楨附傳。

報鄭道昭詔

具卿崇儒敦學之意。良不可言。新令尋班。施行無遠。可謂職思其憂。無曠官矣。魏書鄭羲附傳。

建國學詔 正始元年十一月

古之哲王。創業垂統。安民立化。莫不崇建膠序。開訓國胄。昭宣三禮。崇明四術。使道暘羣邦。風流萬宇。自皇基徙構。光宅中區。軍國務殷。未遑經建。靖言思之。有慙古烈。可敕有司。依漢魏舊章。營繕國學。魏書宣武紀。

增減律令詔 正始元年十二月己卯

議獄定律。有國攸慎。輕重損益。世或不同。先朝垂心典憲。刊革令軌。但時屬征役。未之詳究。施于時用。猶致疑舛。尚書門下可于中書外省論律令。諸有疑事。斟酌新舊。更加思理。增減上下。必令周備。隨有所立。別以申聞。庶于循變協時。永作通制。魏書刑罰志。

報夏侯道遷詔 正始元年閏十二月癸卯

得表聞之。將軍前識機運。已投誠款。而中逢猜間。致有播越。復翻然風返。建茲殊效。忠貫古烈。義動遐邇。漢鄭既開。勢翦庸蜀。混同之略。方自斯始。擒凶掃惡。何快如之。想餘黨悉平。西南清盪。經算淹頻。當有劬勞。所請軍宜。別敕一二。魏書夏侯道遷傳。

聽司馬悅赴闕詔 正始初

司馬悅首謀義陽。征略有捷。且違京既久。屢請入朝。可遂此志。聽其赴闕。魏書司馬楚之附傳。

詔田益宗 正始初

懸瓠要藩。密邇崧潁。南疆之重。所寄不輕。而羣小猖狂。忽構釁逆。殺害鎮主。規成反叛。此而可忍。孰不可容。即遣尚書邢巒總精騎五萬。星馳電驅。征南將軍中山王英統馬步七萬。絡繹繼發。量此蟻寇。唯當逃奔。知將軍志翦豺狼。以清邊境。節義慷慨。良在可嘉。非蹇蹇之至。何以能爾。溪獸誠款。方相委託。故遣中書舍人趙文

相具宣朕懷。往還之規。口別指授。便可善盡算略。隨宜追掩。勿令此豎得有竄逸。遲近清盪。更有別旨。魏書田益宗傳。

荅劉芳請遷易郊壇詔

所上乃有明據。但先朝置立已久。且可從舊。魏書劉芳傳。

詔邢巒 正始二年二月

巒至彼。須有板官。以懷初附。高下品第。可依征義陽都督之格也。魏書邢巒傳。

審議貢舉詔 正始二年四月

任賢明治。自昔通規。宣風贊務。實惟多士。而中正所銓。但存門第。吏部彝倫。仍不才舉。遂使英德罕昇。司務多滯。不精厥選。將何攸致。八座可審議往代貢士之方。擢賢之體。必令才學並申。資望兼致。魏書宣武紀。

銓授勳臣子孫詔 正始二年六月

先朝勳臣。或身罹譴黜。子孫沈滯。或宦途失次。有替舊流。因而弗采。何以獎勸。言念前績。情有親疏。宗及庶族。祖曾功績可紀。而無朝官。有官而才堪優引者。隨才銓授。（魏書宣武紀）

分遣大使省方詔　正始二年七月

朕纂馭寶歷。于今七載。德澤未敷。鑒不燭遠。人之冤瘼。所在猶滋。而糾察之獄。未暢于下。賢愚靡分。阜白均貫。非所以革民耳目。使善惡勵心。今分遣大使。省方巡檢。隨其愆負。與風響相符者。即加糾黜。以明雷霆之威。以申旄軒之舉。因以觀風辨俗。采訪功過。褒賞賢者。糾罰淫慝。理窮恤弊。以稱朕心。（魏書宣武紀）

報邢巒詔　正始二年

若賊敢闚闞。觀機翦撲。如其無也。則安民保境。以悅邊心。子蜀之舉。更聽後敕。方將席卷岷蜀。電埽西南。何得辭以戀親。中途告退。宜勖令圖。務申高略。（魏書邢巒傳）

因夏侯道遷未拜封下詔　正始二年

道遷至止既淹。未恭州封。可敕吏部。速令召拜。（魏書夏侯道遷傳）

求言詔　正始三年二月

昔虞戒面從。昌言屢進。周任諫輔。王闕必箴。朕仰纘鴻基。伏膺寶歷。思康庶績。一日萬幾。是以側望忠言。虛求讜直。而良策弗進。規畫無聞。豈所謂弼諧元首。匡救不逮者乎。可詔王公已下。其有嘉謀深圖。直言忠諫。利國便民。矯時厲俗者。咸令指事陳奏。無或依違。（魏書宣武紀）

詔問元英克敵事機　正始三年四月

賊勢滋甚。圍逼肥梁。邊將後規。以至于此。故有斯眾。必期勝捷。而出軍淹滯。肥梁已陷。聞之惋懣。實乖本圖。今眾軍雲集。十有五萬。進取之方。其算安在。克殄之期。復當遠近。竟以幾日。可至賊所。必勝之規。何者為先。故遣步兵校尉領中書舍人王雲指取機要。（魏書南安王楨附傳）

議甄琛請弛鹽禁詔　正始三年四月

民利在斯。深如所陳。付八座議。可否以聞。（魏書甄琛傳）

司鹽之稅。乃自古通典。然興制利民。亦代或不同。苟可以富氓益化。唯理所在。甄琛之表。實所謂助政毗治者也。可從其前計。使公私並宜。川澤無擁。尚書嚴為禁豪強之制也。（魏書甄琛傳）

棺埋暴骨詔　正始三年五月

掩骼埋胔。古之令典。順辰脩令。朝之恆式。今時澤未降。春稼已旱。或有孤老餧疾。無人贍救。因以致死。暴露溝塹者。洛陽部尉。依法棺埋。（魏書宣武紀）

諡源懷詔　正始三年六月

府寺所執。並不克允。愛民好與曰惠。可諡惠公。（魏書源賀附傳。太常寺議諡靖。公司徒府議諡穆。公詔云。）

破陰陵勞元英詔　正始三年九月

知大摧鯨寇。威振南海。江浦無塵。三楚卷壒。聲被荒隅。同軌斯始。公私慶慰。良副朕懷。便當乘威藉響。長驅吳會。翦拉遺燼。截彼東南也。（魏書南安王楨附傳）

命邢巒渡淮詔　正始三年九月

淮陽宿豫。雖已清復。梁城之賊。猶敢聚結。事宜乘勝。并勢摧殄。可率二萬之眾渡淮。與征南掎角。以圖進取之計。（魏書邢巒傳）

詔有司敕蠕蠕使人勿六跋　正始三年十月（案宣武紀。戊申。蠕蠕國遣使朝貢。上文九月癸酉。己丑。丁酉。知戊申在十月。）

蠕蠕遠祖社崘。是大魏叛臣。往者包容。暫聽通使。今蠕蠕衰微。有損疇日。大魏之德。方隆周漢。跨據中原。指清八表。正以江南未平。權寬北掠。通和之事。未容相許。若脩藩禮。款誠昭著者。當不孤爾也。（魏書蠕蠕傳。他汗可汗伏圖遣使紇奚勿六跋朝獻。請求通和。世宗不報其使。詔有司敕勿六跋。）

成當作戎

遣邢巒速進軍詔 正始三年
濟淮掎角。事如前敕。何容猶爾盤桓。方有此請。可速進軍。經略之
宜。聽征南至要。魏書邢巒傳。

圍鍾離與元英詔 正始三年十一月
師行已久。士馬疲瘠。賊城險固。卒難攻屠。冬春之交。稍非勝便。十
萬之衆。日費無貲。方圖後舉。不待今事。且可密裝徐嚴。爲振旅之
意。整疆完土。開示威略。左右蠻楚。素應逃亡。或竄山湖。或難制掠。
若凶渠黠黨。有須翦除者。便可撲掃。㠯清疆界。如其强狡憑阻。未
易致力者。亦不煩肆兵。凱旋遲近。不復委曲。魏書南安王楨附傳

報賞隴右誠義詔 正始二年十一月
往歲隴右扇逆。合境不民。其中猶有卒能自守。無豫釁亂。疾風知
勁。良在可嘉。尚書可甄量報賞。㠯表誠義。魏書宣武紀。

又詔邢巒 正始四年正月
安東頻請罷軍。遲回未往。阻異成規。殊乖至望。士馬既殷。無容停
積。宜務神速。東西齊契。乘勝掃殄。㠯赴機會。魏書邢巒傳。

令劉芳與主樂務詔 正始四年春
王者功成治定。制禮作樂。㠯宣風化。㠯通明神。理萬品。贊陰陽。光
功德。治之大本。所宜詳之。可令太常卿劉芳亦與主之。魏書樂志。太樂令公孫崇表請高肇監就樂務。世宗知肇非才。詔云云。

圍鍾離未克又與元英詔 正始四年春
大軍野次。已成勞久。攻守之方。理可豫見。比頻得啟。制勝不過暮
春。及省後表。復期孟夏之末。彼土蒸濕。無宜久淹。勢雖必取。乃將
軍之深計。兵久力殆。亦朝廷之所憂。故遣主書曹道往觀軍勢。使
還。王具聞。魏書南安王楨附傳。

原蕭寶夤詔 正始四年四月
寶夤因難投誠。宜加矜貸。可恕死免官。削爵還第。魏書蕭寶夤傳。寶夤與中山王英攻鍾離。淮水汎溢。寶夤與英狼狽引退。士卒死沒者十四五。有司奏寶夤守東橋不固。軍敗由之。處㠯極法。宣武詔。

立學詔 正始四年六月
高祖德格兩儀。明並日月。播文教㠯懷遠人。調禮學㠯旌儁造。徙
縣中區。光宅天邑。總霜露之所均。一姬卜于洛涘。戎繕兼興。未遑
儒教。朕纂承鴻緒。君臨寶曆。思模聖規。述遵先志。今天清地寍。方
隅無事。可敕有司。準訪前式。置國子。立太學。樹小學于四門。魏書宣武紀。

進高陽王雍等官位詔 正始四年九月
朕秉曆承天。履年將紀。徙正宮極。歲淹歸餘。台懿茂親。祗勤已久。
列司英彥。庸績未酬。非所謂有功見知。賞㠯時及。其㠯司空高陽
王雍爲太尉。尚書令廣陽王嘉爲司空。百官悉進位一級。魏書宣武紀。

定五校等官員數詔 正始四年九月
五校昔統營位。次于列卿。奉車都尉。禁侍美官。顯加通貴。世移時
變。遂爲冗職。既典名猶昔。宜有定員。并殿中二司馬。亦須有常數。
今五校可各二十人。奉車都尉二十人。騎都尉六十人。殿中司馬
二百人。員外司馬三百人。魏書官氏志。

令劉芳等詳察公孫崇新曆詔 正始四年冬
測度晷象。改步宜審。可令太常卿芳率太學四門博士等。依所啟
者。悉集詳察。魏書律曆志上。公孫崇表上景明曆。世宗詔。

聽元和襲爵河南王詔
和初㠯讓鑒。而鑒還讓其子。交讓之道。于是乎著。其子早終。可聽
和襲。魏書河南王曜附傳。

改元亮名字詔
仕明風神運吐。常自㠯比荀文若。可名彧。㠯取定體相倫之美。魏書太武子臨淮王譚附傳。彧字文若。本名亮。字仕明。時侍中穆紹與彧同署。避紹父諱。啟求改名。詔云云。

報酈道元請立魯陽學詔

魯陽本㠯蠻人。不立大學。今可聽之。㠯成良守文翁之化。北史酈道元傳

脩聽訟觀詔 永平元年六月

慎獄重刑。著于往誥。朕御茲寶歷。明鑒未遠。斷決煩疑。實有攸愧。可依洛陽舊圖。脩聽訟觀。農隙起功。及冬令就。當與王公卿士。親臨錄問。魏書宣武紀。

精檢枷杖詔 永平元年七月

察獄㠯情。審之五聽。枷杖小大。各宜定準。然比廷尉司州河南洛陽及諸獄官。鞫訊之理。未盡矜恕。掠拷之苦。每多切酷。非所㠯祗憲量衷。慎刑重命者也。推濫究枉。良軫于懷。可付尚書。精檢枷杖。違制之由。斷罪聞奏。魏書宣武紀。

僧犯付昭玄詔 永平元年秋

緇素既殊。法律亦異。故道教彰于互顯。禁勸各有所宜。自今已後。衆僧犯殺人已上罪者。仍依俗斷。餘犯悉付昭玄。㠯內律僧制治之。魏書釋老志。先是立監福曹。又改爲昭玄。備有官屬。㠯斷僧務。世宗詔。

北海王詳復爵營厝詔 永平元年十月丁巳

故太傅北海王。體自先皇。特鍾友愛。受遺訓輔。沖昧攸託。不圖暮節晦德。終缺哀榮。便可追復王封。剋日營厝。少慰幽魂。㠯旌陰戚。魏書北海王詳傳。

詔尚書 永平元年十二月

司馬悅暴罹橫酷。身首異所。國戚舊勳。特可悼念。主書董紹。銜命公行。囚漂殊域。事可矜愍。尚書可量賊將齊苟兒等四人之中。分遣二人。敕揚州爲移。㠯易悅首及紹。迎接還本。用慰亡存。魏書司馬楚之附傳。

答高肇奏水都等官詔 永平二年正月

使者置二。可如所奏。其下屬司。惟須充事耳。亦何勞多也。參軍錄事。並更置一。謁者加二。令史依舊。魏書官氏志。尚書令高肇奏。都水臺請依舊二使者。參軍事謁者并錄事令史亦隨事史立。宣武詔。

造雜仗詔 永平二年二月

比軍役頻興。仗多毀敗。在庫戎器。現有無幾。安不忘危。古人所戒。五兵之器。事須充積。經造既殷。非衆莫舉。今可量造四萬人雜仗。魏書宣武紀。

放樊襄已南掠民詔 永平二年四月

聖人濟世。隨物汙隆。或正或權。理無恆在。先朝㠯雲駕甫還。嵩基始構。河洛民庶。徙舊未安。代來新宅。尚不能就。伊闕西南。羣蠻填聚。沔陽賊城。連邑作戍。蠢爾愚巴。心未純款。故暫抑造育之仁。權緩肅姦之法。今京師天固。與昔不同。揚郢荆益。皆悉我有。保險諸蠻。罔不歸附。商洛民情。誠倍往日。唯樊襄已南。仁乖道政。被拘隔化。非民之咎。而無賴之徒。輕相劫掠。屠害良善。離人父兄。衍之爲酷。實亦深矣。便可放彼掠民。示其大惠。捨此殘賊。未令之愆。并敕緣邊州鎮。自今已後。不聽境外寇盜。犯者罪同境內。若州鎮主將。知容不糾。坐之如律。魏書宣武紀。

同軌詔 永平二年六月

江海方同。車書宜一。諸州軌轍。南北不等。今可申敕四方。使遠近無二。魏書宣武紀。

卻韓務獻七寶牀象牙席詔 永平二年十月庚午

晉武帝焚雉頭裘。朕常嘉之。今務所獻。亦此之流也。奇麗之物。有乖風素。可付其家人。魏書韓秀附傳。秀子務。除郢州刺史。獻七寶牀象牙席。宣武詔。

五等選式詔 永平二年十二月

五等諸侯。比無選式。其同姓者出身。公正六下。侯從六上。伯從六下。子正七上。男正七下。異族出身。公從七上。侯從七下。伯正八上。子正八下。男從八上。清脩出身。公從八下。侯正九上。伯正九下。子從九上。男從九下。可依此序之。魏書宣武紀。

烏程嚴可均校輯

宣武帝 三

立醫館詔

朕乘乾御厤。年周一紀。而道謝擊壤。教慙刑厝。至于下民之煢鰥疾苦。心常愍之。此而不恤。豈爲民父母之意也。可敕太常于閑敞之處。別立一館。使京畿內外疾病之徒。咸令居處。嚴敕醫署。分師療治。攷其能否。而行賞罰。雖齡數有期。脩短分定。然三疾不同。或賴針石。庶秦扁之言。理驗今日。又經方浩博。流傳處廣。應病投藥。卒難窮究。更令有司。集諸醫工。尋篇推簡。務存精要。取三十餘卷。㠯班九服。郡縣備寫。布下鄉邑。使知救患之術耳。魏書宣武紀。

詔盧昶 永平四年四月

彭宋地接邊疆。勢連淮海。威禦之術。功在不易。朐山險塞。寇之要防。水陸交湊。揚郁路衝。畜聚凶徒。虔劉邊鄙。青光齊兖。每罹其患。卿妙算既敷。克城殄衆。展疆闢土。何善如之。庸勳之懋。朕用嘉止。故遣左右直長閻遵業具宣往懷。此戍郁洲之本。存亡所繫。今既失守。有不存之心。彼見扼喉。將圖救援之計。今水雨盛行。宜須防守。卿可深思擬捍之規。攘敵之略。使還具聞。魏書盧玄附傳。盧昶爲徐州刺史。表言掩據朐山。宣武詔。

報盧昶請兵詔 永平四年

克獲朐山。計本于昶。乘勝之規。終宜有寄。是㠯起兵之始。卽委處分。前機經略。一㠯任之。今既請兵。理宜速遂。可遣冀定瀛相四州中品羽林虎賁四千人赴之。魏書盧玄附傳。

東堂餞蕭寶夤詔 永平四年四月

蕭衍送死連兵。再離寒暑。卿忠規內挺。孝誠外亮。必欲鞭尸吳墓。戮衍江陰。故授卿㠯總統之任。佇卿㠯克捷之規。宜其勉歟。魏書蕭寶夤傳。

令刺史監括僧祇穀詔 永平四年夏

僧祇之粟。本期濟施。儉年出貸。豐則收入。山林僧尼。隨㠯給施。民有窘敝。亦卽賑之。但主司冒利。規取贏息。及其徵責。不計水旱。或償利過本。或翻改券契。侵蠹貧下。莫知紀極。細民嗟毒。歲月滋深。非所㠯矜此窮乏。宗尙慈拯之本意也。自今已後。不得傳委維那都尉。可令刺史共加監括。尙書檢諸有僧祇穀之處。州別列其元數。出入贏息。賑給多少。并貸償歲月。見在未收。上臺錄記。若收利過本。及翻改初券。依律免之。勿復徵責。或有私債。轉施償僧。卽㠯丏民。不聽收檢。後有出貸。先盡貧窮。徵債之科。一準舊格。富有之家。不聽輒貸。脫仍冒濫。依法治罪。魏書釋老志。

原僧暹等詔

暹等特可原之。餘如奏。魏書釋老志。尙書令高肇奏言。僧暹等違旨乖法。逼令趙苟子等課輸。詔云云。

遣兵赴盧昶詔 永平四年

朐山之克。寔由于卿。開疆拓土。實爲長策。然經討未服。非卿而誰。而蟻徒送死。規侵王略。天亡小賊。數在無遠。故前者命卿親臨指授。尋㠯卿疾未瘳。且待消息。今既痊復。宜遵前旨。秉戈揮銳。殄寇爲懷。已發虎旅五萬。應機電赴。指辰而至。遂卿本請。截彼東南。亮委高算。魏書盧玄附傳。

又詔盧昶 永平四年

取朐置戍。並是卿計。始終成敗。悉歸于卿。卿㠯兵少請益。今已遂卿本意。如聞東唐陸道甚狹。一軌之外。皆是大水。彼必據之。㠯斷軍路。若已如此。更設何策。其軍奇兵變。遽㠯表聞。又聞衍軍將帥每有流言云。魏博淮揚宿豫。乃是兩宜。若實有此。卿可量朐山薪水。得支幾時。脫事容往返。馳驛速聞。如薪水少急。卽可量計。若理不可爾。亦將軍截決。魏書盧玄附傳。

㠯李崇爲揚州刺史詔 永平四年

軍當作運

應敵制變。算非一途。救左擊右。疾雷均勢。今朐山蟻寇。久結未殄。賊衍狡詐。或生詭劫。宜遣銳兵。備其不意。崇可都督淮南諸軍事。坐敦威重。遙運聲算。魏書李崇傳。崇出除征南將軍揚州刺史。詔云云。

通考景明二年已來功過詔 永平四年十二月

進善退惡。治之通規。三載考察。政之明典。正始二年已來。于今未考。功過難齊。宜無昇降。從景明二年至永平四年。通考已聞。魏書宣武紀。

許陳終德爲祖母持重詔 永平四年十二月

嫡孫爲祖母。禮令有據。士人通行。何勞芳致疑請也。可如國子博士孫景邕所議。通典八十九。魏書禮志四載此詔。有脫誤。

答安定王燮詔

一勞永逸。便可聽移。魏書安定王休附傳。燮爲華州刺史。表移華州治馮翊。詔云云。

密遣中使詔于忠 永平中

比股肱𣪠落。心膂無寄。方任雖重。比此爲輕。故輟茲外任。委已內務。當勤夙無怠。稱朕所寄也。魏書于栗磾附傳。

詔田益宗 永平中

風聞卿息魯生在淮貪暴。擾亂細民。又橫殺梅伏生。爲爾不已。損卿誠效。可令魯生與使赴闕。當加任使。如欲外祿。便授中畿一郡。魏書田益宗傳。益宗衰老。諸子及孫競規賄貨。部內咸言欲叛。世宗詔之。又見北史三十七。

嚴敕立學成限詔 延昌元年四月丁卯

大當作太

遷京嵩縣。年將二紀。虎闈闕唱演之音。四門絕講誦之業。博士端然。虛祿歲祀。貴遊之冑。歎同子衿。靖言念之。有兼愧慨。可嚴敕有司。國子學孟冬使成。大學四門明年暮春令就。魏書宣武紀。

遣醫就治肆州傷民詔 延昌元年四月癸未

肆州地震陷裂。死傷甚多。言念毀沒。有酸懷抱。亡者不可復追。生病之徒。宜加療救。可遣太醫折傷醫。并給所須之藥。就治之。魏書宣武紀。

詔免盧昶官 延昌元年四月

朐山之敗。傷損實深。推始究末。罪鍾元帥。雖經大宥。輕重宜別。昶一人可已免官論坐。自餘將統已下。悉聽依赦復任。魏書盧玄附傳。朐山失利。世宗遣黃門甄琛馳驛鎖盧昶。窮其敗狀。詔云云。案此詔紀傳未載年月。據文云雖經大宥。知在四月乙酉大赦改年之後。

檢校艱儉詔 延昌元年六月

去歲水災。今春炎旱。百姓饑餒。救命靡寄。雖經蠶月。不能養績。今秋輸將及。郡縣期于責辦。尚書可嚴勒諸州。量民資產。明加檢校。以救艱儉。魏書宣武紀。

立皇太子恩賜詔 延昌元年十一月

朕運承天休。統御宸宇。太子體藉靈明。肇建宮華。明兩既孚。三善方洽。宜澤均率壤。榮沉庶肩。其賜天下爲父後者爵一級。孝子順孫。廉夫節婦。旌表門閭。量給粟帛。魏書宣武紀。

定考格詔 延昌元年十二月

考在上中者。得汎以前有六年以上遷一階。三年以上遷半階。殘年悉除。考在上下者。得汎以前六年以上遷半階。不滿者除。其得汎以後。考在上下者。三年遷一階。散官從盧昶所奏。魏書郭祚傳。

又詔

上下當作上上

獨者超倫。及才備寡咎。皆謂文武兼上下之極言耳。自此以降。猶有八等。隨才爲次。令文已具。其積負累殿。及守平得濟。皆含在其中。何容別疑也。所云通考者。據總多年之言。至于黜陟之體。自依舊來年斷。何足復請。其罰贖已決之殿。固非免限。遇赦免罪。惟記其殿者除之。魏書郭祚傳。北史四十三。

水旱減降徒流已下詔 延昌二年八月

頃水旱互侵。頻年饑儉。百姓窘敝。多陷罪辜。煩刑之愧。朕用懼矣。其殺人掠賣人羣強盜首。及雖非首。而殺傷財主。曾經再犯。公斷道路。劫奪行人者。依法行決。自餘恕死。徒流已下。各準減降。魏書宣武紀。

聽高季賢赦後復仕詔　延昌二年秋

死者既在赦前。又員外非在正侍之限。便可悉聽復仕。魏書刑罰志。

報李崇詔　延昌二年

卿居藩累年。威懷兼暢。資儲豐溢。足制勍寇。然夏雨汎溢。斯非人力。何得以此辭解。今水涸路通。公私復業。便可繕甲積糧。脩復城雉。勞恤士庶。務盡綏懷之略也。魏書李崇傳。崇以洪水爲災請罷解任。世宗詔。

地震寬刑詔　延昌三年正月

肆州秀容郡敷城縣。雁門郡原平縣。並自去年四月以來。山鳴地震。于今不已。告譴彰咎。朕甚懼焉。祗畏兢兢。若臨淵谷。可恤瘼寬刑。以答災譴。魏書宣武紀。

答江式詔　延昌三年三月

可如所請。并就太常。冀兼教八書史也。其有所須。依請給之。名目待書成重聞。魏書江式傳。式上表請云云。于是撰集字書。號曰古今文字。凡四十卷。大體依許氏說文爲本。上篆下隸。其書竟未能成。

贈高貞詔　延昌三年四月

故太子洗馬高貞。器業始茂。方加榮級。而秀穎未實。奄彫夏采。今宅兆有期。宜蒙追陟。可特贈龍驤將軍營州刺史。以旌成儁。其墓次所須。悉仰本州營辦。高貞碑拓本。

宮臣直從詔　延昌三年

自今已後。若非朕手敕。勿令兒輒出。宮臣在直者。從至萬歲門。魏書楊播附傳。肅宗在懷抱之中。至于出入。左右乳母而已。不令宮寮聞知。楊昱諫。于是詔。

清河王懌爲生母服詔　延昌三年

禮有從無服而有服。何但從輕而重乎。懌今自以厭故。不得申其過隙。衆臣古無疑厭之論。而有從輕之據。曷爲不得申其本制也。

可從尚書及景林等議。魏書禮志四。

又詔

比決清河國臣爲君母服期。以禮事至重。故追而審之。今更無正據。不可背章生條。但君服既促。而臣服仍遠。禮緣人情。情亦須變。服可還從前判。既葬除之。魏書禮志四。

費羊皮張回事詔　延昌三年通典作景明中

羊皮賣女葬母。孝誠可嘉。便可特原。張回雖買之于父。不應轉賣。可刑五歲。魏書刑罰志。又見通典一百六十七。羊皮作羌皮。

宗室犯罪依常法詔　延昌三年通典作景明中

雲來緜遠。繁衍世滋。植籍宗氏。而爲不善。量亦多矣。先朝既無不諱之格。而空相矯恃。以長違暴。諸在議請之外。可悉依常法。魏書刑罰志。通典一百六十七。

冊謚李謐詔　延昌四年

謐屢辭徵辟。志守沖素。儒隱之操。深可嘉美。可遠傍惠康。近準玄晏。謚曰貞靜處士。并表其門閭。以旌高節。遣謁者奉冊。魏書逸士李謐傳。

以田益宗爲濟州刺史詔　延昌中

益宗先朝耆艾。服勤邊境。不可以地須其人。遂令久屈。可使持節鎮東將軍濟州刺史。常侍如故。魏書田益宗傳。

報田益宗上表自理詔　延昌中

既經大宥。不容方更爲獄。魏書田益宗傳。

三藩妻從妃例詔

夫貴于朝。妻容于室。婦女無定。升從其夫。三藩既啟王封。妃名亦宜同等。妻者齊也。理與己齊。可從妃例。魏書廣平王洛侯附傳。

賞封軌詔

權宜徵口。使人常體。但光揚有稱。宜賞一階。魏書封懿附傳。

報崔楷詔

頻年水旱。爲患。黎民阻饑。靜言念之。昃不遑食。鑒此事條。深協在處。但計畫功廣。非朝夕可合。宜付外量聞。魏書崔挺附傳

詔崔鴻

聞卿撰定諸史。甚有條貫。便可隨成者送呈。朕當于機事之暇覽之。魏書崔光附傳。世宗聞崔鴻撰錄十六國春秋。遣散騎常侍趙邕詔鴻。

詔報甄琛

里正可進至勳品。經途從九品。六部尉正九品。諸職中簡取。何必須武人也。魏書甄琛傳

監庫莫奚國交市詔

庫莫奚去太和二十一年已前。與安營二州邊民參居。交易往來。並無疑貳。至二十二年叛逆以來。遂爾遠竄。今欲款附。猶在塞表。每請入塞。與民交易。若抑而不許。乖其歸向之心。聽而不虞。或有萬一之警。不容依先任其交易。事宜限節。交市之日。州遣上佐監之。魏書庫莫奚國傳

賜奚康生棗柰果面敕

果者果如朕心。棗者早遂朕意。北史三十七

賜裴叔業璽書 景明元年正月

前後使返。有敕想卿具一二。寶卷昏狂。日月滋甚。虐遏宰輔。暴加賊戮。淫刑既逞。朝無孑遺。國有瓦解之形。家無自安之計。卿兼茲智勇。深懼禍萌。翻然高舉。去彼危亂。朕興居在念。深嘉乃勳。前即敕豫州緣邊諸鎭兵馬。行往赴援。楊大眼奚康生鐵騎五千。星言即路。彭城王勰尚書令肅精卒十萬。絡繹繼發。將已長驅淮海。電擊衡巫。卿其并心戮力。同斯大舉。殊勳茂績。職爾之由。崇名厚秩。非卿孰賞。并有敕與州佐吏及彼土人士。其有微功片效。必加褒異。魏書裴叔業傳

賜夏侯道遷璽書 正始元年閏十二月

得表具誠節之懷。卿忠義夙挺。期委自昔。中有書因。已致乖舛。知能乘機豹變。翻然改圖。獎率同心。萬里投順。遠舉漢中。爲開蜀之始。洪規茂略。深有嘉焉。今授卿持節散騎常侍平南將軍豫州刺史豐縣開國侯。食邑一千戶。并同義諸人。尋有別授。王師數道。絡繹電邁。遣使持節散騎常侍都督征梁漢諸軍事鎭西將軍尚書邢巒指授節度。卿其善建殊效。稱朕意焉。魏書夏侯道遷傳

書當作事

賜邢巒璽書 正始三年九月

知大龜醜虜。威振賊庭。淮外霧披。徐方卷壒。王略遠恢。混一維始。公私慶泰。何快如之。賊衍此舉。實爲傾國。比者宿豫陷沒。淮陽嬰城。凶狡侜張。規抗王旅。將軍忠規協著。火烈霜摧。電動岱陰。風掃沂澤。遂令逋誅之寇。一朝殲夷。元鯨大憝。千里折首。殊勳茂捷。自古莫二。但揚區未安。餘燼宜盪。乘勝掎角。勢不可遺。便可率厲三軍。因時經略。申威東南。清彼江介。忘此仍勞。用圖永逸。進退規度。委之高算。魏書邢巒傳

與彭城王勰書 太和二十三年十一月

恪奉辭暨今。悲戀嗚咽。歲月易遠。便迫暮冬。每思聞道。奉承風教。父既辭榮閑外。無容頓違至德。出蕃累朔。荒馳實深。今遣主書劉道斌奉宣悲戀。願父來望。必當居京。展洩哀窮。指不云遠。魏書彭城王勰傳

脩家人書與彭城王勰

恪言。奉還告承。猶執沖遜。恪實闇寡。政術多枇。匡弼之寄。仰屬親尊。父德望兼重。師訓所歸。豈得近遺家國。遠崇清尙也。便望紆降。時副傾注之心。魏書彭城王勰傳

全後魏文卷十終

全後魏文卷十一

烏程嚴可均校輯

孝明帝

帝諱詡。宣武帝第二子。延昌元年立爲皇太子。四年正月卽位。胡太后臨朝攝政。改元五。熙平、神龜、正光、孝昌、武泰。在位十三年。謚曰孝明皇帝。廟號肅宗。

依崔光請祫祭詔 延昌四年三月甲子

太常援引古今。竝有證據。可依請。魏書禮志二。任城王澄奏。太常卿崔亮上言。秋七月應祫祭。孝明詔。

行新政詔 延昌四年九月

高祖革禮成治。遺澤在民。世宗纂承丕業。聖德昭遠。朕以沖孺屬當寶圖。洪基至重。若履冰薄。王公百辟。羣牧庶官。皆受遇先朝。寵榮自昔。宜各勉崇。共康世道。戮力竭誠。以匡輔不逮。其有懷道丘園。昧迹板築。山棲谷飲。舒卷從時者。宜廣戔帛。緝和鼎飪。有能讜言直諫。濟世益時者。在所以聞。當待以不次之位。孝子順孫。義夫節婦。表其門閭。以彰厥美。高年孤獨。不能自存者。賻以粟帛。若因饑失業。天屬流離。或賣鬻男女。以爲僕隸者。各聽歸還。比冀方未肅。徐城寇擾。將統久勞。士卒疲敝。竝遣撫慰。賜以衣馬。緣邊州鎮。固捍之勞。朔方酋庶。北面所委。亦令勞賚。以副其心。其有先朝舊事。寢而不舉。頃來便習。不依軌式者。竝可疏聞。當加覽裁。若益時利治。不拘常制者。自依別例。其明相申約。稱朕意焉。魏書孝明紀。皇太后親覽萬機。詔云云。

憂旱詔 熙平元年五月

炎旱積辰。苗稼萎悴。比雖徹澍。猶未霑洽。晚種不納。企望憂勞。在予之責。思自兢厲。尚書可釐恤獄犴。察其淹枉。簡量輕重。隨事以聞。無使一人怨嗟。增傷和氣。土木作役。權皆休罷。勸農省務。肆力田疇。庶嘉澤近降。豐年可必。魏書孝明紀。

催遣傅豎眼救益州詔 熙平元年五月

比敕傅豎眼倍道兼行。而猶未達。可更遣尚書郎堪幹者一人馳驛催遣。庶令拔彼倒懸。救茲危急。魏書元法僧傳。

帝王墳陵勿聽耕稼詔 熙平元年八月

先賢列聖。道冠生民。仁風盛德。煥乎圖史。暨歷數永終。迹隨物變。陵墟昔識。鞠爲茂草。古帝諸陵。多見踐藉。可明敕所在。諸有帝王墳陵。四面各五十步。勿聽耕稼。魏書孝明紀。

報高昌王麴嘉求內徙詔 熙平初

卿地隔關山。境接荒漠。頻請朝援。徙國內遷。雖來誠可嘉。卽于理未帖。何者。彼之甿庶。是漢魏遺黎。自晉氏不綱。因難播越。成家立國。世積已久。惡徙重遷。人懷戀舊。今若動之。恐異同之變。爰在肘腋。不得便如來表。魏書高昌國傳。

報任城王澄今古錢通用詔 熙平初

錢行已久。今東尚有事。且依舊用。魏書食貨志。

復戰沒兵士詔 熙平二年五月

揚州破石、荆山、新淮、鄭城兵士戰沒者。追給斂財。復一房五年。若無妻子。復其家一人二年。身被三瘡。賞一階。雖一瘡而四體廢落者。亦同此賞。魏書孝明紀。

戚族在敘詔 熙平二年八月

皇魏開基。道邁周漢。蟬連二都。德盛百祀。雖帝冑蕃衍。親賢竝茂。而猶沈屈素履。巾褐衡門。非所謂廣命戚族。翼屏王室者也。今可依世近遠。敘之列位。魏書孝明紀。

月望親聽訟詔 熙平二年九月

察訟理冤。實維政首。躬親聽覽。民信所由。比日諒闇之中。治綱未振。獄犴繁廣。嗟訴騷聞。雖曰司存。每多誣壅。曾是寡德。實深矜慨。

自今月望。當暫出城闉。親納滯枉。主者可宣諸近遠。咸使聞知。魏書孝明紀。

北京未遷者聽仍停詔 熙平二年十月

北京根舊。帝業所基。南遷二紀。猶有留住。懷本樂故。未能自遣。若未遷者。悉可聽其仍停。安堵永業。門才術藝。應于時求者。自別徵引。不在斯例。周之子孫。漢之劉族。徧于海內。咸致蕃衍。豈拘南北千里而已哉。魏書孝明紀。

給老民郡縣板詔 神龜元年正月

朕沖昧撫運。政道未康。民之疾苦。弗遑紀恤。夙宵矜慨。鑒寐深懷。眷彼百齡。悼茲六極。京畿百年㠯上。給大郡板。九十㠯上。給小郡板。八十㠯上。給大縣板。七十㠯上。給小縣板。諸州百姓。百歲㠯上。給小郡板。九十㠯上。給上縣板。八十㠯上。給中縣板。鰥寡孤獨不能自存者。給粟五斛。帛二匹。魏書孝明紀。

輕囚減等詔 神龜元年八月癸丑朔

朕沖昧纂歷。未閑政道。皇太后殷憂在疚。始覽萬機。故獄犴淹枉。百姓冤敝。言念繁刑。思存降省。京師見囚。殊死㠯下。可悉減一等。魏書孝明紀。

居喪不從役詔 神龜元年

頃年㠯來。戎車頻動。服制未終。奪哀從役。罔極之痛。弗申鞠育之恩。靡報。非所謂敦崇至道者也。自今雖金革之事。皆不得請起居喪。魏書孝明紀。

崇憲太后服詔 神龜元年九月

崇憲皇太后德協坤儀。徽符月曆。方融壼化。奄至崩殂。朕幼集荼蓼。夙憑德訓。及撫臨定難。是賴謨謀。夫禮沿情制。義循事立。可特爲齊衰三月。㠯伸追仰之心。魏書禮志四。通典八十。

旌異盧元禮妻李氏詔 神龜元年

無下脫以字

孔子稱毀不滅性。蓋爲其廢養絕類也。李既非嫡子。而孝不勝哀。雖乖俯就。而志厲義遠。若不加旌異。則無勸引澆浮。可追號曰貞孝女宗。易其里爲孝德里。標李盧二門。㠯敦風俗。魏書列女盧元禮妻李氏傳。

乾脯山㠯西爲九原詔 神龜元年十二月

民生有終。下歸兆域。京邑隱賑。口盈億萬。貴賤攸憑。未有定所。爲民父母。尤宜存恤。今制乾脯山㠯西。擬爲九原。魏書孝明紀。

皇太后稱詔詔 神龜二年正月

朕㠯沖眇。纂承寶位。夙夜惟寅。若涉淵海。賴皇太后慈仁。被㠯夙訓。自臨朝踐極。歲將半紀。天平地成。四海寧乂。天道高遠。巍巍難名。猶㠯撝挹自居。稱號弗備。非所㠯崇奉坤元。允協億兆者也。宜遵舊典。稱詔宇內。㠯副黎烝元元之望。魏書孝明紀。

改葬文昭高太后詔 神龜二年正月

文昭皇太后德協坤儀。美符文姒。作合高祖。實誕英聖。而夙世淪暉。孤塋弗祔。先帝孝感自衷。遷奉未遂。永言哀恨。義結幽明。廢㠯尊薄。禮伸漢代。魏書孝文昭后高氏傳。

又詔

文昭皇太后尊配高祖。祔廟定號。促令遷奉。自終及始。太后當主。可更上尊號稱太皇太后。㠯同漢晉之典。正姑婦之禮。廟號如舊。文昭。遷靈櫬于長陵兆西北六十步。魏書孝文昭后高氏傳。

雩祈詔 神龜二年二月

農要之月。時澤弗應。嘉穀未納。三麥枯悴。德之無感。歎懼兼懷。可敕內外。依舊雩祈。率從祀典。察獄理冤。掩胔埋骼。冀瀛之境。往經寇暴。死者既多。白骨橫道。可遣專令收葬。賑窮恤寡。救疾存老。準訪前式。務令周備。魏書孝明紀。

荅蕭寶夤詔 神龜二年夏

禮樂之事。蓋非常人所明。可如所奏。魏書樂志。

處決劉輝事詔 神龜中

容妃慧猛恕死。髡鞭付宮。餘如奏。魏書刑罰志通典一百六十七蘭陵公主駙馬都尉劉輝坐與河陰縣民張智壽妹容妃陳慶和妹慧猛姦亂。毆主傷胎。輝懼罪逃亡。門下處奏。容妃慧猛各入死刑。智壽慶和竝以知情不加防限。處以流坐。詔云云。

又詔

輝悖法亂理。罪不可縱。厚賞懸募。必望擒獲。容妃慧猛。與輝私亂。因此耽惑。主致非常。此而不誅。將何懲肅。且已醮之女。不應坐及昆弟。但智壽慶和。知妹姦情。初不防禦。招引劉輝。共成淫醜。敗風穢化。理深其罰。特敕門下結獄。不拘恆司。豈得一同常例。以爲通準。且古有詔獄。寧復一歸大理。而尚書治本。納言所屬。弗究悖理之淺深。不詳損化之多少。違彼義途。苟存執憲。殊乖任寄。深合罪責。崔纂可免郎。都坐尚書悉奪祿一時。魏書刑罰志門下處奏劉輝事詔如奏尚書三公郎中崔纂執不下尚書元脩義右僕射游肇各奏請更議詔云云又見通典一百六十七。

釋奠詔 正光元年正月

建國緯民。立敎爲本。尊師崇道。茲典自昔。來歲仲陽。節和氣潤。釋奠孔顏。乃其時也。有司可豫繕國學。圖飾聖賢。置官簡牲。擇吉備禮。魏書孝明紀。

旱災申囚枉濫詔 正光元年五月辛巳

朕以寡薄。運膺寶圖。雖未明求衣。傷懼終日。而闇昧多闕。炎旱爲災。在予之愧。無忘寢食。今刑獄繁多。囹圄尚積。宜敷仁惠。以濟斯民。八座可推鞫見囚。務申枉濫。魏書孝明紀。

旱災理冤獄詔 正光元年五月癸未

攘災招應。脩政爲本。民乃神主。實宜率先。刺史守令。與朕共治天下。宜哀矜勿喜。視民如傷。況今炎旱歷時。萬姓彫瘁。而不撫恤窮冤。理決庶獄。可嚴敕州郡。善加綏隱。務盡聰明。加之祗肅。必使事允人神。時致靈應。其賦役不便于民者。具以狀聞。便當蠲罷。魏書孝明紀。

封阿那瓌爲蠕蠕王詔 正光元年十一月

蠕蠕世雄朔方。擅制漠裔。鄰通上國。百有餘載。自神鼎南展。累紀于茲。虔貢雖違。邊燧靜息。憑心象魏。潛款彌純。今其主阿那瓌屬離時難。邦分親析。萬里遠馳。庇命有道。悲同申伍。忠孝足矜。方存興滅之師。以隆繼絕之舉。宜且優以賓禮。期之立功。疏爵祚土。大啟河岳。可封朔方郡開國公蠕蠕王。食邑一千戶。錫以衣冕。加以軺車。祿恤儀衛。同乎戚蕃。魏書孝明紀。

答張普惠諫送阿那瓌還國詔 正光元年十二月

夫窮鳥歸人。尚或興惻。況那瓌嬰禍流離。遠來依庇。在情在國。何容弗矜。且納亡興喪。有國大義。皇魏堂堂。寧廢斯德。後主亂亡。侶當非謬。此送彼迎。想無拒戰。國義宜表。朝算已決。卿深誠厚慮。朕用嘉戢。但此段機略。不獲相從。脫後不逮。勿憚匡言。魏書張普惠傳。詔遣楊鈞送蠕蠕主阿那瓌還國。普惠上疏諫。云云。詔答。

護送阿那瓌還國詔 正光元年十二月

蠕蠕王阿那瓌。遭離寇禍。遠來投庇。邦分眾析。猶無定主。而永懷北風。思還綏集。啟疏情切。良用愍然。夫存亡恤敗。自古通典。可差國使。及彼前後三介。與阿那瓌栢隨。并敕懷朔都督簡銳騎二千。躬自率護。送達境首。令觀機招納。若彼候迎。宜錫筐篚車馬之屬。務使優隆。禮餞而返。如不容受。任聽還闕。其行裝資遣。付尚書量給。魏書孝明紀。

得蠕蠕使者牒詔 正光二年二月

舊經蠕蠕使者牒云。具仁往喻婆羅門。迎阿那瓌復藩之意。婆羅門殊自驕慢。無遜避之心。責具仁禮敬。具仁執節不屈。婆羅門遣文官莫何去汾俟斤丘升頭六人。將兵二千。隨具仁迎阿那瓌。魏書蠕蠕傳。

優禮江陽王繼詔 正光二年四月

至節嘉辰。禮有朝慶。親尊戚老。理宜優異。王位高年宿。可依齊郡王簡故事。朝訖引坐。免其拜伏。魏書京兆王黎附傳。

憂旱詔 正光二年七月

時澤弗降。禾稼形損。在予之責。夙宵震懼。雖克躬撤降。仍無招感。有司可脩案舊典。祗行六事。囹犴淹枉。隨速鞫決。庶尹廢職。量加脩厲。鰥獨困窮。在所存恤。役賦煩民。咸加蠲省。賢良讜直。以時升進。貪殘邪佞。即就屏黜。男女怨曠。務令會偶。庶革止愆違。有弭災沴。魏書孝明紀。

詔蠕蠕主阿那瓌 孝昌三年四月

北鎮羣狄。為逆不息。蠕蠕主為國立忠。助加誅討。言念誠心。無忘寢食。今知停在朔垂。與尒朱榮鄰接。其嚴勒部曲。勿相暴掠。又近得蠕蠕主啟。更欲為國東討。但蠕蠕主世居北漠。不宜炎夏。今可且停。聽待後敕。魏書蠕蠕傳。

祈雨詔 正光三年六月

朕以沖昧。夙纂寶曆。不能祗奉上靈。感延和氣。致令炎旱頻歲。嘉雨弗洽。百稼燋萎。晚種未下。將成災年。秋稔莫覬。在予之責。憂懼震懷。今可依舊分遣有司。馳祈嶽瀆及諸山川百神能興雲雨者。盡其虔肅。必令感降。玉帛牲牢。隨應薦享。上下羣官。側躬自厲。理冤獄。止土功。減膳撤懸。禁止屠殺。魏書孝明紀。

班宣正光曆大赦詔 正光三年十一月

治曆明時。前王茂軌。攷辰正律。奕代通規。是以北平革定于漢年。揚偉草算于魏世。自皇運肇基。典章猶缺。推步晷曜。未盡厥理。先朝仍世。每所慨然。至神龜中。始命儒官改掤疏躔。回度易憲。始會璇衡。今大正斯始。陽煦將開。品物初萌。宜變耳目。所謂魏雖舊邦其曆維新者也。便可班宣內外。號曰正光曆。又首節嘉辰。犧展上

禘。神人交和。理契幽顯。思與億兆。共此維新。可大赦天下。魏書孝明紀。

詔中尉 正光三年十二月

中尉端衡。肅厲威風。以見事糾劾七品六品。祿足代耕。亦不聽錮貼店肆。爭利城市。魏書孝明紀。

報崔光乞劉昞子孫免役詔 正光四年七月

昞德冠前世。蔚為儒宗。太保啟陳。淡合勸善。其孫等三家。特可聽免。魏書劉昞傳。

年滿七十得與銓敘及解官給半祿詔 正光四年七月

達尊斯在。齒傃一焉。崇敬黃耇。先代通訓。故方叔以元老處位。充國緣自彊見留。雖七十致仕。明乎典故。然以德尚壯。許其縶維。今庶寮之中。或年迫懸車。循禮宜退。但少收其力。老棄其身。言念勤舊。瞭然未忍。或戴白在朝。未當外任。或停私歷紀。甫受考級。如此之徒。雖滿七十。聽其蒞民。以終常限。或新解郡縣。或外佐始停。已滿七十。方求更敘者。吏部可依令不奏。其有高名俊德。老成髦士。灼然顯達。為時所知者。不拘斯例。若才非秀異。見在朝官。依令合解者。可給本官半祿。以終其身。使辭朝之叟。不恨歸于閭巷矣。魏書孝明紀。

賑恤北垂遭寇詔 正光四年八月己巳

狂蠢肆暴。陵籍北垂。雖軍威時接。賊徒懾遁。然儵虐所過。多離其禍。言念斯敝。有軫淡懷。可敕北道行臺。遣使巡檢遭寇之處。飢餒不粒者。厚加賑恤。務令存濟。魏書孝明紀。

災異脩省詔 正光四年八月戊寅

朕以眇闇。忝承鴻緒。因祖宗之基。託王公之上。每鑒寐屬慮。思康億兆。比雨旱愆時。星運舛錯。政理闕和。靈祗表異。永尋夕惕。載惡于懷。宜詔百司。各勤厥職。諸有鰥寡窮疾。冤滯不申者。並加釐恤。若孝子順孫。廉貞義節。才學超異。獨行高時者。具以言上。朕將親

又當作乂

覽。加吕旌命。魏書孝明紀。

議計破落汗拔陵詔 正光五年五月壬申

朕比吕鎮人搆逆。登遣都督臨淮王彧時除窮。軍屆五原。前鋒失利。二將殞命。兵士挫衂。又武川乖防。復陷凶手。恐賊勢浸淫。寇連恆朔。金陵在彼。夙夜憂惶。諸人宜陳良策。吕副朕懷。魏書李崇傳。北鎮破落汗拔陵反。臨淮王彧敗于五原。安北將軍李叔仁敗于白道。詔引丞相令僕尚書侍中黄門于顯陽殿。詔云云

又詔

去歲阿那瓌叛。逆遣李崇令北征。崇遂長驅塞北。返旆檜闕。此亦一時之盛。崇乃上表求改鎮爲州。罷削舊貫。朕于時吕舊典難革。不許其請。尋李崇此表。開諸鎮非異之心。致有今日之事。但既往難追。爲復略論此耳。朕吕李崇國戚望重。器識英斷。意欲還遣崇行總督三軍。揚旌恆朔。除彼羣盜。諸人謂可爾吕不。魏書李崇傳。

免軍貫爲民吕討莫折念生詔 正光五年八月

賞貴㳙勢。明主恆德。恩沾舊績。哲后常範。太祖道武皇帝應期撥亂。大造區夏。世祖太武皇帝纂戎丕緒。光闡王業。躬率六師。埽清逋穢。諸州鎮城人。本充牙爪。服勤征旅。契闊行間。備嘗勞劇。逮顯祖獻文皇帝。自北被南。淮海思又。便差割彊族。分衛方鎮。高祖孝文皇帝遠遵盤庚。將遷嵩洛。規遏北疆。蕩闢南境。選良家酋帥。增戍朔垂。戎捍所寄。實惟斯等。先帝吕其誠效既亮。方加酬錫。會宛郢馳烽。朐泗告警。軍旗頻動。兵連積歲。茲恩仍寢。用迄于今。怨叛之興。頗由于此。朕叨承乾厤。撫馭宇宙。調風布政。思廣惠液。宜追述前恩。敷茲後施。諸州鎮軍貫元非犯配者。悉免爲民。鎮改爲州。依舊立稱。此等世習干戈。率多勁勇。今既甄拔。應思報效。可三五簡發。討彼沙隴。當使人齊其力。奮擊先驅。妖黨狂醜。必可蕩滌。衝鋒斬級。自依恆賞。魏書孝明紀。

咸陽京兆二王諸子聽附屬籍詔 正光中

周德崇厚。蔡仲享國。漢道仁恕。淮南畢王。皆所吕申恩懿戚。蠲盪舊釁。義彰纍葉。詠流前史。頃者咸陽京兆王自貽禍敗。事由閒惑。循有可矜。兩門諸子。並可聽附屬籍。魏書咸陽王禧附傳。

崔光伯申代詔

光伯自荏海沂。清風遠著。兼其兄光韶。復能辭榮侍養。兄弟忠孝。宜有甄錄。可更申三年。吕厲風化。魏書崔亮附傳。亮從父弟光伯除北海太守。有司吕其更滿。依例奏代。肅宗詔。

攷課詔 孝昌元年二月

勸善黜惡。經國茂典。其令每歲一終。郡守列令長。刺史列守相。吕定攷課。辯其能否。若有濫謬。吕攷功失衷論。魏書孝明紀。

改州郡上司徒公文爲上相府詔 孝昌元年三月

丞相高陽王道德淵廣。明允篤誠。儀形太階。垂風下國。實所吕予違汝弼。致治責成。宜班新制。宣之遐邇。其州郡先上司徒公文。悉

可改上相府。施行符告。皆亦如之。魏書孝明紀。

令一品至五品各舉所知詔 孝昌元年三月甲戌

選衆而舉。其來自昔。朕纘承大業。綜理萬幾。求賢致治。心焉若渴。知人則哲。振古所難。宜博訪公卿。采茲聲實。可令第一品吕下。五品吕上。人各薦其所知。不限素身居職。必使精辯器藝。具注所能。然後依牒簡擢。隨才收敘。庶濟濟之美。無替往時。謇謇之直。有申茲歲。魏書孝明紀。

追削劉騰爵位除元叉名爲民詔 孝昌元年四月辛卯皇太后復臨朝攝政。

朕吕寡昧。夙承天厤。茫若涉海。罔知所濟。寔憑宗社降祐之靈。庶勉幼志。吕康世道。而神龜之末。權臣擅命。元叉劉騰。陰相影響。遂使皇太后幽隔後宮。太傅清河王無辜致害。相州刺史中山王熙橫被夷滅。右衛將軍奚康生仍見誅翦。從此已後。無所畏忌。恣諸侵求。任所與奪。無君之心。積習稍久。不臣之迹。緣事彌彰。蔽耳目

之明。專生殺之柄。天下爲之不康。四郊由茲多壘。此而可忍。孰不可懷。雖屢經赦宥。未容致之于法。猶宜辨正。以謝朝野。騰身既往。可追削爵位。叉之罪狀。誠合徽纆。但以宗枝舊戚。特加全貸。可除名爲民。魏書孝明紀。

削黜侯剛詔 孝昌元年

剛因緣時會。恩隆自久。擢于凡品。越昇顯爵。往以微勤。賞同利建。寵靈之極。超絕夷等。曾無犬馬識主之誠。方懷梟獍返噬之志。與權臣元叉婚姻朋黨。虧違典制。長直禁中。一出一入。迭爲姦防。又與劉騰共爲心膂。間隔二宮。逼脅內外。且位居繩憲。糾察是司。宜立格言。勢同鷹隼。方嚴楚撻。枉服貞良。專任兇威。以直爲曲。不忠不道。淩暴民聽。附下罔上。事彰幽顯。莫大之罪。難從宥原。封爵之科。理宜貶奪。可征虜將軍。餘悉削黜。魏書侯剛傳。

封鹿悆爲定陶縣子詔 孝昌元年六月

日者法僧父子。頑固自天。長惡不已。竊城外叛。職此亂階。遂使彭宋名藩。翻爲賊有。雖宗臣名將。揮戈于泗濱。虎士雄卒。竦劒于汴渚。然高墉峻堞。非可易登。廣涘深隍。實爲難踐。是用日昃忘食。中宵憤惋者也。而行都督豫章王蕭綜。體運知機。欲歸有道。潛遣密信。送款于都督臨淮王。于時事同夜光。能不案劒。殿中侍御史監軍鹿悆。不憚虎口。視險若夷。便能占募。入驗虛實。誓盟既固。所圖遂果。返地復城。息我兵甲。亦是悆之力焉。若不酬以榮祿。何以勸厲將來。可封定陶縣開國子。食邑三百戶。除員外散騎常侍。魏書鹿悆傳。蕭綜降詔云云。

甄敍功臣子孫詔 孝昌元年九月

追功表德。爲善者勸。祖宗功臣。勒銘王府。而子孫廢替。淪于凡民。爵位無聞。遷流有失。潁川名守。重泉令宰。惠風美政。結于民心。而猶同常品。未蒙褒陟。非所謂愛及甘棠。彝倫攸敍者也。其功臣名

將。爲先朝所知。子孫屈塞。不見齒敍。牧守令長。聲稱卓然者。皆仰有司。具以名聞。朕將振彼幽滯。用闡治風。魏書孝明紀。

親老聽居官祿養詔 孝昌元年十一月

大孝榮親。著之昔典。故安平耋耋。諸子滿朝。自今諸有父母年八十以上者。皆聽居官祿養。溫凊朝夕。魏書孝明紀。

出師詔 孝昌元年十二月

高祖以大明定功。世宗以下武寧亂。聲溢朔南。化清中宇。業盛隆周。祚延七百。朕幼齡纂歷。夙馭鴻基。戰戰兢兢。若臨淵谷。闇于治道。政刑未孚。權臣擅命。亂我朝式。致使西秦跋扈。朔漠構妖。蠢爾荊蠻。氛埃不息。孔熾甚于涇陽。出軍切于細柳。兩師旅盤桓。留滯不進。北淯懸危。南陽告急。將虧荊沔之地。以致覆國之憂。今茅歛扼腕。爪牙歎憤。竝欲摧挫封豕。剿截長蛇。使人神兩泰。幽明獻吉。朕將躬馭六師。埽蕩逋穢。其配衣六軍。分隸熊虎。前驅後隊。左翼右師。必令將帥雄果。軍吏明濟。糧仗車馬。速度時須。其有失律亡軍。兵戍逃叛。盜賊劫掠。伏竄山澤者。免其往咎。錄其後效。別立募格。聽其自新。廣下州郡。令赴軍所。今先討荊蠻。疆理南服。戈旗東指。埽平淮外。然後奮七萃于西戎。騰五牛于北狄。躬撫亂離之苦。面恤飢寒之患。爾乃還蹕嵩宇。飲至廟庭。沉璧河洛。告成泰岱。豈不盛歟。百官內外。牧守軍宰。宜各肅勤。用明爾職。魏書孝明紀。

詔高陽王雍 孝昌初

比相府弗開。陰陽未變。王秉哲居宗。勳望隆重。道庇蒼生。威被華裔。體國猶家。匪躬在節。可開府置佐史。魏書高陽王雍傳。

改封東平王略詔 孝昌二年六月丙子

昔劉蒼好善。利建東平。曹植能文。大啟陳國。是用聲彪磐石。義鬱維城。侍中義陽王略。體自蕃華。門勳夙著。內潤外朗。兄弟偉如。既見義忘家。捐生殉國。永言忠烈。何日忘之。往雖弛擔爲梁。今便言

國下脫既字

旋詣闕。有志有節。能始能終。方傳美丹青。懸諸日月。略前未至之日。卽心立稱。故封義陽王。然國邊地。寓食他邑。求之二三。未爲盡善。宜比德均封。追芳曩烈。可改封東平王。戶數如前。（洛陽伽藍記）

募士詔　孝昌二年六月戊子

自運屬艱棘。歷載于茲。烽驛交馳。旌鼓不息。祖宗盛業。危若輟旒。社稷鴻基。殆將淪墜。朕威德不能遐被。經略無已及遠。俾令蒼生。罹此塗炭。何已苟安黃屋。無愧黔黎。今便避居正殿。蔬餐素服。當親自招募。收集忠勇。其有直言正諫之士。敢決徇義之夫。二十五日悉集華林東門。人別引見。共論得失。班告內外。咸使聞知。（魏書孝明紀）

聽宗室子女離絕詔　孝昌二年閏十一月

頃舊京淪覆。中原喪亂。宗室子女。屬籍在七廟之內。爲雜戶濫門所拘辱者。悉聽離絕。（魏書孝明紀）

輸粟授官詔　孝昌三年二月

關隴遭罹寇難。燕趙賊逆憑陵。蒼生波流。耕農靡業。加諸轉運。勞役已甚。州倉儲實。無宜懸匱。自非開輸賞之格。何已息遣運之煩。凡有能輸粟入瀛定岐雍四州者。官斗二百斛賞一階。入二華州者。五百石賞一階。不限多少。粟畢授官。（魏書孝明紀）

答高謙之詔

此啟深會朕意。付外量聞。（魏書高謙之傳。謙之上疏乞新舊典。洛陽河陰二令得入奏是非。詔答）

已毛鴻賓爲北雍刺史詔

此已晝錦榮鄉也。（北史四十九毛遐附傳。改北地郡爲北雍州。鴻賓爲刺史。詔）

全後魏文卷十一終

全後魏文卷十二

烏程嚴可均校輯

孝莊帝

帝諱子攸。彭城王勰第三子。孝昌二年封長樂王。武泰元年四月即位。改元建義。其年九月改元永安。在位三年。爲尒朱兆所廢。尋遇弑。中興二年謚曰武懷皇帝。大昌元年改謚孝莊。廟號敬宗。

大赦改元詔 建義元年四月辛丑

太祖誕命應期。龍飛燕代。累世重光。載隆帝緒。冀欲闡茲洪業。永在無窮。豈圖多難。遘茲百六。致使妖悖四起。內外競侵。朝無恤政之臣。野多怨酷之士。實由女主專朝。致茲顚覆。孝明皇帝天情沖順。深存隱忍。奄棄萬國。衆用疑焉。苟求胡出。入守神器。凡厥有心。莫不解體。太原王榮世抱忠孝。功格古今。赴義晉陽。大會河洛。乃推翼朕躬。應茲大命。德謝少康。道愧前緒。猥以眇身。君臨萬國。如涉淵海。罔知所濟。可大赦天下。改武泰爲建義元年。從太原王督將軍士普加五階。在京文官兩階。武官三級。復天下租役三年。魏書孝莊紀

荅尒朱榮乞贈河陰死者詔 建義元年四月壬寅

覽表不勝酸塞。朕德行無感。致茲酷濫。尋繹往事。實切于懷。可如所表。魏書尒朱榮傳

親理冤獄詔 建義元年五月

自孝昌之季。法令昏泯。懷忠守素。擁隔莫申。深怨痛憾。控告靡所。其有事在通途。橫被疑異。名例無爽。枉見排抑。或選舉不平。或賦役煩苛。諸如此者。不可具說。其有訴人經公車注不合者。悉集華林東門。朕當親理冤獄。以申積滯。魏書孝莊紀

討葛榮詔 建義元年六月

朕將親馭六戎。埽淨燕代。大將軍太原王尒朱榮率精甲十萬爲左軍。上黨王天穆總衆八萬爲前軍。司徒公楊椿勒兵十萬爲右軍。司徒公穆紹統卒八萬爲後軍。魏書孝莊紀

以尒朱榮爲柱國大將軍詔 建義元年七月乙丑

乾坤統物。星象贊其功。皇王御運。股肱匡其業。是以周道中缺。齊晉立濟世之忠。殷祚或虧。彭韋振救時之節。自前朝失御。厄運荐臻。太原王榮爰戴朕躬。推臨萬國。勳踰伊霍。功格二儀。王室不壞。伊人是賴。可封柱國大將軍。兼錄尚書事。餘如故。魏書尒朱榮傳

下羊深詔 建義元年八月

羊侃作逆。霧起瑕丘。擁集不逞。扇擾疆埸。傾宗之禍。侃乃自貽。累世之節。一朝毀汙。羊深血誠奉國。秉操罔貳。聞弟猖勃。自劾請罪。此之丹款。實戢于懷。且叔向復位。春秋稱美。深之慷慨。氣同古人。忠烈遠彰。赤心已著。可令還朝。面受委敕。魏書羊深傳。尒朱榮殺害朝士。深第七弟侃爲太山太守。外託蕭衍。深在彭城。得侃書。斬侃使人。并書表聞。莊帝乃下詔。

加蠕蠕主阿那瓌殊禮詔 建義初

夫勳高者賞重。德厚者名隆。蠕蠕主阿那瓌鎮衛北藩。禦侮朔表。遂使陰山息警。弱水無塵。刊迹狼山。銘功瀚海。至誠既篤。勳緒莫酬。故宜標以殊禮。何容格以常式。自今以後。讚拜不言名。上書不稱臣。魏書蠕蠕傳

以尒朱榮爲大丞相詔 永安元年九月辛巳

功格天地。錫命之位必崇。道濟生民。褒賞之名宜大。是以有莘贊亳。不次之號爰歸。渭叟翼周。殊世之班載集。況導源積石。襲構崐山。門踵英猷。彌成鴻業。抗高天之摧柱。振厚地之絕維。德冠五侯。勳高九伯者哉。太原王榮代荷藩寵。世載忠烈。入匡頹運。出剿元兇。使積年之霧。倏焉滌蕩。數載之塵。一朝清謐。燕恆既泰。趙魏還蘇。比績況功。古今莫二。若不式稽舊典。增是禮數。將何以昭德報

功遠暎國範。可大丞相都督河北畿外諸軍事。增邑一萬戶。通前三萬。餘官悉如故。（魏書尒朱榮傳。案北史邢劭傳。永安初累遷中書侍郎。所作詔文體宏麗。則永安詔乃邢作。然亦有溫子昇高道穆作者。無從分別。今仍錄爲孝莊文。）

尒朱榮進位太師詔　永安元年十月戊戌

我皇魏道契神元。德光靈範。源先二象。化穆三才。玉厤與日月惟休。金鼎共乾坤俱永。而正光之末。皇運時屯。百揆咸亂。九宮失敘。朝野懾懼。士女嗟怨。遂使四海土崩。九區瓦解。逆賊杜周。虔劉燕代。妖寇葛榮。假噬魏趙。常山易水。戎鼓夜驚。冰井叢臺。胡塵晝合。朔南久已丘墟。河北殆成灰燼。宗廟懷匪安之慮。社稷急不測之憂。大丞相太原王榮。道鏡域中。德光區外。神昭藏往。思實知來。義踵先勳。忠貫曩烈。遂能大建義謀。收集忠勇。熊羆競逐。虎豹爭先。軒翥南溟。搏風北極。氣震林原。勢動山岳。弔民伐罪。殲此鯨鯢。卒多于長平。積器高于熊耳。秦晉聞聲而喪膽。齊莒側聽而讋息。

中興之業。是乎再隆。太平之基。茲焉更始。雖復伊霍宣翼之功。桓文崇贊之道。何足以髣髴鴻蹤。比勳盛烈。道格普天。仁沾率土。振古以來。未有其比。若不廣錫山河。大開土宇。何以表大義之崇高。標盛德之廣遠。可以冀州之長樂、相州之南趙、定州之博陵、滄州之浮陽、平州之遼西、燕州之上谷、幽州之漁陽等七郡。各萬戶。通前滿十萬戶。爲大原國邑。又進位太師。餘如故。（魏書尒朱榮傳。）

詔報臨淮王彧　永安二年二月

文穆皇帝。勳格四表。道邁百王。是用敬循舊軌。恭上尊號。王表云漢大上于香街。南頓于舂陵。漢高不因瓜瓞之緒。光武又無世及之德。皆身受符命。不由父祖。別廟異寢。于理何差。文穆皇帝天睠人宅。厤數有歸。朕忝承下武。遂主神器。既帝業有統。漢氏非倫。若以昔況今。不當移寢。則魏太祖晉景帝。雖王迹已顯。皆以人臣而終。豈得與餘帝別廟。有闕餘序。漢郡國立廟者。欲尊高祖之德。使饗遍天下。非關太廟神主。獨在外祠。薦漢宣之父。亦非勳德所出。雖不追尊。不亦可乎。伯考之名。自是尊卑之稱。何必準古而言非類也。復云君臣同列。嫂叔共室。當以文穆皇帝昔遂臣道。以此爲疑。禮天子元子猶士。禘祫豈不得同室乎。且晉文景共爲一代。議者云世限七主。無定數。昭穆既同。明有共室之理。禮既有祔。嫂叔何嫌。禮士祖禰一廟。豈無婦舅共室也。若專以共室爲疑。容可更議遷毀。（魏書臨淮王彧傳。莊帝追尊武宣王爲文穆皇帝。廟號肅祖。以高祖爲伯考。彧與吏部尚書李神儁竝有表聞。詔報。）

以尒朱榮爲天柱大將軍詔　永安二年七月壬申

周武奉時。藉十亂以纂厤。漢祖先天。資三傑以除暴。理民濟治。斯道未爽。使持節柱國大將軍大丞相太原王榮。藴伏風煙。抱含日月。總奇正以成衛。兼文武而爲資。昔處亂朝。韜光戢翼。秣馬冀北。厲兵晉陽。佇龍顏而振腕。想日角以歎息。忠勇奮發。虎士如林。義功始立。所向風靡。故能芟夷羣惡。振此頹網。俾朕寡昧。獲承鴻緒。

雖大位克正。而衆盜未息。葛榮跋扈。仍亂中原。建旗伐罪。授首殲馘。元顥凶頑。構成巨釁。阻弄吳楚。虧汙宗社。朕徙御北徂。劬勞鞍甲。王聞難星奔。一舉大定。下洽民和。上匡王室。鴻勳巨績。書契所未紀。歆至策動。事絕于比。況非常之功。必有非常之賞。可天柱大將軍。此官雖訪古無聞。今員未有。太祖已前。增置此號。式遵典故。用錫殊禮。又宜開土宇。可增封十萬。通前二十萬。加前後羽葆鼓吹。餘如故。（魏書尒朱榮傳。）

允楊椿致仕詔　永安二年八月甲戌

椿國之老成。方所尊尚。遂以高年。願言致仕。顧懷舊德。是以未從。但告謁頻煩。辭理彌固。以茲難奪。又所重違。今便允其雅志。可服侍中朝服。賜服一具。衣一襲。八尺牀帳。几杖。不朝。乘安車。駕駟馬。給扶傳詔二人。仰所在郡縣。時以禮存問安否。方乖詢訪。良用憮然。（魏書楊播附傳。）

詔荅元子思

國異政。不可據之古事。付司檢高祖舊格。推處得失以聞。（魏書宗室元子思傳。又見北史十五、通典二十四。）

令高道穆總集祕書目錄詔

祕書圖籍所在。內典□書。又加繕寫。緗素委積。蓋有年載。出內繁蕪。多致零落。可令御史中尉兼給事黃門侍郎道穆總集帳目。并牒儒學之士。編比次第。（魏書高崇附傳）

敕侍中元祉（建義元年四月）

宗室喪亡非一。不可周贍。元僕射清苦之節。死乃益彰。特贈絹百匹。餘不得為例。（魏書任城王附傳。元順遇害。家徒四壁。無物斂屍。門下通事令史王才裂衾覆之。莊帝還宮。敕侍中元祉。）

喻旨尒朱榮

帝王迭襲。盛衰無常。既屬屯運。四方瓦解。將軍仗義而起。前無橫陳。此乃天意。非人力也。我本相投。規存性命。帝王重位。豈敢妄希。直是將軍見逼。權順所請耳。今璽運已移。天命有在。宜時即尊號。將軍必若推而不居。存魏社稷。亦任更擇親賢。共相輔戴。（魏書尒朱榮傳。榮還帝于河橋。至夜四更中。復奉帝南還營幕。帝憂憤無計。乃令人喻旨于榮。）

前廢帝

帝諱恭。字修業。廣陵王羽之子。以長廣王曄建明二年二月受禪即位。改元普泰。其明年四月。為高歡所廢。太昌初崩。謚曰節閔帝。

荅羣臣勸進（建明二年二月己巳）

自量眇身。是以讓執。然王公勸至。不可拒違。今敬承所陳。惟愧弗堪負荷耳。（魏書前廢帝紀）

大赦改元詔（普泰元年二月己巳）

朕以寡薄。撫臨萬邦。思與億兆同茲慶泰。可大赦天下。以魏為大魏。改建明二年為普泰元年。其稅市及稅鹽之官。可悉廢之。百雜之戶。貸賜民名。官任仍舊。天下調絹四百一匹。內外文武普汎四階。合敘未定第者亦沾級。除名免官者。特復本資。品封依舊。（魏書前廢帝紀）

改皇帝稱帝詔（普泰元年二月庚午）

朕以眇身。臨王公之上。夕惕祇懷。若履氷谷。賴七廟之靈。百辟忠誠之舉。庶免墜殃。夫三皇稱皇。五帝云帝。三代稱王。迭沖挹也。自秦之末。競為皇帝。忘負乘之深殃。垂貪鄙于萬葉。予今稱帝。已為褒矣。可普告令知。（魏書前廢帝紀）

追贈尒朱榮假黃鉞相國司州牧詔（普泰元年三月）

故使持節侍中都督河北諸軍事天柱大將軍大丞相太師領左右兼錄尚書北道大行臺太原王榮。功濟區夏。誠貫幽明。天不慭遺。奄從物化。追終褒績。列代通謨。紀德銘勳。前王令範。可贈假黃鉞相國錄尚書事司州牧。使持節侍中將軍王如故。（魏書尒朱榮傳）

追封尒朱榮晉王加九錫詔

增當作贈

故假黃鉞持節侍中相國錄尚書都督中外諸軍事天柱大將軍司州牧太原王榮。惟岳降靈。應期作輔。功侔伊霍。德契桓文。方藉棟梁。永康國命。道長運短。震悼兼深。前已褒增。用彰厥美。然禮數弗窮。文物有闕。遠近之望。猶或未盡。宜循舊典。更加殊錫。可追號為晉王。加九錫。給九旒鑾輅。虎賁班劍三百人。轀輬車。準晉太宰安平獻王故事。謚曰武。（同上）

尒朱榮配享高祖廟庭詔

武泰之末。乾樞中圮。丕基寶命。有若綴旒。晉王榮固天所縱。世秉忠誠。一匡邦國。再造區夏。俾我頹綱。于斯復振。雖勳銘王府。德被管絃。而從祀之禮。于茲尚闕。非所以酬懋賞于當時。騰殊績于不朽。宜遵舊典。配享高祖廟庭。（同上）

沙汰之徒須參選限詔　普泰元年三月戊戌

頃官方失序，仍令沙汰。定具簡牒，已有判決，退下之徒，微亦可愍。諸在簡下，可特優一級，皆授將軍，預參選限，隨能補用。魏書前廢帝紀

標牓刁思遵妻魯氏詔　普泰初

貞夫節婦，古人同尚，可令本司依式標牓。魏書列女傳

後廢帝

帝諱朗，字仲哲，章武王融第三子。長廣王曄建明二年正月為渤海太守。其年十月，為高歡所擁立，改元中興。其明年四月廢。五月封安定王。

禁虛增官號詔　中興元年十一月

王度剙開，彝倫方始，所班官秩，不改舊章，而無識之徒，因茲僥倖，謬增軍級，虛名顯位，皆言前朝所授，理難推抑。自非嚴為條制，無以防其偽竊。諸有虛增官號，為人發糾，罪從軍法，若八格檢覈無

名者，退為平民，終身禁錮。魏書後廢帝紀

糾罰郡縣漁獵詔　中興二年正月

自中興草昧，典制權輿，郡縣之官，率多行督假，有正者，風化未均。眷彼周餘，專為漁獵，朕所以夙興夜寐，有惕于懷。有司明加糾罰，稱朕意焉。魏書後廢帝紀

全後魏文卷十二終

局當作扃

全後魏文卷十三

烏程嚴可均校輯

孝武帝

帝諱脩字孝則廣平王懷第三子永安三年封平陽王中興二年三月即位改元太昌其年十二月改元永興尋改爲永熙在位三年西遷長安爲宇文泰所弒謚曰孝武皇帝

即位改元詔 太昌元年四月

否泰相沿廢興互有玄天無所隱精靈弗能諭大魏統乾德漸區宇牢籠九服窮磷三光而上天降禍運踵多難禮樂崩淪憲章湮沒赫赫宗周翦爲戎寇肅肅清廟將成茂草胡羯乘機肆其昏虐殺君害王刳剔海內競其吞噬之意不識醉飽之心自書契已來未有若斯者已大丞相渤海王忠存本朝精貫白日爰舉義旗志雪國恥故廣阿之軍縱虎奪氣鄴下之師金湯失險近者四胡相率實繁有徒驅天下之兵盡華戎之銳桴鼓暫交一朝盪滅元兇授首大憝斯擒揚旆濟河掃清伊洛士民安堵不失舊章社稷危而復安洪基毀而還構朕以託體宸極猥當樂推祗握寶圖承茲大業得以眇身託于王公之上若涉淵水罔識攸津思與兆民同茲嘉慶可大赦天下改中興二年爲太昌元年 魏書出帝紀

賑贍孤老疾病詔

無侮惸獨事炳前經惠此鰥寡聲留往冊朕以薄德作民父母乃眷元元寤言增歎今理運惟新哀矜伊始如有孤老疾病無所依歸者有司明加隱括依格賑贍 魏書出帝紀

議定條格詔

理有一準則民無覬覦法啟二門則吏多威福前主爲律後主爲令歷世永久實用滋章非所以準的庶品隄防萬物可令執事之官四品以上集于都省取諸條格議定一途其不可施用者當局停記新定之格勿與舊制相連務在約通無致冗滯 魏書出帝紀

埋覆露屍詔

頃西土年饑百姓流徙或身倚溝渠或命懸道路皆見棄草土取厭烏鳶言念于此有警夜寐掩骼之禮誠所庶幾行墐之義冀亦可勉其諸有露屍令所在埋覆可宣告天下 魏書出帝紀

汎級詔 太昌元年六月

內外百司普汎六級在京百寮加中興四級義師將士竝加軍汎六級在鄴百官三級河北同義之州兩級河橋建義者加五級關西二級諸受建明普泰封爵汎級優特之階悉追 魏書出帝紀

租調詔 太昌元年六月

間者凶權誕恣法令變常遂立夷貊輕賦冀收天下之意隨以箕斂之重終納十倍之征掩目捕雀何能過此朕屬念烝黎無忘寢食加田桑始事生業未滋若頓依常格或不周展今歲租調且兩收一丐來年復舊 魏書出帝紀

汎階詔 太昌元年七月乙未

頃永安馭運載育皇儲遂錫汎階以中國慶近經普泰便爾中追今罪人既殄舊章斯復宜遵往旨用卒前恩皇子汎二級悉可還授文穆廟汎故宜停寢若已受者依例追之 魏書出帝紀

報高歡請遷都鄴詔 太昌元年七月壬寅

高祖定鼎河洛爲永永之基經營制度至世宗乃畢王既功在社稷宜遵太和舊事 北齊書神武紀下初神武自京師將北以爲洛陽久經喪亂不如鄴請遷都魏帝曰云云神武奏詔又見北史六

定大成樂名詔 永熙二年春

王者功成作樂治定制禮以成爲號良無間然又六代之舞者以大爲名今可準古爲大成也凡音樂以舞爲主故干戈羽籥禮亦無別但依舊爲文舞武舞而已餘如議 魏書樂志長孫稚祖瑩表上新樂瑩復議樂名爲嘉

戚孝武詔又見通典一百四十二。

參佐詔 永熙二年四月

諸參佐自三府㠯下。爰及外州。皆不得復加常侍。及兼兩員。雖已授者。亦悉追之。魏書出帝紀。

申幽枉詔 永熙二年五月庚寅

諸幽枉未申。事經一周已上。悉集華林。將親覽察。脫事已經年。有司不列者。聽其人各自陳訴。若事連州郡。由緣淹歲者。亦仰尚書總集㠯聞。魏書出帝紀。

大夫員外不帶領詔 永熙二年五月乙巳

大夫之職。位秩貴顯。員外之官。亦爲匪賤。而下及胥吏。帶領非一。高卑渾雜。有損彝章。自今已後。京官樂爲稱事小職者。直加散號將軍。願罷卑官者。聽爲大夫及員外之職。不宜仍前散實參領。其中旨特加者。不在此例。魏書出帝紀。

報宇文泰詔 永熙三年

賀拔岳既殞。士衆未有所歸。卿可爲大都督。卽相統領。知欲漸就東下。且不可言。今亦徵侯莫陳悅士馬入京。若其不來。朕當親自致罰。宜體此意。不過淹留。周書文帝紀上。

南征詔 永熙三年五月辛卯

大魏得一居宸。乘六馭宇。妫風雲之所會。宅日月之所中。自北而南。東征西怨。后來其蘇。無思不偃。而句吳負險。久遺度外。世祖太武皇帝握金鏡㠯照耀。擊玉鼓㠯鏗鏘。神武之所牢籠。威風之所轥轢。莫不雲徹霧卷。瓦解冰消。長江已北。盡爲魏土。頃天步中圮。國綱時屯。凶豎因機。互窺上國。疆埸侵噬。州郡淪胥。乃眷東顧。無忘寢食。自非五牛警旆。七萃案部。何㠯復文武之舊業。拯塗炭于遺黎。朕將親總六軍。徑臨彭汴。一勞永逸。庶保無疆。內外百寮。便可嚴備。出頓之期。更聽後敕。魏書出帝紀。

密詔高歡 永熙三年六月丁巳

宇文黑獺自平破秦隴。多求非分。脫有變詐。事資經略。但表啟未全背戾。進討事涉忽忽。遂召羣臣。議其可否。僉言假稱南伐。內外戒嚴。一則防黑獺不虞。二則可威吳楚。北齊書神武紀下。

詔高歡

曾與乾邕私有盟約。今復反覆兩端。北齊書高乾傳。

科贈陣亡將士詔 永熙三年六月丙子

頃年㠯來。天步時阻。干戈不戢。荆棘斯生。或徇節感恩。奮不顧命。或臨戎對敵。赴難如歸。身首橫分。骸骨不斂。勳誠靡錄。榮贈莫加。寤寐矜之。良有嗟悼。可普告內外。所在言列。若無親近。聽故友陳之。尚書檢實。隨狀科贈。庶曠慰冤魂。少申惻隱。魏書出帝紀。

又敕高歡

王若厭伏人情。杜絕物議。唯有歸河東之兵。罷建興之戍。送相州之粟。追齊州之軍。令蔡儁受代。使邸珍出徐。止戈散馬。各事家業。脫須糧廩。別遣轉輸。則讒人結舌。疑悔不生。王高枕太原。朕垂拱京洛。終不舉足渡河。㠯干戈相指。王若馬首南向。問鼎輕重。朕雖無武。欲止不能。必爲社稷宗廟出萬死之策。決在于王。非朕能定。爲山止簣。相爲惜之。北齊書神武紀下。

文帝

帝諱寶炬。孝文帝之孫。京兆王愉之子。歷安南將軍大鴻臚卿。永安末封南陽王。累遷驃騎大將軍開府。太昌初進太尉。永熙中進太宰。㠯三年閏十二月卽位。是爲西魏。改元大統。在位十七年。諡曰文皇帝。

進封寇洛詔 大統初

往者侯莫陳悅遠同逆賊。潛害故清水公岳。志在兼并。當時造次。物情驚駭。使持節驃騎大將軍儀同三司前涇州刺史大都督臨邑縣開國公寇洛忠款自心勳誠早立遂能糾合義軍以待大丞相見危授命推賢而奉此而不賞何以勸厲將來可加開府進爵京兆郡公封洛母宋氏爲襄城郡君（周書寇洛傳）

獨孤信歸國下詔　大統三年

如願荊襄之役實展功效既屬强寇力屈道窮歸賊不可還朝路絕適事求宜未足稱過違難句吳誠貫夷險義全終始良可嘉歎復情存謙退款心謝責寧容議及恩降止云免咎斯則事失權宜理乖通變可轉驃騎大將軍加侍中開府其使持節儀同三司浮陽郡公悉如故（周書獨孤信傳信本名如願）

荅周惠達手詔　大統四年

西顧無憂唯公是屬蕭寇之重深所寄懷（周書周惠達傳）

詔盧恭祖　大統九年

經師易求人師難得朕諸兒稍長欲令卿爲師（周書盧誕傳）

報宇文泰　大統九年

公膺期作宰義高匡合仗鉞專征舉無遺算朕所以垂拱九載實資元輔之力俾九服寧謐誠賴翊贊之功今大寇未殄而以諸將失律便欲自貶深虧體國之誠宜抑此謙光恤予一人（周書文帝紀下太祖以邙山之戰諸將失律上表請自貶魏帝報）

恭帝

帝諱廓文帝第四子大統十四年封齊王以廢帝三年四月即位（北史作正月通鑑考異引三國典略作三月今從周書）在位三年禪于周封宋公

下拓跋儉詔　二年

吳人未獲須助謀謨今使梁王兵馬受公節度（庾信拓跋儉碑）

制六樂歌舞詔　三年正月

六樂尚矣其聲歌之節舞蹈之容寂寥已絕不可得而詳也但方行古人之事可不本于茲乎自宜依準制其歌舞祀五帝日月星辰（隋書音樂志中恭帝元年平荊州大獲梁氏樂器以屬有司及建六官乃詔）

禪位詔　三年十二月庚子

予聞皇天之命不于常惟歸于德故堯授舜舜授禹時其宜也天厭我魏邦垂變以告惟爾罔弗知予雖不明敢弗龔天命格有德哉今踵唐虞舊典禪位于周庸布告遐邇焉（周書孝閔帝紀）

禪位册書

咨爾周公帝王之位弗有常有德者受命時乃天道予式時庸荒求于唐虞之彝踵曰我魏德之終舊矣我邦小大罔弗知今其可久怫于天道而不歸有德歟時用詢謀僉曰公昭考文公格勳德于天地丕濟生民洎公躬又宣重光故玄象徵見于上謳訟奔走于下天之厤數用實在焉予安敢弗若是以欽祗聖典遜位于公公其享茲大命保有萬國可不慎歟（周書孝閔帝紀）

孝靜帝

帝諱善見清河王亶之世子永熙三年孝武西遷以其年十月即位是爲東魏改元四天平元象興和武定在位十七年禪于齊封中山王明年遇弒謚曰孝靜皇帝

遷鄴詔　天平元年十月

安安能遷自古之明典所居靡定往昔之成規是以殷遷八城周卜三地吉凶有數隆替無恆事由于變通理出于不得已故也高祖孝文皇帝式觀乾象俯協人謀發自武州來幸嵩縣魏雖舊國其命維新及正光之季國步孔棘喪亂不已寇賊交侵俾我生民無所措手今遠遵古式深驗時事考龜襲吉遷宅漳滏庶克隆洪基再昌寶厤主者明爲條格及時發遣（魏書孝靜紀）

追旌羊敦蘇淑詔

昔五袴興謠兩岐致詠皆由仁覃千里化洽一邦故廣平太守羊敦故中山太守蘇淑並器業和隱幹用貞濟善政聞國清譽在民

史當作吏

方藉良才，遂登高秩，先後凋亡，朝野傷悼，追旌淸德，蓋惟舊章，可各賞帛百匹，穀五百斛，班下郡國，咸使聞知。魏書良吏羊敦傳

贈高湛詔 元象元年正月

故持節都督南荊州諸軍事假鎮軍將軍揚烈將軍員外羽林監行南荊州諸軍事南荊州刺史當州大都督高子澄，識用開敏，氣幹英發，擁攝蕃翰，誠效剋宣，臨難殉軀，奄從非命，言命遺績，有悼于懷，宜申追寵，式光往烈。可贈假節督齊州諸軍事輔國將軍齊州刺史。高湛墓誌拓本

禁斷城中新立寺詔 元象元年秋

梵境幽玄，義歸淸曠，伽藍淨土，理絕囂塵。前朝城內先有禁斷，自聿來遷鄴，率由舊章，而百辟士民屆邦之始，城外新城並皆給宅，舊城中暫時普借，更擬後須，非爲永久。如聞諸人多以二處得地，或捨舊城所借之宅，擅立爲寺，知非己有，假此一名，終恐因習滋甚，有虧恒式，宜付有司，精加隱括，且城中舊寺及宅，並有定帳，其新立之徒，悉從毀廢。魏書釋老志

普禁天下造寺詔 元象元年冬

天下牧守令長，悉不聽造寺，若有違者，不問財之所出，并計所營功庸，以枉法論。魏書釋老志

詔高澄 武定五年八月戊辰

旣朝野攸憑，安危所繫，不得令遂本懷，須有權奪，可復前大將軍，餘如故。北齊書文襄紀

常景去官詔 武定六年

几杖爲禮，安車致養，敬齒尊賢，其來尚矣。景蓺業該通，文史淵洽，歷事三京，年踰五紀，朝章言歸，祿俸無餘，家徒壁立，宜從哀恤，以旌元老。可特給右光祿事力，終其身。魏書常景傳，景以老疾去官，詔

詔荅杜弼

經當作徑

李君遊神冥窅，獨觀恍惚，玄同造化，宗極群有，從中被外，周應可以裁成自己，及物運行，可以容民，隆家寧國，義屬斯文。卿才思優洽，業尙通遠，息棲儒門，馳騁玄肆，旣啟專家之學，且暢釋老之言，戶列門張，途通經達，理事兼申，能用俱表，彼賢所未悟，遺老所未聞，旨極精微，言窮深妙，朕有味二經，倦于舊說，歷覽新注，所得已多，嘉尙之來，良非一緒，已敕殺靑，編藏之延閣。北齊書杜弼傳，弼注老子道德經二卷，表上之，詔荅

全後魏文卷十三終

全後魏文卷十四

烏程嚴可均校輯

文成文明馮后

后長樂信都人文成即位選為貴人太安二年立為皇后獻文即位尊為皇太后臨朝聽政以幸李奕事露獻文暴崩孝文即位尊為太皇太后復臨朝聽政太和十四年崩謚曰文明太皇太后有皇誥十八篇勸戒歌三百餘章

答高閭令

六軍電發有若摧朽何慮四難也 魏書高閭傳太和三年出師討淮北閭表請速返旆文明太后令

答元丕令

臣哉鄰哉鄰哉臣哉君則亡逸于上臣則履冰于下若能如此太平豈難致乎 魏書宗室元丕傳太后親造勸戒歌辭以賜羣官丕上疏讚謝太后令

答程駿表上慶國頌令 太和五年

省詩表聞之歌頌宗祖之功德可爾當世之言何其過也所箴下章戢之不忘 魏書程駿傳

答程駿表上得一頌令

省表并頌十篇聞之鑒戒既備良用欽翫養老乞言其斯之謂 魏書程駿傳

王叡子襲承襲令

都曹尚書曹百寮之首民所具瞻襲年少智思未周其都曹尚書令可權記使閑習政事後用不晚 魏書恩倖王叡傳叡薨高祖詔襲代領都曹為尚書令依典入承襲文明太后令

為咸陽王禧選師傅令 太和元年

自非生知皆由學誨皇子皇孫訓教不立溫故求新蓋有闕矣可于閑靜之所別置學館選忠信博聞之士為之師傅以匠成之 魏書咸陽王禧傳

定樂章令 太和十一年春

先王作樂所以和風改俗非雅曲正聲不宜庭奏可集新舊樂章參探音律除去新聲不典之曲裨增鍾縣鏗鏘之韻 魏書樂志

罪汝陰南安二王令 太和十三年六月

汝陰王天賜南安王楨不順法度黷貨聚斂依犯論坐將至不測卿等為當存親以毀令為欲滅親以明法 魏書南安王楨傳文明太后高祖並臨皇信堂引見王公太后令

報薛虎子令

俸制已行不可以小有不平便虧通式 魏書薛野豬附傳虎子為徐州上疏請寬省徵調文明太皇太后令

宣武靈胡后

后安定臨涇人司徒國珍女宣武召為承華世婦誕孝明進為充華嬪孝明即位尊為皇太妃尋尊為皇太后臨朝正光元年為元叉劉騰等奏廢幽于北宮禁中孝昌元年四月復臨朝武泰元年孝明崩詐以皇女為皇子即位數日更立臨洮王子釗其年四月尒朱榮舉兵與幼主俱沈于河孝武即位追謚曰靈皇后

樹碑旌美任城國孟太妃令

鴻功盛美實宜垂之永年 魏書列女傳太妃孟氏任城王澄之母澄為揚州率眾出討于後賊帥姜慶真襲陷羅城孟乃勒兵登陴賊不能克澄以狀表聞屬世宗崩事寢靈太后後令

車不更造令 熙平元年六月

羣官以後議折中者便可如奏 魏書禮志四

諮訪五時朝服令 熙平元年九月

太傅博學洽通多識前載既綜朝儀彌悉其事便可諮訪以決所疑 魏書禮志四崔光表定五時朝服靈太后令

原于忠令

直繩所糾。實允朝憲。但忠事經肆宥。又蒙特原。無宜進罪。餘如奏。（魏書于栗磾附傳。）

報田益宗令

卿誠著二朝。勤光南服。作藩萬里。列土承家。前朝往恩。酬敘不淺。兼子弟茍榮。中表被澤。相口輕重。卿所知悉。先帝以卿勞舊。州小祿薄。故遷牧華壤。爰登顯級。于時番兵交換。不生猜疑。而卿息魯賢等。無事外叛。忠孝俱乖。亂爲戎首。以卿誠重。不復相討。今卧護征南。榮以金紫。朝廷處遇。又甚于先。且卿年老。方就閑養。焉得以本州爲念。魯賢來否。豈待自往也。但遣慰納。足相昭亮。若審遣信。當更啟聞。別敕東豫。聽卿喻曉魯賢。（魏書田益宗傳。熙平初。益宗又表乞東豫。以招二子。靈太后令。）

禁私度僧令 熙平二年春

年常度僧。依限大州應百人者。州郡于前十日解送三百人。其中州二百人。小州一百人。州統維那與官及精練簡取充數。若無精行。不得濫採。若取非人。刺史爲首。以違旨論。太守縣令綱寮節級連坐。統及維那移五百里外異州爲僧。自今奴婢。悉不聽出家。諸王及親貴。亦不得輒啟請。有犯者以違旨論。其僧尼輒度他人奴婢者。亦移五百里外爲僧。僧尼多養親識及他人奴婢子。年大私度爲弟子。自今斷之。有犯還俗。被養者歸本等。寺主聽容一人出寺五百里。二人千里。私度之僧。皆由三長罪不及己。容多隱濫。自今有一人私度。皆以違旨論。鄰長爲首。里黨各相降一等。縣滿十五人。郡滿三十人。州鎮滿三十人。免官。寮吏節級連坐。私度之身。配當州下役。（魏書釋老志。）

議宗室預祭令 熙平二年七月戊辰

付八座。集禮官議定以聞。（魏書禮志二。江陽王繼表言。淮武曾孫不得預祭。靈太后令。）

書字衍

許江陽王繼助祭令 熙平二年七月

議親律注云。非唯當世之屬籍。歷謂先帝之五世。此乃明親親之義篤。骨肉之恩重。尚書以遠及諸孫太廣致疑。百寮助祭。可得言族也。祖廟未毀。曾玄不預壇堂之敬。便是宗人之昵。反外于附庸。王族之近。更疏于群辟。先朝舊儀。草創未定。刊制律憲。垂之不朽。琰之援據。甚允情理。可依所執。（魏書禮志二。又見通典五十一。）

報清河王懌乞議定喪禮令 熙平二年十一月

禮者爲政之本。何得不同。如此可依表定議。（魏書禮志四。）

謫劉景暉令 熙平中

景暉既經恩宥。何得議加橫罪。可謫略陽民。餘如奏。（魏書刑罰志。裴延儁上言。月光童子劉景暉妖言惑衆。赦後亦宜死坐。崔纂以爲不合死坐。靈太后令。）

判侯剛掠殺試射羽林事令

廷尉執處侯剛。于法如猛。剛既意在爲公。未宜便依所執。但輕勦民命。理無全捨。可削封三百戶。解尚書衣典御。（魏書恩倖侯剛傳。）

答于忠令 神龜元年三月

于忠表如此。既誠勳宜録。又無子可矜。臨危所祈。不容致奪。可特聽如請。以彰殊效。（魏書于栗磾附傳。忠疾病表乞以弟子永超爲後。靈太后令。）

宣令張普惠 神龜元年

朕向詔卿與群臣對議。往復既終。皆不同卿表。朕之所行。孝子之志。卿之所陳。忠臣之道。群公已有成議。卿不得苦奪朕懷。後有所見。勿得難言。（魏書張普惠傳。普惠表議太后父不可稱太上。議者奏依前詔。太后復遣元叉賈璨宣令謂普惠。）

報李平表糾崔亮令

亮爲臣不忠。去留自擅。既損威稜。違我經略。雖有小捷。豈免大咎。但吾攝御萬幾。庶茲惡殺。可特聽以功補過。（魏書崔亮傳。）

報李崇令

省表。具悉體國之誠。覽發大禮。爲國之本。比以戎馬在郊。未遑修

天當作大
垂當作乘

繕。今四表晏寍。年和歲稔。當敕有司。別議經始。（魏書李崇傳。崇表請修學校。靈太后令。）

答楊愔魏收邢劭等令

配饗大禮。爲國之本。比已戎馬在郊。未遑修繕。今四表晏寍。當敕有司。別議經始。（北齊書邢劭傳）

封于忠爲靈壽縣公詔

忠已往年天諱之際。開崇邑土。然酬庸理乖。有司執奪。豈宜一謬。棄其餘勳也。但忠歷任禁要。誠節皎然。宜裦錫山河。以安厥望。可靈壽縣開國公。邑五百戶。（魏書于栗磾附傳）

報元脩義詔

收葬之恩。事由上旨。藩岳何得越職干陳。（魏書汝陰王天賜附傳。第五子脩義。遷秦州刺史。肅宗時。表陳庶人禧庶人愉等。請宥前愆。賜葬陵域。靈太后詔。）

賜路邕詔

邕莅政清勤。善綏民俗。比經年儉。郡內饑饉。羣庶嗷嗷。將就溝壑。而邕自出家粟。賑賜貧窘。民以獲濟。雖古之良守。何以尚茲。宜見褒錫。以垂獎勸。可賜龍廄馬一匹。衣一襲。被褥一具。班宣州鎮。咸使聞知。（魏書良吏路邕傳）

報崔光求補治石經詔（神龜元年夏）

此乃學者之根源。不朽之永格。垂範將來。憲章之本。便可依公表。（魏書崔光傳）

可下脫一字

報任城王澄詔

自今已後。內外之事。嘗經先朝者。不得重聞。（魏書任城王澄傳）

又報任城王澄詔

省奏。深體毗贊之情。三皇異軌。五代殊風。一時之制。何必詮改。必謂虛文設旨。理在可申者。何容不同來執。可依往制。（魏書任城王澄傳）

聽任城王澄以西域馬付太僕詔

王廉貞之德。有過楚相。可敕付廄。以成君子大哉之美。（魏書任城王澄傳。西域嚈噠波斯諸國各因公使並遺澄駿馬一匹。澄請付太僕。以充國閑。詔云云。）

贈元叉女鄉主詔

叉長女年垂弱笄。奄致夭喪。悼念兼懷。可贈鄉主。（魏書元叉傳。叉女夭。靈太后詔。）

定權衡詔

謹權審度。自昔令典。定章革厤。往代良規。匡宗室賢亮。留心既久。可令更集儒貴。以時驗決。必令權衡得中。令寸籥不舛。（魏書廣平王洛侯附傳。第五子匡。屢請更權衡不已。于是詔。）

元匡襲封東平郡王詔

故廣平殤王洛侯。體自恭宗。茂年薨殞。國除祀廢。不祀忽諸。匡親同若子。私繼歲久。宜樹維城。永茲磐石。可特襲王爵。封東平郡王。（魏書廣平王洛侯附傳）

禁錮元願平詔

願平志行輕疏。每乖憲典。可還于別館。依前禁錮。（魏書安定王休附傳）

廢元琰詔

琰在定州。惟不將中山宮來。自餘無所不致。何可更復敘用。（魏書河間王若附傳。琰在定州貪惏之極。及還朝。靈太后詔。）

別封彭城王勰三子爲縣公詔

故太師彭城武宣王。道隆德盛。功高徽管。協契先朝。尊揚末命。扶痾濟難。效漢北之誠。送往奉居。盡魯南之節。宗社賴之以安。皇基由之永固。而謙光守約。屢撝增邑之賞。辭多受少。終保初錫之封。非所謂追舊報恩。念勳酬德者也。可以前後所封戶。別封三子爲縣公。食邑各一千戶。庶以少慰仁魂。微申朝典。（魏書彭城王勰附傳）

皇子踐阼大赦詔（武泰元年二月）

皇家握厤受圖。年將二百。祖宗累聖。社稷載安。高祖以文思光天。世宗以下武經世。股肱惟良。元首穆穆。及大行在御。重以寬仁奉養。率由溫明恭順。朕以寡昧。親臨萬國。識謝塗山。德慙文母。屬妖逆遘興。四郊多故。實望穹靈降祜。麟趾衆繁。自潘充華有孕椒宮。冀誕儲兩。而熊羆無兆。維虺遂彰。于時直以國步未康。假稱統胤。欲以底定物情。係仰宸極。何圖一旦弓劍莫追。國道中微。大行絕祀。皇曾孫故臨洮王寶暉世子釗。體自高祖。天表卓異。大行平日養愛特深。義齊若子。事符當璧。及翊日弗念。大漸彌留。乃延入青蒲。受命玉几。暨陳衣在庭。登策靡及。允膺大寶。即日踐阼。朕是用惶懼。撫悅心焉靡洎。今喪君有君。宗祏惟固。宜崇賞卿士。爰及百辟。凡厥在位。竝加陟敘。內外百官。文武督將。征人遭艱解府。普加軍功二階。其禁衛武官直閤以下直從以上及主帥。可軍功三階。其亡官失爵。聽復封位。謀反大逆削除者。不在斯限。清議禁錮。亦悉蠲除。若二品以上不能自受者。任授兒弟。可班宣遠邇。咸使知之。魏書孝明紀。武泰元年正月。皇女生。祕言皇子。大赦改元。二月帝崩。皇子即位。大赦天下。皇太后詔。

賜崔亮璽書

硤石既平。大勢全舉。淮堰孤危。自將奔遁。若仍敢遊魂。此當易以立計。擒翦蟻徒。應在旦夕。將軍推轂所憑。親對其事。處分經略。宜共協齊。必令得埽盪之理。盡彼遺燼也。隨便守禦。及分渡掠截。扼其咽喉。防塞走路。期之全獲。無令漏逸。若畏威降首者。自加纗宥。以仁為本。任之雅筭。一二往使別宣。魏書崔亮傳。

全後魏文卷十四終

全後魏文卷十五

烏程嚴可均校輯

元萇

萇平文帝子高涼王孤之五世孫孝文時襲父平爵松滋侯例降侯賜艾陵伯太和中爲代尹及遷都留鎮除懷朔鎮都大將宣武時爲北中郎將帶河内太守歷度支尚書侍中雍州刺史卒謚曰成

振興溫泉頌

夫駕輕烟勒麟鳳驂及奔星走攀流月蟬蛻羽化之民食霞□□之士斯蓋有道存焉固非人事之所覩覿至若泥行水驟血食之夫興沒自天去來非己寸陰□於朝露百齡迅於滅電一物不諧則肬贅以生庶事不康則風火以敗故聖王□百姓之多疹撰藥石以濟之造化愍蒼生之鴆毒設甘餌以救之蓋溫泉者乃自然之經方天地之元醫出于河渭之南泄于麗山之下淵華玉澈□清敷刃靈感超異畯極不測無樵薪之爨而揚湯沸于楚鑊無公蔬之探而寒暑調于夏鼎高塘之雲朝霧于水湄巫山之雨夕收于淵際青林碧草含露而迎岸香風蕙色列□而環潜于是左湯谷右濛氾南九江北翰海千城万國之氓懷疾枕痾之口莫不宿粮而來賓療苦于斯水但上無尺棟下無環堵悠悠君子我將安泊孤忝發軫咸池分條紫漢道屬昇平弱年敷仕既歷通顯朝望已隆爰自常伯出居分陝地兼陸海之饒祿厚封君之室而報天之效無聞卹民之譽安在每思傾□微寒深責以爲斯泉天實罡之而人略未備乃萠山開鄣因林構宇築館來風清蒼駐凡望想煙霞遲羽衣之或顧顧言多士想因茲以薦穢迺作頌曰

皇皇上靈愍我蒼生泌彼溫泉于此麗川其水剋神剋神剋聖濟世之醫救民之命其聖伊何排霜吐旭其神伊何吞肬去毒無藉烟炭誰假樵木湛若虞淵沸如湯谷東枕華山西拖咸陽連疇接畛墟落相望彩林爭翠蒙樹成行香風旦起文霞夕張陟彼麗山爰望想千里迺作高堂鴻飛鳳起三輔之英五都之士慕我芳塵爰居爰止其德既酋其聲既遠金華屑桂春山九轉目放羣羊手□□犬控鵠來思俊我□堂而（下闕　碑拓本）

元珍

珍字金省萇弟襲父平爵艾陵男延昌初爲領軍將軍後遷尚書左僕射

上言乙龍虎居喪并數閏月求仕

案違制律居三年之喪而冒哀求仕五歲刑龍虎未盡二十七月而請宿衞刑五歲（魏書禮志四延昌二年偏將軍乙龍虎喪父給假二十七月而龍虎并數閏月詣府求上領軍元珍上言又見通典一百）

又上言

案士虞禮三年之喪朞而小祥又朞而大祥中月而禫鄭玄云中猶閒也自喪至此凡二十七月又禮言祥之日鼓素琴鄭云鼓琴者存樂也孔子祥後五日彈琴而不成十日而成笙歌鄭注與鄭志及踰月可以歌皆身自踰月可爲此謂存樂也非所謂樂樂者使工爲之晉博士許猛解三驗曰案黍離麥秀之歌小雅曰君子作歌惟吕告哀魏詩曰心之憂矣我歌且謠若斯之類豈可謂之金石之樂哉是吕徒歌謂之謠徒吹謂之和記曰比音而樂之及干戚羽毛謂之樂若夫禮樂之施于金石越于聲音者此乃所謂樂也至于素琴吕示終笙歌吕省哀者則非樂矣閒傳云大祥除衰杖而素縞麻衣大祥之服也雜記注云衣黃裳則是禫祭黃者未大吉也檀弓云祥而縞是月禫徙月樂鄭志趙商問鄭玄荅云祥謂大祥二十五月是月禫謂二十七月非謂上祥之月也徙月而樂許猛釋六徵曰樂者自謂八音克諧之樂也謂在二十八月

工奏金石之樂耳而駁云大祥之後喪事終矣脫如此駁禫復焉施又駁云禫中鼓琴復有罪乎然禫則黃裳未大吉也鼓琴存樂在禮所許若使工奏八音融然成韻既未徙月不罪伊何又駁云禫中既得從御職事求上何爲不可檢龍虎居喪二十六月始是素縞麻衣大祥之中何謂禫乎三年沒閏理無可疑麻衣在體冒仕求榮實爲大尤罪其焉捨又省依王杜禫祥同月全乖鄭義喪凶尙遠而欲速除何忽忽者哉下府愚量鄭爲得之何者禮記云吉事尙近日凶事尙遠日又論語云喪與其易寍戚而服限三年痛盡終身中月之解雖容二義尙遠寍戚又檢王杜之義起于魏末晉初及越騎校尉程猗贊成王肅駁鄭禫二十七月之失爲六徵三驗上言于晉武帝曰夫禮國之大典兆民所日用豈可二哉今服禫者各各不同非聖世一統之謂鄭玄說二十七月禫甚乖大義臣每難鄭失六有徵三有驗初未能破臣難而通玄說者如猗之意謂鄭義廢矣太康中許猛上言扶鄭釋六徵解三驗以鄭禫二十七月爲得猗及王肅爲失而博士宋昌等議猛扶鄭爲衷晉武從之王杜之義于是敗矣王杜之義見敗者晉武知其不可行故也而上省同猗而贊王欲虧鄭之成軌竊所未寍更無異義還從前處（魏書禮志四崔鴻駁珍又上言云云又略見通典一百）

元子思

子思字衆念長亥子孝莊初以元天穆薦爲御史中尉封安定縣子孝靜時遷侍中以通使關西賜死

奏言尙書公事不應送御史

案御史令云中尉督司百寮治書侍御史糾察禁內又云中尉出行車輻前驅除道一里王公百辟避路時經四帝前後中尉二十許人奉以周旋未曾暫廢府寺臺省竝從此令唯肅宗之世爲臨洮舉哀故兼尙書左僕射臣順不肯與名又不送簿故中尉臣酈道元舉而奏之而順復啟云尙書百揆之本令僕納言之貴不宜下隸中尉送名御史尋亦蒙敕聽如其奏從此迄今使無準一臣初上臺具見其事意欲申請決議但以權兼未宜便爾日復一日遂歷炎涼去月朔旦臺移尙書索應朝名帳而省稽留不送尋復移催幷主吏忽爲尙書郎中裴獻伯後注云案舊事御史中尉逢臺郎于複道中尉下車執板郎中車上舉手禮之以此而言明非敵體臣既見此深爲怪愕旋省二三未解所以正謂都省別被新式改易高祖舊命卽遣移問事何所依又獲尙書郎中王元旭報出蔡氏漢官似非穿鑿始知裴王亦規壞典謨兩人心欲自矯臣案漢書宣秉傳云詔徵秉爲御史中丞與司隸校尉尙書令俱會殿庭竝專席而坐京師號之爲三獨坐又尋魏書崔琰傳晉文陽□傳嘏傳皆云既爲中丞百寮震悚以此而言則中丞不揖省郎蓋已久矣憲臺不屬都堂亦非今日又尋職令（通典作又案孝文帝職令）云朝會失時卽加彈糾則百官簿帳應送上臺灼然明矣又皇太子以下違犯憲制皆得糾察則令僕朝名宜付御史又亦彰矣不付名至否臧何驗（通典作若不送名到否何驗）臣順專執未爲平通先朝曲遂豈是正法謹案尙書郎中臣裴獻伯王元旭等望班士流早參清宦輕弄短札斐然若斯苟執異端忽爲至此此而不綱將虧朝令請以見事免獻伯等所居官付法科處尙書納言之本令僕百揆之要同彼浮虛助之乖失宜明首從節級其罪（魏書宗室元子思傳又通典二十四引兩條）

新興公丕

丕烈帝第四子謂之孫太武時擢拜羽林中郎賜爵興平子獻文卽位累遷侍中尙書令改封東陽公孝文時封東陽王拜侍中司徒遷太尉錄尙書事後例降王爵封平陽郡公遷太傅錄尙書事都督領幷州刺史改封新興公坐罪免死爲民宣武卽位以爲三老景明四年薨年八十二諡曰平

諫南征表

乞少留思，更圖後舉。魏書宗室武衛將軍謂附傳，高祖南征，丕表。

奏議斬絞刑

聖心垂仁恕之惠，使受戮者免裸骸之恥。普天感德，莫不幸甚。臣等謹議：大逆及賊，各棄市，袒斬；盜及吏受賕，各絞刑，踣諸甸師。魏書刑罰志，太和元年，司徒元丕等奏言。

對詔奏既葬即吉

伏奉明詔，羣情圯絕。臣與元等，不識古義，以老朽之年，歷奉累聖，國家舊事，頗所知聞。伏惟遠祖，重光世襲，至有大諱之日，唯侍送梓宮者凶服，左右盡皆從吉。四祖三宗，因而無改。世祖高宗，臣所目見。唯先帝升遐，臣受任長安，不在侍送之列，竊聞所傳，無異前式。伏惟陛下以至孝之性，哀毀過禮，伏聞所御，三食不滿半溢，臣等叩心絕氣，坐不安席，願暫抑至慕之情，遵先朝成事，思金冊遺令，奉行前式，無失舊典。魏書禮志三，詔遣尚書李沖宣旨于東陽王丕，丕等對。

又奏

臣與尉元，歷事五帝，雖衰老無識，敢奏所聞。自聖世以來，大諱之後三月，必須迎神于西，攘惡于北，具行吉禮。自皇始以來，未之或易。魏書禮志三、通典八十，東陽王丕奏。

奏遷主太廟

竊聞太廟已就，明堂功畢，然享祀之禮，不可久曠。至于移廟之日，須得國之大姓，遷主安廟。禮部尚書王諶，既是庶姓，不宜參豫。臣昔以皇室宗屬，遷世祖之主，先朝舊式，不敢不聞。魏書禮志三，太和十五年十月，太尉丕奏。

議民出關逐食給過所議

諸曹下大夫以上，人各將二吏，別掌給過所，州郡亦然，不過三日，給之便訖，有何難也。魏書宗室武衛將軍謂附傳。

天當作大

元志

志字猛略，烈帝玄孫河間公齊之孫。孝文時為洛陽令，左遷太尉主簿，尋為從事中郎，行恆州事。宣武時除荊州刺史。孝明初兼廷尉卿，後除揚州刺史，賜爵建忠伯，尋為雍州刺史，為莫折念生所擒見害。前廢帝初，贈尚書僕射、太保。

上言獄成不許家人陳訴

檢除名之例，依律文，獄成謂處罪案成者。寺謂犯罪逕彈後，使覆檢鞫證定刑，罪狀彰露，案署分昞，獄理是成。若使案雖成，雖已申省，事下廷尉，或寺以情狀未盡，或邀駕撾鼓，或門下立疑，更付別使者，可從未成之條。其家人陳訴，信其專辭，而阻成斷，便是曲遂于私，有乖公體。何者？五詐既窮，六備已立，僥倖之輩，更起異端，進求延罪于漏刻，退希不測之恩宥，辨以惑正，曲以亂直，長民姦于下，隳國法于上，竊所未安。魏書刑罰志，延昌三年十六月，兼廷尉卿元志、監王靖等上言。案元志傳，宗室初兼廷尉卿，刑罰志作廷少，當有一誤。

衛王儀

儀，昭成帝孫。登國初，賜爵九原公，改封平原公，徙封東平公。還尚書令，再遷都督中外諸軍事、左丞相，進封衛王，鎮中山，徵以丞相入輔。與穆崇謀逆事露，道武祕之。天賜六年，以天文變賜死。

上書請御衮服

臣等聞宸極居中，則列宿齊其晷；帝王順天，則羣后仰其度。伏惟陛下德協二儀，道隆三五，仁風被于四海，盛化塞于天區，澤及昆蟲，恩沾行葦，謳歌所屬，八表歸心，軍威所及，如風靡草，萬姓顒顒，咸思係命。而躬履謙虛，退身後己，宸儀未彰，衮服未御，非所以上允皇天之意，下副樂推之心。宜光崇聖烈，示軌憲于萬世。臣等謹昧死以聞。魏書道武紀，天興元年閏月，左丞相、驃騎大將軍、衛王儀及諸王公卿士詣闕上書。

托跋素

素，昭成帝孫常山王遵之子。明元帝之從昆弟。賜爵尙安公。太武時拜假節征西大將軍鎭統萬。文成時卒。諡曰康。

皇子名議

古帝王之制名。其體有五。有信有義有象有假有類。伏惟陛下當盛明之運。應昌發之期。誕生皇子。宜以德命。魏書宗室托跋素傳。高宗詔羣臣議定皇子名。素及司徒陸麗議。高宗從之。

元景

景字壽興。素孫。宣武初爲徐州刺史。坐罪僞死。遇赦乃出。後爲王顯所譖誅。靈太后臨朝。以崔鴻疏理。贈豫州刺史。諡曰莊。

臨刑自作墓誌銘

洛陽男子。姓元名景。有道無時。其年不永。魏書宗室元壽興傳

元暉

暉字景襲。素孫。宣武初拜尙書主客郎。遷給事黃門侍郎。再遷侍中。領右衛將軍。出爲冀州刺史。孝明初徵拜尙書左僕射。攝吏部選事。神龜元年卒。贈司空。諡曰文憲。

簡御史表

御史之職。鷹鸇是任。必逞爪牙。有所噬搏。若選後生年少血氣方剛者。恐其輕肆勁直。傷物處廣。愚謂宜簡宿官經事忠良平愼者爲之。魏書宗室元暉傳

上疏請布耳目以訪牧守

臣聞治人之本。寔委牧守之官。得其才則政平物理。失其人則訟興怨結。自非察訪善惡。明加貶賞。將何以黜彼貪怠。陟此清勤也。竊以大使巡省。必廣迎送之費。御史馳糾。頗回威濫之刑。且暨爾往還。理不委悉。縱有簡舉。良未平當。愚謂宜令三司八座。侍中黃門。各布耳目。外訪州鎭牧將治人守令能不。若德教有方。清白獨

著。宜以名聞。即加褒陟。若治績無效。貪暴遠聞。亦便示牒。登加貶退。如此則不出庭戶。坐知四方。端委垂拱。明賞審罰矣。魏書宗室元暉傳

上書論政要

其一曰。御史之職。務使得賢。必得其人。不拘階秩。久于其事。責其成功。其二曰。安人寧邊。觀時而動。頃來邊將。亡遠大之略。貪萬一之功。楚梁之好未聞。而蠶婦之怨屢結。斯乃庸人所爲。銳于姦利之所致也。平吳之計。自有良圖。不在于一城一戍也。又河北數州。國之基本。饑荒多年。戶口流散。方今境上。兵復徵發。即如此日。何易舉動。愚謂數年以來。唯宜靜邊。以息召役。安人勸農。惠此中夏。請嚴敕邊將。自今有賊戍求內附者。不聽輒遣援接。皆須表聞。違者雖有功。請以違詔書論。三曰。國之資儲。唯藉河北。饑饉積年。戶口逃散。生長姦詐。因生隱藏。出縮老小。妄注死失。收人租調。割人于己。人困于下。官損于上。自非更立權制。善加檢括。損耗之來。方在未已。請求其議。明宜條格。魏書元暉傳

元洪超

洪超。昭成帝子力眞之六世孫。孝明初兼黃門侍郎。累遷北軍將光祿大夫。

綏慰冀部還上言

冀土寬廣。界去州六七百里。負海險遠。宜分置一州。鎭遏海曲。北史十五遼西公意烈傳。大乘賊亂後。詔洪超持節兼黃門侍郎。綏慰冀部。還上言。朝議從之。後遂立滄州。

元鑒

鑒字紹達。道武子河南王曜之曾孫。太和中襲爵。拜通直散騎常侍。尋加冠軍將軍。守河南尹。進平南將軍。除左衛將軍。出爲征虜將軍齊州刺史。宣武即位。轉徐州刺史。正始中薨。諡曰悼王。

請免程靈虯官表

梁郡太守程靈虬。唯酒是耽。貪財爲事。虐政殘民。寇盜並起。嚚音𠷊嚻盈于道路。部境呼嗟。僉焉怨酷。梁郡密邇僞畿。醜聲易布。非直有黜清風。臣恐取嗤荒遠。請免所居官。以明刑憲。（魏書河南王曜附傳）

全後魏文卷十五終

全後魏文卷十六

烏程嚴可均校輯

江陽王繼

繼字世仁。道武曾孫。南平王霄之第二子。出後江陽王吐根。獻文時襲封。加平北將軍。孝文時歷安北將軍撫冥鎮都大將。轉鎮北將軍柔玄鎮大將。入爲左衛將軍兼侍中中領軍。留守洛京。除平北將軍。鎮攝舊都。宣武時征虜將軍青州刺史。轉平北將軍恆州刺史。入爲度支尚書。免。起爲平東將軍。靈太后臨朝。除侍中領軍將軍。進特進驃騎將軍。加驃騎大將軍。徙封京兆王。遷司空。神龜末轉司徒。又轉太保。進太傅。除使持節侍中太師大將軍錄尚書事大都督。轉太尉。復封江陽。孝昌初。坐子元叉黜免。孝莊即位。爲太師司州牧。永安二年薨。贈大丞相雍州刺史。謚曰武烈。

討高車表

高車頑黨。不識威憲。輕相合集。背復逃歸。計其兇戾。事合窮極。若悉追戮。恐遂擾亂。請遣使鎮別推檢。斬愆首一人。自餘加㠯慰諭。若悔悟從役者。即令赴軍。（魏書江陽王繼傳。高祖時除平北將軍。高車酋帥樹者擁部民反叛。詔繼都督北討諸軍事。自懷朔已東悉稟繼節度。繼表。）

請議宗室預祭表

臣功緦之內。太祖道武皇帝之後。于臣始是曾孫。然道武皇帝傳業無窮。四祖三宗。功德最重。配天郊祀。百世不遷。而曾玄之孫。烝嘗之薦。不預拜于廟庭。霜露之感。闕陪奠于階席。今七廟之後。非直隔歸胙之靈。五服之孫。亦不霑出身之敘。校之墳史。則不然。驗之人情。則未允。何者。禮云。祖遷于上。宗易于下。臣曾祖是帝。世數未遷。便疏同庶族。而孫不預祭。斯之爲屈。今古罕有。昔堯敦九族。周隆本枝。故能磐石維城。禦侮于外。今臣之所親。生見隔棄。豈所㠯楨榦根本。隆建公族者也。伏見高祖孝文皇帝著令銓衡。取曾祖之服。㠯爲資蔭。至今行之。相傳不絕。而況曾祖爲帝。而不見錄。伏願天鑒有㠯照臨。令皇恩洽穆。宗人咸敘。請付外博議。永爲定準。（魏書禮志二。熙平二年十月。侍中領軍將軍江陽王繼表言。又見通典五十一。）

元叉

叉字伯儁。小字夜叉。繼長子。宣武時拜員外郎。靈太后臨朝。除通直散騎侍郎。遷散騎常侍光祿少卿。領嘗食典御。轉光祿卿。遷侍中。加領軍將軍。正光元年。奏廢太后。孝昌元年。太后復臨朝。除名爲民。尋賜死。追贈中書令冀州刺史。

矯皇太后歸政詔

魏有天下。奕葉重光。高祖孝文皇帝㠯英聖馭天。徙京定鼎。世宗宣武皇帝㠯睿明承業。廓寧區夏。而鴻勳未半。早已登遐。乃令車書弗同。鯨寇尚熾。幼主稚弱。夙纂寶厤。曾是宗祏。莫克祗奉。朕所

㠯敬順羣請。臨朝總政。帝年㠯長。久思退身。所㠯往歲殷勤。具陳情旨。百官內外。已照此懷。而僉爾衆意。苦見勤奪。僶俛從事。㠯迄于茲。自此春來。先疾屢發。藥石攝療。莫能善瘳。夏首及今。數加動劇。便不堪日釐萬務。巨細兼省。帝齒周星紀。識學逾躋。日就月將。人君道茂。足㠯撫輯萬邦。諮決百揆。朕當率前志。敬遜別宮。遠惟復子明辟之義。㠯自綏養。實望羣公。逮于黎庶。深鑒斯理。如此。則上下休嘉。天地清晏。魏道熙隆。人神慶悅。不其善歟。（魏書孝明紀。正光元年七月丙子。侍中元叉侍中劉騰奉帝幸前殿。矯皇太后詔云云。乃幽太后于北宮。）

樂平王丕

丕。明元帝庶長子。泰常七年封樂平王。拜車騎大將軍。太平眞君八年。坐劉潔事㠯憂死。謚曰戾王。

上疏諫討高麗

和龍新定。宜優復之。使廣脩農殖。㠯饒軍實。然後進圖。可一舉而

滅。魏書樂平王丕傳。馮弘奔高麗。世祖詔遣送之。高麗不遣。世祖怒將討之。丕上疏。

樂安王範

範。明元帝第四子。泰常七年封樂安王。太武時。拜衛大將軍開府儀同三司長安鎮都大將。

上奏以柳谷石文宣告四海

臣聞帝王之興。必有受命之符。故能經緯三才。維建皇極。三五之盛。莫不同之。伏羲有河圖八卦。夏禹有洛書九疇。至乃神功播于往古。聖迹顯于來世。伏惟陛下德合乾坤。明並日月。固天縱聖。應運挺生。上靈垂顧。徵善備集。是以始光元年。經天師奉天文圖籙授太平眞君之號。陛下深執虛沖。歷年乃受。精誠感于靈物。信惠協于天人。用能威加四海。澤流宇內。溥天率土。無思不服。今張掖郡列言。丘池縣大柳谷山大石有青質白章。間成文字。記國家祖宗之諱。著受命厤數之符。王公已下。羣司百辟。覩此圖文。莫不感動。僉曰自古以來。禎祥之驗。未有今日之煥炳也。斯乃上靈降命。國家無窮之徵也。臣等幸遭盛化。沐浴光寵。無以對揚天休。增廣天地。謹與羣臣參議。宜以石文之徵。宣告四海。令方外僭竊。知天命有歸。魏書靈徵志下。眞君五年二月。張掖郡上言柳谷山石文。于是衛大將軍樂安王範、輔國大將軍建寧王崇、征西大將軍常山王素、征南大將軍恒農王奚斤上奏。

太子晃

晃。太武帝長子。延和元年立爲皇太子。正平元年薨。謚曰景穆。興安元年追尊爲景穆皇帝。廟號恭宗。

監國下令

周書言。任農以耕事貢九穀。任圃以樹事貢草木。任工以餘材貢器物。任商以市事貢貨賄。任牧以畜事貢鳥獸。任嬪以女事貢布帛。任衡以山事貢其材。任虞以澤事貢其物。其制有司。課畿內之民。使無牛家以人牛力相貿。墾殖鋤耨。其有牛家與無牛家。一人種田二十二畝。償以私鋤功七畝。如是爲差。至與小老無牛家種田七畝。小老者償以鋤功二畝。皆以五口下貧家爲率。各列家別口數。所勸種頃畝。明立簿目。所種者于地首標題姓名。以辨播殖之功。魏書太武紀下附。

安定王休

休。晃第十三子。皇興二年封安定王。拜征南大將軍。孝文即位。以爲使持節侍中都督征東大將軍。領護東夷校尉儀同三司和龍鎮將。遷征北大將軍撫冥鎮大將。還太傅車騎南伐。領大司馬。太和十八年薨。謚曰靖王。

請依成式公除表

上靈不弔。大行太皇太后崩背。溥天率土。痛慕斷絕。伏惟陛下孝思烝烝。攀號罔極。臣等聞先王制禮。必有隨世之變。前賢制法。亦務適時之宜。是以世代不同。古今異致故也。三年之喪。雖則自古。然中代已後。未之能行。先朝成式。事在可準。聖后終制。刊之金冊。伏惟陛下至孝發衷。哀毀過禮。欲依上古喪終三年。誠協大舜孝慕之德。實非俯遵濟世之道。今雖中夏穆清。庶邦康靜。然萬機事殷。不可暫曠。春秋烝嘗。事難廢闕。伏願天鑒抑至孝之深誠。副億兆之企望。喪期禮數。一從終制。則天下幸甚。日月有期。山陵將就。請展安兆域。以備奉終之禮。魏書禮志三。太和十四年。文明太后崩。九月。安定王休等率百寮詣闕表。又略見通典八十。

又表

臣等聞五帝已前。喪期無數。三代相因。禮制始立。名雖虛置。行之者寡。高宗徒有諒闇之言。而無可遵之式。康王既廢初喪之儀。先行即位之禮。于是無改之道或虧。三年之喪有缺。夫豈無至孝之君。賢明之子。皆以理貴隨時。義存百姓。是以君薨。通典作喪。而即位。不暇改年。踰月而即葬。豈待同軌。葬而即吉。不必終喪。此乃二漢所㠯經綸治道。魏晉所㠯綱理政術。伏惟陛下㠯至孝之性。遭罔極之艱。永慕崩號。哀過虞舜。誠是萬古之高德。曠世之絶軌。然天下至廣。萬機至殷。曠之一朝。庶政必滯。又聖后終制。已有成典。宗社廢禮。其事尢大。伏願天鑒抑哀毀之至誠。思在予之深責。仰遵先志典冊之文。俯哀百辟元元之請。魏書禮志三。又略見通典八十。

又表

臣等頻煩上聞。仰申誠款。聖慕惟遠。未垂昭亮。伏讀哀灼。憂心如焚。臣等聞承乾統極者。宜㠯濟世爲務。經綸天下者。特㠯百姓爲心。故萬機在躬。周康弗獲申其慕。漢文作戒。孝景不得終其禮。此乃先代之成軌。近世所不易。伏惟太皇太后通典作伏惟大行皇太后叡聖淵識。慮及始終。明詔垂于典策。遺訓備于末命。聿脩厥德。聖人所重。遵承先式。臣子攸尙。陛下雖欲終上達之禮。其如黎元何。臣等不勝憂懼之誠。敢冒重陳。乞垂聽訪。㠯副億兆之望。魏書禮志三。十月。休等又表。又略見通典八十。

又表

奉被癸酉詔書。述遺誡之旨。昭遠從之義。遵儉葬之重式。稱孝思之深誠。伏讀未周。悲感交切。日月有期。山陵即就。伏惟陛下永慕崩號。倍增摧絶。臣等具位在官。與國休戚。庶心之至。不敢不陳。咸㠯爲天下之至尊。莫尊于王業。皇極之至重。莫重于萬機。至尊故不得㠯常禮任己。至重亦弗獲㠯世典申情。是㠯二漢已降。逮于魏晉。葬不過踰月。服不淹三旬。良㠯叔世事廣。禮隨時變。不可㠯無爲之法。行之于有爲之辰。文質不同。古今異制。其來久矣。自皇代革命。多歷年紀。四祖三宗。相繼纂業。上承數代之故實。俯副兆民之企望。豈伊不懷。理宜然也。文明太皇太后欽明稽古。聖思淵深。所造終制。事合世典。送終之禮既明。遺誥之文載備。奉而行之。足㠯垂風百王。軌儀萬葉。陛下㠯至孝之誠。哀毀過禮。三御不充

半溢。晝夜不釋絰帶。永思纏綿。感性幾及。百姓所㠯憂懼失守。臣等所㠯肝腦塗地。王者之尊。躬行一旦。因可㠯感徹上靈。貫被幽顯。況今山陵告終。百禮咸畢。日已淹月。仍不卜練。比之前世。理爲過矣。願陛下思大孝終始之義。懸億兆悲惶之心。抑思割哀。遵奉終制。㠯時即吉。一日萬機。則天下蒙恩。率土仰賴。謹依前式。求定練日。㠯備祔禫之禮。魏書禮志三。文明太后既葬。休又表。又略見通典八十。

安定王燮

燮。休炎子。太和末除下大夫。景明初襲爵安定王。拜太中大夫。永平中除征虜將軍華州刺史。後爲幽州刺史。

請移華州治馮翊表

謹惟州治李潤堡。雖是少梁舊地。晉芮錫壤。然胡夷内附。遂爲戎落。城非舊邑。先代之名。爰自國初。護羌小戍。改鎮立郡。依岳立州。因籍倉府。未刊名實。竊見馮翊古城。羌魏兩民之交。許洛水陸之際。先漢之左輔。皇魏之右翼。形勝名都。實爲西蕃奧府。今州之所在。豈惟非舊。至乃居岡飲潤。井谷穢雜。升降劬勞。往還數里。譐諸明晉有虧禮教。未若馮翊面華渭。包原澤。井淺池平。樵牧饒廣。采材華陰。陸運七十。伐木龍門。順流而下。陪削舊雉。功省力易。人各爲己。不㠯爲勞。昔宋民無井。穿井而忻得人。況合城無水。得水而不家慶。竊聞前政刺史。非是無意。或值兵舉。或遇年災。緣此契闊稽延至此。去歲已熟。秋方大登。四境晏安。京師無事。丁不十錢之費。人無八旬之勤。損輕益重。乞垂昭鑒。魏書安定王休附傳。

造石窟像記

皇魏永平四年。歲次辛卯十月十六日。假節督華州諸軍事征虜將軍華州刺史安定王。仰爲亡祖親孟太妃亡考太傅靜王亡妣蔣妃敬造石窟一區。依巖褰宇。刊崇沖室。妙鐫靈像。外相顯發。工績嚴儀。凝華紫極。敬特此福。上資先尊。咸使捨此塵集。即彼眞境

□□六通□囑□□値遇□□早登十地。又願居□□□□□祥照□永作山河□□□□世一切含生，普同斯願。碑拓本。

元匡

匡字建扶，晃第二子，新成之第五子，出後廣平王洛侯。宣武即位，累遷給事黃門侍郎，除肆州刺史，遷恆州刺史，徵爲大宗正卿、河南邑中正，除度支尚書。坐與高肇擯爭，降爲光祿大夫，兼宗正卿。出爲兗州刺史。孝明即位，入爲御史中尉，進號安南將軍，加鎮東將軍，襲廣平王爵，封東平郡王。復與任城王澄不平，削爵，除平州刺史，徙青州刺史，尋爲關右都督，兼尚書行臺。孝昌初卒，謚曰文貞，後復爵，改封濟南王。

奏三藩王妻名號

親王及始藩二藩王妻悉有妃號，而三藩已下皆謂之妻，上不得同爲妃名，而下不及五品已上有命婦之號，竊以爲疑。魏書廣平王洛侯傳

案：魏書于栗磾傳有奏劾于忠一篇，今編入溫子昇集。

元遙

遙字太原，晃第三子，子推之子。太和中爲左衛將軍，封饒陽男。孝明初，累遷左光祿大夫，領護軍，遷冀州刺史，遭誣除名。事雪，遷右光祿大夫。大乘賊起，出爲使持節都督北征諸軍事，卒，謚曰宣。

求仍屬籍表

竊聞聖人所以南面而聽天下，其不可得變革者，則親也尊也。四世而緦服窮，五世而袒免，六世而親屬竭矣。去茲以往，猶繫之以姓而弗別，綴之以食而弗殊。又律云議親者，非唯當世之屬親，歷謂先帝之五世。謹尋斯旨，將以廣帝宗，重磐石。先皇所以變茲事條，爲此別制者，太和之季，方有意于吳蜀，經始之費，慮深在初，割減之起，暫出當時也。且臨淮王提分屬籍之始，高祖賜帛二千匹，所以重分離；樂良王長命亦賜縑二千匹，所以存慈眷。此皆先朝殷勤克念，不得已而然者也。古人有言，百足之蟲，至死不僵者，以其輔己者衆。臣誠不欲妄親太階，苟求潤屋，但傷大宗一分，則天子屬籍不過十數人而已。在漢諸王之子，不限多少，皆列土而封，謂之曰侯。至于魏晉，莫不廣胙河山，稱之曰公者，蓋惡其大宗之不固，骨肉之恩疏矣。臣去皇上雖是五世之遠，于先帝便是天子之孫。高祖所以國秩祿賦復給衣食，后族唯給其賦，不與衣食者，欲以別外內，限異同也。今諸廟之感，在心未忘，行道之悲，儵然已及。其諸封者，身亡之日，三年服終，然後改奪。今朝廷猶在遏密之中，便議此事，實用未安。魏書京兆王子推附傳：初，遙大功昆弟皆是恭宗之孫，至肅宗而本服絕，故除遙等屬籍。遙表，靈太后不從。又見北史十七。

元脩義

脩義字壽安，晃第五子，天賜之子。孝文時，自元士遷左將軍、齊州刺史，徙秦州刺史。孝明時，累遷吏部尚書，兼尚書右僕射、西道行臺，行秦州事，授雍州刺史，卒，贈司空，謚曰文。

張智壽陳慶和坐妹流坐議

昔哀姜悖禮于魯，齊侯取而殺之，春秋所譏。又夏姬罪濫于陳國，但責徵舒而不非父母。明婦人外成，犯禮之愆，無關本屬。況出適之妹，釁及兄弟乎。魏書刑罰志：神龜中，蘭陵公主駙馬都尉劉輝坐與河陰縣民張智壽妹容妃、陳慶和妹慧猛姦亂，毆主傷胎，輝懼罪逃亡。門下處奏，各入死刑，智壽、慶和竝以知情不加防限，處以流坐。尚書元脩義以爲，

全後魏文卷十六終

全後魏文卷十七

烏程嚴可均校輯

任城王澄

澄字道鏡，晃孫。太和七年襲父任城王雲爵，加征北大將軍、使持節、都督北討諸軍事，尋除征南大將軍、梁州刺史，加侍中，轉征東大將軍、開府、徐州刺史。徵爲中書令，改授尚書令，加撫軍大將軍、太子少保，兼尚書左僕射，除吏部尚書，復兼右僕射。坐公事免，尋兼吏部尚書，除尚書右僕射。宣武即位，出爲安西將軍、雍州刺史，徵爲鎮南大將軍、揚州刺史，加散騎常侍，轉鎮北大將軍、定州刺史。母憂服闋，除太子太保。孝明即位，進尚書令，加散騎常侍、驃騎大將軍，遷司空，加侍中，領尚書令，遷司徒。神龜二年薨，贈太傅，領太尉，備九錫，謚曰文宣王。（案魏書張普惠傳云：任城王澄爲司空，表議書記多出普惠。）

請脩立宗室四門學表

臣參訓先朝，藉規有日，前言舊軌，頗亦聞之。又昔在恆代，親習皇宗，熟祕序疑庭無闕日。臣每于侍坐，先帝未嘗不以書典在懷，禮經爲事，周旋之則，不輟于時。自鳳舉中京，方隆禮教，宗室之範，每蒙委及，四門之選，負荷銓量。自先皇升遐，未遑脩述，學宮虛荷四門之名，宗人有闕四時之業，青衿之緒，于茲將廢。臣每惟其事，竊所傷懷。伏惟聖略宏遠，四方罕務，宴安之辰，于是乎在。何爲太平之世，而令子衿之歎興焉；聖明之日，而使宗人之訓闕焉。愚謂可敕有司，脩復皇宗之學，開闢四門之教，使將落之族，日就月將。（魏書任城王澄傳。）

討梁表

蕭衍頻斷東關，欲令巢湖汎溢。湖周回四百餘里，東關合江之際，廣不過數十步，若賊計得成，大湖傾注者，則淮南諸戍，必同晉陽之事矣。又吳楚便水，且灌且掠，淮南之地，將非國有。壽陽去江五百餘里，衆庶惶惶，並懼水害。脫乘民之願，攻敵之虛，豫勒諸州，纂集士馬，首秋大集，則南瀆可爲飲馬之津，霍嶺必成徙倚之觀。事貴應機，經略須早，縱混一不可必果，江西自是無虞。若猶豫緩圖，不加除討，關塞既成，襄陵方及，平原民戍，定爲魚矣。（魏書任城王澄傳。）

上表言革世事不宜案校

臣聞三季之弊，由于煩刑；火德之興，在于三約。是以老聃云：法令滋彰，盜賊多有。又曰：其政察察，其民缺缺。又曰：天網恢恢，疏而不漏。是故欲求治本，莫若省事清心。昔漢文斷獄四百，幾致刑措，省事所致也。蕭曹爲相，載其清靜畫一之歌，清心之本也。今欲求之于本，宜以省事爲先，使在位羣官，纂蕭曹之心，以毗聖化。如此則上下相安，遠近相信，百司不怠事，無愆失。豈宜擾世教以深文，烹小鮮以煩手哉？臣竊惟景明之初，暨永平之末，內外羣官，三經考課，逮延昌之始，方加黜陟。五品以上，引之朝堂，親決聖目；六品以下，例由敕判。自世宗晏駕，大宥三行，所以蕩除故意，與物更始。革世之事，方相窮覈，以臣愚見，謂爲不可。又尚書職分，樞機出納。昔魏明帝卒至尚書門，陳矯尤辭，帝慙而返。夫以萬乘之重，非所宜行，猶屈一言，慙而回駕，羣官百司，而可相亂乎？故陳平不知錢穀之數，丙吉不問僵道之死，當時以爲達治，歷代用爲美談。但宜各守其職，思不出位，潔己以勵時，靖恭以致節。又尋御史之體，風聞是司，至于冒勳妄考，皆有處別。若一處有風謠，即應攝其一簿，研檢虛實，若差舛不同，僞情自露，然後繩以典刑，人孰不服？豈有移一省之案，取天下之簿，尋兩紀之事，窮革世之尤，如此求過，誰堪其罪？斯實聖朝所宜慎重也。（魏書任城王澄傳。御史中尉東平王匡奏取景明元年以來內外考簿、吏部除書、中兵勳案并諸殿最，欲以案校竊階盜官之人，靈太后許之，澄表。）

上表諫加女侍中貂蟬

高祖世宗皆有女侍中官未見綴金蟬于象珥極鼲貂于鬢髮江南僞晉穆何后有女尙書而加貂璫此乃衰亂之世袄妄之服且婦人而服男子之服至陰而陽故自穆哀㠯降國統二絕因是劉裕所㠯篡逆禮容舉措風化之本請依常儀追還前詔北史十八神龜元年詔加女侍中貂蟬同外侍中之飾澄上表諫帝從之

畜力聚財表

伏惟世宗宣武皇帝命將授旗隨陸啟顙運籌制勝淮漢自賓節用勞心志清六合是故纘武脩文仍世彌盛陛下當周康靖治之時豈得晏安于玄默然取外之理要由內彊圖人之本先在自備蕭衍雖虐使其民而窺覦不已若遇我虛疲士民凋窘賦衍年老志衰思播虺毒此之弗圖恐受其病伏惟陛下妙齡在位聖德方昇皇太后總御天機乾乾夕惕若留意于負荷忩車書之未一進賢拔能重官人之舉標賞忠清旌養人之器脩干戈之用畜熊虎之士愛時鄙財輕寶重穀七八年閒陛下聖略方剛親王德幹壯茂將相膂力未衰愚臣猶堪戎伍荷戈帶甲之眾蓄銳于今燕弧冀馬之盛充牣在昔又賊衍惡積禍盈勢不能久子弟闇悖釁逆已彰亂亡之兆灼然可見兼弱有徵天與不遠大同之機宜須蓄備昔漢帝力疾討滅英布高皇臥病親除顯達夫㠯萬乘之主豈忘宴安實㠯僭名亂正計不得已今宜慕二帝之遠圖㠯肅盜爲大任然頃年㠯來東西難寇艱虞之興首尾連接雖尋得翦除亦大損財力且饑饉之氓散亡莫保收入之賦不增出用之費彌眾不愛力㠯悅民無豐資㠯待敵此臣所㠯夙夜懷憂悚息不寧者也易曰何㠯守位曰仁何㠯聚人曰財故曰財者非天不生非地不長非時不成非人不聚生聚之由如此其難集人守位若此之重興替之道焉可不慮又古者使民歲不過三日食壯者之糧任老者之智此雖太平之法難卒而因然妨民害財不亦宜戒今墉

雉素脩殿庫崇列雖府寺廖塈少有未周大抵省府粗得庇憩理務諸寺靈塔俱足致虔講道唯明堂辟雍國禮之大來冬司徒兵至請籌量減徹專力經營務令早就其廣濟數施之財酬商互市之幣凡所營造自非供御切須戎仗急要亦宜微減㠯務阜積庶無橫損民有全力夫食土簋而嫣德昭寢卑室而禹功盛章臺麗而楚力衰阿宮壯而秦財竭存亡之由灼然可覩願思前王一同之功畜力聚財㠯待時會魏書任城王澄傳靈太后繕興佛寺齋會費損庫藏曲賚左右澄表

上言太和五銖與新鑄五銖及古錢宜竝通用

臣聞洪範八政貨居二焉易稱天地之大德曰生聖人之大寶曰位何㠯守位曰仁何㠯聚人曰財財者帝王所㠯聚人守位成養羣生奉順天德治國安民之本也夏殷之政九州貢金㠯定五品周仍其舊太公立九府之法于是圜貨始行定銖兩之楷齊桓循用㠯霸諸侯降及秦始漢文遂有輕重之異吳濞鄧通之錢收利遍于天下河南之地猶甚多焉逮于孝武乃更造五銖其中毀鑄隨利改易故使錢有小大之品竊尋大和之錢高祖留心刱制後與五銖竝行此乃不刊之式但臣竊聞之君子行禮不求變俗因其所宜順而致用太和五銖雖利于京邑之肆而不入徐揚之市土貨既殊貿鬻亦異便于荊郢之邦者則礙于兗豫之域致使貧民有重困之切王道貽隔化之訟去永平三年都座奏斷天下用錢不依準式者時被敕云不行之錢雖有常禁其先用之處權可聽行至來年末悉令斷之暨延昌二年徐州民儉刺史啟奏求行土錢旨聽權依舊用謹尋不行之錢律有明式指謂雞眼鐶鑿更無餘禁計河南諸州今所行者悉非制限昔來繩禁愚竊惑焉又河北州鎮既無新造五銖設有舊者而復禁斷竝不得行專㠯單絲之縑疏縷之布狹幅促度不中常式裂匹爲尺㠯濟有無至今徒成杼軸之勞不免飢寒之苦良由分截布帛壅塞錢貨實非救

恤凍餒。子育黎元。謹惟自古以來。錢品不一。前後累代。易變無常。且錢之爲名。欲泉流不已。愚意謂今之太和。與新鑄五銖。及諸古錢方俗所便用者。雖有大小之異。竝得通行。貴賤之差。自依鄉價。庶貨環海內。公私無壅。其不行之錢。及盜鑄毀大爲小。巧僞不如法者。據律罪之。（魏書食貨志。熙平初。尚書令任城王澄上言。又見通典九。）

臣猥屬樞衡。庶罄心力。常願貨物均通。書軌一範。謹詳周禮。外府掌邦布之入出。布猶泉也。其藏曰泉。其流曰布。然則錢之興也。始于一品。欲令世匠均同。圜流無極。爰暨周景。降逮亡新。易鑄相尋。參差百品。遂令接境乖商。連邦隔貿。臣比奏求宣下海內。依式行錢。登被旨敕。錢行已久。且可依舊。謹重參量。以爲太和五銖。乃大魏之通貨。不朽之恆模。寧可專貿于京邑。不行于天下。但今戎馬在郊。江疆未一。東南之州。依舊爲便。至于京西京北域內州鎮。未用錢處。行之則不足爲難。塞之則有乖通典。何者。布帛不可尺寸而裂。五穀則有負擔之難。錢之爲用。貫繦相屬。不假斗斛之器。不勞秤尺之平。濟世之宜。謂爲深允。請竝下諸方州鎮。其太和及新鑄五銖。并古錢內外全好者。不限大小。悉聽行之。雞眼鐶鑿。依律而禁。河南州鎮。先用錢者。既聽依舊。不在斷限。唯太和五銖二錢得用。公造新者。其餘雜種。一用古錢。生新之類。普同禁約。諸方之錢。通用京師。其聽依舊之處。與太和錢及新造五銖竝行。若盜鑄者。罪重常憲。既欲均齊物品。廛市斯和。若不繩以嚴法。無以肅茲違犯。符旨一宜。仍不遵用者。刺史守令依律治罪。（魏書食貨志。又見通典九。）

奏停祫祭應待年終

太常卿崔亮上言。秋七月應祫祭于太廟。今世宗宣武皇帝主雖入廟。然烝嘗時祭。猶別寢室。至于殷祫。宜存古典。案禮。三年喪畢。祫于太祖。明年春禘于羣廟。又案杜預亦云。卒哭而除。三年喪畢而禘。魏武宣后以太和四年六月崩。其月既葬。除服即吉。四時行事。而猶未禘。王肅韋誕竝以爲今除即吉。故特時祭。至于禘祫。宜存古禮。高堂隆亦如肅議。于是停不殷祭。仰尋太和二十三年四月一日高祖孝文皇帝崩。其年十月祭廟。景明二年秋七月祫于太祖。三年春禘于羣廟。亦三年乃祫。謹準古禮及晉魏之議。并景明故事。愚謂來秋七月祫祭應停。宜待年終乃後祫禘。（魏書禮志二。延昌四年。三月甲子。尚書令任城王澄奏。）

奏參李琰之等議宗室助祭

臣等參量琰之等議。雖爲始封君子。又祭統曰。有事于太廟。羣昭羣穆咸在。而不失其倫。鄭注云。昭穆謂同宗父子皆來也。言未毀及同宗。則共四廟之辭。云未絕與父子明崇五屬之稱。天子諸侯繼立無殊。吉凶之赴。同止四廟。祖禰雖存。親級彌遠。告赴拜薦。典記無文。斯由祖遷于上。見仁親之義疏。宗易于下。著五服之恩斷。江陽之于今帝也。計親而枝宗三易。數世則廟應四遷。吉凶尚不告聞。拜薦寧容輒預。高祖孝文皇帝聖德玄覽。師古立政。陪拜止于四廟。哀恤斷自緦宗。（通典作斷自哀恤。）即之人情。冥然符一。推之禮典。事在難違。此所謂明王相沿。今古不革者也。（魏書禮志二。熙平二年。江陽王繼表言。道武曾孫。宜得預祭。王僧奇議不得祭。李琰之議得祭。侍中司空領尚書令任城王澄侍中尚書左僕射元暉奏。）

奏請移禘祀在中旬

謹案禮記。曾子問曰。諸侯旅見天子。不得成禮者幾。孔子曰四。太廟火。日蝕。后之喪。雨沾服失容。則廢。臣等謂元日萬國賀慶。是諸侯旅見之義。若禘廢朝會。孔子應云五。而獨言四。明不廢朝賀也。鄭玄禮注云。魯禮三年喪畢。祫于太祖。明年春禘于羣廟。又鄭志檢魯禮春秋。昭公十一年夏五月夫人歸氏薨。十三年五月大祥。七月釋禫。公會劉子及諸侯于平丘。八月歸。不及于祫。冬公如晉。明十四年春歸祫。明十五年春乃禘。經曰。二月癸酉有事于武宮。傳曰。禘于武公。謹案明堂位曰。魯王禮也。喪畢祫禘。似有退理。詳攷古禮。未有吕祭事廢元會者。禮云吉事先近日。脫不吉。容改筮三旬。尋攝太史令趙翼等列稱。正月二十六日祭亦吉。請移禘祀在中旬十四日。時祭移二十六日。猶曰春禘。又非退義。祭則無疏怠之譏。三光有順軌之美。既被成旨。宜卽宣行。臣等伏度國之大事。在祀與戎。君舉必書。恐貽後誚。輒訪引古籍。竊有未安。臣等學缺通經。識不稽古。備位樞納。可不必陳。冒陳所見。伏聽裁衷。魏書禮志二。熙平二年十二月，侍中司空領尚書令任城王澄度支尚書崔亮奏。

奏請賞陟及守宰

竊惟雲構鬱起。澤及百司。企春望榮。內外同慶。至于賞陟。不及守宰。邇來十年。冤訟不絕。封回自鎮遠安州入爲太尉長史。元匡自征虜恆州入作宗卿。二人遷授。並在先詔。應蒙之理。備在于斯。兼州佐停私之徒。陪臣郡丞之例。尚蒙天澤下降。榮及當時。然參佐之來。皆因府主。今府主不霑。佐官獨預。棄本賞末。愚謂未允。今計刺史守宰之官。請準封回。悉同汎限。上允初旨百司之章。下覆訟者元元之心。魏書任城王澄傳。初正始之末。詔百司普昇一級。而執事者不達旨意。刺史守令限而不及。澄表。

重奏

臣聞堯懸諫諍之鼓。舜置誹謗之木。皆所吕廣耳目于芻蕘。達四聰于天下。伏惟太祖開基。化隆自遠。累聖相承。于今九帝。重光疊照。污隆必同。與奪隨時。道無恆體。思過如渴。言重千金。故稱無諱之朝。邁蹤三五。高祖沖年纂曆。文明協統。變官易律。未爲違典。及慈聖臨朝。母儀寓縣。爰發慈令。垂心滯獄。深枉者仰日月于九泉。微屈者希曲照于盆下。今乃格吕先朝。限吕一例。斯誠奉遵之本心。實乖元元之至望。在于謙挹。有乖舊典。謹尋抱枉求直。或經累朝。毫釐之差。正之宜速。謬若千里。駟馬弗追。故禮有損益。事有可否。父有諍子。君有諫臣。琴瑟不調。理宜改作。是吕防川之論。小決則通。鄉校之言。擁則敗國。矧伊陳屈。而可抑吕先朝。且先朝屈者。

非故屈之。或有司愛憎。或執事獨僻。空文致法。吕誤視聽。如此冤塞。彌在可哀。偕之與濫。寧失不經。乞敕今旨。還依前詔。魏書任城王澄傳。澄奏賞陟宜及守宰。詔云。事經先朝。不得重聞。澄重奏。

奏利國濟民所宜振舉者十條

一曰。律度量衡。公私不同。所宜一之。二曰。宜興學校。吕明黜陟之法。三曰。宜興滅繼絕。各舉所知。四曰。五調之外。一不煩民。任民之力。不過三日。五曰。臨民之官。皆須黜陟。吕旌賞罰。六曰。逃亡代輸。去來年久者。若非伎作。任聽卽住。七曰。邊兵逃走。或實陷沒。皆須精檢。三長及近親。若實隱之。徵其代輸。不隱勿論。八曰。工商世業之戶。復徵租調。無吕堪濟。今請免之。使專其業。九曰。三長禁姦。不得隔越相領。戶不滿者。隨近幷合。十曰。羽林虎賁。邊方有事。暫可赴戰。常戍宜遣蕃兵代之。魏書任城王澄傳。

奏配四中郎將兵數

宜吕東中帶滎陽郡。南中帶魯陽郡。西中帶恆農郡。北中帶河內郡。選二品三品親賢兼稱者居之。省非急之作。配吕彊兵。如此則深根固本。彊幹弱枝之義也。魏書任城王澄傳。時四中郎將兵數寡弱。不足吕襟帶京師。澄奏。

又重奏

固本宜彊。防微在豫。故雖有文事。不忘武功。況今南蠻仍獷。北妖頻結。來事難圖。勢同往變。脫暴勃忽起。振動關畿。四府羸卒。何吕防擬。平康之世。可吕寄安。遺之久長。恐非善策。如臣愚見。郎將領兵。兼總民職。省官實祿。于是乎在。求還依前。增兵益號。將位既重。則念報亦深。軍郡相依。則表裏俱濟。朝廷無四顧之憂。姦宄絕窺覦之望矣。魏書任城王澄傳。澄奏配四中郎將兵數。靈太后初將從之。後議者不同。乃止。澄又重奏云云。不納。

奏修都城府寺

都城府寺。猶未周悉。今軍旅初寍。無宜發衆。請取諸職人及司州郡縣犯十杖已上百鞭已下。收贖之物。絹一匹。輸塼二百。吕漸修造。魏書任城王澄傳。

奏劾高陽王雍

臣聞賞必以道。用防淫人之姦。罰不濫及。以戒良士之困。刑者側也。每垂三宥。秉律執請。不得已而用之。是小大之獄。察之以情。一人吁嗟。或虧王道。刑罰得失。乃興廢之所由也。竊聞司州牧高陽王臣雍拷殺奉朝請韓元昭前門下錄事姚敬賢。雖因公事。理實未盡。何者。太平之世。草不橫伐。行葦之感。事驗隆周。若昭等狀彰。死罪以定。應刑于都市。與衆棄之。如其疑似不分。情理未究。不宜以三清九流之官。杖下便死。輕絕民命。傷理敗法。往年在州。于大市鞭殺五人。及檢贓狀。全無寸尺。今復酷害。一至于此。朝野云云。咸懷驚愕。若殺生在下。虐專于臣。人君之權。安所復用。自聞古以來。明明之世。未聞斯比也。武王曰。吾不以一人之命而易天下。蓋重民命也。請以見事付廷尉推究。驗其為劫之狀。察其拷殺之理。使是非分明。幽魂獲雪。魏書任城王澄傳。又略見北史十八任城王雲傳。

奏言尚書奏事防宜露

尚書政本。特宜遠慎。故凡所奏事。闇道通之。蓋以祕要之切。防其宣露。寧有古制所重。今反輕之。內猶設禁。外更寬也。宜繕寫事意。以付公車。魏書任城王澄傳。

奏請以胡國珍參諮大務

安定公屬尊望重。親賢羣矚。宜出入禁中。參諮大務。魏書胡國珍傳。尚書令任城王澄奏。

奏禁私造僧寺

仰惟高祖定鼎嵩瀍。卜世悠遠。慮括終始。制洽天人。造物開符。垂之萬葉。故都城制云。城內唯擬一永寧寺地。郭內唯擬尼寺一所。餘悉城郭之外。欲令永遵此制。無敢踰矩。逮景明之初。微有犯禁。故世宗仰修先志。爰發明旨。城內不造立浮圖僧尼寺舍。亦欲絕

其希覬。文武二帝。豈不愛尚佛法。蓋以道俗殊歸。理無相亂故也。但俗眩虛聲。僧貪厚潤。雖有顯禁。猶自冒營。至正始三年。沙門統惠深有違景明之禁。便云營就之寺。不忍移毀。求自今已後。更不聽立。先旨含寬。抑典從請。前班之詔。仍卷不行。後來私謁。彌以奔競。永平二年。深等復立條制。啟云。自今已後。欲造寺者。限僧五十已上。聞徹聽造。若有輒營置者。依俗違敕之罪。其寺僧衆。擯出外州。爾來十年。私營轉盛。罪擯之事。寂爾無聞。豈非朝格雖明。恃福共毀。僧制徒立。顧利莫從者也。不俗不道。務為損法。人而無厭。其可極乎。夫學迹沖妙。非浮識所辯。玄門曠寂。豈短辭能究。然淨居塵外。道家所先。功緣冥深。匪尚華遁。苟能誠信。童子聚沙。可邁于道場。純陁儉設。足薦于雙樹。何必縱其盜竊。資營寺觀。此乃民之多幸。非國之福也。然比日私造。動盈百數。或乘請公地。輒樹私福。或啟得造寺。限外廣制。如此欺罔。非可稍計。臣以才劣。誠忝工務。奉遵成規。裁量是總。所以披尋舊旨。研究圖格。輒遣府司馬陸昶屬崔孝芬。都城之中。及郭邑之內。檢括寺舍。數乘五百。空地表剎。未立塔宇。不在其數。民不畏法。乃至于斯。自遷都已來。年踰二紀。寺奪民居。三分且一。高祖立制。非徒欲使緇素殊途。抑亦防微深慮。世宗述之。亦不錮禁營福。當在杜塞未萌。今之僧寺。無處不有。或比滿城邑之中。或連溢屠沽之肆。或三五少僧。共為一寺。梵唱屠音。連簷接響。像塔纏于腥臊。性靈沒于嗜慾。真偽混居。往來紛雜。所司因習而莫非。僧曹對制而不問。其于汙染真行。塵穢練僧。薰蕕同器。不亦甚歟。往在北代。有法秀之謀。近日冀州。遭大乘之變。皆初假神教。以惑衆心。終設姦詐。用逞私悖。太和之制。因法秀而杜遠。景明之禁。慮大乘之將亂。始知祖宗叡聖。防遏處深。履霜堅冰。不可不慎。昔如來闡教。多依山林。今此僧徒。戀著城邑。豈湫隘是經行所宜。浮諠必栖禪之宅。當由利引其心。莫能自止。處者

既失其真。造者或損其福。乃釋氏之糟糠。法中之社鼠。內戒所不容。王典所應棄矣。非但京邑如此。天下州鎮僧寺亦然。侵奪細民。廣占田宅。有傷慈矜。用長嗟苦。且人心不同。善惡亦異。或有棲心真趣。道業清遠者。或外假法服。內懷悖德者。如此之徒。宜辨涇渭。若雷同一貫。何以勸善。然覩法贊善。凡人所知。矯俗避嫌。物情同趣。臣獨何爲。孤議獨發。誠以國典一廢。追理至難。法網暫失。條綱將亂。是以冒陳愚見。兩願其益。臣聞設令在于必行。立罰貴能肅物。令而不行。不如無令。罰不能肅。孰與亡罰。頃明詔屢下。而造者更滋。嚴限驟施。而違犯不息者。豈不以假福託善。幸罪不加。人殉其私。吏難苟劾。前制無追往之辜。後旨開自今之恕。悠悠世情。遂忽成法。今宜加以嚴科。特設重禁。糾其來違。懲其往失。脫不峻檢。方垂容借。恐今旨雖明。復如往日。又旨令所斷。標榜禮拜之處。悉聽不禁。愚以爲樹榜無常。禮處難驗。欲云有造。立榜證公。須營之辭。指言嘗禮。如此則徒有禁名。實通造路。且徙御已後。斷詔四行。而私造之徒。不懼制旨。豈是百官有司怠于奉法。將由網漏禁寬。容託有他故耳。如臣愚意。都城之中。雖有標榜。營造麤功。事可改立者。請依先制。在于郭外。任擇所便。其地若買得。券證分明者。聽其轉之。若官地盜作。即令還官。若靈像既成。不可移撤。請依今敕。如舊不禁。悉令坊內行止。不聽毀坊開門。以妨里內通巷。若被旨者。不在斷限。郭內準此商量。其廟像嚴立。而逼近屠沽。請斷旁屠殺。以潔靈居。雖有僧數。而事在可移者。令就閑敞。以避隘陋。如今年正月赦後造者。求依僧制。案法科治。若僧不滿五十者。共相通容。小就大寺。必令充限。其地賣還。一如上式。自今外州。若欲造寺。僧滿五十已上。先令本州表列。昭玄量審。奏聽乃立。若有違犯。悉依前科。州郡已下。容而不禁。罪同違旨。庶仰遵先皇不朽之業。俯奉今旨慈悲之令。則繩墨可全。聖道不墜矣。（魏書釋老志。神龜元年冬。司空公尚書令

任城王澄奏

云云。奏可。

皇太后輿駕議

皇太后稱制臨朝。躬親庶政。郊天祭地。宗廟之禮。所乘之車。宜同至尊。不應更有制造。周禮。魏晉雖有文辭。不辨形制。假令欲作。恐未合古制。而不可以爲一代典。臣以太常國子二議爲疑。重集羣官。竝從今議。惟恩裁決。（魏書禮志四。熙平元年六月。司空領尚書令任城王澄等五十八議。）

荅張普惠書

文武之道。自昔成規。明恥教戰。振古常軌。今雖非公制。而此州承前已有斯式。既不勞民損公。任其私射。復何失也。且纂文習武。人之常藝。豈可于常藝之間。要須令制乎。比適欲依前州府相率。王務之暇。肄藝良辰。亦未言費用庫物也。禮兄弟內除。明哀已殺。小功客至。主不絕樂。聽樂則可。觀武豈傷。道自事緣須罷。先以令停。方獲此請。深具來意。（魏書張普惠傳。澄功衰在身。欲于七月七日集會文武北園馬射。普惠奏記于澄。澄意納其言。託辭自罷。乃荅。）

全後魏文卷十七終

鳴雞當作雞鳴

全後魏文卷十八

烏程嚴可均校輯

元順

順字子和澄子爲給事中轉中書侍郎遷太常少卿以父憂去職服闋除給事黄門侍郎出爲平北將軍恆州刺史轉安東將軍齊州刺史徵爲給事黄門侍郎兼殿中尚書轉侍中孝昌中遷護軍將軍太常卿封東阿縣開國公除吏部尚書兼右僕射後除征南將軍右光祿大夫轉兼左僕射尒朱榮濟河出走爲陵戶所害建義初贈驃騎大將軍尚書令司徒定州刺史諡曰文烈

蠅賦并序

余以仲秋休沐端坐衡門寄想琴書託情紙翰而蒼蠅小蟲往來牀几疾其變白聊爲賦云

遐哉大道廓矣洪氛肇立秋夏爰啟冬春既含育於萬姓又芻狗而不仁隨因緣以授體齊美惡而無分生茲穢類靡益于人名備羣品聲損衆倫歊膣纖翼紫首蒼身飛不能迴聲若遠聞點緇成素變白爲黑寡愛芳蘭偏貪穢食集桓公之屍居平叔之側亂鳴雞之響毀皇宮之飾習習戶庭營營榛棘反覆往還譬彼讒賊膚受既通譖潤罔極緝緝幡幡交亂四國于是妖姬進邪士來聖賢擁忠孝摧周昌拘于牖里天乙囚于夏臺伯奇爲之痛結申生爲之蒙災鴟鴞悲其室采葛懼其懷小弁隕其涕靈均表其哀自古明哲猶如此何況中庸與凡才若夫天生地養各有所親獸必依地鳥亦憑雲或來儀以呈祉或自擾而見文或負圖而歸德或銜書以告真或夭胎而奉味或殘軀以獻珍或主皮而興禮或牢豢以供神雖死生之異質俱有益于國人非如蒼蠅之無用唯構亂于蒸民（魏書任城王附傳）

奏事

尚書百揆之本令僕納言之貴不宜下令中尉送名（通典二十四　案此亦見魏書元子思傳）

元嵩

嵩字道岳澄弟太和中爲中大夫遷員外常侍轉步兵校尉免以從平沔北功除左中郎將兼武衛將軍賜爵高平縣侯宣武即位進兼侍中出爲平南將軍荆州刺史徙平北將軍恆州刺史轉平東將軍徐州刺史又轉安南將軍揚州刺史爲蒼頭李太伯所害贈車騎將軍領軍諡曰剛侯

謀舉沔南表

蕭寶卷骨肉相殘忠良先戮臣下囂然莫不離背君臣攜貳干戈日尋流聞寶卷雍州刺史蕭衍兄懿于建業阻兵與寶卷相持荆郢二州刺史並是寶卷之弟必有圖衍之志臣若遣書相聞迎其本謀冀獲同心并力除衍一衍之後彼必旋師赴救丹陽當不能復經營疆陲全固襄沔臣之軍威已得臨據則沔南之地可一舉而收緣漢曜兵示以威德思歸有道者則引而納之受疑告危者則援而接之總兵竚銳觀釁伺隙若其零落之形已彰怠懈之勢已著便可順流摧鋒長驅席卷（魏書任城王附傳）

元世儁

世儁一作世俊嵩子宣武時除給事中東宮舍人員外散騎常侍孝明時追論嵩勳封衛縣開國男遷冠軍將軍宗正少卿散騎常侍安南將軍武衛將軍河南尹尋除鎮東將軍青州刺史轉征東將軍孝莊時除衛將軍吏部尚書前廢帝時爲驃騎將軍仍加尚書後廢帝時加儀同三司改封武陽縣開國子孝靜初加侍中尚書右僕射遷尚書令興和中卒贈太傅諡曰躁戾

與梁請和移文

侍中大驃騎同尙書令武陽子元世儁移梁執事乃眷江漢襟帶南土彊埸相望交錯如繡輶軒未通革車屢起一彼一此或利或鈍亡載得輿所獲蓋寡爭雞失牛所損更大空使干戈未戢戎馬生郊髓腦塗于原野骸骨暴于草澤二國不和百姓何罪靜言思之良所未悟我皇帝㠯聖明啟運禮樂惟新澤徧原泉道光日月方欲寢揄關之高烽罷輪臺之遠戍鑄劒戟爲農器納蒼生于仁壽而前益州刺史傅和往處西蕃逢時多難歸途多阻流寓江濱亦既來朝具陳彼意知㠯止戈在念去殺爲心留情懽爪遲存通樂夙期所望實協虛想猶恐失詞或乖其實眷言在茲佇聞良信至彼假節開遠軍李稜昔經垂翅遂掛天網矜是南寇拾之還書故因其致書用宣朝旨若覆前言共敦鄰好當拂逆旅㠯待行人文苑英華六百五十。

中山王英

英字虎兒晃孫太和中爲平北將軍武川鎭將假魏公遷梁州刺史進安南大將軍賜爵廣武伯丁父憂起爲左衞將軍加前將軍遷大宗正轉尙書鎭荊州免宣武卽位行徐州還復尙書鎭南將軍拜吏部尙書進爵常山侯復假鎭南將軍正始元年改封中山王兵敗恕死爲民復假征南將軍除尙書僕射永平三年薨贈司徒謚曰獻武王

乞乘虛取沔南表

臣聞取亂侮亡有國之常道陳師鞠旅因機而致發竊㠯區區寶卷罔顧天常憑恃山河敢抗中國今妖逆數亡驕縱日甚威侮五行怠棄三正淫刑㠯逞虐害無辜其雍州刺史蕭衍東伐秣陵埽土興兵順流而下唯有孤城更無重衞此則皇天授我之日曠載一逢之秋事易走丸理同拾芥此而不乘將欲何待臣乞躬率步騎三萬直指沔陰據襄陽之城斷黑水之路昏虐君臣自相魚肉

我居上流威震遐邇長驅南出進拔江陵其路旣近不盈五百則三楚之地一朝可收岷蜀之道自成斷絕又命揚徐二州聲言俱舉緣江焚毀靡使所遺建業窮蹙魚游釜內士治之師再興孫晧之縛重至齊文軌而大同混天地而爲一伏惟陛下暫闢旒纊少垂聽覽獨決聖心無取疑議此期脫爽幷吞未日魏書南安王楨附傳。

又奏

臣聞乘虛討弱事在速舉因危攻昧微捷可期今寶卷亂常骨肉相賊藩戍鼎立莫知所歸義陽孤絕密邇天境外靡糧援之期內無兵儲之固此乃臨焚之鳥不可去薪授首之寇何容緩斧若此行有果則江右之地斯爲經略之基如脫否也非直後舉難圖亦或居要生疾今豫州刺史司馬悅已戒嚴垂邁而東豫州刺史田益宗方擬守三關請遣軍司爲之節度魏書南安王楨附傳。

圖鍾離未克乞寬假日期表

臣奉辭伐罪志殄逋寇想敵量攻期至二月將末三月之初理在必克但自此月一日㠯來霖雨連并可謂天違人願然王者行師舉動不易不可㠯少致睽淹便生異議臣亦諦思若入三月已後天晴地燥憑陵是常如其連雨仍接不得進攻者臣已更高邵陽之橋防其泛突意外洪長慮其破橋臣亦部分造船復于鍾離城隨水狹處營造浮橋至三月中旬橋必克成晴則攻騰雨則圍守水陸二圖㠯得爲限實願朝廷特開遠略少復賜寬假㠯日月無使爲山之功中途而廢魏書南安王楨附傳。

奏請遣使就郡校練學生

謹案學令諸州郡學生三年一校所通經數因正使列之然後遣使就郡練考臣伏惟聖明崇道顯成均之風蘊義光膠序之美是㠯太學之館久置于下國四門之教方構于京廛計習訓淹年聚受累紀然儁造之流應問于魏闕不革之輩宜返于齊民使就郡

練攻覈其最殿頃已皇都遷構江揚未一故鄉校之訓弗遑正試致使薰蕕之質均誨學庭蘭蕭之體等教文肆今外宰京官銓攷向訖求遺四門博士明通五經者道別校練依令黜陟。（魏書南安王楨附傳）

中山王熙

熙字眞興英子延昌二年襲封累遷兼將作大匠拜太常少卿給事黃門侍郎轉光祿勳除平西將軍東秦州刺史進號安西將軍祕書監尋授相州刺史正光元年七月之官八月起兵討元叉見殺靈太后反政贈太尉冀州刺史諡曰文莊王

舉兵上表討元叉

臣聞安危無常時有休否臣早屬休明晚逢多難自皇基緜茂九葉承光高祖世宗徽明相襲皇太后聖敬自天德同馬鄧至尊神叡纂御神鑒燭遠四海晏如八表歸化而領軍將軍元叉寵藉外親叨榮左右豺狼爲心飽便反噬遂使二宮阻隔溫凊闕禮又太

傅清河王懌被屠害致使忠臣烈士喪氣闕庭親賢宗戚憤恨內外妄指鹿馬孰能論之王葦權逼方此非譬臣仰瞻雲闕泣血而生已細草不除將爲爛漫況叉悖逆如此孰可忍之臣忝藉枝萼思盡力命碎首屠肝甘之若薺今輒起義兵實甲八萬大徒既進文武爭先與并州刺史城陽王徽恒州刺史廣陽王淵徐州刺史齊王蕭寶夤等同已今月十四日俱發庶仰憑祖宗之靈俯罄義夫之命埽翦凶醜更清京邑臣親總三軍星邁赴難置兵溫城伏聽天旨王公宰輔或世著忠烈或宿佩恩顧如能同力翦除元叉使太后至尊忻然奉對者臣卽解甲散兵赴謝朝闕臣雖才乖昔人位居藩屏寧容坐觀姦醜虛受榮祿哉。（魏書南安王楨附傳）

將死與知故書

吾與弟並蒙皇太后知遇兄據大州弟則入侍殷勤言色恩同慈母今皇太后見廢北宮太傅清河王橫受屠酷主上幼年獨在前殿君親如此無以自安故率兵民建大義于天下但智力淺短旋見囚執上慙朝廷下愧相知本以名義干心不得不爾流腸碎首復何言哉昔李斯憶上蔡黃犬陸機想華亭鶴唳豈不以恍惚無際一去不還者乎今欲對秋月臨春風藉芳草蔭花樹廣召名勝賦詩洛濱其可得乎凡百君子各敬爾宜爲國爲身善勖名節立功立事爲身而已吾何言哉。（魏書南安王楨附傳）

城陽王徽

徽字顯順晃曾孫正始末襲父鸞爵城陽王除游擊將軍出爲河內太守徵拜長兼散騎常侍孝明卽位除後將軍并州刺史加安北將軍後拜安西將軍秦州刺史改授輔國將軍加度支尙書進號鎮軍將軍兼吏部尙書加侍中征東將軍還衞將軍右光祿大夫拜尙書左僕射轉車騎將軍儀同三司解侍中尋除尙書令孝莊卽位拜司州牧進司徒除侍中大司馬太尉進

太保仍大司馬宗師錄尙書事尒朱兆之難出奔爲故吏寇彌所害孝武卽位贈太師諡曰文獻

上孝莊帝啟辭官封

河上之功將士之力求回所封加諸勳義。（魏書城陽王長壽附傳）

東平王翰

翰太武帝第三子太平眞君三年封秦王拜侍中中軍大將軍參典都曹事後鎮枹罕改封東平王及太武崩爲中常侍矯太后令所殺。

人日登壽張安仁山銘

正月七日厥日惟人策我良駟陟彼安仁。（御覽三十）

臨淮王彧

彧字文若本名亮字仕明太武子臨淮王譚之孫宣武時拜前軍將軍中書侍郎除給事黃門侍郎襲封臨淮王尋兼御史中

尉。累遷侍中、衛將軍、左光祿大夫、兼尚書左僕射、攝選。孝明末爲東道行臺。尋奔梁。孝莊卽位。歸爲尚書令、大司馬、兼錄尚書。進司徒。爲尒朱兆所害。孝武卽位。贈太師、太尉、雍州刺史。

諫孝莊帝以高祖爲伯考表

漢祖創業。香街有太上之廟。光武中興。南頓立舂陵之寢。元帝之於光武。疏爲絕服。猶尚身奉子道。入繼太宗。高祖之於聖躬。親實猶子。陛下既纂洪緒。豈宜加伯考之名。且漢宣之繼孝昭。斯乃上後叔祖。豈忘宗承考妣。蓋以大義斯奪。及金德將興。宣王受寄。自茲而降。世秉威權。景王意存毀冕。文王心規裂冠。雖祭則魏主。而權歸晉室。昆之與季。實傾曹氏。且子元宣王冢胤。文王成其大業。故晉武繼文祖宣。景王有伯考之稱。以今類古。恐或非儔。又臣子一例。義彰舊典。禘祫失序。著譏前經。高祖德溢寰中。道超無外。肅祖雖勳格宇宙。猶曾奉贄稱臣。穆皇后稟德坤元。復將配享乾位。

此乃君臣並筵。嫂叔同室。歷觀墳籍。未有其事。（魏書臨淮王譚附傳。莊帝追崇武宣王爲文穆皇帝。廟號肅祖。將遷神主於太廟。以高祖爲伯考。彧表諫。）

又表

爰自中古。迄于下葉。崇尚君親。褒明功懿。乃有皇號。終無帝名。今若去帝。直留皇名。求之古義。少有依準。（魏書臨淮王譚附傳。）

奏言宋遊道事狀

臣忝冠百寮。遂使一郎攘袂高聲。肆言頓挫。乞解尚書令。（北齊書宋遊道傳。）

全後魏文卷十八終

全後魏文卷十九

烏程嚴可均校輯

元孚

孚字秀和臨淮王譚之次子累遷兼尚書右丞靈太后臨朝遷左丞以賑卹阿那瓌辱命下廷尉後拜冀州刺史陷入葛榮榮死還除冀州刺史封萬年鄉男後從孝武西遷除尚書左僕射封扶風郡王監國史歷司空兼尚書令太保遷太尉薨贈大司馬錄尚書事謚曰文簡

陳賑恤阿那瓌便宜表

皮服之人未嘗粒食宜從俗因利拯其所無昔漢建武中單于款塞時轉河東米糒二萬五千斛牛羊三萬六千頭以給之斯卽前代和戎撫新柔遠之長策也乞以牸牛產羊餬其口命且畜牧繁息是其所便毛血之利惠兼衣食又尙書奏云如其仍住七州隨宜置之臣謂人情戀本寧肯徙內若依臣請給賑雜畜愛本重鄉必還舊土如其不然禁留益損假令逼徙事非久計何者人面獸心去留難測旣易水草痾恙將多憂愁致困死亡必甚兼其餘類尙在沙磧脫出狂悖翻歸舊巢必殘掠邑里遺毒百姓亂而方塞未若杜其未萌又貿遷起于上古交易行于中世漢與胡通亦立關市北人阻饑命懸溝壑公給之外必求市易彼若願求宜見聽許

北上脫今字

營大者不計小名圖遠者弗拘近利雖戎狄衰盛歷代不同叛服之情略可論討周之北伐僅獲中規漢氏外攘裁收下策昔在代京恆爲重備將帥勞止甲士疲力前世苦之計未能致今天祚大魏亂亡在彼朝廷垂天覆之恩廓大造之德鳩其散亡禮送令返宜因此時善思遠策竊以理雖萬變可以一觀來事雖懸易以往卜昔漢宣之世呼韓款塞漢遣董忠韓昌領邊郡士馬送出朔方因留衞助又光武時亦令中郎將段彬置安集掾史隨單于所在參察動靜斯皆守吉之元龜安邊之勝策計今朝廷成功不減曩時蠕蠕國敝亦同疇日宜準昔成謨略依舊事借其所閑地聽使田牧粗置官屬示相慰撫嚴戒邊兵以見保衞馭以寬仁縻以久策使親不至矯詐疏不容叛反今北鎮諸將舊常云一人代外邏因令防察所謂天子有道守在四夷者也

先人有奪人之心待降如受彊敵武非專外亦以防內若從處分割配諸州鎮遼遠非轉輸可到悔叛之情變起難測又居人畜業布在原野戎夷性貪見則思盜防彼肅此少兵不堪渾流之際易相干犯驅之還本未必樂去配州內徙復不肯從旣其如此爲費必大（魏書臨淮王譚附傳）

修樂器表

昔太和中中書監高閭太樂令公孫崇脩造金石數十年間乃奏成功時大集儒士攷其得失太常卿劉芳請別營造久而方就復召公卿量校合否論者沸騰莫有適從登被旨敕竝見施用往歲大軍入洛戎馬交馳所有樂器亡失垂盡臣至太樂署問太樂令張乾龜等云承前以來置宮懸四箱簨虡六架東北架編黃鍾之磬十四雖器名黃鍾而聲實夷則攷之音制不甚諧韻姑洗懸于東北太蔟編于西北蕤賓列于西南竝皆器象差位調律不和又有儀鍾十四虡懸架首初不叩擊今便刪廢以從正則臣今據周禮鳧氏脩廣之規磬氏倨句之法吹律求聲叩鐘求音損除繁雜討論實錄依十二月爲十二宮各準辰次當位懸設月聲旣備隨用擊奏則會還相爲宮之義又得律呂相生之體今量鐘磬之數名以十二架爲定（魏書臨淮王譚附傳）

咸陽王禧

禧字永壽獻文帝第二子太和九年封咸陽王加侍中驃騎大

將軍中都大官出爲冀州刺史入除司州牧兼太尉尋加侍中正太尉宣武即位受遺輔政進位太保領太尉景明二年謀反賜死

敎武表

國朝偃武崇文偏捨來久州鎮兵人或有雄勇不閑武藝今取歲暮之暇番上之日訓其兵法弓矢干稍三分並敎使人閑其能臨事無闕（魏書咸陽王禧傳）

高陽王雍

雍字思穆獻文帝第四子太和九年封潁川王加侍中征南大將軍拜中護領鎮北大將軍改封高陽王行鎮軍大將軍遷衞尉加散騎常侍除鎮北大將軍相州刺史進號征北將軍宣武即位遷征北大將軍冀州刺史入拜驃騎大將軍司州牧還司空轉太尉加侍中除太保孝明即位以爲宗師進太傅爲于忠

矯詔所廢以王歸第靈太后臨朝除侍中太師領司州牧錄尚書事兼太保進位丞相孝莊初于河陰遇害謚曰文穆王

考格表

竊惟三載考績百王通典今任事上中者三年升一階散官上第者四載登一級閑冗之官本非虛置或以賢能而進或因累勤而舉如其無能不應忝茲高選既其以能（通典作以勤以能）進之朝伍或任官外戍遠使絕域催督逋懸察檢州鎮皆是散官以充劇使及于考陟排同閑伍檢散官之人非才（通典作才非）皆劣稱事之輩未必悉賢而考閑以多年課煩以少歲上乖天澤之均下生不等之苦又尋景明之格無折考之文正始之奏有與奪之級明參差之考非聖慈之心改典易常乃有司之意又尋考級之奏委于任事之手涉議科勤絕于散官之筆遂使在事者得展自勤之能散輩者獨絕披衿之所抑以上下之閑限以旨格之判致使近侍禁職抱槃屈之辭禁衞武夫懷不申之恨欲刻平四海何以獲諸又散官在直一玷成九衞使愆失差毫即坐徽纆所逮未以事閑優之節慶之賚不以蔭微加賞罪殿之犯未殊任事考陟之機推年不等臣聞君舉必書書而不法後代何觀詩云王事靡盬不遑啟處又曰豈不懷歸畏此簡書依依楊柳以敘治兵之役霏霏雨雪又申振旅之勤若折往來日月便是采薇之詩廢杕杜之歌罷又任事之官吉凶請假定省埽拜動歷十旬或因患重請動輒經歲征役在途勤泰百倍苦樂之勢非任事之倫在家私閑非理務之日論優語劇先宜折之武人本挽上格者爲羽林次格者爲虎賁下格者爲直從或累紀征戍靡所不涉或帶甲連年負重千里或經戰損傷或年老衰竭今試以本格責其如初有爽于先退階奪級此便責以不衰理未通也又蕃使之人必抽朝彥或歷嶮千餘或履危萬里登有死亡之憂咸懷不返之慽魂骨奉忠以尸將命先朝賞

格酬以爵品今朝改式止及階勞折以代考有乖使望非所以獎勵皇華而敦崇四牡者也復尋正始之格汎後任事上中者三年升一階汎前任事上中者六年進一級三年一考自古通經今以汎前六年昇一階檢無愆犯倍年成級以此推之明以汎代考新除一日同霑階榮下第之人因汎上陟上第之士由汎而退臣又見部尉資品本居流外刊諸明令行之已久然近爲里巷多盜以其威輕不肅欲進品清流以壓姦宄甄淡啟云爲法者施而觀之不便則改竊謂斯言有可采用聖慈昭覽更高宰尉之秩今考格始宣懷怨者衆臣竊觀之亦謂不可有光國典改之何難（魏書高陽王雍傳又見通典十五）

自陳六罪表

臣初入柏堂見詔旨之行一由門下而臣出君行不以悛意每覽傷矜視之慘目淡知不可不能禁制臣之罪一也臣近忝內樞兼

尸師傅。宜保護聖躬。溫清晨夕。而于忠身居武司。禁勒自在。限以內外。朝謁簡絕。皇居寢食。所在不知。社稷安危。又亦不預。出入柏堂。尸位而已。臣之罪二也。忠規欲殺臣。賴在事執拒。又令僕卿相。任情進黜。遷官授職。多不經旬。斥退賢良。專納心腹。威振百寮。勢傾朝野。臣見其如此。欲出忠爲雍州刺史。鎮撫關右。在心未行。反爲忠廢。忝官尸祿。孤負恩私。臣之罪三也。先帝升遐。儲宮纂統。斯乃君父之恆謨。臣子之永則。加賞之義。自古無之。忠既人臣。受恩先帝。喪禍之際。竭節是常。迎陛下于東宮。臣下之恆事。如其不爾。更欲何爲。而忠意氣淩雲。坐要封爵。爾日抑之。交恐爲禍。臣以權臣所欲。不敢輒違。即集王公卿士。議其多少。清河王臣懌。先帝懿弟。識度寬明。臨衆唱議。非以勤而賞之。憚違權臣之旨。望顏而授。臣知不可。因而從之。臣之罪四也。忠秉權門下。且居宰執。又總禁旅。爲崇訓衞尉。身兼內外。橫于宮掖。臣之罪五也。古者重罪必令

三公會。期至旬日。所以重死刑也。先帝登極十有七年。細人犯刑。猶寬憲墨。朝廷貴仕。不戮一人。今陛下踐阼。年未半周。殺僕射尚書。如天一草。是忠秉權矯旨。擅行誅戮。臣知不能救。臣之罪六也。臣位荷師相。年未及終。難恕之罪。顯露非一。何情以處。何顏以生。雖經恩宥。猶有餘責。謹反私門。伏聽司敗。魏書高陽王雍傳。靈太后臨朝。出于忠爲冀州刺史。雍表。

請限賤妾奴婢服飾表

王公已下賤妾。悉不聽用織成錦繡。金玉珠璣。違者以違旨論。奴婢悉不得衣綾綺纈。止于縵繒而已。奴則布服。並不得以金銀爲釵帶。犯者鞭一百。魏書高陽王雍傳。雍領司州牧。表請云云。太后從之。而不能久行也。

奏禁鹽池復置監司取稅

鹽池天藏。資育羣生。仰惟先朝限者。亦不苟與細民競茲贏利。但利起天池。取用無法。或豪貴封護。或近者吝守。卑賤遠來。超然絕望。是以因置主司。令其裁察。彊弱相兼。務令得所。且十一之稅。自古及今。取輒以次。所濟爲廣。自爾霑洽。遠近齊平。公私兩宜。儲益不少。及鼓吹主簿王後興等。詞稱請供百官食鹽二萬斛之外。歲求輸馬千匹。牛五百頭。以此而推。非可稍計。後中尉甄琛啟求罷禁。被敕付議。尚書執奏。稱琛啟坐談則理高。行之則事闕。請依常禁。爲允。詔依琛計。乃爲繞池之民。尉保光等擅自固護。語其障禁。倍于官司。取與自由。貴賤任口。若無大宥。罪合推斷。詳度二三。深乖王法。臣等商量。請依先朝之詔。禁之爲便。防姦息暴。斷遣輕重。亦準前旨。所置監司。一同往式。魏書食貨志。神龜初。太師高陽王雍。太傅清河王懌等奏。于是復置監官以監檢焉。

奏請用薛欽船運計

運漕之利。今古攸同。舟車息耗。實相殊絕。欽之所列。關西而已。若域內同行。足爲公私互益。謹輒參量。備如前計。庶徵召有減。勞止

小康。若此請蒙遂。必須溝洫通流。即求開興修築。或先以開治。或古迹仍在。舊事可因。用功差易。此冬閑月。令疏通咸訖。比春水之時。使運漕無滯。魏書食貨志。三門都將薛欽上言造船以易車運。于公私爲便。錄尚書高陽王雍尚書僕射李崇等奏。

那上脫阿字

奏分置阿那瓌婆羅門

蠕蠕代跨絕域。感化歸附。那瓌委質于前。婆羅門歸誠于後。漢時呼韓得同今美。已上六句從通典補。竊聞漢立南北單于。晉有東西之稱。皆所以相維禦難。爲國藩籬。今臣等參議。以爲懷朔鎮北土名無結山吐若奚泉。敦煌北西海郡。即漢晉舊障。二處寬平。原野彌沃。阿那瓌宜置西吐若奚泉。婆羅門宜置西海郡。各令總率部落。收離聚散。其爵號及資給所須。唯恩裁處。彼臣下之官。任其舊俗。阿那瓌所居。既是境外。宜少優遣。以示威刑。請沃野懷朔武川鎮各差二百人。令當鎮軍主監率。給其糧仗。送至前所。仍于彼爲其造構。

功就聽還諸于北來在婆羅門前投化者令州鎮上佐準程給糧送詣懷朔阿那瓌鎮與使人量給食稟在京館者任其去留阿那瓌草創先無儲積請給朔州麻子乾飯二千斛官駝運送婆羅門居于西海既是境内資衞不得同之阿那瓌等新造藩屛宜各遣使持節馳驛先詣慰喻并委經略魏書蠕蠕傳正光二年十月錄尚書事高陽王雍尚書令李崇侍中侯剛尚書左僕射元欽侍中元叉侍中安豐王延明吏部尚書元修義尚書李彥給事黃門侍郎元纂張烈盧同等奏又見通典一百九十六

費羊皮張回事議通典作羌皮

州處張回專引盜律檢回所犯本非和掠保證明然去盜遠矣今引㠯盜律之條處㠯和掠之罪原情究律實爲乖當如臣鈞之議知買掠良人者本無罪文何㠯言之羣盜彊盜無首從皆同和掠之罪故應不異明此自無正條引類㠯結罪臣鴻㠯轉賣流漂罪與掠等可謂罪人斯得案賊律云謀殺人而發覺者流從者五歲刑已傷及殺而還蘇者死從者流已殺者斬從而加功者死不加功者流詳沈賤之與身死流漂之與腐骨一存一亡爲害孰甚然賊律殺人有首從之科盜人賣買無唱和差等謀殺之與和掠同是良人應爲準例所㠯不引殺人減之降從彊盜之一科縱令謀殺之與彊盜俱得爲例而㠯從輕其義安在又云知人掠盜之物而故買者㠯隨從論此明禁暴掠之原遏姦盜之本非謂買之于親尊之手而同之于盜掠之刑竊謂五服相賣俱是良人所㠯容有差等之罪者明去掠盜理遠故從親疏爲差級尊卑爲輕重依律諸共犯罪者皆㠯發意爲首明賣買之先有由魁末之坐宜定若羊皮不云賣則回無買心則羊皮爲元首張回從坐首有沽刑之科從有極默之戾推之憲律法刑無據買者之罪宜各從賣者之坐又詳臣鴻之議有從他親屬買得良人而復眞賣不語後人由狀者處同掠罪既一爲婢賣與不賣俱非良人何必㠯不賣爲

可原轉賣爲難恕張回之愆宜鞭一百賣子葬親孝誠可美而表賞之議未聞刑罰之科已降恐非敦風厲俗㠯德導民之謂請免羊皮之罪公酬賣直魏書刑罰志通典一百六十七

南郊明堂配食議

竊㠯尙德尊功其來自昔郊稷宗文周之茂典仰惟世祖太武皇帝㠯神武纂業剋清禍亂德濟生民功加四海宜配南郊高祖孝文皇帝大聖膺期惟新魏道刑措勝殘功同天地宜配明堂魏書禮志二熙平二年三月北海王顥清河王懌廣平王懷任城王澄胡國珍崔光等議

停元匡所制尺度議

伏惟高祖創改權量已定匡今新造微有參差且匡云所造尺度與漢志王莽權斛不殊又晉中書監荀勖云後漢至魏尺長于古四分有餘于是依周禮積黍㠯起度量惟古玉律及鐘遂改正之尋勖所造之尺與高祖所定毫釐略同及侍中崔光得古象尺于時亦準議令施用仰惟孝文皇帝德邁前王睿明下燭不刊之式事難變改臣等參論請停匡議永遵先皇之制魏書廣平王洛侯附傳匡所制尺度訖太師高陽王雍等議

全後魏文卷十九終

大字衍

全後魏文卷二十　　烏程嚴可均校輯

元端

端字宣雅。雍長子。爲散騎侍郎。累遷通直常侍、鴻臚、太常少卿、散騎常侍。出爲安東將軍、青州刺史。除撫軍將軍、金紫光祿大夫、使持節東南道大使。拜鎮軍將軍、兗州刺史。封安德縣開國公。除都官尚書。孝莊初。與雍俱遇害河陰。贈車騎大將軍、儀同三司、相州刺史。

上言集議郊禘配

謹案禮記祭法。有虞氏禘黃帝而郊嚳。祖顓頊而宗堯。夏后氏亦禘黃帝而郊鯀。祖顓頊而宗禹。殷人禘嚳而郊冥。祖契而宗湯。周人禘嚳而郊稷。祖文王而宗武王。鄭玄注。大禘郊祖宗。謂祭祀㠯配食也。有虞氏㠯上尚德。禘郊祖宗。配用有德者。自夏㠯下。稍用其姓代之。是故周人㠯后稷爲始祖。文武爲二祧。訖于周世。配祭不毀。案禮。嚳雖無廟。配食禘祭。謹詳聖朝㠯太祖道武皇帝配圜丘。道穆皇后劉氏配方澤。太宗明元皇帝配上帝。明密皇后杜氏配地祇。又㠯顯祖獻文皇帝配雩祀。太宗明元皇帝之廟既毀。上帝地祇。配食有式。國之大事。唯祀與戎。廟配事重。不敢專決。請召羣官集議㠯聞。（魏書禮志二。熙平二年三月。太常少卿元端上言。）

宗室助祭議

禮記祭法云。王立七廟。曰考廟。曰王考廟。曰皇考廟。曰顯考廟。曰祖考廟。遠廟爲祧。有二祧。而祖考㠯功重不遷。二祧㠯盛德不毀。迭遷之義。其在四廟也。祭統云。祭有十倫之義。六曰見親疏之殺焉。夫祭有昭穆。昭穆者。所㠯別父子遠近長幼親疏之序而無亂也。是故有倫。注云。昭穆咸在同宗。父子皆來。指謂當廟父子爲羣。不繫于昭穆也。若一公十子。便爲羣公子。豈待數公而立稱。平文

王世子云。五廟之孫。祖廟未毀。雖爲有所援引。然與朝議不同。如依其議。匪直太祖曾玄。諸廟子孫。悉應預列。既無正據。竊謂太廣。臣等愚見。請同僧奇等議。（魏書禮志二。熙平二年。江陽王繼表求預祭。王僧奇等議不得預祭。李琰之議得預祭。太常少卿元端議。又見通典五十一。）

羊祉謚議

祉志存埋輪。不避彊禦。及贊戎律。熊武斯裁。仗節撫藩。邊夷識德。化沾殊類。襁負懷仁。謹依謚法。布德行剛曰景。宜謚爲景。（魏書酷吏羊祉傳。太常少卿元端、博士劉臺龍議謚。）

上言羊祉謚應如前議

竊惟謚者行之迹。狀者迹之稱。然尚書銓衡。是司釐品庶物。若狀與迹乖。應抑而不受。錄其實狀。然後下寺。依謚法準狀科上。豈有捨其行迹。外有所求。去狀去稱。將何所準。檢祉㠯母老辭藩。乃降手詔云。卿綏撫有年。聲實兼著。安邊盜境。實稱朝望。及其歿也。又加顯贈。言祉誠著累朝。效彰內外。作牧岷區。字萌之績驟聞。詔冊褒美。無替倫望。然君子使人器之。義無求備。德有數德。優劣不同。剛而能克。亦爲德焉。謹依謚法。布德行剛曰景。謂前議爲允。（魏書羊祉傳。元端劉臺龍議謚曰景。侯剛元纂等駁。靈太后令依駁更議。元端臺龍上言。）

廣陵王羽

羽字叔翻。獻文帝第五子。太和九年封廣陵王。加侍中、征東大將軍、大理。加衞將軍。遷特進、尚書左僕射、太子太保、錄尚書事。領廷尉。兼太尉。坐事削職。及車駕南伐。進號衞將軍。除征東大將軍、開府、青州刺史。加散騎常侍。進號車騎大將軍。宣武即位。遷司州牧。景明二年進司徒。薨。謚曰惠。

奏請內攷京官

外攷令文。每歲終。州鎮列牧守治狀。及至再攷。隨其品第。㠯彰黜陟。去十五年中。在京百寮盡已經攷爲三等。此年便是三載。雖外

有成令，而內令未班，內外攷察理應同等，臣輒推準外攷以定京官治行。（魏書廣陵王羽傳）

彭城王勰

勰字彥和，獻文帝第六子。太和九年封始平王，加侍中、征西大將軍，拜光祿大夫，轉中書令，改封彭城王，除中軍大將軍，開府。宗師，尋爲司徒、太子太傅。宣武即位，出爲驃騎大將軍、定州刺史，尋領揚州刺史，進大司馬，領司徒，錄尚書，加侍中，爲高肇所譖。永平元年九月遇害，謚曰武宣王。孝莊帝即位，追尊曰文穆皇帝，廟號肅祖。

上孝文帝謚議

謹案謚法，協時肇享曰孝，五宗安之曰孝，道德博聞曰文，經緯天地曰文。仰惟大行皇帝義實該之，宜上尊號爲孝文皇帝，廟曰高祖，陵曰長陵。（魏書彭城王勰傳）

奏駮甄琛弛鹽禁議

琛之所列，富乎有言，首尾大備，或無可貶，但恐坐談則理高，行之則事闕，是用遲回，未謂爲可。竊惟古之善爲治者，莫不昭其勝途，啓其遠理，及于救世，升降稱時，欲令豐無過溢，儉不致敝，役養消息，備在厥中，節約取足，成其性命。如不爾者，焉用君爲？若任其生產，隨其啄食，便是芻狗萬物，不相有矣。自大道既往，恩惠生焉，下奉上施，卑高理睦，然恩惠既交，思拯之術廣，恆恐財不賙國，澤不厚民，故多方以達其情，立法以行其志。至乃取貨山川，輕在民之貢，立稅關市，裨十一之儲，收此與彼，非利己也，回彼就此，非爲身也，所謂集天地之產，惠天地之民，藉造物之富，賑造物之貧，徹商賈給戎戰，賦四民贍軍國，取乎用乎，各有義已。禁此淵池，不專大官之御，斂此匹帛，豈爲後宮之資？既潤不在己，彼我理一，猶積而散之，將焉所吝？且稅之本意，事有可求，固以希濟生民，非爲富賄藏貨，不爾者，昔之君子何爲然哉？是以後來經圖，未之或改。故先朝商校，小大以情，降鑒之流，興復鹽禁。然自行以來，典司多怠，出入之間，事不如法，遂令細民怨嗟，商販輕議，此乃用之者無方，非興之者有謬。至使朝廷明識，聽營其間，今而罷之，懼失前旨。一行一改，法若易棊，參論理要，宜依前式。（魏書甄琛傳。世宗踐阼，琛表請弛鹽禁，詔付八座議可否以聞。司徒錄尚書彭城王勰、兼尚書邢巒等奏。）

彭城王劭

劭字子訥，勰子。永平中襲爵。孝明時歷宗正少卿、平東將軍、青州刺史。孝昌末徵爲御史中尉。孝莊帝即位，尊爲無上王，尋遇害河陰，追謚曰孝宣皇帝。

奏家財以充軍用表

僞豎遊魂，闚覦邊境，勞兵兼時，日有千金之費。臣仰藉先資，紹饗厚秩，思以埃塵用裨山海。臣國封徐州，去軍差近，謹奉粟九千斛、絹六百匹、國吏二百人，以充軍用。（魏書彭城王勰附傳）

北海王詳

詳字季豫，獻文帝第七子。太和九年封北海王，加侍中、征北大將軍，光祿大夫，轉祕書監，行中領軍，留守，又行司州牧，除護軍將軍，兼尚書左僕射，受遺爲司空輔政。宣武即位，遷侍中、大將軍、錄尚書事，除太傅，領司徒。正始元年以罪廢爲庶人，暴死。永平元年復本封，葬以王禮，謚曰平王。

奏劾甄琛李憑

臣聞黨人爲患，自古所疾，政之所忌，雖寵必誅，皆所以存天下之至公，保靈基于永業者也。伏惟陛下纂聖前暉，淵鑒幽慝，恩斷近習，憲軌唯新，大政蔚以增光，鴻猷于焉永泰。謹案：侍中、領御史中尉甄琛，身居直法，糾擿是司，風邪響黷，猶宜劾糾，況趙脩奢暴，聲著內外，侵公害私，野朝切齒，而琛嘗不陳奏，方更往來，綢繆結納，呂爲朋黨。中外影響。致其談譽。令布衣之父。超登正四之官。七品之弟。越陟三階之祿。虧先皇之選典。塵聖明之官人。又與武衛將軍黃門郎李憑相爲表裏。憑兄叨封。知而不言。及脩釁彰。方加彈奏。生則附其形勢。死則就地排之。竊天之功。呂爲己力。仰欺朝廷。俯罔百司。其爲鄙詐。于茲甚矣。不實不忠。實合貶黜。謹依律科徒。請呂職除。其父中散。實爲叨越。雖皇族帝孫。未有此例。既得不呂倫。請下收奪。李憑朋附趙脩。是親是仗。交遊之道。不依恆度。或晨昏從就。或吉凶往來。至乃身拜其親。妻見其子。每有家事。必先請託。緇點皇風。塵鄙正化。此而不糾。將何呂肅整阿諛。獎厲忠槩。請免所居官。呂肅風軌。魏書甄琛傳。趙脩死之明日。琛與李憑呂朋黨被召詣尚書。兼尚書元英邢巒窮其阿附之狀。司徒錄尚書北海王詳等奏。

奏請改制條還附律處

竊惟姦劫難除。爲蠹日久。羣盜作患。有國攸病。故五刑爲用。猶陷彌綱之誅。道幾勝殘。盜息狗竊之響。是呂班制垂式。名爲治本。整綱提目。政之大要。謹尋奪祿事條。班已周歲。然京邑尹令。善惡易聞。邊州遠守。或難聽審。皆上下同情。迭相掩沒。設有賊發。隱而不言。或呂劫爲偷。或遏掠成盜。更令賊發難知。壞竊惟甚。臣等參議。若依制削奪。則縣無朞月之宰。附條貶黜。郡靡歲稔之守。此制必行。所謂法令滋章。盜賊多有。昔黃龔變風。不由削祿。張趙稱美。豈憚貶退。然綏導之體。得失在人。乃可重選慎官。依律劾禁。不宜輕改法令。削黜羣司。今請改制條。還附律處。其勵己公清。賞有常典。風謠顯暢。案爲考第。魏書北海王詳傳。景明二年。詳與八座奏。

上言集議禘祫儀注

奉旨集議。僉呂爲禘祫之設。前代彝典。惠蔚所陳。有允舊義。請依前勅。敬享清宮。其求省時祭。理實宜爾。但求之解注。下逼列國。兼時奠之敬。事難輒省。請移仲月。擇吉重聞。魏書禮志二。景明二年七月。侍中錄尚書事北海王詳等言。詔可。

北海王顥

顥字子明。詳子。永平元年。襲封北海王。累遷至都官尚書。正光中。出除散騎常侍、撫軍將軍、徐州刺史。孝昌中。爲征西將軍、西道行臺尚書右僕射。還車騎大將軍儀同三司。武泰初。進侍中、驃騎大將軍、開府相州刺史。孝莊即位。授太傅。尋奔梁。梁立爲魏帝。呂永安元年十月。入據南兗州之銍城。建元孝基。明年五月。入洛。改元建武。尋戰敗南奔。爲臨潁縣卒江豐所斬。孝武即位。追贈驃騎大將軍、冀州刺史。

入洛上梁武帝表

河北河南。一時已定。唯介朱榮尚敢跋扈。臣與慶之自能擒討。今州郡新服。正須綏撫。不宜更復加兵。搖動百姓。梁書陳慶之傳。

清河王懌

懌字宣仁。孝文帝第五子。太和二十一年。封清河王。宣武即位。拜侍中。轉尚書僕射。進司空。孝明即位。轉司徒。進太傅。領太尉。正光元年。爲元叉所害。謚曰文獻王。案北史李先傳。先曾孫義徽。太和中。補清河王懌府記室。懌表書。藏文不加點。清典贍速。當世稱之。魏書清河王懌傳。有諫靈太后使沙門惠憐呂咒水療病表。據北史是義徽草奏。今編入義徽文。餘姑歸懌集。又案魏書袁翻傳。翻子罷爲清河王懌文學。懌之文表多出于罷。

乞議定喪禮表

臣聞百王所尚。莫尚于禮。于禮之重。喪紀斯極。世代沿革。損益不同。遺風餘烈。景行終在。至如前賢往喆。商確有異。或並證經文。而論情別緒。或各言所見。而討事共端。雖憲章祖述。各自名家。而論議紛綸。理歸羣正。莫不隨時所宗。各爲一代之典。自上達下。罔不遵用。是使叔孫之儀。專擅于漢朝。王肅之禮。獨行于晉世。所謂共同軌文。四海畫一者也。至乃折旋俯仰之儀。哭泣升降之節。去來闔巷之容。出入閨門之度。尚須疇諮禮官。博訪儒士。載之翰紙。著在通法辯荅乖殊證據不明即詆訶疵謬糾劾成罪此乃簡牒成文可具閱而知者也未聞有皇王垂範國無一定之章英賢贊治家制異同之式而欲流風作則永貽來世比學官雖建庠序未修稽攷古今莫專其任暨乎宗室喪禮百僚凶事冠服制裁日月輕重率令博士一人輕介議之廣陵王恭北海王顥同爲庶母服恭則治重居廬顥則齊朞堊室論親則恭顥俱是帝孫語貴則二人並爲蕃國不知兩服之證據何經典俄爲舛駁莫有裁正懿王昵戚尚或如斯自茲已降何可紀極歷觀漢魏喪禮諸儀卷盈數百或當時名士往復成規或一代詞宗較然爲則況堂堂四海藹藹如林而令喪禮參差始于帝族非所吕儀刑萬國綴旒四海臣忝官台傅備位喉脣不能秉國之鈞致斯爽缺具瞻所誚無所逃罪謹略舉恭顥二國不同之狀吕明喪紀乖異之失乞集公卿樞納內外儒學博議定制班行天下使禮無異準得失有歸并因事而廣永爲條例庶塵岳沾河微酬萬一魏書禮志四熙平二年十一月太傅清河王懌表

官人失序表

孝文帝制出身之人本吕門品高下有恆若準資蔭自公卿令僕之子甲乙丙丁之族上則散騎祕著下逮御史長兼皆條例昭然無有虧沒自此或身非三事之子解褐公府正佐地非甲乙之類而得上宰行僚自茲吕降亦多乖舛且參軍事專非出身之職今必釋褐而居祕著本爲起家之官今或遷轉吕至斯皆仰失先準有違明令非所謂式遵遺範奉順成規此雖官人之失相循已久然推其彌漫抑亦有由何者信一人之明當九流之廣必令該鑑氏族辨照人倫才識有限固難審悉所吕州置中正之官清定門胄品藻高卑四海畫一專尸衡石任實不輕故自置中正吕來暨于太和之日莫不高擬其人妙盡茲選皆須名位重于鄉國才德允于具瞻然後可吕品裁州郡綜覈人物今之所置多非其人乞

明爲敕制使官人選才備依先旨無令能否乖方違才易務并革選中正一依前軌庶清源有歸流序允穆通典十六孝明帝時清河王懌吕官人失序上表案今魏書孝文五王傳全缺吕北史補之故無此表通典所據乃魏收原書也

奏立表何晷度

天道至遠非人情可量厤數幽微豈吕意輒度而議者紛紜競起端緒爭指虛遠難可求衷自非建標準影無吕驗其真僞頃永平中雖有攷察之利而不周歲窮究遂不知影之至否差失少多臣等參詳謂宜今年至日更立表木明何晷度三載之中足知當否令是非有歸爭者息競然後采其長者更議所從魏書律厤志上延昌四年太傅清河王懌司空尚書令任城王澄散騎常侍尚書僕射元暉侍中領軍江陽王繼奏

奏請追奪于忠賞爵

竊惟先帝升遐之初皇上登極之始四海謐然宇內晏清至于奉迎乘輿侍衛省闥斯乃臣子之常節職司之恆理不容吕此爲功妄開井邑臣等前議所吕廣建茅土者正吕畏迫威權苟免暴戾故也是吕中議之際吕十三日夜入爲無動唯吕拒違矯令抑黜姦回微可褒敘吕前侍中臣忠總攝文武侍中臣光久在樞密讚同其意故唯賞二人今尚書臣昭等無涯上訴奉敕重議案王顯陰結姦徒志爲不逞高肇遠同凶逆遙構禍端無將之罪事合洿戮而忠等徵罪唯吕厥身不至孥戮又出罪人窮治不盡案律準憲事在不輕暨皇上纂厤聖后別宮母子隔異溫清道絕皆忠等之咎過方厥勳功微罪重又忠專權之後擅殺樞納輒廢宰輔令朝野駭心遠近怪愕功過相除悉不合賞請悉追奪魏書于栗磾附傳靈太后臨朝解于忠侍中領軍崇訓衛尉旬餘太傅清河王等奏

奏定五時冠服

謹案前敕制五時朝服嘗訪國子議其舊式太學博士崔瓚等議自漢逮于魏晉迎氣五郊用幘從服改色隨氣斯制因循相承不

舊上脫仍字

革冠冕舊未聞有變今皇魏憲章前代損益從宜五時之冠謂如漢晉用幘爲允尙書以禮式不經請訪議事奉敕付臣令加考決臣以爲帝王服章方爲萬世則不可輕裁請更集禮官下省定議蒙敕聽許謹集門下及學官以上四十三人尋考史傳量古校今一同國子前議幘隨服變冠冕弗改又四門博士臣王僧奇蔣雅哲二人以爲五時冠冕宜從衣變臣等謂從國子前議爲允（魏書禮志四熙平二年九月太傅清河王懌給事黃門侍郎韋延祥奏）

胡太后父廟制議

后當作學

太后博士王延業及盧觀等各率異見案禮記王制天子七廟三昭三穆與太祖之廟而七諸侯五廟二昭二穆與太祖之廟而五並是後世追論備廟之文皆非當時據立神位之事也良由去聖久遠經禮殘缺諸儒注記典制無因雖稽考異聞引證古誼然用捨從世通塞有時折衷取正固難詳矣今相國秦公初構國廟追立神位唯當仰祀二昭二穆上極高曾四世而已何者秦公身是始封之君將爲不遷之祖若以功業隆重越居正室恐以卑臨尊亂昭穆也如其權立始祖以備五廟恐數滿便毀非禮意也昔司馬懿立功于魏爲晉太祖及至子晉公昭乃立五廟亦祀四世止于高曾太祖之位虛俟宣文待其後裔數滿乃止此亦前代之成事方今所殷鑒也又禮緯云夏四廟至子孫五殷五廟至子孫六周六廟至子孫七明知當時太祖之神仍依昭穆之序要待子孫世世相推然後太祖出居正位耳遠稽禮緯諸儒所說近循晉公之廟故事宜依博士王延業議定立四主親止高曾且虛太祖之位以待子孫而備五廟焉又延業盧觀前經詳議並據許愼鄭玄之解謂天子諸侯作主大夫及士則無意謂此議雖出前儒之事實未允情禮何以言之原夫作主之禮本以依神孝子之心非主莫依今銘旌紀柩設重憑神祭必有尸神必有廟皆所以展事孝

官當作若

敬想象平存上自天子下逮于士如此四事並同其禮何至于主惟謂王侯禮云重主道也此爲理重則立主矣故王肅曰重未立主之禮也士喪禮亦設重則士有主明矣孔悝反祏載之左史饋食設主著于逸禮大夫及士既得有廟題紀祖考何可無主公羊傳君有事于廟聞大夫之喪去樂卒事大夫聞君之喪攝主而往今以爲攝主者攝神斂主而已不暇待徹祭也何休云宗人攝行主事而往也意謂不然君聞臣喪尙爲之不繹況臣聞君喪豈得安然代主終祭也又相國立廟設主依神主無貴賤紀座而已官位擬諸侯者則有主位爲大夫者則無主便是三神有主一位獨闕求諸情禮實所未安宜通爲主以銘神位（魏書禮志二神龜初靈太后父胡國珍薨贈太上秦公時疑其廟制侍中太傅清河王懌議又見通典四十八）

又議

古者七廟廟堂皆別光武已來異室同堂故先朝祀堂令云廟皆四栿五架北廂設坐東昭西穆是以相國構廟唯制一室同祭祖考比來諸王立廟者自任私造不依公令或五或一參差無準要須議行新令然後定其法制相國之廟已造一室實合朝令宜即依此展其享祀（魏書禮志二通典四十八）

作主議

原夫作主之禮本以依神孝子之心非主莫展今銘旌紀柩設重憑神祭必有尸神必有廟皆所以展事孝敬想像生存上自天子下逮于士如此四事並同其禮何至于主唯謂王侯若位擬諸侯者則有主位爲大夫者則無主是使三神有主一位獨闕求諸情理實所未安宜通爲主以銘神位（通典四十八）

清河王亶

亶懌子正光中嗣封清河王孝莊末爲特進車騎大將軍普泰初歷儀同三司侍中驃騎大將軍進太傅太尉初遷司徒孝武

西遷，以大司馬承制總萬機。天平二年薨，謚曰文宣王。

承制大赦 永熙三年八月

晦爲明始，亂賓治基，爰著天道，又符人事。故姬祚終微，踐土有勤王之役；劉氏將傾，北軍致左袒之舉。用能隆此遠年，克茲卜世。永熙之季，權佞擅朝，羣小是崇，勳賢見害，官緣價以貴賤，獄因貨而死生，宗祏飄若綴旒，民命棄如草莽。大丞相位居晉鄭，任屬桓文，興甲汾川，問罪伊洛。羣姦畏威，擁迫人主，以自蔽衞，遠出秦方。雖草駕流移，未即返御，然權佞將除，天下延頸，魏邦雖舊，其化惟新。思與兆民同茲更始，可大赦天下。魏書出帝紀：帝出于長安。八月，推司徒公清河王亶爲大司馬，承制總萬機，居尚書省。戊辰，制。

全後魏文卷二十終

全後魏文卷二十一

烏程嚴可均校輯

衞操

操字德元，代人。晉征北將軍衞瓘以爲牙門將，後舉族歸猗㐌。猗㐌是爲桓帝。累遷右將軍，封定襄侯。至猗盧之三年卒。猗盧是爲穆帝。

桓帝功德頌碑

魏軒轅之苗裔，言桓穆二帝，馳名域外，九譯宗焉。治國御衆，威禁大行，聲若華裔，齊光純靈。智深謀遠，窮幽極明。治則清斷，沈浮得情。仁如春陽，威若秋零。彊不陵弱，隱恤孤煢。道教仁行，化而不刑。國無姦盜，路有頌聲。自西訖東，變化無形。威武所向，下無交兵。南壹王室，北服丁零。招諭六狄，咸來歸誠。超前絕後，致此有成。奉承晉皇，扞禦邊疆。王室多難，天網弛綱。豪心遠濟，靡離其殃。歲窮逆命，姦盜豺狼。永安元年，歲次甲子，奸黨猶逆，東西狼跱。敢逼天王，兵甲屢起。怙衆肆暴，虐用將士。鄴洛構隙，棄親求疏。乃招異類，屠各匈奴。劉淵奸賊，結黨同呼。敢擊并土，殺害無辜。殘破狼籍，城邑丘墟。交刃千里，長蛇塞塗。晉道應天，言展良謨。使持節平北將軍并州刺史護匈奴中郎將東嬴公司馬騰，才神絕世，規略超遠。時逢多難，懼損皇祀。欲引兵駕，獫狁孔熾。造設權策，濟難奇思。欲招外救，朝臣莫應。高算獨斷，決謀盟意。羑命外國，引軍內備。簡賢選士，命茲良使。遣參軍壺倫、牙門中行嘉、義陽亭侯衞謨、協義亭侯衞鞬等，馳奉檄書，至晉陽城。又稱桓穆二帝，心在宸極，輔相二衞，對揚毗翼。操展文謀，雄奮武烈，承命會議，諮論奮發。昔桓文匡佐，功著周室，顯名載籍，列賞備物。大衆迴動，熙同靈集，興軍百萬，期不經日。兄弟齊契，決勝廟算，鼓譟南征，平夷險難。又云二帝列鎮，言若合符，引接款密，信義不渝。會盟汾東，銘篆丹書，永世奉承，慎終如初。契誓命將，精銳先驅，南救涅縣，東解壽陽，窘迫之邑，幽而復光。太原、西河、樂平、上黨，遽遭寇暴，白骨交橫。羯賊肆虐，六郡凋傷，羣惡相應，圖及華堂。旌旗輕指，羯黨破喪，遣騎十萬，前臨淇漳。鄴遂振潰，凶逆奔亡。軍據州南，曜鋒太行，翼衞內外，鎮靜四方。志在竭力，奉戴天王，忠恕用暉，外動亦攘。于是曜武，振旅而旋，長路匪夷，出入經年。毫毛不犯，百姓稱傳。周覽載籍，自古及今，未聞外域，奔救內患，棄家憂國，以危易安。惟公遠略，臨難能權，應天順人，恩德素宣，和戎靜朔，危邦復存。又云非桓天挺，忠孝自然，孰能超常，不爲異端，回動大衆，感公之言，功濟方州，勳烈光延。升平之日，納貢充蕃，憑瞻鑾蓋，步趾三川。有德無祿，大命不延，年三十有九，以永興二年六月二十四寢疾薨殂。背棄華殿，雲中名都，國失惠主，哀感欷歔，悲痛煩冤，載號載呼，舉國崩絕，攀援靡訴。遠近齊軌，奔赴梓廬，人百其身，盈塞門塗。高山其穨，茂林凋枯，仰訴造化，痛延悲夫。又云桓帝忠于晉室，駿奔長衞，隆冬凄凄，四出行誅，蒙犯霜雪，疹入脉膚，用致薨殞，不永桑榆。以死勤事，經勳同模，垂名金石，載美晉書。平北哀悼，祭以豐廚，攷行論勳，謚曰義烈。功施于人，祀典所說。又云桓帝經濟存亡，繼絕荒服，是賴祚存不輟，金鉦簫鼓，軺蓋殊制，反及二代，莫與同列。并域嘉歎，北國感榮，各竭其心，思揚休名，刊石紀功，圖像存形，靡輟享祀，饗以犧牲，永垂于後，沒有餘靈，長存不朽，延于億齡。其頌又稱桓帝金堅玉剛，應期順會，王有北方，行能濟國，武平四荒，無思不服，區域大康。世路紛糾，運遭播揚，羯胡因釁，敢害并土，哀痛下民，死亡失所，率衆百萬，平夷險阻，存亡繼絕，一州蒙祜，功烈桓桓，龍文虎武，朱邑小善，遺愛桐鄉，勳攘大患，六郡無缺，悉之來由，功而存，刊石勒銘，垂示後昆。魏書衞操傳：桓帝崩，操立碑于大邗城南，以頌功德云云。時晉光熙元年秋也。皇興初，雍州別駕雁門段榮于大邗掘得此碑，文雖非麗，事宜載焉，故錄于傳。

四下脫日字

許謙

謙字元遜，代人。昭成擢爲代王郎中令，兼掌文記。後從長安道武登國初來歸，爲右司馬，賜爵關內侯。井州平，以爲陽曲護軍，進爵平舒侯、安遠將軍。皇始元年卒，贈平東將軍、左光祿大夫、幽州刺史、高陽公，謚曰文。

遺楊佛嵩書

夫杖順以翦逆，秉義而攻昧，未有非其運而顯功，無其時而著業。慕容無道，侵我疆埸，師老兵疲，天亡期至，是以遣使命軍，必望克赴。將軍據方召之任，總熊虎之師，事與機會，今其時也。因此而舉，役不再駕，千載之勳，一朝可立。然後高會雲中，進師三魏，舉觴稱壽，不亦緯乎。魏書許謙傳：慕容寶來寇，太祖使謙告難于姚興，興遣將楊佛嵩率衆來援，而佛嵩稽緩，太祖使謙爲書以遣佛嵩。

與楊佛嵩盟

昔殷湯有鳴條之誓，周武有河陽之盟，所以藉神靈，昭忠信。夫親仁善鄰，古之令軌，歃血割牲，以敦永穆。今既盟之後，言歸其好，分災恤患，休戚是同。有違此盟，神祇斯殛。魏書許謙傳

張袞

袞字洪龍，上谷沮陽人。初爲郡五官掾，道武爲代王，選爲左長史。皇始初，遷給事黃門侍郎，拜奮武將軍、幽州刺史，賜爵臨渭侯。天興中，黜爲尚書令史。永興二年卒。太武時追贈太保，謚曰文康。

疾篤上明元帝疏

臣既庸人，志無殊操，值太祖誕膺期運，天地始開，參戎氛霧之初，馳驅革命之會，託翼鄧林，寄鱗溟海，遂荷恩寵，榮兼出內。陛下龍飛九五，仍參顧問，曾無微誠，塵山露海。今舊疾彌留，氣力虛頓，天罰有罪，將塡溝壑。然犬馬戀主，敢不盡言。方今中夏雖平，九域未一，西有不賓之羌，南有逆命之虜，岷蜀殊風，遼海異教。雖天挺明聖，撥亂乘時，而因幾撫會，實須經略，介焉易失，功在人謀。伏願恢崇叡道，克廣德心，使揖讓與干戈並陳，文德與武功俱運，則太平之化，康哉之美，復隆于今，不獨前古。昔子囊將終，寄言城郢；荀偃辭唅，遺恨在齊。臣雖闇劣，敢忘前志。魂而有靈，結草泉壤。魏書張袞傳：永興二年疾篤上疏。

張白澤

白澤字鍾葵，袞玄孫。文成帝初，除中散，遷殿中曹給事中。太和初，轉散騎常侍，遷殿中尚書。卒，贈鎭南將軍、相州刺史、廣平公，謚曰簡。

表諫獻文帝

伏見詔書，禁尚書以下受禮者刑身，糾之者代職。伏惟三載考績，黜陟幽明，斯乃不易之令軌，百王之通式。今之都曹，古之公卿也，皆翊扶萬機，讚徽百揆，風化藉此而平，治道由茲而穆。且周之下士，尙有代耕，況皇朝貴仕，而服勤無報，豈所謂祖襲堯舜，憲章文武者乎。羊酒之罰，若行不已，臣恐奸人闚望，忠臣解節，而欲使事靜民安，治清務簡，至于委任責成，下民難辯。如臣愚量，請依律令舊法，稽同前典，班祿酬廉，首去亂羣，常刑無赦。苟能如此，則升平之軌，期月可望，刑措之風，三年必致矣。魏書張袞附傳：顯祖詔諸監臨之官，所監治受羊一口、酒一斛者，罪至大辟，與者以從坐論。糾告得尚書已下罪狀者，各隨所糾官輕重而授之。白澤上表諫。

諫文明太后

臣聞上天愛物之生，明王重民之命，故殺一人而取天下，仁者不爲。且周書父子兄弟，罪不相及。今羣凶肆虐，輒裂誅盡，合城無辜，柰何極辟。不誣十室，而況一州，或有忠焉，或有仁者，若淫刑濫及，殺忠與仁，斯乃西伯所以歎息于九侯，孔子所以回輪于河上。伏惟聖德昭明，殷鑒水鏡，前禮止迅烈之怒，抑雷霆之威，則溥天知幸矣。昔厲防民口，卒滅宗姬；文聽輿頌，終摧疆楚。願不以人廢言

留神省察。魏書張衮附傳太和初懷州民伊祁苟初謀反將殺刺史文明太后欲盡誅一城之民白澤諫

張倫

倫字天念。白澤子。累官護軍長史員外常侍。轉大司農少卿燕州大中正。熙平中出爲後將軍肆州刺史。孝莊初進太常少卿。不拜。轉大司農卿。

諫遣使報蠕蠕表

臣聞古之聖王。疆理物土。辨章要甸。荒遐之俗。政所不及。故禮有壹見之文。書著羈縻之事。太祖以神武之姿。聖明之略。經略帝圖。日有不暇。遂令豎子遊魂一方。亦由中國多虞。急諸華而緩夷狄也。高祖光宅土中。業隆卜世。赫雷霆之威。振熊羆之旅。方役南轅。未遑北伐。昔舊京烽起。虜使在郊。主上按劍。璽書不出。世宗運籌帷幄。開境揚旌。衣裳所及。舟車萬里。于時醜類款關。上亦述遵遺志。今大明臨朝。澤及行葦。國富兵彊。能言率職。何憚而爲之。何求

而行此。往日蕭衍通敬求和。以誠肅未純。抑而不許。先帝棄戎于前。陛下交夷于後。無乃上乖高祖之心。下違世宗之意。且虜雖慕德。亦來觀我。懼之以彊。儻即歸附。示之以弱。窺覦或起。春秋所謂以我卜也。又小人難近。夷狄無親。疏之則怨。狎之則侮。其所由來久矣。是以高祖世宗知其若此。來既莫逆。去又不追。不一之義。于是乎在。必其委贄玉帛之辰。屈膝蕃方之禮。則可豐其勞賄。籍以珍物。至于王人遠役。銜命虜庭。優以匹敵之尊。加之相望之寵。恐徒生虜慢。無益聖朝。假令選衆而舉。使乎稱職。資酈生之辯。騁終軍之辭。憑軾下齊。長纓繫越。苟異曩時。猶爲不願。而況極之以隆崇。申之以宴好。臣雖下愚。輒敢固執。若事不獲已。應頒制詔。示其上下之儀。宰臣致書。諷以歸順之道。若聽受忠誨。明我話言。則萬乘之盛。不失位于域中。天子之聲。必籠罩于無外。脫或未從。焉能損益。徐舞干戚以招之。敷文德而懷遠。如迷心不已。或肆犬羊。則當命辛李之將。勳衞霍之師。蕩定雲沙。埽清遊孽。飲馬瀚海之濱。鏤石燕然之上。開都護。置戊己。斯亦陛下之高功。不世之盛事。如思案甲養民。務農安邊之術。經國之防。豈可以戎夷兼并。而遽虧典制。將取笑于當時。貽醜于來葉。昔文公請隧。襄后有言。荊莊問鼎。王孫是抑。以古方今。竊爲陛下不取。又陛下方欲禮神嶽瀆。致禮衡山。登稽嶺。窺蒼梧。而反與夷虜之君。酋渠之長。結昆弟之忻。抗分庭之義。將何以瞰文命之遐景。迹重華之高風者哉。臣以爲報使甚失。如彼不報。甚得如此。願留須臾之聽。察愚臣之言。魏書張衮附傳熙平中蠕蠕主醜奴遣使來朝抗敵國之書不修臣敬朝議將依漢荅匈奴故事遣使報之倫表不從

勳當作勒

長孫嵩

嵩代人。昭成時代父仁統軍。道武時以爲南部大人。除冀州刺史。賜爵鉅鹿公。歷侍中、司徒、相州刺史。明元即位。假節督山東諸軍事。太武即位。進爵北平王。司州中正。遷太尉。加柱國大將軍。卒年八十。謚曰宣王。

議荅吐谷渾慕璝

前者有司所處。以爲秦王荒外之君。本非政教所及。來則受之。去則不禁。皇威遠被。西秦王慕義畏威。稱臣納貢。求受爵號。議者以爲古者要荒之君。雖人土衆廣。而爵不擬華夏。陛下加寵。王官乃越常分。容飾車旗。班同上國。至于繒絮多少。舊典所無。皆當臨時以制豐寡。自漢魏以來。撫接荒遐。頗有故事。呂后遺單于御車二乘。馬二駟。單于荅馬千匹。其後匈奴和親。敵國遺繒絮不過數百。呼韓邪稱臣。身自入朝。始乃至万匹。今西秦王若以土無桑蠶。便當上請。不得言財不周賞。昔周室衰微。齊侯小白一匡天下。有賜胙之命。無益土之賞。晉侯重耳破楚城濮。唯受南陽之田。爲朝宿之邑。西秦所致。唯定而已。塞外之人。因時乘便。侵入秦涼。未有經略拓境之勳。爵登上國。統秦涼河沙四州之地。而云土不增廓。比

聖朝于弱周，而自同于五霸，無厭之情，其可極乎。西秦王忠款于朝廷，原其本情，必不至此，或左右不敏，因致斯累。檢西秦流人賊時所抄，悉在蒲坂，今既稱藩，四海咸泰，天下一家，可敕秦州送詣京師，隨後遣還。所請乞佛三人，昔爲賓國之使，來在王庭，國破家遷，卽爲臣妾，可勿聽許。（魏書吐谷渾傳，慕璝表言，土不據廓，財不周賞，幷請敕遣乞佛等，太尉長孫嵩及議郎博士二百七十九人議荅。）

長孫稚

稚（南史作幼），字承業，初名冀歸，嵩四世從孫，襲父觀爵上黨王，例降爲公，孝文時拜前將軍，授七兵尚書、太常卿、右將軍，宣武時出爲撫軍大將軍，領揚州刺史，假鎭南大將軍、都督淮南諸軍事，進大都督，坐事除名，復假鎭西將軍，除平東將軍，進尚書右僕射，孝明時出爲行臺、雍州刺史，孝莊初復封上黨王，尋改馮翊王，後降爲郡公，遷司徒，加侍中，兼尚書令、大行臺，仍鎭長安，前廢帝卽位，遷太尉、錄尚書事，孝武時轉太傅、錄尚書事，從入關，拜太師，復封上黨王，大統元年卒，贈假黃鉞、大丞相、都督三十州諸軍事、雍州刺史，謚曰文宣。

奉表自明

與琛同在淮南，俱當國難，琛敗臣全，遂生私隙，且臨機奪帥，非筭所長。（魏書長孫道生附傳，鮮于修禮反，吕稚爲大都督北討，尋詔稚解行臺，遣河間王琛爲大都督，稚遣子子裕奉表。）

復收鹽池稅表

鹽池天資貨賄，密邇京畿，唯須寶而護之，均贍吕理。今四境多虞，府藏罄竭，然冀定二州，且亡且亂，常調之絹，不復可收，仰惟府庫，有出無入，必須經綸，出入相補。略論鹽稅，一年之中，準絹而言，猶不應減三十萬匹也，便是移冀定二州置于畿甸。今若廢之，事同再失。臣前仰違嚴旨，而先討關賊，而解河東者，非是閑長安而急蒲坂，蒲坂一陷，沒失鹽池，三軍口命，濟贍理絕，天助大魏，茲計不

入當作人

爽。昔高祖昇平之年，無所乏少，猶創置鹽官而加典護，非爲物而競利，恐由利而亂俗也。況今王公素餐，百官尸祿，租徵六年之粟，調折來歲之資，此皆出入私財，奪人膂力，豈是願言。事不獲已，臣輒符司監將尉，還率所部，依常收稅，更聽後敕。（魏書長孫道生附傳，靈太后時，有詔廢鹽池稅，稚上表。）

上表乞定樂舞名

臣聞安上治民，莫善于禮，移風易俗，莫善于樂。易曰：先王吕作樂崇德，殷薦之上帝，吕配祖考。書曰：戛擊鳴球，搏拊琴瑟吕詠，祖考來格。詩言志，律和聲，敘九族，平章百姓，天神于焉降歆，地祇可得而禮。故樂吕象德，舞吕象功，干戚所吕比其形容，金石所吕發其歌頌，薦之宗廟則靈祇饗其和，用之朝廷則君臣協其志，樂之時義大矣哉。雖復沿革異時，晦明殊位，周因殷禮，百世可知也。太祖道武皇帝應圖受命，光宅四海，義合天經，德符地緯，九戎薦舉，五禮未詳。太宗世祖重輝累耀，恭宗顯祖誕隆丕基，而猶經營四方，匪遑制作。高祖孝文皇帝承太平之緒，纂無爲之運，帝圖既遠，王度惟新。太和中命故中書監高閭草創古樂，閭尋去世，未就其功。閭亡之後，故太樂令公孫崇續修遺事，十有餘載，崇敷奏其功。時太常卿劉芳吕崇所作體制差舛，不合古義，請更修營，被旨聽許。芳又釐綜，久而申呈。時故東平王元匡共相論駮，各樹朋黨，爭競紛綸，竟無底定。及孝昌已後，世屬艱虞，內難孔殷，外敵滋甚，永安之季，胡賊入京，燔燒樂庫，所有之鍾，悉畢賊手，其餘磬石，咸爲灰燼。普泰元年，臣等奉敕營造樂器，責問太樂前來郊丘懸設之方，宗廟施安之分。太樂令張乾龜荅稱：芳所造六格，北廂黃鍾之均，實是夷則之調，其餘三廂，宮商不和，共用一笛，施之前殿，樂人尚存。又有姑洗太簇二格，用之後宮，檢其聲韻，復是夷則，于今尚在。而芳一代碩儒，斯文攸屬，討論之日，必應攷古，深有明證。乾龜

謬當作繆

之葬。恐是歷歲稍遠。伶官失職。芳久殂沒。遺文銷毀。無可遵訪。臣等謹詳周禮。分樂而序之。凡樂圜鍾爲宮。黃鍾爲角。太簇爲徵。姑洗爲羽。若樂六變。天神可得而禮。函鍾爲宮。大簇爲角。姑洗爲徵。南呂爲羽。若樂八變。地示可得而禮。黃鍾爲宮。大呂爲角。大簇爲徵。應鍾爲羽。若樂九變。人鬼可得而禮。至于布置。不得相生之次。兩均異宮。竝無商聲。而同用一徵。書曰。於予擊石拊石。百獸率舞。八音克諧。神人以和。計五音不具。則聲豈成文。七律不備。則理無和韻。八音克諧。莫曉其旨。聖道幽玄。微言已絕。漢魏以來。未能作者。案春秋魯昭公二十年。晏子言于齊侯曰。先王之濟五味和五聲也。以平其心。成其政也。聲亦如味。一氣、二體、三類、四物、五聲、六律、七音、八風、九歌、以相成也。服子慎注云。黃鍾之均。黃鍾爲宮。太簇爲商。姑洗爲角。林鍾爲徵。南呂爲羽。應鍾爲變宮。蕤賓爲變徵。一懸十九鍾。十二懸二百二十八鍾。八十四律。即如此義。乃可尋究。今案周禮小胥之職。樂懸之法。鄭注云。鍾磬編懸之。二八十六枚。漢成帝時。犍爲郡于水濱得古磬十六枚獻呈。漢以爲瑞。復依禮圖編懸十六。去正始中。徐州薛成送玉磬十六枚。亦是一懸之器。檢太樂所用鍾磬。各一懸十四。不知何據。魏侍中謬襲云。周禮以六律、六同、五聲、八音、六舞、大合樂以致鬼神。今之樂官徒知古有此制。莫有明者。又云。樂制既亡。漢成謂韶武、武德、武始、大鈞可以備四代之樂。奏黃鍾。舞文始。以祀天地。奏太簇。舞大武。以祀五郊明堂。奏姑洗。舞武德巡狩。以祭四望山川。奏蕤賓。舞武始大鈞。以祀宗廟祀圜丘方澤。羣廟祫祭之時。則可兼舞四代之樂。漢亦有雲翹育命之舞。罔識其源。漢以祭天。魏時又以雲翹兼祀圜丘天郊。育命兼祀方澤地郊。今二舞久亡。無復知者。臣等謹依高祖所制尺。周官考工記鳧氏爲鍾鼓之分。磬氏爲磬倨闕之法。禮運五聲十二律還相爲宮之義。以律呂爲之劑量。奏請制度。經紀營

造。依魏晉所用四廂宮懸。鍾磬各十六懸。塤篪箏筑。聲韻區別。蓋理三稔。于茲始就。五聲有節。八音無爽。笙鏞和合。不相奪倫。元日備設。百寮允矚。雖未極萬古之徽蹤。實是一時之盛事。竊惟古先哲王。制禮作樂。各有所稱。黃帝有咸池之樂。顓頊作承雲之舞。大章大韶。堯舜之異名。大夏大濩。禹湯之殊稱。周言大武。秦曰壽人。及焚書絕學之後。舊章淪滅。無可準據。漢高祖時。叔孫通因秦樂人制宗廟樂。迎神廟門奏嘉至。皇帝入廟門奏永至。登歌再終。下奏休成之樂。通所作也。高祖六年。有昭容樂。禮容樂。又有房中祠樂。高祖唐山夫人所作也。孝惠二年。使樂府令夏侯寬備其簫管。更名安世樂。高祖廟奏武德文始五行之舞。孝文廟奏昭德文始四時五行之舞。孝武廟奏盛德文始四時五行之舞。武德者。高祖四年作也。以象天下樂己行武以除亂也。文始舞者。舜韶舞。高祖六年更名曰文始。以示不相襲也。五行舞者。本周舞。秦始皇二十六年更名曰五行也。四時舞者。孝文所作。以明天下之安和也。孝景以武德舞爲昭德。孝宣以昭德舞爲盛德。光武廟奏大武。諸帝廟並奏文始五行四時之舞。及卯金不祀。當塗勃興。魏武廟樂改云韶武。用虞之大韶。周之大武。總號大鈞也。曹失其鹿。典午乘時。晉氏之樂。更名正德。自昔帝王。莫不損益相緣。徽號殊別者也。而皇魏統天百三十載。至于樂舞。迄未立名。非所以聿宣皇風。章明功德。贊揚懋軌。垂範無窮者矣。案今后宮饗會及五郊之祭。皆用兩懸之樂。詳攬先誥。大爲紕繆。古禮。天子宮懸。諸侯軒懸。大夫判懸。士特懸。皇后禮數。德合王者。名器所資。豈同于大夫哉。孝經言嚴父莫大于配天。宗祀文王于明堂。以配上帝。即五精之帝也。禮記王制。庶羞不踰牲。燕衣不踰祭服。論語。禹卑宮室。盡力于溝洫。惡衣服。致美于黻冕。何有殿庭之樂。過于天地乎。失禮之差。遠于千里。昔漢孝武帝東巡狩封禪。還祀泰一于甘泉。祭后土于汾陰。

皆盡用明其無滅。晉泰元年。前侍中臣孚及臣瑩等奏求造十二懸。六懸裁訖。續復營造。尋蒙旨判。今六懸既成。臣等思鐘磬各四。鉦鎛相從。十六格宮懸已足。今請更營二懸。通前為八宮懸兩具矣。一具備于太極。一具列于顯陽。若圓丘方澤。上辛四時。五郊社稷諸祀。雖時日相礙。用之無闕。孔子曰。周道四達。禮樂交通。傳曰。魯有禘樂。賓祭用之。然則天地宗廟同樂之明證也。其升斗權量。當時未定。請即刊校。以為長準。周存六代之樂。雲門咸池韶夏濩武用于郊廟。各有所施。但世運遙緬。隨時亡缺。漢世唯有虞韶周武。魏為武始咸熙。錯綜風聲。為一代之禮。晉無改造。易名正德。今聖朝樂舞未名。舞人冠服無準。稱之文武舞而已。依魏景初三年以來衣服制。其祭天地宗廟。武舞執干戚。著平冕。黑介幘。玄衣裳。白領袖。絳領袖中衣。絳合幅袴。韈黑韋鞮。文舞執羽籥。冠委貌。其服同上。其奏于廟庭。武舞武弁。赤介幘。生絳袍。單衣。練領袖。皁領

袖中衣。虎文畫合幅袴。白布韈。黑韋鞮。文舞者進賢冠。黑介幘。生黃袍。單衣。白合幅袴。服同上。其魏晉相因。承用不改。古之神室。方各別所。故聲歌各異。今之太廟。連基接棟。樂舞同奏。于義得通。自中原喪亂。晉室播蕩。永嘉已後。舊章湮沒。大武皇帝破平統萬。得古雅樂一部。正音歌五十曲。工伎相傳。間有施用。自高祖遷居。世宗晏駕。內外多事。禮物未周。今日所有王夏肆夏之屬二十三曲。猶得擊奏。足以闡累聖之休風。宣重光之盛美。伏惟陛下仁格上皇。義光下武。道契玄機。業隆寶祚。思服典章。留心軌物。反堯舜之淳風。復文武之境土。飾宇宙之義。刑納生人于福地。道德熙泰。樂載新聲。天成地平。于是乎在。樂舞之名。乞垂旨判。臣等以愚昧參廁問道。呈御之日。伏增惶懼。（魏書樂志。普泰中前廢帝詔錄尚書長孫稚太常卿祖瑩營理金石。永熙二年春稚瑩表。）

全後魏文卷二十一終

張淵

淵仕苻堅。官爵未詳。又仕姚興父子。爲靈臺令。姚泓滅。仕赫連昌爲太史令。太武平統萬。復爲太史令。遷驃騎軍謀祭酒。

觀象賦 并序

易曰。天垂象。見吉凶。聖人則之。又曰。觀乎天文。以察時變。觀乎人文。以化成天下。然則三極雖殊。妙本同一。顯昧雖遐。契齊影響。尋其應感之符。測乎冥通之數。天人之際。可見明矣。夫機象冥緬。至理幽玄。豈伊管智所能究暢。然歌詠之來。偶同風人。目閱羣宿。能不歌吟。是時也。歲次析木之津。日在翼星之分。閶闔晨鼓而蕭瑟。流火夕曛以摧頹。游氣眇其高褰。辰宿煥焉華布。覩時逝懷川上之感。步秋林同宋生之戚。歎巨艱之未終。抱殷憂而不寐。遂彷徨于窮谷之裏。杖策陟神巖之側。乃仰觀太虛。縱目遠覽。吟嘯之頃。懔然增懷。不覺至理拔自近情。常韻發于宵夜。不任咏歌之末。遂援管而爲賦。其辭曰。

陟秀峰以遐眺。望靈象于九霄。陟昇遐遠九霄九天也。覩紫宮之環周。嘉帝坐之獨標。紫宮垣十五星在北斗北天皇大帝一星在紫宮中天帝位尊故言獨標也。瞻華蓋之蔭藹。何虛中之迢迢。華蓋七星杠九星合十六星在大帝上迢迢高遠之貌。觀閣道之穹隆。想靈駕之電飄。閣道六星在王良東北天帝之所乘攝靈駕之所由從電飄疾也。爾乃縱目遠覽。傍極四維。北鑒機衡。南覩太微。四維四方之維機衡謂北斗星太微宮十星在翼軫北。三台皦皦以雙列。皇座冏冏以垂暉。三台凡六星兩兩而居起文昌極太微皇座一星在太微星中皦皦冏冏皆星光明之貌也。虎賁執鋭于前階。常陳屯聚于後闥。三台謂之太階虎賁一星在下台南故言前階常陳七星如畢狀在皇座北皆宿衛天帝前後備非常闈門宮中之門也。遂回情旋首。次見文昌。文昌七星在北斗魁前別一宮之名皆相位次也。仰見造父。爰及王良。造父五星在傳舍河中造父周穆王御死精上爲星王良五星在奎北王良者晉大夫善御九方湮之子王良一名郵無正爲趙簡子御死精託于星爲天帝之馭官。傳說

登天而乘尾。奚仲託精于津陽。傅說一星在尾後傅說殷時隱于巖中殷王武丁夢得賢人圖畫其象求而得之卽立爲相死精上爲星乘尾在龍騣之間奚仲四星在天津北近河傍太古時造車輿者死而精上爲星水北曰陽在河北故曰津陽也。織女朗列于河湄。牽牛煥然而舒光。織女三星在紀星東牽牛六星在河鼓南世人復以河鼓爲牽牛。五車亭柱于畢陰。兩河俠井而相望。五車三柱都十四星在畢東北在宿北故謂之陰兩河南河北河六星俠東井東西遙相對故曰相望也。灼灼羣位。落落幽紀。設官分職。罔不悉置。灼灼落落皆星光明希疏之貌羣位謂天設三公九卿之官皇后嬪御之位分謂分其所司而各有所典罔無悉盡言無不盡備官職亦有之也。儲貳副天。庭延三吏。儲貳謂太子一星在帝座北三吏三公星在太微宮中也。論道納言。各有攸司。論道謂三公坐而論道納言謂尚書獻可替否。將相次序以衛守。九卿珠連而內侍。太微宮十星皆有上將上相次將次相之位九卿三星在太微庭中行列如連而內侍。天街分中外之境。四七列九土之異。天街二星昴畢間近月星陰陽之所分中國之境界天街以西屬外國旄頭氈裘引弓之民皆屬焉天街以東屬中國搢紳之士冠帶之倫皆屬焉四七二十八宿角亢鄭國兗州氐房心陳國豫州尾箕燕國幽州斗牛吳國揚州女虛危齊國青州營室東壁衛國并州奎婁魯國徐州胃昴畢趙國冀州觜參魏國益州井鬼秦國雍州柳星張周國洛陽三河翼軫楚國荊州天有十二次日月之所經歷地有十二州王侯之所國方土所出之物各有殊異不同者。左則天紀槍棓攝提大角。二咸防奢七公理獄。天紀九星在貫索東天槍三星在北斗杓東天棓五星在女牀東北攝提十星俠大角穴大角一星在攝提間二咸東咸四星在房東北西咸四星在房西北此星主防奢淫諂佞之事七公七星在招搖東近貫索貫索爲天獄刑獄失中則七公評議理其冤枉。接庫樓燗燗以灼明。騎官騰驤而奮足。庫樓十星在大角南騎官二十七星在氐南騎官典乘故曰騰驤也。天市建肆于房心。帝座標落而電燭。天市二十四星在房心北帝座一星在天市中心。于前則老人天社。清廟所居。老人一星在弧南常以春秋分候之天社六星亦在弧南清廟十四星在張南。明堂配帝。靈臺考符。明堂三星在太微西南角外靈臺三星在明堂西。丈人極陽而慌忽。子孫嘒嘒于參嵎。丈人二星在軍市西南星在南方故稱極陽慌忽謂星細小遠邈難見老子曰忽兮慌兮其中有象慌兮忽兮其中有物子二星在丈人東嘒小貌孫二星在子東詩云嘒彼小星三五在東此之謂乎。天狗接狼以吠守。野雞伺晨于參墟。天狗七星在狼北野雞一星在參東南天市中街主警備故曰吠守雞能候晨故曰伺晨。右則少微軒轅。皇后之位。嬪御相次。尊卑有秩。少微四星在太微西南北列白衣處士之位軒轅十七星在七星北有皇后嬪御之位尊卑相次皆秩序之也。御宮典儀。女史執筆。御宮四星在鉤陳左傍此星主典司禮儀威容步趨之事女史一星在柱下史北女史記識晝夜昏明節漏省時在鉤陳右傍。內平秉禮

㠯伺邪。天牢禁愆而察失。内平四星在中宮南有邪孋之事㠯譴正之天牢六星在北斗魁下有過失則懲其愆也于後則有車府傳舍。匏瓜天津。車府七星在天津東傳舍五星在華蓋上匏瓜五星在離珠北天津九星在匏瓜北扶匡照曜。麗珠珮珍。扶匡七星在天津東麗珠五星在須女北麗桂衣珠珮珍后夫人之盛飾其星主皇后之服也人星麗玄㠯閑逸。哭泣連屬而趨墳。人星五星在車府南麗附玄天言人星近于閑逸易曰日月星辰麗于天后氏經曰人星優游人乃安哭二星在虛南泣三星在哭東墳墓四星在危南哭泣星行列趨向墳墓故曰連屬河鼓震雷㠯磤磕。螣虵蟠縈而輪菌。河鼓十二星在南斗北此星昏中南方而震雷易曰鼓之㠯雷霆此之謂也此星主聲音故曰磤磕螣虵二十二星在營室北形狀佀虵故曰輪菌于是周章高眄。還旋辰極。辰極北極旣覯鉤陳中禁。復覯天帝休息。鉤陳六星在紫宮中天皇大帝之所居諸宮別館及天牀星皆是休息寢卧而游也漸臺可升。離宮可即。漸臺離宮皆天宮臺之名漸臺四星在織女東足下離宮六星與營室相連言天帝或升漸臺而觀或就離宮而游即就也禮記曰即宮于宗周也酒旗建醇醪之旌。女牀列窈窕之色。酒旗三星在軒轅左角天設置酒官爲飲燕之事故建牙旗爲候女牀三星在紀星東北端奉侍天王之女侍衞天王必有關雎窈窕之美無妬忌之心乃可侍衞天王左右故言列窈窕之色也輦道屈曲㠯徼煥。附路立于雲閣之側。輦道五星在織女西足屈曲而細小故言徼煥也附路一星在閣道傍言天帝出入由閣道附路豫防敗傷故言天帝立于雲閣之側其列星之表。五車之間。乃有咸池鴻沼。玉井天淵。建樹百果。竹林在焉。列宿之外謂之表咸池三星在天潢東鴻沼二十二星在須女北玉井四星在參左足下天淵十星在鼈星東南建樹百果星在胃南竹林二十五星在園西南江河炳著于上穹。素氣霏霏其帶天。江天江星天江四星在尾北言天江星乃炳然著見于天上素氣者天河白氣素白霏霏然帶著于天也神龜曜甲于淸泠。龍魚擒光㠯暎連。神龜星也有五星在尾南龜知來事故稱神在河中故言淸泠魚龍謂魚一星在尾後河中尾爲龍宿故言龍魚此星在河中㠯魚星之暎水有光曜也又有南門鼓吹器府之官。奏彼絲竹。爲帝娛歡。南門鼓吹二星在庫樓南翼西南器府三十二星在軫南器府典掌絲竹之事㠯娛樂天帝也熊羆縣絡于天際。虎豹儵煜而暉爛。虎豹熊羆四星在狼星傍弧精引弓㠯持滿。狼星搖動于霄端。狼一星在參東南弧九星在狼東南星傳云天下兵起則弧引張天其外則有燕秦齊趙列國之名。外謂列宿之外復有諸國之名齊一星在九坎東趙二星在齊北鄭一星在趙北越一星在鄭北周二星在越東秦二星在周東代二星在秦南晉一星在代南韓一星在晉西魏一星在韓北楚一星在韓南燕一星在楚南諸列國之名凡有十二星也雷電霹靂。雨落雲征。征行也雷電六星在營室南霹靂五星在土公西南雲雨四星在霹靂南陳車策駕于氐南。天駟

騁步于太淸。陳車三星在氐南房星一名天駟圜苑周回㠯曲列。倉廩區別而殊形。天圜十四星在苑南天苑十六星在昴畢南天倉六星在婁南天廩四星在昴南言形象殊別不同也內則尚書大理。太一天一之宮。尚書五星在紫微宮門內東南維大理二星在紫微宮中太一天一各一星相近在紫宮門南柱下著術。傳示無窮。柱下史一星在北極東六甲候大帝之所須。內廚進御膳于皇躬。六甲在華蓋下內廚二星在紫宮西南角外天船橫漢㠯普濟。積水候災于其中。天船九星在大陵北積水一星在天船中陰德播洪施㠯恤不足。四輔翼皇極而闡玄風。陰德二星在尚書西四輔四星俠北極播布洪大玄天也陰德之官必有陽報夫陰施陽報自然之常數貧窮困死生民之極艱㠯至困之口死遺陰德之終故窮者不希周恤而惠與自至施者無求于報而酬荅自來斯乃冥中之理大象豈虛構其曜哉四輔星旣翼佐北極之樞又能闡揚天帝之風教故言闡玄風也恢恢太虛。寥寥帝庭。恢恢寥寥皆廣大清虛之貌老子曰天網恢恢疏而不失帝庭謂太微宮也五座並設。爰集神靈。五座謂太微宮中五帝座也黃帝靈威仰位東方赤帝赤熛怒位南方白帝白招矩位西方黑帝汁光紀位北方黃帝含樞紐位中央五帝各異並集諸神之宮與之謀國事孝經援神契曰並設神靈集謀此之謂也乃命熒惑。伺彼憍盈。熒惑常㠯十月十一月入太微受制伺無道之國故曰伺彼憍盈也執法刺舉于南端。五侯議疑于水衡。太微南門謂之執法刺舉者刺姦惡舉有功五侯五星在東北東井爲水衡辯疑獄五侯議而決之也金火時出㠯成緯。七宿匡衞而爲經。金火熒惑太白也七宿謂一方七宿天文謂五星爲緯二十八宿爲經故舉金火七宿爲言則五星二十八宿可知也言五星出入伏見有時不常出也暐曄昱其並曜。粲若三春之榮。言星辰布曜若春日之榮華也覩夫天官之羅布。故作則于華京。言天官羅布于上王者法效于下論語曰惟天爲大惟堯則之也及其災異之興。出無常所。言災異出無常宿隨其善惡而處之假使鄭國有事則變見角亢也歸邪繽紛。飛流電舉。如星非星如雲非雲謂之歸邪夾㠯徵氣故稱繽紛飛飛星也流流星也飛星與流星各異飛星焱去而迹絶流星迹存而不滅電舉者佀焱電長妖星起則殃及晉平。虵乘龍則禍連周楚。春秋魯襄公十年春正月戊子妖星出于婺女見于申維婺女屬齊申爲晉分梓愼見妖星出知晉侯㠯戊子日死虵乘龍謂襄公二十八年歲星次天津于玄枵十五度在虛下歲星主木位在東體合房心故名龍虛在坎坎子位次玄枵虛虵之類歲星失次行虛之外出其下故曰虵乘龍龍位壽星宋鄭之分梓愼見虵乘龍知饑在宋鄭然裨竈㠯爲周王及楚子皆死二人推變不同所見各異梓愼裨竈古之良史也或取證于逢公。或推變于衞午。逢公齊邑姜之先言逢公死時亦有此星見梓愼推星㠯此方之知晉平公將死衞午謂虛宿對午午爲張翼張翼周楚之分裨竈占知周王楚子死故言推變于衞午乃有欽明光被。塡逆水府。昔堯遭洪水塡星逆行入水府書曰欽明文思光被萬邦

洪波滔天，功隆大禹。言洪水既出，堯命鯀治之，而功不成，乃復命禹治而平之。禹有濟世之難，治水之功。書曰：洪水滔天。又曰：禹錫玄圭，告厥成功。此則冥數之大運，非治綱之失緒。言堯遭洪水，致填星逆行之異，非不德所致，此乃運數應爾也。蓋象外之妙，不可以臚理尋；重玄之內，難以熒燎覩。言玄理微妙，不可知見也。至于精靈所感，迅踰駭嚮；荊軻慕丹，則白虹貫日而不徹。昔荊軻慕燕太子丹之義，入秦為刺客，雖至精感上，而事竟不捷。衛生畫策，則太白食昴而擒朗。昔衛先生為秦畫策于長平，昭王疑而不信，太白有食昴之變。魯陽指麾，而曜靈為之回駕。魯陽，古之賢人，以手麾日，能再回也。嚴陵來游，而客氣著于乾象。昔光武為白衣時，與嚴陵相厚善，及登帝位，陵來入見，太史奏曰：客星犯帝座。光武詔曰：乃嚴子陵，非客。斯皆至感動于神祇，誠應效于既往。介乃四氣鱗次，斗建辰移，雖無聲言，三光是知。言四時代謝不常，每月斗移建一辰，天無聲言語，止以星辰見變，遺以示人也。星中定于昏明，影度以之不差。測水旱于未然，占方來之安危。孟春正月，昏參中，旦尾中；仲春之月，昏弧中，旦建星中；季春之月，昏七星中，旦牽牛中；孟夏之月，昏翼中，旦婺女中；仲夏之月，昏亢中，旦危中；季夏之月，昏心中，旦奎中；孟秋之月，昏建星中，旦畢中；仲秋之月，昏牽牛中，旦觜觿中；季秋之月，昏虛中，旦柳中；孟冬之月，昏危中，旦七星中；仲冬之月，昏東壁中，旦軫中；季冬之月，昏婁中，旦氐

中。冬至之日，建八尺之標，影長一丈三尺五寸也。夏至之日，影長一尺六寸也。影長為水，影短為旱。陰精乘箕，則大飆暮鼓；西南入畢，則淫雨滂沲。陰精，月也。東北失道入箕，則多風；移而西南失道入畢，則多雨。兩三日為淫雨。詩曰：月麗于畢，俾滂沲矣。書曰：星有好風，星有好雨。此之謂也。譬有晉鍾之應，銅山風雲之從斑螭。言雲從龍，風從虎，同氣相求，同類相應。蜀山崩而晉鍾鳴也。若夫冥車潛駕，時乘六虬，大儀回運，萬象俱流。六虬，六龍。易曰：時乘六龍以御天。此皆是天回運轉。北斗俄其西傾，羣星忽以匿幽。幽，暗也。望舒縱轡以騁度，靈輪浹旦而過周。望舒，月也。月日行十三度十九分度之七，周天凡三百六十五度四分度之一。天一日一夜運轉過周一度，浹匝也。至旦曉，而過匝，故曰浹旦而過周也。爾乃凝神遠矚，矚目八荒，察之無象，視之眇茫，狀若渾元之未判別，又似浮海而覩滄浪，幽遐迥以希夷，寸眸焉能究其傍。凝神，精不動也。言極遠循視，茫然若造化之始，元氣未分，似浮海遠望，而不見其邊。論語曰：乘桴浮于海。老子曰：聽之不聞，其聲名曰希；視之不見其形，名曰夷。于是乎夜對山水，栖心高鏡，遠尋終古，攸然獨詠，美景星之繼晝，大唐堯之德盛。瑞應圖曰：景星大如半月，生于晦朔，助月光明。當堯之時，有此星見，故美堯之德能致之也。嘉黃星之靡鋒，明虞舜之不競。昔舜將受禪于堯，先有星見，員而無鋒芒，言舜當用土德主天下。星見而無芒角者，示揖讓而受，不以兵事爭競也。疇呂尚之宵夢，善登輔而翼聖。昔太公未遇文王時，釣魚于磻溪，夜夢得北斗輔星，神告尚以伐紂之意。事見尚書中候篇也。欽管仲之察微，見虛危而知命。昔管仲與鮑叔牙商賈于南陽，見三星聚虛危之分，知齊將有霸王，遂共發心來投齊地也。歎熒惑之舍心，高宋景之守政。當春秋時，熒惑守心，景公不從史韋之言，熒惑退舍，而延二十年。壯漢祖之入秦，奇五緯之聚映。昔漢祖入秦，五星聚于東井，秦之分。介乃厤象既周，相佯巖際，相佯，倘佯也。尚書曰：厤象日月星辰。尋圖籍之所記，著星變乎書契。覽前代之將淪，咸譴告于昏世。言先代之君將淪亡，天必告災異之徵也。桀斬諫以星孛，紂酖荒而致彗。夫景星見則太平，應彗孛作而禍亂興，天之常也。昔夏桀無道，斬關龍逢而極惡，孛星見，湯伐之，放于鳴條之野；殷紂設炮烙之刑，彗星出，武王懸之白旗也。恆不見以周衰，枉蚰行而秦滅。昔魯莊公十年夏四月，恆星不見，自是以後周室衰微。枉矢出，蚰行而無尾，自昔項羽入關，有此變，見漢書。諒人事之有由，豈妖災之虛設。言天以冥應玄象為變，要由人事，豈妖災而已。誠庸主之難悛，故明君之所察。言庸君闇主，玄象譴告，不能改行自新，以荅天變；賢君明主則不然，見天災異，懼而修德也。堯無為猶觀象，而況德非乎先哲。夫唐堯至治，猶厤象璇璣，闚七政，況德不及古而不覩之乎。魏書張淵傳，又見十六國春秋六十九。無注。案張淵，北史作張深，文選月賦注引作張泉，皆避唐諱。初學記一略載此賦，作宋張鏡，隋志有宋新安太守張鏡集十卷，豈此賦又見張鏡集邪。疑初學記宋字誤。

崔宏

宏字玄伯，清河東武城人，魏司空林六世孫。仕秦為苻融陽平公侍郎，領冀州從事，管征東記室，徵為太子舍人，不就。左遷著作佐郎，歷苻丕征東功曹。苻堅亡，慕容以為吏部尚書、左丞、高陽內史。道武以為黃門侍郎，遷吏部尚書，賜爵白馬侯，加周兵將軍。明元時拜天部大人，進爵為公。泰常三年卒，贈司空，謚曰文貞。

容下脫垂字

國號議

三皇五帝之立號也，或因所生之土，或即封國之名，故虞夏商周始皆諸侯，及聖德既隆，萬國宗戴，稱號隨本，不復更立。唯商人屢徙，改號曰殷，然猶兼行，不廢始基之稱，故詩云：殷商之旅。又云：天

命玄鳥降而生商宅殷土茫茫此其義也昔漢高祖㠯漢王定三秦滅彊楚故遂㠯漢爲號國家雖統北方廣漠之土逮于陛下應運龍飛雖曰舊邦受命維新是㠯登極之初改代曰魏又慕容永亦奉進魏土夫魏者大名神州之上國斯乃革命之徵驗利見之玄符也臣愚㠯爲宜號爲魏（魏書崔玄伯傳）

崔浩

浩字伯淵小名桃簡宏長子皇始中爲通直郎天興中給事祕書轉著作郎明元即位拜博士祭酒賜爵武城子泰常中襲父爵白馬公東宮建㠯爲右弼尋拜相州刺史加左光祿大夫太武即位㠯公歸第始光中進爵東郡公拜太常卿神䴥中加侍中特進撫軍大將軍左光祿大夫進司徒太平眞君十一年六月坐修國史忤旨并范陽盧氏太原郭氏河東柳氏皆夷族時年七十

冊封沮渠蒙遜爲涼王

昔我皇祖冑自黃軒總御羣才攝服戎夏疊曜重光不殞其舊逮于太祖應期協運大業唯新奄有區宇受命作魏降及太宗廣闢崇基政和民阜朕承天緒思廓宇縣然時運或否雰霧四張赫連跋扈于關西大檀陸梁于漠北戎夷負阻江淮未賓是用自東徂西戎軒屢駕賴宗廟靈長將士宣力克翦兇渠震服彊獷四方漸泰表裏無塵王先識機運經略深遠與朕協同厥功洪茂當今運鍾時季僭逆憑陵有土者莫不跨峙一隅有民者莫不榮其私號不遵眾星拱極之道不慕細流歸海之義而王深悟大體率由典章任土貢珍愛子入侍動義著焉道業存焉惟王乃祖乃父有土有民論功德則無二于當時言氏族則始因于世爵古先帝王褒賢賞德莫不胙土分民建爲藩輔是㠯周成命大公㠯表東海襄王錫晉文大啟南陽是用割涼州之武威張掖敦煌酒泉西海金城西平七郡封王爲涼王受茲素土苴㠯白茅用建冢社爲魏室藩輔盛衰存亡與魏升降夫功高則爵尊德厚則任重又加命王入贊百揆謀謨帷幄出征不懷登攝侯伯其㠯太傅行征西大將軍仗鉞秉旄鷹揚河右遠祛王略懷柔荒隅北盡于窮髮南極于庸岷西被于崐嶺東至于河曲王實征之㠯夾輔皇室又命王建國署將相羣卿百官承制假授除文官刺史㠯還武官撫軍㠯下祗服朕命協亮天工俾九德咸事無忝庶官用終爾顯德對揚我皇祖之休烈（魏書沮渠蒙遜傳崔浩之辭也）

議軍事表

昔漢武帝患匈奴彊盛故開涼州五郡通西域勸農積穀爲滅賊之資東西迭擊故漢未疲而匈奴已敝後遂入朝昔平涼州臣愚㠯爲北賊未平征役不息可不徙其民案前世故事計之長者若遷民人則土地空虛雖有鎮戍適可禦邊而已至于大舉軍資必乏陛下㠯此事闊遠竟不施用如臣愚意猶如前議募徙豪彊大家充實涼土軍舉之日東西齊勢此計之得者（魏書崔浩傳）

上五寅元厤表

太宗即位元年敕臣解急就章孝經論語詩尚書春秋禮記周易三年成訖復詔臣學天文星厤易式九宮無不盡看至今三十九年晝夜無廢臣稟性弱劣力不及健婦人更無餘能是㠯專心思書忘寢與食至乃夢共鬼爭義遂得周公孔子之要術始知古人有虛有實妄語者多直正者少自秦始皇燒書之後經典絕滅漢高祖㠯來世人妄造厤術者有十餘家皆不得天道之正大誤四千小誤甚多不可言盡臣愍其如此今遭陛下太平之世除僞從眞宜改誤厤㠯從天道是㠯臣前奏造厤今始成訖謹㠯奏呈唯恩省察㠯臣厤術宣示中書博士然後施用非但時人天地鬼神

知臣得正。可㠯益國家萬世之名。過于三皇五帝矣。（魏書崔浩傳）

上疏讚明寇謙之受神誥事

臣聞聖王受命。則有大應。而河圖洛書。皆寄言于蟲獸之文。未若今日人神接對。手筆粲然。辭旨深妙。自古無比。昔漢高雖復英聖。四皓猶或恥之。不爲屈節。今清德隱仙。不召自至。斯誠陛下侔蹤軒黃。應天之符也。豈可㠯世俗常談。而忽上靈之命。臣竊懼之。（魏書釋老志。崔浩獨異寇謙之言。因師事之。授其道術。于是上疏讚明其事。）

注易敘

國家西平河右。敦煌張湛。金城宗欽。武威段承根。三人皆儒者。並有儁才。見稱于西州。每與余論易。余㠯左氏傳卦解之。遂相勸爲注。故因退朝餘暇。而爲之解焉。（魏書張湛傳）

食經敘

余自少及長。耳目聞見。諸母諸姑所脩婦功。無不蘊習酒食。朝夕養舅姑。四時供祭祀。雖有功力。不任僮使。常手自親焉。昔遭喪亂。饑饉仍臻。饘蔬餬口。不能具其物用。十餘年間。不復備設。先妣慮久廢忘。後生無所知見。而少不習業書。乃占授爲九篇。文辭約舉。婉而成章。聰辨彊記。皆此類也。親沒之後。值國龍興之會。平暴除亂。拓定四方。余備位台鉉。與參大謀。賞獲豐厚。牛羊蓋澤。貲累巨萬。衣則重錦。食則粱肉。遠惟平生。思季路負米之時。不可復得。故序遺文。垂示來世。（魏書崔浩傳。浩母盧氏。諶孫女也。浩著食經敘。又北史二十一。）

論諸葛武侯

承祚之評亮。乃有故義過美之譽。案其迹也。不爲負之。非挾恨之矣。何㠯云然。夫亮之相劉備。當九州鼎沸之會。英雄奮發之時。君臣相得。魚水爲喻。而不能與曹氏爭天下。委棄荊州。退入巴蜀。誘奪劉璋。僞連孫氏。守窮崎嶇之地。僭號邊夷之間。此策之下者。可與趙他爲偶。而㠯爲管蕭之亞匹。不亦過乎。謂壽貶亮。非爲失實。且亮既據蜀。恃山險之固。不達時宜。弗量勢力。嚴威切法。控勒蜀人。矜才負能。高自矯舉。欲㠯邊夷之衆。抗衡上國。出兵隴右。再攻岐山。一攻陳倉。疏遲失會。摧衄而反。後入秦川。不復攻城。更求野戰。魏人知其意。閉壘堅守。㠯不戰屈之。知窮勢盡。憤結攻中。發病而死。由是言之。豈合古之善將。見可而進。知難而退者乎。（魏書毛修之傳）

廣德殿碑頌

肅清帝道。振懾四荒。有蠻有戎。自彼氐羌。無思不服。重譯稽顙。恂恂南秦。斂斂推亡。峨峨廣德。奕奕焜煌。（水經河水注三。太平真君三年。刻石樹碑。勒宣時事。碑頌云云。侍中司徒東郡公崔浩之辭也。碑陰題宣城公李孝伯尚書盧遐等從官姓名。）

女儀

近古婦人。常㠯冬至日上（一作進）履韈于舅姑。踐長至之義也。（御覽二十八。又六百九十七。）

全後魏文卷二十二終

烏程嚴可均校輯

崔道固

道固字季堅清河東武城人漢末中尉琰八世孫宋元嘉中孝武爲徐兗二州刺史辟爲從事後爲寧朔將軍冀州刺史泰始初與薛安都推立晉安王子勛子勛敗遂降于魏魏獻文以爲前將軍徐州刺史清河公尋通款于宋皇興初復降魏以爲平齊太守賜爵臨淄子加寧朔將軍延興中卒

上表請罪

臣資生南境限隔大化本朝不以卑末委授藩任而劉氏蕭牆內侮懼貽大戮前遣崔啟之奉表歸誠幸蒙陛下過垂矜納并賜爵寵慶佩罔極應奔闕庭但劉彧尋續遣使恕臣百死愚以世奉劉氏深衍蒙宥若猶違背則是不忠于本朝而欲求忠于大魏雖曰希生懼大魏之所不許是用迷回孤負天日冒萬死之艱固執拒守僕臣白曜振曜威靈漸經二載大將臨城以今月十四日臣東郭失守于臣款或之誠庶可以彰于大魏矣臣勢窮力屈以十七日面縛請罪白曜奉宣皇恩恕臣生命斯實陛下起臣死尸肉臣朽骨天地造物所不能行而陛下育之雖虞舜之貸有苗姬文之宥崇壘方之聖澤未足以喻既未奉朝旨無由親覲道路謠遠大息景徽東骸歸闕伏聽刑斧（魏書崔玄伯附傳道固復叛皇興初獻祖詔慕容白曜築長圍攻其城東郭道固面縛請罪表）

崔僧淵

僧淵道固兄子歸國後徙于薄骨律鎮太和中還爲尚書儀曹郎後領青州中正尋出爲廣陵王羽征東諮議參軍加顯武將軍除龍驤將軍南青州刺史

復族兄惠景書

主上之爲人也無幽不照無細不存仁則無遠不及博則無典不究殫三墳之微盡九丘之極至于文章錯綜煥然蔚炳猶夫子之牆矣遂乃開獨悟之明尋先王之迹安遷靈荒兆變帝基惟新中壤宅臨伊域三光起重輝之照庶物蒙再化之始分氏定族料甲乙之科班官命爵清九流之貫禮俗之敘粲然復興河洛之間重隆周道巷歌邑頌朝熙門穆濟濟之盛非可備陳矣加以累葉重光地兼四岳士馬彊富人神欣仰道德仁義民不能名且大人出本無所在況從上聖至天子天孫者乎聖上諸弟風度相類咸陽王已下莫不英越枝葉扶疏偏在天下所稱稍竭殊爲未然文士競謀于廟堂武夫效勇于疆埸若論事勢此爲實矣計彼王篡殺之迹人鬼同知疑親猜貴早暴遐邇兄投心逆節千載何名物患無施器非時用生不振世沒無令聲先師以爲鄙君子以爲恥此則事困伎殫自勉無益故其宜矣以兄之才夙超鄉土如弟之徒誰不瞻仰每尋昔念未敢忘懷雖復途遙二千心想若對敬遵軌範以資一生今名可揚矣而不能顯親事可變矣而不能離辱故世之所未解也且君子在家也不過孝于其親入朝也不過忠于其君主上之于兄恩則不可酬義則不可背身可殺也故非其酬功不逮也故非其報今可以效矣而又弗爲非孝也即實而言兄之不變得爲忠乎至于講武爭彊不敵者久矣論安與危不同者驗矣羣情背去獨留者謬矣願深察之王晏道絕外交器非雄朗專華保望便就屠割方之于兄其全百倍且淮蕃海捍本出北豪壽春之任兄何由免以是而言猜嫌已決又宗門未幾南北莫寄先構之重非兄何託受社之榮鄙心之相望矣今執志不寤忠孝兩忘王晏之辜安能自保見機而作其在茲乎國家西至長安東盡即墨營造器甲必盡堅精晝夜不息者于茲數載今秋中月雲羅必舉賈不及時雖貴不用若不早圖況在連城矣枚乘有言欲

出不出。關不容髮。精哉斯談。弟中于北京。身罹事譴。大造之及。有獲爲幸。比蒙清舉。起崖（疑非）一。犬馬之心。誠有在矣。雖復彼此爲異。猶昔情不移也。況于今日哉。如兄之誨。如弟之規。改張易調。易于反掌。萬一乖情。此將運也。（魏書崔玄伯附傳。齊明帝遣僧淵族兄惠景遣書規令改圖。僧淵復書。）

崔亮

亮字敬儒。道固兄孫。獻文平齊。內徙桑乾。爲平齊民。孝文時。中書博士。轉議郎。遷尚書二千石郎。兼吏部郎。尋爲太子舍人。遷中書侍郎。兼尚書左丞。帶野王令。宣武時遷給事黃門侍郎。仍兼吏部郎。領青州大中正。除散騎常侍。遷度支尚書。領御史中尉。轉都官尚書。轉七兵。領廷尉卿。除安西將軍雍州刺史。徵爲太常卿。攝吏部事。孝明即位。出爲撫軍將軍定州刺史。假鎮南將軍。進號鎮北將軍。除殿中尚書。遷吏部尚書。轉侍中太常卿。還左光祿大夫尚書右僕射。轉尚書僕射。正光二年卒。贈車騎

大將軍儀同三司冀州刺史。謚曰貞烈。

上言祫禘

今宣武皇帝主雖入廟。然烝嘗時祭。猶別寢室。至于殷祫。宜存古典。案禮。三年喪畢。祫于太祖。明年春。禘于羣廟。又案杜元凱云。卒哭而除。三年喪畢而禘。魏武皇后以太和四年六月崩。其月既葬。除服即吉。四月行事。而猶未禘。王肅以爲既除即吉。故特時祭。至于禘祫。宜存古禮。高堂隆如肅議。于是停殷祭。又仰尋太和二十三年四月。孝文帝崩。其年十月。祭廟。景明元年七月。祫于太祖。三年春。禘于羣廟。亦三年乃祫。惟古禮及晉魏之議。并景明故事。愚謂來秋七月。祫祭應停。宜待三年終。乃後祫禘。（通典五十。）

奏開銅鑛

恆農郡銅青谷有銅鑛。計一斗得銅五兩四銖。葦池谷鑛。計一斗得銅五兩。鸞帳山鑛。計一斗得銅四兩。河內郡王屋山鑛。計一斗得銅八兩。南青州苑燭山。齊州商山。並是往昔銅官。舊迹見在。謹案鑄錢方興。用銅處廣。既有冶利。並宜開鑄。（魏書食貨志。熙平二年冬。尚書崔亮奏。又見通典九。）

荅劉景安書

汝所言乃有深致。吾乘時邀幸。得爲吏部尚書。當其壯也。尚不如人。況今朽老。而居帝難之任。常思同升舉直。以報明主之恩。盡忠竭力。不爲貽厥之累。昨爲此格。有由而然。今已爲汝所怪。千載之後。誰知我哉。可靜念吾言。當爲汝論之。吾兼正（通典作廉正。）六爲吏部郎。三爲尚書。銓衡所宜。頗知之矣。但古今不同。時宜須異。何者。昔有中正。品其才第。上之尚書。尚書據狀。量人授職。此乃與天下羣賢共爵人也。吾謂當爾之時。無遺才。無濫舉矣。而汝猶云十收六七。況今日之選。專歸尚書。以一人之鑑。照察天下。劉毅所云。一吏部兩郎中。而欲究竟（北史作鏡。通典作鑒。）人物。何異以管闚天。而求其博（通典作溥。）哉。今勳人甚多。又羽林入選。武夫崛起。不解書計。唯可彍弩前驅。指蹤捕噬而已。忽令垂組乘軒。求其烹鮮之效。未曾操刀。而使專割。（通典作制。）又武人至多。官員至少。不可周溥。設令十人共一官。猶無官可授。況一人望一官。何由可不怨哉。吾近面執。不宜使武人入選。請賜其爵。厚其祿。既不見從。是以權立此格。限以停年耳。昔子產鑄刑書以救弊。叔向譏之以正法。何異汝以古禮難權宜哉。仲尼云。德（通典作知。）我者亦春秋。罪我者亦春秋。吾之此指。其由是也。但令當來君子。知吾意焉。（魏書崔亮傳。通典十四。）

今當作令

崔光韶

光韶。亮從父弟。太和中爲司空行參軍。兼祕書郎。掌校華林御書。明帝初。除青州中從事。後爲司空騎兵參軍。又兼司徒戶曹。出爲濟州輔國府司馬。還青州平東府長史。入爲司空從事中郎。解職歸孝莊初。爲東道軍司。尋徵輔國將軍廷尉少卿。未至。

除太尉長史加左將軍遷廷尉卿永安末解職歸後除征東將軍金紫光祿大夫不起卒年七十一孝靜初贈散騎常侍驃騎將軍靑州刺史

請以司空行參軍讓從叔和表

臣誠微賤未登讓品屬逢聖朝恥無讓德（魏書崔亮附傳）

誡子孫

吾自謂立身無慙古烈但以祿命有限無容希世取進在官以來不富一級官雖不達經爲九卿且吾平生素業足以遺汝官闕亦何足言也吾既運薄便經三娶而汝之兄弟各不同生合葬非古吾百年之後不須合也然贈謚之及出自君恩豈容子孫自求之也勿須求贈若違吾志如有神靈不享汝祀吾兄弟自幼及老衣服飲食未曾一片不同至于兒女官（疑作冠）婚榮利之事未嘗不先以推弟弟頃橫禍權作松櫬亦可爲吾作松棺使吾見之（魏書崔亮附傳）

崔休

休字惠盛光韶族弟孝文時舉秀才歷尙書主客郎轉通直正員郎兼給事黃門侍郎進尙書左丞轉長史宣武即位除渤海太守入爲吏部郎中遷散騎常侍免後除龍驤將軍洛州刺史尋行幽州事徵拜司徒右長史復除吏部郎中加征虜將軍冀州大中正遷光祿大夫行河南尹孝明初加平東將軍尋除平北將軍幽州刺史進號安北將軍還安東將軍靑州刺史徵爲安南將軍度支尙書尋進號撫軍將軍七兵尙書轉殿中尙書正光四年卒贈車騎將軍尙書僕射冀州刺史謚曰文貞

議用薛欽朱元旭船運計

刳木爲舟用興上代鑿渠通運利盡中古是以漕輓河渭留侯以爲偉談方舟蜀漢酈生稱爲口實豈直張純之奏見美東都陳勰之功事高晉世其爲利益所從來久矣案欽所列實允事宜郎中之計備盡公理但舟檝所通遠近必至苟利公私不宜止在前件昔人乃遠通褒斜以利關中之漕南達交廣以增京洛之饒況乃漳洹夷路河濟平流而不均彼省煩同茲巨益且鴻溝之引宋衞史牒具存討虜之通幽冀古迹備在舟車省益理實相懸水陸難易力用不等昔忝東州親逕驗斯損益不可同年而語請諸通水運之處皆宜率同此式縱復五百三百里車運水次校計利饒猶爲不少其欽所列州郡如請興造東路諸州皆先通水運今年租調悉用舟檝若船數有闕且賃假充事比之僦車交成息耗其先未通流宜遣檢行閑月修治使理有可通必無壅滯如此則發召匪多爲益實廣一爾暫勞久安永逸（魏書食貨志）

誡諸子

汝等宜皆一體勿作同堂意若不用吾言鬼神不享汝祭祀（北史二十四伏誡諸子云云休亡柩中有書如平生所誡）

崔光一

光字長仁東淸河鄃人亮族兄本名孝伯孝文賜改太和中拜中書博士轉著作郎遷中書侍郎給事黃門侍郎賜爵朝陽子拜散騎常侍兼太子少傅尋兼侍中進爵爲伯宣武即位正除侍中遷太常卿領齊州大中正正始初加撫軍將軍除中書令進號鎭東將軍延昌初還中書監太子少傅歷右光祿大夫還特進孝明即位封博平縣公領國子祭酒遷車騎大將軍儀同三司更封平恩縣侯進司徒太保固辭正光四年卒年七十三贈太傅領尙書令驃騎大將軍開府冀州刺史謚曰文宣有集五十餘卷

請復李彪史職表

伏見前御史中尉臣李彪夙懷美意創刊魏典臣昔爲彪所致與之同業積年其志力貞彊孜孜無倦督勸群寮注綴略舉雖頃來

契闊多所廢滯近蒙收起還綜厥事老而彌厲史才日新若克復舊職專功不殆必能昭明春秋闡成皇籍旣先帝厚委宿歷高班纖負微衍應從滌洗愚謂宜申以常伯正綰著作停其外役展其內思硏積歲月紀冊必就鴻聲巨迹蔚乎有章盛軌懋詠鑠焉無泯矣。（魏書李彪傳景明二年春崔光表）

荅詔問雞禍表

臣謹案漢書五行志宣帝黃龍元年未央殿路軨中雌雞化爲雄毛變而不鳴不將無距元帝初元中丞相府史家雌雞伏子漸化爲雄冠距鳴將永光中有獻雄雞生角劉向以爲雞者小畜主司時起居小臣執事爲政之象也言小臣將秉君之威以害政事指石顯也竟寧元年石顯伏辜此其效也靈帝光和元年南宮寺雌雞欲化爲雄一身毛皆似雄但頭冠尙未變詔以問議郎蔡邕邕對曰貌之不恭則有雞禍臣竊推之頭爲元首人君之象也今雞一身已變未至于頭而上知之是將有其事而不遂成之象也若應之不精政無所改頭冠或成爲患滋大是後張角作亂稱黃巾賊遂破壞四方疲于賦役民多叛者上不改政遂至天下大亂今之雞狀雖與漢不同而其應頗相類矣向邕竝博達之士攷物驗事信而有證誠可畏也臣以邕言推之翅足衆多亦羣下相扇助之象雛而未大腳羽差小亦其勢尙微易制御也臣聞災異之見皆所以示吉凶明君覩之而懼乃能招福闇主視之彌慢所用致禍詩書春秋秦漢之事多矣此陛下所觀者也今或有自賤而貴關預政事殆亦前代君房之匹比者南境死亡千計白骨橫野存有酷恨之痛歿爲怨傷之魂義陽屯師盛夏未返荆蠻狡猾征人淹次東州轉輸往多無還百姓困窮絞縊以殞北方霜降蠶婦輟事羣生憔悴莫甚于今此亦賈誼哭歎谷永切諫之時司寇行戮君爲之不舉陛下爲民父母所宜矜恤國重戎戰用兵猶火內外

怨黷易以亂離陛下縱欲忽天下豈不仰念太祖取之艱難先帝經營劬勞也誠願陛下留聰明之鑒警天地之意禮處左右節其貴越往者鄧通董賢之盛愛之正所以害之又躬饗加罕宴宗或闕時應親肅郊廟延敬諸父檢訪四方務加休息爰發慈旨撫振貧瘼簡費山池減撤聲飮晝存政道夜以安身博采芻蕘進賢黜佞則兆庶幸甚妖弭慶進禎祥集矣。（魏書崔光傳正始元年夏有典事史元顯獻四足四翼雞詔散騎侍郎趙邕以問光光表荅云云世宗覽之大悅後數日而茹皓等竝以罪失伏法又見北史四十四）

荅敕示太極西序菌表

去二十八日有物出于太極之西序敕以示臣臣案其形卽莊子所謂蒸成菌者也又云朝菌不終晦朔雍門周所稱磨蕭斧而伐朝菌皆指言蒸氣鬱長非有根種柔脆之質凋殞速易不延旬月無擬斧斤又多生墟落穢溼之地罕起殿堂高華之所今極宇崇麗牆築工密糞朽弗加沾濡不及而茲菌欻構厥狀扶疏誠足異也夫野木生朝野鳥入廟古人以爲敗亡之象然懼災修德者咸致休慶所謂家利而怪先國興而妖豫是故桑穀拱庭太戊以昌雊雉集鼎武丁用熙自比鵶鵲巢于廟殿梟鵩鳴于宮寢菌生賓階軒坐之正準諸往記信可爲誡且東南未靜兵革不息郊甸之內大旱跨時民勞物悴莫此之甚承天子育者所宜矜恤伏願陛下追殷二宗感變之意側躬聳誡惟新聖道節夜飮之忻彊朝御之膳養方富之年保金玉之性則魏祚可以永隆皇壽等于山岳（魏書崔光傳正始二年八月光表又見北史四十四）

求取高綽等撿驗厤法表

易稱君子以治厤明時書云厤象日月星辰迺同律度量衡孔子陳後王之法曰謹權量審法度春秋舉先王之正時也履端于始又言天子有日官是以昔在軒轅容成作厤逮乎帝唐羲和察影皆所以審農時而重民事也太和十一年臣自博士遷著作忝司

藏述。時舊鍾律郎張明豫推步厤法，治己丑元，草刱未備。及遷中京，轉爲太史令，未幾喪亾，所造致廢。臣中脩史，景明初，奏求奉車都尉領太史令趙樊生、著作佐郎張洪、給事中領太樂令公孫崇等造厤，功未及訖，而樊生又喪，洪出除涇州長史，唯崇獨專其任，暨永平初，亦已略舉。時洪府解停京，又奏合重脩前事，更取太史令趙勝、太廟令龐靈扶、明豫子龍祥共集祕書，與崇等詳驗，推建密厤。然天道幽遠，測步理深，候觀遷延，歲月滋久，而崇及勝前後並喪，洪所造厤爲甲午甲戌二元，又除豫州司馬。靈扶亦除蒲陰令。洪至豫州，續造甲子己亥二元。唯龍祥在京，獨修前事，㠯皇魏運水德，爲甲子元。兼校書郎李業興本雖不豫，亦和造厤，爲戊子元。三家之術，並未申用。故貞靜處士李謐私立厤法，言合紀次，求就其兄瑒追取，與洪等所造，遞相參攷，㠯知精麤。臣㠯仰測晷度，實難審正，又求更取諸能算術兼解經義者前司徒司馬高綽、駙馬都尉盧道虔、前冀州鎮東長史祖瑩、前并州秀才王延業、謁者僕射常景等，日集祕書，與史官同檢疏密，并朔貴十五日一臨，推驗得失，擇其善者，奏聞施用。限至歲終，但世代推移，軌憲時改，上元今古，攷準或異，故三代課步，始卒各別。臣職豫其事，而朽墯已甚，既謝運籌之能，彌愧意算之藝，由是多歷年世，茲業弗成。公私負責，俯仰慙靦。（魏書律厤志上。延昌四年冬，侍中國子祭酒領著作崔光表。）

全後魏文卷二十三終

全後魏文卷二十四

烏程嚴可均校輯

崔光二

乞降階授張彝李韶汎級表

彝及李韶朝列之中唯此二人出身官次本在臣右器能幹世又並爲多近來參差便成替後計其階途雖應遷陟然恐班秩猶未賜等昔衞之公叔引下同舉晉之士丐推長伯游古人所高當時見許敢緣斯義乞降臣位一階授彼汎級齊行聖庭帖穆選敘（魏書張彝傳肅宗初侍中崔光表）

上婦人文章録表

孔子云士志于道據于德依于仁游于蓺蓺謂禮樂書數射御明前四業丈夫婦人所同修者若射御唯王男子事不及女古之賢妃烈媛母儀家國垂訓四海宣教九宗可秉道懷率遵仁禮是以漢后馬鄧術邁祖考羊嬪蔡氏具體伯喈伏惟皇太后含聖履仁臨朝闡化肅雍愷悌靖徽齊穆孝祀通于神明和風溢于區宇因時暇豫清暑林園遠覿姑射眷言饗相弦矢所發必中正鵠威靈遐暢義震上下文武懾心左右悅目吾王不遊吾何以休不窺重仞安見富美天情沖謙動容祗愧以爲舉非蠶織事存無功豈謂應乾順民裁成輔相者哉臣不勝慶幸謹上婦人文章録一帙其集具在內伏願以時披覽仰裨未聞息鑾挾之勞納閑拱之泰頤精養壽栖神翰林（魏書崔光傳時靈太后臨朝每于後園親執弓矢光乃表上中古婦人文章因以致諫）

諫靈太后頻幸王公第宅表

禮記云諸侯非問疾弔喪而入諸臣之家是謂君臣之謔不言王后夫人明無適臣家之義夫人父母在有時歸寧親沒使卿大夫聘春秋紀陳宋齊之女並爲周王后無適本國之事是制深于士大夫許姬言兄又義不得衞女思歸以禮自抑載馳竹竿所爲作

闠當作閭

今當作令

也漢上官皇后將廢昌邑霍光外祖也親爲宰輔后猶御武帷以接羣臣示男女之別國之大節伯姬待姆安就炎燎樊姜俟命忍赴洪流傳皆綴集以垂來訓昨軒駕頻出幸馮翊君任城王第雖漸中秋餘熱尚蒸衞蓋往還聖躬煩倦豐廚嘉醴罄竭時羞上壽弗限一觴方丈甘踰百品旦及日斜接對不憩非謂順時而遊奉養有度縱雲輦崇涼御筵安暢左右僕侍眾過千百扶衞跋涉袍鉀在身蒙曝塵日渙汗流離致時飢渴餐飯不贍賃馬假乘交費錢帛昔人稱陛下甚樂臣等至苦或其事也伏惟皇太后月靈炳耀坤儀挺茂誕育帝躬維興魏道德踰文母仁邁和熹親以天至遠異莫問愛由眞固非俟虛隆紆屈鑾駕降臨闠里榮光帝京士女藻悅白首之叟欣遇嬛年青衿之童慶屬唐日千載之所難一朝之爲易非至明超古忘驕釋吝孰能若斯者哉魏元以來莫正斯美輿居出入自當坦然豈同往嫌曲有矯避但帝族方衍勳貴增遷祇請遂多將成彝式陛下遵酌前王貽厥後矩天下爲公億兆己任專薦郊廟止決大政輔養神和簡息遊幸以德爲車以樂爲御亥仁聖之風習治國之道則率土屬賴含生仰悅矣臣過荷恩榮所知必盡嘿嘿唯唯愚竊未敢輕陳狂瞽分貽憲坐（魏書崔光傳又北史四十四）

求補綴石經表

詩稱蔽芾甘棠勿翦勿伐召伯所茇又云雖無老成人尚有典刑傳曰思其人猶愛其樹況用其道不恤其人是以書始稽古易本山火觀于天文以察時變觀于人文以化成天下孟子□實臣張訓說安世記饋于汾南伯山抱卷于河右元始孤論充漢帝之坐孟皇片字懸魏王之帳前哲之寶重墳籍珍愛分篆猶若此之至也矧迺聖典鴻經炳勒金石理爲國楷義成家範迹實世模事則人軌千載之格言百王之盛烈而令焚荒汙毀積榛棘而弗埽爲

鼯鼬之所棲宿，童豎之所登踞者哉。誠可爲痛心疾首，搤腕。伏惟皇帝陛下孝敬日休，自天縱睿，垂心初學，儒業方熙；皇太后欽明慈淑，臨制統化，崇道重教，留神翰林，將披雲臺而問禮，拂麟閣以招賢。誠宜遠開闕里，淸彼孔堂，而使近在城闉，面接宮廟，舊校爲墟，子衿永替，豈所謂建國君民，教學爲先，京邑翼翼，四方是則也。尋石經之作，起自炎劉，繼以曹氏典論，初乃三百餘載，計未向二十紀矣。昔來雖屢經戎亂，猶未大崩侵。如聞往者刺史臨州，多構圖寺，道俗諸用，稍有發掘，基蹠泥灰，或出於此。皇都始遷，尚可補復，軍國務殷，遂不存檢，官私顯隱，漸加剝撤，播麥納菽，秋春相因，□生蒿杞，時致火燎，由是經石彌滅，文字增缺。職忝胄教，參掌經訓，不能繕修頹墜，興復生業，倍深慚恥。今求遣國子博士一人堪任幹事者，專主周視，驅禁田牧，制其踐穢，料閱碑牒所失次第，量厥補綴。（魏書崔光傳，神龜元年夏光表）

上神龜厤表

春秋載天子有日官，諸侯有日御，又曰：履端于始，歸餘于終，皆所以推三氣，攷五運，成六位，定七曜，審八卦，立三才，正四序，以授百官于朝，萬民于野，陰陽剛柔仁義之道，罔不畢備。繇是先代重之，垂于典籍，及史遷、班固、司馬彪著立書志，所論備矣。謹案厤之作也，始自黃帝，辛卯爲元，迄于大魏甲寅紀首，十有餘代，歷祀數千，軌憲不等，遠近殊術，其消息盈虛，晛步疏密，莫得而識焉。去延昌四年冬，中堅將軍、屯騎校尉張洪，故太史令張明豫息盪寇將軍龍祥，校書郎李業興等三家並上新厤，各求申用。臣學缺章程，藝謝籌運，而竊職觀閣，謬忝厤司，奏請廣訪諸儒，更取通數兼通經義者，及太史並集祕書，與史官同驗疏密，并請宰輔羣官臨檢得失，至于歲終，密者施用。詔聽可。時太傅、太尉公、清河王臣懌等以天道至遠，非卒可量，請立表候影，期之三載，乃採其長者，更議所從。又蒙敕許。于是洪等與前鎭東府長史祖瑩等研窮其事，爾來三年，再歷寒暑，積勤構思，大功獲成。謹案洪等三人前上之厤，并駙馬都尉盧道虔、前太極採材軍主衞洪顯、殄寇將軍太史令胡榮及雍州沙門統道融、司州河南人樊仲遵、定州鉅鹿人張僧豫所上，總合九家，共成一厤，元起壬子，律始黃鍾，攷古合今，謂爲最密。昔漢武帝元封中治厤，改年爲太初，卽名太初厤；魏明帝景初中治厤，卽名景初厤。伏惟陛下道惟先天，功邁稽古，休符告徵，靈蔡炳瑞。壬子北方，水之正位，龜爲水畜，實符魏德，循母子應，義當麟趾，請定名爲神龜厤。今封以上呈，乞付有司，重加攷議，事可施用，并藏祕府，附于典志。（魏書律厤志上，神龜初光復表）

諫靈太后登永寧寺九層佛圖表

伏見親昇上級，佇蹕表刹之下，祗心圖構，誠爲福善，聖躬玉趾，非所踐陟，臣庶恇惶，竊謂未可。案禮記：爲人子者，不登高，不臨深。古賢有言：策畫失于廟堂，大人蹙于中野。漢書，上欲西馳下峻坂，爰盎攬轡停輿曰：臣聞千金之子不垂堂，百金之子不倚衡，如有車敗馬驚，奈高廟太后何。又云，上酎祭廟，出，欲御樓船，薛廣德免冠頓首曰：宜從橋。陛下不聽臣，臣以血汙車輪。樂正子春，曾參弟子，亦稱至孝，固自謹愼，堂基不過一尺，猶有傷足之愧。永寧累級，閣道回隘，以柔懦之寶體，乘至峻之重峭，萬一差跌，千悔何追。禮，將祭宗廟，必散齋七日，致齋三日，然後入祀，神明可得而通。今雖容像未建，已爲神明之宅，方加雕繢，飾麗丹青，人心所祗，銳觀滋甚。登者旣眾，異懷若面，縱一人之身，恆盡誠潔，豈左右侍妾各竭虔仰，不可獨昇，必有扈侍，懼或忘愼，非歆酒茹葷而已。昨風霾暴興，紅塵四塞，白日晝昏，特可驚畏。春秋宋、衞、陳、鄭同日而災，伯姬待姆，致焚如之禍。去皇輿中，靑州七級，亦號崇壯，夜爲上火所焚，雖梓愼、裨竈之明，尚不能逆剋端兆，變起倉卒，豫備不虞，天道幽遠，自昔深誠。墟墓必哀。廟社致敬。望塋悽慟。入門聳悚。適墓不登隴。未有昇陟之事。傳云。公既視朔。遂登觀臺。其下無天地先祖之神。故可得而乘也。內經寶塔高華。堪室千萬。唯盛言香花禮拜。豈有登上之義。獨稱三寶階。從上而下。人天交接。兩得相見。超世奇絕。莫可而擬。恭敬拜跪。悉在下級。遠存矚眺。周見山河。因其所睥。增發嬉笑。未能級級加虔。步步崇慎。徒使京邑士女。公私湊集。上行下從。理勢已然。迄于無窮。豈長世競慕。一登而可抑斷哉。蓋心信爲本。形敬乃末。重實輕根。靖實躁君。恭己南面者。豈月乘峻極。旬御層階。今經始既就。子來自勸。基構已興。雕絢漸起。紫山華臺。即其宮也。伏願息躬親之勞。廣風靡之化。因立制防。班之條限。已遏囂汙。永歸清寂。下竭肅穆之誠。上展瞻仰之敬。勿踐勿履。顯固億齡。融教闡悟。不其博歟。魏書崔光傳。神龜二年八月。靈太后幸永寧寺。躬登九層佛圖。光表諫。

諫靈太后幸嵩高表

伏聞明后當親幸嵩高。往還累宿。鑾遊近旬。存省民物。誠足爲善。雖漸農隙。所獲棲畝。飢貧之家。指爲珠玉。遺秉滯穗。莫不寶惜。步騎萬餘。來去經踐。駕輦雜遝。競騖交馳。縱加禁護。猶有侵耗。士女老幼。微足傷心。秋末久旱。塵壤委深。風霾一起。紅埃四塞。轘關崤嶮。山路危狹。聖駕清道。當務萬安。乘履澗壑。蒙犯霜露。出入半旬。途越數百。飄曝彌日。仰虧和豫。七廟上靈。容或未許。億兆下心。實用悚慄。且藏蟄節遠。昆蟲布列。蠉蠕之類。盈于川原。車馬轥蹈。必有殺殘。慈矜好生。應垂未測。誠恐悠悠之議。將謂爲福與罪。廝役困于負擔。爪牙窘于賃乘。供頓候迎。公私擾費。廚兵幕士。衣履敗穿。晝暄夜淒。罔所覆藉。監帥驅捶。泣呼相望。霜旱爲災。所在不稔。饑饉薦臻。方成儉敝。爲民父母。所宜存恤。請以撫之。猶懼離散。乃于收斂初辰。致此行舉。自近及遠。交興怨嗟。伏願遠覽虞舜恭己無爲。近遵老易不出戶牖。罷勞形之遊。息傷財之駕。動循典防。納

諸執儀。委司責成。寄之耳目。人神幸甚。朝野抃悅。魏書崔光傳。神龜二年九月。靈太后幸嵩高。光上表諫。不從。

答詔示禿鶖表

蒙示十四日所得大鳥。此即詩所謂有鶖在梁。解云禿鶖也。貪惡之鳥。野澤所育。不應入于殿廷。昔魏氏黃初中。有鵜鶘集于靈芝池。文帝下詔。以曹恭公遠君子近小人。博求賢儁。太尉華歆由此遜位而讓管寧者也。臣聞野物入舍。古人以爲不善。是以張臶惡鵩。賈誼忌鵩。鵜鶘暫集而去。前王猶爲至誠。況今親入宮禁。爲人所獲。方被畜養。晏然不以爲懼。準諸往義。信有殊矣。且饕餮之禽。必資魚肉。菽麥稻粱。時或餐啄。一食之費。容過斤鎰。今春夏陽旱。穀糴稍貴。窮窘之家。時有菜色。陛下爲民父母。撫之如傷。豈可棄人養鳥。留意于醜形惡聲哉。衛侯好鶴。曹伯愛雁。身死國滅。可爲寒心。陛下學通春秋。親覽前事。何得口詠其言。行違其道。誠願遠師殷宗。近法魏祖。修德延賢。消災集慶。放無用之物。委之川澤。取樂琴書。頤養神性。魏書崔光傳。正光二年八月。獲禿鶖鳥于宮內。詔以示光。光表。肅宗覽表大悅。即棄之池澤。又見北史四十四。御覽九百二十五。

上言文昭太后改葬服制

被臺祠部曹符。文昭皇太后改葬。議至尊皇太后群臣服制輕重。四門博士劉季明議云。案喪服記。雖云改葬緦。文無指據。至于注解。乖異不同。馬融王肅云。本有三年之服者。鄭及三重。然而後來諸儒。符融者多。與玄者少。今請依馬王諸儒之議。至尊宜服緦。案記外宗爲君夫人。猶內宗。鄭注云。爲君服斬。夫人齊衰。不敢以親服至尊也。今皇太后雖上奉宗廟。下臨朝臣。至于爲姑。不得過朞。計應無服。其清河汝南二王。母服三年。亦宜有緦。自餘王公百官。爲君之母妻。唯朞而已。並應不服。又太常博士鄭六議云。謹撿喪服并中代雜論。記云改葬緦。鄭注。臣爲君。子爲父。妻爲夫。親見屍

柩不可以無服故服緦三年者緦則葬已下無服竊謂鄭氏得服緦之旨謬三月之言如臣所見請依康成之服緦既葬而除愚以爲允（魏書禮志四神龜元年十一月侍中國子祭酒儀同三司崔光上言詔可又見通典一百二）

奏免趙霸

不遵憲度威虐任情至乃手擊吏人寮屬奔走不可以君人字下納之軌物輒禁止在州（魏書酷吏張赦提傳又有華山太守趙霸酷暴非理大使崔光奏霸）

奏簡高顯碑銘

常景名位乃處諸人之下文出諸人之上（魏書常景傳世宗季舅高顯卒其兄右僕射肇私託景及尚書邢巒并州刺史高聰通直郎徐紇各作碑銘並以呈御世宗悉付侍中崔光簡之光以景所造爲最乃奏）

奏停刑元愉妾李氏

伏聞當刑元愉妾李加之屠割妖惑扇亂誠合此罪但外人竊云李今懷姙例待分產且臣尋諸舊典兼推近事戮至刳胎謂之虐刑桀紂之主乃行斯事君舉必書義無隱昧（北史作諱）酷而乖法何以示後陛下春秋已長未有儲體皇子襁褓至有夭失臣之愚識知無不言乞停李獄以俟育孕（魏書崔光傳永平元年秋將刑元愉妾李氏敕光爲詔光逡巡不作奏云云世宗納之又見北史四十四）

奏定五時朝服

奉詔定五時朝服案北京及遷都以來未有斯制輒勒禮官詳據太學博士崔瓚議云周禮及禮記三冠六冕承用區分璵玉五綵配飾亦別都無隨氣春夏之異唯月令有青旂赤玉黑衣白輅隨四時而變復不列弁冕改用之玄黃以此而推五時之冠禮既無文若求諸正典難以經證案司馬彪續漢書輿服及祭祀志云迎氣五郊自永平中以禮讖并月令迎氣服色因采元始故事兆五郊于洛陽又云五郊衣幘各如方色又續漢禮儀志立春京都百官皆著青衣服青幘秋夏悉如其色自漢逮于魏晉迎氣五郊用幘從服改色隨氣斯制因循相承不革冠冕仍舊未聞有變今皇魏憲章前代損益從宜五時之冠愚謂如漢晉用幘爲允（魏書禮志四熙平元年九月侍中儀同三司崔光奏）

奏上太后母謚

案漢高祖母始謚曰昭靈夫人後爲昭靈后薄太后母曰靈文夫人皆置園邑三百家長丞奉守今秦太上君未有尊謚陵寢孤立即秦君名宜上終稱兼設埽衞以慰情典請上尊謚曰孝穆權置園邑三十戶立長丞奉守（魏書胡國珍傳）

奏免劉昞子孫碎役

臣聞太上立德其次立功立言死而不朽前哲所尚思人愛樹自古稱美故樂平王從事中郎敦煌劉昞著業涼城遺文茲在篇籍之美頗足可觀如或衍釁當蒙數世之宥況乃維祖逮孫相去未遠而令久淪皁隸不獲收異儒學之士所爲竊歎臣忝職史敢冒以聞奏乞敕尚書推檢所屬甄免碎役用廣聖朝旌善繼絕敦化厲俗于是乎在（魏書劉昞傳正光三年太保崔光奏）

臨廣川王諧喪議

三臨之事乃自古禮爰及漢魏行之者稀陛下至聖慈仁方遵前軌志必哀喪慮同盛戚臣等以爲若期親三臨大功宜再始喪之初哀之至極既以情降宜從始喪大斂之臨伏如聖旨（魏書廣川王略傳略子諧太和十九年薨黃門侍郎崔光宋弁通直常侍劉芳典命下大夫李元凱中書侍郎高敏等議）

又議

東堂之哭蓋以不臨之故今陛下躬親撫視羣臣從駕臣等參議以爲不宜復哭（魏書廣川王略附傳光等議）

清河王懌爲所生母服議

喪服大功章云公之庶昆弟爲母傳曰先君餘尊之所厭不得過大功記公子爲其母練冠麻衣縓緣既葬除之傳曰何以不在五服中也君之厭不得申其罔極依禮大功據喪服厭降之例並無

從厥之文。今太妃既捨六宮之稱。加太妃之號。爲封君之母。尊崇一國。臣下固宜服朞。不得以王服厥屈而更有降。禮有從輕而重。義包于此。魏書禮志四。延昌三年，清河王懌所生母羅太妃薨，表求申齊衰三年，詔禮官博議，侍中中書監太子少傅崔光議。

爲壻乞徐州長史啟

敬徽爲荆州五隴戍主。女隨夫行。常慮寇鈔。南北分張。乞爲徐州長史兼別駕。暫集京師。魏書崔光傳。自從貴達，罕所申薦。曾啟其女壻彭城劉敬徽云云，肅宗從之。

疾甚敕子姪等

諦聽吾言。聞曾子有云。人之將死。其言也善。啟予手。啟予足。而今而後。吾知免夫。吾荷先帝厚恩。位至于此。史功不成。沒有遺恨。汝等以吾之故。並得名位。勉之勉之。以死報國。修短命也。夫復何言。速可送我還宅。魏書崔光傳。

十地經論序

十地經者。蓋是神覺之玄苑。靈慧之妙宅。億善之基輿。萬度之綱紀。理苞羣藏之祕。義冠衆典之奧。積漸心行。窮忍學之源。崇廣佳德。極道慧之府。所以厚集璧廣。朗成圓種。離怖首念。赫爲雷威。其爲教也。微密精遠。究淨照之宗。融冶瑩練。盡性靈之妙。自寂場啟旭。固林輟暉。雖復聖訓充感。金言滿世。而淵猷沖賾。莫不網羅于其中矣。至于光宣眞軌。融暢玄門。始自信仁。終泯空寂。因果既周。化業彌顯。嘿耀大方。影煥八極。豈直日月麗天。洞燭千象。溟壑帶地。混納百川而已哉。既理富瀛岳。局言靡測。廓明洪旨。是係淵儒。北天竺大士婆藪槃豆。魏云天親。挺高悟于象運。拔英規于季俗。故徽蹤馬鳴。繼迹龍樹。每恨此經。文約而義豐。言邇而旨遠。乃超然遠慨。邈爾悠想。慕釋迦之餘範。追剛藏之遺軌。誠復歲踰五百。處非六天。八梵乖遼。正像差迴。而妙契環中。神協摩外。通法貫玄。莫愧往列。遂乃準傍大宗。爰製茲論。發趣精微。根由睿哲。旨奧音

全後魏文卷二十四　崔光　九

殊。宣譯俟賢。固以義隔中興。時鍾聖代。大魏皇帝。俯鑒天縱。玄情漢遠。揚治風于宇縣之外。敷道化于千載之下。每以佛經爲遊心之場。釋典爲栖照之囿。搜隱訪缺。務乎照揚。有教必申。無籍不備。以永平元年。歲次玄枵。四月上日。命三藏法師北天竺菩提留支。魏云道希。中天竺勒那摩提。魏云寶意。及傳譯沙門北天竺伏陀扇多。并義學緇儒一十餘人。在太極紫庭。譯出斯論。十有餘卷。斯二三藏。並以邁俗之量。高步道門。羣藏淵部。罔不研攬。善會地情。妙盡論旨。皆手執梵文。口自敷唱。片辭隻說。辯詰慌遺。于是皇上親紆玄藻。飛翰輪首。臣僚僧徒。毗贊下風。四年首夏。翰譯周訖。洋洋盈耳。莫得其門。義富趣玄。孰云窺測。剛藏妙說。更興于像世。天親玄旨。再光于季運。忝厠末筵。敢竊祇記耳。釋藏𠑽一。

全後魏文卷二十四　崔光　十

全後魏文卷二十四終

全後魏文卷二十五

烏程嚴可均校輯

崔鴻

鴻字彥鸞，光弟敬友之子。太和末爲彭城王國左常侍。景明中遷員外郎，兼尚書虞曹郎中，與起居注。遷給事中，兼祠部郎，轉尚書都兵郎中。永平初爲鎮南邢巒行臺長史，從三公郎中，加輕車將軍。遷員外散騎常侍。延昌末加中堅將軍，遷中散大夫、高陽王友、司徒長史。正光初加前將軍，撰高祖世宗起居注。孝昌初拜給事黃門侍郎，加散騎常侍、齊州大中正。卒贈鎮東將軍、度支尚書、青州刺史。有十六國春秋一百二卷。

呈奏十六國春秋表

臣聞帝王之興也，雖誕應圖籙，然必有驅除，蓋所以翦彼厭政，成此樂推。故戰國紛紜，年過十紀，而漢祖夷殄羣豪，開四百之業，歷文景之懷柔蠻夏，世宗之奮揚威武，始得涼朔同文，胖越一軌。于是談遷感漢德之盛，痛諸史放絕，乃鈐括舊書，著成太史，所謂緝茲人事，光彼天時之義也。昔晉惠不競，華戎亂起，三帝受制于姦臣，二皇晏駕于非所，五都蕭條，鞠爲煨燼，趙燕既爲長蛇，遼海緬成殊域，窮兵銳進，以力相雄，中原無主，八十餘年。遺晉僻遠，勢略孤微，民殘兵革，靡所歸控。皇魏龍潛幽代，世篤公劉，內修德政，外抗諸偽，并冀之民，懷寶之士，繈負而至者，日月相尋。雖邠岐之赴太王，謳歌之歸西伯，實可同年而語矣。太祖道武皇帝以神武之姿，接金行之運，應天順民，龍飛受命。太宗必世重光，業隆玄默。世祖雄才叡略，闡曜威靈，農戰兼修，掃清氛穢，歲垂四紀，而寰宇一同，儋耳文身之長，卉服斷髮之酋，莫不請朝率職，重譯來庭，隱憝鴻濟之澤，三樂擊壤之歌，百姓始得陶然蘇息，欣于堯舜之世。自晉永寧以後，雖所在稱兵，競自尊樹，而能建邦命氏成爲戰國者，十有六家。善惡興滅之形，用兵乖會之勢，亦足以垂之將來，昭明勸戒。但諸史殘缺，體例不全，編錄紛謬，繁略失所，宜審正不同，定爲一書。伏惟高祖以大聖應期，欽明御運，合德乾坤，同光日月，建格天之功，創不世之法，闡作生民，惟新大造。陛下以青陽繼統，叡武承天，應符屈己，則道高三五，頤神至境，則洞彼玄宗，剖判百家，斟酌六籍，遠邁石渠，美深白虎。至如導禮革俗之風，昭文變性之化，固以感彼禽魚，穆茲寒暑，而況愚臣沐浴太和，懷音正始，而可不勉強難革之性，砥礪木石之心哉。誠知敏謝允南，才非承祚，然國志史考之美，竊亦輒所庶幾。始自景明之初，搜集諸國舊史，屬遷京甫爾，率多分散，求之公私，驅馳數歲。又臣家貧祿薄，唯任孤力，至于紙盡，書寫所資，每不周接。暨正始元年，寫乃向備，謹于吏案之暇，草構此書，區分時事，各繫本錄，破彼異同，凡爲一體，約損煩文，補其不足，三豕五門之類，一事異年之流，皆稽以長麻，攷諸舊志，刪正差謬，定爲實錄，商校大略，著春秋百篇。至三年之末，草成九十五卷。唯常璩所撰李雄父子據蜀時書，尋訪不獲，所以未及繕成，輟筆私求，七載于今。此書本江南撰錄，恐中國所無，非臣私力所能終得。其起兵僭號，事之始末，乃亦頗有，但不得此書，懼簡略不成。久思陳奏，乞敕緣邊求采，但愚賤無因，不敢輕輒。散騎常侍、太常少卿、荊州大中正臣趙邕忽宣明旨，敕臣送呈，不悟九皋微志，乃得上聞，奏敕欣惶，慶懼兼至。今謹以所訖者，附臣邕呈奏。臣又別作序例一卷，年志一卷，仰表皇朝統括大義，俯明愚臣著錄微體。徒竊慕古人立言美意，文致疏鄙，無一可觀，簡御之日，伏深慚悸。（魏書崔光附傳：鴻以其書有與國初相涉，言多失體，且既未訖，迄不奏聞。鴻後典起居，乃妄載其表。又見北史四十四。）

奏當作奉

大攷百寮議

竊惟王者爲官求才，使人以器，黜陟幽明，揚清激濁，故績效能官。

才必獲位者朝昇夕進年歲數遷豈拘一階半級閡以歲等位者哉二漢以降太和以前苟必官須此人人稱此職或超騰昇陟數歲而至公卿或長兼試守稱允而遷進者披卷則人人而是舉目則朝貴皆然故能時收多士之譽（通典作稱）國號豐賢之美竊見景明以來考格三年成一考一考轉一階貴賤內外萬有餘人自非犯罪不問賢愚莫不上中才與不肖比肩同轉雖有善政如黃龔儒學如王鄭史才如班馬文章如張蔡得一分一寸必爲常流所攀選曹亦抑爲一概不曾甄別琴瑟不調改而更張雖明旨已行猶宜消息（魏書崔光附傳延昌二年將大攷百寮鴻以攷令於體例不通乃建議又見北史四十四通典十五）

駮元珍議乙龍虎罪

三年之喪二十五月大祥諸儒或言祥月下旬而禫或言二十七月各有其義未知何者會聖人之旨龍虎居喪已二十六月若依王杜之義便是過禫卽吉之月如其依鄭玄二十七月禫中復可

以從御職事禮云祥之日鼓素琴然則大祥之後喪事終矣既可以從御職事求上何爲不可若如府判禫中鼓琴復有罪乎求之經律理實未允（魏書禮志四延昌二年偏將軍乙龍虎喪父給假二十七月而龍虎并數閏月詣府求上領軍元珍上言冒哀求仕五歲刑三公府郎中崔鴻駮云云又見通典一百）

又駮

案三年之喪沒閏之義儒生學士猶或病諸龍虎生自戎馬之鄉不蒙稽古之訓數月成年便懼違緩原其本心非貪榮求位而欲責以義方未可便尒也且三年之喪再朞而大祥中月而禫鄭玄以中爲間王杜以爲是月之中鄭亦未爲必會經旨王杜豈于必乖聖意既諸儒探賾先聖後賢見有不同晉武後雖從宋昌許猛之駮同鄭禫議然初亦從程猗贊成王杜之言二論得否未可知也聖人大祥之後鼓素琴成笙歌者以喪事既終餘哀之中可以存樂故也而樂府必以干戚羽毛施之金石然後爲樂樂必使工爲之庶民凡品于祥前鼓琴可無罪乎律之所防豈必爲貴士亦及凡庶府之此義彌不通矣魯人朝祥而暮歌孔子以爲踰月則可矣尒則大祥之後喪事已終鼓琴笙歌經禮所許龍虎欲宿衞皇宮豈欲合刑五歲就如鄭義二十七月而禫二十六月十五升布深衣素冠縞紕及黃裳綵纓以居者此則三年之餘哀不在服數之內也衰絰則埋之于地杖則棄之隱處此非喪事終乎府以大祥之後不爲喪事之終何得復言素琴以示終也喪事尙遠曰誠如鄭義龍虎未盡二十七月而請宿衞實爲忽忽于感之理合在情責便以深衣素縞之時而罪同杖絰苫凷之日于禮憲未允詳之律意冒喪求仕謂在斬焉草土之中不謂除衰杖之後也又龍虎具列居喪日月無所隱冒府應告之以禮遣還終月便幸彼昧識欲加之罪豈是遵禮敦風愛民之致乎正如鄭義龍虎罪亦不合刑匆匆之失宜科鞭五十（魏書禮志四元珍又上言鴻又駮云云又略見通典一百）

費羊皮張回罪議（通典作羌皮）

律稱和賣人者謂兩人詐取他財今羊皮賣女告回稱良張回利賤知良公買誠于律俱乖而兩各非詐此女雖父賣爲婢體本是良回轉賣之日應有遲疑而賣者既以有罪買者不得不坐但賣者以天性難奪支屬易遺尊卑不同故罪有異買者知良故買又于彼無親若買同賣者卽理不可何者賣五服內親屬在尊長者死此亦非掠從其眞買暨于致罪刑死大殊明知買者之坐自應一例不得全如鈞議云買者之罪不過賣者之咎也且買者于彼無天性支屬之義何故得有差等之理又案別條知人掠盜之物而故買者以隨從論依此律文知人掠良從其宜買罪止于流然其親屬相賣坐殊凡掠至于買者亦宜不等若處同流坐于法爲深準律斟降合刑五歲至如買者知是良人決便眞賣不語前人得之由緒前人謂眞奴婢更或轉賣因此流漂罔知所在家人追贖

求訪無處。永沈賤隸。無復以期。案其罪狀。與掠無異。且法嚴而姦易息。政寬而民多犯。水火之喻。先典明文。今謂買人親屬。而復決賣。不告前人以狀由緒。處同掠罪。（魏書刑罰志延昌三年。案今志誤以此為宣武詔。據通典知是崔鴻議也。先有楊鈞議一篇。魏書及通典皆不載。）

案律。賣子一歲刑。五服內親屬。在尊長者死。賣周親及妾與子婦者流。蓋天性難奪。支屬易遺。又尊卑不同。故殊以死刑。且買者于天性無支屬。罪應一例。明知是以。決便眞賣。因此流漂。家人不知。追贖無迹。永沈賤隸。案其罪狀。與掠無異。（通典一百六十七。三公郎中崔鴻議。案此約文。足證前篇非宣武詔。）

崔子元

子元。鴻子。為祕書郎。

奏上父鴻十六國春秋

臣亡考故散騎常侍給事黃門侍郎前將軍齊州大中正鴻。不殞家風。式纘世業。古學克明。在新必鏡。多識前載。博極羣書。史才富洽。號稱籍甚。年止壯立。便斐然懷著述意。正始之末。任屬記言。撰緝餘暇。乃刊著趙燕秦夏涼蜀等遺載。為之贊序。褒貶評論。先朝之日。草構悉了。唯有李雄蜀書。搜索未獲。闕茲一國。遲留未成。去正光三年。購訪始得。討論適訖。而先臣棄世。凡十六國。名為春秋一百二卷。近代之事。最為備悉。未曾奏上。弗敢宣流。今繕寫一本。敢以仰呈。儻或淺陋。不回睿賞。乞藏祕閣。以廣異家。（魏書崔光附傳。鴻子子元。永安中乃奏其父書。）

奚斤

斤。代人。登國初統禁兵。為侍郎。皇始初為征東長史。越騎校尉。還都水使者。出為晉兵將軍。幽州刺史。賜爵山陽侯。明元卽位。為鄭兵將軍。行右丞相。拜天部大人。進爵為公。授司空。晉兵大將軍。行揚州刺史。太武卽位。進爵宜城王。為赫連定所擒。後得歸。免為宰人。尋拜安東將軍。降爵為公。太延初為衞尉。改封宏農王。加征南大將軍。後為萬騎大將軍。眞君九年卒。年八十。諡曰昭王。

上疏請平赫連昌

赫連昌亡保上邽。鳩合餘燼。未有蟠據之資。今因其危。滅之為易。請益鎧馬。平昌而還。（魏書奚斤傳。）

伐涼州議

河西王牧犍。西垂下國。雖內不純臣。而外脩職貢。宜加寬宥。恕其微愆。去歲新征。士馬疲弊。未可大舉。宜且羈縻。其地鹵薄。略無水草。大軍旣到。不得久停。彼聞軍來。必嬰城固守。攻則難拔。野無所掠。終無克獲。（魏書奚斤傳。世祖大集羣臣于西堂。議伐涼州。斤等三十餘人議。又見魏書崔浩傳北史崔浩傳。並小異。）

叔孫建

建。代人。登國初為外朝大人。歷後將軍。都水使者。中領軍。賜爵安平公。加龍驤將軍。出為并州刺史。免。明元卽位。以為正直將軍。相州刺史。遷廣陵鎮將。除楚兵將軍。徐州刺史。賜爵壽光侯。加鎮南將軍。除平原鎮大將。封丹陽王。加征南大將軍。太延三年卒。年七十三。諡曰襄王。

豫備宋軍表

臣前遣沙門僧護詣彭城。僧護還稱。賊發軍向北。前鋒將徐卓之已至彭城。大將軍到彥之軍在泗口。發馬戒嚴。必有舉斧之志。臣聞為國之道。存不忘亡。宜繕甲兵。增益屯戍。先為之備。以待其來。若不豫設。卒難擒殄。且吳越之衆。便于舟檝。今至北土。舍其所長。逆順旣殊。勞逸不等。平寇定功。在于此日。臣雖衰敝。謀略寡淺。過蒙殊寵。忝荷重任。討除寇暴。臣之志也。是以秣馬枕戈。思效微節。願陛下不以南境為憂。（魏書叔孫建傳。）

安同

資當作姿

同，遼東胡人，登國初爲外朝大人，加廣武將軍，賜爵北新侯，加安遠將軍。明元時拜右光祿大夫，太武卽位，進爵高陽公，拜光祿勳，除征東大將軍、冀青二州刺史，神䴥二年卒，追贈高陽王，謚曰恭惠。

至并州上明元帝表

竊見并州所部守宰，多不奉法。又刺史擅用御府鍼工古彤爲晉陽令，交通貨賄，共爲姦利，請案律治罪。魏書安同傳。

安原

原，同次子。明元時爲獵郎，出監雲中軍事，賜爵武原侯，加魯兵將軍。太武卽位，徵拜駕部尚書，遷尚書左僕射，封河間公，加侍中、征南大將軍，坐謀逆伏誅。

臨刑上疏

臣聞聖不獨明而治，鼎不單足而立，是以熒火之光，猶增日月之資暉。先臣同往因聖運，歸身太祖，竭誠戮力，立效于險難之中。臣以頑闇，忝備股肱，陛下恩育，委以朝政，思展微誠，仰報恩澤，而魯元姦佞，構成貝錦，天威遂加，合門俱戮，此乃命也，非臣之枉。但魯元外類忠貞，內懷姦詐，而陛下任以腹心，恐釁發肘腋。臣與魯元生爲怨人，死爲讎鬼，非以私故謗毀魯元，不復眷眷，披露誠款。魏書安同傳附傳。

劉潔

潔，長樂信都人，襲父提爵信都男，進封會稽公。太武卽位，遷尚書令，改封鉅鹿公，坐罪夷三族。

奏恤南州災民

臣聞天地至公，故萬物咸育；帝王無私，而黎民戴賴。伏惟陛下以神武之資，紹重光之緒，恢隆大業，育濟羣生，威之所振，無思不服，澤之所洽，無遠不懷，太平之治，于是而在。自頃邊寇內侵，戎車屢駕，天資聖明，所在克殄，方難既平，皆蒙酬錫，勳高者受爵，功卑者獲賞，寵賜優崇，有過古義。而郡國之民，雖不征討，服勤農桑，以供軍國，實經世之大本，府庫之所資。自山以東，偏遇水害，頻年不收，就食他所。臣聞率土之濱，莫非王臣，應加哀矜，以鴻覆育。今南摧邊寇，西敗醜虜，四海晏如，人神協暢，若與兆民共饗其福，則惠感和氣，蒼生悅樂矣。魏書劉潔傳。太武時南州大水，百姓阻饑，潔奏。

古弼

弼，代人，明元帝賜名曰筆，後改名弼，爲門下奏事、典西部。太武卽位，拜立節將軍，賜爵靈壽侯，進侍中、吏部尚書，拜安西將軍，賜爵建興公，鎭長安，尋督隴右諸軍，徵爲東宮四輔，遷尚書令。南安王余卽位，以爲司徒。文成卽位，以忤旨免，尋誅。

乞停發車牛表

今秋穀懸黃，麻菽布野，猪鹿竊食，鳥雁侵費，風波所耗，朝夕參倍，乞賜矜緩，使得收載。魏書古弼傳。世祖畋于山北，大獲麋鹿數千頭，詔發車牛五百乘以運之，弼表。

司馬楚之

楚之字德秀，晉宣帝弟太常馗之八世孫。宋受禪，謀興復不果，泰常末降于魏，假使持節、征南將軍、荊州刺史。太武卽位，以爲安南將軍，封琅邪王，屯潁川，徵爲散騎常侍，尋拜假節、侍中、鎭西大將軍、開府儀同三司、雲中鎭大將、朔州刺史。和平五年卒，年七十五，謚曰貞王。

遣使請降表

江淮以北，闇王師南首，無不抃舞，思奉德化，而逼于寇逆，無由自致。臣因民之欲，請率慕義，爲國前驅，今皆白衣，無以制服，入望若蒙偏裨之號，假王威以唱義，則莫不率從。魏書司馬楚之傳。

上疏請乘勝南伐

臣奉命南伐，受任一方，而智力淺短，誠節未效，所以夙夜憂惶，忘寢與食。臣累遣人至荆揚。所在陳說。具論天朝盛化之美。莫不忻承聖德。傾首北望。而義隆兄弟。抑人情搖動。遣臣私歸順。爲司州刺史。統淮北七郡。代垣苗守懸瓠。自鞏洛滑臺敗散。吕來。義隆恥其敗北。多加罪罰。到彥之削位。退同卒伍。殺檀綏夫于壽春。斬竺二靈秀于彭城。王休元託疾。檀道濟斥放。凡在腹心。悉懷疑阻。民怨臣猜。可謂今日。臣聞平殄寇逆。必乘戰勝之威。建立功勳。亦因離貳之勢。伏惟陛下聖德膺符。道光四海。神旌所指。莫不摧服。其未賓者。義隆而已。今天網遐舉。殊方仰德。固宜埽清東南。齊一區宇。使濟濟之風。被于江漢。（魏書司馬楚之傳。）

步還

還爲司馬楚之安南長史。封臨邑子。

上太武帝表

楚之渡河。百姓思舊。義衆雲集。汝潁以南。望風翕然。回首革面。斯誠陛下應天順民。聖德廣被之所致也。（魏書司馬楚之傳。）

許鍾

鍾。明元時太常博士。

上言廟祭有神異

臣聞聖人能饗帝。孝子能饗親。伏惟陛下孝誠之至。通于神明。近嘗于太祖廟。有車騎聲從北門入殿。殷轠轄震動門闕。執事者無不肅慄。斯乃國祚永隆之兆。宜告天下。使咸知聖德之深遠。（魏書禮志一。泰常四年。帝嘗于白登廟。將薦熟。有神異焉。太常博士許鍾上言。）

全後魏文卷二十五終

全後魏文卷二十六

烏程嚴可均校輯

刁雍

雍字淑和，渤海饒安人，晉尚書協之曾孫。元興末，以避劉裕，奔姚興，爲太子中庶子。泰常中，姚泓滅，與司馬休之等奔魏，假建義將軍，又假鎮東將軍、青州刺史、東光侯。延和中，進平南將軍、徐州刺史，賜爵東安侯。太延中，徵還。眞君中，授征南將軍、徐豫二州刺史，還薄骨律鎮將。興光中，徵還，拜特進。太和八年卒，年九十五，贈儀同三司、冀州刺史，謚曰簡。案通典一百九十六有皇興中征南將軍刁雍請築長城表，與魏書高閭傳所載全同，彼在本傳，當不誤也，故此不復錄。

爲薄骨律鎮將至鎮上表 太平眞君五年

臣蒙寵出鎮，奉辭西藩，總統諸軍，戶口殷廣。又總勒戎馬，以防不虞，督課諸屯，以爲儲積。夙夜惟憂，不遑寧處。以今年四月末到鎮，時以夏中，不及東作，念彼農夫，雖復布野，官渠乏水，不得廣殖。乘前以來，功不充課，兵人口累，率皆飢儉。略加檢行，知此土稼穡艱難。夫欲育民豐國，事須大田。此土之南，正以引河爲用。觀舊渠堰，乃是上古所制，非近代也。富平西南三十里有艾山，南北二十六里，東西四十五里，鑿以通河，似禹舊迹。其兩岸作溉田大渠，廣十餘步，山南引水入此渠中，計昔爲之，高于河水不過一丈。河水激急，沙土漂流，今日此渠高于河水二丈三尺，又河水侵射，往往崩頹。渠溉通典作既。高懸，水不得上。雖復諸處案舊引水，水亦難求。今艾山北，河中有洲渚，水分爲二。西河小狹，水廣百四十步。臣今求入來年正月，于河西高渠之北八里，分河之下五里，平地鑿渠，廣十五步，深五尺，築其兩岸，令高一丈。北行四十里，還入古之高渠，即循高渠而北，復八十里，合百二十里，大有良田。計用四千人，四十日功，渠得成訖。所欲鑿新渠口，河下五尺，水不得入。今求從小河東南岸斜斷到西北岸，計長二百七十步，廣十步，高二丈，絕斷小河。二十日功，計得成畢，合計用功六十日。小河之水，盡入新渠，水則充足，溉官私田四萬餘頃。一旬之間，則水一遍；水凡四溉，穀得成實。官課常充，民亦豐贍。魏書刁雍傳，通典二。

表請水運 太平眞君七年

奉詔高平、安定、統萬及臣所守四鎮，出車五千乘，運屯穀五十萬斛付沃野鎮，以供軍糧。臣鎮去沃野八百里，道多深沙，輕車來往，猶以爲難，設令載穀，不過二千石，每涉深沙，必致滯陷。又穀在河西，轉至沃野，越渡大河，計車五千乘，運十萬斛，百餘日乃得一返，大廢生民耕墾之業。車牛艱阻，難可全至，一歲不過二運，五十萬斛乃經三年。臣前被詔，有可以便國利民者動靜以聞。臣聞鄭白之渠，遠引淮海之粟，泝流數千，周年乃得一至，猶稱國有儲糧，民用安樂。今求于牽屯山河水之次造船二百艘，二船爲一舫，一船勝穀二千斛，一舫十人，計須千人。臣鎮內之兵，率皆習水。一運二十萬斛。方舟順流，五日而至，自沃野牽上，十日還到，合六十日得一返。從三月至九月三返，運送六十萬斛，計用人功，輕于車運十倍有餘，不費牛力，又不廢田。魏書刁雍傳，北堂書鈔一百五十九，通典十。

表請河西造城 太平眞君九年

臣聞安不忘危，先聖之政也。況綏服之外，帶接邊城，防守不備，無以禦敵者也。臣鎮所綰河西，爰在邊表，常懼不虞。平地積穀，實難守護，兵人散居，無所依恃。脫有妖姧，必致狼狽，雖欲自固，無以得全。今求造城儲穀，置兵備守。鎮自建立，更不煩官；又于三時之隙，不令廢農。一歲二歲不訖，三歲必成。立城之所，必在水陸之次，大小高下，量力取辦。魏書刁雍傳。

興禮樂表 和平六年

臣聞有國有家者，莫不禮樂爲先。故樂記云：禮所以制外，樂所以脩內和氣中釋恭敬溫文是以安上治民莫善于禮易俗移風莫善于樂且于一民一俗尚須崇而用之況統御八方陶鈞六合哉故帝堯脩五禮以明典章作咸池以諧萬類顯皇軌于云岱揚鴻化于介丘令木石革心鳥獸率舞包天地之情達神明之德夫感天動神莫近于禮樂故大樂與天地同和大禮與天地同節和故百物阜生節故祀天祭地禮行于郊則上下和肅肅者禮之情和者樂之致樂至則無怨禮至則不違揖讓而治天下者禮樂之謂歟唯聖人知禮樂之不可以已故作樂以應天制禮以配地所以承天之道治人之情故王者治定制禮功成作樂虞夏殷周易代而起及周之末王政陵遲仲尼傷禮樂之崩亡痛文武之將墜自衛返魯各得其中逮乎秦皇翦棄道術灰滅典籍坑燼儒士盲天下之目絕象魏之章簫韶來儀不可復矣賴大漢之興改正朔易服色協音樂制禮儀正聲古禮粗欲周備至于孝章每以三代損

益優劣殊軌歎其薄德無以易民視聽博士曹褒覩斯詔也知上有制作之意乃上疏求定諸儀以爲漢禮終于休廢寢而不行及魏晉之日脩而不備伏惟陛下無爲以恭己使賢以御世方鳴和鸞以陟岱宗陪羣后以昇中岳而三禮闕于唐辰象舞替于周日夫君舉必書古之典也柴望之禮帝王盛事臣今以爲有其時而無其禮有其德而無其樂史闕封石之文工絕清頌之饗良由禮樂不興王政有缺致也臣聞樂由禮所以象德禮由樂所以防淫五帝殊時不相沿三王異世不相襲事與時並名與功偕故也臣識昧儒先管窺不遠謂宜脩禮正樂以光大聖之治（魏書刁雍傳）

行孝論

古之葬者衣之以薪不封不樹後世聖人易之以棺槨至秦以後生則不能致養死則厚葬過度及于末世至蘧篨裹尸倮而葬者確而爲論並非折衷既知二者之失豈宜同之當令所存者棺厚

不過三寸高不過三尺弗用緇緣斂以時服轜車止用白布爲幔不加畫飾名爲清素車又去挽歌方相并明器雜物（魏書刁沖傳北史二十六）

皮豹子

豹子漁陽人泰常中爲中散稍遷內侍左右太武時進散騎常侍賜爵新安矦加冠軍將軍又拜選部尚書出爲持節侍中都督安西將軍開府儀同三司進爵淮陽公鎮長安加征西將軍後坐罪徙統萬眞君中復爵拜仇池鎮將進號征西大將軍開府文成時徵爲尚書內都大官和平五年卒贈淮陽王謚曰襄

乞遣高平兵赴仇池表

義隆增兵運糧趣必送死臣所領之衆本自不多唯仰民兵專恃防固其統萬安定二鎮之衆從戎以來經三四歲長安之兵役過朞月未有代期衣糧俱盡形顏枯悴窘切戀家逃亡不已旣臨寇難不任攻戰士民姧通知臣兵弱南引文德共爲脣齒計文德去

年八月與義隆梁州刺史劉秀之同征長安聞臺遣大軍勢援雲集長安地平用馬爲便畏國騎軍不敢北出但承仇池局人稱臺軍不多戍兵尠少諸州雜人各有還思軍勢若及必自奔逃進軍取城有易反掌承信其語回趣長安之兵遣文德蕭道成王虬等將領來攻武都仇池望連秦隴進圍武都已經積日畏臣截後斷其糧路闕鎭少兵未有大損今外寇兵彊臣力寡弱拒賊備敵非兵不擬乞選壯兵增戍武都牢城自守可以無患今事已切急若不馳聞損失城鎭恐招深責願遣高平突騎二千齎糧一月速赴仇池且可抑折逆民支對賊虜須長（闕）上邽安定戍兵至可得自全糧者民之命也雖有金城湯池無糧不守仇池本無儲積今歲不收若高平騎至不知云何以得供援請遣秦州之民送軍祁山臣隨迎致（魏書皮豹子傳）

毛修之

太夫當作大夫

修之字敬文。滎陽陽武人。晉隆安初爲殷仲堪寧遠參軍。歷桓玄後軍太尉相國參軍。玄篡位。以爲屯騎校尉。安帝反正。除驍騎將軍。歷劉裕鎮軍諮議參軍。加寧朔將軍。遷右將軍。進龍驤將軍。歷輔國將軍。加宣城內史。領劉毅後軍司馬、衛將軍司馬、南陽太守。入爲黃門侍郎。復爲右衛將軍、冠軍將軍、河南河內二郡太守。代王鎮惡爲安西司馬。義熙十四年爲赫連勃勃所擒。勃勃死。與赫連昌俱爲太武所擒。神䴥中拜吳兵將軍。領步兵校尉。遷散騎常侍前將軍、光祿太夫。進太官尚書。封南郡公。遷特進、撫軍大將軍、金紫光祿太夫。太延二年爲大都大官。卒年七十二。諡曰恭。

上表請伐蜀 晉義熙十三年

臣聞在生所以重生。實有生理可保。臣之情地。生途已竭。所以未淪于泉壤。借命于朝露者。以日月貞照。有兼映之輝。庶憑天威。誅夷讎逆。自提戈西赴。備嘗時難。遂使齊斧停柯。狡豎假息。誠由經路有暨。亦緣制不自已。撫影窮號。泣望西路。益州刺史陋。始以四月二十九日達巴東。頓白帝以俟廟略。可乘之機。宜踐投袂之會。屢衍。臣雖效死寇庭。而理絕救援。是以束骸載驅。訴冤象魏。昔宋害申舟。楚莊有遺履之憤。況忘家殉國。勵有臣門。節冠風霜。人所矜悼。伍員不虧君義。而申包不忘國艱。俟會佇鋒。因時乃發。今臣庸踰在昔。未蒙育邁之旗。是以仰宸極以希照。眷西土以灑淚也。公私懷恥。仰望洪恩。豈宜遂享名器。比肩人伍。求情既所不容。即實又非所織。但以方仗威靈。要須綜攝。乞解金紫寵私之榮。賜以鷹揚折衝之號。臣之于國。理無虛請。自臣涉道。情慮荒越。疹毒交纏。常慮性命隕越。要當躬先士卒。身馳賊庭。手斬凶醜。以攄莫大之釁。然後就死之日。即化如歸。園門靈爽。豈不謝先帝于玄宮。宋書毛修之傳。時益州刺史鮑陋不肯進討。修之于都上表。案。修之父瑾爲譙縱所殺。故屢請伐蜀。

宜勒庫莫提

莫提爲鎮東將軍。封武昌王。魏書未見。太武紀眞君八年有征東將軍武昌王提。疑即其人。又穆崇傳有宗人醜善子莫提。爲中山太守。除寧南將軍、相州刺史。假陽陵侯。卒。乃道武時人。官爵亦不合。非即此。

移書梁益二州 太平眞君三年

我大魏之興。德配二儀。與造化並立。夏殷以前。功業尚矣。周秦以來。赫赫堂堂。垂耀先代。逮我烈祖。重之聖明。應運龍飛。廓清燕趙。聖朝承王業之資。奮神武之略。遠定三秦。西及蔥嶺。東平遼碣。海隅服從。北暨鍾山。萬國納貢。威風所扇。想彼朝野。備聞威德。往者劉石苻姚。遞據三郡。司馬琅邪。保守揚越。綿綿連連。綿歷年紀。數窮運改。宋氏受終。仍晉之舊。遠通聘享。故我朝廷解甲。息心東南之略。是爲不欲違先故之大信也。而彼方君臣。苞藏禍心。屢爲邊寇。去庚午年。密結赫連。侵我牢洛。致師徒喪敗。舉軍囚俘。我朝廷仁弘。不窮人之非。不遂人之過。與彼交和。前好無改。昔南秦王楊玄識達天運。于大化未及之前。度越赫連。遠歸忠款。玄既即世。弟難當忠節愈固。上請納女。連婚宸極。任土貢珍。自比內郡。漢南白雉。登俎御羞。朝廷嘉之。授以專征之任。不圖彼朝計疆埸之小疵。不相關移。輒興師旅。亡我賓屬。難當將其妻子及其同義。告敗闕下。聖朝憮然。顧謂羣臣曰。彼之違信背和。與牢洛爲三。一之爲甚。其可再乎。是若可忍。孰不可忍。是以分命吾等磬聲之臣。助難當報復。使持節侍中都督雍秦二州諸軍事安西將軍建興公吐奚愛弼、率南秦王楊難當、自祁山南出。直衝建安。命南秦自遣信臣。招集舊戶。使持節侍中都督雍梁益四州諸軍事安西將軍開府儀同三司淮陰公皮豹子、員外散騎常侍平南將軍南益州刺史建德公庫拔阿。浴河引出斜谷。晲白馬之險。散騎常侍安南將軍雍州刺史南平公娥後延。出自駱谷。直截漢水。冠軍將軍南蠻校尉荊州刺史建平公宗爽、使持節員外散騎常侍冠軍將軍梁州刺史順陽公劉買德、平遠將軍永安矦若干內亦干出自子午。東襲梁漢。使持節侍中都督荆梁南雝三州諸軍事領護南蠻校尉征南大將軍開府儀同三司荆州刺史故晉譙王司馬文思、寧遠將軍荆州刺史襄陽公魯軌、南趣荆州。使持節都督洛豫州及河內諸軍事鎮南大將軍開府儀同三司淮南王直勒它大翰爲其後繼。使持節侍中都督梁益寧三州諸軍事領護西戎校尉鎮西大將軍開府儀同三司揚州刺史晉琅邪王司馬楚之南趣壽春。使持節侍中都督揚豫兖徐四州諸軍事征南將軍徐兖二州刺史東安公刁雝東趣廣陵。南至京口。使持節侍中都督青兖徐三州諸軍事征東將軍青徐二州刺史東海公故晉元顯子司馬天助直趣濟南。十道並進。連營五千。步騎百萬。隱隱桓桓。以此屠城。何城不潰。以此奮擊。何堅不摧。邵陵踐土。區區齊晉。尚能克勝強楚。以致一匡。況大魏以沙漠之突騎。兼咸夏之勁卒。哉若衆軍就臨。將令南海北汎。江湖南溢。高岸墊爲滷澤。深谷積爲丘陵。晉餘黎民。將雲集霧聚。仇池之師。皷嘔山谷之中。何能自固。彼之所謂肆忿于目前之小得。以至于敗亡之大失也。昔信陵君濟窮鳩之危。義士歸之。故我朝廷欲救難當投命之誠。爲此舉動。既而愛惜前好。猶復沈吟。多殺生生在之一。亡十仁者之所不爲。吾等別愛後自馳檄相譬。書若攝兵還反。復南秦之國。則諸軍同罷。好穆如初。若岠我義言。很愎遂往。敗國亡身。必成噬臍之悔。望所列上彼朝。惠以報告。宋書索虜傳。虜鎮東將軍武昌王宜勒庫莫提移書梁益二州往伐仇池侵其附屬而移書越詣徐州。

若庫辰樹蘭

樹蘭爲寧南將軍豫州刺史。封北井矦。魏書未見。官氏志無宜勒庫氏。亦無若庫辰氏。

移書豫州 太平眞君九年

僕以不德。荷國榮寵。受任邊州。經理民物。宣播政化。應揚萬里。雖盡節奉命。未能令上化下布。而下情上達也。比者以來。邊民擾動。互有反逆。無復爲害。自取誅夷。死亡之餘。雉菟逃竄。南人宋界。聚合逆黨。頻爲寇掠。殺害良民。略取資財。大爲民患。此之界局。與彼通連。兩民之居。烟火相接。來往不絶。情僞繁興。是以南姦北入。北姦南叛。以類推之。日月滋甚。姦宄之人。數得侵盜之利。雖加重法。可不禁止。僕常申令境局。料其姦源。而彼國牧守。縱不禁御。是以遂至滋蔓。寇擾疆埸。譬猶蚤虱疥癬。雖爲小疴。令人終歲不安。當今上國和通。南北好合。唯邊境民庶。要約不明。自古列國。封疆有畔。各自禁斷。無復相侵。如是可以保之長久。垂之永世。故上表臺閣。馳書明曉。自今以後。魏宋二境。宜使人迹不過。自非聘使行人。無得南北。邊境之民。烟火相望。雞狗之聲相聞。至老死不相往來。不亦善乎。又能此亡彼歸。彼亡此致。則自我國家所望于仁者之邦也。宋書索虜傳。虜寧南將軍豫州刺史北井矦若庫辰樹蘭移書豫州。

人當作入

封敕文

敕文。代人。始光初爲中散。遷西部尚書。出爲使持節散騎常侍、鎮西將軍、領護西夷校尉、秦益二州刺史。賜爵天水公。鎮上邽。至天安五年卒。

乞遣大軍助擊梁會表

安定逆賊帥路那羅遣使齎書與逆帥梁會。會以那羅書射于城中。那羅稱纂集衆旅。尅期助會。又仇池城民李洪自稱應王。天授玉璽。擅作符書。誑惑百姓。梁會遣使招引楊文德。而文德遣權壽胡將兵二千人來到會間。扇動州土。云李洪自稱應王。兩雄不竝。若欲須我。先殺李洪。我當自往。梁會欲引致文德。誘說李洪來入東城。即斬洪首。送與文德。仇池鎮將淮陽公臣豹子遣使潛行。以今月二十四日來達臣鎮。稱楊文德受劉義隆職爵。領兵聚衆。在仇池境中。沮動民人。規竊城鎮。且梁會反逆以來。南向文德。接勢相連。武都氐羌。盡相脣齒。爲文德起軍。所在屯結。兵衆已集。剋來不遠。臣備邊鎮。與賊相持。賊在東城。陽牆而已。但以腹背有敵。攻城有疑。計度文德。剋來助會。若文德既至。百姓響應。賊黨遂盛。用功益難。今文德未到。麥復未熟。事宜速擊。于時爲便。伏願天鑒。特遣大軍。助臣誅翦。魏書封敕文傳敕文表未及報梁會逃遁敕文縱騎躡之死者大半

陳建

建。代人。太武時擢爲三郎。遷下大夫。文成時賜爵阜城侯。加冠軍將軍。出爲幽州刺史。孝文即位。徵爲尚書右僕射。加侍中。進爵趙郡公。遷司徒征西大將軍。進爵魏郡王。

密表請南征

皇天輔德。命集大魏。臣等祖父翼贊初興。勤過蜀漢。誓固山河。享茲景福。寵厚休戚。與國均焉。臣以凡近。識無遠達。階藉先寵。遂荷今任。彼己之譏。播于羣口。仰感生成。俯自策厲。顧省駑鈍。終于無益。然飲冰驚寐。實懷慙負。至于願天高地厚。何日忘之。自永嘉之末。封豕橫噬。馬叡南據。奄有荆楚。及桓劉跋扈。禍難相繼。代出宗隔望秩之敬。青徐限見德之風。獻文皇帝髫齔龍飛。道光率土。干戚暫舞。淮海從風。車書既同。華裔將一。昊天不弔。奄背萬邦。竊聞劉昱天亡。權臣殺害。思正之民。翹想罔極。愚謂時不再來。機宜易失。毫分之差。致悔千里。天與不取。反受其咎。所謂見而不作。過在介石者也。宜簡雄將。號令八方。義陽王臣昶深悟存亡。遠同孫氏。苟歷運響從。則吳會可定。脫事有難成。則振旅而返。進可以揚義聲于四海。退可以通德信于遐裔。宜乘之會。運鍾今日。如合聖聽。乞速施行。脫忤天心。願存臣表。徐觀從驗。賞罰隨焉。魏書陳建傳高祖初建與侍中尚書昌陽侯元徵德殿中尚書長樂王穆亮比部尚書平原王陸叡密表

陸麗

麗。代人。太武帝時賜爵章安子。遷南部尚書。文成即位。以迎立功封平原王。加撫軍將軍。還侍中撫軍大將軍。進司徒。領太子

太傅。獻文即位。乙渾擅權見害。謚曰簡王。

讓封平原王啟

臣父歷奉先朝。忠勤著稱。今年至西夕。未登王爵。臣幼荷寵榮。于分已過。愚款之情未申。犬馬之效未展。願裁過恩。聽遂所請。魏書陸俟傳附

陸叡

叡字思弼。麗次子。獻文時襲爵平原王。撫軍大將軍。孝文時歷北部長。轉尚書。加散騎常侍。遷侍中都曹尚書。遷尚書左僕射。領比部尚書。例降封鉅鹿郡公。尋爲鎮北大將軍。除尚書令衛將軍。以母憂解。令起爲征北將軍。除恆州刺史。行尚書令。進號征北大將軍。徙定州刺史。與穆泰等構逆。賜死獄中。

請班師表

臣聞先天有弗違之天。後天有順時之規。今蕭鸞盜有名目。竊據江左。惡盈罪稔。天人棄之。取亂攻昧。誠在茲日。愚以長江浩蕩。彼之互防。可以德招。難以力屈。又南土昏霧。暑氣鬱蒸。師人經夏。必多疾病。而鼎遷草創。庶事甫爾。臺省無論政之館。府寺靡聽治之所。百寮居止。事等行路。沈雨炎陽。自成癘疫。且兵徭並舉。聖王所難。今介胄之士。外攻寇讎。羸弱之夫。內勤土木。運給之費。日損千金。驅罷敝之兵。討堅城之虜。將何以取勝乎。陛下往冬之舉。政欲曜武江漢。示威衡湘。自春幾夏。理宜釋甲。願廻旌卷旆。爲持久之方。崇成帝居。深重本之固。聖懷無內念之虞。兆庶休斤板之役。脩禮華區。諷風洛涘。然簡英略之將。任猛毅之雄。南取荆湘。據其要府。則梁秦以西。覘機自服。撫附振威。回麾東指。則義陽以左。馳聲可制。然後布仁化以綏近。播恩施以懷遠。凡在有情。孰不思奮。還遣慕德之人。効其餘力。乘流而下。勢勝萬倍。最爾閩甌。敢不稽顙。豈必茲年。競斯寸尺。惟願顧存近敕。納降而旋。不紆鑾輿。久臨炎

弗違之天天字當作略

紆當作紓

魏書陸俟附傳。太和十九年叡表。

全後魏文卷二十六終

全後魏文卷二十七

烏程嚴可均校輯

尉元

元字苟仁。代人。神䴥中為虎賁中郎將。轉羽林中郎。遷駕部給事中。賜爵富城男。加寧遠將軍。和平中遷北部尚書。加散騎常侍。進爵太昌侯。拜冠軍將軍。天安初。以開徐州功。拜鎮東大將軍、開府、徐州刺史、淮陽公。延興初。假淮陽王。太和初。徵為內都大官。出為鎮西大將軍、開府、統萬鎮都將。進爵淮陽王。徵為侍中、都督南征諸軍事、征西大將軍、大都將。入為侍中、都曹尚書。遷尚書令。進司徒。例降王爵。封山陽郡開國公。致仕。尊為三老。太和十七年八月卒。年八十一。謚曰景桓。

求運粟濟彭城表

彭城倉廩虛罄。人有飢色。求運冀、相、濟、兗四州粟。取張永所棄船九百艘。沿清運致。可以濟救新民。（魏書尉元傳）

復表

彭城賊之要藩。不有積粟彊守。不可以固。若儲糧廣戍。雖劉彧師徒悉動。不敢窺闚淮北之地。此自然之勢也。（魏書尉元傳）

宜釋青冀先定東南表

臣受命出疆。再罹寒暑。進無鄧艾一舉之功。退無羊祜保境之略。雖淮岱獲振。而民情未安。臣以愚智屬當偏任。苟事宜宣徹。敢不以聞。臣前表以下邳水陸所湊。先規殄滅。遣兵屢討。猶未擒定。然彭城下邳。信命未斷。而此城之人。元居賊界。心尚戀土。輒相誑惑。希幸非望。南來息耗。壅塞不達。雖至窮迫。仍不肯降。彭城民任玄朗從淮南到鎮。稱劉彧將任農夫、陳顯達領兵三千。來循宿豫。臣即以其日。密遣覘使。驗其虛實。如朗所言。臣欲自出擊之。以運糧未接。又恐新民生變。遣子都將于沓千、劉龍駒等步騎五千。將往赴擊。但征人淹久。逃亡者多。迭相扇動。莫有固志。器仗敗毀。無一可用。臣聞伐國事重。古人所難。功雖可立。必須經略而舉。若賊向彭城。必由清泗過宿豫。歷下邳。趨青州。路亦由下邳。入沂水。經東安。即為賊用師之要。今若先定下邳。平宿豫。鎮淮陽。戍東安。則青冀諸鎮。可不攻而克。若四處不服。青冀雖拔。百姓狼顧。猶懷僥倖之心。臣愚以為宜釋青冀之師。先定東南之地。斷劉彧北顧之意。絕愚民南望之心。夏水雖盛。無津途可因。冬路雖通。無高城可固。如此則淮北自舉。暫勞永逸。今雖向熱。猶可行師。兵尚神速。久則生變。若天雨既降。或因水通運糧。益眾規為進取。恐近淮民庶。翻然改圖。青冀二州。卒未可拔。臣輒與寮佐共議。咸謂可然。若隱而不陳。懼有損敗之責。陳而無驗。恐成誣罔之罪。惟天鑒懸量。照臣愚款。（魏書尉元傳）

換兵戍彭城表

臣以天安之初。奉律總戎。廓寧淮右。海內既平。仍忝徐兵。素餐尸祿。積有年餘。彼土安危。竊所具悉。每惟彭城水陸之要。江南用兵。莫不因之威陵諸夏。夫國之大計。豫備為先。且臣初克徐方。青齊未定。從河以南。猶懷彼此。時劉彧遣張永、沈攸之、陳顯達、蕭順之等前後數度。規取彭城。勢連青兗。唯以彭城既固。而永等摧屈。今計彼戍兵。多是胡人。臣前鎮徐州之日。胡人子都將呼延籠達因于負罪。便尒叛亂。鳩引胡類。一時扇動。賴威靈遐被。罪人斯戮。又團城子都將胡人王敕勤負釁南叛。每懼奸圖。狡誘同黨。愚誠所見。宜以彭城胡軍換取南豫州徙民之兵。轉戍彭城。又以中州鮮卑增實兵數。于事為宜。（魏書尉元傳）

表言戰士見白頭翁

臣于彭城遣別將以八月至睢口。邀賊將陳顯達。有戰士于營外五里芻牧。見一白頭翁。乘白馬。將軍呼之。語稱至十八日辰。必來到此。語汝將軍領衆從東北臨入。我當驅賊令走。申時賊必大破。宿豫淮陽皆剋無疑。我當與汝國家淮畔爲斷。下邳城我當驅出。不勞兵力。後十日。此人復于彭城南戲馬臺東二里。見白頭翁亦乘白馬從東北來。呼此人謂曰。我與東海四瀆太山北嶽神共行淮北。助汝二將蕩除已定。汝上下喜不。因忽然不見。魏書靈徵志下。皇興三年六月。尉元表。詔元于老人前後見所爲壇表記之。

源賀

賀本名破羌。西平樂都人。河西王禿髮傉檀子。太武時國滅來奔。賜爵西平侯。加龍驤將軍。賜姓源氏。進平西將軍。遷征西將軍。進號西平公。拜散騎常侍。賜名賀。文成即位。轉征北將軍。加給事中。以定策功進爵西平王。出爲征南將軍冀州刺史。改封隴西王。獻文時徵拜太尉。出屯漠南。孝文初致仕。太和三年卒。年七十三。謚曰宣。

對詔問攻戰之計

姑臧城外有四部鮮卑。各爲之援。然皆是臣祖父舊民。臣願軍前宣國威信。示其禍福。必相率歸降。外援既服。然後攻其孤城。拔之如反掌耳。魏書源賀傳。世祖征涼州。以賀爲鄉導。詔問攻戰之計。賀對。

上書請案律斷獄

案律。謀反之家。其子孫雖養他族。追還就戮。所以絕罪人之類。彰大逆之辜。其爲劫賊應誅者。兄弟子姪在遠。道隔關津。皆不坐。竊惟先朝制律之意。以不同謀非絕類之罪。故特垂不死之詔。若年十三已下。家人首惡。計謀所不及。臣愚以爲可原其命。沒入縣官。魏書源賀傳。是時斷獄多濫。賀上書。又北史二十八。

上書請入死者恕死徙邊

臣聞人之所寶。莫寶于生全。德之厚者。莫厚于宥死。然犯死之罪。難以盡恕。權其輕重。有可矜恤。今勍寇遊魂于北。狡賊負險于南。

運當作連

其在疆埸。猶須防戍。臣愚以爲自非大逆赤手殺人之罪。其坐贓及盜與過誤之愆應入死者。皆可原命。謫守邊境。是則已斷之體。更受全生之恩。徭役之家。漸蒙休息之惠。刑措之化。庶幾在茲。虞書曰。流宥五刑。此其義也。臣受恩深重。無以仰答。將違闕廷。豫增係戀。敢上瞽言。唯加裁察。魏書源賀傳。又略見刑罰志。

上言禦邊長計

請募諸州鎮有武健者三萬人。復其徭賦。厚加振恤。分爲三部。二鎮之間築城。城置萬人。給彊弩十二牀。武衛三百乘。弩一牀給牛六頭。武衛一乘給牛二頭。多造馬槍及諸器械。使武略大將二人以鎮撫之。冬則講武。春則種殖。並戍並耕。則兵未勞而有盈畜矣。又于白道南三處立倉。運近州鎮租粟以充之。足食足兵。以備不虞。于宜爲便。不可歲常舉衆。運動京師。令朝廷恆有北顧之憂也。魏書源賀傳。獻文時。每歲秋冬。遣軍三道並出。以備北寇。至春中乃班師。賀以勞役京師。又非禦邊長計。乃上言。事寢不報。

遺令敕諸子

吾頃以老患辭事。不悟天慈降恩。爵逮于汝。汝其毋傲吝。毋荒怠。毋奢越。毋嫉妒。疑思問。言思審。行思恭。服思度。遏惡揚善。親賢遠佞。目觀必真。耳屬必正。誠勤以事君。清約以行己。吾終之後。所葬時服單櫝。足申孝心。芻靈明器。一無用也。魏書源賀傳。

源懷

懷本名思禮。後賜名。賀次子。文成末爲侍御中散。孝文時。以父辭老受父爵。拜征南將軍。尋屯漠南。還除殿中尚書。出爲長安鎮將雍州刺史。復爲殿中尚書。加侍中。參都曹事。遷尚書令。例降爲公。除司州刺史。從駕南征。加衛大將軍。領中軍事。除征北大將軍夏州刺史。轉征西大將軍雍州刺史。宣武時徵爲尚書右僕射。加特進。除車騎大將軍涼州大中正。授馮翊郡開國公。使持節。加侍中行臺巡行北邊。遷驃騎大將軍都督平氏諸軍事。正始三年六月卒。贈司徒冀州刺史。謚曰惠公。

求追論勳封表景明二年

昔世祖昇遐。南安在位。出拜東廟。爲賊臣宗愛所弑。時高宗避難龍潛苑中。宗愛異圖。神位未定。臣亡父先臣賀與長孫渴侯陸麗等表迎高宗。纂徽寶命。麗以扶負聖躬。親所見識。蒙授撫軍大將軍司徒公平原王。興安二年。追論定策之勳。進先臣爵西平王。皇興季年。顯祖將傳大位于京兆王。先臣時都督諸將屯于武川。被徵詣京。特見顧問。先臣固執不可。顯祖久乃許之。遂命先臣持節授皇帝璽綬于高祖。至太和十六年。麗息叡狀私書。稱其亡父與先臣援立高宗。朝廷追錄。封叡鉅鹿郡開國公。臣時丁艱草土。不容及例。至二十年。除臣雍州刺史。臨發奉辭。面奏先帝。申先臣舊勳。時敕旨但赴所臨。尋當別判。至二十一年。車駕幸雍。臣復陳聞。時蒙敕旨。征還當授。自宮車晏駕。遂爾不白。竊惟先臣遠則援立高宗。寶曆不墜。近則陳力顯祖。神器有歸。如斯之勳。超世之事。麗以父功而獲河山之賞。臣有家勳。不霑茅社之賜。得否相懸。請垂裁處。魏書源賀附傳

請以諸鎮水田給民并減吏佐表

景明以來。北蕃連年災旱。高原陸野。不任營殖。唯有水田。少可菑畝。然主將參僚。專擅腴美。瘠土荒疇給百姓。因此困弊。日月滋甚。諸鎮水田。請依地令。分給細民。先貧後富。若分付不平。令一人怨訟者。鎮將已下連署之官。各奪一時之祿。四人以上奪祿一周。北鎮邊蕃。事異諸夏。往日置官。全不差別。沃野一鎮。自將已下。八百餘人。黎庶怨嗟。僉曰煩猥。邊隅事尠。實少畿服。請主帥吏佐五分減二。魏書源賀附傳

增置恆代城戍表正始初

蠕蠕不羈。自古而爾。遊魂鳥集。水草爲家。中國患者。皆斯類耳。歷代驅逐。莫之能制。雖北拓榆中。遠臨瀚海。而智臣勇將。力算俱竭。胡人頗遁。中國以疲。于時賢哲。思造化之至理。推生民之習業。量夫中夏粒食邑居之民。蠶衣儒步之士。荒表茹毛飲血之類。鳥宿禽居之徒。親校短長。因宜防制。知城郭之固。暫勞永逸。自皇魏統極。都于平城。威震天下。德籠宇宙。今定鼎成周。去北遙遠。代表諸蕃北固。高車外叛。尋遭旱儉。戎馬甲兵。十分闕八。去歲復鎮陰山。庶事蕩盡。遣尚書郎中韓貞宋世量等檢行要險。防遏形便。謂準舊鎮。東西相望。令形勢相接。築城置戍。分兵要害。勸農積粟。警急之日。隨便翦討。如此則威形增廣。兵勢亦盛。且北方沙漠。夏乏水草。時有小泉。不濟大衆。脫有非意。要待秋冬。因雲而動。若至冬日。冰沙凝厲。游騎之寇。終不敢攻城。亦不敢越城南出。如此。北方無憂矣。魏書源賀附傳

奏免逃吏

謹按條例。逃吏不在赦限。竊惟聖朝之恩。事異前宥。諸流徙在路。尚蒙旋返。況有未發。而仍遣邊戍。按守宰犯罪。逃走者衆。祿潤既優。尚有茲失。及蒙恩宥。卒然得還。今獨苦此等。恐非均一之法。如臣管執。謂宜免之。魏書源賀附傳。景明二年。徵源懷爲左僕射。時有詔。奸吏犯罪逃遁。雖肆眚不釋。源乃奏

重奏

臣以法貴經通。治尚簡要。刑憲之設。所以網羅罪人。苟理之所備。不在繁典。行之可通。豈容峻制。此乃古人之達政。救世之恆規。伏尋條制。勳品已下。罪發逃亡。遇恩不宥。仍流妻子。雖欲抑絕奸途。匪爲通式。謹案事條。侵官欺法。專據流外。豈九品已上人皆貞白也。其諸州守宰。職任清流。至有貪濁。事發逃竄。而遇恩免罪。勳品已下。獨乖斯例。如此則寬縱上流。法切下吏。育物有差。惠罰不等。又謀逆滔天。輕恩尚免。吏犯微罪。獨不蒙赦。使大宥之經不通。開生之路致壅。進違古典。退乖今律。輒率愚見。以爲宜停。魏書源賀附傳。懷書

奏門下召成式既緘駁奏不許懷重奏世宗納之。

奏請乘釁伐齊

南賊游魂江揚。職爲亂逆。肆厥淫昏。月滋日甚。貴臣重將。靡有孑遺。崇信姦回。昵比閹豎。內外離心。骨肉猜叛。蕭寶融僭號于荆郢。其雍州刺史蕭衍勒兵而東襲。上流之衆。已逼其郊。廣陵京口。各持兵而懷兩望。鍾離淮陰。竝鼎峙而觀得失。秣陵孤危。制不出門。君子小人。竝罹災禍。延首北望。朝不及夕。斯實天啟之期。吞幷之會。乘厥蕭牆之釁。藉其分崩之隙。東據歷陽。兼指瓜步。緣江鎮戍。達于荆郢。然後奮雷霆之威。布山河之信。則江西之地。不刃自來。吳會之鄉。指期可舉。昔士治有言。皓若暴死。更立賢主。文武之官。各得其任。則勍敵也。若蕭衍克就。上下同心。非直後圖之難。實亦揚境危逼。何則。壽春之去建鄴。七百而已。山川水陸。彼所諳利。脫江湘無波。君臣效職。藉水憑舟。倏忽而至。壽春容不自保。江南將若之何。今寶卷邑居有土崩之形。邊城無繼援之兆。淸蕩江區。實在今日。臣受恩既重。不敢不言。魏書源賀附傳。景明二年。源懷除車騎大將軍。謹奏。

源子雍

子雍字靈和。懷第五子。初爲祕書郎太子舍人涼州中正。孝明初。位轉奉車都尉。遷司徒屬。轉太中大夫司徒司馬。除恆農太守。遷夏州刺史。除散騎常侍使持節假撫軍將軍都督兼行臺尚書。除中軍將軍金紫光祿大夫給事黃門侍郎。封樂平縣開國公。還洛。假征北將軍。改封陽平縣開國公。進號鎮東將軍。除冀州刺史。討葛榮敗死。贈車騎大將軍儀同三司雍州刺史。永安中重贈司空。謚曰莊穆。

密遣人齎書與城中文武

大軍在近。努力固守。必令諸人匾流苗裔。魏書源賀附傳。子雍爲夏州刺史被圍。自向東夏運糧。爲朔方胡帥曹阿各拔所邀見執。乃密遣人齎書間行與城中文武。

討葛榮上書

賊中甚飢。專仰野掠。今朝廷足食。兵卒飽煖。高壁深壘。勿與爭鋒。彼求戰則不得。野掠無所獲。不盈數旬。可坐制凶醜。魏書源賀附傳。子雍討葛榮。自冀州不守上書。

源子恭

子恭字靈順。懷第六子。初辟司空參軍。歷司徒祭酒尚書北主客郎中。攝南主客事。正光初。爲行臺左丞。轉起部郎。除冠軍將軍中散大夫。又領治書侍御史。持節爲河閒王琛軍司。行秦州事。拜河內太守。加後將軍。假平北將軍。兼尚書行臺。除平南將軍豫州刺史。加散騎常侍撫軍將軍。武泰初。加鎮南將軍。元顥入洛。召爲車騎將軍。孝莊還洛。進征南將軍。兼右僕射。假車騎將軍。拜右光祿大夫給事黃門侍郎。封臨潁縣開國公。遷侍中兼尚書僕射大行臺大都督。遷衞將軍。前廢帝初。除驃騎將軍左光祿大夫。假車騎大將軍荆州刺史。封臨汝縣開國子。永熙中。入爲吏部尚書。加驃騎大將軍。天平中。除中書監。拜魏尹。又爲齊獻武王軍司。元象元年卒。興和中贈司空。謚曰文獻。

奏訪梁亡人許周

徐州表投化人許團幷其弟周等。究其牒狀。周列云。己蕭衍黃門侍郎。又稱心存山水。不好榮宦。屢曾辭讓。貽彼赫怒。遂被出爲齊康郡。因爾歸國。願畢志嵩嶺。比加采訪。略無證明。尋其表狀。又復莫落。案牒推理。實有所疑。何者。昔夷齊獨往。周王不屈其志。伯況辭祿。漢帝因成其美。斯實古先喆王。必有不臣之人者也。蕭衍雖復崎嶇江左。竊號一隅。至于處物。未甚悖禮。豈有士辭榮祿。而苟不聽之哉。推察情理。此則孟浪。假蕭衍皆狂。不存雅道。逼士出郡。未爲死急。何宜輕去生養之土。長辭父母之邦乎。若言不好榮宦。志願嵩嶺者。初居之日。卽應杖策尋山。負帙沿水。而乃廣尋知己。

徧造執事。希榮之心已見。逃宦之志安在。昔梁鴻去鄉。終傭吳會。逢萌浮海。遠客遼東。並全志養性。逍遥而已。攷之事實。何其懸哉。又其履歷清華。名位高達。計其家累。應在不輕。今者歸化。何其孤迥。設使當時忽遽。不得攜將。及其來後。家貲產業。應見簿斂。尊卑口累。亦當從法。而周兄弟怡然。曾無憂慼。若無種族。理或可通。如有不坐。便應是衍故遣。非周投化。推究二三。眞僞難辨。請下徐揚二州密訪。必令獲實。不盈數旬。玉石可覩。魏書源賀附傳。蕭衍亡人許鳳自稱爲衍給事黃門侍郎。朝士翕然。咸共信待。子恭奏。

是目當作是用　慈當作兹

上書請成辟雍明堂

臣聞辟臺望氣。軌物之德既高。方堂布政。範世之道斯遠。是以書契之重。理冠于造化。推尊之美。事絕于生民。至如郊天饗帝。蓋以對越上靈。宗祀配天。是以酬膺下土。大孝莫之能加。嚴父以慈爲大。乃皇王之休業。有國之盛典。竊惟皇魏居震統極。總宙馭宇。革

制土中。垂式無外。自北徂南。同卜維于洛食。定鼎遷民。均氣候于寒暑。高祖所以始基。世宗于是恢構。案功成作樂。治定制禮。乃訪遺文。修廢典。建明堂。立學校。興一代之茂矩。標千載之英規。永平之中。始創雉構。基趾草昧。迄無成功。故尚書令任城王臣澄案故司空臣沖所造明堂樣。并連表詔答兩京模式。奏求營起。緣期發旨。即加葺繕。侍中領軍臣叉。物動作官。宣贊授令。自茲厥後。方配兵人。或給一千。或與數百。進退節縮。曾無定準。欲望速了。理在難克。若使專役此功。長得營造。委成責辦。容有就期。但所給之夫。本自寡少。諸處競借。動即千計。雖有繕作之名。終無就功之實。爽塏荒茫。淹積年載。結架崇構。指就無兆。仍令肆胄之禮。掩抑而不進。養老之儀。寂寥而不返。構厦止于尺土。爲山頓于一簣。良可惜歟。愚謂召民經始。必有子來之歌。興造勿亟。將致不日之美。況本兵不多。兼之牽役。廢此與彼。循環無極。便是輟創禮之重。資不急之

叉當作叉

費。廢經國之功。供寺館之役。求之遠圖。不亦闕矣。今諸寺大作。稍以粗舉。並可徹減。專事經綜。嚴勒工匠。務令克成。使祖宗有薦配之期。蒼生覩禮樂之富。魏書源賀附傳。正光元年。子恭轉起部郎。明堂辟雍並未建就。子恭上書。

全後魏文卷二十七終

全後魏文卷二十八

烏程嚴可均校輯

高允

允字伯恭。勃海人。少爲沙門。名法淨。尋還俗。神䴥中爲杜超征南從事中郎。徵拜中書博士。遷侍郎。領樂安王範從事中郎。復參樂平王丕驃騎軍事。賜爵汶陽子。加建武將軍。領著作郎。爲秦王翰傅。復㠯經授皇太子。文成卽位。拜中書令。轉太常卿。領祕書監。進爵梁城侯。加左將軍。獻文時兼太常。遷中書監。加散騎常侍。孝文卽位。進爵咸陽公。加鎮東將軍。授征西將軍懷州刺史。徵拜鎮軍大將軍。領中書監。遷尚書散騎常侍。加光祿大夫。太和十一年卒。年九十八。贈侍中司徒。謚曰文。有集二十一卷。案高允傳云。自高宗迄于顯祖。軍國書檄多允文也。

代都賦

案高允傳。允轉太常卿。上代都賦。因㠯諷諫。亦二京之流也。文今佚。

鹿苑賦

啟重基于朔土。系軒轅之洪裔。武承天㠯作主。熙大明㠯御世。灑靈液㠯滂沱。扇仁風㠯遐被。踵姬文而築苑。包山澤㠯開制。植羣物㠯充務。錫四民之常稅。暨我皇之繼統。誕天縱之明叡。追鹿埜之在昔。興三轉之高義。振幽宗于已永。曠千載而可寄。于是命匠選工。刊茲西嶺。注誠端思。仰模神影。庶眞容之髣髴。耀金暉之煥炳。卽靈崖㠯構宇。竦百尋而直正。絚飛梁于浮柱。列荷華于綺井。圖之㠯萬形。綴之㠯清永。若祇洹之瞪對。孰道場之塗迥。嗟神功之所建。超終古而秀出。實靈祇之協贊。故存貞而保吉。鑿仙窟㠯居禪。闢重階㠯通術。澄清氣于高軒。佇流芳于王室。茂花樹㠯芬敷。涌醴泉之洋溢。祈龍宮㠯降雨。侔膏液于星畢。若乃研道之倫。行業貞簡。慕德懷風。杖策來踐。守應貞之重禁。味三藏之淵典。或步林㠯經行。或寂坐而端宴。會衆善㠯竝臻。排五難而俱遣。道欲隱而彌彰。名欲毀而逾顯。伊皇輿之所幸。每垂心于華囿。樂在茲之閒敞。作離宮㠯營築。固爽塏㠯崇居。杭平原之高陸。恬仁智之所懷。眷山水㠯肆目。玩藻林㠯遊思。絕鷹犬之馳逐。眷耆年㠯廣德。縱生生㠯延福。慧愛內隆。金聲外發。功濟普天。善不自伐。尚諮賢㠯問道。詢芻蕘㠯補闕。盡敬恭于靈寺。遵晦望而致謁。奉請戒㠯畢日。兼六時而宵月。何精誠之至到。良九劫之可越。資聖王之遠圖。豈循常㠯明教。希縉雲之上升。羨頂生之高蹈。思離塵㠯邁俗。涉玄門之幽奧。禪儲宮㠯正位。受太上之尊號。既存無而御有。亦執靜㠯鎮躁。覩天規于今日。尋先哲之遺誥。悟二乾之重蔭。審明離之竝照。下盛濟于兆民。上垂光于七廟。一萬國㠯從風。總羣生而爲導。正南面㠯無爲。永措心于沖妙。夫道化之難期。幸微躬之遭遇。逢扶桑之初開。遘長夜之始曙。顧衰年㠯懷傷。惟負忝㠯危懼。敢布心㠯陳誠。效鄙言㠯自著。釋藏策七。廣宏明集二十九上。

成下脫帝字

上天文災異八篇表

往年被敕。令臣集天文災異。使事類相從。約而可觀。臣聞箕子陳謨。而洪範作。宣尼述史。而春秋著。皆所㠯章明列辟。景測皇天者也。故先其善惡。而驗㠯災異。隨其得失。而效㠯禍福。天人誠遠。而報速如響。甚可懼也。自古帝王莫不尊崇其道。而稽其法數。㠯自修飾。厥後史官。竝載其事。㠯爲鑒誡。漢成時。光祿大夫劉向見漢祚將危。權歸外戚。屢陳妖眚。而不見納。遂因洪範春秋災異報應者而爲其傳。覬㠯感悟人主。而終不聽察。卒㠯危亡。豈不哀哉。伏惟陛下神武則天。叡鑒自遠。欽若稽古。率由舊章。前言往行。靡不究鑒。前皇所不逮也。臣學不洽聞。識見寡薄。懼無㠯裨廣聖聽。仰酬明旨。今謹依洪範傳天文志撮其事要。略其文辭。凡爲八篇。魏書高允傳。

承詔議興學校表

興當作典

臣聞經綸大業。必㠯教養爲先。咸秩九疇。亦由文德成務。故辟雍光于周詩。泮宮顯于魯頌。自永嘉㠯來。舊章殄滅。鄉閭蕪沒雅頌之聲。京邑杜絕釋奠之禮。道業陵夷。百五十載。仰惟先朝。每欲憲章昔興。經闡素風。方事尙殷。弗遑克復。陛下欽明文思。纂成洪烈。萬國咸寧。百揆時叙。申祖宗之遺志。興周禮之絕業。爰發德音。惟新文教。搢紳黎獻。莫不幸甚。臣承旨敕。竝集二省。披覽史籍。備究典紀。靡不敦儒㠯勸其業。貴學㠯篤其道。伏思明詔。玄同古義。宜如聖旨。崇建學校㠯厲風俗。使先王之道。光演于明時。郁郁之音。流聞于四海。請制大郡立博士二人。助教四人。學生一百人。次郡立博士二人。助教二人。學生八十人。中郡立博士一人。助教二人。學生六十人。下郡立博士一人。助教一人。學生四十人。其博士取博闗經典。世履忠淸。堪爲人師者。年限四十㠯上。助教亦與博士同。年限三十㠯上。若道業夙成。才任教授。不拘年齒。學生取郡中清望。人行修謹。堪循名教者。先盡高門。次及中第。魏書高允傳。

諫皇太子營立田園

天地無私。故能覆載。王者無私。故能包養。昔之明王。㠯至公宰物。故藏金于山。藏珠于淵。示天下㠯無私。訓天下㠯至儉。故美聲盈溢。千載不衰。今殿下國之儲貳。四海屬心。言行舉動。萬方所則。而營立私田。畜養雞犬。乃至販酤市廛。與民爭利。議聲流布。不可追掩。夫天下者。殿下之天下。富有四海。何求而不獲。何欲而弗從。而與販夫販婦。競此尺寸。昔虢之將亡。神乃下降。賜之土田。卒喪其國。漢之靈帝。不修人君之重。好與宮人列肆販賣。私立府藏。㠯營小利。卒有顚覆傾亂之禍。前鑒若此。甚可畏懼。夫爲人君者。必審于擇人。故稱知人則哲。惟帝難之。商書云。無邇小人。孔父有云。小人近之則不遜。遠之則怨矣。武王愛周召齊畢。所㠯王天下。殷紂愛飛廉惡來。所㠯喪其國。歷觀古今。存亡之際。莫不由之。今東宮誠曰乏人。儁乂不少。頃來侍御左右者。恐非在朝之選。故願殿下少察愚言。斥出佞邪。親近忠良。所在田園。分給貧下。畜產販賣。㠯時收散。如此則休聲日至。謗議可除。魏書高允傳。恭宗季年。頗親近左右。營立田園。㠯取其利。允諫不納。

必當作非

諫文成帝起宮室

臣聞太祖道武皇帝既定天下。始建都邑。其所營立。必因農隙。不有所興。今建國已久。宮室已備。永安前殿。足㠯朝會萬國。西堂溫室。足㠯安御聖躬。紫樓臨望。可㠯觀望遠近。若廣脩壯麗爲異觀者。宜漸致之。不可倉卒。計斫材運土及諸雜役。須二萬人。丁夫充作。老小供餉。合四萬人。半年可訖。古人有言。一夫不耕。或受其飢。一婦不織。或受其寒。況數萬之衆。其所損廢。亦㠯多矣。推之于古。驗之于今。必然之效也。誠聖主所宜思量。魏書高允傳。高宗大起宮室。允諫納之。又見北史三十一。

諫文成帝不釐改風俗 通典題作獻書

前朝之世。屢發明詔。禁諸婚娶不得作樂。及葬送之日歌謠鼓舞殺牲燒葬。一切禁斷。雖條旨久頒。而俗不革變。將由居上者未能悛改。爲下者習㠯成俗。教化陵遲。一至于斯。昔周文㠯百里之地。脩德布政。先于寡妻。及于兄弟。㠯至家邦。三分天下。而有其二。明爲政者先自近始。詩云。爾之教矣。民胥效矣。人君舉動。不可不愼。禮云。嫁女之家。三日不息燭。娶婦之家。三日不舉樂。今諸王納室。皆樂部給伎㠯爲嬉戲。而獨禁細民不得作樂。此一異也。古之婚者。皆揀擇德義之門。妙選貞閑之女。先之㠯媒娉。繼之㠯禮物。集寮友㠯重其別。親御輪㠯崇其敬。婚姻之際。如此之難。今諸王十五。便賜妻別居。然所配者。或長少差舛。或罪入掖庭。而㠯作合宗王。妃嬪藩懿。失禮之甚。無復此過。往年及今。頻有檢劾。誠是諸王過酒致責。跡其元起。亦由色衰相棄。致此紛紜。今皇子娶妻。多出

凡字衍

宮掖。令天下小民必依禮限。此二異也。凡萬物之生。靡不有死。古先哲王作爲禮制。所以養生送死。折諸人情。若毀生以奉死。則聖人所禁也。然葬者藏也。死者不可再見。故深藏之。昔堯葬穀林。農不易畝。舜葬蒼梧。市不改肆。秦始皇作爲地市。下錮三泉。金玉寶貨。不可計數。死不旋踵。尸焚墓掘。由此推之。堯舜之儉。始皇之奢。是非可見。今國家營葬。費損巨億。一旦焚之。以爲灰燼。苟靡費有益于亡者。古之人奚獨不然。今上爲之而不輟。而禁下民之必止。此三異也。古者祭必立尸。序其昭穆。使亡者有憑。致食饗之禮。今已葬之魂。人直求貌類者。通典作祭尸久廢。今風俗則取其狀貌類者。事之如父母。燕好如夫妻。損敗風化。瀆亂情禮。莫此之甚。上未禁之。下不改絕。此四異也。夫大饗者。所以定禮儀。訓萬國。故聖王重之。至乃爵盈而不飲。肴乾而不食。樂非雅聲則不奏。物非正色則不列。今之大會。內外相混。酒醉喧譊。罔有儀式。又俳優鄙藝。污辱視聽。朝廷積習以爲美。而責風俗之清純。此五異也。今陛下當百王之末。踵晉亂之弊。而不矯然釐改。以厲頹俗。臣恐天下蒼生。永不聞見禮教矣。魏書高允傳。又北史三十一。又略見通典四十八。

答宗欽書

頃因行李。承足下高問。延佇之勞。爲日久矣。王塗一啟。得敘其懷。欣于相遇。情無有已。足下兼愛爲心。每能存顧。養之以風味。惠之以德音。執翫反覆。銘于心抱。吾少乏尋常之操。長無老成之致。憑賴賢勝。以自克勉。而來喻褒飾。有過其分。既承雅貽。即應有答。但唱高則難和。理深則難訓。所以留連日月。以至于今。今往詩一篇。誠不足標明來旨。且表以心。幸恕其鄙滯。領其至意。魏書宗欽傳。

筮論

昔明元末起白臺。其高二十餘丈。樂平王嘗夢登其上。四望無所見。王以問日者董道秀。筮之曰大吉。王默而有喜色。後事發。王遂

公曰當作曰公

憂死。而道秀棄市。道秀若推六爻以對王曰。易稱亢龍有悔。窮高曰亢。高而無民。不爲善也。夫如是。則上寧于王。下保于己。福祿方至。豈有禍哉。今舍于本而從其末。咎釁之至。不亦宜乎。魏書樂平王丕傳。

名字論 魏書高允傳。時中書博士索敞與侍郎傅默論名字貴賤。著論紛紜。允遂著名字論以釋其惑。文今佚。

塞上公亭詩序

延和三年。余赴京師。發石門北行。失道路。徧寓代之快馬亭。其俗云。古塞上翁所遺之邑也。公曰有良馬。因以命之。此其所遺也。負長城而面南山。泉潭帶其側。湧波灌其前。停騑策以流目。抱遺風以依然。仰德音于在昔。遂揮毫以寄言。代人云。塞上公姓李。代之李氏並其後也。御覽百九十四。

徵士頌 并序

昔歲同徵。零落將盡。感逝懷人。作徵士頌。蓋止于應命者。其有命而不至。則闕焉。羣賢之行。舉其梗槩矣。今著之于左。

中書侍郎固安侯范陽盧玄子真。

郡功曹史博陵崔綽茂祖。

河內太守下樂侯廣甯燕崇玄略。

上黨太守高邑侯廣甯常陵公山。

征南大將軍從事中郎勃海高毗子翼。

征南大將軍從事中郎勃海李欽道賜。

河西太守饒陽子博陵許堪祖根。

中書郎新豐侯京兆杜銓士衡。

征西大將軍從事中郎京兆韋閬友規。

京兆太守趙郡李詵令孫。

太常博士鉅鹿公趙郡李靈虎符。

中書郎中即丘子趙郡李遐仲熙。

營州刺史建安公太原張偉仲業。

輔國大將軍從事中郎范陽祖邁。
征東大將軍從事中郎范陽祖侃士倫。
東郡太守蒲陰子中山劉策。
濮陽太守眞定子常山許琛。
行司隸校尉中都侯西河宋宣道茂。
中書郎燕郡劉遐彥鑒。
中書郎武恆子河閒邢潁宗敬。
滄水太守浮陽侯渤海高濟叔民。
太平太守平原子鴈門李熙士元。
祕書監梁郡公廣平游雅伯度。
廷尉正安平子博陵崔建興祖。
廣平太守列人侯西河宋愔。
州主簿長樂潘天符。

郡功曹長樂杜熙。
征東大將軍從事中郎中山張綱。
中書郎上谷張誕叔術。
祕書郎鴈門王道雅。
祕書郎鴈門閔弼。
衞大將軍從事中郎中山郎苗。
大司馬從事中郎上谷侯辯。
陳留郡太守高邑子趙郡呂季才。

夫百王之御世也，莫不資伏群才以隆治道。故周文以多士克寧，漢武以得賢爲盛。此載籍之所記，由來之常義。魏自神䴥以後，宇內平定，誅赫連積世之僭，掃窮髮不羈之寇，南摧江楚，西盪涼域，殊方之外，慕義而至。于是偃兵息甲，脩立文學，登延儁造，酬諮政事。夢想賢哲，思遇其人，訪諸有司，以求名士。咸稱范陽盧玄等四十二人，皆冠冕之冑，著聞州邦，有羽儀之用。親發明詔，以徵玄等。乃曠官以待之，懸爵以縻之。其就命三十五人，自餘依例州郡所遣者，不可稱記。爾乃髦士盈朝，而濟濟之美興焉。昔與之俱蒙斯舉，或從容廊廟，或游集私門，上談公務，下盡忻娛，以爲千載一時，始于此矣。日月推移，吉凶代謝，同徵之人，凋殲殆盡，在者數子，然復分張。往昔之忻，變爲悲戚。張仲業東臨營州，遲其還返，一敘于懷，齊衿于垂沒之年，寫情于桑榆之末。其人不幸，復至殞殁。在朝者皆後進之士，居里者非疇昔之人。進涉無寄心之所，出入無解顏之地。顧省形骸，所以永歎而不已。夫頌者，美盛德之形容，亦可以長言寄意。不爲文二十年矣，然事切于心，豈可默乎？遂爲之頌，詞曰：

紫氣干霄，群雄亂夏。王襲徂征，戎車屢駕。掃盪遊氛，克剪妖霸。四海從風，八垠漸化。政教無外，既寧且一。偃武櫜兵，唯文是恤。帝乃

旁求，搜賢舉逸。巖隱投竿，異人並出。亹亹盧生，量遠思純。鑽道據德，游藝依仁。旌弓既招，釋褐投巾。攝齊升堂，嘉謀日陳。自東徂南，躍馬馳輪。僭馮影附，劉以和親。茂祖煢單，夙罹不造。克己勉躬，聿隆家道。敦心六經，遊思文藻。終辭寵命，以之自保。燕常篤信，百行靡遺。位不苟進，任理棲遲。居沖守約，好讓善推。思賢樂古，如渴如飢。子翼致遠，道賜悟深。相期以義，相和若琴。並參幕府，俱發德音。優游卒歲，聊以寄心。祖根運會，克光厥猷。仰緣朝恩，俯因德友。功雖後建，祿實先受。班同舊臣，位並群后。士衡孤立，內省靡疚。言不崇華，交不遺舊。以產則貧，論道則富。所謂伊人，實邦之秀。卓矣友規，稟茲淑量。存彼大方，擯此細讓。神與理冥，形隨流浪。雖屈王侯，莫廢其尚。趙實名區，世多奇士。山岳所鍾，挺生三李。矯矯清風，抑抑容止。初九而潛，望雲而起。詵尹西都，靈惟作傅。垂訓皇宮，載理雲霧。熙雖中夭，迹階郎署。餘塵可挹，終亦顯著。仲業淵長，雅性清

到憲章古式綢繆典誥時值險難常一其操納眾以仁訓下以孝化被龍川民歸其教邁則英賢侃亦稱選聞達邦家名行素顯志在兼濟豈伊獨善繩匠弗顧功不獲展劉許履忠竭力致躬出能騁說入獻其功輶軒一舉撓燕下祟名彰魏世享業亦隆道茂夙成弱冠播名與朋以信行物以誠怡怡昆弟穆穆家庭發響九皋翰飛紫冥頻在省闈亦司于京刑以之中政以之平徇歟彥鑒思參文雅率性任眞器成非假靡矜于高莫恥于下乃謝朱門歸迹林野宗敬延譽號爲四儁華藻雲飛金聲夙振中遇沈痾賦詩以諷忠顯于辭理出于韻高滄朔達默識淵通領新悟異發自心胷質侔和璧文炳雕龍耀姿天邑衣錦舊邦士元先覺介焉不惑振袂來庭始賓王國蹈方履正好是繩墨淑人君子其儀不忒孔稱游夏漢美淵雲越哉伯度出類踰羣司言祕閣作牧河汾移風易俗理亂解紛融彼滯義渙此潛文儒道以析九流以分崔宋二賢誕性英偉擢穎閭閻名象魏謇謇儀形邈邈風氣達而不矜素而能貢潘符標尚杜熙好和淸不潔流渾不同波絕悕龍律止分常科幽而逾顯損而逾多張綱柔謙叔術正直道雅洽聞辭爲兼識拔萃衡門俱漸鴻翼發憤忘餐豈要斗食率禮從仁罔愆于式失不繫心得不形色郎苗始舉用均已試智足周身言足爲治性協于時情敏于事與今而同與古曷異物以利移人以酒昏侯生潔己唯義是敦日縱醇醪逾敬逾溫其在私室如涉公門季才之性柔而執競因彼南秦申威致命誘之以權矯之以正帝道用光邊土納慶羣賢遭世顯名有代志竭其忠才盡其槩體襲朱裳腰紐雙佩榮曜當時風高千載君臣相遇理實難偕昔因朝命與之克諧拔襟散想解帶舒懷此昕如昨存亡奄乖靜言思之中心九摧揮毫頌德潸爾增哀魏書高允傳

北伐頌

皇矣上天降鑒惟德眷命有魏照臨萬國禮化丕融王猷允塞静亂以威穆民以則北虜舊隸稟政在蕃往因時闕逃命北轅世襲凶軌背忠食言招亡聚盜醜類實繁敢率犬羊圖縱猖蹶乃詔訓師興戈北伐躍馬裹糧星馳電發撲討虔劉肆陳斧鉞斧鉞暫陳馘翦厥旅積骸塡谷流血成浦元兇狐奔假息窮墅爪牙既摧腹心亦阻周之忠厚存及行葦翼翼聖明有兼斯美澤被京觀垂此仁旨封尸野獲惠加生死生死蒙惠人欣覆育理貫幽冥澤漸殊域物歸其誠神獻其福遐邇斯懷無思不服古稱善兵歷時始捷今也用師辰不及浹六軍克合萬邦以協義著春秋功銘玉牒載興頌聲播之來葉魏書高允傳從顯祖北伐大捷而還至武川鎭上北伐頌其詞曰

諸侯箴北史十六東平王翰傳文缺

酒訓

臣被敕論集往世酒之敗德以爲酒訓臣以朽邁遭人倫所棄而殊恩過隆錄臣于將殁之年勖臣于已墜之地奉命驚惶喜懼兼甚不知何事可以上荅伏惟陛下以叡哲之姿撫臨萬國太皇太后以聖德之廣濟育羣生普天之下罔不稱賴然日昃憂勤虛求不已思監往事以爲警戒此之至誠悟通百靈而況于百官士民不勝踴躍謹竭其所見作酒訓一篇但臣愚短加以荒廢辭義鄙拙不足觀采伏願聖慈體臣悾悾之情恕臣狂瞽之意其詞曰

自古聖王其爲饗也玄酒在堂而醴酒在下所以崇本重源降于滋味雖汎爵旅行不及于亂故能禮章而敬不虧事畢而儀不忒非由斯致是失其道將何以範時軌物垂之于世歷觀往代成敗之效吉凶由人不在數也商辛耽酒殷道以之亡公旦陳誥周德以之昌子反昏酣而致斃穆生不飲而身光或長世而爲戒或百代而流芳酒之爲狀變惑性情雖曰哲人孰能自競在官者殆于政也爲下者慢于令也聽達之士荒于聽也柔順之倫興于諍也

久而不悛。致于病也。豈止于病。乃損其命。諺亦有云。其益如毫。其損如刀。言所益者止于一味之益。不亦寡乎。言所損者夭年亂志。夭亂之損。不亦夥乎。無吕酒荒而陷其身。無吕酒狂而喪其倫。迷邦失道。流湎漂津。不師不遵。反將何因。詩不言乎。如切如磋。如琢如磨。朋友之義也。作官吕箴之。申謨吕禁之。君臣之道也。其言也善。則三覆而佩之。言之不善。則宜矜而貸之。此實先王納規之意。往者有晉。士多失度。肆散誕吕為不羈。縱長酣吕為高達。調酒之頌。吕相眩曜。稱堯舜有千鍾百觚之飲。著非法之言。引大聖為譬。吕則天之明。豈其然乎。且子思有云。夫子之飲。不能一升。吕此推之。千鍾百觚。皆為妄也。今大魏應圖。重明御世。化之所暨。無思不服。仁風敦洽于四海。太皇太后吕至德之隆。誨而不倦。憂勤備于皇情。誥訓行于無外。故能道協兩儀。功同覆載。仁恩下逮。罔有不遵。普天率土。靡不蒙賴。在朝之士。有志之人。宜克己從善。履正存貞。節酒吕為度。順德吕為經。悟昏飲之美疾。審敬慎之彌榮。遵孝道吕致養。顯父母而揚名。蹈閔曾之前軌。遺仁風于後生。仰吕答所授。俯吕保其成。可不勉歟。可不勉歟。魏書高允傳。太和二年。引就內改定皇誥。允上酒訓。

祭岱宗文

維皇興二年。敢昭告于岱宗之靈。正趾坤元。作鎮東夏。齊二儀吕永固。崇至德吕配天。故能資元氣吕造物。協陰陽而時。若其崑嶺峭峙。川谷幽深。神怪譎詭。倏忽百靈。吐納風雲。育成萬品。攝生之所歸焉。禎祥之所萃焉。是吕歷代帝王之崇。封禪銘功。吕告其成。七十二君。咸在茲焉。自非功作造化。應同自然。孰能若此者哉。自我國家。肅恭禋祀。懷柔百神。邦域之內。罔不咸秩。往吕天路未夷。難望祭有在。今大化既同。奄有淮岱。謹薦于岱宗之靈。尚饗。初學記五

時當作變化

全後魏文卷二十八終

全後魏文卷二十九

烏程嚴可均校輯

高祐

祐字子集。小名次奴。允從祖弟。本名禧。以與咸陽王同名。孝文改之。初爲中書學生。轉博士侍郎。文成末賜爵建康子。孝文初拜祕書令。加給事中冀州大中正。出爲持節輔國將軍西兗州刺史。假東光侯。鎮滑臺。轉宋王劉昶傅。拜光祿大夫。徵爲宗正卿。以久不赴任免。還復光祿。太和二十三年卒。謚曰靈。

奏請修國史

臣等聞典謨興。話言所以光著。載籍作。成事所以昭揚。然則尚書者。記言之體。春秋者。錄事之辭。尋覽前志。斯皆言動之實錄也。夏殷以前。其文弗具。自周以降。典章備舉。史官之體。文質不同。立書之旨。隨時有異。至若左氏。屬詞比事。兩致並書。可謂存史意而非

全史體。逮司馬遷班固。皆博識大才。論敘今古。曲有條章。雖周達未兼。斯實前史之可言者也。至于後漢魏晉。咸以放焉。惟聖朝創制上古。開基長發。自始均北史作始祖以後。至于成帝。其間世數久遠。是以史弗能傳。臣等疏陋。忝當史職。披覽國記。竊有志焉。愚謂自王業始基。庶事草創。皇始以降。光宅中土。宜依遷固大體。令事類相從。紀傳區別。表志殊貫。如此脩綴。事可備盡。伏惟陛下先天開物。洪宣帝命。太皇太后淯曜二儀。惠和王度。聲教之所漸洽。風譯之所覃加。固已義振前王矣。加太和以降。年未一紀。然嘉符禎瑞。備臻于往時。洪功茂德。事萃于曩世。會稽佇玉牒之章。岱宗想后記之列。而祕府策勳。述美未盡。將令皇風大猷。或闕而不載。功臣懿績。或遺而弗傳。著作郎已下。請取有才用者。參造國書。如得其人。三年有成矣。然後大明之德。功光于帝篇。聖后之勳業。顯于皇策。佐命忠貞之倫。納言司直之士。咸以備著載籍矣。魏書高祐傳又北史卅一

則宜加當作則可

上疏論選舉

今之選舉。不採職治之優劣。專簡年勞之多少。斯非盡才之謂。宜停此薄藝。棄彼朽勞。唯才是舉。則官方斯穆。又勳舊之臣。雖年勤可錄。而才非撫人者。則宜加之以爵賞。不宜委之以方任。所謂王者可私人以財。不私人以官者也。魏書高祐傳通典十六

高乾

乾字乾邕。祐從子。起家員外散騎侍郎。領直。轉太尉士曹司徒中兵。遷員外散騎常侍。孝莊即位。除龍驤將軍、通直散騎常侍、給事黃門侍郎、兼武衞將軍。解官歸。尋兼侍中。加撫軍將軍、金紫光祿大夫、河北大使。中興建。拜侍中司空。孝武即位。解侍中。封長樂郡公。以貳于高歡賜死。天平初贈太師、錄尚書事、冀州刺史。謚曰文昭。

致裴諏之書

相屈爲戶曹參軍。北齊書裴諏之傳司空高乾致書。

高昂

昂字敖曹。乾第三弟。建義初除通直散騎侍郎。封武城縣伯。永安末爲直閤將軍通直散騎常侍。加平北將軍。後廢帝即位。除冀州刺史。太昌初加侍中開府。進爵爲侯。永熙末行豫州刺史。天平初除侍中司空。轉司徒西南道大都督。歷軍司大都督。元象元年進封京兆郡公。與西魏戰于芒山。敗死。贈使持節侍中、都督冀定滄瀛殷五州諸軍事、太師、大司馬、太尉、錄尚書事、冀州刺史。謚曰忠武。齊皇建初追封永昌王。

祭河伯

河伯水中之神。高敖曹地上之虎。行經君所。故相決醉。北史三十一

李顯

顯爵里未詳。

禍當作滅

敕下脫浩字

大乘賦

大乘者。蓋如來之道場也。故緣覺聲聞。謂之小乘。言法駕之通馳。如舟車之致遠也。夫合抱興于毫末。九層作于累土。從淺以高大。理妙在于不有。迹粗由乎不無。舉有以希無。則無無以暢。忘無以統有。則有有以通。無無以暢。則乘斯小矣。有有以通。則乘斯大矣。夫總禰佑之會者。莫尚于法身。宜一切之知者。莫貴乎如來。故神稟靈照。以觀三達之權。思周深妙。以入四持之門。知色之空。任而不敗。起禍無崖。終始無際。形寄于宇宙之中。而心包乎一象之外。目察于芥子之細。而識鑒乎須彌之大。美哉淵乎。其源固不量也。嗟歎不足。遂作賦曰。

建大乘之靈駕兮。震法鼓之雷音。除行蓋之欲疑兮。餐微妙以悅心。滿覺意之如海兮。演般若之淵深。平八道之坦蕩兮。游總持之苑林。定禪思于三昧兮。滅色想于五陰。執抵羅之引弓兮。操如意之喻琴。破罛網之將裂兮。剗貪垢而絕淫。危泡沫之暫結兮。焉巧風之足欽。或明行而善逝兮。積功勳以迄今。收薩云之空義兮。運十萬而魔擒。開止觀之光燄兮。消邪見之沈吟。閑必固之垣牆兮。同影響之難尋。廣弘明集二十九上。案釋道宣編此賦于魏高允鹿苑賦之後。題爲魏李顒。檢魏書北史。未見其人。東晉李顒。字長林。有賦論誄等文八篇。在全晉文卷五十三。疑此賦亦晉李顒所作。今姑從廣弘明集錄于魏高允後。

閔湛　郄標

湛。標。太武時著作令史。

上疏乞班崔浩所注經

馬鄭王賈。雖注述六經。並多疏謬。不如浩之精微。乞收境內諸書。藏之祕府。班浩所注。命天下習業。并求敕注禮傳。令後生得觀正義。魏書高允傳。是時著作令史閔湛郄標見浩所注詩論語尚書易。遂上疏言。浩亦表薦湛有著作之才。

宗欽

欽字景若。金城人。仕沮渠蒙遜爲中書郎世子洗馬。太武平涼州。賜爵臥樹男。加鷹揚將軍。拜著作郎。真君十一年坐崔浩誅。

與高允書

昔皇綱未振。華裔殊風。九服分隔。金蘭莫遂。希懷寄契。延想積久。天遂其願。爰邁京師。才非季札。而眷深孫喬。德乖程子。而義均傾蓋。曠齡罕遇。會之一朝。比公私理異。訓諮路塞。端拱蓬宇。慨歎如何。不量鄙拙。貢詩數韻。若夫泉江相忘之談。遺言存意之美。雖莊生之所尚。非淺識所宜循。愛敬既深。情期往返。思遲德音。以祛鄙吝。若能紆鳳彩以耀榛薈。迴連城以映瓦礫者。是所望也。魏書宗欽傳。

東宮侍臣箴

恢恢玄古。悠悠生民。五才迭用。經敘彝倫。匡父維子。弼君伊臣。顚而能扶。屈而能伸。昔在上聖。妙鑒厥趣。不曰我明。而乖其度。不曰我新。而忽其故。如彼在泉。臨深是懼。如彼覆車。望途改步。是以令問宣流。英風遠布。及于三季。道喪純遷。桀起瓊臺。紂酣糟山。周滅妖妃。羿喪以田。險詖蔽其耳目。鄭衛陳于其前。怙才肆虐。異端是纏。豈伊害身。厥胄殲焉。芒芒禹跡。畫爲九區。昆蟲鳥獸。各有巢居。雲歌唐后。垂橫美虞。疏網改祝。殷道攸敷。龍盤應德。隋蛇銜珠。勿謂無心。識命不殊。勿謂理絕。千載同符。爰在子桓。靈數攸臻。儀刑徐阮。左右劉陳。披文採友。叩典問津。用能重離襲曜。魏鼎維新。於昭儲后。運應玄籙。夕惕朝乾。虛衿遠屬。外撫幽荒。內懷煢獨。猶懼思不逮遠。明不遐燭。君有諍臣。庭立謗木。本枝克昌。永符天祿。微臣作箴。敢告在僕。魏書宗欽傳。

游雅

雅字伯度。小名黃頭。廣平任人。太武時拜中書博士東宮內侍長。遷著作郎散騎侍郎。賜爵廣平子。加建威將軍。遷太子少傅。進爵爲侯。加建義將軍。出爲散騎常侍、平南將軍、東雍州刺史。假梁郡公。徵爲祕書監。和平二年卒。贈相州刺史。謚曰宣侯。

貞當作眞

太華殿賦（魏書游雅傳：詔爲太華殿賦。）

上皇太子疏請罪人徙邊

殿下親覽百揆。經營內外。昧旦而興。諮詢國老。臣職忝疑承。司是獻替。漢武時始啟河右四郡。議諸疑罪而謫徙之。十數年後。邊郡充實。竝脩農戍。孝宣因之。以服北方。此近世之事也。帝王之于罪人。非怒而誅之。欲其徙善而懲惡。謫徙之苦。其懲亦深。自非大逆正刑。皆可從徙。雖舉家投遠。忻喜赴路。力役終身。不敢言苦。且遠流分離。心或思善。如此。姦邪可息。邊垂足備。（魏書刑罰志：眞君五年。命恭宗總百揆監國。少傅游雅上疏。恭宗善其言。然未之行。）

論高允

夫喜怒者。有生所不能無也。而前史載卓公寬中。文饒洪量。褊心者或之弗信。余與高子遊處四十年矣。未嘗見其是非喜慍之色。不亦信哉。高子內文明而外柔弱。其言吶吶不能出口。余嘗呼爲文子。崔公謂余云。高生豐才博學。一代佳士。所乏者矯矯風節耳。余亦然之。司徒之譴。起于纖微。及于詔責。崔公聲嘶股戰不能言。宗欽已下。伏地流汗。都無人色。高子敷陳事理。申釋是非。辭義清辯。音韻高亮。明主爲之動容。聽者無不稱善。仁及寮友。保茲元吉。向之所謂矯矯者。更在斯乎。宗愛之任勢也。威振四海。嘗召百司于都坐。王公以下。望庭畢拜。高子獨升階長揖。由此觀之。汲長孺可臥見衞青。何抗禮之有。向之所謂風節者。得不謂此乎。知人固不易。人亦不易知。吾既失之于心內。崔亦漏之于形外。鍾期止聽于伯牙。夷吾見明于鮑叔。良有以也。（魏書高允傳。又北史三十一。）

昭皇太后碑文（北史三十一陳奇傳。）

游明根

明根字志遠。雅從祖弟。太武時爲中書學生。景穆太子監國。以爲主書。文成即位。遷都曹主書。賜爵安樂男。寧遠將軍。假員外散騎常侍、冠軍將軍、安樂侯。獻文即位。出爲東青州刺史。遷散騎常侍、平東將軍、都督兗州軍事、瑕丘鎮將。尋拜東兗州刺史。改爵新泰侯。孝文即位。入爲給事中。遷儀曹長、假安南將軍、儀曹尚書、廣平公。尋正尚書。遷大鴻臚卿、河南王幹師。隨例降侯爲伯。致仕。太和二十三年卒。贈光祿大夫。謚曰靖。

對詔議祫禘

鄭氏之義。禘者大祭之名。大祭圓丘謂之禘者。審諦五精星辰也。大祭宗廟謂之禘者。審諦其昭穆。（通典作其昭穆百官也。）圓丘常合不言祫。宗廟時合故言祫。斯則宗廟祫禘竝行。圓丘一禘而已。宜于宗廟俱行禘祫之禮。二禮異。故名殊。依禮。春廢犆礿。于嘗于烝則祫。（通典作則祫嘗祫烝。）不于三時皆行禘祫之禮。（魏書禮志上：太和十三年。詔議祫禘。尚書游明根、左丞郭祚、中書侍郎封琳、著作郎崔光等對。又見通典五十。）

對詔問夕月

攷案舊式。推校眾議。宜從朏月。（魏書禮志一：太和十五年。）

游肇

肇字伯始。明根子。幼爲中書學生。孝文初爲內祕書侍御中散。都官從事。轉通直郎、祕閣令。遷散騎侍郎、典命中大夫。進太子中庶子。出爲本州鎮北府長史。帶魏郡太守。宣武時歷黃門侍郎、散騎常侍。兼侍中。轉太府卿。徙廷尉卿。兼御史中尉。遷侍中。孝明即位。遷中書令、光祿大夫、相州大中正。出爲鎮東將軍、相州刺史。徵爲太常卿。遷尚書右僕射。正光元年卒。贈驃騎大將軍、冀州刺史。謚曰文貞。

諫赴援郁洲表

玄明之款。雖奔救是當。然事有損益。或憚舉而功多。或因小而生患。不可必也。今六里朐山。地實接海。陂湖下溼。人不可居。郁洲又在海中。所謂雖獲石田。終無所用。若不待連兵。六里雖剋。尚不可守況方事連兵而爭非要也且六里子賊逾要去此閑遠若已開遠之兵攻逼近之衆其勢既殊不可敵也災儉之年百姓饑餓死者亦復不少何以得宜靜之辰興干戈之役軍糧資運取濟無所唯見其損未覩其益且新附之民服化猶近特須安帖不宜勞之勞則怨生怨生則思叛思叛則不自安不安則擾動脫爾則連兵難解事不可輕宜損茲小利不使大損（魏書游明根附傳游肇遷侍中梁徐玄明斬其青冀二州刺史張稷首以郁洲內附朝議遣兵赴援肇表世宗不納）

諫伐蜀

臣聞遠人不服則修文德以來之兵者凶器不得已而後用當今治雖太平論征未可何者山東關右殘傷未復頻年水旱百姓空虛宜在安靜不宜勞役然往昔開拓皆因城主歸款故有征無戰今之據者雖假官號眞僞難分或有怨于彼不可全信且蜀地險隘稱之自古鎮戍晏然更無異趣豈得虛承浮說而動大軍舉不愼始悔將何及討蜀之略願俟後圖（魏書游明根附傳大將軍高肇伐蜀肇諫世宗又不納）

奏請更議劉輝事

臣等謬參樞轄獻替是司門下出納謨明常則至于無良犯法職有司存劾罪結案本非其事容妃等姦狀罪止于刑並處極法準律未當出適之女坐及其兄推據典憲理實爲猛又輝雖逃刑罪非孥戮募同大逆亦謂加重乖律之案理宜陳請乞付有司重更詳議（魏書刑罰志神龜中蘭陵公主駙馬都尉劉輝坐與河陽縣民張智壽妹容妃陳慶和妹慧猛姦亂毆主傷胎輝懼罪逃亡門下處奏容妃慧猛各入死刑智壽慶和並以知情不加防限處以流坐詔容妃慧猛恕死髡鞭付宮餘如奏尚書三公郎中執不下右僕射游肇奏言）

李訢

訢字元盛小名眞奴范陽人太武時入都爲中書學生除中書助教博士文成即位遷儀曹尚書領中祕書賜爵扶風公加安東將軍出爲安南將軍相州刺史獻文時以贓罪免復爲太倉

尚書攝南部兼典選舉孝明即位遷司空進爵范陽公侍中鎮南大將軍開府儀同三司徐州刺史太和元年坐罪誅

上疏求立學校

臣聞至治之隆非文德無以經綸王道太平之美非良才無以光贊皇化是以昔之明主建庠序于京畿立學官于郡邑敎國子弟習其道藝然後選其俊異以爲造士今聖治欽明道隆三五九服之民咸仰德化而所在州土學校未立臣雖不敏誠願備之使後生聞雅頌之音童幼覩經敎之本臣昔蒙恩寵長管中祕時課修學有成立之人髦俊之士已蒙進用臣今重荷榮遇顯任方岳思闡帝猷光宣于外自到以來訪諸文學舊德已老後生未進歲首所貢雖依制遣對問之日懼不克堪臣愚欲仰依先典于州郡治所各立學官使士望之流冠冕之胄就而受業庶必有成其經藝通明者貢之王府則郁郁之文于是不墜（魏書李訢傳訢爲相州刺史上疏）

殷紹

紹長樂人仕太武爲算生博士給事東宮西曹

上四序堪輿表

臣以姚氏之世行學伊川時遇游遁大儒成公興從求九章要術興字廣明自云膠東人也山居隱跡希在人間興時將臣南到陽翟九崖巖沙門釋曇影閒興即北還臣獨留住依止影所求請九章影復將臣向長廣東山見道人法穆法穆時共影爲臣開述九章數家雜要披釋章次意況大旨又演隱審五藏六府心髓血脈商功大算端部變化玄象土圭周髀練精銳思蘊習四年從穆所聞粗皆髣髴穆等仁矜特垂憂閔復以先師和公所注黃帝四序經文三十六卷合有三百二十四章專說天地陰陽之本其第一孟序九卷八十一章說陰陽配合之原第二仲序九卷八十一章解四時氣王休殺吉凶第三叔序九卷八十一章明日月辰宿交

會相生爲表裏。第四季序。九卷八十一章。具釋六甲刑禍福德。吕此等文。傳授于臣。山神禁嚴。不得齎出。尋究經年。粗舉綱要。山居險難。無吕自供。不堪窘迫。心生懈怠。吕甲寅之年。日維鶉火。月吕林鍾。景氣鬱盛。感物懷歸。奉辭影等。自爾至今。四十五載。歷觀時俗堪輿八會。逕世已久。傳寫謬誤。吉凶禁忌。不能備悉。或攻良日。而値惡會。舉吉用凶。多逢殃咎。又史遷郝振中吉大儒。亦各撰注。流行于世。配會大小。序述陰陽。依如本經。猶有所闕。臣前在東宮。吕狀奏聞。奉被景穆皇帝聖詔。敕臣撰錄。集其要最。仰奉明旨。謹審先所見四序經文。鈔撮要略。當世所須吉凶舉動。集成一卷。上至天子。下及庶人。又貴賤階級。尊卑差別。吉凶所用。罔不畢備。未及內呈。先帝晏駕。臣時狼狽。幾至不測。停廢吕來。逕由八載。思欲上聞。莫能自徹。加年夕齒頹。餘齡旦暮。每懼殂殞。塡仆溝壑。先帝遺志。不得宣行。夙夜悲憤。理難違匿。依先撰錄奏。謹吕上聞。請付中祕通儒達士。定其得失。事若可施。乞即班用。（魏書殷紹傳。太安四年夏上四序堪輿表。其書遂大行于世。）

慕容白曜

白曜。前燕慕容皝之玄孫。太武時爲中書吏。給事東宮。文成即位。拜北部下大夫。襲父琚爵高都侯。遷北部尚書。獻文即位。遷尚書右僕射。進爵南鄉公。加安南將軍。皇興初加使持節都督征南大將軍上黨公。尋拜青州刺史。進爵濟南王。四年十月。追究乙渾黨。誣吕反叛。誅。

喻崔道固書

天棄劉彧。禍難滋興。骨肉兄弟。自相誅戮。君臣上下。靡復紀綱。徐州刺史薛安都。豫州刺史常珍奇、兗州刺史畢衆敬等。深覩存亡。翻然歸義。故朝廷納其誠款。委吕南蕃。皆目前之見事。東西所備聞也。彼無鹽戍主申纂。敢縱奸慝。劫奪行人。官軍始臨。一時授首。房崇吉固守升城。尋即潰散。自襄陽吕東。至于淮海。莫不風靡。服從正化。謂東陽歷城有識之士。上思安都之榮顯。下念申纂之死亡。追悔前惑。改圖後悟。然執守愚迷。不能自革。猥總戎旅。埽定北方。濟黃河知十二之虛說。臨齊境想一變之淸風。躑躅周覽。依然何極。故先馳書。吕喻成敗。夫見機而動。周易所稱。去危就安。人事常理。若吕一介爲高。不悛爲美。則微子負嫌于時。紀季受譏于世。我皇魏重光累葉。德懷無外。軍威所拂。無不披靡。固非三吳弱卒所能擬抗。況于今者。勢已土崩。劉彧威不制秣陵。政不出閩外。豈復能浮江越海。赴危救急。恃此爲援。何異于蹄涔之魚。冀拯江海。夫蝮蛇螫手則斷手。螫足則斷足。誠忍肌體。吕救性命。若推義吕行之。無割身之痛也。而可吕保家寍宗。長守安樂。此智士所宜深思重慮。自求多福。（魏書慕容白曜傳）

全後魏文卷二十九終

全後魏文卷三十

烏程嚴可均校輯

高閭

閭字閻士。漁陽雍奴人。本名驢。崔浩改爲閭而字之。太武時徵拜中書博士。文成末遷中書侍郎。獻文初賜爵安樂子。加南中郎將。領東徐州刺史。進爵爲侯。加昭武將軍。承明初爲中書令加給事中。太和中除廣陵王師。出爲鎭南將軍相州刺史。徙平北將軍幽州刺史。徵爲太常卿。宣武卽位。㠯光祿大夫致仕。景明三年卒。謚曰文侯。（北史作文貞）有集三十卷。（魏書高閭傳。文明太后甚重閭。詔令書檄碑銘贊頌。皆其文也。）

宣命賦

（魏書胡叟傳。閭作宣命賦。叟爲之序。）

諫討淮北表

伏見廟算。有事淮海。雖成事不說。猶可思量。臣㠯愚劣。本非武用。

至于軍旅。尤所不學。直㠯無諱之朝。敢肆狂瞽。區區短見。竊有所疑。臣聞兵者凶器。不得已而用之。今天下開泰。四方無虞。豈宜盛世。干戈妄動。疑一也。淮北之城。凡有五處。難易相兼。皆須攻擊。然攻守難圖。力懸百倍。反復思量。未見其利。疑二也。縱使如心。于國無用。發兵遠入。費損轉多。若不置城。是謂空爭。疑三也。脫不如意。當延日月。屯衆聚費。于何不有。疑四也。伏願思此四疑。時速返旆。（魏書高閭傳。太和三年出師討淮北。閭表）

議斷祿表

天生蒸民。樹之㠯君。明君不能獨理。必須臣㠯作輔。君使臣㠯禮。臣事君㠯忠。故車服有等差。爵命有分秩。德高者則位尊。任廣者則祿重。下者祿足㠯代耕。上者俸足㠯行義。庶民均其賦。㠯展奉上之心。君王聚其材。㠯供事業之用。君班其俸。垂惠則厚。臣受其祿。感恩則深。于是貪殘之心止。竭效之誠篤。兆庶無侵削之煩。百辟備禮容之美。斯則經世之明典。爲治之至術。自堯舜㠯來。逮于三季。雖優劣不同。而斯道弗改。自中原崩否。天下幅裂。海內未一。民戶耗減。國用不充。俸祿遂廢。此則事出臨時之宜。良非久長之道。大魏應期紹祚。照臨萬方。九服旣和。八表咸謐。二聖欽明文思。道冠百代。動遵禮式。稽攷舊章。準百王不易之勝法。述前聖利世之高軌。置立鄰黨。班宣俸祿。事設令行。于今已久。苛慝不生。上下無怨。姦巧革慮。闚覦絕心。利潤之厚。同于天地。㠯斯觀之。如何可改。又洪波奔激。則堤防宜厚。姦悖充斥。則禁網須嚴。且飢寒切身。慈母不保其子。家給人足。禮讓可得而生。但廉清之人。不必皆富。豐財之士。未必悉賢。今給其俸。則清者足㠯息其濫竊。貪者足㠯感而勸善。若不班祿。則貪者肆其姦情。清者不能自保。難易之驗。灼然可知。如何一朝。便欲去俸。淮南之議。不亦謬乎。（魏書高閭傳。淮南王他奏求依舊斷祿。文明太后令召羣臣議之。閭表。詔從閭議。）

請築長城表

臣聞爲國之道。其要有五。一曰文德。二曰武功。三曰法度。四曰防固。五曰刑賞。故遠人不服。則脩文德㠯來之。荒狡放命。則播武功㠯威之。民未知戰。則制法度㠯齊之。暴敵輕侵。則設防固㠯禦之。臨事制勝。則明刑賞㠯勸之。用能闢國寧方。征伐四剋。北狄悍愚。同于禽獸。所長者野戰。所短者攻城。若㠯狄之所短。奪其所長。則雖衆不能成患。雖來不能內逼。又狄散居野澤。隨逐水草。戰則與家產並至。奔則與畜收俱逃。不齎資糧而飲食足。是㠯古人伐北方。攘其侵掠而已。歷代爲邊患者。良㠯倏忽無常故也。六鎭勢分。倍衆不鬭。互相圍逼。難㠯制之。昔周命南仲。城彼朔方。趙靈秦始。長城是築。漢之孝武。踵其前事。此四代之君。皆帝王之雄傑。所㠯同此役者。非智術之不長。兵衆之不足。乃防狄之要事。其理宜然故也。易稱天險不可升。地險山川丘陵。王公設險㠯守其國。長城之謂歟。今宜依故于六鎮之北築長城。㠯禦北虜。雖有暫勞之勤。乃有永逸之益。如其一成。惠及百世。即于要害。往往開門。造小城于其內。因地卻敵。多置弓弩。狄來有城可守。有兵可捍。既不攻城。野掠無獲。草盡則走。終必懲艾。宜發近州武勇四萬人及京師二萬人。合六萬人爲武士。于苑內立征北大將軍府。選忠勇有志幹者㠯充其選。下置官屬。分爲三軍。二萬人專習弓射。二萬人專習戈楯。二萬人專習騎矟。修立戰場。十日一習。采諸葛亮八陣之法。爲平地禦寇之方。使其解兵革之宜。識旌旗之節。器械精堅。必堪禦寇。使將有定兵。兵有常主。上下相信。晝夜如一。七月發六部兵六萬人。各備戎作之具。敕臺北諸屯倉庫。隨近作米。俱送北鎮。至八月。征北部率所領。與六鎮之兵。直至磧南。揚威漠北。狄若來拒。與之決戰。若其不來。然後散分其地。㠯築長城。計六鎮東西不過千里。若一夫一月之功。當三步之地。三百人三里。三千人三十里。

三萬人三百里。則千里之地。彊弱相兼。計十萬人一月必就。運糧一月。不足爲多。人懷永逸。勞而無怨。計築長城。其利有五。罷遊防之苦。其利一也。北部放牧。無鈔掠之患。其利二也。登城觀敵。㠯逸待勞。其利三也。省境防之虞。息無時之備。其利四也。歲常遊運。永得不匱。其利五也。又任將之道。特須委信。遣之㠯禮。恕之㠯情。閫外之事。有利輒決。赦其小過。要其大功。足其兵力。資其給用。君臣相體。若身之使臂。然後忠勇可立。制勝可果。是㠯忠臣盡其心。征將竭其力。雖三敗而踰榮。雖三背而彌寵。魏書高閭傳。北史三十四。又見通典一百九十六。作皇興中征南將軍刁雍上獻文帝表。其文全同。據閭傳。乃上孝文帝表。並非爲刁雍代作也。今從閭傳編入閭集中。

應詔陳損益表

奉癸未詔書。㠯春夏少雨。憂饑饉之方臻。愍黎元之傷瘵。同禹湯罪己之誠。齊堯舜引咎之德。虞災致懼。詢及卿士。令各上書。極陳損益。深恩被于蒼生。厚惠流于后土。伏惟陛下天啟聖姿。利見纂極。欽若昊天。光格宇宙。太皇太后㠯叡哲贊世。稽合三才。高明柔克。道被無外。七政昭宣于上。九功咸序于下。君人之量逾高。謙光之旨彌篤。修復祭儀。宗廟所㠯致敬。飾正器服。禮樂所㠯宣和。增儒官㠯重文德。簡勇士㠯昭武功。慮獄訟之未息。定刑書㠯理之。懼蒸民之姦宄。置鄰黨㠯穆之。究庶官之勤劇。班俸祿㠯優之。知勞逸之難均。分民土㠯齊之。甄忠明孝。矜貧恤獨。開納讜言。抑絕讒佞。明訓㠯體。率土移風。雖未勝殘去殺。成無爲之化。足㠯仰答三靈者矣。臣聞皇天無私。降鑒在下。休咎之徵。咸由人召。故帝道昌則九疇敘。君德衰而彝倫斁。休瑞並應。享㠯五福。則康于其邦。咎徵屢臻。罰㠯六極。則害于其國。斯乃洪範之實徵。神祇之明驗。及其厄運所纏。世鍾陽九。數乖于天理。事違于人謀。時則有之矣。故堯湯逢歷年之災。周漢遭水旱之患。然立功修行。終能弭息。今考治則有如此之風。計運未有如彼之害。而陛下殷勤引過。事邁

前王。從星謝雨之徵。指辰可必。消災滅禍之符。灼然自見。雖王畿之內。頗爲少雨。關外諸方。禾稼仍茂。苟動之㠯禮。綏之㠯和。一歲不收。未爲大損。但豫備不虞。古之善政。安不忘危。有國常典。竊㠯北鎮新徙。家業未就。思親戀本。人有愁心。一朝有事。難㠯禦敵。可寬其往來。頗使欣慰。開雲中馬城之食㠯賑恤之。足㠯感德。致力邊境矣。明察畿甸之民。飢甚者出靈丘下館之粟㠯救其乏。可㠯安慰孤貧。樂業保土。使幽定安并四州之租。隨運㠯溢其處。開關弛禁。薄稅賤糴。㠯消其費。清道路。恣其東西。隨豐逐食。貧富相贍。可㠯免度凶年。不爲患苦。又聞常士困則濫竊生。匹婦餒則慈心薄。凶儉之年。民輕違犯。可緩其使役。急其禁令。宜于未然之前。申敕外牧。又一夫幽枉。王道爲虧。京師之獄。或恐未盡。可集見囚于都曹。使明折庶獄者重加究察。輕者即可決遣。重者定狀㠯聞。罷非急之作。放無用之獸。此乃救凶之常法。且㠯見憂于百姓。論語

曰。不患貧而患不安。苟安而樂生。雖遭凶年。何傷于民庶也。愚臣所見如此而已。（魏書高閭傳。）

諫應曹虎表

洛陽草創。虎既不遣質任。必非誠心。無宜輕舉。（魏書高閭傳。曹虎據襄陽請降。詔劉昶薛眞度等四道南伐。車駕親幸懸瓠。閭表諫。不納。）

論淮南不宜留戍表

南土亂亡。僭主屢易。陛下命將親征。威陵江左。望風慕化。剋拔數城。施恩布德。攜民襁負。可謂澤流邊方。威惠普著矣。然元非大舉。軍興後時。本爲迎降。戎卒實少。兵法十則圍之。倍則攻之。所率既寡。東西懸闊。難以竝稱。伏承欲留戍淮南。招撫新附。昔世祖以回山倒海之威。步騎數十萬。南臨瓜步。諸郡盡降。而盱眙小城。攻而弗剋。班師之日。兵不戍一郡。土不闢一廛。夫豈無人。以大鎮未平。不可守小故也。堰水先塞其源。伐木必拔其本。源不塞。本不拔。雖翦枝竭流。終不可絕矣。壽陽盱眙淮陰。淮南之源本也。三鎮不剋其一。而留兵守郡。不可自全明矣。既逼敵之大鎮。隔深淮之險。少置兵不足以自固。多留眾糧運難可充。又欲修渠通漕。路必由于泗口。泝淮而上。須經角城。淮陰大鎮。舟船素畜。敵因先積之資。以拒始行之路。若元戎旋旆。兵士挫怯。夏雨水長。救援實難。忠勇雖奮。事不可濟。淮陰東接山陽。南通江表。兼近江都海西之資。西有盱眙壽陽之鎮。且安土樂本。人之常情。若必留戍。軍還之後。恐爲敵擒。何者。鎮戍新立。懸在異境。以勞禦逸。以新擊舊。而能自固者。未之有也。昔彭城之役。既剋其城。戍鎮已定。而思叛外向者。猶過數方。角城蕞爾。處在淮北。去淮陽十八里。五固之役。攻圍歷時。卒不能剋。以今比昔。事兼數倍。今以向熱。水雨方降。兵刃既交。難以恩恤。降附之民。及諸守令。亦可徙置淮北。如其不然。進兵臨淮。速度士卒。班師還京。踵太武之成規。營皇居于伊洛。畜力以待敵釁。

目律之律上脫定字

布德以懷遠人。使中國清穆。化被遐裔。淮南之鎮。自效可期。天安之捷。指辰不遠。（魏書高閭傳。高祖攻鍾離未剋。將于淮南修故城而置鎮戍。以撫新附之民。賜閭璽書。具論其狀。閭表。）

請使公孫崇韓顯宗參知音律表

書稱同律度量衡。論云謹權量。審法度。此四者。乃是王者之要務。生民之所由。四者何先。以律爲首。豈不以取法之始。求天地之氣故也。孔子曰。移風易俗。莫尚于樂。然則樂之所感。其致遠矣。今調音制樂。非律無以克和。然則律者。樂之本也。臣前被敕理樂。與皇宗博士孫惠蔚太樂祭酒公孫崇等。考周官國語。及後漢律麻志。案京房法。作準以律。吹律以調絲。案律寸以孔竹。八音之別。事以麤舉。書既三奏。備在前閣。臣年垂七十。日就衰頹。恐一朝先犬馬。竟無絲髮之益。使律法長絕。遺恨歿世。是以慺慺惓惓。不敢忘息。近在鄴見崇。臣先以其聰敏精勤。有挈瓶之智。雖非經國之才。頗長推攷之術。故臣舉以教樂令。依臣先共所論樂事。自作鐘磬志議二卷。器數爲備。可謂世不乏賢。今崇徒教樂童書學而已。不恭樂事。臣恐音律一曠。精賞實難。習業差怠。轉乖本意。今請使崇參知律呂鐘磬之事。觸類而長之。成益必深。求持臣先所奏三表。勘後漢律麻志。陛下親覽。以求厥衷。俱然易了。又著作郎韓顯宗。博聞彊識。頗有史才。粗解音律。亦求令時往參知。臣雖在外官。竊慕古人舉善之義。愚意所及。不能自已。雖則越分。志在補益。願不以言廢人。（魏書律麻志上。太和中。詔中書監高閭修正音律。久未能定。閭出爲相州刺史。十八年。閭表。）

請裁鄴中密后廟應罷應葺表

伏惟太武皇帝發孝思之深誠。同渭陽之遠感。以鄴土舅氏之故鄉。有歸魂之舊宅。故爲密皇后立廟于城內。歲時祭祀。置廟戶十家。齋官三十人。春秋烝嘗。冠服從事。刺史具威儀。親行薦酌。升降揖讓。與七廟同儀。禮畢撤會而罷。今廟殿虧漏。門牆傾毀。簠簋故敗。行禮有闕。臣備職司。目所親覩。若曰七廟惟新。明堂初制。配響之儀。備于京邑者。便應罷壞。輟其常祭。如曰功高特立。宜應新其靈宇。敢陳所見。伏請恩裁。魏書禮志一。太和十九年六月，相州刺史高閭表言。

對詔議禘祫

禘祭圜丘之禘。與鄭義同。其宗廟禘祫之祭。與王義同。與鄭義同者。以爲有虞禘黃帝。黃帝非虞在廟之帝。不在廟。非圜丘而何。又大傳稱祖其所自出之祖。又非在廟之文。論稱禘自既灌。事似據通典作論語稱禘自既灌以往。爾雅稱禘大祭也。頌長發大禘也。殷王之祭。斯皆非諸侯之禮。諸侯無禘禮。唯夏殷夏祭稱禘。又非宗廟之禘。魯行天子之儀。不敢專行圜丘之禘。通典此下有殷之禘四字。改取其禘名于宗廟。因先有祫。遂生兩名。通典此下有禘祫之祭七字。據王氏之義。祫而禘祭之。故言禘祫。總謂再殷祭。明不異也。禘祫一名也。其禘祫止于一時。止于一時者。祭不欲數。數則黷。一歲而三禘。愚以爲過數。魏書禮志一。太和十三年，詔議禘祫。中書監高閭、儀曹令李韶、中書侍郎高遵等十三人對稱云云。又見通典五十，作中書監高閭又言云云。

六宗議

書稱肆類于上帝。禋于六宗。六宗之祀。禮無明文。名位壇兆。歷代所疑。漢魏及晉。諸儒異說。或稱天地四時。或稱六者之間。或稱易之六子。或稱風雷之類。或稱星辰之屬。或曰世代所宗。或云宗廟所尚。或曰社稷五祀。凡十有一家。自晉已來。逮于聖世。以爲論者雖多。皆有所闕。莫能詳究。遂相因承。別立六宗之兆。總爲一位而祭之。比敕臣等評議。取衷附之祀典。臣等承旨。披究往說。各有其理。較而論之。長短互有。若偏用一家。事或差舛。衆疑則從多。今惑則仍古。請依先別處六宗之兆。總爲一祀而祭之。魏書禮志一。

五德議

帝王之作。百代可知。運代相承。書傳可驗。雖祚命有長短。德政有優劣。至于受終嚴祀。殷薦上帝。其致一也。故敢述其前載。舉其大

略。臣聞居尊據極。允應明命者。莫不以中原爲正統。神州爲帝宅。苟位當名全。化迹流洽。則不專以世數爲與奪。善惡爲是非。故堯舜禪揖。一身異尚。魏晉相代。少紀運殊。桀紂至虐。不廢承厤之敘。厲惠至昏。不闕周晉之錄。計五德之論。始自漢劉。一時之議。三家致別。故張蒼以漢爲水德。賈誼公孫臣以漢爲土德。劉向以漢爲火德。以爲水德者。正以嘗有水溢之應。則不推運代相承之數矣。以爲土德者。則以亡秦繼厤。相即爲次。不推順逆之異也。以爲火德者。懸證赤帝斬蛇之符。棄秦之暴。越惡承善。不以世次爲正也。故以承周爲火德。自茲厥後。乃以爲常。魏承漢。火生土。故魏爲土德。晉承魏。土生金。故晉爲金德。趙承晉。金生水。故趙爲水德。燕承趙。水生木。故燕爲木德。秦承燕。木生火。故秦爲火德。秦之未滅。皇魏未克神州。秦氏既亡。大魏稱制玄朔。故平文之廟。始稱太祖。以明受命之證。如周在岐之陽。若繼晉。晉亡已久。若棄秦。則中原有寄。推此而言。承秦之理。事爲明驗。故以魏承秦。魏爲土德。又五緯表驗。黃星曜彩。攷氏定實。合德軒轅。承土祖未。事爲著矣。又秦趙及燕。雖非明聖。各正號赤縣。統有中土。郊天祭地。肆類咸秩。明刑制禮。不失舊章。奄岱踰河。境被淮漢。非若齷齪邊方。僭擬之屬。遠如孫權劉備。近若劉裕道成。事繫蠻夷。非關中夏。伏惟聖明德配天地。道被四海。承乾統厤。功侔百王。光格同于唐虞。享祚流于周漢。正位中境。奄有萬方。今若并棄三家。遠承晉氏。則蔑中原正次之實。存之無損于此。而有成于彼。廢之無益于今。而有傷于事。臣愚以爲宜從尚黃。定爲土德。又前代之君。明賢之史。皆因其可褒褒之。可貶貶之。今議者偏據可絕之義。而不錄可全之禮。所論事大。垂之萬葉。宜並集中祕羣儒。人人別議。擇其所長。于理爲悉。魏書禮志一。太和十四年八月，中書監高閭議以爲。

既葬郎吉議

君不除服于上。臣則釋服于下。從服之義。有違為臣之道。褒麻弱政。吉凶事雜。通典八十。太和十四年。

至德頌 并表

臣閭刑制改物者。應天之聖君。𨘂匾順常者。守文之庸主。故五帝異規而化興。三王殊禮而致治。用能憲章萬祀。垂範百王。歷葉所以挹其遺風。後君所以酌其軌度。伏惟太上皇帝道光二儀。明齊日月。至德潛通。武功四暢。霜威南被。則淮徐來同。齊斧北斷。則玁狁覆鱉。西摧三危之酋。東引肅慎之貢。荒遐款塞。九有宅心。于是從容閑覽。希心玄奧。尚鼎湖之奇風。崇巢由之高潔。疇咨熙載。亮采羣后。爰挹大位。傳祚聖人。開古之高範。爰萃于一朝。曠葉之希事。載見于今日。昔唐虞禪舜。前典大其成功。太伯讓季。孔子稱其至德。苟位以聖傳。臣子一也。謹上至德頌一篇。其詞曰。

茫茫太極。悠悠遐古。三皇刑制。五帝垂祜。仰察璿璣。俯鑒后土。雍容端拱。惟德是與。夏殷世傳。周漢纂烈。道風雖邈。仍誕明哲。爰暨三季。下陵上替。九服三分。禮樂四缺。上靈降鑒。思皇反正。乃眷有魏。配天承命。功冠前王。德侔往聖。移風革俗。天保載定。於穆太皇。克廣聖度。玄化外暢。惠鑒內悟。遺此崇高。挹彼沖素。道映當今。慶流後祚。明明我皇。承乾紹煥。比誦熙周。方文隆漢。重光麗天。晨暉疊旦。六府孔修。三辰貞觀。功均乾造。雲覆雨潤。養之以仁。敦之以信。綏之斯和。動之斯震。自西徂東。無思不服。禎候並應。福祿來格。嘉穀秀町。素文表石。玄鳥呈皓。醴泉流液。黃龍蜿蜿。遊麟奕奕。沖訓既布。率土咸寧。穆穆四門。灼灼典刑。勝殘豈遠。朞月有成。翹翹東岳。庶見翠旌。先民有言。千載一泰。昔難其運。今易其會。沐浴湻澤。被服冠帶。飲和陶潤。載欣載頌。文以寫意。功由頌宣。吉甫作歌。式昭永年。唐政緝熙。康哉垂篇。仰述徽烈。被之管絃。魏書高閭傳顯祖傳位閭上表頌

鹿苑頌

北伐碑 魏書高閭傳。高允舉以自代。遂為顯祖所知。命造鹿苑頌北伐碑。顯祖善之。

濟陰太守魏悅頌德碑

祖母房。年在弱笄。韜貞守志。秉恭姜之操。著自毀之誠。頌曰。

爰及處士。遘疾夙凋。伉儷秉志。識茂行高。殘形顯操。誓敦久要。誕茲令胤。幽感乃昭。魏書節義魏溥妻房氏傳

全後魏文卷三十終

全後魏文卷三十一

烏程嚴可均校輯

韓麒麟

麒麟。昌黎棘城人。初爲景穆太子東曹主書。文成即位。賜爵魯陽男。（北史作漁陽男。）加伏波將軍。參慕容白曜征南軍事。進冠軍將軍。冀州刺史。孝文時拜給事黃門侍郎。除冠軍將軍齊州刺史。假魏昌侯。太和十二年卒。贈散騎常侍、安東將軍、燕郡公。謚曰康。

推用新附表

齊土自屬僞方。歷載久遠。舊州府寮。動有數百。自皇威開被。并職從省。守宰闕任。不聽土人監督。竊惟新人未階朝宦。州郡局任甚少。沈塞者多。願言冠冕。輕爲去就。愚謂守宰有闕。宜推用豪望。增置吏員。廣延賢喆。則華族蒙榮。良才獲敘。懷德安土。庶或在茲。（魏書韓麒麟傳。）

陳時務表

古先哲王。經國立治。積儲九稔。謂之太平。故躬籍千畝。㠯勵百姓。用能衣食滋茂。禮教興行。逮于中代。亦崇斯業。入粟者與斬敵同爵。力田者與孝悌均賞。實百王之常軌。爲治之所先。今京師民庶。不田者多。遊食之口。三分居二。蓋一夫不耕。或受其飢。況于今者。動㠯萬計。故頃年山東遭水。而民有餧終。今秋京都遇旱。穀價踊貴。實由農人不勸。素無儲積故也。伏惟陛下天縱欽明。道高三五。昧旦憂勤。思恤民瘼。雖帝虞一日萬幾。周文昃不暇食。蔑㠯爲喻。上垂覆載之澤。下有凍餧之人。皆由有司不爲明制。長吏不恤其本。自承平日久。豐穰積年。競相矜夸。遂成侈俗。車服第宅。奢僭無限。喪葬婚娶。爲費實多。貴富之家。童妾袨服。工商之族。玉食錦衣。農夫餔糟糠。蠶婦乏裋褐。故令耕者日少。田有荒蕪。穀帛罄于府庫。寶貨盈于市里。衣食匱于室。麗服溢于路。飢寒之本。實在于斯。愚謂凡珍玩之物。皆宜禁斷。吉凶之禮。備爲格式。令貴賤有別。民歸朴素。制天下男女。計口受田。宰司四時巡行。臺使歲一按檢。勤相勸課。嚴加賞賜。數年之中。必有盈贍。雖遇災凶。免于流亡矣。往年校比戶貫。租賦輕少。臣所統齊州。租粟纔可給俸。略無入倉。雖于民爲利。而不可長久。脫有戎役。或遭天災。恐供給之方。無所取濟。可減絹布。增益穀租。年豐多積。歲儉出賑。所謂私民之穀。寄積于官。官有宿積。則民無荒年矣。（魏書韓麒麟傳。）

韓顯宗

顯宗字茂親。麒麟次子。太和初舉秀才。對策甲科。除著作佐郎。尋兼中書侍郎。本州中正。遷右軍府長史。征虜將軍。統軍進鎮南廣陽王嘉諮議參軍。尋忤旨。㠯白衣守職。太和二十三年卒。景明初追贈章武男。有馮氏燕志十卷。孝友傳十卷。集十卷。

上書陳時務

其一曰。竊聞輿駕今夏若不巡三齊。當幸中山。竊㠯爲非計也。何者。當今徭役宜早息。洛京宜速成。省費則徭役可簡。并功則洛京易就。往冬輿駕停鄴。是閒隙之時。猶編戶供奉。勞費爲劇。聖鑒矜愍。優旨殷勤。爵浹高年。賚周鰥寡。雖賑普霑。今猶恐來夏菜色。況三農要時。六軍雲會。其所損業。實爲不少。雖調斂輕省。未足稱勞。然大駕親臨。誰敢寍息。往來承奉。紛紛道路。田蠶暫廢。則將來無資。此國之深憂也。且向炎暑。而六軍暴露。恐生厲疫。此可憂之次也。臣願輿駕早還北京。㠯省諸州供帳之費。并功專力。㠯營洛邑。則南州免雜徭之煩。北都息分析之歎。洛京可㠯時就。遷者僉爾如歸。

其二曰。自古聖帝必㠯儉約爲美。亂王必㠯奢侈貽患。仰惟先朝皆卑宮室。而致力于經略。故能基宇開廣。業祚隆泰。今洛陽基址。魏明帝所營。取譏前代。伏願陛下損之又損。頃來北都富室。競㠯第宅相尚。今因遷徙。宜申禁約。令貴賤有檢。無得踰制。端廣衢路。通利溝渠。使寺署有別。四民異居。永垂百世不朽之範。則天下幸甚矣。

其三曰。竊聞輿駕還洛陽。輕將數千騎。臣甚爲陛下不取也。夫千金之子。猶坐不垂堂。況萬乘之尊。富有四海乎。警蹕于闉闥之內者。豈㠯爲儀容而已。蓋㠯戒不虞也。淸道而後行。尚恐銜蹶之或失。況履涉山河。而不加三思哉。此愚臣之所㠯悚息。伏願陛下少垂省察。

其四曰。伏惟陛下耳聽法音。目翫墳典。口對百辟。心虞萬幾。晷昃而食。夜分而寢。加㠯孝思之至。隨時而深。文章之業。日成篇卷。雖叡明所用。未足爲煩。然非所㠯嗇神養性。頤無疆之祚。莊周有言。形有待而智無涯。㠯有待之形。役無涯之智。殆矣。此愚臣所不安。伏願陛下垂拱司契。委下責成。唯冕旒垂纊。而天下治矣。（魏書韓麒麟附傳。旣定遷都。顯宗上書）

上言時務

進賢求才。百王之所先也。前代取士。必先正名。故有賢良方正之稱。今之州郡貢察。徒有秀孝之名。而無秀孝之實。而朝廷但檢其門望。（通典作門地。下皆倣此。御覽亦作門地）不復彈坐。如此則可令別貢門望。㠯敘士人。何假冒（通典御覽並作寵）秀孝之名也。夫門望者。是其父祖之遺烈。亦何益于皇家。益于時者。賢才而已。苟有其才。（通典御覽作奇才）雖居釣奴虜之賤。聖皇不恥㠯爲臣。苟非其才。（通典御覽作其人）雖三后之胤。自墜于皁隸矣。是㠯大才受大官。小才受小官。各得其所。㠯致雍熙。議者或云。今世等（通典無等字）無奇才。不若取士于門。（此御覽作門地）亦失矣。豈可㠯世無周邵。便廢宰相而不置哉。但當校其有寸長銖重者。即先敘之。則賢才無遺矣。（魏書韓麒麟附傳。又見通典十六。御覽六百二十八）

夫帝皇所㠯居尊㠯御下者。威也。兆庶所㠯徙惡㠯從善者。法也。是㠯有國有家。必㠯刑法爲治。生民之命。于是而在。有罪必罰。罰必當辜。則雖箠撻之刑。而人莫敢犯也。有制不行。人得僥倖。則雖參夷之誅。不足㠯肅。自太和㠯來。多坐盜棄市。而遠近肅淸。由此言之。止姦在于防檢。不在嚴刑也。今州郡牧守。邀當時之名。行一切之法。臺閣百官。亦咸㠯深酷爲無私。㠯仁恕爲容盜。迭相敦厲。遂成風俗。陛下居九重之內。視人如赤子。百司分萬務之要。遇下如仇讎。是則堯舜止一人。而桀紂㠯千百。和氣不至。蓋由于此。書曰。與其殺不辜。寧失不經。實宜敕示百寮。㠯惠元元之命。

昔周王爲犬戎所逐。東遷河洛。鎬京猶稱宗周。㠯存本也。光武雖曰中興。實自創革。西京尚置京尹。亦不廢舊。今陛下光隆先業。遷宅中土。稽古復禮。于斯爲盛。豈若周漢出于不得已哉。案春秋之義。有宗廟曰都。無則謂之邑。此不朽之典也。況北代宗廟在焉。山陵託焉。王業所基。聖躬所載。其爲神鄉福地。實亦遠矣。今便同之

郡國。臣竊不安。愚謂代京宜建畿置尹。一如故事。崇本重舊。㠯光萬葉。

伏見洛京之制。居民㠯官位相從。不依族類。然官位非常。有朝榮而夕悴。則衣冠淪于廝豎之邑。臧獲騰于膏腴之里。物之顚倒。或至于斯。古之聖王。必使四民異居者。欲其業定而志專。業定則不僞。志專則不淫。故耳目所習。不督而就。父兄之教。不肅而成。仰惟太祖道武皇帝創基撥亂。日不暇給。然猶分別士庶。不令雜居。伎作屠沽。各有攸處。但不設科禁。賣買任情。販貴易賤。錯居混雜。假令一處彈箏吹笛。緩舞長歌。一處嚴師苦訓。誦詩講禮。宣令童齔任意所從。其走赴舞堂者萬數。往就學館者無一。此則伎作不可雜居。士人不宜異處之明驗也。故孔父云里仁之美。孟母弘三徙之訓。賢聖明誨。若此之重。今令伎作家習士人風禮。則百年難成。令士人兒童效伎作容態。則一朝可得。是㠯士人同處。則禮教易

興伎作雜居。則風俗難改。朝廷每選舉人士。則校其一婚一宦。以爲升降。何其密也。至于開伎作宦途。得與膏粱華望。接閈連甍。何其略也。此愚臣之所惑。今稽古建極。光宅中區。凡所徙居。皆是公地。分別伎作。在于一言。有何爲疑。而闕盛美。

自南僞相承。竊有淮北。欲擅中華之稱。且以招誘邊民。故僑置中州郡縣。自皇風南被。仍而不改。凡有重名。其數甚衆。疑惑書記。錯亂區宇。非所以疆域物土。必也正名之謂也。愚以爲可依地理舊名。一皆釐革。小者并合。大者分置。及中州郡縣。昔以戶少并省。今人口既多。亦不可復舊。君人者以天下爲家。不得有所私也。故倉庫儲貯。以俟水旱之災。供軍國之用。至于有功德者。然後加賜。爰及末代。乃寵之所隆。賜賚無限。自比以來。亦爲太過。在朝諸貴。受祿不輕。土木被錦綺。童妾厭粱肉。而復厚賚屢加。動以千計。若分賜鰥寡。贍濟實多。如不悛革。豈周急不繼富之謂也。愚謂事有可賞。則明旨襃揚。稱事加賜。以勸爲善。不可以親近之昵。猥損天府之儲。

諸宿衛內直者。宜令武官習弓矢。文官諷書傳。無令繕其蒱博之具。以成褻狎之容。長矜爭之心。恣諠囂之慢。徒損朝儀。無益事實。如此之類。一宜禁止。（魏書韓麒麟附傳。北史四十。）

韓子熙

子熙字元雍。顯宗兄子。爲清河王懌常侍。遷郎中令。孝昌初爲中書舍人。加寧朔將軍。歷著作郎。兼司州別駕。轉輔國將軍鴻臚少卿。建義初爲黃門。永安中加征虜將軍。免。尋兼尚書吏部郎。普泰初除通直散騎常侍。撫軍將軍光祿大夫。尋正吏部郎。孝武初領著作郎。封歷城縣子。加衞將軍右光祿大夫。天平初爲侍讀國子祭酒。除驃騎將軍。元象中加衞大將軍。興和中卒。武定初贈幽州刺史。

伏闕上書理清河王懌

竊惟故主太傅清河王。職綜樞衡。位居論道。盡忠貞以奉公。竭心膂以事國。自先皇崩殂。陛下沖幼。負扆當朝。義同分陝。宋維反常小子。性若青蠅。汙白點黑。讒佞是務。以元叉皇姨之壻。權勢攸歸。遂相附託。規求榮利。共結圖謀。坐生眉眼。誣告國王。枉以大逆。賴明明在上。赫赫臨下。泥漬自消。玉質還潔。謹案律文。諸告事不實。以其罪罪之。維遂無罪。出爲大郡。刑賞僭差。朝野怪愕。若非宋維與叉爲計。豈得全其身命。方撫千里。王以權在寵家。塵謗紛雜。恭慎之心。逾深逾厲。去其本宅。移住殿西。闔門靜守。親賓阻絕于時吏部諮稟。劉騰奏其弟官。郡戍兼補。及經內呈。爲王駁退。騰由此生嫌。私深怨怒。遂乃擅廢太后。離隔二宮。榜（闕一字。）胡定誣王行毒。含齒戴髮。莫不悲惋。及會公卿。議王之罪。莫不俛眉飲氣。唯諾是從。僕射游肇。亢言厲氣。發憤成疾。爲王致死。王之忠誠款篤。節義純貞。非但蘊藏胸襟。實乃形于文翰。搜括史傳。撰顯忠錄。區目十篇。分卷二十。既欲彰忠心于萬代。豈可爲逆亂于一朝。乞追遺志。足明丹款。叉籍寵姻戚。特握兵馬。無君之心。實懷皁白。擅廢太后。枉害國王。生殺之柄。不由陛下。賞罰之詔。一出于叉。名藩重地。皆其親黨。京官要任。必其心腹。中山王熙本興義兵。不圖神器。戮其大逆。合門滅盡。遂令元略南奔。爲國巨患。奚康生國之猛將。盡忠棄市。其餘枉被屠戮者。不可稱數。緣此普天喪氣。帀地憤傷。致使朔隴猖狂。歷歲爲亂。荆徐蠢動。職是之由。昔趙高秉秦。令關東鼎沸。今元叉執權。使四方雲擾。自古及今。竹帛所載。賊子亂臣。莫此爲甚。開逆之始。起自宋維。成禍之末。良由騰矣。而令凶徒姦黨。迭相樹置。高官厚祿。任情自取。非但臣等痛恨終身。抑爲聖朝懷愧。以臣赤心慺慺之見。宜梟諸兩觀。洿其舍廬。騰合斲棺斬骸。沈其五族。上謝天人幽隔之憤。下報忠臣冤酷之痛。方乃崇亞三事。委以樞端。所謂虎也更傅其翼。朝野切齒。遐邇扼腕。蔓草難除。去之宜盡。臣歷觀曠代。緬追振古。當斷不斷。其禍更生。況又猜忍。更居衛要。臣中宵九歎。竊以寒心。實願宸鑒。早爲之所。臣等潛伏閭閻。于茲六載。旦號白日。夕泣星辰。叩地寂寥。呼天無響。衛野納肝。秦庭夜哭。千古之痛。何足相比。今幸遇陛下叡聖。親覽萬幾。太后仁明。更撫四海。臣等敢詣闕披陳。乞報冤毒。魏書韓麒麟附傳。靈太后反政子熙與僤中大夫劉定興學官令傅靈摽賓客張子慎伏闕上書。

清河國臣爲君母服議

謹案喪服大功章云。公之庶昆弟爲其母妻。傳曰何以大功。先君餘尊之所厭。不敢過大功也。夫以一國之貴。子猶見厭。況四海之尊。固無申理。頃國王遭太妃憂。議者援引斯條。降王之服。尋究義例。頗有一途。但公之庶昆弟。或爲士。或爲大夫。士之卑賤。不得仰匹親王。正以餘厭共同。可以奪情相擬。然士非列土。無臣從服。今王有臣。復不得一準諸士矣。議者仍令國臣從服以朞。嚣昧所見。未曉高趣。案不杖章云。爲君之父母妻長子祖父母。傳曰父母長子君服斬。妻則小君。父卒然後爲祖後者服斬。傳所以深釋父卒爲祖服斬者。蓋恐君爲祖朞。臣亦同朞也。明臣之後朞由君服斬。若由君服斬。然後朞。則君服大功。安得亦朞也。若依公之庶昆弟。不云有臣從朞。若依爲君之父母。則出應申三年。此之二章。殊不相干。引彼則須去此。引此則須去彼。終不得兩服功朞。渾雜一圖也。議者見餘尊之厭。不得過大功。則令王依庶昆弟。見不杖章有爲君之父母。便令臣從服以朞。此乃據殘文守一隅。恐非先聖之情。達禮之喪矣。且從服之體。自有倫貫。雖秩微閹寺。位卑室老。未有君服緦絰裁踰三時。臣著疏衰。獨涉兩歲。案禮。天子諸侯之大臣。唯服君之父母妻長子祖父母。其餘不服也。唯近臣閹寺。隨君而服耳。若大夫之室老。君之所服。無所不從。而降一等。此三條是從服之通旨。較然之明例。雖近臣之賤。不過隨君之服。未有君輕而臣服重者也。議者云。禮有從輕而重。臣之從君。義包于此。愚謂服問所云。有從輕而重。公子之妻爲其皇姑。直是禮記之異。獨此一條耳。何以知其然。案服問經云。有從輕而重。公子之妻爲其皇姑。而大傳云從服有六。其六曰有從輕而重。注曰公子之妻爲其皇姑。若從輕而重不獨公子之妻者。則鄭君宜更見流輩廣論所及。不應還用服問之文。以釋大傳之義。明從輕而重。唯公子之妻。臣之從君。不得包于此矣。若復有君爲母大功。臣從服朞。當云有從輕而重。公子之妻爲其皇姑。爲母大功。臣從服朞。何爲不備書兩條。以杜將來之惑。而偏著一事。彌結今日之疑。且臣爲君母。乃是徒從。徒從之體。君亡則已。妻爲皇姑。既非徒從。雖公子早沒。可得不制服乎。爲君之父母妻子。君已除喪而後聞喪則不稅。蓋以恩輕不能追服。假令妻在遠方。姑歿遐域。過朞而後聞喪。復可不稅服乎。若姑亡必不關公子有否。聞喪則稅。不計日月遠近者。則與臣之從君。聊自不同矣。又案臣服君黨。不過五人。悉是三年。其餘不服。妻服夫黨。可直五人乎。朞功以降。可得無服乎。臣妻事殊。邈然胡越。苟欲引之。恐非通例也。愚謂臣有合離。三諫待決。妻無去就。一醮終身。親義既有參差。喪服固宜不等。故見厭之婦。可得申其本服。君屈大功。不可過從以朞。所以從麻而齊。專屬公子之妻。隨輕而重。何關從服之臣。尋理求途。儻或在此。必以臣妻相準。未覩其津也。子熙誠不能遠探墳籍。曲論長智。請以情理。校其得失。君遭母憂。巨創之痛。臣之爲服。從君之義。如何君至九月。便蕭然而即吉。臣猶朞年。仍衰哭于君第。創巨而反輕。從義而反重。緣之人情。豈曰是哉。侍中崔光。學洞今古。達禮之宗。頃探幽立義。申三年之服。雖經典無文。前儒未辨。然推例求旨。理亦難奪。若臣服從朞。宜依侍中之論。脫君仍九月。不得如議者之談耳。嬴氏焚坑。

禮經殘缺。故今追訪靡據。臨事多惑。愚謂律無正條。須準傍以定罪。禮缺舊文。定準類以作憲。禮有莽同緦功。而服如齊疏者。蓋以在心實輕。于義乃重故也。今欲一依喪服。不可從君九月而服周年。如欲降一等。兄弟之服。不可以服君母。詳諸二途。以取折衷。謂宜麻布可如齊衰。除限則同小功。所以然者。重其衰麻。尊君母。蹙其日月。隨君降。如此。衰麻猶重。不奪君母之嚴。日月隨降。可塞從輕之責矣。（魏書禮志四。延昌三年。清河王懌所生母羅太妃薨。表求申齊衰三年。詔禮官博議。侍中崔光議君厭降大功。國臣服齊衰。博士封偉伯等議以爲國臣宜小功。清河國郎中令韓子熙議云云。）

全後魏文卷三十一終

宜當作直

全後魏文卷三十二

烏程嚴可均校輯

程駿

駿字驎駒。本廣平人。世居涼州。沮渠茂虔擢爲東宮侍講。太延中。涼州平。遷于京師。文成卽位。拜著作佐郎。遷著作郎。爲任城王雲郎中令。延興末假散騎常侍。賜爵安豐男。加伏波將軍。承明中拜祕書令。太和九年卒。年七十二。贈冠軍將軍兗州刺史曲安侯。諡曰憲。

神主祔廟執事官不必賜爵表

臣聞名器爲帝王所貴。山河爲區夏之重。是㠯漢祖有約。非功不侯。必當屬有命于大君之辰。展心力于戰謀之日。然後可㠯應茅土之錫。未見預事于宗廟。而獲賞于疆土。徒見晉鄭之后。㠯夾輔爲至勳。吳鄧之儔。㠯征伐爲重績。周漢旣無文于遠代。魏晉亦靡記于往年。自皇道開符。乾業創統。務高三五之規。思隆百王之軌。罰頗減古。賞實增昔。時因神主改祔。清廟致肅。而授羣司㠯九品之命。顯執事㠯五等之名。雖復帝王制作。弗相沿襲。然當時恩澤。豈足爲長世之範乎。乖衆之愆。伏待罪譴。（魏書程駿傳。顯祖崩。有司奏舊事廟中執事之官例皆賜爵。今宜依舊。駿獨㠯爲不可。表）

請停兵招諭淮南表

春秋有云。見有禮于其君者。若孝子之養父母。見無禮于其君者。若鷹鸇之逐鳥雀。所㠯勸誡將來。垂範萬代。昔陳恆弒君。宣尼請討。雖欲晏逸。其得已乎。今廟算天回。七州雲動。將水蕩鯨鯢。陸埽凶逆。然戰貴不陳。兵家所美。宜先遣劉昶。招諭淮南。若應聲響悅。同心齊舉。則長江之險。可朝服而濟。道成之首。可崇朝而懸。苟江南之輕薄。背劉氏之恩義。則曲在彼矣。何負神明哉。宜義檄江南。振旅回旆。亦足㠯示救患之大仁。揚義風于四海。且攻難守易。則力懸百倍。不可不深思。不可不熟慮。今天下雖謐。方外猶虞。拾夤僥倖于西南。狂虜伺釁于漠北。脫攻不稱心。恐兵不卒解。兵不卒解。則憂慮逾深。夫爲社稷之計者。莫不先于守本。臣愚㠯爲觀兵江滸。振曜皇威。宜特加撫慰。秋毫無犯。則民知德信。民知德信。則襁負而來。襁負而來。則淮北可定。淮北可定。則吳寇異圖。吳寇異圖。則禍釁出。然後觀釁而動。則不晚矣。請停諸州之兵。且待後舉。所謂守本者也。伏惟陛下太皇太后英筭神規。彌綸百勝之外。應機體變。獨悟方寸之中。臣影頹虞淵。昏耄將及。雖思憂國。終無云補。（魏書程駿傳）

之字衍

慶國頌　并表

臣聞詩之作也。蓋㠯言志。邇之事父。遠之事君。關諸風俗。靡不備焉。上可㠯頌美聖德。下可㠯申厚風化。言之者無罪。聞之者足㠯誡。此古人用詩之本意。臣㠯垂沒之年。得逢盛明之運。雖復昏耄將及。猶慕廉頗彊飯之風。伏惟陛下太皇太后道合天地。明侔日月。則天與唐風斯穆。順帝與周道通靈。是㠯狂妖懷逆。無隱謀之地。冥靈潛翦。伏發覺之誅。用能七廟幽贊。人神扶助者已。臣不勝喜踴。謹竭老鈍之思。上慶國頌十六章。并序巡狩甘雨之德焉。其頌曰。

乾德不言。四時迭序。於皇大魏。則天承祜。疊聖三宗。重明四祖。豈伊殷周。遐契三五。明明在上。聖敬日新。汪汪叡后。體治垂仁。德從風穆。教與化津。千載昌運。道隆茲辰。歲惟巡狩。應運遊田。省方問苦。訪政高年。咸秩百靈。柴望山川。誰云禮滯。遇聖則宣。王業初定。中山是由。臨幸之盛。情特綢繆。仰歌祖業。俯欣春柔。大哉肆眚。蕩民百憂。百憂旣蕩。與之更初。邕邕億兆。戶詠來蘇。忽有狂豎。謀逆聖都。明靈幽告。發覺伏誅。羿浞爲亂。祖龍干紀。狂華冬茂。有自來矣。美哉皇度。道固千祀。百靈潛翦。姦不遑起。姦不遑起。罪人得情。

憲章刑律。五秩猶輕。於穆二聖。仁等春生。除棄周漢。遐軌儀庭。周漢奚棄。忿彼苛刻。儀庭易軌。希仁尚德。徽音一振。聲教四塞。豈惟京甸。化播萬國。誠信幽贊。陰陽㠯調。谷風扇夕。甘雨降朝。嘉生含穎。深盛熙苗。鰥貧巷詠。寡婦室謠。聞諸詩者。雲漢賦宣。章句迴秀。英昭雅篇。刈乃盛明。德隆道玄。豈唯雨施。神徽豐年。豐年盛矣。化無不濃。有禮有樂。政莫不通。咎臣延躍。欣詠時邕。誰云易遇。曠齡一逢。上天無親。唯德是在。思樂盛明。雖疲勿怠。差之毫氂。千里之倍。願言勞謙。求仁不悔。人亦有言。聖主慎微。五國連兵。踰年歷時。鹿車而運。廟算失思。有司不惠。蠶食役煩。民不堪命。將家逃山。宜督厥守。威德是宣。威德如何。聚眾盈川。民之從命。實賴衣食。農桑失本。誰耕誰織。饑寒切身。易子而食。靜言念之。實懷歎息。昔聞典論。非位不謀。漆室憂國。遺芳載臭。咎臣昏老。偏蒙恩祐。忽忘狂贛。敢瀝愚陋。魏書程駿傳沙門法秀謀反伏誅駿表

得一頌。魏書程駿傳駿又奉得一頌始于固業終于無爲十篇

遺令

吾存尚儉薄。豈可沒爲奢厚哉。昔王孫裸葬。有感而然。士安籧篨。頗亦矯厲。今世既休明。百度循禮。彼非吾志也。可斂㠯時服。明器從古。魏書程駿傳北史四十

常爽

爽字仕明。河內溫人。魏太常卿林六世孫。居涼州。太武西征歸款。拜宣威將軍。

六經略注序

傳稱立天之道。曰陰與陽。立地之道。曰柔與剛。立人之道。曰仁與義。然則仁義者。人之性也。經典者。身之文也。皆㠯陶鑄神情。啟悟耳目。未有不由學而能成其器。不由習而能利其業。是故季路勇士也。服道㠯成忠烈之槩。甯越庸夫也。講藝㠯全高尚之節。蓋所由者習也。所因者本也。本立而道生。身文而德備焉。昔者先王之訓天下也。莫不導㠯詩書。教㠯禮樂。移其風俗。和其人民。故恭儉莊敬而不煩者。教深于禮也。廣博易良而不奢者。教深于樂也。溫柔敦厚而不愚者。教深于詩也。疏通知遠而不誣者。教深于書也。潔靜精微而不賊者。教深于易也。屬辭比事而不亂者。教深于春秋也。夫樂㠯和神。詩㠯正言。禮㠯明體。書㠯廣聽。春秋㠯斷事。五者蓋五常之道。相須而備。而易爲之源。故曰易不可見。則乾坤其幾乎息矣。由是言之。六經者。先王之遺烈。聖人之盛事也。安可不遊心寓目。習性文身哉。頃因暇日。屬意藝林。略撰所聞。討論其本。名曰六經略注。㠯訓門徒焉。魏書常爽傳爽因教授之暇述六經略注㠯廣制作甚有條貫其序云云

常景

景字永昌。爽孫。孝文時爲律博士。歷門下錄事太常博士。宣武時累遷積射將軍給事中。延昌初兼太子屯騎校尉。出爲元萇安西錄事參軍襄威將軍帶長安令。孝明即位。召拜謁者僕射。加寧遠將軍兼中書舍人。遷步兵校尉。正光初除龍驤將軍中散大夫。進號冠軍將軍。又進號征虜將軍。孝昌初兼給事黃門侍郎。除左將軍散騎常侍兼尚書持節徐州刺史。進號平北將軍幽州行臺。授光祿大夫。陷入杜洛周。洛周敗陷入葛榮。榮敗還朝。永安中除中軍將軍黃門侍郎。賜爵高陽子。普泰初除車騎將軍右光祿大夫祕書監。封濮陽縣子。遷鄴後除儀同三司。武定六年致仕。給右光祿事力終其身。

家令爲公主無服議

喪紀之本。實稱物㠯立情。輕重所因。亦緣情㠯制禮。雖理關盛衰。事經今古。而制作之本。降殺之宜。其實一焉。是故臣之爲君。所㠯資敬而崇重。爲君母妻。所㠯從服而制義。然而諸侯大夫之爲君者。謂其有地土。有吏屬。無服文者。言其非世爵也。今王姬降適。雖

加爵命事非君邑理異列土何者諸王開國備立臣吏生有趣奉之勤死盡致喪之禮而公主家令唯有一人其丞已下命之屬官既無接事之儀實闕爲臣之禮原夫公主之貴所㠯立家令者蓋㠯主之內事脫須關外理無自達必也因人然則家令唯通內外之職及典主家之事耳無關君臣之理名義之分也由是推之家令不得爲純臣公主不可爲正君明矣且女人之爲君男子之爲臣古禮所不載先朝所未議而四門博士裴道廣孫榮乂等㠯公主爲之君㠯家令爲之臣制服㠯輒乖謬彌甚又張虛景吾難羈等不推君臣之分不尋致服之情猶同其議準母制齊衰之名實理未爲允竊謂公主之爵既非食采之君家令之官又無純臣之式若附如母則情義罔施若準小君則從服無據案如經禮事無成文即之愚見謂不應服魏書常景傳高肇尚平陽公主主薨肇欲使公主家令居廬制服景教議朝廷從之

中書監高允遺德頌

司馬相如讚

長卿有艷才直致不羣性鬱若春煙舉畋如秋月映遊梁雖好仁仕漢常稱病清貞非我事窮達委天命

王褒讚

王子挺秀質逸氣干青雲明珠既絕俗白鵠信驚羣才世苟不合遇否途自分空枉碧雞命徒獻金馬文

嚴君平讚

嚴公體沈靜立志明霜雪味道綜微言端蓍演妙說才屈羅仲口位結李強舌素尚邁金貞清標陵玉徹

揚雄讚

蜀江導清流揚子挹餘休含光絕後彥覃思邈前修世輕久不賞玄談物無求當途謝權寵置酒獨閑遊並魏書常景傳

浚當作峻

圖古像讚述

周雅云謂天蓋高不敢不跼謂地蓋厚不敢不蹐有朝隱大夫監戒斯文乃惕焉而懼曰夫道喪則性傾利重則身輕是故乘和體遜式銘方冊防微慎獨載象丹青信哉辭人之賦文晦而理明仰瞻高天聽卑視謠俯測厚地岳浚川渟誰其戴之不私不昃誰其踐之不陷不墮故善惡是徵物罔同異論亢匪久人咸敬忌嗟乎唯地厚矣尚亦兢兢浩浩名位孰義其親搏之弗得聆之無聞故有戒于顯而急于微好爵是冒聲譽是基身陷于祿利言溺于是非或求欲而未厭或知足而不辭是故位高而勢逾迫正立而邪愈欺安有位極而危不萃邪榮而正不凋故悔多于地厚禍甚于天高夫悔未結誰肯曲躬夫禍未加誰肯累足固機發而後思圖車覆而後改路改之無及故狡兔失穴思之在後故逆鱗易觸君子則不然體舒則懷卷視溺則思濟原夫人之度邈于無階之天勢位之危深于不測之地餌厚而躬不兢爵降而心不係守善于已成懼愆于未敗雖盈而戒沖通而慮滯㠯知命爲遐齡㠯樂天爲大惠㠯戢智而從時㠯懷愚而遊世曲躬焉累足焉苟行之書已決矣猶夜則思其計誦之口亦明矣故心必賞其契故能不同不誘而弭誚于羣小無毀無譽而貽信于上帝託身與金石俱堅立名與天壤相敝賤競無侵優遊獨逝夫如是故綺閣金門可安其宅錦衣玉食可頤其形栖下三黜不慍其色子文三陟不喜其情而惑者見居高可㠯持勢欲乘高㠯據榮見直道可㠯修己欲專道㠯邀聲夫去聲然後聲可立豈矜道之所宣處危然後安可固豈遐道之所全是㠯君子監恃道不可㠯流聲故去聲而懷道監專道不可㠯守勢故去勢㠯崇道何者履道雖高不得無亢求聲雖道不得無悔然則聲著繁則實儉濕功業進則身迹退如此則精靈遂越憍侈自親情與道絕事與勢鄰方欲役思㠯持勢乘

勢以求津。故利欲誘其情。禍難嬰其身。利欲交則幽明以之變。禍難構則智術無所陳。若然者。雖縻爵帝扃。焉得而窒之。雖結珮皇庭。焉得而榮之。故身道未究。而祟邪之徑已形。成功未立。而脩正之術已生。禍祿交蹇于人事。屯難頓萃于時情。忠介剖心于白日。耿節沈骨于幽靈。因斯愚智之所機。倚伏之所係。全亡之所依。其在遜順而已哉。嗚呼監之。嗚呼監之。魏書常景傳。

洛橋銘

浩浩大川。泱泱清洛。導源熊耳。控流巨壑。納穀吐伊。貫周淹亳。近達河宗。遠朝海若。兆惟洛食。實曰土中。上暎張柳。下據河嵩。寒暑攸叶。日月載融。帝世光宅。函夏同風。前臨少室。卻負太行。制巖東邑。峭峘西疆。四險之地。六達之莊。恃德則固。失道則亡。詳觀古昔。列見丘墳。乃禪乃革。或質或文。周餘九裂。漢季三分。魏風衰晚。晉景彫曛。天地發輝。圖書受命。皇建有極。神功無競。魏籙仰天。玄符

握鏡。璽運會昌。龍圖受命。乃睠書軌。永懷保定。敷茲景迹。流美洪模。襲我冠冕。正我神樞。水陸兼會。周鄭交衢。爰勒洛湄。敢告中區。洛陽伽藍記。

護軍將軍高顯碑銘

李敞

敞。眞君中爲中書侍郎。

告祭石廟祝文

天子燾。謹遣敞等用駿足一元大武。敢昭告于皇天之靈。自啟闢之初。祐我皇祖。于彼土田。歷載億年。聿來南遷。惟祖惟父。光宅中原。克翦凶醜。拓定四邊。沖人纂業。德聲弗彰。豈謂幽遐。稽首來王。具知舊廟。弗毀弗亡。悠悠之懷。希仰餘光。王業之興。起自皇祖。綿綿瓜瓞。時惟多祜。敢以丕功。配饗于天。子子孫孫。福祿永延。魏書禮志一。魏先居幽都。鑿石爲祖宗之廟于烏洛侯國西北。眞君中。烏洛侯國遣使朝獻。云石廟如故。遣中書侍郎李敞詣石室告祭天地。以皇祖先妣配。祝云云。

李敷

敷字景文。趙郡平棘人。安西將軍順子。太武時選入中書教學。給事東宮。又爲中散。文成即位。遷祕書下大夫。加前軍將軍。賜爵平棘子。後兼錄前部。遷散騎常侍南部尚書中書監。襲爵高平公。皇興四年。坐弟奕誅。

奏留程駿爲著作郎

夫君之使臣。必須終效。駿實史才。方申直筆。千里之任。十室可有。請留之數載。以成前籍。後授方伯。愚以爲允。魏書程駿傳。皇興中。除高密太守。尚書李敷奏。從之。

李安世

安世。敷從祖弟。與安中爲中書學生。天安初拜中散。遷主客令。孝文時遷主客給事中。出爲安平將軍相州刺史。假節趙郡公。以病免

上孝明帝疏請均田

臣聞量地畫野。經國大式。邑地相參。致治之本。井稅之興。其來日久。田萊之數。制之以限。蓋欲使土不曠功。民罔游力。雄擅之家。不獨膏腴之美。單陋之夫。亦有頃畝之分。所以恤彼貧微。抑茲貪欲。同富約之不均。一齊民于編戶。竊見州郡之民。或因年儉流移。棄賣田宅。漂居異鄉。事涉數世。三長既立。始返舊墟。廬井荒毀。桑榆改植。事已歷遠。易生假冒。強宗豪族。肆其侵陵。遠認魏晉之家。近引親舊之驗。又年載稍久。鄉老所惑。羣證雖多。莫可取據。各附親知。互有長短。兩證徒具。聽者猶疑。爭訟遷延。連紀不判。良疇委而不開。柔桑枯而不采。僥倖之徒興。繁多之獄作。欲令家豐歲儲。人給資用。其可得乎。愚謂今雖桑井難復。宜更均量。審其徑術。令分藝有準。力業相稱。細民獲資生之利。豪右靡餘地之盈。則無私之

澤。乃播均于兆庶，如阜如山，可有積于比戶矣。又所爭之田，宜限年斷。事久難明，悉屬今主。然後虛妄之民，絕望于覬覦；守分之士，永免于陵奪矣。魏書李孝伯附傳，又見通典一。

李豹子

豹子，安世從弟。

上孝明帝書乞襲爵

竊惟庸勳賞勞，有國恒典；興滅繼絕，哲后所先。是以積德累忠，春秋許宥十世；立功著節，河山誓其永久。伏惟世祖太武皇帝，英叡自天，籠罩日域，東清遼海，西定玉門，陵滅漠北，飲馬江水。臣亡父故尚書宣城公先臣孝伯，冥基感會，邀幸昌辰，綢繆幃幄，繾綣侍從。廟算嘉謀，每蒙顧采；于時儲后監國，奏請徵賢，詔報曰：朕有一孝伯，足以治天下，何用多爲？其見委遇，乃至如此。是用寵以元凱，爵以公侯。詔冊曰：江陽之巡，奇謀屢進，六師大捷，亦有勳焉。出內

勤王，寵遇隆厚。方開大賞，而世祖登遐，梓宮始遷，外任名岳。高宗沖年纂運，未及追敘，臣行舛百靈，先臣棄世。微績未甄，誠志長奪。搢紳僉傷早世，朝野咸哀不永。臣亡兄襲無子，封除，永惟宗構，五情崩圮。先臣榮寵前朝，勳書王府，同之常倫，爵封堙墜。準古量今，實深荼苦。竊惟朝例，廣川王遵、太原公元大曹等，並以勳重先朝，世絕繼祀，或以傍親，或聽弟襲，皆傳河山之功，垂不世之賞。況先臣在蒙委任，運籌幃幄，勳著于中，聲傳于外，事等功均，今古無易。是以漢賞信布，裁重良平；魏酬張徐，不棄荀郭。今數族追賞于先朝之世，先臣絕封于聖明之時，瞻流顧侶，存亡永恨。竊見正始中爰發存亡之詔，褒賢報功之旨。熙平元年，故任城王澄所請十事，復新前澤，成一時之盛事，垂曠代之茂典。凡在纓紱，誰不感慶？竊以獎勸來今，垂範萬古。且劉氏僞書，飜流上國，尋其訕謗，百無一實。前後使人，不書姓字，亦無名爵。至于張暢傳中，略敘先臣對問，

雖改脫略盡，自欲矜高，然逸韻難虧，猶見稱載，非直存益于時，沒亦有彰國美。乞覽此書，昭然可見，則微微衰構，重起于一朝；先臣潛魂，結草于千載矣。魏書李孝伯傳。孝伯封宣城公，子安民襲爵壽光侯，無子，爵除。正光三年，安民弟豹子上書云云，卒不得襲。

全後魏文卷三十二終

全後魏文卷三十三

烏程嚴可均校輯

李瑒

瑒字琚羅，安世子。延昌末爲司徒行參軍，遷司徒長兼主簿，尋爲高陽王雍友，正主簿，轉尚書郎，加伏波將軍，歷蕭寶夤統軍，假盪遠將軍、左丞，仍爲別將軍，進中書侍郎，除鎮遠將軍、岐州刺史，坐辭不赴任免官。建義初于河陰遇害，贈鎮東將軍、尚書右僕射、殷州刺史。太昌中重贈散騎常侍、驃騎大將軍、儀同三司、冀州刺史。

上言宜禁絕戶爲沙門

禮以敎世，法導將來，跡用既殊，區流亦別。故三千之罪，莫大于不孝，不孝之大，無過于絕祀。然則絕祀之罪，重莫甚焉。安得輕縱背禮之情，而肆其向法之意也？正使佛道亦不應然，假令聽然，猶須

裁之以禮。一身親老，棄家絕養，既非人理，尤乖禮情，堙滅大倫，且闕王貫。交缺當世之禮，而求將來之益，孔子云：未知生，焉知死。斯言之至，亦爲備矣。安有棄堂堂之政，而從鬼敎乎？又今南服未靜，衆役仍煩，百姓之情，方多避役。若復聽之，恐捐棄孝慈，比屋而是。魏書李孝伯附傳，于時民多絕戶而爲沙門，瑒上言。又略見北史三十三、廣弘明集六。

自理

竊欲清明佛法，使道俗兼通，非敢排棄眞學，妄爲訾毀。且鬼神之名，皆通靈達稱。自百代正典，敘三皇五帝，皆號爲鬼。天地曰神祇，人死曰鬼。易曰：知鬼神之情狀。周公自美，亦云能事鬼神。禮曰：明則有禮樂，幽則有鬼神。是以明者爲堂堂，幽者爲鬼敎。佛非天非地，本出于人，應世導俗，其道幽隱，名之爲鬼，愚謂非謗。且心無不善，以佛道爲敎者，正可未達衆妙之門耳。魏書李孝伯附傳，瑒上言絕戶，不聽爲沙門。沙門都統僧暹等忿瑒鬼敎之言，以瑒爲謗毀佛法，泣訴靈太后，太后責之，瑒自理云云。罰瑒金一兩。

駁司州斷李憐生事

案法例律，諸犯死罪，若祖父母、父母年七十以上，無成人子孫，旁無朞親者，具狀上請，流者鞭笞，留養其親，終則從流，不在原赦之例。檢上請之言，非應府州所決，毒殺人者斬，妻子流，計其所犯，實重餘憲，準之情律，所虧不淺。且憐既懷酖毒之心，謂不可參鄰人任，計其母在，猶宜闔門投畀，況今死也，引以三年之禮乎？且給假殯葬，足示仁寬，今已卒哭，不合更延，可依法處斬，流其妻子，實足誡彼氓庶，肅是刑章。魏書刑罰志：河東郡民李憐生行毒藥，案以死坐，母喪，州斷三年服終後乃行決，司徒參軍事許琰謂州判爲允，主簿李瑒駁。又見通典一百六十七。

李謐

謐字永和，瑒弟，師事孔璠，復爲璠師。[illegible]秀才，公府辟，皆不就，延昌四年卒，諡貞靜處士。

神士賦

歌曰：周孔重儒敎，老莊貴無爲，二途雖如異，一是買聲兒。生乎意不愜，死名用何施？可心聊自樂，終不爲人移。脫尋余志者，陶然正若斯。魏書逸士李謐傳。

明堂制度論

余謂論事辨物，當取正于經典之眞文，援證定疑，必有驗于周孔之遺訓，然後可以稱準的矣。今禮文殘缺，聖言靡存，明堂之制，誰使正之？是以後人紛糾，競興異論，五九之說，各信其習，是非無準，得失相半，故歷代紛紜，靡所取正。乃使裴頠云：今羣儒紛糾，互相掎摭，就令其象可得而圖，其所以居用之禮，莫能通也，爲設虛器耳。況漢氏所作四維之个，復不能令各處其辰，愚以爲尊祖配天，其義明著，廟宇之制，理據未分，直可爲殿屋以崇嚴父之祀，其餘雜碎，一皆除之。斯豈不以羣儒舛互，並乖其實，據義求衷，莫適可從哉？但恨典文殘滅，求之靡據而已矣。乃復遂去室屬，諸制施之

于救。未知其所隆政。求之于情。未可喻其所吕必須。惜哉言乎。仲
尼有言曰。賜也爾愛其羊。我愛其禮。余吕爲隆政必須其禮。豈彼
一羊哉。推此而論。則聖人之于禮。殷勤而重之。裴頠之于禮。任意
而忽之。是則顏賢于仲尼矣。吕斯觀之。裴氏之子。吕不達而失禮
之旨也。余竊不自量。頗有鄙意。據理尋義。吕求其眞。貴合雅衷。不
苟偏信。乃藉之吕禮傳。攷之吕訓注。博采先賢之言。廣捜通儒之
說。量其當否。參其同異。棄其所短。收其所長。推義察圖。吕折厥衷。
豈敢必善。聊亦合其言志矣。凡論明堂之制者雖衆。然校其大略。
則二途而已。言五室者。則據周禮考工之記吕爲本。是康成之徒
所執。言九室者。則案大戴盛德之篇吕爲源。是伯喈之論所持。此
之二書。雖非聖言。然是先賢之中。博見洽通者也。但各記所聞。未
能全正。可謂既盡美矣。未盡善也。而先儒不能攷其當否。便各是
所習。卒相非毀。豈達士之確論哉。小戴氏傳禮事四十九篇。號曰

禮記。雖未能全當。然多得其衷。方之前賢。亦無愧矣。而月令玉藻
明堂三篇。頗有明堂之義。余故采掇二家。參之月令。吕爲明堂五
室。古今通則。其室居中者謂之太廟。太室之東者謂之靑陽。當太
室之南者謂之明堂。當太室之西者謂之總章。當太室之北者謂
之玄堂。四面之室。各有夾房。謂之左右个。三十六戶七十二牖矣。
室个之形。今之殿前。是其遺像耳。个者卽寢之房也。但明堂與寢
施用既殊。故房个之名。亦隨事而遷耳。今粗書其像。吕見鄙意。案
圖察義。略可驗矣。故檢之五室。則義明于考工。校之戶牖。則數協
于盛德。攷之施用。則事著于月令。求之閏也。合周禮與玉藻。既同
夏殷。又符周秦。雖乖衆儒。儻或在斯矣。考工記曰。周人明堂。度吕
九尺之筵。東西九筵。南北七筵。堂崇一筵。五室。凡室二筵。室中度
吕几。堂上度吕筵。余謂記得之于五室。而謬于堂之脩廣。何者。當
吕理推之。令愜古今之情也。夫明堂者。蓋所吕告月朔。布時令。宗

文王。祀五帝者也。然營構之範。自當因宜創制耳。故五室者。合于
五帝各居一室之義。且四時之祀。皆據其方之正。又聽朔布令。咸
得其月之辰。可請施政及記。二三俱允。求之古義。竊爲當矣。鄭康
成漢末之通儒。後學所宗正。釋五室之位。謂土居中。木火金水。各
居四維。然四維之室。既乖其正。施令聽朔。各失厥衷。左右之个。棄
而不顧。乃反文之吕美說。飾之吕巧辭。言水木用事。交于東北。木
火用事。交于東南。火土用事。交于西南。金水用事。交于西北。既依
五行。當從其用事之交。出何經典。可謂攻于異端。言非而博。疑誤
後學。非所望于先儒也。禮記玉藻曰。天子聽朔于南門之外。閏月
則闔門左扉。立于其中。鄭玄注曰。天子之廟及路寢。皆如明堂制。
明堂在國之陽。每月就其時之堂而聽朔焉。卒事反宿路寢亦如
之。閏月非常月。聽其朔于明堂門下。還處路寢門終月也。而考工
記周人明堂。玄注曰。或舉王寢。或舉明堂。互言之。吕明其制同也。

其同制之言。皆出鄭注。然則明堂與寢。不得異矣。而尚書顧命篇
曰。迎子釗南門之外。延入翼室。此之翼室。卽路寢矣。其下曰。大貝
賁鼓在西房。垂之竹矢在東房。此則路寢有左右房見于經史者
也。禮記喪大記曰。君夫人卒于路寢。小斂。婦人髽帶麻于房中。鄭
玄注曰。此蓋諸侯禮。帶麻于房中。則西南天子諸侯左右房見于
注者也。論路寢則明其左右。言明堂則闕其左右个。同制之說。還
相矛楯。通儒之注。何其然乎。使九室之徒。奮筆而爭鋒者。豈不由
處室之不當哉。記云。東西九筵。南北七筵。五室。凡室二筵。置五室
于斯堂。雖使班倕構思。王爾營度。則不能令三室不居其南北也。
然則三室之間。便居六筵之地。而室壁之外。裁有四尺五寸之堂
焉。豈有天子布政施令之所。宗祀文王吕配上帝之堂。周公負扆
吕朝諸侯之處。而室戶之外。僅餘四尺而已哉。假在儉約。爲陋過
矣。論其堂宇。則偏而非制。求之道理。則未愜人情。其不然一也。余

恐爲鄭學者苟求必勝競生異端以相訾抓云二筵者乃室之東西耳南北則狹焉余故備論之曰若東西二筵則室戶之外爲丈三尺五寸矣南北戶外復如此則三室之中南北裁各丈二尺耳記云四房兩夾窗若爲三尺之戶二尺之窗窗戶之間裁盈一尺繩樞甕牖之室華門圭竇之堂尚不然矣假令復欲小廣之則四面之外闊狹不齊東西既深南北更淺屋宇之制不爲通矣驗之衆塗略無算焉且凡室二筵丈八地耳然則戶牖之間不踰二尺也禮記明堂天子負斧扆南向而立鄭玄注曰設斧于戶牖之間而鄭氏禮圖說扆制曰縱廣八尺畫斧文于其上今之屏風也以八尺扆置二尺之間此之叵通不待智者較然可見矣且若二筵之室爲四尺之戶則戶之兩頰裁各七尺耳全以置之猶自不容矧復戶牖之間哉其不然二也又復以世代驗之即虞夏尚樸殷周稽文制造之差每加崇飾而夏后世室堂脩二七周人之制反更促狹豈是夏禹卑宮之意周監郁郁之美哉以斯察之其不然三也又云堂崇一筵便基高九尺而壁戶之外裁四尺五寸于營制之法自不相稱其不然四也又云室中度以几堂上度以筵而復云凡室二筵而不以几還自相違其不然五也以此驗之記者之謬抑可見矣盛德篇云明堂凡九室三十六戶七十二牖上圓下方東西九仞南北七筵堂高三尺也余謂盛德篇得之于戶牖失之于九室何者五室之制傍有夾房面各有戶戶有兩牖此乃因事立則非拘異術戶牖之數固自然矣九室者論之五帝事既不合施之時令又失其辰左右之个重置一隅兩辰同處參差出入斯乃義無所據未足稱也且又堂之脩廣裁六十三尺耳假使四尺五寸爲外之基其中五十四尺便是五室之地計其一室之中僅可一丈置其戶牖則于何容之哉若必小而爲之以容其數則令帝王側身出入斯爲怪矣此匪直不合典制抑亦可哂之甚也

余謂其九室之言誠亦有由然竊以爲戴氏聞三十六戶七十二牖弗見其制靡知所置便謂一室有四戶之窗計其戶牖之數即以爲九室耳或未之思也蔡伯喈漢末之時學士而見重于當時即識其脩廣之不當而必未思其九室之爲謬更脩而廣之假其法象可謂因僞飾辭順非而澤諒可歎矣余今省彼衆家委心從善庶探其衷不爲苟異但是古非今俗間之常情愛遠惡近世中之恒事而千載之下獨論古制驚俗之談固延多誚脫有深賞君子者覽而揣之儻或存焉（魏書逸士李謐傳）

李憲

憲字仲軌敦弟子太和初襲父式爵濮陽侯又降爲伯拜祕書中散遷散騎侍郎拜趙郡太守轉授驍騎將軍尚書左丞尋兼吏部郎中遷長史兼司徒左長史定州大中正尋遷河南尹永平中出爲左將軍兗州刺史坐事除名正光中拜光祿大夫復本爵濮陽伯出爲安西將軍雍州刺史尋除七兵尚書加撫軍將軍孝昌初假鎮東將軍徐州都督除征東將軍揚州刺史淮南大都督爲梁武帝所執尋遣歸付廷尉賜死永熙中贈驃騎大將軍儀同三司、尚書令、定州刺史謚曰文靜

表言周伏興夢狀

門下督周伏興以去七月患假還家至十一日夜夢渡淝水行至草堂寺南遙見七人一人乘馬著朱衣籠冠六人從後興路左而立至便再拜問興何人興對曰李公門下督暫使硤石其人語興君可回我是孝文皇帝中書舍人遣語李憲勿憂賊堰此月破矣與行兩步錄姓字令興速白興寤曉遂還城具言夢狀（魏書靈徵志下孝昌二年十月揚州刺史李憲表）

李騫

騫字希義憲子正光中國子學生後爲大將軍府法曹參軍太

宰府主簿。轉中散大夫。遷中書舍人。加通直散騎常侍進散騎常侍。殷州大中正。鎮南將軍。尚書左丞。免。後復兼太府少卿。除征南將軍給事黃門侍郎。卒于晉陽。贈太常殷州刺史。齊受禪。重贈車騎大將軍儀同三司。諡曰文惠。

釋情賦 并序

單閼之年。無射之月。余承乏攝官。直于本省。對九重之清切。望八襲之崢嶸。感代序以長懷。觀爽氣而軫慮。籠樊之念既多。寥廓之想彌切。含毫有思。斐然成賦。猶潘生之秋興。王子之登閣也。廁鄭璞于周寶。徧魚目于隋珠。未敢自同作者。蓋亦各言爾志云。

苟峻極之層構。導積石之洪流。有馬形而謨舜。亦龍德而史周。爰相趙之鴻烈。逮藩魏之優遊。爲衞樽于上葉。號木鐸于前修。若豢龍之不隕。侶竆桑之世濟。故抱玉而懷珠。且滋蘭而樹蕙。或舟楫以匡時。或棲遲以卒歲。尚無忝于先人。諒貽厥于來裔。書金冊以葳蕤。布銀繩而昭晰。清風忽其緬邈。啟皇祖于庚寅。逢軒教之方洽。遇周命之維新。譬龍虎其有合。信山川而降神。若勝庭之五傑。侶不速之三人。協嗜欲于將至。豈物色而方臻。荷天寵以來儀。步康衢而騁力。如乾元之利貞。若坤四之方直。內彌諧于本朝。外闢土于殊域。乘紫氛以厲羽。負青天而鼓翼。既公矦之必復。亦慶緒之所融。績並樹于八凱。道俱升于二宮。遂遵流以至海。且因岳而爲嵩。同羽儀于班氏。均載德于楊公。何日月之逾邁。引寒暑而相終。委晉會于弱齒。遺堂構于微躬。嗟蒙昧之無取。故告舍而不及。已淪落而少成。又擁腫而無立。愧精堅于百鍊。慙忠信于十邑。非珪璋之特達。詎芳菲之易襲。未砥礪以自進。盜琢磨而成章。乖宋子之萬字。異應生之五行。不請觀于石室。豈借書于晉皇。求班莊而不遂。況蔡文之可望。參四科其未獲。入三選而誰許。本無聲于梁魏。故未聞于陳汝。居玉石以多迷。宅顯晦而乖所。既無懷于四

沈當作沉

至。安有情于再舉。雖衣冠之未胄。而世祿之緒餘。等洊瀨之乘雁。類九罭之逃魚。處江淮而不變。對朝市而閒居。空闔門以踦軌。非論道而脩書。少賓客于季彥。謝朋交于太初。在正光之御厤。實明皇之拱己。曾問政于上學。著爲君而我齒。叫閶人以望予。遂陟降于庭止。同崔駰之謁帝。若謝兼之來仕。逮孝莊之入統。乃道喪而時昏。水羣飛于溟海。火載燎于中原。延膠船而越水。若朽索而乘奔。玉羊失而無御。金雞亡而不存。天步忽其多難。橫流且其云始。既雲擾而海沸。亦岳立而碁峙。睇三剛之日紊。見四維之不理。顧茂草以傷懷。視匪車而思起。雖風雨之如晦。亮膠喈而不已。自宰役于宰朝。寘有懷于胥恥。在下僚而棲屑。願奮迅于泥滓。睠故鄉以臨睨。悵有動于思歸。越來流以鼓枻。溯北風而結騑。入成都之舊宅。反觀津之故扉。乃曲肱而不悶。信抱甕而無機。且耕而食。且蠶而衣。恆一日以自省。亦三月而無違。遊仁義之肴覈。采墳素之精微。誠困閑而養拙。亦有樂于嘉肥。及句芒御節。姑洗之首。散遲遲于麗日。發依依于弱柳。鳥閒關以呼庭。花芬披而落牖。聽乃越于笙簧。望有踰于新婦。襲成服以逍遙。願良辰而聊厚。乃席壠而踞石。遂嘯儔而命偶。同浴沂之五六。侶禊洛之八九。或促膝以持肩。或援笙而鼓缶。賓奉萬年之觴。主報千金之壽。各笑語而卒獲。傳禮儀于不朽。斯蓋先民之所樂。而余心之所守也。至于少昊爲帝。庚辛處躔。視墟里之蕭蕭。過寒夜之綿綿。積霜靄于近援。起沈寥于遠天。思多端以類長。若臨水而登山。幸出遊之或寫。冀觀濤之可蠲。遂杖策緩步。或漁或畋。弋鳧鴈于清溪。釣魴鯉于深泉。張廣幕。布長筵。酌濁酒。割芳鮮。起白雪于促柱。奏綠水于危絃。賦湛露而不已。歌驪駒而未旋。跌蕩世俗之外。疏散造化之間。人生行樂。聊用永年。悟柱下之稱工。聞首陽之爲拙。既有惜于菰懸。且自悲于井渫。訪鄭詹之格言。求季王之高說。去衡門以策駟。望象魏

而投轄。服義衣以從稼。乘大車而就列。比汗海而無紀。喻江河而有缺。詭重地而懼深。念索米而懃結。運有折于玉斗。時忽亡于金鏡。始蒙塵以播蕩。卒流氛而居鄭。彼上天之降鑒。實下民之請命。因艱難以隆基。據殷憂而啓聖。調南風以負扆。居北辰而爲政。創彝倫于九疇。班平章于百姓。喻繩契以論蹤。援成昭而比盛。酌徙鎬之故典。究遷亳之遺令。奄四海以爲家。開七百而增慶。覩禮樂之方隆。信光華之始映。百揆讚以時序。四門穆其惟清。如得人于漢世。比多士于周庭。有一匡以作相。或十亂而爲楨。各秉文而經武。故天平而地成。伊余身之忝穢。得再入于承明。執綸言之猶紼。戴會弁之如星。非遯濱以觀井。信夕惕而懷驚。承周任之有言。攬老子之知足。奉炯誡以周旋。抱微猷而與屬。每有偃于唯塵。恆與言于寵辱。思散髮以抽簪。顧全貞而守樸。睠疏傅以徘徊。望申公而躑躅。冀鄙志之獲展。庶微願之逢時。歌致命而可卜。詠歸田而有期。揖帝城以高逝。與人事而長辭。擊壤而頌。結草而嬉。援巢父以戲遊。追許子而升箕。供暮餐于沆瀣。給朝餌于瓊芝。同糟醨而無別。混名實而不治。放言肆慾。無慮無思。何鷦鷯之可賦。鴻鵠之爲詩哉。魏書李順附傳

全後魏文卷三十三終

全後魏文卷三十四

烏程嚴可均校輯

劉昶

昶字休道。彭城人。宋文帝第九子。元嘉二十二年封義陽王。歷輔國將軍南彭城下邳二郡太守。元凶弒立。加散騎常侍。孝武即位。遷太常。出爲東中郎將會稽太守。孝建初進東揚州刺史。大明初徵爲祕書監。領驍騎將軍遷中軍將軍南彭城下邳二郡太守。又出爲前將軍江州刺史。徵爲護軍將軍。轉中書令中軍將軍。加太常。前廢帝即位。出爲征北將軍徐州刺史。懼誅。以魏和平六年來奔。拜侍中、征南將軍、駙馬都尉。封丹陽王。皇興中拜外都大官。太和初轉內都大官。加儀同三司。領儀曹尚書。進中書監。五等建。封齊郡開國公。加號宋王。除使持節都督吳越楚彭城諸軍事。鎭彭城。二十一年卒。贈假黃鉞太傅領揚州刺史。備九錫。謚曰明。案魏書劉昶傳云。前後表啟皆其自製

上宋前廢帝表請葬竟陵王誕

竊聞淮南中霧。眷求遺緒。楚英流殛。愛存巳墓。並難結兩臣。義開二主。法雖事斷。禮或情申。伏見故賊劉誕。稱戎犯節。自詒逆命。膏斧嬰戮。在憲巳彰。但尋屬忝皇枝。位叨列胙。一巳罪終。魂骸莫赦。生均宗籍。死同匹竪。旅窆委雜。封樹不脩。今歲月愈邁。悠流斁往。踐境興懷。感事傷目。陛下繼明升運。咸與惟新。大德方臨。哀矜莫及。夫欒布哭市。義犯雷霆。田叔鉗赭。志于夷戮。況在天倫。何獨無感。伏願稽若前準。降由丹志。乞薄改禰祔。微表窀穸。則朽骨知榮。窮泉識荷。臨紙哽愧。辭不自宣。宋書竟陵王誕傳。前廢帝即位。義陽王昶爲征北將軍徐州刺史。道經廣陵。上表。詔以庶人禮葬。并置守衞

乞停更與宋主書表

臣殖根南偽。託體不殊。秉旄作牧。職班台位。天厭子業。夷戮同體。背本歸朝。事捨簪笏。臣弟或廢姪自立。彰于遐邇。孔懷之義難奪。爲臣之典靡經。棠棣之詠可脩。越敬之事未允。臣若改書。事爲二敬。猶脩往文。彼所不納。伏望聖慈。停臣今荅。魏書劉昶傳。皇興中。顯祖詔昶與或書。或不荅。責昶以外臣之禮。尋敕昶更與或書。昶表云云。朝廷從之

求邊戍啟

臣本國不造。私有虐政。不能廢昏立德。扶定傾危。萬里奔波。投蔭皇闕。仰賴天慈。以存首領。然大恥未雪。痛愧纏心。屬逢陛下釐校之始。願垂曲恩。處臣邊戍。招集遺人。以雪私恥。雖死之日。猶若生年。魏書劉昶傳

王叡

叡字洛誠。太原晉陽人。居姑臧。興安初擢爲太卜中散。遷太卜令。領太史。承明初。文明太后臨朝。超遷給事中。散騎常侍、侍中、吏部尚書。封太原公。太和中遷尚書令。進封中山王。加鎭東大將軍。卒。贈衞大將軍、太宰、并州牧。謚曰宣王。

疾篤上疏

臣聞忠于事君者。節義著于臨終。孝于奉親者。誠表于垂沒。故孔明卒軍。不忘全蜀之計。曾參疾甚。情存善言之益。雖則庸昧。敢忘景行。臣荷天地覆載之恩。蒙大造生成之德。漸風訓于華年。服道教于弱冠。濯纓清朝。垂周三紀。受先帝非分之眷。叨陛下殊常之寵。遂乃齊迹功舊。內侍幃幄。爵列諸王。位班上等。從容聞道。與知國政。誠思竭盡力命。以報所受。不謂事與心違。忽嬰重疾。每屈輿駕。親臨問之。榮洽生平。惠流身後。犬馬之誠。銜佩罔極。今所病遂篤。慮必不起。延首闕庭。緬戀終日。仰恃皇造宿眷之隆。敢陳愚昧管窺之見。臣聞爲治之要。其略有五。一者慎刑罰。二者任賢能。三者親忠信。四者遠讒佞。五者行黜陟。夫刑罰明則姦宄息。賢能用則功績著。親忠信則視聽審。遠讒佞則疑閒絕。黜陟行則貪叨

忭當作抃

改。是以欽恤惟刑。載在唐典。知人則哲。惟帝所難。周書垂好德之文。漢史列防姦之論。政省幽明。先王大典。又八表既廣。遠近事殊。撫荒裔宜待之以寬信。綏華甸宜惠之以明簡。哀恤孤獨。賑施困窮。錄功舊。赦小罪。輕徭役。薄賦斂。修福業。禁淫祀。願聽政餘暇。賜垂覽察。使子囊之誠。重申于當世。將墜之志。獲用于明時。魏書王叡傳。

王椿

椿字元壽。叡子。歷祕書、中散、羽林監、謁者僕射。正始初拜中散。出爲太原太守。加鎮遠將軍。坐事免。正光中徵將作大匠。固辭。孝昌中授右將軍太原太守。孝莊即位。封遼陽縣子。尋進封眞定縣侯。除華州刺史。轉使持節散騎常侍殷州刺史。長廣王曄建號。除都官尚書。固辭。永熙中行冀州事。尋除車騎將軍瀛州刺史。天平末秩滿還鄉。興和二年卒。贈驃騎大將軍、尚書左僕射、太尉、冀州刺史。謚曰文恭。

上孝武帝讖言疏

伏奉詔書。以風雹厲威。上動天聽。訪讜辭于百辟。詔輿誦于四海。宸衷懇切。備在絲綸。祗承兢感。心焉靡厝。伏惟陛下啟籙應期。馭育萬物。承綴旒之艱運。纂織絲之危緒。忘餐日昃。求衣未明。俾上帝下臨。愍茲蒸蓼。永濟溝壑。而滄涼降戾。作害中秋。上帝照臨。義不虛變。竊惟風爲號令。皇天所以示威。雹者氣激。陰陽有所交讁。殆行令殊節。舒急失中之所致也。昔澍雨千里。實緣致祀之誠。炎精三舍。蓋非善言之力。譴不空發。徵豈謬應。誰謂蓋高。實符人事。伏願陛下留心曲覽。垂神遠察。禮賢登士。博采審官。擢申滯怨。振窮省役。使夫滋水沒川之彥。畢居朝右。儀表丹青之位。未或虛沚。圖土絕五毒之民。揆日息千門之費。巖巖廊署。無不遇之士。忪忪惸獨。荷酒帛之恩。則物見昭蘇。人知休泰。徐奏薰風之曲。無論鴻鴈之歌。豈不天人幸甚。鬼神咸忭。魏書王叡附傳。

韓秀

秀字白虎。昌黎人。文成時爲尚書郎。賜爵遂昌子。拜廣武將軍。獻文即位。轉給事中。參征南軍事。太和初遷內侍長。後爲東平將軍青州刺史。假漁陽公。

敦煌移就涼州議

此蓋國之事。非關士之宜。愚謂敦煌之立。其來已久。雖土鄰彊寇。而兵人素習。縱有奸竊。不能爲害。循常置戍。足以自全。進斷北狄之覘途。退塞西夷之關路。若徙就姑臧。慮人懷異志。或貪留重遷。情不願徙。脫引寇內侵。深爲國患。且敦煌去涼州及千餘里。捨遠就近。遙防有闕。一旦廢罷。是啟戎心。則夷狄交構。互相往來。恐醜徒協契。侵竊涼土及近諸戍。則關右荒擾。烽警不息。邊役煩興。艱難方甚。魏書韓秀傳。延興中。尚書奏以敦煌一鎮。介遠西北。寇賊路衝。慮或不固。欲移就涼州。羣官會議。僉以爲然。秀獨謂非便。

薛虎子

虎子。代人。太安中爲內行長。典奏諸曹事。馮太后臨朝。出爲枋頭鎮將。後除平南將軍相州刺史。不行。太和二年。襲父野豬爵河東公。出爲彭城鎮將。除開府徐州刺史。十五年卒。贈散騎常侍、鎮南將軍、相州刺史。謚曰文。

上表請屯田

臣聞金湯之固。非粟不守。韓白之勇。非糧不戰。故自用兵以來。莫不先積聚。然後圖兼并者也。今江左未賓。鯨鯢待戮。自不委粟彭城。以彊豐沛。將何以拓定江關。埽一衡霍。竊惟在鎮之兵。不減數萬。資糧之絹。人十二匹。即自隨身。用度無準。未及代下。不免飢寒。論之于公。無毫釐之潤。語其利私。則橫費不足。非所謂納民軌度。公私相益也。徐州左右。水陸壤沃。清汴通流。足盈激灌。其中良田十餘萬頃。若以兵絹市牛。分減戍卒。計其牛數。足得萬頭。與力公田必當大獲粟稻一歲之中且給官食半兵耨植餘兵尚衆且耕且守不妨捍邊一年之收過于十倍之絹暫時之耕足充數載之食于後兵資唯須內庫五稔之後穀帛俱溢匪直戍士有豐飽之資于國有吞敵之勢昔杜預田宛葉以平吳充國耕西零以彊漢臣雖識謝古人任當邊守庶竭塵露有增山海（魏書薛野䐗附傳虎子爲徐州刺史時州鎮戍兵資絹自隨不入公庫任其私用常苦飢寒虎子上表）

上疏請寬省徵調

臣聞先王建不易之軌萬代承之聖主垂不朽之制千載共仰伏惟陛下道洽羣生恩齊造化仁德所覃迹超前哲遠崇古典留意治方革前王之弊法申當今之宜用定貢賦之輕重均品秩之厚薄庶令百辟足以代耕編戶享其餘蓄巍乎煥焉不可量也臣竊尋居邊之民蒙化日淺戎馬之所資計素微小戶者一丁而已計其徵調之費終歲乃有七縑去年徵責不備或有貨易田宅質妻賣子呻吟道路不可忍聞今淮南之人思慕聖化延頸企足十室而九恐聞賦重更懷進退非惟損皇風之盛慮傷慕義之心且臣所居與南連接民情去就實所諳知特宜寬省以招未至其小郡太守數戶而已一請止六尺絹歲不滿匹既委邊捍取其必死邀之士重何吝君輕今班制已行布之天下不宜忤冒以亂朝章但猥藉恩私備位蕃岳憂責之地敢不盡言（魏書薛野䐗附傳）

孔伯恭

伯恭魏郡鄴人文成時爲給事中賜爵濟陽男加鷹揚將軍出爲安南將軍濟州刺史進爵成陽公入爲散騎常侍獻文初進號鎮東將軍爲彭城鎮將東海公皇興三年卒贈鎮東大將軍東海王謚曰桓

喻下邳宿豫城內書

劉彧肆逆滔天弗鑒靈命猶謂絕而復興長江可恃敢遣張永周凱等率此蟻衆送死彭城大軍未臨逆首奔潰今乘機電舉當屠此城遂平吳會弔民伐罪幸時歸款自求多福（魏書孔伯恭傳）

穆亮

亮字幼輔初字老生代人太尉宜都公穆崇玄孫獻文時爲侍御中散尚中山長公主拜駙馬都尉封趙郡王加侍中征南大將軍徙封長樂王孝文初位除秦州刺史徵爲殿中尚書遷征西大將軍西戎校尉敦煌鎮都大將徙征南大將軍領護西戎校尉仇池鎮將徵爲侍中尚書右僕射司州大中正遷司空領太子太傅遷武衞大將軍攝中軍事除征北大將軍冀州刺史徙封頓丘郡開國公宣武初位遷定州刺史尋除驃騎大將軍尚書令轉司空景明三年卒贈太尉謚曰匡

請孝文帝居喪節哀表

王者居極至尊至重父天母地懷柔百靈是以古先喆王制禮成務施政立治必順天而後動宣憲垂範必依典而後行用能四時不忒陰陽和暢若有過舉咎徵必集故大舜至慕事在納麓之前孔子至聖喪無過瘠之紀堯書稽古之美不錄在服之痛禮備諸侯之喪而無天子之式雖有上達之言未見居喪之典然則位重者爲世以屈己居聖者達命以忘情伏惟陛下至德參二儀惠澤覃河海宣禮明刑動遵古式以至孝之痛服朞年之喪練事既闋號慕如始統重極之尊同衆庶之制廢越紼之大敬闕宗祀之舊軌誠由文明太皇太后聖略超古惠訓深至欲報之德昊天罔極比之前代感爲過甚豈所謂順帝之則約躬隨衆者也陛下既爲天地所子又爲萬民父母子過哀父則爲之慘悴父過感子則爲之憂傷近蒙接見咫尺冕旒聖容哀毀駭感無止況神祇至靈而不久虧和氣致風旱者哉書稱一人有慶兆民賴之今一人過哀黎元焉繫羣官所以顛殞震懼率土所以危惶悚慄百姓何仰

而不憂。嘉禾何由而播植。願陛下上承金冊遺訓。下稱億兆之心。時襲輕服。數御常膳。修崇郊祠。垂惠咸秩。輿駕時動。以釋憂煩。博采廣諮。以導性氣。息無益之戀。行利見之德。則休徵可致。嘉應必臻。禮教並宣。孝慈兼備。普天蒙賴。含生幸甚。魏書穆崇附傳。文明太后崩已過朞月。高祖毀瘠猶甚。穆亮表。

奏七廟無宜闕一

升平之會。事在于今。推功考德。實如明旨。但七廟之祀。備行日久。無宜闕一。虛有所待。臣等愚謂依先尊祀。可垂文示後。理衷通典作俚如此。不敢不言。魏書禮志一。太和十五年四月。改營太廟。詔闕一廟無主以待。司空公長樂王穆亮等奏言。又見通典四十七。

上言從李彪魏爲水德議

臣等受敕共議中書監高閭祕書丞李彪等二人所議皇魏行次。尚書高閭以石承晉爲水德。以燕承石爲木德。以秦承燕爲火德。大魏次秦爲土德。皆以地據中夏。以爲得統之徵。皇魏建號。事接秦末。晉既滅亡。天命在我。故因中原有寄。即而承之。彪等據神元皇帝與晉武並時。桓穆二帝。仍脩舊好。始自平文。逮于太祖。抗衡秦趙。終平慕容。晉祚終于秦方。大魏興于雲朔。據漢棄秦承周之義。以皇魏承晉爲水德。二家之論。大略如此。臣等謹共參論。伏惟皇魏世王玄朔。下迄魏晉。趙秦二燕。雖地據中華。德祚微淺。並獲推敘。于理未愜。又國家積德脩長。道光萬載。彪等職主東觀。詳究圖史。所據之理。其致難奪。今欲從彪等所議。宜承晉爲水德。魏書禮志一。太和十四年。高閭議魏承秦爲土德。李彪崔光議魏承晉爲水德。十五年正月。長樂王穆亮及陸叡王元孫馮誕游明根鄧侍祖李愷郭祚衞慶封琳崔挺賈元壽等言。

穆紹

紹字永業。亮子。太和中除員外郎。侍學東宮。轉太子舍人。尚琅邪長公主。拜駙馬都尉。散騎侍郎。領京兆王愉文學。宣武即位。

贈上應有卒字

遷通直散騎常侍。高陽王雍友。襲父爵頓丘郡公。進散騎常侍。領主衣都統。遷祕書監。侍中。金紫光祿大夫。光祿卿。又遷衞將軍。太常卿。除中書令。孝明時轉七兵尚書。徙殿中尚書。除衞大將軍。左光祿大夫。中書監。復爲侍中。領本邑中正。加特進。儀同三司。去職。孝莊時授尚書令。司空。進爵爲王。仍加侍中。尋降王。復本爵。普泰元年。贈太保。冀州刺史。謚曰文獻。

皇太后輿駕議

案周禮。王后之五輅。重翟鍚面朱總。厭翟勒面繢總。安車彫面鷖總。皆有容蓋。翟車貝面組總有握。輦車組輓有翣羽蓋。重翟后從王祭祀所乘。厭翟后從王賓饗諸侯所乘。安車后朝見于王所乘。翟車后出桑則乘。輦車后宮中所乘。謹以周禮聖制不刊之典。其禮文尤備。孔子云。其或繼周者。雖百世可知也。以其法不可踰。以此言之。後王輿服典章。多放周式。雖文質時變。輅名宜存。彫飾雖異。理無全捨。當今聖后臨朝。親覽庶政。輿駕之式。宜備典禮。臣等學缺通經。叨參議末。輒率短見。宜準周禮。備造五輅。彫飾之制。隨時增減。魏書禮志四。熙平元年六月。太常卿穆紹少卿元端博士鄭六劉臺龍等議。

公孫叡

叡字文叔。燕郡廣陽人。初爲東宮吏。獻文帝時遷儀曹長。賜爵陽平公。後爲南部尚書。卒贈安東將軍幽州刺史。謚曰宣。

奏制殿名

臣聞至尊至貴。莫崇于帝王。天人挹損。莫大于謙光。伏惟陛下躬唐虞之德。存道頤神。逍遙物外。宮居之名。當協叡旨。臣愚以爲宜曰崇光。魏書公孫表附傳。

韋珍

珍字靈智。京兆杜陵人。初爲京兆王子推常侍。轉尚書南部郎。孝文即位。除左將軍樂陵鎮將。封霸城子。移鎮比陽。以功進爵爲侯。壽爲源懷衛軍長史。轉齊郡王太保長史。遷驍武將軍郢州刺史。進龍驤將軍。加平南將軍荆州刺史。免。起彭城王勰中軍長史。授建威將軍。守魯陽。加中壘將軍。宣武即位。除中散大夫。加鎮遠將軍太尉諮議參軍。永平元年卒。年七十四歲。諡曰懿。

曉告淮源讚

天地明靈。即是民之父母。豈有父母甘子肉味。自今已後。悉宜以酒脯代。魏書韋閬附傳。淮源舊有祠堂。蠻俗恆用人祭之。韋珍乃曉告。

成淹

淹字秀文。一作季文。上谷居庸人。晉侍中粲六世孫。家于北海。在宋前廢帝爲輔國府參軍。明帝以爲員外郎。假龍驤將軍。領軍主。魏皇興中降慕容白曜。入朝拜兼著作郎。太和末除羽林監。領主客令。加威遠將軍。知左右都水事。宣武即位。加右軍。復授驍騎將軍。加輔國將軍。景明中除平陽太守。卒。贈光州刺史。諡曰定。

追理慕容白曜表

臣聞經疆啟宇。實良將之功。襃德酬庸。乃聖王之務。昔姜公杖鉞。開隆周之基。韓生秉旄。興鴻漢之業。故能賞超當時。名垂前史。若關外功成。而流言內作。人主猜惑。良將懷懼。樂毅所以背燕。章邯所以奔楚。至如鄧艾懷忠。矯命寧國。赤心皎然。幽顯同見。而橫受屠戮。良可悲哀。及士治伐吳。奮不顧命。萬里浮江。應機直指。使孫晧君臣。輿櫬入洛。大功亦舉。讒書驟至。內外唱和。貝錦將成。微晉武之鑒。亦幾于顛沛矣。每覽其事。常爲痛心。聖主明王。固宜深察。臣伏見故征南大將軍開府儀同三司青州刺史濟南王慕容白曜。祖父相資。世酋東裔。值皇運廓被。委節臣妾。白曜生長王國。飲服道教。爵列上階。位登常伯。去天安初。江陰夷楚。敢拒王命。三方阻兵。連城岳峙。海岱蒼生。翹首拯援。聖朝乃眷南顧。思救荒黎。大議廟堂。顯舉元將。百寮同音。僉曰惟允。遂推轂委誠。授以專征之任。握兵十萬。杖鉞一方。威陵河濟。則淮徐震懼。師出無鹽。而申纂授首。濟北太原。同時消潰。麋溝垣苗。相尋奔走。及向歷城。東陽道固銜壁。盤陽梁鄒。肉袒請命。于時東陽未平。人懷去就。沈文靜高崇仁擁衆不朝。扇擾邊服。崔僧祐蓋次陽、陳顯達連兵淮海。水陸鋒起。揚旌而至。規援青齊。士民恟恟。莫不南顧。時兵役既久。咸有歸心。而白曜外宣皇風。內盡方略。身擐甲冑。與士卒同安。撫初附。示以厚恩。三軍懷挾纊之溫。新民欣來蘇之澤。遂使僧祐擁徒弭旆。效順軍門。文靜崇仁棄城鼠竄。次陽顯達望塵南奔。聲震江吳。風偃荆漢。及青州剋平。文秀面縛。海波清靜。三齊克定。逖彼東南。永爲國有。使天府納六州之貢。濟泗息烽警之虞。開岱宗封禪之略。闢山川望秩之序。斯誠宗廟之靈。神算所授。然抑亦白曜與有力

矣。及氛翳既盡。爵命亦隆。榮燭當時。聲譽日遠。而民惡其上。安生尤隙。因其功高。流言惑聽。巧僞亂眞。朱紫難辨。傷夷未瘳。合門屠戮。鴻勳盛德。蔑爾無聞。有識之徒。能不悽愴。臣謂白曜策名王庭。累荷榮授。歷司出內。世載忠美。秉鉞啟蕃。折衝敵國。開疆千里。拔城十二。辛勤于戎旅之際。契闊于矢石之間。登鋒履危。志存靜亂。及方難既夷。身膺高賞。受胙河山。與國升降。六十之年。寵靈已極。觀其立功。足明機運。豈容僥倖。更邀非望者乎。且于時國家士馬。屯積京南。跨州連鎮。勢侔雲岳。主將驍雄。按御在所。莫不殉忠死難。效節奉時。此之不可生心。白曜足知之矣。況僭逆阻兵。營伐厭亂。加以王師仍舉。州郡屠裂。蒸民勞止。神膽俱喪。亡燼之衆。不可與圖存。離敗之民。不可以語勇。哉白曜梟毅習戎。體閑兵勢。寧不知士民之不可藉。將士之不伺。已據彊兵之勢。因塗炭之民。而欲立非常之事。此愚夫之所弗爲也。料此推之。事可知矣。伏惟陛下

聖鑒自天。仁孝寧世。風冠宇宙。道超百王。蹦國㠯來。諸有罪犯極刑。不得骸骨者。悉聽收葬。大造之恩。振古未有。而白曜人舊功高。嬰禍淪覆。名滅國除。爵命無紹。天下衆庶。咸共哀憐。方之餘流。應有差異。願陛下揚日月之光。明勳臣之績。垂天地之施。慰僵屍之魂。使合棺定謚。死有餘稱。選其宗近。才堪驅策。錫㠯微爵。繼其絕世。進可㠯獎勸將來。退可㠯顯國恩澤。使存者荷莫大之恩。死者受骨肉之惠。豈不美哉。仰惟聖明。需然昭覽。狂瞽之言。伏待刑憲。（魏書慕容白曜附傳。）

鄧宗慶

宗慶。安定人。秦車騎將軍羌四世孫。初爲中書學生。歷中散。遷尚書。加散騎常侍。賜爵定安侯。轉典南部。進爵南陽公。除安南將軍涇州刺史。徙封趙郡公。轉徐州刺史。坐妻韓巫蠱伏誅。

奏請采京南山青碧石柱

鄉郡民李飛太原民王顯前列稱。詣京南山采藥。到嶺越谷南嶺下。見青碧石柱數百枚。被詔案檢。稱所見青碧柱長者一匹。相接而上。或方一尺二寸。或方一寸。方楞悉就。其數既多。不可具數。請付作曹采用。（魏書靈徵志下。太和元年十月。南部尚書安定侯鄧宗慶奏。）

全後魏文卷三十四終

全後魏文卷三十五

烏程嚴可均校輯

李崇

崇字繼長小名繼伯梁國蒙人（北史作頓丘人）文成元皇后第二兄誕之子召拜主文中散襲爵陳留公鎮西大將軍孝文初行梁州刺史尋爲荊州刺史鎮上洛還除兗州刺史後例降爲侯改授安東將軍副都督左翼諸軍事入爲河南尹尋爲梁州刺史宣武即位徵爲右衞將軍兼七兵尚書尋加撫軍將軍正尚書轉左衞將軍相州大中正別封魏昌縣伯進號鎮南將軍轉中護軍除征南將軍揚州刺史延昌初加侍中車騎將軍熙平中進號驃騎將軍儀同三司尋除驃騎大將軍冀州刺史進中書監右光祿大夫出爲定州刺史徵拜尚書左僕射遷尚書令加侍中開府北討大都督免復爲徐州大都督改除相州刺史孝昌元年卒年七十一贈司徒雍州刺史謚曰武康後重贈太尉

請減佛寺功材㠯修學校表

臣聞世室明堂顯于周夏二黌兩學盛自虞殷所㠯宗配上帝㠯著莫大之嚴宣布下土㠯彰則天之軌養黃髮㠯詢格言育青衿而敷典式用能享國久長風徽萬祀者也故孔子稱巍巍乎其有成功郁郁乎其有文章此其盛矣爰暨亡秦政失其道坑儒滅學㠯蔽黔首國無黌序之風野有非時之役故九服分崩祚終二世炎漢勃興更修儒術文景已降禮樂復彰化致昇平治幾刑措故西京有六學之美東都有三本之盛莫不紛綸掩藹響流無已逮自魏晉撥亂相因兵革之中學校不絕遺文燦然方軌前代仰惟高祖孝文皇帝稟聖自天道鏡今古徙馭嵩河光宅函洛模唐虞㠯革軌儀規周漢㠯新品制列教序于鄉黨敦詩書于郡國使揖讓之禮橫被于崎嶇歌詠之音聲溢于仄陋但經始事殷戎軒屢駕未遑多就弓劍弗追世宗統曆聿遵先緒永平之中大興板築續㠯水旱戎馬生郊雖逮爲山還停一簣竊㠯皇遷中縣垂二十祀而明堂禮樂之本乃鬱荊棘之林膠序德義之基空盈牧豎之迹城隍嚴固之重闕塼石之功墉堞顯望之要少樓榭之飾加㠯風雨稍侵漸致虧墜又府寺初營頗亦壯美然一造至今更不修繕廳宇凋朽牆垣頹壞皆非所謂追隆堂構儀刑萬國者也伏聞朝議㠯高祖大造區夏道侔姬文擬祀明堂式配上帝今若基宇不修仍同丘畎即使高皇神享闕于國陽宗事之典有聲無實此臣子所㠯匪寍億兆所㠯失望也臣又聞官方授能所㠯任事事既任矣酬之㠯祿如此上無曠官之譏下絕尸素之謗今國子雖有學官之名而無教授之實何異兔絲燕麥南箕北斗哉昔劉向有言王者宜興辟雍陳禮樂㠯風化天下夫禮樂所㠯養人刑法所㠯殺人而有司勤勤請定刑法至于禮樂則曰未敢是則敢于殺人不敢于養人也臣㠯爲當今四海清平九服寍晏經國要重

理應先營脫復稽延則劉向之言徵矣但事不兩興須有進退㠯臣愚量宜罷尚方雕靡之作頗省永寍土木之工并減瑤光材瓦之力兼分石窟鐫琢之勞及諸事役非急者三時農隙修此數條使辟雍之禮蔚爾而復興諷誦之音煥然而更作美榭高墉嚴壯于外槐宮棘宇顯麗于中道發明令重遵鄉飲敦進郡學精課經業如此則元凱可得之于上庠游夏可致之于下國豈不休歟誠知佛理淵妙含識所宗然比之治要容可小緩苟使魏道熙緝元首唯康爾乃經營未爲晚也（魏書李崇傳）

奏更申集攷公孫崇所調音律

前被旨敕㠯兼太樂令公孫崇更調金石并其書表付外攷試登依旨敕㠯去八月初詣署集議但六樂該深五聲妙遠至如仲尼淵識故將忘味吳札善聽方可論辨自斯已降莫有詳之今既

草挪。悉不窮解。雖微有詁論。略無究悉。方欲商搉淫濫。作範將來。盜容聊爾一試。便垂竹帛。今請依前所召之官。并博聞通學之士。更申一集。攻其中否。研窮音律。辨括權衡。若可施用。別以聞請。（魏書樂志。正始元年十月尚書李崇奏。）

辭北伐啟

臣實無用。猥蒙殊寵。位妨賢路。遂充北伐。徒勞將士。無勳而還。慙負聖朝。于今莫已。臣以六鎮幽垂。與賊接對。鳴柝聲弦。弗離旬朔。州名差重于鎮。謂實可悅彼心。使聲教日揚。微塵去塞。豈敢導此凶源。開生賊意。臣之愆負。死有餘責。屬陛下慈寬。賜全腰領。今更遣臣北行。正是報恩改過。所不敢辭。但臣年七十。自惟老疾。不堪敵場。更願英賢。收功盛世。（魏書李崇傳。）

李平

平字曇定。崇從弟。太和初爲通直散騎常侍。襲父鳳爵彭城王。後例降爵爲公。拜太子中書舍人。遷散騎侍郎。出爲長樂太守。除冀州儀同開府長史。行河南尹。宣武即位。除黃門侍郎。遷司徒左長史。河南尹。行相州事。尋正刺史。加征虜將軍。又加平東將軍。入爲度支尚書。領御史中尉。拜鎮北將軍。行冀州事。領相州大中正。加散騎常侍。延昌中遷中書令。孝明即位。加撫軍將軍。封武邑郡公。進鎮軍大將軍。兼尚書右僕射。尋正右僕射。熙平元年卒。贈侍中、驃騎大將軍、儀同三司、冀州刺史。謚曰文烈。

諫幸鄴表

伏見己丑詔書。雲軒鑾輅。行幸有期。鳳服龍驂。剋駕近日。將欲講武淇陽。大習鄴魏。馳驌驦于綠竹之區。騁驊騮于漳滏之壤。斯誠幽顯同忻。人靈共悅。臣之愚管。竊有惑焉。何者。嵩京創構。洛邑俶營。雖年跨十稔。根基未就。代民至洛。始欲向盡。資產罄于遷移。牛畜斃于輦運。陵太行之險。越長津之難。辛勤備經。得達京闕。富者

猶損太半。貧者可以意知。兼歷歲從戎。不遑啟處。自景明以來。差得休息。事農者未積二年之儲。築室者裁有數間之屋。莫不肆力伊瀍。人急其務。實宜安靜新人。勸其稼穡。令國有九年之糧。家有水旱之備。若乘之以羈紲。則所廢多矣。一夫從役。舉家失業。今復秋稼盈田。禾菽徧野。鑾駕所幸。騰踐必殷。未若端拱中天。坐招四海。耀武嵩原。禮射伊洛。士馬無跋涉之勞。兆民有康哉之詠。可不美歟。（魏書李平傳。世宗將幸鄴。平上表諫。）

表糾崔亮

臣以蕭衍將湛僧珍田道龍遊魂境內。猶未收迹。義之神念尚住梁城。令都督崔亮權據下蔡。別將餘生即住東岸。與亮接勢。以防橋道。臣發引向堰。舍人曹道至。奉敕更有處分。而亮已輒還京。案亮受付東南。推轂是託。誠應憂國忘家。致命爲限。而始屆汝陰。盤桓不進。暨到寇所。停淹八旬。所營土山攻道。並不克就。損費糧力。坐延歲序。賴天威遠被。士卒憤激。東北騰上。垂至北門。而亮遲回。仍不肯上。臣逼以白刃。甫乃登陂。及平硤石。宜聽處分。方更肆其專恣。輕輒還歸。此而不糾。法將焉寄。案律。臨軍征討。而故留不赴者死。又云。軍還先歸者流。軍罷先還。尚有流坐。況亮被符令停。委棄而反。失乘勝之機。闕水陸之會。緣情據理。咎深故留。今處亮死上議。（魏書崔亮傳。李平部分諸軍將水陸兼進。以討堰賊。亮違平節度。以疾請還。隨表而發。平表。）

奏張回轉賣費羊皮女罪（通典作羊皮。）

冀州阜城民費羊皮。母死家貧。無以葬。賣七歲女子與同城人張回爲婢。回轉賣于鄃縣民梁定之。而不言良狀。案盜律。掠人掠賣人和賣人爲奴婢者死。回故買羊皮女。謀以轉賣。依律處絞刑。（魏書刑罰志。延昌三年。尚書李平奏。又見通典一百六十七。）

奏清河國臣爲君母服

禮。臣爲君黨。妻爲夫黨。俱爲從服。各降君夫一等。故君服三年。臣

服一朞。今司空臣懌自以尊厭之禮。奪其罔極之心。國臣厭所不及。當無隨降之理。禮記大傳云。從輕而重。鄭玄注云。公子之妻爲其皇姑。既舅不厭婦。明不厭者還應服其本服。此則是其例。（魏書禮志四。延昌三年。清河王懌所生母羅太妃薨。侍中崔光議以爲君厭降大功。國臣服朞。博士封偉伯等。清河國郎中令韓子熙議以爲君大功。國臣宜小功。尚書李平奏。）

奏立宗室犯法定式

帝宗磐固。（通典作磐石。）周布于天下。其屬籍疏遠。蔭官卑末。無良犯憲。理須推究。請立限斷。以爲定式。（魏書刑罰志。通典一百六十七。）

李諧

諧字虔和。平第二子。受父前爵彭城侯。自太尉參軍歷尚書郎。徐州北海王元顥撫軍府司馬。入爲長兼中書侍郎。崔光引爲兼著作郎。加輔國將軍相州大中正光祿大夫。除金紫光祿大夫。加衞將軍。元顥入洛。以爲給事黃門侍郎。顥敗除名。孝靜初徵爲魏尹。不起。除大司農卿。加驃騎將軍。轉祕書監。武定二年卒。贈驃騎大將軍衞尉卿齊州刺史。有集十卷。

述身賦

夫休咎相躡。禍福相生。龜筮迷其兆。聖達徵其萌。覽成敗于前迹。料趣捨于人情。咸爭途以走利。罕外己以逃名。連從車以載禍。多廄馬以取刑。豈知夫一介獨往。乃千乘所不能傾。伊薄躬之悔吝。無性命之淑靈。藉休庸于祖武。仰餘烈于家聲。徒從師以下學。乏遊道于上京。洎方年之四五。實始筮之弱齡。爰釋巾而從吏。謬邀寵于時明。彼口口之赫赫。乃陋周而小漢。帝文篤其成功。我武治其未亂。掩四奧而同軌。穆三辰而貞觀。威北暘而武戢。鼎南遷而文煥。異人相趨于絳闕。鴻生接武于儒館。總羣雅以同歸。果方員而殊貫。伊濫吹之所從。初竊服于宰旅。奉聖王之高義。遊兔園而容與。綴鴻鷺之末行。連英髦之茂序。乃伯舅之西伐。赫靈旗之東舉。復奉役于前軌。仍執羈于後距。迫玄冬之暮歲。歷關山之遐阻。風激沙而破石。雪浮河而漫野。樂在志其無端。悲涉物而多緒。俄宮車之宴駕。改乘輴而歸予。屬推恩之在今。自傍枝而禔福。既獻口以命宗。叨徽躬于侯服。禮空文于頫饗。賦無征于湯沐。思守位而匪懈。每屛居而自肅。忽忝命于建禮。遊丹綺之重複。信茲選之爲難。乃上應于列宿。陽源猶且自免。何稱仲治與太叔。余生口之蕭散。本寓名而爲仕。好不存于吏法。才實疏于政理。竟火竈之不事。徒博弈其賢已。竊自託于諸生。頗馳騁于文史。通人假其餘論。士林察于口理。乃妄涉于風流。遂飾華于士子。且以自託口口口口難邏。候塵滓。而賞許雲霞。棲閑虛以築館。背城闕而爲家。帶二學之高宇。遠三市之狹邪。事（缺）儉而未陋。製有度而不奢。山隱勢于複石。水回流于激沙。樹先春而動色。草迎歲而發花。座有清談之客。門交好事之車。或林嬉于夜月。或水宴于景斜。肆雕章之腴

旨。咀文藝之英華。羞絲芰與丹藕。薦朱李及甘瓜。雖慙洛水之名致。有類金谷之諠譁。聊自足于所好。豈畱連于或號。思嫺戒而自反。勗身名于所蹈。奉哲后之淵猷。讚宸麾于華奧。豈千乘之乏使。感一眄之相勞。竟不畱于三月。因病滿而休告。彼東觀之清華。乃任隆于載筆。蔡一去而貽恨。張再還而有述。忽韋短而濫官。司惇史于藏室。慙班子之繁麗。微馬生之簡實。復通籍而延寵。陪帝扃之華密。信儀鳳之所棲。乃絲文之自出。歷五載而徘徊。猶官命之不改。謝能飛于無翼。故同滯于有待。晚加秩于戎章。乃口號之所在。屬運道之將季。諒冠履之無礙。奄昇御于鼎湖。忽流哀于四海。昔漢室之中微。皇統于是三絕。暨孝昌之陵陂。亦繼口而禍結。將小雅之詩廢。復三綱之道滅。思踊踏于時昏。獨沈吟于運閉。遂退處于窮里。不外交于人世。及數反于中興。驅時雄而電逝。既藉取亂之權。方乘轉圜之勢。俄隙開而宇廢。遂冠冕之毀裂。彼膏原而

塗野。嗟衞旰與瀦血。何古今之一揆。每治少而亂多。慮遁身于東掖。荷窘迹于南羅。時獲逃于口阜。仍竄循于巖阿。首巨急于明發。東路長其如何。遽登舟而鼓棹。乃泝洛而汎河。驚寸陰于不測。競征鳥于歸波。時在所而放命。連百萬于山東。何信都之巨猾。若封豕與大風。肆吞噬于嚙距。咸邑爐而野空。徑黎陽之寇聚。迫崖壘之濕隘。躁通川而鼎沸。矢交射于舟中。備百罹于茲日。諒陳蔡之非窮。乘虎口而獲濟。陵陽侯而迅往。得投憩于濮陽。實陶衞之舊壤。望鄉村而佇立。曾不遙之河廣。聞虜馬之夕嘶。見胡塵之晝上。王略恢而廟勝。車徒發而雷響。扇風師之猛氣。張天畢之層網。莪一鼓而冰銷。俄氛祲之廓蕩。譬蘧生之出奔。覩亡徵于亂政。及季子之來反。乃君立而位定。伊吾人之蕞爾。本無僕于衰盛。忻草茅而偃伏。且優游于宸慶。復推斥于宦流。延光華于璽命。甫聞內侍之忝。復奉優加之命。何金紫之陸離。鬱貂玉之相映。時權定之云

初。尚民心之易擾。何建武之明傑。茂雄姿于天表。忽靈命之有歸。藉親均而爭紹。師出楚而飆發。旆陵江而雲矯。闢閶闔之崢嶸。端冕旒于億兆。神駕逝以流趙。翠華飄而繚繞。苟命舛而數違。雖功深而祚夭。時難忽然已及。網羅周其四張。非五三之親暱。罕殉節于漢陽。彼百寮之冠帶。咸北面于西王。矧恩疏而任遠。固身存而義亡。及宸居之反正。振天綱于頹綱。甄大義以明罰。虛半列于周行。乃襆帶而來反。驅下澤于故鄉。探宿志以內求。撫身途而自計。不詭遇以邀合。豈釣名以干世。獨浩然而任己。同虛舟之不繫。既未識其所以來。亦豈知其所以逝。于是得喪同遺。忘懷自深。遇物棲息。觸地山林。雖因西浮之迹。何異東都之心。願自託于魚鳥。永得性于飛沈。庶保此以獲沒。不再罪于當今。魏書李平附傳。元顥入洛。以李諧爲給事黃門侍郎。顥敗除名。乃爲述身賦。

全後魏文卷三十五終

大將當作大匠

全後魏文卷三十六

烏程嚴可均校輯

李沖

沖字思順，隴西狄道人，西涼武昭王暠之曾孫。獻文末爲中書學生，孝文初遷祕書中散，內祕書令，南部給事中，遷中書令，加散騎常侍，轉南部尚書，賜爵順陽侯，又進爵隴西公，五等建，封滎陽郡開國侯，拜廷尉卿，遷侍中，吏部尚書，咸陽王師，東宮建，拜太子少傅，領將作大將，加輔國大將軍，進鎮南將軍，改封陽平郡開國侯，兼左僕射，遷尚書僕射，改封清淵縣開國侯。太和二十二年卒，謚曰文穆。

諫預召兵戍南鄭表

秦州險阨，地接羌夷，自西師出後，餉援連續，加氐胡叛逆，所在奔命，運糧擐甲，迄茲未已。今復豫差戍卒，懸擬山外，雖加優復，恐猶

驚駭，脫終攻不剋，徒動民情，連胡結夷，事或難測。輒依旨密下刺史，待軍剋鄭城，然後差遣。如臣愚見，猶謂未足。何者？西道險阨，單徑千里，今欲深戍絕界之外，孤據群賊之口，敵攻不可卒援，食盡不可運糧。古人有言，雖鞭之長，不及馬腹。南鄭于國，實爲馬腹也。且昔人攻伐，或城降而不取；仁君用師，或撫民而遺地。且王者之舉，情在拯民；夷寇所守，意在惜地。校之二義，德有淺深，惠聲已遠，何據千一城哉。且魏境所掩，九州過八，民人所臣，十分而九，所未民者，惟漠北之與江外耳。羈之在近，豈急急于今日也。宜待大開疆宇，廣拔城聚，多積資糧，食足支敵，然後置邦樹將，爲吞并之舉。今鍾離壽陽，密邇未拔，諸城新野，跬步弗降，所剋者舍之而不取，所降者撫之而旋戮，東道既未可以近力守，西畨豈可以遠兵固。若果欲置者，臣恐終以資敵也。又今建都土中，地接寇壤，方須大收死士，平蕩江會，輕遣單寡，棄令陷沒，恐後舉之日，衆以留守致懼，求其死效，未易可獲。推此而論，不戍爲上。魏書李沖傳

荅詔表

臣等徽逢幸會，生遇昌辰，才非利用，坐班位列，功無汗馬，猥受山河叨忝之寵，終古無比，莫大之施，萬殞靡酬。而叡丕識乖犬馬，心同梟獍，潛引童稚，構茲妖逆，違悖天常，罪踰萬殞。叡結釁在心，陰構不息，間說國蕃，擬窺乾象，雖覩休平，未懷疑惑，何嘗片辭披露宿志？原心語迹，實爲賊首。丕之二子，從惡累年，交扇東西，窺擾并夏，測覩此狀，無容不知。惟聖慈含育，恕其生命，其若天地何？其若神祇何？夫效誠盡節，爲下之恆分；刑茲無赦，在上之常法。況曲蒙莫大之恩，冀以忠貞之義，而更違天背道，包藏奸逆，求情推理，罪乃常誅。而慈造寬渥，更流恩貸，續叡三斷之骸，還丕已絕之魄，二三縱宥，實虧憲典。猶復上延天眷，言念曠日，不以臣等背負餘黨，別垂明詔，再申齊信之恩，重喻皎日之旨，伏讀悲慙，惟深愧惕。魏書陸俟附傳。陸叡構逆賜死，高祖詔僕射李沖、領軍于烈云云，沖、烈表。

表彈李彪

臣聞範國匡人，光化昇治，輿服典章，理無暫失。故晉文功建九合，猶見抑于請隧；季氏藉政三世，尚受譏于璵璠。固知名器之重，不可以妄假。先王既憲章于古，陛下又經綸于今，用能車服有敘，禮物無墜。案臣彪昔于凡品，特以才拔，等望清華，司文東觀，綢繆恩眷，繩直憲臺，左加金璫，右珥蟬冕，闕東省，宜感恩厲節，忠以報德。而竊名忝職，身爲違傲，矜勢高亢，公行僭逸，坐輿禁省，冒取官材，輒駕乘黄，無所憚懾，肆志傲然，愚聾視聽。此而可忍，誰不可懷？臣輒集尚書以下令史以上，并治書侍御史酈道元等于尚書都座，以彪所犯罪狀告彪，訊其虛實，若或不知，須訊部下。彪荅臣言，事見在目，實如所劾，皆彪所知，何須復召部下。臣今請以見事免彪所居職，付廷尉治獄。魏書李彪傳

又表

臣與彪相識呂來。垂二十載。彪始南使之時。見其色厲辭辯。才優學博。臣之愚識。謂是拔萃之一人。及彪位宦升達。參與言燕。聞彪評章古今。商略人物。興言于侍筵之次。啟論于衆英之中。賞忠識正。發言懇惻。惟直是語。辭無隱避。雖復諸王之尊。近侍之要。至有是非。多面抗折。酷疾矯詐。毒惛非違。厲色正辭。如鷹鸇之逐鳥雀。懍懍然實似公清之操。臣雖下才。輒亦尚其梗槩。欽其正直。微識其褊急之性。而不呂為瑕。及其初登憲臺。始居司直。首復騶唱之儀。肇正直繩之體。當時識者。僉呂為難。而彪秉志信行。不避豪勢。其所彈劾。應弦而倒。赫赫之威。振于下國。肅肅之稱。著自京師。天下改目。貪暴斂手。臣時見其所行。信謂言行相符。忠清內發。然時有私于臣。云其威暴者。臣呂直繩之官。人所忌疾。風謗之際。易生音謠。心不承信。往年呂河陽事。曾與彪在領軍府共太尉司空及領軍諸卿等集閱廷尉所問囚徒。時有人訴枉者。二公及臣少欲聽采。語理未盡。彪便振怒東坐。攘袂揮赫。口稱賊奴。叱吒左右。高聲大呼云。南臺中取我木手去。搭奴肋折。雖有此言。終竟不取。即言南臺所問。唯恐枉活。終無枉死。但可依此。時諸人呂所枉至重。有首實者多。又心難彪。遂各嘿爾。因緣此事。臣遂心疑有濫。審加情察。知其威虐。猶未體其采訪之由。訊檢之狀。商略而言。酷急小罪。肅禁為大。會而言之。猶謂益多損少。故懷寢所疑。不呂申徹。實失為臣知無不聞之義。及去年大駕南行。呂來。彪兼尚書。日夕共事。始乃知其言與行舛。是己非人。專恣無忌。尊身忽物。安呂身作之過。深劾他人。己方事人。好人佞己。聽其言。同振古忠恕之賢。校其行。是天下佞暴之賊。臣與任城卑躬曲己。若順弟之奉暴兄。其所欲者。事雖非理。無不屈從。依事求實。悉有成驗。如臣列得實。宜殛彪于有北。呂除姦矯之亂政。如臣無證。宜投臣于四裔。呂息青

蠅之白黑。魏書李彪傳

上書言宜立三長

宜準古五家立一鄰長。五鄰立一里長。五里立一黨長。長取鄉人彊謹者。鄰長復一夫。里長二。黨長三。所復復征戍。餘若民。三載亡愆則陟用。陟之一等。其民調。一夫一婦帛一匹。粟二石。民年十五呂上未娶者。四人出一夫一婦之調。奴任耕婢任績者。八口當未娶者四。耕牛二十頭。當奴婢八。其麻布之鄉。一夫一婦布一匹。下至牛。呂此為降。大率十匹為工調。二匹為調外費。三匹為內外百官俸。此外雜調。民年八十呂上。聽一子不從役。孤獨癃老篤疾貧窮不能自存者。三長內迭養食之。魏書食貨志。太和十年。給事中李沖上言云云。書奏。高祖從之。

奏錄劉昞子孫

昞河右碩儒。今子孫沈屈。未有祿潤。賢者子孫。宜蒙顯異。魏書劉昞傳。太和十四年。尚書李沖奏。于是除其一子為郢州鄖陽令。

奏養子不從坐

前彭城鎮將元拔與穆泰同逆。養子降壽宜從拔罪。而太尉咸陽王禧等呂為律文養子而為罪。父及兄弟不知情者不坐。謹審律意。呂養子于父非天性。于兄弟非同氣。敦薄既差。故典刑有降。是呂養子雖為罪。而父兄不預。然父兄為罪。養子不知。謀易地均情。豈獨從戮乎。理固不然。臣呂為依據律文。追戮于所生。則從坐于所養明矣。又律惟言父不從子。不稱子不從父。當是優尊厲卑之義。臣禧等呂為律雖不正見互文。起制于乞也。舉父之罪。于養也見子坐。是為互起。互起兩明。無罪必矣。若呂嫡繼養與生同。則父子宜均。祇明不坐。且繼養之注云。若有別制。不同此律。又令文云。諸有封爵。若無親子。及其身卒。雖有養繼。國除不襲。是為有福不及。己有罪便預坐。均事等情。律令之意。便相矛盾。伏度律旨。必不然也。臣沖呂為指例條尋。罪在無疑。準令語情。頗亦同式。魏書李沖傳

李韶

韶字元伯。沖兄子。孝文賜名。延興中補中書學生。襲父承爵姑臧侯。除儀曹令。遷給事黃門侍郎。後例降侯爲伯。兼太鴻臚卿。遷太子詹事、秦州大中正。出爲安東將軍、兗州刺史。宣武初徵拜侍中。領七兵尚書。尋除撫軍將軍、并州刺史。免。起兼將作大匠。出爲撫軍將軍、秦州刺史。徵還行定州事。轉相州刺史。孝明卽位。入爲殿中尚書、行雍州事。後除中軍大將軍、吏部尚書。加散騎常侍。出爲冀州刺史。還車騎大將軍。轉定州刺史。正光五年卒。贈司空、雍州刺史。謚曰文恭。

奏獄成許家人訴枉

使雖結案處上廷尉。解送至省。及家人訴枉。尚書納辭連解下鞫。未檢遇宥者。不得爲案成之獄。推之情理。謂崔纂等議爲允。魏書刑罰志。兼廷尉卿元志上言。獄成不許家人陳訴。大理正崔纂等以爲宜許陳訴。尚書李韶奏。詔從之。

李琰之

琰之字景珍。小字默蠡。韶從弟。孝文時舉秀才不就。後爲彭城王勰行臺參軍。入兼著作郎。熙平初爲國子博士。領尚書儀曹郎中。轉中書侍郎、司農少卿、黃門郎。還國子祭酒。轉祕書監兼七兵尚書。遷太常卿。孝莊初兼御史中尉。除征東將軍。出爲衞將軍、荊州刺史。兼尚書左僕射、三荊二郢大行臺。孝武初徵兼侍中、車騎大將軍、左光祿大夫、儀同三司。永熙二年卒。贈侍中、司徒、雍州刺史。謚曰文簡。

宗室助祭議

案祭統曰。有事于太廟。羣昭羣穆咸在。鄭氏注。昭穆咸在。謂同宗父子皆來。古禮之制。如是其廣。而當今儀注。唯限親廟四。愚竊疑矣。何以明之。設使世祖之子男于今存者。旣身是戚蕃。號爲重子。可得賓于門外。不預碑鼎之事哉。又因宜變法。禮有其說。記言五廟之孫。祖廟未毀。爲庶人。冠娶必告。死必赴。注曰。實四廟而言五者。容顯考始封之君子。今因太祖之廟在。仍通其曾玄侍祠。與彼古記甚相符會。且國家議親之律。指取天子之玄孫。乃不旁準于時后。至于助祭。必謂與世主相倫。將難均一。壽有長短。世有延促。終當何時。可得齊同。謂宜入廟之制。率從議親之條。祖祧之裔。各聽盡其玄孫。使得駿奔堂壇。肅承禘礿。則情差通。不宜復各爲例。令事事舛駮。魏書禮志二。江陽王繼表言。道武曾孫宜得預祭。李琰之議。又見通典五十一。

李神儁

神儁名挺。以字行。小名提。沖兄子。釋褐奉朝請。轉司徒祭酒從事中郎。拜驍騎將軍、中書侍郎、太常少卿。出爲前將軍、荊州刺史。徵拜大司農。孝昌末除鎮軍將軍。行相州事。未之任。孝莊卽位。拜散騎常侍、殿中尚書。封千乘縣侯。轉中書監、吏部尚書。以忤爾朱榮。除衞將軍、右光祿大夫。孝武卽位。拜散騎常侍、驃騎大將軍、左光祿大夫、儀同三司。孝靜初行并州事。尋除肆州刺史。入爲侍中。興和二年卒。贈都督雍秦涇三州諸軍事、驃騎大將軍、尚書左僕射、司徒、雍州刺史。

奏定常侍員限

比因多故。常侍遂無員限。今以王元景等爲常侍。定限八員。北史二十四王昕傳。太昌初吏部尚書李神儁奏言。

于烈

烈代人。少拜羽林中郎。遷羽林中郎將。延興初領寧光宮宿衞事。遷屯田給納。太和初以本官行秦雍二州事。還司衞監。轉左衞將軍。賜爵昌國子。遷殿中尚書。加散騎常侍、前將軍。進爵洛陽侯。轉衞尉卿。加鎮南將軍。遷光祿卿。封聊城縣開國子。除領軍將軍。加金紫光祿大夫。宣武卽位。出爲征北將軍、恆州刺史。不行。尋拜車騎大將軍、領軍事。進爵爲侯。

目當作臣
寓當作寓

乞黜落子登表

臣上或近臣下不決引一人（疑）而恩出分外。冀荷榮祿。當今聖明之朝。理應謙讓。而臣子登引人求進。是臣素無教訓。請乞黜落。（魏書于栗磾附傳。太和十九年大選百僚。烈子登引例求進。烈表。）

因子忠奏事

臣雖朽邁。心力猶可。此等猖狂不足爲慮。願緩蹕徐還。以安物望。（魏書于栗磾附傳。咸陽王禧謀反。世宗敎烈子忠馳覘虛實。因忠奏。）

于忠

忠字思賢。烈子。本字千年。爲侍御中散。太和中授武騎侍郎。賜名登。轉太子翊軍校尉。宣武卽位。遷長水校尉。尋除左右郎將。領直寢。改賜今名。遷司空長史征虜將軍。封魏郡公。遷散騎常侍兼武衞將軍。進太府卿。正始中除安北將軍相州刺史。入爲衞尉卿河南邑中正。尋領左衞將軍恆州大中正。延昌中除都官尚書。加平南將軍。進侍中領軍將軍。孝明卽位。除車騎大將軍。封常山郡公。加儀同三司尚書令。領崇訓衞尉。靈太后臨朝。出爲征北將軍冀州刺史。奪爵。尋封靈壽縣公。除尚書右僕射加侍中。神龜元年卒。贈司空。謚曰武敬。

矯詔誅裴植

凶謀既爾。罪不合恕。雖有歸化之誠。無容上議。亦不須待秋分也。（魏書裴叔業附傳。時于忠專擅朝權。既構成其罪。又矯爲此詔。）

疾病上胡太后表

先帝餘臣父子一介之誠。昭臣家世奉公之節。故申之以婚姻。重之以爵祿。至乃位亞三槐。秩班九命。自大明利見之始。百官總己之初。以復得猥攝禁戎。綢盜內外。斯誠社稷之靈。兆民之福。臣何力之有焉。但陛下以叡明御寓。皇太后以聖善臨朝。衽席不遺。簪屨弗棄。復乃寵窮出內。榮徧宮闈。外牧兩河。入參百揆。顧服知妖

省躬識戾。而臣將愼靡方。致茲疴疢。自去秋苦痢。纏綿迄今。藥石備嘗。日增無損。又今年以來。力候轉惡。微喘緒息。振復良難。鴻慈未酬。伏枕涕咽。臣薄福無男。遺體莫嗣。貪及餘生。謹陳宿抱。臣先養亡第四弟第二子司徒掾永超爲子。猶子之念。實切于心。乞立爲嫡。傳此山河。（魏書于栗磾附傳。）

裴宣

宣字叔令。河東聞喜人。舉秀才。孝文初徵爲尚書主客郎。轉都官郎。遷員外散騎侍郎。及遷洛。除司空諮議參軍。轉司州治中兼司徒右長史。又轉別駕。仍長史。宣武卽位。除太中大夫。領本郡中正。仍別駕。又爲司州都督。遷太尉長史。出爲征虜將軍益州刺史。永平四年卒。贈左將軍豫州刺史。謚曰定。改謚曰穆。

懷田賦

上言葬埋戰亡者

自遷都以來。凡戰陳之處。及軍罷兵還之道。所有骸骼。無人覆藏者。請悉令州郡戍邏。檢行埋掩。并符出兵之鄉。其家有死于戎役者。使皆招魂復魄。祔祭先靈。復其年租調。身被傷痍者。免其兵役。（魏書裴駿附傳。裴宣遷太尉長史上言。）

薛眞度

眞度。河東汾陰人。鎭南大將軍安都從祖弟。初從安都南奔。爲徐州長史。後同歸國。太和初賜爵河北侯。加安遠將軍。遷鎭遠將軍平州刺史。假陽平公。後例降侯爲伯。除冠軍將軍。假平南將軍。除南蠻校尉平南將軍荊州刺史。徙持節冠軍將軍東荊州刺史。改封臨晉縣公。轉征虜將軍豫州刺史。景明中遷華州刺史。轉荊州刺史。入爲大司農卿。正始初除平南將軍揚州刺史。還除金紫光祿大夫。加散騎常侍。改封敷西縣公。永平中卒。贈左光祿大夫。謚曰莊。

倚當作侍

豫州大饑表

去歲不收，饑饉十五。今又災雪三尺，民人委餓，無㠯濟之。臣輒日別出州倉米五十斛爲粥，救其甚者。魏書辥安都附傳，眞度爲豫州刺史，景明初，豫州大饑，眞度表。

辥孝通

孝通字士達，眞度族曾孫。正光中，蕭寶夤引爲驃騎府參軍，後去職。永安中除員外散騎倚郎，尒朱天光表爲行臺郎中，賜爵汾陰侯。普泰初，拜銀青光祿大夫、散騎常侍，兼中書舍人，封藍田縣子，遷中書郎。出爲賀拔岳行臺右丞。太昌初，入朝，除中書侍郎。永熙末，爲常山太守。興和二年卒于鄴。武平初，贈鄭州刺史。西魏贈車騎將軍、儀同三司、青州刺史。

博譜

烏曹作博，其所由來尚矣。雙箭㠯象日月之照臨，十二博㠯象十二辰之纏次，則天地之運動，法陰陽之消息，表人事之窮達，窮變化之機微。履謙謙則知沖退㠯致祇，觀殺罰則知當路而速禍，行其道則犄鹿有歸，保其家乃瞻烏爰集，隱顯藏用，莫不合道。龍潛雀起，率皆趣良，足㠯諧暢至娛，洽協妙賞者也。御覽七百五十四。

全後魏文卷三十六終

全後魏文卷三十七

烏程嚴可均校輯

張彝

彝字慶賓。清河東武城人。孝文初襲祖爵平陸侯。爲散令。遷主客令。例降侯爲伯。轉太中大夫。遷黃門。歷驍騎將軍。進爵爲侯。轉太常少卿、散騎常侍、兼侍中。遷尚書。宣武初正侍中。除安西將軍秦州刺史。進號撫軍將軍。還除光祿大夫。孝明初加征西將軍冀州大中正。神龜二年爲羽林所毆卒。贈衞將軍冀州刺史。謚曰文。

上歷帝圖表

臣聞元天高朗。尚假列星㠯助明。洞庭淵湛。猶藉衆流㠯增大。莫不㠯孤照不詣其幽。獨深未盡其廣。先聖識其若此。必取物㠯自誡。故堯稱則天。設謗木㠯曉未明。舜稱盡善。懸諫鼓㠯規政闕。虞人獻箴規之旨。盤盂著舉動之銘。庶幾見善而思齊。聞惡㠯自改。眷眷于悔往之衢。孜孜于不遠之路。用能聲高百王。卓絕中古。經十氏而不渝。歷二千㠯孤鬱。伏惟太祖撥亂。奕代重光。世祖㠯不世之才。開盪函夏。顯祖㠯溫明之德。潤伏九區。高祖大聖臨朝。經營云始。未明求衣。日昃忘食。開翦荆棘。徙御神縣。更新風軌。冠帶朝流。海東雜種之渠。衞南異服之帥。沙西氈頭之戎。漠北辮髮之虜。重譯納貢。請吏稱藩。積德懋于夏殷。富仁盛于周漢。澤教既周。武功亦帀。猶且發明詔。思求直士。信是蒼生薦言之秋。祝史陳辭之日。況臣家自奉國。八十餘年。紆金鏘玉。及臣四世。過㠯小才。藉蔭出仕。學慙專門。武闕方略。早荷先帝眷仗之恩。末蒙陛下不遺之施。侍則出入兩都。官歷納言常伯。忝牧秦藩。號兼安撫。實思碎首膏原。仰酬二朝之惠。輕塵碎石。遠增嵩岱之高。輒私訪舊書。竊觀圖史。其帝皇興起之元。配天隆家之業。修造益民之奇。龍麟雲

鳳之瑞。卑宮愛物之仁。釋網改祝之澤。前歌後舞之應。囹圄寂寥之美。可爲輝風景行者。輒謹編丹青。㠯標睿範。至如太康好田。遇窮后迫禍。武乙逸禽。罹震雷暴酷。夏桀淫亂。南巢有非命之誅。殷紂昏酣。牧野有倒戈之陳。周厲逐獸。滅不旋踵。幽王遇惑。死亦相尋。曁于漢成失御。亡新簒奪。桓靈不綱。魏武遷鼎。晉惠闇弱。骨肉相屠。終使聰曜鴟視并州。勒虎狼據燕趙。如此之輩。罔不畢載。起元庖犧。終于晉末。凡十六代百二十八帝。歷三千二百七十年。雜事五百八十九。合成五卷。名曰歷帝圖。亦謗木諫鼓虞人盤盂之類。脫蒙置御坐之側。時復披覽。冀或起予左右。上補未萌。伏願陛下遠惟宗廟之憂。近存黎民之念。取其賢君。棄其惡主。則微臣雖沈淪地下。無異乘雲登天矣。（魏書張彝傳。）

上采詩表

竊惟皇王統天。必㠯窮幽爲美。盡理作聖。亦假廣采成明。故詢于芻蕘。著之周什。輿人獻箴。流于夏典。不然。則美刺無㠯得彰。善惡有時不達。逮于兩漢魏晉。雖道有隆汚。而被繡傳檄。未始闕也。及惠帝失御。中夏崩離。劉苻專據秦西。燕趙獨制關左。姚夏繼起。五涼競立。至使九服搖搖。民無定主。禮儀典制。此焉堙滅。曁大魏應曆。撥亂登皇。翦彼鯨鯢。龕靖神縣。數紀之間。天下宓一。傳輝七帝。積聖如神。高祖遷鼎成風。永茲八百。偃武修文。憲章斯改。實所謂加五帝登三王。民無德而名焉。猶且慮獨見之不明。欲廣訪于得失。乃命四使。觀察風謠。臣時忝常伯。充一使之列。遂得仗節揮金。宣恩東夏。周歷于齊魯之間。徧馳于梁宋之域。詢采詩頌。研檢獄情。實庶片言之不遺。美刺之俱顯。而才輕任重。多不遂心。所採之詩。竝始申目。而値鑾輿南討。問罪宛鄧。臣復忝行軍。樞機是務。及輦駕之返。膳御未和。續㠯大諱奄臻。四海崩慕。遂爾推遷。不及聞徹。未幾改牧秦蕃。遠離闕下。繼㠯譴疾相纏。寍丁八歲。常恐所采

爲當作贈

之詩。永淪丘壑。是臣夙夜所懷。以爲深憂者也。陛下垂日月之明。行雲雨之施。察臣枉罪之濫。矜臣貧病之切。既蒙崇以祿養。復得拜埽丘墳。明目友朋。無所負愧。且臣一二年來。所患不劇。尋省本書。粗有髣髴。凡有七卷。今寫上呈。伏願昭鑒。敕付有司。使魏代所采之詩。不墜于丘井。臣之願也。魏書張彝傳

臨終口占上啟

臣自奉國。及孫六世。尸祿素餐。負恩唯靦。徒思竭智盡誠。終然靡效。臣第二息仲瑀所上之事。益治實多。既日有益。寧容默爾。通呈有日。未簡神聽。豈圖衆忿。乃至于此。臣不能禍防未萌。慮絕殃兆。致令軍衆橫嚚。攻焚臣宅。息始均仲瑀等叩請流血。乞代臣死。始均卽陷塗炭。仲瑀經宿方蘇。臣年以六十。宿被榮遇。垂暮之秋。忽見此苦。顧瞻災酷。古今無比。臣傷至重。殘氣假延。望景顧時。推漏就盡。頃刻待終。臣之命也。知復何言。若所上之書。少爲益國。臣便是生以理全。死與義合。不負二帝于地下。臣無餘恨矣。一歸泉壤。長離紫庭。戀仰天顏。誠痛無已。不勝眷眷。力喘奉辭。伏願二聖加御珍膳。覆露黔首。壽保南嶽。德與日昇。臣宿被獨眷。先後銜恩。欲報之期。昊天罔極。亡魂有知。不忘結草。魏書張彝傳

郭祚

祚字季祐。太原晉陽人。魏車騎將軍淮弟亮之後。孝文初舉秀才。對策上第。拜中書博士。轉中書侍郎。遷尚書左丞。兼給事黃門侍郎。尋正黃門。賜爵東光子。遷散騎常侍。兼侍中。拜尚書。進爵爲伯。宣武卽位。兼吏部尚書。除并州大中正。尋正吏部。出爲使持節鎮北將軍瀛州刺史。轉鎮東將軍青州刺史。入爲侍中金紫光祿大夫。遷尚書右僕射。領太子少師。加散騎常侍。遷左僕射。出爲征西將軍雍州刺史。延昌四年八月。爲于忠矯詔所殺。正光中爲車騎將軍儀同三司。謚曰文貞。

表請伐梁

蕭衍狂悖。擅斷川瀆。役苦民勞。危亡已兆。然古諺有之。敵不可縱。夫以一酌之水。或爲不測之淵。如不時滅。恐同原草。宜命一重將。率統軍三十人。領羽林一萬五千人。并科京東七州虎旅九萬。長驅電邁。遄令撲討。擒斬之勳。一如常制。賊資雜物。悉入軍人。如此。則鯨鯢之首。可不日而懸。誠知農桑之時。非發衆之日。苟事理宜然。亦不得不爾。昔韋顧跋扈。殷后起昆吾之師。獫狁孔熾。周王興六月之伐。臣職忝樞衡。獻納是主。心之所懷。寧敢自嘿。并宜敕揚州選一猛將。遣當州之兵。令赴浮山。表裏夾攻。魏書郭祚傳先是蕭衍遣將康絢遏淮將灌揚徐祚表朝議從之

奏姦吏逃刑止徙妻子

慎獄審刑。道煥先古。垂憲設禁。義纂惟今。是以先王沿物之情。爲之軌法。故八刑備于昔典。姦律炳于來制。皆所以謀其始迹。訪厥成罪。敦風厲俗。永資世範者也。伏惟旨義博遠。理絕近情。既懷愚異。不容不述。誠以敗法之原。起于姦吏。姦吏雖微。敗法實甚。伏尋詔旨。信亦斷其逋逃之路。爲治之要。實在于斯。然法貴止姦。不在過酷。立制施禁。爲可傳之于後。若法猛而姦不息。禁過不可永傳。將何以載之刑書。垂之百代。若以姦吏逃竄。徙其兄弟。罪人妻子。復應從之。此則一人之罪。禍傾二室。愚謂罪人既逃。止徙妻子。走者之身。懸名永配。于眚不免。姦途自塞。魏書郭祚傳世宗詔以姦吏逃刑懸配遠戍若永避不出兄弟代之祚奏詔從之

奏請定攷格

謹案前後攷格。雖班天下。如臣愚短。猶有未悟。今須定職人遷轉由狀。超越階級者。卽須量折。景明初攷格。五年者得一階半。正始中。故尚書中山王英奏攷格。被旨但可正滿三周爲限。不得計殘年之勳。又去年中以前二制不同。奏請裁決。旨云。黜陟之體。自依

舊來恆斷。今未審從舊來之旨。爲從景明之斷。爲從正始爲限。景明考法東西省文武閑官悉爲三等。考同任事。而前尙書盧昶奏上第之人。三年轉半階。今之考格復分爲九等。前後不同。參差無準。魏書郭祚傳。北史四十三。

又奏

考察令公清獨著德績超倫而無負殿者爲上上。一殿爲上中。二殿爲上下。累計八殿品降至九。未審今諸曹府寺。凡考在事公清。然才非獨著。績行稱務。而德非超倫。幹能粗可。而守平堪任。或人用小劣。處官濟事。并全無負殿之徒。爲依何第。景明三年以來至今十有一載。準限而判。三應昇退。今既通考。未審爲十年之中。通其殿最。積以爲第。隨前後年斷。各自除其善惡。而爲昇降。且負注之章。數成殿爲差。此條以寡愆爲最多戾爲殿。未審取何行是寡愆。何坐爲多戾。結累品次。復有幾等。諸文案失衷。應杖十者爲一負。罪依律次。過隨負記。十年之中。三經肆眚。赦前之罪。不問輕重。皆蒙宥免。或爲御史所彈。案驗未周。遇赦復任者。未審記殿得除以不。魏書郭祚傳。

奏停營明堂國學

今雲羅西舉。開納岷蜀。戎旗東指。鎭靖淮荆。漢沔之閒。復須防捍。徵兵發衆。所在殷廣。邊郊多壘。烽驛未息。不可于師旅之際。興板築之功。且獻歲云暨。東作將始。臣愚量謂宜待豐靖之年。因子來之力。可不時而就。魏書郭祚傳。時詔營明堂國學祚奏從之

奏敕撰祭郭淮廟文

盧淵

淵字伯源。小名陽烏。范陽涿人。晉從事中郞諶五世孫。延興中襲父度世爵固安侯。拜主客令典屬國。遷祕書令。始平王師。以例降爵爲伯。遷給事黄門侍郞。兼散騎常侍。祕書監。本州大中

正。加使持節安南將軍兼侍中。拜儀曹尙書。以考課降守尙書。出爲安南將軍。以兵敗免爲民。起兼太尉長史。又兼彭城王中軍長史。又爲京兆王愉徐州長史。宣武初。除祕書監。景明二年卒。謚曰懿。

議親伐江南表

臣誠識不周覽。頗尋篇籍。自魏晉以前。承平之世。未有皇輿親御六軍。決勝行陳之閒者。勝不足爲武。弗勝有虧威德。明千鈞之弩。不爲鼷鼠發機。故也。昔魏武以弊卒一萬。而袁紹土崩。謝玄以步兵三千。而苻堅瓦解。勝負不由衆寡。成敗在于須臾。若用田豐之謀。則坐制孟德矣。魏既并蜀。迄于晉世。吳介有江水。居其上流。大小勢殊。德政理絶。猶居臣協謀。垂數十載。逮孫晧暴戾。上下攜爽。水陸俱進。一舉始克。今蕭氏以篡殺之燼。政虐役繁。又支屬相屠。人神同棄。吳會之民。延踵皇澤。正是齊軌之期。一同之會。若大駕南巡。必左衽革面。閩越倒戈。其猶運山壓卵。有征無戰。然愚謂萬乘親戎。轉漕難繼。千里饋糧。士有飢色。大軍之後。必有凶年。不若命將簡銳。盪滌江右。然後鳴鑾巡省。告成東岳。則天下幸甚。率土戴賴。臣又聞流言。關右之民。自比年以來。競設齋會。假稱豪貴。以相扇惑。顯然于衆坐之中。以謗朝廷。無上之心。莫此之甚。愚謂宜速懲絶。戮其魁帥。不爾。懼成黄巾赤眉之禍。育其微萌。不芟之毫末。斧斤一加。恐蹈害者衆。臣世奉皇家。義均休戚。誠知干忤之愆實深。然不忠之罪莫大。魏書盧淵傳。

居當作君

盧昶

昶字叔達。小字師顔。淵第三弟。大和初爲太子中舍人。兼員外散騎常侍。免。復除彭城王友。轉祕書丞。景明初。除中書侍郞。歷給事黄門侍郞。本州大中正。遷散騎常侍兼尙書。轉侍中吏部尙書。出爲鎭東將軍徐州刺史。延昌初兵敗免。復拜太常卿。除

安西將軍雍州刺史。進號鎮西將軍。熙平元年卒。贈征北將軍冀州刺史。諡曰穆。

掩據朐山表

蕭衍瑯邪郡民王萬壽等款誠內結。潛來詣臣云。朐山戍今將交換。有可圖之機。臣即許以旌賞。遣其還入。至三月二十四夜。萬壽等與率同盟。攻掩朐城。斬衍輔國將軍瑯邪東莞二郡太守帶朐山戍主劉晰。幷將士四十餘人。傳首至州。臣即遣兼鄉城戍副張天惠。率驍勇二百。徑往赴之。瑯邪諸戍。絡繹繼援。而衍郁洲已遣二軍以拒天惠。天惠與萬壽等內外齊擊。俘斬數百。便即據城。魏書盧玄附傳。

請增兵表

蕭衍將張稷馬仙琕陰虎和等。各領精兵。分屯諸堰。以義之張惠紹王神念王茂光承彼傳信。續發建鄴。自存之計。幷歸于此。量力準寇。事恐不輕。何者。此兵九千。賊衆四萬。名將健士。遠近畢集。遂憑兩勢。決死來戰。若衆乘凶。希固巢穴。所以傾國而擧。非爲朐山。將恐王師固六里。據朔衡。南截淮浦。勢崩難測。海利鹽物。交關常貢。所慮在大。有必爭之心。若皇家經略。方有所討。必須簡將增兵。加益糧仗。與之亢擬。相持至秋。天塵一動。開拓爲易。圖南之計。事本在今。請增兵六千。米十萬石。如其不也。伏聽朝議。魏書盧玄附傳。

又表

賊徒大集。衆旅彊盛。置柵朐山。屯守門井。幷圍固城。晝夜連戰。恐狡勢既彊。後難除殄。輒欲令征虜將軍趙遐率勒見兵。與之決勝。遐慮衆少不敵。若一擧失利。則衆心挫怯。求待大衆俱至。奮銳擊之。竊謂此謀。非爲孟浪。且臣本奉朝規。令相拒守。以待涼月。今歲已云秋。高風漸舉。經算大圖。時事既至。且鮑口以東。陸運無閡。朐固之間。本無停滯。宜時掩擊邊應。而賊自夏以來。貫甲不歇。從六里以北。城柵相連。役使兵人。便已疲殆。若大衆臨之。必可擒捷。一城退潰。衆壘土崩。乘勝圖之。易于振朽。脫兵不速至。長彼機心。軍士憂惶。自生異議。請速簡配。以及事機。魏書盧玄附傳。

奏白鼠見宜飭吏治

謹案瑞典。外鎮刺史二千石令長不祇上命。刻暴百姓。人民怨嗟。則白鼠至。臣聞禎不虛見。德合必符。妖不妄出。咎彰則至。是以古之人君。或怠瑞以失德。或祇變而立功。斯乃萬古之殷鑒。千齡之炯誡。比者災氣作沴。恆陽虧度。陛下流如傷之慈。降納隍之旨。哀百姓之無辜。引在予之深責。擧賢黜佞之詔。道映于堯先。進思納諫之言。事光于舜右。伏讀明旨。俯觀徵譴。敢布庸瞽。以陳萬一。竊惟一夫之耕。食裁充口。一婦之織。衣止蔽形。年租歲調。則惟常理。此外徵求。于何取足。然自比年以來。兵革屢動。荊揚二州。屯戍不息。鍾離義陽。師旅相繼。兼荊蠻凶狡。王師薄伐。暴露原野。經秋淹夏。汝潁之地。率戶從戎。河冀之境。連丁轉運。又戰不必勝。加之退負。死喪離曠。十室而九。細役煩猥。日月滋甚。苛兵酷吏。因逞威福。至使通原遙畛。田蕪罕耘。連村接閈。蠶饑莫食。而監司因公以貪求。豪彊恃私而逼掠。遂令齎裋褐以益千金之資。制口腹而充一朝之急。此皆由牧守令長。多失其人。郡闕黃霸之君。縣無魯恭之宰。不思所以安民。正思所以潤屋。故士女呼嗟。相望于道路。守宰暴貪。風聞于魏闕。往歲法官案驗。多挂刑網。謂必顯戮。以明勸誡。然後遣使覆訊。公違憲典。或承風挾請。輕樹私恩。或容情受賄。輒施己惠。御史所劾。皆言誣枉。申雪罪人。更云清白。長侮上之源。滋陵下之路。忠清之人。見之而自怠。犯暴之夫。聞之以益快。白鼠之至。信而有徵矣。伏願陛下垂叡喆之鑒。察妖災之起。延對公卿。廣詢庶政。引見樞納。博求民隱。存問孤寡。去其苛碎。輕徭省賦。與民休息。良忠讜置之于朝。姦回貪佞棄之于市。則九官勿戒而恆

敬。百縣不嚴而自肅。士女欣欣。人有望矣。魏書盧玄附傳盧昶遷散騎常侍兼尚書時洛陽縣獲白鼠昶奏

奏府寺議源懷謚不同

太常寺議謚曰。懷體尚寬柔。器操平正。依謚法。柔直考終曰靖。宜謚靖公。司徒府議。懷作牧陝西。民餘惠化。入總端貳。朝列歸仁。依謚法。布德執義曰穆。宜謚穆公。二謚不同。魏書源賀附傳景明三年源懷卒兼吏部尚書盧昶奏。

盧同

同字叔倫。昶族弟。太和中為北海王詳國常侍。遷司空祭酒。昌黎太守。尋為營州長史。仍帶郡。入除河南尹丞。遷太尉屬。永平初除冀州鎮東府長史。後除司空諮議參軍兼司馬。延昌中轉尚書右丞。進龍驤將軍。熙平初轉左丞。加征虜將軍。正光中授平東將軍黃門侍郎加撫軍將軍光祿大夫本州大中正。除度

支尚書幽州刺史。孝昌初除名。尋除左將軍太中大夫兼左丞。孝莊時除都官尚書。封章武縣伯。除七兵。轉殿中。加征南將軍。普泰中除侍中。進驃騎將軍、左光祿大夫儀同三司。永熙初卒。贈侍中、驃騎大將軍司空冀州刺史。謚曰孝穆。加贈尚書右僕射。

請杜冒功竊階表

竊見吏部勳簿。多皆改換。乃校中兵奏案。並復乖舛。臣聊爾揀練。已得三百餘人。明知隱而未露者。動有千數。愚謂罪雖恩免。猶須刊定。請遣一都令史與令僕省事各一人。總集吏部中兵二局勳簿。對句奏案。若名級相應者。即于黃素楷書大字具件階級數。令本曹尚書以朱印印之。明造兩通。一關吏部。一留兵局。與奏案對掌。進則防揩洗之偽。退則無改易之理。從前以來。勳書上省。唯列姓名。不載本屬。致令竊濫之徒。輕為苟且。今請征職白民。具列本州郡縣三長之所。其實官正職者。亦列名貫別錄歷階。仰本軍印記其上。然後印縫。各上所司。統將都督。並皆印記。然後列上行臺。行臺關太尉。太尉檢練精實。乃始關刺省重究括。然後奏申。奏出之日。黃素朱印。關付吏部。頃來非但偷階冒名。改換勳簿而已。或一階再取。或易名受級。凡如此者。其人不少。良由吏部無簿。防塞失方。何者。吏部加階之後。簿不注記。緣此之故。易生僥倖。自今敘階之後。名簿具注。加補日月。尚書印記。然後付曹。郎中別作抄目。印記一如尚書。郎中自掌。遞代相付。此制一行。差止姦罔。魏書盧同傳肅宗世多竊冒軍功同乃表言云云。詔從之。又北史三十。

又奏造勳簿格

臣頃奏以黃素為勳具注官名戶屬。及吏部換勳之法。事目三條。已蒙旨許。臣伏思黃素勳簿。政可粗止姦偽。然在軍虛詐。猶未可盡。請自今在軍閱簿之日。行臺軍司監軍都督各明立文案。處處

記之。斬首成一階已上。即令給券。其券一紙之上。當中大書起行臺統軍位號。勳人甲乙。斬三賊及被傷成階已上。亦具書于券。各盡一行。當行豎裂。其券前後皆起年號日月。破某處陳。某官某勳。印記為驗。一支付勳人。一支付行臺。記至京。即送門下。別函守錄。又自遷都以來。戎車屢捷。所以征勳轉多。叙不可盡者。良由歲久生姦。積年長偽。巧吏階緣。偷增遂甚。請自今為始。諸有勳簿已經奏賞者。即廣下遠近。云某處勳判。咸令知聞。立格酬叙。以三年為斷。其職人及出身限內。悉令銓除實官及外號。隨才加授。庶使酬勤者速申。立功者勸。事不經久。僥倖易息。或遭窮難。州無中正者。不在此限。又勳簿之法。征還之日。即應申送。頃來行臺督將至京始造。或一年二歲。方上勳書。姦偽之原。實自由此。于今以後。軍還之日。便通勳簿。不聽隔月。魏書盧同傳又北史三十。

盧元明

元明字幼章。昶第五子。臨淮王彧引爲開府屬。孝武即位。封城陽縣子。遷中書侍郎。永熙末去職。天平中兼吏部郎中。拜尙書右丞。轉散騎常侍。監起居注。兼黃門郎。本州大中正。卒贈太常卿。有集十七卷。

幽居賦（魏書盧玄附傳。元明永熙末。居洛東緱山。乃作幽居賦。）

劇鼠賦

跡寶排虛。巢居穴處。惟飲噬于山澤。悉潛泆于林藪。故寢廟有處。茂草別所。糾乃微蟲。乖羣異侶。干紀而進。于倩難許。爾雅所載。厥類多種。詳其容質。竝不足重。或處野而隔陰山。或同穴而鄰嶓冢。或飲河以求飽腹。或噏烟而游森聳。然今者之所論。出于人家之壁孔。嗟乎在物。最爲可賤。毛骨莫充于玩賞。脂肉不登于俎膳。故淮南輕舉。遂嘔腸而莫追。東阿體拘。徙稱仙而彼譴。其爲狀也。憎悛咀吁。雖離睒暘。鬚似麥穟半垂。眼如豆角中劈。耳類槐葉初生。尾若酒杯餘瀝。乃有老者。羸髏疥癩。偏多奸詐。眾中无敵。託社忌器。妙解自惜。深藏厚閉。巧能推覓。或尋繩而下。或自地高蹠。登机緣櫃。蹴屏動帟。切切終朝。轟轟竟夕。是以詩人爲辭。寔云其碩。盜于湯之珍俎。傾留髡之香澤。傷繡領之斜制。毀羅衣之重襲。曹舒由是獻規。張湯爲之被謫。亦有閑居之士。倦遊之客。絕慶弔以養眞。素屏左右而尋詩易。庭院肅清。房櫳虛寂。爾乃羣鼠乘閒。東西撼擲。或牀上捋髭。（御覽作壁。脫見髭。）或戶間出額。貌甚舒暇。情無畏惕。又領其黨與。欣欣奕奕。欹覆箱奩。騰踐茵席。共相侮慢。特無宜適。詎天壤之含弘。產此物其何益。（初學記二十九。御覽九百十一。）

嵩高山廟記

有神人以玉爲形像。長數寸。或出或隱。出則令世延長。（隋書崔廓傳。廓子賾荅部云。臣見魏大司農盧元明撰嵩高山廟記。又見魏書及北史。元明未嘗爲大司農。當是譌落。）

盧觀

觀字伯舉。昶族曾孫。舉秀才。對策甲科。除太學博士著作佐郎。拜尙書儀曹郎中。孝昌元年卒。

胡太后父廟制議

案王制。天子七廟。三昭三穆。與太祖之廟而七。諸侯五廟。二昭二穆。與太祖之廟而五。大夫三。士一。自上已下。降殺以兩。庶人無廟。死爲鬼焉。故曰尊者統遠。卑者統近。是以諸侯及太祖。天子及其祖之所自出。祭法曰。諸侯立五廟。一壇一墠。曰考廟。曰王考廟。曰皇考廟。皆月祭之。顯考廟。祖考廟。享嘗乃止。去祖爲壇。去壇爲墠。去墠爲鬼。至于禘祫。方合食太祖之宮。大傳曰。別子爲祖。喪服傳曰。公子不得禰先君。公孫不得祖諸侯。鄭說不得祖禰者。不得立其廟而祭之也。世世祖是人者。謂世世祖受封之君。不得祖公子者。後世爲君者。祖此受封之君。不得祀別子也。公子若在高祖以下。則如其親服。後世遷之。乃毀其廟耳。愚以爲遷者遷于太祖廟。毀者從太祖而毀之。若不遷太祖。不須廢祖。是人之文。明非始封。故復見乃毀之節。何以知之。案諸侯有祖考之廟。祭五世之禮。五禮正祖爲轄。一朝頓立。而祖考之廟。要待六世之君。六世以前。虛而蔑主。求之聖旨。未爲通論。曾子問曰。廟無虛主。虛主唯四。祖考不與焉。明太祖之廟。必不空置。禮緯曰。夏四廟。至子孫五。殷五廟。至子孫六。周六廟。至子孫七。見夏無始祖。待禹而五。殷人郊契。得湯而六。周有后稷及文王。至武王而七。言夏即大禹之身。言子謂啟誦之世。言孫是迭遷之時。禹爲受命不毀。親湯爲始君。不遷五主。文武爲二祧。亦不去三昭三穆。三昭三穆。謂通文武。若無文武。親不過四。觀遠祖漢侍中植所說云然。鄭玄馬昭亦皆同爾。且天子逆加二祧。得并爲七。諸侯預立太祖。何爲不得爲五乎。今始封君子之立禰廟。頗似成王之于二祧。孫卿曰。有天下者事七世。有一國者事五世。假使八世天子乃得事七。六世諸侯方遂祭五。推情準理。不其謬乎。雖王侯用禮。文節不同。三隅反之。自然昭灼。且文宣公方爲太祖。世居子孫。今立五廟。竊謂爲是。禮緯又云。諸侯五廟親四。始封之君。或上或下。雖未居正室。無廢四祀之親。小記曰。王者禘其祖之所自出。㠯其祖配之。而立四廟。此實殷湯時制。不爲難也。聊復標牓。略引章條。愚戇不足㠯荅大問。魏書禮志二。神龜初靈太后父司徒胡國珍薨贈太上秦公時疑其廟制博士盧觀議

全後魏文卷三十七終

全後魏文卷三十八

烏程嚴可均校輯

劉芳

芳字伯文。彭城人。北史作字伯支。彭城叢亭里人。漢楚元王交之後。文明太后擢兼主客郎。尋拜中書博士。進中書侍郎。授皇太子經。遷太子庶子。兼員外散騎常侍。尋除正兼通直常侍。超遷國子祭酒。遭母憂。起爲輔國將軍、太尉長史、徐州大中正、行徐州事、兼侍中。宣武卽位。正侍中。遷中書令。出除安東將軍、青州刺史。轉太常卿。延昌二年卒。贈鎮東將軍、徐州刺史。諡曰文貞。有毛詩箋音義證十卷。儀禮周官義證各五卷。王肅注尙書音、鄭注儀禮周官音、干寶注周官音、何休注公羊音、范甯注穀梁音、韋昭注國語音、范曄後漢書音各一卷。辨類三卷。徐州人地錄四十卷。急就篇音義證三卷。

樂當作徙中下脫失字

立學表

夫爲國家者。罔不崇儒尊道。學教爲先。誠復政有質文。茲範不易。諒由萬端資始。衆務稟法故也。唐虞已往。典籍無據。隆周以降。任居虎門。周禮大司樂云。師氏掌以媺詔王。居虎門之左。司王朝。掌國中之事。以教國子弟。蔡氏勸學篇云。周之師氏居虎門左。敷陳六藝。以教國子。今之祭酒。卽周師氏。洛陽記。國子學宮與天子宮對。太學在開陽門外。案學記云。古之王者。建國親民。教學爲先。鄭氏注云。內則設師保以教。使國子學焉。外則有太學庠序之官。由斯而言。國學在內。太學在外。明矣。案如洛陽記。猶有仿像。臣愚謂今既徙縣崧瀍。皇居伊洛。宮闕府寺。僉復故址。至于國學。豈可舛替。校量舊事。應在宮門之左。右郊太學。基所炳在。仍舊營構。太和二十年。發敕立四門博士。于四門置學。臣案自周已上。學惟以二。或尙西。或尙東。或貴在國。或貴在郊。爰暨周室。學蓋有六。師氏居內。太學在國。四小在郊。禮記云。周人養庶老于虞庠。虞庠在國之西郊。禮又云。天子設四學。當入學而太子齒。注云。四學周四郊之虞庠也。案大戴保傅篇云。帝入東學。尙親而貴仁。帝入南學。尙齒而貴信。帝入西學。尙賢而貴德。帝入北學。尙貴而尊爵。帝入太學。承師而問道。周之五學。于此彌彰。案鄭注學記。周則六學。所以然者。注云。內則設師保以教。使國子學焉。外則有太學庠序之官。此其證也。漢魏已降。無復四郊。謹尋先旨。宜在四門。案王肅注云。天子四郊有學。去王都五十里。攷之鄭氏。不云遠近。今太學故坊。基址寬曠。四郊別置。相去遼闊。檢督難周。計太學坊幷作四門。猶爲太廣。以臣愚量。同處無嫌。且今時制置。多循中代。未審四學應從古不。求集名儒禮官。議其定所。魏書劉芳傳。

修理金石樂器表

禮樂事大。不容輒決。自非博延公卿。廣集儒彥。討論得失。研窮是非。則無以垂之萬葉。爲不朽之式。魏書劉芳傳。

郊壇䟽

臣聞國之大事。莫先郊祀。郊祀之本。實在審位。是以列聖格言。彪炳綿籍。先儒正論。昭著經史。臣學謝全經。業乖通古。豈可輕薦瞽言。妄陳管說。竊見所置壇祠。遠近之宜。攷之典制。或未允衷。既曰職司。請陳膚淺。孟春令云。其數八。又云。迎春于東郊。盧植云。東郊八里之郊也。賈逵云。東郊木帝太昊八里。許慎云。東郊八里郊也。鄭玄孟春令注云。王居明堂。禮曰。王出十五里迎歲。蓋殷禮也。周禮近郊五十里。鄭玄別注云。東郊去都城八里。高誘云。迎春氣于東方八里郊也。王肅云。東郊八里。因木數也。此皆同謂春郊八里之明據也。孟夏令云。其數七。又云。迎夏于南郊。盧植云。南郊七里郊也。賈逵云。南郊火帝炎帝七里。許慎云。南郊七里郊也。鄭玄云。南郊去都城七里。高誘云。南郊七里之郊也。王肅云。南郊七里。因火數也。此又南郊七里之審據也。中央令云。其數五。盧植云。中郊五里之郊也。賈逵云。中央黃帝之位。并南郊之季。故云兆五帝于四郊也。鄭玄云。中郊西南未地去都城五里。此又中郊五里之審據也。孟秋令云。其數九。又曰。迎秋于西郊。盧植云。西郊九里郊。賈逵云。西郊金帝少皞九里。許慎云。西郊九里郊也。鄭玄云。西郊去都城九里。高誘云。西郊九里之郊也。王肅云。西郊九里。因金數也。此又西郊九里之審據也。孟冬令云。其數六。又云。迎冬于北郊。盧植云。北郊六里郊也。賈逵云。北郊水帝顓頊六里。許慎云。北郊六里郊也。鄭玄云。北郊去都城六里。高誘云。北郊六里之郊也。王肅云。北郊六里。因水數也。此又北郊六里之審據也。宋氏含文嘉注云。周禮王畿千里。二十分其一。以爲近郊。近郊五十里。倍之爲遠郊。迎王氣蓋于近郊。漢不設王畿。則以其方數爲郊處。故東郊八里。南郊七里。西郊九里。北郊六里。中郊在西南未地五里。祭祀志

云。建武二年正月。初制郊兆于雒陽城南七里。依采元始中故事。北郊在雒陽城北四里。此又漢世南北郊之明據也。今地祇準此。至如三十里之郊。進乖鄭玄所引殷周二代之據。退違漢魏所行故事。凡邑外曰郊。今計四郊。各以郭門爲限。里數依上。禮朝拜日月。皆于東西門外。今日月之位。去城東西路各三十。竊又未審。禮又云。祭日于壇。祭月于坎。今計造如上。禮儀志云。立高禖祠于城南。不云里數。故今仍舊。靈星本非禮事。兆自漢初。專爲祈田。恒隸郡縣。郊祀志云。高祖五年。制詔御史。其令天下立靈星祠。牲用太牢。縣邑令長得祠。晉祠令云。郡縣國祠稷社先農。縣又祠靈星。此靈星在天下諸縣之明據也。周公廟所以別在洛陽者。蓋姬旦創成洛邑。故傳世洛陽。崇祠不絕。以彰厥庸。夷齊廟者。亦世爲洛陽界內神祠。今並移太常。恐乖其本。天下此類甚衆。皆當部郡縣修理。公私施之禱請。竊惟太常所司郊廟神祇。自有常限。無宜臨時斟酌以意。若遂爾妄營。則不免淫祀。二祠在太常。在洛陽。于國一也。然貴在審本。臣以愚蔽。謬忝今職。攷括墳籍。博采羣議。既無異端。謂粗可依據。今玄冬務隙。野罄人閑。遷易郊壇。二三爲便。魏書劉芳傳。北史四十二。

社稷宜樹木疏

依合朔儀注。日有變。以朱絲爲繩。以繞係社樹三匝。而今無樹。又周禮司徒職云。設其社稷之壝而樹之田主。各以其社之土所宜木。鄭玄注云。所宜木。謂若松柏栗也。此其一證也。又小司徒封人職云。掌設王之社壝。爲畿封而樹之。鄭玄注云。不言稷者。王主于社。稷。社之細也。此其二證也。又論語曰。哀公問社于宰我。宰我對曰。夏后氏以松。殷人以柏。周人以栗。是乃土地之所宜也。此其三證也。又白虎通云。社稷所以有樹何也。尊而識之也。使民望見即敬之。又所以表功也。案此正解所以有樹之義。了不論有之與無

也。此其四證也。此云社稷所以有樹何。然則稷亦有樹明矣。又五經通義云。天子太社王社。諸侯國社侯社。制度奈何。曰。社皆有垣無屋。樹其中以木。有木者。土主生萬物。萬物莫善于木。故樹木也。此其五證也。此最其丁寍備解有樹之意也。又五經要義云。社必樹之以木。周禮司徒職曰。班社而樹之。各以土地所生。尚書逸篇曰。太社惟松。東社惟柏。南社惟梓。西社惟栗。北社惟槐。此其六證也。此又太社及四方皆有樹別之明據也。又見諸家禮圖。社稷圖皆畫爲樹。惟誡社誡稷無樹。此其七證也。雖辨有樹之據。猶未正所植之木。案論語稱夏后氏以松。殷人以柏。周人以栗。便是世代不同。而尚書逸篇則云。太社惟松。東社惟柏。南社惟梓。西社惟栗。北社惟槐。如此。便自一代之中。而五社各異也。愚以爲宜植以松。何以言之。逸書云。太社惟松。今者植松。不慮失禮。惟稷無成證。稷乃社之細。蓋亦不離松也。魏書劉芳傳。北史四十二。

彭城王勰諡議

王挺德弱齡。誕資至孝。睿性過人。學不師授。卓爾之操。發自天然。不羣之美。幼而獨出。及入參政務。綸綍有光。爰登中鉉。敷明五教。漢北告危。皇赫問罪。王內親藥膳。外總六師。及宮車晏駕。上下哀慘。奮猛衛威。英略潛通。翼衛靈輿。整戎振旅。歷夫宛謝。迄于魯陽。送往奉居。無慙周霍。稟遺作輔。遠至邇安。分陝恒方。流詠燕趙。廓清江西。威懾南越。入釐百揆。庶績咸熙。履勤不憚。在功愈挹。溫恭愷悌。忠雅寬仁。興居有度。善終篤始。高尚厥心。功成身退。義亮聖衷。美光世典。依諡法。保大定功曰武。善問周達曰宣。諡曰武宣王。魏書彭城王勰傳。永平元年。太常卿劉芳議。

上尚書言

詞樂諧音。本非所曉。且國之大事。亦不可決于數人。今請更集朝彥。衆辨是非。明取典據。資決元凱。然後營制。魏書樂志。永平二年秋。高肇等奏。促劉芳更造樂器。詔可。芳上尚書言。

上言參制舞名幷制新曲

觀古帝王。罔不據功象德。而制舞名。及諸樂章。今欲教文武二舞。施之郊廟。請參制二舞之名。竊觀漢魏已來。鼓吹之曲。亦不相緣。今亦須制新曲。以揚皇家之德美。魏書樂志。永平三年冬。芳上言。

又上言

臣聞樂者。感物移風。諷氓變俗。先王所以教化黎元。湯武所以原闕一葉。魏書樂志。永平三年冬。芳又上言。

陳終德爲祖母持重議

案喪服乃士之正禮。含有天子諸侯卿大夫之事。其中時復下同庶人者。皆別標顯。至如傳重。自士以上。古者卿士。咸多世位。又士以上。乃有宗廟。世儒多云。嫡孫傳重。下通庶人。以爲差謬。何以明之。禮稽命徵曰。天子之元士二廟。諸侯之上士亦二廟。中下士一廟。一廟者。祖禰共廟。祭法又云。庶人無廟。既如此分明。豈得通于庶人也。傳重者。主宗廟。非謂庶人祭于寢也。兼累世承嫡。方得爲嫡子嫡孫耳。不爾者。不得繼祖也。又鄭玄別變除云。爲五世長子服斬也。魏晉以來。不復行此禮矣。案喪服經。無嫡孫爲祖持重三年正文。唯有爲長子三年。嫡孫朞。傳及注因說嫡孫傳重之義。今世既不復爲嫡子服斬。卑位之嫡孫。不陵諸叔而持重。則可知也。且準終德資階。方之于古。未登下士。庶人在官。復無斯禮。考之舊典。驗之今世。則茲範罕行。且諸叔見存。喪主有寄。宜依諸孫。服朞爲允。魏書禮志四。永平四年。太常卿劉芳議。又見通典八十九。

又議

國子所云。喪服雖以士爲主。而必下包庶人。本亦不謂一篇之內。全不下同庶人。正言嫡孫傳重。專士以上。此經傳之正文。不及庶人明矣。戴德喪服變除云。父爲長子斬。自天子達于士。此皆士以上乃有嫡子之明據也。且承重者。以其將代己爲宗廟主。廟主了不云寢。又其證也。所引大夫不世者。此公羊穀梁近儒小道之書。至如左氏詩易論語。皆有典證。或是未寤。許叔重五經異義云。今春秋公羊穀梁說。卿大夫世位。則權幷一姓。謂周尹氏齊崔氏也。而古春秋左氏說。卿大夫皆得世祿。傳曰。官族。易曰。食舊德。舊德謂食父故祿也。尚書曰。世選爾勞。予不絕爾善。詩云。惟周之士。不顯奕世。論語曰。興滅國。繼絕世。國謂諸侯。世謂卿大夫也。斯皆正經及論語士以上世位之明證也。士皆世祿也。八品者一命。斯乃信然。但觀此據。可謂覩其綱。未照其目也。案晉官品令所制九品。皆正無從。故以第八品準古下士。今皇朝官令。皆有正從。若以其員外之資。爲第十六品也。豈得爲正八品之士哉。推攷古今。謹如前議。魏書禮志四。

窮通論。北史四十二。佚。

烏程嚴可均校輯

賈思伯

思伯字士休，武威人，居齊郡益都。仕孝文爲奉朝請、太子步兵校尉、中書舍人，轉中書侍郎。宣武卽位，轉輔國將軍，除鴻臚少卿，出爲滎陽太守，遷征虜將軍、南青州刺史，除征虜將軍、光祿少卿，遷左將軍、兗州刺史。孝明時徵爲給事黃門侍郎，未拜，改授太尉長史，除安東將軍、廷尉卿，轉衞尉卿，遷太常卿，兼度支尚書，轉正都官，進侍講。孝昌元年卒，贈鎭東將軍、青州刺史，又贈尚書右僕射，謚曰文貞。

明堂議

案周禮考工記云：夏后氏世室，殷重屋，周明堂，皆五室。鄭注云：此三者，或舉宗廟，或舉王寢，或舉明堂，互言之，㠯明其制同也。若然，

則夏殷之世已有明堂矣。唐虞㠯前，其事未聞。戴德禮記云：明堂凡九室十二堂。蔡邕云：明堂者，天子太廟，饗功養老，教學選士，皆于其中，九室十二堂。案戴德撰記，世所不行。且九室十二堂，其于規制，恐難得厥衷。周禮營國，左祖右社，明堂在國之陽，則非天子太廟明矣。然則禮記月令四堂及太室皆謂之廟者，當㠯天子暫配饗五帝故耳。又王制云：周人養國老于東膠。鄭玄注云：東膠卽辟雍，在王宮之東。又詩大雅云：邕邕在宮，肅肅在廟。鄭注云：宮謂辟雍宮也，所㠯助王養老則尚和，助祭則尚敬，又不在明堂之驗矣。案孟子云：齊宣王謂孟子曰：吾欲毀明堂。若明堂是廟，則不應有毀之問。且蔡邕論明堂之制云：堂方一百四十尺，象坤之策；屋圓徑二百一十六尺，象乾之策；方六丈，徑九丈，象陽陰九六之數；九室㠯象九州；屋高八十一尺，象黃鍾九九之數；二十八柱㠯象宿；外廣二十四丈，㠯象氣。案此皆㠯天地陰陽氣數爲法，而室獨象九州，何也？若立五室㠯象五行，豈不快也？如此，蔡氏之論非爲通典。九室之言，或未可從。竊尋考工記雖是補闕之書，相承已久，諸儒注述，無言非者。方之後作，不亦優乎？且孝經援神契、五經要義、舊禮圖皆作五室，及徐劉之論，同考工者多矣。朝廷若獨絕今古，自爲一代制作者，則所願也。若猶祖述舊章，規摹前事，不應捨殷周成法，襲近代妄作。且損益之極，極于三王，後來疑議，難可準信。鄭玄云：周人明堂五室，是帝各有一室也，合于五行之數。周禮依數㠯爲之室，施行于今，雖有不同，時說然耳。尋鄭此論，非爲無當。案月令亦無九室之文，原其制置，不乖五室。其青陽右个卽明堂左个，明堂右个卽總章左个，總章右个卽玄堂左个，玄堂右个卽青陽左个。如此，則室猶是五，而布政十二。五室之理，謂爲可案。其方圓高廣，自依時量。戴氏九室之言，蔡子廟學之議，子幹靈臺之說，裴逸一屋之論，及諸家紛紜，竝無取焉。魏書賈思伯傳。

賈思勰

思勰，爲高陽太守。

齊民要術序

蓋神農爲耒耜，㠯利天下；堯命四子，敬授民時；舜命后稷，食爲政首；禹制土田，萬國作乂；殷周之盛，詩書所述，要在安民，富而教之。管子曰：一農不耕，民有飢者；一女不織，民有寒者。倉廩實，知禮節；衣食足，知榮辱。丈人曰：四體不勤，五穀不分，孰爲夫子？傳曰：人生在勤，勤則不匱。語曰：力能勝貧，謹能勝禍。蓋言勤力可㠯不貧，謹身可㠯避禍。故李悝爲魏文侯作盡地利之教，國㠯富彊；秦孝公用商君急耕戰之賞，傾奪鄰國而雄諸侯。淮南子曰：聖人不恥身之賤也，愧道之不行也；不憂命之長短，而憂百姓之窮。是故禹爲治水，㠯身解于陽盱之河；湯由苦旱，㠯身禱于桑林之祭。神農憔悴，堯瘦臞，舜黎黑，禹胼胝。由此觀之，則聖人之憂勞百姓亦甚矣。

故自天子㠯下。至于庶人。四肢不勤。思慮不用。而事治求贍者。未之聞也。故田者不彊。囷倉不盈。將相不彊。功烈不成。仲長子曰。天為之時。而我不農。穀亦不可得而取之。青春至焉。時雨降焉。始之耕田。終之簠簋。惰者釜之。勤者鍾之。矧夫不為而尙乎食也哉。譙子曰。朝發而夕異宿。勤則菜盈傾筐。且苟有羽毛。不織不衣。不能茹草飲水。不耕不食。安可㠯不自力哉。鼂錯曰。聖王在上。而民不凍不飢者。非耕而食之。織而衣之。為開其資財之道也。夫寒之于衣。不待輕煖。飢之于飡。不待甘旨。飢寒至身。不顧廉恥。一日不再食則飢。終歲不製衣則寒。夫腹飢不得食。體寒不得衣。慈母不能保其子。君亦安得㠯有民。夫珠玉金銀。飢不可食。寒不可衣。粟米布帛。一日不得而飢寒至。是故明君貴五穀而賤金玉。劉陶曰。民可百年無貨。不可一朝有飢。故食為至急。陳思王曰。寒者不貪尺玉而思裋褐。飢者不顧千金而美一食。千金尺玉至貴。而不若一

食裋褐之惡者。物時有所急也。誠哉言乎。神農倉頡。聖人者也。其于事也。有所不能矣。故趙過始為牛耕。實勝耒耜之利。蔡倫立意造紙。豈方縑牘之煩。且耿壽昌之常平倉。桑弘羊之均輸法。益國利民。不朽之術也。諺曰。智如禹湯。不如常耕。是㠯樊遲請學稼。孔子荅曰。吾不如老農。然則聖賢之智。猶有所未達。而況于凡庸者乎。猗頓魯窮士。聞陶朱公富。問術焉。告之曰。欲速富。畜五牸。乃畜牛羊。子息萬計。九眞廬江不知牛耕。每致困乏。任延王景乃令鑄作田器。教之墾闢。歲歲開廣。百姓充給。敦煌不曉作耬犂。及種。人牛功力既費。而收穀更少。皇甫隆乃教作耬犂。所省傭力過半。得穀加五。又敦煌俗婦女作裙。攣縮如羊腸。用布一匹。隆又禁改之。所省復不貲。茨充為桂陽令。俗不種桑。無蠶織絲麻之利。類皆㠯麻枲頭貯衣。民惰窳少麤履。足多剖裂血出。盛冬皆然火燎炙。充教民益種桑柘。養蠶織履。復令種紵麻。數年之閒。大賴其利。衣履

溫煖。今江南知桑蠶織履。皆充之教也。五原土宜麻枲。而俗不知績織。民冬月無衣。積細草臥其中。見吏則衣草而出。崔寔為作紡績織衽之具㠯教。民得免寒苦。安在不教乎。黃霸為潁川。使郵亭鄉官皆畜雞豚。㠯贍鰥寡貧窮者。及務耕桑。節用。殖財種樹。鰥寡孤獨。有死無㠯葬者。鄉部書言。霸具為區處。某所大木。可㠯為棺。某亭豚子。可㠯為祭。吏往皆如言。龔遂為渤海。勸民務農桑。令口種一株榆。百本薤。五十本葱。一畦韭。家二母彘。五母雞。民有帶持刀劍者。使賣劍買牛。賣刀買犢。曰何如帶牛佩犢。春夏不得不趣田畝。秋冬課收斂。益畜果實菱芡。吏民皆富實。召信臣為南陽。好為民興利。務在富之。躬勸耕農。出入阡陌。止舍鄉亭。稀有安居。時行視郡中水泉。開通溝瀆。起水門提閼。凡數十處。㠯廣溉灌。民得其利。畜積有餘。禁止嫁娶送終奢靡。務出于儉約。郡中莫不耕稼力田。吏民親愛信臣。號曰召父。童恢為不其令。率民養一豬。雌雞

四頭。㠯供祭祀。買棺木。顏斐為京兆。乃令整阡陌。樹桑果。又課㠯閒月取材。使得轉相告戒。教匠作車。又課民無牛者。令畜豬。投貴時賣㠯買牛。始者民㠯為煩。一二年閒。家丁車大牛。整頓豐足。王丹家累千金。好施與。周人之急。每歲時後。察其強力收多者。輒歷載酒肴。從而勞之。便于田頭樹下飲食勸勉之。因留其餘肴而去。其惰者獨不見勞。各自恥不能致丹。其後無不力田者。聚落㠯致殷富。杜畿為河東。課勸耕桑。民畜牸牛草馬。下逮雞豚。皆有章程。家家豐實。此等豈好為煩擾而輕費損哉。蓋㠯庸人之性。率之則自力。縱之則惰窳耳。故仲長子曰。叢林之下。為倉庾之坻。魚鼈之堀。為耕稼之場者。此君長所用心也。是㠯太公封而斥鹵播嘉穀。鄭白成而關中無饑年。蓋食魚鼈而藪澤之形可見。觀草木而肥墝之勢可知。又曰。稼穡不修。桑果不茂。畜產不肥。鞭之可也。杝落不完。垣牆不牢。埽除不淨。笞之可也。此督課之方也。且天子親耕。

皇后親蠶。況夫田父而懷窳惰乎。李衡于武陵龍陽汎洲上作宅。種甘橘千樹。臨卒敕兒曰。吾州里有千頭木奴。不責汝衣食。歲上一匹絹。亦可足用矣。吳末甘橘成。歲得絹數千匹。恆稱太史公所謂江陵千樹橘與千戶侯等者也。樊重欲作器物。先種梓漆。時人嗤之。然積以歲月。皆得其用。向之笑者。咸求假焉。此種植之不可已也。諺曰。一年之計。莫如種穀。十年之計。莫如樹木。此之謂也。書曰。稼穡之艱難。孝經曰。用天之道。因地之利。論語曰。百姓不足。君孰與足。漢文帝曰。朕爲天下守財矣。安敢妄用哉。孔子曰。居家理。故治可移于官。然則家猶國。國猶家。是以家貧思良妻。國亂思良相。其義一也。夫財貨之生。既艱難矣。用之又無節。凡人之性。好懶惰矣。率之又不篤。加以政令失所。水旱爲災。一穀不登。胔腐相繼。古今同患。所不能止也。嗟乎。且飢者有過甚之願。渴者有兼量之情。既飽而後輕食。既煖而後輕衣。或由年穀豐穰。而忽于蓄積。或由布帛優贍。而輕于施與。窮窘之來。所由有漸。故管子曰。桀有天下。而用不足。湯有七十里。而用有餘。天非獨爲湯雨菽粟也。蓋言用之以節。仲長子曰。鮑魚之肆。不自以氣爲臭。四夷之人。不自以食爲異。生習然也。居積習之中。見生然之事。孰自知也。斯何異蓼中之蟲。而不知藍之甘乎。今采捃經傳。爰及歌謠。詢之老成。驗之行事。起自耕農。終于醯醢。資生之業。靡不畢書。號曰齊民要術。凡九十二篇。分爲十卷。卷首皆有目錄。于文雖煩。尋覽差易。其有五穀果蓏非中國所植者。存其名目而已。種植之法。蓋無聞焉。捨本逐末。賢哲所非。日富歲貧。飢寒之漸。故商賈之事。闕而不錄。花草之流。可以悅目。徒有春華。而無秋實。匹諸浮僞。蓋不足存。鄙意曉示家童。未敢聞之有識。故丁寧周至。言提其耳。每事指斥。不尙浮辭。覽者無或嗤焉。賈思勰序。

甄琛

琛字思伯。中山無極人。漢太保邯之後。孝文時舉秀才。太和初拜中書博士。遷諫議大夫。轉通直散騎侍郎。出爲本州征北府長史。後爲衞軍陽平王頤長史。宣武即位。拜中散大夫。兼御史中尉。轉通直散騎常侍。仍兼中尉。遷侍中。坐事免歸。復除散騎常侍。領給事黃門侍郎。定州大中正。遷河南尹。加平南將軍。轉太子少保。孝明即位。出爲營州刺史。加安北將軍。除鎭西將軍涼州刺史。徵拜太常卿。除吏部尚書。出爲征北將軍定州刺史。徵爲車騎將軍。特進。又拜侍中。正光五年卒。贈司徒尚書左僕射。謚曰孝穆。

請弛鹽禁表

王者道同天壤。施齊造化。濟時拯物。爲民父母。故年穀不登。爲民祈祀。乾坤所惠。天子順之。山川祕利。天子通之。苟益生民。損躬無吝。如或所聚。唯爲賑恤。是以月令稱山林藪澤。有能取蔬食禽獸者。皆野虞教導之。其迭相侵奪者。罪之無赦。此明導民而弗禁。通有無以相濟也。周禮雖有川澤之禁。正所以防其殘盡。必令取之有時。斯所謂障護雖在公。更所以爲民守之耳。且一家之長。惠及子孫。一運之君。澤周天下。皆所以厚其所養。以爲國家之富。未有尊居父母。而醯醢是吝。富有萬品。而一物是規。今者天爲黔首生鹽。國與黔首障護。假獲其利。是猶富專口斷。不及四體也。且天下夫婦歲貢粟帛。四海之有。備奉一人。軍國之資。取給百姓。天子亦何患乎貧。而苟禁一池也。古之王者。世有其民。或水火以濟其用。或巢宇以誨其居。或教農以去其飢。或訓衣以除其敝。故周詩稱教之誨之。飲之食之。皆所以撫覆導養。爲之求利者也。臣性昧知理。識無遠尚。每觀上古愛民之迹。時讀中葉驟稅之書。未嘗不歎彼遠大。惜此近狹。今僞樊相承。仍崇關鄽之稅。大魏恢博。唯受穀帛之輸。是使遠方聞者。罔不歌德。昔亶父以棄寶得民。碩鼠以受財失衆君王之義宜其高矣魏之簡稅惠實遠矣語稱出內之吝有司之福施惠之難人君之禍夫以府藏之物猶以不施而爲災況府外之利而可吝之于黔首且善藏者藏于民不善藏者藏于府藏于民者民欣而君富藏于府者國怨而民貧國怨則示化有虧民貧則君無所取願弛茲鹽禁使沛然遠及依周禮置川衡之法使之監導而已魏書甄琛傳世宗踐阼以琛兼御史中尉琛表

請取武官領里尉以淸輦轂表

詩稱京邑翼翼四方是則者京邑是四方之本安危所在不可不淸是以國家居代患多盜竊世祖太武皇帝親自發憤廣置主司里宰皆以下代令長及五等散男有經略者乃得爲之又多置吏士爲其羽翼崇而重之始得禁止今遷都已來天下轉廣四遠赴會事過代都五方雜沓難可備簡寇盜公行劫害不絕此由諸坊混雜釐比不精主司闇弱不堪檢察故也凡使人攻堅木者必爲

之擇良器今河南郡是陛下天山之堅木盤根錯節亂植其中六部里尉即攻堅之利器非貞剛精鍊無以治之今擇尹既非南金里尉鉛刀而割欲望淸肅都邑不可得也里正乃流外四品職輕任碎多是下才人懷苟且不能督察故使盜得容姦百賦失理邊外小縣所領不過百戶而令長皆以將軍居之京邑諸坊大者或千戶五百戶其中皆王公卿尹貴勢姻戚豪猾僕隸蔭養姦徒高門邃宇不可干問又有州郡俠客廕結貴遊附黨連羣陰爲市劫比之邊縣難易不同今難彼易此實爲未愜王者立法隨時從宜改弦易調明主所急先朝立品不必即定施而觀之不便則改今閑官靜任猶聽長兼況煩劇要務不得簡能下領請取武官中八品將軍已下幹用貞濟者以本官俸恤領里尉之任各食其祿高者領六部尉中者領經途尉下者領里正不爾請少高里尉之品選下品中應遷之者進而爲之則督責有所輦轂可淸魏書甄琛傳甄遷河南尹表

奏彈張彝邢巒

非武非兕率彼曠野北史四十三張彝傳宣武親政罷六輔彝與兼尚書邢巒聞處分非常懼出京奔走爲御史中尉甄琛所彈

裴延儁

延儁字平子河東聞喜人孝文時舉秀才射策高第除著作佐郎遷尙書儀曹郎轉殿中郎太子洗馬領本邑中正及太子友太子恂廢以宮官例免尋除太尉掾兼太子中舍人宣武初爲散騎侍郎除雍州平西府長史加建威將軍入爲中書侍郎除司州別駕加鎮遠將軍歷太子中庶子加冠軍將軍孝明時遷散騎常侍加前將軍又加平西將軍除廷尉卿出爲平北將軍幽州刺史拜太常卿除七兵尚書安南將軍徙殿中尚書加中軍將軍轉散騎常侍中書令御史中尉兼侍中吏部尚書莊帝

時于河陰遇害贈雍州刺史

上宣武帝疏諫專心釋典不事墳籍

臣聞有堯文思欽明稽古嬀舜體道慎典作聖漢光神叡軍中讀書魏武英規馬上翫籍先帝天縱多能克文克武營遷謀伐手不釋卷良以經史義深補益處廣雖則劬勞不可暫輟斯乃前王之美實後王之水鏡善足以遵惡足以誡也陛下道悟自深淵鑒獨得昇法座于宸闈釋覺善于日宇凡在聽矚塵蔽俱開然五經治世之模六籍軌俗之本蓋以訓物有漸應時匪妙必須先麤後精乘近即遠伏願經書互覽孔釋兼存則內外俱周眞俗斯暢魏書裴延儁傳

上言王買劉景暉赦後復合死坐

法例律諸逃亡赦書斷限之後不自歸首者復罪如初依賊律謀反大逆處置梟首其延陵法權等所謂月光童子劉景暉者妖言

惑衆事在赦後亦合死坐魏書刑罰志熙平中有冀州妖賊延陵王買負罪逃亡赦書限斷之後不自歸首廷尉卿裴延儁上言

裴伯茂

伯茂延儁從子孝明初爲奉朝請大將軍京兆王繼鎧曹參軍歷長孫承業行臺郎中承業還朝仍知行臺事以功封平陽伯再遷散騎常侍典起居注太昌初爲中書侍郎永熙中爲廣平王贊文學後加中軍大將軍天平末卒贈衞將軍度支尚書雍州刺史重贈吏部尚書謚曰文

豁情賦序

余攝養舛和服餌寡術自春徂夏三嬰湊疾雖桐君上藥有時致效而草木下性實縈衿抱故復究覽莊生具體齊物物我兩忘是非俱遣斯人之達吾所師焉故作是賦所以託名豁情寄之風謠矣魏書裴伯茂傳曾爲豁情賦其序略

遷都賦

魏書裴伯茂傳天平初遷鄴又爲遷都賦佚

鄭道昭

道昭字僖伯滎陽開封人孝文時中書學生遷祕書郎拜主文中散徙員外散騎侍郎祕書丞兼中書侍郎尋正除中書郎轉通直常侍宣武郎位徙司徒諮議參軍拜國子祭酒又爲司州州都遷祕書監滎陽邑中正出爲平東將軍光州刺史轉青州刺史復入爲祕書監加平南將軍熙平元年卒贈鎮北將軍相州刺史謚曰文恭

求樹漢魏石經表

臣竊以爲崇治之道必也須才養才之要莫先于學今國子學堂房麤置弦誦闕爾城南太學漢魏石經丘墟殘毀藜藋蕪穢遊兒牧豎爲之歎息有情之輩實亦悼心況臣親司而不言露伏願天慈回神紆眄賜垂鑒察若臣微意萬一合允求重敕尚書門下攷論營制之模則五雍可翹立而興毀銘可不日而就樹舊經于帝京播茂範于不朽斯有天下者之美業也魏書鄭羲附傳道昭遷國子祭酒上表不從

請置學官生徒表

臣聞唐虞啟運以文德爲本殷周致治以道藝爲先然則禮樂者爲國之基不可斯須廢也是故周敷文教四海宅心魯秉周禮彊齊歸義及至戰國紛紜干戈遞用五籍灰焚羣儒坑殄賊仁義之經貴戰爭之術遂使天下分崩黔黎荼炭數十年間民無聊生者斯之由矣爰暨漢祖于行陳之中尚優引叔孫通等光武中興于撥亂之際乃使鄭衆范升校書東觀降逮魏晉何嘗不殷勤于篇籍篤學于戎伍伏惟大魏之興也雖羣凶未殄戎馬在郊然猶招集英儒廣開學校用能闡道義于八荒布盛德于萬國致靡不懷風無不偃今者承休平之基開無疆之祚定鼎伊瀍惟新寶厤九服感至德之和四垠懷擊壤之慶而蠢爾閩吳阻化江湫先帝爰

震武怒戎車不息而停鑾佇蹕留心典墳命故御史中尉臣李彪與吏部尚書任城王臣澄等妙選英儒以宗文教澄等依旨置四門博士四十人其國子博士大學博士及國子助教宿已簡置伏尋先旨意在速就但軍國多事未遑營立自爾迄今垂將一紀學官凋落四術寢廢遂使碩儒耆德卷經而不談俗學後生遺本而逐末進競之風實由于此矣伏惟陛下欽明文思玄鑒洞遠越會未欵務修道以來之遐方後服敷文教而懷之垂心經素優柔墳籍將使化越軒唐德隆虞夏是故屢發中旨敦營學館房宇既修生徒未立臣學陋全經識蔽篆素然往年刪定律令謬預議筵謹依準前修尋訪舊事參定學令事訖封呈自爾迄今未蒙報判但廢學歷年經術淹滯請學令并制早敕施行使選授有依生徒可準魏書鄭羲附傳又見北史三十五

又表

竊惟鼎遷中縣，年將一紀，搢紳褫業，俎豆闕聞，遂使濟濟明朝，無觀風之美，非所以光國宣風，納民軌義。臣自往年以來，頻請學令，竝置生員，前後累上，未蒙一報。故當以臣識淺濫官，無能有所感悟者也。館宇既修，生房初構，博士見員，足可講習，雖新令未班，請依舊權置國子學生，漸開訓業，使播敎有章，儒風不墜，後生覩徙義之機，學徒崇知新之益。至若孔廟既成，釋奠告始，揖讓之容，請俟令出。魏書鄭羲附傳，道昭又表，不報。

天柱山銘

孤峯秀峙，高冠霄星，實曰天柱，鎭帶萊城。懸崖萬仞，峻極霞亭，據日開月，麗景流精。朝暉岩室，夕曜松青，九仙儀彩，餘用棲形。龍遊鳳集，斯處斯寧，淵絲窮想，照燭空溟。道暢時乘，嗤光幽明，雲門煙石，登之長生。天下名勝志。

齊亭銘

中岳先生鄭道昭之白雲堂。北齊書鄭述祖傳，初述祖父爲兗州，于城南小山起齊亭，刻石爲記。述祖時年九歲，及爲刺史，往尋舊迹，得一破石，有銘云。

全後魏文卷三十九終

孫惠蔚

烏程嚴可均校輯

惠蔚字叔炳。武邑武遂人。小字陁羅。本單名蔚。宣武詔加惠號。惠蔚法師。太和初。郡舉孝廉。對策。為中書博士。轉皇宗博士。遷太廟令。宣武即位。歷冗從僕射。遷祕書丞。武邑郡中正。又兼黃門侍郎。遷中散大夫。正黃門。代崔光為著作郎。遷國子祭酒。祕書監。延昌中。封棗彊縣男。孝明即位。出為平東將軍。濟州刺史。還除光祿大夫。神龜元年卒。贈大將軍。瀛州刺史。謚曰戴。

上書言童子衰麻如成人

臣雖識謝古人。然微涉傳記。近取諸身。遠取諸禮。驗情以求理。尋理以推制。竊謂童子在幼之儀。居喪之節。冠杖之制。有降成人。衰麻之服。略為不異。以玉藻二簡。微足明之。曰童子之節。錦紳并紐。錦即大帶。既有佩觿之革。又有錦紐之紳。此明童子雖幼。已備二帶。以凶類吉。則腰絰存焉。又曰。童子無緦服。鄭注曰。雖不服緦。猶免深衣。是許其有裳。但不殊上下。又深衣之制。長幼俱服。童子為服之緦。猶免深衣。況居有服之斬。而反無裳乎。臣又聞先師舊說。童子常服類深衣。衰裳所施。理或取象。但典無成言。故未敢孤斷。又曰。聽事則不麻。則知不聽事麻矣。故注曰。無麻往給事。此明族人之喪。童子有事。貫絰帶麻。執事不易。故暫聽去之。以便其使。往則不麻。不往則絰。如使童子本自無麻。禮腰首聽與不聽。俱闕兩絰。唯舉無麻。足明不備。豈得言聽事則不麻乎。以此論之。有絰明矣。且童子不杖不廬之節。理儉于責。疑不裳不絰之制。未覩其說。又臣竊解童子不衣裳之記。是有聞之言。將謂童子時甫稚齡。未就外傅。出則不交族人。內則事殊長者。餕旨父母之前。往來慈乳之手。故許其無裳。以便易之。若在志學之後。將冠之初。年居二九。質並成人。受道成均之學。釋菜上庠之內。將命孔氏之門。執燭曾參之室。而唯有掩身之衣。無蔽下之裳。臣愚未之安矣。又女子未許嫁。二十則笄。觀祭祀。納酒漿。助奠廟堂之中。視禮至敬之處。其于婉容之服。寧無其備。以此推之。則男女雖幼。理應有裳。但男子未冠。禮謝三加。女子未出。衣殊狄緣。無名之服。禮文罕見。童子雖不當室。苟以成人之心。則許其人服緦之絰。輕猶有絰。斬重無麻。是為與輕而專重。非禮之意。此臣之所以深疑也。又衰傷有衽。以掩裳際。如使無裳。衽便徒設。若復去衽。衰又不備。設有齊斬之故。而便成童男女。唯服無衽之衰。去其裳絰。此必識禮之所不行。亦以明矣。若不行于己。而立制于人。是為違制以為法。從制以誤人。恕禮而行。理將異此。魏書禮志三。太和十九年。太師馮熙薨。有數子尚幼。議者以為童子之節。事降成人。謂為衰而不裳。免而不絰。又無屨麻繆垂。唯有絞帶。時博士孫惠蔚上書言。

專當作尊

乎當作平

成當作咸

上疏請校補祕書

臣聞聖皇之御世也。必幽贊人經。參天貳地。憲章典故。述遵鴻猷。故易曰。觀乎天文。以察時變。觀乎人文。以化成天下。然則六經百氏。圖書祕籍。乃承天之正術。治人之貞範。是以溫柔疏遠。詩書之教。恭儉易良。禮樂之道。爻彖以精微為神。春秋以屬辭為化。故大訓炳于東序。藝文光于麟閣。斯實太平之樞宗。勝殘之要道。有國之靈基。帝王之盛業。安上靖民。敦風美俗。其在茲乎。及秦棄學術。禮經泯絕。漢興求訪。典文載舉。先王遺訓。燦然復存。暨光武撥亂。日不暇給。而入洛之書。二千餘兩。魏晉之世。尤重典墳。收亡集逸。九流成備。觀其鳩閱史篇。訪購經論。紙竹所載。略盡無遺。臣學闕通儒。思不及遠。徒循章句。片義無立。而慈造曲覃。厠班祕省。忝官承乏。唯書是司。而觀閣舊典。先無定目。新故雜糅。首尾不全。有者累帙數十。無者曠年不寫。或篇第褫落。始末淪殘。或文壞字誤。謬爛相屬。篇目雖多。全定者少。臣今依前丞臣盧昶所撰甲乙新錄。

欲裨殘補闕。損併有無。校練句讀。㠯爲定本。次第均寫。永爲常式。其省先無本者。廣加推尋。搜求令足。然經記浩博。諸子紛綸。部帙既多。章篇紕繆。當非一一校書歲月可了。今求令四門博士及在京儒生四十人在祕書省專精校攷。參定字義。如蒙聽許。則典文允正。羣書大集。魏書孫惠蔚傳。惠蔚既入東觀。見典籍未周。上疏。詔許之。

上言禫終應禘明年應禘

臣聞國之大禮。莫崇明祀。祀之大者。莫過禘祫。所㠯嚴祖敬宗。追養繼孝。合享聖靈。審諦昭穆。遷毀有恆制。尊卑有定體。誠慤著于中。百順應于外。是㠯惟王𠜂制。爲建邦之典。仲尼述定。爲不刊之式。暨秦燔詩書。鴻籍泯滅。漢氏興求。拾綴遺篆。淹中之經。孔安所得。唯有卿大夫士饋食之篇。而天子諸侯享廟之祭。禘祫之禮盡亡。曲臺之記。戴氏所述。然多載尸灌之義。牲獻之數。而行事之法。備物之體。蔑有具焉。今之取證。唯有王制一簡。公羊一冊。攷此二書。㠯求厥旨。自餘經傳。雖時有片記。至于取正。無可依攬。是㠯兩漢淵儒。魏晉碩學。咸據斯文。㠯爲朝典。然持論有深淺。及義有精浮。故令傳記雖一。而探意乖殊。伏惟孝文皇帝合德乾元。應靈誕載。玄思洞微。神心暢古。禮括商周。樂宜韶濩。六籍幽而重昭。五典淪而復顯。舉二經于和中。一姬公于洛邑。陛下叡哲淵凝。欽明道極。應必世之期。屬功成之會。繼文垂則。實惟下武。而祫禘二殷。國之大事。烝嘗合享。朝之盛禮。此先皇之所留心。聖懷㠯之永慕。臣聞司疑宗初闕。致禮清廟。敢竭愚管。輒陳所懷。謹案王制曰。天子犆礿祫禘。祫嘗祫烝。鄭玄曰。天子諸侯之喪畢。合先君之主于祖廟而祭之。謂之祫。後因㠯爲常。魯禮。三年喪畢而祫于太祖。明年春禘于羣廟。自爾之後。五年而再殷祭。一祫一禘。春秋公羊。魯文二年八月丁卯。大事于太廟。傳曰。大事者何。大祫也。大祫者何。合祭也。毀廟之主。陳于太祖。未毀廟之主。皆升合食于太祖。五年而

外當作升

再殷祭。何休曰。陳者就陳列太祖前。太祖東鄉。昭南鄉。穆北鄉。其餘孫從王父。父曰昭。子曰穆。又曰。殷盛也。謂三年祫。五年禘。禘所㠯異于祫者。功臣皆祭也。祫猶合也。禘猶諦也。審諦無所遺失。察記傳之文。何鄭祫禘之義。略可得聞。然則三年喪畢。祫祭太祖。明年春祀。遍禘羣廟。此禮之正也。古之道也。又案魏氏故事。魏明帝㠯景初三年正月崩。至五年正月。積二十五晦爲大祥。太常孔美博士趙怡等㠯爲禫在二十七月。到其年四月。依禮應祫。散騎常侍王肅博士樂詳等㠯爲禫在祥月。至其年二月。宜應祫祭。雖孔王異議。六八殊制。至于喪畢之祫。明年之禘。其議一焉。陛下永惟孝思。因心卽禮。取鄭捨王。禫終此晦。來月中旬。禮應大祫。六室神祏。外食大祖。明年春享。咸禘羣廟。自茲㠯後。五年爲常。又古之祭法。時祫竝行。天子先祫後時。諸侯先時後祫。此于通典作施古爲當。在今則煩。且禮有升降。事有文節。通典作質通時之制。聖人弗違。當祫之月。宜減時祭。㠯從要省。然大禮久廢。羣議或殊。㠯臣觀之。理在無怪。何者。心制既終。二殷曰始。祫禘之正。實在于斯。若停而闕之。唯行時祭。七聖不闡合享。百辟不覩盛事。何㠯宣昭令問。垂式後昆乎。皇朝同等三代。治邁終古。而令徽典缺于昔人。鴻美慚于往志。此禮所不行。情所未許。臣學不鉤深。思無經遠。徒閱章句。蔑爾無立。但飲澤聖時。銘恩天造。是㠯妄盡區區。冀有塵露。所陳蒙允。請付禮官。集定儀注。魏書禮志二。世宗景明二年六月。祕書丞孫惠蔚上言云云。又見通典五十七。

重議有喪不作鼓吹

司空體服衰麻。心懷慘切。其于聲樂。本無作理。但㠯鼓吹公議。致有疑論耳。案鼓吹之制。蓋古之軍聲。獻捷之樂。不常用也。有重位茂勳。乃得備作。方之金石。準之管絃。其爲音奏。雖曰小殊。然其大體。與樂無異。是㠯禮云。鼓無當于五聲。五聲不得不和。竊惟今者加台司之儀。蓋欲兼廣威華。若有哀用之。無變于吉。便是一人之

身。悲樂並用。求之禮情。于理未盡。二公雖受之于公。用之非私。出入聲作。亦以娛己。今既有喪。心不在樂。笳鼓之事。明非欲聞。宜從盛儀之義。廢而勿作。但禮崇公卿。出入之儀。至有趨以采齊。行以肆夏。和鑾之聲。佩玉之飾者。所以顯槐鼎之至貴。彰宰輔之爲重。今二公地處尊親。儀殊百辟。鼓吹之用。無容全去。禮有懸而不樂。今陳之以備威儀。不作以示哀痛。述理節情。通典作準禮即情。愚謂爲允。魏書禮志四。延昌三年。清河王懌有叔母喪。高肇有兄子喪。並上言。未知出入猶作鼓吹不。封祖胄議宜止。蔣雅哲韓神固議不闕。房景先駁祕書監國子祭酒孫惠蔚及封祖胄重議。詔可。又見通典八十二。案此議列銜先惠蔚而通典專屬祖胄。疑別有據。今從魏書。

樓毅

毅。代人。歷殿中尚書散騎常侍。賜爵常山公。加安南將軍。遷尚書右僕射。加侍中。後例降爲侯。出爲鎮東將軍定州刺史。轉涼州刺史。

表諫南伐

伏承六軍雲動。問罪荊隅。弔民淮表。一同甌越。但臣愚見私竊未安。何者。京邑新遷。百姓易業。公私草剏。生途索然。兼往歲弗稔。民多饑饉。二三之際。嗟惋易興。天道悠長。宜遵養時晦。願抑赫斯。以待後日。魏書樓伏連附傳。

崔挺

挺字雙根。博陵安平人。太和初舉秀才。射策高第。拜中書博士。轉中書侍郎。賜爵泰昌子。轉登聞令。遷典屬國下大夫。除昭武將軍光州刺史。遙授本州大中正。景明初。北海王詳以爲司馬。卒。贈輔國將軍幽州刺史。謚曰景。

上書諫連坐充役

周書。父子罪不相及。天下善人少。惡人多。以一人犯罪。延及合門。司馬牛受桓魋之罰。柳下惠嬰盜跖之誅。豈不哀哉。魏書崔挺傳。時立重制。一人犯罪逋亡。合門充役。挺上書。

崔孝直

孝直字叔廉。挺第四子。孝明時行司空參軍、員外散騎侍郎、宣威將軍。領直。轉盪遠將軍汝南王開府掾。領直寢。假征虜將軍。轉直閣將軍通直散騎常侍。孝莊末去職。後除安東將軍光祿大夫。太昌中又除衛將軍右光祿大夫。皆不就。

顧命諸子

吾才疏效薄。于國無功。若朝廷復加贈謚。宜循吾意。不得祗受。若致干求。則非吾子。斂以時服。祭勿殺生。魏書崔挺附傳。

崔楷

楷字季則。挺從弟。宣武初爲奉朝請、員外散騎侍郎、廣平王懷文學。後爲尚書左主客郎中、伏波將軍太子中舍人、左中郎將。孝明時。京兆王繼西討。引爲司馬。還轉後將軍廣平太守。孝昌初加持節散騎常侍、光祿大夫兼尚書北道行臺。轉軍司。尋爲殷州刺史。加後將軍。爲葛榮所破。遇害。贈鎮軍將軍定州刺史。永熙中又特贈侍中、驃騎大將軍冀州刺史。

至殷州請兵仗表

竊惟殷州。地實四衝。居當五裂。西通長山。東瀕巨野。頃國路康寧。四方有截。仍聚姦宄。桴鼓時鳴。況今天長喪亂。妖災間起。定州逆虜。趑趄北界。鄴下兇燼。蠶噬腹心。兩處犬羊。勢足拚合。城下之戰。匪暮斯朝。臣以不武。屬此屏捍。實思效力。以弱敵強。析骸煑弩。固此忠節。但基址造創。庶事茫然。升儲尺刃。聊自未有。雖欲竭誠。莫知攸濟。謹列所須兵仗。請垂矜許。必當虎視一方。遏其侵軼。肅清境內。保全所委。魏書崔辯附傳。

治河疏

臣聞有國有家者。莫不以萬姓爲心。故矜傷軫于造次。求瘼結于

撓瀉當作墝潟　拔當作板

寢興。黎民阻饑。唐堯致歎。衆庶斯饉。帝乙罰已。良以爲政。與農奮繫民命。水旱緣茲以得濟。夷險用此而獲安。頃東北數州。頻年淫雨。長河激浪。洪波汨流。川陸連濤。原隰通望。彌漫不已。汎濫爲災。戶無擔石之儲。家有藜藿之色。華壤膏腴。變爲舄鹵。菽麥禾黍。化作萑蒲。斯用痛心徘徊。潸然佇立也。昔洪水爲害。四載流于夏書。九土既平。攸同紀自虞誥。亮由君之勤恤。臣用劬勞。日昃忘餐。宵分廢寢。伏惟皇魏。握圖臨宇。憖契裁極。道敷九有。德被八荒。槐階棘路。實維英哲。虎門麟閣。實曰賢明。天地函和。日月光曜。自比定冀水潦。無歲不饑。幽瀛川河。頻年汎溢。豈是陽九厄會。百六鍾期。故以人事而然。非爲運極。昔魏國鹹舄。史起哂之。茲地荒蕪。臣實爲恥。不揆愚瞽。輒敢陳之。計水之湊下。浸潤無間。九河通塞。屢有變改。不可一準古法。皆循舊隄。何者。河決瓠子。梁楚幾危。宣防既建。水還舊迹。十數年間。戶口豐衍。又決屯氏。兩川分流。東北數郡之地。僅得支存。及下通靈鳴。水田一路。往昔膏腴。十分病九。邑居凋離。墳井毀滅。良由水大渠狹。更不開瀉。衆流壅塞。曲直乘之所致也。至若量其逶迤。穿鑿溝澮。分立隄堨。所在疏通。預決其路。令無停蹙。隨其高下。必得地形。土水參功。務從便省。使地有金隄之堅。水有非常之備。鉤連相注。多置水口。從河入海。遠邇逕過。瀉其撓瀉。泄此陂澤。九月農罷。量役計功。十月昏正。立匠表度。縣遣能工。麾畫形勢。郡發明使。籌察可否。審地推岸。辨其脈流。樹拔分崖。練厥從往。別使案檢。分部是非。瞰睇川原。明審通塞。當境修治。不勞役遠。終春自罷。未須久功。即以高下營田。因于水陸。水種秔稻。陸蓺桑麻。必使室有久儲。門豐餘積。其實上葉禦災之方。亦爲中古井田之利。即之近事。有可比倫。江淮之南。地勢洿下。雲雨陰霖。動彌旬月。遙途遠運。惟用舟艫。南畝畬菑。微事耒耜。而衆庶未爲饉色。黔首罕有饑顏。豈天德不均。致地偏罰。故是地勢異圖。有茲

同當作司

豐饒。臣既鄉居水際。目覩荒殘。每思鄭白。屢想王李。夙宵不昧。言念皇家。愚誠丹款。實希效力。有心螢爝。乞暫施行。使數州士女。無廢耕桑之業。聖世洪恩。有賑饑荒之士。鄭宰深笑。息自一朝。臣之至誠。申于今日。（魏書崔辯附傳。于時冀定數州。頻遭水害。崔楷上疏。）

崔纂

纂字叔則。挺族子。景明中爲太學博士。轉員外散騎侍郎。襄威將軍。後爲給事中。熙平初爲盪遠將軍。廷尉正。神龜中除左中郎將。領尚書三公郎中。以公事免。後爲洛陽令。正光中卒。贈司徒左長史。

奏請更議劉輝事

伏見旨募若獲劉輝者。職人賞二階。白民聽出身進一階。廝役免役。奴婢爲良。案輝無叛逆之罪。賞同反人劉宣明之格。又尋門下處奏。以容妃慧猛與輝私姦。兩情耽惑。令輝挾忿毆主傷胎。雖律無正條。罪合極法。並處入死。其智壽等二家。配敦煌爲兵。天慈廣被。不即施行。雖恕其命。竊謂未可。夫律令。王者所以治天下。不爲喜怒增減。不由親疏改易。案鬬律。祖父母父母忿怒以兵刃殺子孫者。五歲刑。毆殺者四歲刑。若心有愛憎而故殺者。各加一等。雖王姬下降。貴殊常妻。然人婦之孕。不得非子。又依永平四年先朝舊格。諸刑流及死律者。皆首罪判定。後決從者。事必因本以求支獄。若以輝逃避。便應懸處。未有捨其首罪。而成其末從。流死參差。或時未允。門下中禁大臣。職在敷奏。昔邴吉爲相。不存鬬斃。而問牛喘。豈不以同別故也。案容妃等罪止于姦私。若擒之穢席。衆證分明。即律科處。不越杖刑坐。何得同宮掖之罪。齊奚官之律。案智壽口訴。妹適司士曹參軍羅顯貴。已生二女于其夫。則他家之母。禮云。婦人不二夫。猶曰不二天。若私門失度。罪在于夫。釁非兄弟。昔魏晉未除五族之刑。有免子戮母之坐。何曾諍之。謂在室之女。

從父母之刑。已醮之婦。從夫家之刑。斯乃不刊之令。軌古今之通議。律許周親相隱之謂凡罪。況姦私之醜。豈得以同氣相證。論刑過其所犯。語情又乖律憲。案律姦罪無相緣之坐。不可借輝之忿加兄弟之刑。夫刑人于市。與衆棄之。爵人于朝。與衆共之。明不私于天下。無欺于耳目。何得以非正刑書。施行四海。刑名一失。駟馬不追。既有詔旨。依即行下。非律之案。理宜更請。(魏書刑罰志。神龜中。蘭陵公主駙馬劉輝坐與河陰縣民張智壽妹容妃陳慶和妹慧猛姦亂。毆主傷胎。輝懼罪逃亡。門下處奏。容妃慧猛各入死刑。智壽慶和並以知情不加防限。處以流坐。詔容妃慧猛恕死。髡鞭付宮。餘如奏。尚書三公郎中崔纂執云云。又見通典一百六十七。)

獄成許家人陳訴議

律文獄已成及決竟。經所緒而疑有姦欺。不直于法。及訴冤枉者。得攝訊覆治之。檢使處罪者。雖已案成。御史風彈以痛誣伏或拷不承引。依證而科。或有私嫌。彊逼成罪。家人訴枉。辭案相背。刑憲不輕。理須訊鞫。既爲公正。豈疑于私。如謂竊不測之澤。抑絕訟端。則枉滯之徒。終無申理。若從其案成。便乖覆治之律。然未判經赦。及覆治理狀。真僞未分。承前以來。如此例皆得復職。愚謂經奏遇赦。及已覆治。得爲獄成。(魏書刑罰志。延昌三年六月。兼廷尉卿元志。監王靖等上言。獄成不容家人陳訴。大理正崔纂。評楊機。丞申休。律博士劉安元等議。)

劉景暉九歲且赦後不合死坐議

景暉云能變爲蛇雉。此乃傷人之言。雖殺暉爲無理。恐赦暉復惑衆。是以依違。不敢專執。當今不諱之朝。不應行無罪之戮。景暉九歲小兒。口尚乳臭。舉動云爲。並不關己。月光之稱。不出其口。皆姦吏無端。橫生粉墨。所謂爲之者巧。殺之者能。若以妖言惑衆。據律應死。然更不破鬬惑衆。赦令之後。方顯其口。律令之外。更求其罪。赦律何以取信于天下。天下焉得不疑于赦律乎。書曰。與殺無辜。寧失有罪。又案法例律。八十已上。八歲已下。殺傷論坐者上請。議者謂悼耄之罪。不用此律。愚以老智如尚父。少惠如甘羅。此非常之士。可如其議。景暉愚小。自依凡律。(魏書刑罰志。熙平中。廷尉卿裴延儁上言。月光童子劉景暉妖言惑衆。事在赦後。合死坐。正崔纂以爲。)

無談子論(魏書崔挺附傳。挺族子纂。不爲時知。乃著無談子論。文佚。)

此文誤入

後主

後主諱緯。字仁綱。武成帝長子。河清四年四月即位。改元三天統。武平隆化。在位十三年。爲周所擒。封溫國公。明年賜死。

蠲襍户詔(天統三年九月)

諸寺署所緒雜保户姓高者。天保之初。雖有優敕。權假力用。未免者。今可悉蠲雜户。任屬郡縣。一準平人。(北齊書後主紀)

全後魏文卷四十終

朝當作朔
正當作王

全後魏文卷四十一

烏程嚴可均校輯

封軌

軌字廣度，渤海蓨人。太和中爲著作佐郎，遷尚書儀曹郎中，兼員外散騎常侍。宣武帝初轉考功郎中，除本郡中正，除國子學士，行東郡太守，還前軍將軍，行夏州事，轉太子僕射，遷廷尉少卿，加征虜將軍。卒贈右將軍、濟州刺史。

明堂辟雍議

明堂者，布政之宮，在國之陽，所以嚴父配天，聽朝設教。其經構之式，蓋已尚矣。故周官匠人職云：夏后氏世室，殷人重屋，周人明堂，五室九階，四戶八窗。鄭玄曰：或舉宗廟，或舉正寢，或舉明堂，互之以見同制。然則三代明堂，其制一也。案周與夏殷，損益不同，至于明堂，因而弗革，明五室之義，得天數矣。是以鄭玄又曰：五室者，象五行也。然則九階者法九土，四戶者達四時，八窗者通八風，誠不易之大範，有國之恆式。若其上圓下方，以則天地，通水環宮，以節觀者，茅蓋白盛，爲之質飾，赤綴白綴，爲之戶牖，皆典籍所具，載制度之明義也。在秦之世，焚滅五典，毀黜三代，變更先聖，不依舊憲，故呂氏月令見九室之義，大戴之禮著十二堂之論。漢承秦法，亦未能改，東西二京，俱爲九室。是以黃圖、白虎通、蔡邕、應劭等咸稱九室以象九州，十二堂以象十二辰。夫室以祭天，堂以布政，依天（北史作行）而祭，故室不過五；依時布政，故堂不踰四。州之與辰，非所可法，九與十二，其用安在？今聖朝欲尊道訓民，備禮化物，宜則五室，以爲永制。至如廟學之嫌，臺沼之雜，袁準之徒已論正矣，遺論具在，不復須載。（魏書封懿附傳，又北史二十四）

務德戒

愼言戒

遠佞戒

防姦戒（本傳云軌爲四戒，文多不載）

封偉伯

偉伯字君良，軌子。宣武時除太學博士，孝明時清河王懌辟爲太尉參軍。正光末蕭寶夤以爲關西行臺郎，孝昌中寶夤建號，以不從逆見殺。永安中追贈散騎常侍、征虜將軍、瀛州刺史。有封氏本錄六卷。

清河國臣爲君母服議

案臣從君服，降君一等，君爲母三年，臣則朞。今司空以仰厭先帝，俯就大功，臣之從服，不容有過。但禮文殘缺，制無正條，竊附情理，謂宜小功。庶君臣之服，不失其序，升降之差，頗會禮意。（魏書禮志四。延昌三年，清河王懌所生母羅太妃薨，侍中崔光議君厭降大功，國臣服朞，太學博士封偉伯等十人議。）

封隆之

隆之字祖裔，小名皮，偉伯族子。初爲奉朝請，歷汝南王悅中兵參軍，以平法慶功，賜武城子，尋兼司徒主簿、河南尹丞。永安中除撫軍長史、龍驤將軍、河內太守，加持節、後將軍，假平北將軍。中興初拜左光祿大夫、吏部尚書，行冀州事，徵爲侍中，尋封安德郡公，進儀同三司，行并州刺史。天平初復入爲侍中，除吏部尚書，加侍中。元象初除冀州刺史，加開府。興和初復徵爲侍中，歷尚書右僕射、齊州刺史。武定三年卒，贈司徒，加贈太保，諡曰宣懿。

爾朱榮配食明帝廟議

榮爲人臣，親行殺逆，安有害人之母，與子對饗？考古詢今，未見其義。（北齊書封隆之傳）

與齊王啟

斛斯椿、賀拔勝、賈顯智等往事爾朱，中復乖阻，及討仲遠，又與之

同猜忍之人。志欲無限。又叱列延慶侯念賢皆在京師。王授以名位。此等必構禍隙。北齊書封隆之傳

封祖胄

祖胄名興之。以字行。隆之弟。延昌中爲太學博士。孝明時遷員外郎。出爲瀛冀二州平北府長史。孝昌中卒。天平中追贈散騎常侍、撫軍將軍、雍州刺史。重贈殿中尚書。謚曰孝。

叔母及兄子喪出入不作鼓吹議

喪大記云。朞九月之喪。既葬。飲酒食肉。不與人樂之。五月三月之喪。比葬。飲酒食肉。不與人樂之。世叔母故主宗子。直云飲酒食肉。不言不與人樂之。鄭玄云。義服恩輕。以此推之。明義服葬。容有樂理。又禮。大功言而不議。小功議而不及樂。言論之間。尚自不及。其于聲作。明不得也。雖復功德。樂在宜止。魏書禮志四。延昌三年七月。司空清河王懌第七叔母北海王妃劉氏薨。司徒高肇兄子太子洗馬貞卒。故上言未知出入猶作鼓吹不。太學博士封祖胄議。案通典别載一篇。乃重議也。今編于孫惠蔚卷內。

楊椿

椿字延壽。弘農華陰人。本字仲考。孝文賜改。初拜中散。典御廐曹。遷內給事。領蘭臺行職。改授中部曹。轉授宮輿曹少卿。加給事中。出爲安遠將軍、豫州刺史。遷冠軍將軍、濟州刺史。免。後爲寍朔將軍、梁州刺史。尋假節冠軍將軍、兼征虜將軍。拜光祿大夫。假平西將軍、兼太僕卿。尋轉正。加安東將軍。永平中除平北將軍、朔州刺史。加撫軍將軍。入除都官尚書。除定州刺史。以私造佛寺除名爲庶人。正光末除輔國將軍、南秦州刺史。轉授岐州。復除撫軍將軍、衛尉卿。轉左衛將軍、兼尚書右僕射。加衛將軍。除雍州刺史。進號車騎大將軍、儀同三司。加侍中、行臺。以疾解歸。建義初遷司徒。永安初進位太保、侍中。尋致仕。普泰元年爲爾朱天光所害。太昌初贈太師、丞相、冀州刺史。

上書諫內徙蠕蠕降戶

臣以古人有言。裔不謀夏。夷不亂華。荒忽之人。羈縻而已。是以先朝居之于荒服之間者。正以悅近來遠。招附殊俗。亦以別華戎。異內外也。今新附者衆。若舊者見徙。新者必不安。不安必思土。思土則走叛。狐死首丘。其害方甚。又此族類。衣毛食肉。樂冬便寒。南土溼熱。往必將盡。進失歸伏之心。退非藩衛之益。徙在中夏。而生後患。愚心所見。謂爲不可。魏書楊播附傳。太和末。使楊椿持節徙蠕蠕降戶。椿上書不從。元愉之難。果悉浮河赴賊。所在鈔掠。如椿所策。

誡子孫

我家入魏之始。卽爲上客。給田宅。賜奴婢馬牛羊。遂成富室。自爾至今二十年。二千石方伯不絕。祿恤甚多。至于親姻知故。吉凶之際。必厚加贈襚。來往賓寮。必以酒肉飲食。是故親姻朋友無憾焉。國家初。丈夫好服綵色。吾雖不記上谷翁時事。然記清河翁時服飾。恆見翁著布衣韋帶。常約敕諸父曰。汝等後世脫若富貴于今日者。慎勿積金一斤。綵帛百匹已上。用爲富也。又不聽治生求利。又不聽與勢家作婚姻。至吾兄弟。不能遵奉。今汝等服乘。已漸華好。吾是以知恭儉之德。漸不如上世也。又吾兄弟若在家。必同盤而食。若有近行不至。必待其還。亦有過中不食。忍飢相待。吾兄弟八人。今存者有三。是故不忍別食也。又願畢吾兄弟世不異居異財。汝等眼見。非爲虛假。如聞汝等兄弟。時有別齋獨食者。此又不如吾等一世也。吾今日不爲貧賤。然居住宅舍不作壯麗華飾者。正慮汝等後世不賢。不能保守之。方爲勢家所奪。北都時朝法嚴急。太和初。吾兄弟三人竝居內職。兄在高祖左右。吾與津在文明太后左右。于時口敕。責諸內官。十日仰密得一事。不列便大瞋嫌。諸人多有依敕密列者。亦有太后高祖中間傳言構鬪者。吾兄弟自相誡曰。今忝二聖近臣。母子間甚難。宜深慎之。又列人事。亦何

容易縱被瞋責慎勿輕言十餘年中不嘗言一人罪過當時大被嫌責荅曰臣等非不聞人言正恐不審仰誤聖聽是㠯不敢言于後終㠯不言蒙賞及二聖閒言語終不敢輒爾傳通太和二十一年吾從濟州來朝在清徽堂豫讌高祖謂諸王諸貴曰北京之日太后嚴明吾每得杖左右因此有是非言語和朕母子者唯楊椿兄弟遂舉賜四兄及我酒汝等脫若萬一蒙時主知遇宜深慎言語不可輕論人惡也吾自惟文武才𢘊門望姻援不勝他人一旦位登侍中尚書四歷九卿十爲刺史光祿大夫儀同開府司徒太保津今復爲司空者正由忠貞小心謹慎口不嘗論人過無貴無賤待之㠯禮㠯是故至此耳聞汝等學時俗人乃有坐而待客者有驅馳勢門者有輕論人惡者及見貴勝則敬重之見貧賤則慢易之此八行之大失立身之大病也汝家仕皇魏㠯來高祖㠯下乃有七郡太守三十二州刺史內外顯職時流少比汝等若能存禮節不爲奢淫驕慢假不勝人足免尤誚足成名家吾今年始七十五自惟氣力尙堪朝覲天子所㠯孜孜求退者正欲使汝等知天下滿足之義爲一門法耳非是苟求千載之名也汝等能記吾言百年之後終無恨矣（魏書楊播附傳椿致仕臨行誡子孫）

楊津

津字羅漢椿弟本字延祚孝文賜改幼除侍御中散遷符璽郎中轉振威將軍領監曹奏事令遷長水校尉景明中拜左右中郎將遷驍騎將軍出除岐州刺史母憂去職延昌末起爲華州刺史孝昌中加安北將軍北道大都督轉左衛加撫軍將軍尋除定州刺史兼吏部尚書北道行臺加衛將軍永安中爲中軍大都督兼領軍將軍進司空加侍中爾朱榮誅爲都督幷肆等九州諸軍事驃騎大將軍兼尚書令北道大行臺幷州刺史普泰元年遇害于洛太昌初贈大將軍太傅都督雍州刺史諡曰孝穆

臨岐州下劫賊敎

有人著某色衣乘某色馬在城東十里被殺不知姓名若有家人可速收視（北史四十一楊津傳有武功人齎絹三匹去城十里爲賊所劫津乃下敎有一老母行哭而出云是己子子是遣騎追收幷絹俱獲）

楊鈞

鈞椿族弟歷廷尉正長水校尉中壘將軍洛陽令出除中山太守入爲司徒左長史又除徐州東荊州刺史還爲廷尉卿拜恆州刺史轉安北將軍懷朔鎭將後爲撫軍將軍七兵尚書北道行臺卒贈車騎大將軍左光祿大夫華州刺史諡曰恭

加兵送阿那瓌入國表

傳聞彼人已立主是阿那瓌同堂兄弟夷人獸心已相君長恐未肯㠯殺兄之人郊迎其弟輕往虛反徒損國威自非廣加兵衆無㠯送其入北（魏書蠕蠕傳正光二年正月遣送阿那瓌時安北將軍懷朔鎭將楊鈞表）

楊侃

侃字士業椿兄播之子熙平中襲父爵華陰伯歷汝南王悅太尉騎兵參軍揚州刺史長孫稚錄事參軍進統軍又爲叔父椿雍州錄事參軍帶長安令尋除鎭遠將軍諫議大夫爲長孫稚行臺左丞轉通直散騎常侍建義初爲冠軍將軍東雍州刺史又除中散大夫爲都督鎭潼關還朝除右將軍岐州刺史元顥內逼行北中郎將除鎭軍將軍度支尚書兼給事黃門侍郎敷西縣開國公加征東將軍金紫光祿大夫進爵濟北郡開國公除侍中加衛將軍右光祿大夫普泰元年爲爾朱天光所害太昌初贈車騎將軍儀同三司幽州刺史

奏鑄五銖錢

昔馬援在隴西嘗上書求復五銖錢事下三府不許及援徵入爲

侃下脫奏字

隆由當作降由

虎賁中郎。親對光武申釋其趣。事始施行。臣頃在雍州。亦表陳其事。聽人與官竝鑄五銖錢。使人樂爲。而俗弊得改。旨下尚書八座。不許。以今況昔。即理不殊。求取臣前表。經御披析。（魏書楊播附傳。時所用錢。人多私鑄。稍就薄小。乃至風飄水浮。米斗幾值一千。楊侃孝莊從之。乃鑄五銖錢。又見通典九。）

移報梁豫州刺史裴邃

彼之纂兵。想別有意。何爲妄構白捺也。他人有心。予忖度之。勿謂秦無人也。（魏書楊播附傳。播子侃爲揚州錄事參軍。梁裴邃規襲壽春。謬移云。魏修白捺。此亦須營歐陽。侃移報。）

班告軍士

今且停軍于此。以待步卒。兼觀民情向背。然後可行。若送降名者。各自還村。候臺軍舉烽火。各亦應之。以明降款。其無應烽者。即是不降之村。理宜殄戮。（魏書楊播附傳。蕭寶夤反。楊侃爲長孫稚行臺左丞。領騎于弘農北渡。據所壘堡。班告云云。民遂轉相告報。一宿間火光遍數百里。寇各散歸。）

長孫慮

慮。代人。

列辭尚書

父母忿爭。本無餘惡。直以謬誤。一朝橫禍。今母喪未殯。父命旦夕。慮兄弟五人。竝各幼稚。慮身居長。今年十五。有一女弟。始向四歲。更相鞠養。不能保全。父若就刑。交墜溝壑。乞以身代老父命。使嬰弱衆孤。得蒙存立。（魏書長孫慮傳。母因飲酒。其父眞呵叱之。誤以杖擊便即致死。眞爲縣囚執。慮以重坐。慮列辭尚書。）

孫道相

道相。平昌人。

通津頌

惟彼澠泉。竭踰三齡。祈盡圭璧。謁窮斯牲。道從隆替。隆由聖明。（水經淄水注。陽水時有通塞。先公除州。即任未朞。是水復通。海岱之士又頌通津焉。案道元父範于獻文帝初爲青州刺史。尋解州還京。至孝文太和中。又除青州刺史。）

趙嶷

嶷。河間人。

通津頌

敷化未朞。玄澤潛施。枯源揚瀾。涸川滌陂。（水經淄水注。）

郭欽

欽。北海人。

通津頌

先政輟津。我后通洋。（水經淄水注。）

酈道元

道元字善長。范陽人。太和中爲尚書主客郎。累遷治書侍御史、輔國將軍、東荆州刺史。免。起爲河南尹。孝明時除安南將軍、御史中尉。孝昌三年出爲關右大使。至陰盤驛亭。爲蕭寶夤所害。有水經注四十卷。七聘。（魏書酈道元傳。爲七聘及諸文。皆行于世。文佚。）

水經注序

易稱天以一生水。故氣微于北方。而爲物之先也。元中記曰。天下之多者水也。浮天載地。高下無所不至。萬物無所不潤。及其氣流屆石。精薄膚寸。不崇朝而澤合靈宇者。神莫與竝矣。是以達者不能測其淵沖而盡其鴻深也。昔大禹記著山海。周而不備。地理誌其所錄。簡而不周。尚書本紀與職方俱略。都賦所述。裁不宣意。水經雖粗綴津緒。又闕旁通。所謂各言其志。而罕能備其宣導者矣。今尋圖訪蹟者。極聆州域之說。而涉土遊方者。寡能達其津照。縱髣髴前聞。不能不猶深屏營也。余少無尋山之趣。長違問津之性。識絕深經。道淪要博。進無訪一知二之機。退無觀隅三反之慧。獨學無聞。古人傷其孤陋。捐喪辭書。達士嗟其面牆。默室求深。閉舟問遠。故亦難矣。然毫管闚天。庥籥時昭。飲河酌海。從性斯畢。竊以多暇空傾歲月輒述水經布廣前文大傳曰大川相閒小川相屬東歸于海脉其枝流之吐納診其沿路之所躔訪瀆搜渠緝而綴之經有謬誤者攷以附正文所不載非經水常源者不在記注之限但緜古芒昧華戎代襲郭邑空傾川流戕改殊名異目世乃不同川渠隱顯書圖自貿或亂流而攝詭號或直絕而生通稱枉渚交奇洄湍決復躔絡枝煩條貫系夥十二經通尚或難言輕流細漾固難辯究正可自獻逕見之心備陳輿徒之說其所不知蓋闕如也所以撰證本經附其枝要者庶備忘誤之私求其尋省之易 水經注聚珍本 案此序諸本皆佚從永樂大典錄出

李義徽

義徽中山盧奴人太和中補清河王懌府記室正光初徙都水使者棄官隱于大房山

爲清河王懌諫靈太后使沙門惠憐以呪水療病表

臣聞律深惑衆之科禮絕妖淫之禁皆所以大明居正防遏姦邪昔在漢末有張角者亦以此術熒惑當時論其所行與今不異遂能詿誘生人致黃巾之禍天下塗炭數十年閒角之由也昔新垣姦不登于明堂五利僥終嬰于顯戮 魏書清河王懌傳時有沙門惠憐自云呪水飲人能差諸病靈太后使于城西之南治療百姓病懌表諫 案北史李先傳義徽補清河王懌府記室職書表疏文不加點沙門惠憐以呪水飲人義徽自稱其妖妄因令義徽草奏以諫太后納其言

高道悅

道悅字文欣遼東新昌人居渤海蓨縣孝文時歷中書學士侍御主文中散轉治書侍御史加諫議大夫主爵下大夫轉太子中庶子太和二十年爲太子恂所害謚曰貞

諫水路幸鄴

臣聞博納輿言君上之崇務規箴匡正臣下之誠節是以置鼓設謗爰自曩日虛襟博聽義屬今辰臣既疏魯濫蒙榮貫司兼獻彌職當然否佩遇恩華願陳聞見竊以都作營構之材部別科擬素有定所工治已訖回付都水用造舟艦闕永固居宇之功作暫時遊嬉之用損耗殊倍終爲棄物且子來之誠本期營起今乃修繕舟檝更爲非務公私回惶僉深怪愕又欲御泛龍舟經由石濟其沿河挽道久以荒蕪舟檝之人素不便習若欲委棹正流深薄之危古今共慎若欲挽牽取進授衣之月緥彤水陸恐乖覩人若子之義且鄴洛相望陸路平直時乘沃若往來匪難更乃捨周道之安即涉川之殆此乃愚智等慮朝野俱惑進退伏思不見其可又從駕羣寮聽將妻累舟檝之閒更無限隔士女雜亂內外不分當今景御休明惟新式度裁禮調風軌物寰宇竊惟斯舉或損洪猷深失溥天順則之望又氐胡犯順未蕃西道偏戎旗冑仍襲南寇對接迎畿蠻民疏戾每造不軌闚覦閒隙或生慮外愚謂應妙選懿親撫監後事令姦回息覬覦之望邊寇絕闚覦之心臣稟性愚直知而無隱區區丹志冒昧以聞 魏書高道悅傳高祖將由水路幸鄴已詔都水回營構之材以造舟檝道悅諫 案文云冒昧以聞詔云省所上事知是表疏非口諫也

全後魏文卷四十一終

烏程嚴可均校輯

李彪

彪字道固。頓丘衛國人。孝文賜名。舉孝廉。爲中書敎學博士。假員外散騎常侍建威將軍衛國子。遷祕書丞。加中壘將軍。假冠軍將軍東道副將。尋假征虜將軍。遷御史中尉。領著作郎。除散騎常侍。仍領御史中尉。兼度支尚書。爲李沖所劾除名。宣武即位。㠯白衣修史祕書省。尋兼通直散騎常侍行汾州事。景明二年卒。贈鎮遠將軍汾州刺史。謚曰剛憲。

表上封事七條

臣聞昔之哲王。莫不亹亹孜孜。思納讜言。以康黎庶。是㠯訪童問師。不避淵擇。詢謀諮善。不棄芻蕘。用能光茂實于竹素。播徽聲于金石。臣屬生有道。遇無諱之朝。敢修往式。竊撰時宜。謹冒死上封事七條。狂瞽之言。伏待刑戮。

其一曰。自太和建號。踰于一紀。典刑德政。可得而言也。立圓丘㠯昭孝。則百神不乏饗矣。舉賢才㠯酬諮。則多士盈朝矣。開至誠㠯軌物。則朝無佞人矣。敦六順㠯教人。則四門無凶人矣。制冠服㠯明秩。則典式復彰矣。作雅樂㠯協人倫。則人神交慶矣。深慎罰㠯明刑。則庶獄得衷矣。薄服味㠯示約。則約德光昭矣。單宮女㠯配鰥。則人無怨曠矣。傾府藏㠯賑錫。則大賚周渥矣。省賦役㠯育人。則編戶巷歌矣。宣德澤㠯懷遠邇。則華荒忭舞矣。垂至德㠯暢幽顯。則禎瑞效質矣。生生得所。事事惟新。巍巍乎猶造物之曲成也。然臣愚㠯爲行儉之道。猶自闕 何者。今四人豪富之家。習華既深。敦樸情淺。夫識儉素之易長。而行奢靡之難久。壯制第宅。美飾車馬。侯妾衣綾綺。土木被文繡。僭度違衷者衆矣。古先哲王之爲制也。自天子㠯至公卿。下及抱關擊柝。其宮宇車服。各有差品。小不得踰大。賤不得踰貴。夫然。故上下序而人志定。今時浮華相競。情無常守。大爲消功之物。巨制費力之事。豈不謬哉。消功者。錦繡彫文是也。費力者。廣宅高宇壯制麗飾是也。其妨男業害女工者。焉可勝言哉。漢文時。賈誼上疏云。今之王政。可爲常太息者六。此即是其一也。夫上之所好。下必從之。故越王好勇。而士多輕死。楚靈好瘠。而國有飢人。今二聖躬行儉素。詔令殷勤。而百姓之奢。猶未革者。豈楚越之人易變。如彼大魏之士難化如此。蓋朝制弗宣。人未見德。使之然耳。臣愚㠯爲第宅車服。自百官㠯至于庶人。宜爲其等制。使貴不逼賤。卑不僭高。不可㠯稱其侈意。用違經典。今或者㠯爲習俗日久。不可卒革。臣謹言古人革之之漸。昔子產爲政一年。百姓歌之曰。我有田疇。子產伍之。我有衣冠。子產貯之。孰殺子產。吾其與之。及三年。乃改歌曰。我有田疇。子產殖之。我有子弟。子產誨之。子產若死。其誰繼之。然則鄭人之智。豈前昏而後明哉。且從政者須漸。受化者難頓。故也。今若爲制以差品之。始末之情。魏士與鄭人同矣。既同鄭人。是爲卒有善歌。豈可憚其初怨而不爲終善哉。夫尚儉者開福之源。好奢者起貧之兆。然則儉約易㠯教行。華靡難㠯財滿。是㠯聖人留意焉。賢人希準焉。故夏禹卑宮室而惡衣服。殷湯寢黃屋而乘輅輿。此示儉于後王。後王所宜觀其意而取折衷也。孔子爲魯司寇。乘柴車而駕駑馬。晏嬰爲齊正卿。冠濯冠而衣故裘。此示儉于後臣。後臣所宜識其情而消息之也。前志云。作法于涼。其弊猶貪。此言雖略。有達治道。臣之瞽言。儻或可采。比及三年。可㠯有成。有成則人務本。人務本則奢費除。奢費除則穀帛豐。穀帛豐則人逸樂。人逸樂則皇基固矣。

其二曰。易稱主器者莫若長子。傳曰。太子奉冢嫡之粢盛。然則祭亡主。則宗廟無所饗。冢嫡廢。則神器無所傳。聖賢知其如此。故垂誥㠯爲長世之法。昔姬王得斯道也。故恢崇儒術。㠯訓世嫡。世嫡

約德當作儉德

忭當作抃

常當作長

建當作遠

于是乎習成懿德，用大協于黎蒸，是以世統生人，載祀八百。建嬴氏之君于秦也，殆棄德政，坑焚儒典，弗以義方教厥冢子，于是習成凶德，肆虐以臨黔首，是以享年不永，二世而亡。亡之與興，其道在于師傅。師傅之損益可得而言。益者，周公傅成王，教以孝仁禮義，逐去邪人，不使見惡人，選天下之端士孝悌博聞有道術者以爲衛翼，衛翼既成，王正周道之所以長久也。損者，趙高傅胡亥，教以刑戮斬劓及夷人族，逐去正人，不得見善士，諂佞讒賊者爲其左右，左右邪，胡亥僻，秦祚之所以短促也。夫皇天輔德者也，豈私周而疏秦哉？由所行之道殊，故禍福之途異耳。昔光武議爲太子置傅，以問其羣臣，羣臣望意，皆言太子舅執金吾新陽侯陰就可。博士張佚正色曰：「今立太子爲陰氏乎？爲天下乎？卽爲陰氏，則陰侯可；爲天下，則固宜用天下之賢才。」光武稱善，曰：「置傅以正太子也，今博士不難正朕，況太子乎？」卽拜佚爲太子太傅。漢明卒爲賢

主。然則佚之傅漢明，非迺生之漸也，尚或有稱，而況迺生訓之以正道，其爲益也固以大矣。故禮曰：太子生，因舉以禮，使士負之，有司齊肅端冕，見于南郊，明冢嫡之重，見乎天也。過闕則下，過廟則趨，明孝敬之道也。然古之太子，自爲赤子而教固以行矣，此則遠世之鏡也。高宗文成皇帝慨少時師不勤教，嘗謂羣臣曰：「朕始學之日，年尚幼沖，情未能專，既臨萬機，不遑溫習，今而思之，豈唯予咎，抑亦師傅之不勤。」尚書李訢免冠而謝，此則近日之可鑒也。伏惟太皇太后翼贊高宗，訓成顯祖，使巍巍之功，邈乎前王。陛下幼蒙鞠誨，聖敬日躋，及儲宮誕育，復親撫誥，日省月課，實勞神慮。今誠宜準古立師傅以訓導太子，訓導正則太子正，太子正則皇家慶，皇家慶則人幸甚矣。

其三曰：臣聞國本黎元，人資粒食，是以昔之哲王莫不勤勸稼穡（通典八十二作克勤稼穡），盈畜倉廩，故堯湯水旱，人無菜色者，蓋由備之有漸，

或當作誡

積之有素。暨于漢家，以人食少，乃設常平以給之；魏氏以兵糧乏，制屯田以供之，用能不匱當時，軍國取濟。又記云：國無三年之儲，謂國非其國。光武以一畝不實，罪及牧守。聖人之憂世重穀，殷勤如彼；明君之恤人勸農，相切如此。頃年山東饑，去歲京師儉，內外人庶，出入就豐，既廢營產，疲而乃達，又于國體，實有虛損。若先多積穀，安而給之，豈有驅督老弱，餬口千里之外。以今況古，或可懼也。臣以爲宜析州郡常調九分之二，京都度支歲用之餘，各立官司，年豐糴積于倉，時儉則加私之二（通典十二作則減私之十二）糶之于人。如此，民必力田以買官絹，又務貯財（通典十二作貯錢）以取官粟。年登則常積，歲凶則直給。又別立農官，取州郡戶十分之一以爲屯人（通典二作屯田人），相水陸之宜，料頃畝之數，以贓贖雜物餘財市牛科給，令其肆力，一夫之田，歲責六十斛，蠲其正課并征戍雜役。行此二事，數年之中，則積穀而人足，雖災不爲害。臣又聞前代明主皆務懷遠

人，禮賢引滯，故漢高過趙，求樂毅之胄；晉武廓定，旌吳蜀之彥。臣謂宜于河表七州人中，擢其門才，引令赴闕，依中州官比，隨能序之。一可以廣聖朝均新舊之義，二可以懷江漢歸有道之情。

其四曰：昔帝舜命咎繇，惟刑之恤；周公誥成王，勿誤于庶獄。斯皆君臣相誡，重刑之至也。今二聖哀矜罪辜，小大二情，讞決之日，多從降恕，時不得已，必垂惻隱，雖前王之勤聽肆赦，亦如斯而已。至若行刑犯時，愚臣竊所未安。漢制，舊斷獄報重，常盡季冬，至孝章時，改盡十月，以育三微。後歲旱，論者以一月斷獄，陰氣微，陽氣泄，以故致旱。事下公卿，尚書陳寵議：冬至陽氣始萌，故十一月有射干芸荔之應，周以爲春；十二月陽氣上通，雉雊雞乳，殷以爲春；十三月陽氣已至，蟄蟲皆震，夏以爲春。三微成著，以通三統。三統之月，斷獄流血，是不稽天意也。月令：仲冬之月，身欲寍，事欲靜，以起隆怒，不可謂寍；以行大刑，不可謂靜。章帝善其言，卒以十月斷。今

禮當作體

京都及四方斷獄報重常竟季冬不推三正以育三微寬宥之情每過于昔遵時之憲猶或闕然豈所謂助陽發生垂奉微之仁也誠宜遠稽周典近采漢制天下斷獄起自初秋盡于孟冬不于三統之春行斬絞之刑如此則道協幽顯仁垂後昆矣

其五曰古者大臣有坐不廉而廢者不謂之不廉乃曰簠簋不飾此君之所以禮貴臣不明言其過也臣有大譴則白冠氂纓盤水加劍造請室而請死此臣之所以知罪而不敢逃刑也聖朝賓遇大臣禮同古典自太和以降有負罪當陷大辟者多得歸第自盡遣之日深垂隱愍言發悽淚百官莫不見四海莫不聞誠足以感將死之心慰戚屬之情然恩發至衷未著永制此愚臣所以敢陳末見昔漢文時人有告丞相周勃謀反者逮繫長安獄頓辱之與皁隸同賈誼乃上書極陳君臣之義不宜如是夫貴臣者天子爲其改容而禮貌之吏人爲其俯伏而敬貴之其有罪過廢之可也

賜之死可也若束縛之輸之司寇榜笞之小吏詈罵之殆非所以令衆庶見也及將刑也臣則北面再拜跪而自裁天子曰子大夫自有過耳吾遇子有禮矣上不使人抑而刑之也孝文深納其言是後大臣有罪皆自殺不受刑至孝武稍復入獄良由孝文行之當時不爲永制故耳伏惟聖德慈惠豈與漢文比隆哉今天下有道庶人不議之時臣安可陳瞽言于朝但恐萬世之後繼體之主有若漢武之事焉夫道貴長久所以樹之風聲也法尚不虧所以貽厥孫謀也焉得行恩當時而不著長世之制乎

其六曰孝經稱父子之道天性書云孝乎惟孝友于兄弟二經之旨蓋明一體而同氣可共而不可離者也及其有罪罪不相及者乃君上之厚恩也至若有懼懼應相連者固自然之恒理也無情之人父兄繫獄子弟無慘惕之容子弟逃刑父兄無愧恧之色宴安榮位遊從自若車馬仍華衣冠猶飾寧是同體共氣分憂均戚之理也昔秦伯以楚人圍江素服而示懼宋仲子以失舉桓譚免冠而謝罪然則子弟之于父兄父兄之于子弟惟其情至豈與結盟相知者同年語其深淺哉二聖清簡風俗孝慈是先臣愚以爲父兄有犯宜令子弟素服肉袒詣闕謝罪子弟有坐宜令父兄露板引咎乞解所司若職任必要不宜許者慰免留之如此足以敦厲凡薄使人知有所恥矣

其七曰禮云臣有大喪君三年不呼其門此聖人緣情制禮以終孝子之情者也周季陵夷喪禮稍亡是以要絰卽戎素冠作刺逮于虐秦殆皆泯矣漢初軍旅屢興未能遵古至宣帝時民當從軍屯者遭大父母父母死未滿三月皆弗徭役其朝臣喪制未有定聞至後漢元初中大臣有重憂始得去官終服暨魏武孫劉之世日尋干戈前世禮制復廢而不行晉時鴻臚鄭默喪親固請終服武帝感其孝誠遂著令以爲常聖魏之初撥亂反正未遑建終喪

之制今四方無虞百姓安逸誠是孝慈道洽禮教興行之日也然愚臣所懷竊有未盡伏見朝臣丁大憂者假滿赴職衣錦乘軒從郊廟之祀鳴玉垂緌同節慶之醼傷人子之道虧天地之經愚謂如有遭大父母父母喪者皆聽終服若無其人有曠庶官者則優旨慰喻起令視事但綜司出納敷奏而已國之吉慶一令無預其軍戎之警墨縗從役雖愆于禮事所宜行也如臣之言少有可采願付有司別爲條制（魏書李彪傳）

求復修國史表

臣聞龍圖出而皇道明龜書見而帝德昶斯實冥中之書契也自瑞官文而卑高陳民師建而賤貴序此乃人閒之綱式也是以唐典篆欽明之冊虞書銘慎徽之篇傳著夏氏之箴詩錄商家之頌斯皆國史明乎得失之迹也逮于周姬鑒乎二代文王開之以兩經公旦申之以六聯郁乎其文典章大略也故觀雅頌識文武之

丕烈。察歌音。辨周公之至孝。是以季札聽風而知始基。聽訟而識盛德。至若尼父之别魯籍。丘明之辨孔志。可謂婉而成章。盡而不汙者矣。自餘乘志之比。其亦有趣焉。暨史班之錄。乃文窮于秦漢。事盡于哀平。懲勸兩書。華實兼載。文質彬彬。富哉言也。令大漢之風。美類三代。炎□□崇。道冠來事。降及華馬陳于。咸有放焉。四敷贊弗遠。不可力致。豈虛也哉。其餘率見而書。覩事而作者多矣。尋其本末。可往來焉。唯我皇魏之奄有中華也。歲越百齡。年幾十紀。太祖以弗違開基。武皇以奉時拓業。虎嘯域中。龍飛宇外。小往大來。品物咸亨。自茲以降。世濟其光。史官敘錄。未充其盛。加以東觀中圮。冊勳有闕。美隨日落。善因月稀。故諺曰。一日不書。百事荒蕪。至于太和之十一年。先帝先后。遠惟景業。綿綿休烈。若不恢史闡錄。懼上業茂功。殆有缺矣。于是召名儒博達之士。充麟閣之選。于時忘臣衆短。采臣片志。令臣出納授臣丞職。猥屬斯事。無所與讓。

高祖時詔臣曰。平爾雅志。正爾筆端。書而不法。後世何觀。臣奉以周旋。不敢失墜。與著作等鳩集遺文。并取前記。撰爲國書。假有新進時賢。制作于此者。恐闇門既異。出入生疑。莖桂既易。善者或謬。自十五年以來。臣使國遷。頻有南轅之事。故載筆遂寢。簡牘弗張。其于書功錄美。不其闕歟。伏惟孝文皇帝承天地之寶。崇祖宗之業。景功未就。奄焉崩殞。凡百黎萌。若無天地。賴遇陛下體明叡之眞。應保合之量。恢大明以燭物。履靜恭以安邦。天淸其氣。地樂其靜。不愆不忘。率由舊章。可謂重明疊聖。元首康哉。惟先皇之開創造物。經綸浩曠。加以魏典流製。藻繢垂篇。窮理于有象。盡性于衆變。可謂日月出矣。無幽不燭也。記曰。善跡者欲人繼其行。善歌者欲人繼其聲。故傳曰。文王基之。周公成之。又曰。無周公之才。不得行周公之事。今之親王。可謂當之矣。然先皇之茂猷聖達。今王之懿美洞鑒。準之前代。其德靡悔也。時哉時哉。可不光昭哉。合德二儀者。先皇之陶鈞也。齊明日月者。先皇之洞照也。慮周四時者。先皇之茂功也。合契鬼神者。先皇之玄燭也。遷都改邑者。先皇之達也。變是協和者。先皇之鑒也。思同書軌者。先皇之遠也。守在四夷者。先皇之略也。海外有截者。先皇之威也。禮田岐陽者。先皇之義也。張樂岱郊者。先皇之仁也。鑾幸幽漠者。先皇之智也。燮伐南荆者。先皇之禮也。升中告成者。先皇之肅也。親虔宗社者。先皇之敬也。衮實無闕者。先皇之德也。開物成務者。先皇之貞也。觀乎人文者。先皇之蘊也。革弊創新者。先皇之志也。孝慈道洽者。先皇之衷也。先皇有大功二十。加以謙尊而光。爲而弗有。可謂四三皇而六五帝矣。誠宜功書于竹素。聲播于金石。臣竊謂史官之達者。大則與日月齊明。小則與四時竝茂。其大者孔子左丘是也。小者史遷班固是也。故能聲流于無窮。義昭于來裔。是以金石可滅。而流風不泯者。其唯載籍乎。諺曰。相門有相。將門有將。斯不唯其性。蓋言

習之所得也。竊謂天文之官。太史之職。如有其人。宜其世矣。故尚書稱羲和世掌天地之官。張衡賦曰學乎舊史氏。斯蓋世傳之義也。若夫良冶之子善知爲裘。良弓之子善知爲箕。物豈有定。習慣則知耳。所以言及此者。史職不修。事多淪曠。天人之際。不可須臾闕載也。是以談遷世事而功立。彪固世事而名成。道爭乃前鑒之軌轍。後鏡之蓍龜也。然前代史官之不終業者有之。皆陵遲之世。不能容善。是以平子去史而成賦。伯喈違閣而就志。近僭晉之世。有佐郎王隱。爲著作虞預所毀。亡官在家。晝則樵薪供爨。夜則觀文屬綴。集成晉書。存一代之事。司馬紹敕尚書唯給筆札而已。國之大籍。成于私家。末世之弊。乃至如此。史官之不遇時也。今大魏之史。職則身貴。祿則親榮。優哉游哉。式穀爾休矣。而典謨弗恢者。其有以也。而故著作漁陽傅毗北平陽尼河閒邢產廣平宋弁昌黎韓顯宗等。竝以文才見舉。注述是同。皆登年不永。弗終茂績。前

千當作于

卒當作率

著作程靈虬同時應舉。共掌此務。今從他職。官非所司。唯崔光一人。雖不移任。然侍官兩兼。故載述致闕。臣聞載籍之興。由于大業。雅頌垂薦。起于德美。雖時有文質。史有備略。然歷世相仍。不改此度。也昔史談戒其子遷曰。當世有美而不書。汝之罪也。是以久而見美。孔明在蜀。不以史官留意。是以久而受譏。取之深衷。史談之志。賢亮遠矣。書稱無曠庶官。詩有職思其憂。臣雖今非所司。然昔忝斯任。故不以草茅自疏。敢言及于此。語曰。患爲之者不必知。知之者不得爲。臣誠不知。彊欲爲之耳。竊尋先朝賜臣名彪者。遠則擬漢史之叔皮。近則準晉史之紹統。推名求義。欲罷不能。荷恩佩澤。死而後已。今求都下乞一靜處。綜理國籍。以終前志。官給事力。以充所須。雖不能光啟大緣。庶不爲飽食終日耳。近則朞月可就。遠也三年有成。正本蘊之麟閣。副貳藏之名山。魏書李彪傳

五德議

尚書閭議。繼近秦氏。臣職掌國籍。頗覽前書。惜此正次。慨彼非緒。輒仰推帝始。遠尋百王。魏雖建國君民。兆朕振古。祖黃制朔。綿迹有因。然此帝業。神元爲首。案神元晉武往來和好。至于桓穆。洛京破亡。二帝志摧聰勒。思存晉氏。每助劉琨。申威并冀。是以晉室銜扶救之仁。越石深代王之請。平文太祖。抗衡苻石。終平燕氏。大造中區。則是司馬祚終于郟鄏。而元氏受命千雲代。蓋自周之滅及漢正號。幾六十年。著符尚赤。後雖張賈殊議。暫疑而卒從火德。以繼周氏。排虐嬴以比共工。蔑暴項而同吳廣。近蠲謬僞。遠即神正。若此之明也。寧使白蛇徒斬。雕雲空結哉。自有晉傾淪。暨登國肇號。亦幾六十餘載。物色旗幟。卒多從黑。是又自然合應。玄同漢始。且秦并天下。革創法度。漢仍其制。少在變易。猶仰推五運。竟踵隆姬。而況劉石苻燕。世業促褊。綱紀弗立。魏接其弊。自有彝典。豈可異漢之承木。舍晉而爲土邪。夫皇統崇極。承運至重。必當推協天

乎當作平

平當作乎

緒。攷審王次。不可雜以僭竊。參之彊狡。神元既晉武同世。桓穆與懷愍接時。晉室之淪。乎文始大。廟號太祖。抑亦有由。紹晉定德。孰曰不可。而欲次茲僞僭。豈非惑平。臣所以懷懷惜之。唯垂察納。魏書禮志一。太和十四年。中書監高閭議以爲魏承秦。定爲土德。祕書丞李彪著作郎崔光等議以爲水。

拜散騎常侍啟

伯石辭卿。子產所惡。臣欲之已久。不敢辭讓。魏書郭祚傳。

全後魏文卷四十二終

全後魏文卷四十三

烏程嚴可均校輯

邢虯

虯字神虎。河閒鄚人。孝文時舉秀才上第。爲中書議郎、尚書殿中郎。轉司徒屬、國子博士。宣武即位。轉尚書右丞。徙左丞。除司徒右長史。遷龍驤將軍、光祿少卿。卒。贈征虜將軍、幽州刺史。謚曰威。

駮奏害母事

君親無將。將而必誅。今謀逆者戮及朞親。害親者令不及子。既逆甚梟獍。禽獸之不若。而使禋祀不絕。遺育永傳。非所以勸忠孝之道。存三綱之義。若聖教含容。不加孥戮。使父子罪不相及。惡止于其身。不則宜投之四裔。敕所在不聽配匹。盤庚言無令易種于新邑。漢法五月食梟羹。皆欲絕其類也。（魏書邢巒附傳。時雁門人有害母者。八座奏轘之而瀦其室。宥其二子。邢虯駮奏云云。世宗從之。）

邢臧

臧字子良。虯長子。（文苑傳作長孫。誤。）神龜中舉秀才上第。爲太學博士。歷本州中從事。永安初徵金部郎中。不赴。除東牟太守。徙青州屬領樂安內史。除濮陽太守。加安東將軍。卒。贈鎮北將軍、定州刺史。謚曰文。

與王昕王暉書

賢弟彌郎。意識深遠。曠達不羈。簡于造次。言必詣理。吟詠情性。往往麗絕。當世。恐足下方難爲兄。不暇慮其不進也。（北齊書王晞傳。魏末邢子良愛其清悟。與其在洛兩兄書。又見北史二十四。）

特進甄琛行狀（文佚）

邢巒

巒字洪賓。虯從子。孝文時爲中書博士。遷員外散騎侍郎。拜通直郎。轉中書侍郎。舉秀才對策。兼黃門郎。尋正除。又兼御史中尉。瀛州大中正。遷散騎常侍。兼尚書。宣武即位。正尚書。加使持節、假鎮西將軍。拜安西將軍、梁秦二州刺史。徵爲度支尚書。拜安東將軍。封平舒縣伯。假鎮南將軍。還殿中尚書。加撫軍將軍。延昌三年卒。贈車騎大將軍、瀛州刺史。謚曰文定。

李當作季

請增兵糧圖蜀表

揚州成都。相去萬里。陸途既絕。唯資水路。蕭衍兄子淵藻。去年四月十三日發揚州。今歲四月四日至蜀。水軍西上。非周年不達。外無軍援。一可圖也。益州頃經劉李連反叛。鄧元起攻圍。資儲散盡。倉庫空竭。今猶未復。兼民人喪膽。無復守固之意。二可圖也。蕭淵藻是裙屐少年。未洽治務。及至益州。便戮鄧元超、曹亮宗。臨戎斬將。則是駕馭失方。范國惠、津渠退敗。鑠執在獄。今之所任。竝非宿將重名。皆是左右少年而已。既不厭民望。多行殘暴。民心離解。三可圖也。蜀之所恃。唯阻劍閣。今既剋南安。已奪其險。據彼界內。三分已一。從南安向涪。方軌任意。前軍累破。後眾喪魄。四可圖也。昔劉禪據一國之地。姜維爲佐。鄧艾既出綿竹。彼即投降。及苻堅之世。楊安、朱彤三月取漢中。四月至涪城。兵未及州。仲孫逃命。桓溫西征。不旬月而平蜀地。昔來恆多不守。況淵藻是蕭衍兄子。骨月至親。若其逃亡。當無死理。脫軍剋涪城。淵藻復何宜城中坐而受困。若其出鬬。庸蜀之卒。唯便刀矟。弓箭至少。假有遙射。弗至傷人。五可圖也。臣聞乘機而動。武之善經。攻昧侮亡。春秋明義。未有捨千載而康時。不征伐而混一。伏惟陛下纂武文之業。當必世之期。跨中州之饒。兼甲兵之盛。清蕩天區。在于今矣。是以踐極之初。壽春馳款。先歲命將。義陽剋闢。淮外謐以風清。荊沔于焉肅晏。方欲偃甲息兵。候機而動。而天贊休明。時來斯速。雖欲靖戎理。不獲已。至使道遷歸誠。漢境佇拔。臣以不才。屬當戎寄。內省文吏。不以軍謀自許指臨漢中惟規保疆守界事屬艱途東西寇竊上憑國威下仗將士邊帥用命頻有薄捷藉勢乘威經度大劒既剋南安據彼要險前軍長邁已至梓潼新化之民翻然懷惠瞻望涪益旦夕可屠正以兵少糧匱未宜前出爲爾稽緩懼失民心則更爲寇今若不取後圖便難輒率愚管庶幾殄剋如其無功分受憲坐且益州殷實戶餘十萬比壽春義陽三倍非匹可乘可利實在于茲若朝廷志存保民未欲經略臣之在此便爲無事乞歸侍養微展烏鳥（魏書邢巒傳）

又表

昔鄧艾鍾會率十八萬衆傾中國資給裁得平蜀所以然者鬬實力故也況臣才絕古人智勇又闕復何宜請二萬之衆而希平蜀所以敢者正以得據要險士民慕義此往則易彼來則難任力而行理有可剋今王足前進已逼涪城脫得涪城則益州便是成擒之物但得之有早晚耳且梓潼已附民戶數萬朝豈得不守之也若守也直保境之兵則已一萬臣今請二萬五千所增無幾又劒閣天險古來所稱張載銘云世亂則逆世清斯順此之一言良可惜矣臣誠知征戎危事不易可爲自軍度劒閣以來鬢髮中白憂慮戰懼寧可一日爲心所以勉强者既得此地而自退不守恐辜先皇之恩遇負陛下之爵祿是以孜孜頻有陳請且臣之意算正欲先圖涪城以漸而進若剋涪城便是中分益州之地斷水陸之衝彼外無援軍孤城自守復何能持久哉臣今欲使軍軍相次聲勢連接先作萬全之計然後圖彼得之則大剋不得則自全又巴西南鄭相離一千四百去州迢遞恆多生動昔在南之日以其統綰勢難故增立巴州鎭靜夷獠梁州藉利因而表罷彼土民望嚴蒲何楊非唯五三族落雖在山居而多有豪右文學箋啟往往可觀冠帶風流亦爲不少但以去州既遠不能仕進至于州綱無由

朝下脫廷字

廁迹巴境民豪便是無梁州之分是以鬱怏多生動靜比建議之始嚴玄思自號巴州刺史剋城以來仍使行事巴西廣袤一千戶餘四萬若彼立州鎭攝華獠則大帖民情從墊江已還不復勞征自爲國有（魏書邢巒傳巒又表世宗不從）

請不渡淮表

奉被詔旨令臣濟淮與征南犄角乘勝長驅實是其會但愚懷所量竊有未盡夫圖南因于積風伐國在于資給用兵治戎須先計校非可抑爲必□幸其無能若欲掠地誅民必應萬勝如欲攻城取邑未見其果得之則所益未幾不獲則虧損必大蕭衍傾竭江東爲今歲之舉疲兵喪衆大敗而還君臣失計取笑天下雖野戰非人敵守城足有餘今雖攻之未易可剋又廣陵懸遠去江四十里鍾離淮陰介在淮外假其歸順而來猶恐無糧艱守況加攻討勞兵士乎且征南軍士從戎二時疲敝死病量可知已雖有乘勝之資懼無遠用之力若臣之愚見謂宜修復舊伐牢實邊方息養中州擬之後舉又江東之釁不患久無畜力待機謂爲勝計（魏書邢巒傳）

伐當作戍

言鍾離必無剋狀表

蕭衍侵境久勞王師今者奔走實除邊患斯由靈贊皇魏天敗寇豎非臣等弱劣所能剋勝若臣之愚見今正宜修復邊鎭俟之後動且蕭衍尚在凶身未除螳螂之志何能自息唯應廣備以待其來實不宜勞師遠入自取疲困今中山進軍鍾離實所未解若能爲得失之計不顧萬全直襲廣陵入其內地出其不備或未可知正欲屯兵蕭密餘軍猶自在彼欲言無糧運船復至而欲以八十日糧圖城者臣未之前聞且廣陵任城可爲前戒豈容今者復欲同之今若往也彼牢城自守不與人戰城塹水深非可填塞空坐至春則士自敝若遣臣赴彼糧何以致夏來之兵不齎冬服脫遇

冰雪取濟何方。臣誠荷怯懦不進之責。不受敗損空行之罪。鍾離天險朝貴所具。若有內應。則所不知。如其無也必無剋狀。若其不復其辱如何。若信臣言也。願賜臣停。若謂臣難行求回臣所領兵統悉付中山任其處分。臣求單騎隨逐東西。且俗諺云。耕則問田奴。絹則問織婢。臣雖不武忝備征將。前宜可否頗實知之。臣既謂難。何容強遣。（魏書邢巒傳。）

奏蕃貢非要須者不受

臣聞昔者明王之以德治天下。莫不重粟帛輕金寶。然粟帛安國育民之方。金玉是虛華損德之物。故先王深觀古今。去諸奢侈。服御尚質。不貴雕鏤。所珍在素。不務奇綺。（北史作奇綵。）至乃以紙絹為帳扆。銅鐵為轡勒。訓朝廷以節儉。示百姓以憂務。（北史作憂矜。）日夜孜孜。小大必慎。輕賤珠璣。示其無設。府藏之金。裁給而已。更不買積以費國資。逮景明之初。承升平之業。四疆清晏。遠邇來同。于是蕃貢繼路。商賈交入。諸所獻貿。倍多于常。雖加以節約。猶歲損萬計。珍貨常有餘。國用恆不足。若不裁其分限。便恐無以支歲。自今非為要須者。請皆不受。（魏書邢巒傳。世宗初巒奏。）

奏議王公五等爵犯罪

竊詳王公已下。或析體宸極。或著勳當時。咸胙土授民。維城王室。至于五等之爵。亦以功錫。雖爵秩有異。而號擬河山。得之至難。失之永墜。刑典既同。名復殊絕。請議所宜。附為永制。（魏書刑罰志。延昌二年春。尚書邢巒奏。）

奏高季賢赦後不宜復官

案季賢既受逆官。為其傳檄。規扇幽瀛。遘茲禍亂。據律準犯。罪當孥戮。兄叔坐法。法有明典。賴蒙大宥。身命獲全。除名還民。于其為幸。然反逆坐重。故支庶相及。體既相及。事同一科。豈有赦前皆從流斬之罪。赦後獨除反者之身。又緣坐之罪。不得以職除流。且貨賕小愆。寇盜微戾。贓狀露驗者。會赦猶除其名。何有罪極裂冠。釁均毀冕。父子齊刑。兄弟共罰。赦前同斬從流。赦後有復官之理。依律則罪合孥戮。準赦則例皆除名。古人議無將之罪者。毀其室。洿其宮。絕其蹤。滅其類。其宅猶棄。而況人乎。請依律處。除名為民。（魏書刑罰志。延昌二年秋。符璽郎中高賢弟員外散騎侍郎仲賢叔司徒府主簿六珍等坐弟季賢同元愉逆除名為民會赦之後被旨勿論。尚書邢巒奏。）

護軍將軍高顯碑銘　文佚

邢遜

遜字子言。巒子。為司徒行參軍。襲爵平舒縣伯。歷國子博士本州中正。靈太后擢長兼吏部郎中。出為安遠將軍平州刺史。未之職免。孝莊初除輔國將軍、通直散騎常侍、東道軍司。還除散騎常侍。加前將軍。又除撫軍將軍金紫光祿大夫。孝武時轉衛將軍右光祿大夫。孝靜初領嘗藥典御。加車騎將軍。除大司農卿。武定四年卒。贈車騎將軍、光祿勳、幽州刺史。

太尉韓公墓誌銘

立事立言。是為勿替。且公正德。實兮不朽。雖將相無種。而公卿有門。是以萬鍾四牡。舄奕于往代。長組高冠。陸離于前祀。及負笈追陪。結友從師。先難後易。身佚功倍。皆神遊隅隩。理合精微。非存區越。廢寢食以存道。久殊高鳳。忘冠履以成業。皎皎獨照。宥絕囂滓。亭亭孤鶴。入自雲霞。忘情譽毀。同嗣宗之于善惡。齊心得喪。若叔夜之于慍喜。方將受任三九。追蹤二八。弘大道以事一人。敷至理以安百姓。而天德不厚。神聽多愆。仁勇一亡。辯智同盡。（藝文類聚四十六。）

全後魏文卷四十三終

全後魏文卷四十四

烏程嚴可均校輯

陽固

固字敬安，北平無終人。太和中爲劉昶宋王府法曹參軍，兼長史。宣武即位，出爲平南司馬，還除太尉西閤祭酒，兼廷尉平，除給事中，出爲試守北平太守，免。後除給事中，領侍御史，轉治書。延昌末，以忤王顯免。孝明即位，除尚書考功郎，出爲李平行臺七兵郎中，還除步兵校尉，領汝南王悅郎中令，加寧遠將軍。熙平中除洛陽令。神龜末爲清河王懌太尉從事中郎。正光中爲京兆王繼司徒從事中郎，加鎮遠將軍。府解，除前軍將軍。卒贈輔國將軍、太常少卿，謚曰文。

北都賦

南都賦

魏書陽尼附傳，固作南北二都賦，稱恆代田漁聲樂侈靡之事，節以中京禮儀之式，因以諷諫。文佚。

演賾賦

本當作木

哀當作衰

紹有周之遐軌兮，初錫世于河陽。建旬侯而列爵兮，與王室而竝昌。遭季葉之紛亂兮，仍矯迹于艮鄉。秉侯衞之楨幹兮，乃植根于幽方。自祖考而輝烈兮，逮余躬而驕微。懼堂構之頹撓兮，恐崩毀其洪基。心惴惴而慄慄兮，若臨深而履薄。登喬本而長吟兮，抗幽谷而靡託。何身輕而任重兮，懼顛墜于峻壑。憑神明之扶助兮，雖幽微而獲存。賴先后之醇德兮，乃保護其遺孫。伊日月之屢遷兮，何四時之相逼。知年命之有期兮，慨幹流之不息。傷艱蹟之相承兮，悲屯蹇而日臻。心惻愴而不懌兮，乃有懷于古人。或垂綸于渭濱兮，有胥靡于傅巖。既應繇而赴兆兮，作殷周之元鑒。孔栖栖而不息兮，終見黜于庶邦。墨馳騁而不已兮，亦舉世而不容。有鸞孤而爭國兮，有讓位而采薇。有躍馬而赴會兮，有棲遲以俟時。曹納辛而哀亡兮，哀栽田而曹盛。鮑授州而得時兮，韓棄收而失性。趙

夭當作天

且當作旦

已當作巴

堯門而誕聖兮，終天隱而不繁。衞泯軀于世難兮，啟洪業于宣元。釋皋繇之法憲兮，見蓼六之先亡。諫疑枉于怨獄兮，寧于公之獨昌。明禍福之同門兮，知休咎之異塗。尋倚伏之無源兮，或先諂而後錫。賜憑軒而策駟兮，撫清琴而自娛。憲服敝于陋巷兮，蘊六藝于蓬廬。勃計行而致位兮，錯謀合而身傾。蕭功成而福集兮，韓勳立而禍并。紛回平而綿結兮，亮未識其幽情。有積毀而恩昵兮，有積譽而寵衰。或形乖而意合兮，或身密而志離。情與貌而紛競兮，體與識而交馳。且流言而見疑兮，先緣諂而益信。樂食子而中疏兮，已放麑而日進。或舉世而稱賢兮，偶不合于主心。或居鄉而三黜兮，獨爲時之所欽。或負鼎而干王兮，或杖策于幽林。或望旗而色阻兮，或臨危而撫琴。道有大而由小兮，義有顯而必微。理貴在于得要兮，事終成于會機。每一日而三省兮，亦有念而九思。孰有是而可是兮，孰有非而可非。后育子而啟夏兮，亂遺卵而孕殷。烏

藉冰而存棄兮，虎乳孩以字文。發昇舟而魚躍兮，季潛軀而覆雲。或揮戈而爭帝兮，或洗耳而辭君。道曲成而不一兮，神參差而異兆。茲聖達之未明兮，豈前修之克了。迷白日之近遙兮，方有闕于天表。且臨海而觀瀾兮，何津源之杳杳。文遷繹而身徂兮，景守節而災移。湯改祝而革命兮，靈投策而詬龜。圍據胎而爲亘兮，友發文而自相。風吹鴟而襄墜兮，神壓紐而平王。彼贏縮之由人兮，信吉凶之在已。或勤憂以滅齡兮，亦安樂而獲祉。弟成師而害兄兮，父純臣而烹子。識同命于三君兮，兆先見于喬奴。始樓桑而發輝兮，終龍變于巴庸。繞閶門而結慶兮，鬱蟬蛻于三江。水浩浩而襄陵兮，竊息壤而癠之。鯀殛死于羽山兮，禹宜力而營之。鑿龍門以通河兮，疏九江而入海。總九州以攸同兮，甄五都之所在。雖父子之同氣兮，乃業行之丕改。以忠蹇爲福兮，痛比干之殘軀。以佞諛爲獲安兮，哂宰嚭之見屠。以舉士而受賞兮，悼史遷之腐刑。以進

為無益兮見鄂秋之專城以仁義為桎梏兮信揖讓之勞疲以放曠為懸解兮傷六親之乖離哀越種之被戮兮嘉范蠡之脫羈欽四皓之高尚兮歎伊周之陟危望仗鉞而先鋒兮光安車而弗顧求封賞于寸心兮夢台衮于遠慮或以賢而獨立兮或寡君以自樹既恩匿而名揚兮亦求清而反汙見眾兆之紛錯兮覩變化之無方心營營而擾擾兮乃探袁而準常儼端坐于傲筵兮始拂龜而揲筴冀靈鑒之佑余兮願告余以忠益龜發兆以施靈兮利去華而守約蓍布列而成卦兮保龍潛而勿躍踵嘉遯之玄蹤兮追考槃于巖壑登名山以恬澹兮辭朝市之紛若奉貞吉于占繇兮翻夕警而晨裝揖許公于箕嶺兮諮夷齊于首陽瞻嵩華之嵯峨兮眺恆碣之碟磄陵江湖之駭浪兮昇醫閭以尚羊乘玄虯之奕奕兮鳴玉鑾之瑲瑲浮滄波而濯足兮入三山而解裳謁伯禹于塗山兮詰三苗于三危登蒼梧而遐眺兮訪二妃于有媯追祝融

于荊芊兮問洛宓于馮夷陵回飆而上驤兮窮深谷而下馳沿扶水而遠矚兮見虞淵之威微乘閶風之峻阪兮覲王母于崦嵫昇瑤臺而奏歌兮坐瓊室而賦詩託赤水以寄命兮附光風以傳辭出崐崙之崢嶸兮入汜林之杳藹采鍾山之玉瑛兮收珠澤之珂珹攜羽民而遠遊兮探長生之妙術騰雲霧而窈冥兮變域中之穢質望玄闕之寂寥兮過寒門而懷悲揖若士于霄際兮求霧塵于海湄憑帝臺而肆眺兮歷層冰而風馳越弱水之渟濙兮躡不周之嶮巇屑瓊蘂以為糧兮斟玉液以為漿紉秋蘭以為珮兮攬白蜺以為裳從景雲而上征兮撫閶闔而啟扉肅百神而警策兮奏中皇于紫微聆鈞天而九變兮眈廣樂而忘歸忽心移而志駭兮戀舊京而依依提招搖以為旆兮巡天漢而下遊建雲旗之逶迤兮御回風之瀏瀏策王良以斂轡兮命風伯以挾輈狩屏翳以清路兮告河鼓以具舟聊右夬于析木兮適回駕于青丘訪古人

于首陽兮亦問道于爽鳩覩三韓之累累兮見卉服之悠悠瞻雒常之蔚鬱兮貢楛矢之啾啾心怊怊而惕惕兮志憫憫而緜緜伊五嶽之峞峞兮何四海之涓涓瞻九河其如帶兮覩三江其沈然夫五都之總總兮尚何足以遊盤彼八方之局促兮殊無可以達觀方吞霞而棄粒兮亦屑玉而煉丹漱醴泉以養氣兮吸沆瀣以當餐蔭建木之長柯兮援木禾之脩莖咀玉髓而充渴兮嚼正陽以長生參松喬而撫翰兮侶浮丘而上征嗟域中之默默兮詎攄寫其深情情盤桓而猶豫兮志狐疑而未決久旅蕩而不還兮心惆悵而不悅憶慈親于故鄉兮戀先君于丘墓回遊駕而改轅兮縱歸轡而緩御僕眷眷于短衡兮馬依依于跬步還故園而解羈兮入茅宇而返素耕東皋之沃壤兮釣北湖之深潭養慈顏于婦子兮競獻壽而薦甘朝樂酣于濁酒兮夕寄忻于素琴誦風雅以導志兮蘊六籍于胸襟敦儒墨之大教兮崇逸民之遠心播仁聲

于終古兮流不朽之徽音進不求于聞達兮退不營于榮利泛若不繫之舟兮湛若不用之器不潔其身兮不屑于位不拘小節兮不求曲備資靈運以託已兮任性命之遭隨既聽天而委化兮無形志之兩疲除紛競而靖默兮守沖寂以無為寄後賢以藉貲兮盍怨時之弗知辭曰

稟元承命人最靈兮夭壽否泰本天成兮體源究道歸聖哲兮隨化委遇能達節兮顯親揚名德之上兮保家全身亦厚量兮趣世浮動違性命兮鑒始究終同水鏡兮志願不合思遠遊兮陵虛騁志從所求兮周歷四極騰八表兮形勞志沮未衷道兮反我遊駕養慈親兮躬耕練藝齊至人兮（魏書陽尼附傳王顯奏免固官既無事從遂闔門自守著演賾賦以明幽微通塞之事其詞曰）

上讜言表

臣聞為治不在多方在于力行而已當今之務宜早正東儲立師

傅㠯保護立官司㠯防衞㠯係蒼生之心攬權衡親宗室彊幹弱枝㠯立萬世之計舉賢良黜不肖使野無遺才朝無素餐孜孜萬幾躬勤庶務使民無謗讟之響省徭役薄賦斂脩學官遵舊章貴農桑賤工賈絕談虛窮微之論簡桑門無用之費㠯存元元之心㠯救飢寒之苦上合昊天之心下悅億兆之望然後備器械脩甲兵習水戰滅吳會撰封禪之禮襲軒唐之軌同彼七十二君之徽號協定鼎嵩河之心副高祖殷勤之寄上與三皇比隆下與五帝齊美豈不茂哉臣位卑識昧言不及義屬聖明廣訪敢獻瞽言伏願陛下留神少垂究察（魏書陽尼附傳時世宗廣訪得失因上讜言表）

房景先

景先字光胄清河繹幕人太和中郡辟功曹州舉秀才爲太學博士兼著作佐郎脩國史尋除司徒祭酒員外郎諫世宗起居注累遷步兵校尉領尚書郎齊州中正神龜元年爲東義陽行臺卒贈持節冠軍將軍洛州刺史謚曰文

駁封祖胄韓雅哲韓神固鼓吹議

案祖胄議㠯功德有喪鼓吹不作雅哲議齊衰卒哭簫管必陳準之輕重理用未安聖人推情㠯制服據服㠯副心何容拜虞生之奠于神宮襲衰麻而奏樂大燧一移哀情頓盡反心㠯求豈制禮之意也就如所言義服恩輕既虞而樂正服一朞何㠯爲斷或義服尊正服卑如此之比復何品節雅哲所議公子之喪非嫡者既殯之後義不闕樂案古雖有尊降不見作樂之文未詳此據竟在何典然君之于臣本無服體但恩誠相感致存隱惻是㠯仲遂卒垂笙籥不入智悼在殯杜蕢明言豈大倫之痛既殯而樂乎又神固等所議㠯爲笳鼓不在樂限鳴鐃㠯警衆聲笳而清路者所㠯辨等列明貴賤耳雖居哀恤施而不廢粗而言之似如可通攷諸正典未爲符合案詩云鍾鼓既設鼓鍾伐鼛又云於論鼓鍾於樂辟雍言則相連豈非樂乎八音之數本無笳名推而類之簫管之比豈可㠯名稱小殊而不爲樂若㠯王公位重威飾宜崇鼓吹公給不可私辭者魏絳和戎受金石之賞鍾公勳茂蒙五熟之賜若審功膺賞君命必行豈可陳嘉牢于齊殯之時擊鍾磬于祔日之後尋究二三未有依據國子職兼文學令問所歸宜明據典讜曲盡斟酌率由必衷㠯辨深惑何容總議並申無所析剖更詳得失據典正議（魏書禮志四）

五經疑問

問王者受命水火相生曰五精代感稟靈者興金德方隆禎發華渚水運告昌瑤光啟祚人道承天天理應實受謝既彰玄命若契相生之義有允不違至如湯武革命殺伐是用水火爲次道而不改既事乖代終而數同納麓順逆且殊禎運宜異而兆徵不差有疑符應

生當作主

問禹㠯鯀配天舜不尊父曰明明上天下土是賞道高者負扆四方神積者郊原斯生是㠯則天不能私其子紹堯不敢尊其父鯀既罪彰于山川受殛于羽裔化質與鱗甲爲羣銘精不能上乘箕尾而厚尊配于國陽當升煙之大禮苟存及躬㠯亂祀典降上帝爲罪鬼之賓奏夾鍾爲介蟲之樂奏天之道不乃有淪乎

問湯尊稷廢柱曰神積道存異世同尊列山見享絹紀前代成湯革命承天當德陽之運不思理數之有無黜元功于百世且畢箕感應風雨異徵尊播殖之靈而遊湯對之潤升廢之道無乃謬與若柱不合薦虞夏應失之于前如㠯歲久宜遷百神可計日而代求之二三未究往旨

問湯剋桀欲遷夏社爲不可武王滅紂㠯亳社爲亡國之誡曰神無定方唯人爲主道協無爲天地是依棄德弗崇百靈更祀周武承天禮存咸秩升后稷當四圭之尊貶土祇隔牲幣之享就如言

之稷契靈威誠允聿追之宜社并商祖孝孚乃考之咎殷鑒致誠何獨在斯

問易著革命之文而無揖讓之象曰玄黃剖別人道爲尊含靈佇化故義始元首是以飛龍啟徵大人載就及理運相推帝圖異序虞賓以爲善終順守有慙未盡不顯揖讓之象而著巳日之美豈可兆互彖爲貽厥之謀訓萬世而開安忍之闕求之反衷未識理恕

問周禮秋官司烜氏邦若屋誅爲明竁焉曰王道貴產法理尚恩舊德見食八象載其美五宥三刺禮經實其仁是以祿父互釁殷禮不輟三監亂德蔡肖猶存罪莫極于無上逆莫甚于違天行大辟禍不及旄理正刑慾止于身何惡當參夷之禍何戾受淪殄之辜

問儀禮繼母出嫁從爲之服傳云貴終其恩曰繼母配父本非天

屬與尊合德名義以興兼鞠育有加禮服是重既體違義盡棄節毀慈作嬪異門爲鬼他族神道不全何終恩之有口方齊服是追哭于野次苟存降重無乃過猶不及乎

問禮記生不及祖父母父母稅喪已則否曰服以恩制禮由義立慈母三年孫無緦葛者以慼非天屬報養止身祖雖異域恩不及已但正體于下可無服乎且縞冠玄武子姓之服緬練之後緩絰已除猶懷慘素未忍從吉況斬焉初之創亙方始復弔之賓尚改緇襲奉哀苫次而無追變孝子孝孫豈天理是與

問左氏傳齊人殺哀姜君子以爲不可曰受醮從天人倫所重保育異宗承奉郊奠而乃肆極昏淫禍傾合巹之尊怙亂無終殄滅誕鞠之愛齊桓匡翼四方正存刑矩割不忍之恩行至公之法方生貶遺以殺爲甚而神道幽默禍降未期雖窮勃屬朝臣不宜糾既事反人靈咎將有所施之取衷孰爲優允

問公羊傳王者之後郊天曰神不謬享帝無宾尊介丘偏祀猶不歆季氏之旅昊天至重豈可納曖饗之虔唐虞已往事無斯典三后已降始見其文揖讓之胄禮不上通昏紊後燼四圭是生此便至道相承乾無二統純風既誠玄牡肆尊禮不虛革庶昭異聞

問穀梁傳魯僖三十一年夏四月卜郊不從乃免牲傳曰乃者亡乎人之辭也曰樂以觀風禮爲教本其細已甚民不堪命齊不加兵屈于周典僖公魯之盛君告誠虔祀移卜迎吉而休徵不至若推咎于天則神不棄鑒歸愆于人則須聲宜替既命龜失辰靈威弗眷郊享不從配天斯缺卽傳所言殆非虛美何承而制

問尚書胤征羲和詰其罪乃季秋月朔辰弗合于房曰衡紀不移日月有度炎涼啟辰次舍無代履端履臻歸餘成閏是以爰命羲和升降徂節使曆數應時火流協運致望舒後律耀靈爽次卽官闕永容可爲愆玄象一差未成互戾且杪秋豈同星之辰授衣非

合璧之月欲食弗當積失加誅律度暫差便遭殄絕仁者之兵義不妄興王赫斯舉將有異說

問毛詩十月之交朔日辛卯日有食之亦孔之醜曰日月次周行舍有常分至之候不爲愆咎今同之辰而爲深戾者專以金木相殘指日成釁推步不一容可如之若讁見正陽日維戊午生育相因猶子歸母但以陰陽得無深忌乎若爲忌也朔亦應爲災如不忌也辛卯豈獨成醜且舉凡之始以厲月時繫之在日有爽明例義不妄構理用何依

問論語河不出圖泣麟自傷曰聖人稟靈天地資識未形齊生死于一同等榮辱于彼我孔子自生不辰從心告齒樂正既修素王斯著方與吾已之歎結反袂之悲進涉無上之心退深負杖之懼聖達之理無乃缺如（魏書房法壽附傳）

全後魏文卷四十四終

受之當作
之受

全後魏文卷四十五

烏程嚴可均校輯

江式

式字法安陳留濟陽人仕孝文爲司徒行參軍檢校御史除殄寇將軍符節令以書文昭太后尊號謚册特除奉朝請正光中除驍騎將軍兼著作佐郎卒贈右將軍巴州刺史

求撰集古今文字表

臣聞庖羲氏作而八卦列其畫軒轅氏興而龜策彰其彩古史倉頡覽二象之爻觀鳥獸之跡別創文字以代結繩用書契以維事宣之王庭則百工以敘載之方册則萬品以明迄于三代厥體頗異雖依類取制未能悉殊倉氏矣故周禮八歲入小學保氏教國子以六書一曰指事二曰象形三曰形聲四曰會意五曰轉注六曰假借蓋是史頡之遺法也及宣王太史史籀著大篆十五篇與

古文或同或異時人卽謂之籀書至孔子定六經左丘明述春秋皆以古文厥意可得而言其後七國殊軌文字乖別暨秦兼天下丞相李斯乃奏蠲罷不合秦文者斯作倉頡篇中車府令趙高作爰厤篇太史令胡毋敬作博學篇皆取史籀大篆或頗省改所謂小篆者也于是秦燒經書滌除舊典官獄繁多以趣約易始用隸書古文由此息矣隸書者始皇使下杜人程邈附于小篆所作也以邈徒隸卽謂之隸書故秦有八體一曰大篆二曰小篆三曰刻符書四曰蟲書五曰摹印六曰署書七曰殳書八曰隸書漢興有尉律學復教以籀書又習八體試之課最以爲尚書史吏民上書省字不正輒舉劾焉又有草書莫知誰始攷其書形雖無厥誼亦是一時之變通也孝宣時召通倉頡讀者獨張敞從受之涼州刺史杜鄴沛人爰禮講學大夫秦近亦能言之孝平時徵禮等百餘人說文字于未央宮中以禮爲小學元士黃門侍郎揚雄采以作訓纂篇及亡新居攝自以應運制作使大司空甄豐校文字之部頗改定古文時有六書一曰古文孔子壁中書也二曰奇字卽古文而異者三曰篆書云小篆也四曰佐書秦隸書也五曰繆篆所以摹印也六曰鳥蟲所以幡信也壁中書者魯恭王壞孔子宅而得禮尚書春秋論語孝經也又北平侯張倉獻春秋左氏傳書體與孔氏相類卽前代之古文矣後漢郎中扶風曹喜號曰工篆小異斯法而甚精巧自是後學皆其法也又詔侍中賈逵修理舊文殊藝異術王敎一端苟有可以加于國者靡不悉集逵卽汝南許愼古文學之師也後愼嗟時人之好奇歎儒俗之穿鑿惋文毀于譽痛字敗于訾更詭任情變亂于世故撰說文解字十五篇首一終亥各有部屬包括六藝羣書之詁評釋百氏諸子之訓天地山川草木鳥獸昆蟲雜物奇怪珍異王制禮儀世間人事莫不畢載可謂類聚羣分雜而不越文質彬彬最可得而論也左中郎將陳

留蔡邕采李斯曹喜之法爲古今雜形詔于太學立石碑刊載五經題書楷法多是邕書也後開鴻都書畫奇能莫不雲集于時諸方獻篆無出邕者魏初博士淸河張揖著埤倉廣雅古今字詁究諸埤廣綴拾遺漏增長事類抑亦于文爲益者然其字詁方之許愼篇古今體用或得或失矣陳留邯鄲淳亦與揖同時博古開藝特善倉雅許氏字指八體六書精究閑理有名于揖以書教諸皇子又建三字石經于漢碑之西其文蔚炳三體復宣校之說文篆隸大同而古字少異又有京兆韋誕河東衞覬二家竝號能篆當時臺觀榜題寶器之銘悉是誕書咸傳之子孫世稱其妙晉世義陽王典祠令任城呂忱表上字林六卷尋其況趣附託許愼說文而案偶章句隱別古籀奇惑之字文得正隸不差篆意也忱弟靜別放故左校令李登聲類之法作韻集五卷宮商龣徵羽各爲一篇而文字與兄便是魯衞音讀楚夏時有不同皇魏承百王之季

紹五運之緒。世易風移。文字改變。篆形謬錯。隸體失真。俗學鄙習。復加虛巧。談辯之士。又㠯意說炫惑于時。難㠯釐改。故傳曰㠯衆非非行正。信哉得之于斯情矣。乃曰追來爲歸。巧言爲辯。小兒爲鷇。神蟲爲蠶。如斯甚衆。皆不合孔氏古書史籀大篆許氏說文石經三字也。凡所闕古。莫不惆悵焉。嗟夫文字者。六蓺之宗。王敎之始。前人所㠯垂今。今人所㠯識古。故曰本立而道生。孔子曰。必也正名乎。又曰。述而不作。書曰。予欲觀古人之象。皆言遵修舊史而不敢穿鑿也。臣六世祖瓊。家世陳留。往晉之初。與從父兄應元俱受學于衞覬。古篆之法。倉雅方言說文之誼。當時並收善譽。而祖官至太子洗馬。出爲馮翊郡。值洛陽之亂。避地河西。數世傳習。斯業所㠯不墜也。世祖太延中。皇威西被。牧犍內附。臣亡祖文威杖策歸國。奉獻五世傳掌之書。古篆八體之法。時蒙襃錄。敍列于儒林。官班文省。家號世業。暨臣闇短。識學庸薄。漸漬家風。有忝無顯。但逢時來。恩出願外。每承澤雲津。廁霑漏潤。驅馳文閣。參預史官。題篆宮禁。猥同上哲。既竭愚短。欲罷不能。是㠯敢藉六世之資。奉遵祖考之訓。竊慕古人之軌。企踐儒門之轍。輒求撰集古來文字。㠯許慎說文爲主。爰采孔氏尚書、五經音注、籀篇、爾雅、三倉、凡將、方言、通俗文、祖文宗、埤倉、廣雅、古今字詁、三字石經、字林、韻集、諸賦文字有六書之誼者。皆㠯次類編聯。文無復重。糾爲一部。其古籀奇惑俗隸諸體。咸使班于篆下。各有區別。詁訓假借之誼。僉隨文而解。音讀楚夏之聲。並逐字而注。其所不知者。則闕如也。脫蒙遂許。冀省百氏之觀。而同文字之域。典書祕書所須之書。乞垂敕給。並學士五人嘗習文字者。助臣披覽。書生五人。專令抄寫。侍中黃門國子祭酒一月一監。評議疑隱。庶無紕繆。所撰名目。伏聽明旨。魏書江式傳。又見北史三十四。

祖瑩

瑩字元珍。范陽遒人。孝文時爲中書學生。拜太學博士。署彭城王勰司徒法曹參軍。掌書記。再遷尚書三公郎中。宣武時爲冀州鎮東府長史。除名。尋爲國子博士。領尚書左戶部。孝明時爲李崇都督長史。除名。尋爲散騎侍郎。孝昌中累遷國子祭酒。領給事黃門侍郎。幽州大中正。監起居事。元顥入洛。㠯爲殿中尚書。孝莊還宮。免。後除祕書監。賜爵容城縣子。前廢帝時遷車騎將軍太常卿。孝武卽位。封文安縣子。孝靜遷鄴。加儀同三司。進爵爲伯。天平中卒。贈尚書左僕射司徒冀州刺史。

樂舞名議

夫樂所㠯乘靈通化。舞所㠯象物昭功。金石播其風聲。絲竹申其歌詠。郊天祠地之道。雖百世而可知。奉神育民之理。經千載而不昧。是㠯黃帝作咸池之樂。顓頊有承雲之舞。堯爲大章。舜則大韶。禹爲大夏。湯爲大濩。周曰大武。秦曰壽人。漢爲大予。魏名大鈞。晉曰正德。雖三統互變。五運代降。莫不述作相因。徽號殊別者也。皇魏道格三才。化清四宇。奕世載德。累葉重光。或㠯文敎興邦。或㠯武功平亂。功成治定。于是乎在。及主上龍飛。載造景命。惟新。書軌自同。典刑罔二。覆載均于兩儀。仁澤被于四海。五聲有序。八音克諧。樂舞之名。宜㠯詳定。案周兼六代之樂。聲律所施。咸有次第。滅學㠯後。經禮散亡。漢來所存。二舞而已。請㠯韶武爲崇德武舞爲章烈。總名曰嘉成。漢樂章云。高張四縣。神來燕饗。宗廟所設宮縣。明矣。計五郊天神。尊于人鬼。六宮陰極。體同至尊。理無減降。宜皆用宮縣。其舞人冠服制裁。咸同舊式。庶得㠯光贊鴻功。敷揚大業。魏書樂志。永熙二年春。長孫稚祖瑩表乞定樂舞名。其年夏。集羣官議之。瑩復議。又略見通典一百四十二。

公孫崇

崇太和中爲給事中。景明中爲太樂令。

請㠯高肇監樂務表

伏惟皇魏龍躍鳳舉配天光宅世祖太武皇帝革靜荒嵎廓寧宇內兇醜尚繁戎軒仍動制禮作樂致有闕如高祖孝文皇帝德鍾後仁之期道協先天之日顧雲門以興言感簫韶而忘味以故中書監高閭博識明敏文思優洽紹蹤成均實允所寄乃命閭廣程儒林究論古樂依據六經參諸國志錯綜陰陽以制聲律鍾石管絃略以完具八音聲韻事別粗舉值遷邑崧瀍未獲周密五權五量竟不就果自爾迄今率多褫落金石虛懸宮商未會伏惟陛下至聖承天纂戎鴻烈以金石未協詔臣緝理謹卽廣搜秬黍選其中形又采梁山之竹更裁律呂制磬造鍾依律竝就但權量差謬其來久矣頃蒙付并州民王顯進所獻古銅權稽之古範考以今制鍾律準度與權參合昔造猶新始㪺若舊異世同符如合規矩樂府先正聲有王夏肆夏登歌鹿鳴之屬六十餘韻又有皇始五行勺舞太祖初興置皇始之舞復有吳夷東夷西戎之舞樂府之內有此七舞太和初郊廟但用文始五行皇始三舞而已竊惟周之文武頌聲不同漢之祖宗廟樂又別伏惟皇魏四祖三宗道邁隆周功超鴻漢頌聲廟樂宜有表章或文或武以旌功德自非懿望茂親雅量淵遠博識洽聞者其孰能識其得失衞軍將軍尚書右僕射臣高肇器度徽雅神賞入微淹讀大猷聲光海內宜委之監就以成皇代典謨之美昔晉中書監荀勖前代名賢受命成均委以樂務崇述舊章儀刑古典事光前載豈遠乎哉又先帝明詔內外儒林亦任高閭申請今之所須求依前比（魏書樂志正始四年春太樂令公孫崇復表言）

上景明厤表

臣頃自太樂詳理金石及在祕省考步三光稽覽古今研其得失然四序遷流五行變易帝王相踵必奉初元改正朔殊徽號服色觀乎時變以應天道故易湯武革命治厤明時是以三五迭隆厤數各異伏惟皇魏紹天明命家有率土戎軒仍動未遑厤事因前魏景初厤術數差違不協晷度世祖應期輯寧諸夏乃命故司徒東郡公崔浩錯綜其數浩博涉淵通更修厤術兼著五行論是時故司空咸陽公高允該覽羣籍贊明五緯并述洪範然浩等考察未及周密高宗踐阼乃用敦煌趙𢾺甲寅之厤然其星度稍爲差遠臣輒鳩集異同研其損益更造新厤以甲寅爲元考其盈縮晷象周密又從約省起自景明因名景明厤然天道盈虛豈曰必協要須參候是非乃可施用太史令辛寶貴職司玄象頗閑祕數祕書監鄭道昭才學優贍識覽該密長兼國子博士高僧裕乃故司空允之孫世綜文業尚書祠部郎中宗景博涉經史前兼尚書郎中崔彬微曉法術請此數人在祕省參候而伺察晷度要在冬夏二至前後各五日然後乃可取驗臣區區之誠冀效萬分之一（魏書律厤志上世宗景明中詔太樂令公孫崇等同共考驗正始四年冬崇表）

孫紹

紹字世慶昌黎人太和中爲校書郎遷給事中自長兼羽林監爲門下錄事延昌初出除濟陰太守還歷司徒功曹參軍步兵長水校尉正光中爲鎭遠將軍右軍將軍後爲徐兗和糴使歷驍騎將軍太府少卿還右將軍太中大夫建義初除衞尉轉金紫光祿大夫永安中拜太府卿賜爵新昌子太昌初遷左衞將軍右光祿大夫永熙二年卒贈驃騎大將軍尚書左僕射冀州刺史謚曰宣

修律令上表

臣聞建國有計雖危必安施化能和雖寡必盛治乖人理雖合必離作用失機雖成必敗此乃古今同然百王之定法也伏惟大魏應天明命兆啟無窮畢世後仁祚隆七百今二虢京門下無嚴防南北二中復闕固守長安鄴城股肱之寄穰城上黨腹背所憑四

軍五校之軌，領護分事之式，徵兵儲粟之要，舟車水陸之資，山河要害之權，緩急去來之用，持平赴救之方，節用應時之法，特宜修置，以固堂堂之基。持盈之體，何得而忽。居安之辰，故應危懼矣。且法開清濁，而清濁不平；申滯理望，而卑寒亦免。士庶同悲，兵徒懷怨。中正賓望于下里，主案舞筆于上臺，眞僞混淆，知而不糾，得者不欣，失者倍怨。使門齊身等，而涇渭奄殊；類應同役，而苦樂懸異。士人居職，不以爲榮；兵士役苦，心不忘亂。故有競棄本出（北史作生），飄藏他土，或詭名託養，散在人間；或亡命山藪，漁獵爲命；或投仗彊豪，寄命衣食。又應遷之戶，逐樂諸州；應留之徒，避寒歸暖。兼職人子弟，隨逐浮遊，南北東西，卜居莫定，關禁不修，任意取適。如此之徒，不可勝數。爪牙不復爲用，百工爭棄其業，混一之計，事實闕如。攷課之方，責辦無日，流浪之徒，決須精校。今彊敵窺時，邊黎伺隙，內民不平，久成懷怨，戰國之勢，竊謂危矣。必造禍源者，北邊鎮戍之人也。若夫一統之年，持平用之者，大道之計也；亂離之期，縱橫作之者，行權之勢也。故道不可久，須文質以換情；權不可恆，隨污隆以牧物。文質應世，道形自安；污隆獲衷，權勢亦濟。然則王者計法之趣，化物之規，圓方務得其境，人物不失其地。又先帝時，律令並議，律尋施行，令獨不出，十餘年矣。臣以令之爲體，即帝王之身也。分處百揆之儀，安置九服之節，經緯三才之倫，包羅六卿之職，措置風化之門，作用賞罰之要，乃是有爲之樞機，世法之大本也。然脩令之人，亦皆博古，依古撰置，大體可觀，比之前令，精麤有在。但主議之家，太用古制，若全依古，高祖之法，復須升降，誰敢措意有是非哉？以是爭故，久廢不理。然律令相須，不可偏用，今律班令止，于事甚滯。若令不班，是無典法，臣下執事，何依而行？臣等脩律，非無勤止，署下之日，臣乃無名，是謂農夫盡力，他食其秋，功名之所，實懷於悒。（魏書孫紹傳，與常景等共脩律令，延昌中紹表。又北史四十六。）

陳軍國利害又表

臣聞文質互用，治道以之緝熙；污隆得時，人物以之通濟。故能事愜三靈，仁洽九服。伏惟陛下應靈踐阼，沖明照物，宰輔忠純，伊霍均美，既致昇平之基，應成無爲之業。而漠北叛命，隴右構逆，中州驚擾，民庶竊議，其故何哉？皆由上法不通，下情怨塞故也。臣雖愚短，具鑒始末。往在代都，武質而治安；中京以來，文華而政亂。故臣昔于太和，極陳得失，具論四方華夷心態，高祖垂納，文應可尋。延昌、正光，奏疏頻上，主者收錄，不蒙報問。即日事勢，乃至于此，盡微臣豫陳之驗。今東南有竊號之豎，西北有逆命之寇，豈得怨天，實尤人矣。臣今不憂荒外，正慮中畿，急須改張，以寧其意。若仍持疑，變亂尋作，腑腋一乖，大事去矣。然臣奉國四世，欣感是同，但職在冗散，不關樞密，盜濟之計，欲陳無所，可謂經緯甚多，無機可織。夫天下者，大器也，一正難傾，一傾難正。當今之危，蹶足之急，臣備肉食，痛心無已，泣血上陳，願垂采察。若得言參執事，獻可替否，寇逆獲除，社稷稱慶，雖死如生，犬馬情畢。（魏書孫紹傳，紹爲徐兗和糴使，還朝，大陳軍國利害，不報。紹又表。）

全後魏文卷四十五終

烏程嚴可均校輯

辛雄

雄字世賓隴西狄道人太和中為奉朝請正始初除給事中延昌初㠯病免司空清河王懌辟戶曹參軍攝田曹事隨府遷司徒戶曹太尉記室神龜中除尚書駕部郎中轉三公郎正光中兼司州別駕加前軍將軍孝昌初除司空長史行臺左丞遷輔軍將軍尚書右丞尋轉吏部郎中遷平東將軍光祿大夫永安中除度支尚書兼侍中遷鎮南將軍都官尚書行河南尹普泰時為鎮軍將軍殿中尚書加衛將軍右光祿大夫秦州大中正太昌中復為殿中尚書兼吏部尚書尋除車騎大將軍左光祿大夫永熙中又兼吏部尚書左僕射侍中為高歡所殺

明賞罰疏

凡人所㠯臨堅陣而忘身觸白刃而不憚者一則求榮名二則貪重賞三則畏刑罰四則避禍難非此數事雖聖王不能勸其臣慈父不能厲其子明主深知其情故賞必行罰必信使親疏貴賤勇怯賢愚聞鍾鼓之聲見旌旗之列莫不奮激競赴敵場豈厭久生而樂早死也利害懸于前欲罷不能耳自秦隴逆節將歷數年蠻左亂常稍已多載凡在戎役數十萬人三方師眾敗多勝少跡其所由不明賞罰故也陛下欲天下之早平愍征夫之勤悴乃降明詔賞不移時然兵將之勳歷稔不決亡軍之卒晏然在家致令節士無所勸慕庸人無所畏懾進而擊賊死交而賞賒退而逃散身全而無罪此其所㠯望敵奔沮不肯進力者矣若重發明詔更量賞罰則軍威必張賊難可弭臣聞必不得已去食就信㠯此推之信不可斯須廢也賞罰陛下之所易尚不能全而行之攻敵士之所難欲其必死寧可得也臣既庸弱忝當戎使職司所見輒敢上聞惟陛下審其可否魏書辛雄傳

選舉疏

帝王之道莫尚于安民安民之本莫加于禮律禮律既設擇賢而行之天下雍熙無非任賢之功也故虞舜之盛穆穆標美文王受命濟濟㠯康高祖孝文皇帝天縱大聖開復典謨選三代之異禮采二漢之典法端拱而四方安刑措而兆民治世宗重光繼軌每念聿修官人有道萬里清謐陛下劬勞日昃躬親庶政求瘼恤民無時暫憩而黔首紛然兵車不息㠯臣愚見可得而言自神龜末來專㠯停年為選士無善惡歲久先敘職無劇易名到授官執案之吏㠯差次日月為功能銓衡之人㠯簡用老舊為平直且庸劣之人莫不貪鄙委斗筲㠯共治之重託碩鼠㠯百里之命皆貨賄是求肆心縱意禁制雖煩不勝其欲致令徭役不均發調違謬箕斂盈門囚執滿道二聖明詔寢而不遵畫一之法懸而不用自此

夷夏之民相將為亂豈有餘憾哉蓋由官授不得其人百姓不堪其命故也當今天下黔黎久經寇賊父死兄亡子弟淪陷流離艱危十室而九白骨不收孤煢靡恤財殫力盡無已卒歲宜及此時早加慰撫蓋助陛下治天下者惟在守令最須簡置㠯康國道但郡縣選舉由來共輕貴遊俊才莫肯居此宜改其弊㠯定官方請上等郡縣為第一清中等為第二清下等為第三清選補之法妙盡才望如不可並後地先才不得拘㠯停年竟無銓革三載黜陟有稱者補在京名官如前代故事不歷郡縣不得為內職則人思自勉上下同心枉屈可申彊暴自息刑政日平民俗奉化矣復何憂于不治何恤于逆徒也竊見今之守令清慎奉治則政平訟理有非其才則綱維荒穢伏願陛下暫留天心校其利害則臣言可驗不待終朝昔杜畿寬惠河東無警蘇則分糧金城克復略觀今古風俗遷訛罔不任賢㠯相化革朝任夕治功可立待若遵常習

玄當作元

故不明選典欲㠯靜民便恐無日（魏書辛雄傳。通典十四。）

上書論祿養

仲尼陳五孝自天子至庶人無致仕之文禮記八十一子不從政九十家不從政鄭玄注云復除之然則止復庶民非公卿大夫士之謂㠯爲宜聽祿養不約其年（魏書辛雄傳又爲祿養論稱云云書奏肅宗納之）

奏理元匡

竊惟白衣元匡歷奉三朝每蒙寵遇謇諤之性簡自帝心鷹鸇之志形于在昔故高祖錫之㠯匡名陛下任之㠯彈糾至若茹晧升輦匡斥宜下之言高肇當政匡陳擅權之表剛毅忠款羣臣莫及骨鯁之跡朝野共知當高肇之時匡造棺致諫主聖臣直卒㠯無咎假欲重造先帝已容之于前陛下亦宜寬之于後況其立列由緒與罪案不同也脫終貶黜不在朝廷恐杜忠臣之口塞諫者之心乖琴瑟之至和違鹽梅之相濟祁奚云叔向之賢可及十世而匡不免其身實可嗟惜（魏書辛雄傳御史中尉東平王元匡復欲輿棺諫諍尚書令任城王澄劾匡大不敬詔恕死爲民雄奏理匡）

獄成訴枉宜復斷理議

春秋之義不幸而失寧僭不濫僭則失罪人濫乃害善人今議者不忍罪姦吏使出入縱情令君子小人薰蕕不別豈所謂賞善罰惡殷勤隱恤者也仰尋周公不滅流言之愆俯惟釋之不加驚馬之辟所㠯大小用情貴在得所失之千里差在毫釐雄人執案牘數見疑訟職掌三千願言者六一曰御史所糾有注其逃走者及其出訴或爲公使本曹給過所有指如不推檢文案灼然者雪之二曰御史赦前注獲見贓不辨行賕主名檢無賂㠯置直之主宜應洗復三曰經拷不引傍無三證比㠯獄案既成至即除削或有據令奏復者與奪不同未獲爲通例又須定何如得爲證人若必須三人對見受財然後成證則于理太寬若傳聞即爲證則于理太急今請㠯行賕後三人俱見物及證狀顯著準㠯爲驗四曰赦前斷事或引律乖錯使除復失衷雖案成經赦宜追從律五曰經赦除名之後或邀駕訴枉被旨重究或訴省稱冤爲奏更檢事付有司未被研判遂遇恩宥如此之徒謂不得異于常格依前案爲定若不合拷究已復之流請不追奪六曰或受辭下檢反覆使鞫獄證占分明理合清雪未及告案忽逢恩赦若從證占而雪則違正格如除其名罪濫潔士㠯爲罪須案成雪㠯占定若拷未畢格及要證一人不集者不得爲占定古人雖患察獄之不精未聞知冤而不理今之所陳實士師之深疑朝夕之急務願垂察焉（魏書辛雄傳初廷尉少卿袁翻奏曾染風聞者不問曲直推爲獄成悉不斷理詔令門下尚書廷尉議之雄議）

奉使慰勞關西啟六事

臣聞王者愛民之道有六一曰利之二曰成之三曰生之四曰與之五曰樂之六曰喜之（缺一句）則利之也使民不失其時則成之也省刑罰則生之也薄賦斂則與之也無多徭役則樂之也吏靜不苛則喜之也伏惟陛下道邁前王功超往代敷春風而鼓俗旌至德㠯調民生之養之正當茲日悅近來遠亦是今時臣既忝將命乘官驛虛號王人往還有費于郵亭皇恩無逮于民俗謹率愚管宜揚聖澤前件六事謂所宜行若不除煩收疾惠孤恤寡便是徒敢㠯陳聞乞垂覽許（魏書辛雄傳莊帝反洛詔雄㠯本官兼侍中關西慰勞大使將發請事五條仍啟）

王顯

顯字世榮陽平樂平人孝文時歷本州從事㠯醫術補侍御師遷尚書儀曹郎宣武時累遷游擊將軍拜廷尉少卿除平北將軍相州刺史入除太府卿御史中尉延昌初爲太子詹事封衞南伯有藥方三十五卷

奏劾石榮抱老壽

風聞前洛州刺史陰平子石榮積射將軍抱老壽恣蕩非軌易室

而姦腰聲布于朝野醜音被于行路即攝鞫問皆與風聞無差犯禮傷化老壽等即主謹案石榮籍貫兵伍地隔宦流處世無入朝之期在生絕冠冕之望遭時之運逢非次之擢目犬馬延慈賚屐恩念自微至貴位階方岳不能懷恩感德上酬天施迺咎彰遐邇嚮穢京墟老壽種類無聞氏姓莫紀丐乞刑餘之家覆養閹人之室蒙國殊澤預班爵序正宜治家假內疑教誡閨庭方恣其淫姦換妻易妾榮前在洛州遠迎老壽妻常氏兵人千里疲于道路老壽同敝笱之在梁若其原疑之無別男女三人莫知誰子人理所未聞鳥獸之不若請目見事免官付廷尉理罪鴻臚削爵魏書抱疑傳

奏劾元匡

自金行失御羣偽競興禮壞樂崩彝倫攸斁大魏應期奄有四海高祖孝文皇帝目睿聖統天克復舊典乃命故中書監高閭廣旌儒林推尋樂府依據六經參諸國志目黍裁寸將均周漢舊章屬雲構中遷尚未云就高祖睿思立深參攷經記目一黍之大用成分體準之爲尺宜布施行暨正始中故太樂令公孫崇輒自立意目黍十二爲寸別造尺度定律刊鍾皆向成訖表求觀試時敕太常卿臣芳目崇造既成請集朝英議其得否芳疑崇尺度與先朝不同察其作者于經史復異推造鮮據非所宜行時尚書令臣肇清河王懌等目崇造乖謬與周禮不同遂奏臣芳依周禮更造成訖量校從其善者而芳目先朝尺度事合古典乃依前詔書目黍刊寸竝請朝廷用裁金石于時議者多云芳是雖黃門侍郎臣孫惠蔚與崇扶同二途參差頻經攷議而尚書令臣肇目芳造崇物故之後而惠蔚亦造一尺仍云扶目比崇尺自相乖背量省二三謂芳爲得而尚書臣匡表云劉孫二尺長短相傾稽攷兩律所容殊異言取中黍校彼二家云竝參差抑中無所自立一途請求議判當時議者或是于匡兩途舛駮未即時定肇又云權斛斗尺班

行已久今者所論豈踰先旨宜仰依先朝故尺爲定自爾目後而匡與肇厲言都座聲色相加高下失其常倫喧競無復彝序匡更表列據已十是云芳十非又云肇前被敕旨共芳營督規立鍾石之名希播製作之譽乃憑樞衡之尊藉舅氏之勢與奪任心臧否自已阿黨劉芳遏絕臣事望勢雷同者接目恩言依經案古者即被怒責雖未指鹿化馬移天徙日實使蘊藉之士聳氣坐端懷道之夫結舌筵次又言芳昔與崇競恆言自作今共臣論忽稱先朝豈不前謂可行輒欲自取後知錯謬便推先朝殊非大臣之體深失爲下之義復攷校勢臣之前量度偏頗之手臣必刖足內朝抱璞人外囂言肆意彰于朝野然匡職當出納獻替所在斗尺權度正是所司若已有所見能練臧否宜應首唱義端早辨諸惑何故嘿心隨從不關一言見芳成事方有此語計芳才學與匡殊懸所見淺深不應相匹今乃始發恐此由心借智于人規成虛譽況匡表云所據銅權形如古誌明是漢作非莽別造及案權銘云黃帝始祖德布于虞虞帝始祖德布于新若莽佐漢時事盜有銘僞新之號哉又尋莽傳云莽居攝即變漢制度攷校二證非漢權明矣復云芳之所造又短先朝之尺臣既比之權然相合更云芳尺與千金堰不同臣復量比因見其異二三浮濫難可據準又云共構虛端妄爲疑似託目先朝云非已製臣案此欺詐乃在于匡不在于芳何目言之芳先被敕專造鍾律管籥優劣是其所裁權斛尺度本非其事比前門下索芳尺度而芳牒報云依先朝所頒新尺復應下黍更不增損爲造鍾律調正分寸而已檢匡造時在牒後一歲芳于爾日匡未共爭已有此牒豈爲詐也計崇造寸積黍十二羣情共知而芳造寸唯止十黍亦俱見先朝詔書目黍成寸首尾歷然寧有輒欲自取之理肇任居端右百寮是望言行動靜必副具瞻若恃權阿黨詐託先詔將指鹿化馬徙日移天即是魏之

趙高。何㠯斈物。肇若無此。臣既誣毀斈相。訕謗明時。豈應談議之閒。便有指鹿之事。可否之際。輒生刖足之言。趙高矯惑。事屬衰秦。卞和抱璞。時遇暴楚。何宜㠯濟濟之朝。而有斯謣者哉。阻惑朝聽。不敬至甚。請㠯肇匠。並禁尚書。推窮其原。付廷尉定罪。（魏書廣平王洛侯傳。第五子匡。與尚書令高肇不平。後因與太常劉芳議爭權量。遂與肇聲色。御史中尉王顯奏匡云云。詔曰可。）

田益宗

益宗。光城蠻酋。仕齊爲征虜將軍直閤將軍。太和中遣使歸款。拜員外散騎常侍、都督光城弋陽汝南新蔡宋安五郡軍事、冠軍將軍、南司州刺史、光城縣伯。尋于新蔡立東豫州。㠯爲刺史。改封安昌縣伯。進號征虜將軍。景明中進號平南將軍。加安南將軍。延昌中遷使持節鎭東將軍濟州刺史。入爲征西將軍金紫光祿大夫。加散騎常侍。改封曲陽縣伯。熙平二年卒。年七十三。贈征東大將軍郢州刺史。謚曰莊。

請乘機取義陽表

臣聞機之所在。聖賢弗之疑。兼弱攻昧。前王莫之捨。皆拯羣生于湯炭。盛武功于方來。然霸業將淪。非勤無㠯速其緯天之所棄。非假手無㠯殲其人。竊惟蕭衍口常。君臣交爭。江外州鎭。中分爲兩。東西抗峙。已淹歲時。民庶窮于轉輸。甲兵疲于戰鬭。事救于目前。力盡于麾下。口無外維州鎭綱紀。庶方蕃城。綦立孤存而已。不乘機電埽。廓彼蠻疆。恐後之經略。未易于此。且壽春雖平。三面仍梗。鎭守之宜。實須豫設。義陽差近。淮源利涉。津要朝廷。行師必由此道。若江南一平。有事淮外。須乘夏水汎長。列舟長淮。師赴壽春。須從義陽之北。便是居我喉要。在慮彌深。義陽之滅。今實時矣。度彼衆不過須精卒一萬二千。然行師之法。貴張形勢。請使兩荊之衆。西擬隨雍。揚州之卒。頓于建安。得捍三關之援。然後二豫之軍。直據南關。對抗延頭。遣一都督總諸軍節度。季冬進師。迄于春末。弗過十旬。剋之必矣。

上表自理

臣昔在南。仰餐王化。擁率部曲。三千餘家。棄彼邊榮。歸投樂土。兄弟荼炭。釁結賊朝。高祖孝文皇帝錄臣乃誠。授㠯蕃任。方欲仰憑國威。冀雪冤恥。豈容背寵向讎。就險危命。昔郢豫紛擾。臣躬率義兵。擁絕賊路。竊謂誠心。仰簡朝野。但任重據邊。易招塵謗。致使桃符橫加讒毀。誣臣恆欲投南。暴亂非一。乞檢事原。㠯何爲驗。復云虐害番兵。殺賣過半。如其所言。未審死失之家。所訟有幾。又云耗官粟帛。倉庫傾盡。御史覆檢。曾無損折。初代之日。二子魯生魯賢從子超秀等並在城中。安然無二。而桃符密遣積射將軍鹿永固私將甲士。打息魯生。僅得存命。唱云我被面敕。若能得魯生魯賢首者。各賞本郡。士馬圍遶。騰城唱殺。二息戰怖。實由于此。殘害居業。爲生蕩然。乃復毀發墳墓。露泄枯骸。存者罹生離之苦。亡魂遭

粉骨之痛。昔歲朝廷頻遣桃符。數加慰勞。而桃符凶姦。擅生禍釁。云唯我相申。致降恩旨。及返京師。復欺朝廷。謗臣父子。全無忠誠。誣陷貞良。惑亂朝聽。乞攝桃符與臣並對。若臣罪有狀。分從憲網。如桃符是謬。坐宜有歸。（魏書田益宗傳。）

王肅

肅字恭懿。琅邪臨沂人。齊左僕射雍州刺史奐子。永明中歷著作郎、太子舍人、司徒主簿、祕書丞。㠯父及兄弟皆坐罪誅。來奔。孝文㠯爲輔國將軍大將軍長史。進號平南將軍。除豫州刺史、揚州大中正。進號鎭南將軍。封汝陽縣子。坐劉藻等敗。降號平南將軍。宣武即位。㠯遺詔進尚書令。拜車騎將軍。封昌國縣侯。出爲揚州刺史。鎭壽春。景明二年卒。贈侍中司空公。謚曰宣簡。

奏請依舊攷檢

攷㠯顯能。陟由績著。昇明退闇。于是乎在。自百寮曠察。四稔于茲

請依舊式。攺檢能否。（魏書王肅傳。）

奏增彭城王勰邑戶

臣等聞旌功表德。道貫前王。庸勳親親。義高盛典。是故姬旦翼周。光宅曲阜。東平宰漢。寵絕列蕃。彭城王勰。景思內昭。英風外發。協廓乾規。埽氛漢沔。屬先帝在天。鳳旌旋旆。靜一六師。肅寧南服。登聖皇于天衢。開有魏之靈祐。論道中鉉。王猷㠯穆。七德丕宣。九功在詠。臣等參詳。宜增邑一千五百戶。（魏書彭城王勰傳。）

王誦

誦字國章。肅長兄融之子。景明初來奔。歷員外郎、司徒主簿。轉司徒屬、司空諮議、通直常侍、汝南王友。遷司徒諮議。加前軍、散騎常侍、光祿大夫。孝明初出為左將軍、幽州刺史。神龜中徵為長兼祕書監。徙給事黃門侍郎。孝莊初于河陰遇害。贈驃騎大將軍、尚書左僕射、司空、徐州刺史。諡曰文宣。

與故舊李神儁等書論盧義僖

盧冠軍在此。時復惠存。輒留連數日。得㠯諮詢政道。（魏書盧玄附傳。又見北史三十。）

張烈

烈字徽仙。（北史作徽之。）清河東武城人。居臨淄。孝文賜名烈。㠯本名為字。太和中歷侍御、主文中散。還洛。除尚書儀曹郎、彭城王功曹史、太子步兵校尉。出為陵江將軍、順陽太守。宣武即位。封清河縣子。㠯母老去官。孝明即位。除龍驤將軍、司徒右長史。轉征虜將軍、司空長史。累遷前將軍、給事黃門侍郎。加平南將軍、光祿大夫。孝昌初出為安北將軍、瀛州刺史。更滿還朝致仕。元象元年卒。年七十七。

刺稱羊祉諡景無虧體例

案祉歷官累朝。當官允稱。委捍西南。邊隅靖遏。準行易名。奬誠攸在。竊謂無虧體例。（魏書酷吏羊祉傳。元端等議諡曰景侯。剛等駁。靈太后令重議。元端如前議。司徒右長史張烈主簿李瑒刺稱。）

歷官當作歷宦

隔當作隔

全後魏文卷四十六終

全後魏文卷四十七

烏程嚴可均校輯

張普惠

普惠字洪賑常山九門人太和末爲主書帶制局監轉尚書都令史宣武初轉積射將軍歷任城王澄安西錄事參軍行馮翊郡事隨府轉鎮南主簿加威遠將軍又爲安樂王詮長史除揚烈將軍相州安北司馬遷步兵校尉領河南尹丞免熙平中除盪遠將軍司空倉曹參軍神龜中爲尚書右丞正光中除光祿大夫出爲左將軍東豫州刺史孝昌元年卒贈平北將軍幽州刺史謚曰宣恭

密表太后父不可稱太上

臣聞優名寶位王者之所光錫尊君愛親臣子所㠯愼終必使勳績相侔號秩相可然後能顯揚當時傳徽萬代者矣竊見故侍中

司徒胡公懷道含靈實誕聖后載育至尊母儀四海近樞克唯允之寄居槐體論道之明故㠯功餘九錫褒假鑾纛深聖上之加隆極慈后之至愛憲章天下不亦可乎而太上之號竊謂未衷何者易稱天尊地卑乾坤定矣故曰大哉乾元又曰至哉坤元明乾坤不可竝大禮記曰天無二日土無二王嘗禘郊社尊無二上明君臣不可竝上伏見詔書㠯司徒爲太上秦公夫人爲太上秦君夫人蒙號于前司徒繫之于後尊光之美盛矣竊惟高祖受禪于獻文皇帝故仰尊爲太上皇此因上上而生名也皇太后稱令㠯繫敕下蓋取三從之道遠同文母列于十亂則司徒之爲太上恐乖繫敕之意春秋傳曰葬稱公臣子辭明不可復加上也書曰茲予大饗于先王爾祖其從與饗之司徒位尊屬重必當配饗先朝稱太上㠯爲臣㠯事太上皇恐非司徒翼翼之心漢祖創有天下尊父曰太上皇母曰昭靈后乃帝者之事晉有小子侯尚曰僭之于天子司徒三公也其可同號于帝乎孔子曰必也正名名不正則言不順言不順則事不成事不成則禮樂不興禮樂不興則刑罰不中刑罰不中則民無所措手足易曰有大者不可㠯盈故受之㠯謙謙尊而光卑而不可踰天道虧盈而益謙地道變盈而流謙鬼神害盈而福謙人道惡盈而好謙又曰困于上者必反于下故受之㠯井比剋吉定兆而㠯淺改卜羣心悲惋亦或天地神靈所㠯垂至戒啟聖情伏願聖后回日月之明察微臣之請停司徒逼同之號從卑下不踰之稱畏困上之釁邀謙光之福則天下幸甚臣聞見災脩德災變成善此太戊所㠯興殷桑穀㠯之自滅況今卜遷方始當脩革之會愚㠯爲無上之名不可假之脫譏于千載恐貽不言之咎且君之于臣比葬三臨之禮也司徒誠爲后父實人臣也雖子尊不加于父乃天下母㠯義斷恩不可遂在室之意故曰女子有行遠兄弟父母況乃應坤之載承天之重而朔望于司

徒之殯晨昏于郊墓之閒雖聖思蒸蒸其不虞宜戒離宸極之嚴居疲雲蹕于道路此亦億兆蒼生瞻仰先圖伏願尋載馳之不歸存靜方之光大則草木可繁人靈斯穆臣職忝諫司敢獻狂瞽謹冒上聞不敢宣露乞垂省覽昭臣微款脫得奉謁聖顏曲盡愚衷者死且不朽（魏書張普惠傳靈太后父司徒胡國珍薨贈相國太上秦公普惠㠯前世后父無太上之號詣闕上疏陳其不可左右畏懼莫敢爲通會聞胡家穿壙下有磐石乃密表）

表論時政得失

一曰審法度平斗尺租調務輕賦役務省二曰聽輿言察怨訟先皇舊事有不便于政者請悉追改三曰進忠謇退不肖任賢勿貳去邪勿疑四曰興滅國繼絕世勳親之胄所宜收敘（魏書張普惠傳）

復徵緜麻疏

伏聞尚書奏復緜麻之調遵先皇之軌夙宵惟度忻戰交集何者聞復高祖舊典所㠯忻惟新俱可復而不復所㠯戰違法仰惟高

祖廢大斗。去長尺。改重秤。所以愛萬姓。從薄賦。知軍國須綿麻之用。故云幅度之閒。（通典作故立幅度之規。）億兆應有綿麻之利。故絹上稅綿八兩。布上稅麻十五斤。萬姓得廢大斗。去長尺。改重秤。荷輕賦之饒。不適于綿麻而已。故歌舞以供其賦。奔走以役其勤。天子信于上。億兆樂于下。故易曰。悅以使民。民忘其勞。此之謂也。自茲以降。漸漸長闊。百姓嗟怨。聞于朝野。伏惟皇太后未臨朝之前。陛下居諒闇之日。宰輔不尋其本。知天下之怨綿麻。不察其幅廣度長秤重斗大。革其所弊。存其可存。而特放綿麻之調。以悅天下之心。此所謂悅之不以道。愚臣所以未悅者也。尚書既知國少綿麻。不惟法度之易。（通典作之蠶易。）民言之可畏。便欲去天下之大信。棄已行之成詔。追（通典作遵。）前之非。遂後之失。奏求還復綿麻。以充國用。不思庫中大有綿麻。而羣官共竊之。（通典作而都官共竊利之。）愚臣以爲于理未盡。何者。今宮人請調度造衣物。必度忖秤量。絹布匹有尺丈之盈。一猶（通典作尢。無一字。）不計其廣。絲綿斤（通典作斤兩。）兼百銖之剩。未聞依律罪州郡。（通典有者字。）若一匹之濫。一斤之惡。則鞭戶主連三長。此所以敎民以貪者也。今百官請俸。人樂長闊。幷欲厚重。無復準極。得長闊厚重者。便云其州能調絹布。精闊且長。橫發美譽。以亂視聽。不聞嫌長惡廣。求計還官者。此百司所以仰負聖明也。今若必復綿麻者。謂宜先令四海。知其所由。明立嚴禁。復本幅度。新綿麻之典。依太和之稅。其在庫絹布竝及絲緜不依典制者。請遣一尚書與太府卿左右藏令依今官度官秤。計其斤兩廣長。折給請俸之人。總常俸之數。年俸所出以布綿麻。亦應其一歲之用。使天下知二聖之心。愛民惜法如此。則高祖之軌。中興于神龜。明明慈信。照布于無窮。則孰不幸甚。伏願亮臣悾悾之至。下慰蒼生之心。（魏書張普惠傳。尚書計奏復徵緜麻。恐其勞民不堪命。上疏云云。又見通典五。）

上疏諫崇佛法不親郊廟

臣聞明德恤祀。成湯光六百之祚。嚴父配天。孔子稱周公其人也。故能馨香上聞。福傳遐世。伏惟陛下重暉纂統。欽明文思。天地屬心。百神佇望。故宜敦崇祀禮。咸秩無文。而告朔朝廟。不親于明堂。嘗禘郊社。多委于有司。觀射遊苑。躍馬騁中。危而非典。豈清蹕之意。殖不思之冥業。損巨費于生民。減祿削力。近供無事之僧。崇飾雲殿。遠邀未然之報。昧爽之臣。稽首于外。玄寂之衆。遨遊于內。愆禮忤時。人靈未穆。愚謂從朝夕之因。求祇劫之果。未若先萬國之忻心。以事其親。使天下和平。災害不生者也。伏願淑慎威儀。萬邦作式。躬致郊廟之虔。親紆朔望之禮。釋奠成均。竭心千畝。明發不寐。潔誠禋禴。孝悌可以通神明。德敎可以光四海。則一人有喜。兆民賴之。然後精進三寶。信心如來。道由化深。故諸漏可盡。法隨禮積。故彼岸可登。量撤僧寺不急之華。還復百官久折之秩。已興之構。務從簡成。將來之造。權令停息。仍舊亦可。何必改作。庶節用愛人。法俗俱賴。臣學不經遠。言多孟浪。忝職其憂。不敢默爾。（魏書張普惠傳。肅宗不親視朝。崇佛法。郊廟多委有司。上疏。又略見廣弘明集六。）

諫送蠕蠕阿那瓌還國疏

臣聞乾元以利貞爲大。非義則不動。皇王以博施爲功。非類則不從。故能始萬物而化天下者也。伏惟陛下叡哲欽明。道光虞舜。八表宅心。九服清晏。蠕蠕相害于朔垂。妖師扇亂于江外。此乃封豕長蛇。不識王度。天將悔其罪。所以奉皇魏。故荼毒之。辛苦之。令知至道之可樂也。宜安民以悅其志。恭已以懷其心。而先自勞擾。艱難下民。興師郊甸之內。遠投荒塞之外。救累世之勍敵。可謂無名之師。諺曰。唯亂門之無過。愚情未見其可。當是邊將窺竊一時之功。不思兵爲凶器。不得已而用之者也。夫白登之役。漢祖親困之。樊噲欲以十萬衆橫行匈奴中。季布以爲不可。請斬之。千載以爲美況。今旱酷異常。聖慈降矓。乃以萬五千人使楊鈞爲將。而欲定蠕蠕忤時而動，其可濟乎。阿那瓌投命皇朝，撫之可也，豈容困疲我兆民以養天喪之虜。昔莊公納子糾以致乾時之敗，魯僖以邾國而有懸冑之恥。今蠕蠕時亂，後主繼立，雖云散亡，姦虞難抑，脫有井陘之虞，楊鈞之肉其可食乎。高車、蠕蠕連兵積年，饑饉相仍，須其自斃，小亡大傷，然後一舉而并之，此卞氏之高略，所以獲兩虎，不可不圖之。今土山告難，簡書相續，蓋亦無能為也。正與今舉相會，天其或者欲以告戒人，不欲使南北兩疆並興大眾，脫狂狡構間于其間，而復事連中國，何以寧之。今宰輔專欲好小名，不圖安危大計，此微臣所以寒心者也。那瓌之不還，負何信義。此機之際，北師宜停。臣言不及義，文書所經過，不敢不陳。兵猶火也，不戢將自焚，二虜自滅之形，可以為殷鑒。伏願輯和萬國，以靜四疆，混一之期，坐而自至矣。臣愚昧多違，必無可採，匹夫之智，願以呈獻。（魏書張普惠傳）

上疏荅詔訪冤屈

詩稱文王孫子，本枝百世。易曰：大君有命，開國承家。皆所以明德睦親，維城作翰。漢高封爵之誓曰：使黃河如帶，太山如礪，國以永存，爰及苗裔。又申之以丹書之信，重之以白馬之盟。其以蕃大分王，罪犯還邑者，蓋有之矣，未聞父基子構，世載忠賢，一死一削，用為恆典者也。故尚書令臣肇未能遠稽古義，近究成旨，以初封之詔有親王二千戶，始蕃一千戶，二蕃五百戶，三蕃三百戶，謂是親疏世減之法；又以開國五等有所減之言，以為世減之趣，遂立格奏奪，稱是高祖本意，仍被旨可。差謬之來，亦已甚矣。遂使勳親懷屈，幽顯同冤，紛訟彌年，莫之能息。臣輒遠研旨格，深窮其事，世變減奪，今古無據。又尋詔書稱昔未可釆，今始列壁，豈得混一內分天近也。故樂良樂浪，同蕃異封；廣陽、安豐，屬別戶等；安定之嫡邑，齊親王河間，咸近更從蕃食。是乃太和降旨初封之倫級，勳親兼

樹，非世減之大驗者也。博陵襲爵，亦在太和之年，時不世減，以父嘗全食足戶充本，同之始封，減從今式。如此，則減者減其所足之外，足者足其所減之內，減足之旨，乃為所貢所食耳。欲使諸王開國，弗專其民，賦役之差，貴賤有等，蓋準擬周禮公侯伯子男貢稅之法，王食其半，公食三分之一，侯伯四分之一，子男五分之一。是以新興得足充本，清淵吏多減戶，故始封承襲，俱稱所減。謂減之以貢，食謂食之于國，斯實高祖霈然之詔，減實之理，聖明自釋。求之史帛，猶有未盡。時尚書臣秀疑減足之參差，旨又判之以問，訓所減之旨，可以不疑于世減矣。而臣肇弗稽往事，以五等有所減之格，用為世減之法；以王封有親疏之等，謂是代削之條。妄解成旨，雷同世奪，以此毒天下，民其從乎。故太傅任城文宣王臣澄樞弼累朝，識洞今古，為尚書之日，殷勤執請，孜孜于重議，被旨不許，于此遂停。又律罪例減及先帝之緦麻，今給親恤止當世之有服，

律令相違，威澤異品，使七廟曾玄不治未恤，嫡封則爵祿無窮，枝庶則屬內貶絕，儀刑作孚，億兆何觀。夫一人吁嗟，尚曰虧治，今諸王五等各稱其冤，七廟之孫並訟其切，陳訴之案盈于省曹，朝言巷議，咸云其苦，恐非先王所以建萬國、親諸侯、睦九族之義也。臣猥忝今任，于茲五年，推尋旨格，謂無世減之理。請近遵高祖減食之旨，遠循百代聖賢之詰，退由九伐，進從九儀，則刑罰有倫，封不虛黜。斯乃文王所以克慎，不敢侮于鰥寡，而況于公侯伯子男乎。今旨訪冤滯，愚以此為大者，求尋光錫之詔，並諸條格所奪所請，事事窮審。諸王開國，非犯罪削奪者，並求還復其昔嘗全食足戶充本減從今式者，從前則力多于親懿，全奪則減足之格不行。愚謂祿力並應依所口之食而食之，若是則力少蕃王，粟帛仍本戶邑，雖盈之減兩泰，既有全食足戶之異，故不得同于新封之力耳。親恤所褒，請依律斷。伏惟親親尊賢，位必功立，尊賢以司民，可不

狂當作任

愼乎親親㠯牧族其可棄乎如脫蒙允求㠯旨判爲始其前來吏秩悉年久不追臣又聞明德愼罰文王所㠯造周咸有一德殷湯所㠯革夏故能上令下從風動草偃畏之如雷電敬之如明神是㠯天子家天下綏萬國若天之無不覆地之無不載遷都之構庶方子來汎澤所沾降及陪皁寔有岳牧二千石縣令丞尉治中別駕及諸軍幢受命于朝廷而可不預乎此之班駁雲雨之不平謂是當時有司出納之未允何㠯明之仰尋世宗詔書百官普進一級中有朝臣刺史登時褒授則內外貴賤莫不同澤又覆奏稱爰及陪皁明無不逮自後人率其心紛綸盈庭嫌少誤惑視聽限㠯汎前更爲年斷六年三年之攷㠯意折之汎前汎後之歲隔而絕之遂使如綸之旨頓于一朝汎前六年上第者全不得汎三年上第者蒙半階而已汎前汎後合攷者隔絕而不得無攷者無折而全汎前汎後有攷無攷竝蒙全汎與否乖違勤舊彌屈差若毫釐謬㠯千里其此之謂乎易曰言行君子之所㠯動天下可不愼歟言之不從無㠯抑之遂奏奪牧守外祿全不與汎散官改爲四年之攷汎前者八年一階政令不一冤訟惟甚與而復奪其本在茲致使邀駕擊鼓者無理㠯加其罪誹謗公聽者無辭㠯抑其言噂喈所由生慢悖所由起夫琴瑟不調撓而更張善人國之本也其可棄乎詩云樂只君子邦家之基堯典曰克明俊德呂刑曰何擇非人周官曰官弗必備唯其人咎繇曰無曠庶官天工人其代之詩云人之云亡邦國殄瘁又曰雨我公田遂及我私孔子曰不患貧而患不均如此則官必擇人汎則宜溥請遠遵正始元旨近準聖明二汎內外百官悉同一階不㠯汎前折攷不㠯散狂增年則同雲共潤四海均洽如謂未可宜㠯權理折之易曰聖人之大寶曰位何㠯守位曰仁春秋傳曰一曰擇人如此則乃可無汎不可無攷守宰之汎旣㠯追奪則百官之汎不應獨霑溥澤旣收復誰敢怨夫三載之攷興于太和再周之陟通于景明閒劇祿力自有加減陪臣㠯事省降而攷則三年朝官旣祿等乎曹吏四周乃陟攷祿參差各稱其枉且一日從軍征戍苦于煩任終年專使決斷重于陪臣恆上若通爲三載之攷無汎隔折則各盈其分亦足㠯近塞羣口遠綏四方日昃求賢猶有所失況不遵擇人之訓唯㠯停久而進乎自今已後攷黜顧㠯三宅革心選進顧㠯三俊居德書曰舉能其官惟爾之能稱非其人惟爾弗任斯周道所㠯佑辟康民敢不敬守臣忝官樞副耽察冤訟痞痳惟省謂宜追正愚固所陳方無可采（魏書張普惠傳時詔訪冤屈普惠上疏）

廣陵北海二王爲所生祖母服議

謹案二王祖母皆受命先朝爲二國太妃可謂受命乎天子爲始封之母矣喪服慈母如母在三年章傳曰貴父命也鄭注云大夫之妾子父在爲母大功則士之妾子爲母朞父卒則皆得申此大夫命其妾子㠯爲母所慈猶曰貴父命爲之三年況天子命其子爲列國王命其所生母爲國太妃反自同公子爲母練冠之與大功乎輕重顚倒不可之甚者也傳曰始封之君不臣諸父昆弟則當服其親服若魯衞列國相爲服朞判無疑矣何㠯明之喪服君爲姑姊妹女子子嫁于國君者傳曰何㠯大功尊同也尊同則得服其親服諸侯之子稱公子公子不得禰先君然則兄弟一體位列諸侯自㠯尊同得相爲服不可還準公子遠厭天王故降有四品君夫人（北史作君大夫）㠯尊降公子大夫之子㠯厭降名例不同何可亂也禮大夫之妾子㠯父命慈己申其三年太妃旣受命先帝光昭一國二王胙土茅社顯錫大邦舍尊同之高據附不禰之公子雖許蔡失位亦不是過服問曰有從輕而重公子之妻爲其皇姑公子雖厭妻猶獲申況廣陵北海論封則封君之子語妃則命妃之孫承妃纂重遠別先皇更㠯先后之正統厭其所生之祖嫡方

王食當作玉食

之皇姑。不以追乎。今既許其申服。而復限之以朞。比之慈母。不亦爽歟。經曰。爲君之祖父母父母妻長子。傳曰。何以朞。父母長子。君服斬。妻則小君。父卒然後爲祖後者服斬。今祖乃獻文皇帝。諸侯不得祖之。母爲太妃。蓋二王三年之證。議者近背正經。以附非類。差之毫毛。所失或遠。且天子尊則配天。莫非臣妾。何爲命之爲國母。而不聽子服其親乎。記曰。從服者所從亡則已。又曰。不爲君母之黨服。則爲其母之黨服。今所從既亡。不以親服服其所生。則屬從之服。于何所施。若以諸王入爲公卿。便同大夫者。則當今之議。皆不須以國爲言也。今之諸王。自同列國。雖不之國。別置臣寮。王食一方。得不以諸侯言之。敢據周禮。輒同三年。魏書張普惠傳。廣陵恭北海王顥疑爲所生祖母服朞與三年。博士執意不同。部舉衆會議。普惠議。又見北史四十六。

奏記任城王澄

竊聞三殺九親。別疏昵之敘。五服六術。等衰麻之心。皆因事飾情。不易之道者也。然則莫大之痛。深于終身之外。書策之哀。除于喪紀之內。外者不可無節。故斷之以三年。內者不可遂除。故敦之以日月。禮。大練之日。鼓素琴。蓋推以即吉也。小功以上。非虞祔練除。不沐浴。此拘之以制也。曾子問曰。相識有喪服。可以與于祭乎。孔子曰。緦不祭。喪。何助于人祭。既不與。疑無宴食之道。又曰。廢喪服。可以與于饋奠之事乎。子曰。脫衰與奠。非禮也。注云。爲其忘哀疾。愚謂除喪之始。不與饋奠。小功之內。其可觀射乎。雜記云。大功以下。既葬適人。人食之。其黨也食之。非黨也不食。食猶擇人。于射爲感。北史作于馬射爲或非宜。伏見明敕。立射會之限。將以二七令辰。集城中文武。肄武藝于北園。行揖讓于中舍。時非大閱之秋。景涉妨農之節。國家縞禫甫除。殿下功衰仍襲。釋而爲樂。以訓百姓。便是易先王之典。敎忘哀戚之情。恐非所以昭令德。視子孫者也。案射儀射者以禮樂爲本。忘而從事。不可謂禮。鍾鼓弗設。不可謂樂。捨此二者。何用射爲。又七日之戲。令制無之。班勞所施。處違事體。庫府空虛。宜待新調。二三之趣。停之爲便。乞至九月。備飾盡行。然後奏貍首之章。宣矍相之令。聲軒懸。建雲鉦。神民忻暢。于斯時也。伏惟慈明遠被。萬民是望。舉動所書。發言唯則。願更廣訪。賜垂曲采。昭其管見之心。恕其讜言之責。則芻蕘無遺歌。輿人有獻誦矣。魏書張普惠傳。任城王澄功衰在身。欲于七月七日集會文武。北園馬射。普惠奏記于澄。澄意納其言。託辭自罷。又北史四十六。

荅訪烈懿太妃題碑

任城王澄遭太妃憂。臣寮爲立碑頌。題碑欲云康王元妃之碑。澄訪于普惠。荅曰。謹尋朝典。但有王妃。而無元字。魯夫人孟子稱元妃若。欲下與繼室聲子相對。今烈懿太妃作配先王。更無聲子仲子之嫌。竊謂不假元字。以別名位。且以氏配姓。愚以爲在生之稱。故春秋夫人姜氏至自齊。既葬以謚配姓。故經書葬我小君文美。又曰來歸夫人成風之襚。皆以謚配姓。古者婦人從夫謚。今烈懿太妃德冠一世。故特蒙褒錫。乃萬代之高事。豈容于定名之重。而不稱烈懿乎。魏書張普惠傳。又北史四十六。

全後魏文卷四十七終

余當作爾

烏程嚴可均校輯

袁翻

翻字景翔。陳郡項人。太和末爲奉朝請。景明初兼著作佐郎。後遷司徒祭酒揚烈將軍尚書殿中郎。正始中除豫州中正。熙平初除冠軍將軍廷尉少卿。尋加征虜將軍。出爲平陽太守。神龜末遷冠軍將軍涼州刺史。還拜吏部郎中。加平南將軍光祿大夫。出爲齊州刺史。孝昌中除安南將軍中書令。領給事黃門侍郎。後拜度支尚書。轉都官尚書。加撫軍將軍。建義初于河陰遇害。贈侍中車騎將軍青州刺史。

思歸賦

日色黯兮高山之岑。月逢霞而未皎。霞値月而成陰。望他鄉之阡陌。非舊國之池林。山有木而蔽月。川無梁而復深。悵浮雲之弗限。何此恨之難禁。于是雜石爲峯。諸煙共色。秀出無窮。煙起不極。錯翻花而似繡。網遊絲其如織。蝶兩戲以相追。燕雙飛而鼓翼。怨驅馬之悠悠。歎征夫之未息。余乃臨峻壑。坐層阿。北眺羊腸詰屈。南望龍門嵯峨。疊千重以聳翠。橫萬里而揚波。遠猑邐與巏嶙。走鰞鼉及龜鼉。彼曖然兮鞏洛。此邈矣兮關河。心鬱鬱兮徒傷。思搖搖兮空滿。思故人兮不見。神翻覆兮魂斷。斷魂兮如亂。憂來兮不散。俯鏡兮白水。水流兮漫漫。異色兮縱橫。奇光兮爛爛。下對兮碧沙。上覩兮青岸。岸上兮氤氳。駮霞兮絳氛。風搖枝而爲弄。日照水以成文。行復行兮川之畔。望復望兮望夫君。君之門兮九重門。余之別兮千里分。願一見兮導我意。我不見兮君不聞。魄惆悅兮知何語。氣繚戾兮獨縈縕。彼鳥馬之無知。尙有情于南北。雖吾人之固鄙。豈忘懷于上國。去上國之美人。對下邦之鬼域。彤既同于魍魎。心匪殊于蝥賊。欲修之而難化。何不殘之云剋。知進退之非可。徒終朝以默默。願生還于洛濱。荷天地之厚德。魏書袁翻傳。出爲平陽太守。甚不自得。遂作思歸賦。

安置蠕蠕表

謬以非才。忝荷邊任。猥垂訪逮。安置蠕蠕主阿那瓌婆羅門等處所遠近利害之宜。竊惟匈奴爲患。其來久矣。雖隆周盛漢。莫能障服。衰弱則降。富彊則叛。是以方叔召虎不遑自息。衛青去病勤亦勞止。或修文德以來之。或興干戈以伐之。而一得一失。利害相侔。故呼韓來朝。左賢入侍。史籍謂之盛事。千載以爲美談。至于皇代勃興。威馭四海。爰在北京。仍梗疆場。自卜惟洛食。定鼎伊瀍。高車蠕蠕。迭相吞噬。始則蠕蠕衰微。高車彊盛。蠕蠕則自救靡暇。高車則僻遠西北。及蠕蠕復振。反破高車。主喪民離。不絕如綫。而高車今能終雪其恥。復摧蠕蠕者。正由種類繁多。不可頓滅故也。然鬭此兩敵。卽卞莊之筭。得使境上無塵數十年中者。抑此之由也。今蠕蠕內爲高車所討滅。外憑大國之威靈。兩主投身。一朞而至。百姓歸誠。萬里相屬。進希朝廷哀矜。克復宗社。退望庇身有道。保其妻兒。雖乃遠夷荒桀。不識信順。終無純固之節。必有孤負之心。然興亡繼絕。列聖同規。撫降卹附。緜經共軌。若棄而不受。則虧我大德。若納而禮待。則損我資儲。來者既多。全徙內地。非直其情不願。迎送艱難。然夷不亂華。殷鑒無遠。覆車在于劉石。毀轍固不可尋。且蠕蠕尙存。則高車猶有內顧之憂。未暇窺窬上國。若蠕蠕全滅。則高車跋扈之計。豈易可知。今蠕蠕雖主奔于上。民散于下。而餘黨實繁。部落猶衆。處處棊布。以望今主耳。通典作以保全生耳。高車亦未能一時并兼。盡令率附。又高車士馬雖衆。主甚愚弱。上不制下。下不奉上。唯以掠盜爲資。陵奪爲業。河西捍禦彊敵。唯涼州敦煌而已。涼州土廣民希。糧仗素闕。敦煌酒泉。空虛尤甚。若蠕蠕無復豎立。令高車獨擅北垂。則西顧之憂。匪旦伊夕。愚謂蠕蠕二主。皆宜存之居阿那瓌于東偏處婆羅門于西裔分其降民各有攸屬那瓌住所非所經見其中事勢不敢輒陳其婆羅門請修西海故城以安處之西海郡本屬涼州今在酒泉直北張掖西北千二百里去高車所住金山一千餘里正是北虜往來之要衝漢家行軍之舊道土地沃衍大宜耕殖非但今處婆羅門于事爲便即可永爲重戍鎭防西北宜遣一良將加以配衣仍令監護婆羅門凡諸州鎭應徙之兵隨宜割配且田且戍雖外爲置蠕蠕之舉內實防高車之策一二年後足食足兵斯固安邊保塞之長計也若婆羅門能自克厲使餘燼歸心收離聚散復興其國者乃漸令北徙轉渡流沙即是我之外蕃高車勍敵西北之虞可無過慮如其姦回反覆孤恩背德者此不過爲逋逃之寇于我何損今不早圖戎心一啟脫先據西海奪我險要則酒泉張掖自然孤危長河以西終非國有不圖厥始而憂其終噬臍之恨悔將何及愚見如允乞遣大使往涼州敦煌及于西海躬行山谷要害之所親閱亭障遠近之宜商量士馬校練糧仗部分見定處置得所入春西海之間即令播種至秋收一年之食使不復勞轉輸之功也且西海北垂即是大磧野獸所聚千百爲羣正是蠕蠕射獵之處殖田以自供藉獸以自給彼此相資足以自固今之豫度微似小損歲終大計其利實多高車豺狼之心何可專信假令稱臣致款正可外加優納而復內備彌深所謂先人有奪人之心者也管窺所陳懼多孟浪（魏書袁翻傳又見通典一百九十六正光二年十月朝廷問安置蠕蠕之宜于涼州刺史袁翻翻表）

乞加金紫表

臣往忝門下翼侍帷幄同時流輩皆以出離左右蒙數階之陟唯臣奉辭非但直去黃門今爲尚書後更在中書令下于臣庸朽誠爲叨濫準之倫匹或有未盡竊惟安南之與金紫雖是異品之隔實有半階之校加以尚書淸要位遇通顯準秩論資似加少進語

望比官人不願易臣自揆自顧力極求此伏願天地成造有始有終矜臣疲病乞臣骸骨願以安南尚書換一金紫（魏書袁翻傳）

奏駮太常議甄琛謚

案禮謚者行之迹也號者功之表也車服者位之章也是以大行受大名細行受細名行生于己名生于人故闔棺然後定謚皆累其生時美惡所以爲將來勸戒身雖死使名常存也凡薨亡者屬所即言大鴻臚移本郡大中正條其行迹功過承中正移言公府下太常部博士評議爲謚列上謚不應法者博士坐如選舉不以實論若行狀失實中正坐如博士自古帝王莫不殷勤重愼以爲褒貶之實也今之行狀皆出自其家任其臣子自言君父之行無復相是非之事臣子之欲光揚君父但苦迹之不高行之不美是以極辭肆意無復限量觀其狀也則周孔聯鑣伊顏接衽論其謚也雖窮文盡武罔或加焉然今之博士與古不同唯知依其行狀又先問其家人之意臣子所求便爲議上都不復斟酌與奪商量是非致號謚之加與汎階莫異專以極美爲稱無復貶降之名禮官之失一至于此案甄司徒行狀至德與聖人齊蹤鴻名共大賢比迹文穆之謚何足加焉但比來贈謚于例普重如甄琛之流無不復謚謂宜依謚法慈惠愛民曰孝宜謚曰孝穆公自今已後明勒太常司徒有行狀如此言辭流宕無復節限者悉請裁量不聽爲受必準人立謚不得甚加優越復仍踵前來之失者付法司科罪（魏書甄琛傳正光五年琛卒贈司徒太常議謚文穆吏部郎袁翻奏從之）

明堂議

謹案明堂之義今古諸儒論之備矣異端競構莫適所歸故不復遠引經傳傍採紀籍以爲之證且論意之所同以訓詔口耳蓋唐虞已上事難該悉夏殷已降校可知之謂典章之極莫如三代郁郁之盛從周斯美制禮作樂典刑在焉遺風餘烈垂之不朽案周

心當作必

不典當作曲

官考工所記皆記其時事具論夏殷名制豈其紕繆是知明堂五室三代同焉配帝象行義則明矣及淮南呂氏與月令同文雖布政班時有堂个之別然推其體例則無九室之證既而世衰禮壞法度淆弛正義殘隱妄說斐然明堂九室著自戴禮探緒求源罔知所出而漢氏因之自欲為一代之法故鄭玄云周人明堂五室是帝一室也合于五行之數周禮依數㠯為之室德行疑于今雖有不同時說昞然本制著存而言無明文欲復何責本制著存是周五室也于今不同是漢異周也漢為九室略可知矣但就其此制猶竊有懵焉何者張衡東京賦云乃營三宮布教班常複廟重屋八達九房此乃明堂之文也而薛綜注云房室也謂堂後有九室堂後九室之制非巨異乎裴頠又云漢氏作四維之个不能令各據其辰就使其像可圖莫能通其居用之禮此為設虛器也甚知漢世徒欲削滅周典捐棄舊章改物創制故不復拘于載籍且

鄭玄之詁訓三禮及釋五經異義並盡思窮神故得之遠矣覽其明堂圖義皆有悟人意察察著明確乎難奪諒足㠯扶微闡幽不墜周公之舊法也伯喈損益漢制章句繁雜既違古背新又不能易玄之妙矣魏晉書紀亦有明堂祀五帝之文而不記其經始之制又無坦然可準觀夫今之基址猶或髣髴高卑廣狹頗與戴禮不同何得㠯意抑心便謂九室可明且三雍異所復乖盧蔡之義進退亡據何用經通晉朝亦㠯穿鑿難明故有一屋之論並非經典正義皆㠯意妄作茲為不典學家常談不足㠯範時軌世皇代既乘乾統厤得一馭宸自宜稽古則天憲章文武追蹤周孔述而不作四彼三代使百世可知豈容虛追子氏放篇之浮說徒損經紀雅誥之遺訓而欲㠯支離橫議指晝妄圖儀刑宇宙而貽來葉者也又北京制置未皆允怗繕脩草創㠯意良多事移禮變所存者無幾理苟宜革何必仍舊且遷都之始日不遑給先朝規度每事循古是㠯數年之中悛換非一良㠯永法為難數改為易何為宮室府庫多因故迹而明堂辟雍獨遵此制建立之辰復未可知矣既猥班訪逮輒輕率瞽言明堂五室請同周制郊建三雍求依故所庶有會經誥無失典刑識偏學疏退慙謬浪魏書袁翻傳正始初脩明堂辟雍翻議

選邊戍事議

臣聞兩漢警于西北魏晉備在東南是㠯鎮邊守塞必寄威重伐叛柔服實賴溫良故田叔魏尚聲高于沙漠當陽鉅平績流于江漢紀籍用為美談今古㠯為盛德自皇上㠯叡明纂御風凝化遠威厲秋霜惠霑春露故能使淮海輸誠華陽即序連城革面比屋歸仁懸車劒閣豈伊曩載鼓譟金陵復在茲日然荆揚之牧宜盡一時才望梁郢之君尤須當今秀異自比緣邊州郡官至便登疆埸統戍階當即用或值穢德凡人或遇貪家惡子不識字民溫恤

之方唯知重役殘忍之法廣開戍邏多置帥領或用其左右姻親或受人貨財請屬皆無防寇禦賊之心唯有通商聚斂之意其勇力之兵驅令鈔掠若值彊敵即為奴虜如有執獲奪為己富其羸弱老小之輩微解金鐵之工少閑草木之作無不搜營窮壘苦役百端自餘或伐木深山或耘草平陸販貿往還相望道路此等祿既不多資亦有限皆收其實絹給其虛粟窮其力薄其衣用其工節其食綿冬歷夏加之疾苦死于溝瀆者常十七八焉是㠯吳楚閒伺審此虛實皆云糧匱兵疲易可乘擾故驅率犬羊屢犯疆埸頻年㠯來甲冑生蟣十萬在郊千金日費為弊之深一至于此皆由邊任不得其人故延若斯之患賈生所㠯痛哭良有㠯也夫潔其流者清其源理其末者正其本既失之在始庸可止乎愚謂自今㠯後荆揚徐豫梁益諸蕃及所統郡縣府佐統軍至于戍主皆令朝臣王公已下各舉所知必選其才不拘階級若能統御有方

傳當作傳

淸高獨著威足臨戎信能懷遠撫循將士得其忻心不營私潤專脩公利者則就加爵賞使久于其任㠯時褒賚厲其忠款所舉之人亦垂優異獎其得士嘉其誠節若不能一心奉公才非捍禦貪惏日富經略無聞人不見德兵厭其勞者卽加顯戮用彰其罪所舉之人隨事免降責其謬薦罰其僞薄如此則舉人不得挾其私受任不得孤其舉善惡既審沮勸亦明庶邊患永消譏議攸息矣（魏書袁翻傳）

涇州刺史淮陽男陸希道墓誌銘

（上闕）鉅鹿郡開國公之子也（下闕）前涼州刺史兼吏部郎中陳郡袁翻字景翔制銘（碑拓本）

侯剛

剛字乾之河南洛陽人太和末爲中散遷冗從僕射宣武時遷奉車都尉右中郎將加游擊將軍城門校尉遷武衛將軍加通直散騎常侍拜右衛大將軍領太子中庶子孝明卽位除衛尉卿封武陽縣侯進侍中撫軍將軍恆州大中正遷衛將軍進爵爲公熙平初除左衛將軍加散騎常侍除車騎將軍領御史中尉加車騎大將軍儀同孝昌初除領軍出爲冀州刺史在道削黜㠯征虜將軍終于家永安中贈司徒

駮元端等羊祉謚議

臣聞惟名與器不可妄假定謚準行必當其迹案祉志性急酷所在過威布德罕聞暴聲屢發而禮官虛述謚之爲景非直失于一人實毀朝則請還付外準行更量虛實（魏書酷吏羊祉傳元端劉臺龍議謚曰景侍中侯剛給事黃門侍郎元纂等駮）

孟達

達爵里未詳

慧成造像銘

和當作鑒

夫靈蹤口啟則攀宗靡尋容像不陳則崇之必口於以冀口口於上齡遺形敷于下葉暨于大代茲功厥作比丘慧成自以影濯玄流邀逢昌運率竭誠心爲國造石窟口口系荅皇恩有資來業父使持節光祿大夫洛州刺史始平公奄焉薨放仰口顏以摧躬口匪烏在口遂口亡父造石像一區願亡父神飛三口智周十地口玄照則万口口口震慧嚮則大千斯口元世師僧父母眷屬鳳翥道場鸞騰兜率若悟落人間三槐獨秀九棘雲敷五口群生咸同斯願太和廿二年九月十四日訖朱義章書孟達文（碑拓本）

高肇

肇字首文渤海蓨人孝文昭皇后之兄景明初封平原郡公拜尚書左僕射領吏部冀州大中正尚孝文妹高平公主遷尚書令延昌初遷司徒孝明卽位賜死靈太后臨朝贈營州刺史永熙中贈侍中太師大丞相太尉錄尚書事冀州刺史

奏請㠯元和子伯宗襲爵河南王

和太和中出爲沙門讓爵于鑒鑒後㠯和子顯年在弱冠宜承基緒求遜王爵㠯歸正胄先朝詔終鑒身聽如其請鑒既薨逝和求襲封謹尋詔旨聽傳子顯不許其身和先讓後求有乖道素請令伯宗承襲（魏書河南王曜附傳元和與弟鑒子伯宗競求承襲尚書令肇奏）

奏定大枷

臣等聞王者繼天子物爲民父母導之㠯德化齊之㠯刑法小大必㠯情哀矜而勿喜務于三訊五聽不㠯木石定獄伏惟陛下子愛蒼生恩侔天地疏網改祝仁過商后㠯枷杖之非度愍民命之或傷爰降慈旨廣垂昭恤雖有虞慎獄之深漢文惻隱之至亦未可共日而言矣謹案獄官令諸察獄先備五聽之理盡求情之意又驗諸證信事多疑似猶不首實者然後加㠯拷掠諸犯年刑已上枷鎖流徙已上增㠯杻械迭用不俱非大逆外叛之罪皆不大

枷高杻重械，又無用石之文，而法官州郡因緣增加，遂爲恆法。進乖五聽，退違令文，誠宜案劾，依旨科處。但踵行已久，計不推坐。檢杖之大小，鞭之長短，令有定式，但枷之輕重，先無成制。臣等參量，造大枷長一丈三尺，喉下長一丈，通頰木各方五寸，以擬大逆外叛；杻械以掌流刑已上。諸臺寺州郡大枷，請悉焚之。枷本掌囚，非拷訊所用。從今斷獄，皆依令盡聽訊之理，量人彊弱，加之拷掠，不聽非法拷人，兼以拷石。魏書刑罰志：永平元年七月，尚書令高肇、尚書僕射清河王懌、尚書邢巒、李平、江陽王繼等奏。又見通典一百六十四。

奏使劉芳更造樂器

案太樂令公孫崇所造八音之器，並五度五量，太常卿劉芳及朝之儒學，執諸經傳，考辨合否，尺寸度數，悉與周禮不同。問其所以，稱必依經文，聲則不協，以情增減，殊無準據。竊惟樂者，皇朝治定之盛事，光贊祖宗之茂功，垂之後王，不刊之制，宜憲章先聖，詳依經史。且二漢、魏、晉歷諸儒哲，未聞器度依經，而聲調差謬。臣等參議，請使臣芳準依周禮更造樂器，事訖之後，集議並呈，從其善者。魏書樂志：永平二年秋，尚書令高肇、尚書僕射清河王懌等奏言。

奏請推處僧暹等逼召僧祇戶

謹案故沙門統曇曜，昔于承明元年，奏涼州軍戶趙苟子等二百家爲僧祇戶，立課積粟，擬濟飢年，不限道俗，皆以拯施。又依內律，僧祇戶不得別屬一寺。而都維那僧暹、僧頻等，進違成旨，退乖內法，肆意任情，奏求逼召，致使吁嗟之怨，盈于行道，棄子傷生，自縊溺死，五十餘人。豈是仰讚聖明慈育之意，深失陛下歸依之心。遂令此等，行號巷哭，叫訴無所，至乃白羽貫耳，列訟宮闕。悠悠之人，尚爲哀痛，況慈悲之士，而可安之。請聽苟子等還鄉課輸，儉乏之年，周給貧寡，若有不虞，以擬邊捍。其暹等違旨背律，謬奏之愆，請付昭玄，依僧律推處。魏書釋老志：尚書令高肇奏言。

高顯

顯，肇弟，景明初封澄城郡公，拜侍中，出授護軍、高麗國大中正。

奏請勒銘射所

伏見親御弧矢，臨原弋遠，弦動羽馳，矢鏃所逮，三百五十餘步。臣等伏惟陛下聖武自天，神藝夙茂，巧會騶虞之節，妙盡矍圃之儀，威稜攸疊，彪兕懾氣，才猛所振，勍憝弭心，足以肅截九區，赫服八宇矣。盛事奇迹，必宜表述，請勒銘射宮，永彰聖藝。魏書高聰傳：世宗于河南懷界親射矢一里五十餘步，侍中高顯等奏。

全後魏文卷四十八終

全後魏文卷四十九

烏程嚴可均校輯

蕭寶夤

寶夤字智亮南蘭陵武進人齊明帝第六子建武初封建安王永元末授車騎將軍爲張欣泰王靈秀所擁立尋敗見執東昏不罪已爲荆州刺史和帝即位已爲衞將軍南徐州刺史梁武將革命懼誅來奔宣武已爲鎮東將軍揚州刺史丹陽郡公加號齊王正始初改封梁郡公已鍾離之敗免永平末假安南將軍延昌初除安東將軍瀛州刺史遷撫軍將軍冀州刺史靈太后臨朝除鎮東將軍熙平初授左光祿大夫殿中尚書神龜中除車騎將軍徐州刺史正光中徵爲車騎大將軍尚書左僕射莫折念生僭號出爲西道行臺拜侍中驃騎大將軍假大將軍尚書令進司空已涇州之敗恕死爲民尋除征西將軍雍州刺史假車騎大將軍西討大都督念生平除車騎將軍尚書令已孝昌三年十月自立爲皇帝改元隆緒國號齊爲其下矦終德所敗奔万俟醜奴醜奴已爲太傅永安三年與醜奴俱爲尒朱天光所擒送京師賜死。

考功表

臣聞堯典有黜陟之文周書有考績之法雖其源難得而尋然條流抑亦可知矣大較在于官人用才審于所莅練迹校名驗于虛實豈不已臧否得之餘論優劣著于歷試者乎既聲窮于月旦品定于黃紙用効于名輩事彰于臺閣則賞罰之途差有商準用捨之宜非無依據雖復勇進忘退之儔奔競于市里過分亡涯之請馳騖于多門猶且顧其聲第愼其與奪器分定于下爵位懸于上不可妄叨故也今竊見考功之典所懷未喻敢竭無隱試陳萬一何者竊惟文武之名在人之極地德行之稱爲生之最首忠貞之美立朝之譽仁義之號處身之端自非職惟九官任當四岳授曰尒諧讓稱俞往將何已克厭大名允兹令問自比已來官罔高卑人無貴賤皆飾辭假說用相褒舉涇渭同波薰蕕共器求者不能量其多少與者不復數其是非遂使冠履相貿名與實爽謂之考功事同汎涉紛紛漫漫焉可勝言又在京之官積年一考其中或所事之主遷移數四或所奉之君身亡廢絕或具寮離索或同事凋零雖當時文簿記其殿最日久月深駁落都盡人有去留誰復掌其勤墮或停休積稔或分隔數千累年之後方求追訪聲迹立其考第無不苟相悅附共爲脣齒飾垢掩疵妄加丹素趣令得階而已無所顧惜賢達君子未免斯患中庸已降夫復何論官已求成身已請立上下相蒙莫斯爲甚又勤恤人隱咸歸守令厥任非輕所責實重然及其考課悉已六載爲程既而限滿代還復經六年而敘是則歲周十二始得一階于東西兩省文武閑職公府散

佐無事冗官或數旬方應一直或朔望（通典作弦朔。）止于暫朝及其考日更得四年爲限是則一紀之中便登三級彼已實勞劇任而遷貴之路至難此已散位虛名而升陟之方甚易何內外之相懸今厚薄之如是又聞之聖人大寶曰位何已守位曰仁孟子亦曰仁義忠信天爵也公卿大夫人爵也古之人修其天爵而人爵從之故雖文質異時污隆殊世莫不寶兹名器不已假人是已賞罰之柄恒自持也至乃周之藹藹五叔無官漢之察察館陶徒請豈不重骨肉私親親誠已賞罰一差則無已懲勸至公暫替則覬覦相欺故至愼至惜殷勤若此況乎親非肺腑才乖秀逸或充單介之使始無汗馬之勞或說興利之規終慙十一之潤皆虛張無功妄指贏益坐獲數階之官藉成通顯之貴于是巧詐萌生僞辯鋒出役萬慮已求榮開百方而逐利握樞秉鈞者亦知其若斯但抑之則其流已注引之則有何紀極夫琴瑟在于必和更張求其適調去者既不可追，來者猶或宜改。案周官太宰之職，歲終則令官府各正所司，受其會計，聽其致事，而詔于王。三歲則大計羣吏之治而誅賞之。愚謂今可釐依其準，見居官者，每歲終，本曹皆明辨在官日月，具覈才行能否，審其實用，而注其上下，游辭宕說，一無取焉。列上尚書，覆其合否，如有紕謬，即正而罰之，不得方復推詰委否，容其進退。既定其優劣善惡，交分庸短下第，黜凡㠯明法幹務，忠清甄能，㠯記賞總而奏之。經奏之後，考功曹別書于黃紙油帛，一通則本曹尚書與令僕印署，留于門下；一通則㠯侍中黃門印署，掌在尚書，嚴加緘密，不得開視。考績之日，然後對共裁量。如此，則少存實錄，薄止姦囘。其內外考格，裁非庸管，乞求博議，㠯為畫一。若殊謀異策，事關廢興，遐邇所談，物無異議者，自可臨時斟酌，匪拘恆例。至于煖流引比之訴，貪榮求級之請，加不限㠯關鍵，肆其傍通，則蔓草難除，涓流遂積，穢我彝章，撓茲大典。謂宜明加禁斷，㠯全至治，開返本之路，杜澆僞之門。如斯，則吉士盈朝，薪槱載煥矣。（魏書蕭寶夤傳，又略見通典八十五。）

論蕭正德來降表

伏見揚州表，蕭正德自云避禍，遠投宸掖，背父叛君，駭議衆口，深心指趣，厥情難測。臣聞立身行道，始于事親，終于事君，故君親盡之㠯恆敬，嚴父兼之㠯博愛，斯人倫之所先，王教之盛典。三千之罪，莫大于不孝，毀則藏姦，常刑靡赦。所㠯晉恭獲譏，無所逃死；衞伋受誣，二子繼沒。親命匪棄，國孰無父？況今封豕尚存，長蛇未滅，偷生江表，自安壽畝，而正德居偷子之親，竊通侯之貴，父榮于國，子爵于家，履霜弗聞，去就先結，隔絕山淮，滔淸永盡，定省長違，報復何日？㠯此為心，心可知矣。皇朝綿基累葉，恩均四海，自北徂南，要荒仰澤，能言革化，無思不韙，賫玉帛于上圖，標忠孝㠯納賞，築藁街于伊洛，集華裔其歸心，被髮鏤身之酋，屈膝而請吏，交阯文身之渠，款關而効質。至如正德，宜甄義㠯致貶。昔越栖會稽，賴宰嚭㠯獲立；漢困彭宋，實丁公而獲免，洎項已平，二臣即法，豈不錄其情哉？欲明責㠯示後。況遺君忽父，狼子是心，既不親親，安能親人？中間變詐，或有萬等。伏惟陛下聖敬自天，欽光纂厤，昭德塞違，㠯臨羣后，脫包此凶醜，寘之列位，百官是象，其何誅焉？臣聞結禍深痛，纏肝髓，日暮途遙，復報無日，豈區區于一豎哉？但才雖庸近，職居獻替，愚衷寸抱，敢不申陳。伏願聖慈少垂察覽，訪議槐棘，論其是非，使秋霜春露，施之有在，相鼠彼刺，謚死有歸，無令申伋受笑于苟存，曾閔淪名于盛世。（魏書蕭寶夤傳）

奏不許陳仲儒再造樂器

金石律呂，制度調均，中古已來，尠或通曉。仲儒雖粗述書文，頗有所說，而學不師授，云出己心；又言舊器不任，必須更造，然後克諧。上違成敕用舊之旨，輒持己心，輕欲制作。臣竊思量，不合依許。（魏書樂志：神龜二年，陳仲儒言宜依京房立準，㠯均樂器。時尚書蕭寶夤奏云。）

陳兵事啟

所統十萬，食唯一月。（魏書朱元旭傳）

夏侯道遷

道遷，譙國人。少時南奔，仕齊明帝，至前軍將軍、輔國將軍。從裴叔業至壽春，不協，歸魏，拜驍騎將軍，守合肥。景明中叛入梁，為征虜長史，帶漢中郡，尋自為持節、冠軍將軍、梁秦二州刺史，復歸魏，授散騎常侍、平南將軍、豫州刺史、豐縣侯，改封濮陽縣侯。解職，除南兗州大中正，不拜，出為平西將軍、華州刺史，轉安東將軍、瀛州刺史。熙平中卒，贈撫軍將軍、雍州刺史，謚曰明。

請拔漢中歸誠表

臣聞知機其神，趨利如響。臣雖不武，敢忘機利。伏惟陛下澤被區宇，德濟蒼生，八表同忻，品物咸賴。臣頃亡蟻賊，匹馬歸闕，自斯搏密下闕相構結期當取六字　臣下闕郎遣鄭猥驍告六字　到下闕之閻蕭衍白馬六字　愚下闕迷乃率部曲驅掠民八字　主下闕江悅之率諸軍主七字　時下闕討撲而樹銳氣離七字　天下闕寶因此直到南鄭七字

噬臍竭丹款。但中于壽陽。橫爲韋纘所譎。事之曲直。並是楊集朗王秉所悉。臣實愚短。豈能自安。便逃竄江吳。苟存視息。蕭衍梁州刺史莊丘黑與臣早舊。申臣爲長史。值黑亡沒。專任天時。素願機會在茲。遇武興私署侍郎鄭洛生來此。臣即披露誠款。與其共契機要。報武興王楊紹先。許其中叔集起等。請其遣軍。以爲腹背。即遣左天長由寒、山路馳啟。復會通直散騎常侍臣集朗還至武興。臣聞其至。知事必剋。集朗果遣鄭右留使至臣間。密參機舉。會有蕭衍使人吳公之至。知臣懷誠。將歸大化。遂與府司馬嚴思、臧恭典籤吳宗肅、王勝等。共楊靈珍父子。密□□□□□臣。臣幸先覺。悉得戮思恭等。臣□□□□□集朗。急求軍援。而武興軍未到□□。□□□□戍主尹天寶不識天命。固執愚□。□□□。□□□丁。敢爲不遑。臣即遣軍主□□□□□□□席靈坦、龐樹等傾義勇應時□□□□□□□裁。違悅之節度。輕進失脫。天□□□□□□□。重圍州城。梁秦士庶。僉云危蹙。以義逼臣。勸爲刺史。須籍此威。鎮靖內外。臣赤誠奉國。苟取濟事。輒損小迹。且從權宜假當州位。重遣皇甫選由斜谷道以事啟聞。臣即親率士卒。四日三夜。交鋒苦戰。武興之軍。乘虛躡後。天寶兇徒。因背鳥散。進既摧破。退失巢穴。潛捨軍衆。依山傍險。突入白馬。集朗與二弟。躬擐甲冑。[illegible]其所須。登即擒斬。戍內戶口。即放還民。斯由皇威遐振。罪人梟首。凶狡時殄。公私慶快。非但梁秦竭力。實關集朗赴接之機。臣前已遣軍主杜法先還滷陽。構合徒黨。誘結鄉落。令晉壽土豪王僧承、王文粲等還至西關。共興大義。當今庸蜀虛弱。楚鄧懸危。開拓九區。埽清六合。形要之利。在于此時。進趣之略。願速處分。臣以愚陋。猥當推舉。事定之後。便即東身。馳歸天闕。但物情草創。猶有參差。蕭衍魏興太守范珣、安康太守范郯、共前巴西太守姜脩屯聚川東。尙規舉斧。登遣討襲。具于別啟。集朗兄弟並議曰。臣往日

歸誠。誓盡一心。九超蒙榮獎。灰殞匪報。但留臣權相綏獎。須得撲滅珣等。便即首路。伏願聖慈。特垂鑒照。謹遣兼長史臣張天亮奉表略聞。魏書夏侯道遷傳。

裴植

植字文遠。河東聞喜人。居襄陽。仕齊東昏至長水校尉。隨父叔業在壽春。景明元年舉州內附。除征虜將軍兗州刺史。封崇義縣侯。進號平東將軍。入爲大鴻臚揚州大中正。出除安東將軍瀛州刺史。罷州。復爲大鴻臚。遷度支尚書。加金紫光祿大夫。延昌四年八月爲于忠矯詔所害。事雪。贈征南將軍尚書僕射揚州刺史。

表毀田益宗

華夷異類。不應在百世衣冠之上。魏書裴叔業附傳、又北史四十五

臨終遺令子弟

命盡之後。剪落鬚髮。被以法服。以沙門禮葬于嵩高之陰。同上。

裴衍

衍字文舒。植弟。仕齊東昏至陰平太守。景明元年入魏。授通直郎。不拜。孝明即位。除散騎侍郎。行河內郡事。尋除建興太守。轉河內太守。加征虜將軍。孝昌初除使持節散騎常侍平東將軍。假安東將軍北道都督。封安陽縣子。進撫軍將軍相州刺史。假鎮北將軍北道大都督。進封臨汝縣公。討葛榮敗死。贈車騎大將軍司空相州刺史。

請隱嵩高表

臣幸乘昌運。得奉盛化。沐浴炎風。餐佩唐德。于生于運。已溢已榮。但攝性乖和。恆苦虛弱。比風露增加。精形侵耗。小人愚懷。有願閑養。伏見嵩岑極天。苞育名草。修生救疾。多遊此岫。臣質無靈分。性乖山水。非敢追踵輕舉。髣髴高蹤。誠希藥此沉痾。全養稟氣耳。若

所療微痊庶偶影風雲永歌至德荷衣葛屨裁營已整搖策納屣便涉山途謹附陳聞乞垂昭許（魏書裴叔業附傳）

魏子建

子建字敬忠鉅鹿下曲陽人宣武初爲奉朝請累遷太尉從事中郎進前軍將軍十年不從正光中除東益州刺史兼尚書行臺孝昌中入爲散騎常侍衞尉卿永安中除右光祿大夫後遷左光祿大夫驃騎大將軍永熙二年卒贈儀同三司定州刺史謚曰文靜

上言安撫州城事

諸城人本非罪坐而來者悉求聽免（魏書自序正光五年莫折念生等構逆僉以州城之人莫不勁勇同類悉反宜先收其器械子建上言從之）

密與張普惠書

公熙舊是蕃國之胄而諸氏與相見者必有陰私言宜加圖防（魏書張普惠傳普惠持節運粗別遣員外常侍楊公熙宣勞東益氐民東益州刺史魏子建密與普惠書）

疾篤敕子收祚

死生大分含氣所同世有厚葬吾平生不取蘧篨裸身又非吾意氣絕之後斂以時服吾生年契闊前後三娶合葬之事抑又非古且汝二母先在舊塋墳地久固已有定別唯汝次母墓在外耳可遷入兆域依班而定行于吾墓之後如此足矣不須祔合當順吾心勿令吾有遺恨（魏書自序）

魏蘭根

蘭根字蘭根子建族弟爲北海王國侍郎歷定州長流參軍司徒掾除本郡太守正光末爲都督李崇長史除冠軍將軍轉司徒右長史孝昌初轉岐州刺史加持節假平西將軍入拜光祿大夫轉安東將軍中書令中興初加車騎大將軍尚書右僕射太昌初除儀同三司尋加開府封鉅鹿縣侯天平二年卒贈司徒侍中謚曰文宣

說李崇

緣邊諸鎮控攝長遠昔時初置地廣人稀或徵發中原強宗子弟或國之肺腑寄以爪牙中年以來有司乖實號曰府戶役同廝養官婚班齒致失清流而本宗舊類各各榮顯顧瞻彼此理當憤怨更張琴瑟今也其時靜境寧邊事之大者宜改鎮立州分置郡縣凡是府戶悉免爲民入仕次敘一準其舊文武兼用威恩並施此計若行國家庶無北顧之慮矣（北齊書魏蘭根傳又北史五十六正光末李崇討蠕蠕以蘭根爲長史因說崇崇以奏聞事寢不報）

孟廣達

廣達爵里未詳

孫秋生等造像銘

大魏太和七年新城縣功曹孫秋生新城縣功曹劉起祖二百人

等敬造石像一區願國祚永隆三寶彌顯有願弟子等榮茂春葩庭槐獨秀蘭條鼓馥於昌年金暉誕照於聖歲現世眷屬萬福雲歸洙輪疊駕元世父母及弟子等來身神騰九空迹登十地五道羣生咸同此願孟廣達文蕭顯慶書（案此下列名百數十人不錄）景明三年歲在壬午五月戊子朔廿七日造訖（碑拓本）

董紹

紹字興遠新蔡鮦陽人宣武時爲四門博士歷殿中侍御史國子助教積射將軍兼中書舍人永平中除給事中後加輕車將軍除步兵校尉孝明時除龍驤將軍中散大夫加冠軍將軍出爲右將軍洛州刺史加平西將軍封新蔡縣男永安中除安西將軍梁州刺史假撫軍將軍兼尚書爲山南行臺後爲尒朱天光關右大行臺從事兼吏部尚書除金紫光祿大夫天光敗賀拔岳以爲開府諮議參軍永熙中加車騎將軍孝武西遷除御

史中丞。大統初㠯忤宇文泰賜死。

上書求擊蕭寶夤

臣當出瞎巴三千。生噉蜀子。魏書董紹傳，蕭寶夤反于長安，紹上書求擊之云

御天馬頌魏書董紹傳，肅宗初，紹上御天馬頌

全後魏文卷四十九終

烏程嚴可均校輯

孫景邕

景邕，永平中國子博士。

陳終德爲祖母持重議

嫡孫後祖，持重三年，不爲品庶生二，終德宜先諸父。（魏書禮志四：永平四年十二月，員外將軍兼尚書都令史陳終德有祖母之喪，欲服齊衰三年，以無世爵之重，不可陵諸父，若下同眾孫，恐違後祖之義，請求詳正。國子博士孫景邕、劉懷義、封軌、高綽，太學博士袁昇，四門博士陽寍居等議。又見通典八十九。）

又議

喪服雖以士爲主，而必下包庶人。何以論之？自大夫以上，每條標列，逮于庶人，含而不述，此同士制，不復疑也。唯有庶人爲國君，此則明義服之輕重，不涉于孫祖。且受國于曾祖，廢疾之祖父，亦無重可傳，而猶三年，不必由世重也。夫霜感露濡，異識咸感，承重主嗣，盛甄寢廟，嫡孫之制，固不同殊。又古自卿以下，皆不殊承襲，末代僭妄，不可以語通典。是以春秋譏于世卿，王制稱大夫不世，此明訓也。喪服經雖無嫡孫爲祖三年正文，而有祖爲嫡孫周，豈祖以嫡服己，己與庶孫同爲祖服朞，于義可乎？服祖三年，此則近世未嘗變也。準古士官不過二百石以上，終德即古之廟士也。假令終德未班朝次，苟曰志仁，必也斯遂，況乃官歷士流，當訓章之運，而以庶叔之嫌，替其嫡重之位，未是成人之善也。（魏書禮志四，通典八十九。）

又議

喪服正文，大夫以上，每事顯列，唯有庶人，含而不言，此通下之義，了然無惑。且官族者，謂世有其功；食舊德者，謂德侯者世位（通典作謂德繼于位）；興滅國，繼絶世，主謂諸侯卿大夫無罪誅絶者耳。且金貂七眊，楊氏四公，雖以位相承，豈得言世祿乎？晉太康中，令史殷遂以父祥（通典作朔）不及所繼，求還爲祖母三年，時政以禮無代父追服之文，亦無不許三年之制，此即晉世之成規也。（魏書禮志四，通典八十九。）

李苗

苗字子宣，梓潼涪人。延昌中去梁入魏，假龍驤將軍。孝明即位，除員外散騎侍郎，加襄威將軍，正光末爲魏子建行臺郎中。孝昌中還爲鎮遠將軍、步兵校尉，尋兼尚書右丞，除司徒司馬，轉太府少卿，加龍驤將軍。建義三年，拒尒朱世隆于河橋，溺死，贈使持節、車騎大將軍、儀同三司、梁州刺史、河陽縣侯，謚曰忠烈。

上書請定巴蜀

昔晉室數否，華戎鼎沸，三燕二秦，咆勃中夏，九服分崩，五方圮裂。皇祚承厤，自北而南，誅滅姦雄，定鼎河洛，唯獨荊揚，尚阻聲教。今令德廣被于江漢，威風遠振于吳楚，國富兵彊，家給人足，以九居八之形，有兼弱攻昧之勢，而欲逸豫遺疾，子孫違高祖之本圖，非社稷之深慮。誠宜商度東西，戍防輕重之要，計量疆埸險易安危之理，探測南人攻守窺覦之情，籌算卒乘器械征討之備，然後去我所短，避彼所長，釋其至難，攻其甚易，奪其險要，劃其膏壤，數年之內，荊揚可并。若捨舟檝，即平原，斂後疏前，則江淮之所短；棄車馬，游飛浪，乘流馳逐，非中國之所長。彼不敢入平陸而爭衡，猶我不能越巨川而趣利。若俱去其短，各恃其長，則東南未見可滅之機，而淮沔方有相持之勢。且夫滿戾相傾，陰陽恆理，盛衰遞襲，五德常運。今以至彊攻至弱，必見并吞之理；如以至弱禦至彊，焉有全濟之術？故明王聖主，皆欲及時立功，爲萬世之業。去高而就下，百川以之常流；取易而避難，兵家以之恆勝。今巴蜀孤懸，去建鄴遼遠，偏兵獨戍，泝流十千，牧守無良，專行劫剝，官由財進，獄以貨成，士民思化，十室而九，延頸北望，日覬王師。若命一偏將，弔民伐罪，風塵不接，可傳檄而定。守白帝之阨，據上流之險，循士治之迹，蕩建鄴之逋，然後偃武修文，制禮作樂，天下幸甚，豈不盛哉。（魏書李苗傳。）

上書言秦隴兵事

臣聞食少兵精。利于速戰。糧多卒衆。事宜持久。今隴賊猖狂。非有素蓄。雖據兩城。本無德義。其勢在于疾攻。日有降納。遲則人情離阻。坐受崩潰。夫飆至風起。逆者求萬一之功。高壁深壘。王師有全制之策。但天下久泰。人不曉兵。奔利不相待。逃難不相顧。將無法令。士非敎習。㠯憍將御惰卒。不思長久之計。務奇正之通。必有莫拔輕敵之志。恐無充國持重之規。如令隴東不守。汧軍敗散。則二秦遂逼。三輔危弱。國之右臂。于斯廢矣。今且宜勒大將。深溝高壘。堅守勿戰。別命偏師精兵數千。出麥積崖。㠯襲其後。則汧岐之下羣妖自散。魏書李苗傳。正光末。二秦反叛。苗㠯隴兵彊悍且羣聚無資。乃上書。又北史四十五。

蔣雅哲

雅哲。延昌中四門博士。

叔母及兄子喪出入作鼓吹議

凡三司之尊。開國之重。其于王服。皆有厭絕。若尊同體敵。雖疏尚宜徹樂。如或不同。子姓之喪。非嫡者。旣殯之後。義不闕樂。魏書禮志四。

韓神固

神固。延昌中國子助敎。

叔母及兄子喪出入作鼓吹議

□□可㠯展耳目之適。絲竹可㠯肆游宴之娛。故于樂貫縣。有哀則廢。至若德儉如禮。升降有數。文物昭旂旗之明。錫鑾爲行動之響。所㠯辨等列。明貴賤。非措哀樂于其閒矣。謂威儀鼓吹。依舊爲允。魏書禮志四。

孔璠

璠。宣武時四門小學博士。

上書言李謐學行

竊見故處士趙郡李謐。十歲喪父。哀號罷鄰人之相。幼事兄瑒。恭順盡友于之誠。十三通孝經論語毛詩尚書歷數之術。尤盡其長。州閭鄉黨。有神童之號。年十八。詣學受業。時博士卽孔璠也。覽始要終。論端究緒。授者無不欣其言矣。于是鳩集諸經。廣校同異。比三傳事例。名春秋叢林。十有二卷。爲璠等判析隱伏。垂盈百條。滯無常滯。纖毫必舉。通不長通。有枉斯屈。不苟言㠯違經。弗飾辭而背理。辭氣磊落。觀者忘疲。每曰。丈夫擁書萬卷。何假南面百城。遂絕跡下帷。杜門卻埽。棄產營書。手自刪削。卷無重複者四千有餘矣。猶括次專家。搜比讜議。隆冬達曙。盛暑通宵。雖仲舒不窺園。君伯之閉戶。高氏之遺漂。張生之忘食。方之斯人。未足爲喻。謐嘗詣故太常卿劉芳。推問音義。語及中代興廢之由。芳乃歎曰。君若遇高祖。侍中太常。非僕有也。前河南尹黃門侍郎甄琛。內贊近機。朝野傾目。于時親識求官者。答云。趙郡李謐。耽學守道。不悶于時。常欲致言。但未有次耳。諸君何爲輕自媒衒。謂其子曰。昔鄭玄盧植不遠數千里。詣扶風馬融。今汝明師甚邇。何不就業也。又謂朝士曰。甄琛行不愧時。但未薦李謐。㠯此負朝廷耳。又結宇依巖。憑崖鑿室。方欲訓彼青衿。宣揚墳典。冀西河之敎重興。北海之風不墜。而祐善空聞。暴疾而卒。邦國銜殄瘁之哀。儒生結摧梁之慕。況璠等或服議下風。或親承音旨。師儒之義。其可默乎。魏書逸士李謐傳。延昌四年卒。四門小學博士孔璠等學官四十五人上書。詔謚曰貞靜處士。

王頎

頎爲上黨王長孫稚管記。

白上黨王

伏承世子聰慧之姿。發于天性。目所一見。誦之于口。此旣歷世罕有。竊願驗之。周書長孫紹遠傳。父稚作牧壽春。紹遠年甫十三。稚管記王頎屬紹遠彊記。心㠯爲不然。遂白稚。

李業興

業興。上黨長子人。師事徐遵明。宣武時舉孝廉。爲校書郎。孝明時累遷奉朝請。歷臨淮王彧騎兵參軍。廣陵王淵外兵參軍。孝莊時除著作佐郎。賜爵長子伯。長廣王建號。除通直散騎侍郎。前廢帝時加寧朔將軍。又除征虜將軍中散大夫。孝武時轉散騎侍郎。除平東將軍光祿大夫。尋加安西將軍。封屯留縣子。轉中軍將軍通直散騎常侍。後入爲侍讀。孝靜時除鎮南將軍兼散騎常侍。加中軍大將軍。除國子祭酒。出爲太原太守。齊文襄引爲中外府諮議參軍。後坐事禁止。武定七年死于禁所。

乞贈謚徐遵明表

臣聞行道樹德。非求利于當年。服義履仁。豈邀恩于沒世。但天爵所存。果致式閭之禮。民望攸屬。終有祠墓之榮。伏見故處士兖州徐遵明。生在衡泌。弗因世族之基。長于原野。匪乘雕鏤之地。而託心淵曠。置情恬雅。處靜無悶。居約不憂。故能垂簾自精。下帷獨得。纘經緯之微言。研聖賢之妙旨。莫不入其門戶。踐其堂奧。信稱大儒于海內。擅明師于日下矣。是故眇眇四方。知音之類。延首慕德。跂踵依風。每精廬暫闢。杖策不遠千里。束脩受業。編錄將踰萬人。固已企盛烈于西河。擬高蹤于北海。若慕奇好士。愛客尊賢。罷吏游梁。紛而成列。遵明以碩德重名。首蒙禮命。曳裾雅步。眷同置醴。黃門李郁。具所知明。方申薦奏之恩。處心守壑之志。潛居樂道。遂往不歸。故北海王入洛之初。率土風靡。遵明確然守志。忠潔不渝。遂與太守李湛將誅叛逆。時有邂逅。受斃凶險。至誠高節。湮沒無聞。朝野人士。相與嗟悼。伏惟陛下遠應龍序。俯執天衷。每端聽而忘昃。常坐思而候曉。雖微功小善。片言一行。莫不衣裳加室。玉帛在門。況遵明冠蓋一時。師表當世。溘焉冥沒。旌紀寂寥。逝者長辭。無論榮價。文明敘物。敦厲斯在。臣託跡諸生。親承顧眄。惟伏膺之義。感在三之重。是以越分陳愚。上請幄座。特乞加以顯謚。追以好爵。仰申朝廷尚德之風。下示學徒稽古之利。若宸鑒昭回。曲垂矜

採。則荒墳千載。式貴生平。（魏書徐遵明傳。永熙二年遵明弟子通直散騎常侍李業興表。卒無贈謚。）

對信都芳駮新麻

歲星行天。伺候以來。八九餘年。恆不及二度。今新麻加二度。至于夕伏晨見。纖毫無爽。今日仰看。如覺二度。及其出沒。還應如術。鎮星自造壬子元以來。歲常不及。故加壬子七度。亦知猶不及五度。適欲併加。恐出沒頓校十度十日。將來永用。不合處多。太白之行。頓疾頓遲。取其會歸而已。近十二月二十日晨見東方。新舊二麻。推之分寸不異。行星三日。頓校四度。如此之事。無年不有。至其伏見還依術法。又芳唯嫌十二月二十日星有前郤。業興推步已來。三十餘載。上算千載之日月星辰。有見經史者。與涼州趙敺、劉義隆廷尉卿何承天、劉駮南徐州從事史祖沖之參校。業興甲子元麻長于三麻一倍。考洛京已來四十餘歲。五星出沒。歲星鎮星太白。業興麻首尾恆中。及有差處。不過一日二日一度兩度。三麻之失。動校十日十度。熒惑一星。伏見體自無常。或不應度。祖沖之麻多甲子麻十日六度。何承天麻不及三十日二十九度。今麻還與壬子同。不有加增。辰星一星。沒多見少。及其見時。與麻無舛。今此亦依壬子元不改。太白辰星。唯起夕合爲異。業興以天道高遠。測步難精。五行伏留。推考不易。人目仰闚。未能盡密。但取其見伏大歸。略其中間小謬。如此麻便可行。若專據所見之驗。不取出沒之效。則麻數之道。其幾廢矣。夫造麻者。節之與朔。貫穿于千年之間。閏餘斗分。推之于毫釐之內。必使盈縮得衷。閉限數合。周日小分。不殊錙銖。陽麻陰麻。纖芥無爽。損益之數。驗之交會。日所居度。考之月蝕。上推下減。先定眾條。然後麻元可求。循甲子雖值。又雖值甲子。復有差分。如此蹐駮參錯不等。今麻發元甲子。七率同遵。合璧連珠。其言不失。法理分明。情謂爲可。如芳所言。信亦不謬。但一合之裏。星度不驗者。至若合終。必還依術。鎮星前年十二月二十

日見差五度今日差三度太白前差四度今全無差㠯此準之見伏之驗尋效可知將來永用大體無失芳又云㠯去年十二月中筭新厤其鎮星㠯十二月二十日在角十一度畱天上在亢四度是新厤差天五度太白歲星竝各有差校于壬子舊厤鎮星差天五度太白歲星亦各有差是舊厤差天爲多新厤差天爲少凡造厤者皆須積年累日依法候天知其疏密然後審其近者用作厤術不可一月兩月之閒能正是非若如熒惑行天七百七十九日一遲一疾一畱一逆一順一伏一見之法七頭一終太白行天五百八十三日晨夕之法七頭一終歲星行天三百九十八日七頭一終鎮星行天三百七十八日七頭一終辰星行天一百一十五日晨夕之法七頭一終造厤者必須測知七頭然後作術得七頭者造厤爲近不得頭者其厤甚疏皆非一二日能知是非自五帝三代㠯來及秦漢魏晉造厤者皆積年久測術乃可觀其倉卒造者當時或近不可久行若三四年作者初雖近天多載恐失今甲子新厤業興潛構積年雖有少差校于壬子元厤近天者多若久而驗天十年二十閒比壬子元厤三星行天其差爲密（魏書律厤志下。興平元年命李業興立甲子元新厤事訖詔曰示信都芳芳駮業興對云詔付外施行。）

路思令

思令字季儁陽平清淵人宣武時歷廣陽王嘉司空參軍轉城局隨府轉司徒記室加威遠將軍遷尚書左民郎轉右民後拜假節征虜將軍陽平太守遷左將軍南冀州刺史假平東將軍都督後除平東將軍金紫光祿大夫轉衛將軍右光祿大夫天平三年卒贈驃騎將軍定州刺史

陳兵事疏

臣聞國之大事惟祀與戎戎之有功在于將帥三代不必別民取治不等五霸不必異兵各能剋定有湯武之賢猶須伊望之佐堯舜之聖尚有稷契之輔得其人也六合唾掌可清失其人也三河方爲戰地何者動之甚易靖之至難竊㠯比年㠯來將帥多是寵貴子孫軍幢統領亦皆故義託附貴戚子弟未經戎役至于銜杯躍馬志逸氣浮軒眉攘腕便㠯攻戰自許及臨大敵怖懼交懷雄圖銳氣一朝頓盡乃令羸弱在前㠯當銳彊壯居後㠯安身兼復器械不精進止不集任羊質之將驅不練之兵當負險之衆敵數戰之虜欲令不敗豈有得哉是㠯兵知必敗始集而先逃將又怖敵遷延而不進國家便謂官號未滿重爵屢加復疑賞賚之輕金帛日賜帑藏空虛民財殫盡致使賊徒更增膽氣益盛生民損耗荼毒無聊主歎臣哀何心寢食臣雖位微竊不遑舍臣聞孝行出于忠貞節義率多果決德可感義夫恩可勸死士今若捨上所輕求下所重黜陟幽明賞罰善惡搜徒簡卒練兵習武甲密弩彊弓調矢勁謀夫既設辨士先陳曉㠯安危示其禍福如其不悛㠯我義順之師討茲悖逆之豎豈異厲蕭斧而伐朝菌鼓洪爐而燎毛髮雖愚者知其不旋踵矣敢㠯愚短昧死陳誠（魏書路恃慶附傳。）

全後魏文卷五十終

全後魏文卷五十一

烏程嚴可均校輯

溫子昇

子昇字鵬舉太原人晉大將軍嶠後世居江左避難濟陰冤句因為冤句人師事崔靈恩宣武時為廣陽王淵客熙平初補御史歷朝請李神儁荆州錄事參軍徵還復為廣陽王淵行臺郎中淵敗陷入葛榮得脫建義初為南主客郎中出為元天穆行臺郎中加伏波將軍元顥入洛以為中書舍人孝莊還宮復為舍人除正員郎永熙中為侍讀兼舍人鎮南將軍金紫光祿大夫遷散騎常侍中軍大將軍後領本州大中正齊文襄引為大將軍府諮議參軍尋見疑餓死晉陽獄有集三十九卷

孝莊帝殺尒朱榮大赦詔 永安三年九月戊戌

蓋天道忌盈人倫嫉惡疏而不漏刑之無捨是以呂霍之門禍譴所伏梁董之家咎徵斯在頃孝昌之末天步孔艱女主亂政監國無主尒朱榮爰自晉陽同憂王室義旗之建大會盟津與世樂推共成鴻業論其始圖非無勞效但致遠恐泥終之實難曾未崇朝豺聲已露河陰之役安忍無親王公卿士一朝塗地宗戚靡遺內外俱盡假弄天威殆危神器時事倉卒未遑問罪尋以葛賊橫行馬首南向捨過責成用平醜虜及元顥問鼎大駕北巡復致勤王展力行所以此論功且可補過既位極宰衡地踰齊魯容養之至豈復是過但心如猛火山林無以供其暴意等漏卮江河無以充其溢既見金革稍寧方隅漸泰不推天功專為己力與奪任情臧否肆意無君之跡日月以甚拔髮數罪蓋不足稱斬竹書愆豈云能盡方復託名朝宗陰圖釁逆睥睨天居窺覦聖曆乃有裂冠毀冕之心將為拔本塞源之事天既厭亂人亦悔禍同惡之臣密來投告將而必誅罪無容捨又元天穆宗室末屬名望素微遭逢際會頗參義舉不能竭其忠誠以奉家國乃復棄本逐末背同即異為之謀主成彼禍心是而可忍孰不可恕並以伏辜自貽伊戚元惡既除人神慶泰便可大赦天下魏書孝莊紀帝殺尒朱榮元天穆于明光殿及榮子菩提乃昇閶闔門詔云云魏書溫子昇傳帝殺尒朱榮子昇預謀當時赦詔子昇詞也又見藝文類聚五十二

孝莊帝生皇太子赦詔 永安三年十月戊申

有國三善事屬元良本枝百世義鍾繼體朕應天纂命握圖受籙景祚唯新卜年以永今月吉辰皇子誕育彩雲映日神光照殿方開博望將起龍樓遠近同歡人神共悅便可大赦天下藝文類聚十六初學記十

遷都拜廟鄴宮赦詔 天平四年四月

建國所先理屬于宗廟立事為大禮歸于禋祀大丞相渤海王神武命世重匡頹厤導塞源于將竭扶神器于已傾立天地之大功成人臣之重義朕以沖昧猥當樂推關路多虞衿帶難固瞻言往事取則前修乃襲去鄷用追遷亳定鼎鄴都卜世惟永民用子來功成不日今清廟初興閟宮始就靈祇萃止祖考來格神光夜照香氣朝聞今月吉辰躬展誠敬時和氣婉景麗雲柔四表來庭萬國在位哀樂相交感慶兼集固宜觀象雷雨布寬大之恩取類澤風申肆眚之命可大赦天下藝文類聚五十二

孝武帝答高歡敕

前持心血遠以示王深冀彼此共相體悉而不良之徒坐生間貳近孫騰倉卒向彼致使聞者疑有異謀故遣御史中尉綦儁具申朕懷今得王啟言誓懇惻反覆思之猶所未解以朕眇身遇王武略不勞尺刃坐為天子所謂生我者父母貴我者高王今若無事背王規相攻討則使身及子孫還如王誓皇天后土實聞此言近慮宇文為亂賀拔勝應之故纂嚴欲與王俱為聲援宇文今日使者相望觀其所為更無異迹賀拔在南開拓邊境為國立功念無

可責君若欲分討何以為辭東南不賓為日已久先朝已來置之度外今天下戶口減半未宜窮兵極武朕既闇昧不知佞人是誰可列其姓名令朕知也如聞庫狄干語王云本欲取懦弱者為主王無事立此長君使其不可駕御今但作十五日行自可廢之更立餘者如此議論自是王勳人豈出佞臣之口去歲封隆之背叛今年孫騰逃走不罪不送誰不怪王騰既為禍始曾無愧懼王若事君盡誠何不斬送二首王雖啟圖西去而四道俱進或欲南度洛陽或欲東臨江左言之者猶應自怪聞之者寧能不疑王若守誠不二晏然居北在此雖有百萬之衆終無圖彼之心王脫信邪棄義舉旗南指縱無匹馬隻輪猶欲奮空拳而爭死朕本寡德王已立之百姓無知或謂實可若為他所圖則彰朕之惡假令還為王殺幽辱齏粉了無遺恨何者王既以德見推以義見舉一朝背德舍義便是過有所歸本望君臣一體若合符契不圖今日分

疏到此古語云越人射我笑而道之吾兄射我泣而道之朕既親王情如兄弟所以投筆拊膺不覺歔欷北齊書神武紀下帝據胡牀拔劍作色子昇乃為敕

魏帝納皇后羣臣上禮章

臣聞軒轅乃神西陵以之作合夏后至聖塗山于是來嬪伏惟陛下龍飛纘歷大明理運長秋既建陰教有主景命無窮靈基長世普天之下莫不欣躍藝文類聚十五初學記十

為上黨王元天穆讓太宰表

臣聞策蹇長途必輟一日之致懸繩層臺詎任千鈞之重固知才弱不可自強力微難以企及智小謀大恐貽折足之憂才輕任重懼有絕臏之悔既慮鑠金固陳匪石藝文類聚四十五御覽二百六

為西河王謝太尉表

臣聞拂翮決起力謝摩天策蹇載馳功微送日將短翮難以陵高駑乘無由致遠雖復建旗出郡未追楚趙之風捧壺入侍徒蹕金張之迹及天祚明德運啟興王六遂始還九鼎初定于焉承乏有用當官草靡從風未遑克讓常恐執轡輕輪操刀傷錦藝文類聚四十六

為安豐王延明讓國子祭酒表

臣聞寶劒未砥猶乏切玉之功美箭闕羽尚無銜石之勢況才非會稽之竹質謝昆吾之金至于敷教東序疏訓上庠置樽俟酌懸鐘待叩必須逸朱藍以成彩立規矩以為式垂三行于貴游揚六藝于胄子而臣學愧聚沙問慚攻木雖歷文史不治章句于茲曠官靑衿何仰藝文類聚四十六

為司徒高敖曹謝表

委水橫流羣龍交戰徒悲道喪空懷主辱雖復見義援戈臨危奮劒顧慚後動終謝先鞭事等泣河無救三川之竭有類憂天豈支四極之壞藝文類聚四十七

為臨淮王彧謝封開府尚書令表

臣道愧山東氣慙隴右激水弗堪摶風無力但以平原帶地賁緒極天發趾自高理翮以遠出臨矦服既乏剌舉之能入踐帝閣又無應對之美空復受弋淸廟推轂朱門孝闕淚河功慚汗海大寶遠隆橫草未樹顧以有涯願言知止

為南陽王寶炬讓尚書令表

臣聞五而託乘乃成致遠之功坐以運舟遂有利涉之用若以輕任重課懸虛責實雖欲自勤終焉靡效藝文類聚四十八

為廣陽王淵讓吏部尚書表

假勢風雲非由羽翮徒得推遷就列僶俛當官曾無辟雍議禮之名詎有銅爵獻賦之敏而政本實繁司會尤切抑揚智地用捨時流實當年之準的乃一世之權衡得其人則分職之任隆非其才則曠官之失起藝文類聚四十八

為廣陽王淵北征請大將表

朕當作脫

今四郊多壘三軍申發率土之濱莫敢寧晏況黍末屬復董元戎臣不盡心誰將竭力豈容飾讓苟違戎重但㠯軍旅之事實所未學兼保重將隨方指麾臣請先驅被堅督戰若使旗鼓相望埃塵相接決機兩陳之閒不辭萬死之地朕獨委臣專總戎旅兵術靡常軍機屢變㠯臣當之必所未達雖奉廣算有均膠柱（藝文類聚五十九）

爲御史中丞元匡奏劾于忠

臣聞事主不㠯幽貞革心奉上不㠯趣捨虧節是㠯倚秦宮而慟哭復楚之功已多陟盧龍而樹勳廣魏之動不淺而申包避賞君子于是義之田疇拒命良史所㠯稱美竊唯宮車晏駕天人位易正是忠臣孝子致節之秋前領軍將軍臣忠不能砥礪名行自求多福方因矯制擅相除假清官顯職歲月隆崇臣等在蕃之時乃心家國書誚往來憤氣成疾傷禮敗德臣忠卽主謹案臣忠世㠯鴻勳盛德受遇累朝出入承明左右機近幸國大災肆其愚戇專擅朝命無人臣之心裴郭受冤于既往宰輔黜辱于明世又自矯爲儀同三司尚書令領崇訓衛尉原其此意便欲無上自處既事在恩後宜加顯戮請御史一人令史二人就州行決崔光與忠雖同受召而謂光既儒望朝之禮宗攝心虛遠不關世務但忠㠯光意望崇重逼光光若不同又有危禍伏度二聖欽明深垂昭恕而自去歲正月十三日世宗晏駕㠯後八月一日皇太后未親覽㠯前諸有不由階級而權臣用命或發門下詔書或由中書宣敕擅相拜授者已經恩宥正可免其叨竊之罪既非時望朝野所知冒階而進者並求追奪（魏書于栗磾傳熙平元年御史中尉元匡奏案北史溫子昇傳熙平初中尉東平王匡召補御史臺中彈文皆委焉知此文是子昇作）

爲廣陽王淵上書言邊事

邊豎構逆㠯成紛梗其所由來非一朝也昔皇始㠯移防爲重盛簡親賢擁麾作鎮配㠯高門子弟㠯死防遏不但不廢仕宦至乃偏得復除當時人物忻慕爲之及太和在歷僕射李沖當官任事涼州土人悉免廝役豐沛舊門仍防邊戍自非得罪當世莫肯與之爲伍征鎮驅使但爲虞候白直一生推遷不過軍主然其往世房分留居京者得上品通官在鎮者便爲清途所隔或投彼有北㠯禦魑魅多復逃胡鄉乃峻邊兵之格鎮人浮游在外皆聽流兵捉之于是少年不得從師長者不得游宦獨爲匪人言者流涕自定鼎伊洛邊任益輕唯底滯凡才出爲鎮將轉相模習專事聚斂或有諸方姦吏犯罪配邊爲之指蹤過弄官府政㠯賄立莫能自改咸言姦吏爲此無不切齒憎怒及阿那瓌背恩縱掠竊奔命師追之十五萬衆度沙漠不日而還邊人見此援師便自意輕中國尚書令臣崇時卽申聞求改鎮爲州將允其願抑亦先覺朝廷未許而高闕戍主率下失和拔陵殺之爲逆命攻城掠地所見必誅王師屢北賊黨日盛此段之舉指望銷平其崔暹隻輪不反臣崇與臣逡巡復路今者相與還次雲中馬首是瞻未便西邁將士之情莫不解體今日所慮非止西北將恐諸鎮尋亦如此天下之事何易可量（魏書廣陽王建閭附傳案魏書溫子昇傳正光末廣陽王淵爲東北道行臺召爲郎中軍國文翰皆出其手及淵爲葛榮所害子昇亦見羈執）

又上言

今六鎮俱叛二部高車亦同惡黨㠯疲兵討之不必制敵請簡選兵或留守恆州要處更爲後圖（魏書廣陽王建閭附傳）

爲廣陽王淵具言城陽王徽構隙意狀

往者元叉執權移天徙日而徽託附無翼而飛今大明反政任寄唯重㠯徽褊心銜臣切骨臣㠯疏滯遠離京輦被其構阻無所不爲然臣昔不在其後自此㠯來翻成陵谷徽遂一歲八遷位居宰相臣乃積年淹滯有功不錄自徽執政㠯來非但抑臣而已北征之勳皆被擁塞將士告捷終無片賞雖爲表請多不蒙遂前留元

標據于盛樂，後被重圍，析骸易子，倒懸一隅，嬰城二載。賊散之後，依階乞官，徽乃盤退，不允所請。而徐州下邳戍主賈勳，法僧叛後，暫被圍逼，固守之勳，比之未重，乃立得州，卽授開國。天下之事，其流一也，功同賞異，不平謂何？又驃騎李崇北征之日，啟募八州之人，聽用關西之格。及臣在後，依此科賞，復言北道征者，不得同于關西。定襄陵廟之至重，平城守國之要鎮，若計北而論，功亦何負于秦楚？但㠯嫉臣之故，便欲望風排抑，然其當途㠯來，何直退勳而已？但是隨臣征者，卽便爲所嫉。統軍袁叔和曾經省訴，徽初言有理，又聞北征隸臣爲統，應時變色。復令臣兄子仲顯異端訟臣，緝緝翩翩，謀相誹謗。言臣惡者，接㠯恩顏；稱臣善者，卽被嫌責。甄琛曾理臣屈，乃視之若仇讎；徐紇頗言臣短，卽待之如親戚。又驃騎長史祖瑩，昔在軍中，妄增首級，矯亂戎行，蠹害軍府，獲罪有司，避命山澤，直㠯謗臣之故，徽乃還雪其罪。臣府司馬劉敬比送降人，既到定州，翻然背叛，賊如決河，豈其能擁？且㠯臣府參寮，不免身首異處。徽既怒遷，捨其元惡，及胥徒從臣行者，莫不悚懼。傾恆州之人乞臣爲刺史，徽乃斐然，言不可測。及降戶結謀，臣頻表啟，徽乃因執言此事，及向定州，遠彼姦惡，又復論臣將有異志。翻覆如此，欲相陷沒，致令國朝遽賜遷代。賊起之由，誰使然也？徽既優幸，任隆一世，慕勢之徒，于臣何有？是故餘人攝選，車馬塡門；及臣居邊，賓遊罕至。臣近比爲慮其爲梗，是㠯孜孜乞赴京闕。屬流人舉斧，元戎垂翅，復從後命，自安無所，僶俛先驅，不敢辭事。及臣出都，行塵未滅，已聞在後復生異議，言臣將兒自隨，證爲可疑之兆，忽稱此㠯構亂。悠悠之人，復傳音響，言左軍臣融、右軍臣衍，皆受密敕，伺察臣事。徽既用心如此，臣將何㠯自安？竊㠯天步未移，國難猶梗，方伯之任，于斯爲急。徽昔臨藩，乃有人譽；及居端右，蔑爾無聞。今求出之爲州，使得申其利用。徽若外從所長，臣無內慮之

傾當作頃

切，脁蒙闕，公私幸甚。（魏書廣陽王建附傳：淵除大都督，城陽王徽搆淵，靈太后遣使問淵意狀，乃具啓。）

鐘銘

宮商遞變，律呂相生，立號則起，從革㠯成。調之必應，擊而不橫，鏗盤韻響，火鳥和聲，出入成則，明宵有音。（初學記十六）

舜廟碑

懷山不已，龍門未闢，大道御世，天下爲公。感夢長人，明敭仄陋，釐降二女，結友九男。執耜歷山，耕夫所㠯讓畔；施罟雷澤，漁父于是讓川。亦既登庸，㠯之納錄，九官咸事，百揆時敘，有大功于當世，集厤數而在躬。受文祖之命，致昭華之玉，班五瑞于羣后，禋六宗于上玄。舞干戚而遠夷賓，棄金璧而幽靈應，青雲浮洛，榮光塞河，符瑞必臻，休詳咸萃。㠯君人之大德，爲帝王之稱首，陟方之駕遂往，蒼梧之窆不歸。爰自先民，實存舊廟，既緝藥房，遂鎮瑤席，龍駕帝服，蓋依稀于慕舜；交鼓互瑟，實髣髴于聞韶。其辭曰：

詳當作祥

虹氣降靈，姚墟誕聖，樹陰未徙，帝圖已定。乃賓四門，㠯齊七政，天眷功高，民歸德盛。治既蕩蕩，化亦巍巍，南風在詠，西環有歸。疑山永逝，湘水長違，靈宮肅肅，神館微微。（藝文類聚十一）

侯山祠堂碑（魏書溫子昇傳作侯山祠堂碑文，常景見而善之。）

常山公主碑

啟泰微之層構，闢閶闔之重扉，據天下㠯爲家，苞率土而光宅。然則昆山西峙，爰有夜光；漢水東流，是生明月。公主稟靈宸極，資和天地，芬芳有性，溫潤成質。自然祕遠，若上元之隔絳河；直置清高，類姮娥之依桂樹。令淑之至，比光明于宵燭；幽閑之盛，匹穠華于桃李。託體宮闈，而執心撝順，婉然左辟，率禮如賓。舉華燭㠯宵征，動鳴佩而晨去，致肅雍于車乘，成好合于琴瑟。立行潔于清冰，抗志高于黃鵠，停輪表信，闔門示禮，終能成其子姓，貽厥孫謀。而鍾漏相催，日夜不息，川有急流，風無靜樹，奄辭身世，從宓妃于伊洛。

遙捐館舍追帝子于瀟湘銘曰

龍轡莫援日車遂往奄離形神忽歸丘壤祖歌薤露出奏巫山永厝中野終掩窮泉蕭瑟神道荒涼墓田松檟徒列琬琰空傳 藝文類聚十六

齊獻武王碑 魏書溫子昇傳齊文襄使之作獻武王碑文既成乃餓諸晉陽獄

寒陵山寺碑

昔晉文尊周績宣于踐土齊桓霸世威著于邵陵竝道冠諸侯勳高天下衣裳會同之所兵車交合之處寂寞銷沈荒涼磨滅言談者空知其名遥遇者不識其地然則樹同表跡刊石記功有道存焉可不尚歟永安之季數鍾百六天災流行人倫交喪尒朱氏既絕彼天綱斷茲地紐祿去王室政出私門銅馬競馳金虎亂噬九嬰暴起十日竝出破璧毀珪人物既盡頭會箕斂杼柚其空大丞相渤海王命世作宰惟機成務標格千仞崖岸萬里運鼎阿于襟抱納山岳于胸懷擁玄雲以上騰負青天而高引鍾鼓嘈囋上聞于天旌旗繽紛下盤于地壯士懔以爭先義夫憤而競起兵接刃于斯場車錯轂于此地轟轟隱隱若轉石之墜高崖硠硠礚礚如激水之投深谷俄而霧卷雲除冰離葉散靡旗蔽日亂轍滿野楚師之敗于柏舉新兵之退自昆陽以此方之未可同日既考茲沃壤建此精廬砥石礪金瑩珠琢玉經始等于佛功制作同于造化息心是歸淨行攸處神異畢臻靈仙總萃鳴玉鸞以來遊帶霓裳而至止翔鳳紛以相讙飛龍蜿而俱躍雖復高天銷于猛炭大地淪于積水固以傳之不朽終亦記此無忘 藝文類聚七十七

印山寺碑

自結繩運往觀象代興禮樂相因詩書間出喻是非于一指論道德于二篇九流之義遂開百家之言竝作皆以賦命有遺隨攝養致夭壽愛惡起于吉凶情僞動于利害雖改張羅之咒未易鑄鐘之性因果之業未申感應之途猶蔽是以修短有命子夏論之而未

詳報施在天史遷言之而未悟大丞相渤海王膺岳瀆之靈感辰象之氣直置與蘭桂齊芳自然共珪璋比潔加以體備百行智周萬象道兼語默思極天人固以兆云非虎自懷公輔之德世稱臥龍實在王佐之器道足以濟天下行足以通神明表立人之上才含廣途之大量永安之末時各異謀蜂蠆有毒豺狼反噬彀弩臨城抽戈犯蹕世道交喪海水羣飛既而蒼龍入隱白虎出見命世有期匡時作宰拯沈溺以援手涉波瀾而濡足懸曒日于胸懷起大風于衿袖動之以仁義行之以忠貞附之者影從應之者響起 藝文類聚七十七

大覺寺碑

維天地開闢陰陽轉運明則有日月幽則有鬼神初地遼遠未路悠長自始及終從凡至聖積骨成山祇劫莫數垂衣拂石恆河難計及冠日示夢蒙羅見謁應世降神感物開化顏如滿月心若盈泉體道獨悟含靈自曉居三殿以長想出四門而永慮聲色莫之留榮位不能屈道成樹下光屬天上變化靡窮神通無及置須彌于葶藶納世界于微塵闢慈悲之門開仁壽之路極煩惱于三塗濟苦難于五濁非但化及天龍被教人鬼固亦福霑行雁道洽遊魚但羣生無感獨尊罷應雜色照爛諸山搖動布金沙而弗受建寶蓋而未留遂上微妙之臺永升智慧之殿而天人慕德像法與靈圖影西山承光東壁主上乃據地圖攬天鏡乘六龍朝萬國牢籠宇宙襟帶江山道濟橫流德昌頹歷四門穆穆百僚師師乘法船以徑度駕天輪而高舉神功寶業既被無邊鴻名懋實方在不朽抵掌措言雖不盡意執筆書事其能已乎 藝文類聚七十七

定國寺碑

蓋兩儀交運萬物竝生始自苦空終于長樂而緣障未開業塵猶擁漂淪慾海顛墜邪山雖復光華竝于日月術數窮于天地有扶

危定頓之力爲濟世夷難之功登塗山而未歸遊建水而不反並馳于苦樂之境皆入于生死之門幽隱長夜未覩山北之燭沈迷達路詎見司南之機昔日先民雖云善誘尚習蓋纏未能解脫至如八卦成象示之以吉凶百藥爲醫道之以利害衣食有業民免飢寒之憂水土既平人無墊溺之患斯誠事周于世用功濟于生民不論過去之因緣詎辯未來之果報惟無上大覺均悟玄機應現託生方便開教聖靈之至無復等級威神之力不可思議動三乘之駕汎八解之流引諸子于火宅渡羣生于海岸自一音輟響雙樹潛神智慧雖徂象法猶在光照金盤言留石室徧諸世界咸用歸仰藝文類聚七十七。

司徒元樹墓誌銘

昔樞電降祥姬水成業握八符以馭世膺五命以會昌欽明格于上下光澤被于宇宙卜年永久歷世遐長有文王之孫子啟周公

之苗裔積善所及踵武稱賢每以辛李爲言恒持韓白自許殫百慮之一致盡能事于生民蒼蒼在上義歸無厚徒有東平避世之意空懷北海自晦之情疾非逢霧終異啟手銘曰

明允篤誠發于岐嶷未鑽已雕不扶而直修禮以耕強學爲殖孔既歎魯莊亦吟越況以度思有懷明發翻然高舉歸于魏闕長路未窮朝光已沒藝文類聚四十七。

司徒祖瑩墓銘

自天命生商王居徙亳源源迭遠枝葉繁華祖德潤于身聲高邦國父行成于己名重京師公鍾美多福資神積善器局閑靈志識開悟口含碧雞之辨手握雕龍之文門有善業家傳慶靈礪金成器相道滿籯琢玉爲寶待價聯城匪直也人實惟有道言折秋毫辭連春藻藝文類聚四十七。

閶闔門上梁祝文

維王建國配彼太微大君有命高門啟扉良辰是簡穆卜無違雕梁乃架綺翼斯飛八龍杳杳九重巍巍居宸納祜就日垂衣一人有慶四海攸歸藝文類聚六十三初學記二十四。

荀濟

濟字子通潁川人世居江左與梁武帝爲布衣交後以表譏佛教懼誅奔魏武定末爲常侍侍講與元瑾等謀誅高澄事露見殺。

論佛教表

三墳五典帝皇之稱首四維六紀終古之規模及漢武祀金人莽新以篡國桓靈祀浮圖闕豎以控權三國由茲鼎峙五胡仍其薦食衣冠奔于江東戎教興于中壤使父子之親隔君臣之義乖夫婦之和曠友朋之信絕海內殽亂三百年矣稽古之詔未聞崇邪之命重沓歲時禴祫未嘗親享竹脯麪牲欺誣宗廟違黃屋之尊

就蒼頭之役朝夕敬妖怪之胡鬼曲躬供貪淫之賊禿耽信邪胡謟祭淫祀恐非聰明正直而可以福祐陛下者也臣請言得失推校是非案釋氏源流本中國所斥投之荒裔以禦魑魅者也乃至舜時竄檮杌于三峗左傳允姓之姦居于瓜州是也杜預以允姓陰戎之別祖與三苗俱放于三峗漢書西域傳塞種本允姓之戎世居敦煌爲月氏迫逐遂住蔥嶺南奔又謂懸度賢豆身毒天毒仍訛轉以塞種爲釋種其實一也允姓與三苗比居教迹和洽其釋種不行忠孝仁義貪詐甚者號之爲佛佛者戾也或名爲勃勃者亂也而陛下以中華之盛冑方學姚石羌胡之軌躅竊不取一也又案釋迦出戎剖脇而誕摩耶遂殂事符梟獍年長爭立內不自安背父叛君逃飾爾甚達多投石難陀引弓變革常道自餓形骸安能濟物聚合兇徒易衣削髮設言虛誕不足承稟九十六道此道最貪叶彼淫愚衆多崇信至如瑠璃誅釋瞿曇路左觀之在

生親尚不存既歿疏何能救斯卽不行忠孝若天下習之陛下則無以自處不取者二也今僧尼不耕不偶俱斷生育傲君陵親違禮損化一不經也凡在生靈夫婦配合產育男女胡法反之多營泥木專求布施盜非巨戾二不經也姦胡矯詐自稱大覺而比丘徒黨行淫殺子僧尼悉然害螻蟻而起浮圖費財力而角堂宇若牟尼能照而故縱淫殺便是詐稱慈悲徒能照而不能救又是大覺于羣生無益而天下不覺三不經也胡法慳貪唯財是與直是行三毒而害萬方未見修六度而隆三寶四不經也佛家遺教不耕墾田不貯財穀乞食納衣頭陀爲務今則不然數十萬衆無心蘭若從教不耕者衆天下有飢乏之憂違教設法不行何須此法進退未爲盡理五不經也涅槃發問世尊滅後經教若爲得與波旬經別觀此發問則瞿曇存日門徒不能分辨眞僞況中華避役姦詐之侶焉不迷惑者涅槃闍王害父耆婆敍狀佛以理除令其迷解俗唯事結惑網愈深故以陰界入中求父不得本唯妄想謂父寶人橫生圖害取其重位若先達解知父本空何心起逆國亦非有由佛開化達悟妄心退悔慚謝獲無根信融續立論無能破之自古帝師諸侯賓友千載一逢猶如旦暮賢明希世宇宙獨立今乃削髮千羣不臣萬衆稱爲帝師未之可也姚石玉食三千佛寺瓊宮八百供敬厚矣終獲苗屑屠滅宋齊已降莫懲前失僧出寒微規免租役無期詣道志在貪淫竊盜華典傾奪朝權凡有十等一曰營繕廣廈僭擬皇居也二曰興建大室莊飾胡像僭比明堂宗祀也三曰廣譯妖言勸行流布轢帝王之詔敕也四曰交納泉布賣天堂五福之虛果奪大君之德賞也五曰豫徵收贖免地獄六極之謬殃奪人主之刑罰也六曰自稱三寶假託四依坐傲君王此取威之術也七曰多建寺像廣度僧尼此定霸之基也八曰三長大紀四大法集此別行正朔密行徵發也九曰設樂以誘

愚小俳優以招遠會陳佛土安樂斥王化危苦此變俗移風徵租稅也十曰法席聚會邪謀變通稱意贈金毀破遺謗此呂尚之六韜祕策也凡此十事不容有一萌兆徵露卽合誅夷今乃恣意流行排我王化方又擊鴻鐘于高臺期闕庭之箭漏挂幡蓋于長刹放充庭之鹵簿徵玉食以齋會禳王公之享燕唱高越之贊唄象食舉之登歌歎功德則比陳詞之祝史受儭施則等束帛之等差設威儀則效旌旐之文物凡諸舉措竊擬朝儀云云陛下方更傾儲供寺萬乘擬附庸之儀肅拜僧尼三事執陪臣之禮寵既隆矣侮亦劇矣臣不取者四也陛下以因果有必定之期報應無遷延之業故崇重像法供施彌隆勞民伐木燒掘螻蟻損傷和氣豈顧大覺之慈悲乎胡鬼堪能致福可廢儒道釋禿足能除禍屏絕干戈今乃重關以備不虞擊柝以爭空地殺螻蟻而營功德既乖釋典崇妖邪而行諂祭又虧名教五尺牧豎猶知不疑四海之尊義無二三其德臣爲陛下不取五也秦政受誑于三山漢徹見欺于五利信順妖訛一至于此不察情僞豈懲前失宋齊兩代重佛敬僧國移廟改者但是佛妖僧僞姦詐爲心墮胎殺子昏婬亂道故使宋齊磨滅今宋齊寺像見在陛下承事則宋齊之變不言而顯矣今僧尼坐夏不殺螻蟻者愛含生之命也而傲君父妄仁于蜫蟲也墮胎殺子反養于蚊虻也夫易者君臣夫婦父子三綱六紀也今釋氏君不君乃至子不子綱紀紊亂矣云云（廣弘明集七。）

見執下辯

自傷年幾摧穨恐功名不立舍兒女之情起風雲之事故挾天子誅權臣（北史八十三。）

劉洛眞

造像記

延昌元年歲次壬辰十一月丁亥朔四日淸信士弟子劉洛眞兄

弟爲亡父母敬造彌勒像二區。使亡父母託生紫微安樂之處。還願七世父母。師僧眷屬。見在居門。老者延年。少者益筭。使法界有生。一時成佛。所願如是。碑拓本。

全後魏文卷五十一終

全後魏文卷五十二

烏程嚴可均校輯

王延業

延業太原人宣武時爲太學博士孝明末遷著作佐郎監典校書除三公郎于河陰遇害

皇太后輿駕議

案周禮王后有五輅重翟㠯從王祠厭翟㠯從王饗賓客安車㠯朝見于王翟車㠯親桑輦車宮中所乘又漢輿服志云秦幷天下閱三代之禮或曰殷瑞山車金根之色殷人㠯爲大輅于是始皇作金根之車漢承秦制御爲乘輿太皇太后皇太后皆御金根車加交絡帷裳非法駕則乘紫罽軿車雲櫎文畫輈黃金塗五末蓋瓜在右騑駕三馬阮諶禮圖幷載秦漢巳來輿服亦云金根輅皇后法駕乘之㠯禮婚見廟乘輅后法駕乘之㠯親桑安車后小駕

乘之㠯助祭山軿車后行則乘之紺罽軿車后小行則乘之㠯哭公主邑君王妃公矦夫人入閤輿后出入閤宮中小遊則乘之晉先蠶儀注皇后乘雲母安車駕六騩案周秦漢晉車輿儀式互見圖書雖名號小異其大較略相依擬金根車雖起自秦造卽殷之遺制今之乘輿五輅是其象也華飾典麗容觀莊美司馬彪㠯爲孔子所謂乘殷之輅卽此之謂也案阮氏圖桑車亦飾㠯雲母晉之雲母車卽是一輿周之翟車其用正同安車旣名同周制又用同重翟山軿車案圖飾之㠯紫紺罽軿車雖制用異于厭翟而實同用于今入閤輿與輦其用又同案圖今之黑漆畫扇輦與周之輦車其形相侶竊㠯爲秦滅周制百事挧革官名軌式莫不殊異漢魏因循𦀒踵仍舊雖時有損益而莫能反古良由去聖久遠典儀殊缺時移俗易物隨事變雖經賢哲祖襲無改伏惟皇太后叡聖淵凝照臨萬物動循典故貽則後王今輒竭管見稽之周禮攷之漢晉採諸圖史驗之時事㠯爲宜依漢晉法駕則御金根車駕四馬加交絡帷裳御雲母車駕四馬㠯親桑其非法駕則御紫罽軿車駕三馬小駕則御安車駕三馬㠯助祭小行則御紺罽軿車駕三馬㠯哭公主王妃公矦夫人宮中出入則御畫扇輦車案舊事比之周禮唯闕從王饗賓客及朝見于王之乘竊㠯爲古者諸矦有朝會之禮故有從饗之儀今無其事宜從省略又今之皇居宮掖相逼就有朝見理無結駟卽事攷實亦宜闕廢又哭公主及王妃周禮所無施之于今實合事要損益不同用捨隨時三代異制其道然也又金根及雲母駕馬或三或六訪之經禮無駕六之文今之乘輿又皆駕四義符古典宜仍駕四其餘小駕宜從駕三其制用形飾備見圖志魏書禮志四熙平元年六月太學博士王延業議

胡太后父廟制議

案王制云諸矦祭二昭二穆與太祖之廟而五又小記云王者立

四廟鄭玄云高祖㠯下與始祖而五明立廟之正㠯親爲限不過于四其外有大功者然後爲祖宗然則無太祖者止于四世有太祖乃得爲五禮之正文也文王世子云五廟之孫祖廟未毀雖爲庶人冠娶必告鄭玄云實四廟而言五廟者容高祖爲始封君之子明始封之君在四世之外正位太祖乃得稱五廟之孫若未有太祖巳祀五世則鄭無爲釋高祖爲始封君之子也此先儒精義當今顯證也又喪服傳曰若公子之子孫有封爲國君者則世世祖是人也不祖公子鄭玄云謂後世爲君者祖此受封之君不得祀別子也公子若在高祖㠯下則如其親服後世遷之乃毀其廟爾明始封猶在親限故祀止高祖又云如親而遷尤知高祖之父不立廟矣此又立廟明法與今事相當者也又禮緯云夏四廟至子孫五殷五廟至子孫六注云言至子孫則初時未備也此又顯在緯籍區別若斯者也又晉初㠯宣帝是始封之君應爲太祖而

㠯猶在祖位。故唯祀征西已下六世。待世世相推。宣帝出居太祖之位。然後七廟乃備。此又依準前軌。若重規襲矩者也。竊謂太祖者。功高業大。百世不遷。故親廟之外。特更崇立。苟無其功。不可獨居正位。而遷見遷毀。且三世已前。廟及于五。玄孫已後。祀止于四。一與一奪。名位莫定。求之典禮。所未前聞。今太上秦公。疏爵列土。大啓河山。傳祚無窮。永同帶礪。實有始封之功。方成不遷之廟。但親在四世之內。名班昭穆之序。雖應爲太祖。而尚在禰位。不可遠探高祖之父。㠯合五者之數。太祖之室。當須世世相推。親盡之後。乃出居正位。㠯備五廟之典。夫循文責實。理貴允當。攷捌宗祊。得禮爲美。不可苟薦虛名。取榮多數。求之經記。竊謂爲允。又武始侯本無采地。于皇朝制令。名準大夫。案如禮意。諸侯奪宗。武始四時烝嘗。宜于秦公之廟。（魏書禮志二。神龜初。靈太后父司徒胡國珍薨。贈太上秦公。時疑其廟制。太學博士王延業議。）

王僧奇

僧奇。熙平初爲四門小學博士。

宗室助祭議

案孝經曰。郊祀后稷㠯配天。宗祀文王于明堂㠯配上帝。然則太祖不遷者。尊王業之初基。二祧不毀者。旌不朽之洪烈。其旁枝遠胄。豈得同四廟之親哉。故禮記婚義曰。古者婦人先嫁三月。祖廟未毀。教于公宮。祖廟既毀。教于宗室。又文王世子曰。五廟之孫。祖廟未毀。雖庶人。冠娶必告。死必赴。不忘親也。親未絕而列于庶人。賤無能也。鄭注云。赴告于君也。實四廟言五者。容顯考爲始封君子故也。鄭君別其四廟。理協二祭。而四廟者。在當世服屬之內。可㠯與于子孫之位。若廟毀服盡。豈得同于此例乎。敢竭愚昧。請㠯四廟爲斷。（魏書禮志二。江陽王繼表言。道武曾孫。宜得預祭。靈太后令議定。㠯閱王僧奇等議。又見通典五十一。）

劉季明

季明。孝明時四門博士。

改葬尼太后服制議

案喪服雖云改葬緦。文無指據。至于注解。乖異不同。馬融王肅云。本有三年之服者。鄭及三重。（案此語上下並有脫文。）然而後來諸儒。符融者多。與玄者少。今請依馬王諸儒之議。至尊宜服緦。案記外宗爲君夫人。猶內宗。鄭注云。爲君服斬。夫人齊衰。不敢㠯親服至尊也。今皇太后雖上承宗廟。下臨朝臣。至于爲姑。不得過朞。計應無服。其清河汝南二王。母服三年。亦宜有緦。自餘王公百官。爲君之母妻。唯朞而已。並應不服。（魏書禮志四。神龜元年十一月。崔光上言。四門博士劉季明議。又略見通典一百二。）

鄭六

六。孝明時太常博士。

改葬尼太后服制議

謹檢喪服并中代雜論。記云改葬緦。鄭注。臣爲君。子爲父。妻爲夫。親見屍柩。不可㠯無服。故服緦。三年者緦。則朞已下無服。竊謂鄭氏得服緦之旨。謬三月之言。如臣所見。請依康成之服緦。既葬而除。（魏書禮志四。神龜元年十一月。太常博士鄭六議。又略見通典一百二。）

薛欽

欽。孝明時爲三門都將。

上言船運租調

計京西水次汾華二州。恆農、河北、河東、正平、平陽五郡。年常綿絹及貲麻。皆折公物。雇車牛送京。道險人敝。費公損私。略計華州一車。官酬絹八匹三丈九尺。別有私民雇價布六十匹。河東一車。官酬絹五匹二丈。別有私民雇價布五十匹。自餘州郡。雖未練多少。推之遠近。應不減此。今求車取雇絹三匹。市材造船。不勞採斫。計船一艘。舉十三車。車取三匹。合有三十九匹。雇作手并匠及船上雜具食直。足㠯成船。計一船剩絹七十八匹。布七百八十匹。又租車一乘官格四十斛成載。私民雇價，遠者五斗布一匹，近者一石布一匹。準其私費，一車布遠者八十匹，近者四十匹。造船一艘，計舉七百石，準其雇價，應有一千四百匹。今取布三百匹造船一艘，幷船上覆治雜事，計一船有剩布一千一百匹。又其造船之處，皆須鋸材人功，幷削船茹，依功多少，卽給當州郡門兵，不假更召。汾州有租調之處，去汾不過百里，華州去河不滿六十，並令計程依舊酬價，車送船所。船之所運，唯達雷陂。其陸路從雷陂至倉庫，調一車雇絹一匹，租一車布五匹，則于公私為便。（魏書食貨志）

朱元旭

元旭字君昇，樂陵人。初為清河王懌國常侍，遷太學博士、員外散騎侍郎，神龜中除尚書度支郎中，正光中加鎮遠將軍，兼尚書右丞，本州中正，孝昌中除通直散騎常侍，永安初加平東將軍、尚書左丞、光祿大夫，後轉司農少卿，遷衛將軍、左光祿大夫，天平中復為尚書左丞，除使持節、驃騎將軍、義州刺史，武定三年卒，贈幽州刺史。

議用薛欽船運計

效立于公，濟民為本，政列于朝，潤國是先。故大禹疏決，以通四載之宜；有漢穿引，受納百川之用。厥績顯于當時，嘉聲播于圖史。今校薛欽之說，雖迹驗未彰，而指況甚善。所云以船代車，是其策之長者。若以門兵造舟，便為闕彼防禦，無容全依，宜令收雇車之物市材執作，及倉庫所須，悉以營辦。七月之始，十月初旬，令州郡綱典各租調于將所，然後付之十車之中，留車士四人，佐其守護。粟帛上船之日，隨運至京，將共監慎，如有耗損，其倍徵。河中缺失，專歸運司。輸京之時，聽其卽納，不得雜合，違失常體。必使量上數下，謹其受入，自餘一如其列。計底柱之難，號為天險，迅驚千里，未易其功。然既陳便利，無容輒抑，若效充其說，則附例酬庸，如其不驗

徵填所損。今始開剏，不可懸生減折，且依請營立。一年之後，須知贏費，歲遣御史校其虛實，脫有乖越，別更裁量。（魏書食貨志）

陳仲儒

仲儒仕梁，官爵未詳，孝明時自江南歸魏。

荅有司符問立準以調八音狀

前被符問：京房準定六十律之後，雖有器存，曉之者尠。至熹平末，張光等猶不能定紘之急緩，聲之清濁。仲儒授自何師？出何典籍？而云能曉？但仲儒在江左之日，頗愛琴，又嘗覽司馬彪所撰續漢書，見京房準術，成數昞然。而張光等不能定，仲儒不量庸昧，竊有意焉。遂竭愚思，鑽研甚久，雖未能測其機妙，至于聲韻，頗有所得。度量衡厤，出自黃鍾，雖造管察氣，經史備存，但氣有盈虛，黍有巨細，差之毫釐，失之千里，自非管應時候，聲驗吉凶，則是非之原，諒亦難定。此則非仲儒淺識所敢聞之。至于準者，本以代律，取其分數，調校樂器，則宮商易辨，若尺寸小長，則六十宮商，相與微濁；若分數加短，則六十徵羽，類皆小清。語其大本，居然微異。至于清濁相宜，諧會歌管，皆得應合。雖積黍驗氣，取聲之本，清濁諧會，亦須有方。若閑準意，則辨五聲清濁之韻；若善琴術，則知五調調音之體。參此二途，以均樂器，則自然應和，不相奪倫。如不練此，必有乖謬。案後漢順帝陽嘉二年冬十月，行禮辟雍，奏應鍾，始復黃鍾作樂，器隨月律，是為十二之律，必須次第為宮，而商角徵羽以類從之。尋調聲之體，宮商宜濁，徵羽用清。若公孫崇止以十二律聲而云還相為宮，清濁悉足，非唯未練五調調器之法，至于五聲次第，自是不足。何者？黃鍾為聲氣之元，其管最長，故以黃鍾為宮，太蔟為商，林鍾為徵，則宮徵相順。若均之八音，猶須錯採衆聲，配成其美。若以應鍾為宮，大呂為商，蕤賓為徵，則徵濁而宮清，雖有其韻，不成音曲。若以夷則為宮，則十二律中唯得取中呂為徵，其商角

羽並無其韻若以中呂爲宮則十二律內全無所取何者中呂爲十二之窮變律之首依京房書中呂爲宮乃以去滅爲商執始爲徵然後方韻而崇乃以中呂爲宮猶用林鍾爲商黃鍾爲徵何由可諧仲儒以爲調和樂器文飾五聲非準不妙若如嚴嵩父子心賞淸濁是則爲難若依案見尺作準調絃緩急淸濁可以意推耳但音聲精微史傳簡略舊志唯云準形如瑟十三絃隱閒九尺以應黃鍾九寸調中一絃令與黃鍾相得案畫以求其聲遂不辨準須柱以下柱有高下絃有粗細餘十二絃復應若爲致令攬者迎前拱手又案房準九尺之內爲一十七萬七千一百四十七分一尺之內爲萬九千六百八十三分又復十之是爲于準一寸之內亦爲萬九千六百八十三分然則于準一分之內乘爲二十分又爲小分以辨彊弱中閒至促雖復離朱之明猶不能窮而分之雖然仲儒私曾考驗但前卻中柱使入常準尺分之內則相生之韻

已自應合然分數既微器宜精妙其準面平直須如停水其中絃一柱高下須與二頭臨岳一等移柱上下之時不使離絃不得舉絃又中絃粗細須與琴宮相類中絃須施軫如琴以軫調聲令與黃鍾一管相合中絃下依數畫出六十律淸濁之節其餘十二絃須施柱如箏又凡絃皆須豫張使臨時不動卽于中絃案畫一周之聲度著十二絃上然後依相生之法以次運行取十二律之商徵商徵既定又依琴五調調聲之法以均樂器其調以宮爲主淸調以商爲主平調以角爲主五調各以一聲爲主然後錯採衆聲以文飾之方如錦繡自上代以來消息調準之方並史文所略出以仲儒愚思若事有乖此聲則不和仲儒尋準之分數精微如彼定絃緩急艱難若此而張光等親掌其事尚不知藏中有準既未識其器又焉能施絃也且燧人不師資而習火延壽不束脩以變律故云知之者欲教而無從心達者體知而無師苟有一毫釐所得

其下脫瑟字

皆闕心抱豈必要經師授然後爲奇哉但仲儒自省膚淺才非瞻足正可粗識音韻纔言其理致耳　魏書樂志先是有陳仲儒者自江南歸國頗閑樂事請依京房立準以調八音神龜二年夏有司問狀仲儒言云云又見通典一百四十三

羊深

深字文淵太山鉅平人初爲司空府記室參軍轉輕車將軍尚書騎兵郎神龜中轉駕部加右軍將軍正光末爲持節通直散騎常侍北海王顥行臺右丞軍司仍領郎中孝昌中遷尚書左丞加平東將軍光祿大夫兼給事黃門侍郎封新泰男出爲三徐行臺孝莊卽位除安東將軍太府卿又爲二兗行臺免尋除撫軍將軍金紫光祿大夫元顥入洛以爲兼黃門郎顥平免後拜大鴻臚卿普泰初遷散騎常侍衞將軍右光祿大夫兼侍中孝武卽位拜中書令尋轉車騎大將軍左光祿大夫出爲兼御史中尉東道軍司及帝西遷樊子鵠舉義兗州署爲齊州刺史天平二年敗死

上前廢帝疏

臣聞崇禮建學列代之所修尊經重道百王所不易是以均塾洞起昭明之頌載揚膠序大闢都穆之詠斯顯伏惟大魏乘乾統物欽若奉時模唐軌虞率由前訓重以高祖繼聖垂衣儒風載蔚得才之盛如彼薪標固以追隆周而並驅駕炎漢而獨邁宣皇下武式遵舊章用能愉揚盛烈聿修厥美自茲已降世極道消風猷稍遠澆薄方競退讓寂寥馳競靡節進必吏能升非學藝是使刀筆小用計日而期榮專經大才甘心于陋巷然治之爲本所貴得賢苟值其人豈拘常檢三代兩漢異世閒出或釋褐中林鬱登卿尹或投竿釣渚徑升公相事炳丹青義在往策彼哉邈乎不可勝紀竊以今之所用弗修前矩至如當世通儒冠時盛德見徵不過四門登庸不越九品以此取士求之濟治譬猶卻行以及前之燕而

向茲積習之不可者。其所由來者漸矣。昔魯興泮宮。頌聲爰發。鄭廢學校。國風以譏。將以納民軌物。莫始于經禮。菁莪育才。義光于篇什。自兵亂以來。垂將十載。干戈日陳。俎豆斯闕。四海荒凉。民物凋敝。名教頓虧。風流殆盡。世之陵夷。可爲歎息。陛下中興纂歷。理運維新。方隅稍康。實維文德。但禮賢崇讓之科。沿世未備。還淳反樸之化。起言斯繆。夫先黃老而退六經。史遷終其成蠹。貴玄虛而賤儒術。應氏所以亢言。臣雖不敏。敢忘前載。且魏武在戎。尚修學校。宣尼確論。造次必儒。臣愚以爲宜重修國學。廣延冑子。使函丈之教日聞。釋奠之禮不闕。并詔天下郡國。興立儒教。考課之程。咸依舊典。苟經明行修。宜擢以不次。抑斗筲喋喋之才。進大雅汪汪之德。博收鴻生。以光顧問。縶維奇異。共精得失。使區寰之內。競務仁義之風。荒散之餘。漸知禮樂之用。豈不美哉。臣誠闇短。敢慕前訓。用稽古義。上塵聽覽。伏願陛下垂就日之監。齊非煙之化。儻以臣言可採。乞特施行。（魏書羊深傳）

劉景安

景安爲司空諮議。

規崔亮書

殷周以鄉塾貢士。兩漢由州郡薦才。魏晉因循。又置中正。諦觀在昔。莫不審舉。雖未盡美。足應十收六七。而朝廷貢才。止求其文。不取其理。察孝廉。唯論章句。不及治道。立中正。不考人才行業。空辨氏姓高下。至于取士之途不溥。沙汰之理未精。而舅屬當銓衡。宜須改張易調。如之何反爲停年格以限之。天下士子。誰復修厲名行哉。（魏書崔亮傳。亮遷吏部尚書。奏爲停年格制。亮外甥司空諮議劉景安書規亮。又見北史四十四、通典十四。）

全後魏文卷五十二終

全後魏文卷五十三

烏程嚴可均校輯

尒朱榮

榮字天寶，北秀容人，世爲酋帥。神龜末襲爵梁郡公。正光中以功封安平縣侯，進封博陵郡公，累遷車騎將軍、右光祿大夫、儀同三司。孝莊即位，進使持節、侍中、都督中外諸軍事、大將軍、開府、兼尚書令、領軍將軍，封太原王，進柱國大將軍，兼錄尚書事。以平葛榮功進大丞相，又進位太師。以平元顥功進天柱大將軍。永安三年殺之于明光殿。前廢帝即位，贈假黃鉞、相國、司州牧、晉王，加九錫，謚曰武，配享高祖廟。

抗表請赴闕

伏承大行皇帝背棄萬方，奉諱號踴，五內摧剝。仰尋詔旨，實用驚惋。今海內草草，異口一言，皆云大行皇帝鴆毒致禍。臣等外聽訟言，內自追測，去月二十五日聖體康愈，至于二十六日奄忽昇遐，即事觀望，實有所惑。且天子寢疾，侍臣不離左右，親貴名醫，瞻仰患狀，面奉音旨，親承顧託，豈容不豫，初不召醫，崩棄曾無親奉。欲使天下不爲怪愕，四海不爲喪氣，豈可得乎？復皇后女生，稱爲儲兩，疑惑朝野，虛行慶宥。宗廟之靈見欺，兆民之望已失。使七百危于累卵，社稷墜于一朝。方選君嬰孩之中，寄治乳抱之日，使姦豎專朝，賊臣亂紀，惟欲指影以行權，假彤而弄詔，此則掩眼捕雀，塞耳盜鐘。今秦隴塵飛，趙魏霧合，寶夤醜奴勢逼幽雍，葛榮就德憑陵河海，楚兵吳卒密邇在郊。古人有言：邦之不臧，鄰之福也。一旦聞此，誰不闚覦？竊惟大行皇帝聖德馭宇，繼體正君，猶邊烽迭舉，妖寇不滅，況今從佞臣之計，隨親戚之談，舉潘嬪之女以誑百姓，奉未言之兒而臨四海，欲使海內安乂，愚臣所未聞也。伏願留聖善之慈，回須臾之慮，照臣忠誠，錄臣至款，聽臣赴闕，預參大議，問侍臣帝崩之由，訪禁旅不知之狀，以徐鄭之徒付之司敗，雪同天之恥，謝遠近之怨，然後更召宗親，推其年德，聲副遐邇，改承寶祚，則四海更蘇，百姓幸甚。（魏書尒朱榮傳。肅宗崩，事出倉卒，榮聞之大怒，謂鄭儼、徐紇爲之，與元天穆等密議稱兵，入匡朝廷，討定之，乃抗表。）

上言陳兵事

臣前以二州頻反，大軍喪敗，河北無援，實慮南侵，故令精騎三千出援相州，京師影響，斷其南望，賊聞此衆，當亦息圖。使還，奉敕云：念生梟戮，寶夤受擒，醜奴明達竝送誠款，三輔告謐，關隴載寧。費穆虎旅，大翦妖蠻，兩絳狂蜀，漸已稽顙。又承北海王顥率衆二萬出鎮相州。北海皇孫，名位崇重，鎮撫鄴城，實副羣望。惟願廣其配衣，及機早遣。今關西雖平，兵未可役；山南鄰賊，理無發召。王師雖衆，頻被摧北，人情危怯，實謂難用。若不更思方略，無以萬全。如臣愚量，蠕蠕主阿那瓌荷國厚恩，未應忘報，求乞一使慰喻那瓌，即遣發兵東引，直趣下口，揚威振武，以躡其背。北海之軍鎮撫相部，嚴加警備，以當其前。臣麾下雖少，輒盡力命，自井陘以北，隘口以西，分防險要，攻其肘腋。葛榮雖并洛周，威恩未著，人類差異，形勢可分。（魏書尒朱榮傳。葛榮吞洛周，凶勢轉盛，榮上書，遂嚴勒部曲，北捍馬邑，東塞井陘。）

上書乞追贈河陰死者

臣世荷蕃寄，征討累年，奉忠王室，志存效死。直以太后淫亂，孝明暴崩，遂率義兵，扶立社稷。陛下登祚之始，人情未安，大兵交際，難可齊一，諸王朝貴橫死者衆。臣今粉軀不足塞往責以謝亡者，然追榮褒德，謂之不朽，乞降天慈，微申私責。無上王請追尊帝號，諸王刺史乞贈三司，其位班三品請贈令僕，五品之官各贈方伯，六品已下及白民贈以鎮郡。諸死者無後聽繼，即授封爵，均其高下，節級別科，使恩洽存亡，有慰生死。（魏書尒朱榮傳）

尒朱仲遠

仲遠。榮從弟。孝莊初爲直寢盪遠將軍步兵校尉。除平北將軍建興太守。封潁邑縣侯。加散騎常侍。及改郡立州。還使持節車騎將軍建州刺史。加侍中。進爵爲公。尋改封淸河郡。又加車騎大將軍左光祿大夫。轉徐州刺史、兼尚書左僕射、三徐大行臺、督三徐諸軍事。普泰初加督二兗。進驃騎大將軍、開府儀同三司、東道大都督、大行臺。封彭城王。尋加大將軍、兼尚書令、徐兗二州刺史。又加太宰。韓陵戰敗奔梁。死于江南。

上言置行臺中正

將統參佐。人數不足。事須在道更僕以充其員。竊見比來行臺采募者。皆得權立中正。在軍定第。斟酌授官。今求兼置。權濟軍要。若立第亦爽。關京之日。任有司裁奪。魏書尒朱榮附傳、又北史四十八

尒朱世隆

世隆字榮宗。仲遠弟。孝明末爲直齋。轉直寢從兼直閤。加前將軍。建義初除給事黃門侍郎。孝莊即位。進侍中、領軍將軍、左衞將軍。領左右肆州大中正。封樂平郡公。遷車騎將軍兼領軍。尋授左光祿大夫尚書右僕射。元顥內逼。假儀同三司前軍都督。尋假驃騎大將軍、行臺右僕射、都督相州諸軍事、相州刺史。當州都督。顥平。除驃騎大將軍尚書左僕射。攝選。加散騎常侍。長廣王即位。以爲尚書令。封樂平郡王。加太傅行司州牧。節閔即位。特拜儀同三司。普泰二年爲斛斯椿所執。斬于閶闔門外。

爲匿名書自牓其門

天子與侍中楊侃黃門高道穆等爲計。欲殺天柱。北史四十八。

高謙之

謙之字道讓。勃海蓨人。襲父崇爵開陽男。除奉朝請。加宣威將軍。正光中爲奉車都尉廷尉丞。孝昌初行河陰縣令。尋除正。遷國子博士。歷鑄錢都將長史。爲李神軌所陷。下獄賜死。永安中

贈營州刺史。謚曰康。有涼書十卷。

求鑄三銖錢表

蓋錢貨之立。本以通有無便交易。故錢之輕重。世代不同。太公爲周置九府圜法。至景王時更鑄大錢。秦兼海內。錢重半兩。漢興。以秦錢重。改鑄楡莢錢。至文帝五年復爲四銖。孝武時悉復銷壞。更鑄三銖。至元狩中變爲五銖。又造赤仄之錢。以一當五。王莽攝政。錢有六等。大錢重十二銖。次九銖。次七銖。次五銖。次三銖。次一銖。魏文帝罷五銖錢。至明帝復立。孫權江左鑄大錢。一當五百。權赤烏年復鑄大錢。一當千。輕重大小。莫不隨時而變。竊以食貨之要。八政爲首。聚財之貴。詒訓典文。是以昔之帝王。乘天地之饒。御海內之富。莫不腐紅粟于太倉。藏朽貫于泉府。儲蓄既盈。民無困敝。可以寧謐四極。如身使臂者矣。昔漢之孝武。地廣財豐。外事四戎。遂虛國用。于是草萊之臣。出財助國。興利之計。納稅廟堂。市列榷酒之官。邑有告緡之令。鹽鐵既興。錢幣屢改。少府遂豐。上林饒積。外闢百蠻。內不增賦者。皆計利之由也。今羣妖未息。四郊多壘。徵稅既煩。千金日費。資儲漸耗。財用將竭。誠楊氏獻稅之秋。桑兒言利之日。夫以西京之盛。錢貨屢改。並行小大。子母相權。況今寇難未除。州郡淪敗。民物凋零。軍國用少。別鑄小錢。可以富益。何損于政。何妨于人也。且政興不以錢大。政衰不以錢小。惟貴公私得所。政化無虧。既行之于古。亦宜效之于今矣。昔禹遭大水。以歷山之金鑄錢。救民之困。湯遭天旱。以莊山之金鑄錢。贖民之賣子者。今百姓窮悴。甚于曩日。欽明之主。豈得垂拱而觀之哉。臣今此鑄以濟交乏五銖之錢。任使並用。行之無損。國得其益。穆公之言。于斯驗矣。臣雖術愧計然。識非心算。暫充錢官。頗覩其理。苟有所益。不得不言。脫以爲疑。求下公卿博議。如謂爲允。即乞施行。魏書高謙之傳。又見通典九。

乞復舊制京令得面陳得失疏

臣以無庸，謬宰神邑，實思奉法不撓，稱是官方，酬朝廷無貲之恩，盡人臣守器之節。但豪家支屬，戚里親媾，縲紲所及，舉目多是，皆有盜憎之色，咸起怨上之心。縣令輕弱，何能克濟。先帝昔發明詔，得使面陳所懷。臣亡父先臣崇之為洛陽令，常得入奏是非，所以朝貴斂手，無敢干政。近日以來，此制遂寢，致使神宰威輕，下情不達。今二聖遠遵堯舜，憲章高祖，愚臣望策其駑蹇，少立功名，乞新舊典，更明往制，庶姦豪知禁，頗自屏心。魏書高謙之傳：孝昌中除河陰令，舊制二縣令得面陳得失，時佞幸之輩惡其有所發聞，遂共奏罷，謙之乃上疏。

陳時務疏

臣聞夏德中微，少康成克復之主；周道將廢，宣王立中興之功。則知國無常安，世無恆敝，惟在明主所以變之，有方化之，有道耳。自正光已來，邊城屢擾，命將出師，相繼于路，軍費戎資，委輸不絕。至如弓格賞募，咸有出身，槊刺斬首，又蒙階級，故四方壯士，願征者多。各各為己，公私兩利。若使軍帥必得其人，賞勳不失其實，則何賊不平，何征不捷也。諸守帥或非其才，多遣親者，妄稱入募，別倩他人，引弓格，虛受征官，身不赴陳，惟遣奴客充數而已。對寇臨敵，曾不彎弓，則是王爵虛加，征夫多闕，賊虜何可殄除，忠貞何以勸誡也。且近習侍臣，戚屬朝士，請託官曹，擅作威福。如有清貞奉法，不為回者，咸共譖毀，橫受罪罰。在朝顧望，誰肯申聞。蔽上擁下，虧風壞政，使讒諂甘心，忠讜息義。況且頻年以來，多有徵發，民不堪命，動致流離，苟保妻子，競逃王役，不復顧其桑井，憚此刑書。正由還有必困之理，歸無自安之路。若聽歸其本業，徭役微甄，則還者必眾，墾田增闢，數年之後，大獲課民。今不務以理還之，但欲嚴符切勒，恐數年之後，走者更多，安業無幾。故有國有家者，不患民不我歸，唯患政之不立；不恃敵不我攻，惟恃吾不可侮。此乃千載共

遵，百王一致。且琴瑟不韻，知音改絃更張；騑驂未調，善御執轡成組。諺云：迷而知反，得道不遠。此言雖小，可以諭大。陛下一日萬機，事難周覽，元凱結舌，莫肯明言。臣雖庸短，世受榮祿，竊慕前賢匪躬之義，不避斧鉞之誅，以希一言之益。伏願少垂覽察，略加推采，使朝章重舉，軍威更振，海內起惟新之歌，天下見復禹之績，則臣奏之後，笑入下泉。魏書高謙之傳

涼書述

釋氏之化，聞其風而悅之，義生天地之外，詞出耳目之表。斯獘教之洪致，九流之一家，而好之既深，則其術亦高，而圖寺極壯，窮海陸之財，造者弗悋金碧，殫生民之力，豈大覺之意乎。然至敬無文，至神不飾，未能盡天下之牲，故祭天以繭栗；未能極天下之文，故藉神以稾秸。苟有其誠，則蘋藻侔于百品；明德匪馨，則奠牛下于礿祭。而況鷲山之術，彼岸之奇，而可以虛求乎。乃有浮遊都鄙，避苦逃劇，原其誠心，百裁一焉。既朱紫一亂，城社狐鼠，穢大法之精華，損農蠶之要務。執契者不以為患，當衡者不以為言。有國者宜鑒而節之。廣弘明集七。

高恭之

恭之字道穆，謙之之弟，以字行。熙平中，廣平王匡引為御史。正光中，除奉朝請，遷太尉鎧曹參軍，出為蕭寶夤行臺郎中。孝昌中，以兄謙之遇害，變姓名避難。孝莊即位，徵為尚書三公郎中，加寧朔將軍，兼吏部郎中，封龍城侯，除太尉長史，領中書舍人，加前軍將軍，除中軍將軍、給事黃門侍郎，進封安喜縣公。元顥平，除征南將軍、金紫光祿大夫、御史中尉，兼黃門。及尒朱榮死，加衛將軍、假車騎將軍、大都督、兼尚書右僕射、南道大行臺，尋除車騎將軍。為尒朱世隆所殺。太昌中，贈雍州刺史。

請鑄永安五銖錢表

四民之業，錢貨爲本，救獘改鑄，王政所先。自頃以來，私鑄薄濫，官司糾繩，挂網非一。在市銅價八十一文，得銅一斤，私造薄錢，斤餘二百。既示之以深利，又隨之以重刑，罹罪者雖多，姦鑄者彌衆。今錢徒有五銖之文，而無二銖之實，薄甚榆莢，上貫便破，置之水上，殆欲不沈。此乃因循有漸，科防不切，朝廷之愆，彼復何罪。昔漢文帝以五分錢小，改鑄四銖，至武帝復改三銖爲半兩，此皆以大易小，以重代輕也。論今據古，宜改鑄大錢，文載年號，以記其始，則一斤所成，止七十六文，銅價至賤，五十有餘，其中人功食料錫炭鉛沙，縱復私營，不能自潤，直置無利，自應息心，況復嚴刑廣設也。以臣測之，必當錢貨永通，公私獲允。魏書高恭之傳，又見通典九。

請復置司直疏

臣聞舜命皋陶，姦宄是託，禹泣辜人，堯心爲念，所以舉直錯枉，事切曩賢，明德愼罰，議存先典。高祖太和之初，置廷尉司直，論刑辟

亦下脫不字

是非，雖事非古始，交濟時要，所謂禮樂互興，不相沿襲者矣。臣以無庸，忝當今任，所思報效，未忘寢興，但識謝知今，業慙稽古，未能進一言以利國，說一策以興邦，索米長安，豈不知愧。至于職司其憂，猶望僶俛。竊見御史出使，悉受風聞，雖時獲罪人，亦無枉濫。何者，得堯之罰，不能不怨，守令爲政，容有愛憎，姦猾之徒，恆思報惡，多有妄造無名，共相誣謗。御史一經檢究，恥于不成，杖木之下，以虛爲實，無罪不能自雪者，豈可勝道哉。臣雖愚短，守不假器，繡衣所指，冀以淸肅，若仍踵前失，或傷善人，則尸祿之責，無所逃罪。所以夙夜爲憂，思有悛革。如臣鄙見，請依太和故事，還置司直十人，名隷廷尉，秩以五品，選歷官有稱、心平性正者爲之。御史若出糾劾，即移廷尉，令知人數，廷尉遣司直與御史俱發，所到州郡，分居別館，御史檢了，移付司直覆問，事訖與御史俱還。中尉彈聞，廷尉科案，一如舊式，庶使獄成罪定，無復稽寬，爲惡取敗，不得稱枉。若

御史司直糾劾失實，悉依所斷獄罪之。聽以所檢迭相糾發，如二使阿曲，有不盡理，聽罪家詣門下通訴，別加案檢，如此則肺石之傍，怨訟可息，叢棘之下，受罪吞聲者矣。魏書高恭之傳

奏記御史中尉元匡

道穆生自蓬簷，長于陋巷，頗獵羣書，無純碩之德，尚好章詠，乏彫捘之工，雖欲廁影髦徒，班名俊伍，其可得哉。然凝明獨斷之主，雄才不世之君，無藉朽株之資，求人屠釣之下，不牽閭投之誚，取士商歌之中，是以聞英風而慷慨，望雲路而低徊者，天下皆是也。若得身隷繡衣，名充直指，雖謝周生騎上之敏，實有茅氏就鑊之心。魏書高恭之傳

元寍

寍，孝昌初爲滎陽太守。

造像記

大魏孝昌二年歲次丙午正月辛丑朔廿四日甲子，滎陽太守元寍仰爲二聖敬造石像一堰，願主上萬祚，臣僚盡忠，後宮皆閏，願天下太平，四方慕義，又願亡考生天，安養國土，上下延壽，兄弟眷屬，含靈有識，蠢動衆生，普同斯福，鬼龍山岳，靡不慈仁，所願如是。碑拓本。

元洪業

洪業，孝昌中賊帥，斬鮮于修禮來降，爲賊黨葛榮所殺。

復行臺楊津書

今與諸人密議，欲殺普賢，願公聽之。又賊欲圍城，正爲取北人耳，城中所有北人，必須盡殺，公若置之，恐縱敵爲患矣，願公察之。魏書楊播附傳，楊津爲北道行臺，與賊帥元洪業及與賊中督將尉靈根、程殺鬼、潘法顯等書曉諭之，幷授鐵券，許以爵位，令圖賊帥毛普賢，洪業等感悟復書。

賀拔勝

勝字破胡。神武尖山人。初爲軍主。孝昌中。介朱榮以爲鎭遠將軍別將。孝莊帝卽位。封易陽縣伯。累遷直閤將軍、通直散騎常侍、平南將軍、光祿大夫、進號安南將軍。尋除撫軍將軍、大都督。鎭中山。徵爲前軍大都督。拜武衞將軍。改封眞定縣公。加散騎常侍。假驃騎大將軍。節閔帝卽位。拜右衞將軍。進車騎大將軍、儀同三司、左光祿大夫、太昌初爲領軍將軍。除侍中。永熙中拜使持節驃騎大將軍。荊州刺史。南道大行臺尚書左僕射。進中書令。封瑯邪郡公。孝武西遷。進太保錄尚書事。兵敗奔梁。尋還入關。進太師中軍大都督。大統十年卒。贈太宰錄尚書事。謚曰貞獻。

臨終與宇文大冢手書

勝萬里杖策歸身闕庭。冀望與公埽除逋寇。不幸殞斃。微志不申。願公內先協和。順時而動。若死而有知。猶望魂飛賊庭。以報恩遇耳。（周書賀拔勝傳）

李彥

彥字彥士。梁郡下邑人。孝昌中。釋褐奉朝請。孝武西遷。兼著作佐郎。大統初除通直散騎侍郎。累遷左戶郎中。後改授戶部郎中。封平陽縣子。廢帝初拜尚書右丞。轉左丞。遷給事黃門侍郎。仍左丞。拜兵部尚書。加驃騎大將軍開府儀同三司。六官建。改授軍司馬。進爵爲伯。卒。謚曰敬。

臨終遺誡其子昇明等

昔人以窾木爲櫝。葛虆爲緘。下不亂泉。上不泄臭。實吾平生之志也。但事既矯枉。恐爲世士所譏。今可斂以時服。葬于磽确之地。勿用明器。芻塗及儀衞等。爾其念哉。（北史七十七）

柳虯

虯字仲蟠。河東解人。徙居汝潁閒。孝昌中舉秀才。爲兗州主簿。

遷揚州中從事。加鎭遠將軍。棄官。大統中。馮翊王元季海鎭洛陽。徵爲行臺郎中。後爲獨孤信開府從事中郎。秦州司馬。歷宇文泰丞相府記室。封美陽縣男。除祕書丞。遷中書侍郎。廢帝卽位。遷祕書監。加車騎大將軍儀同三司。恭帝元年卒。贈兗州刺史。謚曰孝。

上文帝疏論史官

古者人君立史官。非但記事而已。蓋所以爲監誡也。動則左史書之。言則右史書之。彰善癉惡。以樹風聲。故南史抗節。表崔杼之罪。董狐書法。明趙盾之愆。是知直筆于朝。其來久矣。而漢魏已還。密爲記注。徒聞後世。無益當時。非所謂將順其美。匡救其惡者也。且著述之人。密書其事。縱能直筆。人莫之知。何止物生橫議。亦自異端互起。故班固致受金之名。陳壽有求米之論。著漢魏者非一氏。造晉史者至數家。後代紛紜。莫知準的。伏惟陛下則天稽古。勞心庶政。開誹謗之路。納忠讜之言。諸史官記事者。請皆當朝顯言其狀。然後付之史閣。庶令是非明著。得失無隱。使聞善者日脩。有過者知懼。敢以愚管。輕冒上聞。乞以瞽言。訪之衆議。（周書柳虯傳。北史柳虯傳。文苑英華六百九十七）

書簡

廢帝。文皇帝之嗣子。年七歲。文皇帝託于安定公曰。是子才。由于公。不才。亦由于公。宜勉之。公既受茲重寄。居元輔之任。又納女爲皇后。遂不能訓誨有成。致令廢黜。負文皇帝付屬之意。此咎非安定公而誰。（周書文帝紀下。魏文帝崩。皇太子嗣位。三年。太祖與公卿定議廢帝。尊立齊王廓。是爲恭帝。元年。帝大饗羣臣。魏史柳虯執簡書于朝。）

全後魏文卷五十三終

烏程嚴可均校輯

慕容紹宗

紹宗字紹宗前燕太宰恪之後居于代孝明末從尒朱榮入洛孝莊初封索盧縣子尋進爵為侯累遷幷州刺史又為爾朱兆長史行臺天平中行揚州刺史尋行豫州遷青州刺史元象初進爵為公除度支尚書後為晉州刺史西道大行臺還御史中尉除徐州刺史進尚書左僕射侯景反為東南道行臺加開府轉封燕郡公別封永樂縣子武定六年討西魏王思政于潁川失利投水死贈尚書令太尉青州刺史謚曰景惠

檄梁文

夫乾坤交泰明聖興作有冥運行之力俱盡變化之途挹識含靈融然並至呈形賦命混而同往所以玄功潛運至德旁通百姓日

用而不知萬國受賜而無迹豈徒鑿其耳目易其心慮悟以風雲一其文軌使夫日月之照不私雨露之施均洽運諸仁壽之域納于福祿之林自晉政多僻金行淪蕩中原作戰鬭之場生民為鳥獸之餌則我皇魏握玄帝之圖納水靈之祉駕雲車而自北策龍御以圖南致符上帝援溺下土怪物殛死淫水不作運神器于顧眄定寶命于踟躕恢之以武功振之以文德宇內反可封之俗員首識堯舜之心沙海荒忽之外瀚漠羈縻之表方志所不傳荒經所不綴莫不縄谷釣山依風託永共仰中國之聖同欣大道之行唯夫三吳百越獨阻聲教匪民之咎責有由焉自僭晉之後劉蕭作慝擅僭一隅號令自己惟我祖宗馭宇愛民重戰未極謀臣之畫不窮節將之兵聊遣行人降以尺一圓臺已築黃屋輒去賜其几杖置之度外蕭衍輕險有素士操蔑聞睥睨君親自少而長好亂樂禍惡直醜正巧用其短以少為多詃惑愚賤大言以驚俗驅

永當作水

賤當作淺

扇邪僻口兵以作威曲體脅肩搖脣鼓舌侯當朝之顧指遂在位之餘論遂汙辱冠帶俞竊藩維及寶卷昏狂下不堪命曾無北面有犯之節遽滅人倫在三之禮憑妖假怪鬼語神言稱兵指闕傾朝鴆主陵虐孤寡譬愚士民天不悔禍姦醜得志內恣彫靡外逞殘賊驅羸國之兵迫糊口之衆南出五嶺北防九江屯戍不解役無寧歲死亡矢刃之下夭折霧露之中哭泣者無已傷痍者不絕託身人上忽下如草遂使頑嚚子弟肆行淫虐狡猾羣小縱極貪惏刳割蒼生肌肉略盡剝黔首骨髓俱罄猛虎未方其害餓狼詎侔其禍惵惵周餘救死無地至于矯情飾詐事非一緒毒螫滿懷妄敦戒業躁兢盈胷謬治清靜至乃大興寺塔廣繕臺堂昭陽到景垂珠銜璧崢嶸刻削千門萬戶鞭撻疲民盡其筋骨延壞運石悲歌掩途死而可祈甘同仙化智淺謀疏曾不自揆遇桐柏之流翻為已害子亡齊之肩忽為戎首書契迄茲罕聞其事至于廢

桐家嫡崇樹愚子朋黨路開彼我側目疾視扼腕十室而九翹足有待良亦多人二紀于茲王家多故始則車馳之警終有鸞墜之哀神祇痛憤寓縣崩震于是故相國齊獻武高王感天壤之慘黷激雲雷以慨然仗高義而率民奮大節以成務爰有匡國定霸之圖非直討賊雪恥之舉于是叡略紛紜靈武冠世盪滌逋孽尊主康邦皇上秉厤受圖天臨日鏡道隨玄運德與神行既而元首懷舞戚之風上宰薄兵車之會遂解埶南冠喻以好睦舟車遵潮川陸光華亭徼相望欣然自泰反肉還童不待羊陸雖嘉謀長算爰自我始罷戰息民兩獲其泰王者之信明如四時豈或為人君父二三其德書而不法可不惜哉侯景一介役夫出自凡賤聲名綸敝無或可紀直以趨馳便習見愛尒朱小人叨竊遂忝名位及中興之際義旗四指元惡不赦實在羣胡景荷人成拔籍其股肱主入有丹頸之期所天蹈族滅之釁雖不能禚捍左右以命酬恩猶

兢當作競

實當作寶

髦當作耄

當慘顏後至義。形于色。而趣利改圖。速如覆手。投身麾下。甘爲僕隷。獻武王棄其瑕穢。錄其小誠。得廁五命之末。預在一隊之後。參迹驅馳。庶其來效。長鞭利鎩。衛以制之。既關隴逋誅。每事經略。以河南空虛之地。非兵戰之衝。薄存犄角。聊示旗鼓。豈賚實效。寄以遊聲。軍機催勸。蓋唯景任。總兵統旅。別有司存。而愚禍有積。憍傻遂甚。犯違軍紀。仍自猜貳。禍心潛搆。翻爲亂階。負恩棄德。罔恤天討。不義不昵。厚而必顛。委慈母如脫屣。棄少弟如遺土。羣子陸陸。妻姪成行。慕羨兒之爽言。蔑伯春之宛轉。跳梁猖獗。夫欲誰欺。比之梟獍。異類同醜。欲擬虵鼠。顧匪其倫。及遠託關右。委命寇逆。實炬定君臣之分。黑獺結兄弟之親。授以名器之尊。救其重圍之死。憑人繫援。假人鼻息。俄而忘恩背惠。親尋干戈。釁暴惡盈。側首無託。以金陵逋逃之藪。江南流禦之地。甘辭卑體。進孰圖身。詭言浮說。抑可知矣。叛豎救命。豈將擇音。僞朝大夫。幸災忘義。主髦于上。

臣蔽于下。逐雀去草。曾不是圖。竊寶叛邑。椒蘭比好。人而無禮。其能國乎。夫安危有大勢。成敗有恆兆。不假離朱之目。不藉子野之聽。聊陳刺心之說。且吐伐謀之言。今帝道休明。皇猷允塞。四民樂業。百靈效祉。雖上相云亡。而伊陟繼事。秉文經武。虎視龍驤。驅日下之俊雄。收一世之英銳。擊刺猶雷電。合戰如風雨。控弦躍馬。固敵是求。蠕蠕昔遭離亂。輻分瓦裂。匹馬孤征。告困于我。國家深敦鄰附。愍其入懷。盡憂人之禮。極繼絕之義。保衛出于故地。資給唯其多少。存其已亡之業。成其莫大之基。深仁厚德。鏤其骨髓。引領思報。義如手足。吐谷渾深執忠孝。膠漆不渝。萬里仰德。奏款屬路。並申以婚好。行李如歸。蠕蠕境界黃河。望通幽夏。飛雪千里。曾冰洞積。北風轉勁。資筋角之時。沍寒方猛。正氈裘之利。吐谷渾疾彼凶逆。驅兵歲舉。傾河及鄯。塵通隴峽。驅蘢池之種。精常勝之氣。二方俟隙。企其移踵。加以獨孤如願擁衆秦中。治兵劫脅。黑獺北備

西擬內營腹心。救首救尾。疲于奔命。豈暇稱兵東指。出師函谷。且秋風揚塵。國有恆防。關河形勝之際。山川襟帶之所。猛將精兵。基跱岳立。又寶炬河陰之北。黑獺邙山之走。衆無一旅。僅以身歸。就其不顧根本。輕懷進趣。斯則一勞永逸。天贊我也。言之旦旦。日月經天。舉世所知。義非徒語。持此量之。理有可見。則侯景遊魂。莫非虛誕。夫景繩樞席牖之子。阡陌鄙俚之夫。遭風塵之會。逢馳騖之日。遂位在三吏。邑啟千社。揣身量分。久當止足。而乃周章去就。離跂不已。夫豈徒爾。事可推揚。度其衆叛親離。守死不暇。乃聞將棄懸瓠。遠赴彭城。老賊姦謀。復將作矣。固揚聲赴助。計在圖襲。吞淵明之衆。招厤虐之民。舉長淮以爲斷。仍鴟張歲月。南面假名。死而後已。此蓋蜂蠆之禍。我承其弊。且僞主昏悖。不惟善鄰。賊忍之心。老而彌篤。納逋叛之詭譎。蔑信義以猖狂。天喪其神。人重其怨。將踐瓜圃之蹤。且追兒侯之轍。今徵發犬羊。侵軼徐部。築壘擁川。覬

覦小利。此而可忍。孰不可懷。兵凶戰危。出不得已。謬奉朝規。肅茲九伐。扛鼎拔樹之衆。超乘投石之旅。練甲爭途。彼聚霧合。虎班龍文之逸。蘭池蒲梢之駔。噓天陸野。躡影追風。振旅南轅。長驅討賊。非直三吳鼠面。一麾魚駭。乘此而往。青蓋將歸。且衍虐網蚩蚩。兵權在外。恃險躁之風俗。兼輕薄之子孫。蕭綸兇狡之魁。豈無商臣之恨。蕭譽失志之憤。當召專諸之客。外崩中潰。今也其時。幕府師行以禮。兵動以義。弔民伐罪。理有存焉。其有知機審變。翻然鵲起。立功立事。去危就安。賞典未忘。事必加等。若軍威所至。敢有拒違。尺兒以上。咸從梟戮。今三禮四義之將。豹虎熊羆之士。深銜逋僞。信納叛亡。違卜愎諫。實與伐役。莫不含怒作色。如赴私讎。茹肝涉血。義不旋踵。攻戰之日。事若有神。莽積麻亂。匪旦伊夕。以彼曲師危卒。望我軍鋒。何異蛣蜣被甲。螂蛆舉尾。正恐旗鼓一接。芝蘊俱摧。先事喻懷。備知翰墨。王侯無種。禍福由人。斯蓋丈夫肉食之秋。

壯士封侯之會。冬。冰可折。時不再來。凡百君子。勉求多福。檄之所到。咸共申省。知我國行師之意。魏書蕭衍傳。武定六年。衍寇逼徐州。與侯景爲聲援。仍堰泗水。以灌彭城。齊文襄遣慕容紹宗、高岳、潘相樂等率衆討之。紹宗檄衍境內云云。案文苑英華六百四十五。以此爲杜弼作。

孫騰

騰字龍雀。咸陽石安人。從介朱榮入洛。例除冗從僕射。尋爲高歡都督府長史。隨府還晉州長史。加後將軍。封石安縣伯。從廢帝卽位。除侍中北道大行臺。孝武時授相州刺史。改封咸陽郡公。入爲侍中。尋行幷州冀州相州事。天平初入爲尚書左僕射。兼司空尚書令。除司徒。遷太保。武定六年卒。贈太師開府、錄尚書事。諡曰文。

上言犯盜宜準律令

謹詳法若畫一。理尚不二。不可喜怒由情。而致輕重。案律。公私劫盜。罪止流刑。而比執事苦違。好爲穿鑿。律令之外。更立餘條。通相糾之路。班捉獲之賞。斯乃刑書徒設。獄訟更煩。法令滋彰。盜賊多有。非所謂不嚴而治。遵守典故者矣。臣以爲升平之美。義在省刑。陵遲之弊。必由峻法。是以漢約三章。天下歸德。秦酷五刑。率土瓦解。禮訓君子。律禁小人。舉罪定名。國有常辟。至如眚災肆赦。怙終賊刑。經典垂言。國朝成範。隨時所用。各有司存。不宜巨細滋煩。令民豫備。恐防之彌堅。攻之彌甚。請諸犯盜之人。悉準律令。以明恆憲。庶使刑殺折衷。不得棄本從末。魏書刑罰志。還鄴。有司奏立嚴制。侍中孫騰上言。

竇瑗

瑗字世珍。遼西遼陽人。初爲御史。轉奉朝請。兼太常博士。介朱榮表爲北道大行臺左丞。賜爵陽洛男。除員外散騎常侍。封容城縣伯。除征虜將軍通直散騎常侍。遷太山太守。前廢帝卽位。除征南將軍金紫光祿大夫。孝武時拜廷尉卿。孝靜時除鎮東將軍。出爲廣宗太守。轉中山太守。加征東將軍。授使持節平州

刺史。入爲齊獻武丞相府右長史。又行晉州事。還除大宗正卿。加衛將軍。領本州大中正。兼廷尉卿。卒。贈太僕卿濟州刺史。諡曰明。

上表乞評議麟趾制母殺父條

臣在平州之日。蒙班麟趾新制。卽依朝命。宣示所部。士庶忻仰。有若三章。臣聞法象巍巍。乃大舜之事。政道郁郁。亦隆周之軌。故元首股肱。可否相濟。聲教之聞。于此爲證。伏惟陛下應圖臨寓。握紀承天。克構洪基。會昌寶厤。式張琴瑟。且調官羽。去甚刪泰。革弊還澆。俾高祖之德。不墜于地。畫一既歌。萬國歡躍。臣伏讀至三公曹第六十六條。母殺其父。子不得告。告者死。再三返覆之。未得其門。何者。案律子孫告父母祖父母者死。又漢宣云。子匿父母。孫匿大父母。皆勿論。蓋謂父母祖父母。小者攘羊。甚者殺害之類。恩須相隱。律抑不言。法理如是。足見其直。未必指母殺父止子不言也。若父殺母。乃是夫殺妻。母卑于父。此子不告是也。而母殺父。不聽子告。臣誠下愚。輒以爲惑。昔楚康王欲殺令尹子南。其子棄疾爲王御士。而上告焉。對曰。泄命重刑。臣不爲也。王遂殺子南。其徒曰。行乎。曰。吾與殺吾父。行將焉入。曰。臣乎。曰。殺父事讎。吾不忍。乃縊而死。注云。棄疾自謂不告父爲與殺。謂王爲讎。皆非禮。春秋譏焉。斯蓋門外之治。以義斷恩。知君殺父而子不告是也。母之于父。同在門內。恩無可掩。義無斷割。知母將殺。理應告父。如其已殺。宜聽告官。今母殺父而子不告。便是知母而不知父。識比野人。義近禽獸。且母之于父。作合移天。既殺己之天。復殺子之天。二天頓毀。豈容頓默。此母之罪。義在不赦。下手之日。母恩卽離。仍以母道不告。鄙臣所以致惑。今聖化淳洽。穆如韶夏。食椹懷音。梟獍猶變。況承風禀教。識善知惡之民哉。脫下愚不移。事在言外。如或有之。可臨時議罪。何用豫制斯條。用爲訓誡。誠恐千載以下。談者諠譁。以明明

大朝有尊母卑父之論。臣管見竇所不取。如在澆風厚俗。必欲行之。且君父一也。父者子之天。被殺事重。宜附父謀反大逆子得告之條。父一而已。至情可見。竊惟聖王有作。明賢贊成。光國寧民。厥用爲大。非下走頑蔽所能上測。但受恩深重。輒獻瞽言。儻蒙收察。乞付評議。（魏書竇瑗傳。）

奏請長廣王禪位

天人之望。皆在廣陵。願行堯舜之事。（魏書竇瑗傳。）

難封君義判

尋局判云。子于父母。同氣異息。終天靡報。在情一也。今欲論其尊卑。辨其優劣。推心未忍。訪古無據。瑗以爲易曰。天尊地卑。乾坤定矣。又曰。乾天也。故稱父。坤地也。故稱母。又曰。乾爲天爲父。坤爲地爲母。禮喪服經曰。爲父斬衰三年。爲母齊衰期。尊卑優劣。顯在典章。何言訪古無據。局判云。母殺其父。子復告母。母由告死。便是子殺。天下未有無母之國。不知此子將何欲之。瑗案典律。未聞母殺其父而子有隱母之義。既不告母。便是與殺父。天下豈有無父之國。此子獨得有所之乎。局判又云。案春秋。莊公元年。不稱即位。文姜出。故服虔注云。文姜通于兄齊襄。與殺公而不反。父殺母出。隱痛深諱。朞而中練。思慕少殺。念至于母。故經書三月夫人遜于齊。既有念母深諱之文。明無讎疾告列之理。瑗尋注義。隱痛深諱者。以父爲齊所殺。而母與之。隱痛父死。深諱母出。故不稱即位。非爲諱母與殺也。是以下文以義絶其罪。不爲與殺明矣。公羊傳曰。君殺。子不言即位。隱之也。朞而中練。父憂少衰。始念于母。略書夫人遜于齊。是內諱出奔。猶爲罪文。傳曰。不稱姜氏。絶不爲親。禮也。注云。夫人有與殺桓之罪。絶不爲親。得尊父之義。善莊公思大義絶有罪。故曰禮也。以大義絶有義。得禮之衷。明有讎疾告列之理。但春秋桓莊之際。齊爲大國。通于文姜。魯公謫之。文姜以告齊襄。使

有義當作有辭

公子彭生殺之。魯既弱小。而懼于齊。是時天子衰微。又無賢霸。故不敢讎之。又不敢告列。惟得告于齊曰。無所歸咎。惡于諸侯。請以公子彭生除之。齊人殺公子彭生。案即此斷。雖有援引。即以情推理。尚未遣惑。（魏書竇瑗傳。瑗表乞評議麟趾制母殺父條。詔付尚書三公郎中封君義立判。瑗復難云云。事遂停寢。）

李和之

和之建義初爲長孫稚馮翊王國典祠令。

造像記

清信士佛弟子馮翊王國典祠令李和之仰爲七世父母及自己身敬造像四軀。願生生世世恆與善會。（碑拓本。）

雷紹

紹字道宗。武川鎮人。鎮將召補鎮佐。賀拔岳以爲行臺長史。歷京兆太守。永熙末遷渭州刺史。封昌國伯。卒贈太尉。

遺敕其子

吾本鄉葬法。必殺犬馬。于亡者無益。汝宜斷之。斂以時服。事從儉約。（北史四十九。）

劉仁之

仁之字山靜。河南洛陽人。中尉元昭引爲御史。前廢帝時。兼黃門郎。遷彭城王韶定州長史。孝武初徵爲著作郎。兼中書令。出除衞將軍西兗州刺史。武定二年卒。贈衞大將軍吏部尚書青州刺史。謚曰敬。

與彭城王韶啟

殿下左右可信任者。唯有孟業。願專任之。餘人不可信也。（北齊書孟業傳。長史劉仁之徵入爲中書令。臨路啟韶。又見北史八十六。）

姜質

質天水人。（一云河東人。）

亭山賦

司農張綸造景陽山，有若自然。天水人姜質遂造亭山賦，行傳于世。其辭曰：

夫偏重者愛昔先民之由朴由純。然則純朴之體，與造化而梁津。濠上之客，柱下之史，悟無爲以明心，託自然以圖志，輒以山水爲富，不以章甫爲貴。任性浮沈，若淡兮無味。今司農張氏，實踵其人。巨量煥于物表，夭矯洞達其真。青松未勝其潔，白玉不比其珍。心託空而棲有，情入古以如新。既不專流宕，又不偏華尚。卜居動靜之間，不以山水爲忘。庭起半丘半壑，聽以目達心想。進不入聲榮，退不爲隱放。爾乃決石通泉，拔嶺巖前。斜與危雲等並，旁與曲棟相連。下天津之高霧，納滄海之遠煙。纖列之狀如一，古崩剝之勢似千年。若乃絕嶺懸坡，蹭蹬蹉跎。泉水紆徐，如浪峭山。石高下復危，多五尋百拔。十步千過，則知巫山弗及，未審蓬萊如何。其中煙花露草，或傾或倒。霜幹風枝，半聳半垂。玉葉金莖，散滿堦墀。然目之

綺烈鼻之馨，既共陽春等茂，復與白雪齊清。或言神明之骨，陰陽之精，天地未覺生此，異人焉識其名。羽徒分泊，色雜蒼黃。綠頭紫頰，好翠連芳。白鶴生于異縣，丹足出自他鄉。皆遠來以臻此，藉水木以翱翔。不憶春于沙漠，遂忘秋于高陽。非斯人之感至，何候鳥之迷方。豈下俗之所務，實神怪之異趣。能造者其必詩，敢往者無不賦。或就饒風之地，或入多雲之處。菊嶺與梅岑，隨春之所悟。遠爲神仙所賞，近爲朝士所知。求解脫于服佩，須參亥于山陲。子英游魚于玉質，王喬繫鵠于松枝。方丈不足以妙詠，歌此處態多奇。嗣宗聞之動魄，叔夜聽此驚魂。恨不能鑽地一出，醉此山門。別有王孫公子，遜遁容儀，思山念水，命駕相隨。逢岑愛曲，值石陵欹。邇爲仁智之田，故能種此石山。森羅兮草木，長育兮風煙。孤松既能卻老，半石亦可留年。若不坐臥兮于其側，春夏兮共遊陟。白骨兮徒自朽，方寸兮何所憶。舊寫本洛陽伽藍記。案北史成淹傳，淹子霄好爲文詠，坦率多鄙俗，與河東姜質等朋游相好，詩賦閧起，知音之士所共嗤笑。

魏靈藏

靈藏，鉅鹿人，爲陸渾縣功曹。

造釋迦石像記

夫靈跡誕遘，必表光大之迹；玄功既敷，亦標希世之作。自雙林改照，大千懷綴暵之悲；慧日潛暉，啥生銜道慕之感。是以應真悼三乘之靡憑，遂騰空以刊像。爰暨下代，茲容厥作。鉅鹿魏靈藏、河東薛法紹二人等，乘豪光東照之資，闡兜率翅頭之益，敢輒磬家財，造石象一區。凡及衆形，罔不備列。願乾祚興隆，万方朝貫。願藏等挺三槐于孤峯，秀九棘于華苑，芳實再繁，荆條獨茂，合門榮華，福流奕葉。命終之後，飛逢千聖，神颺六通，智周三達。曠世所生，元身眷屬，捨百鄣則鵬擊龍花，悟無生則鳳昇道樹。五道羣生，咸同斯慶。碑拓本。

全後魏文卷五十四終

全後魏文卷五十五

烏程嚴可均校輯

蘇綽

綽字令綽。武功人。魏侍中則九世孫。文帝召爲行臺郎中。除著作佐郎。拜大行臺左丞。文帝時爲宇文泰右光祿大夫。封美陽縣子。加通直散騎常侍。進爵爲伯。授大行臺度支尚書。領著作兼司農卿。大統十二年卒。隋開皇初追封邳國公。

奏行六條詔書

其一先治心。曰。凡今之方伯守令。皆受命天朝。出臨下國。論其尊貴。竝古之諸侯也。是以前世帝王。每稱共治天下者。唯良宰守耳。明知百僚卿尹。雖各有所司。然其治民之本。莫若宰守之最重也。凡治民之體。先當治心。心者。一身之主。百行之本。心不清淨。則思慮妄生。思慮妄生。則見理不明。見理不明。則是非謬亂。是非謬亂。

則一身不能自治。安能治民也。是以治民之要。在清心而已。夫所謂清心者。非不貪貨財之謂也。乃欲使心氣清和。志意端靜。心和志靜。則邪僻之慮。無因而作。邪僻不作。則凡所思念。無不皆得至公之理。率至公之理。以臨其民。則彼下民孰不從化。是以稱治民之本。先在治心。其次又在治身。凡人君之身者。乃百姓之表。一國之的也。表不正。不可求直影。的不明。不可責射中。今君身不能自治。而望治百姓。是猶曲表而求直影也。君行不能自修。而欲百姓修行者。是猶無的而責射中也。故爲人君者。必心如清水。形如白玉。躬行仁義。躬行孝悌。躬行忠信。躬行禮讓。躬行廉平。躬行儉約。然後繼之以無倦。加之以明察。行此八者。以訓其民。是以其人畏而愛之。則而象之。不待家教日見而自興行矣。

其二敦教化。曰。天地之性。唯人爲貴。明其有中和之心。仁恕之行。異于木石。不同禽獸。故貴之耳。然性無常守。隨化而遷。化于敦朴者。則質直。化于澆僞者。則浮薄。浮薄者。則衰弊之風。質直者。則淳和之俗。衰弊則禍亂交興。淳和則天下自治。治亂興亡。無不皆由所化也。然世道彫喪。已數百年。大亂滋甚。且二十歲。民不見德。唯兵革是聞。上無教化。惟刑罰是用。而中興始爾。大難未平。加之以師旅。因之以饑饉。凡百草創。率多權宜。致使禮讓弗興。風俗未改。比年稍登稔。徭賦差輕。衣食不切。則教化可修矣。凡諸牧守令長。宜洗心革意。上承朝旨。下宣教化矣。夫化者。貴能扇之以淳風。浸之以太和。被之以道德。示之以朴素。使百姓亹亹。日遷于善。邪僞之心。嗜欲之性。潛以消化。而不知其所以然。此之謂化也。然後教之以孝悌。使民慈愛。教之以仁順。使民和睦。教之以禮義。使民敬讓。慈愛則不遺其親。和睦則無怨于人。敬讓則不競于物。三者既備。則王道成矣。此之謂教也。先王之所以移風易俗。還淳反素。垂拱而治天下。以至太平者。莫不由此。此之謂要道也。

其三盡地利。曰。人生天地之閒。以衣食爲命。食不足則飢。衣不足則寒。飢寒切體。而欲使民興行禮讓者。此猶逆坂走丸。勢不可得也。是以古之聖王。知其若此。故先足其衣食。然後教化隨之。夫衣食所以足者。在于地利盡。地利所以盡者。由于勸課有方。主此教者。在乎牧守令長而已。民者冥也。智不自周。必待勸教。然後盡其力。諸州郡縣。每至歲首。必戒敕部民。無問少長。但能操持農器者。皆令就田。墾發以時。勿失其所。及布種既訖。嘉苗須理。麥秋在野。蠶停于室。若此之時。皆宜少長悉力。男女併功。若援溺救火。寇盜之將至。然後可使農夫不廢其業。蠶婦得就其功。若有遊手怠惰。早歸晚出。好逸惡勞。不勤事業者。則正表牒名郡縣。守令隨事加罰。罪一勸百。此則明宰之教也。夫百畝之田。必春耕之。夏種之。秋收之。然後冬食之。此三時者。農之要也。若失其一時。則穀不可得而食。故先王之戒曰。一夫不耕。天下必有受其飢者。一婦不織。天

表當作長

下必有受其寒者若此三時不務省事而令民廢農者是則絕民之命驅吕就死然單劣之戶及無牛之家勸令有無相通使得兼濟三農之隙及陰雨之暇又當敎民種桑植果蓺其菜蔬修其園圃畜育雞豚吕備生生之資吕供養老之具夫爲政不欲過碎碎則民煩勸課亦不容太簡簡則民怠善爲政者必消息時宜而適煩簡之中故詩曰不剛不柔布政優優百祿是求如不能爾則必陷于刑辟矣

其四擢賢良曰天生蒸民不能自治故必立君吕治之人君不能獨治故必置臣吕佐之上自帝王下及郡國置臣得賢則治失賢則亂此乃自然之理百王不能易也今刺史守令悉有僚吏皆佐治之人也刺史府官則命于天朝其州吏吕下竝牧守自置自昔吕來州郡大吏但取門資多不擇賢良末曹小吏唯試刀筆竝不問志行夫門資者乃先世之爵祿無妨子孫之愚瞽刀筆者乃身

外之末材不廢性行之澆僞若門資之中而得賢良是則策騏驥而取千里也若門資之中而得愚瞽是則土牛木馬形似而用非不可吕涉道也若刀筆之中而得志行是則金相玉質內外俱美實爲人寶也若刀筆之中而得澆僞是則飾畫朽木悅目一時不可吕充榱椽之用也今之選舉者當不限資蔭唯在得人苟得其人自可起厮養而爲卿相伊尹傅說是也而況州郡之職乎苟非其人則丹朱商均雖帝王之胤不能守百里之封而況于公卿之冑乎由此而言官人之道可見矣凡所求材蓺者爲其可吕治民若有材蓺而吕正直爲本者必吕其材而爲治也若有材蓺而吕姦僞爲本者將由其官而爲亂也何治之可得乎是故將求材蓺必先擇志行其志行善者則舉之其志行不善者則去之而今擇人者多云邦國無賢莫知所舉此乃未之思也非適理之論所吕然者古人有言明主聿興不降佐于昊天大人基命不擢才于后土常引一世之人治一世之務故殷周不待稷契之臣魏晉無假蕭曹之佐仲尼曰十室之邑必有忠信如丘者焉豈有萬家之都而云無士但求之不勤擇之不審或用之不得其所任之不盡其材故云無耳古人云千人之秀曰英萬人之英曰雋今之智效一官行聞一邦者豈非近英雋之士也但能勤而審之去虛取實各得州郡之最而用之則民無多少皆足治矣孰云無賢夫良玉未剖與瓦石相類名驥未馳與駑馬相雜及其剖而瑩之馳而試之玉石駑驥然後始分彼賢士之未用也混于凡品竟何吕異要任之吕事業責之吕成務方與彼庸流較然不同昔吕望之屠釣百里奚之飯牛甯生之扣角管夷吾之三敗當此之時悠悠之徒豈謂其賢及升王朝登霸國積數十年功成事立始識其奇士也于是後世稱之不容于口彼瓌偉之材不世之傑尚不能吕未遇之時自異于凡品況降此者哉若必待太公而後用是千載無太公

必待夷吾而後任是百世無夷吾所吕然者士必從微而至著功必積小吕至大豈有未任而已成不用而先達也若識此理則賢可求士可擇得賢而任之得士而使之則天下之士何向而不可成也然善官人者必先省其官官省則善人易充善人易充則事無不理官煩則必雜不善之人雜不善之人則政必有得失故語曰官省則事省事省則民清官煩則事煩事煩則民濁淸濁之由在于官之煩省案今吏員其數不少昔民殷事廣尚能克濟況今戶口減耗依員而置猶吕爲少如聞在下州郡尚有兼假擾亂細民甚爲無理諸如此輩悉宜罷黜無得習常非直州郡之官宜須善人爰至黨族閭里正長之職皆當審擇各得一鄉之選吕相監統夫正長者治民之基基不傾者上必安凡求賢之路自非一途然所吕得之審者必由任而試之攷而察之起于居家至于鄉黨訪其所吕觀其所由則人道明矣賢與不肖別矣率此吕求則庶

無徭悔矣。

其五卹獄訟曰：人受陰陽之氣以生，有情有性，性則爲善，情則爲惡，善惡既分，而賞罰隨焉。賞罰得中，則惡止而善勸；賞罰不中，則民無所措手足。民無所措手足，則怨叛之心生。是以先王重之，特加戒慎。夫戒慎者，欲使治獄之官精心悉意，推究事源。先之以五聽，參之以證驗，妙覩情狀，窮鑒隱伏，使姦無所容，罪人必得。然後隨事加刑，輕重皆當，赦過矜愚，得情勿喜。又能消息情理，斟酌禮律，無不曲盡人心，遠明大教，使獲罪者如歸。此則善之上也。然宰守非一，不可人人皆有通識，推理求情，時或難盡。唯當率至公之心，去阿枉之志，務求曲直，念盡平當。聽察之理，必窮所見，然後栲訊以法，不苛不暴，有疑則從輕，未審不妄罰，隨事斷理，獄無停滯。此亦其次。若乃不仁恕而肆其殘暴，同民木石，專任捶楚，巧詐者雖事彰而獲免，辭弱者乃無罪而被罰。有如此者，斯則下矣，非共

治所寄。今之宰守，當勤於中科，而慕其上善。如在下條，則刑所不赦矣。當深思遠大，念存德教。先王之制曰：與殺無辜，寧赦有罪；與其害善，寧其利淫。明必不得中，寧濫捨有罪，不謬害善人也。今之從政者則不然，深文巧劾，寧致善人於法，不免有罪於刑。所以然者，皆非好殺人也，但云爲吏寧酷，可免後患。此則情存自便，不念至公，奉法如此，皆姦人也。夫人者，天地之貴物，一死不可復生。然楚毒之下，以痛自誣，不被申理，遂陷刑戮者，將恐往往而有。是以自古以來，設五聽三宥之法，著明慎庶獄之典，此皆愛民甚也。凡伐木殺草，田獵不順，尚違時令，而虧帝道；況刑罰不中，濫害善人，寧不傷天心、犯和氣也。天心傷，和氣損，而欲陰陽調適，四時順序，萬物阜安，蒼生悅樂者，不可得也。故語曰：一夫吁嗟，王道爲之傾覆。正謂此也。凡百宰守，可無慎乎。若有深姦巨猾，傷化敗俗，悖亂人倫，不忠不孝，故爲背道者，殺一勵百，以清王化，重刑可也。識此二途，則刑政盡矣。

其六均賦役曰：聖人之大寶曰位，何以守位曰仁，何以聚人曰財。明先王必以財聚人，以仁守位。國而無財，位不可守。是故三五以來，皆有征稅之法。雖輕重不同，而濟用一也。今逆寇未平，軍用資廣，雖未遑減省，以卹民瘼，然宜令平均，使下無匱。夫平均者，不捨豪強而徵貧弱，不縱姦巧而困愚拙，此之謂均也。故聖人曰：蓋均無貧。然財貨之生，其功不易。織紝紡績，起於有漸，非旬日之間所可造次。必須勸課，使預營理。絹鄉先事織紝，麻土早修紡績。先時而備，至時而輸，故王賦獲供，下民無困。如其不預勸戒，臨時迫切，復恐稽緩，以爲己過，捶朴交至，取辦目前。富商大賈，緣茲射利，有者從之貴買，無者與之舉息。輸稅之民，於是弊矣。租稅之時，雖有大式，至於斟酌貧富，差次先後，皆事起於正長，而繫之於守令。若斟酌得所，則政和而民悅；若檢理無方，則吏姦而民怨。又差發徭

役，多不存意，致令貧弱者或重徭而遠戍，富強者或輕使而近防。守令用懷如此，不存卹民之心，皆王政之罪人也。周書蘇綽傳，又北史六十三。

大誥

惟中興十有一年，仲夏，庶邦百辟，咸會于王庭。柱國泰洎羣公列將，罔不來朝。時迺大稽百憲，敷于庶邦，用綏我王度。皇帝若曰：昔堯命羲和，允釐百工；舜命九官，庶績咸熙；武丁命說，克號高宗。時惟休哉，朕其欽若。格爾有位，胥暨我太祖之庭，朕將丕命女以厥官。六月丁巳，皇帝朝格于太廟，凡厥具僚，罔不在位。皇帝若曰：咨我元輔、羣公、列將、百辟、卿士、庶尹、御事，朕惟寅敷祖宗之靈命，稽于先王之典訓，以大誥于爾在位。昔我太祖神皇，肇膺明命，以創我皇基。烈祖景宗，廓開四表，底定武功。暨乎文祖，誕敷文德。龔惟武考，不賓其舊。自時厥後，陵夷之弊，用興大難于彼東土，則我黎人，咸墜塗炭。惟台一人，纘戎下武，夙夜祗畏，若涉大川，罔識攸濟。

吕當作呂

是用稽于帝典。揆于王庭。拯我民瘼。惟彼哲王。示我通訓。曰天生烝民。罔克自乂。上帝降鑒叡聖。植元后以乂之。時惟元后。弗克獨乂。博求明德。命百辟羣吏以佐之。肆天之命辟。辟之命官。惟以卹民。弗克逸念。辟惟元首。庶黎惟趾。股肱惟弼。上下一體。各勤攸司。茲用克臻于皇極。故其彝訓曰。后克艱厥后。臣克艱厥臣。政迺乂。今台一人。膺天之嘏。既陟元后。股肱百辟。又服我國家之命。罔不咸守厥職。嗟后弗艱厥后。臣弗艱厥臣。政于何弗斁。嗚呼艱哉。凡爾在位。其敬聽命。皇帝若曰。柱國。唯四海之不造。載繇二紀。天未絕我太祖列祖之命。用錫我以元輔。國家將墜。公惟棟梁。皇之弗極。公惟作相。百揆儹度。公惟大錄。公其允文允武。克明克乂。迪七德。敷九功。龕暴除亂。下綏我蒼生。旁施于九土。若伊之在商。周之有呂。說之相丁。用保我無疆之祚。皇帝若曰。羣公太宰太尉司徒司空。惟公作朕鼎足。以弼乎朕躬。宰惟天官。克諸六職。尉惟司武。

武在止戈。徒惟司眾。敬敷五教。空惟司土。利用厚生。惟時三事。若三階之在天。惟茲四輔。若四時之成歲。天工人其代諸。皇帝若曰。列將。汝惟鷹揚。作朕爪牙。寇賊姦宄。蠻夷猾夏。汝徂征。綏之以惠。董之以威。刑期于無刑。萬邦咸寧。俾八表之內。莫違朕命。時汝功。皇帝若曰。庶邦列辟。汝惟守土。作民父母。民惟不勝其飢。故先王重農。不勝其寒。故先王貴女功。民之不率于孝慈。則骨肉之恩薄。弗惇于禮讓。則爭奪之萌生。于茲六物。實惟教本。嗚呼。爲上在寬。寬則民怠。齊之以禮。不剛不柔。稽極于道。皇帝若曰。卿士庶尹凡百御事。王省惟歲。卿士惟月。庶尹惟日。御事惟時。歲月日時。罔易其度。百憲咸貞。庶績其凝。嗚呼。惟若王官。陶鈞萬國。若天之有斗。斟元氣。酌陰陽。弗失其和。蒼生永賴。悖其序。萬物以傷。時惟艱哉。皇帝若曰。惟天地之道。一陰一陽。禮俗之變。一文一質。爰自三五。以迄于茲。匪惟相革。惟其救獘。匪惟相襲。惟其可久。惟我有魏。承

乎周之末流。接秦漢遺獘。襲魏晉之華誕。五代澆風。因而未革。將以穆俗興化。庸可暨乎。嗟我公輔庶僚列辟。朕惟否德。其一朕心。力祗慎厥艱。克遵前王之丕顯休烈。弗敢怠荒。咨爾在位。亦協于朕心。惇德允元。惟厥難是務。克捐厥華。即厥實。背厥僞。崇厥誠。勿愆勿忘。一乎三代之彝典。歸于道德仁義。用保我祖宗之丕命。荷天之休。克綏我萬方。永康我黎庶。戒之哉。戒之哉。朕言不再。柱國泰洎庶僚百辟。拜手稽首曰。亶聰明。作元后。元后作民父母。惟三五之王。率由此道。用臻于刑措。自時厥後。歷千載而未聞。惟帝念功。將反叔世。逖致于雍熙。庸錫降丕命于我羣臣。博哉王言。非言之難。行之實難。罔不有初。鮮克有終。商書曰。終始惟一。德迺日新。惟帝敬厥始。慎厥終。以躋日新之德。則我羣臣。敢不夙夜對揚休哉。惟茲大誼。未光于四表。以邁種德。俾九域幽遐。咸昭奉元后之明訓。率遷于道。永膺無疆之休。帝曰欽哉。周書蘇綽傳。有晉之季。文章競爲浮華。遂成

風俗。太祖欲革其獘。因魏帝祭廟。羣臣畢至。乃命綽爲大誥。奏行之。其詞曰云云。自是之後。文筆皆依此體。又見北史六十三。

七經論

佛性論 並周書蘇綽傳。

王正言

正言。陳郡人。大統中爲七兵尚書。

獨孤信復職議

邊將董戎。龔行天罰。喪師敗績。國刑無捨。荆州刺史獨孤如願任當推轂。遠襲襄宛。斬賊帥辛纂。傳首京師。論功語效。實合嘉賞。但庸績不終。旋致淪沒。責成之義。朝寄有違。然孤軍數千。後援未接。賊眾我寡。難以自固。既經恩降。理絕刑書。昔秦宥孟明。漢捨廣利。卒能改過立功。垂芳竹帛。以今方古。抑有成規。臣等參議。請赦罪復其本職。周書獨孤信傳。信爲荆州刺史。東魏遣高敖曹侯景等奄至。信以眾寡不敵。奔梁。大統三年。還至長安。自以虧損國威。上書謝罪。文帝付尚書議之。七兵尚書陳郡王正言等議。

曹續生

續生，大統中爲富平令。

造像碑

大魏大統五年歲次己未二月乙酉朔廿五日己酉，威烈將軍富平令頻陽縣開國男曹續生息延慶直閤都口夫。至道空玄，非言無㠯申其宗；眞容絕相，非刑像何㠯表其尊。是㠯現治富平令曹井邑子卅四人等，各減割家珍，造像四堰，上爲帝主永隆，諸王公長壽，下及邑子。下闕。碑拓本。

岐法起

造像記

大統十六年九月一日，佛弟子岐法起造白石像一區，爲七世父母所生父母家口大小無病，長年常與善俱，一時成佛。碑拓本。

王方略

造須彌塔記

大魏天平三年歲次丙辰正月癸卯朔，合邑等敬造須彌塔一區，仰爲皇帝陛下、師僧、七世父母、所生父母，因緣眷屬，後爲邊地衆生，常與善居，彌勒三會，唱在初首，下生人間，疾王長者，合邑諸人所願如是。敎化主王方略、邑師法顯、邑師道寶、比丘道景、比丘僧惠賈、仲郭阿石口、曹和唯、邢劉口口。碑拓本。

封君義

君義，孝靜時尚書三公郎中。

判竇瑗表改麟趾制母殺父條

身體髮膚，受之父母，生我勞悴，續莫大焉。子于父母，同氣異息，終天靡報，在情一也。今忽欲論其尊卑，辨其優劣，推心未忍，訪古無據。母殺其父，子復告母，母由告死，便是子殺。天下未有無母之國，不知其子將欲何之。案春秋，莊公元年不稱卽位，文姜出故，服虔注云：文姜通兄齊襄，與殺公而不反，父殺母出，隱痛深諱，朞而中練，思慕少殺，念至于母，故經書三月夫人遜于齊。既有念母深諱之文，明無讎疾告列之理。且聖人設法，所㠯防淫禁暴，極言善惡，使知而避之。若臨事議刑，則陷罪多矣。惡之甚者，殺父害君，著之律令，百王罔革。此制何嫌，獨求削去？既于法無違，于事非害，宣布有年，謂不宜改。魏書竇瑗傳，瑗表言麟趾新制，母殺父，子不得告，告者死，此條乞付評議，詔付尚書三公郎中封君義立判云。

信都芳

芳字玉琳，河閒人。初爲安豐王延明客，後隱于并州樂平之東山。孝靜時爲高歡中外府田曹參軍。

駮李業興甲子元厤

今年十二月二十日新厤歲星在營室十三度，順疾，天上歲星在營室十一度；今月二十日新厤鎭星在角十一度，留，天上鎭見在亢四度，留；今月二十日新厤太白在斗二十五度，晨見逆行，天上太白在斗二十一度，逆行。便爲差殊。魏書律厤志下。興和元年，命李業興改立甲子元厤，事訖，詔㠯新厤示田曹參軍信都芳，芳駮。

四術周髀宗序

漢成帝時，學者問蓋天，揚雄曰：蓋哉，未幾也。問渾天，曰：洛下閎爲之，鮮于妄人度之，耿中丞象之，幾乎，莫之息矣。此言蓋差而渾密也。蓋器測影而造，用之日久，不同于祖，故云未幾也。渾器量天而作，乾坤大象，隱見難變，故云幾乎。是時太史令尹咸窮研晷蓋，易古周法，雄乃見之，㠯爲難也。自昔周公定影王城，至漢朝，蓋器一改焉。渾天覆觀，㠯靈憲爲文；蓋天仰觀，㠯周髀爲法。覆仰雖殊，大歸是一。古之人制者，所表天效玄象。芳㠯渾算精微，術機萬首，故約本爲之省要，凡述二篇，合六法，名四術周髀宗。北史八十九。

郭秀

秀字季素。范陽涿郡人。爲高歡行臺左丞。進七兵尚書。未拜卒。

與楊愔書

高王欲送卿于帝所。北齊書楊愔傳。

于子建

子建。河南人。武定末爲宣威將軍懷州長史。行武德郡事。

武德郡建沁水石橋記

夫梵燈遐廓。長夜曩其明。慧敎洞開。羣迷啟其目。是以神光未滅。感膺于西胡。金儀雖謝。夢現于東漢。抑亦愍世多艱。下生思土。運濟貫心。慈悲注意。歸依者塵霧莫侵。迴向者雷電不撓。信是苦海之靈丹。酷旱之甘露矣。惟此區域。號稱舊邦。舜禹懷譚之地。殷周畿甸之土。晉啟山陽。鄭錫河後。謚趙稱都。入魏爲鎮。及秦吞六雄。跨有四海。罷侯置守。乙統九服。項羽改名殷國。漢高復立爲郡。自茲以還。爲河內下邑。屬皇朝遷鼎。卜食漳濱。遂方割四縣。在古州城。置武德郡焉。北通燕趙。堂堂之風相洽。南引鞏雒。穆穆之化口清。西瞻軹塞。則連山萬疊。東望平皋。則曠野千里。長河帶其前。太行環其後。車馬之所混口。舳艫之所湊集。廓是一都之要害。實爲三魏之逵道。若其洮溴雙吐。丹絕並納。勢等周原。美齊陸海。袂散成帷。人繁若織。禮樂尚繁。風儀未革。然郡土遼廓。沁水橫流。源自羊頭之山。發于厤谷之口。滔滔晉域。作紀懷方。引溉過于鄭白。流穢踰于汾澮。但波漸臺雞。岸合崢嶸。揭厲多危。往來受害。至于秋雨時降。水潦口驚。馬牛難辨。公私頓廢。育岨乘車之義。事切朝涉之艱。宣威將軍懷州長史行武德郡事河南于子建。車騎將軍左光祿大夫平皋令京兆杜護宗。前將軍懷縣令趙郡李同賓。征西將軍州縣令扶風馬周洛。殄難將軍溫縣令廣盛燕景裕。征虜將軍郡丞東平李思哲。或分竹專城。或操木百里。鶡起來官。共治民瘼。況同覩艱辛。俱看危滯。一物可矜。納隍在念。敬思包庇濟難之

仁。俯口口龜報恩之惠。雖無武庫造梁之工。術且口沙。弥訪津之慇懃。音啚問俗。便獲口口軌躅。雖亡遺柱在目。父口口傳。咸屬周時。稱其板構。與城俱廢。乃于農隙之月。各率祿力。口口及口。朝文武口懷熹。願七月六日。經始此橋。助福者比肩。獻義者聯轂。人百其功。共陳心力。至廿四日。所口便訖。不煩遐邇荷擔之勞。未傷士民尺寸之木。雖無匪日之美。庶省洊晨之費。修柱揭以插泉。華表鬱而軼漢。紅口交架。已口口綺。藺聯緜而雲布。引北山之饒。則人無遺力。積南市之富。而家有餘資。昔伯度記功。勒燕然口口。文淵表口口。象林之銅。作述之理雖殊。刊錄之情不異。況四生蹐駁。同悲欣之境。十因還迴。勁風電之力。若不歸依寶口口口。神敎遠擬彼岸之喩。近取成務之言。恐沮勸之道未宜。盡扲之功虛爐。乃運石立碑。敬鐫啚像。窮般馬之巧。盡金雘之飾。使四部往來。起歎慕之心。六道奔趣。識風雲之會。其詞曰

清虛曰道。正直爲神。有一于此。用表生民。淵乎大覺。至矣能仁。行成元吉。德伏波旬。其一芒芒禹績。眇眇桓功。爲魚左衽。巡聽前風。九州咸載。五等攸同。分疆敷土。俾侯樹公。其二美茲舊甸。麗其新邑。懸帶山河。苞苴原隰。禮樂仍賁。風徽猶緝。壽蓊可翦。潢流可挹。其三粵余承乏。謬厠官方。政慚春雨。威愧秋霜。情深履虎。意等納隍。慕彼醫藥。眷此津梁。其四渾渾沁水。冀道名川。既難揭厲。又阻口船。爰始經謀。義勸競塡。辰不再浹。斯搆已宣。其五落落太虛。繞繞羣有。來同聚沫。去齊過牖。敬託三尊。資憑四部。髣髴彼岸。依俙可久。其六大魏武定七年歲次己巳四月丙戌朔八日癸巳建。碑拓本。

宦官

劉騰

騰字青龍。平原人。居南兗州之譙郡。孝文世坐事受刑。補小黃門。轉中黃門。太和末進冗從僕射。宣武時歷中給事。遷中尹中

常侍。加龍驤將軍。拜大長秋卿金紫光祿大夫。進太府卿。孝明即位。封開國子。靈太后臨朝。除崇訓太僕加中侍中。改封長樂縣公。遷衞將軍儀同三司。詩與元乂幽太后于宣光殿。進司空。正光四年卒。年六十。贈使持節驃騎大將軍、太尉、冀州刺史。太后反政。奪爵發冢。

奏請定中宮車制

中宮僕刺列車輿朽敗。自昔舊都禮物頗異。遷京已來未復更造。請集禮官以裁其制。魏書禮志四熙平元年六月中侍中劉騰等奏。

詐爲胡玄度等列誣清河王懌

許度等金帛令以毒藥置御食中以害帝。自望爲帝。許度兄弟以富貴。魏書一九叉傳。

列女

張氏

張氏。中山人。國子博士高謙之妻。

誡諸子

自我爲汝家婦。未見汝父一日不讀書。汝等宜各修勤。勿替先業。魏書高崇附傳

路僧妙

造釋迦像記

大魏普太二年四月廿四日。清信士路僧妙爲亡夫造釋迦象一區。願令亡夫捨穢從眞。神超墜海。面奉慈顏。願見在眷屬口鍾善集舍門口口辨比丘僧口口者口文口碑拓本。案爲亡夫造像則路僧妙是清信女。豈當時士女通稱邪。

全後魏文卷五十五終

烏程嚴可均校輯

闕名

上前廢帝勸進表

否泰沿時。殷憂啟聖。故六飛在御。三后興符。伏惟陛下運屬千齡。智周萬物。獨昭繫象。妙極天人。寶曆有歸。光宅攸屬。而將安獨善。不務兼濟。靈命徘徊。幽明載佇。伏願時順謳謠。念茲宗祏。用捨勞疾。允荅人神。魏書前廢帝紀。長廣王曄建明二年三月。至邙南。尒朱世隆奉廣陵王東門之外。行禪讓之禮。羣臣上表云云。

上太武帝書

苑囿過度。民無田業。乞減大半。以賜貧人。魏書古弼傳。太武時上谷民上書。

爲太武帝讓沮渠牧犍書

王外從正朔。內不捨僭罪一也。民籍地圖。不登公府。任土作貢。不入司農罪二也。既荷王爵。又受僞官。取兩端之榮。邀不二之寵罪三也。知朝廷志在懷遠。固違聖略。切稅商胡。以斷行旅罪四也。揚言西戎高自驕大罪五也。坐自封殖。不欲入朝罪六也。北託叛虜。南引仇池。憑援谷渾。提挈爲姦罪七也。承敕過限。輒假征鎮罪八也。欣敵之全。幸我之敗。侮慢王人。供不以禮罪九也。既婚帝室。寵踰功舊。方恣慾情。蒸妊其嫂罪十也。既違伉儷之體。不篤婚姻之義。公行酖毒。規害公主罪十一也。備防王人。候守關要。有如寇讎罪十二也。爲臣如是。其可恕乎。先令後誅。王者之典也。若親率羣臣。委贄郊迎。謁拜馬首。上策也。六軍既臨。面縛輿櫬。又其次也。如其守迷窮城。不時悛悟。身死族滅。爲世大戮。宜思厥中。自求多福也。魏書沮渠牧犍傳。世祖親征之。詔公卿爲書讓之。

上言賈相遇石人事

晉昌民賈相。昔年二十二。爲雁門郡吏。入句注西陘。見一老父謂相曰。自今以後四十二年。當有聖人出于北方。時當大樂。子孫永長。吾不及見之。言終而過。相顧視之。老父化爲石人。相今七十。下檢石人見存。魏書靈徵志下。太興四年春。新興太守上言。

上言大石文

往曹氏之世。上池縣大柳谷山石表龍馬之形。石馬脊文曰大討曹而晉氏代魏。今石文記國家祖宗諱著受命之符。乃遣使圖寫其文。大石有五。皆青質白章。間成文字。其二石記張呂之前已然之效。其三石記國家祖宗以至于今。其文記昭成皇帝諱繼世四六天法平天下大安。凡十四字。次記太祖道武皇帝諱應王載記千歲。凡七字。次記太宗明元皇帝諱長子二百二十年。凡八字。次記太平天王繼世主治。凡八字。次記皇太子諱昌封太山。凡五字。初上封太平王。天文圖錄又授太平眞君之號。與石文相應。太宗名諱之後。有一人象攜一小兒。見者皆曰上愛皇孫。提攜臥起。不離左右。此即上象靈契眞天授也。魏書靈徵志下。眞君五年二月。張掖郡上言。

上言積穀

請析州郡常調九分之二。京都度支歲用之餘。各立官司。豐年糴貯于倉。時儉則加私之一。糶之于民。如此民必力田以買絹。積財以取粟。官年登則常積。歲凶則直給。又別立農官。取州郡戶十分之一。以爲屯民。相水陸之宜。斷頃畝之數。以贓贖雜物。市牛科給。令其肆力。一夫之田。歲責六十斛。甄其正課。并征戍雜役。行此二事。數年之中。則穀積而民足矣。魏書食貨志。太和十二年。詔羣臣求安民之術。有司上言。

奏上太上皇帝尊號

昔三皇之世。淡泊無爲。故稱皇。是以漢高祖既稱皇帝。尊其父爲太上皇。明不統天下。今皇帝幼沖。萬機大政。猶宜陛下總之。謹上尊號太上皇帝。魏書獻文帝紀。皇興五年八月。禪位太子。于是羣公奏。

奏屍巽

上谷郡比丘尼惠香在北山松樹下死屍形不壞爾來三年士女觀者有千百于時人皆異之（魏書□□大和九年有司奏）

奏檢罷僧尼

前被敕以勒籍之初愚民僥倖假稱入道以避輸課其無籍僧尼罷遣還俗重被旨所檢僧尼寺主維那當事隱密其有道行精勤者聽仍在道爲行凡麤者有籍無籍悉罷歸齊民今依旨簡選其諸州還俗者僧尼合一千三百二十七人（魏書□□□太和十年有司奏云云奏可）

奏長孫慮乞代父死

慮于父爲孝子于弟爲仁兄尋究情狀特可矜感（魏書長孫慮傳慮列辭尚書乞代父命尚書奏高祖詔恕其父死罪）

奏處裴植死刑（孝明初即位）

羊祉告植姑子皇甫仲達云受植旨詐稱被詔率合部曲欲圖領軍于忠臣等窮治辭不伏引然衆證明昞案律在邊合率部衆不滿百人以下身猶尚斬況仲達公然在京稱詔聚衆譸惑都邑騷動人情量其本意不可測度案詐律詐稱制者死今依衆證處仲達入死金紫光祿大夫尚書崇義縣開國侯裴植身居納言之任爲禁司大臣仲達又稱其姓名募集人衆雖名仲達切讓無忿懼之心衆證雖不見植皆言仲達爲植所使召仲達責問而不告列推論情狀不同之理不可分明不得同之常獄有所降減計同仲達處植死刑又植親率城衆附從王化依律上議唯恩裁處（魏書裴叔業附傳兄子植爲度支尚書會韋伯昕告植欲謀廢黜尚書又奏）

奏尼太后喪儀

案舊事皇太后崩儀自復魂斂葬百官哭臨其禮甚多今尼太后既存委俗尊憑居道法凶事簡速不依配極之典寺庭局狹非容百官之位但昔經奉接義成君臣終始情禮理無廢絕輒準故式立儀如別內外羣官權改常服單衣衺巾奉送至墓列位哭拜事

訖而除止在京師更不宣下（魏書禮志四神龜元年九月尼高皇太后崩于瑤光寺有司奏云云又見通典八十）

奏太后父依前詔稱太上

張普惠辭雖不屈然非臣等所同渙汗已流請依前詔（魏書張普惠傳靈太后父司徒胡國珍薨贈相國太上秦公普惠以前世后父無太上之號密表太后博議議者以太后當朝志相黨順遂奏）

奏請許崔光伯解職

案禮始封之君不臣諸父昆弟封君之子臣昆弟不臣諸父封君之孫得盡臣計始封之君即是世繼之祖尚不得臣況今之刺史既非世繼而得行臣吏之節執笏稱名者乎檢光伯請解率禮不愆請宜許遂以明道教（魏書崔亮附傳亮從父弟光伯爲青州別駕後以從弟休臨州遂申牒求解尚書奏靈太后令從之）

奏請優賚閻慶胤

案慶胤自臨此郡惠政有聞又能自以己粟贍恤饑饉乃有子愛百姓之義如不少加優賚無以厲彼貪殘又案齊州東魏郡太守路邕在郡治能與之相埒語其分贍又亦不殊而聖旨優隆賜以衣馬求情即理謂合同賞（魏書良吏閻慶胤傳有司奏靈太后卒無襃賞焉）

奏置齊獻武王陵官

齊獻武王勳高德重禮絕羣辟昔霍光陵邑亦置長丞主陵今請置長一人丞二人錄事一人戶曹史一人禁備史一人侍一人皆降帝陵官品一等其侍依舊（魏書官氏志武定二年十一月有司奏）

國號議

昔周秦以前世居所生之土有國有家及王天下即承爲號自漢以來罷侯置守時無世繼其應運而起者皆不由尺土之資今國家萬世相承啟基雲代臣等以爲若取長遠應以代爲號（魏書道武紀天興元年六月丙子詔有司議定國號羣臣曰）

白狼見太平郡議

古今瑞應多矣然白狼見于成湯之世故殷道用興太平嘉名也又先帝本封之國而白狼見焉無窮之徵也周宣王得之而犬戎服魏書靈徵志下太安三年三月有白狼一見于太平郡議者曰

遣師援于闐議

于闐去京師幾萬里蠕蠕之性惟習野掠不能攻城若爲所拒當已旋矣雖欲遣師勢無所及魏書于闐傳顯祖末蠕蠕寇于闐于闐遣使素目伽上表求援顯祖詔公卿議之公卿奏

議撰親祀七廟儀

昔有虞親虔祖考來格殷宗躬謁介福道降大魏七廟之祭依先朝舊事多不親謁今陛下孝誠發中思親祀事稽合古王通典作義禮之常典臣等謹案舊章并採漢魏故事撰祭服冠屨牲牢之具罍洗簠簋俎豆之器百官助祭位次樂官節奏之引升降進退之法別集爲親拜之儀魏書禮志一太和六年十一月將親祀七廟詔有司依禮具儀于是羣官議又見通典四十九

王公五等爵有罪降本爵一等議

官人若罪本除名以職當刑猶有餘資復降階而敍至于五等封爵除刑若盡永即甄削便同之除名于例實爽愚謂自王公以下有封邑罪除名三年之後宜各降本爵一等王及郡公降爲縣公公爲侯侯爲伯伯爲子子爲男至于縣男則降爲鄉男五等爵者亦依此而降至于散男其鄉男無可降授者三年之後聽依其本品之資出身魏書刑罰志延昌二年詔議律之制與八坐門下參議皆以爲

荅諸儒問

諸儒問云日月已過或父已亡獨聞喪當稅之不若宜稅稅何服

荅曰父卒而爲祖後服斬與父在異者也通典九十八案魏時云云

野王縣孔子廟記

仲尼傷道不行欲北從趙鞅聞殺鳴鐸遂旋車而反及其後也晉人思之于太行嶺南爲之立廟蓋往時迴轅處也水經沁水注魏太和元年孔靈度等以舊宇毀落上求修復野王令范衆愛河內太守元眞刺史咸陽公高允表聞立碑于廟治中劉明別駕呂次文主簿向班虎荀靈龜以宣尼大聖非碑頌所稱宜立記焉

魯國孔氏官于洛陽因居廟下以奉蒸嘗同上

邑主仇池楊大眼爲孝文皇帝造象記

夫靈光弗曜大千懷永夜之悲玄蹤不遘葉生啥靡導之識是以如來應羣緣以顯跡爰暨□□□像遂著降及後王茲功厥作輔國將軍直閤將軍□□□□梁州大中正安戎縣開國子仇池楊大眼誕承龍曜之資遠踵應符之胤稟英奇于弱年挺超羣于始冠其□也垂仁聲于未聞揮光也摧百万于一掌震英勇則九宇咸駭存侍納則朝野必附彰王衛于三紛埽雲鋤于天路南穢既澄震旆歸闕軍次□行路逕石窟覽先皇之明蹤覩盛聖之麗迹矚目□霄泫然流感遂爲孝文皇帝造石像一區凡及衆形罔不備列刊石記功示之云爾碑拓本

鉅鹿太守呂顯頌

時惟府君剋己清明緝我荒土民胥樂生願壽無疆以享長齡魏書呂羅漢傳祖顯爲慕容垂河間太守皇始初以郡來降拜鉅鹿太守民頌之

季洪演造像頌

邑子季洪演

夫靈光郁烈雖體洞埃塵然一乘覆運則十躔競發故釋迦出沒有其四也是以邑義等皆籍出蘭蕙秀貫煙霞悼純暉之日斂恨重闇之年深遂相率捨爰圖嘉石于此爽塏營像一區庶踵万品等階十号頌曰

湛矣澄源修哉寶觀息彼摸擬適茲陳讚事等手足道猶花樹遠邇分津清濁交判有釋迴輿體苞聖達淨樂蕭然常我無遏三徑是塡五蓋修脫六度告離雙林顯末於穆邑義廣夏之梁爰樹瓊像髣髴遺光功崇先祀福潤見方咸踵六吉永拔宿霜武定二年

三月一日造訖(碑拓本)

弩機銘

正始二年二月卅日左尙方信帅作史李貞亘待詔孟朝師左轉除待詔李昌師造(拓本)

石門銘

此門蓋漢永平中所穿將五百載世代綿迴屯夷遞作乍開乍閉通塞不恆自晉氏南遷斯路廢矣其崖岸崩淪磵閣堙褫門南北各數里車馬不通者久之攀蘿捫葛然後可至皇魏正始元年漢中獻地袞斜始開至于門北一里西上鑿山爲道峭岨槃迂九折無已加經途巨礙行者苦之梁秦初附實仗才賢朝難其人褒蕳良牧三年詔假節龍驤將軍督梁秦諸軍事梁秦二州刺史泰山羊祉建旟嶓漾撫境綏邊蓋有叔子之風焉以天嶮難升轉輸難阻表求自迴車已降開創舊路釋嶺磴之勞就方軌之逸詔遣左

校令賈三德領□□□□□□□□□□人共成其事三德巧思機發精解冥會雖元凱之梁河德衡之損蹋未足偶其奇起四年十月十日訖永平二年正月畢功閣廣四丈路廣六丈皆塡溪棧壑砕嶮梁及自迴車至谷口二百餘里連輈駢轡而進往哲所不工前賢所輟思莫不夷通焉王生履之可無臨深之歎葛氏若存幸息木牛之勞于是畜産鹽鐵之利紈綿罽毦之饒充牣川內四民富實百姓息肩壯矣自非思埒班爾籌等張蔡忠公忘私何能成其事哉乃作銘曰

龍門斯鑿大禹所彰兹巖迥穴肇自漢皇導此中國以宣四方其功伊何既逸且康去深去阻匪閣匪梁西帶汧隴東控樊襄河山雖嶮惟德是强昔惟畿甸今則關疆永懷□□□在人亡不逢殊績何用再光水眺悠皛林望幽長夕凝曉露晝含曙霜秋風夏起寒鳥春傷穹隆高閣有車轔轔威夷石道駟牡其駉千載絕軌百

兩更新敢刊巖曲以紀鴻塵魏永平二年太歲己丑正月己卯朔卅日戊申梁秦典籤太原郡王遠書石師河南郡洛陽縣武阿仁鑿字

案西壁文後漢永平中開石門今大魏改正始五年爲永平元年餘功至二年正月訖手開復之年同曰永平今古同前極矣哉後之君子異世同聞焉(碑拓本)

齊郡王祐造像銘

夫玄宗沖邈跡遠于鹿闕靈範崇虛理絕于埃境若不圖色相以表光儀尋聲教以陳妙軌將何以依希至象髣髴神功者哉持節督涇州諸軍事征虜將軍涇州刺史齊郡王祐體蔭宸儀天縱淑茂蓮成實之通途識眞假之高韻精善惡(下當有之字碑本脫)二門明生滅之一理資福有由歸道無礙于是依雲山之逸狀卽林水之仙區啟神像于青山鏤禪形于玄石締慶想于幽津結嘉應于冥運乃

作銘曰

芒芒玄極眇眇幽宗靈風潛被神化冥通舟輿爲本廣濟爲功德由世重道以人鴻臨觀淨境□絕塵封圖形泉石構至雲松□□□□□□□□□□福田有慶嘉應無窮熙平二年七月廿日造(碑拓本)

全後魏文卷五十六終

烏程嚴可均校輯

闕名二

魏故盜朔將軍固州鎮將鎮東將軍漁陽太守宜陽子司馬元興墓誌銘

君諱紹字元興河内溫人也晉河間王右衞將軍遷散騎常侍中護軍使持節侍中太尉公贈車騎大將軍儀同三司謚曰武王欽之玄孫晉河間王侍中左衞將軍贈使持節鎮西將軍荆州刺史謚曰景王曇之之曾孫晉淮南王祕書監遷使持節鎮北將軍徐兗二州刺史晉祚流移姚授冠軍將軍殿中尚書大魏蒙授安遠將軍丹陽矦贈平西將軍雍州刺史謚曰簡公叔璠之孫盜朔將軍宜陽子驃騎府從事中郎鎮西將軍略陽王府長史道壽之子君夙稟明頴（案此規字北齊鄭述祖天柱山銘禮義已成頴矩可證也武億釋作頴誤）纂承徽烈洪業方隆生志未遂以太和十七年歲次戊申七月庚辰朔十二日壬子（案此年月甲子皆誤）薨于第以永平四年歲次辛卯十月癸亥朔十一日癸酉遷葬在溫城西北廿里記之

遙哉遠裔緬矣鴻胄承符紹夏作賓于周貞明代襲奕世宣流誕生夫子剋纂徽猷崇基方構嘉業始脩蘭摧始夏桂折未秋感戀景行式述遺休（碑拓本）

司馬景和妻孟氏墓誌銘 延昌三年正月

夫人姓孟字敬訓清河人也蓋中散大夫之幼女陳郡府君之季妹夫人資含章之淑氣稟懷叡之奇風芬芳特出英華秀生婉問河洲鼓鐘千里年十有七剛作嬪于司馬氏自笄髮從人撿無違度四德孔脩婦宜純備奉舅姑以恭孝與名接娣姒以謙慈作稱恆寬心靜質舉成物軌謹言慎行動爲人範斯所謂三宗厲矩九族承規者矣又夫人性寡妒嫉多于容納敦桃夭之宜上篤小星之逮下故能慶鍾斯五男三女出入閨閫諷誦崇禮義方之誨既形幽閑之敎亦著然盡力事上夫人之勲夫婦有別夫人之識捨惡從善夫人之志内宗加密夫人之恤姻于外親夫人之仁夫人有五器而加之以躬儉節用豈悟天道無知與善徒言享年不永凶咼橫集春秋卅有二以延昌二年夏六月甲申朔廿日癸卯遘疾奄忽薨于壽春嗚呼哀哉粵三年正月庚戌朔十二日辛酉歸葬于鄉墳河内溫縣溫城之西寔以營原興壟寵野成丘故式述淸高而爲頌云

穆穆夫人稟和誕生蘭蕤蕙𥻘玉潤金聲令聞在室徽音事庭方孚洪烈範古流名如何不淑早世徂傾思聞後葉刊石題誠（碑拓本）

洛州刺史刁遵墓誌銘

高祖協元亮晉侍中尚書左僕□□□□□□□□□□□□□□□□□□□□□□□ 夫人彭城曹氏 父義晉梁國□□□□□□□□□□□□□□□□□□□□□□□□ 曾祖彝太倫晉侍中徐州牧司空義陽□□□□□□□□□□□□□□□□□□ 祖暘仲遠晉中書令金紫左光祿大夫□平□□□□□□□□□□□□□□□ 父雍淑和皇魏使持節侍中都督揚豫兗徐四州□□□□□□□□□□□□徐豫冀三州刺史東安簡公 夫人琅邪王氏 父□□□□□□□□□□□□□□公諱遵字奉國勃海饒安人也姬氏之興錄于帝圖中葉□□□□□□□□□□□廣淵謨明有晉祖父以忠肅恭懿聯輝建□□見者世往傳聞□□□□□□□之外不復銘于幽泉也公稟惟岳之靈挺基仁之德忠□本于立□□□□□□□以小節而求名無虛譽以眩世少能和俗于人無際但昂然愕然著大□□□□□□侍中中書監司空文公高允皇代之儒宗見而異之便以女□焉太和中□□□□□尋拜魏郡太守寬明臨下而德

洽于民。正始中。徵爲太尉高陽王諮議參軍事。王以公有古人之風。器雨禮焉。俄而轉大司農少卿。均節九賦。以豐邦用。莅事未幾。遷使持節都督洛州諸軍事龍驤將軍洛州刺史。公之立政。惠流兩壃。平陽慕化。辟地二百。方一江沔。成功告老。上天不弔。忽焉降疾。熙平元年秋七月廿六日。春秋七十有六。薨于位。朝廷痛悼。百寮追惜。贈使持節都督兗州諸軍事平東將軍兗州刺史侯如故。加謚曰惠。禮也。惟公爲子也孝。爲父也慈。在臣也忠。居蕃也治。兄弟穆常棣之親。朋友著必然之信。尊賢容衆。博施無窮。載仁抱義。行藏罔滯。溫恭好善。桑榆彌篤。小子鏊等泣徂年之箭駛。痛龜筮之告祥。奉靈輲而號慟。遷神柩于故鄉。以二年歲次丁酉冬十月己丑朔九日丁酉窆于饒安城之西南孝義里皇考儀同簡公之左。松門永閟。深扃長鍵。庶鐫石于下壤。仰誌德于幽泉。其辭曰。

攸攸綿緒。帝僶之胄。驛代貞賢。自唐暨晉。明哲迭興。忠能繼儁。在洛雲居。徂揚岳鎮。氛鯨興虐。金麻道亡。於昭我祖。遷難來翔。位班鼎列。朝望斯光。顯顯懿考。奉構膺璜。依仁挻信。據德樹明。紐龜出守。入讚台衡。惠霑千里。道懋槐庭。淸風遙被。徽音遠盈。曰登貳。播稼是司。巍巍高廩。禱敎將怡。邊城俟捍。戎氓佇治。秉旄肅命。董牧宣威。方叔剋壯。燕夷退辭。庶乘和其必壽。泣信順而徂傾。攀號兮罔訴。摧裂兮崩聲。銘遺德兮心以縻。刊泉石兮慟深扃。夫人同郡高氏。父允。侍中中書監司空咸陽文公。碑拓本。案此石乾隆中出土。缺一角。其銘云帝僶之胄。僶字雖識。當是帝堯。借僥爲之。僥又變作僶。從人從黽。此碑復誤爲僶耳。

崔敬邕墓誌銘 熙平二年十一月

祖秀才諱殊。字敬異。夫人從事中郎趙國李烋女。父雙護。中書侍郎冠軍將軍豫州刺史安平敬侯。夫人中書趙國李詵女。

魏故持節龍驤將軍督營州諸軍事營州刺史征虜將軍太中大夫臨青男崔公之墓誌銘

君諱敬邕。博陵安平人也。夫其殖姓之始。蓋炎帝之胄。其在隆周。遠祖尙父。實作太師。秉旄鷹揚。剋佐撫殷。若乃遠源之富。奕世之美。故以備之前冊。不待詳錄。君卽豫州刺史安平敬侯之子。冑積仁之基。累榮構之峻。特稟淸貞。少播令譽。然諾之信。著于童孺。瑤音玉震。聞于弱冠。年廿八。而儁華茂實。以響流于京夏矣。被旨起家。召爲司徒府主簿。納贊槐衡。能和鼎味。俄而轉尙書都官郎中。時高祖孝文皇帝將改制創物。大崇革正。復以君兼吏部郎。詮敘彝倫。九流斯順。太和廿二年。春宣武皇帝副光崇正。妙簡宮衞。復以君爲東朝步兵。景明初。丁母憂還家。居喪致毀。幾于滅性。服終。朝廷以君膽量凝果。善謀好成。臨事發奇。前略無滯。徵君拜爲左中郎將大都督中山王刺史。出圍儁義陽城。拔凱旋。君有協規之效。功績隆盛。授龍驤將軍太府少卿臨青男。忠勲之稱。實顯于茲。永平初。聖主以遼海戎夷宣化佇賢。肅愼契丹。必也綏接。于是除君持節營州刺史將軍如故。君軒鑣始邁。聲猷以先。麾蓋踐壃。而溫膏均被。于是殊俗知仁。荒嵎識澤。惠液達于遠遐。德潤潭于邊服。延昌四年。以君淸政懷柔。宣風自遠。徵君爲征虜將軍太中大夫。方授美任。而君嬰疾連歲。遂以熙平二年十一月廿一日卒于位。縉紳痛惜。姻舊咸酸。依君積行。蒙贈左將軍濟州刺史。加謚曰貞。禮也。孤息伯茂。銜哀在疚。摧號罔訴。泣庭訓之崩沈。淚松楊之以樹。洞抽絕其何言。刊遺德于泉路。其辭曰。

緜哉遐冑。帝炎之緒。爰歷姬初。祖惟尙父。曰周曰漢。榮光繼武。邁德傳輝。儒賢代舉。於穆叡考。誕質含靈。秉仁岳峻。動智淵明。育善以和。奬幹以貞。響發邦巨。翼起槐庭。慶鍾盛世。皇澤遠融。入參彝敘。出佐邊戎。謀成轅幕。績著軍功。僞城颻偃。蠢境懷風。王恩流賞。作捍東荒。惠沾海服。愛洽遼鄉。天情方渥。蘭爵惟良。如何倉昊。國寶淪光。白楊晦以籠雲。松區杳而煙邃。藐孤叫其崩號。親賓颯而垂涙。仰層穹而擢號。痛尊靈之長祕。誌遺德兮何陳。篆幽石兮深燧。嗚呼哀哉。碑拓本。

濟青相涼朔恆六州刺史高植墓誌銘

君諱植。字子建。勃海蓨人也。下闕 茂烈皆備之國籍。家傳不復更錄。下闕 之子君稟靈原之秀下闕 慧□□機□□者顧暘下闕 求至道于司衿始此下闕 宣武皇帝下闕 皇帝已下闕 衞下闕 理沈下闕 絕白驅之下闕 我已方約我已下闕 心始□姧詐之輩下闕 君在下闕 □神□飄然下闕 泉下闕 至德□虛虜下闕 名山□衢下闕 贖兮下闕 豪痛彼蒼者天。喪此明公。瓊矣哲人。惟義是依。每見我君。終始許師。大魏神龜。下闕 碑拓本。

司馬昞墓誌銘 正光元年十一月

君諱昞。字景和。河內溫人也。晉武帝之八世孫。淮南王播之曾孫。魏平北將軍固州鎮大將魚陽郡宜陽子興之子。先室屯離。宗胤介否。乃祖歸國。賞已今爵。奕世承華。休榮彌著。君有拔羣之奇。挺世之用。神風魁崖。機悟高絕。少被朝命。爲奉朝請。牧王主簿。員外散騎侍郎。給事中。從驃騎府上佐。遷揚州車騎大將軍府長史。帶梁郡太守。在邊有暐略之稱。轉授清河內史。此郡名重。特已人舉。不幸遇疾。已正光元年七月廿五日薨于河內城。朝廷追美。詔贈持節左將軍平州刺史。非至行感時。孰能若此。已庚子之年玄枵之月廿六日丙申葬于本鄉溫城西十五都鄉孝義之里。刊石誌文。而爲辭曰。

君侯烈烈。玉操金聲。高風愕愕。屢歷徽榮。奄然辭任。沒有餘馨。鐫茲泉石。用銘休貞。碑拓本。

懷令李超墓誌銘 正光六年正月

君諱超。字景昇。本字景宗。後承始族叔在江左者懸同。故避改云。秦州隴西郡狄道縣都鄉華風里人也。雅著高節。敦襲世風。言行足師。興作成準。脩情孝友。固心名義。安貧樂道。息詭遇之褋。介然峻峙。標曜焉之操。弱冠舉司州秀才。拜奉朝請。除恆農郡冠軍府錄事參軍事。宰沁水縣。巨政崇治。緯居尤最。爲受罪者所謌章。憲臺諛聽。被茲深劾。除名爲民。于是廿年中浮沈閭巷。玉潔金志。卓爾無悶。到熙平二年。甫更從宦。補荊州前將軍騎兵參軍事。復作懷令。已受拜垂垂述職。遭疾。正光五年八月十八日卒于洛陽縣之永年里宅。時年六十一。孤貞華首。訖于二邑。門從無兩遠邇酸恨。懷之百姓。長慕喪氣。雖陳留之哀。望胡季歠不是過也。越六年正月丙午朔十六日辛酉葬洛陽縣覆舟山之東南。玄壤難窮。陵谷時異。刻茲陰石。照序光塵。

泱泱顯裓。斂蕙西垂。代襲清則。杳炳羽儀。道妙之門。緒風屬斯。惟祖惟考。僩儻瓌奇。昌謨迭駕。高矱明規。杳量无隄。玄契不貲。揔脩異貫。員應紛枝。灼灼伊君。山立淵渟。棲眞宅正。寢繩履程。懿鑠爲質。醇素用情。均治禮世。氣重財輕。亦既從招。旁溢鴻聲。陸牒出入。密勿力誠。爰莅近邑。先遵儀形。絕父獨坐。化動陰實。尙德貽咎。衆實叵甚。拂衽歸來。𨈓轅徧帶。恂恂鄉閈。万殊一會。優柔善成。无小无大。垂白再仕。汎爾沿流。階倫稍降。盛業愈遒。迮作後城。士女承休。奄頓方馳。盡士悲愁。匏節炯言。引賞靡徵。端恭妄砙。家俗虛磨。擢彼圮跡。事罪篇緗。長源未輸。深圖乍卷。蘊此逸機。空生徒返。茲寃易削。疇毒難遣。楨搠疏棘。泉房寒遠。孀孤內彌。姝弟擢亘。式鏤沈石。託注幽篆。

妻恆農楊氏。父談。爲郏州主簿。息女孟宜。年卅六。適恆農王始儁。郡中正。息女媛姿。適遼西常彪侍御史。息女仲妃。適武威賈子謐。涼州治中。息道沖。息女婉華。息女然顏。息女四輝。息道逸。年十六。息道栖。年十三。

南秦州刺史司馬昇墓誌銘

君諱昇，字進宗，河內溫縣孝敬里人也。其先晉□帝之苗裔。曾祖彭城王禧，金聲于晉閣，作蕃牧于家邦。祖荊州，才地孤雄，震玉譽于江左，來賓大魏，爲白駒之客，始踐北都，逢授侍中使持節征南大將軍開府儀同三司十州諸軍事，封琅邪王，後遷司徒公。父□□□鎮，剖隴西關右，著唯良之績。君稟帝王之資，憑萬乘之胤，夙慧早成，絕于羣輩。君志性貞明，稟操鯁直，又能孝敬閨門，肅雍九族，鴻才峻邁，聲溢洛中。以孝昌二年釋褐太尉府衛參軍，又除懷縣令。雖牛刀恥雞，且錦遊邦里，莅政未幾，禮教大行。君臨茲百里，承流敷化，故能申述典謨，奉遵皇猷，使盜息如奸藏，令行如禁止，懷邑之民，咸稱良翰。方席好爵而窮仕路，極纓冕以官王寮，如天道無徵，弔善徒言，遘疾一朝，哲人云亡。以天平二年歲次乙卯二月廿一日，春秋卅有一，薨于懷縣。贈使持節冠軍將軍都督南秦州諸軍事南秦州刺史。以其年十一月七日葬于溫縣。但以日月

不停，遷窆有期，墓門刊誌，勒銘泉扉。其詞曰：

盛矣攸源，發業晉軒，隴西之子，琅邪之孫。如冰斯潔，如玉之溫，往賢謝美，今儁何言。蘇武彭城，承流全晉，萬乘之胄，龍德之胤。辰極方高，蒼海比瀾，崇基卓立，鬱矣孤峻。少播令問，弱冠飛聲，克壯集譽，讓彼槐庭。帝嘉明德，作邑懷城，義風翔舒，道化雲行。才明不壽，自古在先，顏生二九，姿哲殲賢。之子之亡，如仕之年，永辭白日，長歸黃泉。遠送平原，葬于溫縣，隴樹冬寒，夏凝霜霰。勒銘德延，誌其鄉縣，萬歲千齡，誰聞誰見。元象二年十月。碑拓本。

齊州刺史高湛墓誌銘

君諱湛，字子澄，勃海滌人也。靈根遠秀，啟慶兆于渭川；芳德遐流，宣大風于東海。作範百王，垂聲萬古者矣。故倩公勢重，鄭伯捐師；元卿位尊，管仲辭禮。皆所以讓哲推賢，遠明風軌。祖冀州刺史勃海公，文昭武烈，望摽中夏，惠沾朝野，愛結周行。考侍中尙書令司徒公，英風秀逸，儁氣雲馳，虬顧帝鄉，威流宇縣。君稟慶緒于綿基，挹餘瀾于海澳，幼尙端凝，長好文雅，非道弗親，唯德是與。逍遙儒素之閒，慕申穆之遺風；俳佪文史之際，追牧馬之逸藻。至于懸春灑翰，席月抽琴，邁昔哲以孤遊，超時流而獨遠。熙平啟運，起家爲司空參軍事，轉揚烈將軍羽林監。天平之始，襄城阻命，君文武兩兼，忠義奮發，還城斬將，蠻左同歸。朝廷嘉其能，縉紳服其義，假驤驤將軍，行襄城郡事。君著績既崇，賞勢未允，尋除使持節都督南荊州諸軍事鎮軍將軍南荊州刺史。于時僞賊陳慶率衆攻圍，孤城獨守，載離寒暑，終能剋保邊隍，全怙民境。復除大都督行廣州事。享年不永，春秋卅三，元象元年正月廿四日終于家。皇上動哀，能言灑淚。迺有詔曰：故持節都督南荊州諸軍事假鎮軍將軍揚烈將軍員外羽林監行南荊州諸軍事南荊州刺史當州大都督高子澄，識用開敏，氣幹英發，擁揚蕃翰，誠効剋宣，臨難殉軀，奄從

非命。言念遺績，有悼于懷，宜申追寵，式光往烈。可贈假節督齊州諸軍事輔國將軍齊州刺史。粵元象二年十月十七日遷葬于故鄉司徒公之塋。千秋易往，萬古難留，故鐫石泉門，以彰永久。其詞曰：

丹虬降祉，姜水載淸，大人應期，命世挺生。垂竿起譽，罷釣流聲，經綸宇宙，莫之與京。胤司不蓄，公衡上宰，旣顯營丘，復摽東海。四履流芳，五城降綵，繁柯茂葉，傳華無改。伊宗作輔，忠義是依，淸塵昏霧，橫埽塵飛。日月再朗，六合更暈，玉帛斯集，福祿終歸。仁壽無遠，積善空施，風酸夏草，霜結春池。崑山墜玉，桂樹摧枝，悲哉永慕，痛矣長離。碑拓本。

全後魏文卷五十七終

全後魏文卷五十八

烏程嚴可均校輯

闕名 三

御射碑

皇帝㠯太延元年十二月車駕東巡。逕五迴之險邃。覽崇岸之竦峙。乃停駕路側。援弓而射之。飛矢踰于巖山。刊石用讚元功。水經滱水注。

洛州鄉城老人佛碑

夫法界無相。相而十方。旨趣無言。言而法界。故入世者具大悲。㠯濟羣生。出世者行六度而除八難。是㠯前驅羊□後□□牛。欲使智水無湍。愛河永竭。然□齋主敬請。示滅雙林。正化隨遷。業煩無救。但□□思念。雕素眞形。波斯□心。鑄玆神狀。今吉万歲卅四人等□□敬造眞儀一龕。上祚皇家。沐霑靈識。頌曰。

出有入□□機。不見出空入□益物爲先。不來不去。無動無遷。妙矣□□□□能惻焉。漆園初起。雙樹息言。鐫□□容。万代流傳。大□□□十六年正月廿一日功訖。碑拓本前有卌四人姓名不錄。

中書令祕書監兗州刺史鄭羲碑 永平四年

公諱羲。字幼驎。司州滎陽開封人也。肇洪源于有周。胙母弟㠯命氏。桓㠯親賢司徒。武㠯善職竝歌。緇衣之作。誦乎奕世。降逮于漢。鄭君當時。播節讓㠯振高風。大夫司農。創解詁㠯開經義。迹刊圖史。美灼二書。德音雲郁。碩響長列。揚州㠯十策匡時。司空豫州㠯勳德著稱。高祖略。恢亮儒素。味道居眞。州府招辟。莫之能致。值有晉弗競。君道陵夷。聰曜虔劉。避地冀方。隱括求全。靜居自逸。屬石氏勃興。撥亂起正。徵給事黃門持節。遷侍中尚書。贈揚州刺史。曾祖豁。㠯明哲佐世。後燕中山尹太常卿濟南貞公。祖溫。道協儲端。燕太子瞻事。父曄。仁結義徒。績著寍邊。拜建威將軍汝陰太守。緜

榮千載。聯光百世。自非積德累仁。慶屆無窮。其孰能傳輝踵美。致如此之遠哉。可謂身沒而名不朽者也。公稟三靈之淑氣。應五百之恆期。乘和載誕。文明冠世。篤信樂道。據德依仁。孝弟端雅。寡言慜行。六籍孔精。百氏備究。八素九丘。靡不昭達。至乎人倫禮式。陰陽律麻。尤所留心。然高眞沉默。恥爲傾側之行。不與俗和。絕于趣向之情。常慕晏平仲東里子產之爲人。自㠯爲博物不如也。蘊斯文于衡泌。延德聲乎州閭。和平中舉秀才。荅策高第。擢補中書博士。彌㠯方正自居。雖才望稱官。而乃歷載不遷。任淸務簡。遂乘閑述作。注諸經論。撰話林數弓。莫不玄契聖理。超異恆儒。又作孔顏謠靈巖頌。及諸賦詠詔策。辭淸雅博。皆行于世也。㠯才望見陟。遷中書侍郎。又假員外散騎常侍陽武子。南使宋國。宋主客郎孔道均就邸設會。酒行樂作。均謂公曰。樂其何如。公荅曰。哀楚有餘。而雅正不足。其細已甚矣。而能久乎。均嘿然而罷。移年而蕭氏滅宋。雖延陵之觀昔詩。鄭公之聽宋樂。其若神明矣。朝廷㠯公使協皇華。原隰斯光。遷給事中中書令總司文史。敷奏惟允。國之律令。是所議定。公長子懿。邕容和令。器望兼資。早綜銓衡。能聲徽著。敦詩悅禮。尤精易理。季子道昭。博學明儁。才冠祕穎。研圖注篆。超侍紫幄。公行于前。吏部祕書隨其後。凡厥庶寮。莫不欽其人也。于時有識比之三陳。後年不盈紀。懿給事黃門侍郎太常卿使持節督齊州諸軍事平東將軍齊州刺史。道昭祕書丞中書侍郎司徒諮議通直散騎常侍國子祭酒祕書監司州大中正使持節督光州諸軍事平東將軍光州刺史。父官子寵。才德相承。海內敬其榮也。先時假公太常卿滎陽侯。詣長安拜燕宣王廟。還解太常。其給事中中書令侯如故。縱容鳳闕。動斯可則。冠婚喪祭之禮。書疏報問之式。比之制矣。民胥行矣。雖位未槐鼎。而仁重有餘。太和初。除使持節安東將軍督兗州諸軍事兗州刺史南陽公。德政寬明。化先仁

惠不嚴之治。穆如清風。耕桑有敬讓之高。朝市無鞭戮之刑。郎道之美。不專于魯矣。太和中徵祕書監。春秋六十有七。寢疾薨于位。凡百君子。莫不悲國秀之永沈。哀道宗之長沒。皇上振悼。痛百常往。遣使贈襚。策贈有加。謚曰文。祭以太牢。以太和十七年四月廿四日歸葬乎滎陽石門東南十三里三皇山之陽。于是故吏主簿東郡程天賜等六十人。仰道墳之緬邈。悲鴻休之未刊。乃相與欽述景行。銘之玄石。以揚非世之美。而作頌曰。

爰鑒往紀。稽覽前徽。有賢有聖。靡弗應時。緜實契姒。旦亦協姬。於穆鄭公。誕叡應期。伊昔桓武。竝美司徒。恭惟我君。世監祕書。三墳剋闡。五典允敷。文爲辭首。學實宗儒。德秀時哲。望高世族。灼灼獨明。亭亭孤邈。式胄三雍。鄉風再燭。作岳河兗。澤移草木。慶靈長發。繼葉傳光。君既挺發。胤亦含章。文義襲軌。朱紱相望。刊石銘德。與日永揚。碑拓本。

兗州刺史賈思伯碑

夫琁□□□因方祇以□緒□□既啟廉□□□德□□□□□□風□□□□□□□□□□□使君□源遐緬。叡業崇深。識照天璣。沖光簪智。冰清玉映。有夷齊之操。莅政□化□□□□□□□□□□□□□□作捍青蕃。流愛屋之歌。垂芳河濟。欣來蘇之詠。可謂動衆化□□□□□盛□□□□□□□□□□□□□□刊方來何述。前治中從事史東平內史□昌伯東平□祖既長□□乂□山□□□□□□□□□□□□□威將軍治中從事史吳興沈預民□徐貞思等。鏤石鐫□□徽方□

君諱思伯。字士休。武威姑臧人也。晉太師賈他之後。□□太傅諡□□□□□□□□□□□九世祖敷。前魏青龍中爲幽州刺史。行達□州□州事。因忠喪亡。遂□□□□□□□□□□

□□□□□□□州刺史高祖朕□事兼州別駕宜都王司馬。曾祖宏。□有令譽。未宦早喪。祖□□□□□□□□□□□青州□□錄本州□中正州主簿齊郡太守。君童齔之中。卓然岐嶷。親鄰紈綺。□□□□□善文賦慷慨□志□□張頁□□超悵致□□太和中。起家爲奉朝請。尊□□得優游雅素。逍遙集□□□□□□高誼□求□□□□□□雖年始弱冠。便□然公輔之□□稍遷揚烈將軍□□校尉□前軍將軍□□仍授輔國將軍□□□□□□□□左□□□□夜勤王。匪躬斯著。遐邇欽風。縉紳引領。除河內太守。以親老□□□除□□□□□□□尋□□□將□一載□召拜滎陽太守。辭不獲已。遂恭斯授。官任未朞。風教逕□□□□□不□□□□□□澤□□年方之我君□有懿德矣。尋除持節督南青州諸軍事征虜將軍南青州刺史。□□□□□□□□□□之□□□□所頊之丁父憂。復召拜光祿少卿。將軍如故。君諒闇在躬。宿昔皓髮。繼□□□幾□毀□□□哀□□□□嘗□□□□□財賑施。親疏周給。門姪長幼。靡不贍卹。等其榮悴。均其豐約。士□□□除持節督兗州諸軍事左將軍兗州刺史。于時州土荒儉。連歲不登。又境上之民。好懷去就。君按之以法。□之以□□□□在優平賦□□其□□□□□□歲稔□□既賓。禮義用興。闔境懷仁。外鄰□附。民庶欣歌。士女□詠

御

照灼英徽。蟬聯□□德楷世□仁惟□矩聲溢遐□芳流遠□動□□□□□□□□□□讀資□韶氣繪藻□華綺續雕思。三□□州。淄澠別味。思□二□□□□□□續既□□□□□頁海沂換□□鄭懷芳□□□□□義彰。詠兼系管。□昃甘棠。撫□河濟飾光□服治隆王趙。才超張陸。化湛煙翔。風□□屬。□□既領。憲□以穆。□猛相資。惠和竝布。威厲秋霜。澤乎春露。巖栖以空。上國

知慕。異域□恩。□鄰襁附。□謌載□聲教□□□□□□民庶夲融。敬惟德化。于此知隆。□□□□永馥芳風。

神龜二年歲次己亥四月戊辰朔廿日丁亥訖功。大義主翟旭仁　義主□人令曹安都　義主姜甫德。碑拓本。

魯郡太守張猛龍清頌碑

君諱猛龍。字神囧。南陽白水人也。其氏族分興。源流所出。故已備詳世錄。不復具載。□□□□盛□鬱于帝皇之始。德星□□曜像于朱鳥之間。淵玄万壑之中。巉巖千峯之上。奕葉清高。煥乎篇牘矣。周宣時□□張仲。詩人詠其孝友。光緝姬□中興是賴。晉大夫張老。春秋嘉其聲績。漢初趙景王張耳。浮沈秦漢之間。終跨列土之賞。才卓世□君其後也。魏明帝景初中西中郎將使持節平西將軍涼州刺史瑍之十世孫。八世祖軌。晉惠帝永□中使持節安西將軍護羌校尉涼州刺史西平公。七世祖素。軌之第三子。晉明帝太寧中臨羌都尉平西將軍西海晉昌金城武威四郡太守。遂家武威。高祖鍾□涼州武宣王大沮渠時建威將軍武威太守。曾祖瑋。偽涼舉秀才本州治中□□□西海□□二郡太守還朝尚書祠部郎羽林監。祖興宗。偽涼都營護軍建節將軍饒河黃河二郡太守。父生樂□□□□□□□□□□□□歸國青衿之志。白首方堅。君體稟河靈。神資岳秀。桂質蘭儀。點弱露已懷芳。松心□□□□□□□□□□□自□□明若新蘅之當春。初荷之出水。入孝出弟。邦閭有名。雖黃金未應。無慙郭氏。友朋□□交遊□□□□□□□□達蒙幽人表。年廿七。遭父憂。寢食過禮。泣血情深假使曾柴更世。寧異今德。既傾乾覆。唯恃坤慈。冬溫夏凊。曉夕承奉。家貧致養。不辭採運之懃。年卅□丁母艱。勺飲不入。偷魂七朝磬力盡思。備之生死。脫時當宣尼。無愧深歎。每事過人。孤風獨超令譽日新。聲馳天紫。以延昌中出身。除奉朝請。優遊文省。朋儕慕

其雅尚。朝廷以君蔭□如此。德□宣暢。以熙平之年。除魯郡太守。治民以禮。移風以樂。如傷之痛。無怠于夙宵。若子之愛。有懷于心目。是使學校剋脩。比屋清業。農桑勸課。田織以登。入境觀朝。莫不禮讓。化感無心。草石知變。恩及泉木。禽魚自安。勝殘不待踰年。有成朞月而已。遂令講習之音。再聲于闕里。來蘇之歌。復詠于洙□。京兆五守。無以剋加。河南二尹。哉可若茲。雖名位未一。風同□□。且易俗之□。黃侯不足比功。宵魚之感。宓子豈獨稱德。況乃辭金退玉之貞。耿拔葵去織之信。義方之我。君今猶古。□詩□愷悌君子。民之父母。實恐韶曦遷影。東風改吹。盡地□庶。遂深泫慕。是以刊石題詠。以旌盛美。言□能式闡□□庶揚休烈□□□辭曰。

氏煥天文。體承帝胄。神秀春方。靈源在震。積石千尋。長松萬刃。軒冕周漢。冠蓋魏晉。河靈岳秀。月起景飛。窮神開照。式誕英徽。高山仰止。從善如歸。唯德是蹈。唯仁是依。棲遲下庭。素心若雪。鶴響難畱。□音遐發。天心乃眷。觀光玉闕。浣紱紫□。承華烟月。妙簡□□剖符儒鄉。分金沂道。裂錦鄒方。春明好養。溫而□霜。乃如之人。實國之良。□□□□□□□□之恤小大以情。□□□□洗濯此蠶。實雲褰天淨。千里開明。學建禮脩。風敎反正。野畔讓耕。林□□□□□□□□□□衣可改。畱我明聖。何以勿翦。恩深在民。何以鳥嬉。風化移新。飲河止滿。度海迷津。勒石圖□。永□□□碑拓本。末云正光三年正月廿三日訖。

龍驤將軍營州刺史高貞碑　正光四年六月

君諱貞。字羽真。勃海脩人也。其先蓋炎帝氏之苗裔。昔在黃唐。是爲四嶽。爰逮伯夷。受命于虞。舜曰典朕□□□□□□。暨呂尚佐周克殷。有大功于天下。位爲太師。俾侯齊國。世世勿絕。表乎東海。其公族有高子者。即其氏焉。自茲已降。冠冕繼及。世濟其德。不隕其名。祖左光祿大夫勃海敬公。純嘏所鍾。式誕文昭皇太后。是爲

世宗武皇帝之外祖考安東將軍青州刺史莊公有行有禮克荷克構卽文昭皇太后之第二兄也君稟岐嶷之姿挺珪璋之質清暈發于載宗秀悟表乎齠齔黃中通理之名卓爾不羣之目固已殊異公族見稱于匠者至于孝以事親則白華不能比其潔友于兄弟則常棣無以方其盛敬讓著自閨閤信義行于邦黨若夫秉心塞淵砥礪名教伏膺文武不肅而成則綴軌于前脩同穎于先達者矣雖綺襦紈絝英華于王許龍馬流車陸離于陰鄧而不以富貴驕人必以謙虛業已是故吏門識慕蹇步知歸我德如風物應如響弱冠以外戚令望除祕書郎儀騶閣而來儀瞻石渠而式跂于是縱容校文之職翩飛鴳鷺之閒容止此而可覿清風茲焉已穆旣而重離載朗東朝始建杞梓備陳瑤金必剖僉求其可帝曰爾諧遷太子洗馬夙夜惟寅婉茲儲后仰敷四德之美式揚三善之功同禁聰坊亡有出其右也于時六宮無主百姓未繫周爰大邦罔踰莘似以君姊有神表淑問拜爲皇后君戚愈重□愈沖寵日益權日損由是有少君退讓之風無長淵驕奢之患故赫赫之望具瞻允集楨幹之期匪朝伊暮而不幸短命春秋廿有六以延昌三年歲次甲午四月己卯朔廿六日乙巳遘疾卒于京師二宮悲慟九族悼傷同位駿奔遐邇必至天子迺詔有司曰故太子洗馬高貞器業始茂方加榮級而秀穎未實奄彫夏彩今宅兆有期宜蒙追陟可特贈龍驤將軍營州刺史以旌戚儁其墓次所須悉仰本州營辦臨葬又特給東園龍輴加謚曰懿凡我僚舊爰及邦人咸以君生而玉質至美也幼若老成至慧也孝友因心至行也富貴不驕至謙也君以此終亦以此始烏可廢而不錄使來者無聞焉迺相與採石名山樹碑墓道其詞曰

厥緒皇□□□□□堯咨四岳周命呂望惟高惟國世有龍光自茲作氏不賓其芳於鑠光祿饗茲戩穀赫矣安東純嘏斯屬或女或妹匪娀伊僕陟彼昭陽光我邦族山川降祉餘慶不已敬公之孫莊公之子如琇如瑩爲山伊始人知其進莫見其止古人有言膏粱難正於乎我君終和且令牧己謙謙與物無競孝友因心能久能敬爰始來儀濯纓麟沼翾羽儲扃其容昄昄方搏九霄載飛載翔天道如何是久是夭生榮死哀禮有加數曷用寵終英英旒軺其人雖往其風可慕玄石一刊淸徽永鑄大代正光四年歲次癸卯□管黃鍾六月□□□□□□（碑拓本。）

中岳嵩陽寺碑

夫至理空淨非大智無以寄其言法身凝寂非妙信無以感其像故託金軀於至信之國布慈雲於多士之世顯皮紙骨筆之重半偈乍身之貴是以須達祟善塡金弗悋優主仰戀鑴檀寫眞斯皆聖人留軌爲物樹業故然乃遺形八万還昇慧頂有大德沙門生禪師遊三空以歸眞泝法流而御世控三車而徽蹤秉常樂以係軌隱顯無方浮沈崧嶺道風遠被德香普薰乃皇帝傾心以師資朝野望風而屈膝此山先來未有塔廟禪師將欲接引四生永辭沸鑊拯拔群品遠離炎鑪卜茲福地創立神場當中岳之要害對衆術之樞互乃北背高峯南臨廣陌西帶潧潤東接脩林于太和八年歲次甲子建造伽藍築立塔殿布置僧坊略深梗概王公卿士咸發布向之心凡厥庶民竝欣喜捨之志司空公裴衍昔在齊都欽承師德願歸中國爲寺檀主本願旣從雲歸□□禪師乃構千善靈塔一十五層始就七級緣差中止而七層之狀遠望則迢亭巍峩仰參天漢近視則崔嵬儼嶷旁魄絕望自佛法光輿未有斯壯也禪師指麾成之匪日禪師背後雖復名工巧匠無能陟其嶮峭禪師大弟子沙門統倫豔二法師竝妙思淵賾神智難量繼軌四依律□□世覺華散藻戒香盈馥與諸同志以師遺功成茲洪業分稟□塼更寧兩塔竝各七層仰倔師願殊特妙巧□創秀

出塔殿宮堂星羅棊布內外圖寫本生埿曰十口尊儀無量億數皆範金爲相裁玉成豪瓌碧熣爍丹彩絢燿色煥口口光輝宇宙異類衆多罔知厝緒龕房禪室側口環遶逕閣通門前後口口口廊重複苑衍透迤規而有楷矩而有則溝霤雙泉四殖甘菓柳裊長條松擎圓蓋池荷炤灼翠葉紅輝微波碧澈濕流瀠瀨異禽巡獸飲啄相鳴碩學名賢蹥武相望引房清誦列館法言洪鐘一扣應眞四集唄響八飛香煙似霧虔禮禪寂六時靡輟方爲衆聖万刼之靈塲八輩十方三世之苑囿也天平二年四月八日倫豔二統乃刊石樹碑雕飾尊像讚貽嘉福顯彰聖儀高足大沙門統遵法師忘懷體道戒珠皎潔仁智明敏器宇汪庠開妙思于三空之表顯眞如于四忍之外接引羣生舟航巨海率諸邑義繕立天宮整脩嚴麗兼造白玉像一龕眷屬侍御剞劂鐫磨妙匠精巧三十二滿八十好圓色揜耀靈光暉夜月吕諸勝善仰資皇帝聖厤無窮國境寍泰太后德被蒼口永保仁齡預捨一豪同登我淨若見若聞等一常樂傷盡邊塵後窮來際咸鍾此福其詞曰

明明大聖晈晈無著至寂至妙湛然常樂無像無言形名應世七步舉手播宣苦諦聲光振動濯我塵滯化息雙林終歸實際金儀言寢塔像勃興香尊避坐多寶踊昇爲模爲楷永刼祇承維大沙門權機應傳英風秀朗玄通常住道德芳烈帝后欽裕構造靈基朝野傾務遠摹妙喜近光祇樹唯聖唯賢爰依爰附億兆來蘇天龍虔仰城芥千空此基無爽（碑拓本）

禪靜寺剎前銘敬史君碑

公名口字顯儁平陽泰平人蓋虞舜之苗裔田敬仲之後也舜有康哉之唱敬有和鳴之應德徽書史道合無名自茲吕降世阜哲人軄組繼襲英聲不朽公資黃中之雅氣稟川岳之粹靈苞一德于懷抱淵万頃于匈衿摻節端華風神雅峻博學多通無所成名

振徽音于綺歲播九德于冠年豈伊一日千里實曰王佐之才解褐奉朝請于時女后稱制權移外戚黨樹私門謀危王室公乘義發憤肆忠奉國結周公河西之略荅義眞折角之恥掛冠辭闕杖劒歸鄉虎步方州懃心日角孝莊統厤攝履還朝帝嘉迺功用優動賞封泰平縣開國子除晉州別駕永安云季元兇伏罪殘醜遺燼更相鳩率始資賈詡之計終成李郭之舉責罪宣平交兵象闕長戟百万胡騎千羣大丞相勃海王德隆齊晉作牧唐都志存匡合克翦封鯨吕公器宇淵亮民望所歸特申情悃委吕經謀公深識時雄罔計強弱豹變從時應機而起毗文贊武專按劒之功帷籌野戰參斷龕之力長蛇既勦羆鼎惟新策勳有典式酬功効進封永安侯食邑千戶拜車騎將軍度支尚書俄遷都官尚書公位居省闥職在樞機竭忠奉上庶情求瘼獎進英賢糾癈奸慝宿滯必申頹綱由整今上德配玄黃融齊日月鑒殷徙御未遑外略秦隴放命乘此憑陵駈率戎虜擾我生民汾晉邊遐備彼其毒惟捍所寄事符賢桀迺吕公爲汾州刺史尋轉晉州刺史車騎侯如故公秉麾出閫佩錦歸鄉明賞罰吕勸元戎敷仁澤吕字黎庶乘機迭出智勇兼奮口聿未周奸渠遁跡百城旆懌四民歸堵敢飯之喀不息安居之詠更新雖李牧禦邊細侯治雍不能尚也又燕司失馭編荒作逆連黑山之衆峙黃巾之勢縱橫海表陸梁幽冀震感皇衷命公是討公運六奇于帷幄忘七尺于戎行探淮陰平趙之略協段熲破羌之謀廣張旗幟厲怒三軍紛紜馳突遂夷兇醜凱旆而歸增隆寵秩拜儀同三司韓地邊崄縲連蠻楚夏風攸改彯僞成俗密人不恭鴟張蟻聚黠虜因貧玩威疆場歷政爲艱莫能芟遏百姓彫傷流離略盡天子悼兆民之荼炭惟邊祐之須才終朝忘食夜分不寢吕公略不世德效累彰除殘拯溺非莫可加拜驃騎大將軍潁州刺史大都督潁州諸軍事儀同三司開國如

故公深惟臣辱。職不求易。憘遇槃根薄言來踐。輕賦斂㠯阜民財。勢吐握㠯招賢俊。嚴治烽候。宿棲轞肥。摧火或舉。豹騎爭先。鬼出電入。梟四万計。賞不踰功。罰必當罪。人物輻輳。繈負雲歸。玉燭登年。絃歌不息。亦既芟夷世難。功濟民生。復惟舟梁苦海。運茲迷溺。敬崇三寶。翹翥九劫。望維衛㠯虛心。念毗耶而延佇。此地寔爲高敞。眺實遐隆。遠乘山岳。迴帶池閣。惟金剛之妙宅。諒神基之淨土。故平陽太守潁川太守使持節秦州刺史梁洪雅。攝情物外。宅志道場。爰建精廬。鬱茲形勝。水火亟交。年歲攸積。龍宮梵室。彫落朽故。公迺勉率僚佐。肅心營造。遠訪名工。窮盡巧麗。建七層之寶剎。寫雙樹之光儀。金瓊疊照。朱紫聯華。長廊四密。廣夏清疏。名僧遠萃。大法津流。憑此至誠。仰願皇帝陛下祚隆天地。齊光九劫。化漸三塗。率偕四果。□日誓勖。順終如始。有滅有生。無虧八万之因。無生無滅。濟此娑婆之苦。湛露易晞。貞剛惟久。式栽金石。永昭不朽。乃作頌曰。

惟聖之後。達者克昌。代縮珪組。世有蘭芳。挺茲明德。隆贊霸王。齊鑣管范。閑步蕭張。弱齡聰睿。岐年秀發。藉蔭聖童。侚齊初月。疾惡如風。趣善如躡。百行斯兼。三省無闕。作牧西蕃。君臨南甸。荒服來庭。鯨鯢由戢。政行保鄣。化猶絲□。大啟千乘。職聯三鉉。發揚拯壓。闢職道曠。飛甍架雨。寶劍分虹。月光照曜。日映玲瓏。業茲世福。永樹來功。

維大魏興和二年龍集庚申下缺碑拓本。

魯孔子廟碑

粵若稽古叡后。欽明文思。衡宰邁德。丕顯九功。咸事故能庸勳親賢。官方式敘。惟大魏徙鄴之五載。皇□興和之元年。天子曰咨。賓賓出日。實唯濟岱。宣風敷化。義屬英良。㠯君理思優敏。實惟舊德。昇朝牧民。物望斯允。必能絃歌鄒魯。剋振斯文。乃制□詔冊。拜我君

公使持節都督兖州諸軍事車騎大將軍當州大都督兖州刺史。君姓李字仲琁。趙國柏仁人也。其先帝高陽之苗裔。柱史之胄。左車之綿緒。瑤光休彩。赫奕于上。齡若水嘉祥。蔟蕤于季葉。君㠯資解褐奉朝請。俄除定州平北府法曹參軍。仍歷□□功曹諮議參軍事。定相雝三州長史、東郡汲郡恆農三郡太守、司徒左長史、中散太中大夫、營構都將、雝兖二州刺史。所在恩□。遺訓在民。夫林桂易地。而貞馥不移。君鳳舉雲翔。風期如一。斯寔天懷直置。妙與神同。悵然不樂。思仁未深。刑平惠和。言爲涓□□□階資寵□之榮。奕葉重光之貴。氣韻優峻之奇。政績緝熙之美。既備于史傳。與清頌。故不復詳載焉。君神懷疏爽。風度絕人。學業與□源並深。趣操共寒松俱秀。故其蒞兖部也。嘗未浹旬。言覲孔廟。肅恭致誠。敬神如在。遂軔車曲阜。飲馬沂流。周遊眺覽。尚想伊人。□□慨然。有報功□□之意。乃命工人。脩建容像。孔子曰。從我于陳蔡者。皆不得及門也。因歷敘其才。㠯爲四科之目。生既見從。沒□□侍。故顏氏□□□□于易。辭起予者商。紛綸于文。詰是則聖人之道。須輔佐而成。故曰吾有由也。惡言不聞于耳。所㠯雕素十子。□列其側。今于□□□□□奉進儒冠于諸徒。亦青衿青領。雖逝者如斯。風霜驟謝。而淪姿舊訊。曖似還新。至如廟宇凝靜。靈姿嚴麗。數仞之牆無㠯踰。七□之房不能出。夫道繫于人。人亡則道隱。斯大義㠯之而乖。微言㠯之而絕。今聖容肅穆。二五成行。丹素陸離。□□□□□似微笑而時言。左右若承顏而受業。是㠯覩之者莫不忻忻焉有入室登堂之想。斯亦化□之一隅也。天誕聖哲。作民師□□□風□闕里。播□□洙泗。至于歎鳳鳥之寂寥。傷河圖之莫出。屢應聘而不遇。知道德之不行。乃正雅頌。修春秋。刊理六經。懸諸日月。□□載之後。莫不遵其義㠯述作。服其訓㠯成身。咨可謂開闢之儒聖。無窮之文宗者矣。此地古號曲阜。是唯魯都。雖宮觀荒毀。臺池

口口然其廟庭也蔚質林于九冬罩修柯于百刃類神栝之侵漢同梧宮之巨圍至夫鴻隨秋下則月秀霜枝鵝逐春來亦風開翠葉旣口口口觀口亦足以安樂聖靈是以無代不加脩繕譙億載以窋神君清明在躬精思入微功被人神德貫幽顯豈惟營飾宣質經搦口口口口口口口如虔脩岱像崇奉玄宗敦素篛華興存廢絕視民如傷納之仁壽體亡懷以幽詣任万物以爲心豈直靈津孤灑虛光獨散者哉夫一月之明可影百川一人之鑒從横万趣爰自剌舉未或斯同然丹青所以圖盛口金石所以刊不朽口口不鐫珉瑤焉述府州佐口口口口令士民等略序義目樹碑廟庭俾後來君子知功業之若斯焉乃作頌曰

二儀肇泮人倫攸舉邈邈玄王誕茲聖緒祖習堯舜憲章文武聲溢九天化潭八宇祖習口口聖神盡妙化潭伊何口口存敎口同麗景榑天孤昭無異岱宗巖巖特峭重山隱寶深霞祕暉在哀之葉自衞言歸德生于予文實在茲彝倫禮樂剋敘書詩口口驚異東管流氣艮木其權緬踰千祀以存恕亡允諸靈意不有伊人孰云脩置唯君體道布政優優白鳩巢室赤雀西樓仁罔不備智口口周器冠後哲風邁前脩旣繕孔像復立十賢誠兼岱宇懃盡重玄仰聖儀之煥爛嘉鴻業之嬋聯長無絕兮終古永萬億兮斯傳

興和三年十二月十一日口功 碑拓本

邑主造像碑

大魏武定六年歲次戊辰九月己未朔十二日庚午邑主敬造石像碑文

夫玄精曠遠妙理沖深至道不廓幽賾難覩故像物隱光出于慌惚之中法相淪暉生于希夷之外瞰彼靈山結五子之遐想睠茲淥水闡九龍以成津瞻其堂宇若宮旻之帶曜靈尋之杳莫若游霞之登九霄口口正覺焉可究哉故佛弟子邑主 碑空八字未刻 等導流

荆宛鑠光嵩洛據德衡口道冠中鼎然皆以生逢隘運形沈巳壤識果業之可崇知冥限之有期恐朝露之命覩太陽而旭晞草木之年隨秋霜而降墜怙恃先靈罔極之效弗展幼子遐裔覆育之恩靡託遂磬竭家資率引邑義構像通衢崇葱寶業峩嵯峻谷之濱倏蕩平原之里背祀巳以樹形跨闕橋而建宇庶能使七世幽魂游處天堂之中前亡後死免脫八難之苦爰及胄口口口相承軒蓋重擬晃旒繼世入衞鈎陳出宰蕃岳台鉉相望珪璋疊影奔口口蔚流聲篆素 案篆素猶竹素或云即篆素非 伏願皇道雍熙景命維新駿奔口馳戎渠交口行蘆歌德霜翟被澤圖籙再炳升平吉始凡厥蒼生咸蒙斯福乃作頌曰

聖者啟肖學道求眞國王非寶儲二匪珍捐妻施子棄若遺塵金軀靡悋嵓壑投身遂登正覺神通自然羣魔稽首靈冠諸天慈悲万有光照大千苞綸曠劫仰之彌玄擾擾羣生有善有惡報應如響隨心降臻磬茲愚果庶免鼎鑊覬拔幽魂遷神妙樂伏願皇家景祚康延解鞅桃林釋轡華山蒲車巖阿訪逸求賢孤竹舍薇黃綺執鞭諱木旋設諫鼓空懸導茲邑義采石嵩陽是琢是肓樹此福堂勒碑啟像跨躡崇岡德之皎皎千載流芳 碑拓本

祝麴文

東方青帝土公青帝威神南方赤帝土公赤帝威神西方白帝土公白帝威神北方黑帝土公黑帝威神中央黃帝土公黃帝威神某年月某日辰朔日敬啟五方五土之神主人某甲謹以七月上辰造作麥麴數千百餅阡陌縱橫以辨疆界須建立五王各布封境酒脯之薦以相祈請願垂神力勤鑒所願使出類絕蹤穴蟲潛影衣色錦布或蔚或炳殺熱火燎以烈以猛芳越椒熏味超和鼎飲利君子旣醉旣逞惠彼小人亦恭亦靜敬告再三格言斯整神之聽之福應自冥人願無爲希從畢永急急如律令 齊民要術七 案此文不

（知時代姑編入魏文）

投書敦煌城東門

涼王三十年若七年（魏書沮渠牧犍傳初太延中有一父老投書于敦煌城東門忽然不見其書一紙八字）

戲嘲陽休之

有觸藩之羝羊乘連錢之驄馬從晉陽而向鄴懷屬書而盈把（北史四十七陽尼附傳有人士戲嘲休之云）

丹書

河西河西三十年破帶石樂七年（魏書沮渠牧犍傳又于震電之所得石丹書）

玉印文

富樂日昌永保無疆福祿日臻長享萬年（魏書靈徵志下和平三年四月河內張超于壞樓所城北故佛圖處獲玉印以獻印方二寸其文曰云云）

外國

蠕蠕阿那瓌

阿那瓌醜奴弟正光初嗣位爲其族兄俟力發示發所敗南走歸魏封朔方郡公蠕蠕王孝昌初號敕連投兵豆伐可汗終魏之世塞外無塵齊受禪後爲突厥所破自殺

乞給兵送還磧北啟

投化蠕蠕元退社渾河旃等二人以今月二十六日到鎮云國土大亂姓姓別住迭相抄掠當今北人鵠望待拯今乞依前恩賜給精兵一萬還令督率送臣磧北撫定荒人脫蒙所請事必克濟（魏書蠕蠕傳正光二年七月）

吐谷渾拾寅

拾寅慕延兄子

上獻文帝表

奉詔聽臣還舊土故遣良利守洮陽若不追前恩求令洮陽貢其土物（魏書吐谷渾傳）

車師國王車夷落

上書乞賑救

臣亡父僻處塞外仰慕天子威德遣使表獻不空于歲天子降念賜遺甚厚及臣繼立亦不闕常貢天子垂矜亦不異前世敢緣至恩輒陳私艱臣國自無諱所攻擊經今八歲人民饑荒無以存活賊今攻臣甚急臣不能自全遂捨國東奔三分免一即日已到焉耆東界思歸天闕幸垂賑救（魏書車師國傳眞君十一年車師王車夷落遣使琢進薛直上書）

波斯國王居和多

上孝明帝書

大國天子天之所生願日出處常爲漢中天子波斯國王居和多千萬敬拜（魏書波斯國傳神龜中遣使上書貢物）

于闐國王

上獻文帝表

西方諸國今皆已屬蠕蠕奴世奉大國至今無異今蠕蠕軍馬到城下奴聚兵自固故遣使奉獻延望救援（魏書于闐國傳顯祖末蠕蠕寇于闐于闐患之遣使素目伽上表求援）

全後魏文卷五十八終

烏程嚴可均校輯

釋氏

釋僧懿

僧懿本名太興景穆太子晃之孫孝文時襲父爵京兆王拜長子鎮大將入爲祕書監改封西河王轉守衛尉卿表請出家孝文詔太子爲之下髮施帛二千匹賜名僧懿居嵩山太和二十二年終

伐魔詔 并序

夫生在三界恆爲四魔所嬈沈淪生死遍在六趣若一得人身及聞經法譬見優曇喻值浮孔尋惟聖教實開心目懿身處下流元希彼岸直因生有惡此漏身心去志恭徒然無補略因愚管除剿四魔昔在年幼嘗作破魔露布文雖鄙拙頗爲好事者所傳自遷

聖當作勝 氏下脫時字

都之後寓在洛陽忽于故塔之中得此本文時値今國都師尚在金剛般若寺講聖鬘經輒㠯呈示法師學涉內外甚好文彩乃更披經卷賜示魔事兼得擬荅氏釋道安檄魔文共尋翫之復竭愚淺修改舊文更作平魔赦重薦法師更無嫌也但安公檄文直推天魔凡爲世患經列有四且天魔權變非浮情所能測煩惱陰死爲患實深輒更起伐魔詔慰勞文冠之于初是㠯前後不同又頗繁重冀信心君子兩得行之輒并編安法師檄文爲次合爲一卷門下僞魔逋誅于茲曠劫鷹跱四山狼顧五道心頑縱毒常懷返噬固守一隅擁隔聲教自大通已降爰曁賢劫雖百王繼踵千聖相尋威懷百逆獎導千計猶不能遏彼邪心息此異見得使貪競相緣癡凝互舉常結四生終歸六趣眷言斯瘼實用傷懷今原燎方邇浸潤有漸無宜自寬㠯致顚覆可簡將練卒隨機殄撲勿使荐生懷予復之歎主者告下時速施行廣弘明集三十八

爲當作言

奉伐魔啟

臣信相等言奉被詔書如右臣聞見機者則承風㠯先附守迷者必加威而後降是㠯舜舞干戚有苗自縛于王庭目連援弓則金地相圍之日故能斬伏心王塞靜樓觀身被忍鎧手挈浮囊棄所保之貨賄設禪悅之名饍宴彼奇將集此雄勇志有所規則無往不摧心之所向則無思不服四魔區區焉足㠯規慮哉但今聚結未散事須平蕩輒依分處星馬宿駕謹重申聞請可付外施行謹啟廣弘明集三十八

慰勞魔書

告三界五道有識羣生等夫曦和迭駕盲者尚迷其光雷霆震響聾者猶惑其聽雖照響理均而稟受道異致令法音擁于殊聞慈光儆于異見昏痼相仍長迷永夜劫石有磷此緣無竭故我高祖愍此橫流心存拯溺體韞殊光口含異響開宏基于未前廓元覺

推當作摧

于有始故一闡洪猷則亘犉競馳再擇道教則羊鹿服御證無生于胷襟戢寂滅于懷抱但年德推移心存靜定爰命皇儲紹隆大業先帝藉此洪資纂我前緒積德三大累功塵劫心變冥機遊神赴會身固舟囊凌波拯接出沒任情權旨自在故能超彼九劫降此四天跨據一方威攝萬國八十年中刑措不用但時不我與聖上遷化教迹道殊人懷異念卿等或是日種輪王世跨四域或是月性高良忠貞不貳享三界之名宦保一時之榮祿但爵命難恆時有否泰或因憍慢而喪家或由貪殘而失國故令後肩波流奄然忘返遵彼邪源汎此慾海而使天魔承釁作患于上方煩惱因茲浸淫于下國或縈中陰于未生或馳五衰㠯告老終疲升降長勤往沒幕府因機傑起英略超羣緯文經武體貟練俗承百王之洪規稟萬代之遺則履道居彼龍象扣此津門方當馳光上下條騎八維總括羣邪羅絡萬有籠三界于一身抗百綱于無外推拔

所當作取

須彌。翻波巨海。顛倒宇宙。迴易日月。使人天倒懸。水陸燋沸。然復塞其必我之心。開其子來之路。扇清風于塗炭。布同愛于無閒。平蕩三途。掃茲四有。威㠯動之。福㠯綏之。蕞爾小醜。焉足㠯語哉。卿等既爲所誤。沈淪日久。宜藉此時機。早建良圖。夫時難得而易失。機尚遠而後悔。若得時也。則福祿競臻。如失機也。則敗捷爭及。故寶融享爵。事歸于先覺。公孫嬰戮。所敗于後機。此皆往事之高鑒。當今之軌轍。且智者處危㠯謀安。愚者臨成㠯致敗。成敗安危。在于時機。非降自天。抑亦人謀。今三軍竚駕。寶藏初開。懸重爵㠯俟功。設天官㠯命哲。正是大士縱橫之秋。智勇獻功之日。與卿等同發退原。枝流異土。追維在昔。猶或依依。言念四魔。不覺撫劒。故先遣白書。略陳成敗。曾改迷途。尋光赴命。相與齊轡道場。比肩輪下。諮稟未聞。受教君子。友朋好合。不亦善乎。無宜大安斯趣。盤桓遊逸。恐此生滅相尋。有無繼作。若三毒一馳。則義無怨親。四凶互出。則夭壽俱翦。雖欲保全。其可得哉。今善牙已建。六軍啟途。出彼火宅。尋討未服。梟斬之期。非旦卽夕。幸體往意。時作出計。勿懷猶豫。濫嬰斯禍。臨路遣書。忽忽無盡。廣弘明集三十八。

檄魔文

彌天釋道安頓首魔將軍輪下。相與雖復玄徒殊津。人天一統。宗師雖異。三界大同。每規良集。伸其曩積。然標牓未宣。所㠯致隔。今法王御世。九服思順。靈網方伸。宏綱彌布。大通有期。高會在近。不任翹想。竝伸預意。釋道安頓首。夫時有通塞。否終則泰。千里相尋。萬師迭襲。昔我高祖本元天王體化應符。龍飛初域。杖權刑㠯部萬邦。奮慧柯㠯伏六合。咸蕩四邪。埽清三有。方當抗宏綱于八區。亙靈網于宇宙。夷靜七荒。寍一九土。但冥宗不弔。眞容凝靜。重明寢輝。虛舟覆浪。故令蛇蟻煩興。梟獍競起。翳染眞徒。塵惑清衆。虐被蒼生。毒流萬劫。怪道有情。異心同忿。我法王體運應期理物。上

其當作奇

藉高貴。下託羣心。秉玄機㠯籠三千。握聖徒而隆大業。雲起四宮。鸞翔天竺。降神迦夷。爲法城塹。撫育黎元。善安卿士。匠導羣賢。慰喻有疾。嚴慧柯于胷中。被神鉀于身外。愍十八之無辜。哀三空之路絕。志匡大業。情必平難。百域千邦。高伏風化。承君久抱惑心。重迷自覆。深執愚懷。固守僞見。復據欲天。梟鳴神闕。畔換疆場。抗拒靈節。謂天位可登。洪規可改。覽茲二三。遠爲難息。何者。大通統世。則羣方影從。而僞天魔不遵正節。忏忤聖聽。塵撓神心。領卒塞虛。其形萬變。精甲曜曦。霜戈拂日。靈鼓競鼙。響衝方外。高步陸亮。自謂强威。而王師一奮。羣邪殄喪。衆迷革心。望風內附。況君單將。僥然一介。土無方尋。衆不成旅。而欲背理違常。陵虛華邑。冀奪靈權。勝常取信。㠯僞忝眞。可不謬乎。今釋迦統世。道隆初劫。妙化堂堂。神羅遠御。智士邕邕。元算蓋世。武夫龍超。捉乾千隊。協略應眞。奇謀超拔。故命使持節前鋒大將軍閻浮都督歸義侯薩陀波崙。獨

衆上脫領字

稟天姿。義陳玄覺。神高須彌。猛志籠世。善武經文。忠著皇闕。領衆四十萬億。揚鑣路首。故命使持節威遠大將軍四天都督忉利公導師曇無竭。武勝羣標。文超隨夏。宏謀絕塵。心栖夢表。每憂時忘身。志必匡世。領衆百萬億。虎眄須彌。故命使持節征魔大將軍六天都督兜率王解脫月。妙思虛元。高步塵表。略竝童眞。功侔九地。悼愍三塗。忿君縱害。援劒慷慨。龍迴思奮。衆五百萬億。鸞鳴天衢。故命使持節通微將軍七天都督四禪天王金剛藏。朗志虛元。金顏遐矚。恩殊九錫。力傾山海。左顧則濛氾飛波。右眄乃扶桑落曜。德無不施。威無不伏。領衆七百萬億。雲迴天門。故命使持節鎮城將軍九天都督十地大王維摩詰。奇算不思。法柯遠震。體合神姿。權象萬變。呼吸則九服雲崩。叱吒則十方風靡。威被下愚。愍辜酸楚。領衆九百億。飲馬靈津。故命使持節鑒復大將軍十九天都督十住大士文殊師利。承胄遐元。形暉三曜。身自金剛。神高體大。應

可上脫君字　欲下脫命字

適千途。元算萬計。羣動感于一身。眾慮靜于一念。深抱慈悲。情兼四攝。領眾塵沙。翱翔斯土。故命使持節匡教大將軍十九天都督錄魔諸軍事羣邪校尉中千王觀世音。智略淵深。慧綱遐網。明達六通。朗鑒三固。或託跡羣邪。耀奇峯起。或權形二九。息彼塗炭。揮手則鐵圍摧巖。嘘吸則浮雲頹峙。能爲十方作不請之益。領眾不思。風吟虎嘯。故命使持節撫化大將軍十方三界大都督補處王大慈氏。妙質從容。天姿標朗。體踰金剛。心籠塵表。猛志衡天。慧柯遠奮。無生轉于胷中。權智應于事外。志有所規。往無不就。威恩雙行。眞俗竝說。領眾八百萬億。嚴駕待命。勇士之徒。充盈大千。金剛之士。彌塞八極。咸思助征。席卷六合。乘諸度之寶軒。守八正之修路。跨六通之良馬。捉虛宗之神轡。四禪之良弓。放權慧之利箭。鳴驥浩浩。輕步矯矯。撫劍飛戈。長吟命敵。而將軍累世重光。匡濟帝業。歷奉聖庭。曾無有闕。貴卽導師。身子五百。幽鑒天命。秉受王

魏象當作象魏

化。聖上開襟。皆授名爵。封賞列土。功侔舊臣。聲蓋萬域。而君何心。橫生異見。偃蹇邊荒。頑顧帝位。毒害勃于蒼生。災禍流于永劫。可不哀哉。可不謬哉。君昔因時荒。爲物所惑。狂迷君心。投僞外寵。百行一愆。賢達尚失。久謂君覽智返愚。歸罪魏象。束身抽簪。同遊羣儁。吕道自娛。榮名終始。仍執愚守惑。偷安邪位。託癡山吕自高。恃見林吕遊思。耽六欲之穢塵。翫邪迷吕娛性。建憍慢之高幢。列無明之凶陣。闊步長塗。輕弄神器。盜篡天宮。抗拒日月。恐不異舉手欲障三光。抱土而塡四海。打鼓與雷爭音。把火共電競耀。雖擬心虛標。事難就矣。然將軍植德元津。原承彌遠。暉華昞然。羣下矚目。望貴之基易登。由來之功可惜。可改往修來。翻然倏順。誅過朱門。與道齊好。家國竝存。君臣俱顯。取名獲安。曉目達觀。眷屬晏然。可不美與。大師勊舉。萬方矯轡。手提法蠢。齊撫慧劍。道柯煇耀于前驅。靈鼓震音于後隊。神鐘一扣。則十方遍覆。海浪飛波。則原陸湯

沸。當爾之時。須彌籠爲微塵。天地迴爲一粟。無動安于左襟。妙樂握于右掌。神力若斯。豈可當哉。我法王體大仁慈。未欲便襲。權停諸軍。暫頓靈轡。臨路遺書。庶迴迷駕。可丞定良圖。面縛歸闕。委命王庭。逍遙閒境。上方宰任。非君而誰。夫聖人上智識機。明哲免禍。窮而知返。君子所美。此乃轉禍之高秋。取功之良節。昔夏桀無道。殷王致伐。商紂首亂。周武建師。此則古今之常軌。將軍之明誡。相與雖復形乖于當年。風流于道味。人天崎嶇。何足致隔。想便霍然。隨書投命。所吕切痛其詞。委曲往反者。不欲芳蘭夏凋。翠柯摧穎。深思至言。善從良計。勿使君身傾住三概。勿使六天深生禾莠。迅目仰眺。助情暘然。臨紙多懷。文不表意。釋道安頓首頓首。廣弘明集卅八

魔主報檄文

大夢國長夜郡未覺縣寐語里六自在主他化皇帝報檄于高座大將軍南閻浮提道綏撫大使佛尚書安法師節下。音耗自遠。喜

依當作俯

同暫接。尋覽句味。良用欣然。方見大國之臣。禮義高矣。承將軍虛心豁達。密行淵元。襟帶山河。牢籠宇宙。慮深宗廟。憂及生民。秀氣千尋。眞心萬仞。諒疾風之勁艸也。亂世之忠臣也。冀道遇則鄰。彼我非隔。依從人事。聊此報章。昔周室既衰。六國鼎沸。漢朝運滅。三分天下。或外夷侵叛。毒被中原。或內禍潛作。殃及良善。應期鵲起。達時豹變。有之自古。豈止今日。惟蒼生釁積。上天降禍。釋迦皇帝奄然登遐。哀纏臣妾。悲浹率土。皇太子彌勒養德心宮。滿月停山。深業隱藥。數鍾百六之世。將虧九五之君。諸侯姦猾。猜忌相處。一十八部。教軌參差。九十六道。罇俎迴互。狠噬海濱。梟鳴山幽。左不記言。右不記事。國憲朝典。與霜露而凋零。天璽帝璧。同冰銷而葉散。臣怨民怒。眾叛親離。逃逝無歸。跉跰長往。竊謂數屬太平。沐浴朝化。時逢亂世。濟難干戈。蓋乃通人之權變也。謹率義兵。發憤忘食。竝登山拉虎。臨河斬龍。緯武經文。輕身重義。社稷是所不圖也。

天位非所傾望也。直㠯心城無主。邪戲塵勞。沓漶慾流。將心源而共遠。恍惚大夢。與永夜而俱長。還因假寐。弔心伐罪。先遣聚沫大將軍黃元矦率空華之卒。策陽炎之馬。郎乾城之隅。結浮雲之陣。戈甲昱爍。弓戟參差。鋒刃未交。服兵先敗。次命接響大將軍絲竹公領宮商之眾。據聲傳之谷。隨聞隨翦。次命百和大將軍蘭麝伯領馨香之旅。乘風抒陣。千里無雲。次命六味大將軍領肥美之卒。爲面門都督。安滄溟之口。吞噬無遺。次命七觸大將軍領細滑之眾。戰鼓纔擊。身城瓦解。五軍前討。百戰恆捷。自天是祐。罄無不宜。朕慮未窮巢穴。躬行問罪。戎衣既整。出自空窟。發淵泉之智。動山嶽之威。承妄想之兵。數盈兆載。竝潛神識海。隱影心山。命將元𨕥案劍城旅。徵兵士卒。擎刀結陣。排空塞迴。烟飛霧集。莫不雄氣衝天。吐妄雲于眞際。高風駭地。驚塵浪于性海。擊道品官軍霜夜抒鑊。一心既沒。還源彌遠。六愛已然。宅火逾盛。縱橫翦掠。腹背羅註。六奇三略。先蘊胷襟。百步千尺。本無横陣。遂雲消霧卷。吾道興焉。于是分官置職。行我風化。敕無廉驃騎虎踞貪山。性澀將軍龍蟠慳海。瞻恤之士。水陸無寄。敕繫地郎將置陰陽之府。情塵尉馬觀伉儷之兵。愛水暫流。身城被潰。欲火纔發。天廟遭燒。繕性將軍已從焚溺。敕咆哮校尉弓劍隨身。鴆毒鷹揚。戈戟在手。嚴毅士卒。警固賄城。使平忿將軍銷聲剗跡。敕正勤御史且停監察。隨眠武矦安撫朝猷。放蕩無明。縱恣有待。使精進一馬。罷行四勤之路。迦畱二箭。不射三空之門。勇猛將軍。風煙歇滅。敕覺觀大司馬罝府初禪。邪思惟都尉列陣三有。㠯心原未静。頻被風波。禪枝欲茂。再遭霜雪。安靜將軍埋身亂境。敕我見行高鎮陀那之嶺。惑山萬仞。疑戍百重。討返還迷。問津天路。使觀身實相。伸如羊角。緣寂妄業。密若魚鱗。故毒動狂子。酒醒醉客。覆眞金藏。隱肥膩草。博通將軍兀焉如醉。斯則率土之濱。皆吾民也。今十軍意氣。五將英雄。乘機廢

立。成國宗廟。朕俛仰即位。臨軒御宇。纂成王業。握圖受命。因弱之輪無際。足擬金輪。心與駿駛有餘。聊充紺馬。衣冠統二。車書已一。方扇長風于火宅。奮高車于門外。解釋甲胄。與民更始。將軍士卒竝亡。智力俱喪。路窮箭盡。棄馬焚舟。螗蜋舉臂。良可愍也。良可恥也。豈盜跖率卒。侵暴諸矦。孔丘冒陳。流汗反府。即將軍之明誡也。皇太子彌勒代邸龍飛。朕汗馬歸朝。銜罪庭闕。將軍見徵。未敢聞命也。情深筆短。不能多白。冀歸高君子。相期千言外焉。波旬頓首死罪。廣弘明集三十八

破魔露布文

廣緣將軍流蕩校尉都督六根諸軍事新除惡建善王臣心賑惠將軍善散子都督廣濟諸軍事臣施繕性將軍剋欲界都督攝志諸軍事司馬臣戒平忿將軍蕩恚矦都督洪裕諸軍事行臺臣進安靜將軍志念都尉都督觀累諸軍事攝散矦臣禪博通將軍周物大夫都督洞達諸軍事監照王智。行宮謹案。臣等聞治靜泰平。兇徒有時㠯興。化清去殺。逆黨因之而作。是㠯文命引狩于九圍。遇死魔于塗山。項生騰輪于六合。値貪賊于忉利。故使身滅知咸。魂散闇越。淪蕩他鄉。退失尊位。良由內挾姦邪。外樹塵軌。賞差信功。罰乖臣惡故也。自世宗釋迦文皇帝晏駕固林。倏餘千載。太子慈氏阿逸多。有事兜率。未遑紹襲。法城暫空。梵輪無主。塵域外叛。沙州弗貢。遂使三界風驚。六天烽起。邪徒詭說。翻成異俗。僞自在天主賊王波旬。稟質昏精。體襲邪氣。我慢在心。愛結盈慮。矯奪慧命。竊弄神器。放縱欲界。闚闞皇境。且其正教陵替。內外相違。姊妹同姦。千子貳志。三女邪蕩。邀我上宮。姿態未施。自貽伊耋。又波旬既習小道。頗有才辨。愎諫飾非。好是畏怒。不用順子之言。專從佞臣之計。伺國間隙。乘釁來侵。僞結使大將諸煩惱等。因聖道消。運鍾八百。光音無間。十纏斯作。遂陳欲兵于愛海。策疑馬于高原。控

辯于二見之域。馳騁于無明之境。値聖則卷跡。高栖遇惡。則馳據中區。負險重關。觀時而設。或志求榮利。假寐權門。或含忿威衆。專行毒害。意氣稜層。固守方寸。憍慢邊隅。未識正朔。方復假遣七使。傳車三障。詭宣六條。以致殊俗。愚者承教而濯纓。智人棄之而潤飲。畜卒俟前。儲烽候進。僞四天大都督五陰魔等置宅于無始之原。卜居于有形之裏。浮游于苦海之中。放逸于火宅之畔。竊號躬身。假署六腑。偷榮瞬息。耽樂時頃。元首未幾。徒役無算。飢兵始卒。流川遍野。怖士愁人。亙山滿谷。同惡相求。輯結一方。異類羣聚。阻兵三界。僞署行臺。有生賊王死。觀兵五道。置卒三途。在生逆命。處老作寇。五衰告期。四生應世。壅塞泉源。杜絕飇炎。業力咆哮。丁危脆以先馳。三毒趦趄。策羣有而長逝。安忍無親。禍連九族。威怒互行。戮及忠孝。方乃忽聖誣賢。欺眞枉正。陷穽黎元。羅絡凡庶。妄計若空。以爲己有。驟驚之勢。謂固同金石者也。以正月三十日黃昏

時。有一人姓善字知識。從道場來告云。賊去此不遠。宜急翦撲。不爾。當爲大患。臣聞此語。未遑敬信。單駕羊車。轉軍化城。深修壍柵。自備而已。賊方于後夜遣一使來。多貢珍異。求結和好。臣知此賊勢若泡𩜁。智計莫出。意性狂勃。難可親近。弗與之言。抱恨而去。方多設詭詐。欲來侵逼。即以月七日向晨出方便門。頓解脫處。馳信鄴以深入。徵羣迷以出海。纂集三昧。以致一壍。冀蕩五陰。戒清諸有。賊方恃固一川。拒抗皇威。其水瀰漫。廣深難際。又値旋嵐傾勃。雹霰瀉注。擊浪揚波。海神競涌。七等雜類。或飛或沈。夜叉守途。羅刹決津。泝瞽流聾。覆沒善財。其欲溯泳。鮮不沈溺。又臨折阻淚。大築城壘。壁立隍峻。險關惟有一門。四垂幽谷。一人執戈。萬夫懾志。四果怯懼。辟支戰慄。遂集衆唱。識規望進。擊驟度能。僉曰或可。即勒軍士。爲渡水故。備取諸草木。編以爲栰。附令抱踏。横波直進。臣等手棨浮囊。泝流而往。固護無非。遂登彼岸。部分將士。修備兵車。

魔上脫死字　推當作摧　初下脫果字

齊心戮力。驅馳往撲。即遣安靜將軍領觀累之卒。據散亂之原。又使平忿將軍率洪裕之兵。塞怒谷之口。復令賑惠將軍引廣濟之衆。截慳貪之路。更勒博通將軍整洞達之士。守狂癡之徑。督師羅張。四面交侵。積戰告捷。不月而三。行臺恐衆懈怠。不得競進。乃催厲六軍。置阿惟越地。而餘燼遊魂。偷安他化。驅率犬羊。欲來拒戰。乃假虎兕以爲威。招熊羆而自衛。異首別面之徒。吐風火而待發。擔山戴樹之類。方蟻聚以齊衡。希進皇家。膺符受命。啟土塵劫。疉聖重光。享祚無窮。先帝鼎湖之日。顧命慇懃。專令文德已來。不許戰爭而致。幕府受詔之初。依敕而行。略設六奇。斷絕而已。但狂竪翰張。散亡逆節。雖遣逸多曉喻。都無悛心。乃更命將大權。徵兵十萬。嘗未浹辰。大淨挪土。資無畏以嚴身。兼衆好而獨拔。龍蟠道樹。虎視娑婆。十號一宣。則四八應期。言教暫設。則二九雲集。遂擊法鼓而出三空。建慈幢以臨八難。講武大千。曜威萬域。神戈暫指。則

魔徒失膽。慧劍一揮。則羣邪俱斃。現道身而斬魔。因般若以戮煩惱。推波旬于不動之林。滅五陰于計性之境。然後壓巢守穴于不到處。巡伏隱身者。唯一人而已。遠處膏肓。非勇力攻及也。遂乃竄使于薩婆之域。元兇既梟。徒黨伏誅。自餘從者。並不追問。諸有誠心先款者。悉令解甲去鋒。編戶民例。授以遠號。移之樂土。爲拔五箭。並以善醫。療除垢病。施慧湯藥。于時業風息吹。六塵勿起。祥雲四舒。靈禽翥翼。引八部而自娛。嚴四七以守衞。垂拱開堂。無爲而已。大覺天王等好尚風軌。志存拔擢。援昔舊謨。慇懃諫諍。辭不獲免。默許敷奏。爾乃開甘露門。出入正道。千輻雲迴。來儀鹿苑。四天獻器于高掌。二商薦脊于兩謂。故緣行錄勳。則陳如先封。眞諦開賞。則邪舍繼襲。或朋類蒙榮。或兄弟感澤。揖不肖于初表有德于十地。依準古禮。巡省方嶽。振旅六城。治兵八國。理怨于三天之上。

聞罪于九地之下。徵英傑于十中。會萬國于鷲嶽。華長剋臻。異十勇出。于是啟寶藏以賑貧窮。出三車以給諸子。撫納黔黎。盍堵復業。乃身安一乘。心固磐石。據林眄水。宣揚皇澤。依恆說遠。召集未賓。仁風帀宇。道光遐照。四面交通。化流無外。聽訟于中路之域。決判于寶山之所。無量之威。遠震城嶽。無礙之智。洞徹山河。故士無二統。車書一軌。日月重光。天地清朗。六萬之眾。解長圍以從正。十仙之徒。棄大河以就秩。不動之賢。不遠千里。意樂之哲。應感而至。工人卒簞食于戶城。捷獸奉壺漿于長源。內外剋清。表裏咸泰。實由道音四敷。餘波東訓。主上至心。群僚深敬。稟承神規。殄茲兇醜。豈臣智力所能剋感也。冀憑此一動。漸望更進。方事前計。凱旋未日。並露布以聞。臣等死罪死罪。廣弘明集三十八

平魔赦文

門下。首區同源。因派異緒。窪隆代興。信背千途。故智勝標宗。歷塵劫而尚三。燈明啟教。經九中而未一。況乃邪徒偽見。駕剌犢于自然之原。結賊妄根。御形色于顛倒之境。以茲偏師。抗衡中道。眷言一二。良用憮然。自先帝升遐。寶曆無主。淳風漸虧。蠹教異設。偽魔乘閒。充斥神邑。假變真容。妄談空有。驅役四生。周還六趣。畔渙欲天。狠戾愛地。毒被邊荒。虐流華夏。雖獫狁之侵宗周。匈奴之陵炎漢。未為喻也。朕以神昧。主自塵劫。幼齒參元。弱冠從政。班名于太通之年。驟跡于賢劫之下。荷百億之重任。忝三界之特尊。人天樂推。無所與讓。遂陟靈壇。受茲封禪。顧唯多闕。有慚庶政。明發孜孜。不遑啟處。常恨邪境未清。正教無一。致使群生沈淪魔境。每一撫念。用廢寢食。遂命將徵兵以清時難。上藉三昧之士。下憑六度之師。控清方夏。大戡荒服。故六軍雷動。則三有雲消。慈施電馳。則四凶面縛。降附若塵。生擒萬計。唯波旬一人單馬奔迸。百道截羅。組繼不久。且令五道告清。宇外咸一。思與天下同茲福慶。可大赦天下。與同更始。改像教之號。為郎真之歲。自二月八日昧爽已前。繼組見徒。悉皆原放。若為四魔所誤。浮游三界。犯十惡五逆。毀經壞像。三世所作。一切眾罪。能改過自新者。不問往愆。若亡命慾山。挾藏姦器。百劫不自首者。伏罪如初。其殺父害君。傷兄烝母。隨時投竄。以息後犯。其闡提一人。不在赦書。擯罪遠責。神速可乘意驛。遍告十方。主者施行。廣弘明集三十八

奉平魔赦文啟

郎真元年二月八日。中書令補處王臣逸多宣臣文殊等言。奉被詔書如右。臣聞毀忠謗善。經千葉而不無。邪臣逆子。歷百代而常有。是以三監流言。伏罪于明時。五世背道。甘誅于聖世。故王威必震。慶當于周邦。正教暫加。福歸于露鼓。伏惟陛下慈兼百王。智齊千聖。秉瑞靈津。握圖元化。出沒動于大千。馳騁應于群有。服微形以引愚迷。吼法音以警聾俗。至乃刎身志道。釘體求經。析骸貿貪。

委命降獸。捨塵劫之危體。收一生之妙質。龍潛四天。利見閻浮。輕彼七寶。重此一乘。撤翫深宮。滅膳河側。去寶冠于苦林。貿法衣于獵士。故能駕御四禪。時乘六度。殄服群邪。易于返掌。三界無蠟然之警。四生絕深溺之憂。方復情存解網。志尚宥愆。十八來蘇。萬國幸甚。謹重申聞詣。可付外施行。謹啟。廣弘明集三十八

平心露布文

郎真元年二月八日。侍中臣文殊師利、侍中臣薩陀波崙、黃門臣獅子吼、黃門臣舍利弗、黃門臣須菩提、擬唯釋道行軍府謹奏平心露布事。擬使持節儀同三司領十二住本將軍唯釋道行軍元帥上柱國晉國公臣般若等言。臣聞四魔放命。歷代以之為鯁。五住遊魂。含識因其致患。是以三明聖智。十力雄尊。莫不屢動偏師。頻行薄伐。伏惟陛下秉大慈而啟運。應冥感而赴期。奄宅神區。光臨法海。述前王之令典。演眾妙于圓音。啟列聖之玄謀。會群生于

報當作執

郛邀當作陲激

淨國三千刹土共稟威靈百億類洲同遵聲教唯有僞心主阿黎
耶識擅假名器叨竊生民跨有乾城綿歷年祀逐窮迷于夢境長
夜不歸縱極亂于空花終年如醉權攀緣爲藩屏之任引戲論爲
帷幄之臣陷溺黎元干擾鋒鏑陛下應眞理物調俗御民念此鯨
鯢愍斯塗炭遂詔臣揚旌色野問罪心庭臣敢效庸虛稟承奇略
去四月十六日軍次心境卽以其夜初更與賊相見臣于是潛機
密會玄契冥馳集戈船于六度之津命戎車于一乘之轍屯營三
月揚清梵以伸威列陣九旬擊鳴鐘而作氣阿黎耶識固重昏而
莫曉報窮計而不移譬螳螂之拒輪等蜂蠆之含毒乃遣僞恆行
大將軍阿陀那識率無名之子弟恃無賴之胸襟據守乾城與臣
抗敵又遣僞自性大都督迦毗羅仙僞執此大將軍迦旃延子招
引烏合聚結蟻徒搖蕩邊郛邀揚聲勢臣遂分布諸將指麾籌策
遣擬使持節拔塵大將軍領四念處諸軍事率道品縣開國公臣

求知擬使持節窮境大將軍領八正道諸軍事通眞縣開國公臣
如實知部勒驍雄星流電轉從方便諸道靜緣邊之界臣求知等
尋名討義躡影追蹤乍橫行于密室之間或轉戰于鄰虛之隙事
窮理絕域盡途殫冥宗所以冰消數論于斯瓦解迦毗羅等知大
乘之有在識玄統之所歸各將羸卒數千咸來請命臣哀其晚悟
許以自新卽令慈悲觀道士畢無緣隨便安養僞諫議大夫邪諦
懷逸羣之思負出世之奇將全國以效忠反危身而被繫臣以此
月十五日夜挾中軍之勇氣乘外敵之離心手抗干戈躬先士卒
爰命擬使持節兜率大將軍尖婆道招慰大使上柱國翅頭末開
國公臣阿逸多擬使持節閻浮大將軍天竺一大都督天竺諸軍事
上柱國富婁沙開國公臣婆藪槃豆竝以道邁三空神遊四辯使
其招揚勝負曉喻是非又遣擬使持節平等大將軍兼行軍長史
上柱國清涼縣開國公臣正念擬使持節遍滿大將軍兼行軍司
馬上柱國常樂縣開國公眞如與臣表裏玄同更相應接于斯時
也邊秋氣爽塞月光寒旌旗共雲漢齊高鋒鍔與霜天比淨披弘
誓鎧固通超兩觀而爭前排千門而竝入雖生死無際一念觀其
濱涯塵勞有儔須臾見其崩潰僞丞相陳顯僞僕射慮思無計求
生闔門自縊僞司空師子鎧僞司隸達磨多羅各擁餘師自嬰深
壘狐疑競起猜詐萌生忍顚危而不見扶遂淪亡而莫能濟阿陀
那與其僞主外無强援內寡深謀師旅困窮城池陷露君臣失色
進退無依銜璧叩頭輿櫬待罪臣卽梟陀那之首釋邪諦之囚廢
彼昏王立其賢嗣方使宗禋不絕永爲茅土之君世德相承恆修
職貢之禮于是氛祲開蕩若和氣之泮春冰醜穢殲夷侶涼風之
卷秋籜六根超絕不關亭障之虞三界寂寥無復風塵之警斯乃
威光遠被士衆齊心豈臣微劣所能致此不勝慶快之至謹遣厚
德府別將臣隰重知奉露布馳驛以聞（廣弘明集三十八）

全後魏文卷五十九終

入當作八、

全後魏文卷六十

烏程嚴可均校輯

釋氏二

釋法生

法生，宣武時洛陽沙門。

造像記

夫抗音投淵，美惡必酬，振服依河，長短交目，斯乃德音道俗，水鏡古今。法生微逢孝文皇帝專心于三寶，又遇北海母子崇信于二京，妙演之際，屢叨末筵，一降淨心，忝充五戒，思樹芥子，庶幾須彌。今爲孝文并北海母子造像，表情已申，□□□生，旨始王□□□夙□歸功帝主，乃品眾生，一切同福。魏景明四年十二月一日比丘法生爲孝文皇帝并北海王母子造。碑拓本。

惠深

惠深，宣武時爲沙門統。

上言立僧尼制

僧尼浩曠，清濁混流，不遵禁典，精麤莫別。輒與經律法師羣議立制：諸州鎮郡維那上坐寺主，各令戒律自修，咸依內禁，若不解律者，退其本次。又出家之人，不應犯法，積入不淨物。然經律所制，通塞有方，依律車牛淨人，不淨之物，不得爲己私畜，唯有老病年六十已上者，限聽一乘。又比來僧尼，或因三寶，出貸私財，緣州外。又出家捨著，本無凶儀，不應廢道從俗。其父母三師，遠聞凶問，聽哭三日，若在見前，限以七日。或有不安寺舍，遊止民間，亂道生過，皆由此等，若有犯者，脫服還民。其有造寺者，限僧五十已上，啟聞聽造。若有輒營置者，處以違敕之罪，其僧寺僧眾擯出外州。僧尼之法，不得爲俗人所使，若有犯者，還配本屬。其外國僧尼來歸化者，求精檢有德行合三藏者聽住；若無德行，遣還本國，若其不去，依此僧制治罪。魏書釋老志：永平二年，沙門統惠深上言，詔從之。

優波扇多

優波扇多，一作伏陀扇多，北天竺人。宣武時傳譯法師。

法勝阿毗曇心論序

今欲解釋阿毗曇心利益弟子，故問曰：不須解釋。所以者何？古昔論師已釋阿毗曇心利益弟子，故不須釋。答曰：不然，應須解釋。所以者何？古昔論師雖釋阿毗曇心，太廣太略，彼未學者迷惑煩勞，無由能取。我今離于廣略，但先顯修多羅自性，是故須釋。問曰：何故釋阿毗曇心利益弟子耶？答曰：彼中已說不顛倒法相，釋不顛倒法相，令彼覺悟真實，是故離諸過惡，生諸功德，得勇猛第一義利。問曰：若如是者，隨意解釋。答曰：我當解釋。但諸師造論，以吉爲初，一切吉中三寶最勝，是故本師爲顯三寶少分功德，故于論初先說此偈。釋藏承五。

釋法衍

法衍，宣武時洛陽沙門。

造定光像記

永平三年四月四日，比丘尼法衍虔用敬心，造定光石像一區，并二菩薩，□願永離□□，無有苦患，願七世父母□緣眷屬，現在師□亦□共福，普令一切眾生，咸同斯慶。碑拓本。

僧略

僧略，宣武時洛陽沙門。

造彌勒像記

永平四年十月七日，仕和寺尼道僧略造彌勒像一區，生生世世見佛聞法，清信女周阿足願現世安隱，一切眾生，普同斯願。碑拓本。

慧暘

慧暘，孝明時洛陽沙門。

造彌勒像記

正光三年九月九日。比丘慧暢仰爲皇口大口師僧父母兄弟姊妹。一切眾生。敬造彌勒像一區。願同時成佛。碑拓本。

菩提達磨

菩提達磨。姓刹帝利。天竺王子。梁大通元年即普通八年。來至東土。與梁武語。機緣不契。度江來歸。止嵩山少林寺。明年終。大通二年即孝莊建義元年。梁武帝追慕爲碑。昭明爲祭文。是爲初祖。

眞性頌

淨明圓照寂常妙極眞離性情緣理空忘還叙身王

頌二十字。回環讀成五言四十首。每首用韻。四至俱通。

釋曇寍

曇寍。永熙中沙門都法師。

深密解脫經序

夫至迹虛微。理包言像之外。幽宗沖祕。旨絕名相之域。是㠯大聖秉獨悟之靈姿。鏡寰中之妙趣。實相廓然。與虛無齊其量。法性儵爾。與幽冥同其源。神輝潛應而不滅。萬相俱應而不生。然此之生也。生所不能生。此之滅也。滅所不能滅。顯既非有。隱豈爲無。寂焉而動。動焉而寂。出沒無方。教迹星羅者矣。蓋深密解脫經者。乃兆聖之玄源。億善之淵府。論其旨也。則眞相不二。語其教也。則湛然理一。義盡沖籍。文窮祕典。妙絕熙怡。包括羣藏。自非詮于理教。何㠯顯茲深致。但東西音殊。理憑翻譯。非翻非譯。文義斯壅。所㠯久蘊而不顯者。良俟嘉運而光通矣。大魏皇帝總六合㠯統天。包百王㠯馭宇。道邁羲唐。德超古哲。而每遊神覺典。妙翫大乘。思在翻演。鴻宣遐代。時有北天竺三藏法師菩提留支。魏音道希。會爲此地之沙門都統也。識性內融。神機外朗。沖文玄藏。罔不該洞。㠯永熙二年龍次星紀月呂蕤賓。詔命三藏于顯陽殿。高陞法座。披匣揮塵。口自翻譯。義語無滯。皇上尊經祇法。執翰輪首。下筆成句。文義雙顯。旨包羣籍之祕。理含眾典之奧。但萬機淵曠。無容終訖。捨筆之後。轉授沙門都法師慧光。曇寍在永寍上寺。共律師僧辯居士李廓等。遵承上軌。歲常翻演新經諸論。津悟恆沙。帝亦時紆尊儀。飾茲玄席。同事名儒招玄大統法師僧令、沙門都法師僧澤、律師慧顒等十有餘僧。緇俗詵詵。法事隆盛。一言三覆。慕盡窮微。是使深密祕藏。光宣于景運。解脫妙義。永流于遐劫。理教淵廓。罔測其源。旨趣中絕。焉究其宗。所謂鹿苑之唱再興。祇園之風更顯者也。寍雖識昧。忝廁倫末。敢罄庸管。祇記云爾。釋藏常三。

釋僧演

僧演。西魏洛陽法師。

造像記

夫大覺神遷。非經像無㠯表其眞。益世閏時。憑形質如取利。然僧演減割衣鉢之資。造石像壹區。金像三區。浮圖三級。大般涅槃經兩部。雜經三百部。供養僧卅人。上爲國主百僚師徒所生法界之類。咸同正覺。大統四年歲次戊午七月十五日比丘僧演敬造供養。碑拓本。

洪寶

洪寶。東魏務聖寺沙門。

張法壽造像銘

夫靈眞玄廓。妙絕難測。非言莫能宣其旨。非像無㠯表其狀。言宣二六之教。像迹四八之躕。豈不淵玄沖漠。巍巍惟極者哉。是㠯務聖寺檀主張法壽。能于五蓋重羅之下。契斷恩愛塵勞之縎網。于熙平二年。捨宅造寺。脩願暫像。福不止已。願度法界。尋其羅絡。情苞聖境。自非藉因積劫。莫貴累世者。孰能發茲宏願。善行者焉。息榮遷脩和。行慈仁孝。世習精懿。志慕幽寂。妙眞遐願。刊石建像。釋迦文佛觀音文殊。仰述亡考平康舊願。復于像側隱出無量壽佛。福洽法界。考妣等神捨茲質形。悉稟淨境。同曉薩雲。覺道成佛。大魏天平二年歲次乙卯四月十一日比丘洪寶銘。碑拓本

釋僧昉

昉。興和中鄴城沙門。

解脫戒本經序

戒律者。建定慧之妙幢。殄闇惑之明燈。杜危嶮之蹊徑。開濟泊之梁津。寶殿之功。罔初弗起。踰越重閣。非梯靡升。正法住滅。驗之常典。大聖泯暉。邁餘千紀。法澤遐流。猶未周備。令文學之徒。異論競興。薄俗之士。訕音滿世。余聽斯談。輒閱慈範。昧攬玄言。乃矚大集聖所嗟歎。言迦葉毗妙觀我人。善權惱結。開邪辯正。極聖沖典。每尋斯文。慨五數闕。敢以追訪。獲斯戒本。雖未廣具。敬以洗心。翦世浮辭。大魏武定癸亥之年。在鄴京都侍中尙書令高澄請爲出焉。釋藏傳九。

曇林

曇林。興和中鄴城沙門。

善住意天子所問經翻譯記

夫法齒正像。惟聖是依。季行于此。非賢豈伏。三藏法師毗目智仙。出自烏萇。剎利王種。幼履慈蹤。長踴悲跡。攝化羣迷。誡惡導善。常爲衆生不請之友。執此法燈。照彼昏暗。魏皇都鄴。崇福以賓。興和二年歲次實沈。佛法加持。出此經典。名善住意天子所問。建午閏月朔次丁丑戊寅建功。乙巳畢功。助譯弟子瞿曇流支對譯。沙門曇林之筆。庶俟存道敬法之賢。如實印記。不令不惑耳。釋藏衮九。

廻諍論翻譯記

廻諍論者。龍樹菩薩之所作也。數舒盧迦三十二字。此論正本凡有六百。大魏都鄴。興和三年歲次大梁建辰之月朔次癸酉辛卯之日。烏萇國人剎利王種三藏法師毗目智仙共天竺國婆羅門人瞿曇流支在鄴城內金華寺譯。時日所費二十餘功。大數凡有一萬一千九十八字。對譯沙門曇林之筆。驃騎大將軍開府儀同三司御史中尉勃海高仲密啟請供養具記時事。以彰以聞。令樂法者若見若聞同崇翻譯矣。釋藏華三。

業成就論翻譯記

大國將盛。必感靈瑞以爲喜兆。鄴隍方盛。聖降神實以爲祥徵。天親菩薩造業成論。出于今世。以示太平。此乃大魏都鄴安國之兆也。法行有時。寄必得人。興和三年歲次大梁七月辛未朔二十五日。驃騎大將軍開府儀同三司御史中尉渤海高仲密衆聖加持。法力資發。誠心敬請三藏法師烏萇國人毗目智仙共天竺國婆羅門人瞿曇流支釋曇林等在鄴城內金華寺譯。凡四千八百七十二字。釋藏肾九。

轉法輪經翻譯記

轉法輪經。如來初說。優波提舍義門之名。天親菩薩之所開示。佛說爲誰。憍陳如等。義行此方。必主其人。魏驃騎大將軍開府儀同三司御史中尉渤海高仲密善求義方。選眞揀僞。故請法師毗目智仙并其弟子瞿曇流支于鄴城內。在金華寺出此義門優波提舍。興和三年歲次大梁建酉之月朔次庚子十一日。譯三千九百四十二言。沙門曇林對譯錄記。釋藏爻十一。

三具足經翻譯記

施戒聞三。備攝衆行。是以如來說名具足。法門深邃。淺識未窺。天親菩薩慈心開示。唯顯經義。弗釋章句。是故名爲優波提舍。昔出

中國今現魏都三藏法師毗目智仙婆羅門人瞿曇流支愛敬法人沙門曇林于鄴城內在金華寺興和三年歲次辛酉月建在戌朔次庚午十三日譯千百十言驃騎大將軍開府儀同三司御史中尉渤海高仲密啟請供養守護流通（釋藏造十）

毗邪娑問經翻譯記

菩薩方便攝化眾生必以大悲引邪從正毗邪娑仙即其人也爲導羣迷令識因果將諸異見至如來所歸命諮啟聽聞正法因其請說即以名經故因此部爲毗邪娑問魏尚書令儀同高公愍諸錯習示其歸則簡集能人善辭義者在宅上面出此經典求正法人沙門曇林婆羅門名瞿曇流支興和四年歲次壬戌月建在申朔次乙丑建功辛巳甲午畢功凡有一萬四千四百五十七字（釋藏推九）

奮迅王問經翻譯記

一切菩薩功德普修依德立名字號平等隨所顯發稱謂不同說法問論多依自字故奮迅王問奮迅法如來爲說四種奮迅其有人能具此奮迅則于一切皆能奮迅魏尚書令儀同高公今欲以此四種奮迅于一切處普奮迅故置能譯人在宅上面出此四種奮迅法門沙門曇林瞿曇流支興和四年歲次壬戌月建在申朔次乙丑甲午之日啟夾創筆凡有一萬八千三百四十一字（釋藏發九）

金色王經翻譯記

釋迦如來本生無量且于一時作金色王檀行因緣自致成佛說施法門引彼爲證因名此經爲金色王魏尚書令儀同高公敦捨之心往齊金色爲開此門普示一切嚴宅上面出斯妙典沙門曇林瞿曇流支興和四年歲次壬戌月建在酉朔次乙未癸丑日譯乙卯畢功三千五百一十四字（釋藏忘九）

第一義法勝經翻譯記

夫愛法者必深種善根涅槃經云供佛二恒魏尚書令儀同高公垂法心成生上財想博采梵文廣崇翻譯且第一義法勝經者諸法門中此其髓也公意慇誠感之題額沙門曇林瞿曇流支興和四年歲次壬戌九月一日甲子換文始末四功質義乃定五千五百七十六字（釋藏貞七）

順中論翻譯記

諸國語言中天音正彼言那伽夷離淯那此云龍勝名味皆足上世德人言龍樹者片合一箱未是全當龍勝菩薩通法之師依大般若而造中論眾典于義包而不悉大乘論師名阿僧佉解未解處別爲此部魏尚書令儀同高公延國上賓瞿曇流支在第供養正通佛法對譯曇林出斯義論武定元年歲次癸亥八月十日丙寅撣辭凡有一萬三千七百二十七字（釋藏移四）

寶髻經四法優波提舍翻譯記

寶髻經者是大集中之一集也其宗四法玄深奧密天親菩薩略開其門是故名爲優波提舍聖自在力行之彼古時人處會出于此今興和三年歲次辛酉九月朔旦庚午之日烏萇國人剎利王種三藏法師毗目智仙中天竺國婆羅門人瞿曇流支護法大士魏驃騎大將軍開府儀同三司御史中尉渤海高仲密愛法之人沙門曇林道俗相假于鄴城內金華寺譯四千九百十七字（釋藏弗十一）

不必定入定入印經翻譯記

出世智道亦名爲印此經印義或然不然私情有指未許官用何者私情今且當向發心修行證會名入所乘強劣有定不定聖說定入說不定入言義如是決定名印說如是故名如是經其門要密通必有寄魏尚書令儀同高公深知佛法出自中天翻爲此典萬末有一采揀集人在第更譯沙門曇林瞿曇流支興和四年歲

式降婁月建在戌朔戊甲子壬午之日出此如左九千一百九十三字。釋藏法。

闕名

道行經後記

光和二年十月八日，河陽洛陽孟元士口授天竺菩薩竺朔佛時傳言譯者月支菩薩支讖時侍者南陽張少安南海子碧勸助者孫和周提立正光二年九月十五日洛陽城西菩薩寺中沙門佛大寫之。釋藏跡七。

正法念處經序

夫域中之名，四等道之所生，萬殊名蓋眾名之假生，非有生之實。然則修促共盡，小大同期，而金字絲編，紬交素篆，分途列道，門張戶設，既昧斷惑之境，未接息言之路，詎能探神測妙，苞總無邊。有聖將應，靈因曠遠，志遺髮膚，施單城國，及繁星駐綵，夕馬騰空，出四門以結念，屬三夜而圓果，十力在己，八解俱照，智兼一切，慈洽萬方。既而法吼傍震，甘露降灑，鷲山祇樹之下，鹿苑連河之地，眾出恆沙，徒盈林竹，反窮迷以升極，啟重昏于燈炬。雖鵠林興慕，檀薪已然，教義不忘，風響逾被。壽陵仰丹素之工，清臺寫金玉之質，冰骨流輝，圓闍加等，遺契餘旨，薄傳前載，幽宗絕唱，方備茲辰。使持節大將軍、領中書監、攝吏部尚書、京畿大都督、渤海王世子高公，道風虛邈，神衿峻遠，負日月于中衢，擊雷霆于上路，德表生民，作舟梁于夷夏，器含羣物，制天淵于廟堂，殊流共委，酌而不竭，異軫同騖，仰以知歸。黃扉南闢，鈴閣東啟，則有高士通才，幽人偉器，懷其漢爵之重，鄙其南岳之遊，曳裾高步，自得門下，俱中前趣之理，並應卿行之眷。蓋以書奏多方，術呈異等，或披卷而止，或一貫獨得。每留神釋典，洞叩玄門，以夫照壁寫瓶，遺文必舉，非徒九部，盛止十二遍矣。西方路超百徇，精力苦心，不憚重蔽，故能法藏流行，異聞俱湊。爰有舍城妙說，時將感通，法螺夏藥，響授斯在。從善業之本，極身念之際，標品有七，明義者五。至如違俗絕世，託想菩提，眷彼天人，深嗟鬼畜，鑒茲因果，冥心是緣，篤誠修行，又悟前旨，載懷依仰，形殊理一。大覺下臨，照然獨曉，四攝六通，網羅羣智，贊揚妙德，事屬斯文。直以風殊俗舛，詞翰乖絕，傾耳注目，隔若山河，將恐靈教有虧，玄旨多墜。有婆羅門人瞿曇流支、比丘曇林、僧昉等，並鉤深索隱，言通理接，延居第館，四事無違，乃譯明茲典，名正法念處。起自興和歲陽玄黓，終于武定淵獻之年，條流積廣，合七十卷。徽言不沫，弘之在我，大崇覺典，克宜靈迹，此乃濟四部于法橋，溺六塵于定水。心般業重，無德而言，雖龍樹不追，馬鳴日遠，申法尊道，夫豈異昔。所以緇素擊節，雅俗傾首，義有存焉，永法三界云爾。釋藏非一。

道士

嵩岳鎮靈集仙宮主

表天曹

自天師張陵去世已來，地上曠誠修善之人，無所師授。嵩岳道士上谷寇謙之，立身直理，行合自然，才任軌範，首處師位。魏書釋老志：寇謙之守志嵩岳，以神瑞二年十月乙卯，忽遇大神，乘雲加龍，集止山頂，稱太上老君，謂謙之曰：往辛亥年，嵩岳鎮靈集仙宮主表天曹，稱云云。

李譜文

譜文號收圭師，自云老君之玄孫，于漢武之世得道，爲牧土宮王。王當作主

授寇謙之爲內宮太眞太寶九州眞師誥

吾處天宮，敷衍眞法，處汝道年二十二歲，除十年爲竟蒙，其餘十二年教化，雖無大功，且有百授之勞，今賜汝遷入內宮太眞太寶九州眞師、治鬼師、治民師、繼天師四錄，修勤不懈，依勞復遷，賜汝

太宮當作太官

萬萬里當作方萬里

天中三眞太文錄。劾召百神。以授弟子。文錄有五等。一曰陰陽太宮。二曰正府眞官。三曰正房眞官。四曰宿宮散官。五曰竝進錄主。壇位禮拜。衣冠儀式。各有差品。凡六十餘卷。號曰錄圖眞經。付汝奉持。轉佐北方泰平眞君。出天宮靜輪之法。能興造克就。則起眞仙矣。又地上生民。末劫垂及。其中行教甚難。但令男女立壇宇。朝夕禮拜。若家有嚴君。功及上世。其中能修身練藥。學長生之術。卽爲眞君。魏書釋老志。泰常八年十月戊戌。有收圭師李譜文來臨嵩岳。遣弟子宣教云。嵩岳所統廣漢平土萬萬里。以授謙之作誥曰云云。

寇謙之

謙之字輔眞。上谷人。南雍州刺史讚弟。入嵩山修道。稱天師。始光初至京師。崔浩師事之。太平眞君九年卒。

奏請至道壇受符

今陛下以眞君御世。建靜輪天宮之法。開古以來。未之有也。應登受符書。以彰聖德。魏書釋老志。眞君三年。謙之奏。

全後魏文卷六十終

全北齊文目錄

大凡全北齊文八十四人。
大凡全北齊文十卷。

全北齊文卷一

烏程嚴可均校輯

神武帝

帝姓高。諱歡。字賀六渾。勃海蓨人。初事爾朱榮。爲親信都督。孝莊即位。封銅鞮伯。歷晉州刺史。建明初。封平陽郡公。普泰初。封勃海王。加授東道大行臺。舉兵反。擁立章武王子朗。年號中興。進位大丞相、柱國大將軍、太師。尋廢朗及節閔帝而立孝武。孝武遜于長安。立孝靜。魏分爲二。武定五年正月薨。年五十二。謚曰獻武王。文宣受禪。追尊曰獻武皇帝。廟號太祖。天統元年改謚曰神武皇帝。廟號高祖。

上節閔帝出師表

臣某言。故天柱大將軍榮。援立聖明。中興寶厤。而屠戮衣冠。升降自己。其勳雖大。厥咎亦深。㠯過比功。則功不補過。永安之末。國祀權移。疑貳已彰。遂加大戮。君猶天也。理絶讎怨。而世隆等鳩集犬羊。傾覆京邑。大行幽執。酷害賊首。且自立六王。擅相署置。或權重上將。或官兼宰相。輔淫貪亂。肆行兇惡。賣官鬻獄。專貨求財。政令無恆。朝改暮易。雖復南山之竹。豈可盡言。陛下龍德光天。翻飛紫極。斯乃宗廟之威靈。億兆之念望。而世隆等阻衆安忍。自㠯爲功。帶甲勒兵。唐突宮省。篡逆之漸。昭然有徵。臣本無勳庸。濫叨非據。位班台鉉。爵等藩王。質薄任隆。憂深責重。常恐顛沛。負之無力。主憂臣辱。先達明規。主辱臣死。微臣宿志。況擁百萬之師。馨四海之銳。而坐觀成敗。不恤國家之難哉。方將總馭大軍。弔民伐罪。其指麾形勢。備在檄書。若世隆等退出藩維。奉辭廷闕。臣便按甲休兵。一無所預。事寧之後。泥首歸愆。矯命專征。分甘鈇鉞。若固執逆謀。敢拒義師者。當戮其妻孥。罪延三族。伏願陛下留神省察。照臣丹款。大勳克舉。拜手有期。心馳象闕。載懷罔極。文苑英華六百十四。

上孝武帝表

荊州綰接蠻左。密邇畿服。關隴恃遠。將有逆圖。臣今潛勒兵馬三萬。擬從河東而渡。又遣恆州刺史厙狄干、瀛州刺史郭瓊、汾州刺史斛律金、前武衛將軍彭樂擬兵四萬。從其來違津渡。遣領軍將軍婁昭、相州刺史竇泰、前瀛州刺史堯雄、并州刺史高隆之擬兵五萬。㠯討荊州。遣冀州刺史尉景、前冀州刺史高敖曹、濟州刺史蔡儁、前侍中封隆之擬山東兵七萬、突騎五萬。㠯征江左。皆約所部。伏聽處分。北齊書神武紀下。

上表自明

臣爲嬖佞所間。陛下一旦賜疑。今猖狂之罪。尒朱時討。臣若不盡誠竭節。敢負陛下。則使身受天殃。子孫殄絶。陛下若垂信赤心。使干戈不動。佞臣一二人。願斟量廢出。北齊書神武紀下。神武集僚佐博議。還㠯表聞。仍㠯信誓自明忠款。

奉表孝武帝 永熙三年十月

陛下若遠賜一制。許還京洛。臣當帥勒文武。式清宮禁。若返正無日。則七廟不可無主。萬國須有所歸。臣寧負陛下。不負社稷。通鑑一百五十六。丞相歡至洛陽。又遣僧道榮奉表于孝武帝。不荅。

上言行新政

建義之家。枉爲尒朱氏籍歿者。悉皆蠲免。魏書出帝紀。太昌元年上言。

上言房子遠等家族宜免從坐

房謨、鄭遜祖、李道璠三家。理宜從法。竊㠯謨立身清白。履行忠謹。鄭仲禮嚴祖庶兒。晚始收拾。李世林生自外養。屬絶本宗。三人特乞罪止一房。北史五十五房謨傳。

宣告將士

孤遇尒朱擅權。舉大義于四海。奉戴主上。義貫幽明。橫爲斛斯椿讒構。㠯誠節爲逆首。昔趙鞅興晉陽之甲。誅君側惡人。今者南邁。

秦王翰當作常山王遵

誅椿而已。（北齊書神武紀下。）

宣告關東

將天子西入。事起元毗。雖百赦不在原限。（北史十五秦王翰傳。）

遺侯淵書

卿勿以部曲輕少。難于東邁。齊人澆薄。唯利是從。齊州城民。尚能迎汝陽王。青州之人。豈不能開門待卿也。但當勉之。（魏書侯淵傳。）

賜盧勇書

吾委卿揚州。唯安枕高臥。無西南之慮矣。但依朝廷所委。表啟宜停。卿之妻子。任在州住。當使漢兒之中。無在卿前者。（北齊書盧文偉傳。）

與鄴下諸貴書

崔暹昔事家弟。爲定州長史。後吾兒開府諮議。及遷左丞吏部郎。吾未知其能也。始居憲臺。乃爾糾劾咸陽王司馬令。並是吾對門布衣之舊。尊貴親昵。無過二人。同時獲罪。吾不能救。諸君其慎之。（北齊書崔暹傳。）

與彭城王韶書

典籤姓孟者極能用心。何不置之目前。（北齊書孟業傳。）

招王思政書

若降。當授以并州。（通鑑。）

敕子澄書

馬令是吾故舊。汝宜寬之。（北史司馬子如傳。）

攻玉壁射募格于城中

能斬城主降者。拜太尉。封開國郡公。邑萬戶。賞帛萬匹。（周書韋孝寬傳。）

顧命

段孝先忠亮仁厚。智勇兼備。親戚之中。唯有此子。軍旅大事。宜共籌之。（北齊書段韶傳。韶字孝先。）

文襄帝

帝諱澄。字子惠。神武長子。魏中興元年立爲勃海王世子。武定五年嗣事。至七年八月爲梁降人蘭京所殺。年二十九。文宣受禪。追謚曰文襄皇帝。廟號世宗。

與封隆之密書

仲密枝黨同惡向西。宜悉收其家累。以懲將來。（北齊書封隆之傳。武定初。北豫州刺史高仲密將叛。詔隆之馳驛撫慰。世宗密書與隆之云云。）

與侯景書

蓋聞位爲大寶。守之未易。責成任重。（梁書作仁誠重任。）終之實難。或殺身成名。或去食存信。比性命于鴻毛。方義節（梁書作等節義）于熊掌。夫然者。舉不違德。（梁書作失德。）動無過事。進不見惡。退無謗言。先王與司徒契闊夷險。孤子相依。偏所眷屬。繾綣襟期。綢繆素分。（梁書作寤語。）義貫終始。情存歲寒。司徒自少及長。從微至著。共相成立。生非無恩。（梁書作共相成生非無恩德。）既爵冠通侯。位標上等。門容駟馬。食（梁書作室）饗萬鍾。財利潤于鄉黨。榮華被于親戚。意氣相傾。人倫所重。感于知己。義在不忘。（梁書作義在忘軀。）眷爲國士者。乃立漆身之節。饋以壺（北齊書作一）飧者。便致扶輪之效。若然尚不能已。況其重于此乎。幸（北齊書作常）以故舊之節。欲存（梁書作之義欲挂北齊書作之義欲將。）子孫相託。方爲晉秦之匹。共成劉范之親。假使日往月來。時移世易。門無強蔭。家有幼孤。猶應加璧不遺。分宅相濟。無忘先德。以恤後人。況聞負杖行歌。便已狼顧反（梁書作犬）噬。于名無所成。于義無所取。不蹈忠臣之迹。自陷叛人之地。力不足以自強。勢不足以自保。率烏合之衆。爲累卵之危。西求救于黑泰。（北齊書作宇文。）南請援于蕭主。（梁書北齊書作氏。）以狐疑之心。爲首鼠之事。入秦則秦人不容。歸吳則吳人不信。當今所觀。（梁書作相視。）未見其可。不知終久。持此安歸。相推本心。必不應爾。當時（梁書北齊書作是。）不逞之人。曲爲異（北齊書作無。）端之說。遂懷狐鼠（梁書北齊書作市虎）之疑。乃致投杼之感。此來（梁書北齊書作比來）舉止。事已可見。人相疑誤。想自覺知。合門大小。

晷當作晷

竝在司寇。意謂李氏未滅。猶言少卿可反。孤子無狀招禍。丁天酷罰。不能死亡。苟存晷漏。追慕永遠。五內崩裂。但禮猶權奪。志在忘私。思效力命。卒成功業。前者（梁書作近者。）聊命偏師。前驅致討。南兗揚州。應時尅復。即欲乘機。長驅（北齊書作席卷。）懸瓠。屬已炎暑。欲爲後圖。且命旋軍。（北齊書作還師。）待時更舉。今寒飆向折。白露將團。方憑國威。（梁書北齊書作靈。）龔行天罰。器械精新。士馬強盛。內外感恩。上下戮力。（梁書作內外感德。上下齊心。）三令五申。可蹈（北齊書作赴。）湯火。若使旗鼓相望。埃塵相接。勢如沃雪。事等注熒。（梁書作螢。）夫明者去危就安。智者轉禍爲福。寧使人負我。不使我負人。（梁書作寧使我負人。不使人負我。）當開從善之門。使有改迷（梁書作決改。）之路。今誡刷心蕩意。除嫌去惡。想猶致疑。未便見信。若能卷甲來朝。櫜弓（梁書北齊書作垂櫜。）還闕者。當相授豫州刺史。以終身世。（梁書作即使終君之世。北齊書作必使終君身世。）所部文武。竝（梁書北齊書作更。）不追攝。進得保其祿位。退則不喪功名。冀有知幾之心。當爲可信之事。今王思政等

法寶等。（北齊書有皆字。）孤軍偏將。遠來深入。然其性命。在君股掌。若（北齊書作賊。）欲剌之。想有餘力。若能擒翦肆諸市朝。即加寵授。永保疆場。君門眷屬。可以無恙。（北齊書作患。）寵妻愛子。亦相送還。仍爲通家。共（梁書作卒。）成親好。所不食言。有如皎日。今遣行人。路程可度。此月十日。應至彼關。足得還返。若能悔過。不忘本朝。宜遣腹心之使。自來向此。面取委曲。使相知信。如其遲疑。未便分決。使來賒緩。不赴期會。國有常刑。以明君法。今不（梁書作君既不。）能東封函谷。南面稱孤。受制于人。威名頓盡。得地不能自守。聚衆不以爲強。空使身有背叛之名。家爲惡逆之黨。（北齊書作家有惡逆之禍。）兄弟子姪。首足異處。（梁書作門。）垂髮戴白。同就塗炭。聞者相爲酸鼻。見者相爲寒心。覆宗絕嗣。自貽伊慼。戴天履地之心。能無愧乎。（疑脫成敗二字。）禍福決之。此使善惡向背。相任所從。脫出自思。致延後悔。駟馬不追。噬臍何及。孤子今日不應。乃（梁書作方。）遣此書。但見蔡遵道云。司徒本無歸西之心。深有追悔（北齊書作悔過。梁書作悔

遺當作遣

禍。）之意。聞西兵將至。遺遵道向峭中。參其多少。少則與其同力。多則更爲之備。又云房長史在彼之日。司徒嘗欲將（梁書作遣。）書啟將改過自新。求效邊畔。已差李龍仁等。垂欲發遣。聞房已還。遂復停廢。（梁書作聞房已遠遂復停發。）未知遵道此言爲實爲虛。但既有所聞。不容不相盡告。吉凶之理。想自圖之。（文苑英華六百八十五。又見梁書侯景傳。北齊書文襄紀。）

報李元忠書

儀同位亞台鉉。識懷貞素。出藩入侍。備經要重。而猶家無擔石。室若懸磬。豈輕財重義。奉時愛己故也。久相嘉尚。嗟詠無極。恒思標賞。有意無由。忽辱蒲桃。良深佩戴。聊用絹百匹。以酬清德也。（北齊書李元忠傳。又略見藝文類聚八十七。）

降書褒獎劉禕

以卿家世忠純。奕代冠冕。賢弟賢子。竝與吾共事。懷抱相託。亦自依然。宜勖心力。以副所委。莫慮不富貴。（北齊書劉禕傳。）

與崔季舒書

癡人復何似。癡勢小差未。（魏書孝靜紀。文襄嗣事。甚忌焉。以崔季舒爲中書黃門侍郎。令監察動靜。小大皆令季舒知。文襄與季舒書。）

杖宋遊道判

遊道稟性遒悍。是非肆口。吹毛洗垢。瘡疵人物。往與郎中蘭景雲忿競。列事十條。及加推窮。便是虛妄。方共道習凌侮朝典。法官而犯。特是難原。宜付省科。（北齊書宋遊道傳。遊道除御史中尉。東萊王道習參御史選。限外投狀。道習與遊道有舊。使令史受之。文襄怒。杖遊道而判之云云。）

文宣帝

帝諱洋。字子進。神武第二子。天平二年。封太原郡公。武定七年嗣事。八年正月。封齊郡王。三月。進封齊王。五月。加九錫。受禪。改元天保。在位十年。謚曰章烈皇帝。廟號威宗。武平初。改謚曰文宣皇帝。廟號顯祖。

追贈陳元康詔 天保元年

元康識超往哲，才極時英，千仞莫窺，萬頃難測。綜核戎政，彌綸霸道，草昧邵陵之謀，翼贊河陽之會，運籌定策，盡力盡心，進忠補過，亡家徇國，埽平逋寇，廓清荆楚，申甫之在隆周，子房之處盛漢，曠世同規，殊年共美。大業未融，山隤奄及，悼傷既切，宜崇茂典。贈使持節、都督冀定瀛殷滄五州諸軍事、驃騎大將軍、司空公、冀州刺史，追封武邑縣一千戶，舊封並如故，謚曰文穆，賻物一千二百段。大鴻臚監喪事，凶禮所須，隨由公給。北齊書陳元康傳

正風俗詔 天保元年六月辛巳

頃者風俗流宕，浮競日滋，家有吉凶，務求勝異。婚姻喪葬之費，車服飲食之華，動竭歲資，以營日富。又奴僕帶金玉，婢妾衣羅綺，始以創出爲奇，後以過前爲麗，上下貴賤，無復等差。今運屬惟新，思蠲往弊，反樸還淳，納民軌物，可量事具立條式，使儉而獲中。北齊書文宣紀

復太原等四郡田租詔

冀州之渤海、長樂二郡，先帝始封之國，義旗初起之地；并州之太原、青州之齊郡，霸業所在，王命是基。君子有作，貴不忘本，思申恩洽，蠲復田租。齊郡、渤海可並復一年，長樂復二年，太原復三年。北齊書文宣紀

祭慰故太傅孫騰等詔

故太傅孫騰、故太保尉景、故大司馬婁昭、故司徒高敖曹、故尚書左僕射慕容紹宗、故領軍万俟干、故定州刺史段榮、故御史中尉劉貴、故御史中尉竇泰、故殷州刺史劉豐、故濟州刺史蔡儁等，並左右先帝，經贊皇基，或不幸早徂，或殞身王事，可遣使者就墓致祭，并撫問妻子，慰逮存亡。北史七

詔有司 六月壬辰

自今已後，諸有文啓論事并陳要密，有司悉爲奏聞。北齊書文宣紀

以魏御府物供七日晏賜詔 七月乙卯

古人鹿皮爲衣，書囊成帳，有懷盛德，風流可想。其魏御府所有珍奇雜綵，常所不給人者，徒爲畜積，命宜悉出，送内後園，以供七日晏賜。北齊書文宣紀

移漢石經詔 八月

郡國修立黌序，廣延髦儁，敦述儒風。其國子學生亦仰依舊銓補，服膺師說，研習禮經。往者文襄皇帝所運蔡邕石經五十二枚，即宜移置學館，依次修立。北齊書文宣紀

求直言詔

有能直言正諫，不避罪辜，謇謇若朱雲，諤諤若周舍，開朕意，沃朕心，弼于一人，利兼百姓者，必當寵以榮祿，待以不次。北齊書文宣紀

勸課農桑詔

諸牧民之官，仰專意農桑，勤心勸課，廣收天地之利，以備水旱之災。北齊書文宣紀

國史詔

朕以虛寡，嗣弘王業，思所以贊揚盛績，播之萬古。雖史官執筆，有聞無墜，猶恐緒言遺美，時或未書。在位王公、文武大小，降及民庶，爰至僧徒，或親奉音旨，或承傳傍說，凡可載之文籍，悉宜條錄封上。北齊書文宣紀

更定麟趾格詔 八月甲午

魏世議定麟趾格，遂爲通制，官司施用，猶未盡善。可令羣官更加論究，適治之方，先盡要切，引綱理目，必使無遺。北齊書文宣紀

王昕削爵詔

元景本自庸才，素無勳行，早霑纓紱，遂履清途，發自畿邦，超居詹事。俄佩龍文之劍，仍啓帶礪之書。語其氣分，何因到此。誠宜清心

環當作環

勵己。少酬萬一。尚書百揆之本。庶務攸歸。元景與奪任情。威福在己。能使直而爲枉。曲反成弦。害政損公。名義安在。僞賞賓郎之味。好詠輕薄之篇。自謂模擬傖楚。曲盡風制。推此爲長。餘何足取。此而不繩。後將焉肅。存身官爵。宜從削奪。北史二十四王憲附傳。

詔釋僧稠 天保元年

久聞風德。常思言遇。今敕定州。令師赴鄴。教化羣生。義無獨善。希卽荷錫。暫游承明。思欲弘宣至道。濟斯苦壞。至此之日。脫須還山。當任東西。無所留縶。續高僧傳。

問沙汰釋老詔 五年舉秀才樊遜對策第一。

朕聞專精九液。鶴蹺玄州之境。苦心六歲。釋擔煩惱之津。或注神鬼之術。明尸解之方。或說因緣之要。見泥洹之道。是以太乙闡法。竟于輕舉。如來證理。壞于寂滅。自祖龍寢迹。劉莊感夢。從此以歸。紛然遂廣。至有委親遺累。棄國忘家。館舍盈于山藪。伽藍遍于州郡。若黃金可化。淮南不應就戮。神威自在。央掘豈得爲尅。若以御龍非實。捫山有攀髯之戀。控象爲虛。瀍洛寤夜光之詭。是非之契。朕實惑焉。乃有緇衣之衆。參半於平俗。黃服之徒。數過於正戶。所以國給爲此不充。王用因茲取乏。欲擇其正道。蠲其左術。一則有潤邦家。二則無惑羣品。且積競繇來。行之已久。頓于中路。沙汰實難。至如兩家升降。二途修短。可指言優劣。無鼠首其辭。廣弘明集二十四。

發遣梁民詔 六年六月壬子

梁國遘禍。主喪臣離。逷彼炎方。盡生荊棘。興亡繼絕。義在于我。納以長君。拯其危弊。比送梁主。已入金陵。藩禮既修。分義方篤。越鳥之思。豈忘南枝。凡是梁民。宜聽反國。以禮發遣。北齊書文宣紀。

聽度道士爲沙門詔 六年九月

法門不二。眞宗在一。求之正路。寂泊爲本。祭酒道者。世中假妄。俗人未悟。仍有祇崇。麴糵是味。清虛焉在。胸臏斯甘。慈悲永隔。上異仁祠。下乖祭典。皆宜禁絕。不復遵事。頒敕遠近。咸使知聞。其道士歸伏者。並付昭玄大統上法師。聽度出家。不發心者。可令染剃。集古今佛道論衡實錄一。又廣弘明集四。

卿當作鄉

實當作賓

并省郡縣詔 七年十一月壬子

昆山作鎮。厥號神州。瀛海爲池。是稱赤縣。蒸民乃粒。司牧存焉。王者之制。沿革迭起。方割成災。肇分十二。水土既平。還復九州。道或繁簡。義在通時。殷因于夏。無所改作。然則日月纏于天次。王公國于地野。皆所以上叶玄儀。下符川嶽。逮于秦政。鞭撻區寓。罷侯置守。天下爲家。洎兩漢承基。曹馬屬統。其間損益。難以勝言。魏自孝昌之季。數鍾澆否。祿去公室。政出多門。衣冠道盡。黔首塗炭。銅馬鐵脛之徒。黑山青犢之侶。梟張晉趙。豕突燕秦。綱紀從茲而頹。彝章因此而紊。是使豪家大族。鳩率卿部。託迹勤王。規自署置。或外家公主。女謁內成。昧利納財。啓立州郡。離大合小。本逐時宜。剖竹分符。蓋不獲已。牧守令長。虛增其數。求功錄實。諒足爲煩。損害公私。爲弊殊久。旣乖爲政之禮。徒有驅羊之費。自爾因循。未遑刪改。朕寅膺寶歷。恭臨八荒。建國經野。務存簡易。將欲鎭躁歸靜。反薄還淳。苟失其中。理從刊正。傍觀舊史。逖聽前言。周曰成康。漢稱文景。編戶之多。古今爲最。而丁口減于疇日。守令倍于昔辰。非所以馭俗調風。示民軌物。且五嶺內實。三江迴化。拓土開疆。利窮南海。但要荒之所。舊多浮僞。百室之邑。便立州名。三戶之民。空張郡目。譬諸木犬。猶彼泥龍。循名督實。事歸烏有。今所并省。一依別制。北齊書文宣紀。

祀禮詔 八年八月

乓郊禘祫時祭。皆仰市取少牢。不得剉割。有司監視。必令豐備。農社先蠶。酒肉而已。雩禜風雨。司民司祿。靈星雜祀。果餅酒脯。唯當務盡誠敬。義同如在。北齊書文宣紀。又見北史七。

遺詔 十年十月

凡諸凶事。一依儉約。三年之喪。雖曰達禮。漢文革㮝。通行自昔。義有存焉。同之可也。喪月之斷。限㠯三十六日。嗣主百寮。內外遐邇。奉制割情。悉從公除。北齊書文宣紀。

敕魏收 天保四年

好直筆。我終不作魏太武誅史官。北齊書魏收傳。

敕李祖勳

茹茹既破。何故無賀表。北齊書盧文偉傳。

敕中使

好作法用。勿使崔家笑人。北齊書崔悛傳。

敕崔昂

若諸人不相遵納。卿可依事啟聞。北齊書崔昂傳。詔刪定律令。損益禮樂。令尚書右僕射薛琡等三人在領軍府議定。又敕昂云。

敕宋世軌

我知臺欺寺久。卿能執理。與之抗衘。但守此心。勿慮不富貴。北齊書宋世軌傳。

敕畢義雲

卿比所爲。誠合死。㠯志在疾惡。故且一恕。北齊書宋世軌傳。

手書與崔暹

賢子達拏。甚有才學。亡兄女樂安主。魏帝外甥。內外敬待。勝朕諸妹。思成大兒宿志。北齊書崔暹傳。

與梁太尉王僧辯書

梁國不造。禍難相仍。侯景傾蕩建業。武陵彎弓巴漢。卿志格玄穹。精貫白日。戮力齊心。芟夷逆醜。凡在有情。莫不嗟尚。況我鄰國。緝事言前。而西寇承間。復相掩襲。梁主不能固守江陵。殞身宗祏。王師未及。便已降敗。士民小大。皆畢寇虜。乃睠南顧。憤歎盈懷。卿臣子之情。念當鯁裂。如聞權立支子。號令江陰。年甫十餘。極爲沖藐。梁釁未已。負荷諒難。祭則衛君。政由甯氏。幹弱枝彊。終古所忌。朕㠯天下爲家。大道濟物。㠯梁國淪滅。有懷舊好。存亡拯墜。義在今辰。扶危嗣事。非長伊德。彼貞陽侯。梁武猶子。長沙之胤。㠯年㠯望。堪保金陵。故置爲梁主。納于彼國。便詔上黨王渙總攝羣將。扶送江表。雷動風馳。助埽冤逆。清河王岳前救荊城。軍度安陸。既不相及。憤惋良深。恐及西寇乘流。復躡江左。今轉次漢口。與陸居士相會。卿宜協我良規。厲彼羣帥。部分舟艫。迎接今王。鳩勒勁勇。并心一力。西羌烏合。本非勍寇。直是湘東怯弱。致此淪胥。今者之師。何往不剋。善建良圖。副朕所望也。梁書王僧辯傳。

卽位告天

皇帝臣諱敢用玄牡昭告于皇皇后帝。否泰相沿。廢興迭用。至道無親。應運斯輔。上覽唐虞。下稽魏晉。莫不先天揖讓。攷厤歸終。魏氏多難。年將三十。孝昌已後。內外去之。世道橫流。蒼生塗炭。賴我獻武。拯其將溺。三建元首。再立宗祧。埽絕羣凶。芟夷姦宄。德被黔黎。勳光宇宙。文襄嗣武。剋構鴻基。功浹寰宇。威稜海外。窮髮懷音。西寇納款。靑丘保候。丹穴來庭。扶翼危機。重匡頹運。是則有大造于魏室也。魏帝㠯卜世告終。上靈厭德。欽若昊天。允歸大命。㠯禪于臣諱。夫四海至公。天下爲一。總民宰世。樹之㠯君。旣川岳啟符。人神效祉。羣公卿士。八方兆庶。僉曰皇極乃顧于上。魏朝推進于下。天位不可㠯暫虛。遂逼羣議。恭膺大典。猥㠯寡薄。託于兆民之上。雖天威在顏。咫尺無遠。循躬自省。實懷祗惕。敬簡元辰。升壇受禪。肆類上帝。㠯荅萬國之心。永隆嘉祉。保祐有齊。㠯被于無窮之祚。北齊書文宣紀。

廢帝

帝諱殷。字正道。小名道人。文宣長子。天保元年立爲皇太子。十年十一月卽位。明年正月改元乾明。八月爲常山王演所廢。皇建二年九月被殺。太寧中追謚曰閔悼王。

卽位詔 天保十年十一月庚戌

九州軍人七十已上。授以板職。武官年六十已上。及癃病不堪驅使者。竝皆放免。土木營造金銅鐵諸雜作工。一切停罷。北齊書廢帝紀。

免配沒詔 乾明元年正月癸亥

諸元良口。配沒宮內。及賜人者。竝放免。北齊書廢帝紀。

委任常山王詔 三月甲寅

軍國事皆申晉陽稟大丞相常山王規筭。北齊書廢帝紀。

僧稠喪事詔 元年

故大禪師。志力精苦。感果必然。栖心寂默。虛來實返。妙業玄風。事高緇素。運往神遷。實深嗟憫。賚崇有嘉。用申悽敬。可施物五百段。送千僧供于雲門。以崇追福。續高僧傳。

全北齊文卷一終

孝昭帝

烏程嚴可均校輯

帝諱演，字延安，神武第六子。魏元象元年封常山郡公。齊受禪，進爵爲王。乾明元年八月廢少主自立，改元皇建，在位二年。謚曰孝昭皇帝，廟號肅宗。

搜訪功臣子孫詔 皇建元年八月乙酉

自太祖創業已來，諸有佐命功臣子孫絶滅國統不傳者，有司搜訪近親，以名聞，當量爲主後。諸郡國老人各授版職，賜黃帽鳩杖。北齊書孝昭紀

贈卹將士詔

謇正之士，並聽進見陳事。軍人戰亡死王事者，以時申聞，當加榮贈。督將朝士名望素高位歷通顯天保以來未蒙追贈者，亦皆録

奏。北齊書孝昭紀

議封先代後詔 八月甲午

昔武王剋殷，先封兩代，漢、魏二晉無廢茲典。及元氏統厤，不率舊章。朕纂承大業，思弘古典，但二王三恪，舊説不同，可議定是非，列名條奏，其禮儀體式，亦仰議之。北齊書孝昭紀

立學詔

國子寺可備立官屬，依舊置生員，講習經典，歲時考試。其文襄帝所運石經，宜即施列于學館。外州大學亦仰典司勤加課督。北齊書孝昭紀

聽勳人分封子弟詔 八月景申

九州勳人有重封者，聽分授子弟，以廣骨肉之恩。北齊書孝昭紀。

詔王晞

比日何爲自同外客，略不可見？自今假非局司，但有所懷，隨宜作一牒，候少隙即徑進也。北史王晞傳。又北齊書王晞傳，晞後因奏事，帝從容曰云云，不言是詔。

爲僧稠起塔詔 皇建二年

故大禪師德業高迥，三寶棟梁，滅盡化終，神游物外，可依中國之法，闍毗起塔，建千僧齋，賻物千段，標樹芳迹，示諸後代。續高僧傳。

遺詔 二年十一月甲辰

朕嬰此暴疾，奄忽無逮。今嗣子沖眇，未閑政術，社稷業重，理歸上德。右丞相長廣王湛，研機測化，體道居宗，人雄之望，海内瞻仰，同胞共氣，家國所憑，可遣尚書左僕射趙郡王叡喻旨，徵王統茲大寳。其喪紀之禮，一同漢文，三十六日悉從公除。山陵施用，務從儉約。北齊書孝昭紀

敕崔贍

東宮弱年，未陶訓義，卿儀形風德，人之師表，故勞卿朝夕游處，開發幼蒙。一物三善，皆以相寄。北史二十四。

臨終與長廣王湛手書

宜將吾妻子置一好處，勿學前人也。北齊書孝昭紀。

百年無罪，汝可以樂處置之，勿學前人。北齊書樂陵王百年傳，孝昭帝臨崩，遺詔傳位于武成，并有手書，其末云云。又見北史五十二。

武成帝

帝諱湛，小字步落稽，神武第九子。元象中封長廣郡公。齊受禪，進爵爲王。歷尚書令，録尚書事，兼司徒。廢帝即位，遷太尉。乾明初爲大司馬，領并州刺史，遷太傅，録尚書事，領京畿大都督。皇建初爲右丞相。二年十一月即位，改元二：太寧、河清。在位四年，傳位太子，自稱太上皇帝。天統四年崩，謚曰武成皇帝，廟號世祖。

輕罰詔 太寧元年

王者所用，唯在賞罰，賞貴適理，罰在得情。然理容進退，事涉疑似，

盟府司勳或有開塞之路。三尺律令未窮畫一之道。想文王之官人。念宣尼之止訟。刑賞之宜。思獲其所。自今諸應賞罰。皆賞疑從重。罰疑從輕。隋書刑法志。

詔封子繪　大寧二年　案是年四月改元河清

冀州密邇京甸。歸彥敢肆凶悖。已敕大司馬平原王段孝先總勒重兵。乘機電發。司空東安王婁叡督率諸軍。絡繹繼進。卿世載名德。恩洽彼州。故遣參贊軍事。隨便慰撫。宜善加謀略。以稱所寄。北齊書封隆之傳。

贈謚張耀詔　天統元年

耀志貞平直。溫恭廉慎。北齊書張耀傳世祖臨朝詔稱。

蠲襍戶詔　天統三年九月

諸寺署所綰雜保戶姓高者。天保之初。雖有優敕。北史作優放。權假力用。未免者。今可悉蠲雜戶。任屬郡縣。一準平人。北齊書後主紀。又北史八太上皇帝

詔

手敕河南王孝瑜

吾飲汾清二盃。勸汝于鄴酌兩盃。北齊書河南康舒王孝瑜傳。

宣敕定州

馮翊王少小謹慎。內外所知。在州不爲非法。朕信之熟矣。登高望遠。人之常情。何足可道。鼠輩欲輕相間構。曲生眉目。理應從斬。猶以舊人。未忍置法。迴洛決鞭二百。祓宜決杖一百。御覽六百五十引三國典略。馮翊王潤爲定州刺史。王迴洛獨孤祓上言。潤出送臺使。登魏文舊壇。南望歎息。不測其意。武成宣命于州云云。又見北齊書馮翊王潤傳。武成使元文遙就州宣敕。又見北史五十一。祓皆作枚。末二語皆在敘事中。

敕魏收　河清二年

卿舊人。事我家最久。前者之罪。情在可恕。比令卿爲尹。非謂美授。但初起卿。斟酌如此。朕豈可用卿之才。而忘卿身。待至十月。當還卿開府。北齊書魏收傳。

則上脫雜字
改當作致
陰下脫息字

手敕和士開

朕之與卿。本同心腹。今懷抱痛割。與卿無異。當深思至理。以自開慰。北史和士開傳。士開除侍中。加開府。遭母喪。帝手敕慰諭之。

養生論

王叔和。高平人也。博好經方。洞識攝生之道。嘗謂人曰。食不欲雜。則或有所犯。當時或無災患。積久爲人作疾。尋常飲食。每令得所。多飡令人彭亨短氣。或致暴疾。夏至秋分。少食肥膩餅臛之屬。此物與酒食瓜果相妨。當時不必即病。入秋節變。陽消陰寒氣總至。多至暴卒。良由涉夏取冷大過。飲食不節故也。而不達者。皆以病至之日。便謂是受病之始。而不知其所由來者漸矣。豈不惑哉。御覽七百二十一。

王叔和性沈靜。好著述。攷覈遺文。采摭羣論。撰成脈經十卷。編次張仲景方論爲三十六卷。大行于世。御覽七百二十二。

後主

後主諱緯。字仁綱。武成帝長子。太寧二年立爲皇太子。河清四年四月即位。改元三。天統。武平。隆化。在位十三年。爲周所擒。封溫國公。明年賜死。

罷工作詔　天統四年十二月

細作之務。及所在百工。悉罷之。北齊書後主紀。

簡放宮人詔

掖庭晉陽中山宮人等。及鄴下并州太官官口二處。其年六十以上。及有癃患者。仰所司簡放。同上。

誅斛律光下詔　武平三年七月

光謀反。今已伏法。其餘家口。並不須問。北齊書斛律光傳。

稅僧尼令

僧尼坐受供養。游食四方。損害不少。雖有薄斂。何足爲也。通典。

與任城王湝書

朝廷遇緒甚厚。諸王無恙。叔若釋甲。則無不優待。（周書齊王憲傳。又御覽三百二十六引三國典略）

神武婁后

后諱昭君。普泰元年拜勃海王妃。文襄嗣位。進太妃。文宣受禪。尊爲皇太后。廢帝即位尊爲太皇太后。孝昭即位。復爲皇太后。太寧二年崩。年六十二。謚曰明。

中旨不許受禪

汝父如龍。汝兄如虎。尚以人臣終。汝何容欲行舜禹事。此亦非汝意。正是高德政教汝。（北齊書高德政傳。）

任城王湝

湝。神武第十子。天保元年封任城王。孝昭武成時。屢鎮晉陽。總并省事。歷司徒太尉并省錄尚書事。天統中拜太保并州刺史。別封正平郡公。武平初遷太師司州牧。出爲冀州刺史。加太宰。遷右丞相都督青州刺史。拜左丞相。轉瀛州刺史。後主奔鄴。加大丞相。尋受禪爲周齊王憲所擒。至長安。與後主同死。

遺尚書令楊遵彥書薦李德林

燕趙固多奇士。此言誠不爲謬。今歲所貢秀才李德林者。文章學識。固不待言。觀其風神器宇。終爲棟梁之用。至如經國大體。是賈生鼂錯之儔。彫蟲小技。殆相如子雲之輩。今雖唐虞君臣。俊乂盈朝。然修大廈者。豈厭夫良材之積也。吾嘗見孔文舉薦禰衡表云。洪水橫流。帝思俾乂。以正平比夫大禹。常謂擬諭非倫。今以德林言之。便覺前言非大。（隋書李德林傳。）

廣寧王孝珩

孝珩。文襄第二子。天保六年封廣寧王。歷司州牧尚書令司空司徒錄尚書大將軍大司馬。承光改元。以爲太宰。出爲滄州刺史。齊亡入周。授開府縣侯。尋卒。

禦周師議

今大寇既深。事藉機便。請使任城王領幽州道兵。自土門入。聲趣并州。獨孤永業領洛州道兵。自潼關入。聲趣長安。臣請領京畿兵。出滏口。鼓行逆戰。賊軍遠來。日增疲老。聞南北有兵。自然應退。（御覽三百七引三國典略。又見北齊書孝珩傳北史五十二。皆有刪節。）

安德王延宗

延宗。文襄第五子。天保六年封安德王。歷定州刺史司徒太尉相國并州刺史。以隆化元年即位于晉陽。改元德昌。爲周所擒。明年與後主俱賜死。

即位下詔

武平孱弱。政由宦豎。釁結蕭牆。盜起疆埸。斬關夜遁。莫知所之。則我高祖之業。將墜于地。王公卿士。猥見推逼。今便祗承寶位。可大赦天下。改武平七年爲德昌元年。（北齊書安德王延宗傳。後主奔鄴。在并將率咸請曰。王若不作天子。諸人實不能出死力。延宗不得已即皇帝位。下詔。）

與任城王湝啟

至尊出奔。宗廟既重。羣公勸迫。權主號令。事寧。終歸叔父。（北齊書任城王湝傳。安德王稱尊號于晉陽。使劉子昂修啟于湝。）

范陽王紹義

紹義。文宣第三子。初封廣陽王。後封范陽。歷侍中清都尹。後主奔鄴。以爲尚書令定州刺史。兵敗奔突厥。即皇帝位。稱武平元年。周人購而執之。流死蜀中。

在蜀遺封妃書

夷狄無信。送吾于此。（北齊書范陽王紹義傳。）

高隆之

隆之。字延興。本姓徐。高平金鄉人。冒祖姑高氏姓。神武命爲從弟。仍云勃海脩人。初爲汝南王悅司州戸曹從事。除員外散騎常侍、給事中。神武引爲治中。行平陽郡事。及起義。以爲大行臺右丞。中興初。除御史中尉。太昌初。除驃騎大將軍、儀同三司。出爲北道行臺。轉幷州刺史。封平原郡公。歷滄州刺史、大行臺尚書、侍中、尚書右僕射、領御史中尉。入爲尚書令、右僕射。進司徒。武定中。爲領軍將軍、錄尚書事、兼侍中。拜太子太師、兼尚書左僕射、吏部尚書。遷太保。文宣受禪。進爵爲王。領大宗正卿。天保五年。以譖死。贈陽夏王。

上言宋遊道罪狀

飾僞亂眞。國法所必去。附下罔上。王政所不容。謹案尚書左丞宋遊道。名望本闕。功績何紀。屬永安之始。朝士亡散。乏人之際。叨竊臺郎。躁行諂言。肆其姦詐。罕識名義。不顧典文。人鄙其心。衆畏其口。出州入省。歷忝淸資。而長惡不悛。曾無忌諱。毀譽由己。憎惡任情。比因安平王事。遂肆其褊心。因公報隙。與郎中畢義雲遞相糺舉。又左外兵郎中魏叔道牒云。局內降人左澤等爲京畿送省。令取保放出。大將軍在省日判聽。遊道發怒曰。往日官府。成何物官府。將此爲例。又云。乘前旨格。成何物旨格。依事請問。遊道竝皆承引。案律。對捍詔使。無人臣之禮。大不敬者死。對捍使者。尚得死坐。況遊道吐不臣之言。犯慢上之罪。口稱夷齊。心懷盜跖。欺公賣法。受納苞苴。產隨官厚。財與位積。雖贓汚未露。而姦詐如是。舉此一隅。餘詐可驗。今依禮據律。處遊道死罪。（北齊書宋遊道傳。高隆之與左僕射襄城王旭尚書鄭述祖等上言。）

奏擧張熠

南京宮殿。毀徹送都。連筏竟河。首尾大至。自非賢明一人。專委受納。則恐材木耗損。有闕經構。熠清貞素著。有稱一時。臣等輒擧爲大將。（魏書張熠傳。天平初。遷鄴草創。右僕射高隆之吏部尚書元世儁奏。詔從之。）

悉知當作知悉

陸法和

法和不知何許人。有道術。在梁以破任約、武陵王紀功爲都督、郢州刺史。封江乘縣公。加司徒。元帝敗滅。擧州入齊。爲大都督、太尉、荊州刺史、安湘郡公。入朝再爲太尉。無疾而死。文宣令開棺視之。空棺而已。

書壁

十年天子爲尚可。百日天子急如火。周年天子遞代坐。一母生三天。兩天共五年。（竝北齊書陸法和傳。）

破六韓常

常字保年。附化人。匈奴單于之裔。累遷平西將軍。神武起義。表爲撫軍。累遷車騎大將軍、開府。封平陽公。除洛州刺史。齊受禪。封廣川縣公。拜太保、滄州刺史。卒贈尚書令、司徒、太傅。假王。謚曰忠武。

與世宗啟

常自鎭河陽以來。頻出關口太谷二道。北制已北。洛州已南。所有要害。頗所悉知。而太谷南口去荊路踰一百。經赤工坂。是賊往還東西大道。中間曠絕一百五十里。賊之糧餉。唯經此路。愚謂于彼選形勢之處。營築城戍。安置士馬。截其遠還。自然不能更有行送。（北齊書破六韓常傳。）

元孝友

孝友。魏太武帝孫。襲兄彧爵臨淮王。累遷滄州刺史。齊受禪。降爵臨淮縣公。拜光祿大夫。天保二年坐元暉業斬。

上孝靜帝表

令制百家爲黨族。二十家爲閭。五家爲比鄰。百家之內。有帥二十五人。徵發皆免。苦樂不均。羊少狼多。復有蠶食。（北齊書作呑食。）此之爲弊久矣。京邑諸坊。或七八百家。唯一里正、二史。庶事無闕。而況外州平。請依舊置三正（北齊書作三四）之名不改。而百家爲四閭二比。計族省（北齊書作少）十二丁得十二匹貲絹。略計見管之戶應二萬餘族。一歲出貲絹二十四萬匹。十五丁出一番兵。（北齊書作爲一番兵）計得一萬六千兵。此富國安人之道也。古諸侯娶九女。士有一妻一妾。晉令諸王置妾八人。郡公侯妾六人。官品令第一第二品有四妾。第三第四有三妾。第五第六有二妾。第七第八有一妾。所以陰教聿修。繼嗣有廣。廣繼嗣。孝也。修陰教。禮也。而聖朝忽棄此數。由來漸久。將相多尚公主。王侯娶后族。故無妾媵。習以爲常。婦人多幸。（北齊書作不幸）生逢今世。舉朝略是無妾。天下殆皆一妻。設令人彊志廣娶。則家道離索。身事迍邅。內外親知。共相嗤怪。凡今之人。通無準節。父母嫁女。則教之以妬。姑姊逢迎。必相勸以忌。持（北齊書作以）制夫爲婦德。以能妬爲女工。自云不受人欺。畏他笑我。王公猶自一心。已下何敢二意。夫妬忌之心生。則妻妾之禮廢。妻妾之禮廢。則姦淫之兆興。

斯臣之所以毒恨者也。請以王公第一品娶八。通妻以備九女。稱事。二品備七。三品四品備五。五品六品則一妻二妾。限以一周。悉令充數。若不充數及待妾非禮。使妻妬加捶撻。免所居官。其妻無子而不娶妾。斯則自絕。無以血食祖父。請科不孝之罪。離遣其妻。臣之赤心。義唯家國。欲使吉凶無不合禮。貴賤各有其宜。省人帥以出兵丁。立倉儲以豐穀食。設賞格以擒姦盜。行典令以示朝章。庶使足食足兵。人信之矣。又冒申妻妾之數。正欲使王侯將相功臣子弟苗胤滿朝。傳祚無窮。此臣之志也。（魏書元孝友傳。北齊書元孝友傳。）

今人生爲皁隸。葬擬王侯。存沒異途。無復節制。崇壯丘隴。盛飾祭儀。鄰里相榮。（北齊書作相望）稱爲至孝。又夫婦之始。王化所先。共食合瓢。足以成禮。而今之富者彌奢。同牢之設。甚于祭槃。累魚成山。山有林木。林木之上。鸞鳳斯存。徒有煩勞。終成委棄。仰惟天意。其或不然。請自茲以後。若婚葬過禮者。以違旨論。官司不加糾劾。卽與同罪。（魏書元孝友傳。北齊書元孝友傳。）

楊衒之

衒之一姓羊。北平人。魏末爲撫軍府司馬。歷祕書監。出爲期城太守。齊天保中卒于官。

上東魏主啟

釋教虛誕。有爲徒費。無執戈以衞國。有飢寒于色養。逃役之流。僕隸之類。避苦就樂。非修道者。又佛言有爲虛妄。皆是妄想。道人深知佛理。故違虛其罪。（啟又廣引財事乞貸。貪積無厭。又云。）讀佛經者。尊同帝王。寫佛畫師。全無恭敬。請沙門等同孔老拜俗。班之國史。行多浮險者。乞立嚴勒。知其眞僞。然後佛法可遵。師徒無濫。則逃兵之徒。還歸本役。國富兵多。天下幸甚。（廣弘明集六。）

洛陽伽藍記序

三墳五典之說。九流百代之言。竝理在人區。而義兼天外。至于一

乘二諦之原。三明六通之旨。西域備詳。東土靡記。自頃日感夢。滿月流光。陽門飾毫眉之像。夜臺圖紺髮之形。邇來奔競。其風遂廣。至晉永嘉。惟有寺四十二所。逮皇魏受圖。光宅嵩洛。篤信彌繁。法教逾盛。王侯貴臣。棄象馬如脫屣。庶士豪家。捨資財若遺跡。于是招提櫛比。寶塔駢羅。爭寫天上之姿。競摸山中之影。金刹與靈臺比高。宮殿共阿房等壯。豈直木衣綈繡。土被朱紫而已哉。暨永熙多難。皇輿遷鄴。諸寺僧尼。亦與時徙。至武定五年。歲在丁卯。余□行役。重覽洛陽。城郭崩毀。宮室傾覆。寺觀灰燼。廟塔丘墟。牆被蒿艾。巷羅荊棘。野獸穴于荒階。山鳥巢于庭樹。遊兒牧豎。躑躅于九逵。農夫耕老。藝黍于雙闕。始知麥秀之感。非獨殷墟。黍離之悲。信哉周室。京城表裏。凡有一千餘寺。今日寥廓。鐘聲罕聞。恐後世無傳。故撰斯記。然寺數最多。不可遍寫。今之所錄。止大伽藍。其中小者。取其祥異世諦事因而出之。先以城內爲始。次及城外。表列門

名。以記遠近。凡爲五篇。余才非著述。多有遺漏。後之君子。詳其闕焉。洛陽伽藍記。歷代三寶紀。

張亮

亮字伯德。西河隰城人。初事爾朱兆。拜平遠將軍。以功封隰城縣伯。兆死。神武以爲丞相府參軍。掌書記。天平中爲文襄行臺郎中。遷右丞。武定初拜太中大夫。出爲幽州刺史。尋除平南將軍梁州刺史。加行臺殿中尚書。轉征西大將軍、豫州刺史、尚書右僕射西南道行臺。徵拜侍中汾州大中正。齊受禪。授光祿勳。加驃騎大將軍儀同三司。別封安定縣男。轉中領軍。卒贈司空。

生不及祖父母諸父昆弟不稅服議

小功兄弟。居遠不稅。曾子猶歎之。而況祖父母諸父兄弟。恩親至近。而生乖隔。而鄭君云。不責人所不能。此何義也。生不及者。則是已未生之前已沒矣。乖隔斷絶。父始奉諱居服而已。否者。尋此文意。蓋以生存異代。後代之孫。不復追服先代之親耳。豈有並代乖隔。便不服者哉。通典九十八。北齊張亮云。

祖鴻勳

鴻勳。涿郡范陽人。仕魏爲州主簿。除奉朝請。出爲防河別將。永安初擢爲東道子使。除東濟北太守。不之官。後爲司徒法曹參軍。轉廷尉正。去官歸。復起。累遷高陽太守。齊天保初卒于官。

與陽休之書

陽生大弟。吾比以家貧親老。時還故郡。在本縣之西界。有雕山焉。其處閑遠。水石清麗。高巖四帀。良田數頃。家先有野舍于斯。而遭亂荒廢。今復經始。卽石成基。憑林起棟。蘿生映宇。泉流繞階。月松風草。緣庭綺合。日華雲實。傍沼星羅。簷下流烟。共霄氣而舒卷。園中桃李。雜椿柏而蔥蒨。時一褰裳涉澗。負杖登峯。心悠悠以孤上。身飄飄而將逝。杳然不復自知在天地閒矣。若此者久之。乃還所

住。孤坐危石。撫琴對水。獨詠山阿。舉酒望月。聽風聲以興思。聞鶴唳以動懷。企莊生之逍遙。慕尚子之清曠。首戴萌蒲。身衣縕襏。出藝粱稻。歸奉慈親。緩步當車。無事爲貴。斯已適矣。豈必撫塵哉。而吾生旣繫名聲之韁鏁。就良工之剞劂。振佩紫臺之上。鼓袖丹墀之下。采金匱之漏簡。訪玉山之遺文。傲精神于丘墳。盡心力于河漢。摛藻期之鞶繡。發議必在芬香。茲自美耳。吾無取焉。嘗試論之。夫崑峯積玉。光澤者前毀。瑤山叢桂。芳茂者先折。是以東都有挂冕之臣。南國見捐情之士。斯豈惡粱錦。好蔬布哉。蓋欲保其七尺。終其百年耳。今弟官位旣達。聲華已遠。象由齒斃。膏用明煎。旣覽老氏谷神之談。應體留侯止足之逸。若能翻然清尚。解佩捐簪。則吾于茲山莊。可辦一得。把臂入林。挂巾垂枝。攜酒登巘。舒席平山。道素志。論舊款。訪丹法。語玄書。斯亦樂矣。何必富貴乎。去矣陽子。途乖趣別。緬尋此旨。杳若天漢。已矣哉。書不盡意。北齊書祖鴻勳傳。

晉祠記　北史八十三。

王思政

思政字思政。太原祁人。正光中爲員外散騎侍郎。孝武卽位。遷安東將軍。封祁縣侯。拜中軍大將軍大都督。總宿衞兵。及西遷。進爵太原郡公。大統中轉驃騎將軍。鎭弘農。遷幷州刺史。鎭玉壁。進驃騎大將軍。復鎭弘農。加特進荆州刺史。守潁川。都督河南諸軍事。城陷爲文襄所擒。文宣受禪。以爲都官尚書儀同三司。卒贈兗州刺史。

在玉壁復高王書

可朱渾道元降。何以不得。通鑑。

重與安定公啟請于潁川爲行臺治所

求與朝廷立約。賊若水攻。乞一周爲斷。陸攻。請三歲爲期。限內有事。不煩赴援。過此已往。惟朝廷所裁。周書崔猷傳。初思政頓兵襄城。欲于潁川爲行臺治所奉

敵陳之。並致書于猷、論將移之意。猷復書云、莫若頓兵襄城、思政重猷許之。及潁川陷沒、太祖深追悔焉。

楊愔

愔字遵彥、小名秦王、弘農華陰人、魏司空津第四子。孝昌初、以軍功除羽林監、賜爵魏昌男、不拜。永安初、爲通直散騎侍郎。神武以爲行臺郎中、轉行臺右丞、封華陰縣侯、還給事黃門侍郎、兼尚書吏部郎中。武定末、超拜吏部尚書、加侍中、衛將軍。齊受禪、領太子少傅、別封陽夏縣男。遷尚書右僕射、開府儀同三司、改封華山郡公。徙尚書令、拜特進、驃騎大將軍、封開封王。乾明元年、爲孝昭帝所誅。天統末、追贈司空。

奏請置學及修立明堂

世室明堂、顯于周夏。一黌兩學、盛自虞殷。所以宗配上帝、以著莫大之嚴。宣布下土、以彰則天之軌。養黃髮以詢哲言、育青衿而敷教典。用能享國長久、風徽萬祀者也。爰曁亡秦、改革其道、坑儒滅學、以蔽黔黎。故九服分崩、祚終二代。炎漢勃興、更修儒術。故西京有六學之義、東都有三本之盛。逮自魏晉、撥亂相因、兵革之中、學校不絕。仰惟高祖孝文皇帝稟聖自天、道鏡今古、列校序于鄉黨、敦詩書于郡國。但經始事殷、戎軒屢駕、未遑多就、弓劍弗追。世宗統曆、聿遵先緒、永平之中、大興板築。續以水旱、戎馬生郊、雖逮爲山、還停一簣。而明堂禮樂之本、乃鬱荊棘之林、膠序德義之基、空盈牧豎之跡。城隍嚴固之重、闕磚石之功、墉構顯望之要、少樓榭之飾。加以風雨稍侵、漸致虧墜、非所謂追隆堂構、儀刑萬國者也。伏聞朝議以高祖大造區夏、道侔姬文、擬祀明堂、式配上帝。今若基址不修、仍同丘畎、即使高皇神享、闕于國陽、宗事之典、有聲無實。此臣子所以匪寧、億兆所以佇望也。臣又聞官方授能、所以任事、事既任矣、酬之以祿。如此、則上無曠官之譏、下絕尸素之謗。今國子雖有學官之名、無教授之實、何異兔絲燕麥、南箕北斗哉。昔

劉向有言、王者宜興辟雍、陳禮樂、以風天下。夫禮樂所以養人、刑法所以殺人、而有司勤勤請定刑法、至于禮樂、則曰未敢。是敢于殺人、不敢于養人也。臣以爲當今四海清平、九服寧宴、經國要重、理應先營。脫復稽延、則劉向之言徵矣。但事不兩興、須有進退。以臣愚量、宜罷尚方雕靡之作、頗省永寧土木之功、並減瑤光材瓦之力、兼分石窟鐫琢之勞、及諸事役非世急者、三時農隙、修此數條。使辟雍之禮、蔚爾而復興、諷誦之音、煥然而更作、美榭高墉、嚴壯于外、槐宮棘寺、顯麗于中。更明古今、重尊鄉飲、敦進郡學、精課經業。如此、則元凱可得之于上序、游夏可致之于下國、豈不休歟。北齊書邢劭傳、楊愔與魏收及劭請置學及修立明堂奏。

迎勞郎基

卿本文吏、遂有武略、削木翦紙、皆無故事、班墨之思、何以相過。北齊書郎基傳、基遷海西鎭將、梁吳明徹攻圍海西、固守百餘日、乃至削木爲箭、翦紙爲羽、圍解還朝、僕射楊愔迎勞之云云。

文德論

古今辭人、皆負才遺行、澆薄險忌、唯邢子才、王元景、溫子昇彬彬有德素。魏書溫子昇傳、又北史八十三。

祭天文 北史四十一。

盧潛

潛、范陽涿人、魏散騎常侍元明從子。魏末爲賀拔勝開府行參軍、補侍御史。文襄引爲大將軍西閤祭酒、轉中外府中兵參軍。天保初、除中書舍人、左民部郎中、出爲清河王岳行臺郎。還遷中書侍郎、歷黃門侍郎、魏郡丞、司州別駕、江州刺史、揚州道行臺左丞。加散騎常侍、除行臺尚書、儀同三司。河清中、除揚州刺史。武平中、徵爲五兵尚書、尋復爲揚州道行臺尚書。爲陳將吳明徹所擒、尋死。贈開府儀同三司、尚書右僕射、兗州刺史。

在陳寄書與弟士邃

吾夢汝已某月某日得患。某月某日漸損。北史三十。

盧叔武

叔武。北史作叔彪。潛族弟。魏末爲賀拔勝荆州開府長史。勝敗。不應辟召。孝昭即位。爲太子中庶子。加銀青光祿大夫。武成即位。拜儀同三司都官尚書。出爲合州刺史。武平中遷太子詹事右光祿大夫。齊亡。歸范陽。遭亂城陷。已寒餒死。周將宇文神舉收而葬之。

陳兵勢

人衆敵者當任智謀。鈞者當任勢力。故強者所已制弱。富者所已兼貧。今大齊之比關西。彊弱不同。貧富有異。而戎馬不息。未能吞幷。此失于不用強富也。輕兵野戰。勝負難必。是胡騎之法。非深謀遠筭。萬全之術也。宜立重鎮于平陽。與彼蒲州相對。深溝高壘。運糧積甲。築城戍已屬之。彼若閉關不出。則取其黃河已東。長安窮

蹙。自然困死。如彼出兵。非十萬已上。不爲我敵。所供糧食。皆出關內。我兵士相代。年別一番。穀食豐饒。運送不絕。彼來求戰。我不應之。彼若退軍。即乘其弊。自長安已西。民疏城遠。敵兵來往。實有艱難。與我相持。農作且廢。不過五年。彼自破矣。北齊書盧叔武傳。叔武勸討關西。畫地陳兵勢。

盧詢祖

詢祖。叔武從子。襲祖爵大夏男。歷太子舍人司徒記室。有集十卷。

築長城賦

板則紫柏。杵則木瓜。何斯材而斯用也。草則離離靡靡。緣岡而殖。但使十步而有一芳。余亦何辭間于荆棘。北齊書盧文偉傳。天保末。詢祖已職出爲築長城子使。既至役所。作築長城賦。其略云云。

破蠕蠕賀表

晉十萬橫行。樊將軍請而受屈。五千深入。李都尉降而不歸。北史三十。

全北齊文卷二終

全北齊文卷三

烏程嚴可均校輯

邢劭

劭字子才。河閒鄚人。魏光祿少卿虬第二子。小字吉。少時有避遂不行名。釋巾魏宣武挽郎。除奉朝請。遷著作佐郎。孝昌中。元羅請爲青州司馬。永安初累遷中書侍郎。普泰中兼給事黃門侍郎。尋爲散騎常侍。太昌初直內省。除衞將軍國子祭酒。解職歸。後爲尚書令。加侍中。復解職歸。文襄輔政。除給事黃門侍郎。與溫子昇對爲侍讀。皇建中出除驃騎將軍西兗州刺史。武成時入爲中書令。遷太常卿。兼中書監。攝國子祭酒。後授特進。有集三十卷。

新宮賦

擬二儀而構路寢。法三山而起翼室。何大廈之耽耽。而斯干之秩秩。豈西京之足偉。故東都之所匹。爾其狀也。則瓌譎屈奇。瀾漫陸離。嵯峩崔嵬。巉巖參差。若密雲之乍舉。佀鵬翼之中垂。布菱華之與蓮蔕。咸反植而倒施。若承露而將轉。佀含風而欲披。土成黼黻。木化蛟螭。布紅紫之融泄。間朱黃之赫曦。獸狂顧而猶動。鳥將騫而以疲。木神水怪。海若山祇。千變萬化。殊形異宜。陰梁北注。陽烏南施。百楹列倚。千櫨代支。或據險而形固。或居安而勢危。(藝文類聚六十二。)

爲文宣帝受禪登極赦詔(天保元年五月戊午)

無德而稱。代(藝文類聚作化。)刑㠯禮。不言而信。先春後秋。故知惻隱之化。天人一揆。弘宥之道。今古同風。朕㠯虛薄。功業無紀。昔先獻武王値魏世不造。四海幅裂。(此句從藝文類聚補。)九鼎行出。祭器無歸。(此句從藝文類聚補。)乃驅御侯伯。大號燕趙。拯厥顛墜。俾亡則存。文襄王外挺武功。內贊明德。纂戎先業。闢土服遠。年踰二紀。世歷兩都。獄訟有適。謳歌斯在。故魏帝俯遵厤數。爰念褰裳。遠取唐虞。終同脫屣。實幽憂未已。志在陽城。而羣公卿士。誠守愈切。遂屬代終。居于民上。如涉深水。有腃終朝。始發晉陽。九尾呈瑞。外壇告天。赤雀效祉。惟爾文武不貳心之臣。股肱爪牙之將。左右先王。克隆大業。永言誠節。(藝文類聚作誠烈。)共斯休祉。(藝文類聚作慶。)然三皇存教。非易可免。七名改呪。庸可庶幾。(四句從藝文類聚補。)思與億兆。同始茲日。其大赦天下。改武定八年爲天保元年。其百官進階。男子賜爵。鰥寡六疾。義夫節婦。旌賞各有差。(北齊書文宣紀。藝文類聚五十二。)

賀老人星表

冥貺未已。靈應猶臻。㠯某夜老人星見。達旦揚光。經旬未滅。雖三星共色。五老同遊。擬之于此。故無與匹。自非玄風感極。聖敬迴天。何能使休徵祕祉。相尋而至。故㠯朝夕相趨。史無停筆。(藝文類聚一。)

爲潘司徒樂讓表

武皇帝運屬繼元。事深徵禹。摧蚩尤之陣。破尋邑之師。義開金石。理勛庸駘。遂日奉羈勒。有事風塵。徒備烏背之毛。曾無馬箠之力。(藝文類聚四十七。)

爲文襄帝讓尚書令表

揚職萬機。總任百揆。懸衡庶物。準納羣僚。何㠯助日月之光華。增天地之高厚。反鑒取照。匹此何難。倒裳求領。方之爲易。(藝文類聚四十八。)

又表

正㠯書覽太山。不假秋毫之察。夜仰列宿。豈藉燭龍之明。爵人㠯世。既非盛德之舉。公門有私。故是陵夷之運。(藝文類聚四十八。)

爲彭城王韶讓侍中表

貂璫(御覽作蟬。)映首。日月在前。(御覽作貂。)冠蓋庶僚。跨躡多士。雖智慙量力。明闕自知。在梁之譏。無待諠譁之議。素飡之責。豈須噂喈之口。何悟天之情眷。(御覽作天情方眷。)復延今寵。遂總錄百揆。寅亮萬機。文昌治本得失所繫。用才長短。隆替㠯之。何容㠯斯寡薄。用膺茲忝。藝文類聚四十八。御覽二百十九。

為李衞軍疾㠯國子祭酒讓東平王表

臣聞運舟歸于積水。致遠在于逸足。未有涓澮之流。可成奔飛之用。駑蹇之乘。而有滅沒之功。既列趙衰先人之敏。請同虞丘退身之義。具官臣某民望時宗。聲實攸在。斧藻川流。雕篆霞蔚。蕉蒲既茂。枝葉實繁。故以學窮齊魯。聲高梁魏。詔美司朝。僉諧允在。伏願迴恩徙授。㠯答具瞻。藝文類聚五十三。

為司空景讓表

屬平分廣施。造物多品。長短入用。小大見收。連釆台階。堪均鼎足。昨者謫見垂象。災起潛伏。此之為累。非直微躬。

百官賀平石頭表

大江設險。實限夷華。前魏觀濤而退。後魏登山而反。聲教不通。多歷年代。今蒼雉奉職。靈鼉自梁。折葦為舟。憑力可渡。始知德通于物。孟門失險。道清將順。劒閣自開。行舉洞庭之樂。放畜長洲之苑。會玉帛于塗山。樹銅柱于南極。藝文類聚五十九。

奏立明堂太學 已見上卷愓惜文中

世室明堂。顯于周夏。一黌兩學。盛自虞殷。所㠯宗配上帝。㠯著莫大之嚴。宣布下土。㠯彰則天之軌。養黃髮㠯詢哲言。育青衿而敷教典。用能享國長久。風徽萬祀者也。爰暨亡秦。改革其道。坑儒滅學。㠯蔽黔黎。故九服分崩。祚終二代。炎漢勃興。更修儒術。故西京有六學之義。東都有三本之盛。逮自魏晉。撥亂相因。兵革之中。學校不絕。仰惟高祖孝文皇帝稟聖自天。道鏡今古。列校序于鄉黨。敦詩書于郡國。但經始事殷。戎軒屢駕。未遑多就。弓劒弗追。世宗統厤聿遵先緒。永平之中。大興版築。續㠯水旱。戎馬生郊。雖逮為山。還停一簣。而明堂禮樂之本。乃鬱荆棘之林。膠序德義之基。空盈牧豎之跡。城隍嚴固之重。闕塼石之功。墉構顯望之要。少樓榭之飾。加㠯風雨稍侵。漸致虧墜。非所謂追隆堂構。儀刑萬國者也。伏聞朝議㠯高祖大造區夏。道侔姬文。擬祀明堂。式配上帝。今若基址不修。仍同丘畎。即使高皇神享。闕于國陽。宗事之典。有聲無實。此臣子所㠯匪寧。億兆所㠯佇望也。臣又聞官方授能。所㠯任事。事既任矣。酬之㠯祿。如此。則上無曠官之譏。下絕尸素之謗。今國子雖有學官之名。無教授之實。何異兔絲燕麥。南箕北斗哉。昔劉向有言。王者宜興辟雍。陳禮樂㠯風天下。夫禮樂所㠯養人。刑法所㠯殺人。而有司勤勤。請定刑法。至于禮樂。則曰未敢。是敢于殺人。不敢于養人也。臣㠯為當今四海清平。九服寧晏。經國要重。理應先營。脫復稽延。則劉向之言徵矣。但事不兩興。須有進退。㠯臣愚量。宜罷尚方雕靡之作。頗省永寧土木之功。并減瑤光材瓦之力。兼分石窟鐫琢之勞。及諸事役非世急者。三時農隙。修此數條。使辟雍之禮。蔚爾而復興。諷誦之音。煥然而更作。美榭高墉。嚴壯于外。槐宮棘寺。顯麗于中。更明古今。重遵鄉飲。敦進郡學。精課經業。如此。則元凱可得之于上序。游夏可致之于下國。豈不休歟。

文宣帝謚議

伏惟聖德光遠。神猷弘大。初自登庸。民譽所集。把尺持刃。成務斯在。百揆載清。四門唯穆。及天眷既屬。人謀所歸。鳥獸遷情。士女革面。敬順天人。拱揖羣后。處無上之尊。居域中之大。禮盛樂修。時和歲稔。海內有截。天下泰然。猶憂勞億兆。經營四國。同虞舜之巡省。若軒轅之靡寧。威武紛紜。神功四暢。怨西㠯東。化南自北。臨瀚海㠯浴兵。登天山而繫馬。左縈右拂。疑歌成章。方朝百神于太華。受萬國于稽嶺。升中增封。高拱垂衣。而天喪黎庶。奄捐四海。考姚之慕。實被含生。稱天作誄。抑唯恆數。故㠯名追實。盡物未臻。其美屈道從制。一日可㠯成名。藝文類聚十四。

改葬服議

禮改葬緦麻。鄭玄注。臣爲君。子爲父。婦爲夫。唯三人□已。然嫡曾孫承重者。曾祖父母祖父母改葬。既竝三年之服。皆應服緦。而止言三人。若非遺漏。便是舉其略耳。隋書禮儀志三。王元軌子欲改葬祖及祖母。列上未知所服。邢子才議。

訊囚請占議

設官分職。各有司存。丞相不問鬬人。虞官弓招不進。豈使尸祝兼刀匕之役。家長侵雞犬之功。北史四十三。時準皆訊囚取占。然後送付廷尉。劭謂不可。立議從之。

太子監國冬會議

凡禮有同者。不可令之異。詩說天子至于大夫皆乘四馬。況以方面之少。何可皆不同乎。若太子定西面者。王公卿大夫士復何面邪。南面人君正位。今一官之長。無不南面。太子聽政。亦南面坐。議者皆言晉舊事。太子在東宮西面。爲避尊位。非爲嚮臺殿也。子才以爲東晉博議。依漢魏之舊。太子普臣四海。不以爲嫌。又何疑于東面。禮世子絕旁親。世子冠于阼。冢子生。接以大牢。漢元著令。太子絕馳道。此皆禮同于君。又晉王公世子攝命臨國。乘七旒安車。駕用三馬。禮同三公。近宋太子乘象輅。皆有同處。不以爲嫌。況東西者。君臣通禮。獨何爲避。明爲嚮臺所以然也。近皇太子在西林園。在于殿猶且東面。于北城非宮殿之處。更不得邪。諸人以東面爲尊。宴會須避。案燕禮燕義。君位在東。賓位則在西。君位在阼階。故有武王踐阼。不在西也。禮乘君之車。不敢曠左。君在惡空其位。左亦在東。不在西也。君在阼。夫人在房。鄭注。人君尊東也。前代及今皇帝宴會接客。亦東堂西面。若以東面爲貴。皇太子以儲后之禮。監國之重。別第宴臣賓。自得申其正位。禮者皆東宮臣屬。公卿接宴。覲禮而已。若以西面爲卑。實是君之正位。太公不肯北面說丹書。西面則道之。西面乃尊也。君位南面。有東有西。何可皆避。且

事雖少異。有可相比者。周公臣也。太子子也。周公爲冢宰。太子爲儲貳。明堂尊于別第。朝諸侯重于宴臣賓。南面貴于東面。臣疏于子。冢宰輕于儲貳。周公攝政。得在明堂南面朝諸侯。今太子監國。不得于別第異宮東面宴客。情所未安。且君行以太子監國。君宴不以公卿爲賓。明父子無嫌。君臣有嫌。案儀注。覲王受詔冠婚。皇子皇女。皆東面。今不約王公南面。獨約太子。何所取邪。議者南尊改就西面。轉居尊位。更非合禮。方面既少。難爲節文。東西二面。君臣通用。太子宜然。于理爲允。隋書禮儀志四。通典七十一。

避太子諱議

案曲禮。大夫士之子。不與嗣君同名。鄭注。若先生之。亦不改。漢法。天子登位。布名于天下。四海之內。無不咸避。案春秋經。衞石惡出奔在晉。衞侯衎卒。其子惡始立。明石惡與長子同名。諸侯長子在下國之內。與皇太子于天下。禮亦不異。鄭言先生不改。蓋以此義。衞石惡。宋向戌。皆與君同名。春秋不譏。皇太子雖有儲貳之重。未爲海內所避。何容便改人姓。然事有消息。不得皆同于古。官吏至微。而有所犯。朝夕從事。亦是難安。宜聽出宮。更補它職。通典七十一。時議又擬官吏之姓與太子名同。子才又議云云。詔可。

上言畢善昭事

此乃大逆。義雲又是朝貴。不可發。北齊書畢義雲傳。孽子善昭與義雲侍婢姦通。夜中義雲被賊害。即善昭所佩刀也。遺之庭中。乃收捕繫臨漳獄。將斬之。邢劭上言。乃斬之于獄。棄屍漳水。

遺辛術書

昔鍾離意云。孔子忍渴于盜泉。便以珠璣委地。足下今能如此。可謂異代一時。北齊書辛術傳。睢州刺史及所部郡守俱犯大辟。朝廷以其妃婢百口及貲財盡賜術。三辭不見許。術乃送詣所司。不復闚。邢劭聞之。遺術書。

報袁聿修書

一日之贈。率爾不思。老夫忽忽。意不及此。敬承來旨。吾無間然。弟

昔爲清郎。今日復作清卿矣。（北齊書袁聿修傳。太寧初，聿修以太常少卿出使經歷兗州。時邢劭爲兗州刺史。別後遣送白紬爲信。聿修退紬不受。與邢書。邢亦忻然領解。報書云云。又見御覽二百二十九引三國典略。）

蕭仁祖集序（案蕭慤字仁祖，始興王憺之孫。梁末奔齊，入周，終于隋。）

蕭仁祖之文。可謂雕章間出。昔潘陸齊軌。不襲建安之風。顏謝同聲。遂革太原之氣。自漢逮晉。情賞猶自不諧。江北江南。意製本應相詭。

甘露頌

歷選列辟。遐聽前聞。三才易統。五運相君。皇極攸序。庶類以分。乃忠乃敬。或質或文。（其一）赫矣景命。慕哉上聖。大德大名。至道無競。川停岳跱。雲臨水鏡。望日齊明。瞻天比映。（其二）功深微禹。業隆作周。英華內積。文敎外修。廣輪四海。堤封十洲。紫川北注。赤水南流。（其三）宸居兩楹。恭己萬國。聖敬日躋。王猷允塞。禮有大成。樂無慙德。用天之道。順帝之則。（其四）政平民豫。歲稔時和。九功惟敘。九敘惟歌。風輪

曝漢。毛舟沈河。玉龜出沼。鳴鳳在阿。（其五）休徵屢動。感極迴天。流甘委素。玉潤冰鮮。蜜房下結。珠琲上懸。布濩林野。灑散旌旃。（其六）日月已明。宇宙已廓。鼓缶成詠。拊水爲樂。以爲玄黃。猶參沃若。取慰天壤。用忘溝壑。（其七。藝文類聚七十八。）

獻武皇帝寺銘

惟睿作聖。有縱自天。匡國庇民。再造區夏。功高伊呂。道邁桓文。雖住在域中。而神遊方外。影響妙法。咫尺天人。曉夜自分。不勞雞鶴之助。六時靡惑。非待壺箭之功。永寄將來。傳之不朽。辭曰。

用分行坐。以敦戒行。苦罪祈福。儆狠成敬。萬國咸亨。一人有慶。方傳自久。是用成詠。（藝文類聚七十七。）

文襄皇帝金像銘

妙形難象。至理希詮。形之所及。理亦在焉。悟茲空假。勞此蓋纏。式圖往祕。用結來緣。丹青並飾。金玉同鐫。神儀內瑩。寶相外宣。圓光照耀。映彼無邊。靈應肸蠁。感發大千。鍾福旒纊。其永如天。歸慶怙悰。壽等南山。凡厥親類。宜其永年。歸誠妙覺。標志上玄。託銘斯在。曠劫方傳。（藝文類聚七十七。）

文宣帝哀策文

皇路啟扉。輴茀弛殯。八校案部。六卿且引。攀蜃輅而雨泣。仰穹蒼而撫心。悲風發而地駭。愁雲興而景沈。哲王垂範。有訓有則。式奉話言。光敷令德。其辭曰。

四象更運。九天代名。通三以王。得一爲貞。是應玄德。實啟蒼精。風后之陣。師尚之兵。三奇六合。七變五成。授柯推轂。稟律襲行。野無完陳。邑少堅城。經營四海。劬勞百姓。芝蓋夕臨。羽旄晨映。地不掩瑞。天不愛寶。既丹其雀。又朱其草。莫黑已素。莫赤自晧。百獸斯蹈。五靈載擾。甘露瀼瀼。青龍蟜蟜。武功已暢。文敎未窮。方偃烽候。銷戟藏弓。齊光日月。比祚華嵩。而氛祲日下。星聞虛中。奄捐朝市。長

棄華戎。道宣末命。義闡餘風。六綍已散。九旗方卷。見容衛之虛歸。知平生之日遠。同乘雲而永逝。異騎龍之更反。清笳奏兮野風急。金鼓震兮日光晚。千官悲而雨注。萬國哀而露泫。萬事同盡。百慮俱收。劒舄永去。衣冠自遊。音儀已謝。神敎空留。知英聲與至德。當無絕兮千秋。（藝文類聚十四。）

廣平王碑文

公分氣氤氳。稟靈昭晉。基構輪奐。源流濬遠。積石莫之方。委水不能喻。山瀆效神。辰昴降德。自天攸縱。鬱爲時宗。牆宇淹曠。標格秀遠。道亞生知。德均殆庶。日月在躬。水鏡被物。望青松而比秀。干白雲而上征。侍講金華。參遊銅雀。出陪芝蓋。入奉桂室。充會友之選。當拾遺之舉。發言爲論。受詔成文。碧雞自口。靈蛇在握。方見建安之體。復聞正始之音。公年方弱冠。而位居寮右。道被生民。惠漸萬物。鬱爲雅俗之表。栽成社稷之鎮。公孫聲動天下。已非其倫。管子

光照鄰國。孰云能擬。方謂膺茲多福。降此永年。奮搏風之逸羽。窮送日之遠路。同岐山之嘉會。陪岱宗之盛禮。而羣飛在辰。横流具及。山崩川竭。星霣日銷。崑岳既毀。玉石俱燼。蘭挺則芬。玉生則潤。泱泱萬源。落落千仞。我有徽猷。金聲玉振。志猶學海。業比登山。躑躅緹衮。絳帳韋編。尋微啟奧。敷理入玄。天地或終。山河匪壽。昔曰先民。誰堪長久。立言立事。責之身後。式銘景行。是爲不朽。藝文類聚四十五。

冀州刺史封隆之碑

公世載儒雅之風。家傳鐘鼎之業。出三代而克阜。歷兩都而轉盛。五世祖游。游子孚。恥斯鳥獸。狹此丘壑。濡足焚首。念在一匡。委質中山。竝充衮闕。故已援墜拯溺。大庇生民。祖定功業。建旆懷藩。揚旌冀部。耳目相接。歌詠獨存。文司空孝宣公。稟潤玉府。承華桂簿。望振鷺而齊舉。軼歸鴻而竝運。已茲一德。光事三主。七登九伯之重。再處八元之任。必有餘慶。事屬才子。莫之與京。理歸世祿。非因原隰之氣。詎待河嶽之靈。發純粹而成址。稟中和而樹質。神體秀異。志識開爽。幼體成人。弱不好弄。同鳳凰之五色。非豫章之七年。太昌初平洛。除侍中驃騎大將軍。密勿樞功。遂遮衮職。貂蟬承弁。華藻被衣。鳴雙璜于峻陛。驅六轡于廣路。升華輦已衛一人。踐太階而平天下。藝文類聚五十。

景明寺碑

九土殊方。四生舛類。昏識異受。修短共時。德表生民。不救泰山之朽壞。義同列缺。豈濟欒水之淪胥。漂鹵倒戈之勢。浮江架海之力。孰不曠息相催。飛馳共盡。泡沫不足成喻。風電詎可爲言。而皆遷延愛欲。馳逐生死。眷彼深塵。迷茲大夜。坐積薪于火宅。負沈石于苦海。結習靡倦。憂畏延長。身世其猶夢想。榮名譬諸幻化。未能照彼因緣。體茲空假。祛洗累惑。擯落塵埃。苦器易彫。危城難久。自發

授當作受

迹有生。會道無上。劫代緬邈。朕跡遐長。草木不能況。塵沙莫之比。日晷停流。星光輟運。香雨旁注。甘露上懸。降靈迦衛。擁迹忍土。智出須彌。德踰大地。道尊世上。義重天中。銘曰。

大道何名。至功不器。理有罔適。法無殊致。能已託生。降體凡位。士覺如遠。一念斯至。德尊三界。神感四天。川流自斷。火宅不燃。衣生寶樹。座踊芳蓮。智固有極。道暢無邊。藝文類聚七十七。

并州寺碑

夫至道密微。無跡可覩。神功感應。有理斯存。雖慧日已照。而太夜莫曉。香雨時流。而深塵未息。曠劫悠緬。歷代遐長。眇眇世羅。無能免其一目。汎汎慾綱。孰敢解其三面。自大教遐流。行于中土。希向之士。煙踊波屬。恆沙未足爲言。積塵所不能喻。皆去出沒生死之河。浮沈愛育之海。未有矯然獨悟。脫落身名。望彼岸而攸往。汎寶船而利涉。藝文類聚七十七。

李禮之墓誌

食有奇味。相待乃飧。衣無常主。易之而出。北史序傳。

司馬子如

子如字遵業。河內溫人。晉司空南陽王模八世孫。魏孝昌中尒朱榮已爲中軍。武泰末歷司馬持節假平南將軍監前軍。行建興太守。永安初封平遙縣子。仍爲大行臺郎中。進爵爲侯。行相州事。徵爲金紫光祿大夫。建明初兼尚書右僕射。普泰中爲侍中驃騎大將軍。進爵陽平郡公。出爲南岐州刺史。中興初。獻武已爲大行臺尚書。天平初除左僕射。興和中爲北道行臺。轉尚書令。武定中免。起行冀州事。別封野王縣男。文宣授禪。別封須昌縣公。除司空免。尋拜太尉。卒贈太師太尉。懷州刺史。謚曰文明。

上興和厤表

自天地剖判。日月運行。剛柔相摩。寒暑交謝。分之以氣序。紀之以星辰。弦望有盈缺。明晦有修短。古先哲王。則之成化。迎日推筴。各有司存。以天下之至王。盡生民之能事。先天而天弗違。後天而奉天時。及卯金受命。年麻屢改。當塗啟運。日官變業。分路揚鑣。異門馳騖。回互靡定。交錯不等。豈是人情淺深。苟相違異。蓋亦天道盈縮。欲止不能。正光之麻。既行于世。發元壬子。置差令朔。測影清臺。懸炭之期或爽。候氣重室。布灰之應少差。伏惟陛下當璧應符。大橫協兆。乘機虎變。撫運龍飛。苞括九隅。牢籠萬寓。四海來王。百靈受職。大丞相渤海王降神挺生。固天縱德。負圖作宰。知機成務。撥亂反正。決江疏河。效顯勤王。勳彰濟世。功成治定。禮樂惟新。以履端歸餘。術數未盡。乃命兼散騎常侍執讀臣李業興、大丞相府東閤祭酒夷安縣開國公臣王春、大丞相府戶曹參軍臣和貴興等。委其刊正。但回舍有疾徐。推步有疏密。不可以一方知。難得以一途揆。大丞相主簿臣孫搴、驃騎將軍左光祿大夫臣眭前給事黃門侍郎臣李景、渤海王世子開府諮議參軍事定州大中正臣崔暹、業興息國子學生屯留縣開國子臣子述等。並令參預。定其是非。臣等職司其憂。猶恐未盡。竊以蒙戎為飾。必藉眾腋之華。輪奐成宗。寧止一枝之用。必集名勝。更共修理。左光祿大夫臣盧道約、大司農卿彭城侯臣李諧、左光祿大夫東雍州大中正臣裴獻伯、散騎常侍西兗州大中正臣溫子昇、太尉府長史臣陸操、尚書右丞城陽縣開國子臣盧元明、中書侍郎臣李同軌、前中書侍郎臣邢子明、中書侍郎臣宇文忠之、前司空府長史建康伯臣元仲悛、大丞相法曹參軍臣杜弼、尚書左中兵郎中定陽伯臣李溥濟、尚書起部郎中臣辛術、尚書祠部郎中臣元長和、前青州驃騎府司馬安定子臣胡世口、太史令盧鄉縣開國男臣趙洪慶、太史令臣胡法通、應詔左右臣張喆、員外司馬督臣曹魏祖、太史丞郭慶、太

史博士臣胡仲和等。或器標民譽。或術兼世業。並能顯微闡幽。表同錄異。詳攷古今。共成此麻。甲為日始。子實天正。命麻置元。宜從此起。運屬興和。以年號為目。豈獨太初表于漢代。景初冠于魏麻而已。謹以封呈。乞付有司。依術施用。魏書律麻志下。興和元年十月。齊獻武王入鄴。命李業興令其改正。立甲子元麻。事訖。尚書左僕射司馬子如右僕射隆之等表。

司馬子瑞

子瑞。子如兄子。天保初為尚書左丞。歷定州長史。累遷吏部郎中、司徒左長史、兼廷尉卿。乾明初領御史中丞。以疾去職。就拜祠部尚書。卒。贈瀛州刺史。謚曰文節。

奏彈畢義雲

天保元年四月。竇氏皇后姨祖載日。內外百官。赴第弔省。義雲唯遣御史投名。身遂不赴。又義雲啟云。喪婦孤貧。後娶李世安女為妻。世安身雖父服未終。其女為祖。已就平吉。特乞闇迎。不敢備禮。及義雲成婚之夕。眾儀備設。剋日拜閤。鳴騶清路。盛列羽儀。兼差臺吏二十人。責其鮮服。侍從車後。直是苟求成婚。誣罔干上。義雲資產宅宇。足稱豪室。忽道孤貧。亦為矯詐。法官如此。直繩焉寄。又駕幸晉陽。都坐判拜起居表。四品五品已上。令預前一日赴南都署表。三品已上。臨日署訖。義雲乃乖例。署表之日。索表就家先署。臨日遂稱私忌不來。北齊書畢義雲傳。尚書左丞司馬子瑞奏彈義雲云云。

全北齊文卷三終

全北齊文卷四

烏程嚴可均校輯

魏收

收字伯起。小字佛助。鉅鹿下曲陽人。魏驃騎大將軍子建子。孝明時除太學博士。遷司徒記室參軍。永安中除北主客郎中。節閔即位。遷散騎侍郎兼中書侍郎。孝武即位。除廣平王贊開府從事中郎兼中書舍人。孝靜即位。爲神武中外府主簿。轉府屬兼散騎常侍。武定中除正常侍兼著作郎。轉祕書監。除定州大中正。齊受禪。除中書令。封富平縣子。除魏尹。又除梁州刺史。進太子少傅兼太子詹事。廢帝即位。除侍中。遷太常卿。轉中書監。皇建初除右光祿大夫儀同。又除兼太子少傅。解侍中。太寍初加開府。河清中兼右僕射。天統初除左光祿大夫齊州刺史。進尚書右僕射特進。武平三年卒。贈司空尚書左僕射。謚曰文貞。

有後魏書一百三十卷。集七十卷。

南狩賦

聘遊賦

皇居新殿臺賦

懷離賦

庭竹賦 並見北齊書魏收傳。亡。

爲魏孝靜帝伐元神和等詔

門下。向背有禍福之機。誅賞爲威勸之本。軌物成務。咸必由之。侯景擢自凡猥。名行無聞。僥倖時來。謬見收試。狡猾反覆。唯利是從。往事爾朱。偏受榮遇。一朝去就。罔顧昔恩。苴邇輕動。志在姦詐。朝廷弃瑕藏穢。仍蒙介引。庶其鴞音可革。取其行閒之用。位踰其量。過延寵祿。藉我風雲。遂成鱗羽。入列鼎臣。出裁節將。勳無可紀。才不足徵。而淺器遽盈。知小謀大。謂己功名。難居物下。曾不知狐假虎威。蛇憑霧積。苞藏禍心。潛圖不軌。因總戎之際。乘專任之機。擁逼兵衆。構釁南服。此乃懦夫扼腕之日。義士切齒之秋。凡在人倫。孰不憤慨。而前楊州刺史元神和、何悅、張慶壽、王黑醜、宮延和、王貴顯、侯仙、劉崇信、張業等九人。並以賤蔑。名汙朝簡。了無犬馬之職。便有梟獍之心。密相影響。贊成姦逆。隨託豺狼。長茲蛇虺。欣其位署。委質驅馳。甘厭鉤餌。效己死力。東西殘掠。毒被村塢。烏合蛾蟻。終此亂階。叛恩背德。莫此之甚。雖蹈名義。事非小人。而申禁垂法。國有恆典。其此九家。並可從憲孥戮之科。理無攸捨。自餘拘縶詿誤之徒。既懼死俛眉。情非樂禍。宜疏天網。一原不問。固使逝節知洿。薦之制傾側獲自安之所。文館詞林。

爲孝靜帝下詔禪位

三才剖判。百王代興。治天靜地。和神敬鬼。庇民造物。咸自靈符。非一人之大寶。實有道之神器。昔我宗祖應運。奄一區宇。歷聖重光。

曁于九葉。德之不嗣。仍離屯圮。盜名字者遍于九服。擅制命者非止三公。主殺萌危。人神靡繫。天下之大。將非魏有。賴齊獻武王奮揚靈武。剋翦多難。重懸日月。更綴參辰。廟以埽除。國由再造。鴻勳巨業。無德而稱。逮文襄承構。世業逾廣。邇安遠服。海内晏如。國命己康。生生得性。迄相國齊王。緯文經武。統茲大業。盡叡窮幾。研深測化。思隨冥運。智與神行。恩比春天。威同夏日。坦至心于萬物。被大道于八方。故百僚師師。朝無秕政。網疏澤洽。率土歸心。外盡江淮。風靡屈膝。辟地懷人。百城奔走。關隴慕義而請好。瀚漠仰德而致誠。伊所謂命世應期。實撫千載。禎符雜遝。異物同途。謳頌填委。殊方一致。代終之迹斯表。人靈之契已合。天道不遠。我不獨知。朕入纂鴻休。將承世祀。藉援立之厚。延宗社之算。靜言大運。欣于避賢。遠惟唐虞禪代之典。近想魏晉揖讓之風。其可昧興替之禮。稽神祇之望。今便遜于別宮。歸帝位于齊國。推聖與能。眇符前軌。王

王當作主

者宣布天下吕時施行。北齊書文宣紀。案高德政傳云。德政白帝遣魏收。收至。令撰禪讓詔冊九錫建臺及勸進文表。魏收傳云。齊將受禪。楊愔奏收置之別館。令撰禪代詔策諸文。

爲文宣帝出師詔 天保七年

朕厤數在躬。志清四海。蕞爾秦隴。久阻風化。混一之事。期在今日。必當訓旅誓衆。天動雲臨。朕已下木汾流。成船晉地。便當躬先將士。汎入玉壘。徑掩長安。梟彼凶首。朕與梁國。舊好敦睦。聞其奸計。乃欲規謀。宜令上黨王渙總勒熊羆。星流風捲。王者之言。明如日月。宜宣內外。咸使聞知。御覽五百九十九引三國典略。齊王召魏收于前立爲書。書成。齊王覽之。于凶首下足九言曰。雖藏山沒水。終不縱赦。于是遣渙南侵。

爲武成帝吕三臺宮爲大興聖寺詔 河清二年八月

門下。皇居帝邑。揆日瞻星。仞雉有常。几席斯在。雖今古推移。文質代變。而成世作範。義貴適時。朕奄家四海。作孚萬國。當陽負扆。深存庇毗。濟下利物。無忘懷抱。昭仁訓俗。不遺造次。今臨嚮聽朝。咸

極崇麗。宴息之所。不足逞華。每謂爲之者勞。居之者逸。至于離宮別館。有時遊幸。耳目所及。聊可忘懷。而乃千門洞啟。萬柱周架。上迫雲漢。下臨雷雨。巧極金銅。麗殫珠璧。眷然長想。良非宿心。三臺竝列。蕪穢自久。天保之末。經構甫興。仍創棟宇。規模宏博。有司過實。匠人逞功。垊庶勞止。糜費難量。既非殿寢正所。便爲虛徛之地。凝華生白。經歷歲年。不窮茅茨。事頗逼下。卑其宮室。有可庶幾。顧茲侈麗。豈伊盛處。自魏朝失政。九域崩離。人神無主。實求明聖。我太祖獻武皇帝握茲乾紀。執斯地綱。懸持日月。嘯咤風雲。紀忠貞吕成務。感靈徵而大造。爰吕克定之初。躬圖道場之業。神迹冥果。理燭幽明。朕嗣膺寶祚。永惟嘉祉。仰祇先志。尚諫玄門。思展聿修之重。念歸喜捨之大。肌膚匪悋。國城何寶。期濟率土。至于圖極。可吕三臺宮爲大興聖寺。此處極土木之壯。窮丹素之妍。奇怪備于刻削。光華異于圖彩。顧使靈心肸蠁。神物犇會。眞覺唯寂。有感必

通化爲淨土。廣延德衆。心若璠璵。法輪常轉。灑甘露于大千。照茲鐙于曠劫。釋藏策五。廣宏明集二十八上。初學記二十三。

冊命齊王九錫文

於戲。敬聽朕命。夫惟天爲大。列晷宿而垂象。謂地蓋厚。疏川岳吕阜物。所吕匹時代序。萬類騈羅。庶品得性。羣形不夭。然則皇王統厤。深視高居。拱默垂衣。寄成師相。此則夏伯殷尹。竭其股肱。周成漢昭。無爲而治。頃者天下多難。國命如旒。則我建國之業。將墜于地。齊獻武王奮迅風雲。大濟艱危。爰翼朕躬。國爲再造。經營庶土。吕至勤憂。及文襄承構。愈廣前業。康邦夷難。道格穹蒼。王縱德應期。千齡一出。惟幾惟深。乃神乃聖。大崇霸德。實廣相猷。雖冥功妙實。藐絕言象。標聲示迹。典禮宜宣。今申後命。其敬虛受。王搏風初舉。建旟上地。庇民立政。時雨滂流。下識廉恥。仁加水陸。移風易俗。自齊變魯。此王之功也。仍攝天臺。總參戎律。策出若神。威行朔土。

引弓竄跡。松塞無煙。此又王之功也。逮光統前緒。持衡匡合。華戎混一。風海調夷。日月光華。天地清晏。聲接響隨。無思不偃。此又王之功也。邈矣炎方。遽違正朔。懷文耀武。授略申規。淮楚連城。灑然桑落。此又王之功也。關峴衿帶。跨躡蕭條。賜冑之地。岳立鴟跱。偏師纔指。渙同冰散。此又王之功也。晉熙之所。險薄江雷。迥隔聲教。迷方未改。命將鞠旅。覆其巢穴。咸略風騰。傾懾南海。此又王之功也。羣蠻跋扈。世絕南疆。搖蕩邊垂。亟爲塵梗。懷德畏威。向風請順。傾陬盡落。其至如雲。此又王之功也。胡人別種。延蔓山谷。酋渠萬旅。廣袤千里。憑險不恭。恣其桀黠。有樂渭風。相攜叩款。粟帛之調。王府充積。此又王之功也。茫茫涉海。世敵諸華。風行鳥逝。倏來忽往。既飲醇醪。附同膠漆。氈裘委仞。奇獸銜尾。此又王之功也。秦川尚阻。作我仇讎。愛挹椒蘭。飛書請好。天動其衷。辭卑禮厚。區宇乂盜。遐邇卑至。此又王之功也。江陰告禍。民無適歸。蕭宗子弟。尚相

匹當作四

卑當作畢

投庇。如鳥還山。猶川赴海。荆江十部。俄而獻封。乘此會也。將混來方。此又王之功也。天平地成。率土咸茂。禎符顯見。史不停筆。既連百木。兼呈九尾。素遊秦雀。蒼比周烏。此又王之功也。搜揚管庫。衣冠獲序。禮云樂云。銷沈俱振。輕傜徹賦。矜獄寬刑。大信外彰。深仁遠洽。此又王之功也。王有安日下之大勳。加以表光明之盛德。宣贊洪猷。以左右朕言。昔旦奭外分。毛畢入佐。出內之任。王宜總之。人謀鬼謀。兩儀協契。錫命之行。義申公道。以王踐律蹈禮。軌物蒼生。圓首安志。率心歸道。是以錫王大路戎路各一。玄牡二駟。王深重民天。唯本是務。衣食之用。榮辱所由。是用錫王衮冕之服。赤舄副焉。王深廣惠和。易調風化。神祇且格。功德可象。是用錫王軒懸之樂。六佾之舞。王風聲振赫。九域咸綏。遠人率俾。奔走委贄。是用錫王朱戶以居。王求賢選衆。草萊以盡。陳力就列。罔非其人。是用錫王納陛以登。王英圖猛槩。抑揚千品。毅然之節。肅是非違。是用錫王武賁之士三百人。王興亡所繫。制極幽顯。糺行天討。罪人咸得。是用錫玉鈇鉞各一。王鷹揚豹變。實扶下土。狼顧鴟張。罔不彈射。是用錫王彤弓一。彤矢百。盧弓十。盧矢千。王孝悌之至。通于神明。率民興行。感達區宇。是用錫王秬鬯一卣。珪瓚副焉。往欽哉。其祇順往册。保弼皇家。用終爾休德。對揚我太祖之顯命。（北齊書文宣紀。）

玉當作王

禪位册

咨爾相國齊王。夫氣分形化。物繫君長。皇王遞興。人非一姓。昔放勛馭世。沈璧屬子。重華握厤。持衡擁璇。所以英賢茂實。昭晳千古。豈盛衰有運。興廢在時。知命不得不授。畏天不可不受。是故漢劉告否。當塗順民。曹厤不永。金行納禪。此皆重規襲矩。率由舊章者也。我祖宗光宅。混一萬寓。迄于正光之末。奸孽乘權。厥政多僻。九域離蕩。永安運窮。人靈殄瘁。羣逆滔天。割裂四海。國土臣民。行非魏有。齊獻武王應期授手。鳳舉龍驤。舉廢極以立天。扶傾柱而鎮

地。剪滅黎毒。匡我墜厤。有大德于魏室。被博利于蒼生。及文襄繼軌。誕光前業。內剷凶權。外摧侵叛。遐邇肅晏。功格上玄。王神祇協德。舟梁一世。體文昭武。追變窮微。自舉跡藩旟。頌歌總集。入統機衡。風猷弘遠。及大承世業。扶國昌家。明德日躋。霸風愈邈。威靈斯暢。則荒遠奔馳。聲略所播。而鄰敵順款。以富有之資。運英特之氣。顧眄之間。無思不服。圖諜潛蘊。千祀彰明。嘉禎幽祕。一朝紛委。以表代德之期。用啟興邦之迹。蒼蒼在上。照臨不遠。朕以虛昧。猶未遂巡。靜言愧之。坐而待旦。且時來運往。嬀舜不暇以當陽。世革命改。伯禹不容于北面。況于寡薄。而可踟躕。是以仰協穹昊。俯從百姓。敬以帝位。式授于王。天祿永終。大命格矣。於戲。其祇承厤數。允執其中。對揚天休。斯年千萬。豈不盛歟。（北齊書文宣紀。）

太子監國冬會議

去天保初。皇太子監國。冬會羣官于西林園都亭。坐從東面。義取于嚮中宮殿臺故也。二年于宮冬會。坐乃東面。收竊以為疑。前者遂有別議。議者同之。邢尚書以前定東面之議。復申本懷。此乃國之大禮。無容不盡所見。收以為太子東宮。位在于震。長子之義也。案易八卦。正位嚮中。皇太子今居北城。于宮殿為東北。南面而坐。于義為背也。前者立議。據東宮為本。又案東宮舊事。太子宴會。多以西面為禮。此又成證。非徒言也。不言太子常無東西二面之坐。但用之有所。至如西園東面。所不疑也。未知君臣車服有同異之議。何為而發。就如所云。但知禮有同者。不可令異。不知禮有異者。不可令同。苟別君臣同異之禮。恐重紙累劄。書不盡也。（隋書禮儀志四、通典七十一。）

上魏書十志啟

臣收等啟。昔子長命世偉才。孟堅冠時特秀。憲章前誥。裁勒墳史。紀傳之間。申以書志。緝言餘迹。可得而聞。叔峻刪緝。後劉紹統。削

迹當作述

撰季漢十志。實範遷固。表蓋闕焉。曹氏一代之籍。了無具體。典午終世之筆。罕云周洽。假復事播四夷。盜聽閒有。小道俗言。要奇好異。攷之雅舊。咸乖實錄。自永嘉喪圮。中原淆然。偏僞小書。殆無可取。魏有天下。跨蹤前載。順末克讓。善始令終。陛下極聖窮神。奉天屈己。顧眄百王。指掌萬世。深存有魏撫運之業。永念神州人倫之緒。臣等肅奉明詔。刊著魏籍。編紀次傳。備聞天旨。竊謂志之爲用。網羅遺逸。載紀不可。附傳非宜。理切必在甄明。事重尤應標著。搜獵上下。總括代終。置之衆篇之後。一統天人之迹。褊心末識。輒在于此。是以晚始撰録。彌歷炎涼。采舊增新。今乃斷筆。時移世易。理不刻船。登閣含毫。論敘殊致。河溝往時之切。釋老當今之重。藝文前志可尋。官氏魏代之急。去彼取此。敢率愚心。謹成十志二十卷。請續于傳末。并前例目合一百三十一卷。臣等妨官秉筆。迄無可采。塵黷旒冕。墮深冰谷。謹啟。（魏書一百五。）

與李德林書論齊書起元事

前者議文。總諸事意。小如混漫。難可領解。今便隨事條列。幸爲留懷。細加推逐。凡言或者。皆是敵人之議。既聞人說。因而探論耳。（隋書李德林傳。）

重遺李德林書

惠示二事。感佩殊深。以魯公諸侯之事。昨小爲疑。息姑不書即位。舜禹亦不言即位。息姑雖攝。尚得書元。舜禹之攝。稱元理也。周公居攝。乃云一年救亂。似不稱元。自無大傳。不得尋討。一之與元。其事何別。更有所見。幸請論之。（同上。）

爲侯景叛移梁朝文

夫化成萬物。分界九道。紀之以山河。照之以日月。方足圓首。含氣呈形。咸總之于聖人。畢會之以朝市。皇魏應銜甲之祕圖。納封金之寶命。萬方爲宅。四海爲家。卜世靈長。將踰入百。天壤之間。朝不刖焉。唯夫三江五湖。九鎮百濮。其地如掌。人鳥未分。瞻星昧璣拱之方。託水迷朝宗之義。積蠅爲衆。長蛇稱長。石田無菽粟之用。衆人非聲教所孚。是以年歷三僞。棄而不有。豈力不足。蓋所未徵。而陸梁塗泥。時軼疆鄙。天討所遺。理存惡殺。自二紀及茲。中原多故。未淸區宇。文武兼勤。偃伯歸戰。有懷勞止。將令動植。俱仰堯心。遂冠蓋括途。象胥堤告。摧誠蹶然。類識王道。授衣禮節。拜首歸仁。雖戚所以爲高。止戈故能稱大。方知夙沙交臂。不待兵車。有苗納款。未勞征伐。而庸夫爲善。希能令終。狂人克念。更知徒語。鬪利無匹夫之信。好虐有助鬼之心。白頭爲賊。曾莫自悛。嘉文浮功。甘于茍得。罔顧榆次之禍。詎識江浦之禽。侯景一豎微蔑。民斯下矣。人倫士操。本自不倫。直以少從羈勒。頗習趨走。叨忝名器。事出爾朱。藏情諂笑。唯利是視。義兵同舉。郡胡覆族。雖狐祭首丘。事非小人。而忘恩背本。景爲先至。不義不信。自此可知。但丁公之殘。時有未可

也。大澤深山。龍蛇並育。遂容其悔非。棄其瑕穢。任以將率。授以兵符。庶其被鞍銜鍊。盡力馳驟。指蹤投紲。鷹兔或擒。而弱才負重。折足是慮。置之不爭之地。虛出韓鄭之間。曾無戰伐之勤。可言摧陷之績。歲往年徂。率無可紀。而腹心羣小。信納逋亡。劫奪行道。侵掠民庶。流聲遠聞。王法有與。驄馬將出。朱筆且行。自貽伊戚。了不知咎。盜憎主人。乃圖逆節。拔本塞源。以委身賊虜。逼脅居民。翻蕩城池。義手曲躬。千里唯諾。賤賊相依。忻同鱗水。寵以大位。屬以東方。外曰臣主。內深骨肉。安危契闊。約以死生。拯其鼎鑊之命。全其竈粉之禍。時不暇浹。翻然易慮。還相掩擊。事劇仇讎。反覆剽獲。莫非此類。至于老母暮倚。少弟升岡。妻望行夫。子號出父。食毛之屬。可爲痛心哉。景忽之如草芥。棄之如塵垢。任其斮截之誅。安其烹斬之痛。放麑食子。有以可覩。覬藏窮否。恥其並主。獸心人面。華裔同讎。歸家懼執法之刑。赴賊反噬臍之釁。首領無地。進退數窮。遂卑

邪說。自託左右。苟有君子。義均逐雀。而彼方上下。樂禍好亂。叛竊之豎。獲壽之人。圖淨芥之小利。忘丘山之大禍。乃崇飾土偶。被以玄黃。馳馬高蓋。載颷爲重。委以專征。施其爪角。驅逼子姓。率我叛亡。逼脅虐之侶。鞠苦役之衆。蟻攢蚋集。侵竊邊鄙。恤患分災。本不要于違僻。違衆悖禮。蓋神明之所誅。皇帝垂旒華土。則天而動。卷覆三古。懷佩百王。掌握中道。崇基增構。殊塗同會。百慮一歸。中外禔福。戎華俱庇。持秋霜夏震之威。以拔山超海之力。顧指則風雲總至。迴眸而山岳削平。雖復旗鼓所臨。有征無戰。猶以師出而服。辱在我世。所務者息民。所存者文德。豈復以擒將威敵。漂杵溺驂。爲功于一時。示武于千載。且天生五材。有聞前古。禍非我貽。其得已乎。遂置壇命將。持柯畢禮。引營就道。分途競馳。抵能舉輪之士。翹關扛鼎之卒。被組橫矛。執殳挺劍。龍駒竝躍。驥子千羣。沸聒天壤。蒸鬱雲霄。一朝指揮。倏忽千里。候騎羅絡。聯逞前驅。天兵之鼓未鳴。衆軍之旗詎接。而荆楊烏合。一朝崩解。塞州滿野。馘耳截鼻。以千萬計。不可勝數。宗親節將。咸見擒束。委命軍吏。憂在釁鼓。楚兵吳甲。積若山丘。青鵲赤烏。噎流斷岸。千金之貴。爲我資焉。痛辱可哀。其利安在。覆師喪旅。禍本可尋。方之噬臍。悔之靡及。皆侯景叛戾。虛相陷誘。指成提挈之舉。終無犄角之勢。景棄本趨末。背國違鄉。部下數千。屈逼羅網。離親懷土。一日三秋。拘綱立匏。朝不謀夕。豈能攜足東上。遠赴彭城。天奪彼魄。信納虛說。使蕭明貴孫面縛于徐泗。景爲凶藪。逡巡而坐觀。託人七尺之身。居人成敗之地。急病讓醫。固若此也。兩端自見。故態未除。今知東南滌蕩。雖潼清復。梁之喪師。單輪不返。擊援之期。終當無日。勢窮路盡。憂在滅亡。事晉變生。將謀及己。且彼軍殲殄。江淮屠酷。禍源釁迹。景變爲之。上懼金陵君長致請設二字疑之責。下恐荆吳子弟法疑父兄之冤。慁小猜驚。將興異計。乘專任之機。藉方面之重。必當招結傖楚。扇

合無賴。內自封植。外絕防禦。因見信而類起。出不疑以竊發。事比疾雷。理同激矢。上或憑陵乘疾。專擅縱橫。下則鴟峙淮肥。覬覦叛換。老疾姦回。不虛然也。而彼土區區。厚加崇納。置之襟帶之方。處以藩籬之所。費金帛于裂火。罄酒漿于漏卮。非乘景虛聲。委其變用。夫量材授任。必原其始。攷行責成。當存其大。景豺聲蜂目之首。狼心狐魅之徒。義無父子。棄同即異。捐親背德。于我尚反目而去。在梁則何施可懷。且我重傷心。尾大不掉。魚脫于淵。義彰老氏。而假威凶險。授柄姦回。欲求肝膽之誠。更啟危亡之兆。固智者不爲。迷者遂去。若抽薪止沸。翦草除根。壺首囊頭。叉手械足。返國姦于司敗。歸侵地于玄武。非直惡之在今。天道人事。實棄無禮。苟違之者。其長世何。若悔非知罪。恭承德音。且欲飛驛合符。班師凱入。悠悠水鄉。有救其死。若乃執飾非之辨。固遂過之失。便當盡常勝之戰。極必取之攻。飛江南渡。深山將恐。削壤卑名。雖頓顙而不獲。亡宗滅廟。望喬木而可悲。昔田假英入。于期壯士。窮而歸我。許以入懷。景諫悖狗子。攪亂四國。庸可紓難。棄若孤鶵。何足戀戀于亂臣勤勤于賊子也。王者之威。心厲如霜雪。信同寒暑。言猶麗天。移至深念變通。熟量可否。幸思大雅。無貽後悔。文苑英華六百五十。又案藝文類聚五十八有魏收檄梁文。今據文苑英華通鑑編入杜弼集中。

枕中篇

收以子姪少年。申以戒厲。著枕中篇。其詞曰。

吾曾覽管子之書。其言曰。任之重者莫如身。途之畏者莫如口。期之遠者莫如年。以重任。行畏途。至遠期。惟君子爲能及矣。追而味之。喟然長息。若夫岳立爲重。有潛戴而不傾。山藏稱固。亦趨負而弗停。呂梁獨浚。能行歌而匪惕。焦原作險。或躋踵而不驚。九陔方集。故游然而迅舉。五紀當定。想宵乎而上征。苟任重也有度。則任之而愈固。乘危也有術。蓋乘之而靡恤。彼其遠而能通。果應之而

可必豈神理之獨爾。亦人事其如一。嗚呼。處天壤之閒。勞死生之地。攻之以嗜欲。牽之以名利。粱肉不期而共臻。珠玉無足而俱致。于是乎驕奢仍作。危亡旋至。然則上知大賢。唯幾唯哲。或出或處。不常其節。其舒也濟世成務。其卷也聲銷迹滅。玉帛子女。椒蘭律呂。諂諛無所先。稱肉度骨。膏脣挑舌。怨惡莫之前。勳名共山河同久。志業與金石比堅。斯蓋厚棟不撓。遊刃砉然。逮于厥德不常。喪其金璞。馳騖人世。鼓動流俗。挾湯日而謂寒。包溪壑而未足。源不清而流濁。表不端而影曲。嗟乎。膠漆謂堅。寒暑甚促。反利而成害。化樂而就辱。欣戚更來。得喪仍續。至有身禦魑魅。魂沈狴獄。詎非足力不彊。迷在當局。孰可謂車戒前傾。人師先覺。聞諸君子。雅道之士。遊遨經術。厭飫文史。筆有奇鋒。談有勝理。孝悌之至。神明通矣。審道而行。量路而止。自我及物。先人後己。情無繫于榮悴。心靡滯于愠喜。不養望于丘壑。不待價于城市。言行相顧。慎終猶始。有一于斯。鬱爲羽儀。恪居展事。知無不爲。或左或右。則髦士攸宜。無悔無吝。故高而不危。異乎勇進忘退。苟得患失。射千金之產。邀萬鍾之秩。投烈風之門。趣炎火之室。載蹶而墜其貽宴。或蹲乃喪其貞吉。可不畏歟。可不戒歟。門有倚禍。事不可不密。牆有伏寇。言不可或失。宜諦其言。宜端其行。言之不善。行之不正。鬼執彊梁。人囚徑廷。幽奪其魄。明夭其命。不服非法。不行非道。公鼎爲己信。私玉非身寶。過緇爲紺。踰藍作青。持繩視直。置水觀平。時然後取。未若無欲。知止知足。庶免于辱。是以爲必察其幾。舉必慎于微。知幾慮微。斯亡則稀。既察且慎。福祿攸歸。昔蘧瑗識四十九非。顏子幾三月不違。跬步無已。至于千里。覆一簣進。及于萬仞。故云行遠自邇。登高自卑。可大可久。與世推移。月滿如規。後夜則虧。槿榮于枝。望暮而萎。夫奚益而非損。孰有損而不害。益不欲多。利不欲大。唯居德者畏其甚。體真者懼其大。道遵則羣謗集。任重而衆怨會。其達

也則尼父棲遑。其忠也而周公狼狽。無曰人之我狹。在我不可而覆。無曰人之我厚。在我不可而咎。如山之大。無不有也。如谷之虛。無不受也。能剛能柔。重可負也。能信能順。險可走也。能知能愚。期可久也。周廟之人。三緘其口。漏卮在前。敧器留後。俾諸來裔。傳之坐右。（北齊書魏收傳）

庫狄干碑序（北史八十三）

祭荊州刺史陰道方文

維太昌元年十二月庚申朔越十二日辛未。友人鉅鹿魏收謹以清酌少牢之饌。敬祭于荊州刺史陰君之靈。嗚呼哀哉。惟君世載不殞。英聲在茲。風流有屬。自爾弘之。孝爲行本。忠實身基。既言斯立。譽禮窮詩。器則清賞。才惟英博。於暢風雷。蕭條丘壑。顧言朝市。忘懷濬藻。比翼沈冥。均清寂寞。往塵守官。及爾同僚。塤篪合韻。琴瑟俱調。丹墀蹕武。清道齊鑣。跡淪閒曠。心共津濠。乃眷平生。相忻多趣。殷勤哀喜。流連辭賦。泫矣不追。長違世務。詠彼徒在。音徽空樹。昔猶肢體。與子衷裳。今其往也。生死殊方。形骸何促。天地何長。申茲沃醑。贈以哀傷。嗚呼哀哉。

繕寫三部一切經願文

三有分區。四生稟性。共遊火宅。俱淪欲海。所以法王當淵渚之運。覺者應車乘之期。導彼沈迷。歸茲勝地。自寶雲西映。法河東瀉。甘露橫流。隨風感援。皇家統天。尊道崇法。拔羣品于有待。驅衆生于不二。所以刻檀作績。搆石彫金。遍于萬國。塵沙數等。復詔司存。有事緇素。精誠踰于皮骨。句偈盡于龍宮。金口所宣。總勒繕寫。各有三部。合若干卷。用此功德。心若虛空。以平等施。無思不洽。藉我願力。同登上果。（廣宏明集二十三）

魏長賢

長賢收族叔。孝靜時舉秀才。除汝南王悅參軍。入齊。平陽王淹

辟法曹參軍。轉著作佐郎。河清中出爲上黨屯留令。武平中辭疾去職。周平齊。屢辟不就。卒年七十四。

復親故書

日者惠書。義高旨遠。誨僕以自求諸己。思不出位。國之大事。君與執政所圖。又謂僕祿不足以代耕。位不登于執戟。干非其議。自貽悔咎。勤勤懇懇。誠見故人之心。靜言再思。無忘寤寐。僕雖固陋。亦嘗奉教於君子矣。以士之立身。其路不一。故有負鼎俎以趨世。隱漁釣以待時。操築傅巖之下。取履圯橋之上者矣。或有釋負車以匡霸業。委挽輅以定王基。由斬袪以見禮。因射鉤而受相者矣。或有三黜不移。屈身以直道。九死不悔。甘心于苦節者矣。皆奮于泥滓。自致青雲。雖事有萬殊。而理終一致。權其大要。歸乎忠孝而已矣。夫孝則竭力所生。忠則致身所事。未有孝而遺其親。忠而後其君者也。僕自射策金馬。記言麟閣。寒暑迭運。五稔于茲。不能勒成

一家。潤色鴻業。善述人事。功既闕如。顯親揚名。邈焉無異。每一念之。曷云其已。自頃王室板蕩。彝倫攸斁。大臣持祿而莫諫。小臣畏罪而不言。虛痛朝危。空哀主辱。匪躬之故。徒聞其語。有犯無隱。未見其人。此梅福所以獻書。朱雲所以請劍者也。抑又聞之。嫠不恤緯。而憂宗周之亡。女不懷歸。而悲太子之少。況僕之先人。世傳儒業。訓僕以爲子之道。厲僕以事君之節。今僕之委質。有年世矣。安可自同于匹庶。取笑于兒女子哉。是以腸一夕而九迴。心終朝而百慮。懼當年之不立。恥沒世而無聞。慷慨懷古。自强不息。庶幾伯夷之風。以立懦夫之志。吾子又謂僕干進務入。不畏朋友。居下訕上。欲益反損。僕誠不敏。以貽吾子之羞。默默苟容。又非平生之意。故願得鋤彼草茅。遂茲烏雀。去一惡樹一善。不違先旨。以沒九泉。求仁得仁。其誰敢怨。但言與不言在我。用與不用在時。若國道方屯。時不我與。以忠獲罪。以信見疑。貝錦成章。青蠅變色。良田敗于邪徑。黃金鑠于衆口。窮達運也。其如命何。吾子忠告之言。敢不敬承嘉惠。然則僕之所懷。未可一二。爲俗人道也。投筆而已。夫復何言。北史五十六。又見文苑英華六百八十七。有刪節。

全北齊文卷四終

全北齊文卷五

烏程嚴可均校輯

杜弼

弼字輔玄。中山曲陽人。小字輔國。延昌中以軍功起家。除廣武將軍恆州征虜府墨曹參軍。孝昌初除太學博士。授光州曲城令。天平中除侍御史。加前將軍太中大夫。遷中軍將軍北豫州驃騎府司馬。未之官。監儀同竇泰軍。泰敗。左遷下灌鎮司馬。元象初。神武徵爲丞相府法曹參軍。署記室。轉大行臺郎中。加鎮南將軍。賜爵定陽縣男。加通直散騎常侍中軍將軍。帶幷州驃騎府長史。武定中遷衞尉卿。文宣引爲兼長史。加衞將軍。轉中書令。進爵定陽縣侯。及受禪。遷驃騎將軍衞尉卿。別封長安縣伯。坐事徙臨海鎮。行海州事。轉徐州刺史。未之任。除膠州刺史。以忤旨被斬。天統中追贈尚書右僕射揚州刺史。武平初又贈

驃騎大將軍。謚曰文肅。

上老子道德經注表

臣聞乘風理弋。追逸羽于高雲。臨波命鉤。引沈鱗于大壑。苟得其道。爲工其事。在物既爾。理亦固然。竊唯道德二經。闡明幽極。旨冥動寂。用周凡聖。論行也淸淨柔弱。語迹也成功致治。實衆流之江海。乃羣藝之本根。臣少覽經書。偏所篤好。雖從役軍府。而不捨遊息。鑽味既久。斐亹如有所見。比之前注。微謂異于舊說。情發于中。而彤諸外。輕以管窺。遂成穿鑿。無取于遊刃。有慚于運斤。不足破秋毫之論。何以解連環之結。本欲止于門內。貽厥童蒙。兼以近資愚鄙。私備忘闕。不悟姑射凝神。汾陽流照。蓋高之聽卑。邇言在際。春末奉旨。猥蒙垂誘。令上所注老子。謹冒昧封呈。幷序如別。（北齊書杜弼傳。）

際當作察

與顯祖密啟

關西是國家勍敵。若今受魏禪。恐其稱義兵。挾天子而東向。王將何以待之。（北齊書高德政傳。）

遺張普惠書

明侯淵儒碩學。身負大才。秉此公方。來居諫職。謇謇如也。諤諤如也。一昨承在胡司徒第。當面折庭諍。雖問難鋒至。而應對響出。宋城之帶始縈。魯門之柝裁警。終使羣后逡巡。庶寮拱默。雖不見用于一時。固已傳美于百代。聞風快然。敬裁此白。（魏書張普惠傳作中山莊弼。字之誤也。北史四十六作杜弼。）

檄梁文

夫乾坤交泰。明聖興作。有冥運行之力。俱盡變化之途。抱識含靈。融然竝至。呈形賦命。混而同往。所以玄功潛運。至德旁通。百姓日用而不知。萬國受賜而無迹。豈徒鑿其耳目。易其心慮。悟以風雲。一其文軌。使夫日月之照不私。雨露之施均洽。運諸仁壽之域。納

于福祿之林。自晉政多僻。金行淪蕩。中原作戰鬭之場。生民爲鳥獸之餌。則我皇魏握玄帝之圖。納水靈之祉。駕雲車而自北。策龍御以圖南。政符上帝。援溺下土。怪物亟死。淫水不作。運神器于顧盼。定寶命于踟躕。恢之以武功。振之以文德。宇內反可封之俗。員首識堯舜之心。沙海荒忽之外。瀚漠羈縻之中。方志所不傳。荒經所不綴。莫不繩谷釣山。依風託水。共仰中國之聖。同欣大道之行。唯夫三吳百越。獨阻聲教。匪民之咎。責有由焉。自僞晉之後。劉蕭作慝。僭擅一隅。號令自己。惟我祖宗。馭宇愛民。重戰未極。謀臣之畫。不窮節將之兵。聊遣行人。降以尺一。圓臺已築。黃屋輒去。賜其几杖。置之度外。蕭衍輕險。有素士操蔑。聞睥睨君親。自少而長。好亂樂禍。惡直醜正。巧用其短。以少爲多。眩惑愚淺。大言以驚俗。驅扇邪僻。口兵以作威。曲體脅肩。搖脣鼓舌。候當朝之顧指。邀在位之餘論。遂汙辱冠帶。偷竊藩維。及寶卷昏狂。下不堪命。會無北面

有犯之節。遽滅人倫在三之禮。憑妖假怪。鬼語人言。稱兵指闕。傾朝鴆主。陵虐孤寡。虧懸士民。天不悔禍。姦醜得志。內恣雕靡。外逞殘賊。驅羸國之兵。逼糊口之衆。南出五嶺。北防九江。屯戍不解。役無盜歲。死亡矢刃之下。夭折露霧之中。哭泣者無已。傷痍者不絕。託身人上。忽下如草。遂使頑嚚子弟。肆行婬虐。狡猾羣小。縱極貪惏。剝割蒼生。肌肉略盡。刳剔黔首。骨髓俱罄。猛虎未方其害。餓狼詎侔其禍。惵惵周餘。救死無地。至于矯情飾詐。事非一緒。毒螫滿懷。妄敦戒業。躁競盈胸。謬治清淨。至乃大興寺塔。廣繕臺堂。昭陽倒景。垂珠銜璧。崢嶸刻削。千門萬戶。鞭撻疲民。盡其筋骨。延壤運石。悲歌掩途。死而可祈。甘同仙化。智淺謀疏。曾不自揆。遏桐柏之流。翻為己害。子亡齊之肩。忽為戎首。書契迄茲。罕聞其事。至于廢捐冢嫡。崇樹愚子。朋黨路開。彼我側目。疾視扼腕。十室而九。翹走有待。良亦多人。二紀于茲。王家多故。始則車馳之警。終有驚墜之

哀。神祇痛憤。寓縣崩震。于是故相國齊獻武高王感天壤之慘黷。激雲雷以慨然。仗高義而率民。奮大節以成務。爰有匡國定霸之圖。非直討賊雪恥之舉。于是睿略紛紜。靈武貫世。盪滌逋孼。尊主康邦。皇上秉厤受圖。天臨日鏡。道隨玄運。德與神行。既而元首懷舞馘之風。上宰薄兵車之會。遂解縶南冠。喻以好睦。舟車遄邇。川陸光華。亭徼相望。欣然自泰。反肉還童。不待羊陸。雖嘉謀長算。爰自我始。罷戰息民。兩獲其泰。王者之信。明如四時。豈或為人君父二三其德。書而不法。可不惜哉。侯景一介役夫。出自凡賤。身名淪蔽。無或可紀。直以趨馳便習。見愛爾朱。小人叨竊。遂忝名位。及中興之際。義旗四指。元惡不赦。實在羣胡。景荷人成拔。藉其股肱。主人有丹頸之期。所天陷族滅之釁。雖不能蔽捍左右。以命酬恩。猶當慘顏後至。義形于色。而趨利改圖。速如覆手。投手麾下。甘為僕隸。獻武王側棄其瑕穢。錄其小誠。得廁五命之末。預在一隊之後。

擊當作繫

孤獨當作獨孤

參跡驅馳。庶其來效。長鞭利鍛。術以制之。既關隴逋誅。每事經略。以河南虛空之地。非兵戰之衝。薄存掎角。聊示旗鼓。豈資實效。寄以遊聲。軍機催勒。蓋惟景任。總兵統旅。別有司存。而愚禍有積。憍愎遂甚。犯違軍紀。仍自猜貳。禍心潛構。翻為亂階。負恩棄德。罔恤天討。不義不昵。厚而必顛。委慈母如脫屣。棄少弟如遺土。羣子陸陸。妻妊成行。莫姜兒之爽言。蔑伯春之宛轉。跳梁猖獗。夫欲誰欺。比之梟獍。異類同醜。欲擬蛇鼠。顧非其倫。及遠託關右。委命寇逆。寶炬定君臣之分。黑獺結兄弟之親。授以名器之尊。救其重圍之死。憑人擊援。假人鼻息。俄而忘恩背惠。親尋干戈。釁暴惡盈。側首無託。以金陵逋逃之藪。江南流鐉之地。甘辭卑禮。進熟圖身。詭言浮說。抑可知矣。叛豎救命。豈將擇音。偽朝大夫。幸災忘義。主耄于上。臣蔽于下。逐雀去草。曾不是圖。竊寶叛邑。椒蘭比好。人而無禮。其能國乎。夫安危有大勢。成敗有恆兆。不假離朱之目。不藉子野

之聽。聊陳刺心之說。且吐伐謀之言。今帝道休明。皇猷允塞。四民樂業。百靈效祉。雖上相云亡。而伊陟繼事。秉文經武。虎視龍驤。驅日下之俊雄。收一世之英銳。擊刺猶雷電。合戰如風雨。控弦躍馬。固敵是求。蠕蠕昔遭離亂。輻分瓦裂。匹馬孤征。告困于我。國家深敦鄰附。愍其入懷。盡憂人之禮。極繼絕之義。保衛出于故地。資給唯其多少。存其已亡之業。成其莫大之基。深仁厚德。鏤其骨髓。引領思報。義如手足。吐谷渾深執忠孝。膠漆不渝。萬里仰德。奏款屬路。竝申以婚好。行禮如歸。蠕蠕境斜界黃河。望通幽夏。飛雪千里。曾冰洞積。北風轉勁。實筋骨之時。沍寒方猛。正氈裘之利。吐谷渾疾彼凶逆。彌兵歲舉。傾河及鄯。歷通隴峽。驅龍池之種。藉常勝之氣。二方俟隙。企其移種。加以孤獨如願。擁衆秦中。治兵劫脅。黑獺北備西擬。內營心腹。救首救尾。疲于奔命。豈暇稱兵東指。出師函谷。且秋風揚塵。國有恆防。關河形勝之際。山川襟帶之所。猛將精

兵基峙岳立又費炬河陰之北黑獺邙山之走衆無一旅僅以身歸就其不顧根本輕懷進趣斯則一勞永逸天贊我也言之旦旦日月經天舉世所知義非徒語持此量之理有可見則侯景遊魂莫非虛誕夫景繩樞席牖之子阡陌鄙俚之夫遭風塵之會逢馳騖之日遂位此三吏邑啟千社揣身量分久當止足而乃周章去就離跂不已夫豈徒爾事可推傷度其衆叛親離守死不暇乃聞將棄懸弧遠赴彭城老賊姦謀復將作矣固揚聲赴助計在圖襲吞淵明之衆招厭虐之民梟長淮以爲斷仍鴟張歲月南面假名死而後已此蓋蜂蠆之禍我乘其獘且僞主昏悖不惟善鄰賊忍之心老而彌篤納逋叛之詭誘蔑信義以猖狂天奪其神人重其怨將踐瓜圖之蹤且追兒侯之轍今徵發犬羊侵軼徐部築壘擁川覬覦小利此而可忍孰不可懷兵凶戰危出不得已謬奉朝規肅茲九伐扛鼎拔樹之衆超乘投石之旅練甲爭途波聚霧合虎班龍文之逸蘭池𦬕梢之騉噓天陸野躡影追風振旅南轅長驅討賊非直三吳鼠面一麾魚駭乘此而往靑蓋將歸且衍虐網蚩蚩兵權在外恃險躁之風俗兼輕薄之子孫蕭倫凶狡之魁豈無商臣之佷蕭譽失志之憤當召專諸之客外崩中潰今也其時慕府師行以禮兵動以義弔民伐罪理有存焉其有知機審變翻然鵲起立功立事去危就安賞典未忘事必加等若軍威所至敢有拒違尺兒已上咸從梟戮今三禮四義之將豹虎熊羆之士深銜逋僞信納叛亡違卜愎諫賞與伐役莫不含怒作色如赴私讎茹肝涉血義不旋踵攻戰之日事若有神莽積麻亂匪旦伊夕以彼曲師危卒望我軍鋒何異蛣蜣披甲蝍蛆梟尾正恐旗鼓一接芝藿俱摧先事喻懷備知翰墨王侯無種禍福由人斯蓋丈夫肉食之秋壯士封侯之會冬冰可折時不再來凡百君子勉求多福檄之所到咸共申省知我國行師之意（文苑英華六百四十五案此檄出魏書蕭衍傳）

觀夫辰象麗天山岳鎮地方以類聚物以羣分建之以邦國樹之以君長日月于是莫二宇宙（藝文類聚作帝王）所以總一雖五運相推百王革命此道之行孰之能改（藝文類聚作此道所行孰云能易）而皇家承統（通鑑作垂統）光配彼天義洽幽明化周動植崇文德以來遠修禮讓以止訟舞干戚于兩階執玉帛于萬國玄功潛運至德旁通百姓日用而不知兆民受賜而無迹唯彼吳越獨阻聲教匪民之咎責有由焉而元首懷止戈之心上宰薄兵車之會遂解縶南冠喻以好睦舟車遵泝川陸同光亭徼息奔走之勞屯戍無遞卒之變雖嘉謨長算爰自我始而罷兵息民彼獲其利侯景豎子本無事業（藝文類聚作士業）乃枉道于人間遂乾沒于世上嗚吠于爾朱之門頷守于晉泰之日曾無爲主之識詎有挈瓶之智既而投命義旗歸身幕府殊異雍齒有類丁公時逢寬政得免大戮棄其瑕滓收其力用預在行伍參跡驅馳及秦隴逋誅每事經略以河南是空虛之地漢陽非兵戰之衝薄存犄角聊示旗鼓豈資寶效寄以遊聲軍機催勤蓋維景任總兵統旅則有司存而愚褊有積驕憤遂甚屢犯軍紀自生疑貳（通鑑作猜貳）禍心潛構翻成亂階負恩棄德罔恤天討不義不暱厚而必顛委慈母似脫屣棄寵弟如遺芥龍鍾稚子痛苦成行戀彼諸姬破亡爲伍滅伯眷之婉孌慕姜兒之爽言不與狼虎同仁而共豺狸等惡及遠託關隴依憑姦異逆主定君臣之分賊臣結兄弟之親解其倒懸仰人鼻息一日（通鑑作一旦）無恩終成難養俄而易慮躬擐（通鑑作親擐）干戈蟻聚蜂盈側首無託以金陵逋逃之藪江南流禦（藝文類聚作流離通鑑作流寓）之地甘辭卑體進熟圖身䛐言（通鑑作詭言）浮說抑可知矣叛豎投命豈將擇音而僞朝大小幸災忘義主荒于上臣蔽于下遂雀去草曾不是圖竊寶叛邑椒蘭比好人而無禮其能國乎亦既失信不亡何待今帝道休明皇猷允塞四民樂業百靈效祉故丞相材標國楨道潤時雨義冠伊霍勳蓋桓文大

君立德。世功世祿。作民舟檝。爲國楝梁。內外齊心。上下同德。蛟騰虎嘯。風生雲起。麾日則車騎轉舍。排山則龍門洞開。吞雲夢于胷中。運天下于掌內。雖有賊臣去國。亡卒出境。何異一毛之落牛體。雙鳧之飛海曲。（藝文類聚作海濱。）彼既連結姦惡。斷絕鄰好。追兵（通鑑作徵兵。）保境。縱盜侵國。蓋物無定方。事無常勢。（通鑑作定勢。）或乘利而受害。或因得而更失。是以吳侵齊境。遂致（通鑑作遂得。）句踐之師。趙納韓地。終有長平之役。矧乃鞭撻疲民。侵軼徐部。築壘擁川。舍信（通鑑作捨舟。）邀利。此而可忍。孰不可懷。是以援枹秉麾之將。投石拔距之士。深銜僞主。信納亡叛。含怒作色。如赴私讎。意存涉血。義不旋踵。攻戰之利。實若有神。（通鑑有彼字。）連營聚衆。依山傍水。舉螳蜋之斧。被蛣蜣之甲。當窮轍以待輪。坐積薪而候燎。及其鋒刃暫接。埃塵且接。便已亡戟棄戈。土崩瓦解。貞陽以從子之親。爲（藝文類聚從作猷。爲作當。）戎首之任。非獨力屈道窮。亦將無路還蜀。兼亦（藝文類聚作兼復。）挾子垂翅。俱在籠樊。將士以昧禍之心。爲助亂之事。皆拊指舟中。拔甲（通鑑作矜甲。）鼓下。同宗異姓。縲紲相望。曲直既殊。彊弱不等。父出子孤。自取其敗。遣上慢諫。何以辭責。雖復貪利苟得。背同即異。獲一人而失一國。見黃雀而忘深井。（通鑑作深穽。）食鉤吻以療飢。飲鴆毒以救渴。智者所不爲。仁者所不向。誠既往之難逮。猶將來之可追。景（藝文類聚通鑑作侯景。）以鄙俚之夫。遭風雲之會。位登（通鑑作班。）三事。邑啟萬家。揣身量分。久當止足。而周章向背。離披不已。夫豈徒然。意亦可見。彼乃示（通鑑作授。）之以利器。誨之以慢藏。使其勢得容姦。令其時堪乘便。既（通鑑作今見二字。）南風不競。天亡有徵。老賊姦謀。將復作矣。然則摧堅彊者難爲功。拉（通鑑作摧。）枯朽者易爲力。計其（藝文類聚無其字。）雖非孫吳猛將。燕趙精兵。猶是久涉行陳。曾習軍旅。豈同輕剽之師。不比危脆之衆。拒此則作氣不足。攻彼則爲勢有餘。恐尾大于身。踵麤于股。倔彊不掉。狼戾難馴。呼之則反速而釁小。不徵則叛遲而禍大。會應遙望廷尉。

不肯爲臣。自據淮南。亦欲稱帝。但恐楚國亡猨。禍延林木。城門失火。殃及池魚。橫使江淮士子。荊揚人物。死亡矢石之下。夭折霧露之中。彼梁主（通鑑有者字。）操行無聞。輕險有素。工用其短。以少爲多。反覆山淵。顛倒冠屨。射爵論功。盪舟稱力。年既老矣。耄又及之。政散民流。禮崩樂壞。改換朝章。變易官品。雖勢異漢朝。而事同新室。加以用捨乖方。立廢失所。矯情動衆。飾智驚愚。毒螫滿懷。妄敦戒業。躁競盈貫。謬治淸淨。內恣鴟靡。外逞殘賊。人人厭苦。家家思亂。災異降于上。怨讟興于下。履霜有漸。堅冰且至。恃（藝文類聚作將。通鑑作傳。）浮躁之風俗。任輕薄之子孫。朋黨路開。兵權在外。必將禍生骨肉。難起腹心。彊弩衝城。長戟（通鑑作長戈。）指闕。徒探雀鷇。無救府藏之虛。空請熊蹯。詎延晷刻之命。外崩中潰。今實其時。鷸蚌相持。我乘其弊。方使高旗舒旆。長轂啟行。迅騎（通鑑作駿騎。）追風。精甲耀日。四七並列。百萬爲羣。風飄雲動。星羅海運。以此赴敵。何敵不摧。以此攻城。何城不陷。猶爲岸上之虎。當作水中之龍。以轉石之形。爲破竹之勢。將使鍾山渡江。青蓋入洛。荊棘生（藝文類聚通鑑有子字。下句亦有。）建業之宮。麋鹿遊姑蘇之館。但恐兵車（藝文類聚通鑑作革車。）之所轥轢。劒騎之所蹂踐。杞梓（藝文類聚作椅梓。）于焉傾折。竹箭以此摧殘。若吳之王孫。蜀之公子。順時以動。見機而作。面縛銜壁。肉袒牽羊。歸款軍門。委命下吏。當使焚櫬而出。拂席相待。必以楚材將（藝文類聚待作侯。將作終。）爲晉用。固乃喜得異度。實自利獲士衡。即授客卿之秩。特加驃騎之號。斯蓋壯士封侯之日。丈夫立節之秋。冬冰可折。時不再來。先事預懷。有如皎日。王侯無種。工拙在人。凡百君子。勉求多福。若不改迷。坐待淪沒。一旦暴骨草莽。流血成川。猶且不噬。噬臍何及。故宜往意。馳此箭書。檄之到彼。咸共申省。（文苑英華六百四十五。同前。又見通鑑一百六十。東魏使軍司杜弼作檄移梁朝云云。又藝文類聚五十八作魏收。誤。豈此檄魏收潤色之。曾編入魏集邪。疑誤也。）

與邢邵議生滅論

邵曰。爲人死還生。恐是爲蛇畫足。弼荅曰。蓋謂人死歸無。非有能生之力。然物之未生。亦本無也。無而能有。不以爲疑。因前生後。何獨致怪。邵云。聖人設教。本由勸獎。故懼以將來。望各遂其性。弼曰。聖人合德天地。齊信四時。言則爲經。行則爲法。以虛示物。以詭勸民。將同魚腹之書。有異鑿楹之誥。安能使北辰降光。謂龍宮韞櫝。就如所論。福果可以鎔鑄性靈。弘獎風教。爲益之大。莫極于斯。此則眞教。何爲非實。邵云。死之言澌。精神盡也。弼曰。此所言澌。如射箭盡。手中盡也。小雅曰。無草不死。月令又云。靡草死。動植雖殊。亦此之類。無情之草。當春還生。含靈之物。何妨再造。若云草死。猶有種在。則復人死亦有識。識種不見。謂以爲無者。神之在形。亦非目矚。離朱之明。所不能覩。雖蔣濟觀眸。賢愚可察。鍾生聽曲。山水呈狀。乃神之工。豈神之質。猶玉帛之非禮。鍾鼓之非樂。以此而推。義斯見矣。邢云。季札言無不之。亦言散盡。若復聚而爲物。不得言無不之也。弼曰。骨肉下歸于土。魂氣則無不之。此乃形墜魂遊。往而非盡。如鳥出巢。如蛇出穴。由其尚有。故云無所不之。若令全無。之將焉適。延陵有察微之識。知其不隨于形。仲尼發習禮之歎。美其神與形別。若許以廓然。然則人皆季子。不謂高論。執此爲無。邢云。神之在人。猶光之在燭。燭盡則光窮。人死則神滅。弼曰。舊學前儒。每有斯語。羣疑衆惑。咸由此起。蓋辨之者未精。思之者不篤。竊有末見。可以覈諸。燭則因質生光。質大光亦大。人則神不係于形。神小形豈小。故仲尼之智。必不短于長狄。孟德之雄。乃遠奇于崔琰。神之于形。亦猶君之有國。國實君之所統。君非國之所生。不與同生。孰云俱滅。邢云。捨此適彼。生生恆在。周孔自應同莊周之鼓缶。和桑扈之循歌。弼曰。共陰而息。尚有將別之悲。窮轍以遊。亦興中途之歎。況乎聯體同氣。化爲異物。稱情之服。何害于聖。邢云。鷹化爲鳩。鼠變爲鴽。黃母爲鼈。皆是有生之類也。類化而相之。猶光去此燭。復然于彼燭。弼曰。鷹未化爲鳩。鳩則非有。爲鼠未化爲鴽。則以無論相之。乃侶竝對之稱。既非未化爲鴽以下十八字從文苑英華補。二有。何可兩立。光去此燭。得然彼燭。神去此形。亦託彼形。又何惑哉。邢云。欲使土化爲人。木生眼鼻。造化神明。不應如此。弼曰。腐草爲螢。老木爲蝎。造化不能。誰其然也。其後別與邢書云。夫建言明理。宜出典證。而違孔背釋。獨爲君子。若不師聖。物各有心。馬首欲東。誰其能禦。奚取于適衷。何貴于得一。逸韻雖高。管見未論。前後往復再三。邢邵理屈而止。北齊書杜弼傳。文苑英華七百五十八。又略見北史五十五。

全北齊文卷五終

烏程嚴可均校輯

宋遊道

遊道。廣平人。仕魏爲廣陽王深鎧曹。遷殿中侍御史。孝莊即位。除左中兵郎。解職。除司州中從事。拜尚書左丞。免。孝武時爲通直散騎常侍。後爲文襄大行臺吏部。太原公開府諮議。領平陽公中尉。治書侍御史。尋兼司徒左長史。除御史中尉。文宣受禪。進兼太府卿。卒。贈瓜州刺史。武平中加贈儀同三司。謚曰貞惠。

詣闕上書乞解郎中

徐州刺史元孚頻有表云。僞梁廣發士卒。來圖彭城。乞增羽林二千。以孚宗室重臣。告請應實。所以量奏給武官千人。孚今代下。以路阻自防。遂納在防羽林八百人。辭云疆境無事。乞將還家。臣忝局司。深知不可。尚書令臨淮王彧。即孚之兄子。遣省事謝遠三日之中。八度逼迫。云宜依判許。臣不敢附下罔上。孤負聖明。但孚身在任。乞師相繼。及其代下。便請放還。進退爲身。無憂國之意。所請不合。其罪下科。彧乃召臣于尚書都堂。云卿一小郎。憂國之心。豈厚于我。醜罵溢口。不顧朝章。右僕射臣世隆。吏部郎中臣薛琡。已下百餘人。並皆聞見。臣實獻直言云。忠臣奉國。事在其心。亦復何簡貴賤。比自北海入洛。王不能致身死難。方清宮以迎暴賊。鄭先護立義廣州。王復建旗往討。趣惡如流。伐善何速。今得冠冕百寮。乃欲爲私害政。爲臣此言。彧賜怒更甚。臣既不佞。干犯貴臣。乞解郎中。北齊書宋遊道傳。孝莊即位。除左兵中郎。又爲尚書令臨淮王彧譴責。遊道乃執版長揖。即日詣闕上書。

上書理李獎

臣聞賞善罰惡。謂之二機。有道存焉。所貴不濫。是以子胥無罪。吳人痛之。郄宛不幸。國言未息。故河南尹李獎。門居戚里。世擅名家。有此良才。是兼周用。自少及長。忠孝爲心。入朝出牧。清明流譽。褫

懷放暢。風神爽發。實廊廟之瑚璉。社稷之禎幹。往歲北海竊據。負扆當朝。下公卿士。俛眉從事。而獎閤門百口。同居京洛。既被羈縶。自拔無由。託使東南。情存避難。當時物論。謂其得所。然北海未敗之日。徐州刺史元孚爲其純臣。莫之敢距。表啟相望。遲速唯命。及皇輿返正。神器斯復。輕薄之徒。共生僥倖。詭言要賞。曲道求通。濫及善人。稱爲己力。若以獎受命賊朝。語跡成罪。便與天下共當此責。于時朝旨。唯命絕官。亦既經恩。方知酷濫。伊昔具臣。比肩賊所。身臨河上。日尋干戈。時逢寬政。任遇不改。一介使人。獨嬰斯戮。凡在有心。孰不嗟悼。前朝所以論功者。見其遂人且相慰悅。其猶郭默生亂。劉肩懸首。事乃權宜。蓋非實錄。昔鄧艾下世。段灼理其冤。馬援物故。朱勃申其屈。臣雖小人。趣事君子。有懷舊恩。義兼人故。見其若此。久欲陳辭。含言未吐。遂至今日。幽泉已閉。壟樹成行。內手捫心。顧懷愧慨。幸逢興聖理運唯新。雖曰纂戎。事同創革。頻有大恩。被于率土。亡官失爵者。悉蒙追復。而獎雜木猶存。牛車未改。士感知己。懷此無忘。輕率辭言。干犯齋穀。伏願天鑒。賜垂矜覽。加其贈秩。慰此幽魂。魏書李平附傳。平長子獎。孝莊初爲河南尹。元顥入洛。獎以兼尚書右僕射慰勞徐州羽林及城人。不承顥旨。害獎。傳首洛陽。出帝時。獎故吏通直散騎常侍宋遊道上書理獎。詔贈衛將軍冀州刺史。

密啟李子貞事狀

子貞元康交遊。恐其別有請囑。北齊書宋遊道傳。兗州刺史李子貞在州貪暴。遊道按之。文襄以貞預建義勳。意將含忍。遊道疑陳元康爲其內助。密啟云云。

薛琡

琡字曇珍。代人。徙居河南。本姓叱干氏。少仕宣武爲典客令。正光中除洛陽令。累遷吏部郎中。永安中爲元天穆行臺尚書。行西兗州事。天平初拜七兵尚書。神武引爲丞相府長史。轉殷州刺史。歷度支殿中二尚書。齊受禪。爲尚書右僕射。卒。贈開府儀同三司。尚書左僕射。青州刺史。謚曰威恭。

穀當作縠

上書論停年格

臣聞錦穀雖輕，不委之呂學割；瑚璉任重，豈寄之呂弱力。若使選曹唯取年勞，不簡賢否，使義均行鴈，次若貫魚，勘簿呼名，一吏足矣，數人而用，何謂銓衡。今黎元之命，繫于守長，若其得人，則蘇息有地；任非其器，爲患更深。請郡縣之職，吏部先盡擇才，務取廉平涓直，素行有聞，並學通古今，曉達治體者，（北史作政職者，通典作理體者，皆避唐諱追改。）呂應其選，不拘入職遠近，年勳多少。其積勞之中，有才堪牧人者，自在先用之限。其餘不堪者，既壯藉其力，豈容老而棄之。將佐丞尉，去人稍遠，小小當否，未爲多失，宜依次補敘，呂酬其勞。（北史二十五：琡遷吏部郎中。先是吏部尚書崔亮奏立停年格，不簡人才，專問勞舊。琡乃上書云云。書奏不報。又通典十六，略見北齊書薛琡傳。）

復陳請令大臣薦賢

共治天下，本屬百官，是呂漢朝常令三公大臣舉賢良方正、有道直言極諫之士，呂爲長吏，監撫黎元。自晉末呂來，此風遂替。今四方初定，務在養民，臣請依漢氏更立四科，令三公貴臣（通典北史作三公宰貴）各薦時賢，呂補郡縣，明立條格，防其阿黨之端，庶令塗炭之餘，戴仰有地。（北齊書薛琡傳，通典十六，北史二十五。）

討邢杲議

邢杲聚衆無名，雖彊猶賊；元顥皇室昵親，來稱義舉，此恐難測。自河陰之役，人情駭怨，令有際會，易生感動。待顥事決，然後迴師。杲鼠盜狗竊，非有遠志，宜先討顥。（北齊書薛琡傳，北史二十五。）

刁柔

柔字子溫，勃海饒安人，魏特進雍孫。初爲宣武挽郎，解褐司空行參軍。永安中，除中堅將軍、奉車都尉，加冠軍將軍、中散大夫。元象中，神武呂爲永安公府長流參軍。文宣受禪，除國子博士、中書舍人，與魏收同譔魏書。

嫡子孫承襲議

出上脫爲字

時議者呂爲立五等爵邑，承襲者無嫡子，立嫡孫；無嫡孫，立嫡子弟；無嫡子弟，立嫡子孫弟。柔呂爲無嫡孫，立嫡曾孫，不應立嫡子弟。議曰：柔案禮，立嫡呂長，故謂長子爲嫡子。嫡子死，呂嫡子之子爲嫡孫。死則曾玄亦然。然則嫡子之名，本爲傳重，故喪服曰：庶子不爲長子三年，不繼祖與禰也。禮記公儀仲子之喪，檀弓曰：何居？我未之前聞。仲子舍其孫而立其弟，何也？子服伯子曰：仲子亦猶行古人之道也。昔者文王舍伯邑考而立武王，微子舍其孫腯而立弟衍，仲子亦猶行古之道。鄭注曰：仲子爲親者諱耳。立子非也。文王之立武王，權也。微子嫡子死，立其弟衍，殷禮也。子游問諸孔子，孔子曰不立孫。注曰：據周禮。然則商呂嫡子死，立嫡子之母弟；周呂嫡子死，立嫡子之子爲嫡孫。故春秋公羊之義，嫡子有孫而死，質家親親先立弟，文家尊尊先立孫。喪服云：爲父後者出母無服。小記云：祖父卒而後爲祖母後者三年。爲出母無服者，喪者不祭故也；爲祖母三年者，大宗傳重故也。今議呂嫡子孫死而立嫡子母弟，嫡子母弟者，則爲父後矣。嫡子母弟本非承嫡，呂無嫡故得爲父後，則嫡孫之弟理亦應得爲父後，則是父卒然後爲祖後者服斬。既得爲祖服斬，而不得傳重者，未之聞也。若用商家親親之義，本不應嫡子死而立嫡子孫；若從周家尊尊之文，豈宜舍其孫而立其弟。或文或質，愚用惑焉。小記復云：嫡婦不爲舅後者，則姑爲之小功。注云：謂夫有廢疾他故，若死無子，不受重者。小功，庶婦之服。凡父母于子，舅姑于婦，將不傳重于嫡，及將所傳重者非嫡，服之皆如衆子庶婦也。言死無子者，謂絕世無子，非謂無嫡子。如其有子，焉得云無後。夫雖廢疾無子，婦猶呂嫡爲名。嫡名既在，而欲廢其子者，其如禮何？禮有損益，代相沿革，必謂宗嫡可得而變者，則爲後服斬，亦宜有因而改。（北齊書刁柔傳。）

張保洛

保洛代人。初從葛榮爲領左右。榮敗，爲尒朱榮統軍，累遷揚烈將軍、奉車都尉。後隸神武爲都督、帳內，遷右將軍、中散大夫，除平南將軍、光祿大夫，加安東將軍，封昌平縣薄家城鄉男。元象初，除西夏州刺史、當州大都督，封安武縣伯，轉行蔚州刺史，鎭晉州。文襄嗣事，以爲左廂大都督，加征西將軍，除梁州刺史。文宣受禪，仍爲刺史。廢帝初，除滄州刺史，封敷城郡王，坐聚斂免官奪爵。及卒，追復本封。

造像碑

大魏武定七年十二月八日，前使持節都督夏蔚二州諸軍事衞將軍夏蔚二州刺史當州大都督安武縣開國伯又征西大將軍儀同三司行晉州事東雍州鎭城安武縣開國侯張保洛、前使持節都督東荊州諸軍事征西將軍東荊州刺史當州大都督東雍州鎭城永盈子劉龔、假節督東雍州諸軍事新除右將軍東雍州刺史當州都督安憙子辥光熾等，敬造石碑像四佛四菩薩。藉此微功，仰願先王、婁太妃、大將軍令公兄弟等亡者昇天，託生西方无量壽佛國；現在眷屬，四大康和，輔相魏朝，永隆不絕。復願所生父母，乃及七世，皆生佛土，體解至道。以至妻子，無病延年，長享福祿，在在處處，遇善知識。又使兵鉀不興，關隴自平，普天豐樂，災害不起。乃至一切有形衆生蠢動之類，皆發菩提道心，一時成佛。（碑拓本。）

裴獻伯

獻伯，河東聞喜人，魏益州刺史宣第三子。仕魏爲尚書郎。入齊，遷廷尉卿，除濟州刺史，終殿中尚書。

移御史中尉

案蔡氏《漢儀》：御史中尉逢臺郎于復道，中尉下避，執版，郎中車中舉手禮之。以此而言，明非敵體。（《通典》二十四。）

李繪

繪字敬文，趙郡平棘人。仕魏，歷中書侍郎、丞相司馬。武定初，爲高陽內史。文襄統事，徵補大將軍從事中郎，遷司馬。文宣嗣事，仍爲丞相司馬。齊受禪，除司徒右長史。卒，贈南靑州刺史，謚曰景。（案《北齊書·李繪傳》誤入高隆之事三百二十五字，無從校正，今從《北史》。）

荅崔諶書

鴒（《北史》作鵽。）有六翮，飛則沖天；麋有四足，走便入海。下官膚體疏嬾，手足遲鈍，不能逐飛追走（《北史》作不能逐逸追飛走。），遠事佞人。（《北齊書·李繪傳》，又見《北史》三十三。）

李槩

槩字季節，繪族子。爲文襄大將軍府行參軍，除殿中侍御史，後爲太子舍人，坐事免。卒于幷州功曹參軍。

達生丈人集序

達生丈人者，生于戰國之世，爵里姓名無聞焉爾。時人撰其行己，彊爲之號。頗好屬文，成輒棄稿。常持論文云：古人有言，性情生于慾。又曰：人之性靜，慾實汨之。然則性也者，所受于天，神識是也，故爲形骸之主；情也者，所受于性，嗜欲是也，故爲形骸之役。由此言之，性情之辯，斷然殊異。故其身泰則均齊死生，塵垢名利，縱酒恣色，所以養情；否則屛除愛著，擯落支體，收視反聽，所以養識。是以遇榮樂而無染，遭尼窮而不悶，或出人閒，或栖物表，逍遙寄託，莫知所終。（《北史》三十三《李公緒附傳》。）

穆子容

子容字山行，代人，魏司空亮從子。歷通直散騎常侍、平東將軍、中書侍郎、恆州大中正、汲郡太守。齊受禪，入爲司農少卿，卒于司農卿。

太公呂望表

太公姓呂名望，號曰尚父。尚氏之興，元出姜氏。公望以輔翼流詠，子平以確素致譏。卯金握厤，冠蓋鱗次；典午統宇，軒冕波屬。或隶

忌上脫虛字

冒當作昌

文入朝，或用武出討。儒默交映，勳庸相趍。大魏東苞碣石，西跨流沙，南極班超之柱，北窮竇憲之誌。高祖孝文皇帝龍飛代郡，鳳翔嵩邑，澄濤人士，品藻第望，尚氏合宗，還見禮擢，九等舊制，不失彝序。方知賢聖之門，道風必復，功德之後，學識還昌。太公冑孫尚□、□尚天寶、尚子牧、尚子佐、尚方顯、尚景□、尚遵明、尚袭香、尚顯敬、尚迴歸、尚□樂、尚漢廣、尚崇等，器業優洽，文義淹潤，慨忌置碑，僻據山阜，崔嵬列石，不枕康衢。遂率親黨，更營碑廟，㠯博望之亭，形勝之所，西臨滄谷，東帶洑川，周秦故道，燕趙舊路，構宮鐫石，□當平顯，庶使文範之狠，不獨百城，有道之美，詎假千石。几斯盛事，理切含豪，余㠯虛薄，□參郡任，民情和□，□託爲文，率爾彈翰，棄辭收理，其詞曰：

迢迢岳冑，蔚蔚姜枝。積德不已，繼踵方義。殺將允執，紂遂冒披。託□□□，郎貔非羆。功著牧野，□自幽岐。既伸帷幄，仍秉鉞麾。佐命周室，開邑齊土。北控趙燕，南臨□□。一匡九合，懸車東馬。位極三事，勳高萬古。葬切晉盈，魂悲漢祖。忻哉尚聖，遺魂可怙。言歸故鄉，降神巫呪。□□□□，□室望岫。庭栽異木，井依餘甃。肴觴競奉，歌鍾迭奏。風雨飾宣，華夷用富。恩被系子，慶傳曾昌。通直散騎常侍聘梁使平東將軍中書侍郎恆州大中正脩左使汲郡太守穆子容山行之文。大魏武定八年四月庚辰朔十二日辛卯建造。（傳拓本，前半刻晉盧无忌文，已編入全晉文，此不重錄。）

陸士佩

士佩，武定末爲東郡太守，入齊，未詳。

遺陽斐書

當諮大將軍，㠯足下爲匠者。（北齊書陽斐傳：東郡太守陸士佩㠯黎陽關河形勝，欲因山即壑，㠯爲公家苑囿，遺斐書。）

陽斐

斐字叔鸞，北平漁陽人（一云無終人）。魏前軍將軍固從兄子。孝莊時㠯功賜爵方城伯，歷侍御史兼都官郎中，廣平王開府中郎。興和中，除起部郎中，兼通直散騎常侍，使梁，還，除廷尉少卿，轉尚書右丞。齊受禪，除鎮南將軍尚書吏部郎中，免，除都水使者，監築長城，行南譙州事，加通直散騎常侍，壽陽道行臺左丞，遷散騎常侍，除徐州刺史，帶東南道行臺左丞。乾明初，徵拜廷尉卿，遷衞大將軍，兼都官尚書，行太子少傅，徙殿中尚書，監瀛州事，拜儀同三司。卒，贈驃騎大將軍，中書監，北豫州刺史，謚曰敬簡。

答陸士佩書

當今殷憂啟聖，運遭昌厤，故大丞相天啟霸功，再造太極，大將軍光承先構，嗣績丕顯，國步始康，民勞未息，誠宜輕徭薄賦，勤恤民隱。詩不云乎：民亦勞止，迄可小康，惠此中國，㠯綏四方。古之帝王亦有表山刊樹，未足盡其意，下輦成宴，詎能窮其情，正足㠯靡天地之財用，劉生民之髓腦，是故孔子對葉公㠯來遠，酬哀公㠯臨民，所問雖同，所急異務故也。相如壯上林之觀，揚雄騁羽獵之辭，雖係㠯隤牆填壍，亂㠯收罝落網，而言無補于風規，祇足昭其愆戾也。（北齊書陽斐傳。）

宋軌

軌，天保中爲都官郎中。

奏罷守宰設棒

昔曹操懸棒，威于亂時，今施之太平，未見其可。若受使請賕，猶致大戮，身爲枉法，何㠯加罪。（隋書刑法志：文宣令守宰各設棒，㠯誅屬請之使，後都官郎中宋軌奏云云，于是罷之。）

張老

老，天保中爲司徒功曹。

上書請改律令

大齊受命已來，律令未改，非所以創制垂法，革人視聽。（隋書刑法志。）

封子繪

子繪字仲藻，渤海蓨人，魏尚書右僕射隆之次子，小名搔，爲神武開府主簿，隨府轉丞相主簿，加伏波將軍，除通直常侍、左將軍，領中書舍人，加征南將軍、金紫光禄大夫。孝靜初，兼給事黃門侍郎，除衛將軍、平陽太守，加散騎常侍，徵補大行臺吏部郎中，文襄統事，以爲渤海太守，加驃騎將軍。天保初，除大尉長史，歷海州、合州、鄭州刺史，徵爲司徒左長史。乾明初，轉大司農，除魏尹。皇建中，加驃騎大將軍、太常，中遷都官尚書，加儀同三司，歷七兵尚書，轉祠部尚書。河清三年卒，贈尚書右僕射，謚曰簡。

潼關進止議

賊帥才非人雄，偷竊名號，遂敢驅率亡叛，送死伊瀍。天道禍淫，一朝瓦解，雖僅以身免，而魂膽俱喪。混一車書，正在今日。天與不取，反得其咎。時難遇而易失，昔魏祖之平漢中，不乘勝而取巴蜀，失在遲疑，悔無及已。伏願大王不以爲疑。（北齊書封隆之傳：武定元年，高仲密以武牢西叛，周文帝擁衆東侵，高祖于邙山破之，乘勝長驅，遂至潼關，命羣僚議其進止，子繪言。）

辛術

術字懷哲，隴西狄道人，魏左光禄大夫雄族叔，初爲司空胄曹參軍，及遷鄴，爲起部郎，再遷尚書右丞，出爲清河太守，授并州長史。文襄嗣事，累遷散騎常侍。武定末，除東南道行臺尚書，封江夏縣男，遷東徐州刺史，爲淮南經略。齊受禪，移鎮廣陵，徵爲殿中尚書，領太常卿，遷吏部尚書。天保十年卒，皇建二年，贈開府儀同三司、中書監、青州刺史。

奏鄴都營構宜訪詢李業興

今皇居徙御，百度創始，營構一興，必宜中制，上則憲章前代，下則模寫洛京。今鄴都雖舊，基址毀滅，又圖記參差，事宜審定。臣雖曰職司，學不稽古，國家大事，非敢專之。通直散騎常侍李業興碩學通儒，博聞多識，萬門千戶，所宜訪詢，今求就之，披圖案記，考定是非，參古雜今，折中爲制，召畫工并所須調度，具造新圖，由奏取定，庶經始之日，執事無疑。（魏書李業興傳。）

崔瞻

瞻字彥通，清河東武城人，魏尚書休孫，初署郡主簿，歷清河公岳西閤祭酒，除御史，神武文襄相府中兵參軍，轉主簿。天保初，兼吏部郎中，皇建初，除給事黃門侍郎，加征虜將軍，除清河邑中正。武成即位，除太子中庶子、太常，初除衛尉少卿，尋兼散騎常侍，聘陳還，除太常少卿，加冠軍將軍，轉尚書吏部郎中，免。天統末，加驃騎大將軍，就拜銀青光禄大夫。武平三年卒，贈大理卿，謚曰文。

遺李槩書

伏氣使酒，我之常弊，詆訶指切，在卿尤甚。足下告歸，吾於何聞過也。（北齊書崔瞻傳：與趙郡李槩爲莫逆之交，槩將東還，瞻遺之書。）

崔昂

昂字懷遠，博陵安平人，魏光州刺史挺孫。天平末，文襄引爲記室參軍，隨府遷長史，歷司徒右長史、尚書左丞，兼度支尚書，攝都官尚書，兼太府卿。齊受禪，遷散騎常侍，兼大司農卿，封華陽縣男，轉廷尉，右僕射，文宣崩後，除儀同三司、光禄勳。皇建初，轉太常。河清初，兼御史中丞，坐事除名，復爲五兵尚書，遷祠部。天統元年卒，贈趙州刺史。

上書極言得失

屯田之設，其來尚矣。曹魏破蜀，業以興師；馬晉平吳，兵因取給。朝廷頃以懷洛兩邑，鄰接邊境，薄屯豐稔，糧儲已贍，準此而論，龜鑑

其如當作至如

非遠。其幽安二州。控帶奚賊蠕蠕。徐揚兗豫。連接吳越。疆埸鄰寇。實藉轉輸之資。常勞私糴之費。諸道別遣使營之。每考其勤情。則人加勸勵。倉廩充實。供軍濟國。實謂在茲。其次法獄之重。人命所懸。頃者官司糾察。多不審練。乃開緣淺入深。未有雪大爲小。咸以畏避嫌疑。共相殘刻。其如錢絹粟麥。其狀難分。徑指爲贓。罪從此定。乞勅羣司。務存獲實。如此則有息將來。必無枉濫。（北史三十二。武定中。文襄普令內外極言得失。昂上書。）

齊獻武王廟制議

案禮。諸侯五廟。太祖及親廟四。今獻武王始封之君。便是太祖。既通親廟。不容立五室。且帝王親廟。亦不過四。今宜四室二間。兩頭各一頰室。夏頭徘徊鴟尾。又案禮圖。諸侯止開南門。而二王後祔祭儀法。（通典作儀注）云。執事列于廟東門之外。既有東門。明非一門。獻武禮數既隆。備物殊等。準據今廟。宜開四門。內院南面開三門。餘面及外院四面皆一門。其內院牆四面。皆架爲步廊。南出夾門。各置一屋。以置禮器及祭服。內外門牆。並用赭堊。廟東門道南置齋坊。道北置二坊。西爲典祠廨並廚宰。東爲廟長廨。并置車輅。其北爲養犧牲之所。（魏書禮志二。武定六年二月。將營齊獻武王廟。議定室數形制。兼度支尚書崔昂及盧元明。王元景。裴獻伯。李渾。陸操。李鑒。陽休之。鄭伯猷。崔劼。邢峙。宗惠振。張緯。高元壽。王顯季等議。又見通典四十八。）

崔季舒

季舒字叔正。昂族人。爲州主簿。神武引爲大行臺都官郎中。文襄輔政。轉大將軍中兵參軍。擢拜中書侍郎。轉黃門侍郎。齊受禪。以爲將作大匠。遷侍中。兼尚書左僕射。儀同三司。乾明初。以母喪去職。起爲光祿勳。兼中兵尚書。出爲齊州刺史。太寧初。拜度支尚書。開府儀同三司。出爲西兗州刺史。免。武平中。除膠州刺史。遷侍中。開府。加左光祿大夫。特進。以諫被斬。周滅齊。追贈開府儀同。大將軍。定州刺史。

與張雕議諫幸晉陽

壽春被圍。大軍出拒。信使往還。須稟節度。兼道路小人。或相驚恐。云大駕向幷。畏避南寇。若不啟諫。必動人情。（北齊書崔季舒傳）

張雕

雕中山北平人。魏末。起家殄寇將軍。遷太尉長流參軍。定州主簿。除常山府長流參軍。天保中。爲永安王府參軍。兼祠部郎中。乾明初。除國子博士。遷平原太守。武成即位。除通直散騎侍郎。琅邪王儼博士。尋爲涇州刺史。拜散騎常侍。侍讀。加國子祭酒。假儀同三司。待詔文林館。除侍中。加開府。後以諫幸晉陽。與崔季舒等俱誅死。

臨刑對詰

臣起自諸生。謬被抽擢。接事累世。常蒙恩遇。位至開府侍中。光寵隆洽。每思塵露。微益山海。今者之諫。臣實首謀。意善形惡。無所逃死。伏願陛下珍愛金玉。開發神明。數引賈誼之倫。論說治道。令聽覽之間。無所擁蔽。則臣雖死之日。猶生之年。（北齊書張雕傳。雕與崔季舒等諫幸晉陽。臨刑帝令段孝言詰之。雕對。）

王紘

紘字師羅。太安狄那人。興和中。爲庫直。除奉朝請。武定末。賜爵平春縣男。除晉陽令。天保初。加寧遠將軍。皇建初。進爵義陽縣子。河清中。加驃騎大將軍。天統初。除給事黃門侍郎。加射聲校尉。遷散騎常侍。武平初。進開府儀同三司。遷侍中。有鑒誡二十四篇。

上言備邊

突厥與宇文男來女往。必當相與影響。南北寇邊。宜選九州中男彊弩多據要險之地。伏願陛下哀忠念舊。愛孤恤寡。矜愚嘉善。舍過記功。敦骨肉之情。廣寬仁之路。思堯舜之風。慕禹湯之德。克己復禮。以成美化。天下幸甚。（北齊書王紘傳。武平初上言。）

宋景業

景業。廣宗人。魏末爲北平太守。齊受禪。授散騎侍郎。封長城縣子。

上言圖緯

易稽覽圖曰。鼎五月。聖人君。天與延年齒。東北水中庶人王。高得之。謹案東北水。謂渤海也。高得之明高氏得天下也。（北齊書宋景業傳。顯祖作相在晉陽。景業因高德政上言云云。是時魏武定八年五月也。又見北史八十九。）

董峻

鄭元偉

非宋景業天保厤議

宋景業移閏于天正。退命于冬至。交會之際。承二天之後。三月之交。妄減平分。臣案景業學非探賾。識殊深解。有心改作。多依舊章。唯寫子換母。頗有變革。妄誕穿鑿。不會眞理。乃使日之所在。差至八度。節氣後天。閏先一月。朔望虧食。既未能知。其表裏遲疾之厤步。又不可以傍通。妄設平分。虛退又至。虛退則日數減于周年。平分妄設。故加時差于異日。五星見伏。有違二旬。遲疾逆畱。或乖兩宿。軌術之術。妄刻水旱。今上甲寅元厤。竝以六百五十七爲率。二萬二千三百三十八爲蔀。五千四百六十一爲斗分。甲寅歲甲子日爲元紀。（隋書律厤志中。後齊文宣受禪。命散騎侍郎宋景業造天保厤。至後主武平七年。董峻鄭元偉立議非之。）

全北齊文卷六終

烏程嚴可均校輯

鄭述祖

述祖字恭文滎陽開封人魏祕書監道昭子歷司空行參軍累遷司徒左長史尚書侍中太常卿丞相右長史入齊歷太子少師左光祿大夫儀同三司使持節車騎大將軍前後行瀛殷冀滄趙定六州事正除懷兗光三州刺史又重行殷懷趙三州刺史天統元年卒年八十一贈開府中書監北豫州刺史謚曰平簡

重登雲峯山記

太齊河清三年五月廿四日使持節都督光州諸軍事車騎大將軍儀同三司光州刺史鄭述祖字恭文即魏鎭北將軍祕書監青相光三州刺史文恭公熒陽道昭之子魏大鴻臚卿北豫州刺史司空口公嚴祖之第三弟先君之臨此州也公與仲兄豫州敬祖叔弟光州遵祖季弟北豫州順祖同至此鎭于時公季始十一雅好琴文登山臨海未嘗不從常披鹿皮裘子此州人士呼爲道士郎君及長官歷司徒左長史再履尚書三爲侍中滄瀛冀趙懷兗行正得此十州刺史公之所撫莫非大藩言及光部恆所欽羡只爲前蹤誠所願也便已此夏斯願方遂忻慰登途若歸桑梓入境歎曰吾自幼遊此至今五十二季昔同至者今盡零落唯吾一人重得來耳于是悽感殆不自勝因南眺諸嶺指雲峰山曰此山是先君所名其中大有舊迹未幾遂率僚佐同往遊焉對碣觀文發聲哽塞臨碑省字興言淚下次至兩處石詩之所對之號仰彌深彌慟哀纏左右悲感傷人雖曾閔之誠詎能過也但后詩季久字皆癖落賓從尋省莫能識之公乃曰此時吾雖幼小略嘗記錄此當是與道俗十餘人論經書者遂口持百餘言諸人得此乃共披拂從首及末無一訛舛久之方昇于此此處名曰山門左闕仍仰觀斯峯曰此上應有九仙之名即遣登尋果如所說此山正南卌里有天柱山者亦是先君所号以其孤上干雲傍無嶕嶢因以名之其山上之陽先有碑碣東堪石室亦有銘焉從此東北一十二里太基山中復有雲居館者亦是先君所立其四峯之上鐫記不少悉有誌錄殊復可觀今日于此略陳彼境冀洪聲異迹永無淪沒者矣（碑拓本）

天柱山銘

使持節都督光州諸軍事車騎大將軍儀同三司滎陽鄭述祖作

巖巖岱宗魯邦仍其致祀奕奕梁山韓國已之作鎭蓋由拳石吐雲扶寸布雨五岳三望六宗九獻祈禱斯應禮秩攸明天柱山者即魏故通直散騎常侍中書侍郎國子祭酒祕書監青光相三州刺史先君文恭公之所題目南臨巨海北眺滄溟西帶長河東瞻大壑斜嶺槃天層峯隱日尋十州于掌內總六合于眼中文鰩自此經停精衞因其止息始皇遊而忘返武帝過以樂酉豈直蛾眉鳥翅二別兩淆對談大小共敘優劣者也公稟氣辰象含靈川岳禮義以成頻矩仁智用爲樞機自結衣逞與華履傳聲組綬相輝貂冕交暎至于愛仙樂道之風孝敬仁慈之德張良崔廓未之云擬文先夏甫何以能加魏永平三年朝議以此州俗闕南楚境号東秦田單奮武之鄉麗其騁辯之地民猷鄙薄風物陵遲詎諧俾乂非公勿許及駈雞御下享魚理務羣情款密庶類允諧變此澆夷之俗侔彼禮樂之邦懋績布在哥謠鴻範宣諸史策公久闕枌榆永懷桑梓同昇隴而灑泣類陟岵以興嗟于此東峯之陽仰述皇祖魏故中書令祕書監兗州刺史文貞公迹狀鐫碑一首峯之東堪石室之內復製其銘余忝貪舊德力搆前基遂秉笏朝門策名天府出入蕃邸陪從帷幄凡諸身歷瀛趙滄冀懷及兗光行正

十州刺史北豫州大中正三登常伯再履納言光祿大常頻居其任揣究庸虛無階至此直是遺薪妄忝餘慶盈鍾何曾不想樹嗟風瞻天愧日假當今授踵迹此藩敢慕樞青仰宣庭誨其詞曰嵩高峻極太華削成祈望諸素禋禱羣經崇哉天柱迥出孤亭地險樹德藉此爲名赫矣先公道滚義富如桂之馨如蘭之茂尊祖愛親存交賞舊黍屬愚淺實慙穿構大齊天統元年歲次乙酉五月壬午朔十八日己亥刊。碑拓本。

雲居館刻石

司徒左長史尚書侍中太子少師太常卿車騎大將軍儀同三司左光祿大夫北豫州大中正瀛趙滄冀懷兖光行正十州刺史鄭述祖雲居館之山門也天統元年九月五日刊。碑拓本。

斛律光

光字明月朔州敕勒部人左丞相金子神武擢爲都督遷征虜

將軍衞將軍封永樂縣子進爵爲伯齊受禪加開府儀同三司別封西伯縣子除晉州刺史歷朔州刺史加特進乾明初除晉州刺史皇建初進爵鉅鹿郡公大寧初除尚書右僕射太子太保河清中爲司空遷司徒進太尉又封冠軍縣公天統初轉太將軍除太保襲父金爵咸陽王別封武德郡公遷太傅武平中又封中山郡公加右丞相幷州刺史拜左丞相又別封清河郡公爲祖珽所譖誅周武入鄴追贈上柱國崇國公

與周大保達奚武書

鴻鵠已翔于寥廓羅者猶視于沮澤也。周書達奚武傳。

祖珽

珽字孝徵范陽道人一云狄道人魏太常卿瑩子起家祕書郎對策高第遷尚書儀曹郎文宣以爲幷州倉曹參軍入爲神武中外府功曹遷祕書丞領舍人事免文襄嗣事復爲功曹參軍

章上脫命字

諸當作斯

篇當作編

文宣受禪召直中書省除尚藥丞遷典御武成卽位拜中書侍郎出爲安德太守轉齊郡太守入爲太常少卿散騎常侍假儀同三司後主卽位拜祕書監尋徙光州就除海州刺史入爲銀青光祿大夫祕書監加開府儀同三司進侍中尚書左僕射監國史加特進封燕郡公尋解職出爲北徐州刺史

上呈修文殿御覽表

昔魏文帝韋誕諸人撰著皇覽包括羣言區分義別陛下聽覽餘日眷言緗素究蘭臺之籍窮策府之文以爲觀書貴博博而貴要省日兼功期于易簡前者修文殿令臣等討尋舊典撰錄諸書謹罄庸短登卽篇次放天地之數爲五十部象乾坤之策成三百六十卷昔漢時諸儒集論經傳奏之白虎閣因名白虎通竊緣斯義仍曰修文殿御覽今繕寫已畢幷目上呈伏願天鑒賜垂裁覽。御覽六百一引三國典略。

上書請定樂

魏氏來自雲朔肇有諸華樂操土風未移其俗至道武帝皇始元年破慕容寶于中山獲晉樂器不知采用皆委棄之天興初吏部郎鄧彥海奏上廟樂創制宮懸而鍾管不備樂章既闕雜以鞞邏迴歌初用八佾作皇始之舞至太武帝平河西得沮渠蒙遜之伎賓嘉大禮皆雜用焉此聲所興蓋苻堅之末呂光出平西域得胡戎之樂因又改變雜以秦聲所謂秦漢樂也至永熙中錄尚書長孫承業共臣先人太常卿瑩等斟酌繕修戎華兼采至于鍾律煥然大備自古相襲損益可知今之創制請以爲準。隋書音樂志中。文宣受禪後尚樂典御祖珽自言舊在洛下曉知舊樂上書又見通典一百四十二。

上書請傳位東宮

陛下雖爲天子未是極貴按春秋元命包云乙酉之歲除舊革政今年太歲乙酉宜傳位東宮令君臣之分早定且以上應天道。北齊

（書祖珽傳）

遺陸媼弟悉達書

趙彥深心腹深沈欲行伊霍事儀同姊弟豈得平安何不早用智士耶（北齊書祖珽傳）

冀州刺史万俟受洛清德頌

幷州定國寺碑（竝見北齊書祖珽傳亡）

樊遜

遜字孝謙河東北猗氏人爲臨漳小史遷主簿武定末梁州刺史劉殺鬼以爲錄事參軍隨府遷潁川長史齊受禪本州舉秀才報罷梁州重舉秀才對策第一超除員外將軍武成卽位轉授主書遷員外散騎侍郎

天保五年舉秀才對策

五年正月制詔問升中紀號孝謙對曰臣聞巡嶽之禮勒在虞書省方之義著于易象往帝前王匪唯一姓封金刊玉億有餘人仲尼之觀梁甫不能盡識夷吾之對齊桓所存未幾然盛德之事必待太平苟非其人更貽靈譴秦皇無道致風雨之災漢武奢淫有奉車之害及文叔受命炎精更輝四海安流天下輯睦刎賜騎士馬駕鼓車乃用張純之文始從伯陽之說至于魏晉雖各有君量德而處莫能擬議蔣濟上言于前徒穢紙墨袁準發論于後終未施行世歷三朝年將十祀啟聖之期茲爲昌會然自水德不競函谷封塗天馬息歌苞茅絕貢我太祖收寶雞之瑞握鳳皇之書體一德以匡朝屈三分而事主蕩此妖寇易如沃雪但昌既受命發乃行誅雖太白出高中國宜戰置之度外望其遷善伏惟陛下以神武之姿天然之略馬多冀北將異山西涼風至白露下北上太行東臨碣石方欲吞巴蜀而掃崤函苑長洲而池江漢復恐迎風縱火芝艾共焚按此六軍未申九伐夫周發牙璋漢馳竹使義在

濟民非聞好戰至如投鼠忌器之說蓋是常談文德懷遠之言豈識權道今三臺令子六郡良家蓄銳須時裹糧待詔未若龍驤虎服先收隴右之民電轉雷驚因取荊南之地昔秦舉長平金精食昴楚攻鉅鹿枉矢霄流況我威靈能無協讚但使彼之百姓一覩六軍佀見周王若逢司隸然後除其苛令與其約法振旅而還止戈爲武標金南海勒石東山紀天地之奇功被風聲于千載若令馬兒不死子陽尚在便欲案明堂之圖草射牛之禮比德論功多慙往列升中告禪臣用有疑

又問求才審官孝謙對曰臣聞彫獸畫龍徒有風雲之勢金舟玉馬終無水陸之功三駕禮賢將收實用一毛不拔復何足取是以堯作虞賓遂全箕山之操周移商鼎不納孤竹之言但處士盜名雖云久矣朝臣竊位蓋亦實多漢拜丞相便有鍾鼓之妖魏用三公乃至孫權之笑故山林之與朝廷得容非毀肥遯之與賓王繇有優劣至于時非蹈海而曰羞作秦民事異出關而言恥從衞亂雖復星干帝座不易高尚之心月犯少微終存耿介之志自我太嶽之後克廣洪業禹至神宗舜格文祖陛下受天明命光華日月爰自納麓乃格文祖儀天地以設官象星辰以布職漢家神鳳慙用紀年魏氏青龍羞將改號上膺列宿咸是異人下法山川莫非奇士所以畫堂甲觀修德日新廟鼎歌鍾王勳咸委循名責實選衆舉能朝無銅臭之公世絕錢神之論昔百里相秦名存雀籙蕭張輔沛姓在河書今日公卿抑亦天授與之爲治何欲不遂未必稽首天師方聞牧馬之術膝行山上始得治身之道但使帝德休明自彊不息甲夜觀書支日通奏周昌桀紂之論欣然開納劉毅桓靈之比終日含弘高懸王爵唯能是與管庫靡遺漁鹽畢錄無令桓譚非讖官止于郡丞趙壹負才位終于計掾則天下宅心幽明知感歲精仕漢風伯朝周眞人去而復歸台星坼而還斂詩稱

日當作自

多士。易載羣龍。從此而言。可㠯無愧。

又問釋道兩教。孝謙對曰。臣聞天道性命。聖人所不言。蓋㠯理絕涉求。難爲稱詣。伯陽道德之論。莊周逍遙之旨。遺言取意。猶有可尋。至若玉簡金書。神經祕錄。三尺九轉之奇。絳雪玄霜之異。淮南成道。犬吠雲中。子喬得仙。劍飛天上。皆是憑虛之說。海棗之談。求之如係風。學之如捕影。而燕君齊后。秦皇漢帝。信彼方士。冀遇其眞。徐福去而不歸。欒大往而無獲。猶謂升遐倒影。抵掌可期。祭鬼求神。庶或不死。江璧既返。還入驪山之墓。龍媒已至。終下茂陵之墳。方知劉向之信洪寶。沒有餘責。王充之非黃帝。比爲不相。又末葉已來。大存佛教。寫經西土。畫像南宮。昆池地黑。㠯爲燒劫之灰。春秋夜明。謂是降神之日。法王自在。變化無窮。置世界于微塵。納須彌于黍米。蓋理本虛無。示諸方便。而妖妄之輩。棄家出家。藥王燔軀。波斯灑血。假未能然。猶當克命。盍有改形易貌。有異生人。忝

意放情。還同俗物。龍宮餘論。鹿野前言。此而得容。道風前墜。伏惟陛下受天明命。屈己濟民。山鬼效靈。海神率職。湘中石鷰。沐時雨而羣飛。臺上銅烏。憩和風而杓轉。㠯周都洛邑。治在鎬京。漢宅咸陽。魂歸豐沛。汾晉之地。王迹維始。眷言尋幸。且勞經略。猶復降情文苑。斟酌百家。想執玉于瑤池。念求珠于赤水。竊㠯王母獻環。由感周德。上天錫珮。實報禹功。二班勒史。兩馬製書。未見三世之辭。無聞一乘之旨。帝樂王禮。尚有時而沿革。左道怪民。亦何疑于沙汰。

又問刑罰寬猛。孝謙對曰。臣聞惟王建國。刑㠯助禮。猶寒暑之贊陰陽。山川之通天地。爰自末葉。法令稍滋。秦篆無㠯窮書。楚竹不能盡載。有司因此。開㠯二門。高下在心。寒熱隨意。周官三典。棄之若吹毛。漢律九章。違之如覆手。遂使長平獄氣。得酒而後消。東海孝婦。因災而方雪。詔書挂壁。有善而莫遵。姦吏到門。無求而不可。皆由上失其道。民不見德。而議者守迷。不尋其本。鍾繇王朗。退怨張倉。祖訥梅陶。共尤文帝。便謂化屍起偃。在復肉刑。致治興邦。無關周禮。伏惟陛下昧爽坐朝。留心政術。明罰㠯糾諸侯。申恩㠯孩百姓。黃旗紫蓋。已絕東南。白馬素車。將降軹道。若復峻典深文。臣竊未悟。何則。人肖天地。俱稟陰陽。安則願存。擾則圖死。故王者之治。務先禮樂。如有未從。刑書乃用。寬猛兼設。水火俱陳。未有專任商韓。而能長久。昔秦歸士會。晉盜來奔。舜舉皋陶。不仁自遠。但令釋之定國。迭作理官。龔遂文翁。繼爲郡守。科開律令。一此憲章。欣聞汲黯之言。泣斷昭平之罪。則天下自治。大道公行。乳獸含牙。倉鷹垂翅。楚王錢府。不復須封。漢獄冤囚。自然蒙理。後服之徒。既承風而慕化。有截之內。皆蹈德而詠仁。號㠯成康。何難之有。

又問禍福報應。孝謙對曰。臣聞五方易辨。尚待指南。百世可知。猶須吹律。況復天道祕遠。神迹難源。不有通靈。孰能盡悟。乘槎至于

河漢。唯覩牽牛。假寐遊于上玄。止逢翟火。造化之理。既寂寞而無傳。報應之事。固難得而妄說。但秦穆有道。句芒錫祚。虢公涼德。蓐收降禍。高明在上。定自有知。不可謂神。冥昧難信。若夫仲尼厄于陳蔡。孟軻困于齊梁。自是不遇其時。盍關報應之理。子胥無首。馬遷腐下。受誅取辱。何可尤人。至如協律見親。擢船得幸。從此而言。更不足怪。周王漂杵。致天之罰。白起誅降。行己之意。是㠯七百之祚。仍加姬氏。杜郵之戮。還屬武安。昔漢問上計。不過日蝕。晉策秀才。止于寒火。前賢往士。咸用爲難。推古比今。臣見其易。然草萊百姓。過荷恩私。三折寒膠。再遊金馬。王言昭賁。思若有神。占對失圖。伏深悚懼。北齊書樊遜傳。

刊定祕府書籍議

案漢中壘校尉劉向受詔校書。每一書竟。表上。輒言臣向書。長水校尉臣參書。大夫公太常博士書。中外書。合若干本。㠯相比校。然

後殺青。余所讎校。供擬極重。出自蘭臺。御諸甲館。向之故事。見存府閣。即欲刊定。必藉衆本。太常卿邢子才、太子少傅魏收、吏部尚書辛術、司農少卿穆子容、前黃門郎司馬子瑞、故國子祭酒李業興。並是多書之家。請牒借本。參校得失。北齊書樊遜傳

陸操伏渾卒爲楊愔作書告晉陽朝士

客誨

臨漳令裴璽清德頌 並見北齊書樊遜傳。亡。

庫狄干碑銘 北史八十三。

郎基

基字世業。中山新市人。爲奉朝請。天保中除海西鎮將。入爲侍御史。皇建初除鄭州長史、帶潁川郡守。卒贈驃騎大將軍、和州刺史。謚曰惠。

答潘子義書

觀過知仁。斯亦可矣。北齊書郎基傳。

全北齊文卷七終

烏程嚴可均校輯

劉逖

逖字子長。彭城人。魏太常卿芳孫。天保初行定陶令。皇建初除太子洗馬。武成即位。除散騎侍郎兼儀曹郎。進中書侍郎。加散騎常侍儀同三司。天統中出爲江州刺史。徙仁州刺史。武平中徵還。待詔文林館。重除散騎常侍。與崔季舒等同誅。

薦辛德源表

弱齡好古。晚節逾厲。枕籍六經。漁獵百氏。文章綺艷。體調清華。恭慎表于閨門。謙撝著于朋執。實後進之詞人。當今之雅器。必能效節一官。騁足千里。隋書辛德源傳

鴻

鴻失其姓。

西門豹祠堂碑

自夫清剛儷以分宿。沈濁判其□□□瀆爲紀羅□□□□□之下闕義栗襄葛之年。炎軒昊頊之□□□□□瑞所聞蓋□□虞傳□□□□周□□□□□□□□□令踰千國既□□□□□□塞水震九州鬱割七雄基□□□□□□□□國之君□□古之業□□□□□田卜□□□□□璜河内侯治鄴□□□□□子邑言而爲任西門厲精而出宰□拒比。周治申嚴密璽還而寤主□亡而警吏□斑既别□彩自□不省書□積倉府戎車北首侵□南□佩□臨事簪筆聽神民吏不敢兩欺□巫老□姦於波浪頡頏鄭密異術均美□□□□首列城歸目于是生致尸祝之禮。歿貽棠杜之思。雖□券金書。逝者不作□□壇表墓。俎豆逾遠。非□襄王□□□子託葬存稱惠主。死曰明神。所已年世經闊。風俗漸染。恩福之祈。咸在炎沴□禱仍□非直郡國掾史賓降□□□蓋魏氏季年日銷地反投蜺不息闕馬盈空□自金堂𤈦生玉室天示昭明之證。帝啟即席之期。我太祖獻武皇帝合制斗璧放□□□崩兇族於黎□□□□於華□□運□竭激崐崘之永輸□□□□□競□□□□增威一□□社耳祠絕□匡□□□□□□□□萬□□□五□□會知三□之未從想□橋之難□□□□□□□□猶存式瞻神宇雅□□□蘭□成林椒□□□□□□□□得曰忘言世宗文襄皇帝□□□□□□□□□龍□淵□□□□應物納□黎於□□□□□於下闕 巃路荒蕪祠堂凋□□壁□□□□□□□燎□□□□□芳□以丹□磨下闕

膠㭔鯨鰯旁下闕 神居獨下闕 而宛轉下闕 躍水仙鳥鳴林下闕

歇尊神尚德下闕 終□□□□□有歸紛郁 皇上官府□物嚴□□□□□□有稟賦靈性□□爲德道不可□□還□爐樂反下闕

常流蔽雲自卷仙琯協律□邑□神文煽北□□□西鳳鱗□五□光氣四皋賁而下闕 牛於陰山風逸驥於桃塞捐金抵玉赤栗□□□□致酒英傑先之顧以賢宰餘休聯下闕 宸鑒斯揆使持節驃騎大將軍開府儀同三司司州牧宗師清河王岳出應敵國入當下闕 之一帥執刺都輦。標柄九牧。剛禽弭□□雨來風披席□□傾賢禮俊眷彼能官投□千祀下闕 晉崩離殊類竊假畏威仰德堅碑在□春煦□□□超二百執除之□□□□褫豈不蒼精云啟□□□□□□□言僭迹埽地不遺委贄興王恭承□運幽明□遠意在斯乎乃命□紀□□鴻□□以昭晉神。□□□□□□□□而□絕望黃岑以俱峙其詞曰

星精旁散。漢津橫瀉。山峙□□瀆流疏野。中處外薄。或熒惑亨周德不昌。三詩缺雅。下闕 侮弱憑彊。魏侯趣士民俊□望鄴有賢令夏景冬燠□□率□□□□俗下闕 存祀四時。亡享百牘。始聞賢烈。終□明靈忻殫鼓□□盡牢牲藉蘭薦意尊□□□□□徒□禮下闕 人援手□□謀居光宅漳右龍駒鵠蓋鳴笳驅牲□□層

體當作骸

口載前載後口象口口飾衞逾隆。天子赫赫，厤數在躬。夏應虞命，舜受堯終。洛汎文章，河浮圖口。會昌冥眖，居今陋昔。咸秩報口口口口口口口口口口口宜酉金石。口親藩幹口率依風毛畢均美。闕下碑拓本。案中州金石記引太平寰宇記云：鄴縣西門橋齊天保五年僕射魏收爲碑存焉，則碑是天保五年魏收所撰無疑。今案魏收所撰者乃西門橋碑，此是西門祠堂，彼此異也。碑序末云乃命口紀口口鴻口口吕昭音鄉道，鴻下隱脫是作頌二字，則紀鴻二字乃撰碑者之地名人名，皆已殘闕，俟更求舊拓本補之。

朱瑒

瑒仕梁爲驃騎王琳府倉曹參軍，琳敗，隨入齊。

與徐陵請王琳首書

竊以朝市遷貿，時傳骨鯁之風；厤運推移，門表忠貞之迹。故典午將滅，徐廣爲晉家遺老；當塗已謝，馬孚稱魏室忠臣。用能播美于前書，垂名于後世。梁故建寧公琳，洛濱餘冑，沂州舊族。立功代邸，效績中朝。當離亂之辰，總方伯之任。爾乃輕躬殉主，以身許國，實

追蹤于往彥，信踵武于前脩。而天厭梁德，尚思匡繼。徒蘊包胥之念，終遘萇弘之眚。洎王業光啟，鼎祚有歸，于是遠跡山東，寄命河北。雖輕旅臣之歎，猶懷客卿之禮。感茲知己，忘此捐軀。至使身沒九原，頭行千里。誠復馬革裹尸，遂其平生之志；原野暴體，全彼人臣之節。然身首異處，有足悲者。封樹靡卜，良可愴焉。瑒早簉末僚，預參下席。降胙君之吐握，荷魏公之知遇。是用沾巾拭袂，痛可識之頹；迴腸疾首，切猶生之面。伏惟聖恩博厚，明詔爰發，赦王經之哭，許田橫之葬。瑒雖芻賤，竊亦有心。琳經莅壽陽，頗存遺愛；曾遊江右，非無餘德。比肩東閣之吏，繼踵西園之賓，願歸元彼境，還修窀穸。庶孤墳既築，或飛銜土之燕；豐碑式樹，時留墮淚之民。近故舊王綰等，已有論牒，仰蒙制議，不遂所陳。昔廉公告逝，即肥川而建塋域；孫叔云亡，仍芍陂而植楸檟。由此言之，抑有其例。不使壽春城下，惟傳報葛之人；滄洲島上，獨有悲田之客。昧死陳祈，伏待刑憲。北齊書王琳傳、北史王琳傳、文苑英華六百九十三。

方道顯

造釋迦像碑

唯大齊皇建元年歲次庚辰十月己卯朔卅日戊申，大齊清信士佛弟子方道顯敬造釋迦石像一軀。上爲皇帝陛下、七世父母、邊地衆生，有形之類，咸同其福善。碑拓本。下方有姓名七列不錄。

張奉禮

奉禮，河清中爲光州別駕。

上言祖珽事

珽雖爲流囚，常與刺史對坐。北齊書祖珽傳：珽徙光州，刺史李祖勳遇之甚厚，別駕張奉禮希大臣意上言。

申嗣邕

嗣邕爲齊州騎兵參軍。

隴東王感孝頌并序

惟夫德行之本，仁義之基，感洞幽明，擾馴禽獸。清音帶兵而挺潔，素采映雪而流輝。根矩定于一丸，已吾絕于三失。開府儀同三司尚書右僕射尚書左僕射尚書令攝選新除特進使持節齊州刺史隴東王胡長仁，雌黃雅俗，雄飛戚里。入膺北斗，執柄端衡；出牧東秦，總條連率。未脫崔林之屣，聊帽賈宗之襜。視聽經過，訪詢耆舊。郭巨之墓，馬鬣交阡；孝子之堂，鳥翅銜自。君王愛奇好古，歷覽徘徊，妃息在傷，賓僚侍側。璧疑秦鏡，炳煥存形；柱識荊珉，宋寥遺字。所以斂眉長歎，念昔追遠，遂若羊公登峴，還同處墨飲泉。慨賢勝之多奬，嗟至德而無紀。蘭溪儒不見松，穀城何以知石。于時開府中兵參軍梁恭之，盛工篆隸；騎兵參軍申嗣邕，微學摛藻。並應命旨，俱營頌筆。以大齊武平元年正月廿二日，權輿雕瑩，表建庭宇。棟刻蒼文，檐栽翠柏。庶令千葉之下，彌振金聲；九原之中，恆浮

玉樹其詞曰

天經地義啟聖通神重華曾閔萊子樂春時多美迹世有芳塵前漢逸士河內貞人分財雙季獨養壹親客舍凶弭兒埋福臻穹隆感異旁薄貽珍懸車遐落夜臺弗晨千齡俄古萬祀猶新朱㻞紫蓋撫俗調民高山達節景慕榮顯式憑不朽永播衣巾碑拓本

朱敬脩

朱敬範

敬脩樂陵溼沃人敬範敬脩從父兄

朱岱林墓誌銘

君諱岱林字君山樂陵溼沃人也自辛朝喪厤昌戶銜書親目建社賢亦啟國扶封於郕公加茅土方曹析壤姬魯稱雄別有由論立姓因字爲氏斯即去邑從朱蓋是殊方共致卯金則司空佐命當塗即領軍贊業整在晉嗣美表於趙垂名所謂杞梓繼生公矦

閒起哲人世挺衣冠代襲曾祖霸儒該巨素術盡從橫魏使持節平州諸軍事安遠將軍平州刺史俗鄰壇埸布呂威恩酹酒空陳夜金不受於後謗言及欒譏巧亂鄰儵尒鷹揚飆然鵠起擁鄉里三千餘戶來逝河南值元嘉之末朝多喪亂不獲其賞仍居青州之樂陵郡祖法弘下帷耽翫閒靜自得舉秀才釋褐南平王府行參軍遷尚書祠部郎中禮閣有聲含香擅美後遷司徒府諮議參軍事亡贈鴻臚卿父孝祖清規勝範地美才高俄而魏高祖孝文皇帝熊羆競騁蒼兕爭先化洽江湘命行天下錄奇異于巖藪訪隱逸于閭閻起家除樂陽縣令轉北海太守流涕孟矦歌謠稚子從今對古竝爲分駈君膺玆秀氣稟是清和三棘六里方珠比玉左智右賢擬龍齊鳳得嗟蔡子見重矦相聿始十餘身離艱苦晨號夕踊柴毀骨立遂使鳩來栖集馬懷芻草精通飛走感貫幽明魏廣陵王愛善如舊好書比德傳矦南服妙選英佐託以金蘭徵

公當作恭

爲國常侍辭不獲已俛僶從職而矦嬴荷盼難交公子介推逃賞終遠晉文未踰十旬還以病解後彭城王又以皇枝之貴作牧東秦召爲主簿久而從命王藉甚有素不苦抑遣終遂千木之心乃申安道之志君雅量之地無際可尋元昆季弟摧之京宦同於得喪等槩榮枯含章韜綵藏明晦用兄元旭散騎常侍出除南兗州刺史弟叔業通直散騎常侍左光祿大夫高冠映日長戟陵風譽滿京華聲馳萬縣縱趙孝之讓禮食曾何足云魯公之就平名詎堪方此魏廷尉卿崔光韶侍中賈思伯竝聰敏當世器局樹時結四子七賢之交飲酆投水之密畱連宴熹付寫矜期黃門郎徐紇與君意得言忘處權居要恆思不次之舉還疑志不可奪醮言之暇聊申微旨君荅云昔人有以術忤帝或道覆口王譬之鱗羽本乖飛伏而平生庸短未希簪紱如斯之貺乞不加己紇愛人目禮兼相欽尚從其所好不敢勢維普泰之季水德不競蒼雲蓋野紫

殫當作磾

日生天烏合蟻徒聚三齊之地豎牙鳴角弄十二之險不異井中虛言聖出何殊轍口妄号神人拔本塞源摧蘭夭桂春秋五十有四遐迩悲噎聞見涕零惟君大度不羣峻口孤上託宿假道唯仁與義規矩成則物我兼忘非夷非惠不石不玉惻隱同於子魚友悌侔於伯雅何怨儋山石折智士遽傾目大齊武平二年歲次辛卯二月乙卯朔六日甲申葬於百尺里東五里第四子敬脩自惟羅此荼毒眇然咳幼離奇目生龍鍾而立窮而匡子溫憖閔騫岵山難陟過庭無訓攜鋤而感言下集冠之禽攀松弗昭崟降成墳之鳥空追士季瞻像載與傷慟日殫觀狀益增酸哽磬茲鄙拙式序徽猷思與泣俱文兼涕落先言多不備迹往行盡是闕如良由才非作者情隈蘵次從父兄敬範史君伯第三子脫略榮華不應徵聘沈深好古尢工摛屬勒銘黃壤目播清風辭曰

本自高門世資陰德從來位重人兼才識運海鱗奇摶搖翅力繁

枝不已。清瀾焉息。其一 唯祖英毅。唯父深沈。飛纓鳴玉。作範垂音。仍生東箭。遂挺南金。素槩俱美。出處分心。其二 有應純和。口筌餘耀。稍風阮德。粱遊大鈞。總于君子。藝才何劭。闕里儒英。瀨鄉玄妙。其三 道王天崖。志輕人爵。菊蕤危坐。口裘採藥。楚漢兒戲。仁雄寥廓。我如曾閔。何論許郭。其四 虛言輔善。實驗無親。石隹既落。僑山亦淪。少微之應。遂屬高人。悲王難序。痛霍何陳。其五 仁厚慶鍾。育斯才彥。歷階武且。過庭鯉盻。似鳳方鳴。如龍比絢。遺孤在笈。貔焉誰見。其六 誰見伊何。慈顏弗覩。口朝不食。鄰人罷祖。比學西河。擬文東魯。述虒者固。情深陟岵。其七 魚山本志。門豹遺風。丹青已寫。玄窆方崇。思人下淚。瞻蓋悲空。山川不易。規猷詎終。其八 嗟嗟猶子。瞻儀在昔。荷恩惟訓。依希如覿。頌雅因詩。弘文託易。追思素道。敬鐫玄石。碑拓本。案朱敬脩撰序。朱敬範撰銘。

尹義尚

義尚。爵里未詳。

與徐僕射書

義尚白。漳濱江涘。眇若天涯。去鴈歸鴻。雲飛難寄。瞻言鄉國。泣珠淚而盈懷。痞痲德音。仰煙霞而疾首。既而暑往寒來。愁雲滿塞。河冰自結。非由漢后之軍。草露恆嚴。詎假公超之術。霜飄虎渠。距知朔野之寒。雪覆龍岑。徒憶濤江之煖。眷言疇昔。邈矣遐哉。係仰清顏。願常豐勝。雍容廊廟。時宣匡奉之風。偃息康莊。無廢怡神之道。義尚望國窮魂。縈憂積歲。雖共未殞。豈曰生年。日者謬忝後車。陪遊上國。曾觀禮樂。見季子之知音。經奉侍言。嗟鄭僑之博物。如軍書愈疾之製。碑文妙絕之詞。猶貫紙于鄴中。尚傳聲于許下。逮乎百六之年。仍離再三之酷。吉凶禮數。綿歷歲時。嘗膽茹辛。備同艱險。每冀穹蒼有感。大國矜憫。以禮言歸。馭驛俱反。何期毳毛湮淪。墜灑漳濱之水。逸翮摩霄。輕託蓬萊之頂。信知有幸無幸。見生死之殊倫。才與不才。驗沈浮之異趣。昔秦歸趙璧。還得連城。晉失楚材。直亡其寶。自國祚中絕。行李不通。等避世于桃源。同羈寓于仙嶺。每瞻牛候馬。想金陵之聖人。今覩皇華。知有能之建國。賓堯仕舜。猶是八才。緯武經文。方儔四貴。幸甚幸甚。昔楊朱岐路。悲始未之長離。蘇武河梁。歎平生之永別。雖復音塵可嗣。終隔風雲。夢想時通。無因覿止。依依望楚。寸陰有待。百年將半。輕生若是。命也如何。今車書同軌。行李相繼。猥荷文移。通賜論及。輶軒既以復命。義尚未被哀矜。竊以晉楚釋囚。共成親好。今乃拘彼來此。不亦難乎。夫以匹夫投分。猶須坦蕩。況兩國二君。那宜細計。彼若才如廉樂。猶恐不習禁兵。苟非其人。留之何益。然三戰三敗。卒成彊伯之功。七縱七擒。終仗天威之力。由此言之。彼此如耳。徐元直西蜀之謀士。關雲長劉氏之驍將。須歸即遣。知叛弗追。今之與古。何其異趣。且二國叶和。長江共有。如首如尾。可以同規。或貳或猜。豈名脣齒。是以隔河分敵。君子知其不終。衷甲尋盟。春秋貶其行詐。伏承聖上欽明。英賢佐輔。方知解網之氣。用表無偏之化。若彼之俘虜。猶且蒙歸。此之南冠。何辭不遣。如其苟相猜貳。信不由衷。雖篤親鄰。義尚何罪。不任辛酸之念。輕陳萬一之情。伏願仁人少存疇昔。承閑之便。希復開言。昔張子餘年。誠稱吳王之賜。微躬邁影。實仰含弘之澤。載筆漣洏。罔知所運。文苑英華六百八十五。

封士讓

士讓爲丞相府佐。

密啟後主

光前西討還。敕令放兵散。光令軍逼帝京。將行不軌。事不果而止。家藏弩甲。奴僮千數。每遣使豐樂武都處陰謀往來。若不早圖。恐事不可測。北齊書斛律光傳。

王行思

行思爲南安王思好行臺郎。思好敗。俱赴水死。

爲南安王思好與并州諸貴書

主上少長深宮。未辨人之情僞。昵近凶狡。疏遠忠良。遂使刀鋸刑餘。貴溢軒階。商胡醜類。擅權帷幄。剝削生靈。劫掠朝市。闇于聽受。專行忍害。幽母深宮。無復人子之禮。二弟殘戮。頓絕孔懷之義。仍縱子立奪馬于東門。光弁擎鷹于西市。駿龍得儀同之號。逍遙受郡君之名。犬馬班位。榮冠軒冕。人不堪役。思長亂階。趙郡王叡實曰宗英。社稷惟寄。左丞相斛律明月。世爲元輔。威著鄰國。無罪無辜。奄見誅殄。孤既忝預皇枝。實蒙殊獎。今便擁率義兵。指除君側之害。幸悉此懷。無致疑惑。北齊書宗室思好傳。思好遷朔州刺史。武平五年。舉兵反。與并州諸貴書云云。行臺郎王行思之辭也。

劉晝

晝字孔昭。渤海阜城人。舉秀才不第。有高才不遇傳四卷。劉子十卷。案劉子。隋志不著錄。唐志作劉勰撰。晁公武陳振孫王應麟並云劉晝撰。

上書詆佛法

佛法詭誑。避役者以爲林藪。

又詆訶婬蕩

尼與優婆夷。實是僧之妻妾。損胎殺子。其狀難言。今僧尼二百餘萬。并俗女向有四百餘萬。六月一損胎。如是則年族二百萬戶矣。驗此佛是疫胎之鬼也。全非聖人之言。道士非老莊之本。藉佛邪說。爲其配坐而已。廣宏明集六辯惑解。

章仇子陁

子陁。魏郡人。武平中爲儒林學士。

請禁抑僧尼表

帝王上事昊天。下字黎庶。君臣夫婦。綱紀有本。自魏晉以來。胡妖亂華。背君叛父。不妻不夫。而奸蕩奢侈。控御威福。空受加敬。輕欺士俗。妃主晝入僧房。子弟夜宿尼室。臣不怪不恐。不避鼎鑊。輒沐浴輿櫬。奉表以聞。廣宏明集七。子陁上疏可九十餘紙。帝震怒。禁糾經年。周武平齊出之。

馬天祥

造像碑

夫幽宗玄家。眞麗潛□然隱顯沖機。而名隨化浪。洪闊彌廓。遐□□□自非鏤像污形。其孰能覩之者哉。大齊武平九年二月廿八日。邑主馬天祥。邑子馬天成。邑子馬天相。邑子馬天慶。道民王成人。道民王大人。道民王強人。道民王恭人。投委壇靜。仲追冥果。造立石像。永□餘宊□□肅恭祚延無窮。尊師崇業。□□□□□碑拓本。案武平止七年。而碑云九年。必誤。

馮袞

袞。冀人。依鄴下大覺寺釋惠光。終于光門。

捧心論

諸行者不得信此無明昏心。見長見短。聽經學問。嚴飾我心。須識詐賊。見他過惡。不求其長。則吾我漸歇。特須分疏。勿迷自他。我過常起。熾然法界。他道少過。便即瞋他。常須看心。自己多過。若思量者。雖在世間。無有滋味。終無歡心。以味惑我。何由有樂。此心將我上至非想。還下地獄。常誘誑我。如怨家。如愛奴。豈可學問。長養賊心。巧作細作。使見名利。造瘡妒也。故經云。常爲心師。不師于心。八歲能誦。百歲不行。不救急也。續高僧傳。

列女

趙桃科妻劉氏

造像記

武平三年十二月十八日。戎昭將軍伊陽城騎兵參軍趙桃科妻劉。知善可崇。知惡可捨。上爲皇帝陛下。見存眷屬。亡過父母。敬造石像一堪。願亡者獲果。存者延遐。有形之類。咸同斯福。碑拓本。

朱元洪妻孟阿妃

造老君像記

大齊武平七年歲次丁酉二月甲辰朔廿三日丙寅。清信弟子孟阿妃敬爲忘夫朱元洪及息子敖、息子推、息白石、息康奴、息女雙姬等敬造老君像一區。今得成就。願亡者去離三塗。永超八難。上昇天堂。侍爲道君。芒芒三界。蠢蠢四生。同出苦門。俱昇上道。（碑拓本。）

盧士深妻崔氏

崔氏崔休義之女

春日以桃花靧兒面咒（案咒俗祝字。）

取紅花。取白雪。與兒洗面作光悅。取白雪。取紅花。與兒洗面作光華。取雪白。取花紅。與兒洗面作華容。（御覽二十引虞世南史略。）

全北齊文卷八終

烏程嚴可均校輯

闕名一

正會班五條詔書

一曰，政在正身，在愛人，去殘賊，擇良吏，主（通典作正）決獄，平傜賦。二曰，人生在勤，勤則不匱，其勸率田桑，無或煩擾。三曰，六極之人，務加寬養，必使生有以自救，沒有以自給。四曰，長吏浮華奉客，以求小譽，逐末舍本，政之所疾，宜謹察之。五曰，人事意氣，干亂奉公，外內溷淆，綱維（通典作紀綱）不設，所宜糾劾。（隋書禮儀志四，後齊正日，侍中宣詔慰勞州郡國使，又班五條詔書，使人歸以告刺史二千石。又見通典七十。案此詔不知始何帝時，編入闕名類。）

為閻姬與子宇文護書

天地隔塞，子母異所，三十餘年，存亡斷絕，肝腸之痛，不能自勝。想汝悲思之懷，復何可處。吾自念十九入汝家，今已八十矣。既逢喪亂，備嘗艱阻，恆冀汝等長成，得見一日安樂。何期罪釁深重，存歿分離。吾凡生汝輩三男三女，今日目下，不覩一人。興言及此，悲纏肌骨。賴皇齊恩卹，差安衰暮。又得汝楊氏姑及汝叔母紇干、汝嫂劉新婦等（北史作汝嫂劉及汝新婦等）同居，頗亦自適。但為微有耳疾，大語方聞。行動飲食，幸無多恙。今大齊聖德遠被，特降鴻慈，既許歸吾于汝，又聽先致音耗。積稔長悲，豁然獲展。此乃仁侔造化，將何報德。汝與吾別之時，年尚幼小，以前家事，或不委曲。昔在武川鎮生汝兄弟，大者屬鼠，次者屬兔，汝身屬蛇。鮮于修禮起日，吾之闔家大小，先在博陵郡住，相將欲向左人城，行至唐河之北，被定州官軍打敗。汝祖及二叔，時俱戰亡。汝叔母賀拔及兒元寶、汝叔母紇干及兒菩提，并吾與汝六人，同被擒捉入定州城。未幾間，將吾及汝送與元寶掌，賀拔、紇干各別分散。寶掌見汝，云我識其祖翁，形狀相似。時寶掌營在唐城內，經停三日，寶掌所掠得男夫婦女可六

七十人，悉送向京。吾時與汝同被送限，至定州城南，夜宿同鄉人姬庫根家。茹茹奴望見鮮于修禮營火，語吾云：我今走向至本軍。既至營，遂告吾輩在此。明旦日出，汝叔將兵邀截，吾及汝等還得向營。汝時年十二，共吾並乘馬隨軍，可不記此事緣由也。于後吾共汝在受陽住，時元寶、菩提及汝姑兒賀蘭盛洛，并汝身四人同學。博士姓成，為人嚴惡，汝等四人謀欲加害。吾與汝叔母等聞之，各捉其兒打之。唯盛洛無母，獨不被打。其後爾朱天柱亡歲，賀拔阿斗泥在關西，遣人迎家累。時汝叔亦遣奴來富迎汝及盛洛等。汝時著緋綾袍、銀裝帶，盛洛著紫織成纈通身袍、黃綾裏，並乘騾同去。盛洛小于汝，汝等三人並呼吾作阿摩敦。如此之事，當分明記之耳。今又寄汝小時所著錦袍表一領，至宜檢看，知吾含悲戚（北史作含悲抱戚），多歷年祀。屬千載之運，逢大齊之德，矜老開恩，許得相見。一聞此言，死猶不朽，況如今者，勢必聚集。禽獸草木，母子相依，吾有何罪，與汝分離。今復何福，還望見汝。言此悲喜，死而更蘇。世間所有，求皆可得，母子異國，何處可求。假汝位極王公，富過山海，有一老母，八十之年，飄然千里，死亡旦夕，不得一朝暫見，不得一日同處，寒不得汝衣，飢不得汝食。汝雖窮榮極盛，光耀世間，汝何用為，于吾何益。吾今日之前，汝既不得申其供養，事往何論。今日以後，吾之殘命，唯繫于汝。爾戴天履地，中有鬼神，勿云冥昧，而可欺負。汝楊氏姑，今雖炎暑，猶能先發。關河阻遠，隔絕多年，書依常體，慮汝致惑，是以每存款質，兼亦載吾姓名。當識此理，勿以為怪。（周書晉公護傳，齊主以護既當權重，乃留其母，以為後圖，仍令人為閻作書報護。又見北史五十七。）

都邑師道興造石像記并治疾方

夫金軀西奄，儀像東流，寶相□□□□□自非傾珍建像，焉可熾彼遺光。若不勤栽藥樹，無以療茲聾瞽。然今都邑師道興，乃抽簪少稔，早託緇門，入相俱閑，五家具曉。爰有合邑人等，並是齊國

芳蘭。鄉中崑璧。同契孔懷。和如骨血。人抽妙口敬造釋迦石像一軀。幷二菩薩口僧侍立。事廣難名。天花雜狀。尋形叵遍。欲使崇眞之士。指矚歸依。慕法之徒。從兹解悟。以此微誠。資益邑人師僧父母。七世歸眞。現存獲福。皇祚永延。含生普潤。共越死河。同昇彼岸。大齊武平六年歲次乙未六月甲申日功訖。碑拓本。案記文下方及左方，刻療上氣吸嗽諸方，約三千字不錄。

朱曇思等造塔頌

大齊河清四年歲次乙酉三月癸未朔四日丙戌。慈風未鼓。品類同昏。惠化一開。乃羣情等覺。雖眞光暫瞙。而寶相可追。故悁兹苦海。志彼雰峯。邑主朱曇思朱僧利一百人等。于村之前。兆其勝地。綿基細柄。白虎遊南。敬造寶塔一軀。經之不日。斜臺煙際。四翥風生。鏤㦝眞離。刻摹兜率。庛聖蛟龍。看之若生。飛禽走獸。瞻疑侶活。羌弗可得如言矣。魏魏易覩。谿爛難名。遂託銘神宮。冀貽万葉。仍因撮士之功。敢發廣厚之願。國祚永隆。覆載等一。頌粤

爵璃往昔。麗宇今兹。弱黛甾烟。炎起停暈。瑶草垂露。畫樹懸系。荷抽紫葉。嶺鬱青芝。碑拓本。

洛陽合邑諸人造像銘頌

妙旨幽微。非聖無可盡于源。聖行之興。非福智莊嚴豈能口其道。然今合邑諸人等。宿殖明珠。久歷諸佛。故能異心同口。仰慕遺蹤。在于定光佛前。敬造七佛寶堪。幷二菩薩。賢聖諸僧。彌勒下生。梵王帝釋。舍利非壹。其金容赫奕。照曜三千。華麗二相。妙菀八十。尅木圖塑。像而非喻。採壁模形。焉是其譬。覩之者淨信開明。虔禮者三鄣殄息。斯乃塵勞之中。紹如來種。籍此勝善。願國祚永隆。三寶增盛。法界四生。七世先靈。存亡父母。現在眷屬。發菩提心。彌勒下生。囨爲導首。開化羣迷。廣修萬行。共集善根。同證菩提之道。刊銘頌曰。

法性如如。非有非無。體非分別。妙用非虛。入相成道。侶同凡夫。生而非生。滅而非滅。神通隱顯。摩王歸軼。化導三千。人天獨步。改迷接聖。慈悲覺㾀。示三空門。令遊正路。淨修波若。四攝資助。奮翼道品。菩提永固。天統三年歲次丁亥三月壬申朔十五日丙戌建。碑拓本。

邑義造丈八大像頌

口口口口口口口口口口口口口口口悲爲懷。宏濟五濁口口口權宜朗鑒萬法。隨遂根口口口雙林緣盡。居尸遂能口口口口構剎圖儀波斯從後。末口口不仰慕聖容者哉。是以邑義一百人等。以今大齊天統三年歲在丁亥五月十五日。共造丈八大像一軀。上爲皇家永康。下爲羣品師僧口口累劫因緣。四生洽識。悉捨忘想。同登正覺。其頌曰。

寶殿蓮基。尊像靜嘿。聲聞菩薩。侍立其側。徒衆和雍。僧口嚴飾。禪誦歎詠。晝夜無息。以此福緣。壽報無極。其置福處也。北連名山。太丘之廟。南有高崗。胡城永固。處在中央。口水東注。人民口祥。營造福口口爲帝皇。四海歸湊。壽樂口疆。以斯願力。俱會道場。邑義諸人。皆元出四海。據口口口禮教自防。德達仁口口口爲尊。以法爲口欽敬口口口口口歸投以斯福緣。永口口口口。碑拓本。

劉碑造像銘

夫靜妙虛凝。聖蹤難尋。恢怕無相。非有心能知。雖形言幽絕。誕迹三千。慈悲內發。欲濟危拔苦。演十二而曉羣情。喻三車以運諸子。權應歸空。潛神眞境。然篤信佛弟子劉碑。河澗人也。寶胄唐資。瓊基漢緒。襲踵前王。衣冠萬代。因官隨餌。芳柯嵩左。此人善識四非。深解五業。纂募鄉邦。茜領懷珠。獨照。皆是軒姬枝蔬。英裔之孤挺。晉魏九域。磐根之樑棟。斂晒皇朝。飛聲齊室。故能同率緇素。異心共邁等意。採石金山。遠求名匠。奇思罕聞。巧殊世外。四梜靈嶷之

顯。西據王舍之湯。派流濟濟。建像一區。構基三泉。首騰霄月。眞容凝然。化流無㝵。光曜十方。空空遍滿。覩之者目中花生。觀之者我心冢滅。仰爲皇祚永隆。宰輔顯上。𠮨此果緣。福鍾師僧七世。願使神登紫宮。祂昇妙境。見在盋康。子孫興茂。辨智超才。表心六藝。宦極台相。位累九坐。生隋懃諸。來栖道跡。往往逢賢。處處遇聖。蠢動普沾。同照十日。身當正覺。遊濟彼岸。刊鏤金芳。願言不朽。其辭曰。如來聖跡。邈矣難尋。究竟歸空。妙理賓深。出沒自在。顯滅雙林。欲隨而去。攜𠮨愚心。龕龕有佛。相望若語。菩薩立侍。唅聲未吐。師子護坐。竪日相覩。諸天作樂。口口對儛。金剛力仕。在戶之傍。邪捲口目。偃蹇相當。波旬請死。欲退無方。道俗肩隨。慶會天堂。肅肅法師。寂寂道場。崇之若近。尋之茫茫。垂誘下士。上接攜將。六口解羅。三有暈光。俄俄禪定。神歸空外。眞化無㝵。心盋三昧。脫骨王子。廣度一切。凤樹珪璋。悉羅天闕。冠冕世襲。金柯秀發。辨隆待仕。殊今古越。儁邁機鶩。皎然若月。信士英英。契悟福期。鐫鏤金石。相好巍巍。嵯峨妙絕。是難是希。終天畢地。永爲茛基。碑拓本。說嵩云天保八年。

銅雀臺石甃門銘

大齊天保八年九年。造銅雀臺石甃之門。百代之後。見此銘者。當復知之。將陳驥軍副程顯承㝨晞。幢主孫悅。軍主董侯。幢主楊㝨。碑拓本。案北齊書文宣紀。天保九年。三臺成。蓋經始于八年。故云八年九年也。

在孫寺造像銘

蓋太儀育物。品類不同。隨口口以輪迴。逐陰波而自溺。可嗟蒼福。孰爲津梁。哀哉士徒。誰口出要。唯無上大覺。獨悟玄深。志欲道正水𠮨壞邪。山秉慧炬。而滅癡闇。故豎杜六門。大開八口。龍魔鎖口。虎兕斯伏。但感微應促。毒樹之音已彰。如住无善利。口滅之幻唯速。于是鐙光夜掩。法舟息駕。遂使入到熾然。業愛增甚。自非曉燭眞途。了斯相染。孰能俳口扇而超昇。望宋一而高蹈哉。都邑主張

暎族嵓景略仇洪祖寇智業陶洪遠李祖憐都口口百口拾人等以是漢曲明珠矝山之賢狂風口口蘭口飄舉嘆世挾蔬鄉家金口雨根卞泉而結裙袖八口月而口龍口如此隆二昂二盛哉雖浮俗愛起口千端口口至口思口不憚口勞之軍慧劍雙懸早口口魔之陣无不口篡口蹤魔開口口口口金顏之口佳口口口之口口遂廣建伽藍口口口口口口口口口之口面口大起帝有之奇身眞容不熾。若百葩之開春樹。朝曦竟照。類万日之聚高天。足使跛聾發口。口心返正。雖猛炎銷天。洪波沸地。而神堰寶岍。畢竟常口。昔口扴擁沙。尚滅菩提。業盛前脩。功名顯著。豈使日月空流。聲塵无先。口彫金垂範。傳芳不朽。自非立信空門。皈心淨域。將知福報無虛。功不忘踪。脩回口善口口俾口口捨財崇福。佐六堂之業。上爲三寶口口七世父母過往口師現在居眷。門徒子孫世貴國內人民口口役口口口遠至下及邊地蠢動蒙恩五道口澤有刑之類。普獲福利。齊號河淸三年歲次甲申四月己丑朔廿日戊申。碑拓本

姜纂造老君像銘

大齊天統元年太歲乙酉九月庚辰朔八日丁亥。界官姜纂爲亡息元略敬造石像一軀。夫靈暉西沒。至理東遷。圖畫神明。像窮變現。道遙業峻。因藉報遠。淸信士姜元略。志隆邦國。仁越州閭。衡巷仰風。鄉邑譽望。早洞玄源。夙達空旨。而石火電燭。倏忽從化。松摧落岫。蘭彫夏霜。寶散闇泉。玉碎黃壤。父纂情慕東門。心凴眞福。特爲亡略敬造老君像壹軀。左右二侍。聖相眞容。妙絕婆娑。雕檀刻削。波斯亞奇。鐫金鏤石。優塡慙巧。神光照爛。遍滿閻浮。香氣氤氳。充塞世界。業盛飛行。事杼踊出。以此勝因。追資亡略。直登淨境。獨步空虛。逍遙天服。飛出六塵。遨遊慧體。長超八難。彈指則遍侍十方。合掌則歷奉眾聖。過去尊卑。見存眷屬。亡生淨鄉。現獲妙果。當

來龍華。願昇初唱。皇家慶隆。澤洽邊地。三途楚毒。俱辭苦海。六道四生。咸蒙勝福。壹切有形。同成正覺。碑拓本

董洪達造像銘

大齊武平元年歲次庚寅正月乙酉朔廿六日。蓋諸佛智海。本自無崖。既與法界淨覺。復共虛空競遠。如童尊重臥渥而布髮。藥王思報上天而雨花。替攸前蹤。更開後轍。是邑都邑主董洪達其人可謂瞰望遠闇。聲欐遐逈。志超雲外。深識無邊。體同聚沫。豈齊風露。遂率邑徒卌人等。乃訪藍田美玉。琨璞京珍。敬寫靈儀。用深表代。匠思奇端。朝研殊毒。畫採金碓。玉鏤周畢。眾事明麗。尋形亘遍。拔若天上降來。後似地中湧出。其處口徘徊巉巖絕嶋。左依山渠。南闕大㙯。西盼京都。私乃唯非舍利神口口口寶是頁口布金爲地。自非口見大士十力世雄。安能建斯功業者哉。仰資帝祚永隆。存沒父母。因緣眷屬。普蒙斯善。其辭曰。

芒芒法水。盼盼零津。惠流无外。化被微塵。三界有潤。火宅無辛。杳杳眞容。非人弗顯。苦樂憂悲。非福不遣。刊石記功。已照諸善。碑拓本

比丘僧道略等造神碑尊像銘

自夢影東發。金人感帝。像法肇興。嶋摩啟悟。方知城芥易窮。五衣時往。雲電屢馳。石光何速。若夫智出非恆。道光大地。德被天中。威羅世界。莫不發迹紫宮。口軀兜率。越度生死之河。飛遐沸流之海。而四生夥雜。八徑紛綸。壽等芭蕉。業同泡沫。然大鑒降澤。顯跡迦夷。應權雙樹。見從忍土。布慈雲于無邊。注法雨于六道。懸明鏡于重幍。炳金鐙于長夜。然則神珠照灼。映寶塔于空中。甘露禎祥。潤枯萌于世上。若乃久墮慾海。不識沈厄之苦。長處火山。詎愁燋燎之痛矣。是以邑師比丘僧道略。體白六道。獨懷二覺。雄才勇志。總判三乘。澄華皎淨。與琉璃合潔。素質鏗鏘。與隨珠角曜。故知二鼠之暴不停。四虵之毒長在。遂能共邑義三百餘人等。託志菩提。建

崇弘願。石出藍田。求工班爾。敬造神碑一所。尊像八堪。龍螭鉅鏤若雲山之烈彩。麗拔妙形。似七寶之莊嚴。而改天動地之奇。窮神盡聖之巧。閻浮娑娑之珍。眾生大慈之業。然則地兼爽塏。比竹林而並麗。寺帶良田。匹鹿苑而不殊。花果氤氳。桂蘭綺合。靈芝勻藥。布護堦廷。房廡周通。斜口口出。猗㨾璧璫。浮㮚止雪。蓮錢遶涤井。碧水類清泉。口樓交葛。甍鏵參差。羽翮翳林。飡聽妙響。鴛鴦雙樹。歆好眞音。至于青風朗扇。鍾聲相和。莫覺擅指。合掌南无。遊歷四禪之境。觀入三脫之中。內安万祿之僧。招精進之士。銀爐鼓炎。百和騰煙。錫響讚聲。定崩煩惱。有性厥靈。永登寶地。凡命含品。普昇淨土。藉斯功德。遍沾口切。芳謠時歇。銘歌何窮。其詞曰。

玄沖眇邈。正教終歸。三明自達。六職雲飛。浮虛兜極。颺影紫微。懸空遊息。三界徘徊。地居勝土。寺遶花蓮。周迴風觀。遍帶流淵。上干浮漢。下際幽泉。方須玉櫂。事籍金船。運茲洪福。爲海舟㮚。發心何遠。彼岸猶長。天人覺悟。超投太康。所願閻浮。同登淨鄉。大齊武平二年歲次辛卯九月十五日建。碑拓本

邑義主一百人造靈塔銘

蓋至道玄凝。幽宗理寂。三塗無樂。慾海多難。雖復積骨成山。詎照剎那之性。血溢四河。寧窮沖甚之域。然今邑義主碑字空三未刻一百人等。置宅祇園。栖神文圃。俱明井典。常脩政法。承天之意。彌遠去人之情久達。身懷智慧之炬。體納无盡之鐙。常欲濾流洒除心垢。故知四大虛假。五總難割。割捨俗財。寄不燎之室。築茲勝地。造靈塔一區。摸育王之眞軌。放舍利之影跡。峩峩勢巧。穎越於雀離。嶰嶰陵霄。峻高於兜率。靈像儼儼。濟度于恆沙。相好巍巍。口口口口六以斯上善。下闕

大齊武平三年歲次壬辰鐫十二月十六日訖功。碑拓本

吳洛族等造像銘

夫珠玉非濟渡之珍。尺璧豈救時之寶。欲取將來之益。都因莫大於捨施。是以象馬無恡。標名第一。剋檀爲功。福亦不二。今有佛弟子吴洛族十五人等。竝宿藉冥因。洞識超遠。居或曉眞。遊塵獨處。提妻子不爲己物。唯以片善爲家有。各率誠心。敬造釋迦彌勒石像周迴十堪。畫飾悉訖。其尊容雜事。彫瑩殊異。亦可驗之於目覩。更不待言題矣。其詞曰。

泉源浩汗。無邊無畔。應似而有。診之洪漢。邑人誠感。誰不詠讚。藉此微緣。除之八難。碑拓本。

全北齊文卷九終

全北齊文卷十

烏程嚴可均校輯

闕名一

鄉老舉孝義雋脩羅碑 皇建元年十二月

唯皇肇祚。大齊受命。引軒轅之高宗。紀唐虞之遐統。應孝義以改物。揚仁風以布則。於是緝熙前緒。照顯上世。雋敬字脩羅。纘土萇安。食菜渤海。前漢帝臣雋不疑公之遺孫。九世祖朗。遷宫於魯。遂住洙源。幼傾乾蔭。唯母偏居。易色承顔。董生未必過其行。守信志忠。投杼豈能着其心。捨田立寺。願在菩提。醧味養僧。繆絡匪恪。救濟飢寒。傾囊等意。少行忠孝。長在仁倫。可欽可美。莫復是過。蓋聞詮賢舉德。古今通尚。隱秀弊才。錐囊自現。余等鄉老壹百餘人。目睹其事。豈容嘿焉。敬刊石立樓。以彰孝義。非但樹名今世。亦勸後生。義夫節婦。詔令所行。其辭曰。

恭恭易色。免受承顔。孝同曾閔。行比丁蘭。待如握髮。接若吐飡。醧味救飢。解渴濟寒。披幽釋古。奉敬如來。割己施造。傾力捨財。終終之志。其性可哀。鐫石壹朝。千代美哉。流芳萬古。迹絕當今。庶勸將來。誰不肅心。忠孝之外。任世浮沈。絕筆刊功。志畢松林。朱陽再現。相訖南金。訪石鏤文。永保余心。懸宗殞轉。放筆留音。皇建元年歲次庚辰十二月戊寅朔廿日丁酉訖功。碑拓本。

宋買等造天宫石像碑

口口口口氵旨道圓明。言像所未臻。文字不能述。口口口口口口闕之者既難。法海波瀾。遊之者勿易。是大都邑主宋買廿二人等。可謂知周道濟之功。圓應遍知之迹。宗尚莊老之談。景慕神仙之術。彊攬博聞。辯說無身。宜陽金口。深識法相。乃祖乃父。積德於無窮。維子維孫。脩道於祇劫。故能知四壽之分。敀五蔭之美。疾遂寄財于三寳。託果於娑羅。罄竭家珍。敬造天宫石像各一區。其天宫也。左臨淥水。具有公路嶋之低迴。石觀舊都。快有京華之勢。前矚風嶺。據有曹操之故堰。從背望山。伊洛之南地。私乃正是四奥之華壞中墟之靜土。唯非舍利神變之圖。寶是須達布金之地。其像也。乃運玉石於荊山。採浮磬於淮浦。鐫勒彫文。竝龍鱗而翠璨。鏤狀圓形。等金錦而競炎。雙林見光。未殊於此妙。剋檀成制。有愧於今容。既如天上降來。又似地中勇出。其中万相莊嚴。五色鮮妙。珠紫爭光。清黃吐豔。跂看之從。樂善忘歸。觀狀難同。尋刑叵遍。自非高見大士。十力世雄。孰能建私功業者哉。緣茲摩訶善根。仰發洪願。三寳常存。法輪永固。王祚剋隆。七世先靈。託生妙樂。見在眷屬。値佛聞法。四生之類。等成正覺。天統三年歲次丁亥四月辛丑朔八日戊申建立。碑拓本。

馮翊王修平等寺碑

蓋口功惟闕下　通言口口在自口成口口口口闡鷲山大則照神光

於大千。微則總百億於微介。乘權授手。津被塵沙。有感斯應。闕下　迹口口於西林口敎口于東夏眞口口廣靈口再興不有覺人孰弘斯道。至若拔山移海之力。復夏興周闕下　之闕下　侶或負氣口門口葉累世或神化澹泊。百祀千齡。莫不委骨高於山岳。屑淚多於河海。共轉輪迴之苦。同歸口月闕下　彼岸平等寺闕下　永平中。造定光銅像一區。高二丈八尺。永熙年金塗訖功。像在寺外。未得移闕下　大闕下　大殿正屋闕下　及闕下　口邑爲豺狼之窟。皇居成戰闘之場。四海分崩。八宏淪喪。人物將盡。盛闕下　神武皇帝龍闕下　先天奉時。觀口口休。於是龍視豹變。鷹揚鵠起。補西北之虧天。紐東南之缺地。大拯蒼生。康茲頹俗。崤函西劃闕下　帝城闕下　烽口幾甸機衡口俞褫便使七政難齊。衣冠道缺。將令五禮慾制。謀遷協於卿士。卜徙吕決蓍龜。上天剋從。大同口口皇輿口口口口口移璧洛。遂空城寺。口毀銅駝之術。無復連鑣金馬之門。㵎閒待郘荒涼宮室。禾黍生悲。寂寞池臺。丘墟流歎。高祖以王業草創。□□□□志去門泥。觀兵故洛。見象壞奇。神徵屢感。莊嚴具足。相好如眞。若出崛山。猶居祇樹。時流運謝。隱晦□紀。遂□□□□□□花淨□青蓮未遷福地。達人弘道。觸物兼懷。發菩提覺心希無上正果。躬親致禮。遷像入寺。登給羽林長□守□武定末。世宗文襄皇帝□□□□□河洛歷構周京。覩佛儀相。世未嘗有。身色光明。實所希妙。崇申祇敬。廣施軍資。增給兵力。因□□□□□代驟改□□非固□石□□□廬易毀。膽甍傾□結構崩頹。駿癬上於雕梁。青苔衣於藻井。遊臺積塵。等彤仕於慧禪。草莽生壞。□神留於智異。行□□□□□□枯□□之內。菊爲茂草。太宰河陽道大行臺錄尚書事馮翊王高潤。卽神武皇帝之稚子。文襄章烈孝昭武成四□□金□□□之懿□稟精瑤室。分蕚鄧林。叡氣所膺。誕茲英哲。可謂崑山之上。美玉挺生。瀛海之中。明珠閒出。迴□□□自下闕　數仞崖岸平□□□非梁燕之儔。富學豈簡平之背。既能調通四氣。宣導三光。鼎儀由其致和。禮教因之敬洽。飛□□問忠□樹聲致福下闕　土宇受脤而靜闕河。德若膏蘇。恩同雲雨。出軍命將。必稟策吕折衝。掠地屠城。會謐謀於帷幄。王既通□□二洞□三□□知佛下闕　不究竟護浮□於苦海。檥實□於金河。自推轂專行□戎奉律治兵餘暇。降志弘道。鳴鑾展禮。蹔駐騑服。俄見繡雉飛於梁□。文貍起於□中。歎淨宮之彫毀。嗟伽藍之樂構。永言舊事。思用修復。割捨倂於布金。窮材礱於文梓。匠人單五郡之妙畫繪極□土之奇。崢下闕　蚪糺於鯨棟。扶鳳竦於虹梁。類玄圃之銀樓。等蓬萊之玉闕。天衣容裔。飃三銖之重。像色□□□十力之下闕　始可言矣。寺則負彼崇邙。面□清洛。右依城雉。左帶洪陂。嵩岳擁其前。靈河行其後。望下闕　與賢□勝地。眞粵福田。於是苕行異人。慧心高德。皆通九部。咸曉二禪。乃振錫來儀下闕　成田高山

據當作遞

虧而□□□豐碑宜勒。銅柱須懺。徽猷盛事。無殞長葉。其詞云。□□□□□□□□□□□□□□□□□□□□□□同歸大師□□空播音徽。其一彼岸須登。寶舟宜運。劫石期盡。飢膚何恪。聖帝英王。□□□□□□□□□□□其二□□□□□□□□□□□□□是屬貞明。瓊宮□氣。瑤室和精。氛氳降祉。生此人英。其三慧劒既佩。誠訴是□□□□□□□□□□□□□□□□□□□□□興千雲臨旭。其四雕梁□柱。□壁丹櫨。朱扉玉砌。青瑣金鋪。風鳴韻鐸。日照和珠。高山仰□□□□其五□□□□□□□□□□□□□城隩潤。招提是構。□□□三乘七覺。儔導是問。其六山虧一匱。海涸三田。殷墟闃寂。周室下闕　大齊武平三年□□壬辰八月十五日刊。

臨淮王造像碑

大齊武平四年歲次癸巳六月乙未朔廿七日辛酉建。

竊吕方川朝海。大海終自爲陵。五雲出山。名山久而爲礪。謂天謂地。悉有時而崩毀。日平月平。竝無救于盈缺。縱陰陽莫測。夷夏率從。奮六轡而遠馳。翥九翼而高視。安知衆苦鱗萃。五衰波屬。儵與驫風競馳。俄將落葉俱盡。假令餌瓊髓。飛玉觴。燭日月。驅風雨。車騎如雷乘。空幸延季之第。旌旗過景。浮虛造子登之岳。陸生仙賦。僅舉一隅。張子眞篇。唯明片分。皆亦馳於廢興之術。環於起滅之逵。倂蕣華之曒殞。遏藤根之易絕。茲焉以外。衆生何限。墨竭塵盡。所未能量。竝驚蹄接蝯。危過累卵。電謝忽據。泡懸儵忽。然則莫知其去。罕見其來。災風壖而更安。毒火焚而弗燗者。而不具八解脫。備六神通。變万善而茯蔟。超百非而迥越。亦何堪至于此也。若夫前聖後聖。天之又天。八恆之大醫王。十方之大仙主。或與定光同字。數極五千。或共弗沙等名。筭盈三億。雖應現乖別。王領處乘。而妙力神光。規重矩疊。竝慈雲廣庇。善雨周覃。皎智日於重昏。燃慧

鐙於積暗。悲河鼓浪。六度之船併浮。熾宅煬烟。三乘之轍俱轉。威靈之大。未易等級。變化之奇。實難思議。層山納於芥子。仍自嶔岑。巨海入於毛穴。無妨浩淼。伏闍毋之狂鳥。弭迦葉之毒龍。波旬覩而喪魂。梵志望而碎魄。誠最尊最勝。莫高於法王。但非滅示滅。還失於慈父。於是鄭巖徒朗。值木終難。虛瞻白鵠之林。誰逢青雀之樹。繇令水言功德。永遏波濤。山名智慧。遂潛峯崿。其能闡清化於將淪。振玄風於已墜。千年一有。非我而誰。使持節都督青州諸軍事驃騎大將軍青州刺史司空公盧都縣開國公高城縣開國公昌國侯臨淮王婁公。孕彩中岳。禀精大水。龍章外動。豹氣傍飛。妙質則冏若珠明。瓌姿則朗猶玉瑩。負將相之奇器。懷社稷之高節。經文大德。紛綸而備九。佩武殊功。雜踏而兼七。拂羽則摶風歷漢。抗足則超塵絕影。知管樂之為小。識元愷之非大。鼓盪於天地之間。疏散於雲霞之表。排帝門而矯首。沐皇慈以濯鱗。裂壤分珪。旦夕兼委。儀台服袞。造次以之。始暎金蟬。鄙丁劉於漢日。暫棲鸞沼。蔑陳張於晉京。履每曳於南宮。職頻關於北斗。迄文昌而鳳跱。入鉤陳而虎盼。穆陵而北。負海而西。分屬虛危。音中角羽。連衽與密雲爭暗。旨酒共滙流競深。其鳩會樂於茲所。尚父經封於此域。孔融之見圍也。史慈冒難於都昌。袁譚之被攻焉。王脩赴禍於高密。聳丹山而峭立。迴紫城而鬱連。敗燕之勢未淪。巨漢之容尚在。是為名岳。實冠諸蕃。秉刺於茲。義歸親重。故能整旗蓋而辭閶闔。節笳鐃而下營丘。帷始闢而鄉移。冕纔彰而俗變。三春未動。別鼓春颸。九冬不作。自懸冬景。齊之以禮。導之以德。寬大居先。威嚴次後。哀恤孤寡。誅鋤豪黠。傜役既擯。姧軌斯逃。持廉作寶。目弗視於金玉。匪財而富。身詎染於脂膏。遂令神雀集苑。災蝗避域。孝子與順孫競秀。節妻共義士相望。凡如此流。抑亦衆夥。不能備序。敢復略言。假細侯之行美。稷孟堅之來交阯。子虞稱最於區中。梁道作法

於寰內。持此況我。無不退飛。兼憤然興嘆。類羊公之陟峴。喟然垂感。切孔父之臨川。悲此有之難拘。慨茲生之易滅。常住之因。遂植彌陁之願。仍起。故海岱之閑。凡諸福地。罔不傾蓋。悉展慇誠。於是民吏奉規。事難捨而能捨。表裏蒙化。業難行而遂行。何異草逐風低。水從壺變。脩寶因而再盛。佛日由其更懸。南陽寺者。乃正東之甲寺也。既左通闤闠。亦右馮澗谷。前望巖磐。却鄰淄澠。層臺邁於湧塔。祕宇齊於化宮。足使須達羡其經啟。延壽韜其賦頌。感致之極。莫與爭先。果屈輪輿。頻脩禮謁。香甫燃而霧作。花劣飛而霰下。遂於此所。爰營佛事。制无量壽像一區。高三丈九尺。并造觀世音勢至二大士而俠侍焉。庶國道與華胥競尚。帝業共虛空比壯。含靈賦命。盡值優花。乃具以三心。成之百寶。白銀之麗。咸寫紫金之妙畢圖。豪如五嶺之旋。卽之便靚。目似四瀆之潔。驗之猶在。毗楞寶冠。帶左而馳耀。鉢摩宍髻。據右而飛光。望舒之迴處星中。須彌之孤暎海外。僅堪方此。何以尚茲。前長史解叔寶、司馬李元驥、別駕宇文紡鸞、治中崔文惠及諸僚佐等。並滄口下筵。贊成高義。狀鱗波之遞得。劇風毛之互舉。恐炎涼遽徙。縑竹難存。便勒美於貞石。庶永永於乾巛。乃作銘曰。寰金石志云。銘日之銘拓本已泐。今檢新舊拓本。實是銘字。他碑無此例。

駛河難測。暗海无邊。津梁莫起。鐙燭誰燃。念念不住。苦苦相沿。生猶電轉。滅甚雲旋。昔往今來。靈仙非一。騎龍駕虎。排霄蔽日。朝登玉樓。夜遊瓊室。終歸聚散。安知假實。常住無我。寄在天尊。業苞眞俗。事斷名言。愍峯虧構。慧浦疎源。神儀或掩。像法弥敦。亦有人英。翹然孤上。似竹千仞。如松百丈。帶鉉之蕃。仁深譽仰。一方饒益。千城注想。覺花常吐。慧葉恆春。誓將調御。盡求轉輪。爰脩佛寶。於此東秦。項光仍射。眉相還陳。雙樹結影。三蓮接燿。五道光含。十方煇眺。果名奇特。是稱衆妙。樂地在茲。焉須遠召。福之所暨。盡尊爲我。俾斯含識。俱圓妙果。行值嵐風。方逢劫火。空餘勝績。無虧無墮。碑拓

本梁臨淮王者畟昭子定遠也北齊書北史並有傳。

外國

王高德

高德高麗國大丞相。

啟問法教始末緣由事敘略

釋迦文佛入涅槃來至今幾年。又于天竺幾年。方到漢地。初到何帝。年號是何。又齊陳佛法。誰先傳告。從爾至今歷幾年帝。遠請具注。續高僧傳十法上。

釋氏

大統

奏并州掘地有人兩脣其舌赤色

此持法華者。令六根不壞。殷誦千徧。定感此徵。法苑珠林一百二引侯君素集。

道宜

紀事

宋初有法瓊尼。南方人。不知因緣所出。辟穀食棗栗。不著綿帛。戒德甚尊嚴。禪定多所感通。會稽恭子張使君莅廣州。便供供之。隨使君還吳。又隨出入。尼自剋亡日。捨命後勿棺殮。但以乞烏鳥。至破罔。如期而終。使君依旨。送林野閑停。再七日七夕。鳥獸不敢侵。乃收殯焉。亡祖親使君之第四女也。就瓊尼受戒。敕余記錄之。廣弘明集四十。

供供當作供養

道朏

造像記

大齊天保十年七月十五日。比丘道朏敬造盧舍那法界人中像一區。願盡虛空邊法界。一切衆生。成等正覺。碑拓本。

慧可

慧可一名僧可。俗姓姬。虎牢人。初名神光。久居伊洛。事達摩于少林。得法傳衣。是爲二祖。

命筆回示向居士

備觀來意皆如實。眞幽之理竟不殊。本迷摩尼謂瓦礫。豁然自覺是眞珠。無明智慧等無異。當知萬法卽皆如。愍此二見之徒輩。伸詞措筆作斯書。觀身與佛不差別。何須更覓彼無餘。傳燈錄。

全北齊文卷十終

全後周文目錄

大凡全後周文六十一人
大凡全後周文二十四卷

烏程嚴可均校輯

文帝

帝姓宇文氏，諱泰，字黑獺，代郡武川人。初從葛榮，榮敗，從爾朱榮為統軍。孝莊反正，封寧都子，遷鎮遠將軍步兵校尉，從賀拔岳入關，遷征西將軍，加直閤將軍，行原州事。太昌中為大行臺左丞，領司馬，加散騎常侍，進武衞將軍、夏州刺史。永熙中進侍中、驃騎大將軍、開府儀同三司、關西大都督，封略陽縣公，兼尚書僕射、關西大行臺。孝武西遷，加授大將軍、雍州刺史，兼尚書令，進封略陽郡公，拜駙馬都尉。文帝即位，進督中外諸軍事，改封安定郡公，錄尚書事，進柱國大將軍，授太師。廢帝即位，以冢宰總百揆。恭帝三年為太師、大冢宰，薨，諡曰文公。孝閔受禪，追尊為文王，廟號太祖。武成元年追尊為文皇帝。案申徽傳云：文帝臨夏州，以徽為記室參軍，兼主簿，每事信委之，乃為大行臺郎中。時軍國草創，幕府務殷，四方書檄，皆徽之辭也。然則上魏孝武四表、責侯莫陳悅書、傳檄方鎮，皆宜編入申徽文。其大統初書翰，乃蘇綽、盧柔、李昶、唐瑾作，未可分別，今編為文帝文。案北史李彪傳云：詔冊文筆，皆昶所作。

賜李遠書

昔李將軍廣親有此事，公今復爾，可謂世載其德。雖熊渠之名，不能獨擅其美。周書李遠傳。

答李遠

公勳德兼美，朝廷欽屬，選眾而舉，何足為辭。且孤之于公，義等骨肉，豈容于官位之間便致退讓，深乖所望也。周書李遠傳。

與長孫儉書

近行路傳公以部內縣令有罪，遂自杖三十，用肅羣下。吾昔聞王臣謇謇，匪躬之故，蓋謂憂公忘私，知無不為而已。未有如公刻身罰己，以訓羣僚者也。聞之嘉歎。周書長孫儉傳。又北史末云：聞之嘉歎良久，不可言。庾信撰拓拔儉

碑云：大丞相書云：此之美事，耳目之所未經，歎尚無極，故遣專使。

又書

本圖江陵，由公畫計，今果如所言，智者見未萌，何其妙也。但吳民離散，事藉招懷，南服重鎮，非公不可。周書長孫儉傳。

賜鄭孝穆書

知卿莅職近畿，留心治術，凋敝之俗，禮教興行，厭亂之民，襁負而至。昔郭伋政成并部，賈琮譽重冀方，以古方今，彼有慚德。周書鄭孝穆傳。

與王思政書

崔宣猷智略明贍，有應變之才，若有所疑，宜與量其可不。周書崔猷傳。

與唐永書

聞公有二子，曰陵、曰瑾，陵從橫多武略，瑾雍容富文雅，可並遣入朝，孤欲委以文武之任。周書唐瑾傳，北史唐瑾傳。

潼關誓

與爾有眾，奉天威，誅暴亂。惟爾眾士，整爾甲兵，戒爾戎事，無貪財以輕敵，無暴民以作威。用命則有賞，不用命則有戮。爾眾士其勉之。周書文帝紀下：大統三年，率李弼等十二將東伐，至潼關，乃誓于師。

以僧實為昭玄三藏詔

大統中。案此假西魏帝詔。

師目麗重瞳，偏同虞舜，背隆傴僂，分侶周公，德宇純懿，軌量難模，可昭玄三藏。續高僧傳。

詔公卿等議蘇綽贈謚

蘇尚書平生謙退，敦尚儉約，吾欲全其素志，便恐悠悠之徒有所未達；如其厚加贈謚，又乖宿昔相知之道。進退惟谷，孤有疑焉。周書蘇綽傳：大統十二年卒，太祖痛惜之，哀動左右，及將葬，乃詔公卿等。案此非詔書，止是告語耳，今姑錄入。

大統十一年春三月令

古之帝王，所以外建諸侯，內立百官者，非欲富貴其身而尊榮之，蓋以天下至廣，非一人所能獨治，是以博訪賢才，助己為治。若其

知賢也。則以禮命之。其人聞命之日。則慘然曰。凡受人之事。任人之勞。何捨己而從人。又自勉曰。天生儁士。所以利時。彼人主者。欲與我爲治。安可苟辭。于是降心而受命。及居官也。則晝不甘食。夜不甘寢。思所以上匡人主。下安百姓。不遑恤其私。而憂其家。故妻子或有飢寒之弊。而不顧也。于是人主賜之以俸祿。尊之以軒冕。而不以爲惠也。賢臣受之。亦不以爲德也。位不虛加。祿不妄賜。爲人君者。誠能以此道授官。爲人臣者。誠能以此情受位。則天下之大。可不言而治矣。昔堯舜之爲君。稷契之爲臣。用此道也。及後世衰微。此道遂廢。乃以官職爲私恩。爵祿爲榮惠。人君之命官也。親則授之。愛則任之。人臣之受位也。可以尊身而潤屋者。則迂道而求之。損身而利物者。則巧言而辭之。于是至公之道沒。而姦詐之萌生。天下不治。正爲此矣。今聖主中興。思去澆僞。諸在朝之士。當念職事之艱難。負闕之招累。夙夜兢兢。如臨深履薄。才堪者則審己而當之。不堪者則收短而避之。使天官不妄加。王爵不虛受。則淯素之風。庶幾可反。周書文帝紀下

孝閔帝

帝諱覺。字陁羅尼。文帝第三子。魏恭帝三年三月。爲安定公世子。四月。拜大將軍。十月。嗣位太師大冢宰。十二月。封周公。受魏禪。明年九月。爲宇文護所廢。尋遇弒。建德元年。追謚曰孝閔皇帝。

祠圓丘詔 元年正月壬寅

予本自神農。其于二丘。宜作厥主。始祖獻侯。啟土遼海。肇有國基。配南北郊。文考德符五運。受天明命。祖于明堂。以配上帝。廟爲太祖。周書孝閔帝紀

分使巡撫詔 正月戊申

上天有命。革魏于周。致予一人。受茲大號。予惟古先聖王。罔弗先

于省視風俗。以求民瘼。然後克治。矧予眇眇。又當草昧。若弗尚于達四聰明四目之訓者。其有聞知哉。有司宜分命方別之使。所在巡撫。五教何者不宣。時政有何不便。得無修身潔己。才堪佐世之人。而不爲上所知。冤枉受罰。幽辱于下之徒。而不爲上所理。孝義貞節。不爲有司所申。鰥寡孤窮。不爲有司所恤。暨黎庶衣食豐約。賦役繁省。災厲所興。水旱之處。並宜具聞。若有年八十已上。所在就加禮餼。周書孝閔帝紀

封功臣詔 正月乙卯

惟天地草昧。建邦以寧。今可大啟諸國。爲周藩屏。周書孝閔帝紀

誅趙貴詔 二月丁亥

朕文考昔與羣公洎列將衆官。同心勠力。共治天下。自始及終。二十三載。迭相匡弼。上下無怨。是以羣公等用升余于大位。朕雖不德。豈不識此。是以朕于羣公。同姓者如弟兄。異姓者如甥舅。冀此一心。平定宇內。各令子孫。享祀百世。而朕不明。不能輯睦。致使楚公貴不悅于朕。與万俟幾通、叱奴興、王龍仁、長孫僧衍等陰相假署。圖危社稷。事不克行。爲開府宇文盛等所告。及其推究。咸伏厥辜。興言及此。心焉如痗。但法者天下之法。朕既爲天下守法。安敢以私情廢之。書曰。善善及後世。惡惡止其身。其貴、通、興、龍仁罪止一家。僧衍止一房。餘皆不問。惟爾文武。咸知時事。周書孝閔帝紀

振淅州詔 三月壬子

淅州去歲不登。厥民饑饉。朕用愍焉。其當州租輸未畢者。悉宜免之。兼遣使巡檢。有窮餓者。並加振給。周書孝閔帝紀

降罪詔 八月辛未

朕甫臨大位。政教未孚。使我民農多陷刑網。今秋律已應。將行大戮。言念羣生。責在于朕。宜從肆眚。與其更新。其犯者宜降從流。流以下各降一等。不在赦限者。不從此降。周書孝閔帝紀

舉賢良詔 八月甲午

帝王之治天下。罔弗博求衆才。㠯乂厥民。今二十四軍。宜舉賢良堪治民者。軍列九人。被舉之人。于後不稱厥任者。所舉官司皆治其罪。周書孝閔帝紀。

授階詔 九月庚申

朕聞君臨天下者。非由一人。時乃上下同心所致。今文武之官。及諸軍人。不霑爵封者。宜各授兩大階。周書孝閔帝紀。

明帝

帝諱毓。小名統萬突。文帝長子。大統中封寧都郡公。行華州事。拜宜州刺史。恭帝末授大將軍。鎮隴右。孝閔受禪。進柱國。轉岐州刺史。㠯元年九月奉迎。即天王位。其三年八月。稱皇帝。改元武成。明年四月。爲宇文護所毒。崩。謚曰明皇帝。廟號世宗。有集十卷。隋志作九卷。

放還遠配詔 元年十一月丁巳

帝王之道。㠯寬仁爲大。魏政諸有輕犯。未至重罪。及諸郡民一家有犯。乃及數家而被遠配者。並宜放還。周書明帝紀。

放免元氏家口詔 十二月甲午

善人之後。猶累世獲宥。況魏氏㠯德讓代。終豈容不加隱卹。元氏子女自坐趙貴等事㠯來。所有沒入爲官口者。悉宜放免。周書明帝紀。

放免抄掠詔 二年二月癸未

王者之宰民也。莫不同四海。一遠近。爲父母而子之。一物失所。若納于隍。賊之境。土本同大化。往因時難。致阻東西。遂使疆埸之間。互相抄掠。興言及此。良可哀傷。自元年㠯來。有被掠入賊者。悉可放免。周書明帝紀。

改稱京兆詔 三月庚申

三十六國。九十九姓。自魏氏南徙。皆稱河南之民。今周室既都關中。宜改稱京兆人。周書明帝紀。

三足烏見大赦詔 二年八月甲子

夫天不愛寶。地稱表瑞。莫不威鳳巢閣。圖龍躍沼。豈直日月珠連。風雨玉燭。是㠯鉤命決曰。王者至孝則出。元命苞曰。人君至治所有。虞帝烝烝。來茲異趾。周文翼翼。翔此靈禽。文考至德下覃。遺仁爰被。遠符千載。降斯三足。將使三方歸本。九州翕定。惟此大禮。景福在民。予安敢擁。宗廟之善。弗宜大惠。可大赦天下。文武官普進二級。御覽九百二十引後周書。案今周書明帝紀。大禮作大體。敢擁作敢讓。

造周麻詔 武成元年五月戊子

皇王之迹不一。因革之道已殊。莫不播入政。㠯成物兆三元而爲紀。是㠯容成創定于軒轅。羲和欽若于唐世。鴻範九疇。大弘五法。易曰。澤中有火。革。君子㠯治麻明時。故麻之爲義大矣。但忽微成象。象極則差。分積命時。時積斯舛。開闢至于獲麟。二百七十六萬歲。暑度推移。餘分盈縮。南正無聞。疇人靡記。暑往寒來。理乖攸序。敬授民時。何其積謬。昔漢世巴郡洛下閎善治麻。云後八百歲當有聖人定之。自火行至今木德。應其運矣。朕何讓焉。可命有司。傷稽六律。仰觀七曜。博推古今。造我周麻。量定㠯聞。周書明帝紀。

推究赦前事詔 五月乙卯

比屢有糺發官司赦前事。此雖意在疾惡。但先王制肆眚之道。令天下自新。若又推問。自新何由哉。如此之徒。有司勿爲推究。惟庫廄倉廩。與海內所共。漢帝有云。朕爲天下守財耳。若有侵盜公家財畜錢粟者。魏朝之事。年月既遠。一不須問。自周有天下㠯來。雖經赦宥。而事跡可知者。有司宜即推窮。得實之日。但免其罪。徵備如法。周書明帝紀。

霖雨求言詔 六月戊子

昔唐咨四岳。殷告六眚。覩災興懼。咸寅時雍。朕撫運應圖。作民父

先上脫從字

毋弗敢怠荒吕求民瘼而霖雨作沴害麥傷苗隤屋漂垣洎于昏墊諒朕不德蒼生何咎刑政所失罔識厥由公卿大夫士爰及牧守黎庶等今宜各上封事讜言極諫罔有所諱朕將覽察吕荅天譴其遭水者有司可時巡檢條列吕聞 周書明帝紀

量賜夏州義從詔 六月庚子

潁川從我是曰元勳無忘父城寔起王業文考屬天地草昧造化權輿拯彼橫流匡茲頹運賴英賢盡力文武同心翼贊大功克隆帝業而被堅執銳櫛風沐雨永言疇昔良用憮然至若功成名遂建國剖符子惟休也其有致死王事妻子無歸者朕甚傷之凡是先王向夏州發夏州從來見在及薨亡者並量賜錢帛稱朕意焉 周書明帝紀

贈秦榮先詔

孝爲政本德乃化先既表天經又明地義榮先居喪致疾至感過人窮號不反迄乎滅性行標當世理鏡幽明此而不顯道將何述可贈滄州刺史吕旌厥異 周書孝義秦族傳

荅長孫紹遠論樂詔

朕吕菲薄何德可吕當之此蓋天地祖宗之佑亦由公達鑒所致也 北史二十二長孫道生附傳

修起寺詔

制詔孝感通神瞻天罔極莫不布金而構祇園流銀而成寶殿方知鹿苑可期鶴林無遠敢緣雅頌仰藉莊嚴欲使功侔天地興歌不日可令太師晉國公總監大陟岵大陟屺二寺營造 初學記二十三廣弘明集二十八上

大漸詔 二年四月庚子

人生天地之間稟五常之氣天地有窮已五常有推移人安得長在是吕生而有死者物理之必然處必然之理脩短之間何足多

怱當作勿

恨朕雖不德性好典墳披覽聖賢餘論未嘗不吕此自曉今乃命也夫復何言諸公及在朝卿大夫士軍中大小督將軍人等並立勳效積有年載輔翼太祖成我周家令朕纘承大業處萬乘之上此乃上不負太祖下不負朕躬朕得啟手啟足從先帝于地下實無恨于心矣所可恨者朕享大位可謂四年矣不能使政化循理黎庶豐足九州未一二方猶梗顧此懷恨目用不瞑唯冀仁兄冢宰洎朕先正先父公卿大臣等協和爲心勉力相勸怱忘太祖遺志提挈後人朕雖沒九泉形體不朽今大位虛曠社稷無主朕兒幼稚未堪當國魯國公邕朕之介弟寬仁大度海內共聞能弘我周家必此子也夫人貴有始終公等事太祖輔朕躬可謂有始矣若克念世道艱難輔邕吕主天下者可謂有終矣哀死事生人臣大節公等思念此言令萬代稱歎朕稟生儉素非能力行菲薄每寢大布之被服大帛之衣凡是器用皆無雕刻身終之日豈容違棄此好喪事所須務從儉約斂吕時服勿使有金玉之飾若吕禮不可闕皆令用瓦小斂訖七日哭文武百官各權辟衰麻且吕素服從事葬日選擇不毛之地因地勢爲墳勿封勿樹且厚葬傷生聖人所誡朕既服膺聖人之教安敢違之凡百官司勿異朕此意四方州鎮使到各令三日哭哭訖悉權辟凶服還吕素服從事待大例除非有呼召各案部自守不得輒奔赴闕庭禮有通塞隨時之義葬訖內外悉除服從吉三年之內勿禁婚娶飲食一令如平常也時事殷猥病困心亂止能及此如其事有不盡準此吕類爲斷死而近思古人有之朕今忍死書此懷抱 周書明帝紀帝因食遇毒庚子大漸詔云云其詔卽帝口授也

敕陸騰 武成元年

益州險遠非親勿居故令齊公作鎮卿之武略已著遐邇兵馬鎮防皆當委卿統攝 周書陸騰傳

全後周文卷二

烏程嚴可均校輯

武帝

帝諱邕。字禰羅突。文帝第四子。恭帝元年封輔城郡公。孝閔受禪。拜大將軍。鎮同州。明帝即位。遷柱國。蒲州刺史。入為大司空。治御正。進封魯國公。領宗師。武成二年四月即位。改元四。保定、天和、建德、宣政。在位十八年。謚曰武皇帝。廟號高祖。

改元保定詔　保定元年正月戊申

寒暑亟周。奄及徂歲。改元命始。國之典章。朕祗承寶圖。宜遵故實。可改武成三年為保定元年。嘉號既新。惠澤宜布。文武百官各增四級。周書武帝紀上。

頒六官詔　正月戊辰

履端開物。實資元后。代終成務。諒惟宰棟。故周文公以上聖之智。翼彼姬周。爰作六典。用光七百。自茲厥後。代失其緒。俾巍巍之化。歷千祀而莫傳。郁郁之風。終百王而永墜。我太祖文皇帝稟純和之氣。挺天縱之英。德配乾元。功侔造化。故能捨末世之弊風。蹈隆周之叡典。誕述百官。厥用允集。所謂乾坤改而重構。豈帝王洪範而已哉。朕入嗣大寶。思揚休烈。今可班斯禮于太祖廟庭。周書武帝紀上。

板授官詔　正月甲戌

先經兵戎官年六十已上及民七十已上。節級板授官。周書武帝紀上。

亢旱原降罪囚詔　七月戊申

亢旱歷時。嘉苗殄悴。豈獄犴失理。刑罰乖衷歟。其所在見囚死以下、一歲刑以上。各降本罪一等。百鞭以下悉原免之。周書武帝紀上。

文武租賦詔　二年四月癸亥

比以寇難猶梗。九州未一。文武之官立功效者。雖錫以茅土。而未及租賦。諸柱國等勳德隆重。宜有優崇。各準別制邑戶。聽寄食他縣。周書武帝紀上。

減削御供詔　十月戊戌

樹之元首。君臨海內。本乎宣明教化。亭毒黔黎。豈惟尊貴其身。侈富其位。是以唐堯疏葛之衣。麤糲之食。尚臨汾陽而永歎。登姑射而興想。況無聖人之德。而嗜欲過之。何以克厭眾心。處于尊位。朕甚恧焉。今亘寇未平。軍戎費廣。百姓空虛。與誰為足。凡是供朕衣服飲食。四時所須。爰及宮內調度。朕今手自減削。縱不得頓行古人之道。豈曰全無庶幾。凡爾百司。安得不思省約。勖朕不逮者哉。周書武帝紀上。

報于謹詔　二年

昔師尚父年踰九十。召公奭幾將百歲。皆勤王家。自強不息。今元惡未除。九州不一。將以公為舟楫。弘濟于艱難。豈容忘二公之雅操。而有斯請。朕用恧焉。公若更執謙沖。有司宜斷啟。周書于謹傳。

封蕭大封蕭大圜等詔　二年

梁汝南王蕭大封、晉熙王蕭大圜等。梁國子孫。宜存優禮。式遺茅土。寔允舊章。大封可封晉陵縣公。大圜封始寧縣公。邑各一千戶。周書蕭大圜傳。

政事依月令詔　三年二月辛酉

二儀創闢。玄象著明。三才已備。厥數昭列。故書稱欽若。敬授。易序治厤明時。此先代一定之典。百王不易之務。伏惟太祖文皇帝敬順昊天。憂勞庶政。厤序六家。以陰陽為首。洎予小子。弗克遵行。惟斯不安。夕惕若厲。自頃朝廷權輿。事多倉卒。乖和爽序。違失先志。致風雨愆時。疾厲屢起。嘉生不遂。萬物不昌。朕甚傷之。自今舉大事行大政。非軍機急速。皆宜依月令。以順天心。周書武帝紀上。

以于謹為三老詔　三年四月

樹以元首。主乎教化。率民孝弟。置之仁壽。是以古先明后。咸若斯典立三老五更躬自袒割朕以眇身處茲南面何敢遺此黃髮不加尊敬太傅燕國公謹執德淸固爲國元老饋以乞言朝野所屬可爲三老有司具禮擇日以聞（周書于謹傳）

幸李賢第詔（三年九月）

朕昔沖幼爰寓此州使持節驃騎大將軍開府儀同三司大都督瓜州諸軍事瓜州刺史賢斯土良家勳德兼著受委居朕輔導積年念其規䂓功勞甚茂食彼桑椹尚懷好音矧茲惠矣其庸可忘今巡撫居此不殊代邑舉目依然益增舊想雖無屬籍朕處之若親凡厥昆季乃至子姪等可竝預宴賜（周書李賢傳）

加晉公護殊禮詔（三年）

大冢宰晉國公智周萬物道濟天下所以克成我帝業安養我蒼生況親則懿昆任當元輔而可同班羣品齊位衆臣自今詔誥及百司文書竝不得稱公名以彰殊禮（周書晉公護傳）

命晉公護東征詔（四年九月）

神若軒皇尚云三戰聖如姬武且曰一戎弧矢之威干戈之用帝王大器誰能去兵太祖丕受天命造我周室日月所照罔不率從高氏乘釁跋扈竊有并冀世濟其惡腥穢彰聞皇天震怒假手突厥驅略汾晉掃地無遺季孟勢窮伯珪日蹙坐待滅亡鑒之愚智故突厥班師仍屯彼境更集諸部傾國齊至星流電擊數道俱進期在仲冬同會并鄴大冢宰晉公朕之懿昆任隆伊呂平一宇宙惟公是屬朕當親執斧鉞廟庭祇受有司宜勒衆軍量程赴集進止遲速委公處分（周書晉公護傳）

奴婢贖爲庶人詔（五年六月辛未）

江陵人年六十五以上爲官奴婢者已令放免其公私奴婢有年至七十以外者所在官司宜贖爲庶人（周書武帝紀上）

甲子乙卯日停樂詔（天和元年五月甲午）

道德交喪禮義嗣興褒四始于一言美三千于爲敬是以在上不驕處滿不溢富貴所以長守邦國于焉乂安故能承天靜地和民敬鬼明竝日月道錯四時朕雖庸昧有志前古甲子乙卯禮云不樂萇弘表昆吾之稔杜蕢有揚觶之文自世道喪亂禮儀紊毀此典茫然已墜于地昔周王受命請聞顓頊廟有戒盈之器室爲復禮之銘矧伊末學而能忘此宜依是日省事停樂庶知爲君之難爲臣不易貽之後昆殷鑒斯在（周書武帝紀上）

胄子入學詔（七月壬午）

諸胄子入學但束脩于師不勞釋奠釋奠者學成之祭自今卽爲恆式（周書武帝紀上）

舉孝行詔（八月己未）

諸有三年之喪或負土成墳或寢苫骨立一志一行可稱揚者仰本部官司隨事言上當加弔勉以厲薄俗（周書武帝紀上）

荅李充信詔（五年十一月）

省充信等表但增哀悼幽國公廣藩屏令望宗室表儀言著身文行成士則方憑懿戚用匡朝政奄丁荼蓼便致毀滅啟手歸全無忘雅操言念既往震于厥心昔河間才藻追敘于中尉東海謙約見稱于身後可斟酌前典率由舊章使易簀之言得申遺志黜殯之請無虧令終（周書幽國公廣傳）

賜晉公護樂舞詔（五年）

光宅曲阜魯用郊天之樂地處參墟晉有大蒐之禮所以言時計功昭德紀行使持節太師都督中外諸軍事柱國大將軍大冢宰晉國公體道居貞含和誕德地居戚右才表棟隆國步艱難寄深夷險皇綱締構事均休戚故以迹冥殆庶理契如仁今文軌尚隔方隅猶阻典策未備聲名多闕宜賜軒縣之樂六佾之舞（周書晉公護傳）

荅蕭撝詔

開府梁之宗英今則任等三事所謂楚雖有材周實用之方藉謀猷匡朕不逮然進思盡忠退安侍養者義在公私兼濟豈容全欲徇已虧此至公乖所望也 周書蕭撝傳

誅晉公護大赦改元詔 建德元年三月辛酉

君親無將將而必誅太師大冢宰晉公護地實宗親義兼家國爰初草創同濟艱難遂任總朝權寄深國命不能竭其誠效罄㠯心力盡事君之節申送往之情朕兄故略陽公英風秀遠神機穎悟地居聖胤禮歸當璧遺訓在耳忍害先加永尋摧割貫切骨髓世宗明皇帝聰明神武口口藏智護內懷凶悖外託尊崇凡厥臣民誰亡怨憤朕纂承洪基十有三載委政師輔責成宰司護志在無君義違臣節懷茲蠆毒逞彼狼心任情誅暴肆行威福朋黨相扇賄貨公行所好加羽毛所惡生瘡痏朕約已菲躬情存庶政每思施寬惠下輒抑而不行遂使戶口凋殘征賦勞劇家無日給民不

寓當作寓

令當作令

聊生且三方未定邊隅尚阻疆埸待戎旗之備武夫資扞城之力庾伏龍恩萬壽劉勇等未效庸勳先居上將高門峻宇甲第彫牆實繁有徒同惡相濟民不見德唯利是眡百姓嗷嗷道路㠯目含生業業相顧鉗口常恐七百之基忽焉顛隆億兆之命一旦阽危上累祖宗之靈下負蒼生之責今肅正典刑護已即罪其餘凶黨咸亦伏誅氛霧既清遐邇同慶朝政惟新兆民更始可大赦天下改天和七年為建德元年 周書晉公護傳

省徵發詔 三月癸亥

民亦勞止則星動于天作事不時則后言于國故知為政欲靜靜在寍民為治欲安安在息役頃興造無度徵發不已加㠯頻歲師旅農畝廢業去秋災蝗年穀不登民有散亡家空杼軸朕每旦恭已夕惕兢懷自今正調㠯外無妄徵發庶時殷俗阜稱朕意焉 周書武帝紀上

追尊孝閔帝詔 四月庚寅

愼始敬終有國彝典事亡如存哲王通制義崇追遠禮貴尊親故略陽公至德純粹天姿秀傑屬魏祚告終寶命將改謳歌允集厤數攸歸上協蒼靈之慶下昭后祇之錫而禍生肘腋釁起蕭牆白獸噬駭蒼鷹集殿幽辱神器弑酷乘輿冤結生民毒流寓縣今河海澄清氛沴消蕩追尊之禮宜崇徽號 周書孝閔帝紀

大旱詔 五月壬戌

盛農之月亢陽不雨氣序愆度蓋不徒然豈朕薄德刑賞乖中歟將公卿大臣或非其人歟宜盡直言無得有隱 周書武帝紀上

還長孫儉賜宅詔 元年

故柱國鄖國公儉臨終審正爰吐德音㠯所居之宅本因上賜制度宏麗非諸子所居請㠯還官更還他所昔叔敖辭沃壤之地蕭何就窮僻之鄉㠯古方今無慚曩哲言尋嘉尚弗忘于懷而有司

未達大體遽㠯其第外給夫追善念功先王令典豈得遂其謙挹致乖懲勸令㠯本宅還其妻子俾清風遠播無替聿脩 北史長孫儉傳建德元年詔又周書長孫儉傳

追贈李遠詔 元年

故使持節柱國大將軍大都督陽平郡開國公遠早蒙驅任夙著勳績內參帷幄外屬藩維竭誠王室乃罹橫禍言念貞良追增傷悼宜加榮寵用彰忠節贈本官加陝熊等十五州諸軍事陝州刺史諡曰忠 周書李遠傳

答太子詔 二年三月己卯

在德不在瑞 周書武帝紀上

婚嫁禮制詔 九月戊寅

政在節財禮唯寧儉而頃者婚嫁競為奢靡牢羞之費罄竭資財甚乖典訓之理有司宜加宣勸使咸遵禮制 周書武帝紀上

頒老職詔 十二月癸巳

尊年尚齒列代弘規序舊酬勞哲王明範朕嗣承弘業君臨萬邦驅此兆庶寘諸仁壽軍民之間年多耆耋眷言衰暮宜有優崇可頒授老職使榮霑邑里 周書武帝紀上

嫁娶㠯時詔 三年正月癸酉

自今已後男年十五女年十三已上爰及鰥寡所在軍民㠯時嫁娶務從節儉勿爲財幣稽留 周書武帝紀上

糴積貯詔 正月乙亥

往歲年穀不登民多乏絶令公私道俗凡有積貯粟麥者皆準口聽留㠯外盡糴 周書武帝紀上

大赦詔 二月乙卯

民生而靜純懿之性本均感物而遷嗜欲之情斯起雖復雲烏殊世文質異時莫不限㠯隄防示之禁令朕君臨萬寓覆養黎元思振頹綱納之軌式比因人有犯與衆棄之所在羣官有愆過者咸聽首露莫不輕重畢陳纖毫無隱斯則風行草偃從化無違導德齊禮庶幾可致但上失其道有自來矣陵夷之弊反本無由宜加蕩滌與民更始可大赦天下 周書武帝紀上

文宣皇后喪詔 五月辛酉

齊斬之情經籍彝訓近代沿革遂亡斯禮伏奉遺令既葬便除攀慕几筵情實未忍三年之喪達于天子古今無易之道王者之所常行但時有未諧不得全制軍國務重庶自聽朝衰麻之節苫廬之禮率遵前典㠯申罔極百寮㠯下宜依遺令 周書武帝紀上

立通道觀詔 六月戊午

制詔至道弘深混成無際體包空有理極幽玄但岐路既分流源逾遠淳離樸散形氣斯乖遂使三墨八儒朱紫交競九流七略異說相騰道隱小成其來舊矣不有會歸爭驅靡息自今可立通道

觀聖哲微言先賢典訓金科玉篆祕賾玄文所㠯濟養黎元扶成教義者並宜弘闡一㠯貫之俾夫翫培塿者識嵩岱之崇崫守磧礫者悟渤澥之泓澄不亦可乎所司量置員數俸力務異恆式主者施行 廣弘明集十周書武帝紀上建德三年五月景子初斷佛道二教經像悉毀罷沙門道士並令還民六月戊午詔云云又見北史十初學記二十三

勸農詔 四年正月壬申

今陽和布氣品物資始敬授民時義兼敦勸詩不云乎弗躬弗親庶民弗信刺史守令宜親勸農百司分番躬自率導事非機要並停至秋鰥寡孤獨不能自存者所在量加賑卹逋租懸調兵役殘功並宜蠲免 周書武帝紀下

伐齊詔 七月丁丑

高氏因時放命據有汾漳擅假名器歷年永久朕㠯亭毒爲心遵養時晦遂敦聘好務息黎元而彼懷惡不悛尋事侵軼背言負信竊邑藏姦往者軍下宜陽釁由彼始兵興汾曲事非我先此獲俘囚禮送相繼彼所拘執曾無一反加㠯淫刑妄逞毒賦繁興齊魯軫殄瘁之哀幽并啟來蘇之望既禍盈惡稔衆叛親離不有壹戎何㠯大定今白藏在辰涼風戒節厲兵詰暴時事惟宜朕當親御六師龔行天罰庶憑祖宗之靈潛資將士之力風馳九有電埽八紘可分命衆軍指期進發 周書武帝紀下

遣使周省四方詔 五年正月丁酉

朕克己思治而風化未弘永言前古載懷夕惕可分遣大使周省四方察訟聽謠問民卹隱其獄犴無章侵漁黎庶隨事究驗條錄㠯聞若政績有施治綱克舉及行宜圭蓽道著丘園並須檢審依名騰奏其鰥寡孤獨實可哀矜亦宜賑給務使周贍 周書武帝紀下

又伐齊詔 十一月甲午

僞齊違信背約惡稔禍盈是㠯親總六師問罪汾晉兵威所及莫

不摧殄。賊衆危惶。烏棲自固。暨元戎反旆。方來聚結。遊魂境首。尚敢越趄。朕今更率諸軍。應機除剪。周書武帝紀下。

師次并州又詔 十二月丁巳

前以人寄喉脣之重。棟梁骨鯁。翻爲仇讎。狐趙緒餘。降成皁隸。民不見德。唯虐是聞。朕懷茲漏網。置之度外。正欲各靜封疆。共紓民瘼故也。爾之主相。曾不是思。欲構厲階。反貽其梗。我之率土。咸求傳刃。帷幄獻兼弱之謀。爪牙奮干戈之勇。贏糧坐甲。若赴私讎。是以一鼓而定晉州。再舉而摧逋醜。僞丞相高阿那肱。驅逼餘燼。竊據高壁。僞定南王韓建業。作守介休。規相抗擬。聊示兵威。應時崩潰。那肱則單馬宵遁。建業則面縛軍和。爾之逃卒。所知見也。若其懷遠以德。則爾難以德綏。處鄰以義。則爾難以義服。且天與不取。道家所忌。攻昧侮亡。兵之上術。朕今親馭羣雄。長驅宇內。六軍舒旆。萬隊啟行。勢與雷電爭威。氣逐風雲齊舉。王師所次。已達近郊。

望歲之民。室家相慶。來蘇之后。思副厥誠。僞主若妙盡人謀。深達天命。牽羊道左。銜璧轅門。當惠以焚櫬之恩。待以列侯之禮。僞將相王公已下。衣冠士民之族。如有深識事宜。建功立效。官榮爵賞。各有加隆。若下愚不移。守迷莫改。則委之執憲。以正刑書。嗟爾士庶。胡寧自棄。或我之將卒。逃彼逆朝。無問貴賤。皆從蕩滌。善求多福。無貽後悔。璽書所至。咸使聞知。周書武帝紀下。

并州平大赦詔 十二月壬戌

昔天厭水運。龍戰于野。西京圯隔。四紀于茲。朕垂拱巖廊。君臨宇縣。相邠民于海內。混楚弓于天下。一物失所。有若推溝。方欲德綏未服。義征不譓。僞主高緯。放命燕齊。怠慢典刑。傲狠天紀。加以背惠怒鄰。棄信忘義。朕應天從物。伐罪弔民。一鼓而蕩平陽。再舉而摧勍敵。僞署王公。相繼道左。高緯智窮數屈。逃竄草閒。僞安德王高延宗。擾攘之間。遂竊名號。與僞齊昌王莫多婁敬顯等。收拾餘燼。背城抗敵。王威既振。魚潰鳥離。破竹更難。建瓴非易。延宗衆散。解甲軍門。根本既傾。枝葉自實。幽青海岱。折簡而來。冀北河南。傳檄可定。八紘共貫。六合同風。方當偃伯靈臺。休牛桃塞。無疆之慶。非獨在余。漢王約法。除其苛政。姬王輕典。刑彼新邦。思覃惠澤。被之率土。新舊臣民。皆從蕩滌。可大赦天下。高緯及王公已下。若釋然歸順。咸許自新。諸亡入僞朝。亦從寬宥。官榮次序。依例無失。其齊僞制令。卽宜削除。鄒魯搢紳。幽并騎士。一介可稱。並宜銓錄。百年去殺。雖或難希。朞月有成。庶幾可勉。周書武帝紀下。

全後周文卷二終

全後周文卷三

烏程嚴可均校輯

武帝二

平鄴追恤戰亡後詔 建德六年正月己亥

自晉州大陣。至于平鄴。身殞戰場者。其子卽授父本官。周書武帝紀下。

贈謚斛律明月等詔 正月庚子

僞齊之末。姦佞擅權。濫罰淫刑。動挂羅網。僞右丞相咸陽王故斛律明月。僞侍中特進開府故崔季舒等七人。或功高獲罪。或直言見誅。朕兵以義動。翦除凶暴。表閭封墓。事切下車。宜追贈謚。並窆措。其見存子孫。各隨蔭敘錄。家口田宅沒官者。並還之。周書武帝紀下。

毀撤齊國園臺詔 正月辛丑

僞齊叛渙。竊有漳濱。世縱淫風。事窮彫飾。或穿池運石。爲山學海。或層臺累構。槩日淩雲。以暴亂之心。極奢侈之事。有一于此。未或弗亡。朕菲食薄衣。以弘風教。追念生民之費。尚想力役之勞。方當易茲弊俗。率歸節儉。其東山南園及三臺可並毀撤。瓦木諸物。凡入用者。盡賜下民。山園之田。各還本主。周書武帝紀下。

擢用慕容三藏詔

三藏父子誠節著聞。宜加榮秩。授開府儀同大將軍。隋書慕容三藏傳。

封宇文慶詔

慶勳庸早著。英望華遠。出內之績。簡在朕心。戎車自西。俱總行陣。東夏蕩定。實有茂功。高位縟禮。宜崇榮册。隋書宇文慶傳。

除齊苛政詔 二月癸丑

無侮煢獨。事顯前書。哀彼矜人。惠流往訓。僞齊末政。昏虐實繁。災甚滔天。毒流比屋。無罪無辜。係虜三軍之手。不飲不食。僵仆九逵之門。朕爲民父母。職養黎人。念甚泣辜。誠深罪己。除其苛政。事屬改張。宜加寬宥。兼行振卹。自僞武平三年以來。河南諸州之民。僞齊被掠爲奴婢者。不問官私。並宜放免。其住在淮南者。亦卽聽還。願往淮北者。可隨便安置。其有癃殘孤老。飢餒絕食。不能自存者。仰刺史守令及親民長司。躬自檢校。無親屬者。所在給其衣食。務使存濟。周書武帝紀下。

被當作破

遣使巡方詔 四月己巳

東夏既平。王道初被。齊氏弊政。餘風未殄。朕劬勞萬機。念存康濟。恐清淨之志。未形四海。下民疾苦。不能上達。寢興軫慮。用切于懷。宜分遣使人。巡方撫慰。觀風省俗。宣揚治道。有司明立條科。務在弘益。周書武帝紀下。

毀撤京師宮殿詔 五月己丑

朕欽承丕緒。寢興寅畏。惡衣菲食。貴昭儉約。上棟下宇。土階茅屋。猶居之者逸。作之者勞。詎可廣廈高堂。肆其嗜欲。往者冢臣專任。制度有違。正殿別寢。事窮壯麗。非直雕牆峻宇。深戒前王。而締構弘敞。有踰清廟。不軌不物。何以示後。兼東夏初平。民未見德。率先海內。宜自朕始。其露寢、會義、崇信、含仁、雲和、思齊諸殿等。農隙之時。悉可毀撤。雕斲之物。並賜貧民。繕造之宜。務從卑樸。周書武帝紀下。

猶下脫恐字

毀撤幷鄴宮殿詔 五月戊戌

京師宮殿。已從撤毀。幷鄴二所。華侈過度。誠復作之非我。豈容因而弗革。諸堂殿壯麗。並宜除蕩。甍宇雜物。分賜貧民。三農之隙。別漸營構。止蔽風雨。務在卑狹。周書武帝紀下。

禁娶母同姓爲妻妾詔 六月丁卯

同姓百世。婚姻不通。蓋惟重別。周道然也。而娶妻買妾。有納母氏之族。雖曰異宗。猶爲混雜。自今已後。悉不得娶母同姓以爲妻妾。其已定未成者。卽令改聘。周書武帝紀下。

除配雜科詔 八月壬寅

以刑止刑。世輕世重。罪不及嗣。皆有定科。雜役之徒。獨異常憲。一從罪配。百世不免。罰既無窮。刑何以措。道有沿革。宜從寬典。凡諸雜戶。悉放爲民。配雜之科。因之永削。（周書武帝紀下。北史武帝紀。）

減省六宮詔　十一月

正位于中。有聖通典。質文相革。損益不同。五帝則四星之象。三王制六宮之數。劉曹已降。等列彌繁。選擇遍于生民。命秩方于庶職。椒房丹地。有衆如雲。本由嗜欲之情。非關風化之義。朕運當澆季。思復古始。無容廣集子女。屯聚宮掖。弘贊後庭。事從約簡。可置妃二人。世婦三人。御妻三人。自茲以外。悉宜減省。（周書武帝紀下。）

優詔荅沈重　建德末

開府漢南杞梓。每軫虛衿。江東竹箭。亟疲延首。故束帛聘申。蒲輪徵伏。加以梁朝舊齒。結綬三世。沐浴榮光。祇承寵渥。不忘戀本。深足嘉尚。而楚材晉用。豈無先哲。方事求賢。義乖來肅。（周書沈重傳。）

遺詔　宣政元年六月

人肖形天地。稟質五常。脩短之間。莫非命也。朕君臨宇縣。十有九年。未能使百姓安樂。刑措罔用。所以昧旦求衣。分宵忘寢。昔魏室將季。海內分崩。太祖扶危翼傾。肇開王業。燕趙榛蕪。久竊名號。朕上述先志。下順民心。遂與王公將帥。共平東夏。雖復妖氛蕩定。而民勞未康。每一念此。如臨冰谷。將欲包舉六合。混同文軌。今遘疾大漸。氣力稍微。有志不申。以此歎息。天下事重。萬機不易。王公以下。爰及庶僚。宜輔導太子。副朕遺意。令上不負太祖。下無失爲臣。朕雖瞑目九泉。無所復恨。朕平生居處。每存菲薄。非直以訓子孫。亦乃本心所好。喪事資用。須使儉而合禮。墓而不墳。自古通典。隨吉即葬。葬訖公除。四方士庶。各三日哭。妃嬪以下無子者。悉放還家。（周書武帝紀下。）

制書報陸逞

逞雖未臨人。已存優恤。宜遂所請。彰其雅操。（御覽二百五十四引三國典略。逞爲宜州

刺史。故事。刺史奉辭。例備鹵簿。逞以時屬農要。表請停之。制云云。）

敕姚僧垣　建德三年

公年過縣車。可停朝謁。若非別敕。不勞入見。（周書姚僧垣傳。）

敕曇崇爲周國三藏

崇禪師德行無玷。精悟獨絕。所預學徒。未聞有犯。當是導以德義。故能衆絕形謗。可爲周國三藏。并任陟岵寺主。（續高僧傳。）

璽書勞達奚武　保定三年

公年尊德重。弼諧朕躬。比以陰陽愆序。時雨不降。命公求祈。止言廟所。不謂公不憚危險。遂乃遠陟高峯。但神道聰明。無幽不燭。感公至誠。甘澤斯應。聞之嘉賞。無忘于懷。今賜公雜綵百疋。公其善思嘉猷。匡朕不逮。念坐而論道之義。勿復更煩筋力也。（周書達奚武傳。）

賜楊素竹策

朕方欲大相驅策。故用此物賜卿。（隋書楊素傳。）

宣旨慰諭李德林

平齊之利。唯在于爾。朕本畏爾逐齊王東走。今聞猶在。大以慰懷。宜即入相見。（隋書李德林傳。）

致梁沈重書

皇帝問梁都官尚書沈重。觀夫八聖六君。七情十義。殊方所以會軌。異代于是牽由。莫不趣大順之遙途。履中和之盛致。及青緗起焰。素篆從風。文逐世疏。義隨運舛。大禮存于玉帛之間。至樂形于鐘鼓之外。雖分虵聚緯。郁郁之辭蓋闕。當塗典午。抑抑之旨無聞。有周開基。爰蹤聖哲。拯蒼生之已淪。補文物之將墜。天爵具脩。人紀咸理。朕寅奉神器。恭惟寶闕。常思復禮。殷周之年。遷化唐虞之世。懼三千尚乖于治俗。九變未叶于遺風。欲定書一之文。思杜二家之說。知卿學冠儒宗。行標士則。卞寶復潤于荆陰。隨照更明于漢浦。是用寤寐增勞。瞻望軫念。爰致束帛之聘。命翹車之招。所望

鳳舉鴻翻。俄而萃止。明斯隱滯。合彼異同。上庠弗墜于微言。中經罔闕于逸義。近取無獨善之譏。遠應有兼濟之美。可不盛歟。昔申培鮐背。方辭東國。公孫黃髮。始造西京。遂使道爲藝基。功參治本。今者一徵。諒兼其二。若居形聲而去影響。尚遂邦而忘觀國。非所謂也。（周書沈重傳。）

與傳伏

并州已平。故遣公兒來報。今授上大將軍武鄉郡公。㠯金馬腦酒鍾二爲信。公宜急下。（□□□□□引三國典略。）

敕廢立義

朕受天命。宰一區宇。世弘三教。其風逾遠。攷定至理。多愆陶化。今竝廢之。然其六經儒教之弘政術。禮義忠孝于世有宜。故須存立。且自眞佛無像。遙敬表心。佛經廣歎。崇建圖塔。壯麗修造。致福極多。此實無情。何能恩惠。愚人嚮信。傾竭珍財。徒爲引費。故須除蕩。故凡是經像。皆毀滅之。父母恩重。沙門不敬。悖逆之甚。國法不容。竝退還家。用崇孝始。朕意如此。諸大德謂理何如。（廣弘明集十。周武帝㠯齊承光二年春東平高氏。召前修大德竝赴殿集。帝升御座。敘廢立義云。案承光二年當作元年。）

二教鐘銘 并序

天和五年。歲次攝提。五月丙寅。造鐘一口。冶昆吾之后。練若溪之銅。郢匠鴻鑪。化茲神器。雖時屬蕤賓。而調諧夷則。故春秋外傳曰。所㠯詠歌九則。平民無二。弘宣兩教。同歸一揆。金后冥符。天人咸契。九宮九地。遙徹洞玄。三千大千。遠聞邊際。銀閣應供。延法侶而尋聲。金闕降眞。候仙冠而聽響。式傳萬古。迺勒銘云。

實際遐曠。通玄洞微。化緣得業。造理因機。靈圖降彩。慧日垂暉。金河霧集。銀澗雲飛。（其一）九霄仙籙。五嶽眞文。智煙遐照。禪林遠熏。金鼓入夢。瓊鐘徹雲。音調冬立。響召秋分。（其二）二教竝興。雙鑾同振。遠赴天霜。遙虧地鎮。陝河浮影。漢溪傳韻。聽響弘法。聞聲起信。（其三）般若無底。重玄有門。長闇久暗。永拔沈昏。不求正覺。莫會天尊。唯金智海。先度黎元。（其四。廣弘明集二十八上。）

宣帝

帝諱贇。字乾伯。武帝長子。建德元年立爲皇太子。宣政元年六月卽位。明年改元大成。其二月傳位太子衍。改元大象。自稱天元皇帝。在位二年。謚曰宣皇帝。

給復流民及被掠家口詔 宣政元年閏六月

山東流民新復業者。及突厥侵略家口破亡不能存濟者。竝給復一年。（周書宣帝紀。）

詔制九條宣下州郡 八月壬申

一曰決獄科罪。皆準律文。二曰母族絕服外者聽婚。三曰㠯杖決罰。悉令依法。四曰郡縣當境賊盜不擒獲者。竝仰錄奏。五曰孝子順孫義夫節婦。表其門閭。才堪任用者。卽宜申薦。六曰或昔經驅使。名位未達。或沈淪蓬蓽。文武可施。宜竝採訪。具㠯名奏。七曰僞齊七品㠯上。已敕收用。八品㠯下。爰及流外。若欲入仕。皆聽預選。降二等授官。八曰州舉高才博學者爲秀才。郡舉經明行修者爲孝廉。上州上郡歲一人。下州下郡三歲一人。九曰年七十㠯上。依式授官。鰥寡困乏不能自存者。竝皆稟恤。（周書宣帝紀。）

舊沙門安置行道詔 大成元年

弘建玄風。三寶尊重。特宜修敬。法化弘廣。理可歸崇。其舊沙門中德行淸高者七人。在正武殿西安置行道。（佛道論衡。）

修復洛都詔 大象元年二月癸亥

河洛之地。世稱朝市。上則于天。陰陽所會。下紀于地。職貢路均。聖人㠯萬物阜安。乃建王國。時經五代。世歷千祀。規模弘遠。邑居壯麗。自魏氏失馭。城闕爲墟。君子有戀舊之風。小人深懷土之思。我太祖受命。酆鎬胥宇。崤函蕩定。四方有懷光宅。高祖神功聖略。混一區宇往巡東夏省方觀俗布政此宮遂移氣序朕㠯眇身祗承寶祚庶幾聿修之志敢忘燕翼之心一昨駐蹕金墉備嘗遊覽百王制度基趾尚存今若因修爲功易立宜命邦事修復舊都奢儉取文質之閒功役依子來之義北瞻河內咫尺非遙前詔經營今宜停罷。周書宣帝紀、北史宣帝紀。

傳位太子衍詔　大象元年二月辛巳

有聖大寶實惟重器玄天表命人事與能幽顯同謀確乎不易域中之大實懸定于杳冥天下爲公蓋不避于內舉我大周感蒼昊之精受河洛之錫武功文德光格區宇創業垂統永光無窮朕㠯寡薄祗承鴻緒上賴先朝得一之迹下藉羣后不貳之心職貢與雲雨俱通憲章共光華並亙圓首方足咸登仁壽思隆國本用弘天厤皇太子衍地居上嗣正統所歸遠憑積德之休允叶无疆之祚帝王之量未肅而成天祿之期不謀已至朕今傳位于衍乃睠四海深合謳歌之望俾予一人高蹈風塵之表萬方兆庶知朕意焉可大赦天下改大成元年爲大象元年。周書宣帝紀。

洛州還戶聽還詔　大象元年二月辛卯

洛陽舊都今既修復凡是元遷之戶並聽還洛州此外諸民欲往者亦任其意河陽、幽、相、豫、亳、青、徐七總管受東京六府處分。周書宣帝紀。

陟岵寺行道詔　大象元年四月

佛義幽深神奇弘大必廣開化儀通其修行崇奉之徒依經自檢遵道之人勿須翦髮毀形㠯乖大道宜可存鬚髮嚴服㠯進高趣今選舊沙門中懿德貞潔學業沖博名實灼然聲望可嘉者一百二十人在陟岵寺爲國行道擬欲供給資須四方無乏其民閒禪誦一無有礙。佛道論衡。

災異修省詔　大象元年十二月戊午

穹昊在上聰明自下吉凶由人妖不自作朕㠯寡德君臨區寓大道未行小信非福始于秋季及此玄冬幽顯殷勤屢貽深戒至有金入南斗木犯軒轅熒惑干房又與土合流星照夜東南而下然則南斗主于爵祿軒轅爲于後宮房曰明堂布政所也火土則憂孽之兆流星乃兵凶之驗豈其官人失序女謁尚行政事乖方憂患將至何其昭著若斯之甚上瞻俯察朕實懼焉將避正寢齋居克念惡衣減膳去飾撤懸披不諱之誠開直言之路欲使刑不濫及賞弗踰等選舉㠯才宮闈修德宜宣諸內外庶盡弼諧允叶民心用銷天譴。周書宣帝紀、北史宣帝紀。

除刑書要制詔　大象元年

高祖所立刑書要制用法深重其一切除之。隋書刑法志。

天元四皇后加太詔　大象二年二月癸未

帝降二女后德所㠯儷君天列四星妃象于焉垂耀朕取法上玄稽諸令典爰命四后內正六宮庶弘贊柔德廣修粢盛比殊禮雖降稱謂曷宜其因天之象增錫嘉名。周書宣帝楊皇后傳。

追封孔子詔　大象二年三月丁亥

盛德之後是稱不絕功施于民義昭祀典孔子德惟藏往道實生知㠯大聖之才屬千古之運載弘儒業式敘彝倫至于幽贊天人之理裁成禮樂之務故㠯作範百王垂風萬葉朕欽承寶厤服膺教義眷言洙泗懷道滋深且褒成啟號雖彰故實旌崇聖績猶有闕如可追封爲鄒國公邑數準舊并立後承襲別于京師置廟㠯時祭享。周書宣帝紀。

又立天中太皇后詔　大象二年三月

正內之重風化之基嘉耦之制代多殊典軒嚳繼軌次妃並四虞舜受命厥娶猶二禮非相襲隨時不無朕祗承寶圖載弘徽號自我改作超革先古曰天元居極五帝所㠯仰崇王者稱尊列后于

焉上儷。且坤儀比德。土數惟五。既纏恆典。宜取斯儀。四太皇后外。可增置天中太皇后一人。天中大皇后爰主粢盛。徽音日躋。肇建嘉名。宜膺顯冊。周書宣帝陳皇后傳。

天旱原罪詔 大象二年四月己卯

朕以寡薄。昧于治方。不能使天地休和。陰陽調序。自春涉夏。甘澤未豐。既軫四郊之歎。將虧南畝之業。興言惕夕。無忘鑒昧。良由德化未敷。刑政多舛。萬方有罪。責在朕躬。思覃寬惠。被之率土。見囚死罪。竝降從流。流罪從徒。五歲刑已下。悉皆原宥。其反叛惡逆不道。及常赦所不免者。不在降例。周書宣帝紀。

安置沙門敕 大象元年二月

佛法弘大。千古共崇。豈有沈隱。捨而不行。自今已後。王公已下。并及黎庶。竝宜修事。知朕意焉。佛道論衡。

以法藏為陟岵寺主敕 大象元年

朕欲為菩薩治化。此僧既從紫蓋山來。正合朕意。宜令長髮著菩薩衣冠。為陟岵寺主。續高僧傳。

尊天元上皇太后冊 大象二年二月

天元皇帝臣贇奉璽綬冊。謹上天元皇太后尊號曰天元上皇太后。伏惟窮神盡智。含弘載物。道洽萬邦。儀刑四海。聖慈訓誘。恩深明德。雖冊徽號。未極尊嚴。是用增奉鴻名。光纏常禮。俾誠敬有展。歡慰在茲。福祉無疆。億兆斯賴。周書武帝阿史那皇后傳。

天元聖皇太后冊 大象二年二月

天元皇帝臣諱奉璽綬冊。謹上天皇太后尊號曰天元聖皇太后。伏惟月精效祉。坤靈表貺。瑞肇丹陵。慶流華渚。雖率由令典。夙奉徽號。而因心盡敬。未極尊名。是用思弘稱首。上昭聖德。敢竭誠敬。永綏福履。顯揚慈訓。貽厥孫謀。周書武帝李皇后傳。

楊后為天元太皇后冊

咨爾含章載德。體順居貞。肅恭享祀。儀刑邦國。是用嘉茲顯號。式暢徽音。爾其敬踐厥猷。寅荅靈命。對揚休烈。可不慎歟。周書宣帝楊皇后傳。

朱后為天太皇后冊

咨爾彌宣四德。訓範六宮。軒庭列序。堯門表慶。嘉稱既降。盛典宜膺。爾其飾性履道。無愆禮正。永固休祉。可不慎歟。周書宣帝朱皇后傳。

陳后為天左大皇后冊

咨爾儀範柔閑。操履凝潔。淑問彰于遠近。令則冠于宮闈。是用申彼寵章。加茲徽號。爾其復禮問詩。披圖顧史。永隆嘉命。可不慎歟。周書宣帝陳皇后傳。

元后為天元大皇后冊

咨爾資靈姜水。載德塗山。懿淑內融。徽音潛暢。是用加茲寵數。式光踐禮。爾其聿修儀範。肅膺顯冊。祇承休命。可不慎歟。周書宣帝元皇后傳。

尉遲后為天左大皇后冊 大象二年三月

咨爾門膺積善。躬表靈貺。徽音茂德。朕實嘉之。是用弘茲盛典。申彼寵章。爾其克慎厥猷。寅荅景命。永承休烈。可不慎歟。周書宣帝尉遲皇后傳。

全後周文卷三終

全後周文卷四

烏程嚴可均校輯

晉公護

護字薩保文帝兄子永熙末爲都督以迎孝武功封水池縣伯大統初加通直散騎常侍征虜將軍進爵爲公遷鎮東將軍大都督進車騎大將軍儀同三司加驃騎大將軍開府進封中山公遷大將軍六官建拜司空尋爲柱國周受禪拜大司馬封晉國公拜大冢宰尋行弑立事明帝即位拜太師復行弑立事武帝即位爲都督中外諸軍事天和七年伏誅建德三年諡曰蕩

舉曇延與周弘正對論表

曇延法師器識宏偉風神爽拔年雖未立而英辯難繼者也（續高僧傳十曇延傳齊蒲州刺史中山公宇文氏表云云　案弘正于天嘉元年往長安迎安成王頊三年自周還天嘉元年直周武成二年護爲晉公久矣其封中山公在魏恭帝時則續高僧傳所稱齊蒲州刺史中山公皆誤也弘正未嘗使齊齊亦必無宇文氏）

與趙公招書

今朝廷令齊公埽蕩河洛欲與此人同行汝彼無事且宜借吾也（周書陸騰傳）

報母閻姬書

區宇分崩遭遇災禍違離膝下三十五年受形稟氣皆知母子誰同薩保如此不孝宿殃積戾唯應賜鍾豈悟網羅上嬰慈母但立身立行不負一物明神有識宜見哀憐而子爲公侯母爲俘隸熱不見母熱寒不見母寒衣不知有無食不知飢飽泯如天地之外無由暫聞晝夜悲號繼之以血分懷冤酷終此一生死若有知冀奉見于泉下爾不謂齊朝解網惠以德音摩敦四姑竝許矜放初聞此旨魂爽飛越號天叩地不能自勝四姑即蒙禮送平安入境以今月十八日于河東拜見遙奉顏色崩動肝腸但離絕多年存亡阻隔相見之始口未忍言惟敘齊朝寬弘每存大德云與摩敦雖處宮禁常蒙優禮今者來鄴恩遇彌隆矜哀聽許摩敦垂敕曲盡悲酷備述家事伏讀未周五情屠割書中所道無事（北史作無一事）敢忘摩敦年尊又加憂苦常謂寢膳貶損或多遺漏伏奉論述次第分明一則以悲一則以喜當鄉里破敗之日薩保年已十餘歲鄰曲舊事猶自記憶況家門禍難親戚流離奉辭時節先後慈訓刻肌刻骨常纏心腑天長喪亂四海橫流太祖乘時齊朝撫運兩河三輔各值神機原其事跡非相負背太祖升遐未定天保薩保屬當猶子之長親受顧命雖身居重任職當憂責至于歲時稱慶子孫在庭顧視悲摧心情斷絕胡顏履戴負愧神明霈然之恩既以霑洽愛敬之至施及傍人草木有心禽魚感澤況在人倫而不銘戴有家有國信義爲本伏度來期已應有日一得奉見慈顏永畢生願生死肉骨豈過今恩負山戴岳未足勝荷二國分隔理無書信主上以彼朝不絕母子之恩亦賜許奉答不期今日得通家問伏紙嗚咽言不宣心蒙寄薩保別時所留錦袍表年歲雖久宛然猶識抱此悲泣至于拜見事歸忍死知復何心（周書晉公護傳又見北史五十七）

（案護母閻姬書編入北齊闕名類）

遺釋亡名書

言念欽屬未敘企積道體休愈無虧慮耶蓋能仁處世志存匡救非先輪迴獨尚茲善既道亞生知才高七步豈虛緇染沈流當塗但靈廓妙理三業同臻冀思莫二皁白非感耳悕解偏執讚我時朝匪惟貞俗俱抽亦是彼我一貫故令往白念報雅懷（續高僧傳）

又與釋亡名書

法師秉心彌固栖游世表玄圭啟運不屈伯夷之節蒼精御厤豈損嘉遁之志今遣往迎（同上）

齊王憲

憲字毗賀突文帝第五子初封涪城縣公恭帝即位進封安城

郡公孝閔受禪授驃騎大將軍開府儀同三司明帝即位授大將軍總管益州刺史進封齊國公位柱國徵拜雍州牧天和中爲大司馬治小冢宰建德二年進封齊王宣帝即位見殺謚曰煬

上武帝表助軍費

臣聞撫機適運理藉時來兼弱攻昧事資權道伏惟陛下繼明作聖闡業弘風思順天心用恢武略方使長虵外翦宇宙大同軍民內向車書混一竊以龍旗雷動天網雲布芻粟糧餼或須周給昔邊隅未靜卜式願上家財江海不澄衛茲請獻私粟臣雖不敏敢忘景行謹上金寶等一十六件少助軍資（周書齊王憲傳）

與高潁書

山川有間每深勞佇仲春戒節履納惟宜承始屆兩河沴圖三魏二者交戰想無虧德昔魏厤云季海內橫流我太祖撫運乘時大庇黔首皇上嗣膺下武式隆景業與稽山之會總盟津之師雷駭唐郊則野無橫陣雲騰晉水則地靡嚴城蠢僞之酋旣竄于草澤竊號之長亦委命于旌門德義振于無垠威風被于有截彼朝宿將舊臣良家戚里俱升榮寵皆縻好爵是使臨漳之下效死爭驅營上之前奮身畢命此豈唯人事抑亦天時宜訪之道路無俟傷說吾以不武任總元戎受命安邊路指幽冀列邑名藩莫不屈膝宣風導化皆荷來蘇足下高氏令王英風夙著古今成敗備諸懷抱豈不知一木不維大廈三諫可以逃身哉且殷微去商箕服周代項伯背楚賜姓漢朝去此弗圖苟徇亡轍家破身殞爲天下笑又足下諜者爲候騎所拘軍中情實具諸執事知以弱卒獘甲欲抗堂堂之陣縈帶污城冀保區區之命戰非上計無待卜疑守乃下策或未相許已勒諸軍分道並進相望非遠憑軾有期兵交命使古今通典不俟終日所望知機也（文苑英華六百八十二周書齊王憲傳履納作納履三魏作三位導化作導禮獘甲作弊甲又略見御覽三百二十六引三國典略）

代王達

達字度斤突文帝第十一子武成初封代國公建德初進柱國出爲荊州刺史三年進爵爲王宣帝即位進上柱國大象初拜大右弼爲隋文帝所害謚曰奡王

造釋迦像記

（前不知闕幾行）□恩豆千□□□□□□□持節驃騎□□□□金紫光祿□□制史都督烏□□開國子宇文康唯天和五年歲次庚寅六月癸未朔十七日己亥宇文達爲七世所生見在父母合家大小造釋迦像一軀願使眾惡殄滅萬善普會及法界眾生等同此願俱成正覺母張女畢妻紇干咳大妹高妃中妹越妃□妹阿咳□妹担妃（碑拓本 案此記刻于天和五年何以不書代國公又周書孝閔帝一男傳紀厲王康字乾安保定初封紀國公進爵爲王出爲利州總管與此記之宇文康官爵亦異然不應別有達康二人與帝室諸王同時同姓名者也又文帝薨于魏恭帝三年距此已十五年而記云見在父母直是庸人涉手用造像恆語耳其與史傳異同無足深攷）

滕王逌

逌字爾固突文帝少子武成初封滕國公天和末拜大將軍建德初進柱國三年進爵爲王宣政初進上柱國大象初就國二年爲隋文帝所害謚曰簡王有集九卷

庾信集序

蓋聞五聲調應則宮徵成其文八音克諧則絲管和其韻所以周南召南之篇爲風人之首小雅大雅之作實王政之由復有陽春白雪之唱郢中之曲彌高秋風黃竹之詞伊上之才尤盛遂能弘孝敬敍人倫移風俗化天下兼夫吟咏情性沈鬱文章者可略而言也開府司宗中大夫義城公庾信字子山南陽新野人也若夫有周之時掌庾源其得姓皇晉之代大尉闡其宗譜舄奕氤氳布在方策國史家牒世並詳焉八世祖滔散騎常侍領大著作遂以

縣侯。祖昺。徵士。隱遯無悶。確乎不拔。宋終齊季。早擅英聲。父肩吾。散騎常侍中書令。文宗學府。智囊義窟。鴻名重譽。獨步江南。或昭或穆。七世舉秀才。且珪且璋。五代有文集。貴族華望。盛矣哉。幼而清惠。唯良之美。稱共治之能。佩犢帶牛。有俤龔遂。桑枝麥穗。無謝張堪。入爲司憲中大夫。帥掌三敕之法。助宣五禁之書。秋府得人。于斯爲盛。嘗且上府賦詩曰。詰且啟門闢。鯀辭湧筆端。蒼鷹下獄吏。獬豸飾刑冠。司朝引玉節。盟載捧珠盤。窮紀星移次。歸餘律未殫。雪高三尺厚。冰深一寸寒。短笋猶埋竹。香心未起蘭。孟門久失路。扶搖忽上摶。棲烏還得府。棄馬復歸欄。榮華名義重。虛薄報恩難。杖乘還起疾。貢禹遂彈冠。方隨蓮葉斂。未用竹根丹。一知玄象法。詎思垂釣竿。其王事之中。優遊如此。出爲洛州刺史。德茂褰帷。才膺刺舉。吏不敢賄。人不忍欺。上洛童兒。如迎郭伋。商山故老。似値劉弘。復爲司宗中大夫。總轄禮府。佐治春卿。辨九拜之儀。敎六

詩之義。自梁朝筮仕。周氏馳驅。至今歲在屠維。龍居淵獻。春秋六十有七。齒雖耆舊。文更新奇。才子詞人。莫不師教。王公名貴。盡爲虛襟。信降山岳之隆。蘊煙霞之秀。器量俤瑚璉。志性甚松筠。妙善文詞。尤工詩賦。窮緣情之綺靡。盡體物之瀏亮。誄奪安仁之美。碑有伯喈之情。箴似揚雄。書同阮籍。少而聰敏。綺年而播華譽。齠歲而有俊名。孝性自然。仁心獨秀。忠爲令德。言及文詞。穿壁未勤。映螢逾甚。若乃德聖兩禮。韓魯四詩。九流七略之文。萬卷百家之說。名山海上。金匱玉版之書。魯壁衛墳。縹帙緗囊之記。莫不窮其枝葉。誦其篇簡。豈止仲任一見之敏。世叔五行之速。強記獨絕。博物不羣。年十五。侍梁東宮講讀。雖桓驎十四之歲。荅宿客之詩。魯連十二之年。杜離堅之辨。匪或斯尚。同日語哉。玉墀射策。高等甲科。公孫金馬之時。仲舒鴻漸之日。未能連類。曾何足云。解褐授安南府行參軍。尺木未階。高衢方騁。尋轉尚書度支郎中。壯歲精練。必

㠯吏能。上象列宿。非因炁氣。夜不離閤。無愧于黃香。開霧睹天。有同于樂廣。仍爲郢州別駕。刺史之半。騁足斯展。于時江路有賊。梁主使信與湘東王論中流水戰事。醜徒聞其名德。遂卽散奔。深爲梁主所賞。蓋善戰者不陣。此之謂乎。兼通直常侍使于魏。土接對有才辯。雖子貢之旗鼓陳說。仲山之專對智謀。無㠯加也。還本國爲正員郎。職位清顯。㠯望㠯實。又爲東宮領直。春宮兵馬。竝受節度。龍樓鬫錡。寵寄逾隆。値侯景篡逆。攻圍淮海。建康宮殿。非無流矢之兵。丹陽帝居。遂有生荆之痛。出往上流。來歸全楚。于時州后卽湘東王。其後封豕既誅。長蛇受戮。湘東有雪恥之功。淮海有勤王之旅。同少康之復夏。若太戊之紹殷。卽于荆江。驟置文物。復爲梁後主蕭繹御史中丞。中興司直。具瞻斯在。貴戚斂手。豪族屛氣。遷散騎常侍右衞將軍。豐貂右珥。戎章再徙。阮籍非好之職。鄭點參乘之官。耆德廊廟。切問近對。拜武康縣開國侯。開國承家。信圭

是執。河帶山礪。貽厥于后。卽㠯本官奉使大國。光華重出。原隰再來。太祖夾輔魏朝。作相關右。三分有二。九合一匡。德邁晉宣。雄踰魏武。功高網地。道映在田。一見子山。賜識如舊。屬武太祖獻策魏帝。命將荆衡。尋値本朝青蓋入洛。于是拾節入仕。乃沐霸恩。改授使持節車騎大將軍儀同三司。戎號光隆。比儀台鉉。高官美宦。有踰舊國。又遷驃騎大將軍開府義城公。王沈晉代。始授此榮。黃權魏時。首膺斯命。降在季世。秩居上品。爵爲五等。榮貴兩朝。出爲弘農郡守。職實剖符。寄深分竹。加㠯冥心資敬。篤信天倫。孝實人師。刑惟士則。慍喜不形于色。忠恕不離于懷。矜簡儼然。師心獨往。佀陸機之愛弟。若韓康之養甥。環堵之間。怡怡如也。屢聘上國。特爲太祖所知。江陵名士。唯信而已。綢繆禮遇。造次推恩。明帝守文。偏加引接。武王英主。彌相委寄。密勿王事。多歷歲年。自㩦老入關。亟移灰琯。蒸蒸色養。勤動扇席。及丁母憂。杖而後起。病不勝哀。青鸞

彼亦知當作被知亦

名當作各

降宿樹之祥。白雉有依欄之感。晉國公廟期受託。爲世賢輔。見信孝情毀至。每自憫嗟。嘗語人曰。庾信南人羈士。至孝天然。居喪過禮。殆將滅性。寡人一見。遂不忍看。其至德如此。彼亦知如此。昔在楊都。有集十四卷。值太清罹亂。百不一存。及到江陵。又有三卷。即重遭軍火。一字無遺。今之所撰。止入魏已來。爰洎皇代。凡所著述。合二十卷。分成兩帙。付之後爾。余與子山風期款密。情均縞紵。契比金蘭。欲余製序。聊命翰札。幸無愧色。非有絢章。方當貽範搢紳。懸諸日月焉。

道教實花序

混成元胎。先天地而生。玄妙自然。在開闢之外。可道非道。因金籙以詮言。上德不德。寄玉京而闡說。高不可揆。深不可源。閟之而彰三光。舒之而綿六合。廣矣大矣。于得盡其鉤深。恍兮惚兮。安可窮其象物。十善之戒。四極之科。金簡玉字之音。瓊笈銀題之旨。升玄內教。靈寶上清。五老赤書之篇。七聖紫文之記。故已暉諸篆籀。煥彼圖牒。玄經閟籍。可得而談者焉。若乃包含天地。陶育乾坤。無大不大。無小不小。隨之而不包其後。迎之而不見其前。周流六虛。希微三氣。无上大道。游于空洞之上。梵形天尊。見于龍漢之劫。日在丁卯。拜東華之青童。辰次庚寅。虔台山之靜默。漢史外載道有三十七家九十三篇。斯止略序宗塗。匪奧探賾。詎詳金液之異。未悟石函之奇。見之者尚迷。聞之者猶豫。非有天尊之說。曾無大聖之言。豈下四藥之丹。罕識五光之彩。區區瑣瑣。盡名而言。初學記二十三。

宇文繹

繹未詳。疑當作譯。大象初內史上大夫。封歸昌公。見廣弘明集十。

奏諫度僧法藏

天下眾僧。皆令還俗。今獨度一人。違先帝詔。續高僧傳二十三。

全後周文卷四終

全後周文卷五

烏程嚴可均校輯

于謹

謹字思敬，小名巨彌，河南洛陽人。魏僕射元纂辟爲鎧曹參軍。正光中，廣陽王元淵引爲長流參軍，除積射將軍。孝昌中進都督、宣威將軍、冗從僕射。孝莊帝卽位，除鎮遠將軍，轉直寢，拜征虜將軍，封石城縣伯。普泰初除征北大將軍、金紫光祿大夫、散騎常侍，授大都督。太昌中入關，賀拔岳表爲衞將軍、咸陽郡守，尋遷夏州防城大都督兼長史，徵爲關內大都督。從孝武西遷，授使持節車騎大將軍、儀同三司、北雍州刺史，進封藍田縣公。大統初拜驃騎大將軍，開府，以沙苑功進封常山郡公，尋拜大丞相府長史，兼大行臺尚書，除大都督、大將軍、恆州刺史，入爲太子太師，拜尚書左僕射，領司農卿，尋鎮潼關，加華州刺史，拜司空，進柱國大將軍。恭帝卽位，除雍州刺史，以平江陵功，別封新野郡公，拜大司徒。孝閔受禪，進封燕國公，遷太傅、大宗伯，保定中爲三老。天和二年授雍州牧，明年卒，贈雍州刺史，諡曰文。

射江陵城內書

今者行兵，不貪城隍土地，不貪子女玉帛，志存救濟此生民，廣訪民人，擇善而立。梁朝士庶，尚未相領解，蟻聚窮城，寂無求問，尋此異卜，良用致惑。（御覽三百二十八引梁後略：上自長沙寺移住天居寺，是日此君射書城內。案所云上者，元帝也。是時柱國于謹、中山公護、大將楊忠、韋孝寬並陳師，而于謹爲之節度，所謂此君者也。）

傳梁檄

告梁文武衆官：夫作國者罔弗以禮信爲本，惟爾今主，往遭侯景逆亂之始，實結我國家以爲鄰援，今忽背德黨賊，高洋引厥使人，置之堂宇，傲我王命，擾我邊人。我皇帝龔天之意，弗敢以寧，分命衆軍，奉揚廟略。凡衆十萬，直指江陵。（御覽三百四引三國典略）

楊忠

忠字揜于，弘農華陰人，小名奴奴。客遊泰山，城陷，爲梁兵所執。從北海王顥入洛，除直閤將軍。顥敗，歷事爾朱度律、爾朱兆，賜爵昌縣伯，拜都督，又別封小黃縣伯。從孝武西遷，進爵爲侯，除安西將軍、銀青光祿大夫。大統初奔梁，爲大德主帥、關外侯。尋歸國，以沙苑功遷征西將軍、金紫光祿大夫，進封襄城縣公，除左光祿大夫、雲州刺史，轉洛州刺史，除大都督，進車騎大將軍、儀同三司、散騎常侍，遷朔州刺史，加侍中、驃騎大將軍，開府，進爵陳留郡公。恭帝卽位，賜姓普六如氏，行同州事。孝閔受禪，入爲小宗伯，進柱國大將軍。武成初，進封隋國公，尋治御正，宗大夫。保定中遷大司空、涇州刺史。天和三年卒，贈太保，諡曰桓。隋受禪，追尊爲武元皇帝，廟號太祖。

攻晉陽下令軍中

事勢在天，無以衆寡爲意。（周書楊忠傳）

王晞

晞字叔朗，小名沙彌，北海劇人，秦丞相王猛六世孫。魏永安初除員外散騎侍郎，徵署廣平王開府功曹史，不就。神武以爲中外府功曹參軍、常山王演友。齊受禪，行太原郡事。廢帝時，以司馬領吏部郎中。孝昭卽位，除散騎常侍。武成卽位，歷東徐州刺史、祕書監。武平初，遷大鴻臚，加儀同三司。齊亡入周，爲儀同大將軍、太子諫議大夫。隋開皇元年卒，年七十一，贈儀同三司、曹州刺史。

復故人書

辱告存念，見令起疾，循復眷旨，以疑吾所傷，未必是猘。吾豈願其必猘，但理契無疑耳。就足下疑之，亦有過說。足下既疑其非猘，亦可疑其是猘，其疑半矣。若疑其是猘而營護，雖猘亦無損；疑其非禦而不療。儻是禦。則難救。然則過療則致萬全。過不療或至于死。若王睎無可惜也。則不足取。既取之便是可惜。奈何奪其萬全。任其或死。且將軍威德所被。飆飛霧襲。方掩八紘。豈在一介。若必從隗始。先須濟其生靈。足下何不從容爲將軍言也。（北齊書王睎傳。西魏將獨孤信入洛。署爲開府記室。睎稱先被犬傷。困篤不起。有故人疑其所傷非猘。書勸令起。又見北史二十四。）

王悅

悅字衆喜。京兆藍田人。永安中爲爾朱天光騎兵參軍。大統中歷平東將軍相府刑獄參軍。封藍田縣伯。加通直散騎常侍。遷大行臺右丞。轉左丞。授雍州大中正。加衞將軍右光祿大夫。拜京兆郡守。加使持節車騎大將軍、儀同三司、散騎常侍。還大行臺尚書。行梁州刺史。廢帝時徵還。尋坐事除名。孝閔受禪。依例復官。授郢州。尋拜使持節驃騎大將軍、開府儀同三司、大都督、司水中大夫。進爵藍田縣侯。遷司憲中大夫。賜姓宇文氏。又進爵河北縣公。保定元年卒。

言于安定公

侯景之于高歡。始則篤鄉里之情。末乃定君臣之契。位居上將。職重台司。論其分義。有同魚水。今歡始死。景便離貳。豈不知君臣之道有虧。忠義之禮不足。蓋其所圖既大。不䘏小嫌。然尚能背德于高氏。豈肯盡節于朝廷。今若益之以勢。援之以兵。非唯侯景不爲池中之物。亦恐朝廷貽笑將來也。（周書王悅傳）

白達奚武

白馬要衝。是必爭之地。今城守寡弱。易可圖也。若蜀兵更至。攻之實難。（周書王悅傳）

與梁漢城主楊賢書

夫惟德是輔。天道之常也。見機而作。人事之會也。梁主內虧刑政。外闕藩籬。匹夫攘袂。舉國傾覆。非直下民離心。抑亦上玄所棄。我

相公膺千齡之運。割三分之業。道洽區中。威振方外。聲教所被。風行草偃。兵車所指。雲除霧廓。斯固天下所共聞。無俟一二談也。大將軍高陽公韞韜略之祕。總熊羆之旅。受脤廟堂。威懷巴漢。先附者必賞。後服者必誅。君兵糧既寡。救援路絕。欲守則城池無縈帶之險。欲戰則士卒有土崩之勢。以此求安。未見其可。昔韓信背項。前典以爲美談。黃權歸魏。良史稱其威烈。事有變通。今其則也。（周書王悅傳）

李遠

遠字萬歲。隴西成紀人。家于高平。大將軍賢弟。仕魏爲武騎常侍。轉別將。除伏波將軍長城郡守原州大中正。遷高平郡守。孝武西遷。授假節銀青光祿大夫主衣都統。封安定縣伯。文帝即位。遷使持節征東大將軍。進爵爲公。授都督原州刺史。未行。以沙苑功除車騎大將軍儀同三司。進爵陽平郡公。除大丞相府司馬。授河東郡守。徵爲侍中驃騎大將軍開府儀同三司。東宮建。授太子少傅。轉少師。授行臺尚書都督義州弘農等二十一防軍事。拜大將軍。除尚書左僕射。恭帝末授小司寇。孝閔受禪。進柱國大將軍。坐子植謀誅宇文護事泄自殺。建德元年贈本官。加陝州刺史。謚曰忠。隋開皇初追贈上柱國黎國公。改謚曰懷。

白宇文大冢宰

遠秦隴匹夫。才藝俱缺。平生念望。不過一郡守耳。遭逢際會。得奉聖明。主貴臣遷。以至于此。今位居上列。爵邁通侯。受任方面。生殺在手。非直榮寵一時。亦足光華身世。但尚書僕射任居端揆。今以賜授。適所以重其罪責。明公若欲全之。乞寢此授。（周書李遠傳。）

樂遜

遜字遵賢。河東猗氏人。神䴥中爲郡主簿。永安中爲安西府長

流參軍。大統中除子都督。加建忠將軍左中郎將。遷輔國將軍中散大夫都督。歷彌府西閤祭酒、功曹、諮議參軍。恭帝時授太學助教。周受禪。除秋官府上士治太學博士。轉治小師氏下大夫。歷衞公直蒲州主簿。加車騎將軍左光祿大夫。保定中遷遂伯中大夫。授驃騎將軍大都督。進車騎大將軍儀同三司。天和中舉賢良。授湖州刺史。封安邑縣子。還拜皇太子諫議。宣政初進位上儀同大將軍。大象初進爵崇業郡公。又爲露門博士。進開府。授東揚州刺史致仕。隋開皇元年卒。年八十二。贈蒲陝二州刺史。

上明帝陳便宜封事（通典十六作上疏）

其一崇治方。曰。竊惟今之在官者。多求清身克濟。不至惠民愛物。何者。比來守令年期既促。歲責有成。蓋謂猛濟爲賢。未甚優養。此政既代。後者復然。夫政之于民。過急則刻薄。傷緩則弛慢。是以周失舒緩。秦敗急酷。民非赤子。當以赤子遇之。宜在舒疾得衷。不使勞擾。頃承魏之衰政。人習逋違。先王朝憲備行。民咸識法。但可宣風正俗。納民軌訓而已。自非軍旅之中。何用過爲迫切。至于興邦致治。事由德教。漸以成之。非在倉卒。竊謂姬周盛德。治興文武。政穆成康。自斯厥後。不能無事。昔申侯將奔。楚子誨之曰。無適小國。言以政狹法峻。將不汝容。敬仲入齊。稱曰幸若獲宥。及于寬政。然關東諸州。淪陷日久。人在塗炭。當慕息肩。若不布政優優。聞諸境外。將何以使彼勞民。歸就樂土。

其二、省造作。曰。頃者魏都洛陽。一時殷盛。貴勢之家。各營第宅。車服器玩。皆尚奢靡。世逐浮競。人習澆薄。終使禍亂交興。天下喪敗。比來朝貢。器服稍華。百工造作。務盡奇巧。臣誠恐物逐好移。有損政俗。如此等事。頗宜禁省。記言無作淫巧。以蕩上心。傳稱宮室崇侈。民力彫弊。漢景有云。黃金珠玉。飢不可食。寒不可衣。彫文刻鏤。傷農事者也。錦繡纂組。害女功者也。以二者爲飢寒之本源矣。然國家非爲軍戎器用。時事要須而造者。皆徒費功力。損國害民。未如廣勸農桑。以衣食爲務。使國儲豐積。大功易舉。

其三明選舉。曰。選曹賞錄勳賢。補擬官爵。必宜與衆共之。（案通典十六作知。）有明揚之授。使人得盡心。如覩白日。其材有升降。其功有厚薄。祿秩所加。無容不審。即如州郡選置。猶集鄉閭。況天下選曹。不取人物。若方州郡。自可內除。此外付選曹銓敘者。（案周書脫選敘二字。從通典十六校補。）既非機事。何足可密。人生處世。以榮祿爲重。修身履行。以纂身爲名。（案通典作以慕聲名。）然逢時既難。失時爲易。其選置之日。宜令衆心明白。然後呈奏。使功勤見知。品物稱悅。

其四重戰伐。曰。魏祚告終。天睠在德。而高洋稱僭。先迷未敗。擁逼山東。事切肘腋。譬猶棊劫相持。爭行先後。若一行非當。或成彼利。誠應捨小營大。先保封域。不宜貪利在邊。輕爲興動。捷則勞兵分守。敗則所損已多。國家雖彊。洋不受弱。詩云。德則不競。何憚于病。惟德可以庇民。非恃彊也。夫力均勢敵。則進德者勝。君子道長。則小人道消。故昔之善戰者。先爲不可勝。以待敵之可勝。彼行暴戾。我則寬仁。彼爲刻薄。我必惠化。使德澤旁流。人思有道。然後觀釁而作。可以集事。

其五禁奢侈。曰。案禮。人有貴賤。物有等差。使用之有節。品類之有度。馬后爲天下母。而身服大練。所以率下也。季孫相三君矣。家無衣帛之妾。所以勵俗也。比來富貴之家。爲意稍廣。無不資裝婢隸。作車後容儀。服飾華美。眩曜街衢。仍使行者輟足。路人傾蓋。論其輸力公家。未若介冑之士。然其坐受優賞。自踰攻戰之人。縱令不惜功費。豈不有虧厥德。必有儲蓄之餘。孰與務恤軍士。魯莊公有云。衣食所安。不敢愛也。必以分人。詩言豈曰無衣。與子同袍。皆所以取人力也。又陳事上議之徒。亦應不少。當有上徹天聽者。未聞是非陛下雖念存物議，欲盡天下之情，而天下之情猶爲未盡。何者？取人受言，貴在顯用，若納而不顯，是而不用，則言之者或寡矣。周書樂遜傳

黎季明

季明名景熙，以字行，河閒鄚人。永安中爲威烈將軍，孝武初遷鎮遠將軍，除步兵校尉。侯景召授銀青光禄大夫，加中軍將軍，拜行臺郎中，除黎陽郡守，去職。大統末除安西將軍，拜著作佐郎。恭帝初進號平南將軍、右銀青光禄大夫。六官建，爲外史上士。周受禪，加征南將軍、右金紫光禄大夫，除驃騎將軍、右光禄大夫。武成末遷外史下大夫。天和中進車騎大將軍、儀同三司。

大旱上武帝書

臣聞成湯遭旱，以六事自陳；宣王太甚，而珪璧斯竭。豈非遠慮元元，俯哀兆庶。方今農要之月，時雨猶愆，率土之心，有懷渴仰。陛下垂情萬類，子愛羣生，覲禮百神，猶未豐洽者，豈或作事不節，有違時令，舉措失中，儻邀斯旱？春秋君舉必書，動爲典禮，水旱陰陽，莫不應行而至。孔子曰：言行，君子之所以動天地，可不慎乎！春秋莊公三十一年冬，不雨，五行傳以爲是歲一年而三築臺，奢侈不恤民也。僖公二十一年夏，大旱，五行傳以爲時作南門，勞民興役。漢惠帝二年夏，大旱，五年夏，大旱，江河水少，谿澗水絕，五行傳以爲先是發民十四萬六千人城長安。漢武帝元狩三年夏，大旱，五行傳以爲是歲發天下故吏穿昆明池。然則土木之功，動民興役，天輒應之以異。典籍作誡，倘或可思，上天譴告，改之則善。今若息民省役，以荅天譴，庶靈澤時降，嘉穀有成，則年登可覬，子來非晚。詩云：民亦勞止，迄可小康，惠此中國，以綏四方。或恐極陽生陰，秋多水雨，年復不登，民將無覬，如又薦饑，爲慮更甚。周書黎景熙傳、北史八十二

又上書

臣聞寬大所以兼覆，慈愛所以懷衆，故天地稱其高厚者，萬物得其容養焉；四時著其寒暑者，庶類資其忠信焉。是以帝王者寬大象天地，忠信則四時，招搖東指，天下識其春，人君布德，率土懷其惠。伏惟陛下資乾御寓，品物咸亨，時乘六龍，自强不息，好問受規，天下幸甚。自古至治之君，亦皆廣延博訪，詢採芻微，置鼓樹木，以求其過。頃年亢旱踰時，人懷望歲，陛下爰發明詔，廣求人瘼，同禹湯之罪己，高宋景之守正，澍雨應時，年穀斯稔，尅己節用，慕質惡華，此則尚矣。然而朱紫仍耀于衢路，綺縠猶侈于豪家，裋褐未充于細民，糟糠未厭于編戶，此則勸導之理，有所未周故也。今雖導之以政，齊之以刑，風俗固難以一矣。昔文帝集上書之囊，以作帷帳，惜十家之産，不造露臺，後宮所幸，衣不曳地，方之今日富室之飾，曾不如婢隸之服，然而以身率下，國富刑清，廟稱太宗，良有以也。臣聞聖人久于其道，而天下化成。今承魏氏喪亂之後，貞信未興，宜先遵五美，屏四惡，革浮華之俗，抑流競之風，察鴻都之小藝，焚雉頭之異服，無益之貨勿重于時，虧德之器勿陳于側，則民知德矣。臣又聞之，爲治之要，在于選舉，若差之毫釐，則有千里之失；後來居上，則致積薪之譏。是以古之善爲治者，貫魚以次，任必以能，爵人于朝，不以私愛，簡材以授其官，量能以任其用，官得其材，用當其器，六轡既調，坐致千里。虞舜選衆，不仁者遠，則庶事康哉，民知其化矣。周書黎景熙傳，又見北史八十二

上言立外史廨宇

外史之職，漢之東觀，儀等石渠，司同天祿，是以廣內祕府，藏言之奧，帝王所寶，此焉攸在。自魏及周，公館不立，臣雖愚瞽，猶知其非。是以去年十一月中，敢冒陳奏，特降中旨，卽遣修營。荏苒一周，未加功力，臣職思其憂，敢不重請。周書黎景熙傳、又北史八十二

全後周文卷五終

全後周文卷六

烏程嚴可均校輯

韋敻

敻字敬遠。京兆杜陵人。魏正光初爲雍州中從事。尋去職。不應辟命。入周至宣政元年卒。年七十七。號爲逍遙公。

戒子世康等

昔士安以籧篨束體。王孫以布囊繞尸。二賢高達。非庸才能繼。吾死之日。可斂舊衣。勿更新造。使棺足周尸。牛車載柩。墳高四尺。壙深一丈。其餘煩雜。悉無用也。朝晡奠食。于事彌煩。吾不能頓絕汝輩之情。可朔望一奠而已。仍薦素蔬。勿設牲牢。親友欲以物弔祭者。並不得爲受。吾常恐臨終恍惚。故以此言預戒汝輩。瞑目之日。勿違吾志也。 周書韋敻傳。建德中。敻以年老。預戒其子等。

韋孝寬

孝寬名叔裕。以字行。敻弟。孝昌中爲統軍。拜國子博士。行華陰郡事。永安中授宣威將軍給事中。賜爵山北縣男。普泰中以都督除析陽郡守。大統中授弘農郡守。兼左丞。以大將軍行宜陽郡事。遷南兗州刺史。進爵爲侯。轉晉州刺史。鎮玉壁。兼攝南汾州事。進大都督。授驃騎大將軍開府儀同三司。進爵建忠郡公。廢帝時拜雍州刺史。恭帝初以大將軍平江陵。封穰縣公。還拜尚書右僕射。賜姓宇文氏。復鎮玉壁。孝閔受禪。拜小司徒。明帝初參麟趾殿學士。保定初于玉壁置勳州。授勳州刺史。進柱國。天和中進鄖國公。建德中拜大司空。出爲延州總管。進上柱國。大象初除徐州總管。行軍元帥。卒。贈太傅。諡曰襄。

上武帝疏陳平齊三策

其第一策曰。臣在邊積年。頗見間隙。不因際會。難以成功。是以往歲出軍。徒有勞費。功績不立。由失機會。何者。長淮之南。舊爲沃土。陳氏以破亡餘燼。猶能一舉平之。齊人歷年赴救。喪敗而反。內離外叛。計盡力窮。傳不云乎。讎有釁焉。不可失也。今大軍若出軹關。方軌而進。兼與陳氏共爲掎角。并令廣州義旅出自三鵶。又募山南驍銳。沿河而下。復遣北山稽胡絕其并晉之路。凡此諸軍。仍令各募關河之外勁勇之士。厚其爵賞。使爲前驅。岳動川移。雷駭電激。百道俱進。並趨虜庭。必當望旗奔潰。所向摧殄。一戎大定。實在此機。

其第二策曰。若國家更爲後圖。未即大舉。宜與陳人分其兵勢。三鵶以北。萬春以南。廣事屯田。預爲貯積。募其驍悍。立爲部伍。彼既東南有敵。戎馬相持。我出奇兵。破其疆埸。彼若興師赴援。我則堅壁清野。待其去遠。還復出師。常以邊外之軍。引其腹心之眾。我無宿舂之費。彼有奔命之勞。一二年中。必自離叛。且齊氏昏暴。政出多門。鬻獄賣官。惟利是視。荒淫酒色。忌害忠良。闔境熬然。不勝其弊。以此而觀。覆亡可待。然後乘間電埽。事等摧枯。

其第三策曰。竊以大周土宇。跨據關河。蓄席卷之威。持建瓴之勢。太祖受天明命。與物更新。是以二紀之中。大功克舉。南清江漢。西龕巴蜀。塞表無虞。河右底定。唯彼趙魏。獨爲榛梗者。正以有事三方。未遑東略。遂使漳滏遊魂。更存餘晷。昔句踐亡吳。尚期十載。武王取亂。猶煩再舉。今若更存遵養。且復相時。臣謂宜還崇鄰好。申其盟約。安人和眾。通商惠工。蓄銳養威。觀釁而動。斯則長策遠馭。坐自兼并也。 周書韋孝寬傳。

手題募格書背

若有斬高歡者。一依此賞。 周書韋孝寬傳。齊神武攻玉壁。射募格于城中云。能斬城主降者。拜太尉。封開國郡公。邑萬戶。賞帛萬匹。孝寬手題書背。反射城外。

韓褒

褒字弘業。潁川潁陽人。徙居昌黎。魏建明中爲奉朝請。加彊弩將軍。遷太中大夫。去官。避地夏州。文帝爲丞相。引爲錄事參軍。賜姓侯呂陵氏。大統初。遷行臺左丞。賜爵三水縣伯。轉丞相府屬。加中軍將軍銀青光祿大夫。出爲鎮南將軍丞相府從事中郎。鎮淅酈。徵拜丞相府司馬。進爵爲侯。出爲北雍州刺史。加衛大將軍。入爲給事黄門侍郎。遷侍中。除都督西涼州刺史。加大都督。廢帝時轉會州刺史。進車騎大將軍儀同三司。尋加驃騎大將軍開府。進爵爲公。入周。武成中徵拜御伯中大夫。保定中轉司會。出爲汾州刺史。遷河州總管。天和中轉鳳州刺史。致仕。加少傅。卒。諡曰貞。

奏請放還俘賊

所獲賊衆。不足爲多。俘而辱之。但益其忿耳。請一切放還。以德報怨。（周書韓褒傳）

大牓州門

自知行盜者。可急來首。即除其罪。盡今月不首者。顯戮其身。籍沒妻子。以賞前首者。（周書韓褒傳）

柳慶

慶字更興。河東解人。徙居汝潁閒。魏祕書監虯弟。爲奉朝請。除中堅將軍。孝武將西遷。除散騎侍郎。大統中入關。除相府東閤祭酒。領記室。轉戶曹參軍。遷大行臺郎中。領北華州長史。除尚書都兵。尋兼雍州別駕。計曹郎中。封清河縣男。兼尚書右丞。攝計部。尋正右丞。進爵爲子。加平南將軍大行臺右丞。加撫軍將軍通直散騎常侍。廢帝即位。除民部尚書。授車騎大將軍儀同三司。恭帝即位。進驃騎大將軍開府尚書右僕射。轉左僕射。領著作。六官建。拜司會中大夫。孝閔受禪。賜姓宇文氏。進爵平齊縣公。明帝即位。出爲萬州刺史。未行。授雍州別駕。領京兆尹。除宜州刺史。保定中又入爲司會。以忤宇文護免。天和元年卒。諡曰景。

爲父具荅權貴書草

下官受委大邦。選吏之日。有能者進。不肖者退。此乃朝廷恒典。（周書柳慶傳。父僧習爲潁川郡。將選鄉官。皆依倚貴勢。競來請託。選用未定。慶乃具書草云。）

作匿名書多牓官門

我等共劫胡家。徒侶混雜。終恐泄露。今欲首。懼不免誅。若聽先首免罪。便欲來告。（周書柳慶傳。慶爲雍州別駕。時有胡家被劫。莫知賊所。慶以賊徒既衆。可以詐求之。乃作匿名書多牓官門。）

長孫紹遠

紹遠字師。少名仁。河南洛陽人。魏太傅稚子。起家司徒府參軍。封東阿縣伯。從孝武西遷。別封文安縣子。大統中除太常卿。遷中書令。襲封上黨王。後例降爲公。改馮翊郡。恭帝時累遷錄尚書事。六官建。拜大司樂。閔帝受禪。封上黨公。明帝時授禮部中大夫。尋拜京兆尹。歷少保小司空。出爲河州刺史。武帝時歷少宗伯。卒。贈柱國大將軍。諡曰獻。

遺表

謹案春秋隱公傳云。天子用八。周禮云。天子縣二八。倕氏之鍾十六。母句氏之磬十六。漢成帝獲古磬十六。周禮圖縣十六。此數事者。照爛典章。揚搉而言。足爲龜鏡。伏惟陛下受圖蒼帝。接統玄精。秦漢以還。獨爲稱首。至如周武有事干戈。臣獨鄙之。而況陛下。以臣自揣餘息。匪夕伊朝。伏願珍御萬機。不勞改八從七。（北史長孫紹遠傳。疾篤。命其子覽云云。乃上遺表。）

啟明帝定樂

魏氏來宅秦雍。雖祖述樂章。然黄鍾爲君。天子之正位。往經創造。歷稔無成。方知水運將季。木運伊始。天命有歸。靈樂自降。此蓋乾坤佑助。宗廟致感。方當降物和神。祚隆萬世。（北史長孫紹遠傳）

奏武帝勿廢懸八

天子懸八肇自先民百王共軌萬世不易下逮周武甫修七始之音詳諸經義又無廢八之典且黃鍾爲君天子正位今欲廢之未見其可臣案周禮奏黃鍾歌大呂此則先聖之弘範不易之明證願勿輕變古典趣改樂章（北史長孫紹遠傳又見周書無臣案已下）

與樂部齊樹書（周書作齊樹之）

伏聞朝廷前議而欲廢八懸七然則天子懸八有自來矣古先聖殊塗一致逮周武克殷逆取順守專用干戈事乖揖讓反求經義是用七音蓋非萬代不易之典其懸八筍簴不得毀之宜待吾疾瘳當別奏聞（北史長孫紹遠傳）

盧辯

辯字景宣范陽涿人魏驃騎將軍同兄子舉秀才爲太學博士從孝武西遷授給事黃門侍郎領著作大統中除太常卿太子少傅封范陽公轉少師孝閔受禪遷尚書右僕射明帝卽位進大將軍出爲宜州刺史有大戴禮記解詁若干卷墳典三十卷

爲安定公告諭公卿

嗚呼我羣后暨衆士維文皇帝㠯繦緥之嗣託于予訓之誨之庶厥有成而予罔能革變厥心庸暨乎廢墜我文皇帝之志嗚呼茲咎予其焉避子實知之矧爾衆人之心哉惟予之顏豈惟今厚將恐來世㠯予爲口實（周書文帝紀下）

申徽

徽字世儀魏郡人後趙司徒鍾六世孫初爲元遙東徐州主簿除太尉府行參軍文帝臨夏州㠯爲記室參軍兼府主簿永熙中爲大行臺郎中孝武西遷封博平縣子本州大中正大統初進爵爲侯歷中書舍人遷給事黃門侍郎出爲河西大使還遷都官尚書拜假節瓜州刺史徵兼尚書右僕射加侍中驃騎大將軍開府儀同三司廢帝時進爵爲公正右僕射賜姓宇文氏出爲襄州刺史入爲御正大御正小司空少保出爲荆州刺史入爲小司徒小宗伯天和六年致仕卒贈泗州刺史諡曰章

爲周文帝上魏孝武帝表

臣前㠯故關西大都督臣岳竭誠奉國橫罹非命三軍喪氣朝野痛惜都督寇洛等銜冤茹感志雪讎恥㠯臣昔同幕府苦賜要結臣便㠯今月十四日輕來赴軍當發之時已有別表旣爲衆情所逼權掌兵事詔召岳軍入京此乃爲國良策但高歡之衆已至河東侯莫陳悅猶在永洛況此軍士多是關西之人皆戀鄉邑不願東下今逼㠯上命悉令赴闕悅躡其後歡邀其前首尾受敵其勢危矣臣殞身王事誠所甘心恐敗國殄人所損更大乞少停緩更思後圖徐事誘導漸就東引（周書文帝紀上）

又表

侯莫陳悅違天逆理酷害良臣自㠯專戮罪重不恭詔命阻兵永洛彊梁秦隴臣㠯大宥旣班恐抑私憾頻問悅及都督可朱渾元等歸闕早晚而悅並維縶使人不聽反報觀其指趣勢必異圖臣正爲此未敢自拔兼順衆情乞少停緩（周書文帝紀上）

又表

臣自奉詔總平涼之師責重憂深不遑啟處訓兵秣馬唯思竭力前㠯人戀本土侯莫陳悅窺窬進退量度且宜住此今若召悅授㠯內官臣列旆東轅匪朝伊夕朝廷若㠯悅堪爲邊扞乞處㠯瓜涼一藩不然則終致猜虞于事無益（周書文帝紀上）

又表

臣聞誓死酬恩覆宗報主人倫所急赴蹈如歸自大都督臣岳歿後臣頻奉詔還闕秣馬戒塗志不俟旦直㠯督將㠯下咸稱賀拔公視我如子今讎恥未報亦何面目㠯處世間若得一雪冤酷萬

寓當作寓

死無恨。且悅外附疆臣。內違朝旨。臣今上思逐惡之志。下遂節士之心。冀仗天威。爲國除害。小違大順。實在茲辰。克定之後。伏待斧鉞。周書文帝紀上。

爲周文帝責侯莫陳悅書

頃者正光之末。天下沸騰。塵飛河朔。霧塞荆沔。故將軍賀拔公擁袂勃起。志寧寓縣。授戈南指。拯皇靈于已墜。擁旄西邁。濟百姓于淪胥。西顧無憂。緊公是賴。勳茂賞隆。遂征關右。此乃行路所知。不藉一二談也。君實名微行薄。本無遠量。故將軍降遷喬之志。篤桑征之理。乃申啟朝廷。薦君爲隴右行臺。朝議以君功名闕然。未之許也。遂頻煩請謁。至于再三。天子難違上將。便相聽許。是亦遐邇共知。不復煩之翰墨。縱使木石爲心。猶當知感。況在生靈。安能無愧。加以王室多故。高氏專權。主上虛心。寄隆晉鄭。君復與故將軍同受密旨。屢結盟約。期于畢力共匡時難。而貌恭心佷。妬勝嫉賢。

口血未乾。匕首已發。協黨國賊。共危本朝。孤恩負誓。有靦面目。豈不上畏于天。下慚于地。吾以弱才。猥當藩牧。蒙朝廷拔擢之恩。荷故將軍國士之遇。聞問之日。魂守驚馳。便陳啟天朝。暫來奔赴。眾情所推。遂當戎重。比有敕旨召吾還闕。亦有別詔令君入朝。雖操行無聞。而年齒已宿。今日進退。惟君是視。君若督率所部。自山隴東邁。吾亦總勒師徒。北道還闕。共追廉藺之迹。同慕寇賈之風。如其首鼠兩端。不時奉詔。專戮違旨。國有常刑。枕戈坐甲。指日相見。幸圖利害。無貽噬臍。周書文帝紀上。

爲周文帝傳檄方鎮

蓋聞陰陽遞用。盛衰相襲。苟當百六。無闕三五。皇家創歷。陶鑄蒼生。保安四海。仁育萬物。運距孝昌。屯沴屢起。隴冀騷動。燕河狼顧。雖靈命重啟。蕩定有期。而乘釁之徒。因生羽翼。賊臣高歡。器識庸下。出自輿皁。罕聞禮義。直以一介鷹犬。效力戎行。靦冒恩私。遂竊

榮寵。不能竭誠盡節。專挾姦回。乃勸爾朱榮行茲篡逆。及榮以專政伏誅。世隆以兇黨外叛。歡苦相敦勉。令取京師。又勸吐萬兒復爲弒虐。暫立建明。以令天下。假推普泰。欲竊威權。並歸廢斥。俱見酷害。于是稱兵河北。假討爾朱。亟通表奏。云取讒賊。既行廢黜。遂將篡弒。以人望未改。恐鼎鑊交及。乃求宗室。權允人心。天方與魏。必將有主。翊戴聖明。誠非歡力。而歡阻兵安忍。自以爲功。廣布腹心。跨州連郡。端揆禁闥。莫非親黨。皆行貪虐。窫窳生靈。而舊將名臣。正人直士。橫生瘡痏。動挂網羅。故武衛將軍伊琳。清貞剛毅。禁旅攸屬。直閤將軍鮮于康仁。忠亮驍傑。爪牙斯在。歡收而戮之。曾無聞奏。司空高乾。是其黨與。每相影響。謀危社稷。但以姦志未從。恐先泄漏。乃密白朝廷。使殺高乾。方哭對其弟。稱天子橫戮。孫騰任祥。歡之心膂。並使入居樞近。伺國間隙。知歡逆謀將發。相繼逃歸。歡益加撫待。亦無陳白。然歡入洛之始。本有姦謀。令親人蔡儁

作牧河濟。厚相恩贍。以爲東道主人。故關西大都督清水公賀拔岳。勳德隆重。興亡攸寄。歡好亂樂禍。深相忌毒。乃與侯莫陳悅陰圖陷害。幕府以受律專征。即便討戮。歡知逆狀已露。稍懷旅拒。遂遣蔡儁拒代。令竇泰佐之。又遣侯景等云向白馬。輔世珍等徑趣石濟。高隆之及婁昭等屯據壺關。韓軌之徒擁眾蒲坂。于是上書天子。數論得失。訾毀乘輿。威侮朝廷。藉此微庸。冀茲大寶。溪壑可盈。禍心不測。或言徑赴荊楚。開疆于外。或言分詣伊洛。取彼讒人。或言欲來入關。與幕府決戰。今聖明御運。天下清夷。百僚師師。四隩來暨。人盡忠良。誰爲君側。而歡威福自己。生是亂階。緝構南箕。指鹿爲馬。包藏兇逆。伺我神器。是而可忍。孰不可容。幕府折衝宇宙。親當受脤。銳師百萬。彀騎千羣。裹糧坐甲。惟敵是俟。義之所在。糜軀匪恡。況頻有詔書。頒告天下。稱歡逆亂。徵兵致伐。今便分命將帥。應機進討。或趣其要害。或襲其窟宅。電繞蛇擊。霧合星羅。而

歡違負天地。毒被人鬼。乘此掃蕩。易同俯拾。歟若渡河。稍逼宗廟。則分命諸將。直取并州。幕府躬自東轅。電赴伊洛。若固其巢穴。未敢發動。亦命羣帥。百道俱前。轘裂賊臣。以謝天下。其州鎭郡縣。率土人黎。或州鄉冠冕。或勳庸世濟。竝宜捨逆歸順。立效軍門。封賞之科。已別有格。凡百君子。可不勉歟。周書文帝紀上。北史文帝紀。又見文苑英華六百四十五。

薛端

端字仁直。河東汾陰人。魏常山太守孝通從子。本名沙陁。司空高乾辟爲參軍。賜爵汾陰縣男。棄官。大統中徵爲大丞相府戶曹參軍。加冠軍將軍中散大夫。進爵爲伯。轉丞相東閤祭酒。加本州大中正。遷兵部郎中。改封文城縣伯。加使持節平東將軍吏部郎中。出爲李弼行軍長史。加車騎大將軍儀同三司。轉尚書左丞。進吏部尚書。賜姓宇文氏。恭帝末拜軍司馬。加侍中驃騎大將軍開府。進爵爲侯。孝閔受禪。除工部中大夫。轉民部中

大夫。進爵爲公。出爲蔡州刺史。明帝初轉基州刺史。卒諡曰質。

啟安定公

設官分職。本康時務。苟非其人。不如曠職。周書薛端傳。

唐瑾

瑾字附璘。北海平壽人。文帝召拜尚書員外郎相府記室參軍。封姑臧縣子。遷尚書右丞、吏部郎中、戶部尚書、驃騎大將軍、開府儀同三司。賜姓宇文氏。更賜姓萬紐于氏。進爵臨淄縣伯。轉吏部尚書。從平江陵。進爵爲公。恭帝末授禮部中大夫。周受禪。出爲蔡州刺史。歷柘州硤州。轉荆州總管府長史。入爲吏部中大夫。歷御正納言中大夫。天和二年除司宗中大夫兼內史。尋卒。贈小宗伯。諡曰方。有書儀十卷。

華嶽頌并序

易不云乎。天險不可阶。地險山川丘陵。險之時義大矣哉。惟華山者。尚書爾雅謂之西嶽。周官則爲豫州之鎭。下枕周秦之郊。上應東井之宿。俯臨汾射。咫尺荆梁。盤紆巖嶭。刻峭崢嶸。干雲漢而孤秀。屬江河而峻峙。巨靈疏谿。亢高掌于巖端。削成壁立。流黃河于峴曲。左分底柱。見朝夕之揚波。右綴終南。眺連山之無極。顯仁藏用。蘊智含靈。鼓以雲雷。潤以風雨。信羣帝之所休憩。衆神之所盻響。芝駕自此不歸。霓裳于焉屢拂。豈止績羽爲衣。葺荷成蓋。化同毛女。客類園公。每挹僊人之漿。旹停酒母之騎。坐戶白而穿陷。乘白鹿以遊嬉。寥寂忽恍。往而不反者也。至如芳年華月。霽斂雲開。谷包得一。河經千里。聳蓮嶸于紫微。挺高峯于天漢。暫駐羲和之鶩。能挂恆娥之驂。積醴成池。泓澄巒岫。聚卉爲髮。雚葦生焉。庭鱣夜萃。必歸伯起之學。苦霧晨興。非歇公超之市。若以柴類方明之壇。望仙集靈之觀。休牛散馬之地。反辟祖龍之辭。有祈必應。無請不遂。保乂我金方。裁成我三海。振素祇以統億兆。肅秋節以衛蒼

生。國荷其慶。民賴其福。前代曾創祠宇。兼植柏樹。歷年茲多。榱棟崩穨。樹亦往往殘缺。太祖文皇帝固天攸縱。誕膺符命。道邁三分。功超九合。將欲盜一匡寓。納之仁壽。而餘雰尚梗。燕趙未并。治戎河上。志圖廓埽。每以講閱之暇。親履陰晉。眷言舊所。良用依然。以大統六年歲在旃蒙。乃謁諸天子。命車騎大將軍儀同三司西兗州大中正華山郡守城陽縣開國公恆農楊子昕經始締構。別更列植青松二千餘根。堂廟顯敞。房廊肅穆。芬哉薛席。赫矣神居。桂酒徐斟。淸哥緩節。無復霑濡之事。豈有顛沛之容。暨水德告終。蒼精肇運。獄訟知歸。人神胥悅。皇帝負扆君臨。宸居馭朽。執玉帛以朝萬國。叩金繩而享百靈。叡智之所牢籠。英威之所彈壓。日月之所昭晉。舟車之所被通。莫不秉義駕風。梯山航海。重譯屈膝。請吏勤王。太師大冢宰晉國公任屬阿衡。親惟旦奭。緝諧六樂。緝熙五禮。廢典聿修。羣望咸秩。光贊皇猷。式康帝載。俾七百之祚。長扇于

無疆。維天和二年歲次大淵獻月旅沽洗。爰詔史臣爲之頌曰。攸攸大極。巖巖削成。渾元既判。截濁浮淸。含仁配厚。蘊智爲靈。功遂勿處。日用無名。在秋戒肅。居金作鎮。嚴霜比威。膏液等潤。容而不有。施而匪宏。窮地之險。極天之峻。川澤通氣。山藪藏疾。靈嶽峨峨。淸干秩秩。隈積冬霰。峰留夏日。雷霆吕之。風雲自出。殷憂啟聖。多難開基。大人利見。或躍侯時。袞冕赤舄。三牡龍旂。鼓腹行樂。擊壤而熙。神敎吕道。民化惟德。沈漸吕剛。高明柔克。文軌叶同。皇猷允塞。如山之壽。盜我郡國。碑拓本

李昶

昶小名那。保定初爲納言。北史有傳

荅徐陵書

繁霜應管。能響豐山之鍾。玄雲觸石。又動流泉之奏。矧伊物候。且或冥符。況乃矜期。相忘道術。楚產風馬。吳會浮雲。行李無因。音塵不嗣。殷御正銜命來歸。嘉言累札。江南橘茂。薊北桑枯。陰慘陽舒。行止多漏。足下泰山竹箭。淅水明珠。海內風流。江南獨步。扶風計吏。議折祥禽。平陵李廉。辭訓文約。況復麗藻星鋪。雕文錦縟。風雲景物。義盡緣情。經綸憲章。辭殫表奏。久已京師紙貴。天下家藏。調移齊右之音。韻改河西之俗。豈直楊雲藻翰。獨留千金。嗣宗文雅。唯傳好事。僕世傳經術。才謝劉歆。家有賜書。學匪班嗣。弱年有意。頗愛雕蟲。歲月三餘。無忘肆業。戶牖之間。時安筆硯。嚬眉難巧。學步非工。恆經牧豬之譏。屢被陳思之誚。羞逢仲子。頹居山之鼓琴。屢覓子將。同本初之車服。不謂殷侯虛談。成價遂同。布鼓輕響雷門。燕后空雕。終慙比德。楚軍雖棋。實愧棲桐。豈若邯鄲舉袖。唯聞變曲。協律飛塵。必應不顧。是吕日南寶貝。遙望歸秦。合浦文犀。更希還漢。芳春行獻。鶯其鳴矣。懸象章之牀。置長安之驛。厚築牆垣。思逢鄭僑之聘。工歌周頌。佇奏延陵之樂。書縮有復。道意無伸。李

那頓首。文苑英華六百七十九。

李允信

允信爲幽國公廣屬吏。加儀同。

上言幽國公廣葬事表

臣聞資孝成忠。生民高義。旌德樹善。有國常規。竊惟故幽國公臣廣。懿親令望。具瞻攸在。道冠羣后。功懋維城。受脤建旟。威行秦隴。班條驅傳。化溢崤函。比勝理艸和。奉詔還闕。藥石所及。沈痾漸愈。而災釁仍集。丁此窮憂。至性過人。遂增舊疾。因茲毀頓。吕至甍殂。尋繹貫切。不能自已。臣等接事。每承餘論。仰之平昔。約已立身。位極上公。賦兼千乘。所獲祿秩。周贍無餘。器用服玩。取給而已。每言及終始。尤存簡素。非秦政而褒吳禮。譏后樽而美厚薪。今卜兆有期。先遠方及。誠恐一從朝露。此志莫伸。伏惟陛下弘不世之慈。垂霈然之澤。留情既往。降慈幽魂。爰敕有司。申其宿志。窀穸之禮。庶存儉約。周書幽國公廣傳。

全後周文卷六終

全後周文卷七

烏程嚴可均校輯

王褒

褒字子淵，琅邪臨沂人。梁散騎常侍規子。舉秀才，除祕書郎，轉太子舍人，襲爵南昌縣侯，遷祕書丞，遷爲宣成王文學，遷安成郡守。元帝承制，轉智武將軍、南平內史。及卽位，拜侍中，累遷吏部尚書、左僕射。江陵陷，入魏，爲車騎大將軍、儀同三司。周受禪，封石泉縣子。明帝卽位，加開府。保定中，除內史中大夫。東宮建，授太子少保，遷小司空，尋出爲宜州刺史。有集二十一卷。（案周書王褒傳，建德已後，凡大詔冊，皆令褒具草。張溥據之，以建德元年三月癸亥詔、三年二月乙卯詔、六月戊午詔凡三首，編入褒集。然建德詔見存三十二首，而張溥僅取三首，何所據乎。今以建德詔編入武帝文。）

爲百僚請立皇太子表

臣聞洊雷居震，春方應守器之禮；明兩作離，少陽纂重暉之業。是以三善昭德，載祀之祚克隆（初學記作昌）；一人（初學記作有）元良，貞國之基永固。至于軒轅得姓，高陽才子，上嗣佇賢，前星虛位。魯國公臣贇，親居元子，屬當儲貳，具僚仰則，列辟式瞻。臣等參議，請立爲皇太子。事隆監撫，教資審諭，問安寢門，視膳天幄。（藝文類聚十六，初學記十。）

上新定鍾表

萬物生象，始乎算數；天道運行，基乎步衡。量有輕重，平以權衡；音有清濁，協乎律呂。是以周發聽聲，候春冬之王殺；師曠吹律，知晉楚之衰亡。數始黃鍾，琯終仲呂，還宮變徵，參天兩地，三分損益，累黍相乘，四時發斂，忽微斯測。皇帝治縣明時，推元受命，八音七始之奏，五聲六律之和，斟酌繁簡，分析節度，推之以升斛，正之以權衡，稽之以古今，覈之以經傳。（藝文類聚五。）

爲庫狄峙致仕表

動當作重

俛音趨曲，操終則仆，傾身舉動，力殫斯斃。何者？日暮途遠，前哲所以告歸；漏盡載馳，昔賢以之知退。（藝文類聚五十八。）

上祥瑞表

明王孝治，岳瀆所以效靈；至人澤及，風雲以之懸感。是以若霧非霧，天道叶至德之符；似煙非煙，觸后表嘉祥之氣。立黃蕭索之輝，丹紫輪囷之狀，豈止唐帝沈璧，氣合金方，姬后望河，形如車蓋。（藝文類聚九十八。）

謝賚絹啟

似逐安車之徵，如輕殿中之對。臣善識山川，應圖方丈，脫能臨水，必不棄書。（藝文類聚八十五。）

謝賚馬啟

邊城無草，來自東南；塞外饒沙，經從西北。漢時樂府，偏愛權奇；晉世桑門，特憐神駿。黃金作勒，足度西河；白玉爲鐙，方傳南國。儻遂漢帝，仍爲鼓車；若值魏王，應齎香氣。（藝文類聚九十三。）

與周弘讓書

嗣宗窮途，楊朱岐路，征蓬長逝，流水不歸。舒慘（藝文類聚作南北）殊方，炎涼異節，木皮春厚，桂樹冬榮，想攝衞惟宜，動靜多豫。賢兄入關，敬承款曲（藝文類聚作闕曲），猶依杜陵之水，尚保池陽（藝文類聚作東陂）之田，鏟跡幽蹊，銷聲窮谷，何其愉樂，幸甚幸甚。弟昔因多疾，亟覽九仙之方；晚涉世途，常懷（藝文類聚作猶懷）五岳之舉。同夫關令，物色異人；譬彼客卿，服膺高士。上經說道，屢聽玄牝之談；中藥養人，每稟丹砂之說。頃年事遒盡，容髮衰謝，芸其黃矣，零落無時。還念生涯，繁憂總集，親陰愒日，猶（藝文類聚作類）趙孟之徂年；負杖行吟，同劉琨之積慘。河陽北臨（藝文類聚作遊），空思鞏縣（藝文類聚作洛）；霸陵南望，還（藝文類聚作唯）見長安。所冀書生之魂，來依舊壤（藝文類聚作還依舊里）；射聲之鬼，無恨他鄉。白雲在天，長離別矣（藝文類聚作浮雲在天，邈無由矣）；會見之期，邈（藝文類聚作長）無日矣。援筆攬紙，龍鍾橫集。（周書王褒傳，藝文類聚三十。）

親當作覩

象戲經序

一曰天文㠯觀其象天日月星是也二曰地理㠯法其形（御覽作行）地水火木金土是也三曰陰陽㠯順其本陽數爲先本于天陰數爲后本于地是也四曰時令㠯正其序東方之色青其餘三色例皆如之是也五曰算數㠯通其變俯仰則爲天地日月星變通則爲水火木金土是也六曰律呂㠯宣其氣左子取未右午取丑是也七曰八卦㠯定其位至震取兌至離取坎是也八曰忠孝㠯惇其典出則盡忠入則盡孝是也九曰君臣㠯定其禮不可㠯貴凌賤直而爲曲不可㠯卑褻尊隱而無犯是也十曰文武㠯率其務武論（御覽作修）七德文表四教是也十一曰禮儀㠯制其則居上不驕爲下盡敬進退有度口口可法是也十二曰觀德㠯攷其行定而後求義而後取時然後言樂然後笑是也或升進㠯報德義在遷善或黜退㠯貶過事在懲惡或㠯沈審爲貴正其瞻視或㠯徇齊爲功明其糾察得失表于隆替在睽畢申忌敬彰于勸沮處尊思屈片善崇于拱璧一言踰于華衮（藝文類聚七十四　御覽七百五十五）

服要記序

古之制禮其品有五吉禮祭祀是也凶禮喪葬是也賓禮朝享是也軍禮師旅是也嘉禮婚冠是也是五者民之大事舉動之所由也（北堂書鈔八十）

論

庸人御駑馬傷吻敝策而不進及駕騕褭驂乘且王良報轄韓哀附輿馳騁忽如景靡過都越國蹶若歷塊追奔電逐遺風萬里一息人馬相得（白帖）

皇太子箴

臣聞教化爰始詠歌不足政俗既移風雅斯變伏惟皇明御宇功均造物改文爲質斵雕成素皇太子濬哲居震明兩作離春夏于

戈秋冬羽籥叔譽歎五稱之對師曠陷四馬之恩竊㠯太史官箴虞書所誡永樹芳烈丞相所㠯垂文探覩安危太傅㠯之陳訓敢自斯義獻箴云爾

天生烝民司牧斯樹咸熙庶績式昭王度粤若欽明丕承寶祚重紐地維再匡天步惠民垂統元良繼體麗正離暉推徵（藝文類聚作推機）天啟令問令望聞詩聞禮從曰撫軍守曰監國秋坊通夢春宮養德桓榮獻書荀攸觀則元子爲士齒卿命秩昔在周漢親賢保傅朝服寢門迴車作室正陽君位喬枝父道臣子所崇忠孝爲寶勿謂居尊禍福無門勿恃親賢王道無偏無爲虛始無爲事先損之又損而全之亦全無往不復無平不陂美疹甘言鮮不爲累則哲惟艱知人未易居室爲善分陰無棄亡保其存危安其位神聽不惑天妖斯忌文昌著爲（藝文類聚作于）前星主鬯（藝文類聚作秬鬯）由于守器庶僚司箴敢告閽寺（藝文類聚十六　初學記十）

漏刻銘

竊㠯混元開闢天迴地旋厤象運行暑來寒往二分同道烏靈正其昏夕兩至相遇表圭測其長短雖則晦朔先後失于公羊之說次舍盈縮惑于丘明之傳至乎出卯入酉黃道青緣季孟相推啟閉從序挈壺掌分數之令太史陳立成之法軍將㠯之懸井壺郎㠯之趨奏百王垂訓千祀餘烈者焉銘曰

玄儀西運逝水東流甘川浴日深壑藏舟測茲祕象是曰神謀正震治厤下武惟周忽微㠯測積空成數圭表弗差光陰斯赴箭水無絕靈虬長注經寸日輪四分天度器遵昔典晷移新刻荆山既鐫昆吾且勒㠯福眉壽百王垂則（藝文類聚六十八）

靈壇銘（并序）

悠悠五緯乃欽若于堯典茫茫九州是致功于禹跡猶㠯天步懸遠隸首算而弗窮地載遐荒章亥馳而未極浩庭霄度吐納天和

崑閬滄溟。胞胎元一。九靈之府。神液所以降祥。五英之闕。莫華以之昭應。推劫運之短長。校河源之廣狹。谷永上書。譬流風之不繫。桓譚作論。明弱水之難航。豈知迴天金簡。惟傳上聖。洞府玉策。尚隔中仙。于時金風戒辰。三光澄曜。香雨乘空。天花入室。帝乃升法座。說玄言。肴覆洞徹。闡揚眾妙。洪鍾應叩。衢樽待酌。銘曰。

鍾鳴上界。梵響玄宮。紫辰濯水。青樹搖風。八覺修行。七教弘通。神機詣理。秋毫圻空。函席廣開。法輪徐轉。入神精義。談天勝辯。逐境晦明。逗機深淺。或照咸業。方圓雲篆。

館銘

雲橋啟館。景曜開扉。明庭朝禮。仙宮羽衣。燕履宵去。梟舄晨歸。練石三轉。燒丹七飛。昆吾陶鑄。丹陽鋈銑。晝寫龍文。圖開彫篆。聲隨地氣。調均天辯。九宮方應。萬靈稱善。藝文類聚七十八。

四瀆祠碑銘

靈祠岳立。貝闕雲浮。寂寥詭怪。髣髴神遊。姬嬴分國。河渭合流。桃花春水。靈草孤洲。潼鄉河曲。汾陰睢壤。亂流不度。龍門難上。河魚送迎。江妃來往。水開通跡。山臨高掌。智以藏往。神以知來。榮光離合。雲氣徘徊。水仙遺操。津吏餘杯。波息川后。浪靖瞻臺。藝文類聚九。

溫湯碑

原夫二儀開闢。雷風以之通響。五材運行。水火因而竝用。炎上作苦。既麗純陽之德。潤下作鹹。且協凝陰之度。至于還陵熱溪。沈魚涌浪。炎洲燒地。穴鼠含煙。火井飛泉。垂天遠扇。焦源沸水。衝流迸集。甘川浴日。跳波邁椒丘之野。湯谷揚濤。激水疾龍門之箭。故以地伏流黃。神泉愈疾云云。其銘曰。

挺此溫谷。驪岳之陰。白礬上徹。丹沙下沈。華清駐老。飛流瑩心。谷神不死。川德愈深。藝文類聚九。初學記七。

善行寺碑

蓋聞在天成象。羣星仰于北辰。在地成形。百川趨于東海。是知璿璣盈縮。竝運天樞。江漢所宗。爭環地軸。塵沙日月。同渤澥之輪迴。百億鐵圍。等閻浮之數量。章亥步驟。豈盡世界之邊。隸首忽微。寧窮卻海之算。兕牛挧力。方十行之階梯。兔馬渡河。譬三乘之等級。定水壞須彌之山。智炬燃金剛之際。敬表六和。現沙門之進止。衣垂四寸。示聲聞之律儀。至于千疊火然。鵠林變色。四禪災起。鴿影傳輝。羽林出使。漢闢濯龍之祀。桑門傳譯。晉處洛陽之拜。藝文類聚七十六。

京師突厥寺碑

夫六合之內。存乎方冊。四天之下。聞諸象教。百億閻浮。塵沙算而不盡。三千日月。世界數而無邊。至于周星夕隕。漢宮宵夢。身世梵世。力滅須彌。應現十方。分身百佛。上極天中。下窮地際。轉法輪于穢國。留妙象于罽賓。至于善見神通。瓶沙瑞相。波斯鑄金。優塡雕

木。莫不歸依等覺。迴向佛乘。棄形骸而入道。捨國城而離俗。突厥大伊尼溫木汗。夏后餘基。惟天所置。威加窮髮。兵歷無革。小大當戶。左右賢王。麟膠角觸之弓。鸑羽射鵰之箭。跨蔥嶺之酋豪。靡不從化。踰天山之君長。咸皆賓屬。人敦信契。國寶親鄰。太祖文皇帝道被寰中。化覃無外。提羣品于萬福。濟蒼生于六道。大冢宰晉國公功高寅亮。位隆光輔。命司空而度地。監匠人而置臬。帶二條之逸陌。面九市之通鄽。圖木緹錦。雕楹碧甃。香隨微雨。自麗風塵。幡雜天花。常調絲竹。四禪大患。淨界無毀。六珠芬盡。法身常住。銘曰。

七華妙覺。三空勝境。意樹已彫。心猿斯靜。靈城偃色。空衣滅影。索隱窮源。振衣提領。藝文類聚七十六。

太保吳武公尉遲綱碑銘

昔者王室藩屏。同族謂之宗親。列國諸侯。異姓稱爲伯舅。元勳懿德。周崇齊楚之霸。疏爵疇庸。漢重韓吳之秩。司勳載其弘烈。典冊

恒當作怛

備其徽章山甫式列辟之功紀續彝器莊叔臣成獻之難昭德彝鼎鴻名盛業公實兼焉公命世挺生應期閒出嵩華峻極降惟岳之上靈霜露所均體中和之秀氣危松擢本且觀後彫之質貞桂挺生便結冬華之葉是故以辰昴膺慶風雲交感者焉公柔順內凝英華外發斧藻仁義珪璋介節危勁之節冠四序而踰秀堅貞之操經百鍊而不銷加以逢門射法遠中載支養由箭神遙穿懸葉巧極將軍之伎精窮校尉之官及年踰艾服任隆台衮甲第當衢傳呼啟路不以寵貴驕人每以卑謙自牧易簀之言無忘寢寐城郢之志終于瞑目銘曰

珠角膺期山庭表德出忠入孝自家刑國人物冠冕彝章表則任屬屯營官聯權侍行部六條議班三吏逝水詎停光陰不借遽辭逆旅俄悲恒化旌紆夏練棺陳衛幕北郭人希西山景落三千不見九原誰作銘茲鼎彝永傳嵩霍藝文類聚四十六初學記十一

太子太保中都公陸逞碑銘

公本居三吳郡三吳縣丞相遜後也宋武臣定鍾鼎底平涵洛公曾祖載實贊軍謀及反旆南轅以司武留守赫連作亂見拘夏州以江右名家爲中山太守地既鮮虞途通靈壽呼沲易水仗武乘邊趙北燕南甲威河外祖營州使君長于戎馬稱雄朔漠南中都督猶纘奕世之基西校國門無墜承家之業公識度深詳標尚閑遠處眾撝謙居簡行敬風鑒外明淵機內敏建章門戶張華成立原陵松柏虞廷盡記昔處文房又居內職或傳冰華時遊甲邸魏祖軍謀還豫南陂之宴梁王師傅猶對宣室之談出內優隆通籍營寵升降榮步便頌宮禁銘曰

淮海維揚具區之藪水朝江漢星躔牛斗盛德遺風神明厥後龍章八命鸞旂四牡賓階昔遇風月相思卿門今別宿草何悲輪環不已零落無時永矣元伯長從此辭藝文類聚四十六

太傅燕文公于謹碑銘

古者六等官人師傅崇其臣輔一命作牧侯伯總其專征南仲成薄伐之功吉甫作來歸之頌若乃仰叶宸睠上屬台階錫之以彝器明之以車服除名盛業太傅燕國公其有焉西瞧開其命緒東海傳其世祿父曾致平法之科廷尉稱無冤之頌駟馬方駕高門纓軌公稟山岳之上靈含風雲之秀氣雕良玉于廉劌鍊貞金于鎣淬于時王業締構國步權輿太祖地雖二分功猶再駕忠誠簡帝有志興王公運策帷帳參謀幕府封齊定文成之計間楚資曲逆之奇仲華訪輿地之圖林叔參兵車之右魏恭帝元年爲大司寇正刑糾慝國無害馬之倫翦暴詰姦民亡飲羊之俗三刺薦無簡之文兩造陳禁邪之憲大周受命賓厤攸歸表高惠之功臣紀山河之誓命封燕公邑萬戶姬氏建國君奭始封昭王禮賢郭隗開館又授太傅本官如先保定五年賜金石樂一部公世爲邊將少習兵書當敵制機臨戎應變增壘減竈之圖題樹繫桑之略軍中罷戰無廢雅歌壯士志驕時觀投石及乎名高衛霍爵重韓彭錫邑增于鄭僑賜乘同于魏絳丹節比司隸之貴緹綺將金吾之寵座闕倡歌之娛堂無鍾鼓之奏辭功坐樹不伐征西之勳還第角巾無競龍驤之賞銘曰

惟岳降神膺期命世量苞川藪道弘兼濟昴宿協符佐旌冥契匪躬直諒武節橫厲函崤重險鍾鼎淪覆潛龍勿用瞻烏在屋道贊上台功臣下瀆條教斯理彝倫載睦懋官惟德明試以功既移上將實董元戎傳呼甚寵徽章載隆居高能降處貴思沖寶命惟新王猷允塞爵班異姓禮均同德林胡以南易州之北帝曰爾諧俾侯燕國駿駮過隙滔滔逝川明哲詎寶館舍長捐立言不沒遺愛在旃三河斥土駟馬開泉丹旐毀宗玄堂啟殯寵贈虛加鸞和空引晏子埋齊隨武懷晉謂天蓋高如何不憖藝文類聚四十六

上庸公陸騰勒功碑

在昔桐庭彭蠡。三苗有遠竄之君。太室陽城。九州無同姓之國。是知周衛設險。所務非山川。河岳作固。所寶惟休德。至于三峽蹇產。九折崢嶸。高峯尋雲。深谷無景。秦開漢閉。雖阻荷戟之虞。魏塞晉通。終因束馬之利。我大周開闢宇宙。混同文軌。御六氣于天樞。頓八紘于地絡。彭濮未恭。卭筰不討。外憑劍道之難。內負銅梁之阨。大將軍上庸公。仗國威靈。奉辭伐罪。長戟萬隊。巨艦千舳。板楯酋豪。斯褕君長。歷稔逋寇。累代稽誅。廓清江源。蕩滌巴濮。若夫荆門千里。蜀置永安之宮。巴水三迴。吳阻夷陵之縣。巫峽使君之灘。淪波洽沒。建平督郵之道。棧徑威紆。路阻蠻陬。途橫夷落。擅強專險。輕法侮吏。天子爰詔有司。公奉命天討。星言載途。指日遄邁。冊授公大將軍信州刺史。韓信召拜。軍中致設壇之禮。衞青出征。臨河聞後距之令。夫鍾鼎大禮之器。昭德必書。金石不朽之質。庸勳斯樹。某等乃建碑于某地。敢作頌云。

遐觀命氏。眇求世祿。龍圖紀河。鴻漸于陸。霸楚傳姓。命吳啟族。君子篤生。降靈惟岳。朝陽擢彩。荆山曜璞。巴庸自擅。彭濮稱王。南泊僰道。西通夜郎。內憑玉壘。外阻銅梁。介視荒服。斗絕邊疆。赫赫南仲。堂堂方叔。天子命我。遐征越逐。竇氏車騎。去病冠軍。封山刊石。鐫銘刻勳。遠隔年代。懸感風雲。感德必祀。千載斯文。藝文類聚五十二。

故陝州刺史馮章碑

其先陶唐氏之苗裔。堯少子生而手有馮字。因以爲氏。俾侯于魯。義等房心之地。余與之廣。事符河汾之邑。使君稟靈河嶽。比德璁珩。闔門和美。譽聖開宗。握文命氏。濁水北流。秦關東徙。巖險襟帶。山河枕倚。陸離組甲。從容青紫。藝文類聚五十。

祭梁王僧辯母貞敬魏太夫人文

維爾世基武子。族懋陽元。金相比映。玉德齊溫。既稱女則。兼循婦言。書圖鏡覽。辭章討論。敎貽俎豆。訓及平原。楚發將兵。孟軻成德。盡忠資敬。自家刑國。顯允其儀。維民之則。反命師旅。既修我戎。補茲袞職。奄有甌蒙。母由子貴。寶爾斯崇。嘉命允集。寵章既隆。居高能降。處貴思沖。慶資善始。榮兼令終。崦嵫既夕。蒹葭早秋。奔駟難返。衝濤詎留。背龍門而西顧。過夏首而東浮。越三宮之遐岳。經三江之派流。鬱鬱增嶺。浮雲蔽虧。滔滔江漢。逝者如斯。銘旌故旐。宇毀遺碑。郎虛舟而設奠。想徂魂之有知。嗚呼哀哉。梁書王僧辯傳。

幼訓

陶士行曰。昔大禹不吝尺璧。而重寸陰。文士何不誦書。武士何不馬射。若乃玄冬修夜。朱明永日。肅其居處。崇其牆仞。門無糅雜。坐闕號呶。以之求學。則仲尼之門人也。以之爲文。則賈生之升堂也。古者盤盂有銘。几杖有誡。進退循焉。俯仰觀焉。文王之詩曰。靡不有初。鮮克有終。立身行道。終始若一。造次必于是。君子之言歟。儒家則尊卑等差。吉凶降殺。君南面而臣北面。天地之義也。鼎俎奇而籩豆偶。陰陽之義也。道家則墮支體。黜聰明。棄義絕仁。離形去智。釋氏之義。見苦斷習。證滅循道。明因辨果。偶凡成聖。斯雖爲敎等差。而義歸汲引。吾始乎幼學。及于知命。既崇周孔之敎。兼循老釋之談。江左以來。斯業不墜。汝能修之。吾之志也。梁書王規傳。褒著幼訓以誡諸子。其一章云。

賁當作責

周經藏願文

蓋聞九河疏迹。策蘊靈丘。四徹中繩。書藏羣玉。亦有青丘紫府。三皇刻石之文。綠檢黃繩。六甲靈飛之字。豈若如來祕藏。譬彼明珠。諸佛所師。同夫淨鏡。鹿苑四諦之法。尼園八犍之文。香山巨力。豈云能負。以歲在昭陽。龍集天井。奉爲云云。奉造一切經藏。始乎生滅之敎。訖于泥洹之說。論議希有。短偈長行。賁首銀函。玄文玉匣。陵陽餌藥。止觀仙字。關尹望氣。載受玄言。未有龍樹利根。看題不遏斯陀淺行。同座未聞盡天竺之音。窮貝多之葉。來分人國。文徒罽賓。后盡六銖。書還大海。仰願過去神靈。乘茲道力。得無生忍。具足威儀。又願國祚遐長。臣民休慶。四方內附。萬福現前。六趣怨親。同登正覺。廣弘明集二十二。

全後周文卷七終

將當作埒

縷當作纔

全後周文卷八

烏程嚴可均校輯

庾信

信字子山南陽新野人梁中書令肩吾子爲湘東國常侍轉安南府參軍累遷尚書度支郎中通直正員郎出爲郢州別駕還爲東宮學士領建康令臺城陷奔于江陵元帝承制除御史中丞及卽位轉右衞將軍封武康縣侯加散騎常侍聘魏留不遣江陵陷仕魏爲使持節撫軍將軍右金紫光祿大夫大都督進車騎大將軍儀同三司周受禪封臨清縣子除司水下大夫出爲弘農郡守遷驃騎大將軍開府儀同三司司憲中大夫進爵義城縣侯拜洛州刺史徵爲司宗中大夫大象初㠯疾去職隋開皇初卒有集二十一卷

春賦

宜春苑中春已歸披香殿裏作春衣新年鳥聲千種囀二月楊花滿路飛河陽一縣併是花金谷從來滿園樹一叢香草足礙人數尺遊絲卽橫路開上林而競入擁河橋而爭渡出麗華之金屋下飛燕之蘭宮釵朵多而訝重髻鬟高而畏風眉將柳而爭綠面共桃而競紅影來池裏花落衫中（已上十句從初學記補）苔始綠而藏魚麥纔青而覆雉吹簫弄玉之臺鳴珮凌波之水移戚里而家富入新豐而酒美石榴聊泛蒲桃醱醅芙蓉玉盌蓮子金杯新芽竹筍細核楊梅綠珠捧琴至文君送酒來玉管初調鳴絃暫撫陽春淥水之曲對鳳迴鸞之舞更炙笙簧還移箏柱月入歌扇花承節鼓協律都尉射雉中郎停車小苑連騎長楊金鞍始被柘弓新張拂塵看馬將分朋入射堂馬是天池之龍種帶乃荊山之玉梁豔錦安天鹿新綾織鳳皇三日曲水向河津日晚河邊多解神樹下流杯客沙頭度水人縷薄窄衫袖穿珠帖領巾百丈山頭日欲斜三晡未醉莫還家池中水影懸勝鏡屋裏衣香不如花（藝文類聚三初學記三）

三月三日華林園馬射賦（并序）

臣聞堯㠯仲春之月刻玉而遊河舜㠯甲子之朝披圖而巡洛夏后瑤臺之上或御二龍周王玄圃之前猶驂八駿我大周之創業也南正司天北正司地平九黎之亂定三危之罪雲紀御官鳥司從職皇王有秉麻之符玄珪有成功之瑞豈直天地合德日月光華而已哉皇帝㠯上聖之姿膺下武之運通乾象之靈啟神明之德夷典秩宗見之三禮夔爲樂正聞之九成克己備于禮容威風總于戎政加㠯卑宮菲食皁帳綈衣百姓爲心四海爲念西郊不雨卽動皇情東作未登彌迴天眷兵革無會非有待于丹烏宮觀不移故無勞于白鸞銀甕金船山車澤馬豈止竹葦兩草共垂甘露青赤二氣同爲景星雕題鑿齒識海水而來王烏弋黃皮驗東風而受吏于時玄鳥司曆蒼龍御行羔獻冰開桐華萍生皇帝幸于華林之園玉衡正而太階平閶闔開而句陳轉千乘雷動萬騎雲屯落花與芝蓋同飛楊柳共春旗一色乃命羣臣陳大射之禮雖行祓禊之飲卽用春蒐之儀止立行宮裁舒帳殿階無玉璧既異河間之碑戶不金鋪殊非許昌之賦洞庭既張承雲乃奏騶虞九節貍首七章正飾五彩之雲壺盛百福之酒唐弓九合冬幹春膠夏箭三成青莖赤羽于是選朱汗之馬校黃金之埒紅陽飛鵲紫鷰晨風唐成公之驌驦海西侯之千里莫不飲羽御竿吟猿落鴈鍾鼓震地埃塵漲天酒㠯罍行餚由鼎進彩則錦市俱移錢則銅山合徙太史聽鼓而論功司馬張旃而賞獲上則雲布雨施下則山藏海納實天下之至樂景福之歡欣者也既而弱木將低金波欲上天顏惟穆賓歌惟醉雖復暫離北闕聊宴西城卽同酆水之朝更是岐山之會小臣不舉奉詔爲文㠯管窺天㠯蠡酌海盛德形容豈陳梗槩

歲次昭陽，月在大梁，其日上巳，其時少陽。春史司職，青祇效祥。徵萬騎于平樂，開千門于建章。屬車釃酒，複道焚香。皇帝翊四圍于帝閑（藝文類聚初學記作四校于仙園），迴六龍于天苑，對宣曲之平林，望甘泉之長坂。華蓋平飛，風烏細轉。路直城遙，林長騎遠。帷宮宿設，帳殿開筵。傍臨細柳，斜界宜年。開鶴列之陣，靡魚鬚之旃。行漏抱刻，前旌載鳶。河湄（藝文類聚初學記作河瀨）薙草，渭口澆泉。堋雲五色，的暈重圓。陽管既調，春絃實撫。總章協律，成均樹羽。翔鳳為林，靈芝為圃。草銜長帶，桐垂細乳。鳥轉歌來，花濃雪聚。玉律調鍾，金錞節鼓。于是咀銜拉鐵，逐日追風。并試長楸之埒，俱下蘭池之宮。鳴鞭則汗赭，入埒則塵紅。既觀賢于大射，乃頒政于司弓。變三軀而畫鹿，登百尺而懸熊。繁弱振地，鐵驪蹋空。禮正六耦，詩歌九節。七札俱穿，五豝同穴。弓如明月對堋，馬似浮雲向埒。雁失羣而行斷，猿求林而路絕。控玉勒而搖星，跨金鞍而動月。乃有六郡良家（藝文類聚作雄才），五陵豪選（藝文類聚作高選）。新迴馬邑之兵，始罷龍城之戰。將軍戎服，來參武讌。尚帶流星，猶乘奔電。始聽鼓而唱籌，即移竿而標箭。馬噴沾衣，塵驚灑面。后堰水而澆園，花乘風而繞殿。熊耳刻杯，飛雲畫罍。水衡之錢山積，織室之錦霞開。司筵賞至，酒正杯來。至樂則賢乎秋水，歡笑則勝上春臺。既而日下澤宮，筵闌相圃。恨徙蹕之留歡，眷迴鑾之餘舞（藝文類聚初學記作餘武）。欲使后粲銜箭，銅山飲羽。橫弧于楚水之蛟，飛鏃于吳亭之虎。況復恭己無為，南風在斯，非有心于蜓翼，豈留情于戟枝。唯觀揖讓之禮，蓋取威雄之儀。（文苑英華五十八，又見藝文類聚四，初學記四，竝有刪節。）

七夕賦

兔月先上，羊燈次安。睹牛星之曜景，視織女之闌干。于是秦娥麗妾，趙豔佳人。窈窕名燕，逶迤姓秦。嫌朝妝之半故，憐晚飾之全新。此時併捨房櫳，共往庭中。縷條緊而貫矩，針鼻細而穿空。（藝文類聚四，初學記四，御覽三十一。）

小園賦

若夫一枝之上，巢父得安巢之所；一壺之中，壺公有容身之地。況乎管寧藜牀，雖穿而可坐；嵇康鍛竈，既煖而堪眠。豈必連闥洞房，南陽樊重之第；綠墀青瑣，西漢王根之宅。余有數畝敝廬，寂寞人外，聊以擬伏臘，聊以避風霜。雖復晏嬰近市，不求朝夕之利；潘岳面城，且適閒居之樂。況乃黃鶴戒露，非有意于輪軒；爰居避風，本無情于鐘鼓。陸機則兄弟同居，韓康則舅甥不別。蝸角蚊睫，又足相容者也。爾乃窟室徘徊，聊同鑿坏。桐間露落，柳下風來。琴號珠柱，書名玉格。有棠梨而無館，足酸棗而非臺。猶得敧側八九丈，縱橫數十步。榆柳兩三行，梨桃百餘樹。撥蒙密兮見窗，行欹斜兮得路。蟬有翳兮不驚，雉無羅兮何懼。草樹混淆，枝格相交。山為簣覆，地有堂坳。藏貍並窟，乳鵲重巢。連珠細菌，長柄寒匏。可以療飢，可以棲遲。崎嶇兮狹室，穿漏兮茅茨。簷直倚而妨帽，戶平行而礙眉。坐帳無鶴，支牀有龜。鳥多閑暇，花隨四時。心則歷陵枯木，髮則睢陽亂絲。非夏日而可畏，異秋天而可悲。一寸二寸之魚，三竿兩竿之竹。雲氣蔭于叢蓍，金精養于秋菊。棗酸梨酢，桃榹李薁。落葉半牀，狂花滿屋。名為野人之家，是謂愚公之谷。試偃息于茂林，迺久羨于抽簪。雖有門而長閉，實無水而恒沈。三春負鋤相識，五月披裘見尋。問葛洪之藥性，訪京房之卜林。草無忘憂之意，花無長樂之心。鳥何事而逐酒，魚何情而聽琴。加以寒暑異令，乖違德性。崔駰以不樂損年，吳質以長愁養病。鎮宅神以薶石，厭山精而照鏡。屢動莊舄之吟，幾行魏顆之命。薄晚閒閨，老幼相攜。蓬頭王霸之子，椎髻梁鴻之妻。燋麥兩甕，寒菜一畦。風騷騷而樹急，天慘慘而雲低。聚空倉而雀噪，驚懶婦而蟬嘶。昔草濫于吹噓，藉文言之慶餘。門有通德，家承賜書。或陪玄武之觀，皆參鳳凰之墟。觀受釐于

推當作摧

宣室。賦長楊于直廬。遂乃山崩川竭。冰碎瓦裂。大盜潛移。長離永滅。摧直轡于三危。碎平途于九折。荆軻有寒水之悲。蘇武有秋風之別。關山則風月悽愴。隴水則肝腸斷絶。龜言此地之寒。鶴訝今秊之雪。百靈兮倏忽。著華兮已晚。不雪鴈門之踦。先念鴻陸之遠。非淮海兮可變。非金丹兮能轉。不暴骨于龍門。終低頭于馬坂。諒天造兮昧昧。嗟生民兮渾渾。（藝文類聚六十五。文苑英華九十七。）

哀江南賦（幷序）

粵以戊辰之年。建亥之月。大盜移國。金陵瓦解。余乃竄身荒谷。公私塗炭。華陽奔命。有去無歸。中興衜銷。窮于甲戌。三日哭于都亭。三秊囚于別館。天衜周星。物極不反。傅燮之但悲身世。無所求生。袁安之每念王室。自然流涕。昔桓君山之志事。杜元凱之平生。竝有著書。咸能自序。潘岳之文彩。始述家風。陸機之詞賦。先陳世悳。信秊始二毛。卽逢喪亂。藐是流離。至于暮齒。燕歌遠別。悲不自勝。楚老相逢。泣將何及。畏南山之雨。忽踐秦庭。讓東海之濱。遂餐周粟。下亭漂泊。皋橋羇旅。楚歌非取樂之方。魯酒無忘憂之用。追爲此賦。聊以記言。不無危苦之詞。唯以悲哀爲主。日暮途遠。人閒何世。將軍一去。大樹飄零。壯士不還。寒風蕭瑟。荆璧睨柱。受連城而見欺。載書橫階。捧珠盤而不定。鍾儀君子。入就南冠之囚。季孫行人。留守西河之館。申包胥之頓地。碎之以首。蔡威公之淚盡。加之以血。釣臺移柳。非玉關之可望。華亭唳鶴。豈河橋之可聞。孫策以天下爲三分。衆裁一旅。項籍用江東之子弟。人唯八千。遂乃分裂山河。宰割天下。豈有百萬義師。一朝卷甲。芟夷斬伐。如草木焉。江淮無涯岸之阻。亭壁無藩籬之固。頭會箕斂者。合從締交。鉏耰棘矜者。因利乘便。將非江表王氣。終于三百年乎。是知幷吞六合。不免軹衜之災。混一車書。無救平陽之禍。嗚呼。山嶽崩頹。既履危亡之運。春秋迭代。必有去故之悲。天意人事。可以悽愴傷心者矣。況

洛濱當作濱洛

復舟楫路窮。星漢非乘槎可上。風飆衜阻。蓬萊無可到之期。窮者欲達其言。勞者須歌其事。陸士衡聞而撫掌。是所甘心。張平子見而陋之。固其宜矣。

我之掌庾承周。以世功而爲族。經邦佐漢。用論衜而當官。稟嵩華之玉石。潤河洛之波瀾。居負洛而重世。邑臨河而晏安。逮永嘉之艱虞。始中原之乏主。民枕倚于牆壁。路交橫于豺虎。值五馬之南奔。逢三星之東聚。彼凌江而建國。始播遷于吾祖。分南陽而賜田。裂東嶽而胙土。誅茅宋玉之宅。穿徑臨江之府。水木交運。山川崩竭。家有直衜。人多全節。訓子見于純深。事君彰于義烈。新野有生祠之廟。河南有胡書之碣。況乃少微眞人。天山逸民。階庭空谷。門巷蒲輪。移譚講樹。就簡書筠。降生世悳。載誕貞臣。文詞高于甲觀。模楷盛于漳濱。嗟有衜而無鳳。歎非時而有麟。既姦回之奰匿。終不悅于仁人。王子洛濱之歲。蘭成射策之秊。始含香于建禮。仍矯翼于崇賢。遊洊雷之講肆。齒明離之胄筵。既傾蠡而酌海。遂測管以窺天。方塘水白。釣渚池圓。侍戎韜于武帳。聽雅曲于文絃。乃解懸而通籍。遂崇文而會武。居笠轂而掌兵。出蘭池而典午。論兵于江漢之君。拭玉于西河之主。于時朝野歡娛。池臺鐘鼓。里爲冠蓋。門成鄒魯。連茂苑于海陵。跨橫塘于江浦。東門則鞭石成橋。南極則鑄銅爲柱。橘則園植萬株。竹則家封千戶。西贐浮玉。南琛沒羽。吳歈越吟。荆豔楚舞。草木之藉春陽。魚龍之得風雨。五十秊中。江表無事。王歙爲龢親之侯。班超爲定遠之使。馬武無預于甲兵。馮唐不論于將帥。豈知山嶽闇然。江湖潛沸。漁陽有閭左戍卒。離石有將兵都尉。天子方刪詩書。定禮樂。設重雲之講。開士林之學。談劫燼之灰飛。辯常星之夜落。地平魚齒。城危獸角。臥刁斗于滎陽。絆龍媒于平樂。宰衡以干戈爲兒戲。搢紳以清談爲廟略。乘漬水以膠船。馭奔駒以朽索。小人則將及水火。君子則方成猿鶴。敝箄

傑當作桀

不能救鹽池之鹹阿膠不能止黃河之濁旣而魴魚赬尾四郊多壘殿狎江鷗宮鳴野雉湛盧去國艅艎失水見被髮于伊川知百秊而爲戎矣彼姦逆之熾盛久遊魂而放命大則有鯨有鯢小則爲梟爲獍負其牛羊之力肆其水草之性非玉燭之能調豈璿璣之可正值天下之無爲尚有欲于羈縻飲其琉璃之酒賞其虎豹之皮見胡桐于大夏識鳥卵于條支豺牙密厲虺毒潛吹輕九鼎而欲問聞三川而遂窺始則王子召戎姦臣介胄旣官政而離逷遂師言而泄漏望廷尉之逋囚反淮南之窮寇出狄泉之蒼鳥起橫江之困獸地則石鼓鳴山天則金精動宿北闕龍吟東陵麟鬭爾乃傑黠橫扇馮陵畿甸擁狼望于黃圖塡盧山于赤縣靑袍如艸白馬如練天子履端廢朝單于長圍高宴兩觀當戟千門受箭白虹貫日蒼鷹擊殿竟遭夏臺之禍遂視堯城之變官守無奔問之人干戚非平戎之戰陶侃則空裝米船顧榮則虛搖羽扇將軍

闈當作圍　徹當作轍　淚當作唳

死綏路絕重闈烽隨星落書逐鳶飛遂乃韓分趙裂鼓臥旗折失羣班馬迷輪亂徹猛士嬰城謀臣卷舌昆陽之戰象走林常山之陣蛇奔穴五郡則兄弟相悲三州則父子離別護軍慷慨忠能死節三世爲將終于此滅濟陽忠壯身參末將兄弟三人義聲俱唱主辱臣死名存身喪敵人歸元三軍悽愴尚書多算守備是長雲梯可拒地衝能防有齊將之閉壁無燕師之臥牆大事去矣人之云亡申子奮發勇氣咆勃實總元戎身先士卒冑落魚門兵塡馬窟屢犯通中頻遭刮骨功業夭枉身名埋沒或以隼翼鷃披虎威狐假霑漬鋒鏑脂膏原野兵弱虜彊城孤氣寡聞鶴淚而心驚聽胡笳而淚下據神亭而亡戟臨橫江而棄馬崩于鉅鹿之沙碎于長平之瓦于是桂林顚覆長洲麋鹿潰潰沸騰茫茫墋黷天地離阻人神慘酷晉鄭靡依魯衛不睦競動天關爭回地軸探雀鷇而未飽待熊蹯而詎熟乃有車側郭門筋懸廟屋鬼同曹社之謀人

余當作俞　星已之已當作猶

有秦庭之哭余乃假刻璽于關塞稱使者之詶對逢鄂坂之譏嫌值彫門之征稅乘白馬而不前策靑騾而轉礙吹落葉之扁舟飄長風于上游彼鋸牙而鉤爪又巡江而習流排靑龍之戰艦鬭飛鷰之船樓張遼臨于赤壁王濬下于巴丘乍風驚而射火或箭重而回舟未辯聲于黃蓋已先沈于杜侯落帆黃鶴之浦藏船鸚鵡之洲路已分于湘漢星已看于斗牛若乃陰陵失路釣臺斜趣望赤壁而霑衣艤烏江而不渡雷池柵浦鵲陵焚戍旅舍無烟巢禽失樹謂荆衡之杞梓庶江漢之可恃淮海維揚三千餘里過漂渚而寄食託蘆中而度水屆于七澤濱于十死嗟天保之未定見殷憂之方始本不達于危行又無情于祿仕謬掌衞于中軍誤尸丞于御史信生世等于龍門辭親同于河洛奉立身之遺訓受成書之顧託昔三世而無慙今七葉而始落泣風雨于梁山惟枯魚之銜索入欹斜之小徑掩蓬藋之荒扉就汀洲之杜若待蘆葦之單衣于時西楚霸王劍及繁陽鏖兵金匱校戰玉堂蒼鷹赤雀鐵軸牙檣沈白馬而誓衆負黃龍而渡湘海潮迎艦江萍送王戎車屯于石城戈船掩乎淮泗諸侯則鄭伯前驅盟主則荀罃暮至剖巢燻穴奔魑走魅埋長狄于駒門斬蚩尤于中冀然腹爲燈飲頭爲器直虹貫壘長星屬地昔之虎據龍蟠加以黃旗紫氣莫不隨狐兔而窟穴與風塵而殄瘁西瞻博望北臨玄圃月榭風臺池平樹古倚弓于玉女窗扉繫馬于鳳凰樓柱仁壽之鏡徒懸茂陵之書空聚若夫立德立言謨明寅亮聲超于繫表道高于河上旣不遇于浮丘遂無言于師曠指愛子而託人知西陵而誰望非無北闕之兵猶有靈臺之仗司徒之表裏經綸狐偃之惟王實勤橫琱戈而對霸王執金鞭而問賊臣平吳之功壯于杜元凱王室是賴深于溫太眞始則地名全節終則山稱枉人南陽校書去之已遠上蔡逐獵知之何晚鎭北之負譽矜前風飆凜然水神遭箭山靈見

鞭是㠯鷙熊傳馬浮蛟沒艅才子併命俱非百年中宗之夷凶亂大雪冤恥去代邸而承基遷唐郊而纂祀反舊章于司隸歸餘風于正始沈猜則方逞其欲藏疾則自矜于己天下之事沒焉諸矦之心搖矣旣而齊交北絕秦患西起況背關而懷楚莫端委而開吳驅綠林之散卒拒驪山之叛徒營軍梁滏蒐乘巴渝問諸淫昏之鬼求之厭劾之巫荊門遭廩延之戮夏口濫逵泉之誅蔑因親㠯教愛忍餘樂于彎弧旣無謀于肉食非所望于論都未深思于五難先自擅于二端登陽城而避險卧砥柱而求安旣言多于忌刻實志勇于刑殘但坐觀于旹變本無情于急難地爲黑子城猶彈丸其怨則黷其盟則寒豈冤禽之能塞海非愚叟之可移山況㠯沴氣朝浮妖精夜殞赤烏則三朝夾日蒼雲則七里圍軫亡吳之歲旣窮入郢之年斯盡周含鄭怒楚結秦冤有南風之不競値西鄰之責言俄而梯衝亂舞冀馬雲屯棧秦車于暢轂沓漢鼓

于雷門下陳倉而連弩渡臨晉而橫船雖復楚有七澤人稱三戶箭不麗于六麋雷無驚于九虎辭洞庭兮落木去涔陽兮極浦熾火兮焚旗貞風兮害蠱乃使玉軸揚灰龍文斫柱下江餘城長林故營徒思箝馬之秣未見燒牛之兵章曼支㠯轂走宮之奇㠯族行河無冰而馬渡關未曉而雞鳴忠臣解骨君子呑聲章華望祭之所雲夢偽遊之地荒谷縊于莫敖治父囚于羣帥硎穽摺拉鷹鸇批攃冤霜夏零憤泉龝沸城崩杞婦之哭竹染湘妃之淚水毒秦涇山高趙陘十里五里長亭短亭飢隨蟄鷰闇逐流螢秦中水黑關上泥青于旹瓦解冰泮風飛雹散渾然千里淄澠一亂雪暗如沙冰橫佀岸逢赴洛之陸機見離家之王粲莫不聞隴水而掩泣向關山而長歎況復君在交河妾在清波石望夫而逾遠山望子而逾多才人之憶代郡公主之去清河栩楊亭有離別之賦臨江王有愁思之歌別有飄颻武威羈旅金微班超生而望返溫序

死而思歸李陵之雙鳧永去蘇武之一鴈空飛昔江陵之中否乃金陵之禍始雖借人之外力實蕭牆之內起撥亂之主忽焉中興之宗不祀伯兮叔兮同見戮于猶子荊山鵲飛而玉碎隨岸蛇生而珠死鬼火亂于平林殤魂遊于新市梁故豐徙楚實秦亡不有所廢其何㠯昌有嬀之後遂育于姜輸我神器居爲讓王天地之大悳曰生聖人之大寶曰位用無賴之子弟舉江東而全棄惜天下之一家遭東南之反氣㠯鶉首而賜秦天何爲而此醉且夫天衜迴旋生民賴焉余烈祖于西晉始流播于東川洎余身而七葉又遭旹而北遷提挈老幼關河累年死生契闊不可問天況復零落將盡靈光巋然日窮于紀歲將復始逼切危慮端憂暮齒踐長樂之神皋望宣平之貴里渭水貫于天門驪山迴于地市幕府大將軍之愛客丞相平津矦之待士見鐘鼎于金張聞絃歌于許史豈知灞陵夜獵猶是故旹將軍咸陽布衣非獨思歸王子周書庾信傳藝文類聚三十四文苑英華一百二十九

全後周文卷八終

天當作天

卅當作世

庾信二

傷心賦 并序

烏程嚴可均校輯

余五福無徵。三靈有譴。至于繼體。多從天折。二男一女。竝得勝衣。金陵喪亂。相守亡殁。羇旅關河。倏然白首。苗而不秀。頻有所悲。一女成人。一外孫孩稚。奄然玄壤。何痛如之。既傷即事。追悼前亡。唯覺傷心。遂以傷心爲賦。若夫入室生光。非復企及。夾河爲郡。前途逈遠。婕妤有自傷之賦。揚雄有哀祭之文。王正長有北郭之悲。謝安石有東山之恨。豈期然矣。至若曹子建、王仲宣、傅長虞、應德槤。劉滔之母。任延之親。書翰傷切。文詞哀痛。千悲萬恨。何可勝言。龍門之桐。其枝已折。卷葹之草。其心實傷。嗚呼哀哉。賦曰。

悲哉秋氣。搖落變衰。魂兮遠矣。何去何依。望思無望。歸來不歸。未達東門之意。空懼西河之譏。在昔金陵。天下喪亂。王室板蕩。生民塗炭。兄弟則五郡分張。父子則三州離散。地鼎沸于袁曹。人豺狼于楚漢。或有擁樹。羅災藏衣。遭難未設桑弧。先空柘館。人惟一丘。亭遂千秋。邊韶永恨。孫楚長愁。張壯武之心疾。羊南城之淚流。痛斯繼體。尋茲卅載。天道斯慈。人倫此愛。膝下龍摧。掌中珠碎。芝在室而先枯。蘭生庭而蚤刈。命之修短。哀哉已滿。鶴聲孤絕。猿吟腸斷。嬴博之間。路侶新安。藤織轜櫝。栟掩虞棺。不封不樹。惟棘惟欒。天慘慘而無色。雲蒼蒼而正寒。況乃流寓秦川。飄颻播遷。從宦非宦。歸田不田。對玉關而羇旅。坐長河而暮年。已觸目于萬恨。更傷心于九泉。至如三虎二龍。三珠兩鳳。竝有山澤之靈。各入熊羆之夢。望隴首而不歸。出都門而長送。對寶鋆而痛心。撫玄經而流慟。后華空服。犀角虛弩。風無少女。草不宜男。烏毛徒覆。獸乳空含。震爲長男之宮。巽爲長女之位。在我生年。先彫此地。人生幾何。百憂

鬱香當作鬱金

俱至。二王奉佛。二郄奉道。必至有期。何能相保。淒其零露。黯焉秋草。去矣黎民。哀哉仲仁。冀羊祜之前識。期張衡之後身。一朝風燭。萬古埃塵。丘陵兮何忍。能留兮幾人。藝文類聚三十四。文苑英華一百二十九。

蕩子賦

蕩子辛苦逐征行。直守長城千里城。隴水恆冰合。關山唯月明。況復空牀起怨。倡婦生離。紗窗獨掩。羅帳長垂。新箏不弄。長笛羞吹。常年桂苑。昔日蘭閨。羅敷總髮。弄玉初笄。新歌子夜。舊舞前溪。別後關情無復情。奩前明鏡不須明。合歡無信寄。迴文織未成。遊塵滿牀不用拂。細草橫階隨意生。前日漢使著章臺。聞道夫壻定應迴。手巾還欲燥。愁眉即剩開。逆想行人至。迎前含笑來。藝文類聚三十二。

燈賦

九龍將暝。三爵行棲。瓊鉤半上。弱木全低。窗藏明于粉壁。柳助暗于蘭閨。翡翠珠被。流蘇羽帳。舒屈膝之屏風。捲芙蓉之行障。卷衣秦后之牀。送枕荊臺之上。乃有百枝同樹。四照連盤。香添然蜜。氣雜燒蘭。燼長宵久。光青夜寒。秀華掩映。蚖膏照灼。動鱗甲于鯨魚。燄光芒于鳴鶴。蛾飄則碎花亂下。風起則流星細落。況復上蘭深夜。中山醑清。楚妃留客。韓娥合聲。低歌著節。游絃絕鳴。輝輝朱燼。焰焰紅熒。乍九光而連彩。或雙花而竝明。寄言蘇季子。應知餘照情。藝文類聚八十。初學記二十五。

對燭賦

龍沙雁塞早應寒。天山月沒客衣單。燈前桁衣疑不亮。月下穿針覺最難。刺取燈花持桂燭。還卻燈檠下燭盤。鑄鳳銜蓮。圖龍竝眠。燼高疑數翦。心濕暫難然。銅荷承淚蠟。鐵鋏染浮煙。本知雪光能映紙。復訝燈花今得錢。蓮帳寒檠窗拂曙。筠籠熏火香盈絮。傍垂細溜上繞飛蛾。光清寒入。燄暗風過。楚人纓脫盡。燕君書誤多。夜風吹。香氣隨。鬱香苑。芙蓉池。秦嘉辟惡不足道。漢武胡香何物奇。

鳥當作烏

兢當作競

晚星沒芳蕪歇還持照夜游詎減西園月藝文類聚八十 初學記二十五

象戲賦

觀夫造作權輿皇王厥初法凝陰于厚德仰沖氣于清虛于是綠簡既開丹局直正理洞研幾原窮作聖若叩洪鍾如懸明鏡白鳳遙臨黃雲高映可以變俗移風可以莅官行政是以局取諸乾仍圖上玄月輪新滿日暈初圓模羽林之華蓋寫明堂之壁泉坤以爲輿剛柔卷舒若方鏡而無影似空城而未居促成文之畫亡靈龜之圖馬麗千金之馬符明六甲之符于是搢笏當衣依辰就席迴地理于方珪轉天文于圓璧分荆山之美玉數藍田之珉石南行赤水之珠北使元山之策居東道而龍青出西關而馬白既舒玄象聊定金枰昭日月之光景乘風雲之性靈取四方之正色用五德之相生從月建而左轉起黃鍾而順行陰翻則顧兔先出陽變則靈鳥獨明況乃豫遊仁壽行樂徽音水影搖日花光照臨乍披圖而久玩或鬬經而熟尋雖復成之于手終須得之于心乃有龍燭銜花金鑪浮氣月落桂垂星斜榆墜猶豫樞機嫌疑涇渭顧望迴惑心情怖畏應對坎而衡離忽當申而取未藝文類聚七十四

竹杖賦

桓宣武平荆州外白有稱楚丘先生來詣門下桓公曰名父之子流離江漢孤之責矣及命引進乃曰噫子老矣鶴髮雞皮蓬頭歷齒迺是江漢英靈荆衡杞梓雖有聞于十室幸無求于千里寡人有銅環靈壽銀角桃枝開木瓜而未落養蓮花而不萎迎仙客于錦市送遊龍于葛陂先生將以養老將以扶危先生笑而言曰中國明于禮義闇于知人心之憂矣惟我生民雖復疏條勁楖促節貞筠枝端刻鳥角首圖麟豈能相予此疾將予此身若乃世變市朝年移陵谷猿吟鷹厲風霜慘黷楚漢爭衡袁曹兢逐獸食無草禽巢無木于時無懼而慄不寒而戰胡馬哀吟羌笳悽囀親友離絕妻孥流轉玉關寄書章臺留釧寒關悽愴羇旅悲涼疏毛抵于綃繳脆骨被于風霜髮種種而愈短鬢髟髟而兢長是以憂幹扶疏悲條鬱結宿昔僛颻俄然耆耋變田鳳于承宮改陽文于嚴蔵潘岳秋興嵇生倦遊桓譚不樂吳質長愁並皆年華未暮容貌先秋予此衰矣雖然有以非鬼非蜮乃心憂矣未見從心先求順耳伯玉何嗟丘明惟恥拉虎捽熊余猶稚童觀形察貌子實悲翁別有九棘庬眉三槐暮齒孔光謝病袁逢致仕吳濞不朝楊彪喪子明公此贈或非乖理先生乃歌曰秋藜促節白藋同心終堪荷蓧自足驅禽一傳大夏空成鄧林藝文類聚六十九文苑英華一百九

邛竹杖賦

沈冥子遊巴山之岑取竹于北陰嬋娟高節寂歷無心霜風色古露染斑深每與龍鍾之族幽翳沈沈文不自殊質而見賞蘊諸鳴鳳之律制以成龍之杖枝條勁直璘彬色滋和輪人之不重待羽客以相貽青春欲暮白雲來遲謀于長者操以從之執末而獻無因自持諸蔗雖甘不可以倚彼藜雖實不可以美未若處不材之間當有用之始魯分以爵漢錫以年昔尚爾齒今優我賢書橫機玉麈筵則函之以後拂之以前爾其摘芳林沼行樂軒除開尊卑之垂悅隨上下之遊紆夫寄根江南淼淼幽潭傳節大夏悠悠廣野豈比夫接君堂上之履爲君座右之銘而得與綺紳瑤珮出芳房于蕙庭文苑英華一百九

鏡賦

天河漸沒日輪將起燕噪吳王烏驚御史玉花簟上金蓮帳裏始摺屏風新開戶扇朝光晃眼早風吹面臨桁下而牽衫就箱邊而著釧宿鬢尚卷殘妝已薄無復脣朱纔餘眉萼靨上星稀黃中月落鏡臺銀帶本出魏宮能橫卻月巧挂迴風龍垂匣外鳳倚花中鏡乃照膽照心難逢難值鏤五色之盤龍刻千年之古字山雞看

而獨舞。海島見而孤鳴。臨水則池中月出。照日則壁上菱生。暫設妝匳。還抽鏡屜。競學生情。爭憐今世。鬟齊故略。眉平猶剃。飛花塼子。次第須安。朱開錦蹹。黛蘸油檀。脂和甲煎。澤漬香蘭。量髻鬢之長短。度安花之相去。懸媚子于搔頭。拭釵梁于粉絮。梳頭新罷照著衣。還從粧處取將歸。暫看弦繫懸知纈。縵衫正身長裙斜。假襻眞成箇。鏡特相宜。不能片時藏匣裏。暫出園中也自隨。（藝文類聚七十）

枯樹賦

殷仲文風流儒雅。海内知名。世異時移。出爲東陽太守。常忽忽不樂。顧庭槐而歎曰。此樹婆娑。生意盡矣。至如白鹿貞松。青牛文梓。根柢盤魄。山崖表裏。桂何事而銷亡。桐何爲而半死。昔之三河徙植。九畹移根。開花建始之殿。落實睢陽之園。聲含嶰谷。曲抱雲門。將雛集鳳。比翼巢鴛。臨風亭而唳鶴。對月峽而吟猨。乃有拳曲擁腫。盤坳反覆。熊彪顧盼。魚龍起伏。節竪山連。文橫水蹙。匠石驚眎。公輸眩目。雕鐫始就。剖劂仍加。平鱗鏟甲。落角摧牙。重重碎錦。片片眞花。紛披艸樹。散亂煙霞。若夫松子古度。平仲君遷。森梢百頃。槎枿千年。秦則大夫受職。漢則將軍坐焉。莫不苔埋菌壓。鳥剝蟲穿。或低垂于霜露。或撼頓于風煙。東海有白木之廟。西河有枯桑之社。北陸㠯楊葉爲關。南陵㠯梅根作冶。小山則叢桂留人。扶風則長松繫馬。豈獨城臨細柳之上。塞落桃林之下。若乃山河阻絶。飄零離別。拔本垂淚。傷根瀝血。火人空心。膏流斷節。橫洞口而敧臥。頓山腰而半折。文衺者合體俱碎。理正者中心直裂。戴癭銜瘤。藏穿抱穴。木魅睗睒。山精妖孽。況復風雲不感。羈旅無歸。未能採葛。還成食薇。沈淪窮巷。蕪沒荆扉。既傷搖落。彌嗟變衰。淮南子云。木葉落。長年悲。斯之謂矣。乃爲歌曰。建章三月火。黃河千里槎。若非金谷滿園樹。卽是河陽一縣花。桓大司馬聞而歎曰。昔年移柳。依依漢南。今看搖落。悽愴江潭。樹猶如此。人何㠯堪。（藝文類聚八十八。文苑英華一百四十三。古文苑。）

鴛鴦賦

盧姬小來事魏王。自有歌聲足繞梁。何曾織錦。未肯挑桑。終歸薄命。著罷空牀。見鴛鴦之相學。還敧眼而淚落。南陽漬粉不復看。京兆新眉遂懶約。況復雙心竝翼。馴狎池籠。浮波弄影。刷羽乘風。共飛簷瓦。全開魏宮。俱棲梓樹。堪是韓馮。若乃韓壽欲婚。溫嶠願婦。玉臺不送。胡香未有。必見此之雙飛。覺空牀之難守。（藝文類聚九十二）

爲晉陽公進玉律秤尺斗升表

臣某言。臣聞三才既立。君臣之道已陳。六位時成。禮樂之功斯正。故㠯叶和日月。測度陰陽。悅豫兆民。儀刑萬國者也。伏惟皇帝膺籙馭天。披圖受命。據太陽而懸像。履文昌而建極。白環表讓德之符。玄珪告成功之瑞。泰階既平。升中可冀。必當水建千年。山稱萬歲。伏見敕旨刊正音律。平章厤象。奏黃鍾而歌大呂。變孤竹而舞雲門。莫不遠取疏通。聲從安樂。四分既明。三微且定。是㠯聞鍾于洛浦。卽辨聲乖。聽鐸于邯鄲。先知響韻。二分二至。行于司厤之官。九變九成。被于中和之職。足㠯動天地。感鬼神。被風俗。平寒暑。豈直吟嘯谿谷。回翔鸞鳳而已哉。是知零陵廟前。徒尋舜管。始平城下。空論周尺。臣聞上制其體。下習其儀。君定其法。臣行其事。謹造玉律一具。竝玉秤尺斗升合等。始得成功。至于分粟累黍。量絲數籥。實㠯仰稟聖規。參詳神思。所冀節移陰管。無勞河内之灰。氣動陽鍾。不待金門之竹。而琬琰事輕。媻娷慮淺。不足展采成均。增輝度量。賫器奉表㠯聞。（文苑英華六百十二。又見藝文類聚五。有刪節）

賀傳位于皇太子表

臣某言。伏見二月十九日詔。傳位于皇太子。昔者降居嬀水。登庸有優劣之殊。來朝櫟陽。繼體有君臣之異。不得與夫天之兩旦。日之再中。竝曜聯輝。重明雙照。同年而語矣。伏惟天元皇帝惟聖作聖。惟親尊親。降意于與能。鳴謙于神器。欲令百工相和。先聞揖讓之風。天下無爲。早識吾君之子。是㠯運獨見之明。行非常之事。先天不違。後天而奉。皇太子身貞萬國。道照四門。夙齊再命之符。實允基天之命。非關復子明辟。異于遜虞事夏。既損既益。尚或二天。爲離爲火。何妨兩日。且平陽蒲坂。賢臣則二十五人。顓頊高辛。才子則一十六族。與此計事。何遽無成。鼛乎鼓之。軒乎舞之。自當八風通。慶雲聚。五老同遊。三星運曜。豈直雙龍再賜。九雉重飛而已哉。皇帝藐然姑射。正當乘雲馭龍。問道崆峒。豈復先秋木落。臣生預堯年。時逢舜日。覩惟新之慶。實倍萬恆情。文苑英華五百五十七又略見藝文類聚十六

功臣不死王事請門襲封表

臣聞㠯法施民。必傳祀典。㠯勞定國。必有承家。孫叔敖祭爵無聞。有傷良相。汝叔齊肩嗣絕沒。實貶賢臣。謹案大統十六年格。先有封爵死于王事絕嗣者。聽㠯支子繼襲。非死王事。不許承封。前牒五等功臣。皆是勤勞王室。身當患難。扞禦災禍。翼贊大猷。一日遇疾。身捐館舍。不幸無肩享祀。便絕于禮則不足。于義則有傷。未求上林之獵。已削其侯。不服襜褕之衣。先除其國。伏惟皇帝崇德旌庸。興亡繼絕。聞鼓鼙而思將帥。畫雲臺而念舊臣。豈有功存社稷。而無後可守。事盡忠貞。而無祠可祭。周于蕃屏爲約。事在世功。漢㠯山河爲誓。義存長久。臣聞存人之國。大于救人之災。立人之後。重于封人之墓。竊㠯殷朝繼及。無廢小宗。周室興亡。貴存身後。紹高密者累葉。豈專鄧禹之正肩。嗣平陽者重世。何必曹參之嫡孫。愚謂生有其勞。死非王事。雖在支庶。竝聽承襲。幸使伯有之魂。不能爲厲。若敖之鬼。其無餒而。幽顯封揚。神人咫尺。藝文類聚五十

賀平鄴都表 建德六年

臣某言。臣聞太山梁甫㠯來。即有七十二代。龍圖龜書之後。又已三千餘年。雖復制法樹司。禮殊樂異。至于文藝文類聚作天離武落。剗木弦弧。席卷天下之心。苞含藝文類聚作吞八荒之志。其揆一矣。藝文類聚作焉伏惟皇帝陛下握天樞。秉地軸。駕馭風雲。驅馳龍虎。沈雄內斷。不勞謀于力牧。天策勇決。無待問于容成。是㠯威風所振。烈火之遇鴻毛。旗鼓所臨。衝風之卷秋葉。竊聞伊落戎夷。幽并僭僞。抱圖載籍。已歸丞相之府。銜玉繫綬。竝詣中軍之營。百年逋誅。遂窮巢窟。三代敵怨。俄然埽蕩。昔周王鮪水之師。尚勞再駕。軒轅上谷之戰。猶須九伐。未有一朝指麾。獨決神慮。平定寓內。光宅天下。二十八宿。止餘吳越一星。千二百國。裁漏麟洲小水。若夫咸康之年。四方始定。建武之代。諸侯竝朝。不得同年而語矣。雖復八風竝唱。未足頌其英聲。六樂俱陳。無㠯歌其神武。坐鈞臺而誓眾。如啟繼夏禹之功。入商郊而問罪。姬發成周文之志。無改之道。大孝也歟。當今鹿臺已散。頃宮已遺。兵藏武庫。馬入華山。立明堂之制。奏大武之樂。盛矣哉。上天降休。未之有也。政須東南一尉。立于比景之南。西北一候。置于交河之北。然後命東后。詔蒼冥。衢壇琬碑。銀繩瓊檢。告厥成功。差無慙德。臣忝竊榮幸。莅政東藩。不獲躬到闕庭。預觀大慶。不勝鳧藻踊躍之至。謹遣主簿陪臣曹敏奉表㠯聞。文苑英華五百六十六又略見藝文類聚五十九

落當作洛

賀新樂表 周武帝時

臣等言。臣聞天地順動。則雷出爲豫。聖人功成。則風行有節。故六德在咸池之官。山谷可調。八風入承雲之奏。人神不雜。我太祖文皇帝體國經野。設官分職。變魏作周。移風正雅。衣裳而朝萬國。廷璧而會諸侯。至如經綸圖籍。校讎煙燼。樂正無缺章。秩宗無廢典。豈但商頌十篇。得諸太師之室。虞書五禮。取于恭王之宮。伏惟皇帝㠯下武嗣興。中陽繼業。運日月之明。動淵泉之慮。律麻著微。無煩于太史。陰陽晷度。躬定于天官。故得參考八音。所精六代。封晉

服當作復

魏爲二王序。殷周爲三恪。雖服朱干玉戚。尚識典刑。素鼓纁裳。猶因雄據。未若山雲特起。八卦成形。鳳凰于飛。九州觀德。改金奏于八列。合天元于六舞。聲含擊石。更入登歌。調起初鐘。還參玉管。足以感天地而通神明。康帝德而光玄象。昔者齊居玄扈。爲曲在于雲門。師度盟津。習舞歸于山立。遂乃包括三名。克諧一代。作者之謂聖。天之所啓乎。豈惟路鼓靈鼗。空桑孤竹。廣矣大矣。輪焉奐焉。是知零陵孝康。空傳玉管。始平太守。虛稱銅尺。臣等竝預鈞天。同觀張樂。軒墀弘敞。欄檻眺聽。崇牙業業。猛簴趨趨。翠鳳揚旌。靈鼉樹鼓。杳冥雲霧。蕩薄丘陵。醴泉與甘露同飛。赤鴈與班麟俱下。聘魯請觀。理當見其盛德。適齊忘味。定是知其盡美。昔淵魚聽曲。尚得鬻鱗。櫪馬聞絃。猶能仰秣。臣等誠愧知音。敢忘悅豫。若使詳其音律。是所邈然。但能記其鏗鏘。于茲爲幸。不勝慶悅之誠。謹詣朝堂奉表以聞。文苑英華五百六十九。

才當作裁
漢當作潢
廷當作庭

爲杞公讓宗師表

臣某言。伏見詔書。以臣爲使持節驃騎大將軍開府儀同三司宗師中大夫。伏奉綸言。心魂震讋。臣聞堯分四岳。是以望秩山川。舜命九官。是以光華日月。必須儀刑以德。明試以功。乃可協和萬邦。咸熙庶績。臣幼無學植。長闕才成。鴻都之門。不能定其章句。雞鹿之塞。無以名其碑碣。憑天漢之派。水附弱木之分枝。東岳則朝宿有名。南宮則門闕有籍。在臣庸劣。久知滿盈。武陽以功臣之重。特拜宗師。東平以母弟之尊。超登上將。臣有何德。能兼此榮。臣早傾廷蔭。曾未扶牆。母氏慈訓。哀矜勞苦。甫及成人。復垂捐棄。几筵如在。忍離鞠養之恩。終天無報。叩地難任。欲草土丘陵。終身塋域。霜露申履。時之感。鷰雀展迴翔之心。不悟天澤沛然。謬垂提拔。當今玉燭調和。既非金革之世。璿璣齊政。豈忘松檟之餘。況復一枝蹤曲。終危九層之臺。一股涔蹄。必傷千里之雋。皇帝欽明文思。光宅區宇。禮格四方。無容奪臣此志。孝治天下。自當哀臣此情。大宗爲師。更求同姓之國。元戎參乘。別選能賢之臣。伏願覽清蒲之奏。曲允徽誠。詔鳳凰之池。特收嚴召。則天慈無濫。私願獲從。臣之容身。便當有地。不任荒悚戰懼之誠。謹詣朝堂奉表以聞。文苑英華五百七十八。

全後周文卷九終

全後周文卷十

烏程嚴可均校輯

庾信三

為閻大將軍乞致仕表

臣某言臣聞禮云大夫七十致仕于朝傳家于子膳則貳珍衣稱時制臣自出身奉國四十餘年遭遇風雲從微至著太祖文皇帝扶危濟難奄有關河臣實無堪中涓從事自洛食風塵河梁旗鼓華陰有白馬之兵河曲有黃沙之陣臣雖用命不能奇策功薄賞厚因人成事恩澤年表常㠯愧心仰逢周朝㠯揖讓登庸謳歌受命主貴臣遷頻煩榮寵三槐㠯鑄鼎象物知其神姦五等㠯桓珪飾瑞守其宮室臣㠯何德兼而有之況復水土之職王梁㠯應讖受徵兵戈之王韓信㠯登壇獨拜語其連類臣又何人當今四海未寧三方鼎峙陛下勞心之日羣公展劾之秋而臣甲子既多耄年又及無參賓客之事謬達諸侯之班尸祿素餐久忝彝典負乘致寇徒煩有司加㠯寒暑乖違節宣失序風水交侵菁華已竭雖復廉頗強飯馬援據鞍求欲報恩何能為役榮啓期之樂適足自貽燭之武之言無能為也特乞解所居官言從初服事符骸骨之請非謀几杖之賜若臣北陵移病東皋歸老山河茅社一反司勳公侯珪璧還封典瑞則朝無冒位之人臣免妨賢之責虞氏養老敢希東序之榮周朝如荼豈望西郊之禮但瞻仰天威方違咫尺徘徊城闕私增悽戀不任知止之情云云（文苑英華六百三。）

代人乞致仕表

臣邈言臣聞一葉將隕寧待于風露百川皆到自竭者潢污臣輒感之㠯悲㠯咽臣某中謝臣仲春之末舊患漸加雙足頗蹇四支不利扶步有邯鄲之失勉覩無離婁之明安可率此畱務溷茲恆典陛下恩周曲成未忍捐棄微臣困至于亟轉不堪勝臣所㠯自眙自傷淚繼之血臣某中謝臣特承先緒進不因人陛下憫臣無用擧直而有懿自奉圖太極宣綍中書陛下收臣于一心任臣㠯獨掌九年冀登宰輔八歲載踐宗伯出擁干旄入參衡鏡或雲臺之上微臣預疇咨之旨或日觀之下詔臣操刊勒之文美而賜之臣實尢忝明憲不敢㠯纖負玄造竟微于滴助□□日月□□□□其如冰炭交集誠懷伏㠯前陪政事親荷德音謂臣等經侍軒墀子孫尚延保護臣荷螻蟻欻戴巨山臣宜生赤盡命死且陳力竊不知終而不知止朝列三數與臣同儕臣未六十推臣則幼獨臣彌當頓頟病不俟年盈量窮涯滿而招損逾時每乖于勿藥永日猶繫于苞桑覽分必然貪榮所忌伏乞免臣見職退畢餘生察臣榮不可支矜臣分不能強迺臣之幸也豈悟仁壽之闕有此一時承明之廬無緣再謁心神已獘晷刻增悲叨睿鑒則多士莫先違聖顏則小臣何遠惟冀三條啓道萬乘巡京悅西怨之羣黎逮東封之從者危魂倘駐枯骨如存是臣之槪非臣所望臣又聞騶奔效駕先轂于羸駘翔集賀成近遺于鍛翮彼常知暮而況臣哉臣未遑請臣之懇戀至于寮官臣合書罪無任戰慄戀結之至（文苑英華六百三。）

為齊王進蒼烏表

臣某言臣聞飛南陽之雉尙闕霸圖下建章之鵲猶調和氣況乃虞庭告瑞姬社呈祥咸高識哺之心實貴能知之性伏惟皇帝陛下德敎百姓孝刑四海攝提從紀天下文明是㠯東海輸禽乍改黔質西山度羽或變蒼精臣去月三十日行到陝州獲大都督莫仁冏樂列稱于州射堂內見一蒼烏林薄回翔循環不去駐乘木之精轉司風之翼即召儀同某甲等同時觀見斯實禮敬所覃孝慈之感理宜歸瑞祕圖書祥帝冊用光至德取效升平無令赤鳳畱止偏為瘞玉之歌玄鶴徘徊獨擅銜珠之舞

為齊王進赤雀表

臣某言臣聞南陽雉飛尙論秦霸建章鵲下猶明漢德當今天不愛寶地必呈祥自應長樂觀符文昌啟瑞伏惟皇帝欽明文思惟以勑勞成務麻象日月允釐百工海水無波天星不動去四月十三日獲隴右符府參軍李暉牒稱戶屬秦州清水郡伯陽縣文谷林在家庭獲一赤雀光同朱鳳色類丹烏降火飛精似入公車之府流金成製若上淩雲之臺謹案赤雀銜書止于酆戶周之受命興乎此祥卽事所觀同符合契實可圖形瑞諜書頌儒林事足成臺名堪紀號豈直雲中太守見赤心之奉主蓬萊童子知白環之報恩臣等預觀休徵情追恆慶不任鳧藻之至文苑英華六百十二

進象經賦表

臣某言臣伏讀聖製象經并觀象戲私心踴躍不勝忭舞伏以性與天道本絕尋求直以懸諸日月遂獲瞻仰九州既奠近對河圖

四轍中繩全觀玉策未飛玄鶴先聞金石之聲不上赤城獨見煙霞之氣置管而測光景愈高沈玉而觀淵泉益遠寢不自涯課虛為賦詞非寥亮學無雕刻遂敢陳述誠為厚顏況復日之遠近本非童子所問天之渾蓋豈是書生所談冒用奏聞伏增流汗之至文苑英華六百一十

為齊王進白兔表

臣聞輿圖欲遠則玉虎晨鳴徼迹方開則銀麞入貢伏惟陛下明明在上翼翼居尊德動天關威移地軸是以風煙照燭毛羽禎祥史不絕書府無虛日臣受服元戎用綏邊鄙轅門所居始次熊山前茅慮無乃獲白兔光鮮越雉色麗秦狐月德徵符金精表瑞呈祥輿頌效異披圖尊敬之迹既明應事之機斯兆臣之龔行實從陝略瑞以素質彌雄西氣庶重承廟算方事申威搶代偃齊分韓裂趙不任鳧藻踊躍之情文苑英華六百十二又藝文類聚九十五引光鮮越雉四句

謝明皇帝賜絲布等啟

臣某啟奉敕垂賜雜色絲布綿絹等三十段銀錢二百文某比年以來殊有闕乏白社之內拂草看冰靈臺之中吹塵視甑懟妻佷妾既嗟且憎瘠子羸孫虛恭實怨王人忽降大賚先臨天帝錫年無踰此樂仙童贈藥未均斯喜張袖而舞玄鶴欲來撫節而歌行雲幾斷所謂舟檝無岸海若為之反風薺麥將枯山靈為之出雨況復全抽素繭雪坂疑傾併落青鳧銀山或動是知青牛道士更延將盡之命白鹿真人能生已枯之骨雖復拔山超海負德未勝垂露懸針書恩不盡蓬萊謝恩之雀白玉四環漢水報德之蛇明珠一寸某之觀此寧無愧心直以物受其生于天不謝謹啟文苑英華六百五十五

謝趙王賚絲布等啟

某啟鄭叡至蒙賜絲布綾等十段王褒至又蒙許賜錢等望外之

恩實符大賚非常之錫乃溢生涯曳練且觀無勞白馬之望流泉欲委佇見青鳧之飛楊池掘荷李園移樹既欣谷利彌思青木一作林陳留下粟有愧深恩櫟陽雨金翻慚曲施靈臺久客從此數炊黍谷長寒于今更暖從雲夢之田不踰此樂得豐城之劍未均斯喜謹啟文苑英華六百五十五

謝趙王賚絲布啟

某啟奉敕垂賚雜色絲布三十段去冬凝閉今春嚴勁霰似瓊田凌如鹽浦張超之壁未足鄣風袁安之門無人開雪覆鳥毛而不暖然獸炭而逾寒遠降聖慈曲垂矜賑諭其蠶月殆罄桑車津實秉杼幾空織室遂令新市數錢忽疑賑絲平陵月夜驚聞擣衣妾遇新縑自然心伏妻聞裂帛方當含笑莊周車轍實有涸魚信陵鞭前元非窮鳥仰蒙經濟伏荷深慈謹啟文苑英華六百五十五

某啟某息荀娘昨蒙恩引曲賜絲布等五段南冠獲宥既預禮延

稚子勝衣還蒙拜謁關尹津梁之織鄴地雙絲扶風彩文之機仙園獨蠒青衿宜襲書生無廢學之詩春服既成童子得雩沂之舞況復栖烏挾子同知桂樹之恩澤雉將雛共喜行春之令根株一潤枝葉俱榮謹白（文苑英華六百五十五）

謝趙王賚白羅袍袴啟（藝文類聚白作皁）

某啟垂賚白羅袍袴一具程據上表空論雉頭王恭入雪虛稱鶴氅未有懸機巧緤變躡奇文鳳不去而恒飛花雖寒而不落披千金之暫暖棄百結之長寒永無黃葛之嗟方見青綾之重對天山之積雪尚得開衿冒廣廈之長風猶當揮汗白龜報主終自無期黃雀謝恩竟知何日（藝文類聚八十五文苑英華六百五十五）

謝趙王賚犀帶等啟

某啟奉敎垂賚犀裝帶錢十貫魏君寶帶特賜劉楨趙王國租偏賚裴楷貫藏文馬如燒安息之銀帶禰通犀似獵雲南之獸北郭

騷之長貧是所甘愜南宮敬之載寶殊非念望花開四照唯見其榮蘢藏三山深知其重昔沈義將盡逢司命而還生士變行埋值仙人而更活今日慈矜斯之謂矣馬前驅而導路或似識恩雞未曉而開關容能報主謹啟（文苑英華六百五十五）

謝趙王賚米啟

某啟奉敎垂賚米十石丹烏銜穟既集西周黃雀隨車還飛東市漬而爲種不無霜雪之精取已論兵卽有山川之勢某陋巷簞瓢櫛風沐雨剝榆皮于秋塞掘蟄鷰于寒山仰費國租遂開塵甑非丹竈而流珠異荆臺而炊玉東方朔之俸米既息長飢西門豹之墾田方慙此賚（藝文類聚七十二文苑英華六百五十五）

謝趙王賚乾魚啟

某啟蒙賚乾魚十番醴水朝浮光疑朱鼈文鰩夜觸翼似青鸞況復洞庭鮮鰤溫湖美鯽波瀾成雨鱗甲防寒某本吳人常想江湖

之味及其飢也唯賚藜藿之餘慈賚渥恩膏腴流寵不勞御子之亭卽勝雷池之長翔鷩河伯獨不受人足笑任公終年垂釣謹啟（文苑英華六百五十五）

謝趙王賚雉啟

夏翟秋飛江翬春濯中牟縣之客遂得坐觀賈大夫之妻已應含笑仰費中廚來供下客山川道遠口腹知恩（藝文類聚九十）

謝趙王賚馬幷繖啓

某啟奉敎垂賚紫騮馬幷銀釘乘具紫油繖一張上天降雨特垂深澤若水流光偏蒙私照迴茲翠蓋事重劉基之恩降此青驪榮深李忠之賜北部丹帷便須高捲西河竹馬郎已郊迎在命之輕鴻毛浮于弱水知恩之重龍背負于靈山況復驚鴻別水但見徘徊黃鶴去關唯知反顧悽戀之心事同于此（文苑英華六百五十五）

謝滕王賚巾啟

某啟奉敎垂賜鹿子巾一枚解角新胎戴藤初孕落星交映連珠疏點盤龍之刀既翦長命之縷仍縫翠羽懸推芙蓉高讓遊斯隱士足笑鼓皮入彼春林方誇箭籜某蓬鬢鬆颸衰容耆朽三秋不沐寶荷今恩十年一冠彌欣此賚謹啟（文苑英華六百五十五）

謝滕王賚馬啟

臨當作陵

某啟奉敎垂賚烏騮馬一匹栖谷未開翮逢紫鷰臨源猶遠忽見挑花流電爭光浮雲連影張敞畫眉之暇直走章臺王濟飲酒之歡長驅金埒謹啟（藝文類聚九十三文苑英華六百五十五）

謝滕王賚猪啟

某啟奉敎垂賚肥豕一腔白腹見珍度遼東之水赤鬬爲重對襄陽之城忽降全恩謹充炮烙孫弘牧于淄水唯以求錢卜式養于上林豈知其味謹啟（文苑英華六百五十五）

謝滕王集序啟

逾當作揄

某啟伏覽制垂賜集序紫微懸映如傳闕里之書青鳥遙飛似送層城之璧若夫甘泉宮裏玉樹一叢玄武闕前明珠六寸不得譬此光芒方斯照燭有節有度即是能平八風愈昌愈高殆欲去天三尺殿下雄才蓋代逸氣橫雲濟北顏淵關西孔子譬其毫翰則風雨爭飛論其文采則魚龍百變蒲桃繞館新開碣石之宮修竹夾池始作睢陽之苑琉璃泛酒鸚鵡承杯鳳穴歌聲鸞林舞曲況復行雲逐雨迴雪隨風湖陽之尉既成爲喜之因春陵之侯便是銷憂之地某本乏材用無多述作加以建鄴陽九劣免儒硎江陵百六幾從士隴至如殘編落簡並入塵埃赤軸青箱多從灰燼比年痾恙彌畱光陰視息桑榆已逼蒲柳方衰不無秋氣之悲實有途窮之恨是以精采昏亂頗同宋玉言辭蹇吃更甚揚雄一吟一詠其可知矣好事者不求知音者不用非有班超之志遂以棄筆未見陸機之文久同燒硯至于凋零之後殘缺所餘又已雜用補袍隨時覆醬聖慈憐愍遂垂存錄始知逾揚過差君子失辭比擬從橫小人迷惑荊玉抵鵲正恐輕用重寶龍淵削玉豈不徒勞神慮匠石迴顧巧材變于彫梁孫陽一言奔踶成于駿馬故知假人延譽重于連城借人羽毛榮于尺玉溟池九萬里無踰此澤之深華山五千仞終愧斯恩之重即日金門細管未動春灰后壁輕雷尚藏冬蟄伏願聖躬與時納豫南陽寶雉幸足觀瞻酈縣菊泉差能延壽伏遲至鄴可期從梁有日同杞子之盟會必欲瞻仰風塵其儕侯而來朝謹當逢迎冠蓋魚腸尺素雁足數行書此謝辭終知不盡謹啟（文苑英華六百五十六）

謝趙王示新詩啟

某啟鄭叡至奉手敎累紙并示新詩八體六文足驚毫翰四始六義實動性靈落落詞高飄飄意遠文異水而湧泉筆非秋而垂露藏之山岳可使雲霧鬱起濟之江浦必當蛟龍繞船首夏清和聖躬怡裕琉璃彤管鵲顧鸞迴婉轉綠沈猿驚雁落下風傾首以日爲年犍爲舍人實有誠願碧雞主簿無由遂心寂寞荊扉疏蕪蘭徑驂駕來梁未期卜日遣騎到鄴希垂枉道（文苑英華六百五十六）

答趙王啟

某啟仰承張幕全韓連營上地澠池置陣解鄧禹之圍函谷開關削王元之印鋒旗朝上勺斗夜鳴彌雄壯士之心足起橫行之志況復才人出娉還得賢夫塞外有夫人之城軍中有女子之氣都尉青旗即時春色將軍大樹已復花開雲氣浮壘流星汎枕細舞長歌橫簫直笛當乎此時青雲之上信不學無術本分泥沈忽逢天造搜揚側陋今者遂總憲司預聞刊鼎獻歲刑書既應懸法上春木鐸方須徇人但年鬢已秋性靈久竭嘉石肺石無以測量舌端筆端惟知縈擁乖展一月遂涉兩年傾首東瞻山河千里風塵未盡霜露沾衣仰願珍宜以爲身寶謹啟（文苑英華六百六十五）

答移市敎

昔張楷碩儒尙移弘農之市宜官妙篆猶致酒壚之客況復德總郇周聲高梁楚希風慕義之士舉袂成帷臥轍反車之流（初學記作臥轍攀車之人）摩肩相接遂使王充閱市之處遠出荒郊石苞販鐵之所翻臨淮岸聖德謙虛未忘喧湫欲令吹簫舞鶴還反舊鄽賣卜屠羊請辭新闠而交貿之黨好畱幽岐之衆難遣（藝文類聚六十五、初學記二十四）

移齊河陽執事文

周天和四年四月二十七使持節車騎大將軍儀同三司大都督陝西總管府移齊河陽執事自疆埸臥鼓邊鄙收烽義讓之行未能朞月孔城誨盜即值苞藏是以板載之師須時而動自安封域非求拒防雖復風塵暫接旗鼓無侵五將即迴雙崤已靜始奉朝旨獲被移書令受叛城使迴軍實想彼邊司已奉處分既有此還輒須領納未知何日可遣戍兵指附行人遲能速報盟且不渝鄰

之當作耆

境相善顧瞻原野幸甚實多故移（文苑英華六百五十）

周天和四年十一月十日陝州總管長史梁昕移齊河陽執事自拭玉繼書通關去傳實謂上方銷劍出陽息馬故茲縶客或慢重扃屬彼司疆陰行善盜君一臣二上穆下乖國家㠯邊鄙心搖須固備守大司馬齊國公天子介弟中軍元帥駕馭孫吳驅馳貔虎舉因農隙義興城郎師巡我境會非反鄆縮載之畢前旌已迴彼國兵馬不防殿後餘塵遂之相接建旌疊上未及五申安鄴城傍先驚七伏常時鋒刃或膏原野所獲彼將夏州刺史梁老首領今㠯相還尸鄉不遠無令久客馬驢甲兵具條相勒封人宜依領納宿無闕志不獲交綏致此埃塵誰階其咎故移（文苑英華六百五十）

移虜酋使文

年月朔日某官告配某州郡前本欲發遣彼使但某入境㠯來國祥甫邇自秋迄冬未申款接且狼星表邦嚴霜已戒浮河亂濟長路苦寒時當獻歲惟新三元告慶珪贄盈庭華裔參軫式觀盛禮洽此嘉讙陽和既動澤漸萬邦便當遣使相隨永敦鄰睦故移（文苑英華六百五十）

爲梁上黃侯世子與婦書

昔仙人道引尚刻三秋神女將梳猶期九日未有龍飛劍匣鶴別琴臺莫不銜怨而心悲聞猨而下淚人非新市何處尋家別異邯鄲那應知路想鏡中看影當不含啼欄外將花居然俱笑分杯帳裏卻扇牀前故是不思何時能憶當學海神逐潮風而來往勿如織女待塡河而相見（藝文類聚三十二）

趙國公集序

竊聞平陽擊石山谷爲之調大禹吹笛（初學記作筩）風雲爲之動與夫含吐性靈抑揚詞氣曲變陽春光迴白日豈得同年而語哉柱國趙國公發言爲論下筆成章逸態橫生新情振起風雨爭飛魚龍各變方之珪璧塗山之會萬重譬似（初學記作㠯）雲霞赤城之巖千丈文參麻象郎入天官之書韻涉絲桐咸歸總章之觀論其壯也則鵬起半天語其細也則鷦巢蚊睫豈直熊熊旦上增城（初學記旦上作朝增作層）扎日月之光啖啖宵飛南斗觸蛟龍之氣昔者屈原（初學記作平）宋玉始于哀怨之深蘇武李陵生（初學記作至）于別離之世自魏建安之末晉太康㠯來彫蟲篆刻其體三變人人自謂握靈蛇之珠抱荊山之玉矣公斟酌雅頌諧和律呂若使言乖節目則曲臺不顧聲止操縵則成均無取遂得棟梁文囿冠冕詞林大雅扶輪小山承蓋（藝文類聚五十五初學記二十一）

全後周文卷十終

烏程嚴可均校輯

庾信四

自古聖帝名賢畫讚二十七首

黃帝見廣成子

治身紫府，問政青丘。龍湖鼎沒，丹竈珠流。興（藝文類聚作疏）雲即雨，落木先秋。至道須極，長生可求。（藝文類聚十一，文苑英華七百八十。）

堯登壇受圖

登壇洛汭，沈玉河淄。丹圖馭馬，綠甲乘龜。榮光上幕，休氣連帷。雖存克讓，終見文思。（藝文類聚六十四，文苑英華七百八十。）

舜舞干戚

平風變律，擊石來儀。先齊七政，更服三危。朱干獨舞，玉戚空麾。南風一曲，拱（藝文類聚作恭）已無為。（藝文類聚十一，文苑英華七百八十。）

禹渡江

三江初鑿，九谷新成。風飛鶴湧，水起龍驚。樂天知命，無待憂生。危舟遂靜，亂楫還平。（藝文類聚十一，御覽八十二，文苑英華七百八十。）

湯祝解網

連珠兩起，合玉雙沈。穀為祥樹，桑成樂林。三方落網，一面驅禽。德矣聖政（藝文類聚作德已行政），仁乎用心。（藝文類聚十二，文苑英華七百八十。）

武丁迎傅說

虞田路斷，辭澗泉飛。躬勞版築，有弊韋衣。賢臣入夢，天賜無遺。千巖之下，遂得同歸。（文苑英華七百八十。）

文王見呂尚

言歸養老，垂釣西川。岸止磻石，溪唯小船。風雲未感，意氣怡然。有此相望，于茲幾年。（藝文類聚十二，御覽八十四，文苑英華七百八十。）

成王刻桐葉封虞叔

虞叔百里，居河之汾。帝刻桐葉，天書掌文。禮以成德，樂以歌薰（藝文類聚作勳）。天子無戲，唐其有君。（藝文類聚十二，文苑英華七百八十。）

漢高祖置酒沛宮

遊子思舊，來歸沛宮。還迎故老，更召歌童。雖欣入沛，方念移豐。酒酣自舞，先歌大風。（藝文類聚十二，文苑英華七百八十。）

漢武帝聚書

獻書路廣，藏書府開。秦儒出谷，漢簡吹灰。芝泥印上，玉匣封來。坐觀風俗，不出蘭臺。（藝文類聚十二，文苑英華七百八十。）

袁盎諫文帝

千乘峻轍，六轡危行。跡迴松坂，山斜栖城。龍淵地狹，華蓋風驚。賢臣攬轡，可謂忠貞。（初學記十七，文苑英華七百八十。）

朱雲折檻

上書直諫，有忤明君。先求斬馬，遂請魚文。身摧欄檻，義烈風雲。應

從御史，翻賴將軍。（初學記十七，文苑英華七百八十。）

周公戒伯禽

伯禽居魯，鳴玉來朝。周公問政，治國（文苑英華作周公政治為國），風謠北山有梓，南山有橋。禮容雖備，俯仰無驕。（藝文類聚二十三，文苑英華七百八十。）

五月披裘負薪

披裘當夏，俗外為心。雖逢季子，不拾遺金。禽巢欲遠，魚穴（文苑英華作沈）唯深。濤聲滅跡，何必山林。（藝文類聚三十六，文苑英華七百八十。）

王祥扣冰魚躍

王祥之母，鮮鱗是求。冰連釣浦，凍塞寒流。精誠有感，無假沈鉤。二老同膳，雙魚共浮。（文苑英華七百八十。）

孫叔敖逢蛇

叔敖朝出，容悴還家。母氏顧訪，知埋怪蛇。爾有陰德，陽報將加。終為楚相，卒有榮華。（藝文類聚九十六，文苑英華七百八十。）

高鳳好書不知流麥

高鳳好學。專心不迴。流連經笥。對翫書臺。石門雲渡。銅梁雨來。麥流雖遠。書卷猶開。（藝文類聚六十五、文苑英華七百八十。）

張良遇黃石公

張良取履。跪授無辭。兵書一卷。長者三期。昔稱韓相。今爲漢師。穀城餘石。還歸舊祠。（藝文類聚三十六、文苑英華七百八十。）

師尚父授丹書

尚父一遇。周王是親。赤雀既下。丹書已陳。自論秉鉞。長別垂綸。獨有磻石。留名渭濱。（文苑英華七百八十。）

榮啟期三樂

榮期三樂。唯人與年。夫子相遇。卽以爲賢。性靈造化。高風自然。雅琴（藝文類聚作音）雖古。獨有鳴絃。（藝文類聚三十六、文苑英華七百八十。）

夫子見程生

程生夫子。一遇相知。薄言傾蓋。桑陰遂移。淸陽共美。賢聖同羈。陳詩難別。贈縞傷離。（文苑英華七百八十。）

鉏麑見趙盾

趙盾將朝。端衣整笏。鉏麑受命。銜冠怒髮。惆悵賢臣。顧瞻城闕。利劒不抽。青槐先絕。（文苑英華七百八十。）

蔡澤就唐生相

蔡澤羈旅。唐生決疑。無勞神策。不問靈龜。富貴自取。年壽須期。雖云異相。會待逢時。（藝文類聚七十五、文苑英華七百八十。）

李陵蘇武別

李陵北去。蘇武南旋。歸驂欲動。別馬將前。河橋兩岸。臨路悽然。故人此別。知應幾年。（文苑英華七百八十。）

樊噲見項王

樊噲將軍。漢王車右。不憚鋒刃。何辭卮酒。霸上屯軍。鴻門固守。持謝范增。唯留玉斗。（文苑英華七百八十。）

秦穆公飲盜駿馬

駿馬遇盜。秦君不嗔。先傾美酒。翻畏傷人。鄰兵向國。窮寇侵秦。于時大盜。還作功臣。（藝文類聚九十三、文苑英華七百八十。）

延陵季子遇徐君

徐君有禮。季子惟賢。經過一遇。如舊依然。人非別後。心許生前。長松雖合。寶劒猶懸。（文苑英華七百八十。）

鶴讚

武成二年春二月。雙白鶴飛集上林園。大將鄭偉布弋設罝。並皆禽獲。六翮已摧。雙心俱怨。相顧哀鳴。孤雄先絕。孀妻向影。天子愍焉。信奏事階墀。立使爲讚。

九皋遙集。三山迴歸。華亭別唳。洛浦仙飛。不防離繳。先遭見羈。（藝文類聚作合圓）籠摧月羽。弋碎霜衣。塞傳餘號。關承舊名。南遊湘水。東入

遼城。雲飛欲舞。露落先鳴。六翮摧折。九門嚴閉。相顧哀鳴。肝心斷絕。松上長悲。琴中永別。（藝文類聚九十、文苑英華七百八十四。）

周使持節大將軍廣化郡開國公丘乃敦崇傳

崇。恆州代郡鼓城縣廣義鄉孝讓里人也。昔壽丘建國。賜姓者十二人。平陽舉賢。登朝者十六族。況復大電繞樞。流星入昴。派分源別。幹其嗣興者乎。魏道武皇帝以命世雄圖。飲馬河洛。兄弟十人。分爲十姓。辨風吹律。丘氏卽其一焉。五代祖邈。驃騎大將軍。開府儀同三司。營丘郡開國公。于時天道西北。既稟謀謨。馬首東南。實資匡贊。因以封名。仍爲賜氏。與夫南公伯卽有連類。宗則（疑）樂正。非無準則。曾祖雙。執使持節驃騎大將軍。司徒。青兗二州刺史。范陽文昭公。洛食之始。上馬治國。登庸之初。昇槐論道。生則絕席武宮。死則配祠淸室。夫人太原王氏。三世爲將。四代爲公。社稷大宗。鐘鼎貴族。伉儷是歸。秦晉匹也。祖提。使持節衞將軍。駙馬都督河

交二州刺史靈壽縣開國公公子公孫聲名籍甚增輝增耀弱冠昇朝夫人清廉郡長公主孝文帝之第二女也王姬有行車服不繫故得衛青上將張耳賢夫父願使持節大都督徐州諸軍事徐州刺史平陽縣開國公食邑四千戶少年習象多見兵書澆沙聚石之營卻日橫雲之陣彎弧則戟破小支抽劍則泉飛枯井夫人宇文氏周文皇帝之第三妹也母儀令範女師賢哲德高隆慮義重河陽魏受其終周新其命式墓封墳追旌盛德乃贈使持節大將軍廣化郡開國公食邑一千戶夫人贈安德郡長公主遊魂冤結非無廣漢之城久客思歸唯有東平之樹自永安以來魏室大壞海水羣飛天星亂動禮樂征伐不出于人主舉賢誅暴議在于強臣高丞相驅率風雲奄荒齊晉我舅氏文皇帝駕馭龍虎據有周秦南北渝盟東西敵怨既而各受圖書竝當珪璧百姓則父南子北兄東弟西事主則憂親求生則慮禍大周親戚徧鍾塗炭輪之城旦下之織室關河嚴隔三十餘年天厭喪亂人思反德彼之風塵既靜函谷此之冠蓋屢涉漳濱中山冤枉之餘代郡凋殘之澤竝遇革音咸蒙禮送崇賓兄弟二人相看氣息親愛凋零方寸久亂恆山殺翮豈望同飛而安國徒中鬱爲卿相班超絕域遂得生還天和四年至于新邑朝廷以舅甥之國外內之親乃授賓使持節驃騎大將軍開府儀同三司大都督安樂縣安國公食邑一千戶賓得免虎口仍上龍門聲價已高風飆即遠方欲討論國恥伸雪家冤橫尸原野是所甘心時不我與先從朝露春秋若干衞國興文子之慟長安有詔葬之悲乃贈本官加少傅蒲虞勳三州諸軍事蒲州刺史以天和六年某月日葬于長安之洪瀆原妻青州石氏長城郡君肖子孤煢生妻嫠室卽能有節還成守義崇蒙授使持節大都督驃騎大將軍開府儀同三司廣化縣開國公食邑一千戶昆季二人同年上將彤廷交映棨戟相臨昔二馮同

德繼踵當官兩杜齊名夾河爲郡比斯榮寵彼將慙色俄然賓疾奄捐館舍崇兄弟勝衣備罹禍酷同氣長養得及全人今者來歸更連凶閔每一悲慟行路傷心撫養愛子情深馬援之慈恭事寡嫂義甚顏含之孝天和六年授大將軍餘如故龍庭賞出塞之功玉門勞旋師之寵異代同和見之今日建德二年授使持節都督宜州諸軍事宜州刺史忽忽橫閡但有誦書曖曖重帷惟聞善政清不置水明非舉燭乃是入境移風非直停車待雨有敕大將軍宜州刺史廣化郡公崇自夏季無雨以迄于今雖靡神不禱仍未降感知彼州內獨蒙滂澤諒由大將軍精誠所至憂念郡人豐稔可希良以爲慰又敕廣化公崇知此存心政術治勤黎人受委稱職嘉尚無已古人有言非行之難念加勉勵以致盡善指令宣納柳操賜齊陳物如別宜諭朕懷昔陽平太守別降紅粟之恩荊州刺史偏蒙衮衣之賜治績尤異此之謂乎崇清淨爲政廉明爲法人不忍背吏不忍欺性不飲酒無所嗜欲深忱牆仞喜慍不形文必正詞紘惟雅曲仁義禮節是所用心緹袟緗素愛翫無已當今四郊多壘尙有公卿之辱鼓鞞不息猶勞將帥之謀語其譬恥唯願橫行死地思其報國不忝身膏原野但令天假之年時綏之福忠貞之事公其取焉略書梗槩陳之直史（文苑英華七百九十二）

擬連珠四十四首

蓋聞經天緯地之才拔山超海之力戰陣勇于風飆謀謨出乎智臆斬長鯨之鱗截飛虎之翼是以一怒而諸侯懼安居而天下息

蓋聞蕭曹贊務雄略所資魯衞前驅威風所假是以黄池之會可以爭長諸侯鴻溝之盟可以中分天下

蓋聞解封豕之結塞長蛇之源必須裂裳千里嗝血轅門是以開百里之圖用陳平之一策盟千乘之國須季路之一言

蓋聞得賢斯在不藉揮鋒股肱良哉無論應變是以屈完參乘諸

矦解方城之圍，干木爲臣，天下無西河之戰。

蓋聞郈鄆已危，徒思馬服；薊城去矣，空用荆軻。是㠯竹杖扶危，不能止武擔之石；蘆灰縮水，不能救宣房之河。

蓋聞穴蟻銜泉，未知遠慮；乞禽巢幕，何能支久。是㠯大廈旣焚，不可灑之㠯淚；長河一決，不可障之㠯手。

蓋聞膏脣喋喋，市井營營，或㠯如簧自進，或㠯狙詐相傾。是㠯子貢使乎，五都交亂；張儀見用，六國縱橫。

蓋聞謀猷是習，權變須長，時㫖齊寵，或臥燕牆。是㠯井陘之兵，如鴻毛之遇火；長平之卒，若秋草之中霜。

蓋聞彼黍離離，大夫有喪亂之感；麥秀漸漸，君子有去國之悲。是㠯建章低昂，不得猶瞻灞岸；德陽淪沒，非復能臨偃師。

蓋聞市朝遷貿，山川悠遠。是㠯狐兔所處，由來建始之宮；荆棘參天，昔日長洲之苑。

蓋聞天方薦瘥，喪亂弘多，空思說劒，徒聞枕戈。是㠯劉琨之英略，莫知自免；祖逖之慷慨，裁能渡河。

蓋聞榖林長遠，蒼梧不從，惟桐惟葛，無樹無封。是㠯隋珠日月，無益驪山之火；雀臺絃管，空望西陵之松。

蓋聞雷驚獸駭，電激風驅，陵歷關塞，枕跨江湖。是㠯城彤月偃，陣氣雲鋪，非緣林之散卒，卽驪山之叛徒。

蓋聞死別長城，生離函谷，遼東寡婦之悲，代郡孀妻之哭。是㠯流慟所感，還崩杞梁之城；灑淚所沾，終變湘陵之竹。

蓋聞三世用兵，旣非貽厥；陰謀累葉，必㠯凶終。是㠯李都尉之風霜，上蘭山而箭盡；陸平原之意氣，登河橋而路窮。

蓋聞營魂不反，燐火宵飛，時遭獵夜之兵，或鬭空亭之鬼。是㠯射聲營之風雨，時有冤魂；廣莫郡之陰寒，偏多夜哭。

蓋聞江黃戎馬之徼，鄢郢風飆之格，乍有去而不歸，或無期而遠客。是㠯章華之下，必有思子之臺；雲夢之傍，應多望夫之石。

蓋聞無怨生離，恩情中絕，空思出水之蓮，無復迴風之雪。是㠯樓中對酒，而綠珠前去；帳裏悲歌，而虞姬永別。

蓋聞樹彼司牧，旣懸百姓之命；及乎厭世，復傾天下之心。是㠯一馬之奔，無一毛而不動；一舟之覆，無一物而不沈。

蓋聞嚴霜之零，無所不肅；長林之斃，無所不摽。是㠯楚塹旣塡，遊魚無託；吳宮已火，歸燕何巢。

蓋聞名高八俊，傷于閹豎之黨；智周三傑，斃于婦女之計。是㠯洪澤之蛟，遂拙長飢之虎；平臯之蟻，能摧失水之龍。

蓋聞吳艘蜀艇，不能無水而浮；㠯紅閉綠，不能無弦而射。是㠯樊籠之鶴，寧有六翮之期；軛轡之馬，無復千金之價。

蓋聞性靈屈折，抑鬱不揚，乍感無情，或傷非類。是㠯嗟怨之水，特結憤泉；感哀之雲，偏含愁氣。

蓋聞遷移白羽，流徙房陵，離家析里，悽恨撫膺。是㠯吳起之去西河，潸然出涕；荆軻之別燕市，悲不自勝。

蓋聞廉將軍之客館，翟廷尉之高門，盈虛倏忽，貴賤何論。是㠯平生故人，灌夫不去；門下賓客，任安獨存。

蓋聞執珪事楚，博士留秦，晉陽思歸之客，臨淄羈旅之臣。是㠯親友會同，不妨懷撫悽愴；山河離異，不妨風月關人。

蓋聞五十之年，壯情久歇，憂能傷人，故其哀矣。是㠯譬之交讓，實半死而言生；如彼梧桐，雖殘生而猶死。

蓋聞秋之爲氣，惆悵自憐，耿恭之悲疏勒，班超之念酒泉。是㠯韓非客秦，避讒無路；信陵在趙，思歸有年。

蓋聞懸鶉百結，知命不憂；十日一炊，無時何恥。是㠯素王之業，乃東門之貧民；孤竹之君，實西山之餓士。

蓋聞貿中無學，猶手中無錢，今之學也，未見能賢。是㠯扶風之高

理當作埋

鳳。無故東務。中牟之獬越徒勞不眠。

蓋聞十室之邑。忠信在焉。五步之內。芬芳可錄。是以日南枯蚌。猶含明月之珠。龍門死樹。尚抱咸池之曲。

蓋聞百尺之高。累于九碁之上。千鈞之重。懸于一木之枝。是以履虎尾而非險。傷龍鱗而未危。

蓋聞居蘭處鮑。在其所習。白羽素絲。隨其所染。是以金性雖質。處鋼即凶。水德雖平。經風即險。

蓋聞豫章七年。斃于豐草。芳蘭九畹。淪于幽谷。是以欲求其眞。晉陽有自理之蕳。若賞其聲。吳亭有已枯之竹。

蓋聞明鏡蒸食。未爲得所。干將補履。尤可傷嗟。是以氣足浚雲。不應止爲武騎。才堪王佐。不應直放長沙。

蓋聞勢之所歸。威之所假。必能繫風捕影。暴虎馮河。是以輕則鴻毛沈水。重則磐石陵波。

蓋聞意氣雖干。非資扛鼎。風神自勇。無待翹關。是以曹劌登壇。汶陽之田遽反。相如睨柱。連城之璧更還。

蓋聞卷葹不死。誰必有心。甘蕉自長。故知無節。是以螺蚌得路。恐異驪淵。雀鼠同歸。應非丹穴。

蓋聞北邙之高。魏君不能削。殽洛之關。周王不能改。是以愚公何德。遂荷鍤而移山。精衛何禽。欲銜石而塞海。

蓋聞君子無其道。則不能有其財。忘其貧。則不能恥其食。是以顏回瓢飲。賢慶封之玉杯。子思銀珮。美虞公之垂棘。

蓋聞水之激也。實濁其源。木之蠹也。將拔其根。是以延年之家。豫論埽墓。羊舌之族。先知滅門。

蓋聞磨礪脣吻。脂膏齒牙。陵風扇毒。向影吹沙。是以敬而遠之。豺有五子。吁可畏也。鬼有一車。

蓋聞虛舟不忤。令德無虞。忠信爲琴瑟。仁義爲庖廚。是以從莊生則萬物自細。歸老氏則衆有皆無。

蓋聞三關頓足。長城垂翅。既羈既旅。非才非智。是以烏江艤檝。知無路可歸。白雁抱書。定無家可寄。文苑英華七百七十一

全後周文卷十一終

全後周文卷十二

烏程嚴可均校輯

庾信五

秦州天水郡麥積崖佛龕銘（幷序）

麥積崖者乃隴底之名山河西之靈岳高峯尋雲深谷無量方之鷲嶺迹遁三禪譬彼鶴鳴虛飛六甲烏道乍窮羊腸或斷雲如鵬翼忽已垂天樹若桂華翻能拂日是㠯飛錫遙來度杯遠至疏山鑿洞鬱爲淨土拜燈王于石室乃假馭風禮花首于山龕方資控鶴大都督李允信者藉以徧植深悟法門乃于壁之南崖梯雲鑿道奉爲亡父造七佛龕似刻浮檀如攻水玉從容滿月照曜靑蓮影現須彌香聞忉利如斯塵野還開說法之堂猶彼香山更對安居之佛昔者如來追福有報恩之經菩薩去家有思親之供敢緣斯義乃作銘曰

鎭地鬱盤基乾峻極石關十上銅梁九息百仞崖橫千尋松直陰兔假道陽烏迴翼載輦疏山穿龕架嶺糺紛星漢迴旋光景壁累經文龕重佛影彫輪月殿刻鏡花堂橫鐫石壁闇鑿山梁雷乘法鼓樹積天香嗽泉珉谷吹塵石牀集靈眞館藏仙冊府芝洞秋房檀林春乳冰谷銀沙山樓石柱異嶺共雲同峯別雨冀城餘俗河西舊風水聲幽咽山勢崆峒法雲常住慧日無窮方域芥盡不變天宮（文苑英華七百八十五）

終南山義谷銘（幷序）

周保定二年歲次壬午七月己巳朔大冢宰晉國公命鑿石開谷（文苑英華作闢之谷）下南山之材維公匡濟彝倫弘敷庶績燮理餘暇披閱山經㠯爲終南敦物日月虧蔽杶幹栝柏椅桐梓漆年代蘊積于何不有乃謀山澤之官兼列（文苑英華作弘）衡虞之匠東出藍田則控灞乘滻西連子午則據涇浮渭派別八溪流分九谷銅梁四柱石闕雙聳（文苑英華作石闕雙啟）青綺春門溝渠交映綠槐秋市舟檝相通蓄之則爲屯雲泄之則爲行雨青牛文梓白鶴貞松運㠯冥宮崇斯雲屋（初學記作裁其梓匠此從文苑英華）千櫨抗殿龍首干雲萬頃疏苗蟬鳴再熟川后讓德山靈景從豈知運石甘泉纔通櫟陽之殿穿渠穀水直繞金墉之城將事未勞爲功實重國富人殷方傳千載因功立事敢勒山阿銘曰

寥廓上浮崢嶸下鎭立壁千丈橫峯萬仞（文苑英華作直立千丈峯橫萬仞）桂月危懸風泉虛韻乘輿嶺阪舉鍤雲根八溪分注九谷通源北涵桐井南浮石門撲象大狀（撲一作模初學記作橫鴻大河）銀繩百堵膠葛九成（文苑英華銀作規膠作交）徘徊千柱桂棟淩波梅梁垂雨疏川翦谷（文苑英華作怡梁乘雨疏川巖谷）落實摧柯事均刊木功侔鑿河（初學記五文苑英華七百八十七）

玉帳山銘

玉帳寥廓崑山抵鵲總葉成帷連雲起幕玉策難移金花不落隱士彈琴仙人看博巖留舊鼎雲上新荆蕡石初爛燒丹欲成桑田屢變海水頻盈長聞鳳曲永聽簫聲（文苑英華七百八十七又見藝文類聚七㠯爲庾肩吾作）

吹臺山銘

江盜吹嶺睢山出篠春簫下鳳此岫爲眞青槐避日朱草司晨石名新婦樓學仙人中字玉成南君姓秦（一作吳中字玉城南姓秦）比花依樹登榭要春舞能留客聲便度新雕梁數振無復輕塵（文苑英華七百八十八）

望美人山銘

高唐礙石洛浦無舟何處相望山邊一樓峯因五婦石是三侯險踰地肺危陵天柱禁苑斜通春人常聚樹裏聞歌枝中見舞恰對妝臺諸牕畫開斜看已識直喚便迴豈同織女非秋不來（文苑英華七百八十七又見藝文類聚七㠯爲徐陵作）

至仁山銘

峯橫鶴嶺水學龍津瑞雲一片仙童兩人三秋雲薄九日寒新眞

花暫落，晝樹常春。橫石臨砌，飛簷枕嶺。壁繞藤苗，窗銜竹影。菊落秋潭，桐疏寒井。仁者可樂，將由愛靖。（文苑英華七百八十七）

明月山銘

竹亭標嶽，四面臨虛。山危簷迥，葉落窗疏。看椽有笛，對樹無風。風生石洞，雲出山根。霜朝唳鶴，秋夜鳴猿。堤梁似堰，野路疑村。船橫埭下，樹夾津門。寧殊華蓋，詎識桃源。（文苑英華七百八十七）

梁東宮行雨山銘

山名行雨，地異陽臺。春人無數，神女羞來。（文苑英華作看）翠幔朝開，新妝旦起。樹入牀前，山（文苑英華作頭花）來鏡裏。草色（文苑英華作綠）彩同，花紅面似。開年寒盡，正月遊春。俱除錦帔，併脫紅綸。天絲劇藕，蝶粉多（文苑英華作生）塵。橫藤礙路，垂柳係人。（文苑英華作弱柳低人）誰論洛水，（文苑英華作誰言洛浦）一箇河神。（藝文類聚七、文苑英華七百八十七）

刀銘三首

風伯吹爐，雲師煉冶。鐵錟朝流，金精夜下。價重十城，名高千馬。

千金穎合，百鍊鋒成。光連斗氣，錟動山精。身文水動，刃古珠生。

斗精遙降，山靈下從。水文千曲，蛇鱗百重。燕砥斂刃，蜀水開鋒。氣生分景，環成屈龍。（竝文苑英華七百八十九）

思舊銘

歲在攝提，星居鶉首。（文苑英華作監德）梁故觀寧侯蕭永卒。嗚呼哀哉。人之感（文苑英華作賊）也，既非金石；所移士之悲也，寧有春秋之異。高臺已傾，覆下有聞琴之泣；壯士一去，燕南有擊筑之悲。項羽之晨起帳中，李陵之徘徊岐路，韓王孫之質趙，楚公子之留秦，無假窮秋，于時悲矣。況復魚飛武庫，豫有棄甲之徵；鳥伏翟泉，先見橫流之兆。（文苑英華作肇）星紀吳亡，庚辰楚滅。紀侯大去，鄅子無歸。原隰載馳，轘轅長別。甲裳失矣，餘皇棄焉。河傾酸棗，杞梓與樗櫟俱沈；（文苑英華作流）海淺蓬萊，魚鼈共蛟龍竝盡。（文苑英華作與蛟龍共盡）焚香複道，詎斂冤魂；（文苑英華作樊香復道，詎假遊魂）載酒屬車，寧消愁氣。芝蘭蕭艾之秋，形殊而共瘁；羽毛鱗介之怨，聲異而俱哀。所謂天乎，乃曰蒼蒼之氣；所謂地乎，其實摶摶之土。怨之徒也，何能感焉。彫殘殺翮，無所假于風飆；零落春枯，不足頌于霜露。幕府昔開，賢俊翹首，爲羈終歲，門人謝焉。至于東首告辭，西陵長往，山陽車馬，永別（文苑英華作望別）郊門，潁川賓客，遙悲松路。（文苑英華作惣路）嵇叔夜之山廬，（文苑英華作盧）尚多楊柳；王子猷之舊徑，唯餘竹林。王孫葬地，方爲長樂之宮；烈士埋魂，即是將軍之墓。昔嘗歡宴風月，留連追憶平生，宛然心目。及乎垂翅秦川，關河羈旅，降于悲谷之景，實有憂生之情。美酒酌焉，猶思建業之水；鳴琴在操，終思華亭之鶴。重爲此別，嗚呼甚哉。麟亡星落，月死珠傷。瓶罄罍恥，芝焚蕙歎。所冀（文苑英華作望）鍾沈德水，聲出風雲。劒沒豐城，氣連（文苑英華作存）牛斗。潸然思舊，乃作銘曰：

風雲上慘，舟壑潛移。騤騤霜露，君子先危。紀侯大去，懷王不返。玉樹長埋，風流遂遠。荀卿（文苑英華作伯）舊縣，慶封餘邑。萬里歸魂，脩門詎入。塚（文苑英華作墳）橫武庫，山枕盧龍。思歸道遠，返葬無從。徒留送雁，空靡長松。平陵之東，無復梧桐。松聲肅瑟，長起秋風。疇昔隆貴，慘舒（文苑英華作提攜）語默。託情嵇琴，（文苑英華作阮）風雲相得。有酒如澠，終溫且克。朝陽落鳳，大野傷麟。佳城鬱鬱，流寓于秦。山陽相送，唯餘故人。孀機聲緯，獨鶴（文苑英華作鳳）孤鸞。閨深夜靜，風高月寒。生平已矣，懷舊何期。匣中絃斷，（文苑英華作絕）鄰人笛悲。昔爲幕府，今成總帷。（藝文類聚三十四、文苑英華七百九十。）

溫湯碑

咸池浴日，先應綠甲之圖；砥柱浮天，始受玄夷之命。仁則滌蕩埃氛，義則激揚清濁。勇則負山餘力，弱則鴻毛不勝。仲春則榆莢同流，三月則桃花共下。其色變者，流爲五雲之漿；其味美者，結爲三危之露。煙青于銅浦，色白于鉛溪。非神鼎而長浮，異龍池而獨涌。

浮當作沸

羆胃瀚腸。輿贏起瘠。秦皇餘后。仍爲雁齒之階。漢武舊陶。即用魚鱗之瓦。山間湧水。實表忠誠。室內江流。彌彰純孝。豈若醴泉消疾。聞乎建武之朝。神水蠲痾。在乎咸康之世。嵩山三仙之館。不孤擅于天池。華陰百丈之泉。豈獨高于蓮井。藝文類聚九、初學記七。

陝州弘農郡五張寺經藏碑

蓋聞如來說法。萬萬恆沙。菩薩轉輪。生生世界。豈直優波提舍。祇夜脩多而已哉。是以熙連禪河。貢多羅樹。七處八會。三清四說。皮紙骨筆。木葉山花。象負之所未勝。龍藏之所不盡。復銀函東度。金甖南翻。秦景遙傳。竺蘭私記。譬猶得海水之一珠。不下崑山之片玉。若夫法雲深藏。師子雷音。梵志往生。聲聞說戒。雪山羅漢之論。鷲嶺菩提之法。本無極際。何可勝言。弘農五張寺者。南陽張元高寓居此地。昔者千金之族。見徙五陵。大姓之民。移家六郡。蓋其流也。元高五子。負荷遺訓。離經辨志。竝是成名。入室生光。咸能顯德。加以尊承慧業。敬受法門。兄弟同居。共捨爲寺。伽藍肇建。即以五張爲名。是知城居趙信。仍名趙信之城。殿入蕭何。即號蕭何之殿。加以象馬無悋。衣裘是捨。春園柳路。變入禪林。蠶月桑津。迴成定水。平輿雖盛。豈可獨擅二龍。扶風最良。不得專稱五馬。寺主三藏大法師法映。邑主洛州刺史張隆等。財行法檀。身心罄竭。兼化鄉邑道俗數千。敬造一功德輪。見成三百餘部。雷篆雲書。金繩玉檢。削蒸栗之簡。裝酸棗之珠。竝入香城。咸封禪閣。坐堂伏檻。羌非湘水之神。緣房紫的。足擬恭王之殿。高掌西望。長河北臨。鼎氣常浮。爐煙咸起。戶牖寥廓。吹萬龍門之風。梁棟崢嶸。落客河源之樹。僧徒雲集。不遠敦煌之城。學侶相奔。更合華陰之市。兩陝昔分。實基王化。二陵今阻。翻馳羽檄。虞公屈產。交亂風塵。召伯甘棠。凋零霜露。雖復兼能共治。未遣渡河之獸。烽柝是警。實擾移關之民。是以法王御世。天人論道。汲引四流。周圓五怖。故能調伏怨惱。消除結縛。法水津梁。得無砥柱之難。香山轍迹。非復終南之險。天子命我。試守此邦。墨竈未黔。孔席無暖。纔臨都尉之境。即有樓船之役。既而南風不競。北道言旋。幕府既開。邦君且止。鄉俗者老。依然此別。屬茲法事。須余制文。聊以課虛。爲銘云爾。

舍衞之國。祇洹之園。三明極地。八會窮源。連河競說。勝辯爭論。波提東度。祇夜南翻。非空即色。離有無言。達人止是。獨悟重昏。身雖繫鳥。心避騰猿。禪樓卻月。義殿翔鵾。迴風香蓋。反露珠幡。西臨砥柱。東背轘轅。河鳴陽硤。山響蘇門。翔禽歌囀。流澗絃喧。度河餘獸。移關舊村。昔爲畿服。今成塞垣。城疑廣武。池似樓煩。爟烽竝照。象馬單奔。無鍾襲莒。有雨圍原。不資十方。誰釋三怨。風傾地柱。火及天元。銀鉤永固。金牒長存。封君馬首。方事南蕃。言從楊僕。請謝劉昆。文苑英華八百五十。

周上柱國齊王憲神道碑

昔者軒皇受姓。十有四人。周室先封。十有五國。自爾承基纂胄。保姓受氏。雖復千年一聖。終是百世同宗。故知昔之東京。既稱大漢再受。今之周厤。即是鄷都中興。公諱憲。字毗賀突。恆州武川人也。晉太康之世。據有黃龍。魏孝昌之初。奄荒玄菟。太祖以百二諸侯。三分天下。函谷先登。鴻溝大定。功業如此。人臣以終。公含章天挺。命世誕生。降太一之神。下文昌之宿。珠角擅奇。山庭表德。儀範淸浴。風神軒舉。聳動廊廟。光華城闕。未逾齠齔。已議論天下事。人或曰。是謂弱木一枝。旁蔭數國。長河一直。自然千里。風飆欲遠。光景將昇。後魏二年。封涪城縣開國公。時年五歲也。虹蜺滿野。是歲當塗之高。鸞鷟鳴岐。實始維新之命。國家光宅受圖。欽明秉厤。大風初卷。長沙始封。周元年。進爵安城郡公。食邑二千戶。仍授使持節驃騎大將軍開府儀同三司。開府同于馬駿。秩擬六卿。驃騎等于劉蒼。位高三事。宗子雞城。彼多慙色。武城二年。授使持節大將軍

城當作成

名當作召

雍下脫州字

都督益壽寍等二十四州諸軍事益州刺史。改封齊國公。食邑萬戶。公時年十有六。王武子吕上將開府未滿立年。荀中郎爲十州都督才踰弱冠。方之于公。已爲老矣。加復營丘負海。齊桓公受賑之城。岷山導江。漢武帝求仙之地。自非名陵孤竹。聲振沈黎。豈得南至穆陵。西登積石。幸無白虎之患。寍待黃龍之盟。卭筰畏威。微盧仰德。生爲立廟。刻石頌功。成都有文翁之祀。非謂生前。漢陽有諸葛之碑。止論身後。比之今日。豈可同年而語哉。保定四年。與大司馬蜀國公圍金墉城。師臨洛浦。則廣武營奔。兵上邙山。則河橋路斷。八川風俗。五方名利。鐵市銅街。風飛塵起。天和元年。徵還。行雍牧。公吕日月之明。威神其政。漆沮既從。荆岐卽乂。少陽用事。路不喘牛。仲秋吕般。民無驚水。二年。拜大司馬。仍理小冢宰營室殿軍器太監。天官吕邦國爲甚。是司六典。夏官吕兵戈爲主。專謀七德。是吕器械塡委。既包吳漢之功。宮殿崢嶸。彌壯蕭何之法。時吕白露涼風。務閑農隙。督兵三萬。出自宜陽。拔伏龍之城。平姚萇之壘。馬陵削樹。魏將路窮。平陰聽烏。齊師其遁。天子冢弟。禮絕羣公。仁義所往。事資道德。建德元年。進爵爲王。仍拜大冢宰。姬旦封于曲阜。不廢居中。劉交國于彭陽。無妨常從。豈直周召二南。並居師傅。晉鄭兩國。俱爲卿士而已哉。匈奴突于武川。權火通于灞上。公述職巡御。治兵朔方。馬邑星飛。龍城月動。撓留犂之酒。經略不前。失煙支之山。下馬而去。東鄰逆命。反道敗德。囚箕子于塞庫。羈文王于玉門。天子將有孟津之師。召公獨議。公報吕誕應天命。克成厥勳。昔者秦昭起師于蜀。直問張儀。晉武用兵于吳。惟謀羊祜。于是中軍無帥。僉曰有歸。五年。拜上柱國。元戎東討。給王鐵騎二萬。先襲太原。斗建麾兵。天離轉戰。虎嘯風騰。雲飛電掩。林胡棗栗。詎得充飢。晉陽荻蒿。何能拒防。又加王精兵六萬。長圍晉州。然後六軍星陳。萬騎雷動。中權始及。前茅已戰。自爾卽爲前鋒。橫行入鄴。

重當作垂

觀彼車絓槐本。馬驚旋澨。積甲高昆陽之城。尸封塞富平之水。莫不如彼建瓴。同斯破竹。二朝指揮。六合大定。是用光昭下武。翼亮中都。足吕攄祖宗之宿憤。解生民之怨毒。方當待彼石閭。部斯玉鼓。經緯天地。光華日月。既而赤烏夾日。黃熊入寢。實沈無祀。桑林不祭。宣政元年六月二十八日薨。春秋三十有四。季友之亡。魯可知矣。齊喪子雅。美其危哉。公器宇淹曠。風神透遠。璣鏡照林。山河容納。置鐏待酌。懸鍾聽扣。聲動天下。光照四鄰。武皇帝吕介弟懿親。特重愛友。而密謀奇策。加禮敬焉。常謂左右曰。孔子云。自吾有回。門人日親。其齊王之謂也。用之作宰。則萬方協和。用之撫軍。則四表懾伏。豈直皐繇爲士。國無不仁。隨會爲卿。民無羣盜。愛翫書籍。敦崇禮樂。管絃入耳。則溪谷俱調。文雅沿心。則煙霞並韻。養由百發。落雁吟後。應奉五行。綈緗縹帙。雍容舉止。抑揚談論。當世吕爲楷模。縉紳吕爲軌範。則少有壯志。頗校兵書。玄水降靈。穀城受策。飛風長柄。月角星眉。莫不吟誦在心。撰成于手。所著兵法。凡有五卷。六韜九法。不用吳起舊書。三令五申。無勞孫武先誡。可謂有忠孝焉。有壯武焉。不自驕矜。謙光下物。宋人獻玉。不貪爲寶。伯成子高。守仁爲富。不謂吕信致欺。爲善非樂。天年不享。嗚呼哀哉。吕某年月日葬于石安縣洪瀆川之里。原隰悽愴。埋于盛德。幾年丘陵。搖落蘊于才良。永矣。乃爲銘曰。

悠哉朔方。遜矣窮陰。山連鳥道。地盡龜林。重黎業大。伯翳功深。胄其積德。必有君臨。大祖撥亂。喪君有君。功迴地軸。策動天文。猶臨赤水。尚覆黃雲。諸侯八百。天下三分。公之挺生。實惟天假。翠微神降。文昌星下。照于四國。充于兩社。舟檝江河。棟梁華夏。水涌詞鋒。風飛文雅。純深之性。地極天經。忠貞之道。事感百靈。君親惟一。臣子惟寍。忠泉出井。孝筍生庭。乃宰天官。爲國之輔。是居上將。爲天之柱。乃聖乃神。惟文惟武。策高開闔。威移雲雨。九宮神略。三衛謨明。天離轉陣。月德迴兵。黎陽水駭。官渡山驚。冀州既載。東原厎平。溟波欲運。弱木將危。中峰岳斷。半海鵬垂。鳳沈丹穴。龍亡黑陂。臨淄廢市。東武山移。千齡萬古。英聲在斯。文苑英華八百九十。

全後周文卷十二終

烏程嚴可均校輯

庾信六

周太子太保步陸逞神道碑

公諱逞。字季明。本姓陸。吳郡人也。君子至止。既紹虞賓。鳳凰于飛。實與齊國。南越使者。解漢帝之衣。西陵將軍。覆吳王之蓋。曾祖載。為宋王司馬。留鎮關中。赫連之亂。仗劍魏室。黃河參陵。或亡追路。烏江艤船。更無歸迹。今為河南洛陽人也。高祖冠軍將軍榮州刺史。吳人有降附者。悉領為別軍。自是官師擁鐸。更為吳越之兵。君子習流。別有樓船之陣。父政。驃騎大將軍儀同三司恆州刺史中都獻公。太祖扶危濟傾。經綸夷阻。報君之恥。遠襲平原。以高平霸業所基。委命留事。關中餽食。非直滎陽之師。河內供軍。豈但淇園之竹。公秉照晉之靈。降明神之德。猛虎振檻。七年不驚。羝羊觸藩。

九齡能對。諸兄以公先君愛子。稱之曰仁。推而襲封。雖復季末大成之忌。守節（疑有闕誤）既遺燸穴。翻從壓紐。太祖初封函谷。始合諸侯。以公詞令。參謀機密。故得戎政克宜。師言無漏。賜姓步陸孤氏。委鹿輅而論都。入鴻門而舞劍。方之吹律。綽有餘榮。出身羽林監。輕車將軍。除尚書右丞。官聯會計。務殷平準。水衡貫朽。常平粟紅。授使持節車騎大將軍儀同三司。增邑千戶。尋還舊部中大夫。領兵部中大夫。領藝部。東京鼎食。先加鄧騭之勳。西晉官人。多用山濤之啟。豈若五王登朝。必司賓主之禮。六龍御轡。取定鸞和之節。御正以官觸父名不拜。會稽有王會之名。其子不為太守。博陵有王沈之封。其兒不為刺史。還驃騎大將軍開府。入掌納言。治司宗伯。又為軍司馬。職居常伯。勤問于南宮。位管王言。連官于北斗。豈止郊天祀地。龍門嶰谷之聲。賁鼓頒旗。白露涼風之月。闇夜有人餉羅數十匹。公閉門不受。行人千觚。具以聞奏。朝野稱之。大尉揚震

直推故吏之金。涼州張奐。高揖羌人之馬。清畏人知。我無慚德。齊國通和。封人受使。以公有出境之才。見命張旟之禮。既珠盤歃血。定楚國之連名。匕首登壇。反齊人之侵地。是謂使乎。因稱光國。三輔公侯。五陵鍾鼎。衖街栖市。塵起風飛。乃授京兆尹。增邑通前一千六百戶。餘官如故。上林兵息。蘭池盜靜。不學王陽。平生鑄金之術。未同張敞。終日章臺之遊。家僮暮行。還得遺錢于道。并白絁十匹。公訪得其主。即以還之。見金于路。指以示人。得錢于道。留持挂樹。方之今日。異代同風。俄遷司會。治小司馬。重總六軍。再操八柄。考績入于歲成。論功書之年表。尋授都督宜州諸軍事宜州刺史。露冕觀風。停車待雨。百城解印。輝朱穆之威。千里相迎。受王基之德。曾未期月。被敕追還。眷眷吏民。不無河內之請。依依故老。實念黎陽之別。少陽養德。前星守器。尊師讓齒。必俟賢能。乃授太子太保。方之劉寔。道高于大邦。譬以山濤。榮深于小藿。本有消渴之疾。

常餌金石。自理舊疾。微增奄捐館舍。茂陵之下。不留封禪之書。杖尉之營。惟餘服食之器。嗚呼哀哉。春秋四十有七。建德二年五月十一日也。天子以大臣之喪。躬輟聽訟。東朝以師傅之尊。親臨攢祭。詔贈某官。謚某公。禮也。以今三年正月十日葬于京兆之高陽原。夫人郁久閭。西遇王姬。愛敬肅恭。言容令淑。有聞箴籙。無廢紘綖。爰在盛年。先從大夜。今節婦開墳。松柏已拱。季孫成寢。上陵始同。況復圖畫賢妃。方在甘泉之室。瘞埋才子。即用高陽之原。公儀表外明。風神內照。器量深沈。階基不測。事君惟忠。事親惟孝。言為世範。行為士則。留連墳索。怊悵文詞。霜府錄于尚書。天官總于司會。出入匡贊。常帶數職。身具六龜。腰恆四綬。陳平密謀。既非天子所見。荀彧上策。又非諸侯所聞。其為郡也。惟取赤土。封書其為州也。唯以青鹽換粟。留家則千樹無貲。遺子則一經而已。嫡子操。至性過禮。純孝不遺。墳前之樹。染淚者先枯。庭際之禽。聞悲者則下。

銘曰

山連日觀水枕滇機富春沙起開陽柱飛大夫屈節將軍振威南越受吏西陵解圍昔我烈祖垂翅秦中白馬無路烏江不通笛吟鄉里琴哀土風營州恒州摧旌世載壯節旟衿人雄關塞直河穿趙平雲臨代生謂立功沒爲留愛降茲岳瀆誕此貞明祥符雲氣慶合星精宮帷定策殿柱書名忠泉暗漏孝筍寒生世屬殷周時逢楚漢天下三分鴻溝一半吕我明略來參匡贊日乃再中天成兩曰遞參三事歷副六卿天師光宅地載謨明春官定禮夏官治兵識言默識溢樹無名謙恭周密言行無乖忠公兕殪陰德蛇埋軍國紛總部領塡隋馬不入廄金不入懷具瞻惟德高山惟仰甲觀初登龍樓初上東國桓榮西京疏廣年齡俄頃風電相推銘旌兩沒弛柳雙迴煢煢肖子御疚銜哀身彰野火心懼天雷日月其除榮終哀始馬歸司隸書還太史厤對天星墳連地市山勢接飛松形蓋起德音無絕平原忽矣

周大將軍崔說神道碑周書作崔說　文苑英華九百

公諱說字某博陵郡安平縣人也昔者華陽之野降龍首之神烈山之都啟龜文之緒匡周則盟津有會佐夏則龍門始鑿西遊則起家秦相東入則載世齊卿衛乎史籍可得言矣祖辨中軍將軍定州刺史父楷鎮北將軍司馬烈侯竝厲風霜俱張鋒穎邸史疊迹官曹懍然是謂鮑恢都官百城振懼葛豐握節京師斂手公特稟英靈偏鍾山岳雄姿俊茂眉目疏朗觀虎于檻鬣髮不驚稱象于船勝衣能對至于拉虎羆熊擢班碎掌忘歸繁弱落雁吟猿故得氣蓋關中威申河外解褐領軍府錄事轉諸議參軍時當塗失御政在權門始論函谷之兵即起韓陵之戰太師賀拔勝作牧西荊公爲假節冠軍將軍防城都督天疑作及南陽失守卷甲奔梁樂毅羈旅猶思燕路陳軫悽愴終戀秦聲幸直和鄰言歸舊國授衛

將軍都督封安昌縣開國子食邑三百戶弘農剋復沙苑揮鋒進爵爲侯增邑并前一千一百戶信珪則更受司勳穀璧則還輪典瑞鐵馬有河橋之戰戈船有汾水之兵除京兆太守移民下邑未學邊韶走馬章臺不同張敞遷帥都督持節撫軍通直散騎常侍大都督尋遷使持節車騎大將軍儀同三司都官尚書定州大中正五曹奏事有朱穆之忠九品論人見楊喬之直改封安國縣侯益邑合前一千四百戶賜姓宇文改名爲說漢王改婁敬之族事重論都魏后變程昱之名恩深捧日遷驃騎大將軍開府儀同三司加侍中竇憲連官單于之寶鼎可致張寬同位渭橋之流星可識攻木七工既掌丘陵之賦司會六典乃均邦國之財居官得人于斯爲盛進爵爲公改封萬年縣通前二千四百戶除隴州刺史都督隴州諸軍事隴坻路遙秦川望遠鄧仲華之不去馬文淵之願歸尋除涼州刺史總督河西甘瓜諸軍事地似伏龍城如飛鳥敦煌實錄宛在圖諜玉門亭障無勞圖畫有馬如羊不吕入廄有金如粟不吕入懷柱國齊王今上之介弟龔行薄伐問罪河陽吕公爲行軍長史參謀帷幄中軍之司旣舉魏絳上卿之佐實用荀林吕公方之差無慙德除使持節大將軍大都督崇德安義建忠九曲安樂三泉伏流周張平泉固安鑾通谷凡十三防禦熊和中三州蕡蘆起谷王晏供超牽羊溫狐交河大嶺避雨木栅寺一十成諸軍崇德防主宜陽上地更有秦兵熊耳山前還逢積仗用是連營函谷轍騎黎陽威振兩河名陵三晉改封安平縣公淮陰一國韓信之故人戶牖萬家陳平之鄉里公此衣錦足爲連類建德四年正月十日薨于長安之永貴里私第春秋六十有四詔贈敷延丹綏恒五州諸軍事敷州刺史謚曰莊公禮也即吕其年二月二十四日葬于京兆平原鄉之吉遷里北陵追遠大司馬有賜緩之恩西京贈行冠軍侯有詔葬之禮嗚呼哀哉世子儀同衍生事

以禮死葬以禮愛親有王祥之孝同氣有姜肱之睦百行之本于斯備焉況復松檟深沈既封青石之墓丘陵標榜須勒黃金之碑乃爲銘曰

華陽之神厲山之祖鳳野匡周龍門佐禹日浴溟池山浮海浦甫穆霸國營丘樂土肖斯宗邑承此壤土移封東武就君安陽中軍節目鎭北鋒芒商飆獵草電火驅霜公之輪奐繼體貞幹儀表丘墟風神牆岸孝有至德忠能匡贊不廢橫琴無妨敲案既班三事又貳六官衞青受詔韓信登壇長城馬窟廣武兵欄軍吏無犯營民不寒乃用六謀乃論三策城壘向背星辰主客劒起沈犀弓開伏石楚后讓盟秦君還璧百齡危脃千仞摧藏諸侯地裂邊將星亡輕車騎士玄甲黃腸祉如齊地廟佀桐鄉銘功贊德碑闕相望

文苑英華九百四

周大將軍司馬裔碑

公諱裔字遵胄河內溫人也昔顓頊之命始則南正司天重黎之後又以義和掌厤夏陽適晉得隨會而同奔東海避秦與毛公而俱隱其後金行受命玉笥南遷帝系極于輿圖中朝至于江表曾祖楚之晉太傅錄尚書揚州牧會稽文孝王之次子元顯之幼弟也元顯見害之後桓玄篡逆之初爰自齠齔客身屠釣河內道左抱劒長號代郡城前慟悲靈祭江淮志節之士波頹風塵之客感激一言咸多依附既而雲生伏龜星出鯨魚太白經天蚩尤映野公乃收合餘燼泣血登埤臨武牢之關據成皋之坂擁衆萬家歸于魏室魏明元皇帝遙授平南大將軍荆州刺史襲封琅邪郡王尚河內公主命王承制從賓國之儀于時宋兵憑陵旗鼓侵逼虎牢不封金墉無援魏太武皇帝授王使持節侍中安南大將軍開府儀同三司給前後部鼓吹見城啟行志雪冤恥登壇慷慨三軍掩泣黃河漕粟已出石門白馬連旗將臨野坂既而雲中柝起代郡烽燃反旆南轅遂窮北略贈征西大將軍都督梁益秦寧荆兗青豫郢洛十州諸軍事揚州牧司徒謚貞王祖金龍封琅邪鎭西大將軍儀同三司吏部尚書贈司空謚康王父悅鎭南將軍豫州刺史漁陽莊侯以荆河刺舉時值亂離釁起蕭牆遂終非命公遺腹載誕流離寇逆復壁網負深山擁樹程嬰之匿趙武從役家臣王成之藏李燮爲傭酒市遭太夫人憂苫草墳塋以終灰燧形骸毀瘠逾于喪禮年十有五始幹家事楹前鑿柱即取遺書石上開松仍求故劒出身司徒府參軍除中堅將軍員外散騎常侍值魏室多難所在蜂起孟津以北無復封畿嵩山已南即爲鋒鏑公建議脩武立柵溫城函谷西封河橋北斷長亭籍馬並入武城百里租車咸輸溫縣太祖文帝締構關都經綸夷阻招攜以禮懷遠以德馬文淵之擇主去隴坻而歸身竇周公之入朝在河西而奉詔大統七年蒙授平東將軍北徐州刺史十年河內故義四千餘家

願立忠誠須公衣錦乃授使持節領河內太守加前將軍懷州拓境兩鎭奔波柳泉轉戰三城授首十三年太祖召山東諸立義之將能率衆入關者有加重賞公率先而至領戶千室即以爲封固辭不受其菽粟之賜或以指囷馬牛之賞將同量谷朝廷以華陽西極漢水東流歎孟達之脅兵恠劉封之失策魏前元年移鎭漢中除白馬城主領華陽郡守昔稱導漾今聞上豬烟沈冰井雨歇雲門其年授大都督加散騎常侍柱國蜀國公開金牛之道通牧馬之關公卷甲北塞懸車東馬遂得策預葭萌勳參絺竹封龍門縣開國子蒲州刺史仍領新州尋授使持節車騎大將軍儀同三司大中正隆周受圖天保大定以公才望仍爲舊臣遂乃義深追遠恩隆繼絕即改封琅邪縣八邑五百戶仍遷驃騎大將軍開府儀同三司都督巴州諸軍事巴州刺史武成二年被敕赴援信州魚復道阻屢卻岑彭荆門水急幾沈吳漢公乃月峽先登瞿唐直

封當作討

上天子以公操履忠勤儀刑亮直乃徵爲大御伯尋轉大御正邑一千一百戶樞機近侍出納絲言所謂多識舊章殿中無雙者矣四年大將軍東討公所領義衆先守枳關授都督懷州諸軍事懷州刺史偃師張幕河陽牧馬雖接戰于富平已連營于官渡五年詔追還拜始州刺史更封信州賊山彭尋竇瑜恃險峽路五尺緪釣纔通縣水三門橋飛濟渡既而風行草偃谷靜山空前後平十一城獲九千餘口馬歸平樂金輸水衡天保二年除信州刺史都督信州諸軍事朝發白帝暮宿江陵氣振巴丘之兵威讋建平之戍五年遷潼州刺史益州柱國公降帝子之重鎭天井之星延閣擬于叢臺岷山方于代郡公仰稟雄謨參謀遠略故得身預舞陽之功位極長平之寵六年授使持節大將軍大都督西寍州諸軍事西寍州刺史方欲闢沫若徼牂牁見夜郎之矦習昆彌之戰而飛鳶墮水馬援去而無歸金馬騁光王褒行而不反嗚呼哀哉七

年正月十日薨春秋六十有五詔贈使持節大將軍懷邵汾晉四州諸軍事懷州刺史夫人襄城公主魏獻帝之曾孫趙穆王之季女王姬肅恭禴翟典禮四教競莊三星令淑有光隆慮之賢足表平陽之盛生則從夫以秩死則同穴以禮建德元年八月十二日合葬于武功三時原大夫墓樹以柏諸矦墳高于雉吁嗟滕公來居此里詔謚定公禮也公資忠履孝蘊義懷仁直幹千尋澄波萬頃逢蒙射法力牧兵書星辰高下之占風雨逢迎之氣故得師出以律天幸將軍者也至如官曹案牘未常煩壅戎馬交馳不妨餘裕足使四岳彌峻三台更明在朝四十一年身經一百餘戰凡任四郡歷八州未嘗以貨殖經懷去如始至渭南千畝之竹更懼盈滿池陽二頃之田常思止足身歿之日家無餘財素車白馬狹室崎嶇黃腸玄甲階庭仄陋有詔冬官爲營寢室朱邑祭酹無所漢后是以賜金陳表妻子露立吳王爲之開館嗚呼哀哉世子侃孝家忠國揚名顯親是以勒此豐碑懼從陵谷殖之松柏不忍凋枯銘曰

欽若厤象平秩寅賓少梁奔華地入咸秦族夷興馬書窮獲麟玉鏡云始金行乃構象浦通關龍沙開候上繆后起河陽水鬭五馬南浮三星東宿太傅作牧奄有江漢司徒避亂承制荆河既勞推轂猶思枕戈龍媒被野蒼兕淩波莊矦季年禍機相接誕公遺嗣崎嶇懷挾山竄趙武家藏李燮伍員道阻燕丹路遥南奔楚塞北避秦橋水流登壠寒風度遼有功都護則重嫖姚懷書上馬習禮從戎陣圖六甲兵占八風藏松寶劒射栁瑚弓推誠貫復屈節廉公八翼頻飛六條亟秉勇此仁義行茲寬猛持印山開沈黎盜靜取甲無丘均田不井懋功賜爵上將賞官軍中受詔塞外登壇方圖參合更壘皋蘭渝山毒水𤈦道災氛地亡都尉灘悲使君谷寒無日山空足雲北風吹旆秋霖泣軍遺奠雙設銘旌兩布泌水同

墳平陽合墓悲哀嗣子擗號靡訴慟甚風枝悲深霜露自此何世從斯幾年麒麟欲鬭華表中燃地形樓起松心蓋圓茫茫丘壠代代英賢（文苑英華九百四）

周柱國大將軍拓跋儉神道碑

蓋聞放勛立而羲和昇重華登而元凱用思皇多士既成西伯之功俊德克明乃定南巢之伐是知惟賢非后弗食惟后非賢弗乂若夫君臣一德啟心沃心見之昌寍文公矣公諱儉字慶明恆州高陸人也北岳天孫之星燕河帝子之國故多奇節甚茂華風高闕圖南二王齊軫長城拔本十族分源高祖太尉北平王光輔五君允釐百揆恆衞既從淮沂其乂祖豹龍驤將軍恆州刺史常山刺舉非無取代之符龍驤總戎或似平吳之號父鍼年止弱冠榮終解印公以五常蘊智六氣資德乘天則策馬秉靈降神則韋狼應象直心于物水火恬然無負于天雷霆不懼富貴自取豈資唐

舉之言。聲名有聞。無勞李膺之識。年十八。解褐員外散騎侍郎。尋授輕車將軍羽林監。太祖文皇帝馭天綱。苞羅英傑。選公才德。光佐中書。諸葛亮之西歸玉壘。成三分之業。管夷吾之入仕。葵丘有一匡之功。天水黠羌。漁陽蟲盜。乃遷秦州刺史長史防城大都督。封信都縣開國伯。三年。滑州蟻聚。保障沈命。靡旗亂轍。乘冰渡河。丞相大行臺授假節撫軍行滑州刺史。大統元年。授持節西夏州刺史。加散騎常侍。郅支抱馬。如聞耿秉之戰。單于願識。似畏王商之威。五年。遷使持節鎮東將軍都督東北三夏州諸軍事西夏州刺史。增邑千戶。改伯爲公。既而江漢遼遠。車書寂寞。蜀主的顱。未出檀溪之水。秦王飛雉。猶向南陽之城。六年。以公爲使持節都督三荊二襄南雍平信江隨郢淅一十二州諸軍事荊州刺史東南道行臺僕射。楚城鄰境。實有讓田。吳人對營。無妨贈藥。部內屬城。爲人所訟。公遂集文武。肉袒自罰。兄弟不讓。延壽責躬。吏民有

過。翁歸引咎。天子異之。璽書勞問。贈賻加幣。王人接踵。大丞相書云。此之美事。耳目之所未經。歎尚無極。故遣專使。公善于撫馭。長于接引。山藪無棄。苞苴不行。示人赤心。與人顏色。盜不敢發。民不忍欺。至是將校耆老于州城之南。起清德之樓。勒賢臣之頌。杜鎮南之作牧。當世樹碑。竇車騎之臨戎。生年刻石。方之今日。彼獨何人。于時戶口日增。荒萊畢墾。華實紛敷。黔黎茂豫。但恐袞職有闕。待公而補。鼎飪未和。須公而正。是以漢陰民望。荊南杞梓。竝皆上書詣闕。連名乞留。河內之借寇恂。更懃請帝。交州之請士燮。還著上表。九年。授車騎大將軍儀同三司。十二年。除大行臺尚書。仍爲大丞相司馬。以公識度嚴明。志飾清儉。遂改公名儉。字慶明。非關書月。詎待看碑。幸得千畝不同。二山無廢。十三年。加開府。餘官如故。十四年。除尚書右僕射。加侍中。進驃騎大將軍。居上星執法。在文昌之位。以公才望兼而有之。十五年。更除東南道行臺僕射都

何當作如

督十五州諸軍事。行荊州事。十六年。大丞相總十六軍。剋清河洛。公又中分麾下。參謀幃幄。高選霸僚。公爲長史。其年加都督南道三十六州諸軍事。餘官如故。南陽文學更遇王基。章華衮衣。還迎郭賀。昔日伐蜀之謀。張儀與秦昭計合。平吳之利。羊祜與晉武意同。太祖始定成都。即有江陵之志。公密獻其策。懸符深旨。糧運久積。梯衝立備。一戰而舉鄢郢。再戰而燒夷陵。遂得席卷三荊。此又公之勳也。詔賞奴婢三百口。太祖與公書云。由公立計。果何所謀。公頃自鎮江陵。以安蜀地。後魏二年。改武川昌盧郡開國公。歷陽居民。非唯縣丹之封。曲逆戶口。豈但陳平之國。其年。授大將軍。太和之中。曹眞于府內受冊。元封之末。衞青于軍中即拜。公之此比。綽有餘榮。詔曰。吳人未復。須助謀謨。今使梁王兵馬受公節度。三年。加都督東南道五十三州諸軍事。增邑萬戶。維周革命。光宅欽明。作貳天官。允諧邦治。元年。授小冢宰。保定二年。治蒲州刺史。檢

校六防諸軍事。四年。治襄州。仍授柱國大將軍。餘官如故。秩登四岳。階平六府。豈不功重昭陽。名高蔡賜。控馭五十州。風行數千里。拔園葵而去織婦。無三惑而絕四知。一室之中。未免虛白。日膳之資。三杯而已。詔乃賜縑綵一千段。粟麥二千斛。天和元年。陝州刺史都督八州二十防諸軍事。解荊州總管。餘悉如故。路出王官。城臨河曲。戍淸陝右。高視崇陰。部領旣煩。晦明爲疾。天和四年。謝病故京。薨于私第。春秋七十有八。鑾蹕降臨。軒懸輟樂。九旒龍旂之錫。三河騎士之送。詔贈太保涼夏靈銀長原河鄯甘瓜十州諸軍事涼州刺史。謚曰文。公狀貌丘墟。風神磊落。玉山秀立。喬松直上。烟霞之涯際。莫尋江海之波瀾。不測少遭荼苦。在山服終。攀柏樹枯。侵松獸死。盡忠事國。竭力從政。其門如市。其心若水。奇策密謀。百僚仰止。忠貞亮直。明主散焉。至如風后陰陽之占。力牧星辰之度。魏公子之兵書。李將軍之射法。莫不成誦在心。取爲時用。居常

服斵。或呂布被松牀。盤案之閑。不過桑杯石鼎。遺令山陵。一無所用。公私賵襚。竝不得受。止依太祖陵側。無忘事君。㠉等兄弟。竝至性善居喪。號慕墳埏。奉遵遺訓。是以衞青之塚。仍陪漢武之陵。管仲之墳。卽接齊桓之墓。天和六年。天子以四海未寧。三方鼎峙。有懷將帥之志。言念封疆之臣。旣畫雲臺。乃題麟閣。更贈公爲鄧國公。邑五千戶。追崇列辟。事極神魂。再改銘旌。恩隆封墓。公在民留愛。身後見思。吉日良辰。郊祠野祭。儀同趙迢等六百九十七人。表求立廟。陳請象魏。有詔許焉。桂棟杏梁。綠墀青瑣。寨歌會舞。鳳蓋霓裳。南浦送而行雲。東風飄而零雨。是知漢陽郡前。非徒武侯之廟。臨淄城下。豈獨欒公之社。嗚呼哀哉。乃爲銘曰

道鍾屯剝。世屬雲雷。地軸左轉。天關北開。客車周室。繫馬秦臺。乃齊七政。爰啓三才。烈祖燮諧。九龔梁棟。取才逢獵。求賢入夢。匡贊官雲。謀猷紀鳳。律定公族。珪分職貢。乃惟嗣德。實秉英靈。身圖斗宿。面繞樞星。青衿敬業。童子離經。信陵虛左。干木分庭。忠孝純深。樞機周密。孔光不言。曹參勿失。溫席扇枕。承顏悅膝。凍浦魚驚。寒林筍出。肅肅風政。沈沈器局。直似貞筠。溫如瑞玉。清不置水。明非舉燭。馬願如羊。金須似粟。上將克昇。元戎卽序。夏陽三捷。夷陵一舉。憑軾下齊。浚江入楚。鼎反厤室。鍾歸大呂。六卿咸事。天官是司。二南作伯。棠陰實治。清風有頌。綠竹聞詩。贈行之冊。超然帝師。昔侍蘭苑。今陪杏林。死生契闊。無違一心。風雲積慘。山障連陰。陵田野寂。松逕寒深。夏嬰之隴。橋玄之墓。馬見千年。車迴三步。左無長樂。前非武庫。直望高碑。增悲行路。文苑英華九百五。

全後周文卷十三終

全後周文卷十四

烏程嚴可均校輯

庾信七

周柱國大將軍紇干弘神道碑

公諱弘字廣略。原州長城縣人也。本姓田氏。虞賓在位。基于揖讓之風。鳳凰于飛。紹于親賢之國。論其繼世之功。則狄城有廟。序其移家之治。則長陵有碑。況復高廟上書。小車而對漢王。（藝文類聚作駟）聊城祭鳥。長岳（藝文類聚作兵）而驅燕將。公以胎教之月。歲德在寅。載誕之辰。星精出昴。是以月中生樹。童子知言。水上浮瓜。青衿不戲。既而受書黃石。意在王者之圖。揮劍白猿。心存霸國之用。魏永安中。任子都督。翻原州城。受隴西王節度。于時洛邑亂離。當塗危逼。禮樂征伐。不出于天子。舉賢誅暴。實在于强臣。太祖文皇帝始創霸功。初勤王室。秣馬蒐乘。誓衆太原。公仗劍轅門。粗謀當世。隨何遠至。實釋漢帝之憂。許攸夜來。即定曹王之業。永熙中。奉迎魏武帝入關。封鶉陰縣開國子。邑五百戶。太祖以自著鐵甲賜公。云天下若定。還將此甲示寡人。白水艮劍。罷朝而贈。陳寵青驪。善馬。迴軍而賜。李忠竝經輿服。足爲連類。大統三年。轉帥都督。進爵爲公。十四年授使持節都督原州諸軍事原州刺史。仙人重返。更入桂陽之城。龍種復歸。還尋白沙之路。公此衣錦。鄉里榮之。侍從太祖。戰河橋。復弘農。解華山圍。平沙苑陣。必有元勳。常蒙別賞。太祖在同州。文武竝集。號令云人人如紇干弘盡心。天下豈不早定。即授車騎大將軍儀同三司。前魏元年。轉驃騎大將軍開府。祈連猶遠。即受冠軍之侯。沙幕未開。先置長平之府。梁信州刺史蕭韶巡州刺史譙淹等。猶處永安。擁兵漁陽。公受命中軍。迅流下瀨。遂得朝發白帝。暮宿江陵。猿嘯不驚。雞鳴即定。西平反羌。本有漁陽之勇。鳳州叛氐。又習仇池之氣。公摧鋒直上。白刃交前。萬死一決。凶徒多潰。

糾糾萬屨當作糾糾葛屨

身被一百餘箭。傷肉破骨者九瘡。馬被十槊。露布申上。朝廷壯焉。糾糾葛屨。魏有去舊之歌。零露瀼瀼。周受惟新之命。乃進爵封雁門郡公。食邑通前二千七百戶。保定元年。授使持節都督岷州諸軍事岷州刺史。隴頭流水。延望秦關。川上峨眉。猶通蜀道。公不發私書。不燃官燭。獸則相負渡江。蟲則相銜出境。四年。拜大將軍。餘官如故。衛青受詔。未入玉門之關。竇憲當官。猶在燕山之下。公之此授。差無慙德。渾王叛換。梗我西疆。宕羌首竄。蕃籬攜貳。公受脤于社。偏師遠襲。揚旍龍涸。繫馬甘松。二十五王。靡旗亂轍。七十六柵。鶉奔雉竄。既蒙用命之賞。乃奉旋師之樂。天和二年。被使南征。帶甲百萬。舳艫千里。江源水起。海若乘流。郢官之城。登巢懸爨。吳兵習流。長驅戰艦。風灰箭火。倏忽孩城。公以白羽麾軍。朱絲度水。七十餘日。始得解衣。朝廷以晉剋夏陽。先通滅虢之政。秦開武遂。始問吞韓之謀。是以馳傳追公。以爲仁壽城主。齊將段孝先斛律明月。出軍定隴。以爲宜陽之援。公背洛水而面熊山。陣中軍而疏行首。乘機一戰。宜陽銜璧。增封五百戶。進柱國大將軍。司勳之冊也。建德元年。拜大司空。二年。遷少保。嬀朝三列。少保爲前。炎正五官。冬官爲北。頻煩寵命。是謂能賢。三年。授使持節都督襄郢昌豐唐蔡六州諸軍事襄州刺史。江漢之間。不驚雞犬。樊襄之下。更多冠蓋。既而三湘遼遠。時遭鵩入。五溪卑溼。或見鳶飛。舊疾增加。薨于州鎮。天子晝淩烟之閣。言念舊臣。出平樂之宮。實思賢傳。有詔贈某官。禮也。即以四年四月二十五日歸葬于原州高平之鎮山。屬國玄甲。輕車介士。一依霍驃騎之禮。衛將軍之葬。嗚呼盛哉。公入仕四十五年。身經一百六戰。遍中陷刃。疾甚曹參。刮骨傳藥。事多關羽。而風神果勇。儀表沈雄。事親無隱無犯。學不專經。略觀書籍。兵無師古。自得縱橫。青烏甲乙之占。白馬星辰之變。九宮推步。三門起伏。天弧射法。太乙營圖。竝皆成誦在心。若指諸掌。虜青犢之兵。甚有祕計。燒烏巢之米。本無遺策。西零賊退。屈指可知。南郡兵迴。插標而待。常願執金鼓而問吳王。橫琱戈而返齊地。有志不就。忠貞死焉。世子恭等。孝惟純深。居喪過禮。對其苫蓎。則梓樹寒生。聞其悲泣。則巢禽夜下。嗚呼哀哉。乃爲銘曰。

天齊水合。日觀山連。兵强東楚。地遠西燕。五卿咸正。三王竝賢。靈龍更起。燧象還燃。自天之德。乃祖乃父。維岳降神。生申及甫。北門梁棟。西州雲雨。勇讐燕城。名題漢柱。公始青衿。風神世載。猛獸不驚。家禽能對。劒學千門。書觀六代。有竭忠貞。無違敬愛。乃數軍實。乃握兵符。澆沙成壘。聚石成圖。風雲順逆。營陣孤虛。靈雨鉦鳴。爟火飛狐。淮陰受冊。車騎登壇。公爲上將。有此同宮。下江燒楚。上地吞韓。推功玉案。定策珠盤。天有三階。公承其命。國有六卿。公從其政。台曜偕輝。槐庭重暎。匡贊七德。謨猷八柄。腹滿精神。心開明鏡。伏波受脤。樓船推轂。東道未從。南征不復。飲丹有井。蹺泉無菊。功存柳林。身在橫木。移茵反葬。提柩山行。翳靈隴水。哀挽長城。山如北邙。樹似東平。松門石起。碑字金生。眇眇山河。縈縈肩子。泣血徒步。奔波千里。孝水先枯。悲雲即起。世數存沒。哀榮終始。文苑英華九百五又略見藝文類聚四十六。

周柱國大將軍大都督同州刺史尒綿永神道碑

公諱永。字永賓。東燕遼東郡石城縣零泉里人也。本姓段。昔者昌意降居。初分若水之姓。其叔出奔。始有京城之族。西河居士。蕃魏而却秦。北岳將軍。威胡而奉晉。其後居于代北。則先封遼水。備乎史籍。可略而言。祖拔。鎭西將軍馮翊太守。父儒。平東將軍持節恆燕朔三州諸軍事恆州刺史。公年裁弱冠。即値亂離。驅馳關塞之閒。早有縱橫之志。軍陣方圓。無勞聚米。山川形勢。不待披圖。魏正光五年入仕。解褐殿中將軍。孝昌三年加龍驤將軍。永安二年授平東將軍都督。中堅建義。勳謀是先。蒙賞倉泉縣開國男。食邑一百戶。其年淮泥侵軼。南鄙徵兵。公受脤偏師。一月三捷。昔張遼奄至下有闕文縣開國伯。食邑五百戶。進爵爲侯。永熙元年授使持節車騎大將軍左光祿。魏武帝特召入仕閤內大都督。馬武小心。侍蕭王于臥內。典章忠壯。陪魏后于宮中。于時賊帥元伯。破掠城市。西自潼函。東綿鞏洛。京畿大都督請馬七千。公曰。此賊無他策。尋自烏散。止請五百騎。應手生擒。朝廷賞其謀策。百姓喜其除害。旣而喪亂弘多。生民版蕩。乘輿西幸。宗社北遷。公妙識玄象。深知厤數。乃與昆弟謀爲自全。斬西中城主。送首關內。蒙賞昌平縣開國子。食邑三百戶。大統元年授使持節都督北徐州刺史。平竇軍。復弘農。戰沙苑。陣河橋。公竝預先登。身當鋒首。謨猷應變。備在司勳。增邑八百戶。通前合二千戶。進爵爲沃陽縣開國公。授南汾州諸軍事南汾州刺史。十四年增邑三百戶。轉大都督。其年授車騎大將軍儀同三司。加散騎常侍。十六年授驃騎大將軍開府。加侍中。尋授恆州諸軍事恆州刺史。又遷雲州刺史。昔軒丘分族。異姓者十四人。鄚邑建侯。宗盟者四十國。太祖文帝席卷關河。三分天下。潁川從我。竝有鄉里之親。新豐故人。非無布衣之舊。更立九十九姓。還存三十六國。舊冑還姓尒綿。增邑一千。進爵爲廣州城郡開國公。尋授文州諸軍事文州刺史。國家㠯玉門西拒。久勞亭鄣。陽關北牧。多事風塵。武成二年。有詔進公都督瓜州諸軍事瓜州刺史。是㠯名馳梓嶺。聲振榆關。無雷畏威。負霜懷惠。保定二年還朝。授工部大夫。尋遷軍司馬。夏官司武。侍白露而治兵。冬官考工。紀玄雲而授職。四年增邑三百戶。通前合三千九百戶。其年授使持節大將軍都督治左八軍總管軍事。朝登上將。暮會小卒。事涉交接。觀釁而返。天和二年㠯本官領小司寇。三度有星名天獄。八卦有坎象刑書。公繁不秋荼。嚴無夏日。民知約法。未肯㠯獄吏爲尊。吏識刑名。

無敢㠯死灰相懼。又任左廂第三軍總管。仍被敕將兵馬北道教習韓信入關。卽申軍令。陳農受詔。仍校兵書。豈若六郡良家。五營騎士。縣知正正之旗。遙識亭亭之氣。蒙犯霜露。旗鼓驅馳。俄而遘疾。遂至大漸。五年六月十六日。薨于賀葛城。春秋六十有八。將軍死綏。三軍行哭。都護喪還。緣邊追祭。九月二十三日。靈柩至于京師。皇帝臨喪。百寮赴弔。詔遣使持節車騎大將軍儀同三司賀拔執監護喪事。又遣使持節車騎大將軍儀同三司紇豆陵亮冊贈使持節柱國大將軍同華宜敷丹五州諸軍事同州刺史。謚曰某公。其年十一月五日。葬于京城南高陽原高司里。夫人赫連氏。兖州刺史悅之女。年十四。適尒綿氏。冊拜魯城縣君。遷濟陰郡君。又遷廣城國夫人。肅恭令淑。儀範賢才。四德有耀。三星增輝。三公夫人。見于斯矣。建德元年十二月亡。春秋五十有八。二年正月歸于高司之塋。劉荊州之墓。合葬于襄水之陽。衛將軍之陵。同穴于廬山之下。嗚呼哀哉。世子炭。使持節儀同大將軍領兵部大夫。純孝事親。忠貞事國。禮義自立。聲名有焉。銘曰。

軒臺受氏。若水降居。西城仲肩。北陸寘餘。山川雄烈。風俗扶疏。昔我關塞。洺襲干戈。時遭拔本。世値橫波。北封代郡。東據遼河。地未平一。天貂薦瘥。我父（疑作公）重光。繼文踵武。總牧三蕃。兼治六輔。雅俗觀風。都亭待雨。不逢問吏。無聞桴鼓。公㠯載世。挺此令聞。孝有三德。忠惟一君。馬陵釋患。聊城解紛。兵防滿月。戰避迎雲。長松都尉。細栁將軍。旣牧淮海。且蕃恆代。高壁負關。長亭穿塞。釁鼓司盟口口口口。吏不能欺。兵無敢背。玉關遺矩。汾海留愛。大將受冊。公昇其壇。六卿咸事。公貳其官。夷陵燒楚。上黨分韓。營軍參合。校戰皋蘭。年深厲起。禍過災生。上台裂岳。次將星傾。赤地悲淚。白虎哀鳴。懸弓靈幕。繫馬寒垌。煙凝不動。泉凍無聲。天子愴然。追予贈謚。禮官賜冊。陪陵受地。印綬曰策。衣衾曰禭。立窆就列。黃腸在位。自此何世。從斯幾春。樹爲櫪社。陵成谷神。詎知雲閣。名在功臣。（文苑英華九百五）

周車騎大將軍賀婁公神道碑

昔者軒丘命氏。初分兄弟之姓。若水降居。始建諸侯之國。自是㠯官爲族。因地爲宗。水派枝分。其可知矣。公諱慈。字元達。本姓張。清河東武城人也。仕于周。張仲爲孝友。謀于晉。張老爲賢臣。韓有開地。則五世強國。趙有孟談。則三卿不戰。祖慶。少習邊將。憑仗智勇。雖復五車竹簡。不取博士之名。一卷兵書。卽㠯將軍自許。角端在手。必無齊魯之侵。蓮花插腰。甚得蛟龍之氣。爲車騎大將軍儀同三司散騎常侍霸城縣開國伯。贈河州刺史。父瓌。公子公孫。有鎡基于天下。良工良治。有世業于家風。書則百家可知。劒則千人可敵。三槐㠯鼐鼎象物。知其神奸。五等㠯桓珪班瑞。守其宮室。君㠯才望。兼而有之。終于使持節車騎大將軍儀同三司散騎常侍武定縣開國公。贈河州刺史。公秉山岳之靈。受星辰之氣。年在髫髮。甫就勝衣。竹馬來迎。已知名于郭伋。羊車在道。卽見賞于王澄。豈直童子明經。書生說卦而已。至如禪河清論。秋水高談。故㠯辨析鼉林。聲馳鹿野。國家官族。君爲首姓。起家車騎大將軍儀同三司。襲爵爲公。邑合一千六百戶。弱冠登朝。傳呼甚寵。漢魏台鼎。故無此比。中朝方伯。罕有其年。大冢宰任總機衡。是勤王略。借君忠壯。委㠯爪牙。鎭左廂親信。出梁州防主。華陽西極。漢水東流。巴濮旣盜。沈黎卽靜。保定四年。王師北伐。㠯君驍勇。被召將兵。師下宜陽。身登函谷。將燒白馬之城。㠯覆烏巢之壘。旣而中途甚雨。未獲圍原。軍師聞喪。不成侵宋。柱國趙王。今上之第九弟也。文則河閒上書。武則任城置陣。作鎭岷丘。陽旍錦水。白虎之俗難安。黃龍之盟不定。㠯君智略。入佐中權。天和九年。授使持節大都督治柱國總府司錄。仍轉司馬。餘官封如故。相如西喻。鏤后于靈山。武侯南征。

基當作墓

服當作服

浮船于瀘水方之今日彼獨何人九品課工為上之下四年入朝歸事宰旅即受載師大夫將命齊國尋盟出境即用和鄰之儀入國聞喪仍從會葬之禮可使南面此之謂乎尋以本官入治軍正至如渭水兵書在心為志軒丘陣法聚石成圖既得師不疲勞兵無怨讟入陪中禁更領儀同邸客城池門關戶籍咸資巡警並用司存帝城近臣公室密戚如逢司隸似畏都官既而孤城鄭嫗不相其年巴水涪翁不醫其疾春秋三十有三奄捐官舍呂子明之疾甚歎軫吳王阮元瑜之長逝悲深魏主有詔贈某官禮也以建德四年三月日歸葬于河州苑川郡之禁山公六郡良家西河鼎族地壯金行人雄塞氣兵書七卷河水浮來射法三篇天弧夜下鋒旗不息刁斗恆驚猶得馬上讀書軍中習禮太史子儀善于謀策諸葛公休長于撫馭四代儀同三司七世河州刺史鍾鼎成烈冠蓋連陰所謂生為貴臣死為貴神者也但以遊魂久客反葬途遠道阻山長妻孤子幼哀聲滿野愁氣連雲況復松櫝飄颻方臨武威之戍丘陵迴遠直對臨洮之城馬援亡于武溪尸柩返于槐里梁鴻死于會計妻子歸于平陵嗚呼哀哉崎嶇遠矣昔者縶昌祠前即有黃金之碣德陽基下猶傳青石之碑是謂勒功乃為銘曰

七葉佐漢五世相韓忠臣入仕孝友當官青城仙洞黃石祠壇臺堪走馬書足迴鸞武定風飆霸城嚴肅並馳雙傳俱分兩竹重世刺舉連鑣袞服草靡青丘風馳赤谷世不乏賢挺茲上嗣孝有三德忠無二志劒足身挺書堪面試旂節既秉高蟬且珥龜轉印函蛇盤綬笥左右將軍前後常侍繼踵五侯因循三事旍旃九坂艫舳雙流還驅木馬更引金牛江波錦落火井星浮蹲酒望帝安歌蜀侯受服河陽偏師洛汭置陣成臯連旗廣武朝兵減竈夜營多鼓箭起六麋鋒摧九虎倏忽人世俄然今古吳發兩星醫驚二豎遊魂通夢言返舊塋紫泥賜冊黃腸贈行遂登石紐路入金城寒關樹直秋塞雲平劒埋合柱書藏鑿楹武侯為廟欒公為社雲蓋低臨霓裳紛下碑枕金龜松橫石馬永矣身世留名華夏（文苑英華九百六）

全後周文卷十四終

全後周文卷十五

烏程嚴可均校輯

庾信入

周上柱國宿國公河州都督普屯威神道碑銘并序

公諱威。字某。河南洛陽人也。舊姓辛。隴西人。基若水之源。纂商丘之胄。邑于大亳。寶定其居。封于小辛。乃成其姓。是曰三川披髮。辛有得見事之機。八卦占爻。辛廖有知人之鑒。佐治曰東都上將。魏帝解衣。武賢曰西國功臣。漢王推轂。祖太汧。武川太守。考生。河州四面總管大都督。隴右貴臣。河西鼎族。公侯踵武。岳牧連鑣。竝得聲振長榆。名雄高栁。公秉靈山岳。載誕星辰。結髮嶷然。齠年成德。澄波萬頃。建標千仞。鋒穎既高。光芒已遠。青衿學劒。既爲人主所稱。童子論兵。卽佐中軍之策。永熙元年入仕。蒙授直盪都督。太祖文皇帝雪舊君之恥。運西伯之功。始裂鴻溝。初登函谷。公濯衣沐

髮。杖劒轅門。撤洗足而相迎。下賓階而顧問。自此卽居帳內。仍爲直寢。授盪寇將軍羽林監白土縣開國伯。邑五百戶。大統元年。從迎大駕。進爵爲侯。增邑三百戶。加冠軍將軍散騎常侍。轉大都督。公善于用兵。長于撫御。自攻洛陽。定弘農。戰河橋。平沙苑。冒刃衝鋒。前無橫陣。況曰弢木六鈞。函犀七屬。門多懸冑。箭必中鞍。山積器械。谷量牛馬。軍吏計功。司勳賞策。授使持節銀青光祿大夫。進爵爲公。增邑八百戶。昔者受律赤符。韓信當千里。治兵白帝。張飛擬萬人。皆比于今日。公之謂也。五年。授使持節都督揚州諸軍事揚州刺史。浮于江海。達于淮泗。篠簜既敷。瑤琨卽序。十三年。授車騎大將軍儀同三司。尋遷驃騎大將軍開府。仍賜姓普屯。卽爲官族。入陪武帳。出總戎輜。置府于陽關。張旃于瀚海。故得上書于漢。卽用同宗。爭長于周。還無異姓。十六年。授鄜州諸軍事鄜州刺史。公頻煩兩牧。風政神明。虎去西河。梟移東郡。河湄瑞氣。特表廉平。鄜畤神光。偏明正直。及乎魏終天祿。周受惟新。明命已遷。彝倫或革。周元年。改授大將軍抱罕郡開國公。增邑一千戶。軍中受詔。非論北伐之功。大將登壇。無待東歸之策。置陣太平。開陰晉之道。連兵廣武。納榮陽之城。校戰丹山。移營白壁。莫不勇冠三軍。名凌五將。保定四年。授盪州總管。掌其北門。既爲鄭國所委。捍其西鄙。無懼秦亭之逼。是曰築平綱之城。衞人拱手。戍滎波之澤。粱氏寒心。朝廷與公有內外之親。令公從戚里之貴。乃曰魏文帝女爲公夫人。遂得長門之左。別開公主之園。濯龍之傍。便有王姬之館。五年。被徵入京。拜少司馬。期于司武。曰公爲魏絳。佐于中軍。曰公爲荀首。豈直謂之鶉火。稱之縉雲而已哉。其年。被使領兵出西涼州。奉迎突厥皇后。紀裂繻來。卿爲君逆。稱族而行。尊君命也。天和元年。授柱國。拜大司寇。楚之柱國。方之南火。軒之司寇。譬曰西雲。總授于公。能官人也。建德二年。授少傅。四年。授河州總管。都督七州諸

軍事。卽爲河州大中正。公之桑梓。本于此地。再爲連率。頻仍衣錦。襄城龍種。更反池臺。桂陽仙人。還歸鄉里。故老親賓。酣歌相慶。安車駟馬。天下榮之。宣政元年。授上柱國。更加少傅。配于上相。卽陪玄扈之圖。居于京師。實有圯橋之策。改封宿國公。食邑并前五千五百戶。射鴻舊圃。舞鶴餘城。既浮酸棗之河。聊對淇園之竹。來朝建章。則天子降席。出遊戚里。則羣公下階。是曰行滿天地。名聞四海。方當光輔五君。參謀七政。天厲弗戒。甍于所居。春秋六十有九。栁莊告殯。傾社稷之臣。鄭僑云亡。得諸侯之禮。詔贈某官。謚某公。禮也。曰今開皇元年七月某日反葬于河州金城郡之苑川鄉。山行巃嵸。地入塞原。望積石曰緣河。臨崆峒而下坂。玄甲黃腸。崎嶇亭鄣。及云負徹。方勞榆沈。若夫樹反壞也。封夏屋焉。終須潁川之碑。乃見華陰之碣。世子儀同永達。孝性有聞。居喪得禮。嗟海變而田成。懼山飛而地絕。勒后墓田。仍銘云爾。

少典之孫。玄王之子。虹貫于月。金承于水。降及于周。公矦復始。風俗氣候。山川表裏。河連積石。山帶崆峒。秦亭北上。漢使西通。金行氣壯。地勢人雄。稜稜高節。凜凜疏風。祖考藩屏。濁河清渭。兩地謨明。雙流光貴。水無別色。雲無異氣。爲吏爲民。惟懷惟畏。公之嗣世。實秉英靈。降神中嶽。迴文列星。鸞翔鳳舞。珠角山庭。臣深義本。子極天經。洛城戰陣。河橋旗鼓。箭飲石梁。劒燃銅柱。並麗六麋。俱拙雙虎。玉門開部。陽關置府。再爲上台。兩爲少傅。模範帝師。經綸國步。允襲峻德。欽明審諭。不吝車茵。誰言溫樹。天道茫昧。年齡倏忽。上將星開。功臣鼎沒。九原陵阜。三河甲卒。地險龜林。營危馬窟。西州永別。北闕長辭。山張虛蓋。野祭空帷。陵原地迴。松路風悲。銘于碣石。勒以貞龜。（文苑英華九百十一）

周柱國楚國公岐州刺史慕容公神道碑

昔在殷書。懋賞周禮。議勳諸矦。計功大夫。稱伐惟師尚父。昆吾載寶鼎之銘。王命尸臣。栒邑傳琱戈之賜。故知太上立德。明試以功。存有顯爵之榮。沒有大名之貴。昊天不弔。其惟楚國公乎。可以旌德景鍾。勒勳彝器。式昭盛美。載揚洪烈者焉。公諱寧。字永安。昌黎徒河人也。都尉總六縣之鄉。名山稱五岳之佐。燕太祖文皇帝慕容皝。以當世英雄。奄有河朔。趙之南境。以建王城。冀之北土。仍爲興國。公既皝之苗裔。家世燕陲。高祖侍中使持節都督中外諸軍事大保錄尚書北地王慕容超之世。蕃屏王室。詳之燕錄。可得稱焉。曾祖尚書府君。因魏室之難。改姓豆盧。仍爲官族。祖仕魏文成皇帝。考早亡。朝廷以庸勳攸屬。恩深追遠。保定三年。有詔贈柱國將軍少師涪陵郡開國公。食邑二千戶。公稟氣中和。降祥川岳。岐嶷表羈貫之年。通禮稱綺紈之歲。夙著奇節。幼表大成。兄弟分果。尙知推讓。賓客解鈴。曾無悋色。永安元年。太宰元天無穆。魏室滿輔。擁兵淮右。抗權江南。公時任別將。便從征伐。自是長城碳石。必

先行陣。秦南隴西。每當矢石。摧堅乘勝。莫不前驅。策勳行賞。常居第一。永熙元年。補子都督。并加鼓節軍儀。除桑乾太守。轉補都督。其年以魏皇西幸。奉迎大駕。賜封河陽縣開國伯。增邑三百戶。俄遷大中大夫。改伯爲矦。增邑合九百戶。仍授使持節都督顯州諸軍事顯州刺史。四年遷鎮東將軍金紫光祿大夫。其年秋河橋之役。先登破陣。遷爲車騎大將軍儀同三司。五年沙苑之功。加封合前二千戶。俄授敷州刺史加散騎常侍。外深推轂。內侍集書。十五年授右衛將軍。十六年授大將軍。後魏元年重授敷州刺史。公以先經刺舉。固辭不就。三年改封武陽郡開國公。除尚書僕射。職惟贊奏。任居封掌。分左右之儔。兼典舉之選。屬以江南阻兵。渚宮邊敵。軍機警急。鋒鏑縱橫。公奉命星言。元戎啟路。總秦人之銳士。兼荆尸之廣卒。水龍競雙刀之勢。步騎陳四分之威。夷陵既燒。黔中方定。旋軍返旆。解甲休兵。其後鳳州內叛。成都外絕。公又總督衆軍。萬乘卽道。兵不血刃。並皆擒獲。遷其酋豪。納其降附。皇朝受終。文祖革命。神宗選賢與能。改紘創制。爰降冊書。授公柱國。增邑四千戶。二年授同州刺史。衿帶關輔。脣齒秦晉。編戶殷積。邸閣儲峙。藩籬是任。親賢勿居。公建旟作牧。褰帷行部。六條斯舉。百城咸勸。三年授公大司寇。又以公勳庸特著。冊封楚國公。食邑一萬戶。蓋因破矦方仁等于荆陜。卽其地而封焉。遂糾王慝。弛張刑政。式遏寇虐。于是御之以寬猛。柔遠能邇。然後平之以沖和。舜任咎陶。不仁者遠。晉舉隨會。羣盜皆奔。保定四年授岐州諸軍事岐州刺史。沈痼彌留。保定五年三月四日薨于私第。春秋六十有二。詔贈某官。謚某公。禮也。十月庚申葬于洪瀆之川。馳辟毀宗。客車專道。玄甲被屬國之兵。介士陳輕車之騎。克善令終。生榮死感。嗚呼哀哉。經德秉哲。體道居貞。履貴思沖。居盈念損。澄波千畝。不能變其清濁。高牆百仞。無以測其汙隆。立身行己。居安如墜。亡軀徇義。視險

若夷至于將略應變出奇設伏太一風角之占常從星辰之候艨
船戰陣之錄强弩馳射之書莫不動會機神發符雷電梯衝所向
地靡百樓之城長戟所臨野闕三門之陣是以斬將搴旗四十三
戰尊官厚祿三十七年武彰七德之義詞誦九功之業迹紀庸器
之文行昭易名之典昔臧文既歿穆叔稱其立言鄭僑云亡宣尼
泣其遺愛德陽靑后之墓千年未平板江白虎之碑百代無毁敢
因斯義乃作銘曰

遼水之東冀州之北既曰都尉兼稱屬國斂氣餘勇雄邊遺則孝
實天經忠爲令德冠冕世祿羽儀祚胤俗被燕丹風漸英藺劬勞
役行辛苦行陣勇過溺駿氣踰瓦震王國克生思皇多士溫溫恭
人謙謙君子擁旄仗節出蕃入仕□□五朝建旟千里時逢改特
名載策勳淮陰召拜昭陽破軍職司刑政獄愼深文沈羊不飲崔
盜無聞巴庸薄伐江漢專征軍總六校兵兼七營運長擊短後實
先聲增壘威敵減竈潛兵鍾鳴夜漏晞露朝陽邑里蕭索宅帷荒
涼豐碑下柩題湊還喪宮臨樗里臺傾孟嘗卜兆戒期遠辰告窆
德遺身後名昭沒世館舍長捐泉扃永閉晏嬰悼齊郴莊悲衞風
秋北原日沒川逝葬出舊墳客土新封淚墮片石劒挂孤松淸徽
令範千載餘蹤（文苑英華九百十九）

周兗州刺史廣饒公宇文公神道碑

唐朝以元凱並進十有六人周室以昭穆先封十有五國發源纂
胄葉派枝分開國承家珠聯璧合是用克明俊德思皇多士盛德
有後公其裕哉公諱常字子元豫州滎陽人也周宣中興然後樹
贒建國鄭武有國然後保姓受氏荆衡之賦千乘莫敢加兵虢會
之封十城翻爲獻邑況復郊門致騎先迎內史之賓南宮旦朝獨
識尙書之履祖思慶建威將軍山陽太守建威取曹仁之號可以
定名山陽有王暘之賢足觀風俗考項銀靑金紫方于溫羨傳祇

鎮南征東比于劉弘荀顗報功之冊則槐路是儀贈行之典則荆
河惟牧公弱齡早慧幼志夙成立必正方言無勦說靑衿知勇卽
埋雲夢之蛇童子仁心已愛中牟之雉始遊庠塾不無儒者之榮
或見兵書遂有風雲之志出忠入孝事盡于心脩身立名理窮于
性大統三年起義華陽先登廣武浮潛逾沔入渭亂河蒙授永安
縣開國男輔國將軍自爾長從太祖入爲帳內都督河橋接戰秋
水則三月不流洛城揮鋒金墉則一月路斷西京不賓羌戎侵軼
城如飛鳥地有伏龍公以金僕裁抽靈鉦暫舉蜂目已奔狼心遂
革還平東將軍帥都督十五年襲父封魏昌縣開國伯轉大都督
魏後三年授使持節車騎大將軍儀同三司黃權受詔嘉其入魏
之功竇憲當官賞其平戎之策公之此授動庸著矣進爵廣饒縣
開國公邑五百戶保定三年授都督羅州諸軍事羅州刺史仍領
金州兵馬應接上庸公于文谷路溪澗崢嶸巖崖谿嶮山窮水斷
馬束橋飛中坪既開雙城卽款往者申息盡掩江黃無援涔陽極
浦亟犯風塵夏首西浮頻遭鋒鏑公以伏波受脤樓船誓衆入橫
江之陣進下瀨之兵越客文身湛盧終去吳人長鬣艅艎遂還建
德四年授使持節開府儀同大將軍公孫敖下光祿之塞諸葛誕
勤丸都之山公之處焉差無慙德四方雜俗天下殊風以君廉能
使乎觀察馳傳擁節揚旍持斧既乘驄馬仍被繡衣羣盜累足貴
戚斂手鄉亭畱宿幸無歸忌之疑公車奏事寧有反支之日是使
陽球司隸無所申威鮑恢都官因人成事高祖武皇帝以仲春誓
衆甲子濟河公仗劒六軍披圖八陣譬彼張遼前鋒而報魏主方
之耿弇先戰而待蕭王及乎九州道同四隩既宅遂得功參勇爵
名入司勳授上開府增邑五百戶加以舉功行賞推恩分邑兼乘
而反光乎譙郡之城載寶而歸照于臨漳之水卽日賜姓宇文與
國同族婁敬上書于鹿輅項伯舞劒于鴻門公之此榮足爲連類

百里當作皐甫

吕公績著屯險。誠貫風霜。其年授使持節督東徐州諸軍事徐州刺史。宣政元年授都督南兗州諸軍事南兗州刺史。作牧濟河。風行于雷澤。建旟海岱。化被于淮沂。禮唯入境。貪殘者解印。冕旒從政。仁義者郊迎。豈直白石開渠。青鹽換粟。祥雲入境。行雨隨軒而已哉。在任遘疾。薨于方鎭。百里嵩監御。斯牧賢能。刺史銜中郎連率。百里已下數語有脫誤此則中興方伯。英聲茂實。公之有焉。詔贈某官。謚某公。禮也。以大象二年十一月十日歸葬于滎陽之某山舊墓。九原悽愴。趙文子其何言。驌馬悲鳴。滕成公其已遠。若夫勒鼎刊碑。銘功頌德。陳其令範。必在生前。嗟乎。此之樹碑。異乎洙泗之水。此之勒石。異乎燕然之山。嗚呼哀哉。乃爲銘曰。

高陽之子。少典之孫。蒼林遠邁。若水遙源。公侯復始。鍾鼎逾繁。承基纂胄。建國開藩。我壯我武。旣公旣侯。緇衣出鄭。卿士歸周。魚陵北上。滎澤東流。河移酸棗。雨粟陳留。祖守南邦。考鎭東部。雨龜迴印。雙虵結綬。日祭陰風。星占長柳。是曰世載。其名不朽。事親之道。孝以立身。事君之道。忠以立仁。今君嗣德。一此君親。如松之茂。如竹之筠。功參荆棘。職主兵戈。北臨青嶺。南通白波。直雲橫塞。長星渡河。隙開沙斷。師移竈多。舉功行賞。封疆受位。宮室鏤珪。山河分地。狹勝千里。謀深計祕。建武功成。名連星次。建旟濟漯。擁節龜蒙。旣蠶桑土。實撫梧桐。野無異氣。河無別風。吳亭楚壁。莫敢彎弓。倏忽身世。俄然松櫝。路轉銅魚。山迴石馬。武侯之廟。欒公之社。望此高碑。悽然淚下。文苑英華九百十九

周隴右總管長史贈少保豆盧公神道碑

君諱恩。字永恩。昌黎徒何人。本姓慕容。燕文明帝皝之後也。朝鮮箕子之封。孤竹伯夷之國。漢有四城。秦爲一候。其先保姓受氏。初存栁城之功。開國承家。始靜遼陽之亂。自天市星妖。連津兵覆。尙書府君改姓豆盧。筮仕于魏。祖什伐。左將軍。魏文成皇帝直寢。父

唯當作推

萇。少以雄略知名。不幸早世。周朝以公兄弟佐命。義存追遠。保定二年有詔贈柱國大將軍涪陵郡公。是知春雨潤木。自葉流根。西伯行慶。唯存及沒。公以山岳精靈。星辰秀異。氣伴鐘鼎。聲感風雲。猛虎震地。七歲不驚。羝羊觸藩。九齡能對。太祖文皇帝乘時撥亂。奄有霸業。潁川從我。舊愛無忘。舂陵故人。相知唯厚。普太二年。關西建義。授殄寇將軍。奉迎大駕。賜封新興縣伯。邑五百戶。開新安之陣。還移楊僕之關。解弘農之圍。更入劉昆之郡。授梓幷巻。並預前驅。大統三年有沙苑之戰。四年有河橋之役。介胄蟣蝨。戎馬生郊。公靈變逾長。風飆更勇。隱若敵國。差强人意。授龍驤將軍中散大夫。八年授直寢右親信都督。尋轉大都督。加通直常侍。十六年授使持節車騎大將軍儀同三司。魏前元年授驃騎大將軍開府儀同三司。鄧隲以漢朝親戚。始處中台。黃權以魏國功臣。初登上將。公頻煩寵授。朝野爲榮。三年都督成州諸軍事成州刺史。尋加

遲當作尊

侍中。外總遭帥。威振百城。內參常伯。榮高八舍。于時隴坻黠羌。時穿上谷。榆中羣盜。或聚漁陽。公卷甲星馳。長驅千騎。迴洛凶徒。望風草靡。瓜州豪傑。束手歸軍。魏後元年改封龍支縣侯。三年朝廷使大將軍安政公隨突厥天口及吐谷渾國。河湟二州。蹺當口口。公領騎五千。以爲戎防。東通丹鑛。西望白蘭。關塞無塵。公之力也。周元年授都督鄯州諸軍事鄯州刺史。其年改封沃野縣開國公。食邑一千戶。二年授隴右總管府長史。武成元年都督利涉文三州諸軍事利州刺史。五年兵破文州。楊陳蠻仍平。盧水以保定元年秋將兵破巴州恆楊獽獠度瀘。五月葛亮有淚入之兵。長坂九迴。王遲有忠臣之路。霜雹不驚。水草無乏。天幸將軍。斯之謂矣。其年授司會。八法斯掌。九賦是均。事總歲成。功參月要。三年還授隴右總管府長史。公屢弼英蕃。頻相大府。北海入朝。仰以對問。東平謁帝。因而定禮。遂使馬首懷燕。不無樂毅。蕃臣擬漢。或多田叔。兄

圖當作闕

禮當作體

楚國公。吕參和揖讓。莊贊樂推。建國開都。奄荒南服。求吕先封武陽郡三千戶。益公沃野之封。朝廷吕兄弟相讓。不無前史。推恩分邑。有詔許焉。增邑并前合四千七百戶。既而六氣相犯。五聲相觸。靈壽不終。遊魂且變。薨于官舍。春秋五十八。詔贈少保幽冀定相等五州諸軍事幽州刺史。謚曰敬公。禮也。天和元年二月六日葬于咸陽洪瀆川。大夫墓樹吕柏。諸矦墳高于雉。嗚呼哀哉。公貧忠履孝。蘊義懷仁。直幹百尋。澄波千頃。留心職任。愛玩圖籍。官曹案牘。未嘗煩委。戎馬交馳。不妨餘裕。兄弟公矦。國朝親戚。宜春有湯沐之盛。濯龍無流水之譏。渭南千畝之竹。尚懼滿盈。咸陽二頃之田。常思止足。立身則十世可宥。遺子則一經而已。刺史賈逵之碑。既生金粟。將軍衞青之墓。方留石麟。乃為銘曰。

朝鮮建國。孤竹為君。地稱高柳。山名密雲。遼陽趙裂。武遂秦分。寶珪世胄。雕戈舊勳。名稱賓實。言謂身文。挺此含章。降茲岐嶷。有犯無隱。王道正直。唯愛唯敬。永成悅色。枕籍禮圖。留連學植。策參帷帳。功披荆棘。韓陣揮戈。齊城憑軾。豹策乃建。龍韜同啟。校戰岐陽。申威隴坻。城壘畫地。山川聚米。上馬諭書。臨戎習禮。賈復開營。廉公屈禮。從容傳會。占對造請。用此廉平。終茲寬猛。緣林兵息。潢池盜靜。名振赤山。威高青嶺。玄猷浮河。飛螟出境。災氣生隴。毒水侵涇。朝傾地鎮。夜落台星。石壇承祀。豐碑頌靈。渭城高柏。昌陵下亭。須知地市。為讀山銘。碑本藝文類聚五十、文苑英華九百二十五。

全後周文卷十五終

烏程嚴可均校輯

庾信九

周大將軍襄城公鄭偉墓誌銘

公諱偉。字子直。滎陽開封人也。周宣母弟。就封于鄭。河洛之地。卽有民人。虢鄶之君。非無郡邑。其後蛇鬬于門。龜嘗于鼎。韓侵負黍。晉滅陽城。其祀忽諸。以國爲氏。祖徽。撫軍。贈濟州刺史。父先護。驃騎大將軍儀同三司襄城郡公靑州刺史。永安中。洛城晝掩。黃河淩合。翟泉盟會之地。蒼烏忽飛。武庫兵欄之中。鱗魚遂上。三帥北縗。五馬南浮。梁武帝大造中原。樹君伊洛。公憑軾棧車。言歸舊壤。起爲通直散騎侍郎。天厭魏德。政在彊臣。公恥入亂階。乃于陳留起義。太祖封函谷而待諸侯。坐酆宮而朝羣后。威懷是荾。席卷西飛。大統三年入朝。蒙授武陽縣開國伯。食邑六百戶。尋除龍驤將軍北徐州刺史。闢河橋之陳。解玉壁之圍。張旃于富平。被練于伊闕。探虎穴而揮戈。上魚門而懸胄。故以策名司勳。功高舍爵。魏將侯景。狼顧荆河。天子命我偏師赴接。垂餌虎口。中途背盟。事獲交綏。公之力也。除中軍將軍散騎常侍大都督。襲襄城郡公。食邑二千戶。仍除使持節車騎大將軍儀同三司。餘如故。遷驃騎大將軍開府。加侍郎。常伯位重。霍去病之登朝。上將官尊。公孫敖之出塞。以今方昔。異代同榮。魏後二年。授大將軍事江陵防主都督十五州諸軍事。吳兵敎士。艫舳習流。島嶼憑陵。波瀾衝激。公塹臨江界。已悉南越之兵。截汎樓船。卽善昆彌之戰。遂得安歌灃浦。弭節涔陽。酉魯侯而宴章臺。對齊人而畋雲夢。周保定元年。授使持節都督宜州諸軍事宜州刺史。天和六年。授都督華州刺史。餘如故。崤函重嶂。㴽渭分流。陽陵之盜旣奔。華陰之學還聚。而消渴連年。屢有相如之患。至于大漸。遂如范增之疾。桐君對藥。分闕神明。李柱

白當作百

侍醫更無方便。以天和六年四月十七日薨。年五十七。詔贈本官。加少傅都督司豫洛相冀五州諸軍事司州刺史。謚曰肅公。禮也。天子輟朝。彌深大臣之誼。羣公會葬。咸得同盟之禮。夫人李氏。頓丘貴姓。卿相之門。賢才之室。霜露先侵。策封郊次。以其年十一月六日合葬于咸陽之長安縣某原。合葬非古。旣異三王之前。死則同穴。還同六載之始。雖復銜珠兩鶴。同歸紫蓋之松。出匣雙龍。共沒延平之水。嗚呼哀哉。乃薦銘曰。

國有巖邑。朝多君子。武公莊公。平王卿士。溫麥渝盟。祊田廢祀。驂乘停輿。來朝識履。惟祖惟考。旣侯旣公。樞機周密。出納淸通。治煩政簡。處亂心雄。濟河遺惠。海岱餘風。世濟其美。載誕其器。忠無不爲。孝則不匱。幽冀分梗。關河鼎沸。自北自南。聲聞梁魏。揚旌汝潁。威震三川。擁旄江漢。席卷樓船。成皋塵起。廣武烽燃。麋興麗箭。雁落驚弦。總衛蘭錡。申威河外。山頹鼓樓。樹如車蓋。都護兩道。將軍獨拜。梧桐茂苑。楊柳倡家。千金迴雪。白日流霞。凋零倏忽。悽愴榮華。河陽古樹。金谷殘花。隴昏雲暝。山深路晚。風氣纔高。松聲卽遠。疇昔親友。懽愉交結。不爲平生。應爲此別。文苑英華九百四十七。

周驃騎大將軍開府侯莫陳道生墓誌銘

君諱道生。字某。朔州武川人也。本系陰山。出自國族。降及于魏。在泰作劉。父少興。武川鎭將。山河抗拒。關塞被邊。早擅威聲。咸多雄烈。君子讀書馬上。淸談劒端。獨運六奇。專精三略。雖復身居末將。而勇冠旌門。位在支軍。而謀參幕府。魏正光五年。任統軍。隸天柱爾朱榮。征北海王。永安三年。隨太師賀拔勝入關。尋轉別將。滑源卷甲。關城東馬。竝皆剋捷。君有力焉。永熙三年。補都督。太祖文皇帝奄有關河。令行天下。以君幹略。委之爪牙。名洽中涓。功參上造。兵臨河曲。前登白馬之津。寇發蒲城。先戰黃沙之苑。臨晉橫船。旣禽趙將。馬陵削樹。復下齊兵。班瑞司勳。披圖疏爵。授驃騎大將軍

（正當作止）

金紫光祿大夫鄀縣開國公食邑五百趙儀之爲驃騎正駕單車張堪之拜光祿長乘白馬以斯連類朝野榮之大統九年更姓侯莫陳氏隨大將軍拓跋遠經始陽二水長關三川無市擐甲構疾死于轅門春秋五十一贈持節都督朔州刺史君在武川文皇帝同鄉里霸功既立王業克成不忘捨講猶論儐博今嗣德惟新功臣追遠東都馬鳴不無見日之歎北陵車過終憶平生之言有詔更贈使持節驃騎大將軍開府儀同三司都督宜敷絳三州諸軍事敷州刺史謚某公禮也夫人拓跋氏安邑郡夫人庭有鐘鼓家承儀誡敘容敎德言告言歸天和五年六月薨即以其年十月同葬于京兆某縣洪瀆鄉武子成寢請西階而合葬平陽下嫁即廬山而共墳銘曰

凝陰遠寂廣漠平寒沙窮瀚海地盡皋蘭塞鴻秋去胡桑夏乾風土壯氣山河凜然師旅上谷威雄武川君則繼踵代不乏賢匣有忠劒庭流孝泉魏室多故餘風未殄天保讓德當塗廢典上將指縱中涓力展洛城夜捷河梁朝剪鐵劍金龜榮追玉鉉身冑漢祚門承魏緒並擅華宗俱稱當路伉儷云匹年齡並故趙瑟秦聲同爲丘墓小陵石槨洪源鄉墓霧靄雨引池槨雙前隊路仍合松城即連霜隨槨白月逐墳圓芝蘭幾代陵谷何年（文苑英華九百四十七）

周車騎大將軍贈小司空宇文顯墓誌銘

公諱顯字某上黨武鄉人也自大霧浮河長虹映渚承源于若水纂系于蒼林上黨居韓之西常山在趙之北因地爲氏可略而言焉祖求南衞將軍冀州刺史父金殿征南將軍定州刺史並控鶴兵俱張戎樂聲榮之盛繼踵當年公稟山嶽之靈擅風雲之氣容止矜莊聲名籍甚彎弧挽强左右馳射故得名高上谷威振樓煩襲爵安吉縣侯食邑五百戶永興三年幽并叛換有無君之心帝顧謂公曰天下洶洶將若之何公曰擇善而從之乃誦詩云彼美

（預下脫爲字）

人兮西方之人兮帝曰是吾心也乃定入關之策以公母老家大令預計公曰今日之事忠孝不並君不密則失臣臣不密則失身帝愴然改容曰卿是我王陵還朱衣直閤閤內大都督改封長廣縣公邑一千五百戶武帝初至潼關太祖親迎瀍水太祖素知公名而未之識也目于衆疑而不問直云令此人射水傷小鳥應手即著太祖喜云我知卿名矣即用爲帳內都督滄州諸軍事滄州刺史增邑并前二千五百戶黃公衡之使士魏后是以推心潘承明之忠壯吳王爲之降禮異代同榮見之今日東夏邊隅地連荒服井陘塞道飛狐路斷乃以公爲使持節衞將軍都督東夏州諸軍事東夏州刺史白波青犢之兵銅馬金繩之亂莫不交臂屈膝牽羊抱馬在州遘疾解任還朝小馬留廄餘牀掛衽吏人攀戀刊石陘山雖非漢陽之城還侶扶風之路授使持節車騎大將軍儀同三司加散騎常侍以魏後元年疾甚亡于同州春秋五十七天子輟樂羣公會喪太祖親臨弔祭哀慟左右于時兵革交侵普斷贈謚即以本官印綬權葬于同州之北山今建德二年二月二十三日遷葬于咸陽長安縣之洪瀆原時逢禮樂之還代屬謳歌之變國雖異政人足追榮乃贈使持節驃騎大將軍開府儀同三司小司空丹延綏三州諸軍事延州刺史謚某公禮也夫人高氏渤海人也柔參晉政拒曹爽之異謀起在漢庭共王陵而俱對況乎箴訓有儀言容以德肅恭中興賢才內則豈直不聽雜樂以變齊國之風不食鮮禽以斷荆王之獵昔之合葬季武子之西寢今之同穴長平侯之北陵世子神舉兄弟至性純孝善居喪禮有終有始于身無改是以宦成名立孝顯忠存銘曰

北岳二名葱河兩本其峻惟極其源惟遠俗稟山川人資台袞義烈桓桓才雄悃悃乃祖乃父繼踵威雄擬金北陸鳴玉南宮隱若吳漢賢哉竇融負霜依德無雷向風挺此含章生茲秉德孝實天

性忠爲人則賜轂鏤膺燕南趙北若水將通九部可勒帷幄參謀宮闈典職善擇忠言能防變色繁弱已勁淇圃乃直戟中小支禽穿左翼建旗赤谷揮戈武州長城萬里河水雙流潁川多恙淮水未瘳義重穿壁恩深置郵于谷之口于渭之丘陽山霧落碑闕低昂草銜秋火樹抱春霜書劒俱沒人琴並亡哀哀嗣子純心靡託孝水未枯悲松先落室進巢傳門通弔鶴功臣身殞會圖麟閣（文苑英華九百四十七）

周大將軍琅邪壯公司馬裔墓誌銘

公諱裔字遵胤河內溫人也南正司天北正司地是謂羲和之官卽嗣重黎之政卬之歸楚與章邯而並封豫之避秦共毛公而俱去祖龍仍居選部水鏡三臺父悅再牧荆河威風千里而身遭禍機遂爲季布所哭稷存遺嗣實賴程嬰之忠國家追念功臣更撫叔敖之子言思宮族還求女齊之胤公始應辟爲河內功曹除員外郎常侍汲郡治兵黄河浮馬雄鋒軼關之捷逐北長城之陳授平東將軍北徐州刺史郴泉風塵三城席卷棠陰鋒鏑千室入闔遷車騎大將軍儀同三司開國龍門縣伯仍除巴州刺史雖復巴水三迴夷歌數曲徒逢白竹之弩已濟青衣之功朝廷以漢之功臣須開上將之府晉之代胄宜紹琅邪之國遷驃騎大將軍開府改封琅邪公食邑一千五百戶宮闈近密實俟忠貞詔爲大御伯仍除大御正職司常伯任總夔龍王道既平絲言惟允尋除始州刺史都督始州諸軍事蠻夷恃險狼顧鴟張高山尋雲深谷無景九地縱橫三門起伏峰危馬束水險橋飛遂得谷靜山空冰消霧散仍爲信州刺史都督信州諸軍事精兵守于白帝足躍巴丘之城船柹下于荆州彌動西陵之戍卽授使持節大將軍都督西盛州諸軍事西陵州刺史將啟北戶之人向通南雲之國聞寵若驚奄從深夜天和六年正月十八日亡春秋六十五詔贈本官加懷

直上脫司字

邵汾晉四州刺史謚壯公禮也以建德元年七月十三日葬于武功郡之三疇原公愛敬純深有隱無犯忠貞亮直知無不爲在戎四十二年身經六十九戰至于多寵唱籌並得成功飛沙擁石未嘗乖律恂恂教義吳起西河之風閑閑鼓旗李牧長平之政身死之日家無餘財山木所資一由詔葬有始有卒生榮死哀銘曰

祝融是命重黎克舉公族乃建天官卽序避世于秦承家于楚金行失馭玉鏡淪輝我之烈祖識變乘機黄旗東沒青蓋西飛落星置道長州出圖及我皇父荆河再撫世屬喪亂身沈猾豎嗟我遺嗣崎嶇趙武寒覆鳥翼飢吞獸乳獲歸河內更襲琅邪年方小馬怨結長蛇藏兵九地置劒千家雪山埋馬冰河陷車既乃班政超然榮守朱鷺頻飛金龜轉紐築塞長榆營軍高柳玉案推食河橋勸酒后門冰釋金堤電散蘆水門關茅津成觀馭風逸翮脩途始半建武功臣先悲吳漢沃家繇落游揚浸微金城路斷鄗塢人稀風松雲蓋白水山衣賢已星殞人沒蘭衰（文苑英華九百四十七）

周大將軍懷德公吳明徹墓誌銘

公諱明徹字通昭兗州秦郡人也西都列國長沙王功被山河東京貴臣大司馬名高霄漢豈直西河有守智足抗秦建平有城威能動晉而已也祖尙南譙太守父標右軍將軍抗拒淮沂平夷濟漯代爲名將見于斯矣公志氣縱橫風情倜儻圯橋取履早見兵書竹林逢叟偏知劒術故得勇爵登朝材官入選起家東宮直後除左軍葛瞻始嗣兵戈仍遭蜀滅陸機繞論功業卽値吳亡公之仕梁未爲達也自梁受終齊卿得政禮樂征伐咸歸舜後是以威加四海德被諸侯蕭索煙雲光華日月公以明略佐時權圖贊務鱗翼更張風飆遂遠冠軍侯之用兵未必師古武安君之養士能得人心擬于其倫公之謂矣爲左衞將軍尋遷鎮軍丹陽尹北軍中侯總政六師河南京尹冠冕百郡文武是寄公無愧焉瀟湘之

役。憑陵島嶼。風船火艦。周瑜有赤壁之兵。蓋舳艪艫。魏齊有橫江之戰。仍爲平南將軍開府儀同三司都督湘衡桂武四州刺史。遂得左廣。迴扃轔車。反暘長沙。楚鐵更入。兵欄洞浦。藏犀還輸甲庫。雖復戎歌屢凱。軍幕猶張。淮南望廷尉之囚。合淝稱將軍之寇。莫不失穴驚巢。沈水陷火。爲使持節侍中司空車騎大將軍都督南北兗青譙五州諸軍事南兗州刺史南平郡開國公。食邑八千戶。鼓吹一部。中台在玄武之宮。上將列文昌之宿。高蟬臨鬢。吟鸞陪軒。平陽之邑萬家。臨菑之馬千駟。坐前玉案。推食。行則中分麾下。生平若此。功業是焉。既而金精氣壯。師出有名。后鼓聲高。兵交可遠。故得艫舳所臨。蓋于淮泗。旌旗所襲。奄有龜蒙。魏將已奔。猶書馬陵之樹。齊師其遁。空望平陰之鳥。俄而南仲出車。方叔莅止。賜轂文茵。鉤膺鞗革。遂以天道在北。南風不競。昔者裨將失律。衞將軍于是待罪。中軍爭濟。荀桓子于焉受戮。心之憂矣。胡以事君。宜

政元年。居于東都之亭。有詔釋其鸞鑣。錫其六轡。祉。始弘就館之禮。即受登壇之策。拜持節大將軍懷德郡開國公。邑二千戶。歸平津之館。時聞櫪馬之嘶。舍廣城之傳。裁見諸侯之客。廉頗眷戀。寍聞更用之期。李廣盤桓。無復前驅之望。霸陵醉尉。侵辱可知。東陵故侯。生平已矣。大象二年七月二十八日。氣疾增暴。奄然賓館。春秋七十七。即以其年八月十九日。寄瘞于京兆萬年縣之東郊。詔贈某官。謚某。禮也。江東八千子弟。從項籍而不歸。海島五百軍人。爲田橫而俱死。焉嗚呼哀哉。毛脩之埋于塞表。流落不存。陸平原敗于河橋。死生慙恨。反公孫之柩。方且未期。歸連尹之尸。竟知何日。遊魂羈旅。足傷溫序之心。玄夜思歸。終有蘇昭之夢。遂使廣平之里。永滯冤魂。汝南之亭。長聞夜哭。嗚呼哀哉。乃爲銘曰。

九河宅土。三江貢職。彼美中邦。君之封殖。負才矜智。乘危恃力。浮磬戢鱗。孤桐垂翼。五兵早竭。一鼓前衰。移營減竈。空幕禽飛。羊皮詎贖。畫馬何追。荀罃永去。隨會無歸。存沒俄頃。光陰愴悽。岳裂中台。星空上將。眷言妻子。悠然亭障。魂或可招。喪何可望。壯志沈淪。雄圖埋沒。西隴足柢。黃塵碎骨。何處池臺。誰家風月。墳壠羈遠。營魂流寓。霸岸無封。平陵不樹。壯士之隴。將軍之墓。何代何年。還成武庫。文苑英華九百四十七。

全後周文卷十六終

全後周文卷十七　　烏程嚴可均校輯

庾信十

周大將軍上開府廣饒公鄭常墓誌銘

公諱常字某滎陽人也周宣王之弟初封其國鄭穆公之孫始成其姓祖思慶建威將軍山陽太守考瑱儀同三司豫州刺史南陽坐嘯值此邦君西河建隼逢斯刺舉公侯繼踵冠冕連鑣可得而言傳于史籍公髫齔知禮早年馳譽就經黌舍略見書堂習武兵欄偏知劍術雖復年猶小學已爲儒者所稱位在偏裨即入將軍之賞大統三年起義華陽授永安縣開國男文皇帝霸迹初基英雄輻輳公仗劍轅門潁川從我洛城逆戰莊于白馬之兵河橋解圍勇于烏林之策授平東將軍帥都督襲父封魏後二年授持節車騎大將軍儀同三司車騎用郭淮之勳儀同取王沈之貴公之

此授僉曰得人進爵廣饒縣公邑千戶保定三年授使持節都督遷州諸軍事遷州刺史即總領金州兵馬關拓北戎高山尋雲深谷無景梯繩乃上浮竹裁通闇越影嚮旬吳聲勢公出戰短兵竝皆奔北瓦解冰碎山空谷靜授持節開府儀同大將軍柏梁高宴有大將軍之詩幕府初開有平陵侯之國比之今日豈可同年而語哉自是使車被之繡服風謠是察刑政是觀公露節東驅風猋羣盜埋輪當路威振中原武皇帝有盟津之師以公爲中權之勁外從決勝內侍軍謀及文軌既同旃旌已偃司勳行賞軍吏舉功乃授使持節上開府增邑五百戶賜姓宇文與國同乘之榮周之宗盟非復異姓之後蕃屏是寄隆寵所歸公室無疏此之謂矣九州都督須得其才千里諸侯實俟其政乃爲使持節都督東徐州諸軍事徐州刺史尋遷南兗州諸軍事南兗州刺史公頻總六條再勞十部俗變風移人懷吏畏滯穗遺秉有利疲人山桑野蠶足

折當作拆

充貢賦化被殊俗威行鄰境奏事京師四方第一謂眞刺史其在斯乎春秋未高奄然遘疾以大象元年薨于州鎭時年六十三嗚呼哀哉吏人扳慕飛走變色河濟輟舂淮沂罷市以今年歸葬于滎陽之山詔贈某官禮也嗟陵谷之貿遷懼徽猷之永遠地久天長敢鐫貞石銘曰

荆河惟豫洛食之本水遶滎波山斜陸渾德星猶照祥風未遠代不乏賢文無闕衮公之生也實降英靈忠爲德本孝稟天經觀書虎館學劍龍亭雕弓偃月行馬流星置陣黎陽麾兵官渡平陰聽烏馬陵書樹氣視迴津星占飛步火斷羌營沙崩賊路及驅犀節乃牧雄州吏不驚犬人無喘牛西饑得歲東作逢秋草爛獄戶星低市樓五將星亡三台岳折哀哉天道遂當明哲棟梁崩壞風雲寂滅北郭長悲東都永別幽深此地宅兆斯憑山迴虎圈路上魚陵悲風夜烈苦霧晨凝蘭芬菊茂終古相承。文苑英華九百四十七。

使當作史

周大將軍聞嘉公柳遐墓誌銘

君諱遐字子昇河東解縣人也秦始征晉之地漢開平越之鄉律中夷則星居鶉首況復莊謀于衞既爲社稷之臣喜對于齊無廢諸侯之職祖叔珍宋員外散騎常侍義陽內使有徐邈之應對居于散騎之省有汲黯之正直理于淮陽之郡父季遠臨川王諮議參軍宜都太守蘭臺石室是所治聞白馬飛狐逾高詞氣西都異融擅名江表言談相會宛如舊識君膺令德之靈稟沖天之氣齠齔髻髮夙智早成愛敬自天虔恭得性含仁抱義履信居貞世父儀同忠惠公特加器異乃謂公曰吾昔逮事伯父太尉公見語云我昨夢汝登一高樓樓甚峻麗吾以坐席乞汝汝或富貴恨吾不及見耳吾向聊復晝寢又夢將昔時坐席還復賜汝汝官位當復見及王祥佩刀世爲卿族鮑永驄馬家傳司隸以此運頻差無慙德輶車西昌侯作藩襄漢君時年十二以民禮脩謁進止端詳神

情雅正。矦目送之不輟。試遣左右蹤君衣裾。欲覩舉動。君徐步稍前。曾無顧眄。魏矦之見劉廙。不覺斂容。漢主之觀田鳳。遂令題柱。比之今日。曾何足云。驃騎廬江王。帝子出藩。縣衡高選。吕君華望。召爲主簿。張坦直諫。旣稱荀令之香。鄒湛知言。彌見羊公之德。諮議府君于都。薨背。君奔赴。六日。即屆京師。形骸毀瘁。不復可識。靈柩泝江。中川薄晚。亂流乘還。迴風反帆。舟中之人。相視失色。抱棺號慟。誓不求生。俄爾之閒。風波即靜。咸吕君精誠所致。成都孝子。自赴江流。桂陽先賢。身彰野火。竝存靈柩。咸可傷嗟。太夫人乳閒發瘡。醫云惟得人吮癰血。或望可差。君方寸已亂。應聲即吮。旬日之閒。遂得痊復。君之事親。可謂至矣。從兄右衛擁旄嶺表。苦相攜致。昔馬遊志氣。爲馬援所知。班嗣才學。爲班彪見賞。復聞于今日矣。乃除永化縣令。靜尋欲案。或吟長岑之遠。乍撫鳴琴。不吕河陽爲陋。日南金柱。合浦珠泉。莫肯經懷。未常留目。解巾平西邵陵王

法曹參軍。仍轉尚書工部侍郎。始入禮闈。旣登蘭閣。尚書僕射陳郡謝舉。人望國華。引君言論。謂同坐曰。江漢英靈。見于此矣。西中郎岳陽王。吕緣車之重。臨西河之牧。敕用君爲本州治中。尋遷別駕。王叔理吕品物流名。陳仲舉吕題軒馳譽。君之展驥。兼而有之。及乎大盜移國。王室騷然。月動星搖。雲平虹直。岳陽王承制陝左。當壁漢南。天綱所頓。英賢畢集。授君吏部員外郎散騎常侍兼太子侍講。監儲甲觀。事重史丹。侍講桂宮。名高張禹。俄遷車騎大將軍侍中開府儀同三司。餘如故。方之驂乘。霍去病爲侍中。譬彼將兵。公孫敖爲驃騎。足吕照曜六府。謨明九德。豈直允諧上將。匡贊中軍而已哉。旣而言從梁國。服政鄙都。管仲有辭。即受下卿之禮。臧孫見德。還奉嘉賓之宴。有詔授使持節驃騎大將軍開府儀同三司霍州諸軍事霍州刺史。星節去闕。袞衣馳傳。迎郊則文學前驅。賓衛則邦君負弩。直吕五溪遼遠。馬伏波之思歸。三湘卑溼。賈

長沙之不願。是吕宜城刺史。直會鹿門。白沙故地。仍留龍種。天厲弗戒。奄然終極。天和某年。歸窆于襄陽白沙之舊塋。君器宇詳正。風鑒弘敏。澡身浴德。游藝依仁。汝南令望。扶風長者。不言財利。王夷甫之爲德。不談人物。阮嗣宗之爲人。從容亂離之機。保此令德。舒卷風雲之際。無妨貴仕。張衡渾儀之後。即賦歸田。杜預沈碑已來。遂停鄉里。王仲宣有讀書之樓。諸葛亮有彈琴之宅。實欲因此謝病。閑居終焉。鳴琴在膝。或對故人。寶劒自隨。時過稚子。百年俄頃。嗚呼哀哉。遂使君子之陵。止埋銅劒。賢臣之墓。唯銘石函。其銘曰。

有莊有惠。居魯居衛。義是隨時。才堪濟世。北部尚書。東京司隸。必復其始。矦君相繼。華蓋一岳。文昌一星。靑衿辯志。童子離經。義勖非典。書勤映螢。往年靈柩。漂泊江涖。吕君哀慟。川后停波。揚名北海。馳譽西河。誰登九折。不入朝歌。蔚炳胥變。攀陪遂遠。白鹿隨軒。

丹鸖附冕。位參上將。榮兼本選。蛇盤綬結。龜迴印轉。來朝平樂。歸政咸陽。蕃維即啟。軍幕仍張。起茲禮數。峻此戎章。長離宛宛。刷羽陵江。世急奔流。年催驚隼。滅沒頓轡。扶桑摇軨。智士石折。賢人星殞。西鄂芝枯。南陽菊盡。愴焉啟手。生榮終極。相杵輟舂。鳴機罷織。熒熒眉子。覩陰餘息。霜露履之。哀哉欒棘。龍巢北望。鳳闕前觀。松長風遠。地厚泉寒。書埋節落。琴覆絃寬。贈行之冊。書而納棺。（文苑英華九百四十八。）

故周大將軍義興公蕭公墓誌銘

昔司徒之敷五教。當堯讓之初。丞相之總萬機。值秦亡之後。若殷人受氏。乃承微子之封。梁運應圖。實啟延陵之國。公諱太。字世怡。蘭陵人也。太祖文皇帝之孫。鄱陽忠烈王之子。派別天潢。支分若木。直幹自高。澄源已遠。茂親明德。是稱毛畢之功。宗子維城。乃建邢茅之國。大同元年。年十六。封豐城縣開國公。食邑五百戶。山臨

降當作除

鵠塞非無陶侃之賓氣連斗牛卽有張華之劍解褐給事中仍大子洗馬公子出身非郎官而同品中朝洗馬異式道而前驅吕公居之誠爲高選大同元年入直殿省其年轉太子中書舍人南宮宿衞職司簡鑰北闕從班榮參顧問通籍兩宮得賢斯在大同三年授持節仁威將軍譙州刺史褰帷祥氛之境剌舉消憂之地南陽風俗文學更多美稷相迎童兒逾遠旣而亂離瘼矣王室騷然大夫有行役之悲君子有無期之怨背闕懷楚扁舟而行江漢奉當璧之君華夏歸中興之主承聖元年拜侍中無雙對問賓踐武子丁鴻多識舊章足齊衡于王粲二年除持節平西將軍臨川内史仍轉平南將軍桂陽内史尙方鑄劍再轉金龜御史分符雙封銅虎豈直鄧攸清白見稱五鼓之歌劉寵廉能名爲一錢之郡遂吕天保未定王途多梗還吳不可歸蜀無路臨淄負海翻然改圖貿身清漳垂翅渤海蒙授車騎大將軍散騎常侍仍爲持節都督

永州刺史而秦亭壓境郴柝閭城鼓角地鳴將軍天落雖復缾缶聽聲無防于地道冠繩柴結不卻于雲梯請命受降翻歸都護周朝吕楚材晉用不停于平章趙璧秦求無論于羈遠吕保定五年降使持節驃騎大將軍開府儀同三司義興郡開國公食邑一千三百戶天和二年授使持節都督蔡州諸軍事蔡州刺史楚頃襄之愛子旣布衣而戍谷魏安釐之母弟亦羈旅于邯鄲憂旣傷人降年不永春秋五十有一薨于蔡州之鎭送故入關空餘衮服歸軒在道還更垂帷嗚呼哀哉有詔贈官諡禮也五年十一月葬于長安北原樗里子之墳正臨武庫太史公之墓直對臯門銘曰

玄鳥遠烈相土弘謨東封宋社西斂秦圖人承佐漢國紹開吳有美令德茂親藩邸建國皇支承家帝弟率由冥會亮直天啟韓固聞詩唐都習禮博望之苑金華之宮文林講德武帳參戎名書柱上策滿帷中託身淄右莅政淮東秦亭西遍楚澤南窮時驚獵火或憚秋風厲斯遠略逢茲應變陣橫十里兵圍一面月暈孤城塵驚虛撥春笋非糧秋蒿無箭垂翅臥虎夷矜輟戰時値懷來恩加始賞王爵愈峻戎章更上朱鷺才飛虞歌卽響泣子留恨藏書長往炎涼迭運零落山丘霜芬暮月松氣陵秋嗟南國之王子成東陵之故侯文苑英華九百四十八

周故大將軍趙公墓誌銘

李當作孝今下脫茲字

公諱廣字乾歸邵惠公之元孫幽孝公之長子若木拂日長蛇委天龍圖幕河之光神鼎連雲之氣六辯構字五運徵祥是吕維嶽降神自天生德凝脂點漆日角珠庭爲子則名高五都爲臣則光照千里華蓋中天之峰未階其峻虞淵浴日之水不盡其源歲在珮車年方竹馬月内桂樹切問能詶石上木生懸思卽悟年十一孝公薨煢煢在疚孺慕過禮泉驚孝水竹動寒林三行克宣八翼斯舉大周建國宗子維城設壝封人分司典命開國天水郡公食

邑二千戶元年授使持節驃騎大將軍開府儀同三司其年四月授都督秦州刺史李公久牧汧隴遺愛在人今見撫我君之子已上四語有脫誤豈獨司隸之臺鮑宣累葉丞相之府韋賢重代二年拜大將軍方衞靑之張幕冊重元勳譬韓信之登壇榮高獨拜武成元年遷都督興梁等十九州諸軍事梁州刺史嶓冢導漾乃濟漢之東流蔡蒙旅平實華陽之西極其年九月改封蔡國公食邑萬戶地接韓城關臨楚鄙戶封八縣恩深寇恂之功邑啟萬家事極曹參之賞保定元年授少司寇犴戶苔生囹關蘚動載酒屬車幸無冤氣觀四軍府或聽鳴琴二年轉守蒲城都督潼關等六防諸軍事其年閏月遷都督秦渭等十二州諸軍事秦州刺史公亟牧冀城頻蕃隴坻豪桀斂手貪殘解印加吕上谷精兵漁陽鼙鼓北臨高柳南望長榆匈奴下馬之山貴相藏酒之谷莫不遠慕威聲遙承風化二年奉詔向甘州迎皇后有文書手仲子之歸紀裂繻來

鄭爲君逆自非名高絕國威被和鄰豈得稱族而行尊君之命四年授柱國大將軍昭陽㠯功高見用項梁㠯名將當官㠯今方之彼有慙德天和三年授都督陝虞等八州甘防諸軍事陝州刺史屈產垂棘既有滅虢之兵王官羈馬非無絕秦之路公㠯正正鼓旗閑閑車軌服叛威邊算無遺策但㠯中外久勞積斯災疾山川則並走羣望賓客則諸侯在門是㠯請謁承明言歸湯沐方詢夏郊之祀或辯桑林之祟更除秦州刺史仍襲父爵鹵國公分流之嶺未登晚塞之城空望太夫人㠯公羸瘠悲泣相守骨氣交衝奄捐館舍公頓伏苫痕水漿不入雖王人勸奪奮鉅愈增毋死于子子死于親慈孝之道一朝總集大漸之辰春秋二十有九四關罷市三軍行哭言尋聽訟猶見棠還顧空營唯餘衰柳謚贈某官禮也六年六月歸葬于秦州之某原玄甲啟路追軫驃騎之功龍旂贈行深悼東平之遠公亮直惟忠溫恭惟孝居之仁義飾㠯禮

樂風神機警聽敵精明有仞于宮牆無形于喜愠金版玉策之記枕籍忘疲蘭葉芝花之圖膏映必舉碣石秋雲昭陽落月思風含臆言泉流吻翩翩書記則阮瑀陳琳茬茬風流則王濛謝朓語其百發弓絕于猿吟論其百中劍深于雁陣枚乘之望梁苑不憚棄官樂毅之求燕路無辭千里至如應變將略雷電立成帷帳謀猷孫吳闇合有品藻人倫之志有清平天下之心鵬路忽摧龍津遂壅嗚呼哀哉太宰早茂三荆長辭萬始撫養遺孤連枝同氣馬援之戒兄子義存謹飭王沈之事世叔情深愛敬同德比義此之謂乎乃爲銘曰

御乾從紀秉離作聖白環讓德玄珪受命平一地紐增輝天鏡傍蔭數國前臨七政地屬先登時逢下武玉璜撥亂金縢光輔邗晉承家邢茅胙土波分建木派流玄滬贊命寅序徽猷淵塞忠有令圖孝爲全德山節茲政桓珪守國瀚海將臨燕山行勒平樂高宴金華說經論儒璧水觀禮明庭相風待賦承露須銘乘舟向月策馬隨星德舉克明能賢允叔上將授脤元戎推轂趙失東漁胡亡南牧箭下遼城泥封函谷袞衣頻露丹旐垂卷約法情推繁辭理遣盜烏懸祭疑蛇立辯人共官圖家同野繭爵雲推景轉風落仞星裂中台山頹左鎮夏楹舍爵殷階啟殯縿幕躝行明旌庭引秦川直望隴水分飛山河滿目容衛靈歸陵圖石馬車畫袞衣小山搖落長林變衰悽愴原隰荒涼宅兆樹密人稀山多路小十里松城千年華表夜臺方寂窮泉無曉（文苑英華九百四十八）

全後周文卷十七終

諱字下並脫某字

全後周文卷十八

烏程嚴可均校輯

庾信十一

周譙國公夫人步陸孤氏墓誌銘

夫人諱字本姓陸吳郡人也天子拓境百越來庭丞相勒兵三江席卷高祖載為劉義真長史留鎮關中既沒赫連因即仕魏臨終誡其子孫曰樂操土風不忘本也言念爾祖無違此心祖政驃騎大將軍儀同三司恆州刺史父通柱國大將軍大司馬文安公匡贊經綸參謀揖讓名高廣武功重長平夫人七德含章四星連曜敬愛天情言容禮典九日登高作銘秋菊三元告始或誦春椒年十有四娉于譙國友其琴瑟愈恭節儉之心伐其條枚實秉憂勤之德鄴地登高之錦自濯江波平陽採桑之津躬勞蠶月天和元年冊拜譙國夫人東武亭之妻既稱有秩南城侯之婦還聞受封柱國殿下以名華分照增城峻土揚旌僰道問政卭都白狼之溪遂艱黃牛之阪荔枝之山地險葡萄之國夫人別離親戚關河重阻夷歌一曲未足消憂猿鳴三聲沾衣無已是以天厲之疾遂成沈痼玉瀝難開金膏實遠建德元年七月九日薨于成都私第春秋二十有一即以其年十一月二十二日歸葬長安之北原詔贈譙國夫人禮也殿下傷神秋月掩淚長松周季直之留書更深冥漠潘安仁之詞藻徒增哀怨豈直西河女子獨見銀臺東海婦人先逢金闕銘曰

艾陵反旆椒山止戈金精據嶺昌闔凌波西遊卿相東裂山河華亭冠冕穀水絃歌震維從族燕垂從宦塞入飛狐關連鳴雁策預登皐功參臨瀨寶鼎留銘彫戈餘贊應圖淑令秉禮言歸魚軒馮軾澤雉文衣明月照鏡仙石支機行雲細起迴雪輕飛北降帝子南麾蜀守若水既開靈山已鑿月峽猿啼江神牛鬭星機北轉日

轡西迴陽泉伏氣陰律沈灰鶴辭吳市鳳去秦臺神光離合燈影徘徊雙流反葬百兩迴旌少女離位夫人去城帷堂野設帳殿郊營山川奇事風月無情搖落丘隴荒涼封域樹樹秋聲山山寒色草短逾平松長轉直節墳方固園陵永植。文苑英華九百六十三

周趙國公夫人紇豆陵氏墓誌銘

夫人諱含生本姓竇扶風平陵人魏其朝議列侯則莫能抗禮安豐奉圖功臣則咸推上席外戚列傳既闕建武之書仲山古鼎或表單于之獻祖略少保建昌郡公父熾柱國大將軍大宗伯鄧國公孟津大誓常預同德之臣咸陽違約克贊先登之主並得位入六府功參八柄夫人有文在手有象應圖榮曜夙彰徽華早茂肅恭以禮受教于公宮言容以德有聞于師氏及乎進賢君子內主邯鄲琴瑟在堂輜軿是服長久于節不無秋菊之銘履端于始或有椒花之頌豈止莊姬掩淚楚相知慙定美問兆齊兵不入武成二年冊拜趙國公夫人漢王聞立義之婦邑以延鄉齊侯見有禮之妻封之石窌異代同榮差無慙德柱國殿下居若木之一枝在天潢之別派揚旌玉壘驅傳銅陵南通向日之民東被無龍之國夫人從政月峽贊德雲門錦濯江波還臨織室山明石鏡即對妝樓既而玉律頻移金爐不變胡香四兩嗟西域之使稀靈草一枝恨瓊田之路絕天和五年四月二十二日薨于成都之錦城春秋二十孫子荊之傷逝怨起秋風潘安仁之悼亡悲深長簟況復仙臺永別無復簫聲傳母長歸唯留琴曲七年二月日歸葬于長安之洪瀆原詔贈趙國夫人禮也雲雨去來既留連于楚后光陰離合實惆悵于陳王銘曰

河西斗絕觀津孤起章武賢臣安豐貴仕木樓千仞金山萬里紹慶邢姨基昌宋子施衿趙北侍姆秦南紘綖禮數厭狄騑驂義超江汜仁流葛覃玉筐迎鵲金籠助蠶敬愛純深端莊淑問有光國

同德當作通德

史無形喜愠舉案外恭停機下訓馨馥于蘭年華于蕣風雨消散神靈離絕婺女還星姮娥歸月左楹夕奠高堂朝發空揚淩波更無迴雪下平日隰高平日原西臨冰井北望塞門猶垂帷服尚駕魚軒平原忽矣天道何言山迴地市路沒滕城松悲鶴去草亂螢生新雲別起舊月孤明賢墳永式節隴常貞（文苑英華九百六十三）

周安昌公夫人鄭氏墓誌銘

夫人諱某滎陽武人也周宣王之母弟俾侯于鄭鄭莊公之重世卿士于周已國為族自茲而始祖瓌太常恭侯父穆司空貞公西京賦詩奉常參柏梁之宴東都言讖司空為武衛之官籍連帝譜既同盤后門稱同德無廢儒林夫人禮義閨門端莊令淑采采芣苢萋萋葛覃及乎作配君子言事舅姑下氣怡聲承巾奉帶親戚惟禮閨閫已睦保定二年冊拜滎陽郡君序戚升榮從夫有秩豈惟立義之婦邑已延鄉有禮之妻封之后郊大將軍沈犀二江

夫人聞猿三峽明月靈關之阻秋風蜀道之難掩已瑤華先從春露天和十八年五月二十日薨于成都春秋三十有六詔贈安昌國夫人禮也即已其年十一月十六日歸葬于咸陽之白起原遂使山迴反壤先封節婦之陵日入虞淵實掩賢姬之墓嗚呼哀哉乃為銘曰

天河開國分織置政地有十城人居九命疇昔之邑今茲成姓識履傳風參輿置慶三星在戶百兩言歸虔恭內政榮曜中闈承姑奉盥訓子停機桑園蠶績綿室鸞飛珩璜節步藻火文衣巴水幽咽猿鳴斷絕月落珠傷春枯桂折趙瑟長辭秦簫永別貞姬掩隧節女封墳洛濱無月荊臺失雲鳥悲傷聽松聲愴聞千年遂古百代餘芬（文苑英華九百六十三）

周大將軍隴東郡公侯莫陳君夫人竇氏墓誌銘

夫人諱某扶風平陵人也章武開國名高外戚之右安豐入朝位在功臣之上祖已孝昌之始主諾淮陽父已正光之初褰帷海岱夫人生于禮義之門宗于箴誡之德虔恭惟禮令淑惟儀及乎百兩言歸三星在戶箴盥始事絛枚是則有子從政猶無逸豫之心有夫出征自識山陵之兆大統十六年冊授永安郡君婦已夫尊親由子貴朝章家慶兼而有之保定二年改授隴國夫人車服禮數徒禰典則有美河魴足光彤史既而風霜所及玫琯遂侵與善何言至于大漸天和六年四月七日薨春秋六十有六即已其年十月十日遷葬于咸陽萬年縣之杜原山形起伏既符白鶴之祥地勢風煙乃合青烏之氣銘曰

觀津世族平陵豪姓四侯登仕三君從政白狼建功丹蛇襲慶漢之廣矣先聞淑令君子朝端賢才家政吝珥已禮軒車已命讓果成廉推珠止競百年超忽千金莫恃室謝賢夫庭辭貴子歸寧輟露采蘩廢祀室委眠蠶衣留畫雉雲垂下澤日掩高舂空帷舊館

虛幕新封山迴廣柳路沒深松遊魂幾變大人何從（文苑英華九百六十三）

周冠軍公夫人烏石蘭氏墓誌銘

夫人諱某樂陵人也晉司徒樂陵公苞後子孫就封因即家焉扶風舊城猶存鐵市河南故墅尚餘金谷或寓燕陲仍仕代郡祖行代郡尹父魏司空蘭陵郡公司空佐命魏朝少傅丞疑周室竝為大族俱蒙賜姓秦晉匹也是曰通家夫人年十七歸于宇文氏淑令端莊含章貞吉箴盥惟儀閨閫已正某年除金鄉郡君某年改授冠軍夫人四德小君宜其家室三事內主翻辭贊務已保定五年四月遘疾薨時年四十有四即已其年某月日歸葬于京兆之某原人世風煙山川超忽陵陂青麥儻逢貞女之墳隴首白楊或表賢姬之墓乃為銘曰

三星麗天五岳鎮地禮有其秩人居其位燕趙多奇山川雄氣挺茲令淑惟此含章玉生庭照蘭開室香邢姨嬖服宋子河魴百兩

人字衍

言歸九儀從聘褕狄七彩軒車六命鼎室辭親槐庭贊政世爲閨水人成大夢迴帳山門移燈泉洞金蠶長含銀鸞永送香塡柏槨路閉松城悲鸞獨影雄劍孤鳴酉連趙瑟悽愴秦笙文苑英華九百六十三

周太傅鄭國公夫人鄭氏墓誌銘

夫人諱某滎陽開封縣遠里人也七子賦詩足光賓客三卿從政實靜諸侯驂乘則晉后停輿來朝則漢君識履華冑蟬聯無虛史籍祖邢秦州別駕父茂伯撫軍將軍涼州刺史伯陽縣侯夫人令淑早聞芝蘭獨茂既容既德言告言歸怫實溫凊恭惟箴盥太傅弼諧周室股肱攸寄夫人輔佐君子勤勞是司琴瑟既友絛抜無伐故得用之邦國成之孝敬某年月日封鄭國夫人褕狄既加紘綖是務夫人有安世之貴躬服浣濯子有文伯之尊無忘機杼表裏惟安閨閫且正醫門有疾藥對無徵天和三年三月二十日薨葬于長安之后安原世子某兄弟並勖慈訓咸遵母儀霜露深悲寒泉增慟銘曰

居德圃田當官敎府置騎賓來開黌學聚福履家室賢才踵武棠棣之華螽斯之羽人倫七德風化二南采采芣苢萋萋葛覃節行聲玉副笄珈篸樆園秉杼桑津滔鷰春秋超忽零落無時家亡淑女國喪賢媛香瓆永送舞鶴長辭山深月闇風急松悲千年開閉將驗靈龜文苑英華九百六十三

後魏驃騎將軍荆州刺史賀拔夫人元氏墓誌銘

在河之洲聞君子之配德言采其蘩見夫人之有禮用之風化人倫厚焉夫人諱安字大羅河南洛陽人也祖某京兆康王父昭驃騎大將軍開府儀同三司錄尙書司州牧汝陽郡王尉萼雄圖階基霸迹公卿之室將相維家夫人能脩法度無思犯禮恭儉節用憂在進賢大統五年封樂安公主歸于賀拔氏時年十三思事憂勤化成婦德彤管載暉棠棣早茂及乎謳歌有歸褕狄降等輔佐

君子猶安其室周天和元年乃封章武郡君霜露不居風煙飄忽遘疾累旬奄捐館舍㠯周天和四年二月二十六日薨于長安萬年里春秋五十有二詔贈頓丘國夫人禮也即㠯其年三月二十日歸葬于咸陽之后安原既異乘鸞翻然永去雖非舞鶴即掩泉門欲誌佳城乃爲銘曰

逖矣雄謀悠哉霸轍九服潛運三川中竭卿相連鑣賢才舞絕琬琰令淑施衿結褵方之棠棣譬㠯螽斯既全婦德還稱母儀逝水滔滔危途冉冉問藥無對蒸丹不驗狄服空陳紘綖虛掩郭門路轉哀挽途窮隴深結霧松高聚風春蘭秋菊唯始唯終文苑英華九百六十三

周大都督陽林伯長孫瑕夫人羅氏墓誌銘

夫人諱某恆州代郡太平縣人祖某父協周大將軍南陽郡公夫人貧于事親躬奉訓誡敎于宗室足聞詩禮及乎言歸肅恭如事蘋藻維敬紘綖是勤內位克諧中闈㠯睦年齡不競霜露先侵更無延壽之杯遂闕長生之枕㠯周天和四年二月八日薨于長安之洪固鄉時年二十有三其年某月日葬于萬年縣之壽里山非宋國翻爲節女之陵地異荆臺遂有賢妃之墓銘曰

畢狼建國靈武開都地接天柱山臨寶符人資義烈世襲雄圖葛覃維萋棠棣早盛既安淑德爰從配命四敎弘宣三星克正霜凋桂苑風落芝田三從門性五福傷年歸安永絕言告長捐悽切郊野紆迴隰原風慘雲愁松悲露泣朗月空嗟傷神何及文苑英華九百六十三

周儀同松滋公拓跋競夫人尉遲氏墓誌銘

夫人諱某河南洛陽人也祖某父太師柱國公魏室喪亂經綸夷阻周朝建國匡翊揖讓圖諜帝系即有內外之親分裂山河仍爲舅甥之國夫人容範端莊儀形淑令六義觀德南風有夫人之詩

八卦成形。東方有少女之位。外傅習言。公宮教業。箴盥線纊。佩帨茝蘭。年十有二。出適儀同拓跋兢。衣其翟服。既得宗婦之儀。乘其魚軒。還從列國之禮。摽梅三實。無闕其時。夭桃九華。能脩其政。某年某月。冊拜迴洛縣君。母金明公主。魏文帝長女。春則帝女採桑。秋則王姬築館。夫人出入主家。遨遊戚里。濯龍園苑。長門宮殿。既而膏腴美疢。華茂傷年。沈痼牀帳。蒸離寒暑。三世之術。無乏于醫門。百草之本。遂窮于藥性。建德三年五月七日亡。春秋三十。昔西河女子。值九節之菖蒲。東海婦人。得三山之芝草。無由再遇。悲矣如何。卽以其年十一月十五日葬于京兆之北陵原。龜筮告辰。丘陵啟奧。西臨織女之廟。南望湘妃之墳。嗚呼哀哉。乃爲銘曰。

父曰帝師。母曰王姬。車服不斁。江漢無思。是生令淑。觀禮敦詩。聲超宋子。德茂邢姨。繼世盛德。思賢克舉。奠雁迎門。濡蘋實俎。奉盥如事。移茵卽序。春水浴蠶。秋機秉杼。帝鄉近親。帝城近臣。濯龍親戚。平陽主人。金波迴月。玉樹臨春。弄玉鳳凰。昌容紫草。自此千年。無人得道。舜華榮曜。飄零何早。渭水北原。平陵故園。纔通谷口。卽望寒門。吁嗟此地。去矣歸魂。孟冬十月。長松九年。親賓掩淚。悽愴何言。（文苑英華九百六十三。）

周驃騎大將軍開府儀同三司冠軍伯柴烈李夫人墓誌銘

夫人諱某。隴西狄道人也。周有柱史。夫子以之猶龍。漢有將軍。宛城以之輸馬。復有西入上書。仍爲秦國之相。東向問計。卽是韓王之師。父宜。使持節大將軍南北二華州刺史順陽郡公。魏武皇帝之長舅也。穰侯魏冉。居咸陽之宮。曲陽王根。借明光之殿。語其貴戚。差足擬倫。論其退謙。彼多慚德。夫人幼而聰敏。早聞令淑。彤管有美。賢才見稱。弄其紙筆。懼失諸兄之意。翦其齠齡。畏傷王母之心。年十有一。出適驃騎大將軍開府儀同柴烈。烈以上將。須朔中台。受任軍國。忠勤規模。緐總。夫人輔佐君子。言容匡贊。增曜三星。欽明四德。授巾沃盥。有謹于事姑。斷織停機。無忘于訓子。保定二年。冊授大夏縣君。既以夫尊。又云子貴。乃遷順陽。改郡君。夫人之邑。或用鄉名。小君之號。多從夫秩。典冊光臨。足稱榮寵。本有風氣之疾。頻年增動。略多枕臥。飛軀之散。遣疾無徵。畫龍之符。留年不驗。以今建德四年三月日薨于館舍。春秋四十九。卽以其年八月日葬于長安之洪瀆原。神光離合。尙在河湄。雲氣徘徊。猶歸樓下。嗚呼哀哉。乃爲銘曰。

上書秦相。立功漢將。隴水分流。秦川遙望。秋陸俗勇。金行地壯。廣武軍中。安平河上。妻者齊也。謂嫁曰歸。三星夜照。百兩朝飛。褕狄有典。容禮無違。台庭等秩。侯服同衣。子奉母儀。夫聞家政。七族承和。九閨連慶。紛帨恭肅。溫凊孝敬。杼秉秋成。蠶隨春令。年華木落。電影先過。徒餐日氣。空飲天河。星凋玉井。月掩金波。虞淵落日。薤露哀歌。寂寞虛奠。荒涼象設。幽隴軀封。重泉蟻結。秋色悽愴。松聲斷絕。百年何幾。歸于此別。（文苑英華九百六十三。）

全後周文卷十八終

全後周文卷十九

烏程嚴可均校輯

蕭撝

撝字智遐，蘭陵人，梁武帝弟安成王秀之子。封永豐縣侯，歷給事中、太子洗馬、中舍人、黃門侍郎，出爲寧遠將軍、宋寧宋興二郡守，轉輕車將軍、巴西梓潼二郡守。武陵王紀承制，授使持節、忠武將軍，遷平北將軍、散騎常侍、領益州刺史。及稱尊號，除侍中、中書令，封秦郡王。紀東下，以爲征西大將軍、都督益梁等十八州諸軍事、益州刺史，守成都。兵敗，降于魏，授侍中、驃騎大將軍、開府儀同三司，封歸善縣公。周受禪，進爵黃臺郡公。武帝即位，授禮部中大夫，出爲上州刺史，入爲文學博士。天和末，授少保，後轉少傅，改封蔡陽郡公。建德二年卒，贈益州刺史，謚曰襄。有集十卷。

請歸養表

臣聞出忠入孝，理深人紀；昏定晨省，事切天經。伏惟陛下握鏡臨朝，垂衣御宇，孝治天下，仁覃草木。是以微臣冒陳至願。臣母妾褚，年過養禮，乞解今職，侍奉私庭。伏願天慈，特垂矜許。臣披款歸朝，十有六載，恩深海岳，報淺涓埃。肆師掌禮，竟無稱職；淅限督察，空妨能官。方辭違闕庭，屏迹閭里，低徊係慕，戀悚兼深。周書蕭撝傳。

劉璠

璠字寶義，沛國沛人，徙居廣陵。仕梁爲王國常侍，出爲蕭循北徐州主簿，兼記室參軍，領刑獄。循爲梁州，復爲參軍，領南鄭令，補華陽太守。元帝承制，授樹功將軍、鎮西府諮議，仍爲循平北府司馬。武陵王紀稱制，召爲中書侍郎，又以爲黃門侍郎，復以爲循隨郡王府長史，加蜀郡太守。尋降于魏，爲文帝中外府記室，遷黃門侍郎、儀同三司。明帝初，授內史中大夫，封平陽縣子，左遷同和郡守，後爲陳公純隴右總管府司錄。天和三年卒。有梁典三十卷、集二十卷。

雪賦

天地否閉，凝而成雪。應乎玄冬之辰，在于冱寒之節。蒼雲暮同，嚴風曉別。作冽。初學記。散亂徘徊，霏霏皎潔，違朝陽之暄煦，就陵陰之慘烈。藝文類聚、初學記作就凌陰之慘冽。若乃雪山峙于流沙之右，雪宮建于碣石之東。混二儀而竝色，覆萬有而皆空。埋沒河山之上，籠罩寰宇之中。日馭潛于濛汜，地險失于華嵩。既奪朱而成素，實矯異而爲同。始飄颻而稍落，遂紛糅而無窮。縈回兮瑣散，皓皓兮溟濛，綏綏兮颯颯，瀌瀌兮瀃瀃。因高兮累仞，藉少兮成豐。曉兮藝文類聚作攝。初學記作連。光而映淨，夜合影而通朧。侶北荒之明月，若西崑之閬風。爾乃憑集異區，遭隨所適，遇物淪形，觸途湮迹。何淨穢之可分，豈高卑之能擇。體不常消，質無定白。溪谷夏凝，小山春積。偶仙宮而爲絳，值河濱而成赤。廣則彌綸而交四海，小則淅瀝而緣間隙。淺則不過二寸，大則平地一尺。乃爲五穀之精，實長衆川之魄。大壑所以朝宗，洪波資其消釋。家有趙王之璧，人聚漢帝之金。旣藏牛而沒馬，又冰木而凋林。已墮白登之指，實愴黃竹之心。楚客埋魂于樹裏，漢使遷飢于海陰。覽雲中之狡獸，落海上之驚禽。庚辰有七尺之厚，甲子有一丈之深。無復垂霙與雲合，唯有變白作泥沈。本爲白雪唱，翻作白頭吟。吟曰：昔從天山來，忽與狂風閱。逈河陰而散漫，望衡陽而委絕。朝朝自消盡，夜夜空凝結。徒云雪之可賦，竟何賦之能雪。周書劉璠傳。藝文類聚二、初學記二。

柳霞

霞一作遐。字子昇，河東解人，世居襄陽，宋太尉元景從孫。仕梁爲州主簿，歷平西邵陵王綸法曹參軍，轉外兵，除尚書工部郎。岳陽王詧臨雍州，選爲侍中，遷別駕。及詧于襄陽承制，授吏部郎員外散騎常侍遷車騎大將軍儀同三司大都督賜爵聞喜縣公進持節侍中驃騎大將軍開府詧即帝位于江陵以襄陽屬魏去職歸里至周保定中爲霍州刺史天和中卒年七十二贈金安二州刺史

辭梁宣帝啟

陛下中興鼎運龍飛舊楚臣昔因幸會早奉名節理當以身許國期之始終自晉氏南遷臣宗族蓋寡從祖太尉世父儀同從父司空並以位望隆重遂家于金陵唯留先臣獨守墳栢常戒臣等使不違此志今襄陽既入北朝臣若陪隨鑾蹕進則無益塵露退則有虧先旨伏願曲垂照鑒亮臣此心周書柳霞傳

尉遲迥

迥字薄居羅代人文帝姊子爲大丞相帳內都督尚魏文帝女金明公主拜駙馬都尉累遷尚書左僕射兼領軍將軍拜大將軍封魏安公廢帝時以平蜀功拜大都督益潼等十八州諸軍事益州刺史徵還孝閔受禪進柱國大將軍封寍蜀公及受禪以爲小宗伯督隴右十二州進封蜀國公後爲都督秦渭文康等十四州軍事累遷大司馬拜太師加上柱國宣帝即位拜大右弼又拜大前疑出爲相州總管靜帝初隋將革命徵還會葬舉兵不受代爲韋孝寬所敗自殺至唐武德中詔改葬開元中建廟立碑

舉兵下令

楊堅以凡庸之才藉后父之勢挾幼主而令天下威福自已賞罰無章不臣之迹暴于行路吾居將相與國舅甥同休共戚義由一體先帝處吾于此本欲寄以安危今欲與卿等糾合義勇匡國庇人進可以享榮名退可以終臣節卿等以爲何如周書尉遲迥傳迥以隋文帝當權將圖篡奪遂謀舉兵乃集文武士庶登城北樓而令之

王悆生

造像記

保定四年歲次甲申十月乙卯朔十五日己巳佛弟子王悆生敬造石像一堪上爲天龍八部下爲人王帝主七世父母見在父過去母合門大小年一已上百歲已來恆願在西方供養无量壽佛復爲一切法界衆生生生世世侍佛聞法碑拓本

穆提婆

提婆本姓駱漢陽人高齊時以母陸令萱爲後主乾阿妳奏引入侍武平初稍遷儀同三司加開府授武衞大將軍尋除侍中累遷尚書左右僕射領軍大將軍錄尚書事封城陽郡王改姓穆與高阿那肱韓長鸞號三貴齊亡入周爲柱國宜州刺史謀反誅

以謠言啟後主請殺斛律光

斛律累世大將明月聲震關西豐樂威行突厥女爲皇后男尚公主謠言甚可畏也北齊書斛律光傳

馬顯

顯大象初太史上士

奏上景寅元厤表

臣案九章五紀之旨三統四分之說咸以節宣發斂攷詳晷緯布政授時以爲皇極者也而乾維難測斗憲易差盈縮之期致舛咎徵之道斯應盜止蝕或乘龍水能沴火因亦玉羊掩曜金雞喪精王化關以盛衰有國由其隆替厤之時義于斯爲重自炎漢已還迄于有魏運經四代事涉千年日御天官不乏于世命元班朔互有沿改驗近則疊璧應辰經遠則聯珠失次義難循舊其在茲乎大周受圖膺錄牢籠萬古時夏乘殷斟酌前代厤變壬子元用甲寅高祖武皇帝索隱探賾盡性窮理以爲此厤雖行未臻其妙爰

降詔旨博訪時賢并敕太史上士馬顯等更事刊定務得其宜然術藝之士各封異見凡所上厤合有八家精麤踳駮未能盡善去年冬孝宣皇帝乃詔臣等監攷疏密更令同造謹案史曹舊簿及諸家法數棄短取長共定今術開元發統肇自景寅至于兩曜虧食五星伏見參校積時最爲精密庶鐵炭輕重無失寒燠之宜灰箭飛浮不爽陰陽之度上元景寅至大象元年己亥積四萬一千五百五十四筭上日法五萬三千五百六十三亦名部會法章歲四百四十八斗分三千一百六十七蔀法一萬二千九百九十二章中爲章會法日法五萬三千五百六十三厤餘二萬九千六百九十三會日百七十三會餘一萬六千六百一十九冬至日在斗十二度小周餘盈縮積其厤術別推入蔀會分用陽率四百九十九陰率九每十二月下各有日月食轉分推步加減之乃爲定蝕大小餘而求加時之正（隋書律厤志中大象元年太史上士馬顯等又上景寅元厤抗表奏）

阿史那瓌

瓌周末爲隆州刺史從王謙舉兵謙敗幷誅

爲王謙畫三策

公親率精鋭直至散關蜀人知公有勤王之節必當各思效命此上策也出兵梁漢以顧天下此中策也坐守劒南發兵自衞此下策也（周書王謙傳）

王明廣

明廣鄴城居士

上書宣帝請重興佛法

大象元年二月二十七日鄴城故趙武帝白馬寺佛圖澄孫弟子王明廣誠惶誠恐死罪上書廣言爲益州野安寺僞道人衞元嵩既鋒辯天逸抑是飾非請廢佛圖滅壞僧法此乃偏辭惑上先主雖明大國信之諫言不納普天私論兆庶怪望是誠哉不便莫過斯甚廣學非幼敏才謝生知嘗覽一志之言頗讀多方之論訪求百氏覆合六經驗攷嵩言全不符會嗚呼佛法由來久矣所悲今日枉見陵遲夫諂諛苟免其身者國之賊也直言不避重誅者國之福也敬憑斯義敢死投誠件對六條如左伏願天元皇帝開四明達四聰暫降天威微迴聖慮一垂聽覽恩罰之科伏待刑憲謹上

臣廣謹對詩云無德不報無言不酬雖則庸愚聞諸先達至道絕于心慮大德出于名聲君子不出浮言諸佛必爲篤論去迷破執開導羣冥天人師敬由來久矣善言教物凡聖歸仁甘露蘭芝誰其見德縱使堯稱至道不見金夢平陽舜號無爲何陽瑞光蒲坂悲夫虛生易死正法難聞滄勝之風頗違謟曲之言難用若使齊梁坐興佛法國祚不隆唐虞豈爲業于僧坊皇宗絕嗣人飢菜色詎聞梁史浮天水害著自堯年全道何必唐虞之邦民壞豈止齊梁之域至如義行豐國寶殿爲起非勞禮廢窮年土階處之爲逸故傅毅云世人稱美神農親耕堯舜茆茨蓋衰周之言非先王之道也齊梁塔寺開福德之因豈責交報之祐故曾子曰人之好善福雖未至去禍遠矣人之爲惡禍雖未至去福遠矣抱朴子曰賢不必壽愚不必殘善無近福惡無交禍焉責斯近驗而遠棄大徵者乎今古推移質文代變治國濟俗義貴適時悲夫恐唐虞之勝風言是不獨是齊梁之末法言非不獨非

臣廣又對詩云有覺德行四國順之造化自然豈關人事六天勸請萬國歸依七處八會之堂何量豈止千僧之寺不有大賢誰其致敬不有大聖誰其戾止涅槃經云不奪他人財常施惠一切造招提僧房則生不動國詩經既顯庶事有由不合佛心是何誣罔寺稱平延嵩乃妄論佛立伽藍何名曲見斯乃校量遍分與奪乖儀執行何異布鼓而笑雷門對天庭而誇蟻穴勸吕夫妻爲聖衆

苟忝婚淫言國主是如來冀崇諂說請諫之士如此異乎何別魏陵之覓交寵勸楚王奪子之妻宰嚭求于近利爲吳王解蒼蒼之夢心知不順口說美詞彼信邪言由斯滅國元嵩必爲過罪僧官驅擯忿羞恥辱謗旨因生覆巢破寺恐理不伸扇動帝心名爲尊佛曲取一人之意埋沒三寶之田凡百聞知孰不歎惜有佛法來永久無際天居地止所在遵崇前帝後王誰不重異獨何此國賤而囗者哉昔卞和困楚孔子厄陳方今擬古恐招嗤論

臣廣又對佛爲慈父調御天人初中後善利安一切自潛神雙樹地動十方髮授四天驅分四國涅槃經云造像若佛塔猶如大拇指常生歡喜心則生不動國明知貧父事師自關古典東修發起孔敎誠論叵有銜嵩橫加非難入堂不禮豈勝不言昔唐堯則天之治天有逸水之災周置宗廟之禮廟無降雨之方如謂塔無交福㠯過則歸亦可天廟虛求例應停棄若㠯禮推寔運縮天廟之恩亦可斂窮命也豈堂塔而能救設使費公縮地魯子迴天不柰必死之人豈續已休之命命而不定福也能排義異同論必須慈祐至如徧吉像前病癩歸之得愈祇洹精舍平服殘患之人濟苦禳災事多非一更酬餘難不復廣論若夫道不獨偏德無不在千途一致何止內心至若輪伽之建寶塔百鬼助㠯日功雀離之起浮圖四天扶其夜力大矣哉感天地動鬼神外修無福是何言也此若課貧抑作民或嗟勞義出包容能施忘倦若必元由塔寺敗國窮民今既廢僧貧應卒富儉因城市更甚昔年可由佛之者也鬼非如敬謂之爲諂拜求社樹何惑良多若言社樹爲鬼所依貧奉而非咎亦可毀塔爲佛住持修營必應如法若言佛在虛空不處泥木亦應鬼神冥寂豈在樹中夫順理濟物聖敎尤開非義饒益經言不許願有天宮佛塔撤作橋屏之牆繡像幢經用衣膿血之服天下日日饑窮百姓年年憔悴鬼神小聖倘或叵欺諸佛大

同當作向

因當作困

靈何容可負詩云浩浩昊天不駿其德降喪饑饉此之謂也更別往代功臣今時健將干戈討定清息遐方生乃偏受榮勳朱門紫室死則多使民夫樹廟興墳祭死殺生崇虛損實有勞無益初未涉言況釋迦如來道被三千化隆百億前瞻無礙後望誰勝能降外道之師善伏天魔之黨不用寸兵靡勞尺刃五光徧照無苦不消四辯橫流怨蒙安樂爲將爲帥名高位大寺存廟立義有何方土龍不能致雨尙遵之㠯求福泥佛縱使不語敬者豈得無徵昔馬卿慕藺孔父夢周故人重古敬遵舊德況三世諸佛風化理同就使彌勒初興不應頓棄釋迦遺法

臣廣又對令無行富僧從課有理有德貧僧奪寺無辜至如管蔡不臣未聞姬宗悉戮卜商鄙吝詎可孔徒頓之牧馬童兒先去亂羣之馬放牛豎子猶寵護羣之牛莊子曰道無不在契之者通適得怪焉未合至道唯此而已至如釋迦周孔堯舜老莊發致雖殊宗歸一也豈得結繩之世孤稱正治剃法之僧獨名權道局執之情甚矣齊物之解安寄老子曰上士聞道勤而行之中士聞道若存若亡下士聞道大笑毀之元嵩既是佛法下士偷形法服不識荆珍謬量和寶醜詞出自僞口不遜貫于筆端若使關西之地少有人物不然之書誰肯信也廣常見逃山越海之客東夷北狄之民昔者慕善而來今㠯咸法流散可爲好利不愛士民則有離亡之咎矣然外國財貨未聞不用外國師訓獨見不祗天下怪望事在于此廣既志誠在念忠信爲心理自可言早望申奏但先皇別解可用嵩言已往難追遂事不諫三年久矣三思乃言有一可從乞尋改革

臣廣又對竊㠯山包蘭艾海蘊龍蛇美惡雜流賢愚亂處若龍蛇俱寵則無別是非若蘭艾並撰誰明得失若必存留有德簡去不肖一則有潤家風二則不惑羣品三則天無譏善之議四則民德

方當作妨

之當作貶

固水當作固守

歸厚矣我大周應千載之期當萬機之位述禮明樂合地平天武烈文昭翼眞明俗賢僧國器不獎姚氏之兵聖衆歸往豈獨龜茲之陣或有慈悲外接聰辯內明開發大乘舟航黎庶或有禪林戢翼定水游鱗固水浮囊堅持忍鎧或有改形換服苟異常人淫縱無端還同愚俗元嵩乞簡差當有理夫天地至功有時動靜日月延縮猶有短長今莊老之學人間罕遇若使合國共行必應違式者罪何以得知現見時人受行儒教克己復禮綱事多違禮云餚乾不食未見與肉而求菓者爵盈不飲未見厄滿而不勸者禮極飲不過三爵未見酣酒而不醉者天子不合圍諸侯不掩羣庶民不麛卵廣既少染玄門不閑掩圍之事舉目盡見麛卵之民復云何彼不合禮不罷儒服者乎夫化由道洽政以禮成榮辱所示君子刑罰所御小人類野耘田之法禾莠須分條桑初樹豈當盡杌臣廣又對忠臣孝子義有多塗何必躬耕租丁爲上禮云小孝用

力中孝用勞大孝不匱沙門之爲孝也上順諸佛中報四恩下爲含識三者不匱大孝一也是故詩云愷悌君子求福不回若必六經不用反信浮言正道廢虧竊爲不願若事親以力僅稱小孝租丁奉上忝是庸民施僧敬像俱然合理以嵩向背矛盾自妨上言慢人敬后名作痴僧敬像還成愚俗淫妻愛子畜生亦解詠懷剋念何其陋哉孝經云身體髮膚受之父母不敢毀傷孝之始也立身行道揚名于後世以顯父母孝之終也若言沙門出家即涉背親之譏亦可曾參事于孔丘便爲不孝之子夫以道相發聞之聖典束脩合禮僧有何愆老子曰四象不行大象無以暢五音不聲大聲無以至若欲永滅二乘亦可大乘無以暢元嵩若志明出家不悔志若不明悔何必是昔丁公入漢先獲至點之愆馬母叛美自招覆水之逝是驗敗國之師不任忠臣之用追夫之婦終失貞淑之名嵩本歸命釋迦可言善始厭道還俗非是令終與彼嬖女

本當作木

亂臣計將何別天無長惡何久全身背眞向俗取返何殊請簡僧立寺者廣聞金玉異珍在人共寶玄儒別義遐邇同遵豈必孔生自國便欲師從佛處遠邦宥心捐棄不勝事切輒陳愚亮是非之理不敢自專昔孔丘詞逝廟千載之規模釋迦言往寺萬代之靈塔欲使見形剋念面像歸心敬師忠主其義一也至如丁蘭束帶孝事本母之形無盡解纓奉承多寶佛塔眇尋曠古邈想清塵既種成林于理不越又案禮經天子七廟諸侯五廟大夫卿士各有階級故天曰神祭天于圓丘地曰祇祭地于方澤人曰鬼祭之于宗廟龍鬼降雨之勞牛畜挽犁之効猶或立形村邑樹像城門豈況天上天下三界大師此方他方四生慈父威德爲百億所尊風化爲萬靈之範故善人迴向若羣流之歸溟壑大光攝受如兩曜之伴衆星自月支遺影那竭灰身舍利徧流祇洹遂造乃賢乃聖憑茲景福或尊或貴冀此獲安忽使七層九架穨龕墜構四戶八

窗可無于失道不令而治形教隨時損益至理不言而得經像自可令行通人達士隨方顯用翼眞明俗聖感應時若待太公爲卿相千載無太公要得羅什爲師訓萬代無羅什法不自顯弘必由人豈使大周法輪永滅聖上六條御物九德自明曲禮莫施直言必用昔秦始皇發孔丘墓禍鍾三日魏太武滅僧伽藍災起七年崔晧之說可知衞嵩之言難用仁者不損他自利智者不樂禍邀名元嵩天喪無祐只然一罷人身當生何處廣識謝指南言慙信正此如不對恐傷衆善夫恕人之短者厚之行也念存物德者仁之智也今僧美惡假令相半豈宜驅擯一切不留昔天失望率土嗟傷愚謂此塗未光周德何爲敬儒士以顯尊重賤釋子以快其意賤金貴石有何異乎計王道蕩蕩豈理應然土以負水而平木以受繩故直明君納諫不諱達士好聞其非智不輕怒下愚之見得申仁不輕絕三寶之田頓立天無不覆地載寬勝山包海納何

所不容十室之內必有忠信一國之裏可無賢僧伏惟天元皇帝舉德納賢招英簡俊去繁就省州存一寺山林石窟隨便聽居有舍利者還令起塔其寺題名周中興寺使樂慧之士抑揚以開導志寂之侶息言以求通內外兼益公私無損即是道俗幸甚玄儒快志隆周之帝葉重百王大象之君光于四海天高聽遠輕舉庸言氣悸魂浮以生冒死乞降雷電之威布其風雨之德謹上

納言韓長鸞受書內史上大夫歸昌公宇文譯內史大夫拓跋行恭等問廣曰佛圖澄者乃三百年人觀卿不過三十遠稱上聖弟子不乃謬乎廣荅曰其或繼周者雖百世亦可知先師雖復三百許年論時不過十世何足可惑

譯曰元嵩所上曲見伽藍害民損國卿今勸立有何意見廣荅曰桀紂失國殷士歸周亡國破家不由佛法內外典籍道俗明文自古及今不可停棄是故請立

譯又問齊君高偉豈不立佛法國破家亡摧殘若此廣荅曰齊君失國有兩義不由佛法一則厤數有窮開闢已來天下未見不亡之國二則寵罰失忠君子惡居下流是以歸周不由佛法

譯又問經者胡書幻妄何時引為口實廣又荅曰公謂佛經為妄廣亦謂孔教不眞

譯又問卿據何爲驗言孔教不眞廣荅曰莊周有孔子之行古往事同已陳芻狗猶使百代歌其遺風千載永而不絕遍尋諸子未見一人名佛幻妄矣

譯又問丁蘭木母卿引不類何者昔人蹟頭木母木母為之血出高祖廢寺已來泥佛石像何箇出血廣荅曰昔夏立九鼎以鎮九州一州不靜則一鼎沸九州不靜則九鼎都沸比來見二國交兵四方擾動不見一鼎有沸今日殿前猶依古立鼎獨偏責泥木石像不出血即便停棄

三月一日敕賜飲食預坐北宮食訖駕發還京皇帝出北宮南門與上書人等面辭受拜拜訖內史拓跋行恭宣敕旨日月雖明猶假燭星輔曜明王至聖亦倚臣下匡救朕以闇德卿等各獻忠謀深可嘉尚文書既廣卒未尋究即當披覽別有檢校卿等並宜好住至四月八日內史上大夫宇文譯宣敕旨佛教興來多歷年代論其至理實自難明但以世漸澆浮不依佛教致使清淨之法變成濁穢高祖武皇帝所以廢而不立正為如此朕今情存至道思弘善法方欲簡擇練行恭修此理令形服不改德行仍存敬設道場敬行善法王公已下並宜知委（廣弘明集十。）

全後周文卷十九終

全後周文卷二十

烏程嚴可均校輯

甄鸞

鸞天和中爲司隷大夫有周天和年厤一卷七曜筭術二卷五經筭術一卷

笑道論并啟

臣鸞啟奉敕令詳佛道二教定其先後淺深同異臣不揆疏短謹具錄以聞臣竊以佛之與道教迹不同出沒隱顯變通亦異幽微妙密未易詳度且一往相對佛者以因緣爲宗道者以自然爲義自然者無爲而成因緣者積行乃證守本則事靜而理均違宗則意勃而教僞理均則始終若一教僞則無所不爲案老子五千文辭義俱偉諒可貴矣立身治國君民之道富焉所以道有符書厭詛之方佛禁怪力背衰之術彼此相形致使世人疑其邪正此豈

大道自然虛寂無爲之意哉將以後人背本妄生穿鑿故也又道家方術以昇仙爲神因而誑惑偷潤目下昔徐福欺妄分國于亶丹文成五利妖僞于漢世三張詭惑于西梁孫恩搔擾于東越此之巨蠹自古稱誣以之臣政政多邪僻以之導民民多詭惑驗其書典卷卷自違論其理義首尾無取昔行父之爲人也見有禮于其君者敬之如孝子之養父母見無禮于其君者惡之如鷹鸇之逐鳥雀宣尼云君子之事上也進思盡忠退思補過將順其美匡救其惡故上下能相親也春秋傳曰君所謂可而有否焉臣獻其可以去其否臣亦何人奉敕降問敢不實荅其道德二卷可爲儒林之宗所疑紕繆者去其兩端請量刪定案五千文曰上士聞道勤而行之中士聞道若存若亡下士聞道大笑之不笑不名爲道臣輒率下士之見爲笑道論三卷合三十六條三卷者笑其三洞之名三十六條者笑其經有三十六部戰汗上呈心魂失守周天和五年二月十五日前司隷母極縣開國伯臣甄鸞啟

造立天地一

太上老君造立天地初記稱老子以周幽王德衰欲西度關與尹喜期三年後于長安市青羊肝中相見老子乃生皇后腹中至期喜見有賣青羊肝者因訪見老子從母懷中起頭鬢晧首身長丈六戴天冠捉金杖將尹喜化胡隱晉陽山紫雲覆之胡王疑妖鑊煮而不熱老君大瞋考殺胡王七子及國人一分並死胡王方伏令國人受化髡頭不妻受二百五十戒作吾形像香火禮拜老子遂變形左目爲日右目爲月頭爲崑崙山髮爲星宿骨爲龍肉爲獸腸爲蛇腹爲海指爲五嶽毛爲草木心爲華蓋乃至兩腎合爲真要父母臣鸞笑曰漢書云長安本名咸陽漢祖定天下將都雒邑因婁敬之諫乃歎曰朕當長安于此因爾名之周幽王未有何得老子預知長安與尹喜期乎又案三天正法混沌經云混沌之

始清氣爲天濁氣爲地便有七曜萬像之形其來久矣豈有化胡之後老子方變爲日月山川之類乎若爾者是則幽王之前天地未生萬物云何道經有三皇五帝三王乎然則天地起自幽王矣又造天地記云崑崙山高四千八百里上有玉京山大羅山各高四千八百里三山合則高一萬四千四百里又廣說品云天地相去萬萬五千里計紫微宮在五億重天之上是則高于崑崙山數百萬里而老君以心爲華蓋肝爲青帝宮脾爲紫微宮頭爲崑崙山不知老君何罪倒豎于地頭在下肝在上以顛倒故見亦倒乎以長安爲度關之年幽王爲開闢之歲將以化物詎可承乎

年號差舛二

道德經序云老子以上皇元年丁卯下爲周師無極元年癸丑去周度關臣笑曰古先帝王立年無號至漢武帝創起建元後王因之遂至今日上皇孟浪可笑之深又文始傳云老子從三皇已來

代代爲國師化胡又云湯時爲錫壽子周初爲郭叔子既爲國師應傳典籍何爲不述但劉伊尹傳說呂望康邵之人乎而傳說者唯注老子爲柱下史道家注爲周師便是俗官如何史傳不說又上皇元年歲在丁卯計姬王一代七百餘年未聞上皇之號檢諸史傳皆云老子㠯景王時度關魯哀公十六年孔丘卒卽周敬王時敬王卽景王之子景王卽幽王之後一十餘世此則孔老同時而化胡經乃云幽王之日度關不聞更返何得與孔子相見乎化胡又云爲周柱史七百年計周初至幽王止有三百餘年何得妄作然上皇之年道門說號故靈寶云我于上皇元年半劫度人其時人壽萬八千歲如何超取半劫前號將來近世用乎一何可笑且上皇無極竝是無識穿鑿作者欲神其術仍㠯年號加日冀有信者從之又云代代爲國師葛洪神仙序中具說前聖人既出匡救爲先而夏桀陵虐塗炭生民成湯武丁思賢若渴老子何㠯賢君不輔虐政不師修身養性自守而已期頤將及自知死至潛行西度獨爲尹說直令讀誦不勸授人身死關中墳隴見在秦佚弔之三號而出究前傳經後人妄論雖日尊崇翻成辱道

氣爲天人三

太上三元品云上元一品天宮元氣始凝三光開明青黃之氣置上元三宮第一宮名玄都元陽七寶紫微宮明則有青元始陽之氣總主上眞自然王宮靈寶上皇諸天帝王上聖大神其宮皆五億五萬五千五百五十五億萬重青陽之氣其中神仙官僚人衆各有五億五萬乃至如上萬重皆結自然淸元之氣而爲人也其九宮重數官僚人衆皆同紫微臣笑曰三天正法經云天光未朗蔚積未澄七千餘劫玄景始分九氣存焉一氣相去九萬九千九百九十里靑氣高澄濁混下降而九天眞王元始天王生于九氣之中氣結而形焉便有九眞之帝皆九天淸氣凝成九字之位三

元天人從氣而生在洞房宮玉童玉女各三千而侍㠯天爲父㠯氣爲母生于三元之君又案靈寶罪報品云太上道君禮元始天尊問十善等法于是天尊命召神仙各說因緣恆沙得道已成如來其未成者亦如恆沙又文始傳云天堂對地獄善者升天惡者入地若如此說理則不然何者元始天王及太上道君諸天神人皆結自然淸元之氣而化爲之本非修戒而成者也彼本不因持戒而成者何得令我獨行善法而望得之乎又案度人本行經云太上道君言我無量劫度人無數元始天尊㠯我因緣之勳賜我太上之號推此有疑如有無生成品云空爲萬物母道爲萬物父此則先有于道乃有衆生然此爲道之父非衆生所作道既如此衆生何用修善而作乎又道生萬物生物之初是則始也我既始生未有染習何得有六道四生苦樂之別乎又不可也又云衆生神識本來自有非道生者道既能生萬物神識豈非物乎又不可也

結土爲人四

三天正法經云九氣既分九眞天王乃至三元夫人三元之君太上道君于是而形逮至皇帝始立生民結土爲像于曠野三年能言各在一方故有傖秦夷羌五情合德五法自然承上眞之氣而得爲人也臣笑曰三元品善惡業對皆由一身又文始傳云若淫盜不孝死入地獄受五苦八難後生六畜邊夷之中推此而言乖違太甚且皇帝土像之日經于三年上眞氣入乃能言語此上淸之氣與太上同源論先未有善惡何爲入土像中卽墮八難爲蠻夷乎此土爲像先亦無因云何造作之後乃有中邊之別乎又上眞之氣爲癡爲黠若其癡也不應入土能言如其黠也應識五苦八難如何不樂善樂而貪爲苦難乎推此諸條可笑之深也

五佛竝出五

文始傳云老子㠯上皇元年下爲周師無極元年乘青牛薄板車

度關爲尹喜說五千文曰吾遊天地之間汝未得道不可相隨當誦五千文萬遍耳當洞聽目當洞視身能飛行六通四達期于成都喜依言獲之既訪相見至罽賓檀特山中乃至王以水火燒沈老子乃坐蓮華中誦經如故王求哀悔過老子推尹喜爲師語王曰吾師號佛佛事無上道王從受化男女髡髮不娶于妻是無上道承佛威神委尹喜爲罽賓國佛號明光儒童臣笑曰廣說品云始者國王聞天尊說法與妻子俱得須陀洹果清和國王聞之與羣臣造天尊所皆白日升天王爲梵天之晉號玄中法師其妻聞法同飛爲妙梵天王後生罽賓號憤陀力王殺害無道玄中法師須化度之乃化生李氏女之胎八十二年剖左腋生而白晉經三月乘白鹿與尹喜西遊隱檀特三年憤陀力王獵見便燒沈老子不死王伏便剃髮改衣姓釋名法號沙門成果爲釋迦牟尼佛至漢世流東秦又文始傳老子化胡推尹喜爲師而化胡消冰經云

尹喜推老子爲師文始傳云吾師號佛佛事無上道又云無上道承佛威神委喜爲佛推此衆逆師弟亂矣何名敎之存乎又化胡消冰經皆言老子化罽賓身自爲佛廣說品憤陀力王老子妻也得道號釋迦牟尼佛卽泰漢所流者玄妙篇云老子入關至天竺維衞國入于夫人清妙口中至後年四月八日剖左腋而生舉手曰天上天下唯我爲尊三界皆苦何可樂者尋罽賓一國乃有五佛俱出一是尹喜號儒童者二是老子化罽賓者三老子之妻憤陀王號釋迦者四老子在維衞作佛亦號釋迦五白淨王子悉達作佛復號釋迦案文始傳云五百年一賢千年一聖今五佛並出不覺煩乎若言聖人能分身化物說經亦必多方何爲老化則多經唯二卷不變至于儒童尹喜憤陀佛經無聞于今但是白淨王子所說以此推之老喜爲佛虛妄可笑且老經祕說不許人聞前後相番誠有遠意然老子能作佛止是一人道士不知奉佛惑之甚矣如父爲道人子爲道士豈以道人故而不認其父乎

五鍊生尸六

五鍊經云滅度者用色繒天子一匹公王一丈庶民五尺上金五兩而作一龍庶民用鐵五色石五枚以書玉文通夜露埋深三尺女青文曰九祖幽魂卽出長夜入光明天供其廚飯三十二年還其故形而更生矣臣笑曰三元品中天地水三宮九府九宮一百二十曹罪福功行考官書之無有差錯善者益壽惡者奪算豈有不因業行直用五尺繒而令九祖幽魂入光明天三十二年還故形邪不然之談于斯可見計五鍊之文出天地未分之前至今亦應用者則三十二年後穿冢而出耳目所知何爲羲皇己來不聞道士死屍九祖從地出者不然之狀又可笑也今郊野古冢亦有穴開焉非道士祖父更生之處乎亦可啟齒

觀音侍老七

有道士造老像二菩薩侍之一曰金剛藏二曰觀世音又道士服黃巾帔或以服帔通身被之偷佛僧袈裟法服之相其服黃帔乃是古賢之衣橫披加前兩帶者今悉削除學僧服像臣笑曰案諸天內音八字文曰梵形落空九靈推前天眞皇人解曰梵形者元始天尊于龍漢之世號也至赤明年號觀音矣又案蜀記云張陵避瘧丘社中得呪鬼之術自造符書以誑百姓爲大蛇所吞弟子恥之云白日昇天陵子衡爲係師衡子魯爲嗣師以祖妖法惑亂天下漢書云劉焉以魯爲督義司馬遂殺漢中太守蘇固便得漢中鬼道化人時傳黃衣當王魯遂令其部衆改著黃衣巾帔代漢之徵自爾至今黃服不絕像服沙門良可悲也且立身之本忠孝爲先子像父侍天地不立觀音極位大士老子不及大賢而令祖父立侍子孫是不孝也又襲張魯逆人之服是不忠也既挾不忠不孝何足踵焉

佛生西陰八

老子序云陰陽之道化成萬物道生于東爲木陽也佛生于西爲金陰也道父佛母道天佛地道生佛死道因佛緣並一陰一陽不相離也佛者道之所生大乘守善道者自然無所從生佛會大坐法地方也道會小坐法天圓也道人不兵者乃是陰氣女人像也故不加兵役道作兵者可知道人見天子王侯不拜像女人深宮不干政也道士見天子宇令拜者㠯干政爲臣僚也道會飲酒者無過也佛會不飲㠯女人飲酒犯七出也道會不齋㠯主生生須食也佛會持齋㠯主死死不食又㠯女人節食也道人獨臥㠯女人等守一也道士聚宿故無制也臣笑曰文始傳云道生東木男也佛生西金女也今㠯五行推之則金能剋木木㠯金爲官鬼金㠯木爲妻財推此則佛是道之官鬼道是佛之妻財也又云道生佛者理則不然陰陽五行豈有生金之木故知道不生佛道人大坐㠯是道之官府道士小坐㠯上逼于官也道人不兵租者㠯本王種故免也道士庶賤兵租是常道經若此若免兵租便違道教又靈寶大誡云道士不飲酒不干貴如何故違犯大誡乎後之紅紀全無指的又云道人㠯齋爲死法故不齋者何不飽食終日養此形骸而與絕粒服氣㠯求長生之術乎卒不見終爲捕影之論矣又云道人獨臥道士聚宿據此合氣黃書不亦妄乎

日徑不同九

文始傳云天去地四十萬九千里日月直度各三千里周迴六千里天地午子相去九千萬萬里卯酉酉隅亦令轉形濟苦經云崑崙山高一萬五千里臣笑曰依濟苦經云天地相去萬萬五千里與前文始全所不同文始傳云日月周迴六千里徑三千里據法輪圖九千里如何但止六千耶又天圓地方道家恆述今四隅與方等是則天地俱圓矣化胡云佛法上限止極三十三天不及道之八十一天上也又云崑崙山九重重相去九千里山有四面面有一天故四九三十六天第一重帝釋居之今計崑崙山高一萬五千里而有九重重高九千則高八萬一千而言萬五千者何太乖角大可笑也

崑崙飛浮十

文始傳云萬萬億萬萬歲一大水崑崙飛浮爾時飛仙迎取天王及善民安之山上復萬萬億萬萬歲大火起爾時聖人飛迎天王及人安于山上臣笑曰濟苦經云天地劫燒洞然空蕩清氣爲天濁氣爲地乃使巨靈胡亥造立山川日月如前崑崙山飛浮容可迎人安山之上若天地洞然山爲火焚義不獨立如何迎取王人安山上乎又度人妙經云五億重天之上大羅之天有玉京山菑所不及計大上慈愍何不迎之㠯在玉京乎若看死不迎是不慈也若不能迎是欺詐也又度人本行經云道言我隨劫生死然太上道君居大羅之上菑火不及猶云隨劫生死自餘飛仙如何迎取天王善人安于山上令免死者深大愚騃又可笑也

法道立官十一

五符經云中黃道君曰天生萬物人爲貴也人身包含天地無所不法立天子置三公九卿二十七大夫八十一元士九州百二十郡千二百縣也膽爲天子大道君脾爲皇后心爲太尉左腎爲司徒右腎爲司空封八神及臍爲九卿珠樓神十二胃神十二三焦神三合爲二十七大夫四肢神爲八十一元士合之百二十㠯法郡數也又肺爲尚書府肝爲蘭臺府臣笑曰檢道經州縣之名文似近代所出古縣大而郡小見于春秋及周書洛誥今反㠯郡大于縣是則非春秋已前道經乎誣罔迷謬不可覩而可笑也

稱南無佛十二

化胡經云老子化胡王不受其教老子曰王若不信吾南入天竺

敎化諸國其道大興自此已南無尊于佛者胡王猶不信受曰若南化天竺吾當稽首稱南無佛又流沙塞有加夷國常爲劫盜胡王患之使男子守塞常憂因號男爲優婆塞女子又畏加夷所掠兼憂其夫爲夷所困乃因號優婆夷臣笑曰梵言南無此言歸命亦云救我梵言優婆塞此言善信男也優婆夷者云善信女也若吕老子言佛出于南便云南無佛者若出于西方可云西無佛乎若言男子守塞可名憂塞女子憂夫恐夷可名爲憂夷未知婆者復可憂其祖母乎如此依字釋詁醜拙困辱大可笑

鳥迹前文十三

洞神三皇經稱西域仙人曰皇文者乃是三皇已前鳥迹之始文章也又云三皇者則三洞之尊神大有之祖氣天皇主氣地皇主神人皇主生三合成德萬物化生臣笑曰南極眞人問事品稱靈寶眞文三十六卷在玉京山玄臺玉室眞文大字滿中天地淪没

萬成萬壞眞文獨明此之眞文卽三洞文也三皇卽三洞之尊神必不在三洞之後爾時未有鳥獸何得云三皇已前鳥迹之始文也若吕伏羲爲三皇者案淮南子云黄帝使倉頡視鳥迹造文字此則止在黄帝之時何得云三皇已前鳥文之始乎

張騫取經十四

化胡經曰迦葉菩薩云如來滅後五百歲吾來東遊吕道授韓平子白日升天又二百年吕道授張陵又二百年吕道授建平子又二百年吕道授千室爾後漢末陵遲不奉吾道至漢明永平七年甲子歲星晝現西方夜明帝夢神人長丈六尺項有日光旦問羣臣傅毅曰西方胡王太子成道佛號明帝卽遣張騫等窮河源經三十六國至舍衛佛已涅槃寫經六十萬五千言至永平十八年乃還臣笑曰漢書云張陵者後漢順帝時人客學于蜀入鵠鳴山爲蛇所吞計順帝乃明帝七世孫理不在明帝之前百餘年也又云明年遣張騫尋河源者此亦妄作案漢書張騫爲前漢武帝尋河源云何後漢明帝復遣尋邪不知騫是何長壽仙乎代代受使一何苦哉可笑其妄引也

日月普集十五

諸天内音第三宗飄天八字文曰澤落覺菩臺緣大羅千天眞皇人解曰澤者天中山名衆龍所窟落覺者道君之内名菩臺者眞人之隱號玉臺處澤山之陽三萬日月明其左右羅漢月夫人大劫既交諸天日月會玉臺之下大千世界之分天下改易大千洞然臣笑曰濟苦經云乾坤洞然之後乃使巨靈胡亥造山川玄中造日月昆山南三十兆里復有昆山如是次第有千昆山名小千界復有千小千名中千界復有千中千名一大千世界計大千世界中有百億日月又經云大劫既交天地改易日月星辰無有存者若其普集則百億俱來何爲但三萬而至若餘不集者爲是菑

所不及爲是本界闕少若必少者地上凡人尙蒙日月之照天上福勝如何獨無照乎又日月之下乃是欲界下人不名大羅上界菑所不及今所不來者理在然乎將知造此經者唯聞大千之名迷于日月之數故其然哉

太上尊貴十六

文始傳稱老子與尹喜遊天上入九重白門天帝見老便拜老命喜與天帝相禮老子曰太上尊貴匏日引見太上在玉京山七寶宮出諸天上寂寂冥冥淸遠矣臣笑曰神仙傳云吳郡沈羲白日登仙四百年後還家說云初上天時欲見天帝天帝尊貴不可見遂先見太上在正殿坐男女侍立數百人如此狀明則知太上劣于天帝矣言太上尊貴治在衆天之上者妄也今據九天生神章太上住在玄都宮也其玉淸宮在玄都之上何重宮復在玉淸之上便高玄都兩重矣而老子云太上治在衆天之上者何謬如斯

五穀命鑿十七

化胡經云。三皇修道。人皆不死。上古之時。天生甘露。地生醴泉。食飲長生。中古世來。天生五氣。地出五味。食之延年。下古世薄。天生風雨。地養百獸。人捕食之。吾傷此際。故嘗百穀。以食兆民。于是三皇各奉粟五斗爲信。求世世子孫不絶五穀。生神州。臣笑曰。五符經云。三仙王告皇帝曰。人所以壽老者。不食五穀故也。大有經曰。五穀刳命鑿。臭五藏。命促縮。此糧入腹。無希久壽。汝欲不死。腸中無屎。五府經云。黃精者。三陽之氣。上入太清之宮。食之甘美。又長生也。未解老子何不嘗此。而嘗五穀腐人之腸乎。又三皇者。皆神人也。何以不令子孫王于長生之國。而以五斗之穀。請子孫王于神州。求刳命腐腸之短壽乎。又可笑也。

老子作佛十八

玄妙內篇云。老子入關。往維衛國。入淸妙夫人口中。後剖左腋生。行七步曰。天上天下。唯我爲尊。于是乃有佛法。臣笑曰。化胡經云。老子化罽賓。一切奉佛。老曰。卻後百年。兜率天上更有眞佛。託生舍衛白淨王宮。吾于爾時。亦遣尹喜下生。從佛。號曰阿難。造十二部經。老子去後百年。舍衛國王果生太子。六年苦行。成道號佛。字釋迦。又四十九年。欲入涅槃。老子復見于世。號迦葉。在雙樹間。爲諸大衆啟請如來三十六問。訖。佛便涅槃。迦葉菩薩焚燒佛屍。收取舍利。分國造塔。阿育王又起八萬四千塔。即以事推。老子本不作佛。若作佛者。豈可老還自燒老屍而起塔耶。且可一笑。且老子諸經多云作佛。或作國師。豈可天下國師與佛。必待伯陽乎。度人化俗。要須李耳耶。若云佛不能作。要須道者。從始氣已來。獨一老子。不許人悟大道而爲國師耶。是則老爲自伐。惟我能也。然佛經人人修行。皆得佛果。道經不述。唯一老君。如何佛教如此之弘。道經如斯之隘乎。且妄言虛述。首尾無據。蜀記張陵被蛇噉。而注白

天子當作
天帝

日升天。漢書劉安伏鉞。乃言長生不死。道家誣老子作佛。詎可怪哉。又造天地經云。西化胡王。老子變形而去。左目爲日。右目爲月。案玄妙經云。老子乘日精入淸妙口中。是則老子乘一目之精而入口也。計大道洞神。何所不在。乃要憑一精而入胎乎。若必藉精依于背。若乘頭入者。兩眼俱來。今乃乘一眼而入。便成偏見之大道乎。亦可笑也。

敕使瞿曇十九

老子化胡歌曰。我在舍衛時。約敕瞿曇身。汝共摩訶薩。齎經來東秦。歷洛神州界。迫至東海間。廣宣世尊法。教授聾俗人。與子威神法。化道滿千年。年滿時當還。愼莫戀東秦。無令天子怒。太上蹋地瞋。臣笑曰。案瞿曇者。即釋迦也。化胡經云。周莊木初三年。太歲丙辰。白淨王子既得正覺。號佛釋迦。老子見其去世。恐人懈怠。復下多羅聚落。號曰迦葉。親近于佛。焚屍取骨。起塔分布。若如上文。釋迦未生。不得預遣瞿曇往東土也。如其已生成佛者。中間無容得受迦葉之約敕。充千年之使乎。豈有菩薩親侍于佛。而敕佛爲使乎。又周莊一政。止有一十五年。元年乙酉。全無丙辰。本初之號。何謬如斯。足令掩耳。亦使太上蹋地而瞋乎。

事邪求道二十

度人妙經稱三界魔王各有歌辭。誦之百遍。名度南宮。千遍。魔王保迎。萬遍。飛升天空。過三界。登仙公。又玄中精經。道士受戒符籙。置五嶽位。設酒再拜。臣笑曰。觀身大戒云。道學不得祠祀鬼神及向禮拜。既是欲界魔王。未度諸有。焉能誦過百遍。度南宮耶。又案三張之法。春秋二分。祭祀祠竈。冬夏兩至。同俗祠祀。兵符社契。軍將吏兵。都無誡勸之文。此之神社。爲神爲道。若是神者。道士不拜。如其道也。不設酒脯。豈有口誦魔言。身行禮祭。求出三界。諒可悲夫。

佛邪亂政二十一

化胡經云佛與胡域西方金氣剛而無禮神州之士效其儀法起立浮圖處處專尙佛經背本趣末言辭迂蕩不合妙法飾彫金像以誑王臣致天下水旱兵革相伐不過十年當變普出五星失度山河崩竭王化不平皆由佛亂帝主不事宗廟庶人不享其先所以神祇道氣不可復理臣笑曰智慧罪根品云元始天尊曰我于上皇元年半劫度人延命萬八千年我去後人心頽壞淫祀邪神殺生禱祈更相殘害自取夭傷壽無定年以此推之淫祀邪神萬神歡喜氣與道合應獲福利云何命促壽無定年又漢明已前佛法未行道氣隆盛何乃兵戈屢作水旱相尋雨血山崩饑荒薦集更有桀紂炮烙生靈自明帝後佛法行來五百餘年甯有妖孽虐政甚于前者以今驗古誰有誑欺事彰竹帛不可掩也鸞乃庸疏頗尋兩教道法謙退行僞以顯佛眞佛法澄正存理而開物性若不如此通道則可笑殺人

戒木枯死二十二

老子百八十戒重律云吾戒大重向樹說之則枯向畜說之則死又靈寶經云玄素之道古人修之延年益壽今人修之消年損命又道士受三五將軍禁厭之法有怨憎者癲狂損命又度國王品東方開明招眞神身著黑衣有赤文足廣百步頭柱天主食邪魔口容山朝食五百暮噉三千十十五五合衣吞臣笑曰三元大戒云天尊說十戒十善等法無量人得道戒云不得懷惡心聞戒不信生謗生謗皆得罪今樹木無情不慮獲罪起謗何須戒之令枯若必枯死此則有知若有知者聞法應悟然無此理何周斯言公知今人修則損命蓄毒已行大道寬容檢而不檢致令姦延後代而不收錄之耶又案三張之術畏鬼科曰左佩太極章右佩昆吾鐵指日則停空擬鬼千年血又造黃神越章殺鬼朱章殺人或爲

周當作用

塗炭齋者黃土泥面驢輾泥中懸頭著柱打拍使熟自晉義熙中道士王公期除打拍法而陸修靜猶以黃土泥額反縛懸頭如此淫祀衆望同笑又案漢婕好帝疑其詛對曰若鬼神有知不受無理之詛如其無知請之何益故不爲此以事推測常人之智尙識達之況鬼有靈聰明正直而受愚歆者未之有也今觀其文詞義無取有同俗巫解奏之曲何期大道若此容而不非乎將不耽嗜糟汁湎淫終歲以理推誠豈得爾耶

北方禮始二十三

依十戒十四持身經云北方禮一拜北方爲始東向而周十方想見太上眞形臣笑曰文始傳云老子與尹喜遊天上喜欲見太上老曰太上在大羅天玉京山極幽遠可遙禮闕遂不見而還以此推之玄都玉京太上所住今在上方何不以上爲首而浪禮北方邪然道生東陽也何不從東方爲始佛生西陰也北亦陰也前已鄙之今復尊重而前禮乎又罪根品云太上道君同陽館中稽首禮元始天尊問十善等法此戒乃天尊所說何以不禮天尊而想見太上乎捨本逐末誰之咎也

害親求道二十四

老子消冰經云老子語尹喜曰若求學道先去五情一父母二妻子三情色四財寶五官爵若除者與吾西行喜精銳因斷七人首持來老笑曰吾試子心不可爲事所殺非親乃禽獸耳伏視七頭爲七寶七屍爲七禽喜疑反家七親皆存又造立天地記云老子化胡胡王不伏老子打殺胡王七子國人一分臣笑曰三元誡云道學不得懷挾惡心不孝父母不愛妻子計喜所殺父母如知是幻何得懷疑反視如其實心依誡懷惡已犯重罪何況斬二親之首乎又胡王不伏殺其七子亦已甚矣又殺國人一分何其不仁之深乎若作法于後代則令求道者皆殺二親妻子矣又不可以

一王不伏。而濫誅半國之人乎。進退二三。可笑怪也。

延生年符二十五

三元品云。紫微宮有延生符。爪書八方。則八氣應之。便成人毀符㠯燒者。人隨煙化爲氣。其文四萬劫一出。臣笑曰。文始傳云。萬萬億億歲一大水。崑崙飛浮。有仙飛迎天王善人安之山上。乃至前萬萬歲。天地混沌。如雞子黃。名曰一劫。案大水之日。天人不死。不應迎之山上。又濟苦經云。乾坤洞然之後。潰然空蕩。計一劫之時。人物不存。其延生符四萬劫乃出。豈可四萬劫中絕無天人。幽幽冥冥。何其遠也。又萬萬止是一億。億止是一兆。止言一億兆年。而云萬萬億億者。蓋新學造經。不知數之大小耳。

椿與劫齊二十六

洞玄東方青帝頌曰。九五不常居。天地有傾危。大劫終一椿。百六乘運迴。臣笑曰。大水既漂。崑崙飛浮。後有大火。金鐵融地。無草乃至萬萬億歲。天地如雞子黃。總名一劫。然椿是世木。㠯世火燒之則灰。值劫火便絕。而言大劫齊椿者。一何謬歟。亦可笑矣。

隨劫生死二十七

如度命妙經云。大劫交周。天崩地淪。欲界滅。無太平道經。佛法華大小品。周遊上下。十八天中。在色界內。至大劫交。其文乃沒。其玉清上道三洞神經眞文玉字。出于元始。在二十八天無色界上。大羅玉京山玄臺。菑所不及。故自然之文。與運同生同滅。能奉之。七祖生天。轉輪聖王。代代不絕。臣笑曰。度人本行經云。道言自元始開光已來。赤明元年。經九千餘億劫。度一恆沙衆生。爾後至上皇元年。度人無量。我隨劫生死。世世不絕。恆與靈寶同出。經九劫終。九氣改運。託胎洪氏。積三千餘年。至赤明開通。歲在甲子。誕于扶力蓋天。復與靈寶同出度人。元始天尊㠯我因緣。賜我大上之號。在玄都玉京。㠯此推之。眞文在玉京之山。菑所不及。而云自然之文。與運同生同滅。同生同滅。豈非菑也。又云。我與靈寶同時出沒。又云。我隨劫生死。計靈寶運滅。太上隨亡。而云長生不死。此爲妄也。又玉京在衆天之上。菑所不及。理合可疑。一切形色。無有存者。玉京玉臺。斯爲色界。色界非常。玉京豈存。又赤明甲子之號。殊同河漢之賓矣。

服丹金色二十八

神仙金液經云。金液還丹。太上所服。而神。今燒水銀還復爲丹。服之得仙。白日升天。求仙不得此道。徒自苦耳。燒丹成水銀。燒水銀成丹。故曰還丹。昔韓終服之。面作金色。又佛身黃金色者。蓋道法驗也。令身內外剛堅如金。故號佛金剛身也。臣笑曰。文始傳云。大上老子。太一元君此三聖亦可爲一身。金液經云。太一者。惟有中黃丈夫。乃太一君此二仙人主也。飲金液升天。爲天神。調陰陽矣。尋韓終未服金液止是常人。既服昇天。即老君是也。而老君爲太上萬眞之主。何所

不能。而乃須服金液。後調陰陽乎。又太一大神成者多少。調陰陽者復須幾人。若言服者皆得。何其多耶。又丹與水銀。遍地皆有。火燒成丹。作之不難。何爲道士不服。白日昇天。爲天仙之主。而辛苦叩齒。虛過一生。良可哀哉。若不服者。明知爲丹所誤。故捕影之談耳。又云。佛身金色。由丹所成。此乃不須行因。一任丹得耶。見之重可爲悲矣。

改佛爲道二十九

妙眞偈云。假使聲聞衆。其數如恆沙。盡思共度量。不能測道智。臣笑曰。此乃改法華佛智爲道智耳。自餘並同。諸文非一。昔有問道士顧歡。歡答。靈寶妙經。天文大字。出于自然。本非法華。乃是羅什妄與僧肇改我道經爲法華也。且靈寶偷于法華。可誰東夏。法華之異。靈寶不殊西域。今譯人所出。不爽經文。㠯此推之。故知偷改爲靈寶。且佛經博約。詞義弘深。千卷百部。無重文者。不同老經。自

無別計倚傍佛經開張卷部且五千之文全無及佛佛之八藏亦不論道自餘後作皆竊佛經後自明之不廣其類是以古來賢達諷誦佛經至今流傳代代不絕道法必勝何不誦持舉國統括誦道誰是是故知非可爲準的

偷佛因果三十

度王品云天尊告純陀王曰得道聖衆至恒沙如來者莫不從凡積行而得也十仙者無數亦有一輿而致一仙位復有積劫而登由功高則一舉功卑則十昇有十階級從歡喜至法雲相好具足于是諸王聞說即得四果又度身品尼乾子于天尊所聞法獲須陀洹果又文始傳老子在罽賓彈指諸天王羅漢五通飛天俱至遣尹喜爲師得道菩薩爲老子作頌臣笑曰佛之與道教迹不同變通有異道以自然爲宗佛以因緣爲義自然者無爲而成因緣者積行乃證是以小乘列四果之梯大乘有十等之位從凡入聖具有經論未知道家所引四果十仙名與佛同修行因緣未見其說然道家所修吸氣沖天飲水證道聞法飛空餌草尸解行業既殊證果理異但說天有五重或三千六千或八十一天或六十大梵或三十六天或三十三天或五億五萬餘天或九眞天王九氣天君四方氣君三元三天九宮天曹玉清太有玄都紫微三皇太極諸如此類理有所緣豈有虛張自取矯異請說此天爲重爲橫爲虛爲實服何丹草而獲此天脫所未詳則徒爲虛指更來可笑

道經未出言出三十一

案玄都道士所上經目取宋人陸修靜所撰者目云上清經一百八十六卷一百二十七卷已行始清已下四十部六十九卷未行于世檢今經目竝云見存乃至洞玄經一十五卷猶隱天宮今檢其目竝注見在臣笑曰修靜宋明帝時人太始七年因敕而上經目既云隱在天宮爾來一百餘年不聞天人下降不見道士上昇不知此經從何至此昔文成書以飯牛詐言王母之命而黃庭元陽以道換佛張陵創造靈寶吳赤烏時始出上清起于葛玄宋齊之間乃行鮑靚造三皇事露而被誅文成書飯牛致戮于漢世今之學者又踵其術又可悲乎漢書張魯祖父陵桓帝時造符書以惑衆受道者出米五斗俗謂米賊陵傳子衡衡傳子魯號曰三師三人之妻爲三夫人皆云白日昇天初受道名鬼卒後號祭酒妖鄙之甚穿鑿濫行皆此例矣

五億重天三十二

文始傳云天有五億五萬五千五百五十五重地亦如之厚一萬里四角有金柱金軸方圓三千六百里神風持之以四海爲地脈天地山川河漢通氣風雲皆從此出臣笑曰三天正法經云天光未明七千餘劫玄景始分九氣存焉九眞天王元始天王稟自然之胤置九天之號上中下眞眞爲一元元有三天上元宮即太上大道君所治計一天相去九萬九千九百九十里則九天相去七十九萬九千九百二十里一里有三百步一步有六尺則有一十四億三千九百八十五萬六千尺以五億重天分之則天天相去二尺豈有厚萬里之地上載二尺之天乎文始傳云老子引四天王大衆皆身長丈六短者丈二計人大而天小何以自容常臥不起愕然大怪

出入威儀三十三

玄中經說道士執簡者用金玉廣一寸長五寸五分執之爲況中古王執朝師君下古金玉隱執雜木長九寸名爲手簡執以去慢誡于道士若入王宮聚落人室在舍外十步著巾帔執簡而入勿有側背出舍外脫巾帔著素服行勿自顯損道法若入俗家整威儀執簡坐勿使俗怪道士行百里外執杖巾帔香鑪銅鑵鉢盂出家之具自隨威儀具足得十種功德臣笑曰自然經云道士巾褐

帔法。褐長三丈六尺。三百六十十寸。法年三十六旬。年有三百六十日。一身兩角。角各有六條。兩袖袖各六條。合二十四條。法二十四氣。二帶法陰陽。中兩角法兩儀。乃至冠法蓮華巾也。自然經既有科律。何以不依。乃法張魯黃巾之服。違律而無識也。

道士奉佛三十四

化胡經云。願將優曇華。願燒旃檀香。供養千佛身。稽首禮定光。又云。佛生何以晚。泥洹何以早。不見釋迦文。心中大懊惱。又大戒云。道學當念遊大梵流景宮。禮佛。臣笑曰。敷齋經。天尊令右玄眞人曰。釋迦文以轉輪生死法化世。使天老右玄眞人以仙度之道。不死之大法。又老子序云。道主生。佛主死。道忌穢。佛不忌。道屬陽生。忌穢。佛則反之。據此清濁天分。死生大判。何爲不念清虛大道。而願生死穢惡佛乎。故昔殷太宰問孔子聖人。孔荅三皇五帝三王及上俱不聖也。西方之人有聖者焉。故知孔子以佛爲聖。不以道

爲聖也。化胡經云。天下大術。佛術第一。昇玄云。吾師化遊天竺。符子曰。老氏之師名釋迦文。此道齊經。又云稱仙梵天。稱佛隱文。外國讀經。多是梵天。道士所好。梵卽佛也。此卽學佛久矣。由稱梵也。又靈寶三十二天。大梵隱語。天各八字。誦之萬遍。卽飛行七祖。同昇南宮。此又道士學佛之證也。然道士止知學梵。亦不知梵是何佛。愚而信之。亦應有福。不知可笑以不。

道士合氣三十五

眞人內朝律云。眞人日禮。男女至朔望日。先齋三日。入私房。詣師所立功德。陰陽竝進。日夜六時。此諸猥雜。不可聞說。又道律云。行氣以次。不得任意排醜近好。鈔截越次。又玄子曰。不鬲戾得度世。不嫉妒世可度。陰陽合乘龍去。云云。臣笑曰。臣年二十之時。好道術。就觀學。先教臣黃書合氣。三五七九。男女交接之道。四目兩舌正對。行道在于丹田。有行者。度厄延年。敎夫易婦。唯色爲初。父兄

因當作四

立前。不知羞恥。自稱中氣眞術。今道士常行此法。以之求道。有所未詳。

諸子道書三十六

玄都經目云。道經傳記符圖論六千三百六十三卷。二千四十卷有本。須紙四萬五十四張。其一千一百餘卷經卷符圖。其八百八十四卷諸子論。其四千三百二十三卷。陸修靜錄。有其數目及本竝未得。臣笑曰。道士所上經目。陸脩靜目中見有經書藥方符圖止有一千二百二十八卷。本無襍書諸子之名。而道士今列二千餘卷者。乃取漢藝文志目八百八十四卷爲道之經論。據如此狀。理有可疑。何者。至如韓子孟子淮南之徒。竝不言道事。又有八老黃白之方。陶朱變化之術。翻天倒地之符。辟兵殺鬼之法。及藥方呪厭。得爲道書者。可須引來。未知連山歸藏易林太玄皇帝金匱太公六韜。何以不在道書之例乎。修靜目中本無諸子。今乃乘安

不知何據。且去年七月中。道士所上經目。止注諸子三百五十卷爲道經。今云八百餘卷。何以前後不同。又人之有惡。唯恐人知。已之有善。慮人不見。故道士自書。去不受道戒者。不得讀道經。卽如此狀。恐人知其醜乎。若以諸子爲道書者。人中諸子。悉須追取。何得遺之。且道士引例。我老子道德。本是諸子。今尊爲經。流例相附。有何過歟。若爾。則知老子黃子之流。如何得與儒流七經而相抗乎。班固先六經。後二篇序道爲中上賢。類斯實錄矣。又陶朱者。卽范蠡也。旣事越王句踐。君臣因吳后室。嘗屎飲尿。亦已甚矣。今尊崇其術。不亦昧乎。又蠡子被戮于齊。何爲不行父術。變化而自免乎。又造天地經。老子託幽王皇后腹。卽幽王之子也。身爲柱史。卽幽王之臣也。化胡經云。老子在漢爲東方朔。若審爾者。幽王爲犬戎所殺。豈可不授君父與神符。令不死乎。又漢武窮兵。疲役中國。天下戶口。至滅大半。老子爲方朔者。何忍不與辟兵辟穀之符。猷

人呪鬼之方。呂護漢國乎。眼看流弊若此。無心取救。將非欺誑之謬乎。又統收道經目錄。乃有六千餘卷。覈論見本。止有二千四十卷。餘者虛指未出。將非鉛墨未備致經本未成乎。自餘孟浪紛綸。無足更廣。廣弘明集九

全後周文卷二十終

全後周文卷二十一

烏程嚴可均校輯

列女

王妙暉

造釋迦像記

蓋大範攸寂非一念無㠯顯其原妙理澄湛非表像何㠯暢其旨是故影迹雙林□蒼生離合□蟻□沙知善□可崇邑子五十人等宿樹蘭柯同茲明世爰託鄉親義存香火識十惡之徒炭體五道之親苦既沈處娑婆寶思宏願僉竭家資共成良福遂于長安城北渭水之陽造釋迦石像一區永光聖宅願周皇帝延祚常登安樂晉國公忠孝慶笄無窮又邑子□者值佛聞法見在眷屬恆與善居將來道俗世世同修使如來福業不墜于今奕積因之感終美于去在武成二年歲次庚辰二月癸未八日辛丑像主王妙暉（碑拓本下有曹妃等姓名六十八人不錄案是月癸未朔八日庚寅碑作辛丑誤）

優婆夷

造像記

天和四年歲次己丑八月戊午朔一日戊午夫沖原虛寂妙趣理幽應□難尋悟之者南有諸邑子清信女優婆夷等體識非常感情內□念□□□追益遂相合帥共崇洪願□□□□原其衆垂□□削家珍仰爲皇帝陛下延祚无窮復願大冢宰保國安民福延萬世採石名山召匠方外敬造石像一區彫克精麗剞畫嚴飾藉此微因□□□□祚永隆三寶常續諸邑子等□□□□師僧父母咸脩此願同獲斯善共登正覺（碑拓本下有龐敬年阿男劉阿容等三面姓名一百二十六人不錄）

闕名

優詔荅司馬暠

昔主父從戮孔車有長者之風彭越就誅欒布得陪臣之禮庶子鄉國已改猶懷送往之情始驗忠貞方知臣道卽敕荆州㠯禮安厝（陳書司馬暠傳承聖中除太子庶子江陵陷隨例入關而梁室屠戮太子瘞殯失所暠㠯宮臣乃抗表周朝求還江陵改葬辭甚酸切周朝優詔荅　案承聖三年愍懷太子與元帝同遇害又三年而周受禪此詔不知當周何帝時入闕名類）

奏改正朔服色議

帝王之興罔弗更正朔明受之于天革民視聽也逮于尼父稽諸陰陽云行夏之時後王所不易今魏厤告終周室受命㠯木承水實當行錄正用夏時式遵聖道惟文王誕玄氣之祥有黑水之讖服色宜尚烏（周書孝閔帝紀帝受禪百官奏議制曰可又北史九）

移齊文

夫有義則存無信不立山岳猶輕兵食非重故言晉弗違重耳所㠯享國祝史無愧隨會所㠯爲盟未有司牧生民君臨有國可㠯忘義而多食言者也自數屬屯夷時鍾圮隔皇家親戚淪陷三紀仁姑世母望絕生還彼朝㠯去夏之初德音爰發已送仁姑許歸世母乃稱煩暑指剋來秋謂其信必由衷嘉言無爽今落木戒候冰霜行及方爲世母虛設詭詞未議言歸更徵酬荅子女玉帛既非所須保境寧民又云匪報詳觀此意全乖本圖愛人㠯禮豈爲姑息要子責誠質親求報實傷和氣有悖天經我之周室太祖之天下也焉可捐國顧家殉名虧實不害所養斯曰仁人臥鼓潛鋒孰非深計若令迭爭尺寸兩競錐刀瓦震長平則趙分爲二兵出函谷則韓裂爲三安得猶全謂無損益大冢宰位隆將相情兼家國銜悲茹血分畢冤魂豈意噬指可尋倚門應至徒聞善始卒無令終百辟震驚三軍憤惋不爲孝子當作忠臣去歲北軍深入數俘城下雖曰班師餘功未遂今茲馬首南向更期重入晉人角之我之職矣聞諸道路早已戒嚴非直北拒又將南略倘欲自送此之願也如或嬰城未能求敵詰朝請見與君周旋爲惠不終祇增深怨愛親無慢垂訓尼父矜恤窮老貽則周文環玦之義事不由

遷當作需

此自宜内省豈宜有問（周書晉公護傳齊朝許歸護母閻姬不即發遣朝議㠯其失信令有司移齊）

傳檄吐谷渾

夫二氣既分三才定位樹之㠯君本爲黔首豈使悖義違道肆于民上昔魏氏不綱羣方幅裂豺狼横噬龜玉已毁喁喁黔黎咸墜塗炭我先皇神武應期一匡天下東戡南剪無思不服天鑑有周世篤英聖遂廓洪基奄荒萬寓固則神皋西嶽險則百二猶在鄭士師師羣后率職故知三靈之所睠集四隩之所來蘇也彼國世在西垂作藩于魏值中原政亂遂阻皇風首鼠兩端伺我邊隙先皇含垢藏疾仍存聘享欲睦之㠯鄰好申之㠯婚姻彼國苞藏禍心屢違盟約外結仇讎自貽近患是故往年致突厥之師也自邇迄今蜂蠆彌毒入我姑臧俘我河縣芟夷我菽麥虔劉我蒼生我皇武㠯止戈文㠯懷遠德覃四海化溢八荒㠯彼惡稔禍盈故命龔行九伐武臣猛將天張雷動皆六郡良家三秦精鋭揮戈擐甲同萃龍沙柱國博陵公祥貴戚重望乃文乃武受脤廟堂元戎啟路太傅燕國公于謹英猷不世應變無窮杖旄指麾爲其謀主柱國化政公貴早播威聲奇正兼設直取龍涸濟自南河突厥與國睦親同恥反道驅引弓之民總穹廬之衆解鞍成山雲蒸霧合往歲王師西伐成都不守桴鼓南臨江陵底定鑿空萬里闢地千都荒服畏威膜拜厥角成敗之機較然可見若能轉禍爲福深識事宜君臣相率輿櫬稽顙則爵等顯除永蕃西服如其徘徊危邦覬延時遷覆宇湮祀良助寒心幸思嘉謀㠯圖去就（周書賀蘭祥傳武成初吐谷渾侵涼州詔賀蘭祥與宇文貴總兵討之祥乃遣其軍司傳檄吐谷渾）

爲行軍元帥鄖國公韋孝寬檄陳文

僞陳私署公卿將校州鎮郡縣村屯邑落蓋聞五精上列耀魄總其威靈萬國下分皇王偏其區域至其創業垂統革命受終奄有神州光宅函夏莫不垂極襲聖積德累仁播厚利于人民建大功于天地然後幽明贊叶兆庶歸往瑞之㠯龍圖鳳紀崇之㠯玉璽黄屋故能照臨九縣對越兩儀永保鴻名長爲稱首未有蠻陬夷落裔土荒隅蝸起阡陌之中妄竊帝王之號斯則僭越之首縣于漢闕亡吳之主會于晉臣布在方冊可㠯龜鏡者也我太祖文皇帝自天攸縱膺運挺生屈道蕃條或躍伊始屬玄運將改祿去王室三川已震九鼎將飛事切在泥禍深流彘乃推誠仗義援手濡足迎衛乘輿崇建旒祀舉天維于將墜振地軸于已傾血氣食毛咸受其賜是則我有大造于區夏也重㠯闢土服遠包糾卷蜀功高于九合業重于三分愈執忠貞之操終㠯人臣之禮至哉大矣無得稱焉既而謳歌允屬金石變響神器大寶用集我有周我閔皇帝乃上膺靈命俯順樂推揖讓而登皇極垂衣而歸撫運世宗纘統克隆洪緒武功文德騰茂飛英我高祖武皇帝㠯上聖隆下武㠯至道弘丕業其寂也象繫不能究其微其動也雷霆不能比其變僞齊竊據中原綿歷世祀帶之㠯巨海長淮鎮之㠯峻岱崇岳其地廣其民衆其俗富其兵强而帝遷明德人思睿后金鉞一麾廓然大定申弔伐之義荅億兆之心陟方之駕雖遠鼎湖之神未絶天元皇帝負四聖之休烈協千載之昌期懸金鏡振玉鼓宏天綱廣地絡東窮海外西極河源邛管夜郎之所冒頓呼韓之類莫不屈膝稽顙泛水梯山被華夏之仁風仰中國之聖道唯彼揚越獨爲匪民鼓芮魚鳥之郡晏安黿蛇之穴故僞魁陳霸先火耕水耨之夫篳門圭竇之子無行檢于鄉曲充部隸于藩戾施彼呼船之伎展其盜袭之用直蕭氏喪亂金陵擾攘爛羊啟邑拔卒爲將遂得洗濯江漢奮迅泥滓王僧辯秉文經武挹義懷仁志在鷹揚誠深鶴立埽江表之巨寇復梁室之宗祊提挈霸先成其羽翼而背恩忘德毀器折枝密相奄襲忍加屠害節士爲之扼腕名臣所㠯流涕竊方智世有江外實主梁祀霸先義則臣民任惟輔佐

御下暴于戾虎輕上踰于老牛包此禍心遽行篡弒遂令羣盜竊起宮闈窘逼梁棟之閒顚死鋒鏑之下旣甚南宮絕宋公之胙又過淖齒縮齊閔之筋自古逆子亂臣窮兇極悖未有如斯者昌實霸嗣舊加篡戮殘虐相襲報復循環陳項獲自儲宮我之俘隸先朝深弘寬宥免其釁鼓置之夷邸淹歷歲時芻豢費上林之牧廪邮索長安之米其兄蒨發常山之忿屢致誠請國務孤首之感以禮遣送項稟性兇嚚不義不昵害及猶子僭其僞位朝廷遠撫長駕含垢匿瑕遍省不虧輶軒繼路東夏克平威震淮海乘勝席卷咸請南轅高祖以得原失信義有不取懷遠字小理存久大而違盟背惠或從茲始搖蕩我邊陲侵軼我彭泗我是以有呂梁之役麾下婁以程文秀之輩李緒蔣元舉之徒束手軍前不可勝計積甲等孤桐之岫溺卒斷浮磬之流項長惡愈甚守迷不變據如掌之地延翹足之項猶怒臂當轍舉尾支山習黃旗之謬談志青蓋

之妖說貫盈數盡今實其時加庚子應年金火入斗天道人事宛若合符混一之期昭然可見寡人不武董茲戎律內稟帷幄出制天淵部勒諸將雷奔電擊大將軍龍門公拓拔王述領巴蜀之兵一十二萬出于白帝水陸俱下大將軍安昌公拓跋則領驍騎五萬濟于南岸循江東轉梁王舉一國之師盡舳艫之盛發自江陵首尾不絕行軍總管上柱國杞國公亮率步騎一十五萬埽蕩山林口自東關行軍總管上柱國郿國公士彥領人馬一十萬濟自泗口徑取廣陵幕府精銳二十萬餘長驅淮水直指江左並同集石首大會金陵凡此諸軍皆從汧隴驍雄幽并勇俠振犀拔象之夫斬蛟挐兕之士上谷漁陽之騎追風嘯雲荊門鄧塞之舟浮江沈漢象弭飾堂谿之材鷲羽加淇園之竹旌旗麾電戈劍竟野鼓怒則江湖盪沸叱咤則山嶽簸䟫以此攻城何城不陷以此衆戰誰能抗禦將恐程門霣霜梧桐與樗櫟同凋崑山火燎天球共珷玦俱盡故示以禍福冀相全濟陳項若識機知變輿櫬轅門當增安樂之封加有歸命之禮僞公卿以下或中華之冠帶流寓江淮或東南之舊楚世載名位豈安危亂之邦事夷裔之主良由身居僞網迹淪寇地雖心存魏闕無由自拔故耳今正丈夫轉禍之秋君子見機之日若能投誠進款展効立功富貴榮華義同俯拾如有不達機運敢拒王師軍有嚴科刑茲罔赦檄文所到咸共申省

文苑英華六百四十五

銅升銘

保定元年辛巳五月晉國造倉獲古玉升暨五年乙酉冬十月詔改制銅律度遂致中和累黍積龠同茲玉量與衡度無差準爲銅升用頒天下內徑七寸一分深二寸八分重七斤八兩天和二年丁亥正月發酉朔十五日戊子校定移地官府爲式 隋書律厤志上云此銅升之銘也

玉升銘

維大周保定元年歲在重光月旅蕤賓晉國之有司修繕倉廩獲古玉升形制典正若古之嘉量太師晉國公以聞敕納于天府暨五年歲在協洽皇帝迺詔稽準繩攷灰律不失圭撮不差累黍遂鎔金寫之用頒天下以合太平權衡度量 隋書律厤志上

周開府高邑矦裴鴻碑

上闕君諱鴻河東聞喜人也口河南脫履志輕天下之圖趙城執上闕本州別駕逸足致遠口止于展驥父方興義陽太守良守有聞政踰于去虎 上闕爲莫功滐丹染幼則斷織貽範志存俎豆長則垂帷遊藝遍該圖史 上闕賀跋勝褰帷南服頗稱愛士聞風悅焉有同傾蓋乃湊除龍 上闕襄陵巨鯨璜海緹帬青領竊號假名凡厥衣冠竝羈黥盜 上闕即墨蹈燕實有田單之武河西歸漢詎無竇融之績疇庸疏爵載發王言 上闕安西將軍銀青光祿大夫太

祖相府初開。務殷任重。登庸而納百揆。負闕上斯在乃□爲大丞相府功曹參軍事加持節帥都督中軍將軍右金紫光闕上實有□幹之才。非亡爪牙之任。動□之巨。寔簡帝心。乃賜姓宇文氏。柱國燕公擁旄闕上大都督領武陽公長史。時鳳翔□与蜀□王□等阻兵卭僰。竊據方闕上奇謀星旋月□之兵上谷漁陽之□□踰百戰攻出九天。殪彼欃槍。並闕上賢□□之任□□□□乃除大將軍輔成公司馬遷車騎大將軍儀同三司。增邑闕上朝政謀□□□敵沃□□公作□神甸君又□本職帶雍闕上之譽獨□□時吐谷渾蟻聚邊朔闕上之□上□嘉猷□□□出還□□□正進爵爲伯。其司錄贊治。並闕上參帷屋□□高祖武皇帝始自登庸。並連其任。二年尋轉御正陰岑闕上民部□□□□□聿宣事該土地之圖。積兼都鄙之數。在乎匡拂闕上大都督□州刺史九曲□屯□襄州總管衞國公已貴介之重推闕上周□之重

□□趙□之輕比蹤往烈。時論榮之。尋遷總管府長史。又拜郢州闕上名□□□宣無廢六條之□時已江淮未一。壃埸多虞。命彼舟師。遠臨荆漢。闕上常思効命。鳴劒抵掌。志在宣力。凌波執鋭。首啟戎行。旣而師律否臧。雄圖弗闕上春秋五十九。已天和三年八月八日薨乎建業客館。陳 八敬其誠節。反闕上竭誠□上遺愛在民。高風餘論。方傳不朽。闕一行闕上望重袞職。學優才品。斯者□□乃脩其賢。必象其芳。不休邦守。德懋驥足名闕上過世路。聳飛秉節。識義。金城乃歸。策勳胙邑。奄有邦畿。經綸運始。驅馳闕上班三事。職副六卿。常伯□任。邦教立名。陪蕃首席。刺舉專城。駢綬纍印。紱闕上使奉賢輕□軍陣駟馬旌旆。黃埸積壤。玄甲開泉。將軍有墓。闕一行碑拓本

魏故譙郡太守曹敉樂碑

君諱恪。字敉樂。沛國譙人也。其先皇帝當高陽之世。陸終之子曰安。是爲曹姓。□□□□□□□之□又封曹□于邾。漢主龍興。曹參爲相。魏武皇帝已英傑之上才。□挺之睿哲。□爲魏祖。歷載彌長。君即其後。□□□□□□□□霖黃初三年立爲河東王。食邑六千二百戶。太和六年改封東海王。嘉平元年薨。謚曰定王。禮也。子啟嗣。君即□□□□□□□□□逢茲不造。□深恩遠大。□後變起。遂令夫人達攜二子長道眞。亦道□微行避難。變稱姓木。已求方全。□□□□□□□民□後魏太和三年旨復曹□□□□僞姚鄉郡太守。雅望淵邃。博愛文豔。稟德齊禮。善修政化。□□□□□□父協志尚清靜。好學經詁。矯然挺立。不可已非義虧其性。孝德慈風。稟大氣而自遠。文流洞照之。蓺因事已發。□□□□□□途致惟安神奉養。不慕榮貴。逢大武皇帝親總六戎討逆□薛永宗蓋吳。駕幸大州下召鄉儁導引前驅□□□□□獲已從駕西行。□平凶醜隨

赴北代。遂充殿會土豪。國有大議。必使參焉。□欲選□請乞歸侍聖上加愍假安邑□□□□□積□稟質秀靈。幼懷廉雅之風。長標獨善之策。抱蘊德于奇年。立成名于冠歲。太和之季。馬圈殲覆。孝文皇帝威□□□□奮指麾□□□□國誌兵法優長。乃勇略奮發。遂提戈披幕。先鋒擊賊。前無橫陣。搴旗斬馘。□皇上□□即補千人軍將。授□遠將軍。駕還宮闕。策勳飲至。殿會之初□□彌逆殊□皇帝臨軒。宣敕褒賚。賞帛疋綵兩百餘段。歌勞止之詩。聽歸侍養。使得盡懽膝下。□其孝德光于事親。忠誠□于接物。穆穆閨庭之際。恂恂鄉黨之間。文麗雕篆。學贍博通。思入玄門。性□天道。翺翔詩書之菀。遊息禮樂之場。君乃□□□□主汎愛已親仁。□里結諸密之懽。朋故盾篤誠之信。輕財若水。重義如山。一言可懷。千金不悋。景明中。會安邑府君卒。君居廬□禮至□□□哀慟□中茹憂毀骨服懃雖関餘痛在心。每仰凱風。已長鷲遡寒

泉而不息。三年泣血。□□□也。五十猶慕。方□舜焉。至延昌二年□遭母憂。君扣石土㠯窮號。仰蒼天而自訴。水漿不進□四晨。哭泣不絕聲。踰月喪過于哀。有感行路。毀□之至。殆將滅性。雖高柴泣血于□辰。王脩□慕于社日。無㠯過也。去魏大統初。君齒班踰矩。旨授本土譙郡太守。君妙□元□。深入佛惠。□□□□□淨名。超遙解脫之門。放浪清曠之域。君雖老而敬信喻篤。年將暮而脩崇無怠。于是□竭□資□□□身□融□敎造浮圖一區。□□□□□于□相□寫法華涅槃。常奉讀誦。恆持齋戒。罔有勞倦。方介尒景福。貽我遠□之壽。永究懸□之禮。□大統十年秋。忽遭疹疾。□□□□□□□笭汎汎之影已淪。滔滔之波不住。春秋八十有七。終于臨民□□質旣殞。□識懷悲。豈□輟杵停歌云爾而已哉。君有六子。長運歡。次遵歡。次驃騎將軍右光祿都督漢陽太守。又任虞州別駕長史□中□□。次夏縣功□□賓□□□。次宣威將軍隴州治中司馬汧陽太守河北大郡主薄弼等。天和五年十月。卜葬乎夏禹城之西□□□原之南。君□□壙□□□□姻□闈窀穸□滌霽□□臨□而灑泣。悲夫痛切也。□孝□至深□刊石□存□者子孫□慕之□□□感音儀之寂□□□□之□□□至德。㠯作頌。鐫崇碑㠯銘烈。其詞曰。

恢恢譙郡。鬱鬱神區。懷貞□□□人□□□建魏胥九服康衢□□□□代稱譽宏濟六合繼響唐虞穆穆□靈□允倚□□□□□□滿州閭□誠內外□□踰秉直□□豈獨史魚□□□□□□□□□□□□□□□□□□□入陣凶首□擒罷戎歸侍□□□心□翔書䇓文麗詞林□□□□□□□□□□□□□□□□□□□□□□□□□□□□□碑拓本。

王通墓誌銘　天和二年十月

公諱通。其先太原人也。粵乃仙嶽含靈。銑禎圖而錫爵。誓淮分溆

應賁籙㠯闡宗。是㠯三公列而更榮。五侯封而載錫。自茲厥後。英髦不墜。祖明濟郡中喉舌。識度沖敏。志業詳確。父增隨州主簿。鑒履清致。器量貞邃。公養志中和。資靈上德。趨庭學禮。立身之道自弘。步月開襟。讓客之風已遠。中爲令德。遊藝依仁。賞逸閒居。不希榮祿。旣而門巢結釁。百年之運已催。楹夢起祥。九泉之路俄涉。春秋六十有三。遘疾終于私第。嫡子脩文脩禮。衰絰露節。痛結寒泉。粵㠯大周天和二年冬十月。窆于東城縣東五十里崇德鄉平原。禮也。東漸巨壑。波濤滉瀁。西望層山。烟霞出沒。頌德音而不朽。感生靈之倐忽。其詞曰。

惟鎬建官。惟唐命職。允文允武。克岐克嶷。開國承家。禮儀不忒。皇天無親。誕生哲人。握衣問道。好古日新。如何不淑。奄喪斯文。前臨叢薄。後眺荒丘。風摶素蓋。日慘丹旐。庶銘明德。永播芳猷。碑拓本。

全後周文卷二十一終

全後周文卷二十二

烏程嚴可均校輯

釋氏一

釋慧命

慧命俗姓郭太原晉陽人住河陽仙城山善光寺

詳玄賦

惟一實之淵曠嗟萬相之繁雜眞俗異而體周凡聖分而道合承師友之遺訓藉經論之傳芳謦塵庸之小識請興言于大方何羣類之蠢蠢處法界之茫茫性窮幽而彌曉理至寂而逾彰既非空而非有又若存而若亡談祕密于慈氏歎沓冥于伯陽湛一虛而致極總萬有㠯爲綱雖卽事而易迷亦至近而難識非名言之所顯豈情智而能測口欲辨而詞喪心將緣而慮息故雖一音隨類之能三轉任機之力莫不停八正于寂泊之門輟四辨于恬惔之

域尋其體也豁乎無際眇乎無窮源乎無始極乎無終解惑㠯茲齊貫染淨于此俱融該空有而圍寂括宇宙㠯通同論其用也一而能多靜而能亂挺萬類之殊形吐羣情之別觀結五住之盤根起十纏之羈絆隨迷悟而通塞逐昏明而集散四流因之漂蕩六道㠯之悠漫三賢十聖曖㠯聯緜二智五眼瞎而輝煥渾升沈而共鑿派違順㠯分歧體無非而不是用無相而不爲若純金不隔殊轍理則千輪共規觀無礙于緣起信難思于物性猶寶殿之垂珠若瑤臺之懸鏡彼此異而相入紅紫分而交映法無定于心境人靡隔于凡聖物不滯于自他事莫擁于邪正何巨細之殊越遂參互而容持鄰虛含大千之界刹那總三際之時懼斯言之少信借帝網㠯除疑蓋普眼而能矚豈惑識㠯知之覩九會之玄文覽萬聖之遺則睠常啼于東市慕善財于南國歷多城而進解訪衆

師而遣惑始承命于文殊終歸宗于妙德雖游形于法界未動足于祇園歎一王之侶虐嗟五熱之非暄握手入和修之舍彈指開阿逸之門聞一音之常韻覩極聖之恆存三九于茲絕聽二七自此亡魂斯甚深之境界亦何易而詳論悼稟識之多迷慨羣生之少慧保一異之四邪執斷常之雙計怖夢虎于長眠翫空花于久翳縈結纏而未解任漂流而莫濟背七覺而逾昏染六慾而方滯何理通而志隔既法是而情非忽跉𨁝而獨往久逃逝而忘歸埋寶藏于窮舍匿明珠于敝衣抱一眞而不識縈萬惱㠯歔欷嗟余既已傷于悟晚且又悲乎命局藉五部之流燿蒙四依之晞餘涉講肆㠯開愚託禪林而遣慾猴著鎖而停躁蛇入筒而改曲涉曠海㠯戒舟曉重幽㠯慧燭絕諍論于封想息是非于安情創斂緣于有覺終寂慮于無生顯眞宗之實相違世用之虛名道莫遣于始行暗弗拒于初明擬六賊其方潰冀十軍之可平昏雲歛而還

散心河濁而更清性海無增減行月有虧盈疑兔足之致淺懼鴻毛之見輕爲山託于始簣底崑崙之可成（廣弘明集二十九上）

酬濟北戴先生逵書

幽林沙門釋慧命酬書濟北戴先生夫一眞常湛徼妙于是同玄萬聖乘機違順㠯之殊迹是㠯西闕明道東野談仁雕朴改工有無異軫今若括此二門原茲兩教豈不歸宗三轉會入五乘藉淺之深資權顯實斯若滮分四水始則殊名海控八河終無別味檜越幼挺奇才夙懷茂緒華辯卓世雅致參玄智涉五明學兼三教益矣能志蹈顏生之逸軌損之爲道慕李氏之玄蹤雖復六經該廣百家繁富聖賢異派儒墨分流或事曠而文殷或言高而旨遠莫不約如瓶受說侶河傾明鏡匪疲洪鐘任扣子建挹㠯奇文長卿恧其高趣故雖秦楚分墟周梁改俗白眉青蓋龜玉之價勿踰栖鳳臥龍魚水之交莫異加㠯識鑒苦空志排塵俗形雖廊廟器

乃江湖是已屬歎牽絲興言世網辭同應陸調合張嚴嗟朱火之遽傳愍清波之速逝方應濯足從道洗耳辭榮九轉充虛四禪排疾然後尋八正已味一眞解十纏而遣三患斯之德也盍不至哉貧道識鏡難清心塵易壅定慙華水戒非草繫才佇撤燭學謝傳燈內有愧于德充外無卹于人世是已淹滯一丘寫形蓬樜端居千仞託志筠松測四序于風霜候三旬于朓魄至乃夜聞山鳥仍代九成晝覩遊魚聊追二子蓽戶敝衿在原非病朱門結駟于我如雲所歎藤鼠易侵樹猿難靜勞想鷲頭倦思雞足至于林凋秋葉曾無獨覺之明谷響春鶯終切寡聞之歎忽來承問曲見光譽幽氣若蘭清音如玉誠復溢目致歡而實撫膺多愧雖識謝天池未辨北溟之說而事同泥井慙聞東海之談所冀伊人于焉加我黃石匪遙結期明旦白駒可縶用永終朝善敬清猷時因素札言不洗意報此何伸（廣弘明集二十七）

釋慧曉

慧曉

釋子賦

咄哉失念歘爾還覺（續高僧傳二十一慧命）

釋曇積

曇積

諫周太祖沙汰僧表

僧曇積白皇帝大檀越德握乾坤心懸日月照燭無私之道卷舒不測之化能威皁白悲及僧尼控引玄綱示之出路欲使清升練行顯迹于明時寡德沙門恥還于表俗爰降明詔責其試藝須下諸州問其課業竊惟入道多端諒非一揆依相驗人有五理不足何者或有僧尼生年在寺節儉自居願行要心不犯諸禁燒香旋塔頂禮殷勤合掌低頭忘寢已食但受性愚鈍于讀誦無緣習學

威下脫臨字

表當作素

朽當作巧

至苦而不得下字今量所告意須文誦聰者爲是重審試僧不退實行爲是正意偏望取已明快且實而不聰行之本也聰而不實智之相也若用爲有業是不求備于一人若實爲非僧便責知于滿足大覺智慧不可思議諸所爲法天人頂受況在凡夫輒思改易羣聖自言種種神變于斯大法不能加減大人出世識本知機朽妙多方化人已漸衆生根行各各不同令聖說經互差不一內外相通亦無乖異又如孔子領徒三千達者七十有二升堂入室莫過數人自餘已外豈容斥逐今州郡縣各有學生德及顏回詎幾人也可已不及顏回廢郡不立可已無德頑僧並令還俗不及顏回者猶勝于野人無德頑僧者猶勝于外道伏此二途不足一也或有專歸樹下擎錫持盂望中而餐正命自活名聞頓捨利養無心理覲除煩遂闕文誦論其人入道則內業有餘究其文解則相功不足何必聚衆京華悉是德僧孤拔林野咸非行士故果有生熟不可已色相而哄人有出沒不可已形名而取敢自三思不足二也或有營經造像厲力積年修補伽藍憂勤累歲捨身濟物不已寒苦經心施藥與人不已飢貧易志但無聰力日誦不過一言旦夕栖栖日讀不盈數紙準其迴向則善不空施徵其發越則佛之眞子今無辜退俗是枉濫行人直性頓非不足三也佛說僧是福田理難損抑雖可年未形凡而法服尊重豈容朝施暮奪自加薦毀愛惡無常豈責其得失于一人之上置不恆之式于十二衶典恐不合聖心甚乖大趣上損慈悲下虧正化唯畏後世相傳受誣僧之謗不足四也今大周大國僧尼未幾寺舍列然有盈萬數只應招延二部溢滿其間動梵鳴鐘爲國行道方便窮其長短曲覓愆非黜放還民使棟梁空曠若他方異國遠近聞知疑謂求兵于僧衆之間取地于塔廟之下深誠可怪但頑僧任役未足加兵寺地給民豈能富國深不頓除性由漸顯一切衆生具諸煩惱

忏忏當作忏忤

若頓遺圓修是滅佛法匪直損身魔必得便何者一向純善精加供養一向純惡退令還俗此言所見深滅三寶若麤細等看魔難得便何者純善退麤成衆麤重之人猶生物善經文道理莫問粗細之行唯不還俗終成佛子進退三思不足五也貧道餘年賤質寄命關右欽化承恩得存道業是以呻吟策杖送此丹誠忏忏之慤伏增戰越敬白（廣弘明集二十七一本在二十四　案文帝未嘗受禪今此題稱太祖文稱皇帝蓋明帝後追改）

亡名

亡名俗姓宋南郡人本名闕殆事梁元帝官爵未詳梁亡出家爲夏州三藏宇文護迎還咸陽不知所終

荅宇文護書

辱告深具懷抱寒暑異域苦樂殊心輒略常談且陳事實貧道稟質醜陋恆嬰疾惱因傴成恭惟道是務不曾妻息五十二年自捨俗緣十有五載萬人歸國皆停都邑羸病一僧獨流荒裔無罪可罰無能可使百慮九思是所未喻

又列六不可十歎息書略結云

沙門持戒心口相應所列六條若有一詐生則蒼天厭之死則鐵鉗拔之烊銅灌之仰戴三光行年六十不欺闇室況乃明世且鄉國殄喪宗戚衰亡貧道何人獨堪長久誠得收迹巖中攝心塵外支養殘命敦修慧業此本志也寄骸精舍乞食王城任力行道隨緣化物斯亦願也如其不爾獨處巨壑安能憒憒久住閻浮地乎（續高僧傳九）

知上脫海內二字

寶人銘（法苑珠林作自誡）

余十五而尚文三十而重勢位值京都喪亂冠冕淪沒知識零落殆盡乃喟然歎曰（續高僧傳有上六字法苑珠林無）夫以迴天倒日之力一旦草彫岱山磐石之固忽焉燼滅定知世相無常浮生虛僞譬如朝露其停幾何大丈夫生當降魔死當飼虎如其不爾徒生何益不如修禪定足以養志誦讀經（續高僧傳無定誦二字）足以自娛富貴名譽徒榮人耳乃棄其簪弁剃其鬚髮衣衲杖錫聽講談玄戰國未寧安身無地自厭形骸甚于桎梏思絕苦本莫知其津大乘經曰如說行者乃名是聖不但口之所言小乘偈曰能行說爲正不行何所說若說不能行不名爲智者所以顏回好學勤改前非季路未修懼聞後語功勞智擾役神傷命爲道日損何用多知誓欲枯木其形死灰其慮降此患累以求虛寂乃作絕學箴亦名息心贊擬夫周廟其銘曰

法界內有如意寶人焉久緘其口銘其膺曰古之攝心人也誡之哉誡之哉無多慮無多知多知多事不如息意多慮多失不如守一慮多志散知多心亂心亂生惱志散妨道勿謂何傷其苦悠長勿言何畏其禍鼎沸滴水不停四海將盈纖塵不拂五岳將成防末在本雖小不輕關爾七竅閉爾六情莫窺于色莫聽于聲聞聲者聾見色者盲一文一藝空中小蚊一伎一能日下孤燈英賢才藝是以愚弊捨棄淳樸耽溺淫麗識馬易奔心猿難制神既勞役形必損斃邪逕終迷修途永泥英賢才能是曰惛憒誇拙羨巧其德不弘名厚行薄其高速崩塗舒翰卷其用不恆內懷憍伐外致怨憎或談于口或書于手邀人令譽亦孔之醜凡謂之吉聖以之咎賞悅暫時悲憂長久畏影畏迹逾走逾劇端坐樹陰迹滅影沈厭生患老隨思隨造心想若滅生死長絕不死不生無相無名一道虛寂萬物齊平何勞何劣何重何輕何賤何辱何貴何榮澄天愧淨皦日慚明安夫岱岳固彼金城敬貽賢哲斯道利貞（法苑珠林六十一續高僧傳九亡名）

釋慧善

慧善幼出家住楊都棲玄寺梁亡入周

且當作具

散花論序略

著述之體貴言約而理豐余頗悉諸作而今覼縷者正由斯轍罕人諳練是以觸義殷勤逢文指掌有詳覽者想鑒茲焉（續高僧傳十慧善）

釋僧勔

僧勔武帝時沙門住新州願果寺

難道論

勔以世之濫述云老子尹喜西度化胡出家老子爲說經戒尹喜作佛教化胡人又稱是鬼谷先生撰南山四皓注未善尋者莫不信從以爲口實異哉此傳君子尚不可罔況貶大聖者乎今且陳此說非眞人世差錯假託名字亦乃言不及義譏辱老子意者勝人達士不出此言將是無識異道誇競佛法假託鬼谷四皓之名附尹喜傳後作此異論用迷昏俗竊聞傳而不習夫子不許妄作者凶老君所戒此之巨患增長三塗宜應糺正救其此失然教有內外用生疑假人有賢聖多述本迹故班固漢書品人九等孔丘之徒爲上上類例皆是聖李老之儔爲中上類例皆是賢何晏王弼云老未及聖此則賢聖天分優劣自顯故魏文之博悟也黃初三年下敕云告豫州刺史老聃賢人未宜先孔子不知魯郡爲孔子立廟成未漢桓帝不師聖法正以嬖臣而事老子欲以求福良足笑也此祠之興由桓帝武皇帝以老子賢人不毀其屋朕亦以此亭當路行來者輒往瞻視而樓屋傾頹儻能壓人故令修整昨過視之殊整頓恐小人謂此爲神妄往禱祝違犯常禁宜宣告吏民咸使知聞據斯以言稃露久矣世多愚人不尋前達故有此弊耳今攷據年月羣達誠言區別人世并內經外典竝對條例覽詳卷首邪正自顯（續高僧傳三十僧勔）

釋宗猷

宗猷

遺瓊法師書

莊公學業優奧誠如宏選理副諸望用光于後然其頭大足小終無後成恐其徒轍餘宗耳（續高僧傳十一道莊）

釋法上

法上俗姓劉朝歌人高齊時相州定國寺戒師終于周

荅高麗國丞相王高德問法教始末敘略

佛以姬周昭王二十四年甲寅歲生十九出家三十成道當穆王二十四年癸未之歲穆王聞西方有化人出便卽西入而竟不還以此爲驗四十九年在世滅度已來至今齊代武平十年丙申凡經一千四百六十五年後漢明帝永平十年經法初來魏晉相傳至今流布（續高僧傳）

全後周文卷二十二終

全後周文卷二十三

烏程嚴可均校輯

釋氏二

釋道安

道安俗姓姚。馮翊胡城人。周武敕住中興寺。建德三年。普滅佛道。俯迹潛遁。搜訪得之。位以朝列。不就。

二教論

歸宗顯本一

有東都逸俊童子。問于西京通方先生曰。僕聞風流傾墜。六經所以緝修。詩僞滋彰。二篇所以述作。故擾柔弘濶。于物必濟。曰儒。用之不匱。于物必通。曰道。斯皆孔老之神功。可得而詳矣。近覽釋教。文博義豐。觀其汲引。則恂恂善誘。要其旨趣。則亹亹慈良。然三教雖殊。勸善義一。塗迹誠異。理會則同。至于老嗟身患。孔歎逝川。固欲後外以致存身。感往以知物化。何異釋典之厭身無常之說哉。但拘滯之流。未馳高觀。不能齊天地于一指。均是非乎一氣。致令談論之際。每有不同。此所謂匿摩尼于胎觳。掩大明于重夜。傷其二之淆風。塞洞一之玄旨。新之彌劫。奚可值哉。敬請先生。爲之開闡。通方先生曰。子之問也。激矣哉。可謂窮辨未盡理也。僕雖不敏。稽疑上國。服膺靈章。陶風下席。今當爲子略陳其要。夫萬化本于無生。而生生者無生。三才兆于無始。而始始者無始。然則無生無始。物之性也。有化有生。人之稟也。聚雖一體。而形神兩異。散雖質別。而心數弗亡。故救形之教。教稱爲外。濟神之典。典號爲內。是以智度有內外兩經。仁王辯內外二論。方等明內外兩律。百論言內外二道。若通論內外。則該彼華夷。若局命此方。則可云儒釋。釋教爲內。儒教爲外。備彰聖典。非爲誕謬。詳覽載籍。尋討源流。教惟有二。寧得有三。何則。昔玄古樸素。墳典之誥未弘。淆風稍離。丘索之文乃著。故包論七典。統括九流。咸爲治國之謨。竝是修身之術。故藝文志曰。

儒家之流。蓋出于司徒之官。助人君順陰陽明教化者也。遊文于六經之中。留意于五德之際。祖述堯舜。憲章文武。宗師仲尼。其道最高者也。

道家者流。蓋出于史官。清虛以自守。卑弱以自持。此君人者南面之術。合于堯之克讓。易之謙謙。是其所長也。

陰陽家者流。蓋出于羲和之官。敬順昊天。厤象日月星辰。敬授民時。此其所長也。

法家者流。蓋出于理官。信賞必罰。以輔禮制。易曰。先王以明罰敕法。此其所長也。

名家者流。蓋出于禮官。古者名位不同。禮亦異數。孔子曰。必也正名乎。名不正則言不順。言不順則事不成。此其所長也。

墨家者流。蓋出于清廟之官。茅屋綵椽。是以貴儉。養三老五更。是以兼愛。選士大射。是以上賢。宗祀嚴父。是以有鬼。此其所長也。

縱橫家者流。蓋出于行人之官。孔子曰。誦詩三百。使乎四方。不能專對。雖多亦奚以爲。又曰。使乎使乎。言其當權事制宜。受命而不受詞。此其所長也。

雜家者流。蓋出于議官。兼儒墨。合名法。知國體之有此。見王治無不貫。此其所長也。

農家者流。蓋出于農稷之官。播五穀。勸耕桑。以足衣食。故八政一曰食。二曰貨。此其所長也。若派而別之。則應有教教。若總而合之。則同屬儒宗。論其官也。各王朝之一職。談其籍也。竝皇家之一書。子欲于一代之內。令九流爭川。大道之世。使小臣競辨。豈不上傷皇極莫二之風。下開拘放鄙蕩之獘。眞所謂五蠹鴻猷。眩曜朝野矣。

有當作右

教教當作九教

論當作二

佛教者窮理盡性之格言出世入眞之軌轍論其文則部分十二語其旨則四種悉擅理妙域中固非名號所及化擅繫表又非情智所尋至于遺累落筌陶神盡照近超生死遠證泥洹播闡五乘接羣機之深淺該明六道辯善惡之升沈負期出世而理無不周邇比王化而事無不盡能博能要不質不文自非天下之至處孰能與斯教哉雖復儒道千家墨農百氏取捨驅馳未及其度者也唯釋氏之教理富權實有餘不了稱之曰權無餘了義號之爲實通云善誘何成妙賞子謂三教雖殊勸善義一余謂善有精麤優劣宜異精者超百化而高升麤者循九居而安息安可同年而語其勝負哉又云教迹誠異理會則同爰引世訓以符玄教此蓋悠悠之所昧未暨其本矣教者何也詮理之謂理者何也教之所詮教若果異理豈得同理若必同教寧得異筌不期魚蹄不爲兔將爲名乎理同安在夫厚生情篤身患之誠遂興不悟遷流逝川之

歎乃作竝是方內之至談諒非踰方之巨唱何者推色盡于極微老氏之所未辯究心窮于生滅宣尼又所未言可謂瞻之以盡察之未極者也故涅槃經曰分別色心有無量相非諸聲聞緣覺所知且聲聞之與菩薩俱越妄想之鄉菩薩則惠兼九道聲聞則獨善一身其猶露潤之方巨壑微塵之比須彌況凡夫識想何得齊乎故淨名曰無以日光等彼螢火若夫以齊而齊不齊者未齊矣以齊而齊于齊者未齊焉余聞善齊天下者以不齊而齊天下者也何須夷嶽實淵然後方平續鳧截鶴于焉始等此蓋狷夫之野議豈達士之貞觀故諺曰紫實昧朱狂斯濫哲請廣其類更曉子懷上至天子下至庶人莫不資色心以成軀稟陰陽以化體不可以色心是等而便混以智愚安得以陰陽義齊則使同之貴賤此之不可至理皎然雖強齊之其義安在

儒道升降論

問曰先生涇渭孔釋清濁大懸與奪儒道取捨九流史遷六氏道家爲先班固九流儒宗爲上討其祖述竝可命家論其憲章未乖典式欲言俱非情謂未可儻其都是何宜去取答曰塗軌乖順不可無歸朱紫之際久宜有在漢書十志竝是古則藝文五行豈今始有農爲治本史遷不言安毀縱橫官與俱漏故孟堅之撰今古褒其是子長之論纍見貶其非是以前漢書曰史遷序墳籍則先黃老後六經論遊俠則退處士進姦雄述貨殖則崇勢利羞貧賤此其爲蔽也後漢書曰太史令司馬遷採左氏國語刪世本戰國策據楚漢春秋列時事上自皇帝下訖獲麟作本紀世家列傳書表凡百三十篇而十篇缺焉至于採經摭傳分散百家之事甚多疏略不如其本務欲以多聞廣載爲功論議淺而不篤其論術學也則崇黃老而薄五經輕仁義而賤守節此其大蔽傷道所過極形之咎也又晉書禮樂志曰世稱子長史記奇而不周奇謂博古

遠達不周謂弊于儒道儒道既弊聖教不興何王摹之尙道廢儒惑亂天下變風毀俗遂使魏晉爲之陵遲四夷交侵中國微矣此皆國史實錄之文奚獨可異校其得失詳列典志取捨升降何預鄙懷

問老子之教蓋修身治國絕棄貴尙論大道則爲三才之元辨上德則爲五事之本猶陶埏之成造譬槖籥之不窮先生何爲抑在儒下答曰余聞恬志大和者不務變常安時處順者不求反古故詩曰不愆不亡率由舊章唯藝文之盛易最優矣吾子謂老與易何若昔宓羲氏仰觀象于天俯察法于地近取諸身遠取諸物于是始作八卦以通神明之德以類萬物之情文王重六爻孔子弘十翼故曰易道深矣人更三聖世歷三古故繫詞曰易有太極是生兩儀易說曰夫有形生于無形故曰有太易有太初有太始有太素太易者未見氣也太初者氣之始太始者形之始太素者質

應當作尹

之始夫氣形質而未相離故曰渾混視之不見聽之不聞修之不得故曰易也孝經說曰奇者陽飾偶者陰基得陽而成合陰而居數相配偶乃爲道也故曰一陰一陽之謂道陰陽不測謂之神此而遐瞻足賢于老也子謂仁由失德而興禮生忠信之薄安其所習毀所不見且大樂與天地同和大禮與天地同節豈在飾敬之年責報之歲哉然老氏之旨本救澆浪虛柔善下修身可矣不侚賢能于治何續既扶易之一謙更是儒之一派幸勿同放兼棄五德

君爲教主三

問敬尋哲製剖析離合云派而別之應有九教統而合之同一儒宗採求理例猶謂未當何者名禳鄧應法參悝商墨出由胡農與野老斯皆製通賢達不可以爲教首孔老聖歟可以命教故九流之中唯論其二儒教道教豈不婉哉答曰子之問也似未通遠夫帝王功成作樂治定制禮此蓋王業之盛事也而左史記言右史記事事爲春秋言爲尙書百王同其風萬代齊其軌若有位無才猶虧弘闡有才無位灼然全闕昔周公攝政七載乃制六官孔老何人得爲教主孔雖聖達無位者也自衞返輪始弘文軌正可修述非爲教源柱史在朝本非諧贊出周入秦爲尹言道無聞諸矦何況天子既是仙賢固宜雙缺道屬儒宗已彰前簡

問孔子問禮于老聃則師資之義存矣又論語孔子自稱曰吾述而不作信而好古竊比于我老彭子曰孔聖而云老賢比類之義義將焉在褒貶乖中諒爲侮聖答曰余既庸昧奚敢穿鑿廢智任誠唯依謨典稽子云老子窺涓子學九仙之術尋乎練餌斯或有之至于聖也則不云學論語曰生而知之者上也學而知之者次也依前漢書品孔子爲上上類皆是聖以老氏爲中上流並是賢又何晏王弼咸云老未及聖此皆典達所位僕能異乎孔子曰吾無常師問禮于老聃斯其義也有問農云吾不如老農又問圃云吾不如老圃入太廟每事問豈農圃守廟之人而賢于孔丘乎竊比遜詞斯其類也故知他評近實自謙則虛侮聖之談恐還自累

問魯隱公者蓋是讓國之賢君而人表評爲下下老子者乃無爲之大聖漢書品爲中上故知班彪父子詮度險巇先生何乃引之爲證答曰吾子近取杜預之談遠忽春秋之意隱公者桓公之庶兄也桓公幼小攝行政事及桓長大歸政桓公雖能歸政不能無猜譖毒于是縱橫遂爲桓公所弒既不自全陷弟不義讓國之美竟復何在此而非下孰有下乎漢書之評于是乎得且孔子受命遂號素王未聞載籍稱老爲聖言不關典君子所慙

問尙書云惟狂克念作聖惟聖罔念則狂子云聖也則不關學是何言歟答曰孔語生知學言積習向者論儒未云釋也上智下愚本不隨化中庸之類乃順化遷聖可爲狂則非上智狂可爲聖復非下愚書辨狂聖皆中庸也老子曰絕聖棄智民利百倍此蓋中材之聖非上智也

詰驗形神四

問曰先生云救形之教教稱爲外敬尋雅論實爲未允易云知幾其神乎盍得雷同七典皆爲形教釋辨濟神義將安在答曰書稱知遠遠極唐虞春秋屬詞詞盡王業至若禮樂之敬良詩易之溫潔皆明夫一身豈論三世固知教在于形方者未備洪祇示邈乎生表者存而未議易曰幾者動之微也能照其微非神如何此言神矣而未辨練神練神者閉情關照期神曠劫幽靈不亡積習成聖階十地而逾明邁九宅而高蹈此釋教所弘也經曰濟神拔苦莫若修善六度攝生淨心非事故也

仙異涅槃五

問釋稱涅槃道言仙化釋云無生道稱不死其揆一也何可異乎

方當作力

荅曰靈飛羽化者竝稱神丹之方無疾輕强者亦云餌服之功哀哉不知善積前成生甄異氣壽夭由因修短在業佛法以有生為空幻故忘身以濟物道法以固我為眞實故服餌以養生生生不貴存存存何勳縱使延期不能無死故莊周稱老子曰古者謂之遁天之形始以為其人今則非人也尙非遁天之仙故有秦佚之弔死扶風葬槐里涅槃者常恆清涼無復生死心不可以智知形不可以像測莫知所以名强謂之寂其為至也亦以極哉縱其雙林息照而靈智常存體示闍維而舍利恆在雖復大椿遐壽以彭年為殤非想多劫與無擇對戶凡聖理懸動寂天異焉可同時而辨升降吾子何為抗餘燎于日月之下而欲與曦和爭暉至于狷也何至甚乎

道仙優劣六

問先生高談壽夭善積前生業果雖詳芝丹仍略且道家之極極

道當作遂

在長生呼吸太一吐故納新子欲劣之其可得乎荅曰老氏之旨蓋虛無為本柔弱為用渾思天元恬高人世浩氣養和得失無變窮不謀通達不謀已此學者之所以詢仰餘流其道若存者也若乃練服金丹餐霞餌玉靈升羽蛻尸解形化斯皆尤乖老莊立言本理其致流漸非道之傳雖記奇者有之而言道者莫取昔漢武好方技道有欒大之妖光武信讖書致有桓譚之議書為方技不入墳流人為方士何關雅正吾子曷為捨大而從小背理而趣誕乎

孔老非佛七

問西域名佛此方云覺西言菩提此云為道西云泥洹此言無為西稱般若此繇智慧準此斯義則孔老是佛無為大道先已有之荅曰鄙俗不可以語大道者滯于形也曲士不可以辨宗極者拘于名也案孟子以聖人為先覺聖王之極寍過佛哉故譯經者以

論當作談

覺翻佛覺有三種自覺覺他及以滿覺孟軻一辨豈具此三菩提者案大智度譯云無上慧然慧照靈通義翻為道道名雖同道義九異何者若論儒宗道名通于大小論語曰小道必有可觀致遠恐泥若論釋典道名通于邪正經曰九十有六皆名道也聽其名則眞偽莫分驗其法則邪正自辨菩提大道以智度為體老氏之道以虛空為狀體用既懸固難影響外典無為以息事為義內經無為無三相之為名同實異本不相侶故知借此方之稱翻彼域之宗寄名談實何疑之有準如茲例則孔老非佛何以明其然昔商太宰問于孔丘曰夫子聖人歟對曰丘博聞强記非聖人也又問三王聖人歟對曰三王善用智勇聖非丘所知又問五帝聖人歟對曰五帝善用仁信聖非丘所知又問三皇聖人歟對曰三皇善因用時聖非丘所知太宰大駭曰然則孰者為聖人乎孔子動容有間曰丘聞西方之人有聖者焉不治而不亂不言而自信不

化而自行蕩蕩乎民無能名焉若老氏必聖孔何不言以此校之理當推佛

釋異道流八

問後漢書云佛道神化興自身毒詳其清心釋累之訓空有兼遣之宗道書之流也以此推之則道教收佛又佛經云一切文字悉是佛說非外道書而先生高位釋敎在儒道之表將不自局而近誕聖乎荅曰吾子援引漢書而問余亦還以漢書而荅後漢西域傳曰張騫之著天竺惟云地多溼暑班勇之列身毒正言奉佛不殺而精文善法導達之功靡所傳記余聞之後記也其國則殷乎中土玉燭和氣靈智之所降集賢哲之所挺生神迹詭怪則理絕人區感驗明顯則事出天外而騫超無聞者豈其道閉往運數開叔葉乎不然何經典之盛也漢自楚英始盛齋戒之祀桓帝大修華蓋之飾將微義未譯但神明之邪且好仁惡殺蠲獘崇善所以

播上脫或字

賢達君子多受其法焉然好大不經奇譎無已雖鄒衍談天之辨莊周蝸角之論未足㠯槩其萬一尋漢書之錄兼而有徵取其微義未譯則云道書之流談其神奇感驗則言理絕天表唯四藏博二諦竝陳總論九道則無非佛說別明三乘則儒道非流此乃在我之明證非吾子之清決乎

服法非老九

問經云釋迦成佛已有塵劫之數或爲儒林之宗或爲國師道士固知佛道冥如符契又清淨法行經云佛遣三弟子震旦教化儒童菩薩彼稱孔丘光淨菩薩彼稱顏淵摩訶迦葉彼稱老子先生辨異佀若自私荅曰聖道虛寂圓應無方無方之應迺彼羣品器量有淺深感通有厚薄故令無像之像像遍十方無言之言言充八極應實塵沙大略有二八相感成雙林現滅斯其大也權入六道晦迹塵光斯其小也小則或畫卦㠯御時播殖㠯利世或修正

㠯定亂或行禮㠯誠物或談無而傲榮或說有而重爵何爲老生獨非一迹故須彌四域經曰寶應聲菩薩名曰伏犧寶吉祥菩薩名曰女媧但今之道士始自張陵乃是鬼道不關老子何㠯知之李膺蜀記曰張陵避病瘧于丘社之中得呪鬼之術書爲是遂解使鬼法後爲大蛇所噏弟子妄述升天後漢書稱沛人張魯母有姿色兼挾鬼道往來劉焉家益州刺史劉焉遂任魯㠯爲督義司馬魯遂與別部司馬張修將兵掩殺漢中太守蘇固斷絕斜谷殺漢使者魯既得漢中遂殺張修而并其衆焉于漢爲逆賊戴黃巾服黃布褐魯字公旗初祖父陵順帝時客于蜀學道鵠鳴山中造作符書㠯惑百姓受其道者輒出米五斗故世謂之米賊陵傳其子衡衡傳于魯魯遂自號天師君其來學者初名鬼卒後號祭酒祭酒各領部衆多者名曰治頭皆教㠯誠信不聽欺妄有病但令首過而已諸祭酒各起義舍于同路同路懸亭置米肉㠯給行旅

魯下脫曰字

食者量腹取足過多則鬼能病人犯法者先加三令然後行刑不置長吏㠯祭酒爲治民夷信向朝廷不能討遂就拜魯鎭夷中郎將通其貢獻自魯在漢垂三十年獻帝建安二十年曹操征之至陽平魯欲舉漢中降其弟衞不聽率衆數萬拒關固守操破衞斬之魯聞陽平已陷將稽顙歸降閻圃說曰今㠯急往其功爲輕不如且依巴中然後委質功必多也于是乃奔南山左右欲悉燒寶貨倉庫魯本欲歸命國家其意未達今日之走㠯避鋒銳非有惡意遂封藏而去操入南鄭甚嘉之又㠯魯本有善意遣人慰安之魯即與家屬出迎拜鎭南將軍封閬中侯而張角張魯等本因鬼言漢末黃衣當王于是始服之曹操受命㠯黃代赤黃巾之賊至是始平自此已來遂有茲獘至宋武帝悉皆斷之至寇謙之時稍稍還有今旣大道之世風化宜同小巫巾色實宜改復且老子大賢絕棄貴尙又是朝臣服色寍異古有專經之學而無服象之殊

黃巾布衣出自張魯國典明文豈虛也哉夫聖賢作訓弘裕溫柔鬼神嚴厲動爲寒暑老子誡味祭酒皆飲張褻鬼服黃布則齊眞偽皎然急緩可見自下略引張氏數條妄說用懲革未聞

或禁經止價（玄光論云道家諸經制雜凡意教迹邪險是故不傳但得金帛便與其經貪者造之至死不覩寶利無慈逆莫過此又其方術穢濁不清乃有扣齒爲天鼓咽唾爲醴泉馬屎爲靈薪老鼠爲芝藥資此求道焉得乎）

或妄稱眞道（蜀記曰張陵入鵠鳴山自稱天師漢嘉平末爲蟒蛇所噏子衡奔出尋屍無所畏負清議之譏乃假設權方㠯表靈化之迹生縻鵠足置石崖頂到光和元年遣使告曰正月七日天師昇玄都米民之山獠遂因妄傳販死利生逆莫過此之甚也）

或含氣釋罪（妄造黃書呪癘無端乃開命門抱眞人嬰兒迴龍虎戲衞如黃書所說三五七九天羅地網士女溷漫不異禽獸用消菑禍其可然乎）

或挾道作亂（黃巾鬼道毒流漢室孫恩求仙禍延皇晉破國害民惑亂天下）

或章書代德（遷達七祖乞免擔沙橫費紙筆奏章太上戊辰之日上必不達不達太上則生民枉死嗚呼哀哉）

或畏鬼帶符（左佩太極章右佩昆吾鐵指日則停曜擬鬼千里血若受黃書赤章即是靈仙）

弟上脫迦字

或制民輸課蜀記曰受其道者輸米肉布絹器物紙筆薦席五綵後生邪僞增立米民或解除墓門左道餘氣墓門解除春秋二分祭竈祠社冬夏兩至祀祠同俗先受治錄兵符社契皆言軍將吏兵都無敎誡之義或苦妄度厄塗炭齋者事起張魯驢輾泥中黃土塗面擿頭懸㮇埏埴使熱至義熙初王公期省去打拍吳陸修靜猶泥額反縛頭而已貪此度厄何癡之甚或夢中作罪夢見先亡飄云變怪召食鬼神軍將吏兵奏章斷之或輕作兇佞造黃神越章用持殺鬼又造赤章用持殺人取悅世情不計殃罪陰謀懷嫉兇邪之甚斯皆三張之鬼法豈老子之懷乎自于上代爰至苻姚皆呼衆僧吕爲道士至寇謙之始竊道士之號私易祭酒之名曹簡姚書略可詳究然法行經者無有人飜雖入疑科未傷弘旨摩訶迦葉釋弟子稟道闡猷詎希方駕三張符籙詭託老言据採諸詞吕相扶助復引實談證其虛說嗚呼可歎幸深察焉

問敬尋道家厥品有三一者老子無爲二者神仙餌服三者符籙禁厭就其章式大有精麤麤者厭人殺鬼精者練屍延壽更有青籙受須金帛王侯受之則延年益祚庶人受之則輕健少疾君何不論唯貶鄙者答曰子之所言何其陋矣唯王者興作非詐力所致必有靈命吕應天人至于符瑞不無階降上則河圖洛書次則龜龍麟鳳此是帝王之符籙也今大周馭宇應厤受圖出震爲神電軒流景上宣衢室下闢靈臺列彼三光搖茲二柄而德侔終古動植效靈仁並二儀幽明薦祉故眞容表相不假尋于具茨澄照淵猷無惑求于象罔牢籠語默彈壓名言超絕有無迴踰彼此芻狗萬機不可謂之爲有孝慈兆庶不可謂之爲無四海一家不可謂之爲彼九州遼曠不可謂之爲此故遊之者莫測其淺深蹈之者未窮其厚薄加吕三足九尾赤雀綠龜嘉瑞相尋不時而至茲乃大道弘仁光盈四表慶靈總萃厚祚無疆豈聖德之淸盥天朝之多士尙信鬼籙之談猶傳巫覡之說者哉昔神賜鐵田若始求

鈍鈍當作純鈍

田之義民供趙雀由初受爵之徵此皆委巷鄙言子從所不許也然皇帝之號尊極天人之義王者之名大盡霸功之業當受命神宗廓風化于寰宇封禪山岳報成功于天地不見鬼言預經綸之始曾無詭說達致遠之宗徒訛惑生民敗傷王敎眞俗擾動歸正無從唯孔子貴知命伯陽去奇尙奚取鬼符望致其壽若言受之必益今佩符道士悉可長年無籙生民並應短壽事既不徵何道之有

明典眞僞十

問老經五千最爲淺略上淸三洞乃是幽深且靈寶尊經天文玉字超九流越百氏儒統道家豈及此乎答曰老子道經朴素可崇莊生內篇宗師可領暨茲已外製自凡情黃庭元陽採撮法華吕道換佛改用尢拙靈寶創自張陵吳赤烏之年始出上淸肇自葛玄宋齊之間乃行尋聖人設敎本爲招勸天文大字何所詮談始自古文大小兩篆吕例求之都不相佀陽平鬼書于是乎驗晉元康中鮑靖造三皇經被誅事在晉史後人諱之改爲三洞其名雖變厥體尙存猶明三皇吕爲宗極斯皆語出凡心實知非敎不關聖口豈是典經而張葛之徒皆禳符禁化俗怪誕違爽無爲哀哉吁何乃指蟲迹欲比蒼文吕毒乳而方甘露乎

問道經幽簡本接利人佛經顯博源拔鈍士窮理徵事皎然可見答曰釋典汪汪幽顯並蘊玄章浩浩廣略俱通大智度曰爲利人略說爲解義故爲利人廣說爲誦持故爲鈍人略說爲誦持故爲鈍人廣說爲解義故如般若一座敷玄鷲嶽及其皆益乃數十周智典既然餘經皆爾通言博在其鈍何誣之甚香城金簡龍宮玉牒天上人間經典何量八音部袠其數無邊十二該之磬無不盡可謂詩篇三百蔽者一言吕此例之廣略可見詳其道經三十六部廣則定廣無略可收卽是鈍鈍何利之有廣而可略則非定廣

略而可廣則非定略釋典之深于是乎在

敎指通局十一

問姬孔立敎可吕安上治民移風易俗老莊談玄可吕歸淳反素息尙無爲爲化足矣何假胡經又簪抽髮削毀容易姓可吕化彼強夷不可施之中夏其猶車可陸運不可汎流船可水行不宜陸載佛經怪誕大而無徵怖吕地獄則使怯者寒心誘吕天堂則令愚者虛企豎說塵劫尙云不遙傍談沙界猶言未遠或說貧由慳至富藉施來貴因恭恪賤與侮慢慈仁不殺則壽命延長殘掠滿獄則年算減夭尋討云云難相符允竊見好施不害貧而早終慳貪多殺富而長壽禪戒苦節嬰罹疾患坑殘至廣封賞始隆信謂苦惱由惑而生爵祿因殺而得其猶種角生葦毋子乖張牛毛生蒲因果不類雖言業報無吕愜心徒說將來何殊繫影未若陶甄稟于自然森羅均于獨化忽焉自有怳爾而無吉凶任運離合非

我人死神滅其猶若爐膏明俱盡知何所至胡勞步驟于空談之際馳騁于無驗之中荅曰異哉子之所陳何其鄙也果吕拘纏宿井封守一方故耳孟子曰人之所知未若人之所不知信矣吾當告子古之明大道者五變而形名可舉九變而賞罰可言所吕方內階漸猶未可頓者也至于鉤七順時禁四民之暴三驅之禮顯王迹之仁可謂美矣未盡善也尋先王制作局云實宇天分十二野極流沙地列九州西窮黑水談遺過去辨略未來事盡一生未論三世豈聖達之不知信嘉緣之未構釋迦發窮源之眞唱演大哀之洪慈上極聖人下及蜫蟻等行不殺仁人之至也若乃道包眞俗義冠精靈移仁壽于菩提徙敎義于權實使宗虛者悟空空之旨存有者進戒定之權于是慧光遐炤莊王因覩夜明靈液方津明帝吕之神夢且謂遂通資感悟涉藉緣運値百齡齊均萬劫于是秦景西使而摩騰東逝道揚皇漢之朝訓敷永平之祀物無

嶠螢人斯草偃始知放華猶昏而文宣未旭者也吾子初云其同而未識其異故知始之所同者非同末之所異者非異何則修淳道者務在反俗俗旣可反道則可淳反俗之談莫先剃落而削髮毀容事存高素辭親革愛趣聖之方祛嗜欲于始心忘形骸于終果何眷戀乎三界豈留蓮于六道泰伯文身斷髮匪是西夷范蠡易姓改名寧非東夏近讓千乘論語稱其至德遠辭九德寧羅氏族之拘故阿含經曰四姓出家同一釋種莊子舟車之喩譬吕古今猶禮有損益樂有相沿吾子何爲濫云國土唯聖化無方不吕人天乖應妙化無外豈吕華戎阻情是吕一音演唱萬品齊悟豈吕夷夏而爲隔哉維摩經曰佛吕一音演說法衆生隨類各得解夫纖介之惡歷劫不亡毫釐之善永爲身用但禍福相乘不無倚伏得失相襲輕重冥傳福成則天堂自至罪積則地獄斯臻此乃必然之數無所容疑若造善于幽得報于顯世謂陰德人咸信矣

造惡于顯得報于幽斯理盡然寧不信也易曰積善必有餘慶積惡必有餘殃而商臣肆惡乃獲長壽顏子庶幾而致早終伯牛含沖和而納疾盜跖抱凶悖而輕彊斯皆善惡無徵生茲網惑若無釋敎則此塗永蹟矣經曰業有三報一者現報二者生報三者後報現報者善惡始于此身苦樂卽此身受生報者次身便受後報者或二生或三生百千萬生然後乃受受之無主必由于心心無定司必感于事緣有彊弱故報有遲速故經曰譬如負債強者先牽此因果之賞罰三報之弘趣自非通才達識罕得其門世或有積善而得殃或有凶邪而致慶此皆現業未熟而前報已應故曰禎祥遇禍妖孼享福疑侶之嫌于是乎在斯則顏子短壽運鍾在昔今之積德利在方將盜跖長年酬于往善今之肆惡衰在未來業此下有脫文注曰楚穆王字商臣楚成王之太子世有殺父之愆謚之爲穆名實之差起于此矣此皆生後一報非現報也故經曰雜業

同下脫得字

故雜受如歌利王之刖羼提現被霹靂末利夫人供養須菩提見爲王后若斯之流皆現報也子云多殘爲富貴之因持戒爲患疾之本經有成通可得而言矣或有惡緣發善業多殺而致爵或有善緣發惡業多禪戒而獲病病從惡業而招豈修善而得貴從善業而興非坑殘所感故論曰是緣不定非受不定受定者言因不可變也其猶種稻得稻必不生麥麥雖不生不可陸種地爲緣也稻即因矣然陰果浩博諒難詳究依經誠言略標二種一者生業二者受業俱行十善同人身生業也貧富貴賤聰鈍短長受業也故施獲大富慳致貧窮忍得端正瞋招醜陋相當因果也唯業報理微通人尚昧思不能及耶見是興或說人死神滅更無來生或云聚散莫窮心神無間或言吉凶苦樂皆天所爲或計諸法自然不由因得果以禍福之數較謝于六府苦樂之報迭代而行遂使遇之者非其所對乃謂名教之書無宗于上善惡報應無徵于下

妍當作研

若能覽三報以觀窮通之分則尼父不荅仲由斷可知矣是故文子稱黃帝之言曰形有靡而神不化以不化乘其變無窮又嬴博之葬曰骨肉歸乎地神氣無不之釋典曰識神無形假乘四蛇形無常主神無常家斯皆神馳六道之明證形盡一生之朗說未能信經希詳軒昊因茲而觀佛經所以越六典絕九流者豈不以疏神達要陶鑄靈府窮源盡化水鏡無垠者矣

依法除疑第十二

于是童子愀然而怒曰僕聞釋典沖深非名敎所議玄風悠邈豈器象所該故染漬風流者脫形梏于始心妍理窮味者蕩心塵于終慮抗志與夷皓齊蹤潔己與嚴鄭等迹忽榮譽去嗜欲然釋訓稍陵競爲奢侈上滅父母之資下損妻孥之分齋會盡肴膳之甘塔寺極莊嚴之美罄私家之年儲費軍國之資實然諸沙門秀異者寡受茲重惠未能報德或墾植田圃與農夫等流或估貨求財

說法當作說諸法

與商民爭利或交託貴勝以自矜豪或占筭吉凶狥于名譽遂使澄源漸濁流浪轉渾僕所以致怪亘在于斯覬欲覲心佛法鑽仰餘風覩此悵然洗心無託先生憮然而笑曰余聞鱗介之物不達皋壤之事毛羽之族豈識流浪之形類異區分固其宜耳惟十性淵博含生等有二諦該深物我斯貫辨有也則九道森然談空也則萬像斯寂故般若曰色即薩婆若薩菩若即色然色是無知之頑質薩婆若諸佛之靈照論有居然無別言無一而莫異極矣哉老氏之虛無乃有外而張義釋師之法性乃即色而遊玄遊玄不礙于器象何緣假之可除即色而冥乎法性則境智而俱寂般若曰不壞假名而說法實相維摩曰但除其病而不除法信哉此道孰可逮乎故能拯溺俗于沈流拔幽根于重劫遵闢三乘之精廣闢天人之路夫大士建行以檀度爲先標踰宗極以塔寺爲首施而有報匪成虛費惠而有德豈曰空爲且精徹稍薄華侈漸興失

在物懷何關聖慮故崇軒玉璽非堯舜之心翠居麗食豈釋迦之意今大周馭宇淳風遐被震道綱于六合布德網于八荒川無扣浪之夫谷無含歎之士四民咸安其業百官各盡其分嘉穀秀于中田倉庫積而成朽方將擊壤以頌太平鼓腹而觀盛化吾子何拘安慮窮極古人歎曰才之爲難信矣孔門三千並海內翹秀簡充四科數不盈十其中伯牛惡疾回也六極商也慳悋賜也貨殖求也聚斂由也凶頑而舉世推戴爲人倫之宗欽尚高軌爲搢紳之表百代慕其遺風千載仰其景行至于沙門苦相駮節蓋髮膚徽嗣世人之所重而沙門遺之如脫屣名位財色有情之所滯而沙門視之如秕糠斯乃忍人所不能忍去人所不能去可謂超世之津梁弘道之勝趣也錄其脫俗之誠足消四事採其高尚之迹可報四恩況優于此者乎夫崑山多玉尚有礫沙淨水豐金豈無土石沙門之中禪禁實多不無五三缺于戒律正可以道廢人不

應以人廢道。予何覩此。遂督釋教。故經曰。依法不依人。依智不依識。不可見紂跖之蹤。而忽堯孔之軌。覽調達之迹。而忘妙德之風。今當爲予撮言其致。三乘俱出生死。而幽駕大有淺深。九流咸明宇內。沖顯盈無總別。儒經曰。夫孝德之本。教之所由生也。旣云德本道高。仁義之迹。教之由生。墳典因之以弘。然則同歸而殊塗。一致而百慮。孝慈爲總。予何惑焉。儒之爲統。予何疑焉。于是童子莞然而悅曰。夫柏梁之構。輿乃知茆茨之仄陋。仰日月之彌高。何丘陵之可窄。覩眞筌之邃廓。覺世訓之爲近。尋二經之實談。悟三張之詭妄。佛生西域。形儀罔覿。教流東土。得聽餘音。然神蹤曠遠。理乖稱謂。因果寂邃。信絕名言。今以淺懷。得聞高論。銷疑散滯。渙若春冰。始知釋典茫茫。該羅二諦。儒宗硌硌。總括九流。信偯常談。無得而稱者矣。僕誠不敏。謹承嘉誨。廣弘明集八

訓門人遺誡九章

貴下脫故字　獲當作頃

敬謝諸弟子等。夫出家爲道。至重至難。不可自輕。不可自易。所爲重者。荷道佩德。縈仁負義。奉持淨戒。死而後已。所爲難者。絕世離俗。永割親愛。迴情易性。不同于衆。行人所不能行。割人所不能割。忍苦受辱。捐棄軀命。謂之難者。名曰道人。道人者。導人也。續高僧傳作行道人也行必可履。言必可法。被服出家。動爲法則。不貪不諍。不讒不匿。學問高遠。志在玄默。是爲名稱。參位三尊。出賢入聖。滌除精魂。故得君王不望其報。父母不望其力。普天之人。莫不歸攝。捐妻減養。供奉衣食。屈身俯仰。不辭勞恨者。以其志行清潔。通于神明。惔怕虛白。可奇可貴。自獲荒流。道法遂替。新學之人。未體法則。棄正著邪。忘其眞寶。以小黠爲智。以小恭爲足。飽食終日。無所用心。退自推觀。良亦可悲。計今出家。或有年歲。經業未通。文字不決。徒喪一世。無所成名。如此之事。不可深思。無常之限。非旦即夕。三塗苦痛。無強無弱。師徒義深。故以申示。有情之流。可爲永誡。

諍當作爭

其一曰。卿已出家。永違所生。剃髮毀容。法服加形。辭親之日。上下涕零。割愛崇道。意凌太清。當遵此志。經道修明。如何無心。故存色聲。悠悠竟日。經業不成。德行日損。穢積遂盈。師友慚恥。凡俗所輕。如是出家。徒自辱名。今故誨勵。宜當專精。

其二曰。卿已出家。棄俗辭君。應自誨勵。志果清雲。財色不顧。與世不羣。金玉不貴。惟道爲珍。約已守節。甘苦樂貧。進德自度。又能度人。如何改操。趨走風塵。坐不暖席。馳務東西。劇如徭役。縣官所牽。經道不通。戒德不全。朋友嗤弄。同學棄捐。如是出家。徒喪天年。今故誨勵。宜各自憐。

其三曰。卿已出家。永辭宗族。無親無疏。清淨無欲。吉則不歡。凶則不哭。超然縱容。豁然離俗。志存玄妙。執眞守樸。得度廣濟。普蒙福祿。如何無心。仍著染觸。空諍長短。銖兩斗斛。與世諍利。何異童僕。經道不明。德行不足。如是出家。徒自毀辱。今故誨示。宜自洗沐。

其四曰。卿已出家。號曰道人。父母不敬。君帝不臣。普天同奉。事之如神。稽首致敬。不計富貧。尙其清修。自利利人。減割之重。一米七斤。如何怠慢。不能報恩。倚縱遊逸。身意虛煩。無戒食施。死入泰山。燒鐵爲食。融銅灌咽。如斯之痛。法句所陳。今故誨約。宜自改新。

其五曰。卿已出家。號曰息心。穢雜不著。唯道是欽。志參清潔。如玉如冰。當修經戒。以濟精神。衆生蒙祐。并度所親。如何無心。隨俗浮沈。縱其四大。恣其五根。道德遂淺。世事更深。如是出家。與世同塵。今故誡約。幸自開神。

其六曰。卿已出家。捐世形軀。當務竭情。泥洹合符。如何擾動。不樂閑居。經道損耗。世事有餘。清白不履。反入泥塗。過影之命。或在須臾。地獄之痛。難可具書。今故戒勵。宜崇典謨。

其七曰。卿已出家。不可自寬。形雖鄙陋。使行可觀。衣服雖粗。坐起令端。飲食雖疏。出言可餐。夏則忍熱。冬則忍寒。能自守節。不飲盜

利當作私

泉不肖之供。足不妄前。久處利室。如臨至尊。學雖不多。可齊上賢。如是出家。足報二親。宗族知識。一切蒙恩。今故戒汝。宜各自敕。

其八曰。卿已出家。性有昏明。學無多少。要在修精。上士坐禪。中士誦經。下士堪能塔寺經營。豈可終日。一無所成。立身無聞。可為徒生。今故誨汝。宜自端情。

故當作出

其九曰。卿已出家。永違二親。道法革性。俗服離身。辭親之日。乍悲乍欣。邈爾絕俗。超故埃塵。當修經道。制己履真。如何無心。更染俗因。經道已薄。行無毛分。言非可貴。德非可珍。師友致累。恚恨日殷。如是出家。損法辱身。思之念之。好自將身。法苑珠林六十一。梁高僧傳、續高僧傳三十。

全後周文卷二十三終

全後周文卷二十四

烏程嚴可均校輯

釋氏三

衞元嵩

元嵩俗姓衞河東人梁末出家居成都野安寺周平蜀入關師事亡名天和二年上書賜爵蜀郡公後竟廢佛還俗有元包數五卷

上書請造平延大寺

唐虞無佛圖而國安齊梁有寺舍而祚失者未合道也但利民益國則會佛心耳夫佛心者大慈爲本安樂含生終不苦役黎民虔恭泥木損傷有識蔭益無情今大周啟運遠慕唐虞之化無浮圖㠯治國而國得安齊梁之時有寺舍㠯化民而民不立者未合道也若言民壞不由寺舍國治豈在浮圖但教民心合道耳民合道

則國安道滋民則治立是㠯齊梁竟像法而起九級連雲唐虞憂庶人而累土堦接地然齊梁非無功于寺舍而祚不延唐虞豈有業于浮圖而治得久而大周啟運繼麻曆圖總六合在一心齊日月而雙照養四生如厚地覆萬姓同玄天實三皇之中興嗟兆民之始遇成五帝之新立慶黎庶之逢時豈不慕唐虞之勝風遺齊梁之末法嵩請造平延大寺容貯四海萬姓不勸立曲見伽藍偏安二乘五部夫平延寺者無選道俗罔擇親疏㠯城隍爲寺塔即周主是如來用郭邑作僧坊和夫妻爲聖衆推令德作三綱遵耆老爲上座選仁智充執事求勇略作法師行十善㠯伏未寧示無貪㠯斷偷刼是則六合無怨紂之聲八荒有歌周之詠飛沈安其巢穴水陸任其長生廣弘明集七

請有德貧人免丁輸課無行富僧輸課免丁輸課免丁則諸僧必望停課爭斷慳貪貧人免丁衆人必望免丁競修忠孝此則興佛

人當作上

法而安國家實非滅三寶而危百姓也有十五條總是事意勸行平等非滅佛法勸不平等是滅佛法勸行大乘勸念貧窮勸捨慳貪勸人發露勸益國民勸療爲民勸人和合勸恩愛會勸立市利勸行敬養勸寺無軍人勸立無貪三藏勸少立三藏勸僧訓僧勸敬大乘戒上列事條反則滅法順則興道并陳表狀及佛道二論立主客論小大廣弘明集七　案此一段乃約文下又約文云嵩㠯理通我不事二家唯事周祖㠯二家空立其言而周祖親行其事故我事帝不事佛道立詞煩廣三十餘紙大略㠯慈救爲先彈僧奢泰不崇法度無言毀佛有叶真道也

三易異同論

夫尙質則人淳人淳則俗樸樸之失其弊也惷惷則變之㠯文尙文則人和人和則俗順順之失其弊也諂諂則變之㠯質質㠯變文文㠯變質亦猶寬㠯濟猛猛㠯濟寬此聖人之用心也豈苟相反背而妄有述作焉元包注

任道林

道林一作道琳同州法師

修述鄴宮新殿廢佛詔對事

周建德六年十一月四日上臨鄴宮新殿內史宇文昂上士李德林收上書人表于時任道林㠯表上之上士覽表曰君二教也聖主機辯特難酬荅可思審之對曰主人鋒辯名流十方林亦早聞矣正㠯聞辯故來得辯無爽云云乃引入上階御座西立詔曰卿既上事助匡治政朕甚嘉尙可條別目申勿廣詞費林乃上安撫齊餘省滅賦役事帝備納之奏曰林原晉弘佛道向且專論俗政似欲謟附宮父其實天心護法自釋氏弘訓權應無方智力高奇廣宣正法救茲五濁特拔三有人中天上六道四生莫不皈依遍向受其開悟自漢至今踰五百載王公卿士遵奉傳通及至大周頓令廢絕陛下治襲前王化承後帝何容偏于佛教獨不師古如其非善先賢久滅如言有益陛下可行廢佛之義臣所未曉詔曰

佛生西域寄傳東夏原其風教殊乖中國漢魏晉世佀有若無五胡亂治風化方盛朕非五胡心無敬事既非正教所以廢之奏曰佛教東傳時過七代劉淵篡晉元非中夏以非正朔稱爲五胡其漢魏晉世佛化已弘宋趙苻燕久習崇盛陛下恥同五胡盛修佛法請如漢魏不絕其宗詔曰佛義雖廣朕亦嘗覽言多虛大語好浮奢罪則喜推過去無福則指未來事者無徵行之多惑論其勸善未殊古禮研其斷惡何異俗律昔嘗爲廢所以暫學決知非益所以除之奏曰理深語大非近情所測時遠事深寧小機欲辨豈以一世之局見而拒久遠之通議方迷忽悟不亦過乎是以佛理極于法界教體通于外內談行自他俱益兼果常樂無爲樹德恩隆天地受道廣利無邊見奇則神通自在布化則萬國同歸救度則怨親等濟慈愛則有識無傷戒除外惡定止內心非慧照古今智窮萬物若家家行此則民無不治國國行此則兵戈無用令雖不行何處求益因重奏曰臣聞孝者至天之道順者極地之養所以通神明光四海百行之本孰先此孝昔世道將傾魏室崩壞太祖奮威補天夷難創啟王業陛下因斯鴻緒遂登皇極君臨四海德加天下追惟莫大終身無報何有信己心智執固自解倚恃爪牙任從王力殘壞太祖所立寺廟毀破太祖所事靈像休廢太祖所奉法教退落太祖所敬師尊且父母牀几尙不敢損虧況父之親事輒能輕壞國祚延促弗由于佛政治興毀何關于法豈信一時之慮招萬世之譏愚臣冒死特爲不可詔曰孝道之義寧非至極若專守執惟利一身是使大智權方反常合道湯武伐主仁智不非尾生守信觸至身滅事若有益假違要行儻非合理雖順必羈不可護己一名令四海懷感外乖太祖內潤黔元令沙門還俗省侍父母成天下之孝各各自活不惱他人使率土獲利捨戎從夏六合同一卽是揚名萬代以顯太祖卽孝之終也何得言非奏

曰若言壞佛有益毀僧益民昔太祖康日玄鑒萬理智括千途必佛法損化卽尋除蕩寧肯積年奉敬與遍天下又佛法存日損處是何自破已來成何利潤若實無益寧非不孝詔曰法興有時道亦難準制由上行王者作則縱有小利尙須休廢況佛無益理不可容何者敬事無徵招感無效自救無聊何能益國自廢已來民役稍希租調年增兵師日盛東平齊國西之妖戎國安民樂豈非有益若事有益太祖存日屢嘗討齊何不見獲朕壞佛法若是違害亦可亡身既平東夏明知有益廢之合理義無更興奏曰自國立政唯資于道制化養民寧高于德止見道消國喪未有兵强祚久是以虐紂恃衆禍傾帝業周武修德福集皇基夫差驕戰遂至滅身句踐以道危而更安以此論之何關壞佛退僧方平東夏直是毀佛當此託定之時偶然斯會妄謂壞法有益若爾湯武有夏文王滅崇武王誅紂秦幷天下赤漢滅項此等諸君豈由壞佛自後交論議毀人法或以抗禮君親或謂妄稱佛性或議辯析色心或重見作非業或指身本陰陽林皆隨難消解帝雖構難重疊三番五番窮理盡性林則無疑不遣有難斯通帝曰卿言業不乖理凡有入聖之期性非業外道有通凡之趣此則道無不在凡聖該通是則教無孔釋虛崇如是之言形通道俗徒加剃翦之飾是知帝王卽是如來宜停丈六王公卽是菩薩省事文殊耆年可爲上座不用賓頭仁惠眞爲檀度豈假棄國和平第一精僧寧勞布薩貞謹卽成木叉何必受戒儉約實是少欲無假頭陀蔬食至好長齋豈煩斷穀放生妙同無我何藉解空忘功全過大乘寧希般若文武直是二智不觀空有權謀終成巧便豈待變化加官眞爲授記無謝證果爵祿交獲天堂何待上界罰戮見感地獄不指泥犂以民爲子可爲大慈四海爲家卽同法界治政以理何異匡教安樂百姓寧殊拔苦剪罰殘害理是降魔君臨天下眞成得道汪汪

何殊于淨土濟濟豈謝于迦維卿懷異見妄生偏執卽事而言何處非道奏曰伏承聖旨義博言深融道混俗移專散執乃令觸處乘眞有情俱道物我咸適千徒齊一美則美矣愚臣尙疑若使至道唯一則無二可融若理恆外內則自可常別若一而非一則半是半非二而無二則乍道乍俗是則緇素錯亂儒釋失序外內交雜上下參倫何直遠沈淸化亦是近惑氓俗是㠯陰陽同氣生殺恆殊天地齊形高卑當異不可㠯其俱形而使地動天靜或者見其並氣而令陰生陽殺卽事永無此理虛言難可成用所㠯形齊氣一可得言同生殺高卑義無不別故使同而不同一而不一道俗之理有齊無與無爲自別又若王名雖一凡聖天殊形事微同寬狹全異是故儒釋與無始俱興道俗共天地同化若欲混之爲一正可㠯道廢俗如其俱益于世則兩理幽顯齊明今則與一廢一眞成不可詔曰卿言道俗天殊全乖內外亦可道應自道無預

于俗釋應自釋莫依儒生道若唯道道何所利佛若獨佛化有何功故道俗相資儒釋更顯卿不因朕言卿欲何論是㠯內外抑揚廢興彼此今國法不行王法所斷廢興在數常理無違義無常興廢有何咎奏曰仰承聖旨如披雲覩日伏聽敕訓賓如聖說道不自道非俗不顯佛不自佛唯王能興是㠯釋教東傳時經五百弘通法化要依王力是知道藉人弘神由物感佛之成毀功歸聖旨道有興廢義無恆久法有隱顯理難常存比來已廢義無卽行休斷既久興期尖及興廢更迭理自應機並從世運不亦宜乎詔曰帝王之法善決取捨明斷去就審鑒同異妙察非常朕于釋教㠯潛思于府內校量于今古驗之㠯行事算之㠯得失理非常而不要文高奇而無用非無端而棄廢何愛憎于儒釋奏曰弘法之本必留心于達人通化之旨要存志于正道勿見忤己㠯惡者懷之㠯疏隔容己㠯美者歡心㠯親近是則自惑于所見自亂于所聞

傍當作謗

不可數聞有傷正之言遂便信納從唱而和乘生是非尋討從短日懷悄薄是則㠯僞移眞衆聲惑志故令留疏者更進之當親者更遠之遂使談論偏駁取捨專非斯乃害眞之禍患喪懷之妖累于是帝不答乃更開異途㠯發論端問曰朕聞君子舉厝必合于禮明哲動止要應于機比頻賜卿食言不飲酒食肉且酒是和神之藥肉是充飢之膳古今同味卿何獨鄙若身居喪服禮制不食卽如今賜自可得食可食不食豈非過邪奏曰貪財喜色貞夫所鄙好膳嗜美廉士所惡割情從道前賢所歎抑慾崇德往哲同嗟況肉由殺命酒能亂神不食是理寧可爲非詔曰肉由害命斷之且然酒不損生何爲頓制若使無損計罪無過言非飲樂食飯亦應得罪而實不爾酒何偏斷奏曰結戒隨事得罪據心肉體因害食之卽罪酒性非損過由獎神餘處生過過生由酒斷酒卽除過所㠯遮制不同非謂酒體是罪詔曰罪有遮性酒體生罪今有耐

酒之人能飲不醉又不弊神亦不生罪此人飲酒應不得罪斯則能飲無過不能招咎何關斷酒㠯成戒善可謂能飲耐酒常名持戒少飲卽醉是大罪人奏曰制過防非本爲生善戒是正善身口無違緣中止息遮性兩斷乃名戒善今耐酒之人既不亂神未破餘戒實理非罪正㠯飲生罪酒外違遮教緣中生犯仍名有罪㠯乖不飲猶非持戒詔曰大士懷道要由妙解至人高遠貴其不執融心與法性齊寬肆意共虛空同量萬物無不是善美惡何有非道是則居酒臥肉之中寧能有罪帶婦懷兒而遊豈言生過故使太子㠯取婦得道周陀㠯捨妻沈淪淨名㠯處俗高達身子㠯出家愚執是故善者未可成善惡者何足言惡禁酒斷肉之奇殊乖大道奏曰龍虎㠯銛牙爲能猨鳥㠯超翔爲才君子㠯解行爲道賢哲㠯眞實成德故使內外稱奇緇素高尙若唯解而無行同沙井之非潤專虛而不實侶空雲而無雨是㠯近萬物者㠯繩墨爲

明當作用

正御天下者吕法理爲本故能善防邪萌防察姦宄故使一行之失痛于割肌一言之善重于千金若使心根妙解則居惡爲善神智虛明處罪成福亦可移臣賤質居天重任迴聖極尊處臣卑下是則君臣雜亂上下倒錯卽事不可古今未有何異詞談忠孝身恆叛逆語論慈捨形常殺塗口間百技觸事無能言通萬里足不出戶斯皆情切事脊虛高無用是吕才有大而無明理有小而必適執此爲道誠難取信詔曰執情者未可論道小智者難與談眞是吕井坎之魚寧知東海深廣鷰雀籬翔詎羨鵬鳳之遊斯皆固小吕爲大趣守文吕害通途若吕我我于物無物而非我吕物物于我無我而非物我旣不異于物物復焉異于我我物兩亡自他齊一虛心者是物無不同遺功者無事而不可奏曰仰承聖旨名義深博宗源浩汗究察莫由事等窺天誰測其廣又同測海寧識其深若吕小小于大無大而不小吕大大于小無小而非大大無不小則秋毫非小小小無不大則太山非大大故使大大非大小小小非小大是則小大異于同大小同于異無大小之異同何小大之同異方知非異可異同寧有同可同異無同可同異非異同無異可異同無同異是故無同而同非同無異而異非異何同異而可異同非異同而可同異帝遂不荅于是君臣寂然不言良久詔乃問卿何寂漠乃欲散有歸無勿吕談不適懷遂息清辯奏曰古人當言而懼發言而憂是吕古有不言之君世傳忘功之士所吕息言表知非爲不適詔曰至人無爲未曾不爲知者不言未曾不言亦有鸚鵡言而無用鳳凰不言成軌木有無任得存雁有不鳴致死卿今取捨若爲自適又曰士有一言而知人有目擊而道存亦有覩色審情復有聽言辨德朕與卿言爲日旣久其間旨趣寧不略委卿可爲朕記錄在所伸陳令諸世人知朕意焉是則助朕何愧忠誠林吕佛法淪陷冒死申請帝情較執不遂所論辨論

雖明終非本意承長安廢教後別立通道觀其所學者唯是老莊好設虛談通伸三教冀因義勢登明釋部乃表鄴城義學沙門十人竝聰敏高明者請預通道觀上覽表卽曰卿入通道觀大好學無不有至論補已大爲利益仍設食訖曰卿可裝束入關衆人前御至五月一日至長安延壽殿奉見二十四日帝往雲陽宮至六月一日帝崩天元登祚在同州至九月十三日長宗伯岐公奏訖帝允許之曰佛理弘大道極幽微興施有則法須研究如此屢奏恐有稽違奏曰臣本申事止爲興法數啟懇懃惟願早行今聖上允可議曹奏決上下含和定無異趣一日須行天下稱慶臣何敢言至大成元年正月十五日詔曰弘建玄風三寶尊重特宜修敬法化弘廣理可歸崇其舊沙門中德行清高者七人在正武殿西安置行道二月二十六日改元大象又敕佛法弘大千古共崇豈有沈隱捨而不行自今已後王公已下并及黎庶竝宜修事知朕意焉卽于其日殿嚴尊像具修虔敬于是佛道二衆各詮一大德令昇法座歎揚妙典遂使人懷無畏伸吐微言佛理汪洋沖深莫測道宗漂泊清淺可知挫鋭席中王公嗟賞至四月二十八日下詔曰佛義幽深神奇弘大必廣開化儀通其修行崇奉之徒依經自撿遵道之人勿須翦髮毀形吕乖大道宜可存鬚髮嚴服吕進高趣今選舊沙門中懿德貞潔學業沖博名實灼然聲望可嘉者一百二十人在陟岵寺爲國行道擬欲供給資須四事無乏其民間禪誦一無有礙唯京師及洛陽各立一寺自餘州郡猶未通許周大象元年五月二十八日任道林法師在同州衞道虔宅修述其事呈上內史沛公宇文澤親覽小內史臨涇公宇文弘披讀掌禮上士拓拔行恭委尋都上士叱寇臣審覆（廣弘明集十。）

釋靜藹（大唐內典錄作彰藹）

靜藹俗姓鄭滎陽人出家止瓦官寺後入關宜政元年捨身太

一山之荆巖。列偈題石壁。題云、初欲血書、本意不謂變爲白色、卽是魔業不遂、所以墨書。諸有緣者在家出家。若男若女皆悉好住。于佛法中莫生退轉。若退轉者卽失善利。吾以三因緣捨此身命。一見身多過。二不能護法。三欲速見佛。輒同古聖列偈叙之。

無益之身。惡煩人功。解形窮石。散體巖松。天人修羅。山神樹神。有求道者。觀我捨身。願令衆生。見我骸骨。煩惱大船。皆爲覆沒。願令衆生。聞我捨命。天耳成就。菩提究竟。願令衆生。憶念我時。具足念力。多聞總持。此報一罷。四大凋零。泉林逕絕。巖室無聲。普施禽獸。乃至蜫蟲。食肉飲血。善根内充。願我未來。速成善逝。身心自在。要相拔濟。此身不淨。屎下尿囊。九孔常流。如漏隄塘。此身可惡。不可瞻觀。薄皮裹血。垢汗塗漫。此身臭穢。猶如死狗。六六合成。不從化有。觀此臭身。無常所囚。進退無免。會遭蟻螻。此身難保。有命必輸。

狐狼所噉。終成蟲蛆。天人男女。好醜貴賤。死火所燒。暫見如電。死法親人。怨中之怨。吾以爲讐。誓斷根源。此身無樂。毒蛇之篋。四大圍繞。百病交涉。有名苦聚。老病死藪。身心熱惱。多諸過咎。此身無我。以不自在。無實橫計。凡夫所宰。久遠迷惑。疾到所使。喪失善根。畜生同死。棄捨百千。血乳成海。骨積太山。當來兼倍。未曾爲利。虛受勤苦。衆生無益。于法無補。忍痛捨施。功用無邊。誓不退轉。出離四獨。捨此穢形。願生淨土。一念花開。彌陀佛所。速見十方諸佛賢聖。長辭三途。正道決定。報得五通。自在飛行。寶樹餐法。證大無生。法身自在。不斷三有。殄除魔道。護法爲首。十地滿足。神化無方。德備四勝。號稱法王。願捨此身。已早令身自在。法身自在。已在在諸趣中。隨有利益處。護法救衆生。又復業應盡。有爲法皆然。三界皆無常。時來不自在。他殺及自死。終歸如是處。智者所不樂。應當如是思。衆緣既運湊。業盡于今時。續高僧傳。案此頌四言。至法王後並五言。法苑珠林後作四言云。願捨此身早令得道。法身自在。在諸趣中。隨有利處。護法救緣。後業應盡。有爲皆然。三界無常。來不由己。他殺及死。終歸如是。智者不樂。應當是思。衆緣既湊。業盡今時。

全後周文卷二十四終

全隋文目錄

大凡全隋文一百六十八人。

大凡全隋文三十六卷。

謹案隋末有李密、祖君彥、蕭銑、蕭瑀、陳叔達、宇文歆、傅仁均、傅奕、杜正倫、杜淹、杜之松、褚亮、裴儉、裴矩、房彥謙、陳子良、張公謹、高儉、高馮、崔仁師、孫伏伽、孔德紹、韋雲起、鄭善果、王孝通、王虔呂及釋行友、釋智首、釋慧斌諸人，皆當入全唐文。可均記。

全隋文目錄終

全隋文卷一

烏程嚴可均校輯

文帝一

帝姓楊。諱堅。弘農華陰人。周大司空隋國公忠子。西魏恭帝時辟京兆功曹。吕父勳授散騎常侍車騎大將軍儀同三司。封成紀縣公。遷驃騎大將軍。加開府。周初授右小宮伯。進封大興郡公。保定初遷左小宮伯。出爲隋州刺史。進位大將軍。襲父爵隋國公。建德中加柱國。除定州總管。轉亳州總管。宣帝即位。吕后父徵拜上柱國大司馬。大象初遷大後丞右司武。轉大前疑。及崩。入總朝政。都督內外諸軍事。靜帝即位。拜假黃鉞左大丞相。尋授大丞相。進相國。總百揆。封隋王。加九錫。大定元年二月受禪。改元二。開皇仁壽。在位二十四年。謚曰文皇帝。廟號高祖。

相州戰地立佛寺制 開皇元年八月

門下。昔歲周道既衰。羣兇鼎沸。鄴城之地。實爲禍始。或驅逼良善。或同惡相濟。四海之大。過半豺狼。兆庶之廣。咸憂吞噬。朕出車練卒。蕩滌妖醜。誠有倒戈。不無困獸。將士奮發。肆其威武。如火燎毛。殆亡遺燼。于時朕在廊廟。任當朝宰。德慚動物。民陷網羅。空切罪己之誠。惟增見辜之泣。然兵者凶器。戰實危機。節義之徒。輕生忘死。干戈之下。又聞徂落。興言震悼。日久逾深。永念羣生。蹈兵刃之苦。有懷至道。興度脫之業。物我同觀。愚智俱愍。思建福田。神功祐助。庶望死事之臣。菩提增長。悖逆之侶。從暗入明。並究苦空。咸拔生死。鯨鯢之觀。化爲微妙之臺。龍蛇之野。永作玻瓈之鏡。無邊有性。盡入法門。可于相州戰地。建伽藍一所。立碑紀事。歷代三寶記十二。廣弘明集二十八上。

答牛弘制 開皇九年

制禮作樂。聖人之事也。功成化洽。方可議之。今宇內初平。政化未洽。遽有變革。我則未暇。隋書音樂志下。

營建功德制 開皇十一年

門下。如來設教。義存平等。菩薩用心。本無差別。故能律梁庶品。濟度羣生。朕位在人王。紹隆三寶。永言至理。弘闡大乘。諸法豁然。體無彼我。況于福業。乃有公私。自今已後。凡是營建功德。普天之內。混同施造。隨其意願。勿生分別。庶一切法門。同歸不二。十方世界。俱至菩提。釋藏云二。歷代三寶記十二。

鹿祥制 開皇十五年六月

朕比臨朝聽政。乃有羣鹿來遊。馴擾宮門。前後非一。逼近人衆。安然不驚。但往經離亂。年世久遠。聖人之法。敗絕不行。習俗生常。專事殺害。朕自受靈命。撫臨天下。遵行聖教。務存愛育。由王公等用心。助朕宣揚聖法。所吕山野之鹿。今遂來馴。官人等但□至誠。化導民俗。自可編戶之人。皆□□□。並存心仁善。副此休祥。同上。

制

諸州歲貢三人。開皇七年正月乙未。隋書文帝紀上。

五百家爲鄉正一人。百家爲里長一人。九年二月丙申。

人年五十。免役收庸。十年六月辛酉。

天下死罪。諸州不得便決。皆令大理覆治。十二年八月甲戌

坐事去官者。配流一年。十三年二月己丑。

私家不得隱藏緯候圖讖。十三年二月丁酉。

戰亡之家。給復一年。十三年四月癸未。

外官九品已上。父母及子年十五已上。不得將之官。十四年閏十月乙卯。

州縣佐吏。三年一代。不得重任。十四年十一月壬戌。

京官五品已上。佩銅魚符。十五年五月丁亥。

九品已上官。吕理去職者。聽並執笏。十五年七月辛巳。

萬當作寓

工商不得進仕。（十六年六月甲午。已上並隋書文帝紀下。）

勞豆盧勣詔（大象二年七月）

勣器識優長。氣調英遠。總馭藩部。風化已行。巴蜀稱兵。奄來圍逼。入守出戰。大摧凶醜。貞節雄規。厥功甚茂。可使持節上柱國。賜一子爵中山縣公。（隋書豆盧勣傳。王謙作亂。勣嬰城固守。高祖遣開府趙仲卿勞之。詔云云。）

允李穆勸進詔

公既舊德。且又父黨。敬惠來旨。義無有違。便以今月十三日恭膺天命。（隋書李穆傳。）

前代品爵依舊詔（開皇元年二月庚子）

自古帝王。受終革代。建侯錫爵。多與運遷。朕膺籙受圖。君臨海內。載懷沿革。事有不同。然則前帝後王。俱在兼濟。立功立事。爵賞仍行。苟利于時。其致一揆。何謂物我之異。無計今古之殊。其前代品爵。悉可依舊。（隋書文帝紀上。）

詔荅李穆（初受禪）

朕初臨萬內。方藉嘉猷。養老乞言。實懷虛想。七十致仕。本爲常人。至若呂尙已期頤佐周。張蒼已華皓相漢。高才命世。不拘恆禮。遲得此心。留情規訓。公年既耆舊。筋力難煩。今勒所司。敬蠲朝集。如有大事。須共謀謨。別遣侍臣。就第詢訪。（隋書李穆傳。）

追贈周柱國獨孤信詔（初踐阼）

褒德累行。往代通規。追遠愼終。前王盛典。故使持節柱國河內郡開國公信。風宇高曠。獨秀生民。睿哲居宗。清猷映世。宏謨長策。道著于弼諧。緯義經仁。事深于拯濟。方當宣風廊廟。亮采台階。而世屬艱危。功高弗賞。眷言令範。事切于心。今景運初開。椒闈肅建。載懷塗山之義。無忘褒紀之典。可贈太師上柱國冀定相滄瀛趙恆洺貝十州諸軍事冀州刺史趙國公。邑一萬戶。諡曰景。追贈信父庫者使持節太尉上柱國定恆滄瀛平燕六州諸軍事定州刺史。封趙國公。邑一萬戶。諡曰恭。信母費連氏贈太尉恭公夫人。（周書獨孤信傳。隋書獨孤羅傳。）

追封蘇綽爲邳國公詔（開皇初）

昔漢高欽無忌之義。魏武挹子幹之風。前代名賢。後王斯重。魏故度支尙書美陽伯蘇綽。文雅政事。遺迹可稱。展力前王。垂聲著績。宜開土宇。用旌善人。（周書蘇綽傳。）

詔蘇威（開皇元年）

舟大者任重。馬駿者遠馳。以公有兼人之才。無辭多務也。（隋書蘇威傳。）

五嶽各置僧寺詔（開皇元年閏三月）

門下。法無內外。萬善同歸。教有淺深。殊途共致。朕伏膺道化。念存清靜。慕釋氏不貳之門。貴老生得一之義。總齊區有。思至無爲。若能高蹈清虛。勤求出世。咸可獎勸。貽訓垂範。山谷閑遠。含靈韞異。幽隱所好。仙聖攸居。學道之人。趣向者廣。石泉栖息。巖藪去來。形骸所待。有須資給。其五嶽之下。宜各置僧寺一所。（釋藏云二。歷代三寶記十二。）

改服色詔（開皇元年六月癸未）

初受天命。赤雀降祥。五德相生。赤爲火色。其郊及社廟。衣服冕之儀。如朝會之服。旗幟犧牲。盡令尙赤。戎服以黃。（隋書文帝紀上。）

宣尼制法云。行夏之時。乘殷之輅。奕葉共遵。理無可革。然三代所尙。衆論多端。或以爲所建之時。或以爲所感之瑞。或當其行色。因以從之。今雖夏數得天。歷代通用。漢尙于赤。魏尙于黃。驪馬玄牲。已弗相踵。明不可改。建寅歲首。常服于黑。朕初受天命。赤雀來儀。兼姬周已還于茲六代。三正迴復。五德相生。總以言之。並宜火色。垂衣已降。損益可知。尙色雖殊。常兼前代。其郊丘廟社。可依衮冕之儀。朝會衣裳。宜盡用赤。昔丹烏木運。姬有大白之旂。黃星土德。曹乘黑首之馬。在祀與戎。其尙恆異。今之戎服。皆可尙黃。在外常所著者。通用雜色。祭祀之服。須合禮經。宜集通儒。更可詳議。（隋書禮儀

名下脫王字

刑當作形

志七。高祖初即位，將改周制，乃下詔。又見通典六十一。

賞元諧詔 開皇元年八月

褒善疇庸，有聞前載。諧識用明達，神情警悟，文規武略，譽流朝野。申威拓土，功成疆場，深謀大節，實簡朕心。加禮延代，宜隆賞典，可柱國，別封一子縣公。隋書元諧傳：吐谷渾名十七人、公侯十三人各率所部來降，上大悅，下詔。

頒行新律詔 開皇元年

帝王作法，沿革不同，取適于時，故有損益。夫絞以致斃，斬則殊刑，除惡之體，于斯已極。梟首轘身，義無所取，不益懲肅之理，徒表安忍之懷。鞭之爲用，殘剝膚體，徹骨侵肌，酷均臠切。雖云遠古之式，事乖仁者之刑，梟轘及鞭，並令去也。貴礪帶之書，不當徒罰，廣軒冕之蔭，旁及諸親。流役六年，改爲五載；刑徒五歲，變從三祀。其餘以輕代重，化死爲生，條目甚多，備于簡策。宜班諸海內，爲時軌範，雜格嚴科，並宜除削。先施法令，欲人無犯之心，國有常刑，誅而不怒之義。措而不用，庶或非遠，萬方百辟，知吾此懷。隋書刑法志

答梁睿詔 開皇初

公英風震動，妙算縱橫，清蕩江南，宛然可見，循環三復，但以欣然。公既上才，若總戎律，一舉大定，固在不疑。但朕初臨天下，政道未洽，恐先窮武事，未爲盡善。昔公孫述、隗囂，漢之賊也，光武與其通和，稱爲皇帝；尉佗之于高祖，初猶不臣；孫晧之答晉文，書尚云白。或尋款服，或即滅亡。王者體大，義存遵養，雖陳國來朝，未盡藩節，如公大略，誠須責罪，尚欲且緩其誅，宜知此意。淮海未滅，必興師旅，若命永襲，終當相屈。想以身許國，無足致辭也。隋書梁睿傳：高祖受禪，睿上平陳之策，上善之，下詔。

鄭譯除名詔 開皇初

譯嘉謀良策，寂爾無聞，鬻獄賣官，沸騰盈耳。若留之于世，在人爲不道之臣；戮之于朝，入地爲不孝之鬼。有累幽顯，無以置之，宜賜以孝經，令其熟讀。隋書鄭譯傳：其婢奏譯厭蠱左道，譯又與母別居，爲憲司所劾，由是除名，下詔。

場當作塲

詔靺鞨使 開皇初

朕聞彼土人庶，多能勇捷，今來相見，實副朕懷。朕視爾等如子，爾等宜敬朕如父。隋書靺鞨傳

營建新都詔 開皇二年六月丙申

朕祗奉上玄，君臨萬國，屬生人之敝，處前代之宮。常以爲作之者勞，居之者逸，改創之事，志未遑也。而王公大臣陳謀獻策，咸云羲、農以降，至于姬、劉，有當代而屢遷，無革命而不徙。曹、馬之後，時見因循，乃末代之晏安，非往聖之宏義。此城從漢，彫殘日久，屢爲戰場，舊經喪亂。今之宮室，事近權宜，又非謀筮從龜，瞻星揆日，不足建皇王之邑，合大眾所聚，論變通之數，具幽顯之情，同心固請，詞情深切。然則京師百官之府，四海歸向，非朕一人之所獨有。苟利于物，其可違乎！且殷之五遷，恐人盡死，是則以吉凶之土，制長短之命。謀新去故，如農望秋，雖暫劬勞，其究安宅。今區宇寧一，陰陽順序，安安以遷，勿懷胥怨。龍首山川原秀麗，卉物滋阜，卜食相土，宜建都邑，定鼎之基永固，無窮之業在斯。公私府宅，規模遠近，營構資費，隨事條奏。隋書文帝紀上、北史十一。

恕李穆百死詔 開皇二年

禮制凡品，不拘上智；法備小人，不防君子。太師、上柱國、申國公穆，宇量弘深，風猷遐曠，社稷佐命，公爲稱首，位極帥臣，才爲人傑，萬頃不測，百鍊彌精，乃無伯玉之非，豈有顏回之貳？故以自居寥廓，弗關憲網。然王者作教，惟旌善人，去法弘道，示崇年德。自今以後，雖有愆罪，但非謀逆，縱有百死，終不推問。隋書李穆傳

下達奚長儒詔 開皇二年

突厥猖狂，輒犯邊塞，犬羊之眾，彌亘山原。而長儒受任北鄙，式遏寇賊，所部之內，少將百倍，以晝通宵，四面抗敵，凡十有四戰，所向

必摧兇徒就戮過半不反鋒刃之餘亡魂竄迹自非英威奮發奉國情深撫御有方士卒用命豈能以少破衆若斯之偉言念勳庸宜隆名器可上柱國餘勳迴授一子其戰亡將士皆贈官三轉子孫襲之（隋書達奚長儒傳）

賜梁彥光詔 開皇二年

賞以勸善義兼訓物彥光操履平直識用凝遠布政岐下威惠在人廉慎之譽聞于天下三載之後自當遷陟恐其匱乏且宜旌善可賜粟五百斛物三百段御傘一枚庶使有感朕心日增其美四海之內凡曰官人慕高山而仰止聞清風而自勵（隋書梁彥光傳上幸岐州悅其能乃下詔）

勸學行禮詔 開皇三年四月丙戌

建國重道莫先于學尊主庇民莫先于禮自魏氏不競周齊抗衡分四海之民鬬二邦之力遞爲强弱多歷年所務權詐而薄儒雅重干戈而輕俎豆民不見德惟爭是聞朝野以機巧爲師文吏用深刻爲務風澆俗敝化之然也雖復建立庠序兼啟黌塾業非時貴道亦不行其間服膺儒術蓋有之矣彼衆我寡未能移俗然其維持名敎獎飾彝倫微相弘益賴斯而已王者承天休咎隨化有禮則祥瑞必降無禮則妖孽興起人稟五常性靈不一有禮則陰陽合德無禮則禽獸其心治國立身非禮不可朕受命于天財成萬物去華夷之亂求風化之宜戒奢崇儉率先百辟輕徭薄賦冀以寬弘而積習生常未能懲革閭閻士庶吉凶之禮動悉乖方不依制度執憲之職似塞耳而無聞莅民之官猶蔽目而不察宜揚朝化其若是乎古人之學且耕且養今者民丁非役之日農畝時候之餘若敦以學業勸以經禮自可家慕大道人希至德豈止知禮節識廉恥父慈子孝兄恭弟順者乎始自京師爰及州郡宜祗朕意勸學行禮（隋書柳昂傳）

超授范臺玫大都督假湘州刺史詔 開皇三年七月壬戌

行仁蹈義名敎所先厲俗敦風宜見襃獎往者山東河表經此妖亂孤城遠守多不自全濟陰太守杜猷身陷賊徒命懸寇手郡省事范臺玫傾產營護免其戮辱眷言誠節實有可嘉宜超恆賞用明沮勸臺玫可大都督假湘州刺史（隋書文帝紀上）

下詔伐突厥 開皇三年八月

往者魏道衰敝禍難相尋周齊抗衡分割諸夏突厥之虜俱通二國周人東慮恐齊好之深齊氏西虞懼周交之厚謂虜意輕重國逐安危非徒竝有大敵之憂思減一邊之防竭生民之力供其來往傾府庫之財棄于沙漠華夏之地實爲勞擾猶復劫剝烽戍殺害吏民無歲月而不有也惡積禍盈非止今日朕受天明命子育萬方愍臣下之勞除既往之弊以爲厚斂兆庶多惠豺狼未嘗感恩資而爲賊違天地之意非帝王之道節之以禮不爲虛費省徭薄賦國用有餘因入賊之物加賜將士息道路之民務于耕織清邊制勝成策在心凶醜愚闇未知深旨將大定之日比戰國之時乘昔世之驕結今時之恨近者盡其巢窟俱犯北邊朕分置軍旅所在邀截望其深入一舉滅之而遠鎮偏師逢而摧翦未及南上遽已奔北應弦染鍔過半不歸且彼渠帥其數凡五昆季爭長父叔相猜外示彌縫內乖心腹世行暴虐家法殘忍東夷諸國盡挾私讎西戎羣長皆有宿怨突厥之北契丹之徒切齒磨牙常伺其便達頭前攻酒泉其後于闐波斯挹怛三國一時即叛沙鉢略近趣周槃其部內薄孤東紇羅尋亦翻動往年利稽察大爲高麗靺鞨所破娑毗設又爲紇支可汗所殺與其爲鄰皆願誅剿部落之下盡異純民千種萬類仇敵怨偶泣血拊心銜悲積恨圓首方足皆人類也有一于此更切朕懷彼地咎徵祅作年將一紀乃獸爲人語人作神言云其國亡訖而不見每冬雷震觸地火生種類資

谿惟藉水草。去歲四時。竟無雨雪。川枯蝗暴。卉木燒盡。飢疫死亡。人畜相半。舊居之所。赤地無依。遷徙漠南。偷存晷刻。斯蓋上天所忿。驅就齊斧。幽明合契。今也其時。故選將治兵。贏糧聚甲。義士奮發。壯夫肆憤。願取名王之首。思撻單于之背。雲歸霧集。不可數也。東極滄海。西盡流沙。縱百勝之兵。橫萬里之衆。亙朔野之追蹤。望天崖而一埽。此則王恢所說。其猶射癰。何敵能當。何遠不服。但皇王舊迹。北止幽都。荒遐之表。文軌所棄。得其地不可而居。得其民不忍皆殺。無勞兵革。遠規溟海。諸將今行。義兼含育。有降者納。有違者死。異域殊方。被其擁抑。放聽復舊。廣闢邊境。嚴治關塞。使其不敢南望。永服威刑。臥鼓息烽。暫勞終逸。制御夷狄。義在斯乎。何用侍子之朝。寧勞渭橋之拜。普告海內。知朕意焉。隋書突厥傳。北史九十九。

發使巡省風俗因下詔 開皇三年十一月己酉

朕君臨區宇。深思治術。欲使生人從化。以德代刑。求草萊之善。旌閭里之行。民間情僞。咸欲備聞。已詔使人所在賑恤。揚鑣分路。將徧四海。必令爲朕耳目。如有文武才用。未爲時知。宜以禮發遣。朕將銓擢。其有志節高妙。越等超倫。亦仰使人就加旌異。令一行一善。獎勸于人。遠近官司。遐邇風俗。巨細必紀。還日奏聞。庶使不出戶庭。坐知萬里。隋書文帝紀上。

頒用張賓新麻詔 開皇四年正月壬辰

張賓等存心算數。通洽古今。每有陳聞。多所啟沃。畢功表奏。具已披覽。使後月復育。不出前晦之宵。前月之餘。罕留後朔之旦。滅朓就朒。懸殊舊準。月行表裏。厥途乃異。日交弗食。由循陽道。驗時轉算。不越纖豪。逖聽前修。斯祕未啟。有一于此。實爲精密。宜頒天下。依法施用。隋書律麻志中。

開鑿廣通渠詔 開皇四年六月

京邑所居。五方輻湊。重關四塞。水陸艱難。大河之流。波瀾東注。百

川海瀆。萬里交通。雖三門之下。或有危慮。但發自小平。陸運至陝。還從河水。入于渭川。兼及上流。控引汾晉。舟車來去。爲益殊廣。而渭川水力。大小無常。流淺沙深。卽成阻閡。計其途路。數百而已。動移氣序。不能往復。汎舟之役。人亦勞止。朕君臨區宇。興利除害。公私之弊。情實愍之。故東發潼關。西引渭水。因藉人力。開通漕渠。量事計功。易可成就。已令工匠。巡歷渠道。觀地理之宜。審終久之義。一得開鑿。萬代無毀。可使官及私家方舟巨舫。晨昏漕運。沿泝不停。旬日之功。堪省億萬。誠知時當炎暑。動致疲勤。然不有暫勞。安能永逸。宜告人庶。知朕意焉。隋書食貨志。

復以十二月爲臘詔 開皇四年十一月

古稱臘者接也。取新故交接。前周歲首。今之仲冬。建亥之月。稱蜡可也。後周用夏后之時。行姬氏之蜡。考諸先代。于義有違。其十月行蜡者停。可以十二月爲臘。隋書禮儀志二。通典四十四。

詔賜王誼死 開皇五年四月

誼有周之世。早豫人倫。朕共遊庠序。遂相親好。然性懷險薄。巫覡盈門。鬼言怪語。稱神道聖。朕受命之初。深存誡約。口云改悔。心實不悛。乃說四天王神道。誼應受命。書有誼讖。天有誼星。桃鹿二川。岐州之下。歲在辰巳。興帝王之業。密令卜問。伺殿省之災。又說其身是明王。信用左道。所在詿誤。自言相表。當王不疑。此而赦之。將或爲亂。禁暴除惡。宜伏國刑。隋書王誼傳。

因突厥稱臣下詔 開皇五年七月壬午

沙鉢略稱雄漠北。多歷世年。百蠻之大。莫過于此。往雖與和。猶是二國。今作君臣。便成一體。情深意厚。朕甚嘉之。荷天之休。海外有截。豈朕薄德所能致此。已敕有司。肅告郊廟。宜普頒天下。咸使知聞。隋書突厥傳。

停廢律官詔 開皇五年

人命之重懸在律文刊定科條俾令易曉分官命職恆選循吏小大之獄理無疑舛而因襲往代別置律官報判之人推其爲首殺生之柄常委小人刑罰所以未清威福所以妄作爲政之失莫大于斯其大理律博士尚書刑部曹明法州縣律生竝可停廢（隋書刑法志侍官慕容天遠糾都督田元冒請義倉事實而始平縣律生輔恩舞文陷天遠遂更反坐帝聞之乃下詔）

詔豆盧勣（開皇六年）

上柱國楚國公勣蜀人寇亂之日稱兵犯順固守金湯隱如敵國嘉猷大節其勞已多可食始州臨津縣邑千戶（隋書豆盧勣傳）

誅梁士彥宇文忻劉昉等詔（開皇六年八月）

朕君臨四海慈愛爲心加以起自布衣入升皇極公卿之內非親則友位雖差等情皆舊人護短全長恆思覆育每殷勤戒約言無不盡天之曆數定于杳冥豈慮苞藏之心能爲國家之害欲使其長守富貴不觸刑書故也上柱國郕國公梁士彥上柱國杞國公

宇文忻柱國舒國公劉昉等朕受命之初竝展勤力酬勳報效榮高祿重待之既厚愛之實隆朝夕宴言備知朕意但心如溪壑志等豺狼不荷朝恩忽謀逆亂士彥爰始幼來恆自誣罔稱有相者云其應籙年過六十必據九五初平尉迥暫臨相州已有反心彰于行路朕即遣人代之不聲其罪入京之後逆意轉深忻昉之徒言相扶助士彥許率僮僕剋期不遠欲于蒲州起事即斷河橋捉黎陽之關塞河陽之路劫調布以爲牟甲募盜賊而爲戰士就食之人亦云易集輕忽朝廷嗤笑官人自謂一朝奮發無人當者其第二子剛每常苦諫第三子叔諧固深勸獎朕既聞知猶恐枉濫乃授晉部之任欲驗蒲州之情士彥得以欣然云是天贊忻及昉等皆賀時來忻往定鄴城自矜不已位極人臣猶恨賞薄云我欲反何慮不成怒色忿言所在流布朕深念其功不計其禮任以武候授以領軍寄之爪牙委之心腹忻密爲異計樹黨宮闈多奏親友入參宿衛朕推心待物言必依許爲而弗止心迹漸彰仍解禁兵令其改悔而志規不逞愈結于懷乃與士彥情意偏厚要請神明誓不負約俱營賊逆逢則交謀委彥河東自許關右蒲津之事即望從征兩軍結東西之旅一舉合連橫之勢然後北破晉陽還圖宗社昉入佐相府便爲非法三度事發二度其婦自論常云姓是卯金刀名是一万日劉氏應王爲万日天子朕訓之導之示其利害每加寬宥望其悛改口請自新志存如舊亦與士彥情好深重逆節姦心盡探肝鬲嘗共士彥論太白所犯問東井之間思秦地之亂訪軒轅之裏願宮掖之災唯待蒲坂事興欲在關內應接殘賊之策千端萬緒唯忻及昉名位竝高寧肯北面曲躬臣于士彥乃是各懷不遜圖成亂階一得擾攘之基方逞吞幷之事人之姦詐一至于此雖國有常刑罪在不赦朕載思草創咸著厥誠情用愍然未忍極法士彥忻昉身爲謀首叔諧贊成父意義實難容

竝已處盡士彥忻昉兄弟叔姪特恕其命有官者除名士彥小男女忻母妻女及小男竝放士彥叔諧妻妾及資財田宅忻昉妻妾及資財田宅悉沒官士彥昉兒年十五以上遠配上儀同薛摩兒是士彥交舊上柱國府戶曹參軍裴后達是士彥府寮反狀逆心巨細皆委薛摩兒聞語仍相應和俱不申陳宜從大辟問即承引頗是恕心可除名免死朕握圖當籙六載于斯政事徒勤淳化未洽興言軫念良深歎憤（隋書劉昉傳）

全隋文卷一終

烏程嚴可均校輯

文帝二

勞李安詔 開皇七年

陳賊之意自言水戰爲長險隘之間彌謂官軍所憚開府親將所部夜動舟師摧破賊徒生擒虜衆益官軍之氣破賊人之膽副朕所委聞以欣然 隋書李安傳

檢括破故佛像詔

諸有破故佛像仰所在官司精加檢括運送隨近寺內 續高僧曇遷傳文帝幸岐州敕蜀王行獵逐一獸入故寺既失蹤跡但滿寺破落佛像具以事聞遷因奏帝帳然下詔

報趙綽詔

六月雖曰生長此時必有雷霆天道既于炎陽之時震其威怒則天而行有何不可 通典□□□帝常發怒六月棒殺人大理少卿趙綽固爭曰季夏之月天地成長庶類不可以此時誅殺帝報遂殺之

詔延釋曇遷 開皇七年

皇帝敬問徐州曇遷法師承修敘妙因勤精道教護持正法利益無邊誠釋氏之棟梁即人倫之龍象也深願巡歷所在承風飡德限以朝務實懷虛想當即來儀以沃勞望弟子之內開解法相能轉梵音者十人並將入京當與師崇建正法刊定經典且道法初興觸途草創弘獎建立終藉通人京邑之間遠近所湊宣揚法事爲慧殊廣想振錫拂衣勿辭勞也尋望見師不復多及 續高僧傳

伐陳詔 開皇八年三月戊寅

昔有苗不賓唐堯薄伐孫晧僭虐晉武行誅有陳竊據江表逆天暴物朕初受命陳頊尚存思欲教之以道不以龔行爲令往來修睦望其遷善時日無幾釁惡已聞厚納叛亡侵犯城戍句吳閩越肆厥殘忍于時王師大舉將一車書陳頊反地收兵深懷震懼責躬請約俄而致殞矜其喪禍仍詔班師叔寶承風因求繼好載佇克念共敦行李每見珪璪入朝輶軒出使何嘗不殷勤曉喻戒以維新而狼子之心出而彌野威侮五行怠棄三正誅翦骨肉夷滅才良據手掌之地恣溪壑之險劫奪閭閻資產俱竭驅蹙內外勞役弗已徵責女子擅造宮室日增月益止足無期帷薄嬪嬙有踰萬數寶衣玉食窮奢極侈淫聲樂飲俾晝作夜斬直言之客滅無罪之家剖人之肝分人之血欺天造惡祭鬼求恩歌舞衢路酣醉宮闈盛粉黛而執干戈曳羅綺而呼警蹕躍馬振策從旦至昏無所經營馳走不息負甲持杖隨逐徒行追而不及即加罪譴自古昏亂罕或能比介士武夫飢寒力役筋髓罄于土木性命俟于溝渠君子潛逃小人得志家家隱殺戮各各任聚斂天災地孽物怪人妖衣冠鉗口道路以目傾心翹足誓告于我日月以冀文奏相尋重以背德違言搖蕩疆埸巴峽之下海澨已西江北江南爲鬼

爲蜮死隴窮發掘之酷生居極攘敚之苦鈔掠人畜斷截樵蘇市井不立農事廢寢歷陽廣陵窺覦相繼或謀圖城邑或劫剝吏人晝伏夜遊鼠竄狗盜彼則羸兵敝卒來必就擒此則重門設險有勞藩捍天之所覆無非朕臣每關聽覽有懷傷惻有梁之國我南藩也其君入朝潛相招誘不顧朕恩士女深迫脅之悲城府致空虛之歎非直朕居人上懷此無忘既而百辟屢以爲言兆庶不堪其請豈容對而不誅忍而不救近日秋始謀欲弔人益部樓船盡令東騖便有神龍數十騰躍江流引伐罪之師向金陵之路船住則龍止船行則龍去四日之內三軍皆覩豈非蒼旻愛人幽明展事降神先路協贊軍威以上天之靈助勘定之力便可出師授律應機誅殄在斯舉也永清吳越其將士糧仗水陸資須期會進止一準別敕 隋書文帝紀下

下史祥詔 開皇九年正月

不當作小　浮當作俘　師當作帥

朕以陳叔寶世爲僭逆。挺虐生民。故命諸軍。救彼塗炭。不寇猖獗。顧恃江湖之險。遂敢汎舟纖。擬抗王師。公親率所部。應機奮擊。沈溺浮獲。厥功甚茂。又聞師旅進取江州。行軍總管襄邑公賀若弼既獲京口。新義公韓擒虎尋剋姑熟。驃騎既度江岸。所在橫行。晉王兵馬。即入建業。清蕩吳越。旦夕非遠。驃騎高才壯志。是朕所知。善爲經略。以取大賞。使富貴功名。永垂竹帛也。隋書史祥傳。

平陳下晉王廣詔　開皇九年

此二公者。深謀大略。東南遺寇。朕本委之。靜地恤民。悉如朕意。九州不一。已數百年。以名臣之功。成太平之業。天下盛事。何用過此。聞以欣然。實深慶快。平定江表。二人之力也。隋書韓擒虎傳。北史六十八。

下韓擒虎賀若弼優詔

申國威于萬里。宣朝化于一隅。使東南之民。俱出湯火。數百年寇。旬日廓清。專是公之功也。高名塞于宇宙。盛業光于天壤。逖聽前古。罕聞其匹。班師凱入。誠知非遠。相思之甚。寸陰若歲。隋書韓擒虎傳。

勸學求言詔　開皇九年四月壬戌

往以吳越之事。羣黎塗炭。干戈方用。積習未寧。今率土大同。含生遂性。太平之法。方可流行。凡我臣僚。澡身浴德。開通耳目。宜從茲始。喪亂以來。緬將十載。君無君德。臣失臣道。父有不慈。子有不孝。兄弟之情或薄。夫婦之義或違。長幼失序。尊卑錯亂。朕爲帝王。志存愛養。時有臻道。不敢寧息。內外職位。幽遐黎人。家家自修。人人克念。使不軌不法。蕩然俱盡。兵可立威。不可不戢。刑可助化。不可專行。禁衛九重之餘。鎮守四方之外。戎旅軍器。皆宜停罷。代路既夷。羣方無事。武力之子。俱可學文。人間甲仗。悉皆除毀。有功之臣。降情文藝。家門子姪。各守一經。令海內翕然。高山仰止。京邑庠序。爰及州縣。生徒受業。升進于朝。未有灼然明經高第。此則教訓不篤。考課未精。明勸所由。隆茲儒訓。官府從宦。上國素士。心迹相表。

寬弘爲念。勿爲驕倨。乖我皇猷。朕君臨區宇。于茲九載。開直言之路。披不諱之心。形于顏色。勞于興寢。自頃逞藝論功。昌言乃衆。推誠切諫。其事甚疏。公卿士庶。非所望也。各啟至誠。匡茲不逮。見善必進。有才必舉。無或噤嘿。退有後言。頒告天下。咸悉此意。隋書文帝紀下。

止高熲遜位詔　開皇九年

公識鑒通遠。器略優深。出參戎律。廓清淮海。入司禁旅。實委心腹。自朕受命。常典機衡。竭誠陳力。心迹俱盡。此則天降良輔。翊贊朕躬。幸無詞費也。隋書高熲傳。

下宇文述詔　開皇九年

公鴻勳大業。名高望重。奉國之誠。久所知悉。金陵之寇。既已清蕩。而吳會之地。東路爲遙。蕭巖蕭瓛。並在其處。公率將戎旅。撫慰彼方。振揚國威。宣布朝化。以公明略。乘勝而往。風行電埽。自當稽服。若使干戈不用。黎庶獲安。方副朕懷。公之力也。隋書宇文述傳。

禁絕言封禪表　開皇九年七月景午

豈可命一將軍。除一小國。遐邇注意。便謂太平。以薄德而封名山。用虛言而干上帝。非朕攸聞。而今以後。言及封禪。宜即禁絕。隋書文帝紀下。

下百濟王餘昌詔　開皇九年

百濟王既聞平陳。遠令奉表。往復至難。若逢風浪。便致傷損。百濟王心迹淳至。朕已悉知。相去雖遠。事同言面。何必數遣使來相體悉。自今以後。不須年例入貢。朕亦不遣使往。王宜知之。隋書百濟傳。

搜訪知音律人詔　開皇九年十二月甲子

朕祗承天命。清蕩萬方。百王衰敝之後。兆庶澆浮之日。聖人遺訓。掃地俱盡。制禮作樂。今也其時。朕情存古樂。深思雅道。鄭衛淫聲。魚龍雜戲。樂府之內。盡以除之。今欲更調律呂。改張琴瑟。且妙術精微。非因教習。工人代掌。止傳糟粕。不足達神明之德。論天地之

寓當作寓

和區域之間奇才異議天知神授何代無哉蓋晦迹于非時俟昌言于所好宜可搜訪速以奏聞庶覩一藝之能共就九成之業 隋書文帝紀下

令軍人悉屬州縣詔 開皇十年五月乙未

魏末喪亂寓縣瓜分役車歲動未遑休息兵士軍人權置坊府南征北伐居處無定家無完堵地罕包桑恆為流寓之人竟無鄉里之號朕甚愍之凡是軍人可悉屬州縣墾田籍帳一與民同軍府統領宜依舊式罷山東河南及北方緣邊之地新置軍府 隋書文帝紀下

下楊素詔 開皇十年

朕憂勞百姓日旰忘食一物失所情深納隍江外狂狡妄構妖逆雖經殄除民未安堵猶有賊首凶魁逃亡山洞恐其聚結重擾蒼生內史令上柱國越國公素識達古今經謀長遠比曾推轂舊著威名宜任以大兵總為元帥宣布朝風振揚威武擒翦叛亡慰勞黎庶軍民事務一以委之 隋書楊素傳

詔釋智舜 開皇十年

皇帝敬問趙州房子界嶂洪山南谷舊禪房寺智舜禪師冬日極寒禪師道體清勝教導蒼生使早成就朕甚嘉焉朕統在兆民之上弘護正法夙夜無怠今遣開府盧元壽指宣往意并送香物如別 續高僧傳

詔釋靈裕 開皇十一年

敬問相州大慈寺靈裕法師朕遵崇三寶歸向情深恆願闡揚大乘護持正法法師梵行精淳理義淵遠弘通聖教開導聾瞽道俗欽仰思作福田京師天下具瞻四方輻湊故遠召法師共營功業宜知朕意早入京也 續高僧傳

又詔

敬問演空寺大德靈裕法師朕遵仰聖教重興三寶欲使生靈咸蒙福力法師捨離塵俗投旨法門情誠若此深副朕懷 續高僧傳

減免租調詔 開皇十二年

既富而教方知廉恥寧積于人無藏府庫河北河東今年田租三分減一兵減半功調全免 隋書食貨志

禁私撰國史詔 開皇十三年五月癸亥

人間有撰集國史臧否人物者皆令禁絕 隋書文帝紀下

施用雅樂詔 開皇十四年四月乙丑

在昔聖人作樂崇德移風易俗于斯為大自晉氏播遷兵戈不息雅樂流散年代已多四方未一無由辨正賴上天鑒臨明神降福拯茲塗炭安息蒼生天下大同歸于治理遺文舊物皆為國有比命所司總令研究正樂雅聲詳考已訖宜即施用見行者停人間音樂流僻日久棄其舊體競造繁聲浮宕不歸遂以成俗宜加禁約務存其本 隋書文帝紀下

給公廨田詔 開皇十四年六月丁丑

省府州縣皆給公廨田不得治生與人爭利 隋書文帝紀下

時修齊梁陳祭祀詔 開皇十四年閏十月甲寅

齊梁陳往皆創業一方緜歷年代既宗祀廢絕祭奠無主興言矜念良以愴然莒國公蕭琮及高仁英陳叔寶等宜令以時修其祭祀所須器物有司給之 隋書文帝紀下

令北境義倉雜種並納本州詔 開皇十五年二月

本置義倉止防水旱百姓之徒不思久計輕爾費損于後乏絕又北境諸州異于餘處雲夏長靈鹽蘭豐鄯涼甘瓜等州所有義倉雜種並納本州若人有旱儉少糧先給雜種及遠年粟 隋書食貨志通典十二

以公孫景茂為伊州刺史詔 開皇十五年

景茂修身潔己耆宿不虧作牧化人聲績顯著年終考校獨為聲

聲首當作稱首

州當作川

首空升戎秩兼進藩條可上儀同三司伊州刺史。隋書公孫景茂傳。

普祠山川詔 開皇十五年六月辛丑

名山大川。未在祀典者。悉祠之。隋書文帝紀下。

社倉詔 開皇十六年正月

秦疊成康武文芳宕旭洮岷渭紀河廓豳隴涇寧原敷丹延綏銀扶等州社倉。竝于當縣安置。隋書食貨志。通典十二。

又詔 開皇十六年二月

社倉準上中下三等稅。上戶不過一石。中戶不過七斗。下戶不過四斗。隋書食貨志。通典十二。

禁命官妻妾改嫁詔 開皇十六年六月辛丑

九品已上妻。五品已上妾。夫亡不得改嫁。隋書文帝紀下。

慎刑詔 開皇十六年八月丙戌

決死罪者。三奏而後行刑。隋書文帝紀下。

聽諸司于律外決杖屬官詔 開皇十七年三月丙辰

分職設官。共理時務。班位高下。各有等差。若所在官人。不相敬憚。多自寬縱。事難克舉。諸有殿失。雖備科條。或據律乃輕。論情則重。不卽決罪。無以懲肅。其諸司論屬官若有愆犯。聽于律外斟酌決杖。隋書文帝紀下。又見刑法志。

劉暉等除名詔 開皇十七年四月戊寅

朕應運受圖。君臨萬寓。思欲興復聖教。恢弘令典。上順天道。下授人時。搜揚海內。廣延術士。旅騎尉張胄玄。理思沈敏。術藝宏深。懷道白首。來上厤法。令與太史舊厤竝加勘審。仰觀玄象。參驗璿機。胄玄厤數與七曜符合。太史所行。乃多疏舛。羣官博議。咸以胄玄爲密。太史令劉暉、司厤郭翟、劉宜、驍騎尉任悅。往經修造。致此乖謬。通直散騎常侍領太史令庾季才、太史丞邢儁、司厤郭遠、厤博士蘇粲、厤助教傅儁、成珍等。既是職司。須審疏密。遂虛行此厤。無所發明。論暉等情狀。已合科罪。方共飾非護短。不從正法。季才等附下罔上。義實難容。隋書律厤志中。

升用功臣子孫詔 開皇十七年四月壬午

周厤告終。羣凶作亂。釁起蕃服。毒被生人。朕受命上玄。廓淸區宇。聖靈垂佑。文武同心。申明公穆、鄖襄公孝寬、廣平王雄、蔣國公睿、楚國公勣、齊國公熲、越國公素、魯國公慶則、新寧公長叉、安陽公世積、趙國公羅雲、隴西公詢、廣業公景、眞昌公振、沛國公譯、項城公子相、鉅鹿公子幹等。登庸納揆之時。草昧經綸之日。丹誠大節。心盡帝圖。茂績殊勳。力宣王府。宜弘其門緒。與國同休。其世子世孫未經州任者。宜量才升用。庶享榮位。世祿無窮。隋書文帝紀下。

享廟日不設鼓吹詔 開皇十七年十月庚午

昔五帝異樂。三王殊禮。皆隨事而有損益。因情而立節文。仰惟祭享宗廟。瞻敬如在。罔極之感。情深茲日。而禮畢升路。鼓吹發音。還入宮門。金石振響。斯則哀樂同日。心事相違。情所不安。理實未允。宜改茲往式。用弘禮教。自今以後。享廟日不須設鼓吹。殿庭勿設樂懸。在廟內及諸祭竝依舊。其王公已下。祭私廟日。不得作音樂。隋書音樂志下。又見文帝紀下。少二十四字。

聽公廨迴易詔 開皇十七年十一月

在京及在外諸司公廨。在市迴易。及諸處興生。竝聽之。隋書食貨志。

禁江南造大船詔 開皇十八年正月辛丑

吳越之人。往承敝俗。所在之處。私造大船。因相聚結。致有侵害。其江南諸州人。間有船長三丈已上。悉括入官。隋書文帝紀下。

禁厭蠱詔 開皇十八年五月辛亥

畜猫鬼蠱毒厭魅野道之家。投于四裔。隋書文帝紀下。

二科舉人詔 開皇十八年七月丙子

京官五品已上。總管刺史。以志行修謹。淸平幹濟二科舉人。隋書文帝紀。

紀下

下百濟王餘昌詔 開皇十八年

往歲爲高麗不供職貢無人臣禮故命將討之高元君臣恐懼畏服歸罪朕已赦之不可致伐 隋書百濟傳遼東之役遣使奉表請爲軍導帝下詔

停百官朝貢東宮詔 開皇十八年十一月

禮有等差君臣不雜爰自近代聖教漸虧俯仰逐情因循成俗皇太子雖居上嗣義兼臣子而諸方岳牧正冬朝賀任土作貢別上東宮事非典則宜悉停斷 隋書房陵王勇傳

廢皇太子勇爲庶人詔 開皇二十年十月乙丑

太子之位實爲國本苟非其人不可虛立自古儲副或有不才長惡不悛仍令守器皆由情溺寵愛失于至理致使宗祏傾亡蒼生塗地由此言之天下安危繫乎上嗣大業傳世豈不重哉皇太子勇地則居長情所鍾愛初登大位即建春宮冀德業日新隆茲負

荷而性識庸闇仁孝無聞昵近小人委任姦佞前後愆釁難㠯具紀但百姓者天之百姓朕恭天命屬當安育雖欲愛子實畏上靈豈敢㠯不肖之子而亂天下勇及其男女爲王公主者並可廢爲庶人顧惟兆庶事不獲已興言及此良深愧歎 隋書房陵王勇傳

處治廢太子黨與詔 開皇二十年十月乙丑

自古㠯來朝危國亂皆邪臣佞媚凶黨扇惑致使禍及宗社毒流兆庶若不標明典憲何㠯肅清天下左衛大將軍五原郡公元旻任掌兵衛委㠯心膂陪侍左右恩寵隆渥乃包藏姦伏離間君親崇長厲階最爲魁首太子左庶子唐令則策名儲貳位長宮寮諂曲取容音技自進躬執樂器親教內人贊成驕侈導引非法太子家令鄒文騰專行左道偏被親昵心腹委付鉅細關知占問國家希覬災禍左衛率司馬夏侯福內事諂諛外作威勢陵侮上下褻濁宮闈典膳監元淹謬陳愛憎開示怨隙妄起訕謗潛行離阻進引

妖巫營事厭禱前吏部侍郎蕭子寶往居省閣舊非宮臣稟性浮躁用懷輕險進畫姦謀要射榮利經營間構開造禍端前主璽下士何竦假託玄象妄說妖怪志圖禍亂心在速發兼制奇器異服皆竦規摹增長驕奢糜費百姓凡此七人爲害乃甚並處斬妻妾子孫皆悉沒官車騎將軍閻毗東郡公崔君綽游騎尉沈福寶瀛州民章仇太翼等四人所爲之事皆是悖惡論其狀迹罪合極刑但朕情存好生未能盡戮可並特免死各決杖一百身及妻子資財田宅悉可沒官副將作大匠高龍叉豫追番丁輒配東宮使役營造亭舍進入春坊率更令晉文建通直散騎侍郎判司農少卿事元衡料度之外私自出給虛破丁功擅割園池並處自盡 隋書房陵王勇傳北史七十一

下詔罪史萬歲 開皇二十年十月乙丑

柱國太平公萬歲拔擢委任每總戎機往㠯南寧逆亂令其出討

而昆州刺史爨翫包藏逆心爲民興患朕備有成敕令將入朝萬歲乃多受金銀違敕令住致爨翫尋爲反逆更勞師旅方始平定所司檢校罪合極刑捨過念功恕其性命年月未久即復本官近復總戎進討蕃裔突厥達頭可汗領其兇衆欲相拒抗既見軍威便即奔退兵不血刃賊徒瓦解如此稱捷國家盛事朕欲成其勳庸復加褒賞而萬歲定和通簿之日乃懷姦詐妄稱逆面交兵不㠯實陳懷反覆之方弄國家之法若竭誠立節心無虛罔者乃爲良將至如萬歲懷詐要功便是國賊朝憲難虧不可再捨 隋書史萬歲傳

禁毀盜佛道神像詔 開皇二十年十二月辛巳

佛法深妙道教虛融咸降大慈濟度群品凡在含識皆蒙覆護所㠯雕鑄靈相圖寫眞形率土瞻仰用申誠敬其五嶽四鎮節宣雲雨江河淮海浸潤區域並生養萬物利益兆人故建廟立祀㠯時恭敬敢有毀壞偷盜佛及天尊像嶽鎮海瀆神形者㠯不道論沙

門壞佛像，道士壞天尊者，以惡逆論。隋書文帝紀下。

尉義臣賜姓楊氏詔 開皇中

朕受命之初，羣凶未定，明識之士，有足可懷。尉義臣與尉迥本同骨肉，既狂悖作亂，鄴城其父崇時在常山，典司兵甲，與迥鄰接，又是至親，知逆順之理，識天人之意，即陳丹款，處染惡徒，自執有司，請歸相府。及北夷內侵，橫戈制敵，輕生重義，馬革言旋，楳表存亡，事貫幽顯，雖高官大賞，延及于世，未足表松筠之志，彰節義之門。義臣可賜姓楊氏，賜錢三萬貫，酒三十斛，米麥各百斛，編之屬籍。

太當作從

爲皇太孫。隋書楊義臣傳。

荅宇文慶詔 開皇中

朕之與公，本來親密，懷抱委曲，無所不盡。話言歲久，尚能記憶。今覽表奏，方悟昔談，何謂此言，遂成實錄。古人之先知禍福，明可信也。朕言之驗，自是偶然，公乃不忘，彌表誠節。深感至意，嘉尚無已。隋書宇文慶傳。

奪情起韋沖詔 開皇中

西南夷裔，屢有生梗，每相殘賊，朕甚愍之。已命戎徙薄撫邊服，以開府器幹堪濟，識略英遠，軍旅事重，故以相任。知在艱疚，日月未多，金革奪情，蓋有通式。宜自抑割，即膺往旨。隋書韋世康附傳。

以房恭懿爲海州刺史詔 開皇中

德州司馬房恭懿，出宰百里，毗贊二藩，善政能官，標映倫伍，班條案部，實允僉屬。委以方岳，聲實俱美，可使持節海州諸軍事海州刺史。隋書房恭懿傳。

戰亡者入墓域詔 仁壽元年正月辛丑

君子立身，雖云百行，唯誠與孝，最爲其首。故投主殉節，自古稱難，殞身王事，禮加二等。而代俗之徒，不達大義，至于致命戎旅，不入兆域，虧孝子之意，傷人臣之心。興言念此，每深愍歎。且入廟祭祀，竝不廢闕，何止墳塋，獨在其外。自今已後，戰亡之徒，宜入墓域。隋書文帝紀下。

簡厲學徒詔 仁壽元年六月乙丑

儒學之道，訓教生人，識父子君臣之義，知尊卑長幼之序，升之于朝，任之以職，故能贊理時務，弘益風範。朕撫臨天下，思弘德教，延集學徒，崇建庠序，開進仕之路，佇賢雋之人。而國學胄子，垂將千數，州縣諸生，咸亦不少。徒有名錄，空度歲時，未有德爲代範，才任國用。良由設學之理，多而未精。今宜簡省，明加獎勵。隋書文帝紀下。

立舍利塔詔 仁壽元年六月乙丑

門下：仰惟正覺大慈大悲，救護羣生，津梁庶品。朕歸依三寶，重興聖教，思與四海之內一切人民，俱發菩提，竝修福業，使當今現在，爰及來世，永作善因，同登妙果。宜請沙門三十人，諳解法相，兼堪宣導者，各將侍者二人，并散官各給一人，薰陸香一百二十斤，馬五匹，分道送舍利往前件諸州起塔。其未注寺，就有山水寺所起塔依前山；舊無寺者，于當州內清靜寺處建立其塔。所司造樣送往當州。僧多者三百六十人，其次二百四十人，其次一百二十人。若僧少者，盡見在僧。爲朕、皇后、太子、廣、諸王子孫等，及內外官人、一切民庶、幽顯生靈，各七日行道，并懺悔。起行道日，打刹，莫問同州異州，任人布施。錢限止十文已下，不得過十文。所施之錢，以供營塔。若少不充，役正丁及用庫物。率土諸州僧尼，普爲舍利設齋。限十月十五日午時，同下入石函。總管、刺史已下，縣尉已上，自非軍機，停常務七日，專檢校行道及打刹等事，務盡誠敬，副朕意焉。主者施行。仁壽元年六月十三日，內史令豫章王臣暕宣。廣弘明集□□□□金陵梵刹志：分道送舍利下云：先往蔣州棲霞寺，洎三十州，次五十三州等寺起塔。

注寺下脫者字

無寺當作無山

追錄李安李悊舊勳詔 仁壽元年

先王立教，以義斷恩，割親愛之情，盡事君之道，用能弘獎大節，體此至公。往者周歷既窮。天命將及。朕登庸惟始。王業初基。承此澆季。實繁姦宄。上大將軍寧州刺史趙郡公李安。其叔璋潛結藩枝扇惑猶子。包藏不逞。禍機將發。安與弟開府儀同三司衛州刺史黃臺縣男悊深知逆順。披露丹心。凶謀既彰。罪人斯得。朕每念誠節。嘉之無已。懋庸冊賞。宜不踰時。但以事涉其親。猶有疑惑。欲使安等名教之方。自處有地。朕常爲思審。遂致淹年。今更詳案聖典。求諸往事。父子天性。誠孝猶不並立。況復叔姪恩輕。情禮本有差降。忘私奉國。深得正理。宜錄舊勳。重弘賞命。隋書李安傳。

詔答安德王雄 仁壽元年

門下。仰惟正覺。覆護羣品。濟生靈于苦海。救愚迷于火宅。朕所以至心迴向。結念歸依。思與率土臣民。爰及幽顯。同崇勝業。共爲善因。故分布舍利。營建神塔。而大聖慈愍。頻示光相。宮殿之內。舍利降靈。莫測來由。自然變現。歡喜頂戴。得未曾有。斯實羣生多幸。延

此嘉福。豈朕微誠所能致感。覽王公等表。悚歎彌深。朕與王公等及一切民庶。宜更加剋勵。興隆三寶。今舍利眞形。猶有五十。所司可依前式。分送海內。庶三塗六道。俱免蓋纏。稟識含靈。同登妙果。主者施行。廣弘明集。

再立舍利塔詔 仁壽元年十二月

朕祗受肇命。撫育生民。遵奉聖教。重興像法。而如來大慈。覆護羣品。感見舍利。開導含生。朕已分布遠近。皆起靈塔。其間諸州。猶有未徧。今更請大德奉送舍利。各往諸州。依前造塔。所請之僧。必須德行可表。善解法相。使能宣揚佛教。感悟愚迷。宜集諸寺三綱。詳共推擇。錄以奏聞。當與一切蒼生。同斯福業。廣弘明集。

褒賞楊素營太陵詔 仁壽二年

君爲元首。臣則股肱。共治萬姓。義同一體。上柱國尚書左僕射仁壽宮大監越國公素。志度恢弘。機鑒明遠。懷佐時之略。包經國之才。王業初基。霸圖肇建。策名委質。受脤出師。擒翦凶魁。克平虢鄭。頻承廟算。揚旌江表。每稟戎律。長驅塞陰。南指而吳越肅清。北臨而獯獫摧服。自居端揆。參贊機衡。當朝正色。眞言無隱。論文則辭藻縱橫。語武則權奇閒出。既文且武。唯朕所命。任使之處。夙夜無怠。獻皇后奄離六宮。遠日云及。塋兆安厝。委素經營。然葬事依禮。唯卜泉石。至如吉凶。不由于此。素義存奉上。情深體國。欲使幽明俱泰。寶祚無窮。以爲陰陽之書。聖人所作。禍福之理。特須審愼。乃徧歷川原。親自占擇。纖介不善。卽更尋求。志圖元吉。孜孜不已。心力備盡。人靈協贊。遂得神皋福壤。營建山陵。論素此心。事極誠孝。豈與夫平戎定寇。比其功業。非唯廊廟之器。實是社稷之臣。若不加褒賞。何以申茲勸勵。可別封一子義康郡公。邑萬戶。子子孫孫。承襲不絕。餘如故。并賜田三十頃。絹萬段。米萬石。金鉢一。實以金。銀鉢一。實以珠。并綾錦五百段。隋書楊素傳。

修定五禮詔 仁壽二年閏十月己丑

禮之爲用。時義大矣。黃琮蒼璧。降天地之神。粢盛牲食。展宗廟之敬。正父子君臣之序。明婚姻喪紀之節。故道德仁義。非禮不成。安上治人。莫善于禮。自區宇亂離。緜歷年代。王道衰而變風作。微言絕而大義乖。與代推移。其弊日甚。至于四時郊祀之節文。五服麻葛之隆殺。是非異說。踳駁殊塗。致使聖教凋訛。輕重無準。朕祗承天命。撫臨生人。當洗滌之時。屬干戈之代。克定禍亂。先運武功。刪正彝典。日不暇給。今四海乂安。五戎勿用。理宜弘風訓俗。導德齊禮。綴往聖之舊章。興先王之茂則。尚書左僕射越國公楊素。尚書右僕射邳國公蘇威。吏部尚書奇章公牛弘。內史侍郎薛道衡。祕書丞許善心。內史舍人虞世基。著作郎王劭。或任居端揆。博達古今。或器推令望。學綜經史。委以裁緝。實允僉議。可並修定五禮。隋書文帝紀下。案初學記十三以此詔爲李德林作。恐誤。德林死于開皇十九年。見唐書李百藥傳。

下詔數蜀王秀罪 仁壽二年十二月

汝地居臣子。情兼家國。庸蜀要重。委以鎮之。汝乃干紀亂常。懷惡樂禍。睥睨二宮。佇望災釁。容納不逞。結構異端。我有不和。汝便覘候。望我不起。便有異心。皇太子汝兄也。次當建立。汝假託妖言。乃云不終其位。妄稱鬼怪。又道不得入宮。自言骨相非人臣。德業堪承重器。妄道青城出聖。欲以己當之。詐稱益州龍見。託言吉兆。重述木易之姓。更治成都之宮。妄說禾乃之名。以當八千之運。橫生京師妖異。以證父兄之災。妄造蜀地徵祥。以符己身之籙。汝豈不欲得國家惡也。天下亂也。輒造白玉之珽。又為白羽之箭。文物服飾。豈似有君。鳩集左道。符書厭鎮。漢王于汝。親則弟也。乃畫其形像。書其姓名。縛手釘心。枷鏁杻械。仍云請西岳華山慈父聖母神兵九億萬騎。收楊諒魂神。閉在華山下。勿令散蕩。我之于汝。親則父也。復云請西岳華山慈父聖母賜為開化楊堅夫妻。迴心歡喜。

又畫我形像。縛手撮頭。仍云請西岳神兵收楊堅魂神。如此形狀。我今不知楊諒楊堅是汝何親也。包藏凶慝。圖謀不軌。逆臣之迹也。希父之災。以為身幸。賊子之心也。懷非分之望。肆毒心于兄。悖弟之行也。嫉妒于弟。無惡不為。無孔懷之情也。違犯制度。壞亂之極也。多殺不辜。豺狼之暴也。剝削民庶。酷虐之甚也。唯求財貨。市井之業也。專事妖邪。頑嚚之性也。弗克負荷。不材之器也。凡此十者。滅天理。逆人倫。汝皆為之。不祥之甚也。欲免禍患。長守富貴。其可得乎。（隋書庶人秀傳。北史七十一。）

奪情起姚察詔 （仁壽二年）

前祕書丞北絳郡開國公姚察。强學待問。博極羣典。修身立德。白首不渝。雖在哀疚。宜奪情禮。可員外散騎常侍。封如故。（陳書姚察傳。察丁後母杜氏喪。解職。在服制之中。有白鳩巢于戶上。仁壽二年詔云云。）

全隋文卷二終

全隋文卷三

烏程嚴可均校輯

文帝三

生日海內斷屠詔仁壽三年五月癸卯

哀哀父母，生我劬勞。欲報之德，昊天罔極。但風樹不靜，嚴敬莫追，霜露既降，感思空切。六月十三日是朕生日，宜令海內爲武元皇帝、元明皇后斷屠。隋書文帝紀下

父存喪母不宜有練詔仁壽三年六月甲午

禮云：至親以朞斷，蓋以四時之變易，萬物之更始，故聖人象之。其有三年，加隆爾也。但家無二尊，母爲厭降，是以父存喪母，還服于朞者，服之正也，豈容朞內而更小祥？然三年之喪而有小祥者，禮云：朞祭，禮也；朞而除喪，道也。以是之故，雖未再朞，而天地一變，不可不祭，不可不除，故有練焉，以存喪祭之本。然朞喪有練，于理未安。雖云十一月而練，乃無所法象，非朞非時，豈可除祭？而儒者徒擬三年之喪，立練禫之節，可謂苟存其變，而失其本，欲漸于奪，乃薄于喪，致使子則冠練去絰，黃裏縓緣，絰則布葛在躬，麤服未改。豈非絰衰尙存，子情已奪，親疏失倫，輕重顚倒，乃不順人情，豈聖人之意也？故知先聖之禮廢于人邪，三年之喪尙有不行之者，至于祥練之節，安能不墜者乎？禮云：父母之喪，無貴賤一也。而大夫士之喪父母，乃貴賤異服。然則禮壞樂崩，由來漸矣。所以晏平仲之斬麤縗，其老謂之非禮；滕文公之服三年，其臣咸所不欲。蓋由王道既衰，諸矦異政，將踰越于法度，惡禮制之害己，乃滅去篇籍，自制其宜。遂至骨肉之恩，輕重從俗，無易之道，隆殺任情。況孔子沒而微言隱，秦滅學而經籍焚者乎？有漢之興，雖求儒雅，人皆異說，義非一貫。又況近代亂離，唯務兵革，其于典禮，時所未遑。夫禮不從天降，不從地出，乃人心而已者，謂情緣于恩也。故恩厚者其禮

隆，情輕者其禮殺。聖人以是稱情立文，別親疏貴賤之節。自臣子道消，上下失序，莫大之恩，逐情而薄，莫重之禮，與時而殺。此乃服不稱喪，容不稱服，非所謂聖人緣恩表情制禮之義也。然喪與易也，寧在于戚，則禮之本也；禮有其餘，未若于哀，則情之實也。今十一月而練者，非禮之本，非情之實，由是言之，父存喪母，不宜有練。但依禮十三月而祥，中月而禫，庶以合聖人之意，達孝子之心。隋書文帝紀下。

搜揚賢哲詔仁壽三年七月丁卯

日往月來，唯天所以運序；山鎭川流，唯地所以宣氣。運序則寒暑無差，宣氣則雲雨有作，故能成天地之大德，育萬物而爲功。況以一人，君于四海，睹物欲運，獨見致治，不藉羣才，未之有也。是以唐堯欽明，命羲和以居岳；虞舜叡德，升元凱而作相。伊尹鼎俎之媵，爲殷之阿衡；呂望漁釣之夫，爲周之尙父。此則鳴鶴在陰，其子必和，風雲之從龍虎，賢哲之應聖明。君德不回，臣道以正，故能通天地之和，順陰陽之序，豈不由元首而有股肱乎？自王道衰，人風薄，居上莫能公道以御物，爲下必踵私法以希時。上下相蒙，君臣義失，義失則政乖，政乖則人困。蓋同德之風難嗣，離德之軌易追，則任者不休，休者不任，則衆口鑠金，戮辱之禍不測。是以行歌避代，辭位灌園，卷而可懷，黜而無慍，放逐江湖之上，沈赴河海之流，所以自潔而不悔者也。至于閭閻秀異之士，鄉曲博雅之儒，言足以佐時，行足以厲俗，遺棄于草野，堙滅而無聞，豈勝道哉！所以覽古而歎息者也。方今區宇一家，煙火萬里，百姓乂安，四夷賓服，豈是人功，實乃天意。朕惟夙夜祗懼，將所以上嗣明靈，是以小心勵己，日愼一日，以黎元在念，憂兆庶未康，以庶政爲懷，慮一物失所。雖求傅巖，莫見幽人，徒想崆峒，未聞至道。唯恐商歌于長夜，抱關于夷門，遠跡犬羊之閒，屈身僮僕之伍。其令州縣搜揚賢哲，皆取明

知今古通識治亂究政教之本達禮樂之源不限多少不得不舉限吕三旬咸令進路徵召將送必須吕禮（隋書文帝紀下文苑英華四百六十二）

賜宴王伽及流人詔（仁壽中）

凡在有生含靈稟性咸知好惡竝識是非若臨吕至誠明加勸導則俗必從化人皆遷善往吕海內亂離德教廢絕官人無慈愛之心兆庶懷姦詐之意所吕獄訟不息澆薄難治朕受命上天安養萬姓思遵聖法吕德化人朝夕孜孜意在于此而伽深識朕意誠心宣導參等感悟自赴憲司明是率土之人非爲難教良是官人不加曉示致令陷罪無由自新若使官盡王伽之儔人皆李參之輩刑厝不用其何遠哉（隋書王伽傳）

宣詔減陸讓死（仁壽中）

馮氏吕嫡母之德足爲世範慈愛之道義感人神特宜矜免用獎風俗讓可減死除名爲民（隋書陸讓母馮氏傳）

復下詔賜陸讓母馮氏

馮氏體備仁慈夙閑禮度孽讓非其所生往犯憲章宜從極法躬自詣闕爲之請命匍匐頓顙朕哀其義特免死辜使天下婦人皆如馮者豈不閨門雍睦風俗和平朕每嘉歎不能已宜標揚優賞用彰有德可賜帛五百段集諸命婦與婦相識吕寵異之（同上）

下詔釋僧照（年月未詳）

禪師德居物表道映遂初窮處巖阿養素崇業朕甚嘉焉今送供奉用展翹敬（續高僧傳）

幸仁壽宮令皇太子監國詔（仁壽四年正月乙丑）

賞罰支度事無巨細竝付皇太子（隋書文帝紀下）

遺詔（仁壽四年七月）

嗟乎自昔晉室播遷天下喪亂四海不一吕至周齊戰爭相尋年將三百故割疆土者非一所稱帝王者非一人書軌不同生人塗炭上天降鑒爰命于朕用登大位豈關人力故得撥亂反正偃武修文天下大同聲教遠被此又是天意欲寧區夏所吕昧旦臨朝不敢逸豫一日萬幾留心親覽晦朔寒暑不憚劬勞匪曰朕身蓋爲百姓故也王公卿士每日闕庭刺史吕下三時朝集何嘗不罄竭心府誡敕殷勤義乃君臣情兼父子庶藉百寮智力萬國歡心欲令率土之人永得安樂不謂遘疾彌留至于大漸此乃人生常分何足言及但四海百姓衣食不豐教化政刑猶未盡善興言念此唯吕留恨朕今年踰六十不復稱夭但筋力精神一時勞竭如此之事本非爲身止欲安養百姓所吕致此人生子孫誰不愛念既爲天下事須割情勇及秀等竝懷悖惡既知無臣子之心所吕廢黜古人有言知臣莫若于君知子莫若于父若令勇秀得志共治家國必當戮辱徧于公卿酷毒流于人庶今惡子孫已爲百姓黜屛好子孫足堪負荷大業此雖朕家事理不容隱前對文武侍

衞具已論述皇太子廣地居上嗣仁孝著聞吕其行業堪成朕志但令內外羣官同心戮力吕此共治天下朕雖瞑目何所復恨但國家事大不可限吕常禮既葬公除行之自昔今宜遵用不勞改定凶禮所須纔令周事務從節儉不得勞人諸州總管刺史已下宜各率其職不須奔赴自古哲王因人作法前帝後帝沿革隨時律令格式或有不便于事者宜依前式修改務當政要嗚呼敬之哉無墜朕命（隋書文帝紀下）

冊賀婁子幹爲上大將軍（開皇二年）

於戲敬聽朕命唯爾器量閑明志情強果任經武將勳績有聞往歲凶醜未寧屢驚疆埸拓土靜亂殊有厥勞是用崇茲賞典加此車服往欽哉祗承榮冊可不愼歟（隋書賀婁子幹傳）

伐陳下源雄冊書（開皇八年）

於戲唯爾上大將軍朔方公雄識悟明允風神果毅往牧徐方時

逢寇逆。建旗馬邑。撫安北蕃。嘉謀絕外境之虞。挺劒息韋韝之望。沙漠已北。俱荷威恩。呂梁之閒。罔不懷惠。但江淮甍爾。有陳僭逆。今將董率戎旅。清彼東南。是用命爾爲行軍總管。往欽哉。隋書觀雄傳。

冊廣平王雄爲司空 開皇九年

維開皇九年八月朔壬戌。皇帝若曰。於戲。唯爾上柱國左衞大將軍宗正卿廣平王。風度寬弘。位望隆顯。爰司禁旅。亟歷十載。入當心腹。外任爪牙。驅馳軒陛。勤勞著績。念舊庸勳。禮秩加等。公輔之寄。民具爾瞻。宜竭迺誠。副茲名實。是用命爾爲司空。往欽哉。光膺寵命。得不慎歟。隋書觀德王雄傳。

弔祭辥濬冊書 開皇中

皇帝咨故考功侍郎辥濬。於戲。惟爾操履貞和。器業詳敏。允膺列宿。勤謇克彰。及遘私艱。奄從毀滅。嘉爾誠孝。感于朕懷。奠酹有加。抑惟朝典。故遣使人指申往命。魂而有靈。歆茲榮渥。嗚呼哀哉。隋書辥濬傳。

手敕釋靈藏

弟子是俗人天子。律師是道人天子。有欲離俗者。任師度之。佛祖統紀。佛祖歷代通載。有欲作有能。

敕元諧 開皇元年八月

公受朝寄。總兵西下。本欲自寧疆境。保全黎庶。非是貪無用之地。害荒服之民。王者之師。意在仁義。渾賊若至界首者。公宜曉示以德。臨之以教。誰敢不服也。隋書元諧傳。吐谷渾寇涼州。詔諧爲行軍元帥擊之。上敕諧。

敕佛寺行道日斷殺 開皇三年

好生惡殺。王政之本。佛道垂教。善業可憑。稟氣含靈。唯命爲重。宜勸勵天下。同心救護。其京城及諸州官立寺之所。每年正月五月九月。恆起八日至十五日。當寺行道。其行道之日。遠近民庶。凡是有生之類。悉不得殺。釋藏云二。歷代三寶記十二。

敕復佛像 開皇四年

周武之時。毀滅佛法。凡諸形像。悉遣除之。號令一行。多皆毀壞。其金銅等。或時爲官物。如有現在。竝可付隨近寺觀安置。不得輒有損傷。同上。

敕總管刺史 開皇四年四月己亥

總管刺史。父母及子年十五已上。不得將之官。隋書文帝紀上。

敕虞慶則 開皇五年

我欲存立突厥。彼送公馬。但取五三匹。隋書虞慶則傳。

敕釋曇遷爲禪定寺主

自稠師滅後。禪門不開。雖戒慧仍弘。而行儀攸闕。今所立寺。既名禪定。望嗣前塵。宜于海內召名德禪師百二十人。各二侍者。竝委遷禪師搜揚。有司具禮。即以遷爲寺主。續高僧傳。

敕李德林 開皇八年

伐陳事意。宜自隨。隋書李德林傳。車駕幸同州。德林以疾不從。敕書追之。書後御筆注云云。

伐陳敕有司 開皇八年

亡國物。我一不以入府。可于苑內築五埰。當悉賜文武百官。大射以取之。北史六十八韓禽傳。

敕蘇威 開皇九年

公德行高人。情寄殊重。大孝之道。蓋同俯就。必須抑割。爲國惜身。朕之于公。爲君爲父。宜依朕旨。以禮自存。隋書蘇威傳。

宣敕嶺南 開皇九年

若嶺南平定。留勇與豐州刺史鄭萬頃。且依舊職。陳書南康愍王曇朗附傳。子方慶爲廣州刺史。隋師渡江。衡州刺史王勇遣迎方慶。欲令承制。是時隋行軍總管韋洸帥兵度嶺。宣隋文帝敕云云。方慶聞之。乃不從。

下譙國夫人敕書 開皇十年

朕撫育蒼生。情均父母。欲使率土清淨。兆庶安樂。而王仲宣等輒相聚結援。亂彼民。所㠯遣往誅剿。為百姓除害。夫人情在奉國。深識正理。遂令孫盎斬獲佛智。竟破羣賊。甚有大功。今賜夫人帛五千段。暄不進愆。誠合罪責。㠯夫人立此誠效。故特原免。夫人宜訓導子孫。敦崇禮教。遵奉朝化。㠯副朕心。隋書譙國夫人傳。

敕釋智顗 開皇十年

皇帝敬問光宅寺智顗禪師。朕于佛教。敬信情重。往者周武之時。毀壞佛法。發心立願。必許護持。及受命于天。仍即興復。仰憑神力。法輪重轉。十方衆生。俱獲利益。比㠯有陳虐亂。殘暴東南。百姓勞役。不勝其苦。故命將出師。為民除害。吳越之地。今得廓清。道俗乂安。深得朕意。朕尊崇正法。救濟蒼生。欲令福田永存。津梁無極。師既已離世網。修己化人。必希獎進僧伍。固守禁戒。使見者欽服。聞即生善。方副大道之心。是為出家之業。若身從道服。心染俗塵。非直含生之類。無所歸依。抑恐妙法之門。更來譏謗。宜相勸勵。㠯同朕心。春日漸暄。道體如宜也。釋藏起二國清百錄二。又陟九緇門警訓九。

勞問釋智聚敕 開皇十一年

法師栖身淨土。援志法門。普為衆生。宜揚正教。勤修功德。率勵法徒。專心講誦。曠濟羣品。欽承德業。甚㠯嘉之。續高僧傳。

敕給荊州玉泉寺額 開皇十三年七月

皇帝敬問修禪寺智顗禪師。省書具至意。孟秋餘熱。道體何如。熏修禪悅。有㠯怡慰。所須寺名額。今依來請。智邃師還。指宜往意。續高僧傳。

禁盜邊糧敕 開皇十五年十二月戊子

盜邊糧一升已上皆斬。並籍沒其家。隋書文帝紀下。

敕禁流亡 開皇十八年九月庚寅

舍客無公驗者。坐及刺史縣令。隋書文帝紀下。

敕羣臣

聞公等皆好新變。所奏無復正聲。此不祥之大也。自家形國。化成人風。勿謂天下方然。公家家自有風俗矣。存亡善惡。莫不繫之。樂感人深。事資和雅。公等對親賓宴飲。宜奏正聲。聲不正。何可使兒女聞也。隋書音樂志下。帝雖有此敕。而竟不能救焉。

敕楊素 仁壽三年

僕射國之宰輔。不可躬親細務。但三五日一度向省。評論大事。隋書楊素傳。大理卿梁毗抗表上言素作威作福。上漸疏忌之。後因出敕。外示優崇。實奪之權也。

敕賜釋法藏濟法寺名

藏禪師落髮僧首。又設大齋。弘法之盛。孰不可等。其所住處。可為濟法。續高僧傳。

賜元孝矩璽書 開皇初

揚越氛祲。侵軼邊鄙。爭桑興役。不識大猷。㠯公志存遠略。今故鎮邊服。懷柔㠯禮。稱朕意焉。隋書元孝矩傳。

賜後梁主蕭琮璽書 開皇六年

負荷堂構。其事甚重。雖窮憂勞。常須自力。輯諧內外。親任才良。聿遵世業。是所望也。彼之疆守。咫尺陳人。水潦之時。特宜警備。陳氏比日雖復朝聘相尋。疆埸之間。猶未清肅。唯當恃我必不可干。勿得輕人而不設備。朕與梁國積世相知。重㠯親姻。情義彌厚。江陵之地。朝寄非輕。為國為民。深宜抑割。恆加饘粥。㠯禮自存。隋書蕭琮傳。

賜高麗王高湯璽書 開皇十七年

朕受天命。愛育率土。委王海隅。宣揚朝化。欲使圓首方足各遂其心。王每遣使人。歲常朝貢。雖稱藩附。誠節未盡。王既人臣。須同朕德。而乃驅逼靺鞨。固禁契丹。諸藩頓顙。為我臣妾。忿善人之慕義。何毒害之情深乎。太府工人。其數不少。王必須之。自可聞奏。昔年潛行財貨。利動小人。私將弩手。逃竄下國。豈非修理兵器。意欲不臧。恐有外聞。故為盜竊。時命使者。撫慰王藩。本欲問彼人情。教彼政衞。王乃坐之空館。嚴加防守。使其閉目塞耳。永無聞見。有何陰惡。弗欲人知。禁制官司。畏其訪察。又數遣馬騎。殺害邊人。屢騁姦謀。動作邪說。心在不賓。朕于蒼生。悉如赤子。賜王土宇。授王官爵。深恩殊澤。彰著遐邇。王專懷不信。恆自猜疑。常遣使人。密覘消息。純臣之義。豈若是也。蓋當由朕訓導不明。王之愆違。一已寬恕。今日㠯後。必須改革。守藩臣之節。奉朝正之典。自化爾藩。勿忤他國。則長享富貴。實稱朕心。彼之一方。不可虛置。終須更選官屬。就彼安撫。王若洒心易行。率由憲章。卽是朕之良臣。何勞別遣才彥也。昔帝王作法。仁信爲先。有善必賞。有惡必罰。四海之內。具聞朕旨。王若無罪。朕忽加兵。自餘藩國。謂朕何也。王必盡心。納朕此意。愼勿疑惑。更懷異圖。往者陳叔寶。代在江陰。殘害人庶。驚動我烽候。鈔掠我邊境。朕前後誡敕。經歷十年。彼則恃長江之險。聚一隅之衆。惽狂驕傲。不從朕言。故命將出師。除彼凶逆。來往不盈旬月。兵騎不過數千。歷代逋寇。一朝清蕩。遐邇乂安。人神胥悅。聞王歎恨。獨致悲傷。黜陟幽明。有司是職。罪王不爲陳滅。賞王不爲陳存。樂禍好亂。何爲爾也。王謂遼水之廣。何如長江。高麗之人。多少陳國。朕若不存含育。責王前愆。命一將軍。何待多力。慇懃曉示。許王自新耳。宜得朕懷。自求多福。隋書高麗傳。

賜田德懋璽書 開皇中

皇帝謝田德懋。知在窮疾。哀毀過禮。倚廬墓所。負土成墳。朕孝理天下。思弘名教。復與汝通家。情義素重。有聞孝感。嘉歎兼深。春日暄和。氣力何似。宜自抑割。㠯禮自存也。幷賜縑二百匹。米百石。隋書田德懋傳。

遺源雄書 大象中

公妻子在鄴城。雖言離隔。賊徒窮滅。聚會非難。今日已後。不過數旬之別。遲能開慰。無㠯累懷。徐部大蕃。東南襟帶。密邇吳寇。特須安撫。藉公英略。委㠯邊謀。善建功名。用副朝委也。隋書源雄傳。

賜賀婁子幹手書 大象中

逆賊尉迥。敢遣蟻衆。作寇懷州。公受命誅討。應機蕩滌。聞㠯嗟贊。不易可言。丈夫富貴之秋。正在今日。善建功名。㠯副朝望也。隋書賀婁子幹傳。

下書徵張羨 初受禪

朕初臨四海。思存政術。舊齒名賢。實懷勤佇。儀同昔在周室。德業有聞。雖云致仕。猶克壯年。卽宜入朝。用副虛想。隋書張煚傳。

報突厥沙鉢略可汗書 開皇四年

大隋天子貽書大突厥乙利俱盧設莫何沙鉢略可汗。得書。知大有好心向此也。旣是沙鉢略婦翁。今日看沙鉢略。共兒子不異。旣㠯親舊厚意。常使之外。今特別遣大臣虞慶則往彼。看女。復看沙鉢略也。隋書突厥傳。

下書勞王長述

每覽高策。深相嘉歎。命將之日。當㠯公爲元帥也。隋書王長述傳。開皇初。獻平陳之計。修營戰艦。爲上流之師。上善其能。頻加賞勞。下書。

下書賜賀婁子幹 開皇四年十一月

自公守北門。風塵不警。突厥所獻。還㠯賜公。隋書賀婁子幹傳。拜雲州總管。㠯突厥所獻馬百匹。羊千口。㠯賜之。乃下書。

下書答元孝矩

令當作命

知執謙撝。請歸初服。恭膺寶令。實賴元功。方欲委裘。寄㠯分陝。何容便請高蹈。獨爲君子者乎。若㠯邊境務煩。卽宜徙節涇郡。養德臥治也。隋書元孝矩傳。

遺韋洸書 開皇十年

公鴻勳大業。名高望重。率將戎旅。撫慰彼方。風行電埽。咸應稽服。若使干戈不用。兆庶獲安。方副朕懷。是公之力。隋書韋世康傳。

與智顗書（開皇十二年）

朕覩稍久。惟用傾結。道體康悆。動寂怡神。路首促忽。豈復委宜。今覗烏紗蚉幬一張。鬱泥南布笔毳一緣。紫綖韡一量。南榴枕一枚。（國清百錄。）

遺釋慧則

敬問婺州雙林寺慧則法師。朕尊崇聖教。重興法典。欲使一切生靈。咸蒙福力。法師舍離塵俗。投志法門。專心講誦。宣揚妙典。精誠如此。深副朕懷。既利益群生。當不辭勞也。猶寒。道體如宜。今遣使人指宣往意。（淳化帖。）

賜姓復舊令（大定元年二月壬子）

以前賜姓。皆復其舊。（北史十一。隋書文帝紀上。案周書靜帝紀有此詔全文。今編入李德林集中。）

誡太子勇

我聞天道無親。唯德是與。歷觀前代帝王。未有奢華而能長久者。

汝當儲后。若不上稱天心。下合人意。何以承宗廟之重。居兆民之上。我昔日衣服。各留一物。時復看之。以自警戒。又擬分賜汝兄弟。恐汝以今日皇太子之心。忘昔時之事。故令高熲賜汝我舊所帶刀子一枚。并菹醬一合。汝昔作上士時。所常食如此。若存憶前事。應知我心。（隋書文四子傳。北史七十一。）

改元祠南郊板文

維仁壽元年歲次作噩。嗣天子臣諱敢昭告于昊天上帝。璇璣運行。大明南至。臣蒙上天恩造。群靈降福。撫臨率土。安養兆人。顧惟虛薄。德化未暢。夙夜憂懼。不敢荒怠。天地靈祇。降錫休瑞。鏡發區宇。昭彰耳目。爰始登極。蒙授龜圖。遷都定鼎。醴泉出地。平陳之歲。龍引舟師。省俗巡方。展禮東岳。盲者得視。瘖者得言。復有躄人。忽然能步。自開皇已來。日近北極。行于上道。晷度延長。天啟太平。獸見一角。改元仁壽。楊樹生松。石魚彰合符之徵。玉龜顯永昌之慶。山圖石瑞。前後繼出。皆載臣姓名。褒紀國祚。經典諸緯。爰及玉龜文字義理。遞相符會。宮城之內。及在山谷。石變為玉。不可勝數。桃區一嶺。盡是琉璃。黃銀出于神山。碧玉生于瑞巘。多楊山響。三稱國興。連雲山聲。萬年臨國。野蠶降天。仍注池沼。神鹿入苑。頻賜引導。騶虞見質。遊麟在野。鹿角生于楊樹。龍湫出于荊谷。慶雲發彩。壽星垂耀。宮殿樓閣。咸出靈芝。山澤川原。多生寶物。威香散馥。零露凝甘。敦煌烏山。黑石變白。弘農嶽嶺。石華遠照。玄狐玄豹。白兔白狼。赤雀蒼烏。野蠶天豆。嘉禾合穗。珍木連理。神瑞休徵。洪恩景福。降賜無疆。不可具紀。此皆昊天上帝。爰降明靈。矜愍蒼生。寧靜海內。故錫茲嘉慶。咸使安樂。豈臣微誠所能上感。虔心奉謝。敬薦玉帛犧齊。粢盛庶品。燔祀于昊天上帝。皇考太祖武元皇帝配神作主。（隋書禮儀志一。）

懺悔文

開皇十三年十二月八日。隋皇帝佛弟子姓名敬白十方盡虛空徧法界一切諸佛。一切諸法。一切諸大賢聖僧。仰惟如來慈悲。弘道垂教。救拔塵境。濟度含生。斷邪惡之源。開仁善之路。自朝及野。咸所依憑。屬周代亂常。侮慢聖跡。塔寺毀廢。經像淪亡。無隔華夷。埽地悉盡。致使愚者無以導惛迷。智者無以尋靈聖。弟子往藉三寶因緣。今膺千年昌運。作民父母。思拯黎元。重顯尊容。再崇神化。頹基毀跡。更事莊嚴。廢像遺經。悉令雕撰。雖塵心翹到。猶恐未周。故重勸求。令得顯出。而沈頓積年。汙毀非處。如此之事。事由弟子。今于三寶前。志心發露懺悔。周室除滅之時。自上及下。或因公禁。或起私情。毀像殘經。慢僧破寺。如此之人。罪實深重。今于三寶前。悉為發露懺悔。敬施一切毀廢經像絹十二萬匹。皇后又敬施絹十二萬匹。王公已下。爰至黔黎。又人敬施錢一文。願一切諸佛。一切諸法。一切諸大賢聖僧。為作證明。受弟子懺悔。（釋藏云二。歷代三寶記十二。）

全隋文卷四

烏程嚴可均校輯

煬帝一

帝諱廣。一名英。小字阿𪎘。文帝第二子。周末封雁門郡公。開皇元年封晉王。拜柱國并州總管。尋授武衞大將軍。進上柱國河北道行臺尚書令。轉淮南道行臺。徵拜雍州牧內史令。進太尉。復拜并州總管。徙揚州總管。鎮江都。二十年十一月立爲皇太子。仁壽四年七月卽位。明年改元大業。在位十四年。爲宇文化及等所弑。謚曰煬皇帝。有集五十五卷。

歸藩賦 北史八十三柳䛒傳。佚。

神傷賦 北史十四宣華夫人陳氏傳。佚。

制

戰亡之家。給復十年。大業十年七月丁酉。

大業十年當作元年

百官不得計考增級。必有德行功能灼然顯著者擢之。二年七月庚申。

民間鐵叉搭鉤穳刃之類。皆禁絕之。五年正月己丑。

魏周官不得爲蔭。二月庚子。

父母聽隨子之官。二月壬戌。已上並隋書煬帝紀上。

驍果之家。蠲免賦役。九年八月甲辰。

盜賊籍沒其家。八月戊申。已上並隋書煬帝紀下。

贈獨孤陁詔 初卽位

外氏衰禍。獨孤陁不幸早世。遷卜有期。言念渭陽之情。追懷傷切。宜加禮命。允備哀榮。可贈正議大夫。隋書獨孤陁傳。

加贈獨孤陁詔

舅氏之尊。戚屬斯重。而降年弗永。凋落相繼。緬惟先往。宜崇徽秩。復贈銀青光祿大夫。隋書獨孤陁傳。

贈謚豆盧毓詔 仁壽四年八月

褒顯名節。有國通規。加等飾終。抑惟令典。毓深識大義。不顧姻親。出于萬死。首建奇策。去逆歸順。殉義亡身。追加榮命。宜優恆禮。可贈大將軍。封正義縣公。賜帛二千疋。謚曰愍。隋書豆盧毓傳。

贈謚皇甫誕詔 仁壽四年

褒顯名節。有國通規。加等飾終。抑惟令典。并州總管司馬皇甫誕。性理淹通。志懷審正。効官贊務。聲績克宣。値狂悖構禍。凶威孔熾。確殉單誠。不從妖逆。雖幽縶寇手。而雅志彌厲。遂潛與義徒。據城抗拒。衆寡不敵。奄致非命。可贈柱國。封弘義公。謚曰明。隋書皇甫誕傳。

手詔勞楊素 仁壽四年

我有隋之御天下也。于今二十有四年。雖復外夷侵叛。而內難不作。修文偃武。四海晏然。朕以不天。銜恤在疚。號天叩地。無所逮及。朕本以藩王。謬膺儲兩。復以庸虛。纂承洪業。天下者。先皇之天下也。所以戰戰兢兢。弗敢失墜。況復神器之重。生民之大哉。賊諒包藏禍心。自幼而長。羊質獸心。假託名譽。不奉國諱。先圖叛逆。違君父之命。成莫大之罪。誑惑良善。委任奸回。稱兵內侮。毒流百姓。私假署置。擅相誅戮。小加大。少陵長。民怨神怒。衆叛親離。爲患不同。同歸于亂。朕寡兄弟。猶未忍及言。是故開關門而待寇。戢干戈而不發。朕聞之。天生蒸民。爲之置君。仰惟先旨。每以子民爲念。朕豈得枕伏苫廬。顧而不救也。大義滅親。春秋高義。周旦以誅二叔。漢啟乃戮七藩。義在茲乎。事不獲已。是以授公戎律。問罪太原。且逆子賊臣。何代不有。豈意今者近出家國。所歎荼毒。甫爾便及此事。由朕不能和兄弟。不能安蒼生。德澤未弘。兵戈先動。賊亂者止一人。塗炭者乃衆庶。非唯寅畏天威。亦乃孤負付囑。薄德厚恥。愧乎天下。公乃先朝功臣。勳庸克茂。至如皇基草創。百物惟偪始。匹馬歸朝。誠識兼至。汴部鄭州。風捲秋籜。荊南塞北。若火燎原。早建殊勳。夙著誠節。及獻替朝端。具瞻惟允。爰弼朕躬。以濟時難。昔周勃

偪始當作始偪

霍光何㠯加也賊乃竊據蒲州關梁斷絕公㠯少擊衆指期平殄高壁據險抗拒官軍公㠯深謀出其不意霧廓雲除冰消瓦解長驅北邁直趣巢窟晉陽之南蟻徒數萬諒不量力猶欲舉斧公㠯稜威外討發憤于內忘身殉義親當矢石兵刃蹔交魚潰鳥散僵屍蔽野積甲若山諒遂守窮城㠯拒鈇鉞公董率驍勇四面攻圍使其欲戰不敢求走無路智力俱盡面縛軍門斬將搴旗伐叛柔服元惡既除東夏清晏嘉庸茂績于是乎在昔武安平趙淮陰定齊豈若公遠而不勞速而克捷者也朕殷憂諒闇不得親御六軍未能問道于上庠遂使劬勞于行陣言念及此無忘寢食公乃建累世之元勳執一心之確志古人有曰疾風知勁草世亂有誠臣公得之矣方乃銘之常鼎豈止書勳竹帛哉功績克諧哽歎無已稍冷公如宜軍旅務殷殊當勞慮故遣公弟指宣往懷迷塞不次 隋書楊素傳漢王諒窮蹙而降餘黨悉平帝遣素弟修武公約齎手詔勞素

答史祥手詔 仁壽四年

昔歲勞公問罪河朔賊爾日塞兩關之路據倉阻河百姓脅從人亦衆矣公竭誠奮勇一舉剋定詩不云乎喪亂既平既安且寧非英才大略其孰能與于此邪故聊示所懷亦何謝也 隋書史祥傳煬帝嘗賜祥詩祥上表辭謝帝降手詔又北史六十一

營東都詔 仁壽四年十一月癸丑

乾道變化陰陽所㠯消息沿創不同生靈所㠯順敘若使天意不變施化何㠯成四時人事不易爲政何㠯釐萬姓易不云乎通其變使民不倦變則通通則久有德則可久有功則可大朕又聞之安安而能遷民用丕變是故姬邑兩周如武王之意殷人五徙成湯后之業若不因人順天功業見乎變愛人治國者可不謂歟然洛邑自古之都王畿之內天地之所合陰陽之所和控㠯三河固㠯四塞水陸通貢賦等故漢祖曰吾行天下多矣唯見洛陽自古皇王何嘗不留意所不都者蓋有由焉或㠯九州未一或㠯困其府庫作洛之制所㠯未暇也我有隋之始便欲創茲懷雒日復一日越暨于今念茲在茲興言感哽朕肅膺寶曆纂臨萬邦遵而不失心奉先志今者漢王諒悖逆毒被山東遂使州縣或淪非所此由關河懸遠兵不赴急加㠯并州移居復在河南周遷殷人意在于此況復南服遐遠東夏殷人因機順動今也其時羣司百辟僉諧厥議但成周墟塉弗堪葺宇今可于伊洛營建東京便即設官分職㠯爲民極也夫宮室之制本㠯便生上棟下宇足避風露高臺廣厦豈曰適形故傳云儉德之共侈惡之大宣尼有云與其不遜也寧儉豈謂瑤臺瓊室方爲宮殿者乎土階采椽而非帝王者乎是知非天下㠯奉一人乃一人㠯主天下也民惟國本本固邦寧百姓足孰與不足今所營構務從節儉無令雕牆峻宇復起于當今欲使卑宮菲食將貽于後世有司明爲條格稱朕意焉 隋書煬帝紀上

立蕭皇后詔 大業元年正月壬辰

朕祗承丕緒憲章在昔爰建長秋用承饗薦妃蕭氏夙稟成訓婦道克脩宜正位軒闈式弘柔教可立爲皇后 隋書蕭皇后傳

遣使巡省方俗詔 大業元年正月戊申

昔者哲王之治天下也其在愛民乎既富而教家給人足故能風淳俗厚遠至邇安治定功成率由斯道朕嗣膺寶曆撫育黎獻夙夜戰兢若臨川谷雖則聿遵先緒弗敢失墜永言政術多有缺然況㠯四海之遠兆民之衆未獲親臨問其疾苦每慮幽仄莫舉冤屈不申一物失所乃傷和氣萬方有罪責在朕躬所㠯寤寐增歎而夕惕載懷者也今既布政惟始宜存寬大可分遣使人巡省方俗宣揚風化薦拔幽滯申達幽枉孝悌力田給㠯優復鰥寡孤獨不能自存者量加振濟義夫節婦旌表門閭高年之老加其版授

並依別條賜以粟帛篤疾之徒給侍丁者雖有侍養之名曾無賙贍之實明加檢校使得存養若有名行顯著操履脩絜及學業才能一藝可取咸宜訪採將身入朝所在州縣以禮發遣其有蠹政害人不便于時者使還之日具錄奏聞 隋書煬帝紀上

聽民詣朝堂封奏詔 大業元年三月戊申

聽採輿頌謀及庶民故能審政刑之得失是知昧旦思治欲使幽枉必達彝倫有章而牧宰任稱朝委苟爲徼幸以求考課虛立殿最不存治實綱紀于是弗理冤屈所以莫申關河重阻無由自達朕故建立東京躬親存問今將巡歷淮海觀省風俗眷求讜言徒繁詞翰而鄉校之內闕爾無聞恆然夕惕用忘興寢其民下有知州縣官人政治苛刻侵害百姓背公徇私不便于民者宜聽詣朝堂封奏庶乎四聰以達天下無冤 隋書煬帝紀上

滕王綸衞王集原死詔 大業元年七月丙午

綸集以附萼之華猶子之重縻之好爵匪由德進正應與國升降休戚是同乃包藏妖禍誕縱邪僻在三之義愛敬俱淪急難之情孔懷頓滅公卿議既如此覽以潸然雖復王法無私恩從義斷但法隱公族禮有親親致之極辟情所未忍 隋書衞王集傳

勸學詔 大業元年閏七月丙子

君民建國教學爲先移風易俗必自茲始而言絕義乖多歷年代進德脩業其道寖微漢採坑焚之餘不絕如線晉承板蕩之運埽地將盡自時厥後軍國多虞雖復黌宇時建示同愛禮函丈或陳殆爲虛器遂使紆青拖紫非以學優製錦操刀類多牆面上陵下替綱維靡立雅缺道消實由于此朕纂承洪緒思弘大訓將欲尊師重道用闡厥繇講信脩睦敦獎名教方今宇宙平一文軌攸同十步之內必有芳草四海之中豈無奇秀諸在家及見入學者若有篤志好古耽悅典墳學行優敏堪膺時務所在採訪具以名聞即當隨其器能擢以不次若研精經術未願進仕者可依其藝業深淺門蔭高卑雖未升朝並量準給祿庶夫恂恂善誘不日成器濟濟盈朝何遠之有其國子等學亦宜申明舊制教習生徒具爲課試之法以盡砥礪之道 隋書煬帝紀上

詔脩高廟樂 大業元年

古先哲王經國成務莫不因人心而制禮則天明而作樂昔漢氏諸廟別所樂亦不同至于光武之後始立共堂之制魏文承運初營廟寢太祖一室獨爲別宮自茲之後兵車交爭制作規模日不暇給伏惟高祖文皇帝功侔造物道濟生靈享薦宜殊樂舞須別今若月祭時饗既與諸祖共庭至于舞功獨于一室交違禮意未合人情其詳議以聞 隋書音樂志下

贈劉方詔 大業元年

方肅承廟略恭行天討飲冰遄邁視險若夷摧鋒直指出其不意

鯨鯢盡殪巢穴咸傾役不再勞肅清海外致身王事誠績可嘉可贈上柱國盧國公 隋書劉方傳方征林邑還道遇患卒下詔

改封豆盧毓詔 大業初

故大將軍正義愍公毓臨節能固捐生殉國成爲令典沒世不忘象賢無墜德隆必祀改封雍丘愍侯復以顧師承襲 隋書豆盧毓傳大業初行新令五等並除未幾帝復下詔

蠲門子弟聽預宿衞近侍詔 大業初

罪不及嗣既弘至孝之道恩由義斷以勸事君之節故羊鮒從戮彌見叔向之誠季布立勳無預丁公之禍用能樹聲往代貽範將來朕虛己爲政思遵舊典推心待物每從寬政六位成象美厥含弘一眚掩德甚非謂也諸犯罪被戮之門朞已下親仍令合仕聽預宿衞近侍之官 隋書刑法志開皇舊制罷門子弟不得居宿衞近侍之官煬帝乃下詔革前制又見通典一百六十四

旌先賢祠墓詔 大業二年五月乙卯

旌表先哲，式存饗祀，所㠯優禮賢能，顯彰遺愛。朕永鑒前脩，尚想名德，何嘗不興歎九原，屬懷千載。其自古己來賢人君子，有能樹聲立德，佐世匡時，博利殊功，有益于人者，竝宜營立祠宇，㠯時致祭。墳壟之處，不得侵踐。有司量爲條式，稱朕意焉。（隋書煬帝紀上）

立楊素碑詔 大業二年

夫銘功彝器，紀德豐碑，所㠯垂名迹于不朽，樹風聲于沒世。故楚景武公素，茂績元勳，劬勞王室，竭盡誠節，叶贊朕躬，故㠯道邁三傑，功參十亂。未臻遐壽，遽戢清徽，春秋遞代，方緜歲祀，式播彤篆，用圖勳德，可立碑宰隧，㠯彰盛美。（隋書楊素傳）

給戶守古帝王陵墓詔 大業二年十二月庚寅

前代帝王，因時創業，君民建國，禮尊南面。而歷運推移，年世永久，丘壟殘毀，樵牧相趨，塋兆堙蕪，封樹莫辨。興言淪滅，有愴于懷。自古己來帝王陵墓，可給隨近十戶，蠲其雜役，㠯供守視。（隋書煬帝紀上）

將北巡下詔 大業三年四月庚辰

古者帝王觀風問俗，皆所㠯憂勤兆庶，安集遐荒。自蕃夷內附，未遑親撫，山東經亂，須加存恤。今欲安集河北，巡省趙魏，所司依式。（隋書煬帝紀上）

求賢詔 大業三年四月甲午

天下之重，非獨治所安；帝王之功，豈一士之略。自古明君哲后，立政經邦，何嘗不選賢與能，收採幽滯。周稱多士，漢號得人，常想前風，載懷欽佇。朕負扆夙興，冕旒待旦，引領巖谷，寘㠯周行，冀與羣才共康庶績。而彙茅寂寞，投竿罕至，豈讓美韜采，未值良工，將介石在懷，確乎難拔？永鑒前哲，憮然興歎。凡厥在位，譬諸股肱，若濟巨川，義同舟楫，豈得保茲寵祿，晦爾所知，優游卒歲，甚非謂也。祈大夫之舉善，良史㠯爲至公；臧文仲之蔽賢，尼父譏其竊位。求諸

讓美當作美璞

往古，非無褒貶，宜思進善，用匡寡薄。夫孝弟有聞，人倫之本；德行敦厚，立身之基。或節義可稱，或操履清潔，所㠯激貪厲俗，有益風化。強毅正直，執憲不撓，學業優敏，文才美秀，竝爲廊廟之用，實乃瑚璉之資。才堪將略，則拔之㠯禦侮；膂力驍壯，則任之㠯爪牙。爰及一藝可取，亦宜採錄，眾善畢舉，與時無棄，㠯此求治，庶幾非遠。文武有職事者，五品己上，宜依令十科舉人。有一于此，不必求備，朕當待㠯不次，隨才升擢。其見任九品己上官者，不在舉送之限。（隋書煬帝紀上）

別建高祖廟詔 大業三年六月丁亥

聿追孝饗，德莫至焉；崇建寢廟，禮之大者。然則質文異代，損益殊時，學滅坑焚，經典散逸，憲章湮墜，廟堂制度，師說不同。所㠯世數多少，莫能是正，連室異宮，亦無準定。朕獲奉祖宗，欽承景業，永惟嚴配，思隆大典。于是詢謀有位，博訪儒術，咸㠯爲高祖文皇帝受天明命，奄有區夏，拯羣飛于四海，革凋敝于百王，恤獄緩刑，生靈皆遂其性；輕徭薄賦，比屋各安其業。恢夷宇宙，混壹車書，東漸西被，無思不服，南征北怨，俱荷來蘇。駕毳乘風，歷代所弗至；辮髮左衽，聲教所罕及，莫不厥角關塞，頓顙闕庭，譯靡絕時，書無虛月。韜戈偃武，天下晏如，嘉瑞休徵，表裏禔福，猗歟偉歟，無得而名者也。朕又聞之，德厚者流光，治辨者禮縟。是㠯周之文武，漢之高光，其典章特立，謚號斯重，豈非緣情稱迹，卽崇顯之義乎？高祖文皇帝宜別建廟宇，㠯彰巍巍之德，仍遵月祭，用表蒸蒸之懷。有司㠯時創造，務合典制。又名位既殊，禮亦異等，天子七廟，事著前經，諸侯二昭，義有差降，故其㠯多爲貴。王者之禮，今可依用，貽厥後昆。（隋書煬帝紀上）

止突厥啟民可汗請變服飾詔 大業三年七月辛亥

先王建國，夷夏殊風，君子教民，不求變俗。斷髮文身，咸安其性；旃

朕當作脂

袞冕服。各尚所宜。因而利之。其道弘矣。何必化諸削衽。縻以長纓。豈遂性之至理。非包含之遠度。衣服不同。既辨要荒之敘。庶類區別。彌見天地之情。隋書突厥傳。

優禮啟民可汗詔 大業三年七月辛亥

德合天地。覆載所以弗遺。功格區寓。聲教所以咸洎。至于梯山航海。請受正朔。襲冠解辮。同彼臣民。是故王會納貢。義彰前冊。呼韓入臣。待以殊禮。突厥意利珍豆啟民可汗。志懷沈毅。世脩藩職。往者挺身違難。投足歸仁。先朝嘉此款誠。授以徽號。資其甲兵之衆。收其破滅之餘。復祀于既亡之國。繼絕于不存之地。斯固施均亭育。澤漸要荒者矣。朕以薄德。祗奉靈命。思播遠猷。光融令緒。是以親巡朔野。撫寧藩服。啟民深委誠心。入奉朝覲。率其種落。拜首軒墀。言念丹款。良以嘉尚。宜隆榮數。式優恆典。可賜路車乘馬。鼓吹幡旗。贊拜不名。位在諸侯王上。隋書突厥傳。帝御千人大帳。享啟民及其部落酋長。復下詔。

褒美樊子蓋詔 大業三年

設官之道。必在用賢。安人之術。莫如善政。龔汲振德化于前。張杜垂清風于後。共治天下。實資良守。子蓋幹局通敏。操履清潔。自剖符四服。愛惠為先。撫道有方。寬猛得所。處朕膂不潤其質。酌貪泉豈渝其性。故能治績克彰。課最之首。凡厥在位。莫匪王臣。若能人思奉職。各展其効。朕將冕旒垂拱。何憂不治哉。隋書樊子蓋傳。

全隋文卷四終

最當作量

全隋文卷五

烏程嚴可均校輯

煬帝二

為啟民可汗置城造屋詔 大業四年四月乙卯

突厥意利珍豆啟民可汗。率領部落。保附關塞。遵奉朝化。思改戎俗。頻入謁覲。屢有陳請。以氈牆毳幕。事窮荒陋。上棟下宇。願同比屋。誠心懇切。朕之所重。宜于萬壽戍置城造屋。其帷帳牀褥已上。隨事最給。務從優厚。稱朕意焉。隋書煬帝紀上。

立孔子後為紹聖侯詔 大業四年十月丙午

先師尼父。聖德在躬。誕發天縱之資。憲章文武之道。命世膺期。蘊茲素王。而頹山之歎。忽踰于千祀。盛德之美。不存于百代。永惟懿範。宜有優崇。可立孔子後為紹聖侯。有司求其苗裔。錄以申上。隋書煬帝紀上。

為周漢魏晉立後詔 大業四年十月辛亥

昔周王下車。首封唐虞之胤。漢帝承曆。亦命殷周之後。皆所以褒立先代。憲章在昔。朕嗣膺景業。旁求雅訓。有一弘益。欽若令典。以為周兼夏殷。文質大備。漢有天下。車書混一。魏晉沿襲。風流未遠。並宜立後。以存繼絕之義。有司可求其胄緒列聞。隋書煬帝紀上。

四科舉人詔 大業五年六月辛亥

諸郡學業該通。才藝優洽。膂力驍壯。超絕等倫。在官勤奮。堪理政事。立性正直。不避強禦。四科舉人。隋書煬帝紀上。

給賜耆老詔 大業五年十月癸亥

優德尚齒。載之典訓。尊事乞言。義彰膠序。鬻熊為師。取非筋力。方叔元老。克壯其猷。朕永言稽古。用求至治。是以厖眉黃髮。更令收敘。務簡秩優。無虧藥膳。庶等臥治。佇其弘益。今歲耆老赴集者。可于近郡處置。年七十以上。疾患沈滯。不堪居職。即給賜帛。送還本郡。其官至七品已上者。量給廩以終厥身。隋書煬帝紀上。

褒顯樊子蓋詔 大業五年

導德齊禮。實惟共治。懲惡勸善。用明黜陟。朕親巡河右。觀省人風。所歷郡縣。訪採治績。罕遵法度。多蹈刑網。而金紫光祿大夫武威太守樊子蓋。執操清潔。處涅不渝。立身雅正。臨人以簡。威惠兼舉。寬猛相資。故能畏而愛之。不嚴斯治。實字人之盛績。有國之良臣。宜加褒顯。以弘獎勵。可右光祿大夫。太守如故。賜縑千匹。粟麥二千斛。隋書樊子蓋傳。

謹封爵詔 大業六年二月乙卯

夫帝圖草創。王業艱難。咸仗股肱。叶同心德。用能拯厥頹運。克膺大寶。然後疇庸茂賞。開國承家。誓以山河。傳之不朽。近代喪亂。四海未一。茅土妄假。名實相乖。歷茲永久。莫能懲革。皇運之初。百度伊始。猶循舊貫。未暇改作。今天下交泰。文軌攸同。宜率遵先典。永垂大訓。自今已後。唯有功勳。乃得賜封。仍令子孫承襲。隋書煬帝紀上。

下樊子蓋詔 大業六年

卿夙懷恭順。深執誠心。聞朕西巡。欣然望幸。丹款之至。甚有可嘉。宜保此純誠。克終其美。隋書樊子蓋傳。

幸涿郡詔 大業七年二月壬午

武有七德。先之以安民。政有六本。興之以教義。高麗高元。虧失藩禮。將欲問罪遼左。恢宣勝略。雖懷伐國。仍事省方。今往涿郡。巡撫民俗。其河北諸郡及山西山東年九十已上者。版授太守。八十者授縣令。隋書煬帝紀上。

征高麗詔 大業八年正月壬午

天地大德。降繁霜于秋令。聖哲至仁。著甲兵于刑典。故知造化之有肅殺。義在無私。帝王之用干戈。蓋非獲已。版泉丹浦。莫匪龔行。取亂覆昏。咸由順動。況乎甘野誓師。夏開承大禹之業。商郊問罪。

周發成文王之志。永監前載。屬當朕躬。粵我有隋。誕膺靈命。兼三才而建極。一六合而爲家。提封所漸。細柳盤桃之外。聲教爰暨。紫舌黃枝之域。遠至邇安。罔不和會。功成治定。于是乎在。而高麗小醜。迷昏不恭。崇聚勃碣之閒。薦食遼獩之境。雖復漢魏誅戮。巢窟暫傾。亂離多阻。種落還集。萃川藪于往代。播實繁以迄今。睠彼華壤。翦爲夷類。歷年永久。惡稔既盈。天道禍淫。亡徵已兆。亂常敗德。非可勝圖。掩慝懷姦。惟日不足。移告之嚴。未嘗面受。朝覲之禮。莫肯躬親。誘納亡叛。不知紀極。充斥邊陲。亟勞烽候。關柝以之不静。生人爲之廢業。在昔薄代。已漏天網。既緩前禽之戮。未卽後服之誅。曾不懷恩。翻爲長惡。乃兼契丹之黨。虔劉海戍。習靺鞨之服。侵軼遼西。又青丘之表。咸脩職貢。碧海之濱。同禀正朔。遂復敓攘琛賮。遏絕往來。虐及弗辜。誠而遇禍。輶軒奉使。爰暨海東。旌節所次。途經藩境。而擁塞道路。拒絕王人。無事君之心。豈爲臣之禮。此而可忍。孰不可容。且法令苛酷。賦斂煩重。强臣豪族。咸執國鈞。朋黨比周。以之成俗。賄貨如市。冤枉莫申。重以仍歲災凶。比屋饑饉。兵戈不息。徭役無期。力竭轉輸。身塡溝壑。百姓愁苦。爰誰適從。境內哀惶。不勝其獘。迴首面內。各懷性命之圖。黃髮稚齒。咸興酷毒之歎。省俗觀風。爰屆幽朔。弔人問罪。無俟再駕。于是親總六師。用申九伐。拯厥阽危。協從天意。殄茲逋穢。克嗣先謨。今宜授律啟行。分麾屆路。掩勃澥而雷震。歷夫餘以電埽。比戈案甲。誓旅而後行。三令五申。必勝而後戰。左第一軍可鏤方道。第二軍可長岑道。第三軍可海冥道。第四軍可蓋馬道。第五軍可建安道。第六軍可南蘇道。第七軍可遼東道。第八軍可玄菟道。第九軍可扶餘道。第十軍可朝鮮道。第十一軍可沃沮道。第十二軍可樂浪道。右第一軍可黏蟬道。第二軍可含資道。第三軍可渾彌道。第四軍可臨屯道。第五軍可候城道。第六軍可提奚道。第七軍可踏頓道。第八軍可肅慎道。第九軍可碣石道。第十軍可東暆道。第十一軍可帶方道。第十二軍可襄平道。凡此衆軍。先奉廟略。絡繹引途。總集平壤。莫非如豺如貔之勇。百戰百勝之雄。顧眄則山岳傾頹。叱吒則風雲騰鬱。心德攸同。爪牙斯在。朕躬馭元戎。爲其節度。涉遼而東。循海之右。解倒懸于遐裔。問疾苦于遺黎。其外輕齎游闕。隨機赴響。卷甲銜枚。出其不意。又滄海道軍舟艫千里。高颿電逝。巨艦雲飛。橫斷浿江。逕造平壤。島嶼之望斯絕。坎井之路已窮。其餘被髮左衽之人。控弦待發。微盧彭濮之旅。不謀同辭。杖順臨逆。人百其勇。以此衆戰。勢等摧枯。然則王者之師。義存止殺。聖人之教。必也勝殘。天罰有罪。本在元惡。人之多辟。脅從罔治。若高元泥首轅門。自歸司寇。卽宜解縛焚櫬。弘之以恩。其餘臣人歸朝奉順。咸加慰撫。各安生業。隨才任用。無隔夷夏。營壘所次。務在整肅。芻蕘有禁。秋毫勿犯。布以恩宥。喻以禍福。若其同惡相濟。抗拒官軍。國有常刑。俾無遺類。明加曉示。稱朕意焉。（隋書煬帝紀下。）

存問從征家口詔　大業八年二月甲寅

朕觀風燕裔。問罪遼濱。文武叶力。爪牙思奮。莫不執銳勤王。捨家從役。罕蓄倉廩之資。兼損播殖之務。朕所以夕惕愀然。慮其匱乏。雖復素飽之衆。情在忘私。悅使之人。宜從其厚。諸行從一品以下。佽飛募人以上。家口郡縣。宜數存問。若有糧食乏少。皆宜賑給。或雖有田疇。貧弱不能自耕種。可于多丁富室。勸課相助。使夫居者有斂積之豐。行役無顧後之慮。（隋書煬帝紀下。）

贈謚麥鐵杖詔　大業八年三月

鐵杖志氣驍果。夙著勳庸。陪麾問罪。陷陣先登。節高義烈。身隕功存。興言至誠。追懷傷悼。宜賚殊榮。用彰飾德。可贈光祿大夫宿國公。謚曰武烈。（隋書麥鐵杖傳。）

勳官不同授文武職詔　大業八年九月己丑

祀當作紀

軍國異容。文武殊用。匡危拯難。則霸德攸興。化人成俗。則王道斯貴。時方撥亂。屠販可以登朝。世屬隆平。經術然後升仕。豐都爰肇。儒服無預于周行。建武之朝。功臣不參于吏職。自三方未一。四海交爭。不遑文教。唯尚武功。設官分職。罕以才授。班朝治人。乃由勳敘。莫非拔足行陣。出自勇夫。斆學之道。旣所不習。政事之方。故亦無取。是非暗于在己。威福專于下吏。貪冒貨賄。不知紀極。蠹政害民。實由于此。自今已後。諸授勳官者。竝不得囘授文武職事。庶遵彼更張。取類于調瑟。求諸名製。不傷于美錦。若吏部輒擬用者。御史卽宜糾彈。隋書煬帝紀下。

下高昌王麴伯雅詔 大業八年

彰德嘉善。聖哲所隆。顯誠遂良。典謨貽則。光祿大夫弁國公高昌王伯雅。識量經遠。器懷温裕。丹款夙著。亮節遐宣。本自諸華。歷祚西壤。昔因多難。淪迫獯戎。數窮毀冕。翦爲胡服。自我皇隋平一宇宙。化偃九圍。德加四表。伯雅踰沙忘阻。奉贄來庭。觀禮容于舊章。慕威儀之盛典。于是襲纓解辮。削衽曳裾。變夷從夏。義光前載。可賜衣冠之具。仍班製造之式。并遣使人部領將送。被以采章。復見車服之美。棄彼氊毳。還爲冠帶之國。隋書高昌傳。

下衛文昇詔 大業九年八月

近者妖氛充斥。擾動關河。文昇率勵義勇。應機響赴。表裏奮擊。摧破兇醜。宜升榮命。式弘賞典。可右光祿大夫。隋書衛玄傳。

徙道就城詔 大業九年八月丁未

郡縣城去道過五里已上者。徙就之。隋書煬帝紀下

改博陵爲高陽郡詔 大業九年十月乙酉

博陵昔爲定州。地居衝要。先皇歷試所基。王化斯遠。故以道冠豳風。義高姚邑。朕巡撫氓庶。爰届茲邦。瞻望郊廛。緬懷敬止。思所以宣播德澤。覃被下人。崇祀顯號。式光令緒。可改博陵爲高陽郡。赦境內死罪已下。給復一年。隋書煬帝紀下。

下蘇威手詔 大業九年十月壬辰

玉以潔潤。丹紫莫能渝其質。松表歲寒。霜雪莫能凋其采。可謂温仁勁直。性之然乎。房公威器懷温裕。識量弘雅。早居端揆。備悉國章。先皇舊臣。朝之宿齒。棟梁社稷。弼諧朕躬。守文奉法。卑身率禮。昔漢之三傑。輔惠帝者蕭何。周之十亂。佐成王者邵奭。國之寶器。其在得賢。參燮台階。具瞻斯允。雖復事藉論道。終期獻替。銓衡時務。朝寄爲重。可開府儀同三司。餘竝如故。隋書蘇威傳。

收葬遼東戰亡者詔 大業十年二月戊子

竭力王役。致身戎事。咸由徇義。莫匪勤誠。委命草澤。棄骸原野。興言念之。每懷愍惻。往年出軍問罪。將屆遼濱。廟算勝略。具有進止。而諒惛凶。罔識成敗。高熲愎狠。本無智謀。臨三軍猶兒戲。視人命如草芥。不遵成規。坐貽撓退。遂令死亡者衆。不及埋藏。今宜遣使人分道收葬。設祭于遼西郡。立道場一所。恩加泉壤。庶弭窮魂之冤。澤及枯骨。用弘仁者之惠。隋書煬帝紀下。

三征高麗詔 大業十年二月辛卯

黃帝五十二戰。成湯二十七征。方乃德施諸侯。令行天下。盧芳小盜。漢祖尚且親戎。隗囂餘燼。光武猶自登隴。豈不欲除暴止戈。勞而後逸者哉。朕纂成寶業。君臨天下。日月所照。風雨所沾。孰非我臣。獨隔聲教。蕞爾高麗。僻居荒表。鴟張狼噬。侮慢不恭。鈔竊我邊陲。侵軼我城鎮。是以去歲出軍。問罪遼碣。殪長蛇于玄菟。戮封豕于襄平。扶餘衆軍。風馳電逝。追奔逐北。徑踰沮水。滄海舟楫。衝賊腹心。焚其城郭。汙其宮室。高元伏鑕泥首。送款軍門。尋請入朝。歸罪司寇。朕以許其改過。乃詔班師。而長惡不悛。宴安鴆毒。此而可忍。孰不可容。便可分命六師。百道俱進。朕當親執武節。臨御諸軍。秣馬丸都。觀兵遼水。順天誅于海外。救窮民于倒懸。征伐以正之。

明德。㠯誅之止除元惡。餘無所問。若有識存亡之分。悟安危之機。翻然北首。自求多福。必其同惡相濟。抗拒王師。若火燎原。刑茲無赦。有司便宜宣布。咸使知聞。隋書煬帝紀下。

詔報始畢可汗　大業十年

史蜀胡悉忽領部落。走來至此。云背可汗。請我容納。突厥既是我臣。彼有背叛。我當共殺。今已斬之。故令往報。隋書裴矩傳。

令民悉城居詔　大業十一年二月庚午

乳當作郛

設險守國。著自前經。重門禦暴。事彰往策。所㠯宅土寧邦。禁邪固本。而近代戰爭。居人散逸。田疇無伍。乳郭不脩。遂使遊惰實繁。寇攘未息。今天下平一。海內晏如。宜令人悉城居。田隨近給。使強弱相容。力役兼濟。穿窬無所厝其姦宄。萑蒲不得聚其逋逃。有司具為事條。務令得所。隋書煬帝紀下。

詔　大業十一年

往年出軍。將居遼濱。廟算勝略。具有進止。張淏雲谷襍記四。

下詔責蘇威　大業十二年七月

狹當作挾

威立性朋黨。好為異端。懷狹詭道。徼幸名利。詆訶律令。謗訕臺省。昔歲薄伐。奉述先志。凡預切問。各盡胸臆。而威不㠯開懷。遂無對命。啟沃之道。其若是乎。資敬之義。何其甚薄。隋書蘇威傳。

宣詔放官奴　大業十□年

門下。寒暑迭用。所㠯成歲功也。日月代明。所㠯均勞逸也。故士子有游息之談。農夫有休勞之節。咨爾髡眾。服役甚勤。執勞無怠。埃壒溢于爪髮。蟣蝨結于兜鍪。朕甚憫之。俾爾休番從便。噫戲無煩方朔滑稽之請。而從衛士遞上之文。朕于侍從之間。可謂恩矣。可依前件事。隋遺錄。煬帝在江都。直閤裴虔通、虎賁郎將司馬德勘等引左右屯衛將軍宇文化及將謀亂。因請放官奴分直上下。帝可奏。即宣詔。于是有焚草之變。

敕答釋智越　大業元年正月

皇帝敬問括州天台寺沙門智越法師等。餘寒。道體如宜也。僧使智璪至。得書具意。釋藏起三國清百錄三。

敕議天台山寺名

經論之內。若為尊于師氏。勝于智者。又前為智者造寺。權因山稱。經論之內。復有勝名。可各述所懷。朕自詳擇。同上。

敕答釋智璪允用國清寺名

此是我先師之靈瑞。即用即用。可取大牙殿牓。填㠯雌黃。書㠯大篆。付使人安寺門。同上。

敕釋智越

皇帝敕。皇帝敬問括州國清寺沙門智越法師等。僧使智璪至。得書具至懷。天台福地。實為勝境。所㠯敬為智者建立伽藍。法緣既深。尊師義重。欲使宗匠遺範。奉而弗墜。菩薩淨業。久而彌新。然則去聖久遠。學徒陵替。規求利養。不斷俗緣。滋味甘腴。違犯戒律。此乃增長罪垢。豈謂福田。師等離有為法。求無上道。棄俗諸漏。璧在雍懷。猶須獎訓未學。脩淨行。俾夫法門等侶。咸歸和合。諸佛禁戒。畢竟遵行。又此寺嘉應。事表先覺。既理由冥感。即號國清。并有施物。用申隨喜。冬序甚寒。道體清豫。朕巡省風俗。爰居江都。瞻望山川。載深勞想。故遣兼通事舍人盧政力往指此。不多具。釋藏起四國清百錄四。

敕責竇威崔祖濬

昔漢末三方鼎立。大吳之國。㠯稱人物。故晉武帝云。江東之有吳會。猶江西之有汝潁。衣冠人物。千載一時。及永嘉之末。華夏衣纓。盡過江表。此乃天下之名都。自平陳之後。碩學通儒。文人才子。莫非彼至。爾等著其風俗。乃為東夷之人。度越禮義。于爾等可乎。然著述之體。又無次序。各賜杖一頓。隋大業拾遺記。煬帝初敕內史舍人竇威及起居舍人崔祖濬等撰區域圖志。奏之。又著丹陽郡風俗。㠯吳人為東夷。帝不悅。遣內史舍人柳陸宣敕責威等。別敕虞世基等脩十郡志。

敕度一千人出家

大業三年正月二十八日菩薩戒弟子皇帝總持稽首和南十方一切諸佛十方一切尊法十方一切賢聖僧竊以妙靈不測感報之理遂通因果相資機應之徒無爽是以初心爰發震動波旬之宮一念所臻咫尺道場之地雖則聚沙蓋鮮實覆簣于耆山水滴已微乃濫觴于法海弟子階緣宿植嗣膺寶命臨御區宇寧濟蒼生而德化弗弘刑罰未止萬方有罪實當憂責百姓不足用增塵累夙夜戰兢如臨淵谷是以歸心種覺必冀慈愍謹于率土之內建立勝緣州別請僧七日行道仍總度一千人出家以此功德並爲一切上及有頂下至無間蜎飛蠕動預稟識性無始惡業今生罪垢藉此善緣皆得清淨三塗八難六趣怨親同至菩提一時作佛釋藏策五廣弘明集二十八上

北巡敕百司大業三年四月戊戌

百司不得踐暴禾稼其有須開爲路者有司計地所收即以近倉酬賜務從優厚隋書煬帝紀上

宣敕齊王大業三年

我昔階緣恩寵啟封晉陽出藩之初時年十二先帝立我于西朝堂乃令高熲虞慶則元旻等從內送王子相于我于時誡我曰以汝幼沖未更世事今令子相作輔于汝事無大小皆可委之無得近昵小人疏遠子相若從我言者有益于社稷成立汝名行如不用此言唯國及身敗無日矣吾受敕之後奉以周旋不敢失墜微子相之力吾無今日矣若與暠之從事一如子相也隋書柳暠之傳

又敕柳暠之

今以卿作輔于齊善思匡救之理副朕所望若齊王德業修備富貴自當鍾卿一門若有不善罪亦相及上同

敕令牛弘宣旨高麗使大業三年八月乙酉

朕以啟民誠心奉國故親至其所明年當往涿郡爾還日語高麗王知宜早來朝勿自疑懼存育之禮當同于啟民如或不朝必將啟民巡行彼土隋書突厥傳

敕嚴竊盜刑

天下竊盜已上罪無輕重不待聞奏皆斬隋書刑法志

敕禁僧鳳抗禮

軍國有容華夷不革尊主崇上遠存名體資生運通理數有儀三大懸于老宗兩敬立于釋府條格久頒如何抗禮續高僧傳

全隋文卷五終

烏程嚴可均校輯

煬帝三

璽書荅啟民可汗 大業三年七月

磧北未靜。猶須征戰。但使好心孝順。何必改變衣服也。隋書突厥傳。啟民可汗上表請依大國服飾。璽書荅

賜來護兒璽書 大業九年

公旋師之時。是朕敎公之日。君臣意合。遠同符契。梟此元惡。期在不遙。勒名太常。非公而誰也。北史七十六來護兒傳。楊玄感反。進攻洛陽。護兒即日迴軍。令子弘及整馳驛奏聞。帝甚悅。乃降璽書。

賜書召釋慧覺 慧覺姓孫。秣陵人。住攝山棲霞寺。煬帝鎭江都。賜書。

法師安善。寒暑惟宜。承栖遲龜山之域。闡揚龍樹之旨。其義端雄。辨獨濱。暢于稽陰。談柄微言。偏引汲于鏡水。弟子欽風藉甚。味道尤深。今于城內建慧日道場。延屈龍象。大弘佛事。盛轉法輪。上人名稱普聞。衆所知識。今遣迎候。遲能光拂也。續高僧傳。

與天台山衆令書

僧使灌頂智璪至。覽十一月三日書。并陳靈龕應迹。現形放光。彈指流音。應念傳響。斯實不思議力。變化多方。感悟有緣。示希有事。愼終追遠。感歎相深。在昔雙林。示滅非滅。多寶獨塔。俟時涌現。羨在猨迹。迦葉分身。乃至鷲山。迦文留影。眉毫散彩。指端震室。豈非像敎能度無邊。是大因緣。聞善知識。永惟宿昔。獲承師範。德音盈耳。神光在目。方憑靈瑞。係蹤菩提。肅承靈誥。宜慰南服。山衆法徒。同志爲友。會成等侶。方共舟航。歲暮凝寒。念皆道勝。天台名嶽。海岸所推。脩建大林。多慚重閣。三時設供。四事不周。想甘禪悅。已同法喜。其間敬德。信次相聞。今遣員外散騎侍郎張乾威送僧使還山。于舊所設供。庶同甘露。能變鹹澀。亦憑香積。證道融銷。書不盡

言。反此無悉。楊廣和南。國淸百錄。

又令書

灌頂智璪等至。枉寺衆來書。財施爲輕。法門標重。檀波羅蜜般若尊成。不具兩緣。寧俱解脫。施受咸共。忘言理至。迹指靈復辭弗。楊廣和南。國淸百錄。

下令延請釋灌頂開講法華 仁壽二年

夏序炎赫。道體休宜。禪悅資神。故多佳致。近令慧日道場莊論二師講淨名經。全用智者義疏。判釋經文。禪師既是大師高足。法門委寄。今遣延屈。必希霈然。幷法華經疏。隨使入京也。佇遲來儀。書不盡意。續高僧傳。

施濟法寺僧法藏靈壽杖敎

每策此杖。時賜相憶。續高僧傳。

手書召徐則

夫道得衆妙。法體自然。包涵二儀。混成萬物。人能弘道。道不虛行。先生履德養空。宗玄齊物。深明義味。曉達法門。悅性沖玄。怡神虛白。餐松餌朮。棲息煙霞。望赤城而待風雲。遊玉堂而駕龍鳳。雖復藏名台岳。猶且騰實江淮。藉甚嘉猷。有勞寤寐。欽承素道。久積虛襟。側席幽人。夢想巖穴。霜風已冷。海氣將寒。偃息茂林。道體休悆。昔商山四皓。輕舉漢庭。淮南八公。來儀藩邸。古今雖異。山谷不殊。市朝之隱。前賢已說。導凡述聖。非先生而誰。故遣使人往彼延請。想無勞束帛。賁然來思。不待蒲輪。去彼空谷。希能屈己。佇望披雲。隋書徐則傳。文苑英華六百八十八。

下書葬徐則

天台眞隱東海徐先生。虛確居宗。沖玄成德。齊物處外。儉行安身。草褐蒲衣。餐松餌朮。棲隱靈岳。五十餘年。卓矣仙才。飄然勝氣。千尋萬頃。莫測其涯。寡人欽承道風。久餐德素。頻遣使乎。遠此延屈。

冀得虔受上法。式建良緣。至止甫爾。未淹旬日。厭塵羽化。反眞靈府。身體柔輭。顏色不變。經方所謂屍解地仙者哉。誠復師禮未申。而心許有在。雖忘怛化。猶愴于懷。喪事所資。隨須供給。霓裳羽蓋。旣且騰雲。空槨餘衣。詎藉墳壟。但杖舃猶存。示同俗法。宜遣使人送還天台定葬。隋書徐則傳。

下書釋慧則

皇帝敬問婺州雙林寺慧則法師。朕尊崇聖教。重興三寶。欲使一切生靈。咸蒙福力。法師捨離塵俗。投志法門。專心講誦。宣揚妙典。精誠如此。深副朕懷。旣利益羣生。當不辭勞也。猶寒。道體如宜。今遣使人指宣往意。滄化閣帖五。

上言更定清廟歌辭

清廟歌辭。文多浮麗。不足以述宣功德。請更議定。隋書音樂志下。仁壽元年。煬帝初爲皇太子。從饗于太廟。聞而非之。乃上言。

遺陳尚書江總檄

南北雖殊。風雲在望。載懷虛遲。寤寐爲勞。獻歲猶寒。比當淸豫。匡贊乎國。良亦殷勤。寡人忝膺朝寄。董律專征。跋涉山川。今次江際。公等文儒自立。器用適時。冠蓋二世。齒德兼重。孔老殊敎。名壘異家。金匱珠韜。銀編玉策。莫不膽于舌杪。散在筆端。遂古成敗之機。近代安危之迹。照同懸鏡。明若觀火。無待指南。自應神悟。猶恐思之未審。差以毫釐。聊煩翰墨。略申梗概。自穹昊生民。樹之司牧。羲軒以降。書契可紀。咸一姓承立。四海無兩帝。漢道云季。三方鼎立。時惟板蕩。世匪休明。當塗起而蜀亡。典午興而吳滅。永嘉喪亂。紫宸曠主。劉石符姚之儔。僞夏僭燕之醜。妄塵大寶。事乖圖籙。魏室乘時。兆基朔野。經始嵩洛。未暇江湖。有周受命。敵非齊氏。務在兼幷。不遑外略。蕞爾吳越。自相君長。竊擬王者之儀。妄談天子之氣。偷安假息。緜歷世祀。我大隋之肇開寶祚。光有神州。皇帝感曜魄之靈。應太微之座。千年啟聖。萬代一時。深仁至德。盛濟羣品。越海窮河。東漸西被。旄頭之屬。歷代之覊。作我臣民。匍匐服裳。惟彼江表。獨隔皇風。夫物極則反。否終斯泰。郭璞有云。年經三百。天下大同。玆實玄運。已定于前。聖主膺期而出。欲以區區之陳。國違上天之冥數。其不可存者一也。大必包小。天地之常規。明能通暗。日月之常理。論道德。以唐陶而征有苗。語衆寡。與海內而當羣小。在長江舟檝之用。矜其積習。而山川共有。我據上游。鼓棹之能。吳楚不異。高艫巨舫。東西萬里。扼喉撫背。水陸千途。彼之兵士。不過十萬。首尾分佈。所在危急。加以屯戍邊方。淹積歲序。風雨以爲櫛沐。蟣蝨生于甲冑。望我寬仁。思倒戈戟。通在戎行。更成敵國。守以時月。則魚爛土崩。接以鋒刃。則烏驚鹿走。理在必然。不假枚卜。此不可存者二也。豐矦好酒。實喪厥邦。梁伯役民。遺其宗社。彼之僞主。覆車是襲。日夜沈湎。曾無節度。繕造宮室。莫知窮已。竭四民之產。荒

縱其心。斂百姓之哀。以爲己樂。寶衣玉食。塡積後宮。短褐粗饘。不充編戶。一芥之善。蔑爾無聞。五子之歌。宛然悉備。雖欲勿喪。其可得乎。此不可存者三也。僞主忌能護短。酷法淫刑。骨鯁之臣。盡見疏斥。諫諍之士。皆被屠害。遐邇結舌。衣冠解體。人妖鬼怪。觸類呈災。稚齒耆年。咸知殄滅。此不可存者四也。以此小邦。懾于大國。邊烽夜動。照彼都城。戍鼓晨嚴。震其宮殿。累棊其二。方此未危。懸縷千鈞。比斯非切。而莫知憂恐。更自驕矜。曾無事大之心。專行犯上之志。侵軼我邊鄙。招納我叛亡。國家爰自受命。每從含養。敦以鄰睦。申其聘好。冀能守彼宗祊。靜其疆域。而長惡益甚。縱毒彌深。吳會雄俊之人。湘郢耿介之士。乞師請命。盈庭滿闕。帝乃憫然。矜彼黎獻。授鉞推轂。弔民伐罪。已有別詔。惟廢僞主之身。自餘士庶。晉從肆眚。向所陳說。咸是格言。非曰游談。共相欺誑。且劉叔納譙周之計。而獲存。孫晧用薛瑩之詞。而致禍。此二子者。終有良臣之舉。

皆無陷君之譏，何則所恥者小，所存者大。若憲章往彥，聿遵前軌，則爲主享封侯之業，祖禰延血食之期，江東士民，實受其賜，公等身保榮貴，名垂竹帛，豈不美歟。若膠柱不移，守迷莫變，率其蟻衆，敢拒王師，軍有常刑，悔無及矣。禍成俄頃，宜早圖之。使人今還，遲有委曲，言不盡意，豈復多云。楊廣白。（開業平陳記、文苑英華）

詐爲蜀王秀檄文

逆臣賊子，專弄威柄，陛下唯守虛器，一無所知。（隋書庶人秀傳）

指期問罪。（同上）

遺史祥書

將軍總戎塞表，胡虜清塵，秣馬休兵，猶事校獵，足使李廣慚勇，魏尚愧能，冠彼二賢，獨在吾子。昔余濫舉推轂，治兵振皇靈于塞外，驅犬羊乎大漠，于時同行軍旅，契闊戎旃，望龍城而銜冠，晒狼居而發憤，將軍英圖不世，猛氣無前，但物不遂心，僶俛從事，每一思此，我勞如何。將軍宿心素志，早同膠漆，久而敬之，方成魚水。近者陪隨鑾駕，言旋上京，本卽述職南蕃，宜條下國，不悟皇鑒曲發，備位少陽，戰戰兢兢，如臨冰谷。至如建節邊境，征伐四方，褰帷作牧，綏撫百姓，上稟成規，下盡臣節，是所願也，乃竊甘心，仰慕前脩，庶得自效。其謬入守神器，元良萬國，身輕負重，何以克堪，所望故人匡其不逮。比監國多暇，養疾閑宮，厭北闕之端居，罷南皮之馳射，博望之苑，既乏名賢，飛蓋之園，理乖終宴，親朋遠矣，琴書寂然，想望吾賢，疹如疾首。（隋書史祥傳。仁壽中，率兵屯弘化，以備胡，煬帝時在東宮，遺祥書。）

與釋智顗書 三十五首

金風御節，玉露調時，道體休和，安樂行不。法師抗志名山，棲心慧定，法門靜悅，戒行熏脩，藉甚徽猷，久承音德，欽風已積，味道爲勞，冀託舟航，用披雲霧，故遣使人往彼延屈，希能輕舉，以泜虛衿，佇望來儀，不乖眷意也。弟子楊廣和南。（釋藏起二、國清百錄二）

深具誠抱之旨。但高人遊處，觸地是安，然法宇僧坊，須盡嚴正，經云四事供養，一不可虧，已勅有司，脩葺。願忘懷受施也。弟子楊廣和南。（同上。王治禪衆寺書）

卽用法諱，弟子總持和南。稀願言還，奉旨垂示六種捨施，及留受用。弟子一日恭嚫，猶以陋薄，不稱宿心，來旨既以轉施功德，彌爲增上，悲敬福田，深是平等，固非蔽識所能周見，事事仰依。其所留者，既已不多，願恆留受用。旨遣報諮，謹和南。（同上）

弟子總持和南。履長戒辰，在俗咸慶，伏惟吐納禪慧，與時休和。弟子稟受以來，粗堪靜攝，謹遣參承，謹和南。（同上）

弟子總持和南。爰逮來誨，須往荊楚，辭致首尾，仰具高懷。但祇稟淨戒，事成南爾，宿昔疑滯，匪遑諮決，闍黎和尚，經稱勝田，種子雖投，嘉禾未植，方用心形，永伸供養，庶憑善誘，日灑塵勞，凡厥共緣，依止有地，斯亦舟航兼運，利益弘多。如來化導，何必止還天竺，菩薩應變，本無定方，深願坦然，以虛受物，遲延展禮，面當諮遜，謹和南。（同上）

弟子總持和南。遠旨須取明二日垂別，脩復未周，便深傾欲。弟子前昨晝夜熟更惟忖，智者至止以來，未經一夏，兼荊潭路遠，安居將促，江波浩蕩，行程難期，既去此處，又不至前所，半途結夏，投止亦難。又案經律，一夏供養，安居僧福田無量，況乎師道及大衆力。凡夫淺薄，本資勝緣，菩薩大慈，須受應供。暮春行謝，首夏向臻，九旬忽遠，四事虛弃，脩心與理，于情匪安。今欲仰留度夏，發遣冀不半途，飄露脫疑。下邑喧湫，須依林壑，安居攝山，亦當爲便。若法歲將滿，預勅蔣州裝船，南出石頭，西浮彌易，既乘爽節，因得順風，去留之宜，事理咸會，此間彼處，仰聽擇一。意不可盡，辭豈多宜，謹和南。三月二日。（同上）

弟子總持和南。復逮今旨，欲遂前心，功德因緣，豈敢違忤，謹遵宿願卽命所司發遣。發日離晨。仰聽仰擇。庶解夏非遠。秋水乘流。賜荅來期。必當無爽。用茲歡喜。以爲悲欸。謹和南。同上。

弟子總持和南。爰逮高旨。騰蔣州僧所及。竊以僧居望刹。食惟分衞。所立精舍。本依聚落。近年奉詔專征。弔民伐罪。江東混一。海內乂寧。塔安其堵。市不易業。斯亦智者。備所明見。而亡殷頑民。不懷懷土。有苗恃險。敢恣螳螂。橫使寺塔焚燒。如比屋流散。鐘梵輟響。雞犬不聞。廢寺同于火宅。持鉢略成空返。僧衆無依。實可傷歎。彼地福盡。方成丘墟。所餘堂塔。本不壞毀。其有現僧。亦許房住。唯虛廊檐宇。會當倒壓。所以移來。還充寺館。其外椽版。權借築城。若空寺步廊有完全者。亦貸爲府解。須一二年間。民力展息。卽于上江結筏。以新酬故。本勒所司。具條孔目。無處零漏。恐遠僧未能曲見。頓用仰諮。必願言提冥諸其掌。猥延滿札。悚惻良深。謹和南。同上。

弟子總持和南。垂誨逃江州潯陽廬山東林寺峯頂寺。須令弟子

竝爲檀越主。山嶺盤秀。下屬江湖。香鑪層峯。上衝雲日。仙人之所戾止。隱淪于焉不歸。況乎慧遠法師。勝依結構。謝客梁元。穿池重閣。景師息心。神應峯頂。智者懸歷。踵武前賢。師嚴道尊。實深隨喜。所恨寡薄。無益將來。庶藉熏脩。方證常樂。兼陳二寺。偪近驛道。行人往來。頗成混雜。須勒彼州。令去公私使命。不得停止。卽付所司。依事須下。謹和南。三月一日。同上。

弟子總持和南。奉旨。今日齋竟。卽事登舟。睽阻方遙。彌以傾欸。垂示法相。雖文旨淵賾。源本難尋。而敎門方便。開悟易益。恭承善誘。永以受持。庶藉津梁。得無退轉。自服膺至道。每沾弘護。將事遵途。復降良藥。沐浴慈被。伏用悽荷。謹和南。同上。

弟子總持和南。親信傳仲詵還。逮去月朔旨。用慰延結。熱猶熾。願道體休和。仰承經過匡山。鍾岫寺塔安善。徒衆和肅。仍留二十僧。權停淨善。進至匡嶽。結夏安居。東林禪閣。還爲一寺。峯頂精舍。復皆隨喜。檄緣勸發。獲此熏脩。用檮身田。方流法雨。金光明福。喜荷彌深。弟子去月十四日始度朱方。風土異宜。流金在節。攝衞多不調適。每有劣然。二十九日來石頭。稍已平復。自江浦違心。馳情彭蠡。以日爲歲。無時暫忘。願未解夏前。預整裝束。法歲若滿。卽事西浮。彼間酬願。務令在促。非但弟子蔽識。希護周爰。深恐禪慧學徒。咸思鑽仰。宣尼在陳。致歎自衞。便歸屈道。紆情事非爲己。今遣主簿王灌。指往祗承。幷資別牒。用忘存著。敢略繁辭。謹和南。七月一日。法衣六件。鹽一百斛。米一百斛。右件其鹽米悉出江州正倉。王灌齋合魚關送。同上。王遣使往匡山參書。

弟子總持和南。東林山寺使至。逮八月八日誨。用慰馳結。仰承已往衡山。至當稍久。法緣若竟。願卽沿流。冀在歲陰。必期展覲。弟子渡江還。去月初移新住。多有造次。未善安立。來旨勖以法事。實用慚悚。始于所居外援。建立慧日道場。安置照禪師已下。江陵論法

師亦已遠至。于內援建立法雲道場。安置潭州覺禪師已下。卽建深善。輒以諮知。仰承相次爲營功德。深荷扶助。雖用遠陳。而發此至江州。遂下請僧料。云何能得相資。前施鹽米。其米迴入東林。鹽已上路。盈長之外。乃可別營功德。今山僧返路。行用仰酬。尋別遣使迎延。願預整歸計。江山遼夐。豈盡誠曲。謹和南。十月十日。同上。

弟子總持和南。歲聿云暮。寒氣殊重。禪悅經行。願常安樂。弟子頃來每多勞疾。但睽覲稍久。唯用傾結。仰度所營功德。已當究竟。今遣左親信伏達奉迎。願便事沿流。延遲諮具。謹和南。十一月十五日。同上。王遣使潭州迎書。

弟子總持和南。暄和道體勝念。仰揆衡嶽法事。久當圓滿。江陵功德。復應成就。隨喜之至。難用勝言。弟子今入朝覲。行次陝州。馳仰之誠。與時而積。故遣使人迎候。希便進道。來月下旬。唯遲祇接。路首悤促。豈復委宣。謹和南。二月二十二日。同上。王遣使荊州迎書。

弟子總持和南。仰違移歲。馳誠載勞。兼事入朝。彌增延屬。武關雖阻。荊近于吳。是以暫停陝州。遣使承接。行人返命。具奉覼縷。非唯年尊疾動。又已結夏安居。理事相推。固須停止。弟子還鎮非久。便願沿流。仰會江都。庶應旦夕。將聖德果。亦復差機。因緣多端。請不勞慮。謹和南。九月十日。（同上。王于長安遣書。）

弟子總持和南。僧使智邃來。奉五月二日誨。用慰馳結。仰承衡嶽功德圓滿。便致荊巫。履涉嶮和。深以傾悚。弟子于江都入朝。至陝關眩瞀。停岐陽。腹內又不調適。去月末還京輦。如欲相承。猶自羸薾。未即祇覲。望雲延顧。珍納行人。今返辭。豈宣具。謹和南。（同上。）

弟子總持和南。奉旨于荊州當陽縣境玉泉山陲。為建伽藍。招提行道。圖寫地形。具以賜示。伏以布金徧地。買園建立。奉置三尊。永流萬代。唱誦所不能讚。算數所不能量。孰意輕微。頓蒙創造。循復來旨。爽然失厝。既事出神心。理生望表。無容違拒。苟作形迹。即具

聞奏。嘉號乃覃。名符天冠。道場聲滿。恆沙世界。福報仰歸。遜辭難涉。謹和南。（同上。）

弟子總持和南。垂旨令撰衡嶽禪師碑文。郭有道之無愧。辭高德逾。此陸士衡之披文想質。弟子多慚。既蒙獎成。敢不刻勵。邯鄲絕妙。深恐難工。還鎮病瘳。庶或勉強。循覽行狀。用難思議。佛證道安。盜復過是。謹和南。（同上。）

弟子總持和南。垂賜萬春樹皮袈裟一緣。遮是梁武帝時外國唯獻四領。今餘一。而是建初烏瓊法師所披。謹尋菩薩戒稱所著袈裟。皆染使壞色。況復自然嘉樹。妙采天成。相應之言。無勞外假。萬春表長生之稱。二翼合善譬之辭。永服周旋。恆充布薩。常事半月。豈唯元日。著如來衣。深荷慈獎。謹和南。（同上。）

弟子總持和南。奉師別牒。五采幡。錦香爐幬等十種。示表微誠。薄申法䞋。𢘑隨追悚。謹和南。（同上。）

弟子總持和南。仰違已久。馳係實深。獻歲非遙。傾遲虔禮。暮春居節。當遣奉候。謹和南。九月二十四日。（同上。王在京遣書。）

弟子總持和南。道遠近旨。用慰馳情。春暄。願道體康勝。玉泉創立道場。嚴整禪衆。歸集靜慧日新。隨喜之深。難以辭諭。弟子始服三石散。竟調息勞心。秋仲歸藩。請夏訖沿下。在于拜覲。差當匪賒。其間珍德。今遣統軍魯子譽往祇承。謹和南。（同上。王在京重遣書。）

弟子總持和南。仲秋轉冷。仰惟道體康念。弟子即日粗可。行末由虔禮。但增延結。願珍德。謹遣脩承。謹和南。（同上。王從駕東岱于路次書。）

總持和南。寒氣漸嚴。仰惟康豫。動寂怡神。與居安悅。弟子陪奉鑾駕。旅次長春。遠憑勝力。行往安隱。瞻言祇覲。庶或匪遙。願珍重。此不宣具。謹和南。十月十九日。（同上。案隋書文紀。十四年十二月。東巡狩。十五年三月至自東巡狩。今此兩書云仲秋云十月。與史異。當有一誤。）

弟子總持和南。獻歲春明。仰惟道體勝豫。禪悅法喜。衆咸集業。功

歸有在。悉由明導。敬憶江都。暫欲西上。先到衡嶽。用賽師恩。次往渚宮。以報生處。虔承此旨。衛送大江。陽子臨流。具申來請。即蒙開許。還至觀濤。年來歲往。寒暑屢更。恭聞功德圓滿。遠難讚述。弟子多幸。生在佛家。過庭所聞。匪直詩禮。轉輪斯奉。實惟旦暮。今者陪扈鑾輪。軌發自京。言停洛陽。又止歷下。柴望之禮。本自虞書。巡會之聲。盛于姬典。至尊憲章先古。允叶人神。相風指南。奉朝東岱。已今月十一日吉辰。宗事云畢。于時天地載廓。日月增華。休氣神光。燭近被遠。靈芝競吐。山谷連木。並秀宮壇。痟聾瞽躄之徒。無醫而自愈。扶老攜幼之侶。不謀而同到。臣子彌見事非虛飾。一物得所。萬里斯應。師資至重。敢不稍聞。弟子戀藩。即辭行所。夾鍾將末。必屆揚州。今遣奉迎。便願沿下。餘春未盡。必希拜覲。其間珍德。續復祇承。謹和南。正月二十日。（同上。王還藩遣迎書。）

總持和南。前擇菩薩天冠。奉爾之式樣。深嫌不工。即用呈簡。爰逮

今製思出神衿。圖比目連。妙逾郢匠。開士五明。此居其一。金剛種智。茲焉標萬。是知因地化物。不可思議。接引隨方。多能盡達。冠尊于身。端嚴稱首。跪承頂戴。覽鏡徘徊。有飾陋容。增華改觀。弟子多幸。謬稟師資。無量劫來。悉憑開悟。色心無作。徧仰勝緣。度脫舟航。何慮不果。但戒為基址。信實行先。保解毗尼。昔年虔受。身雖疏漏。心護明珠。而定品禪枝。屏散歸靜。猥吕凡薄。荷國領藩。為子為臣。難虧難息。豈藉四緣。能入三昧。此非臆斷。實荷誠說。經稱非禪不智。非智不禪。定解相資。能證無漏。又電光斷結。其例甚多。慧解脫人。厥朋不少。卽日欲服膺智斷。率先名敎。永汎法流。兼同治國。未知底滯。可開化不。師嚴道尊。可降意不。徧世根淺。可發萌不。菩薩應機。可適時不。若未堪敷化。且暫息緣。如可津梁。便開祕藏。書云。民生在三。事之如一。況覃釋典。而不從師。今之慊言。備瀝素款。成就事重。請棄飾辭。謹和南。六月二十一日。（同上。王謝天冠并請淨名義疏書。）

弟子總持和南。仰逮還旨。猶秉謙尊。循復久之。悅如自失。共功吕學。貴承師事。推物論歷。求法界緣。脣心有在。若習毗曇。則滯有情著。若脩三論。又入空過甚。成實雖復兼舉。猶帶小乘。釋論地持。但通一經之旨。如使次第徧脩。僧家尚難盡備。況居俗而欲無崖。當今數論法師。無過此地。但恨不因禪。發多起諍心。達者無違。求那明偈。仰惟厚習善根。非一生得。初乃由學。俄逢聖境。南嶽禪師。親所記莂。說法第一。無吕仰過。照禪師來。具述此事。于時心喜。已域寸誠。智者昔入陳朝。彼國明式。瓦官大集。衆論鋒起。榮公強口。先被折角。兩瓊繼軌。纖獲交綏。忍師讚歎。唯唱希有。弟子仰延之始。便事勝集。屈登無畏。釋難如流。親所聽聞。衆咸瞻仰。適承前往制楚。講法華經。舊學名僧。莫不歸服。故知非禪不智。驗乎金口。比聞名僧所說。智者融會。盡有階差。譬若羣流。歸乎大海。此之包舉。始得佛意。弟子卽日而不依請。譬彼彌勒。今當聞誰。唯願未得令得。

未度令度。樂說無窮。法施無盡。復使顧言。稽首虔拜。謹和南。六月二十五日。（同上。）

弟子總持和南。遠旨送初卷義疏。跪承法寶。粗覽綱宗。悉擅員外。耳未曾聞。故知龍樹代佛。不可思議。今所著述。肉眼未覩明闇。謹復研尋。遲比覲接。謹和南。（釋藏起三。國淸百錄三。）

弟子總持和南。荊州玉泉十住兩寺。近既賜令檢校。今須書及江陵總管。當勒所由。終聽僧使督促。弟子仰蒙淨戒。宿世因緣。稍希義理。智波羅蜜。爰降開許。始制義疏。方憑沃荅。向入慧門。昔年仰請棲霞。時往觀行。政為密邇。朝發暮到。應可諮決。不異邑居。行道本貴安心。寍勞過遠。天台之路。幸願輟情。屈己為人。菩薩有賜。于專契弗敢違。前都不知淨人善心。已墮僧數。濟度無隔。唯用隨喜。謹和南。七月二十七日。（同上。）

總持和南。復垂誨旨。益具仁慈。開士位懷。隨感必應。本誓願力。何

患不果。政言服道日淺。未堪違遠。深憑護念。開示悟入。玉泉十住。天台本居。仰由勝功。能得建立。方須影響。永至金剛。江陵書及會稽敎下。竝勒所司。吕時發遣。謹和南。七月二十九日。（同上。）

總持和南。方要仰延。兩乃暫阻。明聞若晴。別當遣信。謹和南。七月二十六日。（同上。王迎入城雨移日書。）

總持和南。霜寒道體康勝。弟子還來甫爾。未暇迎延。馳情已深。今遣候接。冀近祗覲。謹和南。九月十六日。（同上。）

總持和南。麥序氣淸。道體和適。福慧莊嚴。與時高勝。弟子至來未久。粗復可行。近頻降兩書。爰垂示功德玄義。刪削文句。入初其舊維新。從纖至妙。會須披接。方豁煙雲。春律已謝。夏坐方結。敢違經敎。涉暑出迎。白露宵團。秋風葉下。必預舟楫。迎覲江陽。然仰勞著述。已涉數載。般若多障。近願成功。日就月將。庶方啟沃。牽貢別牒。示表虔誠。在敬無文。仰揆弘亮。其間珍衛。續事音語。謹和南。（同上。王遣

使入天台參書

總持和南。霜氣已緊。蚊熱久祛。方恐洞涯預取調適。今遣奉迎。祇禮非奢。謹和南。九月二十二日。同上。王遣使人天台迎書。

總持和南。仰承出天台。已次到郯石城寺。感患未歇。菩薩示疾。在疾亦愈。但于翹誠。交用悚灼。今遣醫李膺往處治。小得康損。願徐進路。遲禮覲無遠。謹和南。同上。王參病書。

與東林寺僧書

極暄。法師道體如何。衆內咸宜也。雁門遠法師四依菩薩。翻飛朔野。棲息南山。自斯已後。名德相繼。智者見令為寺檀越。顧脩寡薄。非敢克當。奬導既引。良深隨喜。敬德指此承問。楊廣和南。三月二十一日。釋藏起二。國清百錄二。

與禪閣寺僧書

春序將謝。道體何如。僧衆清善。匡山佛寺。與自慧遠法師。師于彌天道安。安師于佛圖澄。妙德相承。莫之為最。江東龍藏。悉本雁門。雁門上人。創迹廬阜。自梁及晉。止有東林。陳晚澆漓。別生禪閣。僧徒姘異。豈稱至和。智者爰居。還須合一。想均願海。更無異味。行人將送。過指此相聞。楊廣和南。三月二十一日。同上。

與峯頂寺僧書

暮春暄和。寺衆清勝。禪悅法喜。致足恬懷。鑪峯香氣。煙霞共遠。智者經託勝地。為在總內。令為檀越。誠深隨喜。更追厚愧。善當敬勖。楊廣和南。三月二十一日。同上。

與達奚長儒書

智者禪師德尊望重。近年紆道。爰授淨戒。今脩治彼州十住寺。造立西祖玉泉寺。竝見請為檀越。復聞公等多結勝緣。大乘運通。良深隨喜。師今遣僧使志果法才二人。還就玉泉寺法璨道慧法師十住寺道臻法師經理。想加心影響。奬成妙業。公私罩福。幽顯同賴。法事遠白。不復暄凉也。楊廣呈。八月二日。釋藏起三。國清百錄三。

敘曹子建墨蹟

陳思王魏宗室子也。世傳文章典麗。而不言其書。仁壽二年。族孫偉持已遺余。余觀夫字畫沈快。而詞旨華緻。想像其風儀。玩閱不已。因書已冠于褾首。甲秀堂法帖。

殤子銘

世途若幻。生死如浮。殤子何短。彭祖何脩。嗚呼余子。有逝無留。永為法種。長依法儔。續高僧傳十□法藏。煬帝進太尉時。第三子夭。瘞于濟法寺。乃勒銘。因施寺僧法藏靈壽杖。

隋秦孝王誄

維開皇二十年六月二十日丁丑。上柱國秦孝王薨于仁壽宮。嗚呼哀哉。八元八凱。濟濟虞朝。周南召南。赫赫周國。於穆孝王。紹彼明德。天實喪予。殲我剛克。嗚呼哀哉。如何上靈。降此災否。國喪宗臣。家亡千里。嗚呼哀哉。爰初不豫。晃旒視疾。及至大漸。停鑾駐驛。親臨屬纊。俯觀徹瑟。悲動皇情。痛深慈膝。一辭明世。千秋長冪。□□如何。綿綿終古。仲秋卜宅。將歸泉戶。梁山之陽。永寍后土。嗚呼哀哉。余寡兄弟。愛篤彌深。奄然零落。痛體傷心。嗚呼哀哉。追悼無及。永分古今。神雖虛顯。徽聲靡替。誄王德音。貽千百世。乃作誄曰。

皇隋啟運。應天順民。保茲七百。靜彼四鄰。利建宗子。藩屏懿親。孝王惟允。俾侯于秦。爰自聖章。天性誠愿。色養烝烝。孝立名建。恭近于禮。恥辱斯遠。嘉之弗忘。懼而無怨。孝悌之至。通于神明。溫溫居德。肅肅厲精。恭敬表志。退讓為情。韡此棠棣。敦斯鶺鴒。仲稱令弟。叔曰仁兄。猗歟我弟。好學無替。九流日脩。三餘卒歲。琴臺夜開。書帷晝閉。聰敏若神。雄辯無滯。妙矣聲律。明哉龜筮。玄象風角。于焉及睿。允文允武。多才多藝。惟善惟樂。為仁為惠。天挺出羣。英圖命世。欽若孝王。容止堂堂。振鷺將集。鳳雛斯翔。人之領袖。國之輝光。輝光伊何。肅肅翼翼。義已處身。仁已經國。明燭辯符。財成淵塞。靖恭爾位。好是正直。令聞令望。無反無側。皇枝頁幹。日富英聲。宣風作伯。盤古維城。東京舊都。河南殷博。惟我哲王。行臺惟寘。飛鑾峭函。褰帷伊洛。德被汝墳。仁行鞏亳。西秦右地。實賴英雄。寘惟王化。乃即龜蒙。惠和布澤。易俗移風。亹亹孝王。仁而能斷。德敷大國。有符公旦。移鎮燊征。述職江漢。地接寇讎。棱威請難。文德招遠。懷勞伐叛。暫輟外藩。入侍天軒。典茲戎衛。仍居納言。寶劒横曜。豐貂九溫。周衛倩切。敷奏便繁。獻替惟允。禁旅斯敦。僞陳不恭。軼我炎鄙。王赫斯振。將淸江涘。圖斯元帥。難全其衛。唯我孝王。膺茲無愧。恭行天討。受脤建旗。申威鄂渚。鞠旅江湄。軍容赳赳。遺醜穟穟。雲陳不布。高城靡恃。泥首銜璧。請命于台。兵不血刃。野無横屍。善戰不陣。我弟于茲。金陵撫定。飲至京師。廣陵淮海。一都之會。牧彼頑民。作相于外。時兩隨車。棠陰逐蓋。惟晉太原。寄隆望大。表裏山河。要衝襟帶。東自維揚。迴旌轉旆。善政廉平。于斯爲最。胡虜畏威。氓黎

荷賴。烽火戎馬。俱淸邊界。寒暑失御。膚衛弗開。言旋京邸。去彼叢臺。扈駕仁壽。撫席巖隈。連綿藥餌。歲去年來。秀而不實。禍極生災。天胡不弔。木壞山頹。嗚呼哀哉。至尊廢朝而悼傷。皇后輟膳而摧痛。甚秦國之永辭。劇梁武之長送。昆弟哀哀而日嗟。僚友嗷嗷而悲慟。嗚呼哀哉。歎日月之不居。何卜遠之詎促。旌旐飄颻而從風。笳管酸嘶而響谷。服馬顧而不能行。挽夫悲而不成曲。霜霰落兮山谷寒。木葉下兮丘隴殘。風颼飀而吟樹。泉幽咽而悲流。離羣之獸絕跡。孤飛之鳥悲酸。背離宮而東轉。歷山邸而北度。去甲第之樓臺。即荒田之丘墓。昔時鳴鑾而戒途。今日靈輀而啟路。臨朝謁之平衢。永絕茲之一步。儵若神而有靈。幾悲傷而畱顧。嗚呼哀哉。棄永日之昭昭。襲長夜之悠悠。苦玄扃而無曉。悲黃泉而永幽。湮盛年于萬古。沮壯志于千秋。嗚呼哀哉。慟反哭于秋季。悲復歸于故地。尹形遊而不還。何魂煢之空志。嗚呼哀哉。酒觶浮塵兮獨滿。琴絃含風兮自斷。冥夜久其何期。焉知歲月之長短。孝王與我。體密情親。孔懷之篤。有踰常倫。昊天何酷。哀哉哲人。奈何吾弟。先我長淪。煩冤痛毒。悲恨何陳。嗚呼哀哉。痛母弟之同胞。棄共被之寒郊。豈止三荆之變色。非爲四鳥之分巢。遽一朝而云逝。曷何去而何止。形未捨目。言猶在耳。彼蒼者天。子何甚矣。嬛嬛友于。哀哀吾子。痛當奈何。痛當何已。想髣髴而不見。猶盤桓而佇立。空撫膺而莫追。抑飲淚而何及。嗚呼哀哉。嗟地久而天長。終淪彼乎幽方。徒春華而秋落。不復見我弟兮孝王。何謝安之蔬食。豈子路之喪亡。獨端憂而無告。徒哽塞而追傷。悲莫悲兮長別。痛莫痛兮終絕。因悽愴以寫情。慟人琴而永訣。嗚呼哀哉。文苑英華八百四十二。

全隋文卷六終

煬帝四

烏程嚴可均校輯

荅釋智顗遺旨文

菩薩戒弟子總持稽首和南先師天台智者。內弟子灌頂普明至。奉去十七年十一月二十一日遺書七紙。手迹四十六字。幷淨名義疏三十一卷。犀角如意蓮華香鑪等。跪對脩讀。擢振于心。舍利儼然。德音具在。迦葉猿迹。身證遙追。曇光天台。安禪近躡。誠復如來雙林。四部號慟。而涅槃遺敎。法更殷重。況乎五百歲後。四依拯溺深順佛旨。居世同凡。將欲泥洹。現希有事。五品十信。己自皎然。彌陀觀音。親來接引。去德茲永。乃增悲戀。追悟今生。還慶夙稟。所恨淨名經疏。不重親承。猶冀尋研。用補咎悔。追惟障惱。現機未發。遂聽前聞。亦有成就。非徒悟有淺深。抑又時或早晚。佛滅度後。得聖亘多。道耀他方。冥來曉示。在思卽世。忽奉大師。亘由宿緣。積曾親近。愛亘來命。必垂影響。不捨本誓。筆迹具存。是用歸誠。憑靈戒懇。跪受經疏如意香鑪。虔禮西方。心口相誓。手探卷軸。最後殷勤卽于今月十八日。仍感瑞夢。是知濟度已降。舟航。唯願卽日在寶池遙開蓮華。令居淨域。近漑濁心。世世生生。師資不闕。革凡登聖。給侍無虧。但義府鉤深。遺文淵博。雖加策勵。終畏面牆。特希漑㠯醍醐。如出香乳。照㠯暗并。卽顯眞金。然後仰藉神通。俯厲精力。別詢名僧。奉揚法味。普共含生。作大利益。斯則弗違提獎。同登彼岸。最勝最上。就此爲尊。灌頂所送最後淨名義疏三十一卷。至佛道品。謹卽裝治。善書習讀。遺旨爾前玄義。及入文解釋。付弟子焚之。卽付還使。遺對燒蕩。犀角如意蓮華香鑪。遠㠯垂別。輒當服之無斁。永充法事。今奉施資瓦香鑪供養龕室。遺旨㠯天台山下。遇得一處。非常之好。垂爲造寺。始得開翦林木。位置基階。今遣司馬王

弘創建伽藍。一遵指畫。寺須公額。并立嘉名。亦不違旨。佛隴頭陀。並各仍舊。使移荊州玉泉十僧守天台者。今山內現前之衆。多是洛宮之人。已皆約勒。不使張散。豈直十僧而已。所求廢寺水田。㠯充基業。亦勒王弘施肥田良地。深蒙擁護。當年別資給。行送經一藏。依法爲先師別供養。具鐘幡香等。又施錢直。且充日費。鄮縣靈塔。吳內石像。剡縣彌勒尊儀。臥疾之處。並使裝飾。亦不仰異。荊州玉泉寺。既是爲造。理當異餘道場。其潭州大明寺荊州十住上明寺等。先已敬許爲檀越。無容復乖。今請使製南嶽師碑。卽命開府學士柳顧言爲序。自撰銘頌。所囑僧有罪治。無罪平等。竊㠯涅槃羯磨。經有成文。正論治國。金光明品。住持三寶。弗敢墜失。又令加脩慈心。撫育民庶。犬馬識養。人豈忘恩。蓋聞外書爲敎。仁侚恕物。內典居宗。大慈爲首。在文雖異。詣理實同。不有君子。其能爲國。不有菩薩。豈濟含生。又㠯僧未貫籍。許其出首。適奉詔書。冥符來及。見幾而作。所謂後天而奉天時。權運轉輪。深關軍國。前已表聞。所司未報。終當方便。必期諸果。及承寄囑。斯復能照他心。前來仰荅。無違意旨。庶藉熏脩。福祚國家。灌頂普明。面引詢訪。具述遺形。冥坐。宛若平生。轉恨失時。不重餐義味。仰揆定力。如須彌峙。法臘云竟。切願興迎。一到江陽。還入禪衆。道俗接足。人神頂禮。卽當奉送。復彼山龕。庶藉瞻仰。能闢心目。深願道力。不孤所請。雖厚恩申報。具在願文。而實宜加跌。實須酬仰。二僧今反。輕奉報書。遠拜靈儀。心鳴截咽。謹和南。開皇十八年正月二十日。釋藏起三。國清百錄三。

受菩薩戒疏

使持節上柱國太尉公揚州總管諸軍事揚州刺史晉王弟子楊廣稽首。奉請十方三世諸佛。本師釋迦如來。當降此土。補處彌勒。一切尊經。無量法寶。初心㠯上。金剛㠯降。諸尊大權。摩訶薩埵。辟支緣覺。獨脫明悟。二十七賢聖。他心道眼。乃至三有最頂十八梵

貽當作胎

王。六欲天子。帝釋天王。四天大王。天仙龍神。飛騰隱顯。任持世界。作大利益。守塔衞法。防身護命。護淨戒。無量善神。咸願一念之頃。承佛神力。俱會道場。證明弟子誓願。攝受弟子功德。竊以識暗萌興。卽如來性。無明俯墜。本有未彰。理數斯歸。物極則反。欲顯當果。必積于因。是謂調御世雄。備歷生死。草木爲籌。不可勝計。恆沙集起。固難思議。深染塵勞。方能猒離。法王啟運。本化菩薩。譬如日出。先照高山。隨逗根宜。權爲方便。如彼衆流。咸宗大海。弟子基承積善。生在皇家。庭訓早趨。貽敎夙漸。福理攸鍾。妙機須悟。恥崎嶇于小徑。希優遊于大乘。笑止息于化城。誓舟航于彼岸。但開士萬行。戒善爲先。菩薩十受。專持最上。諭造宮室。必因基趾。徒架虛空。終不成立。弗揆庸懜。抑又聞之。孔老釋門。咸資鎔鑄。不有軌儀。孰將安仰。誠復釋迦能仁。本爲和尙。文殊師利。冥作闍梨。而必藉人師。顯傳聖授。自近之遠。感而遂通。薩陀波崙。罄髓于無竭。善財童子。忘

盛當作成

身于法界。經有明文。敢爲聽說。深信佛語。聿遵明導。天台智顗禪師。佛法龍象。童眞出家。戒珠因淨。一作圓淨。年將耳順。定水淵澄。因靜發慧。安無礙辨。先物後己。謙挹盛風。名稱普聞。衆所知識。弟子所以虔誠遙注。命楫遠延。每畏緣差。值諸留難。亦既至止。心路豁然。及披雲霧。卽鐀煩惱。謹以今開皇十一年十一月二十三日。總管金城。設千僧蔬飯。敬屈禪師。授菩薩戒。戒名爲孝。亦名制止。方便智度。歸親奉極。以此勝福。奉資至尊皇后。作大莊嚴。同如來慈。普諸佛愛。等視四生。猶如一子。弟子卽日種羅睺業。生生世世。還生佛家。如日月燈明之八王子。如大通智勝十六沙彌。眷屬因緣。法成等侶。俱出有流。到無爲地。平均六度。恬和四等。衆生無盡。度脫不窮。結僧那于始心。終大悲以赴難。博遠如法界。究竟若虛空。具足成就。皆滿願海。楊廣和南。國淸百錄二。廣弘明集二十七上。緇門警訓九。

寶臺經藏願文

菩薩戒弟子楊廣和南。仰惟如來應世。聲教被物。慇懃微密。結集法藏。帝釋輪王。旣被付屬。菩薩聲聞。得揚大化。度脫無量。以迄于今。至尊拯溺百王。混一四海。平陳之日。道俗無虧。而東南愚民。餘燼相煽。爰受廟略。重淸海濱。役不勞師。以時寧復。深慮靈像尊經。多同煨燼。結鬘繩墨。湮滅溝渠。是以遠命衆軍。隨方收聚。未及朞月。輕舟總至。乃命學司。依名次錄。幷延道場義府。覃思澄明。所由用意推比。多得本類。莊嚴脩葺。其舊惟新。寶臺四藏。將十萬軸。因發弘誓。永事流通。仍書願文。悉連卷後。頻屬朝覲。著功始畢。今止寶臺正藏。親躬受持。其次藏已下。則慧日法雲道場。日嚴弘善靈刹。此外京都寺塔。諸方精舍。而梵宮互有小大。僧徒亦各衆寡。並隨經部多少。斟酌分付。授者旣其懇至。受者亦宜殷重。長存法本。遠布達摩。必欲傳文。來入寺寫。勿使零落。兩失無作。前佛後佛。諒同金口。卽敎當敎。寧殊玉牒。須彌山上。衆聖共持。金剛壽底。天龍

舍當作含

盡護。散在閻浮。亦復如是。追念繕寫之者。厥誠至隆。心手勤到。何量功德。捨徹淨財。豈可稱計。所資甘雨。用沃焦芽。能生是佛。本是般若。人能弘法。非道弘人。恕己深恩。卽是自爲。今陳此意。乃侶執著。若不開誓。則不深固。自行化他。備在經律。願循菲識。誠媿通方。因果相推。何殊眼見。豈不知獨善且最勝。無爲第一樂。內典法輿。自關衆僧。何事區區。橫相負荷。但慶憑宿植。生長王宮。謁陛趨庭。勗存遠大。出受藩寄。每用祗兢。非惟禮樂政刑。一遵成旨。而舟航運出。濟奉弗墜。無容棄稷禼而同園綺。變菩薩而作聲聞。越用乖方。旣其不可。篤信受付。竊敢當仁。然五種法師。俱得六根淸淨。而如說脩行。涅槃最近。徒守經律。不依佛戒。口便說空。心滯于有。無上醫王。隨病逗藥。開乳舍酥。爲方既異。甜冷苦熱。取療亦殊。譬前後教門。別赴機性。根莖枝葉。受潤終齊。總會津梁。無不入道。猶如問孝問仁。孔酬雖別。治身治國。老意無乖。殊塗同歸。一致百慮。內

外相融義同泯合。何處有學毘曇而不成聖。執黎邪即能悟眞。師子嚴鎧。反貼毀于羸目。象足至底。翻取誚于蜂房。心同劒戟。諍踰水火。經意論意。都不如斯。通經通論。何因若此。恐施甘露。更成毒藥。儻均味海。則致醍醐。聖御紺寶。天飛金輪。雲動納萬善于仁壽。總一乘于普會。開發含識。濟度羣生。今所傳經。徧于宇內。衆聖潛力。必運他方。共登菩提。早證常樂。則是弟子之伸順弘誓于無窮。平等坦然。通遣唱白達識體之念隨喜也。（廣弘明集二十二。）

遣使入天台爲智顗建功德願文

菩薩戒弟子總持和南十方三世諸佛。一切尊法。三乘聖衆。上界天仙龍神。他心道眼。護持應現。叟塞虛空。無量幽顯。竊聞諸佛菩薩。不捨本誓。爲天人師。拔濟含識。爻令和尙闍梨。代作宗範。引接後來。與佛無異。脅敬之重。具在經律。不有明導。豈濟苦海。匪報厚德。豈收福田。遺行可追。謹依佛語菩薩戒先師天台智者。來踰剡嶺。還化石城。初聞訊至。哀情摧衂。歎惟勝行。逾滿熙連。佛許臨終。自說所得。今聞侍者所書。亘有異相。稱我位居五品弟子。事在法華十住。信心誠文。具瓔珞。于是空聲異響。偏滿山房。索拔大衣。云觀音來至。驗知入決定聚。面覩彌陀。靜攝遷神。安坐身證。久移晦朔。容相儼然。斯蓋無量劫來權慧具足。深護佛法。發起羣生。非無顯晦出沒。其孰能于此歟。有始有終者。其唯聖人乎。設㠯辯才千萬億偈。讚師福慧。終不能盡。夏初遣信到山。期法歲竟迎接。僧臘既滿。尙疑谿谷毒厲。意取氣交霜雪。杯渡鏡水。及屆剡下。便承臥痾。豈言信次騰神淨域。遂不獲重接音容。再諮法味。維摩義疏。藴而莫宣。良由宿障根深。致違心契。已誨于前。須補于後。近于此州禪衆舊居。雖仰爲設會。并就天台指畫之地。則造寺塔。而于彼山頭陀之處。未獲熏脩。今貪覽別書。屬付佛法不思議事。感歎銘衿。無已之誠。今遣往于佛隴峯頂。集衆結齋。願承三寶之力。速達西

方。智者證知淨土記莂。生生世世。長爲大師弟子。未得佛前。早相度脫。不棄緣感。弘到菩提。并乞衆力。爲弟子懺悔。自從無明住地。㠯來至于今日。恆沙惑障。煩惱迷昏。五蓋十纏。輪迴界內。八萬四千。塵勞增長。願憑積慶。及茲功德。衆罪霜露。慧日消除。衆善普會。法雨洋溢。神通道力。照護皇家。寶祚靈長。覃被億兆。開皇十八年正月二十九日。（釋藏起三國清百錄三。）

天台設齋願文

菩薩戒弟子皇太子總持稽首和南十方三世法佛報佛應佛。法身應身化身。諸佛所師。所謂法也。㠯法常故。諸佛亦常。佛常法常。比丘僧常。世間皆空。而實不空。諸佛妙有。而實不有。不有而有。不空而空。至寂恬然。始名至樂。凡情弊報。皆生極苦。迷之者則生盲晧首。得之者則罔像玄珠。弟子幸憑勝緣。微因宿種。方便智度。生在佛家。至尊皇后。慈仁胎教。有八王子日月燈明之恩。十六沙彌大通智勝之勖。加㠯昔莅淮海。欽尙釋門。先師天台智者顗禪師。膺請江都。授菩薩戒。由是開悟。歸憑有在。而夢楹託諷。梁木先頹。合掌安禪。端坐示滅。于今數載。儼然若思。適現儀形。續放光燄。彈指之聲。震于龕室。僧使報逃。遐邇登踊。皆由佛法僧力。感應相關。汲引含靈。故現斯瑞。肅奉明詔。暫輟監國。巡慰淮海。銜顧眦黎。思報佛恩。少酬師道。㠯今大隋仁壽元年歲次辛酉十二月十七日。謹遣員外散騎侍郎通事舍人張乾威到天台山寺。敬設蔬飯。雖調八水。多慙百味。庶同純陀之末供。有如淨名之遙請。色香細軟。偏滿十方。歡喜甘餐。盜唯百億。天仙龍神。並希雲布。任持世界。盡望星羅。㠯智者之分身。納師資之攝受。經稱信爲能入。智爲能度。願消甘露。咸濟苦海。應變穢土。通同淨國。天覆地載。長轉金輪。七廟六宗。永安玉座。本支百世。紹隆萬紀。男女緇素。皆染大乘。水陸空行。咸知佛性。須彌入于芥子。未足成難。食頃猶如巨劫。曷㠯爲

怪。井蛙不識江海。蚊睫安知鵬翼。以我今懺。並乞冰消。以我今誠。皆入願海。發菩提心。徧在諸物。菩提心者。即是佛心。下度衆生。上求佛果。不可以身得。不可以心得。以無所得。即菩提心。無所得即是得無所得。稽首歸命十方三寶。（同上）

祭告智顗文

維隋仁壽元年歲次辛酉十二月十七日景寅。菩薩戒弟子皇太子總持和南敬告天台山寺先師智者全身舍利靈龕之座。粵竊聞民生在三。事之如一。皆資聖範。能遂賢功。顏回不值宣尼。豈鄰殆庶。尹喜不逢老氏。安致長齡。況乎乘般若之舟。望菩提之岸。弗有明導。豈至寶所。復因信受。俱究法城。所謂自利利他。人我兼利。師及弟子。智斷具足。抑又聞曰。疏傅告老。太子賭以黃金。桓師退辭。家庭陳于喪服。斯並有爲方內。少用報恩。豈臻無際。空表盡酬。師力。弟子宿植德本。早承道教。身戒心慧。蒙瑩明珠。旱穗寒荄。盡沾甘露。雖復時流歲永。生滅不追。行住坐臥。伏膺如在。爰以景昧。謬齒元良。守器非才。昇離多懼。復承明詔。纂經作伯。暫輟監撫。還省宸方。瞻望天台。有如地踊。僧使續來。龕瑞重疊。多寶妙塔。如意分身。玉豪金光。分宵破闇。應念彈指。自室空聲。有一于此。已稱顯瑞。四者雙并。豈非希有。自曇光坐滅之後。道猷身證已來。興公飛錫。所不能稱。靈運山居。未有斯事。盛矣哉。是我大師證道之基趾也。至矣哉。是我良田之報處也。詩云。無言不酬。無德不報。經稱知恩報恩。諸佛皆爾。近年雖遵誡約。脩構祇桓。多慚布金。止因山宇。庶同心淨域。勝土莊嚴。幸僧衆無虧。熏練不輟。冥力深扶。人功多愧。今遣員外散騎侍郎兼通事舍人張乾威。送僧使灌頂等還山。于寺設會。稽首接足十方三世一切三寶無量幽顯。現前大衆。以此功德。仰資先師智者。早證正覺。具如臨終證現。已生安養。頃來西瑞。久現彌陀。匪直觀音。遠衡大勢。迴眸東顧。不捨娑婆。轉睇南閻。彌憐震旦。滄溟巨海。尚不讓于涓流。嵩華峻極。安苟排于微壒。敢陳薄供。願垂歆受。當使無邊法身。盡承甘露。無量化影。咸進醍醐。涅槃餐之不可窮。般若味之而不竭。盡我念力。遵我師道。銷我煩惱。滿我誓願。現在未來。長惠拔提。家國眷屬。俱入大乘。密往潛來。恒垂影響。塵勞障累。銷除隱塞。究竟等虛空。圓滿如法界。斯則大師勝力。諸佛荷擔。弟子銜慈。出如來藏。無離文字。以求解脫。文字之性。即解脫也。不著世間。如蓮華。常善入于空寂。行達諸法。相無罣礙。稽首如空無所依。（同上）

全隋文卷七終

烏程嚴可均校輯

恭帝

帝諱侑，元德太子昭之子。大業二年封陳王，後徙封代王。遼東之役，留鎮京師。十一年從幸晉陽，拜太原太守，尋還鎮京師。十三年十一月即位，遙尊煬帝爲太上皇，改元義寧。在位二年，禪于唐，封酅國公。武德二年崩，謚曰恭皇帝。

改元大赦詔 義寧元年十一月壬戌

王道喪亂，天步不康，古往今來，代有其事。屬之于朕，逢此百罹。彼蒼者天，胡寧斯忍，綢繆之歲，夙遭憫凶，孺子之辰，太上播越。興言感動，實疚于懷。太尉唐公，膺期作宰，時稱舟楫，大拯橫流，糾合義兵，翼戴皇室，與國休戚，再匡區夏，爰奉明詔，弼予幼沖，顯命光臨，天威咫尺，對揚尊號，悼心失圖。一人在遠，三讓不遂，僶俛南面，厝

身無所，苟利社稷，莫敢或違，俯從羣議，奉遵聖旨，可大赦天下，改大業十三年爲義寧元年。十一月十六日昧爽已前，大辟罪已下，皆赦除之，常赦所不免者，不在赦限。隋書恭帝紀

委任唐王詔 義寧元年十一月丙寅

朕惟孺子，未出深宮，太上遠巡，追蹤穆滿，時逢多難，委當尊極。辭不獲免，恭已臨朝，若涉大川，罔知所濟，撫躬永歎，憂心孔棘。民之情僞，曾未之聞，王業艱難，載云其易。賴股肱戮力，上宰賢良，匡佐沖人，輔其不逮。軍國機務，事無大小，文武設官，位無貴賤，憲章賞罰，咸歸相府。庶績其凝，責成斯屬，逖聽前史，茲爲典故，因循仍舊，非曰徒言，所存至公，無爲讓德。隋書恭帝紀

遜位唐王詔 義寧二年五月戊午

天禍隋國，大行太上皇遇盜江都，酷甚望夷，釁深驪北。憫予小子，奄造丕愆，哀號承感，心情糜潰。仰惟荼毒，仇復靡申，形影相弔，罔知啟處。相國唐王，膺期命世，扶危拯溺，自北徂南，東征西怨，總九合于一匡，決百勝于千里，糾率夷夏，大庇氓黎，保乂朕躬，繫王是賴。德侔造化，功格蒼旻，兆庶歸心，厤數斯在，屈爲人臣，載違天命。在昔虞夏，揖讓相推，苟非重華，誰堪命禹。當今九服崩離，三靈改卜，大運去矣，請避賢路。兆謀布德，顧已莫能，私僮命駕，須歸藩國。予本代王，及予而代，天之所廢，豈期如是。庶憑稽古之聖，以誅四凶，幸值惟新之恩，預充三恪。雪冤恥于皇祖，守禋祀爲孝孫，朝聞夕殞，及泉無恨。今遵故事，遜于舊邸，庶官羣辟，改事唐朝。宜依前典，趣上尊號，若釋重負，感泰兼懷。假手眞人，俾除醜逆，濟濟多士，明知朕意。隋書恭帝紀。越王侗詔書，編入辯德音文。

煬蕭皇后

后，南蘭陵人，後梁明帝之女。開皇中，策爲晉王妃。煬帝即位，立爲皇后。江都之變，沒于宇文化及。化及敗，沒于竇建德。尋爲突

厥處羅可汗所迎。至唐貞觀四年，突厥破滅，歸于京師。二十一年殂，謚曰愍。

述志賦 并序

常當作未

帝每遊幸，后常不隨從。時后見帝失德，心知不可，不敢厝言，因爲述志賦以自寄。其詞曰：

辰當作長

承積善之餘慶，備箕帚于皇庭。恐修名之不立，將負累于先靈。迺夙夜而匪懈，實寅懼于玄冥。雖自強而不息，亮愚蒙之多滯。思竭節于天衢，才追心而弗逮。實庸薄之多幸，荷隆寵之嘉惠。賴天高而地厚，屬王道之昇平。均二儀之覆載，與日月而齊明。迺春生而夏辰，等品物而同榮。顧立志于恭儉，私自競于誡盈。孰有念于知足，苟無希于濫名。惟至德之弘深，情不邇于聲色。感懷舊之餘恩，求故劒于宸極。叨不世之殊眄，謬非才而奉職。何寵祿之踰分，撫胸襟而未識。雖沐浴于恩光，內慚惶而累息。顧微躬之寡昧，思令

慕當作貴
質當作知

淑之良難。實不遑于啟處。將何情而自安。若臨深而履薄。心戰慄其如寒。夫居高而必危。每處滿而防溢。知恣夸之非道。乃攝生于沖謐。嗟寵辱之易驚。尚無爲而抱一。履謙光而守志。且願安乎容膝。珠簾玉箔之奇。金屋瑤臺之美。雖時俗之崇麗。蓋哲人之所鄙。愧絺綌之不工。豈絲竹而喧耳。知道德之可尊。明善惡之由己。屏囂煩之俗慮。乃服膺于經史。綜箴誡㠯訓心。觀女圖而作軌。遵古賢之令範。冀福祿之能綏。時循躬而三省。覺今是而昨非。嗤黃老之損思。信爲善之可歸。慕周姒之遺風。美虞妃之聖則。仰先哲之高才。慕至人之休德。質菲薄而難蹤。心恬愉而去惑。乃平生之耿介。實禮義之所遵。雖生質之不敏。庶積行㠯成仁。懼達人之蓋寡。謂何求而自陳。誠素志之難寫。同絕筆于獲麟。隋書蕭皇后傳。北史蕭皇后傳。文苑英華九十七。

廢太子勇

勇字睍地伐。文帝長子。周世㠯武元軍功封博平侯。大象中立爲隋世子。拜大將軍左司衞。封長寧郡公。出爲洛州總管東京小冢宰。徵還進上柱國大司馬。領內史御正。及受禪。立爲皇太子。開皇二十年廢爲庶人。及文帝崩。矯詔賜死。追封房陵王。

上書諫徙流民實邊

竊㠯導俗當漸。非可頓革。戀土懷舊。民之本情。波迸流離。蓋不獲已。有齊之末。主闇時昏。周平東夏。繼㠯威虐。民不堪命。致有逃亡。非厭家鄉。願爲羈旅。加㠯去年三方逆亂。賴陛下仁聖。區宇肅清。鋒刃雖屏。瘡痍未復。若假㠯數歲。沐浴皇風。逃竄之徒。自然歸本。雖北夷猖獗。嘗犯邊烽。今城鎮峻峙。所在嚴固。何待遷配。㠯致勞擾。臣㠯庸虛。謬當儲貳。寸誠管見。輒㠯塵聞。隋書房陵王勇傳。

秦王俊

俊字阿祇。文帝第三子。開皇元年封秦王。尋拜上柱國河南道行臺尚書令雒州刺史。加右武衞大將軍。遷秦州總管。又遷山南道行臺尚書令。伐陳之役。爲行軍元帥。屯漢口。尋授揚州總管。鎮廣陵。轉并州總管。徵還京師。免官。復拜上柱國。薨。謚曰孝王。

伐陳檄蕭摩訶等文

文苑英華此題爲侯莫陳悅檄蕭摩訶等文。原校云。悅西魏永熙三年卒。隋伐陳。㠯侯莫陳潁爲行軍總管。悅當作潁。據鼎祚云。隋書潁本傳。潁從秦王俊出魯山道。伐陳。又秦王俊傳。俊爲山南道行軍元帥。督三十總管屯漢口。爲上流節度。則此檄稱寡人乃秦王俊。如晉王廣檄陳江總等稱寡人也。今㠯屬秦王。然不曉何人筆耳。

夫文軌未同。江湖致阻。風雲密邇。良用依然。譬歲猶寒。想如宜也。經始戎務。念㠯勞懷。寡人肅稟天策。爰征不庭。懸旌秣馬。今次楓岸。夫時有盛衰。運有興滅。積德必慶延後嗣。長惡則祚不及遠。陳氏往因際會。竊有金陵。蒨頊承立。遞相屠害。叔寶嗣僞。爾復忍虐。沈酗日增。內荒愈甚。雕牆峻宇。加錦繡于土木。嚴刑酷法。陷人物于塗炭。諫士喪身。元良箝口。無道之極。自古罕聞。有一于此。何可

不滅。斯皆公等所悉。素匪寓言。我皇誕膺靈命。光臨大寶。再闢乾坤。重懸日月。歷代逋誅之寇。曠古不羈之民。感我仁風。咸沐至道。唯彼吳越。猶未革心。主上義存字小。含㠯寬大。冀能撫育彼民。守其封域。而窮兇極暴。日就月將。士庶無聊。人神共憤。乞師繼軌。獻款相尋。愍彼黎元。實興我役。已有別詔。止廢僞主之身。此外士民。咸從蕩滌。西自巫峽。東達滄海。巨艦覆波濤。樓船出雲霧。瓜步六合。當腹心之衝。潛宮漢口。據上游之勢。曲江鎮揚。據其要津。鐵馬介夫。千羣萬隊。攘袂扼腕。唯所用之。彼國兵士多少。備見㠯寡御衆。理在非敵。救首救尾。將何㠯及。況復士無鬬心。人懷二志。身雖擐甲。情在倒戈。假使穰苴更生。孫武猶在。亦不能施其智略。況異昔日者乎。往者呂梁之師。一舉殲滅。淮南之地。一旬悉平。彼之將帥。皆奔走之餘。何可用也。世公早涉戎旅。備經征行。安危之勢。如近目前。得喪之機。若觀掌內。㠯國家今日之盛。僞主若猶可全。爲

其展效容復可爾。江東難立。有識同知。陳氏必亡。賢愚共見。天之所廢。誰能興之。既無所成。徒自傾覆。夫毒蛇螫手。壯士斷腕。豈不惜其肌骨。所存者大也。公若轉禍爲福。因機立功。翻然奮飛。共弘大業。則江東士衆。免于鋒刃之苦。天下生民。欣然太平之世。公當位極台鼎。福延子孫。爰及宗族。咸加榮寵。豈與夫不識天命。拒我王師。舉死扶傷。履涉膏血。同年共日而語哉。斯皆肝膈至言。成敗大理。幸非可惑。宜早圖之。文苑英華。

與釋智顗書

冬。暮寒。切。道體何如。法務勤辛。有以勞念。安州方等寺奉爲皇帝修立。屈法師向彼行道。甚不可言。已令所司。發遣供給。願以熏修爲懷。不憚利涉也。道淡崇德。遣白不具。弟子楊俊和南。十二月十七日。釋藏起二。國清百錄二。

第二書

傾仰每深。甚熱。禪師道體何如。修習不乃勞心也。夫由有展。企結良深。願珍德。遣白不具。弟子楊俊和南。五月十九日。奉施沈香等如別。至願撿領。沈香十斤。牋香十斤。熏陸少許。右牒薄申供養。同上。

蜀王秀

秀。文帝第四子。開皇元年封越王。尋徙封蜀王。拜柱國益州刺史。進上柱國西南道行臺尚書令。罷還爲內史令右領軍大將軍。尋復鎮蜀。仁壽二年徵還廢爲庶人。幽內侍省。煬帝即位。禁錮如初。宇文化及行弒。并遇害。

幽廢上表

臣以多幸。聯慶皇枝。蒙天慈鞠養。九歲榮貴。唯知富樂。未嘗憂懼。輕恣愚心。陷茲刑網。負深山岳。甘心九泉。不謂天恩。尚假餘漏。至如今者。方知愚心不可縱。國法不可犯。撫膺念咎。自新莫及。猶望分身竭命。少答慈造。但以靈祇不祐。福祿消盡。夫婦抱思。不相勝

致。只恐長辭明世。永歸泉壤。伏願慈恩。賜垂矜愍。殘息未盡之閒。希與瓜子相見。請賜一穴。令骸骨有所。隋書庶人秀傳。秀幽內侍省。乃上表。

漢王諒

諒字德章。一名傑。文帝第五子。開皇元年封漢王。尋爲雍州牧。加上柱國右衛大將軍。轉左衛。出爲幷州總管。文帝崩。徵不赴。發兵反。爲楊素所敗。尋降除名爲民。絕屬籍。以幽死。

宣揚正法教

寡人備是帝子民父。莅政此蕃。召請法師等。遠來降趾。道不虛運。必藉人弘。正欲闡揚佛教。使慧日清朗。兆庶蒙賴。法之力也。宜銓舉業長者。可于大興國寺。宣揚正法。續高僧傳。諒鎮晉陽。造內城寺。引釋志念等居之。又令諮議參軍王頍宣敎。

觀王雄

雄初名惠。文帝族子。仕周武帝爲太子司旅下大夫。進上儀同。封武陽縣公。遷右司衛上大夫。大象中進爵邗國公。出爲雍州別駕。授柱國雍州牧。領文帝相府虞候。進上柱國。隋受禪。除左衛將軍兼宗正卿。遷右衛大將軍。封廣平王。拜司空。尋改封清漳王。仁壽初改封安德王。大業初授太子太傅。檢校鄭州刺史事。尋授懷州刺史。徵拜京兆尹。改封觀王。檢校左翊衛大將軍。薨年七十一。贈司徒。諡曰德王。

荅詔廢太子勇

至尊爲百姓割骨肉之恩。廢黜無德。實爲大慶。天下幸甚。隋書房陵王勇傳。

慶舍利感應表

臣雄等言。臣聞大覺圓備。理照空有。至聖虛凝。義無生滅。故雖形分聚蒸。尚貯金罌。體散吹塵。猶興寶剎。自釋提請灰之後。育王建塔已來。未有分布舍利。紹隆勝業。伏惟皇帝積因曠劫。宿證菩提。

降迹人王。護持世界。往者道消在運。仁祠廢毀。慈燈滅影。智海絕流。皇祚既興。法鼓方震。區宇之內。咸爲淨土。生靈之類。皆預梵雲。去夏六月。爰發詔旨。延請沙門。奉送舍利于三十州。以十月十五日同時起塔。而蒲州棲巖寺。規模置塔之所。于此山上。乃有鐘鼓之聲。舍利在講堂內。其夜前浮圖之上。發大光明。爰及堂裏。流照滿室。將置舍利于銅函。又有光若香鑪。乘空而上。至浮圖實瓶。復起紫焰。或散或聚。皆成蓮華。又有光明。于浮圖上。狀如佛像。花趺宛具。停住久之。稍乃消隱。又有光明。繞浮圖實瓶。蒲州城內仁壽寺僧等。遙望山頂。光如樓闕。山峰谿谷。昭然顯見。照州城東南一隅。良久不滅。其棲巖寺者。卽是太祖武元皇帝之所建造。又華州置塔之處。于時雲霧大雪。忽卽開朗。正當塔上。有五色相輪。舍利下訖。還起雲霧。皇帝皇后。又得舍利。流輝散彩。或出或沈。自非至德精誠。道合靈聖。豈能神功妙相。致此奇特。臣等命偶昌年。既覩太平之世。生逢善業。方出塵勞之境。不勝抃躍。謹拜表陳賀以聞。廣弘明集十七。隋安德王雄等。

讓改封觀王表

臣早逢興運。預班末屬。有命有睠。藉風雲之會。無才無德。濫公卿之首。蒙先皇不次之賞。荷陛下非分之恩。久忝台槐。常慮盈滿。豈可仍叨匪服。重竊鴻名。臣實面牆。敢緣往例。臣誠昧寵。交懼身責。昔劉賈封王。豈備三階之任。曹洪上將。寧超五等之爵。況臣衰章踰于帝子。京尹亞于皇枝。錫土作藩。紐金開國。于臣何以自處。在物謂其爭分。是以露款執愚。祈恩固守。伏願陛下曲留慈照。特鑒丹誠。頻觸宸嚴。伏增流汗。隋書觀德王雄傳。

齊王暕

暕字世朏。小字阿孩。煬帝第二子。開皇中封豫章王。授內史令。仁壽初拜揚州總管。煬帝卽位。遷豫州牧。進封齊王。轉雍州牧。

餘當作讌

尋從河南尹開府儀同三司。罷歸。從幸江都。爲宇文化及所害。

臨淮海下教延沙門智聚

弟子下車荊楚。亟改炎涼。遂聽清規。其來有日。敬承幽棲山谷。多歷年所。道風勝氣。獨擅當今。故以德冠林遠。道超生什。炳斯慧炬。以悟羣迷。獨步江東。何其之美。未獲稽疑下筵。滄承高義。杼軸之勞。載盈懷抱。據虎之岫。川途不遙。翔鷺之濤。風煙相接。必願振忍辱之衣。赴翹勤之望。續高僧傳。釋智聚姓朱。住虎丘東山寺。暕作牧淮海。乃降敎書延之。

遺崔賾書

昔漢氏西京。梁王建國。平臺東苑。慕義如林。馬卿辭武騎之官。枚乘罷弘農之守。每覽史傳。嘗切怪之。何乃脫略官榮。棲遲藩邸。以今望古。方知雅志。彼二子者。豈徒然哉。足下博聞強記。鈎深致遠。視漢臣之三傑。侶沙蒙山。對梁相之五車。若吞雲夢。吾兒欽賢重士。敬愛忘疲。先築郭隗之宮。常置穆生之醴。今者重開土宇。更誓山河。地方七百。牢籠曲阜。城兼七十。包舉臨淄。大啟南陽。方開東閣。想得奉飛蓋。曳長裾。藉玳筵。躡珠履。歌山桂之偃蹇。賦池竹之檀欒。其崇貴也如彼。其風流也如此。幸甚幸甚。何樂如之。高視上京。有懷德祖。才謝天人。多慙子建。書不盡意。寧俟繁辭。隋書隱逸崔廓傳。又見文苑英華六百九十三。

與逸人王眞書

夫山藏美玉。光照廊廡之間。地蘊神劍。氣浮星漢之表。是知毛遂穎脫。義感平原。孫惠文詞。來遷東海。頋循寡薄。有懷髦彥。籍甚清風。爲日久矣。未獲披覿。良深延遲。比高天流火。早應凉飆。陵雲仙掌。方承清露。想攝衛攸宜。與時休適。前園後圃。從容丘壑之情。左琴右書。蕭散煙霞之外。茂陵謝病。非無封禪之文。彭澤遺榮。先有歸來之作。優游儒雅。何樂如之。余屬當藩屏。宣條揚越。坐棠餘訟。事絕詠歌。攀桂摘詞。眷言高遁。至于揚旌非遠。飛蓋西園。託乘之

且當作具

應劉。置醴關申穆。背淮之賓。徒聞其語。趙燕之客。罕值其人。鄭道冠鷹揚。聲高鳳舉。儒墨泉海。詞章苑囿。棲遲衡泌。懷寶迷邦。徇茲獨善。良已於悒。今遣行人。且宜往意。側望起予。甚于飢渴。想便輕舉。副此虛心。無信投石之談。空慕鑿坯之逸。書不盡言。更慚詞費。隋書王貞傳、文苑英華六百八十八。

全隋文卷八終

全隋文卷九

烏程嚴可均校輯

陽休之

休之字子烈，右北平無終人。魏前軍將軍固子。爲州主簿，孝昌中避亂入鄴。孝莊時累遷冠軍長史，孝武時出爲驃騎賀拔勝荆州長史，隨府轉行軍右丞、南道軍司，從勝奔梁。天平中還魏，爲齊文襄開府主簿，隨府轉行臺郎中。元象初封新泰縣伯。武定中累遷中軍將軍、幽州大中正，兼侍中。齊受禪，除散騎常侍，別封始平縣男。歷事文宣、廢帝、孝昭、武成、後主，至尚書右僕射，封燕郡王。齊亡入周，除開府儀同，歷納言中大夫、太子少保。大象末進位上開府，除和州刺史。至隋開皇二年免，卒于洛陽，年七十四。有幽州古今人物志三十卷、集三十卷。

陶潛集序錄

余覽陶潛之文，辭采雖未優，而往往有奇絶異語，放逸之致，棲託仍高。其集先有兩本行于世，一本八卷無序，一本六卷并序目，編比顛亂，兼復闕少。蕭統所譔八卷，合序目傳誄，而少五孝傳及四八目，然編次有體，次第可尋。余頗賞潛文，以爲三本不同，恐終致忘失，今錄統所闕并序目等，合爲一帙十卷，以遺好事君子。（陶淵明集宋本）

崔猷

猷字宣猷，博陵安平人。魏幽州刺史挺孫。仕魏爲員外散騎侍郎，領大行臺郎中，歷通直散騎侍郎、攝尚書駕部郎中。普泰初，除征虜將軍、司徒從事中郎。永熙中入關，以本官奏門下事。大統初兼給事黃門侍郎，封平原縣伯。正除黃門，加中軍將軍，除司徒左長史，加驃騎將軍。還京兆尹，除大都督、驃騎將軍、浙州刺史，加車騎大將軍、儀同三司，進侍中、驃騎大將軍、開府，本州

大中正。賜姓宇文氏。恭帝時授梁州刺史。周受禪，進爵固安縣公。明帝即位，徵拜御正中大夫。武成末除司會中大夫。武帝即位，重授梁州刺史。尋復爲司會，建德中出爲同州司會，徵拜小司徒，加上開府儀同大將軍。隋受禪，授大將軍，進爵汲郡公。開皇四年卒，謚曰明。

建議遵秦漢稱皇帝建年號

世有澆淳，運有治亂，故帝王以之沿革，聖哲因時制宜。今天子稱王，不足以威天下，請遵秦漢稱皇帝，建年號。（周書崔猷傳。世宗即位時依周禮稱天王，又不建年號，猷以爲云云。朝議從之。）

復王思政書

夫兵者，務在先聲後實，故能百戰百勝，以弱爲彊也。但襄城控帶京洛，實當世之要地，如有動靜，易相應接。潁川既鄰寇境，又無山川之固，賊若充斥，徑至城下，輒以愚情，權其利害，莫若頓兵襄城，爲行臺治所，潁川置州，遣郭賢鎮守，則表裏膠固，人心易安，縱有不虞，豈能爲患。（周書崔猷傳）

崔仲方

仲方字不齊，猷子。仕周爲宇文護參軍，轉記室，遷司玉大夫，授平東將軍、銀青光祿大夫，封石城縣男，授儀同，進封范陽縣侯。宣帝時爲少內史。隋受禪，進位上開府，轉司農少卿，封安固縣公，拜虢州刺史，轉基州刺史，加開府，轉會州總管、仁壽初遷代州總管。煬帝即位，進位大將軍，拜民部尚書，轉禮部尚書，坐事免，尋爲國子祭酒，轉太常卿，歷上郡、信都太守，致仕，卒年七十六。

上書論取陳之策

臣謹案晉太康元年歲在庚子，晉武平吳，至今開皇六年歲次景午，合三百七載。春秋寶乾圖云：王者三百年一蠲法，今三百之期

可謂備矣。陳氏草竊。起于景子。至今景午。又子午爲衡。陰陽之忌。昔史趙有言曰。陳顓頊之族。爲水。故歲在鶉火以滅。又云。周武王克商。封胡公滿于陳。至魯昭公九年陳災。裨竈曰。歲五及鶉火而後陳亡。楚克之。楚祝融之後也。爲火正。故復滅陳。陳承舜後。舜承顓頊。雖太歲左行。歲星右轉。鶉火之歲。陳族再亡。戊午之年。嬀虞運盡。語迹雖殊。攷事無別。皇朝五運相承。感火德而王。國號爲隋。與楚同分。楚是火正。午爲鶉火。未爲鶉首。申爲實沈。酉爲大梁。既當周秦晉趙之分。若當此分發兵。將得歲之助。以今量古。陳滅不疑。臣謂午未申酉。竝是數極。蓋聞天時不如地利。地利不如人和。況主聖臣良。兵强國富。動植同心。人神叶契。陳既主昏于上。民讟于下。險無百二之固。衆非九國之師。夏癸殷辛。尚不能立。獨此島夷。而稽天討。伏度朝廷。自有弘謨。但芻蕘所見。冀申螢爝。今唯須武昌已下。蘄和滁方吳海等州。更帖精兵。密營渡計。益信襄荊基郢等州。速造舟檝。多張形勢。爲水戰之具。蜀漢二江。是其上流。水路衝要。必爭之所。賊雖于流頭荊門延洲公安巴陵隱磯夏首蘄口盆城置船。然終聚漢口峽口。以水戰大決。若賊必以上流有軍。令精兵赴援者。下流諸將。即須擇便橫渡。如擁衆自衛。上江水軍。鼓行以前。雖恃九江五湖之險。非德無以爲固。徒有三吳百越之兵。無恩不能自立。（隋書崔仲方傳。）

崔賾

賾字祖濬。仲方族人。開皇初射策高第。除校書郎。轉協律郎。毋憂去職。徵爲河南豫章二王侍讀。及河南爲晉王。轉記室參軍。王入東宮。除太子齋帥。遷舍人。以疾歸。徵授起居舍人。大業中爲鷹揚長史。遷越王長史。宇文化及行弒。引爲著作郎。稱疾不起。卒年六十九。

答詔問藍田玉人

謹案漢文已前。未有冠幘。即是文帝以來所制作也。臣見魏大司農盧元明撰嵩高山廟記云。有神人以玉爲形像。長數寸。或出或隱。出則令世延長。伏惟陛下應天順民。定鼎嵩雒。岳神自見。臣敢稱慶。（隋書隱逸崔廓傳。藍田令王曇于藍田山得一玉人。長三尺四寸。著大領衣冠幘。奏之。詔問羣臣。莫有識者。賾答。）

答豫章王書

一昨伏奉教書。榮貺非恆。心靈自失。若乃理高象繫。管輅思而不解。事富山海。郭璞注而未詳。至于五色相宣。八音繁會。鳳鳴不足喻。龍章莫之比。吳札之論周頌。詎盡揄揚。郢客之奏陽春。誰堪赴節。伏惟令王殿下。稟潤天潢。承輝日觀。雅道邁于東平。文藝高于北海。漢則馬遷蕭望。晉則裴楷張華。雞樹騰聲。鵷池播美。望我清塵。悠然路絕。祖濬燕南贅客。河朔惰遊。本無意于希顏。豈有心于慕藺。未嘗聚螢映雪。懸頭刺股。讀論唯取一篇。披莊不過盈尺。況復桑榆漸暮。藜藿屢空。舉燭無成。穿楊盡棄。但以燕求馬首。薛養雞鳴。謬齒鴻儀。虛班驥阜。挾泰山而超海。比報德而非難。堙崐崘以爲池。匹酬恩而反易。忽屬周桐錫瑞。唐水承家。門有將相。樹宜桃李。眞龍將下。誰好有名。濫吹先逃。何須別聽。但慈旨抑揚。損上益下。江海所以稱王。丘陵爲之不逮。曹植儻預聞高論。則不殞令名。楊修若切在下風。亦詎虧淯德。無任荷戴之至。謹奉啟以聞。（隋書隱逸崔廓傳。又北史八十八。）

袁聿修

聿修字叔德。陳郡項人。一云陽夏人。魏都官尚書翻子。太昌中爲太保府西閤祭酒。歷五兵左民郎中。武定末爲太子中舍人。齊天保初除太子庶子。行博陵太守。尋兼太府少卿。轉大司農少卿。太寧初除太常少卿。河清中加冠軍輔國將軍。除吏部郎中。遷司徒左長史。加驃騎大將軍兼御史中丞司徒錄事參軍。遷祕書監。天統中出爲信州刺史。武平中除都官尚書。轉吏部尙書。齊亡入周，授儀同大將軍吏部下大夫。大象末除東京司宗中大夫。隋受禪，加上儀同，遷東京都官尙書。入除都官尙書。開皇二年，出爲熊州刺史，卒年七十二。

與邢劭書

今日仰過，有異常行。瓜田李下，古人所愼，多言可畏，譬之防川。願得（御覽作長）此心，不貽厚責。（北齊書袁聿修傳：太寧初，聿修以太常少卿出使，經歷兗州，時邢劭爲兗州刺史，別後遣送白紬爲信，聿修退紬不受，與邢書云云。又見御覽二百二十九引三國典略。）

斛斯徵

徵字士亮，廣牧富昌人。（周書作河南洛陽人。）魏太傅尙書令椿第三子。從孝武西遷，累遷太常卿。恭帝末，拜司樂中大夫。入周，進驃騎大將軍、開府。宣帝卽位，遷上大將軍、大宗伯。以諫下獄亡命，遇赦免。隋受禪，例復官，除太子太傅。開皇四年卒，謚曰閩。有樂典十卷。

奏駮鄭譯新樂

禮云：十二律轉相生，聲五具在十六焉。六律十二管，還相爲宮。然詳一笙十六管，總一百九十二管，既無相生之理，又無還宮之義。臣恐鄭聲亂樂，未合于古。夫音樂之起，本于人心，天之應人，有如影響，爲善者天報之以福，爲惡者天譴之以殃。故舜彈五絃之琴，歌南風之詩，而天下化；紂爲朝歌北里之音，而社稷滅。是知樂也者，和性情，移風俗，動天地，感鬼神，禍福所基，盛衰攸繫，安可不愼哉！案譯之所爲，不師古始，若以月奏一笙，則鐘鼓諸色，各須一十有二。雅樂之備，已充廟庭，今若益之，于何陳列？方須更闢階墀，增修廊宇，非急之務，寧可勞人？如謂笙管之外，不須加造，則樂之損益，豈繫于笙？進退無據，竊謂不可。（北史四十九。）

李士謙

士謙字子約，趙郡平棘人。魏徵士謐子，廣平王贊辟開府參軍。齊吏部尙書辛術召署員外郎，趙王叡舉德行，皆不就。開皇八年卒。

論刑罰

帝王制法，沿革不同，自可損益，無爲頓改。今之贓重者死，是酷而不懲也。語曰：人不畏死，不可以死恐之。愚謂此罪宜從肉刑，刖其一趾，再犯者斷其右腕。流刑則去右手三指，又犯者下其腕。小盜宜黥，又犯則落其所用三指，又不悛，下其腕，無不止也。無賴之人，竄之邊裔，職爲亂階，適所以召戎矣，非求治之道也。博弈淫游，盜之萌也，禁而不止，黥之則可。（隋書隱逸李士謙傳，又見北史三十三。）

李穆

穆字顯慶，隴西成紀人，遷居高平。柱國遠弟。魏永熙中爲統軍，孝武西遷，授都督，封永平縣子。大統中進爵爲伯，授武衞將軍、儀同三司，進封安武郡公，加開府，領侍中。轉太僕，進位大將軍、原州刺史，遷雍州刺史，兼小冢宰。周初坐事除名，尋除直州刺史。武成中除少保，拜小司徒，進位柱國，轉大司空。天和中進封申國公。建德初拜太保，出爲原州總管，進位上柱國，轉并州總管。大象初拜大左輔。隋受禪，拜太師。開皇六年卒，年七十七。贈冀州刺史，謚曰明。

請移都表

帝王所居，隨時興廢，天道人事，理有存焉。始自三皇，暨夫兩漢，有一世而屢徙，無革命而不遷。曹、馬同洛水之陽，魏、周共長安之內。此之四代，蓋聞之矣。曹則三家鼎立，馬則四海尋分，有魏及周，甫得平定。事乃不暇，非曰師古。往者周運將窮，禍生華裔，廟堂冠帶，屢覩姦回，士有包藏，人稀柱石。四海萬國，皆縱豺狼，不叛不侵，百城罕一。伏惟陛下膺期誕聖，秉籙受圖，始晦君人之德，俯從將相之重。內翦梟兇，崇朝大定；外誅巨猾，不日肅淸。變大亂之民，成太平之俗。百靈符命。兆庶謳歌。幽顯樂推。日月填積。方屈箕潁之志。始順內外之請。自受命神宗。弘道設教。陶冶與陰陽合德。覆育共天地齊旨。萬物開闢之初。八表光華之旦。視聽以革。風俗且移。至若帝室天居。未議經刱。非所謂發明大造。光贊惟新。自漢以來。爲喪亂之地。爰從近代。累葉所都。未嘗謀龜問筮。瞻星定鼎。何以副聖主之規。表大隋之德。竊以神州之廣。福地之多。將爲皇家興廟建寢。上玄之意。當別有之。伏願遠順天人。取決卜筮。時改都邑。光宅區夏。任子來之民。垂無窮之業。應神宮于辰極。順和氣于天壤。理康物阜。永隆長世。臣日薄桑榆。位高軒冕。經邦論道。自顧缺然。丹赤所懷。無容噤嘿。隋書李穆傳

遺令

吾荷國恩。年宦已極。啟足歸泉。無所復恨。竟不得陪玉鑾于岱宗。預金泥于梁甫。眷眷光景。其在斯乎。隋書李穆傳

李詢

詢字孝詢。穆兄賢之子。仕周爲納言上士。轉內史上士。兼掌吏部。建德中拜司衛上士。歷儀同三司長安令。遷英果大夫。加位大將軍。封高平郡公。大象初爲行軍元帥長史。進位上柱國。改封隴西郡公。隋受禪。檢校襄州總管。尋拜隰州總管。卒。諡曰襄。

上隋公密啟

大將梁士彥、宇文忻、崔弘度並受尉遲迥饟金。軍中慅慅。人情大異。隋書李德林傳。韋孝寬爲東道元帥。長史李詢上密啟。

梁睿

睿字恃德。安定烏氏人。西魏大統中襲父禦爵廣平郡公。累加儀同三司。尋爲本邑大中正。恭帝時加開府。改封五龍郡公。周受禪。徵爲御伯。出爲中州刺史。鎮新安。拜大將軍。進封蔣國公。入爲司會。遷小冢宰。武帝時歷數州刺史。涼安二州總管。進位柱國。大象中爲益州總管。進位上柱國。隋受禪。徵還京師。開皇十五年卒。諡曰襄。大業中追改封戴公。

爲當作惟

上隋公疏請略定南甯

竊以遠撫長駕。王者令圖。易俗移風。有國恆典。南甯州漢世牂柯之地。近代已來。分置興古、雲南、建甯、朱提四郡。戶口殷衆。金寶富饒。二河有駿馬明珠。益甯出鹽井犀角。晉太始七年。以益州曠遠。分置甯州。至僞梁南甯州刺史徐文盛。被湘東徵赴荊州。屬東夏尚阻。未遑遠略。土民爨瓚遂竊據一方。國家遙授刺史。其子震相承至今。而震臣禮多虧。貢賦不入。每年奉獻。不過數十匹馬。其處去益路止一千。朱提北境即與戎州接界。如聞彼人苦其苛政。思被皇風。伏爲大丞相匡贊聖朝。甯濟區宇。絕後光前。方垂萬代。闢土服遠。今正其時。幸因平蜀士衆。不煩重興師旅。押獠既訖。即請略定南甯。自盧戎已來。軍糧須給。過此即于蠻夷徵稅。以供兵馬。其甯州朱提雲南西爨。並置總管州鎮。計彼熟蠻租調。足供城防倉儲。一則以肅蠻夷。二則裨益軍國。今謹件南甯州郡縣及事意如別。有大都督杜神敬。昔曾使彼。具所諳練。今並送往。隋書梁睿傳

又請

竊以柔遠能邇。著自前經。拓土開疆。王者所務。南甯州漢代牂柯之郡。其地沃壤。多是漢人。既饒寶物。又出名馬。今若往取。仍置州郡。一則遠振威名。二則有益軍國。其處與交廣相接。路乃非遙。漢代開此。本爲討越之計。伐陳之日。復是一機。以此商量。決謂須取。隋書梁睿傳。書未答。又請

上書奏北邊鎮守策

竊以戎狄作患。其來久矣。防遏之道。自古爲難。所以周無上筭。漢收下策。以其倏來忽往。雲屯霧散。彊則騁其犯塞。弱又不可盡除故也。今皇祚肇興。宇內甯一。唯有突厥種類。尚爲邊梗。此臣所以

廢寢與食痞痳思之昔匈奴未平去病辭老先零尙在充國自劾臣才非古烈而志追昔士謹件安置北邊城鎭烽候及人馬糧貯戰守事意如別謹并圖上呈伏惟裁覽隋書梁睿傳睿見突厥方彊恐爲邊患復陳鎭守之策十餘事上書奏之

竇榮定

榮定扶風平陵人尙文帝姊安成長公主西魏大統中爲千牛備身授平東將軍封宜君縣子拜上儀同襲父善爵永富縣公進位開府除忠州刺史周建德末加上開府拜前將軍佽飛中大夫大象中領左右宮伯拜洛州總管隋受禪坐事除名尋拜右武候大將軍上柱國盬州刺史除秦州總管進爵安豐郡公拜右武衛大將軍轉左武衛大將軍開皇六年卒贈冀州刺史謚曰懿

上書讓三公

臣每觀西朝衛霍東都梁鄧幸託葭莩位極台鉉寵積驕盈必致傾覆向使前賢少自貶損遠避權勢推而不居則天命可保何覆宗之有臣每覽前修實爲畏懼隋書竇榮定傳

趙煚

煚字圓通一作通賢天水西人魏末爲周文帝相府參軍封平定縣男轉中書侍郎周受禪遷陝州刺史授開府儀同三司遷荆州總管長史入爲民部中大夫建德中除益州總管長史入爲天官司會累遷御正上大夫大象中加上開府復拜天官都司會遷大宗伯隋受禪進大將軍封金城郡公出爲相州刺史徵尙書右僕射出爲陝州刺史轉冀州刺史

因斛斯徵在逃密奏周武帝大赦

徵自以負罪深重懼死遁逃若不北竄匈奴則南投吳越徵雖愚陋久歷清顯奔彼敵國無益聖朝今者炎旱爲災可因茲大赦隋書趙煚傳

楊尙希

尙希通典作士希弘農人周文帝賜姓普六如氏擢爲國子博士轉舍人仕明武世歷太學博士太子宮尹計部中大夫賜爵高都縣侯東京司憲中大夫大定中授司會中大夫隋受禪拜度支尙書進爵爲公出爲河南道行臺兵部尙書加銀青光祿大夫出爲瀛州刺史未之官除兵部尙書轉禮部尙書授上儀同出爲蒲州刺史開皇十年卒謚曰平

請倂省郡縣表

自秦幷天下罷侯置守漢魏及晉邦邑屢改竊見當今郡縣倍多于古或地無百里數縣並置或戶不滿千二郡分領具寮以衆資費日多吏卒又倍租調歲減清幹良才百分無一動須數萬如何可充所謂民少官多十羊九牧琴有更張之義瑟無膠柱之理今存要去閑倂小爲大國家則不虧粟帛選舉則易得賢才敢陳管見伏聽裁處隋書楊尙希傳北史七十五通典三十三

韋世康

世康京兆杜陵人魏雍州從事夐子西魏大統中辟州主簿歷直寢封漢安縣公尙周文帝女襄樂公主授儀同三司後仕周歷典祠大夫沔硤二州刺史從武帝平齊授司州總管長史宣帝時入爲民部中大夫進位上開府轉司會中大夫靜帝卽位授絳州刺史隋初擢禮部尙書進爵上庸郡公轉吏部尙書拜襄州刺史免尋授安州總管遷信州總管復拜吏部尙書出爲荆州總管開皇十七年卒贈大將軍謚曰文

在絳州與子弟書

吾生因緒餘夙霑纓弁驅馳不已四紀于茲亟登袞命頻涖方岳志除三惑心慎四知以不貪而爲寶處膏脂而莫潤如斯之事頗

爲時悉。今耄雖未及，壯年已謝，霜早梧楸，風先蒲柳。眼闇更劇，不見細書，足病彌增，非可趨走。祿豈須多，防滿則退，年不待暮，有疾便辭。況孃春秋已高，溫凊宜奉，晨昏有闕，罪在我躬。今世穆、世文竝從戎役，吾與世沖復嬰遠任，陟岵瞻望，此情彌切，桓山之悲，倍深常戀。意欲上聞，乞遵養禮，未訪汝等，故遣此及，與言遠慕，感咽難勝。隋書韋世康傳。

王元規

元規字正範，太原晉陽人，居會稽，師事沈文阿。梁中大通初，對策舉高第，爲湘東王國左常侍，轉員外散騎侍郎，除中軍宣城王記室參軍。侯景之亂，棄官歸鄉里。陳天嘉中，除始興王功曹參軍，領國子助教，轉鎮東鄱陽王記室參軍，仍領助教。後主在東宮，引爲學士，尋除尚書祠部郎，復爲鄱陽王中錄事參軍，轉散騎侍郎，遷南平王限內參軍。王爲江州，隨府之鎮。陳亡入隋，爲秦王府東閤祭酒，卒于廣陵，年七十四。有續沈文阿春秋左氏傳義略十卷，續經典大義十二卷。

郊壇丈尺議

案前漢黃圖，上帝壇徑五丈，高九尺；后土壇方五丈，高六尺。梁南郊壇上徑十一丈，下徑十八丈，高二丈七尺；北郊壇上方十丈，下方十二丈，高一丈。即日南郊壇廣十丈，高二丈二尺五寸；北郊壇廣九丈三尺，高一丈五寸。今議增南郊壇上徑十二丈，則天大數，下徑十八丈，取于三分益一，高二丈七尺，取三倍九尺之堂。北郊壇上方十丈，以則地義，下至十五丈，亦取二分益一，高一丈二尺，亦取二倍漢家之數。禮記云：爲高必因丘陵，爲下必因川澤，因名山升中于天，因吉土饗帝于郊。周官云：冬日至，祠天于地上之圜丘；夏日至，祭地于澤中之方丘。祭法云：燔柴于泰壇，祭天也；瘞埋于泰折，祭地也。記云：至敬不壇，埽地而祭，于其質也，以報覆燾持載之功。爾雅亦云：丘言非人所造爲。古圜方兩丘，竝因見有而祭，本無高廣之數。後世隨事遷都，而建立郊禮，或有地吉而未必有丘，或有見丘而不必廣絜，故有築建之法，而制丈尺之儀。愚謂郊祀事重，圜方二丘，高下廣狹，既無明文，但五帝不相沿，三王不相襲，今謹述漢、梁并即日三代壇不同，及更增修丈尺如前，聽旨。隋書禮儀志一：太建十一年，尚書祠部郎王元規議，詔遂依用。又略見通典四十二。

全隋文卷九終

全隋文卷十

烏程嚴可均校輯

江總一

總字總持濟陽考城人晉散騎常侍統十世孫梁大同中爲宣惠武陵王法曹參軍歷何敬容丹陽尹佐史除主簿遷尚書殿中郎轉侍郎進太子洗馬出爲臨安令還爲中軍宣城王錄事參軍轉太子中舍人太清中兼太常卿臺城陷避難會稽尋依蕭勃于廣州承聖中徵爲明威將軍始興內史未行而江陵陷陳天嘉中徵還爲中書侍郎直侍中省太建中遷司徒右長史掌東宮管記給事黃門侍郎領南徐州大中正授太子中庶子通直散騎常侍遷左民尚書轉太子詹事免尋爲侍中領左驍騎將軍免尋爲散騎常侍明烈將軍司徒左長史遷太常卿後主即位除祠部尚書轉吏部尚書遷尚書僕射尋加宣惠將軍授尚書令禎明中進號中權將軍陳亡入隋爲上開府開皇十四年卒于江都年七十六有集三十卷後集二卷

貞女峽賦

倦辛苦于嶺表遂沈淪于海外逑飄颻于轉蓬情繚繞于懸旆駭茲峽之珍怪佇奇峯而矚曬或邐迤而四成乍崔嵬而五曲含照曜之燭銀濇潺湲之嘗玉山蒼蒼以隊葉樹索索而搖枝澄碧源之見底聳翠壁以臨危藝文類聚六

脩心賦 并序

太清四年秋七月避地于會稽龍華寺此伽藍者余六世祖宋尚書右僕射州陵侯元嘉二十四年之所搆也侯之王父晉護軍將軍彪昔涖此邦卜居山陰都陽里貽厥子孫有終焉之志寺域則宅之舊基左江右湖面山背壑東西陵跨南北紆縈聊與苦節名僧同銷日月曉修經戒夕覽圖書寢處風雲憑棲水月不意華戎莫辨朝市傾淪以此傷情情可知矣啜泣濡翰豈攄鬱結庶後生君子憫余此槩焉

如當作始

嘉南斗之分次肇東越之靈祕表檜風于韓什著鎮山于周紀蘊大禹之金書鐫暴秦之石字太史來而探穴鍾離去而開笥信竹箭之爲珍何碔砆之罕值奉盛德之鴻祀寓安禪之古寺實豫章之舊圖成黃金之勝地遂寂默之幽心若鏡心而遠尋面曾阜之超忽邇平湖之迴深山條偃蹇水葉侵淫挂猿朝落飢鼯夜吟果叢藥苑桃蹊橘林梢雲拂日結暗生陰保自然之雅趣鄙人間之荒雜望島嶼之邅迴面江源之重沓泛流月之夜迥曳光煙之曉帀風引蜩而嘶噪雨鳴林而脩颯鳥稍狎而知來雲無情而自合邇迺野開靈塔地築禪居喜園迢遞樂樹扶疏經行藉草宴坐臨渠持戒振錫庇影甘蔬堅固之林可喻寂滅之場暫如異曲終而悲起非木落而愁如豈降志而辱身不露才而揚己鍾風雨之掩藹倦雞鳴之聒耳幸避地而高棲憑調御之遺旨折四辯之微言悟三乘之妙理遣十纏之繫縛祛五惑之塵滓久遺榮于勢利庶忘累于妻子感意氣于疇日寄知音于來祀何遠客之可悲私自憐其何已陳書江總傳文苑英華九十七

勞酒賦

在陽春之仲序覽具物之芳菲帥公卿而播百穀親耒耜而命三推開青壇于迴甸列翠幕于清沂乃遵執爵之典爰降食苹之譏黔朱鳥之高驄啓黃龍之抗殿奏帝鴻之萬舞動鈞天之九變顧曲私之亭育遞寒暑而徂遷謬陳力而策駘豈酬恩于暮年藝文類聚三十九

辭行李賦

惟大梁三十有六載神功懋乎開闢垂恩儲祉歷千代之盤盂盛德彤容陋周年之弁石月窟向風日域仰澤要荒款塞諸戎重譯

輶軒巡履聲芳亥步旌節經過事高禹迹舉皇華之盡美馳珏玉之多事或江夏之無雙疋洛陽之才子訪羽儀于廊廟旌秀異于杞梓引强學之三端賞雕文于四始顧德佩于筆志奉朝章于信次忝鳳皋而張旆濟龍沙而通驛歌異季札之聽歌審乖鄒國之銜使懷蘇子之抵掌憶千秋之舊地願自勵而飲水撫无庸而窾巒嗟負恩之无力每若冀于襄陂餘辭東卜之樂善再踐承明而遊息豈羨千里之奔騠寧殊一餞之不直諒无期于鴻漸念有似于蟒蠶荷德澤之霈然鑒丹懸之匪飾暫借養于菼柱免長徭于葸極聊暇日以須臾每長吟以書紆異金石之能固若草木之分區進學憩于枝葉綿力謝于康衢構伯休之遷戶狎仲蔚之桑樞徒悅水而非智庶因谷以爲愚恥嬌名于周客寧鑑響于齊竽奉棲遲以偃仰願太素之不污初學記二十

雲堂賦

覽黃圖之棟宇規紫宸于太淸何面勢之寥廓信不日之經營仰一時之壯麗跨萬古之威靈吐綢后之奇色混高堂之舊名若乃三階八戶百栱千櫨瑩以玉璓飾以金英絲芰懸插紅渠倒生于時木葉聲寒壺人唱靜承露肇虛相風昭迥天子乃下輦開宴出豫娛興文懸日月思華風塵實附鳳之多幸愧屠龍之不眞藝文類聚六十三

華貂賦并序

領軍新安殿下以副貂垂錫仰銘恩澤謹題小賦

賓豐貂于挹輿飾惠文而見求標侍臣之密設曜毛彩之溫柔拜文幟而影度陪武帳而香浮隨玉珩之近遠共金璫之去留仰太山之千仞開谷中之鄙姿徹君子之寶飾榮小人之蓬鬢慶置醴之殊私誇賜田之薄潤顧朽柮之微躬早遊藝而不工逢河閒之好古自慙始而恩隆諒雞鶴之有媿庶懷昔而克終藝文類聚六十七

山水納袍賦并序

皇儲監國餘辰勞謙終宴有令以納袍降賜何以奉揚恩德因題此賦

溢時來之寵沐振長纓以祇肅奉性與之文章侍相娛之絲竹解女羅之山帶佩流霞之羽服裁縫則萬壑縈體針縷則千巖映目圖鳥獸之倒成寫綸漣之徑復埒符彩于雕煥竝芬芳于蘭菊惟四選之徂遷軫百慮之迴遑霜飛空而浸露雁照月而猜弦聽鳳鐘之易近對水嗇之疏懸若葛衣之百結同衛服之十年嗟琁璣之已颯愧袷袖之爲嬌謝銜珠之有報荷壁履之無禍藝文類聚六十七

瑪瑙盌賦

翠羽流霞之杯諒無聞于瑋麗豈匹此之奇瓌爰覩殊特臻自西國狀鶩鶴之點漬似遊龍之劃刻土銜鬱之雲采中郎羞其馬勒于時北園淸夏東閣浮涼山交枝而影雜水流葉而流香蟬無風而吟短鷺出迴而飛長副君海渟岳峙紙落金鏘獲阿宗之美寶命珂朔之名應實出崑崙之仙阜騰卽元洲之玉液酒旣醉而還年盌稍酌而延壽仰天縱之體物銘欲器兮何有藝文類聚七十三

南越木槿賦

日及多名蕣榮犖生東方記乎夕死郭璞贊以朝榮潘文體其夏盛秘賦憫其秋零此則京華之麗木非於越之舜英南中新草衆花之寶雅什未名騷人失藻雨來翠潤露歇紅燥蔓葶疑繁低藍若倒朝霞映日殊未妍珊瑚照水定非鮮千葉芙蓉詎相似百枝燈花復羞燃暫欲寄根對滄海大願移華廁綺錢井上桃蟲誰可雜庭中桂蠹豈見憐乃爲歌曰啼妝梁冀婦紅妝荀子家若持花並笑宜笑不勝花趙女垂金珥燕姬插寶珈誰知紅槿豔無因寄狹邪徒令萬里道攀折自咨嗟藝文類聚八十九

舉士詔至德四年正月甲寅

堯施諫鼓。禹拜昌言。求之異等。久著前冊。舉以滯淹。復聞昔典。斯乃治道之深規。帝王之切務。朕以寡昧。丕承洪緒。夙明虛己。日旰興懷。萬機多紊。四聰弗達。思聞謇諤。採其默語。王公已下。各薦所知。旁詢管庫。爰及輿皁。一介有能。片言可用。朕親加聽覽。佇茲啓沃。藝文類聚五十三。又見初學記二十。陳書後主紀前兩作前徽。默語作謀計。佇茲作佇于。

爲陳後主在東宮臨學聽講令

令中庶子。膠庠化本。教學政前。古之雍熙。靡不由是。自炎行將季。風化陵遲。梁室版蕩。微言中廢。後生莫曉洙泗之文。晚學未聞齊魯之說。加以棄本逐末。情多詭競。自銜守膚。更如膠柱。假詞而誦。豈類背碑。吾稟訓晨昏。言詩立禮。溫清暇日。秋籥冬書。歆前聖之簡牘。慕往賢之砥礪。今鋒刃既銷。雍序大啟。删浮去偽。求名責實。儒玄總集。蒲玉交馳。楨榦懿親。開蒙範物。梁園魯殿。崇經弘道。泮宮藩學。未比宗師。小山騶仕。寧同章句。可謂千里更齊。知十肅奉趍過。預觀訓冑。縫掖濟濟。冠冕師師。聽鉤深之說。矚循還之辯。美業再興。于斯爲盛。昔遁棲下聘。尚加束帛。祥瑞上臻。猶班重幣。況茲大禮。而可忽諸。外即詳賜學僚。以稱吾意。文館詞林。

爲陳六宮謝章

恭膺禮命。愧集丹纓之顔。拜奉曲私。慙紫翟羽之色。魯宮夜火。伯姬匪驚。楚榭奔濤。貞美何懼。豈期日月騰影。風雲竊潤。遲復位崇九御。聲高六列。象服增華。丹軿耀彩。何以弼佐王風。克柔陰化。兢惶並集。追想流荇之詩。荷遠相許。遂失鳴環之飾。藝文類聚十五。初學記十。

爲陳六宮謝表

鶴籥晨啟。雀釵曉映。恭承盛典。肅荷徽章。步動雲桂。香飄霧縠。婉纓豔粉。無情拂鏡。愁縈巧黛。息意臨牕。妾聞漢水贈珠。人間絕世。洛川拾翠。仙處無雙。或有風流行雨。窈窕初日。聲高一笑。價起兩環。乃可桂殿迎春。蘭房侍寵。借班姬之扇。未掩驚羞。假蔡琰之文

寧披悚戴。藝文類聚十五。

讓吏部尚書表

竊以漢置五曹。方今六尚。魏隆八凱。擬古六卿。近喻喉舌。遠譬樞斗。至如東京許郭。西晉裴王。仰首伸眉。可得而論列矣。但臣門基世緒。晉宋以來。内侍帷扆。入尸衡尺。或年甫將立。或歲未強仕。是以退思弱冠。追傷疇昔。早塵華任。見知名輩。常謂忝竊。匪朝伊夕。豈期梁室多故。有志無時。平生意氣。颯爾零落。特由邀奉嘉運。千載一時。惟奮寵靈。遂臻于此。藝文類聚四十八。初學記十一。

爲沈尚書君理讓右僕射領吏部表

辛香已來。安石已後。遵其軌躅。必大夏之棟梁。總其寄任。亦巨川之舟楫。未有綿力薄材。輕膺此舉。藝文類聚四十八。

讓尚書僕射表

藻鏡官方。品裁人物。門驚如市。不嫌屋漏。心抱如冰。無欺暗室。但屢淹星鳥。每知忝素。世綱拘束。事歸僶勉。今此召會。尤增據蔟。竊以端揆副職。官稱師長。革履升降。傳呼寵赫。儀刑朝首。冠冕彝倫。兼復參掄衡流。匡佐聖治。安膺重責。必踐危機。藝文類聚四十八。初學記十一。星鳥作星鳥危。機作棟撓。

讓尚書令表

臣弱歲立朝。本無奇志。每謂任登常伯。足承基緒。值梁季不造。牧拙人閒。東竄三江。南徂百越。不知秦漢。十有七年。心迹退黜。平生畢矣。但性疏懶。不屑死增。俯仰乖時。人物多忤。天飛踐祚。任寄隆重。謬以商巳之木。遂比舟檝之材。燕岱之后。混同瑚璉之器。當由崇賢使舉。早守名節。竊以天府文昌。萬方之藪。天官冢宰。無所不統。禮革三獨。事昭百揆。曠職云久。三十餘載。一旦開置。必資望實。豈期廷典私偏。濫膺菲薄。陛下聽覽餘辰。曲垂昭納。遂斯反汗。高選具瞻。則儆蓋儆帷。使臣暮齒。歲制月制。賜臣皓髮。不已一息。藝文

類聚四十八。

爲衡陽王讓吳郡表

芝泥馳印，發命開函，顧之誠，夏霜易霣，兢惶之至，春冰可涉，臨輴回軾，卽事何取。廣川無聲，頗知自匹。藝文類聚五十。

謝敕給鼓吹表

略尋近古，遂聽前事。王文憲匡佐革命，沈隱侯經綸始運，騎吹之榮，猶難忝冒。臣況此，實非倫輩，豈可更崇文物，重假名器。高臺迢遞，未朱夏而登臨；芳樹華滋，非青春而奏曲。藝文類聚六十八。

爲太保蕭公謝儀同表

薄代當作薄伐

阪泉野戰，曾無汗馬之勞；代邸運籌，又闕前驅之勇。薄代專征，早遊邊外；執玉奉酎，文慚朝則。王人降止，朝冊遠臨，奉述教書，曲停表奏。滄波阻夐，既杜敬仲之辭；關路悠長，致絕趙衰之讓。心馳紫路，登文石而莫由；目送白雲，拜承明而未日。藝文類聚四十七，御覽二百四十三。

除詹事謝宮啟

庇身修德，溢迹端形，陳蘿故葛，攀附不涯，解角蛻鱗，超踰非次，方辭璽會，覯收渥澤。藝文類聚四十九。

謝宮爲製讓詹事表啟

如攀珠樹，徒仰照匣之輝；若踐玉田，不知照廡之價。芙蓉之水，亟奉北園；迷迭之文，屢陪南館。久降噓枯之旨，許賜淩雲之筆。清夜讌斯，謂言善戲；黃金然諾，竝遂殊寵。年齊柏蘂，豈報恩榮；紙墮蘭臺，未書悚戴。藝文類聚四十九。

除尚書令謝臺啟

竊以昔之冢司，今日端揆，頃同臺袞，無人則闕。臣之朽薄，安可叨負。謹當奏承夜月，冀奉三思之旨；聲寄浮雲，方祈九天之路。

除尚書令斷表後啟

司會治本，冢宰朝端，搢紳所屬，儀刑攸在。皇代以來，無人則闕。陛下將備厥職，用穆臣僚，不容始自庸菲，以譏物議。當今藩翰至戚，不無其才；廊廟重臣，亦有其器。伏願檢命往之則，闡平章之道。臣公心布款，有理存焉。藝文類聚四十八，初學記十一。

上毛龜啟

臣聞聖王受命，以代紹興，日月精明之狀，煙雲爛漫之采，神鼎出于汾陰，寶玉開于張掖，靈山奥澤，奇木呈祉，靜海澄波，鱗介褆福，靡不顯符瑞以固鴻基，肇徵祥以光永世者也。影合四靈，光分五色，懷星拖月，負宇銜圖。藝文類聚九十九。

陶貞白先生集序

昔劉向通古今之學，馬融見天下之書，京房察風雨之占，裴楷曉陰陽之術，子政傷于術易，季長僻于驕侈，君明迷不旋踵，公矩幾免極誅，鮮有盡美之迹，罕聞克終之譽。若夫德行博敏，孔室四科，經術深長，鄭門六藝，丹陽陶先生備斯矣。至如紫臺青簡，綠帙丹

妍當作研

經，玉版緘文，瑶壇怪牒，靡不貫彼精微，殫其旨趣，蓋非常之絕伎，命世之異人焉。文集缺亡，未有編錄，門人補輯，若逢遼東之本，好事妍搜，如誦河西之篋。奉敕校之鉛墨，緘以緹緗，藏彼鴻都，副在延閣。藝文類聚五十五。

入攝山棲霞寺詩序

壬寅年十月十八日，入攝山棲霞寺，登岸極峭，頗暢懷抱。至德元年癸卯十月二十六日，又再遊此寺，布法師施菩薩戒。甲辰年十月二十五日，奉送金像還山，限以時務，不得恣情淹留。乙巳年十一月十六日，更獲拜禮，仍停中山宿，永夜留連，棲神悚聽。但交臂不停，薪指俄謝，率製此篇，以記歲月，俾後來賞者，知余山志。廣弘明集三十上。

遊攝山棲霞寺詩序

禎明元年太歲丁未四月十九日癸亥，入攝山展慧布法師，憶謝

靈運集。還故山入石壁中尋曇隆道人。有詩一首十一韻。今此拙作。仍學康樂之體。廣弘明集三十上。

自敘

歷升清顯。備位朝列。不邀世利。不涉權幸。嘗撫躬仰天太息曰。莊青翟位至丞相。無迹可紀。趙元叔為上計吏。光乎列傳。官陳已來。未嘗逢迎一物。干預一事。悠悠風塵。流俗之士。頗致怨憎。榮枯寵辱。不以介意。太建之世。權移羣小。諂嫉作威。屢被摧黜。奈何命也。後主昔在東朝。留意文藝。夙荷昭晉。恩紀契闊。嗣位之日。時寄謬隆。儀形天府。釐正庶績。八法八典。無所不統。昔晉武帝策荀公曾曰。周之冢宰。今之尚書令也。況復才未半古。尸素若茲。晉太尉陸玩云。以我為三公。知天下無人矣。軒冕儻來之一物。豈是預要乎。弱歲歸心釋教。年二十餘。入鍾山就靈曜寺則法師受菩薩戒。暮齒官陳。與攝山布上人遊款。深悟苦空。更復練戒。運善于心。行慈于物。頗知自勵。而不能蔬菲。尚染塵勞。以此負愧平生耳。陳書江總傳。總嘗自敘其略云云。時人謂之實錄。

全隋文卷十終

全隋文卷十一

烏程嚴可均校輯

江總二

莊周畫頌

玉潔蒙縣。蘭薰漆園。丹青可久。雅道斯存。夢中化蝶。水外翔鯤。出俗靈府。師心妙門。垂竿自若。重聘忘言。悠哉天地。共是籠樊。藝文類聚三十六。

香讚

海岸相傳。香流大千。不吹自轉。將銷更燃。縈空雜霧。散廻飛煙。還符戒品。熏修福田。

花讚

池中寶花。葉覆金沙。逆風氣亂。映水光斜。散由天女。貢乃王家。若生心樹。願結因芽。

燈讚

寶燈夜開。影徧花臺。烟抽細燄。燼落輕灰。珠甍色並。月恥光來。一明暗室。若遣塵埃。

幡讚

金幡化成。搖蕩相明。圖無定影。散乃俱輕。光分紺殿。采布香城。恆知自轉。福與之生。藝文類聚七十六。

芳林園天淵池銘

歲次執徐。月維大呂。爰命梓匠。廣修春籞。標置舊趾。開盈昔基。東西彌望。雲霧之所澄蕩。南北紆縈。虹霓之所引曜。曉川漾璧。似日御之在河宿夜浪浮金。疑月輪之馳水。麻前瞰萬雉。列樹參差。卻拒三襲。危巒聳峭。環島異禽。自學歌舞。神木靈卉。不知搖落。但叔皮覽海。序螭蛟之泛濫。吉甫臨舟。美檉松之蓊茸。尙復著在吟詠。籤彼緹緗。況我君門。盛事未紀。謬傾待詔。謹製銘云。

石溝洒密。蘭渚潮平。九華闊道。百丈層盈。液搖殿色。殿寫波明。藝文類聚九。

永陽王齋後山亭銘

叢臺造日。淄館連雲。錦牆列績。繡地成文。吾王卓爾。逸趣不羣。梅梁蕙閣。桂棟蘭枌。竹深蓋雨。石暗迎曛。激流疑疏。構峰似削。苔滑危磴。藤攀聳萼。樹影搖窗。池光動幕。月澄遙徼。風清近壑。雪岸難消。花園易落。高桐百尺。垂楊五株。開榮九畹。結秀三珠。山條紫的。水葉紅鬚。抽芳繞霤。接翠分衢。亭譙旅鶴。浦噪驚鳧。前列牧馬。後招郇伯。諷誦楚謠。精微沛易。叢桂留賞。散金匪惜。不羨雎陽。還嵩碣石。馳聲終古。服義無斁。藝文類聚六十四。

玄圃石室銘

偃巖石檢。偃宇石牆。地云正域。道示修羊。紫烟碧露。絳雪玄霜。廣成不踐。王烈未翔。移華甲觀。徙構震方。遠跨飛梁。俛臨倒景。瓊蕊珠樹。金階玉井。映日分暉。搖風共影。岫濃翠合。林虛桂靜。朔去偷桃。董來貨杏。權非刻削。戶恣登臨。迎春花近。避暑涼深。秋雲卷闔。冬霰停陰。桐棲鳳采。竹化龍吟。輕飛亂色。激溜成音。天縱儲睿。生知作兩。弦誦餘隙。仁智爲賞。河曲停遊。洛濱息往。祥梨吐秀。瑞燕流響。一物或鐫。萬國斯仰。藝文類聚六十五。

方鏡銘 并序

此鏡㠯照著衣。鏡背圖刻八卦二十八宿。仁壽殿前。無㠯加斯彫麗也。

玄枵命巧。仲呂呈祥。金鐫石漢。銅鑄丹陽。價珍負局。影麗高堂。圖星擬蓋。寫卦隨方。明齊水止。照與天長。增輝兔苑。永侍龍光。藝文類聚七十。

懷安寺刹下銘

四聰睿后。萬行了因。運先玉鏡。道茂金輪。爰構寶刹。地迹重闉。迎風雲表承露天津。飛甍巘嶭。累棟嶙峋。護持七衆。警衛百神。籌銷草木。刧盡沙塵。支提永固。福業恆新。變易東海。長久北辰。

鐘銘

晁氏之匠。毌陽之銅。圖欒鑄鏞。刻獸鐫蟲。聲飛雪裏。韻切唇中。遙符玉律。遠雜金風。朝驚鷲嶺。夜動龍宮。冀憑慧業。冥感神功。百非洗蕩。萬善招通。長如五濁。永證三空。

又鐘銘

篆閟鎔刻。欒上雕鐫。聲齊法鼓。響逸鳴楗。舟移巨壑。火壞初禪。

優塡像銘

如花譬象。若火疑龍。毫光此遇。法相今逢。眸雲齒雪。月貌金容。大仙下降。避席爲恭。藝文類聚七十七。

梁故度支尙書陸君誄

君諱襄。字師卿。吳人也。祖惠徹。宋車騎府法曹行參軍。父閑。揚州別駕。齊永元紹豚。蕭遙光謀反伏誅。閑㠯州職見害。子絳其日幷命。忠孝之道。萃此一門。襄時年十四。號毀殆滅。布衣蔬食。終于身世。起家著作佐郎。出爲永寧縣令。累遷臨川王廬陵王法曹外兵記室。入爲太子洗馬掌管記。中書舍人管記如故。爲丹陽尹丞。俄遷太子庶子掌管記揚州治中太子家令。領國子博士管記如故。丁母顧夫人憂。廬乎墓所。服闋。又從家令轉中庶子。竝掌管記。遷中散大夫金華宮家令。出爲鄱陽內史。除尙書吏部郎祕書監。領揚州大中正度支尙書。太清二年三月。京師傾覆。君竄迹還鄉。吳民陸黯起義民攻郡。擾攘之際。憂憤而終。春秋七十有二。余避世河濟。暫之吳國。百舍不容。千里無饋。陸公國士之眷。惠好之深。朝同飦粥。夕共瓢飲。契闊陪言。流連晦朔。日月逝矣。懷古何忘。臨哀能誄。久願搖筆。時事屯邅。不遑削藁。梁季適越。未戢干戈。陳世入仕。累牽物役。杼軸于懷。四十餘載。隋開皇九年。于長安致仕。懸車

己洎。就木幾何。但東海成田。南冠永縶。龜山更促。空想吹笛之哀。馬角徒生。絕望通波之水。嗚呼哀哉。攬涕操觚。乃爲誄曰。

媯苗碩茂。完裔繁昌。賓門穆穆。筮仕鏘鏘。食采命氏。遐哉陸鄉。四昇臺省。八辟賢良。分柯振葉。令聞令望。玄蕤朱韡。翠弁金鐺。流聲世祀。列讚祠堂。別駕貞烈。志存名敎。捐生徇主。知死不撓。暉映泉壤。痛此忠孝。於鑠夫子。積德累仁。韜光戢耀。隱璞含眞。居哀能痛。至情通神。淚枯壠樹。哀感馴禽。永慟家禍。長號不辰。玄黃絕睇。蔬布終身。心符屈婞。室等原貧。分甘共感。內族外姻。求之今古。斯爲異人。月下奏章。螢前讀史。給紙蘭臺。觀書洛市。强學待問。潤身爲己。結髮濯纓。登朝入仕。昂昂逸驥。逐日千里。宛宛長離。陵江迅起。枳棘棲鳳。化行乳雉。平臺累陟。石扇暫履。跧伏不競。棼絲自理。倚席無譏。師訓冑子。驥足時務。俊民斯俟。秋實選能。春華備美。思媚儲后。遊息承華。書記策擢。爵命增加。彈碁擊筑。沈李浮瓜。追隨飛蓋。侍從鳴笳。二儀迴斡。四氣淹賒。離景遽沈。前星奄滅。撫己惟舊。懷恩守節。昔荷故臣。攀號聲析。登高能賦。大夫就列。金華式肇。更奉清切。脩竹貞松。含霜抱雪。下車軒日。求瘼康時。良辰坐嘯。朗夜臥治。懸魚化謠。佩犢去思。廣弘條敎。精察毫釐。典選搜揚。操刀密勿。不紊朱紫。傍無請謁。祕署學林。得人超忽。延閣緗素。校文遺闕。上妙鉛槧。譽成朞月。雁行攸序。龍作脩才。讓珠不拜。賜劍恩來。帝曰俞往。爾行兼該。金城失險。玉弩流災。年臻几杖。病息草萊。世故天禍。臣悲主辱。露盡朝陽。風驚夜燭。黃鵠超遙。白駒何促。事迫歸魂。依然敝足。悠悠世路。辛苦艱虞。尋戈滿道。暴骨交衢。家無半菽。地絕飛芻。念君桑梓。零落凋枯。傷君井邑。孑然崎嶇。喪亂絕卜。葬蘦荒蕪。淒涼故友。擗摽遺孤。臨穴外野。撫櫬窮途。嗚呼哀哉。爲善豈懼。修名難假。德履中和。道周文雅。不朽之迹。非謂泉下。亹亹清名。洽洽獨寫。嗚呼哀哉。文苑英華八百四十二。又略見藝文類聚四十八。

陳宣帝哀策文

望蜃綍而攀摽。拜龍莚而慟絕。變五統而淒涼。迴三辰而慘切。感川岳而地維傾。號穹蒼而天柱折。千秋茂德。萬世鴻名。爰詔掌禮。式序英聲。其辭曰。

媯水樞宿。姚墟大虹。謳歌承歷。揖讓受終。重規帝緒。踵武王風。名山紀迹。清廟傳功。我后丕承。思弘祖業。莅政恭己。臨朝凝默。煥爛九功。葳蕤七德。憲章昭著。威靈允塞。爰茲發迹。天步艱難。蓮華滕衞。比譽應韓。羽儀咸右。軒冕朝端。祈贈當璧。篠顯大横。延喜授玉。告善飛旌。神器有奉。性道無名。詩頌唐年。樂舞姬日。仁聲汪濊。武義洋溢。理訟總衙。凝情衡室。巡望如禮。幽祇咸秩。彊垂叛援。關徼虔劉。治兵丹浦。獲醜青丘。屠鈞且拔。管庫方搜。如龍駕鼓。獻雉焚裘。天必呈祥。地寧愛寶。神禽奇獸。嘉穀靈草。屈軼抽階。飛黃伏阜。綺雲舒慶。珠星照老。廣敷丘素。弘啟膠庠。書林吐馥。文囿含鏘。南洽侯衞。北暢遐荒。般羅自解。周圉無傷。金英掩色。玉琳弗豫。天駟摧鑣。王良失御。鑄鼎奚益。綴衣何處。漫漫幽夜。冥冥上仙。長違拜日。天意祈年。寧神卜兆。晏駕迴天。銅麟感泣。銀海埋田。出德陽之廣殿。動繁笳之哀囀。渡洛水之浮橋。望偃師之近縣。背紫陌而未遠。隱黃山而不見。鞞啟挽而依依。馬嘶風而戀戀。平原欲晦。落照將垂。鳳蓋飄而水暗。鸞蹕聳而山危。曳蜿旗之舒卷。閉翠野之參差。烏哀哀而驚曙。松瑟瑟而吟枝。異故鄉之絲竹。非舊宅之塤篪。掃秋葉而無盡。薦春櫻而願知。北邙已謝。西陵何有。遠宿蒼梧。便乖仁壽。聲合韶濩。道宣戶牖。共瀛海而恆流。並嵩華而莫朽。藝文類聚四十

廣州刺史歐陽頠墓誌 天嘉四年

公家習尚書。少府孺高于漢冊。世居渤海。太守文重乎晉原。中原喪亂。避地南徙。公孝敬純深。友悌敦睦。家積遺財。並讓諸季。兼賙

同壤。公含章內映。遠識沈通。室晳欲。謹言行。資貞幹。事廉隅。梁室不造。凶竊憑陵。公被銳執兇。有志匡復。梁孝元帝授散騎常侍東衡州刺史始興縣侯。而犬戎弒逆。宗社播遷。陳纂揖讓。依歸高祖。恩加惟舊。授使持節都督南衡二十二州諸軍事廣州刺史。進為開府儀同三司山陽郡公。進號征南將軍。加鼓吹一部。巫山遠曲。喧騎吹于日南。芳樹清音。肅軍容于海裔。追贈車騎將軍司空公。涉獵六經。優游百氏。寬徭省賦。化百越之歸心。撫寒投醪。感三軍之死力。在室如賓。寧慚屋漏。不貪為寶。每畏人知。穀青無兼兩之疑。薏苡豈懷珠之謗。如年如粟。不改夷齊之心。遺慶遺風。方留豹產之德。藝文類聚五十。

故侍中沈欽墓誌 太建元年

早結南陽之親。致興沛市之役。四埏多難。三江屢梗。君敦涫化。以勵澆風。庶滌清流。以蕩濁俗。早遺紫雲。萍濡碧海。舊里開之寵。耀車馬之貴。晒竇氏之青山。恥郭家之金穴。藝文類聚四十八。

特進光祿大夫徐陵墓誌銘 至德元年

耕耘書圃。弋獵文場。藻思綺合。尺牘繡揚。辭奪太史。筆利干將。心緘武庫。口定雌黃。奉使巡採。絕域遐深。市朝遷貿。陵谷相侵。形寄玉積。多宣攀附。高排閶闔。鬱轉雲路。年踰致仕。齒及懸車。夜漏方盡。馳光復斜。平原出宿。庠序為家。隴愁宿霧。松悲閉鳥。地迴雲低。山重樹小。九原孤月。三泉送旐。疇曩行役。共上河梁。余因病免。君事遠將。痛心期之徂謝。惘時代之銷亡。冀鐫石于玄冢。留清風于故鄉。藝文類聚四十七。

司農陳暄墓誌銘

其文歊歘。其筆縱橫。背碑卽誦。據馬俄成。誹諧見賞。調笑忘情。兩宮寵臣。四主恩榮。萬事依息。一朝追送。疇昔命觴。文可吟諷。今日酹酒。長悲且慟。藝文類聚四十九。

侍中中領軍魯廣達墓銘（開皇九年）

災流淮海。險失金湯。時屯運極。代革天亡。爪牙背義。介胄無良。獨標忠勇。率禦有方。誠貫皎日。氣勵嚴霜。懷恩感報。撫事何忘。（陳書魯廣達傳。）

皇太子太學講碑

我大陳之御天下也。若水渙其長瀾。瑤星踵其永厤。重華誕宥。與于大鹿之野。敬仲繼業。盛矣鳴鳳之占。兼以鴻才海富。逸思泉瀉。含毫落紙。動八闋之歌謠。隻句片言。諧五聲之節奏。雲飛風起。追壓漢帝之辭。高觀華池。遠跨魏皇之什。爰復建藏書之冊。開獻書之路。帷帳叢殘。冢壁遺逸。紫臺祕典。緑帙奇文。羽陵蠹迹。嵩山落簡。外史所掌。廣內所司。靡不飾以鉛槧。彫以緗素。此文教之脩也。（藝文類聚五十五，初學記二十一。）

吳興郡廬陵王德政碑

卓爾吾王。天人可擬。早成夙智。謙懷虛己。偃息流略。翱翔文史。三雍雅對。九師名理。好古如斯。學兼之矣。睢陽肇構。碣石初開。賜田待士。脩道求材。前符彭國。迹職琅臺。去謠晰鼓。留歌暮來。（藝文類聚五十二。）

明慶寺尚禪師碑

百世之上。百世之下。含章隱璞。明眞照假。空行已無。希音和寡。不有晳德。誰其繼者。朗月靈魄。高風獨寫。（藝文類聚七十六。）

建初寺瓊法師碑

夫智慧精進。皆曰第一。妙德淨名。竝稱不二。若乃幹五欲之泥。解六情之網。禦寶車之迹。面香城之路。荷持像法。汲引人倫。惟此法師。心力備矣。東山北山之部。貫花散花之句。竝編梯成餝。隨藕就業。學非全朔。無待冬書。師夢尹儒。自知秋駕。銘曰。

屑屑人世。茫茫大千。欲流忘火。意樹身田。老鷲靈龕。孔情遊川。三空莫辯。二諦何詮。佛日初照。慈雲不偏。秋露寂滅。莫繫悠然。（藝文類聚七十六。）

攝山棲霞寺碑

蓋聞天有神宮。地云靈府。桑欽傳記。始敘四衢之塔。金朔著經。因知千步之寺。至如峰形甑累。岫勢堂密。亦烏足言哉。南徐州琅邪郡江乘縣界有攝山者。其狀侶繖。亦名繖山。尹先生記曰。山多草藥。可以攝養。故以攝爲名焉。南瞻舊落。顧惟鎮戍之塢。北望荒村。扈謙卜筮之宅。此山西南隅。有外道館地。俄而廢蕪磨滅。三清遺法。未明五怖之災。萬善開宗。遂變四禪之境。倏見齊居士平原明僧紹。空解淵深。至理高妙。遺榮軒冕。遁迹巖穴。宋泰始中。嘗遊此山。仍有終焉之志。村民野老。競來諫曰。山多狼虎毒虵。所以久絕行踐。僧紹曰。毒中之毒。無過三毒。忠信可蹈。水火猛獸。亦何能爲。乃刊木駕峰。薙草開徑。披拂蓁梗。結構茅茨。廿許年不事人世。澂河息暴。擾饑無立。皆曰誠至所感。有法度禪師。家本黃龍。來遊白社。梵行殫苦。法性純備。與僧紹冥契甚善。嘗于山舍講無量壽經。中夜忽見金光照室。光中如有臺館形像。豈知一念之閒。人王照其香蓋。八未曾有。淵石朗其夜室。居士遂捨本宅。欲成此寺。即齊永明七年正月三日度上人之所構也。山情率易。野製疏朴。崖檐峻絕。澗戶幽深。卉木滋榮。四時助其雕繪。煙霞舒卷。五色成其藻絢。居士嘗夢此巖有如來光彩。又因閒居。依稀目見。昔賓海梵志。睡覩花臺。智猛比丘。行逢影窟。故知神應非遠。靈相斯在。居士有懷創造。俄而物故。其第二子仲璋。爲臨沂令。克荷先業。莊嚴龕像。首于西峯石壁。與度禪師鐫造無量壽佛坐身三丈一尺五寸。通座四丈。幷二菩薩倚高三丈三寸。若乃圖寫瓌奇。刻削宏壯。蓮花墜目。石境沉曤。藕絲縈髮。雲崖失彩。項日流影。東方韜其大明。面月馳光。西照匿其成皃。大同二年。龕頂放光。光色身相。晃若炎山。

林陰樹下。艶如火殿。禪師自識終期。欣瞻瑞應。以建武四年于此寺順寂。豈非六和精進。十念允諧。向沐寶池。方登金地者也。齊文惠太子、豫章文獻王、竟陵文宣、始安王等。慧心開發。信力明悟。各捨泉貝。共成福業。宋太宰江夏王霍姬。蕃閨內德。齊雍州刺史田奐。方牧貴臣。深曉正見。抄識來果。並于此巖阿。廣收財施。琢磨巨石。影擬法身。梁太尉臨川靖慧王。道契真如。心弘檀密。見此山製置疏闊。功用稀少。以天監十年八月爰撤帑藏。復加瑩飾。續以丹青。鏤之銑鋈。五分照發。千輪啟煥。排天堂應。玉露分色。接岫軒墀。翠微抽影。八定之侶。步纖草而揚梵。三慧之僧。挹飛泉而動色。喜圜凝靜。豈徼吏之凡遊。深谷虛玄。非愚公之俗路。是以王公搢紳之輩。郎吏胥史之屬。步林壑。陟阜壤。升精舍。拜道場。無不洗滌無明。澣濯闇暗。非直心之砥路。孰能如斯者乎。慧振法師志業該練。心力精確。度上人將就遷神。深相付囑。法師聿修厥緒。勸助衆功。基業田園。多所創置。先有名德僧朗法師者。去鄉遊水。問道京華。清規挺出。碩學精詣。早成波若之性。夙植尸羅之本。闡方等之指歸。弘中道之宗致。北山之北。南山之南。不遊皇都。將涉三紀。梁武皇帝能行四等。善悟三空。以法師累降徵書。確乎不拔。天監十一年。帝乃遣中寺釋僧懷、靈根寺釋慧令等十僧詣山。諮受三論大義。賈誼曰。學聖道如日之明。孫卿云。登高山知天之峻。今之探賾。其此之謂。南蘭陵蕭驪。幽棲抗志。獨法絕羣。道世茲山。多歷年所。臨終遺言。葬法師墓側。還符田豫託西門之冢。更似梁鴻偶要離之塋。又案神錄云。楚靳神在今臨沂縣。齊永明初。神詣法度道人受戒。自通曰靳尚。即楚大夫之靈也。大同元年二月五日。神又見形。著菩薩巾。披袈裟。閑雅甚都。來入禪堂。請寺衆說法。崑嶺之中。百神所在。首陽之路。八駟並驅。未有修淨戒之品。詣得道之僧。整忍辱之衣。入安禪之室。是知名山大澤。靈異憑依者矣。慧布法師

勁落煩惱。早出塵勞。律儀明白。貞節峻遠。貫綜三乘。不自媒衒。楷模七衆。無所詆訶。曩日靜慮鍾巖。余便觀止。飡仁飲德。十有餘年。頂于攝阜。受持珠戒。佩服之敬。雖敢怠于斯須。汲引之勞。且曷伸于報效。夫言意難盡。鉛槧易憫。固比河山。莫如金石。凡諸徵應。并預隨喜。並勒于碑左。乃為頌曰。

漫漫心火。冥冥世流。論生若寄。喻死如休。三明未了。十智難周。晝纏癡愛。豈離瘡疣。敬仰雞足。恭聞鷲頭。斯風可羨。其路何由。我開梵宇。面壑臨丘。我圖靈迹。果植因修。兼金畫繪。泐石彫鎪。蓮雲出沒。泄雨沈浮。經行松磴。禪坐蕙樓。澗風長瀉。崖灑懸抽。花臺似雪。夏室疑秋。名僧宴息。勝侶薰修。三乘謂筏。六度為舟。金幢合蓋。寶駕騑輈。地祇來格。天衆追遊。五時無爽。七處相侔。辭題翠琰。字勒銀鈎。賢乎樂餌。過客宜畱。

大莊嚴寺碑

蓋聞僧伽水濱。波斯創以禪地。醍醐山頂。舍耶肇其梵域。此乃往劫之勝因。上方之妙範。于是俯察地勢。懸之以水。仰惟皇極。揆之以日。百堵咸作。千坊洞啟。前望則紅塵四合。見三市之盈虛。後睇則紫闕九重。連雙闕之聳峭。加以園習歡喜。水成功德。池溢甘露。不因玉掌。樹搖音樂。無待金奏。薰鑪夜爇。遙來海岸之香。法鼓晨讙。非動泗濱之石。擢莖金表。跨八萬之俱成。界道銀繩。面四衢而拓製。廁璧綴珠。凌丹霞而結宇。雕光鏤采。望紫極而開軒。俯看驚電。影徹琉璃之道。遙施宛虹。光徧水精之域。層楹刻桷。風伯走而未升。靈橑飛甍。雨師攀而不逮。銘曰。

灼爍金莖。崔嵬銀表。翔鶤羽蓋。威鳳靈嬌。木密聯綿。香泥繚繞。日圖檐外。荷披棟杪。翠落陰虬。珠塡陽鳥。高僧累萃。碩學茲多。弘宣方等。博綜圍陁。皆傷寸晷。並悟尺波。式旌鏤碣。無待雕戈。標年剎土。比數洹河。藝文類聚七十七。

羣臣請贖武帝懺文捨身

某位某甲稽首和南。十方三世一切諸佛。十方三世一切尊法。十方三世一切賢聖。見前大德僧。皇帝某菩薩。睿哲聰明。廣淵齊聖。心若虛空。照窮般若。發弘大誓。荷負衆生。神道會昌。膺茲景業。百王既季。運屬艱難。五嶽維塵。六軍日動。劬勞在念。有切皇心。既而深悟苦空。極言無我。寶臺華柱。本非寶餘。賊城樓櫓。苦具茲多。遂坐道場。靜居禪室。堅固善本。具足檀那。石壁山河。珍車寶馬。頭目髓腦。妻子國城。鑾輅龍章。翠帳玉几。福德所感。威惠所及。莫不肅然大捨。供養三尊。便欲拂衣崆峒。高步六合。到林陰而宴坐。與釋衆而同遊。紫微虛宮。黃屋曠位。上靈聳動。厚土怔惶。弟子等身纏愛惑。業構煩惱。天生烝民。樹以司牧。喋喋黔首。非后罔戴。豈容尊居萬乘。而伸獨往之情。應在帝王。而爲布衣之事。且蠻夷猾夏。寇賊姦宄。燧人警職。以照甘泉之火。四郊多壘。未肆樓船之威。若使七聖遂迷。窅然汾水之上。八駿沃若。方在瑤池之濱。則天下何依。羣臣莫奉。宗社廟堂。有廢彝則。弟子不勝狼狽之切。謹捨如干錢如干物。仰覲三寶大衆。奉贖皇帝。及諸王所捨。悉還本位。伏願十方三寶。見前大德僧。以慈悲力。用無礙心。坐道放光。顯揚宣說。歡喜和合。超然降許。當使皇帝望雲望日之姿。與南山等固。乃神乃聖之德。與北極同尊。中宮后妃之星。金楨玉幹之戚。窮積善之慶。盡萬歲之懽。玉鑾迴鑣。金門洞啟。百辟翹首。搢紳竝列。願塵勞與雲沴俱銷。億兆與天地同泰。慊慊丹愚。敢以死請。弟子某和南。廣弘明集二十八下。

全隋文卷十一終

烏程嚴可均校輯

庾季才

季才字叔奕，新野人，家于江陵。梁大同中，廬陵王續辟荊州主簿，歷湘東王外兵參軍，西臺建，累遷中書郎，領太史，封宜昌縣伯。江陵陷，入魏，參掌太史，周武成中，補麟趾學士，累遷稍伯大夫、車騎大將軍、儀同三司，建德中，遷太史中大夫，加上儀同，封臨潁伯。宣帝初，加驃騎大將軍、開府。隋受禪，授通直散騎常侍，進爵為公，出為均州刺史，未之任，免。仁壽三年卒，年八十八。有靈臺祕苑一百十五卷、垂象志一百四十八卷、地形志八十七卷。

上言定授禪月日

今月戊戌平旦，青氣如樓闕，見于國城之上，俄而變紫，逆風西行。氣經云：天不能無雲而雨，皇王不能無氣而立。今王氣已見，須即應之。二月日出卯入酉，居天之正位，謂之二八之門。日者，人君之象，人君正位，宜用二月。其月十三日甲子，甲為六甲之始，子為十二辰之初。甲數九，子數又九，九為天數。其日即是驚蟄，陽氣壯發之時。昔周武王以二月甲子定天下，享年八百；漢高帝以二月甲子即帝位，享年四百。故知甲子甲午為得天數。今二月甲子，宜應天受命。（隋書庾季才傳，北史八十九。）

奏請遷都

臣仰觀玄象，俯察圖記，龜兆允襲，必有遷都。且堯都平陽，舜都冀土，是知帝王居止，世代不同。且漢營此城，經今將八百歲，水皆鹹鹵，不甚宜人。願陛下協天人之心，為遷徙之計。（隋書庾季才傳。）

裴政

政（周書作正），字德表，河東聞喜人。梁豫州刺史邃孫，初為邵陵王府法曹參軍，轉起部郎、枝江令。湘東王召為宣惠府記室，除通直散騎侍郎。侯景之亂，加壯武將軍，封夷陵侯，徵授給事黃門侍郎。加平越中郎將、鎮南府長史。入周，為員外散騎侍郎，授刑部下大夫，轉少司憲。隋受禪，轉率更令，加上儀同三司，進散騎常侍，轉左庶子，出為襄州總管。卒年八十九。有承聖降錄十卷。

上周明帝書論樂

昔者大舜欲聞七始，下洎周武，爰制七音。持林鍾作黃鍾，以為正調之首。（周書長孫紹遠傳，故梁黃門侍郎裴正上書。）

奏劉榮趙元愷事于太子勇

凡推事有兩，一察情，一據證，審其曲直，以定是非。臣察劉榮，位高任重，縱令實語元愷，蓋是纖介之愆，計理而論，不須隱諱。又察元愷，受制于榮，豈敢以無端之言妄相點累。二人之情，理正相似。元愷引左衛率崔蒨等為證，蒨等款狀，悉與元愷符同。察情既敵，須以證定。臣謂榮語元愷，事必非虛。（隋書裴政傳。）

奏定冕服

後周制冕，並無典故。今採東齊之法，乘輿袞冕，垂白珠十有二旒，以組為纓，色如其綬，黈纊充耳，玉笄，玄衣纁裳，衣山、龍、華蟲、火、宗彝五章，裳藻、粉米、黼、黻四章。衣重宗彝，裳重黼黻，為十二等。衣褾領，織成升龍，白紗內單，黼領，青褾、襈、裾，革帶，玉鉤䚢，大帶，素帶朱裏，紕其外，上以朱，下以綠。韍隨裳色，山、龍、火三章。鹿盧玉具劍，火珠鏢首，白玉雙佩，玄組雙大綬，六采，玄黃赤白縹綠，純玄質，長二丈四尺，五百首，廣一尺；小雙綬長二尺六寸，色同大綬而首半之，間施三玉環。朱韈，赤舄，舄加金飾。祀圓丘、方澤，感生帝、明堂、五郊，雩、蜡、封禪，朝日、夕月，宗廟、社稷、籍田，廟遣上將，征還飲至，加元服，納后，正月受朝，及臨軒拜王公，則服之。通天冠，加金博山，附蟬十二，首施珠翠，黑介幘，玉簪導，絳紗袍，深衣制，白紗內單，皁領，褾、襈

全隋文卷十二　裴政　二

褠、絳紗蔽膝、白革（一本作假）帶、方心曲領。其革帶、劒、佩、綬、舄與上同。若未加元服、則雙童髻、空頂、黑介幘、雙玉導、加寶飾。朔日受朝、元會、及冬會、諸祭還、則服之。武弁、金附蟬、平巾幘、講武出征、四時蒐狩、大射、禡、類、宜社、賞祖、罰社、纂嚴、則服之。黑介幘、白紗單衣、烏皮履、拜陵則服之。白紗帽、白練裙襦、烏皮履、視朝聽訟、及宴見賓客、皆服之。白帢、白紗單衣、烏皮履、舉哀則服之。皇太子袞服、玄衣纁裳、衣山龍華蟲火宗彝五章、裳藻粉米黼黻四章、織成爲之。白紗內單、黼領、青褾、襈、裾、革帶、金鉤䚢、大帶、素帶不朱裏、亦紕以朱綠、韍隨裳色、火山二章、玉具劒、火珠鏢首、瑜玉雙佩、朱組雙大綬、四綵、赤白縹紺、純朱質、長丈八尺、三百二十首、廣九寸、小雙綬長二尺六寸、色同大綬、而首半之、間施二玉環、朱韈、赤舄、舄以金飾、侍從皇帝祭祀、及謁廟、加元服、納妃、則服之。遠遊冠、服絳紗袍、白紗內單、皁領、褾、襈、裾、白革（一本作假）帶、方心曲領、絳紗蔽膝、韈、舄、其革帶、劒、佩、

綬與上同。謁廟、還宮、元日朔日入廟、釋奠、則服之。遠遊冠、公服、絳紗單衣、革帶、金鉤䚢、假帶、方心、紛長六尺四寸、廣二寸四分、色同其綬、金縷鞶囊、韈、履、五日常朝則服之。袞冕服九章、同皇太子、王、公、開國公初受冊、執贄、入朝、祭祀、親迎、則服之。三公助祭者亦服之。鷩冕服七章、衣華蟲火宗彝三章、裳藻粉米黼黻四章、侯伯初受冊、執贄、入朝、祭祀、親迎、則服之。毳冕服五章、衣宗彝藻粉米三章、裳黼黻二章、子男初受冊、執贄、入朝、祭祀、親迎、則服之。絺冕服三章、正三品已下、從五品已上、助祭則服之。自王公已下、服章皆繡爲之。祭服冕、皆簪導、青纊充耳、玄衣纁裳、白紗內單、黼領、青褾、襈、裾、革帶、鉤䚢、大帶、朱韍、劒、佩、綬、韈、赤舄。爵弁服、從九品已上助祭則服之。其制、服玄衣纁裳、無章、白絹內單、青領、褾、襈、裾、革帶、大帶、爵韠、韈、赤履。白帢、白紗單衣、烏皮履、上下通服之。委貌冠、未冠則雙童髻、空頂、黑介幘、皆深衣、青領、烏皮履、國子太學四門生服之。朝服、絳紗單衣、白紗內單、皁領、袖、皁襈、革帶、鉤䚢、假帶、曲領方心、絳紗蔽膝、韈、舄、綬、劒、佩。從五品已上、陪祭、朝饗、拜表、凡大事則服之。六品已下、從七品已上、去劒、佩、綬、餘並同。自餘公事、皆從公服。絳紗單衣、革帶、鉤䚢、假帶、方心、韈、履、紛、鞶囊、從五品已上服之。絳褠衣公服、流外五品已上服之。左右衛、左右武衛、左右武候、大將軍、領左右大將軍、並武弁、絳朝服、劒、佩、綬、侍從則平巾幘、紫衫大口袴褶、左右衛、左右武衛、左右武候將軍、領左右將軍、左右監門衛將軍、太子左右衛、左右宗衛、左右內率等、左右監門郎將、及諸副率、並武弁、絳朝服、劒、佩、綬、侍從則平巾幘、紫衫大口袴、直閤將軍、直寢、直齋、太子直閤、武弁、絳朝服、劒、佩、綬、侍從則平巾幘、絳衫大口袴。（通典六十一）

奏請冠及冕色並用玄

竊見後周制冕、加爲十二、既與前禮數乃不同、而色應五行、又非

典故。謹案三代之冠、其名各別、六等之冕、承用區分、璪玉五采、隨班異飾、都無迎氣變色之文。惟月令者、起于秦代、乃有青旂赤玉、白駱黑衣、與四時而色變、全不言于弁冕。五時冕色、禮既無文、稽于正典、難以經證。且後魏已來、制度咸闕、天興之歲、草創繕修、所造車服、多參胡制、故魏收論之、稱爲違古、是也。周氏因襲、將爲故事、大象承統、咸取用之、輿輦衣冠、甚多迂怪。今皇隋革命、憲章前代、其魏周輦輅、不合制者、已敕有司、盡令除廢、然衣冠禮器、尚且兼行、乃有立夏衮衣、以赤爲質、迎秋平冕、用白成形、既越典章、須革其謬。謹案續漢書禮儀志云、立春之日、京都皆著青衣、秋夏悉如其色、逮于魏晉、迎氣五郊、行禮之人、皆同此制、考尋故事、唯幘從衣色、今請冠及冕色並用玄、唯應著幘者、任依漢晉。（隋書禮儀志七。高祖初卽位、將改周制、乃下詔集通儒議、太子庶子攝太常卿裴正奏、制曰可。）

徐孝克

孝克。東海郯人。陳左僕射陵第三弟。梁太清初爲太學博士。侯景亂。去爲僧。名法整。景平還俗。陳天嘉中除郯令。去職。太建中徵祕書丞。不就。除國子博士。遷通直散騎常侍國子祭酒。禎明初進都官尚書散騎常侍。入隋。授國子博士。侍講東宮。開皇十九年卒。年七十三。

營涅槃懺詩序 馮惟訥詩紀作江總

禎明二年仲冬。攝山棲霞寺布法師只爾待終。余以此月十七日宿昔入山。仰爲師氏營涅槃懺。遂有此作。廣弘明集三十上。

天台山修禪寺智顗禪師放生碑 幷序

夫大易無體。品類所以咸亨。太一無名。至人于是設教。仰觀俯法。遠取旁求。兼三以才。吹萬維物。建官台鉉。則五嶽作鎮。辨方伯牧。故四瀆分流。闢伊闕。覽八紘。鑿龍門。陂九澤。播厥習險。因之以利民。相生卜洛。樹之以君長。坎之時用大矣哉。我皇帝作聖凝神。乘圖御籙。無爲無欲。道契汾陽。垂拱垂衣。德隆至治。辰象貞明。管燧合序。方外無虞。海内有截。被風雅于華戎。盛雍熙于曩代。巍巍乎難得而稱者也。至如光啓法式。紫敷道樹。化彰十善。弘濟四生。天台修禪寺智顗禪師。蔬練自居。苦節行己。奉揚皇風。總持像教。禪師俗姓陳氏。潁川人也。乃有嬀之後焉。四友驚座。巡聽多美。六奇列爵。世載其賢。祖詮早世。父起祖。梁使持節散騎常侍益陽縣開國侯。禪師童眞出家。聰敏易悟。寓居荆峽。遊化幽幷。自北徂南。兼行禪智。禹穴將探。台山是卜。白雞路出。青髓巖開。攀桂結宇。蕭然戀止。林交五柳。既覆旃檀之氛。塔見三層。終縣水精之色。雲崖天樂。不鼓自鳴。石室金容。無形留影。秀嶺嵚岑。浪波浩瀚。洪濤蓋氣。冒遠苞空。巨鼇喬松。干雲翳日。翔集飛走。叢育珍怪。地中藏玉。觀曲枝而易辨。淵内沈珠。見員流而可別。神通開士。如意桑門。振錫呪泉。騰空舞鉢。受丹仙客。汎急水而時來。避宦眞人。乘迴風而迥

至。厥土宏曠。靈識斯在。禪師福慧基鎡。聲光利益。宣猛將軍臨海内史計尚兒子勳之冑。世顯方術。賣藥登仙。閟于昔漢。剖符作守。郎此明時。請轉法輪。講金光明經一部。前雲騎將軍臨海内史陳思展及其猶子陳要卿等。郎土人也。戎章衣繡。優袤家邦。奉屈禪師。大講發華經典。白牙團扇。初開律藏之門。玉柄麈尾。傍闡經王之偈。繫珠始訓。親友醉除。夢鼓將鳴。梵魔疑遣。因酒雙明誠勸。廣辯福殃。尚兒仍獎諭滬主嚴續祖牟公賀等輩賢。凡百君子。信誓斯立。丹誠恪勤。白業諸辯。嗟如棠之往累。歎鉤餌之來緣。各捨滬業及魚梁等。合六十三所。二緣樹下。縣唱善哉。五旬座上。遙聞彈指。巨海無際。一時清謐。衆生無邊。同荷安快。掌擎世界。未學難思。手把虛空。非名希有。桂陽王殿下。皇枝之貴。應懋開平。情崇孔釋。吐縣河之旨。擊節證明。示半月之形。潛心隨喜。五侯三傑。曾不關然。黃髮青衿。咸同踴躍。藏諸篆素。青編落簡。樹以貞碑。聲芳靡絕。假令山止海運。惠施之美猶傳。龜吉筮凶。鑄勒之功無毀。孝克才慙十倍。學愧三餘。秋菟春櫹。久捐染翰。書紳書地。曾何圖寫。雕復張弛並黑。盜擬妙蘇。峴石徒刊。非能墮淚。仰熏心之上善。羨山水之清音。寸志片言。乃爲銘曰。

設位觀象。剖極開源。藹藹爲大。蒼蒼以尊。膏川沃壤。地脈河源。導疏呑禹。蓋取維軒。嗟乎坎德。至矣坤元。淳風樂土。君臨御寓。明明孝治。穆穆聖主。道冠當今。功高前古。慶協嘉瑞。美均擊拊。仁沾動植。澤及遐宇。釋種高族。身資瓢菽。匪慕分圭。歸心染服。辭彼緣慮。言旋幽谷。志託松筠。形隨喬木。七覺善誘。五禪清肅。無遠弗屆。無思不服。將軍邦宰。肩印銷罪。淑女良夫。民業珍賄。靡宏十朋。盈追百倍。不見所欲。忘懷無徭。各捨貲泉。同成佛海。洪濤冥濛。瞻眺唯空。屛師送雨。列子揚風。鯤鱗以北。極外之東。遠水銜日。曾波駕蓬。地上之比。山下之蒙。涇清渭濁。朝宗會同。天台維飾。林泉騷屑。頂

列三辰。峯危九折。瀑布高瀉。神狀姝潔。響若奔雷。皎如素雪。時隆冬而不凝。歲炎旱而無竭。石橋杳邈。晨暉映徹。仰止青霄。俯臨丹穴。鳥路雲通。人途徑絕。渤澥難邊。含情泝沿。嗷嗷岌岌。萬萬千千。鼓鰓掉尾。相望自然。辟網無掛。任釣不牽。歌欸靜拽。響徂停擿。行藏業大。弘生為最。斷樹誠規。翳樊斯誡。噲參靈鶴。敬康神蔡。隨感明珠。于期軒蓋。嘉會信徵。潛騰是賴。逝矣虞淵。波瀾易還。高岸深谷。蓬海桑田。石餘幾佛。芥盡何年。大地將隕。須彌洞然。風傾金際。火及初禪。猗歟水性。報轉常圓。（釋藏起字二號。國清百錄二。）

何妥

妥字棲鳳。西城人。家于郫縣。在梁游國子學。湘東王召為誦書左右。江陵陷。入周。授太學博士。宣帝初封襄城縣伯。隋受禪。除太學博士。加通直散騎常侍。進爵為公。出為龍州刺史。以疾請還。復知學事。除伊州刺史。不行。授國子祭酒。卒謚曰肅。有周易

講疏十三卷。大隋封禪書一卷。樂要一卷。集十卷。

定樂舞表

臣聞明則有禮樂。幽則有鬼神。然則動天地。感鬼神。莫近于禮樂。又云。樂至則無怨。禮至則不爭。揖讓而治天下者。禮樂之謂也。臣聞樂有二。一曰姦聲。二曰正聲。夫姦聲感人。而逆氣應之。正聲感人。而順氣應之。順氣成象。故樂行而倫清。耳目聰明。血氣和平。移風易俗。天下皆寧。孔子曰。放鄭聲。遠佞人。故鄭衛宋趙之聲出。內則發疾。外則傷人。是以宮亂則荒。其君驕。商亂則陂。其官壞。角亂則憂。其人怨。徵亂則哀。其事勤。羽亂則危。其財匱。五者皆亂。則國亡無日矣。魏文侯問子夏曰。吾端冕而聽古樂。則欲寐。聽鄭衛之音。而不知倦。何也。子夏對曰。夫古樂者。始奏以文。復亂以武。修身及家。平均天下。鄭衛之音者。姦聲以亂。溺而不止。優雜子女。不知父子。今君所問者樂也。所愛者音也。夫樂之與音。相近而不同。為人君者。謹審其好惡。案聖人之作樂也。非止苟悅耳目而已矣。欲使在宗廟之內。君臣同聽之。則莫不和敬。在鄉里之內。長幼同聽之。則莫不和順。在閨門之內。父子同聽之。則莫不和親。此先王立樂之方也。故知聲而不知音者。禽獸是也。知音而不知樂者。衆庶是也。故黃鍾大呂。弦歌干戚。僮子皆能儛之。能知樂者。其惟君子。不知聲者。不可與言音。不知音者。不可與言樂。知樂則幾于道矣。紂為無道。大師抱樂器以奔周。晉君德薄。師曠固惜清徵。上古之時。未有音樂。鼓腹擊壤。樂在其間。易曰。先王作樂崇德。殷薦之上帝。以配祖考。至于黃帝作咸池。顓頊作六莖。帝嚳作五英。堯作大章。舜作大韶。禹作大夏。湯作大濩。武王作大武。從夏以來。年代久遠。唯有名字。其聲不可得聞。自殷至周。備于詩頌。故自聖賢已下。多習樂者。至如伏羲減瑟。文王足琴。仲尼擊磬。子路鼓瑟。漢高擊筑。元帝吹簫。漢祖之初。叔孫通因秦樂人。制宗廟之樂。迎神于道

門。奏嘉至之樂。猶古降神之樂也。皇帝入廟門。奏永至之樂。以為行步之節。猶采薺肆夏也。乾豆上薦。奏登歌之樂。猶古清廟之歌也。登歌再終。奏休成之樂。美神饗也。皇帝就東廂。坐定。奏永安之樂。美禮成也。其休成永至二曲。叔孫通所制也。漢高祖廟奏武德文始五行之儛。當春秋時。陳公子完奔齊。陳是舜後。故齊有韶樂。孔子在齊聞韶。三月不知肉味是也。秦始皇滅齊。得齊韶樂。漢高祖滅秦。韶傳于漢。高祖改名文始。以示不相襲也。五行儛者。本周大武樂也。始皇（北史作高祖。）改曰五行。及于孝文。復作四時之儛。以示天下安和。四時順也。孝景采武德儛以為昭德。孝宣又采昭德以為盛德。雖變其名。大抵皆因秦舊事。至于魏晉。皆用古樂。魏之三祖。並制樂辭。自永嘉播越。五都傾蕩。樂聲南渡。是以大備江東。宋齊以來。至于梁代。所行樂事。猶皆傳古。三雍四始。實稱大盛。及侯景篡逆。樂師分散。其四儛三調。悉度偽

齊。齊氏雖知傳受得曲，而不用之于宗廟朝廷也。臣少好音律，留意管絃，年雖耆老，頗皆記憶。及東土剋定，樂人悉返，訪其逗遛，果云是梁人所教。今三調四儛，並皆有手，雖不能精熟，亦頗具雅聲。若令教習傳授，庶得流傳古樂。然後取其會歸，撮其指要，因循損益，更制嘉名。歌盛德于當今，傳雅正于來葉，豈不美歟。謹具錄三調四儛曲名，又制歌辭如別。其有聲曲流宕，不可㠯陳于殿庭者，亦悉附之于後。（隋書何妥傳，北史八十二）

上書諫文帝八事

其一事曰：臣聞知人則哲，惟帝難之。孔子曰：舉直錯諸枉，則民服；舉枉錯諸直，則民不服。由此言之，政之治亂，必慎所舉。故進賢受上賞，蔽賢蒙顯戮。察今之舉人，良異于此。無論諂直，莫擇賢愚。心欲崇高，則起家喉舌之任；意須抑屈，必白首郎署之官。人之不服，實由于此。臣聞爵人于朝，與士共之；刑人于市，與眾棄之。伏見留心獄訟，愛人如子，每應決獄，無不詢訪羣公，刑之不濫，君之明也。刑既如此，爵亦宜然。若有懋功，簡在帝心者，便可擢用。自斯㠯降，若選重官，必須參㠯眾議，勿信一人之舉，則上不偏私，下無怨望。

其二事曰：孔子云：是察阿黨，則罪無掩蔽。又曰：君子周而不比，小人比而不周。所謂比者，即阿黨也。謂心之所愛，既已光華榮顯，猶加提挈；心之所惡，既已沈滯屈辱，薄言必罰。提挈既成，必相掩蔽，則欺上之心生矣；屈辱既加，則有怨恨，謗讟之言出矣。伏願廣加遜訪，勿使朋黨路開，威恩專擅。有國之患，莫大于此。

其三事曰：臣聞舜舉十六族，所謂八元八凱也。計其賢明，理優今日。猶復擇才授任，不相侵濫，故得四門雍穆，庶績咸熙。今官員極多，用人甚少，有一人身上，乃兼數職。為是國無人也？為是人不善也？今萬乘大國，髦彥不少，縱有明哲，無由自達。東方朔言曰：尊之則為將，卑之則為虜。斯言信矣。今當官之人，不度德量力，既無呂

望傅說之能，自負傅嵓滋水之氣，不慮憂深責重，唯畏總領不多。安斯寵任，輕彼權軸，好致顛蹶，實此之由。易曰：鼎折足，覆公餗，其形渥，凶。言不勝其任也。臣聞窮力舉重，不能為用。伏願更任賢良，分才參掌，使各行有餘力，則庶事康哉。

其四事曰：臣聞禮云：析言破律，亂言改作，執左道㠯亂政者，殺。孔子曰：仍舊貫，何必改作。伏見比年㠯來，改作者多矣。至如范威漏刻，十載不成；趙翊尺稱，十年方決；公孫濟迂誕醫方，費逾巨萬；徐道慶回互子午，糜耗飲食；常明破律，多歷歲時；王渥亂名，曾無紀極；張山居未知星位，前已蹂藉太常；曹魏祖不識北辰，今復轔轢太史。莫不用其短見，便自夸毗，邀射名譽，厚相誣罔。請今日已後，有如此者，若其言不驗，必加重罰，庶令有所畏忌，不敢輕奏狂簡。（隋書何妥傳。蘇威兼領五職，上甚親重之，妥上八事㠯諫。）

受禪壇議

受禪登壇，㠯告天也。故魏受漢禪，設壇于繁昌，為在行旅，郊壇乃闕。至如漢高在氾，光武在鄗，盡非京邑所築壇。自晉宋揖讓，皆在都下，莫不並就南郊，更無別築之義。又後魏即位，登朱雀觀；周帝初立，受朝于路門。雖自我作古，皆非禮也。今即府為壇，恐招後誚。（隋書禮儀志四。周大定元年，靜帝禪位于隋，司錄虞慶則請設壇于東第，博士何妥議從之。）

非十二律旋相為宮議

經文雖道旋相為宮，恐是直言其理，亦不通隨月用調，是㠯古來不取。若依鄭玄及司馬彪，須用六十律，方得合韻。今譯唯取黃鍾之正宮，兼得七始之妙義，非止金石諧韻，亦乃簨虡不繁，可㠯享百神，可㠯合萬舞矣。（隋書音樂志中）

非七調議

近代書記所載，縵樂鼓琴吹笛之人，多云三調。三調之聲，其來久矣。請存三調而已。（隋書音樂志中）

浮當作淨

刺史箴文（佚）

戴逵

逵，濟北人。梅鼎祚云：嘗仕梁元帝，入周。又云：據藝文類聚，則又入隋。今案詒慧命書有謝宮論說及家傳賜書與及平從仕之語，梅說良然。皇太子箴蓋諫太子勇也，望文知之。

貽仙城慧命禪師書

竊以渭清涇濁，共混朝宗之源；松長篇短，同秉堅貞之質。幸賴含靈五常，理宜範圍三教，是以闕里儒童，闡禮經于洙濟；苦縣迦葉，遷妙道于流沙。雖牢籠二儀，蓋限茲一世，豈如與正法于鹿苑，藹安想于鷲山？半滿既陳，權實斯顯，誠教有淺深，人無內外。禪師德聲遠震，行高物表，攝受四依，因牧牛而成誦；負笈千里，歷龍宮而包括。故能內貫九部，總雪山之祕藏；外該七略，備璧水之典墳。支遁天台之銘，竺眞羅浮之記，曇賦七嶺，迯詠三河，寶師妙析莊生，璩公著論袁集，若吞雲夢，如指諸掌，加以妙持浮戒，如護明珠，善執律儀，譬臨懸鏡，稟羅云之密行，踵賓頭之福田。撫樧定水，便登覺觀高蔭禪枝，將踰喜捨，是以不遠瀟湘，來儀汚陸，植杖龍泉，仍為精舍，迴車鷲首，即創伽藍，鑿領安龕，詎假聚沙成塔；因山構苑，無勞布金買地。開士雲會，袂似華陰，法侶朋衝，衆齊稷下，禪室晨興，時芳杜若，支提暮啟，暫入桃源，香山梵響，將阮嘯而相發；日殿妙音，與孫琴而齊韻。紫蓋貞松，仍麾二辨；洪崖神井，即瑩高心。故以才堪買山，德邁同輦，崇峯景行，牆仞懸絕，弟子業風鼓扇，欲海沈形，泊落宮淪覆，將近二紀，晝倦坐馳，夜悲愕夢，未能忘懷彼我，歸軫一乘，遺蕩胸襟，朗開三達。既念鼠藤，彌傷鳥繫，昔在志學，家傳賜書，五禮優柔，三元饜飫，頗絕韋編，構述餘緒，爰登弱冠，捃摭百家，及乎從仕，留連文翰，雖未能探龍門而彿會稽，賦鸚鵡而詠鸜鵒，若求其一介，亦差歸古人，但悟深聚沫，情悲交臂，常欲蟬蛻俗羈，貪味眞如，一日郢城訴修，隗館屈膝，情欣係襪，週同進履，未壺開襟，遠唾飄忽，尋望拂衣世網，脫屣牽絲，滄浪濯纓，漢陰抱甕，行餐九轉，用遣幽憂，漸悟三空，將登苦忍，仙梁觀玉，不廢從師，深淵折桃，無妨請益，所希爾天勝氣，乍酬鑿齒，雁門高論，時荅嘉賓，冬暖如春，願珍精軌，室邇人遐，彌軫蓀帶，餘辭殘簡，望同金玉。（廣弘明集二十七，續高僧傳二十一）

戴逵，濟北人，學聲早被，名高諸國。（續高僧傳二十一慧命）

皇太子箴

無謂父子無閒，江充掘蠱；無謂兄弟無擕，倡優起舞。（藝文類聚十六引此箴云隋戴逵）

劉行本

行本，沛人。周隴右總管府司錄璠兄子。仕梁為武陵王國常侍。入周為宇文護中外府記室，轉御正中士，遷掌朝下大夫。宣帝初，出為河內太守，大象中拜儀同，賜爵文安縣子。隋受禪，徵拜諫議大夫、檢校治書侍御史，遷黃門侍郎、太子左庶子，領大興令。

劾党項使者表

臣聞南蠻遵校尉之統，西域仰都護之威。比見西羌鼠竊狗盜，不父不子，無君無臣，異類殊方，于斯為下，不悟羈縻之惠，詎知含養之恩，狼戾為心，獨乖正朔。使人近至，請付推科。（隋書劉行本傳）

駁元肇違律

律令之行，蓋發明詔，與民約束。今肇乃敢重其教命，輕忽憲章，欲申己言之必行，忘朝廷之大信，虧法取威，非人臣之禮。（隋書劉行本傳：雍州別駕元肇言于上曰：有一州吏受人餽錢二百文，依律合杖一百，然臣下車之始，與其為約，此吏故違，請加徒一年。行本駮之。又略見北史七七）

柳䛒

䛒字顧言，本河東人，徙家襄陽，仕梁為著作佐郎。岳陽王建號

士當作上

吕為侍中。領國子祭酒吏部尚書。及梁國廢。入隋。拜開府通直散騎常侍。還內史侍郎。轉晉王諮議參軍。仁壽初為東宮學士檢校洗馬。煬帝即位。拜祕書監。封漢南縣公。卒贈大將軍。謚曰康。有集五卷。柳晉俗辯字江式表云巧言為辯

奏增房中樂鍾磬

房內樂者。主為皇后弦歌。諷誦而事君子。故吕房室為名。燕禮鄉飲酒禮。亦取而用也。故云用之鄉人焉。用之邦國焉。文王之風。由近及遠。鄉樂吕感人。須存雅正。既不設鍾鼓。義無四懸。何吕取正于婦道也。磬師職云。燕樂之鍾磬。鄭玄曰。燕樂房內樂也。所謂陰聲。金石備矣。吕此而論。房內之樂。不得弦歌。必有鍾磬也。內宰職云。正后服位。詔其禮樂之儀。鄭玄云。薦撤之禮。當與樂相應。薦撤之言。雖施祭祀。其入出賓客。理亦宜同。請吕歌鍾歌磬。各設二虡。土革絲竹並副之。并升歌下管。總名房內之樂。女奴肄習。朝燕用之。隋書音樂志下。通典一百四十七。

與釋智顗書

弟子楊正善具成就稽首和南。暄和。不審尊體起居何如。伏願稱法喜悅。去歲經蒙一旨。至今保持。奉齎十卷玄義。往仁壽宮。服讀八徧。麤疑略盡。細開難除。新治六卷。并入文八軸。為莊染未竟。少日鑽研。大王今遣使人觽通國參承書意。自當仰簡。頻被顧問。奉荅必來。伏願夏竟。便待舟檝。冀此殘生。盡心聽受。懺悔往日懈情昬沈。啟。釋藏起字四號國清百錄四。

晉王歸藩賦序北史八十三佚。

徐則畫像讚

可道非道。常道無名。士德不德。至德無盈。玄風扇矣。而有先生。夙鍊金液。怡神玉清。石髓方軟。雲丹欲成。言追葛稚。將侶茅嬴。我王遙屬。爰感靈誠。柱下暫啟。河上沈精。留符告信。化杖飛聲。永思靈迹。曷用攄情。聊披素繪。如臨赤城。隋書徐則傳

天台國清寺智者禪師碑文

臣聞在天成象。穹蒼之法存焉。在地成形。區方之均敘矣。二儀既爾。三才囧然。上聖之姿。為王所吕敬敘。先覺授道。契會方乃昇仙。是故命駕崆峒。紆光善卷。籙圖宣業。亦藹弘風。練質九府之閒。騰虛六合之內。斯並權宜汲引。暫保逍遙。終覆蔽于苦空。卒遭迴于生死。未臻夫不生不滅。無去無來。匪實匪虛。非如非異。常樂我淨。凝寂恬愉。不可思議之解脫也。粵若我大隋皇帝。法諱總持。載融佛日。瑞發淨宮。利見法王。應開淨主。吕封唐入紹。葉繼高辛。立聖與能。祚隆姬發。自天攸縱。包大德而翼小心。希世膺期。內文明而外柔順。知微知彰。鑒窮玄覽。迺武迺文。能事斯畢。自永嘉失馭。海內分崩。將險擅強。各樹君長。禮樂淪于非所。龜玉毀于殊方。書軌競分。殆三十紀。天將悔禍。稔惡有辰。皇上道邁汾陽。迹光代邸。地

隆分陜。神功潛著。于時高廟靈饗。濬思統壹。專征仗鉞。帝曰斯哉。惟君惟親。知臣知子。乃揚于萬里。問罪九伐。一舉而定江左。再駕而熠餘燼。浮天爭貢。海外有截。雖高禹之備五臣。周旦之尹十亂。本枝盛績。疇昔多慙。盤石究勳。契書莫並。于是三能宗鉉。九命惟揚。本之于仁慈。施之吕聲教。行之吕要道。體之吕無為。姑射杳然。尚想淵蹟。滄波壯災。思濟舟航。吕為能仁種覺。降茲忍土。信相入道。淨戒居先。梵網明文。深傳薩埵。國師僧寶。必兼禪慧。有會稽天台山大禪師者。生而神光照室。兩目重瞳。禪師法慧智顗。穎川陳族。太巳道遠。季伯風延。典午喪亂。播遷華容。父起祖。梁使持節散騎常侍。封益陽縣開國侯。禪師夙彩韶悟。齠齔希有。年過少學。便誦法華。父為求婚。方便祈止。儒門史館。多所瞥明。杜下濠上。彌所深得。諸宮覆沒。便即蔬菲。及啟弱冠。于長沙之果願寺出家。護戒如明珠。安心若止水。歷聽經論。但使一聞。得之于心。傳之于口。吕

湘潭局狹。未發大機。拂迹衡陽。安步墳汝。往大蘇山。請業惠思禪師。禪師見便歎曰。憶昔靈鷲。同聽法華。令進我普賢道場。爲說四安樂行。停二七日。誦藥王品。至諸佛同讚之句。寂然入定。明慧便發。起而白師。師曰。非爾弗感。非我莫識。所入定者。法華三昧之前方便。及聞持陀羅尼也。縱令文字之師。千羣億品。尋汝慧辯。所不能窮。于說法人中。最爲第一。常約仁王瓔珞。龍樹馬鳴。立三觀四教。述師本宗。㠯爲大乘樞鍵。得下御內。碩學流通。智㠯藏往。徵育王之初建。正教神㠯知來。鑑周武之滅大法。乃高蹈豫舉。翔集天台。歷遊名山。言造廬嶽。秦孝王作鎭淮海。遣信迎屈。對使者曰。雖欲相見。終恐緣差。卽累旬大風。妖賊競起。水陸俱阻。安坐匡岫。既而龍于龕難。仍代孝王。爰伯邦域。潔誠延請。順流背風。數日遄到。亦既覯止。便定師資。等善意之仰妙光。若高宗之得傅說。再三固辭。無可與讓。㠯開皇十一年歲次辛亥月旅黃鍾二十三日辛丑。

于揚州大聽寺設無礙大齋。禀受菩薩戒法。降作伯之尊。由宗師之典。釋龍袞而披忍服。去桓珪而傳戒香。圓發初心。諸佛致禮。于時天地交泰。日月載華。庭轉和風。空浮休氣。林明七覺之華。池皦八淨之水。化覃內外。事等阿輸之城。教轉法輪。理符寶冥之窟。文武寮寀。俱瞻慈雲。欣欣焉。濟濟焉。肅肅焉。廱廱焉。經所謂攝律儀戒。攝善法戒。攝衆生戒。顯發三願。眞正十受。如一切色。悉入空界者。其斯之謂歟。法事云畢。士珍備捨。出居于城外禪衆之精林。四事供養。眷情猶疑未滿。㠯爲師氏禮極。必有嘉名。如伊尹之曰阿衡。呂望之稱尚父。檢地持經智者師目。謹依金口。虔表玉裕。便克良辰。躬出頂禮。雖有熊之登具茨。漢文之適河上。方之蔑如也。智者㠯內行外獎。諸佛之濬訓。實惠方便。大士之兼通。帝釋檀那。既包信解。仁王攝受。遂能博益。逡巡告退。言歸舊山。殷勤請留。重違高意。猶四晧之餌朮南山。二疏之散金東海。振錫離塵。始稱出世。

瞻言儒者。未足爲榮。竊㠯四明天台。剡東之玉岫。兩諸雲岫。鄞南之金庭。峻極于天。仰捫白日。盤鎭于地。俯鏡滄海。雲霞流漾。霏拂輕襟。虹霓鸑鷟。勝承飛鳥。華果競發。常迷四時。藥草森羅。孰分億品。道猷往而證果。輿公賦不能申。寺基本屬始豐。峯名佛隴。元有定光禪師。隱顯變見。先居此峯。常謂弟子云。不久當有勝善知識將領徒衆。俱集此山。俄而智者越江渡湖。翩然來萃。忽聞鐘聲聲振山谷。卽問光師。聲之所㠯。荅云。此是楗槌集僧得住之相。頗憶曾經舉手相引時不。智者卽悟。年至十五。稽顙禮佛。恍焉如夢。見極南山。臨大海曲。有僧如今光師。舉手接上。云汝當居此處。汝當終此焉。拜言悲喜。滂沱涕泗。仍于佛隴之南。尋行寺域。便見五峯圍遶。等耆闍之山。兩溪夾瀉。若縉雲之灘。披榛開途。葺用茆茨。功德叢林。常熏薝蔔。忍辱牆院。無勞闕楗。猿嘯蛇吟。泉籟響雜。飛走聽法。馴伏軒墀。西南有永豐江派。與浙源分嶺。東會于海。潮波往

還。數百里閒。村人常㠯漁捕爲業。陶漸迴向。焚罛廢梁。墾田種果。翻成富實。深信解者。多作沙門。慈化所覃。皆此連類。及光師無常已後。欲大修立。忽覩一僧。如光師年素。語智者云。若欲造寺。今未是時。三國成一。有大勢力人。能爲起寺。寺若成。國卽清。當呼爲國清寺。此言杳漫。孰當信者。豈期符應。冥契在茲。逮于我君。臨邊歲久。孝性淯至。入京省謁。旋邁江都。登命舟楫。迎來鎭所。使乎至彼。便事襄東。謂大衆曰。在上意重。弗敢致辭。然往而不反。因此長別。謂弟子云。當成就隴南下寺。其堂殿基阯。一依我圖。侍者荅云。若無師在。豈能成辦。重謂之曰。當有皇太子。爲我建造。汝等見之。吾不見也。行百餘里。到剡東之石城寺。寺有百尺金韻石像。梁太宰南平元襄王鐫創。自有靈迹。因此見疾。右脇而臥。忽然風雲變色。松桂森聳。宛如天樂。來入房戶。起坐合掌。神色熙怡。顧侍者云。觀音來迎。不久應去。弟子智朗請曰。佛許聖賢臨終。說位行得。乞垂

曉示。方思景慕。荅云。我只五品弟子位耳。案五品卽是法華三昧前方便之位。宛與思師昔語冥一。仍命筆作偈。口授遺書。辭理切詣。演陳勝緣。潛來密往。誓當影護。爲撰淨名義疏一部。俱時送來。仍索僧伽棃大衣。手自披著。迴身西向。端坐遷神。春秋六十。旬日建齋。跏趺流汗。珠圍髮際。露泫胷間。欲示諸法。本自不生。今則無滅。繩牀輿還佛隴。輕舉有若浮空。解時開香龕。都不異昔。驛使初訃。震動于宸心。爰捨淨財。隨申功德。郵傳相望。創起塔廟。寺雖本地。其舊維新。瓊宇紺堂。憑國靈而模忉利。鷲頭狼迹。因寂默而爲道場。班倕競逞。鉤命名匠。庶民子來。成之不日。神明扶持。欻同踊見。背高就下。因眉嶽而基殿堂。仰眩俯臨。信玲瓏而勝畫繢。多寶分座。俱受瓔珞。天冠表剎。如連梵幢。金函玉牒。常敷講肆。禪誦律儀。無違師法。斯可謂頭陀之極地。彌陀之淨方。與阿㝠而常盈。同須彌之永固。暨乎重光纂厤。天成地平。已今大業元年九月。鑾輿幸巡淮海。眺矚江南。惆悵台嶽。集揚州名僧。咸問之曰。智者立寺。權因山名。宜各遂所懷。朕當詳擇。累日未奏。會寺僧智璪銜狀而來。具條昔年先師國淸之稱。太史案此語乃周建德之初。八表未同。三方鼎峙。今四十餘年。聖證懸符。明時徵應。詔付著作。書之左史。仍敕皆籀篆題寺門。卽遣舍人送璪。并施基業。起十一月二十四日先師忌齋。使乎集僧。跪開石室。唯見空牀虛帳。蘚苔蛛網。法侶號咷。等初滅度。公私捥擥。若無瞻依。又法會千僧。各有簿籍。造齋點定。忽盈一人。有司再巡。還滿千數。及臨齋受嚫。復成千一。執事驚愕。出沒難辨。豈非先師化身。來受國供。王臣反命。具奏一條。當展晬容。瞻洞靈迹。百司拜賀。四海馳聲。至矣哉。象法未淪。佛種常續。迺聖幾感。大師應變。妙力難思。神圖方永。祥基瑞國。雜沓葳蕤。煥乎斯之盛者也。昔金龍尊王讚佛功德。寶積長者獻蓋稱揚。范武子聲猶在民。臧文仲言垂不朽。矧乎道樹勝由。師門福地。而

建崇雲碣。表際金剛。俾命絲綸。纖載辭理。若夫記言記事。史官之成則。散華貫華。法藏之鴻演。敢重述宣。迺作頌曰。

龍圖畫卦。裁萌五典。金輪拯溺。止弘十善。豈若我皇。樹功宏緬。還源本淨。歸途今顯。鏡鑑先哲。筌蹄何淺。天造草昧。日月斯昇。高山巨海。或影或澄。虎嘯風起。龍躍雲興。至人幾漸。養正遵承。謙尊本裕。師範推膺。隻誰允矣。貝瞻克勝。熏禪觀寂。如冬靖凝。精義泉涌。如春泮冰。我有匠石。正直從繩。我有津濟。舟楫斯憑。虔臨拳拳。悅受兢兢。能資萬行。混成一乘。六反震動。十方歎稱。同聲相應。信而有徵。至誠感神。道合符契。淵乎智者。波瀾靡際。帝師既沃。天台還憩。于山之阿。于川之澨。滄溟浩瀚。峯崖迢遞。日浴扶桑。月穿叢桂。上踵娑采。傍通禹計。素湍風激。赤城霞曳。仁智肥遯。山林斷蔽。無言不酬。既符聲響。無德不報。有均景象。初卜菴廬。歸誠戀仰。顯允光師。久要長往。非皦若昧。鏡形如曩。寺號國淸。靈扉潛敞。孰意我師。遽緣安養。龍樓夙記。鶴關無爽。宸居在昔。哀構祇園。令終如始。師嚴道尊。揆日方晝。覘星正昏。置築崇棟。刱廈成垣。巖分蓮萼。泉毖桃源。偃窗夏冷。禪室冬溫。玉階馴豹。金剎棲鵷。風和寶鐸。空轉珠幡。百穀時秀。萬果林繁。靈芝薦悅。甘露天尊。玉趾案地。淨域驚魂。金布貿苑。天宮儼存。創造之福。胡可勝原。輪奐洞徹。莊嚴修設。波斯融冶。優塡刻劂。金容月滿。玉豪霜潔。象譯翻度。龍宮披閱。法嗣誅然。端心障滅。泰階既平。王道既淸。殊途同致。無慮何營。皇思睿賾。邃達忘情。有本空淨。空常有性。壇戒度重。定慧眞精。乾臨朗鑒。遠供憑誠。大眾香饗。拜闕龕楹。全身座閟。嚴扃網縈。御葉佛隴。賢劫齊聲。飯僧數溢。瑞我隆平。身田雨潤。心樹華榮。見在同植。將來共成。有如懸鏡。反照今生。有如圭臬。曾不斷盈。神力自在。遊戲香城。菩提具足。赫赫明明。釋藏起字四號。國淸百錄四。

全隋文卷十二終。

烏程嚴可均校輯

顏之推

之推字介，琅邪臨沂人，晉侍中含九世孫。仕梁爲湘東王國左常侍，加鎭西墨曹參軍。出爲世子方諸掌管記。元帝卽位，㠯爲散騎侍郎。江陵陷，入周，爲陽平公李遠掌書翰。尋奔齊，除奉朝請，河清末爲趙州功曹參軍，尋待詔文林館，司徒錄事參軍，遷通直散騎常侍，領中書舍人。武平中除黃門侍郎，出爲平原太守。齊亡，入周，大象末爲御史上士。隋開皇中，太子召爲學士，有家訓七卷，集靈記二十卷，冤魂志三卷，集三十卷。

觀我生賦

仰浮清之藐藐，俯沈奧之茫茫，已生民而立教，乃司牧㠯分疆，內諸夏而外夷狄，驟五帝而馳三王。大道寢而日隱，小雅摧㠯云亡，哀趙武之作孽，怪漢靈之不祥，旄頭翫其金鼎，典午失其珠囊，瀍澗鞠成沙漠，神華泯爲龍荒，吾王所㠯東運，我祖于是南翔。（晉中宗㠯琅邪王南度，之推琅邪人，故稱吾王。）去琅邪之遷越，宅金陵之舊章，作羽儀于新邑，樹杞梓于水鄉，傳清白而勿替，守法度而不忘。逮微躬之九葉，頹世濟之聲芳，問我良之安在，鍾厭惡于有梁，養傳翼之飛獸，（梁武帝納亡人侯景，授其命，遂爲反叛之基。）子貪心之野狼。（武帝初養臨川王子正德爲嗣，生昭明後，正德還本，特封臨賀王，猶懷怨恨，徑叛入北而還，積財養士，每有異志也。）初召禍于絕域，重發釁于蕭牆。（正德求征侯景，至新林，叛投景，景立爲主，㠯攻臺城。）雖萬里而作限，聊一葦而可航，指金闕㠯長鎩，向王路而蹶張，勤王踰于十萬，曾不解其搤吭，嗟將相之骨鯁，皆屈體于犬羊。（臺城陷，援軍並問訊二宮，致敬于侯景也。）武皇忽㠯厭世，白日黯而無光，旣饗國而五十，何克終之弗康，嗣君聽于巨猾，每凜然而負芒，自東晉之違難，寓禮樂于江湘，迄此幾于三百，左衽浹于四方，詠苦胡而永歎，吟微管而增傷。世祖赫其斯怒，奮大義于沮漳。（孝元帝時爲

荆州刺史。）授犀函與鶴膝，建飛雲及艅艎，北徵兵于漢曲，南發餫于衡陽。（湘州刺史河東王譽，雍州刺史岳陽王詧，並隸荆州都督府。）昔承華之賓帝，實兄亡而弟及，（昭明太子薨，乃立晉安王爲太子。）逮皇孫之失寵，歎扶車之不立。（嬌皇孫驩出封豫章王而薨。）閔王道之多難，各私求于京邑，襄陽阻其銅符，長沙閉其玉粒。（河東、岳陽，皆昭明子。）遽自戰于其地，豈大勛之暇集，子旣損而姪攻，昆亦圍而叔襲，褚乘城而宵下，杜倒戈而夜入。（孝元㠯河東不供舡艎，乃遣世子方等爲刺史，大軍掩至，河東不暇遣拒，世子信用羣小，貪其子女玉帛，遂欲攻之，故河東急而逆戰，世子爲亂兵所害，孝元發怒，又使鮑泉圍河東，而岳陽宣言大獵，卽擁衆襲荆州，求解湘州之圍，時襄陽杜岸兄弟怨其見劫不㠯賓告，又不義此行，率兵八千夜降岳陽，于是遁走，河東府褚顯族據投岳陽，所㠯湘州見陷也。）行路彎弓而含笑，骨肉相誅而涕泣，周旦其猶病諸，孝武悔而焉及。方幕府之事殷，謬見擇于人羣，未成冠而登仕，財解履㠯從軍。（時年十九，釋褐湘東國右常侍，㠯軍功加鎭西墨曹參軍。）非社稷之能衞，□□□□□□僅書記于階闥，罕羽翼于風雲。及荆王之定霸，始讎恥而圖雪，舟師次乎武昌，撫軍鎭于夏汭。（時遣徐州刺史徐文盛領二萬人屯武昌蘆州，拒侯景將任約，又第二子綏寧度方諸爲世子，拜中撫軍將軍，郢州刺史，㠯盛聲勢。）濫充選于多士，在參戎之盛列，慙四白之調護，厠六友之談說。（時遷中撫軍外兵參軍，掌管記，與文珪、劉民英等與世子遊處。）雖形就而心和，匪余懷之所說，緊深宮之生貴，矧垂堂與倚衡，欲推心㠯厲物，樹幼齒㠯先聲。（中撫軍時年十五。）愾敷求之不器，乃畫地而取名，仗禦武于文吏，（㠯虞預爲郢州司馬，領城防事。）委軍政于儒生。（㠯鮑泉爲郢州行事，攝州府也。）總値白波之猝駭，逢赤舌之燒城，王凝坐而對寇，白詡棋㠯臨兵。（任約爲文盛所困，侯景自上救之，舟艦弊漏，軍饑卒疲，數戰失利，乃令宋子仙、任約步道偷郢州城，預無備，故陷賊。）莫不變蝯而化鵠，皆自取首㠯破腦，將睥睨于渚宮，先憑淩于他道。（景欲攻荆州，路由巴陵。）懿永寧之龍蟠，（永寧公王僧辯據巴陵城，善于守，景不能進。）奇護軍之電埽，（護軍將軍陸法和破任約于赤亭湖，景退走大潰。）犇虜快其餘毒，縲囚膏乎野草。幸先生之無勸，賴滕公之我保。（之推執在景軍，例當見殺，景行臺郎中王則初無舊識，再三救護獲免，囚㠯還都。）剟鬼錄于岱宗，招歸魂于蒼昊。（時解衣訖，而獲全。）荷性命之重賜，銜若人㠯終老。賊棄甲而來復，肆觜距之鵰鳶，積假履而弒帝，憑

嬌當作嫡

斯民當作斯文

衣露㠯上天，用速災于四月。奚聞道之十年。（臺城陷後，梁武曾獨坐歎曰：侯景于文爲小人百日天子。及景㠯大寶二年十一月十九日僭位，至明年三月十九日棄城逃竄，是一百二十日。蓋天道紀大數，故文爲百日。言與公孫述俱稟十二，而旬歲不同。）就狄俘于舊壤，陷戎俗于來旋。慨黍離于清廟，愴麥秀于空壥。鼙鼓臥而不攷，景鐘毀而莫懸。野蕭條㠯橫骨，邑闃寂而無烟。疇百家之或在。（中原冠帶隨晉渡江者百家，故江東有百譜，至是在都者覆滅略盡。）覆五宗而翦焉。獨昭君之哀奏，唯翁主之悲絃。（公主子女見辱見讎。）經長干㠯掩抑。（長干，舊顏家巷。）展白下㠯流連。（靖侯㠯下七世墳塋皆在白下。）深燕雀之餘思，感桑梓之遺虔。得此心于尼甫，信茲言乎仲宣。遏西土之有眾，資方叔㠯薄伐。（永寧公㠯司徒爲大都督。）撫鳴劍而雷咤，振雄旗而雲窣。千里追其飛走，三載窮于巢窟。屠蚩尤于東郡，挂郅支于北闕。（既斬侯景，烹屍于建業市，百姓食之，至于肉盡齕骨。傳首荊州，懸于都街。）弔幽魂之冤枉，掃園陵之蕪沒。殷道是㠯再興，夏祀于焉不忽。但遺恨于炎崑，火延宮而累月。（侯景既平，我師採掠，失火燒宮殿蕩盡也。）指余櫂于兩東，侍昇壇之五讓。欽漢宮之復覩，赴楚民之有望。攝絳衣㠯奏言，忝黃散于官謗。（時爲散騎侍郎，奏舍人事也。）或校石渠之文。（王司徒表送祕閣舊事八萬卷，乃詔比校，部分爲正御、副御、重雜三本。左民尚書周弘正、黃門郎彭僧朗、直省學士王珪、戴陵校經部；左僕射王褒、吏部尚書宗懍、正員外郎顏之推、直學士劉仁英校史部；廷尉卿殷不害、御史中丞王孝純、中書郎鄧藎、金部郎中徐報校子部；右衛將軍庾信、中書郎王固、晉安王文學宗善業、直省學士周確校集部也。）時參柏梁之唱。顧甌之不算。濯波濤而無量，屬瀟湘之負罪，（陸納。）兼岷峨之自王。（武陵王。）政既定㠯鳴鸞，修東都之大壯。（詔司農卿黃文超營殿。）驚北風之復起，慘南歌之不暢。（秦兵繼來。）守金城之湯池，轉絳宮之玉帳。（孝元自曉陰陽兵法，初聞賊來，頗爲厭勝。被圍之後，每歎息，知必敗。）徒有道而師直，翻無名之不抗。（孝元與宇文丞相斷金結和，無何見滅，是師出無名。）民百萬而囚虜，書千兩而煙煬。溥天之下，斯民盡喪。（北于墳籍少于江東三分之一，梁氏剝亂，散逸湮亡，唯孝元鳩合，通重十餘萬，史籍㠯來，未之有也。兵敗悉焚之，海內無復書府。）憐嬰孺之何辜，矜老疾之無狀。奪諸懷而棄草，踣于塗而受掠。冤乘輿之殘酷，軫人神之無狀。載下車㠯黜喪，揜桐棺之藁葬。雲無心㠯容與，風懷憤而憀悢。井伯飲牛于秦中，子卿牧羊于海上。留釧之

妻人銜其斷絕。擊磬之子，家纏其悲愴。小臣恥其獨死，實有媿于胡顏。牽痾疻而就路，（時患腳氣。）策駑蹇㠯入關。（官疲驢瘦馬。）下無景而屬蹈，上有尋而亟搴。嗟飛蓬之日永，恨流梗之無還。若乃玄牛之旌，九龍之路。土圭測影，璿璣審度。或先聖之規模，乍前王之典故。與神鼎而偕沒，切仙宮之永慕。爾其十六國之風教，七十代之州壤。接耳目而不通，詠圖書而可想。何黎氓之匪昔，徒山川之猶曩。每結思于江湖，將取弊于羅網。聆代竹之哀怨，聽出塞之嘹朗。對皓月㠯增愁，臨芳罇而無賞。日太清之內釁，彼天齊而外侵。始蹙國于淮滸，遂壓境于江潯。（侯景之亂，齊氏深斥梁家土宇，江北淮北唯餘廬江、晉熙、高唐、新蔡、西陽、齊昌數郡。至孝元之敗，于是盡矣，㠯江爲界也。）獲仁厚之麟角，剋儁秀之南金。爰眾旅而納主，車五百㠯敻臨。（齊遣上黨王渙率兵數萬納梁貞陽侯明爲主。）返季子之觀樂，釋鍾儀之鼓琴。（梁武聘使謝挺、徐陵始得還南，凡厥梁臣，皆㠯禮遣。）竊聞風而清耳，傾見日之歸心。試拂蓍㠯貞筮，遇交泰之吉林。（之推聞梁人返國，故有奔齊之心，㠯丙子歲旦筮東行吉不，遇泰之坎，乃喜曰：天地交泰而更習坎，重險行而不失其信，此吉卦也，但恨小往大來耳。後遂吉也。）譬欲秦而更楚，假南路于東寡，乘龍門之一曲。歷砥柱之雙岑，冰夷風薄而雷呴，陽侯山載而谷沈。侔挈龜㠯憑濬，類斬蛟而赴深。昏揚舲于分陝，曙結纜于河陰。（水路七百里，一夜而至。）追風飆之逸氣，從忠信㠯行吟。遭厄命而事旋。舊國從于採芑。先廢君而誅相，訖變朝而易市。（至鄴，便值陳興而梁滅，故不得還南。）遂留滯于漳濱，私自怜其何已。謝黃鵠之迴集，恧翠鳳之高峙。曾微令思之對，空竊彥先之仕。纂書盛化之旁，待詔崇文之裏。（齊武平中，署文林館待詔者，僕射陽休之、祖孝徵㠯下三十餘人，之推專掌其撰修文殿御覽、續文章流別等，皆詣進賢門奏之。）珥貂蟬而就列，執麾蓋㠯入齒。（時㠯通直散騎常侍遷黃門郎也。）款一相之故人，（故人祖僕射掌機密，吐納帝令也。）賀萬乘之知己。祇夜語之見忌，寵懷璧之足恃。諫譖言之矛戟，惕險情之山水。由重裘㠯勝寒，用去薪而沸止。（時武職疾文人，之推蒙禮遇，每構創痏，故侍中崔季舒等六人㠯諫誅，之推爾日鄰禍而儕流。或有毀之推于祖僕射者，僕射察之無實，所知如舊不忘。）子武成之燕翼，遵春坊而原始。唯驕奢之是脩，亦佞臣之云

株當作林

使。武成奢侈後宮御者數百人食于水陸貢獻珍異至乃厭飽棄於廁中褌衣悉羅纈錦繡珍玉織成五百一段爾後宮掖遂為舊事後主之在宮乃使駱提婆母陸氏為之又胡人何洪珍等為左右後皆預政亂國焉惜染絲之良質。惰琢玉之遺祉。用夷吾而治臻。昵狄牙而亂起。祖孝徵用事則朝野翕然政刑有綱紀矣駱提婆等苦孝徵以法繩己譖而出之于是教令昏僻至于滅亡誠怠荒于政度。惋驅除之神速。肇平陽之爛魚。次太原之破竹。晉州小失利便棄軍還并又不守并州奔走向鄴實未改于弦望。遂□□□□□及都□而昇降懷墳墓之淪覆。迷識主而狀人。競己棲而擇木。六馬紛其顛沛。千官散于奔逐。無寒瓜以療飢。靡秋螢而照宿。時在季冬故無此物讎敵起于舟中。胡越生于輦轂。壯安德之一戰。邀文武之餘福。屍狼藉其如莽。血玄黃以成谷。後主奔後安德王延宗收合餘燼于并州夜戰殺數千人周主欲退齊將之降周者告以虛實故留至明而安德敗也天命縱不可再來。猶賢死廟而慟哭。乃詔余以典郡。據要路而問津。除之推為平原郡據河津以為奔陳之計斯呼航而濟水。郊鄉導于善鄰。約以鄴下一戰不克當與之推入陳不羞寄公之禮。願為式微之賓。忽成言而中悔。矯陰疏而陽親。信諂謀于公主。競受陷于姦臣。丞相高阿那肱等不願入南又懼失齊主則得罪于周朝故疏間之推所以齊主留之推守平原城而索船度濟向青州阿那肱求自鎮濟州乃啟報應齊主云無賊勿怱怱遂道周軍追齊主而及之曩九圍以制命。今八尺而由人。四七之期必盡。百六之數溘屯。趙郡李穆叔調妙占天文算術齊初踐祚計止于二十八年至是如期而滅予一生而三化。備荼苦而蓼辛。在揚都值侯景殺簡文而篡位于江陵逢孝元覆滅至此而三為亡國之人鳥焚株而鍛翮。魚奪水而暴鱗。嗟宇宙之遼曠。愧無所而容身。夫有過而自訟。始發矇于天真。遠絕聖而棄智。妄鎖義以羈仁。舉世溺而欲拯。王道鬱以求申。既銜石以填海。終荷戟以入秦。亡壽陵之故步。臨大道以逡巡。向使潛于草茅之下。甘為畎畝之人。無讀書而學劍。莫抵掌以膏身。委明珠而樂賤。辭白璧以安貧。堯舜不能榮其素樸。桀紂無以汙其清塵。此窮何由而至。茲辱安所自臻。而今而後。不敢怨天而泣麟也。北齊書顏之推傳

上言用梁樂

禮崩樂壞。其來自久。今太常雅樂。並用胡聲。請馮梁國舊事。考尋古典。隋書音樂志中開皇二年齊黃門侍郎顏之推上言高祖不從

顏氏家訓序致

夫聖賢之書。教人誠孝。慎言檢迹。立身揚名。亦已備矣。魏晉已來。所著諸子。理重事複。遞相模斅。猶屋下架屋。牀上施牀耳。吾今所以復為此者。非敢軌物範世也。業以整齊門內。提撕子孫。夫同言而信。信其所親。同命而行。行其所服。禁童子之暴謔。則師友之誡。不如傅婢之指揮。止凡人之鬭鬩。則堯舜之道。不如寡妻之誨諭。吾望此書。為汝曹之所信。猶賢于傅婢寡妻耳。吾家風教。素為整密。昔在齠齔。便蒙誘誨。每從兩兄。曉夕溫凊。規行矩步。安辭定色。鏘鏘翼翼。若朝嚴君焉。賜以優言。問所好尚。勵短引長。莫不懇篤。年始九歲。便丁荼蓼。家塗離散。百口索然。慈兄鞠養。苦辛備至。有仁無威。導示不切。雖讀禮傳。微愛屬文。頗為凡人之所陶染。肆欲輕言。不脩邊幅。年十八九。少知砥礪。習若自然。卒難洗盪。二十已後。大過稀焉。每常心共口敵。性與情競。夜覺曉非。今悔昨失。自憐無教。以至于斯。追思平昔之指。銘肌鏤骨。非徒古書之誡。經目過耳。故留此二十篇。以為汝曹後車耳。顏氏家訓宋本

姚察

察字伯審。吳興武康人。吳太常信九世孫。梁大寶初為南海王國左常侍兼司文侍郎。除南郡王行參軍兼尚書駕部郎。避亂還鄉。承聖初除原鄉令。入為著作佐郎。陳天嘉初拜始興王功曹參軍。補嘉德殿學士。光大初轉始興王中衛記室參軍。仍領佐著作。太建初補宣明殿學士。除散騎侍郎左通直。補東宮學士。遷尚書祠部郎。拜宣惠宜都王中錄事參軍。歷仁威淮南王平南建安王二府諮議參軍。除戎昭將軍。後主即位。兼東宮通事舍人。至德初除中書侍郎。轉太子僕。授忠毅將軍給事黃門

侍郎，領著作，進祕書監，拜散騎常侍度支尚書，遷吏部尚書。陳亡入隋，授祕書丞，襲父僧坦爵北絳郡公。仁壽中侍晉王昭讀。煬帝即位，授太子内舍人。大業二年卒于東都，年七十四。有漢書訓纂三十卷、漢書集解一卷。

乞終喪表

臣私門釁禍，併罹殃罰，偷生晷漏，冀申情禮，而尪瘵相仍，苴葈䊆質，非復人流，將畢苫壤，豈期朝恩曲覃，被之纓紱，尋斯寵服，彌見甗醜。且宫闈祕奥，趨奏便繁，盛可以茲荒毁，所宜叨預。伏願至德孝治，矜其理奪，使殘魂喘息，以遂餘生。陳書姚察傳。察父僧坦以問到，尋以忠毅將軍起兼東宫通事舍人。察志在終喪，頻有陳讓，並抑而不許，又推表其略云云。

遺命

吾家世素士，自有常法，吾意斂以法服，並宜用布，土周于身。又恐汝等不忍行此，必不爾，須松板薄棺，纔可周身，土周于棺而已。葬日止麤車，即送厝舊塋北。吾在梁世，當時年十四，就鍾山明慶寺尚禪師受菩薩戒，自爾深悟苦空，頗知回向矣。嘗得留連山寺，一去忘歸。及仕陳代，諸名流遂許與聲價，兼時主恩遇，官途遂至通顯。自入朝來，又蒙恩渥。既牽纏人世，素志弗從，耳。吾習蔬菲五十餘年，既歷歲時，循而不失，瞑目之後，不須立靈，置一小牀，每日設清水，六齋日設齋食果菜，任家有無，不須別經營也。陳書姚察傳。

蔡徵

徵字希祥，初名覽，濟陽考城人。陳侍中中撫軍景歷子。梁承聖初爲南徐主簿太學博士。陳天嘉中遷始興王府法曹行參軍，歷外兵參軍尚書主客郎。太建中遷太子少傅丞、新安王府主簿、通直散騎侍郎、晉安王府功曹史、太子中舍人兼東宫領直。父憂服闋，襲封新豐縣侯，授戎昭將軍、鎮右新安王諮議參軍。至德中遷廷尉卿，尋爲吏部郎，遷太子中庶子中書舍人，進左民尚書，遷吏部尚書安右將軍，從中書令。禎明末權知中領軍。入隋，除太常丞，歷尚書民部儀曹郎，轉給事，卒年六十七。

與釋智顗書

自江東披破，弟子前預送京，不獲虔禮，于茲五載。丹誠懇結，豈筆札所宣。山川永遠，無因諮謁，遂師奉命，爰到闕廷，天子降情，君主殊遇，新故崇待，南北傾心，可謂使乎使乎，仲尼是以興歎。仰陳勝託，有慰延欽。天高氣清，願道體康愈。棲眞千仞，寂慮四禪，粱穗煙雲，餐悅法喜，固非世俗之徒所能稱讚。徵年衰事迫，可以意求。弟姪兒孫，隨時過日，撫塵擊壤，用畢餘齡。既達于窮通之數，亦不常以貧賤自恥。但覲奉脩然，實增馳欲。伏願珍重，繼後下承，脫値行人，賜訪存歿。開皇十三年九月十七日，前陳侍中安右將軍中書令領軍將軍南雍州大中正新豐縣開國侯弟子濟陽蔡徵稽首和南。釋藏起字四號。國清百錄四。

蕭大圜

大圜字仁顯，梁簡文帝第二十子。大寶初封樂梁郡王，南史作樂良王。承聖中改封晉熙郡王，除寧遠將軍琅邪彭城二郡太守，尋使魏請和。而江陵陷，至周保定中封始寧縣公，加車騎大將軍儀同三司。建德中除滕王逌友。隋開皇初拜内史侍郎，出爲西河郡守。有士喪儀注五卷、要決二卷、梁舊事三十卷、淮海亂離志十卷、寓記三卷、集二十卷。

竹花賦

嗟春色之澄明，映陽流之澈清。花繞樹而競笑，鳥偏野而俱鳴。殘陂蔣合，斜縱草縈。暄條絮滿，暖路絲橫。游蜂集而銜蕊，戲蝶飛而帶英。鸝欲啼而茝歇，雁始去而蘆生。別有葳蕤𢇲結，嫋娜絲筒。縹枝承露，緗箬來風。漢律依節，月桂臨叢。作影翻于樂浴，時名酉于瑞宮。學應龍于葛水，宿鸝鳳于方桐。洛下七賢，湘濱二女，傾翠蓋

之踟躕、泛蓮舟之容與、偶儻傲人、便嬛笑語。拊嫩筍㠯含啼。顧貞筠而命醽。初學記二十八

閑放之言

拂衣褰裳。無吞舟之漏網。挂冠懸節。慮我志之未從。儻獲展禽之免。有美慈明之進。如蒙北叟之放。實勝濟南之徵。其故何哉。夫閻閣者。有優游之美。朝廷者、有簪珮之累。蓋由來久矣。留侯追蹤于松子、陶朱成術于辛文、良有㠯焉。況乎智不逸群、行不高物。而欲辛苦一生、何其僻也、豈如知足知止、蕭然無累。北山之北、棄絕人間、南山之南、超逾世網、面脩原而帶流水、倚郊甸而枕平皋、築蝸舍于叢林、構環堵于幽薄、近瞻烟霧、遠睇風雲、藉纖草㠯蔭長松。結幽蘭而援芳桂、仰翔禽于百仞、俯泳鱗于千尋。果園在後、開窗㠯臨花卉、蔬圃居前、坐簷而看灌畦、二頃㠯供饘粥。十畝㠯給絲麻。侍兒五三、可充紝織。家僮數四。足代耕耘。沽酪牧羊、協潘生之志、畜雞種黍、應莊叟之言。穫菽尋汜氏之書。露葵徵尹君之錄。烹羔豚而介春酒、迎伏臘而候歲時。披良書、探至賾、歌纂纂、唱烏烏、可㠯娛神。可㠯散慮。有朋自遠、揚榷古今、田畯相過、劇談稼穡。斯亦足矣、樂不可支、永保性命、何畏憂責、豈欲躡足入絆。申脰就羈、遊帝王之門。趨宰衡之勢、不知飄塵之少選、寧覺年祀之斯須、萬物營營。靡存其意、天道昧昧、安可問哉、嗟乎。人生若浮雲朝露、寧俟長繩繫景、實不願之、執燭夜遊、警其迅邁、百年何幾、擊跽曲拳。四時如流、俛眉躡足、出處無成、語默奚當、非直丘明所恥、抑亦宣尼恥之。周書蕭大圜傳

蕭圓肅

圓肅字明恭、梁武陵王紀子、紀稱尊號、封宜都郡王、除侍中寧遠將軍、紀東下、副蕭撝守成都、兵敗、與撝俱降于魏、授侍中驃騎大將軍開府儀同三司、封安化縣公、入周、至明帝初進封棘城郡公。保定中除畿伯中大夫。拜咸陽郡守。建德中授太子少傅。出為豐州刺史。加上開府儀同大將軍。宣政初入為司宗中大夫。授洛州刺史。大象末進位大將軍。隋受禪。授貝州刺史。開皇四年卒。有廣堪十卷。淮海亂離志四卷。文海四十卷。集十卷。

少傅箴 王海作太子箴

惟王建國。辨方正位。左史記言。右史記事。莫不援立太子。為皇之貳。是㠯易稱明兩。禮云上嗣。東序養德。震方主器。束髮就學。宵雅更肄。朝讀百篇。乙夜乃寐。愛日惜力。寸陰無棄。視膳再飯。寢門三至。小心翼翼。大孝烝烝。謀謨計慮。問對疑丞。安樂必敬。無忘戰兢。夫天道益謙。人道惡盈。漢嗣不絕乎馳道。魏儲回環于鄴城。前史攸載。後世揚名。三善俱備。萬國㠯貞。姬周長久。實賴賢良。嬴秦短祚。誠由少陽。雖卜年七百。有德過歷而昌。數世萬一。無德不及而亡。敬之敬之。天惟顯思。光副皇極。永固洪基。觀德審諭。授告職司。周書蕭圓肅傳。王海。

蕭吉

吉字文休。南蘭陵人。梁武帝兄長沙王懿之孫。江陵陷。入周。為儀同三司。隋受禪。進上儀同。封城陽郡公。煬帝即位。拜太府少卿。加位開府。遷衞尉少卿。有樂論一卷。樂譜集二十卷。五行記五卷。相經要錄二卷。五姓宅經二十卷。葬經二卷。

獻皇后吉葬表

去月十六日。皇后山陵西北。鷄未鳴前。有黑雲方圓五六百步。從地屬天。東南又有旌旗車馬帳幕。布滿七八里。并有人往來檢校。部伍甚整。日出乃滅。同見者十餘人。謹案葬書云。氣王與姓相生。大吉。今黑氣當冬王。與姓相生。是大吉利。子孫無疆之候也。隋書蕭吉傳。

上書言徵祥

今年歲在甲寅，十一月朔旦。以辛酉爲冬至。來年乙卯，正月朔旦。以庚申爲元日。冬至之日。即在朔旦。樂汁圖徵云。天元十一月朔旦冬至。聖王受享祚。今聖主在位。居天元之首。而朔旦冬至。此慶一也。辛酉之日。即是至尊本命。辛德在景。此十一月建景子。酉德在寅。正月建寅。爲本命與月德合。而居元朔之首。此慶二也。庚申之日。即是行年。乙德在庚。卯德在申。來年乙卯。是行年與歲合德。而在元旦之朝。此慶三也。陰陽書云。年命與歲月合德者。必有福慶。洪範傳云。歲之朝。月之朝。日之朝。主王者。經書並謂三長。應之者延年福吉。況乃甲寅蔀首。十一月陽之始。朔旦冬至。是聖王上元。正月是正陽之月。歲之首。月之先。朔旦是歲之元。月之朝。日之先。嘉辰之會。而本命爲九元之先。行年爲三長之首。並與歲月合德。所以靈寶經云。角音能精。其祚日强。來歲年命。納音俱角。歷之與經。如合符契。又甲寅乙卯。天地合也。甲寅之年。以辛酉冬至。來年乙卯。以甲子夏至。冬至陽始。郊天之日。即是至尊本命。此慶四也。夏至陰始。祀地之辰。即是皇后本命。此慶五也。至尊德並乾之覆育。皇后仁同地之載養。所以二儀元氣。並會本辰。（隋書蕭吉傳。）

奏止臨獻皇后發殯

至尊本命辛酉。今歲斗魁及天罡臨卯酉。謹案陰陽書。不得臨喪。（隋書蕭吉傳。）

五行大義序

夫五行者。蓋造化之根源。人倫之資始。萬品稟其變易。百靈因其感通。本乎陰陽。散乎精像。周竟天地。布極幽明。子午卯酉爲經緯。八風六律爲綱紀。故天有五度以垂象。地有五材以資用。人有五常以表德。萬有森羅。以五爲度。過其五者。數則變焉。實資五氣。均和四序。孕育百品。陶鑄萬物。善則五德順行。三靈炳曜。惡則九功不革。六沴互興。原始要終。靡究萌兆。是以聖人體于未肇。故設言

以筌象。立象以顯事。事既懸有。可以象知。象則有滋。滋故生數。數則可紀。象則可形。可形可紀。故其理可假而知。可假而知。則龜筮是也。龜則爲象。故以日爲五行之元。筮則爲數。故以辰爲五行之主。若夫參辰伏見。日月盈虧。雷動虹出。雲行雨施。此天之象也。二十八舍。內外諸官。七曜三光。星分歲次。此天之數也。山川水陸。高下平汙。嶽鎮河通。風迴露蒸。此地之象也。八極四海。三江五湖。九州百郡。千里萬頃。此地之數也。禮以節事。樂以和心。爵表章旗。刑用革善。此人之象也。百官以治。萬人以立。四教修文。七德閱武。此人之數也。因夫象數。故識五行之始末。藉斯龜筮。乃辨陰陽之吉凶。是以事假象知。物從數立。吉每尋閱墳索。研窮經典。自羲農以來。迄于周漢。莫不以五行爲政治之本。以蓍龜爲善惡之先。所以傳云。天生五材。廢一不可。尚書曰。商王受命。狎侮五常。殄棄三政。故知得之者昌。失之者滅。昔中原喪亂。晉氏南遷。根本之書不足。枝條之學斯盛。虛談巧筆。競功于一時。碩學經邦。棄之于萬古。末代蹤習。風軌遂成。雖復占候之術尚行。皆從左道之說。卜筮之法恆在。爻象之理莫分。月令靡依。時制必爽。失之毫髮。千里必差。水旱興而不辨其由。妖祥作而莫知其趣。非因形像。孚徵窮者。觀其謬惑。歎其學人。皆信其末而忘本。並舉其粗而漏細。古人有云。登山始見天高。臨壑方覺地厚。不聞先聖之道。無以知學者之大。況乃五行幽邃。安可斐然。今故博採經緯。搜窮簡牒。略談大義。凡二十四段。別而分之。合四十段。二十四者。節數之氣。總四十者。五行之成數。始自釋名。終于蟲鳥。凡配五行。皆在茲義。庶幾使斯道不墜。知其始焉。若能治心靜志。研其微者。豈直怡神養性。保德全身。亦可弼諧庶政。利安萬有。斯故至人之所達也。昔人感物制經。吉今因事述義。異時而作。其軌殊途。嘆味道之不齊。求利物之一致。倘焉來哲。補其闕焉。上儀同三司城陽郡開國公蕭吉撰。（日本國佚存叢書）

書本五行大義。

蕭慤

慤字仁祖。梁武帝弟始興王憺之孫。上黃侯曄之子。梁末奔齊。武平中爲太子洗馬。歷周入隋。爲記室參軍。有集九卷。案邢劭有蕭仁祖集序。

春賦

落花无限數。飛鳥排花度。禁苑至饒風。吹花春滿路。岸前片石迥如樓。水裏連沙聚作洲。二月鶯聲纔欲斷。三月春風已復流。分流繞小渡。塹水還相注。山頭望水雲。水底看山樹。舞餘香尙在。歌盡聲猶住。麥壟一驚翬。菱潭兩飛鷺。初學記三

全隋文卷十三終

全隋文卷十四

烏程嚴可均校輯

虞世基

世基字茂世。會稽餘姚人。陳太子中庶子荔子。爲建安王法曹參軍。歷祠部殿中二曹郎太子中舍人。遷中庶子。散騎常侍。尚書左丞。陳亡入隋。爲通直郎。直內史省。拜內史舍人。煬帝卽位。遷內史侍郎。進位金紫光祿大夫。宇文化及行弒。幷遇害。有集五卷。

講武賦 幷序

夫叡居常者。未可論匡濟之功。應變通者。然後見帝王之略。何則。化有文質。進讓殊風。世或澆淳。解張累務。雖復順紀合符之后。望雲就日之君。且脩戰于阪泉。亦治兵于丹浦。是知文德武功。蓋因時而竝用。經邦創制。固與俗而推移。所㠯樹鴻名。垂大訓。拱揖百

爲當作唯

靈。包舉六合。其爲聖人乎。鶉火之歲。皇上御宇之四年也。萬物交泰。九有乂安。俗躋仁壽。民資日用。然而足食足兵。猶載懷于履薄。可久可大。尚懍乎于御朽。至如昆吾遠贄。肅眘奇賝。史不絕書。府無虛月。貝冑雕弧之用。犀渠闕鞏之殷。鑄名劒于尚方。積琱戈于武庫。熊羆百萬。貔豹千羣。利盡五材。威加四海。爰于農隙。有事春蒐。舍爵策勳。觀使臣之㠯禮。沮勸賞罰。遒示民㠯知禁。盛矣哉。信百王之不易。千載之一時也。昔上林從幸。相如于是頌德。長楊校獵。子雲退而爲賦。雖則體物緣情。不同年而語矣。英聲茂實。蓋可得而言焉。其辭曰。

惟則天㠯稽古。統資始于羣分。膺籙圖而出震。樹司牧㠯爲君。既濟寬而濟猛。亦乃武而乃文。北怨勞乎殷履。南伐盛于唐勛。彼周干與夏戚。學可得而前聞。我大陳之創業。乃撥亂而爲武。勘定艱難。平壹區宇。從喋喋之樂推。爰蒼蒼而再補。故累仁㠯積德。諒重

規。而襲矩。惟皇帝之休烈。體御齊之睿哲。敷九疇而咸敘。奄四海而有截。既揚于帝難。又文思之安安。幽明請吏。俊乂在官。御璇璣而七政辨。朝玉帛而萬國歡。昧旦丕顯。未明思治。道藏往而知來。功參天而兩地。邁聖人之上德。盡生民之能事。于是禮暢樂和。刑清政肅。西泉析支。東漸蟠木。罄圖諜而效祉。漏川泉而擬福。在靈貺而必臻。亦何思而不服。雖至治之隆平。猶戒國而強兵。選羽林于六郡。詔蹶張于五營。兼折衝而餘勇。咸重義而輕生。遂乃因農隙㠯敎民。在春蒐而習戰。命司馬㠯示法。帥掌固而清甸。導旬始㠯前驅。伏鉤陳而後殿。抗鳥旗于析羽。飾魚文于被練。爾乃革軒案轡。玉虬齊鞅。屯左矩㠯啟行。擊右鍾而傳響。交雲罕之掩映。紛鉶騎而來往。指攝提于南極。洞閶闔之弘敞。跨玄武而東臨。款黃山而北上。隱圓闕之迢遞。居方澤之塏爽。于斯時也。青春晚候。朝陽明岫。日月光華。煙雲吐秀。澄波瀾于江海。靜氛埃于宇宙。乘輿乃御太乙之玉堂。授軍令于紫房。蘊龍韜之妙筴。誓武旅于戎場。銳金顏于庸蜀。躪鐵騎于漁陽。彀神弩而持滿。彏天弧而竝張。曳虹旗之正正。振夔鼓之鍠鍠。八陳肅而竝列。六軍儼㠯相望。拒飛梯于縈帶。聳樓車于武岡。或掉鞅而直指。乍交綏而弗傷。裁應變而蛇擊。俄蹈厲㠯鷹揚。中小枝于戟刃。徹蹲札于甲裳。聊七縱于孟獲。乃兩禽于卞莊。始軒軒而鶴舉。遂離離㠯雁行。振川谷而橫八表。蕩海岳而耀三光。諒窈冥之不測。羌進退而難常。亦有投石扛鼎。超乘挾輈。衝冠聳劒。鐵楯銅頭。熊渠殪兕。武勇操牛。雖任鄙與賁育。故無得而爲仇。九攻既決。三略已周。鳴鐲振響。風卷電收。于是勇爵班。金奏設。登元凱而陪位。命方邵而就列。三獻式序。八音未闋。舞干戚而有豫。聽鼓鞞而載悅。俾挾纊與投醪。咸忘軀而殉節。方席卷而橫行。見王師之有征。登燕山而戮封豕。臨瀚海而斬長鯨。望云亭而載蹕。禮升中而告成。實皇王之神武。信蕩蕩

而難名者也。隋書虞世基傳。陳主嘗于莫府山校獵。令世基作講武賦于座奏之。陳主嘉之。賜馬一匹。

章服議

後周故事。升日月于旌旗。乃闕三辰。而章無十二。但有山龍華蟲作繪宗彝藻火粉米黼黻。乃與三公不異。開皇中。就裏欲生分別。故衣重宗彝。裳重黼黻。合重二物。以就九章。爲十二等。但每一物。上下重行。衮服用九。鷩服用七。今重此三物。乃非典故。且周氏執謙。不敢負于日月。所以綴此三象。惟施太常。天王衮衣。章乃從九。但天子譬日。德在照臨。辰爲帝位。月主正后。負此三物。合德齊明。自古有之。理應無惑。周執謙道。殊未可依。重用宗彝。又乖法服。今準尚書。予欲觀古人之服。日月星辰山龍華蟲作會宗彝藻火粉米黼黻絺繡。具依此。于左右髆上爲日月各一。當後領下爲星辰。又山龍九物。各重行十二。又近代故實。依尚書大傳。山龍純青。華蟲純黃。作會宗彝純黑。藻純白。火純赤。以此相間。而爲五采。鄭玄議已自非之。云五采相錯。非一色也。今竝用織成于繡。五色錯文。

依當作衣

準孔安國。依質以玄。加山龍華蟲火宗彝等。竝織爲五物。裳質以纁。加藻粉米黼黻之四。衣裳通數此爲九章。兼上三辰。而備十二也。衣褾領上。各帖升龍。漢晉以來。率皆如此。既是先王法服。不可乖于夏制。徵而用之。理將爲允。

禮上脫隋書二字

禮儀志七。

元德太子哀冊文

維大業二年七月癸丑朔二十三日。皇太子薨于行宮。粤三年五月庚辰朔六日。將遷座于莊陵。禮也。蜃綍宵載。鶴闕曉闢。肅文物以具陳。儼賓從其如昔。皇帝悼離方之云晦。嗟震宮之虧象。顧守器以長懷。臨登餕而興想。先遠戒日。占謀允從。庭彝徹祖。階肜收重。抗銘旌以啟路。動徐輪于振容。揆行度名。累德彰謚。爰詔史冊。式遵典志。俾濬哲之徽猷。播長久乎天地。其辭曰。

宸基峻極。帝緒會昌。體元襲聖。儀耀重光。氣秀春陸。神華少陽。居周軼誦。處漢韜莊。有縱生知。誕膺惟睿。性道觿日。幾深綺歲。降迹大成。俯情多藝。樹親建國。命懿作藩。威蕤先路。蔦奕渠門。肅服有紀。分器惟尊。風高楚殿。雅盛梁園。睿后膺儲。天人叶順。本茂條遠。基崇體峻。改王參墟。奄有唐晉。在貴能謙。居沖益慎。封畿千里。閶闔九重。神州王化。禁旅軍容。瞻言偃草。高視折衝。惟良清祕。親賢允屬。泛景鳳躅。飛華螭玉。揮翰泉涌。敷言藻縟。式是便煩。思謀啟沃。洪惟積德。豐衍繁祉。粤自天孫。光升元子。緤車逮事。翠纓奉祀。肅穆滿容。儀形讓齒。禮樂交暢。愛敬兼資。優游養德。恭己承儀。南山聘隱。東序尊師。有粹神儀。深穆其度。顯顯觀德。溫溫審諭。炯戒齊箴。雷連主賦。入監出撫。日就月將。沖情玉裕。令問金相。宜綏景福。永作元良。神理冥漠。天道難究。仁不必壽。善或愆祐。遽瑤山之頹壞。忽桂宮之毀構。痛結幽明。悲纏宇宙。慟皇情之深憫。摧具僚其如疚。嗚呼哀哉。迴環氣朔。荏苒居諸。沾零露于瑤圃。下申霜于玉除。夜漏盡兮空階曙。曉月懸兮帷殿虛。嗚呼哀哉。將寍甫窆。長違望苑。渡渭涘于造舟。遵長平之脩坂。望鶴駕而不追。顧龍樓而日遠。嗚呼哀哉。永隔存沒。長分古今。去榮華于人世。即潛隧之幽深。霏夕煙而稍起。慘落景而將沈。聽哀挽之悽楚。雜灌木之悲吟。紛徒御而流袂。欷纓弁以霑衿。嗚呼哀哉。九地黃泉。千年白日。雖金石之能久。終天壤乎長畢。敢圖芳于篆素。永飛聲而騰實。隋書煬三子傳。

左衞大將軍左光祿大夫姚恭公墓誌銘 幷序

公姓姚。諱辯。字思辯。武威人也。導清源于媯汭。肇崇構于軒丘。世缺 斯缺 五世祖泓。爲晉所滅。子孫播越。居于武威。曾祖讃。撫軍口下缺 軍將軍武威太守。竝以碩量偉才。佐時匡國。父寶。散騎常侍。下缺 山川降神。象緯。勇而風韻開爽。志節通亮。弓彈百步之奇。劍敵萬人之口口氣馳名。遂以材官入選。周保定四年。起家宗侍下士。天和二年。□□虧勝。羣帥見囚。公頻進奇謀。竟弗能用。乃以舟師先濟。朝廷□□統營校。公撫養士卒。勸課農桑。莫不家實食廩。人知禮節。（下缺）賞保定五年。從周武帝平定晉州。摧殄高壁。十二月進居并州。既□公獨爲後距。轉戰不衰。皇輿獲安。公之力也。頻蒙優賞。以累（下缺）六年從定相州。以前後功授大都督。封安養縣開國子。邑四（下缺）檢校武候兵事。又命公隨上柱國拓拔崇于武陟合戰。又于野馬（下缺）相濟實繁有徒。公建旆遄征。攝弓言邁。摧鋒接戰。克著奇功。大象（下缺）戶開皇元年授上開府儀同三司。進爵爲公。增邑爲一千戶。□□所居部事戎車。公誠勇奮發。義同閫外。屢出奇兵。頻摧醜虜。（下缺）天府凡厥賞賜。散之士卒。二年。匈奴復入涼州。詔以公爲行軍□□前後衝擊。晝夜攻圍。校尉之井既枯。將軍之泉又竭。空有思梅之□（下缺）以亡爲存。策勳命賞。理在不次。五年授右武衛驃騎將軍。霍去病（下缺）蔑如也。六年授雲州道亦軍總管。戈船掩渚。巨艦浮川。河涘肅□。匪日崇墉綦跱。雉堞相望。邊柝弗驚。控弦遠逝。其年授使持節河（下缺）化若神明。十年檢校疊州總管河州刺史。行疊州刺史事。公才略□□□弘政教。安民和衆。于是乎在。十二年轉授左武候將軍。尋爲涼州（下缺）邊烽寢候。毳幙旃裘。望風斂蹟。十六年使持節靈州總管諸軍事□□俗易風移。政成朞月。十八年授原州道行軍總管。十九年授環州道□總管。公屢摠戎律。特精邊事。每秋風起塞。胡騎揚塵。折衝之任。非公□□大業二年授左武候大將軍。進爵蔡陽郡開國公。食邑一千五百戶。大啟（下缺）皇上欽明御籙。睿聖纂圖。特荷天眷。恩遇隆重。密勿禁候。知無不爲。（下缺）威等同進位大將軍左武候大將軍如故。三年以母憂去官。其年有（下缺）自天幾千毀滅。僶俛王事。杖而後起。四年以官方草創。授金紫光祿大夫□光祿大夫如故。車駕北巡。諸蕃朝朔。以舊典糾察。整肅軍容。乃令公（下缺）旌門洞張。內外肅然。事嚴細柳。吐谷渾大保

五期尼樂周等率衆歸附。鑾蹕西幸。底定渾國。乃以公爲鬱卑道將軍。旗鼓所振。莫不摧殄。俘（下缺）右光祿大夫左屯衛大將軍如故。乃獻凱廟廷。禮崇備物。六軍之長。車駕南巡江都。以公京師留守。職居爪牙。任惟心膂。出處崇重。朝野榮之。大業七年三月遘疾。十九日薨于京兆郡。春秋六十有六。惟公體量宏達。（下缺）輿義造次弗違。虛己推賢。始終同致。加以雄圖恢廓。奇略弘遠。氣有餘勇。莫之與抗。善于御撫。得士卒之心。長于政術。致廉平之美。自入統禁旅。出□□所夙夜匪懈。簡在帝心。至于敬友穆親。輕財貴義。家稟誠孝。奉以周旋。訓不與善。遽此歸全。知與不知。莫不流涕。粵以其年十月癸丑朔二十一日葬。有詔。故左屯衛大將軍右光祿大夫姚思辯性理和謹。秉心恭慎。歷任（下缺）式表哀榮。可贈左光祿大夫。又蒙賜物八百段。粟麥一千石。謚曰恭公。祀（下缺）長瀾若水。遠馥蘭風。時賢繼及。世德斯隆。勤王成務。啟霸垂功。炳靈不已。□□冥照。落雁窮能。通猨盡妙。蹶張選勇。期門待詔。職分七萃。官聯五營。□□陪衛。出擁高旌。汜水兵略。常山陣勢。卓犖明謀。沈深節制。功有必取。筭無遺計。累膺恩寵。顯赫身名。執恭履順。守滿持盈。方陪紀岳。遽掩佳城。遊魂不歸。逝川（下缺）春秋遞代。徽猷永遠。（金薤琳琅八。又趙魏重摹柘本）

虞綽

綽字士裕。世基族人。仕陳爲太學博士。遷永陽王記室。及陳亡。晉王廣引爲學士。大業初轉祕書學士校書郎。加宣惠尉。遷著作佐郎。授建節尉。坐與楊玄感交。徙且末。亡命變姓名。自稱吳卓。爲吏所執。斬于江都。

大鳥銘（并序）

維大業八年歲在壬申夏四月景子。皇帝底定遼碣。班師振旅。龍駕南轅。鸞旗西邁。行宮次于柳城縣之臨海。頓焉。山川明秀。實仙

鋭當作觀

都也。旌門外設。款跨重阜。帳殿周施。降望大壑。息清蹕。下輕輿。警百靈。綏萬福。戢素砂。步碧沚。同軒皇之襄野。邁漢宗于河上。想汾射。已開襟。望蓬瀛而載佇。育然齊肅。貌屬殊庭。兼已聖德遐宣。息別風與淮雨。休符潛感。表重潤于夷波。璧日朧光。卿雲舒采。六合開朗。十洲澄鏡。少選之閒。儵焉靈感。忽有祥禽。皎同鶴鷺。出自霄漢。翻然雙下。高逾一丈。長乃盈尋。靡霜曜于羽翩。激丹華于觜距。鸞翔鳳跱。鵠起鴻騫。或蹶或啄。載飛載止。徘徊馴擾。咫尺乘輿。不藉揮琴。非因拊石。樂我君德。是用來儀。斯固類仙人之騏驥。冠羽族之宗長。西王青鳥。東海赤雁。豈可同年而語哉。竊已銘基華岳。事乖靈異。紀迹鄒山。義非盡美。猶方冊不泯。遺文可觀。況盛德成功。若斯懿鑠。懷真味道。加此感通。不鐫名山。安用銘異。臣拜稽首。敢勒銘云。

來蘇輿怨。帝自東征。言復禹績。乃御軒營。六師薄伐。三韓肅清。龔行天罰。赫赫明明。文德上暢。靈武外薄。車徒不擾。苛慝靡作。凱歌載路。成功允鑠。反旆還軒。遵林並壑。停輿海澨。駐蹕巖阯。窅想遐凝。藐屬千里。金臺銀闕。雲浮岳峙。有感斯應。靈禽效祉。飛來清漢。俱集華泉。好音玉響。皓質冰鮮。狎仁馴德。翻翻翩翩。絕迹無泯。於萬斯年。隋書虞綽傳。

王胄

胄字承基。琅邪臨沂人。梁太子詹事筠孫。仕陳。歷太子舍人東陽王文學。入隋為學士。大業初為著作佐郎。從征遼東。進朝散大夫。坐楊玄感事徙邊。亡匿。為吏所捕誅。

臥疾閩海餉顗法師詩序

余臥疾閩海。彌亙旬朔。善友顗法師勸余已淨名妙典。調伏身心。力疾粗陳其意。敬餉法師云爾。廣弘明集三十下。

陸知命

知命字仲通。吳郡富春人。仕陳為始興王行參軍。歷太學博士南獄正。陳亡入隋。拜儀同三司。授普盜鎮將。不行。待詔御史臺。煬帝即位。拜治書侍御史。後從征遼東。卒于軍。贈御史大夫。

上表請使高麗

臣聞聖人當扆。物色匆蕘。匹夫奔踶。或陳狂瞽。伏願鑒綴旒纊。覽臣所謁。昔軒轅馭歷。既緩夙沙之誅。虞舜握圖。猶稽有苗之伐。陛下當百代之末。膺千載之期。四海廓清。三邊底定。唯高麗小豎。狼顧燕垂。王度含弘。每懷遵養者。良由惡殺好生。欲諭之已德也。臣請已一節。宣示皇風。使彼君臣面縛闕下。隋書陸知命傳。

潘徽

徽字伯彥。吳郡人。仕陳為新蔡王國侍郎。選為客館令。及陳亡。為州博士。秦孝王俊召為學士。俊薨。晉王廣復引為揚州博士。大業中授京兆郡博士。坐與楊玄感交。出為西海郡威定縣主簿。道卒。

述恩賦佚文

難魏澹敬字議

向所論敬字。本不全已為輕。但施用處殊。義成通別。禮主于敬。此是通言。猶如男子。冠而字之。注云。成人敬其名也。春秋有冀缺。夫妻亦云相敬。既于子則有敬名之義。在夫亦有敬妻之說。此可復並謂極重乎。至若謝諸公。固非尊地。公子敬愛。止施賓友。敬問敬報。彌見雷同。敬聽敬酬。何關貴隔。當知敬之為義。雖是不輕。但敬之于語。則有時混漫。今云敬奉。所已成疑。聊舉一隅。未為深據。隋書潘徽傳。隋遣魏澹聘陳。為啟于陳主曰。敬奉弘慈。曲垂餞送。徽已伏奉為重。敬奉為輕。卻其啟而不奏。澹立議。徽難之云云。澹不能對。遂從而改焉。

韻纂序

文字之來尚矣。初則羲皇出震。觀象緯已法天。次則史頡佐軒。察蹄迒而取地。于是八卦爰始。爻文斯作。繩用旣息。墳籍生焉。至如龍筴授河。龜威出洛。緑綈白檢。述勳華之運。金繩玉字。表殷夏之符。衞甲示于姬壇。吐卷徵于孔室。莫不理包遠邇。迹會幽明。仰協神功。俯照人事。其制作也如彼。其祥瑞也如此。故能宣流萬代。正名百物。爲生民之耳目。作後王之模範。須美彤容。垂芬篆素。暨大隋之受命也。追蹤三五。竝曜參辰。外振武功。內修文德。飛英聲而勒嵩岱。彰太定而銘鍾鼎。春干秋羽。盛禮樂于膠庠。省俗觀風。採歌謠于唐衞。我秦王殿下降靈霄極。稟秀天機。質潤珪璋。文兼黼黻。楚詩早習。頗屬懷于言志。沛易先通。每留神于索隱。尊儒好古。三雍之對已道。博物多能。百家之工彌洽。讌遊必名教。漁獵唯圖史。加㠯降情引汲。擇善匆微。築館招賢。攀枝佇異。剖連城于井里。賁束帛于丘園。薄技無遺。片言便賞。所㠯人加脂粉。物競琢磨。俱報稻粱。各施鳴吠。于時歲次鶉火。月躔夷則。驂駕務隙。靈光意靜。

前臨竹沼。卻倚桂巖。泉石瑩仁智之心。煙霞發文彩之致。賓僚霧集。教義風靡。乃討論羣藝。商略衆書。㠯爲小學之家。尤多舛雜。雖復周禮漢律。務在貫通。而巧說邪辭。遞生同異。且文譌篆隸。音謬楚夏。三蒼急就之流。微存章句。說文字林之屬。唯別體形。至于尋聲推韻。良爲疑混。酌古會今。未臻功要。又有李登聲類。呂靜韻集。始判清濁。纔分宮羽。而全無引據。過傷淺局。詩賦所須。卒難爲用。遂躬紆睿旨。摽摘是非。撮舉宏綱。裁斷篇部。總會舊轍。創立新意。聲別相從。即隨注釋。詳之詁訓。證㠯經史。備包騷雅。博牽子集。汗簡云畢。題爲韻纂。凡三十卷。勒成一家。方可藏彼名山。副諸石室。見羣玉之爲淺。鄙懸金之不定。爰命末學。製其都序。徽業術已寡。思理彌殫。心若死灰。文慙生氣。徒㠯犬馬識養。飛走懷仁。敢執顛沛之辭。遂操狂簡之筆。而齊魯富經學。楚鄭多良士。西河之彥。幸不誚于索居。東里之才。請能加㠯潤色。隋書潘徽傳秦孝王俊遣撰集字書名爲韻纂徽爲序。

全隋文卷十四終

烏程嚴可均校輯

許善心

善心字務本。高陽北新城人。陳衛尉卿亨子。爲王府法曹。舉秀才。對策高第。授度支郎中。轉侍郎。補撰史學士。禎明中奉使聘隋。拘留不遣。及陳亡。拜通直散騎常侍直門下省。授虞部侍郎。除祕書丞。仁壽初攝黃門侍郎。尋加攝太常少卿。煬帝即位。轉禮部侍郎。㠯忤宇文述左遷給事郎。攝左翊衛長史。從征遼東。授建節尉。尋加朝散大夫。攝左親衛武賁郎將。授通議大夫。江都之變。爲宇文化及所害。越王侗稱制。贈左光祿大夫高陽縣公。謚曰文節。有方物志二十卷。符瑞記十卷。

奏駁皇后屬車乘數

謹案周禮。后備六服。幷設五輅。采章之數。竝與王同。屬車之制。不應獨異。又宋孝建時議定輿輦。天子屬車十有二乘。至大明元年九月。有司奏皇后副車未有定式。詔下禮官。議正其數。博士王燮之議。鄭玄云。后象王立六宮。亦正寢一而燕寢五。推其所立。每與王同。謂十二乘通關爲允。宋帝從之。遂爲後式。今請依乘輿。不須差降。（隋書禮儀志五。皇后屬車三十六乘。初宇文愷閻毗奏定。請減乘輿之半。禮部侍郎許善心奏駁云云。制曰可。）

七廟議

謹案禮記。天子七廟。三昭三穆。與太祖之廟而七。鄭玄注曰。此周制也。七者。太祖及文王武王之祧。與親廟四也。殷則六廟。契及湯與二昭二穆也。夏則五廟。無太祖。禹與二昭二穆而已。玄又據王者禘其祖之所自出。而立四廟。案鄭玄義。天子唯立四親廟。幷始祖而爲五。周㠯文武爲受命之祖。特立二祧。是爲七廟。王肅注禮記。尊者尊統上。卑者尊統下。故天子七廟。諸侯五廟。其有殊功異德。非太祖而不毀。不在七廟之數。案王肅㠯爲天子七廟。是通百

代之言。又據王制之文。天子七廟。諸侯五廟。大夫三廟。降二爲差。是則天子立四親廟。又立高祖之父。高祖之祖。幷太祖而爲七。周有文武姜嫄。合爲十廟。漢諸帝之廟各立。無迭毀之義。至元帝時。貢禹匡衡之徒。始建其禮。㠯高帝爲太祖。而立四親廟。是爲五廟。唯劉歆㠯爲天子七廟。諸侯五廟。降殺㠯兩之義。七者其正法。可常數也。宗不在數內。有功德則宗之。不可預毀爲數也。是㠯班固稱考論諸儒之議。劉歆博而篤矣。光武即位。建高廟于洛陽。乃立南頓君㠯上四廟。就祖宗而爲七。至魏初。高堂隆爲鄭學。議立親廟四。太祖武帝猶在四親之內。乃虛置太祖及二祧。㠯待後代。至景初間。乃依王肅。更立五世六世祖。就四親而爲六廟。晉武受禪。博議宗祀。自文帝㠯上六世祖征西府君。而宣帝亦序于昭穆。未升太祖。故祭止六也。江左中興。賀循知禮。至于寢廟之儀。皆依魏晉舊事。宋武帝初受晉命爲王。依諸侯立親廟四。即位之後。增祠五世祖相國掾府君。六世祖右北平府君。止于六廟。逮身歿。主升從昭穆。猶太祖之位也。降及齊梁。守而弗革。加崇迭毀。禮無違舊。臣等又案姬周自太祖已下。皆別立廟。至于禘祫。俱合食于太祖。是㠯炎漢之初。諸廟各立。歲時嘗享。亦隨處而祭。所用廟樂。皆象功德而歌舞焉。至光武乃總立一堂。而羣主異室。斯則新承寇亂。欲從約省。自此㠯來。因循不變。伏惟高祖文皇帝睿哲玄覽。神武應期。受命開基。垂統聖嗣。當文明之運。定祖宗之禮。且損益不同。沿襲異趣。時王所制。可㠯垂法。自歷代㠯來。雜用王鄭二義。若尋其指歸。校㠯優劣。康成止論周代。非謂經通。子雍總貫皇王。事兼長遠。今請依據古典。崇建七廟。受命之祖。宜別立廟。祧百代之後。爲不毀之法。至于鑾駕親奉。申孝享于高廟。有司行事。竭誠敬于羣王。俾夫規模可則。嚴祀易遵。表有功而彰明德。大復古而貴能變。臣又案周人立廟。亦無處置之文。據冢人處職而言之。先王居

中以昭穆爲左右。阮忱撰禮圖。亦從此議。漢京諸廟旣遠。又不序禘祫。今若依周制。理有未安。雜用漢儀。事難全采。謹詳立別圖。附之議末。（隋書禮儀志二。大業元年，煬帝欲遵周法，營立七廟，詔有司詳定其禮。禮部侍郎攝太常少卿許善心與博士褚亮等議，詔可。又略見通典四十七。）

宇文述役兵議

述于仗衞之所。抽兵私役。雖不滿日。闕于宿衞。與常役所部。情狀乃殊。又兵多下番。散還本府。分道追至。不謀同辭。今殆一月。方始翻覆。姦狀分明。此何可舍。（隋書許善心傳）

對詔問太子朝謁著遠遊冠

牛弘奏云。皇太子冬正大朝。請服衮冕。帝問給事郎許善心曰。太子朝謁著遠遊冠。有何典故。對曰。晉令皇太子給五時朝服遠遊冠。至宋泰始六年。更議儀注。儀曹郎丘仲起議。案周禮。公自衮冕以下。至卿大夫之玄冕。皆其朝聘之服也。伏尋古之公侯。尚得服衮以入朝見。況皇太子儲副之尊。謂宜式遵盛典。服衮朝賀。兼左丞陸澄議。服冕以朝。實著經典。自秦除六冕之制。後漢始備古章。魏晉以來。非祀宗廟。不欲令臣下服于衮冕。位爲公者。必加侍官。故太子入朝。因亦不著。但承天作副。禮絕羣后。宜遵前王之令典。革近代之陋制。皇太子朝請服冕。自宋以下。始定此儀。至梁簡文之爲太子。嫌于上逼。還冠遠遊。下及于陳。皆依此法。後周之時。亦言服衮入朝。至于開皇。復遵魏晉故事。臣爲衮冕之服。章玉雖差。一日而觀。頗欲相類。臣子之道。義無上逼。故晉武帝太始三年。詔太宰安平王孚著侍內之服。四年。又賜趙燕樂安王等散騎常侍之服。自斯以後。台鼎貴臣。竝加貂璫武弁。故皇太子遂著遠遊冠。謙不逼尊。于理爲允。（隋書禮儀志七）

梁史序傳論述

謹案。太素將萌。洪荒初判。乾儀資始。辰象所以正時。坤載厚生。品物于焉播氣。參三才而育德。肖二統而降靈。有人民焉。樹之君長。有貴賤矣。爲其宗極。保上天之睠命。膺下土之樂推。莫不執大方。振長策。感召風雲。驅馳英俊。干戈揖讓。取之也殊。功鼎玉龜符。成之也一致。革命厤制。竹素之道稍彰。紀事記言。筆墨之官漸著。炎農以往。存其名而漏其迹。黃軒以來。晦其文而顯其用。登丘納麓。具訓誥及典謨。貫昴入房。傳夏正與殷祀。洎辯方正位。論時訓功。南北左右。兼四名之別。檮杌乘車。擅一家之稱。國惡雖諱。君舉必書。故賊子亂臣。天下大懼。元龜明鏡。昭然可察。及三邻遞襲。五勝相沿。俱稱百谷之王。竝以四海自任。重光累德。何世無哉。逮有梁之君臨天下。江左建國。莫斯爲盛。受命在于一君。繼統傳乎四主。克昌四十八載。餘祚五十六年。武皇帝出自諸生。爰升寶厤。拯百王之弊。救萬姓之危。反澆季之末流。登上皇之獨道。朝多君子。野無遺賢。禮樂必備。憲章咸舉。弘深慈于不殺。濟大忍于無刑。蕩蕩巍巍。可爲稱首。屬陰戎入潁。羯胡侵洛。沸騰際蹟。三季所未聞。掃地滔天。一元之巨厄。郊廟有序。翦成狐兔之場。珪帛有儀。碎夫犬羊之手。福善積而身禍。仁義在而國亡。豈天道歟。豈人事歟。嘗別論之。在序論之卷。先君昔在前代。早懷述作。凡撰齊書爲五十卷。梁書紀傳。隨事勒成。及闕而未就者。目錄注爲一百八卷。梁室交喪。墳籍銷盡。冢壁皆殘。不準無所盜。帷囊同毀。陳農何以求。秦儒既坑。先王之道將墜。漢臣徙請。口授之文亦絕。所撰之書。一時亡散。有陳初建。詔爲史官。補闕拾遺。心識口誦。依舊目錄。更加修撰。且成百卷。已有六帙五十八卷。上祕閣訖。善心早嬰荼蓼。弗荷新構。（北史作弗克荷薪。）太建之末。頻抗表聞。至德之初。蒙授史任。方願油（北史作湘）素采訪。門庭記錄。俯勵弱才。仰成先志。而畢宗少强。近虛室類。原顏退屏。無所交遊。棲遲不求進益。假班嗣之書。徒聞其語。給王隱之筆。未見其人。加以庸瑣涼能。孤陋末學。忝職郎署。兼撰陳史。致此書延晷未即成績禎明二年以臺郎入聘值本邑淪覆他鄉播遷行人失晷將命不復望都亭而長慟還別館而懸壺家史舊書在後焚蕩今止有六十八卷在又竝缺落失次自入京以來隨見補葺略成七十卷四帝紀八卷后妃一卷三太子錄一卷爲一帙十卷宗室王侯列傳一帙十卷具臣列傳二帙二十卷外戚傳一卷孝德傳一卷誠臣傳一卷文苑傳二卷儒林傳二卷逸民傳一卷數術傳一卷藩臣傳一卷合一帙十卷止足傳一卷烈女傳一卷權幸傳一卷羯賊傳二卷逆臣傳二卷叛臣傳二卷敘傳論述一卷合一帙十卷凡稱史臣者皆先君所言不稱（北史作下稱）名案者竝善心補闕別爲敘論一篇託于敘傳之末（隋書許善心傳北史八十三）

神雀頌（并序）

臣聞觀象則天乾元合其德觀法審地域大表其尊雨施雲行四時所以生殺川流岳立萬物于是裁成出震乘離之君紀鳳司鳩（隋書作紀）之后玉鏈玉斗而降金版金縢以傳竝陶冶性靈含煦動植眇玄珠于赤水寂明鏡于（隋書作乎）靈臺莫不景福氤氳嘉貺鱗集馳聲南薰越響雲韶粵我皇帝之君臨闢大方抗太極負鳳邸據龍圖不言行焉撝提建指不肅靖焉喉給啟閉括地復夏截海翦商就望體其尊登降（隋書作職）以其會綿區浹宇邇至遐安騰實飛聲直暢旁施無體之禮威儀布政之宮無聲之樂綴兆總章之觀上庠養老躬問百年下士字民心爲百姓月榜日浴熱坂寒門吹鱗沒羽之荒赤蚍青馬之裔解辮請隸削衽承風豈止呼韓北場遠頌（隋書作顯勒）狼居之岫熄愼南境近表不耐之城故使天不愛道地盃悋寶川岳展異幽顯效靈狎素游禎圖膏啟醴半景青赤蓂歷虧盈足足懷仁般般擾義祥祐之來若此升隆之化如彼而登封盛典雲亭佇白檢之儀致治成功柴燎靡玄珪之告雖奉常定禮武騎草文天子抑而未行推而不有允恭克讓其在茲乎七十二君信蔑如也故神禽顯貴玄應昭昭白爵呈織象（隋書作家）之奇赤雀銜丹書之貴班固神爵之頌履武戴文曹植嘉雀之篇棲庭集牖未若于飛武帳來賀文楹刷采青蒲將翔赤扇玉几朝御取翫軒楯之間金門旦開兼留翬翟之鑒終古曠世未或前聞福召冥徵得之茲日歲次上章律諧大呂玄枵會節玄英統時至尊未明求衣晨興于合章之殿爰有瑞雀翩翔而下載行載止當扆宁而徐前來集來儀乘軒墀而顧步夫瑞者符也聖主之休徵雀者爵也聖人之大寶謹案考異郵云軒轅有黃爵赤頭立日旁占云土精之應又禮稽命徵云祭祀合其宜則黃爵集昔漢集泰畤之殿魏下文昌之宮一見雍丘之祠三入東平之府竝旁觀迴矚事陋人微奚足稱矣抑又聞之不刳胎剖卵則鸞鳳馴鳴不漉浸焚原則螭龍盤蜿是知陛下止殺故飛走宅心皇慈好生而潛浮育德臣面奉綸綍垂示休祥預承嘉宴不勝藻躍李虔鮮處西土陸機少長東隅微臣懃于往賢逢時盛乎曩代輒竭庸瑣敢獻頌云

太素式肇大德資生功玄不器道要無名質文鼎革沿習因成祥圖瑞史赫赫明明天祿大定於鑠我君武義乃武文教惟文橫塞宇宙旁疑射汾軒物重造姚風再薰燠發王策昭彰帝道御地七神飛天五老山祇吐祕河靈孕寶黑羽升壇青麟伏阜丹烏流火白雉從風棲阿德劭鳴岐祚隆未如神雀近賀王宮五靈何有百福攸同孔圖獻赤荀文表白飾節奇音行行瑞迹化玉黼扆銜環陛戟上天之命明神所格綏應在旃伊臣頌焉永緝丹素方流管絃頌歌不足蹈舞無宣臣拜稽首億萬斯年（隋書許善心傳文苑英華七百七十八）

袁充

充字德符陳郡陽夏人寓居丹陽梁司空昂孫仕陳歷祕書郎太子舍人晉安王文學吏部侍郎散騎常侍入隋歷蒙鄜二州司馬領太史令大業中遷內史舍人從征遼東拜朝請大夫祕

書少監。超拜祕書令。江都之變。爲宇文化及所害。年七十五。

日景漸長表

隋興已後。日景漸長。開皇元年冬至之景長一丈二尺七寸二分。自爾漸短。至十七年冬至景一丈二尺六寸三分。四年冬至在洛陽測景長一丈二尺八寸八分。二年夏至景一尺四寸八分。自爾漸短。至十六年夏至景一尺四寸五分。其十八年冬至陰雲不測。元年十七年十八年夏至亦陰雲不測。周官以土圭之法正日景。日至之景尺有五寸。鄭玄云。冬至之景一丈三尺。今十六年夏至之景短于舊五分。十七年冬至之景短于舊三寸七分。日去極近。則景短而日長。去極遠則景長而日短。行內道則去極近。行外道則去極遠。堯典云。日短星昴。以正仲冬。據昴星昏中。則知堯時仲冬。日在須女十度。以曆數推之。開皇以來。冬至日在斗十一度。與唐堯之代去極俱近。謹案元命包云。日月出內道。璇璣得其常。天帝崇靈。聖王祖功。京房別對曰。太平日行上道。升平日行次道。霸代日行下道。伏惟大隋啓運。上感乾元。景短日長。近古希有。隋書天文志上。又見袁充傳。又北史七十四。

推文帝本命表

皇帝載誕之初。非止神光瑞氣。嘉祥應感。至于本命行年。生月生日。並與天地日月。陰陽律呂。運轉相符。表裏合會。此誕聖之異。寶曆之元。今與物更新。改年仁壽。歲月日子。還共誕聖之時並同。明合天地之心。得仁壽之理。故知洪基長筭。永永無窮。隋書袁充傳

上煬帝星瑞表

臣聞皇天輔德。皇天福謙。七政斯齊。三辰告應。伏惟陛下。握錄圖而馭黔首。提萬善而化八紘。以百姓爲心。匪以一人受慶。先天罔違。所欲後天必奉其時。是以初膺寶曆。正當上元之紀。乾之初九。又與本命符會。斯則聖人冥契。故能動合天經。謹案去年已來。玄象星瑞。毫釐無爽。謹錄尤異上天降祥破突厥等狀七事。其一。去年八月二十八日夜。大流星如斗。出王良北。正落突厥營。聲如崩牆。其二。八月二十九日夜。復有大流星如斗。出羽林。向北流。正當北方。依占。頻二夜流星墜賊所。賊必敗散。其三。九月四日夜。頻有兩星大如斗。出北斗魁。向東北流。依占。北斗主殺伐。賊必破敗。其四。歲星主福德。頻行京都二處分野。依占。國家之福。其五。七月內熒惑守羽林。九月七日已退舍。依占。不出三日。賊必敗散。其六。去年十一月二十日夜。有流星赤如火。從東北向西南。落賊帥盧明月營。破其橦車。其七。十二月十五日夜。通漢鎮北有赤氣亙北方。突厥將亡之應也。依勘城錄。河南洛陽並當甲子。與乾元初九爻及上元甲子符合。此是福地。永無所慮。旋觀往政。側聞前古。彼則異時間出。今則一朝總萃。豈非天贊有道。助殲兇孽。方清九夷於東穢。沈五狄于北溟。告成岱岳。無爲汾水。隋書袁充傳。又北史七十四。

上言煬帝年命

去歲冬至。日景逾長。今歲皇帝即位。與堯受命年合。昔唐堯受命四十九年。到上元第一紀甲子。天正十一月庚戌冬至。陛下即位。其年即當上元第一紀甲子。天正十一月庚戌冬至。正與唐堯同。自放勳以來。凡經八上元。其間緜代。未有仁壽甲子之合。謹案第一紀甲子。太一在一宮。天目居武德。陰陽曆數。並得符同。唐堯景辰生。景子年受命。止合三五。未若己丑甲子。支干並當六合。允一元三統之期。合五紀九章之會。共帝堯同其數。與皇唐比其蹤。信所謂皇哉唐哉。唐哉皇哉者矣。隋書袁充傳。煬帝初即位。充及太史丞高智寶上言。又見北史七十四。

毛爽

爽。滎陽陽武人。陳光祿大夫左驍騎將軍喜弟。爲山陽太守。入隋。授渦州刺史。以年老辭不赴官。

律譜

臣爽案。黃帝遣伶倫氏取竹于嶰谷。聽鳳阿閣之下。始造十二律焉。乃致天地氣應。是則數之始也。陽管爲律。陰管爲呂。其氣㠯候四時。其數㠯紀萬物。云隸首作數。蓋律之本也。夫一十百千萬億兆者。引而申焉。厤度量衡。出其中矣。故有虞氏用律和聲。鄒衍改之。㠯定五始。正朔服色。亦由斯而別也。夏正則人。殷正則地。周正則天。孔子曰。吾得夏時焉。請得氣數之要矣。漢初興也。而張蒼定律。乃推五勝之法。㠯爲水德。實因戰國。官失其守。後秦滅學。其道浸微。蒼補綴之。未獲詳究。及孝武創制。乃置協律之官。用李延年㠯爲都尉。頗解新聲變曲。未達音律之原。故其服色不得而定也。至于元帝。自曉音律。郎官京房亦達其妙。因使韋玄成等雜試問房。房自敘云。學焦延壽。用六十律相生之法。㠯上生下。皆三生二。㠯下生上。皆三生四。陽下生陰。陰上生陽。乃還相爲宮之正法也。于後劉歆典領條奏。著其始末。理漸研精。班氏漢志。盡歆所出也。司馬彪志。竝房所出也。至于後漢。尺度稍長。魏代杜夔亦制律呂。㠯之候氣。灰悉不飛。晉光祿大夫荀勖得古銅管。校夔所制。長古四分。方知不調。事由其誤。乃依周禮。更造古尺。用之定管。聲韻始調。左晉之後。漸又訛謬。至梁武帝時。猶有汲冢玉律。宋蒼梧時鑽爲橫吹。然其長短厚薄。大體具存。臣先人栖誠學筭于祖暅。問律于何承天。沈研三紀。頗達其妙。後爲太常丞。典司樂職。乃取玉管及宋太史尺。竝㠯聞奏。詔付大匠。依樣制管。自斯㠯後。律又飛灰。侯景之亂。臣兄喜于太樂得之。後陳宣帝詣荊州爲質。俄遇梁元帝敗。喜沒于周。適欲上聞。陳武帝立。遂又㠯二十管衍爲六十律。私候氣序。竝有徵應。至太建時。喜爲吏部尚書。欲㠯聞奏。會宣帝崩。後主嗣立。出喜爲永嘉內史。遂留家內。貽諸子孫。陳亡之際。竟竝遺失。今正十二管在太樂者。陽下生陰。始于黃鍾。陰上生陽。終于中呂。而一歲之氣畢于此矣。中呂上生執始。執始下生去滅。終于南事。六十律候畢于此矣。仲冬之月。律中黃鍾。黃鍾者。首于冬至。陽之始也。應天之數。而長九寸。十一月氣至。則黃鍾之律應。所㠯宣養六氣。緝和九德也。自此之後。竝用京房律準。長短宮徵。次日而用。凡十二律。各有所攝。引而申之。至于六十。亦由八卦衍而重之。㠯爲六十四也。相生者相變。如黃鍾之管。下生林鍾。㠯陽生陰。故變也。相攝者相通。如中呂之管。攝于物應。㠯母權子。故相變者異時而各應。相通者同月而繼應。應有早晚者。非正律氣。乃子律相感。寄母中應也。（隋書律厤志上。）

陳伯禮

伯禮字用之。吳興長城人。陳文帝第十子。天嘉六年封武陵王。太建初爲雲旗將軍。持節都督吳興諸軍事。吳興太守。坐貪暴免。陳亡入隋。大業中爲散騎侍郎。臨洮太守。

借藏啓

伯禮啓。明願問訊兄。前許借介藏。今進請受。願付今使。仰干悚息。謹啓。（湻化閣帖四。）

陳伯智

伯智字策之。伯禮第十二弟。太建中封永陽王。厤侍中。明威將軍。散騎常侍。尚書左僕射。出爲使持節都督東揚豐二州諸軍事。平東將軍。領會稽內史。至德中徵拜侍中。翊左將軍。加特進。陳亡入隋。大業中爲岐州司馬。遷國子司業。

與釋智顗手書

秋氣淒冷。願安樂行耳。弟子寡夫。未能治道。願欲延屈。方憑開導。今遣左右陳文強往。悉其一二。弟子陳伯智和南。八月十日。（釋藏起字一號。國淸百錄一。）

第二書

弟子少奉正眞。長而彌篤。州中事隙。時得用心。但至止已來。實有欽聽。前書要師出鎭講說。未辱還告。良已鬱陶。佇聽之懷。不忘瞬息。重遣今信。必望翻然。學徒多少。並希攜帶。故前有白。尋勤人船。所遲來儀。會言在促。弟子陳伯智和南。同上。

第三書

使人山返。仰具高懷。域誠不果。更深爲恨。本知山水得性。爲物忘懷。復須安忍。今遣迎接。佇望光臨。弟子陳伯智和南。高麗昆布人參等。遣云是物陋返仄。同上。

又與釋智顗手書

靜惠和南。更雪寒重。願禮懺不適。仰疲。弟子眩悅無理。眞觀法師願得入山攝慮禪寂。今已彼書仰呈。婁公又正東裝。待小晴通。便當就路。但觀公非唯義解。又誦法華。旣朗慧燈。方澄定水。仰惟闍棃德偉安遠。道邁光猷。遐邇頃心。振錫雲聚。紹像法于將墜。已救昏蒙。顯慧日之餘光。用拯澆俗。兼孔山陰捨良田已供耕墾。姚寶安捨淨財已給殖菜。禪堂行就修緝。糧廩不虞闕無。諸善因緣。亦各隨喜。弟子劣薄。竭誠供養。願勿已貧俗繼意。徒衆爲憂。憑茲福業。庶遣煩勞。藉此熏修。冀荷冥祐。弟子陳靜惠和南。釋藏起字二號國清百錄二一又緩字口號續高僧智顗傳載有九句。

解講疏

菩薩戒弟子陳靜智稽首和南。十方常住三寶。幽顯冥空。現前凡聖。伏惟法王法力。惆三界之顚愚。無漏無爲。開一乘之奧典。濬宗絕稱。仰蓮華已立名。實智難思。借寶珠而論理。殷勤宏接。始則大事因緣。指掌言提。終令小乘解悟。接須彌擲世界。未足爲難。開祕密。導蒼生。斯爲勿易。天台顗闍梨。遊泯法門。貫通禪苑。有爲之結已離。無生之忍現前。仰屈來儀。闡揚極敎。高軒層殿。廣闢齊宮。聖衆雲集。仙羣霧委。俱奉傳燈之曜。共挹懸河之流。法侶忻慶。神祇踊躍。弟子飄蕩業風。沈淪愛水。雖餐法喜。弗祛蒙蔽之心。徒仰禪悅。終懷散動之慮。但日輪馳鶩。羲和之轡不留。月鏡臨軒。嫦娥之影難駐。適啓金函。便收寶軸。法輪輟軫。鷲嶺之說何期。清梵停音。魚山之唱方息。有離有會。歎息奚言。愛法敬法。潺湲無已。謹下今月十三日。解講功德。仰設法會。幷度人出家。又觀音菩薩法身大士。拯危拔難。利益人天。奉造靈儀。卽日鎔鑄。用斯福善。上資淸廟聖靈。又奉爲卽日至尊。願御膳勝常。安德宮太后菩薩。寢興納豫。皇太子起居萬福。諸王諸主。咸保嘉慶。末及弟子自身。幷息諶等。內外眷屬。一切因緣。壽命長遠。身心快樂。唯願顯揚三寶。通達五乘。戒與秋月俱明。禪與春池共潔。生生世世。與闍棃及講衆。黑白見聞覺知。恆結善友。恆將濟度。還同智積。奉智勝如來。便似藥王覲雷音種覺。或見生安樂世界。或處兜率天宮。俱蕩三乘行。俱向一乘道。恆沙菩薩爲等侶。恆沙國土爲佛事。得法自在。得心自在。同修七覺分。同趣三菩提。虛空有邊。此願無盡。仰希幽顯證明。法界怨親。同入願海。迴向薩雲。若爲無所得故。釋藏起字一號國淸百錄一又緩字口號續高僧智顗傳載有二十三句。

疏

熱甚。汝智請爲勞。吾疾劣。遣不具。伯智疏。淳化閣帖一

寒嚴。比氣力何似。僕疾劣甚。情想。遇今信。旨此不多。陳伯智疏。同上。

陳叔懷

叔懷未詳。陳書無其人。閣帖釋文題爲長沙王叔懷。未知何據。宣帝第四子叔堅。太建元年封長沙王。官至荊州刺史中軍大將軍。陳亡入隋。更名叔賢。大業中爲遂寧太守。無叔懷者。恐誤錄之。俟考。

帖

二云須微。吾旣不司。此行極是。園中梅始發。旣無工力治未花之輿微。今付此不多。叔懷荅自足。何用此花。淳化閣帖一

陳叔文

叔文字子才。陳宣帝第十二子。太建七年封晉熙王。授侍中散騎常侍宣惠將軍。進輕車將軍揚州刺史。後主即位。遷侍節江州刺史。徙信威將軍湘州刺史。陳亡入隋。授開府。拜宜州刺史。

上文帝表

昔在江州。已先送款。乞知此情。望異常例。陳書晉熙王叔文傳

致書秦王請降

竊以天無二日。晦明之序不差。土無二王。尊卑之位乃別。今車書混壹。文軌大同。敢披丹款。申其屈膝。陳書晉熙王叔文傳。隋行軍元帥秦王至于漢口。叔文率巴州刺史畢寶等請降。致書于秦王。

陳淵

淵史作深。避唐諱。字承源。陳後主第四子。至德初封始安王。拜軍師將軍揚州刺史。禎明二年立為皇太子。陳亡入隋。大業中為枹罕太守。唐武德初為祕書丞。卒官。

請釋智顗為戒師書

淵和南。仰惟化道無方。隨機濟物。衛護國土。級引天人。昭燭光輝。託迹朋友。比丘入夢。符契之像久埶。和上來儀。高座之德斯炳。是已翹心七淨。渴仰四依。庶三自之歸可弘。五戒之法永固。竊尋內外兩乘。大小二教。重道尊師。由來尚矣。伏希俯從所請。世世結緣。遂其本願。日日增長。今月十五日。于崇正殿設千僧法會。奉請為菩薩戒師。謹遣主書劉璿。略申誠款。殊未宣悉。弟子淵和南。正月十三日。釋藏起字一號。國清百錄一。

全隋文卷十五終

烏程嚴可均校輯

盧思道

思道字子行小字釋奴范陽涿人魏祕書監淵孫師事邢子才齊天保中為司空行參軍兼員外散騎侍郎直中書省後坐事出為丞相西閤祭酒歷太子舍人司徒錄事參軍免後主時為京畿主簿歷主客郎給事黃門侍郎待詔文林館入周授儀同三司去職後除掌教學士遷武陽太守隋初去職起為散騎侍郎奏內史侍郎事有集三十卷

納涼賦

祝融司方朱明届序氣乃初伏節惟徂暑積歊蒸于簾櫳流煩溽于園籞陽風澳其長扇火雲赫而四舉爾乃警六御案三條擊靈鼓吟鳳簫雲車錯轂鱗馬齊鑣入雲宮之嵯峨登仙觀之岧嶤引

雄風于洞穴承清露于丹霄動飈飀于翠帳散霏微于綺寮初學記三

孤鴻賦并序

余志學之歲自鄉里遊京師便見識知音歷受羣公之眷年登弱冠甫就朝列談者過誤遂竊虛名通人楊令君邢特進已下皆分庭致禮倒屣相接翦拂吹噓長其光價而才本駑拙性實疏嬾勢利貨殖淡然不營雖籠絆朝市且三十載而獨往之心未始去懷抱也攝生舛和有少氣疾分符坐嘯作守東原洪河之湄沃野彌望囂務既屏魚鳥為鄰有離羣之鴻為羅者所獲野人馴養貢之于余置諸池庭朝夕賞翫既用銷憂兼以輕疾大易稱鴻漸于陸羽儀盛也揚子曰鴻飛冥冥騫翥高也淮南云東歸碣石違溽暑也平子賦曰南寓衡陽避祁寒也若其雅步清音遠心高韻鵷鸞已降罕見其儔而鎩翮牆陰偶影獨立唼喋粃粺雞鶩為伍不亦傷乎余五十之年忽焉已至永言身事慨然多緒乃為之賦聊以自慰云其詞曰

惟此孤鴻擅奇羽蟲實稟清高之氣遠生遼碣之東毻毛將落和鳴順風壯冰云厚矯翅排空出島嶼之綿邈犯霜露之溟濛鷩絓魚之密網畏落雁之虛弓若其斗柄東指女夷司月乃遙集于寒門遂輕舉于玄闕至如天高氣肅搖落在時既嘯儔于淮浦亦弄吭于江湄摩赤霄以凌厲乘丹氣之威夷遡商飆之嫋嫋翫陽景之遲遲彭蠡方春洞庭初綠理翮整翰羣浮侶浴振雪羽而臨風掩霜毛而候旭歷江湖之菁藻飫原野之菽粟行離離而高逝響嗈嗈而相續絜齊國之冰紈皓密山之華玉若乃晨沐清露安趾徐步夕息芳洲延頸乘流違寒競逐浮沅水宿避暑言歸絕漠雲飛望玄鵠而為侶比朱鷺而相依倦天衢之冥漠降河渚之芳菲忽值羅人設網虞者懸機永辭寥廓蹈迹重圍始則窘束籠樊憂憚刀俎靡軀絕命恨失其所終乃馴狎園庭栖託池籞稻粱為惠

恣其容與于是翕羽宛頸屏氣銷聲滅煙霞之高想闊江海之幽情何時驤首奮翼上凌太清騫翥鼓舞遠薄層城惡禽視而不貴小鳥顧而相輕安控地而無恥豈沖天之復榮若夫圖南之羽偉而去羨栖睫之蟲微而不賤各遂性于天壤弗企懷以交戰不聽咸池之樂不饗太牢之薦匹晨雞而共飲偶野鳧以同膳匪揚聲以顯聞豈校體而求見聊寓形乎沼沚且夷心于溏淀齊榮辱以晏如承君子之餘眄隋書盧思道傳

在齊為百官賀甘露表

竊以河榮洛變授祉于勛華玄玉素鱗降靈于湯武其間徵禽弱草改狀移形夜宿朝雲呈光動色皆以照臨下土發揮帝載千祀一致隔代同符伏惟陛下上捴天維俯握河紀持欽翼之小心纂昇平之大業萬靈翹首應三台以西巡兩儀貞觀乘六氣而東指卿雲既出還聞百碎之歌河清可俟寘弭萬人之歎而上玄乃顧

神物薦委。飛甘瀧潤，王散珠連，昔魏明仙掌，竟無靈液，漢武金盤，空望雲表，豈若神漿可挹，流味九戶之前，天酒自零，凝照三階之下。斯實曠代禎符，前王罕遇，休矣美矣，皇哉唐哉，臣等竝邀昌運，俱沐玄造，驟聞祕祉，亟覩冥貺，振鱗撫翼，空馳魚鳥之心，瘞玉編金。方待云亭之后。初學記二露五。

奏大理未可除

省有駕部，寺留太僕，省有刑部，寺除大理，斯則重畜產而賤刑名，誠爲未可。隋書盧思道傳，時議置六曹，將除大理，思道上奏。

爲隋檄陳文

告三江之表僞署君臣將帥州郡邑落士民等。蓋聞上玄垂象，列宿拱辰極之忠，厚載成形，百谷指滄溟之大，是以三五以降，哲王口后，遠覃聲教，大燀威靈，日月之所照臨，倶荷亭育，舟車之所通泊，咸附象鞮。我大隋積德累功，開物成務，光宅寰海，覆幬烝民，虞

夏受終，顧有慙德，湯武革命，未云盡善。滄波已東，九譯請吏，玉門之右，萬里無塵，諸華冠帶之俗，肆勤南畝，皮服引弓之渠，頓顙北闕，内外禔福，區宇憺然。皇上垂拱巖廊，司契而已。惟夫太伯之後，實號勾吳，少康之裔，是爲於越，江界湫濆，如掌之瀝，塗泥所集，瘴癘自興，自昔皇王，列壤班瑞，春秋之義，爵不過子，在晉永嘉，運北數極，司馬氏衆無一旅，播越江濱，劉蕭已還，多歷世祀，魏氏奄一神州，置之度外，且西吞巴蜀，北據淮淝，善人君子，可以爲國，陳霸先下愚小醜，品極輿隸，屬揚部淪胥之日，幸梁人殲敗之秋，騁其姦回，妄自尊大，等蠻觸之戰爭，似鰌鮒之跳躍，曇頊昏禎賊忍，不義不慈，剿厥猶子，竊其僞位，蜂蠆非毒，谿壑易滿，事甚楚圍之繯理，切吳光之劍，國小地狹，虐用其民，坑戮倖于屠伯，茇夷過于薙氏。加以沈迷麴糵，酣酗終朝，澆灌取盡，夜以繼晝，貨賄公行，政刑不立。疏棄良士，狎近小人，宇宰鬻漁，子弟荒暴，頭會箕斂，杼軸其空。災異相仍，稻蟹不熟，江左黎獻，戴日而覩齊之季世，實多涼德。江淮之間，甚爲項育，便謂三春易求，百年可致，違卜復諫，黷武窮兵，吳明徹、程文秀之徒，竝早經行陣，粗有風力，彼朝上下，繫以存立，呂梁之役，貫盈惡稔，曾未交綏，雲卷霧徹，組練塞垣，艅艎噎水，顧眄之頃，隻輪不歸，及周宣馭曆，將一淮海，荆舒之民，奢侈爲怨，聊命偏裨，拯其荼毒，長江已北，若火焚毛，是則楊越之地，爲陳孤立，卒弊壞虧，邦羸政塞，乘奔無轡，譬茲非險，坐薪待燃，方此爲泰。司馬消難，切荷特私，任居連率，猜狂使酒，竊地外奔，曇頊背恩棄德，是信是使，引盜納姦，無媿無畏，天奪其魄，憑犯不悛，緣邊諸城，犬羊荐食，聖主以軒開萬國，屬盡九州，一隅不庭，宜置天討，爰詔六軍，分閫受鉞，西徵秦隴之鋭，北引燕代之英，五校雄兒，超乘倶起，三河猛士，挼距爭奮，虎夫萬隊，豹騎千羣，竝骨勇肉飛，風驤霧合，憬彼江黃之衆，遏矣彭濮之民，巨艦高艫，順流東指，江都壽春

之域，扼喉撫背之兵，飛龍赤馬，絶水南越，漢后昆明，未足方其訓旅，魏王玄武，不能比其隸師，陳以江湖之泥，短衣祝髮，輕舸利舸，便習若多，上迷天意，下憑地險，所以舉尾支山，怒臂當轅，轍一作今荆門鋭卒，致命前驅，淮南義師，賈勇競入，揚舲振艥，兔走鳧飛，然則彼之所長，我亦兼有，我利涉大川，匪旦伊夕，江郢遲贈，吳會喬旅，東西遏絶，通致無由，僞朝軍旅，或陳誠款，密使相尋，蕞爾危邦，表裏攜貳，兼弱攻昧，今也其時，扛鼎蒙輪之卒，事均驟兕，三禮四義之將，倪覩韓白，正正之旗，百道俱進，竝雲移雷動，大會金陵，兵旂暗山原，金鼓沸天地，呼吸則江漢廻流，叱咤則衡疑可拔，運伐山山而壓春卵，引渤海而灌秋螢，當不足等其銷滅，譬其齏粉，猥以不武，謬總戎律，上稟廟堂之謀，下資素飽之氣，使喪怖之魂，先遊北斗，呂嘉之級，遠至新鄉，漂櫓溺驂，屠然已至，亂麻積莽，可爲寒心。僞主若天誘其誠，去危轉禍，審青蓋之欲歸，知蔣山之應渡，銜

璧輿櫬。拜手轅門。則上比吳蜀之君。不失公侯之寵。隙之百辟卿士。緺戶黔庶。有能蹤識逆順。因事立功。亦當服冕乘軒。紆青佩紫。疏爵酬庸。待以不次。王者之師。全救爲本。萬姓毫釐靡所侵。軼勉求多福。無待噬臍。檄之所到。咸共申省。文苑英華□□□□

爲高僕射與司馬消難書

名白。一成雲雨。再歷炎涼。引領南望。勞眷無已。歲暮寒重。想比勝宜。羈泊水鄉。無乃勤悴。公居齊室。家實元勳。後入周廟。爵窮上等。富貴榮名。時無與二。西征南逝。蓋不獲已。且聖主敬于恩舊。情期款到。背氷之始。曲憲申恩。公之妻孥。一無所問。行李往來。想宜知悉。陳氏背盟。負約事非一緒。所以爰詔大將軍。龔行天罰。靈旗電埽。師次江陽。延首金陵。但增翹注。昔龐萌重獲漢主。宥其深辜。魏洽再歸曹王。棄其大眚。惜其才也。今古如一。醉飽之過。願不自疑。兼齊氏王姬。宛然在室。諸子陸陸。如何易忘。門生故吏。遍于京輔。

舊友密親。擊鍾鼎食。萬里飄然。音塵不嗣。眷言及此。伊何可懷。今元戎啓行。易爲去就。承眷有素。敢布腹心。若使隻舸浮渡。三叛獲俘。函首長安。悔無及也。文苑英華六百八十三。

勞生論

莊子曰。大塊勞我以生。誠哉斯言也。余年五十。嬴老云至。追惟疇昔。勤矣厥生。乃著茲論。因言時云爾。

罷郡屏居。有客造余者。少選之頃。盱衡而言曰。生者天地之大德。人者有生之最靈。所以作配兩儀。稱貴羣品。姸蚩愚智之辯。天懸壤隔。行己立身之異。入海登山。今吾子生于右地。九葉卿族。天授俊才。萬夫所仰。學綜流略。氣槩孔門之游夏。辭窮麗則。擬漢日之卿雲。行藏有節。進退以禮。不諂不驕。無慍無悍。偃仰貴賤之間。從容語默之際。何其裕也。下走所欣羨焉。余莞爾而笑曰。未之思乎。何所言之過也。子其清耳。請爲左右陳之。夫人之生也。皆未若無生。在余之生。勞亦勤止。紈綺之年。服膺教義。規行矩步。從善而登。巾冠之後。濯纓受署。纏鏁仁義。籠絆朝市。失翹陸之本性。喪江湖之遠情。淪此風波。溺于倒踣。憂勞總至。事非一緒。何則。地胄高華。既致嫌于管庫。才識美茂。亦受嫉于愚庸。篤學強記。聾瞽于焉側目。清言河瀉。木訥所以疚心。豈徒蠹惜春雛。鴟嚇腐鼠。相江都而永歎。傅長沙而不歸。固亦魯值臧倉。楚逢靳尚。趙壹爲之哀歌。張升于是慟哭。有齊之季。不遇休明。申胝就執。屏迹無地。段珪張讓。金貝是視。賈謐郭淮。腥臊可饜。侄刑以逞。禍近池魚。耳聽惡來之讒。足踐龍逢之血。周氏末葉。仍值僻王。斂笏升階。汗流浹背。莒客之踵踦焦原。匹茲非險。齊人之手執馬尾。方此未危。若乃羊腸句注之道。據鞍振策。武落雞田之外。櫛風沐雨。三旬九食。不敢稱弊。此之爲役。蓋其小小者耳。今泰運啓闢。四門以穆。冕旒司契于上。夔龍佐命于下。岐伯善卷恥徇幽憂。卞隨務光悔從木石。余年在秋

方。已迫知命。情禮宜退。不獲晏安。一葉從風。無損鄧林之攢植。雙鳧退飛。不虧渤澥之游泳。耕田鑿井。晚息晨興。候南山之朝雲。覽北堂之明月。泛勝九穀之書。觀其節制。崔寔四時之令。奉以周旋。晨荷蓑笠。白屋黃冠之伍。夕談穀稼。霑體塗足之倫。濁酒盈罇。高歌滿席。恍兮惚兮。天地一指。此野人之樂也。子或以是羨余乎。客曰。吾子之事。既聞之矣。佗人有心。又請論其梗概。余答曰。雲飛泥沈。卑高異等。圓行方止。動息殊致。是以摩霄運海。輕罻羅于藪澤。五衢四照。忽斤斧于山林。余晚値昌辰。遂其弱尚。觀人事之隕穫。覩時路之邅危。玄冬修夜。靜言長想。可以累歎悼心。流涕酸鼻。人之百年。脆促已甚。奔駒流電。不可爲辭。顧慕周章。數紀之內。窮通榮辱。事無足道。而有識者鮮。無識者多。褊隘凡近。輕險躁薄。居家則人面獸心。不孝不義。出門則諂諛讒佞。無愧無恥。退身知足。忘伯陽之炯戒。陳力就列。棄周任之格言。悠悠遠古。斯患已積。迄于

近代。此蠹尤深。范鄭撝謙之風。搢紳不嗣。夏書昏墊之罪。執政所安。朝露未晞。小車盈董石之巷。夕陽且落。皁蓋塡闕寶之里。皆如脂如韋。俯僂匍匐。啖惡求媚。舐痔自親。美言諂笑。助其愉樂。詐泣佞哀。恤其喪紀。近通旨酒。遠貢文蛇。豔姬美女。委如脫屣。金銑玉華。棄同遺跡。及鄧通失路。一簪之賄無餘。梁冀就誅。五侯之貴將起。向之求官買職。晚謁晨趨。刺促望塵之舊遊。伊優上堂之夜客。始則亡魂褫魄。若牛兒之遇獸。心戰色沮。似葉公之見龍。俄而抵掌揚眉。高視闊步。結侶棄廉公之第。攜手哭聖卿之門。華轂生塵。來如激矢。雀羅暫設。去等絕絃。飴蜜非甘。山川未阻。千變萬化。鬼出神入。爲此者皆衣冠士族。或有藝能。不恥不仁。不畏不義。靡愧友朋。莫慙妻子。外呈厚貌。內蘊百心。繇是則紆青佩紫。牧州典郡。冠幘劫人。厚自封殖。妍歌妙舞。列鼎撞鍾。耳倦絲桐。口飫珍旨。雖素論以爲非。而時宰不之責。末俗蚩蚩。如此之敝。余則違時薄宦。屛息窮居。甚恥驅馳。深畏乾沒。心若死灰。不營勢利。家無儋石。不費囊錢。偶影聯官。將數十載。爲拙致笑。輕生所以告勞也。眞人御宇。斲雕爲樸。人知榮辱。時反邕熙。風力上宰。內敷文教。方邵重臣。外揚武節。被之大道。洽以淳風。舉必以才。爵無濫授。褭斯首鼠。不預衣簪。阿黨比周。埽地俱盡。輕薄之儔。滅影竄迹。礫石變成瑜瑾。萑葦化爲芝蘭。曩之扇俗攪時。駭耳穢目。今悉不聞不見。莫予敢侮。易曰。聖人作而萬物覩。斯之謂乎。（隋書盧思道傳。文苑英華七百五十八。）

北齊興亡論

或問主人曰。往者魏人失御。六合雲擾。河朔關右。剖爲二國。永熙西遁。天平北遷。兩朝先主。分陝而霸。龍戰虎爭。多歷歲祀。既而水運値謁。天祿永終。齊室比迹于唐虞。周人踵武于漢魏。齊有五帝。周易四王。竝纔踰二紀。相繼而滅。若其元首膺期。股肱命世。立極補天之業。銘常鏤鼎之功。至于暴君南面。孽臣作輔。民怨神怒。國殄祀絕。易世之由。雖傳之耆舊。載于史策。通人雅旨。其詳可得聞乎。主人應之曰。吾少仕齊朝。晚歸周室。因而學業。歷茲永久。雅好博古。雖欲擬議。近世治亂。粤可略陳。在魏正光。牝雞司旦。尒朱榮乘釁內舉。沿天泯夏。餘燼跋扈。挺禍王城。海內生民。若崩厥角。齊高祖神武皇帝。天縱英明之略。神挺雄武之才。龍攄豹變。投袂而起。四明昆弟。大會韓陵。類蚩尤風雨之兵。若新都犀象之陣。彼曲我直。天實贊之。日未移晷。大殲醜族。然後拔立宗枝。入纂皇統。羣后成務。天下晏如。但芒刺成災。震逼爲梗。居鄴流彘。去而不入。遷鼎舊鄴。國命維新。朝章國憲。燦然畢舉。渭南失律。似烏林之喪師。洛北先鳴。同官渡之凱入。雖天命有歸。而盡于北面。方之魏武。具體而微。文襄嗣業。始踰弱冠。瓌傑之氣。足稱負荷。賓禮時秀。驅駕羣雄。內外肅清。朝無秕政。侯景背恩棄義。狼顧汝潁。蕭衍失信幸災。蟻聚彭汴。于是謀臣運策。猛士推鋒。渦陽之役。兇渠匹馬南逝。寒山之戰。吳卒隻輪不返。王思政入據長安。淹歷歲時。神旗暫臨。如風埽籜。三秦勍敵。閉關自守。五湖之長。革音請命。魏孝靜以天厤有在。鼎祚將遷。大禮備物。率由舊典。允恭克讓。推而弗居。禍生非慮。匕首竊發。爾其弗（弗作夷。）凶翦暴剛斷英峙。天崩地拆。堂構闕如。嗣子幼沖。未堪多難。文宣雖云外弟。少乏令名。人望所歸。便見推奉。于時政有彝倫。朝多俊乂。爪牙皆韓白之伍。心腹盡良平之儔。外靜方隅。內康庶績。主之不才。四海弗之覺也。洎乎受終文祖。燎天改物。兵强地廣。國富刑清。發號施令。必師古始。信賞必罰。如有四時。年穀屢登。災害不作。敵人竄迹。郊境無虞。天保受命。迄于五祀。黃初泰始。不能遠尚。爰及中年。誕縱昏德。以萬乘之貴。爲長夜之飲。散髮覩朝。肉袒聽政。手行刳剔。躬運矛鋋。寵狎佞諛。親愛凡鄙。出入市廛。遊走衢路。太保高隆之。佐命元功。廟廊上宰。僕射高德政。龍潛賓友。帷幄重臣。衞尉卿杜弼。碩學偉才。拔萃出類。光祿大夫元景風流儒雅師範搢紳或赤族見誅或丹頸爲戮並直言竊歎幾于讒口自餘名士良臣非罪遭命淫刑已逞不可殫言劉曹已還逮于僭僞受命稱帝未有若斯之慘者也賴有尚書令弘農楊遵彥魏太傅津之子也含章秀出希世偉人風鑒俊朗體局貞固學無不綜才靡不通裴樂謝其清言應劉媿其藻麗溫良恭儉讓恕惠和高行異才近古無二有齊建國便預經綸軍國政事一人而已詰旦坐朝諮請填湊千端萬緒令議如流剖斷部領選舉人物滿室盈庭永無疑滯虛襟泛愛禮賢好事聞人之善若已有之智調有餘尤善當世讜言屢入時寄無改每乘輿四巡恆守京邑凡有善政皆遵彥之爲是以主昏于上國治于下朝野貴賤至于今稱之俄而文宣不豫奠于龍壁儲君纘體纔歷數旬近習預權小人並進楊公處有危機引身移疾幼主若喪股肱因相敦勉乾明之始難起戚藩變成倏忽殞于殿省詩云人之云亡邦國殄悴君子是以知齊祚之不昌也孝昭地乃密親位居元輔有姬公之戚無復子之心亦由主弱時艱慮深家國當陽正位事出權道身長八尺腰帶十圍沈深謹厚實有君人之望時甲卒強盛財力殷阜乃睠西顧恆有吞噬之心兼以天保之後懲其淫縱不邇聲色不事嬰遊孝于太后篤于昆季慎惜名器愛養黎元後庭嬪嬙皆是藩邸之舊數不盈十竟無私寵特解吏事尤好禮容但政苛碎暗于聽受降年不永暮歲而崩大漸維幾黜其元子武成母弟之親入主宗祏而少稟凶德不孝不仁龍攢在殯淚不承臉太后之喪亦不哀哭纔及公除便衣纖綵縱侈荒淫不知紀極甘酒耆音夜以繼晝有和士開者素有和氏之庶孽其面目亦似胡人輕薄凡猥爲衣冠所棄武成在田之日引爲參將聞好彈胡琵琶亦解歌舞一面之後便大相愛悅恆在臥內同食共寢淫穢之事無所不爲天保之世文宣知其如此頓鞭二百徙配長城後遇

城當作成

赦得還武成爲右丞相久別得還恩盼愈厚信宿之間賞賜巨萬及踐大位親顧彌隆爰自黃門漸至端右盡景娛侍略不休停就令暫出便追騎相尋士開作威作福略無顧憚恩寵勢望熏灼朝野恣性貪淫人倫少例心如谿壑行均犬豕甲第當衢侔擬公室富商大賈朝夕盈門朝士無賴者亦競相諂媚或送婢妾或進子女筐篚苞苴烟聚波屬士開葬母傾朝追送諂諛尤甚者至悲不自勝澆薄邪佞愛踰弟兄名賢素士略不交言其所薦延奏無不遂榮枯進退定于俄頃于時下陵上替奔競成習士無貴賤風節頓盡趙彥深阿諛順旨俛首懷祿元文遙器能先見不敢措言此外羣官靡衣媮食齊室大壞其原始于此矣河清之末長彗爲災太史奏言須有禳救武城便自稱太上傳位後主胡長粲以從舅之親爲子琮以姨夫之戚俱受寄託並當樞要或性識庸近或意懷險薄皆不學無術智能淺短及天統末年武成卽世和士開一相處內自擬伊周太尉錄尚書事趙郡王叡明德茂親聰爽俊悟藩王之內時望隆重以士開凶醜宜加屏黜入踐青蒲讜言規諫而少主聰察不類成昭母后才明異于馬鄧士開禮于疏行長粲爲其謀主遂使宗戚賢王絞縊以戮雖遐邇胥怨愚智同憤而依託城社未如之何數載之間肆其穢行與馮子琮夫婦鬻獄賣官三家府藏賄貨山積凶愚子弟並處高資更相貨易擇而後授司徒琅邪王儼年甫十四兼領憲司憤其所爲切齒忿咤執送南臺異其身首子琮以搆扇兩端一時依法二凶俱勦朝野晏清京師市里儛蹈成羣粱葷之慶不足斯比琅邪心實去惡跡乃陵上不容于時俄而賜盡自茲已後政道彌昏高阿那以牧圉之勤重其佞媚韓長鸞以韝紲之能悅其趨走又有女奴陸氏出自掖庭凶智狡筭舉世無匹以保母之恩特見尊寵六宮謂之世師人主以爲內相舞弄王法掩塞天聽慶賞威刑出于婢口頑嚚弟姪布于

列位帝戚皇支不能及也。陸子駱提婆者，出于皁隸，本是韓工。愚昵庸短，僕辯𢖍爽，與韓高之徒，共持國柄，宣淫肆暴，甚于和氏，窮極富貴，轉日迴天。愚簿之倫，折枝舐痔，輕者進貨賂，甚者結婚媾。朝廷混然，無復廉恥，清貞守道，更被嗤怪，漢世張趙，不能喻其萬一，晉朝賈郭，未足比其錙銖。斛律明月屬鏤之錫，冤動天地，崔季舒龍逄之戮，痛切幽明。加以內參年少閹官之屬，親狎寵私，盈滿宮禁，干預政事，剝掠生民，黔首呼嗟，以日為歲，其反道違常，速亡趨滅，事非一緒，不可勝陳。後主自生宮闈，長于尼媼，不接端士，不見正人，朝夕諮諏，罕聞調護之客，便煩左右，莫匪刀鋸之餘，飛鷹走狗，蕩其心慮，麗色淫聲，亂其耳目。論功德者云羲軒無以尚，述欽明者稱堯舜不能踰，才智之士，棄而不任，假有名級，備員而已。憲章綱紀，蕩然無餘，魚爛土崩，以俟勍寇。周武大捷平陽，乘虛除入，將有降心，士無鬭志，前世耿賈之雄，俛眉頓顙，先朝貔虎之銳，斂氣重足，舉晉陽如拾芥，攻鄴宮猶振槁，萬里百城，交臂屈膝，南極江淮，北盡砂塞，西界函谷，東至滄溟，府帑粟帛之饒，兵革士民之眾，齊之所畜，盡為周有，不亦哀哉。文苑英華七百五十一

後周興亡論

周太祖文皇帝幼而機警，智數過人，屬魏末多故，召募驍雄，値二將相屠，三軍未一，見推為主，遂握兵符。俄而魏武西巡，奉迎車駕，挾天子以會諸侯，萬世所以一時也。撫養荒餘，鳩聚兵甲，同心之旅，不滿萬人。齊神武以大兵數十萬，將濤灞滻，雷動雲移，萃于渭曲，太祖以數千弊卒，振旅而還，遂基王業。竇泰以勁兵深入，一戰喪元，高敖曹以銳氣先登，臨陣授首，兵革歲動，敗鮮勝多。高氏雖怙其眾力，莫敢先至，邙山之舉，我師敗績，收合亡散，退守有餘。及蕭氏將亡，邊服震擾，荊郢內附，庸蜀來王，器械完整，貨財充實，帶甲百萬，驍將如林，吳楚之長，國與齊人相埒矣。閔帝以嫡嗣承基，應天納禪，弱齡厭世，末及稱皇。以庶長見立，纂我鴻緒，從容文雅，亦守文之良主焉。二帝景命不融，高祖始登大位，于時大冢宰晉公宇文護，太祖之猶子也，負圖作宰，親受顧命，國柄朝權，頓去王室。高祖高拱深視，彌歷歲年，談議偶立，無所關預，祭則寡人，晉公不之忌也。但自下裁物，其主不堪，累世權強，一朝折首，其黨與咸見夷戮。惡衣菲食，掃地無餘，術乃棄奢淫，去浮偽，施一德，布公道，屏重內之膳，躬大布之衣，始自六宮，被于九服，令行禁止，內外肅然。以釋氏立教，本貴清淨，近世以來，糜費財力，下詔削除之，亦前王所未行也。値齊季失德，取亂侮亡，親御戎軒，再舉而滅，軍令肅然，秋毫莫犯，數巡而定，不戮一人，未及下車，革其弊政，山東士女，欣戴如歸。但天性嚴忍，果于殺戮，血流盈前，無廢飲噉。行幸四方，尤好田獵，從禽于外，非夜不還，飛走之類，値無免者，識者以此少之。雖有武功，未遑文德，彝章禮教，蓋闕如也。繕甲治兵，將掃沙漠，遠圖不遂，暴疾升遐。宣帝初在東京，已多罪失，高祖每加嚴訓，不能修改。嗣位之初，飾情自厲，踰年已後，變態轉興，耽酒好色，常居內寢，角抵逸遊，不捨晝夜，分命使人，徵求子女，積之後宮，以千萬數，此石虎之淫風也。寵嬖四人，並立為皇后，車服節文，與內主無別，此劉聰之亂政也。少在儲宮，頗覽經籍，臨朝對眾，亦有精神，但稟病狂，特好詭異，衣冠形色，皆與舊制不同。文武侍臣，屏棄遐裔，內外門閤，皆別令宦者看守，出入去來，並錄其數，殿省以月相視。然朋淫于家，無所簡擇，乃至長樂，亦有醜聲。大象之末，忽焉慘虐，鞭撻朝士，動至數百，背及胷腹，一皆下手，楚毒之理，不可忍見。祖宗廟號，諱不得稱，變易官名，回官姓族，車乘輪輻，並有貴賤之殊，婦女莊點，亦為上下之異。後庭嬪妾，房有數人，自旦至夕，恆令危坐相對，有不如法，便即捶楚。內外命婦，朔望朝謁，皆令為丈夫拜伏，以示肅恭。自號為天，不復稱朕，此外小事，異同不可勝紀。狂

惑妖僻開闢未之有也客曰齊武成荒悖庸暗怨結人神厥嗣不昌理則然矣周祖聰明神武冠世雄奇因愚子以至顛覆豈人事乎抑天道也蒙有惑焉請聞其說主人曰寒暑晦明二儀之不同也賢愚治亂五勝之相形也是以酒池肉林乃周王之緒構坑儒滅學亦漢后之驅除齊自天保受終迄于武平喪國孝昭之外竟無令主河淸已後國基漸墜昏主慢遊于上黎民怨讟于下逮于末葉君弱臣愚外崩內潰周人取之猶坂上走丸也周武任數殖情果敢雄斷擁三秦之銳厲攻昧之秋削平天下易同俯拾未及三祀宮車晚駕嗣子披猖肆其凶愚眞人革命宗廟爲墟此蓋天所以啓大隋非不幸也文苑英華七百五十一

從駕大慈照寺詩序

皇帝以上叡統天大明御極彈壓九代驅駕百王至德上通深仁下漏威稜西被聲教東漸布政合宮孝儀太室張樂洞野會計苗山天不愛寶神靡遺貺鱗羽郊異山澤薦社華裔率從幽顯咸秩八政惟序六府告平猶且棲志窅冥凝神空寂俯陋區域顧遺形有救精民于苦器拯欲界于危城身心澄淨樂之境生靈仰調御之力中宮厚德載物正位儷天道冠邵陵業踰嫄姒慧雲朝起四生佇其寸合慈燈夜爇九服照其餘光乃睠叅墟實唯唐舊山川周衞襟帶巖坰東郊勝地爰構寶坊儼若化成瞬如踊出既而景躔西陸氣中南宮商風振野白露威寒聖主御辯巡方順時育物六龍進駕七聖齊軫翠旗揚旆雕玉徐輪間百年而拜輦朝萬靈以案節熊渠佽飛之輩入參中壘虎殿金門之侶迴望屬車將屆下都遊茲淨域兼悅鷲山之觀共喜龍宮之遊接足栖心俱展誠敬課虛引寂仍發詠歌雖事比擊轅義同叩角亦以雍容盛烈述讚休美豈若皐朔文辭甫陳男祝王谷蟲篆纔營女工作者二十六人其詞云爾廣弘明集三十下

盧紀室誄

齊天統二年秋七月司徒記室參軍事永安鄉男范陽盧詢祖卒先民有言惟德可久抑又聞之惟名爲壽爾之無祿沒而不朽乃授弱翰告哀良友遂作誄曰

皇虛眇邈師緒蟬聯大儒漢世名公魏年司徒藹藹撫翼沖天尙書亹亹亦稱象賢若人擢秀絶後光前發榮隨浦翻耀春田爰在弱齡孤根回立內無怙恃外寡朋執行有餘力藝無不習善價斯待香名允集下學上達鑽幽洞微九流百氏異軫同歸文成鍾律韻響珠璣麗詞泉湧壯思雲飛雄州擢第言刈其楚我實褒然觀國而舉自茲不調多歷年所游泳儒玄從容嘿語納于大麓崇建府朝八紘所掩車乘翹翹我有明德乃應嘉招超自幕下來儀鳳條應徐竝轡潘顧齊鑣聲華籍甚譽動朋僚逖矣江陰承風請謁莊生喻指季子觀樂立朝所寄俊才優學懸河自口靈珠在握乃參軍事仍贊中鉉大沖所廢德施攸蹊同推麗則俱謝蟲篆何才之高何位之鮮天下士也宜享多福豹變其文鴻漸于陸神之聽之于何不淑營魄遂往音儀在目嗚呼哀哉昔余與子分重契深譬諸投膝如彼斷金余慕大隱子惟陸沈等趨宮闈竝綴衣簪春臺共踐秋水偕臨還馬齊轡出蓋連陰良書濁酒永嘯長吟芺言俱贊闕行同箴娛樂未幾嶮阻相尋忻旣無極憂亦難任云胡不弔亡我知音百年已矣萬事傷心嗚呼哀哉亭伯君山竝嗟湮滅荀粲王壽同悲夭折蘭菊無墜鍾鼓不絶之子云亡何愧前烈靈衣襲几奠酒盈杯故庭飛鞚虛帳凝埃僕流離而涕泗參顧慕以遲迴出南陽之舊道掩北邙之夜臺趙鄭之銘已勒滕公之隴未開臨象設而不面詎幽魂之可來嗚呼哀哉文苑英華八百四十二

祭漅湖文

維開皇元年十二月朔甲子具位姓名遣某官以清酌庶羞之饋

文當作受

崇祭巢湖之靈曰、泱漭澄湖。南服之紀。斜通海甸。傍帶江汜。深過百仞。潤踰九里。彭蠡莫儔。具區非擬。揚越不庭。多歷年紀。王師薄伐。六軍戾止。戒期指日。馬首欲東。常陰作沴。零雨其濛。水氣朝合。天雲夜同。申之苦霧。繼以嚴風。塗泥已甚。軌躅不通。有稽天罰。用沮元戎。惟夫百神受職。水靈爲大。皇王御宇。率土無外。當使日月貞明。天地交泰。雨師止其零瀝。雲將卷其蔚薈。東渡戈船。南登鷁旆。收尉佗之黃屋。納孫晧之靑蓋。然後革車旋軫。戎卒凱歌。楚俘霧集。冀馬星羅。無德不報。有酒如河。神之聽之。斯言非蹉。初學記七。

遼陽山寺願文

齊興二十有三載。區宇乂安。列聖重光。百神受職。天平地成。禮諧樂暢。劍戟亡鑄。江海無波。皇帝體膺上哲。運鍾下武。以至德字黔首。大明臨赤縣。深仁俯漏。惠化潛通。榮鏡六幽。昭蘇八表。唐旌已立。翻輿不遠。而至殷網既開。肖翹咸遂。其所壇凝休氣。渚慕榮光。玄黿告符。翠琰啓籙。阿閣朝諠。棘林夜靜。西琯協律。南罿迦神。衣氣襮龜之俗。懷音請吏。反踵修股之渠。膜拜空首。四海懾然。中外禔福。慰候無警。書軌大同。猶以爲負扆垂旒。人世徵業。功成治定。域中小道。投心覺海。東意玄門。手執明珠。頂文甘露。調御天人。不徇巖廊之重。明行具足。寧屑袞冕之尊。十力四心。東漸西被。日月出矣。風雨潤之。層門鉤肆。化成嚴淨之所。蜉蝣蛄蟈。網于仁壽之域。參墟奧壤。王迹所基。寶都是宅。別館斂在。襟帶遐長。原陸爽秀。高巖[illegible]起。作鎮東偏。峰羅羣玉。鷲頭之狀非美。樹列三珠。雞足之形可[illegible]。洞穴條風。生和雅之曲。圓珠積水。流淸妙之音。于時玉燭調年。金商在律。職方具禮。孜孜西巡。六龍齊轡。七萃案部。雷動星移。翠鑾佇蹕。乃建仁祠于彼勝地。成之不日。既麗且康。昔周夜初明。漢池云鑿。事隔荒裔。道若存亡。哲王馭厤。弘濟區宇。前聖後聖。旦莫爲期。以此勝因。仰爲武成皇帝及淸廟聖靈。願西遇彌陀。上

征兜率。雄視三界。高臨四衢。百年之神。俯輕羣后。一音所導。道同佛日。皇太后福踰姜水。祉邁塗山。壽比太陰。業均厚載。聖主齊明兩曜。合德二儀。受籙錯于靈河。開金簡于仙嶽。龍官鳥紀。未可匹其光。大象天任。地焉能喻。其長久。皇太子德茂元良。道高上嗣。半籠啓誦。孕育莊丕。六宮眷屬。諸王昆弟。皆智慧莊嚴。王華松茂。永侍披香。長固磐石。以茲博利。被于萬品。當使法界虛空。生靈動植。俱沐定水。同陰法雲。斯普或差。無取正覺。廣弘明集二十八上。

盧賁

賁字子徵。思道族弟。周武帝時襲父光爵燕郡公。後歷魯陽太守、太子小宮尹、儀同三司。轉司武上士。宣帝初加開府。隋受禪。歷散騎常侍、太子左庶子、左領軍右將軍、檢校太常卿。拜郢州刺史。轉虢州刺史。後遷懷州刺史。轉齊州刺史。免。

請改七懸八以黃鍾爲宮表

殷人以上。通用五音。周武克殷。得鶉火天駟之應。其音用七。漢興加應鍾。故十六枚而在一簴。鄭玄注周禮。二八十六爲簴。此則七八之義。其來遠矣。然世有沿革。用捨不同。至周武帝。復改懸七。以林鍾爲宮。夫樂者。治之本也。故移風易俗。莫善于樂。是以吳札觀而辯興亡。然則樂也者。所以動天地感鬼神。情發于聲。治亂斯應。周武以林鍾爲宮。蓋將亡之徵也。且林鍾之管。卽黃鍾下生之義。黃鍾君也。而生于臣。明爲皇家九五之應。又陰者臣也。而居君位。更顯國家登極之祥。斯實冥數相符。非關人事。伏惟陛下握圖御寓。道邁前王。功成作樂。煥乎曩策。臣聞五帝不相沿樂。三王不相襲禮。此蓋隨時改制。而不失雅正者也。隋書盧賁傳。賁以古樂宮懸七八。損益不同。歷代通儒。議無定準。于是上表。

全隋文卷十六終

烏程嚴可均校輯

李德林一

德林字公輔，博陵安平人。齊天保八年舉秀才，射策上第，授殿中將軍，謝病歸。乾明初徵入議曹。皇建初授丞相府行參軍，太寧初除奉朝請，河清中授員外散騎侍郎。天統初進給事中，直中書參掌詔誥，尋遷中書舍人。武平初加通直散騎侍郎，尋除中書侍郎，進通直散騎常侍，承光中授儀同三司。入周為內史上士，宣政末授御正下大夫。大象初賜爵成安縣男，為丞相府屬，加儀同大將軍，進從事中郎。隋受禪，授內史令，上儀同，進爵為子，襲父爵，進爵安平縣公，及平陳，授柱國郡公，㠯忤旨出為湖州刺史，轉懷州刺史。開皇十九年卒，贈大將軍、廉州刺史，謚曰文。有霸朝集五卷、集五十卷。案隋書李德林傳，禪代之際，其相國總百揆、九錫殊禮詔策牋表璽書，皆德林之辭也。又案霸朝集序，靜帝詔冊皆德林作，今據之編入德林集中。其餘齊天統初至武平初詔誥，入周㠯後詔誥，開皇初詔誥，未必出一人手，未敢編入。

思春賦 隋書李德林傳：皇建初下詔搜揚人物，復追赴晉陽，撰思春賦，代稱典麗。文佚。

為周靜帝誅尉遲迥大赦詔 大象二年八月己卯

朕祗承洪業，二載于茲，籍祖考之休，憑宰輔之力，經天緯地，四海晏如。逆賊尉遲迥，才質凡庸，志懷姦慝，因緣戚屬，位冠朝倫。屬上天降禍，先皇晏駕，萬國深鼎湖之痛，四海窮遏密之思，獨幸天災，欣然放命，稱兵擁眾，便懷問鼎。乃詔六師，肅茲九伐，而凶徒孔熾，充原蔽野。諸將肆雷霆之威，壯士縱貔貅之勢，芟夷縈拂，所在如莽，直指漳濱，擒斬元惡，羣醜喪魄，咸集鼓下，順高秋之氣，就上天之誅，兩河妖壘，一朝清蕩。自朝及野，喜抃相趨。昔上皇之時，不言為治，聖人宰物，有教而已，未戢干戈，實深慙德。思弘寬簡之政，用副億兆之心，可大赦天下。其共迥元謀，執迷不悟，及迥子姪逆人司馬消難、王謙等，不在赦例。周書靜帝紀。

㠯隋公為大丞相詔 大象二年九月壬子

假黃鉞、使持節、左大丞相、都督內外諸軍事、上柱國、大冢宰、隋國公堅，感山河之靈，應星辰之氣，道高雅俗，德協幽顯。釋巾登仕，搢紳傾屬，開物成務，朝野承風。受詔先皇，弼諧寡薄，合天地而生萬物，順陰陽而撫四夷。近者內有艱虞，外聞妖寇，㠯鷹鸇之志，運帷帳之謀，行兩觀之誅，埽萬里之外，遐邇清肅，實所賴焉。四海之廣，百官之富，俱稟大訓，咸餐至道，治定功成，棟梁斯託，神猷盛德，莫二于時。可授大丞相，罷左右丞相之官，餘如故。隋書高祖紀上。

賜姓復舊詔 大象二年十二月癸亥。案隋書高祖紀作大定元年二月壬子，今從周書。

詩稱不如同姓，傳曰異姓為後，蓋明辨親疏，皎然不雜。太祖受命，龍德猶潛，錄表革代之文，星垂除舊之象，三分天下，志扶魏室，多所改作，冀允上玄。文武羣官，賜姓者眾，本殊國邑，實乖胙土，不歆非類，異骨肉而共烝嘗，不愛其親，在行路而敘昭穆。且神徵革姓，本為厤數有歸，天命在人，推讓終而弗獲。故君臨區寓，累世于茲，不可仍遵謙挹之旨，欠行權宜之制。諸改姓者，悉宜復舊。周書靜帝紀。

欠當作久

隋公進爵為王詔 大象二年十二月甲子

天大地大，合其德者聖人；一陰一陽，調其氣者上宰。所㠯降神載挺，陶鑄羣生，代蒼蒼之工，成巍巍之業。假黃鉞、使持節、大丞相、都督內外諸軍事、上柱國、大冢宰、隋國公，應百代之期，當千齡之運，家隆台鼎之盛，門有翊贊之勤，心同伊尹，必致堯舜，情類孔丘，憲章文武。爰初入仕，風流映世，公卿仰其軌物，搢紳謂為師表。入處禁闈，出居藩政，芳猷茂績，問望彌遠。往平東夏，人情未安，燕南趙北，實為天府，擁節杖旄，任當連率，柔之㠯德，導之㠯禮，畏之若神，仰之若日，芳風美迹，歌頌猶存。淮海榛蕪，多歷年代，作鎮南鄙，選眾惟賢，威鎮殊俗，化行黔首。任掌鈞陳，職司邦政，國之大事，朝寄

未當作來

更渡鑾駕巡遊臨臺務廣周公陝西之任僅可爲倫漢臣關內之重未足相況及天崩地坼先帝升遐朕以眇年奄經荼毒親受顧命保乂王家姦人乘隙潛圖宗社無君之意已成竊發之期有日英規潛運大略川迴匡國庇人罪人斯得兩河遘亂三魏稱兵半天之下洶洶鼎沸祖宗之基已危生人之命將殆安陸作釁南通吳越蜂飛蟻聚江漢騷然巴蜀臨張翻將問鼎秦塗更阻漢門重閉畫籌帷帳建出師車諸將稟其謀壯士感其義不違時日咸得淸蕩九功遠被七德允諧百僚師師四門穆穆光景照臨之地風雲去來之所允武允文幽明同德驟山驟水遐邇歸心使朕纘暉上皇無爲以治聲高宇宙道格天壤伊尹輔殷霍光佐漢方之蔑如也昔營丘曲阜地多諸國重耳小白錫用殊禮蕭何優贊拜之儀番君越公侯之爵姬劉以降代有令謨宜崇典禮憲章自昔可授相國總百揆去都督內外諸軍事大冢宰之號進公爵爲王以隋州之崇業鄖州之安陸城陽溫州之宜人應州之平靖上明順州之淮南土州之永川昌州之廣昌安昌申州之義陽淮安息州之新蔡建安豫州之汝南臨潁廣寧初安蔡州之蔡陽郢州之漢東二十郡爲隋國劍履上殿入朝不趨贊拜不名備九錫之禮加璽紱遠遊冠相國印綠綟綬位在諸侯王上隋國置丞相已下一依舊式（隋書高祖紀上）

改元詔　大定元年正月壬午

朕以不天夙遭極罰光陰遄速遽及此辰窮慕纏緜言增號絕踰祀革號憲章前典可改大象三年爲大定元年（周書靜帝紀）

求賢才詔　大定元年正月景戌

帝王設官惟才是務人臣報國薦賢爲重去歲已來屢有妖寇宰臣英筭咸得淸蕩逆亂之後兵車始塌遐邇勞役生民未康居官之徒致治者寡斯故上失其道以至于茲亦由下有幽人未展其力今四海寧一八表無塵元輔執鈞垂風揚化若使天下英傑盡升于朝銓衡陟降量才而處垂拱無爲庶幾可至（周書靜帝紀）

勸隋公受九錫詔　二月壬子

伊周作輔不辭殊禮之錫桓文爲霸允應異物之典所以表格天之勳彰不代之業相國隋王前加典策式昭大禮固守謙光絲言未綍宜申顯命一如往旨王功必先人賞存後己退讓爲本誠乖朕意宜命百辟盡詣王宮衆心克感必令允納如有表奏勿復以聞（隋書高祖紀上）

禪位詔　大定元年二月景辰

元氣肇闢樹之以君有命不恆所輔惟德天心人事選賢與能盡四海而樂推非一人而獨有周德將盡妖孽遞生骨肉多虞藩維構釁影響同惡過半區宇或小或大圖帝圖王則我祖宗之業不絕如線相國隋王叡聖自天英華獨秀刑法與禮儀同運文德共武功俱遠愛萬物其如己任兆庶以爲憂手運機衡躬命將士芟夷姦宄剗蕩氛祲化通冠帶威震幽遐虞舜之大功二十未足相比姬發之合位三五豈可足論況木行已謝火運旣興河洛出革命之符星辰表代終之象煙雲改色笙簧變音獄訟咸歸謳歌盡至且天地合德日月貞明故以稱大爲王照臨下土朕雖寡昧未達變通幽顯之情皎然易識今便祗順天命出遜別宮禪位于隋一依唐虞漢魏故事（隋書高祖紀上）

爲文帝襄陽等四郡立佛寺詔　開皇元年七月

門下風樹弗靜隙影如流空切欲報之恩徒有終身之慕伏惟太祖武元皇帝窮神盡性感穹昊之靈膺籙合圖開炎德之紀魏氏將謝躬事經綸周室勃興同心匡贊間關二代造我帝基猶夏禹之事唐虞若晉宣之輔漢魏往者梁氏將滅親尋構禍蕭詧稱兵擁衆據有襄陽將入魏朝狐疑未決先帝出師樊鄧飲馬漢濱彼

感威懷連城頓顙隋郡安陸未卽風從敵人騁輔車之援重城固
金湯之守乃復練卒簡徒壹舉而尅始于是日遂啓漢東藩繹往
在江陵主梁稱制外通表奏陰有異圖心跡之間未盡臣節王師
薄伐帝實先鋒誅厥放命繼其絕祀有齊未亡凶徒孔熾連山巨
防艱危萬里晉水之陽是其心腹于是鳴鑾秉鉞假道北鄰皮服
欽風煙隨霧集懸兵萬里直指參墟左縈右拂麻積草靡雖事未
旣也而英威大震齊人因以挫衄周武賴以成功尙想王業之勤
遠惟風化之始率夷狄而制東夏用偏師而取南國豈徒湯征葛
伯周伐崇峻而已哉積德累功福流後嗣俾朕虛薄君臨區有追
仰神猷事冥真寂降生下土權變不常用輪王之兵申至仁之意
百戰百勝爲行十善故以干戈之器已類香華玄黃之野久同淨
國思欲崇樹寶剎經始伽藍增長福因微副幽旨昔夏因治水尙
且銘山周曰巡遊有因勒石帝王紀事由來尙矣其襄陽隋郡江
陵晉陽並宜立寺一所建碑頌德庶使莊嚴寶坊比虛空而不壞
導揚茂實同天地而久長（歷代三寶記十二廣弘明集二十八上作李德林撰）

文帝安邊詔

門下有陳氏昔在江表劫剝生靈事等怨讎何以堪命嶺南之地
途路懸遠如聞凶魁賦斂貪若豺狼賊署官人情均谿壑租調之
外徵責無已一丁年科甲一具皮毛鐵炭船乘人功殊方異物千
端萬緖晨召暮行夕求旦集身充苦役至死不歸物有借公永不
還主與人共市百倍求利詣官申屈一代無期各不聊生無能自
保晝悲宵恨行號坐泣微畜資產殃禍立至誣以賊盜繫以囹圄
貨財不盡性命不存彼土之人性多純直弗堪州郡漁獵之苦或
避山藪規免旦夕卽稱□□白于僞臺歲歲起兵西南征討多縛
良善以充賊隸圓首方足同稟性靈故以上感玄天有傷和氣南
海諸國欲向金陵常爲官非法榮檢遠人嗟怨致絕往還陳氏云

吳當作昃

微厥途非一粗陳聞見其茲實甚今皇師宣揚朝化凡此諸事已
爲百姓除之重加存恤之理别申愛養之義軍行所及一豪勿犯
外國使人欲來京邑所有船舶沿泝江河任其載運有司不得搜
檢嶺外士宇置州立縣旣令擢彼人物隨便爲官省迎送之煩知
風俗之事訓人道德正身率下必當悉改前弊以副朕懷（文館詞林）

案初學記十二有李德林爲隋文帝條定五禮詔據隋書文帝紀載有全文在仁壽二年閏十月而德林卒于開皇十九年見唐書李百藥傳必非德林作也今編入文帝詔敕中

策隋公九錫文

咨爾假黃鉞使持節大丞相都督內外諸軍事上柱國大冢宰隋
王天覆地載藉人事以財成日往月來由王道而盈吳五氣陶鑄
萬物流形誰代上玄之功斯則大聖而已曰惟先正翊亮皇朝種
德積善載誕上相精采不代風骨異人匡國濟時除凶撥亂百神
奉職萬國宅心殷相以先知悟人周輔乃弘道于代方斯蔑如也
今將授王典禮其敬聽朕命朕以不德早承丕緖上靈降禍夙遭
愍凶妖醜覬覦密圖社稷宮省之內疑慮驚心公受命先皇志在
匡弼輯諧內外潛運機衡姦人懾憚謀用丕顯俾贅旒之危爲太
山之固是公重造皇室作霸之基也伊我祖考之代任寄已深入
掌禁兵外司藩政文經武略久播朝野戎軒大舉長驅晉魏平陽
震熊羆之勢冀部耀貔豹之威初平東夏人情未一叢臺之北易
水之南西距井陘東至滄海比數千里舉袂如帷委以連城建旌
杖節教因其俗刑用輕典如泥從印猶草隨風此又公之功也吳
越不賓多歷年代淮海之外時非國有爰整其旅出鎭下邑武以
威物文以懷遠羣盜自奔外戶不閉人黎慕義襁負而歸自北之
風化行南國此又公之功也宣帝御寓任重宗臣入典八屯外司
九伐禁衛勤巡警之務治兵得蒐狩之禮此又公之功也鑾駕遊
幸頻委留臺文武注意軍國諮稟萬事咸理反顧無憂此又公之

功也朕在諒闇公實總己磐石之宗姦回者衆招引無賴連結羣小往者國哀甫爾己創陰謀積惡數旬昆吾方稔泣誅譽旬宗廟已盈此又公之功也尉迥猖狂稱兵鄴邑欲長戟而指北闕强弩而圍南斗憑陵三魏之間震驚九州之半聚徒百萬悉成蛇豕淇水洹水一飲而竭人之死生繫凶豎壽之長短不由司命公乃戒彼鷹揚出車練卒誓蒼兕于河朔建瓴水于東山口授兵書手畫行陣量敵制勝指日剋期諸將遵其成旨壯士感其大義輕死忘生轉鬭千里旗鼓奮發如火燎毛玄黃變漳河之水京觀比爵臺之峻百城氛祲一旦廓清此又公之功也青土連率跨據東秦藉負海之饒倚連山之險望三輔而將逐鹿指六國而願連雞風雨之兵助鬼爲虐本根既拔枝葉自殞屈法申恩示以大信此又公之功也申部殘賊充斥一隅蝟飛蟻聚攻城略地播以玄澤迷更知反服而捨之無費遺鏃此又公之功也宇文胄親則宗枝外藩巖邑影響鄴賊有同就燥迫脅吏人叛換城戍偏師討馘遂入網羅東之武牢有同圂圄事窮將軍如伏國刑此又公之功也檀讓席毗擁衆河外陳韓梁鄭宋衛鄒魯村落成梟獍之墟人庶爲豺狼之餌强以陵弱大則吞小城有晝閉巷無行人授律出師隨機掃定讓既授首毗亦梟懸此又公之功也司馬消難與國親姻作鎭安陸性多嗜欲意好貪聚屬城子女劫掠靡餘部人貨財多少具罄擅誅刺舉之使專殺儀台之臣懼罪畏威動而內吳蠶食郡縣鴆毒華夷聞有王師自投南裔帝唐崇山之罰僅可方此大漢流縲之刑是亦相匹逋逃入蔽荆郢用安此又公之功也王謙在蜀翻爲厲階閉劍閣之門塞靈關之宇自謂五丁復起萬夫莫向分閫推轂嘗不踰時風馳席卷一舉大定擒斬凶惡掃地無遺此又公之功也陳頊因循僞業自擅金陵屢遣醜徒越趄江北公指麾藩鎭無不摧殄方置文淵之柱非止尉佗之拜此又公之功

十二當作二十

也公有濟天下之勳重之以明德始于辟命爰已登庸素業清徽聲掩廊廟雄規神略氣蓋朝野序百揆而穆四門恥一臣之擧九合尊賢崇德尚齒貴功錄舊旌善興亡繼絶寬猛相濟彝倫攸敘敦睦帝親崇奬王室星象不拆陰陽自調玄冥祝融如奉太公之召雨師風伯似應成王之宰祥風嘉氣觸石搖林瑞獸異禽遊園鳴閣至功至德可大可久盡品物之和究杳冥之極朕又聞之昔者明王設官胙土營丘四履得征五侯參墟寵章異其禮物故藩屏作固垂拱責成沈嘿巖廊不下堂席公道高往烈賞薄前王朕以眇身托于兆人之上求諸故實甚用懼焉往加大典憲章在昔謙以自牧未應朝禮日月不居便已隔歲時談物議其謂朕何今進授相國總百揆以申州之義陽等十二郡爲隋國今命使持節太傅上柱國杞國公椿大宗伯大將軍金城公趙煛授相國印綬相國禮絶百辟任總羣官舊職常典宜與事革昔堯臣太尉舜佐司空姬旦相周霍光輔漢不居藩國唯在天朝其以相國總百揆去冢號焉上所假節大丞相大冢宰印綬又加九錫其敬聽朕後命以公執律脩德愼獄恤刑爲其訓範人無異志是用錫公大輅戎輅各一玄牡二駟公勤心地利所保人天崇本務農公私殷阜是用錫公袞冕之服赤舃副焉公樂以移風雅以變俗遐邇胥悅天地咸和是用錫公軒懸之樂六佾之舞公仁風德教覃及海隅荒忽幽遐回首向內是用錫公朱戶以居公水鏡人倫銓衡庶職能官流詠遺賢必舉是用錫公納陛以登公執鈞于內正性率下犯義無禮罔不屏黜是用錫公武賁之士三百人公闕元本是用錫公鈇鉞各一公威嚴夏日精厲秋霜猾夏必誅顧盼天壤埽清姦宄折衝無外是用錫公彤弓一彤矢百盧弓十盧矢千惟公孝通神明肅恭祀典尊嚴如在情切幽明是用錫公秬鬯一卣珪瓚副焉隋國置丞相以下一遵舊式往欽哉其敬循往策祗服大典簡

王極當作皇極

恤爾庶功。對揚我太祖之休命。隋書高祖紀上。

司馬氏爲皇后冊 大象元年七月

坤道成形。厚德于焉載物。陰精迭運。重光所已麗天。在昔皇王。膺乾御厤。内政爲助。昭被圖篆。惟爾門積慶靈。家韜休烈。徽音令範無背一時。是用命爾作儷王極。爾其克膺婉心。肅膺盛典。追皇英之逸軌。庶任姒之芳塵。禕翟有光。粢盛無怠。雖休勿休。已隆嘉祚。周書靜帝司馬皇后傳。

禪位冊

咨爾相國隋王。粤若上古之初。爰啓淸濁。降符授聖。爲天下君。事上帝而理兆人。和百靈而利萬物。非已區寓之富。未已宸極爲尊。大庭軒轅已前。驪連赫胥之日。咸已無爲無欲。不將不迎。遐哉其詳。不可聞已。厥有載籍。遺文可觀。聖莫逾于堯。美未過于舜。堯得太尉已作運衡之篇。舜遇司空便叙精華之竭。彼褰裳脫屣。貳宮設饗。百辟歸禹。若帝之初。斯蓋上則天時。不敢不授。下祇天命。不可不受。湯代于夏。武革于殷。干戈揖讓。雖復異揆。應天順人。其道靡異。自漢迄晉。有魏至周。天厤逐獄訟之歸。神鼎隨謳歌之去。道高者稱帝。祿盡者不王。與夫文祖神宗。無已別也。周德將盡。禍難頻興。宗戚姦回。咸將竊發。顧瞻宮闕。將圖宗社。藩維連率。逆亂相尋。搖蕩三方。不合如礪。蛇行鳥攫。投足無所。王受天明命。叡德在躬。救頹運之艱。匡墜地之業。拯大川之溺。撲燎原之火。除羣凶于城社。廓妖氛于遠服。至德合于造化。神用洽于天壤。八極九野。萬方四裔。圓首方足。罔不樂推。往歲長星夜埽。經天晝見。八風比夏后之作。五緯同漢帝之聚。除舊之徵。昭然在上。近者赤雀降社。玄龜效靈。鍾石變音。蛟魚出穴。布新之貺。煥焉在下。九區歸往。百靈協贊。人神屬望。我不獨知。仰祇皇靈。俯順人願。今敬已帝位禪于爾躬。天祚告窮。天祿永終。於戲。王宜允執厥和。儀刑典訓。升圓丘而敬蒼昊。御皇極而撫黔黎。副率土之心。恢無疆之祚。可不盛歟。隋書高祖紀上。

全隋文卷十七終

全隋文卷十八

烏程嚴可均校輯

李德林二

奏定輿輦制

周魏輿輦乖制。請皆毀廢。隋書禮儀志五。開皇元年。内史令李德林奏。高祖從之。又見通典六十四

復魏收議齊書起元事書

即位之元。春秋常義。謹案魯君息姑。不稱即位。亦有元年。非獨即位得稱元年也。議云。受終之元。尚書之古典。謹案大傳。周公攝政。一年救亂。二年伐殷。三年踐奄。四年建侯衞。五年營成周。六年制禮作樂。七年致政成王。論者或㠯舜禹受終。是爲天子。然則周公㠯臣禮而死。此亦稱元。非獨受終爲帝也。蒙示議文。扶病省覽。荒情迷識。暫得發蒙。當世君子。必無横議。唯應閣筆。贊成而已。竊謂前二條有益于議。仰見議中不錄。謹㠯寫呈。隋書李德林傳

荅魏收書

攝之與相。其義一也。故周公攝政。孔子曰周公相成王。魏武相漢。曹植曰如虞翼唐。或云高祖身未居攝。灼然非理。攝者專賞罰之名。古今事殊。不可㠯禮爲斷。陸機見舜肆類上帝。班瑞羣后。便云舜有天下。須格于文祖也。欲使晉之三主異于舜攝。竊㠯爲舜若堯死。獄訟不歸。便是夏朝之益。何得不須格于文祖也。若使用王者之禮。便曰即眞。則周公負扆朝諸侯。霍光行周公之事。皆眞帝乎。斯不然矣。必知高祖與舜攝不殊。不得從士衡之謬。或㠯爲書元年者。當時實錄。非追書也。大齊之興。實由武帝。謙匿受命。豈直史也。比觀論者閒追舉受命之元。多有河漢。但言追數受命之歲。情或安之。似所怖者元字耳。事類朝三。是許其一年。不許其元年也。案易黃裳元吉。鄭玄注云。如舜試天子。周公攝政。是㠯試攝不殊。大傳雖無元字。一之與元。無異義矣。春秋不言一年一月者。欲使人君體元㠯居正。蓋史之婉詞。非一與元別也。漢獻帝死。劉備自尊崇。陳壽蜀人。㠯魏爲漢賊。寧肯蜀主未立。已云魏武受命乎。士衡自尊本國。誠如高議。欲使三方鼎峙。同爲霸名。習氏漢晉春秋。意在是也。且司馬炎兼并。許其帝號。魏之君臣。吳人并㠯爲戮賊。亦寧肯當塗之世。云晉有受命之徵。史者編年也。故魯號紀年。墨子又云。吾見百國春秋。史又有無事而書年者。是重年驗也。若欲高祖事事謙沖。即須號令皆推魏氏。便是編魏年。紀魏事。此即魏末功臣之傳。豈復皇朝帝紀者也。陸機稱紀元立斷。或㠯正始。或㠯嘉平。束皙議云。赤雀白魚之事。恐晉朝之議。是并論受命之元。非止代終之斷也。公議云陸機不論元者。是所未喻。願更思之。陸機㠯刊木著于虞書。龕黎見于商典。㠯蔽晉朝正始嘉平之議。斯又謬矣。惟可二代相涉。兩史並書。必不得㠯後朝創業之迹。斷入前史。若然。則世宗高祖皆天保㠯前。惟入魏氏列傳。不作齊朝帝紀可乎。此既不可。彼復何證。同上

霸朝雜集序

竊㠯陽烏垂曜。微藿傾心。神龍騰舉。飛雲觸石。聖人在上。幽顯冥符。故稱比屋可封。萬物斯覩。臣皇基草創。便豫驅馳。遂得參可封之民。爲萬物之一。其爲嘉慶。固㠯多也。若夫帝臣王佐。應運挺生。接踵于朝。諒有之矣。而班爾之妙。曲木變容。朱藍所染。素絲改色。二十二臣。功成盡美。二十八將。效力于時。種德積善。豈皆比于稷契。計功稱伐。非悉類于耿賈。書契已還。立言立事。質非殆庶。何世無之。蓋上稟睿后。旁資羣傑。牧商鄙賤。屠釣幽微。化爲侯王。皆由此也。有敎無類。童子羞于霸功。見德思齊。狂夫成于聖業。治世多士。亦因此焉。煙霧可依。騰蛇與蛟龍俱遠。棲息有所。蒼蠅同騏驥之速。因人成事。其功不難。自此而談。雖非上智。事受命之主。委質爲臣。遇高世之才。連官接席。皆可㠯翊亮天地。名流鐘鼎。何必蒼

補當作袖

頡造書伊尹制命公旦操筆老聃爲史方可敘帝王之事談人鬼之謀乎至若臣者本慙賓實非勳非德軒冕之流無學無才處藝文之職若不逢休運非遇天恩光大含弘博約文禮萬官百辟才悉兼人收拙里閭退仕鄉邑不種東陵之瓜豈過南陽之掾安得出入閶闔之闈趨走太微之庭履天子之階侍聖王之側樞機帷幄露及榮寵者也昔歲木行將季諒闇在辰火運肇興羣官總已有周典八柄之所大隋納百揆之日兩朝文翰臣兼掌之時溥天之下三方構亂軍國多務朝夕填委簿領紛紜羽書交錯或速均發弩或事大滔天或日有萬幾或幾有萬事皇帝內明外順經營區宇吐無窮之術運不測之神幽贊兩儀財成萬類咨謀臺閣曉諭公卿訓率士之濱責反常之賊三軍奉律戰勝攻取之方萬國承風安上治民之道讓受終之禮報羣臣之令有憲章古昔者矣有隨事作故者矣于變萬化譬彼懸河寸陰尺日不棄光景大

則天壤不遺小則毫毛無失遠尋三古未聞者盡聞逖聽百王未見者皆見發言吐論卽成文章臣染翰操牘書記而已昔放勳之化老人覩而未知孔丘之言弟子聞而不達愚情稟聖多必乖舛加㠯奏閤趨墀盈懷滿補手披目閱堆案積几心無別慮筆不暫停或畢景忘餐或連宵不寐㠯勤補拙不遑自處其有詞理疏謬遺漏闕疑皆天旨訓誘神筆改定運籌建策通幽達冥從命者獲安違命者悉禍懸測萬里指期來事常如目見固乃神知變大亂而致太平易可誅而爲純粹化行道洽其在人文盡出聖懷用成典誥並非臣意所能至此伯禹矢謨成湯陳誥漢光數行之札魏武接要之書濟時拯物無㠯加也屬神器大寶將遷明德天道人心同謨歸往周靜南面每詔褒揚在位諸公各陳本志璽書表奏羣情賜委臣寰海之內忝曰一民樂趨之誠切于黎獻欣然從命輒不敢辭比夫潘勖之冊魏公阮籍之勸晉后道高前世才謝往

人內手捫心夙宵慙惕檄書露板及㠯諸文有臣所作之有臣潤色之唯是愚思所奏定者雖詞乖黼藻而理歸霸德文有可忽事不可遺前奉敕旨集納麤已還至于受命文筆當時制述條目甚多今日收撰略爲五卷云爾（隋書李德林傳）

天命論

粵若邃古玄黃肇闢帝王神器厤數有歸生其德者天應其時者命確乎不變非人力所能爲也龍圖鳥篆號謚遺跡疑而難信缺而未詳者靡得而明焉其在典文煥乎緗素欽明至德莫盛于唐虞貽謀長世莫過于文武大隋神功積于文王天命顯于唐叔昔邑姜方娠夢帝謂己余命而子曰虞將與之唐而蕃育其子孫及生有文在其手曰虞遂㠯命之成王滅唐而封太叔及唐叔之封也箕子曰其後必大易曰崇高富貴莫大于帝王老子謂域內四大王居一焉此則名虞與唐美兼二聖將令其後必大終致唐虞

之美蕃育子孫用表無窮之祚逮皇家建國初號大興箕子必大之言于茲乃驗天之眷命懸屬聖朝重耳區區豈足云也有娀玄鳥商㠯興焉姜嫄巨跡周㠯興焉邑姜夢帝隋㠯興焉古今三代靈命如一本支種德奕葉丕基佐高帝而滅楚立宣王㠯定漢東京太尉關西夫子生感遺鱣之集發降巨鳥之奇累仁積善天申休命太祖挺生庇民匡主立殊勳于魏室建茂績于周朝啓翼軫之國肇炎精之紀爰受厥命陟配彼天皇帝載誕之初赤光滿室流于戶外上屬蒼旻其後三日紫氣充庭四鄰望之如鬱樓觀人物在內色皆成紫幼在乳保之懷忽覩爲龍懼而失抱帝驚動數旬方始痊復又嘗寢于其室家人闚戶正見一龍口太祖神異也世塗不測竅比丘尼智先保養智先禪觀靈雅有玄識云此子方爲普天慈父護持正法神佛佑助不須憂也帝體貌多奇其面有日月河海赤龍自通天角洪大雙上權骨彎迴抱目口如四字聲

若鍾鼓手內有王文及受九錫王生文加點乃爲主昊天成命于
是乎在顧盼閑雅望之如神氣調精靈括囊宇宙威範也可敬慈
愛也可親早任公卿聲望自重周齊王憲謂晉蕩公曰觀隋公神
采恐不爲人臣晉公徐納其言將加不利賴大將軍侯壽固諫乃
止憲及內史烏丸軌各奏周武帝云隋公氣調風流合散敬服竊
聞世議應不在人下武帝云此人頭額但宜爲將不須異意待之
相者來和謂帝曰觀公骨法必爲王者但願保愛聖躬道士張賓
亦言公相是帝王名當圖籙龍飛紫極莫忘臣帝憂懼謙退深自
晦跡鄴城內學人陸撿大象初入長安謂所親曰周德已盡楊氏
必與隋公往自定州南行至鄴當時遙望擬爲天子昨在路瞻仰
定是不疑但未知如何而得後歲當來觀耳謂其所親曰爾無輕
言爲貴人患害撿曰天之所命安可害也明年帝作相于內大象
二年夏五月帝初拜揚州總管平晝寢息似睡若見數龍繞身其

夜又夢一龍來入被內帝又常出長安城東獵馬上息懷在濟生
民之相夜夢一長大人素服冠幘謂帝曰時未至及欲作相夢人
云時今至矣天求民主丕顯擧至當晉蕩執國及建德之時君異
則天臣非佐命犧嫌識應何日云忘我皇外總方面入司文武具
興王之表藴大聖之能或氣或雲蔭映于廊廟如天如日臨照于
冕軒內明外順自險獲安豈非萬福扶持百祿攸集有周之末朝
野騷然降志執鈞鎮衛宗社明神饗其德上帝付其民誅姦逆于
九重行神化于四海于斯時也尉迥據舊齊累世之都乘新國易
亂之俗驅馳蚍豕連合縱橫地乃九州陷三民則十分擁六王謙
乘連率之威憑全蜀之險興兵聚衆震蕩江山鴆毒巴庸蠶食秦
楚此二虜也窮凶極逆欲割鴻溝之地閉劍閣之門皆將長戟强
弩睥睨宸極窮漳河而達負海連岱岳而距華陽追脅荆蠻吐納
江漢佐關嫁禍紛若蝟毛喋骨屢腸間不容礪爾乃奉殪戎之命

運先天之略不出戶庭摧轂分閫一麾已定三方數旬而清萬國
蕩滌天壤之速規摹指畫之神造化已來弗之聞也光熙前緒罔
有不服煙雲改色鍾石變音三靈顧望萬物影響木運告盡褰裳
克讓天厤在躬推而弗有百辟庶尹四方岳牧稽圖讖之文順億
兆之請披肝瀝膽晝歌夜吟方屈箕潁之高式允幽明之願基命
定命如亙如升唯帝居歆創業垂統殊徽號改服色建都邑敘彝
倫薄賦輕徭慎刑恤獄除煩苛之政興清靜之風去無用之官省
相監之職奇才間出盛德無隱星精雲氣共趨走于階墀山神海
靈咸變理于臺閣東漸日谷西被月淵教暨北溟之表聲加南海
之外悠悠沙漠區城萬里百蠻之廣莫之與競五帝所不化三王
所未賓屈膝頓顙盡爲臣妾殊方異類書契不傳梯山越海貢賝
奉責欣欣如也巢居穴處化已宮室不火不粒訓已庖廚禮樂極
天地之因律呂節寒暑之候制作評垂衣之後消粹得神農之前

遨遊文雅之場出入杳冥之極合神謀鬼通幽洞微羣物歲成含
生日用飮和氣已自得沐玄澤而不知也丹雀爲使玄龜載書甘
露自天醴泉出地神禽異獸珍木奇草望雲觀海應化歸風備休
祥于圖牒罄幽遐而戾止猶且父天子民兢兢翼翼至矣大矣七
十四帝曷可同年而言哉若夫天下之重不可妄據故唐之許由
夏之伯益懷道立事人授而弗可也軒初四帝周餘六王藉勢因
基自取而不得也孟軻稱仲尼之德過于堯舜著述成帝者之事
弟子備王佐之才累不代蒼泣麟歎鳳栖栖汲汲雖聖達而莫許
也蚩尤則黃神抗衡共工則累帝勍敵項羽誅秦權漢宰割神州
角逐爭驅盡威力而無就也其餘欻起妖妄何足數乎賊子逆臣
所已爲亂皆由不識天道不悟人謀牽逐鹿之邪說謂飛梟而爲
鼎若使四凶秉八元之誠三監懷九臣之志韓信彭越深明帝子
之符孫述隗囂妙識眞人之出尉迥同謳歌之類王謙比獄訟之

民。福祿蟬聯。胡可窮也。而違天逆物。獲罪人神。嗚呼。此前事之大戒矣。誅夷葅醢。歷代共尤。僭逆凶邪。時煩獄吏。其不戒愼。何哉。蓋積惡既稔。心自絕于善道。物類相感。理必至于誅戮。天奪其魄。鬼惡其盈故也。大帝聰明。羣神正直。耳目鑒于率土。賞罰參于國朝。輔助亡人。覆育兆庶。豈有食人之祿。受人之榮。包藏禍心。而不殲盡者也。必當執法未處。其罪司命已除其籍。自古明哲。慮遠防微。執一心。持一德。立功坐樹。上書削藁。位尊而心愈下。祿厚而志彌約。寵盛思之。己懼道高。守之己恭。克念于此。則姦回不至。事乃畏天。豈唯受禮。謙光滿覆。義在知幾。吉凶由人。妖不自作。眾星拱極。在天成象。夙沙則主雖愚。蔽民盡知歸。有苗則始為跋扈。終而大服。漢南諸國。見一面。已從殷。河西將軍。帶五郡而臣漢。故招信順之助。保太山之安。彼陳國者。盜竊江外。民少一郡。地減半州。遇受命之主。逢太平之日。自可獻土銜璧。乞同普天。乃復養喪家之疾。遵顛覆之軌。越趙吳越。仍為匪民。雖時屬火道。偃兵舞戚。然國家當混一之運。金陵楚珍滅之期。有命不慆。斷可知矣。防風之戮。元龜匪遙。孫皓之侯。守株難得。迷而未覺。諒可愍焉。斯故未辨玄天之心。不聞君子之論也。文苑英華七百五十一。又見隋書李德林傳。藝文類聚十。皆有刪節。

迷當作是

全隋文卷十八終

全隋文卷十九

烏程嚴可均校輯

薛道衡

道衡字玄卿河東汾陰人魏常山太守孝通子仕齊爲彭城王激司州兵曹從事授奉朝請武成作相召爲記室及即位遷太尉府主簿武平初除尚書左外兵郎待詔文林館直中書省拜中書侍郎參太子侍讀入周爲御史二命士後還鄉自州主簿入爲司祿上士大象末攝陵州刺史大定中授儀同攝邛州刺史隋初坐事除名尋除內史舍人遷吏部侍郎復坐事除名配防嶺外徵還直內史省授內史侍郎加上儀同三司進位上開府仁壽中出檢校襄州總管煬帝即位轉潘州刺史入拜司隸大夫賜死年七十有集三十卷

宴喜賦

梁孝王帝子帝孫藉寵承恩名高西漢禮盛東蕃引雍容文雅之客坐檀欒脩竹之園水逶迤而繞砌風清泠而入軒直凝神而迴矚乃惆悵而與言顧謂枚乘曰予聞氣序環周人生若浮補天立地之聖不能止日光西落疏土奠川之力不能停河水東流韓王酸棗之觀荒蕪漫楚國陽臺之雲空見塵埃固可以縱志縱心以遊以逸窮宴樂于長夜混是非而爲一于時霜重庭蘭秋深氣寒橫長河之耿耿挂孤月之團團乃有丹墀縹壁柘館椒宮徘徊宛轉掩映玲瓏妖姬淑媛玉貌花叢織女下而星落姮娥來而月空澄妝影于歌扇散衣香于舞風圖雲刻雷之樽漬桂釀花之酒拭珠瀝于羅袂傳金杯于素手（初學記十四）

因聘陳奏請責陳主稱藩

江東蕞爾一隅僭擅遂久實由永嘉已後華夏分崩劉石苻姚慕容赫連之輩妄竊名號尋亦滅亡魏氏自北徂南未遑遠略周齊兩立務在兼并所以江表逋誅積有年祀陛下聖德天挺光膺寶祚比隆三代平一九州豈容使區區之陳久在天網之外臣今奉使請責以稱藩（隋書薛道衡傳）

爲敬肅考狀

心如鐵石老而彌篤（隋書循吏柳儉傳肅河東蒲坂人仕隋有吏績大業中遷潁川郡贊務朝東都煬帝令道衡爲天下郡官之狀稱肅曰）

弔延法師書

八月二十三日薛道衡和南俗界無常延法師遷化情深悲怛不能已已惟哀慕摧割當不可任法師弱齡捨俗高蹈塵表志度恢宏理識精悟靈臺神宇可仰而不可窺智海法源可涉而不可測同夫明鏡屢照不疲譬彼洪鍾有來斯應往逢道喪玄維落紐栖志幽巖確乎不拔高位厚禮不能迴其慮嚴威峻法未足懼其心經行宴坐夷險莫二戒德律儀始終如一聖皇啓運像法重興卓爾緇林鬱爲稱首屈宸極之重伸師資之義三寶由其弘護二諦藉以宣揚信足以追蹤澄什超邁安遠而法柱忽傾仁舟遽沒匪直悲纏四部固亦酸感一人師等杖錫挈瓶夙承訓導升堂入室具體而微在三之情理百恆慟往矣柰何無常柰何疾礙不獲展慰但深悲結謹白書慘愴不次弟子薛道衡和南（釋藏輕九廣弘明集二十四）

隋高祖文皇帝頌并序

太始太素荒茫造化之初天皇地皇杳冥書契之外其道絕其迹遠言談所不詣耳目所不追至于入穴登巢鶉居鷇飲不殊于羽族取類于毛羣亦何貴于人靈何用于心識羲軒已降爰暨唐虞則乾象而施法度觀人文而化天下然後帝王之位可重聖哲之道爲尊夏后殷周之國禹湯文武之主功濟生民聲流雅頌然陵替于三五慚德于干戈秦居閏位任刑名爲政本漢執靈圖雜霸道而爲業當塗興而三方峙典午末而四海亂九州封域窟穴鯨

鯢之羣五都遺黎蹴踏戎馬之足雖玄戈行定嵩洛水運據崤函未正滄海之流詎息崑山之燎叶千齡之旦暮當萬葉之一朝者其在大隋乎粤若高祖文皇帝誕聖降靈則赤光照室韜神晦迹則紫氣騰天龍顏日角之奇玉理珠衡之異著在圖籙彰乎儀表而帝系靈長神基崇峻類邠岐之累德異豐沛之勃起俯膺歷試納揆賓門位長六卿望高百辟猶重華之爲太尉若文命之任司空蒼厤將盡率土糜沸玉弩驚天金鉦照野姦雄挺禍據河朔而連海岱猾長縱惡杜白馬而塞成皋庸蜀逆命憑銅梁之險鄖黃背誕引金陵之寇三川已震九鼎將飛高祖龍躍鳳翔濡足授手應赤伏之符受玄狐之籙命百下百勝之將動九天九地之師平共工而殄蚩尤翦猰㺄而戮鑿齒不煩二十八將無假五十二征曾未踰時妖逆咸殄廓氛霧于區宇出黎元于塗炭天柱傾而還正地維絕而更紐殊方稽顙識牛馬之內向樂師伏地懼鍾石之變聲萬姓所以樂推三靈于是改卜壇場已備猶弘五讓之心億兆難違方從四海之請光臨寶祚展禮郊丘舞六代而降天神陳四圭而饗上帝乾坤交泰品物咸亨酌前王之令典改易徽號因庶萌之子來移創都邑天文上當朱鳥地理下據黑龍正位辨方揆景于日月內宮外座取法于辰象懸政教于魏闕朝羣后于明堂除舊布新移風易俗天街之表地脉之外獯獫孔熾其來自久橫行十萬樊噲于是失辭提步五千李陵所以陷沒周齊兩盛競結旄頭娉狄后于漠北未足息其侵擾傾珍藏于山東不能止其貪暴炎靈啓祚聖皇馭寓運天策于帷扆播神威于沙朔柳塞氈裘之長皆爲臣隸瀚海蹛林之地盡充池苑三吳百越九江五湖地分南北天隔內外談黃旗紫蓋之氣恃龍蟠獸據之險恆有僭僞之君妄竊帝王之號時經五代年移三百爰降皇情永懷大道愍彼黎獻獨爲匪人今上利建在唐則哲居代地憑宸極天縱神武

受脤出車一舉平定于是八荒無外九服大同四海爲家萬里爲宅乃休牛散馬偃武修文自華夏亂離綿積年代人造戰爭之具家習澆僞之風聖人之遺訓莫存先王之舊典咸墜爰命秩宗刊定五禮申敕太子改正六樂玉帛鐏俎之儀節文乃備金石匏革之奏雅俗始分而留心政術垂神聽覽早朝晏罷廢寢忘食憂百姓之未安懼一物之失所行先王之道夜思待旦革百王之獘朝不及夕見一善事喜彰于容止聞一愆犯歎深于在予薄賦輕徭務農重穀倉廩有紅腐之積黎萌無阻飢之慮天性弘慈聖心惻隱恩加禽獸胎卵于是獲全仁霑草木牛羊所以勿踐至于憲章重典刑名大辟申法而屈情決斷于俄頃故能彝倫攸敘上下齊肅左右絕諂諛之路搢紳無勢力之門小心翼翼敬事于天地終日乾乾誡慎于無極陶黎萌于德化致風俗于太康公卿庶尹遐邇岳牧僉以天平地成千載之嘉會登封降禪百王之盛典宜其金泥玉檢展禮介丘飛聲騰實常爲稱首天子爲而不恃成而不居沖旨凝邈固辭弗許而雖休勿休上德不德更乃潔誠岱岳遜謝愆咎方知六十四卦謙撝之道爲尊七十二君告成之義爲小巍巍蕩蕩無得以稱焉而深誠至德感達于穹壤和氣薰風充溢于宇宙二儀降福百靈薦祉日月星象風雲草樹之祥山川玉石鱗介羽毛之瑞歲見月彰不可勝紀至于振古所未有圖籍所不載目所不見耳所未聞古語稱聖人作而萬物覩神靈滋百寶用此其效矣既而遊心姑射脫屣之志已深鑄鼎荊山升天之駕遂遠凡在黎獻共惟帝臣慕深考妣哀纏弓劍塗山幽峻無復玉帛之禮長陵寂寞空見衣冠之遊若乃降精熛怒飛名帝籙開運握圖創業垂統聖德也撥亂反正濟國寧人六合八紘同文共軌神功也玄酒陶匏雲和孤竹禋祀上帝尊極配天大孝也偃伯戢戈正禮裁樂納民壽域驅俗福林至政也張四維而臨萬寓侔三皇

而益五帝豈直鏘鏘周漢幺麽魏晉而已雖五行之舞每陳于清廟九德之歌無絕于樂府而玄功暢洽不局于形器懿業遠大豈盡于揄揚臣生輕多幸命偶興運趨事紫宸驅馳丹陛一辭天闕奄隔鼎湖空有攀龍之心徒懷蓐蟻之意庶憑毫翰敢希贊述昔埏海之禽不增于大地泣河之士非益于洪流盡其心之所存忘其力之所及輒緣斯義不覺斐然乃作頌曰

悠哉遼古邈矣季世四海九州萬王千帝三代之後其道逾替爰逮金行不勝其弊戎狄猾夏羣凶縱慝竊號淫名十有餘國怙威逞暴悖禮亂德五嶽塵飛三象霧塞玄精啓厤發迹幽方并吞寇僞獨擅雄強載祀二百比祚前王江湖尚阻區域未康句吳閩越河朔渭涘九縣瓜分三方鼎跱狙詐不息干戈競起東夏雖平亂離瘼矣五運叶期千年肇旦赫矣高祖人靈攸贊聖德迥生神謀獨斷輝惡彰善夷凶靖難宗伯撰儀太史練日孤竹之管雲和之瑟展禮上玄飛煙太一珪璧朝會山川望秩占揆星景移建邦畿下懸赤壤上叶紫微布政衡室懸法象魏帝宅天府固本崇威甸河翰海龍荒狼望種落陸梁時犯亭障皇威遠懾帝德遐暢稽顙歸誠稱臣內向吳越提封斗牛星象積有年代自稱君長大風未繳長鯨漏網授鉞天人豁然清蕩戴日戴斗太平太蒙禮教周被書軌大同復禹之迹成舜之功禮已安上樂已移風憂勞庶績矜育黔首三面解羅萬方引咎納民軌物驅時仁壽神化隆平生靈熙阜虔心恭己奉天事地協氣橫流休徵駢至壇場望幸云亭虛位推而不居聖道彌粹齊跡姬文登發嗣聖道類漢光傳莊寶命知來藏往玄覽幽境鼎業靈長洪基隆盛崆峒問道汾射窅然御辯遐逝乘雲上仙哀纏率土痛感穹玄流澤萬葉用教百年尚想叡圖永惟聖則道洽幽顯仁霑動植爻象不陳乾坤將息微臣作頌用申罔極。隋書薛道衡傳、文苑英華七百七十二。

老氏碑

自太極權輿上元開闢舉天維而懸日月橫地角而載山河一消一息之精靈上生下生之氣候固已財成庶類亭毒羣品有人民焉有君長焉至若上皇邃古夏巢冬穴靜神息智鶉居鷇飲大禮與天地同節非析疑于俎豆大樂與天地同和豈考擊于鐘鼓逮乎失道後德失德後仁皇王有步驟之殊民俗有澆醨之變于是儒墨爭鶩名法並馳禮經三百不能檢其情性刑典三千未足息其奸宄故知潔其流者澄其源直其末者正其本源本本其唯大道乎老君感星載誕莫測受氣之由指樹為姓未詳吹律之本含靈在孕七十餘年生而白首自己老子為號其狀也三門雙柱表耳鼻之奇蹈五把十影手足之異爰自伏羲至于周氏綿紀歷代見質變名在文王武王之時居藏史柱史之職南朝屢易容貌不改宣尼一覩嘆龍德之難知關尹四望識真人之將隱乃發揮衆妙著書二篇率性歸道已無爲用其辭簡而要其旨深而遠飛龍成卦未足比其精微獲麟筆削不能方其顯晦用之治身則神清志靜用之治國則反樸還淳既而鍊形物表卷迹方外蛻裳鶴駕往來紫府金漿玉酒讌衍清都參日月之光華與天地而終始涉其流者則擯落囂塵得其門者則騰驤雲霧大春焉茂非蜉蝣之所知溟渤淺深豈馮夷之能測盛矣哉固無德之稱也莊周云老聃死秦佚弔之三號而出是謂遁天之形雖復傲吏之寓言抑亦蟬蛻之微旨皇帝誕靈縱叡摛統膺期照春陵之赤光發芒山之紫氣珠衡月角天表冠于百王明鏡衢縛聖德會于千祀周道云季多難在時九鼎共海水同飛兩日與洛川俱鬭天齊地軸之所蛇食鯨吞銅陵玉壘之區狼顧鴟跱黃延姦宄鄭阻兵禍大縱毒螫將逼函夏神謀內斷靈武外馳麾欃槍而埽除仗旄鉞而斬伐共工既翦重立乾坤蚩尤就戮更調風雨宰制同造化之功生

靈荷魂魄之賜萬方欣戴九服謳謌乃允荅天人祗膺揖讓升泰壇而禮上帝坐明堂而朝羣后昔軒轅顓頊建國不同太昊少昊邦畿各異舜改堯都夏遷虞邑歷選前辟義存創造惜十家之產愛兆民之力經始帝居不移天府規摹紫極仍據皇圖下宇上棟務存卑儉右平左城聿遵制度朝夕正殿不別起于鶩鸞升降靈臺豈更營于鳷鵲憂勞庶績矜育蒼生念茲在茲發于寤寐棘林肺石恃降皇情祝網泣辜深存寬簡非緣知恥畫服與慙天無入牢之尾地絕城牛之氣延閣廣內攷集羣典石渠璧水闡揚儒業綴五禮于將壞正六樂于已崩總章溺志之音太師威功之頌承華養德作貳東朝外正萬邦內弘三善兩離炳曜重日垂明永固洪基克隆鼎祚重以維城盤石多藝多才良佐賓臣允文允武爲王室之藩屏成神化之丹青致世俗于淵塗納烝民于壽域旄頭垂象窮髮成形儻徼作患其來久矣無上筭以制之用下策而難服自我開運耀德戢兵感義懷仁稱藩請朔稽顙款塞匍匐投掌牂柯夜郎之所靡漠桑榆之地咸被聲教並入提封閩越句吳不愆貢職夫餘肅慎無絕夷邸遐邇禔福文軌大同自三代之餘六雄競逐秦居閏位漢雜霸道魏氏則虐深華夏有晉則化成戎狄降斯以後粹駮不分帝迹皇風寂寥千載天命聖德會昌神道變億兆之視聽復三五之規模因以幽明贊協符瑞彪炳千年靈蔡著天性以效徵三足神烏感陽精而表質春泉如醴出自京師秋露凝甘遍于竹葦星光若月雲氣飛煙三農應銅爵之鳴五緯叶珠囊之度信可以揚鑾動蹕肆覲東后玉檢金繩登封岱岳而謙以自牧爲而不宰尚寢馬卿之書未允梁松之奏在青蒲之上常若乘奔處黃屋之下無忘夕惕雖蒼璧黃琮事天事地南正火正屬神之禔猶恐祀典未弘秩宗廢禮永言仁里尚想玄極壽宮靈座靡旆徙倚華蓋闕遺風霜猶繁乃詔上開府儀同三司亳州刺

史武陵公元胄攷其故迹營建祠堂皇上往因歷試總斯藩部猶漢光司隸之所魏武兗州之地對苦相之兩城繞渦穀之三水芝田佛路北走梁園沃野平皋東臨譙國望水置禁撥景瞻星擬玄圃以疏基横玉京而建宇雕楹畫拱石碣相扶方井圓淵參差交映尊容肅穆僊衛儼而無聲神館虛閑滴瀝降而成響滌心緣行之事存玄守一之傳四方輻湊千里波屬知如在之敬申無記之禮顯仁助于王者冥福資于黎獻允所謂天大道大難幾者矣若夫名言頓絕幽泉之路莫開形器不陳妙物之功難著騰茂實飛英聲圖丹青鏤金石不可以已而在茲乎歲次敦牂律中姑洗大隋取天下之六載也乃詔下臣建碑作頌其詞曰

悠哉振古邈矣帝先囿夷紀地八柱承天叢生類聚廣谷大川至道靈運神功自然五精應感三微相繼樹以司牧挺其象契帝迹慙皇王猷謝帝上德逾遠消風澆替時乖澆泊俗異沖和尚賢飾智懸法張羅內修樽俎外事干戈魚驚網密鳥亂弓多眞人出世星精下斗龍德在躬鶴髮垂首解紛挫銳去薄歸厚日角月角天長地久小玆五嶽隘此九州逝將高蹈超然遠遊青牛已駕紫氣光浮玄門洞啟神化潛流賴鄉舊里渦川遺迹古往今來時移世易靈廟潟毀祠壇虛寂九井生桐雙碑碎石惟皇受命迺神迺聖響發地鍾光垂天鏡宇宙開朗妖氛蕩定曜魄同尊參神取正流沙蟠木鳳穴龜林異類歸款萬方宅心鴻臚納貢王會書琛青雲干呂薰風入琴化致鼎平家興禮讓永言柱下猶慙太上乃建清祠式圖靈狀原隰爽塏亭皋彌望梅梁桂棟曲檻叢楹煙霞舒卷風露淒清僊官就位羽客來庭穰穰簡簡降福明靈至神不測理存繫象大音希聲時振高響遐邇讚頌幽明資仰敬刊金石永播天壤文苑英華八百四十八

祭淮文

元帥晉王謹以清滌制幣太牢之奠敬祭于東瀆大淮之靈蓋聖德應期神功宰物上齊七政下括四海自晉人喪道彝倫攸斁天隔內外地毀東南三吳成危亂之邦百越爲逋逃之藪皇帝肇開鼎業光有神器圖出龜龍鏡懸金玉憂勞庶績無忘寤寐言念蒼生情深矜養河源海外莫不來庭冒頓呼韓歲時拜謁僞陳蕞爾尚阻聲教妖賊叔寶僭竊遺緒毒流江左冤結人神上軫皇情義申弔伐猥蒙朝寄撫盛淮甸仰惟導源桐柏長邁蓬萊標四瀆而引百川擅五林而含七德庶憑流惡之靈克成除暴之舉使水陸旌旗所向無前吳會君長束手歸服謹申薦禮惟神尚饗初學記六

祭江文

維開皇九年行軍元帥晉王謹以太牢之奠敬祭南瀆大江之神仰惟靈性包乎智德擅靈長上膺東井下紀南國引雙流而分九派長四瀆而納百川自晉永嘉乾靈落綱蕞爾吳越僭僞相承陳賊叔寶世濟其凶毗庶爲其塗炭人神所以怨憤忝司九伐清彼一方分命將士乘流南渡仰憑靈祐咸蒙利涉今申命蒼兕躬總精銳直趍金陵行登石首庶蛟螭竄于洲渚帷蓋靜于波濤江表克平海內清泰謹申禮薦惟神尚享初學記六

薛濬

濬字道賾道衡從子周天和中襲父琰爵虞城侯歷納言上士新豐令開皇初擢拜尚書虞部侍郎轉考功侍郎

臨終遺弟謨書

吾以不造幼丁艱酷窮游約處屢絕簞瓢晚生早孤不聞詩禮賴奉先人貽厥之訓獲稟母氏聖善之規負笈裹糧不憚艱遠從師就業欲罷不能砥行厲心困而彌篤服膺教義爰至長成自釋耒登朝于茲二十三年矣雖官非聞達而祿喜逮親庶保期頤得終色養何圖精誠無感禍酷薦臻兄弟俱被奪情苫廬靡申哀訴是用扣心泣血貫氣摧魂者也既而創巨釁深不勝荼毒啓手啓足幸及全歸使夫死而有知得從先人于地下矣豈非至願哉但念爾伶俜孤宦遠在邊服顧此恨恨如何可言適已有書冀得與汝面訣忍死待汝已歷一旬汝既未來便成今古緬然永別爲恨何言勉之哉勉之哉隋書薛濬傳

薛德音

德音道衡從子爲游騎尉選著作佐郎後仕越王侗王世充至黃門侍郎隋書薛道衡傳從子德音有俊才越王侗承制王世充僭號軍書羽檄皆出其手

爲越王侗下書李密

我大隋之有天下于茲三十八載高祖文皇帝聖略神功載造區夏世祖明皇帝則天法地混一華戎東暨蟠木西通細柳前踰丹徼後越幽都日月之所臨風雨之所至圓首方足稟氣食芼莫不盡入提封皆爲臣妾加以寶貺畢集靈瑞咸臻作樂制禮移風易俗智周寰海萬物咸受其賜道濟天下百姓用而不知世祖往因歷試統臨南服自居皇極順茲望幸所以往歲省方展禮肆覲停鑾駐蹕案駕清道八屯如昔七萃不移豈意釁起非常逮于軒陛災生不意延及冕旒奉諱之日五情崩隕攀號荼毒不能自勝且聞之自古代有屯剝賊臣逆子無世無之至如宇文化及世傳庸品其父述往屬時來早霑厚遇賜以婚媾置之公輔位專九命祿重萬鍾禮極人臣榮冠世表徒承海嶽之恩未有涓塵之益化及以此下材夙蒙顧盼出入外內奉望階墀昔陪藩國統領禁衛及從升皇祚陪列九卿但本性兇很恣其貪穢或交結惡黨或侵掠貨財事重刑篇狀盈獄簡在上不遺簪履恩加草芥應至死辜每蒙恕免三經除解尋復本職再徙邊裔仍即追還生成之恩昊天罔極獎擢之義人事罕聞化及梟獍爲心禽獸不若縱毒興禍傾覆行宮諸王兄弟一時殘酷痛暴行路世不忍言有窮之在夏時

犬戎之于周代釁辱之極亦未是過朕所以刻骨崩心飲膽嘗血
瞻天視地無處容身今王公卿士庶寮百辟咸以大寶鴻名不可
顛墜元兇巨猾須早夷殄翼戴朕躬嗣守寶位顧惟寡薄志不逮
此今者出黼扆而杖旄鉞釋衰麻而擐甲冑銜冤誓衆忍淚治兵
指日專征以平大盜且化及僞立秦王之子幽遏比于囚拘其身
自稱霸相專擅擬于九五履踐禁御據有宮闈昂首揚鬐初無慙
色衣冠朝望外懼兇威志士誠臣内皆憤怨以我義師順彼天道
梟夷醜族匪夕伊朝太尉尚書令魏公丹誠内發宏略外舉率勤
王之師討違天之逆果毅爭先熊羆競逐金鼓振譟若火焚毛鋒
刃縱橫如湯沃雪魏公志在匡濟投袂前驅朕親御六軍星言繼
進以此衆戰以斯順舉擘山可以動射石可以入況擁此人徒皆
有離德京都侍衛西憶鄉家江左淳民南思邦邑比來表書駱驛
人信相尋若王師一臨舊章暫覩自應解甲倒戈冰消葉散且聞

化及自恣天奪其心殺戮不辜挫辱人士莫不道路仄目號天蹐
地朕今復讎雪恥梟轘者一人拯溺救焚所哀者士庶唯天鑒孔
殷祐我宗社億兆感義俱會朕心梟戮元兇策勳飲至四海交泰
稱朕意焉兵衛軍機並受魏公節度（隋書越王侗傳）
凡因從駕在賊所者一以原免罪悉不論已詔魏公場平之日縱
受賊官明非本意忽因請計爲懃苦戰前自拔赴官軍者量加爵
賞表其誠節朕初即大位克在進賢比來擢引勳舊皆縻好爵其
從駕朝士雖未至東朝皆遙授官職不爲異等父兄子弟咸亦引
擢内外朝集一依官品祿廩賜物准舊給之務在哀矜俾無困乏
（壺關錄所哀者士庶後唯望天鑒前有此一段）

爲越王侗別與李密書

皇帝敬問太尉尚書令東道行軍元帥上柱國魏國公司農卿李
僉等至覽表具之公以厚地鴻林冠冕當世連城重價領袖一時

加以博學令聞雄才上略搢紳攸仰雅俗傾心朕昔居藩即久相
欽尚眷言敬愛載勞夢想常恨以事塗之情未遂神交之望鬱紆
何已今屬王室不造賊臣□難南征不反蒼梧未歸雖地承丕緒
應此盟命泣血冕旒之下飲膽宮闕之中公孝義爲心聞于遠邇
仁恕待物形于内外且卿相之門克昌自久高祖撫運之年明聖
在藩之日非爲義合實亦家通今公智足匡時威足夷難奮高世
之略動勤王之師經綸國家雪復讎恥此是公之任也更俟何人
前度公此懷必可暗寄故馳道一介聊布腹心忽得今表事若符
契詞高理至義重情深執對循環以悲以慰昔韓信之道合漢南
竇融之功成河右以古譬今萬分非一今日以前咸共刷蕩使至
以後彼此遙懷七政之重佇公匡弼九伐之制委公指揮皇靈在
上幽祇在下福謙禍盈天道常數公率義取□翦戮兇醜朕與天
下共賞之宇文化及滔天構逆傾覆帷扆朕與天下共誅之且聞

元兇初謀誑惑内外及行大禍殘忍極理僞文霸相據有宮闈文
武官人凡有所職心痛鼻酸聲徹天壤今公率有名之師撫无妄
之衆頹山壓卵覆海經營不俟終日元功必建朕亦□□委公公
以衷懷付朕魚水一合金石不移即是韓彭更生伊周再世公縱
欲存高揖以謝古人而古往今來彼何人也道高者不以務俗爲
累德厚者不以名實爲心公運此謀猷除彼僭亂匡躬之節出于
世表豈以名秩而挂雅懷但功高茂賞義弘往策屈已從務亦達
者之心故有今授思體之耳既彼此義合觸類一家公所授官悉
依前定承制封拜事有舊章任公便宜量加除授必若須行詔敕
待報即送告身務在機權勿爲形迹知權破兇徒已大果意于洪
逵是起豐之黨擒獲送身非直朕之甘心亦甚表公深意李才蠢
命延刻待公東行事畢返旆西討剋復關河蹻足可待司農卿李
儉尋既將君意遠來非無勞止所以並遙授官以荅來貺總戎之

處。去此稱遙。東望風煙情深爲劇。秋首猶熱。戎暑務殷。念保千金。慰茲延望。隱若敵國。非獨祖賢。今與公合圖。是亦幽明注意。公其勉之。副天心也。故遣銀青光祿大夫大理卿張權等指宣。（壺關錄又通鑑一百八十五引今月己前至委公指揮三十二字）

烏程嚴可均校輯

高勱

勱字敬德，渤海蓨人。齊天保中襲父岳爵清河王，除青州刺史，歷右武衛將軍、領軍大將軍、祠部尚書、開府儀同三司，改封樂安王，轉侍中尚書右僕射，出爲朔州行臺僕射。齊亡入周，授開府儀同三司，大象中檢校揚州事。隋受禪，拜楚州刺史，轉光州刺史，加上開府，還洮州刺史。

請伐陳表

臣聞夷凶翦暴，王者之懋功；取亂侮亡，往賢之雅誥。是以苗民逆命，爰興兩階之舞；有扈不賓，終召六師之伐。皆所以盪一寓內，匡濟羣生者也。自昔晉氏失馭，天綱絕維，羣凶于焉蝟起，三方因而鼎立。陳氏乘其際運，拔起細微，擣項縱其長蛇，竊據吳會。叔寶肆其昏虐，毒被金陵，數年已來，荒悖滋甚。牝雞司旦，昵近姦回，尚方役徒，積骸千數，疆埸防守，長戍三年。或微行暴露，沈湎王侯之宅；或奔馳駿騎，顛墜康衢之首。有功不賞，無辜獲戮，烽燧日警，未以爲虞，耽淫靡嫚，不知紀極。天厭亂德，妖實人興，或空裏時有大聲，或行路共傳鬼怪，或刳人肝以祠天狗，或自捨身以厭妖訛。民神怨憤，災異薦發，天時人事，昭然可知。臣以庸才，猥蒙朝寄，頻歷藩任，與其鄰接，密邇仇讐，知其動靜，天討有罪，此即其時。若戎車雷動，戈舡電邁，臣雖駑怯，請效鷹犬。（隋書高勱傳：勱上取陳五策，又上表。）

奏後主

今所翻叛，多是貴人，至于卒伍，猶未離貳。請追五品已上家屬，置之三臺，因脅之曰：若戰不捷，即退焚臺。此曹顧惜妻子，必當死戰。且王師頻北，賊徒輕我，今背城一戰，理必破之，此亦計之上者。（齊書高勱傳：太后至鄴，勱因奏後主。）

高構

構字孝基，北海人。仕齊歷州主簿、河南王參軍、徐州司馬、蘭陵平原二郡太守。入周爲許州司馬。隋受禪，轉冀州司馬，徵拜比部侍郎，轉民部，遷雍州司馬，轉吏部侍郎，復徙雍州司馬，坐事左遷盩厔令，復拜雍州司馬。仁壽初又爲吏部侍郎，以公事免。煬帝立，召令復位，後以老病解職。大業七年卒，年七十二。

武鄉兒姓判

母不能言，窮究理絕。案風俗通，姓有九種，或氏于爵，或氏所居，此兒生在武鄉，可以武爲姓。（北史七十七：馮翊武鄉女子焦氏，既瘂又聾，嫁之不售，嘗樵采于野，爲人所犯而有孕，遂生一男，年六歲，莫知其姓，于是申省構判。）

辛德源

德源字孝基，隴西狄道人。齊吏部尚書術族子。天保中爲奉朝請，歷馮翊華山二王記室，除員外散騎侍郎，累遷比部郎中，待

詔文林館，尚書考功郎中，中書舍人。入周爲宣納上士。隋初隱林慮山，蜀王秀請爲掾，轉諮議參軍。有集三十卷。

幽居賦

（見隋書辛德源傳。）

姜肱贊

姜肱澹雅，昆季遺榮，同衾協好，比德齊聲。戰勝而悅，嘉遯以貞。孤舟直邁，卷跡滄溟。（初學記十七。）

東晉庾統朱明張臣尉三人贊

運遭屯凶，三孤丞立，離禽嬰鳴，遲迴同集。式穀既熟，和響具翕。肇彼遠岐，泯焉齊入。（同上。）

詩詠張仲，今也朱明，輔財敦友，衣不表形，寡妻屏穢，棠棣增榮。臣尉邈然，醜類感誠。（同上。）

崔儦

儦字岐叔，清河東武城人。北齊光祿大夫瞻從弟，初舉秀才，爲

員外散騎侍郎。遷殿中侍御史。侍詔文林館。歷尚書郎。齊亡歸鄉。仕郡爲功曹。補主簿。開皇中徵授給事郎。兼內史舍人。歷員外散騎侍郎。仁壽中卒官。

署戶

不讀五千卷書者。無得入此室。北史二十四崔儦傳。少以讀書爲務。負恃才地。大署其戶。

魏澹

澹字彥深。鉅鹿下曲陽人。北齊特進收族弟。爲博陵王濟記室。歷琅邪王儼京畿鎧曹參軍。武平初轉殿中侍御史。除殿中郎中。中書舍人。待詔文林館。入周爲納言中士。隋受禪。出爲行臺禮部侍郎。除太子舍人。遷著作郎。仍爲太子學士。有後魏書一百卷。諸書要略一卷。集三卷。

鷹賦

惟茲禽之化育。實鍾山之所生。資金方之猛氣。擅火德之炎精。何

虞者之多端。運橫羅以羈束。綴輕絲于雙瞼。結長皮于兩足。飛不遂于本情。食不充于所欲。逸翰由其暫斂。雄心爲之自局。若乃貌非一種。相乃多途。指重十字。尾貴合盧。立如植木。望似愁胡。觜同劒利。腳等荆枯。亦有白如散花。赤如點血。大文若錦。細斑似纈。眼類明珠。毛猶霜雪。身重若金。爪剛如鐵。或復頂平似削。頭圓如卵。臆闊頸長。筋麤脛短。翅厚羽勁。髀寬肉緩。求之事用。俱爲絕伴。或似鵁頭。或似鵄首。赤睛黃足。細骨小肘。懆而易驚。姦而難誘。住不可呼。飛不及走。若斯之輩。不如勿有。若夫疾食速消。此則有命。兔頸猴立。是爲無病。廁門忌大。結肚惡軟。絲不欲絕。背不宜喘。生于窟者則好伏。巢于木者則常立。雙骹長者則起遲。六翮短者則飛急。毛衣屢改。厥色無常。寅生酉就。總號爲黃。二周作鴘。千日成蒼。雖曰排虛。性殊衆鳥。雌則體大。雄則形小。遇犬則驚猜。得人則馴擾。養雛則少病。野羅則多巧。察之爲易。調之實難。格必高迥。屋必

華寶。晝以取熱。酒以排寒。韝須溫煖。肉不陳乾。近之令狎。靜之使安。晝不離手。夜便火宿。微加其毛。少減其肉。肌羸骨初學記作腸瘦。心和性熟。念絕雲霄。志在馳逐。初學記三十。御覽九百二十六。

謝陳主餞送啓

敬奉弘慈。曲垂餞送。隋書潘徽傳。

啓用敬字議

曲禮注曰。禮主于敬。詩曰。維桑與梓。必恭敬止。孝經曰。宗廟致敬。又云。不敬其親。謂之悖禮。孔子敬天之怒。成湯聖敬日躋。宗廟極重。上天極高。父極尊。君極貴。四者咸同一敬。五經未有異文。不知以敬爲輕。竟何所據。隋書潘徽傳。魏澹聘陳。陳人使徽接對之。澹將反命。爲啓于陳主曰。敬奉弘慈。曲垂餞送。徽以爲伏奉爲重。敬奉爲輕。卻其啓而不奏。澹立議。

魏史義例

其一曰。臣聞天子者。繼天立極。終始絕名。故穀梁傳曰。太上不名。

曲禮曰。天子不言出。諸侯不生名。諸侯尚不生名。況天子乎。若爲太子。必須書名。良由子者。對父生稱。父前子名。禮之意也。是以桓公六年九月丁卯。子同生。傳曰。舉以太子之禮。杜預注云。桓公子莊公也。十二公唯子同是嫡夫人之長子。備用太子之禮。故史書之于策。即位之日。尊成君而不名。春秋之義。聖人之微旨也。至如馬遷。周之太子。竝皆言名。漢之儲兩。俱沒其諱。以尊漢卑周。臣子之意也。竊謂雖立此理。恐非其義。何者。春秋禮記。太子必書名。天王不言出。此仲尼之褒貶。皇王之稱謂。非當時與異代。遂爲優劣也。班固范曄陳壽王隱沈約。參差不同。尊卑失序。至于魏收。諱儲君之名。書天子之字。過又甚焉。今所撰史。諱皇帝名。書太子字。欲以尊君卑臣。依春秋之義也。

其二曰。五帝之聖。三代之英。積德累功。乃文乃武。賢聖相承。莫過周室。名器不及后稷。追謚止于三王。此即前代之茂實。後人之龜

鏡也魏氏平文以前部落之君長耳太祖遠追二十八帝並極崇高違堯舜憲章越周公典禮但道武出自結繩未師典誥當須南董直筆裁而正之反更飾非言是觀過所謂決渤澥之水復去隄防襄陵之災未可免也但力微天女所誕靈異絕世尊爲始祖得禮之宜平文昭成雄據塞表英風漸盛圖南之業基自此始長孫斤之亂也兵交御座太子授命昭成獲免道武此時后緡方娠宗廟復存社稷有主大功大孝實在獻明此之三世稱謚可也自茲以外未之敢聞

其三曰臣以爲南巢桀亡牧野紂滅斬以黃鉞懸首白旗幽王死于驪山厲王出奔于彘未嘗隱諱直筆書之欲以勸善懲惡貽誡將來者也而太武獻文並遭非命前史立紀不異天年言論之閒頗露首尾殺主害君莫知名姓逆臣賊子何所懼哉君子之過如日月之食圓首方足孰不瞻仰況復兵交御座矢及王屋而可隱沒者乎今所撰史分明直書不敢迴避且隱桓之死閔昭殺逐丘明據實敘于經下況復懸隔異代而致依違哉

其四曰周道陵遲不勝其僭楚子親問九鼎吳人來徵百牢無君之心實彰行路夫子刊經皆書曰卒自晉德不競宇宙分崩或帝或王各自署置當其生日聘使往來略如敵國及其終也書之曰死便同庶人存沒頓殊能無懷愧今所撰史諸國凡處華夏之地者皆書曰卒同之吳楚

其五曰壺遂發問馬遷答之義已盡矣後之述者仍未領悟董仲舒司馬遷之意本云尚書者隆平之典春秋者撥亂之法興衰理異制作亦殊治定則直敘欽明世亂則辭兼顯晦分路命家不相依放故云周道廢春秋作焉堯舜盛尚書載之是也漢興以來改正朔易服色臣力誦聖德仍不能盡余所謂述故事而君比之春秋謬哉然則紀傳之體出自尚書不學春秋明矣而范曄云春秋者文既總略好失事形今之擬作所以爲短紀傳者史班之所變也網羅一代事義周悉適之後學此焉爲優故繼而述之觀曄此言豈直非聖人之無法又失馬遷之意旨孫盛自謂鑽仰具體而放之魏收云魯史既修達者貽則子長自拘紀傳不存師表蓋泉源所由地非企及雖復遜辭畏聖亦未思紀傳所由來也

司馬遷創立紀傳以來述者非一人無善惡皆爲立論計在身行迹具在正書事既無奇不足懲勸再述乍同銘頌重敘唯覺繁文案丘明亞聖之才發揚聖旨言君子曰者無非甚泰其閒尋常直書而已今所撰史竊有慕焉可爲勸戒者論其得失其無損益者所不論也（隋書魏澹傳又略見北史五十六）

杜臺卿

臺卿字少山博陵曲陽人北齊衛尉卿弼子爲奉朝請歷司空西閤祭酒司徒戶曹著作郎中書黃門侍郎兼尚書左丞周平齊歸里開皇初徵拜著作郎有玉燭寶典十二卷集十五卷

淮賦（并序）

古人登高有作臨水必觀焉吟詠比賦可得而言矣詩周南云漢之廣矣不可泳思江之永矣不可方思邶風云涇以渭濁湜湜其沚衛風云河水洋洋北流活活小雅云滔滔江漢南國之紀大雅云豐水東注維禹之績周頌云猗與漆沮潛有多魚有鱣有鮪鰷鱨鰋鯉魯頌云思樂泮水薄采其芹此皆水賦濫觴之源也後漢班彪有覽海賦魏文帝有滄海賦王粲有遊海賦晉成公綏有大海賦潘岳有滄海賦木玄虛孫綽並有海賦楊泉有五湖賦郭璞有江賦惟淮未有賦者魏文帝雖有浮淮賦止陳將卒赫怒至于兼包化產略無所載齊天統初以致府詞曹出除廣州長史經淮陽赴鎮頻經利涉壯其灘沸浩蕩且注巨海南通曲江水怪神物于何不有遂撰聞見追而賦之曰

美大川之爲德諒在物而非假泱出元氏之鄉濫流桐柏之下始經營于赤位終散漫于炎野 初學記六

灕鶴尋卵而遂害 大觀本草十九

李行之

行之字義通小字師子隴西狄道人魏定州刺史韶孫仕齊歷都水使者齊郡太守兼青州長史周平齊以爲東宮府司寺下大夫隋受禪封固始縣男除唐州下溠太守稱疾不行

臨終自爲墓誌銘

隴西李行之以某年某月終于某所年將六紀官歷四朝道叶希夷事忘可否雖碩德高風有傾先搆而立身行己無愧夙心以爲氣變則生生化曰死蓋生者物之用死者人之終有何憂喜于其間哉乃爲銘曰

人生若寄視死如歸茫茫大夜何是何非 北史傳序

李元操

元操趙郡柏人人魏征南將軍騫從子本名孝貞字元操避隋祖諱禎因改稱字仕北齊爲司徒府參軍射策甲科拜給事中歷太尉府外兵參軍中書舍人出爲博陵太守遷司州別駕除給事黃門侍郎周平齊授儀同三司少典祀下大夫宣帝初轉吏部下大夫靜帝初授上儀同三司隋受禪拜馮翊太守遷蒙州刺史徵拜內史侍郎出爲金州刺史有集二十卷

爲周宣帝祭比干文

自獨夫肆虐天下崩離觀竅剖心固守誠節忠踰白日義槩秋天羲皇以來一人而已見馬卿之賦恨不同時聞李牧之名願以爲將九原不作恨深千古聊申薄祭君其饗諸 初學記十七誤以李元操爲陳人

郎茂

茂字蔚之恒山新市人北齊鄴州長史基子爲司空府行參軍遷保城令入周授陳州戶曹屬亳州總管府記室衛州司錄衛國令入隋爲延州長史轉太常丞遷民部侍郎仁壽初領大興令煬帝即位遷雍州司馬轉太常少卿拜尚書左丞晉陽留守坐事除名徙且末尋追還卒年七十五

登隴賦 文佚

奏劾宇文愷于仲文競河東銀窟

臣聞貴賤殊禮士農異業所以人知局分家識廉恥宇文愷位望已隆祿賜優厚拔葵去織寂爾無聞求利下交曾無愧色于仲文大將宿衛近臣趨侍階庭朝夕聞道虞芮之風抑而不慕分銖之利知而必爭何以貽範庶寮納民軌物若不糾繩將虧政教 隋書郎茂傳

李諤

諤字士恢趙郡人仕齊爲中書舍人入周拜天官都上士隋初歷比部考功二曹侍郎封南和伯遷治書侍御史出爲通州刺史

上書言公卿子孫不得嫁賣父祖妓妾

臣聞追遠慎終民德歸厚三年無改方稱爲孝近聞朝臣之內有父祖亡沒日月未久子孫無賴便分其妓妾嫁賣取財有一于茲實損風化妾雖微賤親承衣履服斬三年古今通式豈容遽褫縗絰強傅鉛華泣辭靈几之前送付他人之室凡在見者猶致傷心況乎人子能堪斯忍復有朝廷重臣位望通貴平生交舊情若弟兄及其亡沒杳同行路朝聞其死夕規其妾方便求娉以得爲限無廉恥之心棄友朋之義且居家理治可移于官既不正私何能贊務 隋書李諤傳北史七十七文苑英華六百八十六

上書正文體

臣聞古先哲王之化民也必變其視聽防其嗜欲塞其邪放之心

示㠯湻和之路。五教六行，爲訓民之本。詩書禮易，爲道義之門。故能家復孝慈，人知禮讓，正俗調風，莫大于此。其有上書獻賦，制誄鐫銘，皆㠯褒德序賢，明勳證理，苟非懲勸，義不徒然。降及後代，風教漸落。魏之三祖，更尚文詞，忽君人之大道，好雕蟲之小藝。下之從上，有同影響，競騁文華，遂成風俗。江左齊梁，其弊彌甚，貴賤賢愚，唯矜吟詠。遂復遺理存異，尋虛逐微，競一韻之奇，爭一字之巧。連篇累牘，不出月露之形；積案盈箱，唯是風雲之狀。世俗㠯此相高，朝廷據茲擢士。祿利之路既開，愛尚之情愈篤。于是閭里童昏，貴遊總丱，未窺六甲，先製五言。至如羲皇舜禹之典，伊傅周孔之說，不復關心，何嘗入耳。㠯傲誕爲清虛，㠯緣情爲勳績，指儒素爲古拙，用詞賦爲君子。故文筆日繁，其政日亂，良由棄大聖之軌模，構無用㠯爲用也。損本逐末，流徧華壤，遞相師祖，久而愈扇。及大隋受命，聖道聿興，屏黜輕浮，遏止華僞。自非懷經抱質，志道依仁，不得引預縉紳，參廁纓冕。開皇四年，普詔天下，公私文翰，並宜實錄。其年九月，泗州刺史司馬幼之文表華豔，付所司治罪。自是公卿大臣，咸知正路，莫不鑽仰墳素，棄絕華綺，擇先王之令典，行大道于茲世。如聞外州遠縣，仍踵敝風，選吏舉人，未遵典則。至有宗黨稱孝，鄉曲歸仁，學必典謨，交不苟合，則擯落私門，不加收齒。其學不稽古，逐俗隨時，作輕薄之篇章，結朋黨而求譽，則選充吏職，舉送天朝。蓋由縣令刺史未行風教，猶挾私情，不存公道。臣既忝憲司，職當糾察。若聞風即劾，恐挂網者多，請勒諸司，普加搜訪，有如此者，具狀送臺。（隋書李諤傳，北史李諤傳，通典十六，文苑英華六百七十九。）

奏原牛弘等正樂不成

武王克殷，至周公相成王，始制禮樂。斯事體大，不可遫成。（隋書音樂志中。通典一百四十二。文帝詔太常牛弘等正樂，積年不定，帝怒，諤奏。）

奏懲矜伐

臣聞舜戒禹云：汝惟不矜，天下莫與汝爭能；汝惟不伐，天下莫與汝爭功。言偃又云：事君數，斯辱矣；朋友數，斯疏矣。此皆先哲之格言，後王之軌轍。然則人臣之道，陳力濟時，雖勤比大禹，功如師望，亦不得厚自矜伐，上要君父。況復功無足紀，勤不補過，而敢自陳勳績，輕干聽覽。世之喪道，極于周代，下無廉恥，上使之然。用人唯信其口，取士不觀其行。矜誇自大，便㠯幹濟蒙擢；謙恭靜退，多㠯恬嘿見遺。是㠯通表陳誠，先論己之功狀；承顏敷奏，亦道臣最用心。自衒自媒，都無慙恥之色；強干橫請，唯㠯乾沒爲能。自隋受命，此風頓改，耕夫販婦，無不革心，況乃大臣，仍遵敝俗。如聞刺史入京朝覲，乃有自陳勾檢之功，諠訴階墀之側，言辭不遜，高自稱譽，上黷冕旒，特爲難恕。凡如此輩，具狀送臺，明加罪黜，㠯懲風軌。（隋書李諤傳。）

重穀論（北史七十七。）

韓鳳

鳳字長鸞，昌黎人。初爲烏賀眞大賢眞正都督。襲父永興爵高密郡公，進開府儀同三司。武平中，除侍中，領軍，封昌黎郡王，加特進，領軍大將軍。齊亡，與後主俱爲周軍所獲。後仕隋，爲隴州刺史，卒官。

奏誅崔季舒張雕等

漢兒文官連名總署，聲云諫止向幷，其實未必不反，宜加誅戮。（北齊書崔季舒傳。）

奏誅南陽王綽

此犯國法，不可赦。（北史五十二。）

潘子義

子義，長樂廣宗人，仕齊爲散騎常侍，歷周入隋，官至尚書右丞。

遺郎基書

在官寫書，亦是風流罪過。北齊書郎基傳：基頗令寫書，潘子義曾遺之書

全隋文卷二十終

令當作今

烏程嚴可均校輯

王劭

劭字君懋太原晉陽人晉尚書僕射愉七世孫齊河清中僕射魏收辟開府參軍天統中遷太子舍人待詔文林館武平中遷中書舍人入周不調隋受禪授著作佐郎母憂起爲員外散騎侍郎拜著作郎煬帝卽位遷祕書少監有齊志十卷隋書六十卷讀書記三十卷舍利感應記三卷

請變火表

臣謹案周官四時變火以救時疾明火不數變時疾必興聖人作法豈徒然也在晉時有以洛陽火度江者世世事之相續不滅火色變青昔師曠食飯云是勞薪所爨晉平公使視之果然車輞令溫酒及炙肉用石炭柴火竹火草火麻荄火氣味各不同以此推之新火舊火理應有異伏願遠遵先聖于五時取五木以變火用功甚少救益方大縱使百姓習久未能頓同尚食內廚及東宮諸主食廚不可不依古法（隋書王劭傳北史三十五）

言符命表

昔周保定二年歲在壬午五月五日青州黃河變清十里鏡澈齊氏以爲己瑞改元曰河清是月至尊以大興公始作隨州刺史歷年二十隋果大興臣謹案易坤靈圖曰聖人受命瑞先見于河河者最濁未能清也竊以靈貺休祥理無虛發河清啓聖實屬大隋午爲鶉火以明火德仲夏火王亦明火德月五日五合天數地數既得受命之辰允當先見之兆開皇初邵州人楊令悊近河得青石圖一紫石圖一皆隱起成文有至尊名下云八方天心永州又得石圖剖爲兩段有楊樹之形黃根紫葉（北史作青）汝水得神龜腹下有文曰天卜楊興安邑掘地得古鐵版文曰皇始天年賫楊鐵券

王興同州得石龜文曰天子延千年大吉臣以前之三石不異龍圖何以用石石體久固義與上名符合龜腹七字何以著龜龜亦久固兼是神靈之物孔子歎河不出圖洛不出書今于大隋聖世圖書屢出建德六年亳州大周村有龍鬬白者勝黑者死大象元年夏熒陽汴水北有龍鬬初見白氣屬天自東方歷陽武而來及至白龍也長十許丈有黑龍乘雲而至兩相薄乍合乍離自午至申白龍升天黑龍墜地謹案龍君象也前鬬于亳州周村者蓋象至尊以龍鬬之歲爲亳州總管遂代周有天下後鬬于熒陽者熒字三火明火德之盛也白龍從東方來歷陽武者蓋象至尊將登帝位從東第入自崇陽門也西北升天者當乾位天門坤靈圖曰聖人殺龍龍不可得而殺者皆感氣也又曰泰姓商名宮黃色長八尺六十世河龍以正月辰見白龍與五黑龍鬬白龍陵故泰人有命謹案此言皆爲大隋而發也聖人殺龍者前後龍死是也姓商者皇家于五姓爲商也名宮者武元皇帝諱于五聲爲宮黃色者隋色尚黃長八尺者武元皇帝身長八尺河龍以正月辰見者泰正月卦龍見之所于京師爲辰地白龍與黑龍鬬者亳州熒陽龍鬬是也勝龍所以白者楊姓納音屬商至尊又辛酉歲生位皆在西方西方色白也死龍所以黑者周色黑所以稱五者周閔明武宣靖凡五帝趙陳代越滕五王一時伏法亦當五數白龍陵者陵猶勝也鄭玄說陵當爲除凡鬬能去敵曰除臣以泰人有命者泰之爲言通也大也明其人道通德大有天命也乾鑿度曰泰表戴于千鄭玄注云表者人形體之彰識也千盾也泰人之表戴干臣伏見至尊有戴干之表益知泰人之表不爽毫釐坤靈圖所云字字皆驗緯書又稱漢四百年終如其言則知六十世亦必然矣昔宗周十世三卜今則倍之稽覽圖云太平時陰陽和合風雨咸同海內不偏地有阻險故風有遲疾雖太平之政猶有不能均同

唯平均乃不鳴條故欲風于亳亳者陳留也謹案此言蓋明至尊者為陳留公世子亳州總管遂受天命海內均同不偏不黨㠯成太平之風化也在大統十六年武元皇帝改封陳留公是時齊國有祕記云天王陳留入并州齊王高洋為是誅陳留王彭樂其後武元皇帝果將兵入并州周武帝時望氣者云亳州有天子氣于是殺亳州刺史紇豆陵恭至尊代為之又陳留老子祠有枯柏世傳云老子將度世云待枯栢生東南枝迴指當有聖人出吾道復行至齊枯柏從下生枝東南上指夜有三童子相與歌曰老子廟前古枯樹東南狀如繖聖主從此去及至尊牧亳州親至祠樹之下自是柏枝迴抱其枯枝漸指西北道教果行校攷眾事太平主出于亳州陳留之地皆如所言稽覽圖又云治道得則陰物變為陽物鄭玄注云葱變為韭亦是謹案自六年㠯來遠近山石多變為玉石為陰玉為陽又左衞園中葱皆變為韭（隋書王劭傳北史三十五）

復上書言符命

易乾鑿度曰隨上六拘係之乃從維之王用享于西山隨者二月卦陽德施行藩決難解萬物隨陽而出故上六欲九五拘係之維持之明被陽化而陰隨從之也易稽覽圖坤六月有子女任政一年傳為復五月負之從東北來立大起土邑西北地動星墜陽衞屯十一月神人從中山出趙地動北方三十日千里馬數至謹案凡此易緯所言皆是大隋符命隨者二月之卦明大隋㠯二月即皇帝位也陽德施行者明楊氏之德教施行于天下也藩決難解者明當時藩鄣皆通決險難皆解散也萬物隨陽而出者明天地間萬物盡隨楊氏而出見也上六欲九五拘係之者五為王六為宗廟明宗廟神靈欲令登九五之位帝王拘民㠯禮係民㠯義也拘民㠯禮係民㠯義此二句亦是乾鑿度之言維持之者明能㠯綱維持正天下也被陽化而欲陰隨從之者明諸陰類被服楊氏

之風化莫不隨從陰謂臣下也王用享于西山者蓋明至尊常㠯歲二月幸西山仁壽宮也凡四稱隨三稱陽欲美隋楊丁寧之至也坤六月者坤位在未六月建未言至尊㠯六月生也有子女任政者言樂平公主是皇帝子女而為周氏任理內政也一年傳為復者復是坤之一世卦陽氣初生言周宣帝崩後一年傳位與楊氏也五月負之從東北來立者負之當為眞人字之誤也言周宣帝㠯五月崩眞人革命當在此時至尊謙讓而逆天意故踰年乃立昔為定州總管在京師東北本而言之故曰眞人從東北來立大起土邑者大起即大興言營大興城邑也西北地動星墜者蓋天意去周授隋故變動也陽衞者言楊氏得天衞助也屯十一月神人從中山出者此卦動而大亨作故至尊㠯十一月被授亳州總管將從中山而出也趙地動者中山為趙地㠯神人將去故變動也北方三十日者蓋至尊從北方將往亳州之時停留三十日也千里馬者蓋至尊舊所乘騧驪馬也屯卦震下坎上震于馬作足坎于馬為美脊是故騧驪馬脊有肉鞍行則先作弄四足也數至者言麻數至也河圖帝通紀曰形瑞出變矩衡赤應隨協靈皇河圖皇參持曰皇辟出承元訖道無為治率被遂矩戲作術開皇色握神日投輔提象不絕立皇後翼不格道終始德優劣帝任政河曲出叶輔嬉爛可述謹案凡此河圖所言亦是大隋符命形瑞出變矩衡者矩法也衡北斗星名所謂璿璣玉衡者也大隋受命形兆之瑞始出天象則為之變動北斗主天之法度故曰矩衡易緯伏戲矩衡神鄭玄注亦㠯為法玉衡之神與此河圖矩衡義同赤應隋者言赤帝降精感應而生隋也故隋㠯火德為赤帝天子叶靈皇者叶合也言大隋德合上靈天皇大帝也又年號開皇與靈寶經之開皇年相合故曰叶靈皇皇辟出者皇大也辟君也大君出蓋謂至尊受命出為天子也承元訖者言周承天元終訖之

運也道無爲治率者治下脫一字言大道無爲治定天下率從被遂矩戲作術者矩法也昔遂皇握機矩伏戲作八卦之術言大隋被服二皇之法術也遂皇機矩語見易緯開皇色者言開皇年易服色也握神日者言握持羣神明照如日也又開皇以來日漸長亦其義也投輔提者言投授政事于輔佐使之提挈也象不絕者法象不廢絕也立皇後翼不格者格至也言本立太子以爲皇家後嗣而其輔翼之人不能至于善也道終始德優劣者言前東宮道終而德劣今皇太子道始而德優也帝任政河曲出者言皇帝親任政事而邵州河濱得石圖也叶輔嬉爛可述者叶合也嬉與也言羣臣合心輔佐以與政治爛然可述紀也所以于皇參持帝通紀二篇陳大隋符命者明皇道帝德盡在隋也隋書王劭傳　北史三十五

上煬帝書請絕漢王諒屬籍

臣聞黃帝滅炎蓋云母弟周公誅管信亦天倫叔向戮叔魚仲尼謂之遺直石碏殺石厚丘明以爲大義此皆經籍明文帝王常法今陛下置此逆賊度越前聖含弘寬大未有以謝天下謹案賊諒毒被生民者也是知古者同德則同姓異德則異姓故黃帝有二十五子其得姓者十有四人唯青陽夷鼓與黃帝同爲姬姓諒既自絕請改其氏隋書王劭傳

上言文獻皇后生天

佛說人應生天上及上品上生無量壽國之時天佛放大光明以天花妓樂來迎之如來以明星出時入涅槃伏惟大行皇后聖德仁慈福善禎符備諸祕記皆云是妙善菩薩臣謹案八月二十二日仁壽宮內再雨金銀之花二十三日大寶佛殿夜有神光二十四日卯時永安宮北有自然種種音樂震滿虛空至夜五更中奄然如寐便即升遐與經文所說事皆符驗臣又以愚意思之皇后遷化不在仁壽大興宮者蓋避至尊常居正處也在永安宮者象京師之永安門平生所出入也后升遐後二日苑內夜有鐘聲三百餘處此則生天之應顯然也隋書王劭傳　北史三十五

上奏黃鳳泉二白石文

其大玉有日月星辰八卦五岳及二麟雙鳳青龍朱雀騶虞玄武各當其方位又有五行十日十二辰之名凡二十七字又有天門地戶人門鬼門閉九字又有卻非及二鳥其鳥皆人面則抱朴子所謂千秋萬歲者也其小玉亦有五兵卻非蚪犀之象二玉俱有仙人玉女乘雲控鶴之象別有異狀諸神不可盡識蓋是風伯雨師山精海若之類又有天皇大帝皇帝及四帝坐鉤陳北斗三公天將軍土司空老人天倉南河北河五星二十八宿凡四十五宮諸字本無行伍然往往偶對于大玉則有皇帝姓名竝臨南面與日字正鼎足復有老人星蓋明南面象日而長壽也皇后二字在西上有月形蓋明象月也于次玉則皇帝名與九千字次比兩楊字與萬年字次比隋與吉字正竝蓋明長久吉慶也隋書王劭傳　北史三十五

舍利感應記

皇帝昔在潛龍有婆羅門沙門來詣宅上出舍利一裹曰檀越好心故留與供養沙門既去求之不知所在其後皇帝與沙門曇遷各置舍利于掌而數之或少或多竝不能定曇遷曰曾聞婆羅門說法身過于數量非世間所測于是始作七寶箱以置之神尼智仙言曰佛法將滅一切神明今已西去兒當爲普天慈父重興佛法一切神明還來其後周氏果滅佛法隋室受命乃與復之皇帝每以神尼爲言云我興由佛故于天下舍利塔內各作神尼之像焉皇帝皇后于京師法戒尼寺造連基浮圖以報舊願其下安置舍利開皇十五年季秋之夜有神光自基而上右繞露槃赫若冶鑪之燄其一旬內四度如之皇帝以仁壽元年六月十三日御仁壽宮之仁壽殿本降生之日也歲歲于此日深心永念修營福善

追報父母之恩。故延諸大德沙門，與論至道，將于海內諸州，選高爽清淨三十處，各起舍利塔。皇帝于是親以七寶箱奉三十舍利，自內而出，置于御坐之案，與諸沙門燒香禮拜，願弟子常以正法護持三寶，救度一切眾生。乃取金瓶琉璃瓶各三十，以琉璃瓶盛金瓶，置舍利于其內，薰陸香爲泥，塗其蓋而印之。三十州同刻十月十五日正午入于銅函石函，一時起塔。諸沙門等各以精舍奉舍利而行，初入州境，先令家家灑埽，覆諸穢惡，道俗士女傾城遠迎。總管刺史諸官人夾路步引，四部大眾容儀齊肅，共以寶蓋旛幢、華臺像輦、佛帳佛輿、香山香鉢，種種音樂盡來供養，各執香華，或燒或散，圍繞讚唄，梵音和雅。依阿含經，舍利入拘尸那城，遠近翕然，雲蒸霧會，雖盲躄老病莫不匍匐而至焉。沙門對四部大眾作是唱言：至尊以菩薩大慈，無邊無際，哀愍眾生，切于骨髓，是故分布舍利，共天下同作善因。又引經文種種方便，訶責之，教導

之，深至懇惻，涕零如雨。大眾一心合掌，右膝著地。沙門乃宣讀懺悔文曰：菩薩戒佛弟子皇帝某，敬白十方三世一切諸佛、一切諸法、一切賢聖僧，弟子蒙三寶福祐，爲蒼生君父，思與一切民庶共建菩提。今欲分布舍利，諸州起塔，欲使普修善業，同登妙果，爲弟子及皇后、皇太子廣、諸王子孫等，內外官人，一切法界，幽顯生靈，三塗八難，懺悔行道。奉請十方常住諸佛、十二部經、甚深法藏、諸尊菩薩、一切賢聖，願起慈悲，受弟子等請，降赴道場，證明弟子。爲一切眾生發露懺悔。于是如法禮拜，悉受三歸。沙門又稱：菩薩戒佛弟子皇帝某，普爲一切眾生發露，無始以來所作十種惡業，自作教他，見作隨喜，是罪因緣，墮于地獄、畜生、餓鬼，若生人間，短壽多病，卑賤貧窮，邪見諂曲，煩惱妄想，未能自寤。今蒙如來慈光照及，于彼眾罪，方始覺知，深心慚愧，怖畏無已，于三寶前發露懺悔，承佛慧日，願悉消除，自從今身乃至成佛，願不更作此等諸罪。大眾既聞是言，甚悲甚喜，甚愧甚懼，銘其心，刻其骨，投財賄衣物，及截髮以施者，不可勝計。日日共設大齋，禮懺受戒，請從今已往，修善斷惡，生生世世，常得作大隋臣子。無問長幼華夷，咸發此誓。雖屠獵殘賊之人，亦躬念善。舍利將入函，大眾圍繞填闉，沙門高捧寶瓶，巡示四部，人人拭目諦視，共睹光明，哀戀號泣，聲響如雷，天地爲之變動。凡是安置處，悉皆如之。眞身已瘞，靈塔常存，天下瞻仰，歸依福田，益而無窮矣。皇帝以起塔之旦，在大興宮之大興殿庭西面執珪而立，延請佛像及沙門三百六十七人，旛蓋香華，讚唄音樂，自大興善寺來居殿堂。皇帝燒香禮拜，降御東廊，親率文武百僚素食齋戒。是時內宮東宮，逮于京邑，茫茫萬宇，舟車所通，一切眷屬人民，莫不奉行聖法。眾僧初入，敕使左右密夾數之，自顯陽門及升階，凡數三遍，常剩一人。皇帝見一異僧，曷槃覆髆，以語左右曰：莫驚動他。置之爾去。已重數之，曷槃（曷槃一作被曷色）覆髆者

果不復現。舍利之將行也，皇帝曰：今佛法重興，必有感應。其後處處表奏，皆如所言。

雍州于仙遊寺起塔，天時陰雪，舍利將下，日便朗照，始入函，雲復合。

岐州于鳳泉寺起塔，將造函，寺東北二十里，忽見文石四段，光潤如玉，小大平整，因取之以作重函。于是大函南壁，異色分炳，爲雙樹之形，高三尺三寸，莖如雪白，葉如瑪瑙，北壁東壁有鳥獸龍象之狀，四壁皆有華形，左旋右轉，其後基石漸變，盡如水精。沙門道璨圖此雙樹之象，置于許州，葉盡變爲青色。明年，岐州大寶昌寺寫得陝州瑞相圖，置于佛堂，以供養，當戶大像，三吐赤光，流出戶外，于是戶外十佛像及觀世音菩薩亦頻放光，半旬之內，天華再落。

涇州于大興國寺起塔，將造函，三家各獻舊磨好石，非界內所有，

因而用之。恰然相稱。

秦州于靜念寺起塔。先是寺僧夢羣仙降集。吕赤繩量地。鐵橛釘記之。及定塔基。正當其所。再有瑞雲來覆舍利。是時十月雪下。而近寺草木。悉皆開華。舍利將入函。神光遠照。空内又有讚歎之聲。

華州于思覺寺起塔。天時陰雪。舍利將下。日便朗照。有五色光氣去地數丈。狀若相輪。正覆塔上。數十里外遙望之。則正赤上屬天。舍利下訖。雲霧復起。瑞雪飛散。如天華著人衣。久之而不濕。

同州于大興國寺起塔。舍利宿于近驛。天夜雨。明旦輿行。雲日迴之開朗。入自南門。而城北雨如故。既至寺。又陰雨。臨入函。日乃出。衆色光相繞日。如輪光。是寺僧慧眞夢見聖人頂有圓光。明照天地。來自西方。入門而立。及舍利輿至。無故止于其所。因定塔基焉。十二月八日夜。有五色圓光。從基而上。遍照城内。明如晝日。五十里咸見之。明年四月。白光起于塔西。流照塔東。良久乃滅。

入當作食

蒲州于西巖寺起塔。九月二十六日。舍利在治下仁壽寺。其夜堂内光明如晝。二十八日定基。明日地大震。山大吼。巖上有鐘鼓之聲。十月七日舍利將之栖巖。地又動。八日輿登山。從者千數。大風從下而上。因風力俄傾至于佛堂。其夜浮圖上有光長數尺。乍隱乍顯。至于十餘瓶内。亦有光五道。散出還斂入瓶。又有二光並大如鉢。出于西壁。合爲一道。流入塔基。入頃乃滅。俄而復出。流入于堂。山頂亦有大光。照二百里。遠望者皆言燒山。九日夜。又有二光繞浮圖。其一流照西谷。其一流照南谷。十二日堂内又有光。狀如香鑪。流至浮圖露盤。移時乃藏。其夜露盤上又有光。或散或聚。皆似蓮華。移更乃滅。十三日夜。浮圖上又有光。如三佛像。並高尺。停住者久之。十四日夜有光三道。從堂而出。其一直上天。其一流于東北。其一狀如樓闕。赫照州城。自朔至望。寺及城内常聞異香。桃李杏柰多華。人采之吕供養。舍利入函之夜。又有光再從塔出。圓如大鏡。諸光多紫赤。而見者色狀不必同。或云如大電。或云如燎火。其都無所見者十二三。有婦人抱新死小兒來乞救護。至夜便蘇。遇光照吕愈疾者非一。諸州皆有感應。而西巖寺最多。蓋由太祖武元皇帝之所建也。

之日當作之旦

并州于舊無量壽寺起塔。舍利初在道場。大衆禮拜。重患者便得除。起塔之日。雲霧晝昏。至于巳後。日乃朗照。五色雲來之。舍利。舍利將入函。放光或一尺。或五寸。有無量天神。各持香華幢旛寶蓋。遍覆州城。

定州于恆嶽寺起塔。有一異翁來禮拜。施布一疋。負土數籠。人問其姓字。而不荅。忽然失之。此地舊無水。開皇三年初營寺。其西八里白龍淵。忽東流而過。作役罷。水便絕。及將起新塔。水復大流。

相州于大慈寺起塔。天時陰雪。舍利將下。日便朗照。始入函。雲復合。建塔之明年八月。光天尼寺僧寫得陝州瑞相圖。置于佛堂。神光屢發如電。又有五色雲蓋正臨堂上。一日四見焉。又有白雲狀如林木。雰雨金華。其花之狀。形如大蠂。色似青瑠璃。翱翔而下。乃騰虚而去。明年正月。寺内又雨天華。

鄭州于定覺寺起塔。舍利將至寺。東有光如大流星。入至佛堂前而沒。輿到此處。無故自止。既而定塔基于西所。其東所舊舍利塔有三光西流。入于基所。寺僧設二千人齋供。然而萬餘人食之不盡。一甕飯出八十盆。餘食供寺衆二百人數日乃盡。舍利將入函。四面懸旛。無風而一時内向。

嵩州于閑居寺起塔。人衆從舍利者萬餘。有兔逆坂走來。歷輿下而去。天時陰雲。舍利將下。日便朗照。始入函。雲復合

亳州于開寂寺起塔。界内無石。舍利至。便于三處各得一成磨方石一。似函而無底。乃合而用之。不須改鑿。掘塔基至槃石。有二浪井夾之。天時陰雪。舍利將下。日便朗照。始入函。雲復合。

汝州于興世寺起塔。天時陰雪。舍利將下。日便朗照。始入函。雲復合。

泰州于岱嶽寺起塔。舍利至州。其夜嶽廟内有鼓聲。天將曉。三重門皆自闢。或見三十騎從廟而出。蓋嶽神也。舍利自州之寺。未至數里。雲蓋出于山頂。五色而三重。白氣如虹。來覆舍利。散成大霧。沾濕人衣。其狀如垂珠。其味如甘露。自旦至午。霧氣乃斂而歸山。分爲三段。乍來乍往。如軍行然。蓋亦嶽神之來迎也。于是瓶内有聲。放光高丈餘。食頃乃滅。人審視之。見琉璃内金瓶蓋自開。瓶口有寸光如箸。烱然西指。雖急轉。終不迴。如此經八日。將入函。光遂散出。還入金瓶。雲霧復起。有童子能誦法華經。來禮舍利。遂燒身于野。㠯供養焉。明年二月六日。泰山神鼓竟夜鳴。北聽則聲南。南聽則聲北。東西亦如之。

青州于勝福寺起塔。掘基深五尺。遇磐石。自然成大函。因而用之。

及舍利將入瓶。内有光。乍上乍下。

牟州于巨神山寺起塔。舍利初至。二大紫芝欻現于道。天時陰雪。舍利將下。日便朗照。始入函。雲復合。

隋州于智門寺起塔。十月六日掘基。得神龜。七日甘露降于后橋旁之楊樹。有黑蜂無算。來繞之。八日旦。大霧。舍利將之寺。天便開朗。歷光化縣。忽見門内木連理。過楊樹之下。甘露五道。懸流沾灑輿上。既而沈陰。舍利將下。日便朗照。始入函。雲復合。神龜色狀特異。有文在其腹。云王興。州使參軍獻之。日日開匣欲視其頭。而縮藏不可見。敕使著作郎王劭審檢。龜便長引頭足。恣人反轉。連日如之。乃見有文在其頭。曰上大王八十七千萬年。皇帝親撫視之。入于懷袖。自然馴狎。放諸宫沼及草内。還來直至御前。每放輒如之。

襄州于大興國寺起塔。天時陰晦。舍利將下。日便朗照。始入函。雲復合。

揚州于西寺起塔。州久旱。舍利入境。其夜雨大洽。

蔣州于西霞寺起塔。鄰人先夢佛從西北來。寶蓋旛花映滿寺。眾悉執花香出迎。及舍利至。如所夢焉。

吳州于大禹寺起塔。舍利凡五度江。風波不起。既至寺。放青黃赤白之光。獲紫芝。高二尺餘。四莖共三蓋。天時陰晦。舍利將下。日便朗照。始入函。雲復合。

蘇州于虎丘山寺起塔。其地是晉司徒王珣琴臺。掘得甎函銀合子。有一舍利浮之鉢水。右轉四周。舍利初發州。天降雨。未至寺。日便出。乃有雜色雲臨輿而行。徘徊不散。至于塔所。空裏有音樂之聲。既而天又陰晦。舍利將下。雲暫開。舍利入函。雲復合。先是寺内磐石井。井吼二日。蓋舍利將來之應也。

衡州于衡嶽寺起塔。沙門奉舍利自江陵水行二千餘里。四遇逆

風。願定便定。四乞順風。皆如所欲。初掘基融峰上。有白雲闊二丈餘。甚整直。來臨基所。右旋三帀乃散。既而陰晦。舍利將下。日便朗照。始入函。雲復合。

桂州于緣化寺起塔。舍利未至城十餘里。有鳥千數夾輿行。飛入城乃散。舍利將入塔。五色雲來覆之。

番州于洪楊鄉崇楊里之靈鷲山寺起塔。掘得宋末所置后函三。其三各有銅函盛二小銀像。其一有銀瓶子盛金瓶。疑有舍利。今乃空矣。既而坑内有神仙雲氣之像。昔宋主劉義隆之時。天竺有聖僧求那拔摩將詣揚都。路過靈鷲寺。謂諸僧曰。此間尋有異瑞。兼直王者登臨。徵應建立。終逢菩薩聖主。方大修弘。其年冬。果有羣燕共銜繡像。委之堂内。及齊主蕭道成初爲始興太守。遊于此寺。而起白塔。陳天嘉三年。寺内立碑。其文也如此。聖主修弘。驗于今日。

亞當作止

交州于禪衆寺起塔。

益州于法聚寺起塔。天時陰晦。舍利將下。日便朗照。始入函。雲復合。

廓州于法講寺起塔。舍利初發京下。宿于臨皋。沙門夢失舍利。是夜廓州有光高數丈。從東方來入寺。右繞佛塔。照及城樓。内外洞朗。遥望者疑燒積薪。光漸西流。食頃乃沒。及定塔基。正當光沒之所。又有香氣氛氲異常。

瓜州于崇教寺起塔。

虢州表言。州雖不奉舍利。亦請衆僧行道。有一異鳥來集梁上。意似聽經。不驚不動。一夜一日乃下。至于讀經之牀。人人讚歎摩挲又摯之。以行道法師于佛前爲之受戒。久乃去。

隋州典籤王威送流人九十。道逢舍利。盡釋其囚。千里期集。無一違者。隋州人于溳水作魚獄三百。既見舍利。亦悉決放之。餘州若此類蓋多矣。

皇帝當此十月之内。每因食于齒下得舍利。皇后亦然。以銀盌水浮其一。出示百官。須臾忽見有兩。右旋相著。二貴人及晉王昭豫章王暕蒙賜蜆。敕令審視之。各于蜆内得舍利一。未過二旬。宮内凡得十九。多放光明。自是遠近道俗所有舍利。率奉獻焉。皇帝曰。何必皆是眞。諸沙門相與椎試之。果有十三玉粟。其眞舍利。鐵宿而無損。廣弘明集十七。

全隋文卷二十一終

烏程嚴可均校輯

王劭二

舍利感應記別錄

高麗百濟新羅三國使者將還各請一舍利于本國起塔供養詔並許之詔于京師大興善寺起塔先置舍利于尚書都堂十二月二日旦發焉是時天色澄明氣和風靜寶輿旛幢香花音樂種種供養彌遍街衢道俗士女不知其幾千萬億服章行位從容有序上柱國司空公安德王雄已下皆步從至寺設無遮大會禮懺焉有青雀狎于衆内或抽佩刀擲已布施當人叢而下都無所傷仁壽二年正月二十三日復分布五十一州建立靈塔令總管刺史已下縣尉已上廢常務七日請僧行道教化打剎施錢十文一如前式期用四月八日午時合國化内同下舍利封入石函所感瑞應者別錄如左

恆州表云舍利詣州建立靈塔三月四日到州即共州府官人巡歷檢行安置處所唯治下龍藏寺堪得起塔其月十日度地穿基至十六日未時有風從南而來寺内香氣殊異無比道俗官私並悉共聞及有老人姓金名瓒患鼻不聞香臭出二十餘年于時在衆亦聞香氣因即鼻差至四月八日臨向午時欲下舍利光景明淨天廓無雲空裏即雨寶屑天花狀似金銀碎薄大小間雜雰雰散下猶如雪落先降塔基石函上遍墮寺内城治俱有雜色晃曜金晶映日時即將衣承取復在地拾得道俗大衆十萬餘人並見俱獲又剎柱東西二處忽有異氣其色黃白初細後麤如蜂火煙龍形宛轉迴屈直上周旋塔頂遊騰倩㑊莫測長短良久乃滅又有四白鶴從東北而來周繞塔上西南而去至二十日巳時築塔基恰成復雨寶屑天花收得盛有一升即遣行參軍王亮于先奉

獻皇帝開花于寶屑内復得舍利三顆甚大歡欣

瀛州表云掘地欲安舍利石函時可深六尺許土裏忽有眞紫色光現須臾遂滅其土即有黑文雜間成篆字書云轉輪聖王佛塔謹表聞知

黎州表云掘基安舍利塔于地下得一瓦銘曰千秋萬歲樂未央

觀州表云舍利塔上有五色雲如車蓋其日午時現至暮

魏州表云所送舍利數度放光復有諸病人或患眼盲或患五内發願禮拜病皆得愈至四月八日欲下舍利午時天忽有一片五色雲香馥非常須臾之間即降金花至九日旦復下銀花遍滿城池其花大者如榆莢小者似火精人人皆得函盛奉獻其日復有一黑狗耽耳白胷于舍利塔前舒左股屈右腳見人行道即起行道見人持齋亦即持齋非時與食不食唯欲得飲淨水至後日旦起解齋與粥始喫且寺内先有數箇猛狗但見一狼狗無不競來吠嚙若見此狗入寺悉皆低頭掉尾當爾之時看人男夫婦女三十餘萬盡皆不識此狗未知從何而來

泰州表云欲下舍利時七日地微動至八日大動

兖州表云敕書分送起塔已瑕丘縣普樂寺最爲情淨即于其所奉安舍利已去三月二十五日謹即經營已爲函蓋初磨之時體唯青質及其功就變同瑪瑙五色相雜紋彩煥然復于其裏間生白玉内外通徹照物如水表裏洞朗鑒人等鏡其送舍利（缺）

曹州表云三月二十九日舍利于子城上赤光現四月五日申時舍利現雙樹并有師子現五日亥時舍利現金光長七寸六日卯時龍花樹現下有佛像俱出六日卯時漆龜板外光明狀如金花色六日申時漆龜北板上及佛菩薩雙樹等形六日亥時舍利精舍裏出黃白花光長四五寸八日辰時漆龜板後雲霧金光等形狀巳時漆龜板後娑羅樹蓮華影佛像衆僧師子等形午時塔上

五色雲現午後漆龕內板上有娑羅雙樹林樓閣等現九日漆龕
內板上與石壘基文申後漆龕板外大娑羅樹及僧執香爐等形
容金佛像現佀若太子初生身如黃金色後有三僧身著紫黃法
服手捉香爐供養其香氣與世香不同每日恆聞
晉州表云舍利于塔前放光三度皆紫光色衆人盡見
杞州表云舍利已三月四日到州十四日辰時琉璃瓶裏色白如
月須臾之閒即變爲赤色至四月二日後變紫光或現青色瓶內
流轉一來一去循環不止道俗瞻仰咸共歸依實相容儀良久乃
散七日午時形影復出變動輝煥于前無異
徐州表云舍利二月二十八日至州西一驛宿其夜陰雨舍利放
光向州四十五里其淨道寺僧向北山看光影從驛所舍利處而
來舍利石函蓋四月五日磨治訖遂變出仙人二僧四人居士一
人麒麟一師子一魚二餘並佀山水之狀

鄧州表云舍利四月六日石函變作玉及瑪瑙其石有文現正國
德三字并有仙人麟鳳等出
安州表云奏寺安置送舍利法師淨業共州官人量度基申時忽
有香氣氛氳乘空而至芬芳微妙世未曾有道俗咸皆驚愕隨至
處所香氣遍滿至五更方始散盡又至四月八日行道日滿供設
大齋午時欲下舍利道俗一萬餘人法師昇高座手捧舍利已示
大衆人人悲感不能自勝即有赤色從師手內瓶口而出便二度
放光高一丈又下石函忽有白雲團圓如蓋正當函上右旋數帀
閉訖還當元出之處俏滅又塔南先有佛閣當時鏁閉舍利于其
下立道場遣二防人看守忽聞閣上有衆人行聲看閣門仍閉又
復須臾復聞行聲即走告寺主共開閣門上驗看唯有佛像自外
都無所見又下舍利訖日到申時有法師淨梵頭陀僧琤㴞于舍
利塔後臨水巖邊爲諸道俗受菩薩戒衆人見羣魚行隊遊水首
皆南出佀欲歸依多少一萬餘請二禪師乘船入水爲魚受戒然
水內諸魚悉迴首向船隨逐循行如佀聽法
趙州表云舍利已三月四日到州臣等于治下文際寺安置起塔
二日治剎行道舍利于塔所放赤光從未至申更見不同或佀像
形或佀樓閣或見白光乍大乍小巡遶舍利遶瓶行道或隱或顯
或遲或速官人道俗莫不親見驚喜號咽沸騰寺內至四日又放
赤光曜如金色縱横一尺餘紫綠相閒前後三度良久乃滅又見
一佛像長二尺餘坐于蓮花趺坐又已二菩薩俠侍長一尺餘從
卯至巳見諸形相道俗四部二萬餘人咸悉瞻仰
豫州表云舍利瓶有白光須臾成五色遊轉瓶內形相非常又鑿
舍利銘其石更無異質鑿至皇帝一字從上點及竪牽横畫隨鑿
之處如刻金所成
利州表云舍利三月二十六日夜一更內放光遍照衙內如月

明州表云四月八日下舍利掘地安石函乃得一像
衞州表云四月三日齋訖舍利金瓶外其色紅赤鮮麗殊常或行
琉璃瓶底或遊瓶側緣瓶上下光明外照比至八日照灼如初
洺州表云舍利三月十一日天降甘澤十三日乃止有戒德沙門
僧猛先患腰腳不堪出行其日聞舍利欲到合寺馳走僧猛自身
抱患不得奉迎命弟子法藏扶持出戶迴心正念遂便得起行出
城十里許親迎舍利因此瘳降漸堪得行
毛州表云舍利二月二十七日到州其日即依式安置一切男女
皆發菩提心競趣歸依瘂者能言攣躃之人悉皆能行石函乃變
如琉璃內外明徹四月十二日天雨金銀花等表送奉獻
冀州表云舍利放光五色照滿城治時有一僧先患目盲亦得見
舍利復有一人患腰腳攣躃十五年自舍利到州所是患人禮拜
發願即得行動

宋州表云。三月四日舍利至州。其所部造城縣市院先有古井倔由來鹹苦。水色皆赤。全不堪食。其縣民胡子乾因取水和泥。怪其色白。嘗覺甚甘。四月三日舍利于塔內放赤色光。六日夜五更。寺內又放白色光。七日辰時。寺內天雨白花。目驗雰雰然。狀如細雪。不落于地。八日午時欲下舍利入函。天上有白鶴翔塔基之上。

懷州表云。舍利于州城長壽寺安置。四月五日辰時有一雄雉飛來函側。心閒從容。質羽鮮華。自飛自止。曾無驚畏。河內縣民楊遵特㠯示道俗六千餘人。莫不同見。敕使沙門靈粲即與受戒。其雉向師。侶如聽法。師云。此雖是野鳥。內法道理無容籠繫。即令送城北太行山放之。舍利塔廟復有一跡。從塔東南三步而來。直到塔所。不見還蹤。復無入處。或闊四寸。或闊三寸。蟠屈逶迤。狀等龍蛇之跡。官人道俗並悉共見。八日至午時舍利欲入塔函。遂放光于瓶外。巡迴數帀。暉彩照曜。或上或下。乍隱乍出。

汴州表云。舍利三月二日到州。權置州館。六日夜大德僧惠徹等。忽聞香氣。有異尋常。至八日諸僧迎舍利。將向塔所。大德僧僧粲等五人。復聞香氣。去惠福寺門四十餘步。遂放青色光。覆炤露帳大久乃滅。其寺有舍利。在僧房供養。其日杞州人張相仁于僧房見寺內舍利復放青色光。恰與新至舍利色狀相似。十日復至。見赤色光臨寺佛堂。高五尺。其夜四更復見青赤雜色光于寺。復有一老母。患腰已來二十餘年。拄杖伏地而行。聞舍利至寺。強來禮拜。于大眾裏見舍利光。腰即得差。舍杖而行。

洛州表云。舍利三月十六日至州。即于漢王寺內安置。至二十三日忽降香氣。世未曾有。四月七日夜一更向盡。東風忽起。燈花絕焰。在佛堂東南。神光炤燭。復有香風而來。官人道俗等共聞見。于是彌增尅念。至八日臨下舍利。塔側桐樹枝葉低垂。

幽州表云。三月二十六日于弘業寺安置舍利石函。始磨兩面。目水洗之。明如水鏡。內外相通。紫光炤起。其石斑駮。又類瑪瑙。潤澤炫耀。光侶琉璃。至四月一日起齋行道。至三日亥時舍利前焚香供養。燈光炤庭。眾星夜朗。有素光舒卷在佛輿之上。至八日舍利入函。自旦及辰。函石現文。髣髴像有菩薩。光彩紛藻。又侶眾仙。其間鳥獸林木諸狀。不惑者眾。實難詳審。其有文理。照顯分明。今畫圖奉進。

許州表云。三月三日初夜于州北境去州九十里。舍利放光。紫赤二色。照曜州城。內外民庶皆見神光。四月七日在州大廳。舍利出金缾之外。琉璃缾內。行道放光。至八日在辨行寺塔所又放光明。午時舍利欲入石函。又有五色光彩雲。來臨塔上。雲形如蓋。其日在塔西南一百餘步。依育王造塔本記一枯池。不在四畔。正在池中。可深九尺。忽有甘井自現。其水不可思議。當時道俗看者二萬餘人。同飲齊見。謹錄瑞應奉表奏聞。

荊州。舍利現雲如車蓋。正當塔上。雲間雨花。遊颺不落。眾鳥翔塔。

濟州。舍利本一。至彼現二。放光炤現。聞異香氣。雲閒出音。自然鐘磬。及日讚善。大鳥羣飛塔下。

楚州。舍利當行道日。野鹿來聽。鶴遊塔上。

莒州。舍利本一。至彼現三。放光映炤。掘基地下。忽得銅塔。及瘂者能言。

營州。舍利三度放光。白色。舊龜石自然析解。用書石函。

杭州。舍利山間掘基。得自然石窟容舍利函。

潭州。舍利江鳥迎送。

潞州。舍利至彼。自然泉涌。飲者病愈。

洪州。舍利白項烏引路。

德州。舍利至彼。跛者能行。大鳥旋塔。

鄭州。舍利放光旛向內垂。

江州舍利至彼行道日耕人犂得一銅像

蘭州舍利掘基地下得一石像又小兒撥得二銅像

慈州舍利現白雲蓋如飛仙自然泉涌飲者病愈

廉州未得舍利別得一舍利放光佛香鑪煙氣又類蓮華黃白色天雨寶屑

雍州表云仁壽二年五月十二日京城內勝光寺大興善寺法界寺州公廨裏及城治街巷天雨銀屑大如榆莢小如麩等表送奉獻仁覺寺五月十二日未時有風從西南來如香氣氳氳沙門及經生道俗等竝悉俱聞當夜雨寶屑天花芭蕉枝葉欄檻莖幹土人皆拾得大小如前無異仁壽二年六月五日夜仁壽宮所慈善寺新佛堂內靈光映現形如鉢許從前柱遶梁栿衆僧覩見仁壽二年六月五日夜雨銀屑天花琵琶葉上及餘草頭上落地仁壽二年六月八日諸州送舍利沙門使還宮所見旨相問慰勞訖令九日赴慈善寺爲慶光齋僧衆至寺讚誦旋繞行香欲食空裏徵零復雨銀屑天花舍人崔君德令咸奉獻京城內勝光寺模得陝州舍利石函變現瑞像娑羅雙樹等形相者仁壽二年五月二十三日已後在寺日日放光連連相續緣感即發不止晝夜城治道俗遠來看人歸依禮拜闐門塞路往還如市遇斯光者照動羣心悲喜發意其城內諸寺外縣諸州㠯絹素模將去者或上輦放光或在道映照或至前所開明現朗光光色別隨見不同仁壽二年七月十五日京城內延興寺灌寫釋迦金銅像丈六其夜雨寶屑銀花香氣甚異無比

陝州舍利從三月十五日申時至四月八日戌時合一十一度見靈瑞總有二十一事四度放光內見華樹二度五色雲掘地得鳥石函變異八娑羅樹樹下見水一臥佛三菩薩一神尼函內見鳥三枝金華與雲成輪相自然旛蓋函內流出香雲再放光舍利在

陝州城三月二十三日夜二更裏大通寺善法寺闍業寺竝見光明唯善法寺所見光內有兩箇華樹形色分明久而方滅其色初赤尋即變白後散如水銀滿屋之內物皆照徹舍利在大興國寺四月二日夜二更裏靈勝寺見光明洞了庭前果樹及北坡草木光照處見其形塔基下掘得鳥舍利來向大興國寺三月二十八日卯時司馬張備共大都督侯進檢校築基掘地已深五尺有閿鄉縣玉山鄉民杜化雲钁下忽出一鳥青黃色大如鶉馴行塔內安然自處執之不恐未及奉送其鳥致死今嘗臘事于舍利塔內獲非常之鳥既㠯出處爲異謂合嘉祥今別畫鳥形謹附聞奏五色雲再現三月十五日申時舍利到陝州城南三里澗即有五色雲從東南鬱起俄爾總成一蓋即變如紫羅色舍利入城方始散滅當時道俗竝見至二十八日未時在大興國寺復有五色雲從西北東南二處而來舍利塔上相合共成一段時有文林郎韋範大都督楊昇及官民等竝同觀矚其雲少時即散者也兩度出聲舍利在州三月二十三日夜從寶座出聲如人間打靜聲至三乃止後在大興國寺四月五日酉時復出一聲大于前者道俗竝聞石函內外四面見佛菩薩神尼娑羅樹光明等四月七日巳時欲遣使人送放光等四種瑞表未發之間司馬張備共崤縣令鄭乾意閿鄉縣丞趙懷坦大都督侯進當作人民侯謙等至舍利塔基內石函所檢校同見函外東面石文亂起其張備等怪異更向北面乾意㠯衫袖拂拭隨手向上即見娑羅樹一雙東西相對枝葉宛具作深青色俄頃道俗奔集復于西面外㠯水澆洗即見兩樹葉有五色次南面外復有兩樹枝條稍直其葉色黃白次東面外復有兩樹色青葉長其四面樹下竝有水文于此兩樹之間使人文林郎韋範初見一鳥仰臥司馬張備次後看時其鳥已立鳥前有金華三枝鳥形大小毛色與前掘地得者不異其鳥須臾向西

南行至佛下停住。函內西南近角，復有一菩薩坐華臺上，面向東。有一立尼，面向西，而向菩薩合掌，相去二寸。西面內復有二菩薩竝立，一金色，面向南，一銀色，面向北，相去可有三寸。西廂上有一臥佛，側身頭向北，面向西。其三菩薩于后內竝放紅紫光，高一尺許。從巳至未，形狀不移。圖畫已後，色漸微滅。道俗觀者，其數不少。此函本是青石，色基黑闇，見瑞之時，變爲明白，表裏映徹，周迴四面俱遣人坐，竝相照見，無所翳障。其函內外四面，總見一佛三菩薩一尼一烏三枝華八株樹，今別畫圖狀，謹附聞奏。午時四方雲起，變成輪相，復有自然旛蓋，及塔上香雲二度光見。四月八日午時欲下舍利，于時道俗悲號，四方忽然一時雲起，如煙如霧，漸欲向上，至于日所，卽遶日變成一暈，猶如車輪，內別有白雲團圓翳日，日光漸卽微闇，如小盞許在外，周帀次第，㠯雲爲輻，其輪及輻竝作紅紫色。至下舍利訖，其雲散滅，日光還卽明淨，復于塔院西

北牆外，大有自然旛蓋，亦有見旛蓋圍繞舍利者。當時謂有人捉旛供養，至下舍利訖，其旛蓋等忽卽不見。于時道俗見者不少。至戌時，司馬張備等見塔上有青雲氣，從塔內而出，其雲甚香，卽喚使人文林郎韋範、大興寺僧曇暢入裏就看，備共韋範等竝見流光向西北東南二處流行，須臾卽滅。廣弘明集十七。

述佛志

釋氏非管窺所及，率爾妄言之，又引列禦寇書述商太宰問孔子聖人事，又黃帝夢遊華胥氏之國。華胥氏之國，在佛神游而已。此之所言，髣髴于佛。石苻姚世，經譯遂廣，蓋欲柔伏人心，故多寓言㠯方便，不知是何神怪浩蕩之甚乎。其說人身心善惡，世事因緣，㠯慈悲喜捨，常樂我淨，書辨至精，明如日月，非正覺孰能證之。凡在黔首，莫不歸命。達人則攝其身口，修其慧定，平等解脫，究竟菩提。及僻者爲之，不能通理，徒務費竭財力，功利煩濁，猶六經皆有所失，末之濟也已矣。廣弘明集二引隋王劭述佛志，云出齊書。案今所見蕭子顯齊書無此篇，隋志古史類有王劭齊志十卷，蓋道宣所據也。

房彥謙

彥謙字孝沖，淸河東武城人，家于齊州。魏東義陽行臺景先族曾孫，仕齊爲州主簿。隆化中，進治中。入周不仕。開皇七年，授承奉郎，尋遷監察御史，除長葛令。仁壽中，遷鄀州司馬。大業初，去職。尋徵爲司州刺史，從征遼東，監扶餘道軍，左遷涇陽令，卒官。至唐，㠯子玄齡貴，追贈徐州都督、臨淄縣公，謚曰定。

論張衡書

竊聞賞者所㠯勸善，刑者所㠯懲惡，故疏賤之人，有善必賞，尊貴之戚，犯惡必刑。未有罰則避親，賞則遺賤者也。今諸州刺史，受委宰牧，善惡之間，上達本朝，懾憚憲章，不敢怠慢，國家祗承靈命，作民父母，刑賞曲直，升聞于天，夤畏照臨，亦宜謹肅。故文王云：我其

夙夜，畏天之威。㠯此而論，雖州國有殊，高下懸邈，然憂民愼法，其理一也。至如并州釁逆，須有甄明。若楊諒實㠯詔命不通，慮宗社危逼，徵兵聚衆，非爲干紀，則當原其本情，議其刑罰，上副聖主友于之意，下曉愚民疑惑之心。若審知內外無虞，嗣后纂統，而好亂樂禍，妄有覬覦，則管蔡之誅，當在于諒，同惡相濟，無所逃罪，梟懸孥戮，國有常刑。其間乃有情非協同，力不自固，或被擁逼，淪陷凶威，遂使籍沒流移，恐爲寃濫。恢恢天網，豈其然乎？罪疑從輕，斯義安在？昔叔向寘鬻獄之死，晉國所嘉；釋之斷犯蹕之刑，漢文稱善。羊舌寧不愛弟，廷尉非苟違君，但㠯執法無私，不容輕重。且聖人大寶，是曰神器，苟非天命，不可妄得。故蚩尤、項籍之驍勇，伊尹、霍光之權勢，李老、孔丘之才智，呂望、孫武之兵術，吳、楚連磐石之據，產、祿承母后之基，不應曆運之兆，終無帝王之位。況乎蕞爾一隅，蜂扃蟻聚，楊諒之愚鄙，羣小之凶慝，而欲憑陵畿甸，覬幸非望者

哉開闢以降書契云及帝王之跡可得而詳自非積德累仁豐功厚利孰能道洽幽顯義感靈祇是以古之哲王昧旦丕顯履冰在念御朽兢懷逮叔世驕荒曾無戒懼肆于民上騁嗜奔欲不可具載請略陳之曩者齊陳二國竝居大位自謂與天地合德日月齊明罔念憂虞不恤刑政近臣懷寵稱善而隱惡史官曲筆掩瑕而錄美是以民庶呼嗟終閉塞于視聽公卿虛譽日敷陳于左右法網嚴密刑辟日多徭役煩興老幼疲苦昔鄭有子產齊有晏嬰楚有叔敖晉有士會凡此小國尚足名臣齊陳之疆豈無良佐但以執政壅蔽懷私徇軀忘國憂家外同內忌設有正直之士才堪幹持于己非宜即加擯壓倘遇諂佞之輩行多穢慝于我有益遽蒙薦擢以此求賢何從而至夫賢材者非尚膂力豈繫文華唯須正身負戴確乎不動譬棟之處屋如骨之在身所謂棟梁骨鯁之材也齊陳不任骨鯁信近讒諛天高聽卑監其淫僻故總收神器歸我大隋向使二國祗敬上玄惠恤鰥寡委任方直斥遠浮華卑菲爲心惻隱爲務河朔彊富江湖險隔各保其業民不思亂泰山之固弗可動也然而寢臥積薪宴安鴆毒遂使禾黍生廟霧露沾衣弔影撫心何嗟及矣故詩云殷之未喪師克配上帝宜鑒于殷駿命不易萬機之事何者不須熟慮哉伏惟皇帝望雲就日仁孝夙彰錫社分珪大成規矩及總統淮海盛德日新當璧之符遐邇僉屬讙歷甫爾寬仁已布率土蒼生翹足而喜幷州之亂變起倉卒職由楊諒詭惑詿誤吏民非有構逆本朝棄德從賊者也而有司將帥稱其願反非止誣陷良善亦恐大點皇猷足下宿當重寄早預心膂粤自藩邸柱石見知方當書名竹帛傳芳萬古稷契伊呂彼獨何人既屬明時須存謇諤立當世之大誠作將來之憲範豈容曲順人主以愛虧刑又使脅從之徒橫貽罪譴忝蒙眷遇輒寫微誠野人愚瞽不知忌諱（隋書房彥謙傳 北史三十九）

劉子翊

子翊彭城叢亭里人仕齊爲殿中將軍開皇初除南和丞累轉秦州司法參軍入爲侍御史仁壽中爲新豐令大業中除大理正擢授治書侍御史從幸江都爲丹陽留守陷于賊遇害年七十

駁劉炫繼母不解官議

傳云繼母如母與母同也當以配父之尊居母之位齊杖之制皆如親母又爲人後者爲其父母朞服朞者自以本生非殊親之與繼也父雖自處傍尊之地于子之情猶須隆其本重是以令云爲人後者爲其父母竝解官申其心喪父卒母嫁爲父後者雖不服亦申心喪其繼母嫁不解官此專據嫁生文耳將知繼母在父之室則制同親母若謂非有撫育之恩同之行路何服之有乎服既有之心喪焉可獨異三省令旨其義甚明今言令許不解何其甚謬且後人者爲其父母朞未有變隔以親繼親繼既等故知心喪不殊服問云母出則爲繼母之黨服豈不以出母族絕推而遠之繼母配父引而親之乎子思曰爲伋也妻是爲白也母不爲伋也妻是不爲白也母定知服以名重情因父親所以聖人敦之以孝慈弘之以名義是使子以名服同之親母繼以義報等之已生如謂繼母之來在子出之後制有淺深者攷之經傳未見其文譬出後之人所後者初亡後之者始至此復可以無撫育之恩而不服重乎昔長沙人王毖漢末爲上計詣京師既而吳魏隔絕毖于內國更娶生子昌毖死後爲東平相始知吳之母亡便情繫居重不攝職事于時議者不以爲非然則繼母之與前母于情無別若要以撫育始生服制王昌復何足云乎又晉鎭南將軍羊祜無子取弟子伊爲子祜薨伊不服重祜妻表聞伊辭曰伯生存養已伊不敢違然無父命故還本生尚書彭權議子之出養必由父命無命

長兼開府當作開府長兼

而出是爲叛子于是下詔從之然則心服之制不得緣恩而生也論云禮者稱情而立文仗義而設教還以此義論彼之情稱情者稱如母之情仗義者仗爲子之義名義分定然後能尊父順名崇禮篤敬苟以母養之恩始成母子則恩由彼至服自已來則慈母如母何得待父命又云繼母慈母本實路人臨己養己同之骨血若如斯言子不由父縱有恩育得如母乎其慈繼雖在三年之下而居齊朞之上禮有倫例服以稱情繼母本以名服豈藉恩之厚薄也至于兄弟之子猶子也私昵之心實殊禮服之制無二彼言以輕如重自以不同此謂如重之辭即同重法若使輕重不等何得爲如律云準枉法者但準其罪以枉法論者即同眞法律以弊刑禮以設教準者準擬之名以者即眞之稱如以二字義用不殊禮律兩文所防是一將此明彼足見其義取譬伐柯何遠之有又論云取子爲後者將以供承祧廟奉養已身不得使宗子歸其故宅以子道事本父之後妻也然本父後妻因父而得母稱若如來旨本父亦可無心喪乎何直父之後妻論又云禮言舊君其尊豈復君乎已去其位非復純臣須言舊以殊之別有所重非復純孝故言其已見之目以其父之文是名異也此又非通論何以言之其舊訓殊所用亦別舊者易新之稱其者因彼之辭安得以相類哉至如禮云其父析薪其子不克負荷傳云衞雖小其君在焉若其父而有異其君復有異乎斯不然矣斯不然矣今炫敢違禮乖令侮聖干法使出後之子無情于本生名義之分有虧于風俗徇飾非于明世彊媒孽于禮經雖欲揚己露才不覺言之傷理隋書劉子翊傳時永寧令李公孝四歲喪母九歲外繼其後父更別娶後妻至是而亡河間劉炫以無撫育之恩議不解任子翊駮之云云事奏竟從子翊議

張公禮

公禮恆山九門人仕北齊長兼開府行參軍歷周入隋未詳

龍藏寺碑

竊以空王之道離諸名相大人之法非有去來斯故將喻師子明自在如無畏取譬金剛信畢竟而不毀是知涅槃路遠解脫源深隔愛慾之長河開生死之大海無船求渡既似龜毛無翅願飛還同兔角故以五通八解名教攸生二諦三乘法門斯起檢靈摘細良資汲引之風挽滿陷深雅得脩行之致若論乾闥之城皆妄芭蕉之樹盡空應化詎眞權假寧實釋迦文非說□之□須菩提豈證果之人然則習因之指安歸求道之趣奚向如幻如夢誰其受苦如影如響誰其得福是故維摩詰具諸佛智燈□之坐斯來舍利弗盡其神通天女之花不去故知業行有優劣福報有輕重若至凡夫之聖人天堂之與地獄詳其是非得失安可同日而論哉往者四魔毀聖六師謗法拔髮翹足變爲吞麻李園之內結其惡黨竹林之下亡其善聚讒戒比丘翻同雹草持律□□□等霜蓬慧殿仙宮寂寥安在珠臺銀閣荒涼無處離離綴彩寧勞周客含含奏曲詎假殷人我大隋乘御金輪冕旒玉藻上膺帝命下順民心飛行而建鴻名揖讓而升大寶匪結農軒之陣誰徇湯武之師稱臣妾者遍于十方弗遇蚩尤之亂執玉帛者盡于万國無陷防風之禍斯乃天啟至聖大造區域垂衣化俗負扆字民昧旦紫宮終朝青殿道高羲燧德盛虞唐五福咸臻衆睍畢集低茆出月搖蓮含風沈璧觀書龍負握河之紀功成治定神奉益地之圖于是東暨西漸南徂北邁隆禮言洽至樂云和感天地而動鬼神辯尊卑而明貴賤而尚勞己亡倦求衣靡息豈非依依黔首垢障未除擾擾蒼生蓋纏仍擁所以金編寶字玉牒綸言滿封函雲飛雨散慈愛之旨形于翰墨哀愍之情發于矜抱日月所照咸頼陶甄陰陽所生皆蒙鞠養故能津濟率土救護溥天協獎羣迷扶導聾瞽樹茲法雨使潤道牙燒此戒香令薰佛慧脩第壹之果建最勝

之幢拯既滅之文匡已墜之典忍辱之鎧滿于淸都微妙之臺充于赤縣豈直道安羅什有寄弘通故亦迦葉目連聖僧斯在龍藏寺者其地蓋近于燕南昔伯珪取其謠言□□水毋憧往而得實窺代常山世祖南旋至高邑而踐祚靈王北出登望臺而臨海青山斂霧綠水揚波路款一晉而通秦途通□而指衞朩文之落矩步非遙平原之樓覩行非遠尋派避世彼亦河人幽閑博敞良爲福地太師上柱國大威公之世子使持節左武衞將軍上開府儀同三司恆州諸軍事恆州刺史鄂國公金城王孝儁世業重于金張器識逾于許郭軍府号爲飛將朝廷稱爲虎臣領袖諸□冠冕羣僞探賾索隱應變知機著義尚訓御之勳立動功事勞之績廊廟推其偉器柱石指其大材自馳傳莅藩建旗作牧招懷□逸獨復逃亡遠視廣聽賈琮之案冀部賞善戮惡徐邈之處涼州異軫齊奔古今一致下車未幾善政斯歸瞻彼伽籃事□草創□奉敕

勸獎州内士庶壹萬人等共廣福田公爰敢至誠虔心徒石施逾奉蓋檀等布金竭黑水之銅罄赤岸之玉結瑠璃之寶□飾瓔珞之珍臺于是靈刹霞舒寶坊雲構崢嶸膠葛穹隆譎詭九重壹柱之殿三休七寶之宮彫梁刻桷之奇圖雲畫藻之異白銀成地有類悉覺之談黃金鏤楯非闕句踐之獻其内閑房靜室陰牖陽窗圓井垂蓮方疎度日曜明璫于朱戶殖芳卉于紫墀地暎金沙似遊安養之國花隱天樹疑入歡喜之園夜漏將竭聽鳴鐘于寺内曉相既分見承露于雲表不求床坐來會之衆何憂□然飲食持鉢之侶奚念粵以開皇六年歲次鶉火莊嚴粗就庶使皇隋寶祚與天長而地久種覺花臺將神護而鬼衞乃爲詞曰

多羅祕藏毗尼覺道斯文不滅憑于大造誰薰種智誰壞煩惱猗歟我皇寶弘三寶慧燈翻照法炬還明菩提果殖救護心生香樓竝構貝塔俱營充遍世界弥滿國城憬彼大林當途向術於穆州后仁風迴拂金粟施價珠纓奉佛結瑤菁宇構瓊起室鳳□粲日虹梁入雲電飛窗戶雷驚榱棼綺籠金鏤繡壁椒薰綈錦亂色丹素成文髣髴雪宮依稀月殿明室結幌幽堂啟扇卧虎未窺陛龍誰見帶風蕭瑟含烟蔥蒨西臨天井北拒吾臺川谷苞異山林育材蘇秦說反樂毅歸來鄒魯媿俗汝潁慙能惟此大城瓌異所踐疏鐘嚮度層磬霄泫八聖四禪五通七辯戒香恆馥法輪常轉開皇六年十二月五日題寫齊開府長兼行參軍九門張公禮之□

碑舊拓本。案金薤琳琅八有此文多譌歟非因每穴五字非。

全隋文卷二十二終

全隋文卷二十三　烏程嚴可均校輯

宇文愷

愷字安樂本朔方人遷居京兆周初㠯功臣子封雙泉伯進封安平縣公歷千牛累遷御正中大夫儀同三司大象中加上開府隋受禪拜營宗廟副監太子左庶子別封甑山縣公及遷都領營新都副監後拜萊州刺史坐兄忻誅除名及建仁壽宮授將作大匠拜仁壽宮監儀同三司尋爲將作少監煬帝卽位爲營東都副監尋遷將作大匠進位開府遷工部尚書進金紫光祿大夫卒謚曰康有東宮典記七十卷東都圖記二十卷明堂圖議二卷釋疑一卷

奏明堂議表

臣聞在天成象房心爲布政之宮在地成形景午居正陽之位觀雲告月順生殺之序五室九宮統人神之際金口木舌發令兆民玉瓚黃琮式嚴宗祀何嘗不矜莊扆宁盡妙思于規摹凝睟冕旒致子來于矩矱伏惟皇帝陛下提衡握契御辯乘乾咸五登三復上皇之化流凶去暴丕下武之緒用百姓之異心驅一代㠯同域康哉康哉民無能而名矣故使天符地寶吐醴飛甘造物資生澄源反樸九圍清謐四表削平襲我衣冠齊其文軌茫茫上玄陳珪璧之敬肅肅清廟感霜露之誠正金奏九韶六莖之樂定石渠五官三雍之禮乃卜瀍西爰謀洛食辨方面勢仰稟神謀敷土濬川爲民立極兼聿遵先言表置明堂爰詔下臣占星揆日于是采崧山之祕簡披汶水之靈圖訪通議于殘亡購冬官于散逸總集衆論勒爲一家昔張衡渾象㠯三分爲一度裴秀輿地㠯二寸爲千里臣之此圖用一分爲一尺推而演之冀輪奐有序而經構之旨議者殊塗或㠯綺井爲重屋或㠯圓楣爲隆棟各㠯臆說事不經

見今錄其疑難爲之通釋皆出證據㠯相發明議曰臣愷謹案淮南子曰昔者神農之治天下也甘雨㠯時五穀蕃殖春生夏長秋收冬藏月省時考終歲獻貢㠯時嘗穀祀于明堂明堂之制有蓋而無四方風雨不能襲燥濕不能傷遷延而入之臣愷㠯爲上古樸略創立典刑尚書帝命驗曰帝者承天立五府㠯尊天重象赤曰文祖黃曰神斗白曰顯紀黑曰玄矩蒼曰靈府注云唐虞之天府夏之世室殷之重屋周之明堂皆同矣尸子曰有虞氏曰總章周官考工記曰夏后氏世室堂脩二七博四脩一注云脩南北之深也夏度㠯步今堂脩十四步其博益㠯四分脩之一則明堂博十七步半也臣愷案三王之世夏最爲古從質尚文理應漸就寬大何因夏室乃大殷堂相形爲論理恐不爾記云堂脩七博四脩若夏度㠯步則應脩七步注云今堂脩十四步乃是增益記文殷周二堂獨無加字便是其義類例不同山東禮本輒加二七之字何得殷無加尋之文周闕增筵之義研覈其趣或是不然讐校古書竝無二字此乃桑間俗儒信情加減黃圖議云夏后氏益其堂之大一百四十四尺周人明堂㠯爲兩杼閒馬宮之言止論堂之一面據此爲準則三代堂基竝方得爲上圓之制諸書所說竝云下方鄭注周官獨爲此義非直與古違異亦乃乖背禮文尋文求理深恐未愜尸子曰殷人陽館考工記曰殷人重屋堂脩七尋堂崇三尺四阿重屋注云其脩七尋五丈六尺放夏周則其博九尋七丈二尺又曰周人明堂度九尺之筵東西九筵南北七筵堂崇一筵五室凡室二筵禮記明堂位曰天子之廟複廟重檐鄭注云複廟重屋也注玉藻云天子廟及露寢皆如明堂制禮圖云于內室之上起通天之觀觀八十一尺得宮之數其聲濁君之象也大戴禮曰明堂者古有之凡九室一室有四戶八牖㠯茅蓋上圓下方外水曰璧雝赤綴戶白綴牖堂高三尺東西九仞南北七筵其宮

十二下脫
堂法十二
月二十六
戶法極陰
之變數七
十二十八
字

方三百步。凡人民疾。六畜疫。五穀災。生于天道不順。天道不順。生于明堂不飾。故有天災。則飾明堂。周書明堂曰。堂方百一十二尺。高四尺。階博六尺三寸。室居內方百尺。室內方六十尺。戶高八尺。博四尺。作洛曰。明堂太廟露寢。咸有四阿。重亢重廊。孔氏注云。重亢累棟。重廊累屋也。禮圖曰。秦明堂九室十二階。各有所居。呂氏春秋曰。有十二堂。與月令同。並不論尺丈。臣愷案。十二階雖不與禮合。一月一階。非無理思。黃圖曰。堂方百四十四尺。法坤之策也。方象地。屋圓楣徑二百一十六尺。法乾之策也。圓象天。室九宮。法九州。太室方六丈。法陰之變數。十二牖。法五行所行日數。八達象八風。法八卦。通天臺徑九尺。法乾㠯九。覆六。高八十一尺。法黃鍾九九之數。二十八柱。象二十八宿。堂高三尺。土階三等。法三統。堂四向五色。法四時五行。殿門去殿七十二步。法五行所行。門堂長四丈。取太室三之二。垣高無蔽目之照。牖六尺。其外倍之。殿垣方在水內。法地陰也。水四周于外。象四海。圓法陽也。水闊二十四丈。象二十四氣。水內徑三丈。應觀禮經。武帝元封二年。立明堂汶上。無室。其外略依此制。泰山通議今亡。不可得而辨也。元始四年八月。起明堂辟雍長安城南門。制度如儀。一殿垣四面門八觀。水外周堤壤。高四尺。和會築作三旬。五年正月六日辛未。始郊太祖高皇帝㠯配天。二十二日丁亥。宗祀孝文皇帝于明堂㠯配上帝。及先賢百辟卿士有益者。于是秩而祭之。親扶三老五更。袒而割牲。跪而進之。因班時令。宣恩澤。諸侯王宗室。四夷君長。匈奴西國侍子。悉奉貢助祭。禮圖曰。建武三十年。作明堂。明堂上圓下方。上圓法天。下方法地。十二堂法日辰。九室法九州。室八牕。八九七十二。法一時之王。室有二戶。二九十八戶。法土王十八日。內堂正壇高三尺。土階三等。胡伯始注漢官云。古清廟蓋㠯茅。今蓋㠯瓦。瓦下藉茅。㠯存古制。東京賦曰。乃營三宮。布政頒常。複廟重屋。八達九房。造舟清池。惟水泱泱。辥綜注云。複重廇覆。謂屋平覆重棟也。續漢書祭祀志云。明帝永平二年。祀五帝于明堂。五帝坐各處其方。黃帝在未。皆如南郊之位。光武位在青帝之南。少退西面。各一犢。奏樂如南郊。臣愷案。詩云我將。祀文王于明堂。我將我享。維牛維羊。據此則備太牢之祭。今云一犢。恐與古殊。自晉㠯前。未有鴟尾。其圓牆璧水。一依本圖。晉起居注。裴頠議曰。尊祖配天。其義明著。廟宇之制。理據未分。直可爲一殿。㠯崇嚴祀。其餘雜碎。一皆除之。臣愷案。天垂象。聖人則之。辟雍之星。既有圖狀。晉堂方構。不合天文。既闕重樓。又無璧水。空堂乖五室之義。直殿違九階之文。非古欺天。一何過甚。後魏于北臺城南造圖。牆在璧水外。門在水內迥立。不與牆相連。其堂上九室。三三相重。不依古制。室間通巷。違舛處多。其室皆用墼累。極成褊陋。後魏樂志曰。孝昌二年。立明堂。議者或言九室。或言五室。詔斷從五室。後元叉執政。復改爲九室。遭亂不成。宋起居注曰。孝武帝大明五年。立明堂。其牆宇規範。擬則太廟。唯十二間。㠯應朞數。依漢汶上圖儀。設五帝位。太祖文皇帝對饗。鼎俎簠簋。一依廟禮。梁武即位之後。移宋時太極殿㠯爲明堂。無室。十二間。禮疑議云。祭用純漆俎瓦樽。文于郊。質于廟。止一獻。用清酒。平陳之後。臣得目觀。遂量步數。記其尺丈。猶見基內有焚燒殘柱。毀斫之餘。入地一丈。儼然如舊。柱下㠯樟木爲跗。長丈餘。闊四尺許。兩兩相並。瓦安數重。宮城處所。乃在郭內。雖湫隘卑陋。未合規摹。祖宗之靈。得崇嚴祀。周齊二代。闕而不修。大饗之典。于焉靡託。自古明堂圖惟有二本。一是宗周。劉熙阮諶劉昌宗等作。三圖略同。一是後漢建武三十年作。禮圖有本。不詳撰人。臣遠尋經傳。傍求子史。研究衆說。總撰今圖。其樣㠯木爲之。下爲方堂。堂有五室。上爲圓觀。觀有四門。（隋書宇文愷傳。）

奏定皇太子輅

宋大明六年。初備五輅。有司奏云。秦改周輅。創制金根。漢魏因循。其形莫改。而金玉二輅。雕飾略同。造次瞻覩。殆無差別。若錫于東儲。在禮嫌重。非所以崇峻陛級。表示等威。今皇太子宜乘象輅。碧旂九葉。進不斥尊。退不逼下。酌時沿古。于禮爲中。覩宋此義。乃無副車。新置五輅。金玉同體。至象已下。即爲差降。所以太子不得乘金輅。欲示等威。故令給象。今取周禮之名。依漢家之制。天子五輅。形飾並同。旒及繁纓。例皆十二。黃屋左纛。金根重轂。無不悉同。唯應五方色以爲殊耳。若用此輅給于太子。革木畫皆不可。何況金象者乎。既製副車。駕用四馬。至于金輅。自有等差。春秋之義。降于以兩。今天子金輅。駕用六馬。十二旒。太子金輅。駕用四馬。降龍九旒。制頗同于副車。又有旌旗之別。幷嫡皇孫及親王等輅。並給金輅。而減其雕飾。合于古典。臣謂非嫌。隋書禮儀志五。皇太子輅。古者金飾。宋齊以來。並乘象輅。宇文愷案。詔奏。制曰可。

宇文慶

慶字神慶。河南洛陽人。周初受業東觀。歷都督。遷衛王府掾。建德中進驃騎大將軍。加開府。從平齊。進大將軍。封汝南郡公。歷延州寧州總管。大象中進上大將軍。加柱國。隋受禪。拜左武衛將軍。進上柱國。出爲涼州總管。徵還。卒于家。

奏錄文帝龍潛時言表

臣聞智謀造化。二儀無以隱其靈。明同日月。萬象不能藏其狀。先天弗違。實聖人之體道。未萌見兆。諒達節之神機。伏惟陛下特挺生知。徇齊誕御。懷五岳其猶輕。吞八荒而不梗。經妙見于胸襟。運奇謀于掌握。臣以微賤。早逢天睠。不以庸下。親蒙推赤。所奉成規。纖毫弗舛。尋惟聖慮。妙出蓍龜。驗一人之慶有徵。實天子之言無戲。臣親聞親見。實榮實喜。隋書宇文慶傳。

王誼

誼字宜君。河南洛陽人。周初爲左中侍上士。遷御正大夫。拜雍州別駕。武帝即位。授儀同。遷內史大夫。封楊國公。從平齊。授相州刺史。徵爲大內史。宣帝初出爲襄州總管。靜帝初轉鄭州總管。拜大司徒。開皇初進封郢國公。後以怨望賜死。

奏駮蘇威減功臣地給民議

百官者。歷世勳賢。方蒙爵土。一旦削之。未見其可。如臣所慮。正恐朝臣功德不建。何患人田有不足。隋書王誼傳。

來和

和字弘順。京兆長安人。周初爲夏官府下士。累遷少卜上士。賜爵安定鄉男。遷畿伯下大夫。進封洹水縣男。大象中拜儀同。隋受禪。進爵爲子。開皇末進位開府。有相經四十卷。

上表自陳

臣早奉龍顏。自周代天和三年已來。數蒙陛下顧問。當時具言。至尊膺圖受命。光宅區宇。此乃天授。非由人事所及。臣無勞效。坐致五品二十餘年。臣是何人。敢不慙懼。愚臣不任區區之至。謹錄陛下龍潛之時。臣有所言。一得書之祕府。死無所恨。昔陛下在周。嘗與永富公竇榮定語臣曰。我聞有行聲。即識其人。臣當時即言公眼如曉星。無所不照。當王有天下。願忍誅殺。建德四年五月。周武帝在雲陽宮謂臣曰。諸公皆汝所識。隋公相祿何如。臣報武帝曰。隋公止是守節人。可鎮一方。若爲將領。陣無不破。臣即于宮東南奏聞。陛下謂臣。此語不忘。明年烏丸軌言于武帝曰。隋公非人臣。帝尋以問臣。臣知帝有疑。臣詭報曰。是節臣。更無異相。于時王誼梁彥光等知臣此語。大象二年五月。至尊從永巷東門入。臣在永巷門東北面立。陛下問臣曰。我得無災障不。臣奏陛下曰。公骨法氣色相應。天命已有付屬。未幾遂總百揆。隋書來和傳。北史八十九。

元壽

壽字長壽，河南洛陽人，魏邵陵王敦孫，周武成初封隆城縣侯，保定中改封儀隴縣侯，隋開皇中授尚書主爵侍郎，從晉王伐陳，除行臺左丞，兼領元帥府屬，及平陳，拜尚書左丞，遷太常少卿，出爲基州刺史，徵太府少卿，進位開府，煬帝即位，以從平漢王諒功，授大將軍，遷太府卿，拜內史令，進右光祿大夫，兼左翊衛將軍，從征遼東，道卒，贈尚書右僕射、光祿大夫，諡曰景。（案隋書劉有元壽，歷侍中、驃騎大將軍、開府儀同三司、鄀州刺史，封安樂縣公，非即其人也。）

奏劾劉行本韓徵之等

臣聞天道不言，功成四序，聖皇垂拱，任在百司。御史之官，義存糾察，直繩莫舉，憲典誰寄。今月五日，鑾輿從蹕，親臨射苑，開府儀同三司蕭摩訶，幸廁朝行，預觀盛禮，奏稱請遣子世略暫往江南重收家產，妻安遇患，彌留有日，安若長逝，世略不合此行，竊以人倫之義，伉儷爲重，資愛之道，烏鳥弗虧。摩訶遠念資財，近忘匹好，又命其子捨危惙之母，爲聚斂之行，一言纔發，名教頓盡。而兼殿內侍御史臣韓徵之等親所聞見，竟不彈糾，若知非不舉，事涉阿縱，如不以爲非，豈關理識。謹案儀同三司、太子左庶子、檢校治書侍御史臣劉行本，出入宮省，備蒙任遇，攝職憲臺，時月稍久，庶能整肅纓冕，澄清風教，而在法司，虧失憲體，瓶罄罍恥，何所逃愆。臣謬膺朝寄，忝居左轄，無容寢嘿，謹以狀聞，其行本、徵之等請付大理。（隋書元壽傳：開府蕭摩訶妻患且死，奏請遣子向江南收其家產，御史見而不言，壽奏劾之。又見北史七十五、通典二十二。）

皇甫績

績字功明，安定朝那人。周武帝爲魯公時，引爲侍讀。建德初，轉宮尹中士，遷小宮尹。宣政初，封義陽縣男，拜畿伯下大夫。宣帝時，轉御正下大夫。靜帝初，加上開府，轉內史中大夫，進封郡公，拜大將軍。隋受禪，出爲豫州刺史，尋拜都官尚書，轉晉州刺史。及平陳，拜蘇州刺史，遷信州總管，卒，諡曰安。

遺顧子元書

皇帝握符受籙，合極通靈，受揖讓于唐虞，弃干戈于湯武，東踰蟠木，方朔所未窮，西盡流沙，張騫所不至，玄漠黃龍之外，交臂來王，葱嶺榆關之表，屈膝請吏。曩者僞陳獨阻聲教，江東士民，困于荼毒。皇天輔仁，假手朝廷，聊申薄伐，應時瓦解，金陵百姓，死而復生，吳會臣民，白骨還肉，唯當懷音感德，行歌擊壤，豈宜自同吠主，翻成反噬。卿非吾民，何須酒禮，吾是隋將，何容外交。易子析骸，未能相告，況是足食足兵，高城深塹，坐待強援，綽有餘力，何勞躔輕敝之俗，作虛僞之辭，欲阻誠臣之心，徙惑驍雄之志，以此見期，必不可得。卿宜善思活路，曉諭黎元，能早改迷，失道非遠。（隋書皇甫績傳：高智慧等作亂，蘇州民顧子元應之，子元素感績恩，于冬至日遣使奉牛酒，績遺子元書。）

衛玄

玄字文昇，河南洛陽人。周武帝爲魯公時，引爲記室，遷給事上士，襲父爵興勢公，轉宣納下大夫。建德中拜益州長史，遷開府儀同三司、太府中大夫，治內史事，領京兆尹。宣帝時，以忤旨免。大象中，檢校熊州事。隋受禪，遷淮州總管，進封同軌郡公，坐事免。尋拜嵐州刺史，檢校朔州總管事。入爲衛尉少卿。仁壽初，拜資州刺史，除遂州總管。煬帝即位，復徵爲衛尉卿，遷工部尚書，拜魏郡太守，入爲右候衛大將軍，檢校左候衛事，轉刑部尚書，拜金紫光祿大夫。遼東之役，拜京兆內史，留守京師，加右光祿大夫。唐兵入關，歸于家。義寧中卒，年七十七。

屯軍金谷埽地祭高祖

刑部尚書、京兆內史臣衛文昇，敢昭告于高祖文皇帝之靈。自皇家啟運，三十餘年，武功文德，漸被海外，楊玄感孤負聖恩，躬爲蛇豕，蜂飛蟻聚，犯我王略。臣二世受恩，一心事主，董率熊羆，志梟兇逆。若社稷靈長，宜令醜徒冰碎，如或大運去矣，幸使老臣先死。（隋書衛玄傳。

高熲

熲字昭玄。一名敏。渤海蓨人。仕周爲齊王憲記室參軍。武帝時襲爵武陽縣伯。除內史上士。遷下大夫。建德中進開府。大象中進柱國。改封義寧縣公。遷相府司馬。隋受禪拜尚書左僕射兼納言。進封渤海郡公。拜左衛大將軍。遷左領軍。加上柱國。進封齊國公。免。尋除名爲民。煬帝卽位。拜太常。大業三年坐謗訕朝政誅。

奏請計戶徵稅

諸州無課調處。及課州管戶數少者。官人祿力。乘前已來。恆出隨近之州。但判官本爲牧人。役力理出所部。請于所管戶內。計戶徵稅。（隋書食貨志。）

奏諫收周齊故樂人及天下散樂

此樂久廢。今若徵之。恐無識之徒。棄本逐末。遞相教習。（隋書）

宇文述

述字伯通。代郡武川人。本姓破野頭。周武帝時起家拜開府。歷左宮伯。英果中大夫。封博陵公。改封濮陽。大象末超拜上柱國。進封褒國公。隋受禪。爲右衛大將軍。拜壽州總管。歷太子左衛率。煬帝卽位。遷左衛大將軍。改封許國公。加開府儀同三司。從幸江都。卒。贈司徒尚書令。謚曰恭。

奏殺廢太子諸子

房陵諸子。年竝成立。今欲動兵征討。若將從駕。則守掌爲難。若留一處。又恐不可。進退無用。請早處分。（隋書宇文述傳。）

奏誅斛斯政

斛斯政之罪。天地所不容。人神所同忿。若同常刑。賊臣逆子。何以懲肅。請變常法。

段文振

文振北海期原人。仕周爲宇文護中外府兵曹。建德中授上儀同。封襄國縣公。歷相州別駕。揚州總管長史。大象中入爲天官都上士。文帝以爲丞相掾。及受禪。除衞尉少卿。兼內史侍郎。加上開府。遷鴻臚卿。後爲石河二州刺史。遷蘭州總管。改封龍岡縣公。江南平。授揚州總管司馬。轉并州總管司馬。遷雲州總管。入爲太僕卿。仁壽初坐事除名。後拜大將軍靈州總管。煬帝卽位。徵爲兵部尚書。進位右光祿大夫。及遼東之役。授左候衛大將軍。道卒。贈光祿大夫尚書右僕射北平侯。謚曰襄。

請遣啟民可汗出塞表

臣聞古者遠不聞近。夷不亂華。周宣外攘戎狄。秦帝築城萬里。蓋遠圖良算。弗可忘也。竊見國家容受啟民。資其兵食。假以地利。如臣愚計。竊又未安。何則。夷狄之性。無親而貪。弱則歸投。強則反噬。蓋其本心也。臣學非博覽。不能遠見。且聞晉朝劉曜。梁代侯景。近事之驗。衆所共知。以臣量之。必爲國患。如臣之計。以時喻遣。令出塞外。然後明設烽候。緣邊鎮防。務令嚴重。此乃萬世之長策也。（隋書段文振傳。又北史七十六。）

從征遼東疾篤上表

臣以庸微。幸逢聖世。濫蒙獎擢。榮冠儕伍。而智能無取。叨竊已多。言念國恩。用忘寢食。常思效其鳴吠。以報萬分。而攝養乖方。疾患遂篤。抱此深愧。永歸泉壤。不勝餘恨。輕陳管穴。竊見遼東小醜。未服嚴刑。遠降六師。親勞萬乘。但夷狄多詐。深須防擬。口陳降款。心懷背叛。詭伏多端。勿得便受。水潦方降。不可淹遲。唯願嚴勒諸軍。星馳速發。水陸俱前。出其不意。則平壤孤城。勢可拔也。若傾其本根。餘城自剋。如不時定。脫遇秋霖。深爲艱阻。兵糧又竭。強敵在前。靺鞨出後。遲疑不決。非上策也。（隋書段文振傳。）

居當作寄

令狐熙

熙字長熙，敦煌人。仕周爲吏部上士，尋授都督輔國將軍，轉夏官府都上士，歷小駕部職方下大夫，襲父整爵彭陽縣公。及武帝平齊，進位開府，歷司勳吏部二曹中大夫。隋受禪，除司徒左長史，加上儀同，進封河南郡公，加上開府，拜滄州刺史，徙河北道行臺度支尚書。及行臺廢，授并州總管司馬，後徵爲雍州別駕，進長史，遷鴻臚卿，兼吏部尚書，判五曹尚書事，拜汴州刺史，徵拜桂州總管，改封武康郡公，坐事鎖詣闕，道卒。

請解桂州總管任表

臣忝居嶺表，四載于茲，犬馬之年，六十有一，才輕任重，媿懼兼深。常願收拙避賢，稍免官謗。然所管遐曠，綏撫尤難，雖近能頓革夷風，頗亦漸識皇化。但臣夙患消渴，比更增甚，筋力精神，轉就衰邁。昔在壯齒，猶不如人，況今年疾俱侵，豈可猶當重寄。請解所任。隋書令狐熙傳

鄭譯

譯字正義，滎陽開封人，北齊光州刺史述祖從孫。周武帝時爲給事中士，拜銀青光祿大夫，轉左侍上士，尚梁安公主，歷御正下大夫、太子宮尹，賜爵開國子，坐事除名。宣帝卽位，拜開府內史下大夫，封歸昌縣公，遷內史上大夫，進封沛國公，復坐事除名。大象中，文帝矯詔復以爲內史上大夫，尋拜柱國、相府內史，兼領天官都府司會，總六府事，進上柱國。及受禪，廢歸第，復授開府隆州刺史，徵還復爵，岐州刺史。開皇十一年卒，謚曰達。有樂府聲調六卷，又三卷。

荅蘇夔駁七調

周有七音之律，漢書律厤志：天地人及四時，謂之七始。黃鍾爲天始，林鍾爲地始，太蔟爲人始，是爲三始。姑洗爲春，蕤賓爲夏，南呂爲秋，應鍾爲冬，是爲四時。四時三始，是以爲七。今若不以二變爲調曲，則是冬夏聲闕，四時不備，是故每宮須立七調。隋書音樂志中

又與蘇夔議

案今樂府黃鍾，乃以林鍾爲調首，失君臣之義；清樂黃鍾宮，以小呂爲變徵，乖相生之道。今請雅樂黃鍾宮以黃鍾爲調首，淸樂去小呂，還用蕤賓爲變徵。隋書音樂志中

全隋文卷二十三終

全隋文卷二十四

烏程嚴可均校輯

牛弘

弘字里仁。本姓寮。安定鶉觚人。仕周爲中外府記室內史上士。轉納言上士。加威烈將軍員外散騎侍郎。襲父允爵臨涇公。宣政初轉內史下大夫。進位使持節大將軍儀同三司。隋受禪。遷散騎常侍祕書監。拜禮部尚書。除太常卿。尋授大將軍。拜吏部尚書。煬帝即位。進位上大將軍。改右光祿大夫。大業六年卒。贈開府儀同三司光祿大夫文安侯。諡曰憲。有集十二卷。

上表請開獻書之路

經籍所興。由來尚矣。爻畫肇于庖羲。文字生于倉頡。聖人所以弘宣教導。博通古今。揚于王庭。肆于時夏。故堯稱至聖。猶考古道而言。舜其大智。尚觀古人之象。周官外史掌三皇五帝之書。及四方之志。武王問黃帝顓頊之道。太公曰在丹書。是知握符御曆。有國有家者。曷嘗不以詩書而爲教。因禮樂而成功也。昔周德既衰。舊經紊棄。孔子以大聖之才。開素王之業。憲章祖述。制禮刊詩。正五始而修春秋。闡十翼而弘易道。治國立身。作範垂法。及秦皇馭寓。吞滅諸侯。任用威力。事不師古。始下焚書之令。行偶語之刑。先王墳籍。掃地皆盡。本既先亡。從而顛覆。臣以圖讖言之。經典盛衰。信有徵數。此則書之一厄也。漢興。改秦之弊。敦尚儒術。建藏書之策。置校書之官。屋壁山巖。往往間出。外有太常太史之藏。內有延閣祕書之府。至孝成之世。亡逸尚多。遣謁者陳農求遺書于天下。詔劉向父子讎校篇籍。漢之典文。于斯爲盛。及王莽之末。長安兵起。宮室圖書。竝從焚燼。此則書之二厄也。光武嗣興。尤重經誥。未及下車。先求文雅。于是鴻生鉅儒。繼踵而集。懷經負帙。不遠斯至。肅宗親臨講肄。和帝數幸書林。其蘭臺石室。鴻都東觀。祕牒塡委。更倍于前。及孝獻移都。吏民擾亂。圖書縑帛。皆取爲帷囊。所收而西。裁七十餘乘。屬西京大亂。一時燔蕩。此則書之三厄也。魏文代漢。更集經典。皆藏在祕書內外三閣。遣祕書郎鄭默刪定舊文。時之論者。美其朱紫有別。晉氏承之。文籍尤廣。晉祕書監荀勖定魏內經。更著新簿。雖古文舊簡。猶云有缺。新章後錄。鳩集已多。足得恢弘正道。訓範當世。屬劉石憑陵。京華覆滅。朝章國典。從而失墜。此則書之四厄也。永嘉之後。寇竊競興。因河據洛。跨秦帶趙。論其建國立家。雖傳名號。憲章禮樂。寂滅無聞。劉裕平姚。收其圖籍。五經子史。纔四千卷。皆赤軸青紙。文字古拙。僭僞之盛。莫過二秦。以此而論。足可用矣。故知衣冠軌物。圖畫記注。播遷之餘。皆歸江左。晉宋之際。學藝爲多。齊梁之間。經史彌盛。宋祕書丞王儉。依劉氏七略。撰爲七志。梁人阮孝緒。亦爲七錄。總其書數。三萬餘卷。及侯景渡江。破滅梁室。祕省經籍。雖從兵火。其文德殿內書史。宛然猶存。蕭繹據有江陵。遣將破平侯景。收文德之書。及公私典籍。重本七萬餘卷。悉送荊州。故江表圖書。因斯盡萃于繹矣。及周師入郢。繹悉焚之于外城。所收十纔一二。此則書之五厄也。後魏爰自幽方。遷宅伊洛。日不暇給。經籍闕如。周氏創基關右。戎車未息。保定之始。書止八千。後加收集。方盈萬卷。高氏據有山東。初亦采訪。驗其本目。殘缺尤多。及東夏初平。獲其經史。四部重雜。三萬餘卷。所益舊書。五千而已。今御書單本合一萬五千餘卷。部帙之間。仍有殘缺。比梁之舊目。止有其半。至于陰陽河洛之篇。醫方圖譜之說。彌復爲少。臣以經書自仲尼已後。迄于當今。年踰千載。數遭五厄。興集之期。屬膺聖世。伏惟陛下受天明命。君臨區宇。功無與二。德冠往初。自華夏分離。彝倫攸斁。其間雖霸王遞起。而世難未夷。欲崇儒業。時或未可。今土宇邁于三王。民黎盛于兩漢。有人有時。正在今日。方當大弘文教。納俗升平。而天下圖書。尚有遺逸。非所以仰協聖情。流訓無窮者也。臣史籍是司。寢興懷懼。昔陸賈奏漢祖云。天下不可馬上治之。故知經邦立政。在于典謨矣。爲國之本。莫此攸先。今祕藏見書。亦足披覽。但一時載籍。須令大備。不可王府所無。私家乃有。然士民殷雜。求訪難知。縱有知者。多懷恡惜。必須勸之以天威。引之以微利。若猥發明詔。兼開購賞。則異典必臻。觀閣斯積。重道之風。超于前世。不亦善乎。伏願天鑒少垂照察。（隋書牛弘傳。北史牛弘傳。又見御覽六百十九。）

奏請定典禮

聖教陵替。國章殘缺。漢晉爲法。隨俗因時。未足經國庇人。弘風施化。且制禮作樂。事歸元首。江南王儉。偏隅一臣。私撰儀注。多違古法。就廬非東階之位。凶門豈設重之禮。兩蕭累代。舉國遵行。後魏及齊。風牛本隔。殊不尋究。遙相師祖。故山東之人。浸以成俗。西魏已降。師旅弗遑。賓嘉之禮。盡未詳定。今休明啓運。憲章伊始。請據前經。革茲俗弊。（隋書禮儀志三。開皇初。高祖思定典禮。太常卿牛弘奏。詔曰可。）

奏著喪紀令（開皇初）

正一品薨。則鴻臚卿監護喪事。司儀令示禮制。二品以上。則鴻臚丞監護。司儀丞示禮制。五品以上薨卒。及三品以上有周親以上喪。並掌儀一人示禮制。官人在職喪。聽斂以朝服。有封者斂以冕服。未有官者。白帢單衣。婦人有官品者。亦以其服斂。內不得置金銀珠玉。（通典八十四。）

奏請修緝雅樂

臣聞周有六代之樂。至韶武而已。秦始皇改周舞曰五行。漢高帝改韶武曰文始。以示不相襲也。又造武德。自表其功。故高帝廟奏武德文始五行之舞。又作昭容禮容。增演其意。昭容生于武德。蓋猶古之韶也。禮容生于文始。矯秦之五行也。文帝又作四時之舞。故孝景帝立。追述先功。采武德舞作昭德舞。被之管弦。薦于太宗

之廟。孝宣采昭德舞爲盛德舞。更造新歌。薦于武帝之廟。據此而言。遞相因襲。縱有改作。並宗于韶。至明帝時。東平獻王采文德舞爲大武之舞。薦于光武之廟。漢末大亂。樂章淪缺。魏武平荊州。獲杜夔。以爲軍謀祭酒。使創雅樂。時散騎侍郎鄧靜善詠雅歌。樂師尹胡能習宗祀之曲。舞師馮肅曉知先代諸舞。總練研精。復于古樂。自夔始也。文帝黃初。改昭容之樂爲昭業樂。武德之舞爲武頌舞。文始之舞爲大韶舞。五行之舞爲大武舞。明帝初。公卿奏上太祖武皇帝樂曰武始之舞。高祖文皇帝樂曰咸熙之舞。又製樂舞。名曰章斌之舞。有事于天地宗廟。及臨朝大饗。並用之。晉武帝泰始二年。遣傅玄等造行禮及上壽食舉歌詩。張華表曰。案漢魏所用。雖詩章辭異。興廢隨時。至其韻逗曲折。並繫于舊。一皆因襲。不敢有所改也。九年。荀勖典樂。使郭夏宋識造正德大豫之舞。改魏昭武舞曰宣武舞。羽籥舞曰宣文舞。江左之初。典章堙紊。賀循爲太常卿。始有登歌之樂。大寧末。阮孚等又增益之。咸和閒。鳩集遺逸。鄴沒胡後。樂人頗復南度。東晉因之。以具鍾律。太元閒。破符永固。又獲樂工楊蜀等。閑練舊樂。于是金石始備。尋其設懸音調。並與江左是同。慕容垂破慕容永于長子。盡獲符氏舊樂。垂息爲魏所敗。其鍾律令李佛等。將太樂細伎。奔慕容德于鄴。德遷都廣固。子超嗣立。其母先沒姚興。超以太樂伎一百二十人詣興贖母。及宋武帝入關。悉收南度。永初元年。改正德舞曰前舞。大武舞曰後舞。文帝元嘉九年。太樂令鍾宗之更調金石。至十四年。典書令奚縱復改定之。又有凱容宣業之舞。齊代因而用之。蕭子顯齊書志曰。宋孝建初。朝議以凱容舞爲韶舞。宣業舞爲武德舞。據韶爲言。宣業即是古之大武。非武德也。故志有前舞凱容歌辭。後舞凱容歌辭者矣。至于梁初。猶用凱容宣業之舞。後改爲大壯大觀焉。今人猶喚大觀爲前舞。故知樂名雖隨代而改。聲韻曲折。理應常同。

前克荊州得梁家雅曲今平蔣州又得陳氏正樂史傳相承㠯爲合古且觀其曲體用聲有次請修緝之㠯備雅樂其後魏洛陽之曲據魏史云太武平赫連昌所得更無明證後周所用者皆是新造雜有邊裔之聲戎音亂華皆不可用請悉停之（隋書音樂志下開皇九年平陳獲宋齊舊樂曲是牛弘奏）

奏言雅樂定

臣聞蕢桴土鼓由來斯尚雷出地奮著自易經遂古帝王經邦馭物揖讓而臨天下者禮樂之謂也秦焚經典樂書亡缺爰至漢興始知鳩擇祖述增廣緝成朝憲魏晉相承更加論討沿革之宜備于故實永嘉之後九服崩離燕后符姚遞據華土此其戎乎何必伊川之上吾其左衽無復微管之功前言往式于斯而盡金陵建社朝士南奔帝則皇規粲然更備與內原隔絕三百年于茲矣伏惟明聖膺期會昌在運今南征所獲梁陳樂人及晉宋旗章宛然俱至曩代所不服者今悉服之前朝所未得者今悉得之化洽功成于是乎在臣等伏奉明詔詳定雅樂博訪知音旁求儒彥研校是非定其去就取爲一代正樂具在本司（隋書音樂志下十四年樂定牛弘姚察許善心虞世基劉臻等奏）

依古制修立明堂議

竊謂明堂者所㠯通神靈感天地出教化崇有德孝經曰宗祀文王于明堂㠯配上帝祭義云祀于明堂教諸侯孝也黃帝曰合宮堯曰五府舜曰總章布政興治由來尚矣周官考工記曰夏后氏世室堂脩二七廣四脩一鄭玄注云脩十四步其廣益㠯四分脩之一則堂廣十七步半也殷人重屋堂脩七尋四阿重屋鄭云其脩七尋廣九尋也周人明堂度九尺之筵南北七筵五室凡室二筵鄭云此三者或舉宗廟或舉正寢或舉明堂互言之明其同制也馬融王肅干寶所注與鄭亦異今不具出漢司徒馬宮議云夏后氏世室室顯于堂故命㠯室殷人重屋屋顯于堂故命㠯屋周人明堂堂大于夏室故命㠯堂夏后氏益其堂之廣百四十四尺周人明堂㠯爲兩序間大夏后氏七十二尺若據鄭玄之說則夏室大于周堂如依馬宮之言則周堂大于夏室後王轉文周大爲是但宮之所言未詳其義此皆去聖久遠禮文殘缺先儒解說家異人殊鄭注玉藻亦云宗廟路寢與明堂同制王制同寢不踰廟明大小是同今依鄭玄注每室及堂止有一丈八尺四壁之外四尺有餘若㠯宗廟論之祫享之時周人旅酬六尸并后稷爲七先公昭穆二尸先王昭穆二尸合十一尸三十六王及君北面行事于二丈之堂愚不及此若㠯正寢論之便須朝宴據燕禮諸侯宴則賓及卿大夫脫屨升坐是知天子宴則三公九卿竝須升堂燕義又云席小卿次上卿言皆侍席止于二筵之間豈得行禮若㠯明堂論之總享之時五帝各于其室設青帝之位須于太室之內少北西面太昊從食坐于其西近南北面祖宗配享者又于青帝之南稍退西面丈八之室神位有三加㠯簠簋籩豆牛羊之俎四海九州美物咸設復須席工升歌出罇反坫揖讓升降亦㠯隘矣據茲而說近是不然案劉向別錄及馬宮蔡邕等所見當時有古文明堂禮王居明堂禮明堂圖明堂大圖明堂陰陽太山通義魏文侯孝經傳等竝說古明堂之事其書皆亡莫得而正今明堂月令者鄭玄云是呂不韋著春秋十二紀之首章禮家鈔合爲記蔡邕王肅云周公所作周書內有月令第五十三卽此也各有證明文多不載束晳㠯爲夏時之書劉瓛云不韋鳩集儒者尋于聖王月令之事而記之不韋安能獨爲此記今案不得全稱周書亦未可卽爲秦典其內雜有虞夏殷周之法皆聖王仁恕之政也蔡邕具爲章句又論之曰明堂者所㠯宗祀其祖㠯配上帝也夏后氏曰世室殷人曰重屋周人曰明堂東曰青陽南曰明堂西曰總章

北曰玄堂內曰太室聖人南面而聽向明而治人君之位莫不正焉故雖有五名而主以明堂也制度之數各有所依堂方一百四十四尺巛之策也屋圓楣徑二百一十六尺乾之策也太廟明堂方六丈通天屋徑九尺陰陽九六之變且圓蓋方覆九六之道也八闥以象卦九室以象州十二宮以應日辰三十六戶七十二牖以四戶八牖乘九宮之數也戶皆外設而不閉示天下以不藏也通天屋高八十一尺黃鍾九九之實也二十八柱布四方四方七宿之象也堂高三尺以應三統四向五色各象其行水闊二十四丈象二十四氣于外以象四海王者之大禮也觀其模範天地則象陰陽必據古文義不虛出今若直取考工不參月令青陽總章之號不得而稱九月享帝之禮不得而用漢代二京所建與此說悉同建安之後海內大亂京邑焚燒憲章泯絕魏氏三方未平無聞興造晉則侍中裴頠議曰尊祖配天其義明著而廟宇之制理

據未分宜可直爲一殿以崇嚴父之祀其餘雜碎一皆除之宋齊已還咸率茲禮此乃世乏通儒時無思術前王盛事于是不行後魏代都所造出自李沖三三相重合爲九室簷不覆基房間通街穿鑿處多迄無可取及遷宅洛陽更加營構五九紛競遂至不成宗配之事于焉靡託今皇猷遐闡化覃海外方建大禮垂之無窮弘等不以庸虛謬當議限今檢明堂必須五室者何尚書帝命驗曰帝者承天立五府赤曰文祖黃曰神升白曰顯紀黑曰玄矩蒼曰靈府鄭玄注曰五府與周之明堂同矣且三代相沿多有損益至于五室確然不變夫室以祭天天實有五若立九室四無所用布政視朔自依其辰鄭司農云十二月分在青陽等左右之位不云居室鄭玄亦言每月于其時之堂而聽政焉禮圖畫个皆在堂偏是以須爲五室明堂必須上圓下方者何孝經援神契曰明堂者上圓下方八窗四達布政之宮禮記盛德篇曰明堂四戶八牖上圓下方五經異義稱講學大夫淳于登亦云上圓下方鄭玄同之是以須爲圓方明堂必須重屋者何案考工記夏言九階四旁兩夾窗門堂三之二室三之一殷周不言者明一同夏制殷言四阿重屋周承其後不言屋制亦盡同可知也其殷人重屋之下本無五室之文鄭注云五室者亦據夏以知之明周不云重屋因殷則有灼然可見禮記明堂位曰太廟天子明堂言魯爲周公之故得用天子禮樂魯之太廟與周之明堂同又曰複廟重檐刮楹達鄉天子之廟飾鄭注複廟重屋也據廟既重屋明堂亦不疑矣春秋文公十三年太室屋壞五行志曰前堂曰太廟中央曰太室屋其上重者也服虔亦云太室太廟太室之上屋也周書作洛篇曰乃立太廟宗宮路寢明堂咸有四阿反坫重亢重廊孔晁注曰重亢累棟重廊累屋也依黃圖所載漢之宗廟皆爲重屋此去古猶近遺法尚在是以須爲重屋明堂必須爲辟雍者何禮記盛德篇

云明堂者明諸侯尊卑也外水曰辟雍明堂陰陽錄曰明堂之制周圜行水左旋以象天內有太室以象紫宮此明堂有水之明文也然馬宮王肅以爲明堂辟雍太學同處蔡邕盧植亦以爲明堂靈臺辟雍太學同實異名邕云明堂者取其宗祀之清貌則謂之清廟取其正室則曰太室取其堂則曰明堂取其四門之學則曰太學取其周水圜如璧則曰璧雍其實一也其言別者五經通義曰靈臺以望氣明堂以布政辟雍以養老教學三者不同袁準鄭玄亦以爲別歷代所疑豈能輒定今據郊祀志云欲制明堂未曉其制濟南人公玉帶上黃帝時明堂圖一殿無壁蓋之以茅水圜宮垣天子從之以此而言其來則久漢中元二年起明堂辟雍靈臺于洛陽並別處然明堂亦有璧水李尤明堂銘曰流水洋洋是也以此須有辟雍夫帝王作事必師古昔今造明堂須以禮經爲本形制依于周法度數取于月令遺闕之處參以餘書庶使該詳

沿革之理。其五室九階。上圓下方。四阿重屋。四旁兩門。依考工記孝經說。堂方一百四十四尺。屋圓楣徑二百一十六尺。太室方六丈。通天屋徑九丈。八闥二十八柱。堂高三尺。四向五色。依周書月令論。殿垣方在內。水周如外。水內徑三百步。依太山盛德記覲禮經。仰觀俯察。皆有則象。足以盡誠上帝。祗配祖宗。弘風布教。作範于後矣。弘等學不稽古。輒申所見。可否之宜。伏聽裁擇。（隋書牛弘傳。又見北史七十二。）

樂議

謹案禮五聲六律十二管還相爲宮。周禮奏黃鍾。歌大呂。奏太簇。歌應鍾。皆是旋相爲宮之義。蔡邕明堂月令章句曰。孟春月則太簇爲宮。姑洗爲商。蕤賓爲角。南呂爲徵。應鍾爲羽。大呂爲變宮。夷則爲變徵。他月倣此。故先王之作律呂也。所以辨天地四方陰陽之聲。揚子雲曰。聲生于律。律生于辰。故律呂配五行。通八風。歷十

二辰。行十二月。循環轉運。義無停止。譬如立春木王火相。立夏火王土相。季夏餘分土王金相。立秋金王水相。立冬水王木相。還相爲宮者。謂當其王月。名之爲宮。今若十一月不以黃鍾爲宮。十二月不以太簇爲宮。便是春木不王。夏土不相。豈不陰陽失度。天地不通哉。劉歆鍾律書云。春宮秋律。百卉必彫。秋宮春律。萬物必榮。夏宮冬律。雨雹必降。冬宮夏律。雷乃發聲。以斯而論。誠爲不易。且律十二。今直爲黃鍾一均。唯用七律。以外五律。竟復何施。恐失聖人制作本意。故須依禮作還相爲宮之法。（隋書牛弘傳。又北史七十二。）

更共姚察許善心劉臻虞世基等詳議

後周之時。以四聲降神。雖采周禮。而年代深遠。其法久絕。不可依用。謹案司樂。凡樂圜鍾爲宮。黃鍾爲角。太簇爲徵。姑洗爲羽。舞雲門以祭天。函鍾爲宮。太簇爲角。姑洗爲徵。南呂爲羽。舞咸池以祭地。黃鍾爲宮。大呂爲角。太簇爲徵。圜鍾爲羽。舞韶以祀宗廟。馬融

來當作夾

曰。圜鍾應鍾也。賈逵鄭玄曰。圜鍾夾鍾也。鄭玄又云。此樂無商聲。祭尚柔。剛故不用也。干寶云。不言商。商爲臣。王者自謂。故置其實而去其名。若曰有天地人物。無德以主之。謙以自牧也。先儒解釋。既莫知適從。然此四聲。非直無商。又律管乖次。以其爲樂。無克諧之理。今古事異。不可得而行也。案東觀書馬防傳。太子丞鮑鄴等上作樂事。下防。防奏言。建初二年七月鄴上言。天子食飲必順于四時五味。而有食舉之樂。所以順天地。養神明。求福應也。今官雅樂獨有黃鍾。而食舉樂但有太簇。皆不應月律。恐傷氣類。可作十二月均。各應其月氣。公卿朝會。得聞月律。乃能感天。和氣宜應。詔下太常評焉。太常上言。作樂器直錢百四十六萬。奏寢。今明詔復下。臣防以爲可須上天之明時。因歲首之嘉月。發太簇之律。奏雅頌之音。以迎和氣。其條貫甚具。遂獨施行。起于十月。爲迎氣之樂矣。又順帝紀云。陽嘉二年冬十月庚午。以春秋爲辟雍。隸太學。隨

月律。十月作應鍾。三月作姑洗。元和以來。音戾不調。修復黃鍾。作樂器如舊典。據此而言。漢樂宮懸有黃鍾均。食舉太簇均。止有二均。不旋相爲宮。亦以明矣。計從元和至陽嘉二年。纔五十歲。用而復止。驗黃帝聽鳳以制律呂。尚書曰。予欲聞六律五聲。周禮有分樂而祭。此聖人制作。以合天地陰陽之和。自然之理。乃云音戾不調。斯言誣之甚也。今梁陳雅曲。並用宮聲。案禮五聲十二律還相爲宮。盧植云。十二月三管流轉用事。當用事者爲宮。宮君也。鄭玄曰。五聲宮商角徵羽。其陽管爲律。陰管爲呂。布十二辰。更相爲宮。始自黃鍾。終于南呂。凡六十也。皇偘疏。還相爲宮者。十一月以黃鍾爲宮。十二月以大呂爲宮。正月以太簇爲宮。餘月放此。凡十二管。各備五聲。合六十聲。五聲成一調。故十二調。此即釋鄭義之明文。無用商角徵羽爲別調之法矣。樂稽耀嘉曰。東方春。其聲角。樂當宮于夾鍾。餘方各以其中律爲宮。若有商角之理。不得云宮于夾

鍾也。又云。五音非宮不調。五味非甘不和。又動聲儀。宮唱而商和。是謂善本。太平之樂也。周禮。奏黃鍾。歌大呂。以祀天神。鄭玄以黃鍾之鍾。大呂之聲爲均。均。調也。故崔靈恩云。六樂十二調。亦不獨論商角徵羽也。又云。凡六樂者。皆文之以五聲。播之以八音。故知每曲皆須五聲八音錯綜而能成也。御寇子云。師文鼓琴。命宮而總四聲。則慶雲浮。景風翔。唯韓詩云。聞其宮聲。使人溫厚而寬大。聞其商聲。使人方廉而好義。及古有清角清徵之流。此則當聲爲曲。今以五引爲五聲。迎氣所用者是也。餘曲悉用宮聲。不勞商角徵羽。何以得知。荀勖論三調爲均首者。得正聲之名。明知雅樂悉在宮調。以外徵羽角自爲謠俗之音耳。且西涼龜茲雜伎等曲數既多。故得隸于衆調。調各別曲。至如雅樂少須以宮爲本。歷十二均而作。不可分配餘調。更成雜亂也。（隋書音樂志下。牛弘及祕書丞姚察、通直散騎常侍許善心、儀同三司劉臻、通直郎虞世基等更共詳議。）

又論六十律不可行

謹案續漢書律厤志。元帝遣韋玄成問京房于樂府。房對受學故小黃令焦延壽。六十律相生之法。以上生下。皆三生二。以下生上。皆三生四。陽下生陰。陰上生陽。終于中呂。而十二律畢矣。中呂上生執始。執始下生去滅。上下相生。終于南事。六十律畢矣。十二律之變至于六十。猶八卦之變至于六十四也。冬至之聲。以黃鍾爲宮。大簇爲商。姑洗爲角。林鍾爲徵。南呂爲羽。應鍾爲變宮。蕤賓爲變徵。此聲氣之元。五音之正也。故各統一日。其餘以次運行。宮日者各自爲宮。而商徵以類從焉。房又曰。竹聲不可以度調。故作準以定數。準之狀如瑟。長一丈而十三絃。隱閒九尺。以應黃鍾之律九寸。中央一絃。下畫分寸。以爲六十律清濁之節。執始之類。皆房自造。房云受法于焦延壽。未知延壽所承也。至元和年。待詔候鍾殷形上言。官無曉六十律以準調音者。故待詔嚴嵩具以準法教

其子宣。願召宣補學官。主調樂器。太史丞弘試宣十二律。其二中。其四不中。其六不知何律。宣遂罷。自此律家莫知爲準施絃。嘉平年。東觀召典律者太子舍人張光問準意。光等不知。歸閱舊藏。乃得其器。形制如房書。猶不能定其絃緩急。故史官能辨清濁者遂絕。其可以相傳者。唯大權常數及候氣而已。據此而論。京房之法。漢世已不能行。沈約宋志曰。詳案古典。及今音家。六十律無施于樂。禮云。十二管還相爲宮。不言六十。封禪書云。大帝使素女鼓五十絃瑟而悲。破爲二十五絃。假令六十律爲樂。得成亦所不用。取大樂必易。大禮必簡之意也。（隋書牛弘傳。北史七十二。）

又議

案周官云。大司樂掌成均之法。鄭衆注曰。均。調也。樂師主調其音。三禮義宗稱。周官奏黃鍾者。用黃鍾爲調。歌大呂者。用大呂爲調。奏者謂堂下四縣。歌者謂堂上所歌。但以一祭之閒。皆用二調。是知據宮稱調。其義一也。明六律六呂迭相爲宮。各自爲調。今見行之樂。用黃鍾之宮。乃以林鍾爲調。與古典有違。案晉內書監荀勖。依典記以五聲十二律還相爲宮之法。制十二笛。黃鍾之笛。正聲應黃鍾。下徵應林鍾。以姑洗爲清角。大呂之笛。正聲應大呂。下徵應夷則。以外諸均。例皆如是。然今所用林鍾。是勖下徵之調。不取其正。先用其下。于理未通。故須改之。（北史七十二。案張溥本有周律度量議。據隋書律厤志上。周宣帝時達奚震與牛弘等議。宜編入達奚震文。）

全隋文卷二十四終

積當作集

全隋文卷二十五

烏程嚴可均校輯

楊素

素字處道，弘農華陰人，齊尚書令愔族孫。仕周爲宇文護中外記室，轉禮曹，加大都督，拜車騎大將軍、儀同三司，封淸河縣子，授司城大夫，加上開府，改封成安縣公。宣帝卽位，襲父敷爵臨貞縣公。大象中爲汴州刺史，拜大將軍，遷徐州總管，進位柱國，封淸河郡公。隋受禪，加上柱國，拜御史大夫，免，尋拜信州總管，遷荊州總管，進封郢國公，改封越國公，尋拜納言，轉內史令，進尚書右僕射。仁壽初遷左僕射。煬帝卽位，遷尚書令，拜太子太師。大業二年拜司徒，改封楚公，卒，贈光祿大夫、太尉，謚曰景武。有集十卷。

謝煬帝手詔問勞表

臣自惟虛薄，志不及遠，州郡之職，敢憚劬勞，鄉相之榮，無階覬望。然時逢昌運，王業惟始，雖涓澮赴海，誠心屢竭，輕塵積岳，功力蓋微。徒以南陽里閭，豐沛子弟，高位重爵，榮顯一時。遂復入處朝端，出總戎律，受文武之任，預帷幄之謀。豈臣才能，實由恩澤。欲報之德，義極昊天。伏惟陛下照重離之明，養繼天之德，牧臣于疏遠，照臣以光暉。南服降枉道之書，春官奉肅成之旨。然草木無識，尚榮枯候時，況臣有心，實自效無路。晝夜廻徨，寢食慙惕，常懼朝露奄至，虛負聖慈。賊諒包藏禍心，有自來矣，因幸國哀，便肆凶逆，興兵晉代，搖蕩山東。陛下拔臣于凡流，授臣以戎律，蒙心膂之寄，稟平亂之規。蕭王赤心，人皆以死，漢皇大度，天下爭歸。妖寇廓淸，豈臣之力。曲蒙使臣弟約齎詔書問勞，高旨峻筆，有若天臨，洪恩大澤，便同海運。悲欣慙懼，五情振越，雖百殞微軀，無以一報。（隋書楊素傳：漢王諒平，帝遣素弟脩武公約齎手詔勞素，素上表陳謝。）

奏劾王誼

臣聞喪服有五，親疏異節，喪制有四，隆殺殊文。王者之所常行，故曰不易之道也。是以賢者不得踰，不肖者不得不及。而儀同王奉孝既尚蘭陵公主，奉孝以去年五月身喪，始經一周，而誼便請除釋。竊以雖曰王姬，終成下嫁之禮，公則主之，猶在移天之義。況復三年之喪，自上達下，及朞釋服，在禮未詳。然夫婦則人倫攸始，喪紀則人道至大，苟不重之，取笑君子。故鑽燧改火，責以居喪之速，朝祥暮歌，譏以忘哀之早。然誼雖不自彊，爵位已重，欲爲無禮，其可得乎。乃薄俗傷敎，爲父則不慈，輕禮易喪，致婦于無義。若縱而不正，恐傷風俗，請付法推科。（隋書王誼傳：高祖以第五女妻其子奉孝，奉孝卒，未幾年，誼上表言公主少，請除服，御史大夫楊素劾誼。）

奏張冑玄劉孝孫所剋日食事

太史凡奏日食二十有五，唯一晦三朔，依剋而食，尚不得其時，又不知所起，他皆無驗。冑玄所剋，前後妙衷，時起分數，合如符契。孝孫所剋，驗亦過半。（隋書律曆志中：張冑玄與劉孝孫共短張賓，曆至十四年七月，上令參問日食事，楊素等奏。）

滕王綸罪議

綸希冀國災，以爲身幸，原其性惡之由，積自家世。惟皇運之始，四海同心，在于孔懷，彌須叶力。其先乃離阻大謀，棄同卽異，父悖于前，子逆于後，非直覬覦朝廷，便是圖危社稷。爲惡有狀，其罪莫大，刑茲無赦，抑有舊章。請依前律。（隋書滕王綸傳：王弘奏綸厭蠱惡逆，坐當死，帝命公卿議其事，司徒楊素等云云。）

衞王集罪議

集密懷左道，厭蠱君親，公然呪詛，無慙幽顯。情滅人理，事悖先朝。是君父之罪人，非臣子之所赦。請論如律。（隋書衞王集傳：憲司奏集惡逆，罪當死，天子下公卿議其事，楊素等云云。）

爲蜀王秀作檄文，置秀集中

逆臣賊子。專弄威柄。陛下唯守虛器。一無所知。陳甲兵之盛。云指期問罪。（隋書文帝四子傳。又北史七十一。）

柳弘誄

山陽王弼。風流長逝。潁川荀粲。零落無時。脩竹夾池。永絕梁園之賦。長楊映沼。無復洛川之文。（周書柳虔附傳）

楊玄感

玄感。素子。開皇中以父軍功授儀同。加上開府大將軍。仁壽初進柱國。出爲郢州刺史。轉宋州刺史。大業中拜鴻臚卿。襲爵楚國公。遷禮部尚書。以遼東之役。發兵反。敗死。

屯兵尚書省誓衆

我身爲上柱國。家累鉅萬金。至于富貴。無所求也。今者不顧破家滅族者。但爲天下解倒懸之急。救黎元之命耳。（隋書楊玄感傳。）

與樊子蓋書

夫建忠立義。事有多途。見機而作。蓋非一揆。昔伊尹放太甲于桐宮。霍光廢劉賀于昌邑。此並公度內。不能一二披陳。高祖文皇帝誕膺天命。造茲區宇。任璇璣以齊七政。握金鏡以馭六龍。無爲而至化流。垂拱而天下治。今上纂承寶歷。宜固洪基。乃自絕于天。殄民敗德。頻年肆眚。盜賊于是滋多。所在修治。民力爲之凋盡。荒淫酒色。子女必被其侵。耽玩鷹犬。禽獸皆離其毒。朋黨相扇。貨賄公行。納邪佞之言。杜正直之口。加以轉輸不息。徭役無期。士卒塡溝壑。骸骨蔽原野。黃河之北。則千里無煙。江淮之間。則鞠爲茂草。玄感世荷國恩。位居上將。先公奉遺詔曰。好子孫爲我輔弼之。惡子孫爲我屛黜之。所以上禀先旨。下順民心。廢此淫昏。更立明哲。四海同心。九州響應。士卒用命。如赴私讎。民庶相趨。義形公道。天意人事。較然可知。公獨守孤城。勢何支久。願以黔黎在念。社稷爲心。勿拘小禮。自貽伊戚。誰謂國家。一旦至此。執筆潸泫。言無所具。（隋書楊玄感傳。）

柳彧

彧字幼文。河東解人。寓居襄陽。梁末隨父仲禮歸周。爲宇文護中外記室。出爲寧州總管掾。建德中爲司武上士。轉鄭令。隋受禪。累遷尚書虞部侍郎。屯田侍郎。還治書侍御史。拜儀同三司。加員外散騎常侍。仁壽中坐事除名。煬帝卽位。徙敦煌。徵還。道卒。

上周武帝表

今太平告始。信賞宜明。酬勳報勞。務先有本。屠城破邑。出自聖規。斬將搴旗。必由神略。若負戈擐甲。征扞劬勞。至于鎭撫國家。宿衞爲重。俱禀成算。非專己能。留從事同。功勞須等。皇太子以下。實有守宗廟之功。昔蕭何留守茅土。先于平陽。穆之居中。沒後猶蒙優策。不勝管見。奉表以聞。（隋書柳彧傳。平齊之後。帝大賞從官。留京者不預。彧上表。）

上隋文帝表

方今天下太平。四海淸謐。共治百姓。須任其才。昔漢光武一代明哲。起自布衣。備知情僞。與二十八將披荊棘。定天下。及功成之後。無所職任。伏見詔書。以上柱國和平子爲杞州刺史。其人年垂八十。鐘鳴漏盡。前任趙州。闇于職務。政由羣小。賄賂公行。百姓吁嗟。歌謠滿道。乃云老禾不早殺。餘種穢良田。古人有云。耕當問奴。織當問婢。此言各有所能也。平子弓馬武用。是其所長。治民莅職。非其所解。至尊思治。無忘寢興。如謂優老尚年。自可厚賜金帛。若令刺舉。所損殊大。臣死而後已。敢不竭誠。（隋書柳彧傳。于時刺史多任武將。類不稱職。彧上表。）

諫文帝親裁細務疏

臣聞自古聖帝。莫過唐虞。象地則天。布政施化。不爲叢脞。是謂欽明。語曰。天何言哉。四時行焉。故知人君出令。誡在煩數。是以舜任五臣。堯咨四岳。設官分職。各有司存。垂拱無爲。天下以治。所謂勞

由此當作因此

于求賢逸于任使又云天子穆穆諸侯皇皇此言君臣上下體裁
有別比見四海一家萬機務廣事無大小咸關聖聽陛下留心治
道無憚疲勞亦由羣官懼罪不能自決取判天旨聞奏過多乃至
營造細小之事出給輕微之物一日之內酬荅百司至乃日旰忘
食夜分未寢動以文簿憂勞聖躬伏願思臣至言少減煩務以怡
神爲意以養性爲懷思武王安樂之義念文王勤憂之理若其經
國大事非臣下裁斷者伏願詳[illegible]自餘[illegible]務責成所司則聖體盡
無疆之壽臣下蒙覆育之賜也隋書柳彧傳

奏劾唐君明周喪娶庫狄士文從妹

臣聞天地之位既分夫婦之禮斯著君親之義生焉尊卑之教攸
設是以孝惟行本禮實身基自國刑家率由斯道竊以愛敬之情
因心至切喪紀之重人倫所先君明鑽燧雖改在文無變忽劬勞
之痛成燕爾之親冒此苴縗命彼褕翟不義不昵春秋載其將亡

無禮無儀詩人欲其遄死士文贊務神州名位通顯整齊風教四
方是則棄二姓之重匹違六禮之軌儀請禁錮終身以懲風俗隋書
柳彧傳應州刺史唐君明居母喪娶雍州刺史
庫狄士文之從父妹彧劾之二人竟坐得罪

奏禁上元角觝戲

臣聞昔者明主訓民治國率履法度動由禮典非法不服非道不
行道路不同男女有別防其邪僻納諸軌度竊見京邑爰及外州
每以正月望夜充街塞陌聚戲朋遊鳴鼓聒天燎炬照地人戴獸
面男爲女服倡優雜技詭狀異形以穢嫚爲歡娛用鄙褻爲笑樂
內外共觀曾不相避高棚跨路廣幕陵雲袨服靚粧車馬塡噎肴
醑肆陳絲竹繁會竭貲破產競此一時盡室并孥無問貴賤男女
混雜緇素不分穢行由此而生盜賊由斯而起浸以成俗實有由
來因循敝風曾無先覺非益于化實損于民請頒行天下並卽禁
斷康哉雅頌足美盛德之形容鼓腹行歌自表無爲之至樂敢有

犯者請以故違敕論隋書柳彧傳

高熲子應國公弘德申牒請戟判

僕射之子更不異居父之戟槊已列門外尊有壓卑之義子有避
父之禮豈容門外既設內閤又施隋書柳彧傳

達奚震

震字猛略代人

鍾律用鐵尺議

竊惟權衡度量經邦懋軌誠須詳求故實攷校得衷謹尋今之鐵
尺是太祖遣尚書故蘇綽所造當時檢勘用爲前周之尺驗其長
短與宋尺符同卽以調鍾律并用均田度地今以上黨羊頭山黍
依漢書律厤志度之若以大者稠累依數滿尺實于黃鍾之律須
撼乃容若以中者累尺雖復小稀實于黃鍾之律不動而滿計此
二事之殊良由消息未善其于鐵尺終有一會且上黨之黍有異

他鄉其色至烏其形圓重用之爲量定不徒然正以時有水旱之
差地有肥瘠之異取黍大小未必得中案許慎解秬黍體大本異
于常疑今之大者正是其中累百滿尺卽是會古實籥之外纔剩
十餘此恐圍徑或差造律未妙就如撼動取滿論理亦通今勘周
漢古錢大小有合宋氏渾儀尺度無舛又依淮南累粟十二成寸
明先王制法索隱鉤深以律計分義無差異漢書食貨志云黃金
方寸其重一斤今鑄金校驗鐵尺爲近依文據理有會處多且平
齊之始已用宣布今因而爲定彌合時宜至于玉尺累黍以廣爲
長累既有剩實復不滿尋訪古今恐不可用其晉梁尺量過爲短
小以黍實管彌復不容據律調聲必致高急且八音克諧明王盛
範同律度量哲后通規臣等詳校前經斟量時事謂用鐵尺于理
爲便隋書律厤志上周宣帝時達奚震及
牛弘等議云云未及詳定高祖受終

蘇威

彼當作被

威字無畏。京兆武功人。西魏度支尚書兼司農卿綽子。仕周開府。入隋歷納言封房公開府儀同三司。

奏薦柳莊

江南人有學業者多不習世務。習世務者又無學業。能兼之者不過柳莊。（北史）

柳昂

昂字千里。河東解人。周司會慶族子。仕武帝爲大內史。封文城郡公。進開府。大定中拜大宗伯。隋受禪。加上開府。出爲潞州刺史。

上文帝勸學行禮表

臣聞帝王受命。建學制禮。故能移既往之風。成惟新之俗。自魏道將謝。分割九區。關右山東。久爲戰國。各逞權詐。俱殉干戈。賦役繁重。刑政嚴急。蓋救焚拯溺。無暇從容。非朝野之願。㠯至于此。晚世因循。遂成希慕。俗化澆敝。流蕩亡反。自非天縱上哲。挺生于時。則儒雅之道。經禮之制。衣冠民庶。莫肯用心。世事所㠯未清。軌物由茲而壞。伏惟陛下稟靈上帝。受命昊天。合三陽之期。膺千祀之運。往者周室頹毀。區宇沸騰。聖策風行。神謀電發。端坐廊廟。蕩滌萬方。俯順幽明。君臨四海。擇萬古之典。無善不爲。改百王之弊。無惡不盡。至若因情緣義。爲其節文。故㠯三百三千。事高前代。然下土黎獻。尚未盡行。臣謬崇獎策。從政藩部。人庶軌儀。實見多闕。儒風㠯墜。禮敎猶微。是知百姓之心。未能頓變。仰惟深思遠慮。情念下民。漸彼㠯儉。使至于道。臣恐業流事緩。動延年世。若行禮勸學。道敎相催。必當靡然向風。不遠而就。家知禮節。人識義方。比屋可封。輒謂非遠。（隋書柳昂傳）

柳莊

莊字思敬。河東解人。仕後梁爲太府卿。入隋歷給事黃門侍郎。

出爲饒州刺史。

奏刑法宜合常科

臣聞張釋之有言。法者天子所與天下共也。今法如是。更重之。是法不信于民心。方今海內無事。正是示信之時。伏願陛下思釋之之言。則天下幸甚。

梁毗

毗字景和。安定烏氏人。周武帝時舉明經。累遷布憲下大夫。從伐齊。爲行軍總管長史。除并州別駕。加儀同三司。宣政中封易陽縣子。遷武藏大夫。隋受禪。進爵爲侯。拜治書侍御史。轉大興令。遷雍州贊治。出爲西寧州刺史。改封邯鄲縣侯。徵散騎常侍大理卿。仁壽初進上開府。煬帝即位。遷刑部尚書。攝御史大夫。㠯忤旨憂憤卒。

奏劾劉昉

臣聞處貴則戒之㠯奢。持滿則守之㠯約。昉既位列羣公。秩高庶尹。縻爵稍久。厚祿已淹。正當戒滿歸盈。鑒斯止足。何乃規麴糵之潤。競錐刀之末。身昵酒徒。家爲逋藪。若不糾繩。何㠯肅厲。（隋書劉昉傳。京師饑。上令禁酒。昉使妾賃屋當壚沽酒。治書侍御史梁毗劾奏昉。）

劾楊素封事

臣聞臣無有作威福。臣之作威福。其害于而家。凶于而國。竊見左僕射越國公素。幸遇愈重。權勢日隆。搢紳之徒。屬其視聽。忤意者嚴霜夏零。阿旨者膏雨冬澍。榮枯由其脣吻。廢興候其指麾。所私皆非忠讜。所進咸是親戚。子弟布列。兼州連縣。天下無事。容息異圖。四海稍虞。必爲禍始。夫姦臣擅命。有漸而來。王莽資之于積年。桓玄基之于易世。而卒殄漢祀。終傾晉祚。季孫專魯。田氏篡齊。皆載典誥。非臣臆說。陛下若㠯素爲阿衡。臣恐其心未必如伊尹也。伏願揆鑒古今。量爲處置。俾洪基永固。率土幸甚。輕犯天顏。伏聽斧鉞。（隋書柳彧傳，北史七十七，又文苑英華九百九十八。所載僅百字，末有謹疏二字。）

樂運

運字承業，南陽淯陽人，晉尚書令廣八世孫。周天和初，爲夏州總管府倉曹參軍，轉柱國府記室參軍，入爲露門博士。建德中除萬年縣丞，超拜京兆縣丞。靜帝初，左遷廣州滍陽令。開皇五年轉毛州高唐令。有諫苑四十一卷。

上周宣帝疏論喪禮

三年之喪，自天子達于庶人，先王制禮，安可誣之。禮，天子七月而葬，以俟天下畢至。今葬期既促，事訖便除，文軌之內，奔赴未盡，鄰境遠聞，使猶未至。若以喪服受弔，不可既吉更凶；如以玄冠對使，未知此出何禮。進退無據，愚臣竊所未安。（周書顏之儀傳，高祖崩，宣帝嗣位，葬訖，詔天下公除，帝及六宮便議即吉。運時爲京兆郡丞，上疏，不納。又見北史六十二王軌附傳。）

上宣帝疏諫數赦

臣謹案周官曰：國君之過市，刑人赦。此謂市者交利之所，君子無故不遊觀焉，若遊觀則施惠以悅之也。尚書曰：眚災肆赦。此謂過誤爲害，罪雖大，當緩赦之。呂刑曰：五刑之疑有赦。此謂赦疑從罰，罰疑從免。論語曰：赦小過，舉賢才。謹尋經典，未有罪無輕重，溥天大赦之文。逮茲末葉，不師古始，無益于治，未可則之。故管仲曰：有赦者，奔馬之委轡；不赦者，痤疽之礪石。又曰：惠者民之仇讎，法者民之父母。吳漢遺言猶云：唯願無赦。王符著論亦云：赦者非明世之所宜。豈可數施非常之惠，肆姦宄之惡乎。（周書顏之儀傳，又北史六十二。）

輿櫬上書陳宣帝八失

一曰：內史御正，職在弼諧，皆須參議，共治天下。大尊比來小大之事，多獨斷之。堯舜至聖，尚資輔弼，況大尊未爲聖主，而可專恣己心。凡諸刑罰爵賞，爰及軍國大事，請參諸宰輔，與眾共之。

二曰：內作色荒，古人重誡。大尊初臨四海，德惠未洽，先搜天下美女，用實後宮，又詔儀同以上女不許輒嫁，貴賤同怨，聲溢朝野。請姬媵未幸御者，放還本族，欲嫁之女，勿更禁之。

三曰：天子未明求衣，日旰忘食，猶恐萬機不理，天下擁滯。大尊比來一入後宮，數日不出，所須聞奏，多附內豎。傳言失實，是非可懼，事由宦者，亡國之徵。請準高祖，居外聽政。

四曰：變故易常，乃爲政之大忌；嚴刑酷罰，非致治之弘規。若罰無定刑，則天下皆懼；政無常法，則民無適從。豈有削嚴刑之詔，未及半祀，便即追改，更嚴前制。政令不定，乃至于是。今宿衛之官，有一人夜不直者，罪至削除；因而逃亡者，遂便籍沒。此則大逆之罪，與十杖同科。雖爲法愈嚴，恐人情愈散。一人心散，尚或不可止，若天下皆散，將如之何。秦網密而國亡，漢章疏而祚永。請遵輕典，並依大律，則億兆之民，手足有所措矣。

五曰：高祖斲雕爲樸，本欲傳之萬世。大尊朝夕趨庭，親承聖旨，豈有崩未踰年，而遽窮奢麗，成父之志，義豈然乎。請興造之制，務從卑儉，雕文刻鏤，一切勿營。

六曰：都下之民，徭賦稍重，必是軍國之要，不敢憚勞。豈容朝夕徵求，唯供魚龍爛熳，士民從役，祇爲俳優角觝。紛紛不已，財力俱竭，業業相顧，無復聊生。凡此無益之事，請並停罷。

七曰：近見有詔，上書字誤者，即治其罪。假有忠讜之人，欲陳時事，尺有所短，文字非工，不密失身，義無假手，脫有舛謬，便陷嚴科。嬰徑尺之鱗，其事非易，下不諱之詔，猶懼未來，更加刑戮，能無鉗口。大尊縱不能采誹謗之言，無宜杜獻書之路。請停此詔，則天下幸甚。

八曰：昔桑穀生朝，殷王因之獲福。今玄象垂誡，此亦興周之祥。大尊雖減膳撤懸，未盡消譴之理。誠願諮諏善道，修布德政，解兆民之慍，引萬方之罪，則天變可除，鼎業方固。大尊若不革茲八事，臣

見周廟不血食矣。周書顏之儀傳、北史六十二

全隋文卷二十五終

全隋文卷二十六

烏程嚴可均校輯

長孫平

平字處均河南洛陽人周柱國儉子仕武帝爲衛王侍讀建德初拜開府樂部大夫宣帝卽位爲小司寇大象中代賀若弼爲壽州刺史隋受禪徵拜度支尚書轉工部尚書歴汴許貝三州刺史轉相州刺史免尋進位大將軍拜太常卿判吏部尚書事仁壽中卒謚曰康

上書請積穀

臣聞國以民爲本民以食爲命勸農重穀先王令軌古者三年耕而餘一年之積九年作而有三年之儲雖水旱爲災而民無菜色皆由勸導有方蓄積先備者也去年亢陽關右饑餒陛下運山東之粟置常平之官開發倉廩普加賑賜大德鴻恩可謂至矣然經

國之道義資遠算請勸諸州刺史縣令以勸農積穀爲務隋書長孫平傳

奏立義倉定式

古者三年耕而餘一年之積九年作而有三年之儲雖水旱爲災而人無菜色皆由勸導有方蓄積先備故也去年亢陽關內不熟陛下哀愍黎元甚于赤子運山東之粟置常平之官開發倉廩普加賑賜少食之人莫不豐足鴻恩大德前古未比其強宗富室家道有餘者皆競出私財遞相賙贍此乃風行草偃從化而然但經國之理須存定式隋書食貨志

長孫晟

晟字季晟河南洛陽人魏上黨王稚曾孫仕周武帝爲司衛上士大象中遷奉車都尉隋受禪授車騎將軍進儀同三司左勳衛車騎將軍加開府進驃騎將軍持節護突厥授上開府煬帝卽位拜左領軍將軍相州刺史轉武衛將軍遷右驍衛將軍大業五年卒至唐貞觀中以子無忌貴追贈司空上柱國齊國公謚曰獻

表奏宜北伐

臣夜登城樓望見磧北有赤氣長百餘里皆如雨足下垂被地謹驗兵書此名灑血其下之國必且破亡欲滅匈奴宜在今日隋書長孫晟傳晟還大利城安撫新附仁壽元年晟表奏

上書進離間突厥計

臣聞喪亂之極必致升平是故上天啓其機聖人成其務伏惟皇帝陛下當百王之末膺千載之期諸夏雖安戎場尚梗興師致討未是其時棄于度外又復侵擾故宜密運籌策漸以攘之計失則百姓不寧計得則萬代之福吉凶所係伏願詳思臣于周末忝充外使匈奴倚伏實所具知玷厥之于攝圖兵強而位下外名相屬內隙已彰鼓動其情必將自戰又處羅侯者攝圖之弟姦多而勢

弱曲取于衆心國人愛之因爲攝圖所忌其心殊不自安迹示彌縫實懷疑懼又阿波首鼠介在其閒頗畏攝圖受其牽率唯強是與未有定心今宜遠交而近攻離強而合弱通使玷厥說合阿波則攝圖迴兵自防右地又引處羅遣連奚霫則攝圖分衆還備左方首尾猜嫌腹心離阻十數年後承釁討之必可一舉而空其國矣隋書長孫晟傳

奏許染干尚主

臣觀雍閭反覆無信特共玷厥有隙所以依倚國家縱與爲婚終當必叛今若得尚公主承藉威靈玷厥染干必又受其徵發強而更反後恐難圖且染干者處羅侯之子也素有誠款于今兩代臣前與相見亦乞通婚不如許之招令南徙兵少力弱易可撫馴使敵雍閭以爲邊捍隋書長孫晟傳開皇十三年遣晟殺大義公主雍閭又表請婚僉議將許之晟又奏

奏徙染干部落

有當作在

染干部落歸者既衆。雖有長城之內。猶被雍閭抄略。往來辛苦。不得寧居。請徙五原。以河爲固。于夏勝兩州之閒。東西至河。南北四百里。掘爲橫塹。令處其內。任情放牧。免于抄略。人必自安。隋書長孫晟傳

奏請招慰都藍部落

今王師臨境。戰數有功。城內攜離。其主被殺。乘此招誘。必並來降。請遣染干部下。分頭招慰。隋書長孫晟傳。二十年。都藍大亂。爲其部下所殺。晟因奏請。

賀婁子幹

子幹字萬壽。代人。世居關右。仕周武帝爲司水上士。累遷小司水。封思安縣子。尋授使持節儀同大將軍。大象中。除秦州刺史。進爵爲伯。以從平尉迥功。進上開府。封武川縣公。隋受禪。進封鉅鹿郡公。鎮涼州。授上大將軍。徵授工部尚書。仍鎮涼州。授榆關總管。雲州刺史。仍拜雲州總管。開皇十四年卒。謚曰懷。

上書言隴右機宜

比者兇寇侵擾。蕩滅之期。匪朝伊夕。伏願聖慮勿以爲懷。今臣在此。觀機而作。不得準詔行事。且隴西河右。土曠民稀。邊境未寧。不可廣爲田種。比見屯田之所。獲少費多。虛役人功。卒逢踐暴。屯田疏遠者。請皆廢省。但隴右之民。以畜牧爲事。若更屯聚。彌不獲安。只可嚴謹斥候。豈容集人聚畜。請要路之所。加其防守。但使鎮戍連接。烽候相望。民雖散居。必謂無慮。隋書賀婁子幹傳。高祖以隴西頻被寇掠。敕子幹勸民爲堡。營田積穀。以備不虞。子幹上書。

賀若弼

弼字輔伯。河南洛陽人。仕周爲齊王憲記室。封當亭縣公。遷小內史。大象中爲壽州刺史。改封襄邑縣公。入隋拜吳州總管。以平陳功進爵宋國公。拜右領軍大將軍。轉右武候大將軍。以怨望免官。大業三年誅。

御授平陳七策

其一。請廣陵頓兵一萬。番代往來。陳人初見設備。後以爲常。及大兵南伐。不復疑也。

其二。使兵緣江時獵。人馬喧噪。及兵臨江。陳人以爲獵也。

其三。以老馬多買陳船而匿之。買弊船五六十艘于瀆內。陳人覘以爲內國無船。

其四。積葦荻于揚子津。其高蔽艦。及大兵將度。乃卒通瀆于江。

其五。塗戰船以黃。與枯荻同色。故陳人不預覺之。

其六。先取京口倉儲。速據白土岡。置兵死地。故一戰而剋。

其七。臣奉敕兵以義舉。及平京口。俘五千餘人。便悉給糧勞遣。付其敕書。命別道宣喻。是以大兵度江。莫不草偃。十七日之閒。南至林邑。東至滄海。西至象林。皆悉平定。北史六十八賀若弼傳。平陳後六年。弼撰其畫策上之。謂爲御授平陳七策。上弗省。曰。公欲發揚我名。我不求名。公宜自載家傳。

度江祝

弼親承廟略。遠振國威。伐罪弔民。除凶翦暴。上天長江。鑒其若此。如使福善禍淫。大軍利涉。如事有乖違。得葬江魚腹中。死且不恨。隋書賀若弼傳

于仲文

仲文字次武。河南洛陽人。周太傅謹孫。爲趙王屬。遷安固太守。徵爲御正下大夫。封延壽郡公。授儀同三司。宣帝時爲東郡太守。靜帝初授開府。進位大將軍。領河南道行軍總管。隋受禪。坐事下獄免。歷行軍元帥。行軍總管。總晉王府事。仁壽初拜太子右衛率。煬帝即位。遷右翊衛大將軍。進位光祿大夫。遼東之敗繫獄。發病卒。

獄中上隋文帝書

臣聞春生夏長。天地平分之功。子孝臣誠。人倫不易之道。曩者尉迥逆亂。所在影從。臣任處關河。地居衝要。嘗膽枕戈。誓以必死。迥

時職臣位大將軍，邑萬戶，臣不顧妻子，不顧身命，冒白刃，潰重圍，三男一女，相繼淪沒，披露肝膽，馳赴闕庭，蒙陛下授臣以高官，委臣以兵革。于時河南兇寇，狼顧鴟張，臣以羸兵八千，埽除氛祲，摧劉寬于梁郡，破檀讓于蓼隄，平曹州，復東郡，安城武，定永昌，解亳州圍，殄徐州賊，席毗十萬之眾，一戰土崩，河南蟻聚之徒，應時戡定。當羣兇問鼎之際，黎元乏主之辰，臣第二叔翼，先在幽州，總馭燕趙，南鄰羣寇，北捍旄頭，內外安撫，得免罪戾。臣第五叔智，建旟黑水，與王謙為鄰，式遏蠻陬，鎮綏蜀道。臣兄顗，作牧淮南，坐制勍敵，乘機勦定，傳首京師。王謙竊據二江，叛換三蜀，臣第三叔義，受脤廟廷，恭行天討。自外父叔兄弟，皆當文武重寄，或銜命危難之間，或侍衛鉤陳之側，合門誠款，冀有可明。伏願下泣辜之恩，降雲雨之施，追草昧之始，錄涓滴之功，則寒灰更然，枯骨生肉，不勝區區之至，謹冒死以聞。（隋書于仲文傳、文苑英華六百七十二。）

詐移書州縣

大將軍至，可多積粟。（隋書于仲文傳。）

于宣敏

宣敏字仲達，仲文從父弟，仕周為右侍上士，遷千牛備身。隋受禪，拜奉車都尉。

述志賦（文佚。）

請以蜀屬為蜀王疏

臣聞開盤石之宗，漢室于是惟永；建維城之固，周祚所以靈長。昔秦皇置牧守而罷諸侯，魏后暱諂邪而疏骨肉，遂使宗社移于他族，神器傳于異姓，此事之明，甚于觀火。然山川設險，非親勿居，且蜀土沃饒，人物殷阜，西通邛僰，南屬荊巫，周德之衰，茲土遂成戎首，炎政失御，此物便為禍先，是以明者防于無形，治者制其未亂，方可慶隆萬世，年逾七百。伏惟陛下日角龍顏，膺樂推之運，參天貳地，居揖讓之期，億兆宅心，百神受職，理須樹建藩屏，封植子孫，繼周漢之宏圖，改秦魏之覆軌，抑近習之權勢，崇公族之本枝。但三蜀三齊，古稱天險，分王戚屬，今正其時。若使利建合宜，封樹得所，臣猶恐其非望姦臣，杜其邪謀，盛業洪基，同天地之長久，英聲茂實，齊日月之照臨。臣雖學謝多聞，然情深體國，輒申管見，戰灼惟深。（隋書于宣敏傳：高祖踐阼，奉使撫慰巴蜀，及還上疏。）

裴肅

肅字神封，河東聞喜人（北史作解人），魏尚書令潛十世從孫，周天和中舉秀才，為給事中士，累遷御正下大夫。大象中免。開皇中授膳部侍郎，歷朔州總管長史，轉貝州長史。大業中，授永平郡丞。

上書理高熲皇太子勇蜀王秀

臣聞事君之道，有犯無隱，愚情所懷，敢不聞奏。竊見高熲以天挺良才，元勳佐命，陛下光寵，亦已優渥。但鬼瞰高明，世疵俊異，側目求其長短者，豈可勝道哉。願陛下錄其大功，忘其小過。臣又聞之，古先聖帝，教而不誅，陛下至慈，度越前聖。二庶人得罪已久，寧無革心。願陛下弘君父之慈，顧天性之義，各封小國，觀其所為。若能遷善，漸更增益，如或不悛，貶削非晚。今者自新之路永絕，愧悔之心莫見，豈不哀哉。（隋書裴肅傳：仁壽中，肅見皇太子勇、蜀王秀、左僕射高熲俱廢黜，遣使上書。）

史祥

祥字世休，朔方人，仕周為太子車右中士，襲父爵武遂縣公。隋受禪，拜儀同，領交州事，進封陽城郡公，轉驃騎將軍，進位上開府，蘄州總管。徵拜左領衛將軍，遷右衛將軍。煬帝即位，進位上大將軍，轉太僕卿，遷鴻臚卿，進左光祿大夫、左驍衛將軍。從征遼東，失利，除名為民。尋拜燕郡太守，為高開道所獲，送于羅藝，道卒。

答皇太子廣書

行人戾止奉所賜貺恩紀綢繆形于文墨不悟飛雪增冰之地忽載三陽義幘韋韝之鄉俄聞九奏精駭思越莫如啟處祥少不學軍旅長遇升平幸以先人緒餘備職宿衞懼鶩蹇無致遠之用朽薄非折衝之材豈欲追蹤古人語其優劣曩者王師薄伐天人受脤絕漠揚旌威震海外當此之時猛將如雲謀夫如雨至若祥者列于卒伍預聞指蹤之規得免逗遛之責循涯揣分實爲幸甚爰以情喻雷陳事方劉葛信聖人之屈己非庸人之擬議何則川澤之大汙潦攸歸松柏之高蔦蘿斯託微心下悃孟侯所知也仰惟體元良之德煥重離之暉三善克脩萬邦以正斯固道高周誦契叶商晧豈在管蠡所能窺測伏承監國多暇養德怡神咀嚼六經逍遙百氏追西園之愛客眷南皮之出遊疇昔之恩無忘造次祥自忝式遏載罹寒暑身在邊隅情馳魏闕每至清風夕起朗月孤照想鳴葭之啟路思託乘于後車塞表京華山川悠遠瞻望浮雲伏增潸結隋書史祥傳文苑英華六百六十七

鄭善果

善果滎陽人周大象中以父誠拒尉遲迥戰死襲爵開封縣公授使持節大將軍開皇初進封武德郡公歷沂景二州刺史尋爲魯郡太守大業中徵拜光祿卿徙大理卿

送舍利沂州善應寺感應表

臣聞敬天育物則乾象著其能順地養民則坤元表其德是以陶唐砥躬勿懈伏氣呈祥夏后水土成功玄圭告錫方知天時人事影響若神伏惟陛下秉圖揖讓受命君臨區宇無塵聲教盡一含弘光大慈愍無邊天佛垂鑒降茲榮福塔基六處竝得異沙炫耀相暉俱同金寶牛爲禮拜太古未經雲騰五色于今方見又感蝕形雜采盤旋塔基鶴颺玄素徘徊空際雖軒皇景瑞空傳舊章漢帝慶徵徒書簡冊自非德降三寶道冠百王豈能感斯美應致招

伏當作休

靈異法苑珠林三十二編高僧傳十二法彥

劉暉

暉仕周入隋位儀同太史令開皇十七年除名

駁張胄玄新厤

命厤序僖公五年天正壬子朔旦冬至左氏傳僖公五年正月辛亥朔日南至張賓厤天正壬子朔冬至合命厤序差傳一日張胄玄厤天正壬子朔合命厤序差傳一日甲寅冬至差命厤序二日差傳三日成公十二年命厤序天正辛卯朔旦日至張賓厤天正辛卯朔冬至合命厤序張胄玄厤天正辛卯朔合命厤序二日壬辰冬至差命厤序一日昭公二十年春秋左氏傳二月己丑朔日南至準命厤序庚寅朔旦日至張賓厤天正庚寅朔冬至竝合命厤序差傳一日張胄玄厤天正庚寅朔合命厤序差傳一日二日辛卯冬至差命厤序一日差傳二日宜棄命厤序及春秋左氏傳竝閏餘盡之歲皆須朔旦冬至若依命厤序勘春秋三十七食合處至多若依左傳合者至少是以知傳爲錯今張胄玄信情置閏命厤序及傳氣朔竝差又宋元嘉冬至影有七張賓厤合者五差者二亦在前一日張胄玄厤合者三差者四在後一日元嘉十二年十一月甲寅朔十五日戊辰冬至日影長張賓厤合戊辰冬至張胄玄厤己巳冬至差後一日十三年十一月己酉朔二十六日甲戌冬至日影長張賓厤癸酉冬至差前一日張胄玄厤合甲戌冬至十五年十一月丁卯朔十八日甲申冬至日影長二厤竝合甲申冬至十六年十一月辛酉朔二十九日己丑冬至日影長張賓厤合己丑冬至張胄玄厤庚寅冬至差後一日十七年十一月乙酉朔十日甲午冬至日影長張賓厤合甲午冬至張胄玄厤乙未冬至差後一日十八年十一月己卯朔二十一日己亥冬至日影長張賓厤合己亥冬至張胄玄厤庚子冬至差後一日十九年

十一月癸卯朔。三日乙巳冬至。日影長。張賓厤甲辰冬至。差前一日。張冑玄厤合乙巳冬至。又周從天和元年丙戌。至開皇十五年乙卯。合得冬夏至日影一十四。張賓厤合得者十。差者四。三差前一日。一差後一日。張冑玄厤合者五。差者九。八差後一日。一差前一日。天和二年十一月戊戌朔。三日庚子冬至。日影長。張賓厤合庚子冬至。張冑玄厤辛丑冬至。差後一日。三年十一月壬辰朔。十四日乙巳冬至。日影長。張賓厤合乙巳冬至。張冑玄厤丙午冬至。差後一日。建德元年十一月己亥朔。二十九日丁卯冬至。日影長。張賓厤丙寅冬至。差前一日。張冑玄厤合丁卯冬至。二年五月丙寅朔。三日戊辰夏至。日影短。張賓厤己巳夏至。差後一日。張冑玄厤庚午夏至。差後二日。三年十一月戊午朔。二十日丁丑冬至。日影長。張賓厤合丁丑冬至。張冑玄厤戊寅冬至。差後一日。六年十一月庚午朔。二十三日壬辰冬至。日影長。張賓厤合壬辰冬至。張

冑玄厤癸巳冬至。差後一日。宣政元年十一月甲午朔。五日戊戌冬至。日影長。兩厤並合戊戌冬至。開皇四年十一月己未朔。十一日己巳冬至。日影長。張賓厤合己巳冬至。張冑玄厤庚午冬至。差後一日。五年十一月甲寅朔。二十二日乙亥冬至。日影長。張賓厤甲戌冬至。差前一日。張冑玄厤合（有脫文）庚辰冬至。七年五月乙亥朔。九日癸未夏至。日影短。張賓厤壬午夏至。差前一日。張冑玄厤合癸未夏至。十一月壬申朔。十四日乙酉冬至。日影長。張賓厤合乙酉冬至。張冑玄厤丙戌冬至。差後一日。十一年十一月己卯朔。二十八日丙午冬至。日影長。張賓厤合丙午冬至。張冑玄厤丁未冬至。差後一日。十四年十一月辛酉朔旦冬至。張賓厤合十一月辛酉朔旦冬至。張冑玄厤十一月辛酉朔。二日壬戌冬至。差後一日。建德四年四月大乙酉朔。三十日甲寅月晨見東方。張賓厤四月大乙酉朔。三十日甲寅月晨見東方。張冑玄厤四月小乙酉朔。

五月大甲寅朔。月晨見東方。宜案影極長爲冬至。影極短爲夏至。二至自古史分可勘者二十四。其二十一有影。三有至日無影。見行厤合一十八。差者六。張冑玄厤合者八。差者一十六。二差後二日。一十四差後一日。又開皇四年在洛州測冬至影。與京師二處進退絲毫不差。周天和已來。案驗在後。更檢得建德四年晦朔東見。張冑玄厤五月朔日月晨見東方。今十七年張賓厤閏七月。張冑玄厤閏五月。又審至日定閏。冑玄厤至既不當。故知置閏必乖。見行厤四月五月頻大。張冑玄厤九月十月頻大。爲冑玄朔弱頻大在後。晨故朔日殘月晨見東方。宜又案開皇四年十二月十五日癸卯。依厤月行在鬼三度。時加酉。月在卯上食十五分之九。虧起西北。今伺候一更一籌起食東北角十五分之十。至四籌還生。至二更一籌復滿。五年六月三十日。依厤太陽虧。日在七星六度。加時在午少强上食十五分之一半强。虧起西南角。今伺候日乃

在午後六刻上始食。虧起西北角十五分之六。至未後一刻還生。至五刻復滿。六年六月十五日。依厤太陰虧。加時酉。月在卯上食十五分之九半弱。虧起西南。當其時陰雲不見。月至辰巳。雲裏見月已食三分之二。虧從東北。即還雲合。至巳午間稍生。至午後雲裏蹔見已復滿。十月二十日丁丑。依厤太陽虧。日在斗九度。時加在辰少弱上食十五分之九强。虧起東北角。今候所見日出山一丈。辰二刻始食。虧起正西。食三分之二。辰後二刻始生。入巳時三刻上復滿。十年三月十六日癸卯。依厤月行在氐七度。時加戌。月在辰太半上食十五分之七半强。虧起東北。今候月初出卯南帶半食。出至辰初三分可食二分許。漸生。辰未已復滿。見行厤九月十六日庚子。月行在胃四度。時加丑。月在未半强上食十分之三半强。虧起正東。今伺候月巳午後二刻食起正東。須臾如南。至未正上食南畔五分之四。漸生。入申一刻半復滿。十一年七月十五

日已未。依厤月行在室七度。時加戌。月在辰太強。上食十五分之十二半弱。虧起西北。今伺候一更三籌起西北。上食准三分之二強。與厤注同。十三年七月十六日依厤月在申半強。上食十五分之半弱。虧起西南。十五日夜從四更候月。五更一籌起東北。上食半強。入雲不見。十四年七月一日。依厤時加巳弱。上食十五分之十二半強。至未後三刻日乃食。虧起西北。食半許。入雲不見。食頃暫見。猶未復生。因即雲鄣。十五年十一月十六日庚午。依厤月行在井十七度。時加亥。月在巳半。上食十五分之九半強。虧西北。其夜一更四籌後。月在辰上起食。虧東南。至二更三籌。月在巳上。食三分之二許。漸生。至三更一籌。月在丙上復滿。十六年十一月十六日乙丑。依厤月行在井十七度。時加丑。月在未太弱。上食十五分之十二半弱。虧起東南。十五日夜伺候至三更一籌。月在丙上雲裏見。已食十五分之三許。虧起正東。至丁上食既。後從東南生。至四更三籌。月在未末復滿。而胄玄不能盡中。隋書律厤志中。開皇十七年。張胄玄厤成奏之。上付楊素等校其短長。劉暉與國子助教王頗等執舊厤術。迭相駁難。與司厤劉宜援據古史影等駁胄玄云。

全隋文卷二十六終

烏程嚴可均校輯

劉炫

炫字光伯，河間景城人。周建德末，爲州戶曹從事，後署禮曹從事。開皇中，除殿中將軍，坐事除名。後爲旅騎尉。大業中，射策高第，除太學博士，去職，凍餒死。門人謚曰宣德先生。有《尚書述義》二十卷，《毛詩述義》四十卷，《注詩序》一卷，《春秋左氏傳述義》四十卷，《春秋左氏傳杜預序集解》一卷，《春秋攻昧》十二卷，《規過》三卷，《古文孝經述義》五卷，《論語述義》十卷，《五經正名》十二卷，《算術》一卷。

筮塗

北史八十二：炫擬屈原《卜居》，爲《筮塗》以自寄。

駁牛弘禮絕傍朞議

吏部尚書牛弘建議，以爲禮諸侯絕傍朞，大夫降一等。今之上柱國，雖不同古諸侯，比大夫可也，官在第二品，宜降傍親一等。議者多以爲然。炫駁之曰：古之仕者，宗一人而已，庶子不得進。由是先王重適，其宗子有分祿之義。族人與宗子雖疏遠，猶服縗三月，良由受其恩也。今之仕者，位以才升，不限適庶，與古既異，何降之有？今之貴者，多忽近親，若或降之，民德之疏，自此始矣。隋書劉炫傳。

撫夷論

北史八十二：炫以爲遼東不可伐，作《撫夷論》以諷。及大業之季，炫言方驗。

自狀

周禮、禮記、毛詩、尚書、公羊、左傳、孝經、論語，孔、鄭、王、何、服、杜等注，凡十三家，雖義有精粗，並堪講授。周易、儀禮、穀梁，用功差少。史子文集，嘉言美事，咸誦于心。天文律厤，窮覈微妙。至于公私文翰，未嘗假手。隋書劉炫傳。

自贊

通人司馬相如、揚子雲、馬季長、鄭康成等，皆自敘風徽，傳芳來葉。

余豈敢仰均先達，貽笑後昆。徒以日迫桑榆，大命將近，故友飄零，門徒雨散，溘死朝露，埋魂朔野，親故莫照其心，後人不見其迹，殆及餘喘，薄言胸臆，貽及行邁，傳示州里，使夫將來俊哲，知余鄙志耳。余從綰髮以來，迄于白首，嬰孩爲慈親所恕，棰楚未嘗加；從學爲明師所矜，榎楚弗之及。暨乎敦敘邦族，交結等夷，重物輕身，先人後己。昔在幼弱，樂參長者；爰及耆艾，數接後生。學則服而不厭，誨則勞而不倦。幽情寡適，心事多違。內省生平，顧循終始，其大幸有四，其深恨有一。性本愚蔽，家業貧窶，爲父兄所饒，廁搢紳之末，遂得博覽典誥，窺涉今古，小善著于丘園，虛名聞于邦國，其幸一也。隱顯人間，沈浮世俗，數忝徒勞之職，久執城旦之書，名不挂于白簡，事不染于丹筆，立身立行，慙恧實多，啓手啓足，庶幾可免，其幸二也。以此庸虛，屢動神眷，以此卑賤，每升天府，齊鑣驥騄，比翼鵷鴻，整緗素于鳳池，記言動于麟閣，參謁宰輔，造請羣公，厚禮殊恩，增榮改價，其幸三也。晝漏方盡，大耋已嗟，退反初服，歸骸故里，翫文史以怡神，閱魚鳥以散慮，觀省井閭，登臨園沼，緩步代車，無罪爲貴，其幸四也。仰休明之盛世，慨道教之陵遲，蹈先儒之逸軌，傷羣言之蕪穢，馳騖墳典，釐改僻謬，修撰始畢，圖書適成，天違人願，途不我與，世路未夷，學校盡廢，道不備于當時，業不傳于身後，銜恨泉壤，實在茲乎，其深恨一也。隋書劉炫傳，北史八十二。

劉焯

焯字士元，信都昌亭人。周末爲州博士。開皇中，冀州刺史趙煚引爲從事，舉秀才，射策甲科，直門下省，除員外將軍，假歸爲縣功曹。後入國子，坐事除名。仁壽末，除雲騎尉。煬帝即位，遷太學博士，以疾去職。有《稽極》十卷，《厤書》十卷。

上皇太子啓論律呂

樂主于音，音定于律，音不以律，不可克諧，度律均鍾，于是乎在。但律終小呂。數復黃鍾。舊計未精。終不復始。故漢代京房妄爲六十。而宋代錢樂之更爲三百六十。考禮詮次。豈有得然。化未移風。將恐由此。匪直長短失于其差。亦自管圍乖于其數。又尺寸意定。莫能詳攷。既亂管絃。亦乖度量。焯皆校定。庶有明發。其黃鍾管六十三爲實。以次每律減三分。以七爲寸法。約之得黃鍾長九寸。太蔟長八寸一分四釐。林鍾長六寸。應鍾長四寸二分八釐七分之四。隋書律厤志上。

上皇太子啟論渾天

璿璣玉衡。正天之器。帝王欽若。世傳其象。漢之孝武。詳攷律厤。糾落下閎鮮于妄人等。共所營定。逮于張衡。又尋述作。亦其體制。不異閎等。雖閎制莫存。而衡造有器。至吳時陸績王蕃。並要修鑄。績小有異。蕃乃事同。宋有錢樂之。魏初晁崇等。總用銅鐵。小大有殊。規域經模。不異蕃造。觀蔡邕月令章句。鄭玄注考靈曜。勢同衡法。迄今不改。焯以愚管。留情推測。見其數制。莫不違爽。失之千里。差在毫釐。大象一乖。餘何可驗。況赤黃均度。月無出入。分至所恆。定氣不覩。衡分刻本差。輪迴守故。其爲疏謬。不可復言。亦既由理不明。致使異家間出。蓋及宣夜。三說並驅。平昕安穹。四天騰沸。至當不二。理唯一揆。豈容天體。七種殊說。又影漏去極。就渾可推。百骸共體。本非異物。此眞已驗。彼僞自彰。豈朗日未暉。爝火不息。理有而闕。詎不可悲者也。昔蔡邕自朔方上書曰。以八尺之儀。度知天地之象。古有其器。而無其書。常欲寢伏儀下。案度成數。而爲立說。邕以負罪朔裔。書奏不許。邕若蒙許。亦必不能。邕才不踰張衡。衡本豈有遺思也。則有器無書。觀不能悟。焯今立術。改正舊渾。又以二至之影。定去極晷漏。并天地高遠。星辰運周。所宗有本。皆有其率。祛今賢之巨惑。稽往哲之羣疑。豁若雲披。朗如霧散。爲之錯綜。數卷已成。待得影差。謹更啟送。周官夏至日影。尺有五寸。張衡鄭

玄王蕃陸績先儒等。皆以爲影千里差一寸。言南戴日下萬五千里。表影正同。天高乃異。攷之算法。必爲不可。寸差千里。亦無典說。明爲意斷。事不可依。今交愛之州。表北無影。計無萬里。南過戴日。是千里一寸。非其實差。焯今說渾。以道里爲率。道里既定。得差乃審。既大聖之年。升平之日。釐改羣謬。斯正其時。請一水工。并解算術士。取河南北平地之所。可量數百里。南北使正。審時以漏。平地以繩。隨氣至分。同日度影。得其差率。里卽可知。則天地無所匿其形。辰象無所逃其數。超前顯聖。效象除疑。請勿以人廢言。不用。隋書天文志上。仁壽四年。河間劉焯造皇極厤上啟于東宮。論渾天。又見開元占經一。

上皇太子啟

自木鐸寢聲。緒言成燼。羣生蕩析。諸夏沸騰。曲技雲浮。疇官雨絕。厤紀壞䆮。千百年矣。焯以庸鄙。謬荷甄擢。專精藝業。耽翫數象。自力羣儒之下。冀覩聖人之意。開皇之初。奉敕修撰。性不諧物。功不克終。猶被冑玄竊爲己法。未能盡妙。協時多爽。尸官亂日。實玷皇猷。請徵冑玄答驗其長短。隋書律厤志下。

言張冑玄新厤之誤于皇太子

其一曰。張冑玄所上見行厤。日月交蝕。星度見留。雖未盡善。得其大較。官至五品。誠無所愧。但因人成事。非其實錄。就而討論。違舛甚眾。

其二曰。冑玄弦望晦朔。違古且疏。氣節閏候。乖天爽命。時不從子半。晨前別爲後日。日躔莫悟緩急。月逡妄爲兩種。月度之轉。輒遺盈縮。交會之際。意造氣差。七曜之行。不循其道。月星之度。行無出入。應黃反赤。當近更遠。虧食乖準。陰陽無法。星端不協。珠璧不同。盈縮失倫。行度愆序。去極晷漏。應有而無。食分先後。彌爲煩碎。測今不審。攷古莫通。立術之疏。不可紀極。今隨事糾駮。凡五百三十六條。

其三曰胄玄已開皇五年與李文琮于張賓厤行之後本州貢舉即齎所造厤擬以上應其厤在鄉陽流布散寫甚多今所見行與焯前厤不異玄前擬獻年將六十非是怱迫倉卒始爲何故至京未幾即變同焯厤與舊懸殊焯作于前玄獻于後捨己從人異同暗會且孝孫因焯胄玄後附孝孫厤術之文又皆是孝孫所作則元本偷竊事甚分明恐胄玄推諱故依前厤爲駁凡七十五條幷前厤本俱上

其四曰玄爲史官自奏虧食前後所上多與厤違今筭其乖舛有一十三事又前與太史令劉暉等校其疏密五十四事云五十三條新計後爲厤應密于舊見用筭推更疏于本今糾發並前凡四十四條

其五曰胄玄于厤未爲精通然孝孫初造皆有意徵天推步事必出生不是空文徒爲臆斷

其六曰焯以開皇三年奉敕修造顧循記注自許精微秦漢已來無所與讓尋聖人之迹悟曩哲之心測七曜之行得三光之度正諸氣朔成一厤象會通今古符允經傳稽于庶類信而有徵胄玄所違焯法皆合胄玄所闕今則盡有隱括始終謂爲總備（隋書律厤志下）

仁壽四年焯言胄玄之誤于皇太子

王貞

貞字孝逸梁郡陳留人開皇初汴州刺史樊叔略引爲主簿後舉秀才授縣尉謝病去職

江都賦（闕文）

謝齊王索文集啟

屬賀德仁宣教須少來所有拙文昔公旦之才藝能事鬼神夫子之文章性與天道雅志傳于游夏餘波鼓于屈宋雕龍之迹具在風騷而前賢後聖代相師祖賞逐時移出門分路變清音于正始體高致于元康咸言坐握蛇珠誰許獨爲麟角孝逸生于爭戰之季長于風塵之世學無半古才不逮人往屬休明寸陰已尽雖居可封之屋每懷貧賤之恥適鄢郢而迷塗入邯鄲而失步歸來反覆心灰遂寒豈謂横議過實虛塵睿鑒枉高車以載懸賁明珠以彈雀遂得裹糧三月重高門之餘地背淮千里望章臺之後塵與懸黎而並肆將駮驥而同皁終朝擊缶匪黃鍾之所諧旦暮卻行何前人之能及顧想平生觸塗多感但以積年沈痼遺忘日久拙思所存纔成三十三卷仰而不至方見學仙之遠窺而不覩始知游聖之難咫尺天人周章不暇怖甚真龍之降慚過白豕之歸伏紙陳情形神悚越（隋書王貞傳）

劉孝孫

孝孫爲掖縣丞入直太史開皇十四年卒

駁張賓厤

其一云何承天不知分閏之有失而用十九年之七閏其二云賓等不解宿度之差改而冬至之日守常度其三云連珠合璧七曜須同乃以五星別元其四云賓等唯知日氣餘分恰盡而爲立元之法不知日月不合不成朔旦冬至其五云賓等但守立元定法不須明有進退其六云賓等唯識轉加大餘二十九以爲朔不解取日月合會準以爲定此六事微妙厤數大綱聖賢之通術而暉未曉此實管窺之謂也若乃驗影定氣何氏所優賓等推測去之彌遠合朔順天何氏所劣賓等依據循彼迷蹤蓋是失其菁華得其糠粃者也（隋書律厤志中張賓之厤劉孝孫與冀州秀才劉焯並稱其失所駁凡有六條）

魏明帝時有尚書郎楊偉修景初厤乃上表立義駮難前非云加時後天食不在朔然觀楊偉之意故以食朔爲真未能詳之而制其法至宋元嘉中何承天著厤其上表云月行不定或有遲疾合朔月食不在朔望亦非厤之意也然承天本意欲立合朔之術遭

今當作令

生當作午

皮延宗飾非致難，故事不得行。至後魏獻帝時，有龍宜弟復修延興之厤。文上表云：日食不在朔，而習之不廢，據春秋書食，乃天之驗朔也。此三人者，前代善厤，皆有其意，未正其書。但厤數所重，唯在朔氣。朔爲朝會之首，氣爲生長之端，朔有告餼之文，氣有郊迎之典。故孔子命厤而定朔旦冬至，以爲將來之範。今孝孫厤法，竝案明文，以月行遲疾定其合朔，欲令食必在朔，不在晦二之日也。縱使頻月一小三大，得天之統。大抵其法有三，令列之云：

第一，勘日食證恆在朔。引詩云：十月之交，朔日辛卯，日有食之。今以甲子元厤術推算，符合不差。春秋經書日合三十五，二十七日食，經書竝無朔字。左氏傳云：不書朔，官失之也。公羊傳云：不言朔者，食二日也。穀梁傳云：不言朔者，食晦也。今以甲子元厤推算，俱是朔日，丘明受經夫子，於理尤詳，公羊、穀梁皆臆說也。春秋左氏隱公三年二月己巳，日有食之。（推合己巳朔。）莊公十八年春三月，日有食之。（推合壬子朔。）僖公十二年三月庚午，日有食之。（推合庚午朔。）十五年夏五月，日有食之。（推合癸未朔。）襄公十五年秋八月丁未，日有食之。（推合丁巳朔。）前後漢及魏晉四代所記日食朔晦及先晦，都合一百八十一。今以甲子元厤術推之，竝合朔日而食。前漢合有四十五食。（三食竝先晦一日，三十二食竝皆晦日，十食竝是朔日。）後漢合有七十四食。（三十七食竝皆晦日，三十七食竝皆朔日。）魏合有十四食。（四食竝皆晦日，十食竝皆朔日。）晉合有四十八食。（二十五食竝皆晦日，二十三食竝皆朔日。）

第二，勘度差變驗。尚書云：日短星昴，以正仲冬。卽是唐堯之時，冬至之日，日在危宿，合昏之日，時昴正午。案竹書紀年，堯元年丙子。今以甲子元厤術推算，得合堯時冬至之日，合昏之時，昴星正午。漢書武帝太初元年丁丑歲，落下閎等考定太初厤，冬至之日，日在牽牛初。今以甲子元厤術算，卽得斗末生初矣。晉時有姜岌，又以月食驗于日度，知冬至之日，日在斗十七度。宋文帝元嘉十年癸酉歲，何承天考驗乾度，亦知冬至之日，日在斗十七度。雖言冬至後上三日，前後通融，只合在斗十七度。但堯年漢日，所在既殊，唯晉及宋所在未改，故知其度理有變差。至今大隋甲辰之歲，考定厤數，象以稽天道，知冬至之日，日在斗十三度。

第三，勘氣影長驗。春秋緯命厤序云：魯僖公五年正月壬子朔旦冬至。今以甲子元厤術推算，得合不差。宋書元嘉十年，何承天以土圭測影，知冬至已差三日，詔使付外考驗。起元嘉十三年爲始，畢元嘉二十年，八年之中，冬至之日，恆與影長之日差校三日。今以甲子元厤術推算，但是冬至之日，恆與影長之日符合不差，詳之如左：十三年丙子，天正十八日厤注冬至，十五日影長，卽是今厤冬至日。十四年丁丑，天正二十九日厤注冬至，二十六日影長，卽是今厤冬至日。十五年戊寅，天正十一日厤注冬至，陰無影可驗，今厤八日冬至。十六年己卯，天正二十一日厤注冬至，十八日影長，卽是今厤冬至日。十七年庚辰，天正二日厤注冬至，十月二十九日影長，卽是今厤冬至日。十八年辛巳，天正十三日厤注冬至，十一日影長，卽是今厤冬至日。十九年壬午，天正二十一日厤注冬至，陰無影可驗，今厤二十二日冬至。二十年癸未，天正六日厤注冬至，三日影長，卽是今厤冬至日。（同上。）

張胄玄

胄玄，渤海蓨人。開皇中徵授雲騎尉，直太史，參議律厤事，擢拜員外散騎侍郎，兼太史令。改定新厤，大業中卒官。有七曜厤疏五卷。

駮難劉焯皇極厤

焯厤有歲率月率，而立定朔月有三大三小。案歲率月率者，平朔之章歲章月也，以平朔之率而求定朔，值三小者猶似減三五爲十四，值三大者增三五爲十六也。校其理實，竝非十五之正，故張

衡及何承天創有此意。爲難者執數以校其率，率皆自敗，故不克成。今焯爲定朔，則須除其平率，然後爲可。（隋書律厤志下）

顏敏楚

敏楚，開皇中爲內史通事舍人。

上言新厤

漢時洛下閎改顓頊厤作太初厤，云後當差一日，八百年當有聖者定之。計今相去七百一十年，術者舉其成數，聖者之謂，其在今乎。（隋書張胄玄傳，又見律厤志中，又北史八十九）

陸法言

法言名慈，以字行，魏郡臨漳人。開皇中爲承奉郎。父爽嘗奏更皇太子諸子名字，及太子廢而爽先卒，文帝追案，坐除名。有切韻五卷。

切韻序

昔開皇初，有儀同劉臻等八人同詣法言門宿。夜永酒闌，論及音韻。以今聲調既自有別，諸家取舍亦復不同。吳楚則時傷輕淺，燕趙則多傷重濁，秦隴則去聲爲入，梁益則平聲似去。又支脂魚虞共爲一韻，先仙尤侯俱論是切。欲廣文路，自可清濁皆通；若賞知音，即須輕重有異。呂靜韻集、夏侯該韻略、陽休之韻略、周思言音韻、李季節音譜、杜臺卿韻略等各有乖互，江東取韻與河北復殊。因論南北是非，古今通塞，欲更捃選精切，除削疏緩，蕭顏多所決定。魏著作謂法言曰：向來論難，疑處悉盡，何不隨口記之？我輩數人，定則定矣。法言即燭下握筆，略記綱紀。博問英辯，殆得精華。于是更涉餘學，兼從薄宦，十數年間，不遑修集。今返初服，私訓諸弟子。凡有文藻，即須明聲韻。屏居山野，交游阻絕，疑惑之所，質問無從。亡者則生死路殊，空懷可作之歎；存者則貴賤禮隔，以報絕交之旨。遂取諸家音韻、古今字書，以前所記者定之，爲切韻五卷。剖析豪氂，分別黍累，何煩泣玉，未得縣金。藏之名山，昔怪馬遷之言大；持以蓋醬，今歎揚雄之口吃。非是小子專輒，乃述群賢遺意，寧敢施行人世，直欲不出戶庭。于時歲次辛酉，大隋仁壽元年。（宋本廣韻）

蘇夔

夔字伯尼，京兆武功人，魏度支尚書綽孫。歷太子通事舍人，遷太子舍人，加武騎尉。仁壽末拜晉王友。煬帝即位，遷太子洗馬，轉司朝謁者。免，後歷尚書職方郎、燕王司馬，拜朝散大夫、鴻臚少卿，進通議大夫。

駁鄭譯新樂有七調

韓詩外傳所載樂聲感人，及月令所載五音所中，並皆有五，不言變宮變徵。又春秋左氏所云七音六律以奏五聲，準此而言，每宮應立五調，不聞更加變宮變徵二調爲七調。七調之作，所出未詳。（隋書音樂志中。柱國沛公鄭譯作八音之樂，七音之外更立一聲，謂之應聲，因作書二十餘篇。時邳國公世子蘇夔亦稱明樂，駁譯）

常得志

得志，京兆人，一作德志，爲秦王俊記室。

兄弟論 并序

余以天倫篤睦，日重月深，每惟兄弟孔懷，在物無喻。嘗讀陸士衡之兄弟文，歎懃懃懇懇，未嘗不廢卷歎息，向其爲人。而世人云陸機兄弟同居，以之爲異，傷哉！斯固異其所稀見也。將恐悠悠千載，不無此惑，故託陸之旨以作論云。

客謂陸平原曰：吾聞天降地騰，夫婦之情見矣；星分岳列，兄弟之義存焉。是以聖人之立教也，上稽玄極，下順人情，故使判合爲同穴之親，昆季有異居之道。斯則人倫之大典，豈作者之謬陳哉？而子大夫名爲習禮，伯仲無門庭之別，室家無琴瑟之間，雖激揚風俗，獨爲君子，違道任心，將使先人事也。事不師古，蒙竊惑焉，豈有詭乎？願聞其旨。平原曰：何居斯言之玷，可謂未學膚受，曾莫是師卽如君子之談必且輕于身而累于俗吕（疑作矣）獨不聞夫六龍方駕斯有御天之功騏馬班如用效行地之力是故大鵬之始宛轉北溟鄧林之初婆娑下土至于羽翮相資遂能負蒼天而遊畢青雲而立此則相須之道弘也至如梁山萬仞上干星辰楚殿三休俯臨風雨及土石異勢榱桷分離與沙麓俱崩坳塘共泯此則相須之道乖也是知同德者易爲功離心者難爲力在物猶爾而況人乎然不善其（疑作莫）大于不睦溺于情者薄于義寡于私者豐于道故牝雞晨鳴三賢孥戮關雎樂得十亂同知故名賢之所闡豈烏有之談也且夫兄弟者同天共地均氣連形方手足而猶輕擬山岳而更重雲蛇可斷兄弟之道無分鶺鴒載飛急難之情斯切先王知兄弟之爲重也故歌之于韶夏之舞誦之于風雅之篇敦骨月而正人倫風鬼神而動天地大矣哉請爲左右梗概其說夫兄弟之情也受之于天性生之于自然不假物吕成親不因言而

結愛閱牆不妨于禦侮踰里猶惜于伐樹馭朽則須洛而歌彎弓則涕泣而道斯乃情存于不捨義形于惻隱豈如悠悠良辰從容永歎而已是吕四鳥禽也不能各離別之聲三荊木也不能忍分張之痛矧在人流有靦面目折枝分骨如何勿傷至于夫妻之爲義矣非有血屬之親譬猶風虎雲龍騰嘯相感如髮彼兩髦結歡二族始有共牢之禮終爲同穴之親斯亦未爲輕也然而德在聽從主唯蘋藻不可吕寄百里之命不可吕託六尺之孤況有棄姓無常拂衣再醮至如買臣之室主父之妻固未可吕言也自非道讚移天德均惟鵲孰能長螽斯之羽翼茂葛藟之本根者乎是吕通人君子動無失德全同生之重則恭順有章戒惟家之索而椒蘭無替夫妻和于鼎飪兄弟穆于清風綠衣無口口之悲角弓匪騂騂之歎其或分星宅土開國承家則能藩屏維城左右王室力足拔山不敢問九鼎之重才能動俗不敢窺司馬之門遂使封豕

長蛇望國門而斂迹井蛙暮燕覩盤石而飛鳴故能本支百代洪基峻極配合二儀平章百姓其在白屋黃冠蓽門圭竇三逕五畝有足相容至有同衾共席推梨讓棗樂吕簞瓢榮同華蕚死生契闊白刃交前弟瘦兄肥無胥遠矣爾其友于怡怡揚名吕顯高視風俗長揖搢紳斯又足爲樂也而無賴之徒不思其友或溺于私愛棄彼天倫生在膏腴乘藉地勢錫珪分竹奄有山河不能輔車相依股肱同患乃欲搖動我家宗拔塞我本源竟而青蠅飛于干旌無極遊于二壘集矢長勺撫劒共池是吕五爭四裂非關地闢之妖九合一匡猶見蟲流之禍鬼神不勝其酷生民不勝其弊吁可畏也何其謬哉又有里閈之人繩樞之子棲息不過于蓬蓽咀嚼不越于糟糠無財可不忿爭乃復尺布斗粟不能相容睚眦蠆介側目切齒遂使蕞爾箕帚蠢爾孩童萋菲其章成是貝錦于是乎分裂蝸角稱兢鴻毛骨月爲行路之人兄弟無陟岡之望痛矣

悲矣何必情矣宮之奇脣亡之歎深可撫心王叔冶斷臂之言足爲流涕其知也如此其謬也如彼遠乎得失豈可同年而語哉是知禍福無門唯人所召靜言成敗則可得而論何則存亡之道若行邁之有途得之者安于廟堂失之者顛沛斯及至如三叔狼顧七國雞連貔虎搏噬江山表裏當其時也滄波可汲而斷泰山可蹋而覆朱旗尚卷蒼兕未馳不得高壘之謀勿俟銜枚之陣固吕冰判瓦解魚潰鳥驚身膏草莽名彰史策經過者爲之迴車言談者爲之洗耳斯豈時不利而兵不勁者哉固吕天地所不容人神所同惡者也斯乃在和不在衆在德不在強商周之不敵亦所聞也假使驊長狄駕遺風宋萬附輿慶忌參乘勍弓飲石長劒挂頭（疑作頤）冠雞佩猳拖象拉兕然而使之超九折跨三危浮吕梁赴滄海五尺童子知其必亡何則道之非也苟令心腹無瑕昆季輯穆雖使要離策杖不占緩步周流九逵容可危乎近者劉荊州之意

氣衰渤海之縱橫。當其吐納荆揚。鞭笞河朔。猛將厲于鵰鶚。謀臣盛于雲雨。從容嘯咤。有席卷八荒之心。固㠯震慴人靈。熏灼宇宙者。旣而㫐圖未就。壯志先秋。瘡痏實生。蕭牆㢘潰。天道與人共往。生人與草木俱萎。雖睦于曹公。向無盱食之暇。安得馬上而舞哉。斯有惑之甚也。豈如稷契昇朝。同心同德。魯衛爲政。雖休勿休。得使康哉良哉。洋洋盈耳。卜世卜年之祚。悠悠無極。是知管蔡之玉食。不如夷齊之□□。君頹之萬。不如延陵之退耕。詩不云乎。彼令兄弟。綽有餘裕。不令兄弟。交相爲瘉。善哉言也。吾無間然。今吾子㠯同穴者重之于天倫。異居者成之于行路。是見詩人之糟粕。未覩宮牆之室家。固未可與適道也。若㠯骨月遠而爲疏。卽手足無心腹之用。判合近而爲重。卽衣衾爲血屬之親。若衣衾附體而可離。手足遠身而可絕。斯則室家之不侔于兄弟。固亦明矣。況作者之意有異是乎。未異家者所㠯避私。同穴者示㠯不返。故傳曰。昆

季一體。又兄弟之道無分。然而有分者何。謂異居同財者。若委支體于□路。阻天倫于胡越。固非其所謂願聞也。且余聞士龍。少遭憫凶。攀風樹而興歎。懷仁義㠯罔極。零丁齠齔。覂㠯霜□。契闊九夷。更相爲命。常恐黃耳蕭條。白駒超忽。洞□□葉。零巖花落無時。雖復飲啄相依。光華未著。跼天蹐地。每深慚德。友于兄弟。何日忘之。將謂吾子有㠯成教。而反問我比㠯流俗。祇足㠯攪其心慮。非所望于吾賢也。于是客赧然而起曰。僕固小人。無聞至道。雖生堯舜之代。未登孔丘之堂。苟有智而無心。遂逐情而忘性。言排名義之外。身陷泥塗之下。今子大夫幸而見覩。惟我㠯友弟。弘我㠯禮經。洋洋乎理出天人之表。恢恢焉道周仁義之鄉。而今而後。謹聞命矣。是知安社稷。御邦家。調陰陽。化風俗。播清猷于緗素。垂令範于黎甿。橫之于天地而自安。處之于生死而無慮者。其惟兄弟乎。文苑英華七百四十八

烏程嚴可均校輯

王孝籍

籍字□□□□人。開皇中召入祕書，□□□卒于家。

上牛弘書

竊㠯毒螫嗜膚，則中旦不寐；飢寒切體，亦卒歲無聊。何則？痛苦難㠯安，貧窮易爲感。況懷抱之內，冰火鑠脂膏；腠理之間，風霜侵骨髓。安可齰舌緘脣，吞聲飲氣，惡呻吟之響，忍酸辛之酷哉！伏惟明尚書動哀矜之色，開寬裕之懷，咳唾足㠯活枯鱗，吹噓可用飛窮羽，芬椒蘭之氣，暖布帛之詞，許小人之請，聞大君之聽。雖復山川緜遠，鬼神在茲，信而有徵，言無不履。猶恐拯溺遲于援手，救經緩于扶足，待越人之舟檝，求魯匠之雲梯，則必懸于槁樹之枝，沒于深淵之底矣。夫㠯一介貧人，七年直省，課稅不免，慶賞不沾，賣貢

禹之田，供釋之之費，有弱子之累，乏強兄之產，加㠯老母在堂，光陰遲暮，寒暑違闕，關山超遠，齧臂爲期，前途逾邈，倚閭之望，朝夕已勤，謝栢如之病，無官可㠯免，發梅福之狂，非仙所能避。愁疾甚乎厲鬼，人生異乎金石，營魂且散，恐筮予無徵，齎恨入冥，則虛緣恩顧。此乃王稽所㠯致言，應侯爲之不樂也。潛鬢髮之內，居眉睫之閒，子野未曾聞，離朱所不見，沈淪東觀，留滯南史，終無薦引，永同埋殯，三世不移，雖由寂寞，十年不調，實乏知己。夫不世出者，聖明之君也；不萬一者，誠賢之臣也。㠯夫不世出而逢不萬一，此小人所㠯爲明尚書幸也。坐人物之源，運銓衡之柄，反披狐白，不好緇衣，此小人爲明尚書不取也。昔荊玉未剖，則卞和之足百里未用，碎禽息之首，居得言之地，有用能之資，增日月之明，無手足之賊，憚而弗爲，孰知其解？夫官或不稱其能，士或未申其屈，一夫竊議，語流天下，勞不見圖，安能無望？儻病未及死，往還克念，眄（北史作汜）窮愁之篇，屬離憂之詞，託志于前脩，通心于來哲，使千載之下，哀其不遇，追咎執事，有點清塵，則不肖之軀，死生爲累，小人之罪，方且未刊。願少加憐愍，留心無忽。（隋書王孝籍傳，北史王孝籍傳，文苑英華六百九十一）

楊孝政

孝政，開皇中爲文林郎。

上書諫廢皇太子

皇太子爲小人所誤，宜加訓誨，不宜廢黜。（隋書房陵王勇傳）

向居士

居士失其名。北齊天保初，師事二祖慧可。開皇中，莞城宰加㠯非法，死。

致書通好釋慧可

影由形起，響逐聲來。弄影勞形，不識形爲影本（高僧傳作不知形之是影）；揚聲止響，不識聲是響根。除煩惱而趣（傳作求）涅槃（傳有者字），喻去形而覓影；

離衆生而求佛，喻默聲而尋響。故迷悟一途，愚智非別。無名作名，因其名則是非生矣；無理作理，因其理則諍論起矣。幻化非真，誰是誰非？虛妄無實，何空何有？將知得無所得，失無所失。未及造談（傳作謁），聊申此意，伏望（傳作想爲）答之。（傳燈錄）

陳子秀

子秀，荊州人。

荊州道俗請智顗講法華經疏

導因寺東巖菩薩戒弟子陳子秀等稽首和南。竊㠯法門不二，理絕言忘；應病隨機，假名相說。雖復常居寂滅，而廣示威儀；不起道場，躬昇自在。義談廣狹，迹現淺深。普是有識津梁，含生舟楫。論其汲引，莫不方便爲先；語其提攜，無非譬諭爲本。宅中童孺，識三車而競出；傭賃窮子，知糞穢之可除。仰惟禪師居不測之位，懷普洽之心，道貫三空，智階百法，輒欲奉屈宣揚法華一部。展禽邵伯術

小功微尚復布政棠陰宣風𣏌下況復親承三點高修六度必願俯就傾誠罄心鑽仰漢皇白水猶昌大風桑井可嘉無容默已庶令貴賤上下咸識一乘大葉小枝等蒙慈潤幸使高源鑿井速見洪泉醉臥惛迷還知昔寶輒述衆情罔知陳具謹請開皇十三載八月十日（釋藏起四國清百錄四）

費長房

長房成都人開皇中爲翻經學士

上開皇三寶錄表

臣房言臣聞有功于國史錄其勳有功于民碑傳其德況如來大聖化洽無窮而不垂美百王流芳千載者也臣竊尋覽自漢魏來代有翻譯而錄目星散經多失源世罕綴修時致聞絕緣此佛以正法付囑國王是知教興寄在人主伏惟陛下應運秉圖受如來記紹輪王業統閻浮提愍世間昏開慧日照廣緝經像大啟伽藍

開解脫之門導天人之路建善舟楫濟拔蒼生斯實曠古軼代盛儀豈臣庸微輒敢妄述但昔毀廢臣在染衣今日興隆還參法侶時事所接頗預見聞因緬歷世佛法緣起始自姬周莊王甲午佛誕西域後漢明皇永平丁卯經度東感迄今開皇太歲丁巳歷一千二百八十一載其間靈瑞帝主名僧代別顯彰名開皇三寶錄凡十五卷庶法無隱冀經有弘不任下情惶悚戰懼輕冒奉表上錄以聞伏願天慈垂神降省謹言開皇十七年十二月二十三日大興善寺翻經學士臣費長房上（釋藏云五歷代三寶記十五）

開皇三寶錄總目序

竊惟三寶所資四生咸潤而世有興毀致人自昇沈興則福業恆感天堂輪王人主毀則罪報常受地獄餓鬼畜生論益物深無過于法何者法是佛母佛從法生三世如來皆供養法故勝天王般若經云若供養法即供養佛是知法教律流乃傳萬代佛僧開導

止利一時故賢劫之興千佛同其化修短之壽四聖異其年雖復住世延促有殊取其宣揚弘法無別莫不煎熬愛海濟含識以趣涅槃鑿盤慢山度蒼生以會般若照般若玄寂非因聲難以通聲必託形不藉相無由顯所以境稱忍刹總百億之須彌世號娑婆統三千之國土區分三界五濁之穢土沙形別六道二乘之鄙羊鹿大聖慈愍俯降迦毗丈六金容應王宮之裏三十二相炳太子之身十九出家三十成道四十九載處在世閒假以言音方便演暢無染之法金口自宣一音敷揚萬類各解機緣匪一教有塵沙阿難總持滴無遺失譬別器水瀉之異瓶雙樹入般涅槃迦葉王城結集一千羅漢迭察迭書著之葉皮布乎天竺五百中國各共奉持十六大王皆同擁護後漢之始方居脂鄴帝世交參十有六代翻彼域語作此方言相承迄今五百餘祀古舊二錄條目幾亡士行道安創維其缺爾來間有祖述不同各紀一方互存所見三

隅致隔故多失疑又齊周陳竝皆翻譯弗刊錄目靡所遵承兼值毀焚絕無依據賴我皇帝維地柱天澄靜二儀廓清六合庭來萬國化攝九州異出遺文莫不皆萃臣幸有遇屬此休時忝預譯經稟受佛語執筆暇隙寢食敢忘十餘年來詢訪耆老搜討方獲雖粗緝綴猶慮未周廣博尋求敬俟來俊今所撰集略準三書以爲指南顯茲三寶佛生年瑞依周夜明經度時祥承漢宵夢僧之元始城塹棟梁毗贊光輝崇于慧皎其外旁采隱居歷年國誌典墳僧祐集記諸史傳等僅數十家摘彼翠翎成斯紀翮扇之千載風于百王共秉智炬之光照時昏暗同傳法流之潤洽世燋枯關我皇猷導開厥始昔結集之首並指在其國城今宣譯之功理須各宗時代故此錄體率舉號稱爲漢魏吳及大隋錄也失譯疑僞依舊注之人以年爲先經隨大而次有重列者猶約世分總其華梵黑白道俗合有一百九十七人都所出經律戒論傳二千一百四

十六部、六千二百三十五卷。位而分之、爲十五軸。一卷總目、兩卷入藏。三卷帝年、九卷代錄。代錄編鑒經翻譯之少多、帝年張知佛在世之遐邇。入藏別識教大小之淺深。昔姬潜之鼎出現、彰漢室之將隆。近周毁之法重興、顯大隋之永泰。佛日再照、起自大興之初。經論冥歸、發乎開皇之始。事扶理契、合此會昌。述紀所由、因斯而作。所以外題稱曰開皇三寶錄云。其卷內甄爲歷代紀。（同上）

劉憑

憑、涇陽人、開皇中爲翻經學士。

內外旁通比校數法序

世之道藝、有淺有深。人之稟學、有疏有密。故學籌之用也、則兼該大術。其不思也、則致惑三隅。然東夏數法、自有三等之差。西天所陳、何無異端之例。然則先譯諸經、並以大千稱爲百億。言一由旬爲四十里。依諸算計、悉不相符。竊疑翻傳之日、彼此異音、指撝之際、于斯取失。故錄衆經算數之法、與東夏相參。十十變之、旁通對衍。庶擬翻譯之次、執而辯惑。既參隸經諸、故即而敘之。（釋藏敂二又云二）

趙絢

絢、爲冀州部從事。

圓土北重龕上摩訶般若經序

有清信大士、具官、身嬰俗累、怨崇法理、精感明靈、神化斯應。遂使羣經騰翥、等扶摇之上昇。隻卷飄返、若丹烏之下降。其去也、明惡世之不居。其來也、知善人之可集。應瑞乎如彼、聖著乎如此。我皇出震乘乾、更張琴瑟、親臨九服、躬總八荒。知三寶之可崇、體四生之不固。遂須海內修淨伽藍、是使像法氤氳、同諸舍衞。僧居隱軫、還類提河。特以此經、像明靈著、自非積善、焉能致斯。敢事旌表、傳芳後葉。（續高僧傳三十一誦篇）

周彪

彪、開皇末爲儀同三司。

陳伏波將軍驃騎府諮議參軍陳詡墓誌

君諱詡、字孟和、潁川許昌人也。洎基浚序、有虞之苗。□若夫姚墟誕聖、嬀汭降神。四門穆穆、八表光輝。商均不嗣、周胄胡公。封建于陳、因□命氏。鴻臚元方、榮書魏冊。徵士季方、高著先賢。自下蟬聯、並聲績言史。祖僧亮、神情淡遠、素風高奇、齊輔國府行佐。父敫、風儀峻整、雅有綱格、歷至前梁儀同。君幼而聰敏、長而好學。博覽百家、漁獵九部。懸梁刺股、手不釋書。天才儁拔、思若有神。文章□□、動成部帙。景純五色之筆、江淹用之。麗藻王充五行、俱下都市。稱爲□□、有集廿卷、爲世所重。起家爲岳陽王雍州西曹、轉府記室。梁國蕃周、將佐送款。武成元年、授帥都督。衞州東征、王師失律。軍潰陷陳、同旅督將七十二人、並囚俘檻。屬陳相王曇頊初秉朝政、虐示國威、縱情好煞。于望國門並害諸士。君于刑所、附啟自陳、蒙荅貰死、漏刃獲生。俄而釋禁、策名預宦、授招遠將軍、加伏波將軍。俄遷驃騎府諮議。□國云亡、總管秦王招賢募士、迎還并州、客禮厚遇。辭老還鄉、第二息孝騫、昆季男女、久違膝下、忽奉慈顏、悲喜不勝、如從天落。相率盡養、日膳常珍、則儀狄九醞、何曾百品、恣□釋心。意恬如也、同畢卓之酣歌、慕阮孚之任放。達無遺有、識假歸眞。所製終制、非秦始之高墳、是王孫之贏葬。乃遺命送終、唯令儉薄、不許立銘。開皇廿年九月廿四日、卒于檀溪里、時年七十六。五男五女、男則孝悌著聞、居喪過禮。女則柔和顯稱、婉娩聽從。以其□□十二月丙辰朔十八日癸酉、歸葬高陽鄉之舊山。式鐫序誌、用傳不朽。（古刻叢鈔）

皇甫昆

昆、仁壽中爲當陽令。

玉泉寺碑

蓋聞乾元資始三辰著象于天坤道資生萬物動行于地皇王于是建國聖賢所㠯垂文起名敎而莫同制威儀而有別至如畫卦觀爻蓋取隨時之象綜經織緯會通爲政之辭大禮同和大樂同節安上治民移風易俗斯迺生前之事略矣可言死後之問仲尼弗語縱使絳雪縈空玄霜拂樹餌金丹而九轉吞玉髓而千年乘雲也駕五色之玄龍遊漢焉控三山之素鶴逍遥瑤臺之上容與琳闕之間未窺解脫之門終趣蓋纏之境唯正覺淵沖眞如妙有不生不滅無相無言隨緣應質則假色成形隨類觀音則因聲示說故有白銀千尺之軀紫金丈六之身八部般若之文四種悉檀之義神通自在慧力無窮因導化行開示悟入皈依者盡發菩提迴向焉普登常樂是㠯獼猴建塔遂生忉利之天野雁銜華復往彌陀之國豈直日藏沙門孤遊正道月光童子獨見如來四生因茲度脫六道藉此昭蘇實火宅之高車昏河之大筏若乃周室昭王之世影奪恆星漢朝明帝之時光夢如日使旋西域化漸東都置像南宮中心北面自摩騰入洛羅什遊秦名敎更弘道風斯熾經臺像閣寶塔香山麗溢巖阿綺盈都邑豈期後魏眞君之歲後周建德之年靈廟一除伽藍再滅形容廢毀文字散遺響落瓊鐘聲沈寶鐸修禪耆舊卷其舌而不談護戒先賢改其形而晦影世絕調心之路時虧汲引之途無出世之津梁失生民之大望我隋皇帝乘乾御宇握鏡披圖父愛蒼生君臨赤子天地同其大德日月合其重光鼓之㠯雷霆潤之以風雨除暴亂致太平張四維朝萬國功成作樂治定制禮正道無爲區寰有截闢泥洹之路開般若之門宣十二分之經流四千年之法精勤耆舊捨俗歸僧淨住初童持心秉戒非直法輪再轉法鼓還鳴四海于是無虞兆民因而有賴委羽乘毛之國慕風化㠯來庭靈禽嘉貺之祥應圖書而萃苑巍巍也非境智之思量蕩蕩乎豈言談而能盡玉泉寺者基

此山焉智顗禪師之卜居也敕旨正名著額其山嵬嶨嵳峩崎嶇崱嶷峰疑偃蓋巒似覆船巨力窮奇之象洪崖譎詭之形岡曲抱而成垣水縈迴而結乳青楓動葉遠照金霞翠柳搖枝低臨玉沼猿吟白雲之上鸎啼碧樹之間日月爲之蔽虧霄液由之散聚前瞻江路卻望荊岑左帶昭丘右通巴峽禪師本姓陳氏潁川人也少稟生知童眞剃落從師南嶽蘊道天台睿智洪才之響非直播于江南知機妙辯之聲固已聞于河朔皇帝外子太尉公晉王性稟孝慈情包隱惻能臣能子匡國匡家蘊機神之智垂汎愛之心布君子之心偃生民之草往㠯僞陳納叛受律行師策妙指縱威稜江海遂剋定金陵化平銅柱三吳霧卷百粵塵清師乃因王利涉王遂因師受戒師至此而投院王奏聞而起寺于是異域才情之客慕其道而雲臻他鄉鍊行之僧味其風而雨集師乃精言導理盡意談玄語證禪支心開定本幽宗博義若挹海而無窮辨句清辭似懸河而自瀉居朋之友雖盈量而爭歸處少之徒從窮崖而莫反爾乃信心檀越積善通人咸施一材俱投一瓦憑茲衆力事若神功營之不日而成飾矣經時而就層臺迴閣複殿連房寒暑異形陰陽殊制雕簷繡栱與危岫而爭高鑿礎鐫基共磐巖而等固風光出其戶牖雲霧生其棟梁華炫耀于金盤氣芬芳于玉樹工圖相好湛若金仙匠寫眞容凝如滿月殿起三層之柱簴懸自響之鐘堂開千葉之華蓮捧飛來之座燈光不滅灌海逾明剎柱俱低承幡自舉吉祥柔滑之草爛熳依庭逆風和氣之香氛氳滿院斜通洞穴直注凝泉色似琉璃味同甘露波投鼐鼎浪瀉陛堂飲腹消痾澆軀愈疾石柱銅梁之狀影入蓮池桃源菊浦之華香浮柰苑可謂山類耆闍寺同離越似龍宮而出見疑鹿野㠯飛來竊㠯前王鑿鼎惟論體國之功今共刊碑永記菩提之道余任宰屬城寺居山部文雖寫意書不盡言其詞曰

二儀開廓。四氣氤氳。方㠯類聚。物㠯羣分。通賢通聖。明后明君。隨機設敎。觀化垂文。樂章既造。禮儀方制。定彼親疏。決兹疑滯。披圖辨物。屬辭明例。唯化一生。不論三世。玄都玉簡。紫闕銀經。解尸遺骨。飲液吞精。乘龍萬紀。控鶴千齡。終非實相。猶是塵情。唯有大雄。湛然常住。不生不滅。無來無去。千門妙旨。一音演諭。度脫衆生。涅槃雙樹。夢通劉后。感應姬王。恆星掩耀。滿月澄光。寫形東國。指聖西方。慈悲願海。善逝津梁。法顯還晉。摩騰入洛。花散經臺。香流像閣。釋教鬱起。桑門盛作。露泫珠幡。風吟寶鐸。眞君建德。運鍾滅道。淪沒四生。毀除三寶。我皇啟聖。德侔蒼昊。妙法更弘。眞儀再造。陳氏僭號。王赫斯征。句吳霧卷。閩越廓清。因逢智者。延謁山庭。珠生浮漢。玉出濴荊。華峯崪屹。石洞淵縣。芬芳菊滿。滴瀝瓊泉。盤渦似谷。覆嶺疑船。來儀晏坐。觸地蕭然。妙辨悉檀。深窮般若。緇素雲會。挹其河瀉。或施之材。或投之瓦。經始不日。翻成大廈。更起龍宮。還

開鹿野。山連紫蓋。江抱黃牛。西臨月峽。東接昭丘。旃檀圍繞。琳碧環周。春窗夏牖。水殿山樓。座吐芙蓉。龕懸石鏡。白毫相好。紺髮輝映。銀鸞徘徊。錦鱗游泳。騰猿心靜。怖鴿影定。猗歟哲王。命也替屏。自天生德。孝誠俱秉。旦奭非儔。閒平詎并。出總連率。入調鐘鼎。構此伽藍。實資力請。魔殿嶁嶸。須彌鬱律。條覩刦終。俄看燒訖。豈加彼岸。生死皆出。金石不朽。天地可畢。鐫勒巖阿。永垂𢇁實。釋藏起字四號

圖書百錄四。又湖北通志載此碑。多紕謬。

鄭辨志

辨志爵里未詳。

宣州稽亭山妙顯寺碑銘

伏聞惠日已圓。西方顯其尊相。恆星既隕。東界感其神光。身迹雖殊。慈悲靡隔。逮乎紫金寫蓮開之貌。香林圖月滿之容。夢感漢王之心。齊發吳君之善。權實濟度。莫狀于斯。雖復機震之世。分乂當藥之功。軒昊之年。結宇垂裳之德。化腥變苦。詎曉法味之淡。棄穴除巢。寧知淨土之貴。耆闍山側。說法之處猶存。菴蘿園中。會聖之基尚在。淡矣妙乎。無得而名焉。大法之興。其由尚矣。然此妙顯寺者。卽隋開皇十一年高祖文皇帝奉爲國師之所置也。禪師諱智玫。俗姓苑氏。扶風人也。祖世晉圭夏盟。功高大會。漢臣涖宰。名重萊蕪。師少爲儒生。博尋內典。名掛僧錄。先住京師濟福道場。因神武滅法。遂遊于江左。權上戴山。南朝陳元帝二年。召爲內道場供養。禪師見國祚不安。遂拂衣南遊稽嶺。其山乃衆峯雜遝。邃谷崢嶸。洞穴朦朧。檉蘿貫日。百獸羣集。民絕登臨。大師居之。猛獸藏伏。開皇九年十月。敕遣晉王廣平陳。卽禎明三年也。禪師迹紹四衣。神逾八極。雖潛形邱壑。而響徹神都。匿相巖阿。而名傳上國。若珠沈北海。皎潔之性彌彰。桂隱溪叢。芬芳之風更遠。高祖聞之。開皇十年。召入仁壽院殿供養。十一年秋八月。帝降璽敕。遣大將軍楊

榮送師歸山。所居處可立伽藍。度弟子七人扶持。賜錢五千貫。絹二千疋。充乳藥。又賜落脂米二百斛。一切經大藏。玉石象一十五軀。鵲尾香爐四十九隻。永充供養。至十二年。敕榮爲宣州刺史。專監造寺。㠯妙顯爲名。謂纖垂寶乳。卉葉雜名。異獸靈禽。晨翔暮顯。故名妙顯也。親書題額。敕賜水田二頃五十畝。將充永業。寺側近封五十戶民。㠯充洒埽。帝每歲起居。送種種香藥供養。至仁壽元年秋八月。告弟子曰。吾欲去矣。恬然坐滅。春秋八十有六。于時山地震動。林木萎悴。百獸悲鳴。泉池枯涸。敕遣有司㠯國師禮殯于此山之陽。去寺一百步。墳塔存焉。案宣城記云。縣南東六十里有山曰稽亭。是古仙住處。嘗有仙人五百。來往遊止。商旅住步。稽遲忘返。故云稽亭也。皇帝御曆金輪。拯提億兆。八方大定。十善遐弘。拱默巖廊。咸從仁壽。而宣條布政。寄乎良牧。使君諱榮。金州安吉人也。本姓陽氏。系承幽州陽平公之後。因王莽篡位。南徙魏興。公

以開皇七年蒙召入內。勞問功業。詔賜姓楊氏。昔人乘車改俗。吹律移化。未有冑藉皇源。名歸帝譜。預班磐石。斯恩罕倫。弘農之美。洋乎史籍。楊秉臨于袞都。三域顯其廉貞之聲。羊祜鎮于荊蕃。一方稱其太平之化。以公清白愛惠。遐迹纂業。威略有道。別邁前修。何止澤漸貧孤。恩沾老幼而已。長史崔公諱士昇。淄水人也。位隆上佐。任重元僚。共闡和風。讚揚回向。罄懷勸道。毗我皈依。其寺東南有石洞。幽隱玲瓏。仰眺或漏曦光。俯窺乍揖清澗。故老傳述。所進尤淡。遠徹秦峯湘水之流。近通禹井巴山之穴。隴首夾鑿金剛獅子。以爲侍衛。揮拳揚目。可怖眾魔。奮爪張牙。足驚羣象。其內別有石龕。即大師舊安禪之所也。後則經臺砌漢。寶塔淩烟。增墀任石勢以高低。欄楝接山形而宛轉。兼復飛流繞殿。激水循房。散入中廚。分澆南畝。實棲心之勝境。悟道之良域者矣。公褰幃八稔。撫育四民。風雨調和。農桑鬱暢。蒼黎荷施。無替天慈。遂將帥參寮。及

諸令佐等。以今二十年歲次涒灘。月維南呂。創成洪業。莊嚴帝祚。彫奇宏麗。難悉名言。福地長存。略刊梗概。敢爲銘曰。

大哉佛日。實我舟航。慈悲普濟。度脫無疆。深仁睿后。壽命玄蒼。功超造化。德被遐荒。粵我國師。德高窮昊。身居帝里。心悲六道。保安社稷。示同魔惱。三國鼎峙。長宣淸寶。帝王再召。詔璽無忒。幢車曳路。瓊花滿襯。親侍凡筵。諮受遺則。度人表志。置寺旌德。洪矣州牧。簡在惟良。威戴美俗。蔽芾甘棠。聖主弘護。賢臣棟梁。伽藍肇立。輪奐煒煌。石洞幽邃。通源遠長。俯受泉脈。仰漏曦光。夾圖獅子。對寫金剛。勢奮狂象。威振魔王。瑤臺登路。重閣迴廊。簷虹欲起。表鳳凝翔。激水環砌。飛流繞房。殿朗宵月。鐘鳴樹霜。自心雲萃。芳郁爲香。依松結宇。憩石爲牀。以斯上善。永福人皇。山崩□□海涸生桑。俯然靈岫。劫數傳芳。宣城總集。

嚴德盛

德盛。大業中爲吳郡司戶。

吳郡橫山頂舍利靈塔銘

竊以至理無言。非言無以寄理。玄蹤無體。非體無以明蹤。然則八十種好。呈應身之妙。三十二相。表化質之妍。至如獻土童兒。聚沙稚子。尚獲無窮之報。猶成莫盡之因。況撤身命。重財崇諸聖業者矣。但樹因之最。無過起塔。崇福之重。詎甚建幢。而銀青光祿大夫吳郡太守李顯者。乃華陽杞梓。江漢芳蘭。夙布素誠。少匡王國。吐納風雷之際。出處朱紫之庭。縻爵峻于其身。隆基茂于往葉。溫良洽于郡國。孝友藹于閨內。建節贊治。張振風化。門雖望族。世載公卿。安仁樂智之心。無違終食。謙明惠厚之德。造次必存。仍共獎勸郡部官人。奉爲皇帝皇后齊王六宮眷屬。各捨七珍。同崇八福。在郡城之西山頂上。營造七層之寶塔。以九舍利置其中。金瓶外重。石槨周護。雷諸弗朽。遇劫火而不燒。守諸不移。漂劫水而不易。時

有龍華道場比丘法首者。歲居齠齔。即起踰城之心。年將志學。仍持航海之操。自離親捨俗。三十許年。洞識苦空。明閑法要。誠心內發。冥夢外酬。時聞此山爲古之佛殿。乃共于此所。成斯勝業。願寶鐸常搖。法輪恆轉。含生迴向。□□歸心。上通有頂之天。傍及無邊之地。同離生死之苦。俱成涅槃之樂。其辭曰。

相焉是滅。法矣非生。蓋纏虛萃。渴愛徒盈。不無不有。何體何名。業風既息。法水便淸。以茲勝地。令德來持。功施合矩。化動成規。如雲出岫。狀月臨池。淸流不倦。貽銘無疲。虔心局體。同歸共慕。施彼七珍。崇斯六度。下被羣品。上資天祚。萬福莊嚴。千靈補護。少宣令問。彼秀苗薉。輪轉三有。馳流六通。獨善非德。兼濟爲功。俱成法雨。用息塵籠。大隋大業四年歲次戊辰九月辛未朔八日戊寅立銘。吳郡司戶嚴德盛製文。司倉魏瑗書。范成大吳郡志。

耿詢

詢字敎信，丹楊人。大業初爲右尙方署監事，守太史丞。

上書諫征遼東

遼東不可討，師必無功。隋書耿詢傳。

雲定興

定興，太子勇雲昭訓之父。勇廢，除名配少府。大業中，吕宇文述薦擢授少府丞，尋代何稠爲少監，轉衛尉少卿，遷左禦衛將軍，進左屯衛大將軍。

奏對皇孫生

天生龍種，所吕因雲而出。隋書文四子傳。

仲孝俊

孝俊，濟州人，爲汝南郡主簿，舉秀才，除晉州司法。

陳叔毅修孔子廟碑

若夫惟道惟德，或仁或義，旣漸散于英華，遂崩淪于禮樂。天生大

聖，是曰宣尼，雖有制作之才，而無帝王之位，膺斯命世，塞厄補空，述萬代之典謨，爲百王之師表。始于漢魏，爰逮周齊，歷代追封，秉圭不絕。我大隋炎靈啟運，翼下降生，纘大庭之高蹤，紹唐帝之遐統，憲章古昔，禮樂惟新，偃伯修文，尊儒重學，吕孔子三十二世孫前太子舍人吳郡主簿嗣悊封紹聖侯。皇上萬機在慮，兆庶貽憂，妙簡才能，委之邑宰。于此周公餘化，唯待一變之期，夫子遺風，自爲百王之則。禮儀舊俗，餘何足云。用能奉天旨，敬先師，勸孔宗，修靈廟，卽曲阜陳明府其人也。明府名叔毅，字子嚴，潁川許昌人。昔堯之禪舜，賓釐女于有虞；周室封陳，亦配姬于媯滿。漢右丞相建六奇之深謀，魏大司空開九品之淸議。明府卽陳氏高祖武帝之孫，高宗孝宣帝之子。至如永嘉分國，代歷五朝，郭璞有言，年終三百。皇朝大統，天下一家，爲咸陽之布衣，實南國之王子。于是遊情庭宇，削跡市朝，砥礪身心，揣摩道藝，策府蘭臺之祕籍，雕蟲刻鶴

之文章，莫不成誦在心，借書于手。金作玉條之刑，漆桐囚木吏之奸情，一見仍知，片言能折，所謂江珠匿曜，蔣虧淵月之明，越劒潛光，每動衝星之氣。爰降詔書，迺除曲阜縣令。風威遠至，禮敎大行，政術始臨，奸豪屛息，抑强扶弱，分富恤貧。部內淸和，民無疾苦，重吕德之所感，霜雹無災，化之所行，馬牛不繫。縄魚夜放，早彰潔釜之篇；乳雉朝馴，自入鳴琴之曲。遠嗟龐統，不任百里之才；俯咲陶潛，忽輕五斗之俸。于是官曹無事，囹圄常空，接士迎賓，登臨遊賞，覩泮水而思歌，尋靈光而想賦，加吕祗虔聖道，敬致明神，粉壁椒塗，丹楹刻桷，可謂神之所至，無所不爲，振百代之嘉聲，作干城之稱首。敬鐫金石之文，永同天地之固。其詞曰：

皇非常道，帝實無爲，時澆俗薄，樸散淳離，世道交喪，仁義爭馳，書亡詩逸，禮壞樂虧，降生大聖，載修墳史，積善餘德，追崇不已，於穆大隋，明命天子，新開紹聖，重光闕里，伊我陳君，淸德遠聞，溫溫玉

潤，苾苾蘭芬，淵才亮美，拔類超羣，時逢上聖，吕我爲令，導之吕德，行之吕政，用此一心，能和百姓，子還名買，兒多字鄭，奸雄竄伏，賦役平均，心居儉素，志守淸貧，魚生入釜，雀瑞來臻，肅廟孔碩，靈祠赫奕，圓淵方井，綺窗畫壁，因頌成功，遂歌美績，共敝穹壤，永固金石。大隋大業七年辛未歲七月甲申朔二日乙酉，濟州秀才前汝南郡主簿仲孝俊作文。孔子卅一世孫孔長名卅四世孫孔子歎口口口口。碑拓本。

格謙

謙，勃海蓨人。大業中，據豆子䴚反，有衆十餘萬，爲楊義臣所禽，敕令放散，尋復反，王世充破斬之。

奏事

若德饒來者，卽相率歸首。北史三十三李德饒傳。

宦官

王義

義道州人。大業四年以矮民充貢自宮得出入內寢帝幸江都。天下多叛上書極言自刎死。

上煬帝書陳成敗

臣本南楚卑薄之地。逢聖明爲治之時。不愛此身。願從入貢。臣本侏儒。性尤蒙滯。出入左右。積存歲華。濃被聖私。皆踰素望。侍從乘輿。周旋臺閣。臣雖至鄙。酷好窮經。頗知善惡之本源。少識興亡之所以。還往民間。周知利害。深蒙顧問。方敢敷陳。自陛下嗣守元符。體臨大器。聖神獨斷。諫謀莫從。獨發睿謀。不容人獻。大興西苑。兩至遼東。龍舟踰于萬艘。宮闕徧于天下。兵甲常役百萬。士民窮乎山谷。征遼者百不存十。殁葬者十未有一。帑藏全虛。穀粟湧貴。乘輿竟往。行幸無時。兵人侍從。常踰萬人。遂令四方失望。天下爲墟。方今有家之材。存者可數。子弟死于兵役。老弱困于蓬蒿。兵屍如

嶽。餓莩盈郊。狗彘厭人之肉。鳶魚食人之餘。臭聞千里。骨積高原。膏血草野。狐犬盡肥。陰風無人之墟。鬼哭寒草之下。目斷平野。千里無煙。萬民剝落。莫保朝昏。父遺幼子。妻號故夫。孤苦何多。饑荒尤甚。亂離方始。生死孰知。人主愛人。一何如此。陛下恆性毅然。孰敢上諫。或有鯁言。又令賜死。臣下相顧。箝結自全。龍逢復生。安敢議奏。左右近臣。阿諛順旨。迎合帝意。造作拒諫。皆出此途。乃逢富貴。陛下惡過從何得聞。方今又敗遼師。再幸東土。社稷危于春雪。干戈遍于四方。生民已入塗炭。官吏猶未敢言。陛下自惟若何爲計。陛下欲幸永嘉。坐延歲月。神武威嚴。一何銷鑠。陛下欲興師。則兵吏不順。欲行幸。則侍衛莫從。敵當此時。如何自處。陛下雖欲發憤修德。特加愛民。聖慈雖切。救時天下不可復得。大勢已去。時不再來。巨廈之崩。一木不能支。洪河已決。掬壤不能救。臣本遠人。不知忌諱。事忽至此。安敢不言。臣今不死。後必死兵。敢獻此書。延頸待盡。海山記。

又奏

臣田野廢民。作事皆不勝人。生于遼曠絕遠之域。幸因入貢。得備後庭掃除之役。陛下特加愛遇。臣常自宮以侍陛下。自茲出入臥內。周旋宮室。方今親信。無如臣者。臣由是竊覽書殿中簡編。反覆玩味。微有所得。臣聞精氣爲人之聰明。陛下當龍潛日。先帝勤儉。陛下鮮親聲色。日近善人。陛下精實于內。神清于外。故日夕無寢。陛下自數年聲色無數。盈滿後宮。日夕游宴。自非歲節大辰。何常臨御前殿。其餘多不受朝。設或引見遠人。非時慶賀。亦日宴坐朝。曾未移刻。則聖躬起入後宮。夫以有限之體。而投無盡之慾。臣固知其竭也。臣聞古者野叟獨歌舞于磐石之上。人詢之曰。子何獨樂之多也。叟曰。吾有三樂。子知之乎。何也。人生難遇太平世。吾今不見兵革。此一樂也。人生難得支體完備。吾身不殘疾。此二樂也。

人生難得壽。吾今年八十矣。此三樂也。問者歎賞而去。陛下享天下之富貴。聖貌軒逸。龍顏鳳姿。而不自愛重。其思慮固出于野叟之外。臣蕞爾微軀。難圖報効。罔知忌諱。上逆天顏。迷樓記。

列女

蘭陵公主

公主字阿五。文帝第五女。初嫁儀同王奉孝。卒。適柳述。煬帝即位。述徙嶺表。誓不改嫁。憂憤而卒。

臨終上煬帝表

昔共姜自誓。著美前詩。鄎嬀不言。傳芳往誥。妾雖負罪。竊慕古人。生既不得從夫。死乞葬于柳氏。隋書蘭陵公主傳。

譙國夫人洗氏

夫人高涼人。梁大同初適高涼大守馮寶。陳永定中。冊爲中郎將石龍太夫人。隋開皇中。冊爲宋康郡夫人。進譙國夫人。開府

置長史已下官屬。仁壽初卒。謚曰誠敬夫人。

先書報高州刺史李遷仕通典作遷仕。

太守馮寶病篤。謹令妻洗氏傳啟。并奉土貢。㠯資軍費。通典一百五十四。案此事在梁太清末。

全隋文卷二十八終

全隋文卷二十九

烏程嚴可均校輯

闕名

奏案元諧

諧謀令祁緒勒黨項兵。卽斷巴蜀。時廣平王雄、左僕射高熲二人用事。諧欲譖去之。云左執法星動已四年矣。狀一奏。高熲必死。又言太白犯月。光芒相照。主殺大臣。楊雄必當之。諧嘗與滂同謁上。諧私謂滂曰。我是主人。殿上者賊也。因令滂望氣。滂曰。彼雲似蹲狗走鹿。不如我輩有福德雲。（隋書元諧傳。有人告諧與從父弟上開府滂、臨澤侯田鸞、上儀同祁緒等謀反。上令案其事。有司奏。）

奏劾盧愷

（迴當作迥）

房恭懿者。尉遲迴之黨。不當仕進。威、愷二人曲相薦達。累轉爲海州刺史。又吏部預選者甚多。愷不卽授官。皆注邑而遣。威之從父弟徹、肅二人。竝㠯鄉正徵詣吏部。徹文狀後至而先任用。肅左足攣蹇。才用無算。愷㠯威故。授朝請郎。愷之朋黨。事甚明白。（隋書盧愷傳。何與蘇威不平。奏威陰事。愷坐與相連。上㠯愷屬吏。憲司奏愷。）

（何下脫妥字）

秦王二子承嗣議

春秋之義。母㠯子貴。子㠯母貴。貴既如此。罪則可知。故漢時栗姬有罪。其子便廢。郭后被廢。其子斯黜。大既然矣。小亦宜同。今秦王二子。母皆罪廢。不合承嗣。（隋書秦孝王俊傳。）

比丘惠遠等造象銘

上闕無黑變成紫室。所願從心。咸登妙果。無不遂意。又願見世後生。男則貌如觀頂。天然而知。智慧孤秀。任居上位。亦世崇明。玄風相躡。超然之一。女則行軀端嚴。行性涫潔。內隆勝鬘。衆人讚歎。有能試知無爲。曉悟苦空。滅已刨身。共崇因果。捨離惡業者。竝同斯善。永無彰辱。俱登正覺。開皇三年歲次癸卯五月戊戌朔十五日壬子。邑師比丘法口邑師比丘惠遠。（碑拓本。）

楊遵義造象銘

開皇三年十二月。楊遵義爲息口熾造象一區。上爲人王帝主。下爲七世父母。及自己身同口斯願。（碑拓本。）

王忻造象銘

口口孝者善繼人之志。善述人之事。亡人先發弘願。今敬成之。敢陳勝業。乃作銘云。

玄宗靡極。道法何源。其終無末。其始無先。玄、、絕學。口、、忘言。虛无萬古。寂魄口千。洪鍾應扣。響振周年。口口一字。耳畫三門。星珠口口。月桂猶口。口車行空。口駕飛仙。道德經首。希夷口容。三島飄飄。九井口蹤。口祠曲里。廟享濯龍。全身口寫。相好無窮。懃心懃敬。口眞慕聖。奉資王矣。口口益詠。大隋開皇六年七月十五日。前上士州從事國子助教彭城縣開國男洞玄弟子王忻敬造。（碑拓本。）

堅昭禮造像銘

開皇十一年歲次辛亥正月甲申朔十五日戊戌。首民堅昭禮爲先亡七世父母。身所生父母。祖口口妻夏侯父阿傾母果僧妃叔阿僕妻夏侯。（碑拓本。）

杜乾緒等造像銘

大隋開皇十二年歲在壬子十二月壬申朔十日辛巳。蓋欲崇高志遠者。要須曠口口行。是㠯當今佛弟子大都邑主杜乾緒、都邑主張子元、大都化主董難當、都化主杜郭生、都邑等。雖須彤居俗网。志棲方外。口巳口口口龍山之南、河水之西、雉水之東。吉祥口口敬造石像一軀。層龕比刃。巧盡百奇。珍口口口遠而望之。狀寶塔涌現於靈山。近而口口口祇園之覩玉殿。迴睛注目。歸心有在。㠯此勝善。福閏皇家。口法治國。又願七世先靈。見生眷屬。類同沾澤。因茲福慶。刊記斯銘。其詞曰。

妙理難原。旨趣莫尋。湊口靡懈。孰竿其深。鷲山開尤口口口晉金口既口徒。並雙林。勇塔且綸。祇薗匿口口口光光銅人閉景聖宇暫空口口口口像曜不曦。像月爲囮寶口口口口羅妙像琢鏤碧崖相暠眞口明眺高雲光埋月眼八万未踰眞容何爽瞻相吮吟福景唯渓王潤條以芳澤來今恩沾四口慶不有忘言傳千載。不朽淸音。碑拓本。

王女足等造像銘

開皇十六年歲在丙辰三月甲寅朔八日辛酉。夫口口口寂眞體難逢法口口口口若旨邈覩木口口口口失國長避苦海。是以機倫西穨。大夜將至佛自侮口四口隱迹。然今有諸邑子八十八人等。覺身危口不久多停至如水胞俄亦消滅。譬若火光出石焉能口人口能人人口已崇造阿彌陁像一區。仰爲歷劫諸師。七世父母。及自己身。以此功德願生生世世得常口身蓮華化生不受五蔭

之胎方口途口而口口常口芥城雖口我身猶在。又願地獄休息。餓鬼飽滿。畜生解脫。人天具足。法盼崩口等滅已覺。碑拓本。

青州舍利塔下銘

維大隋仁壽元年歲辛酉十月辛亥朔十五日乙丑。皇帝普爲一切法界。幽顯生靈。謹于青州逢山縣勝福寺。奉安舍利。敬造靈塔。願太祖武元皇帝元明皇后皇帝皇后皇太子諸皇子孫等并內外羣官。爰及庶民六道三塗人非人等。生生世世値佛聞法。永離苦空同升妙果。碑拓本。案金石文字記所載同州塔銘與此正同。惟彼云同州武鄉縣大興寺八字爲異。今不重錄。

鄧州舍利塔下銘

大覺湛然。照極空有。慈愍庶類。救護羣生。雖靈眞儀。示同滅度。而遺形散體。尙興教迹。皇帝歸依正法。紹隆三寶。思與率土共崇善業。敬以舍利分布諸州。精誠懇切。大聖垂祐。爰在宮殿興居之所。舍利應現。前後非一。頂戴歡喜。敬仰彌深。以仁壽二年歲次壬戌四月戊申朔八日乙卯。謹于鄧州大興國寺。奉安舍利。崇建神塔。以此功德。願四方上下。虛空法界。一切含識。幽顯生靈。俱免蓋纏。咸登妙果。碑拓本。

江夏縣緣果道場七層塼塔下舍利銘

夫至理空沖。尋求之源悠緬。法身寂泊。無方之應奄臻。至如花疊未然。駐影留髮。香薪已燎。散體分形。故有寶塔珍龕。嶊嵬四園之上。雲興地踊。照曜八國之中。俾我聖迹。未之湮墜。緣果道場者。梁天監十二年太歲癸巳。長史劉端捨宅爲寺。有命過僧歸闍梨盡心監造。闍梨降自江口氏族未詳。戒慧總持。甚有靈驗。于是鴻基勝趾。締構日新。三業薰脩。七財具足。以今大隋大業九年昭陽之歲。江夏縣緣果鄉長劉大懿等。遵依敕旨。共三鄉仕民。奉口口齊興道場七層磚塔一所。安鎭此地。次有淸信弟子黃慧龕金薤琳琅作冀

慧俊慧達等兄弟。竝德口佳雅。難兄難弟。誓立五根。願弘四事。于所住宅。福瑞累彰。亡父于大業三年二月。乃于食內感舍利一枚。大小相歡。覩茲希有。安止水器。且浸且浮。旋繞久之。光明遍室。頂帶虔禮。日申供養。到七年正月。俊女雞娘又感二枚。斯實迹現難思。抑聞圖籍。次有弟子李藥王信首宿馳。賢才簡疋。雖室無瑞井。手闕金錢。每用放濟居心。傾捨爲業。以開皇廿年。行至常州境。感舍利一枚。到大業五年。于所住宅又感二枚。昔者阿難奉函。如來讚其希有。康會瓶寫。吳主嗟其神異。詢諸經識。今古同符。以今季夏六月八日。奉送散身永窆基下。衆緣贊助。普設大齋。方俟七級巍峩。接霄房而颺采。九盤煜曜。寶鐸韻而流聲。上資帝覩。爰洎遐邇。設使芥盡方城。五分之身常住。石銷天衲。金剛之地巋然。敢忘議善。乃爲銘曰。

茫茫宇宙。悠悠世間。九地銜海。四口口山。三塗有獄。五道無關。魂

隨動洽識口循還至聖何像疑爾惿怕示現無方迦維垂迹等救燒燃迴悲幽溺息衆權城椎輪火宅八十化盡天人喪師撫膺雨淚香水口眦四王典護八國均持機緣靡隔靈祥俟時坊墳式建層表臨空非因鬼力詎假神工金盤仰露寶鐸摇風山移川徙徽業興隆（古刻叢鈔又見金薤琳琅八）

張景略墓誌銘

君諱景略燕州上谷人漢司徒華之後也帝皇布護將相蟬聯備諸圖史其可伊述祖驃騎大將軍第一領民酋長文城公又還燕州諸軍事燕州刺史考龍驤將軍諫議大夫奉車都尉行濟安郡太守金鄉侯君質如披錦文彩煥然器若珪璋光燿朗潤于是弱齡表異聲振朝野欲止不能遂被徵辟起家爲魏帝内侍左右尋遷祕書郎優游鳳沼去來麟閣時稱獨步實曰無雙又加車騎大將軍開皇十一年正月六日冥不隨德奄從運往春秋六十有八以其月二十六日遷窆于相州安陽河北白素曲未極丞相之年俄掩將軍之墓嗚呼哀哉乃爲銘曰

昔年慷慨拖紫垂青峴山漢水玉潤珠明何圖大運混我賢貞一辭身世百代千齡（碑拓本）

石裏村造橋碑

大隋開皇六年歲次丙午二月壬午八月己丑兖州高平縣石裏村仲思那等卌人造磗之碑蓋彨同石火忽有便無命似浮泡儵存還滅若不傾心捨命如薛埵之投骸刻己精誠泆尸毗之救鴿自非仰習二士之功若海盈容可渡然今大邑主仲思那等卌人謹見村南分派成池滞水競流以起鼎濤之泿阻隔長衢致使楊朱泣分岐之淚猴僞身彨遂登高樓焚香啟發獎化衆緣四部崇助謹于此處敬造石磗一濟之所急緩通傳永絕稽留之歎兩盈美麗婉娩可觀又採石荊山訪匠周隨福力自天名師忽至畫龍者若乘虛模花衆蜂競集佛漏兩坎相同百工左右侍衞八部備足藉此橋像福及那等茂若春蘭尉殊夏馥身比乾巛年同弗石舉益宣尼仕登卿相敬法伏摩三途斷絕昔秦王越海人鬼懷嗟義取成功能言美德其詞曰

運石荊山藍田採玉接軫連轅首尾相續櫩桃再紅其功始足織女來遊江妃屢矚（碑拓本）

洺州南和縣澧水石橋碑

（前闕一行四十字）功斯口有道存焉其義大矣至若口口之職掌士口口口口口口口口口口口口口口口民庶夫弘割拾之業盜崇勸導之旨自智橋孤聳寶航獨汎引邪迷于覺路拔沈溺于死河无盡慧燈散照百丈之室上妙甘露流布娑婆之境我皇帝垂衣秉麻紐地補天二曜連暉五精合彩輕徭緩賦仁被草木好生惡殺澤及豚魚灑法雨以潤羣生建寶幢而導黔首四民仰化九服從風洺州南和縣者星曆胃昴地連趙魏水陸交會人物殷阜斜眺衡彰金鳳淩赦而曜色御瞻瀛碣玉馬映雪以騰光于斯時也使持節儀同三司刺史辛公以明德上才褰帷此境公名懿字士信隴西狄道人風神秀起雄圖傑出博覽書傳總括蓺能行成規矩言爲楷則是以曳裾棘座高步禮闈市朝遷革位望彌重自建旟之部威惠俱行明閑憲章琰練治體推誠化下竭心奉上姦豪慓疊黎庶來蘇翊軍將軍司馬田威馮翊廣陽人也志業平允操履廉白舉自持綱鄰諸蕃政野絕帶牛之暴市息飲羊之欺又有宣威將軍縣令馬君以美譽淸風馳錦斯邑君名睦字士暉扶風始平人器量宏深風韻清舉信義聞于州里孝弟著于閨門歷官二载頻宰三邑明于剖斷善于綏養留心庶獄小大以情寇盜出奔囹圄空宋故使鄉閭敦睦風俗和平家識廉恥人知禮讓芃芃之麥競秀兩岐泄泄之雉共樹三異縣尉兖州鄒縣孔經泗州

高平縣魏君遐。竝地望淸華。人才謹素。當官理劇。煩而不擁。縣城之北。有澧水焉。其水也。上引七里之源。旁吸百原之口。控淸引濁。冬溫夏涼。濆粒朝興。則白日晝闇。澄波夕暎。則朱霞夜朗。厥水之上。雖有舊橋。每經汎長。隋流漱壞。車牛陷溺。行李嗟辛。有縣老人宋文彪等。悟鏡像之非眞。知水泡之難住。兼脩十善。迴向一乘。各竭資產。兼相勸化。敬造石橋。㠯濟行者。㠯開皇十一年龍集于淵獻。月纏于降婁。爰共經始。數年乃就。碧柱浮空。烟雲等色。金堤枕浦。杞栁交陰。浩浩乎似應龍之導盟津。峩峩乎若靈鼇之冠方丈。㠯此善因。廣渡危難。仰願皇帝陛下。尊居太一。道邁虞唐。皇后配象陰精。德高任似。皇太子比曜前星。三善光備。內外文武州縣官寮。法界含生。咸蒙斯福。竊㠯洛陽路首。尙傳超石之書。城都柱上。猶題長卿之筆。況復業隆遂古。功濟生民。不有樹揚。孰弘勸獎。于是立碑路側。㠯彰厥庸。樹之風聲。懸諸日月。其詞曰。

星漢西轉。川瀆東傾。疏通雲及。津梁乃成。攸攸行道。隱隱車聲。雖言利濟。詎免危城。其一 大悲拯物。寶珠斯現。瀉水疑瓶。口花似口。濱口利口。廣開方便。善斷疑網。能除毒箭。其二 我皇負扆。君臨萬方。下調玉燭。上叶珠囊。白環獻祉。丹書效祥。藻心玄宗。邁彼輪王。其三 邯鄲北走。澧源旁射。桑麻隱暎。川疇平易。是稱爽塏。實爲滋液。士女連衽。車馬疊跡。其四 明明州將。垂恩不已。憂國若家。視民如子。溫其玉潤。油然雲起。竹馬赴期。蒲鞭示恥。其五 穆穆良宰。達于從政。導之禮樂。申㠯法令。行合韋絃。淸同水鏡。盜賊休止。黔黎歌詠。其六 有國者老。閭閻俊民。斷除三毒。歸依四眞。故棲危壞。愍彼沈淪。爍金運石。共造良因。其七 洪基蹇產。飛梁口口口固口口口隱口口口口口口口口口口口口口口仁口 其八 碑拓本。

邢州南和縣澧水石橋纍文碑

乃夫氣下闕 嶽鎭寬泉流溢崐口口滲口口澍長波而口口翻下闕

億兆之口萬口越下闕 既是凡口斯成鄣矣。我大隋皇帝口口口口膺口火德金輪空至。朱馬虛來。口出神口口生下闕 而口羣口口邢州南和縣口口是口東海口口口口鬱口南魏北口口饒民于時下闕 日槃根共口爭口口口口高峯下闕 風遠布外愼口口口謠口寬口口口赤子之念口口蓋于朝野高口口諸耳目秋下闕 呈神瑞下闕 公可謂英才口口口口口聞下闕 之名出口口口林之下闕 南口地口武都口臨口口器德下闕 稽口口施口口山岳口口口口口難者矣下闕 志安民行成口口口爲口則南和城後口口澧口洪源口彼高峯口波現于七口百下闕 毀壞但㠯停輪止轍口馬口蹤口口遠迩困茲行李。有縣老人宋文彪等。竝是邦家領下闕 洞識流口明鑒口口口脫口義此口心兼相勸奬。營斯上業。遂于開皇年也。歲次鶉下闕 乃求工異域。采玉珍山。黿柱通泉。龍梁接漢。參差巧鏤口模妙樂之階。彫琢精奇狀下闕 申舞口口蘭口陵口而口口紅花全放逕春口口口綠葉紛披。值秋霜而更茂。淸風暫至下闕 倂寫宮商之韻。長卿一度。晝橋柱而遐心。瀍顯重輕。薀多羅而練性。但㠯脩營往日。功就今時。願下闕 所口莫非有爲之口念口口流竝是无常之道。恐慮災風橫口怒口瀏瀞此既緣成畏下闕 喘息口閒黑闇口口何口片時嚚住信知形同石火。盡尒口口命侶露口索然消滅。是㠯仰囑將來下闕 照空口口常樂。或施財捨賄。續此寬因。或助力用功。詳營斯福。令此迷无擁。口路恒通。共越生死之下闕 闢乃願爐燈无盡。慧炬長輝。度彼蒼生。濟斯含識。其辭曰。

晶浮上引。重濁下沈。口脩日月。創造山口口口口口尋重超九口凡口寬淡。其一 大海寬寬。我皇巍巍。四方慕化。萬國咸歸。靈黿逞瑞。潛口現輝。祚隆口口口口 其二 倂寫宮商之口口口上奉口口口口口爲口口早聘口口有好口口无競愼等四知。淸同

水鏡。其三明明令德。皎皎賢□□□□□□□壇□□□□普遶
□章秋禾選瑞。夏麥呈祥。其四澧水橫流。□泉菊澍霖。□蒸饗儫□
□□千途競臻。□□□□□□□□彼黎庶。其五光家孝哲。□□
英賢。高官積世。□□恆連□□□復竝□□□□營淨□預□冥
田。其六上闕雕寶柱楯鏤花□車□雷動馬下闕　有爲有作□□□
常□遺下闕　石□長下闕碑拓本。

陳思王廟碑

君諱植。字子建。沛國譙人也。洪源□九泉競淡崇□□□□比峻
自權輿□□□□興焉。其後建國啟基。□□周室。顯霸業于東鄰。
彰茅封于譙邑。瓊根寶葉。蒔芳蘭如莫朽。軒冕相傳。冠纓綿而不
絕。此乃備須典冊。聊可梗概而言矣。逮承相參。迺成王室。道勳隆
重。位登上宰。受國平陽。克昌厥後。鳴鸞佩玉。飛蓋交映。祖嵩。漢司
隸太尉公。職掌三事。從容論道。美著阿衡之任。不亦宜乎。父操。魏

太祖武皇帝。資神龍虎。剖判鬱昌。開基名須讖牒。謠徵眞人。火運
告終。土德承厤。爰據圖籙。亨有天下。驟改質文。馳還正朔。英雄之
气。蓋有餘矣。昆丕。魏高祖文皇帝。紹卽四海。光澤五都。負扆明堂。
朝宗萬國。允文允武。庶績咸熙。正踐昇平。時稱盛晏。致黃龍表瑞。
驗兆漳濱。玉虎金雞。恆綸宇縣。王乃黃內通理。愷淑唅英。叡哲稟
于自然。博懸由于天縱。佩金華以邁四氣。抱玉操如忽風霜。綴贍
藻于孩年。攝酋什于孺歲。尋聲制賦。膺詔題詩。詞采照灼。子雲遙
慚于吐鳳。文華理富。仲舒遠愧于懷龍。又能誦萬卷于三冬。觀千
言于壹見。才比山藪。思竝江湖。清辭菀菀。若蘂葩之蔚鄧林。絲藻
妍妍。如河英之照巨海。武庫太官之譽。握促之器者也。但祿由德
賞。頻亨王爵。建安十六年封平原侯。十九年改封臨淄侯。都不以
貴任爲懷。直置清雅自得。常閑步文籍。偃仰琴書。朝覽百篇。夕存
吐握。使高捷擅名之士。侍宴于西薗。振藻獨步之才。陪遊于東閣。

黃初二年。奸臣謗奏。遂貶爵爲安鄉侯。三年進立爲王。□京師。面
陳濫謗之罪。詔令復國。自以懷正信如見疑。抱利器而無用。每懷
怨慨。頻啟頻奏。四年改封東阿王。五年以陳前四縣封。復封爲陳
王。以讒言數構。奸臣內興。十一年裏頻三徙都。汲汲無歡。遂發憤
而薨。時年卌有壹。卽營基魚山。傍羊茂臺。平生遊陟。有終焉之所。
既如年代寶遠。兆塋崩淪。茂響英聲。遠而不絕。至十弍世孫曹永
洛等。去齊朝皇建二年。蒙前尊孝照皇帝恢弘古典。敬立二王。崇
奉三恪。永洛等于時膺符表貢。面奉照皇親詔。聖詔比經窮討。皆
存實錄。蒙敕報允。興復靈廟。饋嗣烝嘗。四時受謁。使恭恭嗣子。得
展衷誠之願。煢煢孝孫。長畢昊天之慕。遂雕鏤眞容。鐫金寫狀。庶
使□□□□相度。永劫而不泯。七步文宗。傳芳猷于萬葉者也。其詞
曰。

惟王磐石。斯固綿緒。攸長波連。溟渤枝帶。扶桑分珪作瑞。建國開

壇。蕙樓蘭閣。遂邁靈光。其一器調高奇。風華梳朗。談人刮舌。靈蛇曜
掌。東閣晨闕。西薗夜賞。桐華桂茂。玉潤金響。其二聲馳天下。道冠生
民。才驚曠古。德重千鈞。混之不濁。磨而不磷。如何一旦。萎我哲人。其
三山舟易失。日車難駐。壹謝人間。長遵埏路。風哀松柏。墳穿狐兔。
何以何生。還成七步。其四迺考惟昆。廓定洪基。受圖應厤。運合紫微。
一辭皇闕。永背象□□□□日轉響逐雲飛。其五大隋開皇十三年歲
次星紀下闕碑拓本。

全隋文卷二十九終

烏程嚴可均校輯

闕名

金紫光祿大夫趙芬碑

（上闕）翼苞島而納百川者。必有出日之彼瀾。斯乃（上闕）庶績亦何代無其人哉。淮安定公。繼之矣。公諱芬。字士茂。（上闕）英靈不絕。十一世祖融。字稚長。所謂荀令君（上闕）咻曾祖敬。祖賓。肯或嬪贊藩維。（上闕）或□腰銀文。（上闕）出龍宿感周勃生公炳靈特挺。氣稟純粹。（上闕）理無喜慍之色。先聖微言。味之而不倦。（上闕）書舍人尚書兵部郎（上闕）職乃應星人同披（上闕）二國竝興。伊洛崤函。百樓相對。金星火宿。（上闕）芒（上闕）而不進。加儀同三司。仍長史。徵入朝。歷御伯納言。（上闕）治夏官府司馬。封淮安縣開國子。前後任熊浙二州刺史。□□□□幹□優（上闕）滯如（上闕）平□□□天官（上闕）聖主得賢。開皇五年。除蒲州刺史。加金紫光祿大夫。以公年時方邁。故優以（上闕）乞骸聽以大將軍淮安公歸第。仍降璽書。□賜几杖□□□□□□皇（上闕）二月十二日寢疾。薨于京師之太平里第。主人□□□□□□□□粵十（上闕）府內融虛舟玄運。有體有法。可大可久。從□□□□□□□□□卌餘（上闕）然風塵不染。清白自守。脂膏莫㴋。故（上闕）公業不亡。析薪有寄。府佐杜寬等。仰惟盛（上闕）誰知夏屋之所。乃勒此高碑。樹之（下闕）

（上闕）歷代□□□仁不常厥土。所在稱珍。□美（上闕）動無近對。研尋百氏。下上千古（上闕）命歸火謳歌去木古（上闕）身淑慎名教。斯在。

（上闕）城黃腸□墓石（下闕。碑拓本。）

隋上柱國梁州刺史陳茂碑

□□挺奇略于□□□高文于游夏。芳徽盛範。□□傳祀。篡神基□六奇定策。夷項甯漢。德□□□兼□著□□與太守功表折衝。

任居分陝。祖□□□□□遺（下闕。案集古錄引碑云。茂字延茂。當在此闕處。）公稟氣辰象降靈□□□五行之秀。蘊六德之姿。倚天照其鋒穎。絕海振其羽翮。識□□故（下闕）太祖□元皇帝之□□也。爲大將軍□□□譬姬文之□般朝。若晉室之蕃魏國。望雲斯表佳氣□□□□初（下闕）公以賈誼登朝之歲。終童奉使之年。展采于濫觴之辰。效官于尺木之始。□一心而事君。□三分以成務。遷振威將軍給事中。□□□□□□刑獄（下闕）仍爲將軍府屬治內郎。功預斷蟻。勤宣汗馬。□用□聞。威風遠振。封南皮縣男。食邑二百戶。太祖爲上柱國隋國公。涇州□□公□府（下闕）有□□之化。非無利器之能。轉涇州總管府司錄。寍遠將軍。右□員外常侍。皇上嗣霸圖。將興帝業。昕□道□□□□上□□大將軍□□公公（下闕）府長史周武帝薄伐東秦。席卷河北。聲振□坂。勢起垓下。既而流湯□□方盛引弓之（下闕）公衡冠之氣。臨危奮發。□□之誠。造次先表。毎以身□執銳前驅。上天縱雄傑英威□世（下闕）之□□下□□□□□□□□上□□□師凱入。授儀同三司。上德映在田。在□業□一□□□九命。公亦追蹤□□絕□人（下闕）上爲定州總管。公任總管府司錄。兼定州贊治。上爲亳州總管。公除總管府司錄。上爲上柱國。公遷府長史。（下闕）嵩尤之凶□□□東陵之盜。謀爲西楚之□肆彼逆□□□郡邑。刁斗相喧。雲梯交映。晉陽之師將沒疏勒之□□□□公（下闕）之□心□□□□之擊□之去□轟□冰泮掃地無遺。□□遠降□蒙褒賞。授驃騎將軍。右光祿大夫。□□之（下闕）大將軍。上爲大丞相隋王。公除府掾。治右十二府長史。上登庸伊始。納麓在辰。作□負圖□絕□□公（下闕）之義。既濮推□之思斯重。大隋御宇。惟新建國。開皇元年。授給事黃門侍郎。□□日夕（下闕）埶府□其年除右衛府長史。進爵爲□。增邑六百戶。通前一千四百戶。出□上（下闕）師□□軍容之盛。公運籌幕府。□和鼎

實塞□獻授□最□優。二年授開府儀同三司。領左下闕　舉□□
□聲□□□□道□仰雄風之扇□□□受□設□之□周
氏季下闕　公化呂時雍。布呂經典。銜策斯舉。韋弦遐用。□□□其
冤□。比屋傳其頌聲。疆埸乂安。遐邇□福。□□之下闕　除給事
黃門侍郎兼右衛府長史。七年授兼太僕卿黃門侍郎如故。九年
正除太僕卿判黃門侍郎如故。□□□□□□居下闕　授上
開府儀同三司太僕卿判黃門侍郎如故。軒遊□咸□飾□□比
鄧騰□台□均□權下闕　呂公春秋□□宜盡頤攝。禁掖便繁。或
虧湯□□□舉□中□治□寀部□條威惠斯□下車爲政□化
雍然□□□其明□□□□其下闕　薨于□□春秋六十有一。悲
切摧梁。慟深罷市。兩宮軫□。百辟傷懷。諡曰□公。禮也。卽呂其年
之□月十□日歸葬蒲州猗氏縣長□□之下闕　九□才□五際
□□□□□之道□□天然□□□□之心□由早□驊馳少□宦

伍燕南趙北□戰□□□□□□□□□□之節下闕
之□漢光□委質皇家卌餘載□闕絺構綢繆□□蒙臥內之□
恩□共里之□澤贊□□之運□□□之下闕　恂恂□□□□□□
□□□□之節儉□□默□不貪□□□□夫人王氏太原□□
人也世襲下闕　中□□□□□□□□禮□□斯□方諧鼓
瑟之□遽□□□之□鄁□無□舉案何□□□政下闕　疑□□
□□之下闕　呂□□□□聲□傳□範方使桑田且變□□□頃之
□陵谷推移。尚紀勝嬰之棹。其銘曰。
□□□揆賓王觀國。丞相奇謀。太乇盛德。下闕　衞妙□□□□鬱
抑下□沈吟□□緣鶴□□功參後下闕　冠帶□□□□□傳臨
□□□□□選貝佇□□布下闕　邇□敎下闕。碑拓本

隋柱國靈州總管海陵公賀若誼碑

觀夫宇內之廣。生民之衆。隨夜川呂□□□朔□□□□□□□
□□者□□□□□□□□□□□□□□□□□□□□
□□□□□□□□□□□□其爲不朽乎。公諱誼。字道機。
河南洛陽人也。昔軒乇啟祚。若水降□□□□□□□□□□□
□□□□□□□□及□□□龍騰豹變。鯤運鵬飛。□□代
呂□□□嵩□而光宅則我洪宗盛緒。佐帝從王。鬱爲鄉相之門。
竝稱冠蓋之里。□□□□□□□□□□□□□□□
□□□公□司□竝□量恢宏□□□□坐南宮而儀北斗。參八
座而贊萬機。祖伏連。襲爵安富公雲州刺史。父統。右衛將軍散騎
常侍。□□□□□□□□□□□□□□呂□德□規□
時濟世□□□□□□□勳功□鼎公卽哀公之第三子也。感
降則輔弼台星。儀表則山庭月角。澄波瀾于万頃。竦□幹于千尋。
□□□□□□□□逸響之操。呂爲尋章摘句。□生之常談。
雕蟲篆刻。□子之事耳。博覽載籍。撮其指歸。悟聖人設敎之方。體

君子立身之義。□□□□□□□□□□□□□□□□
□□□□□大都督通直散騎常侍。尚食典御。周太祖光啟三
分。功成九合。爪牙之任。延納奇士。乃命公呂大都督領親信。于時
□□□□□□□□□□□□□□乃命公奉使居于杏城。
會北狄勢分。左□交爭。茹茹種落。屯結河表。公知機其神。見可而
進。不暇請命。馳駟赴之。懸軾綏□。備加導誘。羣狄□□□□□
□□□□□馬三万餘匹。太祖深相器異。賞呂□□□□□
□□□□□□傾□□□□身爲輕重。東鄰遣使。已入虜庭。朝
廷深懼。連和莫能□絕。呂公□□□□□□□□□□□
□□□□□□□犯□□□□九攻九□之勢。施于樽俎。百戰
百勝之□。更作樞機。匈奴駭服。厚相禮待。乃執齊使舍人楊暘等
付公。□□□□騎□□□□□□□世□略陽□□□
□□實□□□礎上□妙□時□□呂□□長史周元年除司射

大夫。封霸城縣開國子。轉左宮伯。三年加開府。□□□遷□□二
州□□州□□州刺史□六條□化萬□案才□□□□□□
仁風被于□民。甘雨隨□軒蓋□安之地。衝要斯在。三峽設險。八
陣成圖。自非□武兼運。無㠯當斯鎮撫。□□公□□□□□□
□□□□□□公□□略每出□□□地□□威鎮殊俗。
凡所招納。六萬餘戶。建德年治熊州刺史周武。揚旌汾浦。席卷河
東。公□于函谷□□□□□□□□□□□□□□□□州諸軍
事洛州刺史封建威□□□□□□□□□□紹義竄身沙瀚。委質
獯獫。憑引寇戎。每爲邊患。㠯公聲□遠裔。信著殊方。乃遣□□□
□□□□□□□□□□□□□□□□□□□□榮□□□□
□□大將軍除亳州總管。進封范陽郡公。皇隋撫運。授上大將軍。
開皇三年。除右武候大將軍。□□□□㠯□□□□□□□□□
□□將軍。除華敷二州刺史。改封海陵郡公。轉涇州刺史。十二年
除靈州總管靈州刺史。進位柱國公。管仲之翮。亦旣上騰。陶侃之
翅。屢飛□□□□□□□□□□□□□□□□□□□□□□
□□殤而□心不矯□㠯求譽□□□月□化大行□年迫崦嵫
志□謝事上表陳遜。優詔不許。春秋七十有七。㠯十六年春二月
□□日疾□于家。㠯八月廿二日厝于□□□王人弔祭。謚曰威
公。禮也。惟公挺茲偉器。□□多能。傳劒術于白猿。受兵符于黃石。
龍韜豹韜之法。牡陣牝陣之奇。獨悟□□□□□□□□□□□
□□□□□搖□□而□□□馳□□□□□□□□□而□驚
銀鏑□而鳥落。固亦妙絕一時。聲高六郡。旣而宦成名遂。禮縟位
隆。居則羅□□□□則□□□□□□□□□□□□□于二□
酌損之忠□□□□□□□□□□□□軒冕而□寄濠梁郊郭
之外。別廬一所。類洛西之金谷。有山陽之竹林。每休沐餘閒。退朝
□暇。□□□□□□□□□□舉□□□歌聲□□□□□□□

□□□□□□□□有千歲人無百年。西山之景不追。東嶽之
期奄至。郭門旣遠。長別□□□□□□□□□□□□□□□□
□□□□□□□□令陳□等□□□□□□□□□□□□越
俗思范□鑄金而寫狀。況乎宿承敎義。親預鞭板。而墳塋未表。贊
頌無聞。乃相與□□□□□□□□□□□□□碑□□□而無
絕。其詞曰。
肇自黃神。分于白帝。業盛千古。福流萬世。朔野建功。方行□契□
□□□□□□□□□□□□□□□□□□□□□心靈人倫
□□□□□□□□□□□□□□□□□公鬱標器。望。志識恢
達。禖神高亮。學劒曲城。受書汜上。見義□踐。當仁不讓。□□□□
□□□□□□□□□□□□□虹連□□□□□門□□□□
□□□林□□長狄種落。紛綸關塞。擾攘□□□國□□見機
而作外降五□內□□□□□□□□□□□□□□□□□□
□□□□□□□□□□□□□□□□□□□時□□□□
□高賞茂□□□□□□□□□□□□闇□□□□□□□□
□□□□□□□□□□□□□□□□□□□□□□□□□
□□□□□□□□□□□□□□□萬□□□□□□□□□
□□□□□□□□□□□□（碑拓本。案此碑千七百四十一字。今據明拓本錄之。僅九百五十二字。俟再求舊拓本補足。）

隋邛州刺史安喜公李使君碑

使君涼武昭王之後。（石墨鐫華一）
王雄據一方。保乂河右。□□□□文武（下闕）　郎祖景超。員外散騎
侍郎。竝□□□風神□□□□兩清人位□□父通逸。使持節
東南道都督狄道縣開國子。（下闕）　季父珍之出牧荊郡（下闕）　仍□
寇亂乃扶城純衆（下闕）　功（下闕）　狀□令□某（下闕）　世濟□□象賢
□出三辰□□宿之精。四時膺玉燭之□□□恢□□□□□百

□□□千尋直上下闕　出□□□□談長者莫不推□□□羣公咸相引□太祖武元皇帝□□在田府望□重乃已爲外兵參軍事下闕　爭未分□□□□□□攻心□□□之□太祖□□□□出制□間西□□□之兵□□□沙□之衆下闕　戎下闕　馬骨□□□寒水長□塞外□□□□陽□氏徵□鞠□□□戰卜□計脨背城魚□□野公壯心□發□□□德下闕　王師□旋式加□賞□□□都督封□州斥章縣開國子邑四百戶周大冢宰晉國公居社稷之重當□機之政爪牙之任下闕　信尋轉大都督進封□州安喜縣開國侯邑一千二百戶又除天官府都上士天和四年除使持節車騎大將軍儀同三司□□□□□□□司武□□大夫大象二年□□司武大夫進位上儀同大將軍皇隋□運□□茅社進爵爲公開皇二年□上開府車騎將軍六年十二月除使持節邛州諸軍事邛州刺史橘園鹽井物□富饒□□□文民俗□□□□祭□□□

之□莫傳文君聽琴失身之風未絕公齊禮正德令行禁止渝人□□欣戴仁風蜀□鳴絃□□美下闕　之□□□□玉金空有□□之□十一年因疾還京十六年八月十六日薨于京第春秋六十有五粵已十七年二月廿五日厝于□西縣交川鄉唯公□宇外□□內□非禮不動唯仁是託夜□□行未□改□容□疾□□兩不□□其□□□□同□□之□心地□九□之□垂□□□之□□□□□呂之□□□乎若對下闕　庭加已□□好古重□輕財□車而□周人□□□□窮士□□軍□雅善兵□研□水□□□□□山之□□□□文之妙下闕　之□□杯不□比□□一德包□□□□可大可久全行全名而才□半古□不充□□□山之□未□中□之下闕　于□□絕絃止□□□□士友□□長史□□大□□□□咸□□者□□□風俗會稽典□之□安□先賢之狀下闕　民□□于夏□之□□□佳□之地乃相與進□□城門下闕　而青松□□□□久□□□□史其辭曰□乘下闕　後□□□咸名王下闕　文下闕　行手握靈珠心下闕　物下闕　未分□天下闕碑拓本案此碑剝蝕過半據石墨鐫華云余過觀搨二紙而碑頗完獨闕使君名則今世未必無明拓本故己置而復錄之

建安公等造尼寺碑

昔夫老子作上下之經纔表淸虛之妙莊生著內外之義且論出處之高無申業報之言豈暢因緣之旨眘言大道未爲盡得是知神理未滅眞趣幽玄心期之理起惑與障若非達聖膺運至德降靈孰能敷化大千□□彼岸暨□通漢夢炭驗昆明法輪西闡像教東被自尒迄今將千載矣雖神功妙迹迴出天人應物隨方多有□□□□□玄風遂扇緒□更繁或廢或興隨時出沒良由心塗所隔業緣致壅故耳我大隋膺千齡之會處五運之□□□□道先天協命皇帝統厤乘元欽明御宇秉金輪已治世懸玉鏡而照

臨聲逸萬古澤被遐外好生惡殺泣辜解納輕茲小道慕彼大乘欲歸一諦會由三寶乃詔州縣各立僧尼二寺兾聖軌之將頹繼金言之暫缺使君建安公衣冠水鏡搢紳模楷入朝見美出牧稱賢含柔履愼率由成則德流異部聲播殊方念法界已歸依弘慈善已訓物申命懃至不捨斯須縣令西河宋景輔國將軍內散復州別駕治長史宜昌竟陵二郡□□□都督允文允武所在稱奇製錦一周弦歌千室志懷清愼恒若履冰能官之美今古獨絕渶悟非常情存釋典聽訟之暇無忘福田丞大梁齊相尉博陵張服河閒張儭竝已明哲來贊專城淸勲自處譽宣鄉邑俱申迴向之心共忻眞淨之路心意精實不行自遠遂仰依明敎俯厲宿誠乃于形勝之所崇構尼寺縣官七職爰及鄉正之徒感斯福德忻然營助寺主道㲯等覺法䌷上坐智最綏稱等咸已戒操端嚴音儀匪忒煩惱已棄業行聿脩相與經始不日而就尒其勢極弘麗地

惟爽塏。房廡深重。長廊交暎。連甍雲合。比屋霞舒。寶鐸迎風。雕梁照日。至于莊嚴□殿。飾盡丹青。相好非常。光興特絕。舊尼宿德。瞻覩律藏。莫不負錫來遊。有懷樂上。竊惟靈應微遠。無迹可尋。但理□□□言由事發。故探賾索隱。更顯法于將來。幽贊神明。亦了達于未悟。然則立德之美。從斯而見。著述之義。其在□□。今盛業既彰。大功剋構。而徽猷莫記。非所以曉示來葉者也。是以敬勒他山。式遵前學。庶無土功德。與山□□□傳。其詞曰。

逖聽前脩。曾聞莊老。可名非名。可道非道。逍遙爲貴。齊物爲寶。緣報不由。理尚未好。遙哉上覺。□□神功。四禪無像。三界畢空。□非迹應。事以感通。無因達聖。何以開蒙。於惟我皇。自天攸縱。九有懷德。八方咸統。治尚無爲。民隨日用。滔風既□。式歌且誦。功參佐命。來牧蕃維。秉茲德實。是導是綏。民知禮讓。俗尚謙撝。過則稱己。功必□□。實爲良宰。撥煩理□。既經德化。風移俗易。仁不獨善。贊輔斯益。共保令名。嘉命可適。爰有明詔。誥彼四方。玄風更闡。遺教重昌。同□□德。上下紀綱。伽藍仍建。迴刹高驤。物愛雕修。人榮寶飾。畫堂皎皎。華棟翼翼。名德卜居。宴坐止息。歸依一□□□□□溫溫哲人。穆穆明后。作我橋梁。弘茲善誘。有言必應。言立不朽。敬勒斯銘。天長地久。大隋開皇十一年歲次辛亥六月辛□□　碑拓本。

全隋文卷三十終

全隋文卷三十一

烏程嚴可均校輯

外國

倭國王多利思北孤

多利思北孤姓阿每。

國書

日出處天子致書日沒處天子無恙云云隋書東夷倭國傳大業三年其王多利思北孤遣使朝貢其國書云云帝覽之不悅

高昌王麴伯雅

伯雅本金城榆中人開皇中嗣位大業中尚宗女華容公主拜光祿大夫弁國公。

下令國中

夫經國字人以保存爲貴寍邦緝政以全濟爲大先者以國處邊

荒境連猛狄同人無咎被髮左衽今大隋統御宇宙平一普天率土莫不齊向孤既沐浴和風庶均大化其庶人以上皆宜解辮削衽。隋書高昌傳大業五年伯雅來朝因從擊高麗還尚宗女華容公主八年冬歸蕃下令國中。

突厥沙鉢略可汗

可汗姓阿史那氏名攝圖伊利可汗之子齊周間佗鉢可汗以爲爾伏可汗統其東面佗鉢卒國人迎立之號伊利俱羅設莫何始波羅可汗一號沙鉢略治都斤山後度漠南寄居白道川立約以磧爲畍

致隋文帝書

辰年九月十日從天生大突厥天下賢聖天子伊利俱羅設莫何始波羅可汗致書大隋皇帝使人開府徐平和至辱告言語具聞也皇帝是婦父即是翁此是女夫即是兒例兩境雖殊情義是一今重疊親舊子子孫孫乃至萬世不斷上天爲證終不違負此國所有羊馬都是皇帝畜生彼有繒綵都是此物彼此有何異也隋書突厥傳北史九十九

上隋文帝表

大突厥伊利俱羅設始波羅莫何可汗臣攝圖言大使尙書右僕射虞慶則至伏奉詔書兼宣慈旨仰惟恩信之著逾久逾明徒知負荷不能荅謝伏惟大隋皇帝之有四海上契天心下順民望二儀之所覆載七曜之所照臨莫不委質來賓回首面內實萬世之一聖千年之一期求之古昔未始聞也突厥自天置以來五十餘載保有沙漠自王蕃隅地過萬里士馬億數恆力兼戎夷抗禮華夏在于北狄莫與爲大頃者氣候清和風雲順序意以華夏其有大聖興焉況今被霑德義仁化所及禮讓之風自朝滿野竊以天無二日土無二王伏惟大隋皇帝眞皇帝也豈敢阻兵恃險偷竊名號今便感慕淳風歸心有道屈膝稽顙永爲藩附雖復南瞻魏

闕山川悠遠北面之禮不敢廢失當令侍子入朝神馬歲貢朝夕恭承唯命是視至于削衽解辮革音從律習俗已久未能改變闔國同心無不銜荷不任下情欣慕之至謹遣第七兒臣窟含眞等奉表以聞。隋書突厥傳沙鉢略立約以磧爲界因上表又見北史九十九通典一百九十七。

突厥莫何可汗

可汗名處羅侯號突利設攝圖弟開皇七年嗣位爲葉護可汗隋拜爲莫何可汗

奏請取北牙

阿波爲天所滅與五六千騎在山谷間伏聽詔旨當取之以獻隋書長孫晟傳開皇七年攝圖死遣晟持節拜其弟處羅侯爲莫何可汗處羅侯因晟奏

突厥啓民可汗

可汗名染干攝圖次子號突利可汗居北方開皇十九年拜爲意珍豆啓民可汗

上表謝恩

臣既蒙豎立。復改官名。昔日姦心。今悉除去。奉事至尊。不敢違法。隋書突厥傳。

上表陳謝

大隋聖人莫緣可汗。憐養百姓。如天無不覆也。如地無不載也。諸姓蒙威恩。赤心歸服。竝將部落歸投聖人可汗來也。或南入長城。或住白道。人民羊馬。徧滿山谷。染干譬如枯木重起枝葉。枯骨重生皮肉。千萬世長與大隋典羊馬也。隋書突厥傳。

上煬帝表

已前聖人先帝莫緣可汗存在之日。憐臣。賜臣安義公主。種種無少短。臣種末為聖人先帝憐養。臣兄弟妬惡。相共殺臣。臣當時無處去。向上看只見天。下看只見地。實憶聖人先帝言語。投命去來。聖人先帝見臣大憐。臣死命養活。勝于往前。遣臣作大可汗。坐著

也。其突厥百姓。死者已外。還聚作百姓也。至尊今還如聖人先帝。捉天下四方坐也。還養活臣及突厥百姓。實無少短。臣今憶想聖人及至尊養活事。具奏不可盡。竝至尊聖心裏在。臣今非是舊日邊地突厥可汗。臣即是至尊臣民。至尊憐臣時。乞依大國服飾法用一同華夏。臣今率部落。敢以上聞。伏願天慈。不違所請。隋書突厥傳。

全隋文卷三十一終

全隋文卷三十二

烏程嚴可均校輯

釋氏一

智顗

智顗字德安。俗姓陳。潁川人。居華容。梁末出家湘州果願寺。陳光大初住金陵瓦官寺。太建中入天台。至德中召住光宅寺。陳亡。晉王奉爲戒師。號智者。尋歸湘州。又入天台。開皇十七年卒。

諫僧尼策經落第休道

調達誦六萬象經。不免地獄。槃特誦一行偈。獲羅漢果。篤論道也。豈關多誦。釋藏羅口。續高僧傳。

將赴晉王召求四願

一。雖好學禪。行不稱法。年極西夕。遠守繩牀。撫臆循心。假名而已。吹噓在彼。惡聞過實。願勿以禪法見期。二。生在邊表。頻經離亂。身

闇庠序。口拙暄涼。方外虛玄。久非其分。域間撙節。無一可取。雖欲自慎。樸直忤人。願不責其規矩。三。微欲傳燈以報法恩。若身當戒範。應重去就。去就若重。傳燈則闕。去就若輕。則來嫌誚。避嫌安身。未若通法。口命。願許其爲法。勿嫌輕動。四。十餘年水石之間。因以成性。今王途既一。佛法再興。謬課庸虛。沐此恩化。內竭朽力。仰酬外護。若丘壑念起。願隨心飲啄。以卒殘年。許此四心。乃赴優旨。同上。

與晉王書論毀寺

今獲蔣州奉誠寺慧文律師書。敬呈如別。仰惟匡持三寶。行菩薩慈。近年寇賊交橫。寺塔燒燼。仰乘大力。建立將危。遂使佛法安全。道俗蒙賴。收拾經像。處處流通。誦德盈衢。銜恩滿路。昔居戎在陣。尚得存心。況息武興文。方應光顯。至如慧文所述。搒剔伽藍。必由在所官人。多生僻解。致令外僧惶惑。憂懼不寧。貧道常念無堪。謬當知識。若論愛惜形命。豈敢言忤公門。特是佛法相關。亦由香火

事大。意之所爲。唯憂冥道。寧忘即日之身。必存未來之義。若不遠慮心。則虛當四事。復乖三稔香火。是何人乎。是何人乎。在所官司唯悕事辦。豈慮因果將來善惡耶。當願聖德尊嚴。履萬安之路。福祿隆重。高而不危。修菩薩行。棟梁佛法。牆塹三寶。澤覃四海。風芳萬代。若謂寺多州少。國或不聽。方便善權。仰由安立。若須營造治葺城隍。江南竹木之鄉。采伐彌易。仰希弘綱提拔。將就故寺。若存新福。更長。冀蒙矜允。幽顯沾恩。法事仰干。追深愧踖。沙門某敬白。三月十一日。釋藏起二。國清百錄二。

與晉王書請爲匡山兩寺檀越

江州匡山東林寺者。東晉雁門慧遠法師之所創也。遠是彌天釋道安之高足。安是大和尚佛圖澄之弟子。三德相承。如日月星。眞佛法梁棟。皆不可思議人也。而遠內閑半滿。外善三玄。德布遐方。聲高霄漢。初詣山足。依止一林。共邪舍禪師頭陀其下。若說若默

修西方觀。末于林右建立伽藍。因以爲名東林之寺。遠自創般若佛影二臺。謝靈運穿鑿流池三所。梁孝元構造重閣莊嚴寺宇。即日宛然。峯頂玄者。是齊慧景禪師感山人延請。因棲其峯。次梁慧歸在後登躡。方建伽藍。峯有水泉。忽然枯涸。歸燒香呪願。清流盈滿。天降甘露于泥洹日。是以先德名蹤。垂芳不斷。松霞清曠。觸處蕭條。公私往還。莫不歸向。自大化江左。貧道因至彼山。憩泊東林。時遊峯頂。以歲爲日。羨翫忘勞。然山下伽藍。偏近驛道。行人歸去。頗成混雜。今奉請爲兩寺檀越。庶藉影響。衆得安心。禮誦虔誠。用酬洪澤。并乞勒彼所由。永禁公私停泊。沙門某敬白。同上。

荅晉王請撰淨名義疏書

爰逮累翰。殷勤至法。四夫行善。止度一身。仁王弘道。含生荷賴。蓋登地菩薩。應生大家。所以發心。興隆大道。曷可量也。孰可比哉。貧道山僧。本懷夙志。于天台舊居。言念無捨。庶因世境安樂。更得寄

跡幽林仰爲行道非唯城邑近處誘來人衆擬迹師資願此疏藪已非時許況聖澤日隆復垂今命省諸肅齡彌匪克堪貧道稟承師教禪慧願持耳去眼流如華上水朱聽經論其功既淺賴荷禪門憑定修習比于專學數論區分理乃弗違業乖至孰自非如來明達種智高圓檀林殊能誰肯雙摘況乎去聖滋遠曉悟甚微徒欲承恩懽乖濱寄有招幽讚兼虧聖德特願更迴神慮別俟勝賢妙果芳因使無斷絕經稱一句染神歷劫不朽大智慧海信爲能入固知深解大乘佛法久住功德易滿智慧最高守質抱愚仰希德覽徒申肅俚終不自宣沙門某白（同上）

與晉王書請爲天台玉泉十住三寺檀越

前所諮天台山事本聽後期爰逮報示不然夙志棲霞乃言咫尺非關本誓之心天台既是寄終之地所以恒思果遂每囑弟子恐命不待期一旦無常身充禽鳥焚燒餘骨送往天台願得次生還

棲山谷修業成辦乃可利人但仰赴義門多慙菲淺發心既重輒課庸微去聽慈恩庶無忽促政言天台營理本擬十方安立僧徒非專爲己昔年修葺願創伽藍形可隨緣香燈難絕故欲遺修葺冀憑方便同途汝具淨人得蒙勝舉并祈一旨事並前諮方乞寺名庶作檀越懼多煩沓未敢同時處處結緣功德彌大玉泉十住許垂恩爲檢校唯待敎旨即遣僧使冀藉光威三寺邁葺伽藍未整功德已圓仰闕煩煩言何能謝沙門某白三月二十日（釋藏起三國淸百錄三）

荅晉王書謝度人出家

切以今月嘉辰菩薩應世奉爲至尊皇后報恩功德鎔寫靈像度人出家現在因緣福業無量使五沙彌爲弟子輒當恭自作說戒師年歲既小別須和尚必選名德爲作依止並賜法衣即于衆前歡喜頂戴沙門某敬白七月十九日（同上）

荅晉王書論放徒流

開府學士柳顧言宣教金光明行法究竟如十五月淸淨圓滿恩放徒流矜勉鞭罰上開府潘惠達儀同張四娘等凡四十五人賜令斟酌謹即依事詢詳切以一人出世多人利益違善御俗仰屬輪王案此經云若犯王法繫縛枷鎖諸苦惱等悉令解脫又灌頂經云王當放赦屈見之人徒鎖解脫王得其福天下太平雨澤以時人民安樂敎旨符應經文豈非宿殖德本慈善根力謬以多幸忝此大緣率勵僧徒淸齋洗浣龍王注雨甘澤並周爰開獄門枷械解脫徒流原宥莫不蹈舞殿庭稱恩感戴加復送以勝旛仍懸寶塔登高散華燒香朗燭並留供設設法開示咸令向善其僧法運等雖著法衣不能修心身犯國憲取穢道流忍乃上來戳深下恥白大衆留七日晨夜訓贅暫依僧數使慙誡奬耳沙門某敬白十月十六日（同上）

荅謝晉王施物書

開府柳顧言宣教以法歲圓滿爰降勞問并施金色新製香爐奩一具法衣一通絲絹百段燭三十挺紙二千張上廚果食等剎那不住節序相催老至易悲觀心難諦幸逢弘建正法省無戒慧實懼難銷香爐起峯蓮華奪豔忍辱離塵安行履蹈經稱受用無作恆生燭俟夜燎紙擬抒名當機要施法事忘謝果食緣符道場同沾歸福有在辭略言外沙門某敬白七月十五日（同上）

遺書臨海鎮將解拔國述放生池

貧道少懷靜志願屏囂塵微悟苦空得從閑曠是以去西陝之舊里將領門徒遊憩天台十有二載但此山溪接江源連亙海際魚捕滬業交橫塞水殺戮既多衰笑無限非直夭傷物命有足悲者亦是公私去來頻遭沒溺以此死亡不可稱數貧道不惟虛薄願言拯濟仍率勵山僧貨衣貲什物就土民孔玄達等買茲滬業永

作放生之池。變此魚梁。翻成法流之水。故臨海內史計尚兒敬法心重。仍請講說金光明經至流水品。檀越羊公賀等。聞斯妙句。咸捨滬業。凡五十五所。遂使水陸沾濡。人蟲荷澤。蓋聞雨花滿室。答長者之恩。明珠照夜。報隋侯之德。斯固植妙行于前。修播芳風于末代。福不康捐。善無虛失。仍以此事表白前陳。敕云。此江若無烏賊珍味。宜依所請。永爲福池。國子祭酒徐孝克爲植德本。才地兼美。聞斯積善。請樹高碑。冀此洪基。與嶽同固。願茲勝業。將日月俱全。昔陳氏江東。地不過數千里。猶若此慕善忘懷。仰惟皇帝陛下。秉金輪而御八表。握寶鏡以臨四民。風雨順時。馬牛內向。信以道高堯舜。德邁軒羲。加復躬行十善。等赤子于羣分。自運四弘。總下生而普濟。且不麛不卵。著自外書。救蟻救魚。聞之內典。豈富有天下。而恪惜一江源。恩洽宇內。而獨隔數百里。改蓮花之池。興燒煮之業。使軍民恣其傷殺。水族嬰其酸楚。身首分離。骨月糜潰。以貧道意度皇帝之心。豈其然乎。但晉王殿下。道貫今古。允文允武。二南未足比其功。多材多藝。兩獻無以齊其德。茂績振于山西。英聲馳于江左。管淮海之地。化吳會之民。不以貧道不肖。曲垂禮接。躬非世範。謬荷人師。具述事源。爰降符命。在所恭承。莫敢違越。假令別有嚴使。的奉敕符。毀所樹之碑。復民滬業者。貧道即振錫披衣。擔簦躡履。遠遊京輦。詣闕上書。殞首碎身。以全物命。況今上旨。總使江南收捕海族。而江溪山水。不出海魚。披省符文。事不相涉。特由在斯。苟欲是非。毀壞放生。興殘害業。當今太平之世。路不拾遺。若恣軍民收羅采捕。則是奪人現財。公行劫盜。若以至尊欲令軍民豐沃。不許放生者。去貧道西遊路經岳州。刺史王宣武。仍結香火。稟受大乘。而彼地民不事農桑。專行殺捕之業。學士曇捷請講。遂即停罷。一州五縣。咸捨其業。凡一千餘所。以事表臺。降敕開許。自是岳州。頻降祥瑞。使君宣武。旌賞倍常。至尊神智高明。有感皆應。豈容爲軍民口味。奪人善業。縣尉此啟。恐成僻見。且江溪狹小。不及岳州一基之地。又止有雜魚。本無海族。至尊以晉王殿下。有文武奇才。故偏加委任。江南諸州。事無大小。皆由決判。今若不得注言王教不聽者。則是是非由于縣。裁斷不關晉王。如此之言。豈可聞于玉耳。且大王親有符旨。開許放生。何容在所私行擁遏。貧道辭還幽谷。有二因緣。一爲大王功德。治葺舊寺。二爲案行江溪。修營福會。共諸檀越。遠建菩提。爰被存亡。莊嚴口口。永願一人有慶。保盤石之基。使十千之魚。恣相望之樂。貧道至止已久。頻荷優任。供給資須。人功影響。每思往彼。未展來遊。遙聽所聞。頗傳惠化。境有三異之德。民謠五袴之歌。飡味高風。誠深隨喜。但君臨稍畢。旋反非賒。唯希善始令終。以全嘉譽。攀轅臥轍。無媿昔賢。貧道反覆九思。徘徊三省。北方人士。壽長有福。豈非慈心少害。感此妙齡。東海民庶。多夭殤。漁獵所以短命。貧窶乃是世間現見。可爲鑒誡者也。今若斷三歸之命。養五陰之身。斯則廢淨土之花業。起無邊之重過。事既反常。恐非養生之術。餘州鎮防。不邊江海。既處高源。采捕無地。未聞亡身他境。帶病還鄉。豈復必須水族。以資身命。直令采捕。尚乃非宜。況有毀他放生。以給軍士。明府在鎮清嚴。遠近稱歎。一錢不納。一犢方留。噲參養鵠。卒獲寶珠。孔愉放龜。終佩金印。檀越若不逆晉王符旨。不乖貧道之言。則是再灑法流。奉宣帝道。有德必酬。無善不報。玉珮雕弓。不求自至。金印紫綬。應念便來。今遣弟子普明齎舊事往簡。但明府總此邦之務。執一鎮之兵機。有敎必行。如風靡草。願以貧道此書宣示百姓。訓誨軍民。使遵九言之教。無爲始禍。改十惡之心。永符元吉。事事信人口具。不復委陳。沙門智顗白。（釋藏起字四號。國清百錄四。）

赴晉王召道病遺書告別

貧道初遇勝緣。發心之始。上期無生法忍。下求六根清淨。三業殷勲。一生望獲。不謂宿罪殃深。致諸留難。內無實德。外虛名譽。學徒強集。檀越自來。既不能絕域遠避。而復依違順俗。自招惱亂。道退行虧。應得不得。憂悔何補。上負三寶。下愧本心。此一恨也。然聖法既差。自審非分。欲以先師禪慧。授與學人。故留滯陳都。八年弘法。諸來學者。或易悟而早亡。或隨分而自益。無兼他之才。空延教化。略成斷種。自行前闕。利物久虛。再負先師百金之寄。此二恨也。而年既西夕。恆惜妙道。思值明時。願逢外護。初蒙四事。既勵朽年。師以學徒四十餘僧三百許日于江都行道。亦復開懷。待來問者。儻逢易悟。用答王恩。而不見一人。求禪求慧。與物無緣。頓至于此。謬當信施。化導無功。此三恨也。又作是念。此處無緣。餘方或有。先因荊潭之願。願報地恩。大王弘慈。霈然垂許。于湘潭功德。粗表微心。雖結緣者衆。孰堪委業。初謂緣者不來。今則往求不得。推想既謬。此四恨也。于荊州法集。聽衆一千餘僧。學禪三百。州司惶慮。謂乖國式。豈可聚衆。用惱官人。故朝同雲合。暮如雨散。設有善萌。不獲增長。此乃世調無堪。不能諧和得所。此五恨也。既再遊江都。聖心重法。令著淨名疏。不揆闇識。輒述偏懷。玄義始竟。麾蓋入謁。復許東歸。而吳會之僧。咸欣聽學。山間虛乏。不可聚衆。束心待出。訪求法門。暮年衰弱。許當開化。今出期既斷。法緣亦絕。此六恨也。在山兩夏。專治玄義。進解經文。至佛道品。爲二十一卷。將身不慎。遂動熱渴。一百餘日。競疾治改。際此夏末。虛有追呼。束裝待期。去月十七日。使人至山。止留一宿。遽比螢光。早希進路。行過剡嶺。次至石城。氣疾兼篤。不能復前。此之義疏。口授出本。一徧自治。皆未搜簡。經論僻謬尚多。不堪流布。既爲王造。蓋羞其拙。囑弟子抄寫後本。仰簡前所送玄義及入文者。請付弟子焚之。天挺睿智。願一徧開讀。覽其大意。餘無可觀。貧道灰壤雖謝。願留心佛法。詢訪勝德。使義門無廢。深窮佛教。治道益明。徧行徧學。是菩薩行。如來滅度法

付國王。貧道何人。慧門憑委。欣然就盡。沒有餘榮。但著述延歲。文義不同。悵然自慚。生來所以周章者。皆爲佛法。爲國土。爲衆生。今得法門仰寄。三爲具足。六根釋矣。命盡之後。若有神力。誓當影護王之土境。使願法流衍。以答王恩。以副本志。菩薩誓願。誠而不欺。香火義深。安知仰謝。願觀泡幻。知有爲法。一切無常。會而不離。終不可得。唯當勤戒施惠。以拒四山。早求出要。豈須傷法。煩勞聖懷。蓮華香爐。犀角如意。是王所施。今以仰別。願德香遐遠。續高僧傳作還用仰別使永布德香長保如意也。南嶽大師滅度之後。未有碑頌。前蒙教許自製。願不忘此旨。南嶽師于潭州立大明寺。彌天道安于荊州立上明寺。前蒙教影護。願光飾先德。爲作檀越主。貧道在世六十年。未嘗作有爲功德。年暮力弱。多闕用心。又香火施重。近于荊州。仰爲造玉泉寺。修治十住寺。並蒙教囑彼總管蘄春郡公達奚長儒。僧齋敘書至夏口。而蘄春公亡。書未及付。慈恩已足。願爲玉泉作檀越主。今天台頂寺茅菴稍整。山下一處。非常之好。又更仰爲立一伽藍。始翦木位基。命弟子營立。不見寺成。冥目爲恨。天台未有公額。願乞一名。移荊州玉泉寺貫十僧住天台寺。乞廢寺田爲天台基業。寺圖并石像發願疏。悉留仰簡。泰平聖世。皇風整肅。菩薩淨土。不可思議。切見諸州迭送租米。車腳皆三五倍。于公斂不多。私費爲重。典章處分。別有深規。貧道不閑。忽言國式。輒謂無米之州。運送宜爾。有米之州。當地輸送。則無此私費。管窺未見理。若于式有妨。請不須論。于事有益。願爲諮奏。使蒼生慶賴。然國是王國。民是王民。加修慈心。撫育黎庶。犬馬識養。人豈忘恩乎。昔聞齊高氏見負炭兵。形容憔悴。愍其辛苦。放令出家。唯一人樂去。齊主歎曰。人皆有妻子之愛。誰肯孤房獨宿。瞪視四壁。自隱山林。以此觀之。出家難得。今天下曠大。賦斂寬平。出家者少。老僧零落。日就減前。貫帳時或隨緣聽學。或山林修道。不及帳名。雖復用心。常懷憂懼。

此例不多。悉有行業。願許其首貫。則是度人出家。增益僧衆。熾然佛法。得無量功德。昔三方鼎立。用武惜人。今太平一軌。修文修福。正是其宜。又末法衆僧。多行不稱服。尚不揀人意。況扶經律。王秉國法。兼匡佛教。有罪者治之。無罪者敬之。起平等不可思議心。則功德無量。此等之事。本欲面諮。未逢機會。奄成遺囑。亦是爲佛法爲國土爲衆生。若能留心功德。仰賽臨命口授。言盡力窮。期迫戀多。知復分說。大善知識。菩提爲期。沙門某敬白。開皇十七年十一月。〈釋藏起三。國淸百錄三。〉

淨土十疑論

第一疑。問。諸佛菩薩以大悲爲業。若欲救度衆生。祇宜生此三界。于五濁三塗之中。救衆生苦。因何求生淨土。自安其身。捨離衆生。是無大慈。障菩提道。　荅。菩薩有二種。一者久修行菩提道。得無生忍。自不待說。二者未得不還及初發心凡夫。要須常不離佛。忍力成就。方堪處三界。于惡世中救苦衆生。故智度論云。具縛凡夫起大悲生。願生惡世救苦衆生者。無有是處。何以故。惡世界煩惱強。自無忍力。心隨境轉。聲色所縛。自墮三塗。焉救衆生。故維摩經云。自疾不能救。而能救疾人。又智度論云。譬如二人同行。一人爲水所溺。一人性急。直入水救。爲無方便力。彼此俱沒。一人有方便。往取船筏。乘之救接。悉皆得脫水溺之難。新發意菩薩亦復如是。爲此常須近佛。得無生已。方能救衆生。如得船者。又論云。譬如嬰兒不得離母。若離母。或墮坑井。渴乳而死。又如鳥子翅羽未成。祇得依樹傅枝。不能遠去。翅翮成就。方能空飛。自在無礙。凡夫無力。專念阿彌陀佛。使成三昧。以念成故。臨終斂念。得生決定無疑。

第二疑。問。諸法體空。今乃捨此而求西方。豈不乖理。　荅。釋有二義。一者總荅。二者別荅。總荅者。汝若言求生西方彌陀淨土。則是捨此求彼。不中理也。汝若執住此。不求西方。是捨彼著此。此亦成病。亦不中理也。又轉計云。我亦不求生彼。亦不求生此者。則斷滅見。故金剛般若云。須菩提。念若作是念。發阿耨多羅三藐三菩提心者。說諸法斷滅相。莫作是念。何以故。發菩提心者。于法不說斷滅相。二別荅者。夫不生不滅者。于生緣中。諸法和合。不守自性。求于生體。亦不可得。此生生時。無所從來。故名不生。不滅者。謂諸法散時。不守自性。言我散滅。此散滅時。去無所去。故言不滅。非因緣生滅外。別有不生不滅。亦非不求生淨土。喚作無生。偈云。因緣所生法。我說卽是空。亦名爲假名。亦名中道義。又云。諸法不自生。亦不從他生。不共不無因。是故說無生。又云。譬如有人造立宮室。若依空地。隨意無礙。若依虛空。終不能成。諸佛說法。常依二諦。不壞假名而說諸法實相。智者熾然求生淨土。達生體不可得。卽是眞無生。此謂心淨故佛土淨。愚者爲生所縛。聞生卽作生解。聞無生卽作無生解。不知生卽無生。無生卽生。不達此理。橫想是非。瞋他求生淨土。幾許誣哉。此則是謗法罪人。邪見外道也。

第三疑。問。十方諸佛。一切淨土。法性平等。功德亦等。行者普念一切功德。生一切淨土。今乃偏求一佛淨土。與平等性乖。云何生淨土。　荅。一切諸佛土。實皆平等。但衆生根鈍濁亂者多。若不專繫一心一境。三昧難成。專念阿彌陀佛。卽是一相三昧。以心專致。得生彼國。如隨願往生經云。普廣菩薩問佛。十方悉有淨土。世尊何故偏讚西方彌陀淨土。專遣往生。佛告普廣。閻浮提衆生心多濁亂。爲此偏讚西方一佛淨土。使諸衆生專心一境。易得往生。若總念一切佛者。念佛境寬。則心散漫。三昧難成。不得往生。又求一佛功德。與求一切佛功德無異。以同一佛法性故。爲此念阿彌陀佛。卽念一切佛。生一淨土。卽生一切淨土。故華嚴云。一切諸佛身。卽是一佛身。一心一智慧。力無畏亦然。又云。譬如淨滿月。普應一切水。形像雖無量。本月未曾二。如是無礙智。成就正等覺。應念一切

其當作具

刹。佛身無有二。智者㠯譬喻得解。若能達一切月影卽一月影。一月影卽一切月影。月影無二。故一佛卽一切佛。一切佛卽一佛。法身無二故。故熾然念一佛時。卽念一切佛也。

第四疑。問。卽求生一佛淨土。何不于十世佛土內隨念一佛淨土。何須偏念西方淨土耶。　答。凡夫無智。不敢自專。專用佛語。只知偏念阿彌陀佛。云何用佛語。釋迦大師一代說法。處處聖教。惟勸衆生專心偏念阿彌陀佛。求生西方。如無量壽經、觀經、往生論等。數十餘部經論文等。殷勤指授。勸生西方。故偏念也。又彌陀佛別有大悲四十八願。接引衆生。又觀經云。阿彌陀佛有八萬四千相。一一相有八萬四千好。一一好放八萬四千光明。偏照法界。念佛衆生。攝取不捨。若有念者。機感相應。決定得生。又彌陀經、大無量壽經、鼓音王、陀羅尼經等云。釋迦佛說經時。皆有恆河沙佛。舒其舌相。偏覆三千大千世界。證成一切衆生念阿彌陀佛。乘佛大悲願力。決定得生極樂。當知阿彌陀佛。與此世界偏有因緣。何㠯得知。無量壽經云。末世得法之時。特駐此經百年在世。接引衆生往生彼國。故知阿彌陀佛。與此世界極惡衆生偏有因緣。其餘諸佛一切淨土。雖一經兩經。略勸往生。不如彌陀佛處處經論。殷勤叮嚀。勸往生也。

第五疑。問。其縛凡夫。惡業厚重。一切煩惱。一毫未斷。西方淨土。出過三界。具縛凡夫。云何得生。　答。有二種緣。一者自力。二者他力。自力者。瓔珞經云。始從具縛凡夫。未識三寶。不知善惡因之與果。初發菩提。㠯信爲本。住在佛家。㠯戒爲本。受菩薩戒。身身相續。戒行不缺。經一劫二劫三劫。始至初發心住。如是修行十波羅蜜等無量行願。相續無間。滿一萬劫。方始至第六正性住。若能增進至七不退住。卽種性住。此約自力。卒未得生淨土也。他力者。若信阿彌陀佛大悲願力。攝取念佛衆生。卽能發菩提心。行念佛三昧。厭

離三界身。起行施戒修福。于一一行中。迴願生彼彌陀佛土。乘佛願力。機感相應。卽得往生。故十住婆娑論云。于此世界修道有二種。一者難行道。二者易行道。難行道在于五濁惡世。于無量壽佛時。求阿鞞跋致。甚難可得。此難如塵沙。說不可盡。略述三五。一者外道相眩。亂菩薩法。二者無奈惡人。破他勝德。三者顛倒善果。能壞梵行。四者聲聞自利。障于大慈。五者惟有自力。無他力。譬如跛行。一日不過數里。極大辛苦。謂自力也。易行道者。謂信佛敎。念佛三昧。願生淨土。乘彌陀願力。攝持決定往生。如人水行。藉船力故。須臾千里。謂他力也。又如劣夫從轉輪王。一日一夜周行四天下。非自力。輪王力也。

第六疑。問。具縛凡夫。得生彼國。邪見三毒等常起。云何卽得不退超過三界。　答。得彼國。有五因緣不退。云何爲五。一者阿彌陀佛大悲願力攝受。故得不退。二者佛光常照。故菩提心常增進不退。三者水鳥樹林。風聲樂響。皆說苦空。聞者常起念佛念法念僧之心。故不退。四者彼國純諸菩薩。㠯爲良友。無惡緣境。外無鬼神魔。內無三毒等煩惱。畢竟不起。故不退。五者生彼國。卽壽命永劫。共菩薩佛齊等。故不退也。

第七疑。問。彌勒菩薩一生補處。卽得成佛。上品十善。得生彼處。見彌勒菩薩。隨從下生。三會之中。自然得聖果。何須求生西方。　答。縱求生兜率。一日聞道見佛。勢若相似。實有優劣。且論二種。一者縱持十善。恐不得生。彌勒上生經云。行衆生三昧。得入正定。方便得□□無方便接引之義。不如阿彌陀佛本願力光明力。但有念佛衆生。攝取不捨。又釋迦佛說九品敎門。方便接引。殷勤發遣。生彼淨土。但衆生能念阿彌陀佛者。機感相生。必得生也。二者兜率天宮是欲界。退位者多。無有水鳥樂樹。風聲樂響。起衆生菩提之心。伏滅煩惱惡業。又有女人。長諸天愛欲。天女微妙。諸天耽玩。自不

能捨。不如彌陀淨土。水鳥樂樹。風聲樂響。衆生聞者。皆生念佛念法之心。伏滅煩惱。又無女人及與二乘。純一大乘。清淨良伴。爲此煩惱惡業。畢竟不起。遂致無生之位。如此比校。優劣顯然。何須致疑。今觀釋迦佛在世之時。大有衆生見佛。不得聖果者恆沙。彌勒出世亦爾。何如彌陀淨土。但生彼國。悉得無生法忍。未有一人退落。爲生死業縛者也。又西國傳云。有三菩薩。一名無著。二名世親。三名獅子覺。此三人發願。同生兜率見彌勒。若先亡者。得見彌勒。誓來相報。獅子覺先亡。一去數年不來。後世親臨終之時。無著語云。汝見彌勒。必來相報。世親已去。三年始來。無著問曰。何意如許多時始來。世親云。至彼天中。聽彌勒說法。一坐旋繞。即來相報。不曉此處。已經三載。又問獅子覺今在何處。世親云。獅子覺爲受天樂。在外眷屬。從去已來。總不見彌勒。諸小菩薩生彼。尚在五欲。何況凡夫。爲此願生西方。定得不退。不求兜率也。

第八疑。問。衆生無始已來。造無量業。今生又復無惡不造。云何臨終十念成就。即得往生。出過三界。法業之事。　荅。釋云。衆生無始㠯來。善惡業種。多少強弱。並不得知。但能臨終遇善知識。若惡多者。知識尚不可逢。何況十念成就。又汝㠯無始來惡業爲重。臨終十念爲輕者。今㠯三種輕重較量。不定在時節多少。云何爲三。一者在心。二者在緣。三者在決定。在心者。造罪之時。從自心虛妄顛倒生。此心。初不知其爲罪業也。念佛者。從善知識聞說阿彌陀佛眞實功德名號。生此心。方知其爲勝因實福也。一虛一實。豈可相比。譬如萬年暗室。日至而暗頓滅。豈可㠯久來之暗。遂不滅耶。在緣者。造罪之時。從虛妄痴闇心。緣虛妄境界顛倒生。然眞心未嘗不惶愧。有時而掩飾也。念佛之心。從聞佛清淨眞實功德名號。緣眞實覺悟。踴躍奮迅心生。唯恐其不得一旦見佛也。一眞一僞。豈可相比。譬如人被毒箭。中箭深毒慘。傷肌破骨。一聞滅除藥鼓。即箭出毒除。豈肯㠯箭深毒慘。而不去乎。決定者。造罪之時。初不信其有佛也。及至念佛之時。又唯恐其有罪也。念心猛利。如日再明。又譬如十圍之索。千夫莫制。童子揮劒。須臾兩分。如千年積柴。一豆之火。少時即盡。故一心念佛。滅八十億劫生死之罪。爲念佛時心猛利。故伏滅惡業。決定得生。不須疑也。

第九疑。問。西方去此十萬億佛刹。凡夫劣弱。云何可到。又往生論云。女人及根缺二乘種不生。當知女人及根缺者。必定不得生彼。

荅。爲對凡夫肉眼生死心量。說西方去此十萬億佛刹耳。但使衆生淨業成者。臨終在定之心。即是淨土受生之心。動念即生淨土也。觀經云。彌陀佛國去此不遠。又云。業力不可思議。一念即得生彼。不須愁遠。如人在夢。身雖在牀。而心意識。徧至他方。一切世界。生淨土亦爾。動念即生。不須疑也。女人及根缺二乘種不生者。但論彼國無女人及無盲聾瘖瘂人。不道此間女人根缺人不得

生彼也。即如韋提夫人。是請生淨土主。及五百侍女授記。悉得往生。但此處女人及盲聾瘖瘂人。一心念阿彌陀佛。悉生彼國。已更不受女人身。亦不受根缺身耳。二乘人但回心願生淨土。至彼更無二乘執心。故無量壽經四十八願云。設我得佛。十方世界。一切女人。稱我名號。厭惡女人。捨命之後。更受女身者。不取正覺。況生彼國。更受女身。復有根缺耶。

第十疑。問。欲決定求生西方。未知作何行業。㠯何爲種子。又凡夫俗人。皆不斷淫欲。未知得生彼否。　荅。決定生西方者。具有二種行。一者厭離行。二者欣願行。厭離行者。凡夫無始已來。爲五欲纏縛。輪迴五道。備受衆苦。不起心厭離五欲。未有出期。爲此常觀色身膿血屎尿。一切惡露。不淨臭穢。故涅槃云。如是身城。愚痴羅刹。住止其中。誰有智者。當樂此身。又經云。此身衆苦所集。一切皆不淨。上至諸天身。皆亦如是。行者若行若坐。當觀此身。唯苦無樂。厭

生厭離縱使妻房不能頓斷漸漸生厭作不淨觀若能如此觀身不淨者淫欲煩惱漸漸減少又發願願我永離三界五欲男女等身願得淨土法性生身此謂厭離行二名欣願行者觀彼淨土莊嚴等事欣心願求常不離佛得無生忍此謂欣願行也（釋藏起口國清百錄口）

口

佛說觀無量壽佛經疏序

夫樂邦之與苦域金寶之與泥沙胎獄之望華池棘林之比瓊樹誠由心分垢淨見兩土之升沈行開善惡觀二方之麤妙喻彤端則影直源濁則流昏故知欲生極樂國土必修十六妙觀願見彌陀世尊要行三種淨業然化因事漸教藉緣興是㠯闍王殺逆韋提哀請大聖垂慈乘機演法曜玉相而流彩聳珍臺而顯瑞雖廣示畛域而宗歸安養使末俗有緣遵斯妙觀落日懸鼓用標送想之方大水結冰實表琉璃之地風吟寶葉共天樂而同繁波動金

渠將契經而合響觀肉髻而瞻侍者念毫相而覩如來及其瞑目告終上珍臺而高踊文成印壞坐金蓮而化生隨三輩而橫截越五苦而長鶩可謂微行妙觀至道要術者哉（釋藏法字十號）

立制法序

夫新衣無孔不可補之㠯縷宿植淳善不可加之㠯罰吾初在浮度中處金陵前入天台諸來法徒各集道業尚不須軌語勸進況立制肅之後入天台觀乎晚學如新猿馬若不控鏁日甚月增爲成就故失二治一蒲鞭示恥非吾苦之今訓諸學者略示十條後若妨起應須增損衆共裁之（釋藏起口口國清百錄口）

唱法華經題讚引

法門父母慧解由生本迹宏大微妙難測輟斤絕絃于今日矣

聽無量壽竟讚

四十八願莊嚴淨土華池寶樹易往無人（續高僧傳三十一）

訓知事人

吾少嬰勤苦備歷艱關遊學荆揚羈豫唯著一納三十餘年冬夏不釋體上至天子下至士民雖有所施受而不私一果一縷入衆已後尚不希念況故侵之所㠯然者衆寶尊重若能增益名甘露苑若有減損即蒺黎國自飽自傷因倒因起可㠯意得何俟多言夫人發心隨有所作爲讀誦聽學講說經行懺悔供養捨力未有首尾慎莫中止中止者違本心若再有所作至前止處留難即起修業不成今生現障後彌障道此行人大忌應須竭力善始令終業既坦然報亦圓滿此亦可意得昔有一寺師徒數百晝夜禪講時不虛過有淨人竊聽說法聞已用心每揚簸洮汰繫念有習謂㠯淨心揚簸不善㠯禪淨水洮汰不盡隨有所作念念用心一時執爨觀火燒薪念念就盡無常遷逝復速于是蹲踞竈前寂然入定火滅湯冷維那懼廢衆粥㠯白上座上座云此是勝事衆宜忍

之慎勿驚觸聽其自起數日方覺往上座所具陳所證敍法轉深上座止曰爾向所言皆我境界而今所說非我所知勿復言也因而顧問頗知宿命不答云薄知又問何罪爲賤何福易悟答云此賤身者前世之時乃是今日徒衆老者之師亦是少者之祖師徒衆所學皆昔所訓爾時多有私客恆制約不敢侵衆然有急客輒取小菜忘不陪備由此譴責今爲衆奴前習未久薄修易悟宿命罪福其事如是一衆聞此悲不能勝鑑鏡若斯豈可不慎同學照禪師于南嶽衆中苦行禪定最爲第一輒用衆一撮鹽作齋飲所侵無幾不㠯爲事後行方等忽見相起計三年增長至數十斛急令陪備仍賣衣資買鹽償衆此事非久亦非傳聞宜㠯爲規莫令後悔吾雖寡德行遠近頗相追尋而隔嶺難爲徒步老病出入多㠯衆驢迎送此是吾客私計功酬直令彼此無咎吾是衆主驢亦我得既捨入衆非復我有我不合用非我何言舉此一條餘事皆

闕。國清百錄

發願文

吳縣維衛迦葉二像。願更聚合修復。

鄮縣阿育王塔寺積毀。願更修治。

鄮縣十丈彌勒石像金色剝壞。願更莊嚴。

右三處功德乞修。沙門某敬白稽首和南。三世諸佛。伏惟法身無像。隨機顯現。淨土不毀。人衆見燒。滬瀆浮來。靈塔地涌。剡山天樂通夢。陸咸三處尊儀。表代三世。慈根善力。利益斯土。但年深歲曩。聖跡凌遲。諸佛影像。若論衆生善根。無寄諱宿世有幸。忝預法門。德行輕微。功業無取。謬為道俗所知。顧影羞躬。無已自處。上慙三寶。無興顯之能。下愧群生。少提拔之力。刻骨刻肌。將何所補。幸值朗時。棟梁佛日。願藉皇風。又承衆力。將勸有緣。修治三處。先為興願三世佛法。次為擁護大隨國土。下為法界一切衆生。若塔像莊

嚴。則紹隆不絕。用報佛恩。若處處光新。國界自然。殊特妙好。則報至尊水土之澤。若見聞者。發菩提心。則利益一切。種出世業。但久域此心。緣障未果。此際赴期。西出氣疾增動。毒器丕瓶。固非保惜。先已身命。奉給三寶。謹聽威神。若形命停留。能生物善。不汙佛法者。伏聽使乞早除差。行願速圓。若命雖未盡。方多魔障。損物善根。汙亂佛法者。豈須停世。願早灰滅。滅後已諸誓願。付囑後人。使經紀修立。乞三寶加建。速得圓滿。前于佛隴金光明道場。已發此願。今重于石尊。再述愚誠。伏願聖凡。重垂攝受。謹疏。開皇十七年十一月二十一日。釋藏起三。國清百錄三。

全隋文卷三十二終

全隋文卷三十三

烏程嚴可均校輯

釋氏

釋彥琮

彥琮俗姓李，趙郡柏人人。初名道江，齊武平中爲都講，入周更今名。隋開皇中召住大興善寺，又住日嚴寺，大業六年卒。

福田論

昔在東晉，太尉桓玄議令沙門敬于王者，廬山遠法師高名碩德，傷智幢之欲折，悼戒寶之將沈，乃作沙門不敬王者論，設敬之儀，當時遂寢。然㠯緝詞隱密，援例杳深，後學披覽，難見文意，聊因暇日，輒復申敘，更號福田論云。忽有嘉客，來自遠方，箴附桓氏，重述前議。主人正念久之，抗聲應曰：客似未聞福田之要，吾今相爲論之。夫云福田者何耶？三寶之謂也。功成妙智，道登圓覺者，佛也；玄理幽寂，正教精誠者，法也；禁戒守眞，威儀出俗者，僧也。皆是四生導首，六趣舟航，高拔天人，重踰金石，譬乎珍寶，劣相擬議。佛㠯法主標宗，法㠯佛師居本，僧爲弟子，崇斯佛法，可謂尊卑同位，本末共門，語事三種，論體一致。處五十之載，弘八萬之典，所說指歸，唯此至極。寢聲滅影，盡雙林之運；刻檀書葉，留一化之軌。聖賢闡記，門學相成，和合爲羣，住持是寄，金人照于漢殿，像法通于洛浦，竝宗先覺，俱襲舊章，圓方外而發心，棄世間而立德，官榮無㠯動其志，親屬莫能累其情，衣則截于壞色，髮則落于毀容，不戴冠而作儀，豈束帶而爲飾。上天之帝，猶恒設禮，下土之王，固常致敬，有經有律，斯法未殊，若古若今，其道無滯，推帝王之重，亞神祇之大，八荒欽德，四徼歸仁，僧尼朝拜，非所聞也。如懷異旨，請陳雅見。客曰：周易云：天地之大德曰生，聖人之大寶曰位。老子云：域中有四大，王居一焉。詩曰：莫非王土，率之㠯國，莫非王臣，繫之㠯主。則天法地，覆載兆民，方春化夏，生長萬物，照之㠯日月之光，潤之㠯雲雨之氣，六合則咸宗如海，百姓則共仰如辰，戎夷革面，馬牛迴首，蛇尙荷于隋侯，魚猶感于漢帝，豈有免其編戶，假其法門，忘度脫之寬仁，遺供養之弘造，高大自許，卑恭頓廢，譬諸禽獸，將何別乎？必能駕御神通，得成聖果，道被天下，理在言外，然今空事剃除，尙增三毒，虛改服飾，猶染六塵，戒忍弗修，定智無取，有乖明誨，不異凡俗，詎應恃宣讀之勞，而抗禮萬乘，藉形容之別，而闕敬一人。昔比丘接足于居士，菩薩稽首于慢衆，斯文復彰，厥趣安在？如㠯權道難沿，佛性可尊，況是君臨，罔非神降，伯陽開萬齡之範，仲尼敷百王之則，至于謁拜，必遵朝典，猶有沙門，敢爲陵慢，此而可忍，孰可容乎？弊風難革，惡流易久，不遇明皇，誰能刊正？忽起非常之變，易招無信之譏，至言有憑，幸垂詳覽。主曰：吾所立者內也，子所難者外也。內則通于法理，外則局于人事，相望懸絕，詎可同年，斯謂學而未該，聞而不洽，子之所惑，吾當爲辨，試舉其要，總有七條：無德不報一也，無善不攝二也，方便無礙三也，寂滅無榮四也，儀不可越五也，服不可亂六也，因不可忘七也。初之四條，對酬難意，後之三條，引出成式。吾聞天不言而四時行焉，王不言而萬國治焉。帝有何力，民無能言，成而不居，爲而不恃，斯乃先王之盡善，大人之至德，同符庶類，齊預率賓，幸殊草木，差非蟲鳥，戴圓履方，俯仰懷惠，食粟飲水，飽滿銜澤，既能矜許出家，茲聽入道，斷麤業于已往，祈妙果于將來，既蒙重惠，還思厚答，方憑萬善之益，豈在一身之敬？追㠯善荅攝報，乃深徵㠯身，敬收利蓋淺，良㠯僧失正儀，俗滅餘慶，僧不拜俗，佛已明言，若知可信，理當遵立，知謂難依，事應除廢，何容崇之欲求其福，卑之復責其禮，卽令從禮，便同其俗，猶云請福，未見其潤，此則存而似棄，僧而類民，非白非黑，無所名也。竊見郊禋總祭，唯存仰福，爲尊僧尚鄙，斯不恭，如何令僧拜俗，天地

首當作名

可反斯儀罕乖後更爲敘是謂無德不報者也法既漸衰人亦稍末罕有其聖誠如所言雖處凡流仍持忍鎧縱虧戒學尙談智典如塔之覺似佛之尊歸之則善生毀之則罪積猛㠯始發割愛難而能捨弘願終期成覺迴而能趣斯故剃髮之辰天魔遙懾染衣之日帝釋遙懽妓女聊被無漏遂滿醉人暫剪有緣卽結龍子賴而息驚象王見而止怖威靈斯在儀服是同幼未受具對揚佛旨小不可輕允揚僧力波離既度釋子服心尼陀亦歸匿王屈意乃至若老若少可師者法無賤無豪所存者道然後賢愚之際默語之閒生熟相似去取非易肉眼分別恐不逢寶信心平等或其値眞纔滿四人卽成一衆僧既弘納佛亦通在食看佛水之異方遣施僧衣見織金之奇乃令奉衆僧之威德不亦大矣足可㠯號良福田之最爲聖敎之宗是謂第二無善不攝者也若論淨名之功早升雲地臥疾之意本超世境久行神足咸歎辯才新學頂禮誠

謝法施事是權宜式非常準謂時暫變其例乃多則有空藏弗恭如來無責沙彌大願和尙推先一往直觀悉可驚怪再詳典釋莫匪通塗不輕大士獨興高跡誓彼上慢之流設茲下心之拜偏行一道直用至誠既非三慧詎是恆式因機作法足爲希有假弘敎化雖著律儀大聖發二智之明制五篇之約廢其爵齒存其戒夏始終通訓利鈍齊仰耆幼有序先後無雜未㠯一出別業而令七衆普行不然之理分明可見昔妻死歌而鼓盆子葬嬴而覩土此亦匹夫之節豈槩明王之制乎況覺典沖邃聖言幽密局執一邊殊乖四辯是謂第三方便無礙者也且復周之柱史久掌王役魯之司寇已居國宰宗歸道德始曰無名訓在詩書終云不作祖述堯舜憲章文武鞠躬恭敬非此而誰巢許之風望古仍邁夷齊之操擬今尙迴焉似高攀十力遠度四流厭斯有爲之苦欣彼無餘之滅不繫慮于公庭未流情于王事自然解脫固異儒者之儔矣

擅當作擅

是謂第四寂滅無榮者也至如祭祀鬼神望秩川嶽國容盛典書契美談神輩爲王所敬僧猶莫致于禮僧衆爲神所禮王寧反受其敬上下參差翻爲正法衣裳顚倒何足相方令神擁護今來在僧祈請之至會開呪力竟無拜理是謂第五儀不可越者也本皇王之奮起必眞人之託生上德雖祕于淨心外像仍標于俗相是㠯道彰緇服則情勤宜猛業隱玄門則形恭應絕求之故實備有前聞國主頻婆父王淨飯昔之斯等咸已克聖專修信順每事歸依縱見凡僧還想崇佛不㠯跪親爲孝詎非不孝之罪不㠯拜君爲敬豈是不敬之愆所法自殊所法已別體無混雜制從于此是謂第六服不可亂者也謹案多羅妙典釋迦眞說乃云居刹利而稱尊藉般若而爲護四信不壞十善無虧奉佛事僧積功累德然後日精月像之降赤光白氣之感金輪既轉珠寶復懸應天順民御圖握鏡始闢五常之術終弘八正之道亦宜覆觀宿命追憶往

因敬佛敎而崇僧寶盆戒香而增慧力自可天基轉高比梵宮之遠大聖壽恆固同劫石之長久然則雷霆勢極龍虎威隆慶必賴兼共使怒及出言布令風行草偃既抑僧體誰敢鱗張但恐有損冥功無資盛業竭誠盡命如斯而已是謂第七因不可忘者也上已略引吾意粗除子惑欲得博聞宜尋大部客曰主人向之所引理例頻繁僕雖庸闇頗亦承覽文總幽明辨包內外所論祭典尙有迷惑周易云一陰一陽之謂道陰陽不測之謂神竊㠯昧隱神路陽絕人境欲行祠法要藉禮官本置太常專同太祝縱知鬼事終入神伍眞佛已潛聖僧又滅仰信冥道全涉幽神季葉凡夫薄言迴向共規聞達相學剃翦職掌擅會所㠯加其法衣主守塔坊所㠯蠲其俗役纔觸王綱卽墜民貫既同典祀詎合稱寶朝敬天子固是恆儀苦執强梁定非通識宋氏舊制其風不遠唯應相襲更欲何辭主人曰客知其一未曉其二請聽嘉言少除異想吾聞

者當作有

鬼者歸也从之所入神者靈也形之所宗鬼劣于人唯止惡道神勝于色普該情趣心者靈智稱之曰神隱而難知謂之不測銓其體用或動或靜品其性欲有陰有陽周易之旨蓋此之故殊途顯于一氣誠言闕于六識設教之漸斷可知焉鬼報冥通潛來密去標㠯神號特用茲耳嘗試言之受父母之遺稟乾坤之分可㠯存乎氣可㠯立乎形至若己之神道必是我之心業未曾感之于乾坤得之于父母識含胎藏彌亙虛空意帶熏種漫盈世界去而復生如火燄之連出來而更逝若水波之續轉根之莫見其始究之豈覩其終濁之則爲凡澄之則爲聖神道細幽理固難詳矣神之最高謂之大覺思議所不得名相孰能窮眞身本無遷謝生盲自不瞻睹託想追于舊蹤傾心歸于遺法若欲荷傳持之任啓要妙之門賴此僧徒膺茲佛付假慈雲爲內影憑帝威爲外力玄風遠及至于是乎教通三世衆列四部二從于道二守于俗從道則服

何上脫子字二錯字衍其一

像尊儀守俗則務典供事像尊謂比丘比丘尼也典供謂優婆塞優婆夷也所像者尊則未參神位所典者供則下預臣頒原典供之人同主祭之役吾非當職何錯錯引由子切言發吾深趣理旣明矣勿復惑諸在宋之初暫行此抑彼亦乖眞不煩涉論邊鄙風俗未見其美忽遺同之可怪之極客曰有旨哉斯論也蒙告善道請從退歸（廣弘明集二十五）

通極論（并敘）

原夫隱顯二途不可定榮辱眞俗兩端孰能判同異所㠯大隱則朝市匪諠高蹈則山林無悶空非色外天地自同指馬名不義裏肝膽可如楚越或語或默良驗語默之方或有或無信絕無有之界若夫雲鴻震翮孔雀謝其遠飛淨名現疾比丘憚其高蹤發心卽是出家何關落髮棄俗方稱入法豈要抽簪此卽染淨之門權實而莫曉倚伏之理吉凶而未悟遂使莊生宗齊一之論釋子說

會三之旨大矣哉諒爲深遠實難鉤致竊聞陰陽合而萬物成鹹淡和而八珍美何廢四時恆序五味猶別㠯此言之豈眞俗之混淆隱顯之云異或有寡聞淺識則欲智凌周孔微庸薄宦便將位比帝王強自大㠯立身謂一人而已矣不信有因果遂言無佛法輕毀泥□賤慢沙門愚褻腐儒戲招冥禍或有治除俗服狀如德冠天人纔掛僧名意似聲高海域慠然尊處詳爲極聖豈知十纏猶障三學靡閑不隨機而接物竟抱愚而自守悲夫二子殊途一何蹐駮高懷達士孰可然哉冀欲解紛挫銳假設旗鼓雖復俱有抑揚終㠯道爲宗致其猶五色綺錯近須彌而會同萬像森羅依虛空㠯總集歸根自芸芸之物吞穀實茫茫之海斯誠允贊于佛道遊獎于玄門庶令稱我無邪允謙允敬式貽後進論之云爾

有梵行先生者高屏塵俗獨栖丘壑英明逸九天之上志氣籠八紘之表藉茅枕石落髮灰心糞衣殊羊續之袍繩牀異管寧之榻

自隱淪西嶽數十年矣確乎不拔澹然無爲每自歎曰窮則獨善其身達則兼濟天下但蒼生擾擾繫㠯愛羅不可自致淸昇坐觀塗炭復須棄置林藪分衞人間于是屛蹟暫遊方踐京邑次于灞上有行樂公子者控龍媒于流水飛鶴蓋于浮雲繡衣侯服蕙風合氣璁勒金鞍爭光炫日定知擲果之愛是屬潘生割袖之寵已迷漢帝接軫城隅陪曹王之席連鑣池側追山公之賞道逢先生怪而問曰先生貌若燕趙之士髮如吳越之賓容色似困陳蔡衣製不關楚魯徐行低視細語攢眉瓦鉢恆持無異顏回之瓢器錫音乍振何殊原憲之藜杖此地未之覩我嘗所不聞敢問先生何方而至先生靜默良久徐而對曰觀子馳騁于名利荒昬于色聲戴天猶不測其高履地尙不知其厚吾聞坎井之內本無吞舟之鱗榆枌之間詎有垂雲之翼吾非子之徒歟其可識乎試當爲子言之幸子暫留高聽吾師也德本深搆樹自三祇之初妙果獨高

處于百劫之末。總法界而爲智。竟虛空以作身。盎庵氣稟二儀。道周萬物而已。斯故身無不在。量極規矩之外。智無不爲。用絶思議之表。不可以人事測。豈得以慮所論。將啓愚夫之視聽。須示眞人之影蹟。其猶谷風之隨嘯虎。慶雲之逐騰龍。感應相招。抑爲常理。于是降神兜率之宮。垂象迦比之域。氏曰瞿曇。種稱刹利。俗名悉達。道字能仁。乃白淨王之太子也。家世則輪王迭襲。門風則聖道相因。地中三千。既殊于雒邑。國朝八萬。有踰于稽嶺。宗親藉甚。孰可詳焉。暨吾師生也。坤形六動。方行七步。五淨雨華。滿國二龍灑水。偏空神瑞畢臻。吉徵總萃。觀諸百代。曾未之有。然復孕異堯軒。產殊禹偰。至如黑帝入夢之兆。白光滿室之徵。徒曰嘉祥。詎可擬議。身邊則金色一丈。眉間則白毫五尺。開卍字于胷前。蹋千輪于足下。大略以言。三十有二。非可以龍顏虎鼻。八采雙瞳。方我妙色。校其昇降者也。雖復呂公之相高帝。世謂知人。若譬私陀之視吾

麋當作糜

師。未可同日。于是崇業大寶。正位少陽。甲觀洞開。龍樓迴建。至如多才多藝。允文允武。非關師保。自因天骨。或于太子池臨泛之辰。博望苑馳射之際。力格香象。氣冠神功。試論姬發曹丕。莫之與擬。漢盈夏啓。寧足涉言。父王宿衛甚嚴。喻視彌篤。九重禁闥。聲聞則四十里。三時密殿。姬麗則二萬人。然以道性恬凝。志願沖固。雖居五惑之境。不改一心之節。歷王城之四門。哀老病之三苦。乃自嗟曰。人生若此。在世何堪。脫屣尋眞。其于斯矣。于時桃則新花落雨。青春始仲。月則半輪低閣。永夜方深。觀妓直之似橫屍。悟宮闈之如敗冢。天王捧白馬而踰城。給使持寶冠而詣闕。雖復秦世蕭史。周時子晉。許由洗耳于箕山。莊周曳尾于濮水。方茲去俗。何其蔑如。是以仙林始抽簪之地。禪河起苦行之蹟。沐金流之淨水。遊道場之吉樹。食假獻麋。座因施草。于是十方智圓。六通神足。魔兵靡卷。大業剋成。獨稱爲佛。是吾師也。法輪則柰國初轉。僧侶則憍陳

河當作何

始度。至于迦葉兄弟。目連朋友。西域之大勢。東方之徧吉。二十八天之主。一十六國之王。莫不服道而傾心。餐風而合掌。于是他化宮裏。乃弘十地。耆闍山上。方會三乘。善吉談無得之宗。淨名顯不言之旨。伏十仙之外道。制六羣之比丘。胷前則吐納江河。掌內則搖蕩山谷。論劫則方石屢盡。辯數則微塵可窮。斯乃三界之大師。萬古之獨步。吾自庸才。談何以盡。縱使周公之制禮作樂。孔子之述易刪詩。子賜之言語。商偃之文學。爰及左元放、葛孝先、河上公、柱下史。竝驅馳于方內。何足道哉。自我含靈福盡。法王斯逝。遂使北首提河。春秋有八十矣。應身粒碎。流血河追。爭決最後之疑。競奉臨終之供。嗚呼。智炬消。慈雲滅。長夜諸子。誠可悲夫。于是瞻相好于香檀。記筌蹄于貝葉。三藏受持。四依補處。而我師風無墜。特恃斯乎。但世道紛華。羣情矯薄。人代今古。暨于像運。既當徂北。稍復東漸。所以金人夢劉莊之寢。摩騰佇蔡愔之勸。遺教之流漢地。

創發此焉。迄今五百餘年矣。自後康僧會、竺法護、佛圖澄、鳩摩什繼踵來儀。盛宣方等。遂使道生、道安之侶。慧嚴、慧觀之徒。竝能銷聲挂冠。翕然歸向。緇門繁熾。焉可勝道。吾少長山東。尙素王之雅業。晚遊關右。慕黃老之玄言。俱是未越苦河。猶淪火宅。可久可大。其唯佛教也歟。遂乃希前代之清塵。仰羣英之遠迹。歸斯正道。拔自沈泥。本號離欲之逸民。擢邪之大將。吾之儔黨。其謂此乎。公子蹙頞而言曰。觀先生之辯。雖可談天。然其所說。何太虛誕。竊尋佛本啓化之辰。當我宗周之運。自云娑婆總攝。靡所不歸。或復光照無際。聲振有頂。或復八部雲臻。十方輻湊。計天竺去我十萬里餘。俱在須彌之南。並是閻浮之內。那忽此間士庶。無至佛所。如來亦何獨簡。不賜餘光。弗生我秦漢。靡載我墳籍。詳此二三。疑惑逾甚。僕聞貞不絶俗。隱不違親。所以和光于塵裏。拔蓮于火內。至若束帶垂纓。無妨修德。留鬚長髮。足可閒居。且道本虛通。觸無不是。何必

賛上脫吾字

絶棄于冠簪。專在于錫鉢。竊吕不傷遺體。始著孝心。莫非王臣。終從朝命。今既緇衣髡髮。未詳其罪。不仕天子。無乃自高。敢諮先生。請當辯析。先生曰。吾聞大音不入于俚耳。其驗茲乎。猶欲吕寸管窺天。小螺量海。而我法門復出。非吾子之能極。吾且仰憑神力。更爲言之。吾師化道含弘。靈鈞遠被。但衆生緣薄。自爲限礙耳。何關佛威之不大。聖澤之無均。其猶日月垂象。麗天雷霆發音動地。而簡于聾瞽。豈光徽聲小者哉。然佛遊舍衞。有餘二紀。三億之家。猶不聞見。何怪邊地十萬里乎。竊吕周孔之生。本誰華夏之邑。夷狄不信其理何邪。至于東方朔之升天。淮南王之入鑊。然乘鸞排霧。世有其人。欲不長于神仙。猶密之而弗載。盜解味吾師之道術。書之于惇史乎。況値秦皇焚典。經籍不全。何容守此局文。遂無大見。然有惑彼正眞。甘茲隨俗。未悟身之非潔。豈達命也無常。服翫則數重不止。慳貪則一毛難落。屑屑頑民。可悲之甚。吾已無保于彤骸。誰有營于炫好。鬚髮既剪。我心自伏。衣惟壞色。愛情何起。所吕五綴而持想。六時而繫念。蕭然物外。是曰逆流。竊聞夏禹疏川。則有勞手足。墨翟利物。則不恪頂踵。殺身吕成仁。餓死而存義。此竝有遵于大孝。然猶盛美于羣書。養性棲玄。立身行道。方欲廣濟六趣。高希萬德。豈學子拘之于小節。顧在膚髮之間哉。扇逐榮名。餘事。從北面之朝也。其若效淺祿微。唯勞諾定無暇。功高位極。常懼危溢不安。千仞棄珠。一何賤寶。但火內之蓮。非吾廣發染而不染。何爾能知。公子曰。先生強誇華吕飾非。護牆茨而不埽。請聽逆耳之篤論。略條其弊也四焉。僕聞玉樹不林于蒹葭。威鳳不羣于燕雀。先生道雖微妙。門人獨何庸猥。或形陋族微。或類卑神闇。無三端可吕參多士。無十畝可吕爲匹夫。憚王事之不閑。恥私門之弗立。寄逃役于佛寺之內。纔容身于法服之下。見人不能敘寒溫。讀經不解立正義。空知高心于百姓。背禮于二親。非所吕自榮。其弊

克盛當作充盛

一也。僕聞采椽土階之儉。唐堯之所吕字民。瓊室玉臺之盛。商辛之所吕敗俗。況如來行惟少欲。德本大悲。只應宴坐于家閒。經行于樹下。何宜飾九層之剎。建七寶之臺。不愍作者之勞。不慚居者之逸。非所吕自約。其弊二也。僕聞無自伐功。老明之極敎。不讚己德。唯佛之格言。勞謙則君子終吉。克謙則聖人尙美。必若內德克盛。自然外響馳應。賓侶坐致。揄揚豈況佛心澄靜。亡諸得失之咎。如何獨許世尊之號。不欲推人。然彼羣經莫二之宗。各談第一之稱。自生矛盾。將何吕通。非所吕自遜。其弊三也。僕聞情存兩寶。心愼四知。方曰通人之雅懷。廉士之高節。或散之于宗族。或棄之于山水。況玄道清淨。反俗沙門。而復繼無厭之求。貪有爲之利。勸俗人則令不留髓腦。論賙施則便無讓分毫。或勝貴經過。或上客至止。不將虛心而接待。先陳出手之倍數。此乃有識之同疾。海內之共知。非所吕自廉。其弊四也。僕直言雖苦。可爲藥石。惟先生高見覽吕詳之。先生曰。吾子不肯何謂道邪。子但好其所吕同。寧知其所吕異。徒欲圯毀。未損金剛。吾道弘邃。豈可輕矣。吾聞萬機斯總。聖皇所吕稱大。百川是納。巨壑所吕爲深。王則不恥于細民。海則無逆于小水。況吾師大道。曠無不濟。有心盡攝。未簡怨親。自當品戒德之小大。混族類之高下。故有除糞庸人。踟涉不生之位。應書貴士。倒墜無閒之獄。內祕難識。外相孰知。子何自擅爲銓衡。吾未相許爲水鏡。若但吕貌取人。失之遠矣。遂使叔向伏醜蔑之語。長者悟沙彌之說。且復窮通有運。否泰無恆。或始榮而後辱。或初微而後盛。異轍紛綸。可略言也。至如立錐無地。非慕堯舜之德。餘苗不紹。豈傳湯武之聖。詎知呑併六國。其先好馬牧人。約法三章。則唯亡命亭長。樊灌起販屠之肆。伊吕出庖鈞之閒。歷代因循。高門相襲。遂爲四海強族。五陵貴氏。冠冕陵雲。風流蓋世。譬若朝陽晞露。羨卑隸之難留。宿草負霜。混螻蟻之莫別。是知用與不用。虎鼠

何常尋末窮本人倫一槩邪忽輕吕乘軒蔑茲蹇牖雖復才方周旦亦何足觀嘗試言之朝市塵煩身心空弊智者同棄賢人共鄙但覺斯懷之可入所吕避地而歸來吾則厭來苦而知昨非子便耽往欲而惑今是寍自安貧樂道少賤多能奚用太廟之犧牲豎子之烹鴈吾今素質自居默念無雜不假導于仁義豈亂想于繁華固亦騎遺牝牡自忘寢膳詎守寒溫之小才音義之薄伎修心可吕報德何局定省之儀弘化可吕接引寍止俯仰之事此吾所謂一勝也吾師空間樂處不唯聚落輕微務納豈獨珠瓔是吕棲形五山遊神三徑或受童土或餐馬麥讚淨心之小施譏雜相之多捨庶合藉此而建善根因茲而表誠信斯自東修大體供養恆式豈佛身之欲須乃含生之達志便吕凡俗難悟憍嫉未除競獻名寶利收多福所吕玉槃高刹掩日聳于半天繡搆飛甍連雲被于寓內爭名好尚善將焉在著相冥識遂及乎斯雖乖至眞之理

足感榮華之樂生民唯此爲功如來亦何抑說此吾所謂二勝也吾聞談無價之奇寶冀欲拯貧讚不死之神香只將愈疾但衆生信邪巫之狂藥捨正覺之甘露困毒已深懷迷自久吾師之出世也本許救濟爲功知我者希無容緘默使物識眞吕迴向何是非而自取若夫二佛不竝于世兩日不共于天厥號無等庶弘至敎非如君子之小聖事謙讓之風者已然至理同歸逐情異說是經稱最各應宜聞此吾所謂三勝也吾聞不過四民之利莫致百鎰之金但大患未亡有待須養吾稱乞士則受之吕知足子名施主則傾之吕國城何容責我之貪非不自揣己之慳蔽是驗分財相得獨應管鮑乎吾聞天王武庫出給尙不由臣下況吾師福物取與寍獨任凡僧本雖四輩而來今屬三寶而用爲道與供義乖行福既爲十方常住非曰私擬諸己自專則法律不許請衆則和合無由不知子何德吕能銷吾何情而敢擅只懼我之同咎豈欲貪

利者哉竊吕粒重七斤投水則煙火騰沸飯餘一鉢與人則羣類充滿佛猶無悋于飢犬寍有惜于餓烏是知輒用固吕招愆迴施許而獲益眞是衆生之薄福則非吾師之褊心至如餓鬼不覩川流病人弗覺美味罪關于餓病豈流味之無也竊聞功臣事主粟帛不次而酬勳明主責躬蒼旻不言而效德子弗能自慨之無感專謗吾師之不惠持此饕餮何吕爲人至若鄭侯傾產于交遊田君布心于賓客空規豪蕩之聲勢詎擬福田而推揚此吾所謂四勝也吾雖言不足而理有餘子但驚所未聞惑于所不見吾之所說子可悟矣公子曰先生雖高談自雪終類守株所論報應何其悠眇僕聞開闢混元分剖清濁薄涓異稟愚聖派流至如首足之方圓翔潛之鱗羽命分修短身名寵辱莫非自然之造化詎是宿業之能爲竊見景行不虧夭身世而嬰禍狂勃無禮竟天年而享福遭墮若斯因果何驗且氣息則聚生散從形神則上歸下沈萬

事冥廓百年已矣何處天宮誰爲地獄庸人之所信達士未之言先生猶或繫風請更量也先生曰公子辯士哉見何庸淺所談不踰百世所歷無越八荒詎能曉果報之終期察因緣之本際不可局凡六識罔聖三明者也吾聞播殖百穀非獨水土之功陶鑄四生詎止陰陽之力既有根于種類亦無離于集起竊見或體合夫妻子孫不孕或身非鰥寡男女莫均至于螢飛蟬化蜂巢蟻卵非構兩精之產豈從二藏之娠若但稟之于乾坤人亦奚賴于父母一須委運慈孝何歸是知因自參差果方環互支分三報星羅萬品或今身而速受或來世而晚成此理必然亦何而朽竊吕賞罰不濫王者之明法罪福無舛業道之大功政治則五刑罰祿位賞幽祇則三塗罪人天福目前可吕爲鑒識豈伊吾之構虛論哉子未陷囹圄誰信有廷尉不遊岱宗便謂無鬼府但善惡積成則殃慶有餘被之茂典爾所未悉至如疏勒涌泉之應大江橫石之感

羊公白玉郭巨黃金驄標鮑宣之馬珠降噲參之鶴爰及宣王之崩于杜伯襄公之懼于彭生旨起廿死之徵李廣不侯之驗陸抗殃則遺後郭恩禍則止身斯甚昭著孰言冥杳雖有知無知六經不說然祭神祭鬼三代攸傳必也死而寂寥何求存㠯仁行無盜棄儒墨之小教失幽明之大理子可惜良才大甚愚僻早須歸悔體我眞言公子曰先生雖懸河逸辯猶有所蔽僕聞天生烝民剛柔爲匹所㠯變化形器含養氣靈婚姻則自古洪規嫁娶則列代恆禮罪應不關于子胥道亦無礙于妻妾遂使善慧許賣華之約妙光納施珠之信衆香六萬尙曰法師毗邪二千猶名大士何獨曠茲伉偶擁此情性亢龍有悔其欲如之品物何㠯生佛種誰因續此先生之一蔽也僕聞猛獸爲暴民之業毒蟲含傷物之性所㠯順氣則秋獮除害則夏苗天道之常何罪而畏至如牛豕充犧羔雁備禮遲屬廚人之手體葬嘉賓之腹本天所生非此焉用然

復烏殘自死虎聽內律如何闕養形命空作土塵此先生之二蔽也僕聞天列箕星地安泉郡酒之爲物其來尙久銷愁適性獨可茲乎所㠯嵇阮七賢興情于斗石之量勛華兩聖盛德于鍾壺之飮管則藉此而談玄于則因茲而斷欲聞諸往哲未嘗不醺但自持之于禮何用阻衆獨淸此先生之三蔽也僕聞八政著民天之食五味資道器之身降茲呼吸風霞餌飮芝之露敢爲生類罔弗由之自可飽食用心無廢于道業何假持齋倦力有乏于勤修此先生之四蔽也先生若改斯蔽僕亦慕焉先生曰吾聞剛強難化固當爾耳子之蔽乎自不知其蔽吾之通也子豈識其通由此觀之未可與言道也竊㠯鄙言無遜尙避至親邪行不仁猶慚先達然其男則纔離襁褓羨雙飛㠯求娶女則僅辭乳哺怨空房而感情苟貪小樂公行世禮積習生常混然誰怪此而無恥尤類鶉鵲勿將羣小之制婚敢非高尙之敦雅且婚者昏也事寄昏成明非㠯顯之裁範諒是庸鄙之危行獨有展禽柳下之操可㠯厲淫夫彭祖獨臥之術可㠯養和性斯固播之于良書美之于方策況乃吾師之成教也弘淨行之宗纏豈復順彼邪風嬰茲欲網將出六天之表猶無攜妓妾既超四空之外焉可挾妻孥唯有一果白衣繫業通許一床居士精而難混但品物之生自有緣託何必待我之相配方嗣于吾師獨不聞同一化生土無女業咸屏四大法喜資形此吾所謂一通也吾聞生死去來本方步蟻顯晦上下無異循環業之所運人畜何準是㠯衛姬蜀帝之徒牛哀伯奇之類狐爲美女狸作書生柳亦事歸難思豈易詳也竊㠯持戒無畏鬼龍含德不懼蜂蠆怖鴿投影猛虎越江我善則報之㠯明珠人惡則應之㠯毒氣諒由息之生殺豈禽獸唯害物邪雖復飛走別形惜身莫異輪迴無始誰非所親恕已爲喻亦何不忍詎可宰有生之血肉充無用之肌膚至若死而歸土物我同致所㠯黃不食黿孔猶

覆醢況吾仁慈之隱惻孰甘美于肥鮮但五律漸開雙林永制此吾所謂二通也吾聞酒池牛飮著乎任俗雖百六數窮亦亂國斯起三十五失抑有由之但令身酩酊是焉可驗來生幽暗將復何已至如文舉之罇不空玄石之瞑難悟蓋惟耽酒之狂客曷可㠯論至道哉但使深酣則過多微醺則從薄欲言飮而無失未之有也往賢之所嚴戒良㠯此乎縱不關物命亦無宜擧酌此吾所謂三通也吾聞戒自禁心齋唯齊志可謂入道之初行敎民之本法但支立而已身亦何知若縱情嗜欲終爲難滿所㠯節限二時足充四大覺翳蝗之附後見野狼之對前危亡之期既切飢渴之情遂緩自忻道勝而肥何嗟食短而倦竊㠯帝王之祠宗廟夫子之請伯陽猶須絕味辛葷淸居齋室況吾欲亡身而訪道寧復留心于美膳者哉此吾所謂四通也莫謂子所不能謂吾爲蔽吾之所蘇幸子擇㠯從之公子于是踧足叩頭百體皆汗魂飛膽喪五色

故當作者　後上脫乃字　凡當作梵

無主。既如料虎。復似見龍。悦焉若狂。莫知所對。先生摩頂勞曰。吾唯愍物。子何怖邪。公子稍乃自安。泣而對曰。僕本生下邑。無聞大覺之名。稟性疏野。翻踵外邪之見。不遇先生。幾將禍矣。比承下風之末。精義入神。仰恃大慈。追收前失。請容剃落。受業于先生之門也。先生曰。子悟迷知返。善矣哉。廣弘明集四。

辯正論

彌天釋道安每稱。譯胡為秦。有五失本。三不易也。一者。胡言盡倒。而使從秦。一失本也。二故胡經尚質。秦人好文。傳可眾心。非文不合。二失本也。三者。胡經委悉。至于歎詠。丁寧反覆。或三或四。不嫌其繁。而今裁斥。三失本也。四者。胡有義說。正似亂詞。尋檢正語。文無以異。或一千或五百。今並刈而不存。四失本也。五者。事以合成。將更傍及。反騰前詞。已後說而悉除。此五失本也。然智經三達之心。覆面所演。聖必因時。時俗有易。而刪雅古。以適今時。一不易也。

愚智天隔。聖人叵階。乃欲以千載之上微言。傳使合百王之下末俗。二不易也。阿難出經。去佛未久。尊大迦葉。令五百六通。迭察迭書。今離千年。而以近意量裁。彼阿羅漢乃兢兢若此。此生死人而平平若是。豈將不以知法者猛乎。斯三不易也。涉茲五失經三不易。譯胡為秦。詎可不慎乎。正當以不關異言。傳令知會通耳。何復嫌于得失乎。是乃未所敢知也。余觀道安法師。獨稟神慧。高振天才。領袖先賢。開通後學。修經錄則法藏逾闡。理眾儀則僧寶彌甚。世稱印手菩薩。豈虛也哉。詳凡典之難易。銓譯人之得失。可謂洞入幽微。能究深隱。至于天竺字體。悉曇聲例。尋其雅論。亦似閑明。舊喚彼方。總名胡國。安雖遠識。未變常語。胡本雜戎之胤。梵唯真聖之苗。根既懸殊。理無相濫。不善諳悉。多致雷同。見有胡貌。即云梵種。實是梵人。漫云胡族。莫分真偽。良可哀哉。語梵雖訛。比胡猶別。改為梵學。知非胡者。竊以佛典之興。本來西域。譯經之起。原自

沙當作波　斷當作繼

南京。歷代轉昌。迄茲無墜。久之流變。稍疑虧動。競逐澆沙。鮮能迴覺。討其故事。失在昔人。至如五欲順情。信是難棄。三衣苦節。定非易忍。割遺體之愛。入道要門。捨天性之親。出家恆務。俗有可反之致。忽然已反。梵有可學之理。何因不學。又則發蒙草創。服膺章簡。同鸚鵡之言。放邯鄲之步。經營一字。為力至多。歷覽數年。其道方博。乃能包括今古。網羅天地。業似山丘。志類淵海。彼之梵法。大聖規謨。略得章本。通知體式。研若有功。解便無滯。正于此域。固不為難。難尚須求。況其易也。或以內執人我。外慚咨問。枉令祕術。曠隔神州。靜言思之。愍而流涕。向使法蘭歸漢。僧會適吳。士行佛念之儔。智嚴寶雲之末。纔去俗衣。尋教梵字。亦霑僧數。先披葉典。則應五天正語。充布閻浮。三轉妙音。普流震旦。人人共解。省翻譯之勞。代代咸明。除疑網之失。于是舌根恆淨。心鏡彌朗。藉此聞思。永為種性。安之所述。大啓元門。其間曲細。或未盡。更憑正文。助光遺

迹。粗開要例。則有十條。字聲一。句韻二。問答三。名義四。經論五。歌誦六。呪功七。品題八。專業九。異本十。各疏其相。廣文如論。安公又云。前人出經。支讖世高。審得故本。難斷者也。羅叉支越。斲鑿之巧者也。竊以得本關質。斲巧由文。舊以為鑿。今固非審。握管之暇。試復論之。先覺諸賢。高名參聖。慧解深發。功業宏啓。創發元路。早入空門。辯不虛起。義應雅合。但佛教初流。方音鮮會。以斯譯彼。仍恐難明。無廢後生。已承前哲。梵書漸播。真宗稍演。其所宣出。竊為分明。聊因此言。輒詮古譯。漢縱守本。猶敢遙議。魏雖在昔。終欲懸討。或繁或簡。理容未適。時野時華。例頗不定。晉宋尚于談說。爭壞其淯。秦涼重于文才。尤從其質。非無四五高德。緝之以道。八九大經。錄之以正。自茲已後。迭相祖述。舊典成法。且可憲章。展轉同見。因循共寫。莫問是非。誰窮始末。僧鬘惟對面之物。乃作華鬘。安禪本合掌之名。例為禪定。如斯等類。固亦眾矣。留支洛邑。義少加新。真

諳陳時，語多飾異。若令梵師獨斷，則微言罕革；筆人參制，則餘辭必混。意者寧貴樸而近理，不用巧而背源。儻見淆訛，請勿嫌煩。昔日仰對尊顏，瞻尙不等；親承妙吼，聽猶有別。諍論起迷，豫昞涅槃之記；部黨興執，懸著文殊之典。雖二邊之義，佛亦許可；而兩間之道，比巨未允。其致雙林早潛，一味初損；千聖同志，九旬共集。雜碎之條，尋訛本誡；水鵠之頌，俄舛昔經。一聖纔亡，法門即減；千年已遠，人心轉僞。既乏瀉水之聞，復寡懸河之說。欲求冥會，詎可得乎？且儒學古文，變猶紕繆；世人今語，傳尙參差。況凡聖殊倫，東西隔域，難之又難，論莫能盡。必慇懃於三復，靡造次於一言。歲校則利有餘，日計則功不足。開大明而布範，燭長夜而成務。宣譯之業，未可加也。經不容易，理藉名賢。常思品藻，終慚水鏡。兼而取之，所備者八：誠心愛法，志願益人，不憚久時，其備一也。將踐覺場，先牢戒足，不染譏惡，其備二也。筌曉三藏，義貫兩乘，不苦闇滯，其備三也。旁涉墳史，工綴典詞，不過魯拙，其備四也。襟抱平恕，器量虛融，不好專執，其備五也。耽于道術，澹于名利，不欲高衒，其備六也。要識梵言，乃閑正譯，不墜彼學，其備七也。薄閱蒼雅，粗諳篆隸，不昧此文，其備八也。八者備矣，方是得人。三業必長，其風靡絕。若使精搜十步，應見香草；微收一用，時遇良材。雖往者而難儔，庶來者而能繼。法橋未斷，夫復何言。則延鐙之徒，不迴隆于魏室；護顯之輩，豈偏盛于晉朝。或曰：一音遠說，四生各解，普被大慈，咸蒙遠悟。至若開源白馬，則語逐洛陽；發序赤烏，則言隨建業。未應強移此韻，始符極旨。要工披讀，乃究元宗。遇本即依，眞僞篤信。案常無改，世稱仰述，誠在一心，非關四辯。必令存梵，詎是通方？對曰：談而不經，旁慚博識；學而無友，退愧寡聞。獨競管錐，未該窮壤；理絕名相，齊難穿鑿。在昔圓音之下，神力冥加；滿字之間，利根迴契。然今地殊王舍，人異金口，即令懸解，定知難會。經旨若圓，雅懷應合。直餐梵響

窮當作穿

何待譯言。本尙虧圓，譯豈純實。等非圓實，不無疏近。本固守音，譯疑變意。一向能守，十例可明。緣情判義，誠所未敢。若夫孝始孝終，治家治國，足宣至德，堪宏要道。況復淨名之勸發心，善生之歸妙覺，奚假落髮翦鬚，若違俗訓，持衣捧鉢，頓改世儀。坐受僧號，詳謂是理。遙學梵章，寧容非法。崇佛爲主，羞討佛字之源；紹釋爲宗，恥尋釋語之趣。空觀經業，弗興敬仰。忽見梵僧，倒生侮慢。退本追末，吁可笑乎。像運將窮，斯法見續。用茲紹繼，誠可悲夫。（續高僧傳二。）

沙門不應拜俗總論

夫沙門不拜俗者，何？蓋出處異流，內外殊分，居宗體極，息慮忘身。不汲汲以求生，不區區以順化。情超宇內，迹寄寰中。斯所以抗禮宸居，背恩天屬。化物不能遷其化，生生無以累其生。長揖君親，斯其大旨也。若推之人事，稽諸訓詁，則所不應拜，其例十焉。至如望秩山川，郊祀天地，欲其利物，君籍遒誠。今三寶住持，歸戒弘益，幽明翼化，可略言焉。斯神祇之流也。爲祭之尸，必叶昭穆，割牲薦熟，時爲不臣。今三寶一體，敬僧如佛，備乎內典，無俟繁言。斯祭主之流也。杞宋之後，二王之後，王者所重，敬爲國賓。今僧爲法王之胄，王者受佛付囑，勸勵四部，進修三行。斯國賓之流也。重道尊師，則弗臣矣。雖詔天子，無北面焉。今沙門傳佛至教，導凡誘物，嚴師敬學，其在茲乎。斯儒行之流也。禮云介者不拜，爲其失于容節。故周亞父長揖漢文也。今沙門身被忍鎧，葴翦欲軍，掌握慧刀，志摧心惑。斯介冑之流也。著代筮賓，尊先冠阼，母兄致拜，以禮成人。今沙門以大法爲己任，拯羣生于塗炭，敬遵遺躅，祖承嫡胄。斯傳重之流也。堯稱則天，不屈潁陽之高；武盡美矣，終全孤竹之潔。今沙門高尙其事，不事王侯，蟬蛻囂埃之中，自致寰區之外。斯逸人之流也。犯五刑，關三木，被箠楚，嬰金鐵者，不責其具禮。今沙門剃毛髮，絕胄嗣，毀形體，易衣服，甚刑之流也。又詔使雖微，承天則貴。沙門

杞宋之後當作杞宋之君

縱賤稟命宜尊況德動幽明化霑龍鬼靜人天之苦浪清品庶之炎氛功既廣焉譯亦弘矣豈使絕塵之伍拜累君親悶放之流削同名敬而已余幼耽斯務長頗搜尋采遺烈于青編纂前芳于汗簡重以感淪暉于佛日馨熾火以興詞庶永將來傳之好事又古今書論皆云不敬據斯一字愚竊惑焉何者敬乃通心曲禮稱無不敬拜唯身屈周陳九拜之儀且君父尊嚴心敬無容不可法律崇重身拜有爽通經以拜代敬用將爲允故其書曰不拜爲文遠公有言曰淵鑒豈待晨露哉蓋自伸其罔極也此書之作亦猶是焉達鑒通賢儻無譏矣廣弘明集二十五

合部金光明經序

金光明經者敘窮滿字金鼓擊于夢中理極真空寶塔涌于地上三身果備酬昔報之無虧十地因圓顯曩修之具足所以經王之號得稱于斯將知能弘讚人其位難量者也大興善寺沙門釋寶

貴者即近周世道安神足伏膺明匠寶曰良才翫閱群經未嘗釋手曰謂瞿曇身子孔氏顏淵者焉然貴覩昔晉世沙門支敏度合兩支兩竺一白五家首楞嚴五本爲一部作八卷又合一支兩竺三家維摩三本爲一部作五卷今沙門僧就又合二讖羅什耶舍四家大集四本爲一部作六十卷非止收涓添海亦是聚芥培山諸此合經文義宛具斯既先哲遺蹤貴遂依承以爲規矩而金光明見有三本初在涼世有曇無讖譯爲四卷止十八品其次周世耶舍崛多譯爲五卷成二十品後逮梁世真諦三藏于建康譯三身分別業障滅陀羅尼最淨地依空滿願等四品足前出沒爲二十二品其序果云曇無讖法師稱金光明經篇品闕漏每尋文揣義謂此說有徵而讎校無指永懷寤寐寶貴每歎此經祕奧後分云何竟無囑累舊雖三譯本疑未周長想梵文願言逢遇大隋馭寓新經即來帝敕所司相續翻譯至開皇十七年法席小閒因勸請北天竺犍陀羅國三藏法師闍那崛多此云志德重尋後本果有囑累品後得銀主陀羅尼品故知法典源散派別條分承注末流理難全具賴三藏法師慧性沖明學業優遠內外經論多所博通在京大興善寺即爲翻譯并前先出合二十四品寫爲八卷學士成都費長房筆受通梵沙門日嚴寺釋彥琮校練寶珠既足欣躍載深願此法燈傳之永劫釋藏食一

法純像贊序

昂少所慈育親供上行爲之碑文廣陳盛事兼以立性閑穆識悟清爽文藻橫被聞于京室續高僧傳純住西京禪定寺仁壽初卒弟子慧昂等圖其儀質飾以丹青琮爲之敘贊

全隋文卷三十三終

烏程嚴可均校輯

釋氏三

釋僧燦

燦。徐州人。高齊時㠯白衣謁二祖慧可。祝髮傳衣。是爲三祖。終于隋。

信心銘

至道無難。唯嫌揀擇。但莫憎愛。洞然明白。毫釐有差。天地懸隔。欲得現前。莫存順逆。違順相爭。是爲心病。不識玄旨。徒勞念靜。圓同太虛。無欠無餘。良由取捨。所㠯不如。莫逐有緣。勿住空忍。一種平懷。泯然自盡。止動歸止。止更彌動。唯滯兩邊。寍知一種。一種不通。兩處失功。遣有沒有。從空背空。多言多慮。轉不相應。絕言絕慮。無處不通。歸根得旨。隨照失功。須臾反照。勝卻前空。前空轉變。皆由妄見。不用求眞。唯須息見。二見不住。愼莫追尋。才有是非。紛然失心。二由一有。一亦莫守。一心不生。萬法無咎。無咎無法。不生不心。能隨境滅。境逐能沈。境由能境。能由境能。欲知兩段。元是一空。一空同兩。齊含萬象。不見精麤。寍有偏黨。大道體寬。無易無難。小見狐疑。轉急轉遲。執之失度。必入迷路。放之自然。體無去住。任性合道。逍遙絕惱。繫念乖眞。昏沈不好。不好勞神。何用疏親。欲取一乘。勿惡六塵。六塵不惡。還同正覺。智者無爲。愚人自縛。法無異法。妄自愛著。將心用心。豈非大錯。迷生寂亂。悟無好惡。一切二邊。良由斟酌。夢幻虛花。何勞把捉。得失是非。一時放卻。眼若不寐。諸夢自除。心若不異。萬法一如。一如體元。兀爾忘緣。萬緣齊觀。復歸自然。泯其所㠯。不可方比。止動無動。動止無止。兩既不成。一何有爾。究竟窮極。不存軌則。契心平等。所作皆息。狐疑淨盡。正信調直。一切不留。無可記憶。虛明自照。不勞心力。非思量處。識智難測。眞如法界。無他無自。要急相應。唯言不二。不二皆同。無不包容。十方智者。皆入此宗。宗非促延。一念萬年。無在不在。十方目前。極小同大。忘絕境界。極大同小。不見邊表。有卽是無。無卽是有。若不如是。必不須守。一卽一切。一切卽一。但能如此。何慮不畢。信心不二。不二信心。言語道斷。非去來今。歷代佛祖通載。

那連提黎耶舍

那連提黎耶舍。北天竺烏萇國人。高齊時至鄴。歷周入隋。終西京大興善寺。

法勝阿毗曇心論序

今欲解釋阿毗曇心。故問曰。不須解釋。所㠯者何。古昔論師已釋阿毗曇心。利益弟子。故不須釋。荅曰。不然。應須解釋。所㠯者何。古昔論師雖釋阿毗曇心。太廣太略。彼末學者。迷惑煩勞。無由能取。我今離于廣略。但先顯修多羅自性。是故須釋。問曰。何故釋毗曇心利益弟子耶。荅曰。彼中已說不顚倒法相。釋不顚倒法相。令彼覺悟眞實。是故離諸過惡。生諸功德。得勇猛第一義利。問曰。若如是者。隨意解釋。荅曰。我當解釋。但諸師造論。㠯吉爲初。一切吉中。三寶最勝。是故本師爲顯三寶少分功德。故于論初先說此偈。釋藏承五。

釋寶貴

寶貴。周時住中興寺。師事道安。入隋在大興善寺。

新合金光明經序

曇無讖法師稱金光明經篇品闕漏。每尋文揣義。謂此說有徵。而讎校無指。永懷寤寐。梁武皇帝愍三趣之輪囘。悼四生之漂沒。汎寶舟㠯救溺。秉慧炬㠯照迷。大同年中。敕遣直後張汜等送扶南獻使反國。仍請名僧及大乘諸雜華經等。彼國乃屈西天竺優禪尼國三藏法師波羅末陀。梁言眞諦。竝齎經論。恭膺帝旨。法師遊歷諸國。故在扶南。風神爽悟。悠然自遠。羣藏淵部。罔不研究。太清元年。始自京邑引見殿內。武皇躬伸頂禮。于寶雲殿供養。欲翻繹論。寇羯憑陵。大法斯舛。國難夷謐。沙門僧隱。始得諮稟法師譯經。經目果斷三身分别業障滅陀羅尼最淨地依空滿願等四品。全别成爲七卷。今新來經二百六十部內。其間復有銀主陀羅尼品。及囑累品。更請崛多三藏出。沙門彥琮重覆校勘。故貴今合分爲八卷。品部究足。始自乎斯。文號經王。義稱深妙。願言幽顯。頂戴護持。釋藏大唐內典錄

釋智永

智永俗姓王。會稽人。本名法極。晉右軍將軍羲之七世孫。陳時住吳興永欣寺。入隋。住長安西明寺。

與某人書

承足下還來已久。子欲參慰。爲染患不能得往問。眷仰情深。豈此委具。一兩日少可。尋冀言展。若因行李。願存故舊。今遇賢弟還。得數張紙。勞動。幸不怪耳。謹代申不具。釋智永。焰化閣帖七。在右軍書中。今移正。

猷歲將終。青陽應節。和風動物。麗景光輝。翠柳舒鱗。紅桃結綬。想弟優遊勝地。縱賞佳賓。酌桂醑以申心。玩琴書而寫志。無令拔聚。敘會何期。謹遣一介。希還數字。陸友仁硯北雜志

書右軍樂毅論後

樂毅論者。正書第一。梁世模出。天下珍之。自蕭阮之流。莫不臨學。陳天嘉中。人得以獻文帝。帝賜始興王。王作牧境中。即以見示。吾昔聞其妙。今覩其眞。閱翫良久。匪朝伊夕。始興薨後。仍屬廢帝。廢帝既役。仍屬餘杭公主。公主以帝王所重。恆加寶愛。陳世諸王。皆求不得。及天下一統。四海同文。處處追尋。兩載方得此書。留意運工。特盡神妙。其間書誤兩字。不欲點除。遂雌黃治定。然後用筆。陶隱居云。大雅吟樂毅論太師箴等。筆力鮮媚。紙墨精新。斯言得之矣。釋智永記。張懷瓘法書要錄

釋智果

智果會稽剡人。住吳興永欣寺。受書法于智永。入隋。住東都慧日寺。

太子東巡頌序

智果振衣出俗。慕道游梁。感昔日之提獎。喜今晨之嘉慶。續高僧傳卅一

心成頌

迴展右肩。長舒左足。峻拔一角。潛虛半腹。間開間合。隔仰隔覆。迴互留放。變換垂縮。繁則減除。疏當補續。分若抵背。合如對目。孤單必大。重並仍促。以側映斜。以斜附曲。覃精一字。功歸自得盈虛。統視連行。妙在相承起伏。宋蘇霖書法鉤玄。案此頌有注稱鍾王歐虞。歐虞隋時已有重名。然非智果自注也。故單錄正文。

釋眞觀

眞觀字聖達。俗姓范。吳郡錢唐人。陳時住泉亭光顯寺。入隋住靈隱山天竺寺。大業中卒。

愁賦

若夫愁名不一。愁理多方。難得覼縷。試舉宏綱。或稱憂憤。或號酸涼。蓄之者能令改貌。懷之者必使迴腸。爾其愁之爲狀也。言非物而有物。謂無像而有像。雖則小而爲大。亦自陜而成廣。譬山嶽之穹隆。類滄溟之滉瀁。或起或伏。時來時往。不種而生。無根而長。或比煙霧。乍同羅網。似玉葉之晝舒。類金波之夜上。爾乃過違道理。殊乖法度。不遣換而輒來。未相留而恆住。雖割截而不斷。乃驅逐而不去。討之不見其蹤。尋之靡知其處。其能奪人精爽。罷人歡趣。減人容顏。損人心慮。至如荊軻易水。蘇武河梁。靈均去國。阮叔辭鄉。且如馬生未達。顏君不遇。夫子之詠山梁。仲文之撫庭樹。竝恠愁於胸府。俱讚揚于心路。是以虞卿愁而著書。束晳憑而作賦。又

有物當作是物　陜當作狹　換當作喚　其能當作而能

偒當作傷

正當作匹

如蕩子從戎，倡婦閨空，悠悠塞北，杳杳江東，山川既阻，夢想時通，高樓進月，傾帳來風，愁眉歛黛，淚臉銷紅，莫不感悲枕席，結怨房櫳，乃有行非典則，心懷疑惑，未識唐虞之化，寧知禹湯之德，霧結銅柱之南，雲起燕山之北，箭既盡于晉陽，水復乾于疏勒。續高僧傳二十一

夢賦

昨夜眠中，意識潛通，類莊生之覩蝴蝶，如孔子之見周公，雖夢想之虛僞，亦心事而冥同。爾乃見一奇賓，傲岸驚人，無名無姓，如鬼如神，姿容閑雅，服翫光新，入門高揖，詣席誇陳。余乃問曰：夫邪不干正，惡無亂善，清濁異流，升沈各職，吾身披法鎧，心遊妙典，六賊稍降，四蛇方遣，大乘已駕，小魔宜翦，君是何人，欲來何辨？客乃對曰：久承名行，未遑修敬，常深注仰，每軫翹詠，忽覩光儀，良有嘉慶，欲伸諮請，願垂高命。夫人生假借，一期如擲，倏紅電之驚天，迅白駒之過隙，豈不及年時之壯美，取生平之歡適，或走名騁于長阡，

或駕飛輪于廣陌，坐西園而召友，敞南齋而對客，出野外而操琴，入閨中而撫石，或復合罇促坐，傳觴舉白，重之以笑歌，伸之以燔炙。至如學富門昌，德重名揚，江東獨步，日下無雙，心爲義窟，身是智囊，貂金仕漢，佩玉遊梁，高車駟馬，桂戶蘭房，列燕姬而滿側，湊秦女而盈堂，聞弦管之寥亮，聽絲竹之鏗鏘。何則，一生之快樂，亦千載而流芳，豈能栖栖獨處，傷無笑語，剃髮除鬚，違親背主，形容憔悴，衣衫藍縷，既闕田蠶，復無商佑，等碎繒之百結，似破襖之千補。至如玉露朝團，金風夜來，老冉冉而行至，歲忽忽而將闌，牀空帳冷，覆薄眠單，絕子孫于後肩，能賓從之來歡，欲以斯而爲道，亦得道之量難。余乃聽然含笑，略陳心要，徐而荅曰：省來說之矯張，遂引誘于邪方，欲以井蛙共海鯤而論大，爝火與日月而爭光，無異鷦鷯之比鵬翼，培塿之正崑崙。爾既昏惛于生死，亦眈染于元黃，唯知酣酒嗜慾，峻宇彫牆，豈識多財之被害，寧信懷璧而爲殃。

世人當作世情

故字衍
吐當作土

佳味爽口，美食爛腸，貪淫致患，渴愛成狂。人生易盡，物理無常，朝歌暮哭，向在今亡，欣歡暫有，憂畏延長。且世間紛擾，競無閒賞，五苦競來，百憂爭往，妻子翻爲桎梏，親愛更如羅網，私里恆樊巇屼，公事徒勞鞅掌，榮華有同水沫，富貴實如山嚮，然自沈淪倒惑，恆懷慘毒，不孝不慈，無道無德，胸襟憒悗，心膺饞賊，自大憍奢，志能苛尅，詎識仁義，誰論典則，無趣損傷，非理貪慝，見利爭往，臨財苟得，失位失名，亡家亡國，命繩遠斷，身城倒頹，業繫其頭，鬼穿其脇，冰池向踐，火山方冒，忍痛自知，銜悲誰告。爾乃刀林擁聳，劍樹嵯峩，鑪飛猛燄，鑊涌驚波，稜層鐵網，磷磷灰河，頭逢鋸解，骨被磨壓，舉身星散，合體滂沱，凡諸苦難，次第經過，一朝鍾此，萬恨如何。若夫正法宏深，妙理難尋，非生非滅，非色非心，浩如滄海，鬱似鄧林，隨機卽赴，逐感便臨，內宣萬德，外啓八音，威降醉象，影攝驚禽，形如滿月，色似融金，遂令尼犍脫屣，梵志抽簪。然而出家之爲道也，

則蕭散優游，無欲無求，不臣天子，不事王侯，侶無瑕之璧，如不繫之舟，聲樂不能動，軒冕不能留，無爲無欲，何懼何憂，戒忍雙習，福慧兼修，天人師範，豪庶依投。若夫爲學日益，爲道日損，損之則道業踰高，益之則學功踰遠，故形將俗人而永隔，心與世人而懸反，所服唯是三衣，所餐未曾兼飯，從師則千里命駕，慕法則六時精懇，潛慮于八解之池，怡神于七淨之苑。至如道安、道昱、慧遠、慧持，亦號法主，青眼律師，宏經辨論，講易談詩，開神悅耳，析滯祛疑，並皆暢名後代，擅步當時，或與秦王而共輦，乍將晉帝而同輿，遂使桓元再拜而弗暇，郗超千斛而不辭。爾乃行己以正，方享餘慶，四梵爭邀，六天俱聘，封幾顯傲，故國吐華，淨寶樹瓊枝，金蓮玉柄，風含梵響，泉流雅詠，池皎若銀，地平如鏡，妙香紛馥，名花交映，近感樂身，遠招常命。若夫六度修成，十地圓明，靈智既湛，種覺斯盈，寂寥虛豁，皎潔澄清，非起非作，無造無營，法眼不闚其色，天耳不聽

其聲惡言不能加毁美譽無以爲榮實非實礙之實名非名相之名水火衝天而不懼雷霆震地而不驚雙林現滅而不滅王宮示生而不生既窮天下之至妙誰敢與之抗衡于是前來君子聞斯語已合掌曲躬斂創彈指魂飛氣懾神萎志否踧踖無顏逡巡驚起自隙孤陋未知臧否追用感傷實懷慚恥今日奉教敬從一命矣。廣弘明集三十七。

與徐僕射領軍述役僧言

泉亭光顯寺釋眞觀致書領軍檀越竊聞四依開士匡正法于將頹十地高人秉元文于已絶能使崛山遺迹無虧宴坐之風祇樹餘壓得肆經行之道伏見今者皇華奉宣嚴憲絓是僧尼之類不書名籍者並令損茲淨戒就此黎民去彼伽藍歸其里閈既普天下莫非王臣正當僶俛恭承鞠躬祇奉但愚情所謂竊或疑焉自佛法肇興千有餘載流傳此地數百年間濟濟生徒一何爲盛雖

損當作捐

復市朝亟改風化頓移慧炬常明戒香恆馥其爲福利難可勝言所現靈祥聞諸史傳至如浮圖和上曜彩鄴中高坐法師流芳鞏洛或復昆明池內識劫燒之餘灰長沙寺裏感碎身之遺陰道開入境仙人之星乃出法成去世紺馬之瑞爰浮乃有青目赤髭黃眸白足連眉表稱大耳傳芳莫不定水淵澄義峯山豎汪汪道望類迦葉之高蹤肅肅威儀似頞鞞之清行頃年詐替乃曰澆漓而法正洪基猶應未殄忽復違其本志奪彼前心莫不仰高殿而酸傷辭舊房而悽楚依依法座重反何期戀戀禪門再還無日乃非歧路而有分袂之悲雖異河梁遂結言離之痛若以不繼名籍爲其深罪延茲咎累亦可哀矜夫出俗之人務應修道許其方外之體不拘域中之節或有不貫名籍無關簿領並皆遊方采聽隨處利安望刹爲居臨中告飯或頭陀林下或蘭若巖阿如此之流監容繼屬若勝業不全清禁多毁宜應休道此事誠然而持犯難知

凡下脫相字

聖凡濫譬菴羅之果生熟難分雪山之藥眞僞難辯忽使崑峯之上玉石同焚大澤之中龍蛇等斃何期惜也吁可傷哉又其割愛辭親披緇翦髮既無僕使永絶妻孥或老病之年單貧之士皆憑子弟還相養衞如其一朝而散溘死溝渠遂有赴巘壑而投身縊長繩而殞命雖復汨羅之痛匹此猶輕荒谷之悲方斯未重且復奇才絶學並寄後生聽講誦經咸資晚秀所以須陀得戒猶是幼童身子揚名差非耆老如斯之類若竝翦緇恐此法門便無紹繼梵輪絶矣精空舍焉若八陳未休四郊多壘前房所寄後殿斯憑愚謂此人殆誠無用若必有拔距投石之能索鐵伸鉤之力則竝從軍幕久預長驅儻復尚服緇衣猶居寺宇則是習勇心薄樂道情深若非衞玠之清羸便同孟昶之浮怯既不便弓馬徒勞行陳雖復身披甲冑還想法衣手執干戈猶疑錫杖必當遙聞戰鼓色變心驚遠望軍麾魂飛氣懾將恐有阻都護之威無益二師之勇

空舍當作舍空

護當作雙

而當作則

若謂不輸王課靡助國儲所以普使收其賦斂但浮游之屬萍迸蓬飛散誕之流且貧終窶鄉里既無田宅京師又闕主人納屨則兩踵倂穿斂襟則護肘皆現觀董生之百結甯覺輕華見顏子之一簞更疑豐飽求朽壤以爲藥盜識紫丸服糞埽而爲衣豈逢黃絹貨財之禮此而無從懷璧之愆信哉應免若令其在道猶可分衞自資遂使還民便是糇糧莫寄伏惟皇朝御厤齊聖欽明繼踵軒羲比肩炎昊握鏡之風彌遠垂衣之化方深兼復粱棟三寶敷宏十善昔漢明靈感止夢金人晉武履修纔招玉像用今方古彼有慙焉或深經是護等仙預大王寶塔斯成類無憂國主明揚仄陋信巢父之清虛徵聘漁畋許嚴君之高尚愚謂絓預今者俛首僧尼若已離法衣無過道業或常居邸肆恆處田園並依民例宜從策使如其禪誦知解蔬素清虛或宣唱有功梵聲可錄或繕修塔廟建造經書救濟在心聽習爲務乃至羸老之屬貧病之流幸

于戈當作干戈

于徧戶無所堪用竝許停寺仍上僧籍必望十城之寶或出荆山百步之中時逢芳草于是寺斷流俗之僧眾無傭糟之客六時覲請常㠯國界爲心三業精修必用君王爲本豈不幽明踴躍人鬼欣歡冥力護持善緣扶助然後二儀交泰六氣調和征馬息鞍軍旗卷旆遐荒入附無待丹水之師玉帛來朝還想稽山之集何其樂矣實可欣哉儻復疆埸不虞軍資有闕薄須費計伏聽徵求仰惟領軍檀越外則探賾典墳内則鉤深經論才高帷幄寄重鹽梅必願降意芻蕘留心正法徵惠研詳薄垂觀覽如其一毫可采深希曲爲矜論無使蘭艾同鋤薰蕕俱翦庶得仙人苑裏更轉法輪長者園中還鋪講席則匡維之德比恆岱㠯齊高擁護之功侶滄溟而共廣橫此忤煩彌增悚惕釋藏經九廣弘明集二十七

因緣無性後論 幷序

泉亭令德有朱三讓者非唯外學通敏亦是内信淵明常自心重大乘口誦般若忽著自然之論便興有性之執或是示同邪見或是實起倒心交復有損正眞過傷至道聊裁後論㠯袪彼執雖復辭無足采而理或可觀若與余同志希共詳覽也

請疑公子致言于通敏先生曰夫二儀始判則庶類是依七曜既懸則兆民斯仰但生前死後繫象之所未明古往今來賢聖于焉莫究而希元君子互騁鑽求慕理名人競加穿鑿寓兹所說則盛辯自然假氏所明則高陳報應雖自然鋒鏑克勝于前報應于戈敗績于後而愚心難啓暗識易迷二理交加未知孰是通敏先生乃抵掌而對曰省二君之清論實各擅于偏隅自然則依傍于老莊報應則祖述于周孔可謂楚則已失而齊亦未爲得也今爲吾子揚搉而陳之夫三墳五典善惡之理未彰八索九丘幽明之路猶擁況復漆園傲吏恍惚狂生獨稱造化之宗偏據自然之性乃爲一時之矯俗非關契理之元談今請問自然之本爲何所趣有

事下脫扃字

因果邪無因果乎若謂自然尚論因果則事矛盾兩言相食愚人所笑智者所悲直置己傾不煩多難若謂永無報應頓絕因果則君臣父子斯道不行仁義孝慈此言何用便當爲惡招慶爲善致殃亦應鑽火得冰種豆生麥未見聲和響戾形曲影端者也若㠯放勛上聖而誕育于丹朱重華至德而生于瞽叟便爲自然而然者竊爲足下不足焉夫至親之道乃曰天性而各隨行業曾不相關堯舜樹德于往生故稟兹靈智瞽叟興惡乎前世故致此頑嚚而復共結重緣還相影發乃欲因凡顯聖㠯智化愚若非瞽叟之兇豈知克諧之美自非放勳之聖誰化慢遊之惡故阿難調達竝爲世尊之弟羅睺善星同是如來之胤而阿難常親給侍調達每興害逆羅睺則護珠莫犯善心則破器難收㠯此而觀諒可知矣若云各有自性不可遷貿者此殊不然至如鷹化爲鳩本心頓盡橘變成枳前味永消昔富今貧定性之理難奪先貴後賤賦命之言

明當作名

泊當作汨

何在㠯望屠牛之士終享太師伊尹負鼎之人卒登丞相戴淵四鄰所患後著高明周處三害之端晚稱令德闔王無間之罪翻然改圖育王莫大之愆忽能尊善若依自性之理豈容得有斯義善人唯應修善不可片時造惡惡人恆自起惡無容一念生善是則榮枯寵辱皆守必然愚知尊卑永無悛革豈其然乎決不然也又若㠯修德之人翻感憂慼行善之者反致沈淪㠯爲自然之命亦不然也若行善而望報去善更遥修德㠯邀名離德逾遠若必挺圭璋之性懷琬琰之心本無意于名聞曾不欣乎富貴而英聲必孱雖慶方臻或可未値知音便同散木不逢別玉遂等沈泥暫且龍潛無虧鳳德豈容區區于天壤擾擾于世閒自可固窮無煩隕穫至如太伯高讓而流芳千古仲尼窮厄而傳名萬代顏稱早世特是命業不長冉致斯疾當由病因未斷二子伏誅彌顯衛靈之惡三仁受戮方見殷紂之愆首山之餓不免求名之責泊水之沈

似當作以

王當作主

朝上脫謂字

尚貽懷怨之咎且夫決定成業非神力之所救必應受報豈聖智而能禳並起昔因非今所造也若謂屠割爲務而永壽百齡盜竊居懷而豐財巨億似爲定性而然者亦所未喻也斯由曩生片善感此命財今世受殃未招果報以其爲罪既大受苦宜多所以且緩其誅宜縱其惡一朝禍盈釁積則便覆巢碎卵長歸陽子泥犁永處無間地獄故書云惡不積無以滅身此之謂矣亦有見招果報事接見聞至如王莽篡逆則懸首漸臺董卓凶殘則曝屍都市晉侯殺趙朔感陷廁之悲齊王害彭生有墜車之痛夏祚顛覆桀之罪也殷宗殄喪紂之過焉故知因果之義陸離難準業報之理參差不定所爲生報見報及其後報也請疑公子曰若以自然之計於義不可則報應之辨在言爲得而前旨復云二君所述皆非契理未知此意可得而聞邪通敏先生曰子既慇懃屢請余亦俛仰相荅但自省庸陋未伸其要妙耳尋法本非有非有則無生理自非無非無則無滅無生無滅諸法安在非有非無萬物何寄蕩乎清淨推求之路斯斷夷然平等取捨之徑無從豈有報應之理可求善惡之相可得直以凡品眾生未了斯致故橫興諍論強生分別所爲渴人逐燄水在何池眼病見華空曾無樹但爲引接近情袪其重惑微示因果略顯業緣使定性執除自然見彊若達乎正理悟此眞法亦復何所而有何所而無哉于是二三君子相視心驚欣然領悟退席敬伏而言曰今者所朝聞夕死虛往實歸積滯皆與等秋風之落葉綦疑並散譬春日之銷冰謹當共捨前迷同遵後業矣廣弘明集二十五

安高四寺碑

花磚錦石更累平階夏藻秋蓮環莊竦塔月臨月殿粉壁照于金波雲映雲臺畫梁承于玉葉續高僧傳十一慧斷

釋道林

道林俗姓李同州郃陽人出家入太白山開皇初選隸公府苦辭遁還太白唐武德初終

上文帝乞歸啓

貧道聞山林之士往而不返浩然之氣獨結林泉望得追蹤既往故應義絕凡貫陛下大敞法門載清海陸乞以此名遺虛仰者續高僧傳

釋智詵

智詵字惠成益州成都人開皇初入都蜀王秀奏請還蜀住法聚寺尋辭入龍居山秀復延請辭疾不出至唐武德元年終

荅某攜書

辱使至止并以誠言披閱循環一言三復文清淥水理破秋毫貧道戒行多闕化術無方宅身荒谷四十餘載狎魚鳥侶樵歌習禪那思般若以此卒歲分塡溝壑不謂耆年有幸運屬休明伏惟相王殿下德隆三古道振百王公擁臂而歸舊里衣錦而還本邑百姓有再生之期萬物起息肩之望搢紳君子捧玉帛而來儀慷慨丈夫委干戈而伏道昔長卿返蜀徒擅清文鄧艾前來未能偃武公華陽甲族井絡名家捧日登朝懷金問道劍南長幼並佇來蘇豈藉微風自然草靡當勸諸首領越境參迎續高僧傳

釋曇遷

曇遷俗姓王博陵饒陽人初住揚都道場寺終西京禪定寺

奏請檢括破故佛像

比經周代毀道靈塔聖儀埋委溝壑者多蒙陛下興建已得脩營至于碎身遺影尚徧原野貧道觸目增慟有心無事續高僧傳二十二文帝幸岐州敕蜀王行獵遂一獸入故窟既失蹤跡但滿窟破落佛像具以事聞遷因奏

己是非論

夫自是非彼美己惡人物莫不然以皆然故舉世紜紜無自正者

也。斯由未達是非之患。乃致于此。言至患者。有十不可。一是非無主。二自性不定。三彼我俱有。四更互爲因。五迭不相及。六隱顯有無。七性自相違。八執者偏著。九是非差別。十無是無非。初明無適主者。此云我是彼。彼云我是彼此競取。乃令是非無定。從彼云此非。此云彼非。彼此競興。遂使非無適亂。或者必欲已是自歸。已非屬彼者。此有何理。而可然邪。理不然故。强爲之者。莫不致敗耳。物豈其然哉。（續高僧傳二十二。）

全隋文卷三十四終

願當作顧

全隋文卷三十五

烏程嚴可均校輯

釋氏四

釋曇延

曇延俗姓王。蒲州桑泉人。住京師延興寺。開皇八年終。

臨終遺啓

延逢法王御世。偏荷深恩。往緣業淺。早相乖背。仰願至尊護持三寶。始終莫二。但末世凡僧。雖不如法。簡善度之。自招勝福。（續高僧傳十）

□

釋法藏

法藏。開皇中濟法寺沙門。

荅晉王施靈壽杖書

王賜幼子。長就法門。藏策靈壽。何敢輒忘。（續高僧傳□□）

慧文

慧文。開皇中住蔣州奉誠寺。

與智顗書論毀寺

奉誠寺慧文。龍光寺法令。光宅寺智勝等稽首和南。伏見使人齎符。壞諸空寺。若如即目所覩。全之與破。及有僧無僧。毀除不少。伏惟大王菩薩植信。崇明興建。三尊慈仁化物。豈不弘護佛法。留心塔寺。但此處僧徒。忽見毀廢。咸懷憂恐。大王雖照同朝日。而聖德高遠。衆情傾仰。無因簡徹。伏惟智者禪師道俗歸止。有所言勸。悉善爲先。文等不揆庸微。馳來奉告。必願運大慈悲。垂爲申達。冀未壞之寺。庶得安全。敢藉護持。輒此祈仰。謹和南。開皇十二年二月人日。（釋藏起二。國清百錄二）

曇遷

曇遷。開皇中長安法師。

與智顗書

開皇十三年九月十三日。京師興國寺曇遷和南天台山禪師足下。仰惟聲高道邁。疑和上之來儀。德遠智深。想彌天之再託。言思頂禮。申接足于丹誠。佇望東山。戀光儀之若渴。時來寒重。願善起居。衆生難調。化弘勞念。仰承遠遊荆鎮。利物弘多。棲思青溪。足暢懷抱。冀德光迴被。用展翹誠。化導周行。棠沾勝益。願珍道德。績結祇承。謹和南。率奉醍醐。願領微意。（釋藏起四。國清百錄四）

惠嵒

惠嵒。開皇中住荆州導因寺。

致書智顗

竊以妙理沖玄。隔言象之外。應機濟物。寄眞俗之談。自鶴樹潛儀。金棺晦迹。微言託于傳授。密教假于宏通。故有五種法師。四依開士。爾後蓮蹤繼跡。數百年中。雖復慧炬潛輝。而法流恆瀉。加以專思碩學。並願窮性窮源。然性不可窮。源何易盡。鹿羊之文既惑。兔馬之說猶疑。若不假以大心。終歸永蔽。仰惟禪師盛德清高。跨衆流之表。奇才内密。越詞人之上。雖不衣錦還鄉。且見還珠反本。屬以天清地肅。王道康夷。四衆傾心。民庶欣仰。各願諮受。咸思采聽。幸以慧雲之潤。忘祕悋于未聞。師子之音。廣宣揚于渴仰。暫移狼迹之步。權啓滅定之門。俯就羣心。哀憐祈請。書云朝聞夕殞。法說一句染神。必不累月經年。繁勞覩聽。庶曾聞一實者。決了衣珠。未發善提心。並知迴向。賢愚喜躍。凡聖歡愉。豈不弘法棟梁。含生舟楫。不任引領。謹遣十住寺臻法師歸依座下。普述衆心。鶴望泉桶之資。側遲洪鐘之響。輒以塵聞。咸懷喜躍。（釋藏起四。國清百錄四）

保恭

保恭。開皇中住蔣州棲霞寺。

請智顗住棲霞寺疏

棲霞寺衆保恭等和南竊以瞻慕明德灰管屢遷展覲以來炎涼甫隔伏滄至法用稟教門定水澹而無涯詢峯高而不極至如止觀方等之義龍樹馬鳴之文莫不殫其理窟究其沖妙恭雖不敏少遊講席窺衒南北經論法師三十餘年求其奧旨不悟觀諸法海寄在餘生所冀傾蠡猶欣飽腹然道安之遇澄上人便稱北面惠永之逢遠上首即創東林是知得奉勝人須安勝地者也恭雖疏薄竊欽往彥但所居棲霞寺寺宋代明徵君宅僧紹之所建立也鍾山現像疏巖做殿似若飛來無慙踊出若其林泉爽塏房宇縈紆桂嶺春芳雲窗晝歇自昔高行是用遊寫故寺衆齊誠請延感德惟願傷觀曩哲爰降彼居依經受用必垂納處所有園田基業具在別條謹共開府士柳顧言證成斯普庶金剛之域與鷲嶺而長存法寶斯傳等雞山而不滅謹疏開皇十五年八月六日保恭等疏（釋藏起四國清百錄四）

吉藏

吉藏開皇中住會稽嘉祥寺。

與智顗啟

吉藏啟景上至奉旨伏慰下情慱熱不審尊體何如伏願信後寢膳勝常誨授無乃上損吉藏粗蒙隨衆拜覲未即伏増戀結願珍重今遣智照還啟不宜謹啟（釋藏起四國清百錄四）

吉藏啟景上至奉師慈旨不勝踊躍久願伏膺甘露頂戴法橋吉藏自顧慵訥不堪指授但佛日將沈羣生眼滅若非大師弘紉何以剋興伏願廣布慈雲啟發矇滯吉藏謹當竭愚奉稟誨誘窮此形命遠至來劫伏願大師密垂加授夏亦竟即馳覲今行遣智照諮問謹啟上（同）

吉藏啟景上未至數日之間便爾感夢又景上至已後仍復得夢一二智照口述景上尋皈亦因委諮謹啟上（同）

與智顗疏請講法華經

吳州會稽縣嘉祥寺吉藏稽首和南伏聞山號鼻鬼道安登而說法峯名匡岫慧遠棲以安禪未若茲嶺宏麗接漢連霞滄壑飛流衝天灌日赤城丹水仙宅奧區佛隴香爐聖果福地復經檀美孫賦稱奇智者棲憑二十餘載禪慧門徒化流遐邇昔同壽英彥巍解通經法淨俊神正傳禪業若非道參窮學德侔補處豈能經論洞明定慧兼照至如周旦沒後孔丘命世馬鳴化終龍樹繼後如內外不墜信在人弘光顯大乘開發祕教千年之興五百實復在于今日南嶽叡聖天台明哲昔三業住持今二尊紹係豈止灑甘露于震旦亦當震法鼓于天竺生知妙悟魏晉以來典籍風謠實無連類釋迦教主童英發疑盧舍法王善財訪道敢緣前迹謀想崇誠謹共禪衆一百餘僧奉請智者大師演暢法華一部此典衆聖之喉襟諸經之關鍵伏願開佛知見耀此重昏示真實道朗茲玄夜庶以三千國土來稟未聞百劫後生奉遵大義築場戒節析木將臨搖落山莊玄黃均野桂巖玉菰菊岸華榮彌切聲聞之心頗傷緣覺之抱吉藏仰謝前蓬俯愧詢求兢懼唯深但增戰悚謹請開皇十七年八月二十一日上（同）

智越

智越開皇中住天台修禪寺。

謝晉王遣使弔天台山衆啟

天台沙門智越一衆啟司馬王弘至僧使灌頂普明還奉正月二十九日教賜垂慰問并宣口教優訪殷勤謹對龕門焚香跪讀言理哀切痛絕魂心遺囑累從亡存載荷師在之日常有誨云今得寺基爲王創造非爾小僧所辦別有大力勢人後當成就恨吾不見寺成爾時莫測所由今蒙繕造方醒前記冥相符合不可思議經藏法寶出世舟航諸佛所師衆生律導永鎮佛隴依止受持鐘

薦香等施安供養法鼓警悟利益人祇千僧法會功德圓滿伏想幽靈慈悲遠覃謹于齋日披讀願文法席悚心求入願海蒙賚者糧恩給田地基業無盡施命無窮有待多煩隆恩難荅教旨經是現前僧不令張散伏惟弘護事重荷合將圓同學門人方憑依止龕室儼然何心違離況垂嚴教益懼丹誠謹當克厲倍加心力但一眾失蔭永違慈顧追慶夙緣遭蒙賚護欣悲交至臨啓哽零謹啓開皇十八年二月十五日釋藏起三國清百錄三

謝晉王為師智顗設周忌啓

天台沙門智越一眾啓典籤吳景賢至奉教為先師亡日設齋僧眾五百一時雲集冥途雖隔感應道通越等不能灰滅奄及諱晨追慕慈顏悲哽稽首攸淚銜餐不勝荷戴謹啓謝聞謹啓同上

賀晉王正位東宮啓

天台寺故智者弟子沙門智越一眾啓伏惟殿下睿德自天恭膺儲副生民慶賴萬國歡盈凡在道俗莫不舞忭況復越等早蒙覆護曲奉慈惠不任悅豫之誠謹遣僧使灌頂智璪等奉啓以聞謹啓同上

謝皇太子造天台山下寺成啓

仁壽元年十月三日天台寺故智者弟子沙門智越一眾啓伏聞龍樹遷化天竺為立伽藍寶誌云亡梁國盛修關善良由菩薩本誓互相顯發凡是聲聞但知稱讚伏惟亡師和尚具難思之德作六人之師安禪涅槃示希有事披案經律千載一聞妙德昭彰與斗聖世伏惟尊師重道爰繕伽藍建立之處甚得山相先師嘗言其地必待良緣追尋此記彌會今日卽寺居五峯之內夾兩磵之流堂殿華敞房宇嚴祕方之淨土用集神仙成就已來先師恒垂影迹聖境雖遙有感斯應既興塔廟故現靈奇爰示諸佛咸同憘受越等虔導誘函門徒仰慙棟宇俯勵心力常于寺內別修齋懺

恆事禪禮懸藉熏修奉酬聖澤不任喜荷謹遣使灌頂智璪奉啓謝聞謹啓同上

謝皇太子施香爐銅鐘等物啓

天台寺故智者弟子沙門智越一眾啓使人兼通事舍人張乾威至謹領前件物等竝皆完淨仍卽陳羅先師舍利龕前具宣來令幷唱施物又千僧法齋伏惟弘護懸勤慈澤周至香爐微妙天匠莊嚴洪鐘和雅震集凡聖勝幡舒旆疑懸梵宮酥麨鹽桃請同香積法衣淨飾無著離塵氈物豐多驚眩視聽千僧雲集布滿山庭爰降王人光顯林谷奉對靈龕必神通攝受標擬眾聖冀願海莊嚴越等凡微謬當恩沐慈潤重沓雖可克勝合眾虔虔如履冰刃不任戴荷之至謹啓謝聞仁壽二年正月六日同上

謝皇太子施勝幡法衣等物啓

天台寺故智者弟子沙門智越一眾啓慈澤隆重喜捨頻煩僧使後還復垂恩賚雜彩勝幡莊嚴殿宇綾羅法服光洽眾僧麵酥五瓶充身去患光明一斛藥食兼濃越等山野糞埽分衛今則被服溫華食味珍甘不自度量彌增戰懼不勝欣悚謹啓謝聞謹啓仁壽二年四月十五日同上

賀煬帝登極啓

天台寺沙門智越一眾啓竊聞金輪紺寶奕世相傳重離少陽時垂御辨伏惟皇帝菩薩聖業平成纂臨洪祚四海萬邦道俗稱幸越等不任喜踊之至謹遣僧使智璪奉啓以聞仁壽四年十一月三日括州臨海縣天台寺僧智越等啓同上

謝敕施物啓

天台寺沙門智越等啓使智璪還奉宣正月十三日敕旨幷施物五百段謹卽集眾佛前披對使人如法呪願越等有幸喜逢聖世伏蒙慈敕喜懼已隆復領厚賚恩賜彌重竊惟輪王地水已覺難

消。況天府妙物。盛恭受用。庶藉救慈。又承佛力。罄竭心膂。導師遺訓。專修禮誦。上荅天澤。不任悚荷之至。謹附揚州使奉謝。以聞。謹啟。大業元年三月十七日。上。同

與駕幸江都宮參問起居啟

天台寺沙門智越一衆啟。仲秋已冷。伏惟皇帝陛下起居萬福。越等早蒙垂覆。曲荷慈恩。山衆常得安心。奉國行道。伏聞輿駕巡撫江都。寺衆欣踊。不任馳戀之誠。謹遣僧使智璪奉啟以聞。大業元年八月三十日。上。同

謝敕賚國淸寺名幷施物度僧啟

天台山國淸寺沙門智越一衆啟。兼通事舍人盧政力至。奉宣十月二十九日敕。云天慈訓誨。賚寺瑞名。施物二千段。米一千斛。熏陸香二斛。千僧法齋。度四十九人出家。修治寺宇。卽聚衆燒香。宣唱。仰惟聖治德合乾坤。子養萬邦。撫安四海。助佛敎化。度脫衆生。光大之恩。誠無等等。越等雖披法衣。行不稱照。乃侍先師。每乖宗範。日夜克責。無地啟處。伏奉敕旨。頂戴受持。但凡庸小劣。不識菩薩。大智昔陳世之時。親聞師說。三國爲一。有大力勢人。當爲造寺。寺若立。國土卽淸。必爲國淸寺。于時車書未一。不識何言。自爾已來。抱疑弗曉。奉敕賚寺國淸之名。還符本瑞。山僧山民。載欣載喜。始知諸願菩薩。更相啟發。或作五品。或統萬機。光顯三尊。利益國土。慶此含情。幸聞休瑞。仰瞻寺額。卽如悟道。但慈恩普被。日下同霑。而天台一方。偏感弘澤。名衣上服。相次光臨。妙物粳糧。前後降集。越等三學無功。一餐難受。況米物盈積。豈可恭弘。戰懼不堪。慮延罪過。庶藉慈宥。展竭愚誠。奉酬宸極。但天台幽遠。自昔已來。單僧獨行。今泰平在運。國淸寺立。四十九人一日出家。鬢落障消。寔爲希有。冀其心力增進。學業日新。念念功熏。奉資皇國。又千僧結齋。凡聖雲集。日色華明。僧徒欣戴。仰惟先師妙德。不可思議。感應

神通。必當鑒降。午後對使人開發靈龕。希有聖瑞。備是使人等公私道俗共見。越等悲喜交至。謹以啟知。謹啟。大業元年十一月二十四日。括州國淸寺沙門智越等啟。釋藏起四國淸百錄四

智璪

智璪。開皇中住天台修禪寺。

天台山寺名啟

昔陳世有定光禪師。德行難測。遷神已後。智者夢見其靈云。今欲造寺。未是其時。若三國爲一。家有大力勢人。當爲禪師起寺。寺若成。國卽淸。必呼爲國淸寺。伏聞敕旨欲立寺名。不敢默然。謹以啟聞。謹啟。釋藏起三國淸百錄三

釋灌頂

灌頂字法雲。俗姓吳。義興人。師事智顗。終天台國淸寺。

國淸百錄序

先師以陳太建七年歲次乙未初隱天台。所止之峯。舊名佛隴。詢訪土人。云遊其山者多見佛像。故相傳因而成稱。至太建十年歲在戊戌。降陳宣帝敕名修禪寺。吏部尚書毛喜題篆牓送安寺門。到大隋開皇十八年。其歲戊午。太尉晉王于山下爲先師創寺。因山爲稱。是曰天台。王登尊極。以大業元年龍集乙丑。敕江陽名僧云。昔爲智者創寺。權因山稱。今須立名。經論之內。有何勝目。可各述所懷。朕自詳擇。諸僧表兩名。一云禪門。一云五淨居。其表未奏。而僧使智璪啟國淸之瑞。敕云。此是我先師之靈瑞。卽用卽用。敕取江都宮大牙殿牓。塡以雌黃。書以大篆。遣兼內史通事舍人盧政力送安寺門。國淸之稱。從而爲始。先師神光而生。結跏而滅。盛證妙法。出作帝師。備是諸宮法論。會稽智果。國淸灌頂等三傳所載。又沙門智寂編集先師遺迎信命。撥訪未周。而智寂身故。筆墨之功。與氣俱棄。余覽其草本。續更撰次諸經方法等。合得一百條。

呼爲國清百錄詒示後昆知盛德之在茲（釋藏起一 國清百錄）

釋法經

法經開皇中翻譯沙門

上文帝書進呈衆經目錄

大興善寺翻經衆沙門法經等敬白皇帝大檀越去五月十日太常卿牛弘奉敕須撰衆經目錄經等謹即修撰總計衆經合有二千二百五十七部五千三百一十卷凡有七卷別錄六卷總錄一卷繕寫始竟謹用進呈經等又敬白仰惟無上法寶道洽無窮像運中途緣被茲土昔方朔覩昆明下灰令問西域取決劉向校書天閣錄載已見佛經方知前漢之世正法久至非爲後漢始流此地矣但自道淡情華眞僞玄隔人尠宗敬雖有若亡又致明帝夢感金容覩應者當是聖道憑藉皇王大啟弘奉之端耳于是發使西域尋求佛經緣此摩騰法蘭創出四十二章世高支讖廣譯諸

餘經部是後通道之士相尋而至爰暨魏晉京洛之日雖有支謙康會嚴宣于金陵竺護蘭炬飛譯于雍洛然而信敬尚簡奉行固微比逮東晉二秦之時經律麤備但法假人弘賢明日廣于是道安法師創條諸經目錄詮品譯材的明時代求遺索缺備成錄體自尒達今二百年間製經錄者十有數家或以數求或用名取或憑時代或寄譯人各紀一隅務存所見獨有揚州律師僧祐撰三藏記錄頗近可觀然猶小大雷同三藏雜糅鈔集參正傳記亂經攻始括終莫能該備自外諸錄胡可勝言僧衆既未獲盡見三國經本校驗異同今惟且據諸家目錄刪簡可否總摽綱紀位爲九錄區別品類有四十二分九初六錄三十六分略示經律三藏大小之殊麤顯傳譯是非眞僞之別後之三錄集傳記注前三分者並是西域聖賢所撰以非三藏正經故爲別錄後之二分並是此方諸德所修雖不類西域所製莫非毗贊正經發明宗教光輝前

緒開進後學故兼載焉又法經等更復竊思諸家經錄多是前代賢哲脩撰敬度前賢靡不皆號一時稽古而所脩撰不至詳審者非彼諸賢才不足而學不周直是所遇之日天下分崩九牧無主名州大郡各號帝畿壇場覊隔並爲戰國經出所在悉不相知學者遥聞終身莫覩故彼前哲雖有才能苦不逢時亦無所申述也當今經等識學誠不及古而宿緣多幸運屬休辰四海爲家六合清泰殊方異俗宛在目前正朔所頒書軌無外又皇帝大檀越雖復親綜萬機而耽道終日興復三寶爲法輪王永開四趣之門大啟天人之路在域羣生莫不蒙賴而況經等夫復何論所限識慧無長猥參嘉運不能盡獲三國經本及遺文逸法造次脩撰多有闇昧進思退省慙慨良深敬白（釋藏百一 衆僧目錄）

釋海順

海順俗姓任河東蒲坂人住仁壽寺

致書釋道傑

敢稽首大師門下每欲理靜攝心山泉畢志但以無明大夜非慧炬不輝故栖寄法筵聽覽玄旨至于人物聚集頗勞低仰況乃大限百年小期一念儻從風燭前路奚憑所以策駑駘之疲想千里之遠定門玄妙輒希趣入逆其不逮益用盤桓伏願開含養之懷退人以禮（續高僧傳）

三不爲篇

我欲偃文修武身歿名存研古通道析井流泉君肝在內我身處邊荆軻拔劍毛遂捧盤不爲則已爲則不然將恐兩虎共鬬勢不俱全永存今好長絕來怨是以返迹荒逕息影柴門

我欲刺股錐刃懸頭屋梁書臨雪采牒映螢光一朝鵬舉萬里鸞翔縱任才辯遊說君王高車反邑衣錦還鄉將恐鳥殘以羽蘭折由芳龍餐詎貿鉤餌難嘗是以高巢林藪淺穴池塘

我欲衒才鬻德。入市趨朝。四衆瞻仰。三槐附交。標形引勢。身達名超。箱盈綺服。廚富甘肴。諷揚絃管。詠美歌謠。將恐塵栖弱草。露宿危條。無過日旦。靡越風朝。是以避傷樂淺。非惟苦遙。（續高僧傳）

釋道傑

道傑俗姓楊。河東安邑人。住蒲州栖巖寺。

報釋海順書

促路非騏驥之逸響。灌木豈鸞鳳之栖息。故當引水而沐枯魚。戢翼而朋寡鶴耳。脫其不爾。幸無略光陰。（續高僧傳）

闕名

緣生經幷論序

原是一心。積爲三界。疑流漫遠。苦樹鬱高。欲討其際。難測其本。理極實相之門。荃蹄假名之域。五因七果。十有二分。緣生之法。總備于此。凡則迷而起妄。聖則悟以通眞。下似兔浮。上如象度。大哉妙覺。淵乎洞盡。十地與雙林俱暢。閻域共稻芉咸敷。至若此經。獨包彼側。彼所未說。此乃具演。攀緣爲首。對治爲末。總則一十一門。別則百二十問。其旨微而密。其詞約而隱。經之綱目。攝在茲焉。幷有聖者鬱楞迦。附此經旨。作論顯發其論也。偏取三乘之意。不執一部之荃。先立偈章。後與論釋。偈有三十。故亦名三十論也。大業二年十月。南賢豆國（舊名天竺者訛也）三藏法師達摩笈多與故翻經法師彥琮。在東都上林園。依林邑所獲賢豆梵本。譯爲隋言。三年九月其功乃竟。經二卷。論一卷。三藏師究論閑明。義解沈密。琮法師博通經論。兼善梵文。共對葉本。更相扣擊。一言靡違。三覆逾審。僻煩簡質。意存允正。比之昔人。差無尤失。眞曰法燈。足稱智藏。願踰後際。常益世間云爾。（釋藏敢三又華四。）

衆經目錄序

佛法東行。年代已遠。梵經西至。流布漸多。舊來正典。並由翻出。近遭亂世。頗失原起。前寫後譯。質文不同。一經數本。增減亦異。致使凡人。得容妄造。或私采要事。更立別名。或輒構餘辭。仍取眞號。或論作經稱。疏爲論目。大小交雜。是非共混。流濫不歸。因循未定。將恐陵遲聖說。動壞信心。義闕紹隆。理乖付囑。皇帝㳄崇三寶。洞明五乘。降勅所司。請興善寺大德與翻經沙門及學士等。披檢法藏。詳定經錄。隨類區辯。總爲五分。單本第一。重翻第二。別生第三。賢聖集傳第四。疑僞第五。別生疑僞。不須鈔寫。已外三分。入藏見錄。至如法寶集之流。淨住子之類。還同略鈔。例入別生。自餘高僧傳等。詞參文史。體非淯正。事雖可尋。義無在錄。又勘古目。猶有闕本。昔海內未平。諸處遺落。今天下旣壹。請皆訪取。所願仁壽長延。法門具足。羣生有幸。方益無窮。合成五卷。顯之于左。（釋藏百六。）

妙法蓮華經添品序

妙法蓮華經者。破二明一之指歸也。降神五濁。宏道三乘。權智不思。大悲難極。先設化城之迹。後示髻珠之本。事雖有異。而實無差。記以正覺之名。許以眞子之位。同入法性。歸之于此。昔敦煌沙門竺法護。于晉武之世。譯正法華。後秦姚興。更請羅什。譯妙法蓮華。攷詳二譯。定非一本。護似多羅之葉。什似龜茲之文。余檢經藏。備見二本。多羅則與正法符會。龜茲則共妙法允同。護葉尙有所遺。什文寧無其漏。而護所闕者。普門品偈也。什所闕者。藥草喩品之半。富樓那及法師等二品之初。提婆達多品。普門品偈也。什又移囑累在藥王之前。二本陀羅尼並置普門之後。其間異同。言不能極。竊見提婆達多及普門品偈。先賢續出。補闕流行。余景仰遺風。憲章成範。大隋仁壽元年辛酉之歲。因普曜寺沙門上行所請。遂共三藏崛多笈多二法師。于大興善寺重勘天竺多羅葉本。富樓那及法師等二品之初。勘本猶闕。藥草喩品更益其半。提婆達多通入塔品。陀羅尼次神力之後。囑累還結其終。字句差殊。頗以改正倘有拔導幸勿疑惑雖千萬億偈妙義難盡而二十七品本文且具所願四辨梵詞徧神州之域一乘祕教悟像運之機聊記翻譯序之云爾（釋藏益一又開元釋教錄）

藥師如來本願功德經序

藥師如來本願經者致福消災之要法也曼殊以慈悲之力請說尊號如來以利物之心盛陳功業十二大願彰因行之宏遠七寶莊嚴顯果德之純淨憶念稱名則衆苦咸脫祈請供養則諸願皆滿至于病士求救應死更生王者攘災轉禍爲福信是消百怪之神符除九橫之妙術矣昔宋孝武之世鹿野寺沙門慧簡已曾譯出在世流行但以梵宋不融文詞雜糅致令轉讀之輩多生疑惑矩早學梵書恆披葉典思遇此經驗其紕謬開皇十七年初獲一本猶恐脫誤未敢即翻至大業十一年復得二本更相讐比此方爲楷定遂與三藏法師達摩笈多并大隋翻經沙門法行明則長

順海馭等于東都洛水南上林園翻經館重譯此本深鑑前非方懲後失故一言出口三覆乃書傳度幽旨差無大過其年十二月八日翻勘方了仍爲一卷所願此經深義人人共解彼佛名號處處共聞十二夜叉念佛恩而護國七千眷屬承經力以利民帝祚遐永羣生安樂式貽來世序之云爾（釋藏惟一　案此序裴矩撰非闕名也當入唐）

全隋文卷三十五終

全隋文卷三十六

烏程嚴可均校輯

僊道

李播

播，中山人，一云太原人，徙岐州雍縣，爲高唐尉，棄官爲嵩陽觀道士，號黃冠子，即唐太史令淳風之父，有集三卷。（宋李淳風傳作十卷。）

天文大象賦

垂萬象乎列星，仰四覽乎中極。一人爲主，四輔爲翼。句陳（云云 苗爲注。）

鬼神

天台佛隴山神

送釋智晞疏

香爐峯檉柏樹，盡皆捨給經臺。（續高僧傳：智晞姓陳氏，潁川人，居天台佛隴，創造伽藍，唯經臺未構，衆議香爐峯檉柏木可共取之，以充供養。晞以山神護惜，不可造次。夜夢人送疏，即便營辦採伐。）

全隋文卷三十六終

先唐文目錄

余輯唐已前文。得三千四百許家。分代編次。唯胡安道等及釋藏所載勝軍王等。未詳時代。但知在唐已前耳。昔河間獻王得先秦舊書。先秦謂秦未火之先。故仿先秦之目。編先唐文一卷。

嘉慶丁丑六月。嚴可均記。

大凡先唐文一卷。五十四人。

大橘當作巨橘

重當作董

先唐文一卷

烏程嚴可均校輯

胡安道

安道。爵里未詳。案御覽列于朱超石之前。當是晉人。

愁霖賦

冀連陰之時退。想雲物之見微。文選謝朓在郡臥病呈沈尚書詩注。

黄甘賦

越魏郡之赤杏。御覽九百六十八。

襄陰大橙。江陽大橘。御覽九百七十一。

重子曉

子曉。爵里未詳。案御覽在晉李充後宋顏延之前。當是東晉人。

乘輿駁馬賦

驄覩若斯。氣勢雲披。銜金鑣。著玉羈。御覽三百五十八。

朱彥時

彥時。爵里未詳。案初學記編于晉劉謐之後。劉思眞前。疑是晉人。

黑兒賦

世有非常人。實惟彼玄士。稟茲至緇色。內外皆相侶。臥如驪牛驟。立如烏牛跱。忿如鸜鵒鬬。樂如鶺鴒喜。初學記十九。御覽三百八十二。

劉思眞

思眞。爵里未詳。案類聚劉之遴字思貞。未聞有醜婦賦。此作思眞。非劉之遴。

醜婦賦

人皆得令室。我命獨何咎。不遇姜任德。正值醜惡婦。才質陋且儉。姿容劇嫫母。鹿頭獮猴面。推額復出口。折頞厭樓鼻。兩眼顱如臼。蓺文類聚作折頞厭黑面樓鼻兩眼顱 膚如老桑皮。耳如側兩手。頭如研米槌。髮如掘掃帚。惡觀醜儀容。不媚如鋪首。闇鈍拙梳髻。刻畫又更醜。妝頰如狗舐。額上偏獨厚。朱脣如踏血。畫眉如鼠負。傅粉堆頤下。面中

壯當作狀

而摽當作有摽

不偏有領。如鹽豉囊。袖如常拭釜。履中如和泥。爪甲長有垢。腳皺可容箸。熟視令人嘔。初學記十九。御覽三百八十二。

吳氏

吳氏。失其名。

虎賦

蓋其壯也。誕節緩腕。續背連骸。細腰鼓胸。方口大鼻。侶攜組雜閒。

若錦繡相連。御覽八百九十二。

七衿

春梧湖濡。于味東隅。秋醞夏發。素蟻連珠。書鈔一百四十八。

臧彥

彥字道顏。

駁牛賦

若乃豪宗戚屬。公侯王后。乘輕御肥。貂蟬耀首。翟羅華紹。鍱鍱雲

母。良特擢足于雙島。名駿疊迹于左右。貴遊踊躍于絕倫。觀者嗤妍其好醜。遂慕駿駃吕相高。矯彼奇選之希有。儀體既美。特資高足。名參飛兔。價齊騕褭。藝文類聚九十四引臧道顏駁牛賦。

乃有超羣獨出。騂毛文角。玷班凝白。鮮纖蜎曲。初學記二十九引臧彥駁牛賦。據知彥字道顏。

豨相允備。名不虛假。偉質魁梧。骨奇形雅。竦若驚鹿。駃若奔馬。御覽八百九十九引臧彥駁牛賦。

弔驢文

夫徵祥契于有感。景行表于事迹。故銓才授任。必求之卓越。攷能叢用。亦存乎望實。吕面貌定名。則稱謂而摽。聲色位號。則由焉而授。爰有奇人。西州之馳驅者。體質强直。稟性沈雅。聰敏寬詳。高音遠暘。眞驢氏之名駒也。初學記二十九引作臧道顏。御覽九百一引作臧彥。

宋韶

韜爵里未詳。

遺敎

吾死斂已時服，不得造新白袷單衣。御覽五百五十。

衞欽

欽爵里未詳。

奏事

武皇帝之時，後宮食不重肉，衣不錦繡，茵席不緣，物無丹漆，用能平定天下，遺福子孫。御覽四百三十一。案，武皇帝蓋魏武或晉武也。衞欽當是魏晉人，未能定之。

王著

著，晉陵曲阿人。案，吳志有王著，附見蕃傳，廬江人，非即此。

與杜康絶交書

王著，晉陵曲阿人，其篤好酒五年矣。一作三年。康字仲寧，或曰黃帝時宰人也，始造酒，時人號曰酒泉太守。書鈔一百四十八引二條，又見文選魏武帝短歌行注。

孔珠

珠爵里未詳。

與王佐長史書

朝不著鞶囊，不知爲可不。御覽六百九十一。

王佐

佐爲長史。

答孔珠書

尋此鞶囊，是內則施鞶之遺像，此爲箴線之屬，非朝服所宜著。御覽六百九十二。

被徒元

被徒元未詳。

被徒元書

宜修田農，作園圃，織紝紡績，爲坐作之本利，常令供養之物有兼副。御覽八百二十六引被徒元書，其爲姓名、書名，舊題皆不能知。

王樂道

樂道未詳。

與穆四書

出師頌妙絶古語，借書一瓻，還書一瓻。梅鼎祚梁文紀引唐諺，古之借書盛酒瓶，名曰瓻。王樂道與穆四書云云。案，唐諺今無傳本，廣韻六脂瓻字注云：酒器，大者一石，小者五斗，古之借書盛酒瓶，不引王樂道書，或梅氏向見唐諺也。

蓁毋氏

蓁毋氏失其名。案，晉惠帝時魯褒隱姓名作錢神論，曰有司空公子顧見蓁毋先生，則蓁毋氏猶言無是公也。此文蓋魯褒已後人所作。

錢神論

黃銅中方，叩頭對曰：僕自西方庚辛，分王諸國，處處皆有。長沙越巂，僕之所守。黃金爲父，白銀爲母，鉛爲長男，錫爲少婦。天性剛堅，

須火終始。體圓應乾，孔方效地。伊我初生，周末時也。景王尹世，大鑄茲也。貪人見我，如痛得醫；飢饗太牢，未之踰也。初學記二十七，御覽八百三十六。

朱元微

元微一作元徽。

火不熱論

朱先生游于河洛之間，將舍逆旅，遇逆旅之火，有主人翁夷焉。先生褰裳下車，環而窺之，則喘喘然死矣。先生曰：嘻，火之盛物，一至此哉！弟子孔琨進曰：異乎先生之談也。夫火之熱，在羣形則焚燎銷鑠，在肌膚則灼爛湮滅，奚言物之盛矣？初學記二十五。

柴子大

子大爵里未詳。

七折

幘張當作攢幔

蘭包馥郁，粉以五香。北堂書鈔一百三十五。
下莞上簟，華鏤之牀。御覽七百六。
錦衾內設，羅幬幘張。御覽六百九十九。

衛洪

洪，爵里未詳。案：御覽列于桓麟後，皇象、繆襲前，疑漢人。

七鬧

馨羹分臛，凝色生華。御覽八百六十一。

孔煒

煒一作偉。爵里未詳。

七引

龍脣之肪，鳳趾之筋，麢髓鹿腸，鵠舌麟肕，秋熊柔蹯，□饈□□。書鈔一百四十二。
伊尹奏饌術。易牙調甘辛，詭齊殊芳，越俗通神。同上。

聘當作騁　之時當作之士　殖當作植　摩當作麾

猋足走切，龍刀電舒，隨浮膾鮮，附馳割腴。書鈔一百四十五。
芳秔彫胡，𥞩粔出身，甜和方甋，絶域累臻。書鈔一百四十二。
拭粉游紅，尉黛揚蛾。書鈔一百三十五。
長袖隨腕而遺耀，紫鬠承鬢而聘煇。書鈔一百三十六，御覽七百十八。
弄幻之時，因時而作，殖瓜種菜，立起尋尺，投芳送臭，賣黃售白，摩天興雲霧，畫地成江海。御覽七百三十七引孔偉七引。

夏侯陽

陽，爵里未詳。趙宋封平陸男。宋史禮志載算學祀典，案：戴東原攷爲晉人。

算經序

夫博通九經，爲儒門之首，學該六藝，爲伎術之宗。若非材性通明，孰能與于此也。然算數起自伏犧，而黃帝定三數爲十等，隸首因以著九章，逮乎有虞，乃同律度量衡。孔子曰：謹權量，審法度。漢備五數，紀于一，協于十，長于百，大于千，衍于萬。度長短者，不失豪氂，量多少者，不失圭撮，權輕重者，不失黍絫。五曹孫子，述作滋多。甄鸞、劉徽，爲之詳釋，稽之往古，妙絶其能。儲校今時，少有聞見。余以總角，志好其文，略尋古今，備覽差互。其如明數造術，詎曉端倪。尋攷遺言，頗知梗概。且計課租庸調，無術可憑，步數奇殘，若爲銷盡。永變米穀，經旨未曉，正耗共升，何由剖析。三分五分取一，法理爲明。焉況今令式，與古數不同，奚能則定代相沿革，互議短長，經術尤深，難可意測。是以跋涉川陸，參會宗流，纂定研精，刊繁就省，祛蕩疑惑，括諸古法，竭盡毫芒，謹錄異同，列之于左。

張丘建

丘建，清河人，趙宋封信成男。宋史禮志載算學祀典。

算經序

夫學算者，不患乘除之爲難，而患通分之爲難。是以序列諸分之本元，宣明約通之要法，上實有餘爲分子，下法從而爲分母，可約者約以命之，不可約者因以名之。凡約法，高者下之，耦者半之，奇者商之，副置其子及其母，以少減多，求等數而用之。若乃其通分之法，先以其母乘其全，然後內子，母不同者，母互乘子，母亦相乘爲一母，諸子共之，約之通分而母入者出之，則定。其夏侯陽之方倉，孫子之蕩杯，此等之術，皆未得其祕，故更造新術，推盡其理，附之于此。余爲後生好學，有無由以至者，故舉其大概而爲之法，不復煩重，庶其易曉云耳。清河張丘建謹序。

馮植

植，爵里未詳。

竹杖銘

杖必取材，不必用味，相必取賢，不必所愛。都蔗雖甘，猶不可杖，佞人悅已，亦不可相。御覽九百七十四，案：書鈔一百三十三引崔瑗杖銘，藝文類聚六十九引劉向杖銘，並同。馮植不見于傳記，疑有誤。

蕭翊

翊爵里未詳。

天目山碑銘

於維天目，信不高矣。到岳霞上，標峯霧裏。（劉餘金石攷四吳興藝文補云此銘蔡談志不詳何代人，味其語當是六朝手。）

壺居士

壺居士未詳，或云即壺公。

食忌

苦荼久食羽化，與韭同食，令人身重。（御覽八百六十七。）

汲太子妻李氏

列女

李氏未詳。

與夫書

枅纖納一端。（御覽八百十九。）

闕名

賈儀

六月三伏日，昔賈誼在湘南，六月三庚日，有鵩鳥來，時以南方毒惡，以助太陽銷鑠萬物，故損人，因避之。（御覽三十一。）

雜帖

既移屋近西牆，徵援裏地成大寬，援裏起小三架，如步廊，政可一丈，梁得使二家通出入，作門閤也。此屋之東，故應作牆，宜步廊一壁，太畢空園中，彌宜移三間，故當不甚難，重複粗畫圖如別耳。（淳化閣帖五。）

足下既有意適聞曠，亦當惡暑邪遊矚疏數，慰對古今，少吾今年病垂耳。一始小瘥，大小會始病，惛忽移日耳。每每深望遠言，慰尚除，慨然，玄過口之（姜作玄日，貝問可與音介）。勿勿書復。既與直人理略絕，何緣復有周旋。理長史斷關亦不憮，鄭唯公事時相瞻望耳。吾面信遂至今不著，不可解，計至故應必有香，但不知好惡云何耳，須得。（淳化閣帖五。）

三輔黃圖序

易曰：上古穴居而野處，後世聖人易之以宮室，上棟下宇，以待風雨，蓋取諸大壯。三代盛時，未聞宮室過制。秦穆公居西秦，以境地多良材，始大宮觀。戎使由余適秦，穆公示以宮觀，由余曰：使鬼爲之，則勞神矣；使人爲之，則苦人矣。是則穆公時秦之宮室已壯大矣。惠文王初都咸陽，取岐雍巨材，新作宮室，南臨渭，北踰涇，至于離宮三百，復起阿房，未成而亾。始皇并滅六國，憑藉富强，益爲驕侈，殫天下材力以事營繕。項羽入關，燒宮闕，三月火不滅。漢高祖有天下，始都長安，實曰西京，欲其子孫長安都于此也。至孝武皇帝，承文景菲薄之餘，恃邦國阜繁之資，土木之役，倍秦越舊，斤斧之聲，畚插之勞，歲月不息，蓋騁其邪心以誇天下也。昔孔子作春秋，築一臺，新一門，必書于經，謹其廢農時，奪民力也。今見采秦漢以來宮殿門闕樓觀池苑在關輔者，著于篇，曰三輔黃圖云。東都不與焉。

玉匱針經序

呂博少以醫術知名，善診脈論疾，多所著述。吳赤烏二年，爲太醫令，撰玉匱針經及注八十一難經，大行于代。（御覽七百二十四。）

千金序

沙門支法存，嶺表人，性敦方藥，自永嘉南渡，士大夫不襲水土，多患腳弱，惟法存能拯濟之。（御覽七百二十四。）

仰道人，嶺表僧也。雖以聰慧入道，長以醫術開懷，因晉朝南移，衣纓士族不襲水土，皆患輭腳之疾，染者無不斃踣，而此僧獨能療之，天下知名焉。（同上。）

偕深齊宋間道人善療脚弱氣之疾撰錄法存等諸家醫方三十餘卷經用多效時人號曰深師方焉同上

彈棋經序

彈棋者仙家之戲也昔漢武帝平西域得胡人善蹴踘者蓋衒其便捷跳躍帝好而爲之羣臣不能諫侍臣東方朔因以此藝進之帝就舍蹴踘而上彈棋焉習之者多在宮禁中故時人莫得而傳至王莽末赤眉凌亂西京傾覆此藝因宮人所傳故散落人閒及章帝御宇好諸技藝此戲乃盛于當時御覽七百五十五

彈棋經後序

自後漢沖質已後此藝中絕至獻帝建安中曹公執政□闢幽密至于博弈之具皆不得妄置宮中宮人因以金釵玉梳戲于妝奩之上即取類于彈棋也及魏文帝受禪宮人所爲更習彈棋焉當時朝臣名士無不爭能故帝與吳季重書曰彈棋閒設者也同上

彈棋者雅戲也非事乎千百梟撒之數不游乎紛競詆欺之間淡薄自如故趨名近利之人多不尚焉蓋道家所爲欲習其偃亞導引之法擊博騰擲之妙以自暢耳同上　案御覽此下尚有又曰一條言唐順宗及長慶之末事疑後序爲唐文今姑錄之俟攷

四十二章經序

昔漢孝明皇帝夜夢見神人身體有金色頂有日光飛在殿前意中欣然甚悅之明日問羣臣此爲何神也有通人傅毅曰臣聞天竺有得道者號曰佛輕舉能飛殆將其神也于是上悟即遣使者張騫羽林中郎將秦景博士弟子王遵等十二人至大月支國寫取佛經四十二章在十四石函中登起立塔寺于是道法流布處處修立佛寺遠人伏化願爲臣妾者不可稱數國内清寧含識之類蒙恩受賴于今不絕也釋藏跡六

列仙傳序

劉當作中

列仙傳漢光祿大夫劉向所撰也初武帝好方士淮南王安亦招賓客有枕中鴻寶之書先是安謀叛伏誅向父德爲武帝治淮南獄得其書向幼而讀之以爲奇及宣帝即位修武帝故事向與王褒等以通博有俊才進侍左右向又見淮南鑄金之術上言黃金可成上使向與典尚方鑄金費多不驗下吏當死兄陽成侯安民乞入國戶劉贖向罪上亦奇其材得減死論詔爲黃門侍郎講五經于石渠至成帝時向既司典籍見上頗修神仙事遂修上古以來及三代秦漢博采諸家言神仙事御覽六百七十二

靈寶五符序

北方有夜光玉女服靈林之翠羅駕鹿輦于天河獲二儀而輕□保羣命于永和北堂書鈔一百四十

會稽先賢像讚隋志有五卷無名氏

綦毋文後爲交阯刺史詔賜高山冠御覽六百八十五

穀城門石人腹銘

摩兜鞬摩兜鞬慎莫言藝文類聚六十三引盛弘之荊州記穀城毁伯殺之國城門有石人焉刊其腹云云　疑此亦周太廟金人緘口銘背之流也

大興善寺鐘銘序

皇帝道叶金輪示居黃屋覆燾萬方舟航三界欲使雲和之樂共法鼓而同宣雅頌之聲隨梵音而俱遠乃命鳧氏範兹金錫響合風雷功侔造化騰驤猛虡負鎮業而將飛宛轉盤龍繞乘風而如動希聲旦發捷槌夕震莫不傾耳以證無生入神而登正覺圓海有竭福祚無窮方石易銷願力無盡廣弘明集二十八上

玉清刻石隱銘

佩玉帝隱文者得爲上仙御覽六百六十一

宋華元墓石銘

雎陽土地高竹木可爲壕若也不迴避奉賵二金刀隔河記

上虞縣東南冢磚文

居在本土厥姓黃。卜葬于此大富強。易卦吉。龜卦凶。（御覽五百六十引會稽郡十城地志、上虞縣東南有冢二十餘、宋元嘉之初、湖水壞其大冢、初壞一冢、磚題文云）

釋氏

勝光王

白僧衆書

今有少緣、欲見聖衆。（根本說一切有部毗奈耶）

勝音城仙道王

與影勝王書

敬覽來信、并受國珍、未面相親、深慙遠意。彼有須者、我當爲辦。（同上）

送影勝王寶甲書

今贈寶甲、五德圓備、若念我者、幸當自著。希招遠意、勿惠餘人。（同上）

報影勝王請苾芻尼書

我賴仁恩、知有三寶、悟緣生理、得見眞諦、苦海淪溺、彼岸可期、拔足淤泥、歡慶何極。然我欲得親見苾芻、爲作方便、令來至此。（同上）

宮內女人、樂欲聞法、頗有方便、得令苾芻尼來不。（同上）

摩揭陀國影勝王

呂世尊像送仙道王書

雖未相見、使至覽書、蒙贈寶甲、世所希有。今畫世尊形像、三界最尊、令使持將冀中供養。既至彼已、可去王城、有兩驛半、平治道路。嚴飾城隍、躬領四兵、幢幡華蓋、于廣博處、張設尊儀、殷勤供養、獲大福德。（同上）

又報仙道王書

承悟緣生、得豫流果、復于苾芻、樂欲相見、佛令五百苾芻。遠赴祈請、仁可慇懃、同大師想、去城兩驛半許、修治道路、嚴設香華、治整四兵、自來迎接、又于城內閒寂之處、造一大寺、營五百房、牀榻臥具、無令闕乏、飲食所須。悉皆豫辦、若作如是供養事者。獲福無量。（同上）

憍閃毗國說憂事人

詐白鄔陀延王書

我是某國大王、惟有一子、被夙將去、我今求夙、來至此國。欲呂象馬。乃至金寶、將贖子命。若允者善。若不得者、我當共戰、願王助我。（同上）

嗢逝尼城猛光王

與頻婆娑羅王書

白影勝王。可令侍縛迦大醫。暫來相見、欲有所療。幸不見違。若不來者。當須多貯軍穀。兵衆相迎。（根本說一切有部毗奈耶雜事）

報得叉尸羅國圓勝王書

知識既解、來封篤好、情深事雖實然、能無猶豫。兩國同聚、各致狐

疑。雖遙來心。我無違出。然此太子。名曰牛護。是我所生。令出相見。共申歡意。隨情去留。（同上）

飛烏

與醫王侍縛迦書

仁是醫王。合得重賞、何故逃走、信至可來、受王賞賜。（同上）

侍縛迦

報飛烏書

我籍皇恩。珍財靡闕。王若于我生歡喜者。諸所賜物。竝迴與彼侍醫童子。（同上）

嗢逝尼城長者

與妻書

汝可安隱。我望不久、當至本鄉。（同上）

得叉尸羅圓勝王

與嗢逝尼國猛光王書

知識事已去者。更不可追。宜暫出來。希欲相見。自餘勝負。並不須論。望得促膝交襟。共申莫逆。事同平昔。我方歸故。（同上）

鞞提醯國臣大藥

與毗舍佉書

四橛可成衣。少一不能織。如其杙有闕。椷足可令輸。（根本說一切有部毗奈耶雜事）

半遮羅國王

與女妙藥書

我懷憂悶。汝豈不知。可細尋求。誰傳此事。食和毒藥。欲害彼王。（同上）

復報妙藥書

通此消息。皆由鷄鵡。察知事已。往還相報。遂致紛披。喪亂家國。彼之鷄鵡。可縛將來。（同上）

又與妙藥書

由北鷄鵡。燒我宮室。必須牢縛。急送將來。（同上）

健陀羅國藥叉半遮羅

與王舍城娑多藥叉書

聞君生女。情甚歡悅。今送衣服。願垂納受。（同上）

報娑多藥叉書

許作交親。今皆遂願。各待成立。共作婚姻。（同上）

娑多藥叉

與半遮羅書

聞君誕子。慶喜交懷。聊寄衣瓔。用申欣賀。幸當爲受。冀表不空。（同上）

歡喜弟

與半遮羅書

我姊歡喜。年既長成。宜可爲親。當速來此。（同上）

舍衛國大臣

報寶德長者書

王及王子二。俱不來。汝等須作計議。擁塞殑伽。令水卻洩。無令一滴順河而過。（根本說一切有部毗奈耶破僧事）

瞻波城諸人

報舍衛國宰相書

王頻附書。敎云王來。復言子來。復令擁塞殑伽。卻流。讀此書已。又得報云。王與王子。俱亦不來。王欲見寶德之子。汝等速當遣來。是要。（同上）

中印度秣菟羅國王

秣菟天賜靈書

夫生死無涯。流轉無極。含靈淪溺。莫由自濟。我已奇謀。令離諸苦。今此王城。周二百里。古先帝世。福利之地。歲月極遠。銘記湮滅。生

靈不悟。遂沈苦海。溺而不救。夫何謂歟。汝諸含識。臨敵兵。死得生人中。多殺無辜。受天福樂。順孫孝子。扶侍親老。經游此地。獲福無窮。功少福多。如何失利。一喪人身。三途冥漠。是故含生。各務修業。（唐釋玄奘大唐西域記引西土先志。昔五印度國二王分尚。欲決兵戰。有梵志造作靈書。王託夢天賜。求得諸山林之下。于是人皆兵戰。視死如歸。）

迦溼彌羅國眾賢論師

謝世親書

如來寂滅。弟子部執。傳其宗學。各擅專門。黨同道。疾異部。愚以寡昧。猥承傳習。覽所製阿毗達磨俱舍論。破毗婆沙師大義。輒不量力。沈究彌年。作爲此論。扶正宗學。智小謀大。死其將至。菩薩宣暢微言。抑揚至理。不毀所執。得存遺文。斯爲幸矣。死何悔哉。（西域記引西土先志）

毗末羅蜜多羅論師

臨終裁書

夫大乘教者佛法之中究竟說也名味冥絕理致幽玄輕呂愚昧駁斥先進業報皎然滅身宜矣敢告學人厥鑒斯在各慎介志無得懷疑西域記引先志昧末羅蜜多羅唐言無垢友迦溼彌羅國人也制論令諸學人絕大乘稱滅世親名語已心亂血流知命必終裁書自悔

南印度德慧菩薩

與摩揭陀國摩沓婆書

敬問摩沓婆善安樂也宜忘勞棄積習舊學三年之後摧汝嘉聲同上

重裁書

年期已極學術何如吾今至矣汝宜知之同上

僧伽羅國王

下令討羅刹

吾先商侶在羅刹國死生莫測善惡不分今將救難宜整兵甲拯危恤患國之福也收珍藏寶國之利也同上

瞿薩旦那國大臣

旃檀鼓函書

大王不遺細微謬參神選願多營福益國滋臣吕此大鼓懸城東南若有寇至鼓先聲振河水遂流同上

闕名

摩揭陀國無憂王石柱記

無憂王信根貞固三吕贍部洲施佛法僧三吕諸珍寶重自酬贖同上摩揭陀國佛逝精舍側有大石柱書記

又摩訶菩提僧迦藍銅記

夫周口口私諸佛至教惠濟有緣先聖明訓今我小子丕承王業式建迦藍用旌聖迹福資祖考惠被黎元唯我國僧而得自在及有國人亦同僧例傳之後嗣永永無窮同上摩揭陀國菩提樹北門外摩訶菩提僧迦藍其先僧迦羅國王之所建也刻銅為記云

先唐文一卷終

右嚴鐵橋先生輯上古三代秦漢六朝文七百四十七卷。先生著述數十種。卓然精詣。惟是編舊未刊行。始惠閱俞氏癸巳存稿。心識其崗。嗣蔣氏目錄出。終以未窺全衮爲憾。用是留心購求。最後得槀本於滬上。適南皮張制軍督粵。暇進是編。亟賞之。方伯王公前掌鹺憲。力任刻貲。畀惠經理。惠時充廣雅書局提調。鳩工伊始。顧屢移外任去。兼乏經費。坐是廢置者數年。迨今年春。由方伯、書與績村都轉。埶款命惠踵成。未幾復莅潮州。賴王雪澂子展兩太守及廖太史陶孝廉諸君子力。始克蕆事。自是先生之學日孤行天壤閒。而方伯黽勉好古之盛心。亦足並傳不朽。不獨惠私心竊喜夙昔訪求之願。至是不虛也。或且謂是書出。蕁當陸續補遺。烏知先生之貫穿羣籍。又獲親窺中秘。以致其參互攷訂之功。矜鍊歲時。一編甫就。豈侈撰述爲名高者所得頡頏萬一哉。雖可家紀載畋互錯出。聽寫後黏籤纍纍。閒或未盡畫一。綜其大凡。不可得而議矣。行見承學之士。日手是編。不事旁搜博采。而數千年鴻篇鉅製。遺文隻字。星羅碁布。一舉靡遺。如入山淵。恣人漁獵。其獲益當復何如也。刻既竣。因僭述緣起於簡末。時光緒癸巳季冬。巴陵方功惠謹跋。

羊城西湖街
富文齋承刊

跋　一

全上古三代秦漢三國六朝文
篇名目錄及作者索引

目　次

篇名目錄說明

一、原書於各朝文的卷首僅有作者姓名目錄，爲查檢方便，編訂本篇名目錄。

二、篇名目錄以作者爲綱，作者下分繫篇目。作者及篇目的次序均依原書。篇目下的數字爲影印本總頁數。

三、原書卷首目錄與文前署名間有出入。一人異稱者，採其習見，如“班昭”、“曹世叔妻班昭”(四七五頁上)，採“班昭”(九八七頁上)；一正一誤者，取其正確，如“審忠”、“番忠”(八三六頁上)，取“審忠”(四七三頁下)。作者誤題者，就所知酌加改正，如“趙壹”(五九二頁上)改作“趙壹”。作者疑不能明，以“？”爲識，如“楊肇(？)”(三五〇〇頁上)。

四、作者係釋氏，一律於法號前加冠“釋”字。

五、原書卷首目錄有漏列者，據正文補，如“諸葛恪”(一四〇六頁上)；有誤列者，據正文删，如“浩周”(一〇五一頁下、一二四九頁下)。

六、篇題誤入正文，篇名目錄中就所知酌爲復原，如綏山神“下都陽桓闓教於巫”(二四三八頁下)。

作者索引說明

一、作者索引以姓氏的四角號碼爲序。同姓氏以名的第一字上兩角號碼順次排列。

二、原書各朝卷首作者目錄與文前署名有所出入，不論一人異稱或一正一誤，均以正文爲據，以卷首目錄作互見。如“定陶傅太后”(185)，“傅昭儀(見定陶傅太后)”；“祖沖之”(2879)、“祖仲之(見祖沖之)”。

三、原書作者，目錄夾注或正文小傳內間有異稱，索引中亦一一列出以爲互見。如“王叔之”(2746)，“王叔元(見王叔之)”、“王淑之(見王叔之)”、“王叙之(見王叔之)”、“王升之(見王叔之)”；“謝道韞”(2290)，“王凝之妻(見謝道韞)”；“延年”(280)、“齊人延年(見延年)”。

四、原書作者誤題，就所知酌加改正，索引作互見。如“趙壹”(592)、“趙壹(見趙壹)”、“石璞”(1651)、“石樸(見石璞)”。

五、同一朝代的作者姓名相同而時代不同，於括號中加注年號或字號爲別。如“王現晉(升平)”、“王現晉(元康)”；“王沈(處道)晉”、“王沈(彥伯)晉”。

六、帝王、釋氏、婦女及其他特殊情況，按下列原則處理：

(1) 原書分代編排，於帝王僅署廟號謚號，今一律加冠朝代，以便識别，如“漢武帝”、“晉武帝”、“宋武帝”等。

(2) 原書於宗室諸王，僅署封號名字，索引以其原署爲據，以姓名作互見。如“中山王勝”(190)、“劉勝(見中山王勝)”；“中山王衮”(1160)、“曹衮(見中山王衮)”。

(3) 原書釋氏僅署法名者，一律加冠“釋”字，並以此爲據，以法名作互見。如“釋法明”(2783)、“法明(見釋法明)”。

(4) 原書署名，有“武宣章后”、“冀州刺史林”等，索引以原署爲據，姓或名作互見。如“武宣章后”(3424)、“章后(見武宣章后)”；“冀州刺史林”(306)、“林(見冀州刺史林)”。

七、作者索引自本書第二一五頁起。

全上古三代秦漢三國六朝文篇名目錄

上古三代

文帝

明帝

廢帝

高貴鄉公

晉

宋

武帝

簡文帝

敬帝

昭明太子統

孝文帝

宣武帝

孝明帝

隋

全上古三代秦漢三國六朝文

作者索引

四角號碼檢字法

第一條　筆畫分為十種，用0到9十個號碼來代表

號碼	筆名	筆形	舉例	說明	注意
0	頭	亠	言 主 广 疒	獨立的點和橫相結合	123都是單筆，0456789都由二以上的單筆合為一複筆，凡能成為複筆的，切勿誤作單筆；如亠應作0不作3，寸應作4不作2，厂應作7不作2，丷應作8不作3、2，小應作9不作3、3.
1	橫	一 ㇀ ㇄ ㇂	天土地江元風	包括橫、挑(趯)和右鉤	
2	垂	丨 丿 亅	山 月 千 則	包括直、撇和左鉤	
3	點	丶 ㇏	宀礻冖厶之衣	包括點和捺	
4	叉	十 乂	草杏皮刈大對	兩筆相交	
5	插	扌	扌 戈 中 史	一筆通過兩筆以上	
6	方	口	國鳴目四甲由	四邊齊整的方形	
7	角	㇆ 厂 ㇁ ㇗ 𠂆 ㇖	羽門灰陰雪衣學罕	橫和垂的鋒頭相接處	
8	八	八 丷 人 𠆢	分頁羊余災氽足午	八字形和它的變形	
9	小	小 ⺌ ⺍ 个 忄	尖 糸 粦 呆 惟	小字形和它的變形	

第二條　每字只取四角的筆形，順序如下：

(一)左上角　(二)右上角　(三)左下角　(四)右下角

(例)(一)左上角……端……(二)右上角
　　(三)左下角……端……(四)右下角

檢查時照四角的筆形和順序，每字得四碼：

(例)顏=0128　截=4325　烙=9786

第三條　字的上部或下部，只有一筆或一複筆時，無論在何地位，都作左角，它的右角作0

(例)宣　直　首　冬　軍　宗　母

每筆用過後，如再充他角，也作0.

(例)成　持　掛　大　十　車　時

第四條　由整個囗門鬥行所成的字，它們的下角改取內部的筆形，但上下左右有其他的筆形時，不在此例.

(例)因=6043　閉=7724　鬭=7712　衡=2143

菌=4460　瀾=3712　荇=4422

附　則

Ⅰ.字體寫法都照楷書如下表：

正	宀	隹	匕	反	礻	戶	安	心	卜	斥	刃	业	亦	草	執	禺	衣
誤	宀	隹	匕	反	礻	戶	安	心	卜	斥	刄	业	亦	草	執	禺	衣

Ⅱ.取筆形時應注意的幾點：

1.宀戶等字，凡點下的橫，右方和他筆相連的，都作3，不作0。

2.尸四門等字，方形的筆頭延長在外的，都作7，不作6。

3.角筆起落的兩頭，不作7，如7。

4.筆形"八"和他筆交叉時不作8，如美。

5.业小中有二筆，水小旁有二筆，都不作小形。

Ⅲ.取角時應注意的幾點：

1.獨立或平行的筆，不問高低，一律以最左或最右的筆形作角

(例)非　肯　疾　浦　帝

2.最左或最右的筆形，有他筆蓋在上面或托在下面時，取蓋在上面的一筆作上角，托在下面的一筆作下角。

(例)宗　幸　寧　共

3.有兩複筆可取時，在上角應取較高的複筆，在下角應取較低的複筆。

(例)功　盛　頗　鴨　奄

4.撇為下面他筆所托時，取他筆作下角。

(例)春　奎　碎　衣　辟　石

5.左上的撇作左角，它的右角取作右筆。

(例)勾　鈎　侔　鳴

Ⅳ.四角同碼字較多時，以右下角上方最貼近而露鋒芒的一筆作附角，如該筆已經用過，便將附角作0。

(例)芒=44710 元　拼　是　疝　歆　畜　殘　儀　難　達　越

繕　鸞　軍　覽　功　郭　疫　癥　愁　金　速　仁　見

附角仍有同碼字時，再照各該字所含橫筆(一／乚乀)的數目順序排列。例如"市""帝"二字的四角和附角都相同，但市字含有二橫，帝字含有三橫，所以市字在前，帝字在後。

索引字頭筆畫檢字

金 8010$_9$
長 7173$_2$
阿 7122$_0$

九畫

侯 2723$_4$
保 2629$_4$
信 2026$_1$
冒 6060$_0$
南 4022$_7$
咸 5320$_0$
哀 0073$_2$
垣 4111$_6$
姚 4241$_3$
姜 8040$_4$
宣 3010$_6$
封 4410$_0$
帝 0022$_7$
建 1540$_0$
彥 0022$_2$
後 2224$_7$
拾 5806$_1$
施 0821$_2$
昭 6706$_2$
是 6080$_1$
某 4490$_4$
柯 4192$_0$
柳 4792$_0$
柴 2190$_4$
段 7744$_7$
毗 6101$_0$
毘 6071$_1$
洗 3411$_1$
洪 3418$_1$
爰 2044$_7$
皇 2610$_4$
祉 3121$_0$
祋 3724$_7$
禹 2042$_7$
突 3043$_0$
紀 2701$_7$
胡 4762$_0$
荀 4462$_7$
若 4460$_4$
苻 4424$_0$
范 4411$_2$
軍 3750$_6$
迦 3630$_0$
郄 4772$_7$
郅 1712$_7$
重 2010$_4$
韋 4050$_6$
飛 1241$_3$

十畫

倭 2224$_4$
唐 0026$_7$
城 4315$_0$
夏 1024$_7$
奚 2043$_0$
娑 3940$_4$
孫 1249$_3$
宮 3060$_6$
宰 3040$_1$
射 2420$_0$
師 2172$_7$
徐 2829$_4$
息 2633$_0$
晁 6011$_3$
晉 1060$_1$
晏 6040$_4$
格 4796$_4$
桂 4491$_4$
桑 7790$_4$
桓 4191$_6$
殷 2724$_7$
浩 3416$_1$
海 3815$_7$
涓 3612$_7$
烏 2732$_7$
狼 4323$_2$
班 1111$_4$
留 7760$_2$
眞 2180$_1$
破 1464$_7$
祖 3721$_0$
祝 3621$_0$
神 3520$_6$
秣 2599$_0$
秦 5090$_4$
索 4090$_3$
耿 1918$_0$
荀 4462$_7$
荆 4240$_0$
袁 4073$_2$
貢 1080$_6$
郗 4722$_7$
郝 4732$_7$
郎 3772$_7$
郤 8762$_7$
馬 7132$_7$
高 0022$_7$
鬼 2621$_3$

十一畫

健 2524$_0$
勒 4452$_7$
區 7171$_6$
商 0022$_7$
啓 3860$_4$
國 6015$_3$
堂 9010$_4$
堅 7710$_4$
婁 5040$_4$
婆 3440$_4$
寇 3021$_4$
尉 7420$_0$
崔 2221$_4$
崧 2293$_2$
常 9022$_7$
康 0023$_2$
張 1123$_2$
得 2624$_1$
御 2722$_0$
斛 2420$_0$
曹 5560$_6$
梁 3390$_4$
梅 4895$_7$
梵 4421$_7$
淨 3215$_7$
淮 3011$_4$
淳 3014$_7$
清 3512$_7$
牽 0050$_3$
猗 4422$_1$
猛 4721$_7$
琅 1313$_2$
琇 1212$_7$
瓶 8141$_7$
畢 6050$_4$
衆 6023$_2$
眭 6401$_4$
祭 2790$_1$
竟 0021$_6$
章 0040$_6$
第 8822$_7$
終 2793$_3$
習 1760$_2$
脩 2822$_7$
莊 4421$_4$
莫 4443$_0$
祓 3424$_7$
許 0864$_0$
郭 0742$_7$
陰 7823$_1$
陳 7529$_6$
陶 7722$_0$
陸 7421$_4$
彭 5222$_2$
魚 2733$_6$
鹿 0021$_1$

十二畫

傅 2324$_2$
勝 7922$_7$
嗢 6601$_7$
喻 6802$_1$
喬 2022$_7$
壺 4010$_7$
尋 1734$_1$
就 0391$_4$
嵇 2397$_2$
庾 0023$_7$
彭 4212$_2$
惠 5033$_3$
揚 5602$_7$
景 6090$_6$
智 8660$_0$
曾 8060$_6$
棃 2790$_4$
棗 5090$_2$
棧 4395$_3$
溫 3611$_7$
游 3814$_7$
湛 3411$_1$
焦 2033$_1$
甯 3022$_7$
番 2060$_9$
疏 1011$_3$
盛 5310$_7$
程 2691$_4$
絳 2795$_4$
舒 8762$_2$
菩 4460$_1$
華 4450$_4$
萇 4473$_2$
訶 0162$_0$
費 5580$_6$
賀 4680$_6$
越 4380$_5$
軻 5102$_0$
鈕 8711$_5$
閔 7740$_0$
陽 7622$_7$
隋 7422$_7$
雲 1073$_1$
項 1118$_6$
順 2108$_6$
馮 3112$_7$
黃 4480$_6$

十三畫

圓 6080$_6$
嵩 2222$_7$
廉 0023$_7$
愍 7833$_4$
敬 4864$_0$
新 0292$_1$
會 8060$_6$
楊 4692$_7$
楚 4480$_1$
源 3119$_6$
煬 9682$_7$
綏 2294$_4$
繇 0259$_3$
義 8055$_3$
萬 4442$_7$
葉 4490$_4$

葛 4472_7
董 4410_4
虞 2123_4
蜀 6012_7
解 2725_2
賈 1080_6
路 6716_4
遂 3830_3
道 3830_6
達 3430_4
鄒 2742_7
隗 7621_3
雍 0071_4
零 1022_7
雷 1060_3
鳧 2721_7
鳩 4702_7

十四畫

僕 2223_4
僧 2826_6
嘉 4046_5
廖 0022_2
滿 3412_7
漢 3413_4
熊 2133_1
甄 1111_7
管 8877_7
綦 4490_3
翟 1721_4
聞 7740_1
臧 2325_0
蒲 4412_7
蒼 4460_7
蓋 4410_7
裴 1173_2
赫 4433_1
趙 4980_2
輔 5302_7
鄢 1732_7
齊 0022_3

十五畫

劉 7210_0
審 3060_9
廢 0024_7
廣 0028_6
影 6292_2
德 2423_1
慕 4433_3
慧 5533_7
慶 0024_7
憍 9202_7
摩 0025_2
摯 4450_2
樂 2290_4
樊 4443_0
樓 4594_4
歐 7778_2
潘 3216_9
滕 7923_2
盤 2710_7
稽 2396_1
膠 7722_2
蔡 4490_1
蔣 4424_7
褚 3426_3
諒 0069_6
鄧 1712_7
鄭 8742_7
鄯 8762_7
閭 7760_6
震 1023_2
養 8073_2
魯 2760_3
黎 2713_2

十六畫

冀 1180_1
暨 2110_6
曇 6073_1
橋 4292_7
燕 4433_1
盧 2121_7
穆 2692_2
薦 4422_7
衛 2122_7
衡 2143_0
諸 0466_3
豫 1723_2
錢 8315_3
閻 7777_7
隨 7423_2
霍 1021_4
靜 5225_7
頴 2198_6
餘 8879_4
駱 7736_4
鮑 2731_2
龜 2711_7

十七畫

優 2124_7
應 0023_1
戴 4385_0
檀 4091_6
濕 3613_3
環 1613_2
繁 8890_3
繆 2792_2
翼 1780_1
臨 7876_6
蕭 4422_7
薄 4414_2
薛 4474_1
褒 0073_2
襄 0073_2
謝 0460_0
蹇 3080_1
鍾 8211_4
闍 7760_3
隱 7223_7
鞞 4654_0
韓 4445_6
鮮 2835_1
鴻 3712_7
麋 0090_4

十八畫

瞻 6706_1
瞿 6621_4
禮 3521_8
繒 2896_6
聶 1014_1
謨 0463_4
謬 0762_2
顏 0128_6
魏 2641_3
鼂 6071_7

十九畫

禰 3122_7
羅 6091_4
藥 4490_4
譙 0063_1
邊 3630_2
關 7777_2
麴 4724_2
龐 0021_1

廿畫

嚴 6624_8
寶 3080_6
獻 2323_4
竇 3080_6
蘇 4439_4
蠕 5112_7
議 0865_3
釋 2694_1
闞 7714_8

廿一畫

囂 6666_8
夔 8024_7
灌 3411_4
續 2498_6
蘭 4422_7
顧 3128_6

廿二畫

歡 4728_2
襲 0173_2
酈 1722_7
鬻 1722_7
龔 0180_1

廿三畫

欒 2290_4

廿五畫

觀 4621_0

廿九畫

爨 7780_9

全上古三代秦漢三國六朝文作者索引

本索引依四角號碼次序排列，姓名後附注朝代及卷次，最後數字爲葉次。另附索引字頭筆畫檢字。

0

0023_0卞

0023_1應

0023_2康

0023_7庚

廉

0024_7慶

廢

1010_8巫

1011_8疏

1014_1聶

1020_0丁

1021_1元

35～沖齊14	2867
36～溫後漢82	917
36～溫三國66	1412
36～湯前漢22	248
36～昶後漢64	823
36～邈晉65	1831
37～氾後漢27	622
37～祖高晉132	2220
37～逸後漢84	928
38～祚晉154	2351
40～奮後漢12	534
40～壽王前漢32	304
43～博前漢43	365
43～載晉85	1949
44～協晉85	1951
44～茂三國40	1281
44～茂晉154	2350
44～芝後漢64	823
44～韓晉107	2077
44～華(茂先)晉58	1789
44～華晉150	2329
44～蒼前漢14	203
44～老北齊6	3860
44～林後漢43	708
44～林晉109	2086
46～觀晉109	2084
47～均後漢82	917
47～猛前漢46	380
47～猛後漢64	824
47～超後漢84	929
48～翰晉107	2077
48～松後漢94	983
50～夫人(見武張夫人)宋10	2493
50～冑玄隋27	4179
50～忠前漢46	380
50～奉禮北齊8	3870
53～輔晉105	2062
53～戎前漢62	463
54～軌晉154	2350
54～披晉155	2359
56～暢宋49	2701
56～揖三國40	1276
58～敷三國41	1284
61～顯晉73	1879
67～昭三國65	1405
67～野宋40	2661
70～雕北齊6	3862
71～匡前漢49	393
72～丘建先唐	4242
72～髦晉73	1881
72～氏後魏55	3792
73～駿晉154	2351
77～闓晉115	2119
77～欣泰齊22	2916
77～興世宋49	2701
79～勝三國73	1444
80～鏡宋49	2702
80～公禮隋22	4150
88～敏後漢33	656
88～敏晉80	1919
93～悛晉105	2059
97～惲晉83	1941
98～悅宋49	2702
98～敞前漢30	291
98～敞後漢64	824

1173_2裴

00～主簿晉143	2283
10～正(見裴政)隋12	4079
10～元略晉152	2340
12～延儁後魏39	3710
17～子野梁53	3261
18～政隋12	4079
20～秀晉33	1645
21～衍後魏49	3756
21～頠晉33	1646
23～獻伯北齊6	3859
26～伯茂後魏39	3711
27～叔業齊21	2910
30～宣後魏36	3695
30～之橫梁56	3284
31～潛三國29	1216
32～祗晉33	1645
33～邃梁56	3284
36～邈晉33	1649
40～希聲晉33	1649
41～楷晉33	1645
44～植後魏49	3756
48～松之宋17	2525
50～肅隋26	4172
67～昭明齊18	2895
76～駰宋17	2527

1180_1冀

32～州刺史林前漢321	306

1210_0到

00～彥之(見劉彥之)宋29	2595
38～洽梁62	3321

1212_7琇

～宋42	2671

1223_0弘

00～充(見釋弘充)齊26	2939
04～訥晉128	2198
17～君舉晉138	2259
44～恭前漢57	434
90～光(見釋弘充)齊26	2939

1240$_1$廷

延

1241$_0$孔

1241$_3$飛

1249$_3$孫

7621₃隗

7622₇陽

7710₄堅

7714₈闞

7721₇兒

7722₀月

周